ㅋ 圲 坤 埋 埋 ━━━━━ ✓ 일본 상용한자 필순

⊗いける
される

-푹한 곳에 가득 차서) 묻히다. 파묻히
차다. ④온통 뒤덮이다. ⑤보충되다. ━━━ ✓ 한자읽기가 두 종류임
다른 물건 속에 덮이어) 묻히다. ②(사
워지다.
움푹한 곳에) 묻다. 파묻다. ②메우다.
미지근하게 하다. 희석하다. ━━━ ✓ 한자읽기가 두 종류임
①(다른 물건 속에) 묻다. 파묻다. ②메
건으로) 꽉 채우다.
축.
매립하다.

좋음.

름.

새로운 김영진

일본어 漢字읽기 사전

BM 성안당

머리말

제가 한국에서 최초로 1975년에 「일본어 한자읽기 사전」을 편찬하여 세상에 내놓은지 30여 년 만에 기초 학습자들을 위해 새로운 소형판 『새로운 김영진 일본어 한자읽기 사전』을 다시금 일본어 독자들 앞에 내놓게 된 것을 참으로 기쁘게 생각합니다.

이 소형판 사전은 2008년 10월 10일에 출판사 「성안당」을 통해 발행한 전면 개정 증보판 『찾기 쉬운 김영진 일본어 한자읽기 사전』에서, 초급 학습자들에게 꼭 필요한 단어만을 발췌해서 편집한 것입니다.

따라서, 더 풍부한 표제어와 더 많은 한자 어휘를 필요로 할 경우에는 중형판 『찾기 쉬운 김영진 일본어 한자읽기 사전(1464페이지)』을 이용해 주시기 바랍니다.

『새로운 김영진 일본어 한자읽기 사전』은 기존의 다른 사전들과 비교해서 새로운 아홉 가지 사항이 새로 추가되었다는 것을 밝혀 둡니다.

(1) 일본의 상용한자 1945자는 모두 필순(筆順/글씨 쓰는 순서)을 표기하였습니다.
(2) 상용한자가 아닌 한자 중에서도 일본인들이 임의로 만들어서 사용하는 일본식 한자는 ˣ표가 있는 괄호 안에 표기하였습니다.
(3) ◉표의 훈독(訓読)과 음독(音読) 한자(漢字)는 일본어 능력시험과 일본의 초등학교·중학교 의무교육용 교과서와 신문에 사용하는 한자임(1981年 日本 內閣告示)을 밝혀 둡니다.

(4) ⊗표의 훈독(訓読)과 음독(音読) 한자(漢字)는 초·중등용 교과서와 신문을 제외한 그 밖의 과학·기술·예술 등의 각종 전문분야 교재나 작가 개인에 따라 사용하는 일본내각고시 표외한자(日本内閣告示 表外漢字)입니다.

(5) 일본어 능력시험용 지정 단어에는 급수를 나타내는 아라비아 숫자가 표제어 앞에 별색(別色)으로 나와 있습니다.

(6) ★표의 한자는 「특별읽기」로써 독자들이 특별히 신경을 써서 외우도록 하였습니다.

(7) 「加害[かがい] 가해; 남에게 해를 끼침.」처럼 대부분의 음독(音読) 한자 표제어에도 친절하게 단어의 뜻을 해설하여 두었습니다.

(8) 특히 이해하기 어려운 단어에는 예문을 추가함으로써 독자들의 필요를 충족시키려고 노력하였습니다.

(9) 부록편에는 음(音)으로 찾는 〈자음(字音) 색인〉, 한자의 획수를 세어서 찾는 〈총획(総劃) 색인〉, 그리고 일본어 かな로만 된 단어의 뜻과 한자(漢字)를 찾을 때는 〈かな 색인〉을 활용하도록 추가하였습니다.

앞으로도 시대의 변천에 따라 한자읽기 사전의 증보가 필요할 때는 언제든지 주저하지 않고 추가로 개정증보판을 내도록 하겠으며, 일본어 공부를 하는 분들에게 항상 사랑 받는 저자가 되도록 최선의 노력을 다 할 것을 약속드립니다.

대표 저자 김영진 드림

일러두기

1. 수록 한자

(1) 상용한자 : 1945자
(2) 전문용어 한자 : 1045자

2. 한자의 배열

예를 들어 〈가〉에서 표기된 상용한자(加, 可, 假, 價, 佳, 家, 街, 嫁, 暇, 歌, 稼)가 먼저 나오고, 상용한자가 아닌 필순(筆順)이 표기되지 않은 한자(伽, 呵, 茄, 苛, 枷, 珈, 痂, 袈, 嘉, 榎, 駕)는 그 뒤를 이어서 나오도록 편집하였습니다.

3. 표제어의 배열

모든 표제어(標題語)는 훈독(訓読)이 먼저 나오고, 이어서 음독(音読)이 나오도록 편집하였으며, 또한 일본어 발음에 따라 배열하거나 정리하지 않고 한글로 읽을 경우의 〈가, 나, 다〉 순서에 따라 배열하여 누구나 빨리 찾아 볼 수 있도록 배려하였습니다.

4. 부록편의 이용방법

한자를 읽을 줄 아는 경우에는 〈자음(字音) 색인〉을 이용하거나 사전을 가, 나, 다 순서로 펴가면서 찾으면 됩니다만, 일본어로 읽을 줄 아는 경으에는 부록편 〈かな 색인〉에서 순서대로 찾으면 됩니다. 그러나 한자를 한글르도 일본어로도 읽을 줄 모를 경우에는 한자의 획수를 세어서 찾는 〈총획(総劃) 색인〉을 활용하시기 바랍니다.

5. 상용한자(常用漢字)

모든 상용한자는 필순(筆順/한자 쓰기 순서)을 표기하였으며, 구자체(旧字体) 즉, 중국 정통 한자가 있는 경우에는 괄호 안에 표기하여 두었습니다.

일본의 상용한자 1945자의 모든 필순(筆順)은 일본의 「일본 한자교육진흥회(日本漢字教育振興会)」가 주관하여 편찬한 상용한자사전(常用漢字辞典)에 근거하여 표기하였으므로, 한자에 따라서는 한국의 「한국 어문교육 연구회」에서 발행한 책의 한자 필순과 다를 수 있음에 유의해야 합니다.

6. 상용한자가 아닌 한자

일본의 상용한자가 아닌 한자 중에서 일본인들이 임의로 만들어서 사용하는 일본식 한자는 ×표가 있는 괄호 안의 한자로 표기하였습니다.

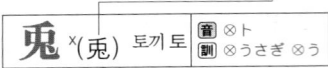

7. ◉표의 한자 훈독(訓読)과 음독(音読)

◉표 훈독(訓読)과 음독(音読)의 한자(漢字)는 일본어 능력시험과 일본 초등학교·중학교의 의무교육용 교재서와 신문에 사용하는 한자입니다.

8. ⊗표의 한자 훈독(訓読)과 음독(音読)

⊗표 훈독(訓読)과 음독(音読)의 한자(漢字)는 초·중등용 교재서와 신문을 제외한 그 밖의 과학·기술·예술 등의 각종 전문분야 교재나 작가 개인에 따라 사용하는 일본내각고시 표외한자(日本内閣告示 表外漢字)입니다.

9. 표제어 앞의 숫자

표제어(標題語) 앞의 아라비아 숫자 '1'은 일본어 능력시험 1급용 지정 단어이고, '2'는 2급, '3'은 3급, '4'는 4급용 지정 단어임을 표시한 것입니다.

10. 괄호가 있는 표제어 埋(め)立(て)

표제어 중에서 「**埋(め)立(て)**[うめたて]」처럼 괄호가 있는 표제어는 괄호안의 글자를 생략하여 「**埋立**[うめたて]」처럼 표기해도 된다는 표시입니다.

11. ❶ ❷표시

❶ ❷표시는 한자읽기가 두 종류이며 서로 뜻에 다르다는 것을 표시한 것입니다. 그러나 뜻이 같은 한 단어에 한자읽기가 두 종류일 경우에는, 梅雨[つゆ/ばいう]처럼 표기하여 두었습니다.

埋	파묻을 매
一 十 ț ț ț ț ț ț ț 埋 埋 埋	

音 ●マイ

訓 ●うまる ●うめる ●うもれる ⊗いける
　 ⊗うずまる ⊗うずめる ⊗うずもれる

訓読

[1]●**埋まる❶**[うまる] 〈5自〉 ①(움푹한 곳에 가득 차서) 묻히다. 파묻히다. ②메워지다. 막히다. ③꽉 차다. ④온통 뒤덮이다. ⑤보충되다.
　⊗**埋まる❷**[うずまる] 〈5自〉 ①(다른 물건 속에 덮이어) 묻히다. ②(사람이나 물건으로) 꽉 차다. 메워지다.
[2]●**埋める❶**[うめる] 〈下1他〉 ①(움푹한 곳에) 묻다. 파묻다. ②메우다. 채우다. ③보충하다. ④(물을) 미지근하게 하다. 희석하다.
[1]⊗**埋める❷**[うずめる] 〈下1他〉 ①(다른 물건 속에) 묻다. 파묻다. ②메우다. 채우다. ③(사람이나 물건으로) 꽉 채우다.
　埋(め)立(て)[うめたて] 매립: 매축.
　埋め立てる[うめたてる] 〈下1他〉 매립하다.

12. ★표의 한자 읽기

★표의 한자 읽기는 「특별읽기」이므로 신경을 써서 외워 두어야 합니다.

景	볕/경치 경
١ 口 日 日 月 旦 昂 몸 몸 景 景 景	

音 ●ケイ ●ケ

訓 ―

音読

　景観[けいかん] 경관: 경치.
[2]**景気**[けいき] 경기: ①기업 활동의 경제 상태. ②활동 상태나 위세·기세가 좋음.
[3]**景色**[★けしき] 경치. 풍경.
　景仰[けいこう] 경앙: 우러러 따름.

13. 景気[けいき] 경기

표제어의 「**景気**[けいき] 경기; ①기업 활동의 경제 상태. ②활동 상태나 위세
·기세가 좋음.」처럼, 「;」표시가 있는 「경기;」는 표제어를 한글 발음으로 읽는
경우를 말하고, ①과 ②는 단어의 해설이 두 종류라는 것을 말합니다.

14. 문법 용어

문법 용어의 약어(略語) 표시는 모두 <>로 표시하였습니다.

<形>   : 형용사(形容詞)

<形動>: 형용동사(形容動詞)

<5自> : 5단활용 자동사

<5他> : 5단활용 타동사

<上1自> : 상1단활용 자동사

<上1他> : 상1단활용 타동사

<下1自> : 하1단활용 자동사

<下1他> : 하1단활용 타동사

<カ変自>: カ행 변격활용 자동사

<サ変自>: サ행 변격활용 자동사

<サ変他>: サ행 변격활용 타동사

15. 전문 용어

전문 용어의 약어(略語) 표시는 모두 ≪≫로 표시하였습니다.

≪建≫ 건축(建築)	≪文法≫ 문법(文法)
≪経≫ 경제(経済)	≪物≫ 물리학(物理学)
≪工≫ 공업(工業)	≪美≫ 미술(美術)
≪鉱≫ 광업(鉱業)	≪法≫ 법률(法律)
≪気≫ 기상(気象)	≪服≫ 복식(服飾)
≪基≫ 기독교(基督教)	≪仏≫ 불교(仏教)
≪論≫ 논리학(論理学)	≪生理≫ 생리학(生理学)
≪農≫ 농업(農業)	≪数≫ 수학(数学)
≪動≫ 동물(動物)	≪植≫ 식물(植物)
≪文学≫ 문학(文学)	≪心≫ 심리학(心理学)

≪雅≫ 아어(雅語)

≪野≫ 야구(野球)

≪語学≫ 언어학(言語学)

≪魚≫ 어류(魚類)

≪演≫ 연극/영화

≪音≫ 음악(音楽)

≪医≫ 의학(医学)

≪宗≫ 종교(宗教)

≪地≫ 지리(地理)

≪天≫ 천문학(天文学)

≪哲≫ 철학(哲学)

≪虫≫ 곤충(昆虫)

≪貝≫ 조개/패류(貝類)

≪化≫ 화학(化学)

[가]

加　더할/보탤 가

フ カ カ 加 加

音 ◉カ ⊗ガ
訓 ◉くわうる ◉くわえる ◉くわわる

訓読
◉加うるに[くわうるに] 게다가. 더구나. 그 위에. 뿐만 아니라.
²◉加える[くわえる] 〈下l他〉 ①더하다. 보태다. ②가입시키다. ③주다. 끼치다.
加え算[くわえざん] 덧셈.
²◉加わる[くわわる] 〈5自〉 ①증가하다. 더 많아지다. 늘다. 더해지다. ②참여하다. 참가하다. 가담하다. 끼어들다.

音読
加[か] ①'加奈陀(カナダ)'의 준말. ②'加州(かしゅ)'의 준말. 미국 캘리포니아 주. ③'일본 加賀(かが)'지방의 준말.
²加減[かげん] 가감; ①덧셈과 뺄셈. ②조절. ③알맞음. ④건강 상태. ⑤관계. 탓.
加減乗除[かげんじょうじょ] 가감승제; 덧셈·뺄셈·곱셈·나눗셈.
¹加工[かこう] 가공; 인공(人工)을 더함.
加担[かたん] 가담; ①한 편이 되어 일을 같이 함. ②짐을 짐.
加盟[かめい] 가맹; 단체에 가입함.
¹加味[かみ] 가미; ①음식에 다른 것을 넣어서 맛이 더 나게 함. ②어떤 것에 다른 요소를 첨가함.
加算[かさん] 가산; 더하여 셈함.
加勢[かせい] 가세; 힘을 보탬.
²加速[かそく] 가속; 속도가 빨라짐.
²加速度[かそくど] 가속도.
²加湿器[かしつき] 가습기.
加湿機[かしつき] 가습기.
加圧[かあつ] 가압; 압력이 가해짐.
²加熱[かねつ] 가열; 열을 더 세게 함.
加温[かおん] 가온; 식지 않도록 따뜻하게 함.
¹加入[かにゅう] 가입; 단체에 들어감.
加入者[かにゅうしゃ] 가입자.
加点[かてん] 가점; 점수를 더함.
加筆[かひつ] 가필; 글씨를 다듬어 고침.
加害者[かがいしゃ] 가해자; 해를 끼친 자.
加護[かご] 가호; 신불(神仏)이 잘 보살펴 줌.

可　옳을 가

一 丁 丏 可 可

音 ◉カ
訓 ⊗べし

訓読
⊗可し[べし] ①(당연의 뜻으로) ㉠…이 마땅하다. ㉡…임에 틀림없다. ㉢…해야 한다. ②(추측의 뜻으로) ㉠반드시 …일 것이다. ㉡…할 듯하다. …인 것 같다. ③(가능의 뜻으로) …할 수 있다. ④(명령의 뜻으로) …하라. …하여 다오.
⊗可惜[★あたら] ①아까운. 애석한. ②아깝게도. 애석하게도.
²⊗可笑しい[★おかしい] 〈形〉 ①(재미가 있어서) 우습다. ②비정상이다. 이상하다.
⊗可笑しな[★おかしな] ①우스운. ②이상한.

音読
可[か] 가; ①좋음. ②좋다고 인정함. ¶～とする 좋다고 인정하다.
²可決[かけつ] 가결; 좋다고 결정함.
²可能[かのう] 가능; 할 수 있음.
可能性[かのうせい] 가능성; 실현될 수 있는 성질. 할 수 있는 성질.
可動[かどう] 가동; 움직일 수 있음.
可憐[かれん] 가련; ①가련함. 애처로움. ②귀여움. 사랑스러움.
可否[かひ] 가부; ①옳음과 그름. ②찬성과 반대. ③찬성과 반대에 대하여 논함.
²可成[かなり] 꽤. 제법. 상당히.
可視光線[かしこうせん] 가시광선.
⁴可愛い[かわいい] 〈形〉 ①귀엽다. 사랑스럽다. ②깜찍하게 예쁘다.
²可愛がる[かわいがる] 〈5他〉 귀여워하다. 애지중지하다.
²可愛らしい[かわいらしい] 〈形〉 귀엽다. 사랑스럽다. 예쁘장하다.
²可哀相[かわいそう] 〈形動〉 가엾다. 불쌍하다.
²可哀想[かわいそう] 〈形動〉 가엾다. 불쌍하다.
可燃物[かねんぶつ] 가연물; 불에 탈 수 있는 물질. 가연성(可燃性) 물질.
可燃性[かねんせい] 가연성; 불에 탈 수 있는 성질.
可溶[かよう] 가용; ①액체에 녹기 쉬움. ②낮은 온도에서 녹기 쉬움.
可溶性[かようせい] 가용성; 잘 녹는 성질.

仮 (假)　임시/거짓 가

ノ　イ　仁　厂　仮　仮

音 ●カ ●ケ
訓 ●かり

訓読

¹●**仮**[かり] ①임시. 일시적임. ②가짜.

¹**仮に**[かりに] ①만약. 설사. 가령. ②임시로. 시험 삼아서.

仮にも[かりにも] 〈副〉 ①적어도. ②(부정문에서) 결코. 어떤 일이 있어도.

仮勘定[かりかんじょう] 임시 계산.

仮契約[かりけいやく] 가계약; 임시 계약.

仮橋[かりばし] 가교; 임시로 놓은 다리.

仮渡し[かりわたし] ①가불(仮払). ②(주식거래에서) 주식 매매를 할 때 주식이 부족한 경우, 대행 기관이 판 쪽을 대신해서 주식을 넘겨줌.

²**仮令**[★たとえ/たとい] 가령; 비록. 설사.

仮埋め[かりうめ] 가매장. 임시로 묻음.

仮埋葬[かりまいそう] 가매장; 임시로 매장함.

仮免許[かりめんきょ] 가면허; 임시 면허.

²**仮名❶**[かりな/かめい] 가명; 임시 이름. 가짜 이름. ❷[かな/けみょう] ☞ [音読]

仮普請[かりぶしん] 임시 건축 공사.

仮縫い[かりぬい] 가봉; ①임시로 꿰맴. ②(옷을 만들 때) 시침바느질.

仮払(い)[かりばらい] 가불; 임시로 지불함.

仮払金[かりばらいきん] 가불금; 임시로 지불한 돈.

仮釈放[かりしゃくほう] 가석방; 임시 석방.

仮小屋[かりごや] 임시 오두막집.

仮刷(り)[かりずり] 가쇄; 인쇄 상태를 보기 위해 임시로 인쇄함. 또는 그 인쇄물.

仮受金[かりうけきん] 《経》 가수금; 임시로 받아 두는 돈.

仮需[かりじゅ] '가수요(仮需要)'의 준말.

仮需要[かりじゅよう] 가수요; 투기(投機) 목적으로 사 두는 것.

仮役[かりやく] 임시로 맡은 역할.

仮屋[かりや] 임시로 지은 오두막집.

仮囲い[かりかこい] (건축 공사 현장 주위에 둘러치는) 임시 벽.

仮製本[かりせいほん] 가제본; 임시 제본.

仮条約[かりじょうやく] 가조약; 임시 조약.

仮調印[かりちょういん] 가조인; 임시 조인.

仮住まい[かりずまい] 임시 거처.

仮差(し)押(さ)え[かりさしおさえ] 가압류(仮押留).

仮処分[かりしょぶん] 가처분; 임시로 처분함.

仮綴(じ)本[かりとじほん] 임시 제본 책.

仮初(め)[かりそめ] ①임시. 잠시. 덧없음. ②사소함. ③소홀히 함. 등한히 함.

仮親[かりおや] ①수양부모. 양부모. ②대리 부모.

仮寝[かりね] ①선잠. 잠깐 눈을 붙임. ②노숙(露宿). 한뎃잠. 객지잠.

音読

仮面[かめん] 가면; 탈.

仮眠[かみん] 가면; 선잠.

²**仮名❶**[かな] 가나. 일본의 표음 문자. ❷[けみょう] 통칭(通称). ＊관례(冠礼) 때 대부(代父)가 지어 줌. ❸[かりな/かめい] ☞ [訓読]

²**仮名遣(い)**[かなづかい] 일본어 かな 표기법. 일본어를 かな로 적을 때의 표기법.

仮名交(じ)り[かなまじり] 한자(漢字)와 かな를 섞어서 쓴 글.

仮名書(き)[かながき] かな로 씀. かな로 쓴 문장.

仮泊[かはく] 가박; 배가 임시로 정박함.

仮病[★けびょう] 꾀병.

仮分数[かぶんすう] 《数》 가분수.

仮死[かし] 《医》 가사; 한동안 의식이 없고 호흡과 맥박이 멎어 죽은 것과 같은 상태.

仮想[かそう] 가상; 가정적으로 생각함.

仮設[かせつ] 가설; ①임시로 설치함. ②실제로는 존재하지 않는 것을 있는 것으로 가정함. ③《論》가정(仮定).

仮説[かせつ] 가설; 억설.

仮声[かせい] 가성; 꾸며낸 목소리.

仮性[かせい] 《医》 가성; 원인은 다르나 그 증상이 진성(真性)에 가까운 병.

仮装[かそう] 가장; ①임시로 꾸밈. ②임시로 변장(変装)함.

²**仮定**[かてい] 가정; 실제로는 없는 것을 있는 것으로 말함.

仮定形[かていけい] 《語学》 가정형.

仮借❶[かしゃく] 가차; 뜻은 다르나 음이 같은 한자를 빌려 쓰는 법. ❷[かしゃく] 가차; ①빌림. ②용서함. 사정을 보아줌.

仮称[かしょう] 가칭; 임시로 일컬음.

価(價) 값 가

丿 亻 仁 仵 佰 価 価 価

🔲 音 ◉カ
🔲 訓 ◉あたい

訓読
¹価[あたい] ①값. ¶~をつける 값을 매기다. ②가치. 값어치. ③《数》수값. 수치 (数値). ¶χの~を求(もと)める χ의 값을 구하다.
¹価する[あたいする] 〈サ変自〉가치가 있다. …할 만하다.
価千金[あたいせんきん] 천금의 가치가 있음. 대단히 가치가 높음.

音読
²価格[かかく] 가격; 값.
価格表[かかくひょう] 가격표; 가격을 매긴 표.
価数[かすう] 가수; ①원소의 원자가(原子価)를 나타내는 수치. ②이온가(価)를 나타내는 수치.
価額[かがく] 가액; 값. 가격.
²価値[かち] 가치; 값어치.
価値観[かちかん] 가치관.

佳 아름다울 가

丿 亻 亻 什 件 佺 佳 佳

🔲 音 ◉カ
🔲 訓 —

音読
佳景[かけい] 가경; 아름다운 경치.
佳境[かきょう] 가경; ①흥미진진한 경지. ②경치가 좋은 곳.
佳句[かく] 가구; ①시가(詩歌) 등에서 잘된 구절. ②잘 지은 俳句(はいく).
佳良[かりょう] 가량; 아주 좋음.
佳麗[かれい] 가려; ①곱고 아름다움. ②미인. 아름다운 사람.
佳味[かみ] 가미; ①훌륭한 맛. 진미(珍味). ②재미.
佳人[かじん] 가인; 아름다운 여자. 미인.
佳日[かじつ] 가일; 길일(吉日). 좋은 날. 축하할 만한 날.
佳作[かさく] 가작; ①우수한 작품. 잘 된 작품. ②입선작 다음가는 좋은 작품.

架 시렁 가

フ カ カ 加 加 架 架 架 架

🔲 音 ◉カ
🔲 訓 ◉かかる ◉かける

訓読
◉架かる[かかる] 〈5自〉가설되다. 걸쳐지다. 설치되다. ¶橋(はし)が~ 다리가 놓이다. ¶電線(でんせん)が~ 전선이 가설되다. ¶虹(にじ)が~ 무지개가 뜨다.
◉架ける[かける] 〈下1他〉가설하다. 걸치다. 설치하다. ¶橋(はし)を~ 다리를 놓다. ¶電線(でんせん)を~ 전선을 가설하다.

音読
架する[かする] 〈サ変他〉①(두 개의 물건 위에) 걸쳐놓다. 가설하다. ②(건물 위에) 짓다. 구축하다.
架空[かくう] 가공; ①공중에 걸침. ¶~ケーブル 공중 케이블. ②상상으로 만들어 냄.
²架空人物[かくうじんぶつ] 가공인물.
架橋[かきょう] 가교; 다리를 놓음. 설치한 다리.
架線[かせん/がせん] 가선; 전선 등을 가설함. *공사 관계자들은 'がせん'이라고 함.
架設[かせつ] 가설; 건너질러 설치함.
架蔵[かぞう] 가장; (서적 등을) 선반이나 시렁 위에 보관해 둠.

家 집 가

丶 丶 宀 宀 宀 宇 宇 家 家 家

🔲 音 ◉カ ◉ケ
🔲 訓 ◉いえ ◉や

訓読
⁴家❶[いえ] ①집. 주택. ②가정. 가족. 살림. ¶~が貧(まず)しい 살림이 가난하다. ③가문. 문벌. ¶~を継(つ)ぐ 상속하다. ④재산. 가산. ¶~を食(く)いつぶす 가산을 탕진하다. ❷[か/け] ☞ [音読]
家筋[いえすじ] 집안의 혈통. 가계(家系).
家内❶[やうち] ①집안. ②가족. ❷[かない] ①가내; 집안. ②가족. ③(자기의) 아내. 안사람.
家大工[やだいく] 집 짓는 목수. 대목.
家路[いえじ] 귀가(帰家). 귀로(帰路).

家鳴り[いえなり] 진동으로 집이 울림.
家並み[いえなみ/やなみ] ①집들이 즐비하게 늘어섬. ②집집마다.
家柄[いえがら] 집안. 가문. 문벌. ③좋은 가문. 명문(名門).
家捜し[やさがし] ①집안을 샅샅이 뒤짐. ②집구하기. 살 집을 구하러 찾아다님.
家数[やかず] 집의 수효.
家屋敷[いえやしき] 집과 대지(垈地).
家元[いえもと] ①종가(宗家). 한 유파의 전통을 잇는 집안. ②친정. 본가(本家).
家人❶[いえびと] ≪古≫ ①가족. 집안사람. ②가신(家臣). ③귀족 집안에 출입하는 사람. ❷[かじん] ①집안사람. ②가신(家臣). ③[けにん] ①대대로 그 집을 섬겨 온 사람. 아랫사람. ②고대의 노예인 천민(賤民).
²家賃[やちん] 집세. 방세.
²家主[やぬし/いえぬし] ①(셋집 등의) 집주인. ②가구주(家口主). 가장(家長).
家中❶[いえじゅう] ①집안 전체. ②온 가족. ❷[かちゅう] ①집안. ②가족. 집안. ③≪古≫ 大名(だいみょう)나 小名(しょうみょう)의 신하의 총칭. 가신(家臣).
家持ち[いえもち] ①집을 소유함. 집 주인. ②호주(戸主). 가장(家長). ③살림 솜씨.
¹家出[いえで] 가출; ①출가(出家). 중이 됨. ②몰래 집을 떠남. ③외출(外出).
家探し[やさがし] ①집안을 샅샅이 뒤짐. ②집구하기. 살 집을 구하러 찾아다님.
家苞[いえづと] 집으로 갖고 돌아가는 선물.
音読
²家❶[か] ①사람. 財産(ざいさん)~ 재산가. ②전문가. 評論(ひょうろん)~ 평론가.
²家❷[け] 성(姓)이나 칭호 등에 붙여 집안·일족·가족 전체를 나타냄. ¶天皇(てんのう)~ 천황가. ¶田中(たなか)~ 다나카 집안. ¶将軍(しょうぐん)~ 장군가; 장군 집안. 쇼군 집안. ❸[いえ] ☞ [訓読]
家系図[かけいず] 가계도; 족보.
¹家計[かけい] 가계; 살림살이. 생계.
¹家計簿[かけいぼ] 가계부.
²家具[かぐ] 가구; 살림살이 도구.
²家具屋[かぐや] 가구점. 가구를 파는 가게.
³家内❶[かない] ①가내; 집안. ②가족. ③(자기의) 아내. 안사람. ❷[やうち] ①집안. ②가족.

家督[かとく] 가독; 상속인. ¶~相続人(そうぞくにん) 호주 상속인.
¹家来[けらい] 가신(家臣). 종자(従者). 부하.
家老[かろう] 가신(家臣). 중의 우두머리.
家門[かもん] 가문; ①문중. 일족(一族). ②집의 문. ③문벌. 가문의 격식.
家宝[かほう] 가보; 한 집안의 보배.
家父長制[かふちょうせい] 아버지가 가장(家長)인 제도.
²家事[かじ] 가사; 집안 일.
²家臣[かしん] 가신; 집안을 섬기는 부하.
家業[かぎょう] 가업; ①그 집안 생계의 기초가 되는 직업. ②그 집안 대대로 전해 내려오는 무예나 기술.
²家屋[かおく] 가옥; 집.
家運[かうん] 가운; 가세(家勢). 집안의 운세(運勢).
家人❶[かじん] ①집안 사람. ②가신(家臣). ❷[けにん] ①대대로 그 집을 섬겨 온 사람. 아랫사람. ②고대의 노예인 천민(賤民). ❸[いえびと] ≪古≫ ①가족. 집안 사람. ②가신(家臣). ③귀족 집안에 출입하는 사람.
家作[かさく] 가작; ①집을 지음. 지은 집. ②셋집으로 지은 집.
家作持ち[かさくもち] 셋놓을 집을 가진 사람.
家長[かちょう] 가장; 호주(戸主). ¶~権(けん) 가장권; 호주권. 가부장권(家父長権).
家蔵❶[かぞう] 가장; 집안에 소장(所藏)함. ❷[いえぐら] ①재산(財産). ②곳간.
家財[かざい] 가재; ①살림살이. ②가산(家産).
家伝[かでん] 가전; 집안 대대로 전해 내려옴.
家電[かでん] 가전; 가정용 전기 기구.
家政[かせい] 가정; 집안 살림.
家政婦[かせいふ] 가정부; 집안 일을 돌보기 위해 고용된 여자.
³家庭[かてい] 가정; 가족 집합체. 가족의 생활 장소.
²家族[かぞく] 가족; 부부를 중심으로 구성된 성원.
¹家畜[かちく] 가축; 집에서 사육하는 동물.
家畜小屋[かちくごや] 가축을 사육하는 축사(畜舎).
家宅[かたく] 가택; 한 집안의 주거(住居).
家風[かふう] 가풍; 한 집안의 풍습.
家訓[かくん] 가훈; 한 가정의 가르침.

街 거리 가

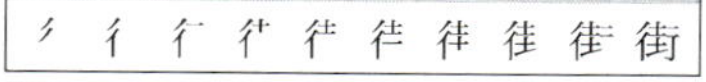

音 ◉ガイ ◉カイ
訓 ◉まち

訓読

[2]◉**街❶**[まち] (상점들이 늘어 선) 거리. 번화가. ❷[がい] ☞ [音読]
[2]**街角**[まちかど] ①거리의 모퉁이. 길목. ②길거리. 가두(街頭).
街の女[まちのおんな] 거리의 여자. 창녀.
街の灯[まちのひ] 거리의 등불.
街明かり[まちあかり] 거리의 불빛.
街並み[まちなみ] 거리에 집이나 상점들이 즐비하게 늘어서 있는 곳.
街着[まちぎ] 나들이옷. 외출복.

音読

[1]**街❶**[がい] (명사에 접속하여) 가; 거리. ¶ ビル~ 빌딩가. ¶ 繁華(はんか)~ 번화가. ¶ 住宅(じゅうたく)~ 주택가. ❷[まち] ☞ [訓読]
[1]**街道**[★かいどう] 가도; ①큰길. 가로(街路). ②교통량이 많은 간선 도로.
街道筋[★かいどうすじ] 간선 도로변.
[1]**街頭**[がいとう] 가두; 길거리.
街灯[がいとう] 가등; 가로등.
街路[がいろ] 가로; 큰길.
街路灯[がいろとう] 가로등; 가로의 등.
街路樹[がいろじゅ] 가로수; 가로의 나무들. 도시의 미관이나 환경을 보전하기 위해 가로를 따라 심어진 나무들.

嫁 시집갈 가

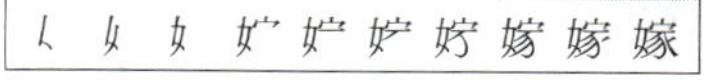

音 ◉カ
訓 ◉とつぐ ◉よめ

訓読

◉**嫁ぐ**[とつぐ] 〈5自〉 시집가다. 출가하다.
嫁がせる[とつがせる] 〈下1他〉 시집보내다.
嫁ぎ[とつぎ] 시집감. 출가함.
嫁ぎ先[とつぎさき] 시집간 집. 시가. 시집.
[2]◉**嫁**[よめ] ①며느리. ②신부. 신혼 여성. ¶ お~に行(い)く 시집가다. ③아내.
嫁いびり[よめいびり] (시어머니가) 며느리를 학대함·구박함.
嫁入り[よめいり] 시집감. 또는 그 잔치.
嫁入り支度[よめいりじたく] 시집갈 준비.
嫁入る[よめいる] 〈5自〉 시집가다.
嫁取り[よめとり] 장가듦. 또는 그 잔치.

音読

嫁す[かす] 〈5他〉 ☞ 嫁する
嫁する[かする] 〈サ変自〉 시집가다. 출가하다. 〈サ変他〉 ①시집보내다. 출가시키다. ②(책임을) 전가하다.
嫁資[かし] 가자; ①혼수 비용. ②시집갈 때 갖고 가는 재산. 지참금.
嫁娶[かしゅ/かじゅ] 가취; 결혼을 함.

暇 겨를/한가할 가

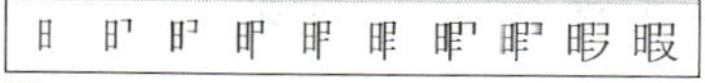

音 ◉カ
訓 ◉ひま ⊗いとま

訓読

[4]◉**暇❶**[ひま] ①(어떤 일을 하는 데 필요한) 짧은 시간. 틈. 짬. ② 〈形動〉 한가함. ③휴가. 말미. ④인연을 끊음. ¶ ~を出(だ)す 해고하다. 이혼하다.
⊗**暇❷**[いとま] ≪雅≫ ①여가. 틈. 짬. ②휴식. 휴가. 말미. ③해고. 사퇴. 사임. ④이혼. ⑤작별.
暇潰し[ひまつぶし] ①심심풀이. ②시간 낭비. 시간을 보냄.

音読

◑**休暇**[きゅうか]

歌 노래 가

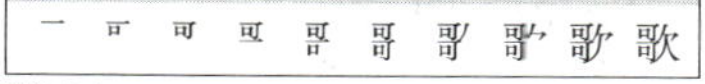

音 ◉カ
訓 ◉うた ◉うたう

訓読

[4]◉**歌**[うた] 노래.
[4]◉**歌う**[うたう] 〈5自〉 노래 부르다. 노래하다.
歌がるた[うたがるた] 和歌(わか)를 적은 놀이카드. 또는 그것으로 하는 놀이.
歌加留多[うたがるた] ☞ 歌がるた
歌い文句[うたいもんく] (사람의 주의를 끌기 위한) 선전 문구. 표어. 캐치프레이즈.

歌い上げる[うたいあげる] ①소리높여 노래하다. ②시나 노래로 표현하다. ③강조하다. 선전하다.

歌声[うたごえ] 노랫소리. 합창(合唱).

歌い手[うたいて] ①가수. 소리꾼. ②노래를 잘 부르는 사람.

歌詠み[うたよみ] 和歌(わか)를 잘 짓는 사람.

歌人[うたびと] ①和歌(わか)를 잘 짓는 사람. ②시인. ③≪古≫ 雅楽寮(ががくりょう)에 속하여 노래하는 가수.

歌枕[うたまくら] ①和歌(わか)의 소재가 된 명승지. ②和歌(わか)의 자료집.

歌合(わ)せ[うたあわせ] (平安(へいあん) 시대에) 두 패로 나뉘어 和歌(わか)를 지어 승부를 겨루던 귀족들의 놀이.

歌合戦[うたがっせん] 노래 시합. 노래 대항전.

歌姫[うたひめ] ≪雅≫ ①여류 가수. ②노래를 잘 부르는 여인.

音読

歌曲[かきょく] 가곡; 성악을 위한 곡.

歌劇[かげき] 가극; 오페라.

歌道[かどう] 和歌(わか)의 도(道). 和歌(わか)를 짓는 기술·작법.

歌舞[かぶ] 가무; ①노래와 춤. ②노래하고 춤을 춤.

歌舞伎[かぶき] 가부키. (에도 시대에 발달하고 완성된) 일본의 전통적인 민중 연극.

歌舞伎座[かぶきざ] 가부키 극장.

歌詞❶[かし] (가곡·가요 등의) 가사. ❷[うたことば] 和歌(わか)에 사용하는 말.

歌聖[かせい] 가성; 和歌(わか)에 재능이 뛰어난 사람.

²歌手[かしゅ] 가수; 노래를 부르는 것을 업으로 삼는 사람.

歌語[かご] 가어; 주로 和歌(わか)에만 사용하는 특수한 말.

²歌謡[かよう] 가요; 노래의 총칭.

歌謡曲[かようきょく] 가요곡; ①근대·현대의 일본의 유행가. ②서양의 가곡(歌曲).

歌人[かじん] 가인; 和歌(わか)를 짓는 것을 전문으로 하는 사람.

歌集[かしゅう] 가집; ①가곡집. 가요집. ②和歌(わか)를 모은 책.

歌風[かふう] 가풍; 和歌(わか)의 작풍(作風).

歌会[かかい] 가회; 和歌(わか)를 지어서 서로 발표하는 모임.

稼　농사 가

⼆ 千 禾 禾 秒 秏 秏 稼 稼 稼

音 ●カ

訓 ●かせぐ

訓読

²稼ぐ[かせぐ] 〈5自〉 ①열심히 일하다. ②(돈을) 벌다. ③(운동경기에서) 득점하다. 점수를 올리다.

稼ぎ[かせぎ] ①돈벌이. (일을 하여) 수입을 얻음. ②생업. 일자리. 직업.

稼ぎ高[かせぎだか] 수입액. 벌이한 금액.

稼ぎ口[かせぎぐち] 일자리. 직업.

稼ぎ手[かせぎて] ①(한 집안의) 돈벌이하는 사람. ②열심히 일하는 사람.

稼ぎ人[かせぎにん] ①부지런히 일하는 사람. ②(한 집안을) 벌어 먹이는 사람. 돈벌이하는 사람.

稼ぎ出す[かせぎだす] 〈5他〉 ①돈벌이하기 시작하다. ②일을 해서 돈벌이하다.

音読

稼働[かどう] 가동; ①기계를 움직임. ②돈벌이를 위하여 일함. 생산에 종사함.

稼働人口[かどうじんこう] 취업 인구.

稼得[かとく] 가득; 일을 하거나 서비스를 제공하여 소득을 얻음.

稼業[かぎょう] 가업; 생계를 꾸려가기 위한 일. 직업. 생업. 가업.

伽　절 가
音 ⊗カ ⊗ガ
　 ⊗キャ
訓 ⊗とぎ

訓読

⊗伽[とぎ] ①말벗. ②간병(看病). ③간병인(看病人). ④잠자리의 시중을 듦.

お伽[おとぎ] ①말벗. 말상대. ②귀인 옆에서 잠을 같이 자는 여자. ③(초상집에서) 밤샘을 함. ④동화(童話).

お伽坊主[おとぎぼうず] ①(초상집에서) 밤을 새워 독경하는 승려. ②밤에 大名(だいみょう) 등의 말상대를 하던 승려.

音読

伽羅[きゃら] ①침향(枕香). 침향나무. ②침향의 향료(香料).

伽藍[がらん] 가람; 절(寺).

呵 꾸짖을/웃을 가
音 ⊗カ
訓 ⊗しかる

音読
³⊗呵る[しかる] 〈5他〉 꾸짖다. 야단치다.
呵り付ける[しかりつける] 〈下1他〉 호통 치다. 야단치다. 몹시 꾸짖다.
音読
呵責[かしゃく] 가책; 몹시 꾸짖음.

茄 가지 가
音 ⊗カ
訓 ⊗なす

訓読
⊗茄[なす] ➡ 茄子
⊗茄子[なす/なすび] ① 《植》 가지. ②(입이 크고 중배가 볼록한) 가지 모양의 엽차 용기. *'なすび'는 'なす'의 별명임.
⊗茄子紺[なすこん] 가지 색. 남빛.

苛 독할/매울 가
音 ⊗カ
訓 ⊗さいなむ ⊗いじめる ⊗いら…

訓読
⊗苛む[さいなむ] 〈5他〉 ①꾸짖다. 책망하다. ②못살게 하다. 들볶다.
²⊗苛める[いじめる] 〈下1他〉 학대하다. 괴롭히다. 못살게 굴다. 곯리다.
苛苛しい[いらいらしい] 〈形〉 초조하다. 조바심이 나다. 짜증스럽다.
音読
苛斂誅求[かれんちゅうきゅう] 가렴주구; 세금 등을 가혹하게 징수함.
苛性[かせい] 가성; 동물의 피부나 세포 조직을 짓무르게 하는 성질.

枷 도리깨 가
音 ⊗カ
訓 ⊗かせ

訓読
⊗枷[かせ] ①옛날의 고랑·차꼬·칼 등의 형구(刑具)를 말함. ②(비유적으로) 방해물. ③三味線(しゃみせん)의 음조를 조절하는 줄 굄목.
枷杭[かせぐい] (비유적으로) 자유로운 행동을 방해하는 방해물. 짐스러운 것.

珈 머리꾸미개 가
音 ⊗カ
訓 —

音読
珈琲[★コーヒー] 커피.
珈琲の木[★コーヒーのき] 《植》 커피나무.
珈琲沸(か)し[★コーヒーわかし] 커피포트. 커피를 끓이는 기구.

痂 딱지 가
音 ⊗カ
訓 ⊗かさぶた

訓読
⊗痂[かさぶた] 부스럼 딱지.

袈 가사 가
音 ⊗ケ
訓 —

音読
袈裟[けさ] 《仏》 ①가사; 법의(法衣). 승복. ②'袈裟懸(けさがけ)'의 준말

嘉 아름다울 가
音 ⊗カ
訓 ⊗よみ ⊗よし

訓読
⊗嘉する[よみする] 〈サ変他〉 (귀인 등이 아랫사람을) 칭찬하다. 갸상히 여기다.
音読
嘉賞[かしょう] 가상; 칭찬하여 기림. 좋다고 칭찬함.
嘉日[かじつ] 가일; 좋은 날. 길일.

榎 개오동나무 가
音 ⊗カ
訓 ⊗えのき

訓読
⊗榎[えのき] 《植》 팽나무.
榎茸[えのきたけ] 《植》 팽이버섯.

駕 가마 가
音 ⊗カ ⊗ガ
訓 —

音読
駕[が] 탈것. 말이 끄는 수레나 가마.
駕する[がする] 〈サ変自〉 ①(탈 것을) 타다. ②능가하다. (남보다) 뛰어나다.
駕籠屋[かごや] 가마꾼.

[각]

各　　각각 각

ノ ク タ 冬 各 各

音 ●カク
訓 ●おのおの

訓読
²●各[おのおの] ①각각. 각자. 제각기. ②여러분.
²各各[おのおの] 각각; 각자. 제각기.

音読
各[かく] 각; 각각. 제각기.
各個[かっこ] 각개; 각각. 제각기.
各階[かくかい] (건물의) 각층. 각층마다.
各階止(ま)り[かくかいどまり] (엘리베이터 등이) 각층마다 멎음.
各科[かっか] 각과; 각각의 과목・학과.
各課[かっか] 각과; 책 내용의 각각의 과.
各校[かくこう] 각교; 각 학교.
各国[かっこく] 각국; 여러 나라.
各論[かくろん] 각론; 각각의 항목에 대한 의논이나 논설.
各般[かくはん] 각반; 제반. 여러 가지.
各部[かくぶ] 각부; ①각각의 부. ②각 부분.
各省大臣[かくしょうだいじん] 각부 장관(長官). ＊한국의 중앙 행정부의 각 부처의 장관에 해당함.
各所[かくしょ] 각처; 여기저기. 여러 곳.
各氏[かくし] 여러분. 제씨(諸氏).
各様[かくよう] 각양; 각색(各色).
各駅[かくえき] 각역; 모든 역.
各員[かくいん] 각원; 각자.
各月[かくげつ] 각월; 매월. 매달. 다달이.
各位[かくい] 각위; 여러분. 제위(諸位).
各人[かくじん] 각인; 각자.
²各自[かくじ] 각자; 제각기. 저마다.
各停[かくてい] '各駅停車'의 준말.
各町村[かくちょうそん] (행정 구역의) 각 町(ちょう) 와 村(そん).
¹各種[かくしゅ] 각종; 여러 종류.
²各地[かくち] 각지; 각처. 여러 곳.
各庁[かくちょう] 각청; 각 관청.
各派[かくは] 각파; 각각의 유파(流派).

却　　물리칠/물러날 각

一 十 土 去 去 去] 却

音 ●キャク
訓 ⊗かえって

²却って[かえって] 오히려. 도리어. 반대로.

音読
却下[きゃっか] 각하; ①청원(請願) 등을 물리침. ②(관청이나 재판소에서) 신청이나 소송을 받지 않고 물리침.

角　　뿔/모날 각

ノ ク グ グ 角 角 角

音 ●カク
訓 ●かど ●つの

訓読
⁴●角❶[かど] ①모난 귀퉁이. 모서리. ②구석. ③모. 규각(圭角).
¹●角❷[つの] ①(동물의) 뿔. ②뿔 모양의 것. ③여자의 질투. ❸[かく] ☞ [音読]
角角しい[かどかどしい] 〈形〉 ①모가 많다. 모지다. ②(성격・인품이) 모가 나다. 원만하지 않다.
角突き合い[つのつきあい] (사이가 나빠서) 늘 충돌함. 서로 으르렁거림.
角力[★すもう/かくりょく] (일본) 씨름.
角立つ[かどだつ] 〈5自〉 ①(물체의 표면이) 모가 나다. ②(인간관계가) 모나다. 껄끄러워지다.
角立てる[かどだてる] 〈下1他〉 ①(물체를) 모나게 하다. ②(인간관계를) 껄끄럽게 하다.
角目立つ[つのめだつ] 〈5自〉 ①다투다. 으르렁거리다. ②서로 흥분해서 충돌하다. 감정적으로 대립하다.
角番[かどばん] ①(장기나 씨름에서) 판가름 나는 마지막 판. 승패의 기로로. ②운명의 갈림길. 인생의 기로.
角書(き)[つのがき] (책・논문 등의 제목 다음에) 간단하게 내용을 두 줄로 적은 것.
角細工[つのざいく] 뿔 세공.
角隠(し)[つのかくし] (일본 결혼식 때) 신부가 머리에 쓰는 흰 천.
角笛[つのぶえ] 뿔피리.

音読

¹●角❶[かく] 각; ①네모. ② ≪数≫ 각. 각도. ③일본 장기 말 '角行(かっこう)'의 준말. ❷[かど/つの] ☞ [訓読]

角い[かくい] 〈形〉 모나다. 네모지다.

角す[かくす] 〈5他〉 우열을 비교하다. 겨루다.

角界[かくかい/かっかい] 씨름계. 씨름꾼의 사회.

角襟[かくえり] 가슴 부분이 네모지게 트인 옷깃.

角帯[かくおび] (일본 옷에서) 두 겹으로 된 빳빳하고 폭이 좁은 남자용 허리띠.

²角度[かくど] 각도; ① ≪数≫ 각의 크기. ②관점. 견지. 방향.

角度定規[かくどじょうぎ] 각도 자. 각도기.

角力[かくりょく/すもう] (일본) 씨름.

角膜[かくまく] ≪生理≫ 각막; 안구(眼球)의 외벽을 덮는 막.

角膜炎[かくまくえん] ≪医≫ 각막염.

角帽[かくぼう] 각모; 사각모자.

角瓶[かくびん] 각병; 네모난 병.

角砂糖[かくざとう] 각설탕.

角袖[かくそで] ①(일본 남자 옷에서) 네모난 소매. ②일본 옷.

角袖巡査[かくそでじゅんさ] 사복(私服)을 입은 형사.

角刈り[かくがり] 상고머리. 바싹 추켜올려 깎아서 헤어스타일이 네모나게 한 남자 머리 스타일.

角作り[かくづくり] 생선회를 네모나게 치는 방법.

角張る[かくばる/かどばる] 〈5自〉①네모나다. 네모지다. ②(분위기가) 딱딱해지다. 굳어지다. 긴장하다.

角材[かくざい] 각재; 오리목.

角柱❶[かくちゅう] 각주; ①네모난 기둥. ② ≪数≫ 모기둥. 각도(角塔). ❷[かくばしら] ①네모난 기둥. ②대나무(竹)의 판 이름.

角質[かくしつ] ① ≪生理≫ 각질. ②뿔처럼 단단한 성질.

角錐[かくすい] ≪数≫ 각추; 각뿔.

角逐[かくちく] 각축; 서로 이기려고 경쟁함.

角皮症[かくひしょう] ≪医≫ 각피증.

角行灯[かくあんどん] 사방등(四方灯).

刻   새길 각

亠 一 亠 亅 亥 亥 刻 刻

音 ●コク

訓 ●きざむ

訓読

²●刻む[きざむ] 〈5他〉 ①잘게 썰다. ②새기다. 조각하다. ③(마음에) 새기다. 명심하다. ④(시간이) 일각일각 지나가다.

刻み[きざみ] ①새김. 새김자국. ¶～を入(い)れる 새기다. ②잘게 썬 담배. ③시간의 흐름. ④(접미어로 사용하여) …마다. 단계마다. 구분마다.

刻み付ける[きざみつける] 〈下1他〉 ①새기다. 새겨 넣다. 조각하다. ②(마음 속 깊이) 간직하다. 명심하다.

刻み足[きざみあし] 종종걸음. ¶～に歩(ある)く 종종걸음으로 걷다.

音読

刻[こく] ①(물시계의) 눈금. ②(옛날의 시간 단위로) 1각은 약 2시간.

刻する[こくする] 〈サ変他〉 새기다. 조각하다. 파다.

刻刻[こくこく/こっこく] 각각; 시시각각.

刻苦勉励[こっくべんれい] 각고면려; 모든 고생을 이겨내며 부지런히 노력함.

刻本[こくほん] 각본; 판본(版本). 목판에 새겨 인쇄한 책.

刻印[こくいん] 각인; ①도장을 새김. 새긴 도장. ②표지(標識) 새김. ③낙인(烙印).

刻一刻[こくいっこく] 각일각; 시시각각.

刻限[こくげん] 각한; ①정해진 시간. 한정된 시간. ②때. 시각(時刻).

脚   다리 각

丿 冂 月 月 肟 胪 胠 肤 胠 脚

音 ●キャ ●キャク

訓 ●あし

訓読

⁴●脚[あし] 발. 다리. 떠받치는 물건. ¶机(つくえ)の～ 책상 다리. ¶山(やま)の～ 산기슭. ¶船(ふね)の～ 배의 잠기는 부분.

脚湯[あしゆ] 각탕; (피로를 풀기 위해) 무릎 아래를 뜨거운 물에 담그는 일.

音読

脚光[きゃっこう] 각광; 풋라이트.
脚気[★かっけ] ≪医≫ 각기병(脚気病).
脚立[きゃたつ] (작업용) 접사다리.
脚半[きゃはん] 각반; 여행이나 등산할 때 다리에 감는 헝겊 띠.
¹脚本[きゃくほん] 각본; 대본. 시나리오.
脚部[きゃくぶ] 각부; 다리 부분.
脚色[きゃくしょく] 각색; 각본을 꾸밈.
脚線美[きゃくせんび] 각선미; 여자의 다리 곡선에서 느끼는 미(美).
脚韻[きゃくいん] 각운; 시구(詩句)의 끝 글자에 다는 운.
脚注[きゃくちゅう] 각주; 본문 밑에 다는 주석.

殻 (殻) 껍질 각

十 キ 声 声 声 声 壳 殼 殼 殻 殻

音 ●カク
訓 ●から

訓読

²●殻[から] ①깍지. 껍질. 껍데기. ¶豆(まめ)の～ 콩깍지. ¶貝(かい)の～ 조가비. ②허물. ¶蛇(へび)の～ 뱀의 허물. ③빈통. ¶缶詰(かんづめ)の～ 통조림의 빈통. ④¶お～ 비지. 두부찌꺼기.
殻粉[からこ] ①쌀가루나 밀가루로 만든 경단. ②밀기울.

音読

殻果[かくか] 각과; 견과(堅果).
殻物[かくぶつ] 각물; 조개류.
殻族[かくぞく] 각족; 조개류.

覚 (覺) 깨달을 각

丶 丷 一 半 当 当 宀 覚 覚 覚

音 ●カク
訓 ●おぼえる ●さます ●さめる ⊗さとる

訓読

⁴●覚える[おぼえる] 〈下1他〉 ①기억하다. ②느끼다. ③배우다. 익히다. 터득하다. ④≪老≫ 생각되다.
¹覚え[おぼえ] ①기억. 이해. ②신임. 총애. ③(솜씨에 대한) 자신. 능력. ④각서. 메모. ⑤평판. 소문.

覚えず[おぼえず] 무의식중에. 모르는 사이에.
覚(え)書(き)[おぼえがき] 각서; ①메모. 비망록(備忘録). ②조약에 부대(附帯)하는 간단한 외교 문서.
覚え帳[おぼえちょう] ①메모장. 메모 수첩. ②(가게에서) 매매 기록 장부.
²●覚ます[さます] 〈5他〉 ①(잠을) 깨우다. ¶目(め)を～ 잠을 깨다. ②깨우쳐 주다. 각성시키다. ③(술을) 깨우다.
²●覚める[さめる] 〈下1自〉 ①(잠이) 깨다. ¶目(め)が～ 잠이 깨다. ②제정신이 들다. ③(술이) 깨다. ¶酔(よ)いが～ 술이 깨다.
⊗覚しい[おぼしい] 〈形〉 …으로 생각되다. …으로 보이다. ¶犯人(はんにん)と～男(おとこ) 범인으로 보이는 남자.
⊗覚る[さとる] 〈5他〉 깨닫다. 이해하다. 똑똑히 알다. 알아차리다.

音読

覚醒[かくせい] 각성; ①눈을 뜸. 잠에서 깸. ②깨달음. 깨닫게 함.
²覚悟[かくご] 각오; ①앞으로 닥칠 일에 대한 마음가짐. ②깨달음.

閣 다락집 각

l r ſ ſ ſ' 門 門 門 閉 閉 閣 閣

音 ●カク
訓 ―

音読

閣[かく] 각; ①높은 건물. ②훌륭한 건물. ③'내각(内閣)'의 준말.
閣内[かくない] 각내; 내각의 내부.
閣令[かくれい] 각령; 내각의 지시 사항.
閣僚[かくりょう] 각료; 행정부의 각부 장관.
閣議[かくぎ] 각의; 내각의 장관 회의.

擱 놓을 각

音 ⊗カク
訓 ⊗おく

訓読

⊗擱く[おく] 〈5他〉 그만두다. 중지하다.

音読

擱岸[かくがん] 각안; 선박이 잘못되어 해안에 좌초함.
擱座[かくざ] 각좌; ①(선박이) 좌초함. ②(차량 등이) 망가져 움직이지 못하게 됨.

간

干   방패/마를 간

一 二 干

音 ◉カン
訓 ◉ほす ◉ひる

訓読

²◉干す[ほす] 〈5他〉 ①말리다. 건조시키다. ②바닥이 드러나도록 하다. ③ 《俗》 굵기다. ④ 《俗》 (흔히 수동형 문형으로) 무시당하다. 일거리를 받지 못하다. 외면당하다. ¶仕事(しごと)を干(ほ)される 일거리를 받지 못하다.
干(し)竿[ほしざお] 빨래 장대.
干し固める[ほしかためる] 〈下1他〉 (물기를) 말려서 굳히다.
干(し)物[ほしもの] ①볕에 말림. 말린 것. ②빨래. 세탁물.
干し上げる[ほしあげる] 〈下1他〉 ①(햇볕이나 불에) 바싹 말리다. ②아무 것도 먹이지 않고 괴롭히다. 굶기다.
干(し)柿[ほしがき] 곶감.
干(し)魚[ほしうお] 말린 생선. 건어(乾魚).
干(し)椎茸[ほししいたけ] 말린 표고버섯.
干(し)鮑[ほしあわび] 말린 전복.
干(し)葡萄[ほしぶどう] 건포도(乾葡萄).
干(し)海老[ほしえび] 말린 새우.
干(し)海鼠[ほしこ] 말린 해삼.
干(し)海苔[ほしのり] 해태(海苔). 말린 김.
◉干る[ひる] 〈上1自〉 ①(물기가) 마르다. ②조수(潮水)가 빠져 바닥이 드러나다. ③바닥나다. 다하다.
干からびる[ひからびる] 〈上1自〉 ①바싹 마르다. ②내용이 빈약하고 맛이 없다. 메마르다.
干菓子[ひがし] 마른 과자.
干物[ひもの] 건어물(乾魚物). 생선이나 조개 등을 말린 것.
干上がる[ひあがる] 〈5自〉 ①(물기가) 바싹 마르다. ②생계가 어려워지다.
干潟[ひがた] 간석지(干潟地). 썰물 때 나타나는 개펄.
干魚[ひうお] 건어(乾魚). 말린 물고기.
干割れる[ひわれる] 〈下1他〉 (너무 말라서) 갈라지다. 금이 가다. 터지다.

音読

干満[かんまん] 간만; 썰물과 밀물.
干犯[かんぱん/かんはん] 간범; 간섭하여 남의 권리를 침범함.
¹干渉[かんしょう] 간섭; ①참견. 남의 일에 끼어들어 이러쿵저러쿵함. ② 《物》 두 음파(音波)나 광파(光波)가 겹쳐서 강해지거나 약해지는 현상.
干潮[かんちょう] 간조; 썰물.
干支❶[かんし] 간지; 10간(干) 12지(支). ❷[えと] 육십갑자(甲子).
干拓地[かんたくち] 간척지; 호수·늪·바다를 메워 만든 경작지.
干天[かんてん] 한천(旱天). 가뭄 날씨.
干瓢[かんぴょう] 박오가리. 박고지.
干害[かんがい] 한해(旱害). 가뭄의 재해(災害). 가뭄이 계속되기 때문에 농작물 등이 입는 피해.

刊   책펴낼 간

一 二 干 刊 刊

音 ◉カン
訓 —

音読

刊[かん] 간; 간행. 출간(出刊). 출판.
刊する[かんする] 〈サ変他〉 책을 출판하다.
刊本[かんぽん] 간본; 간행본.
¹刊行[かんこう] 간행; 출판. 책을 인쇄하여 세상에 널리 펴냄.
刊行物[かんこうぶつ] 간행물; 출판한 책. 출판된 책.

肝   간/중요할 간

丿 刀 月 月 旷 肝 肝

音 ◉カン
訓 ◉きも

訓読

◉肝[きも] ① 《生理》 간; 간장(肝臓). ②내장. 오장육부. ③간담. 담력.
肝試し[きもだめし] 담력을 시험함. 담력을 시험하는 행사.
肝玉[きもだま] 담력. 배짱. 용기. 간덩이.
肝煎(り)[きもいり] (인간관계에서) 알선함. 주선함. 또는 그런 사람.

音読

肝硬変[かんこうへん] ≪医≫ 간경변.

肝膿瘍[かんのうよう] ≪医≫ 간농양.

肝脳[かんのう] 간뇌; 간장(肝臓)과 뇌수(脳髄).

肝胆[かんたん] 간담; ①간과 쓸개. ②본심. 속마음. ¶～相照(あいて)らす 서로 흉금을 터놓고 지내다.

¹肝腎[かんじん] 〈形動〉중요함. 소중함. 요긴함.

肝腎要[かんじんかなめ] 〈形動〉가장 중요함. 매우 소중함.

¹肝心[かんじん] 〈形動〉중요함. 소중함.

肝心要[かんじんかなめ] 〈形動〉가장 중요함. 매우 소중함.

肝炎[かんえん] ≪医≫ 간염; 간장염.

肝要[かんよう] 〈形動〉중요함. 긴요함.

肝臓[かんぞう] ≪生理≫ 간장; 간.

肝臓炎[かんぞうえん] ≪医≫ 간장염; 간염.

看　　볼 간

一 二 三 手 手 看 看 看 看

音 ●カン

訓 ⊗みる

訓読

⊗看る[みる] 〈上1他〉①(눈으로) 보다. ②구경하다. ③조사하다.

看做す[みなす] 〈5他〉간주하다. 인정하다. 여기다.

看取り[みとり] 병간호. 병구완.

看破る[みやぶる] 〈5他〉간파하다. 꿰뚫어 보다.

音読

看過[かんか] 간과; ①눈감아 줌. 보아 넘김. ②보지 못하고 넘어감.

²看病[かんびょう] 간병; 병간호. 병구완.

²看病人[かんびょうにん] 간병인; 간호하는 사람.

看病疲れ[かんびょうづかれ] 병간호의 피로.

看守[かんしゅ] 간수; ①(교도소에서) 죄인을 감시하는 사람. 교도관. ②파수 보는 사람. 파수꾼.

看視[かんし] 경계하며 감시함.

看取[かんしゅ] 간취; 간파함. 보고 알아차림.

看破[かんぱ] 간파; 숨겨진 사실을 알아차림. 꿰뚫어 봄.

²看板[かんばん] ①간판. ②(대외적인) 명분. ③명성. 신용. ④외관. 모양.

看板娘[かんばんむすめ] (가게에서) 손님을 끌기 위해 두는 아가씨.

看板倒れ[かんばんだおれ] 유명무실. 실속이 없음.

¹看板屋[かんばんや] 간판 가게.

¹看病[かんご] 간호; 환자를 돌봄.

看護兵[かんごへい] 간호병; 위생병.

²看護婦[かんごふ] (여자) 간호사.

²看護士[かんごし] (남자) 간호사.

²看護師[かんごし] 간호사.

看護人[かんごにん] 간호인.

看護疲れ[かんごづかれ] 병간호의 피로.

看護学[かんごがく] 간호학; 간호를 위한 이론과 학문

間　　사이 간

丨 冂 冂 冂 冂 門 門 間 間 間

音 ●カン ●ケン

訓 ●あいだ ●ま ⊗あい

訓読

³間❶[あいだ] ①(공간적인) 사이. ②(정해진 시간적인) 사이. 동안. ③(한정된 기간·시간) 짬. ¶～を取(と)る 중간을 취하다. ⑤(사람과 사람) 사이. ¶夫婦(ふうふ)の～ 부부 사이.

²●間❷[ま] ①(공간적인) 틈. 간격. ¶木(き)の～ 나무와 나무 사이. ②(어떤 현상이 중지되는) 짬. 시간. ¶休(やす)む～もない 쉴 짬도 없다. ③(마침 좋은) 기회. 때. ¶～を見(み)て言(い)う 기회를 보아 말을 하다. ④다다미 방. ¶六畳(ろくじょう)～ 다다미 6장짜리 방. ⑤(음악이나 무곡의) 가락.

⊗間❸[あい] ①'幕間(まくあい)'의 준말. ②'間狂言(あいきょうげん)'의 준말. ③'間服'의 준말.

²間もなく[まもなく] 곧. 머지않아. 이윽고.

間口[まぐち] ①(토지·가옥의) 정면의 폭. ②(지식·연구·사업의) 영역의 넓이. 활동의 폭.

間近[まぢか] 〈形動〉①(거리가) 아주 가까움. ②(시간적으로) 아주 가까움.

間近い[まぢかい] 〈形〉(거리나 시간이) 아주 가깝다. 임박하다.

間貸し[まがし] 셋방을 놓음.

間も無く[まもなく] 곧. 머지않아. 이윽고.

間拍子[まびょうし] ①그 순간. 그 찰나.
②(음악의) 박자.

間抜け[まぬけ] ①얼간이. 멍청이. 《形動》
멍청함. 바보짓을 함.

間柄[あいだがら] (사람과의) 관계. 사이.

間仕切り[まじきり] 칸막이.

間数❶[まかず] 방의 수효. 칸수. ❷[けんす
う] 간수; 칸으로 잰 길이.

間食い[あいだぐい] 간식.

間延び[まのび] ①사이가 뜨고 느림. 지루
하고 김이 빠짐. ②멍청함. 흐리멍텅함.

間遠[まどお] ①(거리나 시간적으로) 사이가
떨어져 있음. 간격이 벌어짐. ②피륙의 발
이 설핌.

間遠い[まどおい] 《形》 (거리나 시간적으로)
사이가 떨어져 있다. 뜸하다. 멀다.

²**間違い[まちがい]** ①틀림. 잘못. ②실수.
과실. ③사고. 돌발. 말썽. 불상사.

²**間違う[まちがう]** 《5自》 잘못되다. 틀리다.
그릇되다. 실수하다.

²**間違える[まちがえる]** 《下1他》 ①잘못하다.
틀리게 하다. 실수하다. ②잘못 알다. 착
각하다.

間違っても[まちがっても] (부정문에서) 어
떤 일이 있어도. 결단코. 절대로.

間引く[まびく] 《5他》 ①솎아 내다. ②사이
에 있는 것을 없애다. ③(에도 시대에 가
난한 집에서 양육이 어려워) 갓난아이를
죽이다.

間引き[まびき] 솎음. 솎음질.

間際[まぎわ] ①(어떤 일이 행해지기) 직전.
②바로 옆.

間借り[まがり] 세를 듦.

間借り人[まがりにん] 세든 사람. 셋방살이
하는 사람.

間尺❶[ましゃく] ①건축 공사의 치수. ②(수
지의) 계산. 비율. 수지(収支). ❷[けんじゃ
く] ①(모내기의) 못줄. ②(측량용으로) 1칸
마다 표를 한 줄.

間取り[まどり] 방의 배치.

間に合い[まにあい] 임시변통. 임시 대용.

³**間に合う[まにあう]** 《5自》 ①(늦지 않게) 시
간에 대다. ②급한 대로 쓸 수 있다. 아
쉬운 대로 도움이 되다. ③족하다. 충분
하다.

間に合(わ)せ[まにあわせ] 임시변통.

---

²**間❶[かん]** ①사이. ¶生死(せいし)の〜생사지
간. ②기회. 틈. ¶その〜に乗(じょう)じて
그 틈을 타서. ③첩자. ¶〜を敵(てき)に送る
첩자를 보내다. ④불화. ¶〜を生(しょう)じ
る 사이가 나빠지다. 불화가 생기다.

間❷[けん] 간; ①(길이의 단위로 일본 고
대 건축에서) 두 기둥 사이. 6자. 약
1.82미터. ②(바둑·장기판의) 눈.

²**間隔[かんかく]** 간격; ①물건과 물건의 사이.
②시간의 차이.

間隙[かんげき] 간극; ①틈. ②불화. 반목.
③방심. 허(虚).

間欠[かんけつ] 간헐(間歇). 주기적으로 일
어났다 그쳤다 함.

間脳[かんのう] 간뇌; 대뇌(大脳)와 중뇌(中
脳) 사이에 있는 뇌의 일부.

間断[かんだん] 간단; ①잠깐 동안 끊김.
②틈. 쉴 사이.

間断なく[かんだんなく] 끊임없이. 쉴 새 없
이. 줄기차게.

間道[かんどう] 간도; 샛길. 지름길.

間髪[かんぱつ] 간발. ¶〜を入(い)れず 즉각.

間伐[かんばつ] 간벌; 솎아베기.

間色[かんしょく] 간색; 중간색.

間税[かんぜい] 간세; 간접세(間接税).

間数❶[けんすう] 간수; 칸으로 잰 길이.
❷[まかず] 방의 수효. 칸수.

間食[かんしょく] 간식; 식사 사이에 먹는
음식.

間一髪[かんいっぱつ] 간일발; 아슬아슬함.
＊사이가 머리카락 하나 정도밖에 안 된
다는 뜻으로 매우 위태로움을 표현하는
말임.

間者[かんじゃ] 간자; 스파이.

間作[かんさく] 《農》 간작; ①사이짓기.
②어떤 농작물을 수확하고 나서, 다음 농
작물을 심기까지 그곳에 다른 농작물을
재배함.

²**間接[かんせつ]** 간접; 중간 매개를 통해 연
락하는 관계.

間接費[かんせつひ] 간접비; 간접 비용.

間接税[かんせつぜい] 간접세; 간접 세금.

間奏[かんそう] 《楽》 간주; 어떤 곡의 도
중에서 기분을 표현하기 위해 연주하는
부분.

間奏曲[かんそうきょく] 간주곡.

間諜[かんちょう] 간첩; 스파이.

幹 줄기 간

一 十 古 古 直 卓 斡 幹 幹 幹

- **音** ●カン
- **訓** ●みき

訓読
1 ●**幹**[みき] ①나무줄기. ②(사물의) 줄거리. 골자. 주요 부분.

音読
幹流[かんりゅう] 간류; 주류(主流).
1 **幹部**[かんぶ] 간부; 단체의 주축이 되는 사람.
幹部会[かんぶかい] 간부회; 간부회의. 간부 모임.
幹事[かんじ] 간사; ①(어떤 단체의) 사무를 담당함. ②행사 등의 일을 맡아 주선하는 사람.
幹事長[かんじちょう] 간사장; (어떤 단체의) 사무를 담당하는 사람들의 우두머리.
1 **幹線**[かんせん] 간선; 철도·도로·송전선 등의 주요한 선.
幹枝[かんし] 간지; ①나무의 줄기와 가지. ②천간(天干)과 지지(地支).

墾 개간할 간

乊 乥 多 豸ㅋ 豸P 豸P 豸艮 豸艮 墾 墾 墾

- **音** ●コン
- **訓** ―

音読
墾田[こんでん/はるた] 간전; 개간한 논밭.
◑**開墾**[かいこん]

懇 간절할/정성 간

一 乥 弖 多 豸ㅋ 豸ㅋ 豸P 豸P 豸艮 懇

- **音** ●コン
- **訓** ●ねんごろ

訓読
●**懇ろ**[ねんごろ]〈形動〉①공손함. 정중함. 예의 바름. ②친함. 친밀함. ③남녀가 정을 통함.

音読
懇懇と[こんこんと] 간절히. 간곡히.
懇談[こんだん] 간담; 모여서 정답게 터놓고 이야기함.
懇談会[こんだんかい] 간담회.
懇篤[こんとく] 간독; 친절하고 극진함.
懇望[こんもう] 간망; 간절한 부탁·희망.
懇願[こんがん] 간원; 간청. 간절히 원함.
懇願者[こんがんしゃ] 간원자; 간청자(懇請者).
懇意[こんい]〈形動〉①친밀함. 서로 허물이 없음. ②친절한 마음. 호의.
懇切[こんせつ]〈形動〉자상하고 친절함.
懇請[こんせい] 간청; 간절히 청함.
懇親[こんしん] 간친; 친목(親睦).
懇親会[こんしんかい] 간친회; 친목회.
懇話[こんわ] 간담(懇談). 모여서 정답게 터놓고 이야기함.
懇話会[こんわかい] 간담회(懇談会).

簡 대쪽/간략할 간

𥫗 𥫗 𥫗 𥫗 𥫗 簡 簡 簡 簡 簡

- **音** ●カン ⊗ケン
- **訓** ―

音読
簡[かん] ①간단함. 간편함. 손쉬움. ②편지. 서간(書簡).
簡にして[かんにして] 간단하면서도.
1 **簡潔**[かんけつ] 간결; 요령 있고 간단함.
3 **簡単**[かんたん]〈形動〉간단; 간편함.
簡単明瞭[かんたんめいりょう] 간단명료.
簡単服[かんたんふく] 간단복; 간단한 여름용 원피스.
簡略[かんりゃく] 간략; 손쉽고 간단함.
簡明[かんめい] 간명; 간단하고 분명함.
簡抜[かんばつ] 간발; 여러 가운데서 가려 뽑음. 선발함.
簡素[かんそ] 간소; 간략하고 꾸밈이 없음.
簡約[かんやく] 간약; 요점만 골라서 간략하게 줄임.
1 **簡易**[かんい] 간이; 간단하고 손쉬움.
簡体字[かんたいじ] 간체자; 중국의 문자 개혁에 의해 제정된 간략한 자체의 한자(漢字).
簡便[かんべん] 간편; 간단하고 편리함.

奸 간사할 간

音 ⊗カン
訓 ―

音読
奸計[かんけい] 간계; 간사한 계략.
奸物[かんぶつ] 간물; 간사한 인물.
奸臣[かんしん] 간신; 간악한 신하.
奸悪[かんあく] 간악; 간사하고 악독함.
奸雄[かんゆう] 간웅; 간교한 영웅.
奸賊[かんぞく] 간적; 철저한 악인.
奸知[かんち] 간지; 간사한 꾀.
奸智[かんち] ☞ 奸知

姦 간음할 간

音 ⊗カン
訓 ⊗かしましい

訓読
⊗**姦しい**[かしましい] 〈形〉 떠들썩하다. 시끄럽다. 소란스럽다.

音読
姦する[かんする] 〈サ変他〉 (여자를) 범하다. 〈サ変自〉 간통하다.
姦計[かんけい] 간계; 간사한 계략.
姦物[かんぶつ] 간물; 간사한 인물.
姦夫[かんぷ] 간부; 간통한 사내.
姦婦[かんぷ] 간부; 간통한 여자.
姦臣[かんしん] 간신; 간악한 신하.
姦悪[かんあく] 간악; 간사하고 악독함.
姦淫[かんいん] 간음; 결혼한 남녀가 불륜의 육체관계를 맺는 일.
姦賊[かんぞく] 간적; 철저한 악인.
姦知[かんち] 간지; 간사한 꾀.
姦智[かんち] ☞ 姦知
姦通[かんつう] 간통; 결혼한 사람이 다른 이성과 육체관계를 맺음.
姦通罪[かんつうざい] 간통죄.

竿 장대 간

音 ⊗カン
訓 ⊗さお

訓読
¹⊗**竿**[さお] ①장대. 작대기. ②삿대. ③저울대. ④三味線(しゃみせん)의 줄이 매워져 있는 길쭉한 부분. ⑤장롱의 건너지르는 멜대. ⑥≪隠≫ 음경(陰莖).
竿頭❶[さおがしら] 그 날 그 배에서 물고기를 가장 많이 낚은 사람. ❷[かんとう] 간두; 장대 끝.

竿登り[さおのぼり] 똑바로 세운 긴 장대에 기어 올라가 여러 가지 곡예를 하는 묘기.
竿釣り[さおづり] 대낚시.
竿竹[さおだけ] 대나무 장대.

諫 ˣ(諫) 간할 간

音 ⊗ナン
訓 ⊗いさめる

訓読
⊗**諫める**[いさめる] 〈下1他〉 간하다. 간언 (諫言)하다. 충고하다.
諫め[いさめ] 간언(諫言). 충고함.

音読
諫死[かんし] 간사; 죽음을 각오하고 간함.
諫言[かんげん] 간언; 충고함.
諫止[かんし] 간지; 간하여 말림.

燗 (燗) 술데울 간

音 ⊗カン
訓 ―

音読
燗[かん] (중탕으로) 술을 알맞게 데움. ¶〜をつける 술을 알맞게 대우다.
燗する[かんする] 〈サ変他〉 술을 데우다.
燗冷(ま)**し**[かんざまし] 데웠다가 식은 술.
燗番[かんばん] (요릿집에서) 술을 데우는 사람.
燗酒[かんざけ] 데운 술.

癎 (癎) 경풍 간

音 ⊗カン
訓 ―

音読
癎立つ[かんだつ] 〈5自〉 신경질적이 되다.
癎声[かんごえ] 간성; 신경질적인 목소리.
癎性[かんしょう] 간성; 신경질적임.
癎癪[かんしゃく] 간적; 짜증.
癎癪持ち[かんしゃくもち] 화를 잘 내는 사람.
癎症[かんしょう] 간증; 신경질적임.
癎持ち[かんもち] 화를 잘 내는 사람.

艱 어려울 간

音 ⊗カン
訓 ―

音読
艱苦[かんく] 간고; 고생. ¶〜をものともせず 고생을 대수롭지 않게 여기다.
艱難[かんなん] 간난; 고난. 고생.
艱険[かんけん] 간험; 험난함.

갈

喝(喝) 꾸짖을 갈

丨 ㄇ ㅁ ㅁ' 叩 旪 叩 喝 喝 喝

音 ◉カツ
訓 —

音読

喝采[かっさい] 갈채; 크게 소리를 지르며 칭찬하여 줌.

渴(渴) 목마를 갈

丶 氵 氵 汈 沪 沪 沪 渴 渴 渴

音 ◉カツ
訓 ◉かわく

訓読

2◉**渇く**[かわく] 〈5自〉 (목이) 마르다. 갈증이 나다. ¶ 喉(のど)が~ 목이 마르다.

渇き[かわき] ①갈증. 목마름. ②갈구(渴求).

音読

渇望[かつぼう] 갈망; 목이 말라 물을 원하듯이 몹시 바람.

褐(褐) 굵은베옷 갈

ㇷ 衤 衤 衤 衤 衵 衵 裼 褐 褐

音 ◉カツ ⊗カチ
訓 —

音読

褐色❶[かっしょく] 갈색. 다색(茶色). ❷[かついろ/かちいろ] 검은 빛을 띤 쪽빛.

葛×(葛) 칡 갈

音 ⊗カツ
訓 ⊗くず ⊗つづら ⊗かずら

訓読

⊗**葛**❶[くず] ≪植≫ 칡. ❷[つづら] ≪植≫ ①댕댕이 덩굴. ②칡의 딴이름. ❸[かずら] 덩굴. 덩굴 풀의 총칭.

葛掛け[くずかけ] 간을 맞춘 갈분 국물을 친 요리.

葛練り[くずねり] 갈분을 물에 개어 설탕을 넣고 졸여서 식힌 것.

葛溜り[くずだまり] 술간장 등으로 간을 맞추어 걸쭉하게 만들고 끓인 갈분 음식.

葛粉[くずこ] 갈분; 칡가루.

葛羊羹[くずようかん] 갈분과 팥소를 넣어 굳힌 양갱.

葛湯[くずゆ] 갈분탕.

葛布[くずふ] 갈포; 칡의 섬유로 만든 피륙.

葛餡[くずあん] 걸쭉한 녹말 국물.

音読

葛根[かっこん] 갈근; 칡뿌리.

葛根湯[かっこんとう] 갈근탕. *한방약임

葛藤❶[かっとう] 갈등; 마음속에 상반되는 욕구가 일어나 어느 쪽을 선택해야 좋을지 모름. ❷[つづらふじ] ≪植≫ 댕댕이덩굴.

葛衣[かつい] 갈의; 칡 섬유로 만든 홑옷.

감

甘 달 감

一 十 卄 廿 甘

音 ◉カン
訓 ◉あまい ◉あまえる ◉あまやか ◉あまやかす

訓読

4◉**甘い**[あまい] 〈形〉 ①(맛이) 달콤하다. 달다. ②(간이) 싱겁다. 심심하다. ③(느낌이) 달콤하다. ④(사랑이) 아기자기하다. ⑤(태도가) 너그럽다. 무르다. 후하다. 느슨하다. 낙관적이다. ⑥안이하다. 어수룩하다. ⑦느슨하다. 헐렁하다. ⑧무디다. ⑨시세가 약간 내림새다.

1◉**甘える**[あまえる] 〈下1自〉 ①응석부리다. 어리광부리다. ②(호의・친절에) 힘입다.

甘えん坊[あまえんぼう] 응석받이. 어리광부리는 아이.

甘さ[あまさ] 닮. 달콤함.

甘み[あまみ] ①단맛. 닮. ②단것.

甘ったるい[あまったるい] 〈形〉 ①지나치게 달다. 다디달다. ②무척 다정하다. 아기자기하다. ③어리광스럽다. ④(모양・성격이) 너절하다. 흐리멍덩하다.

甘ったれる[あまったれる]〈下1自〉몹시 어리광부리다. 응석부리다.

甘っちょろい[あまっちょろい]　〈形〉《俗》(생각이 깊지 않고) 안이하다.

●甘やか[あまやか]〈形動〉맛이 단 듯함.

²●甘やかす[あまやかす]〈5他〉응석을 받아 주다. 버릇없이 기르다.

甘んじる[あまんじる]〈上1自〉①만족하다. ②달게 받다. 감수하다.

甘んずる[あまんずる]〈サ変自〉①만족하다. ②달게 받다. 감수하다.

¹甘口[あまくち]①맛이 삼삼함. 순한 맛이 돎. ②단 것을 좋아함. ③달콤한 말. 솔깃한 말. 감언(甘言). ④우둔함. 약간 모자람.

甘納豆[あまなっとう]삶은 콩이나 팥을 설탕에 버무린 과자.

甘党[あまとう]단 것을 좋아하는 사람.

甘栗[あまぐり](뜨거운 자갈 속에서) 감미료를 첨가하여 구운 밤.

甘味[あまみ/かんみ]①닮. 단맛. ②단것.

甘柿[あまがき]단감.

甘食[あましょく]원추꼴 모양의 달콤한 빵.

甘辛い[あまからい]〈形〉①달고 짭짤하다. ②(추억이) 새콤달콤하다.

甘辛両刀使い[あまからりょうとうづかい]단것과 술을 다 좋아함. 또는 그런 사람.

甘辛煮[あまからに]달고 짭짤하게 졸인 조림.

甘塩[あまじお]①(간이) 싱거움. ②(생선을) 싱겁게 간함. 살짝 절임.

甘酒[あまざけ]감주; 단술.

甘茶[あまちゃ]①《植》산수국(山水菊). ②감차. *산수국 잎을 말려서 끓인 차.

甘酢[あまず]초간장.

【音読】

甘苦[かんく]감고; ①단 것과 쓴 것. ②즐거움과 고생. 고락(苦樂).

甘露[かんろ]감로; ①달콤한 이슬. ②아주 달고도 맛이 좋음.

甘味料[かんみりょう]감미료.

甘美[かんび]감미; 달콤하고 아름다움.

甘受[かんじゅ]감수; 달게 받아들임.

甘心[かんしん]감심; ①만족함. 달게 여김. ②마음껏 행동함.

甘言[かんげん]감언; 달콤한 말.

甘薯[かんしょ]고구마. 'さつまいも'의 딴이름.

甘藷[かんしょ]고구마. 'さつまいも'의 딴이름.

紺　　감색 감

ˊ　ˊ　ˇ　ˇ　糸　糸ˉ　紺　紺　紺　紺

【音】●コン
【訓】―

【音読】

²紺[こん]감색. 자청색(紫青色).

紺サージ[こんサージ]감색 천.

紺碧[こんぺき]감청색. 검푸름.

紺絣[こんがすり]☞ 紺飛白

紺飛白[こんがすり]스친 듯한 무늬가 있는 감색 옷감.

紺糸[こんいと]감색 실.

紺色[こんいろ]감색. 자청색(紫青色).

紺染め[こんぞめ]감색으로 물들임.

紺屋[★こうや/こんや]①염색집. ②염색하는 사람.

紺地[こんじ]감색 바탕의 천.

紺青[こんじょう]감청; 선명한 낙빛.

勘　　헤아릴 감

一　十　廿　甘　甘ˊ　其　其ˇ　甚　勘ˉ　勘

【音】●カン
【訓】―

【音読】

²勘[かん]감; 육감(六感). 직감력.

勘当[かんどう]의절(義絕). 인연을 끊음.

¹勘弁[かんべん]용서함. 참음.

勘案[かんあん]감안;이리저리 생각해 봄.

²勘違い[かんちがい]착각. 오해. 잘못 생각함.

²勘定[かんじょう]①셈. 계산. ②(금전의) 계산. 대금 지불. ③(부기의) 계정(計定). ④예상. 고려. 계산.

勘定高い[かんじょうだかい]〈形〉타산적이다.

勘定科目[かんじょうかもく]계정 과목.

勘定口座[かんじょうこうざ]계정 계좌.

勘定方[かんじょうかた]금전 출납 담당.

勘定書[かんじょうがき]계산서.

勘定日[かんじょうび]①월급날. ②외상값 계산하는 날. ③《経》(증권 거래소의) 정기 결산일.

勘合[かんごう]대조 확인. ①진위(真偽) 여부를 조사함. 조사하여 맞추어 봄. ②'勘合符'의 준말.

堪 　견딜 감

土　圵　圵　圹　坩　坩　堪　堪　堪　堪

音 ◉カン ⊗タン
訓 ◉たえる ⊗たまる ⊗こらえる

訓読

²◉堪える[たえる] 〈下1自〉 ①참고 견디다. ②(외부의 힘이나 작용을) 감당해 내다. ③…할 만하다.

²⊗堪える[こらえる] 〈下1自〉 ①(고통 등을) 참다. 견디다. ②(감정 등을) 참다. 억누르다. 억제하다.

堪え兼ねる[たえかねる] 〈下1自〉 참을 수 없다. 견디지 못하다.

堪え忍ぶ[たえしのぶ] 〈5他〉 참고 견디다.

⊗堪る[たまる] 〈5他〉 참다. 참을 수 있다. 견디다. 견딜 수 있다.

²⊗堪らない[たまらない] 〈形〉 ①참을 수 없다. 견딜 수 없다. ②말할 수 없이 좋다. 너무 좋다.

⊗堪り兼ねる[たまりかねる] 〈下1自〉 참을 수 없게 되다. 견딜 수 없게 되다.

音読

堪能❶[かんのう] 그 방면에 뛰어남. 능숙함. ❷[たんのう] ①그 방면에 뛰어남. 능숙함. ②충분히 만족함.

堪忍[かんにん] ①참고 견딤. 인내함. ②참고 용서함. ③≪関西≫ 미안. 미안해.

堪忍袋[かんにんぶくろ] 참는 한도. 인내하는 도량. ¶～の緒(お)が切(き)れる 더는 참을 수 없다.

敢 　용감할 감

一　丆　〒　千　千　舌　育　訮　歃　敢

音 ◉カン
訓 ⊗あえて

訓読

¹⊗敢えて[あえて] ①감히. 굳이. 억지로. ②(부정문에서) 결코. 별로.

音読

敢然と[かんぜんと] 감연히. 용감하게. 과감히. 단호하게.

敢闘[かんとう] 감투; 용감하게 싸움.

敢行[かんこう] 감행; 과감하게 행동함.

減 　덜/줄일 감

氵　冫　冫　汙　汙　沥　沥　減　減　減

音 ◉ゲン
訓 ◉へす ◉へらす ◉へる

訓読

◉減す[へす] 〈5他〉≪俗≫ 줄이다.

減(し)目[へしめ] (뜨개질에서) 콧수를 줄임.

²◉減らす[へらす] 〈5他〉 (수량이나 정도를) 줄이다. 감하다. 덜다.

²◉減る[へる] 〈5自〉 ①줄다. 적어지다. ②腹(はら)が～배가 고프다. 허기지다.

減らず口[へらずぐち] 억지를 부림. 건방진 소리.

減り[へり] 감소. 줄어듦.

音読

減[げん] 감; ①감소(減少). ②≪数≫ 뺄셈.

減じる[げんじる] 〈上1自〉 ☞ 減ずる

減ずる[げんずる] 〈サ変自〉 줄어들다. 적어지다. 〈サ変他〉 ①줄이다. 감하다. 적게 하다. ②(수를) 빼다. 뺄셈을 하다.

減価償却[げんかしょうきゃく] 감가상각.

減量[げんりょう] 감량; 양을 줄임.

減免[げんめん] 감면; ①경감과 면제. ②형벌을 가볍게 해줌.

減配[げんぱい] 감배; 배당량을 줄임.

減法[げんぽう] 감법; 뺄셈.

減俸[げんぽう] 감봉; 급료를 줄임.

減産[げんさん] 감산; 생산을 줄임.

減算[げんざん] 감산; 뺄셈.

減税[げんぜい] 감세; 세금을 줄임.

¹減少[げんしょう] 감소; 줆. 줄어듦.

減速[げんそく] 감속; 속도를 줄임.

減殺[げんさい] 감쇄; 줄임. 감소.

減衰[げんすい] 감쇠; 점점 감소되어 감.

減圧[げんあつ] 감압; 압력을 줄임.

減圧弁[げんあつべん] 감압 밸브.

減額[げんがく] 감액; 액수를 줄임.

減員[げんいん] 감원; 인원을 줄임.

減資[げんし] 감자; 자본금을 줄임.

¹減点[げんてん] 감점; 점수가 줆. 점수를 줄임.

減縮[げんしゅく] 감축; 줄임. 줄어듦.

減退[げんたい] 감퇴; (기세·세력이) 줄어듦.

減刑[げんけい] 감형; 형량을 줄임.

感 느낄 감

丿 厂 厂 厂 厈 咸 咸 咸 感 感

音 ●カン
訓 ―

音読

²感[かん] 감; ①느낌. 생각. ②감동.
²感じ[かんじ] ①느낌. 감각. 감촉. ②인상.
③기분. 분위기. ④감상.
²感じる[かんじる] 〈上1自〉 ☞ 感ずる
感じやすい[かんじやすい] 〈形〉 민감하다.
감수성이 예민하다.
²感ずる[かんずる] 〈サ変自他〉①느끼다. ②감
동하다. ③마음에 새기다.
²感覚[かんかく] 감각; ① ≪生理≫ 감각 기관
의 작용 과정. ②사물을 느껴서 받아들이
는 힘. ②느낌. 인상.
感慨[かんがい] 감개; 감회(感懐).
²感激[かんげき] 감격; 감동을 받아 감정이
고조됨.
感光[かんこう] 감광; 광선 작용을 받아 화
학 변화를 일으킴.
¹感度[かんど] 감도; 빛이나 전파 등의 일정
한 자극을 받아들이는 정도.
²感動[かんどう] 감동; 강한 인상을 받아 마
음을 빼앗기는 일.
感涙[かんるい] 감루; 감격(感激)하여 흘리는
눈물.
感銘[かんめい] 감명; 깊이 느끼어 마음에
새겨 둠.
感冒[かんぼう] ≪医≫ 감기.
¹感無量[かんむりょう] 감개무량(感慨無量).
感服[かんぷく] 감복; 감탄.
感付く[かんづく] 〈5自〉 알아채다. 눈치 채다.
感奮[かんぷん] 감분; 감격하여 분발함.
²感謝[かんしゃ] 감사; 고맙게 여김.
感傷[かんしょう] 감상; 사물을 보고 느끼고
마음 아파함.
²感想[かんそう] 감상; 느낀 소감.
感想文[かんそうぶん] 감상문.
感賞[かんしょう] 감상; ①감탄하여 칭찬
함. ②공적이 있는 사람에게 주는 상.
感性[かんせい] 감성; ①감수성. ② ≪哲≫
감성.
感受[かんじゅ] 감수; 마음으로 느껴 받아
들임.

感受性[かんじゅせい] 감수성.
²感心[かんしん] ①감탄함. 탄복함. ②(역설
적으로) 기가 막힘. 어이가 없음. ③〈形動〉
기특함. 신통함.
感熱紙[かんねつし] 감열지; 컴퓨터나 팩시
밀리에 쓰이는 종이.
¹感染[かんせん] 감염; ①병이 옮음. ②물듦.
영향을 받음.
感応[かんのう] 감응; ①감동함. ② ≪物≫
감응 유도. ③ ≪宗≫ 소원이 성취됨.
感じ入る[かんじいる] 〈5自〉 매우 감동하다.
²感情[かんじょう] 감정; 마음속의 기분이나
느낌.
感情移入[かんじょういにゅう] 감정이입.
感知[かんち] 감지; 직감적으로 알아 챔.
¹感触[かんしょく] 감촉; 촉감.
感じ取る[かんじとる] 〈5他〉 감지하다. 알아
채다. 느끼다. 이해하다.
感嘆[かんたん] 감탄; ①감동하여 칭찬함.
②탄식함.
感化[かんか] 감화; 감동(感動)되어 마음이
변화함.
感懐[かんかい] 감회; 감상. 회포(懐抱).
感興[かんきょう] 감흥; 마음에 깊이 느끼어
일어나는 흥취.

監 볼/벼슬 감

丨 厂 厂 厂 臣 臣 臣 臣 臣 監 監

音 ●カン
訓 ―

音読

監[かん] 감; ①감독. ¶生徒(せいと)〜 학생
감. ②감방(監房). ¶未決(みけつ)〜 미결감.
監禁[かんきん] 감금; 가두어 두고 자유를
속박하고 감시함.
²監督[かんとく] 감독; 보살피고 단속함. 또
는 그런 사람.
監査[かんさ] 감사; 감독하고 조사함.
監守[かんしゅ] 감수; 감독하고 보호함·
監修[かんしゅう] 감수; 책의 저술·편찬을
지도 감독함.
¹監視[かんし] 감시; 단속하기 위해 주의하
여 지켜 봄.
監獄[かんごく] 감옥; 교도소. 형구소.
監察[かんさつ] 감찰; 감시하고 살핌.
監護[かんご] 감호; 감독 보호함.

憾　섭섭할 감

丶 忄 忄 忄 忄 忭 忭 忭 憾 憾

音 ◉カン
訓 ⊗うらむ

訓読
⊗憾む[うらむ] 〈5他〉유감으로 여기다. 애석해하다.

音読
◑遺憾[いかん]

鑑　거울 감

人 스 午 金 釘 鉅 鉅 鉅 鑑 鑑

音 ◉カン
訓 ⊗かがみ ⊗かんがみる

訓読
⊗鑑[かがみ] 귀감. 모범. ¶～とする 귀감으로 삼다. ¶～となる 귀감이 되다.
⊗鑑みる[かんがみる] 〈上1他〉①(거울삼아) 비추어 보다. 감안하다. ②본받다. 모범으로 삼다.

音読
鑑別[かんべつ] 감별; 보고 분별함.
²鑑賞[かんしょう] 감상; 예술품의 아름다움을 깊이 맛봄.
鑑識[かんしき] 감식; 보고 판단함.
鑑定[かんてい] 감정: ①진품인지 가짜인지를 판별함. ②정도나 가치를 따짐.

坩　도가니 감

音 ⊗カン
訓 —

音読
坩堝[かんか/るつぼ] ① 감과; 도가니. *화학 실험 등에서 물질을 용해시키는 경우에 사용하는 용기. ②(도가니 속이 끓듯이) 군중이 열광적으로 흥분한 상태.

柑　홍귤나무 감

音 ⊗カン
訓 ⊗こうじ

訓読
柑子[こうじ] ≪植≫ 홍귤.

音読
柑橘類[かんきつるい] ≪植≫ 감귤류.

疳　감질 감

音 ⊗カン
訓 —

音読
疳高い[かんだかい] 〈形〉 새되다. (목소리가) 날카롭고 드높다.

嵌　새겨넣을 감

音 ⊗カン
訓 ⊗はまる
　　 ⊗はめる

訓読
¹⊗嵌まる[はまる] 〈5自〉①꼭 들어맞다. 꼭 맞다. ②(조건 등에) 꼭 맞다. 들어맞다. ③(깊거나 나쁜 곳에) 빠지다. ④(계략에) 속다. 빠지다. 걸려들다.
²⊗嵌める[はめる] 〈下1他〉①(단추·장갑·반지 등을) 끼우다. 끼다. 채우다. 박다. ②속이다. (함정에) 빠뜨리다. 속여 넘기다.
嵌め込む[はめこむ] 〈5他〉①끼워 넣다. 박아 넣다. ②함정에 빠뜨리다.

音読
嵌入[かんにゅう] 감입; 박아 넣음. 박음.

橄　감람나무 감

音 ⊗カン
訓 —

音読
橄欖[かんらん] ≪植≫ 감람나무. 올리브나무.
橄欖油[かんらんゆ] 감람유; 올리브기름.

瞰　내려다볼 감

音 ⊗カン
訓 —

音読
瞰視[かんし] 감시; 부감(俯瞰). 높은 데서 내려다 봄.
瞰下[かんか] 감하; 내려다 봄.

龕　감실 감

音 ⊗ガン
訓 —

音読
龕[がん] 감실(龕室). 신불(神仏)을 안치(安置)하는 불단(仏壇).
龕灯提灯[がんどうぢょうちん] 감등 초롱. 앞쪽만 비추게 되어 있는 초롱.
龕像[がんぞう] ≪仏≫ 감상; 작은 감(龕) 모양으로 만든 불상(仏像).

〔갑〕

甲 갑옷/첫째 갑

丨 冂 冂 日 甲

音 ◉カン ◉コウ
訓 ⊗かぶと ⊗きのえ ⊗よろい

訓読
⊗甲❶[かぶと] 투구. ❷[きのえ] 갑; 천간
(天干)의 첫째. ❸[よろい] 갑옷. ❹[かん/
こう] ☞ [音読]

音読
甲❶[かん] ①(일본 음악에서) 고음(高音).
②한 옥타브 높은 음. ③높은 음역(音域).
¹甲❷[こう] ①(거북이·게 따위의) 등딱지.
②손발의 등. ¶手(て)の〜 손등. ③순위·
등급의 첫째.
甲殻[こうかく] 갑각; (거북이 따위의) 등
딱지.
甲殻類[こうかくるい] 갑각류.
甲高[こうだか] ①손등이나 발등이 높이 나
옴. ②발등 부분이 높은 신발.
甲高い[かんだかい] 〈形〉 새되다. (목소리가)
날카롭고 높다.
甲骨文字[こうこつもじ] 《語学》 갑골문자.
甲羅[こうら] ①갑각(甲殻). (거북이 따위
의) 등딱지. ②연공(年功).
甲論乙駁[こうろんおつばく] 갑론을박; 왈
가왈부.
甲府[こうふ] 일본 山梨県(やまなしけん)에 있
는 현청(県庁) 소재지.
甲状[こうじょう] 갑상; 투구와 같은 모양.
甲状腺[こうじょうせん] 《生理》 갑상선.
甲声[かんごえ] 높고 날카로운 목소리.
甲所[かんどころ] ① 《楽》 현악기의 현을
누르는 곳. ②중요한 곳. 급소.
甲乙❶[こうおつ] 갑을; 갑과 을. 첫째와
둘째. ❷[かるめる] (일본 음악에서) 음성
의 높은 가락과 낮은 가락.
甲走る[かんばしる] 〈5自〉 (목소리가) 가늘고
높고 날카롭게 울리다. 새되게 울리다.
甲板❶[かんぱん] (일상용어로) 갑판. ❷[こ
うはん] (전문 용어로) 갑판. ❸[こういた]
(책상 위에 대는) 편편한 널빤지.
甲虫❶[こうちゅう] 《虫》 갑충; 딱정벌레.
❷[かぶとむし] 《虫》 투구풍뎅이.

岬 산기슭 갑

丨 山 山 山 岬 岬 岬

音 ―
訓 ◉みさき

訓読
²岬◉[みさき] 《地》 갑; 곶. 바다나 호수가
뾰족하게 튀어나온 땅. ¶室戸(むろと)〜 무
로토 갑.
岬山[みさきやま] 산부리가 뻗어서 된 곳.

音 ⊗コウ
訓 ―

音読
閘門[こうもん] 갑문; 물문. (운하·저수지
등의) 수문(水門).
閘門式運河[こうもんしきうんが] 갑문식
운하.
閘船渠[こうせんきょ] 갑선거; 갑독(閘dock).

〔강〕

江 물/강 강

丶 丶 氵 氵 江 江

音 ◉コウ ⊗ゴウ
訓 ◉え

訓読
◉江[え] 후미. 만(湾). 호수나 바다가 뭍으
로 파고 든 곳.
江戸[えど] 에도. 東京(とうきょう)의 옛 이름.
江戸幕府[えどばくふ] 1603년 徳川家康(と
くがわいえやす)가 '江戸(えど)'에 세운 막부
(幕府).
江戸時代[えどじだい] 에도 시대; 1603~
1867년.
江戸っ子[えどっこ] 동경(東京) 토박이.
音読
江上[こうじょう] 강상; 강물 위.
江河[こうが] 강하; ①중국의 양자강(陽子
江)과 황하(黄河). ②큰 강. 강.
江湖[こうこ/ごうこ] 강호; ①강과 호수.
②세상. 세상 사람들.

剛　　軍셀 강

丨　冂　冂　冊　冊　冊　冊　网　网　网　剛　剛

音 ●ゴウ
訓 ―

【音読】
剛[ごう] 힘이 셈. 굳건함.
剛健[ごうけん] 강건; (몸과 마음이) 억세고 튼튼함.
剛球[ごうきゅう] 강구; (야구에서) 강속구 (強速球).
剛胆[ごうたん] 강담; 대담함.
剛力[ごうりき] ①강력; 힘이 셈. ②등산하는 사람의 짐을 지고 안내하는 사람.
剛の者[ごうのもの] 강자; 호걸.
剛直[ごうちょく] 강직; 완고하여 잘못된 짓을 하지 않음.

降　　①내릴 강
　　　　②항복할 항

丿　阝　阝　阝　阼　阼　降　降　降

音 ●コウ ⊗ゴウ
訓 ●おりる ●おろす ●ふらす ●ふる
　　⊗くだる ⊗くだす

【訓読】
⁴●降りる[おりる] 〈上1自〉 ①(탈것에서) 내리다. ②(아래로) 내려오다. 내리다. ③(서리·이슬이) 내리다. ④(관직에서) 물러나다. ⑤(중도에서) 그만두다. 포기하다. ⑥(안개가) 내리깔이다. ⑦(자물쇠가) 잠기다. ⑧(허가가) 나오다. ⑨(몸밖으로) 나오다. 유산하다.
降り口[おりくち/おりぐち] 내려가는 출구 (出口).
降り立つ[おりたつ] 〈5自〉 ①(높은 곳이나 차에서) 내려서다. 내려가다. ②낮은 곳으로 내려가다. ③스스로 일을 하다.
²●降ろす[おろす] 〈5他〉 ①(높은 곳에서 낮은 곳으로) 내리다. ②(탈것에서) 내려놓다. ③(귀인에게 받쳤던 음식이나 물건을) 물리다. ④(관직에서) 해임하다. 물러나게 하다. ⑤베어 내다. ⑥(새 것을) 입다. 착용하다. ⑦(몸밖으로) 몰아내다. 낙태시키다. ⑧(자물쇠를) 잠그다. 채우다. ⑨(간판을) 떼다. 내리다.

降(ろ)し[おろし] ①(아래로) 내림. ②(강판에) 갊. ③새 물건을 쓰기 시작함.
●降らす[ふらす] 〈5他〉 (눈·비를) 내리게 하다.
●降らせる[ふらせる] 〈下1自〉 (눈·비를) 내리게 하다.
⁴●降る❶[ふる] 〈5自〉 ①(눈·비가) 내리다. ②(비유적으로) 몰려오다. 쏟아지다.
⊗降る❷[くだる] 〈5自〉 항복하다.
⊗降す[くだす] 〈5他〉 항복시키다.
降り[ふり] (비·눈이) 내림.
降り続く[ふりつづく] 〈5自〉 (눈·비가) 오래 계속 내리다.
降り込む[ふりこむ] (눈·비가) 들이치다.
降り積(も)る[ふりつもる] 〈5自〉 (눈 따위가) 내려 쌓이다.
降り注ぐ[ふりそそぐ] 〈5自〉 ①(비나 햇빛이) 집중적으로 쏟아져 내리다. 내리쬐다. ②(비유적으로) 빗발치다.
降り出す[ふりだす] 〈5自〉 (눈·비가) 갑자기 내리기 시작하다.

【音読】
降嫁[こうか] 강가; 황족의 딸이 신하에게 시집가는 일.
降壇[こうだん] 강단; ①단상에서 내려옴. ②(대학 교수가 정년퇴직 이전에) 교수직을 그만 둠.
降伏❶[こうふく] 항복; 적에게 굴복함. ❷[ごうぶく] 《仏》 신불(神仏)에게 빌어 악마를 물리침·원수를 제압함.
¹降服[こうふく] 항복; 적에게 굴복함.
降霜[こうそう] 강상; 서리가 내림.
降雪[こうせつ] 강설; 눈이 내림.
¹降水[こうすい] 강수; (눈·비 등으로) 지상에 내린 물.
¹降水量[こうすいりょう] 강수량.
¹降水確率[こうすいかくりつ] 강수 확률.
降雨[こうう] 강우; 비가 내림.
降車[こうしゃ] 강차; 하차. 차에서 내림.
降車口[こうしゃぐち] 차에서 내리는 입구.
降参[こうさん] ①항복. 굴복. ②손듦. 질림.
降誕[こうたん] 강탄; (존귀한 인물의) 탄신.
降誕会[こうたんえ] 강탄회; 석가모니의 탄생을 기념하는 법회.
降板[こうばん] 강판; (야구에서) 투수가 마운드에서 내려옴.
降下[こうか] 강하; 높은 곳에서 내림.

康 편안할 강

亠广广广户户序序序序康

音 ●コウ
訓 ─

音読

康強[こうきょう] 몸과 마음이 건강함.
康健[こうけん] 강건; 건강함.
康寧[こうねい] 강녕; 병이 없이 건강함.
康福[こうふく] 강복; 편안하고 행복함.
康平[こうへい] 강평; 세상이 평화로움.

強(强) 강할 강

フユ弓弓弓弓強強強強

音 ●キョウ ●ゴウ
訓 ●つよい ●こわい ●しいる ⊗したたか
⊗あながち

訓読

⁴●強い[つよい] 〈形〉①(힘이) 세다. 강하다. 억세다. ②튼튼하다. ③(도수가) 높다. ¶～酒(さけ) 독한 술. ¶度(ど)の～眼鏡(めがね) 도수가 높은 안경. ④실력이 있다. ¶語学(ごがく)に～ 어학 실력이 있다. ⑤엄하다. 호되다. ⑥질기다. ¶～糸(いと) 질긴 실.
¹●強いる[しいる] 〈上1自〉 강요하다. 강권하다. 강제로 하게 하다. 억지로 시키다.
¹強いて[しいて] 억지로. 굳이. 구태여.
強がる[つよがる] 〈5自〉 허세를 부리다. 큰소리치다. 강한 체하다.
強さ[つよさ] 강도(強度). 강한 정도.
⊗強ち[あながち] ①(부정문에서) 반드시. 꼭. ②《雅》 억지로. 굳이.
¹●強まる[つよまる] 〈5自〉 강해지다.
強み[つよみ] ①강함. 강한 정도. 강도(強度). ②강점. 장점. 유리한 점.
●強める[つよめる] 〈下1他〉 세게 하다. 강하게 하다. 강화시키다.
²強気❶[つよき] ①강경한 태도. 강경함. ②성미가 거셈. ③《経》 강세. 오름세. ❷[ごうぎ] 기세가 세참. 굉장함.
強気筋[つよきすじ] ①오름세를 예상하고 주식 등을 계속 사들이는 사람. ②강경파. ②강점. 장점. 유리한 점.

強腰[つよごし] ①배짱이 셈. ②강경함. 강경한 태도.
強合み[つよふくみ] (값이) 오름세. 오를 기미.
強火[つよび] (화력이) 센 불. 강한 불.

音読

¹強[きょう] 강; ①강함. 강자(強者). ②(접미어로 어떤 숫자에 접속하여) 그보다 약간 더 됨을 나타냄.
強健[きょうけん] 강건; 튼튼하고 건강함.
¹強硬[きょうこう] 강경; 의지를 굽히지 않음.
強固[きょうこ] 강고; (정신적으로) 굳셈.
強国[きょうこく] 강국; 강대국(強大国).
強権[きょうけん] 강권; 국가의 강제적인 권력.
強大[きょうだい] 강대; 강하고 큼.
強度[きょうど] 강도; ①강한 정도. 세기. ②정도가 심함.
²強盗❶[ごうとう] 강도; 협박하여 강제로 남의 재물을 빼앗음. ❷[がんどう] '強盗提灯(がんどうちょうちん)'의 준말.
²強力❶[きょうりょく] 강력; 힘이 셈.
強力❷[ごうりき] ①등산길 안내자. 등산인의 짐을 지고 안내하는 사람. ②수도자(修道者)의 짐을 지는 하인.
強力犯[ごうりきはん] 강력범.
強力粉[きょうりきこ] 강력분; 단백질 등이 많아서 찰기가 있는 밀가루.
¹強烈[きょうれつ] 강렬; 세차고 맹렬함.
強迫観念[きょうはくかんねん] 장박관념.
強勢❶[きょうせい] 강세; ①강한 힘. ②《語学》 스트레스. 강한 부분. ❷[ごうせい] ①기세가 드셈. ②정도가 심함.
強心剤[きょうしんざい] 《薬》 강심제.
強圧[きょうあつ] 강압; 강제로 억누름.
強弱[きょうじゃく] 강약; 강함과 약함.
強要[きょうよう] 강요; 강제로 요구함.
強欲[ごうよく] 강욕; 탐욕. 탐심.
²強引[ごういん] (반대나 장애를 무릅쓰고) 억지로 함. 강제로 함.
強壮[きょうそう] 강장; 강건함. 튼튼함.
強的[ごうてき] ①멋있음. 훌륭함. ②정도가 심함. 굉장함. 대단함.
強敵[きょうてき] 강적; 강한 적군.
強情[ごうじょう] 고집이 셈.
強精[きょうせい] 강정; 정력 증강.
強精剤[きょうせいざい] 강정제; 정력 증강제.

¹**强制**[きょうせい] 강제; 억지로 시킴.

强制送還[きょうせいそうかん] 강제 송환.

强制処分[きょうせいしょぶん] 강제로 하는 징계 처분.

²**强調**[きょうちょう] 강조; ①강력히 주장함. ②(거래에서) 강세(強勢)임.

强直[きょうちょく] 강직; 경직. 굳어짐.

强震[きょうしん] 강진; 강한 지진.

强打[きょうだ] 강타; (야구에서) 힘차게 때림.

强打者[きょうだしゃ] 강타자.

强奪[ごうだつ] 강탈; 강제로 빼앗음.

强暴[きょうぼう] 강포; ①힘이 세고 난폭함. ②협박하여 폭행을 가함.

强風[きょうふう] 강풍; 센바람.

强風雨[きょうふうう] 강풍우; 강한 비바람.

¹**强行**[きょうこう] 강행; 강제로 시행함.

强行軍[きょうこうぐん] 강행군.

强豪[きょうごう] 강호; 뛰어나게 강함.

²**强化**[きょうか] 강화; 강하게 하는 것.

綱   벼리/대강 강

⟨ 乡 糸 糸 糸 細 細 綱 綱 綱

音 ◉コウ
訓 ◉つな

訓読

²**綱❶**[つな] ①밧줄. 로프. ②의지할 대상. ③씨름 왕. ¶～を張(は)る 씨름 왕이 되다. **❷**[こう] ☞ [音読]

綱渡(り)[つなわたり] ①줄타기. ②모험.

綱引(き)[つなひき] ①밧줄을 매고 끌고 감. ②줄다리기. ③(가죽이) 끌려가지 않으려고 버팀.

音読

綱❶[こう] 강; 생물 분류상의 한 단위. ＊문(門)과 목(目) 사이. ¶哺乳(ほにゅう)～ 포유강. **❷**[つな] ☞ [訓読]

綱紀[こうき] 강기; ①사물의 근본. ②국가를 다스리는 근본이 되는 기강(紀綱). ¶～肅清(しゅくせい) 강기 숙청.

綱領[こうりょう] 강령; ①사물의 요점. 개요. ②(어떤 단체의) 기본 방침.

綱目[こうもく] 강목; 사물의 대요(大要)와 세목(細目).

綱要[こうよう] 강요; 기본 골자.

鋼   강철 강

ｽ 牟 釒 釒 釘 釦 鉀 鉀 鋼 鋼

音 ◉コウ
訓 ◉はがね

訓読

◉**鋼❶**[はがね] 강철. ¶～のように鍛(きた)えた体(からだ) 강철처럼 단련한 몸. **❷**[こう] ☞ [音読]

音読

鋼❶[こう] ⟨接尾語⟩ 강; 강철. ¶特殊(とくしゅ)～ 특수강. **❷**[はがね] ☞ [訓読]

鋼管[こうかん] 강관; 강철로 만든 관.

鋼塊[こうかい] 강괴; 강철 덩어리.

鋼材[こうざい] 강재; 강철로 만든 재료.

鋼製[こうせい] 강제; 강철로 만듦.

鋼鉄[こうてつ] 강철; 매우 단단하고 굳센 철.

鋼板[こうはん/こうばん] 강판; 강철판.

講(講)   강론할/강구할 강

言 言 言 詳 詳 請 請 講 講 講

音 ◉コウ
訓 ―

音読

講じる[こうじる] ⟨上1他⟩ ☞ 講ずる

講ずる[こうずる] ⟨サ変他⟩ ①강의하다. ②강구하다. 꾀하다.

講壇[こうだん] 강단; 연단(演壇).

講談[こうだん] 가락을 붙여 들려주는 연예. 야담(野談).

²**講堂**[こうどう] 강당; 강의를 하는 곳.

¹**講読**[こうどく] 강독; 글을 읽고 그 내용을 강의함.

²**講師**[こうし] 강사; ①강연·강의를 하는 사람. ②(대학에서의) 강사.

講釈[こうしゃく] 강석; ①문장의 뜻을 설명하여 들려 줌. ②야담(野談).

²**講習**[こうしゅう] 강습; 배우고 익힘.

講習所[こうしゅうじょ] 강습소.

²**講習会**[こうしゅうかい] 강습회.

²**講演**[こうえん] 강연; 강의함.

²**講演者**[こうえんしゃ] 강연자; 연사(演士).

²**講演会**[こうえんかい] 강연회.

²**講義**[こうぎ] 강의; 학설이나 책의 내용을 풀어 가르침.

講座[こうざ] 강좌; ①강의하는 학과. ②강좌의 형식을 따서 편집·편성한 출판물이나 방송 프로그램.

講評[こうひょう] 강평; 이유를 설명하면서 비평함. 또는 그 비평.

講和[こうわ] 강화; 전쟁을 중지하고 평화로운 상태로 되돌아감.

| 岡 | 산등성이 강 | 音 ⊗コウ |
| | | 訓 ⊗おか |

訓読

⊗**岡**[おか] 언덕. 구릉. 작은 산.

岡目八目[おかめはちもく] 본인보다 제삼자가 시비·득실을 더 잘 앎.

岡山[おかやま] ≪地≫ ①일본 중부 지방의 현(県). ②'岡山県[おかやまけん]' 현청(県庁) 소재지.

岡持(ち)[おかもち] 요리 배달통.

岡惚れ[おかぼれ] ①(남의 애인을) 짝사랑함. ②(몰래) 짝사랑함. ③혼자서 열을 올림.

| 腔 | 빈속 강 | 音 ⊗コウ |
| | | 訓 ― |

音読

腔線[こうせん] (총포의) 강선.

腔腸動物[こうちょうどうぶつ] 강장동물.＊해파리·산호·말미잘 따위를 가리킴.

| 慷 | 개탄할 강 | 音 ⊗コウ |
| | | 訓 ― |

音読

慷慨[こうがい] 강개; 세상의 부정·불의나 자신의 불운함을 분하게 여김.

慷嘆[こうたん] 강탄; 개탄(慨嘆).

| 糠 | 쌀겨 강 | 音 ⊗コウ |
| | | 訓 ⊗ぬか |

訓読

⊗**糠**[ぬか] 겨. 쌀겨.

糠味噌[ぬかみそ] 쌀겨에 소금을 넣고 반죽하여 발효시킨 것.

| 介 | 끼일 개 |
| ノ　ハ　介　介 | |

音 ●カイ
訓 ⊗すけ

訓読

⊗**介党鱈**[すけとうだら] ≪魚≫ 명태.

音読

介す[かいす] 〈5他〉 ⇨ 介する

介する[かいする] 〈サ変他〉 ①사이에 넣다. 중간에 두다. 사이에 두다. ②마음에 두다. 개의(介意)하다.

¹**介入**[かいにゅう] 개입; 사건이나 언쟁 등에 끼어듦.

介在[かいざい] 개재; 사람과 사람, 사물과 사물 사이에 끼어 있음.

介錯[かいしゃく] ①시중듦. 시중드는 사람. ②할복하는 사람의 목을 쳐줌.

介錯人[かいしゃくにん] 할복하는 사람의 뒤에 있다가 목을 쳐주는 사람.

介添え[かいぞえ] ①시중듦. 시중드는 사람. ②(시집갈 때 친정에서) 딸려 보내는 하녀.

¹**介抱**[かいほう] ①돌봄. 보호. ②간호.

¹**介護**[かいご] (자택에서의) 간호.

介護福祉士[かいごふくしし] 간호 복지사.

| 改 | 고칠 개 |
| ㄱ　コ　己　改　改　改　改 | |

音 ●カイ
訓 ●あらたまる ●あらためる

訓読

¹●**改まる**[あらたまる] 〈5自〉 ①새로워지다. 개선되다. 달라지다. 고쳐지다. 바뀌다. ②격식을 차리다. 정색을 하다. 새삼스러워지다.

²●**改める**[あらためる] 〈下1他〉 ①변경하다. 고치다. 바꾸다. 개혁하다. ②(말·태도를) 바로잡다. 고치다. 개선하다. ③살펴보다. 조사하다. 검사하다.

改め[あらため] ①고침. 변경함. ②변경한 이름. ③(용의자의) 검문. 검색. 일제 조사.

²改めて[あらためて]〈副〉①다시. 따로. 다른 기회에. ②새삼스럽게. 새삼스레. 새삼.

音読

¹改良[かいりょう] 개량; 사물을 이전보다도 좋게 고침.

改名[かいめい] 개명; 이름을 바꿈.

改名届[かいめいとどけ] 개명 신고.

²改善[かいぜん] 개선; 좋게 고침. 좋게 바꿈.

改選[かいせん] 개선; 새로 선출함.

改姓[かいせい] 개성; 성(姓)을 바꿈.

¹改修[かいしゅう] 개수; 수리(修理).

改新[かいしん] 개신; ①혁신(革新). ②연초(年初). 연시(年始).

改心[かいしん] 개심; 뉘우침. 마음을 고쳐먹음. 회개(悔改).

¹改悪[かいあく] 개악; (좋게 고친다는 것이) 이전보다 더 나쁘게 고침.

改元[かいげん] 개원; 연호를 바꿈.

改作[かいさく] 개작; ①완성된 작품에 손질을 하여 다시 만듦. 또는 그렇게 만든 것. ②다시 농경지를 활용하여 농사를 지음.

改装[かいそう] 개장; 새로 단장함.

²改正[かいせい] 개정; (제도나 법률을) 바르게 고침.

¹改定[かいてい] 개정; (한번 정했던 것을) 고치어 다시 정함.

¹改訂[かいてい] 개정; 서적의 내용에 손질을 하여 일부를 다시 고침.

²改造[かいぞう] 개조; 다시 고쳐 만듦.

改組[かいそ] 개조; 조직을 개편함.

改宗[かいしゅう] 개종; 종교를 바꿈.

²改鋳[かいちゅう] 개주; 다시 주조(鋳造)함.

²改札[かいさつ] 개찰; 승차권을 검사함.

²改札口[かいさつぐち] 개찰구.

改札止め[かいさつどめ] 개찰 중지.

改築[かいちく] 개축; 건축물의 전부 또는 일부를 부수고 다시 고쳐 만듦.

改称[かいしょう] 개칭; 명칭이나 호칭을 바꿈. 또는 변경된 명칭.

改版[かいはん] 개판; 출판물의 내용을 고쳐 다시 출판함.

改編[かいへん] 개편; 이미 편성·편집된 것을 다시 고쳐서 재편성·재편집함

改廃[かいはい] 개폐; 개정과 폐지.

改憲[かいけん] 개헌; 헌법을 고침.

¹改革[かいかく] 개혁; ①보다 좋게 새로 고침. ②기반은 그대로 유지하면서 사회 제도나 기구·조직 등을 새롭게 바꿈.

皆　모두 개

一 ㄱ ㄱ 比 比 比 皆 皆 皆

音 ●カイ

訓 ●みな

訓読

³●皆[みな] 모두. 전부. 죄다.

⁴皆さん[みなさん] 여러분.

皆皆[みなみな] 모두. 전부.

皆殺し[みなごろし] 몰살. 섬멸(殲滅).

³皆様[みなさま] ①여러분. ②(상대방의 가족에 대한 존경어로) 가족 모두.

音読

皆勤[かいきん] 개근; 하루도 빠짐없이 출석하거나 참석함.

皆既食[かいきしょく] 개기식.

皆既月食[かいきげっしょく] 개기 월식.

皆既日食[かいきにっしょく] 개기 일식.

皆目[かいもく] (부정문에서) 전혀. 도무지.

皆無[かいむ] 개무; 전무(全無). 전혀 없음.

皆済[かいさい] 개제; ①(일을) 모두 끝냄. ②(빚이나 납부할 것을) 모두 갚음.

個　낱 개

ノ イ イ 们 们 們 個 個 個 個

音 ●コ ●カ

訓 ―

音読

⁴個[こ] 개; ①개체. 개인. ¶～の問題(もんだい) 개인의 문제. ②(물건을 세는 말로서) 개.

¹個個[ここ] 개개; 하나하나. 각각. 각자. 한 사람 한 사람.

¹個別[こべつ] 개별; 하나하나.

¹個性[こせい] 개성; 개인이나 개체를 다른 것과 구별되게 하려는 고유의 특성.

²個所[かしょ] 개소; 군데. 곳. 자리. 부분.

⁴個月[かげつ] 개월; (조수사로) 달 수를 세는 말.

²個人[こじん] 개인; 한 사람 한 사람.

個展[こてん] 개전; 개인전. 개인 전람회.

個体[こたい] 개체; ① ≪哲≫ 다른 것과 구별되어 독립적으로 존재하는 것. ②한 생물로서 완전한 기능을 가진 가장 작은 단위.

開　열 개

｜ ｢ ｢ ｢ ｢ ｢ 門 門 門 閉 開

音 ●カイ
訓 ●あく ●ひらく ●あける ●ひらける
⊗はだかる ⊗はだける

訓読

⁴●**開く❶**[あく]〈5自〉①(문・뚜껑이) 열리다. ②(가게의 문을) 열다. 개점(開店)하다. 영업을 하다. ③(연극의 막이) 오르다. 열리다.〈5他〉벌리다. 열다. ¶口(く ち)を~ 입을 벌리다.

³●**開く❷**[ひらく]〈5自〉①(문이) 열리다. ②(우산・꽃이) 벌어지다. 피다. ③격차가 벌어지다. 차이가 나다. ④끝이 벌어지다. 끝이 펴지다. ⑤(모임이) 끝나다.〈5他〉①(닫힌 것을) 펴다. 열다. ②시작하다. 개시하다. ③가게를 열다. 개업하다. 개점하다. ④개척하다. 개간하다. ⑤개방하다. 터놓다. ⑥창시하다. 창립하다. ⑦《數》근(根)을 구하다.

開き❶[ひらき]①엶. 열림. 여닫음. ②벌어짐. 격차. 차이. ❷[びらき] (접미어적인 용법으로) 개방함. 시작함. ¶プール~ 풀장 개방. ¶店(みせ)~ 개점.

⁴●**開ける❶**[あける]〈下1他〉①(문・뚜껑을) 열다. ②(눈을) 뜨다. ③(영업을) 시작하다.

●**開ける❷**[ひらける]〈下1自〉①(막혔거나 닫혀 있던 것이) 열리다. 트이다. ②전개되다. 펼쳐지다. ③개발되다. 발전되다. 개화되다. ④(도로・철도 등이) 나다. 개통되다. ⑤번화해지다.

開けっ広げ[あけっぴろげ]①활짝 열어 놓음. ②개방적임. 노골적임.

開け広げる[あけひろげる]〈下1他〉①활짝 열어젖히다. ②숨김없이 드러내다. 다 까놓다.

開けっ放し[あけっぱなし]①활짝 열어 놓은 채로 방치함. ②개방적임. 노골적임.

開け放す[あけはなす]〈5他〉①활짝 열어 놓다. 모두 열어 두다. ②개방하다.

開け放つ[あけはなつ]〈5他〉①활짝 열어 놓다. 모두 열어 두다. ②개방하다.

開け払う[あけはらう]〈5他〉①(문을) 열어젖히다. ②(집・방을) 비워 주다. 명도(明渡)하다.

開け閉て[あけたて]개폐; 문의 여닫음.

開け閉め[あけしめ]개폐; 문의 여닫음.

音読

開墾[かいこん]개간; 산야(山野)를 새로 개척하여 논밭으로 만듦.

開講[かいこう]개강; 강의를 시작함.

開館[かいかん]개관; ①도서관・영화관 등이 그 날의 업무를 시작함. ②도서관・영화관 등이 처음으로 문을 엶.

開校[かいこう]개교; 학교를 새로이 만들어 교육을 시작함.

開口[かいこう]개구; ①입을 엶. 말을 하기 시작함. ②개막 첫날 무대에 나와서 발언하거나 읊거나 함. ③(공기・햇빛 등이 통하게) 개방한 부분.

開局[かいきょく]개국; 방송국・우체국 등을 신설하여 새로이 업무를 시작함.

開国[かいこく]개국; ①외국과 통상과 교통을 시작함. ②처음으로 나라를 세움. 건국(建国).

開襟[かいきん]개금; ①옷깃을 헤쳐 젖힘. 또는 그런 옷. ②노타이 셔츠.

開幕[かいまく]개막; ①연극 무대의 막이 열림. ②사물이 시작됨.

開幕劇[かいまくげき]개막극.

開明[かいめい]개명; 문명의 개화.

開門[かいもん]개문; 문을 엶.

¹**開発**[かいはつ]개발; ①천연 자원 등을 인간 생활에 도움이 되게 함. ②새로운 것을 생각해 내어 실용화함. ③황무지를 개간하여 논밭이나 주거용으로 만듦. ④잠재된 재능 등을 살리어 발달하게 함.

²**開放**[かいほう]개방; ①문을 활짝 열어 놓음. ②제한을 풂. 자유롭게 출입하도록 함.

開闢[かいびゃく]개벽; 천지의 시초.

開封[かいふう]개봉; ①봉한 것을 뗌. ②봉하지 않은 우편물. ③영화를 처음으로 상영함.

開設[かいせつ]개설; 신설(新設)함.

開城[かいじょう]개성; 적에게 항복하여 성을 넘겨줌.

開所[かいしょ]개소; 사무소를 신설하여 집무를 시작함.

²**開始**[かいし]개시; 시작함.

開眼❶[かいがん]개안; 눈을 뜸. 눈을 뜨게 함. ❷[かいげん]《仏》개안; ①불도의 진리를 깨달음. ②새로 완성된 불상(仏像)이나 불화(仏画)를 공양하여 부처의 영혼을 맞아들이는 의식. ③기예(技芸)・예술의 극치를 깨달음. 도통함.

開業[かいぎょう] 개업; ①개점. 가게를 엶. ②영업을 하고 있음.

開演[かいえん] 개연; 공연이 시작됨.

開運[かいうん] 개운; 운이 트임.

開帳[かいちょう] 개장; ① 《俗》 놀음판을 벌임. ②감실(龕室)을 열어 비장된 불상을 공개함.

開場[かいじょう] 개장; ①건물이나 시설을 만들어 일을 시작함. ②모임 장소에 사람을 입장시킴.

開店[かいてん] 개점; ①개업함. ②가게를 열고 그 날의 장사를 시작함.

開店祝[かいてんいわい] 개업 축하.

開陳[かいちん] 개진; 의견을 말함.

¹開拓[かいたく] 개척; ①황무지를 개간하여 논밭으로 만듦. ②영토를 넓힘. ③새로운 분야의 장애를 뚫고 나감.

¹開拓者[かいたくしゃ] 개척자.

¹開催[かいさい] 개최; 어떤 모임이나 행사를 주최하여 엶.

²開通[かいつう] 개통; 도로・철도・통신 등이 완성되어 통함.

²開通式[かいつうしき] 개통식.

開閉[かいへい] 개폐; 여닫음. 여닫이.

開閉器[かいへいき] 스위치.

開閉機[かいへいき] 차단기(遮斷機).

開票[かいひょう] 개표; 투표함을 열어 투표의 결과를 조사함.

開学記念日[かいがくきねんび] 개교기념일.

開港[かいこう] 개항; ①무역을 위하여 창구를 개방함. 또는 그 항구. ②공항을 개설함.

開化[かいか] 개화; 지혜가 열리고 풍속과 사상이 진보되는 것.

開化期[かいかき] 개화기.

開花[かいか] 개화; ①꽃이 핌. ②번창함.

²開会[かいかい] 개회; 회의를 시작함.

²開会式[かいかいしき] 개회식.

慨(慨) 슬퍼할 개

丶 忄 忄 忙 忙 怛 怛 慨 慨 慨

音 ●ガイ
訓 ―

音読
慨世[がいせい] 개세; 세상을 개탄함.
慨嘆[がいたん] 개탄; 분개하여 탄식함.

概(概) 대개 개

木 杚 杚 栶 栶 椴 椴 椴 概

音 ●ガイ
訓 ⊗おおむね

訓読
⊗**概ね**[おおむね] ① 〈副〉 대개. 대체로. 대강. 일반적으로. ②대강(大綱). 개요(概要).

音読
概して[がいして] 대개. 대체로. 일반적으로.
概観[がいかん] 개관; 대충 살펴봄.
¹概念[がいねん] 개념; 하나하나의 사물에서 공통된 성질이나 일반적인 성질을 추출해서 만들어진 표상(表象).
¹概略[がいりゃく] 개략; 대략.
²概論[がいろん] 개론; 전체의 내용을 간추려서 논함.
概算[がいさん] 개산; 어림셈.
¹概説[がいせつ] 개설; 개론(概論).
概数[がいすう] 개수; 어림수.
¹概要[がいよう] 개요; 대략. 대요(大要).
概況[がいきょう] 개황; 대체적인 상황.

箇 낱/개수 개

⺮ ⺮ ⺮ 符 符 符 符 符 箇 箇

音 ●カ ⊗コ
訓 ―

音読
箇[か] 개. ¶三(さん)~条(じょう) 3개조.
²箇所[かしょ] 개소; 군데. 곳. 자리. 부분. ¶四(よん)~ 네 군데.
箇月[かげつ] 개월; (조수사로) 달 수를 세는 말. ¶三(さん)~ 3개월.
箇条[かじょう] 개조; 조항. 조목. 항목.
¹箇条書き[かじょうがき] 조목별로 씀.

芥 겨자/티끌 개

音 ⊗カイ ⊗ケ
訓 ⊗あくた ⊗ごみ ⊗からし

訓読
⊗**芥❶**[あくた] 《雅》 먼지. 쓰레기.
²⊗**芥❷**[ごみ] 쓰레기. 먼지. 티끌.
芥捨場[ごみすてば] 쓰레기장.

芥溜(め)[ごみため] 쓰레기장. 쓰레기통.
芥箱[ごみばこ] 쓰레기통.

音読
芥子❶[けし] ≪植≫ ①앵속. 양귀비. ②겨
자씨. ❷[★からし] ≪植≫ 겨자. 겨자씨.
겨자가루.
芥子粉[★からしこ] 겨자 가루.
芥子人形[けしにんぎょう] 옷을 입힌 아주
작은 나무 인형.

疥	옴 개	音	⊗カイ
		訓	⊗はたけ

訓読
⊗疥[はたけ] ≪医≫ 마른버짐. 건선(乾癬).
안면 백선(顔面白癬). ¶～ができる 마른버
짐이 생기다.

音読
疥癬[かいせん] ≪医≫ 개선; 옴.

凱	즐길 개	音	⊗ガイ
		訓	─

音読
凱歌[がいか] 개가; 승리를 축하하는 노래.
¶～をあげる 개가를 올리다.
凱旋[がいせん] 개선; 전쟁에 이기고 옴.

蓋	덮을 개	音	⊗ガイ
		訓	⊗ふた
			⊗おおう

訓読
²⊗蓋[ふた] ①뚜껑. 덮개. ②(소라·우렁
따위의) 딱지. ¶さざの～ 소라딱지.
⊗蓋う[おおう] 〈他5〉 ①가리다. 막다. ②덮
다. ③은폐하다. 숨기다. ④뒤덮다.
蓋開け[ふたあけ] ①뚜껑을 엶. ②개시(開
始). 시작. ③(연극 등의) 개막. 개막일.
蓋物[ふたもの] ①뚜껑이 있는 그릇. ②뚜
껑이 있는 그릇에 담아 내놓는 요리.
蓋付(き)[ふたつき] 뚜껑이 딸려 있는 그릇.

音読
蓋世[がいせい] 개세; 기력·수완이 세상을
덮을 만큼 뛰어남.
蓋然[がいぜん] 개연; 확실하지 못하나 그
럴 것 같은 모양.
蓋然性[がいぜんせい] 개연성.
蓋然判断[がいぜんはんだん] 개연 판단.

[객]

客	손님 객

丶丷宀宀岁安安客客

音 ●カク ●キャク
訓 ─

音読
³客[きゃく] 객; ①손님. ②승객. 여객. ¶～
あしらい 손님접대. 접대.
²客間[きゃくま] 객실. 응접실.
¹客観[きゃっかん] 객관; ①≪哲≫ 인식의 대
상. ②사물을 제3자의 입장에서 생각하
거나 관찰함.
¹客観的[きゃっかんてき] 객관적.
客筋[きゃくすじ] ①단골손님. ②손님의 신
분이나 인품. ③≪経≫ 일반 투자가.
客扱い[きゃくあつかい] ①손님 접대. ②(철
도의) 여객 수송 업무.
客分[きゃくぶん] 객분; 손님으로서의 대우.
客商売[きゃくしょうばい] 접객업(接客業).
²客席[きゃくせき] 객석; ①관람석. ②연회석.
客船[きゃくせん] 객선; 여객선.
客膳[きゃくぜん] 손님을 접대하는 식사.
客受(け)[きゃくうけ] ①손님들 사이의 평
판. ②손님이 받는 인상.
客室[きゃくしつ] 객실; 손님방.
客室係[きゃくしつがかり] 객실 담당.
客様[きゃくさま] 손님.
客員[かくいん/きゃくいん] 객원; 손님으로
서 특별한 대우를 받는 사람.
客人❶[きゃくじん] 객인; 손님. ❷[まれび
と/まろうど] ≪雅≫ 손님.
客引(き)[きゃくひき] (여관이나 술집으로)
손님을 끌어들임. 유객(誘客)꾼.
客足[きゃくあし] 손님의 수. 고객의 출입.
客止(め)[きゃくどめ] (손님이 만원으로 인
해) 입장을 사절함.
客車[きゃくしゃ] 객차; 여객 열차.

喀	토할 객	音	⊗カク
		訓	─

音読
喀痰[かくたん] 객담; 가래를 뱉음.

[갱]

坑　구덩이 갱

一 十 土 坴 圢 圢 圢 坑

音 ◉コウ
訓 ―

音読
坑口[こうこう/こうぐち]《鉱》갱구.
坑内[こうない] 갱내; 갱도의 안.
坑道[こうどう] 갱도; 광산의 갱내 통로.
坑夫[こうふ] 갱부; 광부(鉱夫).

更　①다시 갱
　　②고칠 경

一 ㄱ 厅 匝 亘 車 更 更

音 ◉コウ
訓 ◉ふかす ◉ふける ◉さら ⊗ざら

訓読
◉更かす[ふかす]〈5他〉(밤을) 새우다.
◉更ける[ふける]〈下1自〉①(밤이) 깊어지다. 이슥해지다. ②(가을이) 깊어지다. 한창 무르익다. ③(동물이) 발정(発情)하다.
◉更❶[さら]《古》두말할 필요도 없음. 물론. ❷[こう] ☞ [音読]
²更に[さらに] ①더한층. 더욱더. 보다 더. ②거듭. 다시. 새로이. 또 한 번. ③(부정문에서) 조금도. 전혀. 결코.

音読
更❶[こう] 경; ¶三(さん)~ 3경. ＊옛날에 오후 8시부터 새벽 4시까지를 5등분한 시간의 일컬음. ❷[さら] ☞ [訓読]
更年期[こうねんき] 갱년기; 여성의 월경이 멎는 시기.
更生[こうせい] 갱생; ①원래의 바른 상태로 돌아감. ②재생(再生). ③회생(回生). 소생.
更新[こうしん] ①경신; 종전의 기록 등을 깸. ②《法》갱신; 기간을 연장함.
更衣室[こういしつ] 탈의실(脱衣室).
更正[こうせい] 경정; 고쳐서 바르게 함.
更訂[こうてい] 경정; (책의 내용 등을) 고쳐서 정정함.
更迭[こうてつ] 경질; 교체. 바꿈. 바뀜.

[거]

巨　클 거

丨 厂 厅 戶 巨

音 ◉キョ ⊗コ
訓 ―

音読
巨鯨[きょげい] 거경; 큰 고래.
²巨大[きょだい] 거대; 대단히 큼.
巨頭[きょとう] 거두; ①큰 머리. ②우두머리.
巨利[きょり] 거리; 막대한 이익.
巨万[きょまん] 거만; 대단히 많음.
巨富[きょふ] 거부; 막대한 재산.
巨費[きょひ] 거비; 많은 비용.
巨像[きょぞう] 거상; 커다란 조각상.
巨視的[きょしてき] 거시적; 장기적인 안목. 대국적인 견지.
巨岩[きょがん] 거암; 큰 바위.
巨額[きょがく] 거액; 많은 금액.
巨人[きょじん] 거인; ①키가 큰 사람. ②위인. 위대한 인물.
巨匠[きょしょう] 거장; 예술의 대가(大家).
巨財[きょざい] 거재; 많은 재산.
巨鐘[きょしょう] 거종; 큰 종.
巨体[きょたい] 거체; 거대한 체구.
巨砲[きょほう] 거포; ①큰 대포. ②(야구에서) 강타자. ③(씨름에서) 손바닥으로 세게 밀어내는 기술.
巨漢[きょかん] 거한; 거인(巨人).

去　갈 거

一 十 土 去 去

音 ◉キョ ◉コ
訓 ◉さる ⊗いぬ

訓読
²去る[さる]〈連体詞〉지나간. 지난. ¶~七日(なのか) 지난 7일. 〈5自〉①떠나다. 가다. 죽다. 없어지다. ②(때·상태가) 지나가다. 끝나다. ③없어지다. 사라지다. ④(시간적·공간적으로) 떨어지다. 〈5他〉인연을 끊다. 멀리하다. 버리다.

⁴去年[きょねん] 거년; 작년. 지난해.
去来[きょらい] 거래; 오감. 왕래.
去就[きょしゅう] 거취; (일신의) 진퇴.
❶過去[かこ]

居　　있을/살 거

　一　コ　ユ　尸　尸　居　居　居

音 ●キョ ●コ
訓 ●いる

音読
居留[きょりゅう] 거류; ①조약에 의해 외국 땅의 일부에서 자유롭게 생활함. ②임시로 그 땅에 머물러 삶.
居士[こじ] 거사; ①(학문과 덕이 있으면서) 벼슬하지 않는 선비. ②《仏》 중이 아니면서 불문(仏門)에 든 사람. ③《仏》 사후(死後)에 남자의 법명에 붙이는 칭호.
居然[きょぜん] ①평안함. 태연함. 태평함. ②앉은 그대로. 있는 그대로. ③무료함. 따분함.
¹居住[きょじゅう] 거주; 자리를 잡고 그곳에 머물러 삶.
居宅[きょたく] 거택; (평소에) 살고 있는 집. 주택.

訓読
⁴●居る[いる] 〈上1自〉 ①(사람·동물이 어떤 장소에) 있다. ②존재하다. ③근무하다. ④(…하고) 있다.
²居間[いま] 거실. 리빙룸.
居据わる[いすわる] 〈5自〉 ①(남의 집·장소에) 버티고 앉다. ②(같은 위치·지위에) 계속 머물러 있다. 눌러앉다. ③《経》 시세에 변동이 없다.
居留守[いるす] 집에 있으면서도 없는 체함. 집에 없다고 따돌림.
居眠り[いねむり] 앉아서 졺.
居眠る[いねむる] 〈5自〉 앉아서 졸다.
居並ぶ[いならぶ] 〈5自〉 줄지어 앉다.
居所❶[いどころ] 있는 곳. 거처. ❷[きょしょ] ①거처. 있는 곳. 주거. ¶〜指定権(していけん) 거처 지정권. ②주소. 거주지.
居食い[いぐい] ①무위도식. 놀고먹는 생활. ②(낚시에서) 물고기가 낚시찌를 움직이지 않고 낚싯밥을 따먹음.
居心地[いごこち] ①(그곳에서의) 지내기. ②(그 자리에) 앉아 있는 기분.
居座る[いすわる] 〈5自〉 ①(같은 장소에) 버티고 앉다. 눌러앉다. ②(같은 지위에) 눌러 앉다.
居住まい[いずまい] 앉음새. 앉은 자세.
居酒屋[いざかや] 선술집. 대폿집.
居直る[いなおる] 〈5自〉 ①고쳐 앉다. 바로 앉다. 앉음새를 바로 하다. ②고자세(高姿勢)로 돌변하다. ③임시 지위에서 정식 지위에 앉다.
居合(い)[いあい] (검술에서) 앉은 채로 재빨리 적을 베는 기술.
居合(わ)せる[いあわせる] 〈下1自〉 때마침 그곳에 있다.

拒　　막을 거

　一　十　扌　扫　扩　拒　拒　拒

音 ●キョ
訓 ●こばむ

訓読
●拒む[こばむ] 〈5他〉 ①거절하다. 거부하다. ②막다. 저지하다.

音読
¹拒否[きょひ] 거부; 거절. 승낙하지 않음.
¹拒否権[きょひけん] 거부권.
¹拒絶[きょぜつ] 거절; 사절. 거부. 거부하여 사절함.
拒絶反応[きょぜつはんのう] 거부 반응.
拒絶品[きょぜつひん] 거절품.
拒止[きょし] 거지; 항거하여 막음.
拒斥[きょせき] 거척; 거절하여 배척함.

拠(據)　　의지할 거

　一　十　扌　扩　护　捗　拠　拠

音 ●キョ ●コ
訓 ⊗よる

音読
拠金[きょきん] 거금; 갹출한 돈. 기부금.
拠守[きょしゅ] 거수; 웅거하여 지킴.
拠点[きょてん] 거점; 활동의 근거지.
拠出[きょしゅつ] 거출; 갹출. 기부함.
❶証拠[しょうこ]

挙(擧) 들 거

丶 ノ ヒ ㅆ ㅛ 犬 氺 兴 毕 莽 挙

音 ●キョ
訓 ●あがる ●あげる ⊗こぞる

訓読
●挙がる[あがる] 〈5自〉 ①검거되다. 잡히다. ②(증거가) 드러나다.
³●挙げる[あげる] 〈下1他〉 ①검거하다. 붙잡다. ②열거하다. ¶例(れい)を~ 예를 들다. ③들다. 쳐들다. ¶手(て)を~ 손을 들다. ④떨치다. ¶名(な)を~ 이름을 떨치다. ⑤(식을) 올리다. ⑥천거하다. ⑦일으키다. ⑧(온 힘을) 다하다. 기울이다.
挙げて[あげて] 모두. 전부. ¶国(くに)を~祝(いわ)う 거국적으로 축하하다.
挙(げ)句[あげく] ①결과. 결말. 결국. 필경. ②連歌(れんが)・俳諧(はいかい)에서 마지막 7・7의 구(句).
⊗挙る[こぞる] 〈5他〉 모두 모으다. 남김없이 갖추다. 〈4自〉《古》 모두 모이다.

音読
挙国[きょこく] 거국; 나라 전체. 온 나라.
挙動[きょどう] 거동; 행동.
挙兵[きょへい] 거병; 군사를 일으킴.
挙手[きょしゅ] 거수; 손을 듦.
挙手の礼[きょしゅのれい] 거수 경례.
挙式[きょしき] 거식; 결혼식을 올림.
挙用[きょよう] 거용; 기용. 발탁. 등용.
挙証[きょしょう] 거증; 증거를 둚. 입증함.
挙止[きょし] 거지; 평소의 몸가짐.
挙行[きょこう] 거행; 의식(儀式)을 행함.

据 일할 거

一 扌 扌 扌 扩 护 护 据 据 据

音 ⊗キョ
訓 ●すえる ●すわる

訓読
¹●据える[すえる] 〈下1他〉 ①(물건을) 고정시키다. 설치하다. 놓다. ②차려놓다. ③(어떤 자리에) 모시다. 앉히다. ④¶目(め)を~ 응시하다. ⑤¶腰(こし)を~ 앉은 채 움직이지 않다. ⑥¶灸(きゅう)を~ 뜸뜨다.

据(え)物[すえもの] ①장식용으로 놓아두는 장식품. ②(장소를 옮기지 않고) 일정한 여관에서 손님을 받는 사창(私娼). ③《歷》 (칼을 시험하기 위해) 흙으로 쌓은 단 위에 둔 죄인의 시체.
¹据え付ける[すえつける] 〈下1他〉 설치하다. 고정시키다. 붙박아 놓다.
据(え)石[すえいし] (정원의) 장식용 돌.
据(え)膳[すえぜん] ①차려놓은 밥상. ②(누구나 할 수 있도록) 준비를 갖추어 둠. ③여자 쪽에서 유혹함.
据(え)置(き)[すえおき] 거치; 그대로 둠.
据え置く[すえおく] 〈5他〉 ①움직이지 않도록 놓아두다. ②보류하다. 그대로 두다. ③(저금・채권 등을) 거치하다.
●据わる[すわる] 〈5自〉 ①자리 잡고 움직이지 않다. ②(무슨 일에도) 끄덕하지 않다. ③안정되다. 침착해지다. 튼튼해지다.

距 떨어질 거

口 口 口 呈 로 距 距 距 距 距

音 ●キョ
訓 ⊗けづめ

訓読
⊗距[けづめ] 《動》 ①(새・닭의) 며느리발톱. 뒷발톱. ②(소・말의) 뒷발톱.

音読
²距離[きょり] 거리; ①두 곳 사이의 떨어진 멀고 가까운 정도. ②추상적인 사물의 사이에 느껴지는 간격. ③사람과 사람 사이에 느껴지는 심리적인 간격.

俥 인력거 거

音 ―
訓 ⊗くるま

訓読
⊗俥[くるま] 인력거(人力車).

炬 횃불 거

音 ⊗キョ ⊗コ
訓 ―

音読
¹炬燵[こたつ] 코타츠. 각로(脚炉). *(일본 전통 양식의) 테이블에 이불을 씌워서 만든 화로. ¶電気(でんき)~ 전기 코타츠.

倨	거만할 거	音 ⊗キョ
		訓 —

音読

倨慢[きょまん] 거만; 교만. ¶ ～な態度(たいど) 거만한 태도.

倨傲[きょごう] 거오; 건방짐.

渠	도랑 거	音 ⊗キョ
		訓 —

音読

渠[きょ] 개천. 수채. 도랑.

渠魁[きょかい] 거괴; 두목. 괴수.

渠底[きょてい] 거저; 독(dock)의 밑.

粔	약과 거	音 ⊗キョ
		訓 —

音読

粔籹[おこし] 밥풀과자. 쪄서 말린 찹쌀 등을 볶아 깨·호도·콩·김 등을 넣고 물엿이나 설탕으로 굳힌 과자.

裾	옷자락 거	音 ⊗キョ
		訓 ⊗すそ

訓読

[1]⊗**裾**[すそ] ①옷단. 옷자락. ②산기슭. ③(강) 하류. ④뒷덜미 부분. ⑤ ≪古≫ 물건의 끝. 맨 아래.

裾短[すそみじか] 옷자락을 추켜올려 짧게 함.

裾裏[すそうら] 옷의 안단.

裾綿[すそわた] 옷의 아랫자락에만 솜을 넣어 만든 것. 또는 그 옷이나 솜.

裾模様[すそもよう] ①(여자 예복 따위의)옷자락 무늬. ②옷자락에 무늬를 넣은 옷.

裾物[すそもの] 좋지 않은 물건. 하치.

裾分け[すそわけ] 얻은 물건이나 이익을 나누어 가짐.

裾山[すそやま] 산기슭에 있는 작은 산.

裾上がり[すそあがり] 옷단. 옷단 길이.

裾野[すその] ①(화산의) 기슭이 완만하게 경사진 들판. ②활동의 폭.

裾前[すそまえ] (옷의) 앞자락.

裾除け[すそよけ] 속치마 위에 겹쳐 입는 옷. *속치마가 드러나 보이지 않게 하기 위한 것.

裾取り[すそとり] ☞ 裾回し

裾風[すそかぜ] (앉거나 일어날 때) 옷자락에서 일어나는 공기의 움직임.

裾回し[すそまわし] 일본 옷 겹옷의 옷단 안쪽에 대는 천.

裾廻し[すそまわし] 산기슭 근처. 산자락.

踞	웅크리고 앉을 거	音 ⊗キョ
		訓 ⊗うずくまる

訓読

⊗**踞る**[うずくまる] 〈5自〉 ①웅크리다. 웅크리고 앉다. 쪼그리고 앉다. ②(짐승이) 앞발을 세우고 앉다. 웅크리다.

音読

踞座[きょざ] 거좌; 웅크림. 웅크리고 앉음. 쪼그리고 앉음.

鋸	톱 거	音 ⊗キョ
		訓 ⊗のこ
		⊗のこぎり

訓読

[2]⊗**鋸**[のこぎり/のこ] 톱.

鋸挽き[のこぎりびき] 톱으로 머리를 자르는 가장 잔혹한 형벌.

鋸屑[のこくず] 톱밥.

鋸屋根[のこぎりやね] 톱니 모양의 지붕.

鋸歯[のこぎりば] 톱니. 톱날.

欅	느티나무 거	音 ⊗キョ
		訓 ⊗けやき

訓読

⊗**欅**[けやき] ≪植≫ 느티나무.

襷	멜빵 거	音 —
		訓 ⊗たすき

訓読

⊗**襷**[たすき] ①(일을 할 때, 가뿐하게 하려고) 양어깨에서 겨드랑이로 엇매어 옷소매를 걷어매는 끈. *보통 등에서는 × 자가 되게 함. ②멜빵. 어깨띠.

襷掛け[たすきがけ] 소매를 걷어붙임.

[건]

件　사건/구분할 건

丿 亻 仁 仁 仵 件

音 ●ケン
訓 ⊗くだり ⊗くだん

訓読
⊗件[くだり] ①(문장 속에서 말하고 있는) 한 부분. 대목. ②앞에서 언급한 사항. 앞서 언급한 문장.
⊗件の[くだんの] ①전술(前述)한. 앞서 말한. ②항상 있는 일. 평소의 일.

音読
¹件[けん] 건; ①사항. 사건. ②(접미어로 사건·사항을 세는 말) 건.
件名[けんめい] 건명; ①분류한 각 항목의 이름. ②(도서관에서) 분류 항목.
件名目録[けんめいもくろく] 분류 항목 목록.
件数[けんすう] 건수; 사물·사건의 가짓수.

建　세울 건

フ ㄱ ㅋ ㅋ ㅌ 圭 聿 律 建 建

音 ●ケン ●コン
訓 ●たつ ●たてる

訓読
²●建つ[たつ] 〈5自〉①(건물이) 서다. 세워지다. ②(동상·기념비가) 세워지다.
³●建てる[たてる] 〈下1自〉①(건물을) 짓다. 세우다. ②(동상·기념비를) 세우다. ③(나라를) 세우다.
³建て[だて] (명사에 접속하여) ①층. 집. 건물. ¶二階(にかい)~バス 2층 버스. ②통화 표시. ¶ドル~ 달러화 표시.
建具[たてぐ] 건구; 방의 칸막이용의 문짝이나 창문의 총칭. ¶~屋(や) 건구상.
建(て)売り住宅[たてうりじゅうたく] 집장수가 지은 집.
建(て)面積[たてめんせき] 건축 면적.
⁴建物[たてもの] 건물; 건축물.
建(て)方[たてかた] 건축하는 방법.
建玉[たてぎょく] 거래소에서 매매 약정을 한 물건.

¹建前[たてまえ] ①≪建≫ 상량(上樑). 상량식(上梁式). ②(표면상의) 원칙. 기본 방침.
建株[たてかぶ] 상장주(上場株).
建株会社[たてかぶがいしゃ] 상장(上場) 회사.
建て直す[たてなおす] 〈他〉 개축하다. 다시 짓다. 새로 건축하다.
建値[たてね] '建値段'의 준말.
建値段[たてねだん] 매매 기준 가격. 매매 표준 시세.
建坪[たてつぼ] 건평; 건물의 면적.

音読
建国[けんこく] 건국; 새로 나라를 세움.
建軍[けんぐん] 건군; 군대를 창설함.
建立❶[けんりつ] 건립; 건물을 지음. ❷[こんりゅう] ≪仏≫ 절(寺)을 건축함.
建白[けんぱく] 건의(建議). 상신(上申).
建白書[けんぱくしょ] 건의서. 상신서.
²建設[けんせつ] 건설; ①건물을 새로 지음. ②시설물을 따로 만듦.
建言[けんげん] 건언; 의견을 말함.
建業[けんぎょう] 건업; 사업의 토대를 세움.
建議[けんぎ] 건의; 의견을 말함.
建材[けんざい] 건재; 건축 자재.
建造[けんぞう] 건조; 세워 만듦.
建策[けんさく] 건책; 계획을 세움.
²建築[けんちく] 건축; 집을 설계하여 세움.
建艦[けんかん] 건함; 군함을 건조함.

乾　마를 건

一 十 卉 古 市 直 卓 卓 卓 乾

音 ●カン ⊗ケン
訓 ●かわかす ●かわく ⊗いぬい ⊗からびる ⊗ひる ⊗ほす

訓読
²●乾かす[かわかす] 〈5他〉(수분을) 말리다. 건조시키다.
³●乾く[かわく] 〈5自〉①마르다. 건조하다. ②인간미가 없다.
⊗乾[いぬい] 건방(乾方). 북서(北西). 서북(西北). ❷[けん] ☞ [音読]
⊗乾す[ほす] 〈5他〉①말리다. 건조시키다. ②바닥이 드러나도록 하다. ③남김없이 마시다. ④굶어 가다. 일거리를 안 주고 괴롭히다.

⊗乾びる[からびる]〈上1自〉 ①(수분이) 마르다. ②(초목이) 시들다. ③마르고 쓸쓸한 느낌을 띠다.

⊗乾る[ひる]〈上1自〉 ①마르다. 건조하다. ②(바닷물이) 빠지다.

音読

乾坤一擲[けんこんいってき] 건곤일척; 운명을 건 큰 승부.

乾期[かんき] 건기; 비가 오지 않는 계절.

乾物[かんぶつ] 건어물. 말린 식품. 포.

乾杯[かんぱい] 건배; 술잔을 치켜들고 축하하면서 마심.

乾性[かんせい] 건성; 수분이 적은 성질.

乾湿[かんしつ] 건습; 공기의 건조함과 습함.

乾式[かんしき] 건식; 액체를 사용하지 않는 방식.

乾魚[かんぎょ/ひうお/ひざかな] 건어; 건어물. 말린 물고기.

²乾電池[かんでんち] 건전지; 소형 전지.

²乾燥[かんそう] 건조; ①마름. ②운치가 없고 메마름. 재미가 없음.

健   건강할 건

亻 亻丨 亻宀 亻彐 亻彐 亻彐 亻彐 律 律 健 健

音 ●ケン ⊗ケ
訓 ●すこやか ⊗したたか ⊗すくよか

訓読

¹健やか[すこやか]〈形動〉 ①건강함. 튼튼함. ②건전함.

⊗健か[したたか]〈形動〉 성질이 보통이 아님. 만만치 않음. 〈副〉①세게. 호되게. ②지나치게. 심하게.

⊗健か者[したたかもの] ①용사. ②고집이 센 사람. ③만만치 않은 사람.

⊗健よか[すくよか]〈形動〉 ①무럭무럭 자람. ②건강함. 튼튼함.

音読

健脚[けんきゃく] 건각; ①힘센 다리. ②걸음을 잘 걷는 사람.

²健康[けんこう] 건강; 몸과 마음이 건전하고 튼튼함.

健在[けんざい] 건재; 탈 없이 잘 있음.

¹健全[けんぜん] 건전; ①몸과 마음이 정상이며 건강함. ②상태나 사고방식이 정상임.

健闘[けんとう] 건투; 불리한 조건에도 굴하지 않고 멋지게 싸움.

巾   수건 건   音 ⊗キン
                訓 ⊗はば

訓読

²⊗巾❶[はば] 폭. 너비. 나비. ＊흔히 '幅(はば)'의 약자로 쓰임. ❷[きん] ☞ [音読]

巾広[はばひろ] 폭이 넓음.

巾広い[はばひろい]〈形〉 ①폭이 넓다. ②광범위하다.

巾跳び[はばとび] 멀리뛰기.

巾利き[はばきき] (그 방면에서) 얼굴이 넓고 세력이 있음. 유력 인사.

巾偏[はばへん] 수건건변. ＊한자(漢子) 부수(部首)의 하나로 '幅·帳' 등의 '巾' 부분을 말함.

音読

巾❶[きん] ①헝겊. 피륙. ②걸레. 행주. 수건. ③두건. 쓰개. ❷[はば] ☞ [訓読]

巾着[きんちゃく] ①두루주머니. 주머니. 염낭. 돈주머니. ②세력가에게 비위를 맞추는 사람. ③(에도 시대의) 매춘부(売春婦).

腱   힘줄 건   音 ⊗ケン
                訓 ―

音読

腱[けん] 《生理》 건; 힘줄. ¶アキレス~ 아킬레스 건.

鍵   자물쇠/   音 ⊗ケン
      빗장 건   訓 ⊗かぎ

訓読

⁴⊗鍵❶[かぎ] ①열쇠. 키. ②관건(関鍵). 키 포인트. ❷[けん] ☞ [音読]

鍵袋[かぎふくろ] 열쇠주머니.

鍵っ子[かぎっこ] 《俗》 맞벌이하는 부부의 아이. ＊열쇠를 맡은 아이라는 뜻임.

鍵穴[かぎあな] 열쇠 구멍.

鍵環[かぎわ] 열쇠 고리.

音読

鍵❶[けん] (악기의) 건반. ヲ. ❷[かぎ] ☞ [訓読]

鍵盤[けんばん] 건반; 키.

[걸]

傑   뛰어날 걸

亻 亻 俨 俨 俨 俨 傑 傑 傑

音 ◉ケツ
訓 ─

音読
傑物[けつぶつ] 걸물; ①훌륭한 인물. ②뛰어난 인물.
傑人[けつじん] 걸인; 뛰어난 인물.
²傑作[けっさく] ①명작. 뛰어난 작품. ② ≪俗≫ 우스꽝스러움. 별난 행동.
傑出[けっしゅつ] 걸출; 아주 뛰어남.

乞   빌 걸

音 ⊗キツ ⊗コツ
訓 ⊗こう

訓読
⊗乞う[こう] 〈5他〉 청하다. 원하다. 바라다.
乞い受ける[こいうける] 〈下1他〉 (임자에게) 사정하여 물건을 얻어내다.
乞丐[こつがい] 걸개; 거지. 비렁뱅이.

音読
乞巧奠[きっこうでん/きこうでん] 걸교전; (칠석날 밤에) 여자들이 견우·직녀성에게 길쌈과 바느질의 숙달을 비는 의식.
乞食❶[★こじき] 거지. 걸인. 비렁뱅이. ❷[こつじき] ① ≪仏≫ 탁발(托鉢). ② ≪古≫ 거지.

[검]

倹 (儉)   검소할 검

丿 亻 亻 亻 俭 俭 俭 倹 倹 倹

音 ◉ケン
訓 ⊗つましい

訓読
⊗倹しい[つましい] 〈形〉 검소하다. 알뜰하다.

音読
倹素[けんそ] 검소; 사치하지 않고 수수함.
¹倹約[けんやく] 검약; 절약.
倹約家[けんやくか] 검약가; 절약가.

剣 (劍)   칼 검

丿 ㇏ 亼 亽 合 合 刽 剑 剣 剣

音 ◉ケン
訓 ◉つるぎ

訓読
◉剣❶[つるぎ] 양날 검. ❷[けん] ☞ [音読]
剣の舞[つるぎのまい] 칼춤.
剣の刃渡り[つるぎのはわたり] 칼날 타고 건너가기. ＊실패하면 파멸된다는 비유임.

音読
剣❶[けん] ①검. ②총검. ③검술. ¶～をよくする 검술에 능하다. ❷[つるぎ] ☞ [訓読]
剣客[けんかく/けんきゃく] 검객; 검사(剣士).
剣劇[けんげき] 검극; 칼싸움 영화.
剣道[けんどう] 검도; 검술(剣術).
剣道場[けんどうじょう] 검도장.
剣舞[けんぶ] 검무; 칼춤.
剣法[けんぽう] 검법; 칼 쓰는 법.
剣士[けんし] 검사; 검객(剣客).
剣山[けんざん] (꽃꽂이의) 침봉(針峰).
剣術[けんじゅつ] 검술; 칼싸움하는 기술.

検 (檢)   검사할 검

一 � 木 杧 杧 杧 栓 栓 検 検

音 ◉ケン ⊗ケ
訓 ⊗しらべる ⊗あらためる

訓読
⊗検べる[しらべる] 〈下1他〉 조사하다. 검사하다.
⊗検める[あらためる] 〈下1他〉 살펴보다. 조사하다. 검사하다.

音読
検する[けんする] 〈サ変他〉 ①조사하다. 검사하다. ②단속하다.
検挙[けんきょ] 검거; 용의자를 붙잡음.
検鏡[けんきょう] 검경; 현미경으로 조사함.
検問[けんもん] 검문; 조사하고 따져 물음.
検便[けんべん] 검변; 대변 검사.
検分[けんぶん] 검분; 입회하여 검사함.
検死[けんし] 검시; 시체를 검사함.
¹検事[けんじ] 검사; ①검찰관 계급의 하나. ②'検察官(けんさつかん)'의 옛날 칭호.

²検査[けんさ] 검사: 좋고 나쁨을 살핌.
検算[けんざん] 검산: 셈한 것을 확인함.
検索[けんさく] 검색: 조사하여 찾음.
検束[けんそく] 검속: ①자유로운 행동을
　못 하도록 단속함. ②일시적으로 경찰서
　등에 유치함.
検収[けんしゅう] 검수: 물품의 수량과 종
　류를 확인하고 수납함.
検屍[けんし] 검시: 시체를 검사함.
検視[けんし] 검시: ①현장을 확인함. ②시
　체를 검사함. 검시(検屍).
検案[けんあん] 검안: ①상황 등을 조사함.
　②≪法≫ (형사 소송에서) 특수한 지식과
　경험이 있는 사람이 하는 감정. ③시체에
　대한 사망 사실을 의학적으로 확인함.
検眼[けんがん] 검안: 시력(視力)을 확인함.
検疫[けんえき] 검역: 외국으로부터의 전염
　병을 막기 위해 입국하는 사람·동물을
　검사함.
検疫済[けんえきぎずみ] 검역필.
検閲[けんえつ] 검열: 행정기관이 행하는 검사.
検温[けんおん] 검온: 체온을 잼.
検印[けんいん] 검인: ①검사필 도장. ②저
　서(著書)의 판권에 찍는 도장.
検認[けんにん] 검인: 검사하여 인정함.
検定[けんてい] 검정: 검사하여 합격 여부
　를 확인함.
検定済[けんていずみ] 검정필.
検証[けんしょう] 검증: 조사하여 밝힘.
検診日[けんしんび] 검진일: 진찰일.
検察[けんさつ] 검찰: 검찰관이 하는 직무
　내용.
検体[けんたい] 검체: 검사 대상의 물체.
検出[けんしゅつ] 검출: 검사하여 찾아냄.
検針[けんしん] 검침: 계량기의 눈금을 조
　사함.
検針日[けんしんび] 검침일.
²検討[けんとう] 검토: 조사하고 따짐.
検品[けんぴん] 검품: 제품의 질이나 수량
　을 검사함.

| 瞼 | 눈꺼풀 검 | 音 ⊗ケン |
| | | 訓 ⊗まぶた |

訓読
²⊗瞼[まぶた] 눈꺼풀. ¶二重(ふたえ)〜 쌍꺼
풀. ¶〜が重(おも)い 잠이 오다.

[겁]

| 劫 | 위협할 겁 | 音 ⊗コウ ⊗ゴウ |
| | | 訓 ― |

音読
劫[こう] ① ≪仏≫ 겁: 지극히 긴 세월.
　②(바둑에서) 패.
劫掠[ごうりゃく] 겁략: 위협하여 빼앗음.
劫立て[こうだて] (바둑에서) 패를 때림.
劫争い[こうあらそい] (바둑에서) 패싸움.
劫初[ごうしょ] 겁초: 이 세상의 시초.
劫火[ごうか] 겁화: ① ≪仏≫ 온 세상을 태
　워 버린다는 큰 불. ②대화재(大火災).

怯	겁낼 겁	音 ⊗キョウ
		訓 ⊗おびえる
		⊗ひるむ

訓読
¹⊗怯える[おびえる] 〈下1自〉 ①무서워하다.
　겁먹다. ②가위눌리다.
⊗怯む[ひるむ] 〈5自〉 기세가 꺾이다. 풀이
　죽다. 겁에 질리다. ¶〜な、進(すす)め! 기
　죽지 마라! 돌격!
音読
怯夫[きょうふ] 겁부: 겁이 많은 남자.
怯弱[きょうじゃく] 겁약: 겁이 많음.
怯臆[きょうおく] 겁억: 두려워서 떪.
怯者[きょうしゃ] 겁자: 겁쟁이.

[게]

| 揭(揭) | 높이들 게 |

一　十　扌　扌　扌゛　扌゛　扌日　扌曷　揭　揭

音 ●ケイ
訓 ●かかげる

訓読
¹●揭げる[かかげる] 〈下1他〉 ①(기를) 내걸
다. 게양하다. ②(머리 위로) 높이 들어
올리다. ③(간판을) 내걸다. ④(주의·주
장을) 내세우다. ⑤(신문에) 싣다. 게재하
다. ⑥걷어 올리다.

音読

[2]**揭示**[けいじ] 게시; (여러 사람에게 알리기 위해) 내어 걸거나 붙여 보게 함.
揭示場[けいじば] 게시장.
[2]**揭示板**[けいじばん] 게시판.
揭揚[けいよう] 게양; (기를) 높이 내걸음.
[1]**揭載**[けいさい] 게재; (신문・서적에) 어떤 내용이 실림.

憩 쉴 게

一 二 千 舌 舌' 舌' 舌'' 舌白 憩 憩

音 ◉ケイ
訓 ◉いこい ◉いこう

訓読

◉**憩い**[いこい] (편히) 쉼. 휴식.
◉**憩う**[いこう] 〈5自〉 (편히) 쉬다. 휴식하다.

音読

◑**休憩**[きゅうけい], **休憩室**[きゅうけいしつ]

격

格 격식/품위 격

一 十 オ 木 木' 杪 柊 柊 格 格

音 ◉カク ◉コウ ◉ゴウ
訓 —

音読

[1]**格**[かく] 격; ①신분. ②격식. 기준.
格納[かくのう] 격납; 비행기 따위를 창고 안으로 들여놓음.
格納庫[かくのうこ] 격납고.
格段[かくだん] 격단; 각별함. 현격함.
[1]**格別**[かくべつ] ①각별함. 특별함. ②각별히. 유난히. 특별히. ③(부정문에서) 그다지. 별로.
格付け[かくづけ] 신용 평가. 신용 등급을 매김.
格上げ[かくあげ] 격상; (지위나 자격의) 승격. 격을 높임.
格式[かくしき] 격식; ①신분이나 계급에 관한 법식. ②가문. 집안.
格安[かくやす] 품질에 비해 값이 쌈.
格安品[かくやすひん] 품질에 비해 값이 싼 물건.
格言[かくげん] 격언; 금언(金言).
格外[かくがい] 격외; ①규격에 벗어남. ②보통이 아님. 예외. 분에 넘침.
格子[こうし] 격자; ①가는 나무나 대(竹)로 정(井)자 스타일로 맞추어 짠 것. ②격자문.
格子窓[こうしまど] 격자창.
格調[かくちょう] 격조; 시가(詩歌)나 문장이 지니는 품격과 가락.
[1]**格差**[かくさ] 격차; 가격・등급・자격의 차이.
格闘[かくとう] 격투; 맞붙어 싸움.
格下げ[かくさげ] 격하; (지위나 자격의) 강등(降等). 격을 낮춤.
[2]**格好**[かっこう] ①꼴. 모양. 볼품. 생김새. ②알맞음. 걸맞음. 적당함. ③(숫자에 접속하여) 쯤. 정도.

隔(隔) 막힐/멀 격

7 ß ß ß' ß'' ß'' 隔 隔 隔 隔

音 ◉カク
訓 ◉へだたる ◉へだてる

訓読

[2]◉**隔たる**[へだたる] 〈5自〉 ①(거리가) 멀어지다. 떨어지다. ②(사이가) 멀어지다. ③(세월이) 지나다. 경과하다. 흐르다. ④차단되다. 막히다. ⑤(사물에) 차이가 생기다. 벌어지다.
隔たり[へだたり] ①거리. 간격. ②격차.
[2]◉**隔てる**[へだてる] 〈下1他〉 ①거리를 두다. ②가로막다. 가리다. ③사이를 떼어놓다. ④(세월을) 보내다.
隔て[へだて] ①칸막이. ②구별. 차별. ③(마음의) 벽. 격의.

音読

隔年[かくねん] 격년; 한 해를 거름.
隔離[かくり] 격리; ①사이가 가로막혀 서로 떨어짐. ②전염병 환자를 다른 곳으로 떼어 둠.
隔離病舎[かくりびょうしゃ] 격리 병동.
隔膜[かくまく] 격막; ① ≪生理≫ 횡격막. ② ≪物≫ 두 개의 액체를 가로막는 막.
隔世[かくせい] 격세; 시대가 다름.
隔月[かくげつ] 격월; 한 달씩 거름.
隔意[かくい] 격의; 마음의 벽.
隔日[かくじつ] 격일; 하루걸러.
[1]**隔週**[かくしゅう] 격주; 한 주씩 거름.

擊(擊) 칠 격

一 口 豆 車 軋 軋 軋 軗 撃 撃

音 ●ゲキ
訓 ●うつ

訓読

²●撃つ[うつ] 〈5他〉 ①(총을) 쏘다. 발사하다. ②(적을) 치다. 공격하다.
撃ち落とす[うちおとす] 〈5他〉 쏘아 떨어뜨리다. 격추시키다.
撃ち抜く[うちぬく] 〈5他〉 ①(총을 쏘아) 구멍을 뚫다. ②철저하게 쏘아 대다. ③마구 쏘아 대다.
撃(ち)方[うちかた] (총을) 쏘는 법. 사격술.
撃ち殺す[うちころす] 〈5他〉 쏘아 죽이다. 사살하다.
撃ち込む[うちこむ] 〈5他〉 명중시키다.
撃ち取る[うちとる] 〈5他〉 ①(적을) 쏘아 죽이다. 쳐죽이다. 찔러 죽이다. ②(경기에서) 패배시키다. 무찌르다. 강한 상대를 이기다.
撃ち破る[うちやぶる] 〈5他〉 (적을) 격파하다. 쳐부수다.
撃ち合う[うちあう] 〈5他〉 서로 총격을 가하다. 서로 총질하다.

音読

撃砕[げきさい] 격쇄; 쳐부숨.
撃墜[げきつい] 격추; (비행기를) 공격하여 떨어뜨림.
撃沈[げきちん] 격침; (군함을) 쏘아 맞추어 가라앉힘.
撃退[げきたい] 격퇴; ①공격하여 물리침. ②물리침.
撃破[げきは] 격파; 쳐부숨.

激 심할 격

氵 沪 泸 泸 浐 滂 滂 滂 激

音 ●ゲキ
訓 ●はげしい

訓読

²●激しい[はげしい] 〈形〉 ①심하다. 격심하다. ¶風(かぜ)が~ 바람이 심하다. ②격렬하다. 과격하다. ¶~反対(はんたい) 격렬한 반대.

音読

激する[げきする] 〈サ変自〉 ①격렬하다. 격해지다. 거칠어지다. ②격노하다. 격분하다. 흥분하다. ③감동하여 분기하다. ④(흐름이) 부딪치다.
激減[げきげん] 격감; 갑자기 줄어듦.
激怒[げきど] 격노; 몹시 분노함.
激突[げきとつ] 격돌; 심하게 부딪침.
激動[げきどう] 격동; 심하게 움직임. 심하게 변동함.
激動期[げきどうき] 격동기.
激浪[げきろう] 격랑; 거센 파도.
¹激励[げきれい] 격려; 마음이나 기분을 북돋우어 힘쓰도록 함.
激烈[げきれつ] 격렬; 맹렬함. 치열함.
激論[げきろん] 격론; 격렬한 논쟁.
激流[げきりゅう] 격류; 급류. 서차게 흐름.
激務[げきむ] 격무; 몹시 바쁘고 힘듦.
激発[げきはつ] 격발; ①사건이 잇달아 일어남. ②갑자기 격한 감정이 치밂. ③(자극하여) 격한 행동을 하게 함.
激変[げきへん] 격변; 급격한 변화.
激憤[げきふん] 격분; 몹시 분기함.
激戦[げきせん] 격전; 쌍방에 큰 피해가 날 것 같은 격렬한 싸움.
激情[げきじょう] 격정; 세게 끼치는 감정. 심하게 고조된 감정.
²激増[げきぞう] 격증; 급격하게 늘어남.
激職[げきしょく] 격직; 몹시 바쁜 직무.
激震[げきしん] 격진; 집이 무너지고 산사태가 일어나는 극심한 지진. ＊진도(震度) 7을 말함.
激賛[げきさん] 격찬; 극구 칭찬함.
激痛[げきつう] 격통; 심한 아픔.
激闘[げきとう] 격투; 격렬한 싸움.
激化[げっか/げきか] 격화; 더욱 심해짐.

檄 격문/격서 격

音 ⊗ゲキ
訓 ―

音読

檄[げき] 격; 격문(檄文). 널려 알려 선동하기 위해 써내는 글.
檄する[げきする] 〈サ変他〉 격문을 띄우다. 격문을 돌리다.
檄文[げきぶん] 격문; 널리 알려 선동하기 위해 써내는 글.

[견]

犬　개 견

一　ナ　大　犬

音 ●ケン
訓 ●いぬ ⊗え

訓読

³●犬❶[いぬ]　①≪動≫개. ¶～が吠(ほ)える 개가 짖다. ②첩자. 앞잡이. 끄나풀. ❷ [けん] ☞[音読]

犬死(に)[いぬじに] 개죽음. 헛된 죽음. 값 없는 죽음.

犬小屋[いぬごや] 개집.

犬泳ぎ[いぬおよぎ] 개헤엄.

犬潜り[いぬくぐり] 개구멍. 개가 드나드는 구멍.

犬畜生[いぬちくしょう] ①개나 그 밖의 짐 승. 개 따위의 짐승. ②(욕하는 말로) 개 자식. 개만도 못한 놈.

犬合(わ)せ[いぬあわせ] 투견(鬪犬) 시합.

音読

犬❶[けん] 〈接尾語〉 견; 개. ¶盲導(もうどう) ～ 맹도견. ¶秋田(あきた)～ 아키타 견. ❷[いぬ] ☞[訓読]

犬馬[けんば] 견마; 개와 말. ¶～の労(ろう) 견마지로; 남을 위해 수고함.

犬猿の仲[けんえんのなか] 견원지간. 몹시 사 이가 나쁜 것을 말함.

犬歯[けんし] 견치; 송곳니.

見　볼 견

丨　冂　冂　冃　目　見　見

音 ●ケン ⊗ゲン
訓 ●みえる ●みかける ●みせる ●みる

訓読

³●見える[みえる] 〈下1自〉 ①(눈에) 보이다. ②…처럼 보이다. …같다. ③(어떤 상태가) 엿보이다. ④오시다. '来(く)る'의 높임말.

見え隠れ[みえかくれ/みえがくれ] 보였다 안 보였다 함. 숨바꼭질함.

見え張る[みえばる] 〈5自〉 허세를 부리다. 겉치레하다.

見え透く[みえすく] 〈5自〉 ①(속까지) 환히 비쳐 보이다. ②(속셈이) 빤히 들여다보 이다. 속보이다.

⁴●見せる[みせる] 〈下1他〉 ①(남에게) 보여주 다. 보이다. ②…인 체하다. ¶病気(びょうき) に～ 병든 체하다. ③…에게 진찰을 받다. ¶医者(いしゃ)に～ 의사에게 진찰을 받다.

¹見せびらかす[みせびらかす] 〈5他〉 과시하 다. 자랑삼아 내보이다.

見せ掛け[みせかけ] 외관. 겉치레. 겉보기.

見せ掛ける[みせかける] 〈下1他〉 …체 하다. …처럼 보이게 하다.

¹見世物[みせもの] ①(곡예・예술 등의) 흥 행. ②구경거리.

見世物小屋[みせものごや] 가설 흥행장. 임 시로 지은 흥행장.

見せ付ける[みせつける] 〈下1他〉 ①과시하다. 자랑삼아 내보이다. ②똑똑하게 보여주다.

見せ所[みせどころ] 자랑삼아 꼭 보이고 싶 은 연기.

見せ場[みせば] (연극・영화) 클라이맥스.

⁴●見る[みる] 〈上1他〉 ①(눈으로) 보다. ② 구경하다. ③대충 읽다. ¶新聞(しんぶん) を～ 신문을 보다. ④살펴보다. ¶風呂(ふ ろ)を～ 목욕물을 보다. ⑤판단하다. 조사 하다. 살피다. ¶甘(あま)く～ 깔보다. ⑥돌 보다. 맡아 보다. ⑦당하다. ¶痛(いた)い目 (め)を～ 따끔한 맛을 보다. ⑧맛보다. ¶ 味(あじ)を～ 맛을 보다.

見るからに[みるからに] 보기만 해도. 언뜻 보기에.

見るべき[みるべき] 볼 만한.

見かけ[みかけ] 겉보기. 외관.

¹見掛ける[みかける] 〈下1他〉 ①눈에 띄다. ②보다가 그만두다. ③언뜻 보다.

見つかる[みつかる] 〈5自〉 ①발견되다. 들키 다. 발각되다. ②찾게 되다.

見つける[みつける] 〈下1他〉 ①찾다. 발견하 다. ②늘 보다. 눈에 익다.

見にくい[みにくい] 〈形〉 보기 힘들다. 잘 안 보이다.

見覚え[みおぼえ] 본 기억.

見覚える[みおぼえる] 〈下1他〉 ①보고 기억 하다. ②보면서 몸에 익히다.

見間違える[みまちがえる] 〈下1他〉 잘못 보 다. 착각하다.

見開く[みひらく] 〈5他〉 눈을 아주 크게 뜨 고 보다.

見据える[みすえる] 〈下1他〉 ①응시하다. 주시하다. ②끝까지 지켜보다. 끝까지 확인하다.

見る見る[みるみる] 금새. 순식간에.

見遣る[みやる] 〈5他〉 ①(먼 곳을) 바라보다. ②(특정한 곳을) 바라보다. 쳐다보다.

見兼ねる[みかねる] 〈下1他〉 차마 볼 수 없다. 보기 거북하다.

身頃[みごろ] (꽃 따위를) 보기에 알맞은 시기.

見境[みさかい] 분별. 분간. 구별.

¹見計らう[みはからう] 〈5他〉 적당한 것으로 정하다. 감안하다.

見届ける[みとどける] 〈下1他〉 ①끝까지 지켜보다. 끝까지 확인하다. ②보고 확인하다.

¹見苦しい[みぐるしい] 〈形〉 꼴사납다. 보기 흉하다. 망측하다.

見過す[みすごす] 〈5他〉 간과(看過)하다. 못 본 체하다.

²見慣れる[みなれる] 〈下1自〉 눈에 익다. 낯익다.

²見掛(け)[みかけ] 겉보기. 외관.

¹見掛ける[みかける] 〈下1他〉 ①눈에 띄다. ②보다가 그만두다. ③언뜻 보다.

見掛(け)倒し[みかけだおし] 겉만 번지르함.

見交わす[みかわす] 〈5他〉 서로 마주 보다.

見極める[みきわめる] 〈下1他〉 ①끝까지 지켜보다. 속속들이 알아내다. ③진위(真偽)를 가려내다.

見難い[みにくい] 〈形〉 보기 힘들다. 잘 안 보이다.

見納め[みおさめ] 마지막으로 봄. 보는 것이 마지막임.

見当(た)る[みあたる] 〈5自〉 눈에 띄다. 발견되다.

¹見逃す[みのがす] 〈5他〉 ①(기회를) 놓치다. ②못 보고 넘기다. 빠뜨리고 못 보다. ③묵인하다. 눈감아 주다.

見渡し[みわたし] 전망(展望). 조망(眺望).

¹見渡す[みわたす] 〈5他〉 (멀리 넓게) 바라보다. 둘러보다.

見落(と)し[みおとし] 간과(看過). 못 보고 넘김. 못 보고 빠뜨림.

¹見落とす[みおとす] 〈5他〉 간과(看過)하다. 못 보고 넘기다. 못 보고 빠뜨리다.

見離す[みはなす] 〈5他〉 ①포기하다. 단념하다. ②단념하여 돌보지 않다.

見立て[みたて] ①보고 정함. 고름. ②판단.

見立てる[みたてる] 〈下1他〉 ①보고 정하다. 고르다. ②판단하다. ③…에 비기다. ④≪古≫돌보다. ⑤≪古≫경멸하다. 업신여기다.

見忘れる[みわすれる] 〈下1他〉 (전에 본 것을) 몰라보다.

見た目[みため] 겉보기. 겉모양.

²見舞(い)[みまい] ①문안. 위문. 문병. ②위문품. ③달갑지 않은 것.

見舞(い)金[みまいきん] 위문금.

お見舞(い)状[おみまいじょう] 위문 편지.

²見舞う[みまう] 〈5他〉 ①문안하다. 위문하다. 문병하다. ②(타격을) 가하다.

見舞われる[みまわれる] 〈下1自〉 (달갑지 않은 것이) 찾아오다. 당하다.

見聞(き)[みきき] 견문; 보고 들음.

見物❶[みもの] 볼만함. 볼만한 것. 구경거리. ❷[けんぶつ] 구경. 관람.

見返し[みかえし] ①뒤돌아 봄. ②(책의) 면지(面紙). ③(양재에서) 깃 따위의 꺾은 부분. 안깃·안단.

見返す[みかえす] 〈5他〉 ①뒤돌아보다. 되돌아보다. ②다시 보다. 거듭 보다. ③(앙갚음으로) 보라는 듯이 보여주다.

見返る[みかえる] 〈5他〉 뒤돌아보다.

見返(り)[みかえり] ①뒤돌아봄. ②담보물.

見抜く[みぬく] 〈5他〉 꿰뚫어 보다.

²見方[みかた] ①보는 방법. ②견해. 보는 각도. 생각.

見倣う[みならう] 〈5他〉 ①보고 배우다. ②본받다.

²見本[みほん] 견본; ①표본. ②본보기. 좋은 예.

見本刷(り)[みほんずり] 견본 인쇄.

見本市[みほんいち] 견본시; 견본 시장.

見本組[みほんぐみ] 견본 조판.

²見付かる[みつかる] 〈5自〉 ①발견되다. 들키다. 발각되다. ②찾게 되다.

見付ける[みつける] 〈下1他〉 ①찾다. 발견하다. ②늘 보다. 눈에 익다.

見分け[みわけ] 분간. 분별.

見分ける[みわける] 〈下1他〉 분간하다. 분별하다. 가리다.

見紛う[みまがう] 〈5他〉 잘못 브다. 오인하다.

見比べる[みくらべる] 〈下1他〉 비교해 보다. 견주어 보다.

²見事[みごと] 〈形動〉 ①볼만함. 훌륭함. 멋짐. 뛰어남. ②완전함.

見捨てる[みすてる]〈下1他〉①방치하다. 돌보지 않다. ②보고 그대로 내버려두다.

見殺し[みごろし]①죽게 내버려 둠. 죽게 된 것을 못 본 체함. ②(어려운 입장을) 못 본 체함.

²見上げる[みあげる]〈下1他〉①우러러보다. 쳐다보다. 올려다보다. ②우러러볼 만하다.

見繕う[みつくろう]〈5他〉(물건을 보고) 적당한 것으로 고르다. 적당히 고르다.

見世物[みせもの]①구경거리. ②흥행거리.

見所❶[みどころ]①볼만한 장면. ②장래성. ❷[けんしょ]①能楽(のうがく)의 관람석. ②(연극 등의) 볼만한 대목.

²見送り[みおくり]①전송. 배웅. ②수수방관함. 보기만 하고 손을 쓰지 않음.

²見送る[みおくる]〈5他〉①전송하다. 배웅하다. ②(멀어져 가는 것을) 바라보다. ③장송(葬送)하다. ④죽을 때까지 돌보다. ⑤그냥 보내다. 놓치다. ⑥보류하다.

見守る[みまもる]〈5他〉지켜보다.

見受ける[みうける]〈下1他〉①눈에 띄다. 가끔 만나다. ②(…으로) 보이다.

見習(い)[みならい]견습: 보고 익힘.

見習(い)工[みならいこう]견습공.

¹見習う[みならう]〈5他〉①보고 배우다. 보고 익히다. ②본받다.

見失う[みうしなう]〈5他〉(지금까지 보던 것을) 놓치다.

見映え[みばえ]볼품이 좋음. 좋게 보임. 돋보임.

見栄[みえ]겉치레. 허세.

見栄え[みばえ]볼품이 좋음. 돋보임.

見縊る[みくびる]〈5他〉깔보다. 얕보다. 업신여기다.

見誤る[みあやまる]〈5他〉잘못 보다. 오인(誤認)하다.

見越す[みこす]〈5他〉①넘어다 보다. 넘겨다보다. ②(미래를) 내다보다. 예측하다.

見違い[みちがい]잘못 봄. 잘못 앎.

見違える[みちがえる]〈下1他〉잘못 보다. 몰라보다.

見入る[みいる]〈5他〉주시하다. 자세히 보다. 〈5自〉①정신없이 보다. 넋을 잃고 보다. ②들여다 보다. ③자세히 보다.

¹見込(み)[みこみ]①예상. 목표. 예정. ②장래성. 가망. 전망.

見込む[みこむ]〈5他〉①내다보다. 예측하다. ②기대하다. ③눈독들이다. ④(연극 등에서) 안을 들여다 보다.

見残す[みのこす]〈5他〉①보다 남기다. ②《老》돌보지 않다. 방치하다.

見張り[みはり]①망봄. 지켜봄. 파수. ②파수꾼. 감시인.

見張る[みはる]〈5他〉①(눈을) 부릅뜨다. 번쩍 뜨다. 크게 뜨다. ②망을 보다. 파수하다. 감시하다.

¹見積(も)り[みつもり]견적; 어림함.

見積(も)る[みつもる]〈5他〉①견적하다. 어림하다. 대중 잡다. ②대략 계산하다.

見積書[みつもりしょ]견적서.

見切り[みきり]단념함. 손을 뗌.

見切る[みきる]〈5他〉①(끝까지) 다 보다. ②끝까지 지켜보다. 확인하다. ③단념하다. ④헐값으로 팔다.

見定める[みさだめる]〈下1他〉보고 확정하다. 끝까지 지켜보다.

見做す[みなす]〈5他〉①간주하다. 가정하다. ②(법률에서) 인정하다.

見ず知らず[みずしらず]낯섦. 안면이 없음.

見ず知らぬ[みしらぬ]낯섦. 안면이 없음.

見知る[みしる]〈5他〉①전부터 알다. 안면이 있다. ②알아보다. 보고 알다.

見直し[みなおし]다시 봄. 재검토함.

²見直す[みなおす]〈5自〉①(병·경기 등이) 나아지다. 회복되다. 호전되다. ②다시 보다. 다시 평가하다. 재검토하다.

見真似[みまね]보고 흉내 냄.

¹見晴(ら)し[みはらし]전망(展望).

見晴(ら)し台[みはらしだい]전망대(展望台).

見晴らす[みはらす]〈5他〉(멀리·넓게) 바라보다. 전망하다. 내다보다.

見初める[みそめる]〈下1他〉①처음 보다. ②첫눈에 반하다.

²見出(し)[みだし]①표제(表題). 표제어. ②목차. 색인. ③발탁.

見出(し)語[みだしご]표제어(表題語).

見出す❶[みだす]〈5他〉①보기 시작하다. ②찾아내다. 발견하다. ❷[みいだす]〈5他〉①찾아내다. 발견하다. ②내다보다.

見取(り)図[みとりず](건물·지형·기계 등의) 대체적인 모양을 알기 쉽게 그린 약도.

見取る[みとる]〈5他〉①보고 알아차리다. 파악하다. ②보고 베끼다.

¹見通し[みとおし] ①전망. 예측. ②멀리까지 한눈에 내다봄. ③꿰뚫어 봄. 환히 들여다 봄.

見通す[みとおす] 〈5他〉 ①전망하다. 예측하다. 예상하다. ②(멀리까지) 한눈에 내다보다. ③(처음부터) 끝까지 다 보다.

見破る[みやぶる] 〈5他〉 간파하다. 꿰뚫어보다. 알아차리다.

見下げる[みさげる] 〈下1他〉 멸시하다. 업신여기다. 깔보다. 얕보다. 경멸하다.

²見下ろす[みおろす] 〈5他〉 ①내려다보다. 굽어보다. ②훑어보다. ③얕보다. 깔보다.

¹見合(い)[みあい] ①서로 봄. 맞선. 맞선봄. ②걸맞음. 균형이 잡힘.

見合う[みあう] 〈5自〉 (수입과 지출이) 균형이 잡히다. 〈5他〉 마주 보다. 서로 상대편을 살피다.

¹見合わせる[みあわせる] 〈下1他〉 ①마주 보다. ②대조하다. 비교해 보다. ③보류하다. 미루다. ④〈古〉 결혼시키다.

見惚れる[みほれる] 〈下1自〉 넋을 잃고 바라보다. 정신없이 보다. 홀딱 반하다.

見回す[みまわす] 〈5他〉 주위를 둘러보다.

見回り[みまわり] ①둘러봄. 순찰. 순시. ②순찰인. 경비원.

見回る[みまわる] 〈5他〉 둘러보다. 순찰하다. 순시하다. 순방하다.

¹見詰める[みつめる] 〈下1他〉 응시하다. 주시하다. 뚫어지게 보다.

音読

²見当[けんとう] ①(대체적인) 부근. 방향. ②짐작. 예상. 예측. 전망. ③가늠자. 목표. ④정도. 쯤. 안팎.

見当違い[けんとうちがい] 예상이 빗나감.

見台[けんだい] 독서대(読書台).

見聞[けんぶん/けんもん] 견문: 보고들은 지식.

³見物❶[けんぶつ] 구경. 관람. ❷[みもの] 볼만함. 볼만한 것. 구경거리.

見物客[けんぶつきゃく] 관람객. 구경꾼.

³見物人[けんぶつにん] 구경꾼.

¹見地[けんち] 견지; ①견해. 관점. ②직접 토지를 살펴봄.

見参[★げんざん] 알현(謁見). 배알(拝謁). 귀인이 아랫사람을 만나 주는 일.

²見学[けんがく] 견학; 실지로 가서 보고 지식을 넓힘.

²見解[けんかい] 견해; 의견. 관점.

肩 (肩) 어깨 견

一　コ　ヨ　戸　戸　戸　肩　肩　肩

音 ●ケン

訓 ●かた

訓読

²●肩[かた] ①어깨. ②어깨와 비슷한 부분. 물건의 윗부분.

肩掛(け)[かたかけ] 어깨걸이. 숄.

肩口[かたぐち] 어깨죽지.

肩当て[かたあて] ①어깨 심. 어깻바대. ②(물건을 멜 때) 어깨에 대는 천이나 쿠션. ③(잠잘 때) 어깨에 두르는 방한용 천.

肩代(わ)り[かたがわり] ①대신 떠맡음. ②가마를 교대로 멤.

肩付(き)[かたつき] 어깨 모양.

肩山[かたやま] 어깨솔기.

肩上げ[かたあげ] (아동복의) 어깨 징금.

肩書き[かたがき] ①직함. 직위. ②지위. 신분. 칭호. ③세로로 쓴 글의 오른쪽 위에 단 주석(註釈).

肩先[かたさき] 어깻죽지.

肩息[かたいき] 어깻숨. 어깨로 쉬는 매우 고통스러운 숨.

肩身[かたみ] 체면. 면목.

肩越し[かたごし] 어깨너머.

肩凝り[かたこり] 어깨가 뻐근함. 어깨가 뻐근하게 결림.

肩入れ[かたいれ] ①후원함. 힘이 되어 줌. ②어깻바대.

肩車[かたぐるま] ①목말. ②(유도에서) 어깨로 매치기.

肩透かし[かたすかし] ①(씨름에서) 상대방의 어깻죽지를 쳐서 쓰러뜨리는 수. ②(상대방을) 허탕 치게 만듦.

肩脱ぎ[かたぬぎ] 웃통을 벗어 어깨를 드러냄. 어깨까지 웃통을 벗음.

肩布団[かたぶとん] 잠잘 때 어깨에 두르는 방한용의 기다란 천.

肩幅[かたはば] ①어깨통. ②(양재에서) 어깨 넓이. 품.

音読

肩胛骨[けんこうこつ] 견갑골: 어깨 뼈.

肩癖[けんぺき] 견벽: ①목에서 어깨에 걸쳐 근육이 경련을 일으킴. ②안마술.

肩章[けんしょう] 견장: 제복의 어깨에 달아서 계급을 표시하는 휘장.

堅　단단할 견

| 「 厂 厂 肀 臣 臤 臤 堅 堅

音 ●ケン
訓 ●かたい

訓読
³●堅い[かたい] 〈形〉 ①단단하다. ②견고하다. ③굳다. ④건실하다. 착실하다. ⑤확실하다. 틀림없다. ⑥엄하다. ⑦(행동이) 무겁다.
堅さ[かたさ] 단단함. 견고함.
堅苦しい[かたくるしい] 〈形〉 (격식에 치우쳐) 너무 딱딱하다. 거북하다.
堅苦しがる[かたくるしがる] 〈5自〉 (격식에 치우쳐) 너무 거북스러워하다.
堅苦しげ[かたくるしげ] 〈形動〉 (격식에 치우쳐) 너무 거북스러운 듯함.
堅気[かたぎ] ①고지식함. ②건실함. 착실함.
堅焼(き)[かたやき] 딱딱하게 구움.
堅炭[かたずみ] 참숯. 백탄.

音読
堅固[けんご] 견고; ①단단함. 굳건함. ②튼튼함. 건강함.
堅果[けんか] 견과; 껍질이 단단한 과실.
堅実[けんじつ] 견실; 착실함. 건실함.
堅忍[けんにん] 견인; 꾹 참고 견딤.
堅忍不抜[けんにんふばつ] 견인불발; 꾹 참고 뜻을 굽히지 않음.
堅調[けんちょう] 견조; 거래에서 시세가 오를 기미가 있음.
堅持[けんじ] 견지; 굳게 지킴.

遣(遣)　보낼 견

ㅁ 中 虫 虫 虫 虫 冉 冉 肯 肯 遺 遣

音 ●ケン
訓 ●つかう ●つかわす ⊗やる ⊗よこす

訓読
●遣う[つかう] 〈5他〉 ①쓰다. 사용하다. ②(사람을) 부리다. 고용하다.
遣い[つかい] ①심부름. ②심부름꾼. ③신불(神仏)의 사자(使者).
遣い物[つかいもの] ①쓸 만한 것. ②선물.
遣い付ける[つかいつける] 〈下1他〉 ①늘 사용하여 손에 익다. ②평소에 부리다.
遣い先[つかいさき] ①심부름 간 곳. ②돈의 사용처.
遣い手[つかいて] ①(도구의) 사용자. ②명수(名手). ③돈의 씀씀이가 헤픈 사람.
遣い込み[つかいこみ] 공금 횡령.
遣い込む[つかいこむ] 〈5他〉 ①(돈을) 횡령하다. 유용하다. ②(예산을) 초과하여 사용하다. ③사용하여 길들이다.
遣い出[つかいで] 충분히 쓸 만큼의 양.
●遣わす[つかわす] 〈5他〉 ①보내다. 파견하다. ②주다. 하사하다. 내리다.
⁴⊗遣る[やる] 〈5他〉 ①보내다. 파견하다. ②주다. ③하다. ④살아가다. 생활하다. ⑤먹다. 마시다.

音読
遣唐使[けんとうし] 견당사; 일본이 중국의 당나라에 파견한 사신(使臣).
遣外[けんがい] 견외; 해외 파견.
遣外使節[けんがいしせつ] 해외 파견 사절.

絹　비단 견

ㄠ ㄠ ㄠ 幺 糸 刹 刹 刹 絹 絹

音 ●ケン
訓 ●きぬ

訓読
²●絹[きぬ] ①명주. 비단. ②명주실. 견사(絹糸).
絹漉し[きぬごし] ①명주로 곱게 거름. ②곱게 걸러서 만든 두부.
絹物[きぬもの] ①견직물. 비단. ②비단 옷.
絹糸[きぬいと/けんし] 견사; 명주실.
絹張(り)[きぬばり] ①비단을 바르거나 씌움. ②비단을 풀 먹여 너는 널판·주름을 펴는 틀.
絹地[きぬじ] ①견직물의 바탕. 비단 천. ②동양화용 깁.
絹織物[きぬおりもの] 견직물; 명주. 비단.

音読
絹紡糸[けんぼうし] 견방사; 방적견사(紡績絹糸).
絹本[けんぽん] 견본; 그림을 그리는 데 사용한 명주 천. 또는 거기에 그린 작품.
絹糸紡績[けんしぼうせき] 견사 방적.
絹布[けんぷ] 견포; 명주실로 짠 견직물. 비단. 명주.

繭 누에고치 견

一 艹 芮 芮 繭 繭 繭 繭 繭 繭

音 ●ケン
訓 ●まゆ

訓読
●繭[まゆ] ① ≪虫≫ 누에고치. ¶～をかける (누에가) 고치를 치다. ②누에고치.
繭玉[まゆだま] (설날에 버드나무나 대나무 가지 등에) 누에고치 모양의 과자 등을 단 장식. ＊원래는 누에고치의 풍작을 기원하여 정월 보름에 만들었음.
繭籠(も)り[まゆごもり] 누에가 고치 속에 들어 있음.

音読
繭価[けんか] 견가; 고치의 가격.
繭糸[けんし] 견사; 명주실.

牽 끌 견

音 ⊗ケン
訓 ⊗ひく

訓読
⊗牽く[ひく] ≪5他≫ ①끌고 가다. ②예인(曳引)하다. 견인(牽引)하다.

音読
牽強[けんきょう] 견강; 억지로 합리화시킴.
牽牛星[けんぎゅうせい] ≪天≫ 견우성.
牽引[けんいん] 견인; 끌어당김.
牽制[けんせい] 견제; 끌어당기어 자유로운 행동을 하지 못하게 함.
牽制球[けんせいきゅう] 견제구.

鰹 가다랭이 견

音 ⊗ケン
訓 ⊗かつお

訓読
⊗鰹[かつお] ≪魚≫ 가다랭이.
鰹の烏帽子[かつおのえぼし] ≪動≫ 고깔해파리.
鰹木[かつおぎ] 神社(じんじゃ)나 궁전의 마룻대 위에 장식으로 다는 통나무.
鰹船[かつおぶね] 가다랭이 잡이 배.
鰹節❶[かつおぶし] 쪄서 말린 가다랭이포. ❷[かつぶつ] '鰹節(かつおぶし)'의 구어(口語) 표현.
鰹節虫[かつおぶしむし] ≪動≫ 수시렁이.

［결］

欠(缺) 이지러질 결

丿 ケ 欠

音 ●ケツ
訓 ●かかす ●かく ●かける

訓読
●欠かす[かかす] ≪他≫ (주로 부정문에서) 빠뜨리다. 거르다. 쉬다.
¹●欠く[かく] ≪他≫ ①(일부가) 없다. 부족하다. ②(일부분을) 깨다. 상하다. ③게을리하다. 소홀히 하다. 태만하다. ④깎아내다.
²●欠ける[かける] ≪下1自≫ ①일부분이 망가지다. 흠지다. ②부족하다. 모자라다. ③(달이) 이지러지다. ④(있어야 할 것이) 없다. 빠지다.
欠け[かけ] ①깨진 조각. 파편. ②이지러짐. 모자람. 빠짐.

音読
欠講[けっこう] 결강; 예정된 강의를 쉼.
欠格[けっかく] 결격; 자격 요건을 갖추지 못함.
欠格者[けっかくしゃ] 결격자; 자격 요건을 갖추지 못한 사람.
欠課[けっか] 결과; 학생이 수업에 빠짐.
欠勤[けっきん] 결근; 근무를 쉼.
欠礼[けつれい] 결례; 실례.
欠番[けつばん] 결번; 번호가 누락됨.
²欠席[けっせき] 결석; ①참석해야 할 모임에 불참함. ②학교를 쉼.
²欠伸[★あくび] 하품.
欠損[けっそん] 결손; ①모자람. ②손해. 손실. 적자.
¹欠如[けつじょ] 결여; 마땅히 있어야 할 것이 없음. 빠져서 모자람.
欠員[けついん] 결원; 정원이 모자람.
欠場[けつじょう] 결장; 나가야 할 장소에 안 나감.
²欠点[けってん] 결점; ①단점. 흠. 약점. ②(학교에서) 낙제점.
¹欠乏[けつぼう] 결핍; 부족함. 모자람.
²欠陥[けっかん] 결함; 결점. 흠. 약점.
欠航[けっこう] 결항; (정기 항로의 배나 비행기가) 항해・항공을 쉼. 휴항.

決　　정할/끊을 결

丶 冫 汀 汀 汃 決 決

音 ●ケツ
訓 ●きまる ●きめる

訓読
³●**決まる**[きまる] 〈5自〉 ①결정되다. 정해지다. ②(뜻대로) 먹혀들다. 성공하다. ③어울리다.
決(ま)って[きまって] 반드시. 늘. 항상.
²**決(ま)り**[きまり] ①규칙. ②결말. 매듭. ③정돈. 질서. ④¶お～ 판에 박은 듯. 늘 함.
決(ま)り文句[きまりもんく] 상투적인 말. 판에 박힌 말.
決(ま)り手[きまりて] (씨름에서) 결정적인 수. 승부를 결정짓는 수.
³●**決める**[きめる] 〈下I他〉 ①정하다. 결정하다. ②결심하다. 작정하다. ③선정(選定)하다. ④(스포츠에서) 성공시키다. ⑤결판내다. 매듭짓다. ⑥(씨름에서 상대방을) 꼼짝 못하게 하다.
決め[きめ] 규칙. 결정 사항. 약속.
決め玉[きめだま] 결정타. 승부를 결정하는 볼.
決め所[きめどころ] ①결정적인 시기나 장소. ②요점. 요소.
決め手[きめて] ①결정자. 판가름할 사람. ②(승부의) 결정타.

音読
¹**決**[けつ] 의결. 가부(可否)의 결정.
¹**決して**[けっして] (부정문에서) 결코. 절대로.
決する[けっする] 〈サ変自〉 ①결정되다. 정해지다. ②(제방이 무너져) 물이 세차게 흐르다. 〈サ変他〉 ①결정하다. 정하다. ②(제방을 무너뜨려) 물이 세차게 흐르게 하다.
決起[けっき] 결기; 궐기. 벌떡 일어남.
¹**決断**[けつだん] 결단; ①단호히 결정함. ②확고한 결정.
決裂[けつれつ] 결렬; 회의·교섭 등이 갈라짐.
決別[けつべつ] 결별; 이별. 작별.
決死[けっし] 결사; 죽음을 각오함.
¹**決算**[けっさん] 결산; ①최종적인 계산. ②일정 기간의 수지(收支)의 총 계산.

決選[けっせん] 결선; 본선(本選).
¹**決勝**[けっしょう] 결승; 승부를 가림.
²**決心**[けっしん] 결심; 마음을 정함.
決然と[けつぜんと] 결연히. 단호히.
¹**決意**[けつい] 결의; 결심.
¹**決議**[けつぎ] 결의; 의결(議決).
決裁[けっさい] 결재; 안건을 결정함.
決戦[けっせん] 결전; 승패를 결정짓는 중대한 싸움.
²**決定**[けってい] 결정; 정함.
決済[けっさい] 결제; 대금을 주고받아 금전 거래를 끝맺음.
決着[けっちゃく] 결착; 결말이 남. 일이 끝남.
決闘[けっとう] 결투; 시비를 가리기 위해 서로 약속하여 싸움.
決行[けっこう] 결행; 단행(斷行). 결심하여 행함.

結　　맺을 결

纟 纟 纟 纟 糸 糸 糸 紶 結 結 結

音 ●ケツ ⊗ケチ
訓 ●むすぶ ●ゆう ⊗すく

訓読
²●**結ぶ**[むすぶ] 〈他〉 ①매다. 묶다. ②연결하다. 잇다. ③(관계를) 맺다. ④손잡다. 제휴하다. ⑤(결과를) 맺다. 끝맺다. 이루다. ⑥(입을) 다물다. 〈5自〉 ①맺히다. ②한패가 되다. 결탁하다.
●**結ぼれる**[むすぼれる] 〈下I自〉 ①얽히다. 엉키다. ②(이슬 등이) 맺히다. ③우울해지다. 울적해지다. ④인연이 닿다.
¹**結び**[むすび] ①맺음. 매듭. ②끝맺음. 결말. 결론. ③¶お～ 주먹밥.
結び目[むすびめ] 매듭.
¹**結び付き**[むすびつき] 결합. 연결.
¹**結び付く**[むすびつく] 〈5自〉 ①연결되다. 결부되다. ②맺어지다.
¹**結び付ける**[むすびつける] 〈下I他〉 ①잡아매다. 묶다. 매다. ②결부시키다. 연결시키다. ③결합시키다. 맺다.
●**結う**[ゆう] 〈5他〉 ①묶다. 매다. ②(머리를) 땋다. 매다. ③(새끼 등으로) 엮다.
結納[ゆいのう] 약혼 예물.
結納金[ゆいのうきん] 약혼 선물로 주는 돈.

●結わえる[ゆわえる]〈下I他〉(가늘고 긴 것을) 묶다. 잡아매다.
●結わく[ゆわく]〈5他〉《方》매다. 묶다.
⊗結く[すく]〈5他〉(그물을) 뜨다.

音読

²結果[けっか] 결과; ①어떤 원인으로 생긴 것. ②열매를 맺음.
結句[けっく] 결구; ①시가(詩歌)의 끝 구절. ②결국. 마침내.
⁴結構[けっこう]〈形動〉①좋음. 훌륭함. 나무랄 데 없음. ②(사양하는 뜻으로) 충분함. 만족스러움. 이제 됐음. ③순진함. 얌전함. 무던함. ④다행임.〈副〉꽤. 제법. 그런대로.〈名〉①짜임새. 구조. ②《古》계획. 기도. ③《古》준비. 채비.
結構尽くめ[けっこうずくめ] 온통 좋은 일 뿐임.
²結局[けっきょく] 결국; ①끝. 결말. ②마침내. 드디어. 결국.
結団[けつだん] 결단; 단체를 만듦.
結党[けっとう] 결당; 정당을 결성함.
²結論[けつろん] 결론; ①최종적으로 내리는 판단이나 의견. ②(삼단 논법의 마지막 논제) 단안(斷案). 귀결(歸結).
結膜炎[けつまくえん]《医》결막염.
結末[けつまつ] 결말; 끝. 끝장.
結氷[けっぴょう] 결빙; 얼음이 얾.
結石[けっせき]《医》결석.
¹結成[けっせい] 결성; 단체 등을 만듦.
¹結束[けっそく] 결속; ①단합. 단결. ②다발로 묶음.
結実[けつじつ] 결실; ①열매를 맺음. ②결과가 나타남.
結審[けっしん]《法》결심; 재판의 심리를 끝냄.
¹結晶[けっしょう] 결정; ①엉겨서 굳어짐. ②원자 배열이 규칙적으로 된 고체.
結集❶[けっしゅう] 결집; 집결(集結). ❷[けつじゅう]《仏》결집; 석가의 가르침을 정리·집성함.
結託[けったく] 결탁; 한 통속이 됨. 한패가 됨.
¹結合[けつごう] 결합; 둘 이상의 것이 서로 관계를 맺고 합쳐서 하나로 됨.
結合織[けつごうしき]《生理》결합직; 결합 조직.

¹結核[けっかく] 결핵; ①《医》결핵병. 폐결핵. ②《鉱》수성암. 응회암의 용액이 핵의 주위에 침전된 덩어리.
結核菌[けっかくきん] 결핵균.
⁴結婚[けっこん] 결혼; 혼인함. 남녀가 정식으로 부부 관계를 맺음.
⁴結婚式[けっこんしき] 결혼식.

潔(潔) 깨끗할 결

氵氵氵氵氵渖渖潔潔潔

音●ケツ
訓いさぎよい

訓読

●潔い[いさぎよい]〈形〉①맑고 깨끗하다. ②결백하다. ③(미련 없이) 꺼끗하다.
潔さ[いさぎよさ] 깨끗함. 떳떳함.
潔しとしない[いさぎよしとしない] 부끄럽게 여기다.

音読

潔白[けっぱく] 결백; ①부정이 없음. ②깨끗하고 흼.
潔癖[けっぺき] 결벽; ①유별나게 깨끗한 것을 좋아하는 성격. ②부정을 싫어하는 성격.
潔斎[けっさい] 결재; 목욕재계.

抉 긁어낼 결   **音**⊗ケツ
                訓⊗えぐる
                ⊗こじる

訓読

⊗抉る❶[えぐる]〈5他〉①(예리한 도구로) 도려내다. 후비다. ②(핵심을) 찌르다. 파헤치다. 날카롭게 지적하다. ❷[こじる]〈5他〉(예리한 도구를 틈에 끼우고) 비틀다.

音読

❶剔抉[てっけつ]

訣 헤어질 결   **音**⊗ケツ
               訓―

音読

訣別[けつべつ] 결별; 이별. 작별.
訣辞[けつじ] 결사; 결별사. 작별의 말.

[겸]

兼(兼)　겸할 겸

丶 丷 㐅 ユ 甬 甬 羊 莱 兼 兼

音 ●ケン
訓 ●かねる

訓読
²●兼ねる[かねる] 〈下1他〉 ①(둘 이상의 직무・역할을) 겸하다. ②(동사 ます형에 접속하여) …하기 어렵다. …하기 곤란하다. …하기를 꺼리다.
兼ねない[かねない] …할지 모른다. …할 법하다.
兼ね備える[かねそなえる] 〈下1他〉 겸비하다. 아울러 갖추다. 함께 갖추다.
兼ね合い[かねあい] 비등. 걸맞음. 균형. 안배. 밸런스.

音読
兼[けん] 겸; 두 가지를 겸함.
兼勤[けんきん] 겸근; 두 가지 이상의 다른 직무를 겸함.
兼務[けんむ] 겸무; 두 가지 이상의 다른 직무를 겸함.
兼備[けんび] 겸비; 겸하여 갖춤.
兼摂[けんせつ] 겸섭; 겸임. 두 가지 이상의 직무를 겸함.
兼摂大臣[けんせつだいじん] 겸임 대신.
兼修[けんしゅう] 겸수; 두 가지 이상을 동시에 배움.
¹兼業[けんぎょう] 겸업; 부업(副業). 본업 이외에 겸하여 영업함.
兼業農家[けんぎょうのうか] 겸업농가.
兼営[けんえい] 겸영; 두 가지 이상 겸하여 영업함.
¹兼用[けんよう] 겸용; 양용(両用). 양쪽으로 활용함.
兼有[けんゆう] 겸유; 두 가지 이상의 것을 겸하여 소유함.
兼任[けんにん] 겸임; 두 가지 이상의 직무를 겸함.
兼職[けんしょく] 겸직; 두 가지 이상의 직무를 겸함.
兼行[けんこう] 겸행; ①밤낮을 가리지 않고 일함. ②두 가지 이상의 일을 겸해서 행함.

謙(謙)　겸손할 겸

言 訁 訁 計 詝 詝 詝 諫 謙 謙

音 ●ケン
訓 ⊗へりくだる

訓読
¹⊗謙る[へりくだる] 〈5自〉 겸손하다. 자기를 낮추다.

音読
²謙遜[けんそん] 겸손; 자신을 낮춤.
謙讓[けんじょう] 겸양; 겸손함. 겸허함.
謙讓語[けんじょうご] 겸양어.
謙語[けんご] 겸어; 겸손한 말.
謙抑[けんよく] 겸억; 겸손하여 자기를 낮춤. 겸양 자세.
謙称[けんしょう] 겸칭; 겸손한 말씨.
²謙虚[けんきょ] 겸허; (자신의 한계를 알고) 자기를 비워 낮춤. ¶～な態度(たいど) 겸허한 태도.

鎌(鎌)　낫 겸

音 ⊗ケン
訓 ⊗かま

訓読
⊗鎌[かま] 낫. ¶～をかける 속마음을 넌지시 떠보다. 넘겨짚다.
鎌尾根[かまおね] 낫의 날처럼 뾰족한 산등성이.
鎌柄[かまつか] ≪植≫ 만운노리나무.
鎌首[かまくび] 낫처럼 굽은 (뱀의) 머리.
鎌鼬[かまいたち] 낫으로 벤 듯이 피부가 갈라짐.
鎌髭[かまひげ] 낫 모양처럼 위로 올라간 코밑수염.
鎌髭奴[かまひげやっこ] (江戸(えど) 시대의) 鎌髭(かまひげ)를 기른 무가(武家)의 하인.
鎌止め[かまどめ] 금양(禁養). 산야에서 초목을 베는 것을 금함.
鎌倉[かまくら] ≪地≫ 神奈川県(かながわけん)에 있는 도시의 이름.
鎌倉幕府[かまくらばくふ] 1192년 源頼朝(みなもとのよりもと)가 鎌倉(かまくら)에 세운 일본 최초의 무인(武人) 정권.
鎌倉時代[かまくらじだい] 일본 무인(武人) 정권 시대의 제1기. ＊1192~1333년까지임.
鎌倉蝦[かまくらえび] 왕새우. ＊'伊勢海老(いせえび)'의 딴 이름.

[경]

更
①다시 갱
②고칠 경

☞ 更(갱) p. 30

京　　서울 경

'　亠　亠　亩　亩　亨　京　京

音 ●キョウ ●ケイ
訓 ―

音読

京[きょう] ①수도(首都). 서울. ②京都(きょうと). ③경; 조(兆)의 1만 배.

京畿[けいき] 경기; 京都(きょうと) 부근의 지방.

京都[きょうと] 교토. *東京(とうきょう)로 수도를 옮기기 전 1000여 년 동안 일본의 수도였음.

京大[きょうだい] '京都(きょうと)대학'의 준말.

京洛[きょうらく] 수도(首都). 京都(きょうと).

京浜[けいひん] ≪地≫ '東京(とうきょう)와 横浜(よこはま)'의 준말.

京師[けいし] 수도(首都). 서울.

京上[り][きょうのぼり] 지방에서 京都(きょうと)로 올라감.

京扇[きょうおうぎ] 京都(きょうと)에서 만든 부채.

京焼[き][きょうやき] 京都(きょうと)에서 생산되는 도자기.

京小袖[きょうこそで] 京都(きょうと) 스타일의 小袖(こそで).

京葉[けいよう] ≪地≫ '東京(とうきょう)와 千葉(ちば)'의 준말.

京人[きょうびと] 京都(きょうと)의 사람.

京人形[きょうにんぎょう] 京都(きょうと)에서 만든 인형.

京阪[けいはん] ≪地≫ '京都(きょうと)와 大阪(おおさか)'의 준말.

京阪神[けいはんしん] ≪地≫ '京都(きょうと)·大阪(おおさか)·神戸(こうべ)'의 준말.

京風[きょうふう] ①京都(きょうと)의 풍속. ②京都(きょうと) 스타일.

京下[り][きょうくだり] 京都(きょうと)에서 지방으로 내려감.

径(徑)　지름길 경

'　ゝ　彳　彳　彳　径　径　径

音 ●ケイ ⊗キン
訓 ―

音読

径[けい] 경; 지름. 직경.

径路[けいろ] 경로; ①과정. ②좁은 길.

径行[けいこう] 경행; 소신대로 실행함.

茎(莖)　줄기 경

一　十　艹　芝　芝　茎　茎　茎

音 ●ケイ
訓 ●くき

訓読

1 ●茎[くき] ≪植≫ 줄기. *나무의 경우는 '幹(みき)'라고 함.

茎立つ[くきだつ] 〈5自〉 줄기가 뻗어나다.

茎漬[け][くきづけ] 무·순무 등을 줄기 째 소금에 절인 것.

音読

●球茎[きゅうけい], 根茎[こんけい]

耕(耕)　밭갈 경

一　二　三　丰　丰　耒　耒　耒　耕　耕

音 ●コウ
訓 ●たがやす

訓読

2 ●耕す[たがやす] 〈5他〉 (논밭을) 갈다. 경작하다. 일구다.

音読

耕具[こうぐ] 경구; 농기구.

耕転機[こううんき] 경운기.

1耕作[こうさく] 경작; 농사를 지음.

耕作物[こうさくぶつ] 경작물.

耕作者[こうさくしゃ] 경작자.

耕作地[こうさくち] 경작지.

2耕地[こうち] 경지; 경작지. 농사를 짓는 땅.

2耕地整理[こうちせいり] 경지 정리.

耕土[こうど] 경토; 표토(表土). 경작에 알맞은 흙.

経 (經) 지낼/경서/다스릴 경

〈 幺 幺 幺 糸 糸 紅 紵 経 経 経

音 ●キョウ ●ケイ
訓 ●へる ⊗たつ ⊗たて

訓読

²⊗経つ[たつ] 〈5自〉 (시간이) 경과하다. 지나다.
¹●経る[へる] 〈下1他〉 ①(시간이) 지나다.
흐르다. ②(어떤 곳을) 거치다. 경유하다.
③(과정을) 거치다. 겪다. 밟다.
⊗経糸[たていと] 경사; 날실.

音読

経❶[きょう] 불경(仏経). 경문. ❷[けい] (직물
의) 날실.
¹経過[けいか] 경과; ①사물이 변하는 상태.
②시간이 지남. ③일을 겪는 과정.
経口[けいこう] 경구; ①약을 입으로 먹음.
②균(菌)이 입을 통해 몸으로 들어감.
経団連[けいだんれん] 경단련; '経済団体連
合会(けいざいだんたいれんごうかい)'의 준말.
²経度[けいど] ≪地≫ 경도; 날줄.
¹経歴[けいれき] 경력; 이력(履歴).
¹経路[けいろ] 경로; ①과정. ②좁은 길.
経理[けいり] 경리; 회계에 관한 사무.
経理士[けいりし] 경리사; 회계사.
経理学[けいりがく] 경리학; 회계학.
経文[きょうもん] 경문; 경전(経典).
¹経費[けいひ] 경비; 비용.
経産婦[けいさんぷ] 경산부; 해산한 경험이
있는 여성.
経常[けいじょう] 경상; 늘 일정한 상태로
계속됨.
経常費[けいじょうひ] 경상비.
経線[けいせん] 경선; 날줄. 자오선(子午線).
²経営[けいえい] 경영; 계획을 세워 사업을 해
나감.
¹経緯❶[けいい] 경위; ①경선(経線)과 위
선(緯線). 경도(経度)와 위도(緯度). ②
(직물의) 날실과 씨실. 날줄과 씨줄.
③가로와 세로. ④경위; 복잡한 내부
사정. ❷[いきさつ] 경위; 복잡한 내부
사정.
¹経由[けいゆ] 경유; 거쳐 감. 통과함.
経典❶[きょうてん] 경전; 불경(仏経). ❷[け
いてん] ①경서. 성현(聖賢)의 가르침을 쓴
책. ②교전(教典). 교리를 쓴 책.

³経済[けいざい] 경제; ①소비 및 생산 활동.
②돈이나 재물을 절약함.
経済家[けいざいか] ①경제에 밝은 사람.
②절약가.
経済界[けいざいかい] 경제계.
経済博[けいざいはく] 경제박사.
経済人[けいざいじん] 경제인.
経済学[けいざいがく] 경제학.
経閉期[けいへいき] 경폐기; 폐경기. 갱년기.
³経験[けいけん] 경험; 실제로 겪음.
経験則[けいけんそく] 경험칙; 경험을 통해 터득한
법칙.

敬 공경할 경

一 艹 艹 芍 芍 芍 苟 苟 苟 敬

音 ●ケイ ⊗キョウ
訓 ●うやまう

訓読

²●敬う[うやまう] 〈5他〉 공경하다. 존경하다.
¶師(し)を~ 스승으로서 존경하다.

音読

敬する[けいする] 〈サ変他〉 공경하다. 존경
하다.
敬虔[けいけん] 경건; ①공경하여 삼감.
②신불(神仏)을 성심껏 섬김.
¹敬具[けいぐ] 경구; (편지 끝에 쓰는 말로)
'삼가 아룀다.'는 뜻임.
敬礼[けいれい] 경례; 윗사람에게 절함.
敬老[けいろう] 경로; 노인을 존경함.
敬慕[けいぼ] 경모; 존경하고 사모함.
敬白[けいはく] 경백; (편지 끝에 쓰는 말로)
'삼가 아룀다.'는 뜻임.
敬服[けいふく] 경복; 존경하여 복종함.
敬神[けいしん] 경신; 신을 공경함.
敬愛[けいあい] 경애; 존경하고 사랑함.
敬譲[けいじょう] 경양; 겸손한 태도로 사양함.
敬譲語[けいじょうご] 존경어와 겸양어.
²敬語[けいご] 경어; 높임말.
敬遠[けいえん] 경원; ①존경하는 체하면서
멀리함. ②(야구에서) 작전상 일부러 포
볼을 던짐.
²敬意[けいい] 경의; 존경하는 뜻.
敬重[けいちょう] 경중; 존중함.
敬体[けいたい] 경체; 경어체.
敬称[けいしょう] 경칭; 존칭.
●愛敬[あいきょう]

景 볕/경치 경

丨 冂 冃 目 早 异 呈 昙 昙 景 景

音 ●ケイ ●ケ
訓

音読
²景気[けいき] 경기; ①기업 활동의 경제 상태. ②활동 상태나 위세·기세가 좋음.
³景色[★けしき] 경치. 풍경.
　景品[けいひん] 경품; (행사의 참가자에게 주는) 상품. 기념품.
　景品券[けいひんけん] 경품권.

硬 굳을 경

一 厂 石 石 石 矿 砸 砸 硬 硬

音 ●コウ
訓 ●かたい

訓読
³●硬い[かたい] 〈形〉 ①(물체가) 단단하다. 굳다. ②딱딱하다. ③융통성이 없다. 완고하다.

音読
　硬骨[こうこつ] 경골: ①단단한 뼈. ②강직하여 남에게 뜻을 굽히지 않는 기골(気骨).
　硬球[こうきゅう] 경구: (야구나 정구용의) 딱딱한 공.
　硬度[こうど] 경도: ①굳기. 단단한 정도. ② ≪物≫ 물이 소금기를 함유한 정도. ③ ≪物≫ 방사선의 물질 투과 정도.
　硬水[こうすい] 경수: 광물질이 많이 들어 있는 물.
　硬式[こうしき] 경식: (야구·정구에서) 딱딱한 공으로 경기하는 방식.
　硬軟[こうなん] 경연: 딱딱함과 부드러움.
　硬直[こうちょく] 경직: ①뻣뻣하게 굳어짐. ②(태도·방침·물가 등이) 주위의 변화에 의해서 움직이지 않음.
　硬質[こうしつ] 경질: 질이 굳음. 굳어진 성질.
　硬化[こうか] 경화: ①굳어짐. ②(태도나 의견이) 강경해짐. ③시세가 오를 낌새를 보임.
²硬貨[こうか] 경화; 금속 화폐. 동전.

軽(軽) 가벼울 경

一 厂 百 亘 車 軒 軒 軽 軽 軽

音 ●ケイ ⊗キン
訓 ●かるい ●かろやか ●かろしめる
　●かろんじる ●かろんずる

訓読
⁴軽い[かるい] 〈形〉 ①(무게나 정도가) 가볍다. ②홀가분하다. ③(양이) 적다. ④(입이) 경솔하다. ⑤하찮다.
　軽げ[かるげ] 〈形動〉 가벼운 듯함.
　軽さ[かるさ] 가벼움.
　軽はずみ[かるはずみ] 경솔함. 경박함. 경망함.
　軽軽しい[かるがるしい] 〈形〉 경솔하다. 신중하지 않다.
　軽軽と[かるがると] 가뿐히. 거뜬히. 가볍게.
　軽業[かるわざ] ①(줄타기·공타기 등의) 곡예(曲芸). ②위험이 따르는 사업.
　軽業師[かるわざし] 곡예사(曲芸師).
●軽やか[かろやか] 〈形動〉 가뿐함. 가뜬함. 경쾌함.
●軽しめる[かろしめる] 〈下1他〉 얕보다. 깔보다. 멸시하다. 가볍게 보다.
●軽んじる[かろんじる] 〈上1他〉 ①깔보다. 얕보다. ②경시하다. 가볍게 보다. 아끼지 않다.
●軽んずる[かろんずる] 〈サ変他〉 ☞ 軽んじる

音読
¹軽減[けいげん] 경감; 덜어서 가볍게 함.
　軽挙妄動[けいきょもうどう] 경거망동.
　軽工業[けいこうぎょう] 경공업.
　軽金属[けいきんぞく] 경금속; 비중이 4이하인 가벼운 금속. ＊알루미늄.
　軽度[けいど] 경도; 가벼운 정도.
　軽量[けいりょう] 경량; 무게가 가벼움.
¹軽蔑[けいべつ] 경멸; 멸시하여 업신여김.
　軽妙[けいみょう] 경묘; 경쾌하고 묘미가 있음.
　軽微[けいび] 경미; 아주 적음. 대단한 일이 아님.
　軽薄[けいはく] 경박; 가볍고 얇음.
　軽薄短小[けいはくたんしょう] 경박 단소; 가볍고·얇고·짧고·작음.
　軽傷[けいしょう] 경상; 가벼운 상처.
　軽少[けいしょう] 경소; 조금. 약간.
¹軽率[けいそつ] 경솔; 경박함.

軽視[けいし] 경시; 가볍게 봄. 얕봄.
軽食[けいしょく] 경식; 간단한 식사.
軽油[けいゆ] ≪化≫ 경유; 디젤용 기름.
軽音楽[けいおんがく] 경음악; 경쾌한 음악.
軽自動車[けいじどうしゃ] 경자동차; 소형
　자동차.
軽装[けいそう] 경장; 홀가분한 복장.
軽重[けいじゅう/けいちょう] 경중; ①가벼
　움과 무거움. ②경미함과 중대함.
軽症[けいしょう] 경증; 가벼운 병의 증세.
¹**軽快**[けいかい] 경쾌; ①〈形動〉몸이 가볍고
　민첩함. ②〈名〉병이 조금 나음.
軽便[けいべん] 경편; ①몸이 가볍고 민첩
　함. ②폭이 좁은 궤도에서 소형 기관차를
　사용하는 철도.

傾　기울 경

イ イ 化 化 㑃 傾 傾 傾 傾 傾

音 ●ケイ
訓 ●かたむく ●かたむける ⊗かしぐ
　⊗かしげる ⊗なだれる

訓読
²●**傾く**[かたむく] 〈5自〉①(한쪽으로) 쏠리
　다. 기울다. 기울어지다. ②(운세가) 기
　울다. 쇠퇴하다. ③(생각이) 기울어지다.
　쏠리다. ④(해·달이) 기울다. 지다.
傾き[かたむき] ①경사. ②경향.
¹●**傾ける**[かたむける] 〈下1他〉①(한쪽으로)
　기울이다. ②(온 힘을) 쏟다.
⊗**傾ぐ**[かしぐ] 〈5自〉한쪽으로 기울다. 기
　울어지다.
⊗**傾げる**[かしげる] 〈下1他〉(고개를) 갸웃
　하다.
⊗**傾れる**[なだれる] 〈下1自〉①비스듬히 기
　울다. ②사태가 나다. ③한꺼번에 밀어닥
　치다.

音読
¹**傾斜**[けいしゃ] 경사; 기울. 기울기.
傾城[けいせい] 경성; ①경성지색(傾城之色).
　미인(美人). ②창녀. 유녀(遊女).
傾注[けいちゅう] 경주; 기울여 쏟음. 한곳
　에 쏠리게 함.
傾聴[けいちょう] 경청; 귀를 기울여 열심
　히 들음.
²**傾向**[けいこう] 경향; ①한쪽으로 쏠림.
　②좌익 사상으로 기욺.

境　경계 경

一 十 圵 圵 垆 培 培 培 境

音 ●キョウ ●ケイ
訓 ●さかい

訓読
²●**境**[さかい] ①경계. 경계선. ②갈림길.
　기로(岐路). ③(어떤 범위 내의) 장소. 경
　지(境地). ❷[きょう] ☞ [音読]
境目[さかいめ] ①갈림길. ②경계선.

音読
境❶[きょう] ①일정한 장소. ②마음의 상태.
　심경. 경지. ❷[さかい] ☞ [訓読]
²**境界**❶[きょうかい] 경계; 경계선. ❷[きょ
　うがい] ≪仏≫ ①경계; 전생의 업보로 받
　는다는 이승의 신세. ②운명. ③심경.
²**境界線**[きょうかいせん] 경계선.
境内[けいだい] 경내; 신사(神社)나 절(寺)
　의 경계 안.
境域[きょういき] 경역; ①구역. 경계. ②영
　역. 범위.
¹**境遇**[きょうぐう] ①운명. 처지. ②환경. 형
　편. ③신세. 처지.
¹**境地**[きょうち] 경지; ①마음의 상태. 심경.
　②분야. 환경.

鏡　거울 경

ᅩ ᅩ 釒 釒 釺 鍩 鐏 鐱 鏡 鏡

音 ●キョウ
訓 ●かがみ

訓読
³●**鏡**[かがみ] ①거울. ②술통의 마개.
鏡開き[かがみびらき] ①鏡餅(かがみもち)를 물
　려 먹는 행사. ②(스포츠에서) 그 해의
　첫 연습.
鏡餅[かがみもち] 신불(神仏)에게 바치는 떡.
鏡板[かがみいた] ①(문이나 천장에 끼우는)
　넓고 반반한 널빤지. ②能(のう)무대의 뒤
　쪽 정면의 소나무가 그려진 널빤지. ③能
　(のう)무대처럼 붙이는 송(松)·죽(竹)·매
　(梅)가 그려진 널빤지.

音読
鏡台[きょうだい] 경대; 거울이 달린 화장대.
鏡面[きょうめん] 경면; 거울·렌즈의 표면.

慶 경사 경

一 广 广 庐 庐 庐 唐 慶 慶 慶

音 ●ケイ
訓 ⊗よろこぶ

音読
慶事[けいじ] 경사; 경사스러운 일.
慶弔[けいちょう] 경조; 경사(慶事)와 흉사(凶事).
慶祝[けいしゅく] 경축; 기쁜 마음으로 축하함.
慶賀[けいが] 경하; ①경축. 축하. ②임관(任官)의 예(礼)를 천황에게 아룀.

競 다툴 경

一 ㅗ 立 뀰 竟 竟 竞 竞 競 競 競

音 ●キョウ／●ケイ
訓 ●きそう／●せる／⊗きおう

訓読
¹●競う❶[きそう] 〈5自〉 (서로 지지 않고 이기려고) 다투다. 겨루다. 경쟁하다.
⊗競う❷[きおう] 〈5自〉 ①(지지 않으려고) 기를 쓰다. 분발하다. ②경쟁하다.
●競る[せる] 〈5他〉 ①다투다. 경쟁하다. ②(경매에서) 서로 다투어 값을 올리거나 내리다.
競り[せり] ①경쟁. ②경매. ③행상(行商).
競(り)市[せりいち] 경매 시장.
競(り)合(い)[せりあい] 경합; 격심한 경쟁.
競り合う[せりあう] 〈5自〉 서로 경쟁하다. 서로 심하게 다투다.

音読
²競技[きょうぎ] 경기; 우열을 겨룸.
競技場[きょうぎじょう] 경기장.
競技会[きょうぎかい] 경기 대회.
競輪[けいりん] 경륜; 직업 선수의 사이클에 거는 공인된 도박. ＊지방 자치 단체가 재정 수입을 위해 실시함.
競輪場[けいりんじょう] 경륜장; 사이클 경기장.
競馬[けいば] 경마; 말달리기 경주.
競馬場[けいばじょう] 경마장; 말달리기 하는 곳.
競売[きょうばい／けいばい] 경매; 값을 많이 부르는 사람에게 팖.
競歩[きょうほ] 경보; 발뒤꿈치를 땅에 닿게 하여 빨리 걷는 경기.
競演[きょうえん] 경연; 연기를 겨룸.
競演会[きょうえんかい] 경연 대회.
競泳[きょうえい] 경영; 수영 경기.
²競争[きょうそう] 경쟁; 동일한 목적을 향해서 서로 겨룸.
競争力[きょうそうりょく] 경쟁력.
競漕[きょうそう] 경조; 보트 경기.
競走[きょうそう] 경주; 달리기.
競合[きょうごう] 경합; 경쟁. 서로 다툼.

警 경계할／깨우칠 경

一 ㅛ 广 芍 荷 荷 敬 敬 敬 警 警 警

音 ●ケイ
訓 ⊗いましめる

訓読
⊗警める[いましめる] 〈下1他〉 ①경고하다. 타이르다. 훈계하다. ②경계하다. 수비를 엄중히 하다.

音読
¹警戒[けいかい] 경계; 주의하고 조심함.
²警告[けいこく] 경고; 주의하라고 알림.
⁴警官[けいかん] 경관; 경찰관.
警句[けいく] 경구; 훈계가 담긴 짧은 글.
警抜[けいばつ] (아이디어가) 기발하고 뛰어남.
警防[けいぼう] 경방; 위험·재해 등을 경계하여 막음.
警報[けいほう] 경보; 경계하라는 알림.
¹警部[けいぶ] 경찰관 계급의 하나. ＊한국의 경감(警監)에 해당함.
²警備[けいび] 경비; 경계하여 당비함.
²警備員[けいびいん] 경비원.
警視庁[けいしちょう] 경시청.
警衛[けいえい] 경위; ①경호함. 경비. ②경호인.
警笛[けいてき] 경적; 클랙슨.
⁴警察[けいさつ] 경찰; 경찰관.
警察犬[けいさつけん] 경찰견.
警察官[けいさつかん] 경찰관.
警察署[けいさつしょ] 경찰서.
警察庁[けいさつちょう] 경찰청.
警砲[けいほう] 경포; 경보를 알리기 위해 쏘는 대포.
警護[けいご] 경호; ①경계하고 보호함. ②경호인.

驚　놀랄 경

艹 芍 莒 芍ゞ 荷ゞ 敬 敬 椮 椮 驚 驚

音 ●キョウ
訓 ●おどろかす ●おどろく

訓読
²●驚かす[おどろかす] 〈5他〉 놀라게 하다.
³●驚く[おどろく] 〈5自〉 놀라다.
驚くなかれ[おどろくなかれ] 놀라지 마라.
驚くべき[おどろくべき] 놀랄 만한.
驚くべし[おどろくべし] 놀랍게도.
¹驚き[おどろき] ①놀람. 놀라움. ②놀라운 일.
驚き入る[おどろきいる] 〈5自〉 매우 놀라다.

音読
驚愕[きょうがく] 경악; 깜짝 놀람.
¹驚異[きょうい] 경이; 놀라움.
¹驚異的[きょういてき] 경이적.
驚天動地[きょうてんどうち] 경천동지; 세상을 깜짝 놀라게 함. 세상을 발칵 뒤집음.
驚嘆[きょうたん] 경탄; 놀라 탄복함.

庚　일곱째천간 (天干) 경

音 ⊗コウ
訓 ⊗かのえ

訓読
⊗庚[かのえ] 경; 십간(十干)의 일곱째. 오행(五行)으로는 금(金).

音読
庚申[こうしん] 경신; ①60갑자(甲子)의 쉰일곱째. ②'庚申待ち(こうしんまち)'의 준말. ③경신일(庚申日) 밤에 고사지내는 대상 (対象).
庚申塚[こうしんづか] 三猿(さんえん)이나 금 강동자(金剛童子)를 새긴 길가의 탑.

竟　마칠 경

音 ⊗キョウ
訓 ⊗ついに

訓読
⊗竟に[ついに] ①마침내. 드디어. 결국. ②(부정문에서) 끝까지. 끝끝내.

音読
竟宴[きょうえん] 경연; 경서(経書)의 강독이나 칙찬(勅撰) 가집(歌集) 등의 찬진(撰進)이 끝났을 때 베푸는 잔치.

頃　잠깐 경

音 ⊗ケイ
訓 ⊗ころ

訓読
⁴⊗頃[ころ] ①(시간의 대체적인) 경. 쯤. 무렵. 시절. 때. ②시기. 기회. 때.
頃おい[ころおい] ①적당한 시기. 시절. ②무렵. 때. 시기.
頃しも[ころしも] 〈接〉 때마침. 때는 바로. 바야흐로.
頃合(い)[ころあい] 적당한 시기·기회.

卿 ˣ(卿)　벼슬 경

音 ⊗キョウ ⊗ケイ
訓 ―

音読
卿❶[きょう] 경; ①'헤이안 시대'와 '메이지 시대 초기'의 대신(大臣). ②≪古≫ 삼품 (三品) 이상 귀족의 높임말. ③영국의 작위. ❷[けい] 경; ①군주가 신하를 부르는 말. ②신분이 높은 사람이 동배나 손아랫 사람을 부르는 말.
卿相[けいしょう] 경상; 재상(宰相). 대신(大臣).

脛　정강이 경

音 ⊗ケイ
訓 ⊗すね ⊗はぎ

訓·音読
⊗脛[すね/はぎ] 정강이.
脛骨[けいこつ] ≪生理≫ 경골; 정강이뼈.
脛巾[はばき] ≪古≫ 발감개. 각반(脚絆).

痙　중풍들/ 뻣뻣할 경

音 ⊗ケイ
訓 ―

音読
痙攣[けいれん] 경련; 근육이 갑자기 굳어지며 오그라져 그 기능을 잃어버림.
痙攣症[けいれんしょう] 경련증.

梗　산느릅나무 경

音 ⊗コウ ⊗キョウ
訓 ―

音読
梗概[こうがい] 경개; 개요. (소설이나 희곡의) 대강 줄거리.
梗塞[こうそく] 경색; ①돈이 융통되지 않고 막힘. ②막힘. 막혀서 통하지 않음.
●桔梗[ききょう] ≪植≫ 도라지.

頸 ^ˣ(頚) 목덜미 경 | 音 ⊗ケイ | 訓 ⊗くび |

訓読
⊗頸[くび] ①목. ②목 모양으로 생긴 부분.
頸枷[くびかせ] ①죄인의 목에 채우던 칼.
②애물. 짐.
頸巻(き)[くびまき] 목도리.
頸筋[くびすじ] 목덜미.
頸輪[くびわ] ①목걸이. ②(개·고양이의) 목
고리.
頸木[くびき] 멍에.
頸飾り[くびかざり] 목걸이.
頸っ玉[くびったま] ≪俗≫ 목. 머리.
音読
頸骨[けいこつ] ≪生理≫ 경골; 목뼈.
頸動脈[けいどうみゃく] ≪生理≫ 경동맥;
목 양쪽에 있는 굵은 동맥.
頸部[けいぶ] 경부; 목, 목 부분.
頸腺[けいせん] ≪生理≫ 경선; 임파선.
頸椎[けいつい] ≪生理≫ 경추; 척추 최상부
에 있는 7개의 뼈.

鯨 고래 경 | 音 ⊗ゲイ | 訓 ⊗くじら |

訓読
⊗鯨[くじら] ≪動≫ 고래.
鯨帯[くじらおび] 안과 겉이 다른 색으로
된 일본 여자 옷의 띠.
鯨幕[くじらまく] (장례식에 사용하는) 휘
장. *흰색과 검은 색 천을 번갈아 이어
만든 것.
鯨鬚[くじらひげ] 고래수염.
鯨捕り[くじらとり] 고래잡이.
音読
鯨骨[げいこつ] 경골; 고래뼈.
鯨脳油[げいのうゆ] 경뇌유; 고래의 머리에
서 짠 기름.
鯨油[げいゆ] 경유; 고래기름.
鯨肉[げいにく] 경육; 고래고기.
鯨飲[げいいん] 경음; 술을 많이 마심.
鯨飲馬食[げいいんばしょく] 경음마식; 고
래가 물을 마시듯 술을 많이 마시고, 말
처럼 밥을 많이 먹음.
鯨波[げいは] 경파; ①큰 파도. 큰 물결.
②함성(喊声).

[**계**]

系 계통 계
一 丆 至 至 平 系 系 系
音 ●ケイ
訓 ―
音読
¹系[けい] 계; ①계통. ②혈통. ③계열. ④
≪数≫ 계.
系図[けいず] 계도; ①족보. ②내력.
系列[けいれつ] 계열; 서로 관계가 있거나
공통되거나 유사한 점에서 연결되는 계통
이나 조직.
系列化[けいれつか] 계열화.
系譜[けいふ] 계보; 족보.
²系統[けいとう] 계통; 관계를 순서에 따라
나눈 것.
系統樹[けいとうじゅ] 계통수.

戒 지킬/삼갈 계
一 二 干 开 戒 戒 戒
音 ●カイ
訓 ●いましめる
訓読
●戒める[いましめる] 〈下1他〉 ①훈계하다.
타이르다. 경고하다. ②꾸짖다. 나무라
다. 책망하다. ③금하다. 제지하다. ④경
계하다. 수비를 엄중히 하다. ⑤≪古≫
구속하다. 포박하다.
●戒め[いましめ] ①훈계. 교훈. 경고. ②징
계. 꾸지람. 벌. ③제지. 금지. ④경계. 방
비. ⑤≪古≫ 구속. 포박.
音読
戒[かい] ≪仏≫ 계율. 죄를 범하지 못하게
하는 계율.
戒告[かいこく] 계고; ①경고(警告). ②행정
법상의 의무 이행을 독촉하는 통지.
戒名[かいみょう] ≪仏≫ 계명; 법명(法名).
戒心[かいしん] 계심; 조심.
戒厳令[かいげんれい] 계엄령.
戒律[かいりつ] ≪仏≫ 계율; 중이 지켜야
할 규율. 율법.

届(届) 이를/신고할 계

一 コ 尸 尸 尸 尸 届 届 届

音 ―
訓 ●とどく　●とどける

訓読

²●**届く**[とどく] 〈5自〉 ①(보낸 물건이) 도착하다. ②닿다. 도달하다. 미치다. ③(상대를 위하는 마음이) 골고루 미치다. ④(소원이) 이루어지다.
³●**届ける**[とどける] 〈下1他〉 ①(물건을) 배달하다. 보내다. 전하다. ②신고하다.
¹**届**(け)[とどけ] 신고. 신고서.
届(け)**先**[とどけさき] 제출처. 보낼 곳.
届(け)**出**[とどけで/とどけいで] 신고.
届け出る[とどけでる] 〈下1他〉 신고하다.
届(け)**済**(み)[とどけずみ] 신고필(申告畢).

季 계절 계

一 二 千 干 禾 禾 季 季

音 ●キ
訓 ―

音読

¹**季刊**[きかん] 계간; 한 철에 한 번 발행하는 출판물.
季語[きご] 계어; 계절을 나타내는 용어.
²**季節**[きせつ] 계절; 사철의 변화.
季節遅れ[きせつおくれ] 철이 지남. 철늦음.
季節風[きせつふう] 계절풍.
季節向き[きせつむき] 계절용. 계절에 맞음.
季題[きだい] 제제; 계절을 나타내는 용어.
季候[きこう] 계후; 계절이나 날씨.

係 관계될 계

丿 亻 亻 仟 佟 佟 佟 係 係

音 ●ケイ
訓 ●かかる　●かかり　⊗かかわる

訓読

●**係る**[かかる] 〈5自〉 ①관계되다. 관계하다. ②(어떤 행위에) 의하다. 힘입다. ③《語学》 (뒤의 어구·문절에) 걸리다.

²●**係**(り)[かかり] 계; ①담당. 담당자. ②관련. 관계. ③《語学》 어떤 어구(語句)의 문법상의 작용이 다른 어구(語句)에 미치는 것. ④'係助詞(かかりじょし)'의 준말.
係官[かかりかん] 담당관.
係員[かかりいん] 계원; 담당자.
係長[かかりちょう] 계장; 담당자들의 우두머리.
係(り)**助詞**[かかりじょし] 《語学》 계조사.
²⊗**係わる**[かかわる] 〈5自〉 ①관계되다. ②관계가 있다. 상관하다. ③구애받다.

音読

係累[けいるい] 계루; 딸린 식구. 부양가족.
係留[けいりゅう] 계류; (빈 배 따위를) 매어 둠.
係船[けいせん] 계선; ①선박을 매어 둠. ②(불황으로) 선박의 운항을 중지함.
係属[けいぞく] 계속; ①연결됨. 연결을 지음. ②어떤 사건이 소송 중에 있음.
係数[けいすう] 계수; ①《数》 수 계수(数係数). ②《物》 비율을 나타내는 숫자.
係争[けいそう] 《法》 계쟁; (소송에서) 당사자끼리의 싸움.

契(契) 맺을 계

一 十 丯 丰 刧 切 契 契 契

音 ●ケイ
訓 ●ちぎる

訓読

²●**契る**[ちぎる] 〈5他〉 ①장래를 굳게 약속하다. ②부부의 인연을 맺다.
契り[ちぎり] ①부부의 언약·약속. ②전세(前世)의 인연. ③동침(同寝). 부부의 인연.
契り置く[ちぎりおく] 〈4他〉 서로 약속해 두다.
契り合う[ちぎりあう] 〈5自〉 서로 부부의 인연을 맺다.

音読

契機[けいき] 계기; ①원인. 동기. 실마리. ②본질적 요소.
²**契約**[けいやく] 계약; 서면으로 약속함.
契約金[けいやくきん] 계약금.
契約書[けいやくしょ] 계약서.
契印[けいいん] 계인; 할인(割印). 관련된 두 종이에 찍어 그 관련성을 증명하는 계(契) 자를 새긴 도장.

界 경계선 계

丨 冂 冂 皿 田 田 界 界 界 界

🔲 ●カイ
🔲 —

音読
界[かい] 계; (어떤 범위의) 사회.
界線[かいせん] 계선; 경계선.
界隈[かいわい] 근처. 부근. 일대.
界層[かいそう] 계층; 사회를 구성하는 여러 층.

計 셈할 계

丶 亠 亖 言 言 言 言 言 計 計

🔲 ●ケイ
🔲 ●はからう ●はかる

訓読
●計らう[はからう] 〈5他〉 ①(적절히) 조처하다. 처리하다. ②의논하다. ③(적당히) 봐주다.
計らい[はからい] ①처분. 조처. 처리. ②주선. 알선.
²●計る[はかる] 〈5自〉 ①(길이를) 재다. (무게를) 달다. (되로) 되다. ②헤아리다. 짐작하다. 예측하다. ③의논하다. ④꾀하다. 도모하다. 계획하다. ⑤속이다. ⑥세다. 헤아리다.
計り[はかり] ①계량. 저울질. ②계획. 기도(企図). 일을 하려고 꾀함.
計り減り[はかりべり] 저울질로 축이 남.
計り売り[はかりうり] (물건을) 저울에 달아 팖.
計り込む[はかりこむ] 〈5他〉 정량(定量)을 넘겨 달다.
計り切り[はかりきり] 정량(定量) 외에는 덤을 주지 않음.
計り知れない[はかりしれない] 〈形〉 헤아릴 수 없다. 막대하다. 막심하다.

音読
²計[けい] 계; ①합계. ②계획. 기획.
¹計器[けいき] 계기; 계량 기구. 물건의 길이와 양을 재는 기구.
計略[けいりゃく] 계략; 책략. 모략.
計量[けいりょう] 계량; 물건을 달아봄.
計量器[けいりょうき] 계량기.

計理士[けいりし] 계리사; 공인 회계사.
²計算[けいさん] 계산; ①셈을 함. ②생각해 봄. 고려함.
計算器[けいさんき] 계산기.
計算書[けいさんしょ] 계산서.
計算日[けいさんび] 계산일.
計算尺[けいさんじゃく] 계산자.
計上[けいじょう] 계상; 계산에 넣음.
計数[けいすう] 계수; ①셈. 계산함. ②어떤 단위로 어떤 양을 잰 수치.
計時[けいじ] 계시; (운동 경기에서) 시간을 잼.
計時係[けいじがかり] 시간을 재는 담당자.
³計画[けいかく] 계획; 일을 꾀함.
計画的[けいかくてき] 계획적.

啓(啓) 열 계

丶 亠 亖 户 户 所 改 改 啓 啓

🔲 ●ケイ
🔲 —

音読
啓[けい] 편지 첫머리에 쓰는 말. ＊'拝啓(はいけい)'보다 약식임.
啓蒙[けいもう] 계몽; 깨우쳐 지식을 넓힘.
啓発[けいはつ] 계발; 계몽. 지능을 깨우쳐 줌.
啓白[けいはく] 계백; 삼가 아룀. ＊편지 끝에 쓰는 말임.
啓上[けいじょう] 계상; 말을 올림. ＊편지에 쓰는 말임.
啓示[けいじ] 계시; 묵시(黙示). 신(神)의 가르침.
啓示の書[けいじのしょ] (성경에서) 계시록. 묵시록.
啓蟄[けいちつ] 계칩; 경칩(驚蟄). ＊24절기의 하나로 3월 5일경.

械 기계 계

一 十 木 木 栟 栟 枏 械 械 械

🔲 ●カイ
🔲 —

音読
◗機械[きかい] 기계. ＊동력(動力)으로 움직임.
◗器械[きかい] 기계. ＊간단한 도구와 규모가 아주 작은 기계를 말함.

渓(溪) 시냇물 계

氵 氵 氵 氵 氵 渓 渓 渓 渓

音 ●ケイ
訓 ―

音読
渓谷[けいこく] 계곡; 골짜기.
渓流[けいりゅう] 계류; 시냇물.
渓声[けいせい] 계성; 골짜기의 시냇물 소리.
渓水[けいすい] 계수; 시냇물.

階 섬돌/층계 계

阝 阝 阝 阝 阞 阞 陛 階 階 階

音 ●カイ
訓 ―

音読
⁴階[かい] ①계단. 층층대. ②(건물의) 층.
階級[かいきゅう] 계급; 지위. 신분.
⁴階段[かいだん] 계단; ①층계. ②단계. 등급.
階段席[かいだんせき] 계단석; 층계 형식으로 된 좌석.
階上[かいじょう] ①위층. ②계단 위.
¹階層[かいそう] 계층; ①건물의 층계. ②사회를 구성하는 여러 층.
階下[かいか] ①아래층. ② 계단 아래.

継(繼) 이을 계

纟 纟 幺 糸 糸 絆 絆 継 継

音 ●ケイ
訓 ●つぐ ⊗まましい

訓読
¹●継ぐ[つぐ] 〈5自〉①잇다. 이어받다. 상속하다. 계승하다. ②잇다. 이어 붙이다. ③계속하다. ④첨가하다. 더하다. 보충하다.
継ぎ[つぎ] ①천 조각을 대어 기움. 바대. ②후계자. 후사. 상속자.
継(ぎ)馬[つぎうま] 역마. 파발말.
¹継(ぎ)目[つぎめ] ①이음매. ②호주 상속인.
継(ぎ)手[つぎて] ①이음매. 이은 곳. ②상속자. 계승자. ③(바둑에서) 이음수.
継(ぎ)穂[つぎほ] ①접붙일 나무. ②이야기를 계속할 기회.

継(ぎ)接ぎ[つぎはぎ] ①누더기처럼 기움. ②남의 글을 누더기처럼 짜집기하여 문장을 만듦.
継(ぎ)切れ[つぎぎれ] (깁는 데에) 대는 천. 바대.
継(ぎ)足[つぎあし] ①(어떤 기구의) 이은 다리. ②의족(義足). ③발판. 디딤대.
継(ぎ)紙[つぎがみ] ①두루마리처럼 이어 붙인 종이. ②질이 다른 종이를 이어 붙인 종이.
継(ぎ)歯[つぎば/つぎは] ①충치를 깎아 내고 의치를 이어 댐. ②통나무나막신의 닳은 굽에 덧댐.
継ぎ合わせる[つぎあわせる] 〈下1他〉①이어 붙이다. 잇다. ②잇대어 꿰매다.
⊗継しい[まましい] 〈形〉①계부모와 의붓자식 사이이다. ②배다른 사이이다.
継母[ままはは/けいぼ] 계모; 의붓어미.
継父[ままちち/けいふ] 계부; 의붓아비.
継粉[ままこ] 반죽이 잘 안 되어 생긴 덩어리. 반죽 덩어리.
継子[ままこ/けいし] ①의붓자식. ②따돌림을 받음. ③(끈이나 띠의) 덩어리처럼 매듭진 것.
継子扱い[ままこあつかい] 의붓자식 취급.
継親[ままおや] 양부모(養父母). 계부(継父)와 계모(継母).
継兄弟[ままきょうだい] 배다른 형제. 이복(異腹) 형제.

音読
継父母[けいふぼ] 계부모; 계부 또는 계모.
継嗣[けいし] 계사; 후계자. 후사.
²継続[けいぞく] 계속; 잇달아 이어짐.
継承[けいしょう] 계승; 선임자나 조상의 뒤를 이어받음.
継泳[けいえい] 계영; 수영의 릴레이 경기.
継投[けいとう] 계투; (야구에서) 앞 투수의 뒤를 이어 공을 던짐.

鶏(鷄) 닭 계

爫 彐 爭 爭 劲 劲 劲 劲 鶏 鶏

音 ●ケイ
訓 ●にわとり

訓読
●鶏[にわとり] ≪鳥≫ 닭.
鶏合(わ)せ[にわとりあわせ] 닭싸움.

음독

鶏頭[けいとう] 계두; ①닭의 볏. ②《植》
맨드라미.
鶏卵[けいらん] 계란; 달걀.
鶏糞[けいふん] 계분; 닭똥.
鶏舎[けいしゃ] 계사; 양계장. 닭집.
鶏肉[けいにく] 계육; 닭고기.

桂 계수나무 계 | 音 ⊗ケイ | 訓 ⊗かつら

훈독

⊗桂[かつら] 《植》 계수나무. ¶~を折(お)
る 시험에 합격하다.
⊗桂剝き[かつらむき] (요리에서) 채소의
깎아썰기의 한 종류. *무를 5~6㎝의 길
이로 잘라 껍질을 벗기듯 얇게 돌려 깎거
나 채를 썰어 횟감에 곁들임.

음독

桂冠[けいかん] 계관; 월계관.
桂冠詩人[けいかんしじん] 계관 시인; 영국
왕실에서 우대 받는 시인.
桂馬[けいま] 계마; ①(일본장기에서) 말.
②(바둑에서) 날일(日)자 또는 눈목(目)자
로 대각선 위에 돌을 놓는 일.
桂皮[けいひ] 계피; 계수나무 껍질.

禊 재계 계 | 音 ⊗ケイ | 訓 ⊗みそぎ

훈독

⊗禊[みそぎ] (죄・부정을 씻기 위해) 목욕
재계함.
禊払い[みそぎはらい] (죄・부정을 씻기 위
해) 목욕재계하는 행사.

誡 훈계할 계 | 音 ⊗カイ | 訓 ⊗いましめる

훈독

⊗誡める[いましめる]〈下1他〉①훈계하다.
타이르다. 경고하다. ②꾸짖다. 책망하다.
⊗誡め[いましめ] ①훈계. 가르침. 타이름.
경고. ②벌. 응징.

음독

誡告[かいこく] 계고; ①경고. ②(공무원에
대한) 징계 처분의 하나. ③(행정법상의)
의무 이행을 촉구함.

稽 생각할 계 | 音 ⊗ケイ | 訓 ─

음독

稽古[けいこ] ①(무술이나 예능역) 레슨. 학
습. 수업. 연습. ¶~する 레슨 받다.
②(영화나 연극에서) 연습.
稽古事[けいこごと] 여자가 교양으로 익혀야
할 예능. *꽃꽂이・다도(茶道) 등을 말함.
稽古所[けいこじょ] 레슨 받는 곳.
稽古着[けいこぎ] 체육복. 운동복.

髻 상투 계 | 音 ⊗ケイ | 訓 ⊗もとどり

훈독

⊗髻[もとどり/たぶさ] (일본식) 상투. ¶~を
放(はな)つ (머리에 관을 쓰지 않고) 상투를
드러내 놓다. ¶~を切(き)る 중이 되다.
髻華[★うず] (상고 시대에) 머리나 관에 꽂
던 나뭇가지나 꽃 등의 장식물.

繋 ×(繋) 동여맬 계 | 音 ⊗ケイ | 訓 ⊗つながる ⊗つなげる

훈독

²⊗繋がる[つながる]〈5自〉①연결되다. 이
어지다. ②관계되다. ③(상태가) 유지되
다. ④얽매이다. ⑤《俗》교미하다.
²繋がり[つながり] ①연결. 연결되 것. ②관
계. 유대.
²⊗繋ぐ[つなぐ]〈5他〉①연결하다. 잇다.
②묶어 두다. ③(관계를) 유지하다.
繋ぎ[つなぎ] ①연결. 이음. ②막간(幕間).
③(요리에서) 차지게, 또는 질기게 하기
위한 재료. ④《経》증거금을 추가로 내
고 매매를 계속함.
繋ぎ目[つなぎめ] 이음매.
²⊗繋げる[つなげる]〈下1他〉☞繋ぐ
⊗繋る[かかる]〈5自〉관계되다. 관련되다.

음독

繋留[けいりゅう] 계류; (배 등을) 매어 둠.
繋船[けいせん] 계선; 선박을 매어 둠.
繋属[けいぞく] 계속; ①연결됨. 연결함.
②《法》어떤 사건이 소송 중에 있음.
繋争[けいそう] 《法》계쟁; (소송에서) 당
사자끼리 싸움.

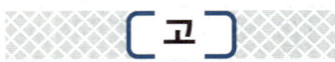

古 옛 고

一 十 十 古 古

音 ●コ
訓 ●ふるい ●…ふるす

訓読

⁴●古い[ふるい] 〈形〉 ①오래되다. ②낡다. ③구식이다.

²古[ふる] ①헌. 낡은. ②옛. 이전의. ③경험이 많은.

お古[おふる] 퇴물림. 고물.

古びる[ふるびる] 〈上1自〉 낡아지다. 낡다. 헐다.

古ぼける[ふるぼける] 〈下1自〉 오래되어 바래다.

古めかしい[ふるめかしい] 〈形〉 예스럽다. 구식이다. 고풍스럽다.

古里[ふるさと] ①고향. ②고적지.

古物[ふるもの/こぶつ] 고물; 헌 물건.

古物屋[ふるものや] 고물상(古物商).

²古本[ふるほん/こほん] 고본; ①헌 책. ②옛날 책. 고서(古書).

古本屋[ふるほんや] 헌책방.

古事[ふること/ふるごと] 고사(故事). 옛일.

古寺[ふるでら] ①오래된 절. 고찰(古刹). ②오래되어 황폐한 절.

古傷[ふるきず] ①오래 된 상처. ②전과(前科).

古巣[ふるす] ①옛 보금자리. ②옛집. 전에 있던 곳.

古馴染(み)[ふるなじみ] 옛 친구. 오래 사귄 친구.

²古新聞[ふるしんぶん] 헌 신문.

古顔[ふるがお] 고참. 한 직장에 오래 있는 사람.

古株[ふるかぶ] ①오래된 그루터기. ②고참.

古漬(け)[ふるづけ] 묵은 김치.

²古着[ふるぎ] 헌옷. 낡은 옷.

古鉄[ふるがね/ふるがね] 고철.

古鉄買い[ふるかねがい/ふるてつがい] 고철 수집상.

古臭い[ふるくさい] 〈形〉 ①아주 낡다. 심히 낡았다. ②케케묵다. 너무 오래되다.

音読

古格[こかく] 고격; 옛 격식.

古今[ここん/こきん] 고금; 옛날과 지금. 옛날부터 지금까지.

¹古代[こだい] 고대; ①상대(上代). ②고풍. 구식.

古都[こと] 고도; 옛 도읍지.

古来[こらい] 〈副〉 고래로. 자고로. 예로부터 지금까지.

古老[ころう] 고로; 옛날 일을 잘 아는 노인.

古文[こぶん] 고문; ①옛 문장. ②문어체로 쓰인 문장.

古文書[こぶんしょ] 고문서.

古物[こぶつ/ふるもの] 고물; 헌 물건.

古墳[こふん] 고분; 옛날 무덤.

古事記[こじき] 일본 고대 역사서.

古色[こしょく] 고색; 낡은 빛깔.

古式[こしき] 고식; 옛날 스타일.

古語[こご] 고어; 옛말.

古往今来[こおうこんらい] 고금왕래(古今往来). 예로부터 지금에 이르기까지.

古跡[こせき] 고적; 유적(遺跡).

²古典[こてん] 고전; 클래식.

古銭[こせん] 고전; 옛날 돈.

古刹[こさつ] 고찰; 오래된 절.

古参[こさん] 고참; 한 직장에 오래된 사람.

古風[こふう] 고풍; ①옛날 양식. ②옛 풍습.

古希[こき] 고희; 70세의 딴이름.

考 생각할 고

一 十 土 耂 考 考

音 ●コウ
訓 ●かんがえる

訓読

³●考える[かんがえる] 〈下1他〉 ①(이것저것) 생각하다. 궁리하다. ②판단하다. ③마음먹다. ④연구하다. 고안하다. 창안하다.

²考え[かんがえ] ①(사고력을 동원한) 생각. 견해. ②판단. ③의사. 뜻. ④발상. 아이디어. ⑤상상.

考え物[かんがえもの] ①깊이 생각해 볼 일. ②수수께끼. 퀴즈.

考え抜く[かんがえぬく] 〈5自〉 잘 생각해 보다.

考え方[かんがえかた] 생각. 사고방식. 견해.

考え付く[かんがえつく] 〈5自〉 생각해 내다. 생각이 떠오르다. 착상(着想)하다.

考え事[かんがえごと] ①여러 가지 생각. ②걱정거리. 시름.

考え深い[かんがえぶかい] 〈形〉 사려 깊다.

考え違い[かんがえちがい] 오해. 착각.

考え込む[かんがえこむ] 〈5自〉 골똘히 생각하다. 생각에 잠기다.

考え直す[かんがえなおす] 〈5他〉 재고(再考)하다. 다시 생각해 보다.

考え出す[かんがえだす] 〈5自〉 ①생각해 내다. 궁리해 내다. ②생각하기 시작하다.

音読

¹考古学[こうこがく] 고고학; 유적이나 유물을 고찰하여 과거의 인류의 문화를 연구하는 학문.

考課[こうか] 고과; 근무 성적을 따져 우열을 정함.

²考慮[こうりょ] 고려; 잘 생각해 봄.

考査[こうさ] 고사; ①(능력이나 성격 등을) 조사하여 판단함. ②학생의 성적을 조사하는 시험.

考試[こうし] 고시; 학력(学力)이나 능력 등을 테스트하여 합격 여부를 판정하는 시험. 시험.

考案[こうあん] 고안; 연구하여 생각해 냄.

考証[こうしょう] 고증; 문서를 증거로 하여 옛날의 사실을 따지고 설명함.

考察[こうさつ] 고찰; 생각하여 살펴 봄.

告(告) 고할 고

丿 𠂉 生 生 告 告 告

音 ●コク

訓 ●つげる

訓読

¹告げる[つげる] 〈下1他〉 ①고하다. 알리다. ②전하다.

告げ[つげ] 알림. 고함.

お告げ[おつげ] 신(神)의 계시(啓示).

告げ口[つげぐち] 고자질함. 일러바침.

音読

告発[こくはつ] 고발; 피해자 이외의 사람이 경찰에 알림.

¹告白[こくはく] 고백; 숨김없이 말함.

告別[こくべつ] 고별; 이별을 고함.

告訴[こくそ] 고소; 피해자가 수사기관에 신고하여 처벌을 요구하는 것.

告訴人[こくそにん] 고소인.

告示[こくじ] 고시; 여러 사람이 알도록 글을 써서 게시함.

告示板[こくじばん] 고시판.

告知[こくち] 고지; 통지. 고하여 알림.

告知板[こくちばん] 고지판.

固 굳을 고

丨 冂 冃 冃 固 固 固 固

音 ●コ

訓 ●かたい ●かたまる ●かためる ⊗もとより

訓読

³固い[かたい] 〈形〉 ①(의지가) 단단하다. 굳다. ②(표정이) 굳다. 딱딱하다. ③완고하다.

固さ[かたさ] 단단함. 견고함.

²固まる[かたまる] 〈5自〉 ①굳어지다. ②(의지가) 확고해지다. 튼튼해지다. ③모이다. ④몰두하다. 심취하다.

固まり[かたまり] ①덩어리. ②집단. 무리. 떼.

¹固める[かためる] 〈下1他〉 ①굳히다. 다지다. ②옹고시키다. ③한데 도으다. ④확고하게 하다. 굳히다. ⑤(방비를) 강화하다. ⑥정착하다. 자리 잡다.

固め[かため] 조금 굳은 듯함. 딱딱한 듯함.

固練り[かたねり] 된 반죽. 차지게 반죽함.

固唾[かたず] (숨을 죽일 때) 입안에 괴는 침. 마른 침.

⊗固より[もとより] ①처음부터. 본래부터. 원래. ②물론. 말할 것도 없고.

音読

固辞[こじ] 고사; 굳이 사양함.

固守[こしゅ] 고수; 굳게 지킴.

¹固有[こゆう] 고유; ①본래부터 있음. ②특유.

¹固有名詞[こゆうめいし] 고유 명사.

¹固定[こてい] 고정; 일정하여 변하지 않음.

固持[こじ] 고수함. 고집함.

固執[こしつ/こしゅう] 고집; 끝까지 자기 의견을 주장함.

²固体[こたい] 고체; 일정한 형태를 유지하는 것.

固形[こけい] 고형; 딱딱하고 일정한 형태를 가짐.

苦   쓴맛/괴로울 고

一 十 卄 艹 芢 芢 苦 苦

音 ◉ク
訓 ◉くるしい ◉くるしむ ◉くるしめる
◉にがい

訓読
³◉苦い[にがい] 〈形〉 ①(맛이) 쓰다. ②(기분이) 언짢다. ③괴롭다. 쓰라리다.
²◉苦しい[くるしい] 〈形〉 ①(신체적으로) 괴롭다. 고통스럽다. 답답하다. ②난처하다. ③힘들다. ④옹색하다. 가난하다. 궁색하다. ⑤구차하다.
²◉苦しむ[くるしむ] 〈5自〉 ①고생하다. 괴로워하다. ②시달리다. 앓다. ③고민하다. ④애먹다. 난처해하다.
苦しみ[くるしみ] 괴로움. 고통. 고난.
苦し紛れ[くるしまぎれ] 난처한 나머지. 괴로운 나머지. 궁색한 나머지.
²◉苦しめる[くるしめる] 〈下1他〉 고통을 주다. 괴롭히다.
苦み[にがみ] 쓴맛.
苦苦しい[にがにがしい] 〈形〉 못마땅하다. 아니꼽다. 정말 불쾌하다.
苦味[にがみ/くみ] 쓴맛.
苦味走る[にがみばしる] 〈5自〉 (용모가) 다부지고 사나이답다. 시원스럽고 늠름하다.
苦笑い[にがわらい] 쓴웃음.
²苦手[にがて] 〈形動〉 ①서투름. ②질색임. 〈名詞〉 ①골칫거리. ②다루기 힘든 상대. 대하기 싫은 사람.
苦り切る[にがりきる] 〈5自〉 못마땅해 하다. 몹시 시무룩한 표정을 짓다.
苦虫[にがむし] 씹으면 쓸 것 같은 벌레.

音読
苦[く] ①고생. 고통. 괴로움. ②근심. 걱정. 고민. ③고생. 힘듦. 노고. ④쓴맛.
苦境[くきょう] 고경; 괴로운 입장. 역경.
苦難[くなん] 고난; 괴로움과 어려움.
苦悩[くのう] 고뇌; 괴로워서 번뇌함.
苦楽[くらく] 고락; 괴로움과 즐거움.
苦慮[くりょ] 고려; 애써 생각함.
²苦労[くろう] 수고. 애씀. 노고.
苦悶[くもん] 고민; 괴로워하고 번민함.
苦杯[くはい] 고배; ①패배. ②쓰라린 경험.
苦笑[くしょう] 고소; 쓴웃음.

²苦心[くしん] 고심; 애를 씀.
苦肉[くにく] 고육; 적을 속이기 위해 자신의 괴로움을 돌보지 않음.
苦戦[くせん] 고전; 괴롭고 불리한 싸움.
²苦情[くじょう] ①불평. 불만. 푸념. ②괴로운 사정.
苦汁[くじゅう] 고즙; ①쓴 물. ②고생스런 경험.
苦衷[くちゅう] 고충; 괴로운 마음속.
²苦痛[くつう] 고통; 괴로움. 아픔.
苦闘[くとう] 고투; 괴로움을 무릅쓰고 싸움.
苦学[くがく] 고학; 일하면서 학교에 다님.
苦行[くぎょう] 고행; 괴로운 수행(修行).

故   연고 고

一 十 十 古 古 古 苫 故 故

音 ◉コ
訓 ◉ゆえ

訓読
¹◉故[ゆえ] ①이유. 까닭. ②사정. 내력. ③…때문에. …까닭에.
¹故に[ゆえに] 〈接〉 고로. 그러므로.
故無く[ゆえなく] 까닭 없이.
故由[ゆえよし] 까닭. 이유. 유래.

音読
故国[ここく] 고국; ①모국. ②고향.
故老[ころう] 고로; 옛일에 밝은 노인.
故買[こばい] 고매; 장물(贓物)인 줄 알면서 삼.
故買品[こばいひん] 장물(贓物). 범죄 행위로 취득한 타인의 물품.
故事[こじ] 고사; 옛날에 있었던 일.
故山[こざん] 고산; 고향의 산.
故殺[こさつ] 고살; ①고의로 살인함. ②《法》 우발적으로 살인함.
故実[こじつ] 고실; 전고(典故). 옛날의 법례(法例)나 의식의 규정·관례.
故意に[こいに] 고의로. 짐짓. 일부러
故人[こじん] 고인; 죽은 사람.
²故障[こしょう] 고장; ①탈이 남. ②지장. 방해. 장애. ③반대 의견. 이의(異議).
故障車[こしょうしゃ] 고장 난 차.
²故郷[こきょう/ふるさと] 고향; 전에 살던 고장.

枯 마를 고

一 十 才 木 术 朴 朴 枯 枯

音 ●コ
訓 ○からす ●かれる

訓読
●**枯らす**[からす] 〈5他〉 (초목을) 말리다. 시들게 하다.
²●**枯れる**[かれる] 〈下1自〉 ①(초목이) 마르다. 시들다. ②기예(技芸) 등이 원숙해지다.
枯れ木[かれき] 고목; 마른 나무.
枯れ色[かれいろ] (초목의) 시든 빛깔.
枯れ野[かれの] 초목이 마른 들판.
枯れ野原[かれのはら] 초목이 마른 들판.
枯れ葉[かれは] 고엽; 마른 잎.
枯れ芝[かれしば] 마른 잔디.
枯れ枝[かれえだ] ①마른 가지. 삭정이. ②잎이 말라 버린 나뭇가지.
枯れ草[かれくさ] 마른풀.

音読
枯渇[こかつ] 고갈; ①물이 마름. ②자원이 결핍됨.
枯淡[こたん] 고담; 욕심이 없고 담백함.
枯露柿[ころがき] 곶감.
枯木[こぼく] 고목; 말라죽은 나무.
枯死[こし] 고사; 초목이 말라서 죽음.

孤 외로울 고

一 了 孑 孒 孒 孤 孤 孤 孤

音 ●コ
訓 ○―

音読
孤軍奮闘[こぐんふんとう] 고군분투; 수가 적고 후원이 없는 외로운 군대가 힘에 겨운 적과 용감하게 싸움.
孤島[ことう] 고도; 외딴 섬.
¹**孤独**[こどく] 고독; ①외로움. ②괴로움.
孤塁[こるい] 고루; 단 하나의 보루.
¹**孤立**[こりつ] 고립; 홀로임.
孤城落日[こじょうらくじつ] 고성낙일; 세력이 약화되어 대단히 외롭고 불안한 상태의 비유.
¹**孤児**[こじ/みなしご] 고아; 부모가 없는 아이.
¹**孤児院**[こじいん] 고아원.

拷 두드릴 고

一 十 扌 扩 扩 扩 拷 拷 拷

音 ●ゴウ
訓 ○―

音読
拷掠[ごうりゃく] 고략; 강제로 빼앗음.
拷問[ごうもん] 고문; 피의자의 신체에 고통을 주어 자백을 강요하며 심문하는 행위.

高 높을 고

丶 亠 亠 亩 古 古 高 高 高 高

音 ●コウ
訓 ○たか ●たかい

訓読
●**高**[たか] ①수량. 금액. ②(무사의) 녹봉 액수. ③정도. 분수.
⁴●**高い**[たかい] 〈形〉 ①(높이가) 높다. ②(위치·품위·이상·기능·온도·기세·비율이) 높다. ③(값이) 비싸다. ④(소리가) 크다.
³**高さ**[たかさ] 높이.
高ぶる[たかぶる] 〈5自〉 ①흥분하다. (신경이) 곤두서다. ②뽐내다. 빼기다.
¹**高まる**[たかまる] 〈5自〉 높아지다. 고조되다.
高み[たかみ] 높은 곳.
高め[たかめ] 〈形動〉 ①약간 높음. ②조금 비쌈. ③(야구에서) 스트라이크존의 높은 곳.
²**高める**[たかめる] 〈下1他〉 높이다.
高らか[たからか] 〈形動〉 소리 높임. 드높임.
高高指[たかたかゆび] ≪方≫ 가운뎃손가락.
高空[たかぞら/こうくう] 고공; 높은 하늘.
高根[たかね] 높은 산봉우리.
高曇り[たかぐもり] 하늘에 구름이 높게 끼어 흐림.
高台[たかだい] 고대; 주위보다 약간 높고 평평한 땅.
高跳(び)[たかとび] 높이뛰기.
高嶺[たかね] 높은 산봉우리.
高鳴る[たかなる] 〈5自〉 ①높게 울려 퍼지다. ②(기쁨·희망으로) 가슴이 고동치다. 두근거리다.
高飛(び)[たかとび] ①높이뛰기. ②줄행랑침. 멀리 도망함.
高飛(び)込み[たかとびこみ] 하이 다이빙.

高飛車[たかとびしゃ] 고자세. 위압적임.

高笑い[たかわらい] 큰소리로 웃음.

高手[たかて] 상박(上膊). 팔꿈치에서 어깨 사이 부분.

高低❶[たかひく] 고저; 울퉁불퉁함. ❷[こうてい] 고저; ①높낮이. ②등락(騰落). 오르내림.

高潮❶[たかしお] 해일(海溢). ❷[こうちょう] 고조; ①밀물의 한창 때. ②감정이나 사물의 절정.

高調子[たかちょうし] ①(흥분・긴장으로) 목소리가 높음. ②(시세의) 오름세.

高足❶[たかあし] ①발을 높이 들고 걸음. ②다리가 긺. ③죽마(竹馬). ④굽이 높은 나막신을 신고 추는 田楽舞(でんがくまい). ❷[こうそく] 뛰어난 제자. 수제자.

高値[たかね] ①고가(高価). 비싼 값. ②(주식 거래에서) 상종가(上終価).

高枕[たかまくら] ①베개를 높이 하고 잠. 안심하고 잠을 잠. ②높은 베개.

高波[たかなみ] 높은 파도.

音読

高じる[こうじる] 〈上1自〉 ①(상태・정도가) 심해지다. ②버릇이 나빠지다.

高ずる[こうずる] 〈サ変自〉 ☞ 高じる

²高価[こうか] 고가; 값이 비쌈.

²高価品[こうかひん] 고가품.

高架[こうか] 고가; 공중에 가설된 것.

高潔[こうけつ] 고결; 덕이 높고 결백함.

高空飛行[こうくうひこう] 고공비행.

高官[こうかん] 고관; 지위가 높은 관직.

³高校[こうこう] 고교; 고등학교.

³高校生[こうこうせい] 고교생; 고등학생.

高句麗[こうくり] 《歴》 고구려.

高貴[こうき] 고귀; ①(지체가) 높고 귀함. ②매우 희귀하여 값이 비쌈.

²高級[こうきゅう] 고급; ①계급이 높음. ②정도가 높음.

高給[こうきゅう] 고급; 높은 급료.

高気圧[こうきあつ] 고기압; 높은 기압.

高度[こうど] 고도; ①해수면(海水面)부터의 높이. ②지평선에서 천체까지의 각거리 (角距離). ③정도가 높음.

²高等[こうとう] 고등; ①정도가 높음. ②질이 좋음.

³高等学校[こうとうがっこう] 고등학교.

高騰[こうとう] 고등; 물가가 오름. 앙등 (昂騰).

高齢者[こうれいしゃ] 고령자; 노인.

高利貸し[こうりがし] 고리 대금. 고리 대금 업자.

高慢[こうまん] 교만(驕慢). 거만. 뽐내고 건방짐.

高名❶[こうみょう] 고명; ①유명함. ②무훈 (武勲). 전공(戦功). ❷[こうめい] 고명; ① 유명함. ②성함. 존함.

高山[こうざん] 고산; 높은 산.

¹高尚[こうしょう] 고상; 품위가 있음.

高性能[こうせいのう] 고성능; 성능이 좋음.

高所[こうしょ] 고소; ①높은 곳. ②넓은 시야. 높은 입장.

²高速[こうそく] 고속; 보통보다 빠른 속도.

高速度[こうそくど] 고속도.

²高速道路[こうそくどうろ] 고속 도로.

高圧[こうあつ] 고압; ①높은 압력. ②높은 전압. ③높은 기압.

高圧線[こうあつせん] 고압선.

高額[こうがく] 고액; 많은 액수.

高熱[こうねつ] 고열; 높은 열.

高温[こうおん] 고온; 높은 온도.

¹高原[こうげん] 고원; ①높은 지대의 평원. ② 《経》 그래프에서 높은 상태가 계속됨.

高原景気[こうげんけいき] 호경기(好景気). 호황(好況).

高位[こうい] 고위; 높은 지위.

高率[こうりつ] 고율; 높은 비율.

高音❶[こうおん] 고음; 높은 소리. 소프라노. ❷[たかね] 고음; ①높은 소리. ②三味線(しゃみせん) 합주에서 고(高)・저(低) 두 음으로 가락을 엮은 것.

高祖母[こうそぼ] 고조모; 고조할머니.

高祖父[こうそふ] 고조부; 고조할아버지.

高潮❶[こうちょう] 고조; ①밀물의 한창 때. ②감정이나 사물의 절정. ❷[たかしお] 해일(海溢).

高座[こうざ] 고좌; ①(연설・공연을 위해) 한층 높게 만든 자리. ②상좌(上座).

高周波[こうしゅうは] 《電》 고주파; 주파수가 많은 전파・전류.

高地[こうち] 고지; 높은 땅.

²高層[こうそう] 고층; ①높은 상공(上空). ②높은 건물.

高学年[こうがくねん] 고학년; 초등학교의 5・6학년.

高血圧[こうけつあつ] 고혈압; 높은 혈압.

庫 창고 고

`广广广广广庐庐庐庫庫`

音 ●ク ●コ
訓 ●くら

訓読
⊗庫[くら] 곳간. 창고.
⊗庫入れ[くらいれ] 창고에 넣음. 입고.
音読
庫裏[くり] ①절의 부엌. ②주지의 거실.
●金庫[きんこ], 倉庫[そうこ]

雇(雇) 품팔 고

`一戶戶戶戶戶戶戶雇雇`

音 ●コ
訓 ●やとう

訓読
²●雇う[やとう]〈5他〉①(사람을) 고용하다. 채용하다. ②(배·자동차를) 세내다.
雇い[やとい] ①고용. 고용함. ②고용인. ③임시 직원.
雇い人[やといにん] 고용인.
雇い入れ[やといいれ] 신규 채용.
雇い入れる[やといいれる]〈下1他〉새로 고용하다. 신규 채용하다.
雇い主[やといぬし] 고용주.
音読
¹雇用[こよう] 고용; 품삯을 주고 부림.
雇員[こいん] 고원; 고용인.

鼓 북 고

`十 士 吉 吉 吉 壴 壴 皷 皷 鼓`

音 ●コ
訓 ●つづみ

訓読
●鼓[つづみ] ①장구. 북. ②가죽을 입혀 만든 타악기의 총칭.
鼓打ち[つづみうち] 북잡이. 장구잡이.
音読
鼓する[こする]〈サ変他〉①북을 치다. ②(기운을) 북돋다. 격려하다.

鼓動[こどう] 고동; 심장의 운동.
鼓舞[こぶ] 고무; 격려하여 기세를 돋음.
鼓笛[こてき] 고적; 북과 피리.
鼓吹[こすい] 고취; ①고무(鼓舞). ②불어 넣음.

稿 원고 고

`二千禾禾秆秆秆秆稿稿`

音 ●コウ
訓 —

音読
稿料[こうりょう] 고료; 원고료.
稿本[こうほん] 고본; 초고(草稿). 원고본.

顧(顧) 돌아볼 고

`ロ戶戶戶戶雇雇顧顧顧`

音 ●コ
訓 ●かえりみる

訓読
¹●顧みる[かえりみる]〈上1他〉①뒤돌아보다. 돌아다보다. ②회상하다. 회고하다. ③돌보다. 보살피다.
音読
顧客[こかく/こきゃく] 고객; 단골손님.
顧慮[こりょ] 고려; ①돌이켜 생각함. ②염려함.
顧問[こもん] 고문; 자문(諮問)에 응하여 의견을 말해 주는 직무.

| 叩 두드릴 고 | 音 ⊗コウ |
| | 訓 ⊗たたく |

訓読
²⊗叩く[たたく]〈5他〉①(손이나 손에 든 딱딱한 물건으로) 두드리다. ②털다. 때리다. 치다. ③(의견을) 묻다. 타진하다. ④(값을) 깎다. ⑤모두 써 버리다.
叩き[たたき] ①두들김. 침. ②잘게 다짐. ③(에도 시대의) 태형(笞刑). ④부채로 손을 두드리며 장단을 맞추는 小唄(こうた)의 가락.

叩き起こす[たたきおこす]〈5他〉자는 사람을 억지로 깨우다.

叩き大工[たたきだいく] 서투른 목수.

叩き売り[たたきうり] 헐값에 팖. 투매(投売).

叩き付ける[たたきつける]〈下1他〉①내동댕이치다. ②내던지다.〈下1自〉세게 내리치다.

叩き伏せる[たたきふせる]〈下1他〉때려눕히다.

叩き殺す[たたきころす]〈5他〉때려죽이다.

叩き込む[たたきこむ]〈5他〉①때려 박다. ②(난폭하게) 처넣다. ③(철저하게) 가르치다.

叩き出す[たたきだす]〈5他〉①두드리기 시작하다. ②(두들겨) 내쫓다.

叩き土[たたきつち] 푸석흙. 화강암이 풍화하여 된 흙.

叩き合う[たたきあう]〈5他〉서로 때리다.

叩頭[こうとう] 고두; 엎드려 머리를 땅에 대고 조아려 절함.

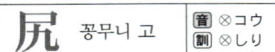

尻 꽁무니 고 / 音 ⊗コウ / 訓 ⊗しり

²⊗**尻**[しり] ①엉덩이. 궁둥이. 볼기. ②꽁무니. ③꼴찌. 맨 뒤. ④밑바닥. 밑. ⑤끝. ⑥옷자락. ⑦뒷수습. 뒤치다꺼리.

尻っぺた[しりっぺた] 볼기. 엉덩이.

尻っぽ[しりっぽ] ①엉덩이. ②(동물의) 꼬리. ③꽁무니. ④물건의 끝. *어린이 용어임.

尻目[しりめ] 곁눈질.

尻尾[しりお] (동물의) 꼬리.

尻っ方[しりっぽ] ①엉덩이. ②(동물의) 꼬리. ③꽁무니. ④물건의 끝. *어린이 용어임.

尻癖[しりくせ] ①똥·오줌을 못 가림. ②(여자가) 바람기가 있음.

尻餅[しりもち] 엉덩방아.

尻付き[しりつき] ①엉덩이 모양. 엉덩이의 생김새. ②남의 꽁무니만 따라다님.

尻上がり[しりあがり] ①점점 좋아짐. 끝으로 갈수록 좋아짐. ②말끝의 어조가 높아짐. ③(기계 체조에서) 거꾸로 오르기.

尻拭い[しりぬぐい] 남의 뒤치다꺼리. 뒷수습.

尻食らえ観音[しりくらえかんのん]《俗》①캄캄한 밤. ②나중 일은 어떻게 되든 상관없음. ③은혜를 원수로 갚음.

尻暗い観音[しりくらいかんのん]《俗》캄캄한 밤.

尻押し[しりおし] ①뒤에서 밂. ②후원. 후원자. ③선동(煽動). ④(러시아워 때) 승객을 차 안으로 떠밀어 넣음.

尻隠し[しりかくし] ①자기 잘못을 감춤. ②(바지의) 뒷주머니.

尻込(み)[しりごみ] ①뒷걸음침. ②꽁무니를 뺌. 망설임. 머뭇거림. 주저함.

尻込む[しりごむ]〈5自〉①뒷걸음치다. ②꽁무니를 빼다. 망설이다. 머뭇거린다.

尻切り半纏[しりきりばんてん] 길이가 엉덩이 위까지 오는 짧은 일본 옷 윗도리(작업복).

尻足[しりあし] 뒷발. 뒷걸음.

尻重[しりおも] 엉덩이가 무거움. 동작이 느림. 굼뜸.

尻振り[しりふり] ①엉덩이를 흔듦. ②자동차가 좌우로 흔들림.

尻取り[しりとり] 말잇기놀이.

尻取遊び[しりとりあそび] 말잇기놀이.

尻下がり[しりさがり] ①뒤쪽이 내려가 있음. ②갈수록 상태가 나빠짐. 갈수록 내려감. ③말끝을 낮춤.

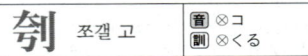

剁 쪼갤 고 / 音 ⊗コ / 訓 ⊗くる

⊗**剁る**[くる]〈5他〉도려내다. 후비어 파내다.

剁り[くり] 도려냄. 후비어 파냄.

剁り貫く[くりぬく]〈5他〉도려내다. 도려내어 구멍을 내다.

剁(り)鉢[くりばち] 나무주발.

剁(り)舟[くりふね/くりぶね] 통나무배.

剁(り)形[くりかた] ①도려내어 뚫은 구멍. ②건축물이나 가구를 깎아서 만든 곡선.

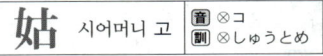

姑 시어머니 고 / 音 ⊗コ / 訓 ⊗しゅうとめ

⊗**姑**[しゅうとめ] ①시어머니. ②장모. *준말로는 'しゅうと'라고 함.

姑息[こそく] 고식; 일시적인 방편. ¶~な手段(しゅだん) 일시적인 방편의 수단.

| 股 다리 고 | 音 ⊗コ |
| | 訓 ⊗また ⊗もも |

¹⊗股❶[また] ①다리 가랑이. 사타구니.
　②가랑이. ❷[もも] 허벅다리. 넓적다리.
　대퇴.
股がる[またがる]〈5自〉①걸터앉다. 올라타
　다. ②걸치다.
股引(き)[ももひき] 통이 좁은 바지 모양의
　남자용 작업복. 잠방이.
股火[またび] 다리가랑이를 벌리고 불을 쬠.

音読
股間[こかん] 고간; 사타구니. 다리가랑이.
股関節[こかんせつ] 고관절; 비구 관절.
股肱[ここう] 고굉; 수족처럼 믿는 부하.

| 袴 바지 고 | 音 ⊗コ |
| | 訓 ⊗はかま |

訓読
⊗袴[はかま] ①(일본 옷의) 겉에 입는 주름
　잡힌 하의(下衣). ②≪植≫ 풀줄기를 덮고
　있는 껍질. ③'徳利(とくり)'를 끼우는 통(筒)
　모양의 그릇.
袴能[はかまのう] (能楽(のうがく)에서) 모든
　출연자가 가면과 무대 의상을 생략하고
　紋服(もんぷく)・袴(はかま) 차림만으로 하는
　能(のう).
袴着[はかまぎ] 사내아이가 처음으로 '袴(は
　かま)'를 입는 의식. *옛날에는 3살, 후세
　에는 5살 또는 7살.

| 菰 거적 고 | 音 — |
| | 訓 ⊗こも |

訓読
⊗菰[こも] ①≪植≫ 줄. 진고. *연못이나
　물가에 삶. ②거칠게 짠 거적.
菰蓆[こもむしろ] 줄로 엮은 거적.

| 痼 고질 고 | 音 ⊗コ |
| | 訓 — |

音読
痼癖[こへき] 고벽; 고질적인 버릇. 고치기
　힘든 버릇.
痼疾[こしつ] 고질; 오랫동안 낫지 않는 병.

| 敲 두드릴 고 | 音 ⊗コウ |
| | 訓 ⊗たたく |

訓読
²⊗敲く[たたく]〈5他〉①두드리다. ②털다.
　때리다. 치다.
敲き[たたき] ①두들김. ②생선이나 새고기
　등을 다져서 만든 요리.
敲き鉦[たたきがね] ≪仏≫ 불단 앞에 엎어
　놓고 두드리는 징.

音読
◗推敲[すいこう]

| 膏 기름 고 | 音 ⊗コウ |
| | 訓 ⊗あぶら |

訓読
⊗膏[あぶら] (주로 동물성의) 기름.
膏性[あぶらしょう] 지방질이 많은 체질.

音読
膏薬[こうやく] 고약; 약재를 기름에 고아
　만든 약.

| 藁 볏짚 고 | 音 ⊗コウ |
| | 訓 ⊗つら |

訓読
¹⊗藁[わら] (벼・보리의) 짚.
藁しべ[わらしべ] 짚의 고갱이.
藁工品[わらこうひん] 짚으로 만든 제품.
藁沓[わらぐつ] (눈 위에서 신는) 짚신.
　눈신.
藁半紙[わらばんし] 결이 거친 갱지(更紙).
藁細工[わらざいく] 짚 세공.
藁筵[わらむしろ] (짚으로 만든) 멍석.
藁屋[わらや] 초가집.
藁屋根[わらやね] 초가지붕.
藁葺[わらぶき] 초가지붕.
藁人形[わらにんぎょう] 짚 인형.
藁紙[わらがみ] 볏짚으로 만든 종이.
藁薦[わらごも] 짚으로 만든 거적.
藁打(ち)[わらうち] 짚을 망치 등으로 쳐서
　부드럽게 함.
藁苞[わらづと] 볏짚 꾸러미.
藁布団[わらぶとん] 짚을 넣어서 만든 요.
藁筆[わらふで] 짚으로 만든 붓.
藁火[わらび] 짚을 태운 불.
藁灰[わらばい] 짚을 태운 재.

[곡]

曲   굽을 곡

丨 冂 冂 曲 曲 曲

音 ●キョク
訓 ●まがる ●まげる ⊗くせ

訓読
⊗曲❶[くせ] ①(謡曲(ようきょく)에서) 曲舞(くせまい)의 가락으로 부르는 부분. ②내가 구부러진 곳. 물굽이. ③결점. ❷[きょく] ☞[音読]
²●曲がる[まがる]〈五自〉①구부러지다. ②굽다. ③방향을 바꾸다. ④기울어지다. ⑤비뚤어지다.
曲(が)り[まがり] 구부러짐.
曲(が)りくねる[まがりくねる]〈五自〉꼬불꼬불 구부러지다.
曲(が)りなり[まがりなり] 구부러짐.
曲(が)り角[まがりかど] 길모퉁이. 전환점. 분기점.
曲(が)り道[まがりみち] 구부러진 길.
²●曲げる[まげる]〈下1他〉①구부리다. 굽히다. ②(물건을) 저당 잡히다.
曲(げ)物[まげもの] ①나무나 판자를 구부려서 만든 그릇. ②≪俗≫ 저당물.

音読
²曲❶[きょく] 곡; ①악곡. ②마디. ③구부러진 것. ④곡예. ⑤흥미. 재미. ❷[くせ] ☞[訓読]
曲馬[きょくば] 곡마; 말을 타고 하는 곡예.
曲面[きょくめん] 곡면; 평면이 아닌 면.
曲目[きょくもく] 곡목; 연주회의 프로그램.
²曲線[きょくせん] 곡선; 구부러진 선.
曲芸[きょくげい] 곡예; 신기한 재주를 부리는 연예.
曲折[きょくせつ] 곡절; ①꼬불꼬불함. ②복잡한 사정.
曲直[きょくちょく] 곡직; 옳음과 그름.
曲弾(き)[きょくびき] 현악기를 곡예처럼 멋지게 연주함.
曲学[きょくがく] 곡학; 진리에 어긋난 학문.
曲解[きょっかい] 곡해; (사물이나 다른 사람의 말을 그대로 받아들이지 않고) 사실과 다르게 이해함. 오해.

谷   골짜기 곡

丿 八 公 公 谷 谷 谷

音 ●コク
訓 ●たに

訓読
²谷[たに] ①산골짜기. ② ≪物≫ (파장이 낮은) 골. ③(지붕의) 골.
谷間[たにま/たにあい] ①산골짜기. ②(비유적으로) 응달.
谷底[たにそこ] 골짜기의 밑바닥.
谷川[たにがわ] 산골짜기의 시냇물.
谷風[たにかぜ] 골짜기 바람.

音読
❶渓谷[けいこく], 峡谷[きょうこく]

穀 (穀)   곡식 곡

十 声 吉 吉 幸 奉 㪍 㪍 殼 穀 穀

音 ●コク
訓 ―

音読
穀類[こくるい] 곡류; 곡식의 종류.
²穀物[こくもつ] 곡물; 곡식.
穀粉[こくふん] 곡분; 곡식 가루.
穀倉❶[こくぐら] 곡창; 곡물 창고. ❷[こくそう] 곡창; ①곡물 창고. ②곡창지대.
穀倉地帯[こくそうちたい] 곡창지대; 곡식이 많이 생산되는 지방.

哭   울 곡
音 ⊗コク
訓 ―

音読
哭する[こくする]〈サ変自〉곡하다. 통곡하다.
哭声[こくせい] 곡성; 곡하는 소리.

髷   고수머리 곡
音 ⊗キョク
訓 ⊗まげ

訓読
⊗髷[まげ] 상투. 틀어 올린 머리.
髷物[まげもの] (소설·영화의) 시대물(時代物), 사극(史劇). ＊특히 江戸(えど) 시대를 소재로 한 것.

[곤]

困 곤할 곤

丨 冂 冃 用 用 困 困 困

音 ●コン
訓 ●こまる

訓読
[4]●困る[こまる] 〈5自〉 ①(바람직하지 않은 사태로) 곤란해지다. 난처하게 되다. ②(생활의) 어려움을 겪다. 궁해지다. ③난처해지다. 애를 먹다.
困り果てる[こまりはてる] 〈下1自〉 몹시 곤란해지다. 곤경에 빠지다. 난감해하다.
困り抜く[こまりぬく] 〈5自〉 곤경에 빠지다. 몹시 곤란해 하다. 애를 먹다.
困り者[こまりもの] 말썽꾸러기. 골칫거리. 성가신 사람.
困り切る[こまりきる] 〈5自〉 몹시 난처해하다. 곤경에 빠지다.

音読
困却[こんきゃく] 곤각; 곤경에 빠짐. 쩔쩔 맴.
困苦[こんく] 곤고; 고생. 곤궁.
困苦欠乏[こんくけつぼう] 곤고결핍; 살림이 몹시 어려움.
困窮[こんきゅう] 곤궁; ①(해결책이 없어) 곤란해지다. 곤경에 빠짐. ②곤궁. 빈곤.
困窮者[こんきゅうしゃ] 극빈자(極貧者). 생활이 어려운 사람.
[2]困難[こんなん] 곤란; 어려움.
困憊[こんぱい] 곤비; 몹시 피곤함.
困惑[こんわく] 곤혹; 난처함.

昆 맏형/많을/벌레 곤

丨 冂 冃 目 目 目 昆 昆

音 ●コン
訓 ─

音読
昆弟[こんてい] 형제(兄弟).
[1]昆虫[こんちゅう] 곤충; 여러 가지 벌레.
[1]昆虫採集[こんちゅうさいしゅう] 곤충 채집.
昆布[こんぶ/こぶ] 《植》 다시마.

坤 땅/괘이름 곤

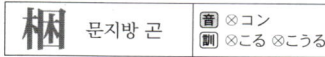

音 ⊗コン
訓 ─

音読
坤[こん] 곤; ①팔괘(八卦)의 하나. ②서남방(西南方).
坤徳[こんとく] 황후의 덕.
坤輿[こんよ] 곤여; 대지. 지구.
坤軸[こんじく] 곤축; (땅을 떠받치고 있다고 생각되는) 지축. 땅의 중심.

梱 문지방 곤

音 ⊗コン
訓 ⊗こる ⊗こうる

訓読
⊗梱る[こる/こうる] 〈5他〉 (새끼나 밧줄로) 짐을 꾸리다. 포장하다.
梱(り)[こり] ①포장한 짐. ②(포장한 짐의 수량을 나타내는 단위) 짝.

音読
梱外の任[こんがいのにん] 장군(将軍)의 직무.
梱包[こんぽう] 곤포; 꾸린 짐짝. 짐을 꾸린 것.

棍 곤장 곤

音 ⊗コン
訓 ─

音読
棍棒[こんぼう] 곤봉; ①몽둥이. ¶ ～で殴(なぐ)る 몽둥이로 때리다. ②(체조용) 곤봉. ③경찰봉.

褌 잠방이/속고의 곤

音 ⊗コン
訓 ⊗ふんどし

訓読
⊗褌[ふんどし] ①샅바. 남자의 음부를 가리는 폭이 좁고 긴 천. ② 《俗》 게의 배딱지.
褌担(ぎ)[ふんどしかつぎ] ①최하급 씨름꾼. *関取(せきとり)의 샅바나 메구 따라다닌다는 뜻에서 나온 말임. ②최하급자. 졸때기. 신참(新参).

音読
●緊褌[きんこん], 緊褌一番[きんこんいちばん]

[골]

骨　뼈 골

丨 冂 冂 円 骨 骨 骨 骨 骨 骨

音 ●コツ
訓 ●ほね

訓読
²●骨❶[ほね] ① 《生理》 뼈. ②(기물의) 뼈대. 살. ③(사물의) 핵심. 중심. ④기골. 기개. ⑤수고. 고생. 노고. ❷[こつ] ⇨ [音読]
骨っぽい[ほねっぽい] 〈形〉①(생선에) 잔뼈가 많다. ②기골이 차다.
骨抜き[ほねぬき] ①(요리에서) 뼈를 발라냄. 뼈를 발라낸 요리. ②내용이 없음.
骨惜しみ[ほねおしみ] 게으름을 피움.
骨身[ほねみ] 뼈와 살. 온몸.
骨折り[ほねおり] 노력. 수고. 고생.
骨折る[ほねおる] 〈5自〉①노력하다. 수고하다. ②애쓰다. 힘쓰다.
骨っ節[ほねっぷし] ①관절. 뼈마디. ②기골(気骨).
骨接(ぎ)[ほねつぎ] 접골. ①뼈를 이음. ②접골의(接骨医).
骨組(み)[ほねぐみ] ①뼈대. 뼈의 구조. ②(전체를 받치는) 골격. 얼거리. 뼈대.
骨休め[ほねやすめ] 쉼. 휴게. 휴양. 휴식.

音読
²骨❶[こつ] ①요령. 비결. 급소. ②뼈. ¶お~(화장한) 뼈. 유골(遺骨). ❷[ほね] ⇨ [訓読]
お骨[こつ] (화장한) 뼈. 유골(遺骨).
骨格[こっかく] 골격; 뼈대. 뼈 조직.
骨堂[こつどう] 골당; 납골당(納骨堂).
¹骨董屋[こっとうや] 골동품 가게.
¹骨董品[こっとうひん] 골동품.
骨膜[こつまく] 《生理》 골막.
骨盤[こつばん] 골반; 허리 밑에 있는 넓고 평평한 뼈.
骨髄[こつずい] 골수; ① 《生理》 뼛골. ②마음속.
骨揚(げ)[こつあげ] 화장한 뼈를 그릇에 주워 담는 의식.
骨肉[こつにく] 골육; 혈육. 육친(肉親).
骨子[こっし] 골자; 요점. 요지(要旨).
²骨折[こっせつ] 골절; 뼈가 부러짐.

[공]

工　장인/만들 공

一 丁 工

音 ●コウ ●く ⊗ぐ
訓 ⊗たくむ

訓読
⊗工む[たくむ] 〈5他〉 꾸미다. 기교를 부리다.
⊗工[たくみ] (나무로 물건을 만드는) 목수. 장인(匠人). 조각사.

音読
工高[こうこう] 공고; '工業高等学校'의 준말.
工科[こうか] 공과; 공업학과. 공학부.
工具[こうぐ] 공구; 공작에 쓰이는 연장.
工面[くめん] ①(돈을) 변통함. 마련함. 돈 마련. ②주머니 사정. 돈의 형편. 돈의 융통.
工房[こうぼう] 공방; 화가나 공예가의 작업장.
²工夫❶[くふう] ①아이디어를 짜냄. 궁리함. 고안함. ②(禅宗에서) 주어진 공안(公案)에 대하여 생각을 거듭함.
工夫❷[こうふ] (전기・철도・토목 공사장의) 인부(人夫).
工費[こうひ] 공비; 공사비용.
²工事[こうじ] 공사; 토목이나 건축에 관한 일.
工事場[こうじば] 공사장; 공사 현장.
工手[こうしゅ] 공수; (공사장의) 인부.
³工業[こうぎょう] 공업; 원료를 가공하여 새로운 물품을 만드는 산업.
²工芸[こうげい] 공예; 실용적인 물건에 본래의 기능을 살리면서 조형미를 조화시키는 솜씨. 또는 그런 제품.
²工員[こういん] 공원; 공장 직공.
工賃[こうちん] 공임; 공전(工銭).
¹工作[こうさく] 공작; ①간단한 물건을 만듦. ②목적을 위해 계획적으로 활동함.
³工場❶[こうじょう] (대규모의) 공장; 물건을 대량으로 생산하는 곳.
²工場❷[こうば] 조그마한 공작소(工作所).
工程[こうてい] 공정; ①작업 단계. 작업 순서. ②기계가 단위 시간 내에 작업하는 능률.
¹工学[こうがく] 공학; 공업에 관한 것을 연구하는 학문.
工学部[こうがくぶ] 공학부; 공과 대학 계열.

公 공평할/귀인 공

ノ 八 公 公

音 ●コウ ○ク
訓 ●おおやけ

訓読

¹公❶[おおやけ] ①공공단체. 관청. 조정.
②공공. 공중. 공유. ③공적(公的). ❷[こ
う] [音読]
公に[おおやけに] 공개적으로.

音読

公❶[こう] ①공적(公的)임. ②공공(公共). ③
정부. 관청. ④사회. 대중. ⑤대신(大臣).
재상(宰相). ⑥공작(公爵)의 준말. ⑦귀인
의 이름 밑에 붙여서 경칭을 나타냄. ❷[お
おやけ] ☞ [訓読]
¹公開[こうかい] 공개; 일반 대중에게 개방함.
公告[こうこく] 공고; (공공 단체가) 일반
대중에게 널리 알림.
公庫[こうこ] 공고; 정부 출자의 금융 기관.
²公共[こうきょう] 공공; 사회 일반.
公課[こうか] 공과; ①공공 단체가 부과하
는 세금. ②공무(公務).
公器[こうき] 공기; 공공(公共)의 물건·기관.
¹公団[こうだん] 공단; 국가적 사업의 경영
을 위한 특수 기업체의 한 형태.
公德[こうとく] 공덕; 공중도덕.
公道[こうどう] 공도; ①올바른 도리. 정의
(正義). ②공로(公路).
公論[こうろん] 공론; ①공정한 의론(議論).
②여론.
公吏[こうり] 공리; 지방 공무원.
公利[こうり] 공리; 공공의 이익.
公理[こうり] 공리; ①그 이론의 출발점으로
가정(仮定)되는 명제(命題). ②일반적
인 진리.
¹公立[こうりつ] 공립; 공공 단체에서 설립한 것.
公明[こうめい] 공명; 공평함.
公明正大[こうめいせいだい] 공명 정대.
¹公募[こうぼ] 공모; 널리 알려 모집함.
²公務[こうむ] 공무; 공적인 사무.
³公務員[こうむいん] 공무원.
公文[こうぶん] 공문; 공공 단체의 문서.
公民[こうみん] 공민; 국민.
公民館[こうみんかん] 공민관; 주민들을 위
한 공회당.

公報[こうほう] 공보; ①관청에서 발표하는
보고. ②관청끼리의 보고.
公僕[こうぼく] 공복; 공무원.
公社[こうしゃ] 공사; ①국가가 출자한 공
공 기업 단체. ②공공 단체와 민간인이
공동 출자한 공공 기업체.
公私[こうし] 공사; ①공적인 일과 사적인
일. ②관(官)과 민(民). 사회와 개인.
公使[こうし] 공사; 대사(大使) 다음의 직급.
公使館[こうしかん] 공사관; 공사(公使)가
주재국에서 사무를 보는 곳.
公事❶[こうじ/おおやけごと] 공사; 공적인
일. ❷[くじ] ≪古≫ ①조정의 정무(政務)·
의식. ②소송. ③무가(武家) 시대의 세금의
총칭.
公算[こうさん] 공산; 가능성. 확률.
公選[こうせん] 공선; ①공개 선거. ②주민
투표에 의해 선거함.
公設[こうせつ] 공설; 공공 단체가 설치함.
또는 그 시설.
公訴[こうそ] ≪法≫ 공소; 검찰이 범죄인에
대한 심리와 재판을 청구하는 일.
公示[こうじ] 공시; 일반 대중에게 알림.
²公式[こうしき] 공식; ①공적으로 정해진
방식. ② ≪数≫ 수학의 관계식.
公安[こうあん] 공안; 사회의 안전.
公約[こうやく] 공약; ①공중에 대한 약속.
②공법상(公法上)의 계약.
公約数[こうやくすう] ≪数≫ 공약수; 둘 이
상의 수에 공통되는 약수(約数).
¹公演[こうえん] 공연; 음악·무용·연극을 공
개적으로 연출함.
¹公然[こうぜん] 공연; 공공연함. 버젓함.
公営[こうえい] 공영; 국가나 공공 단체가
경영·관리함.
¹公用[こうよう] 공용; 국가나 공공 단체의
임무.
⁴公園[こうえん] 공원; 공중을 위한 유원지.
公益[こうえき] 공익; 공공의 이익.
¹公認[こうにん] 공인; 공적인 인가·인정.
公子[こうし] 공자; 귀족의 아들.
²公正[こうせい] 공정; ①명백하고 옳음.
②공평함.
²公正取引[こうせいとりひき] 공정 거래.
公定歩合[こうていぶあい] (중앙은행의) 공
정 금리(金利).
公定相場[こうていそうば] 공정 시세.
²公衆[こうしゅう] 공중; 사회의 여러 사람.

²公衆便所[こうしゅうべんじょ] 공중변소.

公衆浴場[こうしゅうよくじょう] 공중목욕탕. 대중목욕탕.

²公衆電話[こうしゅうでんわ] 공중전화.

公証[こうしょう] 공증: ①공식적인 증거. ②권한이 있는 사람의 직권으로 하는 증명.

公職[こうしょく] 공직: 공적인 직무.

公債[こうさい] 공채: 공공 단체의 채무 증서.

公称[こうしょう] 공칭: 공식 명칭.

公判[こうはん] 공판: 법정에서 심리하는 일.

²公平[こうへい] 공평: 치우치지 않고 올바름.

公布[こうふ] 공포: 일반에게 널리 알림.

²公表[こうひょう] 공표: 세상에 발표함.

公海[こうかい] 공해: 어느 나라에 소속되어 있지 않은 해양.

²公害[こうがい] 공해: 공중의 생활에 끼치는 공기와 물의 오염 및 소음(騷音).

公休[こうきゅう] 공휴: 공식적인 휴일.

公休日[こうきゅうび] 공휴일.

孔   구멍/성씨 공

乛 了 孔 孔

音 ●コウ ⊗ク

訓 ⊗あな

訓読
⊗孔[あな] 작은 구멍.

孔貫板[あなぬきばん] 펀치 등으로 판금(板金)에 구멍을 내는 기계.

音読
孔孟[こうもう] 공맹: 공자(孔子)와 맹자(孟子).

孔子[こうし] 공자. *BC 550~479년의 인물.

孔雀[くじゃく] ≪鳥≫ 공작새.

孔穴[こうけつ] 공혈: 구멍.

功   보람/공 공

一 丁 工 功 功

音 ●コウ ●く

訓 ⊗いさお

音読
功徳[くどく] 공덕: ①(도덕적 · 종교적) 선행(善行). ②신(神)의 은총. ③결과.

功力[くりき] 공력: 수행하여 얻은 힘. 공덕(功徳)의 힘.

功労[こうろう] 공로: 공(功)과 수고.

功利[こうり] 공리: 공명(功名)과 이익.

功名[こうみょう] 공명: 공을 세워 유명해짐.

功名心[こうみょうしん] 공명심.

功臣[こうしん] 공신: 나라에 공을 세운 신하.

²功績[こうせき] 공적: 공로와 실적.

功罪[こうざい] 공죄: 공(功)과 죄(罪).

共   함께 공

一 十 十 共 共 共

音 ●キョウ

訓 ●とも

訓読
¹共[とも] ①함께. 같이. ②모두. 전부. 다. ③포함하여.

²共に[ともに] ①함께. ②다 같이. ③동시에. 또한.

¹共稼ぎ[ともかせぎ] 맞벌이.

共々[ともども] 모두 함께. 다 같이.

共襟[ともえり] 깃이 옷의 재료와 같음.

共倒れ[ともだおれ] 함께 망함.

¹共働き[ともばたらき] 맞벌이.

共裏[ともうら] 겉감과 안감이 같은 재료임.

共鳴り[ともなり] 공명: 공진(共振). 발음체(発音体)가 외부의 음파에 자극되어 이와 동일한 진동수의 소리를 냄.

共食い[ともぐい] ①(같은 동물끼리) 서로 잡아먹음. 동족상잔(同族相残). ②서로 경쟁하다 함께 망함.

共地[ともじ] 같은 천.

共寝[ともね] 동침(同寝). 함께 잠.

音読
¹共感[きょうかん] 공감: 동감. 같은 감정.

²共同[きょうどう] 공동: 둘 이상의 사람이 함께 함.

¹共鳴[きょうめい] 공명: ①≪物≫ 공진(共振). 발음체가 외부의 음파에 자극되어 이와 동일한 진동수의 소리를 냄. ②공감(共感). 찬동(賛同).

共謀[きょうぼう] 공모: 함께 모의함.

共犯[きょうはん] 공범: 함께 죄를 범함.

²共産[きょうさん] 공산: 재산을 공동으로 가짐.

²共産国[きょうさんこく] 공산국.

²共産党[きょうさんとう] 공산당.

²共産主義[きょうさんしゅぎ] 공산주의.

共演[きょうえん] 공연: 함께 출연함.

共営[きょうえい] 공영: 서로 함께 변영함.

共用[きょうよう] 공용; 공동으로 씀.
共有[きょうゆう] 공유; 공동으로 소유함.
共益[きょうえき] 공익; 공동 이익.
共著[きょうちょ] 공저; 책을 공동으로 지음.
共済[きょうさい] 공제; 단체 구성원이 출자하여 사업을 벌임.
共済組合[きょうさいくみあい] 공제 조합.
¹共存[きょうそん/きょうぞん] 공존; 함께 생존함.
共催[きょうさい] '共同主催'의 준말.
²共通[きょうつう] 공통; 서로 통함.
共闘[きょうとう] '共同闘争'의 준말.
共編[きょうへん] 공편; 공동 편찬.
¹共学[きょうがく] 공학; 남녀 공학(共学).
共学制[きょうがくせい] 공학제; 남녀 공학(共学).
¹共和[きょうわ] 공화; 공동으로 화합하여 사업을 함.
¹共和国[きょうわこく] 공화국.

攻   공격할 공
一 丁 工 丏 丏 功 攻

音 ●コウ
訓 ●せめる

訓読
²攻める[せめる] 〈下一他〉 공격하다.
¹攻め[せめ] 공격, 공세(攻勢).
攻め寄せる[せめよせる] 적진 가까이까지 쳐들어가다. 공격해 들어가다.
攻め道具[せめどうぐ] 공격용 무기.
攻め落とす[せめおとす] 〈5他〉 ①함락시키다. 쳐서 빼앗다. 공략하다.
攻め立てる[せめたてる] 〈下一他〉 쉴새없이 공격하다. 맹렬히 공격하다.
攻め滅ぼす[せめほろぼす] 〈5他〉 공격하여 멸망시키다.
攻め入る[せめいる] 〈5自〉 공격해 들어가다. 쳐들어가다.
攻め込む[せめこむ] 〈5自〉 공격해 들어가다. 쳐들어가다.

音読
²攻撃[こうげき] 공격; ①쳐부숨. ②윽박지름.
攻防戦[こうぼうせん] 공방전; 서로 공격하고 방어하는 싸움.
攻勢[こうせい] 공세; 공격 태세.
攻守[こうしゅ] 공수; 공격과 수비.

供   이바지할 공
` イ 仁 什 供 供 供

音 ●ク ●グ ●クウ ●キョウ
訓 ●そなえる ●とも

訓読
●供える[そなえる] 〈下一他〉 (윗사람에게) 드리다. 바치다. 올리다.
お供え[そなえ] ①제물(祭物). ②설이나 제사 때에 사용하는 둥글납작한 떡.
供え餅[そなえもち] (神仏에 올리는) 2개의 둥글납작한 찰떡.
供(え)物[そなえもの] 공물; 공양물(供養物). 제물(祭物).
●供[とも] 수행원(随行員). 종자(従者).
供回り[ともまわり] 수행원들. 보조자들.
供廻り[ともまわり] 수행원들. 보조자들.

音読
供する[きょうする] 〈サ変他〉 ①제공하다. 대접하다. 내놓다. ②이바지하다. 이바지하게 하다. ③(귀인에게) 바치다.
²供給[きょうきゅう] 공급; ①필요에 응하여 물품을 제공함. ② 《経》 판매・교환을 위하여 상품을 시장에 내놓음.
供物[くもつ] 공물; 공양물(供養物).
供米[きょうまい] ●[きょうまい] 쌀을 공출(供出)함. 공출미(供出米). ❷[くまい] 《仏》 공양미(供養米).
供述[きょうじゅつ] 공술; 피의자가 하는 진술.
供養[くよう] 공양; 음식을 차려놓고 죽은 사람의 명복을 빎.
供御[くご] ①천황의 음식물. ②황가(皇家)의 음식물. ③将軍(しょうぐん)의 음식물. ④궁중녀(宮中女)의 식사.
供与[きょうよ] 공여; 공급하여 줌.
供用[きょうよう] 공용; 사용하도록 제공함.
供応[きょうおう] 향응(饗応). 술・음식 등의 대접.
供出[きょうしゅつ] 공출; ①농산물을 정부에 팖. ②국가의 요청으로 금품을 제공함.
供託[きょうたく] 《法》 공탁; ①맡기고 보관을 부탁함. ②법 규정에 따라 금전을 기탁함.
供血[きょうけつ] 공혈; 헌혈(献血).

空 빌/하늘 공

丶 丶 宀 宀 宀 空 空 空

音 ●クウ

訓 ●そら ●から ●あく ●あける ⊗むなしい
　⊗うつろ ⊗すく ●すかす

訓読

⁴●空❶[から] ①(속이) 텅 비었음. ②거짓.
　헛됨.

⁴●空❷[そら] ①하늘. 공중. 허공. ②날씨.
　③멀리 떨어진 장소. ④기분. 심경. ⑤들
　뜸. 건성. ⑥거짓말. ⑦암기. 보지 않고
　외움. ¶～で言(い)う 암기해서 말하다. ❸
　[くう] ▷[音読]

空オケ[からオケ] 가라오케. ①반주만 녹음
　한 테이프. ②노래방.

空っぽ[からっぽ] 속이 빔. 텅 빔.

³●空く❶[あく] 〈5自〉①(공간·방이) 비다.
　②틈이 생기다. 사이가 벌어지다.

³⊗空く❷[すく] 〈5自〉①(빈자리가) 나다.
　비다. ②(배가) 고프다. ③짬이 나다.

²空き[あき] ①빈 곳. 빈자리. 빈 터. ②틈
　새. 빈틈. 여백. ③빈자리. 공석. 결원.
　④짬. 빈틈. 여가. ⑤안 쓰는 물건. 여
　벌. 여분.

空(き)家[あきや] 빈집. 사람이 살지 않는 집.

空き間❶[あきま] ①사이. 틈새기. ②빈방.
　❷[すきま] ①빈틈. 틈새기. ②짬. 겨를.

空(き)缶[あきかん] 빈 깡통.

空(き)瓶[あきびん] 공병; 빈 병.

空(き)巣[あきす] ①빈 둥지. ②빈집.

空(き)巣狙い[あきすねらい] 빈집을 노리는
　도둑.

空(き)地[あきち] 공지; 빈터. 놀고 있는 땅.
　공한지(空閑地).

●空ける[あける] 〈下1他〉①비우다. 쏟다.
　②(집·방을)비우다. 내어 주다. ③(구멍
　을) 뚫다. ④(틈·시간을) 내다.

¹⊗空しい[むなしい] 〈形〉①허무하다. 덧없
　다. ②공허하다. ③보람 없다. 헛되다.
　④이 세상에 살지 않는다.

¹●空ろ[うつろ] ①속이 빔. ②얼빠짐. 공
　허함.

空覚え[そらおぼえ] 《老》①암기. ②희미
　한 기억.

空高く[そらたかく] 하늘 높이.

空空しい[そらぞらしい] 〈形〉①새치름하다.
　시치미 떼는 듯하다. ②속이 빤히 들여다
　보이다.

空恐ろしい[そらおそろしい] 〈形〉어쩐지
　무섭다. 괜히 두려운 생각이 들다.

空頼み[そらだのみ] 부질없는 기대.

空涙[そらなみだ] 거짓 눈물.

空模様[そらもよう] ①날씨. ②일이 진행되
　는 추세. 형세.

空夢[そらゆめ] ①개꿈. 거짓 꿈. ②공상.
　헛된 꿈.

空似[そらに] (남남끼리) 얼굴이 닮음.

空箱[からばこ] 빈 상자.

空色[そらいろ] ①하늘 색. 연한 청색.
　②날씨.

空手❶[からて] ①공수; 빈손. 맨손. ②당
　수(唐手). ＊일본의 무술. ❷[そらで] (신
　경통으로 은근히 느끼는) 노인의 팔의
　통증.

空手形[からてがた] 공수표. ①부도가 날
　위험이 많은 어음. ②실없는 약속. 공약
　(空約).

空身[からみ] 빈 몸. 맨몸. 홀몸.

空揚げ[からあげ] 가루를 묻히지 않고 그냥
　튀긴 것.

空言❶[そらごと] 빈말. 헛소리. ❷[くうげ
　ん] ①헛소문. 뜬소문. ②빈말. 실없는 말.

空元気[からげんき] 허세. 객기(客気).

空威張り[からいばり] 허세. 허세를 부림.

空泣き[そらなき] 우는 시늉. 거짓 울음.

空耳[そらみみ] ①헛들음. 잘못 들음. ②못
　들은 체함.

空振り[からぶり] ①(야구에서) 공을 헛침.
　②헛수고. 허사. 계획이 어긋남.

空車[からぐるま/くうしゃ] 공차; 빈차.

空取引[からとりひき/くうとりひき] 공거래
　(空去来). 차익 거래. ＊실물은 없이, 시
　세의 등락으로 손익을 계산하여 그 차액
　으로 결재하는 거래.

空値[そらね] 실제보다 높게 매긴 가격.
　가짜 가격.

空便❶[からびん/あきびん] 여객이나 짐을
　싣지 않은 배나 비행기. ❷[くうびん] '航
　空便'의 준말.

空風[からかぜ] 강바람. 비나 눈을 동반하
　지 않은 세찬 바람.

空咳[からせき/からぜき] ①마른기침. ②헛
　기침.

空回り[からまわり] 공회전(空回転). ①바퀴나 기계가 헛돌아 감. ②진전이 없이 답보 상태에 있음.

空喜び[そらよろこび] 헛 기쁨. 헛된 기쁨. 기쁜 일도 아닌 것을 기뻐함.

[音読]

²●空❶[くう] ①공중. 허공. ②〈形動〉㉠텅 빔. 공허. 허무함. ㉡근거가 없음. ㉢헛일. 허사. ❷[から/そら] ▭ [訓読]

¹空間[くうかん] 공간; ①비어 있는 곳. ②3차원의 무한한 넓이.

空軍[くうぐん] 공군; 항공 병력.

³空気[くうき] 공기; ①대기. 지구를 둘러싸고 있는 기체. ②분위기.

空気銃[くうきじゅう] 공기총.

空洞[くうどう] 공동. 굴. 동굴.

空冷[くうれい] 공랭; 공기로 식힘.

空路[くうろ] 공로; ①항공로. ②항공편.

空論[くうろん] 공론; 실제로 소용이 안 되는 이론.

空母[くうぼ] '航空母艦'의 준말.

空白[くうはく] 공백; ①여백. ②(기간의) 공백.

¹空腹[くうふく] 공복; 배고픔.

空費[くうひ] 공비; 낭비. 허비.

²空想[くうそう] 공상; 헛된 생각.

空席[くうせき] 공석; 빈자리. 빈 좌석.

空輸[くうゆ] 공수; 비행기로 실어 나름. '空中輸送'의 준말.

空襲[くうしゅう] 공습; 비행기에 의한 습격.

空室[くうしつ] 공실; (호텔의) 빈방.

空前[くうぜん] 공전; 미증유. 비교할 만한 것이 전에는 없음.

空調[くうちょう] 공조; 에어컨디셔닝. '空気調節'의 준말.

²空中[くうちゅう] 공중; 하늘.

²空戦[くうせん] 공전; '공중전(空中戦)'의 준말.

空地[くうち] 공지; ①빈터. 공한지(空閑地). ②공중과 지상. 하늘과 땅.

空地連絡[くうちれんらく] 공중과 지상 연락.

空砲[くうほう] 공포; 실탄을 재지 않은 총포.

空爆[くうばく] '空中爆撃(くうちゅうばくげき)'의 준말.

³空港[くうこう] 공항; 비행장.

空虚[くうきょ] 공허; ①텅 빔. ②허무함. 내용·실속이 없음.

貢 바칠 공

一 ｜ 干 千 千 看 查 苦 音 貢 貢

[音] ●コウ ●ク
[訓] ●みつぐ

[訓読]

●貢ぐ[みつぐ] 〈5他〉 ①공물을 바치다. 헌상(献上)하다. ②(금품을) 선물하다. 대주다.

貢(ぎ)[みつぎ] ①조세(租税). ②조공(朝貢).

[音読]

貢献[こうけん] 공헌; 이바지함. 기여(寄与)함.

貢献度[こうけんど] 공헌도; 이바지한 정도. 기여한 정도.

●年貢[ねんぐ], 年貢米[ねんぐまい]

恐 두려울 공

一 丁 工 刀 巩 巩 巩 恐 恐 恐

[音] ●キョウ
[訓] ⊗おそらく ●おそる ●おそれる ●おそろしい ⊗こわい

[訓読]

⊗恐い[こわい] 〈形〉 무섭다. 두렵다.

²⊗恐らく[おそらく] 아마. 어쩌면. 필시.

●恐る[おそる] 〈下2自〉 두려워 하다. *'恐(おそ)れる'의 문어적 표현임.

恐るべき[おそるべき] ①두려운. 무서운. 가공(可恐)할. ②놀라운. 굉장한. 대단한.

恐る恐る[おそるおそる] 조심조심. 흠칫흠칫. 두려워하면서.

²●恐れる[おそれる] 〈下1自〉 ①무서워하다. 두려워하다. ②우려하다. 염려하다. ③경외(敬畏)하다. 두려워하다.

¹恐れ[おそれ] ①두려움. 무서움. 공포심. ②걱정. 염려. 우려.

恐れ多い[おそれおおい] 〈形〉 ①송구스럽다. 황송하다. ②대단히 고맙다.

¹恐れ入る[おそれいる] 〈5自〉 ①황송해하다. 송구스러워 하다. 죄송해 하다. ②어이없다. 질리다. ③(상대방에 압도되어) 두 손 들다. 항복하다.

²●恐ろしい[おそろしい] 〈形〉 ①무섭다. 두렵다. ②걱정스럽다. 염려스럽다. ③굉장하다. 지독하다. 심하다. ④묘하다.

恐ろしがる[おそろしがる]〈5自〉무서워하다.
恐ろしさ[おそろしさ] 무서움. 두려움.

音読
恐喝[きょうかつ] 공갈; ①협박하여 무섭게 함. ②금품을 얻기 위해 위협함.
恐竜[きょうりゅう] 공룡; 중생대에 살았던 거대한 파충류.
恐水病[きょうすいびょう] 《医》 공수병; 광견병(狂犬病).
恐悦[きょうえつ] 공열; 삼가 기뻐함.
恐察[きょうさつ] 공찰; 남의 사정을 삼가 헤아림.
恐妻家[きょうさいか] 공처가; 부인을 두려워하는 남편.
²恐縮[きょうしゅく] 송구함. 황송함. 죄송함.
恐縮千万[きょうしゅくせんまん] 죄송하기 짝이 없음.
²恐怖[きょうふ] 공포; 두려워함. 무서워함.
²恐怖感[きょうふかん] 공포감.
²恐怖心[きょうふしん] 공포심.
恐怖症[きょうふしょう] 공포증.
恐惶[きょうこう] 공황; 황공함. 황송함.
恐慌[きょうこう] 공황; ①놀랍고 두려워 당황함. ②경제 공황. 극심한 불경기.

恭　　공손할 공

一 十 廿 共 共 芣 共 恭 恭 恭

音 ●キョウ
訓 ●うやうやしい

訓読
●恭しい[うやうやしい]〈形〉공손하다. 예의바르다. 정중하다.
恭しげ[うやうやしげ]〈形動〉공손한 듯함.
恭恭しい[うやうやしい] ☞ 恭しい

音読
恭倹[きょうけん] 공검; 공손하고 조심스러움.
恭謙[きょうけん] 공겸; 공손하고 겸손함.
恭敬[きょうけい] 공경; 공손하게 섬김.
恭順[きょうじゅん] 공순; 공손하고 온순함. 삼가 복종함.
恭悦[きょうえつ] 공열; 삼가 기뻐함. *편지 등에 쓰는 말임.
恭賀新年[きょうがしんねん] 근하신년(謹賀新年).

控　　당길/멀 공

一 十 寸 扌 扩 扩 抻 控 挖 控

音 ●コウ
訓 ●ひかえる

訓読
¹●控える[ひかえる]〈下1自〉①대기하다. 기다리다. ②(곁에서) 모시고 서다. 시립(侍立)하다. ③(앞쪽에) 가로놓이다.〈下1他〉①붙잡다. 말리다. 그만두다. ②삼가다. 줄이다. 억제하다. ③보류하다. 그만두다. ④가까이에 있다. ⑤(잊지 않도록) 메모하다. 기록하다.
控え[ひかえ] ①대기함. ②예비. ③곁에서 도움. ④차례를 기다리는 씨름꾼. ⑤메모. 사본(写本). ⑥떠받치는 버팀목.
控え力士[ひかえりきし] 차례를 기다리는 씨름꾼.
控え目[ひかえめ] ①(사양하듯이) 조심스러움. 소극적임. 삼감. ②적은 듯하게 함. 약간 줄임.
¹控(え)室[ひかえしつ] 대기실.
控(え)屋敷[ひかえやしき] (본 저택 외에) 따로 마련해 둔 저택.
控(え)邸[ひかえてい] ☞ 控屋敷
控訴[こうそ] 《法》 항소(抗訴).
控訴審[こうそしん] 《法》 항소심(抗訴審).
¹控除[こうじょ] 공제; 빼어 냄.
控除額[こうじょがく] 공제액; 빼어 낸 금액.

拱　　팔짱낄 공　　音 ⊗キョウ 訓 ⊗こまぬく

訓読
⊗拱く[こまぬく/こまねく]〈5他〉팔짱끼다. ¶腕(うで)を～ 팔짱끼다. 수수방관하다.

鞏　　굳을 공　　音 ⊗キョウ 訓 ―

音読
鞏固[きょうこ] 공고; (정신적으로) 굳세고 튼튼함.
鞏膜[きょうまく] 《生理》 공막; 안구(眼球)를 싸고 있는 막(膜).
鞏膜炎[きょうまくえん] 《医》 공막염.

[과]

果　실과/열매 과

一　冂　冂　日　旦　旦　甲　果　果

音 ◉カ
訓 ◉はたす ◉はつる ◉はてる ◉はて ⊗おおせる ⊗はかない

訓読

¹◉**果たす**[はたす] 〈5他〉 ①(해야 할 의무·역할을) 완수하다. 달성하다. ②(소원을) 이루다. ③죽이다.
²**果(た)して**[はたして] ①역시. 과연. 생각한 대로. ②정말. 과연. 도대체.
果(た)し合い[はたしあい] 결투(決鬪).
◉**果つる**[はつる] 막다른. 끝나는.
¹◉**果てる**[はてる] 〈下I自〉 ①끝나다. ②다하다. 없어지다. ③목숨이 다하다. 죽다. ④(동사 ます형에 접속하여) 완전히 …다하다. 극도로 다하다.
¹◉**果て**[はて] ①끝. 끝장. 종말. ②마지막 모습. 종말.
果てしない[はてしない] 〈形〉 끝없다. 한없다.
⊗**果せる**[おおせる] (동사 ます형에 접속하여) 끝까지 …해내다. 끝까지 …다하다. 끝까지 …완수하다.
¹⊗**果敢ない**[はかない] 〈形〉 ①덧없다. 허무하다. 무상하다. ②헛되다. 부질없다. 소용없다.

音読

果[か] 과; ①결과. ② 《仏》 수행(修行) 뒤에 얻는 깨달음.
果敢[かかん] 과감; 결단력 있고 용감함.
果断[かだん] 과단; 과감함. 과감하게 결정함.
⁴**果物**[★くだもの] 과일. 과실.
⁴**果物屋**[★くだものや] 과일가게.
果報[かほう] 과보; ① 《仏》 인과응보. ②행복. 행운.
果報者[かほうもの] 행운아.
果樹[かじゅ] 과수; 과일 나무.
果実[かじつ] 과실; 열매.
果然[かぜん] 과연; ①생각한대로 ②역시. 정말.
果汁[かじゅう] 과즙; 과일의 즙.
果皮[かひ] 과피; 과일 껍질.

科　과목 과

一　二　千　禾　禾　禾　禾　科　科

音 ◉カ
訓 ⊗しな ⊗とが

訓読

⊗**科❶**[しな] ①잘못. 과오. 실수. ②죄가 되는 행위. 비행. 죄. ③결점. 허물. ❷[とが] ①애교. 교태. ②품위. ❸[か] ☞ [音読]
⊗**科白**[せりふ] ① 《劇》 대사(台詞). ②상투적인 말. 말투. 틀에 박힌 말. ③변명. 불평.
²**科**[か] 과; ①전문 분야와 학과의 작은 분류. ②생물 분류학상의 한 단계.
科する[かする] 〈サ変他〉 (벌을) 부과하다. 처벌하다.
科料[かりょう/とがりょう] 《法》 과태료. ①벌금(罰金). ②벌금형(罰金刑).
²**科目**[かもく] 과목; ①항목. ②(학과의) 과목.
³**科学**[かがく] 과학; 어떤 영역의 대상을 객관적으로, 계통적으로 연구하는 활동. 또는 그 성과의 내용.

菓　과자 과

一　十　艹　艹　芢　芢　苩　菓　菓　菓

音 ◉カ
訓 —

音読

⁴**菓子**[かし] ¶お～ 과자.
菓子パン[かしパン] (식빵 이외의) 과자빵.
菓子屋[かしや] 과자점. 케이크점.
菓子折(り)[かしおり] (선물용) 과자 상자.

過(過)　지날/허물 과

一　冂　冂　冎　冎　冎　咼　渦　渦　過

音 ◉カ
訓 ◉すぎる ◉すごす ◉あやまつ

訓読

³◉**過ぎる**[すぎる] 〈上I自〉 ①(장소를) 지나가다. 통과하다. ②(어떤 수준을) 넘다. 지나다. 지나치다. ③(세월이) 지나다. 지나가다. ④(기한이) 지나다.

⁴過(ぎ)[すぎ] ①(시간·나이가) 지남. 넘음. ②(동사 ます형에 접속하여) 지나침.

過ぎし[すぎし] 지나간.

過ぎない[すぎない] (…에) 불과하다. 지나지 않다.

過ぎ去る[すぎさる] 〈5自〉 ①통과하다. 지나가다. ②(시간이) 지나다. 지나가다.

過ぎ行く[すぎゆく] 〈5自〉 ①지나가다. 통과하다. ②(시간이) 경과하다. 흘러가다. 지나가다.

²●過ごす[すごす] 〈5他〉 ①(시간을) 보내다. ②지내다. 살다. ③(정도를) 넘다. 지나치다. ●過つ[あやまつ] 〈5他〉 ①잘못하다. 실수하다. ②과오를 범하다. 그르치다.

¹過ち[あやまち] ①잘못. 과오. ②(부지중의) 잘못. 실수.

音読

²過去[かこ] 과거; ①지난 날. 옛날. ②《仏》전생(前生). 전세(前世). ③(사람이 겪은) 옛날 일. ④《語学》과거.

過激[かげき] 과격; 지나치게 격렬함.

過年度払い[かねんどばらい] 작년도 분을 올해에 지출함.

過多[かた] 과다; 지나치게 많음.

過度[かど] 과도; 정도가 지나침.

過労[かろう] 과로; 지나치게 일하여 피로함.

過料[かりょう] 《法》 과태료(過怠料). *행정 법규 위반자에게 부과하는 돈.

過敏[かびん] 과민; 지나치게 예민함.

¹過密[かみつ] 과밀; 지나치게 빽빽함.

²過半数[かはんすう] 과반수; 절반이 넘는 수.

過不足[かぶそく] 과부족; 지나침과 모자람.

過分[かぶん] 과분; 분에 넘침.

過小[かしょう] 과소; 지나치게 작음.

過少[かしょう] 과소; 지나치게 적음.

¹過疎[かそ] 과소; 지나치게 성김.

過信[かしん] 과신; 지나치게 믿음.

²過失[かしつ] 과실; 부주의로 인한 잘못.

過言[かげん] 과언; ①지나친 말. ②실언(失言).

過熱[かねつ] 과열; ①너무 뜨거워짐. ②(비유로) 불이 붙음.

²過剰[かじょう] 과잉; 지나침.

²過剰生産[かじょうせいさん] 과잉 생산.

²過程[かてい] 과정; 사물의 진행과 발전 경로.

過重[かじゅう] 과중; 힘에 겨움.

過酷[かこく] 과혹; 지나치게 가혹함.

誇 자랑할 과

音 ●コ
訓 ●ほこる ●ほこらか ●ほこらしい

訓読

¹●誇る[ほこる] 〈5他〉 자랑하다. 뽐내다. 자랑으로 여기다. 명예로 삼다.

²誇り[ほこり] ①자랑. ②자부심. 자존심. 긍지. 명예.

誇りか[ほこりか] 〈形動〉 자랑스러움.

誇り顔[ほこりがお] 자랑스러운 얼굴.

●誇らか[ほこらか] 〈形動〉 자랑스러움.

●誇らしい[ほこらしい] 〈形〉 자랑스럽다. 뽐내고 싶다.

誇らしげ[ほこらしげ] 〈形動〉 자랑스러운 듯함.

誇らしさ[ほこらしさ] 자랑스러움.

音読

誇大[こだい] 과대; 크게 과장함.

誇大妄想[こだいもうそう] 과대망상.

誇示[こじ] 과시; 자랑하여 보임.

¹誇張[こちょう] 과장; 사실보다 크게 늘이어 말함.

誇張法[こちょうほう] 《論》 과장법; 어떤 사물을 실제보다 더하게, 또는 훨씬 덜하게 나타내는 표현 방법.

誇称[こしょう] 과칭; ①뽐내어 크게 떠벌림. ②사실보다 더 불려서 말함.

寡 적을/과부 과

音 ●カ
訓 ―

音読

寡[か] 과; 수효가 적음.

寡黙[かもく] 과묵; 말수가 적음. 말수가 적고 침착함.

寡聞[かぶん] 과문; 견문이나 지식이 적음.

寡兵[かへい] 과병; 적에 비해 적은 군사.

寡婦[かふ] 과부; 미망인.

寡少[かしょう] 과소; 아주 적음.

寡言[かげん] 과언; 말수가 적음.

寡欲[かよく] 과욕; 욕심이 적음.

寡人[かじん] 과인; 왕이 자신을 낮추어 하는 말임.
寡作[かさく] 과작; 작품을 적게 만듦.
寡占[かせん] 과점; 어떤 상품 시장의 대부분을 소수의 기업이 독차지함.

課 부과할 과

⺊ ⼐ ⼐ ⼐ ⼐ ⼐ ⼐ ⼐ 課

音 ●カ
訓 ―

音読
²**課**[か] 과; ①사무 조직의 구분. ②교과서 등의 한 단원.
課する[かする]〈サ変他〉①(세금을) 부과하다. ②(분부하여) 시키다.
課目[かもく] 과목; 학과의 종류.
²**課税**[かぜい] 과세; 세금을 부과함.
課業[かぎょう] 과업; 배당된 학과나 의무.
¹**課外**[かがい] 과외; 정해진 학과나 과업 이외의 것.
課外活動[かがいかつどう] 과외 활동.
課長[かちょう] 과장; 한 과의 우두머리.
課程[かてい] 과정; 공부하는 범위와 순서.
課題[かだい] 과제; 부과된 문제. 부여된 임무.

戈 창/무기 과

音 ⊗カ
訓 ⊗ほこ

訓読
⊗**戈**[ほこ] 쌍날의 칼을 끝에 단 장창(長槍) 비슷한 옛날의 무기.
戈山車[ほこだし]〔축제 때〕창을 꼭대기에 꽂아 장식한 수레.

音読
●**干戈**[かんか], **兵戈**[へいか]

瓜 오이/참외 과

音 ⊗カ
訓 ⊗うり

訓読
⊗**瓜**[うり]《植》외.
瓜の木[うりのき]《植》박쥐나무.
瓜蠅[うりばえ]《虫》넓적다리잎벌레.
瓜実顔[うりざねがお] 희고 갸름한 얼굴.
瓜揉み[うりもみ] 외 초무침. 오이채.

瓜二つ[うりふたつ]〔외를 반으로 쪼갠 것처럼〕꼭 같이 닮음.
瓜子姫[うりこひめ] 우리코 공주. ＊민간 설화의 주인공임.
瓜畑[うりばたけ] 참외밭.
瓜核顔[うりざねがお] 희고 갸름한 얼굴.
音読
瓜田[かでん] 외밭. ¶〜の靴(くつ) 참외밭에서 신발을 고치려다 참외 도둑으로 의심받다. 의심받는 행위는 삼가는 것이 좋다.

夥 많을 과

音 ⊗カ
訓 ⊗おびただしい

訓読
¹⊗**夥しい**[おびただしい]〈形〉①엄청나다. 매우 많다. ②(정도가) 심하다.
音読
夥多[かた] 과다; 매우 많음.

顆 낱알 과

音 ⊗カ
訓 ―

音読
顆粒[かりゅう] 과립; ①작은 알갱이. ②《生》세포 내의 미세한 입자.
顆粒状[かりゅうじょう] 과립상; 작은 알갱이 모양.
顆粒剤[かりゅうざい] 과립제; 작은 알갱이 모양의 약.

鍋 냄비 과

音 ⊗カ
訓 ⊗なべ

訓読
²⊗**鍋**[なべ] ①냄비. ②냄비요리.
鍋蓋[なべぶた] ①냄비 뚜껑. ②돼지해밑.
＊한자(漢字) 부수의 하나로 '京・交'등의 '亠' 부분을 말함.
鍋尻[なべじり] 냄비 밑바닥.
鍋物[なべもの] 냄비요리. 찌개요리.
鍋敷(き)[なべしき] 냄비깔개. 냄비받침.
鍋焼(き)[なべやき] ①냄비볶음. ②냄비국수.
鍋焼(き)饂飩[なべやきうどん] 냄비우동.
鍋料理[なべりょうり] 냄비요리.
鍋底[なべぞこ] ①냄비 밑바닥. ②밑바닥 경기.
鍋底景気[なべぞこけいき] 밑ㅂ닥 경기.

곽

郭 바깥성/성씨 곽

亠 亡 亩 亩 亯 享 享 享' 郭 郭

音 ◉カク
訓 ⊗くるわ

訓読

⊗**郭**[くるわ] ①유곽. ②성곽. ③한 구역을 이루는 지역. ④둘레에 흙이나 돌로 울타리를 쳐놓은 지역.

音読

郭公[かっこう] ≪鳥≫ 뻐꾸기.
郭公鳥[かっこうどり] ≪鳥≫ 뻐꾸기.
郭清[かくせい] 숙청(粛清). 오랜 폐단을 없애어 깨끗하게 함. 부정이나 불법을 제거함.

廓 클 곽 | 音 ⊗カク 訓 ⊗くるわ

訓読

⊗**廓**[くるわ] ①유곽. ②성곽. 성·요새를 둘러싼 울타리. ③한 구역을 이루는 지역. ④둘레에 흙이나 돌로 울타리를 쳐놓은 지역.
⊗**廓通い**[くるわがよい] 유곽(遊廓) 출입.

音読

廓清[かくせい] 숙청(粛清). 오랜 폐단을 없애어 깨끗하게 함. 부정이나 불법을 제거함.

관

缶(罐) 두레박/깡통 관

ノ 𠂉 𠂉 午 缶 缶

音 ◉カン
訓 ⊗かま

音読

[2]**缶** ❶[かん] ①깡통. ②통조림. ③쇠주전자. ④양철통. ❷[かま] ☞ [訓読]
缶切(り)[かんきり] 깡통 따개. 깡통을 돌아가며 갈라 여는 도구.
[2]**缶詰(め)**[かんづめ] ①통조림. ②(특별한 일로) 가두어둠. 연금시킴. ③(좁은 곳에 여러 사람이) 갇힘. 연금됨.
缶詰屋[かんづめや] 통조림 업자.

官 벼슬/관청 관

丶 丶 宀 宀 宀 宁 官 官

音 ◉カン
訓 —

音読

[1]**官**[かん] 관; ①정부. ②관공서. ③관직.
官公庁[かんこうちょう] 관공청; 관공서.
官軍[かんぐん] 관군; 정부군.
官能[かんのう] 관능; ①감각 기관의 작용. ②성적(性的) 감각.
官能的[かんのうてき] 관능적; 육감적임.
[1]**官僚**[かんりょう] 관료; 공무원.
官吏[かんり] 관리; 공무원.
官民[かんみん] 관민; 정부와 민간.
官房[かんぼう] 관방; 정부의 인사·문서·공보 등의 사무를 담당하는 부서. *한국의 총무처에 해당함.
官房長官[かんぼうちょうかん] 관방 장관. *한국의 총무처 장관에 해당함.
官報[かんぽう] 관보; ①정부에서 국민에게 알리기 위해 발행하는 문서. ②관공서에서 내는 공용(公用) 전보(電報).
官費[かんぴ] 관비; 국비(国費).
官舎[かんしゃ] 관사; 관저(官邸).
官選[かんせん] 관선; 정부나 관청에서 뽑음.
官省[かんしょう] 관성; ①내각(内閣)의 각 부처. ②관공서. 관청.
官位[かんい] 관위; ①관직과 위계(位階). ②관직의 등급.
官邸[かんてい] 관저; 특히 대신(大臣) 등이 사용하는 건물.
官展[かんてん] 관전; 문부성(文部省) 주최의 미술 전람회.
官制[かんせい] 관제; 정치상의 사무를 분담하는 기관에 대한 규정.
官製[かんせい] 관제; 정부 제조품.
官職[かんしょく] 관직; 벼슬자리.
[2]**官庁**[かんちょう] 관청; 관공서.
官憲[かんけん] 관헌; ①경찰 관계의 관청. ②경찰 관리. ③관청의 법규.

冠　갓/으뜸 관

丶 冖 冖 冖 亓 亓 冠 冠 冠

音 ●カン
訓 ●かんむり ⊗かむり ⊗かぶ

訓読
²●冠❶[かんむり] 관; ①왕관. 머리에 쓰는 것의 총칭. ②한자(漢子) 부수의 하나로, 草·冠·宿 등의 '卄'·'宀'·'爫' 부분을 말함. ❷[音読] ☞ [音読]

音読
冠❶[かん] 가장 뛰어남. 으뜸감. ❷[かんむり] ☞ [訓読]
冠する[かんする]〈サ変他〉①머리에 쓰다. 관을 씌우다. ②관례(冠礼)를 치르다. ③(어떤 단어 위에 말을) 붙이다.
冠詞[かんし]《語学》 관사.
冠状[かんじょう] 관상; 관 모양.
冠省[かんしょう] 관생; 전략(前略). 편지에서 서두의 인사를 생략함.
冠水[かんすい] 침수(浸水). 물에 잠김.
冠水地域[かんすいちいき] 침수 지역.
冠者[かんじゃ/かじゃ] ①관례(冠礼)를 치르고 관을 쓴 소년. ②벼슬이 없는 사람. ③젊은 하인. 종자(従者). ④젊은이.
冠婚葬祭[かんこんそうさい] 관혼상제; 관례(冠礼)·혼례(婚礼)·장례(葬礼)·제례(祭礼)의 총칭.

貫　꿸/꿰뚫을 관

⺄ 口 叩 毌 毌 冊 貫 貫 貫 貫

音 ●カン
訓 ●つらぬく ⊗ぬき

訓読
⊗貫❶[ぬき] 인방(引枋). ❷[かん] ☞ [音読]
●貫く[つらぬく]〈5他〉①꿰뚫다. 관통하다. ②관철하다. 일관하다. 이루다.

音読
貫❶[かん] ①무게의 관. *1관은 3.75kg. ②에도 시대의 화폐 단위로 1,000 문(文). ③鎌倉(かまくら) 시대 이후의 무사의 녹봉 단위. *10석(石). ❷[ぬき] ☞ [訓読]
¹貫禄[かんろく] 관록; 몸에 갖추어진 위엄.
貫流[かんりゅう] 관류; 꿰뚫어 흐름.

貫目[かんめ] ①무게. 중량. ②(무게 단위의) 관. 3.75kg. ③사람이 지닌 위엄. 관록(貫禄).
貫徹[かんてつ] 관철; 끝까지 뚫고 나아가 목적을 이룸.
貫通[かんつう] 관통; 꿰뚫음.
貫通銃創[かんつうじゅうそう] 관통총상.

棺　널 관

十 木 术 材 栌 栌 栌 棺 棺 棺

音 ●カン
訓 ⊗ひつぎ

音読
棺[かん/ひつぎ] (죽은 사람을 넣는) 널.
棺桶[かんおけ] 관(棺). 널.

款　조목 관

一 十 士 丰 害 表 素 郝 款 款

音 ●カン
訓 ―

音読
款[かん] 관; ①진심. 진정. ②(예산 과목의) 관.
款待[かんたい] 관대; 환대(歓待). 후히 대접함.
款語[かんご] 관어; 터놓고 이야기함.
款項[かんこう] 관항; (예산 항목의 구분인) 관(款)과 항(項). *관(款)이 가장 큰 항목이고, 항(項)은 그 다음임.
款項目[かんこうもく] 관항목.

寬(寛)　너그러울 관

丶 丶 宀 宀 宇 宵 宵 寛 寛 寛

音 ●カン
訓 ⊗くつろぐ ⊗くつろげる

音読
寛大[かんだい] 관대; 너그러움.
寛恕[かんじょ] 관서; ①관용. 용서. ②도량이 넓고 너그러움.
寛厳[かんげん] 관엄; 관대함과 엄격함.
¹寛容[かんよう] 관용; 너그러움.

慣 익숙할/버릇 관

丶 忄 忄 忄 忄 忄 忄 忄 忄 慣 慣

音 ●カン
訓 ●ならす ●なれる ⊗ならわす

訓読

¹●慣らす[ならす]〈5他〉①(새로운 환경에)적응시키다. 순응시키다. ②길들이다.
慣らし運転[ならしうんてん] 운전 연수 교육.
³●慣れる[なれる]〈下1自〉①익숙해지다. 숙달되다. ②습관이 되다. 예사로워지다. ③(동사 ます형에 접속하여) …하는 데 익숙하다. 길들다.
慣れ[なれ] ①익숙함. 숙달. ②습관.
慣れっこ[なれっこ]《俗》예사로 느낌. 익숙해져 아무렇지도 않음.
⊗慣わす[ならわす]〈5他〉(동사 ます형에 접속하여) 늘 …하다. …하는 버릇이 있게 하다.
慣わし[ならわし] 관습. 관례. 풍습. 습관.

音読

¹慣例[かんれい] 관례; 습관이 된 전례(前例).
慣性[かんせい]《物》관성; 타성.
¹慣習[かんしゅう] 관습; 전통적인 행동 양식.
¹慣用[かんよう] 관용; ①관례가 되어 행함. ②늘 일상적으로 행함.
¹慣用句[かんようく] 관용구.
¹慣用語[かんようご] 관용어.
¹慣用音[かんようおん] 관용음.
慣行[かんこう] 관행; ①관례대로 행함. ②늘 일상적으로 행함.

管 대롱/관리할 관

丿 亠 竹 竹 竹 竹 竺 筦 管 管 管

音 ●カン
訓 ●くだ

訓読

²●管❶[くだ]①관; 대롱. 속이 빈 둥근 막대. ②실을 감는 대롱. 가락. ③베틀의 북에 넣는 실 꾸러미의 대. ④《古》대롱 모양의 피리. ❷[かん] ☞ [音読]
管玉[くだたま] 관옥; 대롱 모양의 구슬.
管鍼[くだばり] 금속 대롱에 넣어서 사용하는 침.

音読

¹管❶[かん]〈接尾語〉관; ¶水道(すいどう)の～수도관. ❷[くだ] ☞ [訓読]
管見[かんけん] 관견; ①좁은 식견(識見). ②자기 소견의 겸사말.
管区[かんく] 관구; 관할 구역.
管内[かんない] 관내; 관할 지역.
²管理[かんり] 관리; ①책임을 지고 관할 처리함. ②경작물의 손질.
管理人[かんりにん] 관리인.
管楽器[かんがっき] 관악기; 나팔 종류의 악기.
管長[かんちょう]《宗》관장; 불교 등에서의 종정(宗正), 한 종파의 우두머리.
管掌[かんしょう] 관장; 사무 등을 맡아서 주관함.
管財[かんざい] 관재; 재산·재무 등을 맡아서 관리함.
管財人[かんざいにん] 재산 관리인.
管制[かんせい] 관제; (국가가 강제로) 관리하고 제한함.
管制搭[かんせいとう] 관제탑; 비행기가 안전하게 이착륙할 수 있도록 지시를 내리거나 유도하는 높은 건물.
管下[かんか] 관하; 관할하(管轄下). 관할 범위 안.
管轄[かんかつ] 관할; 권한에 의해 지배함.
管弦[かんげん] 관현; 관악기와 현악기.
管弦楽[かんげんがく] 관현악; 오케스트라.
管弦楽団[かんげんがくだん] 관현악단.

関(關) 관계할/빗장 관

丨 冂 冂 冃 門 門 門 閂 関 関

音 ●カン
訓 ●せき ⊗かかわる

訓読

²⊗関わる[かかわる]〈5自〉①(결정적으로) 관계되다. ②관계가 있다. ③구애받다.
⊗関わり[かかわり] 관계. 상관.
●関[せき] ①관문(関門). ②가로막는 것. 방해하는 것.
関路[せきじ] 관문(関門)으로 통하는 길.
関所[せきしょ] ①관문(関門). ②난관(難関).
関所手形[せきしょてがた] 관문을 통과하는 신분증. 통행증.
関所破り[せきしょやぶり] 부정한 방법으로 통행증 없이 관문을 빠져나감.

関が原[せきがはら] 운명을 건 싸움. *'岐阜県'에 있는 지명(地名)임. 1600년 이곳에서의 싸움에서 徳川家康(とくがわいえやす)가 승리하여 천하의 실권을 장악한 데서 유래됨.

音読

²**関する**[かんする] ⟨サ変自⟩ 관계하다. 관계되다. 관련되다.

³**関係**[かんけい] 관계; ①둘 이상이 서로 걸림. 관련됨. ②방면. ③(남녀간의) 관계.

²**関東地方**[かんとうちほう] ≪地≫ 관동 지방. 일본의 중앙부에 위치한 지방.

²**関連**[かんれん] 관련; (어떤 사물 사이에) 서로 관계됨.

関門[かんもん] 관문; ①옛날의 검문소의 문. ②통과하기 어려운 곳. 고비. ③下関(しものせき)와 門司(もじ).

関白[かんぱく] ①천황을 보좌하던 최고의 대신(大臣). ②위력이나 권세가 강한 자. 폭군(暴君).

²**関西**[かんさい] ≪地≫ 京都(きょうと)와 大阪(おおさか)를 중심으로 한 지방.

関税[かんぜい] 관세; ①화물이 국경을 통과할 때 세관에서 부과하는 세금. 수입 세금. ②(옛날) 관문(関門)에서 징수했던 세금.

²**関心**[かんしん] 관심; 어떤 사물에 마음이 끌리어 주의를 기울이는 일.

関心事[かんしんじ] 관심사.

関与[かんよ] 관여; 참여함. 관계함.

関節[かんせつ] ≪生理≫ 관절; 뼈의 마디.

関知[かんち] ①관여. ②감지(感知).

館(館/館)   집 관

ハ ゙ ゙ 飠 飠 飠ᵃ 館 館 館 館

音 ●カン
訓 ⊗やかた ⊗たち ⊗たて

訓読

⊗**館❶**[やかた] ①≪雅≫ (귀족들의) 저택(邸宅). ②귀인(貴人)에 대한 높임말. ¶お～樣(さま) 나리. ③배·수레의 지붕. ❷[たち/たて] ①소규모의 성(城). ②귀인의 숙사(宿舍)·저택(邸宅). ❸[かん] ☞ [音読]

音読

²**館❶**[かん] ①(접미어로) 관. ¶美術(びじゅつ)～ 미술관. ②여관 등의 이름에 붙는 말. ❷[やかた/たち/たて] ☞ [訓読]

館内[かんない] 관내; 구내(構内). 영화관·도서관·미술관 등의 건물 내부.

館員[かんいん] 관원; 박물관·도서관·미술관·대사관 등의 직원.

館長[かんちょう] 관장; 박물관·도서관·미술관 등의 우두머리.

館蔵[かんぞう] 관장; 박물관·도서관·미술관 등에서 소장(所蔵)하고 있음.

館主[かんしゅ] 관주; 여관·영화관 따위의 주인.

観(觀)   볼 관

⼅ ⼆ ⺤ ⺤ ⺤ ⺤ ⺤ 雚 観 観

音 ●カン
訓 ⊗みる

訓読

⊗**観る**[みる] ⟨上1他⟩ (눈으로) 보다. 관찰하다. ¶景色(けしき)を～ 경치를 보다. 경치를 구경하다.

音読

¹**観**[かん] 모양. 외관. 양상. 본 느낌.

²**観客**[かんきゃく] 관객; ①구경꾼. ②독자(読者).

²**観光**[かんこう] 관광; 여행하며 구경함.

観光客[かんこうきゃく] 관광객.

観光旅行[かんこうりょこう] 관광여행.

観菊[かんぎく] 관국; 국화를 관상함.

観劇[かんげき] 관극; 연극 구경.

²**観念**[かんねん] 관념; ①사물에 대한 의식 내용. ② ≪仏≫ 눈을 감고 불법(仏法)의 진리를 생각함. ③단념. 체념. 각오.

¹**観覧**[かんらん] 관람; 구경함.

観望[かんぼう] 관망; ①형세를 살핌. ②전망. 바라봄.

観兵式[かんぺいしき] 열병식(閲兵式).

観賞[かんしょう] 관상; 보고 즐김.

観音[かんのん] ①≪観世音(かんぜおん)≫의 준말. ② ≪俗≫ 이(蝨). 시라미.

観戦[かんせん] 관전; 시합이나 싸움을 봄.

¹**観点**[かんてん] 관점; 보는 입장.

観照[かんしょう] 관조; ①객관적으로 냉정하게 관찰함. ② ≪美≫ 미를 직접적으로 인식함.

¹**観衆**[かんしゅう] 관중; 구경꾼.

²**観察**[かんさつ] 관찰; 사물을 자세히 살핌.

観取[かんしゅ] 관취; 간파함. 도아서 알아챔.

²**観測**[かんそく] 관측; ①(천체의) 관측. ②(장래의 일을) 미루어 헤아림. 추측.

串　꿸 관
音 ―
訓 ⊗くし

訓読
⊗串[くし] 꼬챙이. 꼬치.
串カツ[くしカツ] ①돼지고기와 파를 꼬치에
　꽂아 튀긴 것. ②쇠고기·생선·조개·야
　채 등을 꼬치에 꿰어 튀긴 것.
串縫(い)[くしぬい/ぐしぬい] (손바느질에서)
　홈질.
串柿[くしがき] 곶감.
串焼(き)[くしやき] 꼬치구이.
串刺(し)[くしざし] ①꼬챙이에 꿰. ②꼬챙이
　나 창으로 찔러 죽임. ③목을 찔러 효
　수(梟首)하던 일.

菅　골풀 관
音 ⊗カン
訓 ⊗すが ⊗すげ

訓読
⊗菅[すが/すげ] ≪植≫ 사초(莎草). 왕골.
菅笠[すががさ/すげがさ] 왕골 삿갓.
菅麻[すがそ] 왕골을 조개어 만든 끈.
菅蓑[すがみの] 왕골 잎으로 짠 도롱이.
菅原[すがわら/すげはら] 왕골이 돋아나 있
　는 들판.
菅垣[すががき] 거문고로 노래 없이 타는 곡.
菅薦[すがごも] 왕골로 짠 거적.
菅畳[すがたたみ] 왕골로 짠 다다미.

灌 ×(潅)　물댈/물줄 관
音 ⊗カン
訓 ⊗そそぐ

訓読
⊗灌ぐ[そそぐ] 〈5自〉 ①흘러 들어가다.
　②(비·눈이) 쏟아지다. ③(폭포수 등이)
　흘러 떨어지다. 〈5他〉 ①(물을) 대다. 주
　다. ②따르다. 붓다. ③흘리다. ④뿌리다.
　끼얹다. ⑤집중시키다. 쏟다. 기울이다.

音読
灌漑[かんがい] ≪農≫ 관개; 논밭에 물을 댐.
灌漑用水[かんがいようすい] 관개용수.
灌木[かんぼく] ≪植≫ 관목; 작은키나무.
灌仏[かんぶつ] ≪仏≫ 관불; ①불상(仏像)에
　향수를 뿌림. ②'灌仏会'의 준말.
灌腸[かんちょう] ≪医≫ 관장; 약물을 항문
　을 통해 주입함.

盥　대야 관
音 ⊗カン
訓 ⊗たらい

訓読
⊗盥[たらい] 대야.
盥回(し)[たらいまわし] ①≪俗≫ (끼리끼리
　권력·지위를) 차례로 차지함. ②(곡예에
　서) 발로 대야 돌리기. ③어떤 일을 차례
　로 함. ④이리저리 옮김.

[괄]

括　묶을 괄
一　十　扌　扌　扩　抚　括　括　括

音 ●カツ
訓 ⊗くくる ⊗くびれる

訓読
⊗括る[くくる] 〈5他〉 ①(한 데)묶다. ②졸
　라매다. ③총괄하다. 매듭짓다. ④(죄인
　등을) 묶다. ⑤¶高(たか)を~ 깔보다. 우습
　게 여기다. ⑥¶木(き)で鼻(はな)を~ 무뚝뚝
　하다. 퉁명스럽다.
⊗括れる[くびれる] 〈下1自〉 가운데가 잘록
　해지다. 중심 부분이 가늘다.

音読
²括弧[かっこ] 괄호; 묶음표. ¶~でくくる
　괄호로 묶다.

刮　긁을 괄
音 ⊗カツ
訓 ―

音読
刮目[かつもく] 괄목; 주목(注目). 눈을 비
　비고 주의깊게 봄. 깊은 관심을 갖고 봄.

筈　그러할 터 괄
音 ⊗カツ
訓 ⊗はず

訓読
³⊗筈[はず] ①(당연함을 나타내어) …것임.
　…예정. …작정. ¶きっと勝(か)つ~だ 꼭
　이길 것이다. ②…할 리. …할 터. ¶そ
　んな~は無(な)い 그럴 리는 없다. ③(씨름
　에서) 엄지와 검지 사이로 상대방을 미는
　기술. ④활고자. ⑤(화살의) 오늬.

[광]

広(廣)　넓을 광

丶 亠 广 広 広

[音] ◉コウ
[訓] ◉ひろい ◉ひろがる ◉ひろげる ◉ひろまる
　　 ◉ひろめく ◉ひろめる ◉ひろやか

[訓読]
⁴◉広い[ひろい] 〈形〉 ①(면적이) 너르다. 넓다. ②(시야가) 넓다. ③(범위가) 넓다. ④(폭이) 넓다. ⑤너그럽다.
²◉広がる[ひろがる] 〈5自〉 ①넓어지다. ②퍼지다. 번지다. ③확대되다. 벌어지다. ④펼쳐지다. 전개되다. ⑤펴지다.
²◉広げる[ひろげる] 〈下1他〉 ①벌리다. 펴다. 펼치다. ②넓히다. 확장하다. ③어질러 놓다.
¹◉広まる[ひろまる] 〈5自〉 ①퍼지다. 번지다. ②(범위가) 넓어지다.
◉広めく[ひろめく] 〈5自〉 널찍해지다.
²◉広める[ひろめる] 〈下1他〉 ①(범위를) 넓히다. ②보급시키다. ③선전하다. 널리 알리다.
◉広やか[ひろやか] 〈形動〉 널찍하다.
²広さ[ひろさ] 넓이.
広間[ひろま] (모임에 사용하는) 큰 방. 홀.
広巾[ひろはば] ☞ 広幅(ひろはば)
²広広とした[ひろびろとした] 널찍한.
広島[ひろしま] 일본 中国(ちゅうごく) 지방에 있는 현(県).
広目屋[ひろめや] 광고하는 사람. 샌드위치 맨.
広袖[ひろそで] ①(일본 옷에서) 소맷부리의 아래쪽을 꿰매지 않은 소매. ②갑옷 소매의 한 가지.
広め屋[ひろめや] 광고쟁이. 샌드위치 맨.
²広ば[ひろば] 광장; 넓은 장소.
広幅[ひろはば] 광폭; *일본 옷감에서 보통 폭의 2배가 되는 것으로 약 75㎝ 정도임.

[音読]
²広告[こうこく] 광고; 세상에 널리 알림.
広大[こうだい] 광대; 넓고 큼.
広範[こうはん] 광범; 범위가 넓음.
広報[こうほう] 광보; 홍보(弘報). 일반에게 널리 알림.
広野[こうや/ひろの/ひろや] 광야.

広言[こうげん] 광언; 호언장담함. 큰소리침.
広域[こういき] 광역; 넓은 구역.
広原[こうげん] 광원; 넓은 들. 곧야.
広義[こうぎ] 광의; 넓은 뜻.
広壮[こうそう] 굉장함. 넓고 으리으리함.

光　빛 광

丨 丨 丷 半 尹 光

[音] ◉コウ
[訓] ◉ひかり ◉ひからす ◉ひかる

[訓読]
³◉光[ひかり] ①빛. 광선. ②불빛. ③광. 윤. ④광명. 희망. ⑤후광. 위세. ⑥영광. 영예.
◉光らす[ひからす] 〈5他〉 ①광내다. 빛나게 하다. ②번득이다.
³◉光る[ひかる] 〈5自〉 ①빛나다. 반짝이다. ②(반사하여) 번쩍이다. ③눈부시다. ④(눈이) 번득이다. ⑤뛰어나다.
光(り)物[ひかりもの] ①번쩍이는 물건. ②고물 쇠붙이. ③(생선 초밥의 재료가 되는) 푸른 등의 생선.

[音読]
²光景[こうけい] 광경; 풍경.
光年[こうねん] 광년; 빛이 1년 간에 가는 거리.
光度[こうど] 광도; ①빛의 강도(強度). ②≪天≫ 천체가 발하는 빛의 밝기.
光明[こうみょう] 광명; ①밝은 빛. ②희망.
光背[こうはい] ≪仏≫ 광배; 불상(仏像) 뒤에 붙이는 빛을 본뜬 장식.
²光線[こうせん] 광선; 빛살.
光速[こうそく] 광속; 빛의 속도.
¹光熱費[こうねつひ] 광열비; 전기료와 연료비.
光栄[こうえい] 광영; 영광(栄光).
光源[こうげん] 광원; 발광체. 빛을 내는 근원.
光陰[こういん] 광음; 시간. 세월.
光彩陸離[こうさいりくり] 광채가 한결 눈부시게 빛남.
光体[こうたい] 광체; 발광체. 빛을 내는 근원.
¹光沢[こうたく] 광택; 광(光). 윤(潤).
光波[こうは] 광파; 빛의 파동.
光学[こうがく] 광학; 빛의 작용을 연구하는 학문.
光輝[こうき] 광휘; ①아름답게 빛나는 빛. ②명예. 영예.

狂 미칠 광

丶 ノ ３ ３' 狂 狂 狂

音 ●キョウ
訓 ●くるう ●くるおしい ●くるわしい
●くるわす ●くるわせる ⊗ふれる

訓読

²●狂う[くるう] 〈5自〉①미치다. 정신이 돌다. ②지나치게 열중하다. 빠지다. ③이상해지다. 잘못되다. 정상에서 벗어나다. ④(계획·예상이) 빗나가다. 어긋나다.

狂い❶[くるい] ①미침. 정신이 돎. ②이상. 차질. 오차. 착오. ③(목재가) 휨.

狂い❷[ぐるい] (명사에 접속하여) …광; …에 미친 사람.

狂(い)死(に)[くるいじに] ①미쳐서 죽음. ②몸부림치며 죽음.

狂(い)咲(き)[くるいざき] 제철이 아닌 때에 피는 꽃.

●狂おしい[くるおしい] 〈形〉미칠 것 같다. 미칠 듯하다.

●狂わしい[くるわしい] ☞ 狂おしい

●狂わす[くるわす] ☞ 狂わせる

●狂わせる[くるわせる] 〈下1他〉①미치게 하다. 상하게 하다. ②틀리게 하다. 틀어지게 하다. ③(계획·예상이) 빗나가게 하다. 혼란스럽게 하다.

⊗狂れる[ふれる] 〈下1自〉미치다. 정신이 돌다.

音読

狂歌[きょうか] (江戸(えど) 시대 중기 이후 유행했던) 풍자와 익살을 주로 읊은 和歌(わか).

狂句[きょうく] 광구; 익살스런 俳句(はいく).

狂気[きょうき] 광기; 미친 정신 상태.

狂乱[きょうらん] 광란; 미쳐 날뜀.

狂奔[きょうほん] 광분; ①동분서주(東奔西走)함. ②미쳐 날뜀.

狂騒[きょうそう] 광소; 미쳐 날뜀.

狂言[きょうげん] ①能楽(のうがく)의 막간에 공연하는 희극. ②歌舞伎(かぶき)의 각본. ③농담. ④미친 소리. 얼토당토 않는 말.

狂人[きょうじん] 광인; 미치광이.

狂暴[きょうぼう] 광포; 미친 듯이 난폭함.

狂風[きょうふう] 광풍; 미친 듯이 사납게 부는 바람.

鉱 (鑛) 쇳덩이 광

ハ ２ 牟 ＾ 金 金' 金' 鈩 鉱 鉱

音 ●コウ
訓 ⊗あらがね

訓読

⊗鉱[あらがね] 조광(粗鉱). 원광(原鉱). 무쇠. 광산에서 캐낸 그대로의 금속.

音読

鉱区[こうく] 광구; 광물 채굴 허가를 받은 구역.

鉱脈[こうみゃく] 광맥; 광물의 줄기.

鉱物[こうぶつ] 광물; 천연 무기물.

鉱夫[こうふ] 광부; 광산의 인부.

²鉱山[こうざん] 광산; 광물을 캐내는 산.

鉱床[こうしょう] 광상; 광물을 많이 함유한 암석이 있는 곳.

鉱石[こうせき] 광석; 광물이 섞여 있는 돌.

²鉱業[こうぎょう] 광업; 광산업(鉱産業)

鉱泉[こうせん] 광천; 광물질이 많이 함유된 샘.

匡 바를 광

音 ⊗キョウ
訓 ―

音読

匡正[きょうせい] 광정; 잘못을 바로잡음.

匡済[きょうさい] 광제; ①시국을 바로잡아 구제함. ②악을 타일러서 선도함.

筐 대 바구니 광

音 ⊗キョウ
訓 ⊗かたみ

訓読

⊗筐[かたみ] 《雅》 가늘게 엮은 대 바구니.

曠 ˣ(昿) 멀/빌 광

音 ⊗コウ
訓 ―

音読

曠野[こうや] 광야; 넓은 들판.

曠原[こうげん] 광원; 광야. 넓은 들판.

曠日弥久[こうじつびきゅう] 광일미구; 우유부단하게 세월만 보냄. 헛되이 세월만 보냄.

曠職[こうしょく] 광직; 직책(職責)을 다하지 않음.

[괘]

掛 걸 괘

一 十 扌 扌 扩 ギ 圭 圭 掛 掛

音 ―
訓 ●かかる ●かける

訓読

⁴●**掛かる**[かかる]〈5自〉①(아래로) 걸리다. ②(공중에) 걸리다. ③상정(上程)되다. ④엉키다. ⑤(그물에) 걸리다.

掛(か)り❶[かかり] ①비용. 경비. ②만듦새. ③길게 늘어뜨린 머리 모양. ④초(初). 입초. ⑤(바둑에서) 공격. 공세.

掛(か)り❷[がかり] ①(숫자에 접속하여) …걸림. …의 품이 듦. ②…조(調). ¶芝居(しばい)~ 연극조. ③신세를 짐. 의탁함. ④…하는 김에. …하는 길에.

掛(か)り湯[かかりゆ] (목욕 후) 끼얹는 물.

掛(か)り合う[かかりあう] 〈5自〉①관련되다. 관계하다. ②연루되다. 말려들다.

⁴●**掛ける**[かける]〈F1他〉①걸다. 달다. 달아매다. ②말을 걸다. ③얹다. 올려놓다. ④(다리를) 가설하다. 만들다. ⑤걸터앉다. ⑥잠그다. ⑦끼얹다. 뿌리다. ⑧(몸에) 걸치다. 덮다.

¹**掛け❶**[かけ] ①걸이. ②외상. 외상 거래. ③에누리. ④부금(賦金). 곗돈. ⑤(장국에 만) 메밀국수. 국수. ⑥(동사 ます형에 접속하여) …하다 만. …하는 중. **❷**[がけ] ①(숫자에 접속하여) …할(割). ②(동사 ます형에 접속하여) …하는 길. …하는 참. ③(몸에 착용하는 물건 이름에 붙여서) …차림. …바람. ④곱. 배(倍). ⑤(몇 사람이) 앉음.

掛けうどん[かけうどん] 뜨거운 장국에 만 국수.

掛(け)橋[かけはし] ①가교(架橋). 사다리. ②임시 다리. 가교(仮橋). ③(험한 벼랑에 만든) 널다리. 잔교(桟橋). ④중개 역할. 다리 역할.

掛(け)蕎麦[かけそば] 뜨거운 장국에 만 메밀국수.

掛(け)金❶[かけがね] ①문고리. 걸쇠. ②아래턱과 관자놀이를 연결해 주는 관절. **❷**[かけきん] ①부금(賦金). 곗돈. ②외상값.

掛(け)売(り)[かけうり] 외상 판매.

掛(け)買(い)[かけがい] 외상 매입(買入).

掛(け)物[かけもの] (벽에 거는) 족자.

²**掛(け)算**[かけざん] 곱셈.

掛(け)声[かけごえ] ①(힘을 내라고) 격려하는 소리. 성원하는 소리. ②장단 소리.

掛(け)饂飩[かけうどん] 뜨거운 장국에 만 국수.

掛(け)引き[かけひき] ①(싸움터에서) 임기응변의 진퇴. ②(장사나 협상에서) 흥정.

掛(け)持ち[かけもち] 두 가지 일을 겸해서 함. 겸임. 겸직.

掛(け)替え[かけがえ] 여벌. 예비용. 대용품.

掛け替える[かけかえる]〈F1他〉①다른 것으로 바꾸어 걸다. ②장소를 바꾸어 다른 곳에 걸다.

掛(け)値[かけね] ①에누리. ②과장(誇張).

掛(け)布団[かけぶとん] 이불.

掛(け)絵[かけえ] 그림 족자.

卦 점괘 괘

音 ⊗ナ ⊗ケ ⊗ケイ
訓 ―

音読

卦[け] 괘; 점괘.

卦算[けいさん] 문진(文鎮). 서진(書鎮). 책장이나 종이쪽이 바람에 날리지 않도록 누르는 물건.

卦兆[かちょう] 괘조; 점괘의 길흉의 현상.

卦体[けたい] ①역(易)에 나타난 괘(卦)의 형태. 점(占)의 결과. ②좋은 일이 있을 조짐. 좋은 징조.

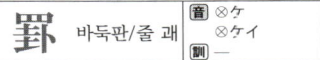

罫 바둑판/줄 괘

音 ⊗ケ ⊗ケイ
訓 ―

音読

罫[けい] 괘; ①(글씨의 줄을 닿추기 위해) 종이에 친 줄. ②바둑판·장기판의 줄. ③(인쇄) 괘선(罫線).

罫線[けいせん] 괘선; ①용지에 친 줄. ②(인쇄) 활판 인쇄에서, 윤곽이나 줄을 나타내기 위해 쓰는 금속판.

罫線表[けいせんひょう] 《經》 괘선표; 증권 시세의 변동을 나타낸 도표.

罫紙[けいし/けいがみ/けがみ] 괘지; (글씨의 줄을 맞추기 위해) 줄친 종이.

[괴]

怪 괴상할 괴

丶 ﾉ 忄 忄 忯 怿 怪 怪

- 音 ●カイ ⊗ケ
- 訓 ●あやしい ●あやしむ

訓読

²●怪しい[あやしい]〈形〉 ①(모양・행동이) 이상하다. 수상하다. 기이하다. ②(헤아릴 수 없어) 이상야릇하다. ③(정체가) 수상하다. ④수상쩍다. 미심쩍다. 의심스럽다. ⑤(관계가) 수상하다. 수상쩍다.

怪しがる[あやしがる]〈5他〉 수상하게 여기다.

怪しげ[あやしげ]〈形動〉 수상함. 이상함.

怪しさ[あやしさ] 수상함.

●怪しむ[あやしむ]〈5他〉 의아해 하다. 의심하다. 이상히 여기다. 수상해하다.

音読

怪傑[かいけつ] 괴걸; 매우 괴상한 행동을 하는 호걸.

怪奇[かいき] 괴기; 괴이하고 진기함.

怪談物[かいだんもの] 괴담물; 괴담을 주제로 한 소설이나 연극.

怪力[かいりき/かいりょく] 괴력; 이상할 정도로 센 힘.

怪物[かいぶつ] 괴물; ①괴이한 물건. 도깨비. ②괴상한 인물.

怪死[かいし] 괴사; 원인 모르는 죽음.

怪死体[かいしたい] 변사체(変死体).

怪石[かいせき] 괴석; 기이하게 생긴 돌.

怪獣[かいじゅう] 괴수; 괴상한 짐승.

³怪我[けが] ①부상. 상처. ②과실. 손실. 잘못. ③요행수. 뜻밖의 결과.

怪我負け[けがまけ] 실수로 짐. 뜻밖의 패배.

怪我勝ち[けががち] 운이 좋아 이김.

怪我人[けがにん] 부상자(負傷者).

怪腕[かいわん] 뛰어난 솜씨.

怪異[かいい] 괴이; ①이상함. ②도깨비 귀신. 요괴(妖怪).

怪火[かいか] 괴화; ①도깨비 불. ②원인 불명의 화재.

怪漢[かいかん] 괴한; 정체를 알 수 없는 수상한 사나이.

拐 유괴할 괴

一 ﾅ 扌 扌 护 护 拐 拐

- 音 ●カイ
- 訓 ―

音読

拐帯[かいたい] 괴대; 위탁받은 금품을 갖고 도망함.

拐帯者[かいたいしゃ] 괴대자; 위탁받은 금품을 갖고 도망친 사람. 공금 횡령자.

●誘拐[ゆうかい]

塊 덩어리 괴

扌 扌 圹 圹 坤 坤 坤 塊 塊 塊

- 音 ●カイ
- 訓 ●かたまり ⊗くれ

訓読

²●塊[かたまり] ①덩어리. ②집단. 무리. 떼. ③(어떤 경향이 극단적으로 강한 사람) …장이. …꾸러기.

音読

塊茎[かいけい] ≪植≫ 괴경; 땅속줄기.

塊根[かいこん] ≪植≫ 괴근; 덩이뿌리.

塊金[かいきん] 괴금; 금덩이.

塊状[かいじょう] 괴상; 덩어리진 모양.

塊状溶岩[かいじょうようがん] 괴상 용암.

塊状火山[かいじょうかざん] 괴상 화산.

塊炭[かいたん] 괴탄; 덩어리진 석탄.

壞 (壊) 무너질 괴

ﾄ 圹 圹 圹 圹 坤 塤 塤 塤 壞

- 音 ●カイ ⊗エ
- 訓 ●こわす ●こわれる

訓読

³●壊す[こわす]〈5他〉 ①부수다. 깨뜨리다. 파괴하다. ②고장 내다. 망가뜨리다. 탈을 내다. ③(약속・계획을) 망치다. 깨다. 결딴내다. ④분해하다.

³●壊れる[こわれる]〈下1自〉 ①깨지다. ②고장 나다. 탈나다. ③(약속・계획이) 깨지다.

壊れ物[こわれもの] ①깨진 물건. 부서진 물건. ②깨지기 쉬운 물건.

音読
壊乱[かいらん] 괴란; 질서가 문란해짐.
壊滅[かいめつ] 괴멸; ①궤멸(潰滅). 조직이 무너져 망함. ②파괴되어 없어짐.
壊屋[かいおく] 괴옥; ①파괴된 집. ②(사람이 살지 않는) 부서진 집.
壊疽[えそ] ≪医≫ 괴저; 인체 조직의 일부분이 죽은 상태.
壊血病[かいけつびょう] ≪医≫ 괴혈병; 비타민 C의 부족으로 생기는 병.

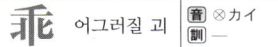

| 乖 | 어그러질 괴 | 音 ⊗カイ |
| | | 訓 ― |

音読
乖隔[かいかく] 괴격; 어그러지고 틈이 생김.
乖離[かいり] 괴리; 서로 등지고 떨어짐.

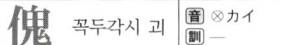

| 傀 | 꼭두각시 괴 | 音 ⊗カイ |
| | | 訓 ― |

音読
傀儡❶[★くぐつ] ①(노래에 맞춰 움직이게 하는) 꼭두각시놀음. ②창녀. 유녀(遊女). ＊꼭두각시를 놀리는 여자가 매춘행위도 했던 데서 유래. ❷[かいらい] 괴뢰; ①꼭두각시. ②앞잡이. 허수아비.
傀儡師[くぐつし/かいらいし] ①꼭두각시를 놀리는 사람. ②뒤에서 조종하는 사람.

| 魁 | 우두머리 괴 | 音 ⊗カイ |
| | | 訓 ⊗さきがけ |

訓読
⊗魁[さきがけ] ①선구(先駆). 앞섬. 앞장섬. ②앞장서서 적진을 공격함.
音読
⊗魁偉[かいい] 괴위; 체격이나 얼굴이 유달리 크고 우람함.

| 槐 | 회화나무 괴 | 音 ⊗カイ |
| | | 訓 ⊗えんじゅ |

訓読
⊗槐[えんじゅ] ≪植≫ 홰나무. 회화나무.
音読
槐木[かいぼく] 괴목; 회화나무.
槐安の夢[かいあんのゆめ] 남가일몽(南柯一夢). 일장춘몽(一場春夢).

[괵]

摑 X(掴)	움켜쥘 괵	音 ⊗カク
		訓 ⊗つかまえる
		⊗つかむ

訓読
⊗摑まえる[つかまえる] 〈下1他〉 ①잡다. 붙잡다. 붙들다. ②붙켜잡다. ③과악하다.
⊗摑ませる[つかませる] 〈下1他〉 ①쥐여 주다. 쥐게 하다. ②(속여서 나쁜 물건을) 사게 하다.
⊗摑まる[つかまる] 〈5自〉 ①(범인 등이) 잡히다. 붙잡히다. ②(꼭 붙잡고) 매달리다.
⊗摑まり立ち[つかまりだち] (어린이가 문을 잡고) 겨우 일어섬.
2⊗摑む[つかむ] 〈5他〉 ①붙잡다. 움켜쥐다. ②손에 넣다. 내 것으로 만들다. ③(진상을) 파악하다.

[굉]

| 宏 | 클/넓을 굉 | 音 ⊗コウ |
| | | 訓 ― |

音読
宏大無辺[こうだいむへん] 굉대무변; 끝없이 넓고 큼.
宏図[こうと] 굉도; 굉장한 계획.
宏謨[こうぼ] 굉모; 굉장한 계획.
宏業[こうぎょう] 굉업; 굉장한 사업.
宏遠[こうえん] 굉원; 훤히 틔어 넓고 멂.
宏壮[こうそう] 굉장; 넓고 으려으리함.

轟	굉음 굉	音 ⊗ゴウ
		訓 ⊗とどろかす
		⊗とどろく

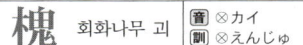

訓読
⊗轟かす[とどろかす] 〈5他〉 ①(굉음·폭음을) 울리다. ②(가슴을) 뛰게 하다. 두근거리게 하다. ③(명성을) 떨치다. 널리 세상에 알리다. PR하다.
⊗轟く[とどろく] 〈5自〉 ①(굉음·폭음이) 울려 퍼지다. ②(가슴이) 뛰다. 두근거리다. ③(명성이) 널리 알려지다.

[교]

巧   공교할 교

一 丁 工 丏 巧

音 ◉コウ
訓 ◉たくみ ⊗たくむ

訓読

¹◉巧み[たくみ] 〈名〉 ①기교(技巧). ②계략. 책략. 〈形動〉 ①정교함. 솜씨 좋음. ②교묘함. 수완이 좋음.
⊗巧む[たくむ] 〈5他〉 ①기교를 부리다. 꾸미다. ②음모를 꾸미다. 획책하다.

音読

巧技[こうぎ] 교기; 묘기(妙技).
¹巧妙[こうみょう] 교묘; 썩 잘되고 교묘함.
巧手[こうしゅ] 교수; 교묘한 솜씨.
巧者[こうしゃ] ①능숙함. ②능숙한 사람.
巧拙[こうせつ] 교졸; 능숙함과 서투름.

交   사귈 교

一 亠 六 六 交 交

音 ◉コウ
訓 ◉かわす ◉まじえる ◉まじわる ◉まざる
◉まじる ◉まぜる

訓読

¹◉交わす[かわす] 〈5他〉 ①교환하다. 주고받다. ②서로 통하다. 교차하다. 오가다.
¹◉交える[まじえる] 〈下1他〉 ①섞다. 끼게 하다. ②개입시키다. ③맞대다. 교차시키다. ④교환하다. 주고받다.
¹◉交わる[まじわる] 〈5自〉 ①사귀다. 교제하다. ②교차하다. 엇갈리다. ③성교하다. 섹스를 하다.
交わり[まじわり] ①사귐. 교제. ②섹스. 성교. 교합.
²◉交ざる[まざる] 〈5自〉 뒤섞이다.
²◉交じる[まじる] 〈5自〉 ①뒤섞이다. ②남들과 섞이다.
²◉交ぜる[まぜる] 〈下1他〉 ①섞다. 혼합하다. ②뒤섞다. ③축에 끼워 주다.
交ぜ織り[まぜおり] 교직; 혼방(混紡).

音読

交感[こうかん] 교감; 서로 접촉하여 느낌.
交感神経[こうかんしんけい] 교감 신경.
²交代[こうたい] 교대; 교체. 역할이 한 번 바뀜.
²交流[こうりゅう] 교류; ①서로 다른 것이 뒤섞임. ② ≪電≫ 전류의 방향이 번갈아 바뀌는 전기.
交配[こうはい] 교배; 생물의 암수를 인공적으로 수정(受精)시킴.
²交番[こうばん] ①파출소. ②교대. 교체.
交番制[こうばんせい] 당번 교대제.
¹交付[こうふ] 교부; 내어 줌.
²交渉[こうしょう] 교섭; ①협의. 협상. 논의. ②관계. 관련. 상관.
交易[こうえき] 교역; 무역(貿易).
交友[こうゆう] 교우; 벗. 친구.
交遊[こうゆう] 교유; 교제. 서로 사귐.
交戦[こうせん] 교전; 서로 싸움.
交際[こうさい] 교제; 사귐. 사교(社交).
交際費[こうさいひ] 교제비.
交際上[こうさいじょう] 교제상.
交際好き[こうさいずき] 사귀기를 좋아함.
交織[こうしょく] 교직; 혼방. 섞어 짜기.
²交叉[こうさ] 교차; 엇갈림.
³交叉点[こうさてん] 교차로. 네거리.
²交差[こうさ] 교차; 엇갈림.
³交差点[こうさてん] 교차로. 네거리.
交錯[こうさく] 교착; 뒤얽힘.
²交替[こうたい] 교체; 여러 번 바뀜.
²交通[こうつう] 교통; ①통행. 왕래. ②수송. 통신.
²交通機関[こうつうきかん] 교통 기관.
交通難[こうつうなん] 교통난.
交通量[こうつうりょう] 교통량.
交通網[こうつうもう] 교통망.
交通渋滞[こうつうじゅうたい] 교통 체증.
交通禍[こうつうか] 교통사고로 인한 재화(災禍).
交響曲[こうきょうきょく] 교향곡.
交響詩[こうきょうし] 교향시.
交響楽[こうきょうがく] 교향악.
¹交互に[こうごに] 번갈아. 교대로.
²交換[こうかん] 교환; 서로 바꿈. 서로 주고받음.
交換所[こうかんじょ] 교환소.
交換円[こうかんえん] 교환하는 엔화.
交換品[こうかんひん] 교환품.
交歓[こうかん] 교환; 서로 즐김.

郊 들/시외 교

丶 亠 亣 六 亣 交 交 ⁷ 刻 郊

音 ◉コウ
訓 ─

音読

³郊外[こうがい] 교외; 도시에 인접한 들이나 논밭이 비교적 많은 지역.
◑近郊[きんこう]

校 바로잡을/학교 교

一 十 才 木 杉 栌 栌 栌 校 校

音 ◉コウ ⊗キョウ
訓 ⊗あぜ

訓読

⊗校倉[あぜくら] (고대 창고 건축 양식의 하나로) 세모난 긴 재목을 '井' 모양으로 짜 올려 지은 방습(防濕)이 되게 한 창고.

音読

²校[こう] ①학교. ¶わが～ 우리 학교. ②(숫자에 접속하여) 교정(校正)의 횟수를 세는 말.
校歌[こうか] 교가; 학교 노래.
校旗[こうき] 교기; 그 학교를 상징하는 기.
校内[こうない] 교내; 학교 내부.
校了[こうりょう] 교료; 교정(校正)을 마침.
校務[こうむ] 교무; 학교의 사무.
校門[こうもん] 교문; 학교의 문.
校服[こうふく] 교복; 학교의 제복.
校本[こうほん] ①교열본. ②교정한 책.
²校舎[こうしゃ] 교사; 학교 건물.
校外[こうがい] 교외; 학교의 바깥.
校友[こうゆう] 교우; 학교 친구.
校医[こうい] 교의; 학교의 의사.
³校長[こうちょう] 교장; 학교의 우두머리.
校正[こうせい] 교정; 원고와 인쇄물을 대조하여 잘못된 곳을 바로 잡아 고침.
校訂[こうてい] 교정; 출판물의 잘못된 곳을 바르게 고침.
²校庭[こうてい] 교정; 학교 운동장.
校則[こうそく] 교칙; 학교의 규칙.
校風[こうふう] 교풍; 각 학교마다의 특이한 기풍.
校訓[こうくん] 교훈; 학교의 교육 이념이나 목표를 간명하게 나타낸 표어.

教 (敎) 가르칠 교

一 十 土 耂 耂 孝 孝 爹 教 教

音 ◉キョウ
訓 ◉おしえる ◉おそわる

訓読

⁴◉教える[おしえる]〈下1他〉①가르치다. 교육하다. ②일러주다. 가르쳐 주다. ③깨우치다.
¹教え[おしえ] ①가르침. 교육. ②교훈.
教え方[おしえかた] 가르치는 방법.
教え込む[おしえこむ]〈5他〉철ᄌ하게 가르치다.
教え子[おしえご] 제자(弟子).
教えの庭[おしえのにわ] 배움터. 학교.
²◉教わる[おそわる]〈5他〉가르침을 받다. 배우다.

音読

¹教[きょう] 교; 종교.
¹教科[きょうか] 교과; 체계적으로 가르치기 위한 일정한 과목.
教科目[きょうかもく] 교과목.
²教科書[きょうかしょ] 교과서.
教戒[きょうかい] 교계; 가르쳐 훈계함.
教官[きょうかん] 교관; 교육 공무원. 교육이나 연구직에 있는 공무원.
教区[きょうく] 교구; 포교(布教)·감독을 위해 설치한 구역.
教権[きょうけん] 교권; ①교육·종교상의 권위. ②(종교에서) 교황·교회의 권력.
教団[きょうだん] 교단; 종교 단체.
教壇[きょうだん] 교단; 강단(講壇).
教徒[きょうと] 교도; 신도(信徒).
教頭[きょうとう] 교감(校監) 선생.
教理[きょうり] 교리; 종교상의 이론.
教務[きょうむ] 교무; ①교수상(教授上)의 사무. ②종교 단체의 사무.
教務係[きょうむがかり] 교무 담당자.
教本[きょうほん] 교본; ①가르침의 근본. ②교과서. 텍스트.
教唆[きょうさ] 교사; 꼬드김. 남을 선동하여 못된 일을 하게 함.
²教師[きょうし] 교사; ①선생. 교원(教員). ②선교사.
教書[きょうしょ] 교서; ①옛날 제후(諸侯)의 명령서. ②미국 대통령이 국회에 제출

하는 정치상의 의견서. ③로마 교황의 포고 명령서.

²教授[きょうじゅ] 교수; ①학문을 가르쳐 주는 사람. ②대학의 정식 교원(教員).

¹教習[きょうしゅう] 교습; 가르쳐서 익히게 함.

教習所[きょうしゅうしょ] 교습소; 학원.

教示[きょうじ] 교시; 자세히 가르쳐 보임.

⁴教室[きょうしつ] 교실; ①학교의 공부하는 곳. ②(전공과목의) 연구실.

²教養[きょうよう] 교양; ①가르쳐 기름. ②넓은 지식과 공부한 정서(情緒).

教研[きょうけん] '教育研究所'의 준말.

²教員[きょういん] 교원; 교사. 선생.

教諭[きょうゆ] (유치원·초·중·고의) 정교사(正教師).

³教育[きょういく] 교육; ①가르쳐 기름. ②가르쳐 지식을 알려 줌.

教育刑主義[きょういくけいしゅぎ] 교육형주의; 형벌은 수형자의 교육을 위한 것이라는 학설.

教義[きょうぎ] 교의; 교리. 종교상의 가르침.

¹教材[きょうざい] 교재; 학습의 재료.

教典[きょうてん] 교전; ①교육상 규범이 되는 책. ②경전(経典).

教祖[きょうそ] 교조; 한 종교의 창시자.

教主[きょうしゅ] 교주; 한 종교의 창시자.

教旨[きょうし] 교지; ①교육의 취지. ②종교의 가르침.

¹教職[きょうしょく] 교직; 교육자로서의 직무.

教職員[きょうしょくいん] 교직원.

教則[きょうそく] 교칙; 교수상의 규칙.

教派[きょうは] 교파; 종교의 분파.

教鞭[きょうべん] 교편; 수업할 때 사용하는 회초리.

教学[きょうがく] 교학; 교육과 학문.

教化❶[きょうか] 교화; 가르쳐 지도함. 감화 교육. ❷[きょうげ·きょうけ] ≪仏≫ 교화; ①불법(仏法)으로 불교 사상을 넓힘. ②가락을 붙여 외는 경(経).

教皇[きょうこう/きょうおう] 교황; 로마 법왕(法王).

³教会[きょうかい] 교회; 교회당.

教会堂[きょうかいどう] 교회당.

¹教訓[きょうくん] 교훈; 가르치고 이끌어 인도해 줌.

絞　　목맬 교

く　幺　糸　糸　糸'　紵　絞　紗　絞

[音] ●コウ

[訓] ●しぼる ●しまる ●しめる

[訓読]

²●絞る[しぼる] 〈他〉 ①(물기를) 쥐어짜다. ②조르다. 죄다. 좁히다. ③착취하다. ④야단치다. 혼내다. ⑤(한쪽으로) 밀어붙이다. ⑥(지혜를) 짜내다. ⑦호되게 야단치다. ⑧(범위를) 압축하다.

絞り[しぼり] ①(눌러서) 짬. ②홀치기염색. ③¶お~ 물수건. ④아롱무늬.

絞り上げる[しぼりあげる] 〈下1他〉 ①짜내다. 쥐어짜다. ②억지로 빼앗다. 강제로 우려내다. ③몹시 꾸짖다. 야단치다. 호되게 나무라다. ④엄하게 혼내 주다. ⑤(목소리를) 짜내다.

絞(り)出し[しぼりだし] (치약 등의) 튜브.

●絞まる[しまる] 〈5自〉 ①꼭 죄이다. 졸라지다. ②(옷이) 꼭 끼다.

●絞める[しめる] 〈下1他〉 ①죄다. 졸라매다. ②쥐어짜다. ③목을 조르다. ④(닭 등을) 잡다. 잡아 죽이다.

[音読]

絞殺[こうさつ] 교살; 목 졸라 죽임.

絞首[こうしゅ] 교수; 목 졸라 죽임.

絞罪[こうざい] 교죄; ①교수형(絞首刑). ②사형에 해당하는 범죄.

較　　비교할 교

一　三　亘　車　車'　軒　軒　軡　較

[音] ●カク ⊗コウ

[訓] ●くらべる

[訓読]

⊗較べる[くらべる] 〈下1他〉 ①비교하다. 대조하다. 견주다. ②겨루다. 경쟁하다.

[音読]

較差[かくさ/こうさ] 교차; 최대와 최소, 최고와 최저. 좋은 것과 나쁜 것의 차이.

較正[こうせい] 교정; 계기류(計器類)의 오차나 정밀도를 표준기와 비교해서 바로잡음.

◑比較[ひかく]

橋　다리 교

一　十　オ　ギ　栌　栌　橋　橋　橋　橋

音 ●キョウ
訓 ●はし

訓読
[4]●橋[はし] 다리. 교량(橋梁).
橋渡(し)[はしわたし] ①다리를 놓음. ②중매. 중개 역할.
橋番[はしばん] 다리지기. 다리를 보호하기 위해 지키는 사람.
橋板[はしいた] 다리 위에 까는 널빤지.
橋桁[はしげた] 교각(橋脚) 위에 걸쳐서 널빤지를 받치는 재목(材木).
橋懸(り)[はしがかり] (能楽(のうがく)에서) 분장실에서 무대로 통하는 다리 모양의 통로.
橋詰(め)[はしづめ] 다릿목. 다리 옆.

音読
橋脚[きょうきゃく] 교각; 다리를 받치는 기둥.
橋台[きょうだい] 교대; 다리의 양쪽 끝을 괴는 받침대.
橋頭堡[きょうとうほ] 교두보; ①다리를 위해 필요한 곳에 만든 보루(堡塁). ②공격 거점.
橋梁[きょうりょう] 교량; 다리.

矯　바로잡을 교

丿　ㅗ　告　矢　矢　矫　矯　矯　矯　矯

音 ●キョウ
訓 ●ためる

訓読
●矯める[ためる] 〈下1他〉 ①(좋은 상태로 만들기 위해) 바로잡다. 곧게 펴다. 교정(矯正)하다. ②구부러서 보기 좋게 다듬다. ③(나쁜 습관을) 고치다. ④겨누다. 겨냥하다. ⑤《古》 속이다.
矯めつ眇めつ[ためつすがめつ] 여러모로 꼼꼼히 살펴봄.

音読
矯激[きょうげき] 교격; (사상이) 과격함.
矯正[きょうせい] 교정; 결점을 바로 잡음. 똑바로 고침.
矯風[きょうふう] 교풍; 나쁜 풍습을 고침. 풍기 문란을 바로 잡음.

咬　물어뜯을 교

音 ⊗コウ
訓 ⊗かむ

訓読
[3]⊗咬む[かむ] 〈5他〉 ①물다. ②깨물다. 〈5自〉 (톱니바퀴 등이) 맞물다.

音読
咬傷[こうしょう] 교상; (짐승 등에게) 물린 상처.
咬創[こうそう] 교창; (짐승 등에게) 물린 상처.

狡　교활할 교

音 ⊗ニウ
訓 ⊗ずるい
　⊗こすい
　⊗ずるける

訓読
[2]⊗狡い❶[ずるい] 〈形〉 (자신의 이익만을 위해서) 교활하다. 약삭빠르다. 간사하다. 비열하다. 약다.
⊗狡い❷[こすい] 〈形〉《俗》 교활하다.
⊗狡ける[ずるける] 〈下1自〉 ①꾀부리다. 게으름피우다. ②(느슨해서) 풀어지다.
⊗狡賢い[ずるがしこい] 〈形〉 교활하다. 약삭빠르다. 약다. 간사하다.
⊗狡休み[ずるやすみ] 꾀를 부려 쉼.
⊗狡辛い[こすからい] 〈形〉 인색하고 능글 맞다.

音読
狡知[こうち] 교지; 간사한 꾀.
狡猾[こうかつ] 교활; 사람이 간사하고 잔꾀가 많음.

喬　큰 나무 교

音 ⊗キョウ
訓 ―

音読
喬木[きょうぼく] 교목; 줄기가 굵고 곧으며, 높이가 3m 이상 자라 우쪽에서 가지가 옆으로 뻗는 소나무·전나무.

蛟　교룡 교

音 ⊗コウ
訓 ⊗みずち

訓読
⊗蛟[みずち] 교룡(蛟竜). *물에 살며 뿔과 4개의 다리가 있고, 독을 뿜어 사람을 해친다는, 뱀을 닮은 상상의 동물임.

音読
蛟竜[こうりゅう/こうりょう] 교룡; *때를 못 만나 뜻을 이루지 못한 영웅의 비유.

僑 붙어살 교　音 ⊗キョウ　訓 ―

音読
僑居[きょうきょ] 교거; 남의 집에 붙어서 삶. 임시로 거주함.
僑民[きょうみん] 교민; 외국에 사는 동포.
僑胞[きょうほう] 교포; 외국에 사는 동포.

嬌 아리따울 교　音 ⊗キョウ　訓 ―

音読
嬌名[きょうめい] 교명; 화류계의 여자가 미인이라는 소문.
嬌声[きょうせい] 교성; 여자의 아양 떠는 소리.
嬌笑[きょうしょう] 교소; 여자의 아양 떠는 요염한 웃음.
嬌羞[きょうしゅう] 교수; 요염한 수줍음.
嬌艶[きょうえん] 교염; 아름답고 요염함.
嬌姿[きょうし] 교자; 요염한 모습.
嬌態[きょうたい] 교태; 여자의 요염한 자태(姿態).

蕎 메밀 교　音 ⊗キョウ　訓 ⊗そば

訓読
²⊗蕎麦[そば] ① ≪植≫ 메밀. ②메밀국수.
蕎麦殻[そばがら] 메밀껍질.
蕎麦練(り)[そばねり] 메밀수제비.
蕎麦饅頭[そばまんじゅう] 메밀만두.
蕎麦粉[そばこ] 메밀가루.
蕎麦搔(き)[そばがき] 메밀수제비.
蕎麦滓[そばかす] 메밀껍질.
蕎麦切(り)[そばきり/そばぎり] 메밀국수.
蕎麦菜[そばな] ≪植≫ 모싯대.
蕎麦処[そばどころ] ①좋은 메밀이 생산되는 곳. ②(맛있게 하는) 메밀 국수집. *간판에 쓰는 말임.
蕎麦湯[そばゆ] ①메밀당수. 메밀가루를 뜨거운 물에 푼 음식. ②메밀국수를 삶아 낸 물.

膠 아교 교　音 ⊗コウ　訓 ⊗にかわ

訓読
⊗膠[にかわ] 아교. 갓풀.
音読
膠状[こうじょう] 교상; 아교처럼 끈적거리는 상태.
膠質[こうしつ] 교질; 아교질.
膠着[こうちゃく] 교착; ①찐득찐득하게 달라붙음. ②어떤 사물의 상황에 오랫동안 변화가 없음.
膠着語[こうちゃくご] 교착어; 우랄알타이어 계통에 속한 언어.
膠漆[こうしつ] 교칠; ①아교와 칠. ②아주 절친함.
膠化[こうか] 교화; 끈적거리는 상태로 엉김.

驕 교만할 교　音 ⊗キョウ　訓 ⊗おごる

訓読
⊗驕る[おごる] 〈5自〉 ①거만하게 굴다. 교만을 떨다. ②제멋대로 굴다.
驕り[おごり] 교만함. 거만함. 방자함.
音読
驕慢[きょうまん] 교만; 거만함.
驕奢[きょうしゃ] 호사(豪奢). 사치스러움.
驕傲[きょうごう] 교오; 교만. 거만.

攪^x(攪) 어지러울 교　音 ⊗カク ⊗コウ　訓 ―

音読
攪乱[かくらん/こうらん] 교란; 휘저어 어지럽힘.
攪拌[かくはん/こうはん] 교반; 휘저어 뒤섞음.
攪拌機[こうはんき] 교반기; 휘저어 뒤섞는 기계.

鮫 상어 교　音 ⊗コウ　訓 ⊗さめ

訓読
⊗鮫[さめ] ≪魚≫ 상어.
鮫肌[さめはだ] (상어 가죽처럼) 까슬까슬한 살갗. 거친 살결. 또는 그런 사람
鮫皮[さめがわ] 상어 가죽.

[구]

九　아홉 구

ノ 九

音 ●キュウ ●ク
訓 ●ここのつ

訓読
4●**九つ**[ここのつ] ①아홉. ②아홉 개. ③아홉 살.
九月❶[ここのつき] 아홉 달. 9개월. ❷[くがつ] 9월. September.
4**九日**[ここのか] 9일. 아흐레.
九重[ここのえ] ①아홉 겹. ②≪雅≫ 궁중. 구중궁궐. ③수도(首都).

音読
4**九**[く/きゅう] 9. 아홉.
九九[くく] 구구법. 구구단.
九大[きゅうだい] '九州大学(きゅうしゅうだいがく)'의 준말.
九百[きゅうひゃく] 구백; 900.
九分❶[くぶ] 대체로. 십중팔구. ❷[きゅうふん/くふん] (시간 단위의) 9분.
九分九厘[くぶくりん] 99%. 거의 100%.
九死一生[きゅうしいっしょう] 구사일생; 겨우 살아남.
4**九時**[くじ] 9시. 아홉 시.
4**九月❶**[くがつ] 9월. September. ❷[ここのつき] 아홉 달. 9개월.

久　오랠 구

ノ ク 久

音 ●キュウ ●ク
訓 ●ひさしい

訓読
1**久しい**[ひさしい] 〈形〉 오래다. 오래되다. 오래간만이다.
久方振(り)[ひさかたぶり] (격식을 차린 말로) 오래간만임.
2**久し振(り)**[ひさしぶり] 오래간만.

音読
久遠[くおん] ≪仏≫ 구원; 아득하게 멀고 오램. 영원함. 영구. 영겁(永劫).
久遠実成[くおんじつじょう] ≪仏≫ 구원실성.

口　입 구

丨 冂 口

音 ●ク ●コウ
訓 ●くち

訓読
4●**口**[くち] ①입. ②(입과 비슷한 물건의) 마개. 아가리. 뚜껑. ③입맛. 미각. ④첫머리. 첫 부분. ⑤몫. ⑥일자리. 근무처. ⑦틈새. 구멍. ⑧浄瑠璃(じょうるり)의 첫 부분.
口コミ[くちコミ] 입소문. 평판.
口ずから[くちずから] 자신의 입으로. 자기 말로.
1**口ずさむ**[くちずさむ] 〈5他〉 읊조리다. 흥얼거리다.
口つき[くちつき] ①입 모양. ②말투. ③(담배) 필터. ④마부(馬夫).
口づけ[くちづけ] 입맞춤. 키스.
口減らし[くちべらし] (생활비를 절약하기 위해) 식구를 줄임.
口過ぎ[くちすぎ] 생계. 살림.
口慣(ら)し[くちならし] ①입맛들임. ②유창하게 말이 나오도록 익힘.
口口[くちぐち] ①각각. 저마다. ②모든 출입구.
口金[くちがね] ①쇠붙이 마개. ②핸드백을 여닫는 데 쓰는 쇠붙이. ③소켓에 끼우는 금속 부분.
口答え[くちごたえ] 말대답. 말대꾸.
口当(た)り[くちあたり] ①감칠맛. 입에 맞음. ②대접. 접대.
口籠もる[くちごもる] 〈5自〉 ①말을 더듬다. ②우물거리다.
口凌ぎ[くちしのぎ] ①요기. ②호구지책.
口利き[くちきき] ①중개. 알선. 조정. ②유력자.
口裏[くちうら] ①말귀. 말투로 그 진의를 헤아림. ②남의 말소리로 길흉을 점침.
口明け[くちあけ] ①뚜껑을 땀. ②맨 처음. 시작. 개시(開始).
口癖[くちぐせ] 입버릇.
口付(き)[くちつき] ①입 모양. ②말투. ③(담배) 필터. ④마부(馬夫).
口付(け)[くちづけ] 입맞춤. 키스.
口惜しい[くちおしい] 〈形〉 원통하다. 분하다. 억울하다.

口先[くちさき] ①입 끝. ②입에 발린 말. 말뿐임. 입만 살아 있음.

口数[くちかず] ①말수. ②(음식을 준비하는 입장에서) 식구. 사람 수. ③(사건·사물의) 건수. 개수.

口約束[くちやくそく] 구두 약속. 언약(言約).

口薬[くちぐすり] ①(비밀을 위해 주는) 입막이 금품. ②화승총(火縄銃)의 귀에 넣는 약.

口言葉[くちことば] ①현대어. ②구어(口語).

口汚い[くちぎたない] 〈形〉①입이 더럽다. 말투가 천하다. ②게걸스럽다.

口入れ[くちいれ] 고용인을 소개함.

口髭[くちひげ] 콧수염. 코밑수염.

口笛[くちぶえ] 휘파람.

口伝え[くちづたえ] 구전; ①말로써 직접 가르침. ②입 소문.

口伝て[くちづて] 입 소문.

口切(リ)[くちきり] ①개시. 시작. ②초겨울에 시작하는 다회(茶会). ③≪経≫ 최초의 매매 성립.

口早[くちばや] 말이 빠름.

口走る[くちばしる] 〈5他〉 엉겁결에 말하다. 무심결에 지껄이다.

口止め[くちどめ] ①입막음. ②입막음 값.

口直し[くちなおし] ①입가심. ②기분 전환.

口振り[くちぶり] 말씨. 말투. 말하는 품.

口真似[くちまね] 남의 말투를 흉내 냄.

口車[くちぐるま] 감언이설(甘言利説).

口添え[くちぞえ] 말을 거듦. 조언(助言).

口出し[くちだし] 말참견.

口取(リ)[くちとり] ①마부(馬夫). ②(달게 조린 생선 종류를) 접시에 담은 요리.

口幅ったい[くちはばったい] 〈形〉(분수도 모르고) 큰소리치다. 주제넘은 소리를 하다. 건방지다.

口下手[くちべた] 말주변이 없음.

口許[くちもと] ①입가. 입 언저리. ②출입구.

²口紅[くちべに] ①입술 연지. ②(도자기의) 테만 빨갛게 칠함.

口火[くちび] ①불씨. 도화선(導火線). ②사건의 발단.

口喧しい[くちやかましい] 〈形〉①말이 많아 시끄럽다. ②잔소리가 심하다. 까다롭게 굴다.

口喧嘩[くちげんか] 말다툼. 언쟁.

口絵[くちえ] 권두화(巻頭画). 책의 첫머리에 들어가는 그림.

口角[こうかく] 구각; 입아귀.

口腔[こうくう/こうこう] 구강; 입 안. ＊의학계에서는 'こうこう'라고 함.

口蓋[こうがい] 구개; 입천장.

口蓋垂[こうがいすい] 구개수; 목젖.

口径[こうけい] 구경; ①총구(銃口)의 내경(内径). ②직경.

口供[こうきょう] 구공; ①구두(口頭)로 진술함. ②범인의 진술서.

口供書[こうきょうしょ] 진술서(陳述書).

口内[こうない] 구내; 입안.

口内炎[こうないえん] 구내염.

¹口頭[こうとう] 구두; 입으로 하는 말.

¹口頭試問[こうとうしもん] 구두시험.

口頭語[こうとうご] 구어(口語).

口論[こうろん] 언쟁. 말다툼.

口吻[こうふん] 구문; ①말투. 어투. ②주둥이. 부리.

口分[くぶん] 사람 수대로 나눔.

口上[こうじょう] ①격식을 갖춘 인사말. ②소개인사. 서두 인사. 연극의 줄거리를 설명함.

口説く[くどく] 〈5他〉①설득하다. 타이르다. ②하소연하다. 푸념을 늘어놓다.

口説き落とす[くどきおとす] 〈5他〉 납득시키다. 설득하다.

口授[くじゅ/こうじゅ] 구수; 말로 전하여 줌. 말로써 가르침.

口唇[こうしん] 구순; 입술.

¹口述[こうじゅつ] 구술; 말로 진술함.

口承[こうしょう] 구승; 입에서 입으로 전해 내려옴.

口実[こうじつ] 구실; 핑계.

口約[こうやく] 구두 약속. 언약(言約).

口語[こうご] 구어; ①현대의 일상용어. ②회화체.

口語文[こうごぶん] 구어문.

口語体[こうごたい] 구어체.

口演[こうえん] 구연; ①구술(口述). 말로 진술함. ②(만담·재담 등을) 말로만 엮어 나감.

口外[こうがい] (비밀 등을) 누설함. 입 밖에 냄.

口伝[くでん] 구전; 말로 전하여 줌.

口調[くちょう] ①어조(語調). 말투. ②(말이나 문장의) 가락.

口座[こうざ] 구좌; ①장부의 계좌. ②진체(振替) 계좌. ③예금 계좌.

区 (區) 나눌 구

一 ブ ㄨ 区

音 ●ク
訓 —

音読

¹区[く] 구; ①도시 등의 행정 구역의 하나. ②구획. ③선거구.

¹区間[くかん] 구간: 일정한 지점의 사이.

区区❶[くく] 구구: ①저마다 다름. ②사소함. ❷[まちまち] 가지각색. 한결같지 않음.

区内[くない] 구내: ①구획의 안. ②한 구(区)의 안.

区名[くめい] 구명: 그 구(区)의 이름.

区民[くみん] 구민: 그 구(区)의 주민.

²区別[くべつ] 구별: 종류별로 나눔.

²区分[くぶん] 구분: 구별하여 나눔.

区分け[くわけ] 구분: 따로따로 갈라 나눔.

²区役所[くやくしょ] 구청(区庁).

²区域[くいき] 구역: 갈라놓은 지역.

区議会[くぎかい] 구의회: 구 의회.

区長[くちょう] 구청장(区庁長).

¹区切り[くぎり] ①(문장의) 단락. ②(일의) 매듭. 구분.

²区切る[くぎる] 〈5他〉①(문장을) 크게 구분하다. 끊다. ②일의 매듭을 짓다. 일단락을 짓다. ③구분하다. 구획하다.

区整[くせい] '区画整理(くかくせいり)'의 준말.

区割(り)[くわり] 구분. 구획.

区会[くかい] 구(区) 의회(議会).

¹区画[くかく] 구획: 구별하여 확정함.

丘 언덕 구

一 厂 斤 斤 丘

音 ●キュウ ⊗ク
訓 ●おか

訓読

²●丘[おか] (주변보다 약간 높은) 언덕. 작은 산. 구릉(丘陵). ¶～に登(のぼ)る 언덕에 오르다.

音読

¹丘陵[きゅうりょう] 구릉: 언덕.

旧 (舊) 옛구

｜ ｜｜ ｜日 ｜日 旧

音 ●キュウ
訓 ⊗ふるい

訓読

⊗旧い[ふるい] 〈形〉①낡다. 오래 되다. 헐다. ②신선하지 않다.

⊗旧す[ふるす] 〈5他〉(동사 ます형에 접속하여) …낡게 하다. 늘 …하다.

⊗旧びる[ふるびる] 〈上I自〉낡다. 헐다. 오래 되다.

音読

²旧[きゅう] 구: 묵은 것. 옛날 것. 오래된 것.

旧家[きゅうか] 구가: ①옛날에 살던 집. ②오래 대(代)를 이어 온 집안.

旧館[きゅうかん] 구관: 오래된 건물.

旧教徒[きゅうきょうと] 구교도; 천주교 신자.

旧劇[きゅうげき] 구극: 신파극이 생기기 전의 극. ＊歌舞伎(かぶき) 등을 말함.

旧都[きゅうと] 구도: 옛 도읍.

旧暦[きゅうれき] 구력: 음력.

旧石器時代[きゅうせっきじだい] 구석기 시대.

旧姓[きゅうせい] 구성: 옛 성씨.

旧習[きゅうしゅう] 구습: 옛 습관.

旧式[きゅうしき] 구식: 옛 스타일.

旧新約聖書[きゅうしんやくせいしょ] 구신약 성서.

旧新約全書[きゅうしんやくぜんしょ] 구신약 전서.

旧約聖書[きゅうやくせいしょ] 구약 성서.

旧約全書[きゅうやくぜんしょ] 구약 전서.

旧訳[きゅうやく] 구역: 이전의 번역.

旧友[きゅうゆう] 구우: 옛 친구.

旧人❶[きゅうじん] 구인: ①예전부터 세상에 알려진 사람. ②구시대 인물. ③구석기 및 중기(中期)의 인류. ❷[ふるひと/ふるひと] 고인(故人). 옛 사람.

旧跡[きゅうせき] 구적: 옛 고적.

旧制度[きゅうせいど] 구제도; 옛 제도.

旧株[きゅうかぶ] 구주: 이전에 발행한 주식.

¹旧知[きゅうち] 구지: 이전부터 아는 사이.

旧弊[きゅうへい] 구폐: 오래된 나쁜 습관.

句 글귀 구

ノ 勹 勹 句 句

[音] ●ク
[訓] —

音読
²句[く] 구; ①문절(文節). ②(문장의) 단락.
③관용구. ④'俳句(はいく)'의 준말.
句読[くとう] 구두; ①구두법(句読法). ②'구
두점(句読点)'의 준말.
²句読点[くとうてん] 구두점.
句法[くほう] 구법; 시(詩)나 俳句(はいく)의
작법(作法).
句意[くい] 구의; 글귀나 俳句(はいく)의 뜻.
¹句切(り)[くぎり] ①문장의 단락. ②일의 매
듭. 구분.
²句切る[くぎる] 〈5他〉 ①(문장을) 크게 구분
하다. 끊다. ②일의 매듭을 짓다. 일단락
을 짓다.
句点[くてん] 구점; 종지부. 마침표. 피리
어드.
句集[くしゅう] 俳句(はいく)를 모은 책.
句会[くかい] 구회; 俳句(はいく)를 짓는 모임.

求 구할 구

一 十 寸 寸 求 求 求

[音] ●キュウ ⊗グ
[訓] ●もとめる

訓読
²求める[もとめる] 〈下1他〉 ①구하다. 찾
다. ②요청하다. 요구하다. ③(물건을)
구입하다. 사다.
求め[もとめ] 요구. 수요.
求めて[もとめて] 자진하여. 구태여.

音読
求道[きゅうどう/ぐどう] 구도; 종교적인 깨
달음이나 진리를 찾아 수행하는 일.
求償[きゅうしょう] 구상; 배상이나 상환을
요구함.
求心力[きゅうしんりょく] 구심력.
求愛[きゅうあい] 구애; 이성에게 프러포
즈함.
求人[きゅうじん] 구인; 사람을 구함.
求職[きゅうしょく] 구직; 직업을 구함.

求刑[きゅうけい] 《法》 구형; 검사가 피고
인에게 부과하는 형.
²求婚[きゅうこん] 구혼; 결혼을 신청함. 프
러포즈함.
求婚者[きゅうこんしゃ] 구혼자.

究 연구할 구

丶 丿 宀 宀 空 空 究

[音] ●キュウ ⊗ク
[訓] ●きわめる

訓読
●究める[きわめる] 〈下1他〉 (학문을) 깊이
연구하다.

音読
¹究極[きゅうきょく] 궁극(窮極). ①결국. ②마
지막에 다다름.
究理[きゅうり] 궁리; ①사물의 이치를 규
명하는 일. ②(메이지 시대의) 물리학의
총칭.
究明[きゅうめい] 규명(糾明). 깊이 파고들어
밝힘.

拘 거리낄 구

一 十 扌 扩 扚 拘 拘 拘

[音] ●コウ
[訓] ⊗こだわる ⊗かかわる

訓読
¹⊗拘る[こだわる] 〈5自〉 ①구애되다. 구애받
다. ②일이 순조롭게 진척되지 않아 정체
(停滞) 되거나 하다.
²⊗拘わる[かかわる] 〈5自〉 ①관계를 갖다.
관계되다. ②구애되다. 구애받다.
⊗拘わらず[かかわらず] …에도 불구하고.
…에 관계없이.

音読
拘禁[こうきん] 구금; 유치장 등에 가둠.
拘泥[こうでい] 구애(拘碍). 융통성이 없음.
拘留[こうりゅう] 구류; 유치장 등에 가두어 둠.
¹拘束[こうそく] 구속; 신체의 자유를 박탈함.
拘引[こういん] 구인; 심문하기 위해 강제로
데리고 감.
拘引状[こういんじょう] 구인장.
拘置[こうち] 구치; 일정한 곳에 붙들어 둠.
拘置所[こうちしょ] 구치소; 유치장.

欧(歐) 토할/유럽 구

一 フ ヌ 区 区 区 欧 欧

音 ●オウ
訓 ─

音読
欧[おう] 구라파. 유럽.
欧羅巴[ヨーロッパ] 구라파; 유럽.
欧文[おうぶん] 구문; 로마자(字). 알파벳
²**欧米**[おうべい] 구미; 유럽과 아메리카.
欧亜[おうあ] 구아; 유럽과 아시아.
欧字[おうじ] 로마자(字).
欧州[おうしゅう] 구주; 유럽.
欧風[おうふう] 구풍; 유럽식. 서양식.
欧化[おうか] 서구화. 서구화(西歐化)됨. 서양화(西洋化)됨.

殴(毆) 때릴 구

一 フ ヌ 区 区 区 殴 殴

音 ●オウ
訓 ●なぐる

訓読
²●**殴る**[なぐる] 〈5他〉 ①(딱딱한 물건으로 세게) 때리다. 구타하다. ②(동사 ます형에 접속하여) 거칠게 …하다.
殴り[なぐり] ①딱딱한 물건으로 세게 때림. 구타. ②일을 날림으로 함. ③나무를 울퉁불퉁하게 거칠게 다듬어 냄.
殴り倒す[なぐりたおす] 〈5他〉 때려눕히다.
殴り付ける[なぐりつける] 〈下1他〉 후려갈기다. 세게 때리다.
殴り飛ばす[なぐりとばす] 〈5他〉 힘껏 후려치다. 후려갈기다.
殴り書き[なぐりがき] 휘갈겨 씀. 난필(乱筆).
殴り込み[なぐりこみ] ①작당하여 남의 집에 몰려감. 난입(乱入)함. ②(업계에) 도전함. 업계를 뒤흔듦.
殴り込む[なぐりこむ] 〈5他〉 ①작당하여 남의 집에 몰려가다. 난입(乱入)하다. ②(싸움 상대에게) 치고 들어가다.

音読
殴打[おうだ] 구타; 세게 때림. 세게 후려침.
殴殺[おうさつ] 구살; 타살(打殺). 때려죽임.

具(具) 갖출 구

｜ 冂 冂 円 目 且 具 具

音 ●グ
訓 ⊗そなえる ⊗そなわる ⊗つぶさに

訓読
⊗**具える**[そなえる] 〈下1他〉 ①갖추다. 구비하다. ②(덕이나 재능을) 갖추다. 지니다.
⊗**具わる**[そなわる] 〈5自〉 (덕이나 재능이) 갖추어지다.
⊗**具に**[つぶさに] ①자세히. 구체적으로. ②빠짐없이. 고루. 모두.

音読
具[ぐ] ①연장. 도구. 수단. ②(초밥·국수·국에 넣기 위해 잘게 썬 고기·생선·야채 등의) 건더기. 소. 고명.
具備[ぐび] 구비; 빠짐없이 고루 갖춤.
具眼[ぐがん] 구안; 사물을 보는 안목이 있음.
具有[ぐゆう] 구유; 갖추어짐. 갖추어 있음.
具足[ぐそく] ①부족함이 없음. 충분히 갖추어 있음. ②간편한 갑옷. ③연장. 도구. 세간.
具体[ぐたい] 구체; 모든 사람에게 이해될 수 있도록 되어 있는 것.
²**具体的**[ぐたいてき] 구체적.
²**具体化**[ぐたいか] 구체화.
³**具合**[ぐあい] ①형편. 상태. 컨디션. ②방식. 스타일. ③체면.
具現[ぐげん] 구현; 분명하게 구체적으로 나타냄.

救 구원할 구

一 十 ｔ ｔ ｔ ｔ 求 求 求 救 救

音 ●キュウ ⊗ク ⊗グ
訓 ●すくう

訓読
²●**救う**[すくう] 〈5他〉 ①구하다. 구원하다. 구제하다. 구제하다. ②(곤딩을) 덜어 주다. ③올바르게 지도하다. 선도하다.
救い[すくい] ①구제. 구조. 구출. 도움. ②한숨 놓임. 안도감. 다행임. ③(종교상의) 구원.
¹**救い主**[すくいぬし] ①구조자. 구해 준 사람. ②구세주(救世主).
救い出す[すくいだす] 〈5他〉 구해 내다.

音読

救国[きゅうこく] 구국; 나라를 구함.

救急[きゅうきゅう] 구급; 응급조치를 취함.

救急箱[きゅうきゅうばこ] 구급약 상자.

救急車[きゅうきゅうしゃ] 구급차.

救難[きゅうなん] 구난; 재난을 당한 사람을 구제함.

救命[きゅうめい] 구명; 위험에 처한 사람의 목숨을 구함.

救命具[きゅうめいぐ] 구명구; 구명 도구.

救命艇[きゅうめいてい] 구명정; 구명 보트.

救民[きゅうみん] 구민; 백성을 구제함.

救世❶[きゅうせい] 구세; 세상을 구제함. **❷**[ぐせ/くせ/くぜ] ≪仏≫ 세세; 괴로움에 시달리는 중생을 구함.

救世主[きゅうせいしゅ] 구세주.

¹**救援**[きゅうえん] 구원; 구호(救護). 곤란한 처지에 있는 사람을 도와 줌.

¹**救済**[きゅうさい] 구제; 불행한 상태에서 구하여 도와 줌.

²**救助**[きゅうじょ] 구조; 어려운 지경에 있는 사람을 도와 살려 줌.

救出[きゅうしゅつ] 구출; 위험한 상태에서 구해 냄.

救護[きゅうご] 구호; 구조하여 보호함.

球　　구슬 구

一　Ｔ　王　王`　玎　玎　玗　球　球　球

音 ●キュウ

訓 ●たま

訓読

²●**球**[たま] ①옥. 구슬. 보석. 진주. ②아름다운 것. 소중한 것. ③공. 볼. 당구. ④(주산의) 알. ⑤전구(電球).

球突(き)[たまつき] 당구(撞球).

球乗(り)[たまのり] (공 위에 올라가) 공을 굴리는 곡예.

音読

球茎[きゅうけい] ≪植≫ 구경; 땅속줄기.

球界[きゅうかい] 구계; 야구의 사회. 야구계.

球菌[きゅうきん] 구균; 구상(球状)의 세균.

¹**球根**[きゅうこん] ≪植≫ 구근; 땅속줄기.

球技[きゅうぎ] 구기; 공을 사용하는 운동 경기.

球団[きゅうだん] 구단; 직업 야구단.

球歴[きゅうれき] 구력; 야구 경력.

球面[きゅうめん] 구면; 공 모양의 표면.

球状[きゅうじょう] 구상; 공 모양.

球速[きゅうそく] 구속; (야구에서) 투수가 던진 공의 속도.

球審[きゅうしん] 구심; (야구에서) 주심(主審).

球威[きゅうい] 구위; (야구에서) 투수가 던진 공의 위력.

球場[きゅうじょう] 구장; 야구장(野球場).

球体[きゅうたい] 구체; 공 모양의 물체.

球形[きゅうけい] 구형; 공 모양.

溝(溝)　　도랑 구

氵　氵　汀　汀`　洪　洪　溝　溝　溝　溝

音 ●コウ

訓 ●みぞ ⊗どぶ

訓読

¹●**溝❶**[みぞ] ①도랑. 개천. ②홈. ③(인간 관계의) 간격. 틈. 갭. ⊗**溝❷**[どぶ] 하수구. 시궁창.

音読

溝渠[こうきょ] 하수구.

構(構)　　얽을 구

木　术　杧　杧`　杧　構　構　構　構　構

音 ●コウ

訓 ●かまう ●かまえる

訓読

²●**構う**[かまう] 〈5自〉 ①관계되다. 상관하다. ②마음을 쓰다. 개의하다. 보살피다. 돌보다. 〈5他〉 ①상대하다. 돌보다. ②(상대하여) 놀리다. 건드리다. 골리다. 희롱하다.

¹●**構える**[かまえる] 〈下1他〉 ①꾸미다. 이루다. ②(다음 동작에 대비하여) 자세를 취하다. 태세를 갖추다. ③(말을) 조작하다. 꾸미다. ④(태도를) 취하다.

¹**構え**[かまえ] ①구조. 만듦새. 꾸밈새. ②(앞으로의) 준비. 태세. 대비. ③(검도·유도에서) 자세. ④조작된 것. 허구(虚構). ⑤(漢字 부수의 명칭으로) 몸.

音読

構内[こうない] 구내; 구역 안.

構図[こうず] 구도; 구성된 도형(図形).

構文[こうぶん] 구문; 문장의 구성.

¹構想[こうそう] 구상; 생각을 얽어 놓음.

²構成[こうせい] 구성; 짜 맞춤, 조립.

構外[こうがい] 구외; (어떤 조직의) 구역 밖.

²構造[こうぞう] 구조; 기계·조직의 짜임새.

構築[こうちく] 구축; 조립하여 쌓아 올림.

駆 (驅) 말달릴 구

丨 厂 厂 乕 馬 馬 馬 馬 駆 駆

音 ●ク

訓 ●かける ●かる

訓読

¹駆ける[かける] 〈下1自〉 ①빨리 달리다. 질주하다. 달음질치다. ②말을 타고 달리다.

駆けっくら[かけっくら] 달음질. 경주(競走).

駆けくらべ[かけくらべ] 달리기. 경주(競走).

駆けっこ[かけっこ] 달리기. 달음질.

駆け競べ[かけくらべ] 달음질. 경주(競走).

駆け寄る[かけよる] 〈5自〉 (가까이) 달려들다. 달려오다.

駆け落ち[かけおち] 사랑의 도피.

駆け抜ける[かけぬける] 〈下1自〉 ①달려서 빠져나가다. ②달려서 앞지르다. ③말을 급히 몰아 앞으로 나서다.

駆け付け[かけつけ] ①급히 달려옴. ②원조함. 가세(加勢)함.

駆(け)比べ[かけくらべ] 달음질. 경주(競走).

駆(け)引(き)[かけひき] ①임기응변의 진퇴. ②(임기응변의) 술책. 책략. 흥정.

駆(け)込(み)[かけこみ] ①뛰어듦. ②서두름.

駆(け)込(み)寺[かけこみでら] (강제 결혼이나 남편과 이혼하기 위해) 피신하는 비구니 절.

駆(け)込(み)乗車[かけこみじょうしゃ] 뛰어들어 승차함.

駆け込む[かけこむ] 〈5自〉 뛰어들다. 뛰어들어가다.

¹駆(け)足[かけあし] ①구보(駆歩). 뛰어감. ②말을 가장 빨리 달리게 함.

駆(け)出し[かけだし] ①출발. 스타트. 뛰어나감. ②신출내기. 신참. 신입.

駆け出す[かけだす] 〈5他〉 ①(밖으로) 뛰어나가다. ②도망치다. ③뛰기 시작하다.

駆け回る[かけまわる] 〈5自〉 ①(이리저리) 뛰어다니다. ②동분서주하다. 쏘다니다. 이리 뛰고 저리 뛰다.

●駆る[かる] 〈他〉 ①(짐승을) 돌다. 쫓다. ②(짐승을) 타고 달리다. (짐승을) 타고 몰다. ③몰아대다. 몰아붙이다.

駆り立てる[かりたてる] 〈下1他〉 ①짐승을 내몰다. 몰아대다. ②(부추기어) 몰아넣다. 몰아치다.

駆り集める[かりあつめる] 〈下1他〉 닥치는 대로 그러모으다.

音読

駆動[くどう] 구동; 동력을 넣어 움직임.

駆使[くし] 구사; ①마음대로 사용함. 자유자재로 활용함. ②(사람 등을) 혹사함.

駆除[くじょ] 구제; (해충을) 몰아내어 없앰.

駆逐[くちく] 구축; 몰아냄. 쫓아냄.

駆逐艦[くちくかん] 구축함.

駆虫[くちゅう] 구충; 기생충을 몰아냄.

購 (購) 물건살 구

目 貝 貯 貯 購 購 購 購 購

音 ●コウ

訓 ⊗あがなう

訓読

⊗購う[あがなう] 〈5他〉 사들이다. 구입하다.

音読

¹購読[こうどく] 구독; 사서 읽음.

¹購買[こうばい] 구매; 물건을 사들임.

¹購入[こうにゅう] 구입; 사들임.

仇 원수 구   音 ⊗キュウ   訓 ⊗あだ

訓読

⊗仇[あだ] ①적. 원수. 앙숙. ②원망. 원한. ③앙갚음. 보복. 해침.

仇討ち[あだうち] ①복수. 원수를 죽임. ②앙갚음. 보복. 설욕(雪辱).

仇情[あだなさけ] ①일시적인 덧없는 사랑. ②일시적이고 그 때뿐인 인정이나 친절.

勾 구부러질 구   音 ●ク ⊗コウ   訓 ⊗まが

訓読

⊗勾玉[まがたま] 곡옥(曲玉). (옛날에 끈에 꿰어 장신구로 쓰던) 구부러진 옥돌.

音読
勾当[こうとう] ①사찰이나 섭정(摂政)의 사무 직원. ②(궁정의) 수석 여관(女官). ③(옛날) 맹인(盲人)에게 주던 관직명.
勾配[こうばい] ①경사도(傾斜度). ②비탈.
勾配織[こうばいおり] 굵기가 다른 두 종류 이상의 씨실과 날실을 섞어서 거죽이 골이 지게 짠 천.
勾引[こういん] 《法》 구인(拘引). 잡아끌고 감.

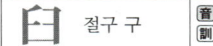

訓読
⊗**臼**[うす] ①절구. ②맷돌.
臼歯[うすば/きゅうし] 어금니.
音読
臼状[きゅうじょう] 구상; 절구 모양.
臼砲[きゅうほう] 《軍》 구포; 포신(砲身)이 짧고 사각(射角)이 큰 대포. 박격포.

音読
灸[きゅう] 구; 뜸. 뜸질.
灸点[きゅうてん] 구점; 뜸뜰 자리.
灸治[きゅうじ] 구치; 뜸질 치료.
灸穴[きゅうけつ] 구혈; 뜸자리.

音読
狗　개 구　音 ⊗ク　訓 ⊗いぬ

訓読
⊗**狗**[いぬ] ① 《動》 개. ② 《俗》 앞잡이. 첩자. 노예. 끄나풀.
狗尾草[★えのころぐさ] 《植》 구미초; 강아지풀.
音読
狗盗[くとう] 구도; 좀도둑.
狗肉[くにく] 구육; 개고기.

音読
咎　허물 구　音 ⊗キュウ　訓 ⊗とが

訓読
⊗**咎**[とが] ①허물. 실수. 과실. 잘못. ②(죄가 되는) 비행. 죄. ③결점. 흠.

咎め[とがめ] ①문책. 책망. ②비난.
咎める[とがめる] 〈下1他〉 ①나무라다. 책망하다. 힐책하다. 비난하다. ②검문하다. 수상쩍어 캐묻다. ③덧나다. ④¶気(き)が～ 속으로 켕기다. 마음이 꺼림칙해지다.

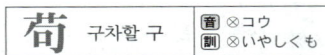

訓読
⊗**苟も**[いやしくも] ①적어도. ②만약. 만일. ③¶～しない 소홀히 하지 않다.
音読
苟安[こうあん] 한때의 편안함을 탐함.
苟且[こうしょ] 구차; 임시 변통.

訓読
²⊗**垢**[あか] ①때. ②(마음의) 때. 더러움. ③물때.
垢光[あかびかり] 때에 절어 번들거림.
垢抜け[あかぬけ] 때를 벗음. 세련됨.
垢抜ける[あかぬける] 〈下1自〉 때를 벗다. 세련되다.
垢付く[あかづく] 〈4自〉《古》 때가 끼다. 때가 묻다.
垢染みる[あかじみる] 〈上1自〉 때 묻다. 때가 끼다. 찌들다.
垢擦り[あかすり] ①때밀이. ②때를 미는 헝겊.
音読
垢離[こり] 목욕재계(沐浴斎戒).
垢面[こうめん] 구면; 때 묻은 얼굴.
垢衣[こうい] 구의; 때 묻은 옷.

音読
枸杞[くこ] 《植》 구기자나무.
枸杞飯[くこめし] 구기자의 순을 섞어 지은 밥.
枸杞茶[くこちゃ] 구기자차.
枸櫞酸[くえんさん] 구연산. ＊밀감 등에 포함되어 있는 유기산.

| 柩 | 널 구 | 音 ⊗キュウ |
| | | 訓 ⊗ひつぎ |

訓読
⊗柩[ひつぎ] (시체를 넣는) 널. 관(棺).
音読
柩車[きゅうしゃ] 영구차(靈柩車).

| 俱 | 함께 구 | 音 ⊗ク ⊗グ |
| | | 訓 ― |

音読
²俱楽部[クラブ] 클럽. club.
俱発[ぐはつ] 구발; 한꺼번에 발생됨.

| 矩 | 표준 구 | 音 ⊗ク |
| | | 訓 ⊗かね |

訓読
⊗矩[かね] ①곱자. 곡척(曲尺). ②직각.
矩差し[かねざし] 곱자. 곡척(曲尺).
矩尺[かねじゃく] ①곱자. 곡척(曲尺). ②경척(鯨尺)에서 8치를 한 자(尺)로 하는 자.
音読
矩形[くけい] 구형; 장방형(長方形).

| 寇 | 도둑 구 | 音 ⊗コウ |
| | | 訓 ⊗あだ |

訓読
⊗寇[あだ] 쳐들어오는 적.
寇する[あだする]〈サ変自〉①대항하다. 적대하다. ②해를 입히다. ③≪古≫ 쳐들어가다. 침략하다.
音読
寇讐[こうしゅう] 구수; 원수. 적.

| 毬 | 공 구 | 音 ⊗キュウ |
| | | 訓 ⊗いが ⊗まり |

訓読
⊗毬❶[いが] 가시가 있는 겉껍데기. ❷[まり] 공. 볼. ball.
毬栗[いがぐり] 밤송이.
毬栗頭[いがぐりあたま] 짧게 깎은 머리.
毬藻[まりも] ≪植≫ 공 모양의 녹조류(緑藻類).

毬投げ[まりなげ] 공 던지기.
音読
毬果[きゅうか] ≪植≫ 구과; 소나무과 식물의 열매의 총칭. 솔방울.

| 鈕 | 금테두리할 구 | 音 ⊗コウ |
| | | 訓 ⊗ボタン |

訓読
鈕[ボタン] ①옷의 단추. ②기계의 단추. 버튼.
鈕ホール[ボタンホール] 단추 구멍.

| 鉤 | 갈고리 구 | 音 ⊗コウ |
| | | 訓 ⊗かぎ |

訓読
⊗鉤[かぎ] ①갈고리. ②갈고리 모양의 물건. ③갈고리 모양의 무기. ④갈고리 모양의 부호. 「」.
鉤裂き[かぎざき] (옷이) 못에 걸려 직각 모양으로 찢어짐.
鉤鼻[かぎばな] 매부리코.
鉤針[かぎばり] 코바늘.
鉤針網[かぎばりあみ] 코바늘 뜨개질.
音読
鉤虫[こうちゅう] ≪虫≫ 구충; 십이지장충.

| 鳩 | 비둘기 구 | 音 ⊗キュウ |
| | | 訓 ⊗はと |

訓読
⊗鳩[はと] ≪鳥≫ 비둘기.
鳩目[はとめ] ①동그란 구멍. ②동그란 쇠고리.
鳩小屋[はとごや] 비둘기 집.
鳩時計[はとどけい] (벽시계의 한 종류로) 비둘기시계.
鳩派[はとは] 비둘기파(派). 온건파. 평화주의자.
鳩便[はとびん] 비둘기를 이용한 통신 수단.
音読
鳩舎[きゅうしゃ] 구사; 비둘기 집.
鳩首[きゅうしゅ] 구수; 여럿이 머리를 맞대어 의논함.
鳩信[きゅうしん] 구신; 비둘기를 이용한 통신 수단.

| 舅 | 시아버지 구 | 音 ⊗キュウ |
| | | 訓 ⊗しゅうと |

訓読

⊗舅[しゅうと] ①시아버지. ②장인.

音読

舅姑[きゅうこ] 구고; ①시부모. ②장인 장모.

| 蒟 | 구약나물 구 | 音 ⊗コン |
| | | 訓 ⊗– |

音読

蒟蒻[こんにゃく] ① ≪植≫ 구약나물. *봄에 자갈색(紫褐色)의 꽃이 핌. ②구약나물의 뿌리로 만든 식품.
蒟蒻玉[こんにゃくだま] 구약나물의 뿌리.

| 嘔ˣ(呕) | 토할 구 | 音 ⊗オウ |
| | | 訓 — |

音読

嘔吐[おうと] 구토; 토함.
嘔吐感[おうとかん] 구토감; 토하고 싶은 느낌.

| 嫗ˣ(妪) | 할머니 구 | 音 ⊗オウ |
| | | 訓 ⊗おうな |

訓読

⊗嫗[おうな] 할머니. 노파.

音読

❶老嫗[ろうう]

| 厩ˣ(厩) | 마구간 구 | 音 ⊗キュウ |
| | | 訓 ⊗うまや |

訓読

⊗厩[うまや] 말을 사육하기 위하여 지은 조그마한 집. 마구간.
厩別当[うまやのべっとう] 말 사육 담당자.
厩肥[うまやごえ/きゅうひ] ≪農≫ 구비; 마구간에 쌓인 거름. 외양간 두엄.

音読

厩舎[きゅうしゃ] 구사; ①마구간. ②경주용 말을 훈련시키고, 경마에 내보내는 일을 맡아 하는 곳.

| 駆 | 말몰 구 | 音 ⊗ク |
| | | 訓 ⊗かける ⊗かる |

訓読

¹駆ける[かける] 〈下1自〉 ①빨리 달리다. 질주하다. 달음질치다. ②말을 타고 달리다.
駆けっくら[かけっくら] 달음질. 경주(競走).
駆けっくらべ[かけっくらべ] 달음질. 경주(競走).
駆けっこ[かけっこ] 달리기. 달음질.
駆け競べ[かけくらべ] 달음질. 경주(競走).
駆け寄る[かけよる] 〈5自〉 (가까이) 달려들다. 달려오다.
駆け落ち[かけおち] 사랑의 도피.
駆け抜ける[かけぬける] 〈下1自〉 ①(달려서) 빠져나가다. ②달려서 앞지르다. ③말을 급히 몰아 앞으로 나서다.
駆(け)比べ[かけくらべ] 달음질. 경주(競走).
駆(け)引(き)[かけひき] ①임기응변의 진퇴. ②(임기응변의) 술책. 책략. 흥정.
駆(け)込(み)[かけこみ] ①뛰어듦. ②서두름.
駆(け)込(み)寺[かけこみでら] (강제 결혼이나 남편과 이혼하기 위해) 피신하는 비구니 절.
駆(け)込(み)乗車[かけこみじょうしゃ] 뛰어들어 승차함.
駆け込む[かけこむ] 〈5自〉 뛰어들다. 뛰어 들어가다.
¹駆(け)足[かけあし] ①구보(駆歩). 뛰어감. ②말을 가장 빨리 달리게 함.
駆(け)出し[かけだし] ①출발. 스타트. 뛰어 나감. ②신출내기. 신참. 신입.
駆け出す[かけだす] 〈5他〉 ①(밖으로) 뛰어 나가다. ②도망치다. 달아나다. ③뛰기 시작하다.
駆け回る[かけまわる] 〈5自〉 ①(이리저리) 뛰어다니다. ②동분서주하다. 쏘다니다. 이리 뛰고 저리 뛰다.
⊗駆る[かる] 〈5他〉 ①(짐승을) 몰다. 쫓다. ②(짐승을) 타고 달리다. (짐승을) 타고 몰다. ③몰아대다. 몰아붙이다.
駆り立てる[かりたてる] 〈下1他〉 ①짐승을 내몰다. 몰아대다. ②(부추기어) 몰아넣다. 몰아치다.
駆り集める[かりあつめる] 〈下1他〉 닥치는 대로 그러모으다.
駆り催す[かりもよおす] 〈5他〉 (들쑤시어) 사방에서 그러모으다.

駒 망아지 구

音 ⊗ク
訓 ⊗こま

訓読
⊗駒[こま] ①망아지. 말. *'馬(うま)'의 아어(雅語) 표현. ②(장기의) 말. 장기짝. ③(현악기의) 기러기발.
駒落(ち)[こまおち] (장기에서) 상수가 어떤 말을 떼어놓고 둠.
駒組(み)[こまぐみ] (장기에서) 포진(布陣). 말을 벌여 놓음.

篝 배롱 구

音 ⊗コウ
訓 ⊗かがり

訓読
⊗篝[かがり] ①화톳불을 피우는 쇠바구니. ②화톳불. 횃불.
篝船[かがりぶね] 횃불을 피워 고기를 잡는 배.
篝火[かがりび] 화톳불. 횃불.

謳 노래할 구

音 ⊗オウ
訓 ⊗うたう

訓読
⊗謳う[うたう] 〈5他〉 ①구가하다. 칭송하다. ②강조하다. 주장하다. ③명시하다. 명문화하다.
謳い文句[うたいもんく] 표어. 선전 문구. 캐치프레이즈.
謳い上げる[うたいあげる] 〈下1他〉 (특징을) 강조하여 선전하다.

音読
謳歌[おうか] 구가; 입을 모아 칭송함.

軀 ×(躯) 몸뚱이 구

音 ⊗ク
訓 ⊗むくろ

訓読
⊗軀[むくろ] ①몸뚱이. ②시체. 주검.

音読
軀幹[くかん] 구간; 몸. 신체. 체구.

鷗 ×(鴎) 갈매기 구

音 ⊗オウ
訓 ⊗かもめ

訓読
⊗鷗[かもめ] ≪鳥≫ 갈매기. 백구(白鷗).

[국]

局 쪽/판 국

コ ⊐ ⼫ 月 尸 局 局 局

音 ●キョク
訓 ⊗つぼね

訓読
⊗局[つぼね] ①궁전 안에 따로따로 칸막이한 방. 또는 그런 방을 가진 궁녀. ②창녀의 몸종이 거처하는 방.

²局[きょく] 국; ①사무의 한 분야를 담당하는 곳. ②방송국. 우체국. ③끝. 종말. ④사태. 국면(局面). ⑤(바둑·장기에서) 한 판.
局内[きょくない] 국내; 방송국의 내부.
局留[きょくどめ] (발신인이 지정한 우체국에) 유치하는 우편물.
局面[きょくめん] 국면; ①(일이 진행되어 가는) 사태. 정세. 형세. ②(바둑·장기의) 판세. 승부의 형세.
局方[きょくほう] '日本薬局方(にほんやっきょくほう)'의 준말.
局番[きょくばん] 국번; 전화국을 나타내는 번호.
局譜[きょくふ] 국보; (바둑·장기의) 기보(棋譜).
局部[きょくぶ] 국부; ①국소. 한 부분. ②음부(陰部).
局部麻痺[きょくぶまひ] 국소 마비.
局部麻酔[きょくぶますい] 국소 마취.
局線[きょくせん] 국선; 전화선. 외선(外線).
局勢[きょくせい] 국세; ①시국의 형세. ②(바둑·장기의) 판세.
局所[きょくしょ] 국소; ①국부. 한 부분. ②음부(陰部).
局外[きょくがい] 국외; ①(국局)의 관할 밖. ②그 일에 관계없는 입장.
局外中立[きょくがいちゅうりつ] 국외 중립; 교전국(交戦国)의 어느 편도 돕지 않는 국제법상의 입장.
局員[きょくいん] 국원; 우체국·방송국 등의 직원.
局長[きょくちょう] 국장; 국(局)의 우두머리.
局地[きょくち] 국지; 한정된 일정한 지역.
¹局限[きょくげん] 국한; 제한. 한정됨.

国 (國)　나라 국

丨 冂 冂 冂 冂 田 国 国

音 ◉ コク
訓 ◉ くに

訓読

⁴◉国[くに] ①나라. 국가. ②고국. 고향. 향토. ③(막연히) 어떤 지역. 고장. ④옛날의 지방 행정 구획. ⑤영지(領地). 임지.

国境❶[くにざかい] 지방과 지방의 경계. ❷[こっきょう] 국경; 나라와 나라의 경계.

国国[くにぐに] 여러 나라. 각국.

国柄[くにがら] ①나라의 체제. ②(그 나라·지방의) 특성. 사정. 특색.

国侍[くにざむらい] 지방 무사. 시골 무사. 영지(領地)에 사는 무사.

国訛(り)[くになまり] 사투리. 방언(方言).

国許[くにもと] ①大名(だいみょう)의 영지(領地). ②고향. 출생지.

音読

²国家[こっか] 국가; 나라.

国家主義[こっかしゅぎ] 국가주의.

国歌[こっか] 국가; ①애국가. ②和歌(わか).

²国境❶[こっきょう] 국경; 나라와 나라의 경계. ❷[くにざかい] 지방과 지방의 경계.

国庫[こっこ] 국고; ①재산권의 주체로서의 국가. ②국가의 금고.

¹国交[こっこう] 국교; 국가 사이의 교제.

¹国技[こくぎ] 국기; 그 나라의 대표적인 스포츠나 무술.

国旗[こっき] 국기; 나라의 표지로 정한 기(旗).

国内[こくない] 국내; ①나라의 영토 안. ②나라 안에만 관계됨.

国道[こくどう] 국도; 나라에서 관리하는 주요 도로.

国力[こくりょく] 국력; 나라의 힘.

¹国連[こくれん] '国際連合'의 준말.

国論[こくろん] 국론; 국민의 여론.

²国立[こくりつ] 국립; 나라에서 설립함.

国名[こくめい] 국명; ①나라의 이름. 국호. ②국가의 명예.

国務[こくむ] 국무; 나라의 정무(政務).

国務省[こくむしょう] 국무성.

国文学[こくぶんがく] 국문학.

国文学科[こくぶんがっか] 국문학과.

²国民[こくみん] 국민; 국가를 조직한 백성.

国民性[こくみんせい] 국민성.

¹国防[こくぼう] 국방; 국가의 방비.

国法[こくほう] 국법; 나라의 법률.

国宝[こくほう] 국보; ①나라의 보배. ②국가가 특별히 지정한 문화재.

国費[こくひ] 국비; 나라에서 지출하는 경비.

国賓[こくひん] 국빈; 국가적인 대우를 받는 외국 손님.

国士[こくし] 국사; ①우국지사(憂国之士). ②당대 제일의 인물.

国史[こくし] 국사; 나라의 역사.

国事[こくじ] 국사; 정치에 관한 일.

¹国産[こくさん] 국산; 자기 나라의 생산품.

国税[こくぜい] 국세; 국민에게 부과하는 세금.

国勢[こくせい] 국세; 나라의 형편이나 세력.

国勢調査[こくせいちょうさ] 국세 조사.

国是[こくぜ] 국시; 나라의 방침.

²国語[こくご] 국어; ①나라의 말. ②일본어.

国語学[こくごがく] 국어학.

国営[こくえい] 국영; 국가가 경영함.

²国王[こくおう] 국왕; 나라의 임금.

国外[こくがい] 국외; 나라 밖.

¹国有[こくゆう] 국유; 나라의 소유.

国字[こくじ] 국자; ①나라의 글자. ②일본에서 만들어진 한자(漢字).

国葬[こくそう] 국장; 국비로 치르는 장례식.

²国籍[こくせき] 국적; 국가의 구성원이 되는 자격.

¹国定[こくてい] 국정; 나라에서 제정함.

国政[こくせい] 국정; 국가의 정사(政事).

国情[こくじょう] 국정; 나라의 형편.

³国際[こくさい] 국제; 국가 사이의 관계.

国際連合[こくさいれんごう] 국제연합.

国債[こくさい] 국채; 국가의 채무·채권.

国策[こくさく] 국책; 나라의 정책.

国鉄[こくてつ] '国有鉄道'의 준말.

国体[こくたい] 국체; ①국가의 형태. ②'国民体育大会'의 준말.

¹国土[こくど] 국토; 나라 땅.

国花[こっか] 국화; 나라를 상징하는 꽃.

国華[こっか] 국화; 나라의 명예.

²国会[こっかい] 국회; 나라의 의회.

²国会議事堂[こっかいぎじどう] 국회 의사당.

²国会議員[こっかいぎいん] 국회의원.

菊 국화 국

一 艹 艹 芍 芍 芍 芍 菊 菊 菊

音 ●キク
訓 ―

音読
菊[きく] ①≪植≫ 국화; ②일본 황실의 문장(紋章).
菊見[きくみ] ①관국(観菊). 국화꽃 구경. ②국화꽃으로 만든 요리.
菊人形[きくにんぎょう] 국화꽃으로 장식한 인형.
菊日和[きくびより] 국화꽃이 필 무렵의 좋은 가을 날씨.
菊作り[きくづくり] 국화 재배.
菊花[きくか/きっか] ≪植≫ 국화.

掬 떠올릴 국
音 ⊗キク
訓 ⊗すくう

訓読
[1]⊗掬う[すくう] ＜5他＞ ①(액체나 분말을 수저로) 떠내다. 뜨다. 떠올리다. ②그물로 건지다. ③발을 걷어차다.
掬い[すくい] ①(물을) 떠냄. ②(물고기를) 건져냄.
掬い網[すくいあみ] 물고기를 떠올려 잡는 작은 그물. 뜰채.
掬い上げる[すくいあげる] ＜下1他＞ 떠올리다. 건져내다.

音読
掬する[きくする] ＜サ変他＞ ①물을 양손으로 뜨다. ②(사정을) 감안하다. 헤아리다. 짐작하다.

鞠 때릴/기를 국
音 ⊗キク
訓 ⊗まり

訓読
⊗鞠[まり] (발로 차거나 손으로 갖고 노는) 공. 볼.

音読
鞠問[きくもん] 국문; 죄를 조사하여 밝힘.
鞠訊[きくじん] 국신; 국문(鞠問). 죄를 조사하여 밝힘.

麴ˣ(麹) 누룩 국
音 ⊗キク
訓 ⊗こうじ

訓読
⊗麴[こうじ] 누룩.
麴菌[こうじきん] ≪植≫ 누룩곰팡이.
麴黴[こうじかび] ≪植≫ 누룩곰팡이.
麴室[こうじむろ] 누룩을 만드는 온실.

音読
麴塵[きくじん] ①노란색을 띤 연두색. ②'麴塵の袍[きくじんのほう]'의 준말.
麴塵の袍[きくじんのほう] 천황이 가벼운 의식에 착용하는 포(袍).

[군]

君 임금 군

フ コ ヨ ヨ 尹 尹 君 君

音 ●クン
訓 ●きみ

訓読
[2]●君❶[きみ] ①자네. 너. 그대. ②국왕. 임금. ③주군(主君). ④(윗사람에 대한 높임말로) 님. 공(公). ❷[くん] ☞ [音読]
君が代[きみがよ] ①≪雅≫ 당신의 한평생. ②주군(主君)의 치세(治世). ③일본의 애국가.

音読
[3]君❶[くん] 군. *동년배나 손아랫사람 이름에 붙여서 부르는 말. ❷[きみ] ☞ [訓読]
君臨[くんりん] 군림; ①군주(君主)로서 그 나라를 다스림. ②그 분야에서 권위와 세력이 있음.
君臣[くんしん] 군신; 군주와 신하.
君王[くんのう] 군왕; 임금. 군주.
君恩[くんおん] 군은; 군주의 은혜.
君子[くんし] 군자; ①학식과 덕행이 높은 사람. ②높은 지위에 있는 사람. ③사군자(四君子).
[1]君主[くんしゅ] 군주; 임금.
[1]君主国[くんしゅこく] 군주국.
君主政体[くんしゅせいたい] 군주 정체.
君侯[くんこう] 군후; 무사(武士)가 섬기는 영주(領主).

軍　군사 군

丶　冖　冖　宀　宁　盲　盲　宣　宣　軍

[音] ●グン
[訓] ⊗いくさ

[訓読]
⊗軍❶[いくさ] ①전쟁. 전투. 싸움. ＊아어적(雅語的)인 표현임. ② 《古》 군대. 병사. ❷[ぐん] ☞ [音読]

[音読]
²軍❶[ぐん] ①군; 군대. 군부. ②전쟁. ❷[いくさ] ☞ [訓読]
軍歌[ぐんか] 군가; 군대의 노래.
軍紀[ぐんき] 군기; 군대의 기강.
軍旗[ぐんき] 군기; 군대의 깃발.
²軍隊[ぐんたい] 군대; 군인 집단.
軍法[ぐんぽう] 군법; ①전술(戦術). ②군대 관계에 적용하는 형법.
¹軍服[ぐんぷく] 군복; 군인의 제복.
軍備拡張[ぐんびかくちょう] 군비 확장.
¹軍費[ぐんぴ] 군비; 군사비용.
¹軍事[ぐんじ] 군사; 군대에 관한 일.
軍勢[ぐんぜい] 군세; ①병력(兵力). 군대의 수효. ②군대의 기세. ③군대. 군사.
軍需[ぐんじゅ] 군수; 군수 물자.
軍律[ぐんりつ] 군율; ①군기(軍紀). ②군법(軍法).
²軍人[ぐんじん] 군인; 장병의 총칭.
軍装[ぐんそう] 군장; ①군인의 복장. ②무장(武装).
¹軍艦[ぐんかん] 군함; 해군 함정.
軍靴[ぐんか] 군화; 군인용 구두.

郡　고을 군

フ　丮　ヨ　尹　君　君　君　君'　郡　郡

[音] ●グン
[訓] ⊗こおり

[訓読]
⊗郡❶[こおり] 오늘날의 '군(郡)'에 해당하는 옛날의 행정 구역. ＊오늘날에는 '郡(ぐん)'이라고 함. ❷[ぐん] ☞ [音読]

[音読]
²郡❶[ぐん] (행정 구역상의) 군. ❷[こおり] ☞ [訓読]

[音読]
²郡[ぐん] (행정 구역상의) 군.
郡内[ぐんない] 군내; 군(郡)의 구역 내.
郡史[ぐんし] 군사; 군(郡)의 역사.
郡市[ぐんし] 군시; 군(郡)과 시(市).
郡県[ぐんけん] 군현; 군(郡)과 현(県).

群　무리 군

フ　ヲ　ヲ　尹　君　君　君'　君''　群''　群

[音] ●グン
[訓] ●むら ●むれ ●むれる

[訓読]
●群❶[むら] ①무리. 떼. ②무더기. ❷[ぐん] ☞ [音読]
¹群がる[むらがる] 〈5自〉 떼 지어 모이다. 군집(群集)하다.
²●群れ[むれ] ①무리. 집단. 떼. ②한패. 패거리.
●群れる[むれる] 〈下1自〉 떼를 짓다. 군집(群集)하다.

[音読]
¹群❶[ぐん] 무리. 집단. 패거리. ❷[むら] ☞ [訓読]
群居[ぐんきょ] 군거; 떼 지어 생활함.
群島[ぐんとう] 군도; 불규칙하게 모여 있는 섬들.
群落[ぐんらく] 군락; ①많은 촌락. ②군생(群生). 같은 자연 환경에서 자라는 식물군.
群盲[ぐんもう] 군맹; ①많은 맹인. ②많은 어리석은 사람들.
群舞[ぐんぶ] 군무; 떼를 지어 춤을 춤.
群像[ぐんぞう] 군상; 많은 사람의 형태를 주제로 묘사한 작품.
群生❶[ぐんせい] 군생; 식물이 한곳에 떼 지어 자람. ❷[ぐんじょう] 《仏》 많은 중생(衆生).
群棲[ぐんせい] 군서; 동물이 한곳에 모여 삶.
群小[ぐんしょう] 군소; 많이 모여 있는 작은 것들.
群臣[ぐんしん] 군신; 많은 신하들.
群雄[ぐんゆう] 군웅; 많은 영웅들.
¹群衆[ぐんしゅう] 군중; 떼를 지어 모인 집단.
¹群集[ぐんしゅう] 군집; 떼를 지어 모임.
群青[ぐんじょう] 군청; 군청색.

[굴]

屈 구부러질 굴

`一 コ 己 尸 尸 屈 屈 屈`

音 ●クツ
訓 ⊗かがまる ⊗かがむ ⊗かがめる

訓読
⊗屈まる[かがまる] 〈5自〉 ①(다리나 허리가) 구부러지다. ②웅크리다.
⊗屈む[かがむ] 〈5自〉 ①(다리나 허리가) 구부러지다. ②웅크리다.
⊗屈める[かがめる] 〈下1他〉 (다리나 허리를) 굽히다. 구부리다.

音読
屈する[くっする] 〈サ変自〉 ①구부러지다. ②굴복하다. 굴하다. 〈サ変他〉 ①구부리다. ②(뜻을) 굽히다.
屈強[くっきょう] 매우 힘이 셈.
屈曲[くっきょく] 굴곡; 이리저리 굽히어 꺾임.
屈伏[くっぷく] 굴복; 힘에 굴복하여 복종함.
屈伸[くっしん] 굴신; 굽혔다 폈다 함.
屈辱[くつじょく] 굴욕; 남에게 굴복 당하여 치욕을 받음.
屈従[くつじゅう] 굴종; 뜻을 굽혀 복종함.
¹屈折[くっせつ] 굴절; ①휘어 구부러짐. ②비뚤어짐.
屈指[くっし] 굴지; 손가락으로 셀 만큼 뛰어남.
屈託[くったく] 굴탁; ①괜히 걱정함. 신경을 씀. ②지쳐 버림. 지쳐서 싫증이 남.

堀 도랑 굴

`十 圡 圡 圹 圹 圻 圻 堀 堀 堀`

音 ―
訓 ●ほり

訓読
²●堀[ほり] ①도랑. ②해자(垓子). 성 둘레에 물이 괴거나 흐르게 한 곳.
堀江[ほりえ] 땅을 파서 물이 흐르게 한 강.
堀端[ほりばた] 도랑 옆. 도랑가.
堀川[ほりかわ] 땅을 파서 흐르게 한 강.

掘 파낼 굴

`一 十 扌 扩 扩 折 捛 捛 掘 掘`

音 ●クツ
訓 ●ほる ●ほれる

訓読
²●掘る[ほる] 〈5他〉 ①(땅을) 파다. ②(묻힌 것을) 파내다. 캐다.
●掘れる[ほれる] 〈下1自〉 땅이 패다. 땅이 패어서 뿌리가 드러나다.
掘(り)炬燵[ほりごたつ] (마루 일부를 뜯어내) 파묻은 각로(脚炉).
掘(っ)建て[ほったて] ①(건축에서 초석 없이) 지면을 파고 기둥을 세움. ◎허술한 집.
掘(っ)建(て)小屋[ほったてごや] 허술한 집.
掘り起こす[ほりおこす] 〈5他〉 ①(땅을) 파헤치다. 일구다. ②파내다. 발굴하다. ③(가능성을) 발굴하다.
掘(っ)立(て)小屋[ほったてごや] 허술한 집.
掘(っ)立(て)柱[ほったてばしら] 땅을 파서 초석 없이 바로 세운 기둥.
掘り返す[ほりかえす] 〈5他〉 ①(땅을) 파 엎다. ②파헤치다. 파내다. ③(문제를) 들추어내다.
掘り出す[ほりだす] 〈5他〉 ①파내다. ②(진귀한 것을) 입수하다. 손에 넣다. 찾아내다.
掘(り)出(し)物[ほりだしもの] ◯(우연히 얻은) 진귀한 보물. ②의외로 싼 물건.
掘り下げる[ほりさげる] 〈下1他〉 ①(땅을) 파내려 가다. 깊이 파다. ②(사물을) 깊이 파고들다. 깊이 생각하다.

音読
掘削[くっさく] 굴삭; 암석(巖石)이나 토사(土砂)를 파냄.
掘削機[くっさくき] 굴삭기; 굴착하는 기계.
掘進[くっしん] 굴진; 갱도 등을 파 들어감.

窟 동굴 굴

音 ⊗クツ
訓 ⊗いわや

訓読
⊗窟[いわや] ①암굴. 바위굴. 석굴. ②암굴 집.

音読
❶洞窟[どうくつ], 巣窟[そうくつ], 岩窟[がんくつ]

[궁]

弓 활 궁

ㄱ ㄱ 弓

- **音** ●キュウ
- **訓** ●ゆみ ⊗ゆん ⊗ゆ

訓読

¹弓❶[ゆみ] ①활. ②활쏘는 기술. 궁술(弓術). ❷[きゅう] ☞ [音読]

弓なり[ゆみなり] 활 모양.

弓師[ゆみし] 궁사; 활을 쏘는 사람.

弓手[ゆんで] ①활을 잡는 왼쪽. ②왼쪽.

弓矢[ゆみや] 궁시; ①활과 화살. ②무기. ③전투. 전쟁.

弓張月[ゆみはりづき] (활 모양의) 상현(上弦)달. 하현(下弦)달. 반달.

弓取(り)[ゆみとり] ≪雅≫ ①손에 활을 듦. ②활을 잘 쏘는 사람. 무사(武士). ③(씨름에서) 옛날, 横綱(よこづな)가 활을 들고 하던 의식. *현대는 다른 씨름꾼이 대신 행함.

弓弦[ゆみづる] 궁현; 활시위.

弓形[ゆみなり/ゆみがた/きゅうけい] 활 모양.

音読

弓❶[きゅう] 바이올린의 활. **❷**[ゆみ] ①활. ②궁술(弓術). ☞ [訓読]

弓道[きゅうどう] 궁도; 활 쏘기. 궁술(弓術).

弓馬[きゅうば] 궁마; ①궁술과 마술. ②무술. 무예.

弓状[きゅうじょう] 궁상; 활 모양.

弓術[きゅうじゅつ] 궁술; 활 쏘는 기술.

弓箭[きゅうせん] 궁전; ①활과 화살. ②무기. 무술.

宮 궁궐/집 궁

丶 丷 宀 宀 宀 宫 宫 宫 宮 宮

- **音** ●ク ●グウ ●キュウ
- **訓** ●みや

訓読

●**宮**[みや] ①신(神)에게 제사지내는 건물. 신사(神社). ②궁. 궁궐. ③황족에 대한 존칭.

宮家[みやけ] ①황족(皇族) 집안. ②宮(みや)의 칭호를 받는 집안.

宮崎[みやざき] ①九州(きゅうしゅう) 남동부의 현(県). ②宮崎県(みやざきけん)의 현청 소재지.

宮大工[みやだいく] 神社(じんじゃ)・절・궁전 등의 건축을 전문으로 하는 목수.

宮仕え[みやづかえ] ①궁중 또는 귀족 밑에서 일함. ②벼슬살이. ③고용살이.

宮司❶[みやづかさ] ①신관(神官). ②中宮職(ちゅうぐうしき)・東宮坊(とうぐうぼう)・斎宮(さいぐう)・斎院(さいいん) 등에 종사하는 직원. **❷**[ぐうじ] 신사(神社)의 우두머리 신관(神官).

宮寺[みやでら] 신불(神仏)을 함께 모시는 神社(じんじゃ)에 딸린 절.

宮相撲[みやずもう] (축제 때) 神社(じんじゃ)의 경내에서 행해지는 씨름.

宮城❶[みやぎ] 일본 東北(とうほく) 지방의 현(県). *현청(県庁) 소재지는 仙台市(せんだいし)임. **❷**[きゅうじょう] 궁성; 천황이 거처하는 곳.

宮所[みやどころ] ①神社(じんじゃ)가 있는 곳. ②궁. 궁궐.

宮守(り)[みやもり] ①神社(じんじゃ)를 지킴. ②또는 지키는 사람.

宮様[みやさま] 황족(皇族)을 존경하여 부르는 호칭.

宮人[みやびと] ①벼슬아치. ②신관(神官). 신(神)을 섬기는 사람.

宮入貝[みやいりがい] ≪貝≫ 다슬기.

宮作り[みやづくり] 궁전을 건조함.

宮造り[みやづくり] 궁전을 건조함.

宮芝居[みやしばい] 축제 때 神社(じんじゃ)의 경내에서 하는 연극.

宮参り[みやまいり] 神社(じんじゃ) 참배(参拝).

宮号[みやごう] 宮(みや)의 칭호. *일가(一家)를 세운 황족에게 주는 칭호로 일반인의 성(姓)에 해당함.

音読

宮内省[くないしょう] 궁내성; 지금의 宮内庁(くないちょう)의 옛이름.

宮内庁[くないちょう] 궁내청; 황실(皇室) 살림에 관한 사무를 맡아보는 관청.

宮門[きゅうもん] 궁문; 대궐의 문.

宮司❶[ぐうじ] 신사(神社)의 우두머리 신관(神官). **❷**[みやづかさ] ①신관(神官). ②中宮職(ちゅうぐうしき)・東宮坊(とうぐうぼう)・斎宮(さいぐう)・斎院(さいいん) 등에 종사하는 직원.

宮城❶[きゅうじょう] 궁성; 천황이 거처하는 곳. ❷[みやぎ] 일본 東北(とうほく) 지방의 현(県). ＊현청(県庁) 소재지는 仙台市(せんだいし)임.

¹宮殿[きゅうでん] 궁전; ①대궐. ②신을 모신 당집.

宮廷[きゅうてい] 궁정; 궁중. 대궐.

宮中[きゅうちゅう] 궁중; 대궐 안.

宮刑[きゅうけい] 궁형; 옛날 중국에서 거세(去勢)하던 형벌.

窮　다할 궁

窮 窮 窮 窮 窮 窮 窮 窮 窮 窮

音 ◉キュウ
訓 ◉きわまる ◉きわめる

訓読

◉窮まる[きわまる] 〈5自〉 ①극히 …하다. …하기 짝이 없다. ②끝나다. 다하다. ③(곤란한 처지에) 빠지다.

窮まり[きわまり] 끝. 마지막. 궁극.

窮まりない[きわまりない] 〈形〉 ①끝없다. 한이 없다. ②…하기 짝이 없다.

◉窮める[きわめる] 〈下1他〉 ①(정상에) 다다르다. 끝까지 가다. ②다하다. 더할 나위 없이 …하다. ③규명하다. 깊이 연구하다. 窮め다.

窮め[きわめ] ①끝. 마지막. 궁극. ②(골동품의) 감정.

窮め尽くす[きわめつくす] 〈5他〉 끝까지 추구하다. 철저히 규명하다.

音読

窮する[きゅうする] 〈サ変自〉 ①궁해지다. 막막해지다. 막히다. ②생활이 어려워지다. 궁색해지다.

窮境[きゅうきょう] 궁경; 궁지.

¹窮屈[きゅうくつ] ①비좁음. 답답함. ②(꼭 끼어) 갑갑함. ③궁핍함. 옹색함. ④융통성이 없음. 딱딱함. ⑤부자유스러움. 거북함.

窮極[きゅうきょく] 궁극; 극도에 달함.

窮民[きゅうみん] 궁민; 빈민(貧民).

窮状[きゅうじょう] 궁상; 궁핍한 상태.

窮余[きゅうよ] 궁여; 궁한 나머지.

窮地[きゅうち] 궁지; ①곤경(困境). ②≪古≫ 벽촌(僻村). 벽지(僻地).

窮策[きゅうさく] 궁책; 궁여지책.

¹窮乏[きゅうぼう] 궁핍; 몹시 가난함.

권

券(券)　문서 권

券 券 券 券 券 券 券 券

音 ◉ケン
訓 ―

音読

²券[けん] ①(입장권・승차권 등의) 표. ②증서(証書). 주권(株券).

券売機[けんばいき] 매표기(売票機).

券面[けんめん] 권면; 액면(額面). 금액이 기재되어 있는 표면.

巻(巻)　책/감을 권

巻 巻 巻 巻 巻 巻 巻 巻 巻

音 ◉カン ⊗ケン
訓 ◉まく ◉まき

訓読

²巻く[まく] 〈5他〉 ①감다. ②말다. ③(나사・태엽을) 죄다. ④(몸에) 두르다. ⑤포위하다.

◉巻❶[まき] ①감음. 감은 것. 감은 정도. ②서화(書画)의 두루마리. ❷[かん] ☞ [音読]

巻き起こす[まきおこす] 〈5他〉 (예상 밖의 일을) 일으키다. 야기하다.

巻(き)網[まきあみ] 선망(旋網). 고기떼를 둘러싸서 잡는 그물.

巻物[まきもの] ①두루마리. ②축(軸)에 감은 옷감. ③둥글게 만든 초밥.

巻き付く[まきつく] 〈5自〉 휘감기다.

巻き付ける[まきつける] 〈下1他〉 휘감다.

巻き上げる[まきあげる] 〈下1他〉 ①감아 올리다. 말아 올리다. ②다 감다. ③(협박하거나 속여서) 빼앗다. 탈취하다.

巻(き)上(げ)機[まきあげき] 윈치. 물건을 감아 올리는 기계.

巻(き)舌[まきじた] 야무진 어조(語調).

巻(き)寿司[まきずし] (김・달걀부침 등으로) 둥글게 만든 초밥.

巻き込む[まきこむ] 〈5他〉 ①(안으로) 말려들게 하다. ②(사건에) 연루되다. 끌어들이다.

巻紙[まきがみ] ①두루마리 종이. ②물건을 마는 종이.

巻(き)鮨[まきずし] (김·달걀부침 등으로) 둥글게 만든 초밥.
巻(き)尺[まきじゃく] 권척; 줄자.
巻(き)添え[まきぞえ] (남의 사건에) 휘말림. 말려들어 골탕먹음.
巻(き)貝[まきがい] ≪動≫고둥. *소라·우렁이 등을 말함.
音読
²巻❶[かん] ①두루마리. ②책. ③(필름·테이프를 세는 말) 권. ④(전집물 중의 하나인) 권. ❷[まき] ☞ [訓読]
巻頭[かんとう] 권두; ①책머리. ②서질(書帙) 중에서 가장 뛰어난 시가(詩歌).
巻頭言[かんとうげん] 권두언; 머리말.
巻末[かんまつ] 권말; 책의 끝 부분.
巻尾[かんび] 권미; 책의 맨 끝.
巻数[かんすう] 권수; ①책의 수. ②(영화에서 한 작품의) 필름 편수.

圏(圈)　범위 권

｜　冂　冂　冃　冎　冎　冎　冎　圈　圈

音 ●ケン
訓 ―

音読
圏[けん] 권; ①우리. ②범위. 한정된 지역.
圏内[けんない] 권내; 어떤 범위 안. 어떤 테두리 안.
圏外[けんがい] 권외; 범위 밖. 테두리 밖.
圏点[けんてん] 권점; 방점(傍点). 문장 가운데 요점을 표시하기 위해 글자 옆이나 위에 찍는 둥근 점.

勧(勸)　권할 권

ノ　ト　ヶ　夕　夕　夕　釲　隺　旬　勧

音 ●カン
訓 ●すすめる

訓読
²●勧める[すすめる] 〈下1他〉①권하다. 권고하다. ②권장하다. 장려하다.
勧め[すすめ] ①권함. 권고. ②권장. 장려.
音読
¹勧告[かんこく] 권고; 하도록 권함.
勧賞[かんしょう] 권상; 칭찬하여 장려함.

勧善懲悪[かんぜんちょうあく] 권선징악; 선을 권하고 악을 징계함.
勧業[かんぎょう] 권업; 산업을 장려함.
勧業銀行[かんぎょうぎんこう] 기업은행.
¹勧誘[かんゆう] 권유; 권하여 하도록 함.
勧銀[かんぎん] '勧業銀行(かんぎょうぎんこう)'의 준말.
勧奨[かんしょう] 권장; 권하여 장려함.
勧進帳[かんじんちょう] ① ≪仏≫ 기부금 장부. ②歌舞伎(かぶき) 十八番의 하나.

権(權)　권세 권

木　术　栌　栌　栌　栌　栌　栖　権　権

音 ●ケン ●ゴン
訓 ―

音読
²権❶[けん] 권; ①권력. ②방편. 임기응변의 수단. ❷[ごん] (옛날에 벼슬 이름 앞에 붙여서) 임시로 둔 지위임을 나타냈음. 임시직.
¹権力[けんりょく] 권력; 사회적인 실력.
権力争い[けんりょくあらそい] 권력 다툼.
²権利[けんり] 권리; ①자격. ②사용권. ③ ≪古≫ 권세와 이익.
権利落(ち)[けんりおち] 권리가 없어짐.
権利株[けんりかぶ] 권리주; 장래에 발행될 주식의 인수 권리를 갖는 주.
権謀術数[けんぼうじゅっすう] 권모술수.
権勢[けんせい] 권세; 권력과 세력.
¹権威[けんい] 권위; ①위신. ②신뢰성. ③대가(大家).
権威主義[けんいしゅぎ] 권위주의.
権益[けんえき] 권익; 권리와 이익.
¹権限[けんげん] 권한; 권리.
権化[ごんげ] ① ≪仏≫ 권화. ②화신(化身).

倦ˣ(倦)　게으를 권　音 ⊗ケン
　　　　　　　　　　　　訓 ⊗うむ

訓読
⊗倦む[うむ] 〈5自〉①싫증나다. ②지치다.
音読
倦厭[けんえん] 권염; 권태가 생겨 싫어짐.
倦怠[けんたい] 권태; 싫증을 느껴 게을러짐.
倦怠感[けんたいかん] 권태감.
倦怠期[けんたいき] 권태기.

拳(拳) 주먹 권 | 音 ⊗ケン ⊗ゲン
訓 ⊗こぶし

訓読
⊗拳 ❶[こぶし] 주먹. ❷[けん] ☞ [音読]
音読
拳 ❶[けん] ①주먹. ②권법(拳法). ❷[こぶし] ☞ [訓読]
拳骨[げんこつ] 주먹.
拳玉[けんだま] 죽방울. *장난감의 하나.
拳銃[けんじゅう] 권총.
拳闘[けんとう] 권투; 복싱.

捲ˣ(捲) 감을 권 | 音 ⊗ケン
訓 ⊗まく ⊗まくる
⊗まくれる
⊗めくる

訓読
⊗捲く[まく] 〈五他〉 ①감다. ②말다. ③두르다. ④포위하다.
捲き上げる[まきあげる] 〈下1他〉 ①감아 올리다. 말아 올리다. ②다 감다. ③(협박하여) 빼앗다. 탈취하다.
捲き込む[まきこむ] 〈五他〉 ①(안으로) 말려들게 하다. ②(사건에) 연루되다. 끌어들이다.
⊗捲る❶[まくる] 〈五他〉 ①(소매 등을) 걷다. 걷어붙이다. 걷어 올리다. ②걷어 올려 살을 드러내다. ③(동사 ます형에 접속하여) 마구 …하다. 계속 …해대다. ❷[めくる] 〈五他〉 ①젖히다. 넘기다. ②벗기다. 떼다. 뜯다.
⊗捲れる[まくれる] 〈下1自〉 (끝이 감겨진 것처럼) 젖혀지다.
音読
捲線[けんせん] 권선; 코일.
捲土重来[けんどじゅうらい] 권토중래; 한 번 실패했다가 실력을 갖추어 재기함.

眷 돌아볼 권 | 音 ⊗ケン
訓 ―

音読
眷顧[けんこ] 권고; 보살핌. 특별히 돌봄.
眷恋[けんれん] 권련; 몹시 연모함.
眷属[けんぞく] 권속; 한 집안 식구.
眷遇[けんぐう] 권우; 후하게 대접함.

[궐]

蕨 고사리 궐 | 音 ⊗ケツ
訓 ⊗わらび

訓読
⊗蕨[わらび] ≪植≫ 고사리.
蕨餅[わらびもち] 고사리로 만든 떡.
蕨粉[わらびこ] 고사리 뿌리에서 채취한 녹말.
蕨取り[わらびとり] 고사리 채취.

闕 대궐 궐 | 音 ⊗ケツ
訓 ―

音読
闕本[けっぽん] 궐본; ①결본(欠ス). 권수가 모자란 책. ②전집물 가운데 모자란 부분.
闕如[けつじょ] 궐여; 있어야 할 것이 없거나 모자람.
闕位[けつい] 궐위; 어떤 지위의 자리가 빔.

蹶 떨 궐 | 音 ⊗ケツ
訓 ―

音読
蹶起[けっき] 궐기; ①벌떡 일어남. ②용기를 내어 뜻을 이루고자 함. 분기(奮起)함.
蹶然として[けつぜんとして] 궐연히. 감연히 (敢然)히.

[궤]

机 책상 궤

一 十 才 木 机 机

音 ⦿キ
訓 ⦿つくえ

訓読
⁴⦿机[つくえ] 책상.
音読
机上[きじょう] 궤상; 책상 위. 탁상 위.
机上の空論[きじょうのくうろん] 탁상공론.
机下[きか] 궤하; *편지에서 상대방 이름 밑에 붙여서 높이는 말임.

軌　수레바퀴 궤

一 厂 戸 戸 旨 亘 車 軒 軌

- 音 ●キ
- 訓 ─

音読

¹軌道[きどう] 궤도; ①철로. 레일. 선로. ② ≪天≫ 천체가 일정한 법칙에 따라 움직이는 경로. ③ ≪物≫ 어떤 일이 되어 가는 경로.

軌範[きはん] 궤범; 규범(規範). 모범.

軌跡[きせき] 궤적; ①바퀴자국. ②(인생의) 발자취. ③ ≪数≫ 주어진 조건에 적합한 점(点)이나 선(線)의 전체를 나타내는 도형.

軌条[きじょう] 궤조; 선로. 궤도. 레일.

几　안석 궤

- 音 ⊗キ
- 訓 ─

音読

几帳[きちょう] 칸막이 휘장. ＊옛날 귀인들의 방 칸막이로 사용하던 휘장.

¹几帳面[きちょうめん] 〈形動〉 ①꼼꼼함. 고지식함. 야무짐. 빈틈없음. ②세심함. 자상함.

跪　꿇어앉을 궤

- 音 ⊗キ
- 訓 ⊗ひざまずく

訓読

⊗跪く[ひざまずく] 〈5自〉 무릎을 꿇다. 꿇어앉다.

音読

跪拝[きはい] 궤배; 무릎을 꿇고 절함.

跪坐[きざ] 궤좌; 꿇어앉음.

跪座[きざ] 궤좌; 꿇어앉음.

詭　괴이할 궤

- 音 ⊗キ
- 訓 ─

音読

詭計[きけい] 궤계; 속임수.

詭弁[きべん] 궤변; 도리에 맞지 않는 변론. 불합리한 이론.

潰　무너뜨릴 궤

- 音 ⊗カイ
- 訓 ⊗ついえる
- ⊗つぶす
- ⊗つぶれる

訓読

⊗潰える[ついえる] 〈下1自〉 ①무너지다. ②(전쟁에서) 궤멸되다. ③파산하다.

²⊗潰す[つぶす] 〈5他〉 ①찌부러뜨리다. ②으깨다. ③손상하다. 망치다. ④눌러 죽이다. ⑤(금속을) 녹이다. ⑥(구멍을) 메우다. ⑦(시간을) 낭비하다. ⑧몹시 놀라다.

²⊗潰れる[つぶれる] 〈下1自〉 ①찌부러지다. ②으깨지다. ③손상되다. 망가지다. 못쓰게 되다. ④파산하다. ⑤몹시 놀라다. ⑥(시간이) 낭비되다. ⑦(가슴이) 메다. ⑧(계획이) 틀어지다.

音読

潰乱[かいらん] 궤란; 패배하여 산산이 흩어짐.

潰滅[かいめつ] 궤멸; 괴멸(壊滅).

潰瘍[かいよう] ≪医≫ 궤양.

潰敗[かいはい] 궤패; 무너져 패함.

［ 귀 ］

帰(歸)　돌아갈/돌아올 귀

| リ リ゛ リ゛ リ゛ リ゛ リ゛ 帰 帰 帰

- 音 ●キ
- 訓 ●かえす ●かえる

訓読

²●帰す[かえす] 〈5他〉 돌려보내다. 돌아가게 하다.

⁴●帰る[かえる] 〈5自〉 ①(본래 있던 곳으로) 돌아오다. 돌아가다. ②(와 있던 사람이) 돌아가다.

³帰り[かえり] ①돌아감. 돌아옴. ②귀로(帰路). 귀가(帰家). 귀국(帰国).

帰り道[かえりみち] 돌아가는 길. 돌아오는 길.

帰り新参[かえりしんざん] 복직(復職)함. 복직자(復職者).

帰り支度[かえりじたく] 돌아갈 준비. 돌아올 준비.

帰り車[かえりぐるま] 돌아가는 빈 차.

音読
帰する[きする] 〈サ変自〉 ①돌아가다. 귀착되다. ②(불교에) 귀의(帰依)하다.
帰結[きけつ] 귀결; 귀착(帰着).
¹**帰京**[ききょう] 귀경; 서울로 돌아옴.
帰館[きかん] 귀관; 귀가(帰家). ＊과장된 표현임.
帰国[きこく] ①귀국; 본국으로 돌아감. ②귀향(帰郷).
帰納[きのう] 귀납; 여러 구체적인 사실에서 일반적인 원리를 유도해 냄.
帰途[きと] 귀도; 귀로(帰路).
帰路[きろ] 귀로; 돌아가는 길. 돌아오는 길.
帰省[きせい] 귀성; 귀향(帰郷).
帰属[きぞく] 귀속; 재산·권리가 특정한 주체에 속하게 됨.
帰心[きしん] 귀심; 돌아가고 싶은 마음.
帰依[きえ] 귀의; ①돌아가 몸을 의지함. ②신불(神仏)의 가르침을 믿고 그에 따름.
帰任[きにん] 귀임; 임지로 돌아감.
帰着[きちゃく] 귀착; ①귀환. ②귀결. 낙착.
²**帰宅**[きたく] 귀택; 귀가(帰家).
帰郷[ききょう] 귀향; 고향으로 돌아감.
帰化[きか] 귀화; ①다른 나라의 국적을 얻어 그 나라의 국민이 됨. ②어떤 식물이 외국에서 자생하여 번식하게 됨.
帰還[きかん] 귀환; (싸움터에서) 돌아옴.
帰休[ききゅう] 귀휴; 휴가.

鬼 귀신 귀

ノ ｲ ｒ 内 内 甶 甶 尹 兜 鬼 鬼

音 ●キ
訓 ●おに

訓読
²●**鬼**[おに] ①귀신. 도깨비. ②영령(英霊). ③악마. 냉혹한 사람. ④(한 가지 일에) 미친 사람. ⑤매우 못생긴 사람. ⑥(명사 앞에서 접두어로 쓰이면) 냉혹한. 무서운. 호랑이.
鬼ごっこ[おにごっこ] 술래잡기.
鬼監督[おにかんとく] 호랑이 감독.
鬼が島[おにがしま] 도깨비섬.
鬼瓦[おにがわら] 귀신 모양의 큰 기와. ＊용마루 끝에 사용함.
鬼婆[おにばば] ①마귀할멈. ②잔인한 노파.

音読
鬼気[きき] 귀기; 소름끼치는 무서움.
鬼女[きじょ] 귀녀; ①여자 모습의 귀신. ②악마처럼 잔인한 여자.
鬼面[きめん] 귀면; ①도깨비 얼굴. ②도깨비의 탈.
鬼門[きもん] 귀문; ①귀방(鬼方). ②달갑지 않은 사람. ③가기 싫은 곳. ④딱 질색임.
鬼才[きさい] 귀재; 사람들이 깜짝 놀랄만한 재능을 가진 사람.
鬼籍[きせき] ≪仏≫ 귀적; 죽은 신도의 이름·기일(忌日) 등을 기록한 장부. 과거장(過去帳).
鬼畜[きちく] 귀축; ①마귀와 짐승. ②배은 망덕한 사람. ③잔인한 사람.

貴 귀할 귀

一 ｜ 口 曰 虫 虫 串 串 串 串 貴 貴

音 ●キ
訓 ●たっとい/とうとい ●たっとぶ/とうとぶ ⊗あて

訓読
²●**貴い**[とうとい/たっとい] 〈形〉 ○귀중하다. 귀하다. ②(신분이) 높다. 고귀하다.
³●**貴ぶ**[とうとぶ/たっとぶ] 〈5他〉 공경하다. 존경하다. 존중하다.
⁴⊗**貴方**[あなた] 당신.

音読
貴家[きか] 귀가; 귀댁(貴宅). 댁내(宅内).
貴公[きこう] 귀공; ＊남자의 동년배나 손아랫사람에 대한 호칭.
貴公子[きこうし] 귀공자.
貴校[きこう] 귀교; 상대방 학교에 대한 높임말.
貴君[きくん] 귀군; 자네.
貴金属[ききんぞく] 귀금속; 금·은·보석.
貴台[きだい] 귀체(貴体). 존체. ＊편지에서 상대방에 대한 높임말.
貴婦人[きふじん] 귀부인.
貴賓[きひん] 귀빈; 귀한 손님.
貴社[きしゃ] 귀사; 상대방 회사에 대한 높임말.
貴書[きしょ] 귀서; 상대방 저서에 대한 높임말.
貴僧[きそう] 귀승; ①고승(高僧). ②상대방 중에 대한 높임말.

貴紳[きしん] 귀신; 신분이 높은 사람.

貴様[きさま] (욕할 때 쓰는) 너. 이 자식.
*원래는 높임말임.

貴意[きい] 귀의; 고견(高見). *편지에서
사용함.

貴人[きじん] 귀인; 신분이 높은 사람.

貴殿[きでん] 귀전; *편지에서 동년배 이
상에 대하여 사용함.

¹貴族[きぞく] 귀족; 신분이 높은 사람들.

²貴重[きちょう] 귀중; 아주 소중함.

²貴重品[きちょうひん] 귀중품.

貴地[きち] 귀지; *상대방이 살고 있는 곳
에 대한 높임말.

貴紙[きし] 귀지; *상대방 편지·신문에
대한 높임말.

貴誌[きし] 귀지; *상대방 잡지에 대한 높
임말.

貴賤[きせん] 귀천; 귀함과 천함.

貴下[きか] 귀하; *편지에서 남자들이 사
용함.

貴顕[きけん] 귀현; 신분이 높고 유명한
사람.

貴兄[きけい] 귀형; *편지에서 남자끼리
사용하는 말.

亀(龜)　①거북 귀　**音** ⊗キ
　　　　　②틀 균　　**訓** ⊗かめ

訓読

⊗亀[かめ] ①≪動≫ 거북. ②≪俗≫ 술고래.

亀の甲[かめのこう] ①귀갑; 거북의 등딱
지. ②귀갑(亀甲) 무늬.

お亀蕎麦[おかめそば] 김·야채·어묵·표
고버섯을 얹은 메밀국수.

お亀饂飩[おかめうどん] 김·야채·어묵·
표고버섯을 얹은 가락국수.

亀の子[かめのこ] ①거북의 새끼. ②귀갑
(亀甲).

亀節[かめぶし] 조그만 가다랭이포.

亀虫[かめむし] ≪動≫ 노린재.

音読

亀鑑[きかん] 귀감; 모범. 본보기.

亀甲[★きっこう] 귀갑; ①거북의 등 껍데기.
②귀갑(亀甲) 무늬나 모양.

亀頭[きとう] 귀두; 거북의 머리.

亀卜[きぼく] 귀복; 거북 점(卜).

亀裂[きれつ] 균열; 거북의 등처럼 갈라져서
터짐.

叫(叫)　부르짖을 규

丨 刂 叨 叩 叫 叫

音 ●キョウ
訓 ●さけぶ

訓読

²●叫ぶ[さけぶ] ⟨5自⟩ ①외치다. 부르짖다.
②강력히 주장하다.

¹叫び[さけび] 외침. 부르짖음.

叫び声[さけびごえ] 외치는 소리. 부르짖는
소리.

音読

叫喚[きょうかん] 규환; 울부짖음.

糾(糾)　얽힐/꼴 규

ㄥ ㄠ ㄠ 弁 糸 糸 糾 糾 糾

音 ●キュウ
訓 ⊗あざなう ⊗ただす

訓読

⊗糾う[あざなう] ⟨5他⟩ (새끼·실을) 꼬다.

⊗糾す[ただす] ⟨5他⟩ 조사하여 밝혀내다.
규명하다.

音読

糾明[きゅうめい] 규명; 따져서 밝혀냄.

糾問[きゅうもん] 규문; 진상을 따져 물음.

糾弾[きゅうだん] 규탄; 잘못이나 허물을 따
지고 캐어 밝힘.

糾合[きゅうごう] 규합; 어떤 목적 아래 많
은 사람을 한데 불러모음.

規　법 규

一 二 Ŧ 丰 ギ 扣 担 押 拐 規

音 ●キ
訓 ─

音読

¹規格[きかく] 규격; ①일정한 표준. ②규정.
규칙.

¹規模[きぼ] 규모; ①짜임새. ②≪古≫ 본보기.
올바른 예.

¹**規範**[きはん] 규범: 본보기. 모범.
¹**規約**[きやく] 규약: 규정.
²**規律**[きりつ] 규율: 질서. 기율(紀律).
　規正[きせい] 규정: 규제(規制).
¹**規定**[きてい] 규정: 규칙. 규율.
　規程[きてい] 규정: 사무 집행상의 준칙.
¹**規制**[きせい] 규제: 규율에 따라 제한함.
²**規準**[きじゅん] 규준: 준칙. 규범. 기준.
³**規則**[きそく] 규칙: ①사무 처리의 표준 준
　칙. ②법칙. 질서. ③국회 이외의 기관에서
　제정된 법의 일종.
　規則的[きそくてき] 규칙적.

	서옥 규	音 ⊗ケイ
		訓 ―

音読
珪砂[けいしゃ] 규사(硅砂); 석영을 함유한
　모래.
珪石[けいせき] 《鉱》 규석(硅石); 규소의 화
　합물로 된 광물.
珪素樹脂[けいそじゅし] 《化》 규소 수지.
珪藻土[けいそうど] 《鉱》 규조토; 규조가
　쌓여서 된 흙.

硅	규소 규	音 ⊗ケイ
		訓 ―

音読
硅素[けいそ] 《化》 규소.

葵	아욱 규	音 ⊗キ
		訓 ⊗あおい

訓読
⊗**葵**[あおい] ① 《植》 아욱과 식물. ②徳川
　(とくがわ) 집안의 가문(家紋).
葵祭[あおいまつり] 京都(きょうと)의 神社(じん
　じゃ)의 축제. ＊5월 15일에 행함.

閨	안방 규	音 ⊗ケイ
		訓 ⊗ねや

訓読
⊗**閨**[ねや] ①침실. ②깊숙한 방.
音読
閨房[けいぼう] 규방; 침실. 내실.
閨秀[けいしゅう] 규수; 학예에 뛰어난 실
　력을 가진 여인.

窺	엿볼 규	音 ⊗キ
		訓 ⊗うかがう

訓読
²⊗**窺う**[うかがう] 〈5他〉 ①엿보다　살피다.
　②노리다.

鮭	연어 규	音 ⊗ケイ ⊗カイ
		訓 ⊗さけ ⊗しゃけ

訓読
⊗**鮭**[さけ/しゃけ] 《魚》 연어. ＊일반적으
　로는 'しゃけ'로 말함.
⊗**鮭缶**[さけかん/しゃけかん] 연어 통조림.

均	고를 균	

一 十 土 圴 均 均 均

音 ●キン
訓 ⊗ならす

訓読
⊗**均す**[ならす] 〈5他〉 ①고르게 하다. 고르
　다. 평평하게 하다. ②평준화하다. 평균
　하다.
音読
均等割り[きんとうわり] 균등 분할.
均分[きんぶん] 균분; 등분. 고르게 나눔.
均一[きんいつ] 균일; 똑같이 차별이 없음.
均整[きんせい] 균형. 밸런스.
均斉[きんせい] 균형. 밸런스.
均質[きんしつ] 균질; 성분·성질이 일정함.
¹**均衡**[きんこう] 균형; 밸런스.

菌	곰팡이 균	

一 艹 艹 芦 芹 芹 菌 菌 菌 菌

音 ●キン
訓 ―

音読
¹**菌**[きん] 균: ①세균. ②버섯.
菌糸[きんし] 균사; 균류(菌類)의 실올 모양
　의 세포.
菌種[きんしゅ] 균종; 균(菌)의 종류.

[극]

克　이길 극

一 十 ナ 古 古 古 克

音 ●コク
訓 ⊗かつ ⊗よく

訓読
⊗克つ[かつ]〈5他〉①이겨내다. 극복하다.
　②이기다. 승리하다.
⊗克く[よく]용하게. 기특하게. 참으로 잘.

音読
克己[こっき] 극기; (충격·욕망·감정 등
　을 억눌러) 자신을 이겨냄.
克明[こくめい] 극명; 자상하게 신경을 씀.
²**克服**[こくふく] 극복; 곤란을 이겨냄.
克復[こくふく] 극복; ①이기어 다시 회복함.
　②(전쟁에 이겨) 평화를 회복함.

極　자극할/멸/다할 극

一 十 木 柯 柯 柯 柯 極 極 極

音 ●キョク ●ゴク
訓 ●きわまる ●きわみ ●きわめる

訓読
●**極まる**[きわまる]〈5自〉①극도에 달하다.
　…하기 짝이 없다. 극히 …하다. ②최고
　다. 그만이다. 최상이다.
極まりない[きわまりない]〈形〉①끝없다.
　한이 없다. ②…하기 짝이 없다.
●**極み**[きわみ]①끝. 극도. 극점. 절정.
　②한껏. 지극함.
●**極める**[きわめる]〈下1他〉①정상에 다다
　르다. 끝까지 가다. ②다하다. 더할 나위
　없이 …하다.
¹**極めて**[きわめて]지극히. 더없이.
極め付(き)[きわめつき]①(골동품 등의) 감
　정서가 붙어 있음. ②정평이 나 있음. 소
　문이 나 있음.

音読
極❶[きょく] 극; ①극도. 절정. ②끝. 종
　말. 종국. ③지구의 극. ④≪物≫ 극.
²**極❷**[ごく] 극히. 대단히. 아주. 매우.
極光[きょっこう] 극광; 오로라.

¹**極端**[きょくたん] 극단; 한쪽으로 치우침.
極大[きょくだい] 극대; 더없이 큼.
極度[きょくど] 극도; 더할 수 없는 정도.
極東[きょくとう] 극동; 동쪽의 맨 끝.
¹**極楽**[ごくらく] ①≪仏≫ 극락. ②편안한 처지.
極力[きょくりょく] 극력; 힘껏. 적극적으로.
極論[きょくろん] 극론; ①극단적인 논의.
　극언(極言). ②끝까지 논의함.
極微[きょくび/ごくび] 극미; 지극히 작음.
極秘[ごくひ] 극비; 지극한 비밀.
極貧[ごくひん] 극빈; 몹시 가난함.
極上[ごくじょう] 극상; 제일 좋음. 최상.
極細[ごくぼそ] 극세; 아주 가늚.
極小[きょくしょう] 극소; ①크기가 아주
　작음. ②≪数≫ 수량이 점점 줄다가 도로
　증가하기 시작하려는 극한점의 값.
極少量[きょくしょうりょう] 극소량.
極悪[ごくあく] 극악; 흉악함.
極安[ごくやす] 아주 쌈.
極言[きょくげん] 극언; 극단적으로 말함.
極右派[きょくうは] 극우파; 극단적인 우
　익계.
極意[ごくい] 극의; 비결. 깊은 경지. 비법
　(秘法).
極左派[きょくさは] 극좌파; 극단적인 좌익계.
極地[きょくち] 극지; 지구의 양극 지방.
極彩色[ごくさいしき] 극채색; 아주 화려한
　색채.
極致[きょくち] 극치; 더할 수 없는 경지나 상태.
極限[きょくげん] 극한; ①극도. 더할 수 없는
　정도. ②≪数≫ 일정한 법칙에 따라 변화하
　는 수가 무한히 어떤 수치에 접근했을 때의
　그 수치.

劇　연극/심할 극

丿 冖 广 广 庐 虍 虏 虜 豦 劇

音 ●ゲキ
訓 ⊗はげしい

訓読
⊗**劇しい**[はげしい]〈形〉①세차다. 격심하
　다. ②빈번하다. 잦다.

音読
²**劇**[げき] 극; ①연극. ②드라마.
¹**劇団**[げきだん] 극단; 연극의 상연을 목적
　으로 구성된 단체.

劇務[げきむ] 극무; 격무(激務).
劇薬[げきやく] 극약; 독약.
劇映画[げきえいが] 극영화.
劇作[げきさく] 극작; 시나리오.
劇作家[げきさくか/げきさっか] 극작가.
²劇場[げきじょう] 극장; 연극·영화 등을
  공연하거나 상영하는 곳.
劇的[げきてき] 극적; ①연극과 같은 요소
  가 있는 것. ②연극을 보는 것처럼 감격
  적이고 인상적임.
劇中[げきちゅう] 극중; 연극 속.
劇通[げきつう] 극통; 연극계 사정에 밝은 사람.
劇痛[げきつう] 극통; 격심한 통증.
劇化[げきか] 극화; ①연극으로 만듦. ②더
  욱 심해짐.
劇画[げきが] 극화; ①그림 연극. ②이야기
  를 글과 그림으로 엮은 책.

| 棘 | 가시나무 극 | 音 ⊗キョク |
| | | 訓 ⊗とげ ⊗おどろ |

訓読

¹⊗棘❶[とげ] 가시. ❷[おどろ] ①덤불. 수
  풀. ②헝클어져 있음.
棘棘しい[とげとげしい] 〈形〉 심술궂고 모
  나다. 가시 돋치다.

| 戟 | 갈라진창 극 | 音 ⊗ゲキ |
| | | 訓 ─ |

音読

❶剣戟[けんげき], 刺戟[しげき]

| 隙 | 틈 극 | 音 ⊗ゲキ |
| | | 訓 ⊗すき ⊗ひま |

訓読

²⊗隙❶[すき] ①빈틈. 여지. ②짬. 겨를.
  ③허점. 허술함.
⊗隙❷[ひま] ①한가한 시간. 틈. ②한가함.
  ③때. 시기. 기회. ④휴가. ⑤해고. 이혼.
²隙間[すきま] ①빈틈. 틈새기. ②짬. 겨를.
  ③허점. 빈틈.
隙間風[すきまかぜ] ①틈새기 바람. ②(비
  유적으로) 찬바람. 불화(不和).
隙隙[ひまひま] 짬짬이. 틈틈이.
隙取る[ひまどる] 〈5自〉 시간이 걸리다.

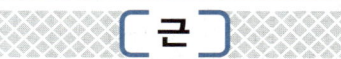

[근]

| 斤 | 무게 근 |
| `一 厂 斤 斤` | |

音 ●キン
訓 ─

音読

斤[きん] 근; 무게의 단위.
斤量[きんりょう] 근량; 무게.
斤目[きんめ] 근수. 근량. 무게.

| 近(近) | 가까울 근 |
| `一 厂 斤 斤 斤 沂 近` | |

音 ●キン ⊗コン
訓 ●ちかい

訓読

⁴●近い[ちかい] 〈形〉 가깝다.
⁴近く[ちかく] ① 〈名〉 근처. 가까운 곳.
  ②〈副〉 머지않아. 근간에.
近しい[ちかしい] 〈形〉 친하다. 가깝다.
²近づく[ちかづく] 〈5自〉 ①접근하다. 다가오
  다. 다가서다. ②친해지다. 가까이 사귀
  다. ③닮아가다. 비슷해지다.
²近づける[ちかづける] 〈下1他〉 ①가까이 하
  다. 가깝게 하다. ②가까이 사귀다. 가까
  이 하다. ③닮게 하다.
²近頃[ちかごろ] 요즈음. 근래. 최근.
²近近[ちかぢか] 머지않아. 근간에. 곧.
近寄せる[ちかよせる] 〈下1他〉 ①접근시키
  다. 가까이 갖다 대다. ②가까워지게 하
  다. 친해지게 하다.
²近寄る[ちかよる] 〈5自〉 ①접근하다. 다가서
  다. 가까이 서다. ②가까이 사귀다.
近道[ちかみち] ①지름길. 가까운 길. ②첩
  경. 빠른 길.
近目[ちかめ] ①근시(近視). 근시안. ②얕은
  소견. ③가까이 가까운 곳.
近付き[ちかづき] ①친하게 사귐. ②교제.
  ③친지(親知).
²近付く[ちかづく] 〈5自〉 ①접근하다. 다가오
  다. 다가서다. ②친해지다. 가까이 사귀
  다. ③닮아가다. 비슷해지다.

²**近付ける**[ちかづける]〈下1他〉①가까이하다. 가깝게 하다. ②가까이 사귀다. 가까이 하다. ③닮게 하다.

近回り[ちかまわり]①지름길로 감. ②근처. 부근.

音読

近刊[きんかん] 근간; 곧 출판될 출판물.

近古[きんこ] 근고; ①중고(中古)와 근세(近世) 사이의 시기. ②일본의 鎌倉(かまくら)・室町(むろまち) 시대.

¹**近郊**[きんこう] 근교; 도시의 가까운 주변.

近近に[きんきんに] 가까운 장래에. 곧.

近畿[きんき] 근기; ①옛날, 궁성(宮城) 소재지 근처의 지방. ②京都(きょうと)・大阪(おおさか) 지방을 중심으로 한 2부(府)와 5현(県)을 말함. *5현(県)은 三重(みえ)・滋賀(しが)・兵庫(ひょうご)・奈良(なら)・和歌山(わかやま) 지방을 말함.

²**近代**[きんだい] 근대; (日本史에서는) 明治維新(めいじいしん)부터 2차 세계 대전 종료 시까지를 말함.

近東[きんとう] 근동; 유럽에 가까운 동방 제국.

近来[きんらい] 근래; 요사이. 최근.

近隣[きんりん] 근린; 이웃.

近似値[きんじち] 근사치.

近世[きんせい] 근세; 근대(近代).

³**近所**[きんじょ]①근처. ②이웃. 이웃집.

近習[きんじゅう/きんじゅ] 근신(近臣); 군주(君主)나 영주(領主)를 가까이 모시는 신하.

¹**近視**[きんし] 근시; 가까운 사물만 잘 보임.

¹**近視眼**[きんしがん] 근시안.

¹**近時**[きんじ] 근시; 최근. 요즈음.

¹**近眼**[きんがん] 근안; ①근시. 근시안. ②선견지명이 없음.

¹**近眼鏡**[きんがんきょう] 근시 안경.

近影[きんえい] 근영; 최근의 사진.

近衛兵[このえへい] 근위병; 궁중의 호위병.

近日[きんじつ] 근일; 근간(近間).

近作[きんさく] 근작; 최근의 작품.

近在[きんざい] 근재; 근교(近郊).

近接[きんせつ] 근접; ①접근. ②가까움.

近親[きんしん] 근친; ①가까운 친척. ②근신(近臣).

近海[きんかい] 근해; 가까운 바다.

近海物[きんかいもの] 근해어(近海魚).

近県[きんけん] 근현; 가까운 현(県).

近火[きんか] 근화; 이웃의 화재.

近況[きんきょう] 근황; 최근의 상황.

根　　뿌리 근

一　十　オ　木　木′　木′　札′　柈　榠　根

音 ●コン

訓 ●ね

訓読

²●**根❶**[ね]①《植》뿌리. ②(서 있거나 돋아난 것의) 밑동. 밑둥치. ③(사물의) 근본. 기원. 뿌리. ④(부스럼의) 근. ⑤본성. 천성. ⑥(마음속에 맺힌) 응어리. 원한. **❷**[こん] ☞[音読]

根こぎ[ねこぎ] 뿌리째 뽑음.

根強い[ねづよい]〈形〉①뿌리깊다. ②꿋꿋하다.

根掘り葉掘り[ねほりはほり] 미주알고주알. 꼬치꼬치.

根付く[ねづく]〈5自〉뿌리를 내리다.

根分け[ねわけ] 분근. 뿌리를 나누어 옮겨 심음.

根雪[ねゆき] (봄까지 남아) 쌓여서 굳은 눈.

根城[ねじろ] ①아성(牙城). ②(활동의) 근거지. 본거지.

根深[ねぶか]《植》파. *'ねぎ'의 딴이름.

根深い[ねぶかい]〈形〉①뿌리깊다. ②내력이 깊다.

根元[ねもと] ①뿌리 부분. 밑동. 밑둥치. ②근본. 근원.

根抵当権[ねていとうけん]《法》근저당권.

根差す[ねざす]〈5自〉①뿌리가 내리다. 뿌리박다. ②기인하다. 유래하다. ③징조가 나타나다. 싹트다.

¹**根回し**[ねまわし] ①(옮겨심기 위해) 뿌리 둘레를 파서 잔뿌리를 침. ②사전 교섭. 사전 협상. 사전 공작.

根回り[ねまわり] 뿌리 둘레. 뿌리 둘레에 심은 화초.

音読

根❶[こん] 근; ①《数》방정식을 만족시키는 미지수의 값. ②《数》멱근. 승근(乗根). ③이온화될 경향이 있는 기(基). ④끈기. **❷**[ね] ☞[訓読]

根幹[こんかん] 근간; ①근본. ②뿌리와 줄기.

¹**根拠**[こんきょ] 근거; ①본거(本拠). ②근본이 되는 바탕.

¹**根気**[こんき] 근기; 끈기. 지구력.

¹**根本❶**[こんぽん] 근본; 근원. 근저(根底). **❷**[ねもと] ①뿌리 부분. 밑동. 밑둥치. ②근본. 근원.

¹**根本的**[こんぽんてき] 근본적.

根負け[こんまけ] 끈기에 짐. 지구력에 짐.

根性[こんじょう] 근성; ①마음보. 기질. ②강한 기질. 성깔.

根源[こんげん] 근원; 근본.

¹**根底**[こんてい] 근저; 밑바탕. 기초. 근본.

根絶[こんぜつ] 근절; 뿌리채 뽑아 없앰. 깡그리 없앰.

根治[こんじ] 근치; 완치(完治).

勤 (勤) 부지런할 근

一 艹 芑 古 芦 苗 苗 苗 荁 勤 勤

音 ●キン ●ゴン
訓 ●つとまる ●つとめる ⊗いそしむ

訓読

⊗**勤しむ**[いそしむ] 〈5自〉 (부지런히) 힘쓰다. 열중하다.

●**勤まる**[つとまる] 〈5自〉 (직무를) 감당해 내다. 맡을 수 있다.

²●**勤める**[つとめる] 〈下1他〉 ①근무하다. ②임무를 맡다. ③봉사하다. ④(제사를) 지내다. ⑤(기생이) 손님을 받다.

²**勤め**[つとめ] ①근무. ②(중들의) 수행(修行). ③(기생의) 접객.

勤め上げる[つとめあげる] 〈下1他〉 모든 임기를 마치다.

¹**勤め先**[つとめさき] 직장. 근무처.

勤め向き[つとめむき] 공무(公務). 근무에 관한 일.

音読

勤倹[きんけん] 근검; 근면하고 검소함.

¹**勤労**[きんろう] 근로; 일에 힘씀.

勤労者[きんろうしゃ] 근로자; 노동자.

¹**勤勉**[きんべん] 근면; 부지런함. 아주 열심히 일함.

¹**勤務**[きんむ] 근무; 직무에 종사함.

勤務先[きんむさき] 근무처. 직장.

勤続[きんぞく] 근속; 계속하여 오래 근무함.

勤王[きんのう] 근왕; 군주(君主)에게 충성을 다함.

勤惰表[きんだひょう] 출결근 일람표.

勤皇[きんのう] ☞ 勤王

勤皇攘夷[きんのうじょうい] ☞ 勤王攘夷

筋 힘줄 근

ノ 广 广 片 竹 竹 笁 笁 筋 筋

音 ●キン
訓 ●すじ

訓読

²●**筋❶**[すじ] ①힘줄. ②핏대. 혈관. ③줄기. ④선. 금. ⑤줄무늬. ⑥혈통. ⑦줄거리. ⑧조리. 이치. 사리. ⑨소질. ⑩관계자. 당국자. 소식통. ⑪일대. 부근. **❷**[きん] ☞ [音読]

筋骨❶[すじぼね] ①근골; 근육과 뼈. ②연골(軟骨). **❷**[きんこつ] 근골; 근육과 골격. 체격.

筋交い[すじかい] ①대각선으로 교차함. ②《建》 비스듬히 가로지른 버팀목.

筋金[すじがね] ①(콘크리트의) 철근. ②견실함. 확고하고 신념이 있음.

筋道[すじみち] ①사리. 도리. ②절차. 순서.

筋目[すじめ] ①(치마·바지의) 주름. ②혈통. 핏줄. ③사리. 도리.

筋書(き)[すじがき] ①(사건·내용의) 줄거리. 개요. 골자. ②미리 짠 계획.

筋違い[すじちがい] ①비스듬하게 교차함. ②도리에 어긋남. ③엉뚱함. ④(근육·핏줄이) 삠.

筋張る[すじばる] 〈5自〉①힘줄이 서다. 힘줄이 당기다. ②말투나 태도가 딱딱해지다.

筋合(い)[すじあい] ①(사물에 대한) 조리. 도리. ②통하는 관계. ③이유. 까닭.

筋向(か)い[すじむかい] 비스듬히 마주봄.

筋向(こ)う[すじむこう] 비스듬히 마주봄.

音読

筋❶[きん] 근육. **❷**[すじ] ☞ [訓読]

筋力[きんりょく] 근력; 근육의 힘. 체력.

筋炎[きんえん] 《医》 근염; 근육의 염증.

²**筋肉**[きんにく] 《生理》 근육; 심줄과 살.

謹 (謹) 삼갈 근

言 言' 言⁺ 記 記 評 評 謹 謹 謹

音 ●キン
訓 ●つつしむ ●つつしんで

訓読

¹●**謹む**[つつしむ] 〈5自〉 삼가 경의를 표하다. 정중하게 경의를 표하다

●謹んで[つつしんで] 삼가. 정중하게.

音読
謹啓[きんけい] 근계; 삼가 아뢰옵니다. *편지의 첫머리에 쓰는 인사말.
謹告[きんこく] 근고; 삼가 알림.
謹慎[きんしん] 근신; ①잘못・실수를 반성하여 언행을 삼감. ②(江戸[えど] 시대의) 외출을 금지하던 형벌.
謹厳[きんげん] 근엄; 점잖고 엄함.
謹呈[きんてい] 근정; 삼가 드림.
謹製[きんせい] 근제; 삼가 만듦.
謹聴[きんちょう] 근청; 삼가 들음.
謹賀新年[きんがしんねん] 근하신년; 삼가 새해를 축하합니다.

| 芹 미나리 근 | 音 ⊗キン |
| | 訓 ⊗せり |

訓読
⊗芹[せり] ≪植≫ 미나리.

| 菫 씀바귀 근 | 音 ⊗キン |
| | 訓 ⊗すみれ |

訓読
⊗菫[すみれ] ① ≪植≫ 제비꽃. 오랑캐꽃. ②'すみれいろ'의 준말.
⊗菫色[すみれいろ] 짙은 보라색. 제비꽃 빛깔.

| 僅ˣ(僅) 겨우 근 | 音 ⊗キン |
| | 訓 ⊗わずか |

訓読
²僅か[わずか]〈形動〉①조금. 약간. ②겨우. 불과. ③간신히. 겨우.
音読
僅少[きんしょう] 근소; 약간임. 조금임.
僅差[きんさ] 근차; 근소한 차이.

| 槿 무궁화나무 근 | 音 ⊗キン |
| | 訓 ⊗むくげ |

訓読
⊗槿[むくげ] ≪植≫ 무궁화.
音読
槿花[きんか] 근화; ①무궁화. ②덧없는 영화(栄華).

[금]

| 今 이제 금 |
| ノ 人 ム 今 |

音 ●キン ●コン
訓 ●いま

訓読
⁴●今[いま] ①지금. 이제. ②오늘날. 현대.
今ごろ[いまごろ] ①지금쯤. 이맘때. ②(때 늦은) 이제 와서. 이 시간에.
今では[いまでは] 현재. 오늘날.
今でも[いまでも] 지금도. 현재에도.
今なお[いまなお] 지금도. 아직도.
²今に[いまに] ①이제. 이제 곧. ②머지않아. ③아직도.
今にして[いまにして] 지금 와서. 이제 와서.
²今にも[いまにも] 금방이라도. 당장이라도.
今のところ[いまのところ] 지금으로서는. 현 단계로서는.
今まで[いままで] 지금까지. 여태껏.
今もって[いまもって] 아직도. 아직껏.
今や[いまや] ①바야흐로. 지금이야말로. ②이젠. 지금은.
¹今更[いまさら] 새삼스레. 지금에 와서.
今頃[いまごろ] ①지금쯤. ②(때 늦은) 이제. 이 시간.
今し方[いましがた] 조금 전. 방금.
今時[いまどき] ① ≪老≫ 오늘날. 요즘. ②이맘때. 지금쯤. ③아직도.
今様[いまよう] ①(平安[へいあん] 시대의 유행가) '今様歌[いまよううた]'의 준말. ②요즈음의 유행.
今以て[いまもって] 아직도. 여태껏.
今一つ[いまひとつ] ①하나 더. 또 하나. ②무언가 조금. 어딘가 조금 더.
音読
今古[きんこ] 금고; 지금과 옛날.
⁴今年[*ことし] 금년; 올해.
今年度[こんねんど] 금년도.
²今度[こんど] ①이번. 금번. ②이 다음. 다음 번.
³今晩[こんばん] 오늘 밤. 오늘 저녁.
²今晩は[こんばんは] (저녁 인사로) 안녕하세요.
今般[こんぱん] 금번. 이번.

今上[きんじょう] 금상; 현재의 천황(天皇).
今上陛下[きんじょうへいか] 금상폐하.
今夕[こんゆう] 금석; 오늘 저녁.
今昔[こんじゃく] 금석; 옛날과 지금.
今夜[こんや] 금야; 오늘 밤. 오늘 저녁.
⁴今月[こんげつ] 금월; 이달.
⁴今日❶[きょう] 오늘. ❷[こんにち] 오늘날. 현대.
²今日は[こんにちは] 안녕하세요. *낮 인사.
⁴今朝[★けさ] 오늘 아침.
⁴今週[こんしゅう] 금주; 이번 주.
今次[こんじ] 금차; 이번. 금번.
²今回[こんかい] 금회; 이번 차례.
²今後[こんご] 금후; 앞으로. 차후.

| 金 | ①쇠 금 ②성씨 김 |

／ 人 ハ 스 수 今 余 金 金

音 ●キン ●コン
訓 ●かね ●かな

訓読
²●金❶[かね] ①돈. 금전. ②쇠. 금속. ❷ [きん] ☞ [音読]
金ずく[かねずく] 돈으로 …함. 돈의 힘으로.
金遣い[かねづかい] 돈의 씀씀이.
金具[かなぐ] 쇠장식물.
金貸[し][かねかし] ①돈놀이. 대금업. ②돈 놀이꾼. 대금업자.
金離れ[かねばなれ] 돈 쓰는 솜씨.
金蔓[かねづる] 돈줄. 돈을 대 주는 사람.
金網[かなあみ] 철망. 쇠그물.
金目[かねめ] ①값. 값어치. ②값나감. 값짐.
金物[かなもの] ①철물. ②쇠장식물.
金物屋[かなものや] 철물점.
金縛り[かなしばり] ①단단히 묶음. ②《俗》 돈으로 꼼짝 못하게 함.
金棒[かなぼう] ①쇠몽둥이. ②철봉.
金使い[かねづかい] 돈의 씀씀이.
金元[かねもと] 돈줄. 출자자(出資者).
金入れ[かねいれ] ①돈지갑. ②돈을 넣어두는 장소.
金儲け[かねもうけ] 돈벌이.
金切[り]声[かなきりごえ] (여자의) 비명 소리.
³金持ち[かねもち] 부자. 돈 많은 사람.
金請け[かねうけ] 빚보증. 빚보증인.

金槌[かなづち] ①쇠망치. ② 《俗》 수영을 못하는 사람.
金回り[かねまわり] ①돈의 유통. 자금 사정. ②주머니 사정. 재정 상태.
金詰[ま]り[かねづまり] 자금이 딸림. 돈의 융통이 안 됨.

音読
⁴金❶[きん] ①금. 황금. ②금빛. 황금빛. ③ 일금(一金). *금액을 표시할 때. ④금의 순도를 나타냄. 18(じゅうはっ)〜 18금. ❷ [かね] ☞ [訓読]
金ボタン[きんボタン] ①금단추. ② 《俗》 학생복. ③ 《俗》 남학생.
金閣寺[きんかくじ] 금각사; *京都(きょうと)에 있는 절.
金剛力[こんごうりき] 《仏》 금강력.
²金庫[きんこ] 금고; 돈을 보관하는 곳.
金庫破[り][きんこやぶり] 금고털이.
金科玉条[きんかぎょくじょう] 금과옥조; 가 장 중요한 법률이나 규정.
金冠[きんかん] 금관; 금으로 된 관.
金管楽器[きんかんがっき] 금관악기; 금속 제의 악기.
金鉱[きんこう] 금광; 금을 캐는 광산.
金塊[きんかい] 금괴; 금덩이.
金堂[こんどう] 《仏》 금당; 본당. 대웅전.
金輪際[こんりんざい] ①《仏》 금륜제. ②사 물의 밑바닥.
金利[きんり] 금리; 이자. 이율(利律).
金箔[きんぱく] 금박; ①금을 종이처럼 얇 게 만든 것. ②세속적인 가치. ③겉치레.
金髪[きんぱつ] 금발; 금색의 머리털.
金本位[きんほんい] 금본위; 금본 위 제도.
金色[きんいろ/こんじき] 금빛. 황금빛. *'こんじき'는 문장 용어임.
金星❶[きんせい] 《天》 금성; 샛별. ❷[き んぼし] ①(씨름에서) 関脇(せきわけ) 이하의 씨름꾼이 横綱(よこづな)에게 이기는 일. ②뜻밖의 큰 공훈. 수훈(殊勲)
²金属[きんぞく] 금속; 쇠붙이.
²金額[きんがく] 금액; 돈의 액수.
²金魚[きんぎょ] 《魚》 금붕어.
金魚鉢[きんぎょばち] 어항.
金言[きんげん] 금언; 격언. 명언.
金縁[きんぶち] 금테. 금빛 테.
金玉❶[きんぎょく] 금옥; ①금과 옥. ②귀 중함. 훌륭함. ❷[きんたま] ① 《俗》 불 알. ②금빛 구슬.

⁴金曜[きんよう] 금요일.

⁴金曜日[きんようび] 금요일.

²金融[きんゆう] 금융; 돈의 용통.

金一封[きんいっぷう] 금일봉; 촌지(寸志).

²金銭[きんせん] 금전; 돈. 화폐.

金銭ずく[きんせんずく] 돈으로 …함. 돈의 힘으로….

金紙[きんがみ] 금지; 금종이. 금박지.

金策[きんさく] 돈 마련. 자금 조달.

金鉄[きんてつ] 금철; ①금속. 쇠붙이. ②매우 견고함. 철석(鉄石).

金側[きんがわ] ①금딱지. ②금시계.

金歯[きんば] 금치; 금니.

金太郎[きんたろう] ①ʾ坂田金時(さかたのきんとき)ʼ의 전설적 영웅의 어릴 때 이름. ②≪俗≫ 아기의 배두렁이.

金品[きんぴん] 금품; 돈과 물건.

金婚式[きんこんしき] 금혼식; 결혼 50주년 기념 잔치.

金貨[きんか] 금화; 금돈.

金環[きんかん] 금환; 금고리. 금반지.

金環食[きんかんしょく] ≪天≫ 금환식.

琴   거문고 금

一 T F 王 耳I 珏 珏 푯 푯 琴

音 ●キン

訓 ●こと

訓読

●琴❶[こと] 거문고. ❷[きん] ☞ [音読]

琴歌[ことうた] 거문고에 맞춰 부르는 노래.

琴糸[こといと] 거문고 줄.

琴の緒[ことのお] 거문고 줄.

琴爪[ことづめ] 가조각(仮爪角). *거문고를 탈 때 손톱에 끼는 두겁.

琴柱[ことじ] (거문고의) 안족(雁足). 기러기 발.

音読

●琴❶[きん] 중국의 7현(弦) 현악기. ❷[こと] ☞ [訓読]

琴曲[きんきょく] 금곡; 거문고 곡.

琴の琴[きんのこと] ≪雅≫ 거문고. 칠현금(七弦琴).

琴線[きんせん] ①거문고 줄. ②심금(心琴).

琴瑟[きんしつ] 금슬; ①거문고와 비파. ②금실. 부부 사이.

禁   금지할/금할 금

一 十 才 木 村 林 埜 埜 禁 禁

音 ●キン

訓 ―

音読

禁[きん] 금; 금지. 금지된 것.

²禁じる[きんじる] 〈上I自〉 금하다. 금지하다.

²禁ずる[きんずる] 〈サ変自〉 ☞ 禁じる

禁固[きんこ] 금고; ①(방에) 가둠. ②≪法≫ 금고.

禁錮[きんこ] ☞ 禁固

禁句[きんく] 금구; ①和歌(わか)・俳句(はいく)에서 기피해야 할 어구. ②(남의 비위를 거스르지 않기 위해) 삼가 해야 할 말.

禁忌[きんき] 금기; 꺼려서 금함.

禁断[きんだん] 금단; 금지함.

禁猟[きんりょう] 금렵; 사냥을 금함.

禁猟期[きんりょうき] 금렵기.

禁裏[きんり] 궁중. 궁궐.

禁令[きんれい] 금령; 금지 명령. 금지된 법령.

禁門[きんもん] 금문; ①출입을 금하는 문. ②대궐 문.

¹禁物[きんもつ] 금물; ①삼가 피해야 할 일. ②바람직하지 않은 것.

禁色[きんじき] 금색; 옛날, 천황이나 황족의 옷 빛깔을 신하들이 사용함을 금했던 일.

禁書[きんしょ] 금서; 출판・보급을 금하는 책.

禁輸[きんゆ] 금수; 수출입을 금함.

禁漁[きんりょう/きんぎょ] 금어; 고기잡이 금지.

禁漁区[きんりょうく/きんぎょく] 금어 구역.

禁漁期[きんりょうき/きんぎょき] 금어기.

²禁煙[きんえん] 금연; ①담배를 끊음. ②담배를 피워서는 안 됨.

²禁煙席[きんえんせき] 금연석.

禁転載[きんてんさい] 금전재; (신문・잡지 서적의 기사나 내용을) 무단으로 전재를 금함.

禁制[きんせい] 금제; 금지.

禁制品[きんせいひん] 금제품.

禁鳥[きんちょう] 금조; 사냥을 금하여 보호하는 새.

禁足[きんそく] 금족; 외출・여행을 금함.

禁足令[きんそくれい] 금족령.

禁酒[きんしゅ] 금주; 술을 금함.

禁中[きんちゅう] 금중; 궁궐. 대궐.

²禁止[きんし] 금지; 금하여 못하게 함.
禁止法[きんしほう] 금지법.
禁持(ち)出し[きんもちだし] 반출 금지.
禁治産[きんちさん/きんじさん] ≪法≫ 금치산.
禁婚[きんこん] 금혼; 결혼을 금함.

襟 옷깃/가슴 금

ノ　イ　ネ　衤　衤　衤　衿　襟　襟　襟

音 ●キン
訓 ●えり

訓読
¹襟[えり] ①옷깃. 깃. ②목덜미.
襟刳(り)[えりぐり] ≪服≫ 목덜미의 선. 네크라인.
襟垢[えりあか] 옷깃에 묻은 때.
襟巻(き)[えりまき] ①목도리. ②머플러.
襟髪[えりがみ] ①목덜미의 털. ②목덜미.
襟先[えりさき] 깃의 끝 부분.
襟首[えりくび] 목덜미.
襟飾り[えりかざり] 넥타이・목걸이・브로치 등의 총칭.
襟芯[えりしん] 깃 속에 넣은 빳빳한 심.
襟腰[えりこし] (옷에서) 목 둘레를 따라 깃이 서게 한 부분.
襟元[えりもと] 목 언저리. 옷깃의 언저리.
襟章[えりしょう] 옷깃에 다는 기장・휘장. 배지.
襟足[えりあし] 목덜미의 머리털이 난 부분.
音読
襟度[きんど] 도량. 아량.
襟懐[きんかい] 마음속. 회포.

衿 옷깃 금

音 ⊗キン
訓 ⊗えり

訓読
⊗衿[えり] ①옷깃. 깃. ②목덜미.

衾 이불 금

音 ⊗キン
訓 ⊗ふすま

訓読
⊗衾[ふすま] ≪雅≫ 이불.
音読
衾褥[きんじょく] 금욕; 이부자리와 요. 침구.

禽 새 금

音 ⊗キン
訓 —

音読
禽舎[きんしゃ] 금사; 가금(家禽) 우리.
禽獣[きんじゅう] 금수; ①날짐승과 길짐승. ②무례한 사람.
禽鳥[きんちょう] 금조; 새. 날짐승.

擒 사로잡을 금

音 ⊗キン
訓 ⊗とりこ

訓読
⊗擒[とりこ] 포로.
音読
擒縦[きんじゅう] 금종; ①사로잡음과 놓아 줌. ②자유롭게 다룸.
擒縦自在[きんじゅうじざい] 자유자재로 다룸.

嚛 입다물 금

音 ⊗キン
訓 ⊗つぐむ

訓読
⊗嚛む[つぐむ] 〈5他〉 입을 다물다. 함구(緘口)하다. 잠자코 있다.

錦 비단 금

音 ⊗キン
訓 ⊗にしき

訓読
⊗錦[にしき] ①고급 비단. ②(색채와 무늬가) 아름답고 훌륭한 것.
錦鯉[にしきごい] ≪魚≫ 비단잉어.
錦の御旗[にしきのみはた] ①관군(官軍)의 붉은 비단 기. ②대의명분.
錦絵[にしきえ] 목판으로 인쇄한 다색(多色)의 풍속화.
音読
錦鶏[きんけい] ≪鳥≫ 금계; 꿩과의 깃털이 아름다운 새.
錦旗[きんき] 금기; 빨간 비단에 해와 달을 그린 천황(天皇)의 깃발.
錦繍[きんしゅう] 금수; ①비단과 수를 놓은 직물. ②비단. 비단옷. ③아름다운 글귀. ④아름다운 꽃이나 단풍.
錦衣[きんい] 금의; 화려한 옷.
錦切れ[きんぎれ] ①비단 조각. ②明治維新(めいじいしん) 때의 관군(官軍).

[급]

及(及) 미칠 급

丿 乃 及

音 ●キュウ
訓 ●およぶ ●および ●およぼす

訓読

¹●及ぶ[およぶ]〈5自〉①다다르다. 미치다. 이르다. ②견주다. 필적하다. ③성취되다. 이루어지다.

及ばずながら[およばずながら] 미흡하나마. 불충분하나마.

¹●及び[および]〈接〉및.

及びもつかない[およびもつかない]〈句〉 어림도 없다. 상대가 안 되다.

及び腰[およびごし] 엉거주춤함.

²●及ぼす[およぼす]〈他〉(영향을) 미치게 하다. 끼치다.

音読

及第[きゅうだい] 급제; 시험에 합격함.

扱(扱) 취급할 급

一 十 扌 扔 抈 扱

音 ⊗キュウ
訓 ●あつかう ⊗こく ⊗しごく ⊗こぐ

訓読

²●扱う[あつかう]〈5他〉①(일을) 맡아 처리하다. 담당하다. ②(상품을) 취급하다. ③(기계를) 다루다. 조작하다. ④돌보다. 대하다. ⑤대접하다. 대우하다. ⑥중재(仲裁)하다.

扱い[あつかい]①(일의) 취급. ②(기계의) 취급. ③(사람의) 취급. 대접. ④중재(仲裁).

扱い人[あつかいにん] 취급자. 담당자.

⊗扱く❶[こく]〈5他〉(곡식을) 훑다. ❷[しごく]〈5他〉①(긴 것의 끝을 한쪽 손에 쥐고) 자기 쪽으로 잡아당기다. ②(수염을) 쓰다듬다. ③호되게 훈련시키다.

⊗扱き[しごき]①(끝을 한손에 쥐고) 자기 쪽으로 잡아당김. ②호된 훈련. 기합.

⊗扱ぐ[こぐ]〈5他〉(뿌리째) 뽑다.

急(急) 급할 급

丿 勹 刍 刍 刍 刍 急 急 急

音 ●キュウ
訓 ●いそぐ ●いそがす ●いそがせる ⊗せく

訓読

³急ぐ[いそぐ]〈5自他〉①(행동을) 서두르다. 바삐 굴다. ②(마음으로) 서두르다. 조급해지다. ③《古》준비하다. 채비하다.

急ぎ[いそぎ] 급함. 서두름.

急ぎ物[いそぎもの] 급한 것. 급한 주문.

急ぎ足[いそぎあし] 빠른 걸음. 잰걸음.

●急がす[いそがす]〈他〉재촉하다. 몰아치다.

●急がせる[いそがせる]〈下1他〉재촉하다. 몰아치다.

⊗急く[せく]〈5自〉①조급해지다. 조급히 굴다. 서두르다. ②(숨이) 가빠지다.

⊗急かす[せかす]〈5他〉재촉하다. 독촉하다.

⊗急かせる[せかせる]〈下1他〉재촉하다.

音読

急[きゅう]①급함. 위급. 긴급. ②갑작스러움. 돌변함. ③가파름. ④빠름. 급함. 급속.

急カーブ[きゅうカーブ] 급커브.

³急に[きゅうに] 급히. 갑자기.

急降下[きゅうこうか] 급강하; 갑자기 내려감.

急拠[きゅうきょ] 급거; 갑작스레. 허겁지겁. 급히.

²急激[きゅうげき] 급격; 급하고 격렬함.

急騰[きゅうとう] 급등; (물가·시세가) 갑자기 오름.

急落[きゅうらく] 급락; 폭락. (물가·시세가) 갑자기 내림.

急流[きゅうりゅう] 급류; 급한 물살.

急募[きゅうぼ] 급모; 급히 모집함.

急迫[きゅうはく] 급박; 절박함.

急変[きゅうへん] 급변; ①돌변. 갑자기 악화됨. ②돌발 사고. 갑작스런 사고.

急報[きゅうほう] 급보; ①급한 소식. ②급히 알림.

急死[きゅうし] 급사; 갑자기 죽음.

急逝[きゅうせい] 급서; 갑자기 죽음.

急性[きゅうせい] 급성; 갑자기 일어남.

急所[きゅうしょ] 급소; ①생명에 관계되는 중요한 곳. ②요점. 핵심. 약점. 급소.

²急速[きゅうそく] 급속; 매우 빠름.

急送[きゅうそう] 급송; 급히 보냄.

急須[きゅうす] 차(茶) 주전자. *사기로 만든 손잡이가 달린 작은 주전자로 차를 우려냄.

急襲[きゅうしゅう] 급습; 갑자기 습격함.

急用[きゅうよう] 급용; 급한 볼일.

急場[きゅうば] 위기. 위급한 경우.

急転[きゅうてん] 급전; 갑자기 형세가 바뀜.

急造[きゅうぞう] 급조; 급히 만듦.

急進[きゅうしん] 급진; ①서둘러 진행함. ②급히 이성을 실현하고자 함.

急派[きゅうは] 급파; 급히 파견함.

³急行[きゅうこう] 급행; ①급히 감. ②급행열차.

急患[きゅうかん] 급환; 급한 환자.

級(級) 차례/등급 급

丶 纟 纟 幺 糸 糸 糸 紀 級 級

音 ●キュウ
訓 —

音読
²級[きゅう] 급; ①계급. ②반열(班列). 반차(班次). ③학급. 반(班). ④단(段). *계단을 세는 말.

級数[きゅうすう] ≪数≫ 급수; 수열(数列).

級友[きゅうゆう] 급우; 클래스메이트. 학급 친구.

級長[きゅうちょう] 급장; 학급 반장(班長).

給 공급할 급

丶 纟 纟 幺 糸 糸 糸 紹 給 給

音 ●キュウ
訓 ⊗たまう ⊗たまわる

訓読
⊗給う[たまう] 〈5他〉 (손윗사람이) 주시다. 내리시다.

給え[たまえ] (동사 ます형에 접속하여) …하게. …하시오.

⊗給わる[たまわる] 〈5他〉 ①(손윗사람에게서) 받다. ②내려주시다. 하사하시다.

音読
給する[きゅうする] 〈サ変他〉 주다. 지급하다.

給金[きゅうきん] 급료. 봉급.

²給料[きゅうりょう] 급료; 봉급. 급여.

²給料日[きゅうりょうび] 월급날.

給付[きゅうふ] 급부; 지급. 물건을 줌.

¹給仕[きゅうじ] 급사; ①사환(使喚). ②식사 시중을 듦. ③웨이터. 웨이트리스.

給水[きゅうすい] 급수; 물을 공급함.

¹給食[きゅうしょく] 급식; (학교·회사에서) 식사를 제공함.

²給与[きゅうよ] 급여; ①금품을 지급함. 지급. 지불. ②급료.

給油[きゅうゆ] 급유; 기름을 공급함.

給電[きゅうでん] 급전; 전력 공급. 송전.

汲 물길을 급

音 ⊗キュウ
訓 ⊗くむ

訓読
²⊗汲む[くむ] 〈5他〉 ①(물을) 긷다. 푸다. ②(잔에) 따라 마시다. ③(사정을) 이해하다. 참작하다. 헤아리다.

汲み分ける[くみわける] 〈5他〉 ①떠내다. 퍼내다. 따르다. ②이해하다. 참작하다. 헤아리다.

汲み上げる[くみあげる] 〈下1他〉 ①(물을) 퍼 올리다. ②다 퍼내다. 죄다 길어 내다.

汲み入れる[くみいれる] 〈下1他〉 ①(물을) 퍼 넣다. 길어 넣다. ②이해하다. 참작하다. 헤아리다.

汲み込む[くみこむ] 〈5他〉 (물을) 퍼 넣다. 길어서 붓다.

汲み出す[くみだす] 〈5他〉 ①(물을) 퍼내다. 길어 내다. ②퍼내기 시작하다. 긷기 시작하다.

汲み取る[くみとる] 〈5他〉 ①(물을) 퍼내다. 떠 내다. ②이해하다. 참작하다. 헤아리다.

汲み置き[くみおき] (물을 예비로) 길어 둠.

音読
汲汲[きゅうきゅう] 급급; 한 가지 일에 골몰함.

汲水[きゅうすい] 급수; 물을 길음.

笈ˣ(笈) 책상자 급

音 ⊗キュウ
訓 ⊗おい

訓読
⊗笈[おい] 수행자(修行者)가 불구(仏具)와 일용품을 넣어서 지고 다니던 다리가 달린 궤.

[궁]

肯　승낙할 궁

丨 ┣ ┣ 屵 屵 肯 肯 肯

音 ●コウ
訓 ⊗うけがう ⊗かえんじる ⊗かえんずる

訓読
⊗肯う[うけがう]〈5他〉승낙하다. 떠맡다.
＊'承知(しょうち)する'・'引(ひ)き受(う)ける'의
아어(雅語).
⊗肯じる[かえんじる]〈上1他〉승낙하다. 수긍하다.
⊗肯ずる[かえんずる]〈サ変他〉승낙하다.
수긍하다.

音読
²肯定[こうてい] 긍정; (어떤 사실이나 생각을) 그렇다고 인정함.

矜　자랑할 궁

音 ⊗キョウ ⊗キン
訓 ―

音読
矜持/矜恃[きょうじ/きんじ] 긍지; 자부심.
프라이드. ＊'きんじ'는 관용음임.

[기]

己　몸 기

音 ●キ ●コ
訓 ●おのれ ⊗つちのと ⊗つぬ

訓読
●己❶[おのれ] ①자기 자신. 자기. ②너.
자네. ③이놈. 너 이놈.
⊗己❷[つちのと] 기; 십간(十干)의 여섯
번째. ❸[つぬ] ①네놈. 너 이놈. ②나.
己惚れ[うぬぼれ] 지나친 자부. 자부심. 자만.
己惚れる[うぬぼれる]〈下1自〉지나치게 자부하다. 자만하다.

音読
❶利己心[りこしん] 自己[じこ] 知己[ちき]

企　발돋움할/꾀할 기

ノ 𠆢 个 仝 企 企

音 ●キ
訓 ●くわだてる ⊗たくらむ

訓読
●企てる[くわだてる]〈下1他〉꾀하다. 시도하다. 계획하다. 기도(企図)하다.
企て[くわだて] 기획. 기도. 계획.
⊗企む[たくらむ]〈5他〉(나쁜 일을) 획책하다. 꾀하다. 음모를 꾸미다.
企み[たくらみ] 계획. 획책. 기도(企図).

音読
企図[きと] 기도; (어떤 일을 하려고) 계획함.
꾀함.
²企業[きぎょう] 기업; 영리의 목적으로 어떤
사업을 하는 조직.
企業化[きぎょうか] 기업화.
¹企画[きかく] 기획; ①계획을 세움. 어떤 일을
꾀함. ②어떤 계획이나 아이디어.

肌　피부 기

丿 刀 刀 刖 肌

音 ⊗キ
訓 ●はだ ⊗はだえ

訓読
²●肌❶[はだ] ①피부. 살갗. 살결. ②상반신의 몸. 웃통. ③(토지나 물건의) 표면.
겉. 껍질. ④기질. 성미.
⊗❷肌[はだえ] ①피부. 살갗. ＊아어(雅語)적인 표현임. ②(칼의) 표면.
肌付(き)[はだつき] ①피부의 상태. 살결의
모양. ②피부에 직접 댐. ③속옷.
肌色[はだいろ] ①(사람의 피부색과 같은
빛깔의) 살색. ②(도자기의) 바탕색.
肌身[はだみ] 살갗. 몸.
²肌着[はだぎ] 속옷. 내의.
肌触り[はだざわり] ①감촉. 촉감. ②첫 인상.
肌寒い[はださむい]〈形〉으스스 춥다.
肌合(い)[はだあい] 성질. 기질. 성미.
肌荒れ[はだあれ] 피부가 거칠어짐.

音読
肌理[きめ] ①나뭇결. ②(물건의) 결. 살결.
肌膚[きふ] 살갗. 피부.

気(氣) 기운 기

ノ ケ ケ 气 気 気

音 ◉キ ◉ケ
訓 ―

音読

³気❶[き] ①느낌. 분위기. 공기. ②(자연의) 정기. 기운. ③기염. 용기. 기세. ④마음. 기분. 감정. ⑤기질. 성질. ⑥마음씨. ⑦정신. 의식. ⑧의욕. 생각. ⑨기분. 감정. ⑩숨. 호흡. ⑪김. 냄새. ⑫기운. 맥. ⑬흥미. 기대. 관심. ⑭재치. 기지. ❷[け] ①기미. 김새. 기운. ②병(病). ③성분.

気さく[きさく] 〈形動〉(인품·태도가) 자연스러움. 소탈함. 싹싹함. 솔직함. 허물없음.

気まずい[きまずい] 〈形〉 멋쩍다. 어색하다. 서먹서먹하다.

気強い[きづよい] 〈形〉 ①마음 든든하다. 믿음직하다. ②마음이 강하다. 다부지다. ③매정하다. 박정하다.

気概[きがい] 기개; 씩씩한 기상. 꿋꿋한 절개.

気遣い[きづかい] 염려. 걱정.

気遣う[きづかう] 〈5他〉 염려하다. 마음을 쓰다.

気遣わしい[きづかわしい] 〈形〉 걱정스럽다. 염려스럽다.

¹気兼ね[きがね] 눈치를 봄. 신경을 씀.

¹気軽[きがる] (마음이) 부담이 없음. 부담스럽지 않음.

気高い[けだかい] 〈形〉 고상하다. 품격이 높다. 품위가 있다.

気苦労[きぐろう] 잔 걱정. 근심.

気骨❶[きこつ] 기골; 씩씩한 기상. 꿋꿋한 절개. ❷[きぼね] 성가심.

気管支炎[きかんしえん] 〈医〉기관지염.

気構え[きがまえ] ①마음의 준비. 마음가짐. 각오. ②시세의 변동에 거는 마음.

気難しい[きむずかしい] 〈形〉 성미가 까다롭다. 신경질적이다.

気短[きみじか] 〈形動〉 조급함. 성급함.

²気の毒[きのどく] 〈形動〉 ①딱함. 가엾음. 불쌍함. ②(폐를 끼쳐) 미안함.

²気楽[きらく] ①홀가분함. 마음이 편함. ②태평함.

気力[きりょく] 기력; 박력. 정력.

¹気流[きりゅう] 기류; 공기의 흐름.

¹気立て[きだて] 마음씨. 심지.

²気味❶[きみ] ①경향. 기색. ②기분.

²気味❷[ぎみ] (명사에 접속하여 접미어로) 기미; 경향. 기색.

気味悪い[きみわるい] 〈形〉 어쩐지 무섭다. 기분 나쁘다.

気抜け[きぬけ] 맥이 빠짐. 얼빠짐.

気配❶[きはい] ①배려(配慮). ②경기(景気). ③시세.

²気配❷[けはい] 기색. 낌새.

気配り[きくばり] 배려; 여러 모로 마음을 씀.

気配状[きはいじょう] (증권거래의) 시세 동향표.

気変わり[きがわり] 마음이 변함. 변덕스러움.

²気付く[きづく] 〈5自〉①눈치채다. 알아차리다. 깨닫다. ②의식을 회복하다. 제 정신이 들다.

気付(け)[きつけ]❶ ①(기절한 사람의) 정신·기운을 차리게 함. ②정신이 들게 함. ③각성제(覚醒剤). ❷[きづけ](편지 겉봉의) 전교(転交). ＊편지를 다른 사람을 거쳐 받게 할 때 겉봉에 쓰는 말임.

気負う[きおう] 〈5自〉①지지 않으려고 기를 쓰다. 분발하다. ②경쟁하다. 겨루다.

気負い[きおい] ①(지지 않으려고) 기를 씀. 분발함. ②협기(侠気). 협객(侠客).

気分[きぶん] 기분; ①마음. 속. 심정. ②느낌. 분위기.

気紛れ[きまぐれ] ①변덕. 변덕스러움. ②즉흥적인 생각.

¹気象[きしょう] 기상; ①날씨의 상태. ②기질.

気色❶[きしょく] 기색; ①안색. ②기분. ❷[けしき] ①기미. 낌새. 징조. ②《古》기분. ③《古》노여움. 꾸지람. ④《古》총애. ⑤《古》생각.

気色ばむ[けしきばむ] 〈5自〉 ○불끈 화를 내다. ②《古》기색을 나타내다.

気性[きしょう] 기성; 성질. 천성.

気勢[きせい] 기세; 기운과 세력.

気乗り[きのり] 마음이 내킴.

気乗り薄[きのりうす] ①마음이 내키지 않음. ②거래가 부진함.

気心[きごころ] 속마음. 본심.

²気圧[きあつ] 기압; 대기의 압력.

気圧される[けおされる] ☞ 気押される

気押される[けおされる] 〈下1自〉 기세에 눌리다. 기가 질리다. 압도되다.

気炎[きえん] 기염; 대단한 기세.

気鋭[きえい] 기예; 기백이 날카로움.

²気温[きおん] 기온; 대기의 온도.

気運[きうん] 기운; (되어 가는) 추세·형편.

気位[きぐらい] 자존심.

気違い[きちがい] ①미치광이. 정신 이상자. ②광(狂). 마니아.

気任せ[きまかせ] 기분 내키는 대로. 마음 내키는 대로.

気丈[きじょう] 마음이 굳셈. 야무짐.

気丈夫[きじょうぶ] ①마음이 든든함. ②야무짐.

気長[きなが] (마음이) 느긋함.

気張る[きばる] 〈5自〉 ①분발하다. 용기를 내다. ②큰마음 먹고 돈을 쓰다. 호기부리다.

¹気障[きざ] 아니꼬움. 비위에 거슬림. 못마땅함.

気障り[きざわり] 아니꼬움. 못마땅함. 비위에 거슬림.

気前[きまえ] ①기질. 심지. ②쩨쩨하지 않음. 돈을 잘 씀.

気絶[きぜつ] 기절; 졸도. 까무러침.

気組(み)[きぐみ] 패기. 마음가짐.

³気持ち[きもち] ①기분. 감정. ②마음가짐.

¹気質 [きしつ/かたぎ] 기질. ＊「きしつ」는 문장 용어임.

気晴らし[きばらし] 기분전환. 기분풀이.

²気体[きたい] 기체; 일정한 모양과 부피가 없고 자유로이 유동하는 성질의 물질.

気取り[きどり] ①…인 체함. ②거드름; 허세.

気取る[きどる] 〈5自〉 ①거드름피우다. 허세부리다. ②…인 체하다. ③알아차리다.

気恥かしい[きはずかしい] 〈形〉 멋쩍다. 겸연쩍다.

¹気品[きひん] 기품; 품위.

¹気風[きふう] 기풍; 기질.

気っ風[きっぷ] 쩨쩨하지 않은 기질. 돈을 잘 씀.

気疲れ[きづかれ] (정신적인) 피로. 피곤.

気合(い)[きあい] 기합; ①기합소리. ②호흡. ③기백. 기세.

気化[きか] 기화; 고체 등이 기체로 변함.

²気候[きこう] 기후; 날씨의 상태.

気後れ[きおくれ] 기가 죽음. 주눅이 듦.

気休め[きやすめ] 위안의 말. 안심시킴. 마음을 가라앉힘.

気詰(ま)り[きづまり] 어색함. 서먹서먹함.

岐　갈라질 기

丨 丨ㄥ 屮 屵 岐 岐

音 ●キ ⊗ギ

訓 ●わかれる

訓読

⊗岐れる[わかれる] 〈下1自〉 길이 갈리다. 갈라지다.

音読

岐路[きろ] 기로; 갈림길.

岐阜[ぎふ] 일본 중부지방의 현(県).

岐阜提灯[ぎふぢょうちん] 기후(岐阜) 지방 특산의 그림 초롱. ＊계란 모양으로 만들어 아래쪽에는 술을 달아서 백중날이나 여름밤에 매닮.

汽　김 기

丶 丶 氵 氵 沪 沪 汽

音 ●キ

訓 ―

音読

汽缶[きかん] 기관; 보일러.

¹汽船[きせん] 기선; 증기선.

汽圧[きあつ] 기압; 증기의 압력.

汽笛[きてき] 기적; 고동(鼓動).

¹汽車[きしゃ] 기차.

汽車道[きしゃみち] 기찻길.

汽車弁[きしゃべん] 열차에서 파는 도시락.

汽車賃[きしゃちん] 기찻삯. 기차 운임.

忌　꺼릴 기

フ コ 己 己 忌 忌 忌

音 ●キ

訓 ●いむ ●いまわしい

訓読

●忌む[いむ] 〈5他〉 ①기피하다. 꺼리다. ②멀리하다. 증오하다.

忌み[いみ] ①기피. 꺼림. 싫어함. ②상(喪). 상중(喪中). 복중(服中).

忌み明け[いみあけ] ①탈상(脱喪). ② 《古》 해산(解産)의 부정(보통 40일)이 지남.

忌み嫌う[いみきらう]〈5他〉몹시 싫어하다.

●忌まわしい[いまわしい]〈形〉①꺼림칙하다. 역겹다. ②불길하다.

忌ま忌ましい[いまいましい]〈形〉분하다. 화가 치밀다. 분통이 터지다. 짜증스럽다.

음독

忌明け[きあけ] 탈상(脱喪).

忌服[きぶく] 상중(喪中). 거상(居喪).

忌引[き][きびき] 근친의 상(喪)을 당하여 직장을 쉬고 복(服)을 입음.

忌日❶[きじつ/きにち] 기일; 제삿날. ❷[いみび] ①음양가(陰陽家)들이 재난이 있다고 꺼리는 날. ②부정(不淨)을 피해 근신하는 날. ③기일; 제삿날.

忌中[きちゅう] 기중; 상중(喪中). 특히 사후(死後) 49일간.

忌避[きひ] 기피; 꺼리어 피함.

技   재주 기

一 十 扌 扌 扩 抃 技

音 ●ギ
訓 ●わざ

訓독

¹●技[わざ] ①솜씨. 기예. 재주. 기술. ②(유도·검도·씨름에서) 수. 기술.

음독

技官[ぎかん] 기관; 기술을 담당하는 관리.

技巧[ぎこう] 기교; ①솜씨가 아주 교묘함. ②테크닉.

¹技能[ぎのう] 기능; 솜씨. 기술상의 재능.

技量[ぎりょう] 기량; 기능. 수완.

技法[ぎほう] 기법; 기교와 방법.

²技師[ぎし] 기사; 엔지니어.

¹技術[ぎじゅつ] 기술; 재능. 재주.

技芸[ぎげい] 기예; 미술·공예 방면의 재주.

奇   기이할 기

一 ナ 大 本 夲 奇 奇 奇

音 ●キ
訓 ●くしき ⊗くしくも

訓독

⊗奇しき[くしき] 이상한. 야릇한. 기이한.

⊗奇しくも[くしくも] 이상하게도. 묘하게도.

음독

奇[き] 기; ①진기함. 이상야릇함. ②기수. 홀수.

奇計[きけい] 기계; 묘책. 기발한 꾀.

奇怪[きかい] 기괴; ①괴이함. 이상야릇함. ②해괴함.

奇談[きだん] 기담; 괴담. 기이한 이야기.

⁴奇麗[きれい]〈形動〉①예쁨. 예쁘장함. 고움. 멋있음. 아름다움. ②깨끗함. 말쑥함.

²奇妙[きみょう] 기묘; 기이하고 묘함.

奇抜[きばつ] 기발; 유달리 뛰어남.

奇想[きそう] 기상; 기발한 생각.

奇声[きせい] 기성; 괴상한 소리.

²奇数[きすう]《数》기수; 홀수.

奇術[きじゅつ] 기술; 마술. 요술.

奇習[きしゅう] 기습; 기이한 풍습.

奇襲[きしゅう] 기습; 불의에 습격함.

奇勝[きしょう] 기승; ①절경. 뛰어난 경치. ②뜻밖의 승리.

奇縁[きえん] 기연; 이상한 인연.

奇遇[きぐう] 기우; 뜻밖의 만남.

奇異[きい] 기이; 기괴하고 이상함.

奇人[きじん] 기인; 괴짜.

奇才[きさい] 기재; 뛰어난 재주(꾼).

奇跡[きせき] 기적; 상식적으로 생각할 수 없는 이상야릇한 일.

奇特[きとく] 기특; ①갸륵함. ②불가사의한 효력. 영험(靈驗).

奇行[きこう] 기행; 기발한 행동.

奇形[きけい] 기형; 불구.

祈(祈)   기도할/빌 기

丶 亅 ネ ネ 衤 祈 祈 祈

音 ●キ
訓 ●いのる

訓독

³●祈る[いのる]〈5他〉①빌다. 기도하다. 기원하다. ②(진심으로) 바라다. 희망하다.

¹祈り[いのり] 기도. 기원(祈願).

⊗祈年祭[★としごいのまつり] 풍년을 비는 축제.

음독

祈年祭[きねんさい] 풍년을 비는 축제.

祈念[きねん] (어떤 목적달성을 위해 신에게) 기원(祈願)함. 기도함.

祈願[きがん] 기원; 기도.

紀 다스릴 기

く 纟 纟 纟 糸 糸 糸 糽 紀 紀

音 ●キ
訓 ―

音読
紀年[きねん] 기원(紀元)부터 셈한 연수.
紀要[きよう] 기요; 정기적으로 내놓는 연구
　보고서 간행물.
紀元[きげん] 기원; 역사상 연대를 계산하는
　데 기준이 되는 해.
紀律[きりつ] 기율; ①질서. ②규칙.
紀行[きこう] 기행; 여행기.
紀行文[きこうぶん] 기행문; 여행 기록.

既(旣) 이미 기

ㄱ ㄱ ㅋ 月 貝 貝 旣 旣 旣 既

音 ●キ
訓 ●すでに

訓読
²●既に[すでに] ①이미. 벌써. ②하마터면.
既にして[すでにして] 그러는 동안에. 그러
　는 사이에.
音読
既刊[きかん] 기간; 이미 간행됨.
既決[きけつ] 기결; 이미 결정됨.
既報[きほう] 기보; 이미 보도함.
既設[きせつ] 기설; 이미 설치됨.
既成[きせい] 기성; 이미 이루어짐.
既往[きおう] 기왕; 이전. 지나간.
既往症[きおうしょう] 기왕증; 전에 걸렸
　던 병.
既定[きてい] 기정; 이미 정해짐.
既製[きせい] 기제; 기성(既成). 미리 만들
　어 놓음.
既製服[きせいふく] 기성복(既成服).
既製品[きせいひん] 기성품(既成品).
既存[きそん] 기존; 이미 존재함.
既知[きち] 기지; 이미 알려짐.
既知数[きちすう] ① ≪数≫ 기지수; 방정식
　가운데 이미 값이 부여된 수. ②이미 알
　려져 있음.
¹既婚[きこん] 기혼; 이미 결혼함.
¹既婚者[きこんしゃ] 기혼자.

記 기록할 기

一 一 一 言 言 言 言 記 記 記 記

音 ●キ
訓 ●しるす

訓読
●記す[しるす] 〈5他〉 ①적다. 기록하다.
　②(마음에) 새기다. 명심하다. ③저술(著
　述)하다.
音読
記[き] 기; (사실대로 적은) 기록. 기록문.
²記念[きねん] 기념; 기억하여 언제까지고
　잊지 않도록 함.
²記念物[きねんぶつ] 기념물.
¹記念碑[きねんひ] 기념비.
²記念日[きねんび] 기념일.
²記録[きろく] 기록; ①문서. 자료. ②최고
　의 점수·성적.
¹記名[きめい] 기명; 이름을 써 넣음.
²記事[きじ] 기사; 사실을 적은 글.
¹記述[きじゅつ] 기술; 글로 나타냄.
²記憶[きおく] 기억; 잊지 아니함.
記憶喪失[きおくそうしつ] 기억 상실.
²記入[きにゅう] 기입; 써 넣음.
²記者[きしゃ] 기자; (신문·잡지·방송에서)
　자료를 모으거나 기사를 쓰는 사람.
記章[きしょう] 기장; ①메달. ②배지. 휘장
　(徽章).
記帳[きちょう] 기장; ①장부에 기입함.
　②등록함.
¹記載[きさい] 기재; 기록함.
²記号[きごう] 기호; 약속의 표지(標識).

起 일어날 기

一 + 土 +土 +丰 丰 走 起 起 起

音 ●キ
訓 ●おきる ●おこす ●おこる

訓読
⁴●起きる[おきる] 〈上1自〉 ①일어나다. 일어
　서다. ②(잠자리에서) 일어나다. ③잠자지
　않고 있다. ④(사건이) 발생하다. 생기다.
起き掛け[おきがけ] (잠자리에서) 막 일어남.
　막 일어났을 때.

起き抜け[おきぬけ] (잠자리에서) 막 일어남. 막 일어났을 때.

起き伏し[おきふし] ①기동. 일어남과 잠자리에 듦. ②기거함. 생활함. ③〈副〉자나 깨나. 항상. 언제나.

³●**起(こ)す[おこす]** 〈五他〉①(쓰러진 것을) 일으키다. 일으켜 세우다. ②(잠자리에서) 깨우다. ③(사건을) 시작하다. 발생시키다. ④(조직을) 설립하다. ⑤(땅을) 일구다. ⑥(카드를) 뒤집다. ⑦(마음을) 일으키다. ⑧(병을) 일으키다.

²●**起(こ)る[おこる]** 〈五自〉①(사건이) 발생하다. 일어나다. ②(병이) 발작하다. 발병하다.

起(こ)り[おこり] ①시초. 기원. 발달. 유래. ②원인. 발단.

音読

起工[きこう] 기공; 공사에 착수함.

起立[きりつ] 기립; 일어섬.

¹**起伏[きふく]** 기복; 높아졌다 낮아졌다 함.

²**起床[きしょう]** 기상; 잠자리에서 일어남.

起訴[きそ] 기소; 소송을 제기함.

起案[きあん] 기안; 초안을 작성함.

起用[きよう] 기용; 발탁함. 등용시킴.

¹**起源[きげん]** 기원; 근원. 시작.

起因[きいん] 기인; 일어나는 원인.

起重機[きじゅうき] 기중기; 크레인.

¹**起点[きてん]** 기점; 출발점.

起請文[きしょうぶん] 서약의 문서.

起草[きそう] 기초; 초안을 잡음.

飢(飢)   굶주릴 기

丿 冫 ㇏ ㇏ 刍 刍 刍 刍 飠 飢 飢

音 ●キ
訓 ●うえる ⊗かつえる

訓読

²●**飢える❶[うえる]** 〈下1自〉①주리다. 굶주리다. 허기지다. ②(욕망에) 주리다. 갈망하다. 결핍을 느끼다.

⊗**飢える❷[かつえる]** 〈下1自〉①굶주리다. 허기지다. ②(욕망에) 주리다. 갈망하다. *아어적(雅語的)인 표현임.

飢え[うえ] 굶주림. 허기. 배고픔.

飢(え)死(に)[うえじに] 굶어 죽음.

音読

飢渇[きかつ] 기갈; 굶주림과 목다름.

²**飢饉[ききん]** 기근; ①(농작물의) 흉작. ②(필요한 것이) 부족함.

飢餓[きが] 기아; 먹고 살아갈 음식이 없어서 굶주림.

寄   붙어살 기

丶 宀 宀 宀 宋 宋 宑 宑 宑 寄

音 ●キ
訓 ●よせる ●よる ⊗よそえる

訓読

⊗**寄える[よそえる]** 〈下1他〉①비`ㅂ`하다. 비하다. ②핑계 대다. 구실로 삼다.

²●**寄せる[よせる]** 〈下1自〉밀려오다. 다가오다. 접근하다. 〈下1他〉①바싹 붙여 대다. ②구실 삼다. 빗대다. 핑계 쓰다. 비유하다. ③마음을 두다. ④의탁하다. ⑤한데 모으다. ⑥보내다. ⑦더하다. 보태다. ⑧들르게 하다. 찾아보다.

寄せ[よせ] ①한데 그러모음. ②(바둑·장기의) 종반전.

寄(せ)鍋[よせなべ] 전골냄비. *고기·생선·야채 등을 넣어 끓이면서 먹는 요리.

寄(せ)物[よせもの] 다져서 으깬 생선에 밀가루·달걀·참마즙 등을 넣어서 익힌 것을 굳혀 만든 식품.

寄せ付ける[よせつける] 〈下1他〉①가까이 끌어들이다. 접근시키다. ②`寄(よ)せ付(つ)けない`의 형태로 '얼씬도 못하게 하다.'

寄(せ)書き[よせがき] 여럿이 한 장의 종이에 글을 쓰거나 그림을 그려서 만든 것.

寄席[よせ/よせせき] 사람을 한데 모아 돈을 받고 만담·야담 등을 들려주는 흥행장.

寄席芸人[よせげいにん/よせきげいにん] 만담가.

寄(せ)手[よせて] 공격군. 쳐들어 가(오)는 군대.

寄(せ)集め[よせあつめ] 오합지졸. 어중이떠중이.

寄せ集める[よせあつめる] 〈下1他〉한데 그러모으다. 불러 모으다.

寄(せ)太鼓[よせだいこ] ①공격 신호로 치는 북. ②손님을 모으기 위해 치는 북.

²●寄る[よる] 〈5自〉 ①접근하다. 다가서다. ②들르다. ③모이다. ④기울다. ⑤(나이가) 들다. ⑥(주름이) 잡히다. ⑦(생각이) 미치다. ⑧기대다. ⑨(씨름에서) 상대편 샅바를 잡고 떠밀고 나아가다. ⑩(증권거래에서) 그 날 최초의 매매가 성립되다.

寄る辺[よるべ] 의지할 곳・사람.

¹寄り[より] ①모임 상태. 집합 상태. ②(부스럼이) 덧남. ③(씨름에서) 상대방 샅바를 잡고 떠밀고 가로 밀어붙임. ④(증권거래에서) 첫 입회. ⑤(장소가) 가까움. ⑥(바람이)…에서 불어옴. ⑦(노선・사상의)…경(傾).

¹寄り掛かる[よりかかる] 〈5自〉 ①기대다. ②의지하다. 의존하다.

寄り寄り[よりより] ①관계자가 몇 사람 모임. ②《副》 이따금. 수시로.

寄り道[よりみち] 가는 길에 들름.

寄り倒す[よりたおす]〈5他〉 (씨름에서) 맞붙은 채로 상대방을 밖으로 떠밀어 쓰러뜨리다.

寄(り)付き[よりつき] ①접근. 접근함. ②(증권거래에서) 첫 거래. ③(들어서면서) 첫째 방. ④(정원 등에 만든) 간이 휴게소.

寄り付く[よりつく]〈5自〉 ①접근하다. 가까이 다가서다. ②(증권거래에서) 그날의 첫 거래가 성립되다.

寄(り)切り[よりきり] (씨름에서) 맞붙어서 상대방을 밖으로 떠밀어내는 기술.

寄り集まる[よりあつまる]〈5自〉 집합하다. 모여들다. 한데 모이다.

寄り添う[よりそう]〈5自〉 바싹 다가서다. 다가붙다.

寄り縋る[よりすがる] 〈5自〉 ①매달리다. ②믿고 의지하다.

寄(り)合(い)[よりあい] ①모임. 집회. ②잡다한 모임. ③(씨름에서) 맞붙은 채로 떠밀거나 누르려고 함. ④'連歌(れんが)・俳諧(はいかい)에서' 앞의 구(句)의 말・사물과 연관이 있는 것.

寄り合う[よりあう]〈5自〉 (의논하기 위해) 한 곳에 모임. 집합함.

寄(り)合(い)所帯[よりあいじょたい] ①여러 세대가 한 곳에 모여 삶. ②잡다한 모임.

寄稿[きこう] 기고; 원고를 신문사나 잡지사에 보냄.

寄金[ききん] 기부금. 성금(誠金).

²寄付[きふ] 기부; ①공공 단체를 위해 금품을 내놓음. ②헌금(献金).

寄生[きせい] 기생; 다른 동・식물에 붙어 더부살이함.

寄宿[きしゅく] 기숙; 남의 집이나 단체에 딸린 집에서 거처함.

寄宿舎[きしゅくしゃ] 기숙사.

寄食[きしょく] 기식; 남의 집에 붙어 먹음.

¹寄与[きよ] 기여; 공헌함. 이바지함.

寄寓[きぐう] 기우; 임시 거처.

¹寄贈[きぞう/きそう] 기증; 물건을 증정함.

寄贈本[きぞうぼん/きそうぼん] 기증본.

寄進[きしん] 《仏》 기진; 시주(施主).

寄託[きたく] 기탁; 위탁.

寄港[きこう] 기항; 항해 중인 배・비행기가 항구나 공항에 들름.

寄航[きこう] 기항; 항해 중인 배・비행기가 항구나 공항에 들름.

寄航地[きこうち] 기항지.

基 근본/터 기

一 十 卄 廿 茸 丼 其 其 基 基

音 ●キ

訓 ●もとい ●もと

●基❶[もとい] 《文章語》 (국가・사회・집의) 근본. 근원. 기초. 토대.

²●基❷[もと] 디딤돌. 기초. 근본. 근원. 토대. *일상 용어임. ❸[き] ☞ [音読]

基づく[もとづく]〈5自〉 ①입각하다. 근거하다. 의거하다. ②말미암다. 비롯하다. 기인하다.

基❶[き] 기. *등롱(灯籠)・묘석(墓石)을 세는 말임. ❷[もと/もとい] ☞ [訓読]

基幹[きかん] 기간; 원 줄거리.

基幹産業[きかんさんぎょう] 기간산업.

¹基金[ききん] 기금; 일정한 목적을 위해 준비해 놓은 자금.

¹基盤[きばん] 기반; 토대. 기초.

²基本[きほん] 기본; 기초. 토대.

²基本的[きほんてき] 기본적.

基数[きすう] 《数》 기수; 1부터 9까지의 정수(整数).

基底[きてい] 기저; 토대가 되는 밑바탕.

基点[きてん] 기점; 근본이 되는 점.

基調[きちょう] 기조; ①주조음(主調音). ②작품이나 사상·학술 등의 근본 뼈대.

²基準[きじゅん] 기준; 표준.

²基地[きち] 기지; (활동의) 근거지.

²基礎[きそ] 기초; ①(건물의) 토대. ②(사물의) 기초.

基礎付ける[きそづける] 〈下1他〉 뒷받침하다. 토대를 굳히다. 기초를 잡게 하다.

崎

산길험할 기

丨 刂 屵 屵 屵 岭 峙 崎 崎 崎

音 ⊗キ
訓 ●さき

訓読
●崎[さき] ①갑(岬). 곶. *'岬(みさき)'의 아어적(雅語的) 표현임. ②산부리. 산이 바다로 튀어나온 끝.

幾

몇/얼마 기

ノ ⺀ ⺀ ⺀⺀ ⺀⺀ ⺀⺀ ⺀⺀ 幾 幾 幾

音 ●キ
訓 ●いく ●いくつ

訓読
⁴幾つ[いくつ] ①몇. ②몇 개. ③몇 살.

²幾[いく] (명사 앞에 접속하여) 몇.

⁴幾ら[いくら] ①얼마. ②〈副〉 아무리.

幾らか[いくらか] 얼마쯤. 약간. 조금.

¹幾多[いくた] ①〈副〉 숱하게. 무수히. 수많음. ②《古》 얼마쯤.

幾度❶[いくど] 몇 번. 몇 회. ❷[いくたび] ①몇 번. 몇 회. ②〈副〉 여러 번.

²幾分[いくぶん] ①일부. 일부분. ②몇으로 나누는 것. ③얼마쯤. 약간. 어느 정도.

幾日[いくにち] ①며칠. 몇 날. ②어느 날. 며칠날. ③여러 날.

幾重[いくえ] ①몇 겹. ②여러 겹. 겹겹. 첩첩.

幾重にも[いくえにも] ①여러 겹으로. ②몇 번이고. 거듭거듭. 되풀이해서.

音読
幾何[きか] '幾何学'의 준말.

幾何級数[きかきゅうすう] 《数》 기하급수.

幾何学[きかがく] 《数》 기하학; 도형 및 그것이 차지하는 공간의 성질에 관하여 연구하는 수학의 일부분.

棋

바둑 기

一 十 木 木 村 村 村 桂 棋 棋

音 ●キ ⊗ギ
訓 ―

音読
棋界[きかい] 기계; 바둑이나 장기를 즐기는 사람들의 사회.

棋譜[きふ] 기보; 직업적으로 바둑·장기를 두는 사람.

棋士[きし] 기사; 바둑·장기의 명인.

棋聖[きせい] 기성; 바둑·장기를 잘 두기로 유명한 명인(名人).

棋風[きふう] 기풍; 바둑·장기를 둘 때 나타나는 그 사람의 개성.

期

때/바랄 기

一 十 艹 世 芇 芇 其 期 期 期 期

音 ●キ ●ゴ
訓 ―

音読
²期❶[き] 기; ①기한. 기간. 시기. 시한. ②좋은 기회. ❷[ご] ①마지막. 무렵. ②최후.

²期間[きかん] 기간; 일정한 때부터 다른 일정한 때까지의 사이.

²期待[きたい] 기대; 좋은 결과나 상태를 예기하고, 그 실현을 바라는 것

期末[きまつ] 기말; 어떤 일정한 기간이나 기한의 끝.

¹期日[きじつ] 기일; 일정한 것을 하기 위하여 미리 정해진 날.

²期限[きげん] 기한; 미리 정해진 시기. 일정한 기간.

欺

속일 기

一 十 艹 世 芇 其 其 斯 斯 欺

音 ●ギ ⊗キ
訓 ●あざむく

訓読
¹●欺く[あざむく] 〈5他〉 ①속이다. 기만하다. ②무색케 하다.

欺き[あざむき] 속임. 기만. 거짓.

音読

欺瞞[ぎまん] 기만; 교묘하게 속이는 것. 그럴듯하게 속이는 것.

棄(棄) 버릴 기

一 亠 亠 产 奋 奋 弃 奄 奄 棄

音 ●キ

訓 ⊗すてる

音読

棄却[ききゃく] 《法》 기각; ①어떤 사물을 버림. 버리고 문제 삼지 않음. 포기함. ②소송을 무효로 함.

¹棄権[きけん] 기권; 자기의 권리를 포기함. 자기의 권리를 버리고 행사하지 않음.

碁 바둑 기

一 十 卄 甘 甘 其 其 其 其 碁

音 ●ゴ ⊗キ

訓 ―

音読

²碁[ご] 바둑.

¹碁盤[ごばん] 기반; 바둑판.

碁盤格子[ごばんごうし] 바둑판무늬.

碁盤の目[ごばんのめ] 바둑판의 눈.

碁盤縞[ごばんじま] 바둑판무늬.

碁盤割り[ごばんわり] 바둑판처럼 질서정연하게 나눔.

碁笥[ごけ] 바둑돌 통.

碁石[ごいし] 바둑돌.

碁敵[ごがたき] 기적(棋敵); 바둑의 맞수.

碁打ち[ごうち] ①바둑을 둠. ②기사(棋士). 바둑을 잘 두는 사람.

碁会[ごかい] 기회; 바둑을 두는 모임.

碁会所[ごかいしょ] 기원(棋院).

旗 깃발 기

亠 亣 方 圹 圹 圻 圻 旌 旗 旗

音 ●キ

訓 ●はた

訓読

²●旗❶[はた] 기; 깃발. **❷[き]** ☞ [音読]

旗竿[はたざお] 깃대.

旗挙げ[はたあげ] 거병(挙兵). 군사를 일으킴.

旗頭[はたがしら] ①깃발의 윗부분. ②전투부대의 우두머리. ③한 파의 우두머리. 수령. 두목.

旗売り[はたうり] 주식의 공매(空売).

旗本[はたもと] (江戸(えど) 시대에) 1만석 이하의 녹봉을 받던 将軍(しょうぐん) 직속의 무사.

旗師[はたし] ①깃발을 만드는 사람. ②투기 거래를 하는 상인.

旗色[はたいろ] (전쟁·경기의) 전황(戦況). 상황. 형세(形勢).

旗揚げ[はたあげ] 거병(挙兵). 군사를 일으킴.

旗印[はたじるし] 기치(旗幟). ①(전쟁터에서) 무늬나 글자를 새겨 표로 삼았던 기. ②(행동 목표가 되는) 주의. 주장.

旗日[はたび] 국기를 다는 날. 국경일.

旗持ち[はたもち] 기수(旗手).

旗行列[はたぎょうれつ] 깃발 행렬.

音読

旗❶[き] (명사에 접속하여 접미어로서) 기; 깃발. ¶ 大会(たいかい)~ 대회기. **❷[はた]** ☞ [訓読]

旗手[きしゅ] 기수; 깃발을 든 사람.

旗幟[きし] 기치; ①(전쟁터에서) 무늬나 글자를 새겨 표로 삼았던 기. ②(행동 목표가 되는) 주의. 주장.

旗艦[きかん] 기함; 함대의 사령관이 타고 있는 군함.

器(器) 그릇 기

丨 口 口 吕 吕 吕 哭 哭 器 器

音 ●キ

訓 ●うつわ

訓読

¹●器❶[うつわ] ①그릇. 용기. ②기구. 도구. ③인물. 그릇. …감. **❷[き]** ☞ [音読]

音読

²器❶[き] (명사에 접속하여 접미어로) 기; ①기관(器官). ¶ 呼吸(こきゅう)~ 호흡기. ②간단한 도구. ¶ 電熱(でんねつ)~ 전열기. **❷[うつわ]** ☞ [訓読]

²器械[きかい] 기계; (모터가 달리지 않은) 간단한 도구.

¹器官[きかん] 기관; 생물체의 한 부분.

²器具[きぐ] 기구: 구조·조작이 간단한 도구류.

器械[きき] 기기: 기구(器具)와 기계(機械)를 통틀어 하는 말.

器量[きりょう] 기량: ①사람의 재능과 도량. ②(특히 여자의) 용모. 얼굴.

器物[きぶつ] 기물: 살림살이의 그릇.

器楽[きがく] 기악: 악기로 연주하는 음악.

²器用[きよう] 〈形動〉 ①솜씨가 좋음. 손재주가 많음. ②약삭빠름. 요령이 좋음. 재주가 있음. ③(군소리 없이) 깨끗함. 순순히 함.

器材[きざい] 기재: 기구와 재료.

機   베틀/기계 기

十 十 扩 杵 栏 栏 栏 機 機 機

音 ●キ
訓 ●はた

訓読

●機❶[はた] 베. ¶~を 織(お)る 베를 짜다. ❷[き] ☞ [音読]

機屋[はたや] ①베를 짜는 사람. ②베를 짜는 집. 베를 짜는 방.

機織り[はたおり] ①베틀로 베를 짬. ②베를 짜는 사람.

音読

●機❶[き] (명사에 접속하여 접미어로) 기: ①기계. ②기. *비행기를 세는 말. ❷[はた] ☞ [訓読]

機甲[きこう] 기갑: 최신 무기로 무장함.

³機械[きかい] 기계: 모터를 움직여서 일정한 일을 하는 설비.

²機関[きかん] 기관: ①수력·화력·전력 등의 에너지를 기계적 에너지로 바꾸는 장치. ②어떤 목적을 이루기 위한 조직.

²機関車[きかんしゃ] 기관차.

機具[きぐ] 기구: 기계와 기구.

¹機構[きこう] 기구: ①하나의 조직을 이루고 있는 체계. ②기계의 내부 구조.

機器[きき] 기기: 기계·기구의 총칭.

機内[きない] 기내: 비행기 안.

²機能[きのう] 기능: 사물의 작용이나 힘.

機動[きどう] 기동: 상황에 따라 조직적으로 재빠르게 하는 행동.

機略[きりゃく] 기략: 임기응변의 계략.

機敏[きびん] 〈形動〉 눈치가 빠르고 동작이 날쌤.

機密[きみつ] 기밀: 매우 중요한 비밀.

機上[きじょう] 기상: 비행기 안.

機先[きせん] 기선: 선수(先手).

機首[きしゅ] 기수: 비행기 앞머리.

機長[きちょう] 기장: 비행기 승무원 중의 책임자.

機才[きさい] 기재: 임기응변의 재주.

機転[きてん] 기전: 재치. 임기응변.

機種[きしゅ] 기종: ①비행기의 종류. ②기계의 종류.

機知[きち] 기지: 임기응변.

機体[きたい] 기체: 비행기의 동체(胴体).

機軸[きじく] 기축: ①굴대. 회전축. 기관·바퀴 등의 축. ②방법. 방식. ③활동의 중심.

²機嫌[きげん] ①(남의) 건강 상태. 안부. ②기분. 비위. 심기.

³機会[きかい] 기회: 알맞은 때.

騎   말 탈 기

丨 丨 丨 乁 馬 馬 馿 馿 騎 騎

音 ●キ
訓 ●

音読

騎馬[きば] 기마: 말을 탐.

騎兵[きへい] 기병: 말을 탄 군사.

騎士[きし] 기사: ①말을 탄 무사. ②(중세 유럽의) 무사 계급.

騎手[きしゅ] 기수: 특히, 경마(競馬)의 말을 타는 사람.

伎   재주 기   **音** ⊗ギ ⊗キ **訓** ―

音読

伎倆[ぎりょう] 기량: 능력. 수완. 솜씨.

伎楽[ぎがく] 기악: ①가면 무용극. ②≪仏≫ 음악.

伎芸[ぎげい] 기예: 예능. 가무(歌舞)·음곡(音曲)의 재주.

妓 기생 기
音 ⊗ギ
訓 ―

音読

妓女[ぎじょ] 기녀; 기생. 유녀(遊女).

妓楼[ぎろう] 기루; 기생집. 청루(青楼).

妓夫[ぎふ/ぎゅう] 기부; ①(유곽의) 유객(誘客)꾼. ②유곽에서 일하는 남자.

杞 구기자 기
音 ⊗キ ⊗コ
訓 ―

音読

杞憂[きゆう] 기우; 공연한 걱정. 쓸데없는 걱정. 부질없는 걱정.

其 그것 기
音 ⊗キ
訓 ⊗その ⊗それ

訓読

[4]⊗其の[その] ①(자기로부터 조금 떨어진) 그. ②(조금 전에 말한) 그. ③(문제가 된) 그. ④(강조하는 의미의) 그. ⑤(말문이 막힐 때의) 그.

[2]其の頃[そのころ] 그 무렵. 그 당시.

其の内[そのうち] ①가까운 시일 안에. 근일간에. ②곧. 이윽고. ③그 동안. ④그 중. 그 가운데.

其の代(わ)り[そのかわり] 그 대신.

其の度[そのたび] 그때마다.

其の方❶[そのほう] ①그쪽. 그편. ②(에도 시대에 무사가 손아랫사람을 부를 때) 너. 그대. ❷[そのかた] 그분. 그 사람.

其の辺[そのへん] ①그 근처. 그 근방. ②그와 같은 일. ③그쯤. 그 정도.

[2]其の上❶[そのうえ] 게다가. 더구나. ❷[そのかみ] ①그 당시. 그 무렵. 그때. ②옛날. 그 옛날.

其の時[そのとき] ①(과거의) 그때. ②(미래의) 그때.

其の外[そのほか] ①그 밖. 나머지. ②그 위.

其の人[そのひと] ①(화제의) 그 사람. ②당사자. 그 사람. ③(내로라하는) 인물.

其の日[そのひ] 그 날. 그 당일.

其の場[そのば] ①그 자리. 그곳. 현장. ②즉석.

其の儘[そのまま] ①(그냥) 그대로. ②곧.

其の次[そのつぎ] 그 다음.

其の他[そのた] 그 밖. 기타.

其の後[そのご] 그 후. 그 뒤.

[4]⊗其れ[それ] ①(조금 떨어진 곳의) 그것. ②(조금 전에 말한) 그것. 그 사람. ③그때. ④〈感〉자. 봐라.

其れ其れ[それぞれ] 저마다. 각기. 각각.

其れ故[それゆえ] 그러므로. 그러니까.

其れ位[それくらい] 그 정도. 그 만큼.

其れ丈[それだけ] ①그뿐. ②그만큼. 그 정도. 그쯤. ③그것만. 그 일만.

其れ程[それほど] ①그렇게. 그만큼. 그 정도. ②그다지.

埼 갑/언덕머리 기
音 ⊗キ
訓 ⊗さき

訓読

⊗埼[さき] ①갑(岬). 곶. 육지가 바다나 호수로 뛰어나온 곳. *'岬(みさき)'의 아어적(雅語的) 표현임. ②산부리. 산 끝부분이 평야로 돌출한 곳.

埼玉[★さいたま] 일본 관동지방(関東地方)의 내륙에 있는 현(県).

祇 [x](祇) 땅귀신 기
音 ⊗ギ
訓 ―

音読

祇園[ぎおん] ① 《仏》 京都(きょうと) 八坂神社(やさかじんじゃ) 부근의 옛 명칭. *유흥가임. ②'祇園精舎(ぎおんしょうじゃ)'의 준말.

祇園精舎[ぎおんしょうじゃ] 《仏》 기원정사. *옛날, 수달장자(須達長者)가 석가를 위해 설법 도장으로 지은 절.

嗜 즐길 기
音 ⊗シ
訓 ⊗たしなむ

訓読

⊗嗜む[たしなむ] 〈5他〉①애호하다. 즐기다. ②평소에 준비하다. 소양을 쌓다. ③삼가다. 조심하다.

嗜み[たしなみ] ①기호(嗜好). 취미. ②예도(芸道)에 대한 소양. ③조심성. 몸가짐. 행실. ④마음가짐.

音読

嗜好[しこう] 기호; 즐기고 좋아함.

畸 기이할 기
音 ⊗キ
訓 —

畸人[きじん] 기인; 괴짜.
畸形[きけい] 기형; 불구(不具).
畸型[きけい] 기형; 불구(不具).
畸形児[きけいじ] 기형아; 불구아(不具児).

綺 비단 기
音 ⊗キ
訓 —

音読
綺談[きだん] 기담; 재미있게 꾸민 이야기.
綺羅[きら] 기라; ①화려한 옷. ②아름다움. 화려함. ③화려하게 차려입은 사람. ④《古》극에 달한 영화(栄華).
⁴**綺麗**[きれい] 〈形動〉①예쁨. 예쁘장함. 고움. 멋있음. 아름다움. ②깨끗함. 말쑥함.

磯 물가 기
音 ⊗キ
訓 ⊗いそ

訓読
磯[いそ] 갯바위. 암석 해안. ＊바다나 호수의 바위가 많은 물가.
磯蚯蚓[いそめ] 《動》갯지렁이.
磯目[いそめ] 《動》갯지렁이.
磯明け[いそあけ] 바다낚시 등의 정식 해금(解禁) 시기.
磯釣(り)[いそづり] 바닷가 낚시.
磯臭い[いそくさい] 〈形〉바닷가 특유의 냄새가 나다. 비린내가 나다.

麒 기린 기
音 ⊗キ
訓 —

音読
麒麟[きりん] 《動》기린.

饑 굶주릴 기
音 ⊗キ
訓 —

音読
饑饉[ききん] 기근; ①흉년으로 식량이 모자라 굶주리는 상태. ②물자 부족.
饑餓[きが] 기아; 굶주림.
饑寒[きかん] 기한; 굶주림과 추위.

驥 천리마 기
音 ⊗キ
訓 —

音読
驥尾[きび] 기미; ①준마의 꼬리. 준마의 뒤. ②훌륭한 사람의 업적.
驥足[きそく] 기족; 뛰어난 재능.

緊 긴요할 긴

| 丨 | ⼁ | ⼏ | 臣 | 臣 | 臤丨 | 臤又 | 堅又 | 緊 |

音 ●キン
訓 —

音読
¹**緊急**[きんきゅう] 긴급; 긴요하고도 급함. 대단히 중대한 사태가 되어 그 대응·조처에 급함이 필요함.
緊密[きんみつ] 〈形動〉긴밀; ①관계가 아주 밀접함. ②엄격함.
緊迫[きんぱく] 긴박; 아주 절박함. 긴장된 상태가 됨.
緊要[きんよう] 긴요; 아주 중요함.
²**緊張**[きんちょう] 긴장; ①마음을 다잡아 정신을 바짝 차리거나 몸이 굳어질 정도로 켕기는 일. ②무슨 일이 터질 것 같은 예사롭지 않은 상태.
緊縮[きんしゅく] 긴축; 바짝 줄임.

吉 길할 길

| 一 | 十 | 土 | 吉 | 吉 | 吉 |

音 ●キチ ●キツ ⊗キ
訓 —

音読
吉[きち] 길; 경사. 좋은 일.
吉例[きちれい] 길례; 좋은 관례.
吉夢[きちむ] 길몽; 좋은 꿈.
吉方[★えほう] 좋은 방위.
吉報[きっぽう] 길보; 희소식.
吉事[きちじ] 길사; 경사스러운 일.

吉相[きっそう] 길상; ①좋은 인상. ②길조. 좋은 일이 있을 징조.

吉祥❶[きちじょう] 길상; 상서로운 징조. ❷[きっしょう] 행운. 경사.

吉日[きちにち/きちじつ] 길일; 일진이 좋은 날.

吉兆[きっちょう] 길조; 좋은 조짐.

吉辰[きっしん] 길진; 길일(吉日).

吉凶[きっきょう] 길흉; 행복과 재앙. 좋은 일과 나쁜 일.

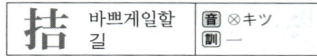

拮 바쁘게일할 길　音 ⊗キツ　訓 ―

音読

拮据[きっきょ] 길거; 괴로움을 참고 부지런히 일함.

拮抗[きっこう] 대항(対抗). 세력이 비등하여 맞겨룸.

桔 도라지 길　音 ⊗キ ⊗キツ　訓 ―

音読

桔梗[ききょう] 《植》 도라지.

桔梗皿[ききょうざら] 도라지꽃 모양으로 만든 접시.

桔梗袋[ききょうぶくろ] 밑바닥을 도라지꽃처럼 5각형으로 만든 작은 봉지.

[끽]

喫(喫) 마실/당할 끽

丨 冂 冂 咞 咞 咞 啣 喞 喫 喫

音 ●キツ
訓 ―

音読

喫する[きっする]〈サ変他〉①(茶를) 마시다. 먹다. ②(담배를) 피우다. ③(좋지 않은 일을) 당하다. 받다.

喫驚[きっきょう] 끽경; 깜짝 놀람.

喫緊[きっきん] 끽긴; (급박한 상황에서) 중대함. 매우 긴요함.

喫緊事[きっきんじ] 매우 중대한 일. 매우 긴요한 일.

喫水[きっすい] 흘수(吃水). 배의 아랫부분이 물에 잠긴 깊이.

喫水線[きっすいせん] 흘수선.

喫煙[きつえん] 끽연; 담배를 피움.

喫煙室[きつえんしつ] 끽연실; 담배를 피우도록 만든 공간.

喫煙者[きつえんしゃ] 끽연자.

[2]喫茶[きっさ] 차를 마심.

[4]喫茶店[きっさてん] 찻집. 다방(茶房). 커피・홍차 등의 음료수나 간단한 경양식을 내놓는 음식점.

[나]

奈 나락 나
音 ⊗ナ
訓 ―

音読
奈落[ならく] ① ≪仏≫ 나락; 지옥. ②막다른 골목. ③막바지. ④(극장에서) 승강식 소형 무대.
奈落の底[ならくのそこ] ①지옥의 밑바닥. ②한없이 깊은 곳. ③도저히 헤어날 수 없는 밑바닥. ④재기 불능의 처지.
奈良[なら] ≪地≫ 일본 近畿(きんき) 지방 중 남부 내륙의 현(県).
奈良時代[ならじだい] ≪歴≫ (고대 일본) 나라 시대. *기원 710~794년의 80여 년간.

那(那) 나라이름 나
音 ⊗ナ ⊗ダ
訓 ―

音読
那辺[なへん] 어디. 어느 곳.
那覇[なは] ≪地≫ 沖縄県(おきなわけん)의 현청 (県庁) 소재지의 시(市).

拏 붙잡을 나
音 ⊗ダ
訓 ―

音読
拏捕[だほ] 나포; ①붙잡아 자유를 구속함. ②(군함 등이) 외국의 선박을 붙잡아 지배하에 두는 일.

[낙]

諾 대답할 낙

音 ●ダク
訓 ⊗うべなう

音読
諾[だく] 낙; 승낙.
諾諾として[だくだくとして] 고분고분.
諾否[だくひ] 승낙 여부.
諾意[だくい] 낙의; 승낙할 의사.

[난]

暖(暖) 따뜻할 난
旷 旷 旷 旷 旷 旷 昖 睄 暖 暖

音 ●ダン
訓 ●あたたか ●あたたかい ●あたたまる
　　●あたためる

訓読
²●暖か[あたたか] 〈形動〉①(기온・온도가) 따스함. 따뜻함. ②(다정이) 따뜻함. 훈훈함. 다정함. ③(감촉・음식이) 따뜻함. ④경제적으로 여유가 있음. 경제 상태가 좋음.
⁴●暖かい[あたたかい] 〈形〉①(기온・온도가) 따스하다. 따뜻하다. 훈훈하다. ②(마음이) 따뜻하다. 다정하다. 정답다. ③(감촉・음식이) 따뜻하다. ④경제적으로 여유가 있다.
²●暖まる[あたたまる] 〈自5〉①(기온・온도가) 따스해지다. 따뜻해지다. 훈훈해지다 ②(마음이) 따뜻해지다. 훈훈해지다. ③경제적으로 여유가 생기다. 경제 상태가 좋아지다.
²●暖める[あたためる] 〈下1他〉①(물건을)따뜻하게 하다. 데우다. ②(새가 알을) 품다. ③간직하다. ④대기하다. ⑤착복하다. 횡령하다. ⑥(우정을) 돈독히 하다. 과거의 친밀한 관계를 회복하다.

音読
暖国[だんごく] 난국; 기후가 따뜻한 나라.
暖気[だんき] 난기; 따뜻한 기후・기운.
暖帯[だんたい] 난대; 열대와 온대의 중간 지대.
暖冬[だんとう] 난동; 평년보다 다뜻한 겨울.
暖簾[★のれん] ①포렴(布簾). 헝겊에로 발처럼 친 막(幕). *옥호(屋号)를 써넣어 햇빛을 막는 막(幕). ②상점의 신용. ③노포(老舗). 선조 대대로 번창해 오는 신용 있는 점포.
暖簾名[★のれんな] 상점 이름.
暖炉[だんろ] 난로; 스토브.
暖流[だんりゅう] 난류; 수온이 높은 해류.
²暖房[だんぼう] 난방; 방안을 딷뜻하게 함.
²暖房装置[だんぼうそうち] 난방 장치.
暖色[だんしょく] 난색; 따뜻한 색깔.
暖衣[だんい] 난의; 따뜻한 옷.
暖地[だんち] 난지; 따뜻한 고장.

難(難) 어려울 난

艹　苩　苩　莫　莫　難　難　難　難　難

音 ●ナン

訓 ●むずかしい ●かたい ⊗にくい

訓読

⁴●難しい[むずかしい]〈形〉①(이해하기) 어렵다. 힘겹다. ②곤란하다. ③(해결하기) 어렵다. ④복잡하다. ⑤(병이) 고질이다. 위중하다. ⑥번거롭다. 까다롭다. ⑦(기분이) 언짢다. 못마땅하다.

●難い[かたい]〈形〉어렵다. ＊하려고 하는데도 좀처럼 안 된다는 뜻임.

²●難い[がたい]〈形〉(동사 ます形에 접속하여) …하기 어렵다. 힘들다. 좀처럼 …할 수 없다.

²⊗難い[にくい]〈形〉(동사 ます形에 접속하여) ①…하기 어렵다. 힘들다. ②…하기 거북하다. ③좀처럼 …않다.

音読

¹難[なん] 난; ①재난. ②결점. 결함. 흠. ③비난. ④곤란. 어려움.

難関[なんかん] 난관; 통과하기 힘든 곳.

難局[なんきょく] 난국; ①어려운 고비. ②(바둑・장기에서) 어려운 국면. 힘에 겨운 한 판.

難読[なんどく] 난독; 읽기 어려움.

難無く[なんなく]〈副〉무난히. 쉽사리. 쉽게.

難問[なんもん] 난문; 어려운 문제・질문.

難物[なんぶつ] 난물; ①골칫거리. ②골치 아픈 사람.

難民[なんみん] 난민; 피난민.

難癖[なんくせ] (하찮은) 결점. 흠. 트집.

難病[なんびょう] 난병; 난치병(難治病). 고질(痼疾).

難事[なんじ] 난사; 해결하기 어려운 일.

難産[なんざん] 난산; ①해산이 순조롭지 못함. ②일이 좀처럼 성립되지 않음.

難渋[なんじゅう] 난삽; ①지체됨. ②어렵고 빡빡하여 술술 풀리지 않음. ③어려움. 고생함. 곤란함.

難色[なんしょく] 난색; ①난처한 기색. ②불찬성이라는 기색. ③비난하는 듯한 기색.

難船[なんせん] 난선; ①배가 풍랑으로 파손・전복함. ②난파선(難破船).

難所[なんしょ] 난소; 난관. 험한 곳.

難語[なんご] 난어; 이해하기 어려운 말.

難儀[なんぎ] 난의; ①곤란. 어려움. ②고생. 힘듦. ③번거로움. 귀찮음. 폐. ④고민. 괴로움. ⑤가난.

難易[なんい] 난이; 어려움과 쉬움.

難点[なんてん] 난점; ①어려운 점. 해결하기 곤란한 점. ②결점. 트집. 흠.

難題[なんだい] 난제; ①시문(詩文)을 짓기 어려운 제목. ②어려운 문제. 까다로운 문제. ③터무니없는 생트집.

難聴[なんちょう] 난청; ①귀가 잘 안 들림. ②(라디오 등이) 잘 안 들림.

難破[なんぱ] 난파; 배가 풍랑으로 파손되거나 전복함.

難航[なんこう] 난항; ①항해가 곤란함. ②(장애가 많아) 일이 잘 진척되지 않음.

難解[なんかい] 난해; 이해하기 힘듦.

難行❶[なんぎょう] 난행; 어렵고 고된 수행(修行). ❷[なんこう] 난행; 일이 잘 진행되지 않음.

難行苦行[なんぎょうくぎょう] 난행고행; ①어렵고 고된 수행(修行). ②무척 많은 고생을 겪음.

難訓[なんくん] 난훈; 한자(漢字)의 훈독(訓読)이 어려운 것.

[날]

埒 낮은담 날

音 ⊗ラチ ⊗ラツ
訓 ―

音読

埒[らち] (목장이나 마장의) 울짱.

埒内[らちない] 울 안. 테두리 안. 범위 안.

埒外[らちがい] 울 밖. 테두리 밖. 범위 밖.

捏 반죽할 날

音 ⊗ネツ
訓 ⊗こねる
　　 ⊗つくねる

訓読

⊗捏ねる❶[こねる]〈下1他〉①반죽하다. 개다. 이기다. ②억지를 쓰다. 떼를 쓰다. ③(야구 투수가) 공을 양손으로 주물럭거리다. ❷[つくねる]〈5他〉＊捏(こ)ねる의 속어(俗語)임.

捏ねくる[こねくる]〈5他〉①반죽하다. 개다. 이기다. ②억지를 쓰다. 떼쓰다.

捏ね返す[こねかえす]〈5他〉 ①자꾸 반죽하다. ②(분쟁을) 격화시키다.
捏ね焼き[つくねやき] 다진 어육(魚肉)이나 새고기에 달걀을 섞어 빚어 구운 음식.
捏ね回す[こねまわす]〈5他〉 ①자꾸 반죽하다. ②(일을) 주물러 터뜨리다.

音読
捏造[ねつぞう] 날조; 없는 것을 있는 것처럼 거짓으로 꾸며 만듦.

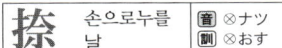

| 捺 | 손으로누를 날 | 音 ⊗ナツ |
| | | 訓 ⊗おす |

訓読
⊗捺す[おす]〈5他〉 (도장을) 찍다. 누르다.
捺し染め[おしぞめ] 날염; 피륙에 여러 가지 모양의 본을 대고 물감을 칠하여 염색함.

音読
捺染[なっせん] 날염; 피륙에 여러 가지 모양의 본을 대고 물감을 칠하여 염색함.
捺印[なついん] 날인; 도장을 찍음.

| 男 | 사내 남 |

丨 冂 冂 田 田 男 男

音 ●ダン ●ナン
訓 ●おとこ ⊗お

訓読
⁴男[おとこ] ①사나이. 남성. 남자. ②(동물의) 수컷. ③남자의 체면. ④남자다움. 사나이다움. ⑤남자 애인. 남자 친구.
男っぷり[おとこっぷり] ①남자다운 풍채. ②남자로서의 체면.
男やもめ[おとこやもめ] 홀아비.
男らしい[おとこらしい]〈形〉 남자답다. 사나이답다.
男女 ❶[おとこおんな] ①선머슴 같은 여자. ②여자 같은 남자. ❷[だんじょ] 남녀; 남자와 여자.
男物[おとこもの] 남자용품. 남성용.
男盛り[おとこざかり] 남자의 한창때. *한창 일하는 3,40대(代)를 말함.
男勝り[おとこまさり] 여장부. 남자 못지않음.

男心[おとこごころ] ①남자의 마음. ②(남자에게 끌리는) 남자의 마음. ③남자의 바람기.
男役[おとこやく] 남자 역할의 여자 배우.
男泣き[おとこなき] 사나이가 감정에 북받쳐 욺.
男伊達[おとこだて] ①사나이다움. ②의협심이 강함. 또는 그런 사람.
⁴男の子[おとこのこ] ①사내아이. ②젊은 사내.
男前[おとこまえ] ①남자로서의 풍채. ②남자의 체면. ③미남. 호남.
男振り[おとこぶり] ①남자로서의 풍채. ②남자의 체면.
男臭い[おとこくさい]〈形〉 ①남자 냄새가 나다. ②남성답다. ③(여자가) 남자처럼 보이다. 남자 같다.
男親[おとこおや] 아버지.
男向き[おとこむき] 남자용. 남성용.

音読
男女❶[だんじょ] 남녀; 남자와 여자. ❷[おとこおんな] ①선머슴 같은 여자. ②여자 같은 남자.
男色[だんしょく/なんしょく] 남색; 호모.
²男性[だんせい] 남성; 남자.
男性的[だんせいてき] 남성적; ①남자다운 기질을 가짐. ②당당함. 웅장함.
男児[だんじ] 남아; ①사내아이. ②대장부.
男優[だんゆう] 남우; 남자 배우.
²男子[だんし] 남자; 사내. 남성.
男爵[だんしゃく] 남작; 다섯 번째의 작위(爵位).
男装[だんそう] 남장; 여자가 남자처럼 꾸밈.
男尊女卑[だんそんじょひ] 남존여비.

| 南 | 남녘 남 |

一 十 广 广 南 南 南 南 南

音 ●ナ ●ナン
訓 ●みなみ

訓読
⁴●南[みなみ] ①남; 남쪽. ②남풍(南風).
南半球[みなみはんきゅう] 남반구; 지구 적도에서 남쪽 부분.
南十字星[みなみじゅうじせい]《天》 남십자성; 남십자리에 있는 4개의 별.

南支那海[みなみしなかい] ≪地≫남지나해.

南側[みなみがわ] 남측; 남쪽.

南風[みなみかぜ/なんぷう] 남풍; 마파람.

南向き[みなみむき] 남향; 남쪽으로 향함.

南回帰線[みなみかいきせん] ≪地≫ 남회귀선.

音読

南欧[なんおう] 남구; 남유럽.

南国[なんごく] 남국; 남쪽의 따뜻한 나라.

²南極[なんきょく] 남극.

南極大陸[なんきょくたいりく] 남극 대륙.

南端[なんたん] 남단; 남쪽 끝.

南都[なんと] ①'奈良(なら)'의 딴이름. ②奈良(なら)에 있는 '興福時(こうふくじ)'의 딴이름.

南蛮[なんばん] 남만; 남쪽의 미개인. ②(室町(むろまち) 시대에서 江戸(えど) 시대에 걸쳐서 해외 무역의 대상이 된) 동남아시아의 남양 제도(南洋諸島).

南面[なんめん] 남면; ①남향, 남쪽 ②왕위(王位)에 오름 ¶～の位(くらい) 임금 자리, 왕위

²南米[なんべい] 남미; 남아메리카.

南方[なんぽう] 남방; ①남쪽. ②동남아시아 지방.

南部[なんぶ] 남부; ①남쪽 지방. ② ≪地≫ (옛날 南部氏(なんぶし)가 영유하던) 盛岡(もりおか) 지방.

²南北[なんぼく] 남북; 남쪽과 북쪽.

南北朝[なんぼくちょう] 남북조; 기원 1336년~1392년까지의 일본 조정이 남북으로 갈라졌던 시대.

南氷洋[なんぴょうよう] 남빙양; 남극해(南極海)의 옛 명칭.

南西[なんせい] 남서; 남서쪽.

南船北馬[なんせんほくば] 남선북마; 쉴새 없이 여행함.

南洋[なんよう] 남양; ①태평양에서 적도 주변의 해역. ②미크로네시아의 여러 섬과 말라야 군도·필리핀 군도 등의 총칭.

南緯[なんい] 남위; 적도로부터 남쪽으로 측정한 위도

南中[なんちゅう] ≪天≫ 남중; 천체가 자오선(子午線)을 통과함.

南進[なんしん] 남진; 남쪽으로 진출함.

南下[なんか] 남하; 남쪽을 향하여 내려감.

南海[なんかい] 남해; ①남쪽 바다. ②'南海道(なんかいどう)'의 준말.

南画[なんが] ≪美≫ 남화(南画). 남종화(南宗画).

| 納(納) | 바칠 납 |

〃 幺 幺 牟 糸 糸 刹 紉 納 納

箮 ●ナ ●ナッ ●ナン ●ノウ ●トウ

訓 ●おさまる ●おさめる

訓読

¹●納まる[おさまる] ⟨5自⟩①(금품이) 걷히다. 들어오다. 수납되다. 납입되다. ②수습되다. 결말이 나다. ③(어떤 범위 안에) 꼭 알맞게 들어앉다. 보기 좋게 들어가다. ④(어떤 지위·형편에) 정착하다. 들어앉다.

納まり[おさまり] ①(금품의) 납입. 수납. ②수습. 결말. ③(물건의) 놓임새. 안정감.

²●納める[おさめる] ⟨下I他⟩①(금품을) 바치다. 납부하다. 납품하다. ②(제자리로) 거두다. 거두어들이다. ③(속이나 안에) 넣다. 담다. 챙기다. ④받아들이다. ⑤마치다. ⑥수습하다. ⑦(결과를) 얻다.

納め[おさめ] 최후. 끝냄. 종료. 마지막.

音読

納骨[のうこつ] 납골; 화장한 유골을 단지에 넣어 간수함.

納棺[のうかん] 납관; 입관(入棺). 시체를 관에 넣음.

納金[のうきん] 납금; ①돈을 납부함. ②납부할 돈.

納期[のうき] 납기; 납입 기한.

納豆[なっとう] 납두; ①일본식 청국장. 푹 삶은 메주콩을 볏짚푸러미 등에 넣고 띄운 식품. ②띄운 콩에 간채서 말림.

²納得[なっとく] 납득; 이해. 양해.

納涼[のうりょう] 납량; 더위를 피하여 시원한 바람을 쐼.

納付[のうふ] 납부; 납입함.

納税[のうぜい] 납세; 세금을 바침. 세금을 냄.

納屋[なや] 헛간.

¹納入[のうにゅう] 납입; 납품.

納品[のうひん] 납품; 물건을 납입함.

納戸[なんど] (의복·세간 등을 간수해 두는) 골방.

納会[のうかい] 납회; ①그 해의 마지막 모임. 종무식(終務式). ②≪経≫ (거래소에서) 월말의 입회

[낭]

娘　아가씨 낭

く 女 女 女´ 女ヿ 女ㄱ 女ㅋ 娘 娘 娘

- 音 ⊗ジョウ
- 訓 ●むすめ

訓読
³●娘[むすめ] ①딸. ②처녀. ¶～時代(じだい) 처녀 시절.
娘らしい[むすめらしい]〈形〉처녀티가 나다. 처녀답다.
娘分[むすめぶん] 임시로 딸 대우를 함.
娘婿[むすめむこ] 사위. 딸의 남편.
娘盛り[むすめざかり] 순정어린 처녀의 나이.
娘心[むすめごころ] 처녀로서 꽃다운 나이.
娘御[むすめご] 따님. *남의 딸에 대한 존경어.
娘義太夫[むすめぎだゆう] 처녀가 읊는 義太夫節(ぎだゆうぶし).
娘子[むすめご] ①딸. ②처녀.
娘組 むすめぐみ 미혼 여성 집단.
音読
娘子[じょうし] 낭자: ①처녀. 소녀. ②여자. 부인.
娘子軍[じょうしぐん/ろうしぐん] 낭자군: ①여성이 인솔하는 여성들로만 이루어진 군대. ②여성 단체. *'ろうしぐん'은 관용음(慣用音)임.

囊 ˣ(囊)　주머니 낭

- 音 ⊗ノウ
- 訓 ⊗ふくろ

訓読
⊗囊[ふくろ] ①자루. 주머니. 봉지. ②돈 주머니. ③과일의 껍질.
囊の鼠[ふくろのねずみ] 독 안에 든 쥐.
囊子[ふくろご] 양막(羊膜)에 싸인 태아(胎児).
音読
囊状[のうじょう] 낭상: 주머니 같은 모양.
囊底[のうてい] 낭저: 주머니 밑바닥. 지갑의 바닥.
囊剤[のうざい] 낭제: 캡슐.
囊腫[のうしゅ]〈医〉낭종: 종기(腫気)의 일종.
囊中[のうちゅう] 낭중: ①주머니 속. ②지갑 속. 소지금.

[내]

内(內)　안쪽 내

丨 冂 内 内

- 音 ●ダイ ●ナイ
- 訓 ●うち

訓読
²●内[うち] ①안. 안쪽. 내부. 속. ②사이. 동안. ③집. 집안. ④우리. 동료.
内勘定[うちかんじょう] 비밀 구좌.
内開き[うちびらき] 문 따위가 안쪽으로 열림.
内掛け[うちがけ] (씨름에서) 상대방을 밀고 가다가 안걸이로 넘어뜨리는 수.
内交渉[うちこうしょう] 예비 교섭. 예비 접촉.
内金[うちきん] 계약금. 대금의 일부를 선불로 줌.
内気[うちき] 내향성(内向性) 성격.
内気配[うちけはい] (증권거래소에서) 뒷시세. 다음 입회시의 증권 시세의 예상.
内内❶[うちうち] 내밀(内密). 집안끼리의 비밀. ❷[ないない] ①내심. 마음 속. ②몰래. 은밀히. ③비밀.
内輪❶[うちわ] ①가정 내. 집안. ②(실제보다) 적음. 작음. ③안쪽다리의 걸음걸이. ❷[ないりん] 내륜; 안쪽 바퀴.
内幕[うちまく/ないまく] ①안쪽에 둘러치는 막. ②내막; 내용.
内法[うちのり] ①용기(容器)의 안쪽 치수. ②문지방에서 상인방(上引枋)까지의 거리.
内弁慶[うちべんけい] 집안에서만 큰소리치는 사람.
内払い[うちばらい] 선불(先払). 미리 지불함.
内払(い)金[うちばらいきん] 계약금. 미리 지불하는 돈.
¹内訳[うちわけ] 내역; 명세(明細).
内訳書[うちわけしょ] 내역서; 명세서(明細書).
内の人[うちのひと] ①집안사람. 식구. 가족. ②(아내가 자기 남편을 남에게) 우리 집 양반.
内の者[うちのもの] ①집안사람. 가족. ②집사람. 아내. ③집의 고용인.
内庭[うちにわ] 안뜰. 안마당.
内弟子[うちでし] 침식(寝食)을 같이하는 제자. 데리고 있는 제자.
内祝い[うちいわい] 집안끼리의 축하 행사.

内側[うちがわ] 내측; 안쪽. 내면(内面).
内割引[うちわりびき] (은행의) 어음 할인.
内海[うちうみ/ないかい] ①내해. ②호수(湖水).
内玄関[うちげんかん/ないげんかん] 가족들이 사용하는 현관.
内回り[うちまわり] ①(순환선의 전차·기찻길에서) 복선의 안쪽을 도는 것. ②집안. 가정 내.

音読

内角[ないかく] 내각; ① ≪数≫ 안쪽의 각. ②(야구에서) 본루의 타자에 가까운 곳. 인코너.
¹**内閣**[ないかく] ≪法≫ 내각.
内閣官房長官[ないかくかんぼうちょうかん] ≪政≫ 내각 관방 장관.
内閣総理大臣[ないかくそうりだいじん] ≪政≫ 내각 총리대신. 수상.
²**内科**[ないか] ≪医≫ 내과.
内科医[ないかい] ≪医≫ 내과의; 내과 의사.
内国[ないこく] 내국; 나라 안. 국내.
内規[ないき] 내규; 내부의 규정.
内勤[ないきん] 내근; 실내에서 근무함.
内内❶[ないない] 내심. ①마음 속. ②몰래. 은밀히. ③비밀. ❷[うちうち] 내밀. 집안끼리의 비밀.
内諾[ないだく] 내락; 비공식적인 승낙.
¹**内乱**[ないらん] 내란; 국내의 반란.
¹**内陸**[ないりく] 내륙; 육지의 안쪽.
内裏[だいり] 천황(天皇)이 사는 궁궐.
内裏様[だいりさま] 천황과 황후의 모습을 본떠서 만든 남녀 한 쌍의 인형.
内面❶[ないめん] 내면; ①안쪽. 내부. ②사람의 심리. ❷[うちづら] 집안사람을 대하는 태도.
内命[ないめい] 내명; 비공식 명령.
内務[ないむ] 내무; ①국내 행정. ②(군대에서) 일상생활에 관한 실내의 일.
内務省[ないむしょう] ≪法≫ 내무성.
内聞[ないぶん] 내문; ①비공식으로 들음. ②높은 사람의 귀에 들어감. ③비밀. 표면화되지 않은 것.
内密[ないみつ] 내밀; 은밀. 비밀. 남이 알아서는 안 될 사항.
内報[ないほう] 내보; 비공식적으로 알림.
内服薬[ないふくやく] 내복약; 먹는 약.
内福[ないふく] 내복; 알부자. 겉보기와는 달리 속모 있는 부자.
¹**内部**[ないぶ] 내부; 안쪽.

内分泌[ないぶんぴつ] ≪生理≫ 내분비.
内分泌腺[ないぶんぴつせん] ≪生理≫ 내분비선.
内紛[ないふん] 내분; 내부의 분규.
内状[ないじょう] 내상; 내부의 사정.
内相[ないしょう] 내상; 내무대신(内務大臣).
¹**内緒**[ないしょ] ①은밀히 함. 비밀로 함. ②집안. ③유곽(遊廓)의 주인방. 또는 회계 보는 곳. ④살림살이.
内緒事[ないしょごと] 은밀한 일. 비밀스런 일.
内緒話[ないしょばなし] 비밀 이야기.
²**内線**[ないせん] 내선; ①안쪽의 선. ②구내(構内) 전화선.
内省[ないせい] 내성; ①반성. ② ≪心≫ 자신을 관찰해 봄.
内需[ないじゅ] 내수; 국내의 수요(需要).
内示[ないじ] 내시; 비공식적으로 보여 줌.
内申[ないしん] 내신; 은밀하게 문서를 보냄.
内申書[ないしんしょ] 내신서; 은밀하게 보내는 문서.
内実[ないじつ] 내실; ①내막. 내부의 실정. ② ≪副≫ 사실은.
¹**内心**[ないしん] 내심; ①속마음. 마음 속. ② ≪数≫ 다각형에 내접하는 원(円)의 중심.
内野席[ないやせき] ≪野≫ 내야석.
内野手[ないやしゅ] ≪野≫ 내야수.
内約[ないやく] 내약; 은밀한 약속. 비공식적인 결정.
内縁[ないえん] 내연; 비공식적인 부부 관계.
内燃[ないねん] 내연; 연료가 기통(汽筒) 내부에서 타는 것.
内奥[ないおう] 내오; (정신 따위의) 속 깊은 곳.
内外❶[ないがい] 내외; 안팎. ❷[うちと] ①안팎. 내외. ②(불교의 입장에서) 불교와 유교. ③伊勢神宮(いせじんぐう)의 내궁(内宮)과 외궁(外宮). ④본국과 외국.
²**内容**[ないよう] 내용; ①사물의 안. ② ≪哲≫ 사물 또는 현상을 성립시키고 있는 실질(実質).
内憂外患[ないゆうがいかん] 내우외환.
内意[ないい] 내의; 마음 속의 생각.
内儀[ないぎ] 내의; ①(江戸(えど) 시대의) 상인(商人)의 아내. ②남의 아내에 대한 높임말. ③은밀히 하는 일.
内耳[ないじ] ≪医≫ 내이; 속귀.
内耳炎[ないじえん] ≪医≫ 내이염.
¹**内臓**[ないぞう] ≪生理≫ 내장.
内在[ないざい] 내재; 내부에 있음.

内戦[ないせん] 내전; 국내의 전쟁.
内定[ないてい] 내정; 은밀히 정함.
内政[ないせい] 내정; 국내 정치.
内偵[ないてい] 내정; 은밀히 탐색함.
内情[ないじょう] 내정; 내부의 사정.
内助[ないじょ] 내조; 아내가 남편을 도움.
内地[ないち] 내지; ①본토, 본국. ②국내.
　③내륙(内陸).
内職[ないしょく] 내직; ①부업(副業). ②아
　르바이트. ③(수업이나 회의에서) 이야기를
　들은 척하면서 딴 일을 함.
内陣[ないじん] 내진; (神社나 절의) 본전
　(本殿).
内妻[ないさい] 내처; 내연(内縁)의 처(妻).
内出血[ないしゅっけつ] 《医》 내출혈.
内親王[ないしんのう] 내친왕; 적출(嫡出)의
　황녀(皇女).
内通[ないつう] 내통; ①은밀히 적(敵)과 통
　함. ②(남녀의) 밀회(密会).
内包[ないほう] 내포; 내부에 포함됨.
内航[ないこう] 내항; 국내를 항해(航海)함.
内海[ないかい/うちうみ] ①내해. ②호수
　(湖水).
内向[ないこう] 내향; 안쪽으로 향함.
内患[ないかん] 내환; 집안의 근심. 나라 안
　의 근심.

耐	견딜 내

一　丁　丁　而　而　而　而　耐　耐

[音] ●タイ
[訓] ●たえる

訓読
[1]●**耐える**[たえる] 〈下1自〉①견디다. 참다.
　②(외부의 힘을) 감당하다. 지탱하다. 견
　뎌내다.
耐え兼ねる[たえかねる] 〈下1自〉참지 못하다.
　견디지 못하다.
耐え難い[たえがたい] 〈形〉참기 어렵다. 견
　디기 어렵다.
耐え忍ぶ[たえしのぶ] 〈5自〉참고 견디다.
　인내하다.

音読
耐[たい] 내; …에 견디다.
耐久[たいきゅう] 내구; 오래 견딤.
耐酸[たいさん] 내산; 산(酸)에 견딤.

耐暑[たいしょ] 내서; 더위에 견딤.
耐性[たいせい] 내성; 병원균이 약제에 견
　디어 사는 저항성.
耐水[たいすい] 내수; 물에 견딤. 물이 배
　어들지 않음.
耐熱[たいねつ] 내열; 열에 잘 견딤.
耐用[たいよう] 내용; (시설·기계가 오랫
　동안) 사용에 견딤.
耐震[たいしん] 내진; 지진에 견딤.
耐乏[たいぼう] 내핍; 궁핍을 참고 견딤.
耐寒[たいかん] 내한; 추위에 견딤.
耐火[たいか] 내화; 불이나 열에 잘 견딤.
耐火煉瓦[たいかれんが] 내화 벽돌.

乃	이에 내	[音] ⊗ダイ ⊗ナイ [訓] ⊗すなわち

訓読
⊗**乃ち**[すなわち] ①즉. 다름 아닌. ②…하
　면 언제나. ③그리고. 그래서.

音読
乃公[だいこう] (자기를 가리켜) 나. 본인.
乃父[だいふ] ①남의 아버지. ②(아버지가
　자기 아들에게 쓰는 자칭) 네 아비.
乃至[ないし] 내지; ①…부터 ‥ 까지. ②또
　는. 혹은.

[녀]

女	여자/계집/딸 녀

く　女　女

[音] ●ジョ ●ニョ ●ニョウ
[訓] ●おんな ●め

訓読
[4]●**女**[おんな] ①여자. ②성숙한 여자. 여성.
女だてらに[おんなだてらに] 여자인 주제에.
　여자답지 않게.
女たらし[おんなたらし] 난봉꾼. 색마. 여자
　를 농락함.
女らしい[おんならしい] 〈形〉①여자답다.
　②여자 같다.
女客[おんなきゃく] 여자 손님.
女女しい[めめしい] 〈形〉연약하다. 사내답
　지 않다. 여자 같다.

女物[おんなもの] 여성 용품.

女盛り[おんなざかり] (30대 후반의) 여자
의 한창때.

女手[おんなで] ①여자의 일손. 여자의 힘.
②여자의 글씨. 여자의 필적.

女心[おんなごころ] ①(여자 특유의) 여자다
운 마음. 여자의 마음. ②(남자를 그리워
하는) 여자의 마음.

女神[めがみ] 여신; 여자 신(神).

女役[おんなやく] ①여자 역할. ②여자 역
할을 하는 남자 배우.

女遊び[おんなあそび] 계집질. 딴 여자와
바람을 피움. 여자와 놀아남.

⁴女の子[おんなのこ] ①여자 아이. ②(멸시
나 친근감에서) 젊은 여자.

女姿[おんなすがた] 여자의 모습. 여자의
옷차림.

女将[おかみ/じょしょう/にょしょう] (여관・
요릿집・요정 등의) 여주인.

女主[おんなあるじ] 여자 주인.

女衆[おんなしゅう] ①(남자들이 말하는) 여
자들. 아낙네들. ②여자 종. 하녀.

女芝居[おんなしばい] 여자만으로 이루어진
芝居(しばい).

女持ち[おんなもち] 여성용. 여성용 물건.

女振り[おんなぶり] 여자다운 모습. 여자로
서의 용모.

女っ振り[おんなっぷり] 여자다운 모습. 여
자로서의 용모.

女天下[おんなでんか] 여인 천하. 집안의
모든 일을 여자가 도맡아서 처리함.

女親[おんなおや] 안부모. 어머니.

女湯[おんなゆ] (공중목욕탕의) 여탕.

女向(き)[おんなむき] 여성에게 적합함.

女嫌い[おんなぎらい] (남자가) 여자를 싫
어함.

女形[おやま/おんながた] ①(歌舞伎(かぶき)에
서) 여자 역할을 하는 남자 배우. ②(인형
극에서) 여자 모습의 꼭두각시. ③(옛날에)
창녀.

音読

女系[じょけい] 여계; 모계(母系).

女官[じょかん/にょかん] 궁녀. 나인.

女官長[じょかんちょう] 궁녀의 우두머리.

女教師[じょきょうし] 여교사; 여자 선생님.

女教員[じょきょういん] 여교원; 여자 선생님.

女権[じょけん] 여권; 여자의 권리.

女給[じょきゅう] 여급; 접대부.

女難[じょなん] 여난; 여자로 말미암은 재앙.

女郎[じょろう/じょろう] ①창녀. ②여자.

女流[じょりゅう] 여류; 여성.

²女房[にょうぼう] ①아내. 마누라. 처(妻).
②(옛날의) 궁녀. ③(옛날에) 귀족의 시
녀. ④여자. 부인.

女房役[にょうぼうやく] (아내가 남편의 뒷
바라지를 하듯이) 옆에서 보좌하는 역할.
보좌관. 보좌역.

¹女史[じょし] 여사; *'女子'의 높임말임.

女色[じょしょく] 여색; ①여자의 성적 매력.
②정사(情事).

女婿[じょせい] 여서; 사위.

²女性[じょせい] 여성; 여자.

女性語[じょせいご] 여성어; 여성 특유의
언어나 표현.

女囚[じょしゅう] 여수; 여자 죄수.

女児[じょじ] 여아; 여자 아이.

²女王[じょおう] 여왕; ①여자 왕. ②여성
의 제일인자. ③옛날에, 내친왕(内親王)
의 칭호를 받지 못한 왕족의 여자. ④천
황(天皇)으로부터 3세(世) 이하의 적출인
여성 왕족.

女王蜂[じょおうばち] 여왕벌.

女王蟻[じょおうあり] 여왕개미.

²女優[じょゆう] 여우; 여자 배우.

女医[じょい] 여의; 여자 의사.

女人禁制[にょにんきんせい] 《仏》 여인 금
제; 여인 출입 금지.

女人像[にょにんぞう] 여인상.

²女子[じょし] 여자; ①여성. ②여자 아이. 딸.

女子大[じょしだい] 여자 대학.

女子大生[じょしだいせい] 여대생(女大生).

女子学生[じょしがくせい] 여학생.

女丈夫[じょじょうふ] 여장부; 여걸.

女装[じょそう] 여장; 남자가 여자 복장을 함.

女帝[じょてい] 여제; 여자 황제.

女尊男卑[じょそんだんぴ] 여존남비; 여성을
존중하고 남성을 비천하게 여김.

女中[じょちゅう] ①식모. 하녀. ②(옛날)
어엿한 부인. ③(옛날의) 벼슬하는 여자.

女学校[じょがっこう] 여학교; 여자 학교.

女学生[じょがくせい] (고등학교 이하의) 여
학생.

女学院[じょがくいん] 여학교.

［ 년 ］

年   해/나이 년

丿 𠂉 二 午 年 年

訓読

⁴●年❶[とし] ①해. 년. ②나이. 연령. ❷
[ねん] ☞ [音読]
年甲斐[としがい] 나이 먹은 보람. 나잇값.
¹年頃[としごろ] ①적령기. ②시집갈 나이.
③본 나이의 정도.
²年寄り[としより] ①노인. 늙은이. ②(武家
시대에) 정무(政務)에 참여한 중신(重臣).
③(江戸(えど) 시대에) 町村(ちょうそん)에서
주민들의 우두머리 역할을 한 사람.
年男[としおとこ] ①(武家 시대에) 새해맞이
청소와 장식을 하고, 새해 새벽에 정화수
(井華水)를 긷는 일 따위를 하는 남자.
②(입춘 전날 밤에) 액막이로 콩을 뿌리
는 역할을 맡은 남자.
年年[としどし/ねんねん] 연년. 해마다.
年端[としは] (어린아이의) 나이
年の端[としのは] (어린아이의) 나이.
年頭❶[としがしら] 최고 연장자. ❷[ねんとう]
연두; 새해 시작.
年の瀬[としのせ] 세모(歳暮). 연말(年末).
年忘れ[としわすれ] 망년회(忘年会).
年毎に[としごとに] 해마다. 매년.
年の暮れ[としのくれ] 연말(年末). 세모
(歳暮).
年上[としうえ] 연상; 손위. 나이가 위임.
年盛り[としざかり] 한창 나이. 혈기 왕성
한 나이.
年嵩[としかさ] ①연장자. 나이가 훨씬 위
임. ②고령(高齢).
年の市[としのいち] (연말의) 대목. 대목장.
年玉[としだま] 세뱃돈.
³年月❶[としつき] ①세월. ②긴 세월. 오랜
세월. ❷[ねんげつ] ☞ [音読]
年越し[としこし] 묵은해를 보내고 새해를
맞이함.
年子[としご] 연년생(年年生). 한 살 터울의
형제.

年取り[としとり] ①나이를 먹음. ②제야(除
夜) 또는 입춘 전날 밤에 행하는 의식(儀式).
年取る[としとる] 〈5自〉 나이를 먹다. 늙다.
年下[としした] 연하; 손아래.

音読

²年❶[ねん] 연. 연간. 1년 단위. ❷[とし] ☞ [訓読]
年刊[ねんかん] 연간; 1년에 한 번 간행하는
간행물.
²年間[ねんかん] 연간; 한 해 동안.
¹年鑑[ねんかん] 연감; 1년 동안의 기록을
모아 간행한 책.
年季[ねんき] 고용살이의 약속 기간.
年功[ねんこう] 연공; ①여러 해의 공로. ②여
러 해 동안 쌓은 숙련.
年貢[ねんぐ] 연공; ①소작료. ②매년 바치
는 공물. ③조세(租税).
年金[ねんきん] 연금; 해마다 지급하는 금액.
年給[ねんきゅう] 연급; 연봉(年俸).
年忌[ねんき] 연기; 죽은 뒤 해마다 돌아오
는 기일(忌日).
年期[ねんき] 연기; 1년을 단위로 정한 기간.
年期明け[ねんきあけ] 1년을 단위로 정한
기간이 끝남.
年内[ねんない] 연내; 그 해가 다 가기 전.
年年[ねんねん/としどし] 연년. 해마다.
年年歳歳[ねんねんさいさい] 연년세세; 매
년. 해마다.
²年代[ねんだい] 연대; ①경과한 시대. ②특
정한 1년 간.
²年度[ねんど] 연도; 회계·결산을 위하여
구분한 1년 기간.
年度替わり[ねんどがわり] 연도가 바뀌는 때.
年頭❶[ねんとう] 연두; 새해 시작. ❷[とし
がしら] 최고 연장자.
年来[ねんらい] 연래; 몇 해 전부터.
年令[ねんれい] 연령; 나이.
²年齢[ねんれい] 연령; 나이.
年礼[ねんれい] 새해의 축하 인사.
¹年輪[ねんりん] 연륜; ①나무의 나이테. ②해
가 갈수록 깊어가는 경험이나 인간미.
年利[ねんり] 연리; 연간 이자.
年末[ねんまつ] 연말; 세밑.
年明け[ねんあけ] ①고용 기간이 끝남. ②
새해. 신년.
年配[ねんぱい] 연배; ①나이의 정도. ②지
긋한 나이. 중년. ③연상(年上).
年配者[ねんぱいしゃ] 연장자(年長者).

年報[ねんぽう] 연보; 한 해 동안의 보고.
年譜[ねんぷ] 연보; 개인·단체의 기록을 연차순(年次順)으로 기록한 것.
年俸[ねんぽう] 연봉; 연급(年給).
年賦[ねんぷ] 연부; 연불(年払).
年払い[ねんばらい] 연불(年払).
年産[ねんさん] 연산; 한 해의 생산.
²年生[ねんせい] 학년(学年).
年少[ねんしょう] 연소; 나이가 적음.
年収[ねんしゅう] 연수; 연간 수입.
年数[ねんすう] 연수; 햇수.
年始[ねんし] 연시; ①연초(年初). ②연하(年賀). 새해 인사.
年始回り[ねんしまわり] 세배하러 다님.
年額[ねんがく] 연액; 한 해의 금액.
²年月❶[ねんげつ] ①연월. 햇수와 달수. 세월. ②(사건 등이 있었던) 해와 달. ❷[としつき] ☞ [訓読]
年月日[ねんがっぴ] 연월일. 날짜.
年率[ねんりつ] 연율; 1년 단위의 비율.
年一年[ねんいちねん] 해가 갈수록 더욱. 해마다 더욱.
¹年長[ねんちょう] 연장; 연상(年上).
²年中[ねんじゅう/ねんちゅう] 일 년 내내. 항상.
年次[ねんじ] 연차; ①해의 순서. ②장유(長幼)의 순서. ③연도(年度).
年表[ねんぴょう] 연표; 연대표.
¹年賀状[ねんがじょう] 연하장.
年限[ねんげん] 연한; 햇수로 정한 기간.
年割り[ねんわり] 연간 비율.
¹年号[ねんごう] 연호; 그 해에 붙이는 칭호.
年会[ねんかい] 연회; 1년에 한 번의 모임.
年会費[ねんかいひ] 연회비. 1년간의 회비.

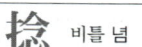

撚　잡을/꼴 년　音 ⊗ネン　訓 ⊗よる

[訓読]
⊗撚る[よる] 〈5他〉 꼬다. 꼬아서 서로 엉키게 하다.
⊗撚り[より] 꼼. 꼰 것. 꼰 정도.
撚り金[よりきん] 금박을 감은 실.
撚り糸[よりいと] 꼰 실.
撚り上げる[よりあげる] 〈下1他〉 다 꼬다.
撚り合わせる[よりあわせる] 〈下1他〉 한 가닥으로 꼬다. 합쳐서 꼬다.
[音読]
撚糸[ねんし] 연사(撚絲); ①실을 꼼. ②꼰 실.

──────────

[　념　]

念　생각할 념

ノ 人 人 亽 今 今 念 念 念

音 ●ネン
訓 ―

[音読]
¹念[ねん] ①생각. ②주의. 주의함. ③(날수에서) '이십(二十)'의 대용. ¶ ～四日(よっか) 24일.
念じる[ねんじる] 〈上1他〉 ①늘 마음에 생각하다. ②바라다. 염원하다. ③빌다. 기원하다. ④(마음속으로) 외다.
念ずる[ねんずる] 〈サ変他〉 ①늘 마음에 생각하다. ②바라다. 염원하다. ③빌다. 기원하다. ④(마음속으로) 외다.
念頭[ねんとう] 염두; 마음 속. 머릿속.
念力[ねんりき] 염력; 의지력. 정신력.
念仏[ねんぶつ] 《仏》 염불.
念書[ねんしょ] 다짐장. 각서(覚書).
¹念願[ねんがん] 염원; 소원.
念の為[ねんのため] 만약을 위해. 보다 확실히 하기 위해.
念入り[ねんいり] 정성들임. 공들임. 매우 조심함.

──────────

捻　비틀 념　音 ⊗ネン　訓 ⊗ひねくる ⊗ひねる

[訓読]
⊗捻くる[ひねくる] 〈5他〉 ①(이리저리) 만지작거리다. ②펑계를 대다.
²捻る[ひねる] 〈5他〉 ①틀다. 꼬다. 돌리다. ②비틀다. 뒤틀다. ③궁리하다. ④(시가를) 짓다. ⑤해치우다. 가볍게 이기다. ⑥(궁리해서) 일부러 색다르게 만들다.
捻り回す[ひねりまわす] 〈5他〉 ①(손끝으로) 이리저리 만지작거리다. ②(이리저리 궁리하여) 생각을 짜내다. 문장을 짜내다.
[音読]
捻転[ねんてん] 염전; 꼬이어 방향이 바뀜.
捻挫[ねんざ] 염좌; 관절을 뺌.
捻出[ねんしゅつ] 염출; ①머리를 짜냄. ②생각해 냄. ③변통해 냄.

[녕]

寧 (寧) 편안할 녕

`宀 灾 灾 灾 寧 寧 寧 寧`

音 ●ネイ
訓 ⊗むしろ

訓読
²⊗寧ろ[むしろ] 〈副〉 오히려. 차라리.

音読
寧日[ねいじつ] 영일; 평온한 날.

佞 재주/아첨할 녕

音 ⊗ネイ
訓 —

音読
佞奸[ねいかん] 영간; 겉으로는 유순한 체
하나 속은 간사하고 교활함.

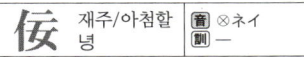

[노]

奴 종/노예 노

`乄 夂 女 奴 奴`

音 ●ド ⊗ヌ
訓 ⊗やつ ⊗やっこ

訓読
¹⊗奴❶[やつ] ①녀석. 놈. ②그놈. 그 자식.
⊗奴❷[やっこ] ①(江戸(えど) 시대의) 무가(武
家)의 종. ②하인. 종. ③놈. 녀석. ④쉰네.
소생. ⑤녀석. 작자.

音読
奴隷[どれい] 노예; 종. 하인.

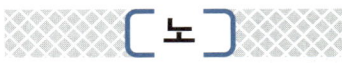

努 힘쓸 노

`乄 夂 女 奴 奴 努 努`

音 ●ド
訓 ●つとめる

訓読
¹●努める[つとめる] 〈下1他〉 노력하다. 힘쓰
다. 애쓰다.

音読
²努力[どりょく] 노력; 온힘을 다해 일에 임
함. 애씀. 힘씀.
努力家[どりょくか] 노력가; 열심히 하는
사람.

怒 성낼 노

`乄 夂 女 奴 奴 怒 怒 怒 怒`

音 ●ド ⊗ヌ
訓 ●いからす ●いかる ●おこる

訓読
●怒らす[いからす] ①노하게 하다. 성나게
하다. 화나게 하다. ②(눈을) 부라리다.
③(어깨를) 으쓱 추켜올리다. ④(언성을)
높이다.
●怒る❶[いかる] 〈5自〉 ①성내다. 화내다.
노하다. ②모나다. 모지다. ③미친 듯이 날
뛰다. *문장용어임.
³●怒る❷[おこる] 〈5自〉 ①성내다. 화내다.
②야단치다. 나무라다. 꾸짖다.
¹怒り[いかり] 노여움. 분노. 화.
怒りっぽい[おこりっぽい] 〈形〉 걸핏하면
성내다. 화를 잘 내다.
怒り肩[いかりがた] 딱 바라지고 올라간 어
깨. 모난 어깨.
怒り狂う[いかりくるう] 〈5自〉 미친 듯이 화
내다. 미친 듯이 성내다.
怒りん坊[おこりんぼう] 화를 잘 내는 사
람. 성미가 급한 사람.
怒り上戸[おこりじょうご] 술 쳐마면 화를
잘 내는 사람.
怒り猪[いかりい] 성난 멧돼지. 상처 입은
멧돼지.

音読
怒気[どき] 노기; 성난 표정.
怒濤[どとう] 노도; 성난 파도.
²怒鳴る[どなる] 〈5自〉 ①큰 소리로 부르다.
고함치다. 소리치다. ②호통치다.
怒髪[どはつ] 노발; 화나서 곤두서는 머리털.
怒声[どせい] 노성; 화난 목소리.
怒張[どちょう] ① 《医》 (혈관 등이) 부풀
어오름. ②어깨 등을 으쓱 치켜 폄.
怒号[どごう] 노호; ①화내어 소리를 지름.
화가 나서 큰소리로 외침. ②(바람이나
파도가) 세찬 소리를 냄.

[농]

農 농사 농

丨 冂 曲 曲 曲 農 農 農 農 農

音 ●ノウ
訓 —

音読
²農家[のうか] 농가; 농사짓는 집안.
農耕[のうこう] 농경; 논밭을 경작하여 농작물을 가꿈.
¹農工[のうこう] 농공; ①농업과 공업. ②농부와 직공(職工).
農具[のうぐ] 농구; 농기구.
農機具[のうきぐ] 농기구; 농사짓는 도구.
農林[のうりん] 농림; 농업과 임업.
農林水産大臣[のうりんすいさんだいじん] 농림수산대신. *한국의 과거 '농림수산부장관'에 해당함.
農林水産省[のうりんすいさんしょう] 농림수산성. *한국의 과거 '농림수산부'에 해당함.
農務[のうむ] 농무; ①농사일. ②농민에 관한 정무(政務).
²農民[のうみん] 농민; 농부.
農繁期[のうはんき] 농번기; 농사일이 바쁜 철.
農夫[のうふ] 농부; ①농민. ②농사 일꾼.
農事試験場[のうじしけんじょう] 농사시험장.
²農産物[のうさんぶつ] 농산물.
農相[のうしょう] 농림수산부 장관.
農水相[のうすいしょう] 농림수산부 장관.
農水省[のうすいしょう] 농림수산부. *'農林水産省'의 준말.
²農薬[のうやく] 농약; 농사에 사용하는 약.
²農業[のうぎょう] 농업; 농사.
農業試験場[のうぎょうしけんじょう] 농업시험장.
農業協同組合[のうぎょうきょうどうくみあい] 농업협동조합.
農芸[のうげい] 농예; ①농업과 원예. ②농업 기술.
農園[のうえん] 농원; 농장.
農作[のうさく] 농작; 경작.
農作物[のうさくぶつ] 농작물; 농산물.

農作業[のうさぎょう] 농사일.
¹農場[のうじょう] 농장; 농사를 짓는 데 필요한 토지·건물·시설 등이 있는 일정한 장소.
農政[のうせい] 농정; 농업에 관한 정책·행정.
¹農地[のうち] 농지; 농토. 농사짓는 땅.
農地改革[のうちかいかく] 농지개혁.
²農村[のうそん] 농촌; 시골.
農学[のうがく] 농학; 농업에 관한 학문.
農閑期[のうかんき] 농한기; (계절적으로) 농사일이 그리 바쁘지 않은 시기.
農協[のうきょう] 농협; 농업협동조합.

濃 진할/짙을 농

氵 氵 氵 浐 浐 浐 濃 濃 濃 濃

音 ●ノウ
訓 ●こい ⊗こまやか

訓読
²●濃い[こい] 〈形〉 ①(맛·색깔·냄새 등이) 진하다. 짙다. ②(농도가) 진하다. ③(밀도·확률이) 높다. ④(애정이) 짙다. 아기자기하다.
濃さ[こさ] 진함. 짙음.
濃い口[こいくち] 맛이 진함.
濃い目[こいめ] 약간 진함.
濃(い)茶[こいちゃ] ①진하게 뽑은 차. ②진한 다갈색(茶褐色).
濃い化粧[こいげしょう] 짙은 화장.
⊗濃やか[こまやか] 〈形動〉 ①세밀함. 자상함. ②짙음. 진함. ③정이 두터움. ④(세련되어) 오묘함.

音読
濃褐色[のうかっしょく] 농갈색; 진한 갈색.
濃紺[のうこん] 농감; 짙은 감색(紺色).
濃淡[のうたん] 농담; 짙음과 옅음.
²濃度[のうど] 농도; 짙은 정도.
濃緑[のうりょく] 농록; 짙은 초록.
濃緑色[のうりょくしょく] 농록색; 짙은 초록색.
濃霧[のうむ] 농무; 짙은 안개.
濃艶[のうえん] 농염; 요염함. 화사하고 아름다움.
濃縮[のうしゅく] 농축; 바짝 졸여서 매우 짙게 함.
濃厚[のうこう] 농후; ①(맛·색깔이) 진함. 짙음. ②가능성이 많음. ③(남녀의 사랑이) 강렬함. 자극적임.

膿 고름 농
音 ⊗ノウ
訓 ⊗うむ ⊗うみ

訓読
⊗膿む[うむ]〈5自〉곪다. 화농하다.
⊗膿[うみ]농; 고름.
膿血[うみち/のうけつ]피고름.

音読
膿痂疹[のうかしん]《医》농가진; 화농균에 의한 농포(膿疱).
膿尿[のうにょう]《医》농뇨; 고름이 섞인 오줌.
膿毒症[のうどくしょう]《医》농독증; 농혈증(膿血症).
膿漏[のうろう]《医》농루; 고름이 계속 흘러나오는 질환.
膿瘍[のうよう]《医》농양; 고름이 괴는 증세.
膿瘍歯[のうようし]《医》 농양치.
膿腫[のうしゅ]《医》농종; 곪은 종기.
膿汁[のうじゅう]《医》농즙; 고름.
膿疱[のうほう]《医》 농포; 고름으로 차 있음.

[뇌]

悩(悩) 괴로워할 뇌
音 ●ノウ
訓 ●なやむ ●なやましい ●なやます ●なやめる

訓読
²●悩む[なやむ]〈5自〉①(정신적으로) 고민하다. 번민하다. 괴로워하다. ②(병으로) 고생하다. 앓다. 시달리다. ③(동사 ます형에 접속하여) 잘 …되지 않다. …하지 못하고 머물러 있다.
¹悩み[なやみ]고민. 괴로움. 번민. 근심.
¹●悩ます[なやます]〈5他〉괴롭히다.
¹●悩ましい[なやましい]〈形〉①괴롭다. 고통스럽다. ②매혹적이다. 뇌쇄적이다.
●悩める[なやめる]〈下1他〉①(육체적인 고통으로) 앓다. 시달리다. 고생하다. ②(정신적으로) 괴롭히다.

音読
悩殺[のうさつ]뇌쇄; (여자가 남자의 마음을) 애가 타도록 몹시 괴롭힘.

脳(脳) 뇌수/두뇌 뇌
音 ●ノウ
訓 —

音読
¹脳[のう]뇌; ①《生理》뇌수. ②두뇌. 머리.
脳幹[のうかん]《生理》뇌간.
脳裏[のうり]뇌리; 머릿속.
脳膜[のうまく]뇌막.
脳膜炎[のうまくえん]《医》뇌막염.
脳味噌[のうみそ]《俗》①뇌. 골. ②두뇌. 머리. 지혜.
脳病[のうびょう]《医》뇌병.
脳貧血[のうひんけつ]뇌빈혈.
脳死[のうし]《医》뇌사.
脳性小児麻痺[のうせいしょうにまひ]뇌성소아마비.
脳水腫[のうすいしゅ]《医》뇌수종.
脳髄[のうずい]《医》뇌수; 뇌.
脳神経[のうしんけい]《医》뇌신경.
脳室[のうしつ]《生理》뇌실; 드개골. 내부의 공간.
脳軟化症[のうなんかしょう]《医》뇌연화증.
脳炎[のうえん]《医》뇌염.
脳溢血[のういっけつ]《医》뇌일혈.
脳漿[のうしょう]①《生理》뇌장; 뇌척수액. ②온갖 지혜.
脳電流[のうでんりゅう]《生理》뇌전류.
脳卒中[のうそっちゅう]《医》뇌졸중.
脳腫瘍[のうしゅよう]《医》뇌종양.
脳震盪[のうしんとう]《医》노진탕.
脳脊髄[のうせきずい]뇌척수.
脳脊髄膜炎[のうせきずいまくえん]《医》뇌척수막염.
脳脊髄液[のうせきずいえき]《生理》뇌척수액.
脳天[のうてん]두상(頭上). 정수리.
脳出血[のうしゅっけつ]《医》뇌출혈.
脳充血[のうじゅうけつ]《医》뇌충혈.
脳波[のうは]《医》뇌파; 뇌의 파장.
脳下垂体[のうかすいたい]《生理》뇌하수체.
脳血栓[のうけっせん]《医》뇌혈전.

【 뇨 】

尿   오줌 뇨

一 フ 尸 尸 尸 尿 尿

音 ●ニョウ
訓 ⊗いばり ⊗しと

訓読
⊗尿[いばり/ゆばり] 소변. 오줌.
⊗尿[しと] 《古》 소변. 오줌.

音読
¹尿[にょう] 뇨; 소변. 오줌.
尿検査[にょうけんさ] 《医》 소변 검사.
尿瓶[★しびん/しゅびん] 요강. 변기(便器).
尿石[にょうせき] 《医》 요석; 신장이나 방
  광 등에 생기는 결석.
尿素[にょうそ] 《化》 요소; 오줌 속에 포
  함된 유기 화합물.
尿失禁[にょうしっきん] 《医》 요실금; 오
  줌이 무의식중에 나오는 상태의 병.
尿意[にょうい] 요의; 오줌이 마려운 느낌.

撓   휠/꺾일 뇨

音 ⊗トウ ⊗ドウ
訓 ⊗しなう ⊗しなる
    ⊗たわむ ⊗たわめる

訓読
⊗撓う[しなう] 〈5自〉 ①(부드럽게) 휘다.
  휘어지다. ② 《古》 순종하다.
⊗撓る[しなる] 〈5自〉 휘다. 휘어지다.
⊗撓む[たわむ] 〈5自〉 ①굽다. 휘다. ②마음
  이 내키지 않다. 피곤하여 싫증이 나다.
⊗撓める[たわめる] 〈下1他〉 구부러지게 하
  다. 굽히다. 휘다.

【 눌 】

訥   더듬거릴 눌

音 ⊗トツ
訓 ―

音読
訥訥たる[とつとつたる] 더듬거리는.
訥訥として[とつとつとして] 더듬더듬하며.
訥弁[とつべん] 눌변; 더듬거리는 말투. 서
  투른 말솜씨.

【 뉴 】

紐   끈/맺을 뉴

音 ⊗チュウ ⊗ジュウ
訓 ⊗ひも

訓読
²⊗紐[ひも] ①끈. 줄. ②조건부(條件附). 조건
  이 붙음. ③ 《俗》 (돈만 뜯어가는) 기둥서
  방. 정부(情夫).
紐付き[ひもつき] ①끈이 달려 있음. ②조
  건이 붙음. ③ 《俗》 기둥서방이 있음.
  정부(情夫)가 있음.
紐解き[ひもとき] 여자아이의 7세 때의 축
  하 행사. ＊옷에 달린 끈을 떼고 처음으
  로 띠를 사용한 데서 생겨난 말임.
紐解く[ひもとく] 〈5他〉 책을 펴서 읽다. 독
  서하다.
紐革[ひもかわ] ①가죽 끈. ②'紐革饂飩(ひもか
  わうどん)'의 준말.
紐革饂飩[ひもかわうどん] (가죽 끈처럼) 납
  작하게 뽑은 국수.

音読
紐帯[ちゅうたい/じゅうたい] 유대; ①허리
  띠와 끈. ②관계를 유지하고 있는 조건.

【 능 】

能   능할 능

ム ム 介 育 育 育 育 能 能 能

音 ●ノウ
訓 ⊗あたう ⊗よく

訓読
⊗能う[あたう] 〈5自〉 ①가능하다. …할 수
  있다. ② 《古》 적합하다. 어울리다.
⊗能わず[あたわず] 불가능하다. …할 수
  없다.
⊗能くする[よくする] 〈サ変他〉 ①능숙하게
  하다. 능하다. ②('能(よ)くしたものだ'의 문
  형으로) 잘 되게 되어 있다.

音読
能[のう] ①능력. 재능. ②효능. 효험. ③
  (일본 전통의 가면 음악극) 能楽(のうがく).
能間[のうあい] 能(のう)의 공연 중간에 狂言
  (きょうげん)을 하는 사람이 맡은 연기·역할.

能界[のうかい] 能楽(のうがく) 배우들의 사회.

能狂言[のうきょうげん] ①能楽(のうがく)와 狂言(きょうげん). ②能楽(のうがく)의 막간(幕間)에 하는 희극.

能動[のうどう] 능동; ①적극적으로 작용함. ②≪語学≫ 그 동사가 다른 것에 작용하는 성질.

能動的[のうどうてき] 능동적; 적극적임.

²**能力**[のうりょく] 능력; ①일을 감당해 낼 수 있는 힘. ②≪心≫ 정신 작용에 의한 힘. ③≪法≫ 권리를 행사할 수 있는 자격.

²**能率**[のうりつ] 능률; ①일정한 시간에 할 수 있는 작업량. ②표준 작업량에 대한 실제 작업량의 비율. ③≪物≫ 모멘트. moment.

能率的[のうりつてき] 능률적; 효율적임.

能吏[のうり] 능리; 유능한 관리(官吏).

能面[のうめん] 能楽(のうがく)를 할 때 쓰는 가면.

能舞台[のうぶたい] 能楽(のうがく)・狂言(きょうげん)을 공연하는 무대.

能文[のうぶん] 능문; 문장에 능함.

能弁[のうべん] 능변; 달변. 말을 잘 함.

能書き[のうがき] ①약 등의 효능을 설명한 쪽지. ②자기 자랑.

能楽[のうがく] 일본 전통의 가면 음악극.

能楽堂[のうがくどう] 能楽(のうがく)를 공연하는 곳.

能楽師[のうがくし] 能楽(のうがく)를 연기하는 사람.

能役者[のうやくしゃ] 能楽(のうがく)의 배우(俳優).

能装束[のうしょうぞく] 能楽(のうがく) 배우의 의상(衣裳).

能筆[のうひつ] 능필; 달필(達筆).

[니]

尼   여승 니

フ　コ　尸　尸　尼

音 ●ニ
訓 ●あま

訓読

●**尼**[あま] ① ≪仏≫ 여승. 여자 중. 비구니. ② ≪天主≫ 수녀. ③ ≪俗≫ (여자를 욕하는 말로) 계집년. 이년.

尼寺[あまでら] ① ≪仏≫ 여승만이 사는 절. ② ≪天主≫ 수녀원.

尼削[ぎ][あまそぎ] ①여승이 될 사람이 어깨 높이로 머리를 자름. ②여승처럼 어깨 높이로 자른 여자아이의 머리 모양.

尼御台[あまみだい] ≪古≫ 여승이 된 大臣(だいじん)이나 将軍(しょうぐん)의 브인의 높임말.

尼(っ)**子**[あまっこ] ≪俗≫ 계집년. 이년.

音読

尼公[にこう] 이공; 비구니가 된 귀부인의 높임말.

尼僧[にそう] ≪仏≫ 이승; 여승. 여자 중. 비구니.

尼僧院[にそういん] ≪仏≫ 비구니만이 사는 절.

泥   진흙 니

丶　丶　丶　氵　氵　氵　沪　沪　泥

音 ●デイ
訓 ●どろ ⊗なずむ

訓読

²●**泥**[どろ] ①진흙. ② ≪俗≫ 도둑.

⊗**泥む**[なずむ] 〈5自〉①더디다. 지체되다. ②집착하다. ③친숙해지다. 융화되다. ④제자리를 찾다.

⊗**泥濘**❶[ぬかるみ] ①수렁. 즈창. ②역경. 곤경. ❷[でいねい] 진창. 수렁.

⊗**泥濘る**[ぬかる] 〈5自〉 (땅이) 질퍽거리다.

泥だらけ[どろだらけ] 진흙투성이.

泥んこ[どろんこ] ≪俗≫ 진흙. 흙탕. 진흙투성이.

泥泥[どろどろ] ①진흙투성이. ②질척질척. ③(더러워져) 얼룩덜룩함.

泥道[どろみち] 흙탕길. 진창길.

²**泥坊**[どろぼう] 도둑. 도둑질.

泥塀[どろべい] 진흙벽.

²**泥棒**[どろぼう] 도둑. 도둑질.

泥棒根性[どろぼうこんじょう] 도둑 근성.

泥棒猫[どろぼうねこ] ①도둑고양이. ②간통(姦通)한 자를 욕하여 부르는 말.

泥仕合い[どろじあい] ①진흙투성이 싸움. ②추잡한 싸움. 이전투구(泥田鬪狗).

泥沼[どろぬま] ①수렁. 진창. ②헤어나기 힘든 나쁜 환경. 곤경.

泥水❶[どろみず] ①더러운 물. 흙탕물.
②화류계(花柳界). ❷[でいすい] 이수;
흙탕물.

泥縄[どろなわ] 벼락치기. ＊도둑을 잡고
나서 새끼를 꼰다는 뜻에서 나온 말.

泥試合[どろじあい] ①진흙투성이 싸움.
②추잡한 싸움. 이전투구(泥田鬪狗).

泥深い[どろぶかい]〈形〉(늪의) 진흙층이 깊다.

泥田[どろた] 수렁논.

泥除け[どろよけ] (자동차 등의) 흙받이.

泥足[どろあし] ①진흙 묻은 더러운 발. ②
화류계(花柳界) 신세. 떳떳하지 못한 신세.

泥臭い[どろくさい]〈形〉①흙냄새가 나다.
흙내가 나다. ②촌스럽다. 세련되지 못하다.

泥土[どろつち] 찰흙. 진흙. ❷[でいど] 이
토; ①진흙. 진흙투성이. ②무가치한 것.
더럽혀진 것.

泥海[どろうみ] ①흙탕물이 된 바다. ②질
편한 진창.

泥靴[どろぐつ] 진흙투성이의 구두.

泥絵の具[どろえのぐ] 가루 모양의 물감.
디스템퍼(distemper).

泥金[でいきん]《鑛》 사금(砂金).

泥流[でいりゅう] 이류; ①《地》(화산 폭발
때의) 진창의 흐름. ②산사태 때의 진흙
물의 흐름.

泥中[でいちゅう] 이중; 진흙 속.

泥酔[でいすい] 이취; 술이 곤드레만드레 취함.

泥炭[でいたん]《鑛》 이탄; 토탄(土炭).

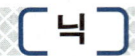

匿 숨을/숨길 닉

一 ＝ ＝ 手 手 扩 罗 芳 茜 匿

音 ●トク
訓 ⊗かくまう

訓読
⊗匿う[かくまう]〈5他〉 (범인·도망자를)
은닉하다. 숨겨 주다.

音読
匿名[とくめい] 익명; 본명(本名)을 숨기고
밝히지 않음. 이름을 숨김.

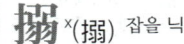

搦 ˣ(搦) 잡을 닉　　音 ⊗ジャク
　　　　　　　　　　訓 ⊗がらみ
　　　　　　　　　　　⊗からめる

訓読
⊗搦み[がらみ] ①(나이를 나타내는 숫자에
접속하여) 쯤. 가량. 안팎. ②통틀어. …째.
싸잡아서.

⊗搦める[からめる]〈下1他〉①묶다. 포박하
다. 결박하다. ②(등산에서) 장애물을 피
해 돌아서 가다.

⊗搦(め)手[からめて] ①(성(城)의) 뒷문. 적
의 후방. ②(상대방의) 허점. 약점. 사물
의 이면(裏面). ③적의 후방을 공격하는
부대. ④수색대(搜索隊). 체포대(逮捕隊).

溺 ˣ(溺) 물에 빠질
닉　　　音 ⊗デキ
　　　　　訓 ⊗おぼらす
　　　　　　⊗おぼれる

訓読
⊗溺らす[おぼらす]〈5他〉①물에 빠뜨리다.
물에 빠지게 하다. ②(어떤 일에) 골몰하
게 하다. 열중하게 하다.

[2]⊗溺れる[おぼれる]〈下1自〉①물에 빠지다.
익사하다. ②(어떤 일에) 몰두하다. 탐닉
하다.

溺れ谷[おぼれだに]《地》 협만(峽灣).

溺れ死に[おぼれじに] 익사; 물에 빠져 죽음.

音読
溺没[できぼつ] 익몰; 물에 빠져 가라앉음.
물에 빠져 죽음.

溺死[できし] 익사; 물에 빠져 죽음.

溺死者[できししゃ] 익사자; 물에 빠져 죽
은 사람.

溺死体[できしたい] 익사체; 물에 빠져 죽
은 사람의 시체.

溺愛[できあい] 익애; 맹목적으로 사랑함.

溺惑[できわく] 익혹; 정신을 빼앗겨 어쩔
줄을 모름.

[다]

多   많을 다

ノ ク タ タ 多 多

音 ●タ
訓 ●おおい

音読

4●多い[おおい] 〈形〉(수량・수효・횟수・물건이) 많다.

3多く[おおく] ①많음. 대부분. ②〈副〉흔히. 대개. 대체로.

多過ぎる[おおすぎる] 〈上1自〉너무 많다. 과다하다. 지나치게 많다.

多目[おおめ] 약간 많음.

音読

多角[たかく] 다각; ①각이 많음. ②다방면.

多角経営[たかくけいえい] 다각 경영.

多角的[たかくてき] 다각적; 여러 방면.

多角形[たかくけい/たかっけい] 다각형.

多感[たかん] 다감; 감수성이 예민함.

多寡[たか] 다과; 수효의 많고 적음.

多国籍[たこくせき] 다국적; 여러 나라에 근거를 둠.

多岐[たき] 다기; 여러 갈래로 갈라짐. 다방면에 걸침.

多難[たなん] 다난; 재난이나 어려운 일이 많음.

多年[たねん] 다년; 오랜 세월.

多多[たた] 〈副〉①많이. ②많으면 많을수록.

多大[ただい] 다대; 매우 많음.

多読[たどく] 다독; 책을 많이 읽음.

多量[たりょう] 다량; 많은 양.

多忙[たぼう] 다망; 몹시 바쁨.

多面[ためん] 다면; 여러 방면. 다방면.

多発[たはつ] 다발; ①자주 발생함. 빈발함. ②(비행기 등의) 엔진이 많음.

多方面[たほうめん] 다방면; 여러 방향・방면.

多弁[たべん] 다변; 말이 많음.

2多分[たぶん] 다분; ①많음. 다량. ②아마. 십중팔구.

多分に[たぶんに] ①상당히. 다분히. ②¶ご~ 아니나다를까. 예외가 아니고.

多士済済[たしせいせい] 다사제제; 뛰어난 인재가 많음.

多事多難[たじたなん] 다사다난; 사건・사고가 많아 고생이 많음.

多産[たさん] 다산; ①자녀를 많이 낳음. ②물건을 많이 생산함.

多色[たしょく] 다색; 여러 가지 색깔.

多色刷り[たしょくずり] 컬러 인쇄.

多細胞[たさいぼう] ≪生≫ 다세포.

多勢[たぜい] 다세; 많은 사람.

多勢に無勢[たぜいにぶぜい] 중과부적(衆寡不敵)

2多少[たしょう] 다소; ①많음과 적음. ②〈副〉조금. 약간.

多収穫[たしゅうかく] 다수확; 생산량이 많음.

多数[たすう] 다수; 수효가 많음.

1多数決[たすうけつ] 다수결; (회의에서) 다수의 찬성으로 결정함.

多湿[たしつ] 다습; 습기가 많음.

多神教[たしんきょう] ≪宗≫ 다신교; 여러 신(神)을 섬기는 종교.

多額[たがく] 다액; 많은 금액. 고액(高額).

多様[たよう] 다양; 여러 가지임.

多言[たげん] 다언; 말이 많음.

多芸[たげい] 다예; 재주가 많음.

多欲[たよく] 다욕; 욕심이 많음.

多用[たよう] 다용; 용무가 많음. 바쁨.

多元[たげん] 다원; 많은 근원.

多義[たぎ] 다의; 여러 가지 뜻. 뜻이 많음.

多人数[たにんずう] 다수의 사람.

多作[たさく] 다작; 작품을 많이 만듦.

多才[たさい] 다재; 재능이 많음.

多情[たじょう] 다정; ①정이 많음. ②(이성에 대한) 바람기가 있음.

多情多感[たじょうたかん] 다정다감; 감수성이 많아 잘 느낌.

多情多恨[たじょうたこん] 다정다한; (감수성이 많아) 애틋한 정도 많고 한스러운 점도 많음.

多情仏心[たじょうぶっしん] 다정불심; 다정다감하면서도 착한 마음이 많은 성질.

多種[たしゅ] 다종; 많은 종류.

多種多様[たしゅたよう] 다종다양; 가지각색.

多重[たじゅう] 다중; 여러 겹으로 겹침.

多重放送[たじゅうほうそう] 다중 방송.

多彩[たさい] 다채; ①여러 색채로 아름다움. ②종류가 많아 화려함.

多幸[たこう] 다행; 복이 많은.

多血[たけつ] 다혈; ①피가 닳음. ②혈기가 많음.

茶
① 차 다
② 차 차

一 十 艹 芢 艼 茏 苯 茶 茶

音 ●チャ ●サ
訓 ―

音読

茶[ちゃ] ① 《植》 차나무. ②차. ③갈색.
④희롱함. ⑤풍류(風流).

²お茶[おちゃ] 차. '茶(ちゃ)'의 공손한 말.

¹茶の間[ちゃのま] ①다실(茶室). ②거실(居室).

茶褐色[ちゃかっしょく] 다갈색.

茶巾[ちゃきん] ①(茶道에서) 찻잔을 닦는
행주. ②'茶巾絞り(ちゃきんしぼり)'의 준말.

茶菓[ちゃか/さか] 다과; 차와 과자.

茶菓子[ちゃがし] 차에 곁들여 내놓는 과자.
다과.

茶器[ちゃき] 다기; ①차 도구. ②가루차를
담아 두는 그릇.

茶断ち[ちゃだち] (소원 성취를 위해) 일정
기간 차를 마시지 않음.

茶簞笥[ちゃだんす] 찻장.

茶代[ちゃだい] ①찻값. ②팁.

茶代返し[ちゃだいがえし] (찻값을 지불한
것에 대한) 답례. 답례품.

茶台[ちゃだい] (찻잔을 받치는) 찻상.

茶道[ちゃどう/さどう] 다도; 차를 마시며
정신 수양을 하는 예법.

茶道具[ちゃどうぐ] 차도구; 차의 도구.

茶の木[ちゃのき] 《植》 차나무.

茶目[ちゃめ] 장난기. 장난꾸러기.

茶目(っ)気[ちゃめっけ] 장난기.

茶飯❶[ちゃめし] ①찻물로 밥을 짓고 소금
으로 간을 맞춘 밥. ②간장과 술을 섞어 지
은 밥. ❷[さはん] ①차와 밥. ②흔한 일.

茶飯事[さはんじ] 다반사; 흔한 일.

茶焙じ[ちゃほうじ] 番茶(ばんちゃ)를 볶는 도구.

茶番[ちゃばん] ①차 시중을 드는 사람.
②'茶番狂言'의 준말. ③속이 들여다보이
는 짓.

茶番劇[ちゃばんげき] 속이 빤히 들여다보
이는 어처구니없는 짓.

茶瓶[ちゃびん] ①찻주전자. ②차도구(茶道
具)를 넣어 가지고 다니는 그릇. ③'茶瓶
頭'의 준말.

茶釜[ちゃがま] (茶道에서) 물·차를 끓이는
솥. 차솥.

茶事❶[ちゃごと] ①제삿날에 친지를 초대
하는 모임. ②다과회. ❷[ちゃじ] ①다과
회. ②다도(茶道)에 관한 여러 가지 일.

³茶色[ちゃいろ] 갈색(褐色).

²茶色い[ちゃいろい] 〈形〉 갈색이다.

茶所[ちゃどころ] 차(茶)의 명산지.

茶匙[ちゃさじ] 찻숟갈.

茶室[ちゃしつ] 다실; 다회(茶会)를 여는 건
물이나 방.

茶屋[ちゃや] ①제품화된 차를 파는 가게.
②찻집. ③요정. ④흥행장의 휴게실. ⑤다
실(茶室).

²茶碗[ちゃわん] 찻종. 밥공기.

茶碗飯[ちゃわんめし] 밥공기에 담은 밥.

茶碗酒[ちゃわんざけ] 공기에 따라 마시는 술.

茶碗蒸し[ちゃわんむし] 공기에 넣고 찐 음식.

茶園[ちゃえん/さえん] 다원; 차밭.

茶飲み[ちゃのみ] ①차를 즐겨 마심. ②'茶
飲茶碗'의 준말. 찻잔.

茶飲(み)友達[ちゃのみともだち] ①차를 마
시며 흉허물없이 대화를 할 수 있는 친
구. ②늙어서 맺어진 부부.

茶飲(み)茶碗[ちゃのみぢゃわん] 찻잔.

茶飲(み)話[ちゃのみばなし] 한담(閑談). 차
를 마시며 나누는 세상 이야기.

茶人[ちゃじん] ①다도(茶道)를 즐기는 사람.
②풍류인.

茶入れ[ちゃいれ] 차를 넣어 두는 그릇.

茶摘み[ちゃつみ] 찻잎을 땀. 또는 그 사람.

茶畑[ちゃばたけ] 차나무 밭. 다원(茶園).

茶店[ちゃみせ/ちゃてん] (거리의) 다과점.
찻집.

茶柱[ちゃばしら] 番茶(ばんちゃ)를 찻잔에 부
을 때 똑바로 뜨는 차의 줄기. *흔히 길
조(吉兆)로 여김.

茶漬(け)[ちゃづけ] ①찻물에 만 밥. ②변변
치 않은 식사.

²茶の湯[ちゃのゆ] ①(茶道에서) 손님에게 차
를 대접함. ②다과회.

茶筒[ちゃづつ] 차통; 차를 담아 두는 통.

茶花[ちゃばな] 다실(茶室)에 꽂꽂이한 꽃.

茶話[ちゃばなし/ちゃわ/さわ] ①차를 마시
면서 나누는 이야기. ②익살기가 있는 이
야기.

茶話会[ちゃわかい/さわかい] 다과회.

茶会[ちゃかい] 다과회. 손님을 초대하여 차
를 대접하는 모임.

[단]

丹 붉을/진심 단

丿 刀 刀 丹

音 ◉タン
訓 ⊗に

訓読
⊗丹[に] 붉은색.
丹塗り[にぬり] 붉은 칠을 함.
丹色[にいろ] 단색; 붉은색.

音読
丹念[たんねん] 단념; 정성 들여 함.
丹心[たんしん] 단심; 정성스러운 마음.
丹田[たんでん] 단전; 아랫배.
丹精[たんせい] 단정; 정성을 다함.
丹青[たんせい] 단청; 붉은색과 파란색.

団(團) 둥글 단

丨 冂 冂 団 団 団

音 ◉ダン ◉トン
訓 —

音読
¹団結[だんけつ] 단결; 여러 사람이 한데 뭉침.
団交[だんこう] '団体交渉'의 준말.
団旗[だんき] 단기; 단체를 표현하는 깃발.
団欒[だんらん] 단란; ①친한 사람끼리 모여 즐겁게 지냄. ②한 자리에 둘러앉음. ③둥근 모양.
¹団扇[★うちわ] 둥근 부채.
団円[だんえん] 단원; ①둥글둥글함. ②원만함. ③끝. 종말.
団員[だんいん] 단원; '…団'이라고 칭하는 단체에 소속된 사람.
団子[だんご] ①경단. ②경단처럼 둥글게 만듦.
団長[だんちょう] 단장; '…団'이라고 칭하는 단체의 우두머리.
²団地[だんち] 단지; 같은 종류의 건물이 집단을 이룬 곳.
²団体[だんたい] 단체; ①어떤 사람들의 집단. ②사람들의 모임.
団体協約[だんたいきょうやく] 단체 협약.

但 다만 단

丿 亻 仁 但 但 但 但

音 —
訓 ◉ただし

訓読
²◉但し[ただし] 단; 다만. *전문(前文)에 대하여 보충적인 설명·조건·예외를 나타낼 때 사용하는 말.
但しは[ただしは] 혹은. 그렇지 않으면.
但し付き[ただしつき] 조건부(条件附). 조건이 붙음.
但し書[ただしがき] 단서; 본문에 덧붙여 보충적인 설명·조건·예외를 나타낼 때 사용하는 말.

単(單) 홀로/홑 단

丶 丶 丷 冖 肖 肖 肖 畄 単

音 ◉タン
訓 ⊗ひとえ

訓読
⊗単帯[ひとえおび] 홑띠. 안감을 대지 않은 띠.
⊗単物[ひとえもの] (안감을 대지 않은) 홑옷.
⊗単羽織[ひとえばおり] (안감을 대지 않은) 여름용 羽織(はおり).
⊗単衣[ひとえ] (안감을 대지 않은) 홑옷.
⊗単衣物[ひとえもの] (안감을 대지 않은) 홑옷.

音読
¹単[たん] 단; ①하나의 ②(운동 경기의) 단식 (単式). 싱글. ③'단식승(単式勝)'의 준말.
²単なる[たんなる] 단순한.
²単に[たんに] 단지. 다만.
単価[たんか] 단가; 낱개의 가격.
¹単独[たんどく] 단독; ①혼자. ②오로지 하나.
単利[たんり] 단리; 원금에 대한 이자만 계산함.
単複[たんぷく] 단복; ①단순함과 복잡함. ②단수와 복수. ③단식과 복식.
単線[たんせん] 단선; 하나뿐인 선.
単細胞[たんさいぼう] 단세포; 하나의 세포.
²単数[たんすう] 단수; 수효가 하나임.
²単純[たんじゅん] 단순; 간단함.

単試合[たんしあい] (테니스의) 단식 시합.
単式[たんしき] 단식; 단순한 형식.
単身[たんしん] 단신; 자기 홀몸.
²**単語**[たんご] 단어; 낱말.
単元[たんげん] 단원; 한 묶음의 제목.
²**単位**[たんい] 단위; 기준이 됨.
¹**単一**[たんいつ] 단일; 오직 하나뿐임.
単作[たんさく] 단작; 일모작(一毛作).
¹**単調**[たんちょう] 단조; 단순하고 변화가 적음.
単行本[たんこうぼん] 단행본; 한 권으로 출판한 책.

段　　층계 단

丿 𠂉 𠂤 𠂤 𠂤 𠃌 𠃌 𠃌 段 段

音 ●ダン ⊗タン
訓 ―

音読

²**段**[だん] ①계단. 층계. ②(문장의) 단락. 문단. ③(歌舞伎(かぶき)・浄瑠璃(じょうるり) 등의) 대목. 장면. ④(스포츠의) 단. 급수. ⑤(어떤 일의) 경우. 점. 정도. 차원. ⑥(진행되는 일의) 단계. 국면. 사태.
段ボール[だんボール] 골판지.
²**段階**[だんかい] 단계; ①과정. ②등급. ③순서.
段丘[だんきゅう] 단구; 토사가 계단처럼 쌓인 것.
段段[だんだん] ①층계. 계단. ②여러 가지. ③점점. 차츰.
段段畑[だんだんばたけ] 계단식 밭.
段落[だんらく] 단락; ①문장 중의 큰 매듭. ②사물의 결말.
段違い[だんちがい] ①(둘 사이의) 현격한 차이. ②높이가 서로 다름.
段取り[だんどり] (일의) 순서・절차・방법.

断(斷)　　끊을 단

丷 丬 𣥂 米 米 𣥂 𣥂 𣥂 断 断

音 ●ダン
訓 ●たつ ●ことわる

訓読

¹●**断つ**[たつ] 〈5他〉 ①끊다. 절단하다. ②중단하다. 그만두다. ③(중간에서) 차단하다.

断ち切る[たちきる] 〈5他〉 ①자르다. 베다. ②(관계를) 끊다. ③(장애물로) 방해하다.
²●**断る**[ことわる] 〈5他〉 ①사전에 양해를 구하다. 미리 알리다. ②사절하다. 거절하다. ③거듭 다짐하다.
断り[ことわり] ①예고함. 사전에 양해를 구함. ②사절. 거절. ③변명함. 사과함.
断り書き[ことわりがき] 단서(但書). 본문에 대한 설명・조건・예외 등을 추가한 문장.

音読

断[だん] ①단행. 결행. ②결단. 단안.
断じて[だんじて] ①단연코. 기필코. 반드시. ②단호히. ③절대로. 결코.
断じる[だんじる] 〈上1他〉 ①단정하다. ②단행하다. 결행하다. ③판가름하다.
断ずる[だんずる] 〈サ変他〉 ⇨ 断じる
断固[だんこ] 단호히. 단연코.
断交[だんこう] 단교; ①국교를 단절함. ②절교. 교제를 끊음.
断念[だんねん] 단념; 포기함.
断頭[だんとう] 단두; 목을 자름.
断末魔[だんまつま] 《仏》 단말마; ①숨이 끊어질 때의 고통. ②임종.
¹**断面**[だんめん] 단면; ①물체를 베어낸 면. ②실체를 나타내는 일면.
断面図[だんめんず] 단면도.
断髪[だんぱつ] 단발; ①머리털을 짧게 자름. ②단발머리.
断続[だんぞく] 단속; 끊어졌다 이어졌다 함.
²**断水**[だんすい] 단수; 수돗물이 끊어짐.
断食[だんじき] 단식; 먹기를 중단함.
¹**断言**[だんげん] 단언; 딱 잘라 말함.
¹**断然**[だんぜん] 단연; ①단연코. 단호히. ②훨씬. ③결코. 절대로.
断熱材[だんねつざい] 단열재; 열이 통하지 않게 차단한 재료.
断腸[だんちょう] 단장; 창자가 끊어지는 듯한 슬픔.
断裁[だんさい] 단재; 종이를 재단함.
断絶[だんぜつ] 단절; 관계를 끊음.
²**断定**[だんてい] 단정; ①딱 잘라 결정함. ②판단. ③지정(指定).
断罪[だんざい] 단죄; ①유죄 판결을 내림. ②참수형. 사형.
断層[だんそう] 단층; ①지층(地層)이 어긋남. ②(생각・의견이) 엇갈림.
断片[だんぺん] 단편; 조각. 토막.
断行[だんこう] 단행; 결단하여 실행함.

短 짧을 단

丿 ト 섯 矢 矢 知 知 知 短 短

音 ●タン
訓 ●みじかい

訓読
⁴●短い[みじかい]〈形〉①(길이・시간이) 짧다. ②(성질이) 조급하다. 성급하다. 급하다. ③(생각이) 얕다.
短め[みじかめ]〈形動〉짤막함.
短夜[みじかよ/たんや] (여름의) 짧은 밤.

音読
²短[たん] 단; ①짧음. ②결점. 단점.
¹短歌[たんか] 단가; 일본의 和歌(わか).
短距離[たんきょり] 단거리; 짧은 거리.
短剣[たんけん] 단검; ①단도. 비수. ②(시계의) 단침.
¹短気[たんき] 성급함. 조급함.
²短期[たんき] 단기; 짧은 기간.
短期間[たんきかん] 단기간; 짧은 기간.
¹短大[たんだい] '短期大学'의 준말. 전문대학.
短刀[たんとう] 단도; 비수.
短命[たんめい] 단명; 수명이 짧음.
短文[たんぶん] 단문; 짧은 문장.
短兵急[たんぺいきゅう]〈形動〉①짧은 무기로 갑자기 공격함. ②갑작스러움. 느닷없음.
²短所[たんしょ] 단소; 단점. 결점.
短時間[たんじかん] 단시간; 짧은 시간.
短時日[たんじつ] 단시일; 짧은 시일.
短信[たんしん] 단신; 토막 뉴스. 짧은 편지.
短資[たんし] 단자; '短期資金'의 준말.
短調[たんちょう] 《楽》 단조; 단음계에 의한 가락.
短冊[たんざく] ①띠지. ②조붓하고 긴 종이. ③'短冊形'의 준말.
短冊形[たんざくがた] 직사각형.
短銃[たんじゅう] 단총; 권총.
¹短縮[たんしゅく] 단축; 짧게 줄임.
短針[たんしん] 단침; 시계의 시침(時針).
短打[たんだ] 단타; 확실한 안타를 노려 짧게 치는 공.
¹短波[たんぱ] 단파; 짧은 파장의 전파.
²短編[たんぺん] 단편; ①짧은 시문(詩文). ②단편 소설.
短靴[たんぐつ] 단화; 목이 짧은 구두.

端 끝/바를 단

ㅗ 寸 立 立 立 竝 竝 竝 端 端

音 ●タン
訓 ●は ●はし ●はた ⊗はした

訓読
●端❶[は] 둘레. 가장자리. ¶口(くち)の~ 입가. ¶山(やま)の~ 산 가장자리. 산 능선.
²●端❷[はし] ①(어떤 물건의) 끝. 끄트머리. ¶ひもの~ 끈의 끝. ②가. 가장자리. ¶机(つくえ)の~ 책상 가장자리. ③일부분. 한쪽. ¶言葉(ことば)の~ 말꼬리. ④(잘라낸) 토막. ¶木(き)の~ 나무 토막. ⑤구석. 끝쪽. ¶部屋(へや)の~ 방구석. ⑥시초. 맨 처음. ¶~から始(はじ)める 맨 처음부터 시작하다.
●端❸[はた] ①가. 가장자리. ¶池(いけ)の~ 연못가. ②곁. 옆. 제삼자. ¶~から口(くち)をはさむ 곁에서 말참견하다.
⊗端❹[はした] 우수리. 나머지. 끝수.
端から[はしから] 맨 처음부터.
端くれ[はしくれ] ①토막. ②말단(末端). 나부랭이.
端ミシン[はしミシン] (실이 풀리지 않게 천 끝을 약간 접어 블로 박는) 오버랩 미싱.
端居[はしい] 더위를 피하기 위해 마루 끝에 앉아 있음.
端近[はしぢか] 집 입구에 가장 가까움.
端近い[はしぢかい]〈形〉입구에 가깝다.
端物[はもの] ①짝이 모자라는 것. ②단편(短篇)으로 된 浄瑠璃(じょうるり). ③책이 아닌 인쇄물. 전단지.
端縫い[はしぬい] 단 박기. 천의 가장자리를 약간 접어서 꿰맴.
端書き[はしがき] ①서문(序文). 머리말. ②(편지의) 추신(追伸).
端数[はすう] 우수리. 끝수.
端役[はやく] 단역; ①(연극・영화의) 단역. ②하찮은 역할.
端株[はかぶ] 《経》 단주; 거래 단위 미달의 주식. 500주 이하의 주.

音読
端麗[たんれい] 단려; 단정하고 아름다움.
端末[たんまつ] 단말; ①끝. ②(전기 회로에서) 전류의 출입구. ③(컴퓨터에서) 입출력 장치를 연결하는 부분.
端末機[たんまつき] 단말기; 입출력 기기.

端緒[たんしょ/たんちょ] 단서; 일의 실마리.
端厳[たんげん] 단엄; 단정하고 엄숙함.
端然[たんぜん] 단연; 단정함.
端午の節句[たんごのせっく] 단오절.
端子[たんし] 단자; 터미널.
端的[たんてき] 단적; ①간단하고 분명함.
②명백하고 솔직함.
端正[たんせい] 단정; 얌전하고 바름.
端整[たんせい] 단정; ①용모가 반듯함. ②(행
동이) 바르게 정돈되어 있음.
端座[たんざ] 단좌; 똑바로 앉음. 정좌.

壇　　단 단

十　扌　扩　护　掆　掆　塘　壇　壇　壇

音 ●タン ●ダン
訓 ―

音読
壇[だん] 단; 높게 만든 자리.
壇上[だんじょう] 단상; 높게 만든 자리.
壇場[だんじょう] 단장; 단이 만들어져 있는
장소.

鍛　　단련할 단

ハ　ム　金　釒　鈝　鈝　鍛

音 ●タン
訓 ●きたえる

訓読
●鍛える[きたえる] 〈下1他〉 ①(심신을) 단
련하다. 연마하다. 맹훈련시키다. ②(쇠
붙이를) 벼르다. 단련하다.
鍛え上げる[きたえあげる] 〈下1他〉 잘 단련
하다. 잘 단련하여 완성시키다.

音読
鍛鋼[たんこう] 단강; 프레스로 단조한 강철.
鍛錬[たんれん] 단련; 연마함. 맹훈련시킴.
鍛冶[★かじ] 대장일. 대장장이.
鍛冶屋[★かじや] 대장간. 대장장이.
鍛接[たんせつ] 단접; 금속을 이어 붙임.
鍛造[たんぞう] 단조; 금속에 열을 가하여
쇠망치로 두들겨 만듦.
鍛鉄[たんてつ] 단철; 불순물을 없애고 잘
단련한 쇠.

旦　아침 단

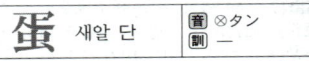

音読
¹旦那[だんな] ① ≪仏≫ 시주(施主). ②주인어
른. ③남편. 바깥양반. ④기둥서방. ⑤손
님. 아저씨. ⑥(지위가 높은) 나리.
旦那寺[だんなでら] 가족의 위패를 모신 절.
旦那取り[だんなどり] ①고용인이 됨. ②
(첩으로서) 서방을 얻음. 첩이 됨.
旦夕[たんせき] 단석; ①아침 저녁. ②밤낮.
늘. ③중대한 사태가 일어날 시기.

蛋　새알 단

音 ⊗タン
訓 ―

音読
蛋白[たんぱく] 단백; ①단백질. ②달걀 흰
자위.
蛋白尿[たんぱくにょう] ≪医≫ 단백뇨.
¹蛋白質[たんぱくしつ] ≪化≫ 단백질; 흰자질.

緞　비단 단

音 ⊗タン ⊗ドン
訓 ―

音読
緞子[どんす] 무늬 있는 비단.
緞帳[どんちょう] ①무늬 있는 두터운 막(幕).
②'緞帳役者(どんちょうやくしゃ)'의 준말. ③'緞
帳芝居(どんちょうしばい)'의 준말.
緞帳役者[どんちょうやくしゃ] 엉터리 배우.
緞帳芝居[どんちょうしばい] 엉터리 연극.

檀　박달나무 단

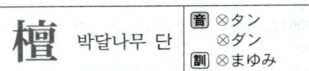

訓読
⊗檀[まゆみ] 참빗살나무.
檀弓[まゆみ] 참빗살나무로 만든 활.
音読
檀尻[だんじり] 축제 때 장식한 수레.
檀那[だんな] ① ≪仏≫ 시주(施主). ②주인어
른. ③남편. 바깥양반. ④기둥서방. ⑤손님.
아저씨. ⑥(지위가 높은) 나리.

檀林[だんりん] 단림; 승려들이 학문을 닦는 곳. 강원(講院).

檀林風[だんりんふう] (俳句(はいく)에서) 松尾芭蕉(まつおばしょう)의 작품(作風) 이전에 유행하던 익살스런 맛의 작품.

檀紙[だんし] 참빗살나무의 껍질로 만든 두껍고 쭈글쭈글한 일본 종이.

簞 ×(簞) 소쿠리 단   音 ⊗タン
            訓 ―

音読
簞笥[たんす] (의복이나 자질구레한 도구를 넣어 두는) 장롱. 옷장.
簞食[たんし] 대나무그릇에 담은 밥.

[달]

達(達) 달할/이를 달

一 十 土 去 去 壱 査 幸 幸 達 達

音 ●タツ ⊗タチ ⊗ダチ
訓 ―

音読
²達[★たち/だち] …들. *사람이나 생물의 복수를 나타내는 말임.
達し[たっし] (관청으로부터의) 훈령. 통보. 시달.
²達する[たっする] 〈サ変自〉①도달하다. 이르다. ②능숙하다. 숙달하다. 〈サ変他〉①달성하다. 이루다. ②널리 알리다. 시달하다. 고시하다.
達見[たっけん] 달견; 전체나 장래를 충분히 내다보는 의견.
達観[たっかん] 달관; 넓은 안목으로 내다봄.
達磨[★だるま] ①《仏》달마 대사. ②오뚝이. ③오뚝이처럼 둥근 물건. 온통 빨갛게 된 사람. ④매춘부. 갈보.
¹達成[たっせい] 달성; 목적된 바를 이룸.
達人[たつじん] 달인; ①학문・기예에 뛰어난 사람. ②인생을 달관한 사람.
¹達者[たっしゃ] 〈名〉명인(名人). 〈形動〉①능숙함. 능란함. 숙달됨. ②건강함. 튼튼함. ③빈틈없음. 달인(達人).
達筆[たっぴつ] 달필; 글씨를 잘 씀.

[담]

担(擔) 멜/짊어질 담

一 十 扌 扌 扣 扣 担 担

音 ●タン
訓 ●になう ●かつぐ

訓読
¹●担う[になう] 〈5他〉①(어깨에) 메다. 짊어지다. ②(책임)을 지다. 떠맡다.
担い[にない] 어깨에 멤. 짊어짐.
²●担ぐ[かつぐ] 〈5他〉①(무거운 짐을) 짊어지다. 메다. ②받들다. 추대하다. ③(장난으로) 속이다. ④(미신에) 사로잡히다.
担ぎ[かつぎ] 짐을 메어 나르기. 짐을 메어 나르는 사람.
担ぎ込む[かつぎこむ] 〈5他〉메어다 들여놓다. 메어다 놓다.
担ぎ出す[かつぎだす] 〈5他〉①밖으로 메어 내다. ②추대하다. 내세우다.

音読
¹担架[たんか] (환자・부상자를 나르는) 들것.
²担当[たんとう] 담당; 책임지고 그 일을 맡음. 책임지고 떠맡음.
担保[たんぽ] 담보; ①담보물. ②저당물. 저당(抵当). ③보증함. 보증인.
担任[たんにん] 담임; 교사가 어느 학급이나 학과를 맡음.

胆(膽) 쓸개 담

丿 刀 刀 刖 肝 肥 胆 胆

音 ●タン
訓 ⊗きも ⊗い

音読
胆[たん] ①《生理》담; 담낭. 쓸개. ②담력. 배짱.
胆結石[たんけっせき] 《医》담결석.
胆管[たんかん] 《生理》담관.
胆囊[たんのう] 《生理》담낭; 쓸개.
胆力[たんりょく] 담력; 배짱.
胆石[たんせき] 《医》담석; 담석증.
胆石症[たんせきしょう] 《医》담석증.
胆液[たんえき] 《生理》담액; 담즙.
胆汁[たんじゅう] 《生理》담즙.

淡 묽을/싱거울 담

氵 氵 氵 氵 汁 沙 沙 沙 沙 淡

音 ●タン
訓 ●あわい

訓読
●淡い[あわい] 〈形〉 ①(맛·색깔·향기 등이) 연하다. ②희미하다. 어렴풋하다. ③얇다. ④덧없다. 막연하다.
淡路島[あわじしま] ≪地≫ 兵庫県(ひょうごけん)의 일부로 瀬戸内海(せとないかい) 동쪽 끝에 위치한 섬.
淡雪[あわゆき] (초봄의) 금방 녹는 눈. 자국눈.

音読
淡褐色[たんかっしょく] 담갈색; 옅은 갈색.
淡淡[たんたん] 담담; ①(맛·느낌이) 담백함. ②(태도·행동이) 담담함.
淡緑色[たんりょくしょく] 담록색; 연둣빛. 연한 초록색.
淡味[たんみ] 담미; 산뜻한 맛·취미.
淡泊[たんぱく] ☞ 淡白
淡白[たんぱく] 담백; ①(맛·느낌이) 산뜻함. ②(태도·성질 등이) 깔끔함. 소탈함.
²淡水[たんすい] 담수; 민물. 단물.
淡水魚[たんすいぎょ] ≪魚≫ 담수어; 민물고기.
淡水湖[たんすいこ] 담수호; 민물 호수.
淡彩[たんさい] 담채; 엷은 채색.
淡彩画[たんさいが] 담채화; 엷은 채색화.
淡湖[たんこ] ≪地≫ 담호; 담수호.
淡紅色[たんこうしょく] 담홍색; 연분홍.

談 말씀 담

言 言 言 言 言 診 診 談 談 談

音 ●ダン
訓 ―

音読
談じる[だんじる] 〈上1自〉 ①이야기하다. 논하다. ②의논하다. 상의하다. ③담판하다. 따지다.
談ずる[だんずる] 〈サ変他〉 ☞ 談じる
談じ込む[だんじこむ] 〈5他〉 따지다. 강력히 담판하다.
談論[だんろん] 담론; 담화나 의론.

談笑[だんしょう] 담소; 환담. 웃으면서 이야기함.
談議[だんぎ] ①서로 의논함. 상의함. ②설교. 강의. ③시시한 이야기.
談判[だんぱん] 담판; (사건·분쟁을 해결하기 위한) 따짐. 서로 상의함.
談合[だんごう] 담합; ①상의. 의논. ②(입찰·판매) 가격을 사전에 협정함.
談話[だんわ] 담화; ①대화. ②어떤 사안에 대한 공식적인 의견.

曇 흐릴 담

口 日 旦 昇 昂 昂 昙 曇 曇 曇

音 ●ドン
訓 ●くもらす ●くもる

訓読
●曇らす[くもらす] 〈他〉 ①(유리 등을) 흐리게 하다. ②(생각·판단을) 흐리게 하다. ③슬픈 듯한 표정을 짓다.
⁴●曇る[くもる] 〈5自〉 ①(날씨가) 흐리다. ②(유리 등이) 흐려지다. ③(마음·표정 등이) 어두워지다. 우울해지다.
²曇り[くもり] ①흐림. ②우울함.
曇りガラス[くもりガラス] 불투명 유리. 젖빛 유리.
曇り空[くもりぞら] 흐린 날씨.
曇り渡る[くもりわたる] 〈5自〉 하늘 전체가 흐려지다.
曇り声[くもりごえ] 어두운 목소리.
曇り勝ち[くもりがち] 대체로 흐림. 흐리는 일이 많음. 흐려지기 쉬움.

音読
曇天[どんてん] 담천; 흐린 날씨.

痰 가래 담

音 ⊗タン
訓 ―

音読
痰[たん] 담; 가래.
痰唾[たんつば] 담타; 가래와 침.
痰吐き[たんはき] 타구(唾具). 가래를 뱉는 그릇.
痰咳[たんせき] 담해; ①가래와 기침. ②가래가 끓는 기침.
痰壺[たんつぼ] 타구(唾具). 가래를 뱉는 그릇.

답

答 대답할 답

丿 宀 宀 竺 竺 竹 竺 答 答 答

音 ●トウ ●ドウ
訓 ●こたえる

訓読

⁴●答える[こたえる]〈下1他〉①답하다. 대답하다. ②(문제에) 대답하다.

³答え[こたえ] 답; ①대답. ②(문제의) 답.

音読

答礼[とうれい] 답례; 상대방의 예(礼)에 대해 답(答)함.

答弁[とうべん] 답변; 물음에 대한 대답.

答辞[とうじ] 답사; 식사(式辞)나 축사(祝辞)에 답하는 말.

答申[とうしん] 답신; (상급 관청이나 상사에게) 의견을 상신(上申)함.

答案[とうあん] 답안; ①문제의 해답. ②대답의 안건.

踏 밟을 답

⺙ ⺙ ⺙ 跙 跘 跘 跘 踏 踏

音 ●トウ
訓 ●ふまえる ●ふむ ●ふんまえる

訓読

●踏まえる[ふまえる]〈下1他〉①밟고 서다. 꽉 밟다. ②근거로 삼다. 입각하다.

踏まえ所[ふまえどころ] ①발 디딜 곳. ②입장. 처지. 근거.

²●踏む[ふむ]〈5他〉①(발로) 밟다. ②디디다. 딛다. ③과정을 거치다. ④(목적지를) 방문하다. ⑤경험하다. ⑥값을 매기다. 평가하다. ⑦지위에 오르다. ⑧운(韻)을 달다. ⑨떼어먹다.

踏み[ふみ]《経》 손해인 줄 알면서 주권(株券)을 다시 사들임.

踏みにじる[ふみにじる]〈5他〉①짓밟다. ②(약속을) 저버리다. 파기하다.

踏み固める[ふみかためる]〈下1他〉밟아 다지다.

踏み潰す[ふみつぶす]〈5他〉①밟아 으깨다. ②(체면을) 심하게 손상시키다.

踏み段[ふみだん] 층층대.

踏み台[ふみだい] 발판.

踏み倒す[ふみたおす]〈5他〉①밟아 쓰러뜨리다. ②(돈을) 떼어먹다.

踏み鳴らす[ふみならす]〈5他〉(발로) 쿵쿵 구르다.

踏み抜く[ふみぬく]〈5他〉①세게 밟아 구멍을 내다. ②(못·가시 등에) 발바닥이 찔리다.

踏み付ける[ふみつける]〈下1他〉①짓밟다. 밟아 누르다. ②깔보다. 업신여기다. 얕보다.

踏み殺す[ふみころす]〈5他〉밟아 죽이다.

踏み石[ふみいし] ①디딤돌. ②징검돌.

踏み外す[ふみはずす]〈5他〉①(발을) 헛디디다. ②(정당한 길에서) 탈선하다. ③실각하다.

踏み込む[ふみこむ] ①힘차게 발을 내딛음. ②신발을 벗어 놓는 곳. ③(사물을) 깊이 파고듦.

¹踏み込む[ふみこむ]〈5自〉①(힘차게) 발을 내딛다. ②발을 들여놓다. ③(남의 집에) 무단으로 뛰어들다.〈5他〉밟아서 밀어 넣다.

²踏(み)切(り)[ふみきり] ①(철도의) 건널목. ②(뜀틀경기에서) 도약판. ③(씨름에서) 밀리어 발을 씨름판 밖으로 내밈. ④결단.

踏み止まる[ふみとどまる]〈5自〉①힘껏 딛고 서다. ②남아 머무르다. ③꾹 참고 그만두다. 단념하고 그만두다.

踏み締める[ふみしめる]〈下1他〉①힘껏 딛다. ②밟아 다지다.

踏み出す[ふみだす]〈5他〉①(발을) 내딛다. ②출발하다. ③착수하다. 시작하다. ④(씨름판 밖으로) 발을 내딛다.

踏み破る[ふみやぶる]〈5他〉①밟아 부수다. 걷어차 부수다. ②답파(踏破)하다.

踏み板[ふみいた] ①걸쳐놓은 발판. ②(오르간의) 발판. ③(목욕탕의) 디딤널. ④(소달구지의 앞뒤에 대는) 가로장.

踏み荒らす[ふみあらす]〈5他〉짓밟아 망치다. 마구 짓밟다. 엉망으로 짓밟다.

音読

踏査[とうさ] 답사; 실지로 보고 조사함.

踏襲[とうしゅう] 답습; 그 대까지의 방식을 그대로 이어받음.

踏青[とうせい] 답청; 봄에 파릇하게 난 풀을 밟으며 거닒. 들놀이.

踏破[とうは] 답파; 먼길을 끝까지 걸어감.

[당]

当(當) 마땅 당

丨 ㅣ ㅄ 丬 当 当

音 ●トウ
訓 ●あたらす ●あたる ●あてる ⊗まさに

訓読

●当たらす[あたらす] 〈5他〉 담당하게 하다. 맡게 하다. 대항하게 하다. 대처하게 하다.

²●当たる[あたる] 〈5自〉 ①부딪히다. ②(해가) 비치다. ③(바람을) 맞다. ④(불을) 쬐다. ⑤조사하거나 확인하다. ⑥해당하다. 상당하다. ⑦명중하다. 적중하다. ⑧히트하다. 잘 팔리다.

¹当(た)り[あたり] ①(야구에서) 타격. 공이 맞음. ②명중. 적중. ③성공. 히트. ④촉감. 감촉. 반응. 닿는 느낌. ⑤(낚시에서의) 입질. ⑥추측. 짐작. ⑦(바둑에서) 단수(単手). ⑧(숫자에 접속하여) …당. …에 대하여. 평균. ⑨(더위·음식으로 인한) 탈. 중독.

当(た)り狂言[あたりきょうげん] 흥행에 성공한 狂言(きょうげん).

当(た)り年[あたりどし] ①풍년. ②운수가 좋은 해. 일이 뜻대로 되는 해.

●当(た)り散らす[あたりちらす] 〈5他〉 (닥치는 대로) 마구 화를 내다.

当(た)り役[あたりやく] 호평받은 배역.

当(た)り芸[あたりげい] 호평을 받은 배역.

当(た)り屋[あたりや] ①(노름에서) 재수 좋은 사람. ②(야구에서) 안타를 잘 치는 사람. ③장사가 잘 되는 가게. ④자해공갈단(自害恐喝団). 일부러 차에 부딪히고 돈을 뜯는 사람.

当(た)り外れ[あたりはずれ] ①예상과 적중이 빗나감. ②성공과 실패.

²当(た)り前[あたりまえ] ①당연함. 마땅함. ②보통임. 예사로움.

²●当てる[あてる] 〈下1他〉 ①부딪다. ②갖다 대다. 닿게 하다. ③(빛·열 등을) 쬐다. ④(바람을) 쐬다. ⑤명중시키다. 적중시키다. ⑥성공하다. ⑦어떤 용도에 쓰다. 충당시키다. ⑧(편지를) …앞으로 보내다. ⑨(일을 시키기 위해) 지명하다.

当て[あて] ①목표. 대중. 겨냥. 가망성. ②기대. 희망. ③저당. 담보. ④(명사에 접속하여) 덧대는 것. 바대.

当てっこ[あてっこ] ≪俗≫ ①알아맞히기. ②(공 따위를) 서로 던져 맞히기.

●当てられる[あてられる] 〈下1自〉 ①중독되다. 체하다. (더위를) 먹다. ②(남녀 간의 정다운 광경을 보거나 듣거나 하여) 겸연쩍다. ③지명되다. 충당되다.

²当て嵌まる[あてはまる] 〈5自〉 들어맞다. 적합하다. 합당하다.

²当て嵌める[あてはめる] 〈下1他〉 맞추다. 결부시키다. 적용하다. 적용시키다.

当て馬[あてうま] ①암말의 발정을 살피기 위해 접근시키는 수말. ②(상대방이 어떻게 나오는가를 시험하기 위해 내세우는) 대행자(代行者). ③(선거에서) 들러리 후보.

当て付ける[あてつける] 〈下1他〉 ①넌지시 비꼬다. ②과시하다. ③할당하다. 배당하다.

当て身[あてみ] (유도에서) 상대방의 급소를 찌르는 수.

当て外れ[あてはずれ] 기대에 어긋남. 예상이 빗나감.

当て込む[あてこむ] 〈5他〉 기대하다. 믿다.

当て字[あてじ] ①차자(借字). 뜻에 관계없이 음(音)이나 훈(訓)을 따서 어떤 말을 나타내는 한자(漢字). ②취음자(取音字). ③오자(誤字).

当て擦り[あてこすり] 빈정댐. 비꼼.

当て擦る[あてこする] 〈5自〉 빈정거리다. 비꼬다.

当て布[あてぬの] ①(옷의) 안감. ②(물건을 어깨에 멜 때) 옷을 보호하기 위해 대는 천 조각.

⊗当に[まさに] 〈副〉 반드시. 당연히. 마땅히. 필히. 꼭.

音読

当[とう] ①합당함. 도리에 맞음. ②바로 그. 문제의.

当家[とうけ] ①우리 집. ②¶ご~ 귀댁. 그 댁.

当局[とうきょく] 당국자; 관계 기관.

当今❶[とうこんきゃく] 금상(今上). 당대의 천황. ❷[とうこん] 요즈음. 근래.

当期[とうき] 당기; 이 기간. 그 기간.

当年[とうねん] 당년; ①올해. 금년. ②그 해. 그 당시.

当代[とうだい] 당대; ①현대. ②그 시대. ③현재의 주인. ④금상(今上). 지금의 천황.

当落[とうらく] 당락; 당선과 낙선.
当面[とうめん] 당면; ①일이 눈앞에 당함. ②당분간. 당장. 우선.
当方[とうほう] 당방; 우리 쪽. 이쪽.
²**当番**[とうばん] 당번; 번 드는 차례.
当否[とうひ] 당부; ①맞음과 안 맞음. ②옳음과 그름.
当分[とうぶん] 당분; ①당분간. 얼마 동안. ②그 당장.
当社[とうしゃ] 당사; ①이 회사. ②이 신사(神社).
当事者[とうじしゃ] 당사자; 직접 그 일에 관계되는 사람.
¹**当選**[とうせん] 당선; ①선거에 뽑힘. ②입선(入選).
当世[とうせい] 당세; ①현대. 지금 세상. ②그 당시.
当世向き[とうせいむき] 현대 취향에 맞음.
²**当時**[とうじ] 당시; ①그때. 그 무렵. ②현재. 요즈음.
²**当然**[とうぜん] 당연; 마땅함.
当用[とうよう] 당장 쓰이는 것.
当用漢字[とうようかんじ] 당용한자; 1946년에 정해진 1850자의 상용한자. *1981년에 1945자의 상용한자(常用漢字)로 대체되었음.
¹**当人**[とうにん] 당인; 당사자. 본인.
²**当日**[とうじつ] 당일; 그 날.
当店[とうてん] 당점; 우리 가게. 이 가게.
当座[とうざ] 당좌; ①그 때. 그 자리. 당장. 즉석. ②당분간. 우선. 임시. 잠시. ③즉석에서 내는 和歌(わか)・俳句(はいく)의 제목. ④'当座預金'의 준말.
当座勘定[とうざかんじょう] ≪経≫ 당좌계정.
当座貸(し)越(し)[とうざかしこし] ≪経≫당좌대월.
当座預金[とうざよきん] ≪経≫ 당좌예금.
当主[とうしゅ] 당주; (그 집의) 현재 주인. 호주(戸主).
当地[とうち] 당지; ①이 고장. 그 고장. ②¶ご〜 댁이 계신 곳.
当直[とうちょく] 당직; 당직자. (근무하는 곳에서) 숙직이나 일직의 번을 듦.
当籤[とうせん] 당첨; 제비에 뽑힘.
当初[とうしょ] 당초; 최초. 처음.
当該[とうがい] 당해; 그.
当惑[とうわく] 당혹; 어찌할 바를 모름.
当確[とうかく] '当選確実'의 준말.

唐 (唐)   당나라 당

`一 广 广 庐 庐 庐 唐 唐 唐`

音 ●トウ
訓 ●から

訓読
●**唐❶**[から] '중국'의 옛 명칭. **❷**[とう] ☞ [音読]
唐めく[からめく] 〈5自〉①중국식이다. ②이국적이고 멋있다.
唐文字[からもじ] 한자(漢字).
唐物❶[からもの] 당에서 수입한 물품. **❷**[とうぶつ] 외래품. 양품(洋品).
唐手[からて] 당수; 일본의 권법. 가라테.
唐様[からよう] ①중국 스타일. ②중국식 서체(書体).
唐子[からこ] ①중국 스타일의 인형이나 그림. ②(江戸(えど) 시대에) 옆머리와 정수리를 남기고 민 유아의 머리 모양.
唐子髷[からこまげ] 머리 위에 고리를 2개 얹은 것처럼 한 머리 모양.
唐紙❶[からかみ] 당지; 고운 무늬의 종이. **❷**[とうし] 서화용의 중국제 종이.
唐織[からおり] ①중국 비단. ②能(のう) 옷차림의 하나. *화려하고 우아한 상의(上衣).
唐草[からくさ] '唐草模様'의 준말.
唐草模様[からくさもよう] 덩굴풀이 꼬이며 뻗어나가는 모양을 그린 무늬.
唐風[からふう/とうふう] 중국 스타일.

音読
唐❶[とう] 당; 당나라. **❷**[から] ☞ [訓読]
唐突[とうとつ] 당돌; 뜻밖임. 갑작스러움.
唐本[とうほん] 당본; 중국에서 전래된 책.
唐詩[とうし] 당시; ①한시(漢詩). ②중국 당(唐) 시대의 시.
唐辛子[とうがらし] ≪植≫ 고추.
唐音[とうおん] 당음; ①중국 송(宋)나라 때 일본에 전해진 한자음(漢字音). ②江戸(えど) 시대에 전해진 중국어 음(音).
唐人[とうじん/からびと] ①중국인. ②외국인.
唐人の寝言[とうじんのねごと] (외국인의 잠꼬대처럼) 알아들을 수 없는 말. 두서없는 말.
唐土[とうど] ①중국. ②당나라.
唐画[とうが] 당화; ①당나라 시대의 그림. ②중국 스타일의 그림.

党(黨) 무리 당

` ` `` `` `` `` `` `` `` `

音 ●トウ
訓 —

音読

²党[とう] 당; ①무리, 패거리. ②정당(政党).
党規[とうき] 당규; 당칙(党則).
党紀[とうき] 당기; 당(党)의 기강.
党内[とうない] 당내; 당의 내부.
党略[とうりゃく] 당략; 당의 책략.
党論[とうろん] 당론; 정당(政党)의 의견.
党類[とうるい] 당류; 한패거리.
党利[とうり] 당리; 당(党)의 이익.
党務[とうむ] 당무; 당(党)의 사무.
党費[とうひ] 당비; ①당(党)의 비용. ②당
　원이 부담하는 비용.
党勢[とうせい] 당세; 당(党)의 세력.
党首[とうしゅ] 당수; 당(党)의 우두머리.
党員[とういん] 당원; 당파(党派)를 이룬 사람.
党議[とうぎ] 당의; 당론(党論).
党人[とうじん] 당인; 당원(党員).
党争[とうそう] 당쟁; 당파간의 싸움.
党籍[とうせき] 당적; 당원으로서 등록된 적(籍).
党派[とうは] 당파; 정당의 나누인 갈래.

堂 집/당당할 당

` ` `` `` `` `` `` `` `` `` `

音 ●ドウ
訓 —

音読

堂[どう] 당; ①당집. ②회당(会堂).
¹堂堂と[どうどうと] ①당당함. ②당당히.
　버젓이. 공공연하게.
堂堂巡り[どうどうめぐり] ①(의논 등의)
　공전(空転). 개미 쳇바퀴 돌 듯함. ②(소
　원을 이루기 위해) 절 등의 당 주위를
　돎. ③강강술래 비슷한 놀이. ④(의회에
　서) 국회의원이 차례로 투표함.
堂守[どうもり] 당직(堂直). 당지기.
堂宇[どうう] 당우; ①당(堂)의 처마. ②전
　당(殿堂).
堂塔[どうとう] 당탑; 사찰(寺刹)의 당(堂)
　과 탑.

糖(糖) ①사탕 당 ②사탕 탕

` ` `` `` `` `` `` `` `` `` `

音 ●トウ
訓 —

音読

糖[とう] 당; 당분(糖分).
糖尿病[とうにょうびょう] 당뇨병.
糖類[とうるい] 당류; 가용성이며 단맛이
　나는 탄수화물.
糖蜜[とうみつ] 당밀; 설탕을 녹여 꿀처럼
　졸인 것.
糖分[とうぶん] 당분; 단맛의 성분.
糖衣錠[とういじょう] 당의정; 약의 겉에
　당의를 입힌 것.
糖質[とうしつ] 당질; 다량의 전분을 함유
　한 물질.
糖化[とうか] 당화; 탄수화물이 당분으로
　변화됨.

撞 두드릴 당

音 ⊗ドウ ⊗シュ
訓 ⊗つく

訓読

⊗撞く[つく] 〈5他〉 ①(공을) 치다. ②(종을)
　치다.

音読

撞球[どうきゅう] 당구.
撞木[しゅもく] 당목; 절에서 종을 치는 T
　자형의 나무 막대.
撞着[どうちゃく] 당착; 모순.

瞳 똑바로볼 당

音 ⊗ドウ
訓 ⊗みはる

訓読

⊗瞳る[みはる] 〈5他〉 ①(아름다움에 탄
　복하거나 또는 놀란 나머지) 눈을 크
　게 뜨고 보다. 눈이 휘둥그레지다. ②
　경계(警戒)하다. 망을 보다. 파수하다.
　지키다.

音読

瞳目[どうもく] 당목; 괄목. (놀라거나 감탄
　하여) 눈을 크게 뜸.
瞳若[どうじゃく] 당약; 깜짝 놀라서 눈이
　휘둥그레짐.

대

大   큰 대

一 ナ 大

音 ●タイ ●ダイ ⊗タ
訓 ●おおきい ●おお

訓読

²●**大**[おお] ①'큰·넓은·많은' 등의 뜻. ②'정도가 심한·아주 큰' 등의 뜻. ③'서열에서 상위'의 뜻. ④'극한적인·제일'의 뜻.

大いなる[おおいなる] ①비상한. 위대한. 크나큰. ②대단한. 엄청난. 심한.

²**大いに**[おおいに] ①대단히. 매우. 크게. ②많이.

⁴●**大きい**[おおきい] 〈形〉 ①크다. ②(정도가) 심하다. ③허세부리다. 과장하다. 잘난 체하다. 허풍을 떨다. ④중요하다. 값어치가 있다. ⑤마음이 넓다.

³**大きさ**[おおきさ] 크기.

³**大きな**[おおきな] 큰. 큼직한. 커다란.

³**大きに**[おおきに] ①대단히. 매우. 몹시. ②고맙다. *関西(かんさい) 지방의 방언 'おおきに ありがとう'의 준말.

大まか[おおまか] 〈形動〉 ①대충임. 대략적임. ②대범함. 의젓함.

大らか[おおらか] 〈形動〉 대범하다. 너글너글함.

²**大家**❶[おおや] ①셋집 주인. 집주인. ②안채. 본채. ③본가. 큰집. ❷[たいか] ☞ [音読] ❸[たいけ] ☞ [音読]

大袈裟[おおげさ] ①과장됨. 허풍을 떪. ②(정도가 지나친) 요란스러움. 야단스러움. ③어깨로부터 비스듬히 내리쳐 벰.

大江戸[おおえど] '江戸(えど)'의 미칭(美称).

大降り[おおぶり] (비·눈이) 세차게 내림.

大見得[おおみえ] (歌舞伎(かぶき)에서) 배우가 유달리 눈에 띄는 연기나 표정을 함.

大見出し[おおみだし] 대표제어. ①문장 전체에 붙이는 큰 표제어. ②(신문에서) 눈에 띄게 큰 활자로 된 표제어.

¹**大空**[おおぞら] 넓은 하늘. 창공.

大関[おおぜき] ①(씨름꾼의 등급의 하나로) 최고인 横綱(よこづな) 다음. ②(옛날) 같은 무리 중에서 제일 뛰어난 사람.

大広場[おおひろば] 대광장; 아주 넓은 장소.

大掛(か)り[おおがかり] 대규모. 대대적임.

大橋[おおはし] 대교; 큰 다리.

大口[おおぐち] ①큰 입. 입을 크게 벌림. ②큰소리. 허풍. ③(거래에서) 거액. 수량이 많음.

大君❶[おおきみ] ①천황(天皇)의 경칭. ②친왕(親王)·왕자·왕녀 등의 경칭. ❷[おおぎみ] 주군(主君)의 높임말. ❸[たいくん] 군주(君主)의 높임말.

大宮[おおみや] ①대궐·궁전·神社(じんじゃ)의 높임말. ②태황태후(太皇太后)·황태후(皇太后)의 높임말. ③모후(母后).

大摑み[おおづかみ] ①한 움큼. ②대충. 대강.

¹**大筋**[おおすじ] 대강의 줄거리. 대략적인 면.

大金持ち[おおがねもち] 큰 부자.

大男[おおおとこ] 몸집이 큰 남자.

大女[おおおんな] 몸집이 큰 여자.

大当(た)り[おおあたり] ①크게 적중함. ②대성공. 히트 침. ③(추첨에서) 크게 당첨됨. ④(야구에서) 타격이 아주 좋음.

大台[おおだい] ①(주식 거래에서) 100엔대. 100엔선. ②(수량의 큰 단위) …대(台). …선(線).

大台乗せ[おおだいのせ] (주식 거래에서) 주식값이 100엔대를 넘어섬.

大台割れ[おおだいわれ] (주식 거래에서) 주식값이 100엔대 이하로 떨어짐.

大道具[おおどうぐ] ①대도구; 큰 무대. ②대도구 담당자.

大立(て)者[おおだてもの] ①(연극단에서) 간판 배우. 가장 뛰어난 배우. ②거물. 실력자. 중진.

大立(ち)回り[おおたちまわり] ①(연극에서) 대난투극. 대활극. 큰 싸움. 대결투.

大粒[おおつぶ] 낱알이 굵음. 큰 방울. 알 굵음.

大売(り)出(し)[おおうりだし] 대매출; 특별판매. 세일.

大麦[おおむぎ] ≪植≫ 대맥; 보리.

大目[おおめ] ①200돈(750그램)을 1근으로 하는 계산법. ②관대함. 너그러움.

大文字❶[おおもじ] (로마자의) 대문자. ❷[だいもんじ] ①굵고 큰 문자. ②큰댓자(大). ③뛰어난 문장.

大物[おおもの] ①큰 것. 대짜. ②거물. 큰 인물.

大盤振(る)舞い[おおばんぶるまい] ①진수성찬. ②성대한 향응. 후한 대접.

¹**大方**❶[おおかた] ①대부분. ②보통. 일반. ③일반 사람. ④대중. 대강. 거의. ⑤아마. ❷[たいほう] ☞ [音読]

²大凡[おおよそ] ①대개. 대강. ②대략. ③일 반적으로.

¹大柄[おおがら] ①몸집이 보통보다 큼. ②무 늬가 큼.

大仕掛(け)[おおじかけ] 〈形動〉①대규모임. 대대적임. ②규모가 큰 주식 거래.

大写し[おおうつし] (영화・TV・사진에서) 클로즈업.

大相撲[おおずもう] ①(일본씨름협회가 주 관하는) 씨름 대회. ②볼만한 열띤 씨름.

大船[おおぶね/たいせん] 대선; 큰 배.

大雪[おおゆき] 대설; 큰 눈. ❷[たいせつ] ①대설; 큰 눈. ②24절기 중의 하나인 대 설. *12월 8일경.

¹大声❶[おおごえ] 큰 목소리. ❷[たいせい] ①큰 목소리 ②고상한 음악.

大盛り[おおもり] 수북이 담음. 곱빼기.

⁴大勢❶[おおぜい] 여러 사람. 여럿. 많은 사 람. ❷[たいせい] 대세; 대체의 형세.

大掃除[おおそうじ] ①대청소. ②(반대자의) 정리. 숙청.

大騒ぎ[おおさわぎ] 큰 소동. 야단법석.

大損[おおぞん/だいそん] 큰 손해.

¹大水[おおみず] 큰물. 홍수.

¹大手❶[おおて] ①(전투에서) 정면 공격 부대. ②성(城)의 정면 출입구. ③(상거 래에서) 큰손. ❷[おおで] 활개. 두 팔.

大手筋[おおてすじ] ①(상거래에서) 큰손. ②대기업(大企業). ③성(城) 앞의 큰길.

大手合(い)[おおてあい] (일본 기원에서) 공 식 승단 대회.

大受け[おおうけ] 대호평임. 대단한 인기를 얻음.

大食い[おおぐい] 대식가. 많이 먹음.

大神[おおかみ/だいしん] 대신; 위대한 신.

大岩[おおいわ] 큰 바위.

大仰[おおぎょう] ①과장됨. 허풍을 떪. 호 들갑스러움. ②대규모.

大御[おおみ] 신(神)이나 천황(天皇)에 관한 사물에 붙이던 말. 어(御).

大御神[おおみかみ] '신(神)'의 높임말. 위대 한 신.

大御酒[おおみき] ①신주(神酒). ②천황에게 바치는 술.

大奥[おおおく] ①(江戸城[えどじょう]에서) 将 軍[しょうぐん]의 부인이 거처하던 곳. ②궁 중의 깊숙한 곳.

大雨[おおあめ/たいう] 큰비. 폭우. 호우.

大雨注意報[おおあめちゅういほう] 호우 주 의보.

大違い[おおちがい] 큰 차이.

⁴大人❶[★おとな] ①어른. 성인. ②〈形動〉㉠ 착함. 얌전함. ㉡의젓함. 어른스러움. ❷[た いじん] ☞ [音読] ❸[だいにん] ☞ [音読]

大人しい[★おとなしい] 〈形〉①얌전하다. 온순하다. ②점잖다. ③고분고분하다.

大人数[おおにんずう] 많은 사람.

大引(け)[おおびけ] ①(증권 거래에서) 종가 (終価). ②(옛날 유곽에서) 새벽 2시경의 문 닫는 시간.

大引値段[おおびけねだん] (증권 거래소에서) 최종가(最終価).

大一番[おおいちばん] ①(씨름에서) 우승이 나 승진이 걸린 아주 중요한 시합. ②중 요한 승부.

大入り[おおいり] (흥행장의) 만원(満員).

大入(り)袋[おおいりぶくろ] 특별 보너스 봉투.

大入(り)満員[おおいりまんいん] 대만원(大 満員). 초만원(超満員).

大字❶[おおあざ] 일본의 말단 행정 구역의 하나. ❷[だいじ] ①대자; 큰 글자. ②漢 数字. *壱(일)・弐(이)・参(삼).

大雑把[おおざっぱ] ①엉성함. 조잡함. ②대 충. 어림잡음.

大場所[おおばしょ] ①넓은 장소. ②공식적 인 자리. ③정기 씨름 대회.

大蔵大臣[おおくらだいじん] 대장대신; 재 무부(財務部) 장관.

大蔵省[おおくらしょう] 대장성; 재무부(財 務部).

大蔵印刷局[おおくらいんさつきょく] 대장 성 인쇄국. 조폐공사.

大裁ち[おおだち] (일본 옷에서) 성인용 한 벌을 마름질하는 방법.

大底[おおぞこ] ①(증권 거래소에서) 1년 동 안에 가장 싼 가격. ②값이 내렸을 때의 최저 가격.

大儲(け)[おおもうけ] 큰 벌이. 큰 이익.

大店❶[おおみせ] ①큰 가게. 큰 상점. ②江 戸吉原[えどよしわら]에서, 격식이 가장 높은 유곽. ❷[おおだな] 큰 가게. 큰 상점.

大正月[おおしょうがつ] ①1월 1일. ②1월 1 일부터 7일까지.

大助かり[おおだすかり] 크게 도움이 됨.

大潮[おおしお] 한사리. 조수의 차가 가장 큰 때의 밀물과 썰물.

¹大地震[おおじしん] 대지진; 규모가 큰 지진.

大川[おおかわ] ①대천; 큰 강. ②隅田川(すみだがわ)의 하류. ③淀川(よどがわ)의 하류.

大出来[おおでき] ①훌륭한 성과. ②(만듦새가) 큼직함.

²大通り[おおどおり] 큰길. 대로. 한길.

大判[おおばん] ①대판; 대형판. ②江戸(えど) 시대의 금화(金貨)·은화(銀貨).

¹大幅❶[おおはば] 대폭; ①큰 폭. 천의 넓은 폭. ②변동이 큼. 대폭적임. ❷[たいふく] 큰 족자.

大風❶[おおかぜ] 태풍. 강풍. ❷[おおふう] ①거만함. 거드름을 피움. ②대범함. 느긋함.

大風呂敷[おおぶろしき] ①큰 보자기. 큰 보따리. ②허풍.

大向(こ)う[おおむこう] ①(극장에서의) 입석. ②일반 관람객.

大穴[おおあな] ①큰 구멍. ②큰 손해. ③(경마·경륜 등에서) 예상 밖의 큰돈. 뜻밖의 큰돈. 횡재(橫財).

大形❶[おおがた] 규모가 아주 큼. 대형. ❷[おおぎょう] ①과장됨. 허풍을 떪. 호들갑스러움. ②대규모.

大型[おおがた] 대형; 규모가 아주 큼.

大和[★やまと] ①일본의 옛 지명. ＊지금의 奈良県(ならけん). ②'日本国'의 딴 이름.

大和民族[★やまとみんぞく] 일본 민족.

大和時代[★やまとじだい] 大和(やまと) 조정(朝廷)이 있었던 4세기부터 645년까지의 시대.

大和言葉[★やまとことば] ①일본 고유의 언어. ②주로 平安(へいあん) 시대의 언어. ③和歌(わか).

大和煮[やまとに] 쇠고기를 간장·설탕·생강 등으로 삶은 식품.

大和魂[★やまとだましい] 일본 민족 고유의 용맹스런 정신.

大和絵[★やまとえ] ①일본화(日本画). ②일본화의 한 유파.

大荒れ[おおあれ] ①매우 심하게 황폐해짐. ②큰 소란. ③난폭해짐. ④심한 폭풍우. ⑤(스포츠·도박에서) 예상이 크게 빗나감.

大回り[おおまわり] ①멀리 돌아감. 우회함. ②원을 크게 그리며 돎. ③배우가 무대를 한 바퀴 크게 돎.

大晦日[おおみそか] 섣달 그믐날.

大喜び[おおよろこび] 몹시 기쁨.

大詰(め)[おおづめ] ①(연극의) 마지막 장면. 대단원. ②막판. 최종 단계.

¹大[だい] ①큼. 큰 것. ②(정도가) 심함. ③(역량의) 큰 달. ④훌륭함. ⑤아주. 굉장한. ⑥(접두어로서) 큰. 대단한. 뛰어난. ⑦(접미어로서) …만한 크기.

²大した[たいした] ①대단한. 굉장한. 엄청난. ②(부정의 말과 함께) 별. 이렇다 할. 대단한.

大して[たいして] (부정의 말과 합께) 그다지. 별로.

¹大家[たいか] 대가; ①거장(巨匠). 그 방면의 학술·기술에 조예가 깊은 사람. ②큰 집. ❷[たいけ] 부잣집. 문벌이 좋은 집안. ❸[おおや] ☞ [訓読]

大綱[たいこう] 대강; ①근본적인 사항. ②개요. 골자. 요점.

¹大概[たいがい] 대개; ①개요. ②거의. 대부분. ③대충.

大挙[たいきょ] 대거; ①원대한 계획. ②《副》여럿이. 한꺼번에. 떼지어.

大慶[たいけい] 대경; 매우 경사스러움.

大系[たいけい] 대계; 같은 종류의 책을 두루 모아 차례로 엮은 책.

大曲[たいきょく] 《楽》대곡; ①규모가 큰 악곡. ②아악곡(雅楽曲)의 하나. ❷[おおわだ] 크게 휨. 강이나 호수의 물이 육지 깊숙이 들어온 곳.

²大工[だいく] 목수.

大工道具[だいくどうぐ] 목수 연장.

大工仕事[だいくしごと] 목수 일.

大工事[だいくこうじ] 대공사; 큰 공사.

大過[たいか] 대과; 큰 잘못.

大官[たいかん] 대관; 고관(高官).

大観[たいかん] 대관; ①전체를 봄. ②광대한 조망(眺望).

大局[たいきょく] 대국; ①전체적인 상황. ②(바둑에서의) 판세.

大国[たいこく] 대국; 강대국.

大軍❶[たいぐん] 대군; 많은 군대. ❷[おおいくさ] 큰 전쟁.

大群[たいぐん] 대군; 큰 무리.

大規模[だいきぼ] 대규모; 규모가 큼.

大根❶[だいこん] 무. ❷[おおね] ①근본. 근원. ②굵은 화살촉.

大根足[だいこんあし] (여자의) 무같이 굵은 다리.

大根下し[だいこんおろし] ①(강판에 간) 무 즙. ②강판.

¹大金[たいきん/おおがね] 거금(巨金). 큰 돈.

²大気[たいき] 대기; ①공기. ②도량이 큼.

大気圏[たいきけん] 대기권.

大気汚染[たいきおせん] 대기 오염.

大器[たいき] 대기; 큰 그릇.

大器晩成[たいきばんせい] 대기만성.

大吉[だいきち] ①대길. ②‘大吉日’의 준말.

大吉日[だいきちにち] 대길일.

大納言[だいなごん] ≪歷≫ ①太政官(だい じょうかん)의 차관(次官). ②‘大納言小豆’의 준말.

大納会[だいのうかい] 대납회; 거래소의 1년 중 마지막 입회일.

大脳[だいのう] 대뇌.

大脳皮質[だいのうひしつ] 대뇌피질.

大多数[だいたすう] 대다수; 대부분.

大団円[だいだんえん] 대단원; 마지막 장면.

¹大胆[だいたん] 대담; 겁내지 않음.

大大的[だいだいてき] 대대적.

大隊[だいたい] ≪軍≫ 대대.

大刀[だいとう] 대도; 큰 칼.

大道❶[だいどう/たいどう] ①대로. 큰길. ②길가. 가두. ③(마땅히 지켜야 할) 도리. 근본 도덕. ❷[おおみち] ①넓은 길. 큰 거리. 대로. ②36정(町) 또는 60정(町) 을 1리(里)로 치는 이정(里程).

大同[だいどう] 대동; ①대체로 같음. ②많 은 사람이 하나로 뭉침.

大同小異[だいどうしょうい] 대동소이.

大豆[だいず] 대두; 콩.

大略[たいりゃく] 대략; ①개요. ②뛰어난 책략. ③대충.

大量[たいりょう] 대량; ①많은 수량. ②도 량이 큼.

大力[だいりき] 굉장히 힘이 셈. 장사.

大老[たいろう] 대로; ①존경받는 노인. ②(江 戶(えど) 시대에) 將軍(しょうぐん)을 보좌하던 최고 행정관.

²大陸[たいりく] 대륙; ①지구상의 광대한 육 지. ②(일본에서 본) 중국.

大陸棚[たいりくだな] 대륙붕.

大陸的[たいりくてき] 대륙적; ①대륙 특유 의 상태나 성질. ②도량이 넓어 자질구레 한 것에 얽매이지 않음.

大輪[たいりん] 대륜; 큰 꽃송이.

大理石[だいりせき] 대리석.

大望[たいもう/たいぼう] 대망; 큰 소망.

大枚[たいまい] 대매; 많은 돈.

大名❶[だいみょう] ①(平安(へいあん) 시대) 넓 은 영지를 가진 자. ②(鎌倉(かまくら) 시대) 넓은 영지와 가신(家臣)을 둔 무사의 우두 머리. ③(室町(むろまち) 시대) 수개국을 지 배했던 격식 높은 영주. ④(江戶(えど) 시대) 將軍(しょうぐん)과 직접 주종(主従) 관계에 있던 연록(年録) 1만석 이상의 무사. ❷[お おな] 町村(ちょうそん)을 크게 나눈 행정 구 역의 호칭.

大名暮らし[だいみょうぐらし] 호화판 생활.

大名旅行[だいみょうりょこう] 호화판 여행.

大名行列[だいみょうぎょうれつ] ①大名(だい みょう) 행렬. ②많은 부하를 거느리고 가 는 일행.

²大木[たいぼく] 대목; 거목. 큰 나무.

大門❶[だいもん] ①(사찰 등의) 바깥 정문. ②훌륭한 가문. ❷[おおもん] ①(저택·성 등의) 정문. ②유곽 입구의 문.

²大半[たいはん] 태반. 대부분. 과반.

大発会[だいはっかい] 거래소의 신년 최초의 입회일.

⁴大変[たいへん] ①큰일. 큰 사건. ② 〈形動〉 ㉠대단함. 굉장함. 중대함. ㉡몹시 힘듦. 고생스러움. ③ 〈副〉 대단히. 매우. 굉장히. 무척.

¹大便[だいべん] 대변; 큰 용변.

大別[たいべつ] 대별; 크게 나눔.

大病[たいびょう] 중병. 중환(重患). 큰 병.

大病者[たいびょうしゃ] 중환자(重患者).

大福❶[だいふく] ①큰 복. ②‘大福餅 (だいふくもち)’의 준말. ❷[おおぶく] ①한번 에 많이 먹음. ②한번에 많이 끓임.

大福餅[だいふくもち] 팥소를 넣은 둥근 찹 쌀떡.

大本[たいほん/おおもと] 대본; 근본. 기틀.

¹大部[たいぶ] ①두꺼운 책. ②권수가 많은 책. ③〈副〉 대부분. 거의.

²大部分[だいぶぶん] 대부분; 거의.

²大分❶[だいぶ/だいぶん] 꽤. 제법. 상당히. 많이. ❷[おおいた] ☞ [訓読]

大仏[だいぶつ] 대불; 큰 불상(仏像).

²大使[たいし] 대사; 국가를 대표하여 타국 으로 파견되는 최상위의 외교 사절. 또는 그 외교관.

⁴大使館[たいしかん] 대사관; 주재국에서 대 사가 사무를 보는 공관(公館).

³**大事❶**[だいじ] ① 〈形動〉 소중함. ②큰일. 중대한 일. ❷[おおごと] 중대사. 큰일. 대사건.

大師[だいし] 대사; ①부처・보살의 높임말. ②고승(高僧)의 높임말. ③'弘法大師(こうぼうだいし)'를 일컫는 말임.

大赦[たいしゃ] 대사; 일반 사면(赦免).

大西洋[たいせいよう] 대서양.

大成[たいせい] 대성; ①훌륭히 이룩함. ②집대성. 많은 것을 모아 체계적으로 매듭지음. ③크게 성공함.

大勢❶[たいせい] 대세; 대체의 형세. ❷[おおぜい] 여러 사람. 많은 사람. 여럿. 많이.

²**大小**[だいしょう] 대소; ①큰 것과 작은 것. ②크고 작음. ③(무사가 찬) 큰칼과 작은 칼. 대검과 소검북. ④큰 달과 작은 달.

大所❶[たいしょ] ①넓은 시야. 넓은 관점. ②떳떳한 자리. ❷[おおどころ/おおどこ] ①부잣집. 큰 집. ②실력자. 세도가. 세력가. ③권위자. 거물.

大所高所から[たいしょこうしょから] 대국적 견지에서. 큰 안목으로.

大笑[たいしょう] 대소; 크게 웃음.

大樹[たいじゅ] 대수; ①큰 나무. 거목. ②'征夷大将軍(せいいたいしょうぐん)'의 딴이름.

大乗[だいじょう] 대승 불교.

大勝[たいしょう] 대승; 큰 승리. 대첩.

大勝利[だいしょうり] 대승리; 큰 승리.

大食[たいしょく] 대식; 많이 먹음.

²**大臣❶**[だいじん] 대신; ①장관(長官). ②太政官(だいじょうかん)의 상관. ❷[おとど] 옛날의 '大臣(だいじん)・公卿(くぎょう)' 등의 높임말.

大安[たいあん] '大安日(たいあんにち)'의 준말.

大安日[たいあんにち] 길일(吉日).

大厄[たいやく] 대액; ①큰 재난. ②가장 큰 액년(厄年). ＊남자 42세, 여자 33세라고 함.

大洋[たいよう] 대양; 대해(大海).

大漁[たいりょう] 대어; 풍어(豊漁). 물고기가 많이 잡힘.

大言壮語[たいげんそうご] 호언장담.

大業❶[たいぎょう] 대업; 큰 업적. ❷[おおわざ] (씨름・유도에서) 큰 기술. ❸[おおぎょう] ☞ 大仰(おおぎょう)

大役[たいやく] 대역; 큰 역할.

大逆[たいぎゃく/だいぎゃく] 대역; 큰 죄.

大獄[たいごく] 대옥; 큰 옥사(獄舎).

大欲[たいよく] 대욕; ①큰 욕심. 대망(大望). ②욕심이 많은 사람.

大宇宙[だいうちゅう] 대우주; 사람을 소우주(小宇宙)로 칭하는 데 대해 우주 그 자체.

大願[たいがん/だいがん] 대원; ①큰 소원. ②부처가 중생을 구하려는 소원.

大の月[だいのつき] (양력의) 큰달.

大尉[たいい] 대위; 장교 계급. ＊해군에서는 'だいい'라고 함.

大音声[だいおんじょう] 대음성; 큰 목소리.

大意[たいい] 대의; 대강의 뜻.

大義[たいぎ] 대의; 마땅히 해야 할 중대한 의리.

大儀[たいぎ] 대의; ①중대한 의식. 대전(大典). ② 〈形動〉 ㉠귀찮음. 성가심. 힘듦. ㉡(남이) 수고함.

大人❶[たいじん] ①거인. ②성인. 어른. ③인격자. 덕망이 높은 사람. ④귀인. 지위가 높은 사람. ❷[だいにん] (입장료 등의 표지에 쓰이는 말로) 대인; 어른. ❸[おとな] ☞ [訓読]

大日本[だいにっぽん] 대일본; 일본(日本)의 미칭(美称).

大任[たいにん] 대임; 큰 임무.

大の字[だいのじ] 큰댓자(大).

大自然[だいしぜん] 대자연.

大作[たいさく] 대작; ①걸작. ②대규모의 작품.

⁴**大丈夫❶**[だいじょうぶ] ①안전함. 끄떡없음. 괜찮음. 걱정 없음. ②틀림없음. 확실함. ❷[だいじょうふ] 대장부.

大将[たいしょう] 대장; ①'近衛府(このえふ)'의 장관. ②(군인 계급의) 대장. ③우두머리. 대장. ④(다정하게 부르는 말로) 친구.

大将軍[たいしょうぐん/だいしょうぐん] ①대장군. ②총대장. ③두령. 두목.

大腸カルタ[だいちょうカルタ] 대장염(大腸炎).

大蔵経[だいぞうきょう] 대장경; 불교 경전의 총칭.

³**大抵**[たいてい] ①대개. 대강. 대충. 대략. ②〈副〉 ㉠대부분. 대다수. 대체로. 대개. 거의. ㉡(추측의 말을 수반하여) 아마. 틀림없이. 십중팔구. ㉢(부정의 말을 수반하여) 보통. ㉣적당히.

²**大戦**[たいせん] 대전; 큰 전쟁.

⁴**大切**[たいせつ] 〈形動〉 중요함. 귀중함. 소중함.

大政奉還[たいせいほうかん] 1867년 10월 江戸幕府(えどばくふ)가 정권을 明治天皇(めいじてんのう)에게 넘긴 일.

大静脈[だいじょうみゃく] 대정맥.

大卒[だいそつ] '大学卒業'의 준말.

大罪[たいざい/だいざい] 대죄; 큰 죄.

¹**大衆 ❶**[たいしゅう] 대중; 세상 사람들. 민중. **❷**[だいしゅ] ≪仏≫ 많은 중. 승도(僧徒).

大地[だいち] 대지; 넓고 큰 땅.

大志[たいし] 대지; 큰 뜻.

大尽[だいじん] ①부자. 갑부. ②(화류계에서) 돈을 잘 쓰는 사람.

大震災[だいしんさい] 대지진의 재해(災害).

大差[たいさ] 대차; 큰 차이.

大冊[たいさつ] 대책; 큰 책.

²**大体**[だいたい] ①대략. 대강. 개요. ②대부분. 대다수. ③《副》 ㉠대충. 대개. 거의. 대체로. ㉡본래. 애당초.

²**大層**[たいそう] ①매우. 몹시. 대단히. 굉장히. 무척. ②《形動》 훌륭함. 굉장함. 거창함. 엄청남.

²**大統領**[だいとうりょう] 대통령.

大破[たいは] 대파; ①크게 부서짐. ②크게 이김. 대승(大勝).

大敗[たいはい] 대패; 크게 짐. 참패(惨敗).

⁴**大学**[だいがく] 대학. 대학교.

大学校[だいがっこう] 대학교. *학교 교육법에 의하지 않은 행정관청 직할의 교육 기관임.

³**大学生**[だいがくせい] 대학생.

³**大学院**[だいがくいん] 대학원.

大寒[だいかん] 대한; 24절기의 하나로 1월 20일 경임.

大韓民国[だいかんみんこく] 대한민국.

大嫌い[だいきらい] 《形動》 아주 싫어함. 딱 질색함.

⁴**大好き**[だいすき] 《形動》 아주 좋아함. 굉장히 좋아함. 제일 좋음.

大好物[だいこうぶつ] ①대단히 좋아하는 것. ②특히 즐기는 음식.

大火[たいか] 대화; 큰 화재.

大患[たいかん] 대환; ①중병. 중환. ②큰 우환.

³**大会**[たいかい] 대회; 총회(総会).

大黒柱[だいこくばしら] 대들보. 큰 기둥.

大黒天[だいこくてん] ①삼보(三宝)를 지키며 음식을 풍부하게 한다는 신(神). ②복덕(福徳)의 신.

代   대신 대

ノ　イ　仁　代　代

音 ●タイ ●ダイ
訓 ●かえる ●かわる ●しろ ●よ

訓読

²●**代える**[かえる] 〈下1他〉 ①(서로) 바꾸다. 교환하다. ②(새것으로) 갈다. 교체하다. 바꾸다. ③대신하다. ④…을 바치다.

²●**代わる**[かわる] 〈5自〉 ①대신하다. 대리하다. ②바뀌다. 교체되다.

²**代(わ)り**[かわり] ①대신. 대용. ②교체. 교체물. ③교대. 교대자. ④대가(代価). ⑤음식을 한 그릇 더 먹고 더 먹음.

²**代(わ)りに**[かわりに] 대신에. 그 대신에

¹**代(わ)る代(わ)る**[かわるがわる] 교대로. 번갈아가며. 차례차례로.

代(わ)り番[かわりばん] 순번. 교대.

代(わ)り映え[かわりばえ] 바뀐 보람.

代(わ)り合う[かわりあう] 〈5自〉 서로 교대하다. 번갈아하다.

●**代 ❶**[しろ] 대금(代金). 값. 삯. **❷**[よ] ①나라. 국가. ②시대. 세대. ③때. 세태. ④일평생. 일생. 생애. **❸**[だい] ☞ [音読]

代代 ❶ [よよ] ①대대; 대를 거듭함. 세대. ② ≪仏≫ 과거·현재·미래. **❷**[だいだい] 대대; 역대(歴代).

代物 ❶[しろもの] ①물건. 상품. ②(어떤 평가를 받는) 사람. **❷**[だいぶつ] 대물; 대용물. **❸**[だいもつ] ①대금(代金). ②돈.

音読

²**代 ❶**[だい] ①대. 세대. ②대금. 값. ③'代表電話'의 준말. **❷**[よ/しろ] ☞ [訓読]

²**代価**[だいか] 대가; 값.

代講[だいこう] 대강; 대리로 강의나 강연을 함.

代決[だいけつ] 대결; 대리로 결정함.

代官[だいかん] 대관; ①어떤 관직의 대리. ②(江戸(えど) 시대에) 직할지의 지방 관리.

²**代金**[だいきん] 대금; 값.

代金引換[だいきんひきかえ] 대금인환; 대금을 받고 물건을 건네 줌.

代納[だいのう] 대납; ①대리로 납부함. ②돈 대신에 물건으로 납부함.

代読[だいどく] 대독; 대리로 읽음.

²**代理**[だいり] 대리; 남을 대신하여 일을 처리함.

代理人[だいりにん] 대리인.

代理店[だいりてん] 대리점.

²**代名詞**[だいめいし] 대명사; ①대이름씨. ②대표적이거나 전형적인 것.

代目[だいめ] ①대가 바뀜. ②(代의 수를 세는 말로) …대째.

代務者[だいむしゃ] 대무자; 대신하여 사무를 처리하는 사람.

代返[だいへん] 대변. 출석을 부를 때, 결석한 친구를 대신하여 대답함.

¹**代弁**[だいべん] 대변; ①본인을 대신하여 변상함. ②본인을 대신하여 사무를 봄. ③본인을 대신하여 의견을 말함.

代謝[★たいしゃ] 대사; 생체 내의 낡은 것과 새것의 교체.

代償[だいしょう] 대상; 보상 대가(代価).

代書[だいしょ] 대서; 대필(代筆).

代数[だいすう] 대수; ①세대(世代)의 수. ②'代数学'의 준말.

代案[だいあん] 대안; 대신하여 내는 안.

代役[だいやく] 대역; 연극 따위에서 대신 출연하는 사람.

¹**代用**[だいよう] 대용; 대신하여 사용함.

代議士[だいぎし] 국회의원. 중의원(衆議員)의 속칭.

代引(き)[だいひき] '대금인환(代金引換)'의 준말.

代印[だいいん] 대인; 대리로 도장을 찍음.

代地[だいち] 대지; 대신의 땅.

代診[だいしん] 대진; 대리로 진찰함.

代執行[だいしっこう] 대집행; 국가를 대신하여 강제 처분함.

代参[だいさん] 대참; 대신 참배함.

代替[だいたい/だいがえ] 대체; 다른 것으로 바꿈.

代替(わ)り[だいがわり] 대(代)가 바뀜.

代打[だいだ] 대타; 어떤 타자(打者) 대신 침.

²**代表**[だいひょう] 대표; ①전체의 성질·상태 등을, 그 하나만으로 잘 나타내는 것. ②단체를 대신하여 그 의사를 외부로 나타내는 일. 또는 그 사람. ③전체 중에서 뛰어난 최적인 것으로서 선발된 사람.

代筆[だいひつ] 대필; 본인을 대신하여 편지·서류 등을 써 줌.

代行[だいこう] 대행; 대리로 어떤 일을 행함. 또는 그 사람.

台 (臺)	①집/받침 대
	②별 태

ノ ム ム 台 台

音 ●タイ ●ダイ
訓 ⊗うてな

訓読
⊗**台**[うてな] ①(지붕이 없이) 높그 전망이 좋은 누각(楼閣). ②(물건을 올려놓는) 받침대. ③(식물의) 꽃받침.

⊗**台詞**[★せりふ] 대사; ①각본의 대화. ②말투. ③틀에 박힌 말.

音読
⁴**台**[だい] ①받침대. ②(접목의) 밑나무. ③주원료. ④(기계를 세는 말) …대(台). ⑤(값·연령의) 대(代).

台閣[たいかく] 대각; ①높은 누각. ②내각 (内閣). 중앙 정부.

台尻[だいじり] (총의) 개머리판.

台頭[たいとう] 대두; ①고개를 처듦. 세력을 뻗음. ②(上奏文 등에서) 천황이나 将軍(しょうぐん)에 관한 표현을) 행(行)을 바꿔 다른 줄보다 몇 자 올려서 씀.

台命[たいめい] ①将軍(しょうぐん)의 명령. ②삼공(三公)의 명령. ③귀인의 명령.

台木[だいぎ] 대목; ①접본(接本). 밑나무. ②물건을 받치는 나무. 받침나무.

¹**台無し**[だいなし] 엉망이 됨.

⁴**台本**[だいほん] 대본; 각본. 시나리오.

⁴**台所**[だいどころ] ①부엌. 주방. ②살림살이.

台数[だいすう] 대수; 기계의 숫자.

台帳[だいちょう] 대장; ①원장(元帳). 원부(原簿). ②(연극의) 각본. 대본.

台座[だいざ] 대좌; ①물건을 얹는 받침대. 좌대(座台).

台紙[だいし] 대지; 밑바탕이 되는 종이.

台秤[だいばかり] 대칭; 앉은뱅이저울.

²**台風**[たいふう] 태풍; 북태평양 남서부에서 발생한 열대성 저기압 중 최대 풍속이 매초 17.2m 이상으로 발달한 것.

台風の目[たいふうのめ] 태풍의 눈.

台下[だいか] 대하; ①받침대의 아래. ②(편지에서 상대방을 높여서) 나리.

台形[だいけい] 사다리꼴.

台割り[だいわり] (인쇄에서) 대수 나누기.

台割れ[だいわれ] 주가(株価)가 떨어져 단위 자리가 낮아짐.

対(對) 대할 대

一 ナ 大

音 ●タイ ●ツイ
訓 一

音読

²**対**❶[たい] ①(비율을 나타내는 말) 대. ②(상대를 나타내는 말) 대. ③짝. 쌍. ④반대. ⑤대등함.

¹**対**❷[つい] ①(둘로 짝을 이루는 것) 쌍. 짝. 벌. ②대구(対句).

²**対する**[たいする] 〈サ変自〉①대하다. 마주 보다. ②응하다. ③맞서다. 대항하다. ④상대하다. ⑤관계되다. ⑥비(比)하다.

対角線[たいかくせん] 대각선.

¹**対決**[たいけつ] 대결; ①양자가 맞서서 우열을 결정함. ②(법정에서 원고와 피고의) 대질(対質).

対校[たいこう] 대교; ①학교 대항(対抗). ②이본(異本)과의 대조. ③(교정쇄와 원고의) 대조 교정.

対句[ついく] 대구; 어격(語格)이나 뜻이 상대되는 둘 이상의 구를 대조적으로 내놓아 표현하는 수사적 기교.

対局[たいきょく] 대국; ①바둑·장기를 마주 둠. ②시국에 당면함.

¹**対談**[たいだん] 대담; 마주 대해 말함.

¹**対等**[たいとう] 대등; 양쪽이 비슷함.

対流[たいりゅう] 대류; 액체·기체의 순환 운동.

²**対立**[たいりつ] 대립; 마주 섬. 서로 버팀.

¹**対面**[たいめん] 대면; 마주 봄.

¹**対比**[たいひ] 대비; 비교. 대조. 견줌.

²**対象**[たいしょう] 대상; ①목표가 되는 것. ②(철학에서) 인식 작용의 목적이 되는 것. 객관.

対数[たいすう] ≪数≫ 대수; 로그.

対岸[たいがん] 대안; 건너편 기슭.

対顔[たいがん] 대안; 얼굴을 마주함.

対語[たいご] 대어; ①맞보고 대화함. ②반대어. ③대의어(対義語).

¹**対応**[たいおう] 대응; ①서로 마주 봄. 대립. ②서로 일정한 관계에 있음. ③걸맞음. 균형을 이룸. ④상황에 따라 대처함.

対人[たいじん] 대인; 사람을 대함.

対日[たいにち] 대일; 일본에 대함.

²**対戦**[たいせん] 대전; 서로 맞서 싸움.

²**対照**[たいしょう] 대조; 대비(対比).

対陣[たいじん] 대진; 적과 맞대하며 진을 침.

²**対策**[たいさく] 대책; 방책.

¹**対処**[たいしょ] 대처; 대응하는 조처.

対蹠的[たいしょてき] 대척적; 대조적.

対峙[たいじ] 대치; ①(높은 산이) 마주 보고 솟아 있음. ②(행동하지 않고) 대립함.

対称[たいしょう] 대칭; ①2개의 사물이 대응 관계에 있어 균형을 이룸. ②2개의 사물이 마주 보는 위치에 있음. ③제2인칭.

¹**対抗**[たいこう] 대항; ①서로 상대하여 겨룸. ②(경마·경륜에서) 1등과 우승을 겨루리라고 예상되는 것.

対向[たいこう] 대향; 마주 봄.

¹**対話**[たいわ] 대화; 마주 대하여 이야기함.

待 기다릴 대

' ' ' イ 彳 彳 彳 彳 待 待

音 ●タイ
訓 ●まつ

訓読

⁴●**待つ**[まつ] 〈5他〉①기다리다. ②기대를 걸다.

待ちくたびれる[まちくたびれる] 〈下1自〉기다리다 지치다.

待ちわびる[まちわびる] 〈上1他〉애타게 기다리다. 마음 졸이며 기다리다.

待ち兼ねる[まちかねる] 〈下1他〉①기다리다 못해 …하다. 더 이상 기다릴 수 없다. ②학수고대하다. 애타게 기다리다.

待ち構える[まちかまえる] 〈下1他〉(만반의 준비를 하고) 대기하다. 기다리다.

待ち女郎[まちじょろう] 결혼식 때 신부의 옷치장·화장을 시중드는 여자.

待ちに待った[まちにまった] 기다리고 기다리던. 애타게 기다리던. 고대하던.

¹**待ち望む**[まちのぞむ] 〈5他〉애타게 기다리다.

待ち明かす[まちあかす] 〈5他〉밤새도록 기다리다.

待ち暮らす[まちくらす] 〈5他〉①기다리며 날을 보내다. ②하루 종일 계속 기다리다.

待ち伏せ[まちぶせ] ①매복. 복병. ②잠복하여 기다림.

待ち伏せる[まちぶせる] 〈下1他〉잠복하여 기다리다.

待ち付ける[まちつける]〈下1他〉①기다렸다
가 만나다. ②늘 기다려 익숙해지다.
待ち設ける[まちもうける]〈下1他〉①준비하
고 기다리다. ②기대하다. 예기하다.
待ち受ける[まちうける]〈下1他〉오는 것을
기다리다. 대기하다.
待ち時間[まちじかん]기다리는 시간.
待ち顔[まちがお]기다리는 듯한 표정.
¹待ち遠しい[まちどおしい]〈形〉몹시 기다리다.
待ち遠しげ[まちどおしげ]〈形動〉몹시 기다
려지는 듯.
待ち人[まちびと]기다리는 사람. 기다려지
는 사람.
待ち侘びる[まちわびる]〈上1他〉애타게 기
다리다. 마음 졸이며 기다리다.
待ち草臥れる[まちくたびれる]〈下1自〉기다
리다 지치다.
待ち焦(が)れる[まちこがれる]〈下1他〉애타
게 기다리다. 손꼽아 기다리다.
待ち針[まちばり]시침바늘.
待(ち)合(い)[まちあい]①(사람·차례를) 기
다림. 기다리는 곳. ②'待茶屋[まちぢゃや]'의
준말.
待ち合う[まちあう]〈5自〉서로 기다리다.
약속하고 기다리다가 만나다.
待ち合わす[まちあわす]〈5他〉☞待ち合わせる
¹待ち合(わ)せ[まちあわせ]①약속하고 만나
기로 함. ②다른 열차를 기다림.
²待ち合わせる[まちあわせる]〈下1他〉약속하
고 만나기로 하다. 기다리다.
²待合室[まちあいしつ]대합실.
待合政治[まちあいせいじ]요정에서 이루어
지는 정치. 밀실 정치.
待茶屋[まちぢゃや]요정(料亭).
待ち惚け[まちぼけ/まちぼうけ]①기다리다
지쳐 맥이 빠짐. ②(기다리던 사람이 오
지 않아) 헛зал 걸음. 바람맞음.

音読
待機[たいき]대기; 준비하고 때가 오기를
기다림.
¹待望[たいぼう/たいもう]대망; 큰 소망. 기다
리고 바람.
待命[たいめい]대명; ①명령을 기다림. ②관리
가 무보직(無補職)으로 대기함.
¹待遇[たいぐう]대우; ①(손님에 대한) 대접.
②(직장에서의) 처우.
待遇表現[たいぐうひょうげん]대우 표현.
待避[たいひ]대피; 피하여 기다림.

帯 (帯)　띠 대

一　十　卅　卅　卅　帯　帯　帯　帯　帯

音　●タイ
訓　●おびる　●おび

訓読
¹帯びる[おびる]〈上1他〉①(몸에) 차다. 달
다. ②(색깔을) 띠다. 머금다. ③(책임·사
명을) 띠다. ④(지역을) 끼다.
²●帯[おび]①(일본 옷의) 허리띠. ②'帯紙
(おびがみ)'·'帯番組(おびばんぐみ)'의 준말.
帯グラフ[おびグラフ]띠그래프.
帯ドラマ[おびドラマ]연속 드라마. 일일 연속극.
帯鋼[おびこう](궤짝·통에 두르는) 강철로
된 쇠테.
帯広告[おびこうこく]띠지에 쓴 광고.
帯広解け[おびひろどけ]허리띠를 깔끔하게
매지 않음. 허리띠가 헐렁함.
帯金[おびがね]①(궤짝·통에 두르는) 강
철로 된 쇠테. ②(칼집에 달린) 쇠고리.
③(띠를 맬 때의) 쇠장식.
帯留(め)[おびどめ](일본 여자 옷에서) 양끝
을 장신구로 물리도록 띠 위에 두르는 끈.
또는 그 끈에 다는 장신구.
帯番組[おびばんぐみ](방송의) 연속 프로.
帯封[おびふう]띠봉투. ＊신문·잡지 등의
우편물을 포장하는 좁은 폭의 띠종이.
帯揚(げ)[おびあげ](일본 여자 옷에서) 허
리띠가 흘러내리지 않게 띠 밑으로 돌려
매는 헝겊.
帯地[おびじ]띠의 감. 띠에 쓰이는 천.
帯紙[おびがみ]띠지. 띠종이.
帯鉄[おびてつ](궤짝·통에 두르는) 강철로
된 쇠테.
帯締(め)[おびじめ](일본 여자 옷에서) 허리
띠가 흘러내리지 않게 띠 위에 두르는 끈.
帯皮[おびかわ]①혁대. 가죽 허리띠. ②기
계용 벨트. 피대.

音読
帯する[たいする]〈サ変他〉몸에 지니다.
帯剣[たいけん]대검; 칼을 참. 허리에 찬 칼.
帯刀[たいとう]대도; 칼을 참. 허리에 찬 칼.
帯同[たいどう]대동; 동반. 동행.
帯状[たいじょう/おびじょう]대상; 띠 모양.
帯出禁止[たいしゅつきんし]대출금지; 비치
된 책 등을 갖고 나가는 것을 금함.

袋 자루/주머니 대

イ イ 代 代 代 代 代 袋 袋 袋

音 ●タイ
訓 ●ふくろ

訓読

²●袋[ふくろ] ①(종이・천・가죽 등으로 만든) 주머니. 자루. 봉지. ②돈주머니. ③(과일의) 껍질.

お袋[おふくろ] 어머니. ＊성인 남자가 자기 어머니를 친근하게 이르는 말. 남의 어머니는 'お袋(ふくろ)さん'이라고 함.

袋ナット[ふくろナット] 캡너트.

袋叩き[ふくろだたき] ①뭇매질. ②(많은 사람한테서) 비난・반대를 당함.

袋物[ふくろもの] ①자루나 봉지에 넣은 물건. ②주머니 모양의 일용품.

袋の鼠[ふくろのねずみ] 독 안에 든 쥐.

袋小路[ふくろこうじ] ①막다른 골목. ②막다른 처지. 진퇴유곡.

袋入り[ふくろいり] 봉지・자루・주머니에 넣은 것.

音読

❶郵袋[ゆうたい], 風袋[ふうたい]

隊(隊) 무리 대

' ⻖ ⻖ ⻖' ⻖' ⻖' 防 隊 隊 隊

音 ●タイ
訓 ―

音読

¹隊[たい] ①(어떤 목적을 위해 모인) 대. 대열(隊列). 정렬한 무리. ②부대(部隊).

隊旗[たいき] 대기; 부대의 기.

隊名[たいめい] 대명; 부대의 이름.

隊務[たいむ] 대무; 군대의 사무.

隊付(き)[たいづき] 부대에 소속됨.

隊商[たいしょう] 대상; 단체로 왕래하는 상인들.

隊列[たいれつ] 대열; 대오를 지어 선 행렬.

隊伍[たいご] 대오; 군대의 항오.

隊員[たいいん] 대원; 대의 성원.

隊長[たいちょう] 대장; 대열의 우두머리.

隊形[たいけい] 대형; 대열의 모양.

貸 빌려줄 대

イ イ 代 代 代 代 貸 貸 貸 貸

音 ●タイ
訓 ●かす

訓読

⁴●貸す[かす] 〈5他〉①빌려 주다. ②세내다. 임대하다. ③도와 주다.

貸し[かし] ①빚. 빌려 준 돈. ②임대. 빌려 줌. ③신세. 빚. ④대변(貸辺).

貸(し)ビル[かしビル] 임대 빌딩.

²貸(し)家[かしや/かしいえ] 셋집.

²貸(し)間[かしま] 셋방.

貸(し)金[かしきん] 대출금. 빌려 준 돈.

貸(し)倒れ[かしだおれ] (빚・외상 등으로) 떼인 돈. 대손(貸損).

貸(し)方[かしかた] ①채권자. 빌려 주는 사람. ②빌려 주는 방법. ③(복식 부기의) 대변(貸辺).

貸方勘定[かしかたかんじょう] 대변(貸辺) 계정(計定).

貸本屋[かしほんや] 대본 가게. 책을 빌려 주는 책방.

貸(し)付(け)[かしつけ] 대부; 빌려 줌.

貸し付ける[かしつける] 〈下1他〉 빌려주다.

貸付金[かしつけきん] 대부금.

貸付信託[かしつけしんたく] 대부 신탁.

貸(し)上(げ)[かしあげ] ①빌려준다는 명목으로 금품을 헌상하다. ②大名(だいみょう)에게 금품을 헌상하여 무사로 발탁되는 사람.

貸席[かしせき] (임대용) 회의장・연회장.

貸(し)手[かして] 빌려 준 사람.

貸室[かししつ] 셋방.

貸(し)元[かしもと] ①전주(錢主). 돈을 빌려 주는 사람. ②노름판의 물주.

貸(し)越(し)[かしこし] 대월; ①대출 초과. 초과 대부. ②당좌 대월.

貸し越す[かしこす] 〈5他〉 일정(一定) 한도 이상으로 빌려 주다.

貸越金[かしこしきん] 당좌 대월금.

貸賃[かしちん] 임대료. 세(貰).

貸(し)切(り)[かしきり] 대절; 전세(專貰).

貸し切る[かしきる] 〈5他〉 ①대절하다. 전세 내다. ②몽땅 빌려 주다.

貸(し)店[かしみせ] 임대 점포.

貸座敷[かしざしき] ①(임대용) 회의장·연회장. ②유곽.

貸(し)主[かしぬし] 채권자. 빌려 준 사람.

貸(し)地[かしち] 임대 토지.

貸(し)借(り)[かしかり] 대차: ①빌려 줌과 빌려 옴. ②(부기에서) 대변(貸辺)과 차변(借辺).

²貸(し)出(し)[かしだし] 대출; 빌려 줌.

貸し出す[かしだす] 〈5他〉①대출하다. 빌려 주다. ②빌려 주기 시작하다.

貸出金[かしだしきん] 대출금.

貸(し)布団[かしぶとん] 세를 받고 빌려 주는 이불.

貸し下げる[かしさげる] 〈下1他〉 (정부에서) 민간인에게 빌려 주다.

음독
貸費[たいひ] 학자금 대여. 학비 대여.

貸与[たいよ] 대여; 빌려 줌.

貸与金[たいよきん] 대여금; 빌려 준 돈.

戴　머리에 일 대　　음 ⊗タイ
　　　　　　　　　　訓 ⊗いただく

훈독
⊗戴く[いただく] 〈5他〉①머리에 얹다. ②높이 처들다. ③받들어 모시다. 우러러 섬기다. ④'もらう'의 겸양어.

戴き[いただき] 승리. 이김.

戴(き)立ち[いただきだち] 식사가 끝나자마자 일어남.

戴(き)物[いただきもの] 받은 것. 얻은 것.

음독
戴冠式[たいかんしき] 대관식; 제왕(帝王)이 왕관을 쓰고 등극하는 의식.

戴天[たいてん] 대천; 하늘을 머리에 임. 이 세상에 삶.

擡ˣ(抬)　들 대　　음 ⊗タイ
　　　　　　　　　　訓 ⊗もたげる

훈독
⊗擡げる[もたげる] 〈下1他〉 (머리를) 들다. 처들다. 대두하다.

음독
擡頭[たいとう] 대두: ①고개를 처듦. 세력을 뻗침. ②(上奏文에서 천황이나 将軍(しょうぐん)에 관한 표현을) 행을 바꿔 다른 줄보다 몇 자 올려서 씀.

[　덕　]

徳(徳)　큰/덕 덕

彳 彳 彳 彳 徳 徳 徳 徳 徳

음 ●トク

訓 —

음독
徳[とく] 덕; ①훌륭한 인격. ②은혜. 은총. ③덕택. ④이익. 이득.

徳とする[とくとする] 〈サ変他〉 고맙게 여기다. 감사하다.

徳島[とくしま] ①일본 四国(しこく) 동부의 현(県). ②徳島県(とくしまけん)의 현청(県庁) 소재지.

徳利[とくり/とっくり] ①(목이 길고 아가리가 좁은) 술병. 호리병. ②수영을 못하는 사람. ③호리병 모양의 스웨터.

徳望[とくぼう] 덕망; 덕이 높고 인망이 있음.

徳目[とくもく] 덕목; 도(道)나 덕의 하나하나를 분류한 이름.

徳性[とくせい] 덕성; 도덕심.

徳用[とくよう] 덕용; (값에 비하여) 쓰기 편하고 이로움.

徳用品[とくようひん] 덕용품; 값이 싼 것에 비하여 유용한 물건.

徳育[とくいく] 덕육; 도덕 의식을 기르기 위한 교육. 도덕 교육.

徳義[とくぎ] 덕의; 인간으로서 반드시 지켜야 하는 도덕상의 의무.

徳義心[とくぎしん] 덕의심; 도덕상의 의무를 소중히 여기는 마음.

徳川幕府[とくがわばくふ] 徳川家康(とくがわいえやす)가 1603년에 江戸(えど)에서 통치하던 幕府(ばくふ).

徳川時代[とくがわじだい] 徳川家康(とくがわいえやす)가 江戸(えど)에서 1603년에 정이대장군(征夷大将軍)으로서 통치를 시작하여 1867년까지 256년 간 일본을 통치하던 시대.

徳俵[とくだわら] (씨름판의 동서남북의 각 중앙 네 곳에서) 가마니 너비만큼 바깥쪽으로 내어서 묻은 가마니.

徳行[とっこう] 덕행; 도덕적인 행동.

徳化[とっか] 덕화; 덕으로 감화시킴.

［ 도 ］

刀 칼 도

丁 刀

音 ●トウ
訓 ●かたな

訓読
²●**刀**[かたな] 칼. ①외날의 칼. ②(허리에 차는) 큰 칼.
刀鍛冶[かたなかじ] 도공(刀工). 도장(刀匠). 칼을 만들거나 벼리는 대장장이.
刀傷[かたなきず/とうしょう] 칼자국. 칼에 의한 상처.

音読
刀剣[とうけん] 도검; 칼.
刀工[とうこう] 도공; 칼을 만들거나 벼리는 대장장이.
刀身[とうしん] 도신; 칼의 몸.
刀自[★とじ] ①여사(女史). ②주부(主婦).
刀痕[とうこん] 도흔; 칼자국.

図 (圖) 그림/꾀할 도

丨 冂 冂 匚 冈 図 図

音 ●ズ ●ズウ ●ト
訓 ●はかる

訓読
¹●**図る**[はかる] 〈5他〉 ①(어떤 일을) 도모 (図謀)하다. ②(어떤 행동을) 꾀하다. 기도(企図)하다.
図らず[はからず] 뜻밖에. 의외로. 우연히. 공교롭게.
図らずも[はからずも] 뜻밖에도. 우연히도. 공교롭게도.

音読
²**図**[ず] ①도면. 도형. ②화. 그림. ③꼴. 모양. 상태. ④생각해 낸 대로임.
²**図鑑**[ずかん] 도감; 사진이나 그림으로 설명한 책.
図工[ずこう] 도공; ①'図画(ずが)・工作(こうさく)'의 준말. ②화공(画工).
²**図図しい**[ずうずうしい] 〈形〉 뻔뻔스럽다. 낯 두껍다. 넉살좋다. 철면피하다.

図面[ずめん] 도면; 설계도.
図抜ける[ずぬける] 〈下I他〉 빼어나다. 뛰어나다. 두드러지다.
図法[ずほう] 도법; 작도법(作図法).
図柄[ずがら] (직물 등의) 도안. 무늬.
図上[ずじょう] 도상; 도면(図面)・지도(地図)의 위.
図書[としょ] 도서; 책. 서적.
⁴**図書館**[としょかん] 도서관.
図星[ずぼし] ①과녁 중앙의 점은 점. ②핵심. 급소.
図示[ずし] 도시; 그림으로 그려 보임.
図式[ずしき] 도식; ①그래프. ②(철학에서) 개념의 관계를 밝히기 위한 부호의 양식. ③(철학에서) 카테고리를 현상에 적용하기 위한 매개를 하는 것.
図案[ずあん] 도안; 디자인.
図太い[ずぶとい] 〈形〉 ①배짱 좋다. 배짱이 세다. 대담하다. ②뻔뻔스럽다. 넉살좋다. 유들유들하다.
²**図表**[ずひょう] 도표; 그래프.
図解[ずかい] 도해; 그림으로 설명함.
²**図形**[ずけい] 도형; ①그림의 형상. ②그림으로 그린 모양.
図画[ずが] 도화; ①그림. ②그림을 그림.
図絵[ずえ] 그림책.

到 이를 도

一 云 ㄊ 至 至 到 到

音 ●トウ
訓 ⊗いたる

訓読
⊗**到る**[いたる] 〈5自〉 ①(어떤 시간・장소・상태・단계에) 이르다. 도달하다. 당도하다. ②(어떤 정도・상태・단계에) 이르게 되다. ③두루 미치다. 구석구석까지 미치다. ④닥치다. 도래하다.
到る所[いたるところ] 도처에. 가는 곳마다.

音読
¹**到達**[とうたつ] 도달; 정한 곳에 다다름.
²**到頭**[とうとう] 드디어. 마침내. 결국.
到来[とうらい] 도래; ①때가 옴. ②선물로 받음.
¹**到底**[とうてい] 〈副〉 ①요컨대. 결국. ②(부정문에서) 도저히. 아무리 하여도.
²**到着**[とうちゃく] 도착; 어느 장소에 다다름.

度 법도/정도 도

` 广 广 广 庐 庐 唐 度 度

音 ●タク ●ト ●ド
訓 ●たび

訓読
²●度❶[たび] ①때. 번. ②…할 적마다. …할 때마다. ③횟수. ④…번. …회. ❷[ど] ☞ [音読]
²度度[たびたび] 자주. 번번이. 누차. 여러 번.
度重なる[たびかさなる] 〈下自〉 거듭되다.

音読
⁴度❶[ど] ①도. 정도. 한도. ②(안경의) 도수. ③횟수. ④눈금. ⑤침착함. 침착성. ❷[たび] ☞ [訓読]
度肝[どぎも] 담력. 배짱.
度量[どりょう] 도량; ①길이와 부피. ②아량. 너그러운 마음.
度量衡[どりょうこう] 도량형; ①길이·부피·무게. ②도량형기(度量衡器).
¹度忘れ[どわすれ] 건망증. 깜빡 잊어버림.
度盛り[どもり] (온도계의) 눈금.
度外[どがい] 도외; ①범위 밖. ②마음에 두지 않음. 개의치 않음.
度外れ[どはずれ] 보통의 정도를 초과함. 지나침. 엄청남.
度外視[どがいし] 도외시; 무시함.
度合い[どあい] (사물의) 정도.
度胸[どきょう] 담력. 배짱.

挑 집적거릴 도

一 十 扌 扫 扴 挑 挑 挑

音 ●チョウ
訓 ●いどむ

訓読
¹●挑む[いどむ] 〈下他〉 ①(싸움·시비를) 걸다. 도전하다. ②(여자에게) 집적거리다. 〈下自〉 (정복하기 위해) 도전하다. 덤비다.

音読
挑発[ちょうはつ] 도발; 집적거리어 일이 발생하게 함.
¹挑戦[ちょうせん] 도전; ①싸움을 걺. ②(매우 어려운 일에) 처음으로 맞섬.
挑戦状[ちょうせんじょう] 도전장; 도전하겠다는 뜻을 적어서 상대에게 보내는 편지.

逃(逃) 도망할 도

丿 丿 丿 北 北 兆 兆 逃 逃

音 ●トウ
訓 ●のがす ●のがれる ●にがす ●にげる

訓読
¹逃す[のがす] 〈下他〉 ①놓아 주다. ②놓치다. ③(동사 ます형에 접속하여) 못…하고 말다. 못…한 체하다.
¹●逃れる[のがれる] 〈下自〉 ①(위험 범위 밖으로) 도망하다. 달아나다. 도주하다. ②벗어나다. 면하다. 피하다.
逃れ[のがれ] 벗어남. 회피. 모면.
²逃がす[にがす] 〈下他〉 ①놓아 주다. ②놓치다.
²●逃げる[にげる] 〈下自〉 ①(눈앞의 위기로부터 적극적으로) 도망치다. ②대주하다. ③(귀찮은 일을) 회피하다. 빠져나가다. ④(경기에서) 앞질리기 전에 승리하다.
逃げ[にげ] 도망침. 발뺌함.
逃げ口[にげぐち] ①도망갈 구멍·길. ②핑계. 구실.
逃げ口上[にげこうじょう] 핑계. 구실.
逃げ道[にげみち] ①도피로. 도망갈 길. ②구실. 핑계.
逃げ失せる[にげうせる] 〈下自〉 도망쳐 행방이 묘연하다. 도망쳐 자취를 감추다.
逃げ延びる[にげのびる] 〈上自〉 멀리 도망치다. 용케 도망치다.
逃げ腰[にげごし] ①도망치려는 자세. ②발뺌하려는 태도.
逃げ隠れ[にげかくれ] 도피. 도망쳐 숨음.
逃げ込む[にげこむ] 〈五自〉 ①도망쳐 숨다. ②(경기에서) 앞질리기 전에 승리하다.
逃げ場[にげば] 도피처. 도망할 곳.
逃げ足[にげあし] ①도망치려는 자세. ②도망치는 발걸음. ③막바지를 달리는 속도.
逃げ支度[にげじたく] 도망칠 채비.
逃げ出す[にげだす] 〈五自〉 ①도망치다. 달아나다. ②도망치기 시작하다. ③도망쳐 나가다.
逃げ惑う[にげまどう] 〈五自〉 도망치려고 우왕좌왕하다. 갈팡질팡하다.

音読
逃亡[とうぼう] 도망; 몰래 피해 달아남. 달아나 모습을 감춤.
¹逃走[とうそう] 도주; 몰래 도망쳐 달아남.
逃避[とうひ] 도피; 도망하여 피함.

倒 넘어질 도

丿 亻 亻 仁 仄 仄 佟 侄 倒 倒

音 ◉トウ
訓 ◉たおす ◉たおれる

訓読

²◉倒す[たおす] 〈他〉 ①쓰러뜨리다. ②넘어뜨리다. ③타도하다. ④(빚을) 떼어먹다.
³◉倒れる[たおれる] 〈下1自〉 ①쓰러지다. ②넘어지다. ③전복되다. ④(회사가) 망하다. 파산하다. ⑤앓아 눕다. ⑥죽다.
倒れ[たおれ] ①쓰러짐. 넘어짐. ②(빌려 준 돈을) 떼임. ③겉만 그럴듯함. 실속이 없음.

音読

倒閣[とうかく] 도각; 내각을 쓰러뜨림.
倒壊[とうかい] 도괴; 무너짐.
倒立[とうりつ] 도립; 물구나무서기.
¹倒産[とうさん] 도산; ①기업이 망함. ②역산(逆産). 아이를 거꾸로 출산함.
倒影[とうえい] 도영; ①거꾸로 비친 그림자. ②석양(夕陽).
倒置法[とうちほう] 도치법; 어순을 반대로 하여 둠.

島 섬 도

丿 亻 亣 户 户 臼 鳥 鳥 島 島

音 ◉トウ
訓 ◉しま

訓読

²◉島❶[しま] ①섬. ②연못이나 석가산(石仮山)이 있는 정원. ③(조직 폭력배들의) 세력권. ❷[とう] ☞ [音読]
島国[しまぐに] 섬나라.
島国根性[しまぐにこんじょう] 섬나라 근성. *시야가 좁고 포용력이 적은 반면 단결성이 강하고 배타적임.
島根[しまね] ①섬. 섬나라. ②島根県庁(しまねけんちょう)이 있는 소재지.
島根県[しまねけん] 일본 中国(ちゅうごく)지방 북서부에 있는 시마네 현.
島島[しまじま] 많은 섬. 여러 섬.
島流し[しまながし] ①유배(流配). 유형(流刑). ②좌천(左遷).
島巡り[しまめぐり] 섬을 한 바퀴 도는 관광.

島影[しまかげ] 섬의 모습.
島田[しまだ] '島田髷(しまだまげ)'의 준말.
島田髷[しまだまげ] 틀어올리는 여자의 머리 스타일.
島伝い[しまづたい] 섬에서 섬으로 옮겨감. 섬을 따라 감.
島破り[しまやぶり] 유배된 죄인이 몰래 도망침. 도망친 죄인.

音読

²島[とう] (명사에 접속하여 섬을 나타내는 말로) 도; 섬. ¶無人(むじん)~ 무인도.
島民[とうみん] 도민; 섬의 주민. 섬사람.
島嶼[とうしょ] 도서; 크고 작은 섬들. *'嶼'는 '작은 섬'이라는 뜻임.

桃 복숭아 도

一 十 才 木 朾 机 杙 桃 桃 桃

音 ◉トウ
訓 ◉もも

訓読

◉桃[もも] ①복숭아. 복숭아나무. ②'桃色(ももいろ)'의 준말.
桃尻[ももじり] 말타기가 서툴러서 엉덩이가 안장에 잘 자리잡히지 않음. *복숭아가 둥글기 때문에 잘 고정되지 않은 데서 생긴 말임.
桃山[ももやま] 일본 과자의 한 종류.
桃山時代[ももやまじだい] 織田信長(おだのぶなが)・豊臣秀吉(とよとみひでよし)가 정권을 잡았던 시대(1568~1600년).
桃色[ももいろ] ①분홍색. 핑크색. ②(향락적인) 남녀 간의 정사(情事). ③(사상이) 약간 좌경(左傾)임.
桃の節句[もものせっく] 3월 삼짇날.
桃太郎[ももたろう] 일본 5대 동화의 하나로 복숭아 속에서 태어난 주인공.
桃割れ[ももわれ] 16・17세 가량의 소녀 머리 스타일의 하나. *머리를 좌우 양쪽으로 갈라 복숭아처럼 만들어 얹는 모양임.

音読

桃李[とうり] 도리; 복숭아와 자두.
桃源[とうげん] 도원; 무릉도원.
桃源境[とうげんきょう] 도원경; 무릉도원.
桃源郷[とうげんきょう] 도원향; 무릉도원.
桃花[とうか] 도화; 복숭아꽃.

徒 무리 도

丿 ㇅ 彳 彳 彳 𡗜 𡗜 𡗜 徙 徒

音 ◉ト
訓 ⊗あだ ⊗いたずら ⊗かち ⊗ただ ⊗むだ

訓読
⊗徒❶[あだ] ①헛수고. 헛일. 부질없음. ②덧없음. 허무함. ③들떠 있음. ❷[かち] 도보(徒步). ❸[ただ] ①헛됨. 보람 없음. ②보통. 예사. 그냥. ③〈副〉헛되이. 보람 없이. ④그저. 괜히. 쓸데없이. ❹[むだ] 쓸데없음. 헛됨. 보람 없음. ❺[と] ☞[音読]
⊗徒に[いたずらに] 공연히. 헛되이. 쓸데없이. 무익하게.

音読
徒党[ととう] 도당; (불순한 사람들의) 무리.
徒労[とろう] 도로; 헛수고.
¹徒歩[とほ] 도보; 걸어서 감.
徒歩旅行[とほりょこう] 도보 여행.
徒渉[としょう] 도섭; 걸어서 얕은 곳을 건넘.
徒手[としゅ] 맨손.
徒食[としょく] 도식; 놀고 먹음.
徒長[とちょう] 도장; 농작물이 웃자람.

途(途) 길 도

丿 ㇇ ㇈ ㇇ 今 余 余 ㇇余 涂 途

音 ◉ト
訓 ⊗みち

訓読
⊗途[みち] 길. 도로.

音読
途[と] 길. 특히 목적을 갖고 가는 길. ¶帰国(きこく)の〜に就(つ)く 귀국길에 오르다.
²途端[とたん] ①…하는 순간. 찰나. ②…하자마자.
¹途上[とじょう] 도상; ①도중. ②노상(路上).
途絶[とぜつ] 두절(杜絶). 교통이나 통신이 장애물에 막혀 끊어짐.
¹途絶える[とだえる] 〈下1自〉①두절되다. 왕래가 끊어지다. ②중도에서 끊어지다.
途切れ[とぎれ] 끊김. 중도에서 끊어짐.
途切れ途切れ[とぎれとぎれ] ①끊어졌다 이어졌다 함. ②띄엄띄엄. ③헐레벌떡.
²途中[とちゅう] 도중; 어떤 일을 하고 있을 때.

悼 슬퍼할 도

丶 丷 忄 忄' 忄'' 忄'' 忄^ 忄^ 忄卓 悼

音 ◉トウ
訓 ◉いたむ

訓読
◉悼む[いたむ] 〈5他〉슬퍼하다. 애도하다.

音読
悼辞[とうじ] 도사; 조사(弔辞).
悼惜[とうせき] 도석; (사람의 죽음을) 애도하고 애석하게 여김.

陶 질그릇/즐길 도

丿 ㇇ ㇌ ㇌' 阝' 阝^ 阝匋 阝匋 陶 陶

音 ◉トウ
訓 ⊗すえ

訓読
⊗陶物[すえもの] 오지그릇. 도자기.
⊗陶物師[すえものし] 도공(陶工). 도기공.

音読
陶工[とうこう] 도공; 도자기를 만드는 사람.
¹陶器[とうき] 도기; ①오지그릇. ②도자기(陶磁器)의 총칭.
陶冶[とうや] 도야; 재능이나 성격을 닦아서 기름.
陶芸[とうげい] 도예; 도자기 공예.
陶窯[とうよう] 도요; 도기를 굽는 가마.
陶磁器[とうじき] 도자기.
陶土[とうど] 도토; 도자기의 원료인 백토(白土).
陶酔[とうすい] 도취; ①기분 좋게 취함. ②황홀한 경지에 달함.

盗(盗) 훔칠 도

丿 丿 丿' 丬 次 次 咨 咨 盗 盗

音 ◉トウ
訓 ◉ぬすむ

訓読
²◉盗む[ぬすむ] 〈5他〉①훔치다. 도둑질하다. ②속이다. ③표절하다. 도작(盗作)하다. ④짬을 내다. 시간을 내다. ⑤(야구에서) 도루(盗塁)하다.

¹**盗み**[ぬすみ] 도둑질.

盗み見る[ぬすみみる] 〈上1他〉 몰래 보다. 훔쳐보다.

盗み読み[ぬすみよみ] ①(옆에서) 슬쩍 훔쳐봄. ②(남의 편지나 글을) 몰래 읽음.

盗み聞き[ぬすみぎき] 도청(盜聽). 몰래 엿들음.

盗み食い[ぬすみぐい] ①훔쳐 먹음. ②숨어서 몰래 먹음.

盗人[ぬすびと/ぬすっと] 도둑. 도둑놈.

盗み足[ぬすみあし] 살금살금 걸음. 발소리를 죽이고 감.

音読

²**盗難**[とうなん] 도난; 도둑맞는 재난.

盗難届け[とうなんとどけ] 도난 신고.

盗塁[とうるい] (야구) 도루; 스틸.

盗癖[とうへき] 도벽; 훔치는 버릇.

盗用[とうよう] 도용; 몰래 훔쳐 사용함.

盗作[とうさく] 도작; 표절(剽竊).

盗賊[とうぞく] 도적; 도둑.

盗聴[とうちょう] 도청; 몰래 엿들음.

盗品[とうひん] 도품; 장물(贓物).

都(都) 도읍/도회지 도

一 十 土 耂 者 者 者 者 都 都

音 ●ツ ●ト
訓 ●みやこ

訓読

²●**都❶**[みやこ] ①서울. 수도(首都). ②도회지. 도시. ③(그 지방의) 중심 도시. ④살기 좋은 곳. **❷**[と] ☞ [音読]

都落ち[みやこおち] 낙향(落郷). ①수도를 버리고 도망감. ②도시에서 시골로 전근감.

都育ち[みやこそだち] 도회지 출신.

都入り[みやこいり] 입경(入京). 서울로 들어감.

音読

³**都❶**[と] '東京都(とうきょうと)'의 준말. **❷**[みやこ] ☞ [訓読]

都内[とない] 도내; ①東京都(とうきょうと)의 전체. ②東京都(とうきょうと) 중심 지역.

都度[つど] 매회(每回). …때마다.

都道府県[とどうふけん] 일본 전국 행정 구획의 총칭. ＊東京都(とうきょうと)・北海道(ほっかいどう)・京都府(きょうとふ)・大阪府(おおさかふ)와 43현(県).

都立[とりつ] 도립; 東京都(とうきょうと)가 설립함.

都民[とみん] 도민; 東京都(とうきょうと)의 주민.

都城[とじょう] 도성; 도읍을 둘러싼 성곽.

²**都市**[とし] 도시; 도회지.

都市銀行[としぎんこう] 시중은행(市中銀行).

²**都心**[としん] 도심; 도시의 중심지.

都営[とえい] 도영; 東京都(とうきょうと)가 직접 경영함.

都議[とぎ] '都議会(とぎかい)'의 준말.

都議会[とぎかい] 도의회; 東京都(とうきょうと)의 의회.

都電[とでん] 도전; 東京都(とうきょうと)가 경영하는 전차.

都政[とせい] 도정; 東京都(とうきょうと)의 행정.

都制[とせい] 도제; 東京都(とうきょうと)의 지방자치 제도.

都知事[とちじ] 東京都(とうきょうと)의 지사(知事).

都庁[とちょう] 도청; 東京都(とうきょうと)의 행정을 맡아 보는 관청.

都下[とか] 도하; ①장안. ②東京都(とうきょうと)의 모든 관할 지역. ③東京都(とうきょうと)에서 23구(区)를 제외한 외곽 도시.

²**都合**[つごう] ①형편. 사정. ②편의. ③마련함. 변통함. ④〈副〉 합계. 총계.

²**都会**[とかい] 도회; ①도시. ②'都議会(とぎかい)'의 준말.

渡 건널 도

氵 氵 氵 沪 沪 沪 渡 渡 渡 渡

音 ●ト
訓 ●わたす ●わたる

訓読

⁴●**渡す**[わたす] 〈5他〉 ①(강・다리를) 건너다. 건네 주다. ②(물건을) 건네다. 넘기다. ③양도하다. 내주다. 넘겨주다. ④주다. 수여하다. ⑤걸치다. 건너질러 놓다.

渡し[わたし] ①(배로 사람・물건을) 건네줌. ②나루. 나룻배. ④배에서 딴 곳으로 건너기 위한 발판. ⑤(물건을) 넘겨줌. 인도(引渡).

渡し船[わたしぶね] 나룻배.

渡し守[わたしもり] 나룻배 사공. 나루터지기.

渡し場[わたしば] 나루터. 도선장(渡船場).

渡し舟[わたしぶね] 나룻배.

⁴●渡る[わたる] 〈5自〉 ①(강·다리를) 건너
다. ②건너가다. 건너오다. ③지나가다.
스쳐가다. ④(남에게) 인도하다. ⑤살아
가다. ⑥고루 배부하다. 고루 돌아가다.
⑦(어떤 기간·범위에) 걸치다. 미치다.
⑧서로 지지 않고 맞붙다.

渡り[わたり] ①물을 건넘. ②나루터. 도선
장(渡船場). ③…에서 들어옴·건너옴.
④떠돌이. 뜨내기. ⑤교섭. 협상. ⑥직경.
지름. ⑦(바둑에서) 두 무더기의 돌이 연
결되기. ⑧철새의 이동. ⑨(접미어로) …
회. 횟수.

渡り廊下[わたりろうか] 두 건물을 잇는
복도.

渡り歩く[わたりあるく] 〈5自〉 (일거리를 찾
아) 이리저리 떠돌아다니다.

渡り者[わたりもの] ①(주인을 바꾸어 여기
저기 옮겨 다니는) 떠돌이 고용살이. ②뜨
내기. ③타향 사람.

¹渡り鳥[わたりどり] ①철새. ②뜨내기.

渡り板[わたりいた] 배와 육지를 잇는 발판.

渡り合う[わたりあう] 〈5自〉 ①논쟁하다.
②서로 칼부림하다. 서로 싸우다.

渡来[とらい] 도래; 외국에서 건너옴.

渡米[とべい] 도미; 미국으로 건너감.

渡船[とせん] 도선; 나룻배.

渡世[とせい] 도세; ①처세. 세상살이. ②직
업. 생업.

渡河[とか] 도하; 강을 건넘.

渡航[とこう] 도항; 배를 타고 바다를 건넘.

渡海[とかい] 도해; 배를 타고 바다를 건넘.

道(道) 길/도 도

丷 丷 丷 丫 兯 首 首 首 渞 道

音 ●トウ ●ドウ
訓 ●みち

⁴●道❶[みち] 길. ①도로. ②(인생의) 길. 진
로. ③(지켜야 할) 도리. ④수단. 방법. ⑤
도. 가르침. ⑥(전문) 분야. 방면. ❷[どう]
☞ [音読]

道すがら[みちすがら] 길을 가면서. 가는
도중에.

道筋[みちすじ] ①연도(沿道). 코스. 지나가
는 길. ②조리. 이치.

¹道端[みちばた] 길가. 도로변.

道道[みちみち] ①각기 나아가는 길. ②여러
학문·예능. ③길을 가면서. 가는 도중에.

道連れ[みちづれ] 길동무. 동행.

道普請[みちぶしん] 도로 공사.

²道順[みちじゅん] ①지나가는 길. 코스.
②순서. 절차.

道案内[みちあんない] ①길 안내. 길 안내인.
②길 표지. 이정표(里程標).

道程❶[みちのり] 도정; 거리. ❷[どうてい]
①도정; 거리. ②여정(旅程). ③과정.

道草[みちくさ] ①길가의 풀. ②길을 가는
도중에.

道幅[みちはば] 도폭; 길의 너비.

道標❶[みちしるべ] ①길 표지. 이정표. ②
길 안내. 길잡이. ③지침서. 안내서. ④'斑
猫(はんみょう)'의 딴 이름. ❷[どうひょう] 도
표; 이정표(里程標). 도로 표지.

道行き[みちゆき] ①(운문체의) ㄱ행문. ②
(연극의) 사랑의 도피 장면. ③경위. 경과.
④기모노 위에 입는 여성용 코트

²道❶[どう] '北海道(ほっかいどう)'의 준말. ❷[み
ち] ☞ [訓読]

³道具[どうぐ] 도구; ①연장. 용구. ②얼굴 생
김새. ③(나쁜 의미의) 이용물. 도구. 수단.

道具立て[どうぐだて] ①모든 준비. ②필요
한 도구를 갖춤.

道具方[どうぐかた] 무대 장치 담당자.

道具箱[どうぐばこ] 연장궤. 연장통.

²道徳[どうとく] 도덕; 인륜(人倫).

道楽[どうらく] 도락; ①취미로서 즐김. ②난
봉. 방탕함. ③색다른 것을 좋아함.

道楽者[どうらくもの] ①난봉꾼. 탕아(蕩児).
②노름꾼. ③게으름뱅이.

²道路[どうろ] 도로; 길.

道路標示[どうろひょうじ] 도로 표시; 노면
(路面)에 표시된 선·문자·기호.

道理[どうり] 도리. 이치. 까닭.

道心[どうしん] 도심; ①도덕심. ②불심(仏心).
③13세나 15세가 넘어서 중이 된 사람.

道義[どうぎ] 도의; 도덕상의 의리.

¹道場[どうじょう] 도장; ①불도(仏道)를 닦
는 곳. ②무술·무예를 닦는 곳. ③심신
을 단련하는 곳.

道程①[どうてい] ①도정; 거리. ②여정(旅程). ③과정. **②**[みちのり] 도정; 거리.

道祖神[どうそじん] 도신(道神). 도로 수호신.

道中①[どうちゅう] ①여행 도중. ②여행길. ③유녀(遊女)가 성장하여 유곽을 거님. **②**[みちなか] ▷ [訓読]

道破[どうは] 도파; 설파(説破). 갈파(喝破).

道標①[どうひょう] 도표; 이정표(里程標). 도로 표지. **②**[みちしるべ] ①길 표지. 이정표. ②길 안내. 길잡이. ③지침서. 안내서. ④'반묘(斑猫)의 딴 이름.

道化[どうけ] 익살을 부림. 익살꾼.

道化師[どうけし] ①익살꾼. ②어릿광대. 피에로.

跳   뛸 도

口 昻 昻 昻 와 助 趴 跳 跳 跳

音 ●チョウ

訓 ●とぶ ●はねる

訓読

②●**跳ぶ**[とぶ] 〈5自〉 뛰다. 뛰어오르다. 뛰어넘다. 건너뛰다.

跳(び)箱[とびばこ] (체조 기구의) 뜀틀.

②●**跳ねる**[はねる] 〈下1自〉 ①뛰다. 뛰어오르다. ②튀다. ③팔팔하다. 까불거리다. ④(그 날의) 흥행이 끝나다. ⑤값이 급등하다.

跳ね返す[はねかえす] 〈5他〉 ①만회하다. ②반격하다. 되받아치다. 딱 잘라 거절하다. ③(물·흙탕을) 세게 튀기다.

跳ね返える[はねかえる] 〈5自〉 ①튀어 되돌아오다. ②(물·흙탕을) 세게 튀다. ③(영향이) 파급되다. 되돌아오다.

跳(ね)上(が)り[はねあがり] ①도약. 뛰어오름. ②(물가의) 폭등. ③과격한 행동.

跳ね上がる[はねあがる] 〈5自〉 ①껑충 뛰어오르다. 뛰다. ②(값이) 폭등하다. ③무분별하게 행동하다. 제멋대로 굴다.

跳ね回る[はねまわる] 〈5自〉 뛰어 돌아다니다. 깡충깡충 뛰어다니다.

音読

跳馬[ちょうば] 도마; 뜀틀. 뜀틀 넘기.

跳躍[ちょうやく] 도약; ①점프. 뛰어오름. ②높이뛰기.

塗   바를/칠할 도

冫 冫 氵 浐 泠 浐 涂 涂 涂 塗

音 ●ト

訓 ●ぬる ⊗まぶす ⊗まみれる

訓読

⊗**塗す**[まぶす] 〈5他〉 (가루를) 골고루 묻히다. 온통 바르다.

⊗**塗れる**[まみれる] 〈下1自〉 (땀·먼지·피 등이 묻어) 더러워지다. …투성이가 되다.

②●**塗る**[ぬる] 〈5他〉 ①(어떤 물체의 표면에) 칠하다. 바르다. ②(명예에) 먹칠하다. ③(죄·책임을) 전가하다. 덮어씌우다.

塗り[ぬり] ①칠. ②칠한 것. ③칠한 모양. ④옻칠.

塗りたくる[ぬりたくる] 〈5他〉 마구 칠하다.

塗り潰す[ぬりつぶす] 〈5他〉 ①빈틈없이 칠하다. ②은폐하다. 감추다.

塗り立て[ぬりたて] 갓 칠함.

塗り立てる[ぬりたてる] 〈下1他〉 ①곱게 칠하다. ②마구 칠하다. ③짙은 화장을 하다.

塗(り)物[ぬりもの] 칠기(漆器).

塗り付ける[ぬりつける] 〈下1他〉 ①문질러 칠하다. 처바르다. ②(죄·책임을) 전가하다. 덮어씌우다.

塗り上げる[ぬりあげる] 〈下1他〉 완전히 칠하다. 칠을 끝내다.

塗(り)薬[ぬりぐすり] 바르는 약.

塗り隠す[ぬりかくす] 〈5他〉 ①덧칠하여 안 보이게 하다. ②은폐하다. 감추다.

塗り直す[ぬりなおす] 〈5他〉 다시 칠하다.

塗(り)替え[ぬりかえ] 칠한 위에 다시 칠함.

塗り替える[ぬりかえる] 〈下1他〉 ①칠한 위에 다시 칠하다. 덧칠하다. ②쇄신(刷新)하다. 일신(一新)하다.

塗(り)下[ぬりした] 칠하는 바탕.

塗(り)絵[ぬりえ] (색칠하도록) 윤곽만을 그린 그림.

音読

塗料[とりょう] 도료; 페인트.

塗抹[とまつ] 도말; ①칠함. 바름. ②칠하여 지워 버림. 말소(抹消).

塗装[とそう] 도장; 칠을 하여 단장함.

塗炭[とたん] 도탄; 말할 수 없는 고생.

塗布[とふ] 도포; 칠함. 바름.

稲(稲) 벼 도

〜 千 禾 禾 禾 和 和 稻 稻

音 ⦿トウ
訓 ⦿いね ⦿いな

訓読
²⦿稲[いね] ≪植≫ 벼.
¹稲光[いなびかり] 번개.
稲穂[いなほ/いなぼ] 벼 이삭.
稲刈り[いねかり] 벼 베기.
稲作[いなさく] ①벼농사. ②벼의 작황.
稲田[いなだ/とうでん] 논.
稲株[いなかぶ] 볏그루.
稲妻[いなずま] 번개.
稲荷[いなり] ①5곡의 신을 모신 神社(じん
  じゃ). ②'狐(きつね)'의 딴 이름. ③'稲荷鮨(い
  なりずし)'의 준말.
稲荷寿司[いなりずし] 유부초밥.
稲荷鮨[いなりずし] 유부초밥.

音読
稲熱病[とうねつびょう/いもちびょう] 도열병.
稲田[とうでん/いなだ] 논.

導(導) 이끌 도

〜 〜 〜 首 首 首 道 道 道 導 導

音 ⦿ドウ
訓 ⦿みちびく ⦿しるべ

訓読
¹⦿導く[みちびく] ①안내하다. ②인도(引導)
  하다. 이끌다. 지도하다. ③유도하다. ④찾
  아내다.
⊗導[しるべ] 길잡이. 안내.

音読
導管[どうかん] 도관; 파이프.
導線[どうせん] 도선; 전류가 통하는 선.
¹導入[どうにゅう] 도입; ①(사물을) 끌어들
  임. ②(본격적인 수업에 들어가기 전에)
  학습 의욕을 고취시키는 단계.
導体[どうたい] 도체; 열이나 전기를 잘 전
  달하는 물체.
導火線[どうかせん] 도화선; ①화약이 폭발
  하도록 점화하는 심지. ②사건이 일어나
  게 하는 직접적인 원인.

搯 더듬을 도
音 ⊗トウ
訓 ⊗する

訓読
⊗搯る[する] 〈5他〉 소매치기하다.
搯り替える[すりかえる] 〈下1他〉 슬쩍 바꾸
  어 놓다.
搯り取る[すりとる] 〈5他〉 소매치기하다.
²搯摸[★すり] 소매치기.

淘 쌀일/물흐를 도
音 ⊗トウ
訓 ⊗よなげる

訓読
⊗淘げる[よなげる] 〈下1他〉 ①쌀을 일다.
  ②물로 일어서 가려내다. ③선별하다.
⊗淘げ屋[よなげや] 강바닥의 토사를 소쿠
  리 등으로 떠올려 값나가는 물건을 일어
  서 거두는 사람.
音読
⊗淘汰[とうた] 도태; ①여러 중에서 불필요
  한 부분이 줄어 없어짐. ②물에 씻어 좋은
  것만 취함. ③(생물 중에서) 자연 환경에
  적용하지 못하는 것은 사멸되는 자연 법칙.

屠ˣ(屠) 죽일 도
音 ⊗ト
訓 —

音読
屠腹[とふく] (자살하기 위해) 배를 가름.
  할복(割腹).
屠殺[とさつ] 도살; 짐승을 잡아 죽임.
屠所[としょ] 도살장.
屠蘇[とそ] 도소; 도소주(屠蘇酒).
屠蘇散[とそさん] 도소산; 산초·도라지·
  계피 약초를 섞어서 제조한 약.
屠牛[とぎゅう] 도우; 소를 잡음.
屠牛場[とぎゅうじょう] 도우장; 드살장.
屠場[とじょう] 도살장.

棹 노 도
音 ⊗トウ
訓 ⊗さお

訓読
⊗棹[さお] ①삿대. 노. ②三味線(しゃみせん)
  의 줄을 매는 길쭉한 부분. 또는 三味線
  (しゃみせん). ③(큰 저울의) 저울대.

棹差す[さおさす] 〈他〉①배를 젓다. 노를 젓다. ②시류(時流)에 편승하다.

搗	찧을 도	音	⊗トウ
		訓	⊗つく
			⊗かち…

訓読

⊗**搗く**[つく] 〈他〉①찧다. 빻다. ②(떡을) 치다.

搗き砕く[つきくだく] 〈他〉(곡식 등을) 빻다. 찧다.

搗ち栗[かちぐり] 황밤. *승리의 축하·출진(出陣)·설 등의 경사스런 날에 사용함.

音読

搗精[とうせい] 도정; 쌀을 깨끗하게 찧음.

搗精度[とうせいど] 도정도; 쌀을 깨끗하게 찧는 정도.

賭	도박할	音	⊗ト
×(賭)	도	訓	⊗かける

訓読

[1]⊗**賭ける**[かける] 〈下1他〉①내기하다. 걸다. ②(실패하면 잃을 각오로 목숨·명예를) 걸다. 내걸다.

[1]**賭**(け)[かけ] ①내기. ②노름. 도박. ③모험.

賭(け)**碁**[かけご] 내기 바둑.

賭(け)**馬**[かけうま] ①경마. ②경마 말.

賭(け)**物**[かけもの] 내기에 거는 경품.

賭(け)**事**[かけごと] 내기. 노름. 도박.

音読

賭する[とする] 〈サ変他〉①내기하다. 걸다. ②(중요한 것을) 내걸다. 내던지다. 걸다.

賭博[とばく] 도박; 노름.

賭場[とば] 노름판. 도박장.

鍍	도금할 도	音	⊗ト
		訓	―

音読

鍍金❶[ときん] 도금; 금속 표면에 금이나 은 따위의 얇은 막을 입히는 일. ❷[めっき] 도금: ①금속 표면에 금이나 은 따위의 얇은 막을 입히는 일. ②겉치레. 표면만을 꾸미고 내용물을 속임.

［독］

毒	독할/해칠 독

一　十　キ　丰　青　青　毒　毒

音 ●ドク
訓 ―

音読

[2]**毒**[どく] 독; ①독약. ②해로움. ③독기(毒気). ④해독(害毒).

毒ガス[どくガス] 독가스.

毒する[どくする] 〈サ変他〉해치다. 해독을 끼치다.

毒見[どくみ] ①음식을 권하기 전에 시식하여 독의 유무를 확인함. ②음식 맛을 봄.

毒気[どくけ/どっき/どくき/どくぎ] 독기; ①독성. 독의 성분. ②악의(悪意).

毒毒しい[どくどくしい] 〈形〉①독이 있어 보이다. ②독살스럽다. 표독스럽다. ③색깔이 지나치게 야하다. ④지나치게 강렬하다.

毒物[どくぶつ] 독물; 독이 있는 물질.

毒味[どくみ] ①음식을 권하기 전에 시식하여 독의 유무를 확인함. ②음식 맛을 봄.

毒婦[どくふ] 독부; 악독한 여자.

毒死[どくし] 독사; 독약으로 인해 죽음.

毒蛇[どくへび/どくじゃ] ≪動≫ 독사.

毒殺[どくさつ] 독살; 독약으로 죽임.

毒舌[どくぜつ] 독설; 심한 욕설.

毒性[どくせい] 독성; 독이 있는 성질.

毒素[どくそ] 독소; 독의 원소.

毒消し[どくけし] 해독(解毒). 해독제.

毒牙[どくが] 독아; ①독사의 이빨. ②악랄한 수단.

毒蛾[どくが] ≪虫≫ 독나방.

毒液[どくえき] 독액; 독이 있는 액체.

毒薬[どくやく] 독약; 독이 있는 약.

毒魚[どくぎょ] 독어; 독이 있는 물고기.

毒茸[どくきのこ/どくたけ] 독버섯.

毒刃[どくじん] 흉한의 악독한 칼.

毒除け[どくよけ] 해독(解毒). 중독을 예방함.

毒酒[どくしゅ] 독주; 독약을 탄 술.

毒中り[どくあたり] 식중독(食中毒).

毒草[どくそう] 독초; 독이 있는 풀.

毒虫[どくむし] 독충; 독벌레.

毒筆[どくひつ] 독필; 남을 중상하는 글.

独(獨) 홀로 독

丶 丿 犭 犭 狆 狆 狆 独 独

音 ●ドク
訓 ●ひとり

訓読

²●独り[ひとり] ①혼자. ②홀몸. 독신. ③〈副〉다만. 단지. 단순히.

独りでに[ひとりでに] 저절로. 자연히.

独りぼっち[ひとりぼっち] 외톨이.

独り居[ひとりい] 독거; 혼자 있음.

独り決め[ひとりぎめ] ①독단적으로 결정함. ②혼자 속단함.

独り台詞[ひとりぜりふ] (연극에서) 독백.

独り娘[ひとりむすめ] 외동딸.

独り旅[ひとりたび] 혼자 여행함.

独り立ち[ひとりだち] ①(젖먹이가) 혼자서 일어섬. 걸음마함. ②독립. 자립.

独り暮らし[ひとりぐらし] 독신 생활.

独り舞台[ひとりぶたい] 독무대.

独り歩き[ひとりあるき] ①남의 도움 없이 혼자 걸음. ②혼자서 걸음. ③독립. 자립.

独り相撲[ひとりずもう] ①혼자서 날뜀. ②독무대.

独り善がり[ひとりよがり] 독선. 독선적.

独り息子[ひとりむすこ] 외동아들. 외아들.

独り身[ひとりみ] 독신; 홀몸.

独り言[ひとりごと] 혼잣말. 독백.

独り子[ひとりご] 외아들. 독자.

独りっ子[ひとりっこ] 외아들. 독자.

独り者[ひとりもの] 독신자. 홀몸.

独り占め[ひとりじめ] 독점; 독차지.

独り芝居[ひとりしばい] ①1인극. ②혼자 흥분하여 설침.

独り天下[ひとりでんか] 1인 천하. 독무대. 혼자 설침.

独り寝[ひとりね] 혼자서 잠.

独り合点[ひとりがてん] 지레짐작. 혼자 속단함.

音読

独[どく] 독일. '独逸(どいつ)'의 준말.

独禁法[どっきんほう] '独占禁止法'의 준말.

独断[どくだん] 독단; 혼자만의 생각으로 결정함.

独壇場[どくだんじょう] 독무대.

独得[どくとく]〈形動〉독특함.

独楽[★こま] 팽이.

独力[どくりょく] 독력; 혼자의 힘

²独立[どくりつ] 독립; ①따로 떨어져 혼자 있음. ②예속에서 벗어나 홀로 섬.

独立独歩[どくりつどっぽ] 독립독보; ①독립해서 자기 소신대로 함. ②다른 것과 차별화함.

独文[どくぶん] 독문; ①독일어 문장. ②독일 문학.

独文学[どくぶんがく] 독문학; 독일 문학.

独房[どくぼう] 독방; 혼자만의 감방.

独白[どくはく] 독백; 혼잣말.

独歩[どっぽ] 독보; ①혼자서 걸음. ②혼자 힘으로 함. ③비할 데 없이 뛰어남.

独善[どくぜん] 독선; ①자신만 옳다고 생각함. ②자신만 올바르게 처신하려고 함.

独修[どくしゅう] 독수; 기술을 혼자서 익힘.

独習[どくしゅう] 독습; 기술을 혼자서 익힘.

²独身[どくしん] 독신; ①미혼자. ②혼잣몸.

独語[どくご] 독어; ①독일어. ②혼잣말.

独演[どくえん] 독연; ①단독 출연. 독창. 독주. ②독무대.

独演会[どくえんかい] ①독창회(独唱会). 독주회(独奏会). ②독무대.

独泳[どくえい] 독영; ①혼자서 헤엄침. ②(경기에서) 남보다 빼어나게 앞섬.

独逸[★ドイツ] 독일.

独逸語[★ドイツご] 독일어.

¹独自[どくじ] 독자; ①개인적임. ②독특함.

独酌[どくしゃく] 독작; ①혼자서 술을 마심. ②자기 손으로 술을 따라 마심.

¹独裁[どくさい] 독재; 모든 일을 자기만의 판단으로 함.

¹独占[どくせん] 독점; 혼자서 독차지함.

独走[どくそう] 독주; ①혼자서 달림. ②선두에 달림. ③혼자서 제멋대로 행동함.

独奏[どくそう] 독주; 솔로. 혼자서 악기를 연주함.

独唱[どくしょう] 독창; 솔로. 혼자서 노래를 부름.

¹独創[どくそう] 독창; 혼자의 생각으로 창안해 냄.

独擅場[どくせんじょう] 독천장; 독무대.

²独特[どくとく] 독특함. 특별히 다름.

独学[どくがく] 독학; 선생 없이 혼자서 공부함.

独航[どっこう] 독항; 단독으로 항해함.

独和[どくわ] 독일과 일본.

督   살필 독

｜ ｜ ⺊ ⺊ ⺊ ⺊ ⺊ ⺊ 叔 督督

音 ●トク
訓 ―

音読

督する[とくする]〈サ変他〉①감독하다. 단속하다. ②통솔하다. ③재촉하다. 독촉하다.
督励[とくれい] 독려; 감독하며 격려함.
督促[とくそく] 독촉; 일을 빨리 완료하게 하거나 돈을 빨리 갚도록 재촉함.

読(讀)   읽을 독

⺀ ⺀ ⺀ 言 計 計 計 読 読 読

音 ●ド ●トウ ●トク ●ドク
訓 ●よむ ●よませる ●よめる

訓読

⁴●**読む**[よむ]〈5他〉①(책을) 읽다. 낭독하다. ②이해하다. ③꿰뚫어보다. 알아차리다. ④(바둑·장기에서) 수를 내다보다.
●**読ませる**[よませる]〈下1他〉①읽게 하다. ②(재미가 나서) 읽을 만하다.
●**読める**[よめる]〈下1自〉①읽을 수 있다. ②이해되다. 들여다보이다. ③(재미가 나서) 읽을 만하다. ④(바둑·장기에서) 상대방 수가 내다보이다.
²**読み**[よみ]①읽기. ②한자(漢字)의 훈독(訓読). ③(바둑·장기에서) 수읽기. ④앞을 내다봄. 통찰력.
読みかける[よみかける]〈下1他〉①읽기 시작하다. ②중간까지 읽다.
読み掛ける[よみかける]〈下1他〉①읽기 시작하다. ②중간까지 읽다.
読(み)物[よみもの]①독서. ②읽을거리. 흥미 본위의 기사. ③서책(書冊). ④읽을 만한 문장. ⑤講談師(こうだんし)가 다루는 야담(野談) 제목. ⑥(能楽(のうがく)에서) 주연 배우가 낭독하는 문장.
読み返す[よみかえす]〈5他〉반복해서 읽다. 다시 읽다.
読(み)方[よみかた]①읽는 법. 읽기. ②(문장에 대한) 이해력. ③(옛날) 국어 교과서.

読み癖[よみくせ]①(그 사람 특유의) 읽는 버릇. ②(옛날부터 습관적으로) 특별한 읽는 법.
読み上げ[よみあげ]①소리내어 읽음. 낭독. ②통독. 다 읽음.
¹**読み上げる**[よみあげる]〈下1他〉①낭독하다. 소리내어 읽다. ②통독하다. 다 읽다. 독파하다.
読み書き[よみかき]①읽기와 쓰기. ②한자(漢字)의 훈독(訓読).
読み声[よみごえ]①읽는 소리. 음조. ②한자(漢字)의 훈독(訓読).
読み手[よみて]①읽는 역할을 맡은 사람. ②歌(うた)ガルタ의 글귀를 읽는 사람.
読み応え[よみごたえ]①(책의 내용이) 읽을 만함. ②(내용이 어려워서) 읽기 힘듦.
読(み)切(り)[よみきり]①다 읽음. 통독. ②(신문·잡지에서) 1회로 완결되는 단편물.
読み切る[よみきる]〈5他〉다 읽다. 통독하다. 독파하다.
読み札[よみふだ] (歌(うた)ガルタ에서) 읽는 쪽 사람의 패.
読み替える[よみかえる]〈下1他〉①하나의 한자를 다른 음훈(音訓)으로 읽다. ②법령 조문의 구절에 같은 조건의 다른 구절을 대체하여 그대로 적용하다.
読み取る[よみとる]〈5他〉①독해하다. 읽은 내용을 이해하다. ②알아차리다. 꿰뚫어보다. 간파하다.
読み耽ける[よみふける]〈5他〉탐독하다.
読(み)合(わ)せ[よみあわせ]①(원고와 교정쇄를) 읽으면서 맞추어 봄. ②대본 읽기 연습.
読み合わせる[よみあわせる]〈下1他〉(원고와 교정쇄를) 읽으면서 맞추어 보다.

音読

読経[どきょう] 독경; 경전을 읽음.
読本❶[とくほん] 독본; ①어학 교과서. ②입문서. **❷**[よみほん] (江戸(えど) 시대 말엽에) 공상적·전기적(伝奇的) 소설.
²**読書**[どくしょ] 독서; 책을 읽음.
¹**読者**[どくしゃ] 독자; 책을 읽는 사람.
読点[とうてん] 쉼표. 모점(、).
読破[どくは] 독파; 통독.
読後感[どくごかん] 독후감; 책을 읽고 난 후의 느낌.
読解[どっかい] 독해; 글을 읽고 이해함.
読会[どっかい] 독회; 의회에서 중요 의안을 심의하는 모임.

篤　두터울 독

丶　ノ　ケ　ケケ　ヴケ　ヴケ　笛　笛　笛　篤

音 ●トク
訓 ⊗あつい

訓読
⊗篤い[あつい]〈形〉①(인정 등이) 두텁다. 후하다. ②(종교심이) 독실하다. 돈독하다. ③병이 무겁다. 위독하다.

音読
篤と[とくと] 신중하게. 꼼꼼히. 차분히. 깊이. 잘. ＊흔히 보거나 듣거나 생각하는 경우에 사용함.
篤農[とくのう] 독농; 독실한 농사꾼.
篤実[とくじつ] 독실; 성실하고 돈독함.
篤志[とくし] 독지; ①두텁고 친절한 뜻이나 마음. ②어떤 일에 열심히 마음을 기울임.
篤学[とくがく] 독학; 학문에 충실함.
篤行[とっこう] 독행; 인정이 두터운 행실.
篤厚[とっこう] 독후; 독실하고 인정이 두터움. 인정이 많고 성실함.

禿　대머리/무녀 질 독

音 ⊗トク
訓 ⊗はげる
　 ⊗ちびる
　 ⊗かぶろ

訓読
⊗禿[かぶろ] ①단발머리. ②대머리. ③민둥산. ④기녀(妓女)가 부리는 여자아이.
⊗禿げる[はげる]〈下I自〉①(머리가) 벗어지다. ②민둥산이 되다. 헐벗어가다.
⊗禿びる[ちびる]〈上I自〉끝이 무지러지다. 끝이 뭉툭해지다. 끝이 닳다.

音読
禿頭[とくとう] 독두; 대머리.

瀆　욕될/개천 독
音 ⊗トク
訓 ―

音読
瀆聖[とくせい] 독성; 신성 모독.
瀆神[とくしん] 독신; 신을 모독함.
瀆職[とくしょく] 독직; 공무원이 지위나 직무를 남용하여 비행을 저지름.

[돈]

豚　돼지 돈

丿　刀　月　厂　厅　肜　肜　豚　豚　豚

音 ●トン
訓 ●ぶた

訓読
●豚❶[ぶた] 돼지. ❷[とん] ☞ [音読]
豚小屋[ぶたごや] ①돼지우리. ②작고 지저분한 집.
豚肉[ぶたにく] 돈육; 돼지고기.

音読
豚❶[とん] 《俗》돼지. 돼지고기. ❷[ぶた] ☞ [訓読]
豚児[とんじ] 돈아; 못난 자식. ＊자기 아들을 낮추어 하는 말.

敦　두터울 돈
音 ⊗トン
訓 ―

音読
敦厚[とんこう] 돈후; 온화하고 인정이 두터움. 성실하고 인정이 많음.

頓　조아릴/갑자기 돈
音 ⊗～ン
訓 ⊗とみに

訓読
⊗頓に[とみに]〈副〉갑자기. 별안간. 급히.

音読
頓と[とんと] ①(부정문에서) 도무지. 전혀. 조금도. ②완전히. 깡그리. 까닭게. 아주.
頓死[とんし] 돈사; ①급사(急死). 갑자기 죽음. ②(장기에서) 궁이 외통수로 몰림.
頓才[とんさい] 돈재; 재치. 임기응변.
頓挫[とんざ] 돈좌; 좌절(挫折).
頓知[とんち] 돈지; 기지. 재치.
頓珍漢[とんちんかん] ①동딴지 같음. 종잡을 수 없음. 대중없음. ②얼간이.
頓着[とんじゃく/とんちゃく] 구애됨. 괘념. 개의(介意)함. 신경을 씀.
頓痴気[とんちき] 얼간이. 얼뜨기. 바보.
頓興[とんきょう] 갑자기 엉뚱한 짓을 함. 우스꽝스럽고 얼빠진 짓을 함.

[돌]

突 (突)　부딪칠/갑자기 돌

` ' 宀 宀 究 究 突 突`

音 ●トツ
訓 ●つく　●つっ

訓読

²● **突く**[つく] 〈5他〉 ①(뾰족하거나 가느다란 물건으로) 찌르다. ②(종을) 치다. ③(도장을) 찍다. ④짚다. 괴다. ⑤(우무를) 눌러서 가늘게 뽑다. ⑥찌르다. 습격하다. ⑦(공을) 치다. ⑧(마음을) 자극하다. ⑨(장기에서) 졸(卒)을 앞으로 보내다.

突っ慳貪[つっけんどん] 퉁명스러움. 무뚝뚝함.

突っ掛ける[つっかける] 〈下1他〉 ①(신발을) 아무렇게나 신다. ②갑자기 세게 부딪치다. ③갑자기 싸움을 걸다. ④(씨름에서) 상대방보다 먼저 덤벼들려고 하다.

²**突(き)当(た)り**[つきあたり] ①맞닥뜨림. 마주침. ②막다른 곳.

²**突き当たる**[つきあたる] 〈5自〉 ①부딪히다. 충돌하다. ②막다른 곳에 이르다. ③봉착하다. 방해를 받다.

突き倒す[つきたおす] 〈5他〉 ①밀어서 쓰러뜨리다. ②(씨름에서) 상대방의 가슴을 밀쳐서 넘어뜨리다.

¹**突っ突く**[つっつく] 〈5他〉 ①가볍게 쿡쿡 찌르다. ②조다. 쪼아 먹다. ③(젓가락으로) 들쑤시며 먹다. ④(결점을) 들추다. ⑤부추기다. 선동하다. ⑥괴롭히다. 집적거리다.

突き落とす[つきおとす] 〈5他〉 ①밀어서 쓰러뜨리다. ②(궁지에) 빠뜨리다. ③(씨름에서) 상대방의 팔을 껴안듯이 하고 양손으로 상대방의 몸을 비틀어 쓰러뜨리다.

突き立てる[つきたてる] 〈下1他〉 ①꽂다. 꽂아 세우다. ②힘차게 박아 세우다. ③찔러넣다. 푹 찌르다. ④마구 밀어대다.

突っ立つ[つったつ] 〈5自〉 ①우뚝 서다. 곳곳이 서다. ②벌떡 일어서다. ③우두커니 서 있다.

突き抜く[つきぬく] 〈5他〉 꿰뚫다. 관통하다.

突き抜ける[つきぬける] 〈下1自〉 ①꿰뚫고 나가다. 관통하다. ②빠져나가다. 통과하다.

突き付ける[つきつける] 〈下1他〉 들이대다. 쑥 내밀다.

突き飛ばす[つきとばす] 〈5他〉 들이받다. 냅다 밀치다.

突き殺す[つきころす] 〈5他〉 찔러 죽이다.

突き上げる[つきあげる] 〈下1他〉 ①밀어올리다. 쳐올리다. ②(상급자에게) 압력을 가하다. ③(감정이) 복받치다. 치밀어오르다.

²**突き込む**[つきこむ] 〈5自〉 ①돌진하다. 돌입하다. ②깊이 파고들다. 〈5他〉 ①쑤셔넣다. 처박다. ②푹 찌르다. ③날카롭게 추궁하다. ④깊이 관여하다. 몰두하다.

²**突っ込む**[つっこむ] ☞ 突き込む

突き刺さる[つきささる] 〈5自〉 ①꽂히다. ②마음에 깊은 상처를 입다.

突き刺す[つきさす] 〈5他〉 ①깊게 푹 찌르다. ②(마음 등을) 찌르다.

突っ張り[つっぱり] ①뻗디딤. ②뻗장댐. ③버팀목. 버팀대로 받침. ④(씨름에서) 손바닥으로 상대방을 씨름판 밖으로 밀쳐내는 수.

¹**突っ張る**[つっぱる] 〈5他〉 ①버티다. 뻗대다. ②고집을 부리다 강경하게 나가다. ③(씨름에서) 팔을 뻗질러 손바닥으로 세게 상대방을 밀쳐 내려고 하다. 〈5自〉 근육이 땅기다.

突っ転ばす[つっころばす] 〈5他〉 세게 밀어 뒹굴게 하다. 들이받아 넘어뜨리다.

突き切る[つききる] 〈5他〉 ①찔러서 베다. ②깊이 찌르다. ③(벌판이나 한길을) 가로지르다. 돌파하다.

突っ切る[つっきる] ☞ 突き切る

突き除ける[つきのける] 〈下1他〉 밀어젖히다. 밀어제치다.

突き止める[つきとめる] 〈下1他〉 (규명하여) 밝혀내다. 찾아내다.

突き進む[つきすすむ] 〈5自〉 돌진하다. 힘차게 나아가다.

突き出し[つきだし] ①쑥 밀어냄. 쑥 내민 것. ②(씨름에서) 상대의 가슴을 밀쳐서 씨름판 밖으로 밀어내는 수. ③(일본 요리에서) 처음에 내놓는 간단한 안주. ④(사업의) 첫출발. ⑤창녀가 처음으로 손님을 받음.

突き出す[つきだす] 〈5他〉 ①떠밀어내다. ②쑥 내밀다. ③(경찰에) 연행하다. 넘기다.

突き出る[つきでる] 〈下1自〉 ①뚫고 나오다. ②튀어나오다. 돌출하다.

突き通す[つきとおす] 〈5他〉 ①꿰뚫다. 관통하다. ②(의견을) 관철하다. 끝까지 주장하다.

突き破る[つきやぶる] 〈5他〉 ①눌러서 찢다. 찔러서 찢다. ②격파하다. 돌파하다.

突き合わせる[つきあわせる] 〈下1他〉 ①맞대다. ②대조하다. 맞추어 보다. ③대질시키다.

突き詰める[つきつめる] 〈5他〉 ①(끝까지) 밝혀내다. 규명하다. ②골똘히 생각하다.

音読

突撃[とつげき] 돌격; 돌진하여 공격함.

突貫[とっかん] 돌관; ①꿰뚫음. ②돌진함. ③벼락치기로 완성함.

突起[とっき] 돌기; ①높이 솟아오름. ②돌발. 갑자기 발생함.

突端❶[とったん] 돌출한 끝. 쑥 내민 끝. ❷[とっぱし] 튀어나온 끝. ❸[とっぱな] ①쑥 내민 끝. ②(사물의) 첫머리. 시초.

突拍子もない[とっぴょうしもない] 〈形〉 당치않다. 엉뚱하다. 얼토당토않다.

突発[とっぱつ] 돌발; 갑자기 발생함.

突飛[とっぴ] ①별남. 엉뚱함. 기발함. ②시세가 갑자기 오름.

¹突如[とつじょ] 갑자기. 별안간. 돌연.

²突然[とつぜん] 돌연; 갑자기. 느닷없이.

突然に[とつぜんに] 돌연; 갑자기. 느닷없이.

突入[とつにゅう] 돌입; 갑자기 뛰어듦.

突堤[とってい] 돌제; 바다 쪽으로 쑥 내민 제방.

突進[とっしん] 돌진; 거침없이 곧장 나아감.

突出[とっしゅつ] 돌출; 툭 튀어나옴.

突破[とっぱ] 돌파; ①쳐서 깨뜨림. ②어떤 기준에 도달하여 그것을 넘음.

突風[とっぷう] 돌풍; 갑자기 강하게 불어오는 바람.

呫 꾸짖을 돌

音 ⊗トツ
訓 ⊗はなし

訓読

⊗呫[はなし] (남에게 들려 주기 위한) 만담(漫談). 재담(才談). 옛날 이야기.

呫家[はなしか] 만담가(漫談家). 만담을 직업적으로 하는 사람.

冬(冬) 겨울 동

ノ ク 夂 冬 冬

音 ●トウ
訓 ●ふゆ

訓読

⁴●冬[ふゆ] 겨울.

冬景色[ふゆげしき] 겨울 경치.

冬枯れ[ふゆがれ] ①겨울에 초목이 마름. ②겨울의 쓸쓸한 경치. ③겨울철 불경기.

冬枯れる[ふゆがれる] 〈下1自〉 겨울에 초목이 마르다.

冬空[ふゆぞら] 겨울 하늘.

冬籠(も)り[ふゆごもり] 동면(冬眠). 겨울잠.

冬籠もる[ふゆごもる] 〈5自〉 겨울잠을 자다. 동면(冬眠)하다.

冬毛[ふゆげ] 동모; 겨울털.

冬木[ふゆき] ①잎이 떨어진 겨울나무. ②(겨울의) 상록수.

冬木立[ふゆこだち] 잎이 떨어진 숲 속의 겨울나무.

冬物[ふゆもの] 겨울옷.

冬服[ふゆふく] 동복; 겨울옷.

冬山[ふゆやま] ①황량한 겨울 산. ②겨울철의 등산.

冬越し[ふゆごし] 월동; 겨울을 남.

冬衣[ふゆごろも] 겨울옷.

冬日[ふゆび] ①겨울 햇살. ②(짧은) 겨울 하루.

冬作[ふゆさく] 겨울 작물. 월동 작물.

冬将軍[ふゆしょうぐん] 동장군; 혹한(酷寒).

冬場[ふゆば] 겨울철. 겨울 동안.

冬田[ふゆた] 작물을 심지 않은 겨울의 빈 논.

冬鳥[ふゆどり] 겨울 철새.

冬支度[ふゆじたく] 겨울 준비. 월동 준비.

冬菜[ふゆな] 겨울 나물.

冬向き[ふゆむき] 겨울용. 겨울에 적합함.

冬休み[ふゆやすみ] 겨울 휴가. 겨울 방학.

音読

冬季[とうき] 동계; 겨울철.

冬期[とうき] 동기; 겨울의 기간.

¹冬眠[とうみん] 동면; 겨울잠.

冬至[とうじ] 동지; 24절기의 하나로 12월 21일경.

同 한가지 동

丨 冂 冂 同 同 同

音 ●ドウ
訓 ●おなじ

訓読

⁴●同じ[おなじ] ① 〈形動〉 같음. 똑같음.
②〈副〉 어차피. 이왕에.

同じい[おなじい] 〈形〉 같다. 동일하다.

同じく[おなじく] ①똑같이. 마찬가지로.
②〈接〉 동. *같은 말을 반복해서 말할
때 사용함.

同じくは[おなじくは] 이왕이면. 같은 값이면.

¹同い年[★おないどし] 동갑. 나이가 같음.

音読

²同[どう] 동; ①같음. ②(앞서 말한) 그.
③마찬가지로.

同じる[どうじる] 〈上1自〉 동의하다. 찬성
하다.

同ずる[どうずる] 〈サ変自〉 동의하다. 찬성
하다.

¹同感[どうかん] 동감; 같은 느낌.

¹同居[どうきょ] 동거; ①(가족이) 한집에서
함께 삶. ②남과 같이 지냄. ③이질적인
것이 존재함.

²同格[どうかく] 동격; ①같은 자격. 대등한
격식. ②같은 격. ③(증권거래소에서) 같
은 품위의 품목.

同系[どうけい] 동계; 같은 계통.

同工異曲[どうこういきょく] 동공이곡; 대
동소이(大同小異).

同国[どうこく] 동국; ①같은 지방. 같은
고향. ②(앞서 말한) 그 나라.

同権[どうけん] 동권; 동등권.

¹同級[どうきゅう] 동급; ①같은 등급. ②같
은 학급.

同級生[どうきゅうせい] 동급생; 같은 학급
의 학생.

同期[どうき] 동기; ①같은 시기·기간.
②(앞서 말한) 그 시기·기간. ③입학·
졸업·연도가 같음. ④(기계의) 작동 시
기를 일치시킴.

同年[どうねん] 동년; ①같은 해. ②(앞서
말한) 그 해. ③동갑. 같은 나이.

同年輩[どうねんぱい] 동년배; 나이가 같은
또래.

同党[どうとう] 동당; ①같은 당파. ②(앞서
말한) 그 당.

同道[どうどう] 동도; 동반(同伴). 동행(同行).

¹同等[どうとう] 동등; 같은 등급.

同量[どうりょう] 동량; 같은 분량.

同列[どうれつ] 동렬; ①같은 줄. ②같은
지위·정도·대우. ③같은 동아리. ④동
행(同行)함. ⑤(앞서 말한) 그 줄.

²同僚[どうりょう] 동료; 같은 직장의 사람.

同類[どうるい] 동류; 같은 종류.

同率[どうりつ] 동률; 같은 비율.

¹同盟[どうめい] 동맹; ①함께 행동하기로
약속함. ②'全日本労働総同盟'의 준말.

同名[どうめい] 동명; 이름이 같음.

同文[どうぶん] 동문; ①쓰는 문자가 같음.
②같은 문장. ③(앞서 말한) 그 글.

同伴[どうはん] 동반; 같이 데리고 감.

同輩[どうはい] 동배; 나이나 신분이 서로
같은 사람.

同法[どうほう/どうぼう] 동법; ①같은 방
법. ②한 스승 밑에서 불법(仏法)을 닦는
동료.

¹同封[どうふう] 동봉; 편지에 함께 넣어 봉함.

¹同士[どうし] 〈接尾語〉 …끼리. 한패.

同士討ち[どうしうち] 같은 패끼리의 싸움.
집안싸움.

同色[どうしょく] 동색; 같은 색깔.

同棲[どうせい] 동서; 동거(同居). 결혼하지
않은 남녀가 함께 삶.

同席[どうせき] 동석; ①자리를 함께 함.
같은 모임에 참석함. ②같은 석차·지위.

同姓[どうせい] 동성; 성씨가 같음.

同性[どうせい] 동성; ①성(性)이 같음.
②성질이 같음.

同性愛[どうせいあい] 동성애; 동성 연애.

同数[どうすう] 동수; 같은 수효.

同乗[どうじょう] 동승; (탈것에) 함께 탐.

同市[どうし] 동시; (앞서 말한) 그 시.

²同時[どうじ] 동시; 같은 시각.

同氏[どうし] 동씨; 그분. (앞서 말한) 그분.

同案[どうあん] 동안; ①같은 안. ②(앞서
말한) 그 안.

同額[どうがく] 동액; 같은 금액.

²同様[どうよう] 마찬가지임. 다름없음.

同業[どうぎょう] 동업; 같은 영업.

同然[どうぜん] 동연; 똑같음.

同音[どうおん] 동음; ①같은 발음. ②(악기
의) 같은 높이의 소리.

同音語[どうおんご] 동음어.

同音異義語[どうおんいぎご] 동음 이의어.

¹同意[どうい] 동의; ①뜻이 같음. ②찬성. 승낙.

同義[どうぎ] 동의; 같은 뜻.

同人[どうにん/どうじん] 동인; ①그 사람. 문제의 인물. ②(앞서 말한) 그 사람. ③동호인.

²同一[どういつ] 동일; ①똑같음. 한가지임. ②동등함. 평등함.

同日[どうじつ] 동일; ①한날. 같은 날. ②그 날.

同点[どうてん] 동점; 점수가 같음.

¹同情[どうじょう] 동정; ①남의 불행을 가엾게 여겨 온정을 베풂. ②같은 느낌.

同情スト[どうじょうスト] 동정 파업.

¹同調[どうちょう] 동조; ①보조를 맞춤. 동의(同意). ②같은 가락. ③외부로부터의 전기 진동에 공명(共鳴)함.

同族[どうぞく] 동족; ①같은 종족. 같은 핏줄에 속함. ②원소가 같은 족임.

同舟[どうしゅう] 동주; 같은 배에 탐.

同重元素[どうじゅうげんそ] 동중원소; 원자량이 같고 화학적 성질이 다른 원소.

¹同志[どうし] 동지; 사상과 행동을 같이하는 사람.

同車[どうしゃ] 동차; 같은 차에 탐. 동승(同乘).

同窓[どうそう] 동창; 같은 학교를 졸업함.

同胞[どうほう/どうぼう] 동포; 한겨레.

同学[どうがく] 동학; 같은 학교. 동문(同門).

同行❶[どうぎょう] 동행; ①(불교에서) 함께 순례하는 사람. ②같은 종파의 사람. 함께 수도하는 사람. ❷[どうこう] 동행; ①함께 감. ②따라서 감. ③(문장에서) 같은 행(行). ④(앞서 말한) 그 행.

同郷[どうきょう] 동향; 고향이 같음.

同形[どうけい] 동형; 형상이나 형식이 같음.

同型[どうけい] 동형; 스타일이 같음.

同好会[どうこうかい] 동호회; 취미가 같은 사람들의 조직. 또는 그 모임.

同化[どうか] 동화; ①서로 다른 것이 닮아 같게 됨. 감화(感化)됨. ②(지식 등의) 소화. ③《植》동화.

同和[どうわ] 동화; '同胞一和'의 준말.

同会[どうかい] 동회; 그 회.

同訓[どうくん] 동훈; 글자는 다르나 같은 훈(訓)의 글자.

東　　동녘 동

一ア币币币亩更東東

音 ●トウ

訓 ●ひがし ⊗あずま

訓読

⁴●東❶[ひがし] 동; ①동쪽. ②동풍. ③관동(かんとう).

⊗東❷[あずま] 일본 동부 지방의 옛 이름.

東する[ひがしする] 〈サ変自〉 동쪽으로 가다.

東半球[ひがしはんきゅう] 동반구.

東方❶[ひがしがた] 동방; ①동쪽. ②(경기에서) 동서로 나눌 때의 동쪽 진영(陣營) 사람. ❷[とうほう] 동쪽.

東印度[ひがしインド] 동인도.

東日本[ひがしにっぽん] 동일본.

東支那海[ひがししなかい] 동지나해.

東側[ひがしがわ] (유럽 입장에서) 소련 및 소련에 동조하는 나라.

東風❶[ひがしかぜ/とうふう] 동풍; 동쪽에서 부는 바람. ❷[こち] 《雅》동풍; 춘풍(春風).

東向き[ひがしむき] 동향; 동쪽으로 향함.

音読

東京[とうきょう] 동경; 도쿄(Tokyo).

東京都[とうきょうと] 도쿄도. *한국의 '서울특별시'에 해당함.

東経[とうけい] 동경; 영국 그리니치 천문대를 지나는 경도(經度).

東欧[とうおう] 동구; 동유럽.

東宮[とうぐう] 동궁; 황태자.

東南[とうなん/ひがしみなみ] 동남.

東邦[とうほう] 동방; 동쪽 나라.

東北[とうほく] 동북; ①동북쪽. ②동북 지방.

²東西[とうざい] 동서; ①동쪽과 서쪽. ②동양과 서양.

²東西南北[とうざいなんぼく] 동서남북.

東亜[とうあ] 동아; 동쪽 아시아.

²東洋[とうよう] 동양; 오리엔트.

東漸[とうぜん] 동점; 세력을 차-차 동쪽으로 옮김.

東海[とうかい] 동해; 동쪽 바다.

東海道[とうかいどう] ①東京(とうきょう)에서 京都(きょうと)까지의 해안선을 따른 길. ②옛날 7도(道)의 하나. ③東京(とうきょう)에서 神戸(こうべ)까지의 간선 도로.

凍 얼 동

` 冫 冖 冫 冫 洦 洦 洠 凍 凍

音 ●トウ
訓 ●こおる ●こごえる ⊗いてる ⊗しみる

訓読

²●**凍る**[こおる]〈5自〉①(물이) 얼다. ②차게 느껴지다. ¶凍(こお)った 空気(くうき) 차디찬 공기.

凍(り)豆腐[こおりどうふ] 얼린 두부.

凍り付く[こおりつく]〈5自〉얼어붙다. 꽁꽁 얼다.

¹●**凍える**[こごえる]〈下1自〉(추위로 몸의 감각이) 곱다. 얼다. ¶手(て)が~ (추위로) 손이 곱다.

凍え付く[こごえつく]〈5自〉(추위로 몸의 감각이) 곱다. 얼어붙다.

凍え死に[こごえじに] 동사; 얼어 죽음.

凍え死ぬ[こごえしぬ]〈5自〉얼어 죽다.

⊗**凍てる**[いてる]〈下1自〉얼다. 얼어붙다.

⊗**凍みる**[しみる]〈上1自〉얼다. 얼어붙을 듯이 춥다.

音読

凍結[とうけつ] 동결; ①얼어붙음. ②(자산 등의 사용이나 이동을) 일정 기간 금한 상태.

凍死[とうし] 동사; 얼어 죽음.

凍傷[とうしょう] 동상; 심한 추위로 피부가 얼어서 상함.

凍害[とうがい] 동해; 추위나 서리로 인한 농작물의 피해.

洞 ①마을 동 ②꿰뚫을 통

` 氵 氵 汩 汩 洞 洞 洞 洞

音 ●ドウ
訓 ●ほら

訓読

●**洞**[ほら] 굴. 동굴.

洞穴[ほらあな/どうけつ] 동혈; 동굴.

音読

洞見[どうけん] 통견; 통찰.

洞窟[どうくつ] 동굴; 굴.

洞門[どうもん] 동문; ①굴 입구. ②동굴.

洞察[どうさつ] 통찰; 예리한 관찰력으로 어떤 사물을 환하게 내다봄.

洞穴[どうけつ/ほらあな] 동굴.

胴 큰창자/몸통 동

丿 刀 刀 月 月 刖 刖 胴 胴 胴

音 ●ドウ
訓 ―

音読

¹**胴**[どう] ①몸통. 동체(胴体). ②(악기의) 몸통. ③(배·비행기의) 동체. ④(검도·갑옷의) 가슴·배를 가리는 동의(胴衣).

胴巻(き)[どうまき] (돈을 넣어) 허리에 감는 전대(纏帯).

胴乱[どうらん] ①허리에 차는 네모난 가죽 자루. ②(어깨에 메는) 양철로 된 식물 채집통.

胴上げ[どうあげ] 헹가래.

胴欲[どうよく] ① 대단히 욕심이 많음. 탐욕스러움. ②무자비함.

胴切り[どうぎり] 몸통을 동강냄.

胴中[どうなか] ①몸통의 중간. ②한가운데. 중앙. 복판.

胴震い[どうぶるい] (추위나 무서움으로) 온몸이 떨림.

胴着[どうぎ] ①겉옷과 속옷 사이에 껴입는 방한 내복. ②(어떤 목적으로 몸에 걸치는) 조끼.

胴体[どうたい] 동체; 몸통.

胴締め[どうじめ] ①몸통을 죔. ②(여자의) 허리끈. ③(유도·레슬링의) 허리죄기.

胴回り[どうまわり] 몸통 둘레. 허리 둘레.

動 움직일 동

一 一 亓 亓 盲 旨 重 重 重 動 動

音 ●ドウ
訓 ●うごかす ●うごく ⊗やや

訓読

²●**動かす**[うごかす]〈5他〉①움직이게 하다. 움직이다. ②(위치를) 옮기다. ③(마음·상태를) 움직이다. ④행동하게 하다. ⑤활용하다.

⁴●**動く**[うごく]〈5自〉①(저절로) 움직이다. (기계가) 작동하다. ②(위치가) 바뀌다. 옮겨지다. ③(고정된 것이) 움직이다. 흔들리다. ④(마음·상태가) 흔들리다. 변하다. ⑤행동하다. 활동하다.

¹動き[うごき] ①움직임. 몸놀림. 동작. ②변화. 변천. ③동향. 동태. 동정.

動き回る[うごきまわる] 〈5自〉 ①이리저리 움직이다. 돌아다니다. ②활동하다.

⊗動もすると[ややもすると] 자칫하면. 곧잘.

⊗動もすれば[ややもすれば] ☞ 動もすると

音読

動[どう] 동; 움직임.

動じる[どうじる] 〈上1自〉 동요하다. 마음이 흔들리다.

動ずる[どうずる] 〈サ変自〉 ☞ 動じる

動悸[どうき] 동계; (가슴이) 두근거림. 심장의 고동이 평소보다 심하게 침.

¹動機[どうき] 동기; ①일을 발동시키는 계기. ②(음악의) 모티브.

動機付け[どうきづけ] 동기 부여.

動乱[どうらん] 동란; ①전란(戦乱). 소동. ②(마음이) 어지럽게 흔들림.

¹動力[どうりょく] 동력; 원동력.

動脈[どうみゃく] 동맥; 심장에서 나온 혈액을 온몸으로 보내는 혈관.

⁴動物[どうぶつ] 동물; 인간 이외의 살아 움직이는 짐승.

³動物園[どうぶつえん] 동물원.

²動詞[どうし] 동사; 사물의 움직임이나 작용을 나타내는 말.

動産[どうさん] 동산; 부동산 이외의 자산.

動植物[どうしょくぶつ] 동식물; 동물과 식물.

¹動揺[どうよう] 동요; ①흔들려 움직임. 움직여 흔들림. ②떠들썩함. 어수선함. 불안함.

¹動員[どういん] 동원; 어떤 목적을 위해 사람이나 물건을 집중시킴.

動議[どうぎ] 동의; 임시로 내놓는 의제.

²動作[どうさ] 동작; ①몸놀림. ②(기계가) 작동함.

¹動的[どうてき] 동적; 움직이고 있는 모양. 생기가 넘치는 모양.

動転[どうてん] ①깜짝 놀람. ②변천. 변화.

動電気[どうでんき] 동전기; 전류.

動静[どうせい] 동정; 움직임. 동태.

動態[どうたい] 동태; 움직이는 상태. 변동하는 상태. 활동하는 상태.

¹動向[どうこう] 동향; ①사람이나 물건의 움직임. ②사물의 움직이는 방향.

動画[どうが] 동화; 애니메이션.

働   일할 동

イ イ イ 作 作 侮 俑 侮 働 働

音 ●ドウ
訓 ●はたらかす ●はたらく

訓読

●働かす[はたらかす] 〈5他〉 ①일을 시키다. ②(정신을) 쓰다. 구사하다. ③(기계를) 움직이게 하다.

⁴働く[はたらく] 〈5自〉 ①일하다. ②(정신이) 움직이다. 활동하다. 잘 돌아가다. ③효과가 보이다. ④작용하다. ⑤ 《語学》 활용하다. 〈5他〉 (나쁜 짓을) 하다.

²働き[はたらき] ①일. 노동. ②기능. 작용. 효과. ③공적. 노고. ④재능. 능력. ⑤ 《語学》 활용. 어미 변화.

働き掛け[はたらきかけ] 압력. 제의.

働き掛ける[はたらきかける] 〈下1自〉 압력을 가하다. 손을 쓰다.

働き口[はたらきぐち] 일자리. 직장.

働き盛り[はたらきざかり] 한창 일할 나이.

働き手[はたらきて] ①(집안의) 기둥. ②(유능한) 일꾼.

働き者[はたらきもの] 유능한 일꾼.

棟   마룻대 동

十 木 朾 杧 杧 栌 栭 棟 棟 棟

音 ●トウ
訓 ●むね ●むな…

訓読

●棟❶[むね] ①(지붕의) 용마루. ②마룻대. ③칼등. ④(건물을 세는 말로) 동. 채. ❷[とう] ☞ [音読]

棟木[むなぎ] 마룻대로 쓰는 목재.

棟上げ[むねあげ] 상량(上樑). 상량식(上樑式).

棟割長屋[むねわりながや] 한 채의 집을 벽으로 칸막이해서 여러 세대로 나누는 긴 집.

音読

¹棟❶[とう] 건물. ¶研究(けんきゅう)〜 연구동. ¶病(びょう)〜 병동; 병원 건물. ❷[むね] ☞ [訓読]

棟梁[とうりょう] 동량; ①마룻대와 들보. ②목수의 우두머리. ③(한 나라를 버티는) 우두머리. 통솔자.

童　아이 동

` 一 亠 立 音 音 音 童 童 童`

音 ●ドウ
訓 ●わらべ ⊗わらわ ⊗わっぱ

訓読
●童[わらべ] 아동. 어린이들.
⊗童❶[わらわ] 아이. 10세 안팎의 남녀 아이. ❷[わっぱ] ①(어린아이를 욕하여 부르는 말로) 녀석. ②장난꾸러기. 개구 쟁이.
童歌[わらべうた] 동요(童謡). 어린이의 노래. *구전되어 내려온 자연 발생적인 어린이의 노래.

音読
童女[どうじょ/わらわめ] 동녀; 계집아이. 소녀. 여자아이.
童詩[どうし] 동시; ①어린이를 위한 시. ②어린이가 지은 시.
童心[どうしん] 동심; 어린이의 마음.
童顔[どうがん] 동안; ①어린이의 순진한 얼굴. ②나이에 비해 젊은 얼굴.
²童謡[どうよう] 동요; 어린이 노래.
童子[どうじ] 동자; ①아동. ②사미승(沙弥僧). ③불목하니. ④신불(神仏)을 믿는 남자.
童貞[どうてい] 동정; ①순결을 지켜 이성과 관계를 맺지 않음. ②수녀(修女).
童画[どうが] 동화; ①어린이를 위한 그림. ②어린이가 그린 그림.
²童話[どうわ] 동화; 어린이를 위한 이야기.

銅　구리 동

` ノ 스 스 午 余 金 釘 釘 釘 銅`

音 ●ドウ
訓 ⊗あかがね

音読
²銅[どう] 동; ①구리. ②'銅(どう)メダル'의 준말.
銅メダル[どうメダル] 동메달.
銅鉱[どうこう] 동광; ①구리를 캐는 광산. ②구리를 함유한 광산.
銅器[どうき] 동기; 구리로 만든 기구.
銅山[どうざん] 동산; 동광(銅鉱).

銅像[どうぞう] 동상; 구리로 만든 사람의 형상.
銅色[どうしょく/あかがねいろ] 구릿빛.
銅線[どうせん] 동선; 구리 철사.
銅板[どうばん] 동판; 구리판.
銅版[どうばん] 동판; 구리판에다 그림이나 문자를 새긴 인쇄용 활판.
銅貨[どうか] 동화; 동전(銅銭).

桐　오동나무 동

音 ⊗トウ
訓 ⊗きり

訓読
⊗桐[きり] ① ≪植≫ 오동나무. ②오동나무의 꽃잎을 본뜬 가문(家紋). ③'琴(こと)'의 딴 이름. ④(화투에서) 오동.
桐油❶[きりあぶら] 동유; 오동나무 열매로 짠 기름. ❷[とうゆ] ①동유; 오동나무 열매로 짠 기름. ②'桐油紙(とうゆがみ)'의 준말. ③'桐油合羽(とうゆがっぱ)'의 준말.

音読
桐油紙[とうゆがみ] 동유지; 오동나무 열매 기름을 칠한 방수지(防水紙).

憧　동경할 동

音 ⊗ドウ ⊗ショウ
訓 ⊗あこがれる

訓読
²⊗憧れる[あこがれる] 〈下1自〉 ①(이상적으로 여기고 있는 것에 강하게 마음이 이끌려) 동경하다. 그리워하다. ②(어떤 사물에 마음이 이끌려) 갈팡지팡하다.
¹⊗憧れ[あこがれ] 동경. 그리움.

音読
憧憬[どうけい/しょうけい] ≪文≫ 동경; 그리움.

瞳　눈동자 동

音 ⊗ドウ
訓 ⊗ひとみ

訓読
²⊗瞳[ひとみ] ①눈동자. 동공(瞳孔). 눈 중심에 있는 검고 둥근 부분. ②눈.

音読
瞳孔[どうこう] 동공; 안구(眼球)의 홍채 가운데에 있는 눈동자.
瞳子[どうし] 동자; 눈동자.

斗 말 두

丶 丶 二 斗

音 ◉ト
訓 ―

音読
斗搔(き)[とかき] 평미레. 평목.
斗酒[としゅ] 두주; 말술.

豆 콩 두

一 ┌ ㅠ ㅠ 戸 ㅸ 豆

音 ◉トウ
訓 ◉まめ

訓読
2◉豆[まめ] ① ≪植≫ 콩. ②(콩알 같은) 물
집. ③음핵(陰核). 공알.
豆絞り[まめしぼり] 콩알 모양의 무늬를 홀
치기 염색한 것. ＊수건으로 사용함.
豆男[まめおとこ] ①풍류와 여자를 좋아하
는 남자. ②몸집이 작은 남자. ③節分(せつ
ぶん)에 액막이로 콩을 뿌리는 남자.
豆女[まめおんな] 節分(せつぶん)에 액막이로
콩을 뿌리는 여자.
豆単[まめたん] 작은 영어 단어집.
豆粒[まめつぶ] 콩알.
豆粕[まめかす] 콩깻묵.
豆本[まめほん] (휴대용의) 아주 작은 책.
豆の粉[まめのこ] 콩가루. 콩고물.
豆撒き[まめまき] ①밭에 콩을 심음. ②입
춘 전날 밤 액막이로 콩을 뿌리는 행사.
豆蒔(き)[まめまき] ①밭에 콩을 심음. ②입
춘 전날 밤 액막이로 콩을 뿌리는 행사.
豆油[まめあぶら] ①두유; 콩기름. ②콩국.
豆自動車[まめじどうしゃ] 장난감 소형 자동차.
豆蔵[まめぞう] ①거리의 연예인. ②(비유
는 말로) 수다스러운 사람.
豆電球[まめでんきゅう] 꼬마 전구.
豆殿[まめどん] (江戸(えど)의 岡場所(おかばしょ)
에서) 유녀(遊女)의 시중을 들던 소녀.
豆煎(り)[まめいり] ①콩을 볶음. 볶은 콩.
②콩강정.

豆助[まめすけ] (조롱하는 말로) 신체가 작
은 남자.
豆鉄砲[まめでっぽう] 대나무로 만든 장난
감 총.
豆打ち[まめうち] 입춘 전날 밤 액막이로
콩을 뿌리는 행사.
豆炭[まめたん] 조개탄.
豆台風[まめたいふう] 규모가 아주 작은 소
규모의 태풍.

音読
豆腐[とうふ] 두부; 콩으로 만든 식품.
豆腐殻[とうふがら] 비지.
豆腐屋[とうふや] 두부 장수. 두부 가게.
豆腐汁[とうふじる] 두부 국.
豆乳[とうにゅう] 두유; 진한 콩국. ＊우유
나 모유(母乳)의 대용으로 섭취함.

痘 마마 두

丶 亠 广 疒 疒 疒 疗 痘 痘 痘 痘

音 ◉トウ
訓 ―

音読
痘苗[とうびょう] 두묘; 왁친.
痘瘡[とうそう] 두창; 천연두. 마마.
痘痕[とうこん/あばた] 두흔; 마마 자국. 곰
보 자국.
痘痕面[★あばたづら] 얽은 얼굴. 곰보딱지.

頭 머리 두

一 ㅁ ㅁ 戸 豆 豆 豆 頭 頭 頭 頭

音 ◉ズ ◉ト ◉トウ
訓 ◉あたま ◉かしら

訓読
4◉頭❶[あたま] ①(사람의) 머리. ②(동물
의) 대가리. ③두뇌. ④염두. 생각. ⑤머
리털. 머리카락. 두발. ⑥꼭대기. ⑦처
음. 시초. 선두. ⑧우두머리. 보스.
1◉頭❷[かしら] ①고개. ②머리털. ③우두머
리. 수령. 두목. ④맨 위. 첫머리. ⑤인
형의 머리. ⑥칼자루 끝의 소붙이. ⑦能
楽(のうがく)의 가발. ❸[ず/とう] ⇨ [音読]
頭から[あたまから] 처음부터. 무조건. 덮
어놓고. 아예.

頭ごなし[あたまごなし] 불문곡직. 무조건.
덮어놓고.

頭でっかち[あたまでっかち] ①짱구. 불균
형하게 머리만 큼. ②(물건의) 위쪽이
큼. ③(조직의) 간부가 지나치게 많음.
④말만 앞섬. 행동이 뒤따르지 않음.

頭金[あたまきん] ①계약금. 착수금. ②담
보물의 시가와 대부금과의 차액.

頭文字[かしらもじ] 머리글자.

頭分[かしらぶん] 두목. 우두머리.

頭書(き)[かしらがき] (본문 위의) 두주
(頭註).

頭の雪[かしらのゆき] 백발. 하얗게 센 머리.

頭数[あたまかず] 머릿수. 인원수.

頭勝ち[あたまがち] ①짱구. 불균형하게 머
리만 큼. ②콧대가 셈. 오만함.

頭役[かしらやく] 두목. 우두머리.

頭越し[あたまごし] ①(남의) 머리 너머.
②중개인 없이 직접함.

頭字[かしらじ] 머리글자.

頭株[あたまかぶ] ①두목. 우두머리. ②간
부. 중심 인물.

頭打ち[あたまうち] ①상한가(上限價). ②한
계점.

頭割り[あたまわり] ①인원수대로 나눔.
②(비용을) 인원수대로 할당함.

音読

頭❶[ず] 머리. ¶〜が高(たか)い 건방지다.
불손하다. ❷[とう](숫자에 접속하여 덩치
가 큰 동물을 세는 말로) 두; …마리. ❸
[あたま / かしら] ☞ [訓読]

頭角[とうかく] 두각; 뛰어남.

頭蓋骨[ずがいこつ] 두개골.

頭巾❶[ずきん] (방한・변장을 위해) 머리
나 얼굴을 가리는 쓰개. ❷[ときん] 수도
(修道)하는 행자(行者)가 쓰는 검고 조그
만 두건.

²頭脳[ずのう] 두뇌; ①뇌. ②지혜. 판단력.
③우수한 두뇌를 가진 사람. ④수뇌. 중
심 인물.

頭領[とうりょう] 두령; 두목. 우두머리.

頭目[とうもく] 두목; 우두머리.

頭髪[とうはつ] 두발; 머리털.

頭部[とうぶ] 두부; 머리 부분.

頭上[ずじょう] 머리 위.

頭状花[とうじょうか] 두상화; 많은 꽃이
한데 뭉쳐서 두상(頭状)을 이룬 꽃.

頭書[とうしょ] 두서; ①첫머리의 글. ②본
문의 상란(上欄)에 적어 넣음.

頭重[ずおも] ①머리 쪽이 무거움. ②거만
한 태도. ③보합세(保合勢).

²頭痛[ずつう] 두통; ①머리가 아픔. ②근
심. 걱정.

頭痛鉢巻(き)[ずつうはちまき] 머리를 싸매
고 고심함.

頭取[とうどり] ①은행장(銀行長). ②배우
분장실의 감독자. ③씨름꾼의 감독자.

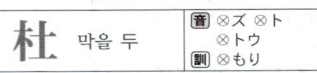

杜	막을 두	音 ⊗ズ ⊗ト ⊗トウ
		訓 ⊗もり

訓読

⊗杜[もり] 神社(じんじゃ)를 둘러싼 숲.

杜鵑❶[★ほととぎす] ≪鳥≫ 두견. ❷[とけ
ん] ≪文≫ 두견. 'ほととぎす'의 딴 이름.

杜漏[ずろう] 일이 조잡하고 허술함.

杜松[★ねず] ≪植≫ 두송; 노간주나무.

杜氏[とうじ/とじ] 두씨; ①술을 빚는 기술
자. ②간장 제조 기술자.

杜絶[とぜつ] 두절; 교통・통신이 막혀서
끊어짐.

杜撰[ずさん] 두찬; ①틀린 데가 많은 저술
물. ②엉터리. 날림.

兜	투구 두	音 ⊗ト
		訓 ⊗かぶと

訓読

⊗兜[かぶと] 투구.

兜の緒[かぶとのお] 투구의 끈.

兜首[かぶとくび] 투구를 쓴 죽은 대장의 목.

兜人形[かぶとにんぎょう] 투구를 쓴 무사
인형.

兜町[かぶとちょう] ①東京에 있는 日本橋(に
ほんばし)의 지명. ＊일본의 대표적인 증권
가. ②東京의 주식 시장.

兜虫[かぶとむし] ≪虫≫ 투구벌레. 투구풍
뎅이.

音読

兜巾[ときん] ≪仏≫ 수도하는 행자(行者)가
쓰는 검고 조그마한 두건.

兜率天[とそつてん] ≪仏≫ 욕계육천(欲界六
天)의 하늘.

[둔]

屯　　모일 둔

一 ㄣ 屮 屯

音 ●トン
訓 ⊗たむろ

音読
屯所[とんしょ] ①병영(兵営). ②明治(めいじ) 초기의 경찰서.
屯営[とんえい] 둔영; (군대가) 주둔함.
屯田兵[とんでんへい] 둔전병; 明治(めいじ) 초기에 北海道를 경비・개척하던 영농 병사.

鈍　　무딜 둔

ノ ㇓ 乍 牟 牟 金 釒 釕 釦 鈍

音 ●ドン
訓 ●にぶい ●にぶる ⊗のろい ⊗なまる ⊗なまくら

訓読
²●**鈍い❶**[にぶい] 〈形〉 ①무디다. ②둔하다. ③(동작이) 굼뜨다. 느리다. ④(빛이) 희미하다. ⑤(소리가)둔탁하다.
²⊗**鈍い❷**[のろい] 〈形〉 ①(일의 추진이) 느리다. ②(이해가) 둔하다. ③여자에 무르다.
²●**鈍る❶**[にぶる] 〈5自〉 ①무디어지다. 둔해지다. ②힘이 약해지다.
⊗**鈍る❷**[なまる] 〈5自〉 ①(칼날이) 무디어지다. ②(기술・의지・힘・기세 등이) 둔화되다. 무디어지다.

音読
鈍[どん] ①(날붙이가) 무딤. 무디어짐. ②(머리・행동이) 둔함. 굼뜸.
鈍する[どんする] 〈サ変自〉 둔해지다. 멍청해지다. 무디어지다.
鈍角[どんかく] 둔각; 90˚ 보다는 크고 180˚ 보다는 작은 각.
鈍感[どんかん] 둔감; 감각이 둔함.
鈍器[どんき] 둔기; ①무딘 날붙이. ②뭉툭한 흉기.
鈍才[どんさい] 둔재; 재주가 없는 사람.
鈍重[どんじゅう] 둔중; 둔하고 느림.
鈍痛[どんつう] 둔통; 무지근한 아픔.
鈍化[どんか] 둔화; 둔해짐.

遁ˣ(遁)　달아날 둔

音 ⊗トン
訓 ⊗のがれる

訓読
⊗**遁れる**[のがれる] 〈下1自〉 ①(위험한 범위 밖으로) 도망하다. 달아나다. ②벗어나다. 피하다. 면하다.
遁れ[のがれ] 벗어남. 모면함. 회ㅍ.

音読
遁世[とんせい] 둔세; ①은둔함. 은거(隠居)함. ②속세를 떠나 불문(仏門)에 들어감.
遁走[とんそう] 둔주; 도주. 도망.
遁避[とんぴ] 둔피; 속세를 버리그 한적한 곳에 은신함.

[득]

得　　얻을 득

音 ●トク
訓 ●える ●えたり ●うる

訓読
²●**得る❶**[える] 〈下1他〉 ①얻다. 손에 넣다. 획득하다. ②깨닫다. 이해하다 ❷[うる] 〈下2他〉 ①얻다. ②(동사 ます형에 접속하여) …할 수 있다.
得てして[えてして] 자칫. 곧잘. 흔히.
得ない[えない] …할 수 없다.
得手[えて] ①장기(長技). 특기. ②(어떤 일을) 가장 잘 하는 사람. ③그 장소. 그 물건. 그 사람. ④≪俗≫ 원숭이.
得手勝手[えてかって] 제멋대로임. 자기 본위임.
得体[えたい] 정체(正体). 본성.

音読
²**得**[とく] 득; ①이득. ②〈形動〉 유리함.
得する[とくする] 〈サ変自〉 득보ㄷ.
得失[とくしつ] 득실; 이익과 손실.
得心[とくしん] 납득. 이해.
²**得意**[とくい] 득의; ①만족. ②뽐냄. 으스댐. ③장기(長技). 특기. ④단골 손님.
得意先[とくいさき] 단골 손님. 단골집.
¹**得点**[とくてん] 득점; 점수를 얻음.
得策[とくさく] 득책; 상책(上策).
得票[とくひょう] 득표; 표를 얻음.

[등]

灯 (燈)　등불 등

丶　丷　ナ　火　火゛　灯

音 ●トウ
訓 ●ひ ⊗ともす ⊗ともる

訓読

●灯❶[ひ] 등; 등불. 불빛.
⊗灯❷[ともし] 등; 등불. 불빛.
⊗灯す[ともす/とぼす] 〈5他〉(등불을) 켜다.
⊗灯る[ともる] 〈5自〉(등불이) 켜지다.
灯火❶[ともしび] ①등불. ②횃불. ❷[とうか] 등화; 등불.

音読

²灯台[とうだい] ①등대. ②등잔 받침대. ③촛대.
灯台守[とうだいもり] 등대지기.
灯台下暗し[とうだいもとくらし] 등잔 밑이 어둡다.
灯籠/灯篭[とうろう] 등롱; 돌·나무·금속 등으로 동그랗게 만들어 그 안에 불을 켜 두게 만든 것.
灯明[とうみょう] 등명; 신불(神仏)에게 바치는 등불.
灯影[★ほかげ] ①불빛. 등불 빛. ②불빛에 비치는 그림자.
²灯油[とうゆ] 등유; 등불을 켜는 데 쓰는 기름.
灯下[とうか] 등하; 등불 밑.
灯火❶[とうか] 등화; 등불. ❷[ともしび] ①등불. ②횃불.

登　오를 등

フ　フ゛　ア゛　癶　癶゛　癶𠆢　咎　登　登

音 ●ト ●トウ
訓 ●のぼる

訓読

⁴●登る[のぼる] 〈5自〉(높은 곳에) 오르다.
登り口[のぼりぐち] ①산길의 어귀. ②층계의 초입.
登り坂[のぼりざか] ①오르막. ②상승기세.
登り詰める[のぼりつめる] 〈下1自〉꼭대기까지 오르다. 정상에 도달하다. 다 오르다.

音読

登高[とうこう] 등고; 높은 곳에 오름.
¹登校[とうこう] 등교; 학생이 학교에 감.
登記[とうき] 등기; 등기부에 기록함.
登壇[とうだん] 등단; 연단·교단에 오름.
¹登録[とうろく] 등록; 공식 기록에 오름.
²登山[★とざん] 등산; 높은 산에 오름.
登山靴[★とざんぐつ] 등산화.
登用[とうよう] 등용; 좋은 지위에 올려 씀.
登竜門[とうりゅうもん] 등용문; 출세의 관문.
登院[とういん] 등원; 의원(議員)이 의회에 출석함.
²登場[とうじょう] 등장; 무대에 나타남.
登載[とうさい] 등재; 서류에 기록함.
登頂[とうちょう] 등정; 산꼭대기에 오름.
登庁[とうちょう] 등청; 관청에 출근함.
登坂[とうはん] 등판; (자동차가) 고개를 올라감.
登板[とうばん] 등판; (야구에서) 투수가 마운드에 섬.

等　등급/같을 등

丿　𠂉　𥫗　𥫗゛　𥫗゛゛　𥫗竹　笋　等　等　等

音 ●トウ
訓 ●ひとしい ⊗など ⊗…ら

訓読

²●等しい[ひとしい] 〈形〉①같다. 동일하다. 똑같다. ②마찬가지다. 다름없다.
⊗等❶[など] …등. 따위. 등등. ❷[ら] ①(복수를 나타내는 말로) …들. ②(방향·장소·때의) 쯤. 때. 곳. ❸[とう] ☞ [音読]

音読

²等❶[とう] (숫자에 접속하여) 등; 순위. 등급. ❷[など/ら] ☞ [音読]
等価[とうか] 등가; 같은 값어치.
等距離[とうきょり] 등거리; 같은 거리.
等高線[とうこうせん] 등고선; 수평 곡선.
¹等級[とうきゅう] 등급; 등수.
²等分[とうぶん] 등분; 똑같은 분량.
等時性[とうじせい] 등시성; 시간의 간격이 일정하여 똑같음.
等式[とうしき] 등식; '='로 묶는 관계식
等身[とうしん] 등신; 제 키와 똑같은 높이.
等圧線[とうあつせん] 등압선; 기압이 같은 지점을 연결한 선.
等外[とうがい] 등외; 정한 등급 밖.

等温[とうおん] 등온; 온도가 똑같음.
等質[とうしつ] 등질; 같은 성질.
等親[とうしん] 등친; 촌(寸). 촌수(寸数).
等閑❶[とうかん] 등한; 소홀함. ❷[なおざり]
〈形動〉 등한함. 소홀함.
等号[とうごう] 등호; 같음 표. =.

謄 (謄) 베낄 등

月 月' 厂 厂 胖 胖 胖 胖 謄 謄

音 ●トウ
訓 ―

音読
謄本[とうほん] 등본; ①(호적 등본이나 등
기부 등본의) 원문의 내용을 모두 그대로
복사한 문서. ②호적 등본.
謄写[とうしゃ] 등사; ①베낌. ②등사판으
로 인쇄함.
謄写版[とうしゃばん] 등사판; 등사로 찍어
낸 인쇄물.

騰 (騰) 오를 등

月 月' 胖 胖 胖 胖 騰 騰 騰 騰

音 ●トウ
訓 ⊗あがる ⊗あげる

訓読
⊗**騰がる**[あがる] 〈5自〉 (값이) 오르다.
騰(り)馬[あがりうま] 뛰어오르는 말.
⊗**騰げる**[あげる] 〈下1他〉 (값을) 올리다.

音読
騰貴[とうき] 등귀; 값이 오름.
騰落[とうらく] 등락; 물가의 오름과 내림.
騰勢[とうせい] 등세; 물가의 오름세.

藤 등나무 등

| 音 | ⊗トワ |
| 訓 | ⊗ふじ |

訓読
⊗**藤**[ふじ] ① ≪植≫ 등나무. ②연한 보랏
빛. 연보라. ③'藤衣(ふじごろも)'의 준말.
藤葛[ふじかずら] ①등나무 덩굴. ②덩굴성
식물의 총칭.
藤袴[ふじばかま] ≪植≫ 등골나물.
藤浪[ふじなみ] ≪文≫ 등나무꽃. ＊등나무
꽃이 바람에 나부끼는 모양을 물결에 비
긴 말임.
藤笠[ふじがさ] 등나무 덩굴로 만든 갓.
藤蔓[ふじづる] 등나무 덩굴.
藤棚[ふじだな] ①등나무 시렁. ②등나무꽃
을 감상하도록 만든 선반.
藤色[ふじいろ] 연보라. 연한 보랏빛.
藤衣[ふじごろも] ①등나무나 칡 섬유로 만
든 옷. ②삼베로 지은 상복.
藤波[ふじなみ] 등나무꽃. ＊등나무꽃이 바
람에 나부끼는 모양을 물결에 비긴 말임.
藤行李[ふじごうり] 등나무 덩굴르 만든 고
리짝.

音読
藤四郎[とうしろう/とうしろ] ≪俗≫ 풋내기.
초심자. ＊'素人(しろうと)'를 거꾸로 읽어 사
람 이름처럼 쓰는 은어임.

[라]

裸 벌거숭이 라

ク ラ ネ ネ 衤 衤 衤 裸 裸 裸

音 ●ラ
訓 ●はだか

訓読

²●**裸**[はだか] ①알몸. 맨몸. 벌거숭이. 나체. 누드. ②(아무것도 덮지 않은) 벌거숭이. ③빈털터리. 무일푼. 알거지. ④솔직함. 있는 그대로임.

裸馬[はだかうま] 안장을 얹지 않은 말.

裸麦[はだかむぎ] 나맥; 쌀보리.

裸文[はだかぶみ] 봉투에 넣지 않은 편지.

裸ん坊[はだかんぼう] 알몸뚱이. 벌거숭이.

裸山[はだかやま] 민둥산.

裸相場[はだかそうば] 권리금이 포함되지 않은 시세.

裸商売[はだかしょうばい] ①맨몸으로 하는 직업. ②무일푼으로 하는 직업.

裸線[はだかせん] 나선; 절연체로 피복하지 않은 전선.

裸身❶[はだかみ] ①나신; 알몸. 나체. ②빼어든 칼. ❷[らしん] 나신; 알몸. 나체.

裸踊り[はだかおどり] 나체 춤. 스트립 쇼.

裸傭船[はだかようせん] 선원 없이 배만 빌리는 것.

裸一貫[はだかいっかん] 몸뚱이 하나. 맨몸. 빈주먹.

裸電球[はだかでんきゅう] 알 전구. 갓이나 덮개 등을 씌우지 않고 사용하는 전구.

¹**裸足**[★はだし] ①맨발. ②무색함. 맨발로도 못 따라감.

裸参り[はだかまいり] (추운 날에) 벌거벗고 신불(神仏)에 참배함.

音読

裸女[らじょ] 나녀; 벌거벗은 여자.

裸婦[らふ] 나부; 벌거벗은 여자.

裸像[らぞう] 나상; 나체상.

裸身❶[らしん] 나신; 알몸. 나체. ❷[はだかみ] ①나신; 알몸. 나체. ②빼어든 칼.

裸眼視力[らがんしりょく] 나안 시력; 안경을 쓰지 않은 시력.

裸体[らたい] 나체; 알몸. 벌거숭이.

裸形[らぎょう/らけい] (사람의) 알몸의 모습.

羅 벌릴 라

罒 罒 罒 罞 罞 羉 羉 羉 羉 羉 羅

音 ●ラ
訓 ―

音読

羅生門[らしょうもん] 나생문. *옛날 京都(きょうと)의 朱雀(すざく) 대로 남쪽의 큰 대문. *후에 황폐되어 시체를 버리는 장소와 도둑의 소굴이 되었음.

羅列[られつ] 나열; 열거(列擧).

羅針盤[らしんばん] 나침반.

羅針儀[らしんぎ] 나침의; ①컴퍼스. ②나침반.

螺 소라 라

音 ⊗ラ
訓 ⊗にし

訓読

⊗**螺**[にし] (바다에서 나는) 고둥의 총칭. *우렁이·고둥·소라 등.

²**螺子**[★ねじ] ①나사(螺糸). ②(시계 등의) 태엽을 감는 장치.

螺子切り[★ねじきり] 나사의 홈을 팜.

螺子釘[★ねじくぎ] 나사못.

螺子回し[★ねじまわし] 드라이버.

音読

螺旋[らせん] 나선; 나사 모양으로 된 것.

螺旋状[らせんじょう] 나선 상태. 나사 모양.

螺旋形[らせんけい] 나선형; 나사 모양.

螺線[らせん] ≪数≫평면상에서의 소용돌이 모양의 곡선.

螺鈿[らでん] 나전; 자개.

癩 문둥병 라

音 ⊗ライ
訓 ⊗かったい

訓読

⊗**癩**[かったい] 나병; 문둥병. 한센병.

癩坊[かったいぼう] 문둥이.

音読

癩菌[らいきん] 나균; 나병균.

癩病[らいびょう] 나병; 문둥병.

癩病人[らいびょうにん] 나병인; 문둥병자.

癩者[らいしゃ] 나환자. 문둥병자.

癩患者[らいかんじゃ] 나환자; 문둥병자.

落 떨어질 락

一 十 艹 艹 莎 莎 莈 落 落

音 ●ラク
訓 ●おちる ●おとす

訓読

3 ●落ちる[おちる] 〈上1自〉①(위에서 아래로) 떨어지다. ②(시험에) 낙제하다. ③(수준이) 떨어지다. ④(경매에) 낙찰되다. ⑤(계략에) 걸려들다. 빠지다. ⑥(때·색깔이) 빠지다. 바래다. ⑦무너져 내리다. ⑧누락되다. ⑨자백하다. ⑩(몰래) 빠져나가다. ⑪(성이) 함락되다. ⑫기절하다. ⑬저속해지다. 상스러워지다. ⑭(살이) 빠지다.

落ちぶれる[おちぶれる] 〈下1自〉(사람·세력·살림이) 몰락하다. 보잘것 없이 찌그러지다.

落ち掛かる[おちかかる] 〈5自〉①(물건 위에) 떨어지다. ②지금 막 떨어지려고 하다.

落ち口[おちぐち] ①(물이 흘러내려) 떨어지는 곳. ②떨어지기 시작함. ③(입찰의) 낙찰자. ④(복권의) 당첨자.

落ち度[おちど] 잘못. 실수. 과실.

落ち目[おちめ] ①내리막길. 사양길. 한물감. ②(상품의 중량이) 송장(送狀)의 내용보다 줄어 있음.

落ち武者[おちむしゃ] 싸움에 패하고 도망치는 무사.

落ち穂[おちぼ] (떨어진) 이삭.

落ち様[おちざま] ①떨어지려고 하는 찰나. ②떨어지는 모양.

落ち延びる[おちのびる] 〈上1自〉 멀리 도망치다. 달아나다.

落ち葉[おちば] 낙엽.

落ち窪む[おちくぼむ] 〈5自〉 움푹 패다.

1 落ち込む[おちこむ] 〈5自〉①(물·함정에) 빠지다. ②(나쁜 상태에) 빠지다. ③움푹 들어가다. ④(실적이) 뚝 떨어지다. ⑤침울해지다.

1 落ち着き[おちつき] ①침착성. 침착한 태도. ②안정감.

落ち着き払う[おちつきはらう] 〈5自〉 매우 침착하다. 태연자약하다.

2 落ち着く[おちつく] 〈5自〉①자리잡다. 정착하다. ②(마음이) 가라앉다. 차분해지다. 침착해지다. ③안정되다. 진정되다. ④(소란이) 가라앉다. ⑤결말이 나다. 낙착되다. ⑥(분위기가) 차분하다. 좋잖다.

落ち着ける[おちつける] 〈下1他〉①(마음을) 안정시키다. 진정시키다. ②(물건을) 안정된 상태에 두다.

落ち合う[おちあう] 〈5自〉①(약속 장소에서) 만나다. ②(산·강이) 합류하다.

3 ●落とす[おとす] 〈5他〉①(위에서 아래로) 떨어뜨리다. ②(실수하여) 빠뜨리다. ③분실하다. 잃어버리다. ④(깜박 잊고) 빠뜨리다. ⑤(정도를) 떨어뜨리다. ⑥(뒤에) 남겨두다. 떨어뜨리다. ⑦낙찰되다. ⑧(성을) 함락시키다. ⑨(더러움을) 없애다. ⑩(나쁜 상태로) 떨어뜨리다. ⑪삭제하다. 빼다. 빼내다. ⑫도피시키다. ⑬(유도에서) 기절시키다. ⑭(동물을) 죽이다. ⑮실망하다. 기가 죽다. ⑯낙태시키다.

2 落(と)し物[おとしもの] 분실물(紛失物).

落(と)し子[おとしご] ①사생아. 서자(庶子). ②달갑지 않은 부산물.

落(と)し穴[おとしあな] ①함정. ②계략. 모략. 책략.

落(と)し話[おとしばなし] (재미있는) 만담(漫談).

音読

落果[らっか] 낙과; 열매가 떨어짐. 떨어진 열매.

落胆[らくたん] 낙담. 실망.

落雷[らくらい] 낙뢰; 벼락이 떨어짐.

落馬[らくば] 낙마; 말에서 떨어짐.

落盤[らくばん] 낙반; 갱내에서 천장이나 암벽이 무너짐.

落書き[らくがき] 낙서; 아무데나 글씨를 쓰거나 그림을 그림.

落選[らくせん] 낙선; ①선거에서 떨어짐. ②(출품 등에서) 뽑히지 않음.

落成[らくせい] 낙성; 준공(竣工).

落城[らくじょう] 낙성; ①성이 적에게 함락됨. ②설득되어 승낙함. ③견디지 못하고 포기함.

落手[らくしゅ] ①편지를 받음. ②(장기·바둑에서) 실수한 수. 놓친 수.

落語[らくご] 만담(漫談).

落伍[らくご] 낙오; ①대오에서 탈락함. ②경쟁에서 뒤짐.

落日[らくじつ] 낙일; 석양. 지는 해.
落丁本[らくちょうほん] 낙정본; 책장이 빠진 책.
²落第[らくだい] 낙제; ①불합격. 낙방. ②유급(留級).
落差[らくさ] 낙차; ①물의 낙차. ②(높낮이의) 차. 격차.
落下傘[らっかさん] 낙하산.
落花[らっか] 낙화; 꽃이 떨어짐.
落花生[らっかせい] 낙화생; 땅콩.

絡 이을 락

` く 幺 幺 千 糸 糸 紹 紹 絡 絡`

音 ●ラク
訓 ●からます ●からまる ●からむ ●からめる

訓読
●絡ます[からます] 〈5他〉①휘감기게 하다. 얽히게 하다. ②(이야기를) 복잡하게 하다.
●絡ませる[からませる] 〈下1他〉(‘絡(から)む’의 사역형으로) 휘감기게 하다. 얽히게 하다. 관련시키다.
●絡まる[からまる] 〈5自〉①휘감기다. 감기다. ②(문제가) 얽히다. ③트집을 잡다. 시비를 걸다.
●絡める[からめる] 〈下1他〉①휘감다. 얽다. ②(엿·사탕·고물 등) 끈기있는 것을 묻히다. ③관련시키다. 연관시키다.
¹●絡む[からむ] 〈5自〉①휘감기다. ②(문제가) 얽히다. ③집적거리다. 〈5他〉휘감다.
絡み[がらみ] (명사에 접속하여) 얽힘. 관계됨.
絡み付く[からみつく] 〈5自〉①휘감기다. 달라붙다. ②집적거리다. 치근거리다.
絡繰り人形[からくりにんぎょう] 꼭두각시. 자동인형.
絡み合い[からみあい] ①뒤얽힘. 서로 얽힘. ②복잡한 관계.
絡み合う[からみあう] 〈5自〉①뒤얽히다. 서로 얽히다. ②(문제가) 복잡하게 얽히다.

音読
絡繹[らくえき] 낙역; 인마(人馬)의 왕래가 빈번함.

楽(樂) ①즐거울 락 ②풍류 악 ③좋아할 요

`ⲅ ⲅ ⲅ ⲅⲅ ⲅⲅ ⲅⲅ ⲅⲅ 楽 楽 楽`

音 ●ラク ●ガク
訓 ●たのしい ●たのしみ ●たのしむ ●たのしめる

訓読
⁴●楽しい[たのしい] 〈形〉즐겁다. 유쾌하다.
楽しがる[たのしがる] 〈5自〉즐거워하다.
楽しさ[たのしさ] 즐거움.
³●楽しみ[たのしみ] ①즐거움. 낙. 재미. ②즐거움으로 삼음. ③〈形動〉기다려짐. 고대함. 기대함.
³●楽しむ[たのしむ] 〈5他〉①즐기다. ②취미로 즐기다. ③낙으로 삼다.
●楽しめる[たのしめる] 〈下1自〉즐길 수 있다.

音読
²楽❶[らく] ①편함. 편안함. ②(생활이) 넉넉함. ③손쉬움. 용이함. 수월함. ④끝남. 끝냄. ⑤(흥행의) 마지막 날.
楽❷[がく] ①음악. ②아악(雅楽). ③(能楽(のうがく)에서) 무악(舞楽)의 기법을 도입한 춤.
楽曲[がっきょく] 악곡; ①음악의 곡조. ②곡조를 나타내는 부호.
¹楽観[らっかん] 낙관; 긍정적으로 생각함.
楽劇[がくげき] 악극; 뮤직 드라마.
楽器[がっき] 악기; 음악을 연주하는 기구.
楽団[がくだん] 악단; 음악을 연주하는 단체.
楽壇[がくだん] 악단; 음악계. 음악 세계.
楽隊[がくたい] 악대; 음악을 연주하는 단체.
楽楽と[らくらくと] ①넉넉히. 너끈히. ②손쉽게. 가볍게. 쉽사리.
楽譜[がくふ] 악보; 음악의 곡조를 일정한 부호를 써서 나타낸 것.
楽士[がくし] 악사; 음악을 연주하는 사람.
楽師[がくし] 악사; 아악(雅楽) 연주자.
楽聖[がくせい] 악성; 위대한 음악가.
楽勝[らくしょう] 낙승; 쉽게 이김.
楽屋[がくや] ①무대 뒤. 분장실. ②내막. 이면(裏面). ③(雅楽에서) 악사(楽師)가 음악을 연주하는 곳.
楽屋落ち[がくやおち] ①(연극·만담에서) 당사자끼리만 통하고 관객들은 모르는 일. ②당사자끼리만 아는 일.

楽日[らくび] 흥행 기간의 마지막 날.
楽章[がくしょう] 악장; 악곡의 장.
楽長[がくちょう] 악장; 주악(奏楽) 단체의 장.
楽典[がくてん] 악전; 악보에 관한 규칙을 쓴 책.
楽天[らくてん] 낙천; ①세상과 인생을 즐겁게 생각함. ②태평스러움.
楽寝[らくね] 안면(安眠), 편안하게 잠을 잠.

酪　쇠젖 락

一 丆 酉 酉 酉 酉 酌 酪 酪

音 ●ラク
訓 ―

¹酪農[らくのう] 낙농; 소·양을 기르며 우유·버터·치즈 등을 생산하는 농업.
酪酸[らくさん] 낙산; 부티르산.

洛　서울/물 락

音 ⊗ラク
訓 ―

洛[らく] ①수도(首都), 서울. ②京都(きょうと).
洛南[らくなん] 京都(きょうと)의 남쪽 지역.
洛内[らくない] 京都(きょうと)의 시내.
洛東[らくとう] 京都(きょうと)의 동쪽 지역.
洛北[らくほく] 京都(きょうと)의 북쪽 지역.
洛西[らくせい] 京都(きょうと)의 서쪽 지역.
洛外[らくがい] 京都(きょうと)의 시외.
洛中[らくちゅう] 京都(きょうと)의 시내.

烙　불로지질 락

音 ⊗ラク
訓 ―

烙印[らくいん] 낙인; ①불에 달구어 찍는 쇠도장, 화인(火印). ②씻기 어려운 불명예스러운 이름.

駱　낙타 락

音 ⊗ラク
訓 ―

駱駝[らくだ] ① ≪動≫ 낙타. ②낙타의 털로 만든 털실·모직

〔 란 〕

乱 (亂)　어지러울/난리 란

一 ㇀ 千 千 舌 舌 乱

音 ●ラン
訓 ●みだす ●みだれる

訓読

²●乱す[みだす] 〈5他〉 ①흐트러뜨리다. ②(세상·마음을) 어지럽히다.
²●乱れる[みだれる] 〈下1自〉 ①흐트러지다. ②어수선해지다. 뒤숭숭해지다. ③난잡해지다. 문란해지다.
乱れ[みだれ] ①흐트러짐. 어지러움. 혼란. ②(能楽(のうがく)에서) 속도가 조금씩 변하는 춤이나 반주. ③(筝曲(そうきょく)에서) 단(段)과 악절(楽節)의 박수(拍数)가 복잡하게 변화하는 곡.
乱れ髪[みだれがみ] 마구 흐트러진 머리. 어수선한 머리.
乱れ飛ぶ[みだれとぶ] 〈下1自〉 어지럽게 날아다니다. 난무(乱舞)하다.
乱れ箱[みだればこ] 뚜껑 없는 상자.

音読

乱[らん] 난; ①난리. 난동. ②문란함. ③음악·시가(詩歌)의 최후의 장(章).
乱撃[らんげき] 난격; 아군과 적군이 뒤섞이어 공격함.
乱高下[らんこうげ] 물가의 변동이 심함.
乱交[らんこう] 난교; 혼음(混淫).
乱読[らんどく] 난독; 닥치는 대로 읽음.
乱立[らんりつ] 난립; 질서 없이 늘어섬.
乱麻[らんま] 난마; 어지럽게 얽혀 혼란스런 상태.
乱売[らんばい] 투매(投売). 덤핑.
乱脈[らんみゃく] 난맥; 질서가 어지러움.
乱舞[らんぶ] 난무; ①어지럽게 춤을 춤. ②(能楽(のうがく)에서) 연기 사이어 추는 춤.
乱発[らんぱつ] 난발; ①말을 함부로 함. ②총알을 마구 발사함. ③남발(濫発). 수표를 함부로 발행함.
乱費[らんぴ] 낭비(浪費).
乱射[らんしゃ] 난사; 총알을 마구 발사함.
乱世[らんせい] 난세; 어지러운 세상.

乱視[らんし] 난시; 물체를 바르게 보지 못하는 눈.

乱用[らんよう] 남용(濫用). 함부로 마구 씀.

乱入[らんにゅう] 난입; 어지럽게 함부로 들어감.

乱作[らんさく] 남작(濫作). 함부로 많이 지어냄.

乱雑[らんざつ] 난잡; 뒤섞여 질서가 없음.

乱戦[らんせん] 난전; ①혼전(混戦). 혼란한 싸움. ②좀처럼 판가름나지 않는 어지러운 경기.

乱丁[らんちょう] 책 페이지 순서가 뒤바뀐 것.

乱造[らんぞう] 남조(濫造). 마구 만듦.

乱調子[らんちょうし] ①(가락·상태가) 흐트러짐. ②시세의 변동이 심함.

乱痴気騒ぎ[らんちきさわぎ] ①야단법석을 떪. ②남녀간의 치정(痴情) 싸움.

乱打[らんだ] 난타; ①마구 때림. ②(야구·정구에서) 시합 전의 연습.

乱闘[らんとう] 난투; 서로 덤벼들어 어지럽게 싸움.

²乱暴[らんぼう] 난폭; 거침. 사나움.

乱筆[らんぴつ] 난필; ①마구 휘갈긴 필적. ②자기 필적에 대한 겸양어.

乱行[らんぎょう/らんこう] 난행; 행패. 문란한 행동.

乱獲[らんかく] 남획(濫獲); 가리지 않고 마구 잡음.

卵 알 란

一 厂 厂 厂 厂 卯 卯 卵

音 ●ラン
訓 ●たまご

訓読
²●卵[たまご] ①(새·벌레·물고기의) 알. ②달걀. 계란. ③햇병아리. 올챙이.

卵豆腐[たまごどうふ] ①순두부에 달걀을 넣어 찐 요리. ②맛을 내어 끓인 국물에 달걀을 풀어 낸 요리.

卵色[たまごいろ] ①달걀색. ②연한 노란색.

卵焼き[たまごやき] 달걀 부침.

卵型[たまごがた] 달걀 모양. 계란형.

音読
卵殻[らんかく] 난각; 알껍데기.

卵管[らんかん] 《生理》 난관; 나팔관.

卵白[らんぱく] (달걀의) 흰자위.

卵生❶[らんじょう] 《仏》 난생; 사생(四生)의 한 가지. *조류(鳥類) 등. ❷[らんせい] 난생; 알을 낳아 새끼를 까는 것.

卵巣[らんそう] 난소.

卵子[らんし] 난자: 자성(雌性)의 생식 세포.

卵黄[らんおう] 노른자위.

欄(欄) 난간/난 란

木 朴 朴 柞 柞 柞 欄 欄 欄 欄

音 ●ラン
訓 ―

音読
²欄[らん] ①(계단·툇마루·다리 등의) 가장자리에 세워 놓은 살. 난간. ②(인쇄물에서 구분하기 위한) 둘레. 테. ③(신문·잡지에서) 특정 기사의 구분.

欄干[らんかん] 난간; 계단·툇마루·다리 등의 가장자리에 나무나 쇠붙이로 가로세로 세워 놓은 살.

欄外[らんがい] 난외; 테두리 밖.

蘭(蘭) 난초 란

音 ⊗ラン
訓 ―

音読
蘭[らん] ① 《植》 난; 난초. ②'네덜란드'의 약칭.

蘭交[らんこう] 난교; 친밀한 교제.

蘭書[らんしょ] 네덜란드 서적.

蘭語[らんご] 네덜란드어.

蘭学[らんがく] 네덜란드 학문.

爛 빛날/썩을 란

音 ⊗ラン
訓 ⊗ただれる

訓読
⊗爛れる[ただれる] 〈下1自〉 ①(피부가) 짓무르다. ②(탐닉하여) 문란해지다.

爛れ目[ただれめ] 짓무른 눈. 염증이 난 눈.

音読
爛として [らんとして] 찬란히.

爛爛[らんらん] ①반짝반짝 빛나는. ②눈빛이 날카롭게 빛남.

爛漫[らんまん] 난만; ①꽃이 만발함. ②밝게 나타나 보임.

〔람〕

覽(覧) 볼 람

丨 厂 厂 FF FF FF 臣欠 暫 覽

音 ●ラン
訓 —

音読
³ご覧[ごらん] ①보심. ¶～になる 보시다.
¶～に入(い)れる 보여 드리다. ¶～の通(と
お)り 보시는 바와 같이. ②보시오. ¶あ
れを～ 저것 좀 봐요.

濫 넘칠/함부로 람

氵 氵 氵 氵' 氵厂 泙 泙 浩 濫 濫

音 ●ラン
訓 ⊗みだり

訓読
⊗濫り[みだり] 〈形動〉①함부로 함. 무분별
함. ②무질서함.

音読
濫読[らんどく] 남독; 책을 닥치는 대로 읽음.
濫伐[らんばつ] 남벌; 나무를 마구 베어냄.
¹濫用[らんよう] 남용; 함부로 마구 씀.
濫獲[らんかく] 남획; 가리지 않고 마구 잡음.

嵐 산기운/아지랑이 람

音 ⊗ラン
訓 ⊗あらし

訓読
⊗嵐[あらし] ①강풍(強風). 거센 바람.
②폭풍우. ③(비유적으로) 감정의 흔들림.
파동(波動). 파란(波瀾). 소동(騷動).

藍 남빛 람

音 ⊗ラン
訓 ⊗あい

訓読
⊗藍[あい] ①≪植≫ 쪽. ②쪽 물감. ③쪽
빛. 남색.
藍色[あいいろ] 쪽빛. 남색.

音読
藍碧[らんぺき] 남벽; 짙은 푸른빛.

襤 옷해질 람

音 ⊗ラン
訓 —

音読
襤褸[らんる] 남루; 누더기. 넝마.
襤衣[らんい] 남의; 헌옷. 누더기.

〔랍〕

拉 끌어갈 랍

音 ⊗ラ ⊗ラッ
訓 ⊗ひ‧ぐ
　　⊗ひ‧げる

訓読
⊗拉ぐ[ひしぐ] 〈5他〉①으스러뜨리다. 찌부
러뜨리다. ②(기세를) 꺾다.
⊗拉げる[ひしげる] 〈下1自〉①눌리어 찌부
러지다. 납작해지다. ②(기세가) 꺾이다.

音読
拉する[らっする] 〈サ変他〉납치하다. 억지로
데려가다.
拉致[らち/らっち] 납치; 강제 연행. 억지로
데려감.

蠟ˣ(蝋) 밀/밀초 랍

音 ⊗ロウ
訓 —

音読
蠟の木[ろうのき] ≪植≫ 황로. 거먕옻나무.
蠟染め[ろうぞめ] 염색법의 한 가지.
¹蠟燭[ろうそく] (촛불을 켜는) 초. 양초.

〔랑〕

郞(郎) 사내/낭군 랑

' ' ' ' ' 皀 皀 皀' 皀' 郎 郎

音 ●ロウ
訓 ⊗いらつ

音読
郞君[ろうくん] 낭군; 귀공자.
郞党[ろうどう/ろうとう] 무가(武家)의 가신
(家臣).
郞等[ろうどう/ろうとう] ☞ 郞党
郞従[ろうじゅう] ☞ 郞党

浪 물결/방황할 랑

丶　丶　氵　氵　氵´　氵̄　泸　浪　浪　浪

音 ⊗ロウ
訓 ⊗なに ⊗なみ

訓読

⊗浪[なみ] 파도. 물결.
浪花節[なにわぶし] 三味線(しゃみせん)의 반주에 곡조를 붙여 노래·이야기하는 예능.

音読

浪漫[ろうまん] 낭만; 사물을 감정적·정서적으로 대함.
[1]浪費[ろうひ] 낭비; 재물·시간을 헛되이 씀.
浪士[ろうし] 일정한 소속이나 섬길 주인이 없는 무사.
浪人[ろうにん] 낭인; ①타향을 떠도는 사람. ②소속이 없는 무사. ③실직자. 실업자. 재수생.

朗(朗) 달밝을 랑

丶　亠　亠　亠　白　白　朗　朗　朗　朗

音 ◉ロウ
訓 ◉ほがらか

訓読

[2]◉朗らか[ほがらか] 〈形動〉 ①쾌활함. 명랑함. ②(날씨가) 쾌청함. 맑게 갬.

音読

[1]朗読[ろうどく] 낭독; 시나 문장을 소리 높여 읽음.
朗朗と[ろうろうと] 낭랑하게.
朗報[ろうほう] 낭보; 기쁜 소식.
朗詠[ろうえい] 낭영; 가락을 붙여 소리 높여 읊음.

廊(廊) 곁채/복도 랑

丶　亠　广　广′　斤　斥　庐　廊　廊　廊

音 ◉ロウ
訓 —

音読

[2]廊下[ろうか] 낭하; 복도.
廊下続き[ろうかつづき] 두 건물이 복도로 이어짐.

狼 이리/늑대 랑

音 ⊗ロウ
訓 ⊗おおかみ

訓読

⊗狼[おおかみ] ①≪動≫ 이리. 늑대. 승냥이. ②여자를 협박하는 무서운 남자.

音読

狼戻[ろうれい] ①(이리처럼) 탐욕스럽고 마음이 비뚤어지고 도리에 어긋남. ②어지럽게 흩어져 있음.
狼煙[ろうえん/のろし] ①봉화(烽火). ②신호.
狼子[ろうし] 새끼 이리.
狼藉[ろうぜき] 낭자; ①어지럽게 흩어져 있음. 어수선함. ②행패. 난폭한 행동.
狼狽[ろうばい] 낭패; 당황함. 허둥지둥함.
狼狽える[★うろたえる] 〈下1自〉 당황하다. 허둥대다. 갈팡질팡하다.
狼火[ろうか] 낭화; 봉화(烽火).

〔 래 〕

来(來) 올 래

一　厂　厂　厂　平　平　来　来

音 ◉ライ
訓 ◉くる ◉きたる ◉きたす

訓読

[4]◉来る[くる] 〈力変〉 ①(어떤 장소로) 오다. ②(사람이) 찾아오다. ③(시간·계절이) 오다. ④(어떤 상태가) 오다. ⑤(시설물이) 통하다.
[1]◉来る[きたる] 〈連体〉 오는. 다가오는.
◉来たす[きたす] 〈5他〉 (어떤 상태를) 초래하다. 가져오다. 일으키다.
来かかる[きかかる] 〈5自〉 마침 …에 접어들다. 다다르다.
来掛け[きがけ] 오는 도중. 오는 길. 오는 참.
来合わせる[きあわせる] 〈下1他〉 그곳에서 우연히 만나다. 마침 그곳에 오다.

音読

[2]来[らい] …이래. …이후. 그때부터 지금까지.
来降[らいこう] 강림(降臨). 내려오심.
来客[らいきゃく] 찾아온 손님.
来客中[らいきゃくちゅう] 방문객이 있음.

来貢[らいこう] 내공; 외국 사신이 와서 조
  공을 바침.
来館[らいかん] 내관; 도서관·박물관·미
  술관·영화관 등에 옴.
来観[らいかん] 내관; 와서 봄.
来校[らいこう] 내교; 학교를 찾아옴.
来寇[らいこう] 내구; 외국의 침략.
⁴来年[らいねん] 내년; 명년(明年).
来歴[らいれき] 내력; ①유래(由来). ②경력.
来臨[らいりん] 내림; 찾아오심. 왕림(枉臨).
来訪[らいほう] 내방; 손님이 찾아옴.
来報[らいほう] 내보; ①와서 알림. 와서
  알린 소식. ②≪仏≫ 돌아올 응보.
来復[らいふく] 내복; 다시 옴.
来否[らいひ] 내부; 출석 여부.
来賓[らいひん] 내빈; 찾아오신 손님.
来社[らいしゃ] 내사; 회사에 옴.
来署[らいしょ] 내서; 세무서·경찰서에 옴.
来世❶[らいせい] 내세; 미래. ❷[らいせ]
  ≪仏≫ 사후(死後)의 세계.
来所[らいしょ] 내소; 사무소·출장소에 옴.
来襲[らいしゅう] 내습; 습격하러 옴.
来信[らいしん] 내신; 서신이 옴.
来演[らいえん] 내연; 와서 연기·연주함.
来迎[らいごう] ≪仏≫ 내영; 임종 때 부처·
  보살이 극락정토에서 맞으러 옴.
来往[らいおう] 내왕; 오고 감.
来院[らいいん] 내원; 병원에 옴.
来援[らいえん] 내원; 와서 도움.
⁴来月[らいげつ] 내월; 다음달.
来由[らいゆ] 내유; 유래. 내력.
来遊[らいゆう] 내유; 놀러 옴.
来意[らいい] 내의; ①찾아온 뜻. ②편지의
  취지.
来日❶[らいじつ] 내일; 장래. 미래.
²来日❷[らいにち] 외국인이 일본으로 옴.
¹来場[らいじょう] 내장; 그 장소에 옴.
来店[らいてん] 내점; 가게에 옴.
来朝[らいちょう] 내조; 외국인이 그 나라에
  찾아옴.
⁴来週[らいしゅう] 내주; 다음 주.
来診[らいしん] 내진; 왕진(往診).
来着[らいちゃく] 내착; 이곳에 도착함.
来秋[らいしゅう] 내추; 내년 가을.
来春[らいしゅん] 내춘; 내년 봄.
来夏[らいか] 내하; 내년 여름.
来賀[らいが] 내하; 좋은 소식을 가지고 옴.
来会[らいかい] 내회; 회합에 참석함.

冷   찰/식힐/쓸쓸할 랭

丶 冫 冫 冫 冷 冷 冷

音 ◉レイ
訓 ◉つめたい ◉さます ◉さめる ◉ひえる ◉ひや
   ◉ひやかす ◉ひやす ◉ひややか

訓読
⁴◉冷たい[つめたい] 〈形〉 ①차다. 차갑다.
  쌀쌀하다. ②(분위기가) 냉정하다. 냉담
  하다. 쌀쌀하다.
²◉冷ます[さます] 〈5他〉 ①식히다. 차게 하
  다. ②(체온을) 내리게 하다. ③(분위기
  를) 깨다. 가시게 하다.
²◉冷める[さめる] 〈下1自〉 ①식다. 차가워지
  다. ②(관심이) 식다.
²◉冷える[ひえる] 〈下1自〉 ①(날씨가) 쌀쌀
  해지다. 추워지다. ②(음식이) 식다. 차
  가워지다. ③(관심이) 식다.
冷え[ひえ] ①냉기. 차가워짐. ②(몸이) 냉
  해짐. 냉증(冷症).
冷え冷え[ひえびえ] ①냉랭함. 썰렁함. ②(마
  음이) 허전함. 스산함.
冷え性[ひえしょう] 냉한 체질.
冷え込む[ひえこむ] 〈5自〉 ①몹시 추워지다.
  ②추위가 몸 속까지 스며들다. 몸이 얼다.
冷え症[ひえしょう] 냉증; 냉병(冷病).
◉冷や[ひや] ①찬물. 냉수. ②찬술.
¹◉冷やかす[ひやかす] 〈5他〉 ①놀리다. 야유
  하다. 조롱하다. ②물건값만 물어 보다.
冷やかし[ひやかし] ①놀림. 야유. 조롱.
  ②물건값만 물어봄.
²◉冷やす[ひやす] 〈5他〉 ①식히다. 차게 하
  다. ②(마음을) 진정시키다. 가라앉히다.
  ③(간담이) 서늘해지다. 오싹해지다.
◉冷ややか[ひややか] 〈形動〉 ①싸늘함. ②냉
  정함. 냉담함.
冷ややかさ[ひややかさ] 싸늘함. 냉담함.
冷や奴[ひややっこ] 양념한 날두부.
冷や冷や[ひやひや] ①서늘함. 선득선득함.
  ②조마조마함.
冷や麦[ひやむぎ] 냉국수.
冷や飯[ひやめし] 찬밥.
冷や水[ひやみず] 냉수; 찬물.
冷や酒[ひやざけ] 찬술. 데우지 않은 술.

冷や汗[ひやあせ] 식은땀. 진땀.

音読

冷却[れいきゃく] 냉각; ①식힘. ②얼마 동안 대화를 중단하고 기분을 가라앉힘.

冷感症[れいかんしょう] 냉감증; 불감증.

冷菓[れいか] 냉과; 빙과(氷菓).

冷気[れいき] 냉기; 찬 공기. 찬 기운.

冷暖房[れいだんぼう] 냉난방.

¹冷淡[れいたん] 냉담; ①열의가 없음. ②불친절함. 동정심이 없음. 쌀쌀함.

冷帯[れいたい] 냉대; 아한대(亜寒帯).

²冷凍[れいとう] 냉동; 냉각시켜 얼림.

冷媒[れいばい] 냉매; 냉동기에서 열을 운반하는 물질.

³冷房[れいぼう] 냉방; ①찬 방. ②방을 차게 함.

冷床[れいしょう] 냉상; 인공으로 따뜻한 열을 공급하지 않는 묘상(苗床).

冷笑[れいしょう] 냉소; 비웃음. 조소(嘲笑).

冷水[れいすい] 냉수; 찬물.

冷湿布[れいしっぷ] 냉찜질.

冷暗所[れいあんしょ] 냉암소; 차고 어두운 곳.

冷罨法[れいあんぽう] 냉엄법; 냉찜질.

冷厳[れいげん] 냉엄; 냉정하고 엄격함.

冷然[れいぜん] 냉연; 냉담함.

冷熱[れいねつ] 냉열; ①차가움과 따뜻함. ②냉담과 열성.

冷温[れいおん] 냉온; ①차고 더움. ②낮은 온도.

冷温帯[れいおんたい] 냉온대; 아한대(亜寒帯).

冷用[れいよう] 냉용; 식혀서 마심.

冷遇[れいぐう] 냉우; 푸대접.

冷肉[れいにく] 냉육; 찜해서 식힌 고기.

¹冷蔵[れいぞう] 냉장; 냉온에서 저장함.

⁴冷蔵庫[れいぞうこ] 냉장고.

冷戦[れいせん] 냉전; 국가간의 심한 대립.

冷点[れいてん] 냉점; 찬 것을 느끼게 하는 감각점(感覚点).

²冷静[れいせい] 냉정; 침착함.

冷酒[れいしゅ] 냉주; ①데우지 않은 청주. ②차게 마시도록 만든 술.

冷評[れいひょう] 냉평; ①냉정하게 비평함. ②비웃음.

冷害[れいがい] 냉해; 한랭에 의한 피해.

冷血[れいけつ] 냉혈; ①찬 피. ②냉혹함. 무정함.

¹冷酷[れいこく] 냉혹; 인정이 없고 가혹함.

략

略　간략할 략

丨 冂 甲 甲 甲 畍 畋 畋 略 略

音 ●リャク

訓 ⊗ほぼ

訓読

²⊗略[ほぼ] 〈副〉 거의. 대략. 대강.

音読

²略する[りゃくする] 〈サ変他〉 ①생략하다. 간략하게 줄이다. ②공략하다.

略図[りゃくず] 약도; 대충 그린 도면(図面).

略歴[りゃくれき] 약력; 간단한 경력.

略述[りゃくじゅつ] 약술; 요점만을 말함.

略式[りゃくしき] 약식; 간략한 절차.

¹略語[りゃくご] 약어; 준말. 줄인 말.

略字[りゃくじ] 약자; 획수를 줄여서 간단하게 쓴 글자.

略称[りゃくしょう] 약칭; 생략해서 일컬음.

¹略奪[りゃくだつ] 약탈; 강제로 빼앗음.

略筆[りゃくひつ] 약필; ①요점만 기록함. ②획수를 줄여서 씀. 약자(略字).

略号[りゃくごう] 약호; 간단한 부호.

掠　노략질할 략

音 ⊗リャク

訓 ⊗かすめる
　 ⊗かする

訓読

⊗掠める[かすめる] 〈下一他〉 ①훔치다. 빼앗다. ②(눈을) 속이다. ③스치다. 스쳐 지나가다.

掠め取る[かすめとる] 〈5他〉 ①약탈하다. 빼앗다. ②속여 훔치다.

⊗掠る[かする] 〈5他〉 ①가볍게 스치고 지나가다. ②삥땅하다. 일부를 슬쩍 가로채다. ③(물건이 담긴 그릇 바닥을) 긁듯이 하여 푸다. 바닥을 긁어 뜨다.

掠り[かすり] ①살짝 스침. ②삥땅함. 일부를 슬쩍 가로챔. ③찰과상. 긁힌 상처.

掠り傷[かすりきず] ①찰과상. 긁힌 상처. ②가벼운 손해. 적은 피해.

音読

掠奪[りゃくだつ] 약탈; 폭력을 사용하여 남의 것을 강제로 빼앗음.

[량]

両 (兩) 둘 량

一 丆 丙 両 両 両

音 ●リョウ
訓 ―

音読

²両[りょう] 양; ①양쪽. ②둘. ③(차량을 세
  는 말로) …량. ④(江戸(えど) 시대의) 무게
  의 단위. 약 15그램. ⑤옛날 화폐의 단위.
両家[りょうか] 양가; 양쪽 집안.
両開き[りょうびらき] (문짝이) 양쪽으로 열
  림. 쌍바라지.
両建預金[りょうだてよきん] 양건예금; 은
  행이 대출해 주면서 대출금의 일부를 정
  기 예금으로 예치하게 하는 것.
両軍[りょうぐん] 양군; 양쪽 군대.
¹両極[りょうきょく] 양극; ①전기의 음극과
  양극. ②남극과 북극. ③양극단.
両断[りょうだん] 양단; 하나를 둘로 끊음.
両端❶[りょうはし] 양쪽 끝. ❷[りょうたん]
  ①양쪽 끝. ②처음과 끝.
両党[りょうとう] 양당; 양쪽 당. 두 개의
  정당.
両刀使い[りょうとうづかい]   ①쌍칼잡이.
  ②두 가지 일을 동시에 하는 사람. ③과
  자와 술을 다 좋아함.
両得[りょうとく] 양득; ①한번에 두 이익
  을 얻음. ②양쪽이 모두 이익을 얻음.
両輪[りょうりん] 양륜; ①양쪽 바퀴. ②둘
  이 합하여 제구실을 함.
両隣[りょうどなり] 양린; 좌우 양편의 이웃.
¹両立[りょうりつ] 양립; 둘이 함께 섬.
両面[りょうめん] 양면; ①앞면과 뒷면. 양
  쪽의 면. ②두 방면.
両名[りょうめい] 2명. 두 사람.
³両方[りょうほう] 양방; 양쪽. 두 편.
両生[りょうせい] 양생; 물 속과 뭍의 양편
  에서 삶.
両成敗[りょうせいばい] 쌍벌. 양쪽 모두
  처벌함.
両性[りょうせい]   양성;   ①남성과   여성.
  ②양성과 음성. ③서로 다른 두 성질.
両手[りょうて] 양손; 두 손.
両眼[りょうがん] 양안; 두 눈. 양쪽 눈.

両腕[りょううで] 양팔. 두 팔.
両用[りょうよう] 양용; ①겸용. ②두 가지
  용변(用便).
両雄[りょうゆう] 양웅; 두 영웅.
両院[りょういん]   양원;   ①일본의   衆議院
  (しゅうぎいん)과 参議院(さんぎいん). ②상원(上
  院)과 하원(下院).
両翼[りょうよく] 양익; ①두 날개 ②좌측
  과 우측.
両人[りょうにん] 양인; 두 사람.
両刃[りょうば] 양날. 쌍날.
両日[りょうじつ] 양일; 이틀. 2일.
両者[りょうしゃ] 양자; 두 사람. 두 사물.
両切り[りょうぎり] 필터·물부리가 없는 담배.
両足[りょうあし] 양족; 양발. 양쪽 발.
²両替[りょうがえ] ①환전(換錢). 돈을 바꿈.
  ②유가 증권을 돈으로 바꿈.
両替屋[りょうがえや] 환전상(換錢商).
²両側[りょうがわ] 양측; 양쪽 편.
⁴両親[りょうしん] 양친; 부모.
両脇[りょうわき] ①양쪽 겨드랑이. ②양 옆.

良 어질/좋을 량

丶 𛂞 ⼹ ⺕ 𦣻 𦣻 良

音 ●リョウ
訓 ●よい

訓読

¹●良い[よい] 〈形〉①좋다. ②착하다. ③뛰
  어나다. ④아름답다. ⑤상관 없다. ⑥충
  분하다. ⑦이롭다.
²良く[よく] ①잘. 충분히. ②훌륭하게. ③종종.
  자주. 곧잘. ④아주. 몹시. ⑤참으로. 잘.
¹良し[よし] ≪文≫ 좋다. 선하다. 올바르다.

音読

良[りょう] 양; 양호. 좋음.
良家[りょうか/りょうけ] 가문이 좋은 집안.
良民[りょうみん]   양민;   ①선량한   백성.
  ②일반 백성.
良否[りょうひ] 양부; 좋고 나쁨.
良書[りょうしょ] 양서; 좋은 책.
良性[りょうせい]   양성;   ①천성이   좋음.
  ②치료하기에 좋음.
¹良識[りょうしき] 양식; 높은 식견.
¹良心[りょうしん] 양심; 도덕적 감각.
良薬[りょうやく] 양약; 잘 듣는 약.
良友[りょうゆう] 양우; 좋은 벗.

¹良質[りょうしつ] 양질; 좋은 품질.
良妻[りょうさい] 양처; 좋은 아내.
良品[りょうひん] 양품; 좋은 물품.
良風[りょうふう] 양풍; 좋은 풍습.
¹良好[りょうこう] 양호; 좋은 상태임. 뛰어남.

涼(凉)　서늘할 량

冫 氵 氵 氵 汸 沪 沪 沪 凉 涼 涼

音 ●リョウ
訓 ●すずしい ●すずむ

訓読
⁴●涼しい[すずしい]〈形〉①시원하다. 선선하다. 서늘하다. ②시원스럽다. ③산뜻하다. 날씬하다.
²●涼む[すずむ]〈5自〉납량(納涼)하다. 시원한 바람을 쐬다.

音読
涼気[りょうき] 시원한 공기. 시원한 느낌.
涼味[りょうみ] 시원한 맛.
涼秋[りょうしゅう] ①시원한 가을. ②음력 9월의 딴 이름.
涼風[りょうふう/すずかぜ] 선들바람. 초가을의 시원한 바람.

量　헤아릴 량

丨 冂 日 旦 昌 昌 昌 帚 量 量

音 ●リョウ
訓 ●はかる

訓読
²●量る[はかる]〈5他〉(무게・양을 저울에) 달다. 재다.
量り[はかり] 저울질. 되질.
量り売り[はかりうり] 저울에 달아서 팖.

音読
²量[りょう] 양; ①부피. ②무게. ③수량. ④정도. ⑤마음의 넓이. 도량.
量感[りょうかん] 양감; ①(사물의) 중량감. 볼륨. ②(그림의) 입체감.
量目[りょうめ] 저울에 단 무게.
量産[りょうさん] 양산; 대량 생산.
量子[りょうし] 양자; 불연속적인 양적 변화를 하는 최소량의 단위.
量的[りょうてき] 양적; 양으로 따짐.

糧　곡식 량

丷 丷 米 米 料 料 糧 糧 糧 糧

音 ●リョウ ●ロウ
訓 ●かて

訓読
●糧[かて] ①양식. 식량. ¶~が尽(つ)きる 양식이 떨어지다. ②활동의 근원. ¶書物(しょもつ)は心(こころ)の~ 책은 마음의 양식.

音読
糧米[りょうまい] 양미; 식량으로 쓸 쌀.
糧食[りょうしょく] 양식; 식량.

梁　들보/다리 량

音 ⊗リョウ
訓 ⊗はり ⊗やな

訓読
⊗梁❶[はり/うつばり] 들보. 대들보. ❷[やな] 어량(魚梁). 통발을 치고 물고기를 잡는 장치.

音読
梁木[りょうぼく] 체조 용구의 하나.
梁上の君子[りょうじょうのくんし] 양상군자; ①도둑. ②쥐.
梁塵[りょうじん] 양진; ①들보 위의 먼지. ②아름다운 음악이나 노래.

諒　생각해줄 량

音 ⊗リョウ
訓 —

音読
諒する[りょうする]〈サ変他〉양해하다. 이해하다. 승낙하다.
諒承[りょうしょう] 승낙. 납득. 이해.
諒闇[りょうあん] 양암; ①임금의 부모가 사망했을 때 복을 입는 기간. ②일본의 천황・태황태후・황태후가 사망했을 때 황실 및 국민이 복을 입는 기간.
諒解[りょうかい] 양해; 이해하고 승낙함.

輛ˣ(輛)　수레 량

音 ⊗リョウ
訓 —

音読
輛[りょう] 량; 기차・전차 등의 대수를 세는 말. *지금은 '両(りょう)'로 표기하고 있음.

〔 려 〕

励(勵)　힘쓸 려

一 丆 厂 厉 厉 励 励

音 ◉レイ
訓 ◉はげます ◉はげむ

訓読
1 ◉励ます[はげます] 〈5他〉 ①격려하다. (힘을) 북돋다. ②(목소리를) 높이다.
励まし[はげまし] 격려. 힘을 북돋워 줌.
◉励む[はげむ] 〈5自〉 ①열심히 하다. ②(전력을 다하여) 힘쓰다. 노력하다.
励み[はげみ] ①자극. 격려. ②힘씀. 노력. 분발. 열성.

音読
励行[れいこう] ①힘써 행함. ②(규칙・약속 등을) 엄격하게 지킴. 엄수(厳守)함.

戻(戻)　돌려줄 려

一 ゠ ㇋ 戸 戸 戻 戻

音 ◉レイ
訓 ◉もどす ◉もどる

訓読
2 ◉戻す[もどす] 〈5他〉 ①되돌리다. ②되돌려 보내다. 되돌려 주다. ③뒤로 돌리다. ④토하다.
3 ◉戻る[もどる] 〈5自〉 되돌아가다. 되돌아 오다.
戻り[もどり] ①되돌아감. 되돌아옴. 회전. ②귀로. 귀로. 돌아오는 길. ③(낚시・뜨개바늘 등의) 미늘. ④시세 회복. ⑤(歌舞伎(かぶき)・浄瑠璃(じょうるり)에서) 악인이 착한 사람이 된다는 줄거리.
戻り道[もどりみち] 귀로. 되돌아오는 길. 되돌아가는 길
戻り売り[もどりうり] 일단 내린 시세가 다시 올랐을 때 팖.
戻り相場[もどりそうば] 회복 시세.
戻り船[もどりぶね] 출항지로 되돌아가(오)는 배.
戻り足[もどりあし] ①돌아가는 발길. ②하락한 시세가 다시 오르려는 기세.

旅　나그네/여행할 려

' 亠 方 方 扩 扩 扩 旅 旅 旅

音 ◉リョ
訓 ◉たび

訓読
1 ◉旅[たび] 여행.
旅路[たびじ] 여로; 여행길.
旅先[たびさき] 여행지. 행선지.
旅心[たびごころ] 여심; ①여정(旅情). ②여행하고 싶은 마음.
旅心地[たびごごち] 여행할 때의 심정.
旅芸人[たびげいにん] 유랑 연예인.
旅人❶[たびにん] 떠돌이. 뜨내기. 방랑자. ❷[たびびと/りょじん] 여행자. 나그네.
旅支度[たびじたく] ①여행 준비. ②여장(旅装). 여행 차림.
旅疲れ[たびづかれ] 여독(旅毒).

音読
1 旅客[りょかく/りょきゃく] 여객; ①여행자. ②승객.
3 旅館[りょかん] 여관; 여행객을 묵게 하는 것을 업으로 하는 집.
1 旅券[りょけん] 여권. 패스포트.
旅費[りょひ] 여비. 여행 비용.
旅愁[りょしゅう] 여수; 나그네의 시름.
旅装[りょそう] 여장; 여행 차림.
旅程[りょてい] 여정; 여행 일정.
旅情[りょじょう] 여정; 여행지에서 느끼는 심정.
4 旅行[りょこう] 여행; (일정 기간) 다른 나라 다른 지방으로 가는 일.

慮　생각할 려

' 亠 广 广 庐 庐 虍 虍 虜 虜 慮 慮

音 ◉リョ
訓 ⊗おもんぱかる

訓読
⊗慮る[おもんぱかる] 〈5他〉 ①깊이 생각하다. 숙고하다. ②세심하게 배려하다. ③일을 꾀하다. 획책하다.

音読
慮外[りょがい] ① 〈形動〉 뜻밖임. 의외임. ②무례함. 버릇없음.
慮外者[りょがいもの] 무례한 놈.

麗　고울 려

一 一 一 咖 咖 咖 屏 屏 屏 麗

音 ●レイ
訓 ●うるわしい ⊗うらら か

訓読

●麗しい[うるわしい] 〈形〉①곱다. 예쁘다. 아름답다. 화사하다. ②명랑하다. 기분이 좋다. ③흐뭇하다.
⊗麗らか[うららか] 〈形動〉①(날씨가) 화창함. ②밝고 명랑함.

音読

麗句[れいく] 여구; 아름답게 꾸민 글귀.
麗質[れいしつ] ①고운 바탕. 아름다운 천성. ②훌륭한 자질.

黎　동틀 려

音 ⊗レイ
訓 ―

音読

黎明[れいめい] 여명; ①새벽. 동틀 무렵. ②새로운 시대.

[력]

力　힘 력

フ 力

音 ●リキ ●リョク
訓 ●ちから

訓読

³●力❶[ちから] 힘; ①육체적인 힘. 체력. ②에너지. ③실력. 능력. ④노고. 덕택. ⑤기력. ⑥도움. 의지. ⑦지배력. ⑧(종합적인) 세력. ❷[りき] ☞ [音読]
力ずく[ちからずく] ①온 힘을 다함. ②우격다짐.
²力強い[ちからづよい] 〈形〉①마음 든든하다. ②힘차다.
力落(と)し[ちからおとし] 낙담. 낙심.
力瘤[ちからこぶ] ①알통. ②위세를 부림.
力抜け[ちからぬけ] 맥이 빠짐. 낙담. 낙심.
力付ける[ちからづける] 〈下1他〉 격려하다.

力負け[ちからまけ] ①힘을 너무 써서 도리어 패함. ②힘이 달려서 짐.
力比べ[ちからくらべ] 힘겨루기. 힘내기.
力仕事[ちからしごと] 육체 노동.
力試し[ちからだめし] (체력·능력을) 시험해 봄.
力業[ちからわざ] ①육체 노동. ②힘으로 하는 기술.
力一杯[ちからいっぱい] 힘껏.
力任せ[ちからまかせ] ①전력을 다함. ②힘만 믿고 마구 함.
力持ち[ちからもち] 힘이 셈. 힘이 센 사람.
力添え[ちからぞえ] 남을 도움. 원조.

音読

力[りき] ❶①힘. 능력. 기운. ②…몫의 힘. ❷[ちから] ☞ [訓読]
力む[りきむ] 〈5自〉①힘을 주다. 힘을 몰아 쓰다. ②허세를 부리다.
力量[りきりょう] 역량; 능력.
力士[りきし] ①힘꾼. ②힘센 사람.
力説[りきせつ] 역설; 힘써 말함.
力演[りきえん] 열연(熱演). 힘껏 연기함.
力泳[りきえい] 역영; 힘껏 헤엄침.
力作❶[りきさく] 역작; 힘들여 지은 작품. ❷[りょくさく] 노동. 힘써 일함.
力戦[りきせん] 역전; 힘껏 싸움.
力点[りきてん] 역점; ①주안점. 중점. ②(지렛대의) 힘점.
力漕[りきそう] 역조; 배를 힘껏 저음.
力走[りきそう] 역주; 힘껏 달림.
力投[りきとう] 역투; 힘껏 던짐.
力闘[りきとう] 역투; 힘껏 싸움.
力学[りきがく] 역학; 물체에 작용하는 힘에 관해 연구하는 학문.

歷(歷)　지날 력

一 厂 厂 厈 厈 厈 厤 麻 麻 歷

音 ●レキ
訓 ―

音読

歷年[れきねん] 역년; ①세월을 거침. ②매년(毎年). 해마다.
歷代[れきだい] 역대; 대대(代代).
歷歷[れきれき] ①신분이 높은 사람들. ②역력; 뚜렷함.

歴訪[れきほう] 역방; 차례로 방문함.
²歴史[れきし] 역사; ①역사 기록. ②내력. 경력. ③역사학.
歴世[れきせい] 역세; 역대. 대대(代代).
歴然[れきぜん] 역연; 역력함. 뚜렷함.
歴任[れきにん] 역임; 차례로 여러 가지 일에 임명됨.
歴戦[れきせん] 역전; 많은 싸움·시합에 나간 일이 있음.
歴朝[れきちょう] 역조; 역대 왕조.

暦(曆) 달력 력

一 厂 厂 厥 厤 麻 麻 歴 暦 暦

[音] ●レキ
[訓] ●こよみ

[訓読]
¹●暦[こよみ] 책력(冊暦). 달력. 일력(日暦). ¶ ～を繰(く)る 달력을 넘기다. ¶ ～の上(うえ)では 달력상으로는.

[音読]
暦年[れきねん] 역년; 달력상의 1년.

礫 조약돌 력

[音] ⊗ レキ
[訓] —

[音読]
礫石[れきせき] 역석; 자갈. 잔돌.
礫岩[れきがん] 역암; 자갈이 진흙이나 모래에 섞여 굳어진 퇴적암.

轢 차에치일 력

[音] ⊗レキ
[訓] ⊗ひく

[訓読]
²⊗轢く[ひく] 〈5他〉 (자동차 등으로 사람을) 치다. ¶列車(れっしゃ)に 轢(ひ)かれる 기차에 치이다.
轢き逃げ[ひきにげ] 뺑소니.
轢き殺す[ひきころす] 〈5他〉 (자동차 등으로 사람을) 치어 죽이다.

[音読]
轢断[れきだん] 역단; (열차 등이) 몸뚱이를 갈아서 절단함.
轢死[れきし] 역사; 차에 치여 죽음.
轢殺[れきさつ] 역살; 차로 치어 죽임.

[련]

恋(戀) 그리워할/사모할 련

` 一 亣 亣 亦 恋 恋 恋 恋 恋

[音] ●レン
[訓] ●こいしい ●こう ●こい

[訓読]
●恋う[こう] 〈5他〉 그리다. 그리우 하다.
²●恋[こい] (남녀간의) 사랑. 연애.
²●恋しい[こいしい] 〈形〉 그립다.
恋しがる[こいしがる] 〈5自〉 그리우 하다.
¹恋する[こいする] 〈サ変他〉 (남녀간에) 사랑하다.
恋歌[こいか/こいうた/れんか] 연가; 사랑의 노래.
恋女房[こいにょうぼう] 연애 결혼한 아내.
恋(い)慕う[こいしたう] 〈5他〉 연모하다.
恋文[こいぶみ] 연애 편지.
恋心[こいごころ] 연심; 그리는 마음.
²恋人[こいびと] 연인; 사랑하는 애인.
恋仲[こいなか] 사랑하는 사이.
恋妻[こいづま] 연애 결혼한 아내.
恋(い)焦がれる[こいこがれる] 〈下1自〉 그리워 애태우다. 애타게 그리워하다

[音読]
恋慕[れんぼ] 연모; 사랑하여 그리워함.
¹恋愛[れんあい] 연애; 남녀 간의 그리워 사모하는 애정.
恋情[れんじょう] 연정; 연모하여 그리는 마음.

連(連) 이을 련

一 厂 гг 亘 亘 車 車 連 連

[音] ●レン
[訓] ●つらなる ●つらねる ●つれる

[訓読]
¹●連なる[つらなる] 〈5自〉 ①(한 줄로) 줄지어 있다. 늘어서 있다. ②이어지다. 관계되다. ③참석하다. ④(단체의) 일원이 되다.
連なり[つらなり] 줄지어(연이어) 있음.
¹●連ねる[つらねる] 〈下1他〉 ①늘어세우다. 늘어놓다. ②거느리다. 동행하다.

連ね[つらね] (歌舞伎(かぶき)에서) 배우가 늘 어놓는 긴 대사.

³●連れる[つれる] 〈下1他〉 동반하다. 데리고 다. 데리고 가(오)다. 〈下1自〉 ①따르다. ②…함에 따르다.

連れ❶[つれ] ①동행. 동반자. ②(能(のう)・狂言(きょうげん)에서) 조연자(助演者). ❷[づれ] (명사에 접속하여) ①동행. 동반. ②…따위. …같은 것.

連れ立つ[つれだつ] 〈5自〉 동행하다. 같이 가다.

連れ込み[つれこみ] ①(사람을) 데리고 들어감. ②'連れ込み宿(つれこみやど)'의 준말.

連れ込み宿[つれこみやど] 러브 호텔.

連れ込む[つれこむ] 〈5他〉 데리고 들어가다. 달고 들어오다.

連れ子[つれこ] 의붓자식. 덤받이.

連れっ子[つれっこ] 의붓자식. 덤받이.

連れ合い[つれあい] ①동행인. 동반자. 일행. ②배우자. 배필.

連れ行く[つれゆく] 〈5他〉 연행하다. 데리고 가다. 이끌고 가다.

音読

連歌[れんが] 연가; 중세 일본 시가(詩歌)의 한 형태.

連結[れんけつ] 연결; 이어 맴.

連係[れんけい] 연계; 밀접한 관계를 가짐.

連関[れんかん] 연관; ①관련. ②연쇄.

連記[れんき] 연기; 나란히 적음.

連年[れんねん] 연년; 매년.

¹連帯[れんたい] 연대; 연합해서 책임을 짐.

連動[れんどう] 연동; 한 부분의 움직임에 따라 다른 부분도 함께 움직임.

³連絡[れんらく] 연락; ①서로 이어짐. ②통보.

連立[れんりつ] 연립; 여럿이 어울려 섬.

¹連盟[れんめい] 연맹; 동맹.

連綿と[れんめんと] 빈틈없이.

連名[れんめい] 연명; 여러 사람이 이름을 한 곳에 죽 잇대어 씀.

連発[れんぱつ] 연발; ①잇달아 일어남. ②연이어 발사함.

¹連邦[れんぽう] 연방; 연합 국가.

²連想[れんそう] 연상; 한 관념으로 인해 관련되는 다른 관념을 생각하는 현상.

²連続[れんぞく] 연속; 이어짐. 이음.

連鎖[れんさ] 연쇄; ①사물이 연이어져 있음. ②연관.

連勝[れんしょう] 연승; 잇달아 승리함.

¹連日[れんじつ] 연일; 매일. 날마다.

連載[れんさい] 연재; 신문・잡지에 연이어 실음.

連戦[れんせん] 연전; 잇따라 싸움.

¹連中[れんじゅう/れんちゅう] 한패. 일당.

連破[れんぱ] 연파; 상대를 연이어 이김.

連敗[れんぱい] 연패; 연달아 패배함.

連覇[れんぱ] 연패; 잇달아 이김.

²連合[れんごう] 연합; 두 가지 이상이 합침.

連行[れんこう] 연행; (범인 등을) 데리고 감.

連呼[れんこ] 연호; 되풀이해서 부름.

¹連休[れんきゅう] 연휴; 휴일이 이틀 이상 겹침.

連携[れんけい] 연휴; 제휴(提携).

練(練)　익힐 련

| ⼂ | ⼢ | ⼩ | ⼂ | 糸 | 糸 | 紆 | 紳 | 練 | 練 |

音 ●レン

訓 ●ねれる ●ねる

訓読

●練れる[ねれる] 〈下1自〉 ①(인품이) 원만해지다. 원숙해지다. ②잘 반죽한 상태가 되다.

¹●練る[ねる] 〈5他〉 ①(실을) 누이다. ②반죽하다. 개다. ③(가죽을) 무두질하다. ④(쇠붙이를) 불리다. 벼리다. ⑤단련하다. 연마하다. 다듬다. 〈5自〉 줄지어 천천히 행진하다.

練り[ねり] ①반죽. 이김. ②누임질한 명주. ③(금속을) 단련함. 연마함.

練り固める[ねりかためる] 〈下1他〉 단단하게 반죽하다.

練(り)物[ねりもの] ①반죽해서 굳힌 것. ②인조 보석. ③(축제 때의) 가장(仮装) 행렬.

練(り)白粉[ねりおしろい] 크림 모양의 물분.

練り歩く[ねりあるく] 〈5自〉 줄지어 천천히 행진하다.

練り上げる[ねりあげる] 〈下1他〉 ①잘 반죽하다. ②(문장・계획을) 여러 번 다듬어 완성하다.

練(り)薬[ねりぐすり] 연고(軟膏).

練(り)直し[ねりなおし] ①다시 반죽함. ②다시 검토함.

練り直す[ねりなおす] 〈5他〉 ①다시 반죽하다. ②다시 검토하다. 다시 다듬다.

練(リ)歯磨き[ねりはみがき] 크림 치약.
練り合わせる[ねりあわせる] 〈下1他〉 여러 가지 것을 섞어 반죽하다.

音読
練達[れんたつ] 연달; 숙달.
練磨[れんま] 연마; 심신(心身)이나 지식 · 기능 등을 갈고 닦음.
練武[れんぶ] 연무; 무술 단련.
練兵場[れんぺいじょう] 연병장; 군사훈련을 하는 장소.
練成[れんせい] 연성; 단련 육성함.
練熟[れんじゅく] 연숙; 숙련.
[4]練習[れんしゅう] 연습; 반복하여 연마하며 익힘.

鍊(錬) 단련할 련

스 수 金 金 金 釘 釘 鉀 鍊 鍊

音 ●レン
訓 ⊗ねる

訓読
⊗錬る[ねる] 〈5他〉 (쇠붙이를) 벼리다. 불리다. ¶刀(かたな)を~ 칼을 벼리다.

音読
錬金術[れんきんじゅつ] 연금술; 비금속을 금 · 은 · 동으로 변화시키는 기술.
錬磨[れんま] 연마; (몸 · 마음 · 기술 등을) 갈고 닦음.
錬成[れんせい] 연성; (몸 · 마음 · 기술 등을) 단련하여 육성함.
錬鉄[れんてつ] 연철; ①잘 단련된 쇠. ②탄소가 함유되어 있지 않은 쇠

煉ˣ(煉) 쇠달굴 련

音 ⊗レン
訓 ⊗ねる

訓読
⊗煉る[ねる] 〈5他〉 개다. 반죽하다. 이기다.
煉り[ねり] (금속을) 단련함. 연마함.
煉り固める[ねりかためる] 〈下1他〉 단단하게 반죽하다.
煉(り)白粉[ねりおしろい] 크림 모양의 물분.
煉(り)薬[ねりぐすり] 연고(軟膏).
煉(り)歯磨き[ねりはみがき] 크림 치약.
煉り合わせる[ねりあわせる] 〈下1他〉 여러 가지 것을 섞어 반죽하다.

音読
煉獄[れんごく] (가톨릭에서) 연옥.
[2]煉瓦[れんが] 연와; 벽돌.
煉乳[れんにゅう] 연유; 설탕을 넣어 수분을 증발시켜 진하게 만든 우유.
煉炭[れんたん] 연탄; 석탄으로 만든 탄.

蓮(蓮) 연꽃 련

音 ⊗レン
訓 ⊗はす

訓読
⊗蓮[はす] ≪植≫ 연. 연꽃.
蓮の台[はすのうてな] ≪仏≫ 연화대(蓮花台).
蓮池[はすいけ] 연못. 연을 심은 못.

音読
蓮根[れんこん] 연근; 연뿌리.
蓮台[れんだい] 연대; 불상(仏像)이 안치되는 연꽃 모양의 대좌(台座).
蓮華[れんげ] 연화; ①연꽃. ②요리에 사용하는 사기 숟가락. ③ ≪植≫ 자운영.

憐 불쌍히여길 련

音 ⊗レン
訓 ⊗あわれむ

訓読
⊗憐れ[あわれ] 불쌍함. 애처로움 딱함.
⊗憐れむ[あわれむ] 〈5他〉 ①불쌍히 여기다. 동정하다. ②애틋해하다. 귀여워하다. ③애달파하다. 정취를 느끼다.
憐れみ[あわれみ] 동정심. 가엾은 생각. 연민. 측은한 생각.

音読
憐憫[れんびん] 연민; 불쌍하고 가련함.
憐情[れんじょう] 연정; 연민의 정.

聯 나란히할 련

音 ⊗レン
訓 —

音読
聯関[れんかん] 연관; ①관련. ②연쇄.
聯帯[れんたい] 연대; 연합해서 책임을 짐.
聯動[れんどう] 연동; 한 부분의 움직임에 따라 다른 부분도 함께 움직임.
聯立[れんりつ] 연립; 여럿이 어울려 섬.
聯盟[れんめい] 연맹; 동맹.
聯邦[れんぽう] 연방; 연합 국가.
聯想[れんそう] 연상; 한 관념으로 인해 관련되는 다른 관념을 생각하는 현상.

[렬]

劣　뒤떨어질 렬

ノ ゾ 小 少 尖 劣

音 ●レツ
訓 ●おとる

訓読
²劣る[おとる] 〈5自〉 (다른 것에 비해 가치·능력·수량 등이) 뒤떨어지다. 미치지 못하다. 뒤지다.

音読
劣等[れっとう] 열등; 낮은 등급.
劣性[れっせい] 열성; 멘델 법칙에 따라 잡종 제1대에는 나타나지 않는 형질.
劣勢[れっせい] 열세; 세력이 뒤짐.
劣悪[れつあく] 열악; 몹시 질이 낮음.
劣情[れつじょう] 열정; 추잡한 성욕(性慾).

列　벌일/줄/반열/별 렬

一 ア 万 歹 列 列

音 ●レツ
訓 ⊗つらなる ⊗つらねる

訓読
⊗列なる[つらなる] 〈5自〉 ①(한 줄로) 줄지어 있다. 늘어서 있다. ②이어지다. 관계되다. ③참석하다. ④(단체의) 일원이 되다.
列なり[つらなり] 줄지어(연이어) 있음.
⊗列ねる[つらねる] 〈下1他〉 ①늘어 세우다. 늘어놓다. ②거느리다. 동행하다.

音読
²列[れつ] 열; ①줄. 행렬. ②등급. 서열. 축.
列強[れっきょう] 열강; 여러 강국.
列挙[れっきょ] 열거; 하나씩 들어 말하거나 기록함.
列代[れつだい] 열대; 역대(歴代).
²列島[れっとう] 열도; 줄지은 모양으로 죽 늘어선 여러 개의 섬.
列席[れっせき] 열석; 남과 함께 출석함.
列世[れっせい] 열세; 역대. 대대(代代).
列伝[れつでん] 열전; 여러 사람의 전기(伝記)를 열거한 것.
²列車[れっしゃ] 열차; 기차.

烈　세찰 렬

一 ア 万 歹 列 列 列 烈 烈 烈

音 ●レツ
訓 ⊗はげしい

訓読
⊗烈しい[はげしい] 〈形〉 ①심하다. 격심하다. ②격렬하다. 아주 세차다.

音読
烈烈[れつれつ] 열렬; 매우 강렬함.
烈士[れっし] 열사; 절개가 굳은 사람. 신념과 절개를 굳게 지키는 사람.
烈震[れっしん] 열진; 진도 6의 지진.
烈風[れっぷう] 열풍; 강풍(強風).
烈火[れっか] 열화; 세차게 타는 불.

裂　찢을 렬

一 ア 万 歹 列 列 裂 裂 裂 裂

音 ●レツ
訓 ●さく ●さける ⊗きれ

訓読
²●裂く[さく] 〈他〉 ①(한 장의 종이나 천을 무리하게) 찢다. ②쪼개다. ③(친밀한 사람과의 사이를) 이간시키다. ④가르다. ⑤(시간·돈·공간 등의 일부를) 할애하다.
¹●裂ける[さける] 〈下1自〉 찢어지다. 터지다. 갈라지다.
裂け目[さけめ] ①갈라진 곳. 터진 곳. ②금. 균열.

音読
裂傷[れっしょう] 열상; 피부가 찢어진 상처.

捩ˣ(捩)　비틀 렬

音 ⊗レツ ⊗レイ
訓 ⊗ねじる ⊗ねじれる

訓読
²⊗捩(じ)る[ねじる] 〈5他〉 ①비틀다. 비꼬다. 뒤틀다. ②비틀어 돌리다. 틀다.
¹⊗捩(じ)れる[ねじれる] 〈下1自〉 ①비틀어지다. 뒤틀리다. 꼬이다. ②(심성이) 비뚤어지다.
捩(じ)くれる[ねじくれる] 〈下1自〉 ①비틀어지다. ②(심성이) 비뚤어지다.

[렴]

廉(廉) 청렴할/값쌀 렴

亠广产产产序序廉廉廉

音 ●レン
訓 ⊗やすい

訓読
⊗廉い[やすい] 〈形〉(값이) 싸다.

音読
廉価[れんか] 염가; 싼값. 헐값.
廉売[れんばい] 염매; 염가 판매.
廉直[れんちょく] 염직; 결백하고 정직함.

簾ˣ(簾) 발 렴
音 ⊗レン
訓 ⊗すだれ

訓読
⊗簾[すだれ] 발. 문발. ¶~をかける 발을
치다. ¶~を上[あ]げる 발을 올리다.

音読
簾台[れんだい] 염대; ①실내에 한 단 높게
하고 앞에 친 발. ②결혼식 때 장식용 칸
막이.
簾中[れんちゅう] 염중; ①발을 친 안쪽.
②귀인의 부인에 대한 존경어. 마님.

[렵]

猟(獵) 사냥할 렵

丿丬丬丬犭犭犭犭猟猟猟

音 ●リョウ
訓 —

音読
猟[りょう] ①수렵. 사냥. ②사냥감.
猟犬[りょうけん/かりいぬ] 엽견; 사냥개.
猟奇[りょうき] 엽기; 괴이한 것에 흥미가 생
겨 쫓아다님.
猟期[りょうき] 엽기; 사냥철. 수렵기.
猟師[りょうし] 엽사; 사냥꾼.
猟人[★かりゅうど/かりうど] 사냥꾼.
猟銃[りょうじゅう] 엽총; 사냥총.

[령]

令 명령할 령

丿人ㅅ今令

音 ●レイ ⊗リョウ
訓 —

音読
令閨[れいけい] 영규; 영부인(令夫人).
令妹[れいまい] 영매; 남의 누이동생의 높임말.
令名[れいめい] 영명; 명성(名声).
令夫人[れいふじん] 영부인; 남의 부인의
높임말.
令書[れいしょ] 영서; 행정 처분을 하기 위
한 명령 서류.
令息[れいそく] 영식; 남의 아들의 높임말.
令室[れいしつ] 영실; 남의 부인의 높임말.
令嬢[れいじょう] 영양; 남의 딸의 높임말.
令姉[れいし] 영자; 남의 누이의 높임말.
令状[れいじょう] 영장; 법원의 명령서.
令弟[れいてい] 영제; 남의 동생의 높임말.
令旨[れいし/りょうじ] 영지; 황족(皇族)의
명령을 기록한 문서.
令兄[れいけい] 영형; 남의 형의 높임말.

鈴 방울 령

스쇠쇠쇠金金釒釒鈴鈴鈴

音 ●リン ●レイ
訓 ●すず

訓読
●鈴❶[すず] 방울. ❷[りん] ▷ [音読]
鈴蘭[すずらん] 《植》 은방울꽃.
鈴蘭灯[すずらんとう] 은방울꽃 모양의 장
식용 가로등.
鈴生り[すずなり] ①(과일 등이) 주렁주렁 열
림. ②(사람이) 꽉 참. 잔뜩 매달려 있음.
鈴虫[すずむし] 《虫》 방울벌레.
鈴虫草[すずむしそう] 《植》 나리난초.
鈴虫花[すずむしばな] 《植》 방울꽃.

音読
鈴❶[りん] ①방울. ②초인종. 벨. ③ 《仏》
독경 때 치는 주발 모양의 불구(仏具).
❷[すず] ▷ [訓読]

零 떨어질/영 령

一 一 戸 戸 乕 乕 乗 乗 零 零

音 ●レイ
訓 ⊗こぼす ⊗こぼれる

音読
⁴零[れい] 영; 제로. 0.
零度[れいど] 영도; 도수(度数)를 계산할 때의 기점(起点).
零落[れいらく] 영락; 몰락함.
零細[れいさい] 영세; 규모가 작음.
零時[れいじ] 영시; 밤 12시.
零雨[れいう] 영우; 조용히 내리는 비.
²零点[れいてん] 영점; ①빵점. ②빙점(氷点).
零下[れいか] 영하; 빙점하(氷点下).

領 거느릴 령

ᄉ ᄉ ᄉ 今 今 令 令 領 領 領

音 ●リョウ
訓 ―

音読
²領[りょう] ①영토(領土). 영역(領域). 영지(領地). ②(갑옷을 세는 단위) …벌.
領空[りょうくう] 영공; 영토(領土)와 영해(領海) 위의 하늘.
領内[りょうない] 영내; 영역 내.
領分[りょうぶん] 영분; ①영토. 영지. ②영역. 세력 범위.
²領事[りょうじ] 영사; 외국에 주재하는 자국민의 보호를 담당하는 관직.
領事館[りょうじかん] 영사관.
²領収書[りょうしゅうしょ] 영수증.
領袖[りょうしゅう] 영수; 우두머리.
¹領域[りょういき] 영역; ①세력 범위. 전문 분야. ②주권이 행사되는 범위.
領有[りょうゆう] 영유; 소유.
領主[りょうしゅ] 영주; ①영지(領地)・장원(荘園)의 소유주. ②(江戸(えど) 시대에) 성(城)을 갖지 않은 大名(だいみょう)・小名(しょうみょう).
¹領地[りょうち] 영지; 영토(領土).
¹領土[りょうど] 영토; 영지(領地).
¹領海[りょうかい] 영해; 영역 내의 바다.
領解[りょうかい] 납득. 양해. 승낙.

霊(靈) 신령 령

一 一 戸 乕 乕 雷 霊 霊 霊 霊

音 ●レイ ●リョウ
訓 ●たま

訓読
●霊❶[たま] 혼. 영혼. ❷[れい] ☞ [音読]
霊祭(り)[たままつり] 우란분재(盂蘭盆斎). 백중날 지내는 조상의 제사.
音読
霊❶[れい] ①혼. 정신. ②신비적인 현상・존재. 신성(神性). ❷[たま] ☞ [訓読]
霊感[れいかん] 영감; 신불(神仏)의 영묘한 감응(感応). 신불(神仏)의 계시를 받은 느낌.
霊界[れいかい] 영계; ①영의 세계. ②정신 세계.
霊柩車[れいきゅうしゃ] 영구차.
霊妙[れいみょう] 영묘; 불가사의함. 신비스럽고 기묘함.
霊安室[れいあんしつ] 영안실; 시체실.
霊長[れいちょう] 영장; 불가사의한 힘을 가진 우두머리. 곧 인간.
霊的[れいてき] 영적; 정신이나 신성(神性)에 관계가 있는 것.
霊魂[れいこん] 영혼; 넋. 정신.

齡(齢) 나이 령

⺦ ⺦ 歯 歯 歯 齢 齢 齢 齢 齢

音 ●レイ
訓 ⊗よわい

訓読
⊗齢[よわい] 《雅》 나이. 연령.
音読
●年齢[ねんれい], 老齢[ろうれい]

嶺 산고개/봉우리 령

音 ⊗レイ
訓 ⊗みね

訓読
⊗嶺[みね] ①봉우리. ②봉우리처럼 볼록한 부분. ③갈등. ¶ ～を食(く)わす 칼등으로 치다.
嶺続き[みねつづき] 봉우리가 연이어짐.

〔 레 〕

礼(禮)　예도/예절 례

` ` ク ネ ネ 礼

音 ◉ライ ◉レイ
訓 ―

音読

²礼[れい] 예; ①예의. ②경례. 인사. ③감사의 말. ④답례. 사례.
礼金[れいきん] 사례금.
礼拝❶[れいはい] (기독교의) 예배. ❷[らいはい] ①경배. 숭상. ②(불교의) 예배.
礼法[れいほう] 예법; 예절.
礼服❶[れいふく] 예복; 예식 때 입는 옷. ❷[らいふく] 옛날 조하례(朝賀礼) 및 즉위식 때 5품 이상의 관리가 입는 정식 복장.
礼式[れいしき] 예식; ①예법. ②예물. 사례품.
²礼儀[れいぎ] 예의; 예절과 몸가짐.
礼儀作法[れいぎさほう] 예의범절.
礼状[れいじょう] 감사의 편지.
礼装[れいそう] 예식 복장. 예복(礼服).
礼賛[らいさん] ① ≪仏≫ 예찬; 삼보(三宝)를 예배하고 그 공덕을 기림. ②칭송. 예찬.
礼参り[れいまいり] ①소원이 이루어져 그 답례로 참배함. ②사례 인사를 하기 위해 돌아다님.

例　견줄 례

丿 イ イ � 伢 例 例 例

音 ◉レイ
訓 ◉たとえる ⊗ためし

訓読

◉例える[たとえる] 〈下1他〉 ①예로 들다. 비유하다. ②견주다. 비기다.
¹例え[たとえ] ①비유(比喩). ②비슷한 예.
²例えば[たとえば] ①예를 들면. 이를테면. ②가령. 비록. 설령.
例え話[たとえばなし] 우화(寓話).
⊗例[ためし] ①선례(先例). 전례(前例). ②고사(故事). 사물의 본보기.

音読

²例❶[れい] 예; ①선례(先例). ②통례(通例). ③여느 때와 같음. ④보기. 범례. ⑤본보기. ❷[ためし] ☞ [訓読]
例年[れいねん] 예년; 여느 해.
例文[れいぶん] 예문; ①예로 든 문장. ②계약서에 쓰여져 있는 조항.
例示[れいじ] 예시; 예로서 보임.
²例外[れいがい] 예외; 통례에서 벗어난 것.
例題[れいだい] 예제; 연습 문제.
例証[れいしょう] 예증; ①증거로 드는 예. ②예를 들어 증명함.
例解[れいかい] 예해; 예를 들어 풀이함.
例話[れいわ] 예화; 예로 든 이야기.
例会[れいかい] 예회; 정기적으로 여는 모임. 정례회(定例会).

隷　종 례

圥 圭 聿 聿 隶 隶 隶 隶 隷 隷

音 ◉レイ
訓 ―

音読

隷農[れいのう] 예농; 농노(農奴).
隷書[れいしょ] 예서; 한자(漢字) 고서체(古書体)의 한 종류.
隷属[れいぞく] 예속; 딸려서 매임.
隷人[れいじん] 예인; 종. 노예.
隷従[れいじゅう] 예종; 예속. 딸려서 매임.
隷下[れいか] 예하; 휘하(麾下). 부하(部下).

〔 로 〕

老　늙을 로

一 十 土 耂 耂 老

音 ◉ロウ
訓 ◉ふける ◉おいる

訓読

¹◉老ける[ふける] 〈下1自〉 (막연하게) 늙다. 나이를 먹다.
老け役[ふけやく] (연극・영화의) 노인역.
◉老いる[おいる] 〈上1自〉 ①(실제로) 늙다. 나이를 먹다. ②노쇠하다. ③낡아지다. 약해지다. ④계절이 다 되어 가다.

老い[おい] ①늙음. 노령. 노년. ②늙은이. 노인.

老いぼれ[おいぼれ] ①노쇠. 늙어빠짐. ②늙은이. 늙은 것. ③늙다리.

老いぼれる[おいぼれる] 〈下1自〉 늙어빠지다. 노쇠해지다.

老いらく[おいらく] 늘그막. 노년(老年).

老い先[おいさき] 늙은이의 여생(余生).

老い込む[おいこむ] 〈5自〉 폭삭 늙다.

老舗[★しにせ/ろうほ] 선조 대대로 물려 내려오는 가게.

音読

老軀[ろうく] 노구; 늙은 몸.

老女❶[ろうじょ] ①늙은 여자. ②(武家(ぶけ) 시대에) 将軍(しょうぐん)·영주 부인을 섬기던 시녀의 우두머리. ❷[おうな] 노파(老婆). 늙은 여자.

老年[ろうねん] 노년; 노령(老齢).

老練[ろうれん] 노련; 능란함. 능숙함.

老齢[ろうれい] 노령; 늙은 나이.

老齢艦[ろうれいかん] 노후함(老朽艦).

老母[ろうぼ] 노모; 늙은 어머니.

老兵[ろうへい] 노병; ①늙은 병사. ②경험 많은 병사. ③늙은이.

老成[ろうせい] ①조숙함. 숙성함. ②노련하고 성숙함.

老松[ろうしょう] 노송; 늙은 소나무.

¹**老衰**[ろうすい] 노쇠; 늙어 쇠약함.

老熟[ろうじゅく] 노숙; 원숙함. 노련함.

老僧[ろうそう] 노승; 늙은 중.

老眼鏡[ろうがんきょう] 노안경; 돋보기.

老若[ろうにゃく/ろうじゃく] 노약; 노인과 젊은이.

老嬢[ろうじょう] 노처녀.

老翁[ろうおう] 노옹; 늙은 남자.

老友[ろうゆう] 노우; 늙은 벗.

老幼[ろうよう] 노유; 노인과 유아.

²**老人**[ろうじん] 노인; 늙은이.

老人扱い[ろうじんあつかい] 노인 취급.

老体[ろうたい] 노체; ①늙은 몸. ②노인. 영감.

老婆[ろうば] 노파; 할멈.

老廃物[ろうはいぶつ] 노폐물; 오래 되어 소용없게 된 물건.

老朽[ろうきゅう] 노후; 오래 되어서 쓸모없음.

老後[ろうご] 노후; 만년(晩年). 늙은 나이.

劳 (勞) 힘쓸 로

丶 丶 丷 ⼧ ⼧ 劳 劳

音 ●ロウ

訓 ⊗ねぎらう ⊗いたつき ⊗いたわしい ⊗いたわる

訓読

⊗**労う**[ねぎらう] 〈5他〉 (노고를) 치하하다. 위로하다.

⊗**労き**[いたつき] ①노고. 수고. 고생. ②병.

⊗**労しい**[いたわしい] 〈形〉 가엾다. 애처롭다. 측은하다. 딱하다.

¹⊗**労る**[いたわる] 〈5他〉 ①(노약자를) 친절하게 대하다. 돌보다. ②노고를 위로하다.

音読

²**労働**[ろうどう] 노동; 근로.

労働大臣[ろうどうだいじん] 노동부 장관.

労働者[ろうどうしゃ] 노동자; 근로자.

労働組合[ろうどうくみあい] 노동조합.

¹**労力**[ろうりょく] 노력; ①수고. ②노동력. 일손. 인적 자원.

労務[ろうむ] 노무; ①노동 근무. ②노동에 관한 사무.

労使[ろうし] 노사; 노동자와 사용자.

労相[ろうしょう] 노상; '労働大臣'의 준말.

労役[ろうえき] 노역; ①육체 노동. ②노역·노동에 종사함.

労賃[ろうちん] 노임; 임금. 품삯.

労組[ろうくみ/ろうそ] 노조; '労働組合'의 준말.

炉 (爐) 화로 로

丶 丶 ⼁ 火 火' 炉 炉 炉

音 ●ロ

訓 —

音読

炉[ろ] ①다다미를 사각형으로 파고 만든 네모난 화로. ②용광로. ③난로. 스토브.

炉開き[ろびらき] (茶道에서) 음력 10월 1일에 풍로를 치우고 화로를 사용하기 시작함.

炉端[ろばた] 난롯가. 화롯가.

炉辺[ろへん] 노변; 화롯가.

路 길 로

口 口 口 旦 旦 趴 趵 趵 路 路

音 ⦿ロ
訓 ⦿じ

訓読
▶家路[いえじ], 旅路[たびじ], 山路[やまじ]

音読
路肩[ろかた/ろけん] 노견; ①도로 가장자리. ②벼랑길 가장자리.
路頭[ろとう] 노두; 길가, 길거리.
路面[ろめん] 노면; 도로의 표면.
路上[ろじょう] 노상; ①길 위. 길바닥. ②지나가는 길. 왕래하는 도중.
路線[ろせん] 노선; ①교통선. ②방침.
路地[ろじ] ①골목. 골목길. ②정원 안의 좁은 통로.

虜 (虜) 사로잡을 로

' ⺊ ⺆ 广 虍 虏 虏 虜 虜 虜

音 ⦿リョ
訓 ⊗とりこ

訓読
⊗虜[とりこ] 포로. ①(전투에서 적에게) 사로잡힌 군인. ②어떤 사물에게 정신이 팔리거나 매여서 꼼짝 못하는 상태.

音読
虜囚[りょしゅう] 포로. (전투에서 적에게) 사로잡힌 군인.

露 이슬/드러날 로

⺹ 雫 雫 雫 雫 雫 霛 霛 露 露

音 ⦿ロ ⦿ロウ
訓 ⦿つゆ

訓読
¹⦿露[つゆ] ①이슬. ②덧없음. ③눈물. ④조금. ⑤전혀.
露払い[つゆはらい] ①벽제(辟除). ②선도자(先導者). ③첫 출연자. 맨 처음 출연함. ④(씨름에서) 横綱[よこづな]의 土俵入[どひょういり] 때 앞장서는 씨름꾼.

音読
露[ろ] 노; 러시아.
露見[ろけん] 노견; 드러남. 폭로됨.
¹露骨[ろこつ] 노골; 숨기지 않고 그대로 드러냄.
露光[ろこう] 노광; ①이슬빛. ②(사진의) 노출.
露台[ろだい] 노대; ①발코니. ②노천 무대.
露頭[ろとう] 노두; ①맨머리. ②암석·광맥 등이 땅 표면에 드러난 부분.
露命[ろめい] 노명; 이슬 같은 목숨.
露宿[ろしゅく] 노숙; 한데서 잠.
露営[ろえい] 노영; ①야외에 진을 침. ②캠프.
露店[ろてん] 노점; 길바닥에 벌려 놓은 소규모의 가게.
露点[ろてん] 노점; 이슬점.
露呈[ろてい] 노정; 드러남. 드러냄. .
露地[ろじ] 노지; ①한데. 노천(露天). ②다실(茶室)로 통하는 뜰 안의 통로. 다실 정원. ③속세를 떠난 조용한 경지.
露天風呂[ろてんぶろ] 노천 목욕탕.
露天掘り[ろてんぼり] 노천 채굴.
露出[ろしゅつ] 노출; 드러남. 드러냄.

蘆 갈대 로

音 ⊗ロ
訓 ⊗あし/よし

訓読
⊗蘆[あし/よし] ≪植≫ 갈대.
蘆笛[あしぶえ] 갈피리. 갈잎 피리.

音読
蘆生の夢[ろせいのゆめ] 노생의 꿈. 덧없는 부귀영화.
蘆荻[ろてき] 노적; 갈대와 물억새.

櫓 망대 로

音 ⊗ロ
訓 ⊗やぐら

訓読
⊗櫓❶[やぐら] ①성루(城楼). ②망루(望楼). 전망대. 감시대. ③(歌舞伎[かぶき]·씨름에서) 북을 치기 위한 고대(高台). ❷[ろ] ☞ [音読]
櫓太鼓[やぐらだいこ] (흥행장의) 개장·폐장을 알리는 북소리.
櫓投げ[やぐらなげ] (씨름에서) 상대방의 몸을 번쩍 들어 올렸다가 흔들면서 내동댕이치는 기술.

[록]

緑(綠) 푸를 록

〻 幺 糸 糸 絲 絲 絳 綟 緑

音 ◉リョク ◉ロク
訓 ◉みどり

訓読
4◉緑[みどり] ①녹색. 초록색. ②청색. 푸른 빛. ③(초목의) 새싹. ④(신록의) 초목.
緑色[みどりいろ] 녹색; 초록색.
緑の窓口[みどりのまどぐち] 녹색 창구. *일본 철도역에서 특급권을 발매하는 창구.

音読
緑内障[りょくないしょう]≪医≫녹내장.
緑豆[りょくとう/りょくず] 녹두.
緑肥[りょくひ] 녹비; 풋거름. 퇴비.
緑樹[りょくじゅ] 녹수; 무성한 나무.
緑綬褒章[りょくじゅほうしょう] 녹수포장. *일본 정부에서 사회적인 공헌이 많은 훌륭한 사람에게 수여하는 녹색 수(綬)가 달린 포장(褒章).
緑十字[りょくじゅうじ] 녹십자.
緑酒[りょくしゅ] 녹주; 고급 술.
緑地帯[りょくちたい] 녹지대; 그린벨트.
緑茶[りょくちゃ] 녹차.
緑青[りょくしょう] ①동록(銅緑). 구리 녹. ②청록색 물감.
緑土[りょくど] 녹토; ①초목이 무성한 땅. ②녹색의 해저 침전물.
緑風[りょくふう] 녹풍; 초여름의 바람.
緑化[りょっか] 녹화; 국토를 푸르게 가꿈.
緑黄色[りょくおうしょく] 녹황색.

録(錄) 기록할 록

亼 牟 金 金 金 釘 針 録 録 録

音 ◉ロク
訓 ―

音読
録する[ろくする]〈サ変他〉기록하다. 적다.
2録音[ろくおん] 녹음; 소리를 기록함.
録音機[ろくおんき] 녹음기; 녹음하는 기계.
録画[ろくが] 녹화; 화상(画像)을 자기 테이프나 디스크 등에 기록함.

鹿 사슴 록

音 ⊗ロク
訓 ⊗しか ⊗か

訓読
⊗鹿[しか]≪動≫사슴.
鹿毛[かげ] 사슴털 같은 구렁말의 털빛. 또는 그 말.
鹿の子[かのこ] 새끼 사슴.
鹿爪らしい[しかつめらしい]〈形〉①심각한 체하다. 그럴 듯하다. ②(태도나 표정이) 딱딱하다.
鹿皮[しかがわ] 사슴 가죽.

音読
鹿毛[ろくもう] 녹모; 사슴의 털.
鹿茸[ろくじょう] 녹용; 사슴의 연한 뿔.
鹿苑[ろくえん] 녹원; 사슴 농장.
鹿砦[ろくさい] 녹채; 가시나무 울타리.

禄(祿) 복 록

音 ⊗ロク
訓 ―

音読
禄[ろく] 녹; ①(봉건시대의) 급여. 녹봉(禄俸). ②≪古≫즉석에서 내리는 상여(賞与). ③행운. 행복.
禄高[ろくだか] 녹봉(禄俸)의 액수.
禄盗人[ろくぬすびと] 월급 도둑. 제대로 일도 못하면서 월급을 타먹는 사람.
禄米[ろくまい] 녹미; 녹으로 받는 쌀.
禄地[ろくち] 녹지; 봉토(封土).

碌 작은돌 록

音 ⊗ロク
訓 ―

音読
碌すっぽ[ろくすっぽ] 제대로. 변변히.
碌な[ろくな] 변변한.
碌に[ろくに] 제대로.
碌碌[ろくろく] 제대로. 변변히.
碌で無し[ろくでなし] 쓸모가 없는 사람. 변변치 않은 사람. 밥벌레.

麓 산기슭 록

音 ⊗ロク
訓 ⊗ふもと

訓読
⊗麓[ふもと] 산기슭.

[론]

論　　말할/의논할 론

亠 亠 言 言 訃 訃 訃 訃 論 論 論

音 ●ロン
訓 ⊗あげつらう

訓読
⊗論う[あげつらう] 〈5他〉 (옳고 그름을) 따지다. 시비를 가리다. 왈가불가하다.

音読
²論[ろん] 논; ①이론. ②의견. 견해.
²論じる[ろんじる] 〈上1他〉 논하다. 토론하다.
²論ずる[ろんずる] 〈サ変他〉 ⇨ 論じる
論客[ろんかく/ろんきゃく] 논객; 담론에 능한 사람.
論拠[ろんきょ] 논거; 논의의 근거.
論告[ろんこく] 논고; ①자기의 의견을 말함. ②≪法≫ 논고.
論究[ろんきゅう] 논구; 사물의 이치를 밝히어 논함.
論壇[ろんだん] 논단; ①강단. 연단. ②언론계.
¹論理[ろんり] 논리; ①의논의 조리. ②의논의 인과 관계.
²論文[ろんぶん] 논문; 학술 연구의 업적이나 결과를 발표한 글.
論法[ろんぽう] 논법; 의논을 전개해 나가는 방법.
論説[ろんせつ] 논설; (특히 신문사의) 의견.
論述[ろんじゅつ] 논술; 논하여 의견을 진술함. 논하여 의견을 진술한 것.
論外[ろんがい] 논외; ①(논의의) 범위 밖. ②논할 가치가 없음.
¹論議[ろんぎ] 논의; ①의견을 논술하여 토의함. ②의논. ③(謡曲(ようきょく)에서) 한 배역과 地謡(じうたい), 또는 두 배역이 번갈아 부르는 부분.
²論争[ろんそう] 논쟁; 서로 논하여 다툼.
論題[ろんだい] 논제; ①토론·이론의 제목. ②논문의 주제.
論調[ろんちょう] 논조; ①논술의 투. ②논쟁의 내용.
論証[ろんしょう] 논증; ①이론으로 증명함. ②입증. 증명.
論破[ろんぱ] 논파; 설파.
論評[ろんぴょう] 논평; 시비를 논술해 비평함.

[롱]

滝(瀧)　여울 롱

氵 氵 氵 汸 汼 滞 滞 滞 滝

音 ―
訓 ●たき

訓読
²●滝[たき] ①폭포. ②여울. 급류.
滝口[たきぐち] ①폭포수가 떨어지기 시작하는 곳. ②옛날 궁성의 무사.
滝川[たきがわ] 계곡의 급류. 격류.
滝壺[たきつぼ] 폭포수가 떨어지는 깊은 웅덩이.

弄　희롱할 롱
音 ⊗ロウ
訓 ⊗いらう
⊗もてあそぶ
⊗いじる

訓読
⊗弄う[いらう] 〈5他〉 ≪関西≫ ①만지작거리다. 주물럭거리다. ②조롱하다.
⊗弄ぶ[もてあそぶ] 〈5他〉 ①가지고 놀다. 장난하다. ②(심심풀이로) 즐기다. ③희롱하다. 짓궂게 놀리다. 농락하다.
⊗弄る❶[いじる] 〈5他〉 ①만지작거리다. 주물럭거리다. ②(취미삼아) 손대다. 애완하다. 만지다. ③(함부로) 주물럭거리다. ❷[まさぐる] 〈5他〉 ①만지작거리다. 가지고 놀다. ②(손으로) 더듬어 찾다. 뒤적거리다.

音読
弄する[ろうする] 〈サ変他〉 (어떤 목적을 위해) 부리다. 수단을 마음대로 쓰다.
弄火[ろうか] 농화; 불장난.
弄花[ろうか] 농화; 화투놀이.

朧　흐릴 롱
音 ⊗ロウ
訓 ⊗おぼろ

訓読
⊗朧[おぼろ] ① 〈形動〉 몽롱함. 희미함. 아련함. 어슴푸레함. ②찐 생선을 으깨어서 양념하여 볶거나 말린 식품. ③두부를 볶은 요리. ④초를 친 다시마를 얇고 가늘게 썬 식품.

籠 X(篭) 바구니 롱

音 ⊗ロウ
訓 ⊗こもる ⊗かご

訓読

²⊗籠[かご] 바구니.

¹⊗籠(も)る[こもる] 〈5自〉 ①두문불출하다. 틀어박히다. ②(절에) 묵으면서 기도하다. ③굳게 버티다. ④(연기가) 자욱하다. ⑤(정성이) 담기다. 깃들다. ⑥(목소리가) 분명치 않다.

籠(も)り[こもり] ①두문불출함. 틀어박힘. ②(절에) 묵으면서 기도함.

籠(も)り居[こもりい] 두문불출함. 틀어박힘.

籠目[かごめ] ①바구니의 엮어 짠 틈새. ②바구니 눈 같은 무늬. ③술래잡기.

籠抜け[かごぬけ] ①바구니를 빠져나가는 곡예. ②'籠抜け詐欺'의 준말.

籠手[★こて] ①(활을 쏠 때) 왼팔에 씌우는 덮개. ②갑옷의 팔 덮개. 갑옷 토시. ③검도할 때의 토시. ④검도에서 팔뚝을 침.

籠耳[かごみみ] 까막귀. 듣는 족족 잊어버림. 들은 것을 금새 잊어버림.

籠枕[かごまくら] 죽침(竹枕). 대나무로 엮어 만든 여름용 베개.

音読

籠居[ろうきょ] 칩거. 틀어박힘.

籠球[ろうきゅう] 농구; 바스켓볼.

籠絡[ろうらく] 농락; 얕은꾀로 남을 놀림.

籠城[ろうじょう] 농성; ①적에게 포위되어 성 안에 버팀. ②집에 틀어박힘.

籠鳥[ろうちょう] 농조; 새장 속의 새.

聾 귀머거리 롱

音 ⊗ロウ
訓 ⊗つんぼ

訓読

⊗聾[つんぼ] 귀머거리.

聾桟敷[つんぼさじき] ①(무대에서 멀리 떨어져) 대사가 잘 들리지 않는 관람석. ②소외된 입장.

音読

聾する[ろうする] 〈サ変他〉 귀먹게 하다. 귀를 먹먹하게 하다.

聾児[ろうじ] 농아; 귀머거리 아이.

聾者[ろうしゃ] 농자; 귀머거리.

聾学校[ろうがっこう] 농학교; 농아학교.

[뢰]

雷 천둥/우레 뢰

一 厂 戶 币 币 乘 雨 雷 雷 雷

音 ●ライ
訓 ●かみなり ⊗いかずち

訓読

²●雷❶[かみなり] ①천둥. 우레. 뇌성. ②벼락. ③뇌신(雷神). ④불호령.

⊗❷[いかずち] 천둥. 우레.

雷声[かみなりごえ] 벽력 같은 목소리.

雷族[かみなりぞく] 폭주족(暴走族).

雷親父[かみなりおやじ] 호통을 잘 치는 아버지・주인・영감.

音読

雷撃[らいげき] 뇌격; ①벼락을 맞음. ②어뢰로 적을 공격함.

雷同[らいどう] 뇌동; 무조건 동의함.

雷鳴[らいめい] 뇌명; ①천둥 소리. ②불호령.

雷神[らいじん] 뇌신; 벼락을 친다는 신.

雷雨[らいう] 뇌우; 천둥을 동반한 비.

雷雲[らいうん/かみなりぐも] 소나기구름.

頼(賴) 의뢰할 뢰

一 口 巾 申 束 束 束 束 頼 頼 頼

音 ●ライ
訓 ●たのむ ●たのもしい ●たよる

訓読

⁴●頼む[たのむ] 〈5他〉 ①부탁하다. 당부하다. ②맡기다. ③의지하다. 믿다. ④이리 오너라!

²頼み[たのみ] ①부탁. 청(請). ②의지. 믿음.

頼み込む[たのみこむ] 〈5他〉 신신당부하다. 간절히 부탁하다.

頼もう[たのもう] 이리 오너라! 여봐라!

²●頼もしい[たのもしい] 〈形〉 믿음직하다. 미덥다. 장래가 촉망되다.

²●頼る[たよる] 〈5自〉 ①의지하다. 의존하다. 믿다. ②연고를 찾아가다.

頼り[たより] ①의지함. 믿고 의지함. ②연고. 연줄.

頼りない[たよりない] 〈形〉 ①의지할 데 없다. ②미덥지 못하다. 어설프다. ③신통하지 않다.

頼り無い[たよりない] 〈形〉 ☞ 頼りない

音読
頼信紙[らいしんし] 전보 용지.

瀬(瀨) 여울 뢰

氵 氵 沪 沪 沖 沫 沫 沫 瀬 瀬 瀬

音 ―
訓 ●せ

訓読
瀬[せ] ①(걸어서 건너는) 얕은 내. ②여울.
　급류. ③기회. 찬스. ④입장. 처지.
瀬踏み[せぶみ] ①여울의 깊이를 재 봄.
　②(일을 하기 전에) 미리 떠봄. 의사 타
　진을 해 봄.
瀬音[せおと] 여울 물소리.
瀬戸[せと] ①좁은 해협. ②愛知県(あいちけん)
　서북부 도시.
瀬戸内海[せとないかい] 일본의 다도해(多
　島海).
²瀬戸物[せともの] ①도자기. ②愛知県(あい
　ちけん) 瀬戸(せと) 지방에서 생산되는 도
　자기.
瀬戸物屋[せとものや] 도자기 가게.
瀬戸物貝[せとものがい] ≪貝≫ 권패(巻貝).
瀬戸焼[せとやき] 愛知県(あいちけん) 瀬戸(せと)
　지방에서 생산되는 도자기.
瀬戸引き[せとびき] (철제 식기에 녹이 슬
　지 않도록 칠한) 법랑(琺瑯).
瀬戸際[せとぎわ] ①좁은 해협과 바다와의
　경계. ②운명의 갈림길.

牢 감옥 뢰 ｜ **音** ⊗ロウ **訓** ―

音読
牢[ろう] 뇌; 옥. 감옥.
牢として[ろうとして] 확고하게. 견고하게.
牢名主[ろうなぬし] 감방장(監房長).
牢番[ろうばん] 옥졸. 옥지기. 옥리(獄吏).
牢死[ろうし] 뇌사; 옥사(獄死).
牢役人[ろうやくにん] 옥지기. 간수(看守).
牢屋[ろうや] 감옥. 형무소. 교도소.
牢獄[ろうごく] 뇌옥; 감옥.
牢脱け[ろうぬけ] 탈옥(脱獄).
牢破り[ろうやぶり] 탈옥(脱獄). 탈옥수.

[료]

了 마칠 료

フ 了

音 ●リョウ
訓

音読
了[りょう] ①완료. 끝. ②터득함. 깨달음.
了する[りょうする] 〈サ変自〉 ①끝나다. 마
　치다. 완료하다. ②터득하다. 깨닫다. 납
　득하다.
了覚[りょうかく] 터득함. 깨달음.
了簡[りょうけん] ①(좋지 않은) 생각. ②참
　고 용서함. ③잘 생각해 판단함.
了簡違い[りょうけんちがい] 분별력이 없음.
了見[りょうけん] ☞ 了簡
了見違い[りょうけんちがい] ☞ 了簡違い
了得[りょうとく] 납득. 이해.
¹了承[りょうしょう] 납득함. 이해함.
了然[りょうぜん] 확실함. 분명함.
了知[りょうち] 깨달아 앎.
了察[りょうさつ] 충분히 이해함.
¹了解[りょうかい] ①양해(諒解). ② 〈感〉 알
　았어요!

料 헤아릴 료

丶 丷 平 米 米 米 米 料 料

音 ●リョウ
訓

音読
料[りょう] (명사에 접속하여) ①재료. ②요
　금. 대금. 보수.
料簡[りょうけん] ①(좋지 않은) 생각. ②참
　고 용서함. ③잘 생각해 판단함.
料金[りょうきん] 요금. 어떤 사물을 사용
　한 대가로 지불하는 돈.
料金箱[りょうきんばこ] 요금통. 요금함.
³料理[りょうり] 요리; ①음식을 만듦. 만든
　음식. ②(일을) 잘 처리함. 잘 다스림.
料理屋[りょうりや] 음식점.
料亭[りょうてい] 요정; 주로 일본 요리를
　제공하는 음식점.

僚　동료 료

亻 亻 亻 俨 俨 俨 俉 俋 僚 僚

音 ◉リョウ
訓 ―

音読
僚機[りょうき] 요기; 자기편 비행기.
僚船[りょうせん] 요선; 자기편 배.
僚友[りょうゆう] 요우; 동료.
僚艦[りょうかん] 요함; 자기편 군함.

寮　집/벼슬 료

宀 宁 宀 宊 宊 宊 宵 寮 寮 寮

音 ◉リョウ
訓 ―

音読
²寮[りょう] ①기숙사. ②(茶道에서) 다실(茶室). ③별장.
寮舎[りょうしゃ] 요사; 기숙사.
寮生[りょうせい] 요생; 기숙생. 기숙사 생활을 하는 학생.
寮生活[りょうせいかつ] 기숙사 생활.
寮長[りょうちょう] 사감(舎監).

療　병고칠 료

亠 广 疒 疒 疒 疒 疒 痎 瘁 療

音 ◉リョウ
訓 ―

音読
療法[りょうほう] 요법; 치료하는 방법.
療病[りょうびょう] 요병; 병을 치료함.
療養[りょうよう] 요양; 치료와 조섭(調摂).
療友[りょうゆう] 요우; 함께 요양하는 벗.
療院[りょういん] 요원; 요양원.
療治[りょうじ] 요치; 병을 치료함.

瞭　분명할 료

音 ⊗リョウ
訓 ―

音読
瞭然[りょうぜん] 요연; 똑똑하고 분명함.

[룡]

竜/龍　용 룡

⼂ ⼇ 立 产 产 斉 斉 音 音 竜

音 ◉リュウ ⊗リョウ
訓 ◉たつ

訓読
◉竜/龍❶[たつ] 용. ❷[りゅう] ①용. ②용왕(竜王). ③공룡. ④드래곤. ⑤(장기에서) 玉将(ぎょくしょう)의 자격도 아울러 갖게 된 飛車(ひしゃ).
竜巻[たつまき] 선풍. 회오리바람.

音読
竜駕[りょうが] 용가; 어가(御駕). 임금의 수레.
竜骨[りゅうこつ] 용골; ①선박·비행기의 킬. ②거대한 동물의 뼈화석.
竜宮[りゅうぐう] 용궁.
竜胆[★りんどう] ≪植≫ 용담.
竜頭❶[りゅうず] ①손목시계의 태엽 감는 꼭지. ②(종을 매다는) 용머리 모양의 꼭지. ❷[りゅうとう/りょうとう] 용두; ①용의 머리. 용머리 모양의 장식. ②뱃머리에 용머리를 장식한 배.
竜灯[りゅうとう] 용등; ①바닷속의 인광(燐光)이 등불처럼 연이어 비치는 현상. ②神社(じんじゃ)에 바치는 등불.
竜馬[りゅうめ] 용마; ①준마. ②(장기에서) 玉将(ぎょくしょう)의 자격도 아울러 갖게 된 角(かく).
竜門[りゅうもん] 용문; 등용문.
竜舌蘭[りゅうぜつらん] ≪植≫ 용설란.
竜神[りゅうじん] 용신; 용왕(竜王).
竜眼[りゅうがん] ≪植≫ 용안.
竜顔[りゅうがん] 용안; 임금의 얼굴.
竜攘虎搏[りゅうじょうこはく] 용양호박; 용호상박(竜虎相搏).
竜涎香[りゅうぜんこう] 용연향; 고래에서 채취하는 향료.
竜王[りゅうおう] ①용왕. ②용신(竜神). ③(장기에서) 飛車(ひしゃ)가 적진에 들어가서 玉将(ぎょくしょう)의 자격도 아울러 갖게 된 것.
竜虎[りゅうこ/りょうこ] 용호; ①용과 호랑이. ②실력이 비슷한 두 영웅.

[루]

涙(涙) 눈물 루

丶 丶 氵 氵 氵 沪 沪 沪 涙 涙

音 ●ルイ
訓 ●なみだ

訓読
²●涙[なみだ] ①눈물. ②울음. ③동정. 인정. 자비.
涙がち[なみだがち] 툭하면 눈물을 흘림.
涙ぐむ[なみだぐむ] 〈5自〉 눈물을 머금다. 눈물짓다. 눈물을 글썽이다.
涙ながら[なみだながら] 눈물을 흘리면서.
涙金[なみだきん] (인연을 끊을 때 주는) 위로금. 동정금. 위자료.
涙声[なみだごえ] 울먹이는 소리.
涙顔[なみだがお] 눈물에 젖은 얼굴.

音読
涙腺[るいせん] 《生理》 누선; 눈물샘.

楼(樓) 다락/누각 루

木 木 朾 栏 栏 桦 栌 楼 楼 楼

音 ●ロウ
訓 ●—

音読
楼閣[ろうかく] 누각; 큰 건물.
楼上[ろうじょう] 누상; 높은 건물 위.
楼船[ろうせん] 누선; 지붕이 있는 놀잇배.

累 여러 루

丨 冂 冂 田 田 岊 罗 罗 界 累

音 ●ルイ
訓 ●—

音読
累加[るいか] 누가; 같은 수를 거듭하여 보태거나 증가함.
累減[るいげん] 누감; ①점차로 줄어듦. ②차례로 줄임.
累計[るいけい] 누계; 소계(小計)를 더함.
累年[るいねん] 누년; 여러 해.

累累[るいるい] ①겹겹이 쌓임. ②계속 이어짐.
累犯[るいはん] 누범; 거듭 죄를 범함.
累積[るいせき] 누적; 겹쳐 쌓임.
累進[るいしん] 누진; ①지위 등이 차례차례 올라감. ②수량의 증가에 따라 그것에 대한 비율도 증가함.
累次[るいじ] 누차; 여러 번.

壘(壘) 보루/진루 루

丨 冂 冃 甲 甲 甲 甲 罗 壘 壘

音 ●ルイ
訓 ●—

音読
壘[るい] 루; ①성채. 보루. ②(야구에서) 루; 베이스.
壘上[るいじょう] 누상; (야구에서) 베이스의 위.
壘審[るいしん] 누심; (야구에서) 1루·2루·3루 옆에 있는 심판.
壘打数[るいだすう] (야구에서) 누타수.

漏 물 샐 루

氵 氵 氵 氵 沪 沪 沪 漏 漏 漏 漏

音 ●ロウ
訓 ●もらす ●もる ●もれる

訓読
¹●漏らす[もらす] 〈5他〉 ①(물을) 흘러나오게 하다. 새게 하다. ②누설하다. 입 밖에 내다. ③(이불이나 옷에) 오줌을 싸다. ④빠뜨리다. ⑤놓치다. ⑥(동사 ます형에 접속하여) 빠뜨리고 …ㅎ-다.
¹●漏る[もる] 〈5自〉 (물·비가) 새다.
漏り[もり] (물·비가) 샘.
¹●漏れる[もれる] 〈下1自〉 ①(물·비·가스 등이) 새다. ②(비밀이) 누설되다. ③누락되다. 탈락되다. 빠지다.
漏れ[もれ] ①(틈새로) 샘. 누출. ②누락. 탈락.
漏れなく[もれなく] 죄다. 빠짐없이. 모두.

音読
漏斗[ろうと/じょうご] 깔때기.
漏泄元[ろうせつもと] 누설원; 누설 근원지.
漏水[ろうすい] 누수; 물이 샘.
漏電[ろうでん] 누전; 전류가 샘.

[류]

柳　버들 류

一　十　才　才　才　柯　柳　柳] 柳

音 ●リュウ
訓 ●やなぎ

訓読
●柳[やなぎ] 《植》 ①버들. 버드나무. ②수양버들.
柳腰[やなぎごし] 버들가지처럼 날씬한 허리.
柳樽[やなぎだる] ①좋은 행사에 쓰이는 붉은 옻칠을 한 술통. ②'酒(さけ)'의 딴 이름.
柳行李[やなぎごうり] 버들고리.
音読
柳眉[りゅうび] 유미; (여자의) 버들잎처럼 가늘고 예쁜 눈썹.

留　머무를 류

一　亡　乕　乕　卯　卯　卵　留　留　留

音 ●リュウ　●ル
訓 ●とまる　●とめる

訓読
²●留まる[とまる] 〈5自〉 ①(새·벌레 등이) 내려앉다. ②고정되다. 죄어지다. ③머무르다. ④의식하다.
留まり[とまり] ①멈춤. ②끝. 종점.
²●留める[とめる] 〈下1他〉 ①고정시키다. ②꽂다. 끼우다. 채우다. ③붙잡아두다. ④의식하다.
留めだて[とめだて] 말림. 제지(制止).
留(め)金[とめがね] 연결용 금속 기구. 쇠고리. 걸쇠.
留(め)男[とめおとこ] ①싸움을 말리는 남자. ②손님을 끄는 남자 호객꾼.
留(め)女[とめおんな] ①싸움을 말리는 여자. ②손님을 끄는 여자 호객꾼.
留(め)立て[とめだて] 말림. 제지(制止).
留(め)袖[とめそで] 보통 소매 길이의 일본 여자 옷.
留(め)置(き)[とめおき] 유치; ①사람을 그 자리에 붙잡아 둠. ②(우편물을) 우체국에 둠.

留め置く[とめおく] 〈5他〉 ①사람을 붙잡아 두다. ②옮기지 않고 그대로 두다. ③기록해 두다. ④중단하다.
留(め)針[とめばり] ①시침바늘. ②핀.
音読
留保[りゅうほ] 유보; 보류(保留).
³留守[るす] ①부재중. 집에 없음. 집을 비움. ②(딴 데 정신이 팔려) 소홀히함.
留守居[るすい] ①집 보기. 빈집을 지킴. ②(근세 초기)京都(きょうと)의 수호를 담당하던 직명. ③江戸幕府(えどばくふ)의 직명.
⁴留守番[るすばん] 집 보기. 빈집을 지킴.
留守番電話[るすばんでんわ] 부재중에도 자동으로 녹음되는 전화기.
留意[りゅうい] 유의; 마음에 둠.
留任[りゅうにん] 유임; 그냥 머물러 사무를 맡음.
留置[りゅうち] 유치; 사람을 그 자리에 붙잡아 둠.
²留学[りゅうがく] 유학; 일정 기간 동안 외국에 가서 공부하는 것.
⁴留学生[りゅうがくせい] 유학생.

流　흐를 류

丶　丶　氵　氵　氵　浐　浐　泞　流

音 ●リュウ　●ル
訓 ●ながす　●ながれる

訓読
²●流す[ながす] 〈5他〉 ①흐르게 하다. 흘리다. ②떠내려 보내다. ③씻어 내다. ④유배하다. 귀양 보내다. ⑤널리 알리다. ⑥(택시·안마사·악사 등이) 손님을 찾아 돌아다니다. ⑦유산시키다. ⑧몰래 넘겨주다. ⑨유회(流会)시키다. ⑩(야구에서) 밀어치다. ⑪수월하게 해치우다.
¹流し[ながし] ①흘려 보냄. 싱크대. ②설거지대. 싱크대. ③(목욕통 밖의) 몸을 씻는 곳. ④때밀이에게 때를 밀게 함. ⑤(택시·안마사·악사 등이) 손님을 찾아 돌아다님.
流(し)台[ながしだい] 설거지대. 싱크대.
流(し)目[ながしめ] ①흘낏눈질. ②(이성에게 관심을 나타내는) 추파. 윙크.
流(し)元[ながしもと] 싱크대. 설거지대.
流し込む[ながしこむ] 〈5他〉 부어 넣다. 흘려 넣다.
流し場[ながしば] (목욕통 밖의) 몸을 씻는 곳.

²●**流れる**[ながれる] 〈下1自〉 ①흐르다. 흘러 내리다. ②흘러가다. 떠내려가다. ③(시간이) 경과하다. ④(소리가) 들려오다. ⑤널리 알려지다. ⑥떠돌아다니다. 방황하다. ⑦빗나가다. ⑧중지되다. 취소되다. ⑨(순조롭게) 진행되다. ⑩줄지어 늘어서다.

²**流れ**[ながれ] ①흐름. ②흐르는 물. 물살. 냇물. ③윗사람이 주는 술잔. ④추세. 추이. ⑤혈통. 핏줄. ⑥계통. 유파(流派). ⑦방랑. 떠돌아다님. ⑧무효. 취소. ⑨경사도(傾斜度). ⑩모임을 끝내고 돌아가는 사람들. ⑪폭. *기(旗)를 세는 말.

流れ落ちる[ながれおちる] 〈上1自〉 흘러 떨어지다.

流れ物[ながれもの] ①필요 없게 된 물건. ②기한이 지나 소유권이 없어진 물건.

流れ星[ながれぼし] 유성; ①별똥별. ②말의 이마에서 코에 이르는 기다란 흰 점.

流れ込む[ながれこむ] 〈5自〉 흘러 들어가다.

流れ出る[ながれでる] 〈下1自〉 ①흘러나오다. ②유출되다. 흐르듯이 나오다.

流れ弾[ながれだま] 유탄; 빗나간 총알.

音読

²**流**[りゅう] ①유파(流派). 계통. ②(특유한) 방식. 스타일.

流感[りゅうかん] 유행성 감기. 독감.

流動[りゅうどう] 유동; 흘러 움직임.

流灯[りゅうとう] 유등; 불을 켠 등롱을 물에 떠내려 보냄.

流浪[るろう] 유랑; ①떠돌아다님. ②생계를 잃고 방황함.

流量[りゅうりょう] 유량; 일정한 시간에 흐르는 유체(流体)의 양.

流離[りゅうり/さすらい] 유리; 방황. 유랑.

流民[りゅうみん/るみん] 유민; 유랑민.

流氷[りゅうひょう] 유빙; 성엣장.

流産[りゅうざん] 유산; ①낙태. ②계획이 중지됨.

流線型[りゅうせんけい] 유선형; 물체의 앞부분을 둥글게 만든 형태.

流説[りゅうせつ/るせつ] 유설; ①떠도는 소문. ②세상에 널리 알려진 설.

流水[りゅうすい] 유수; ①흐르는 물. ②물의 흐름. ③내. 강물.

流失[りゅうしつ] 유실; 떠내려가 없어짐.

²**流域**[りゅういき] 유역; 강가의 지역.

流用[りゅうよう] 유용; 딴 목적으로 사용함.

流入[りゅうにゅう] 유입; 흘러들어옴.

流転[るてん] 유전; ①끝없이 변천함. ②윤회(輪廻).

流暢[りゅうちょう] 유창; 막힘이 없음.

流体[りゅうたい] 유체; 기체와 액체의 총칭.

流出[りゅうしゅつ] 유출; 흘러나옴.

流弾[りゅうだん] 유탄; 빗나간 총알.

¹**流通**[りゅうつう] 유통; ①막힌 데 없이 흘러 통함. ②세상에 널리 통용됨.

流布[るふ] 유포; 널리 퍼짐.

²**流行**[りゅうこう/はやり] 유행; 사회에 널리 퍼짐.

流行歌[りゅうこうか/はやりうた] 유행가.

流血[りゅうけつ] 유혈; 피를 흘림.

流刑[りゅうけい/るけい] 유형; 귀양.

流会[りゅうかい] 유회; 회의가 성립되지 않고 끝남.

硫   유황 류

一 ア 石 石 矿 矿 矿 砣 砣 硫

音 ●リュウ
訓 ―

音読

硫酸[りゅうさん] 《化》 유산.

硫安[りゅうあん] 유안; 황산암모니아.

硫黄泉[★いおうせん] 유황천.

類(類)   종류 류

丷 丷 半 米 米 米 米 類 類 類

音 ●ルイ
訓 ⊗たぐい ⊗たぐう ⊗たぐえる

訓読

⊗**類**[たぐい] 같은 종류. 유례(類例).

⊗**類う**[たぐう] 〈5自〉 견줄 만하다. 엇비슷하다. 필적하다.

⊗**類える**[たぐえる] 〈下1他〉 나란히 놓고 비교하다. 나란히 하다.

音読

¹**類**[るい] ①같은 종류. ②비슷한 것. 유례(類例). ③종류.

類する[るいする] 〈サ変自〉 닮다. 비슷하다.

類同[るいどう] 유동; 같은 종류임.

類例[るいれい] 유례; 비슷한 예.

類別[るいべつ] 유별; 분류해서 구별함.

類比[るいひ] 유비; ①비교함. ②유추(類推).

¹**類似**[るいじ] 유사; 닮음. 비슷함.
類書[るいしょ] 유서; 같은 종류의 책.
類語[るいご] 유어; 뜻이 비슷한 말.
類義語[るいぎご] 유의어; 뜻이 비슷한 말.
類人猿[るいじんえん] 유인원.
¹**類推**[るいすい] 유추; 미루어 추리함.
類型[るいけい] 유형; ①비슷한 성질의 것을 모아 공통점을 찾아 종합한 스타일. ②개성이 없고 흔한 스타일.

| 溜 물방울 류 | 音 ⊗リュウ |
| | 訓 ⊗たまる ⊗ためる |

音読 생략

訓読
²⊗**溜まる**[たまる]〈5自〉①(물이) 괴다. ②모이다. ③늘다. 증가하다. ④(일이) 밀리다. ⑤쌓이다.
¹**溜(ま)り**[たまり] ①(물이) 굄. 괸 곳 ②대기실. ③된장에서 우러난 진국. ③콩만으로 담근 진간장.
²⊗**溜める**[ためる]〈下I他〉①(수집 · 저축을 위해) 모으다. ②(일 · 지불할 돈을) 미루다.
溜め[ため] ①모아 둠. 모아 두는 장소. ②거름 구덩이. ③(江戸(えど) 시대에) 병든 죄수나 15세 미만의 죄수를 수용하던 감옥.
溜(め)涙[ためなみだ] 글썽거리는 눈물.
溜(め)水[ためみず] 방화수(防火水).
²**溜(め)息**[ためいき] 한숨. 탄식.
溜め込む[ためこむ]〈5他〉부지런히 모으다. 비축하다.
溜め置く[ためおく]〈5他〉모아 두다.

音読
溜飲[りゅういん] ① ≪医≫ 유음; 위산과다증. ②쌓인 불평 · 불만. ¶～が下(さ)がる 가슴이 후련해지다. ¶～を下(さ)げる 가슴을 후련하게 하다.

| 瘤 혹 류 | 音 ⊗リュウ |
| | 訓 ⊗こぶ |

音読 생략

訓読
⊗**瘤**[こぶ] ①혹. ②(나무의) 옹이. ③(낙타의) 육봉(肉峰). ④(노끈이나 새끼줄의) 매듭. ⑤(혹처럼) 짐스러운 것.
瘤付き[こぶつき] ①혹이 달림. ②귀찮은 존재. ③(새로 맞은 아내에게 전 남편의) 아이가 딸려 있음. 자식이 딸림.
瘤鯛[こぶだい] ≪魚≫ 혹도미.

[륙]

| 六 | 여섯 륙 |

丶 ナ 六 六

音 ●リク ●ロク
訓 ●むっつ ●むつ ●むい ●む

訓読
⁴●**六つ**[むっつ/むつ] ①여섯. ②여섯 개. ③여섯 살. ④여섯 째.
⁴●**六日**[むいか] ①엿새. 6일. ②초엿새.
六月●[むつき] 여섯 달. 6개월. ❷[ろくがつ] (달력상의) 6월.

音読
⁴**六**[ろく] 육; 6. 여섯.
六角形[ろっかくけい] 육각형.
六区[ろっく] 東京(とうきょう) 浅草(あさくさ)의 환락가.
六大学[ろくだいがく] 6대학; (야구 리그전에서) 東京(とうきょう) · 慶応(けいおう) · 早稲田(わせだ) · 法政(ほうせい) · 明治(めいじ) · 立教(りっきょう) 여섯 대학을 말함.
六面体[ろくめんたい] 육면체.
六法[ろっぽう] 육법; ①여섯 가지 중요 법률. ②'六法全書'의 준말. ③(歌舞伎(かぶき)에서) 주연 배우의 독특한 걸음걸이.
六法全書[ろっぽうぜんしょ] 육법전서.
六分●[ろっぷん] (시계의) 6분. ❷[ろくぶ] 6할. 6부.
六分儀[ろくぶんぎ] 육분의; 섹스턴트.
六三制[ろくさんせい] 6 · 3제. ＊초등학교 6년, 중학교 3년의 의무 교육 제도.
六書[りくしょ] ①한자(漢字)의 성립과 사용에 대한 여섯 가지 종별(種別). ②한자(漢字)의 여섯 가지 서체(書体).
⁴**六時**[ろくじ] ①(시계의) 여섯 시. ② ≪仏≫ 여섯 때.
⁴**六月**●[ろくがつ] (달력상의) 6월. ❷[むつき] 6개월. 여섯 달.
六尺[ろくしゃく] ①6척. ②가마꾼. ③江戸幕府(えどばくふ)에서 잔심부름하던 하인.
六尺棒[ろくしゃくぼう] 6척 길이의 몽둥이.
六体[ろくたい] 한자(漢字)의 여섯 서체(書体).
六親[ろくしん] 육친; 육척(六戚).
六合[りくごう] 육합; ①천지와 사방. ②우주.

陸 땅 륙

' ㄱ ㅏ ㅏ ㅏ ㅑ ㅑ 陸 陸 陸

音 ◉リク ⊗ロク
訓 ⊗おか

訓読
⊗陸❶[おか] ①뭍. 육지. ②벼루의 먹을
가는 곳. ③(목욕통 밖의) 몸을 씻는 곳.
❷[りく] ☞ [音読]

音読
²陸[りく] 뭍. 육지.
陸橋[りっきょう] 구름다리.
陸軍[りくぐん] 《軍》 육군.
陸路[りくろ] 육로; 땅 위의 길.
陸上[りくじょう] 육상; 땅 위.
陸続き[りくつづき] 육지로 이어짐.
陸続と[りくぞくと] 계속. 잇따라.
陸運[りくうん] 육운; 육상 수송.
陸地[りくち] 육지; 뭍.
陸海[りくかい/りっかい] 육해; ①육상과 해
상. ②육군과 해군.

[륜]

倫 인륜/윤리 륜

' ㅓ ㅓ ㅐ ㅐ ㅑ ㅑ 倫 倫

音 ◉リン
訓 ―

音読
倫理[りんり] 윤리; ①인륜. 도덕. ②도덕
의 기준. 모럴.

輪 바퀴 륜

一 ㅁ ㅁ 車 ㅑ ㅑ ㅑ 輪 輪

音 ◉リン
訓 ◉わ

訓読
²◉輪[わ] ①고리. 원형. ②바퀴. ③테. 테두리.
輪ゴム[わゴム] 고무 밴드.
輪留め[わどめ] (자동차의) 바퀴 고정 장치.
굄돌. 굄목.

輪差[わさ] 올가미. 올무.
輪投げ[わなげ] 고리 던지기 놀이.

音読
輪郭[りんかく] 윤곽; ①사물의 겉모양.
②둘레의 선. ③사물의 개요.
輪読[りんどく] 윤독; 차례로 돌려 가며 읽
고 해석하며 연구함.
輪舞[りんぶ] 윤무; ①원을 그리며 추는 춤.
②윤무곡.
輪番[りんばん] 윤번; 순번. 여러 사람이 차례
로 돌아가며 맡은 임무를 처리함.
輪転機[りんてんき] 윤전기; (인쇄 기계의
한가지로 두루마리로 된 인쇄 용지를 고
속(高速)으로 인쇄하는 기계.
輪禍[りんか] 윤화; 교통 사고.
輪廻[りんね] 《仏》 윤회.

[률]

律 법률/가락 률

' ㅓ ㅓ ㅕ ㅕ ㅕ ㅕ 律 律

音 ◉リチ ◉リツ
訓 ―

音読
律動[りつどう] 율동; 리듬.
律法[りっぽう] 율법; ①법률. 규칙. ②《仏》
계율(戒律).
律詩[りっし] 율시; 오언(五言) 또는 칠언
(七言)의 여덟 구로 된 한시(漢詩).

率(率)

一 ㅗ ㄊ 玄 玄 玄 玄 率

音 ◉リツ ◉ソツ
訓 ◉ひきいる

訓読
◉率いる[ひきいる] 〈上1他〉 ①거느리다. 인
솔하다. 이끌다. ②통솔하다. 다스리다.

音読
率[りつ] 율; ①비율. ②(노력·수고에 대한)
보수(報酬).
率先[そっせん] 솔선; 남보다 앞장 섬.
率直[そっちょく] 솔직; 숨김이 없이 바르고
곧음.

栗 밤 률
音 ⊗リツ
訓 ⊗くり

訓読

⊗栗[くり] ① ≪植≫ 밤. 밤나무. ②밤색. 짙은 갈색.
栗毛[くりげ] ①말의 밤색털. ②황마(黃馬).
栗飯[くりめし] 밤밥. 밤을 까서 술·간장 등으로 양념하여 넣어 지은 밥.
栗色[くりいろ] 밤색. 짙은 갈색.
栗鼠❶[くりねずみ] ①밤색을 띤 쥐색. ②말의 털빛. ③털이 쥐색을 띤 구렁말. ❷[りす] ≪動≫ 다람쥐.
栗石[くりいし] 밤톨 크기의 자갈.
栗芋[くりいも] 밤고구마.
栗薯[くりいも] 밤고구마.

慄 두려워할 률
音 ⊗リツ
訓 ⊗おののく

訓読

⊗慄く[おののく] 〈5自〉 부들부들 떨다. 전율하다.

音読

慄然とする[りつぜんとする] 〈サ変自〉 소름이 끼치다. 두려워서 몸이 떨리다.

隆(隆) 높을/성할 륭
音 ●リュウ
訓 ―

音読

隆起[りゅうき] 융기; ①높게 일어나 들뜸. ②땅이 기준면에 비해 상대적으로 높아짐.
隆隆[りゅうりゅう] 융륭; ①기세가 왕성함. 힘참. ②(근육이) 울퉁불퉁함.
隆鼻術[りゅうびじゅつ] 융비술; 낮을 코를 높이는 정형 수술.
隆盛[りゅうせい] 융성; 크게 번성함.
隆運[りゅううん] 융운; 번창하는 가문.
隆昌[りゅうしょう] 융창; 크게 번성함.

肋 갈비 륵
音 ⊗ロク
訓 ⊗あばら

訓読

⊗肋[あばら] '肋骨(あばらぼね)'의 준말.
肋肉[★ばらにく] (소·돼지 등의) 갈비 부분의 살. 안심.

音読

肋間[ろっかん] 늑간; 늑골 사이.
肋骨[ろっこつ/あばらぼね] 늑골; 갈빗대.
肋膜[ろくまく] 늑막; 흉막(胸膜).
肋木[ろくぼく] 늑목; 운동 기구의 하나.

陵 언덕 릉
音 ●リョウ
訓 ●みささぎ

訓読

●陵[みささぎ/りょう] 천황·황후 등의 무덤.

音読

陵[りょう/みささぎ] 천황·황후 등의 무덤.
陵駕[りょうが] 능가; 어떤 수준을 넘음.
陵墓[りょうぼ] 능묘; 능.
陵辱[りょうじょく] 능욕; ①창피·수치를 줌. ②성폭행. 폭력으로 여자를 범함.

凌 능가할/ 없신여길 륭
音 ⊗リョウ
訓 ⊗しのぐ

訓読

¹⊗凌ぐ[しのぐ] 〈5他〉 ①참고 견디다. 참아내다. ②극복하다. 헤치고 나아가다.
凌ぎ[しのぎ] ①참고 견디어 냄. ②임시방편.

音読

凌駕[りょうが] 능가; 어떤 수준을 넘음.
凌霄花[のうぜんかずら] ≪植≫ 능소화. ＊정원에 심는 낙엽 활엽수.
凌辱[りょうじょく] 능욕; ①창피·수치를 줌. ②성폭행. 폭력으로 여자를 범함.

菱 마름 릉   音 ⊗リョウ
             訓 ⊗ひし

訓読
⊗菱[ひし] ①≪植≫ 마름. ②마름모꼴.
菱餅[ひしもち] 마름모꼴로 자른 떡. *'ひなまつり'에 차려 놓은 홍(紅)·백(白)·녹(緑) 3색의 떡.
菱形[ひしがた/りょうけい] 마름모꼴.

稜 위엄/모 릉   音 ⊗リョウ
                訓 ―

音読
稜[りょう] 능; 모서리.
稜角[りょうかく] 능각; 다면체의 뾰족한 모서리.
稜稜[りょうりょう] 능릉; ①모가 나고 엄함. ②추위가 매서움.
稜線[りょうせん] 능선; 산등성이.
稜威[りょうい] 능위; 천자(天子)의 위광.

綾 비단 릉   音 ⊗リョウ
             訓 ⊗あや

訓読
⊗綾[あや] ①능직. ②능직 비단.
綾なす[あやなす] 〈5他〉①아름답게 꾸미다. 곱게 채색하다. ②조종하다. 능숙하게 다루다.
綾錦[あやにしき] ①무늬 있는 비단. ②눈부시게 아름다운 옷·단풍.
綾糸[あやいと] ①(아이들 놀이의) 실뜨기. ②(베틀의) 잉아. 종사(綜糸).
綾竹[あやだけ] ①(아이들 놀이의) 실뜨기. ②좁게 자른 색종이를 비스듬히 붙인 2자 가량의 대나무. *춤·곡예용임. ③引窓(ひきまど)의 끈을 걸치는 가로지른 대나무.
綾織り[あやおり] 능직; ①능직물. ②능직을 입은 사람. 또는 그 사람.
綾取る[あやどる] 〈5他〉①(멜빵 등을) 열십자형으로 메다. ②(문장 등을) 수식하다. 꾸미다. ③조종하다. 능숙하게 다루다.

音読
綾羅[りょうら] 능라; 아름다운 의복.
綾羅錦繍[りょうらきんしゅう]   능라금수; 아름다운 옷. 아름답게 옷을 차려 입음.

[리]

吏 관리 리
一 ナ 一 一 一 声 吏

音 ●リ
訓 ―

音読
吏道[りどう] 이도; 관리로서 마땅히 지켜야 할 도리.
吏務[りむ] 이무; 관리의 직무.
吏員[りいん] 이원; 공무원.

利 이로울/날카로울 리
一 ニ 千 禾 禾 利 利

音 ●リ
訓 ●きかす ●きかせる ●きく

訓読
●利かす[きかす] 〈5他〉⟼ 利かセる
●利かせる[きかせる] 〈下1他〉○(맛·효능을) 살리다. ②이용하다.
●利く[きく] 〈5他〉①말을 하다. ②거들어 주다. 〈5自〉①(약이) 잘 듣다. 효력이 있다. ②(기능이) 충분히 발휘되다. ③가능하다. 할 수 있다. ④통하다.
利き[きき] ①기능. 작용. ②효능. 효력. 효험.
利き目[ききめ] 효능. 효과. 효력. 효험.
利き腕[ききうで] 잘 쓰는 쪽의 팔.
利き足[ききあし] 잘 쓰는 쪽의 발.
利き酒[ききざけ] 시음(試飲). 술 맛을 봄.

音読
利[り] ①이득. 이익. ②이로움. 유리함. ③편리함. 효율성. ④이자(利子).
利する[りする] 〈サ変自〉이롭다. 득을 보다. 도움이 되다. 〈サ変他〉○이롭게 하다. 이익을 주다. 유익하다. ②이용하다. 활용하다.
²利口[りこう] ①영리함. 똑똑함. ②착함. ③빈틈없음. 약음. ④구변이 좋음.
利権[りけん] 이권; 많은 금액의 이익이 수반되는 권리.
利己主義[りこしゅぎ] 이기주의.
利器[りき] 이기; ①편리한 도구. ②예리한 칼.

利尿[りにょう] 이뇨; 오줌이 잘 나오게 함.
利得[りとく] 이득; 이익.
利落ち[りおち] 이자가 지불필로 된 유가 증권.
利発[りはつ] 영리함. 똑똑함. 현명함.
利付(き)[りつき] 이자부(利子附).
利払い[りばらい] 이자 지불.
利上げ[りあげ] ①금리 인상. ②이자만 지 불하고 저당 기한을 연장함.
利水[りすい] 이수; 물을 잘 이용함.
¹利息[りそく] 이식; 이자(利子).
利食(い)売(り)[りぐいうり] ①차액 따먹기. ②이자가 붙음.
利食(い)買(い)[りぐいがい] 공매(公売)한 주가가 하락했을 때 되사들여 차액을 넓.
利食(い)押(し)[りぐいおし] 차액을 노린 증권이 쏟아져 나와 시세가 내림.
利殖[りしょく] 이식; 돈벌이.
利用[りよう] 이용; 잘 사용함.
利運[りうん] 이운; 행운. 호운.
¹利潤[りじゅん] 이윤; 이익.
利率[りりつ] 이율; 이자의 비율.
²利益[りえき] 이익; 이득.
¹利子[りし] 이자; 이식(利殖).
¹利点[りてん] 이점; 이익이 되는 점.
利札[りふだ / りさつ] 이자표(利子表).
利鞘[りざや] 이초; 이익금.
利便[りべん] 편리함; 편리.
²利害[りがい] 이해; 이익과 해됨.
利回り[りまわり] 이율(利率). 이자의 비율.

里   마을 리

丨 冂 日 日 甲 甲 里

音 ●リ
訓 ●さと

訓読
●里❶[さと] ①마을. ②시골. 촌. ③본가. 친정. ④아기를 맡겨 키우는 집. ⑤태생. 신분. ⑥유곽(遊廓). ❷[り] ☞ [音読]
里帰り[さとがえり] ①첫 친정 나들이. ②귀향. 귀성(帰省). 친정 나들이.
里方[さとかた] ①며느리의 친정. ②(사위・양자의) 본가・친척.
里心[さとごころ] 향수(郷愁). 고향 생각.
里芋[さといも] ≪植≫ 토란.
里人[さとびと] ①마을 사람. ②시골 사람.

里子[さとご] ①수양 자식. ②수양 부모에게 맡긴 자식.
里親[さとおや] 수양 부모.

音読
里❶[り] ①(거리의 단위로) 4킬로미터. ②(면적의 단위로) 36정보(町歩). ③옛날의 지방 행정 구역의 최소 단위. ❷[さと] ☞ [訓読]
里俗[りぞく] 이속; 마을 풍속.
里謡[りよう] 속요. 민요.
里程標[りていひょう] 이정표; (거리를 적어 세운) 도로 표지판.

厘   리 리

一 厂 厂 厂 厍 戸 厍 厘 厘

音 ●リン
訓 一

音読
厘[りん] 리; ①1의 100분의 1. ②(화폐 단위) 1엔(円)의 1000분의 1. 1전(銭)의 10분의 1. ③(길이 단위) 한 치의 10분의 1. ④(무게단위) 한 돈의 100분의 1. ⑤(비율 단위) 100분의 1. 1할의 100분의 1.
厘毛[りんもう] (부정문에서) 극소. 아주 적음. 추호. 털 끝 만큼.

理   이치 리

一 T F 王 王 尹 严 玾 珇 理 理

音 ●リ
訓 ⊗ことわり

訓読
⊗理[ことわり] 이치. 도리. 이유. ¶~に背(そ むく 도리에 어긋나다. ¶~無(な)しとしない 일리가 있다. ¶~せめて 지극히 당연함.

音読
理[り] ①원리. 법칙. ②이론. 이치. ③도리. 사리.
²理科[りか] 이과; ①자연과학 계통의 총칭. ②(대학의) 이과.
¹理屈[りくつ] ①이치. 도리. 사리. ②억지 이론. ③구실. 핑계.
理念[りねん] 이념; 신조로 삼는 가치관.
²理論[りろん] 이론; ①조리 있는 지식 체계. ②계통적 학설. ③사물의 이치.

理髮店[りはつてん] 이발소.

理事[りじ] 이사; 사무를 집행하고 권리를 행사하는 역(役).

²理想[りそう] 이상; 최선의 이념과 상태.

¹理性[りせい] 이성; ①사물의 이치를 생각하는 능력. ②도덕적 의지의 능력. ③우주를 지배하는 근본 원리.

理容[りよう] 이용; 이발과 미용.

²理由[りゆう] 이유; ①까닭. ②구실. 핑계.

理財[りざい] 이재; ①재산이나 금전을 잘 운용함. ②'경제(経済)'의 구칭(旧称).

理知[りち] 이지; 이성(理性)과 지혜.

學理[りがく] 이학; ①자연과학. ②물리학. ③성리학(性理学).

²理解[りかい] 이해; ①사리를 분별하여 해석함. ②깨달아 알아들음. ③양해(諒解).

理化學[りかがく] 이화학; 물리학과 화학.

理詰(め)[りづめ] 이론만으로 따짐.

痢   이질/설사 리

亠广疒疒疒疸疸痢痢痢

音 ◉リ
訓 ―

音読

痢病[りびょう] 이병; 설사병. 심한 복통이나 설사를 수반하는 병.

裏   속옷/안쪽 리

亠亠亩审审审审审裏裏

音 ◉リ
訓 ◉うら

訓読

³◉裏[うら] ①뒷면. 뒤쪽. 뒤. ②내막. ③안감. ④반대의 뜻. ⑤배후. ⑥(야구에서) …회 말(末).

²裏口[うらぐち] ①뒷문. ②뒷구멍. 부정한 수단.

裏襟[うらえり] 옷깃의 안쪽.

裏道[うらみち] ①뒷길. ②샛길. ③부정한 방법. ④그늘지고 고달픈 생활. 뒤안길.

裏目[うらめ] ①주사위의 뒷면. ②예상과 정반대임. 나쁜 결과. ③곱자의 뒷면 눈금. ④편물 따위의 뒷면 코.

裏門[うらもん] 뒷문. 후문.

¹裏返し[うらがえし] ①뒤집기. 뒤집은 상태. ②반대. 역(逆).

²裏返す[うらがえす] 〈5他〉①(속의 것이 겉으로 나오게) 뒤집다. 뒤엎다. ②사물을 반대의 입장에서 보다.

裏方[うらかた] ①마님. 영부인. ②무대 뒤에서 일하는 사람. ③숨은 공로자.

裏腹[うらはら] ①정반대임. 모순됨. ②속과 겉. 표리(表裏)를 맞댐. 이웃 사이. 서로 이웃하고 있음.

裏付け[うらづけ] ①뒷받침. 확실한 증거. ②튼튼하게 안을 댐. 안을 대는 물건.

裏付ける[うらづける] 〈F1他〉①뒷받침하다. 확실한 증거를 대다. ②튼튼하도록 안을 대다.

裏山[うらやま] 뒷산. 뒷동산.

裏書(き)[うらがき] ①(수표·어음·증권 등의) 이서. ②(서화 등의 뒷면에) 감정문·내력 따위를 씀. ③뒷받침. 입증. 증명.

裏声[うらごえ] ①가성(仮声). ②三味線(しゃみせん) 가락보다 낮게 부르는 노랫소리.

裏手[うらて] ①뒤쪽. 뒤편. ②배후.

²裏切る[うらぎる] 〈5他〉①(아군을 버리고 적군에 붙어) 배반하다. 배신하다. ②(약속·신의·예상·기대를) 저버리다. 뒤엎다. 어기다.

裏切り者[うらぎりもの] 배신자.

裏町[うらまち] 뒷골목의 거리.

裏地[うらじ] (옷의) 안감.

裏側[うらがわ] 이면(裏面). 뒤쪽.

裏打(ち)[うらうち] ①(옷의) 안을 받침. 안을 댐. ②뒤쪽에 다른 것을 다서 튼튼히 함. ③뒷받침. 보강(補強).

裏通り[うらどおり] 뒷골목. 뒷길.

裏編(み)[うらあみ] (뜨개질의) 안뜨기.

裏表[うらおもて] ①안팎. 안과 겉. ②뒤집음. ③겉과 속이 다름.

裏合(わ)せ[うらあわせ] ①거꾸로 됨. 반대로 됨. ②안과 안을 마주대기. 등을 마주대기.

裏話[うらばなし] 숨은 이야기. 비화(秘話).

音読

裏面[りめん] 이면; ①속. 안. 내면. ②뒷면. 뒤쪽.

裏面工作[りめんこうさく] 이면공작; 표면에 드러나지 않게 활동함.

裏面史[りめんし] 이면사; 외부에 알려지지 않은 것을 서술한 역사.

履　밟을 리

一 ー 尸 尸 尸 尸 屄 屄 屖 履

音 ●リ
訓 ●はく

訓読

[4]●履く[はく] 〈5他〉 (버선・양말・신발 등을) 신다.
履(き)物[はきもの] 신. 신발.
履(き)物屋[はきものや] 신발 가게.
履き捨てる[はきすてる] 〈下1他〉 ①아무 곳에나 벗어 버리다. ②신다가 낡아지면 그대로 버리다.
履き違える[はきちがえる] 〈下1他〉 ①신발을 잘못 바꿔 신다. ②잘못 이해하다.
履き替える[はきかえる] 〈下1他〉 ①갈아 신다. ②잘못 바꿔 신다.

音読

[1]履歴書[りれきしょ] 이력서.
履修[りしゅう] 이수; 차례대로 학과를 배움.
履行[りこう] 이행; 실제로 행함.

離　떠날 리

亠 讠 卤 卤 肉 离 离 离 離

音 ●リ
訓 ●はなす ●はなれる

訓読

[2]●離す[はなす] 〈5他〉 ①(밀착된 두 개의 사이를) 떼다. 떼어놓다. ②멀리 떼어놓다. 거리를 두다.
[2]●離れる[はなれる] 〈下1自〉 ①(장소를) 떠나다. ②(거리가) 떨어지다. 떠나다. ③(붙어 있던 것이) 떨어지다. ④(관계에서) 떠나다.
離れ❶[はなれ] 별당(別堂). 별채. ❷[ばなれ] (명사에 접속하여) …답지 않음.
離れ家[はなれや] ①외딴집. ②별채.
離れ技[はなれわざ] 아슬아슬한 재주. 대담한 행동. 대담하고 기발한 재주.
離れ島[はなれじま] 외딴섬.
離れ離れ[はなればなれ] 뿔뿔이 흩어짐.
離れ業[はなれわざ] 아슬아슬한 재주. 대담한 행동. 대담하고 기발한 재주.
離れ座敷[はなれざしき] 별당(別堂). 별채.

音読

離宮[りきゅう] 이궁; 별궁(別宮).
離島[りとう] 이도; ①외딴섬. 낙도(落島). ②섬을 떠남.
離陸[りりく] 이륙; ①비행기가 날기 위해 땅에서 떠오름. ②(어떤 일이) 새로운 단계로 접어듦.
離反[りはん] 이반; 배반(背反).
離別[りべつ] 이별; ①헤어짐. ②이혼.
離散[りさん] 이산; 흩어짐. 헤어짐.
離乳[りにゅう] 이유; 젖을 뗌.
離職[りしょく] 이직; ①어떤 직무에서 떠남. ②일을 그만둠. 퇴직함. 실직함.
離着陸[りちゃくりく] 이착륙; 비행기가 뜨고 내림.
離合[りごう] 이합; 헤어짐과 모임.
[2]離婚[りこん] 이혼; 결혼 생활을 그만둠.

李　오얏 리

音 ⊗リ
訓 ⊗すもも

訓読

⊗李[すもも] 《植》 ①자두나무. 오얏나무. ②자두. 오얏.

音読

李下[りか] 이하; 자두나무 아래.

俚　속될 리

音 ⊗リ
訓 ⊗さとび

訓読

⊗俚[さとび] 소박함. 촌스러움.
俚歌[さとびうた] 속요. 촌스런 노래.
俚言葉[さとびことば] ①시골말. ②상스런 말.

音読

俚俗[りぞく] ①시골의 관례. 천한 풍속. ②촌스러움. 천하고 속됨.
俚言[りげん] 이언; ①사투리. ②속어.
俚諺[りげん] 이언; 속담.

狸　너구리 리

音 ⊗リ
訓 ⊗たぬき

訓読

⊗狸[たぬき] ① 《動》 너구리. ②음흉하고 능청스런 사람. 능구렁이.
狸蕎麦[たぬきそば] 튀김 부스러기를 넣은 메밀국수.

狸顔[たぬきがお] 시치미를 떼는 얼굴. 짐짓 모르는 체하는 표정.
狸饂飩[たぬきうどん] 튀김 부스러기를 넣은 가락국수.
狸汁[たぬきじる] ①너구리고기 된장국. ②곤약·두부·팥을 넣은 된장국.
狸親父[たぬきおやじ] 능구렁이 영감.
狸寝[たぬきね] ☞ 狸寝入り
狸寝入り[たぬきねいり] 거짓잠. 거짓으로 잠자는 체함.

| 梨 배나무 리 | 音 ⊗リ |
| | 訓 ⊗なし |

訓読
⊗梨[なし] ≪植≫ 배. 배나무.
梨割り[なしわり] (배를 쪼개듯) 둘로 쪼갬.

音読
梨園[りえん] 이원; ①배나무 정원. ②극단(劇団). 연극계.
梨花[りか] 이화; 배꽃.

| 罹 병걸릴 리 | 音 ⊗リ |
| | 訓 ⊗かかる |

訓読
⊗罹る[かかる] ⟨5自⟩ (병에) 걸리다. ¶病気(びょうき)に~ 병에 걸리다. ¶コレラに~ 콜레라에 걸리다.

音読
罹病[りびょう] 이병; 병에 걸림.
罹病率[りびょうりつ] 이병률; 발병률.
罹災[りさい] 이재; 재해를 입음.
罹災者[りさいしゃ] 이재민(罹災民).
罹災地[りさいち] 재해 지역.
罹患[りかん] 이환; 병에 걸림.

| 鯉 잉어 리 | 音 ⊗リ |
| | 訓 ⊗こい |

訓読
⊗鯉[こい] ≪魚≫ 잉어.
鯉口[こいぐち] 칼집의 아가리.
鯉濃く[こいこく] '鯉濃漿'의 준말.
鯉濃漿[こいこくしょう] 잉어 된장조림.
鯉幟[こいのぼり] 종이나 천으로 만든 잉어 모양의 기드림.

[린]

| 隣 이웃 린 | |

音 ●リン
訓 ●となる ●となり

訓読
³●隣[となり] ①이웃. 옆. 곁. ②이웃집. 옆집.
●隣る[となる] ⟨自⟩ 이웃하다. 인접하다.
隣近所[となりきんじょ] 이웃. 근처. 이웃 간.
隣り合う[となりあう] ⟨5自⟩ 서로 이웃하다. 나란히 하다.
隣り合(わ)せ[となりあわせ] 이웃 사이. 서로 이웃하여 있음.

音読
隣家[りんか] 인가; 이웃집. 옆집.
隣国[りんごく] 인국; 이웃 나라.
隣席[りんせき] 인석; 옆자리.
隣室[りんしつ] 옆방. 이웃방.
隣人[りんじん/となりびと] 이웃 사람.
隣接[りんせつ] 인접; 이웃하고 있음.

吝 아낄 린	音 ⊗リン
	訓 ⊗しわい
	⊗やぶさか

訓読
⊗吝い[しわい] ⟨形⟩ 인색하다. 째째하다.
吝ん坊[しわんぼう] 구두쇠. 노랑이.
⊗吝か[やぶさか] ⟨形動⟩ ①인색함. ②주저함. ③('…に~でない' 문형으로) 기꺼이…하다.

音読
吝嗇[りんしょく] 인색; 째째함.

| 燐 도깨비불 린 | 音 ⊗リン |
| | 訓 ― |

音読
燐[りん] ≪化≫ 인.
燐鉱[りんこう] ≪鉱≫ 인광; 인광석.
燐酸[りんさん] ≪化≫ 인산.
燐火[りんか] 인화; 도깨비불.
燐灰石[りんかいせき] ≪鉱≫ 인회석.

鱗　비늘 린

音	⊗リン
訓	⊗うろこ
	⊗うろくず

訓読
⊗鱗❶[うろこ/こけら] ①비늘. ②비늘 모양의 삼각형 무늬. ③머리의 비듬. ❷[うろくず] ①물고기의 비늘. ②물고기. ❸[りん] ☞ [音読]

音読
鱗❶[りん] 비늘. ❷[うろこ/うろくず] ☞ [訓読]
鱗介[りんかい] 인개; ①어패류(魚貝類). ②해산물의 총칭.
鱗台[りんだい] '図書寮(ずしょりょう)'의 딴이름.
鱗状[りんじょう] 인상; 비늘 모양.
鱗雲[りんうん/うろこぐも] 비늘구름.
鱗虫[りんちゅう] 인충; 비늘 있는 동물.
鱗片[りんぺん] 인편; ①비늘 모양의 조각. ② ≪植≫ 비늘조각.
鱗形[りんけい/うろこがた] 인형; 비늘 모양.

林　수풀 림

一　十　オ　オ　木　村　杯　林

音	●リン
訓	●はやし

訓読
²●林❶[はやし] 숲. 수풀.
林❷[ばやし] (명사에 접속하여) 사물이 숲처럼 집중적으로 모여 있는 곳·상태. ¶松(ま
つ)〜 소나무 숲. ¶雑木(ぞうき)〜 잡목 숲.

音読
林間[りんかん] 임간; 숲 속.
⁴林檎[りんご] ≪植≫ 사과. 사과나무.
林道[りんどう] 임도; 숲 속의 길.
林立[りんりつ] 임립; 숲의 나무처럼 죽 늘어섬.
林産物[りんさんぶつ] 임산물.
林相[りんそう] 임상; 삼림의 형태.
林野[りんや] 임야; 숲과 들판.
林野庁[りんやちょう] 산림청(山林庁).
¹林業[りんぎょう] 임업; 삼림 경영의 사업.
林地[りんち] 임지; ①숲으로 된 땅. ②육림(育林)하는 땅.
林学[りんがく] 임학; 삼림학(森林学).

臨　잠시/임할 림

｜　｜´　｜´´　臣　臣´　臣´´　臣´´´　臣´´´´　臨　臨　臨

音	●リン
訓	●のぞむ

訓読
¹●臨む[のぞむ] 〈5自〉 ①(건물이나 토지가 강이나 바다 쪽으로) 면하다. 향하다. ②임하다. 출석하다. 참석하다. ③(어떤 상황에) 직면하다. 즈음하다. 당하다. ④(아랫사람을) 대하다. ⑤군림하다.

音読
臨検[りんけん] 임검; 현장 검사.
臨界[りんかい] 임계; 경계(境界).
臨機応変[りんきおうへん] 임기응변.
臨床[りんしょう] 임상; ①환자가 누워 있는 곁으로 감. ②환자를 진찰하고 치료함.
臨席[りんせき] 임석; 참석. 출석함.
²臨時[りんじ] 임시; 일시적인 기간.
臨時会[りんじかい] ①임시 모임. ②임시 국회. ③임시 의회.
臨御[りんぎょ] 임어; 임금이 참석함.
臨月[りんげつ] 임월; 산월(産月).
臨終[りんしゅう] 임종; 죽음에 임함.
臨港線[りんこうせん] 임항선; 하역을 위해 부두까지 깐 철도 선로.
臨海[りんかい] 임해; 바다에 인접해 있음.
臨休[りんきゅう] 임휴; ①임시 휴업. ②임시 휴가. ③임시 휴교.

淋　물댈/쓸쓸할 림

音	⊗リン
訓	⊗さびしい

訓読
⊗淋しい[さびしい] 〈形〉 ①쓸쓸하다. 한적하다. ②허전하다. 서운하다. ③(내용이) 허술하다. 빈약하다. 초라하다.
淋しがり屋[さびしがりや] 외로움을 잘 타는 사람. 남보다 더 외로워하는 사람.

音読
淋菌[りんきん] ≪医≫ 임균; 임질균.
淋毒[りんどく] 임독; 임질의 독.
淋病[りんびょう] ≪医≫ 임병; 임질(淋疾).
淋疾[りんしつ] ≪医≫ 임질.
淋巴球[りんぱきゅう] ≪生理≫ 임파구.
淋巴腺[りんぱせん] ≪生理≫ 임파선.

〔 립 〕

立 설 립

｀ ｊ 亠 立 立

音 ●リツ ●リュウ
訓 ●たつ ●たてる

訓読

⁴●立つ[たつ] 〈5自〉 ①일어서다. ②서다. ③(자연 재해가) 생기다. 일다. ④(책임 있는 자리에) 서다. ⑤떠나다. 출발하다. ⑥설치되다. 마련되다. ⑦유지되다. ⑧(눈에) 띄다. ⑨(계획이) 서다. ⑩(불에) 타다. 끓다. ⑪흥분하다. ⑫박히다. 꽂히다.

立ちはだかる[たちはだかる] 〈5自〉 가로막다. 막아서다.

¹立ち去る[たちさる] 〈5自〉 떠나가다. 물러가다.

立(ち)居[たちい] 동작. 몸짓. 거동.

立(ち)居振(る)舞(い)[たちいふるまい] 평소의 몸가짐. 행동거지.

立(ち)見[たちみ] 선 채로 봄.

立(ち)枯れ[たちがれ] (초목이) 선 채로 말라죽음. 고사(枯死)함.

¹立ち寄る[たちよる] 〈5自〉 ①다가서다. ②들르다.

立(ち)代(わ)り[たちかわり] 교대. 교체.

立(ち)読み[たちよみ] (책방에서 책은 사지 않고) 선 채로 읽음.

立ち働く[たちはたらく] 〈5自〉 부지런히 일하다.

立ち返る[たちかえる] 〈5自〉 되돌아가다. 되돌아오다.

立(ち)番[たちばん] 서서 망을 봄.

立ち並ぶ[たちならぶ] 〈5自〉 ①나란히 늘어서다. ②(재능·힘이) 비슷하다.

立ち腐れ[たちぐされ] ①(나무·기둥이) 선 채로 썩음. ②(방치된 건물이) 황폐됨.

立(ち)上(が)り[たちあがり] ①일어섬. ②스타트. 첫 동작. 시동. 시발.

²立ち上がる[たちあがる] 〈5自〉 ①일어서다. 기립하다. ②나서다. ③(고통에서) 다시 일어서다. ④높이 솟아오르다. ⑤(씨름에서) 맞붙으려고 일어서다.

立(ち)所に[たちどころに] 당장. 곧. 금방.

立(ち)消え[たちぎえ] ①불이 타는 도중에 꺼짐. ②(일·계획이) 흐지부지됨.

立ち騒ぐ[たちさわぐ] 〈5自〉 ①마구 떠들어대다. ②(바람이) 크게 소리를 내다. ③(파도가) 거세게 출렁이다.

立ち続ける[たちつづける] 〈下1自〉 줄곧 서 있다. 계속해서 서 있다.

立ち食い[たちぐい] ①서서 먹음. ②카운터에서 먹음.

立(ち)往生[たちおうじょう] ①선 채로 죽음. ②(전차나 자동차의 앞뒤가 막혀) 오도 가도 못함. 선 채로 꼼짝 못함. ③(일을 처리할 수 없어) 꼼짝 못함.

立ち込む[たちこむ] 〈5自〉 ①(사람·자동차가 많아) 옴짝달싹못하다. ②물 속에 들어가 낚시질하다.

立ち入る[たちいる] 〈5自〉 ①안으로 들어가다. 출입하다. ②개입하다. 깊이 파고들다. ③간섭하다.

立(ち)入り[たちいり] 안으로 들어감.

立入禁止[たちいりきんし] 출입금지.

²立場[たちば] 입장; ① (뭔가를 하기 위한) 경우. 처지. 형편. ②설 곳. 설 자리. ③견지. 관점.

²立ち止まる[たちどまる] 〈5自〉 멈추어 서다.

立ち至る[たちいたる] 〈5自〉 (심각한 상태에) 이르다. 접어들다.

立(ち)遅れ[たちおくれ] (발전이) 뒤짐. 낙후됨.

立ち遅れる[たちおくれる] 〈下1自〉 ①뒤늦게 일어서다. ②(발전이) 뒤지다. 낙후되다. ③일의 출발이 늦다.

立(ち)直り[たちなおり] ①다시 일어섬. ②재기(再起)함. 회복.

立ち直る[たちなおる] 〈5自〉 ①다시 일어서다. 몸을 가누다. ②재기(再起)하다. 회복되다.

立ち尽くす[たちつくす] 〈5自〉 (다음이 끌려) 언제까지나 그 곳에 서 있다.

立ち退く[たちのく] 〈5自〉 ①떠나다. 물러나다. ②퇴거하다. 집을 옮기다.

立(ち)幅跳び[たちはばとび] 제자리멀리뛰기.

立(ち)幅飛び[たちはばとび] 제자리멀리뛰기.

立ち向(か)う[たちむかう] 〈5自〉 ①(목표로) 향하다. ②정면 대결하다. 맞서다. 대항하다.

立(ち)話[たちばなし] ①선 채로 이야기함.
②서서 하는 이야기.

立ち回る[たちまわる] 〈5自〉①여기저기 돌
아다니다. ②눈치 빠르게 움직이다. ③(수
배 중인 범인이) 들르다. ④(연극에서) 난
투를 벌이다.

立(ち)回り[たちまわり] ①돌아다님. ②(연
극의) 난투 장면. ③싸움. 난투.

立(ち)回り先[たちまわりさき] 행방(行方).

立ち会う[たちあう] 〈5自〉(증인이나 참고인
으로서) 입회하다. 그 자리에 있다.

立ち会い[たちあい] 입회; ①그 자리에 있
음. ②(거래소에서) 거래를 함.

立(ち)会い演説[たちあいえんぜつ] 합동 연설.

立会人[たちあいにん] ①입회인. ②선거 참
관인.

³◉立てる[たてる] 〈下1他〉①세우다. ②(자
연 현상을) 일으키다. ③흥분하게 하다.
④(소리를) 내다. ⑤내세우다. ⑥제기하
다. ⑦유지하게 하다. ⑧(소원을) 빌다.

立て❶[たて] ①(동사 ます형에 접속하여)
갓 …한. 막 …한. ②(숫자에 접속하여)
연패(連敗). ❷[だて] ①(동사 ます형에 접
속하여) 일부러 …함. ②우마차를 끄는
마소의 수. ③배에 딸린 노(櫓)의 수. ④1
회 상영 편수. ⑤방법. 항목.

立(て)看板[たてかんばん] 입간판; 길쭉으로
세워 둔 간판.

立て掛ける[たてかける] 〈下1他〉기대어 세
워 놓다.

立て籠もる[たてこもる] 〈5自〉①집안에 틀
어박히다. ②농성하다. 점거하다.

立て続けに[たてつづけに] 계속. 연달아.

立(て)役者[たてやくしゃ] ①주연 배우. ②중
심 인물. 실세(実勢).

立て引き[たてひき] ①라이벌. ②(호기를
부려) 돈을 대신 치름. ③입체함.

立て込む[たてこむ] 〈5自〉①(사람으로) 북
적거리다. ②(집이) 빽빽이 들어서다. 밀
집하다. ③일이 겹치다.

立(て)直し[たてなおし] ①다시 세움. ②재
수립함. 바로잡음. 재정비. 개선함.

立て直す[たてなおす] 〈5他〉①다시 세우다.
②재건하다. 바로 잡다.

立(て)札[たてふだ] 팻말.

立(て)替え[たてかえ] 입체; 돈을 대신 치름.

¹立て替える[たてかえる] 〈下1他〉입체하다.
돈을 대신 치르다.

立(て)板[たていた] 세워 놓은 판자.

音読

立脚[りっきゃく] 입각; 근거로 함.

立国[りっこく] 입국; ①건국. ②나라의 번
영을 도모함.

立冬[りっとう] 입동; 24절기의 하나.

立礼[りうれい] 선 채로 경례함.

立論[りつろん] 입론; 이론의 순서·취지를
세움.

¹立方[りっぽう] 입방; ①세제곱. ②'立方体
(りっぽうたい)'의 준말.

立方メートル[りっぽうメートル] 입방 미터.

立方体[りっぽうたい] 입방체; 정육면체.

¹立法[りっぽう] 입법; 법률을 제정함.

立腹[りっぷく] 화를 냄. 역정을 냄.

立像[りぞう] 입상; 서 있는 자세의 상.

立身[りっしん] 입신; 출세함.

立案[りつあん] 입안; ①계획을 세움. ②초
안을 만듦.

立証[りっしょう] 입증; 증명함.

立地[りっち] 입지; ①땅의 자연 조건이 작
용함. ②입장.

立志[りっし] 입지; 뜻을 세움.

¹立体[りったい] 입체; 높이·너비·두께 등
을 갖고 있는 물건.

立秋[りっしゅう] 입추; 24절기의 하나.

立錐[りっすい] 입추; 송곳을 세움.

立春[りっしゅん] 입춘; 24절기의 하나.

立太子[りったいし] 입태자; 태자 책립.

²立派[りっぱ] ①훌륭함. 멋짐. 근사함. 당당
함. ②충분함. 흡족함. 어엿함.

立夏[りっか] 입하; 24절기의 하나.

立憲[りっけん] 입헌; 헌법을 제정함.

立候補[りっこうほ] 입후보; 후보로 나섬.

粒　　　낱알 립

`ﾉ ｿ ｿ 半 米 米 米' 米' 粒 粒 粒`

音 ◉リュウ

訓 ◉つぶ

訓読

²◉粒[つぶ] ①낱알. 알. ②주사위. ③주판
알. ④하나하나. 골고루.

粒粒[つぶつぶ] ①많은 알맹이. ②좁쌀 알
같은 것. 발진(発疹). ③도톨도톨. 방울
방울.

粒粒書(き)[つぶつぶがき] 글씨를 또박또박 씀.

粒選り[つぶより] 좋은 것만 골라냄. 엄선함.

粒餌[つぶえ] 낱알 모이.

粒揃い[つぶぞろい] ①알의 크기가 고름. ②한결같이 뛰어남.

粒粒辛苦[りゅうりゅうしんく] 숱한 고생을 함. 쉬지 않고 노력을 쌓음.

粒状[りゅうじょう/つぶじょう] 입상; 알갱이 모양.

粒子[りゅうし] 입자; 물질을 구성하는 가장 미세한 알갱이.

笠　삿갓 립

音 ⊗リュウ
訓 ⊗かさ

訓読

⊗**笠**[かさ] ①삿갓. ②갓 모양의 것. ③茶碗(ちゃわん)의 뚜껑. ④비호 세력. 배경.

笠木[かさぎ] (난간·문·울타리) 위에 대는 가로대.

笠雲[かさぐも] (산꼭대기의) 삿갓구름.

笠子[かさご] ≪魚≫ 쏨뱅이. 수염어.

笠懸[かさがけ] 말을 타고 걸어놓은 삿갓을 쏘아 맞히는 경기의 하나.

[마]

馬　말 마

丨 厂 厂 厂 严 馬 馬 馬 馬 馬

音 ●バ ⊗メ
訓 ●うま ●ま

訓読
[4]●馬[うま] ① ≪動≫ 말. ②접사다리. ③목마. ④외상값을 받으러 손님에게 딸려 보내는 사람.
馬の骨[うまのほね] ①말 뼈다귀. ②신원을 알 수 없는 사람.
馬面[うまづら] ①말상. 긴 얼굴. ② ≪魚≫ 쥐치.
馬方[うまかた] 마부(馬夫).
馬小屋[うまごや] 마구간.
馬乗り[うまのり] ①승마. ②승마를 잘하는 사람. ③말 타듯 올라탐.
馬市[うまいち] 마시; 말 시장.
馬屋[うまや] 마구간.
馬子[まご] 마부(馬夫).
馬追(い)[うまおい] ①말을 부림. 마부. ②(목장의) 말몰이.
馬廻り[うままわり] ①말 탄 장수를 경호하던 기마 무사. ②대장이 탄 말의 주위.

音読
馬脚[ばきゃく] 마각; ①말의 다리. ②정체(正体).
馬具[ばぐ] 마구; 말을 부리는 기구.
馬券[ばけん] 마권; 경마 투표권.
馬力[ばりき] 마력; ①동력을 나타내는 단위. ②강한 체력. 정력. ③짐마차.
馬力屋[ばりきや] 마부(馬夫).
[2]馬鹿[ばか] ①바보. 멍청이. ②어처구니없음. ③못쓰게 됨.
馬鹿野郎[ばかやろう] 바보 자식. 얼간이.
馬鹿臭い[ばかくさい] 〈形〉 바보스럽다. 어리석다.
馬術[ばじゅつ] 마술; ①말을 타는 기술. ②곡마. 곡예.
馬肉[ばにく] 마육; 말고기.
馬場[ばば] 마장; 승마장. 경마장.
馬賊[ばぞく] 마적; ①말 도둑. ②말 탄 도적.
馬車[ばしゃ] 마차; 말이 끄는 수레.

麻(麻)　삼/마비할 마

亠 广 广 广 庁 庁 庁 麻 麻 麻

音 ●マ
訓 ●あさ

訓読
●麻[あさ] ① ≪植≫ 삼. ②삼베. ③삼실. ④대마(大麻).
麻織(り)[あさおり] 마직; 삼베.
麻布[あさぬの] 마포; 삼베.
[1]麻痺[まひ] 마비; ①저림. ②신경 기능이 정지됨. ③활동이 정지됨.
麻薬[まやく] 마약; 마취나 환각 등의 작용이 있는 약물.
[1]麻酔[ますい] 마취; 기능이 마비됨.

摩(摩)　문지를 마

亠 广 广 庁 庁 庐 摩 摩 摩 摩

音 ●マ
訓 ⊗さする ⊗する ⊗すれる

訓読
[1]⊗摩る❶[さする] 〈他〉 (손바닥으로) 쓰다듬다. 가볍게 문지르다.
⊗摩る❷[する] 〈他〉 ①문지르다. (성냥을) 긋다. ②(먹을) 갈다. ③으깨다. 짓이기다.
⊗摩れる[すれる] 〈下1自〉 ①스치다. 맞닿다. ②스쳐서 닳다. ③약아 빠지다.

音読
摩滅[まめつ] 마멸; 닳아 없어짐.
摩耗[まもう] 마모; 닳아서 얇아짐.
[2]摩擦[まさつ] 마찰; ①비빔. ② ≪物≫ 저항. ③불화. 분쟁.

磨(磨)　갈/연마할 마

丶 亠 广 广 庁 庐 磨 磨 磨 磨

音 ●マ
訓 ●みがく ⊗とぐ ⊗する

訓読
[4]●磨く[みがく] 〈5他〉 ①(문질러서) 닦다. 광을 내다. ②아름답게 가꾸다. ③(학문·기예를) 갈고 닦다. 연마하다. 수련하다.

⊗磨ぐ[とぐ] 〈5他〉 ①(칼을) 갈다. ②문질러 윤을 내다. ③(곡식을) 씻다.
⊗磨る[する] 〈5他〉 ①문지르다. (성냥을) 긋다. ②(먹을) 갈다. ③으깨다. 짓이기다. ④탕진하다.

音読
磨滅[まめつ] 마멸; 닳아 없어짐.
磨耗[まもう] 마모; 닳아서 얇아짐.
磨損[まそん] 마손; 닳아서 손상됨.

魔(魔) 마귀/마술 마

广 广 庐 庐 庐 庐 磨 磨 魔

音 ●マ
訓 ―

音読
魔[ま] ①마귀. 악마. 귀신. ②(나쁜 의미의) 마(魔)의… ③…광(狂). …꾼. *병적으로 열중인 사람.
魔窟[まくつ] 마굴; ①악마가 사는 곳. ②(나쁜 의미의) 소굴(巢窟).
魔女[まじょ] 마녀; ①마법을 부리는 여자. ②악마 같은 여자.
魔力[まりょく] 마력; ①불가사의한 힘. ②사람을 현혹시키는 이상한 힘.
魔法[まほう] 마법; 마술. 요술.
魔法瓶[まほうびん] 보온병(保溫瓶).
魔法使い[まほうつかい] 마법사. 마술사.
魔術[まじゅつ] 마술; 요술.
魔王[まおう] 마왕; 악마의 왕.

幕 휘장/장막 막

一 艹 芮 草 莫 莫 莫 幕 幕 幕

音 ●バク ●マク
訓 ―

音読
²幕[まく] 막; ①휘장. ②(무대의) 막. ③장면. 경우. 때. ④끝. 종결. ⑤상위권 명단에 든 씨름꾼. ⑥연극의 일단락.
幕間[まくあい] 막간; 연극의 휴식시간.
幕開き[まくあき] 개막; ①막이 오르고 연극이 시작됨. ②일의 시작.

幕の内[まくのうち] ① ☞ 幕内(まくうち). ②막간(幕間). ③幕の内弁当(まくのうちべんとう)의 준말.
幕の内弁当[まくのうちべんとう] 깨를 뿌린 주먹밥에 반찬을 곁들인 도시락.
幕僚[ばくりょう] 막료; 참모(參謀).
幕府[ばくふ] 막부; ①将軍(しょうぐん)의 거처나 진영. ②무가(武家) 정권.
幕切れ[まくぎれ] 막절; ①(연극에서) 한 막이 끝남. ②일의 끝.
幕下❶[ばっか] 막하; ①막의 아래. 장군이 있는 본진. ②지휘관 직속의 부하. ③'将軍(しょうぐん)'의 높임말. ❷[まくした] (씨름 대표표의) 제2단에 이름이 실리는 씨름꾼.

漠 사막/넓을 막

氵 氵 氵 氵 沫 沫 漠 漠 漠 漠

音 ●バク
訓 ―

音読
¹漠然[ばくぜん] 막연; ①아득함. ②분명하지 않고 어렴풋함.

膜 꺼풀 막

丿 冂 月 厂 肝 肝 胪 肺 膜 膜

音 ●マク
訓 ―

音読
¹膜[まく] 막; 표면을 덮고 있는 얇은 막.
膜質[まくしつ] 막질; 막(膜)과 같은 성질.

莫 없을 막

音 ⊗バク ⊗マク
訓 ⊗なかれ

訓読
⊗莫れ[なかれ] …하지 마라. ··하지 말지어다.

音読
²莫大[ばくだい] 막대; 대단히 크고 많음.
莫連[ばくれん] 닳고 닳음. 막 굴러먹음
莫逆[ばくぎゃく/ばくげき] 막역; 마음이 통함. 아주 친밀한 사이.

[만]

万 (萬)　일만/많을 만

一 ゟ 万

音 ●バン ●マン

訓読

⊗万[よろず]《雅》 ①수많음. ②매우 많음. 모든 것. ③모두. 전부. 온갖. 만사.
⊗万屋[よろずや] ①만물상(万物商). ②만물 박사.

音読

⁴万[まん] ①만. 천(千)의 열 배. 10,000. ②수가 많음.
万感[ばんかん] 만감; 여러 가지 느낌.
万国[ばんこく] 만국; 전 세계.
万国旗[ばんこっき] 만국기.
万難[ばんなん] 만난; 온갖 고난.
万年[まんねん] 만년; 오랜 세월.
⁴万年筆[まんねんひつ] 만년필.
¹万能[ばんのう] 만능; ①모든 것에 효력이 있음. ②모든 면에 뛰어남.
万端[ばんたん] 만단; 모든 사항. 모든 수단.
万物[ばんぶつ] 만물; 우주의 모든 사물.
万民[ばんみん] 만민; 모든 백성.
万般[ばんぱん] 만반; 여러 방면.
万邦[ばんぽう] 만방; 여러 나라.
万病[まんびょう] 만병; 온갖 질병.
万事[ばんじ] 만사; 모든 일.
万象[ばんしょう] 만상; 온갖 사물과 형상.
²万歳[ばんざい] 만세; 이겼을 때나 기쁠 때 외치는 말.
万有[ばんゆう] 만유; 만물.
万有引力[ばんゆういんりょく] 만유인력.
¹万人[ばんにん/まんにん] 만인; 온갖 사람. 수많은 사람.
万人向き[まんにんむき] 만인에게 어울림.
万引き[まんびき] 들치기. 물건을 사는 체하면서 훔침.
万一[まんいち] 만일; ①만에 하나. ②만약.
²万が一[まんがいち] 만약. 만일에. 만약의 경우에.
万全[ばんぜん] 만전; 아주 안전함.
万策[ばんさく] 만책; 온갖 수단.
万遍無く[まんべんなく] 두루. 고르게.

蛮 (蠻)　오랑캐 만

一 ゙ ゙ ゙ ゙ 亦 亦 亦 容 容 窗 蛮 蛮

音 ●バン
訓 ―

音読

蛮勇[ばんゆう] 만용; 함부로 부리는 용기.
蛮人[ばんじん] 만인; 야만인.
蛮行[ばんこう] 만행; 야만적인 행위.

満 (滿)　가득찰 만

丶 ゙ ゙ ゙ ゙ ゙ ゙ 汁 汁 沽 満 満 満

音 ●マン
訓 ●みたす ●みちる ⊗みつ

訓読

¹●満たす[みたす] 〈5他〉 ①(가득) 채우다. ②충족시키다. 만족시키다.
²●満ちる[みちる] 〈上1自〉 ①(가득) 차다. 넘치다. ②(기한이) 만료되다. 기한이 되다. ③보름달이 되다. ④만조가 되다.
満ち潮[みちしお] 만조; 밀물.
⊗満つ[みつ] 〈5自〉 충분하다.

音読

満[まん] ①가득 참. 충분함. ②(나이의) 만.
満タン[まんタン] 탱크에 가득 참.
満干[まんかん] 간만. 썰물과 밀물.
満開[まんかい] 만개; 꽃이 활짝 핌.
満更[まんざら] ①아주. 꽤. ②(부정문에서) 반드시…인 것만은 아니다.
満期[まんき] 만기; 정한 기한이 다 참.
満喫[まんきつ] 만끽; ①실컷 먹고 마심. ②욕망을 충분히 만족시킴.
満了[まんりょう] 만료; 기한이 꽉 차서 끝남.
満塁[まんるい] (야구의) 만루; 풀 베이스.
満満[まんまん] 만만; 가득 참.
満面[まんめん] 만면; 얼굴 전체.
満目[まんもく] 만목; 눈에 띄는 것 모두.
満腹[まんぷく] 만복; 배부름.
満席[まんせき] 만석; 만원(満員).
満水[まんすい] 만수; 물이 가득 참.
満身[まんしん] 만신; 온몸. 전신.
満悦[まんえつ] 만열; 만족하여 기뻐함.
²満員[まんいん] 만원; 정한 인원이 다 참.
満願[まんがん] 만원; 날수를 정한 기도나 법회가 끝남.

¹満月[まんげつ] 만월; 보름달. 둥근 달.
満作[まんさく] 만작; 풍작(豊作).
¹満場[まんじょう] 만장; 회장에 가득 모임.
満載[まんさい] 만재; ①사람이나 물건을 가득 실음. ②신문·잡지에 기사를 가득 실음.
満点[まんてん] 만점; ①규정된 최고 점수. ②나무랄 데가 없음.
²満潮[まんちょう] 만조; 밀물.
²満足[まんぞく] 만족; ①온전함. 충분함. ②충족. 흡족.
満株[まんかぶ] 주식의 청약이 모집 수효에 달함.
満車[まんしゃ] 만차; 주차장이 자동차로 가득 참.
満天下[まんてんか] 만천하; 온 세계.
満遍無く[まんべんなく] 두루. 고르게
満幅[まんぷく] 만폭; ①온 폭. 전체의 폭. ②전폭적임.

湾(灣) 물굽이 만

氵 氵 氵 沙 沙 沙 湾 湾 湾 湾

音 ●ワン
訓 ―

音読
²湾[わん] 만; 바다가 육지 가운데로 쑥 들어온 곳.
湾曲[わんきょく] 만곡; 활처럼 굽음.
湾口[わんこう] 만구; 만의 입구.
湾内[わんない] 만내; 만의 안쪽.
湾流[わんりゅう] 만류; 대서양 난류.
湾入[わんにゅう] 만입; 해안선이 활 모양으로 육지로 들어감.

晩(晚) 저물/늦을 만

冂 日 日 旷 旷 晄 晩 晩 晩 晩

音 ●バン
訓 ⊗おそい

訓読
⊗晩い[おそい] 〈形〉①(철이나 생일이) 늦다. ②(밤이) 늦다.
音読
⁴晩[ばん] ①저녁. ②밤.

¹晩年[ばんねん] 만년; 늘그막.
晩冬[ばんとう] 만동; 늦겨울.
晩飯[ばんめし] 저녁밥. 저녁 식사. ＊남자들의 거친 말씨.
⁴晩御飯[ばんごはん] 저녁 식사. 저녁밥.
晩霜[ばんそう] 만상; 늦서리.
晩成[ばんせい] 만성; 늦게 성공함.
晩食[ばんしょく] 저녁 식사. 저녁밥.
晩鐘[ばんしょう] 만종; 저녁 종.
晩餐[ばんさん] 만찬; 저녁 식사.
晩秋[ばんしゅう] 만추; 늦가을.
晩春[ばんしゅん] 만춘; 늦봄.
晩夏[ばんか] 만하; 늦여름.
晩学[ばんがく] 만학; 나이가 들어 늦게 배움.
晩婚[ばんこん] 만혼; 나이가 들어 늦게 결혼함.

慢 게으를/거만할 만

丶 丶 忄 忄 怛 怛 悍 悍 慢 慢

音 ●マン
訓 ―

音読
¹慢性[まんせい] 만성; ①오래 끄는 병의 상태. ②안 좋은 상태가 오래 계속됨.
慢心[まんしん] 만심; 자만심.

漫 부질없을 만

氵 氵 氵 沪 渭 渭 満 滑 滑 漫

音 ●マン
訓 ⊗そぞろ

訓読
⊗漫ろ[そぞろ] ①〈形動〉마음이 들뜸. 마음이 설렘. 마음이 싱숭생숭함 ②어쩐지. 공연히. 저절로. 절로.
音読
漫談[まんだん] 만담; 세상을 풍자하는 이야기.
漫遊[まんゆう] 만유; 목적 없는 여행.
漫評[まんぴょう] 만평; 체계가 없이 생각나는 대로 하는 비평.
²漫画[まんが] 만화; ①풍자하는 그림. ②이야기를 그림으로 엮은 것.

卍 만자 만

音 ⊗マン
訓 ⊗まんじ

訓読

卍[まんじ] 만자. '卍'의 모양·무늬.
卍巴[まんじどもえ] 얼기설기. 뒤죽박죽.

挽 ×(挽) 당길 만

音 ⊗バン
訓 ⊗ひく

訓読

⊗挽く[ひく] 〈5他〉 ①(톱 등으로) 켜다. 썰다. 깎다. ②(물레를) 돌리다. ③끌다.
挽(き)茶[ひきちゃ] 녹차를 가루로 빻은 고급차.

音読

挽歌[ばんか] 만가; 애도가(哀悼歌).
挽詩[ばんし] 만시; 애도하는 시.
挽回[ばんかい] 만회; 회복.

蔓 덩굴 만

音 ⊗マン
訓 ⊗つる

訓読

⊗蔓[つる] ① 《植》 덩굴. ②줄. 연줄. ③단서. 실마리. ④(안경의) 다리. ⑤광맥(鑛脈).
蔓植物[つるしょくぶつ] 덩굴 식물.

音読

蔓生[まんせい] 만생; 줄기가 덩굴이 되어 자라남.
蔓延[まんえん] 만연; 유행함. 널리 퍼짐.

幔 장막 만

音 ⊗マン
訓 ―

音読

幔幕[まんまく] (식장·회의장 등에 둘러치는) 휘장. 장막.

輓 수레끌 만

音 ⊗バン
訓 ―

音読

輓歌[ばんか] 만가; 애도가(哀悼歌).
輓近[ばんきん] 최근. 요사이. 근래.
輓馬[ばんば] 만마; 수레를 끄는 말.

饅 만두 만

音 ⊗マン
訓 ―

音読

饅頭[まんじゅう] ①찐빵. ②호빵. ③ 《俗》 (도둑 사이에서) 은시계.
饅頭笠[まんじゅうがさ] 찐빵 모양의 삿갓.

鰻 뱀장어 만

音 ⊗マン
訓 ⊗うなぎ

訓読

⊗鰻[うなぎ] 《魚》 뱀장어.
鰻登り[うなぎのぼり] (물가·온도·지위 등이) 뱀장어처럼 급상승함. 급등함.
鰻丼[★うなどん] 장어 덮밥.
鰻の寝床[うなぎのねどこ] (뱀장어처럼) 좁고 길쭉한 방이나 집.

[말]

末 끝 말

一 二 ‡ ‡ 末

音 ●バツ ●マツ
訓 ●すえ ⊗うれ ⊗うら

訓読

²●末❶[すえ] ①(물체의) 끝. ②(시시한) 말단. ③(기간의) 끝. 마지막. ④…한 끝. …한 뒤. ⑤장래. 앞날. ⑥자손. 후예. ⑦막내. ⑧말세(末世). ❷[まつ] ☞ [音読]
⊗末❸[うれ] ①풀의 줄기나 잎의 끝. ②나무줄기나 가지의 끝.
末恐ろしい[すえおそろしい] 〈形〉 장래가 두렵다. 뒷날이 겁나다.
末広[すえひろ] ①점점 끝 쪽으로 퍼져감. ②쥘부채. *축하 선물로 할 때 하는 말임. ③의식용 부채. ④점점 번창함.
末頼もしい[すえたのもしい] 〈形〉 장래가 촉망되다. 장래가 기대되다.
末生り[うらなり] ①열매가 철늦게 덩굴 끝에 열림. 끝물. ②허약한 사람.
末永く[すえながく] 길이길이. 언제까지나. 영원히.
²末っ子[すえっこ] 막내. 막내둥이.

[音読]

¹末[まつ] ①가루. 분말. ②말; 어떤 기간의 끝.

¹末期❶[まっき] 말기; 말엽(末葉). 끝 무렵.

末期❷[まつご] 일생의 종말. 임종(臨終).

末端[まったん] 말단; 맨 끝.

末代[まつだい] 말대; 후세.

末路[まつろ] 말로; ①일생의 끝 무렵. ②비극적인 종말.

末流[まつりゅう] 말류; ①하류(下流). ②자손. 후손. ③말단의 보잘 것 없는 유파(流派). ④말세.

末尾[まつび] 말미; 끝.

末伏[まっぷく] 말복; 삼복(三伏)의 하나.

末社[まっしゃ] 말사; 본사(本社)에 소속된 神社(じんじゃ).

末席[まっせき/ばっせき] 말석; ①끝자리. 아랫자리. ②낮은 지위.

末世[まっせ] 말세; ①후세(後世). ②도덕과 인정이 땅에 떨어진 세상.

末葉❶[まつよう/ばつよう] 말엽; ①끝 무렵. ②자손. 말손. ❷[すえば/うらば] 초목의 끝 쪽의 잎.

末日[まつじつ] 말일; 마지막 날.

末子[まっし/ばっし/すえこ] 막내.

末節[まっせつ] 말절; 하찮은 부분.

末弟[まってい/ばってい] 막내 남동생.

末座[まつざ/すえざ] 말좌; 말석(末席).

末梢[まっしょう] 말초; ①나뭇가지 끝. ②끝. 말단. 사소한 것.

末筆[まっぴつ] 말필; 끝으로. *편지 글귀.

抹 바를/지울 말

一 寸 扌 扩 抹 抹 抹 抹

[音] ◉マツ
[訓] ─

[音読]

抹する[まっする] 〈サ変他〉 ①(문질러) 칠하다. 바르다. ②가루로 빻다.

抹殺[まっさつ] 말살; ①지움. 지워 없앰. ②무시함. 부정함.

抹消[まっしょう] 말소; 지워 버림.

抹茶[まっちゃ] 고급 가루차.

抹香[まっこう] 말향; ①가루향. ② 《動》 향유고래.

抹香臭い[まっこうくさい] 〈形〉 ①가루향 냄새가 나다. ②불교적인 색채가 짙다.

[망]

亡 (亡) 망할/죽을/달아날 망

` 亠 亡

[音] ◉ボウ ◉モウ
[訓] ◉ない ◉なくす ◉なくなる ⊗ほろびる ⊗ほろぼす

[訓読]

◉亡い[ない] 〈形〉 (이미 죽고) 이 세상에 없다. 죽었다. 죽고 없다.

亡き[なき] 죽은. 돌아가신. 고(故).

亡き人[なきひと] 고인(故人). 죽은 사람.

²◉亡くす[なくす] 〈5他〉 여의다. 사별하다. 잃다.

²◉亡くなる[なくなる] 〈5自〉 죽다. 돌아가시다. 작고하다.

⊗亡びる[ほろびる] 〈上1自〉 망하다. 멸망하다. 멸절되다.

⊗亡ぼす[ほろぼす] 〈5他〉 멸망시키다. 망하게 하다. 망치다.

[音読]

亡国[ぼうこく] 망국; ①나라를 강침. ②망한 나라.

亡君[ぼうくん] 망군; 죽은 주군(主君).

亡命[ぼうめい] 망명; 외국으로 몸을 피함.

亡母[ぼうぼ] 망모; 죽은 어머니.

亡父[ぼうふ] 망부; 죽은 아버지.

亡夫[ぼうふ] 망부; 죽은 남편.

亡失届[ぼうしつとどけ] 분실 신고.

亡者[もうじゃ] 망자; ① 《仏》 죽은 사람. ② 《仏》 죽어서 성불하지 못한 사람. ③…노(奴). 좋지 못한 것에 집념이 강한 사람.

妄 (妄) 망령될 망

` 亠 亡 亡 忘 忘 忘

[音] ◉モウ ◉ボウ
[訓] ⊗みだり

[訓読]

⊗妄り[みだり] 〈形動〉 ①함부로임. 멋대로임. 무분별함. ②난잡함. 무질서함.

妄りがましい[みだりがましい] 〈形〉 (남녀 관계가) 난잡하다. 추잡하다. 음란스럽다.

音読
妄念[もうねん] 망념; 쓸데없는 생각.
妄動[もうどう] 망동; 분별없이 행동함.
妄想❶[もうそう] 망상; ①병적인 원인에서
오는 그릇된 판단. ②몽상(夢想). ❷[もう
ぞう] ≪仏≫ ①그릇된 상념(想念). ②근거
없는 상상.
妄信[もうしん] 망신; 맹신(盲信).
妄言[もうげん/ぼうげん] 망언; 허무맹랑
한 말.

忙(忙) 바쁠 망

丶 丶 忄 忄 忙 忙

音 ●ボウ
訓 ●いそがしい ●いそがわしい ⊗せわしい

訓読
⁴●忙しい❶[いそがしい] 〈形〉 ①바쁘다. ②
들뜨다. 어수선하다. ③조급하다.
⊗忙しい❷[せわしい] 〈形〉 ①바쁘다. 짬이
없다. ②조급하다. 성급하다.
忙しがる[いそがしがる] 〈5自〉 바빠하다. 성
급해하다.
忙しさ[いそがしさ] 바쁨. 성급함.
●忙わしい[いそがわしい] 〈形〉 바쁘다. 분
주하다.

音読
忙中閑[ぼうちゅうかん] 망중한; 바쁜 가운
데 약간의 짬이 있음.

忘(忘) 잊을 망

丶 丶 亠 亡 忘 忘 忘

音 ●ボウ
訓 ●わすれる

訓読
⁴●忘れる[わすれる] 〈下1自〉 ①잊다. 잊어버
리다. 망각하다. ②(열중하여) 자기를 잊다.
깨닫지 못하다.
忘れっぽい[わすれっぽい] 〈形〉 건망증이 심
하다. 곧잘 잊다.
忘れ難い[わすれがたい] 〈形〉 잘 잊히지 않다.
잊을 수 없다.
²忘れ物[わすれもの] 분실물. 물건을 잊고 감.
忘れん坊[わすれんぼ/わすれんぼう] 건망증
이 심한 사람. 잘 잊어먹는 사람.

忘れ草[わすれぐさ] ≪植≫ ①원추리. ②담배.
＊담배를 피우면 울적함을 잊는다는 데서.
忘れな草[わすれなぐさ] ≪植≫ 물망초(勿
忘草)
忘れ形見[わすれがたみ] ①기념물. 기념품.
②부모가 죽고 남겨진 아이.

音読
忘却[ぼうきゃく] 망각; 잊어버림.
忘年会[ぼうねんかい] 망년회.
忘我[ぼうが] 망아; 몰두하여 자기를 잊어버림.
忘恩[ぼうおん] 망은; 은혜를 잊음.

望(望) 바랄 망

丶 亠 亡 印 印 印 望 望 望

音 ●ボウ ●モウ
訓 ●のぞましい ●のぞまれる ●のぞむ

訓読
¹●望ましい[のぞましい] 〈形〉 바람직하다.
소망스럽다.
●望まれる[のぞまれる] 〈下1自〉 요망되다.
요구되다. 요청되다.
²●望む[のぞむ] 〈5他〉 ①바라다. 원하다. ②(먼
곳을) 바라보다. 멀리서 보다. ③우러러보다.
²望み[のぞみ] ①소망. 소원. 희망. ②전망.
가능성. ③기대.

音読
望見[ぼうけん] 망견; 멀리서 봄.
望楼[ぼうろう] 망루; 망대(望台).
望外[ぼうがい] 망외; 예상 밖임.
望遠レンズ[ぼうえんレンズ] 망원 렌즈.
²望遠鏡[ぼうえんきょう] 망원경.
望郷[ぼうきょう] 망향; 고향을 그리워함.

網(網) 그물 망

幺 幺 糸 糸 糽 紀 網 網 網 網

音 ●モウ
訓 ●あみ ⊗あ

訓読
¹●網❶[あみ] ①그물. ②망. ❷[もう] ☞[音読]
網目[あみめ] 그물코.
網棚[あみだな] 그물 선반.
網船[あみぶね] 그물로 고기 잡는 어선.
網焼(き)[あみやき] 석쇠구이. 숯불구이.
網元[あみもと] 선주(船主).

網打ち[あみうち] ①투망질. ②(씨름에서)
　상대방의 한 팔을 잡아 뒤로 던지는 수.
網版[あみはん/あみばん] (인쇄의) 망판(網版).
網戸[あみど] 방충망(防虫網)을 단 문.

음독

¹網❶[もう] (명사에 접속하여) 망. 네트워크. ¶
　通信(つうしん)~ 통신망. ❷[あみ] ☞ [訓読]
網羅[もうら] 망라; ①그물을 쳐서 물고기
　를 잡음. ②남김없이 모조리 수록함.
網膜[もうまく] ≪生理≫ 망막.
網状[もうじょう] 망상; 그물코 모양.
網状脈[もうじょうみゃく] 망상맥; 그물맥.

茫　아득할 망　|　**음** ⊗ボウ
　　　　　　　　|　**훈** ―

음독

茫漠[ぼうばく] 망막; ①넓고 아득함. ②종
　잡을 수 없음. ③모호함. 막연함.
茫茫[ぼうぼう] ①넓고 아득함. ②망
　연함. ③(풀・머리털이) 텁수룩함.
茫洋[ぼうよう] 망양; ①끝없이 넓음. ②종
　잡을 수 없음.

毎(每)　늘/매양 매

　　ノ　ニ　仁　毎　毎　毎

음 ●マイ
훈 ⊗ごと

음독

²毎[まい] 매; 늘. 그때마다.
⁴毎年[まいとし/まいねん] 매년; 해마다.
²毎度[まいど] 매번. 늘. 항상. 번번이.
⁴毎晩[まいばん] 매일 밤. 밤마다.
毎分[まいふん] 매분; 1분마다.
毎夕[まいゆう] 매일 저녁. 저녁마다.
⁴毎月[まいつき/まいげつ] 매월; 달마다.
⁴毎日[まいにち] 매일; 날마다.
⁴毎朝[まいあさ] 매일 아침. 아침마다.
⁴毎週[まいしゅう] 매주; 1주일마다.
毎秒[まいびょう] 매초; 1초마다.
毎戸[まいこ] 매호; 집집마다.
毎号[まいごう] (신문・잡지의) 매호.
毎回[まいかい] 매회; 그때마다. 매번.

売(賣)　물건팔 매

　　一　十　吉　売　売　声　売

음 ●バイ ⊗マイ
훈 ●うる ●うれる

훈독

⁴●売る[うる] 〈5他〉①(물건을) 팔다. 판매하
　다. 매각하다. ②널리 알리다. ③배신하다.
　배반하다. ④(싸움 등을) 걸다. 청하다.
売り[うり] ①(물건을) 팔기. 팖. ②(증권시
　장에서) 파는 쪽을 택함.
売(リ)家[うりいえ/うりや] 팔 집.
売(リ)繋ぎ[うりつなぎ] ①계속 팔아서 생활
　을 함. ②연계 매매.
売(リ)高[うりだか] 판매액. 매상고.
売(リ)叩く[うりたたく] ①헐값으로 팔
　다. ②밑지고 팔다. 덤핑하다.
売(リ)掛け[うりかけ] 외상 판매. 외상값.
売掛金[うりかけきん] 외상값.
売(リ)気[うりき] ①팔 마음. 팔 생각. ②(상
　품・주식을) 팔려는 기미.
売り渡す[うりわたす] 〈5他〉 매도하다. 팔아
　넘기다.
売(リ)立て[うりたて] 일괄 매각함.
売(リ)物[うりもの] 매물; ①팔 물건. ②자
　랑거리. 주된 상품. 주무기.
売り払う[うりはらう] 〈5他〉 몽땅 팔아치우
　다. 처분하다.
²売り上(げ)[うりあげ] 매상; ①물건을 다
　팖. ②매출. 매상고.
売上高[うりあげだか] 매상고; 매출액.
売上金[うりあげきん] 매상금; 매출액.
売(リ)惜しみ[うりおしみ] 매석(売惜); 팔기
　를 꺼림.
売(リ)手[うりて] 파는 쪽.
売(リ)越し[うりこし] ①매도량이 매입량을
　초과함. ②사는 쪽이 파는 쪽으로 바뀜.
売(リ)込み[うりこみ] ①(선전으로) 판로 확
　장. ②값이 계속 하락해도 계속 팔기.
売り込む[うりこむ] 〈5他〉 ①(선전으로) 물
　건을 팔다. ②(정보를) 팔아넘기다. ③자
　기선전을 하다. 〈5自〉 소문이 나다. 인기
　가 있다.
売(リ)子[うりこ] 판매원.
²売(リ)場[うりば] ①매장; 판매장. ②팔기에
　좋은 시기. 팔 시기.

²売(り)切れ[うりきれ] 매절; 매진. 다 팔림.

²売り切れる[うりきれる] 〈下1自〉 매절되다. 다 팔리다. 매진되다.

売(り)主[うりぬし] 파는 사람.

¹売(り)出(し)[うりだし] ①팔기 시작함. ②대매출. 바겐세일. ③갑자기 인기가 높아짐.

¹売り出す[うりだす] 〈5他〉 ①팔기 시작하다. ②대대적으로 팔다. 〈5自〉 유명해지다.

売(り)値[うりね] 판매가. 파는 값.

売(り)捌く[うりさばく] 〈5他〉 (많은 양을) 팔아 치우다. 팔아 버리다.

売(り)下(げ)所[うりさげじょ] (정부의) 판매소.

²●売れる[うれる] 〈下1自〉 ①(잘) 팔리다. ②널리 알려지다. 인기가 있다. ③ 《俗》 시집가다. ④('売(ぅ)る'의 가능동사로) 팔 수 있다.

売れ高[うれだか] 매상고. 판매고.

売れ口[うれくち] ①판로, 살 사람. ② 《俗》 시집갈 곳. 혼처(婚処). 취직자리.

売れっ子[うれっこ] 인기 직업인.

売れ残り[うれのこり] ①팔다 남은 상품. ② 《俗》 시집을 못 간 노처녀. ③ 《俗》 취직을 못한 졸업생.

売れ残る[うれのこる] 〈5自〉 ①(물건이) 팔리지 않고 남다. ② 《俗》 시집을 못 가고 독신으로 남다. ③ 《俗》 취직을 못하다.

売れ足[うれあし] 팔림새. 팔리는 속도.

売れ出す[うれだす] 〈5自〉 ①팔리기 시작하다. ②판로가 넓어지다. ③유명해지기 시작하다.

²売れ行き[うれゆき] 팔림새. 팔리는 상태.

音読

売価[ばいか] 매가; 파는 값.

売却[ばいきゃく] 매각; 팔아 치움.

売国[ばいこく] 매국; 나라를 팖.

²売買[ばいばい] 매매; 팔고 사고 함.

売買い[ばいかい] 매매; ①팔고 사고 함. ②(거래소에서 채권을) 팔고 삼.

売名[ばいめい] 매명; 이름을 팖.

売文[ばいぶん] 매문; 원고료를 받음.

売約[ばいやく] 매약; 팔기로 약속함.

²売店[ばいてん] 매점; 물건을 파는 가게.

売春[ばいしゅん] 매춘; 여자가 몸을 팖.

売品[ばいひん] 매품; 파는 물건.

売血[ばいけつ] 매혈; 피를 팖.

妹 — 누이동생 매

く　く　女　女'　女'　妌　妹　妹

音 ●マイ

訓 ●いもうと

訓読

⁴妹[いもうと] ①여동생. ②손아래 시누이. ③처제(妻弟). ④제수(弟嫂).

妹分[いもうとぶん] 누이동생뻘.

妹婿[いもうとむこ] 여동생의 남편. 매부(妹夫). 매제(妹弟).

音読

❶姉妹[しまい], 令妹[れいまい]

枚 — 낱장 매

一　十　才　木　杉　杉　枚　枚

音 ●マイ

訓 ―

音読

⁴枚[まい] ①(얇은 물건을 세는 단위) …매. …장. ②(논을 세는 단위) …뙈기.

枚挙[まいきょ] 매거; 하나하나 셈.

²枚数[まいすう] 매수; 장수.

埋 — 파묻을 매

一　十　±　±一　±ｱ　±ｦ　±ｦ　坤　埋　埋

音 ●マイ

訓 ●うまる ●うめる ●うもれる ⊗いける ⊗うずまる ⊗うずめる ⊗うずもれる

訓読

¹●埋まる❶[うまる] 〈5自〉 ①(움푹한 곳에 가득 차서) 묻히다. 파묻히다. ②메워지다. 막히다. ③꽉 차다. ④온통 뒤덮이다. ⑤보충되다.

⊗埋まる❷[うずまる] 〈5自〉 ①(다른 물건 속에 덮이어) 묻히다. ②(사람이나 물건으로) 꽉 차다. 메워지다.

²●埋める❶[うめる] 〈下1他〉 ①(움푹한 곳에) 묻다. 파묻다. ②메우다. 채우다. ③보충하다. ④(물을) 미지근하게 하다. 희석하다.

¹⊗埋める❷[うずめる] 〈下1他〉 ①(다른 물건 속에) 묻다. 파묻다. ②메우다. 채우다. ③(사람이나 물건으로) 꽉 채우다.

埋(め)立(て)[うめたて] 매립; 매축.

埋め立てる[うめたてる] 〈下1他〉 매립하다.

埋(め)木[うめき] 목재의 갈라진 틈에 나무를 박아 메우는 나뭇조각.

埋(め)木細工[うめきざいく] 나무쪽 세공.

¹埋め込む[うめこむ] 〈5他〉 메꿔넣다. 채워넣다.

埋(め)草[うめくさ] ①성을 공격할 때 외호(外濠)를 묻어 버리기 위해 사용하던 풀. ②가축용으로 저장한 풀. ③여백을 메우기 위한 짧은 기사.

埋(め)合(わ)せ[うめあわせ] 보충. 벌충.

埋め合わせる[うめあわせる] 〈下1他〉 보충하다. 벌충하다.

◉埋もれる❶[うもれる] 〈下1自〉 ①(흙・낙엽・눈 으로) 묻히다. 파묻히다. 뒤덮이다. ②(재능이) 가리어지다. 남몰래 묻히다. ③(성질이) 소극적이다. 조심스럽다.

⊗埋もれる❷[うずもれる] 〈下1自〉 ①(다른 물건 속에) 묻히다. 파묻히다. 뒤덮이다. ②(사람이나 물건으로) 꽉 차다. 메워지다. ③(재능이) 가리어지다. 남몰래 묻히다.

埋もれ木[うもれぎ] ①매목; 땅속에 오래 파묻혀 화석처럼 된 나무. ②세상에서 잊힌 신세.

音読

埋没[まいぼつ] 매몰; 파묻음. 파묻힘.

埋設[まいせつ] 매설; 수도관을 땅속에 묻음.

埋葬[まいそう] 매장; 시체를 땅속에 묻음.

¹埋蔵[まいぞう] 매장; ①광물이 땅속에 묻혀 있음. ②묻어서 감춤.

梅(梅)   매화 매

一 十 才 木 术 栌 柠 枋 梅 梅

音 ◉バイ
訓 ◉うめ

訓読

²◉梅[うめ] ≪植≫ ①매실. ②매실나무.

¹梅干し[うめぼし] 매실장아찌.

梅見[うめみ] 매화꽃놀이.

²梅雨[★つゆ/ばいう] 장마. 장마철.

梅雨明け[★つゆあけ] 장마철이 끝남.

梅酒[うめしゅ] 매실주.

梅酢[うめず] 매실초.

梅割(り)[うめわり] 매실주를 탄 소주.

音読

梅毒[ばいどく] ≪医≫ 매독.

梅林[ばいりん] 매림; 매화나무 숲.

梅雨前線[ばいうぜんせん] 장마 전선.

梅園[ばいえん] 매원; ①매화나무 밭. ②매화나무를 많이 심은 정원.

梅花[ばいか] 매화; 매화꽃.

買   물건살 매

丨 冂 冂 冃 罒 罒 罒 胃 胃 買 買

音 ◉バイ
訓 ◉かう

訓読

⁴◉買う[かう] 〈5他〉 ①(물건을) 사다. 구입하다. ②(장점을) 높이 평가하다 인정하다. ③떠맡다. ④자초하다. ⑤(창녀를) 사다.

買(い)建(て)玉[かいだてぎょく] 사기로 약정만 하고 아직 결제가 나지 않은 물건.

買(い)繋ぎ[かいつなぎ] (증권 거래에서) 신용 거래로 사 둠.

買(い)控え[かいびかえ] 물건 사기를 삼감.

買(い)掛け[かいかけ] 외상. 외상값.

買掛金[かいかけきん] 외상값.

買い求める[かいもとめる] 〈下1他〉 매입하다.

買い急ぐ[かいいそぐ] 〈5他〉 서둘러 사다.

買(い)気[かいき] 사고 싶은 마음.

買(い)徳[かいどく] 싸게 삼.

買(い)得[かいどく] 싸게 삼.

買(い)溜め[かいだめ] 사재기. 매점(買占).

⁴買(い)物[かいもの] ①물건사기. 장보기. 쇼핑. ②싸게 산 물건.

買(い)方[かいかた] ①(물건을) 사는 방법. ②사는 쪽.

買(い)付(け)[かいつけ] ①단골집. ②대량 구매. 매입(買入).

買い付ける[かいつける] 〈下1他〉 ①늘 사다. 단골로 사다. ②대량으로 사들이다.

買い上げる[かいあげる] 〈下1他〉 ①(정부가) 사들이다. 수매하다. ②(지위가 높은 사람이) 사 주다. 구매해 주다.

買(い)手[かいて] 사는 사람. 살 사람.

買手筋[かいてすじ] 투기꾼.

買手市場[かいてしじょう] 매주(買主) 시장. 사는 쪽이 유리한 시장 상황.

買い受ける[かいうける] 〈下1他〉 매수하다.
  사 들이다.
買い時[かいどき] 물건을 살 시기.
買(い)食い[かいぐい] 군것질.
買(い)言葉[かいことば] 대꾸하는 욕설.
買(い)越し[かいこし] ①매입량이 매도량을
  초과함. ②파는 쪽이 사는 쪽으로 바뀜.
買(い)入れ[かいいれ] 매입; 사들임.
買い入れる[かいいれる] 〈下1他〉 사들이다.
買(い)場[かいば] 물건을 살 시기.
買(い)切り[かいきり] ①매점(買占). ②매절.
買い切る[かいきる] 〈5他〉 ①몽땅 사다. ②전
  세 내다. ③매절하다.
買(い)占[かいしめ] 매점; 몽땅 사 모음.
買い占める[かいしめる] 〈下1他〉 (필요 이상
  으로) 사서 독차지하다. 매점하다.
買い主[かいぬし] 산 사람. 살 사람.
買(い)支え[かいささえ] 주식을 많이 사서
  시세의 안정을 꾀함.
買い集める[かいあつめる] 〈下1他〉 사서 모
  으다.
買(い)出し[かいだし] ①도매상에 가서 직
  접 삼. ②소비자가 생산자에게 가서 삼.
買(い)取り[かいとり] ①매입함. 사들임. ②
  매절(買切).
買い取る[かいとる] 〈5他〉 사들이다.
買(い)値[かいね] 산 값. 매입가.

音読
買価[ばいか] 매가; 파는 값.
買収[ばいしゅう] 매수; ①물건을 사들임.
  ②남을 꾀어 자기편으로 만듦.

媒 중매설 매

く 女 女 女′ 妙 妙 媒 媒 媒

音 ●バイ
訓 ⊗なかだち

訓読
⊗媒[なかだち] 중매. 중개인. 중매인.
⊗媒人[なかだちにん] 중개인.

音読
媒介[ばいかい] 매개; ①중개. 주선. ②중매.
  중개.
媒酌[ばいしゃく] 매작; 중매인.
媒体[ばいたい] 매체; ①매개가 되는 것.
  ②매질(媒質).

魅 호릴 매

白 甶 由 鬼 鬼 鬼 魅 魅 魅 魅

音 ●ミ
訓 ―

音読
魅する[みする] 〈サ変他〉 호리다. 매혹하다.
  반하게 하다.
魅せられる[みせられる] 〈下1自〉 홀리다. 매
  혹되다. 매혹당하다. 반하다.
²魅力[みりょく] 매력; 매혹하여 끄는 힘.
魅了[みりょう] 매료; 마음을 사로잡음.
魅入られる[みいられる] 〈下1自〉 (귀신에게)
  홀리다.
魅惑[みわく] 매혹; 사람의 마음을 호림.

呆 어리석을 매 音 ⊗ホウ ⊗ボウ
          訓 ⊗あきれる

訓読
²⊗呆れる[あきれる] 〈下1自〉 ①어이가 없어
  지다. 기가 막히다. ②(엄청나서) 기가 질
  리다.
呆れ果てる[あきれはてる] 〈下1自〉 기가 막
  히다. 질려버리다. 아연실색하다.
呆れ返る[あきれかえる] 〈5自他〉 기가 막히
  다. 질려버리다. 아연실색하다.
呆れ顔[あきれがお] 어이없어하는 표정.

音読
呆気[★あっけ] 놀랍고 어이없음.
呆然[ぼうぜん] ①어안이 벙벙함. 어이가
  없어 얼떨떨함. ②(맥이 빠져) 멍함.

苺/苺 딸기 매 音 ⊗バイ
          訓 ⊗いちご

訓読
⊗苺[いちご] 《植》 딸기.

昧 어두울 매 音 ⊗マイ
          訓 ―

音読
昧爽[まいそう] 매상; 이른 새벽.
昧者[まいしゃ] 매자; 어리석은 자. 바보.

煤 그을음 매

音 ⊗バイ
訓 ⊗すす

訓読

⊗煤[すす] ①그을음. 검댕. ②그을음 빛깔.
煤ける[すすける] 〈下1自〉 ①그을리다. ②낡아 색이 바래다. 더러워지다.
煤ばむ[すすばむ] 〈5自〉 그을리다.
煤ぼける[すすぼける] 〈下1自〉 그을리다.
煤払い[すすはらい] 대청소(大清掃).
煤掃き[すすはき] 대청소(大清掃).
煤取り[すすとり] 대청소(大清掃).

音読

煤煙[ばいえん] 매연; 그을음 섞인 연기.
煤塵[ばいじん] 매진; 그을음이 섞인 재.
煤炭[ばいたん] '石炭(せきたん)'의 옛말.

罵 욕할 매

音 ⊗バ
訓 ⊗ののしる

訓読

[1]⊗罵る[ののしる] 〈5他〉 욕을 퍼붓다. 〈5自〉 떠들어대다. 큰 소리로 떠들다.

音読

罵倒[ばとう] 매도; 욕하며 꾸짖음.
罵詈[ばり] 매리; 욕하며 꾸짖음.
罵声[ばせい] 매성; 큰 소리로 욕하는 소리.

邁 ˣ(迈) 힘쓸 매

音 ⊗マイ
訓 —

音読

邁進[まいしん] 매진; 힘차게 나아감. 주저함 없이 나아감.

〔맥〕

麦(麥) 보리 맥

一 十 キ キ 寺 夹 麦

音 ●バク
訓 ●むぎ

訓読

●麦[むぎ] 《植》 보리.
麦とろ[むぎとろ] 마즙을 친 보리밥.
麦わら[むぎわら] 보릿짚. 밀짚.

麦藁[むぎわら] 맥고; 보릿짚. 밀짚.
麦踏み[むぎふみ] 보리밟기.
麦萌し[むぎもやし] 엿기름.
麦味噌[むぎみそ] 보리된장.
麦飯[むぎめし/ばくはん] 보리밥.
麦粉[むぎこ] 보릿가루. 밀가루.
麦蒔(き)[むぎまき] ①보리 파종. ② 《鳥》 노랑딱새.
麦刈(り)[むぎかり] 보리 베기.
麦作[むぎさく] 보리농사.
麦笛[むぎぶえ] 보리피리.
麦畑[むぎばたけ] 보리밭.
麦酒[ビール] 맥주.
麦茶[むぎちゃ] 보리차.
麦焦(が)し[むぎこがし] 보리 미숫가루.
麦秋[むぎあき/ばくしゅう] 보릿7을. 초여름.
麦の秋[むぎのあき] 맥추; 초여름.
麦打ち[むぎうち] ①보리타작. ②도리깨.
麦湯[むぎゆ] 보리차.

音読

麦角[ばっかく] 맥각; ①깜부기. ②맥각 지혈제.
麦角菌[ばっかくきん] 《植》 맥각균.
麦芽[ばくが] 맥아; ①엿기름. ②보리 싹.
麦芽糖[ばくがとう] 맥아당.

脈 줄기/혈관 맥

丿 刀 刀 月 月 肛 肝 肵 脈 脈

音 ●ミャク
訓 —

音読

[1]脈[みゃく] 맥; ① 《生理》 혈관. 맥박. ②광맥(鉱脈). ③희망. 가망. ④이어진 것. 연결.
脈動[みゃくどう] 맥동; ①지각(地殻)의 규칙적인 미동(微動). ②힘차게 맥박이 뜀. ③주기적으로 유동함.
脈絡[みゃくらく] ① 《生理》 혈맥. 혈관. ②맥락; 일관된 줄거리.
脈流[みゃくりゅう] 맥류; 시시각각으로 변하는 전류.
脈と[みゃくみゃくと] 면면히. 끊임없이.
脈拍[みゃくはく] 맥박; 혈관이 뜀.
脈所[みゃくどころ] 맥소; ①맥을 짚는 곳. ②사물의 급소(急所).
脈打つ[みゃくうつ] 〈5自〉 ①떡박이 뛰다. ②(생기가) 약동하다.

[맹]

盲(盲) 눈멀 맹

丶 亠 亡 产 产 盲 盲 盲

音 ◉モウ
訓 ⊗めくら ⊗めしい

訓読
⊗**盲❶**[めくら] ①장님. 소경. 봉사. ②문맹.
  문맹자. ③사리를 분간 못함. ❷[めしい]
  소경. 장님.

音読
盲導犬[もうどうけん] 맹도견; 장님의 길
  안내를 하는 훈련된 개.
盲目[もうもく] 맹목; ①장님. ②무분별.
  ③눈에 의존하지 않고 계기(計器)만으로
  운행·작동함.
盲信[もうしん] 맹신; 무턱대고 믿음.
盲人[もうじん] 맹인; 장님. 소경. 봉사.
¹**盲点**[もうてん] ① ≪生理≫ 맹점. ②부주의
  하기 쉬운 점.
盲学校[もうがっこう] 맹인 학교.

猛 사나울 맹

丿 犭 犭 犭 犷 犷 猛 猛 猛 猛

音 ◉モウ
訓 ⊗たけし ⊗たける

訓読
⊗**猛し**[たけし] ①용맹하다. 굳세다. ②배
  짱이 세다. ③아주 좋다.
⊗**猛る**[たける] 〈5自〉사납게 날뛰다.

音読
猛犬[もうけん] 맹견; 사나운 개.
猛攻[もうこう] 맹공; 맹렬히 공격함.
猛毒[もうどく] 맹독; 맹렬한 독.
¹**猛烈**[もうれつ] 맹렬; 사납고 세참.
猛暑[もうしょ] 맹서; 지독한 더위.
猛省[もうせい] 맹성; 깊이 반성함.
猛獣[もうじゅう] 맹수; 사나운 짐승.
猛襲[もうしゅう] 맹습; 맹렬한 습격.
猛勇[もうゆう] 맹용; 용맹.
猛威[もうい] 맹위; 맹렬한 기세.
猛者[★もさ] 강자(強者). 고수. 실력자.

盟 맹세할 맹

冂 日 田 明 明 明 盟 盟 盟 盟

音 ◉メイ
訓 ー

音読
盟[めい] 맹세. 동맹. 약속.
盟邦[めいほう] 맹방; 동맹국(同盟国).
盟約[めいやく] 맹약; 굳게 맹세하여 약속
  함. 굳게 맹세한 약속.
盟友[めいゆう] 맹우; 동지(同志).
盟主[めいしゅ] 맹주; 동맹을 맺은 무리의
  우두머리.
盟兄[めいけい] 맹형; '盟友'의 높임말.
盟休[めいきゅう] 맹휴; '同盟休校(どうめいきゅ
  うこう)'의 준말.

孟 맏/첫 맹

音 ⊗モウ
訓 ー

音読
孟冬[もうとう] 맹동; 초겨울.
孟母[もうぼ] 맹모; 맹자의 어머니.
孟秋[もうしゅう] 맹추; 초가을.
孟春[もうしゅん] 맹춘; 초봄.
孟夏[もうか] 맹하; 초여름.

萌 풀싹 맹

音 ⊗ホウ
訓 ⊗きざす
  ⊗もえる

訓読
⊗**萌す**[きざす] 〈5自〉①싹트다. 움트다.
  ②마음이 생기다. 꿈틀거리다.
萌し[きざし] 조짐. 징조.
⊗**萌える**[もえる] 〈下1自〉싹트다. 움트다.
  돋아나다.
萌え立つ[もえたつ] 〈5自〉한창 싹트다.
萌葱[もえぎ] 연둣빛. 녹황색.
萌え出る[もえでる] 〈下1自〉싹트다. 움트다.
萌黄色[もえぎいろ] 연둣빛. 녹황색.

音読
萌芽[ほうが] 맹아; ①싹. 싹이 틈. ②싹틈. 움틈.
  ③새로운 일의 시초. 또는 그 조짐.
萌芽期[ほうがき] 발아기(發芽期). 식물의
  싹트는 시기.

[면]

免 (免) 면할 면

丿 丿 亇 亇 叴 叴 叴 免

音 ●メン
訓 ●まぬかれる ●まぬがれる

訓読
¹●免れる[まぬかれる/まぬがれる]〈下1自〉(위험을) 면하다. 모면하다. 벗어나다. 피하다.

音読
免じる[めんじる]〈上1他〉①면제하다. ②해임시키다. ③(체면을 보아) 용서하다.
²免税[めんぜい] 면세; 세금을 면제함.
免役[めんえき] 면역; 면제(免除).
免疫[めんえき] 면역; ①병원체에 저항력이 증가한 상태. ②어떤 일에 익숙해짐.
免状[めんじょう] 면장; ①면허장. ②졸업장.
¹免除[めんじょ] 면제; 책임을 지우지 않음.
免罪[めんざい] 면죄; 죄를 용서함.
免責[めんせき] 면책; 책임을 면함.
²免許[めんきょ] 면허; ①허가. ②스승이 제자에게 모든 것을 전수함.
免許証[めんきょしょう] ①면허증; 행정 관청이 면허 증명으로서 발행한 문서. ②자동차 면허증.

面 낯/얼굴 면

一 一 一 冖 冃 而 而 面 面

音 ●メン
訓 ●おも ●おもて ●つら

訓読
●面❶[おも] 표면. ¶ 水(みず)の~ 물 위. ❷[おもて] ①얼굴. 낯. 안면. ②탈. 가면. ③겉면. ❸[つら] ≪俗≫ ①낯. 낯짝. 상판. ②…같은 얼굴. …인 체함. ❹[めん] ☞ [音読]
面構え[つらがまえ] 낯짝. 면상.
面当て[つらあて] 빗대어 빈정거림. 화풀이.
面立ち[おもだち] 용모. 얼굴 생김새.
面忘れ[おもわすれ] 얼굴을 몰라봄.
⁴面白い[おもしろい]〈形〉①우스꽝스럽다. ②재미있다. 흥겹다. ③마음이 끌리다. 흥미 있다. ④바람직스럽다. 좋다.
面白がる[おもしろがる]〈5自〉재미있어하다.

面付き[つらつき] 상판대기. 낯짝.
面影[おもかげ] ①(기억 속에 남아 있는 옛날의) 모습. ②(누군가와 닮은) 모습.
面映ゆい[おもはゆい]〈形〉겸연쩍다.
面汚し[つらよごし] 수치. 망신. 창피.
面作り[おもてづくり] 탈·가면 만들기.
面長[おもなが] 얼굴이 갸름함.
面持ち[おももち] (감정이 나타난) 얼굴 표정. 안색.
面差し[おもざし] (어떤 느낌을 주는) 얼굴 모습. 용모.
面舵[おもかじ] ①우향타(右向舵). ②우현(右舷).
面の皮[つらのかわ] 낯가죽. 낯짝.

音読
²面❶[めん] ①얼굴. ②탈. 가면. ③(검도의) 방호구(防護具). ④(검도의) 머리치기. ⑤표면. 외면. ⑥평면. ⑦낯면. 분야. ⑧(거울을 세는 말로) …개. ❷[おも/おもて/つら] ☞ [訓読]
¹面する[めんする]〈サ変自〉①면하다. 마주 보다. 향하다. ②직면하다.
面談[めんだん] 면담; 서로 만나서 대화함.
²面倒[めんどう] ①귀찮음. 성가심. 번거로움. 폐. ②돌봄. 보살핌. 시중듦.
²面倒臭い[めんどうくさい]〈形〉아주 귀찮다. 번거롭기 짝이 없다.
面面[めんめん] 면면; 각자. 제각기.
面貌[めんぼう] 면모; ①용모. ②외관. 외면.
¹面目[めんぼく/めんもく] 면목; 체면. 명예.
面相[めんそう] ①면상; 용모. ②'面相筆(めんそうふで)'의 준말.
面食い[めんくい] 미인만 탐하는 사람.
面食らう[めんくらう]〈5自〉① ≪俗≫ 허둥대다. 쩔쩔매다. ②연이 공중에서 뱅글뱅글 돌다.
面識[めんしき] 면식; 안면. 아는 사이.
面容[めんよう] 면용; 얼굴 모양. 용모.
面子❶[めんこ] 딱지. 딱지치기. ❷[メンツ] 체면. 면목. *중국어임.
²面積[めんせき] 면적; 넓이.
面前[めんぜん] 면전; (남의) 앞.
²面接[めんせつ] 면접; 직접 대면봄.
面責[めんせき] 면책; 맞대놓고 책망함.
面体[めんてい] 용모. 얼굴 생김새.
面通し[めんとおし] 대질(対質). 무릎맞춤.
¹面会[めんかい] 면회; 사람을 만남.
面詰[めんきつ] 면힐; 맞대놓고 힐난함.

勉 (勉) 힘쓸 면

丿 勹 勹 夕 夕 争 免 免 勉

音 ●ベン
訓 ⊗つとめる

訓読
⊗勉める[つとめる]〈下1他〉노력하다. 힘쓰다. 애쓰다.
⊗勉めて[つとめて] 애써. 힘써. 되도록.
　¶～運動(うんどう)するようにしている 되도록 운동하려고 노력하고 있다.

音読
⁴勉強[べんきょう] ①공부. 노력. ②(장래를 위한) 경험. ③(물건을) 싸게 팜. 할인.
勉強家[べんきょうか] 노력가.
勉励[べんれい] 면려; 열심히 노력함.
勉学[べんがく] 면학; 공부에 힘씀.

眠 잠잘 면

丨 刂 刂 目 目 日＇ 旷 肶 眠 眠

音 ●ミン
訓 ●ねむい ●ねむらす ●ねむる

訓読
²●眠い[ねむい]〈形〉졸리다. 졸음이 오다. 자고 싶다.
眠がる[ねむがる]〈5自〉졸리다.
眠げ[ねむげ] 졸린 듯.
眠さ[ねむさ] 졸음. 졸림.
¹眠たい[ねむたい]〈形〉졸리다. 자고 싶다.
眠気[ねむけ] 졸음.
眠気覚(ま)し[ねむけざまし] 졸음 쫓기.
●眠らす[ねむらす]〈5他〉①잠들게 하다. 재우다. ②≪俗≫죽이다. 없애다. ③묵혀 두다. 사장(死藏)하다.
²●眠る[ねむる]〈5自〉①잠들다. 잠자다. ②죽다. ③사장되다. ④(누에가) 잠을 자다.
眠り[ねむり] ①잠. 수면. ②누에잠. ③죽음.
眠り病[ねむりびょう] 잠만 자는 병.
眠り薬[ねむりぐすり] 수면제(睡眠劑).
眠り込む[ねむりこむ]〈5自〉깊이 잠들다.
眠り草[ねむりぐさ] ≪植≫함수초.

音読
眠性[みんせい] (누에가 고치를 만들 때까지) 잠을 자며 껍질을 벗는 습성.
❶睡眠薬[すいみんやく]

綿 솜 면

く 幺 糸 糸＇ 糸＇ 糸勹 紵 綿 綿 綿

音 ●メン
訓 ●わた

訓読
²●綿❶[わた] ①≪植≫목화(木花). 면화(棉花). ②솜. 풀솜. ❷[めん] ☞ [音読]
綿毛[わたげ] 솜털.
綿帽子[わたぼうし] 풀솜으로 만든 여자의 머리쓰개.
綿抜き[わたぬき] 솜을 빼고 만든 겹옷.
綿雪[わたゆき] 함박눈.
綿雲[わたぐも] 뭉게구름. 솜구름.
綿油[わたあぶら] 면실유(棉実油).
綿入れ[わたいれ] ①(이불・옷에) 솜을 넣음. ②솜옷. 핫옷.
綿種[わただね] 목화 씨. 면화 씨.
綿打ち[わたうち] 솜을 탐.
綿❶[めん] 면. 무명. 목화솜. 면사. 면직물. ❷[わた] ☞ [訓読]
綿密[めんみつ] 면밀; 자세하고 빈틈없음.
綿紡[めんぼう] 면방; '綿糸紡績'의 준말.
綿糸[めんし] 면사; 무명실.
綿羊[めんよう] 면양; 양(羊).
綿製品[めんせいひん] 면제품; 면직물.
綿織物[めんおりもの] 면직물; 면제품.
綿布[めんぷ] 면포; 면직물. 무명.
綿花[めんか] 면화; 목화(木花).

棉 목화 면

音 ⊗メン
訓 ⊗わた

訓読
⊗棉[わた] ≪植≫목화(木花).

音読
棉花[めんか] ≪植≫면화; 목화(木花).

麵 ˣ(麵) 밀가루 면

音 ⊗メン
訓 ―

音読
麵[めん] 면; ①면류. 국수. ②밀가루.
麵類[めんるい] 면류; 국수. 국수 종류.
麵棒[めんぼう] 면봉; 국수방망이.
麵包[めんぽう] 면포; 빵.

［ 멸 ］

滅　멸할/사라질 멸

氵氵氵氵氵氵滅滅滅

音 ◉メツ ⊗メ
訓 ◉ほろびる ◉ほろぼす

訓読
¹◉滅びる[ほろびる]〈上1自〉망하다. 멸망하다. 멸절(滅絶)되다.
¹◉滅ぶ[ほろぶ]〈5自〉망하다. 멸망하다. 멸절(滅絶)되다.
¹◉滅ぼす[ほろぼす]〈5他〉망치다. 망하게 하다. 멸망시키다.

音読
滅する[めっする]〈サ変自他〉①망하다. 멸망하다. 멸망시키다. 없어지다. 없애다. ②꺼지다. 끄다.
滅菌[めっきん] 멸균; 살균(殺菌).
²滅多に[めったに] ①함부로. 분별없이. ②좀처럼. 거의.
滅裂[めつれつ] 멸렬; 찢기고 흩어져 없어짐.
¹滅亡[めつぼう] 멸망; 망하여 없어짐.
滅私奉公[めっしほうこう] 멸사봉공; 사(私)를 버리고 공(公)을 위하여 힘써 일함.
滅入る[★めいる]〈5自〉①기가 죽다. 맥이 풀리다. 우울해지다. ②깊이 빠져들다.
²滅茶苦茶[★めちゃくちゃ] 엉망진창임. 뒤죽박죽임. 형편없음.

蔑　업신여길 멸

音 ⊗ベツ
訓 ⊗さげすむ ⊗ないがしろ ⊗なみする

訓読
⊗蔑む[さげすむ]〈5他〉깔보다. 경멸하다. 멸시하다. 업신여기다. 얕보다.
⊗蔑ろ[ないがしろ] 멸시함. 경멸함. 멸시함. 업신여김. 얕봄.
⊗蔑する[なみする]〈サ変他〉깔보다. 경멸하다. 멸시하다. 업신여기다. 얕보다.

音読
蔑視[べっし] 멸시; 경멸. 깔봄.

［ 명 ］

皿　그릇 명

丨 冂 冂 皿 皿 皿

音 ⊗ベイ
訓 ◉さら

訓読
²皿[さら] ①접시. ②접시 모양의 물건.
皿盛り[さらもり] 접시에 담은 물건.
皿洗い[さらあらい] 설거지. 접시 닦기.
皿小鉢[さらこばち] 부엌용 접시·주발.
皿秤[さらばかり] 앉은뱅이저울.
皿回し[さらまわし] ①접시돌리기. ②접시 돌리기 곡예사.
◉大皿[おおざら], 小皿[こざら], 灰皿[はいざら]

名　이름 명

ノ ク タ タ 名 名

音 ◉メイ ◉ミョウ
訓 ◉な

訓読
²名❶[な] ①이름. 명칭. 호칭. ②명의. ③명분. 구실. 명목. ④체면. 명성. ❷[めい] ☞ [音読]
¹名高い[なだかい]〈形〉유명하다.
名寄せ[なよせ] 동류(同類)의 이름·물건 등을 모은 책·수집록.
名代❶[なだい] ①유명함. 소문남. ②명의. 이름. ❷[みょうだい] ①(윗사람의) 대리. 대리인. ②대리 유녀(遊女).
名無し[ななし] 이름이 없음.
名付[なづけ] 이름을 지음. 명명(命名).
¹名付ける[なづける]〈下1他〉①이름을 짓다. 명명(命名)하다. ②일컫다. 칭하다.
名付(け)親[なづけおや] ①대부(代父). (아이에게) 이름을 지어준 사람. ②(사물의 맨 처음) 명명자(命名者).
名乗(り)[なのり] ①자기 신분을 댐. ②파는 물건의 이름을 외치고 다님. ③자(字). *무사가 관례(冠礼) 후에 본명 대신 부르던 이름.

名乗り出る[なのりでる] 〈下1自〉 자기 신분을 밝히고 나서다. 본인임을 밝히다.

¹**名残り**[なごり] ①(과거를 연상케 하는) 흔적. 자취. 여운. ②이별. 석별의 정. ③《古》자손. 후손. ④《古》남은 것.

名残(り)惜しい[なごりおしい] 〈形〉 헤어지기 섭섭하다. 헤어지기가 아쉽다.

⁴**名前**[なまえ] ①이름. 성명. ②명칭.

名折れ[なおれ] 망신. 불명예.

名題[なだい] 명제; ①성명·품명의 표제(表題). ②각본의 제목. ③‘名題看板’의 준말. ④‘名題役者’의 준말.

名指し[なざし] 지명. 이름을 지칭함.

名札[なふだ] 명찰. 명패. 이름패.

名取(り)[なとり] ① 《雅》유명함. 유명인. ②(芸道에서) 기능을 인정받아 스승에게서 예명(芸名)을 받음.

音読

²**名❶**[めい] ①이름. 명칭. ② 〈接頭語〉…뛰어난. 유명한. ③ 〈接尾語〉 (사람의 수를 세는 말로) …명. **❷**[な] ☞ 〈訓読〉

名コンビ[めいコンビ] 명콤비; 손발이 잘 맞는 2인조.

名家[めいか] 명가; ①명문. 이름난 가문. ②특출한 명인. 대가(大家).

名歌[めいか] 명가; 유명한 和歌(わか)나 시.

名曲[めいきょく] 명곡; 유명한 악곡.

名工[めいこう] 명공; 명장(名匠).

名菓[めいか] 명과; 소문난 과자.

名句[めいく] 명구; ①명언(名言). ②유명한 글귀. ③유명한 문구.

名君[めいくん] 명군; 훌륭한 군주.

名妓[めいぎ] 명기; 이름난 기생.

名技[めいぎ] 명기; 뛰어난 재주.

名器[めいき] 명기; 이름난 기물(器物).

名答[めいとう] 명답; 꼭 알맞은 답.

名大[めいだい] ‘名古屋(なごや)大学’의 준말.

名代[みょうだい] (윗사람의) 대리인.

名刀[めいとう] 명도; 명검(名剣).

名馬[めいば] 명마; 훌륭한 말.

名目❶[めいもく] 명목; ①이름. 호칭. 명칭. ②구실. 이유. 핑계. **❷**[みょうもく] 명목; ①이름. 호칭. 명칭. ②(어떤 계층에서) 습관상 한자(漢字)를 특별하게 읽는 법. ③속담.

名目賃金[めいもくちんぎん] 명목 임금.

名文[めいぶん] 명문; 훌륭한 문장.

名門[めいもん] 명문; ①훌륭한 가문. ②유명한 존재.

²**名物**[めいぶつ] 명물; ①(그 고장의) 명산물. ②유명한 것. 유명한 사람. ③다구(茶具)의 명품.

¹**名簿**[めいぼ] 명부; 이름을 적는 장부.

名分[めいぶん] 명분; ①지켜야 할 도리. ②명목. 구실. 이유.

名士[めいし] 명사; 유명한 사람.

²**名詞**[めいし] 명사; 이름씨.

名山[めいざん] 명산; 유명한 산.

¹**名産**[めいさん] 명산; 그 지방의 특산물.

名産地[めいさんち] 명산지.

名声[めいせい] 명성; 명예. 명망.

²**名所**[めいしょ] 명소; 유명한 곳.

名手[めいしゅ] 명수; ①명인(名人). ②(바둑·장기의) 멋진 수.

名僧[めいそう] 명승; 이름난 승려.

名勝[めいしょう] 명승; 이름난 경치.

名神[めいしん] 名古屋(なごや)와 神戸(こうべ).

名実[めいじつ] 명실; 소문과 실제의 속내.

名案[めいあん] 명안; 뛰어난 생각.

名薬[めいやく] 명약; 효력이 좋은 약.

名言[めいげん] 명언; 유명한 말.

名訳[めいやく] 명역; 훌륭한 번역.

名演[めいえん] 명연; 훌륭한 연기.

¹**名誉**[めいよ] 명예; ①영예. ②체면. 면목.

名誉職[めいよしょく] 명예직.

名優[めいゆう] 명우; 유명한 배우.

名苑[めいえん] 명원; 훌륭한 정원.

名園[めいえん] 명원; 훌륭한 정원.

名月[めいげつ] 명월; ①음력 8월 보름달. ②음력 9월 13일 밤의 달.

名医[めいい] 명의; 소문난 의사.

名義書(き)換(え)[めいぎかきかえ] (장부상의) 명의 변경.

²**名人**[めいじん] 명인; ①그 분야에서 뛰어난 사람. ②(바둑·장기) 최고위 칭호의 하나.

²**名字**[みょうじ] 성(姓). 성씨(姓氏).

²**名刺**[めいし] 명함(名銜).

²**名作**[めいさく] 명작; 유명한 작품.

名匠[めいしょう] 명장; ①기술이 뛰어난 장인(匠人). ②훌륭한 학자.

名将[めいしょう] 명장; 훌륭한 장군.

名著[めいちょ] 명저; 유명한 저서(著書).

名店[めいてん] 명점; 유명한 상점.

名酒[めいしゅ] 명주; 소문난 술.

¹**名称**[めいしょう] 명칭; 호칭. 이름.

名画[めいが] 명화; ①훌륭한 그림. ②훌륭한 영화. 이름난 영화.

命   목숨 명

丿 ㅅ ㅅ 수 命 命 命 命

音 ◉メイ ◉ミョウ

訓 ◉いのち ⊗みこと

訓読

²**命❶**[いのち] ①목숨. 생명. ②수명. ③가장 중요한 것. **❷**[めい] ☞ [音読]

⊗**命❸**[みこと] (古代에) 신(神)이나 귀인(貴人)의 이름 밑에 붙여 쓴 높임말.

命からがら[いのちからがら] 간신히. 가까스로. 구사일생으로. 겨우 목숨만 부지하여.

命掛け[いのちがけ] 목숨을 걺.

命拾い[いのちびろい] 간신히 살아남.

命知らず[いのちしらず] 죽음을 두려워하지 않음.

命取り[いのちとり] ①죽게 된 원인. 사인(死因). ②치명상. ③큰 실수나 실각(失脚)의 원인.

命懸け[いのちがけ] 목숨을 걺.

音読

命❶[めい] 명; ①명령. ②운명. ③생명. 목숨. **❷**[いのち/みこと] ☞ [訓読]

²**命じる**[めいじる] ☞ 命ずる

²**命ずる**[めいずる] 〈サ変他〉①명하다. 명령하다. ②이름 짓다.

²**命令**[めいれい] 명령; 분부(分付).

命脈[めいみゃく] 명맥; 목숨.

命運[めいうん] 명운; 운명.

命日[めいにち] ①기일(忌日). ②제삿날.

命題[めいだい] 명제; ①제목을 붙임. 붙인 제목. ②판단의 내용을 언어나 기호로 나타낸 것. ③주어진 과제.

¹**命中**[めいちゅう] 명중; 적중(的中)함.

明   밝을 명

丨 𠮷 月 日 町 明 明 明

音 ◉メイ ◉ミョウ ⊗ミン ⊗メン

訓 ◉あかり ◉あかるい ◉あかるむ ◉あからむ ◉あきらか ◉あきらめる ◉あかす ◉あかる ◉あく ◉あくる ◉あける

訓読

²◉**明(か)り**[あかり] ①(밝은) 빛. 광선. ②불빛. 등불. ③결백. 결백의 증거.

明(か)り窓[あかりまど] 들창. 채광창.

明(か)り取り[あかりとり] 들창. 채광창.

⁴◉**明るい**[あかるい] 〈形〉①밝다. 환하다. ②명랑하다. ③정통하다. 잘 알다. ④(전망이) 밝다. ⑤공정하다. 공명하다.

明るさ[あかるさ] 밝기. 밝은 정도. 밝은 곳.

◉**明るむ**[あかるむ] 〈5自〉밝아지다.

◉**明るみ**[あかるみ] ①밝은 곳. ②공공장소. 세상.

◉**明らむ**[あからむ] 〈5自〉밝아지다.

²◉**明らか**[あきらか] 〈形動〉①뻔함. 명백함. ②밝음. 환함.

◉**明らめる**[あきらめる] 〈下1他〉(진상을) 밝히다. 규명하다.

¹◉**明かす**[あかす] 〈5他〉①털어놓다. 밝히다. ②밤을 새우다.

明かし暮す[あかしくらす] 〈5自〉세월을 보내다. 날을 보내다.

◉**明かる**[あかる] 〈5自〉열리다. 열려지다.

◉**明くる**[あくる] 이튿의. 다음의. 오는.

²◉**明く**[あく] 〈5自〉①(시간이) 나다. ②(공간이) 비다. ③열리다. ④자리가 비다. ⑤쓰이지 않다. 놀다.

²**明き**[あき] ①짬. ②틈새. ③빈자리. 결원. ④속이 빔. ⑤빈 곳.

²◉**明ける**[あける] 〈下1自〉①(날이) 새다. 밝다. ②새해가 되다. ③(어떤 기간이) 끝나다. 만료되다. 〈下1他〉①(눈을) 뜨다. ②뚫다. ③비우다. ④떼어놓다. ⑤트다. ⑥열다.

明け[あけ] ①새벽. ②(어떤 기간이) 끝남. ③새해가 됨.

明け渡す[あけわたす] 〈5他〉(재산을) 명도하다. 넘겨주다. 내어주다.

明け渡し[あけわたし] (재산을) 명도함. 넘겨줌. 내어 줌. 비워 줌.

明け離れる[あけはなれる] 〈下一自〉날이 환히 새다. 날이 완전히 밝다.

明け暮れ[あけくれ] ①조석(朝夕). 아침저녁. ②나날. 매일. ③나날을 보냄. ④항상. 늘. 자나 깨나.

明け暮れる[あけくれる] 〈5下1自〉①세월이 가다. ②매일 몰두하다. 골몰하다.

²**明け方**[あけがた] 새벽녘. 동틀 녘.

明け荷[あけに] ①여행용 고리짝. ②씨름꾼의 샅바를 넣는 상자.

明け行く[あけゆく] 〈下1自〉(날이) 새다.

音読

明君[めいくん] 명군; 현명한 군주.

明記[めいき] 명기; 똑똑하게 기록함.

明年[みょうねん] 명년; 내년.

明断[めいだん] 명단; 명쾌한 판단.

明答[めいとう] 명답; 확답(確答).

明大[めいだい] '明治大学(めいじだいがく)'의 준말.

¹明朗[めいろう] 명랑; ①밝고 쾌활함. ②밝고 공정함.

¹明瞭[めいりょう] 명료; 분명하고 똑똑함.

²明晩[みょうばん] 내일 밤. 내일 저녁.

²明滅[めいめつ] 명멸; 불이 켜졌다 꺼졌다 함.

明文[めいぶん] 명문; 명확한 조문(条文).

明敏[めいびん] 명민; 총명함.

¹明白[めいはく] 명백; 아주 분명함.

明細[めいさい] 명세; ①자세함. 상세함. ②'明細書'의 준말.

明星[みょうじょう] 명성; ①샛별. 금성(金星). ②스타.

明示[めいじ] 명시; 명확하게 표시함.

明暗[めいあん] 명암; ①밝은 면과 어두운 면. 기쁨과 슬픔. 행복과 불행. 승리와 패배. ②색깔의 짙고 엷음.

明言[めいげん] 명언; 명확하게 말함.

明月[めいげつ] 명월; 밝은 보름달.

明日❶[みょうにち] 명일; 내일. ＊격식을 차린 말임. ❷[あす] ①내일. ②앞날. 장래.

明朝❶[みょうちょう/みょうあさ] 명조; 내일 아침. ❷[みんちょう] ①명조; 명나라 조정. ②'明朝体(みんちょうたい)'의 준말.

明察[めいさつ] 명찰; ①진상을 꿰뚫어 봄. ②상대방의 '推察(すいさつ)'의 높임말.

明窓浄机[めいそうじょうき] 청결한 서재.

明暢[めいちょう] 명창; ①성격이 밝고 구김살이 없음. ②말이 분명하고 조리가 있음.

明哲[めいてつ] 명철; 현명하고 사리에 밝음.

明春[みょうしゅん] 명춘; 내년 봄.

明治[めいじ] ①일본 明治天皇(めいじてんのう)의 연호. ②'明治時代(めいじじだい)'의 준말.

明快[めいかい] 명쾌; 조리가 분명하여 마음이 시원함.

明太[めんたい] ≪魚≫ 명태.

明太子[めんたいこ] 명란(明卵)젓.

明解[めいかい] 명해; 간결한 해석.

²明確[めいかく] 명확; 명백하고 확실함.

明後[みょうご] 명후; 다음다음의. 모레의.

明後年[みょうごねん] 명후년; 내후년.

²明後日[みょうごにち] 명후일; 모레.

銘　새길 명

丿 𠂊 𠂉 午 牟 金 釒 釢 鈩 銘

音 ◉メイ

訓 ―

音読

銘じる[めいじる] 〈上1他〉 ⇨ 銘ずる

銘ずる[めいずる] 〈サ変他〉 명심하다. 마음에 깊이 새기다.

銘菓[めいか] 명과; 유명한 고급 과자.

銘記[めいき] 명기; 명심(銘心)함.

²銘銘[めいめい] 각각. 제각기. 각자.

銘銘皿[めいめいざら] 개인 접시. 음식을 각자 덜어 먹는 접시.

銘木[めいぼく] 값비싼 목재.

銘文[めいぶん] 명문; 기물에 새겨진 글.

銘柄[めいがら] ①일류 상품의 브랜드. ②우량 상품.

銘柄品[めいがらひん] 유명한 상품.

銘仙[めいせん] 거칠게 짠 비단.

銘入り[めいいり] 제작자의 이름을 새김.

銘酒[めいしゅ] 명주; 유명한 술.

銘茶[めいちゃ] 명차; 유명한 차.

銘打つ[めいうつ] 〈5他〉 (상품에) 이름을 짓다. 간판을 내걸다.

鳴　울 명

口 口 叮 𠮥 𠮥 鸣 鸣 鳴 鳴

音 ◉メイ

訓 ◉なく ◉ならす ◉なる

訓読

⁴鳴く[なく] 〈5自〉 (새・벌레・짐승이) 울다.

鳴き交わす[なきかわす] 〈5自〉 (새・벌레・짐승이) 여기저기서 울어대다. 함께 울다.

鳴き声[なきごえ] (새・벌레・짐승의) 울음소리.

鳴き虫[なきむし] 우는 벌레.

²鳴らす[ならす] 〈5他〉 ①소리를 내다. 울리다. ②(이름을) 떨치다. ③투덜대다. 불평하다.

³鳴る[なる] 〈5自〉 ①소리가 나다. 울리다. ②(이름이) 널리 알려지다. 떨치다.

鳴り渡る[なりわたる] 〈5自〉 ①(큰 소리가) 울려 퍼지다. ②널리 알려지다.

鳴り物[なりもの] ①악기의 총칭. ②흥을 돋우기 위한 음악. ③(歌舞伎(かぶき)에서) 三味線(しゃみせん)을 제외한 악기의 총칭.
鳴り物入り[なりものいり] ①(歌舞伎(かぶき)에서) 악기로 흥을 돋움. ②요란하게 선전함.
鳴子[なるこ] 논밭의 새를 쫓는 딸랑이.
鳴り響く[なりひびく] 〈5自〉 ①사방에 울려 퍼지다. ②널리 알려지다.

音読
鳴動[めいどう] 명동: (큰 것이) 큰 소리를 내며 움직임.

冥 어두울 명 | 音 ⊗メイ ⊗ミョウ | 訓 —

音読
冥加[みょうが] 명가: ①신불(神仏)의 은혜·가호(加護). ②행운. 운이 좋음.
冥加金[みょうがきん] ①신불(神仏)의 은혜에 대한 답례로 바치는 돈. ②(江戸(えど)시대의) 세금의 일종.
冥漠[めいばく] 명막: 어두워서 분명치 않음.
冥冥[めいめい] 명명: ①어두움. ②분명치 않음.
冥罰[みょうばつ] 명벌: 천벌(天罰).
冥福[めいふく] 명복: 사후(死後)의 행복.
冥府[めいふ] 명부: ①저승. ②지옥.
冥王星[めいおうせい] ≪天≫ 명왕성.

酩 술취할 명 | 音 ⊗メイ | 訓 —

音読
酩酊[めいてい] 명정: 만취(満酔). 술에 몹시 취함.

瞑 눈감을 명 | 音 ⊗メイ | 訓 ⊗つぶる ⊗つむる

訓読
⊗瞑る❶[つぶる] 〈5他〉 ①(눈을) 감다. ②보고도 못 본 체하다. 눈감아 주다. ❷[つむる] 〈5他〉 (눈을) 감다.

音読
瞑氛[めいふん] 명분: 어두운 느낌.
瞑想[めいそう] 명상: 눈을 감고 고요히 사색에 잠김.

[모]

毛 털 모
一 二 三 毛

音 ●モウ
訓 ●け

訓読
³●毛[け] ①(동·식물의) 털. ②머리털. ③(새의) 깃털. ④양털. 양모(羊毛).
毛孔[けあな] 모공; 털구멍.
毛筋[けすじ] ①(낱낱의) 머리카락. ②빗질 자국. ③털끝만큼. 사소한 일.
毛抜き[けぬき] 족집게.
毛並み[けなみ] ①털의 결. ②성질. 종류. ③혈통. 가문. 출신 성분.
²毛糸[けいと] 모사; 털실.
毛深い[けぶかい] 〈形〉 털의 숱이 많다.
毛羽立つ[けばだつ] 〈5自〉 ①(마찰되어) 보풀이 일다. ②머리가 헝클어지다.
毛彫り[けぼり] 털처럼 가느다란 선으로 새김.
毛織(り)[けおり] ①모직; 모직물. ②무명의 보풀을 세워 짬.
毛織物[けおりもの] 모직물.
毛槍[けやり] 깃털로 창집을 장식한 창.
毛虫[けむし] 모충: ①송충이. ②남들이 싫어하는 사람.
²毛皮[けがわ] 모피: ①털가죽. ②가죽피. *한자(漢字) 부수의 하나임.
毛穴[けあな] 모공; 털구멍.
毛嫌い[けぎらい] 괜히 싫어함.

音読
毛管[もうかん] 모관: ① ≪物≫ 모세관(毛細管). ②'毛細血管'의 준말.
毛髪[もうはつ] 모발: 머리털.
毛細管[もうさいかん] 모세관: ① ≪物≫ 모관(毛管). ② ≪生理≫모세 혈관.
毛細血管[もうさいけっかん] ≪生理≫모세 혈관.
毛氈[もうせん] 모전: 양탄자.
毛製品[もうせいひん] 모제품.
²毛布[もうふ] 모포; 담요.
毛包[もうほう] ≪生理≫ 모낭(毛囊).
毛筆[もうひつ] 모필; 털붓. 붓.

矛 창 모

一 マ 予 矛 矛

音 ●ム ⊗ボウ
訓 ●ほこ

訓読
●**矛**[ほこ] ①(쌍날칼을 꽂은 긴) 창. ②공
격용 무기.
矛先[ほこさき] ①창끝. ②(비난·공격의)
화살·방향·목표.

音読
²**矛盾**[むじゅん] 모순; 앞뒤가 맞지 않음.
사리에 맞지 않음.
矛盾論[むじゅんろん] 《論》 모순론; 사리
에 맞지 않는 논리.

母 어머니 모

乚 囗 口 口 母

音 ●ボ
訓 ●はは

訓読
⁴●**母**[はは] ①어머니. 모친. ②근원. 원천.
⁴**お母さん**[★おかあさん] ①어머니. ②(남편
이 아내를 부를 때) 여보.
母家[★おもや] ①(건물의) 안채. 몸채.
②본가(本家). 종가(宗家).
母方[ははかた] 외가 쪽.
母上[ははうえ] 어머님. *존경어임.
お母様[★おかあさま] 어머님.
母屋[★おもや] ①(건물의) 안채. 몸채.
②본가(本家). 종가(宗家).
²**母親**[ははおや] 모친; 어머니.

音読
母系[ぼけい] 모계; ①여계(女系). ②어머니
쪽을 기준으로 하여 가문·혈통·상속을
정함.
¹**母校**[ぼこう] 모교; 출신 학교.
¹**母国**[ぼこく] 모국; 조국. 고국.
母国語[ぼこくご] 모국어; 자기 나라의 말.
母船[ぼせん] 모선; 큰 배.
母乳[ぼにゅう] 모유; 어머니의 젖.
母音[ぼいん] 모음; 홀소리.
母胎[ぼたい] 모태; ①어머니의 태내. ②(어
떤 사물의) 기본이 되는 모체.

侮(侮) 업신여길 모

丿 亻 亻 仁 仁 侮 侮 侮

音 ●ブ
訓 ●あなどる

訓読
●**侮る**[あなどる] 〈5他〉 업신여기다. 깔보다.
얕보다. 얕잡아 보다. 멸시하다. 경멸하다.

音読
侮蔑[ぶべつ] 모멸; 업신여겨 깔봄.
¹**侮辱**[ぶじょく] 모욕; 업신여겨 욕되게 함.

冒(冒) 무릅쓸 모

丨 冂 冂 冃 冃 冒 冒 冒 冒

音 ●ボウ
訓 ●おかす

訓読
●**冒す**[おかす] 〈5他〉 ①(위험을) 무릅쓰다.
②(병균이) 침범하다. (병에) 걸리게 하
다. ③모독하다. ④남의 성(姓)을 사칭하
다. ⑤피해를 입히다.

音読
¹**冒頭**[ぼうとう] 모두; ①첫머리. 벽두(劈頭).
②서두(序頭). 전제(前提).
²**冒険**[ぼうけん] 모험; 위험을 무릅쓰고 행함.
가망이 없는데도 무리하게 행함.

某 아무개 모

一 十 卄 卄 甘 甘 苴 草 茅 某

音 ●ボウ
訓 ⊗それがし ⊗なにがし

訓読
⊗**某❶**[それがし] ①아무개. 모(某). ②저.
나. 본인. ❷[なにがし] ①아무개. 모(某).
②(적은 금액을 말할 때) 약간. 얼마간.

音読
某国[ぼうこく] 모국; 어떤 나라.
某氏[ぼうし] 모씨; 어떤 분.
某月某日[ぼうげつぼうじつ] 모월 모일.
某紙[ぼうし] 모지; 어떤 신문.
某誌[ぼうし] 모지; 어떤 잡지.

耗(耗) 감할/덜 모

一 二 三 丰 丰 耒 耒 耗 耗 耗

音 ●モウ ●コウ
訓 ―

音読
耗尽[もうじん] 모진; 소모되어 없어짐.

帽(帽) 모자 모

丨 冂 巾 帅 帆 帆 帽 帽 帽 帽

音 ●ボウ
訓 ―

音読
⁴帽子[ぼうし] ①모자. ②모자 모양의 뚜껑.

募 모을 모

一 艹 艹 芦 莒 莒 莫 募 募

音 ●ボ
訓 ●つのる

訓読
¹●募る[つのる] 〈5自〉점점 더해지다. 심해지다. 격해지다. 〈5他〉모집하다.

音読
¹募金[ぼきん] 모금; 기부금을 모집함.
²募集[ぼしゅう] 모집; 조건에 맞는 사람이나 사물을 모음.

慕 그리워할 모

一 艹 艹 莒 莒 莫 募 慕 慕 慕

音 ●ボ
訓 ●したう ●したわしい

訓読
¹●慕う[したう] 〈5他〉①사모하다. 연모하다. ②우러르다. ③(헤어지기 싫어) 뒤를 좇다.
●慕わしい[したわしい] 〈形〉(곁으로 다가가고 싶어지는 심정으로) 그립다.

音読
慕情[ぼじょう] 모정; 이성(異性)을 사모하는 마음.

暮 해저물 모

一 艹 艹 芦 莒 莒 莫 莫 暮 暮

音 ●ボ
訓 ●くらす ●くれる

訓読
²暮らす[くらす] 〈5自他〉①생활하다. 살림하다. 살다. ②(시간·세월을) 보내다. 지내다.
²暮(ら)し[くらし] ①생활. 살림. ②생계. 생활비.
暮(ら)し向き[くらしむき] 살림살이. 생활 형편. 살림 형편.
³●暮れる[くれる] 〈下1自〉①(해가) 지다. (날이) 저물다. ②(계절·한 해가) 저물다. 끝나다. ③지새다. 잠기다. ④어찌할 바를 모르다.
²暮れ[くれ] ①해질 무렵. 석양(夕陽). ②(계절의) 끝 무렵. ③연말(年末). 세모(歲暮).
暮れ果てる[くれはてる] 〈下1自〉해가 완전히 지다. 저물어 버리다.
暮れ方[くれがた] 해질녘. 저녁 때.

音読
暮色[ぼしょく] 모색; 날이 저물어가는 어스레한 경치.
暮夜[ぼや] 모야; 한밤중.
暮鐘[ぼしょう] 모종; 저녁 종. 만종(晚鐘).
暮秋[ぼしゅう] 모추; 늦가을. 만추(晚秋).
暮春[ぼしゅん] 모춘; 늦봄. 만춘(晚春).

模 본뜰 모

一 十 木 木 栌 栌 槽 槽 模 模

音 ●モ ●ボ
訓 ⊗かたどる

訓読
⊗模る[かたどる] 〈5自他〉모방하다. 본뜨다.

音読
模する[もする] 〈サ変他〉본뜨다. 흉내 내다. 모방하다.
¹模倣[もほう] 모방; 흉내 냄.
¹模範[もはん] 모범; 본받아 배울 만함.
模写[もしゃ] 모사; 흉내 내어 베낌.
¹模索[もさく] 모색; 더듬어 찾은.
²模様[もよう] 모양; ①무늬. ②형편. 상황. ③낌새. 기미. ④모범. 본보기.

模様替(え)[もようがえ] ①(실내 장식을) 변경함. 개조함. ②(계획을) 변경함.
模擬[もぎ] 모의; 흉내 냄. 모방.
模造[もぞう] 모조; 본떠서 만듦.
¹模型[もけい] 모형; ①실물을 본뜬 것. ②거푸집. ③모범.

謀 꾀할 모

言 言 言 計 計 計 評 評 謀 謀

音 ●ボウ ●ム
訓 ●はかる ⊗たばかる ⊗はかりごと

訓読
●謀る❶[はかる] 〈5他〉 ①(나쁜 일을) 꾀하다. 기도(企圖)하다. ②속이다.
⊗謀る❷[たばかる] 〈5他〉 ①궁리하다. 이것저것 생각하다. ②계략을 써서 속이다. ③모의하다.
●謀り❶[はかり] 계획. 기도(企圖).
⊗謀り❷[たばかり] ①궁리. ②속임수. ③모의.
⊗謀[はかりごと] 계략. 책략.
●謀り事[はかりごと] 계략. 책략.
音読
謀略[ぼうりゃく] 모략; 계략을 꾸밈.
謀反[むほん] 모반; 반역(反逆).
謀議[ぼうぎ] 모의; ①일을 꾀하고 논의함. ②범죄의 계획・실행 등을 의논함.

牡 수컷 모

音 ⊗ボ
訓 ⊗おす

訓読
⊗牡[おす] 수컷.
音読
牡丹[ぼたん] 《植》 모란. 모란꽃.
牡丹雪[ぼたんゆき] 함박눈.
牡蠣[★かき] 《貝》 굴. 굴 조개.
牡蠣養殖[★かきようしょく] 굴 양식.

茅 띠/억새풀 모

音 ⊗ボウ
訓 ⊗かや

訓読
⊗茅[かや] 《植》 ①참억새. ②띠・억새・사초 등의 총칭.
茅屋[かやや/ぼうおく] 모옥; ①억새로 이은 지붕 집. 초가집. ②누옥(陋屋).

[목]

木 나무 목

一 十 才 木

音 ●モク ●ボク
訓 ●き ●こ

訓読
⁴●木[き] ①나무. 수목(樹木). ②목재(木材). ③딱따기. ④땔나무.
木の間[このま] 나무 사이.
木遣(り)[きやり] ①무거운 것을 여럿이서 함께 소리를 지르며 운반함. ②'木遣歌(きやりうた)'의 준말.
木枯(ら)し[こがらし] 초겨울의 찬바람.
木口❶[きぐち] ①건축용 재목. ②목재의 절단면. ③나무 손잡이. ❷[こぐち] 목재의 절단면.
木っ端[こっぱ] ①나무 부스러기. ②시시함.
木っ端微塵[こっぱみじん] 산산조각이 남.
木登り[きのぼり] 나무 오르기. 나무타기.
木霊[こだま] ①산울림. 메아리. ②나무의 정기(精氣).
木立ち[こだち] 나무숲.
木木[きぎ] 많은 나무들.
木目❶[きめ] ①나뭇결. ②살결. ③(물건의) 결. 감촉. ❷[もくめ] 나뭇결.
木屑[きくず] 나무 부스러기.
木の実[きのみ/このみ] 나무 열매.
木の芽[きのめ/このめ] ①새싹. 나무 순. ②산초나무 순.
木の葉[このは] ①나뭇잎. ②시시함. 하찮음.
木賃宿[きちんやど] 싸구려 여인숙.
木切れ[きぎれ] 나무토막. 나뭇조각.
木組(み)[きぐみ] 재목을 짜 맞추기.
木太刀[きだち] 목검(木劍). 목도(木刀).
木型[きがた] 목형; 나무 거푸집.
木戸[きど] ①출입구의 외짝 여닫이문. ②흥행장의 입구. ③성문. ④'木戸銭(きどせん)'의 준말.
木戸番[きどばん] (흥행장의) 출입문 문지기.
木戸御免[きどごめん] 입장료가 무료인 사람.
木戸銭[きどせん] 입장료. 관람료.
木の下❶[きのした] 나무 아래. 나무 밑. ❷[このした] 《雅》 나무 아래.

音読

木工[もっこう] 목공; ①목수. ②목재 공예.

木琴[もっきん] 목금; 실로폰.

木刀[ぼくとう] 목도; 나무칼. 목검(木劍).

²**木綿**❶[★もめん] 목면; ①솜. ②무명, 면직물. ③면사(綿糸). 무명사. ❷[きわた] ☞ [訓読]

木像[もくぞう] 목상; ①나무로 만든 형상. ②멍청이. 얼간이. 등신. ③말이 없는 사람.

木石[ぼくせき] 목석; ①나무와 돌. ②인정이 없는 사람. ③정사(情事)를 모르는 사람.

木星[もくせい] ≪天≫ 목성.

木魚[もくぎょ] ①≪仏≫ 목탁. ②어판(魚板). 어고(魚鼓).

⁴**木曜日**[もくようび] 목요일.

²**木材**[もくざい] 목재. 재목. ❷[きざい] ≪俗≫ 목재.

木製[もくせい] 목제; 나무로 만듦.

木造[もくぞう] 목조; 나무로 만듦.

木質[もくしつ] 목질; ①나무의 성질. ②식물 줄기의 단단한 부분.

木鐸[ぼくたく] 목탁; 사회의 지도층.

木炭[もくたん] 목탄; ①숯. ②≪美≫ 데생할 때 쓰는 가늘고 부드러운 숯.

木版[もくはん] 목판; 인쇄용 나무판.

木片[もくへん] 목편; 나무 조각.

目	눈 목

| ㅣ | 冂 | 刖 | 目 | 目 | 目 |

音 ●モク ●ボク
訓 ●め ●ま

訓読

⁴●**目**❶[め] ① ≪生理≫ 눈. 안구(眼球). ②시선(視線). 눈빛. 눈짓. ③시력(視力). ④(사물을 식별하는) 눈. ⑤(사물의) 눈. ⑥(천·나무의) 결. ⑦(쇠붙이의) 날. ⑧(저울의) 눈금. ❷[もく] ☞ [音読]

²**目覚**(ま)**し**[めざまし] ①잠을 깨움. 잠을 깸. 졸음을 쫓음. ②잠깰 때 주는 과자. ③'目覚(ま)し時計'의 준말.

¹**目覚ましい**[めざましい] 〈形〉 눈부시다. 놀랍다. 놀랄 만큼 훌륭하다.

²**目覚**(ま)**し時計**[めざましどけい] 알람시계.

目覚め[めざめ] ①눈뜸. 잠에서 깸. ②(본능이) 눈뜸. ③자각(自覚). 각성(覚醒).

¹**目覚める**[めざめる] 〈下1自〉 ①잠에서 깨어나다. 눈뜨다. ②(본능이) 눈뜨다. 싹트다. ③본심으로 돌아오다. 자각하다.

目減り[めべり] ①(취급 도중에) 자연 감량(減量). 축남. ②실질적인 가치가 내림.

目蓋[まぶた] 눈꺼풀.

目見え[まみえ] ①¶お～ 뵘. 벼움. ②¶お～ 배우의 첫 출연. ③고용인이 고용주를 처음 만남. ④임시직.

目尻[めじり] 눈초리.

目掛ける[めがける] 〈下1他〉 목표로 하다. 노리다. 겨냥하다.

目交ぜ[まばぜ] 눈짓.

目潰し[めつぶし] 상대의 눈을 못 뜨게 끼얹는 재나 모래.

目の当(た)**り**[まのあたり] ①눈앞. 목전(目前). ②직접. 몸소.

目当て[めあて] ①목표. 목적. ②목표물. ③총의 가늠쇠.

¹**目途**[めど/もくと] 목표. 전망. 독적.

目頭[めがしら] 눈시울.

目利(き)[めきき] (골동품의) 감초(鑑定).

²**目立つ**[めだつ] 〈5自〉 눈에 띄다.

目明き[めあき] ①눈뜬 사람. ②글을 아는 사람. ③사리를 아는 사람.

目敏い[めざとい/めばしこい] 〈形〉 ①눈치가 빠르다. ②잠귀가 밝다.

目抜き[めぬき] ①눈에 잘 띔. ②번화가. 중심지. 요지(要地).

¹**目方**[めかた] (저울에 단) 무게. 중량.

目配せ[めくばせ] 눈길을 줌.

目配り[めくばり] 두루 살펴 봄.

目白押し[めじろおし] ①(동박사처럼) 많은 사람이 서로 밀치며 늘어섬. ②많은 아이들이 서로 밀치며 노는 놀이.

¹**目付**(き)[めつき] 눈매. 눈초리.

目腐れ金[めくされがね] 푼돈.

目分量[めぶんりょう] 눈대중. 눈어림.

目鼻[めはな] ①눈과 코. ②이목구비. 얼굴 생김새. ③사물의 대체적인 윤곽.

²**目上**[めうえ] 윗사람. 손윗사람.

目先[めさき] ①눈앞. 목전. ②당장. 현재. ③장래의 전망. ④볼품. 외모. ⑤단기간의 장래의 시세 변동.

目先筋[めさきすじ] 단기 차익을 노리는 전문 투기꾼.

目星[めぼし] ①어림짐작. 목표. ②(눈동자의) 각막 백반.

¹目盛り[めもり] (자·저울의) 눈금.

目新しい[めあたらしい] 〈形〉새롭다. 신기하다. 색다르다.

目深[まぶか] (모자를) 깊숙이 눌러 씀.

²目安[めやす] ①표준. 기준. 목표. ②주판의 자릿수를 표시한 것. ③읽기 쉽게 조목별로 쓴 것.

目顔[めがお] 눈의 표정.

目玉[めだま] ①눈알. 안구(眼球). ②눈알 모양의 것. ③야단맞음. 꾸지람을 들음. ④사람들의 관심을 끄는 것.

目の玉[めのたま] 눈알.

目玉番組[めだまばんぐみ] 인기 프로.

目玉商品[めだましょうひん] 특매품(特売品).

目玉焼(き)[めだまやき] 계란 프라이.

目元[めもと] ①눈가. 눈언저리. ②눈매. 눈초리.

目隠し[めかくし] ①눈을 가림. 눈을 가린 천. ②술래잡기. ③(집안이 밖에서 보이지 않게 가리는) 가리개.

目医者[めいしゃ] 안과 의사.

目移り[めうつり] 이것저것에 눈길이 쏠림.

²目印[めじるし] ①표시. ②표적. 목표물.

目刺(し)[めざし] (정어리를 말린) 두름.

目張り[めばり] ①(문틈에) 종이를 발라 봉함. ②(무대 화장에서) 눈이 크게 보이게 하는 화장.

目障り[めざわり] ①보는 데 방해가 됨. 방해물. ②눈에 거슬림.

目積(も)り[めづもり] 눈대중. 눈짐작. 눈어림.

目の前[めのまえ] ①눈앞. 목전(目前). ②코앞. 가까운 장래.

目脂[めやに] 눈곱.

²目指す[めざす] 〈他〉목표로 하다. 겨냥하다. 지향하다.

目処[めど] (장래의) 목표. 전망.

目出度い[めでたい] 〈形〉①경사스럽다. 축하할 만하다. ②어수룩하다. ③순조롭다. 좋다.

目打ち[めうち] ①천에 구멍을 뚫거나 수실의 형클어진 것을 푸는 재봉구. ②(우표 등의) 점점이 뚫은 구멍. ③송곳의 일종. ④(뱀장어를 요리할 때) 눈에 박는 도구.

目通り[めどおり] ①눈높이. ②눈높이에서 잰 나무의 굵기. ③배알. 알현. ④눈앞.

²目下❶[めした] 손아랫사람. 손아래. ❷[もっか] ☞[音読]①

目許[めもと] ①눈가. 눈언저리. ②눈매.

目眩[めまい] 현기증.

目❶[もく] 목; ①항(項)과 절(節) 사이. ②생물 분류학상의 한 단위. ③(바둑에서) 집. 목. ❷[め] ☞[訓読]

目撃[もくげき] 목격; 사건을 직접 봄.

目礼[もくれい] 목례; 눈인사.

¹目録[もくろく] 목록; ①리스트. ②목차. ③물품 리스트. ④(芸道에서) (스승이 제자에게 주는) 비법을 적은 문서. ⑤(잘 싸서) 남에게 주는 돈.

¹目論見[もくろみ] 계획. 기도(企図).

目算[もくさん] 목산; ①눈짐작. 눈대중. 눈어림. ②예측. 예상. 예정.

目送[もくそう] 목송; (작별한 사람이 안 보일 때까지) 눈으로 따라가며 전송함.

目語[もくご] 목어; 눈짓으로 말함.

目迎[もくげい] 목영; (다가오는 사람에게) 눈으로 마중함.

²目的[もくてき] 목적; 목표.

目前[もくぜん] 목전; 눈앞. 코앞.

²目次[もくじ] 목차; 차례.

目測[もくそく] 목측; 눈짐작. 눈어림. 눈대중.

²目標[もくひょう] 목표; ①도달하려는 대상. ②(사격의) 과녁.

¹目下❶[もっか] 목하; ①당장. 지금. 현재. ②목전(目前). 코앞. 눈앞. ❷[めした] ☞[訓読]

牧　　목장/기를 목

丿 ㅏ 뷰 뉴 뷰 뷰 牧 牧

音 ●ボク

訓 ●まき

●牧[まき] 목장. 우마(牛馬)를 방목(放牧)하는 곳.

牧歌[ぼっか] 목가; ①목동들의 노래. ②전원(田園) 생활을 주제로 한 시가(詩歌).

牧童[ぼくどう] 목동; 카우보이. 양치기.

牧舎[ぼくしゃ] 목사; 축사(畜舎).

¹牧師[ぼくし] (교회의) 목사.

牧牛[ぼくぎゅう] 목우; 소를 놓아기름.

牧人[ぼくじん] 목인; 목자(牧者). 양치기.

²牧場[ぼくじょう] 목장; 울타리를 두르고 우마(牛馬)를 방목(放牧)하는 곳. *'まきば라고도 발음함.

牧笛[ぼくてき/まきぶえ] 목동의 피리.

牧草地[ぼくそうち] 목초지.

²牧畜[ぼくちく] 목축; 목장을 경영함.

睦	화목할 목	音 ⊗ボク
		訓 ⊗むつまじい
		⊗むつむ

訓読

⊗睦まじい[むつまじい] 〈形〉화목하다. 의가 좋다. 정답다.

睦まやか[むつまやか] 〈形動〉화목함. 의가 좋음. 정다움.

睦物語[むつものがたり] (남녀간의) 다정하게 속삭이는 이야기.

睦言[むつごと] (남녀 간의 잠자리에서 나누는) 정담(情談).

[몰]

没(沒) 빠질/죽을 몰

丶 亅 氵 氵 汐 汐 没

音 ●ボツ ⊗モツ
訓 ―

音読

没[ぼつ] 몰; ①사망. 죽음. ②채택되지 않은 원고. 몰서(没書).

没する[ぼっする] 〈サ変自〉①가라앉다. ②(해가) 지다. ③사라지다. 묻히다. ④죽다. 〈サ変他〉①가라앉히다. ②빼앗다. 박탈하다. 몰수하다.

没却[ぼっきゃく] 몰각; 잊어버림. 없앰.

没交渉[ぼっこうしょう/ぼつこうしょう] 몰교섭; 협상(協商)・협의가 없음.

没年[ぼつねん] 몰년; ①죽은 때의 나이. 향년(享年). ②죽은 해.

没頭[ぼっとう] 몰두; 열중함.

¹没落[ぼつらく] 몰락; 멸망하여 없어짐.

¹没収[ぼっしゅう] 몰수; 압수(押収).

没入[ぼつにゅう] 몰입; ①가라앉음. 침몰함. ②몰두함.

歿後[ぼつご] 몰후; 죽은 후. 사후(死後).

[몽]

夢 꿈 몽

一 廿 芢 莒 莒 莒 莴 莴 夢 夢 夢

音 ●ム
訓 ●ゆめ

訓読

³●夢[ゆめ] ①꿈. ②덧없음. 허무함. ③희망. 소망. 이상(理想). ④단꿈. 감미로운 상태.

夢にも[ゆめにも] (부정문에서) 꿈에도. 조금도. 전혀. 결코.

夢見[ゆめみ] 꿈을 꿈. 꿈자리.

夢見る[ゆめみる] 〈上1自他〉꿈을 꾸다. 공상하다.

夢見心地[ゆめみごこち] 꿈을 꾸는 듯한 기분. 황홀한 기분.

夢路[ゆめじ] 꿈길.

夢物語[ゆめものがたり] ①꿈 이야기. ②일장춘몽. 꿈같은 덧없는 이야기.

夢心地[ゆめごこち] 황홀한 기분.

夢占い[ゆめうらない] 해몽(解夢).

夢枕[ゆめまくら] 꿈꿀 때의 베갯머리.

夢判断[ゆめはんだん] 해몽(解夢).

夢解き[ゆめとき] 해몽(解夢).

夢現[ゆめうつつ] ①꿈과 현실. ②비몽사몽. 꿈결.

音読

夢想[むそう] 몽상; ①공상(空想). ②꿈에서도 생각함. ③꿈속에서의 계시(啓示). 현몽(現夢).

夢遊病[むゆうびょう] ≪医≫ 몽유병.

¹夢中[むちゅう] 몽중; ①꿈속. ②몰두함. 열중함. 정신이 없음.

| 蒙 | 어릴/입을 몽 | 音 ⊗モウ |
| | | 訓 ⊗こうむる |

訓読

⊗蒙る[こうむる] 〈5他〉①(은혜・피해를) 입다. ②(윗사람한테서) 받다.

音読

蒙古[もうこ] ≪地≫ 몽고; 몽골.

蒙古斑[もうこはん] ≪医≫ 몽고반; 소아반(小児斑).

[묘]

妙　묘할 묘

〃　女　女　如　如　妙　妙

音 ●ミョウ
訓 ⊗たえ

訓読

⊗妙[たえ] 절묘함. 매우 아름다움. ¶～なる乙女(おとめ) 아리따운 처녀.

音読

²妙[みょう] 묘; ①〈形動〉 묘함. 이상함. ②절묘(絶妙)함. 오묘(奧妙)함.

妙工[みょうこう] 묘공; ①훌륭한 세공. ②뛰어난 장인(匠人).

妙技[みょうぎ] 묘기; 교묘한 기술과 재주.

妙齡[みょうれい] 묘령; ①젊은 여자의 꽃다운 나이. ②여자 20세 전후의 나이.

妙味[みょうみ] 묘미; ①뛰어난 맛. ②미묘한 취미.

妙手[みょうしゅ] 묘수; ①뛰어난 명수(名手). ②(바둑·장기의) 뛰어난 수.

妙案[みょうあん] 묘안; 좋은 생각.

妙音[みょうおん] 묘음; 아름다운 음악.

妙策[みょうさく] 묘책; 묘안. 좋은 생각.

苗　모종/모/싹 묘

一　十　艹　苧　苗　苗　苗　苗

音 ●ビョウ ⊗ミョウ
訓 ●なえ ●なわ

訓読

¹苗[なえ] ①모종. ②모. ③치어(稚魚).

苗代[なわしろ] (벼의) 못자리. 묘판.

苗代水[なわしろみず] 못자리 물.

苗代時[なわしろどき] 못자리를 마련할 철.

苗代田[なわしろだ] 못자리. 묘판.

苗木[なえぎ] 묘목; 모종할 어린 나무.

苗半作[なえはんさく] 볏모가 그 해 농사의 절반을 좌우함.

苗床[なえどこ] 묘상; 묘판.

音読

苗字[みょうじ] 성(姓). 성씨(姓氏).

苗圃[びょうほ] 묘포; 묘상(苗床). 묘판.

畝　이랑/두둑 묘

'　一　广　古　古　亩　亩　亩　畝　畝

音 ⊗ホ
訓 ●うね ●せ

訓読

●畝❶[うね] ①밭이랑. 밭두둑. ②밭이랑처럼 골이 진 것. ❷[せ] 묘; (면적의) 30평(坪).

畝くる[うねくる] 〈5自〉 높고 낮게 또는 좌우로 꾸불꾸불 움직이다.

畝間[うねま] 고랑. 이랑과 이랑 사이.

畝織り[うねおり] (직물을) 골이 지게 짬.

描　그릴 묘

一　十　扌　扩　描　描　描　描　描　描

音 ●ビョウ
訓 ●えがく

訓読

²●描く[えがく] 〈他〉 ①그리다. ②묘사하다. ③(마음속에) 그리다. ④모양을 그리다.

描き出す[えがきだす] 〈他〉 ①(사물의 형태를 그림이나 말로) 표현하다. 그려내다. ②(사물의 형태를) 상상하다.

音読

¹描写[びょうしゃ] 묘사; 사물을 있는 그대로 표현함.

描線[びょうせん] 묘선; 그리는 선.

描出[びょうしゅつ] 묘출; 그려냄.

描破[びょうは] 묘파; 모조리 그려냄.

描画[びょうが] 묘화; 그림을 그림.

猫　고양이 묘

'　犭　犭　犭　犿　猫　猫　猫　猫　猫

音 ●ビョウ ⊗ミョウ
訓 ●ねこ

訓読

⁴●猫[ねこ] ①≪動≫ 고양이. ②≪俗≫ '三味線(しゃみせん)'의 딴이름. ③≪俗≫ '芸者(げいしゃ)'의 딴이름. ④이불 속에 넣어 두는 화로.

猫かぶり[ねこかぶり] ①얌전한 뺨. ②시치미 뗌. 또는 그런 사람.

猫可愛がり[ねこかわいがり] (고양이를 사랑하듯이) 분별없이 맹목적으로 사랑함.

猫脚[ねこあし] ①고양이 다리처럼 안으로 굽은 상다리. ②(씨름에서) 좀처럼 넘어지지 않는 다리.

猫撫で声[ねこなでごえ] 간사스런 목소리. 알랑거리는 목소리.

猫背[ねこぜ] 새우등.

猫糞[ねこばば] 시치미를 뗌. 습득물을 슬쩍 가로챔. *고양이가 자신의 똥을 흙으로 덮어 감춘다는 뜻임.

猫舌[ねこじた] 뜨거운 것을 못 먹는 사람.

猫額❶[ねこびたい] 땅이 손바닥만 함. ❷[びょうがく] ①고양이 이마. ②땅이 매우 좁음.

猫の額[ねこのひたい] 고양이 이마빼기만 함. 손바닥만 함.

猫足[ねこあし] ①고양이 다리처럼 안으로 굽은 상다리. ②(씨름에서) 좀처럼 넘어지지 않는 다리.

猫車[ねこぐるま] (손잡이를 뒤에서 밀어서) 흙을 운반하는 일륜차(一輪車).

猫板[ねこいた] 직사각형 화로 끝에 얹어 놓은 좁고 긴 판자.

猫被り[ねこかぶり] ①얌전뺌. ②시치미 뗌. 또는 그런 사람.

猫額大[びょうがくだい] 토지 등의 면적이 매우 작음. *'고양이 이마 정도의 크기'라는 뜻임.

墓   무덤 묘

一 艹 艹 昔 苜 莫 莫 莫 墓 墓

音 ●ボ
訓 ●はか

訓読

²●墓[はか] 묘; 무덤. 묘소(墓所).

墓掘り[はかぼり] 무덤을 팜.

墓石[はかいし/ぼせき] 묘석; 묘비(墓碑).

墓所[はかしょ/はかどころ] 묘소; 묘지.

墓守[はかもり] 묘지기.

墓詣で[はかもうで] 성묘(省墓).

墓場[はかば] 묘지(墓地).

墓参り[はかまいり] 성묘(省墓).

墓標[はかじるし/ぼひょう] 묘표; 무덤의 표지. 무덤에 표지로 세운 나무나 돌.

墓穴[はかあな/ぼけつ] 묘혈; 무덤구덩이.

音読

墓畔[ぼはん] 묘반; 무덤 가.

墓碑[ぼひ] 묘비; 무덤에 세운 비석.

墓前[ぼぜん] 묘전; 무덤 앞.

¹墓地[ぼち] 묘지; 무덤.

墓誌[ぼし] 묘지; 죽은 사람의 행적을 비석 등에 새긴 것.

墓誌銘[ぼしめい] 묘지명; 죽은 사람의 행적을 적어 관(棺)과 함께 묻는 것.

卯   토끼 묘

音 ⊗ボウ
訓 ⊗う

訓読

⊗卯[う] 묘; ①십이지(十二支)의 넷째. 방위로는 동쪽. 시각으로는 오전 5시~7시 사이. ②《俗》 토끼.

卯月[うづき] 음력 4월.

卯の時[うのとき] 오전 5시~7시 사이.

卯の花腐し[うのはなくたし] 장맛비.

卯の花鮨[うのはなずし] 비지 초밥.

廟   사당 묘

音 ⊗ビョウ
訓 ―

音読

廟[びょう] 묘; ①사당(祠堂). 영묘(靈廟). ②라마교의 사원.

廟堂[びょうどう] 묘당; ①사당(祠堂). ②조정(朝廷).

廟祀[びょうし] 묘사; 神社(じんじゃ)나 사당에다 위패를 두고 제사를 지냄.

廟宇[びょうう] 묘우; ①조상·귀인의 신당. ②神社(じんじゃ)·社殿.

廟議[びょうぎ] 묘의; 조정의 평의(評議).

錨   닻 묘

音 ⊗ビョウ
訓 ⊗いかり

訓読

⊗錨[いかり] ①닻. ②닻 모양의 갈고리.

錨綱[いかりづな] 닻줄.

錨紋蛾[いかりもんが] 《虫》 뿔나비나방.

音読

錨鎖[びょうさ] 닻줄.

錨地[びょうち] (선박의) 정박지.

[무]

武　군사 무

一　二　干　干　汗　武　武

音 ◉ブ ◉ム
訓 —

音読
武[ぶ] 무; ①무술. 무예. ②무력. 군사력.
武家[ぶけ] 무가; 무사(武士)의 집안.
武家物[ぶけもの] 무가(武家)의 생활을 소재로 한 통속 소설.
武家方[ぶけがた] ①무가의 사람들. ②무가 쪽에 편드는 사람들.
武家奉公[ぶけぼうこう] 무가의 고용살이.
武家時代[ぶけじだい] 무가 시대.
武家造り[ぶけづくり] 무가의 저택 양식.
武家衆[ぶけしゅう] 무가의 관리가 됨.
武骨[ぶこつ] 무골; ①뼈가 앙상하여 매끄럽지 못함. ②세련되지 못함. 매끄럽지 못함. ③무례함. 버릇없음.
武具[ぶぐ] 무구; ①갑옷. ②무기.
²武器[ぶき] 무기; 병기(兵器).
武断[ぶだん] 무단; ①무력(武力)을 배경으로 일을 처리함. ②강제적인 독단.
¹武力[ぶりょく] 무력; 군사력. 병력.
武門[ぶもん] 무문; 무사의 집안.
²武士[ぶし] 무사; 무인(武人).
武士道[ぶしどう] 무사도.
武術[ぶじゅつ] 무술; 무예(武芸).
武芸[ぶげい] 무예; 무술(武術).
武勇[ぶゆう] 무용; 무술에 능하고 용기가 있음.
武者[むしゃ] 무사. 갑옷을 입고 투구를 쓴 무사.
武者人形[むしゃにんぎょう] 무사 인형.
武将[ぶしょう] 무장; ①장수(将帥). ②무예가 뛰어난 장수.
武張る[ぶばる] 〈5自〉 ①씩씩하게 굴다. ②우락부락하여 세련된 맛이 없다.
¹武装[ぶそう] 무장; 전투 준비.
武蔵[むさし] (옛 지명의 하나로) 지금의 東京都(とうきょうと) 대부분과 埼玉県(さいたまけん)과 神奈川県(かながわけん)의 일부.
武俠小説[ぶきょうしょうせつ] 무협 소설.
武勲[ぶくん] 무훈; 무공(武功).

茂　무성할 무

一　十　卄　芢　芢　芃　茂　茂

音 ◉モ
訓 ◉しげる ⊗しげみ

訓読
⊗茂み[しげみ] 수풀. 덤불.
²◉茂る[しげる] 〈5自〉 (초목이) 우거지다. 무성해지다.
茂り[しげり] (초목이) 무성함. 무성한 곳.
茂り合う[しげりあう] 〈5自〉 (초목이) 빽빽이 우거지다. 무성하게 우거지다.

音読
茂林[もりん] 무림; 초목이 우거진 곳. 초목이 무성한 곳.

務　힘쓸 무

一　フ　マ　予　矛　矛'　矜　矜　務　務

音 ◉ム
訓 ◉つとめる

訓読
²◉務める[つとめる] 〈下1他〉 ①(임무를) 맡다. 역할을 하다. ②(배역을) 맡다.
²務め[つとめ] 직무. 책무. 임무.

音読
◉税務[ぜいむ], 外務[がいむ], 医務[いむ],

無　없을 무

丿　仁　仁　仨　缶　缶　無　無　無　無

音 ◉ム ◉ブ
訓 ◉ない ◉なくす ◉なくなる ◉なし

訓読
⁴◉無い[ない] 〈形〉 없다.
⁴◉無くす[なくす] 〈5他〉 ①분실하다. 잃어버리다. ②없애다.
³◉無くなる[なくなる] 〈5自〉 ①분실되다. 없어지다. ②다 없어지다. 떨어지다. 다하다.
²◉無し[なし] 없음. 없는 상태.

音読
²無[む] 무; 아무것도 없음.
無価[むか] 무가; ①값을 따질 수 없을 만큼 귀중함. ②무료임. 공짜임.

無欠[むけつ] 무결; 흠이 없음.

無届(け)[むとどけ] 무단(無断). 무신고(無申告).

無骨[ぶこつ] 무골; ①뼈가 앙상하여 매끄럽지 못함. ②세련되지 못함. 매끄럽지 못함. ③무례함. 버릇없음.

無関心[むかんしん] 무관심; 관심이 없음.

無教育[むきょういく] 무교육; ①교육을 받지 않았음 ②무식함.

¹無口[むくち] 과묵함. 말수가 적음.

無垢[むく] 무구; ① ≪仏≫ 번뇌에서 벗어나 깨끗함. ②순결함. 티 없음.

無軌道[むきどう] 무궤도; ①궤도가 없음. ②사상이나 행동에 일정한 방향이 없음.

無菌[むきん] 무균; 세균이 없음.

無根[むこん] 무근; ①뿌리가 없음. ②근거가 없음.

無給[むきゅう] 무급; 급료가 없음. 무보수.

無気力[むきりょく] 무기력; 기운이 없음.

無気味[ぶきみ] 어쩐지 기분이 나쁨. 으스스함. 어쩐지 무서움.

無記名[むきめい] 무기명; 이름을 적지 않음.

無期[むき] 무기; 기한이 없음.

無器用[ぶきよう] ①손재주가 없음. 서투름. 어설픔. ②(일처리가) 서투름.

無機[むき] 무기; 그 자체에 생활 기능이 없음.

¹無難[ぶなん] 무난; 결점·지장이 없음.

¹無念❶[むねん] 부주의로 깨닫지 못함. 미처 깨닫지 못하여 유감스러움. ❷[むねん] ①분함. 억울함. 원통함. ② ≪仏≫ 무념; 아무것도 생각하지 않음.

¹無能[むのう] 무능; 능력이 없음.

¹無断[むだん] 무단; 미리 승낙을 얻지 못함.

無代[むだい] 무대; 무료. 공짜.

無頓着[むとんちゃく/むとんじゃく] 무관심함. 아랑곳하지 않음.

無量[むりょう] 무량; 끝이 없음.

無力[むりょく] 무력; ①힘·세력이 없음. ②능력·활동력이 없음.

¹無礼[ぶれい] 무례; 실례(失礼).

¹無論[むろん] 무론; 물론(勿論).

無頼漢[ぶらいかん] 무뢰한; 불량배. 건달.

²無料[むりょう] 무료; 공짜.

無類[むるい] 무류; 유례가 없음.

²無理[むり] 무리; ①이치에 맞지 않음. ②억지. ③불가능함.

無理やりに[むりやりに] 무리하게. 억지로.

無理強い[むりじい] 강제. 억지.

無理難題[むりなんだい] 생트집.

無理算段[むりさんだん] 무리해서 돈을 변통함.

無理矢理に[むりやりに] 무리하게. 억지로.

無理押し[むりおし] 억지로 강행함.

無理解[むりかい] 몰이해. 이해심이 없음. 이해 못함.

無免許[むめんきょ] 무면허; ①면허가 없음. ②면허가 필요 없음.

無名[むめい] 무명; ①무기명(無記名). ②이름을 모름. ③명분이 서지 않음.

無銘[むめい] 무명; 작자(作者)의 이름이 새겨져 있지 않음.

無帽[むぼう] 무모; 모자를 안 씀.

無謀[むぼう] 무모; 사려 깊지 않음.

無紋[むもん] ①무늬가 없음. ②가문(家紋)이 없는 의복·천.

無配[むはい] 무배; 무배당.

無法[むほう] 무법; ①법이 없음. ②무례함.

無法者[むほうもの] 무법자; 무례한 사람.

無病[むびょう] 무병; 병이 없음.

無分別[むふんべつ] 무분별; 분별이 없음.

無私[むし] 무사; 사심이 없음.

²無沙汰[ぶさた] 소식을 전하지 않음. 왕래가 없음. 격조(隔阻).

¹無邪気[むじゃき] ①악의가 없음. ②순진함. 천진난만함.

²無事[ぶじ] 무사; ①평온함. ②탈 없이 건강함.

無産[むさん] 무산; ①무직(無職). ②재산이 없음.

無上[むじょう] 무상; 최상(最上).

無想[むそう] 무상; 모든 상념을 떠남.

無常[むじょう] 무상; ① ≪仏≫ 만물은 변천함. ②덧없음. ③사람의 죽음.

無傷[むきず] ①흠·상처가 없음. ②결점이 전혀 없음.

無償[むしょう] 무상; ①보수가 없음. ②무료.

無双[むそう] 무쌍; ①비길 데 없음. ②안팎을 같은 재료로 만듦. ③(씨름에서) 한 손을 상대의 허벅다리에 대고 돌리듯이 쓰러뜨리는 기술.

無色[むしょく] 무색; ①아무 색깔이 없음. ②중립(中立).

無生物[むせいぶつ] 무생물.

¹無線[むせん] 무선; 전선을 가설하지 않음.

無声[むせい] 무성; ①소리가 나지 않음. ② ≪語学≫ 성대의 진동을 수반하지 않음.

無性に[むしょうに] 무턱대고. 공연히.

無勢[ぶぜい] (상대에 비해) 사람의 수효가 적음. 소수임. 열세임.

無所属[むしょぞく] 무소속; 소속이 없음.

無粋[ぶすい] 멋이 없음. 세련되지 않음.

²無数[むすう] 무수; 한없이 많음.

²無視[むし] 무시; ①눈여겨보지 않음. ②업신여겨김.

無試験[むしけん] 무시험; 시험이 없음.

無神経[むしんけい] 무신경; ①둔감함. ②뻔뻔스러움.

無実[むじつ] 무실; ①그런 사실이 없음. ②억울한 죄를 씀. 무고함.

無心[むしん] 무심; ①아무 생각이 없음. ②순진함. 천진난만함. 사심이 없음. ③염치없이 돈을 요구함.

無我[むが] 무아; ①사심이 없음. ②자기를 잊음.

無我夢中[むがむちゅう] 제정신이 아님.

¹無闇に[むやみに] ①무턱대고. 함부로. ②지나치게. 터무니없이.

無愛想[ぶあいそ/ぶあいそう] 무뚝뚝함.

無様[ぶざま] 꼴사나움. 보기 흉함.

¹無言[むごん] 무언; 말이 없음.

無縁[むえん] 무연; ①인연이 없음. 무관함. ②연고자가 없음.

無欲[むよく] 무욕; 욕심이 없음.

¹無用[むよう] 무용; ①쓸데없음. ②불필요함. ③볼일이 없음. ④(명사에 접속하여) …해서는 안 됨. 금지.

無用心[ぶようじん] ①조심하지 않음. 경계가 소홀함. ②위험함. 무시무시함.

無遠慮[ぶえんりょ] 사양할 줄 모름. 멋대로 행동함. 버릇이 없음.

無為❶[むい] 무위; ①있는 그대로임. ② ≪仏≫ 변화하지 않는 것. ③하는 일이 없음. ❷[ぶい] ①있는 그대로임. ②평온함. 무사함.

¹無意味[むいみ] 무의미; 의미가 없음.

無意識[むいしき] 무의식; ①의식이 없음. ②자신도 모름. ③잠재의식.

無意義[むいぎ] 무의의; 무의미(無意味).

無益[むえき] 무익; 부질없음. 보람 없음.

無人島[むじんとう/むにんとう] 무인도.

無一文[むいちもん] 무일푼.

無一物[むいちもつ/むいちぶつ] 빈털터리.

無賃[むちん] 무임; 삯돈이 없음.

無作法[ぶさほう] 무례함. 버릇없음.

無残[むざん] ①잔인함. 참혹함. ②무참(無慘)함. ③ ≪仏≫ 죄를 짓고도 부끄러워하지 않음.

無銭[むせん] 무전; ①돈이 없음. ②돈을 지불하지 않음.

無情[むじょう] ①무정함. ②감정이 없음. 비정(非情)함.

無精[ぶしょう] 게으름.

無条件[むじょうけん] 무조건; 조건이 없음.

無造作[むぞうさ] ①손쉬움. 수월함. ②아무렇게나 함.

無調法[ぶちょうほう] ①미흡함. 서투름. ②(술·담배를) 못함. ③실수. 잘못.

無罪放免[むざいほうめん] 무죄 방면.

²無地[むじ] 무지; 무늬가 없음.

¹無知[むち] 무지; ①지식이 없음. ②지혜가 없음.

無職[むしょく] 무직; 직업이 없음.

無尽蔵[むじんぞう] 무진장; 무한량으로 많이 있음.

¹無茶[むちゃ] ①난폭함. ②당치 않음. 터무니없음.

¹無茶苦茶[むちゃくちゃ] ≪俗≫ 엉망진창임. 터무니없음. 당치않음.

無差別[むさべつ] 무차별; 차별이 없음.

無慘[むざん] ①잔인함. 참혹함. ②무참(無慘)함. ③ ≪仏≫ 죄를 짓고도 부끄러워하지 않음.

無責任[むせきにん] 무책임; 책임이 없음.

無鉄砲[むてっぽう] ⟨形動⟩ 무모함. 분별없음.

無体[むたい] 무체; ①무형(無形). ②무리함. 이치에 맞지 않음.

無臭[むしゅう] 무취; 냄새가 없음.

²無駄[むだ] 헛됨. 쓸데없음. 낭비. 허비.

¹無駄遣い[むだづかい] 낭비. 허비.

¹無駄口[むだぐち] 잡담. 쓸데없는 말.

無下[むげ] 형편없음. 말도 안됨.

無学[むがく] 무학; ①무식함. ② ≪仏≫ 진리를 터득하여 더 배울 필요가 없음.

²無限[むげん] 무한; 끝이 없음.

無害[むがい] 무해; 해롭지 않음.

無形[むけい] 무형; 형체가 없음.

無花果[★いちじく] ≪植≫ 무화과.

¹無効[むこう] 무효; 보람·효력이 없음.

無休[むきゅう] 무휴; 휴일이 없음. 쉬지 않음.

貿 무역할 무

丶 𠂉 𠂉 𠂊 𠂊 卯 𠂣 貿 貿 貿

音 ◉ボウ
訓 ●—

音読
²貿易[ぼうえき] 무역; 국제간의 상업거래.
외국과 상품의 매매(売買)를 함.
貿易風[ぼうえきふう] 무역풍; 열대 동풍.
貿易港[ぼうえきこう] 무역항; 국제항.

舞 춤출 무

丿 𠂉 𤇾 𤇾 𤇾 𣲾 舞 舞 舞 舞

音 ◉ブ
訓 ●まう

訓読
¹◉舞う[まう] 〈5自〉 ①(공중에서) 빙빙 돌다.
빙빙 돌며 날다. 흩날리다. ②춤추다.
舞(い)[まい] ①춤. 무용. ②일본의 춤.
舞い降りる[まいおりる] 〈上1自〉 ①(춤추듯
이) 너풀너풀 내려오다. ②갑자기 나타
나다.
舞い戻る[まいもどる] 〈5自〉 되돌아오다. 되
돌아가다.
舞い上がる[まいあがる] 〈5自〉 ①(너울거리
며) 날아 올라가다. ②날려 올라가다.
舞扇[まいおうぎ] 춤출 때 사용하는 부채.
舞い巡る[まいめぐる] 〈5自〉 돌아다니며 춤
추다.
舞子[まいこ] 춤을 추는 나이 어린 동기
(童妓).
舞姫[まいひめ] ≪雅≫ 무희; 춤추는 여자.

音読
舞曲[ぶきょく] 무곡; ①춤과 음악. ②무도
곡(舞踏曲). 춤곡.
²舞台[ぶたい] 무대; ①(연극) 무대. ②(무대
에서의) 연기. ③(활동하는) 무대.
舞台稽古[ぶたいげいこ] 무대 연습.
舞台裏[ぶたいうら] ①무대 뒤. 무대 출연을
준비하는 곳. ②이면(裏面). 막후(幕後).
舞踏[ぶとう] 무도; 춤.
舞楽[ぶがく] 무악; ①춤이 따르는 아악(雅
楽). ②춤.
舞踊[ぶよう] 무용; 춤.

霧 안개 무

二 一 帀 示 示 雨 雰 雰 霧 霧

音 ◉ム
訓 ●きり

訓読
²◉霧[きり] ①(주로 가을의) 안개. *'봄 안
개'는 '霞(かすみ)'로 분류하는 경향이 있음.
②물안개.
霧雨[きりさめ/きりあめ] 안개비. 이슬비.
霧吹き[きりふき] 분무기. 스프레이.

音読
霧氷[むひょう] 무빙; 나뭇가지 등에 붙어
생긴 얼음.
霧散[むさん] 무산; 안개처럼 흩어져 없어짐.
霧笛[むてき] 무적; 안개가 자욱할 때 울리
는 기적(汽笛).
霧中[むちゅう] 무중; ①안개 속. ②예측할
수 없음.

巫 무당 무

音 ⊗フ
訓 ●—

音読
巫覡[ふげき] 무격; 무당과 박수.
巫蠱[ふこ] 무고; 무술(巫術)로 저주함.
巫女[みこ/ふじょ] 무녀; 무당.
巫山戯る[ふざける] 〈下1自〉 ①희롱거리다.
농담하다. 장난치다. 까불다. ②깔보다.
얕보다. ③(남녀가) 새롱거리다.
巫術[ふじゅつ] 무술; 무당의 방술(方術).
巫祝[ふしゅく] 무축; 신사(神事)를 관장하
는 사람.

誣 무고할 무

音 ⊗フ ⊗ブ
訓 ⊗しいる

訓読
⊗誣いる[しいる] 〈上1他〉 모함하다. 왜곡하
여 나쁘게 말하다. 헐뜯다.

音読
誣告[ぶこく] 무고; 없는 사실을 거짓으로
꾸며 고소·고발함.
誣告罪[ぶこくざい] ≪法≫ 무고죄.
誣言[ぶげん/ふげん] 무언; 사실을 왜곡하
여 나쁘게 말함.

撫　어루만질 무

音 ⊗ブ
訓 ⊗なでる

訓読
²⊗撫でる[なでる] 〈下1他〉 ①어루만지다. 쓰다듬다. ②살짝 스치다. ③달래다. ④(머리를) 매만지다. 빗질하다.
撫で付ける[なでつける] 〈下1他〉 ①(머리를) 곱게 매만지다. 쓰다듬어 붙이다. 곱게 빗질하다. ②눌러서 펴다.
撫で上げる[なであげる] 〈下1他〉 쓰다듬어 올리다. 쓸어 올리다.
撫で下ろす[なでおろす] 〈5他〉 ①쓰다듬어 내리다. 쓸어내리다. ②안심하다. 한시름 놓다.
撫で回す[なでまわす] 〈5他〉 (손바닥으로) 돌려가며 어루만지다. 여기저기 매만지다.

音読
撫する[ぶする] 〈サ変他〉 ①쓰다듬다. ②안심시키다.

蕪　거칠/순무 무

音 ⊗ブ
訓 ⊗かぶ ⊗かぶら

訓読
⊗蕪[かぶ/かぶら] 《植》 순무. 무청(蕪菁).
蕪菜[かぶな/かぶらな] '蕪(かぶ)'의 딴이름.

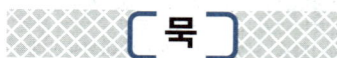

[묵]

墨(墨)　먹 묵

一 口 日 甲 里 里 黒 黒 墨 墨

音 ●ボク
訓 ●すみ

訓読
²●墨[すみ] ①먹. ②먹물. ③검댕. 그을음. ④검정빛. ⑤(오징어·문어의) 먹물.
墨継ぎ[すみつぎ] ①붓에 먹을 다시 묻혀 글을 씀. ②먹집게.
墨金[すみがね] ①곱자. ②곱자로 목재에 먹줄을 치는 기술.
墨流し[すみながし] 먹물을 물에 떨어뜨려 퍼지는 물결 무늬를 물들인 무늬.
墨付き[すみつき] ①먹이 묻는 정도. ②먹으로 쓴 필적.
墨糸[すみいと] 먹줄.
墨色[すみいろ] 먹빛. 검정 빛깔.
墨書(き)[すみがき] ①묵화(墨画). ②먹으로 그린 밑그림.
墨縄[すみなわ] 먹줄.
墨染め[すみぞめ] ①잿빛. ②검정 물을 들임. ③검은 빛의 중 옷. ④잿빛 상복(喪服).
墨打(ち)[すみうち] 먹줄을 침.
墨絵[すみえ] 묵화(墨画).

音読
墨汁[ぼくじゅう] 묵즙; 먹물.
墨画[ぼくが] 묵화; 먹으로 그린 그림.

黙(黙)　잠잠할 묵

丨 冂 日 甲 里 里一 里一 默 默 默

音 ●モク
訓 ●だまる

訓読
²●黙る[だまる] 〈5自〉 ①침묵하다. 잠자코 있다. 입을 다물다. ②말없이 있다. 가만히 있다. ③무단으로 …하다.
黙りこくる[だまりこくる] 〈5自〉 잠자코만 있다. 끝까지 말이 없다.
黙り込む[だまりこむ] 〈5自〉 (이제까지 말을 하던 사람이) 잠자코 있다. 입을 다물고 있다.

音読
黙する[もくする] 〈サ変自〉 ①침묵하다. 잠자코 있다. 입을 다물다. ②말없이 있다. 가만히 있다.
黙契[もっけい] 묵계; 말없는 가운데 우연히 뜻이 맞음.
黙過[もっか] 묵과; 모르는 체하고 지나쳐 버림.
黙読[もくどく] 묵독; 소리 내지 않고 읽음.
黙礼[もくれい] 묵례; 말없는 인사.
黙々と[もくもくと] 묵묵히.
黙秘[もくひ] 묵비; 비밀로 하여 말하지 않음.
黙殺[もくさつ] 묵살; 알고도 모르는 체함.
黙想[もくそう] 묵상; 말없이 생각에 잠김.
黙視[もくし] 묵시; ①말없이 봄. ②간섭하지 않고 보고만 있음.
黙然として[もくねんとして/もくぜんとして] 잠자코.
黙認[もくにん] 묵인; 모르는 체하고 슬며시 승인함.

[문]

文   글월 문

` ナ 文

音 ●ブン ●モン
訓 ●ふみ ⊗あや

訓読
●文❶[ふみ] ①기록. 문서. 책. ②(漢学의) 학문. ③서한. 편지. ❷[あや] 여러 가지 무늬. ❸[ぶん/もん] ☞ 音読
文箱[ふみばこ/ふばこ] ①문갑(文匣). ②편지를 넣어서 보내는 함. ③짊어지고 다니는 책궤.
文月[ふみづき/ふづき] 음력 7월의 딴이름.

音読
²文❶[ぶん] ①글. 문장. ②학문. 예술. 예능. ❷[もん] ①(옛날 돈의 단위) 문. 푼. ②(양말・신발 등의) 사이즈. ❸[ふみ/あや] ☞ 訓読
文庫[ぶんこ] 문고; ①서고(書庫). ②일련의 장서(蔵書). ③보급용의 작은 책. ④문갑(文匣).
文科[ぶんか] 문과; ①인문・사회 과학 분야. ②문학부.
²文句[もんく] ①문구; 글귀. ②불평. 불만. 트집. 시비.
文句無し[もんくなし] ①완전함. ②무조건.
文具[ぶんぐ] 문구; 문방구.
文壇[ぶんだん] 문단; 문인들의 사회.
文楽[ぶんらく] 浄瑠璃(じょうるり)에 맞추어 하는 인형극.
文末[ぶんまつ] 문말; 문장의 끝부분.
²文脈[ぶんみゃく] 문맥; 글의 맥락.
²文盲[もんもう] 문맹; 무식하여 글을 모름.
文面[ぶんめん] 문면; 글의 대강의 내용.
²文明[ぶんめい] 문명; 물질문화.
文無し[もんなし] ①무일푼. 빈털터리. ②엄청나게 큰 버선.
文武[ぶんぶ] 문무; 학문과 무예.
文物[ぶんぶつ] 문물; 문화의 산물.
文民[ぶんみん] 문민; 군인이 아닌 민간인.
²文房具[ぶんぼうぐ] 문방구; 문구.
²文房具屋[ぶんぼうぐや] 문방구점. 문구점.

³文法[ぶんぽう] 문법; ①문장 구성 법칙. ②말의 일정한 규칙.
文部[もんぶ] '文部省(もんぶしょう)'의 준말.
文部大臣[もんぶだいじん] 교육부 장관.
文部省[もんぶしょう] 교육부. *한국의 '교육인적자원부'에 해당함.
文相[ぶんしょう] 교육부 장관.
¹文書[ぶんしょ/もんじょ] 문서; 서류.
文案[ぶんあん] 문안; 문장의 초안.
¹文語[ぶんご] 문어; ①문장어. ②平安(へいあん) 시대의 문법을 기초로 하여 고정된 언어 체계.
文語体[ぶんごたい] 문어체; 문장어를 사용한 문장 양식.
²文芸[ぶんげい] 문예; ①학예(学芸). ②문학과 기타 예술. ③문학.
文意[ぶんい] 문의; 글에 담긴 뜻.
文人[ぶんじん] 문인; 문필(文筆)에 종사하는 사람.
²文字[もじ/もんじ] 문자; ①글자. ②글. 문장.
文字通り[もじどおり] 글자 그대로. 그야말로. 정말로.
⁴文章[ぶんしょう] 문장; 글월.
文才[ぶんさい] 문재; 글재주.
文典[ぶんてん] 문전; 문법 책.
文節[ぶんせつ] 문절; 문장의 최소 단위.
文題[ぶんだい] 문제; ①작문의 제목. ②문장이나 한시(漢詩)의 제목.
文鳥[ぶんちょう] ≪鳥≫ 문조.
文中[ぶんちゅう] 문중; 글 가운데.
文鎮[ぶんちん] 문진; 서진(書鎮)
文集[ぶんしゅう] 문집; 시나 문장을 모아 엮은 책.
²文体[ぶんたい] 문체; ①문장의 양식. ②문장의 개성적인 특성.
文治[ぶんじ] 문치; 학문과 법령으로 나라를 다스림.
文通[ぶんつう] 편지 왕래. 펜팔.
文筆[ぶんぴつ] 문필; 시가나 문장을 짓는 일.
³文学[ぶんがく] 문학; 글에 대한 학문.
²文献[ぶんけん] 문헌; 학술 연구의 자료가 되는 문서.
文型[ぶんけい] 문형; 센텐스 구성상의 유형.
文豪[ぶんごう] 문호; 뛰어난 문학가.
³文化[ぶんか] 문화; 정신적 활동에 따른 정신적・물질적인 성과.
¹文化財[ぶんかざい] 문화재.

匁　무게단위 문

ノ 匁 匁 匁

音 —
訓 ◉もんめ

訓読
◉匁[もんめ] ①(무게의 단위로) 관(貫)의 1000분의 1. 약 3.75g. ②(화폐 단위로) 小判(こばん) 한 량(両)의 60분의 1.

門　문 문

｜ ｜ ｜ ｜ ｜ ｜ 門 門 門 門

音 ◉モン
訓 ◉かど ⊗と

訓読
◉門❶[かど] ≪雅≫ ①문. ②문 앞. 문간. 집 앞. ❷[もん] ☞ [音読]
門口[かどぐち] ①집의 출입구. 문간. ②일의 시작. 시초.
門構え[かどがまえ/もんがまえ] ①대문의 구조. ②한자(漢字) 부수의 하나로 '問, 聞' 등의 '門' 부분을 말함.
門並み[かどなみ] ①가가호호. 집집마다. ②낱낱이. 모두. ③죽 늘어선 집들.
門付け[かどづけ] 문 앞에서 노래를 불러 돈을 받고 돌아다님.
門松[かどまつ] 새해에 문 앞에 세우는 장식용 소나무.
門違い[かどちがい] ①집을 잘못 찾음. 번지수가 틀림. ②착각. 잘못 짚음.
門出[かどで] (큰 뜻을 품고) 집을 떠남.
門火[かどび] ①(장례식 때・우란분(盂蘭盆) 날에) 문 앞에서 피우는 불. ②결혼식 때 신부를 보내는 의식으로 문 앞에서 피우는 불. *되돌아오는 일이 없기를 빈다는 뜻에서.

音読
⁴門❶[もん] ①문; 대문(大門). ②학문의 유파(流派). ③대포(大砲)를 세는 말. ❷[か ど] ☞ [訓読]
門鑑[もんかん] 문감; 문의 출입증.
門内[もんない] 문내; 대문 안.
門灯[もんとう] 문등; 대문에 다는 등불.
門番[もんばん] 수위. 문지기.

門閥[もんばつ] 문벌; 대대로 내려오는 가문의 지체.
門扉[もんぴ] 문비; 대문. 문짝.
門外漢[もんがいかん] 문외한; 전문적인 지식이 없거나 관계가 없는 사람.
門衛[もんえい] 수위. 문지기.
門人[もんじん] 문인; 제자. 문하생.
門前[もんぜん] 문전; 문 앞.
門前払い[もんぜんばらい] ①문전 박대. ②문전 추방.
門弟[もんてい] 문제; 제자. 문하생.
門柱[もんちゅう/もんばしら] 문기둥. 문설주.
門地[もんち] 문지; 가문. 문벌(門閥).
門札[もんさつ] 문패.
門歯[もんし] ≪生理≫ 문치; 앞니.
門標[もんぴょう] 문표; 문패.
門下生[もんかせい] 문하생; 제자.
門限[もんげん] 폐문(閉門) 시간. 귀가 시간.
門戸[もんこ] 문호; ①출입문. ②자기 유파(流派).

紋　무늬 문

く 幺 幺 糸 糸 糸 糸' 紵 紒 紋

音 ◉モン
訓 —

音読
紋[もん] ①무늬. ②가문(家紋).
紋服[もんぷく] 가문(家紋)이 표시된 예복용 옷.
紋付(き)[もんつき] 가문(家紋)이 표시된 물건・예복용 옷.
紋所[もんどころ] 가문(家紋).
紋日[もんび] 유곽에서의 명절이나 축일.
紋章[もんしょう] 문장; 가문(家紋).
紋帳[もんちょう] 문장; 가문(家紋)의 견본을 수집한 책.
紋切り形[もんきりがた] ①같은 모양・무늬를 오려내기 위한 틀. ②틀에 박힌 방식.
紋切り型[もんきりがた] ☞ 紋切り形
紋織(り)[もんおり] 돈을무늬로 짠 직물.
紋織(り)お召し[もんおりおめし] 돈을무늬를 넣고 오글오글하게 짠 비단.
紋下[もんした] 文楽座(ぶんらくざ)의 최고 지위의 배우.
紋黄蝶[もんきちょう] ≪虫≫ 노랑나비.

蚊　모기 문

丨 冂 冂 中 虫 虫 虫' 蚊' 蚊 蚊

音 ⊗ブン
訓 ●か

訓読

²●蚊[か] ≪虫≫ 모기.
蚊遣り[かやり] 모깃불을 피움.
蚊遣り火[かやりび] 모깃불.
蚊帳[かや] 모기장.
蚊取(り)線香[かとりせんこう] 모기향.

問　물을 문

丨 冂 冂 冋 冋 冋 門 門 門 問 問

音 ●モン
訓 ●とう ●とい ●とん

訓読

²●問う[とう] 〈5他〉 ①묻다. 질문하다. ②추궁하다. 따지다. ③조문(弔問)하다.
²問(い)[とい] ①물음. 질문. ②문제. 설문.
問屋❶[といや] (江戸(えど) 시대의) 객주(客主). ❷[とんや] ①도매상. ②도맡아 함.
²問い合(わ)せ[といあわせ] 조회. 문의.
¹問い合わせる[といあわせる] 〈下1他〉 문의하다. 조회하다. 알아보다.

音読

²問答[もんどう] 문답; ①질문과 대답. ②논쟁. 말다툼.
⁴問題[もんだい] 문제; ①해답을 필요로 하는 물음. ②해결해야 할 사항. ③성가신 일. ④세상의 이목이 쏠리는 것.
問診[もんしん] 문진; 환자에게 질문함.

聞　들을 문

丨 冂 冂 冋 冋 門 門 門 門 聞 聞

音 ●ブン ●モン
訓 ●きく ●きこえる ⊗きこす

訓読

⁴●聞く[きく] 〈5他〉 ①(말·소리를) 듣다. ②(의견을) 들어주다. ③묻다. 질문하다. ④(향을) 맡다. 감상하다. ⑤술을 맛보아 판정하다.

聞きかじる[ききかじる] 〈5他〉 ①주워듣다. ②수박 겉핥기로 알다.
聞きかじり[ききかじり] 섣부르게 주워들음. (수박 겉핥기의) 피상적인 지식.
聞(き)覚え[ききおぼえ] ①들은 기억. ②귀동냥. 들어서 앎.
聞き覚える[ききおぼえる] 〈下1他〉 ①들어서 알다. ②귀동냥으로 익히다.
聞き届ける[ききとどける] 〈下1他〉 ①들어주다. 승낙하다. ②귀담아 듣다.
聞き苦しい[ききぐるしい] 〈形〉 ①듣기 거북하다. ②알아듣기 어렵다.
聞き過ごす[ききすごす] 〈5他〉 듣고 흘려버리다. 귀담아 듣지 않다.
聞き慣れる[ききなれる] 〈下1自〉 귀에 익다.
聞き及ぶ[ききおよぶ] 〈5他〉 전해 듣다.
聞き納め[ききおさめ] 마지막으로 들음. 마지막 목소리.
聞き落とす[ききおとす] 〈5他〉 빠뜨리고 못 듣다.
聞き漏らす[ききもらす] 〈5他〉 빠뜨리고 못 듣다.
聞き流す[ききながす] 〈5他〉 듣고 흘려버리다. 못 들은 체하다.
聞き忘れる[ききわすれる] 〈下1他〉 ①들은 것을 잊어버리다. ②물은 것을 잊어버리다.
聞き返す[ききかえす] 〈5他〉 ①다시 듣다. ②되묻다. 다시 묻다.
聞き方[ききかた] ①듣는 방법. ②듣는 편. ③묻는 방법. 묻기.
聞き付ける[ききつける] 〈下1他〉 ①자주 들어 귀에 익다. ②우연히 듣다. ③(소리를) 포착하여 듣다.
聞き分け[ききわけ] (어린애가) 말귀를 알아들음. 듣고 분별함.
聞き分ける[ききわける] 〈下1他〉 ①소리를 분간하다. ②납득하다. 알아듣다.
聞(き)捨て[ききずて] 못 들은 치함.
聞き捨てる[ききすてる] 〈下1他〉 못 들은 체하다.
聞き上手[ききじょうず] 맞장구를 치며 잘 들음. 또는 그런 사람.
聞(き)書き[ききがき] 듣고 쓴 기록.
聞き所[ききどころ] 들을 만한 부분.
聞き損ない[ききそこない] ①잘못 들음. ②빠뜨리고 못 들음.
聞き損なう[ききそこなう] 〈5他〉 ①잘못 듣다. ②빠뜨리고 못 듣다.

聞き手[ききて] ①듣는 사람. 듣는 쪽. ②(남의 이야기를) 잘 듣는 사람.

聞き役[ききやく] 듣는 입장.

聞き誤る[ききあやまる] 〈5他〉 잘못 듣다.

聞き違い[ききちがい] 잘못 들음.

聞き違える[ききちがえる] 〈下1他〉 잘못 듣다.

聞き耳[ききみみ] ①귀를 기울임. ② 《古》 소문.

聞き入る[ききいる] 〈5自〉 귀담아 듣다. 열심히 듣다.

聞き入れる[ききいれる] 〈下1他〉 (부탁을) 들어주다. 받아주다.

聞(き)伝え[ききづたえ] 전해 들음.

聞き伝える[ききつたえる] 〈下1他〉 전해 듣다.

聞き済ます[ききすます] 〈5他〉 끝까지 다 듣다.

聞き質す[ききただす] 〈5他〉 캐묻다. 물어서 확인하다.

聞き澄ます[ききすます] 〈5他〉 귀담아 듣다.

聞き出す[ききだす] 〈5他〉 ①캐묻다. 탐문하다. ②듣기 시작하다.

¹聞(き)取り[ききとり] ①듣기. 히어링. ②사정을 들음.

聞き取る[ききとる] 〈5他〉 ①알아듣다. ②청취하다.

聞き置く[ききおく] 〈5他〉 ①들어 두다. ②듣고 기억해 두다.

聞き飽きる[ききあきる] 〈上1他〉 너무 많이 들어 싫증나다.

聞き下手[ききべた] 듣는 태도가 서투름. 또는 그런 사람.

聞(き)合(わ)せ[ききあわせ] 문의. 조회.

聞き合わせる[ききあわせる] 〈下1他〉 문의하다. 조회하다.

聞き惚れる[ききほれる] 〈下1自〉 넋을 잃고 듣다. 도취되어 듣다.

³●聞こえる[きこえる] 〈下1自〉 ①(소리가) 들리다. ②받아들여지다. 납득되다. 이해되다. ③알려지다.

聞こえ[きこえ] ①들림. 들리는 정도. ②평판. 소문. ③(남이) 듣는 느낌.

聞こえよがしに[きこえよがしに] 들어 보라는 듯이. 들으라는 듯이.

音読

聞達[ぶんたつ] 문달; 유명해짐. 출세함.

聞知[ぶんち] 문지; 들어서 앎.

聞香[ぶんこう] 문향; 향을 피워 감상함.

[물]

物　　만물/물건 물

一 ナ 牛 牛 牜 物 物 物

音 ●ブツ ●モツ

訓 ●もの

訓読

⁴●物[もの] ①(형태를 갖춘) 물건. 것. ②(막연한 대상의) 무엇. ③(추상적인) 것. 일. ④(무슨) 말. ⑤글. ⑥도리. 이치. 사리. ⑦(이렇게 할) 문제.

物覚え[ものおぼえ] ①기억. 기억력. ②사물을 배워 익힘.

物干し[ものほし] 빨래를 말림.

物乞い[ものごい] ①구걸. 동냥. ②거지.

物見[ものみ] ①구경. 관광. ②망루(望楼). ③파수. 경비. 척후. ④밖을 살피는 작은 구멍.

物見高い[ものみだかい] 〈形〉 호기심이 많다. 구경을 좋아하다.

物見番[ものみばん] 파수병. 보초병.

物見遊山[ものみゆさん] 유람(遊覽). 관광.

物狂い[ものぐるい] ①광기(狂気). 미치광이. ②(能のう)에서) 주인공이 잠시 흥분 상태에 빠지는 장면.

物忌み[ものいみ] 재계(斎戒)함. 부정 탄다고 어떤 것을 꺼리어 기피함.

物忘れ[ものわすれ] 건망증.

物売り[ものうり] 행상(行商).

物物しい[ものものしい] 〈形〉 ①삼엄하다. ②어마어마하다. 거창하다.

物別れ[ものわかれ] 결렬(決裂)됨.

物分かり[ものわかり] 이해력. 이해심.

物悲しい[ものがなしい] 〈形〉 왠지 모르게 슬프다. 서글프다. 구슬프다.

²物事[ものごと] 세상사. 매사(毎事).

物思い[ものおもい] 근심. 수심(愁心).

物惜しみ[ものおしみ] 깍쟁이 짓. 인색함.

物羨み[ものうらやみ] 시새움. 시기.

物貰い[ものもらい] ①거지. ②다래끼.

物笑い[ものわらい] 웃음거리. 비웃음.

物騒がしい[ものさわがしい] 〈形〉 ①어쩐지 소란스럽다. 시끄럽다. ②뒤숭숭하다. 흉흉하다.

物心[ものごころ] (물정을 아는) 철. 분별.

²物語[ものがたり] ①이야기. ②전설. 설화
(説話). ③(허구의) 이야기. 소설.

²物語る[ものがたる]〈他〉①이야기하다. 말
하다. ②웅변해 주다.

物言い[ものいい] ①말씨. 말투. ②언쟁. 말
다툼. ③이의(異議). ④말을 잘하는 사람.

物要り[ものいり] 비용이 듦.

物腰[ものごし] (사람을 대하는) 태도.

物柔らか[ものやわらか]〈形動〉온화함.

²物音[ものおと] (무엇인가의) 소리.

物陰[ものかげ] (어떤 물체의 뒤에) 가려서
보이지 않는 곳. 그늘.

物入り[ものいり] 비용이 듦.

物寂しい[ものさびしい]〈形〉왠지 쓸쓸하다.

物静か[ものしずか]〈形動〉①조용함. 고요
함. ②차분함. 침착함.

¹物足りない[ものたりない]〈形〉뭔가 아쉽다.

物指し[ものさし] ①자. 잣대. ②(평가의)
척도. 기준.

物持ち[ものもち] ①재산가. 부자. ②물건
을 소중하게 오래 씀.

物知り[ものしり] 박식함. 박식한 사람.

珍しい[めずらしい]〈形〉 신기하다.
희한하다. 진귀하다.

物真似[ものまね] 흉내.

²物差し[ものさし] ①자. 잣대. ②(평가의)
척도. 기준.

²物凄い[ものすごい]〈形〉①끔찍하다. 매우
무섭다. ②굉장하다. 대단하다.

物臭い[ものぐさい]〈形〉성가시다. 번거롭
고 귀찮다.

²物置[ものおき] 광. 곳간. 헛간.

物怖じ[ものおじ] 겁을 먹음.

¹物好き[ものずき] ①호기심. ②색다른 것을
좋아함.

音読

²物価[ぶっか] 물가; 물건값.

物件[ぶっけん] 물건; 물품.

物交[ぶっこう] '物物交換'의 준말.

物権[ぶっけん]≪法≫ 물권.

物納[ぶつのう] 물납; 조세 등을 물품으로 바침.

物量[ぶつりょう] 물량; 물건의 분량.

物療[ぶつりょう] '物理療法'의 준말.

物流[ぶつりゅう] 물류; 물품의 유통.

²物理[ぶつり] 물리; ①사물의 이치. ②'物理
学'의 준말.

物物交換[ぶつぶつこうかん] 물물 교환.

物産[ぶっさん] 물산; 토산물.

物相[もっそう] 물상; 1인분용 밥그릇.

物相飯[もっそうめし] ①1인분용 밥그릇.
②감옥의 밥. 콩밥.

物象[ぶっしょう] 물상; ①물리·화학의 총
칭. ②물건의 형상.

物色[ぶっしょく] 물색; 쓸 만한 것을 찾아
고름.

物色買い[ぶっしょくがい] 유망주(有望株)를
물색하여 매입함.

物性[ぶっせい] 물성; 물건의 성질.

物税[ぶつぜい] 물세; 대물세(対物税).

²物騒[ぶっそう] 뒤숭숭함. 겁이 남.

物外[ぶつがい] 물외; ①물질계 이외의 세
계. ②속세를 떠난 세계.

物欲[ぶつよく] 물욕; 탐내는 마음.

¹物議[ぶつぎ] 물의; 뭇사람의 평판·논의.

¹物資[ぶっし] 물자; 물품.

物的[ぶってき] 물적; 물질적.

物情[ぶつじょう] 물정; 인심(人心).

物証[ぶっしょう] 물증; 물적 증거.

²物質[ぶっしつ] 물질; 물건의 본바탕.

¹物体❶[ぶったい] 물체; 물건의 형체.

物体❷[もったい] 거드름.

²物体無い[もったいない]〈形〉①아깝다. ②
황공하다. 과분하다. ③죄스럽다. 불경스
럽다.

物体振る[もったいぶる]〈5自〉거드름피우
다. 대단한 체하다.

物品[ぶっぴん] 물품; 물건.

勿 금할 물 | 音 ⊗ブツ/モチ
| 訓 ⊗なかれ

訓読

⊗勿れ[なかれ] (동작의 금지에 쓰이는 말
로 …하지 마라. …말지어다. ¶騒(さわ)
ぐ~ 떠들지 마라. ¶驚(おどろ)く~놀라지
말지어다.

勿忘草[★わすれなぐさ]≪植≫ 물망초.

音読

勿怪[もっけ] 의외(意外). 뜻밖.

²勿論[もちろん] 물론; 말할 것도 없이.

勿体[もったい] 거드름.

²勿体無い[もったいない]〈形〉①아깝다. ②
황공하다. 과분하다. ③죄스럽다. 불경
스럽다.

勿体振る[もったいぶる]〈5自〉거드름피우다.
대단한 체하다.

[미]

未　아닐 미

一 二 キ 耒 未

音 ●ミ ⊗ビ
訓 ⊗ひつじ ⊗まだ ⊗いまだ

訓読

⊗未[ひつじ] 미; ①12지(支)의 여덟 번째. ②미시(未時). 오후 1시부터 3시 사이. ③미방(未方). 남남서(南南西). ④ ≪俗≫양(羊).

⁴⊗未だ❶[まだ] ①아직. 아직도. 여태껏. ②지금까지도. 계속해서. ③더욱. 또.
⊗未だ❷[いまだ] 아직. 아직도.

音読

未刊[みかん] 미간; 아직 발간하지 않음.
未墾[みこん] 미간; 미개간(未開墾).
¹未開[みかい] 미개; ①미개봉(未開封). ②아직 꽃이 피지 않음. ③미개화. ④미개척.
未見[みけん] 미견; ①아직 보지 못함. ②아직 만나보지 못함.
未決[みけつ] 미결; ①미해결. ② ≪法≫ 판결이 나지 않음.
未納[みのう] 미납; 아직 납부하지 않음.
²未来[みらい] 미래; ①장래. 앞날. ②후세.
¹未練[みれん] 미련; ①미숙. ②아쉬움.
未了[みりょう] 미료; 아직 덜 끝남.
²未満[みまん] 미만; 정한 수에 미달함.
未亡人[みぼうじん] 미망인; 과부(寡婦).
未聞[みもん] 미문; 아직 듣지 못함.
未払い[みはらい] 미불; 아직 지불하지 않음.
未詳[みしょう] 미상; 상세하지 않음.
未成年者[みせいねんしゃ] 미성년자.
未収[みしゅう] 미수; 아직 거두지 않음.
未遂[みすい] 미수; 아직 이루지 못함.
¹未熟[みじゅく] 미숙; ①(과일이) 덜 익음. ②서투름.
未信者[みしんじゃ] 미신자; (종교를) 아직 믿지 않는 사람.
未然[みぜん] 미연; 사전(事前).
未完[みかん] 미완; 미완성.
¹未定[みてい] 미정; 아직 정하지 않음.
未済[みさい] 미제; 아직 끝나지 않음.
¹未知[みち] 미지; 아직 모름.
未着[みちゃく] 미착; 아직 도착되지 않음.
¹未婚[みこん] 미혼; 아직 결혼하지 않음.

米　쌀/미터 미

丶 丷 一 半 米 米

音 ●ベイ ○マイ
訓 ●こめ ⊗よね

訓読

³●米❶[こめ] ①쌀. ②쌀농사.
⊗米❷[よね] ① ≪古≫ 쌀. ②미수(米寿). 88세. 여든 여덟 살. ❸[べい] ☞ [音読]
米櫃[こめびつ] ①뒤주. 쌀통. ② ≪俗≫ 생활비를 벌어들이는 사람.
米代[こめだい] ①쌀값. ②생활비.
米搗き[こめつき] ①도정(搗精). 쌀 찧기. ②도정업자(搗精業者).
米粒[こめつぶ] 쌀알.
米相場[こめそうば] ①쌀 시세. ②쌀 거래 시장. ③미두(米豆). 현물 없이 쌀을 거래함.
米所[こめどころ] 곡창 지대. 쌀 고장.
米屋[こめや] 쌀가게. 쌀 집.
米蔵[こめぐら] 쌀 곳간. 쌀 창고.
米俵[こめだわら] 쌀가마니.

音読

米❶[べい] ①미국. 아메리카. ②미터. ❷[こめ] ☞ [訓読]
米価[べいか] 미가; 쌀값.
米穀[べいこく] 미곡; 곡물.
米国人[べいこくじん] 미국인.
米軍[べいぐん] 미군; 미국 군인.
米麦[べいばく] 미맥; 쌀과 보리. 곡물.
米飯[べいはん] 미반; 쌀밥.
米紛[べいふん] 미분; 쌀가루.
米産[べいさん] 쌀의 생산.
米産地[べいさんち] 쌀 생산지.
米商[べいしょう] 미곡상. 쌀가게.
米収高[べいしゅうだか] 쌀 수확.
米寿[べいじゅ] 미수; 88세.
米食[べいしょく] 미식; 쌀을 주식으로 함.
米塩[べいえん] 미염; 쌀과 소금.
米人[べいじん] 미국인. 미국 사람.
米作[べいさく] 미작; 벼농사.
米銭[べいせん] 미전; ①쌀과 돈. ②쌀값. 생활비.
米紙[べいし] 미지; 미국 신문.
米誌[べいし] 미지; 미국 잡지.
米貨[べいか] 미화; 달러.

尾 꼬리 미

フ ユ ユ 尸 尸 尾 尾

音 ●ビ
訓 ●お

訓読
¹●尾[お] ①(동물의) 꼬리. ②꼬리 모양의 것. ③길게 뻗은 산기슭.
尾根[おね] 산등성이. 능선.
尾頭付(き)[おかしらつき] (머리와 꼬리가 달린) 통째로 구운 생선.
尾籠❶[おこ] 바보스러움. 바보. 어리석음. ❷[びろう] ①실례. 무례. ②(이야기 내용이) 더러움. 불결함. 지저분함.

音読
尾骨[びこつ] ≪生理≫ 미골; 꼬리뼈.
尾灯[びとう] 미등; 자동차의 뒤에 단 위험 표시의 등불.
尾翼[びよく] 미익; 비행기 동체 뒤에 달린 수평 날개.
尾行[びこう] 미행; 몰래 뒤따름.

味 맛 미

ㅣ ㅂ ㅂ ㅂ ㄸ ㄸ 吐 味 味

音 ●ミ
訓 ●あじ ●あじわう

訓読
³●味[あじ] ①(음식의) 맛. ②묘미. 멋. 운치. 재미. ③(체험으로 얻은) 맛. ④⟨形動⟩ 멋있음. 근사함. 신통함. 재치 있음.
²●味わう[あじわう] ⟨5他⟩ ①(음식을) 맛보다. ②음미하다. 감상하다. ③체험하다.
¹味わい[あじわい] ①(음식의) 맛. 맛깔. ②(사물이 풍기는) 정취. 멋. 운치.
味見[あじみ] 맛을 봄. 간을 봄.
味付け[あじつけ] (양념하여) 맛을 냄. 간 맞추기.

音読
¹味覚[みかく] 미각; 혀로 맛본 감각.
²味方[みかた] ①아군(我軍). 자기편. ②편듦. 가세함.
³味噌[みそ] ①된장. 장. ②특색. 자랑거리.
味噌汁[みそしる] 된장국.

美 아름다울 미

ヽ ソ ソ 羊 羊 羊 美 美

音 ●ビ ⊗ミ
訓 ●うつくしい ⊗いしくも

訓読
³●美しい[うつくしい] ⟨形⟩ ①아름답다. 곱다. 예쁘다. ②(정신적인 면에서) 곱다. 기특하다.
⊗美しくも[いしくも] 기특하게도. 갸륵하게도.
⊗美味い[★うまい] ⟨形⟩ 맛있다. *남성 용어.
⁴⊗美味しい[★おいしい] ⟨形⟩ 맛있다.
⊗美人局[★つつもたせ] 미인계(美人計). 미인계로 금품을 갈취함.

音読
¹美[び] 미; ①아름다움. ②훌륭함.
美観[びかん] 미관; 훌륭한 경치.
美技[びぎ] 미기; 멋진 연기.
美男[びなん] 미남; 미남자.
美男子[びだんし] 미남자. 미남.
美女[びじょ] 미녀; 미인(美人).
美談[びだん] 미담; 갸륵한 이야기.
美徳[びとく] 미덕; 갸륵한 덕행.
美麗[びれい] 미려; 아름다움.
美名[びめい] 미명; ①명성. 좋은 평판. ②그럴 듯한 명목.
美味[びみ] 미미; 맛있음.
美声[びせい] 미성; 고운 목소리.
美少年[びしょうねん] 미소년.
美俗[びぞく] 미속; 아름다운 풍속.
³美術館[びじゅつかん] 미술관.
美食[びしょく] 미식; 맛있는 음식.
美顔[びがん] 미안; 얼굴을 예쁘게 함.
²美容[びよう] 미용; ①예쁜 용모. ②얼굴을 아름답게 함.
²美容院[びよういん] 미장원(美粧院).
²美人[びじん] 미인; 미녀(美女).
美点[びてん] 미점; 장점(長点).
美酒[びしゅ] 미주; 좋은 술.
美称[びしょう] 미칭; 아름다운 칭호.
美風[びふう] 미풍; 아름다운 풍속.
美学[びがく] 미학; 미의 본질과 구조를 연구하는 학문.
美化[びか] 미화; 아름답게 만듦.

迷 (迷) 미혹할/헤맬 미

`丶丶㇀ㇺ半米米迷迷`

音 ●メイ
訓 ●まよう ●まよわす

訓読

²●迷う[まよう]〈5自〉①(길을) 잃다. 헤매다. ②망설이다. 갈피를 못 잡다. ③유혹되다. 눈이 어두워지다. ④깨닫지 못하다. ⑤《仏》 성불(成仏)하지 못하고 헤매다.

迷い[まよい] ①망설임. ②망상. ③《仏》도를 깨닫지 못함.

●迷わす[まよわす]〈5他〉미혹하다. 헷갈리게 하다. 현혹시키다.

音読

迷宮[めいきゅう] 미궁; 나올 길을 찾을 수 없는 궁전.

迷宮入り[めいきゅういり] 미궁에 빠짐.

迷路[めいろ] 미로; ①한번 들어가면 출입구를 알 수 없는 흘림길. ②'内耳(ないじ)'의 딴이름.

²迷信[めいしん] 미신; 종교적·과학적인 근거가 없이 사회생활에 지장을 초래하는 신앙.

²迷子[★まいご] 미아(迷児). 길 잃은 아이.

迷子札[★まいごふだ] 미아(迷児) 방지용 어린이 이름표.

²迷惑[めいわく] 귀찮음. 성가심. 폐.

微 (微) 작을/희미할 미

`彳彳彳彳微微微微微`

音 ●ビ ⊗ミ
訓 ⊗かすか

訓読

¹⊗微か[かすか]〈形動〉①희미함. 아련함. 흐릿함. 어렴풋함. ②미미함. ③초라함. 보잘것없음.

²微笑む[★ほほえむ]〈5自〉①미소 짓다. ②꽃망울이 벌어지다.

音読

微光[びこう] 미광; 희미한 빛.

微動[びどう] 미동; 약간 움직임.

¹微量[びりょう] 미량; 극소량(極少量).

微力[びりょく] 미력; ①힘이 약함. 힘이 모자람. ②'자기 힘'의 겸양어.

²微妙[びみょう] 미묘; 간단하게 표현하기 곤란한 상태.

微微[びび] 미미; 보잘것없이 작거나 희미함.

微生物[びせいぶつ] 미생물; 박테리아.

微細[びさい] 미세; ①가늘고 작음. ②미천함.

微小[びしょう] 미소; 매우 작음.

微少[びしょう] 미소; 매우 적음.

¹微笑[びしょう] 미소; 엷은 웃음.

微弱[びじゃく] 미약; 가냘프고 약함.

微熱[びねつ] 미열; 가냘프고 약한 열.

微温[びおん] 미온; 미지근함.

微温湯[びおんとう/ぬるまゆ] 미온탕; ①미지근한 물. ②미지근한 목욕물.

微塵[みじん] 미진; ①티끌. 작은 먼지. ②아주 작게 조각이 남.

微震[びしん] 미진; 진도 1의 지진.

微風[びふう] 미풍; 산들바람.

微行[びこう] 미행; 변장하여 몰래 감.

眉 눈썹 미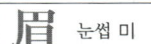

音 ⊗ビ ⊗ミ
訓 ⊗まゆ

訓読

¹⊗眉[まゆ] ①눈썹. ②눈썹을 그리는 먹.

眉尻[まゆじり] 눈썹 꼬리. 눈썹 끝.

眉根[まゆね] 얼굴 중앙 쪽의 눈썹 끝.

眉毛[まゆげ] 눈썹.

眉墨[まゆずみ] 눈썹을 그리는 먹.

眉刷毛[まゆはけ] (화장 후에) 눈썹을 터는 솔.

音読

眉間[みけん] 미간; 눈썹과 눈썹 사이.

眉雪[びせつ] 미설; 눈처럼 하얀 눈썹.

弥 (彌) 두루 미

音 ⊗ビ ⊗ミ
訓 ●いや ⊗や

訓読

⊗弥生[やよい] '음력 3월'의 딴이름.

弥生式時代[やよいしきじだい] 2세기경부터 계속된 일본의 농경문화 시대.

弥生式土器[やよいしきどき] 일본의 弥生(やよい) 시대에 사용된 토기(土器).

弥次郎兵衛[やじろべえ] 양팔을 벌린 오독이 인형.

弥次馬[やじうま] (자기와 관계없는 일에) 덩달아 나섬. 호기심 많은 구경꾼.

梶　나무끝 미　音 ⊗비　訓 ⊗かじ

訓読
⊗梶[かじ] 수레의 채.
梶の木[かじのき] ≪植≫ 꾸지나무.
梶棒[かじぼう] (수레의) 채. 끌채.

媚　아첨할 미　音 ⊗비　訓 ⊗こびる

訓読
⊗媚びる[こびる] 〈上1自〉①(여자가) 아양
　떨다. ②아첨하다. 알랑거리다.

謎ˣ(謎)　수수께끼 미　音 ⊗メイ　訓 ⊗なぞ

訓読
²⊗謎[なぞ] ①수수께끼. 불가사의. 신비.
　②암시. 에둘러 말하여 깨닫게 함.
謎めく[なぞめく] 〈5自〉 수수께끼 같다. 수
　수께끼처럼 알 수 없다.
謎掛け[なぞかけ] 수수께끼를 냄.
²謎謎[なぞなぞ] 수수께끼놀이.
謎解(き)[なぞとき] 수수께끼를 품.

靡　쓰러질 미　音 ⊗ビ　訓 ⊗なびかす ⊗なびく

訓読
⊗靡かす[なびかす] 〈5他〉①(바람에) 나부끼
　게 하다. ②복종하게 하다. 따르게 하다.
⊗靡く[なびく] 〈5自〉①(바람에) 나부끼다.
　②복종하다. 따르다. ③(여자가 남자한테)
　마음이 쏠리다.

黴　곰팡이 미　音 ⊗バイ　訓 ⊗かび

訓読
²⊗黴[かび] 곰팡이.
黴る[かびる] 〈上1自〉①곰팡이 슬다. 곰팡
　이 피다. ②시대에 뒤떨어지다. 뒤지다.
黴臭い[かびくさい] 〈形〉①곰팡내 나다.
　②케케묵다. 진부하다.
音読
¹黴菌[ばいきん] 미균; 박테리아. 세균.

民　백성 민

フ　ヲ　尸　臣　民

音 ●ミン　訓 ●たみ

訓読
●民❶[たみ] ①백성. 국민. ②신민(臣民).
　③(하느님의 종으로서의) 백성. ❷[みん]
　☞ [音読]
民草[たみくさ/たみぐさ] 민초; 백성. 국민.

音読
民❶[みん] 민; 민간인. ❷[たみ] ☞ [訓読]
民家[みんか] 민가; 일반 백성의 집.
²民間[みんかん] 민간; 일반 국민의 사회.
民間企業[みんかんきぎょう] 민간기업.
民間放送[みんかんほうそう] 민간방송.
民間消費[みんかんしょうひ] 민간소비.
民間外資[みんかんがいし] 민간외자.
民権[みんけん] 민권; 국민의 권리.
民度[みんど] 민도; 백성의 문화 수준.
民力[みんりょく] 민력; 국민의 경제력.
民法[みんぽう] 민법; 개인에 관한 일반법.
民兵[みんぺい] 민병; 민간인 병사.
民社党[みんしゃとう] 민사당.
民事[みんじ] 민사; 일반 국민에 관한 일.
¹民俗[みんぞく] 민속; 민간의 풍속.
民数記[みんすうき] (성경의) 민수기.
民需[みんじゅ] 민수; 민간의 수요.
¹民宿[みんしゅく] 민박(民泊).
民心[みんしん] 민심; 국민의 마음.
民営[みんえい] 민영; 민간인의 경영.
民芸品[みんげいひん] 민예품; 민족 고유의
　공예품.
²民謡[みんよう] 민요; 향토색이 짙은 가요.
民有[みんゆう] 민유; 민간 소유.
民意[みんい] 민의; 국민의 의사.
民政[みんせい] 민정; 국민에 의한 정치.
民情[みんじょう] 민정; 국민의 생활 형편.
¹民族[みんぞく] 민족; 동일 지역의 인간 집단.
民主党[みんしゅとう] 민주당.
²民主主義[みんしゅしゅぎ] 민주주의.
民衆[みんしゅう] 민중; 대중(大衆).
民衆駅[みんしゅうえき] 민자역(民資駅).
民話[みんわ] 민화; 민간 설화(說話).

敏(敏) 민첩할 민

丿 厂 午 占 每 每 每 敏 敏

音 ◉ビン
訓 ⊗さとい

音読
¹敏感[びんかん] 민감; 예민함.
敏速[びんそく] 민속; 재빠름.
敏腕[びんわん] 민완; 일을 잘 처리하는 솜씨.
敏捷[びんしょう] 민첩; 재빠름.

罠 올가미 민

音 ⊗ミン
訓 ⊗わな

訓読
⊗**罠**[わな] ①덫. 올무. 올가미. ¶～にかかる 덫에 걸리다. ②함정. 계략. 술책. ¶～に落(お)とす 함정에 빠뜨리다.

悶 번민할 민

音 ⊗モン
訓 ⊗もだえる

訓読
⊗**悶える**[もだえる] 〈下1自〉①고민하다. 번민하다. 몹시 괴로워하다. ②(고통 등으로) 몸부림치다.
悶え[もだえ] 고민. 번민. 괴로움.
悶え死に[もだえじに] 괴로워하다가 죽음.

[밀]

密 빽빽할/비밀 밀

丶 宀 宀 少 宓 宓 宓 宓 宓 密

音 ◉ミツ
訓 ⊗ひそか ⊗ひそめく ⊗ひそやか

音読
密[みつ] ①촘촘함. 조밀함. ②치밀함. 면밀함. ③친밀함. 관계가 깊음. ④비밀.
密計[みっけい] 밀계; 비밀스런 계략.
密告[みっこく] 밀고; 몰래 고발함.
密談[みつだん] 밀담; 비밀 이야기.
¹**密度**[みつど] 밀도; 촘촘한 정도.
密猟[みつりょう] 밀렵; 불법 사냥.
密林[みつりん] 밀림; 빽빽한 숲.

密売[みつばい] 밀매; 몰래 팖.
密封[みっぷう] 밀봉; 엄중하게 봉함.
密使[みっし] 밀사; 비밀 심부름꾼.
密殺[みっさつ] 밀살; 밀도살(密屠殺).
密生[みっせい] 밀생; 빽빽하게 자람.
密書[みっしょ] 밀서; 비밀문서·편지.
密輸[みつゆ] 밀수; 불법 수출입.
密輸入[みつゆにゅう] 밀수입.
密輸出[みつゆしゅつ] 밀수출.
密室[みっしつ] 밀실; ①유폐된 방. ②비밀스런 방.
密約[みつやく] 밀약; 비밀 약속.
密漁[みつりょう] 밀어; 불법 어로 작업.
密議[みつぎ] 밀의; 비밀회의.
密入国[みつにゅうこく] 밀입국; 불법 입국.
密栓[みっせん] 밀전; 마개를 꼭 닫음.
¹**密接**[みっせつ] 밀접; ①빈틈이 없음. ②관계가 아주 깊음.
密偵[みってい] 밀정; 스파이. 첩자.
密造[みつぞう] 밀조; 몰래 만듦.
密旨[みっし] 밀지; 비밀 명령.
¹**密集**[みっしゅう] 밀집; 빈틈없이 **빽빽하게** 모여 있음.
密着[みっちゃく] 밀착; ①꽉 달라붙음. ②(사진의) 밀착 인화.
密通[みっつう] 밀통; ①남녀가 몰래 정을 통함. ②적과 내통함.
密閉[みっぺい] 밀폐; 빈틈이 없게 함.
密航[みっこう] 밀항; 불법 항해.
密会[みっかい] 밀회; 남녀가 몰래 만남.

蜜 꿀 밀

音 ⊗ミツ ⊗ミ
訓 ―

音読
蜜[みつ] ①꿀. ②꿀처럼 감미로운 것.
蜜柑[★みかん] ≪植≫ ①귤감; 귤. 귤나무. ②감귤류의 총칭.
蜜豆[みつまめ] 삶은 완두콩에 과일·한천을 썰어 넣고 꿀을 친 음식.
蜜蝋[みつろう] 밀랍; 꿀벌 집을 만드는 주성분.
蜜蜂[みつばち] ≪虫≫ 꿀벌.
蜜腺[みっせん] ≪植≫ 밀선; 꿀샘.
蜜語[みつご] 밀어; (남녀간의) 달콤한 말.
蜜月[みつげつ] 밀월; 허니문.
蜜漬け[みつづけ] 과일을 썰어 꿀물에 담근 식품.

〔 박 〕

朴 나무껍질/순박할 박

一 十 才 木 朴 朴

音 ●ボク
訓 ⊗ほお

訓読
⊗朴[ほお] ≪植≫ 후박나무. 일본목련.
朴の木[ほおのき] ≪植≫ 후박나무. 일본목련.
朴歯[ほおば] 후박나무 굽을 단 왜나막신.

音読
朴念仁[ぼくねんじん] ①무뚝뚝한 사람. ②벽
창호. 융통성이 없는 사람.
朴訥[ぼくとつ] 순진하고 입이 무거움.
朴素[ぼくそ] 박소; 소박함.
朴実[ぼくじつ] 박실; 소박하고 착실함.
朴直[ぼくちょく] 박직; 순박하고 정직함.
❶純朴[じゅんぼく]

泊 배댈/머무를 박

丶 丶 氵 汀 汨 泊 泊 泊

音 ●ハク
訓 ●とまる ●とめる

訓読
³●泊まる[とまる] ⟨5自⟩ ①(숙소에) 묵다.
숙박하다. 잠자다. ②숙직하다. ③(배가
항구에) 정박하다.
泊(ま)り[とまり] ①숙박. ②숙소. ③숙직.
泊(ま)り客[とまりきゃく] 숙박 손님.
泊(ま)り掛け[とまりがけ] 묵을 예정.
泊(ま)り込み[とまりこみ] (어떤 일로) 부득
이 묵음.
泊まり込む[とまりこむ] ⟨5自⟩ (어떤 일로)
부득이 묵게 되다.
泊(ま)り賃[とまりちん] 숙박료.
²●泊める[とめる] ⟨下1他⟩ ①(숙소에) 묵게
하다. 숙박시키다. 잠재우다. ②(배를 항
구에) 정박시키다.

音読
²泊[はく] ①외박(外泊). ②(숫자에 접속하
여) …박. *숙박한 날 수를 나타냄.
泊地[はくち] 정박지(碇泊地). 배가 안전하
게 정박할 수 있는 곳.

拍 손뼉칠 박

一 十 才 扌 打 折 拍 拍

音 ●ハク ●ヒョウ
訓 ―

音読
²拍手❶[はくしゅ] 박수; 손뼉을 침. ❷[かし
わで] 신(神)에게 배례할 때 손뼉을 쳐서
소리를 냄.
拍子[ひょうし] 박자; ①장단. 가락. ②(能
楽(のうがく)에서) 피리・북 등의 반주.
③…하는 바람・순간.
拍子抜け[ひょうしぬけ] 맥이 빠짐. 김빠짐.
拍車[はくしゃ] 박차; 승마용 구두의 뒤축
에 댄 쇠로 만든 톱니 모양의 물건.

迫(迫) 핍박할/재촉할 박

丶 冂 冂 白 白 白 泊 迫

音 ●ハク
訓 ●せまる ⊗せる

訓読
²●迫る❶[せまる] ⟨5自⟩ ①(거리가) 좁혀지다.
②(어떤 시각이) 다가오다. 닥쳐오다. ③(어
느 방향으로) 다가서다. 육박하다. ④(어떤
상태에) 직면하다. ⑤(숨이) 막히다. 답답해
지다. ⟨5他⟩ 강요하다. 재촉하다. 채근하다.
⊗迫る❷[せる] ⟨5他⟩ ①사이를 조금씩 좁
히다. 다가서다. ②재촉하다. 독촉하다.

音読
迫力[はくりょく] 박력; 추진력.
迫真[はくしん] 박진; 박진감. 진실감을 느
끼게 하는 표현.
¹迫害[はくがい] 박해; 핍박.

舶 큰배 박

丿 丬 丬 舟 舟 舟 舟′ 舠 舠 舶 舶

音 ●ハク
訓 ―

音読
舶来[はくらい] 박래; 외래(外来). 외국제.
舶用[はくよう] 선박용(船舶用).
舶載[はくさい] 박재; 배로 운반함.

博(博)　넓을/노름 박

一 十 十 忄 忄 忄 忄 忄 忄 博 博

音 ◉ハク ⊗バク
訓 ―

音読

博する[はくする] 〈サ変他〉 ①널리 알리다. (이름을) 떨치다. ②얻다. 획득하다. 독차지하다.
博徒[ばくと] 노름꾼. 도박꾼.
博覧[はくらん] 박람; ①박식(博識). ②널리 일반 사람들이 봄.
²博物館[はくぶつかん] 박물관.
²博士❶[はかせ] ① ≪俗≫ 박식한 사람. ②옛날 大学寮(だいがくりょう)・陰陽寮(いんようりょう)의 교관.
博士❷[はくし] (학위로서의) 박사.
博識[はくしき] 박식; 여러 분야의 지식에 정통함.
博愛[はくあい] 박애; 모든 사람을 평등하게 사랑함.
博打[ばくち] ①노름. 도박. ②모험. 투기.

撲　두드릴 박

一 十 扌 扌 扌 扌 扌 扌 撲

音 ◉ボク
訓 ⊗なぐる

訓読

⊗撲る[なぐる] 〈5他〉 (딱딱한 물건으로 세게) 때리다. 치다.

音読

撲滅[ぼくめつ] 박멸; 쳐서 없애버림. 소탕함.
撲殺[ぼくさつ] 박살; 때려죽임.

薄(薄)　얇을 박

艹 艹 艹 茹 茹 蒲 蒲 蒲 薄 薄

音 ◉ハク
訓 ◉うすい ⊗うっす ⊗すすき

訓読

⁴◉薄い[うすい] 〈形〉 ①(두께가) 얇다. ②(빛깔이) 엷다. 열다. ③적다. 묽다. 희미하다. ④(관심・이익이) 적다. 별로 없다. ⑤부족하다. 모자라다.

薄❶[うす] (명사에 접속하여) …이 적음. 별로 …이 없음. 별로 …하지 않음.
⊗薄❷[すすき] ≪植≫ 참억새.
薄っぺら[うすっぺら] 〈形動〉 ①얄팍함. ②(언행이) 경박함. 천박함.
●薄まる[うすまる] 〈5自〉 ①(빛깔이) 엷어지다. 열어지다. ②(맛이) 싱거워지다. 묽어지다.
²●薄める[うすめる] 〈下1他〉 (농도・맛을) 묽게 하다. 엷게 하다. 연하게 하다. 싱겁게 하다.
薄め[うすめ] ①(두께가) 약간 얄팍함. 비교적 엷음. ②(색이) 약간 연함. ③(맛이) 싱거움.
●薄らぐ[うすらぐ] 〈5自〉 ①사라지다. 덜해지다. 약해지다. 희박해지다. ②사라져가다. 희미해지다.
●薄れる[うすれる] 〈下1自〉 ①엷어지다. 희박해지다. ②희미해지다. ③(관심・흥미가) 적어지다. 줄어들다.
薄曇り[うすぐもり] 약간 흐림.
薄明(か)り[うすあかり] 박명; ①희미한 빛. ②여명(黎明). 어스름.
薄目[うすめ] 실눈. 가늘게 뜬 눈.
薄薄[うすうす] 어렴풋이. 희미하게.
薄笑い[うすわらい] (경멸・비웃음의) 엷은 웃음.
薄手[うすで] ①(바탕이) 얇음. 얄팍함. ②경상. 가벼운 상처. ③(내용이) 경박함. 빈약함.
²薄暗い[うすぐらい] 〈形〉 조금 어둡다. 어둑어둑하다.
薄緣[うすべり] 가장자리에 천을 댄 돗자리.
薄汚い[うすぎたない] 〈形〉 어쩐지 더럽다. 지저분하다. 누추하다.
薄雲[うすぐも] 엷은 구름.
薄日[うすび] 약한 햇살. 부드러운 햇살.
薄紫[うすむらさき] 연보라색.
薄切り[うすぎり] 얇게 썲.
薄地[うすじ] (천・금속이) 얇음.
薄茶[うすちゃ] ①묽은 차. ②엷은 갈색(褐色).
薄着[うすぎ] (추울 때도) 옷을 얇게 입음.
薄板[うすいた] ①얇은 판자. ②얇은 옷감. ③폭이 넓은 무늬목.
薄皮[うすかわ] ①얇은 껍질. ②얇은 막(膜).
薄化粧[うすげしょう] 엷은 화장.
薄黒い[うすぐろい] 〈形〉 약간 검다. 거무스름하다.

音読

薄給[はっきゅう] 박급; 박봉(薄俸).

薄利多売[はくりたばい] 박리다매.

薄命[はくめい] 박명; ①불운. 불우. ②단명 (短命).

薄明[はくめい] 박명; ①(새벽이나 황혼의) 어스름. ②하늘이 어스름할 무렵.

薄暮[はくぼ] 박모; 황혼(黃昏).

薄氷[はくひょう/うすごおり] 박빙; 살얼음.

薄謝[はくしゃ] 약간의 사례. *겸양어임.

¹薄弱[はくじゃく] 박약; 빈약(貧弱)함.

薄情[はくじょう] 박정; 인정이 없음.

薄片[はくへん] 박편; 얇은 조각.

薄幸[はっこう] 박행; 불우함. 복이 없음.

縛(縛) 묶을 박

糸 糸 糸 糸 縛 縛 縛 縛 縛

音 ●バク

訓 ●しばる ⊗いましめる

訓読

²縛る[しばる] 〈5他〉①(끈으로) 묶다. 매다. ②(행동의 자유를) 얽매다. 속박하다.

縛り付ける[しばりつける] 〈下1他〉①(끈으로) 붙들어 매다. 동여매다. ②(행동의 자유를) 얽매다. 속박하다.

縛り上げる[しばりあげる] 〈下1他〉 꽁꽁 묶다.

⊗縛める[いましめる] 〈下1他〉 (죄인을) 묶다. 포박하다.

音読

縛[ばく] 포박. 오랏줄. 포승.

縛する[ばくする] 〈サ変他〉①(죄인을) 묶다. 포박하다. ②(행동의 자유를) 얽매다. 속박하다.

剝ˣ(剝) 벗길/깎을 박

音 ⊗ハク

訓 ⊗はがす/はぐ ⊗むく/むける

訓読

²⊗剝がす[はがす] 〈5他〉 (붙은 것을) 벗기다. 떼다.

⊗剝がれる[はがれる] 〈下1自〉 (붙은 것이) 벗겨지다. 벗겨져 떨어지다.

²⊗剝く[むく] 〈5他〉①(껍질을) 벗기다. 까다. ②(눈을) 크게 뜨다. 부라리다. ③(밖으로) 드러내다.

¹⊗剝ぐ[はぐ] 〈5他〉①벗기다. ②(자격을) 박탈하다.

⊗剝ける[むける] 〈下1自〉①(껍질 등이) 벗겨지다. ②(정체가) 드러나다.

¹⊗剝げる[はげる] 〈下1自〉①(붙은 것이) 벗겨지다. ②(정체가) 드러나다. 탄로 나다. ③(색깔이) 바래다. 퇴색하다. 한물가다.

⊗剝る[むく] 〈5他〉 (껍질을) 벗기다. 까다.

⊗剝れる[むくれる] 〈下1自〉①(껍질이) 벗겨지다. ②≪俗≫뾰로통해지다. 샐쭉해지다. 입이 한 자나 나오다. ③아랫입술이 뒤둥그러지다.

音読

剝離[はくり] 박리; 벗겨져 떨어짐. 벗겨 떼어냄.

剝製[はくせい] 박제; 동물을 방부제로 처리하여 살아 있는 것처럼 만듦.

剝奪[はくだつ] 박탈; 강제로 빼앗음.

搏 칠/잡을 박

音 ⊗ハク

訓 —

音読

搏動[はくどう] 박동; 맥박이 뜀.

箔 금종이 박

音 ⊗ハク

訓 —

音読

箔[はく] ①박; (금·은·동 등을) 종이처럼 얇게 펴서 늘인 것. ②관록(貫禄).

箔付(き)[はくつき] ①금·은박이 붙어 있음. ②정평이 나 있음.

箔押(し)[はくおし] 금·은박을 입힘.

箔置(き)[はくおき] 금·은박을 입힌 물건. 또는 그 기술자.

駁 논박할 박

音 ⊗バク

訓 —

音読

駁する[ばくする] 〈サ変他〉 반박하다. 논박하다. 반대하다.

駁撃[ばくげき] 박격; (남의 의견을) 비난하며 공박함.

駁論[ばくろん] 박론; 논박(論駁).

駁説[ばくせつ] 박설; 반박하는 학설.

反　돌이킬/반대할 반

一　厂　万　反

音 ●タン　●ハン　●ホン
訓 ●そらす　●そる　⊗かえって

訓読

¹●反らす[そらす] 〈5他〉①(몸을) 뒤로 젖히다. (입을) 비죽거리다. ②(활처럼) 휘게 하다.

¹●反る[そる] 〈5自〉①(몸이) 뒤로 젖혀지다. ②(활처럼) 휘다.

反り[そり] ①휨. 휘어짐. 휘어진 정도. ②기질. 성격.

反り返る[そりかえる] 〈5自〉①몹시 휘다. 몹시 뒤틀리다. ②거만하게 굴다. 잘난 체하다. 몹시 으스대다.

反り身[そりみ] (으스대며) 몸을 뒤로 젖힘. 뒤로 젖힌 자세.

²⊗反って[かえって] 오히려. 도리어. 반대로.

音読

反❶[はん] (반대의 뜻을 나타내는) 반. ❷[たん] ①(옷감을 재는 단위) 필(疋). ②1정(町)의 10분의 1로서 300평. ③(옛날 거리의 단위) 6간(間). 약 10.9m.

²反する[はんする] 〈サ変自〉①반하다. 반대하다. 어긋나다. ②위반되다. 위배되다. ③거역하다. 배반하다.

¹反感[はんかん] 반감; 나쁜 감정.

¹反撃[はんげき] 반격; 적의 공격을 막고 되잡아 공격함.

反攻[はんこう] 반공; 수세 입장에서 반대로 공격 자세를 취함.

反当(た)り[たんあたり]　1단보당(段歩当). 300평당.

²反対[はんたい] 반대; 맞서서 대항함.

反動[はんどう] 반동; ①반작용. ②역사의 흐름에 대항해서 일어나는 정반대의 움직임.

反騰[はんとう] 반등; 떨어진 시세가 다시 오름.

反落[はんらく] 반락; 오른 시세가 다시 내림.

¹反乱[はんらん] 반란; 반역하여 난을 일으킴.

反論[はんろん] 반론; 반대 의논.

反面[はんめん] 반면; ①반대의 면. ②다른 한편.

反物[たんもの] 피륙. 옷감.

反駁[はんばく/はんぱく] 반박; 반대하여 비난함.

¹反発[はんぱつ] 반발; ①되받아 튕겨짐. ②(상대방의 말에) 반항함. ③떨어진 시세가 다시 오름.

反復[はんぷく] 반복; 되풀이함.

反覆[はんぷく] 반복; ①약속을 어김. ②되풀이함. ③전복(転覆).

反比例[はんぴれい] ≪数≫ 반비례.

¹反射[はんしゃ] 반사; 빛이 물체에 부딪쳐 되돌아옴.

²反省[はんせい] 반성; 자신의 언행을 뒤돌아보며 생각해 봄.

反語[はんご] 반어; 뜻을 강조하기 위해 본래의 뜻과는 반대되게 하는 말.

反逆[はんぎゃく] 반역; 배반함.

²反映[はんえい] 반영; 되비침.

²反応[はんのう] 반응; 자극이나 작용을 받아 일어나는 변화나 움직임.

反意語[はんいご] 반의어; 반대어.

反日[はんにち] 반일; 일본에 반대함.

反作用[はんさよう] 반작용; 반대 작용.

反転[はんてん] 반전; ①뒤집힘. ②뒤바뀜. ③(사진의) 필름을 반대로 함.

反戦[はんせん] 반전; 전쟁을 반대함.

反則[はんそく] 반칙; 규칙에 위반함.

²反抗[はんこう] 반항; 순순히 따르지 않고 대듦.

¹反響[はんきょう] 반향; 메아리.

半 (半)　절반 반

丶　丷　ソ　느　半

音 ●ハン
訓 ●なかば　⊗なから

訓読

●半ば[なかば] ①절반. 반수. 반 정도. ②중간. 중앙. 중순(中旬). ③중도. 도중. 한창일 때. ④거의. 반쯤.

⊗半ら半尺[なからはんじゃく] 어중간. 중동무이. 반거들충이.

半銭[*きんなか] ①반 푼. ②아주 적은 양.

音読

²半[はん] 반; ①절반. ②홀수. 기수(奇数). ③반시간. 30분.

半ズボン[はんズボン] 반바지.

半可通[はんかつう] 잘 모르면서 아는 체함.

半間[はんま] 《俗》 ①온전치 못함. 엉성함. ②얼간이. 멍청함.

半減[はんげん] 반감; 절반으로 줄어듦.

半開[はんかい] 반개; ①반쯤 열림. ②꽃이 반쯤 핌. ③문화가 조금 개화됨.

半開き[はんびらき] 반개; ①반쯤 열림. ②꽃이 반쯤 핌.

半乾き[はんがわき] 반쯤 건조됨.

²半径[はんけい] 반경; 반지름.

半官半民[はんかんはんみん] 반관반민.

半球[はんきゅう] 반구; ① 《数》 구(球)를 중앙에서 둘로 나눈 하나. ② 《地》 지구의 표면을 중앙에서 동서로 또는 남북으로 나눈 하나.

半期[はんき] 반기; ①일정 기간의 절반. ②반년. 1년의 절반.

半旗[はんき] 반기; 조기(弔旗)

半年[はんとし/はんねん] 반년; 6개월.

¹半端[はんぱ] ①온전하지 않음. 우수리. 자투리. ②어중간함. ③멍청이. 얼간이.

²半島[はんとう] 《地》 반도.

半導体[はんどうたい] 《物》 반도체.

半搗(き)米[はんつきまい] 반도정미. 현미를 반쯤 찧은 쌀.

半裸[はんら] 반라; 반나체.

半量[はんりょう] 반량; 반의 분량.

半面[はんめん] 반면; ①얼굴의 절반. ②(사물의) 일면.

半返し[はんがえし] ①(바느질의) 반박음질. ②(관혼상제의 관습으로) 받은 금품의 절반에 해당하는 금품으로 답례함.

¹半分[はんぶん] 반분; ①절반. ②반쯤. ③반…삼아. 반…의 기분으로.

半殺し[はんごろし] 반죽음.

半生❶[はんしょう] 생사(生死)의 갈림길. 반죽음. ❷[はんせい] 반생; 반평생.

半袖[はんそで] 반소매.

半数[はんすう] 반수; 전체 수의 절반.

半熟[はんじゅく] 반숙; ①(과일이) 덜 익음. ②(계란이) 덜 삶아짐.

半時[はんとき] 반시; ①옛날의 반시. 지금의 한 시간. ②잠시. 촌각(寸刻).

半身❶[はんしん] 반신; ①전신의 절반. ②상반신. ❷[はんみ] ①(씨름·검도에서) 상대방에 대해 몸을 비스듬히 트는 자세. ②생선을 반으로 갈랐을 때의 그 한 쪽.

半身不随[はんしんふずい] 《医》 반신불수.

半信半疑[はんしんはんぎ] 반신반의.

半額[はんがく] 반액; 반값. 절반 가격.

半永久的[はんえいきゅうてき] 반영구적.

半円形[はんえんけい] 반원형.

半月❶[はんつき] 반달. 15일간. 보름. ❷[はんげつ] (하늘의) 반월; 반달.

半月分[はんつきぶん] 반 달치. 보름 분.

半月形[はんげつけい] 반월형; 반·달 모양.

半ヶ月[はんかげつ] 반달. 15일乙. 보름.

半音[はんおん] 《楽》 반음.

半日[はんにち/はんじつ] 반일; 한나절. 반날.

半煮え[はんにえ] (음식이) 반쯤 익음. 덜 익음.

半田[はんだ] 《化》 땜납.

半田付(け)[はんだづけ] 납땜질.

半纏[はんてん] 羽織(はおり) 비슷한 짧은 겉옷의 하나.

半切(り)[はんきり] 반으로 자른 종이. ❷[はんぎり] ①(能楽(のうがく)에서) 화려한 무늬를 짜 넣은 남자 袴(はかま). ②(歌舞伎(かぶき)에서) 액션 배우가 입는 소매가 넓고 화려한 옷. ③대야 모양의 바닥이 얕은 물통.

半切れ[はんきれ] 반 토막.

半切(り)紙[はんぎりがみ] 반절지.

半切れ紙[はんぎれがみ] 반절지.

半切符[はんきっぷ] 반표. 규정 요금의 반액으로 산 표.

半折[はんせつ] 반절; ①절반으로 자른 물건. ②절반으로 자른 종이. ③절반으로 자른 종이에 쓴 서화.

半製品[はんせいひん] 반제품.

半鐘[はんしょう] (경보나 신호용으로 사용하는) 경종(警鐘). 작은 종.

半紙[はんし] 반지; 습자지(習字紙).

半天[はんてん] 반천; ①하늘의 절반. ②중천(中天). 하늘 중앙.

半畳[はんじょう] ①다다미의 반 장. ②옛날, 극장에서 관람자가 앉던 작은 방석.

半値[はんね] 반값. 반액(半額).

半濁音[はんだくおん] 《語学》 단탁음.

半透膜[はんとうまく] 《生理》 단투막.

半透明[はんとうめい] 반투명.

半幅[はんはば] 반폭; 보통 폭의 절반.

半割り[はんわり] 세로로 반 쪼개기.

半解[はんかい] 반해; 사물의 반만 앎.

半休[はんきゅう] 반휴; 반휴일. 반공일.

伴(伴) 짝/동무 반

丿 亻 伒 伫 伫 伴

音 ●ハン ●バン
訓 ●ともなう

訓読

¹●伴う[ともなう] 〈5自他〉 ①(사람을) 동반하다. 따라가다. ②(책임·위험이) 수반하다. 따르다. ③걸맞다. 어울리다.

音読

伴侶[はんりょ] 반려; 길동무. 동반자. 배우자.
伴食[ばんしょく] 반식; ①손님과 함께 식사함. ②(지위만 높고) 실권(実権)·실력이 없음.
伴走[ばんそう] 반주; 마라톤 선수와 함께 달리는 사람.
伴奏[ばんそう] ≪楽≫ 반주; 함께 연주함.

返(返) 돌이킬/돌아올 반

一 厂 厂 反 反 近 返

音 ●ヘン
訓 ●かえす ●かえる

訓読

⁴●返す[かえす] 〈5他〉 ①(원상태로) 되돌려 놓다. 되돌리다. ②(제자리에) 갖다 놓다. ③(빌린 것을) 갚다. 되돌려주다. 반환하다. ④보답하다. 갚다. ⑤말대꾸하다. ⑥뒤집다. 〈5自〉 (파도 등이) 밀려오다. 밀려가다.

返し[かえし] ①반환. 되돌려줌. ②답례. ③노래의 후렴. ④(바람·파도·지진이) 멎었다가 다시 발생함. ⑤'返(かえ)し歌(うた)'의 준말. ⑥'返(かえ)し幕(まく)'의 준말. ⑦거스름돈. ⑧한 번 함께 논 창녀를 다시 부름. ⑨(낚싯바늘의) 미늘.

返し歌[かえしうた] ①(和歌(わか)에서) 답가(答歌). ②長歌(ちょうか) 뒤에 덧붙이는 短歌(たんか).
返す返す[かえすがえす] ①거듭거듭. ②아무리 생각해도. 몹시.

²●返る[かえる] 〈5自〉 ①(원래의 상태로) 되돌아가다. 되돌아오다. ②(제자리로) 되돌아오다. ③(반응이) 되돌아오다. ④뒤집히다.

返り[かえり] ①(원상태로) 되돌아감. 되돌아옴. ②(보답으로) 되돌아옴. 돌아오는 것. ③'返(かえ)り点(てん)'의 준말.
返り咲き[かえりざき] ①(제철이 지났는데) 다시 꽃이 핌. ②복귀. 컴백.
返り咲く[かえりざく] 〈5自〉 ①(제철이 지났는데) 다시 꽃이 피다. ②복귀하다. 컴백하다.
返り点[かえりてん] 한문을 훈독할 때 한자 왼쪽에 붙이는 기호.
返り討ち[かえりうち] 원수를 갚으려다가 도리어 당함.

音読

返[へん] ①회답. ②(접미어로서 횟수를 나타내어) …회. …번.
返歌[へんか] 답가(答歌). 답하는 노래.
返却[へんきゃく] 반각; 반환.
返金[へんきん] 돈을 갚음.
返納[へんのう] 반납; 되돌려줌.
¹返答[へんとう] 대답. 응답. 답변. 회답.
返戻[へんれい] 반려; 되돌려 보냄.
返礼[へんれい] 답례. 답례품.
返杯[へんぱい] (술좌석에서) 돌리는 잔.
返報[へんぽう] ①보답. ②보복. 앙갚음.
返本[へんぽん] 책의 반품.
返付[へんぷ] 반납. 반환. 환급.
³返事[へんじ] ①(질문이나 부를 때의) 대답. 응답. ②(편지에 대한) 답장. 회신.
返上[へんじょう] 반환. 반납.
返送[へんそう] 반송; 되돌려 보냄.
返信[へんしん] 회신. 답장.
¹返済[へんさい] 반제; 변제. 빚을 갚음.
返品[へんぴん] 반품; (상품을) 되돌려 줌.
¹返還[へんかん] 반환; (원위치로) 되돌려 줌. 되돌아 옴.

班 나눌 반

一 T F 王 五 刉 圹 玎 班 班

音 ●ハン
訓 —

音読

¹班[はん] 반; ①조(組). ②…반.
班別[はんべつ] 반별; 반 단위로 나눔.
班員[はんいん] 반원; 한 반을 이루는 각 사람.
班長[はんちょう] 반장; 조장(組長).

畔(畔) 밭두둑 반

丨 丌 刀 田 田 田 田 畔 畔

音 ◉ハン
訓 ⊗あぜ ⊗くろ

訓読
⊗畔❶[あぜ] ①(논밭의 경계선을 나타내는) 두령. ②(문지방이나 상인방의) 홈과 홈 사이의 경계·턱. ❷[くろ] ①(논밭의 경계선을 나타내는) 두령. ②(평지의) 약간 높은 곳. 둔덕.

音読
◐池畔[ちはん], 河畔[かはん], 湖畔[こはん]

般 일반 반

']] 月 月 舟 舟 舮 舩 般

音 ◉ハン
訓 ―

音読
般若[はんにゃ] 반야; ①진리를 터득하는 지혜. ②무서운 여자 귀신. ③'般若面'의 준말.
般若経[はんにゃきょう] ≪仏≫ 반야경.
般若面[はんにゃづら/はんにゃめん] 두 뿔이 달린 여자 귀신 모양의 能面(のうめん) 탈.
般若心経[はんにゃしんぎょう] ≪仏≫ 반야심경.
般若湯[はんにゃとう] ≪俗≫ 술. *승려 사회의 은어(隱語)임.

飯(飯) 밥 반

ᄼ ᄉ ᄉ 今 今 食 食 食 飣 飯 飯

音 ◉ハン
訓 ◉めし ⊗いい

訓読
²◉飯[めし] ①밥. *남성 용어임. ②식사. 끼니. 생계.
飯粒[めしつぶ] 밥알.
飯の食い上げ[めしのくいあげ] 밥줄이 끊어짐. 생계가 막힘.
飯杓子[めしじゃくし] 밥주걱.
飯の種[めしのたね] 밥줄. 밥벌이. 생계 수단.
飯炊(き)[めしたき] 취사(炊事). 밥 짓기.

音読
⁴ご飯[ごはん] 진지. 밥. 식사.
ご飯蒸し[ごはんむし] 찜통.
飯場[はんば] 노무자 합숙소 겸 식당.
飯店[はんてん] 반점; 중국 음식점.

搬 운반할 반

一 十 扌 扌 扚 扚 拁 拁 搬 搬

音 ◉ハン
訓 ―

音読
搬送[はんそう] 반송; 운송(運送).
搬入[はんにゅう] 반입; 운반해 들임.
搬出[はんしゅつ] 반출; 운반해 냄.

頒 반포할 반

' 八 今 分 分 分 沥 沥 頒 頒 頒

音 ◉ハン
訓 ⊗わかつ ⊗わける

訓読
⊗頒かつ[わかつ] 〈5他〉 ①나누다. ②분배하다. ③구분하다. ④분간하다. 가리다.
⊗頒ける[わける] 〈下1他〉 ①나누다. ②분배하다. ③구분하다. ④분간하다. 가리다.

音読
頒布[はんぷ] 반포; 배포(配布). 널리 나누어줌. ¶小冊子(しょうさっし)を~する 소책자를 배포하다.

盤 쟁반 반

丿 刀 舟 舮 舩 般 般 般 整 盤 盤

音 ◉バン
訓 ―

音読
盤[ばん] ①쟁반. ②(바둑·장기·주사위 등의) 판. ③음반. 레코드판. ④둗건을 장치하는 판.
盤台[ばんだい] 얕은 타원형의 궤야.
盤面[ばんめん] 반면; ①(바둑·장기의) 면. ②(바둑·장기의) 승부의 판세. ③레코드판의 표면.
盤上[ばんじょう] (바둑·장기의) 반상.

叛 ×(叛) 배반할 반

音 ⊗ハン ⊗ホン
訓 ⊗そむく

訓読
⊗叛く[そむく]〈5自〉①반항하다. 거역하다. ②반역하다. ③배반하다. 저버리다. ④어기다. 위반하다.

音読
叛軍[はんぐん] 반군; 반란군.
叛旗[はんき] 반기; 반란의 기치(旗幟).
叛徒[はんと] 반도; 반란의 무리들.
叛乱[はんらん] 반란; 반역하여 일으킨 난리.
叛逆[はんぎゃく] 반역; 배반함.

絆 줄 반

音 ⊗ハン ⊗バン
訓 ⊗きずな
⊗ほだす

訓読
⊗絆[きずな] ①굴레. 고삐. ②(끊기 어려운) 정(情). 유대. 인연.
⊗絆す[ほだす]〈5他〉(자유를) 붙들어 매다. 속박하다. 얽매다.
絆し[ほだし] ①(자유를) 속박하는 것. 굴레. ②수갑. 족쇄.
絆される[ほだされる]〈下1他〉(정에) 이끌리다. 얽매이다. 속박되다.

音読
絆創膏[ばんそうこう] ≪医≫ 반창고; 상처를 보호하거나 붕대를 고정시키는 밴드.

斑 얼룩 반

音 ⊗ハン
訓 ⊗まだら ⊗むら

訓読
⊗斑❶[まだら/ふ] 얼룩. 반점(斑点). ❷[むら] ①얼룩짐. ②고르지 못함. ③변덕스러움.
斑気[むらき/むらぎ] 변덕스러움.
斑馬[まだらうま] 얼룩말.
斑模様[まだらもよう] 얼룩무늬.
斑雪[まだらゆき] 얼룩무늬처럼 여기저기 남아 있거나 쌓여 있는 눈.
斑入り[★ふいり] 점박이. 얼룩덜룩함.

音読
斑文[はんもん] 반문; 얼룩무늬.
斑紋[はんもん] 반문; 얼룩무늬.
斑班[はんぱん] ①얼룩짐. 얼룩덜룩함. ②여러 가지 색깔이 뒤섞여 있음.
斑点[はんてん] 반점; 얼룩점.

抜(抜) 뽑을 발

一 扌 扌 扌 抃 抜 抜

音 ●バツ
訓 ●ぬかす ●ぬかる ●ぬく ●ぬける

訓読
¹●抜かす[ぬかす]〈5他〉①(중요한 것을) 빠뜨리다. ②거르다. ③따돌리다. ④ ≪俗≫ 지껄이다. ⑤힘이 빠지다. ⑥열중하여 얼이 빠지다.
●抜かる[ぬかる]〈5自〉(부주의로) 실패하다. 실수하다.
抜かり[ぬかり] 실패. 실수. 빠뜨림.
²●抜く[ぬく]〈5他〉①(박힌 것을) 뽑다. 빼내다. ②선발하다. 골라내다. 가려내다. ③(불필요한 것을) 제거하다. 없애다. 빼다. ④거르다. 생략하다. ⑤따라잡다. 앞지르다. ⑥공략하다. 함락시키다. ⑦도둑질하다. 훔치다. ⑧(옷을 입을 때) 목덜미를 드러내다.
抜き[ぬき] ①생략함. 거름. 뺌. ②미꾸라지 뼈를 발라냄. ③병따개. ④(사람 숫자에 접속하여) 계속 이김.
抜きんでる[ぬきんでる]〈下1自〉①출중하다. 빼어나다. 뛰어나다. ②눈에 띄다. 돌출하다. 〈下1他〉①선발하다. 골라내다. ②남보다 열심히 하다.
抜き難い[ぬきがたい]〈形〉①제거할 수 없다. 없애기 힘들다. ②함락시키기 어렵다.
抜(き)読み[ぬきよみ] 발췌하여 읽음.
抜(き)書(き)[ぬきがき] ①발췌하여 씀. 발췌하여 쓴 것. ②(배우 1인용만 뽑아 쓴) 약식 대본(台本).
抜(き)手[ぬきて] 양손을 번갈아 빼내면서 전진하는 수영법.
抜(き)身[ぬきみ] 뽑아 든 칼.
抜(き)足[ぬきあし] 살금살금 걸음.
抜き差し[ぬきさし] ①빼냄과 꽂아 넣음. ②뺌과 보탬. 빼거나 추가함. ③이리저리 변통함. ④몸을 이리저리 움직임.
抜き出す[ぬきだす]〈5他〉①빼내다. ②선발하다. 골라내다.
抜(き)取り[ぬきとり] ①발취; 뽑아냄. 빼냄. ②알맹이를 빼냄. ③(남의 호주머니의) 지갑을 빼냄.

抜き取る[ぬきとる]〈5他〉①발취하다. 뽑아
내다. 빼내다. ②알맹이만 훔쳐내다. 빼먹
다. ③선발하다. 골라내다. 가려내다.
抜(き)打ち[ぬきうち] ①칼을 뽑자마자 내
려침. ②예고 없이 갑자기 함.
抜(き)荷[ぬきに] (보관·수송중인 짐에서)
알맹이만 몰래 빼냄.
²●抜ける[ぬける]〈下1自〉①(박힌 물건이)
빠지다. ②(중요한 것이) 누락되다. 빠지
다. 탈락되다. ③없어지다. 사라지다. ④
(조직에서) 빠져나오다. 이탈하다. ⑤뚫
리다. 통하다. ⑥빠져나가다. ⑦얼빠지
다. ⑧합락되다. ⑨(하늘·호수가) 끝없
이 맑다.
抜(け)殻[ぬけがら] ①(곤충의) 허물. 벗은 껍
질. ②얼빠진 사람. ③빈 껍질. 껍데기.
抜(け)駆け[ぬけがけ] ①몰래 남보다 앞질러
적진에 쳐들어감. ②남보다 앞질러 함.
抜(け)道[ぬけみち] ①지름길. 샛길. ②빠져
나갈 길. ③빠져나올 방법.
抜(け)毛[ぬけげ] 탈모(脱毛). 털이 빠짐.
빠진 털.
抜(け)目[ぬけめ] 허점(虚点). 빈틈.
抜け替わる[ぬけかわる]〈5自〉(뽈·털·이
빨이) 빠지고 새로 나다.
¹抜け出す[ぬけだす]〈5自〉①살짝 빠져나가
다. 탈출하다. ②(뽈·털·이빨이) 빠지기
시작하다.
抜け出る[ぬけでる]〈下1自〉①살짝 빠져나
가다. 탈출하다. ②뛰어나다. 출중하다.
빼어나다. 돋보이다. ③우뚝 솟아나다.
抜(け)穴[ぬけあな] ①빠져나갈 구멍. ②은
밀한 통로. ③(곤경에서) 빠져나갈 수단·
방법.

音読
抜群[ばつぐん] 발군; 출중함. 여럿 중에서
뛰어남.
抜根[ばっこん] 발근; 뿌리를 뽑음.
抜錨[ばつびょう] 발묘; 배가 닻을 올리고
출항함.
抜本[ばっぽん] 발본; 근본 원인을 제거함.
抜本塞源[ばっぽんそくげん] 발본색원.
抜糸[ばっし] 발사; (수술 후) 실을 뽑음.
抜粋[ばっすい] 발췌; 필요한 부분만 골라
뽑음.
抜歯[ばっし] 발치; 이를 뽑음.
抜擢[ばってき] 발탁; 여러 사람 중에서 선
발하여 채용함.

発(發) 필/떠날/쏠 발

フ フ フ フ フ フ 弁 発

音 ●ハツ ●ホツ
訓 ⊗あばく ⊗たつ

訓読
⊗発く[あばく]〈5他〉①파헤치다. ②폭로하
다. 들추어내다.
⊗発つ[たつ]〈5自〉출발하다. 떠나다.

音読
²発[はつ] 발; ①출발. ②발신(発信). ③발사
된 총알의 수효. ④때린 횟수. ⑤비행기
엔진의 수효.
発する[はっする]〈サ変自〉①시작되다. ②출
발하다. 떠나다. ③(효력이) 나타나다.〈サ
変他〉①시작하다. 일으키다. ②(빛·소리
를) 발하다. 생기게 하다. ③(화살·총을)
쏘다. 발사하다. ④발표하다. 알리다. ⑤파
견하다. 보내다.
発刊[はっかん] 발간; 책을 출판함.
²発見[はっけん] 발견; 찾아냄.
発光[はっこう] 발광; 빛을 냄.
発句[ほっく] ①시가(詩歌)의 첫 구. ②俳句
(はいく).
¹発掘[はっくつ] 발굴; 땅 속에 묻혀 있는
것을 파냄.
発券[はっけん] 발권; 돈·승차권 등을 발
행함.
発根[はっこん] 발근; 뿌리가 남.
発禁[はっきん] 발금; 발매(発売) 금지.
発給[はっきゅう] 발급; 발행하여 줌.
発起[ほっき] 발기; ①계획을 세워 일을 시
작함. ②불심(仏心)을 일으킴.
発起人[ほっきにん] 발기인; 어떤 활동을
꾀하여 일으키는 사람.
発端[ほったん] 발단; 일의 시작. 실마리.
²発達[はったつ] 발달; 진보. 성장.
発動[はつどう] 발동; ①움직이 기 시작함.
②동력을 일으킴.
発令[はつれい] 발령; 명령을 내림.
発露[はつろ] 발로; 겉으로 드러남.
発売[はつばい] 발매; 팔기 시작함.
²発明[はつめい] ①〈形動〉영리함. 총명함.
②발명; 없던 것을 만들어 냄.
¹発病[はつびょう] 발병; 병이 남.
発奮[はっぷん] 발분; 분발(奮発).

²**発射**[はっしゃ] 발사; (화살・총・전파 등을) 쏨.

発散[はっさん] 발산; ①밖으로 내뿜음. ②광선이 한 지점에서 퍼져 나감.

発祥地[はっしょうち] 발상지; 맨 처음 시작된 곳.

²**発想**[はっそう] 발상; ①착상(着想). 생각이 남. ②감정을 표현함. ③ ≪楽≫ 연주로 표현함.

¹**発生**[はっせい] 발생; 생겨남.

発声[はっせい] 발성; ①소리를 냄. ②선창 (先唱)함. ③맨 먼저 和歌(わか)를 읊음.

発送[はっそう] 발송; 물건을 보냄.

発信[はっしん] 발신; 우편물・서신・신호를 보냄.

¹**発芽**[はつが] 발아; (식물의) 싹이 틈.

発案[はつあん] 발안; ①안을 냄. 생각을 냄. ②의안(議案)의 제출.

¹**発言**[はつげん] 발언; 의견을 말함.

発駅[はつえき] ①출발역. ②화물의 발송역.

発熱❶[はつねつ] 발열; ①물체가 열을 냄. ②체온이 높아짐. ❷[ほつねつ] 병으로 열이 남.

¹**発育**[はついく] 발육; 발달하여 자람.

³**発音**[はつおん] 발음; 목소리나 소리를 냄.

発意❶[はつい] 발의; ①계획・의견을 냄. ②어떤 일을 생각해 냄. ❷[ほつい] ①어떤 일을 생각남・생각해 냄. ② ≪仏≫ 보리심(菩提心).

発議[はつぎ/ほつぎ] 발의; 회의에서 의견・의논을 제창함.

¹**発作**[ほっさ] ≪医≫ 발작; 어떤 병세가 갑자기 일어남.

²**発展**[はってん] 발전; ①매우 번영함. 널리 뻗어 나감. ②다음 단계로 옮겨감. ③많은 이성(異性)과 사귐.

²**発電**[はつでん] 발전; 전기를 일으킴.

発電所[はつでんしょ] 발전소.

発条[★ばね] ①용수철. 스프링. ②탄력성. 순발력.

¹**発足❶**[ほっそく] 발족; ①어떤 단체의 일이 시작됨. ②길을 떠남. 출발함. ❷[はっそく] (여행 등을) 떠남. 출발함.

発注[はっちゅう] 발주; 주문을 함.

発疹[はっしん] ≪医≫ 발진.

発進[はっしん] 발진; (자동차・비행기・군함 등이) 출발함.

²**発車**[はっしゃ] 발차; 차가 출발함.

発着[はっちゃく] 발착; 출발과 도착.

発布[はっぷ] 발포; 세상에 널리 알림.

発砲[はっぽう] 발포; 총을 쏨.

発表[はっぴょう] 발표; 널리 세상에 알림.

²**発行**[はっこう] 발행; 책・우표・화폐・상품권・증권・증명서・입장권 등을 만들어 세상에 내놓음.

発火[はっか] 발화; ①불이 남. ②총포에 화약만 넣고 공포를 쏨.

発効[はっこう] 발효; 효력이 발생함.

発酵[はっこう] 발효; 유기물이 미생물에 의해서 분해됨.

発会[はっかい] 발회; ①어떤 모임이 처음으로 개최됨. ②(증권거래소에서) 그 달의 첫 입회일.

²**発揮**[はっき] 발휘; 떨치어 나타냄.

鉢　　　바리때 발

ハ　ヒ　牟　金　金　金　針　釓　鉢　鉢

音 ●ハチ ●ハツ
訓 ―

音読
²**鉢**[はち] ①(중의 밥그릇) 바리때. ②주발. 사발. ③화분(花盆). ④머리통. 두개골. ⑤투구의 머리 부분.

鉢巻(き)[はちまき] 머리띠.

鉢物[はちもの] ①분재(盆栽). ②그릇에 담은 안주.

鉢植(え)[はちうえ] 화분(花盆).

髪(髪)　　　머리카락 발

ｌ　ｒ　ｒ　ｒ　長　髟　髟　髪　髪　髪

音 ●ハツ
訓 ●かみ

訓読
³●**髪**[かみ] ①머리털. 머리카락. ②머리 모양. 헤어스타일.

髪結い[かみゆい] 머리를 땋거나 쪽찜. 또는 그런 가게.

³**髪の毛**[かみのけ] 머리털. 머리카락.

髪洗い[かみあらい] 세발. 머리감기.

髪飾り[かみかざり] ①머리치장. ②머리 장식품. 머리꾸미개.

髪油[かみあぶら] 머릿기름.

髮形[かみかたち] ①머리 모양. 헤어스타일.
②두발과 얼굴 생김새.
髮型[かみがた] 머리 모양. 헤어스타일.

音読

髮膚[はっぷ] 발부; ①머리털과 피부. ②몸
전체.

勃 활발할 발
音 ◉ボツ
訓 ─

音読

勃起[ぼっき] 발기; ①갑자기 일어남. ②
≪医≫ (음경의) 발기.
勃起力[ぼっきりょく] (음경의) 발기력.
勃発[ぼっぱつ] 발발; (전쟁이) 갑자기 일어남.
勃勃[ぼつぼつ] 발발; 힘차게 일어남.
勃然[ぼつぜん] 발연; ①갑자기 일어남. ②갑
자기 화를 냄.

撥 튕길 발
音 ⊗ハツ ⊗バチ
訓 ⊗はねる

訓読

⊗**撥ねる**[はねる]〈下1他〉①(글씨를 쓸 때)
붓끝을 추켜올리다. 삐치다. ②튀기다.
들이받다. ③퇴짜 놓다. ④(불량품을) 골
라내다. 가려내다. 제거하다. ⑤(일부를)
뗑땅치다. 떼어먹다.
撥ね掛かる[はねかかる]〈5自〉(물・흙탕이)
튀어 오르다.
撥ね掛ける[はねかける]〈下1他〉①(물・흙
탕을) 튀기어 뒤집어씌우다. ②남에 죄를
뒤집어씌우다.
撥ね付ける[はねつける]〈下1他〉①(부딪쳐
오는 것을) 다시 튀기다. ②퇴짜 놓다.
거절하다. 물리치다.
撥ね上げる[はねあげる]〈下1他〉①(물・흙
탕을) 튀기어 올리다. 튀기다. ②차올리
다. ③물가를 갑자기 많이 올리다.
撥ね除ける[はねのける]〈下1他〉①(불량품
을) 골라내다. 가려내다. 제거하다. ②밀
어 제치다. ③물리치다. 떨쳐버리다.

音読

撥[ばち] ①(현악기의) 줄을 퉁기는 도구.
발목(撥木). 술대. ②북채. 징채.
撥音❶[ばちおと] 발목(撥木)으로 악기를 연
주하는 소리. ❷[はつおん] ≪語学≫ 콧소
리(鼻音)의 하나로서 'ん'의 음.

[방]

方 모/네모/방향 방

音	◉ホウ
訓	◉かた

訓読

⁴◉**方❶**[かた] ①분. ＊남에 대한 높임말.
②(둘 중에 한쪽) 편. 쪽. 담당. 담당자.
③(이름 밑에 접속하여) 댁. ④(동사 ます
형에 접속하여) …하는 방법. …방식. ⑤…
을 함. …하기. ⑥즈음. 시절. ⑦장소. 곳.
⑧방향. 방위. ❷[ほう] ☞ 音読
方方❶[かたがた] ①여러분. ②당신들. 분
들. ③여기저기. 여러 가지. 이것저것.
❷[ほうぼう] ☞ 音読

音読

⁴**方❶**[ほう] ①쪽. 편. ②방위. 방향의 길흉.
③분야. 방면. 계통. ❷[かた] ☞ 訓読
²**方角**[ほうがく] ①방위. ②방향. 쪽. 진로.
③방침(方針). ④견해(見解). 각도(角度).
方図[ほうず] ≪俗≫ 제한. 끝. 한도.
方途[ほうと] 방도; 방법.
²**方面**[ほうめん] 방면; ①그 방향. ②분야.
²**方方❶**[ほうぼう] 이곳저곳. 사방. 여기저
기. ❷[かたがた] ☞ 訓読
²**方法**[ほうほう] 방법; 수단.
¹**方式**[ほうしき] 방식; 법칙. 법식(法式).
方眼紙[ほうがんし] 방안지; 모눈종이.
²**方言**[ほうげん] 방언; 사투리.
方円[ほうえん] 방원; 네모와 원.
方位[ほうい] 방위; ①방향. ②방향의 길흉
(吉凶).
方丈[ほうじょう] ①사방 약 3.03미터의 방.
②승려의 방. ③주지(住持).
²**方程式**[ほうていしき] ≪数≫ 방정식.
方舟[★はこぶね] 방주; 네모난 배.
¹**方策**[ほうさく] 방책; ①문서. ②계략. 수단.
방법.
方寸[ほうすん] 방촌; ①사방 3.03㎝. 사방
한 치. ②매우 비좁음. ③마음. 심중.
²**方針**[ほうしん] 방침; 계획과 방향.
方便[ほうべん] 방편; ①수단. 방법. ②≪仏≫
중생을 제도하기 위한 온갖 수단・방법.
²**方向**[ほうこう] 방향; ①방위. ②방침. 목표.

坊　동네 방

一 十 土 圹 圹 均 坊

音 ●ボウ　●ボッ
訓 ―

音読

²坊さん[ぼうさん] 스님. *친근한 호칭.
²坊ちゃん[*ぼっちゃん] ①도련님. 아드님.
②철부지. 철없는 남자.
²坊や[ぼうや] ①아가! 아가야! *사내아이
의 호칭. ②철부지. 철없는 젊은 남자.
坊間[ぼうかん] 시중(市中). 항간(巷間).
坊主[ぼうず] ①중. 주지. ②까까머리. ③
짧게 깎은 머리. ④꼬마. ⑤(화투의) 공산명월(空山明月). ⑥
낚시로 물고기를 한 마리도 잡지 못함.
⑦옛날, 성중(城中)에서 허드렛일을 하는
사람.
坊主頭[ぼうずあたま] 까까머리.

妨　방해할 방

く 女 女 妙 妨 妨

音 ●ボウ
訓 ●さまたげる

訓読

²●妨げる[さまたげる] 〈下1他〉 (남이 하고자
하는 어떤 일을) 방해하다. 훼방을 놓다.
지장을 주다. 가로막다.
妨げ[さまたげ] 방해. 훼방. 지장

音読

妨害[ぼうがい] 방해; 남의 일에 해살을 놓
아 못하게 함.

芳　꽃다울 방

一 十 艹 艹 芏 芳 芳

音 ●ホウ
訓 ●かんばしい

訓読

●芳しい[かんばしい] 〈形〉 ①향기롭다. 향
긋하다. ②훌륭하다. 명예롭다.
芳しくない[かんばしくない] 좋지 않다. 바
람직하지 않다.

音読

芳紀[ほうき] 방기; 방년(芳年). 젊은 여성
의 나이에 대한 존경어임.
芳年[ほうねん] 방년; 꽃다운 나이.
芳名[ほうめい] 방명; ①명성. 좋은 평판.
②존함. 남의 이름에 대한 존경어임.
芳墨[ほうぼく] 방묵; ①향기로운 먹. ②남
의 서신·필적에 대한 존경어임.
芳墨帳[ほうぼくちょう] 서명장(署名帳).
芳書[ほうしょ] 방서; 남의 편지에 대한 존
경어임.
芳醇[ほうじゅん] 방순; 향기가 많고 맛이
좋음.
芳情[ほうじょう] 방정; 남의 후의의 존경
어임.
芳志[ほうし] 방지; 남의 후의의 존경어임.
芳香[ほうこう] 방향; 꽃다운 향기.

防　막을 방

' 了 阝 阝 阝 防 防

音 ●ボウ
訓 ●ふせぐ

訓読

²●防ぐ[ふせぐ] 〈5他〉 ①(적의 공격을) 막
다. 방어하다. ②(재해 등을) 방지하다.
예방하다. 막다.
防ぎ[ふせぎ] ①(적의 공격을) 방어함. 방
어하는 도구. ②경호원.

音読

防共[ぼうきょう] 방공; 공산주의 세력에
대한 방위(防衛).
防空[ぼうくう] 방공; 공중에 대한 방어.
防空壕[ぼうくうごう] 방공호.
防具[ぼうぐ] (검도의) 방어용 도구.
防毒[ぼうどく] 방독; 독성을 막아냄.
²防犯[ぼうはん] 방범; 범죄를 방지함.
防壁[ぼうへき] 방벽; 공격을 방어하기 위
한 벽.
防腐剤[ぼうふざい] 방부제.
防備[ぼうび] 방비; 방위(防衛).
防雪林[ぼうせつりん] 방설림; 눈보라를 방
지하기 위해 조성한 삼림.
防水[ぼうすい] 방수; 물이 스미지 못하게 함.
防湿剤[ぼうしつざい] 방습제; 습기가 차는
것을 방지하는 재료.

防食[ぼうしょく] 방식; 금속의 부식을 방지함.
防御[ぼうぎょ] 방어; 공격을 막아냄.
防疫[ぼうえき] 방역; 전염병을 예방함.
防熱服[ぼうねつふく] 방열복.
¹**防衛**[ぼうえい] 방위; 막아서 지킴.
防音[ぼうおん] 방음; 잡음이나 반사음을 막음.
防災[ぼうさい] 방재; 재해를 방지함.
防戦[ぼうせん] 방전; 방어전(防禦戦).
防除[ぼうじょ] 방제; 농작물의 병충해(病虫害)를 예방함.
防潮堤[ぼうちょうてい] 방조제; 해일과 높은 파도의 피해를 막기 위해 쌓은 둑.
²**防止**[ぼうし] 방지; 막아서 멎게 함.
防塵[ぼうじん] 방진; 먼지가 들어가는 것을 막음.
防縮[ぼうしゅく] 방축; 천의 수축을 막음.
防虫剤[ぼうちゅうざい] 방충제; 해충을 방지하는 약제.
防臭剤[ぼうしゅうざい] 방취제; 나쁜 냄새를 방지하는 약제.
防弾[ぼうだん] 방탄; 총알을 막음.
防波堤[ぼうはてい] 방파제; 해일과 높은 파도의 피해를 막기 위해 쌓은 둑.
防風[ぼうふう] 방풍; ① ≪植≫ 방풍나물. ②바람을 막음.
防寒[ぼうかん] 방한; 추위를 막음.
防護[ぼうご] 방호; 막아서 지켜 보호함.
¹**防火**[ぼうか] 방화; 화재가 났을 때 불이 번져 타는 것을 막음.

邦(邦)   나라 방

一 二 三 丯 丯′ 邦 邦

音 ●ホウ
訓 ―

音読
邦文[ほうぶん] 방문; ①자기 나라의 문자. ②일본어 문자.
邦楽[ほうがく] 방악; ①국악(国楽). ②일본 전통 음악.
邦訳[ほうやく] 방역; 일본어로 번역함.
邦人[ほうじん] 방인; ①자국인(自国人). ②해외 교포(僑胞).
邦字[ほうじ] ①자기 나라 문자. ②일본어 문자.
邦画[ほうが] 방화; 자기 나라의 그림·영화.
邦貨[ほうか] 방화; 자기 나라의 화폐.

房(房)   방/집 방

一 二 ㄲ ㅋ 戸 戸 戸 戸 房 房

音 ●ボウ
訓 ●ふさ

訓読
●**房**[ふさ] ①(포도·바나나 등의) 송이. ②(여러 가닥의 실로 구슬처럼 만든) 술.
房房と[ふさふさと] 주렁주렁. 치렁치렁.

音読
房事[ぼうじ] 방사; 남녀 간의 섹스 행위.

放   놓을/내쫓을 방

一 亠 ㅗ 方 方′ 方′ 放 放

音 ●ホウ
訓 ●はなす ●はなつ ●はなれる ⊗まうる

訓読
²●**放す**[はなす] 〈5他〉①(손에 잡고 있던 것을) 놓다. ②(매인 것을) 놓아주다. 풀어주다.
放し飼い[はなしがい] 방사; 방목(放牧). 가축을 놓아서 기름.
●**放つ**[はなつ] 〈5他〉 *‘放(はな)す’보다는 문어적(文語的)임. ①(매인 것을) 놓아주다. 풀어주다. ②(화살·총알을) 쏘다. 발사하다. ③(빛·소리·냄새 등을) 내다. 발하다. ④방화하다. 불을 지르다. ⑤파견하다. 보내다. ⑥시선을 주다. ⑦≪古≫ 추방하다. ⑧≪古≫ 물리치다. 멀리하다.
²⊗**放る**[ほうる] 〈5他〉①(멀리) 던지다. 내던지다. ②포기하다. 집어치우다. ③방치하다.
¹**放り込む**[ほうりこむ] 〈5他〉어떤 곳에 던져 넣다.
放り出す[ほうりだす] 〈5他〉①밖으로 던져내다. ②내팽개치다. ③포기하다. 집어치우다. 내동댕이치다. ④아깝게 내놓다.
放り投げる[ほうりなげる] 〈下1他〉 ①멀리 던지다. 내팽개치다. 내동댕이치다. ②(해야 할 일을) 내팽개치다. 내버려두다.
●**放れる**[はなれる] 〈下1自〉①(매인 것이) 놓이다. 풀리다. 풀려나다. ②(화살·총알이) 발사되다.
放れ馬[はなれうま] 고삐 풀린 갈. 주인 없이 제멋대로 날뛰는 말.

音読
放課後[ほうかご] 방과 후; 그 날의 학과
　수업이 끝난 후.
放校[ほうこう] 방교; 퇴학(退学)시킴.
¹放棄[ほうき] 포기(抛棄)함, 버려버림.
放尿[ほうにょう] 방뇨; 소변을 봄.
放浪[ほうろう] 방랑; 정처 없이 떠돌아다님.
放流[ほうりゅう] 방류; ①막았던 물을 흘
　려보냄. ②양식하기 위해 치어(稚魚)를
　물에 놓아줌.
放漫[ほうまん] 방만; 제멋대로임.
放免❶[ほうめん] 방면; ①풀어 줌. ②《法》
　석방. ❷[ほうべん] 옛날에, 유형(流刑) 대
　신에 '検非違使庁(けびいしちょう)'에서 첩보원
　노릇을 하던 사람.
放牧[ほうぼく] 방목; 가축을 놓아서 기름.
¹放射[ほうしゃ] 방사; 중앙의 한 지점에서
　그 주위 사방으로 내뻗침.
³放射能[ほうしゃのう] 방사능.
³放送[ほうそう] 방송; 전파를 보냄.
放送局[ほうそうきょく] 방송국.
放熱器[ほうねつき] 방열기; 라디에이터.
放映[ほうえい] 방영; ①TV 방송. ②극장용
　영화를 TV로 방송함.
放任[ほうにん] 방임; 간섭하지 않음.
放電[ほうでん] 《物》 방전; ①축전지에서
　의 전기 유출. ②절연체를 통해 두 전극
　사이에 흐르는 전류.
放題[ほうだい] 방제; (동사 ます형에 접속하여)
　마음대로 …함. …하고 싶은 대로 실컷 함.
放縦[ほうじゅう] 방종; 제멋대로 행동함.
放逐[ほうちく] 방축; 추방, 쫓아냄.
¹放出[ほうしゅつ] 방출; ①분출. 세차게 내
　뿜음. ②비축한 것을 일반에게 내놓음.
²放置[ほうち] 방치; 내버려 둠.
放蕩[ほうとう] 방탕; 주색(酒色)에 빠져 제
　멋대로 생활함.
放火[ほうか] 방화; 일부러 불을 지름.

肪　비계/기름 방

丿　月　月　月　月'　肚　肪　肪

音 ●ボウ
訓 ―

音読
❶脂肪[しぼう], 脂肪酸[しぼうさん]

倣　본받을 방

丿　亻　亻'　仁'　仿　仿　伤　份　做　做

音 ●ホウ
訓 ●ならう

訓読
²●倣う[ならう] 〈5他〉흉내 내다. 모방하다.
　본받다. 따르다.
音読
●模倣[もほう]

紡　실뽑을 방

乀　幺　幺　糸　糸　糸　糸'　紗　紡　紡

音 ●ボウ
訓 ●つむぐ

訓読
●紡ぐ[つむぐ] 〈5他〉(누에고치・목화에서)
　실을 잣다. 실을 뽑다.
音読
¹紡績[ぼうせき] 방적; 실을 자음.
紡織機[ぼうしょくき] 방직기; 방직 기계.

傍　곁 방

亻　仁'　仁'　仨'　伫'　侉'　傍'　傍'　傍

音 ●ボウ ⊗ホウ
訓 ●かたわら ⊗おか ⊗はた ⊗わき

訓読
●傍ら[かたわら] ①곁. 옆. ②…하는 한
　편. …함과 동시에.
音読
傍系[ぼうけい] 방계; 직계에서 갈라져 나
　온 계통.
傍観[ぼうかん] 방관; 곁에서 봄.
傍線[ぼうせん] 방선; 글자 옆에 그은 줄.
傍若無人[ぼうじゃくぶじん] 방약무인; 사
　람을 무시함.
傍点[ぼうてん] 방점; 글자 옆에 찍은 점.
傍証[ぼうしょう] 방증; 범죄의 증명에 간
　접적으로 도움이 되는 증거.
傍聴[ぼうちょう] 방청; 회의・공판・공개
　방송의 상황을 옆에서 봄.

訪 방문할 방

一 亠 亠 言 言 言 訪 訪 訪

音 ●ホウ
訓 ●たずねる ●おとずれる ⊗とう

訓読
³●訪ねる[たずねる]〈下1他〉 ①방문하다. 찾아가다. 심방하다. ②(명소 등을) 답사하다. 찾다.
¹●訪れる[おとずれる]〈下1自〉 ①방문하다. 찾아가다. ②(계절·때가) 찾아오다. 오다.
⊗訪う[とう]〈5他〉 찾아가다. 방문하다.

音読
訪欧[ほうおう] 방구; 유럽을 방문함.
²訪問[ほうもん] 방문; 남의 집을 찾아감.
訪米[ほうべい] 방미; 미국을 방문함.
訪仏[ほうふつ] 방불; 프랑스를 방문함.
訪英[ほうえい] 방영; 영국을 방문함.
訪日[ほうにち] 방일; 일본을 방문함.
訪中[ほうちゅう] 방중; 중국을 방문함.
訪韓[ほうかん] 방한; 한국을 방문함.

彷 방황할 방

音 ⊗ホウ
訓 ⊗さまよう

訓読
⊗彷徨う[さまよう]〈5自〉 ①정처 없이 떠돌다. 유랑하다. ②방황하다. 헤매다. ③주저하다. 망설이다.

音読
彷彿[ほうふつ] 방불; ①눈에 선함. 눈에 생생함. ②희미함. 아련함.
彷徨[ほうこう] 방황; ①헤맴. 정처 없이 유랑함. ②어찌할 바를 모름. 갈팡질팡함.

尨 삽살개 방

音 ⊗ボウ
訓 ⊗むく

訓読
⊗尨犬[むくいぬ]《動》 방견; 삽살개.
尨毛[むくげ] (짐승의) 텁수룩한 털.

音読
尨大[ぼうだい] 방대; 규모나 양이 대단히 크고 많음.

旁 두루 방

音 ⊗ホウ
訓 ⊗かたがた
　 ⊗かたわら
　 ⊗つくり

訓読
⊗旁❶[かたがた] ①아울러. 겸하여. 한편으로는. ②…하는 김에. ❷[かたわら] 곁. 옆. ❸[つくり] 방; 두 자를 조합한 한자(漢字)의 오른쪽 부분을 말함.

音読
旁註[ぼうちゅう] 방주; 본문 옆에 단 주석(註釈). ¶ ~をつける 방주를 달다.

膀 오줌통 방

音 ⊗ボウ
訓 ―

音読
膀胱[ぼうこう]《生理》 방광; 오줌통.
膀胱炎[ぼうこうえん]《医》 방광염.

謗 욕할 방

音 ⊗ボウ/ホウ
訓 ⊗そしる

訓読
⊗謗る[そしる]〈5他〉 비방하다. 비난하다. 헐뜯다.

[배]

拝(拜) 절할 배

一 十 扌 扩 扦 拝 拝 拝

音 ●ハイ
訓 ●おがむ

訓読
¹●拝む[おがむ]〈5他〉 ①두 손 모아 빌다. 합장 배례하다. ②(허리를 굽혀) 절하다. ③간청하다. 빌다. 사정하다. ④뵙다. '見(み)る'의 겸양어임.
拝み倒す[おがみたおす]〈5他〉 사정사정하다. 빌다시피 하다.

音読
拝[はい] 배; ①편지에서 자신의 이름 밑에 작게 써서 공손함을 나타내는 달임. ②(머리 숙여 절을 한 횟수를 나타내는 갈로) …배.

拝する[はいする] 〈サ変他〉 ①(몸을 굽혀) 절을 하다. 배례하다. ②(명령을) 삼가 받다. ③뵙다. 배알하다.

³拝見[はいけん] (삼가) 봄.

¹拝啓[はいけい] 배계; 편지 서두에서 '삼가 아룁니다'는 뜻임.

拝観[はいかん] 배관; 삼가 관람함.

拝読[はいどく] 배독; 삼가 읽음.

拝領[はいりょう] 배령; 삼가 받음.

拝礼[はいれい] 배례; 절을 함.

拝命[はいめい] 배명; ①삼가 임명을 받음. ②삼가 명령을 받음.

拝復[はいふく] 배복; 답장 서두에 의례적으로 쓰는 말임.

拝辞[はいじ] 배사; ①'사절(謝絶)·사퇴(辞退)'의 겸양어. ②'작별·하직'의 겸양어.

拝受[はいじゅ] 배수; 삼가 받음.

拝殿[はいでん] 배전; 본전(本殿) 앞의 배례(拝礼)를 위한 건물.

拝呈[はいてい] 배정; 삼가 드림.

¹拝借[はいしゃく] 배차; 삼가 빌림.

拝察[はいさつ] 배찰; 삼가 헤아려 살핌.

拝聴[はいちょう] 배청; 삼가 들음.

拝賀[はいが] 배하; 축하 인사를 올림.

杯 술잔 배

一 十 才 木 杯 杯 杯 杯

音 ●ハイ
訓 ●さかずき

訓読
¹●杯❶[さかずき] 술잔. ❷[はい] ☞ 音読
音読
⁴●杯❶[はい] ①잔. 배. ②(음식이 담긴 그릇을 세는 말로 숫자에 접속하여) …그릇. …잔. ③오징어·문어 등을 세는 말.

背 등 배

一 ニ キ キ 北 北 背 背 背

音 ●ハイ
訓 ●せ ●せい ●そむく ●そむける

訓読
⁴●背❶[せい] 키. 신장(身長).
²●背❷[せ] ①등. 등허리. ②등 뒤. 배경. ③산등성이. ④키. 신장(身長).

●背く[そむく] 〈5自〉 ①등을 돌리다. 등지다. ②위반하다. 어기다. ③반항하다. 거역하다. ④반역하다. ⑤(기대를) 저버리다. ⑥세상을 버리다. 속세를 떠나다.
●背ける[そむける] 〈下1他〉 (눈길·얼굴을) 돌리다. 외면하다.

背骨[せぼね] 등뼈. 척추.

⁴背広[せびろ] (남자용) 신사복.

背筋❶[せすじ] ①등골. 등줄기. ②등솔기. ❷[はいきん] 배근; 등에 있는 근육.

背縫い[せぬい] 옷의 등솔기를 꿰맴.

²背負う[せおう] 〈5他〉 ①짊어지다. 업다. 메다. ②(빚·책임을) 떠맡다. 지다.

背負い投げ[せおいなげ] ①(유도의) 업어치기. ②골탕.

背比べ[せいくらべ/せくらべ] 키 재기. 키 대보기.

背伸び[せのび] ①발돋움. 까치발. ②안간힘을 씀. 용을 씀.

背泳ぎ[せおよぎ] 배영; 송장헤엄.

背丈[せいたけ/せたけ] 키. 신장.

³背中[せなか] ①등. ②뒤쪽.

背中合(わ)せ[せなかあわせ] ①서로 등을 맞댐. ②등진 사이. 서로 사이가 나쁨. 불화 관계. ③표리(表裏) 관계에 있음.

背革[せがわ] 배혁; 양장본 책의 등에 대는 가죽 표지.

背戸[せど] ①집의 뒷문. ②집의 뒤쪽.

音読
¹背景[はいけい] 배경; ①뒷경치. ②배후 세력.

背教[はいきょう] 배교; ①종교의 교리를 저버림. ②믿던 종교를 버리거나 다른 종교로 개종함.

背嚢[はいのう] 배낭.

背徳[はいとく] 배덕; 도리에 어긋남.

背理[はいり] 배리; 도리에 어긋남. 이치에 맞지 않음.

背離[はいり] 배리; 서로 등져 갈라섬.

背面[はいめん] 배면; 등 쪽. 뒷면.

背反[はいはん] 배반; ①거역. 위반. ②서로 상대를 부정함. 모순.

背部[はいぶ] 배부; ①등 부분. ②뒤쪽. 후방.

背水の陣[はいすいのじん] 배수의 진.

背信[はいしん] 배신; 신의를 저버림.

背泳[はいえい] 배영; 송장헤엄.

背任罪[はいにんざい] 배임죄; 맡은 바 임무를 저버린 죄.

背馳[はいち] 배치; 반대가 됨. 어긋남.

¹背後[はいご] 배후; ①뒤쪽. 후방. ②이면(裏面).

倍 갑절 배

丿 亻 亻 仁 伫 佇 倍 倍 倍 倍

音 ◉バイ
訓 ―

音読
³倍[ばい] 배; ①갑절. 2배. ②곱절.
倍する[ばいする] 〈サ変自他〉 ①갑절이 되다. 배부하다. 배로 하다. 갑절로 하다. ②많아지다.
倍加[ばいか] 배가; 갑절로 늘어남.
倍旧[ばいきゅう] 배구; 배전(倍前). 전(前)보다 더욱.
倍大[ばいだい] 배대; 2배의 크기.
倍返し[ばいがえし] 계약금을 2배로 물어줌.
倍数[ばいすう] 배수; ①갑절이 되는 수. ②≪数≫ 공배수.
倍額[ばいがく] 배액; 2배의 금액.
¹倍率[ばいりつ] 배율; ①경쟁률. ②확대율.
倍増[ばいぞう] 배증; 갑절로 늘어남.
倍増し[ばいまし] 배증; 갑절로 늘어남. 갑절로 늘림.

俳 광대/배우/익살 배

丿 亻 亻 仆 付 俳 俳 俳 俳 俳

音 ◉ハイ
訓 ―

音読
俳句[はいく] ≪文学≫ 하이쿠. 일본 고유의 짧은 시(詩). *5·7·5형식의 3구(句) 17음절(音節)로 된 단시(短詩).
俳名[はいめい] ①하이쿠 작가의 이름. ②하이쿠 작가로서의 명성.
俳味[はいみ] 俳諧(はいかい) 고유의 서민적인 멋.
俳友[はいゆう] 하이쿠로 사귄 벗.
²俳優[はいゆう] 배우; 스타.
俳人[はいじん] 하이쿠를 짓는 사람.
俳趣味[はいしゅみ] 俳諧(はいかい)의 취미.
俳風[はいふう] 하이쿠의 작풍(作風).
俳諧[はいかい] ①농담. 익살. 해학(諧謔). ②'俳諧歌(はいかいか)'의 준말. ③'俳諧連歌(はいかいれんが)'의 준말.
俳号[はいごう] 하이쿠를 짓는 사람의 아호(雅号).

配 짝/나눌/귀양보낼 배

一 丆 币 币 西 西 酉 酉ノ 酉コ 配

音 ◉ハイ
訓 ◉くばる

訓読
²◉配る[くばる] 〈5他〉 ①나누어주다. 배분하다. 배부하다. 분배하다. ②고루고루 미치게 하다. ③(사람·물건을) 배치하다.
配り[くばり] ①배분. 분배. 배치. ②(꽃꽂이에서) 두 갈래로 갈라진 나무.
配り物[くばりもの] 나누어 주는 선물.
配り分ける[くばりわける] 〈下1他〉 배분하다. 분배하다. 나누어주다.

音読
配する[はいする] 〈サ変他〉 ①(색을) 배합하다. ②(사람·물건을) 배치하다. ③배속(配属)시키다. ④(부부로) 짝짓다. ⑤유배(流配)시키다.
配管[はいかん] 배관; 파이프를 배치함.
¹配給[はいきゅう] 배급; 물건을 일정하게 나누어줌.
²配達[はいたつ] 배달; 물건이나 우편물을 가정이나 직장으로 분배해 줌.
配当[はいとう] 배당; 적당하게 나누어줌.
¹配慮[はいりょ] 배려; 이리저리 다음을 씀.
配本[はいほん] 배본; 책을 나누어줌.
配付[はいふ] 배부; 나누어줌.
配賦[はいふ] 배부; 나누어 돌려 줌.
¹配分[はいぶん] 배분; 나누어 줌.
配色[はいしょく] 배색; 색의 배합.
配船[はいせん] 배선; 배를 배치함.
配線[はいせん] 배선; 전선으로 연결함.
配属[はいぞく] 배속; 사람을 분배하여 근무·종사하게 함.
配水[はいすい] 배수; 물을 공급함.
配役[はいやく] 배역; 배우에게 역할을 할당함.
¹配列[はいれつ] 배열; 죽 벌여서 줄을 섬.
¹配偶者[はいぐうしゃ] 배우자; 남편이나 아내.
配車[はいしゃ] 배차; 차를 배치함.
¹配置[はいち] 배치; 할당하고 분배하여 제자리에 둠.
配布[はいふ] 배포; 널리 배부함
配下[はいか] 부하(部下). 수하(手下).
配合[はいごう] 배합; 알맞게 섞어 한데 합함.

培 북돋을 배

一 十 土 坫 坫 坫 培 培 培 培

音 ●バイ
訓 ●つちかう

訓読
●培う[つちかう] 〈5他〉①(뿌리에) 흙을 덮어 주다. 북돋우다. 재배하다. 기르다. ②(미생물을) 배양하다. 기르다.

音読
培養[ばいよう] 배양; ①식물을 북돋아 기름. ②사람을 가르쳐 기름. ③미생물을 인공적으로 기름.

排 물리칠 배

一 扌 扌 扌 扌 扌 扌 挑 排 排

音 ●ハイ
訓 ―

音読
排ガス[はいガス] '排気ガス'의 준말.
排する[はいする] 〈サ変他〉①(문을) 밀어서 열다. ②물리치다. 밀어내다. 배제하다. ③배열하다.
排撃[はいげき] 배격; 물리침.
排球[はいきゅう] 배구; バレーボール.
排気ガス[はいきガス] 배기 가스.
排尿[はいにょう] 배뇨; 오줌을 배설함.
排卵[はいらん] 배란; 난자가 난소에서 배출됨.
排便[はいべん] 배변; 대변을 배설함.
排泄[はいせつ] 배설; 쓸데없는 노폐물을 몸 밖으로 몰아냄.
¹排水[はいすい] 배수; 물을 밖으로 뽑아내 배출함.
¹排水溝[はいすいこう] 배수구; 물을 밖으로 뽑아내 배출하는 도랑.
排列[はいれつ] 배열(配列); 죽 벌여서 열을 지음.
排外[はいがい] 배외; 외국의 사물을 배척함.
排日[はいにち] 배일; 일본을 배척함. 반일 (反日).
¹排除[はいじょ] 배제; 물리쳐서 치워냄.
排斥[はいせき] 배척; 반대하여 물리침.
排出[はいしゅつ] 배출; ①밀어 내보냄. ②배설(排泄).
排他[はいた] 배타; 남을 배척함.

陪 도울 배

' ʒ β β' β⁻ β⁻ β⁻ 陪 陪 陪

音 ●バイ
訓 ―

音読
陪観[ばいかん] 배관; 신분이 높은 분을 모시고 구경함.
陪席[ばいせき] 배석; ①귀인(貴人)과 동석함. ②'陪席裁判官'의 준말.
陪乗[ばいじょう] 배승; 귀인을 모시고 탐.
陪食[ばいしょく] 배식; 귀인을 모시고 식사함.
陪臣[ばいしん] 배신; ①신하의 신하. 부하의 부하. ②大名(だいみょう)의 신하.
陪審[ばいしん] 배심; 재판의 심리에 배석함.

賠 배상할 배

丨 刂 目 貝 貝 貯 貯 賠 賠 賠

音 ●バイ
訓 ―

音読
¹賠償[ばいしょう] 배상; 남에게 입힌 손해나 권리를 갚아 주는 것.

輩 무리 배

ノ ヲ ヲ ⱽ| ⱽ⺊ ⱽ⺊ ⺊⺊ ⺊⺊ 輩 輩

音 ●ハイ
訓 ⊗ともがら ⊗やから

訓読
⊗輩[ともがら/やから] 동아리. 한패. 무리. 패거리. *'やから'는 좋지 않은 뜻임.

音読
輩[はい] 한패. 동아리. 패거리.
輩出[はいしゅつ] 배출; 인재(人材)가 계속하여 나옴.

盃 술잔 배

音 ⊗ハイ
訓 ⊗さかずき

訓読
⊗盃❶[さかずき] 술잔. ❷[はい] ☞ [音読]

盃事[さかずきごと] ①부부·의형제·주종 (主従) 관계를 맺기 위해 술잔을 나누는 행사. ②주연(酒宴). 술잔치.

音読
盃❶[はい] ①잔. 배. ②(음식이 담긴 그릇을 세는 말로 숫자에 접속하여) …그릇. …잔. ③오징어·문어 등을 세는 말. ❷[さかずき] ☞ [訓読]
盃盤[はいばん] 배반; 술잔과 쟁반.
盃洗[はいせん] 배세; 술자리에서 술잔을 씻는 물그릇.

胚   아이밸 배
音 ⊗ハイ
訓 ―

音読
胚[はい] 배; ①씨눈. 배아(胚芽). ②≪動≫ 배자(胚子).
胚嚢[はいのう] ≪植≫ 배낭.
胚芽[はいが] ≪植≫ 배아; 씨눈.
胚葉[はいよう] ≪動≫ 배엽.
胚乳[はいにゅう] ≪動≫ 배유; 배젖.
胚子[はいし] ≪動≫ 배자.
胚珠[はいしゅ] ≪植≫ 배주.
胚胎[はいたい] 배태; ①잉태됨. 임신함. ②(사물의 원인이) 움틈. 싹틈.

徘   어정거릴 배
音 ⊗ハイ
訓 ―

音読
徘徊[はいかい] 배회; 목적 없이 거닒. ¶ 近所(きんじょ)を~する 근처를 배회하다.

焙   불에말릴 배
音 ⊗バイ ⊗ホウ
訓 ⊗あぶる

訓読
⊗焙る[あぶる] 〈5他〉 ①불에 살짝 굽다. ②(불에) 쬐다. 말리다.
焙り肉[あぶりにく] 불고기.
焙り出し[あぶりだし] 은현지(隠現紙). 불에 쬐면 글씨나 그림이 나타나는 종이.

音読
焙じる[ほうじる] 〈上1他〉 불에 쬐어 말리다. 불에 볶다.
焙烙[ほうろく] 질냄비.
焙烙蒸し[ほうろくむし] 질냄비 찜.

白   흰 백

´ ｜ ｒ 白 白

音 ●ハク ●ビャク
訓 ●しろ ●しろい ●しら

訓読
⁴●白い[しろい] 〈形〉 ①희다. 하얗다. ②(손이) 깨끗하다. ③결백하다. 무죄하다.
³●白❶[しろ] ①백; ①흰색. ②흰 것. ③(바둑의) 흰돌. ④백군(白軍). ⑤백지 답안지. ⑥결백. 무죄.
白❷[しら] ①진한 태도. 꾸미지 않은 태도. ¶~で言(い)う 소박하게 말하다. ②시치미. ¶~を切(き)る 시치미를 떼다.
白っぽい[しろっぽい] 〈形〉 ①희끄무레하다. ②풋내기 티가 나다.
白ばむ[しろばむ] 〈5自〉 희끄무레하다.
白む[しらむ] 〈5自〉 ①흰색을 띠다. ②(새벽의) 날이 밝아지다. 훤해지다. ③기가 꺾이다. 풀이 죽다. 겁먹다.
白絹[しらぎぬ] 무늬 없는 흰 명주.
白光り[しろびかり] 하얗게 빛남.
白菊[しらぎく] 백국; 흰 국화.
白根[しろね/しらね] ①채소류의 흰 뿌리. ②'ねぎ(파)'의 딴이름. ③쉽싸리.
白旗[しろはた/しらはた] 백기; ①하얀 깃발. ②源氏(げんじ)의 깃발.
白馬❶[しろうま/はくば] 백마; ①흰말. ②막걸리. 탁주. ❷[あおうま] 백마; 흰말.
白木[しらき] 껍질만 벗기고 칠하지 않은 나무.
白目[しろめ] ①(눈의) 흰자위. ②차가운 눈초리.
白無垢[しろむく] 흰옷. 소복 차림.
白米[しろごめ/はくまい] 백미; 흰쌀.
白抜(き)[しろぬき] 백발; 문자·무늬 등을 바탕과는 달리 흰색으로 함.
²白髪❶[しらが] ①백발; 흰머리. 새치. ②(옛날 어린이 잔치에 사용한) 명주실로 만든 모자. ❷[はくはつ] 백발; 흰머리.
白白しい[しらじらしい] 〈形〉 ①시치미 떼다. 천연덕스럽다. ②속이 빤히 들여다보이다. 뻔하다. ③(관심이) 시들하다. ④하얗게 보이다.

白白と❶[しらしらと] ①(새벽의 날이 새는 모양의) 희끄무레하게. ②희끔하게. ❷[しらじらと] ①천연덕스럽게. ②희끄무레하게. ③희끔하게. ④어색하게. 서먹하게. ❸[しろじろと] 새하얗게.
白帆[しらほ] 흰 돛. 흰 돛단배.
白壁[しらかべ/しろかべ] ①흰 벽. ②(궁중의) 두부.
白粉[★おしろい] (화장용) 분.
白糸[しらいと/しろいと] ①흰 실. ②생사(生糸). ③폭포. ④(궁중의) 실국수.
白砂[しらすな/はくしゃ] 백사; 흰모래.
白砂糖[しろざとう] 백설탕. 흰 설탕.
白鼠[しろねずみ] 백서; ①흰쥐. ②흰 생쥐. ③주인에게 충실한 점원. ④연한 쥐색.
白石[しらいし] (바둑의) 흰돌.
白星[しろぼし] ①하얀 별표(☆)나 동그라미(○). ②씨름에서 승리를 나타내는 ○표지. ③성공. 공훈.
白星続き[しろぼしつづき] 연승(連勝).
白身[しろみ] ①(계란의) 흰자위. ②(고기나 생선의) 하얀 살. ③목재의 흰 부분.
白鳥❶[しらとり] ①백조; 고니. ②하얀 새. ❷[はくちょう] ①백조; 고니. ②'白鳥徳利(はくちょうどくり)'의 준말.
白酒[しろざけ] 희고 걸쭉한 단술.
白茶ける[しらちゃける]〈下1自〉색깔이 희뿌옇게 바래다.
白湯❶[★さゆ] 백탕; 백비탕(白沸湯). 끓인 맹물. ❷[はくとう] (온천수가 아닌) 보통 목욕물.
白樺[しらかば/しらかんば]≪植≫자작나무.
白黒❶[しろくろ] 흑백; ①흰색과 검은 색. ②옳고 그름의 시비. ③(놀라서) 눈을 희번덕임. ❷[こくびゃく] ①시비. 잘잘못. 유죄와 무죄. ②검은 색과 흰 색.

音読

白骨[はっこつ] 백골; 죽어남은 뼈.
白球[はっきゅう] 백구; (골프・야구의) 흰 공.
白桃[はくとう/しろもも] ①백도; 흰 복숭아. ②흰 복숭아꽃.
白銅[はくどう]≪化≫백동; 흰 구리.
白蘭[はくらん]≪植≫백란; 흰 꽃이 피는 난.
白蓮[はくれん/びゃくれん]≪植≫백련; 흰 연꽃.
白木蓮[はくもくれん]≪植≫백목련.
白墨[はくぼく] 백묵; 분필.
白米[はくまい/しろごめ] 백미; 흰쌀.

白眉[はくび] 백미; ①흰 눈썹. ②가장 뛰어난 사람.
白兵戦[はくへいせん] 백병전.
白色[はくしょく] 백색; 흰 색깔.
白書[はくしょ] 백서; 정부에서 발표하는 실정 보고서.
白扇[はくせん] 백선; 흰 부채.
白線[はくせん] 백선; 흰 줄.
白亜[はくあ] ①백악(白堊). 흰 벽. ②회백색의 무른 이회암(泥灰巖).
白眼視[はくがんし] 백안시; 냉대함.
白夜[はくや/びゃくや]≪気≫백야.
白熱[はくねつ] 백열; ①아주 높은 온도에서 가열됨. ②극도에 오른 정열.
白銀[はくぎん] ①은. ②(江戸(えど) 시대의) 은화.
白衣❶[はくい] 백의; 흰옷. ❷[びゃくえ] ①≪古≫백의; 흰옷. ②소매가 작은 저고리와 바지만 입은 것. ③≪仏≫승복(僧服)을 입지 않은 속인(俗人).
白人[はくじん] ①백인; 백색 인종. ②(江戸(えど) 시대의) 사창(私娼).
白日[はくじつ] 백일; ①빛나는 태양. ②백주(白昼). 대낮. ③결백함.
白状[はくじょう] 자백(自白). 고백.
白昼[はくちゅう] 백주; 대낮.
白菜[はくさい]≪植≫배추.
白痴[はくち] 백치; 천치. 바보.
白布[はくふ/しろぬの] 백포; 흰 천.
白票[はくひょう] 백표; ①국회에서 찬성투표에 사용하는 흰 나무패나 종이. ②백지투표.
白血球[はっけっきゅう] 백혈구.
白血病[はっけつびょう] 백혈병.

百　　일백 백

一 ― ― ― ― ― 百 百 百

音 ●ヒャク ⊗ハク
訓 ⊗もも…

音読

⁴百[ひゃく] 백; ①100. ②100세. ③수량이 매우 많음.
百個[ひゃっこ] 백 개. 100개.
²百科事典[ひゃっかじてん] 백과사전.
百果[ひゃっか] 백과; 온갖 과일.
百官[ひゃっかん] 백관; 모든 정부 관리.

百鬼夜行[ひゃっきやこう/ひゃっきやぎょう] 백귀야행: ①악인들이 거리낌 없이 설침. ②온갖 잡귀신들이 밤중에 설침.

百年[ひゃくねん] 백년: ①100년. ②오랜 세월.

百年目[ひゃくねんめ] ①100년째. ②(비밀이 들통이 나면) 끝장임.

百代[ひゃくだい] 백대; 오랜 세월.

百里[ひゃくり] 백리; 400km.

百万[ひゃくまん] ①백만; 100만. ②매우 많음.

百万長者[ひゃくまんちょうじゃ] 백만장자.

百面相[ひゃくめんそう] 백면상; ①여러 가지로 얼굴 표정을 바꿈. ②여러 가지 표정을 바꾸어 보이는 연극.

百聞[ひゃくぶん] 백문; 수 없이 많이 들음.

百発百中[ひゃっぱつひゃくちゅう] 백발백중.

百方[ひゃっぽう] 백방; 모든 방면.

百分率[ひゃくぶんりつ] 백분율.

百選[ひゃくせん] 백선; 100종을 고름.

百姓❶[ひゃくしょう] ①농부. 농사군. ②농사를 지음. ③시골뜨기. ❷[ひゃくせい] ①여러 성씨(姓氏). ②백관(百官). ③서민. 일반 국민.

百姓仕事[ひゃくしょうしごと] 농사일.

百姓一揆[ひゃくしょういっき] (江戸(えど) 시대의) 농민 폭동.

百獣[ひゃくじゅう] 백수; 온갖 짐승.

百薬[ひゃくやく] 백약; 온갖 약.

百薬の長[ひゃくやくのちょう] 가장 좋은 약.

百葉箱[ひゃくようばこ/ひゃくようそう] (기상관측에 사용하는) 백엽상.

百人力[ひゃくにんりき] ①일당백(一当百)의 힘. ②마음이 아주 든든함.

百人一首[ひゃくにんいっしゅ] 100명의 和歌(わか)를 한 수(首)씩 골라 모은 것.

百日[ひゃくにち] ①100일. 백날. ②여러 날.

百日咳[ひゃくにちぜき] ≪医≫ 백일해.

百日紅[★さるすべり/ひゃくじつこう] ≪植≫ 백일홍.

百戦[ひゃくせん] 백전; 수많은 전투.

百尺竿頭[ひゃくしゃくかんとう] 백척간두.

百出[ひゃくしゅつ] 백출; 여러 형태로 많이 나옴.

百合[★ゆり] ≪植≫ 백합; 나리.

百害[ひゃくがい] 백해; 온갖 해로움.

百花[ひゃっか] 백화; 온갖 꽃.

百貨店[ひゃっかてん] 백화점.

伯 　　　 맏 백

丿 亻 亻' 亻' 伯 伯 伯

音 ●ハク
訓 —

音読
伯楽[はくらく] 백락; ①말을 잘 감별하는 사람. ②농가를 찾아다니며 마소를 치료하는 사람. ③유능한 젊은이를 발굴하여 성공시키는 실력이 있는 사람.

⁴伯母[★おば] 백모; 큰어머니・큰외숙모・큰고모・큰이모의 총칭.

⁴伯父[★おじ] 백부; 큰아버지・큰외삼촌・큰 고모부・큰 이모부의 총칭.

伯爵[はくしゃく] 백작; 옛날 귀족의 벼슬 중의 하나로 5작위의 셋째임.

伯仲[はくちゅう] 백중; 실력이 비슷함. 우열의 차이가 없음.

伯兄[はっけい] 백형; 맏형.

帛 　　 비단 백
音 ⊗ハク
訓 —

音読
帛書[はくしょ] 백서; 비단에 쓴 글씨.

◑裂帛[れっぱく], 布帛[ふはく]

柏 　　 떡갈나무 백
音 ⊗ハク
訓 ⊗かしわ

訓読
⊗柏[かしわ] ≪植≫ 떡갈나무.

柏餅[かしわもち] ①떡갈나무 잎에 싼 찰떡. ＊단오절에 먹음. ②이불을 접어 한 자락은 깔고 한 자락은 덮고 잠.

柏手[かしわで] 신(神)에게 배례할 때 손바닥을 마주 쳐서 소리를 내는 것. 박장(拍掌).

魄 　　 넋/혼 백
音 ⊗ハク
訓 —

音読
魄[はく] ①혼백(魂魄). 넋. ②월면(月面)의 검게 보이는 바다 부분.

번

番 차례 번

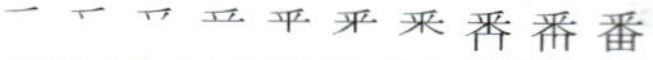

音 ◉バン
訓 ⊗つがい ⊗つがう ⊗つがえる

訓読

⊗番❶[つがい] ①(암수・부부 등의) 한 쌍. ②관절. ❷[ばん] ☞ [音読]

⊗番う[つがう] 〈5自〉 ①한 쌍・한 벌・한 짝・한 켤레가 되다. ②(새・짐승이) 흘레하다. 교미(交尾)하다.

⊗番える[つがえる] 〈下1他〉 ①(두 가지 이상의 것을) 짝지어 맞추다. ②(활에) 화살을 메기다. ③서로 굳게 약속하다.

音読

4番[ばん] 번; ①차례. 순서. 순번. ②망을 봄. 지킴. ③당번. ④번호. 순위. …번. ⑤(승부・편조의) 횟수. …판. ⑥(직물의) 번수.

番頭[ばんとう] ①(여관이나 상점의) 지배인. ②목욕탕의 카운터. 목욕탕의 때밀이. ③연예인의 매니저.

2番目[ばんめ] (숫자에 접속하여 횟수를 나타내는 말로) …번째.

番兵[ばんぺい] 보초병. 파수병.

番付[ばんづけ] ①연예 프로그램이나 진행표. ②순위표(順位表). ③서열(序列).

番線[ばんせん] 번선; ①굵기에 따라 번호가 매겨진 철사. ②(철도역 구내의) 플랫폼.

番小屋[ばんごや] 초소(哨所). 파수막.

番手[ばんて] ①경비병(警備兵). ②(실의 굵기를 나타내는) 번수. ③(경기의 순번을 나타내는) …번째. ④(군대 대열의 순서를 나타내는 말로)…번째 진(陣).

番外[ばんがい] ①예정 밖. 프로그램 이외. ②참관인. 옵서버. ③특별히 다름.

番長[ばんちょう] ①시종(侍従)의 우두머리. ② ≪俗≫ (학교 내의) 불량 서클의 우두머리.

3番組[ばんぐみ] (방송・연예 등의) 프로그램.

番卒[ばんそつ] 보초병. 파수병.

2番地[ばんち] 번지; 주소(住所).

番茶[ばんちゃ] 질이 낮은 엽차.

4番号[ばんごう] 번호; 순번을 나타내는 숫자.

煩 번거로울 번

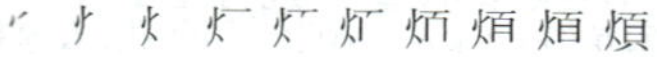

音 ◉ハン ◉ボン
訓 ◉わずらう ◉わずらわしい ◉わずらわす ⊗うるさい

訓読

◉煩う[わずらう] 〈5自他〉 ①걱정하다. 고민하다. 번민하다. 괴로워하다. ②(동사 ます형에 접속하여) ㉠…하여 괴로워하다. ㉡좀처럼…하지 못하다. 망설이다. ㉢…하기 어려워하다.

◉煩い❶[わずらい] 걱정. 고민. 번민. 번뇌.

⊗煩い❷[うるさい] 〈形〉 ①성가시다. ②시끄럽다. ③잔소리가 많다. ④까다롭다.

1◉煩わしい[わずらわしい] 〈形〉 ①번거롭다. 성가시다. 귀찮다. ②까다롭다.

◉煩わす[わずらわす] 〈5他〉 ①귀찮게 하다. 성가시게 하다. 괴롭히다. ②수고를 끼치다.

音読

煩悩[ぼんのう] ≪仏≫ 번뇌; 모든 망상(妄想)과 욕망.

煩悶[はんもん] 번민; 잡생각에 시달림.

煩雑[はんざつ] 번잡; 번거롭고 복잡함.

繁(繁) 번성할 번

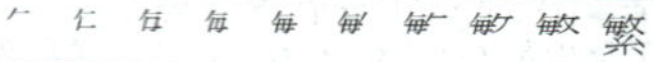

音 ◉ハン
訓 ⊗しげい ⊗しげる

訓読

⊗繁い[しげい] 〈形〉 ①(초목이) 무성하다. 빽빽하다. ②(수량이) 많다. ③빈번하다. 잦다.

⊗繁み[しげみ] 수풀. 덤불.

⊗繁る[しげる] 〈5自〉 (초목이) 우거지다.

音読

繁多[はんた] 번다; ①사물이 매우 많음. ②일이 몹시 바쁨.

繁茂[はんも] 번무; 초목이 무성함.

1繁盛[はんじょう] 번성; 번창함.

1繁殖[はんしょく] 번식; 수효가 늘어나 많이 퍼짐.

1繁栄[はんえい] 번영; 일이 잘 되어 영화로움.

繁雑[はんざつ] 번잡; 일이 많고 복잡함.

繁華[はんか] 번화; 번창하고 화려함.

繁華街[はんかがい] 번화가; 번화한 거리.

藩　울타리 번

艹 氵 艻 莎 莎 莲 漭 漭 藩 藩

音 ●ハン
訓 —

音読
藩[はん] 번; (江戸(えど) 시대의) 大名(だいみょう)의 영지(領地)·민생(民生)·통치 기구의 총칭.
藩校[はんこう] 藩이 세운 학교.
藩論[はんろん] 藩의 여론·의견.
藩閥[はんばつ] 明治(めいじ) 유신 때 공을 세운 藩 출신들이 만든 파벌.
藩士[はんし] 藩의 무사·신하.
藩儒[はんじゅ] 藩의 영주에게 종속된 유학자.
藩邸[はんてい] 지방 영주(領主)가 江戸(えど)에 두었던 저택.
藩政[はんせい] 藩의 정치.
藩主[はんしゅ] 藩의 영주(領主).
藩学[はんがく] 각 藩이 세운 학교.
藩侯[はんこう] 藩의 영주(領主).

翻 (飜)　펄럭일/번역할 번

㇒ ㇕ 㐅 釆 番 番 劃 劃 劃 翻

音 ●ホン
訓 ●ひるがえす　●ひるがえる

訓読
●翻す[ひるがえす] 〈5他〉 ①(물건을) 뒤집다. ②(몸을) 훌쩍 날리다. 홱 돌리다. ③(바람에) 나부끼게 하다. ④(마음·태도 등을) 바꾸다. 번복하다.
●翻る[ひるがえる] 〈5自〉 ①뒤집히다. ②(바람에) 나부끼다. 펄럭이다. ③(마음·태도 등이) 갑자기 바뀌다.

音読
翻刻[ほんこく] 번각; (책의) 개정판(改訂版)을 발행함.
翻弄[ほんろう] 번롱; ①농락함. 제멋대로 갖고 놂. ②(파도 등에) 흔들림.
翻案[ほんあん] 번안; 소설·희곡 등의 원작 내용을 살리면서 개작함.
²翻訳[ほんやく] 번역; 한 나라의 말을 다른 나라의 말로 옮김.
翻然と[ほんぜんと] ①펄럭펄럭. ②갑자기. 홀연히. 불현듯.
翻意[ほんい] 번의; 결심·생각을 바꿈.

蕃　①우거질 번 ②성씨 반

音 ⊗ハン ⊗バン
訓 —

音読
蕃人[ばんじん] ①미개인. ②외국인.
蕃族[ばんぞく] 번족; 야만인. 미개인.

燔　불사를 번

音 ⊗ハン
訓 —

音読
燔祭[はんさい] 번제; (고대 이스라엘 백성이) 가축을 불살라 여호와 하느님께 바치던 의식.

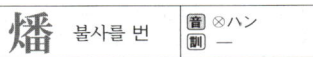

伐　칠/벨 벌

㇒ 亻 仁 代 伐 伐

音 ●バツ
訓 ⊗きる

訓読
⊗伐る[きる] 〈5他〉 (나무를) 베다. 자르다.
¶木(き)を〜 나무를 베다. 벌목하다.

音読
伐木[ばつぼく] 벌목; 산의 나무를 베어냄.
伐採[ばっさい] 벌채; 산의 나무를 베어내고 섶을 깎아냄.

罰　벌줄 벌

丨 冂 罒 罒 罒 罪 罰 罰 罰 罰

音 ●バチ ●バツ
訓 —

音読
¹罰❶[ばつ] 벌; 죄를 짓거나 잘못을 범한 사람에게 자유를 억제하거나 괴로움을 주는 일.
❷[ばち] 천벌(天罰). 하늘에서 내리는 벌.
²罰する[ばっする] 〈サ変他〉 벌주다. 처벌하다.
罰金[ばっきん] 벌금; 처벌로 부과하는 돈.
罰当(た)り[ばちあたり] ①천벌(天罰)을 받음. ②천벌을 받아 마땅한 사람.
罰点[ばってん] 벌점; ①×표. ②낙제점.
罰則[ばっそく] 벌칙; 위반 행위의 처벌을 정해 놓은 규칙.

閥　문벌 벌

丨 厂 厂 門 門 門 門 閂 閥 閥 閥

音 ●バツ
訓 ―

音読
閥[ばつ] 벌; ①문벌. 가문. 집안. ②파벌.
閥族[ばつぞく] 벌족; ①문벌. 가문. 집안.
②족벌(族閥). 파벌을 형성한 일족(一族).

筏　뗏목 벌
音 ⊗バツ
訓 ⊗いかだ

訓読
⊗筏[いかだ] 뗏목.
筏葛[いかだかずら] ≪植≫ 부겐빌레아.
筏流し[いかだながし] ①강물에 뗏목을 떠
　내려 보냄. ②뗏목꾼. 뗏목 사공.
筏蔓[いかだかずら] ≪植≫ 부겐빌레아.
筏師[いかだし] 뗏목꾼. 뗏목 사공.
筏焼き[いかだやき] 작은 생선을 가지런히
　꿴 꼬챙이구이.
筏乗り[いかだのり] ①뗏목을 타고 강을 내
　려감. ②뗏목꾼. 뗏목 사공.

[범]

凡　무릇 범

丿 几 凡

音 ●ハン ●ボン
訓 ⊗およそ ⊗すべて

音読
凡例[★はんれい] 범례; 일러두기. 보기.
凡百[ぼんびゃく] 범백; 온갖 종류.
凡夫[ぼんぷ] 범부; ①평범한 사람. ② ≪仏≫
　중생.
凡俗[ぼんぞく] 범속; ①평범함. ②평범한
　사람. 범인(凡人). 속인(俗人).
凡庸[ぼんよう] 범용; ①평범함. ②범인(凡人).
凡人[ぼんじん] 범인; 보통 사람. 평범한 사람.
凡作[ぼんさく] 범작; 평범한 작품.
凡才[ぼんさい] 범재; 평범한 재능의 사람.
凡下[ぼんげ] 범하; 평범함. 평범한 사람.

犯　범할/범죄 범

丿 丬 丬 犭 犯

音 ●ハン
訓 ●おかす

訓読
²●犯す[おかす] 〈5他〉 ①(규칙・도덕・법률
　을) 범하다. 어기다. ②거역하다. 모독하
　다. ③(여자를) 성폭행(性暴行)하다. 욕보
　이다.
音読
犯[はん] …범; …범인. …범죄.
²犯人[はんにん] 범인; 범죄인. 죄를 저지른
　사람.
²犯罪[はんざい] 범죄; 죄를 지음. 지은 죄.
犯則[はんそく] 범칙; 반칙. 규정이나 법칙을
　어김.
犯行[はんこう] 범행; 범죄 행위.

帆　돛 범

丨 冂 巾 巾 帄 帆 帆

音 ●ハン
訓 ●ほ

訓読
●帆[ほ] 돛. 배가 바람을 받아 앞으로
　나아가도록 돛대에 높게 펼쳐 매단 넓
　은 천.
帆掛(け)船[ほかけぶね] 돛단배. 범선.
帆影[ほかげ] 멀리 보이는 돛단배의 모습.
帆柱[ほばしら] 돛대.
音読
帆船[はんせん/ほぶね] 범선; 돛단배.

範　법/한계/본보기 범

𝏘 𝏘 𝏘 𝫀 𝫀 笁 筥 筥 筆 範 範

音 ●ハン
訓 ―

音読
範例[はんれい] 범례; 규범이 되는 예.
²範囲[はんい] 범위; 행동이 미치는 한계.
範疇[はんちゅう] 범주; 카테고리. 같은 성
　질의 것이 속하는 부류・부분・영역.

氾 물넘칠 범

音 ⊗ハン
訓 ―

音読
¹氾濫[はんらん] 범람; ①물이 가득 차서 넘쳐흐름. ②바람직하지 않은 것들이 크게 나돎.

汎 넓을 범

音 ⊗ハン
訓 ―

音読
汎[はん] 범; 전(全). 널리 전체에 미침.
汎論[はんろん] 범론; 개괄적인 이론. 통론.
汎理論[はんりろん] ≪哲≫ 범리론.
汎神論[はんしんろん] ≪哲≫ 범신론.
汎心論[はんしんろん] ≪哲≫ 범심론.
汎愛[はんあい] 범애; 모든 사람을 차별 없이 사랑하는 것. 박애(博愛).
汎用[はんよう] 범용; 널리 여러 방면에 사용함.
汎称[はんしょう] 범칭; 넓은 범위로 사용하는 칭호.

梵 불경 범

音 ⊗ボン ⊗ボ
訓 ―

音読
梵論字[ぼろんじ] ≪仏≫ 허무승(虛無僧). 머리를 기른 보화종(普化宗)의 중.
梵文[ぼんぶん] 범문; ①범어(梵語)로 쓴 글. ②고대 인도 문학.
梵楽[ぼんがく] 범악; 불교 음악.
梵語[ぼんご] 범어; 고대 인도의 문장어. 산스크리트. *음역(音譯)되어 불교 용어로 쓰이고 있음.
梵字[ぼんじ] 범자; 범어를 표기하는 데 사용하는 글자.
梵鐘[ぼんしょう] 범종; 종루에 매다는 종.
梵讚[ぼんさん] ≪仏≫ 범찬; 범어(梵語)대로 부르는 찬불가(讚仏歌).
梵刹[ぼんさつ/ぼんせつ] 절. 사찰(寺刹).
梵天[ぼんてん] ①범천; ①(인도의 고대 종교에서) 만물 창조의 신. ②≪仏≫ 범천. ③(바다) 줄낚시의 찌.
梵唄[ぼんばい] 범패; 경문(経文)이나 게(偈)에 가락을 붙여서 부름.

〔법〕

法 법/불교 법

丶 丶 氵 沪 沣 法 法 法

音 ●ホウ ●ホッ ●ハッ
訓 ⊗のり ⊗のっとる

訓読
⊗法[のり] ①불법(仏法). 부처의 가르침. ②치수. 지름. 직경. ③모범. 본.
⊗法る[のっとる] 〈5自〉 (원칙·기준으로 삼고) 따르다. 준(準)하다. 본받다.

音読
²法[ほう] 법; ①법률. 규범. ②예의. 법도(法度). ③수단. 방법. ④불법(仏法).
法科[ほうか] 법과; ①법률에 대한 학문을 연구하는 학과. ②법 조항.
法官[ほうかん] 법관; 사법 공무원.
法規[ほうき] 법규; 법률과 규칙.
法度[★はっと] 법도; ①(武家 시대의) 법령. 법률. 규정. ②금지 사항. 금령(禁令).
法令[ほうれい] 법령; 법률과 명령.
法例[ほうれい] 법례; 법률을 적용할 때에 준거하는 일반 통칙.
³法律[ほうりつ] 법률; 국가적인 규범.
法網[ほうもう] 법망; 범죄자에 대한 법률의 제재(制裁)를 물고기에 비유한 갈임.
法務大臣[ほうむだいじん] 법무대신; 법무부장관.
法務省[ほうむしょう] 법무성; 법무부.
法文❶[ほうぶん] 법문; ①법령 조문(条文). ②(대학교의) 법과 대학과 문과대학. ❷[ほうもん] ≪仏≫ 불법(仏法)을 해설한 문장.
法師[ほうし] 법사; 중. 승려.
法相[ほうしょう] 법상; 법무부장관.
法式[ほうしき] 법식; 예법(礼法).
¹法案[ほうあん] 법안; 법안.
法王[ほうおう] 법왕; ①로마 교황청의 교황(教皇). ②≪仏≫ 석가여래의 딴이름.
法外[ほうがい] 부당함. 터무니없음. 과도함. 엄청남.
法人[ほうじん] 법인; 법률상으로 인격을 인정받아 권리·능력을 부여받는 주체.
法典[ほうてん] 법전; ①성문 볍규집. ②법률. 법규.
法定[ほうてい] 법정; 법률로 규정함.

¹法廷[ほうてい] 법정; 재판정(裁判廷).

法制[ほうせい] 법제; ①법률과 제도. ②법률로 정한 제도.

法曹界[ほうそうかい] 법조계; 사법에 관계된 사람들의 사회.

法主[★ほっしゅ/ほっす/ほうしゅ] ≪仏≫ ①부처. ②종파의 우두머리. ③법회의 주재자.

法治[ほうち] 법치; 법으로 다스림.

²法則[ほうそく] 법칙; ①꼭 지켜야 하는 규범. ②일정한 조건하에 성립되는 관계.

法被[★はっぴ] ①(종업원이 입는) 상호가 찍힌 겉옷. ②(武家에서) 하급 무사가 고용인이 입는 웃옷. ③(禅宗에서) 고승(高僧)의 의자에 걸치는 금란(金襴) 등의 천.

¹法学[ほうがく] 법학; 법률학.

法貨[ほうか] ①'法定貨幣'의 준말. ②프랑스의 화폐.

法皇[ほうおう] 법황; 불문(仏門)에 들어간 상황(上皇).

法会[ほうえ] 법회; ①설법을 위한 모임. ②불사(仏事).

[벽]

壁　　벽 벽

ㄱ　尸　足　产　庐　辟　辟　辟　壁　壁

音 ●ヘキ
訓 ●かべ

訓読

³●壁[かべ] ①벽. 바람벽. ②장애. 난관. ③(등산에서) 깎아지른 듯한 암벽.

壁掛(け)[かべかけ] 벽걸이.

壁塗り[かべぬり] ①벽에 흙을 바름. ②미장이.

壁新聞[かべしんぶん] 대자보(大字報).

壁越し[かべごし] 벽 너머.

壁一重[かべひとえ] 벽 하나 사이.

壁紙[かべがみ] 벽지; 도배지.

壁土[かべつち] 벽토; 벽에 바르는 흙.

音読

壁面[へきめん] 벽면; 벽의 표면.

壁宿[へきしゅく] 벽수; 벽성(壁星). 28수(宿)의 하나로 북쪽의 일곱 번째 별자리.

壁画[へきが] 벽화; ①벽에 그린 장식 그림. ②벽에 걸린 그림.

癖　　버릇 벽

亠　广　疒　疒　疒　痀　痀　癋　癖　癖

音 ●ヘキ
訓 ●くせ

訓読

²●癖[くせ] ①버릇. 습관. ②독특함. 특징. 보통과는 다른 점. ③(머리카락의) 결. ④(양재에서) 몸매의 특징에 맞추어 잡는 곡선. 몸매의 특징.

音読

癖[へき] 〈接尾語〉 …벽; …하는 경향. …하는 버릇. ¶放浪(ほうろう)~ 방랑벽.

辟　　임금 벽

音 ⊗ヘキ
訓 ─

音読

¹辟易[へきえき] ①(상대의 기세에) 압도되어 물러남. ②≪俗≫ 손을 듦. 질려버림.

碧　　푸를 벽

音 ⊗ヘキ
訓 ─

音読

碧空[へきくう] 벽공; 푸른 하늘.

碧潭[へきたん] 벽담; 짙푸른 하늘.

碧藍色[へきらんしょく] 벽람색; 푸른빛을 띤 남색.

碧瑠璃[へきるり] ①푸른 빛깔의 유리. ②파랗게 맑은 물.

碧色[へきしょく] 벽색; 청록색(青緑色).

碧眼[へきがん] 벽안; ①푸른 눈. ②서양 사람의 눈.

碧梧[へきご] ≪植≫ 벽오동.

碧玉[へきぎょく] 벽옥; ①푸른빛이 나는 옥. ②≪鉱≫ 석영(石英).

碧海[へきかい] 벽해; 푸른 바다.

僻　　두메산골 벽

音 ⊗ヘキ
訓 ⊗ひがむ

訓読

⊗僻む[ひがむ] 〈5自〉 (열등감 등으로) 비뚤어지다. 잘못 받아들이다. 곡해(曲解)하다.

僻み[ひがみ] 곡해(曲解). 비뚤어짐.

音読

僻する[へきする] 〈サ変自〉 ①치우치다. 쏠리다. ②비뚤어지다.

僻地[へきち] 벽지; 도시에서 멀리 떨어져 있는 한적한 곳.

僻村[へきそん] 벽촌; 궁벽한 마을.

劈 쪼갤 벽	音 ⊗ヘキ 訓 ⊗つんざく

訓読

⊗**劈く**[つんざく] 〈5他〉 세차게 찢다. 세차게 뚫다.

音読

劈開[へきかい] 벽개; ①쪼개져 갈라짐. ② ≪鉱≫ 광물(鉱物)이 일정한 방향으로 결을 따라 갈라짐.

劈頭[へきとう] 벽두; 맨 처음. 최초. 첫 번째.

변

弁(辯/瓣)	①말잘할 변 ②꽃잎 판
𠂉 厶 亼 弁 弁	

音 ◉ベン
訓 ⊗わきまえる

訓読

⊗**弁える**[わきまえる] 〈下1他〉 ①분별하다. 분간하다. 식별하다. ②(분수・예의를) 알다.

音読

弁[べん] ①(액체나 기체를 조절하는) 밸브. ②꽃잎. ③말. 말투. 말의 내용. ④(지방의) 사투리. 말투.

弁じる[べんじる] 〈上1他〉 ☞ 弁ずる

[2]**弁当**[べんとう] 도시락.

弁当箱[べんとうばこ] 도시락 그릇.

[1]**弁論**[べんろん] 변론; ①연설. ②논쟁. ③진술.

弁理士[べんりし] 변리사.

弁膜[べんまく] ≪生理≫ 판막(瓣膜).

弁明[べんめい] 변명; 변호(弁護).

弁務官[べんむかん] (영국의) 판무관.

弁別[べんべつ] 변별; 분별. 식별. 구별.

弁士[べんし] 변사; ①말을 잘하는 사람. ②(강연・연설의) 연사(演士). ③(무성 영화의) 변사.

[1]**弁償**[べんしょう] 변상; 손실을 물어줌.

弁才[べんさい] 변재; 말재주. 말솜씨.

弁済[べんさい] 변제; ①빚을 갚음. ②채무를 이행함.

弁証法[べんしょうほう] ≪哲≫ 변증법.

弁天[べんてん] ① ≪仏≫ '弁才天・弁財天'의 준말. ② ≪俗≫ 복스럽고 재능이 있는 여성.

[1]**弁解**[べんかい] 변명. 변호.

弁護[べんご] 변호; 그 사람에게 유리하도록 주장하여 도와줌.

[1]**弁護士**[べんごし] ≪法≫ 변호사.

辺(邊)	가/곁/변방 변
㇆ 刀 刀 刃 辺	

音 ◉ヘン
訓 ◉あたり ◉…べ

訓読

[2]◉**辺り**[あたり] ①근처. 부근. 주변. 일대. ②(명사에 접속하여) ㉠…같은 곳. ㉡…같은 사람. ㉢…경(頃). …쯤. …정도.

◑**水辺**[みずべ], **岸辺**[きしべ], **川辺**[かわべ], **海辺**[うみべ]

音読

[4]**辺**[へん] ①근방. 근처. ②쯤. 정도. ③ ≪数≫ 변.

辺境[へんきょう] 변경; ①국경. ②벽촌.

辺地[へんち] 변지; 벽지. 외진 곳.

辺幅[へんぷく] 변폭; 표면. 외관.

変(變)	변할/고칠 변
ˋ 亠 亣 亦 亦 亦 亦 変 変	

音 ◉ヘン
訓 ◉かえる ◉かわる

訓読

[3]◉**変える**[かえる] 〈下1他〉 ①(상태를) 변화시키다. 바꾸다. ②(위치・방향을) 옮기다. 바꾸다. ③(날짜・계획을) 변경하다. 바꾸다.

[3]◉**変(わ)る**[かわる] 〈5自〉 ①(상태가) 변하다. 바뀌다. ②색다르다. 별나다. 괴짜다.

変(わ)り[かわり] ①변화. 변함. 다름. 이상(異常). ②별고. 탈. ③차이. 다름.

変(わ)り果てる[かわりはてる]〈下1自〉(좋지 않게) 딴판으로 변하다. 몰라보게 변하다.

変(わ)り目[かわりめ] ①바뀔 때. 변할 때. ②다른 점. 차이점.

変(わ)り身[かわりみ] ①몸의 자세·위치를 재빨리 바꿈. ②(상황에 따라) 처신을 달리함. 전향(転向).

変(わ)り者[かわりもの] 괴짜. 별난 사람.

変(わ)り種[かわりだね] ①변종. ②괴짜. 별난 사람.

音読

³**変**[へん]〈形動〉①이상함. 보통과 다름. 수상함. ②엉뚱함. 예상 밖임.〈名詞〉①바뀜. 변화. 달라짐. ②변고. 난(乱). ③《楽》반음 내림. 플랫(기호 b).

変じる[へんじる]〈上1自他〉변하다. 변화하다. 변경하다. 바꾸다.

²**変更**[へんこう] 변경; 바꾸어서 고침.

変動[へんどう] 변동; ①달라짐. 변하여 움직임. ②난리. 사변(事変).

変動費[へんどうひ] 변동비; 변동 비용.

変貌[へんぼう] 변모; 변한 모습. 모습을 바꿈.

変死[へんし] 변사; 뜻밖의 재난으로 죽음.

変事[へんじ] 변사; 이변. 변고.

変色[へんしょく] 변색; 색깔이 바뀜.

変成❶[へんせい] 변성; 모양이 다르게 바뀌어 이루어짐. ❷[へんじょう]《仏》변생(変生). 환생(還生). 다른 모습으로 바뀌어 태어남.

変声期[へんせいき]《生理》변성기.

変速[へんそく] 변속; 속도를 바꿈.

変身[へんしん] 변신; 몸의 모양을 바꿈. 모양이 바뀐 몸.

変心[へんしん] 변심; 마음이 변함.

変異[へんい] 변이; ①이변. 변동. ②같은 종류의 생물 간에 다른 성질이 나타남.

変移[へんい] 변이; 변천(変遷). 변화하여 옮아감.

変人[へんじん] 변인; 괴짜. 별난 사람.

変装[へんそう] 변장; 옷차림이나 모양을 다르게 바꿈.

変転[へんてん] 변전; 변하여 달라짐.

変節[へんせつ] 변절; 절개나 주장을 바꿈.

変造[へんぞう] 변조; 기존물의 형상이나 내용에 변경을 함.

変調[へんちょう] 변조; ①상태가 바뀜. 상태를 바꿈. ②몸의 컨디션이 정상이 아님. ③《楽》조바꿈. 전조(転調). ④《物》변조.

変種[へんしゅ] 변종; ①유난히 다름. ②생물 분류학상 종(種)의 아래.

変質[へんしつ] 변질; ①성질·물질이 변함. ②병적(病的)인 성격.

変質者[へんしつしゃ] 이상 성격자. 정신 질환자. 병적(病的)인 사람.

¹**変遷**[へんせん] 변천; 세월의 흐름에 따라 바뀌어 변함.

変則[へんそく] 변칙; 규칙에 벗어남.

変針[へんしん] 변침; 배가 침로(針路)를 변경함.

変態[へんたい] 변태; ①이상한 형태. ②형태를 바꿈. ③《動》탈바꿈. ④《植》기관(器官)의 형태와 기능이 달라짐. ⑤'変態性欲'의 준말.

¹**変革**[へんかく] 변혁; 사물을 바꾸어 새롭게 함. 개혁(改革).

変形[へんけい] 변형; 형태를 바꿈.

²**変化❶**[へんか] 변화; ①(성질·상태가) 바뀜. 변함. ② 《語学》단어의 어형이 용법에 따라 꼴이 바뀜. ❷[へんげ] ①괴물. 요괴(妖怪). 도깨비. ②신불(神仏)이 잠시 사람의 모습으로 나타남.

変換[へんかん] 변환; 전환. 변경.

[별]

別　다를/헤어질/나눌 별

丨 口 口 号 另 別 別

音 ●ベツ

訓 ●わかれる ⊗わきて ⊗わける ⊗わかつ

訓読

³●**別れる**[わかれる]〈下1自〉①이별하다. 헤어지다. ②사별(死別)하다.

²**別れ**[わかれ] ①이별. 헤어짐. ②고별(告別). 결별(訣別). 작별(作別). 하직(下職).

別れ道[わかれみち] ①기로(岐路). 갈림길. ②샛길. ③작별하는 길.

別れ目[わかれめ] ①분기점. 갈림길. ②갈라설 때. 헤어질 때.

別れ別れ[わかれわかれ] 뿔뿔이 헤어짐. 따로따로 떨어짐.

別れ霜[わかれじも] 늦서리.

別れ際[わかれぎわ] 헤어지기 직전. 헤어질 때.

別れ話[わかればなし] 이혼 이야기.

⊗**別ける**[わける]〈下I他〉①나누다. 분할하다. 가르다. ②헤치다. ③분류하다. 구분하다. 고르다. ④분배하다. 나누어 주다. ⑤중재하다. 말리다. ⑥무승부로 하다. 비긴 것으로 하다.

⊗**別つ**[わかつ]〈5他〉①나누다. 구분하다. 가르다. ②따로따로 하다. ③분배하다. 나누어주다. ④떼어놓다. ⑤판단하다.

音読

²**別**[べつ]〈名詞〉①구별. ②이별. ③다름. 별도. ④제외.〈形動〉①같지 않음. 다름. ②특별함. 각별함.

³**別に**[べつに]①(부정문에서) 별로. 특별히. ②(대답으로) 별로. 그다지.

別懇[べっこん] 절친함. 각별히 친함.

別個[べっこ] 별개; ①서로 다른 것. ②별도. 따로.

¹**別居**[べっきょ] 별거; 따로 삶. 따로 생활함.

別格[べっかく] 별격; 특별한 지위. 특별대우.

別科[べっか] 별과; 본과 외에 따로 설치한 학과.

別館[べっかん] 별관; 본관 밖에 따로 설치한 건물.

別記[べっき] 별기; 따로 기록함.

別納[べつのう] 별납; 따로 납부함.

別段[べつだん]①특별함.②(부정문에서) 특별히. 별로. 그다지.

別途[べっと] 별도; 다른 방면. 다른 방법.

別棟[べつむね] 별동. 별채.

別離[べつり] 별리; 이별.

別名[べつめい] 별명; 다른 이름.

別問題[べつもんだい] 별문제; 별개의 문제.

別物[べつもの]①다른 것. 별개의 것. ②예외. 특별 취급.

²**別別**[べつべつ] 제각기. 각각. 따로따로.

別世界[べっせかい] 별세계; 딴 세계. 별천지(別天地).

別室[べっしつ] 별실; 특별실.

別業[べつぎょう] 별업; ①다른 직업. ②별장(別荘).

別人[べつじん] 별인; 딴 사람.

²**別荘**[べっそう] 별장; ①더위나 추위를 피하기 위해서 본대와는 다른 장소에 지은 집. ②《俗》교도소. 형무소.

別邸[べってい] 별저; 별장.

別条[べつじょう] 보통과 다른 사항. 별일. 이상(異状).

別種[べっしゅ] 별종; 다른 종류.

別紙[べっし] 별지; 서류·편지 등에 따로 첨부하는 종이쪽.

別冊付録[べっさつふろく] 별책 부록.

別天地[べってんち] 별천지; 딴 세계.

別称[べっしょう] 별칭; 딴 이름. 별명.

別宅[べったく] 별택; 딴 살림집.

別便[べつびん] 별편; ①따로 보내는 우편물. ②다른 편지. ③다른 교통편. 다른 인편.

別表[べっぴょう] 별표; 따로 첨부한 표시나 도표.

別項[べっこう] 별항; 다른 항목.

丙   셋째 병

一 丁 丙 丙 丙

音 ◉ヘイ
訓 ⊗ひのえ

音読

丙[へい] 병; ①십간(十干)의 세 번째. ②갑(甲)·을(乙)의 다음. 제3위.

兵   군사 병

一 厂 厂 斤 丘 乒 兵

音 ◉ヒョウ ◉ヘイ
訓 ⊗つわもの

音読

兵[へい] ①군인. 병사. ②군대. ③전쟁. 군사(軍事). ④무기.

兵器[へいき] 병기; 무기.

兵団[へいだん] 병단; 군단(軍団).

²**兵隊**[へいたい] ①병대. ②병사. 군인.

兵略[へいりゃく] 병략; 전략(戦略).

兵糧[★ひょうろう] 병량; 군량ㅁ(軍糧米).

兵力[へいりょく] 병력; 군대의 힘.

兵法[へいほう] 병법; ①전략. ②무술. 검술.

¹**兵士**[へいし] 병사; 병졸(兵卒).

兵舎[へいしゃ] 병사; 병영(兵営).

兵役[へいえき] 병역; 군대에 복무함.

兵営[へいえい] 병영; 병사(兵舎).

兵長[へいちょう] 병장; 군대 계급의 하나.

兵卒[へいそつ] 병졸; 병사(兵士).

倂 (併) 나란히할/합할 병

ノ　イ　イ　仁　忙　竹　併　併

音 ●ヘイ
訓 ●あわせる　⊗しかし

訓読
●倂せる[あわせる]〈下1他〉(두 개의 사물을) 합치다. 합병하다. 병합하다.
倂せて[あわせて] 아울러. 겸해서.
倂せ持つ[あわせもつ]〈5他〉둘 다 갖추다. 함께 갖추다. 겸비(兼備)하다.
4⊗倂し[しかし] 그러나. 그렇지만.

音読
倂記[へいき] 병기; 두 가지 이상을 동시에 아울러 기록함.
倂発[へいはつ] 병발; 두 가지 이상의 일이 동시에 일어남.
倂殺[へいさつ] (야구에서) 병살; 두 주자(走者)를 동시에 아웃시킴.
倂用[へいよう] 병용; 두 가지 이상의 것을 아울러 사용함.
倂有[へいゆう] 병유; 두 가지 이상의 물건을 동시에 가짐.
倂称[へいしょう] 병칭; ①한데 아울러서 호칭됨. ②다른 것과 함께 칭찬함.
倂合[へいごう] 병합; 합병(合併).

並 (竝) 아우를/나란히 설 병

ー　ヾ　ヾ　ゾ　ガ　辻　並　並

音 ●ヘイ
訓 ●ならぶ　●ならべる　●なみ

訓読
4●並ぶ[ならぶ]〈5自〉①줄서다. 나란히 서다. 늘어서다. ②견주다. 필적하다.
並び[ならび] ①줄. 줄섬. 줄지어 섬. 늘어섬. ②같은 쪽. 같은 줄. ③유례(類例).
1並びに[ならびに] 및. 또. …와. …과.
並び大名[ならびだいみょう] ①(歌舞伎(かぶき)에서) 大名(だいみょう)로 분장하고 서 있기만 하는 배우. ②(이름만 늘어놓고) 그리 중요하지 않은 사람.
並び立つ[ならびたつ]〈5自〉①늘어서다. 줄지어 서다. 즐비하다. 나란히 서다. ②아울러 서다. 어깨를 겨루다.

4並べる[ならべる]〈下1他〉①(한 줄로) 나란히 하다. 나란히 세우다. 가지런히 놓다. ②(물건을) 진열하다. 죽 늘어놓다. ③(말을) 늘어놓다. 열거하다. ④비교하다. 견주다.
並べ立てる[ならべたてる]〈下1他〉(물건을) 하나하나 죽 늘어놓다.
1●並(み)[なみ] ①보통. 중간치. ②하치. 하등급(下等級). 하급(下級). ③늘어섬. 줄지음. ④(명사에 접속하여) ㉠정도. 수준. 만큼. 처럼. ㉡각 …마다.
並サイズ[なみサイズ] 보통 크기.
並大抵[なみたいてい] (부정문에서) 보통. 예사. 이만저만.
2並木[なみき] 가로수(街路樹).
並並ならぬ[なみなみならぬ] 보통이 아니다. 이만저만이 아니다.
並外れる[なみはずれる]〈下1自〉유별나다. 특별하다. 남다르다. 뛰어나다.
並(み)肉[なみにく] 보통 고기. 질이 낮은 고기.
並製[なみせい] 보통제. 중급품.
並足[なみあし] ①보통 발걸음. ②(馬術에서) 가장 느린 걸음.
並幅[なみはば] (피륙의) 보통 폭.

音読
並列[へいれつ] 병렬; ①나란히 늘어섬. ②나란히 연결시킴. ③(전기 회로에서) 병렬접속.
並立[へいりつ] 병립; ①나란히 있음. ②(대립 관계의 것이) 동시에 존재함.
並行[へいこう] 병행; ①나란히 나아감. ②비슷한 일이 동시에 행해짐.

柄 자루/손잡이 병

ー　十　才　才　柿　柿　柄　柄　柄

音 ●ヘイ　⊗ヒ
訓 ●え　●がら　⊗つか

訓読
1●柄❶[え] 자루. 손잡이.
2●柄❷[がら] ①체격. 몸집. ②무늬. 문양. ③품격. 품위. ④분수. 주제.
⊗柄❸[つか] ①(칼이나 활의) 손잡이. ②붓대.
柄物[がらもの] 옷감의 무늬.

音読
柄杓[ひしゃく] 국자.

病 병들 병

亠 广 广 庐 庐 疒 疒 病 病 病

音 ●ビョウ ●ベイ
訓 ●やまい ●やむ ⊗やめる

訓読

●病❶[やまい] ①병. 질병. 병환. ②나쁜
버릇. ❷[びょう] (명사에 접속하여 접미
어로서) …병.

¹●病む[やむ] 〈5自他〉 ①병들다. 병을 앓다.
②병에 걸리다. 앓다. ③몹시 걱정하다.
고민하다.

病(み)付き[やみつき] ①발병. 병이 듦. 병
이 남. ②열중하게 됨. 몰두하게 됨. 인
이 박임. (취미·나쁜 습관에) 빠짐.

病み付く[やみつく] ①병들다. ②(취미·
나쁜 습관에) 빠지다. 인이 박이다. 미
치다.

病み上(が)り[やみあがり] 병석에서 갓 일
어난 상태.

⊗病める[やめる] 〈下1自〉 아프다. 병들다.
앓다.

音読

病欠[びょうけつ] 병결; 병으로 인한 결석·
결근.

病苦[びょうく] 병고; 병으로 인한 고통.

病菌[びょうきん] 병균; 병원균(病原菌).

⁴病気[びょうき] ①병. 질병. 질환. ②나쁜
버릇.

病棟[びょうとう] 병동; 병원 건물.

病理学[びょうりがく] 병리학.

病魔[びょうま] 병마; ①질병. 질환. ②병에
걸리게 한다는 마귀.

病名[びょうめい] 병명; 병의 이름.

病没[びょうぼつ] 병몰; 병으로 사망함.

病癖[びょうへき] 병벽; 병적인 버릇.

病死[びょうし] 병사; 병으로 죽음.

病舎[びょうしゃ] 병사; 병동(病棟).

病床[びょうしょう] 병상; 병자가 눕는 침상.

病状[びょうじょう] 병상; 병의 상태.

病勢[びょうせい] 병세; 병의 형세.

病巣[びょうそう] 병소; 병원균이 있는 곳.

病身[びょうしん] 병신; ①병든 몸. ②병약
한 몸.

病室[びょうしつ] 병실; 환자의 방.

病児[びょうじ] 병아; 병든 아이.

病弱[びょうじゃく] 병약; ①병으로 쇠약함.
②몸이 허약하여 병에 걸리기 쉬움.

病臥[びょうが] 병와; 와병(臥病).

⁴病院[びょういん] 병원.

病原[びょうげん] 병원; 병의 근원.

病原菌[びょうげんきん] 병원균.

病原体[びょうげんたい] 병원체.

病人[びょうにん] 병자(病者). 환자.

病的[びょうてき] 병적; 언행이 정상적이 아
닌 불건전한 상태.

病体[びょうたい] 병체; 병든 몸.

病害[びょうがい] 병해; 병에 의한 농작물
의 피해.

病後[びょうご] 병후; 병이 나은 뒤.

瓶(瓶) 항아리 병

丶 丷 乊 兰 关 并 并 牁 瓶 瓶

音 ●ビン ⊗ヘイ
訓 —

音読

²瓶[びん] 병. ¶～に詰(つ)める 병에 채우다.
¶～に入(い)れる 병에 넣다.

²瓶詰(め)[びんづめ] 병조림. 병에 담은 것.
병에 담음.

塀(塀) 담/울타리 병

一 十 土 圵 圴 圹 圹 圹 堲 塀 塀

音 ●ヘイ ●ベイ
訓 —

音読

²塀[へい] 담. 울타리.

屛ˣ(屛) 병풍 병

音 ⊗ヘイ ⊗ビョウ
訓 —

音読

屛居[へいきょ] 병거; 세상에서 물러나 집
에만 틀어박혀 있음.

屛風[びょうぶ] 병풍.

屛風倒し[びょうぶだおし] 병풍이 쓰러지듯
발딱 넘어짐.

屛風岩[びょうぶいわ] 병풍바위.

屛風絵[びょうぶえ] 병풍 그림.

餅ˣ(餅) 떡 병

音 ⊗ヘイ
訓 ⊗もち

訓読

²⊗ **餅**[もち] 떡. 찰떡.
餅菓子[もちがし] 일본 생과자.
餅搗(き)[もちつき] ①떡을 침. ②떡을 치는 사람.
餅網[もちあみ] ①떡 굽는 석쇠. ②떡을 넣어 두는 그물.
餅米[もちごめ] 떡쌀. 찹쌀.
餅屋[もちや] 떡집. 떡장수.
餅草[もちぐさ] (떡에 넣는) 어린 쑥잎.
餅花[もちばな] 떡을 얇게 펴서 버드나무 가지에 매달아 놓은 것. *설날에 神棚(か みだな)에 바치고 어린이 놀이에 사용함.

[보]

宝(寶) 보배 보

宀宀宁宇宝宝宝

音 ●ホウ
訓 ●たから

訓読

² ● **宝**[たから] ①보물. 보배. ②가장 소중한 것. ③ ≪俗≫ ¶お~ 돈.
宝島[たからじま] 보물섬.
宝物[たからもの/ほうもつ] 보물; 보배.
宝箱[たからばこ] 보물 상자.
宝船[たからぶね] 보물선.
宝籤[たからくじ] 복권(福券).
宝探し[たからさがし] 보물찾기.

音読

宝庫[ほうこ] 보고; ①보물 창고. ②보물이 많이 나는 땅.
宝刀[ほうとう] 보도; 보배로운 칼.
² **宝石**[ほうせき] 보석; 귀중한 천연석.
宝玉[ほうぎょく] 보옥; 보석.
宝典[ほうてん] 보전: ①귀중한 책. ②(실용적인 지식을 모은) 편리한 책.
宝前[ほうぜん] 신불(神仏)의 앞.
宝塔[ほうとう] 보탑: ① ≪仏≫ 사찰의 탑. ②진귀한 보물로 장식한 탑. ③ ≪仏≫ '다보탑(多宝塔)'의 준말. ④평면이 원형으로 된 탑신(塔身)의 단층탑.

歩(步) 걸을 보

丨 ト 止 止 牛 步 歩 歩

音 ●フ ●ブ ●ホ
訓 ●あるく ●あゆむ

訓読

⁴ ● **歩く**[あるく] 〈五自〉 ①걷다. 거닐다. 걸어가다. ②여기저기 돌아다니다. 이동(移動)하다.
歩き方[あるきかた] 걸음걸이. 걷는 방법.
歩き詰め[あるきづめ] 계속 걸음.
¹ ● **歩む**[あゆむ] 〈五自〉≪文≫ ①걷다. 거닐다. ②전진하다. 앞으로 나아가다. ③거쳐 오다. 지내다.
¹ **歩み**[あゆみ] ①발걸음. 걸음. 보조(歩調). ②(일의) 진행. 진척. 추이. ③(재래식 목선(木船)의) 삿대를 미는 자리. ④물건의 중심선에서 중심선까지의 거리. ⑤시세의 변동.
歩み寄る[あゆみよる] 〈五自〉 ①다가서다. 접근하다. ②서로 접근하다. 서로 양보하다.
歩み寄り[あゆみより] 타협(妥協)함.

音読

歩❶[ふ] (일본 장기의) 졸(卒). '歩兵(ふひょう)'의 준말.
歩❷[ぶ] ①(넓이의) 평(坪). 약 3.3평방미터. ②(이율의 단위) 푼. ③(원금에 대한) 비율. 이율. ④수수료. 구전. ⑤형세.
² **歩❸**[ほ] ①발걸음. ②보조(歩調).
² **歩道**[ほどう] 보도; 인도(人道).
歩道橋[ほどうきょう] 보도교; 육교(陸橋).
歩兵❶[ほへい] 보병; ①걸으며 싸우는 병사. ②걸음병. 병졸. ❷[ふひょう] (일본 장기의) 졸(卒).
歩引き[ぶびき] 할인(割引).
歩調[ほちょう] 보조; 여러 사람이 함께 걸을 때의 걸음걸이.
歩哨[ほしょう] 보초; 보초병.
歩幅[ほはば] 보폭; 걸음나비.
歩割[ぶわり] ①비율. ②(거래할 때의) 수수료. 보수.
歩合[ぶあい] ①비율. ②(거래할 때의) 수수료. 보수(報酬).
歩行[ほこう] 보행; 걸어서 감.

保　　보호할 보

丿 亻 亻 伫 伫 伄 保 保 保

音 ●ホ
訓 ●たもつ ⊗もち

訓読
¹●保つ[たもつ] 〈5自〉 유지되다. 〈5他〉 ①유지하다. ②보전하다. ③소유하다.
⊗保合い[もちあい] ①세력의 균형이 잡힘. ②서로 협조함. ③ ≪経≫ 보합 상태.
⊗保合(い)相場[もちあいそうば] ≪経≫ 보합세.

音読
²保健[ほけん] 보건; 건강을 보전함.
¹保管[ほかん] 보관; 잘 간직하여 관리함.
保留[ほりゅう] 보류; 결정을 미루어 둠.
¹保守[ほしゅ] 보수; ①보전하여 지킴. ②(기계 등의) 정상 상태를 유지 점검함.
保安[ほあん] 보안; 사회의 안녕·질서를 보전함.
¹保養[ほよう] 보양; 휴식을 취하여 건강을 보전함.
¹保温[ほおん] 보온; 일정한 온도를 유지함.
保有[ほゆう] 보유; 가지고 있음.
¹保育[ほいく] 보육; 유아를 돌보아 기름.
¹保障[ほしょう] 보장; 장애가 없도록 보증·보호함.
保全[ほぜん] 보전; 보호하여 안전하게 함.
²保存[ほぞん] 보존; 본래의 상태로 유지함.
²保証[ほしょう] 보증; 틀림없음을 책임짐.
保持[ほじ] 보지; 보전하여 잘 지냄.
¹保険[ほけん] 보험; 손해를 보장하겠다는 보증.
¹保護[ほご] 보호; 돌보아 잘 지킴.

報　　갚을/알릴 보

一 十 土 吉 彗 幸 幸 報 報 報

音 ●ホウ
訓 ●むくいる ●むくう

訓読
●報いる[むくいる] 〈上1自他〉 ①(받은 은혜에) 보답하다. 갚다. ②앙갚음하다. 보복하다.
報い[むくい] ①보답. 보수(報酬). ② ≪仏≫ 응보(応報). 과보.

音読
報[ほう] ①소식. 알림. 통보. ② ≪仏≫ 응보(応報). 과보.
報じる[ほうじる] 〈上1自他〉 ①보답하다. 갚다. ②앙갚음하다. 보복하다. ③보도하다. 알리다. 고하다.
報ずる[ほうずる] 〈サ変自他〉 ☞ 報じる
²報告[ほうこく] 보고; 결과를 알림.
報国[ほうこく] 보국; 나라를 위해 충성을 다함. 은혜를 갚음.
報徳[ほうとく] 보덕; 은덕을 갚음.
報道[ほうどう] 보도; 소식을 알려줌.
報道陣[ほうどうじん] 보도진; 신문 기자들.
報復[ほうふく] 보복; 앙갚음.
報謝[ほうしゃ] 보사; ①은혜에 보답함. ②(중에게) 시주(施主)함.
報償[ほうしょう] 보상; ①손해를 갚음. 변상함. ②앙갚음. 보복.
¹報酬[ほうしゅう] 보수; 사례(謝礼).
報時[ほうじ] 보시; 시간을 알림.
報身[ほうしん] 보신; 부처의 삼신(三身)의 하나.
報恩[ほうおん] 보은; 은혜에 보답함.
報奨[ほうしょう] 보장; 어떤 행위에 대해 보답하고 장려함.
報奨金[ほうしょうきん] 장려금(奨励金).
報知[ほうち] 보지; 알림. 통지.

普　　넓을 보

丷 丷 丷 艹 艹 芏 並 並 普 普

音 ●フ
訓 ⊗あまねく ⊗あまねし

訓読
⊗普く[あまねく] 골고루. 널리. 두루.

音読
²普及[ふきゅう] 보급; 세상에 널려 퍼지게 함.
²普段[ふだん] 평소. 평상시.
普段着[ふだんぎ] 평상복(平常服). 일상복(日常服).
普請[ふしん] 보청; ①널리 시주(施主)를 모아 절을 신축·수리함. ②건축 공사. 토목 공사.
³普通[ふつう] 보통; ①일반적임. ②대개. 일반적으로.
普遍[ふへん] 보편; ①두루 널리 미침. ②모든 것에 공통됨.

補　도울 보

ノ　ク　ネ　ネ　ネ　祁　衲　袖　補　補

音 ◉ホ
訓 ◉おぎなう

訓読

²◉補う[おぎなう]〈5他〉①보충하다. 부족한 것을 메우다. ②(상대방에 대한 손해를) 변상하다. 보상하다.
補い[おぎない] 보충. 보탬.

音読

補[ほ] ①보충. 보탬. 채움. ②〈接尾語〉(직함 밑에 접속하여) …후보 자격.
補する[ほする]〈サ変他〉 보하다. 직책을 맡기다.
¹補強[ほきょう] 보강; 보충하고 채워서 더 튼튼하게 함.
補欠[ほけつ] 보결; 비어 모자라는 자리를 채움.
¹補給[ほきゅう] 보급; 물품을 뒷바라지로 계속 공급함.
補記[ほき] 보기; 보충하여 기록함.
補導[ほどう] 보도; 잘 도와서 인도함.
¹補償[ほしょう] 보상; 남의 손해를 물어줌.
補色[ほしょく] ≪美≫ 보색.
補修[ほしゅう] 보수; 보충하여 수리함.
補習[ほしゅう] 보습; 보충 학습.
補完[ほかん] 보완; 모자라는 것을 보충하여 완전하게 함.
補遺[ほい] 보유; 빠진 것을 채워 보탬.
補塡[ほてん] 보전; 보충.
補正[ほせい] 보정; 보충하여 바르게 고침.
補正予算[ほせいよさん] 추가 경정 예산.
¹補助[ほじょ] 보조; 보충하여 도와줌.
¹補足[ほそく] 보족; 보충하여 채움.
補佐[ほさ] 보좌; 상관을 도와 일을 처리함.
補聴器[ほちょうき] 보청기.
¹補充[ほじゅう] 보충; 모자란 것을 보태어 채움.
補則[ほそく] 보칙; 법령의 규정을 보충하기 위해 만들어진 규칙.
補血[ほけつ] 보혈; 약을 먹어서 피의 조성을 도움.
補回戦[ほかいせん] (야구에서) 연장전(延長戦).

譜　적을/계보/악보 보

言　言　言　許　許　許　謊　謊　譜　譜

音 ◉フ
訓 ―

音読

譜[ふ] 보; ①악보(楽譜). 음보(音譜). ②기보(棋譜). ③계보(系譜). 도감(図鑑).
譜曲[ふきょく] 악보(楽譜).
譜代[ふだい] ①대대로 한 가계(家系)·계통을 이어받음. ②대대로 같은 주군(主君)·집안을 섬김. ③徳川(とくがわ) 집안을 섬겨온 신하.
譜代相伝[ふだいそうでん] 조상 대대(代代)로 이어받아서 전함.
譜面[ふめん] 보면; 악보(楽譜).
譜面台[ふめんだい] 악보대(楽譜台).
譜表[ふひょう] ≪楽≫ 오선(五線) 보표.

堡　성채 보

音 ⊗ホウ ⊗ホ
訓 ―

音読

堡塁[ほるい/ほうるい] 보루; 적군의 접근과 공격을 막기 위해 돌·흙·콘크리트 등으로 만든 견고한 구축물.

輔　도울 보

音 ⊗ホ
訓 ―

音読

輔導[ほどう] 보도; 잘 도와서 인도함.
輔翼[ほよく] 보익; 보좌. 보필.
輔佐[ほさ] 보좌; 상관을 도와 일을 처리함.
輔弼[ほひつ] 보필; ①임금을 보좌함. ②윗사람의 일을 도움.

菩　보살 보

音 ⊗ホ ⊗ボ
訓 ―

音読

菩薩[ぼさつ] ≪仏≫ 보살. ①부처가 되려고 힘쓰는 사람. ②고승(高僧)을 칭송하는 칭호. ③신불습합(神仏習合) 사상에 의해서 일본 신(神)에게 주어진 칭호.
菩提樹[ぼだいじゅ] ≪植≫ 보리수.

[복]

伏 엎드릴 복

丿 亻 仁 仕 伏 伏

音 ●フク
訓 ●ふす ●ふせる

訓読

●伏す[ふす] 〈5自〉 ①(땅에) 엎드리다. ②숨다. 매복하다. 드러눕다.

伏して[ふして] 간곡히. 부디. 삼가.

伏(し)目[ふしめ] 눈을 내리뜸. 시선을 내리뜨는 눈.

伏し拝む[ふしおがむ] 〈5他〉 복배하다. 엎드려 절하다.

●伏せる[ふせる] 〈下1他〉 ①아래로 숙이다. 엎드리다. 엎드리게 하다. ②감추다. 숨기다. 감추어두다. ③뒤집어놓다. 엎어놓다. ④(보이지 않게) 덮어두다. 묻다. ⑤덮어씌우다. 덮쳐잡다. ⑥쓰러드리다. 엎어누르다.

伏せ[ふせ] ①엎드림. ②엎드려! *명령하는 말임. ③〈助数詞〉 손가락 한 개의 나비를 일컫는 말.

伏(せ)屋[ふせや] 오두막집.

伏(せ)字[ふせじ] 복자; ①문장 가운데 명기(明記)하기 곤란한 부분에 ○× 등의 부호로 나타냄. ②조판할 때 필요한 글자가 없어서 임시로 꽂아두는 글자.

音読

伏する[ふくする] 〈サ変自他〉 ①(땅에) 엎드리다. 엎드리게 하다. ②따르다. 따르게 하다. 항복하다. 항복하게 하다. ③숨다. 숨기다. 잠복하다. 매복하다. 매복시키다.

伏竜[ふくりゅう] 복룡; ①(물속에) 숨어 있는 용. ②알려지지 않은 큰 인물.

伏流[ふくりゅう] 복류; 땅 위를 흐르다가 땅속으로 흘러들어 흐르는 물.

伏兵[ふくへい] 복병; 숨겨진 군사.

伏射[ふくしゃ] 복사; 엎드려서 쏨.

伏線[ふくせん] 복선; 뒷일을 미리 암시함.

伏蔵[ふくぞう] 복장; ①숨음. ② ≪仏≫ 땅속에 숨겨진 재보(財宝).

伏在[ふくざい] 복재; 몰래 숨겨져 있음. 잠재(潜在)해 있음.

服 옷/다스릴 복

丿 刀 月 月 月' 肜 服

音 ●フク
訓 ―

音読

⁴服[ふく] 복; ①옷. 의복. 서양 옷. ②(가루약의) 봉지. ③(담배·차·약 등의 먹는 횟수) 모금. 대. 잔.

服する[ふくする] 〈サ変自〉 ①순순히 따르다. 복종하다. ②(어떤 일에) 종사하다. 복무하다. ③상(喪)을 입다. 〈サ変他〉 ①담배·차·약 등을) 먹다. 마시다. 복용하다. ②(옷을) 입다. ③복종시키다.

服毒[ふくどく] 복독; 독약을 마심.

服務[ふくむ] 복무; 직무를 맡아 봄.

服喪[ふくも] 복상; 상(喪)을 입음.

服飾[ふくしょく] 복식; ①의돈과 장식품. ②의복의 장식.

服薬[ふくやく] 복약; 약을 먹음.

服役[ふくえき] 복역; ①병역(兵役). ②징역(懲役)을 삶.

服用[ふくよう] 복용; ①약을 더윽. ②옷을 입음.

²服装[ふくそう] 복장; 옷차림.

服従[ふくじゅう] 복종; 명령에 따름.

服地[ふくじ] 복지; 옷감. 양복각.

復 ①회복할/되풀이할 복 ②다시 부

丿 亻 仁 彷 袹 復 復

音 ●フク
訓 ―

音読

復する[ふくする] 〈サ変自〉 (원래 상태로) 되돌아가다. 회복되다. 〈サ変他〉 ①(원래 상태로) 되돌리다. 회복시키다. ②되풀이하다. ③보복하다. 복수하다. ④대듯하다.

復刻[ふっこく] 복각; 번각(飜刻).

復刊[ふっかん/ふかん] 복간; 발간을 중지했던 출판물을 다시 발간함.

復啓[ふくけい/ふっけい] 복계; 배복(拝伏). *답장 첫머리에 쓰는 말.

復古[ふっこ] 복고; 옛날대로 회복함.

復古調[ふっこちょう] 복고조; 과거의 사상·전통 속에서 의지할 곳을 찾으려는 경향.

¹復旧[ふっきゅう] 복구; 원래 상태로 회복함.

復帰[ふっき] 복귀; 본래의 자리·상태로 되돌아감.

復路[ふくろ] 복로; 귀로(歸路).

復命[ふくめい] 복명; 명령대로 처리한 결과를 보고함.

復配[ふくはい] 복배; 무배당의 주식에 배당이 부활됨.

復讐[ふくしゅう] 복수; 보복. 앙갚음.

³復習[ふくしゅう] 복습; 배운 것을 다시 익히어 공부함.

復縁[ふくえん] 복연; 끊었던 인연을 다시 본래의 관계로 회복시킴.

復元[ふくげん] 복원; 원래대로 회복함.

復原[ふくげん] 복원; 본래대로 회복함.

復員[ふくいん] 복원; 전시 체제(戰時体制)에서 평시 체제(平時体制)로 되돌림.

復籍[ふくせき] 복적; ①원래의 호적으로 되돌아옴. ②본래의 학적으로 되돌아감.

復調[ふくちょう] 복조; ①(건강이) 원래 상태로 되돌아감. ②≪物≫ 검파(檢波).

復職[ふくしょく] 복직; 물러난 직에 다시 오름.

復唱[ふくしょう] 복창; 남의 말을 받아 그대로 욈.

¹復活[ふっかつ] 부활; 죽었다가 다시 되살아남.

¹復興[ふっこう] 부흥; 쇠잔했던 것이 다시 일어남. 또는 일어나게 함.

腹 배 복

丿 冂 月 𦛗 𦜝 𦜝 腹 腹

音 ●フク
訓 ●はら

訓読
²●腹[はら] ①(척추동물의) 배. 복부(腹部). ②위장. 배. ③마음. 생각. ④배짱. 담력. ⑤(불쾌한) 감정. ⑥(물건의) 중심부.

腹鼓[はらつづみ] ①만족하여 부른 배를 두드림. ②(전설에서) 너구리가 보름달 밤에 들떠서 배를 두드림.

腹掛(け)[はらがけ] ①(아이들의) 배두렁이. ②가슴과 배를 덮고 아래쪽에 주머니가 달린 작업복.

腹具合[はらぐあい] ①위장(胃腸)의 상태. ②허기. 배고픈 상태.

腹巻(き)[はらまき] ①배두렁이. ②등에서 잡아매는 갑옷.

腹当て[はらあて] ①배두렁이. ②(옛날 배만 가리던) 졸병의 갑옷.

腹帯[はらおび/ふくたい] ①배두렁이. ②복대; 배에 감는 띠.

腹立たしい[はらだたしい] 〈形〉 화가 나다. 괘씸하다. 화가 치밀다.

腹立ち[はらだち] 화를 냄. 성을 냄.

腹立つ[はらだつ] 〈5自〉 화가 나다. 성이 나다.

腹時計[はらどけい] 배꼽시계.

腹芸[はらげい] ①(연극에서) 배우가 대사나 동작 이외의 다른 표정으로 심중을 나타냄. ②배짱이나 경험으로 일을 처리함. ③드러누운 사람의 배 위에서 하는 곡예. ④배에 사람의 얼굴을 그려놓고 호흡으로 그 얼굴 표정을 여러 모양으로 변화시키는 곡예.

腹違い[はらちがい] 이복(異腹). 배다른 형제·자매.

腹癒せ[はらいせ] 분풀이. 화풀이.

腹一杯[はらいっぱい] ①배가 부름. 만복(滿腹). ②마음껏. 실컷.

腹切り[はらきり] 할복(割腹). 배를 가름.

腹拵え[はらごしらえ] (일을 하기 전에) 식사를 해 둠. 배를 채워 둠.

腹痛[はらいた/ふくつう] 복통; 배앓이.

腹八分[はらはちぶ] 적당히 먹음.

腹下し[はらくだし] ①설사. ②설사약.

腹合(わ)せ[はらあわせ] ①안팎이 서로 다른 천으로 만든 여자용 허리띠. ②서로 몸을 마주 대함. ③마음을 합함.

腹黒い[はらぐろい] 〈形〉 속이 검다. 엉큼하다. 심보가 나쁘다.

音読
腹膜炎[ふくまくえん] ≪医≫ 복막염.

腹背[ふくはい] 복배; ①배와 등. 앞과 뒤. ②마음속으로 반대함.

腹部[ふくぶ] 복부; 배 부분.

腹式呼吸[ふくしきこきゅう] 복식호흡; 배로 숨쉬기.

腹心[ふくしん] 복심; ①마음속. 진심. ②두텁게 신뢰함. 심복(心腹).

腹案[ふくあん] 복안; 마음속의 생각.

腹囲[ふくい] 복위; 복부의 둘레.

腹蔵[ふくぞう] 복장; 마음속에 감춤.

腹中[ふくちゅう] 복중; ①뱃속. ②속마음.

福(福) 복복

`丶㇀ｲㇲ衤衤衤衤福福福`

音 ●フク
訓 ―

音読

¹福[ふく] 복; 행복.

福島[ふくしま] 일본 本州(ほんしゅう) 동북 지방 남단의 한 현(県).

福利[ふくり] 복리; 행복과 이익.

福音[ふくいん] 복음; ①기쁜 소식. 좋은 소식. ②그리스도의 구원과 가르침.

福引(き)[ふくびき] (경품의) 제비뽑기.

福引(き)券[ふくびきけん] 복권(福券).

¹福祉[ふくし] 복지; 행복과 이익.

僕 종/하인 복

`ｲｲ′ｲ″ｲ‴ｲ‶ｲ‶僕僕僕`

音 ●ボク
訓 ⊗しもべ

訓読

⊗僕❶[しもべ] 종. 하인. ❷[ぼく] ☞ [音読]

音読

³僕[ぼく] (남성 용어로) 나. *동년배나 손아랫사람에게 말할 때 사용하는 말임.

僕達[ぼくたち] 우리들.

僕等[ぼくら] 우리들.

複 겹칠 복

`丶㇀ｲㇲ衤衤複裑複複複`

音 ●フク
訓 ―

音読

複[ふく] 복; ①복수(複数). 이중(二重)임. ②(탁구·테니스에서) 복식(複式) 경기.

複利[ふくり] 복리; 이자에 대하여 또 이자가 붙음.

複本[ふくほん] 복본; ①부본(副本). ②동일 내용의 어음 증권.

²複写[ふくしゃ] 복사; 베낌. copy.

複線[ふくせん] 복선; ①겹으로 된 줄. ②복선 궤도.

²複数[ふくすう] 복수; 둘 이상의 수.

複式[ふくしき] 복식; ①이중(二重). 이중으로 된 방식. ②복식 부기(複式簿記).

³複雑[ふくざつ] 〈形動〉 복잡; 복잡함.

複製[ふくせい] 복제; 본래의 것과 똑같은 것을 만듦.

¹複合[ふくごう] 복합; 두 가지 이상을 하나로 합침.

覆(覆) 덮을/엎을 복

`一戸襾襾覀襾覀襾覆覆`

音 ●フク
訓 ●おおう ●くつがえす ●くつがえる

訓読

²●覆う[おおう] 〈5他〉 ①(표면을) 덮다. ②씌우다. 보호하다. 감싸다. ③가리다. 막다. ④숨기다. 은폐하다. ⑤(하늘을) 뒤덮다. ⑥망라하다. 일괄하다.

覆い[おおい] 덮개. 씌움. 씌우거. 커버.

●覆す[くつがえす] 〈5他〉 ①뒤엎다. 뒤집다. ②전복시키다. ③(판결을) 번복시키다.

●覆る[くつがえる] 〈5自〉 ①뒤집히다. ②전복되다. ③(정권이) 무너지다. ④(판결이) 번복되다.

音読

覆面[ふくめん] ①복면; 얼굴을 가림. ②익명(匿名). 이름을 숨김.

| 卜 | 점칠 복 | 音 ⊗ボク |
| | | 訓 ⊗うらなう |

訓読

⊗卜う[うらなう] 〈5他〉 점치다.

卜い[うらない] 점. 점을 침.

卜い師[うらないし] 점쟁이.

卜い者[うらないもの] 점쟁이.

| 輻 | ①바퀴살 복 ②바퀴살 폭 | 音 ●フク |
| | | 訓 ⊗や |

訓読

⊗輻[や] (수레의) 바퀴살.

音読

輻射[ふくしゃ] 복사; 열이나 전자파가 물체로부터 사방으로 방사하는 현상.

輻射熱[ふくしゃねつ] 복사열.

[본]

本 근본/책 본

一 十 才 木 本

音 ●ホン ●ボン
訓 ●もと

訓読

●本❶[もと] ①근본. 근원. 기초. ②그루.
포기. ❷[ほん] ☞ [音読]
本末❶[もとすえ] ①초목의 줄기와 가지.
윗가지와 아랫가지. ②(노래의) 윗구와
아랫구. ③(神楽(かぐら) 연주에서) 本方(も
とかた)와 末方(すえかた). ❷[ほんまつ] 본말;
일의 처음과 끝. 근본과 여줄가리.
本来[もともと] ①본전치기. ②원래. 본디.

音読

⁴本❶[ほん] ①책. 서적. ②각본. 대본. ③바
탕. 근본. ④(가늘고 긴 물건을 셀 때의)
…자루. ⑤(영화의 작품 수를 셀 때의)
…본. …편. ⑥(승부의 횟수를 세는 말
로) …판. ❷[もと] ☞ [訓読]
本の[ほんの] ①그저 약간. 그저 명색뿐이.
보잘 것 없는. ②겨우. 불과. 아주.
本家[ほんけ] 본가; ①종가(宗家). ②유파
(流派)의 종가. ③(상점의) 본점(本店).
④장원(荘園)의 영주(領主) 위에 있던 명
목상의 지배자.
本降り[ほんぶり] 비가 본격적으로 내림.
本拠地[ほんきょち] 본거지; 근거지.
本件[ほんけん] 본건; 이 사건. 이 안건.
¹本格[ほんかく] 본격; 본래의 격식.
本絹[ほんけん] 본견; 순견(純絹).
本決(ま)り[ほんぎまり] 정식으로 결정됨.
本科[ほんか] 본과; ①본격적인 과정. ②
이 과(科).
本官[ほんかん] 본관; ①정규직 관직. ②그
사람 본래의 관직. ③관직에 있는 사람의
자칭(自称).
¹本館[ほんかん] 본관; ①주(主)가 되는 건물.
②이 건물.
本校[ほんこう] 본교; ①주(主)가 되는 학교.
②이 학교.
¹本国[ほんごく] 본국; ①그 사람의 국적이
있는 나라. ②식민지가 아닌 본래의 나라.
③조상의 나라.

本局[ほんきょく] 본국; ①주(主)가 되는 국.
②(바둑·장기에서) 이 대국(対局).
本筋[ほんすじ] ①본 줄거리. 중심 줄거리. 본
론. ②정도(正道). 옳은 방도. 본래의 방식.
本給[ほんきゅう] 본급; 본봉(本俸).
¹本気[ほんき] 진심. 제정신. 본심. 진정.
本年[ほんねん] 금년(今年). 올해.
¹本能[ほんのう] 본능; 선천적으로 갖고 있
는 동작이나 운동.
⁴本当[ほんとう] ①정말. 사실. 진짜. ②올바
름. 참됨. 정확함. ③정상임. 제대로임.
本堂[ほんどう] ≪仏≫ 본당; 대웅전.
本代[ほんだい] 책값. 서적 값.
本隊[ほんたい] 본대; ①중심이 되는 부대.
②이 부대.
本島[ほんとう] 본도; ①중심이 되는 섬.
②이 섬.
本道[ほんどう] 본도; ①중심 도로. ②올바
른 길.
本盗[ほんとう] (야구에서) 홈스틸.
本読み[ほんよみ] ①독서. 책을 읽음. ②(촬
영 전에) 배우에게 대본을 읽어 줌.
本欄[ほんらん] 본란; ①(잡지 등의) 중심이
되는 난. ②이 난(欄).
²本来[ほんらい] 본래; ①본디. 원래. ②보
통. 여느.
本領[ほんりょう] 본령; ①본래의 영지(領
地). ②특색. 특색.
本論[ほんろん] 본론; ①중심이 되는 의
논·논의. ②이 론(論).
本塁[ほんるい] 본루; ①근거지. ②(야구에
서) 홈베이스.
本塁打[ほんるいだ] 본루타; 홈런.
本流[ほんりゅう] 본류; ①그 강의 물줄기.
②주류(主流).
本立て[ほんたて] 책꽂이.
本末❶[ほんまつ] 본말; 처음과 끝. 근본과
여줄가리. ❷[もとすえ] ①초목의 줄기와
가지. 윗가지와 아랫가지. ②(노래의) 윗
구와 아랫구. ③(神楽(かぐら) 연주에서) 本
方(もとかた)와 末方(すえかた).
本末転倒[ほんまつてんとう] 본말 전도.
本望[ほんもう] 본망; ①숙원(宿願). ②만족.
흡족.
²本名[ほんみょう] 본명; 실명(実名). 진짜
이름.
本命[ほんめい] 본명; ①태어난 해의 간지(干
支). ②(경마·경륜 등에서) 우승 후보 선수.

本務[ほんむ] 본무; ①본래의 직무. ②본분(本分).

¹**本文❶**[ほんぶん] 본문; 원문(原文). ❷[ほんもん] ①본문; 원문(原文). ②전거(典拠)로 사용되는 고서(古書). ③원전(原典).

²**本物**[ほんもの] ①진짜 물건. 실물(実物). ②본격적임. 제대로임.

本邦[ほんぽう] 본방; 우리나라. 이 나라.

本番[ほんばん] ①(방송국의) 정규 방송. ②(연습용이 아닌) 정식 촬영. ③정식 기말고사. ④정기 시험.

本法[ほんぽう] 본법; ①본체가 되는 법률. ②이 법률. 이 법.

本俸[ほんぽう] 본봉; 기본 봉급.

²**本部**[ほんぶ] 본부; 중심이 되는 곳.

本分[ほんぶん] 본분; 의무. 본래의 직분.

⁴**本棚**[ほんだな] 서가(書架). 책장.

本社[ほんしゃ] 본사; ①(회사의) 본부 사업소. ②이 회사. ③근본이 되는 神社(じんじゃ). ④이 神社(じんじゃ).

本山[ほんざん] ① ≪仏≫ 일종일파(一宗一派)의 본부가 되는 절. ②이 절.

本箱[ほんばこ] 책장. 책궤.

本書[ほんしょ] 본서; ①주요 문서. 정식 문서. ②이 문서.

本線[ほんせん] 본선; ①중심이 되는 노선(路線). 간선(幹線). ②이 선(線).

本姓[ほんせい] 본성; 본래의 성(姓).

本性❶[ほんしょう] 본성; ①본래의 성질. ②본정신. 제정신. ❷[ほんせい] 본성; 본래의 성질.

本省[ほんしょう] 본성; ①중앙 최고의 관청. ＊한국의 중앙 관청인 '부(部)'에 해당함. ②이 성(省).

本城[ほんじょう] 본성; ①중심이 되는 성. 근거지. ②이 성(城).

本訴[ほんそ] 본소; 계류 중인 소송.

本手[ほんて] ①장기(長技). ②전문가. ③기본적인 수법. ④≪楽≫ (三味線(しゃみせん)・箏曲(そうきょく)의 연주에서) 기본적인 선율.

本数[ほんすう] 본수; …자루로 세는 것의 수.

本式[ほんしき] 본식; 정식(正式).

本心[ほんしん] 본심; 제정신. 진심.

本業[ほんぎょう] 본업; 본래의 직업.

本然[ほんぜん/ほんねん] 본연; 자연 그대로의 것.

本営[ほんえい] 본영; 총지휘관이 있는 진영.

本屋[ほんや] ①서점. 책방. ②안채. 안집.

本腰[ほんごし] 진지한 마음. 본격적인 채비.

本院[ほんいん] ①(여러 명의 上皇(じょうこう)・法皇(ほうおう) 중에서) 첫째가 되는 上皇・法皇. ②주(主)가 되는 원(院). ③이 원(院).

本源[ほんげん] 본원; 근본. 근원.

本位[ほんい] 본위; ①(행동의) 중심으로 삼는 기준. ②화폐 제도의 기초. ③본래의 위치. 원위치. 제자리.

¹**本音**[ほんね] ①본심(本心). 진심. 속마음. ②본래의 음색(音色).

本意[ほんい] 본의; ①진의. 진정한 마음. ②본래의 마음. ③진정한 의미.

本義[ほんぎ] 본의; ①본래의 뜻. ②근본 의의(意義).

²**本人**[ほんにん] 본인; 장본인.

本日[ほんじつ] 오늘. 금일(今日).

本字[ほんじ] ①(かな에 대하여) 한자(漢字). ②정통 한자. 정식 한자.

¹**本場**[ほんば] ①본고장. 본바닥. ②본산지. 주산지. 본고장. ③(거래소에서) 전장(前場).

本場所[ほんばしょ] ①(역량을 겨루는 영광스런) 본바닥. 본고장. ②'すもう'의 정식 시합.

本葬[ほんそう] 정식 장례식.

本邸[ほんてい] 본저; 본택(本宅). 본집.

本籍地[ほんせきち] 본적지.

本殿[ほんでん] 본전; 神社(じんじゃ)의 정전(正殿).

本店[ほんてん] 본점; ①영업의 중심이 되는 가게. ②이 가게.

本祭り[ほんまつり] 神社(じんじゃ)의 정식 축제.

本題[ほんだい] 본제; ①주제. 중심이 되는 제목. ②이 제목.

本調子[ほんちょうし] ①본래의 상태. 본격적인 상태. 정상적인 상태. ②(三味線(しゃみせん)에서) 기본적인 조현법(調絃法).

本尊[ほんぞん] ① ≪仏≫ 본존. ② ≪俗≫ 중심인물. 주동자. ③ ¶御(ご)~ 본인. 당사자.

本州[ほんしゅう] 혼슈. ＊일본열도(日本列島)의 주(主)가 되는 가장 큰 섬.

本紙[ほんし] 본지; ①이 신문. ②신문의 중심이 되는 지면.

本誌[ほんし] 본지; ①이 잡지. ②잡지・서적의 중심이 되는 부분.

本職[ほんしょく] 본직; ①본업. ②전문가. ③공직에 있는 사람의 자칭(自称). 본관(本官).

本陣[ほんじん] 본진; ①진영(陣営). 진지의 본부. ②江戸(えど) 시대에 大名(だいみょう) 등이 묵었던 공인된 숙사(宿舎).

¹**本質**[ほんしつ] 본질; ①본래의 성질. 근본 성질. ②본체(本体).

本妻[ほんさい] 정처; 정식 아내.

¹**本体**[ほんたい] 본체; ①사물의 참모습. ②《哲》본질. 근본. ③주된 부분. ④神社(じんじゃ)의 신체(神体).

本草[ほんぞう] 본초; ①초목. 식물. ②한방 약재(薬材).

本宅[ほんたく] 본댁; 본집.

本土[ほんど] 본토; ①본국(本国). ②그 나라의 중심이 되는 국토.

本舗[ほんぽ] 본포; ①본점(本店). ②상품의 제조 판매원.

本号[ほんごう] 본호; (잡지 등의) 이번 호.

本丸[ほんまる] 본성(本城). 성(城)의 중심이 되는 건물.

本会[ほんかい] 본회; ①정식 모임. ②이 모임.

本懐[ほんかい] 본회; 본래의 소망. 숙원.

奉仕品[ほうしひん] 봉사품; 싼값으로 파는 물건.

奉書[ほうしょ] 봉서; ①옛날, 신하가 상의(上意)를 받아 명령을 내리던 문서. ②'奉書紙'의 준말.

奉送[ほうそう] 봉송; 귀인을 전송함.

奉迎[ほうげい] 봉영; 귀인을 맞이함.

奉職[ほうしょく] 봉직; 공손히 직무를 수행함.

奉祝[ほうしゅく] 봉축; 공손히 축하함.

奉献[ほうけん] 봉헌; 공손히 바침.

奉還[ほうかん] 봉환; 정권을 천황(天皇)에게 되돌려 드림.

封　　봉할 봉

一　十　土　圭　圭　圭　圭　封　封

音 ●フウ ●ホウ
訓 ―

音読

封❶[ふう] ①(열지 못하게) 봉함. ②(야구에서) 봉살(封殺). ③(편지를 세는 말로) …통. **❷**[ほう] ①大名(だいみょう)의 영지(領地). 봉토(封土). ②땅의 경계.

封じる❶[ふうじる] 〈上1他〉①(열지 못하게) 봉하다. ②가두다. 봉쇄하다. 막다. ③하지 못하게 하다. 금지시키다. **❷**[ほうじる] 〈上1他〉영주(領主)로 임명하다.

封ずる❶[ふうずる] 〈サ変他〉☞ 封(ふう)じる **❷**[ほうずる] 〈サ変他〉☞ 封(ほう)じる

¹**封建**[ほうけん] 봉건; 토지를 나누어 주어 제후(諸侯)에게 영유(領有)시키던 일.

封じ目[ふうじめ] (열지 못하게) 봉한 자리.

¹**封鎖**[ふうさ] 봉쇄; 굳게 잠가 출입을 못하게 함.

封印[ふういん] 봉인; 봉한 자리에 도장을 찍음.

封入[ふうにゅう] 봉입; ①동봉(同封)함. ②넣고 봉함.

封じ込める[ふうじこめる] 〈下1他〉①가두다. 구속하다. ②안에 넣고 봉하다.

封切る[ふうきる] 〈5他〉(새 영화를) 개봉하다. 처음으로 상영하다.

封切(り)[ふうきり] ①개봉(開封). 일의 시작. ②영화의 개봉.

封切館[ふうきりかん] 영화 개봉관.

⁴**封筒**[ふうとう] (편지) 봉투.

封緘[ふうかん] 봉함; 편지 등을 열어보지 못하게 함.

奉　　받들 봉

一　二　三　声　夫　表　表　奉

音 ●ホウ ●ブ
訓 ●たてまつる

訓読

¹●**奉る**[たてまつる] 〈5他〉①바치다. 올리다. 헌상(献上)하다. ②(명목상) 받들다. 앉히다. ③(동사 ます형에 접속하여) …해 드리다. …말씀드리다.

音読

奉じる[ほうじる] 〈上1他〉①바치다. 올리다. 헌상(献上)하다. ②받들다. 받들어 모시다. ③(공직에) 근무하다. 종사하다.

奉告[ほうこく] 봉고; 신(神)이나 귀인에게 아룀.

奉公[ほうこう] 봉공; ①나라를 위해 일함. ②주인에게 봉사함.

奉納[ほうのう] 봉납; 신(神)에게 바침.

奉拝[ほうはい] 봉배; 공손히 배례함.

¹**奉仕**[ほうし] 봉사; ①받들어 섬김. ②(사회나 남을 위해) 무료로 이바지함. 무료로 서비스함.

奉仕値段[ほうしねだん] 봉사가격. 싼값.

俸 봉급/급료 봉

丿 亻 仁 仨 仨 佬 佬 佬 俸

音 ●ホウ
訓 ―

音読
俸給[ほうきゅう] 봉급; 급료(給料).
俸禄[ほうろく] 봉록; 녹봉(禄俸).

峰(峯) 봉우리 봉

丨 山 山 屾 屵 岣 峃 峄 峄 峰

音 ●ホウ
訓 ●みね

訓読
¹●**峰**[みね] ①봉우리. ②칼등.
峰続き[みねつづき] 연봉(連峰). 산봉우리의 연속. 산봉우리가 산이어져 있음.
峰伝い[みねづたい] 산봉우리를 따라 감.
峰打ち[みねうち] (일부러 죽이지 않고) 칼등으로만 침.

音読
峰頭[ほうとう] 봉두; 산봉우리의 꼭대기. 봉정(峰頂).

棒 막대기 봉

一 十 才 木 朾 栝 栟 梼 梼 棒

音 ●ボウ
訓 ―

音読
²**棒**[ぼう] ①막대기. 몽둥이. ②봉술(棒術). ③지휘봉. ④굵은 선. 막대줄.
棒グラフ[ぼうグラフ] 막대그래프.
棒高跳(び)[ぼうたかとび] 봉고도; 장대높이 뛰기.
棒読み[ぼうよみ] ①구두점이나 억양을 무시하고 단조롭게 읽음. ②한문(漢文)에 토를 달지 않고 읽음.
棒立ち[ぼうだち] ①(놀라서) 막대 모양으로 꼿꼿하게 섬. 장승처럼 우뚝 섬. ②말이 앞발을 쳐들고 섬.
棒上げ[ぼうあげ] (주식 시세가) 오름세임. 수직 상승.

棒状[ぼうじょう] 봉상; 막대기 고양.
棒術[ぼうじゅつ] 봉술; 몽둥이를 사용한 무술.
棒暗記[ぼうあんき] 무턱대고 암기함.
棒引(き)[ぼうびき] ①세로줄을 그음. ②(貸借 관계의) 말소.
棒組(み)[ぼうぐみ] ①가마의 맞채잡이. ②《俗》 한패. 한통속. 한동아리. ③(활판 인쇄에서) 계속 이어 조판하기.
棒下げ[ぼうさげ] (주식 시세가) 내림세임. 수직 하강.
棒縞[ぼうじま] 굵은 세로줄 무늬.

縫(縫) 꿰맬 봉

幺 糸 糸 糽 絅 絊 絳 縫 縫 縫

音 ●ホウ
訓 ●ぬう

訓読
²●**縫う**[ぬう] 〈5他〉 ①(바늘로) 꿰매다. 집다. 바느질하다. ②수(繍)를 놓다. ③틈새를 빠져나가다. 누비다. ④(창·화살이) 뚫고 나가다. 꿰뚫다.
縫いぐるみ[ぬいぐるみ] ①봉제완구. ②(동물극의) 동물 복장.
縫(い)代[ぬいしろ] 시접.
縫(い)目[ぬいめ] ①솔기. 바느질 자리. ②땀. 바늘로 뜬 눈.
縫(い)紋[ぬいもん] 수를 놓아 나타낸 가문(家紋).
縫(い)物[ぬいもの] ①재봉. 바느질. ②바느질감. ③자수(刺繍). 수를 놓음.
縫(い)箔[ぬいはく] ①(옛날에) 꿰매 붙였던 금박·은박의 총칭. ②금실·은실로 놓는 자수(刺繍).
縫い方[ぬいかた] ①꿰매는 방법. ②재봉 담당자.
縫い付ける[ぬいつける] 〈下1他〉 다른 천을 대어 꿰매다. 꿰매 붙이다.
縫い糸[ぬいいと] 바느질 실. 재봉실.
縫い上げる[ぬいあげる] 〈下1他〉 ①(어깨·허리에) 주름을 잡아서 꿰매 넣다. ②꿰매 완성하다.
縫い込み[ぬいこみ] 접어 넣고 꿰맨 시접.
縫い込む[ぬいこむ] 〈5他〉 ①(물건을) 속에 넣고 꿰매다. ②시접 안에 들어가도록 꿰매다. ③정성껏 꿰매다.

縫(い)取り[ぬいとり] ①자수(刺繡). 수를 놓음. ②자수를 놓은 和服(わふく)의 옷감.

縫(い)針①[ぬいはり] 바느질. 재봉. ②[ぬいばり] 바느질 바늘. 재봉 바늘.

縫い合(わ)せる[ぬいあわせる]〈下1他〉①꿰매어 잇다. 꿰매어 맞추다. ②(성질이 상반된) 둘을 하나로 조화시키다.

音読

縫製[ほうせい] 봉제; 재봉틀로 박아서 만듦.

縫合[ほうごう]《医》봉합; 수술 부위나 상처 등을 꿰맴.

逢ˣ(逢) 만날 봉
音 ⊗ホウ
訓 ⊗あう ⊗おう

訓読

⊗逢う[あう]〈5自〉(사람을) 만나다. 대면하다.

音読

逢着[ほうちゃく] 봉착; (좋지 않은 일에) 맞부딪침. 마주침. 만남.

捧 두손으로 받들 봉
音 ⊗ホウ
訓 ⊗ささげる

訓読

¹⊗捧げる[ささげる]〈下1他〉①양손으로 높이 받들다. ②바치다. 헌상(献上)하다. ③(정성·사랑을) 바치다.

捧げ物[ささげもの] 바치는 물건. 진상품(進上品). 헌물(献物). 헌상물(献上物).

捧げ銃[ささげつつ] 받들어총.

蜂 벌 봉
音 ⊗ホウ
訓 ⊗はち

訓読

⊗蜂[はち]《虫》벌.

蜂蜜[はちみつ] 벌꿀. 꿀.

蜂の巣[はちのす] 벌집.

鳳 봉황새 봉
音 ⊗ホウ
訓 —

音読

鳳輦[ほうれん] 봉연; ①임금의 탈것의 미칭(美称). ②꼭대기에 금빛 봉황이 달린 가마.

鳳仙花[ほうせんか]《植》봉선화; 봉숭아.

鳳凰[ほうおう] 봉황. ＊상서롭게 여기는 상상의 새. '鳳'은 수컷, '凰'은 암컷을 말함.

鋒 앞장/끝 봉
音 ⊗ホウ
訓 ⊗ほこ

訓読

⊗鋒先[ほこさき] ①창끝. ②비난·공격의 화살. 공격 방향. 비난 공세.

[부]

不 ①아니 불
②아니 부

☞ 不(불) p. 343

夫 지아비/사내 부
一 二 チ 夫

音 ●フ ●フウ ⊗ブ
訓 ●おっと

訓読

³●夫[おっと] 남편. ¶〜がある 남편이 있다. ¶〜を失(うしな)う 남편을 잃다.

音読

夫君[ふくん] 부군. ＊남의 남편에 대한 존경어.

夫権[ふけん] 부권; 남편의 권리.

²夫婦[ふうふ] 부부; 남편과 아내.

夫婦共稼ぎ[ふうふともかせぎ] 부부 맞벌이.

夫婦連れ[ふうふづれ] 부부 동반.

夫婦仲[ふうふなか] 부부 사이.

²夫人[ふじん] 부인. ＊남의 아내에 대한 존경어임.

²夫妻[ふさい] 부처; 부부(夫婦).

父 아비 부
ノ ハ グ 父

音 ●フ
訓 ●ちち

訓読

⁴●父[ちち] ①아버지. 부친. ②선구자.

⁴お父さん[★おとうさん] ①아버님. 아버지. ②(아내가 남편을 부를 때) 여보.

父方[ちちかた] 부계(父系). 아버지 쪽의 혈통.
父上様[ちちうえさま] 아버님.
²父親[ちちおや] 부친; 아버지. ＊호칭은 아님.

音読
²父母[ふぼ/ちちはは] 부모; 어버이.
父子[ふし] 부자; 아버지와 아들.
父子相伝[ふしそうでん] 부자상전; 부전자전(父伝子伝).
父兄[ふけい] 부형; 학부형(学父兄).
父兄会[ふけいかい] 학부형회(学父兄会).

付   붙을 부

ノ イ 仁 付 付

音 ●フ
訓 ●つく ●つける

訓読
²●付く[つく] 〈5自〉 ①(떨어지지 않게) 달라붙다. 붙다. ②(이물질이) 묻다. ③(힘·재능·실력이) 생기다. ④(새로운 것이) 덧붙다. 붙다. ⑤갖추어지다. ⑥뒤따르다. ⑦(불이) 켜지다. 붙다. ⑧(길이) 만들어지다. ⑨자국이 생기다. ⑩기록되다.
²付き[つき] ①달라붙음. 붙는 상태. ②불이 붙음. 인화성(引火性). ③시중듦. ④≪俗≫ 재수. 운. ⑤붙임성. 애교(愛嬌).
付(き)人[つきびと] 시중드는 사람.
付(き)切り[つききり] 항상 곁에 붙어있음.
付き従う[つきしたがう] 〈5自〉 ①수행하다. 뒤따르다. ②부하가 되다. ③복종하다. ④아첨하다.
付(き)添(い)[つきそい] 시중꾼. 시중듦.
付き添う[つきそう] 〈5自〉 곁에서 시중들다. 곁에 따르다.
²付(き)合い[つきあい] ①교제(交際). 사귐. ②교제상.
²付き合う[つきあう] 〈5自〉 ①교제하다. 사귀다. ②(의리상) 행동을 함께 하다.
²●付ける[つける] 〈下1他〉 ①(떨어지지 않게) 붙이다. 부착시키다. ②(이물질을) 묻히다. 바르다. 칠하다. ③(힘·재능·실력을) 익히다. 붙이다. ④(새로운 것을) 덧붙이다. 곁들이다. ⑤뒤쫓다. ⑥(불을) 켜다. ⑦(자국을) 남기다. 내다. ⑧기록하다. 기입하다. 적다. ⑨주목하다. ⑩(결말을) 내다. 마무리 짓다.

付け[つけ] ①붙임. ②청구서. 계산서. ③외상. ④歌舞伎(かぶき)에서, 효과를 내기 위해 딱따기로 마루를 침. ⑤(동사 ます형에 접속하여) 늘 …함. 단골로 …함. ⑥날짜.
¹付け加える[つけくわえる] 〈下1他〉 (이미 있는 것에 새로운 것을) 부가하다. 덧붙이다. 첨가하다. 곁들이다.
付け景気[つけげいき] 경기가 좋은 것처럼 꾸밈.
付け届け[つけとどけ] ①선물. ②뇌물. ③신고(申告). 통보.
付(け)落とし[つけおとし] 장부상의 누락.
付(け)目[つけめ] ①노리는 점. 이용할 약점. ②숨겨진 목적.
付け上がる[つけあがる] 〈5自〉 버릇없이 굴다. 기어오르다.
付(け)焼き[つけやき] 간장을 발라 구움.
付(け)焼き刃[つけやきば] ①벼락치기로 배운 지식. ②임시변통의 가장(仮装). ③무딘 칼의 날에만 강철을 덧붙인 것.
付(け)人[つけびと] ①시중드는 사람. ②비서(秘書). ③付家老(つけがろう).
付け入る[つけいる] 〈5自〉 ①기회를 잘 이용하다. ②비위를 맞추다.
付(け)込(み)[つけこみ] ①기회를 포착함. ②장부에 기입함.
付け狙う[つけねらう] 〈5他〉 늘 뒤를 밟으며 노리다.
付(け)足し[つけたし] 덧붙임. 곁들여 냄.
付け替える[つけかえる] 〈下1他〉 바꾸어 붙이다. 갈아붙이다.
付(け)睫[つけまつげ] 만들어 붙인 속눈썹.
付(け)合(わ)せ[つけあわせ] 서비스 요리.
付(け)火[つけび] 방화(放火). 불을 냄.
付け回す[つけまわす] 〈5他〉 귀찮게 따라다니다. 끈덕지게 쫓아다니다.

音読
付す[ふす] 〈5自他〉 ☞ 付する
付する[ふする] 〈サ変自〉 따르다. 〈サ変他〉 ①덧붙이다. 첨부하다. 딸리다. 달다. ②(재판에) 회부하다. 부치다. ③교부하다. 주다. ④…라는 형태로 처리하다.
付加[ふか] 부가; 덧붙임. 첨가함.
²付近[ふきん] 부근; 근처. 근방.
付記[ふき] 부기; 덧붙여 기록함.
付帯[ふたい] 부대; 곁달아서 덧붙임.

付図[ふず] 부도; 부속된 지도.

¹付録[ふろく] 부록; ①본문에 덧붙여 쓴 것. ②별책 부록.

²付属[ふぞく] 부속; 주된 것에 딸려 붙음.

付随[ふずい] 부수; 붙어서 따라감.

付言[ふげん] 부언; 덧붙여 말함.

付与[ふよ] 부여; 줌. 주는 일.

付議[ふぎ] 부의; 회의에 부침.

付箋[ふせん] 부전; 간단한 의견을 써서 덧붙인 쪽지.

付着[ふちゃく] 부착; 달라붙어 떨어지지 않음.

付則[ふそく] 부칙; 부가한 규칙.

付託[ふたく] 부탁; 위탁.

付表[ふひょう] 부표; 본문에 곁들인 표.

付和[ふわ] 부화; 경솔하게 찬성함.

扶　도울 부

一 十 扌 扌 抃 扗 扶

音 ●フ
訓 ―

音読

扶植[ふしょく] 부식; (세력·사상을) 심음. 뿌리박음.

¹扶養[ふよう] 부양; 경제 능력이 없는 사람의 생활을 돌봄.

扶育[ふいく] 부육; 도와서 기름.

扶育料[ふいくりょう] 보육료(保育料).

扶助[ふじょ] 부조; 남을 도와줌. 보조(補助).

扶助料[ふじょりょう] ①생활 보조금. ②국가가 유족에게 지급하는 연금.

扶持[ふち] 부지; ①생활을 도와줌. ②녹미(禄米).

扶持米[ふちまい] 주군이 신하에게 급여로 준 쌀. 녹미(禄米).

否　아니 부

一 フ ア 不 不 否 否

音 ●ヒ
訓 ●いな ⊗いや

訓読

●❶否[いな] ①반대. ②아님. 아니오.

²⊗否❷[いや] ①〈形動〉싫음. 좋아하지 않음. ②〈感〉아니. 아냐. ③〈接〉그러면.

否や[いなや] ①…인지 아닌지. …인지 어떤지. ②…하자마자. …함과 동시에. ③가부(可否). ④반대.

音読

否❶[ひ] 부; 불찬성. ❷[いな/いや] ☞[訓読]

¹否決[ひけつ] 부결; 의안을 승인하지 않는 의결(議決).

否認[ひにん] 부인; 인정하지 않음.

²否定[ひてい] 부정; 그렇지 않다고 부인함.

府　마을/곳집/관청 부

' 二 广 广 广 府 府 府

音 ●フ
訓 ―

音読

府[ふ] 부. *지방 단체의 하나로 현재는 '大阪府(おおさかふ)'와 '京都府(きょうとふ)'가 있음.

府立[ふりつ] 부립; 지방 자치 단체인 府(ふ)에서 설립함.

府税[ふぜい] 부세; 지방 자치 단체인 府(ふ)에서 부과하는 지방세.

府営[ふえい] 부영; 지방 자치 단체인 府(ふ)의 경영.

府議会[ふぎかい] 부의회; 지방 자치 단체인 府(ふ)의 의결 기관.

府中[ふちゅう] ①옛날 国府(こくふ)의 소재지. ②조정에서 정치를 하는 공식적인 장소.

府知事[ふちじ] 부지사; 지방 단체인 大阪府(おおさかふ)와 京都府(きょうとふ)의 지사(知事)를 말함.

府庁[ふちょう] 지방 자치 단체인 府(ふ)의 행정을 맡은 관청.

府下[ふか] 지방 자치 단체인 府(ふ)의 구역 안.

府県[ふけん] 부현; 지방 자치 단체인 '府(ふ)'와 '県(けん)'을 말함.

附　붙을/부칠 부

' ⻖ ⻖ 阝' 阼 阼 附 附

音 ●フ
訓 ⊗つく ⊗つける

訓読

⊗附く[つく] 〈5自〉 ☞ 付(つ)く

⊗附ける[つける] 〈下1他〉 ☞ 付(つ)ける

音読
附加[ふか] 부가; 덧붙임. 첨가함.
附近[ふきん] 부근; 근처. 근방.
附記[ふき] 부기; 덧붙여 기록함.
附帯[ふたい] 부대; 곁달아서 덧붙임.
附録[ふろく] 부록; ①본문에 덧붙여 쓴 것. ②별책 부록.
附属[ふぞく] 부속; 주된 것에 딸려 붙음.
附随[ふずい] 부수; 붙어서 따라감.
附言[ふげん] 부언; 덧붙여 말함.
附着[ふちゃく] 부착; 달라붙어 떨어지지 않음.
附則[ふそく] 부칙; 부가한 규칙.
附表[ふひょう] 부표; 본문에 곁들인 표.

負 짐질/입을/빚 부

丿 丶 ク ク 冋 冃 台 台 負 負

音 ●フ
訓 ●おう ●まかす ●まかる ●まける

訓読
¹●負う[おう] 〈他〉 ①(등에) 짊어지다. 업다. ②(책임·비난·상처 등을) 입다. ③등지다. 〈5自〉 ①힘입다. 도움 받다. ②어울리다. 맞먹다.
負い目[おいめ] ①마음의 부담. 부담감. 빚을 진 느낌. ②빚. 부채(負債).
¹●負かす[まかす] 〈他〉 (상대를) 이기다.
●負かる[まかる] 〈5自〉 값을 깎을 수 있다.
²●負ける[まける] 〈下1自〉 ①(싸움에) 지다. 패배하다. ②너그럽게 봐주다. 용서해 주다. ③(유혹·분위기에) 압도되다. 지다. ④(강한 자극으로) 피부에 염증이 생기다. 〈下1他〉 ①(값을) 깎아주다. ②덤으로 주다.
²負け[まけ] ①(싸움에) 짐. 패배. ②값을 싸게 함. 경품(景品). 덤.
負け犬[まけいぬ] 싸움에 지고 슬금슬금 도망치는 개.
負け惜しみ[まけおしみ] (승부에 지고도) 억지를 부림.
負け星[まけぼし] (씨름에서) 졌다는 표시로 패자(敗者)의 이름 위에 찍는 검은 점.
負け越し[まけこし] (승부에) 진 횟수가 이긴 횟수보다 많음.
負け戦[まけいくさ] 패전(敗戰). 싸움에 짐.
負けず嫌い[まけずぎらい] 몹시 지기를 싫어함.
負けじ魂[まけじだましい] 지지 않으려는 투지. 오기(傲気).

音読
¹負担[ふたん] 부담; ①어떤 일의 의무·책임을 맡음. ②능력에 넘치는 일·의무·짐을 짐.
¹負傷[ふしょう] 부상; 상처를 입음.
¹負債[ふさい] 부채; 빚. 채무(債務).
負荷[ふか] 부하; ①짊어짐. 떠맡음. ②부모의 직업을 이어받음. ③ ≪物≫ 원동기에 가해지는 작업량. 하중(荷重).

赴 다다를 부

一 十 土 耂 耂 未 走 赴 赴

音 ●フ
訓 ●おもむく

訓読
●赴く[おもむく] 〈5自〉 ①(목적지로) 향하여 가다. 떠나다. 출발하다. ②(어떤 경향·상태로) 향하다. 내키다. 들어서다.

音読
赴任[ふにん] 부임; 임지(任地)르 감. 임명받은 곳으로 감.

浮(浮) 물에 뜰 부

丶 丶 氵 汀 浮 浮 浮 浮 浮

音 ●フ
訓 ●うかす ●うかぶ ●うかべる ●うかれる
●うく ●うわつく

訓読
●浮かす[うかす] 〈他〉 ①(물·공중에) 띄우다. 뜨게 하다. ②(겉으로) 나타나게 하다. ③엉거주춤한 상태가 되다. ④(절약하여) 벌다. 남기다. ⑤(마음을) 들뜨게 하다.
浮かされる[うかされる] 〈下1自〉 ①(마음이) 들뜨다. ②(고열로) 정신을 잃다. 의식이 혼미해지다. ③(차를 마시고) 신경이 흥분되다.
²●浮(か)ぶ[うかぶ] 〈5自〉 ①(물·공중에) 뜨다. ②(겉으로) 나타나다. 드러나다. ③(머릿속에) 떠오르다. 생각나다. ④(역경에서) 헤어나다. 형편이 펴다.
浮かび上がる[うかびあがる] 〈5自〉 ①(수면에) 떠오르다. 부상(浮上)하다. ②(모습·윤곽이) 드러나다. ③(역경에서) 벗어나다. 헤어나다.

²●浮(か)べる[うかべる] 〈下1他〉 ①(물・공중에) 띄우다. 뜨게 하다. ②(기억을) 떠올리다. 회상하다. 그리다. ③(감정을) 겉으로 드러내다. 나타나게 하다.

●浮(か)れる[うかれる] 〈下1自〉 (마음이) 들뜨다. 싱숭생숭해지다.

²●浮く[うく] 〈5自〉 ①(물・공중에) 뜨다. ②(고정된 것이) 들뜨다. ③(마음이) 들뜨다. ④(겉으로) 드러나다. 나타나다. 떠오르다. ⑤(절약하여) 남다. ⑥(사이가) 멀어지다.

浮き[うき] ①(물에) 뜸. ②낚시찌. ③(수영용) 튜브.

浮(き)袋[うきぶくろ] ①(수영용) 튜브. ②(물고기의) 부레.

浮(き)貸し[うきがし] ①(금융기관의) 불법 대출. ②옛날에, 물품을 외상으로 주고 팔린 만큼만 수금함.

浮き立つ[うきたつ] 〈5自〉 ①(마음이) 들뜨다. 부풀다. ②돋보이다. 눈에 띄다.

浮(き)名[うきな] ①스캔들. 염문(艶聞). ②뜬소문. 헛소문.

浮き浮きと[うきうきと] 〈副〉 들떠서. 들떠.

浮き上がる[うきあがる] 〈5自〉 ①(수면으로) 떠오르다. ②(바닥에서) 들뜨다. ③(윤곽이) 뚜렷이 나타나다. 드러나다. ④(난관에서) 헤어나다. ⑤고립되다.

浮き世[うきよ] ①덧없는 세상. 뜬세상. 뜻대로 안 되는 괴로운 세상살이. ②속세. 세상.

浮(き)世絵[うきよえ] 江戸(えど) 시대에 유행한 풍속화(風俗画).

浮(き)身[うきみ] 송장헤엄.

浮かぬ顔[うかぬかお] 어두운 얼굴. 무거운 표정.

浮(き)玉[うきだま] 오동나무로 만들어 몸에 감는 튜브.

浮(き)雲[うきぐも] ①뜬구름. ②불안정함.

浮(き)彫(り)[うきぼり] 부조; ①돋을새김. ②사물을 돋보이게 나타냄. 부각시킴.

浮(き)足[うきあし] ①까치발. 발끝으로 서기. ②당장 도망칠 듯한 자세.

浮(き)舟[うきふね] ①《雅》 수면에 떠 있는 조각배. ②수상 비행기의 물에 닿는 부분. 플로트.

浮(き)草[うきくさ] ①《植》 개구리밥. 부평초. ②부초; 수면에 떠 있는 식물. ③불안정한 상태.

浮き出す[うきだす] 〈5自〉 ①(표면에) 떠오르다. 드러나다. ②(무늬가) 도드라지다. ③떠오르기 시작하다.

浮き出る[うきでる] 〈下1自〉 ①(표면에) 떠오르다. 드러나다. ②(무늬가) 도드라지다.

浮き沈み[うきしずみ] 부침; ①떴다 가라앉았다 함. ②흥망성쇠(興亡盛衰).

●浮つく[うわつく] 〈5自〉 마음이 들뜨다.

浮気[うわき] ①바람남. 바람기. ②변덕. 변덕스러움.

浮気者[うわきもの] 바람둥이.

音読
浮動[ふどう] 부동; 물에 떠서 움직임.

浮浪者[ふろうしゃ] 부랑자; 노숙자(露宿者).

浮力[ふりょく] 부력; 물위로 뜨는 힘.

浮薄[ふはく] 부박; 천박하고 경솔함.

浮上[ふじょう] 부상; ①물위로 떠오름. ②침체된 상태에서 벗어나 두각을 나타냄.

浮説[ふせつ] 부설; 뜬소문. 낭설.

浮揚[ふよう] 부양; 물위로 띄워 올림. 물위로 떠오름.

浮言[ふげん] 부언; 뜬소문. 낭설.

浮雲[ふうん] 부운; 뜬구름.

浮遊[ふゆう] 부유; 떠돎.

浮子[★うき] ①물에 뜸. ②낚시찌. ③(수영용) 튜브.

浮腫[ふしゅ] 부종; 몸이 부어오르는 병.

浮腫む[★むくむ] 〈5自〉 몸이 부어오르다.

浮礁[ふしょう] 부초; 인공(人工)으로 된 물고기의 집.

浮沈[ふちん] 부침; ①떴다 가라앉았다 함. ②흥망성쇠(興亡盛衰).

浮評[ふひょう] 부평; 뜬소문. 낭설.

浮標[ふひょう] 부표; 부이(buoy). 물위에 띄워 어떤 표적으로 삼는 물건.

浮華[ふか] 부화; 겉치레뿐임. 실속 없이 겉만 화려함.

剖　　조갤 부

` 亠 亠 辛 立 咅 咅 咅 剖 剖

音 ●ボウ
訓 —

音読
剖検[ぼうけん] 《医》 부검; (시체 따위를) 해부하여 정밀하게 검사함.

部 떼/거느릴/분류 부

`' ㅗ ㅛ 立 产 咅 咅 咅' 剖 部`

音 ●ブ
訓 ―

音読

²部[ぶ] 부; ①한 구분. ②부류. ③(관공서·회사 등의) 부. ④동호인 클럽. ⑤(책·문서를 세는 말로) 부.
部局[ぶきょく] 부국; ①부(部)·국(局)·과(課) 등의 총칭. ②일부분. 국부(局部).
部内[ぶない] 부내; 소속된 범위 안.
部隊[ぶたい] 부대; ①한 단위의 군대. ②공통된 목적을 가진 집단.
部落[ぶらく] 부락; ①마을. ②(江戸(えど) 시대) 천민(賎民)의 부락.
部類[ぶるい] 부류; 종류에 따라 나눈 갈래.
部面[ぶめん] 부면; 몇 개로 나눈 것 중의 한 면.
部門[ぶもん] 부문; (전체를 크게 분류한 각각의) 부서(部署).
²部分[ぶぶん] 부분; 전체를 몇 개로 나눈 것 중의 하나.
部分食[ぶぶんしょく] 부분 일식(日蝕). 부분 월식(月蝕).
部分品[ぶぶんひん] 부분품; 부품(部品).
部署[ぶしょ] 부서; ①할당된 장소·역할. ②역할을 정함.
部数[ぶすう] 부수; 책·신문의 수효.
⁴部屋[★へや] ①방. ②(씨름의) 소속된 도장(道場). ③(궁중의) 내당(内堂). ④(江戸(えど) 시대 大名(だいみょう) 집 하인들의 방.
部屋代[★へやだい] 방세. 방값.
部員[ぶいん] 부원; 부에 속한 사람.
部位[ぶい] 부위; (전체에 대해) 어떤 부분이 차지하는 위치.
³部長[ぶちょう] 부장; 한 부(部)의 장(長).
部族[ぶぞく] 부족; 같은 조상이라는 민족의 단위.
²部品[ぶひん] 부품; 부분품. 부속품.
部下[ぶか] 부하; 어떤 사람을 따르며 그 사람의 명령을 받아 행동하는 사람.
部会[ぶかい] 부회; ①각 부서별 모임. ②부(部) 단위의 모임.
部厚い[ぶあつい] 〈形〉 두툼하다. 두껍다.

副 버금/둘째 부

`一 ㄱ ㅠ ㅠ 戸 咼 咼 咼 副 副`

音 ●フク
訓 ⊗そう ⊗そえる

訓読

⊗副う[そう] 〈5自〉 ①더해지다. 늘다. ②(곁에) 따르다. 붙어 다니다. ③부가가 되다. ④(기대에) 부합되다. 부응하다.
⊗副える[そえる] 〈下1他〉 ①곁들이다. 첨부하다. 덧붙이다. ②붙이다. 딸리게 하다. ③(곁에서) 거들다. ④(흥을) 돋우다.

音読

²副[ふく] 부; ①부차적인 것. ②곁에서 시중듦.
副官[ふっかん/ふくかん] (군대의) 부관.
副社長[ふくしゃちょう] 부사장.
²副詞[ふくし] ≪語学≫ 부사.
副産物[ふくさんぶつ] 부산물.
副賞[ふくしょう] 부상; 정식 상품 이외에 덧붙여 주는 상.
副食[ふくしょく] 부식; 반찬.
副審[ふくしん] 부심; 주심(主審)을 돕는 심판.
副業[ふくぎょう] 부업; 본업 외에 갖는 직업.
副議長[ふくぎちょう] 부의장.
副作用[ふくさよう] 부작용; 본래의 작용에 부수하여 일어나는 작용.
副題[ふくだい] 부제; 부제목.
副会長[ふくかいちょう] 부회장.

婦(婦) 며느리/부인 부

`く 女 女 妒 妒 婦 婦 婦 婦 婦`

音 ●フ
訓 ―

音読

婦警[ふけい] 여경(女警). '婦人警察'의 준말.
婦女子[ふじょし] 부녀자; 여자와 어린이.
婦女暴行[ふじょぼうこう] 부녀 폭행.
婦徳[ふとく] 부덕; 여자가 지켜야 할 덕의(徳義).
婦道[ふどう] 부도; 여자가 마땅히 지켜야 할 도리.
²婦人[ふじん] 부인; ①여성. ②결혼한 여성.
婦長[ふちょう] 수(首) 간호사.

符 증거 부

ノ 亻 ケ 竹 竹 竹 炸 符 符 符

音 ●フ
訓 ―

音読

符[ふ] ①부적(符籍). ②(옛날에) 관청에 내린 공문서. ③증표(証票). ④기호. 부호.

符丁[ふちょう] ①(특별한 뜻의) 기호・부호・도장. ②비밀 가격표. ③은어(隠語).

符合[ふごう] 부합; 둘이 서로 꼭 들어맞음.

²符号[ふごう] 부호; ①기호(記号). ② 《数》수의 음(陰)・양(陽)을 나타내는 '＋'와 '－'의 부호.

富 부자/넉넉할 부

丶 宀 宀 宀 宔 宣 宫 富 富 富

音 ●フ ●フウ
訓 ●とむ ●とみ

訓読

¹●富む[とむ] 〈5自〉①부자가 되다. 부유해지다. ②…이 많다. …이 풍부하다.

富み栄える[とみさかえる] 〈F1自〉 부자가 되다. 부유해지다.

¹●富[とみ] 부; ①재산. 재화(財貨). ②자원(資源). ③'富籤(とみくじ)'의 준말.

富札[とみふだ] '富籤(とみくじ)'의 번호표. 복권(福券). 추첨권.

富籤[とみくじ] 江戸(えど) 시대에 유행했던 복권(福券).

音読

富強[ふきょう] 부강; ①부유하고 강함. ②'富国強兵'의 준말.

富国強兵[ふこくきょうへい] 부국강병.

富貴[ふうき/ふっき] 부귀; 재산이 많고 지위가 높음.

富農[ふのう] 부농; 부자 농가.

富力[ふりょく] 부력; 부(富)의 힘. 돈의 힘. 재력(財力).

富士山[ふじさん] 후지산. ＊일본에서 제일 높은 산으로서 높이는 3776미터임.

富有[ふゆう/ふゆ] 부유; 부자. 재산가.

富裕[ふゆう] 부유; 재산이 넉넉함.

富豪[ふごう] 부호; 재산이 많고 세력이 있는 사람.

腐 썩을 부

亠 广 广 戸 戸 府 府 府 腐 腐

音 ●フ
訓 ●くさらす ●くさらせる ●くさる ●くされる

訓読

●腐らす[くさらす] 〈5他〉①썩게 하다. ②속상하게 하다. 속을 썩이다.

●腐らせる[くさらせる] 〈F1他〉①썩게 하다. ②속상하게 하다. 속을 썩이다.

²●腐る[くさる] 〈5自〉①썩다. 부패되다. 상하다. ②(나무가) 썩다. (금속이) 삭다. 녹슬다. (바위가) 부슬부슬하게 되다. ③(정신이) 타락하다. 썩다. ④기가 죽다. 침울해하다. 상심하다.

腐り[くさり] ①썩음. 부패. ②썩은 부분. 썩은 정도.

●腐れる[くされる] 〈下1自〉 썩다. 상하다. 부패되다.

腐れ[くされ] ①썩음. 썩은 것. 썩은 정도. ②(욕할 때) 썩은. 더러운.

腐れ縁[くされえん] 끊을 수 없는 지겨운 인연. 지긋지긋한 사이.

音読

腐乱[ふらん] 부란; 썩어 문드러짐.

腐食[ふしょく] 부식; ①썩어 문드러짐. ②화학 작용에 의해 변질・소모되는 현상.

腐心[ふしん] 부심; 고심. 애씀.

腐肉[ふにく] 부육; 썩은 고기.

腐臭[ふしゅう] 부취; 썩은 냄새.

腐敗[ふはい] 부패; 썩음.

腐朽[ふきゅう] 부후; 썩어서 문드러짐. 노후화(老朽化)됨.

敷(敷) 깔/펼 부

一 一 亓 亩 亩 重 専 尃 尃 敷

音 ●フ
訓 ●しく

訓読

²●敷く[しく] 〈5他〉①(바닥에) 깔다. 펴다. ②(물건 밑에) 깔다. ③깔아뭉개다. ④진(陣)을 치다. ⑤(철도를) 부설하다. ⑥(정치・법을) 펴다. 베풀다.

敷居[しきい] 문턱. 문지방.

敷金[しききん] ①집세 보증금. ②거래 보증금.

敷物[しきもの] 깔개.

敷石[しきいし] 포석(鋪石). 현관 앞의 통로나 정원 등에 까는 돌.

²敷地[しきち] 부지; 대지(垈地).

敷板[しきいた] ①바닥 널. 깔판. ②마루청. 청널. ③변소의 발판.

敷布[しきふ] 요 위에 까는 천. 시트.

敷布団[しきぶとん] 요.

敷皮[しきがわ] 모피 깔개.

音読

敷設[ふせつ] 부설; 깔아서 설치함. 설치해 둠.

敷延[ふえん] 부연; 덧붙여 알기 쉽게 자세히 설명을 늘어놓음.

膚 살갗 부

' ⺆ ⺆ ⺆ ⺆ 膚 膚 膚 膚 膚

音 ◉フ
訓 ⊗はだ

訓読

⊗膚[はだ] ①피부. 살갗. 살결. ②(물건의) 표면. 거죽. 껍질. ③성질. 기질. 성미.

音読

◑皮膚[ひふ]、皮膚病[ひふびょう]

賦 구실/읊을 부

⺆ ⺆ ⺆ ⺆ ⺆ 賦 賦 賦 賦 賦 賦

音 ◉フ ◉ブ
訓 —

音読

賦[ふ] ①느낀 그대로 적는 한시체(漢詩体)의 하나. ②글귀 끝에 운(韻)을 달고 대(対)를 맞추는 한문체(漢文体)의 하나.

賦課[ふか] 부과; 세금이나 의무를 할당함.

賦金[ふきん] 부금; ①부과금(賦課金). ②연부(年賦)・월부(月賦)의 상환.

賦払い[ぶばらい] 부불; 분할 지불. 할부(割賦).

賦税[ふぜい] 부세; 세금을 부과함.

賦与[ふよ] 부여; ①나눠줌. ②(재능 등이) 태어날 때부터 있음.

賦役[ふえき] 부역; ①토지에 대한 세금. ②부역(賦役). 노역(労役).

簿(簿) 장부 부

⺮ ⺮ ⺮ ⺮ 箔 箔 箔 簿 簿

音 ◉ボ
訓 —

音読

簿記[ぼき] 부기; 일정(一定) 기간 동안의 기업의 경제 활동을 일정한 기록 방법으로 출납과 거래 내용을 정리하는 기장(記帳) 방법.

簿冊[ぼさつ] 부책; 장부(帳簿).

芙 연꽃 부

音 ⊗フ
訓 —

音読

芙蓉[ふよう] ① ≪植≫ 부용. ②'연꽃'의 딴 이름.

芙蓉の峰[ふようのみね] '富士山(ふじさん)'의 미칭(美称).

斧 도끼 부

音 ⊗フ
訓 ⊗おの

訓読

⊗斧[おの] 도끼.

俘 사로잡을 부

音 ⊗フ
訓 —

音読

俘虜[ふりょ] 부로; 포로(捕虜). ＊현재는 '捕虜(ほりょ)'로 대체하여 사용하고 있음.

俘囚[ふしゅう] 부수; 포로(捕虜).

訃 부고할 부

音 ⊗フ
訓 —

音読

訃[ふ] 부; 부고(訃告). 부음(訃音). 사망했다는 소식. 사망했다는 소식을 알림.

訃報[ふほう] 부보; 부음(訃音). 사망했다는 소식. ¶〜に接(せっ)する 쿠보에 접하다. ＊사망 소식을 받는 쪽에서 사용.

訃音[ふいん/ふおん] 부음; 부그(訃告). 사망했다는 소식.

俯 머리숙일 부

音	⊗フ
訓	⊗うつむく
	⊗うつぶす

訓読

¹⊗俯く[うつむく]〈5自〉머리를 숙이다. 고개를 숙이다.

⊗俯ける[うつむける]〈下1他〉①(고개를) 떨구다. 숙이다. ②(그릇 등을) 엎어 놓다. 뒤집어 놓다.

⊗俯す[うつぶす]〈5自〉①엎드리다. ②머리를 숙이다. 고개를 숙이다.

⊗俯せる[うつぶせる]〈下1自〉엎드리다. 〈下1他〉①(고개를) 숙이다. ②(그릇 등을) 엎어놓다. 뒤집어 놓다.

音読

俯瞰図[ふかんず] 부감도; 높은 곳에서 내려다본 그림.

俯伏[ふふく] 부복; 고개를 숙이고 엎드림.

釜 가마 부

音	⊗フ
訓	⊗かま

訓読

²⊗釜[かま] 솥. 가마솥.

釜飯[かまめし] (솥째로 내놓는) 솥 밥.

埠 부두 부

音	⊗フ
訓	—

音読

埠頭[ふとう] 부두; 선창(船艙). 항만 내에 배를 정박시켜 승객의 승선(乘船)·하선(下船) 및 하물(荷物)의 하역(荷役)을 하는 곳.

腑 내장 부

音	⊗フ
訓	—

音読

腑[ふ] 부; ①내장(内臟). ②마음속. 생각.

腑甲斐無い[ふがいない] 〈形〉 무기력하다. 패기가 없다. 한심스럽다.

腑抜け[ふぬけ] ①멍청함. 얼빠짐. ②겁간이. 겁쟁이.

腑抜ける[ふぬける]〈下1自〉≪俗≫ 얼빠지다. 멍청해지다. 무기력해지다.

腑分け[ふわけ] (江戸(えど) 시대의 의학용어로) 해부(解剖). 해체(解体).

孵 알깔 부

音	⊗フ
訓	⊗かえす
	⊗かえる

訓読

⊗孵す[かえす]〈5他〉(알을) 까다. 부화하다.

⊗孵る[かえる]〈5自〉(알이) 부화되다.

音読

孵卵[ふらん] 부란; 알을 깜.

孵卵器[ふらんき] 부란기; 부화기.

孵化[ふか] 부화; 알을 깜.

孵化器[ふかき] 부화기; 부란기.

[북]

北 ①북녘 북 ②달아날 배

一 十 十 北 北

音	●ホク
訓	●きた

訓読

⁴●北[きた] 북; ①북쪽. 북녘. ②북풍.

北国❶[きたぐに] 북국; 북쪽 나라. 북쪽 지방. ❷[ほっこく] 북쪽 나라. 북쪽 지방. ②北陸道(ほくりくどう)의 여러 지방.

北半球[きたはんきゅう] ≪地≫ 북반구.

北側[きたがわ] 북측; 북쪽.

北風[きたかぜ] 북풍; 삭풍. 북새바람.

北向き[きたむき] 북향; 북쪽으로 향함.

北回帰線[きたかいきせん] ≪地≫ 북회귀선.

音読

北欧[ほくおう] 북구; 북유럽.

²北極[ほっきょく] ≪地≫ 북극.

北端[ほくたん] 북단; 북쪽 끝.

北東[ほくとう] 북동; 북쪽과 동쪽.

北斗七星[ほくとしちせい] ≪天≫ 북두칠성.

北米[ほくべい] 북미; 북아메리카.

北方[ほっぽう] 북방; 북쪽.

北方領土[ほっぽうりょうど] 북방 영토.

北部[ほくぶ] 북부; 북쪽의 부분.

北上[ほくじょう] 북상; 북쪽으로 올라감.

北西[ほくせい] 북서; 북쪽과 서쪽.

北緯[ほくい] 북위; 적도 이북의 위도.

北進[ほくしん] 북진; 북쪽으로 나아감.

北海道[ほっかいどう] 홋카이도.

[분]

分   나눌 분

丿 八 分 分

音 ●ブ ●フン ●ブン

訓 ●わかつ ●わかる ●わかれる ●わける

●分かつ[わかつ] 〈他〉 ①(여럿으로) 나누
다. 구분하다. ②이별하다. 헤어지다. ③구
별하다. ④칸을 막다. 칸을 지르다. ⑤판별
하다. 분간하다. ⑥분배하다. 나누다.

分(か)ち書き[わかちがき] 띄어쓰기.

³●分かる[わかる] 〈5自〉 ①(모르던 것을) 알
다. 이해하다. 깨닫다. 터득하다. ②세상
물정을 알다. 이해심이 있다. ③밝혀지
다. 판명되다. 〈5他〉 (기분을) 알다. 이해
하다. 받아들이다.

分からず屋[わからずや] (아무리 설명해도)
이해하지 못하는 사람. 벽창호.

²●分(か)れる[わかれる] 〈下1自〉 ①나뉘다.
갈리다. 분리되다. 분열되다. 갈라지다.
②판가름 나다.

分(か)れ道[わかれみち] ①갈림길. 기로(岐
路). ②샛길.

分(か)れ目[わかれめ] ①갈림길. 분기점(分
岐点). ②갈라설 때. 헤어질 때.

²●分ける[わける] 〈下1他〉 ①나누다. 가르
다. 분할하다. ②헤치다. ③분류하다. 구
분하다. ④중재하다. 말리다. ⑤무승부로
하다. 비기다.

分け[わけ] ①나눔. 가름. 분할. 구분. 분
배. ②비김. 무승부. ③(마을·부락의) 소
구분. ④(기생이) 화대를 포주와 반반씩
나눔. ⑤모든 비용. 지불.

分け隔て[わけへだて] 차별 대우. 차별을
둠. 차별화함.

分け目[わけめ] ①경계. 경계선. ②갈림길.
분기점. 판가름. 고비.

分け髪[わけがみ] 가리마. 가르마를 탄 머리.

分け入る[わけいる] 〈5自〉 헤치고 들어가다.

分け作[わけさく] 지주(地主)와 소작인이
수확을 반반씩 나누어 가짐.

分(け)前[わけまえ] 몫. 할당. 배당.

分(け)取り[わけどり] 나누어 가짐. 분배함.

²分❶[ぶ] ①푼. ②1할의 10분의 1. 한 치의
10분의 1. ③할(割). 전체를 10등분한 것.
④江戸(えど)시대의 화폐의 단위. ⑤ ≪楽≫
전음(全音)을 등분한 길이. ⑥승산(勝算).
⑦이익의 정도. 배당. ⑧두께의 정도.

⁴分❷[ふん] 분; ①(시간의 단위) 60초. ②각
도의 단위. ③(무게의 단위) 푼.

²分❸[ぶん] ①1부분. ②몫. ③(사물의) 상태.
정도. ④분수. 신분. ⑤본분. 직분. ⑥종
류. 물건. ⑦등분(等分). ⑧그에 해당하는
신분. …뻘 되는 사람. ⑨계절. 철. ⑩범
위. 분량.

分家[ぶんけ] 분가; 가족의 일부가 따로 독
립하여 일가(一家)를 이룸.

分科[ぶんか] 분과; 과목(科目)을 나눔. 나
눈 과목.

分光[ぶんこう] 분광; 프리즘을 통해 빛을
스펙트럼으로 나눔.

分校[ぶんこう] 분교; 본교에서 따로 떨어져
설립한 학교.

分権[ぶんけん] 분권; 권력을 분산함.

分岐点[ぶんきてん] 분기점; 갈림길.

分納[ぶんのう] 분납; 나누어서 납부함.

分団[ぶんだん] 분단; 그룹. 세분한 집단.

分断[ぶんだん] 분단; 나누어 끊음.

¹分担[ぶんたん] 분담; 부담을 나누어 맡음.

分隊[ぶんたい] 분대; 군대의 최소 단위.

分度器[ぶんどき] 분도기; 각도기.

²分銅[ふんどう] 분동; 저울추.

¹分量[ぶんりょう] 분량; ①무게. ②용적(容
積). 수량. ③분수. 신분.

分流[ぶんりゅう] 분류; ①갈라져 흐르는
물줄기. 지류(支流). ②분파(分派). 유파
(流派).

分留[ぶんりゅう] ≪化≫ 분류; 분별 증류.

²分類[ぶんるい] 분류; 종류에 따라 나눔.

¹分離[ぶんり] 분리; 나눔. 나누어 짐.

分立[ぶんりつ] 분립; ①갈라져 존재함.
②따로 갈라져 설립함.

分娩[ぶんべん] 분만; 해산(解産).

分売[ぶんばい] 분매; 일부분씩 나누어서
판매함.

¹分母[ぶんぼ] ≪数≫ 분모.

¹分配[ぶんぱい] 분배; 고르게 나눔.

分別❶[ふんべつ] 분별력. 지각력(知覚力). 철.
❷[ぶんべつ] 분별; 종류에 따라 구별함.

¹**分散**[ぶんさん] 분산: ①갈라져 흩어짐. ②≪物≫ 소리나 빛의 분산. ③≪数≫ 편차의 정도. ④(江戸(えど) 시대의) 파산(破産). 도산(倒産).

²**分析**[ぶんせき] 분석; ①물질의 성분을 검출함. ②사물을 요소·성분별로 구조를 밝힘.

²**分数**[ぶんすう] ≪数≫ 분수.

分乗[ぶんじょう] 분승: 나누어 탐.

分身[ぶんしん] 분신: ①한 몸이 둘로 갈라짐. ②자식. 자식을 낳음. ③≪仏≫ 화신(化身).

分室[ぶんしつ] 분실: ①나뉜 작은 방. ②출장소.

¹**分野**[ぶんや] 분야: 범위. 영역.

分譲[ぶんじょう] 분양: (토지나 건물의) 일부분을 나누어 양도함.

¹**分業**[ぶんぎょう] 분업: ①분담하여 일을 함. ②제품 공정을 부분별로 분담 생산함.

分与[ぶんよ] 분여: 나누어 줌.

¹**分裂**[ぶんれつ] 분열: ①찢어져 갈라짐. ②생물의 개체가 무성적(無性的)으로 나뉘어서 번식함.

¹**分子**[ぶんし] 분자: ① ≪化≫ 독립성을 가진 화학 물질의 최소 단위. ② ≪数≫ 분자. ③조직체의 구성원.

分掌[ぶんしょう] 분장; 분담(分担).

分店[ぶんてん] 분점: 지점(支店).

分際[ぶんざい] 분수. 주제. 신분.

分冊[ぶんさつ] 분책; 낱권.

¹**分村**[ぶんそん] 분촌: ①본 마을에서 분리된 마을. ②집단 이주촌.

分派[ぶんぱ] 분파: 갈라져 나온 파.

²**分布**[ぶんぷ] 분포: ①나뉘어 퍼짐. ②종류에 따라 따로 존재함.

分捕る[ぶんどる] 〈5他〉①노획하다. ②탈취하다. 빼앗다.

分筆[ぶんぴつ] 분필: 필지(筆地) 분할.

分限❶[ぶげん] ①분수. 신분. 주제. ②부자. 재산가. ❷[ぶんげん] ①분수. 신분. 주제. ②공무원의 지위·자격. ③부자. 부호. 재산가.

分割[ぶんかつ] 분할: 몇 개로 나눔.

²**分解**[ぶんかい] 분해: ①결합된 것을 잘게 나눔. ②화합물이 두 종류 이상의 물질로 나뉨. 또는 그렇게 나눔.

分会[ぶんかい] 분회: 본부의 관리하에 따로 나누는 모임.

分厚い[ぶあつい] 〈形〉 두껍다. 두툼하다.

奔　　달릴 분

一 ナ 六 本 卒 卒 奔 奔

音 ●ホン
訓 ⊗はしる

訓読
⊗**奔る**[はしる] 〈5自〉(주인이나 부모에게서) 달아나다. 도망치다. 도망쳐 몸을 숨기다.

音読
奔騰[ほんとう] 분등: 폭등(暴騰).
奔流[ほんりゅう] 분류: 격류(激流).
奔走[ほんそう] 분주: 뛰어다니며 노력함.

盆　　동이 분

丿 八 分 分 分 盆 盆 盆

音 ●ボン
訓 ―

音読
²**盆**[ぼん] ①쟁반. ②우란분재(盂蘭盆斎). 음력 7월 15일 전후에 걸쳐 조상의 제사를 지내는 불사(仏事).
盆暮れ[ぼんくれ] 우란분재(盂蘭盆斎)와 연말(年末).
盆石[ぼんせき] 분석; 분경(盆景)에 사용된 자연석 돌.
盆踊り[ぼんおどり] 우란분재(盂蘭盆斎)의 민속춤.
盆栽[ぼんさい] 분재: 관상용으로 화분에 심은 화초나 나무.
²**盆地**[ぼんち] 분지: 산으로 둘러싸인 평지.

粉　　가루 분

丶 ソ 丬 才 氺 米 米 料 粉 粉

音 ●フン
訓 ●こ ●こな

訓読
¹●**粉**[こな/こ] (주로 곡식 종류의) 가루. 분말.
粉ミルク[こなミルク] 분유(粉乳). 분말 우유.
粉微塵[こなみじん] 산산조각이 남.
¹**粉粉**[こなごな] 산산조각이 남.
粉雪[こなゆき] 싸락눈.
粉薬[こなぐすり] 가루약.

音読
粉骨砕身[ふんこつさいしん] 분골쇄신.
¹粉末[ふんまつ] 분말; 가루.
粉本[ふんぽん] 분본: ①(동양화의) 밑그림. ②그림·문장 등의 교본. ③참조용으로 복사한 그림.
粉砕[ふんさい] 분쇄: ①잘게 부숨. ②완전히 쳐부숨.
粉食[ふんしょく] 분식: 밀가루 음식.
粉乳[ふんにゅう] 분유: 분말 우유.
粉塵[ふんじん] 분진: 돌·금속 등이 부서져서 된 가루 먼지.
粉塵公害[ふんじんこうがい] 분진 공해.

紛   어지러울 분

` ⠉  ⠿  纟  纟  纟  糸  糸  紛  紛 `

音 ●フン
訓 ●まぎらす ●まぎらわしい ●まぎらわす ●まぎれる ⊗まがう ⊗まがえる

訓読
●紛らす[まぎらす] 〈5他〉 ①(비슷한 것과 섞어) 감추다. 얼버무리다. ②(다른 것으로 기분·마음을) 달래다.
¹●紛らわしい[まぎらわしい] 〈形〉 헷갈리기 쉽다. 혼동하기 쉽다.
●紛らわす[まぎらわす] 〈5他〉 ①(비슷한 것과 섞어) 감추다. 얼버무리다. ②(다른 것으로 기분·마음을) 달래다.
¹●紛れる[まぎれる] 〈下1自〉 ①(비슷한 것과 뒤섞여) 헷갈리다. ②뒤섞이다. ③(혼란·어둠을) 틈타다. ④(다른 것에 마음이 쏠리어 걱정·시름이) 잊히다.
⊗紛う[まがう] 〈5自〉 (비슷하여) 착각하다. 헷갈리다.
⊗紛える[まがえる] 〈下1他〉 ①뒤섞여 헷갈리게 하다. ②착각하게 하다.

音読
紛[ふん] 뒤섞여 헷갈림.
紛糾[ふんきゅう] 분규: 뒤얽힘. 분쟁.
紛乱[ふんらん] 분란: 혼란.
紛紛[ふんぷん] 분분: ①뒤섞여 어수선함. 갈피를 못 잡음. ②흩날리며 떨어짐.
¹紛失[ふんしつ] 분실: 잃어버림.
紛失届け[ふんしつとどけ] 분실 신고.
紛失物[ふんしつぶつ] 분실물.
紛議[ふんぎ] 분의: 분분한 의논.
¹紛争[ふんそう] 분쟁: 분규(紛糾).

雰   안개 분

` ⠁  ⠁  亠  雨  雨  雨  雨  雰  雰  雰  雰 `

音 ●フン
訓 ―

音読
²雰囲気[ふんいき] 분위기: ①(어떤 환경이나 자리에서 저절로 만들어져) 그 장소에 감도는 느낌. ②천체(天体)를 둘러싸고 있는 대기(大気).

噴   뿜을 분

` 口  ⠙  ⠙  ⠙  ⠙  ⠙  噴  噴  噴 `

音 ●フン
訓 ●ふく

訓読
●噴く[ふく] 〈5自他〉 내뿜다. 뿜어 나오다. 뿜어내다.
噴き上がる[ふきあがる] 〈5自〉 (물·액체 등이) 뿜어 오르다. 솟아오르다. 슷구치다
噴き上げる[ふきあげる] 〈下1他〉 (기체·액체·재 등을) 세차게 뿜어 올리다. 밀어 올리다.
噴き出す[ふきだす] 〈5自〉 ①(물·액체 등이) 내뿜다. 분출하다. ②(웃음·불만 등이) 터져 나오다.
噴き出る[ふきでる] 〈下1自〉 (안쪽에서 바깥쪽으로) 솟아나다. 뿜어 나오다.

音読
噴霧器[ふんむき] 분무기: 스프레이.
噴門[ふんもん] 분문: 위장(胃腸)의 입구.
噴飯[ふんぱん] 웃음을 참을 수가 없음.
噴射[ふんしゃ] 분사: 기체를 내뿜음.
²噴水[ふんすい] 분수: ①내뿜는 물. ②물을 뿜어내는 장치.
噴煙[ふんえん] 분연: 연기를 뿜어냄. 뿜어 낸 연기.
¹噴出[ふんしゅつ] 분출: (안쪽에서 바깥쪽으로) 솟아남. 뿜어냄.
噴火[ふんか] ≪地≫ 분화: 화산이 폭발하여 용암·수증기 등을 내뿜음.
噴火口[ふんかこう] ≪地≫ 분화구.
噴火山[ふんかざん] ≪地≫ 분화산: 활화산(活火山).

墳 무덤 분

十 土 圹 圹 圹 圹 圹 墳 墳 墳

音 ●フン
訓 ―

音読
墳墓[ふんぼ] 분묘; 무덤.
墳墓の地[ふんぼのち] ①선산(先山). 조상의 무덤이 있는 고장. ②죽어 묻힐 곳.

憤 분할 분

八 忄 忙 忙 忙 忙 憤 憤 憤 憤

音 ●フン
訓 ●いきどおる

訓読
●**憤る**[いきどおる] 〈5自〉 ①(내면적으로) 분노하다. 분개하다. ②한탄하다. 개탄(慨嘆)하다.
憤り[いきどおり] 분노. 분개. 노여움.
憤ろしい[いきどおろしい] 〈形〉 노엽다. 화나다. 불만스럽다.

音読
¹**憤慨**[ふんがい] 분개; 분노. 노여움.
憤激[ふんげき] 격분; 격분. 몹시 노함.
憤怒[ふんど/ふんぬ] 분노; 몹시 화를 냄.
憤死[ふんし] 분사; ①분에 못 이겨 죽음. ②(야구에서) 주자(走者)가 아깝게도 아웃됨.
憤然[ふんぜん] 분연; 불끈 화를 냄.

奮 떨칠/힘쓸 분

大 不 木 杏 杏 奮 奮 奮 奮 奮

音 ●フン
訓 ●ふるう

訓読
●**奮う**[ふるう] 〈5自〉 ①떨치다. 번창해지다. 오르다. ②분발하다. 자진하다 ③용기를 내다 ④색다르다. 기발하다.
奮って[ふるって] 분발하여. 자진하여. 적극적으로.
奮い立つ[ふるいたつ] 〈5自〉 분발하다. 분기(奮起)하다.

音読
奮激[ふんげき] 분격; 격하여 분발함.
奮起[ふんき] 분기; 분발하여 일어남.
奮励[ふんれい] 분려; 분발하여 노력함.
奮発[ふんぱつ] 분발; ①마음과 힘을 북돋아 일으킴. ②큰맘 먹고 돈을 냄. 듬뿍 돈을 냄.
奮然[ふんぜん] 분연; 분발하여 일어남.
奮戦[ふんせん] 분전; 힘을 다해 싸움.
¹**奮闘**[ふんとう] 분투; 분발해서 싸우거나 노력함.

扮 꾸밀 분

音 ⊗フン
訓 ―

音読
扮する[ふんする] 〈サ変自〉 분하다. 분장(扮装)하다. 꾸미다.
扮飾[ふんしょく] 분식; 겉치레.
扮装[ふんそう] 분장; ①배우가 작품 속의 인물로 꾸밈. ②변장(変装).

忿 성낼 분

音 ⊗フン
訓 ―

音読
忿怒[ふんど/ふんぬ] 분노; 몹시 화를 냄.
忿懣[ふんまん] 분만; 울분(鬱憤).
忿然[ふんぜん] 분연; 불끈 화를 냄.

焚 불사를 분

音 ⊗フン
訓 ⊗たく

訓読
²⊗**焚く**[たく] 〈5他〉 ①(불을) 때다. 지피다. 피우다. ②(목욕물을) 데우다. ③태우다. ④(향을) 피우다.
¹**焚(き)火**[たきび] ①모닥불. 화톳불. ②햇불.

糞 똥 분

音 ●フン
訓 ⊗くそ

訓読
⊗**糞**❶[くそ] ①(사람의) 똥. 대변. ②거지같은. *접두어로서 욕을 나타냄. ③미련한. 한심한. 지나친. ❷[ふん] ☞ [音読]

音読
糞❶[ふん] (사람 이외의 동물의) 똥. 분. ❷[くそ] ☞ [訓読]
糞尿[ふんにょう] 분뇨; 똥오줌.

[불]

不	①아니 불
	②아니 부

一 プ オ 不

[音] ●フ ●ブ
[訓] ―

音読

²不[ふ] 불; ①좋지 않음. ②불합격.

²不可[ふか] 불가; ①옳지 않음. 좋지 않음.
②불합격 점수. 최하급.

¹不可欠[ふかけつ] 불가결; 없어서는 안 됨.

²不可能[ふかのう] 불가능; 될 수 없음.

不可分[ふかぶん] 불가분; 도저히 나눌 수 가 없음.

不可思議[ふかしぎ] 불가사의; ①도저히 이 해할 수 없음. ②이상함. 신기함.

不可侵[ふかしん] 불가침; 침범해서는 안 됨.

不可避[ふかひ] 불가피; 피할 수 없음.

不可抗力[ふかこうりょく] 불가항력; 사람 의 힘으로는 막을 수 없음.

不可解[ふかかい] 불가해; 이해할 수 없음.

不覚[ふかく] 불각; ①각오가 서 있지 않음. ②방심하여 실수함. ③무의식. 정신없음.

²不潔[ふけつ] 불결; 깨끗하지 않음.

不敬[ふけい] 불경; 신불(神仏)에게 예(礼) 를 갖추지 않음.

¹不景気[ふけいき] 불경기; 경제가 활발하지 않음.

不経済[ふけいざい] 불경제; 비경제적임. 낭비가 많음.

不届き[ふとどき] ①소홀함. ②무례함. 괘 씸함.

不慣れ[ふなれ] 서투름. 익숙하지 않음.

不具[ふぐ] 불구; ①신체 장애. ②(편지 끝 에 쓰는 말로) 다 갖추지 못했음.

不屈[ふくつ] 불굴; 굽히지 않음.

²不規則[ふきそく] 불규칙; 규칙적이 아님.

不均衡[ふきんこう] 불균형; 균형이 맞지 않음.

不謹慎[ふきんしん] 불근신; 조심스럽지 못 함. 불성실함.

不急[ふきゅう] 불급; 급하지 않음.

不気味[ぶきみ] 어쩐지 기분이 나쁨. 으스스함.

不器量[ぶきりょう] ①재주 · 재능이 없음. ②못생김. 용모가 추함.

不器用[ぶきよう] ①서투름. 어설픔. ②손 재주가 없음. ③비열함. 야비함.

¹不吉[ふきつ] 불길; 운수가 안 좋음.

不能[ふのう] 불능; ①불가능. ②무능함. ③성적(性的) 무능. 섹스가 불가능함.

不断[ふだん] 부단; ①끊임없음. ②결단성 이 없음. ③평소. 평상시.

不断着[ふだんぎ] 평상복. 일상복.

¹不当[ふとう] 부당; 정당하지 않음.

不徳[ふとく] 부덕; ①부도덕(不道徳). ②덕 이 모자람. 덕이 없음.

不渡(り)[ふわたり] 부도; 어음 · 수표에 적 힌 금액을 받을 수 없게 됨.

不都合[ふつごう] ①(형편 · 사정이 안 좋아 서) 적합하지 않음. 난처함. 불편함. ②괘 씸함. 무례함.

不道徳[ふどうとく] 부도덕; 도덕에 어긋남.

不同[ふどう] 부동; 다름. 같지 않음.

不動[ふどう] 부동; 움직이지 않음.

²不動産[ふどうさん] 부동산; 토지나 건물 등 움직일 수 없는 재산.

¹不動産屋[ふどうさんや] 복덕방.

不得手[ふえて] ①서투름. ②즐겨지 않음.

不埒[ふらち] 괘씸함. 발칙함.

¹不良[ふりょう] 불량; ①질이 안 좋음. ②품 행이 나쁨.

不慮[ふりょ] 뜻밖에.

不猟[ふりょう] (사냥이) 잘 안됨.

不老[ふろう] 불로; 늙지 않음.

不労所得[ふろうしょとく] 불로소득.

不倫[ふりん] 불륜; 도덕에 어긋남.

²不利[ふり] 불리; 이롭지 못함. 이익이 없음. 조건 등이 상대방보다 못함.

²不満[ふまん] 불만; 만족하지 않음.

不買[ふばい] 불매; 물건을 사지 않음.

不眠症[ふみんしょう] 불면증; 잠을 못 자는 증세.

不滅[ふめつ] 불멸; 멸망하지 않음.

不名誉[ふめいよ] 불명예; 명예스럽지 못함.

¹不明[ふめい] 불명; ①불분명. ②어리석음.

不毛[ふもう] 불모; ①(땅이 황폐하여) 식 물이 자라지 못함. ②무익함. 아무런 성 과도 없음.

不問[ふもん] 불문; 묻지 않음.

不発[ふはつ] 불발; ①탄환 · 폭탄이 발사 · 폭 발하지 않음. ②하려던 일이 중단됨.

不法[ふほう] 불법; ①법에 어긋남. ②부당함.

不変[ふへん] 불변; 변하지 않음.

¹**不服**[ふふく] 불복; ①복종하지 않음. ② 납득하지 않음. ③불만스러움.

不本意[ふほんい] 본의가 아님. 기대에 어긋남. 바라는 바가 아님.

不払(い)[ふばらい] 지불해야 할 돈을 지불하지 않음. 미불(未払). 체불(滞払).

不備[ふび] 불비; ①충분히 갖추지 못함. ②편지 끝에 쓰는 인사말.

不死[ふし] 불사; 죽지 않음.

不似合(い)[ふにあい] 안 어울림.

²**不思議**[ふしぎ] ①불가사의(不可思議)함. ②희한함. 신기함. 이상함. 괴이함.

不祥事[ふしょうじ] 불상사; 상서롭지 못한 사건.

不詳[ふしょう] 불상; 미상(未詳). 자세하게 알지 못함.

不相応[ふそうおう] 안 어울림.

不摂生[ふせっせい] 불섭생; 건강에 주의하지 않음.

不成績[ふせいせき] 불성적; 성적이 좋지 않음.

不世出[ふせいしゅつ] 불세출; 세상에 드물게 뛰어남.

不細工[ぶさいく/ぶざいく] ①(만듦새가) 엉성함. 서투름. ②손재주가 없음. ③얼굴이 못생김.

不手際[ふてぎわ] (솜씨가) 서투름.

不粋[ぶすい] 멋이 없음. 촌스러움. 세련되지 않음. 풍류를 모름.

不随[ふずい] 불수; 몸이 제대로 움직이지 않음.

不純[ふじゅん] 불순; 순수하지 않음. 순진하지 않음.

¹**不順**[ふじゅん] 불순; ①고르지 못함. ②순종하지 않음. ③도리에 어긋남.

不承不承[ふしょうぶしょう] 마지못해. 하는 수 없이. 할 수 없이.

不時[ふじ] 불시; 임시(臨時).

不時着[ふじちゃく] 불시착; 비행기가 사고로 인해 목적지 이외의 장소에 임시로 착륙함.

不始末[ふしまつ] ①(뒤처리가 허술한) 부주의. 잘못. ②(남에게 폐를 끼치는) 실수. 불미스런 일. 잘못. 못된 짓.

不信[ふしん] 불신; ①불성실함. ②신용이 없음. 신용하지 않음. ③신앙심이 없음.

不信任[ふしんにん] 불신임.

不身持(ち)[ふみもち] 행실이 나쁨.

不実[ふじつ] 부실; ①성실하지 않음. ②사실이 아님. 거짓임.

不心得[ふこころえ] 마음씨가 나쁨.

¹**不審**[ふしん] 불심; ①의심스러움. 미심쩍음. ②수상함.

不十分[ふじゅうぶん] 불충분함. 불완전함.

¹**不安**[ふあん] 불안; 안정되지 않음.

不安定[ふあんてい] 불안정; 안정되지 않음.

不案内[ふあんない] (어떤 상황에) 생소함. 익숙하지 않음.

不夜城[ふやじょう] 불야성; 번화한 밤거리.

不様[ぶざま] 보기 흉함. 꼴사나움.

不養生[ふようじょう] 건강을 돌보지 않음.

不漁[ふりょう] 흉어(凶漁). 물고기가 잡히지 않음.

不言[ふげん] 불언; 말을 하지 않음.

不如意[ふにょい] 불여의; ①뜻대로 안됨. ②돈에 쪼들림. 가난함.

不易[ふえき] 불역; 불변(不変).

不縁[ふえん] ①이혼(離婚). ②혼담(婚談)이 깨짐. ③혼담이 없음.

不燃[ふねん] 불연; 불에 타지 않음.

不穏[ふおん] 불온; 온당하지 않고 험악함.

不完全[ふかんぜん] 불완전; 완전하지 않음.

不要[ふよう] 불요; 불필요함.

不用[ふよう] 불용; ①사용하지 않음. ②쓸모가 없음. 소용이 없음.

不用心[ぶようじん] ①(경계가) 허술함. ②무서움. 위험함.

不用意[ふようい] ①준비가 안됨. ②조심성이 없음. 부주의함.

不遇[ふぐう] 불우; 불운(不運)함.

²**不運**[ふうん] 불운; 불행함. 운이 나쁨.

¹**不意**[ふい] 불의; ①불시(不時). ②허점(虚点).

不意と[ふいと] 별안간. 갑자기. 불쑥.

不意に[ふいに] 별안간. 갑자기. 돌연. 뜻밖에.

不意打ち[ふいうち] ①기습 공격. ②불시에 함.

不義[ふぎ] 불의; ①도리에 어긋남. ②(남녀간의) 불륜(不倫). 밀통(密通).

不義理[ふぎり] ①도리에 어긋남. 의리를 저버림. 의리가 없음. ②셈이 흐림. 빚을 갚지 않음.

不人情[ふにんじょう] 몰인정함. 야박함.

不妊[ふにん] 불임; 임신되지 않음.

不入り[ふいり] 손님이 적음. 한산함.

不自然[ふしぜん] 부자연; 어색함.

²不自由[ふじゆう] 부자유; ①불편함. 부자 유스러움. ②돈에 쪼들림. ③(몸이) 불 편함.

不作[ふさく] ①(농작물의) 흉작. ②됨됨이 가 안 좋음.

不作法[ぶさほう] 무례함. 버릇없음.

¹不在[ふざい] 부재; 그 장소에 없음.

不敵[ふてき] 뻔뻔스러움. 대담무쌍함.

不全[ふぜん] 부전; 불량. 불완전.

不戦勝[ふせんしょう] 부전승; 시합에서 싸 우지 않고 이김.

不揃い[ふぞろい] 한결같지 않음. 고르지 않음.

²不正[ふせい] 부정; 바르지 않음.

不定❶[ふてい] 부정; 일정하지 않음. ❷[ふ じょう] ≪仏≫ 덧없음.

不定期[ふていき] 부정기; 정기적이 아님.

不貞[ふてい] 부정; 여자가 정조를 지키지 않음.

不浄[ふじょう] 부정; ①깨끗하지 않음. ②대소변. 월경(月経). ③¶ご~ 변소. 화장실.

不整[ふせい] 부정; 고르지 못함. 규칙적이 아님.

不精[ぶしょう] 게으름. 귀찮아함.

¹不調[ふちょう] 부조; ①상태・컨디션이 나 쁨. ②성립되지 않음. 이루어지지 않음.

不調法[ぶちょうほう] ①서투름. 미흡함. ② 실수. 잘못. 과실(過失). ③(술・담배를) 즐 기지 않음.

²不足[ふそく] 부족; ①모자람. 불충분함. ②불평. 불만.

不仲[ふなか] 불화(不和). 사이가 나쁨.

¹不振[ふしん] 부진; 일이 잘 안됨.

不真面目[ふまじめ] 불성실함.

不賛成[ふさんせい] 불찬성; 찬성하지 않음.

不徹底[ふてってい] 불철저; 철저하지 않음.

不体裁[ふていさい] ①꼴사나움. 창피스러 움. ②(듣기에) 거북함.

不出来[ふでき] 신통찮음. 변변치 않음. 잘 되지 않음. 서투름.

不測[ふそく] 불측; 뜻밖. 예측할 수 없음.

不治[ふじ|ふち] 불치; 병이 낫지 않음.

不快[ふかい] 불쾌; ①기분이 안 좋음. ②병 (病). 병환(病患).

²不通[ふつう] 불통; 통하지 않음.

不敗[ふはい] 불패; 경쟁・싸움에 지지 않음.

³不便[ふべん] 불편; 편리하지 않음.

²不平[ふへい] 불평; 불만을 말함.

不平等[ふびょうどう] 불평등; 평등하지 않음.

¹不評[ふひょう] 불평; 평판이 좋지 않음. 악 평(悪評).

不風流[ぶふうりゅう] 멋을 모름. 운치가 없 음. 풍류를 모름.

不合格[ふごうかく] 불합격; 합격되지 않음.

不合理[ふごうり] 불합리; 합리적이 아님.

不行(き)届(き)[ふゆきとどき] 소홀함. 불충 분함.

²不幸[ふこう] 불행; ①행복하지 않음. ②가 족・친척의 사망. ＊완곡한 표현임.

不幸せ[ふしあわせ] 불행함. 불운함.

不向き[ふむき] (기호・성질에) 적합하지 않음. 부적당함. 맞지 않음.

不惑[ふわく] 불혹; 마흔 살.

不和[ふわ] 불화; 화목하지 않음.

不確か[ふたしか] 불확실함. 애매함.

¹不況[ふきょう] 불황; 불경기(不景気).

不孝[ふこう] 불효; 효도를 하지 않음.

不朽[ふきゅう] 불후; 오랫동안 썩지 않음.

不休[ふきゅう] 불휴; 쉬지 않음.

不恰好[ぶかっこう] 꼴사나움. 볼품없음.

不興[ふきょう] ①흥이 깨짐. 재미가 없음. ②(윗사람의) 노여움. 역정(逆情). ③의절 (義絶).

仏(佛)　부처 불

　ノ　イ　仏 仏

音 ●ブツ ⊗フツ

訓 ●ほとけ

訓読

²●仏❶[ほとけ] ≪仏≫ ①부처. 석가모니. 불타(仏陀). ②불상(仏像). ③고인(故人). 죽은 사람. ④자비로운 사람. ❷[ぶつ] ☞ [音読]

仏心❶[ほとけごころ] 불심; ①불교를 깊이 깨 달은 마음. ②자비심. ❷[ぶっしん] ①부처의 자비심. ②(부처의 자비심 같은) 인정미.

仏顔[ほとけがお] ①자비로운 얼굴. ②고인 (故人)의 얼굴.

仏様[ほとけさま] 부처님. 석가모니.

仏臭い[ほとけくさい] 〈形〉 불교적인 색채가 짙다. 절간 냄새가 나다.

音読

仏閣[ぶっかく] 불각; 사원(寺院).

仏間[ぶつま] 불상이나 위패를 두는 방.

仏経[ぶっきょう] 불경; 불교의 경전(経典).

仏教[ぶっきょう] ≪仏≫ 불교.

仏具[ぶつぐ] 불구; 불사(仏事)에 쓰는 기구.

仏壇[ぶつだん] 불단; 불상(仏像)이 있는 단.

仏蘭西[フランス] 프랑스. 불란서.

仏滅[ぶつめつ] 불멸; ①≪仏≫ 부처의 입적(入寂). ②'仏滅日'의 준말.

仏門[ぶつもん] ≪仏≫ 불문; 불교.

仏法[ぶっぽう] ≪仏≫ 불법; 불교.

仏寺[ぶつじ] ≪仏≫ 불사; 절.

仏事[ぶつじ] ≪仏≫ 불사; 법회(法会). 불교 의식.

仏師[ぶっし] 불상(仏像)·불구(仏具)를 만드는 사람.

¹仏像[ぶつぞう] 불상; 부처의 상(像).

仏式[ぶっしき] ≪仏≫ 불식; 불교식.

仏心❶[ぶっしん] ①부처의 자비심. ②(부처의 자비심 같은) 인정미. ❷[ほとけごろろ] 불심; ①불교를 깊이 깨달은 마음. ②자비심.

仏典[ぶってん] 불전; 불교 서적.

仏前[ぶつぜん] 불전; ①부처의 앞. ②불단(仏壇)의 앞.

仏殿[ぶつでん] 불전; 불당(仏堂).

仏頂面[ぶっちょうづら] 시무룩한 표정. 뿌로통한 얼굴.

仏陀[ぶつだ] ≪仏≫ 불타; 부처.

仏塔[ぶっとう] 불탑; 절의 탑.

払(拂) 떨칠 불

一　　ナ　　扌　　払　　払

音 ●フツ
訓 ●はらう

訓読

³●払う[はらう] 〈5他〉 ①(돈을) 지불하다. ②털어내다. 없애다. ③제거하다. ④추방하다. 쫓다. ⑤(옆으로) 후려치다. ⑥(불필요한 것을) 팔아 치우다. ⑦널리 미치게 하다. ⑧철수하다. ⑨(목적 달성을 위해) 바치다. 제공하다. ⑩(마음을) 쓰다.

払い[はらい] ①지불. 계산. ②(불필요한 것을) 제거함. ③(탄광의) 채탄장(採炭場).

払い渡す[はらいわたす] 〈5他〉 ①지불하다. ②(불필요한 물건을) 팔아 치우다.

²払い戻す[はらいもどす] 〈5他〉 ①(정산하고 나머지를) 되돌려주다. 환불하다. ②(은행에서 돈을) 내주다.

払い込み[はらいこみ] 불입; 납부.

²払い込む[はらいこむ] 〈5他〉 (돈을) 불입하다. 납부하다.

払い除ける[はらいのける] 〈下1他〉 뿌리치다. 털어 버리다. 물리치다. 쫓다.

払い出し[はらいだし] 인출. 지출.

払い下げる[はらいさげる] 〈下1他〉 불하하다. (관청이) 동산·부동산을 민간인에게 매도(売渡)하다.

払い下げ[はらいさげ] 불하; (관청이) 동산·부동산을 민간인에게 매도(売渡)함.

音読

払拭[ふっしょく/ふっしき] 불식; 털고 닦은 것처럼 아주 싹 없애 버림.

払底[ふってい] 동이 남. 바닥이 남. 품절(品切). 부족함.

弗 아닐/달러 불

音 ⊗フツ ⊗ドル
訓 ─

音読

弗[ドル] ①불; (미국 화폐의) 달러. ②돈.

弗建て[ドルだて] ≪経≫ 달러 표시.

弗買い[ドルかい] ≪経≫ 달러 매입.

弗相場[ドルそうば] ≪経≫ 달러 시세.

弗箱[ドルばこ] ≪経≫ ①금고. ②돈을 대주는 사람. ③달러 박스. 돈을 벌어주는 물건이나 사람.

弗素樹脂[ふっそじゅし] ≪化≫ 불소 수지.

弗入れ[ドルいれ] 지갑.

弗地域[ドルちいき] ≪経≫ 달러 지역. 달러로 상거래를 하는 지역.

祓 푸닥거리 불

音 ⊗フツ/バツ
訓 ⊗はらう

訓読

⊗祓う[はらう] 〈5他〉 불제(祓除)하다. 푸닥거리를 하다. 신(神)에게 빌어 재앙·죄·부정(不浄) 등을 없애다.

祓い[はらい] 불제(祓除). 푸닥거리. 재앙·죄·부정(不浄) 등을 물리치는 행사.

祓い清める[はらいきよめる] 〈下1他〉 불제(祓除)하다. 정(浄)하게 하다. 신(神)에게 빌어 재앙·죄·부정(不浄) 등을 없애다.

〔 붕 〕

崩(崩) 산무너질 붕

一 一 屵 屵 岸 岸 岸 崩 崩 崩

音 ●ホウ
訓 ●くずす ●くずれる

訓読

²●崩す[くずす] 〈5他〉 ①무너뜨리다. 허물어 뜨리다. ②(정돈된 것을) 흐트러뜨리다. ③(글씨를) 흘려 쓰다. ④(돈을) 잔돈으로 바꾸다. 헐다. ⑤싱글벙글하다. ⑥타락하다. 몸을 망치다.

崩し[くずし] ①무너뜨림. 허물어뜨림. ②(가요 따위에서) 변형시킴. 변형시킨 것.

崩し売り[くずしうり] 닥치는 대로 물건을 조금씩 팖.

崩し書き[くずしがき] ①약자(略字). ②초서(草書)나 행서(行書).

崩し字[くずしじ] 초서(草書). 흘려 쓴 글자.

²●崩れる[くずれる] 〈F1自〉 ①무너지다. 허물어지다. ②(정돈된 것이) 흐트러지다. ③(시세가) 갑자기 떨어지다. 급락하다. ④(잔돈으로) 바꿀 수 있다. 헐 수 있다. ⑤(날씨가) 나빠지다. 궂어지다. ⑥(피부가) 헐다. 짓무르다.

崩れ[くずれ] ①무너짐. 붕괴. 붕괴된 곳. ②(모임을) 해산한 사람들. ③(직업을 나타내는 말에 접속하여) 퇴물(退物).

崩れ落ちる[くずれおちる] 〈上1自〉 무너져 내리다. 허물어져 내리다.

崩れ足[くずれあし] ①진영이 무너질 것 같은 기미. ②시세가 하락세로 기욺.

音読

崩じる[ほうじる] 〈上1自〉 ☞ 崩ずる

崩ずる[ほうずる] 〈サ変自〉 (임금이) 붕어(崩御)하시다. 돌아가시다. 승하하시다.

¹崩壊[ほうかい] 붕괴; ①허물어져 내림. ②방사선 원소가 방사선을 방출하고 다른 원소로 변함.

崩潰[ほうかい] ☞ 崩壊

崩落[ほうらく] 붕락; ①무너져 내림. 허물어져 내림. ②시세의 급격한 하락. 급락. 폭락.

崩御[ほうぎょ] 붕어; (임금이) 돌아가심. 승하하심.

棚(棚) 시렁 붕

一 十 才 木 ホ 杤 枏 枏 枏 棚 棚

音 ⊗ホウ
訓 ●たな

訓読

³●棚[たな] ①선반. 시렁. ②(자라는 식물의 덩굴을 올리는) 시렁. ③산의 경사가 완만한 곳. ④대륙붕(大陸棚). ⑤물고기가 노는 곳. 유영층(遊泳層). ⑥뱃전의 안쪽에 댄 쪽널.

棚経[たなぎょう] 盂蘭盆会(うらぼんえ) 때 중이 불전(仏前)에서 불경을 욈.

棚橋[たなはし] 난간 없이 널판때기로 선반처럼 걸친 다리.

棚機[たなばた] ①베틀. ②직녀(織女).

棚機祭り[たなばたまつり] 칠석제(七夕祭).

棚卸し[たなおろし] ①재고 조사. 재고 정리. ②남의 결점을 일일이 들어 헐뜯음. 흉을 봄.

棚上げ[たなあげ] ①(수요와 공급을 위해) 일시적으로 출고를 정지함. ②보류해 둠. 뒤로 미룸. ③(사람을) 은근히 무시함. 뒷전에 앉힘.

棚引く[たなびく] 〈5自〉 (구름·안개 등이) 가로로 길게 뻗치다.

棚浚え[たなざらえ] 바겐세일. 떨이.

朋 친구 붕

音 ⊗ホウ
訓 ―

音読

朋党[ほうとう] 붕당; 도당(徒党). 뜻이 같은 사람끼리 모인 단체.

朋輩[ほうばい] 붕배; 같은 스승·주인을 섬기는 동아리. 동배(同輩).

硼 붕사 붕

音 ⊗ホウ
訓 ―

音読

硼砂[ほうしゃ] ≪化≫ 붕사; 붕산나트륨의 흰 결정.

硼酸[ほうさん] ≪化≫ 붕산.

硼酸軟膏[ほうさんなんこう] 붕산 연고.

硼素[ほうそ] ≪化≫ 붕소. *기호는 B.

［비］

比　견줄 비

一　上　比　比

音 ●ヒ　⊗ビ
訓 ●くらべる　⊗たぐう　⊗たぐえる　⊗よそえる

訓読
³比べる[くらべる] 〈下1自〉①비교하다. 대조하다. ②(우열을) 겨루다. 경쟁하다.
比べ[くらべ] ①비교. 대조. ②(우열을) 겨룸. 경쟁. 겨루기.
比べ物[くらべもの] 비교물. 비교할 만한 가치가 있는 것.
⊗比う[たぐう] 〈5自〉①(비슷한 것이) 늘어서다. ②엇비슷하다. 견줄 만하다.
⊗比える❶[たぐえる] 〈下1他〉 나란히 하여 견주다. 나란히 하다. ❷[よそえる] 〈下1他〉①비유(比喩)하다. ②핑계 대다. 구실 삼다.

音読
比[ひ] 비: ①견줄만 함. 유례(類例). 비교. ②비율(比率).
比する[ひする] 〈サ変他〉 비하다. 비교하다.
比肩[ひけん] 비견: 비등함. 엇비슷함.
²比較[ひかく] 비교: 견줌.
²比較的[ひかくてき] 비교적.
¹比例[ひれい] 비례: ①예를 들어 비교함. ②《数》 정비례(正比例).
比類[ひるい] 비류: 유례(類例). 비길 데 없음.
比喩[ひゆ] 비유: 효과적으로 설명하기 위해 그와 비슷한 다른 사물에 빗대어 표현하는 것.
¹比率[ひりつ] 비율: 한 개의 수를 기준으로 하여 나타낸 다른 수의 비교값.
比翼[ひよく] 비익: ①2마리의 새가 날개를 나란히 함. ②부부(夫婦). ③깃·소매 등을 겹으로 지음.
比翼連理[ひよくれんり] 비익연리: 사이좋은 남녀 한 쌍.
比翼の鳥[ひよくのとり] 금실 좋은 부부. 사이좋은 남녀.
¹比重[ひじゅう] 비중: ①어떤 물질과 표준물질의 질량의 비(比). ②중요도(重要度).
比体重[ひたいじゅう] 비체중: 키에 대한 체중의 비율을 나타내는 지수(指数).

妃　왕비 비

𡛸　𡛃　女　𡚸　𡚸　妃

音 ●ヒ
訓 ⊗きさき

音読
妃[ひ] 비: 천황(天皇)의 후궁의 한 사람. 황후(皇后)의 다음. *明治(めいじ) 이후에는 황족(皇族)의 배우자를 말함.
妃殿下[ひでんか] 비전하: 황족의 비(妃)를 존중하는 칭호.

批　비평할 비

一　十　扌　扌　扎　扴　批

音 ●ヒ
訓 ―

音読
批正[ひせい] 비정: 비판하여 정정함.
批准[ひじゅん] 비준: 조약의 체결에 대한 당사국의 최종적 확인.
²批判[ひはん] 비판: 비평하고 판단함.
²批評[ひひょう] 비평: 평가하여 논함.

泌　분비할 비

丶　丶　氵　氵'　沙　泌　泌　泌

音 ●ヒ　●ヒツ
訓 ―

音読
泌尿器[ひにょうき/ひつにょうき] 《生理》 비뇨기: 오줌의 배출을 맡은 내장 기관.

沸　물끓을 비

丶　丶　氵　汀　沪　沪　沸　沸

音 ●フツ
訓 ●わかす　●わく　⊗にえ

訓読
³●沸かす[わかす] 〈5他〉①(물을) 끓이다. ②데우다. ③(금속을) 녹이다. ④열광시키다.
沸かし湯[わかしゆ] ①끓인 물. ②목욕물.

³●沸く[わく]〈5自〉①(물이) 끓다. ②뜨거워지다. 데워지다. ③(금속이) 녹다. ④열광하다. 흥분하다. ⑤발효하다. 뜨다.

沸き立つ[わきたつ]〈5自〉①펄펄 끓다. 끓어오르다. ②(구름이) 뭉게뭉게 피어오르다. ③(흥분하여) 열광하다. 들끓다.

沸き返る[わきかえる]〈5自〉①펄펄 끓다. 끓어오르다. ②(속이) 부글부글 끓다. 치밀어 오르다. ③(흥분하여) 열광하다.

沸き上がる[わきあがる]〈5自〉①펄펄 끓다. 끓어오르다. ②(구름이) 뭉게뭉게 피어오르다. ③(흥분하여) 열광하다. 들끓다.

音読
¹沸騰[ふっとう] 비등; ①(액체가) 끓어오름. 펄펄 끓음. ②(여론·인기 등이) 들끓음. 흥분함. ③(물가의) 폭등. 급등.

沸騰点[ふっとうてん] 비등점; 액체가 끓어오르는 온도.

沸点[ふってん] 비점; 비등점. 액체가 끓어오르는 온도.

肥   살찔/거름 비

丿 刀 月 月 肋¹ 肋¹¹ 肋¹¹ 肥

音 ●ヒ
訓 ●こえる ●こやす ●こえ

訓読
●肥える[こえる]〈下1自〉①(동물이) 살찌다. ②(땅이) 기름지다. 비옥해지다. ③(사물을 보는 안목이) 높아지다 ④(자산이) 불어나다. 증대하다.

●肥やす[こやす]〈5他〉①(동·식물을) 살찌우다. ②(땅을) 비옥하게 하다. ③(감상력·안목을) 넓히다 기르다. ④(부당한 이득을) 채우다.

肥(や)し[こやし] 거름. 비료(肥料).
●肥[こえ] 거름. 비료(肥料). 분뇨.
肥溜め[こえだめ] 분뇨 구덩이.

音読
肥大[ひだい] 비대; 살이 쪄서 몸집이 크고 뚱뚱함.

肥料[ひりょう] 비료; 거름.
肥馬[ひば] 비마; 살진 말.
肥満型[ひまんがた] 비만형; 살찐 체격.
肥沃[ひよく] 비옥; 땅이 기름짐.
肥育[ひいく] 비육; 가축을 살찌게 함.

非   아닐 비

丿 ノ ヲ ヺ 非¹ 非¹ 非 非

音 ●ヒ
訓 ⊗あらず

音読
¹非[ひ] 비; ①도리에 어긋남. 나쁨. ②불리함. ③잘못. 결점. 죄. 과오. ④비난. 비방.

非公式[ひこうしき] 비공식; 공식적이 아님.

非国民[ひこくみん] 비국민; 국민의 본분을 벗어난 사람.

非金属[ひきんぞく] 《化》 비금속.
非難[ひなん] 비난; 남의 잘못이나 흠을 책잡음.

非道[ひどう] 비도; 도리에 어긋남.
非道い[ひどい]〈形〉①가혹하다. 끔찍하다. 참혹하다. 잔인하다. ②지독하다. 아주 심하다. 혹독하다. ③형편없다.

非力[ひりき/ひりょく] 무력(無力)함. 역량이 모자람.

非礼[ひれい] 비례; 무례함. 실례.
非望[ひぼう] 비망; 과분한 희망.
非売品[ひばいひん] 비매품; 팔지 않는 물품.
非番[ひばん] 비번; 당번이 아님.
非凡[ひぼん] 비범; 뛰어남. 출륭함.
非上場株[ひじょうじょうかぶ] 비상장주.
³非常[ひじょう] 비상; ①뜻밖의 비상사태. ②예사가 아님. 대단함. 아주 심함.

²非常に[ひじょうに] 대단히. 아주. 심히.
非常口[ひじょうぐち] 비상구.
非常線[ひじょうせん] 비상선.
非常識[ひじょうしき] 비상식; 몰상식.
非業[ひごう] 비업; 비명(非命).
非運[ひうん] 비운; 불운(不運).
非人情[ひにんじょう] 비인정; ①몰인정함. ②의리·인정을 초월함.

非才[ひさい] 비재; 무능함.
非情[ひじょう] 비정; ①무정함. 매정함. ②《仏》 목석(木石).

非鉄金属[ひてつきんぞく] 비철금속.
非合理[ひごうり] 비합리; 불합리.
非合法[ひごうほう] 비합법; 법률의 규정에 위반되는 일.

¹非行[ひこう] 비행; 나쁜 짓.
非現業[ひげんぎょう] 비현업; (기업에서) 관리·사무 부서의 일.

卑(卑)　낮을/천할 비

丿　丿　宀　巾　由　由　由　卑　卑

音 ●ヒ
訓 ●いやしい ●いやしむ ●いやしめる

訓読

¹●卑しい[いやしい]〈形〉①저속하다. 품위가 없다. 천하다. ②게걸스럽다. 치사하다. 탐욕스럽다.
●卑しむ[いやしむ]〈5他〉깔보다. 무시하다. 경멸하다.
●卑しめる[いやしめる]〈下1他〉깔보다. 무시하다. 경멸하다.

音読

²卑怯[ひきょう] 비겁; 정당하지 못하고 야비함.
卑怯者[ひきょうもの] 비겁자.
卑見[ひけん] 비견. *자신의 의견의 겸양어임.
卑屈[ひくつ] 비굴; 용기가 없고 마음이 비겁함.
卑近[ひきん] 비근; 흔하고 가까움.
卑俗[ひぞく] 비속; 저속함.
卑語[ひご] 비어; 상말. 욕.
卑劣[ひれつ] 비열; 행동이 천함.
卑下[ひげ] 비하; 자기를 낮춤.
卑下自慢[ひげじまん] 못난 체하면서 자기 자랑을 함.

飛　날 비

乁　乁　乁　飞　飞　飛　飛　飛

音 ●ヒ
訓 ●とばす ●とぶ

訓読

²●飛ばす[とばす]〈5他〉①(하늘로) 날리다. 날게 하다. ②(차를) 빨리 몰다. ③뛰기다. ④(활을) 쏘다. ⑤내뱉다. ⑥(중요한 것을) 건너뛰다. 빼놓다. ⑦퍼뜨리다. ⑧좌천시키다.
⁴●飛ぶ[とぶ]〈5自〉①(하늘을) 날다. ②비행하다. 날아가다. ③달려가다. 급히 가다. ④(공중으로) 튀어 흩어지다. 튀다. ⑤끊어지다. ⑥널리 퍼지다. 전해지다. ⑦뛰다. 뛰어넘다. ⑧멀리 달아나다. ⑨(색깔이) 없어지다. 바래다.
飛びっこ[とびっこ]《兒》멀리뛰기 경정.

飛(び)降り[とびおり] ①(차에서) 뛰어내림. ②(높은 데서) 뛰어내림.
飛び降りる[とびおりる]〈上1自〉①(차에서) 뛰어내리다. ②(높은 데서) 뛰어내리다.
飛び去る[とびさる]〈5自〉①날아서 사라지다. 날아가 버리다. ②재빨리 물러나다.
飛び掛かる[とびかかる]〈5自〉덤벼들다. 대들다.
飛び交う[とびかう]〈5自〉어지럽게 날다.
飛(び)級[とびきゅう] 월반(越班).
飛び起きる[とびおきる]〈上1自〉(자리에서) 벌떡 일어나다. 황급히 일어나다.
飛(び)台[とびだい] ①(수영의) 다이빙대. ②영(零)이 끼어 있는 일련의 수. *101 같은 수.
飛(び)道具[とびどうぐ] (총·활처럼) 멀리서 쏘는 무기.
飛び立つ[とびたつ]〈5自〉①날아가다. 날아오르다. ②(기뻐서) 날아갈 듯하다.
飛び歩く[とびあるく]〈5自〉①바삐 돌아다니다. 뛰어다니다. ②여기저기 돌아다니다.
飛び付く[とびつく]〈5自〉①달려들다. 덤벼들다. ②(유행을) 따르다.
飛び飛び[とびとび] ①띄엄띄엄. 듬성듬성. 드문드문. 간간이. ②건너 뛰어.
飛び上がる[とびあがる]〈5自〉①높이 날아오르다. ②뛰어오르다. ③(순서를 밟지 않고) 뛰어넘다.
飛び石[とびいし] 징검돌. 징검다리.
飛び巡る[とびめぐる]〈5自〉①날아다니다. ②바쁘게 돌아다니다.
飛び乗り[とびのり] (탈것에) 뛰어 올라탐. 뛰어 오름.
飛び乗る[とびのる]〈5自〉(탈것에) 뛰어 올라타다. 뛰어 오르다.
飛(び)魚[とびうお]《魚》비어; 날치.
飛び越える[とびこえる]〈下1他〉①(장애물을) 뛰어넘다. ②앞지르다.
飛び越す[とびこす]〈5自〉①건너뛰다. 뛰어넘다. ②앞지르다.
飛(び)入り[とびいり] ①갑자기 뛰어듦. ②얼룩점이 박혀 있음.
²飛び込む[とびこむ]〈5自〉①뛰어들다. ②스스로 투신(投身)하다.
飛(び)込(み)[とびこみ] ①뛰어듦. ②불쑥 나타남. ③다이빙.
飛(び)切り[とびきり] ①뛰어오르면서 적을 벰. ②뛰어남. 월등함.

飛(び)地[とびち] 비지; 행정구역의 일부가 다른 행정구역 안에 떨어져 있는 지역.

飛(び)出(し)ナイフ[とびだしナイフ] 누르면 칼날이 튀어나오는 나이프.

²飛び出す[とびだす] 〈5自〉 ①튀쳐나가다. 뛰쳐나오다. ②뛰어나오다. 내밀다. 돌출하다. ③(물이) 내뿜다. ④관계를 끊고 뛰쳐나오다. ⑤날기 시작하다. 달리기 시작하다. 출발하다.

飛び出る[とびでる] 〈下1自〉 뛰어나오다. 내밀다. 돌출하다.

飛び退く[とびのく] 〈5自〉 잽싸게 물러나다. 홱 비켜서다.

飛び退る[とびしさる] 〈5自〉 잽싸게 물러나다. 홱 비켜서다.

飛(び)板[とびいた] (수영의) 스프링보드. 도약판. 뜀 판.

飛(び)火[とびひ] ①불똥이 튐. 흩어져 뛰는 불똥. ②(사건이) 비화(飛火)됨. 엉뚱한 곳으로 번짐.

飛び回る[とびまわる] 〈5自〉 ①날아 돌아다니다. ②바쁘게 뛰어다니다.

【音読】

飛散[ひさん] 비산; 날아 흩어짐.

飛躍[ひやく] 비약; 높이 뛰어오름.

⁴飛行機[ひこうき] 비행기.

³飛行場[ひこうじょう] 비행장.

秘(祕) 숨길 비

一 二 千 禾 禾 禾 秒 秘 秘 秘

【音】 ●ヒ
【訓】 ●ひめる

【訓読】
●秘める[ひめる] 〈下1他〉 (안 보이게) 감추다. 간직하다. 숨기다.

【音読】

秘する[ひする] 〈サ変他〉 숨기다. 감추다. 비밀로 하다.

秘訣[ひけつ] 비결; 비법(秘法).

秘境[ひきょう] 비경; 신비스런 장소.

秘匿[ひとく] 은닉(隱匿); 몰래 감춤.

秘録[ひろく] 비록; 비밀 기록.

²秘密[ひみつ] 비밀; 남에게 알려지지 않도록 숨겨 둠.

秘法[ひほう] 비법; ①비밀의 방법. ②《仏》(真言宗의) 비밀 기도.

秘本[ひほん] 비본; ①비장본(秘蔵本). ②음서(淫書).

秘史[ひし] 비사; 숨은 역사.

秘事[ひじ] 비사; 비밀 사항.

¹秘書[ひしょ] 비서; ①비밀 문서. ②상사에게 직속되어 중요 사무를 다루는 사람.

秘術[ひじゅつ] 비술; 비밀의 기술.

秘薬[ひやく] 비약; 묘약. 특효약.

秘蔵[ひぞう] 비장; 숨겨서 간직함.

秘伝[ひでん] 비전; 비밀히 전해 내려옴.

秘策[ひさく] 비책; 비밀 계책.

秘話[ひわ] 비화; 숨은 이야기.

備 갖출 비

亻 亻一 亻丷 伃 俏 俏 倩 備 備

【音】 ●ビ
【訓】 ●そなえる ●そなわる ⊗つぶさに こ

【訓読】
²●備える[そなえる] 〈下1他〉 ①갖추다. 구비하다. 비치하다. ②대비하다. 준비하다. ③(덕이나 재능을) 갖추다. 지니다.

備え[そなえ] ①대비. 준비. ②경비(警備).

¹備え付ける[そなえつける] 〈下1他〉 비치하다. 갖추다. 설치하다.

●備わる[そなわる] 〈5自〉 ①갖춰지다. 구비되다. 비치되다. ②(덕이나 재능이) 갖추어지다. ③(한패에) 끼다.

⊗備に[つぶさに] ①자세하게. 소상하게. ②모조리. 죄다. 빠짐없이. 골고루.

【音読】

備考[びこう] 비고; 참고로 준비허 둠.

備忘録[びぼうろく] 비망록; 메모.

備蓄[びちく] 비축; 대비하여 저장해 둠.

悲 슬플 비

丿 丬 ヲ ヲ ヲﾑ 非 非 非 悲 悲

【音】 ●ヒ
【訓】 ●かなしい ●かなしむ

【訓読】
³●悲しい[かなしい] 〈形〉 ①슬프다. ②애처롭다. 딱하다. 구슬프다.

悲しがる[かなしがる] 〈5自〉 슬퍼하다.

²●悲しむ[かなしむ] 〈5他〉 슬퍼하다.

悲しみ[かなしみ] 슬픔. 비애(悲哀).

音読
悲歌[ひか] 비가; ①슬픈 노래. ②슬픔을 노래함. 슬프게 노래함.
¹悲観[ひかん] 비관; 사물을 슬프게만 보고 실망함.
²悲劇[ひげき] 비극; ①불행을 주제로 한 극. ②불행한 사건.
¹悲鳴[ひめい] 비명; (공포・압박감・위험 등으로) 갑자기 외마디 소리를 지름.
悲報[ひほう] 비보; 슬픈 소식.
悲哀[ひあい] 비애; 슬픔과 설움.
悲運[ひうん] 비운; 슬픈 운명. 불운(不運).
悲壮[ひそう] 비장; 슬프고도 장함.
¹悲惨[ひさん] 비참; 슬프고도 끔찍함.
悲嘆[ひたん] 비탄; 슬프게 탄식함.
悲痛[ひつう] 비통; 슬퍼서 마음이 아픔.
悲話[ひわ] 비화; 슬픈 이야기.

扉(扉) 문짝 비

一 コ ヨ 尸 尸 戸 戸 屝 屝 扉

音 ◉ヒ
訓 ◉とびら

訓読
¹◉扉[とびら] ①문. 문짝. 대문. ②(책의) 안겉장. 속표지. ③(잡지의) 본문 앞의 첫 페이지.
扉絵[とびらえ] ①(책의) 속표지 그림. ②사원(寺院)이나 감실(龕室) 등의 문짝에 그린 그림.

音読
❶開扉[かいひ], 門扉[もんぴ], 鉄扉[てっぴ]

費 소모할 비

一 二 弓 弗 弗 弗 带 曹 曹 費 費

音 ◉ヒ
訓 ◉ついえる ◉ついやす

訓読
◉費える[ついえる] 〈下I自〉 ①(수량이) 줄다. 줄어들다. 적어지다. 축나다. ②허비되다. 낭비되다.
¹◉費やす[ついやす] 〈5他〉 ①소비하다. 쓰다. 탕진하다. ②허비하다. 낭비하다.

音読
費途[ひと] 비도; 돈의 사용처.
費目[ひもく] 비목; 비용의 명목.
費消[ひしょう] 비소; 소비. 금품 등을 모두 써 버림. 탕진.
²費用[ひよう] 비용; 어떤 일을 하거나 물건을 사는 데 내는 돈.

碑(碑) 비석 비

一 ナ 石 矿 矿 砷 砷 砷 碑 碑

音 ◉ヒ
訓 一

音読
碑[ひ] 비; 비석(碑石).
碑銘[ひめい] 비명; 비(碑)에 새긴 글.
碑文[ひぶん] 비문; 비(碑)에 새긴 글.
碑石[ひせき] 비석; ①석비(石碑)의 재료. ②돌비석.

鼻(鼻) 코 비

口 自 自 咼 咼 畠 畠 畠 鼻 鼻

音 ◉ビ
訓 ◉はな

訓読
⁴◉鼻[はな] ①코. ②후각(嗅覚).
鼻歌[はなうた] 콧노래.
鼻高高[はなたかだか] 우쭐댐. 의기양양함. 콧대가 높음.
鼻筋[はなすじ] 콧날.
鼻面[はなづら] (동물의) 콧등.
鼻毛[はなげ] 코털.
鼻白む[はなじろむ] 〈5自〉 머쓱해지다.
鼻先[はなさき] ①코끝. ②눈앞. 코앞. ③(뭔가 하려는) 찰나. ④앞끝. 선단(先端).
鼻声[はなごえ] ①콧소리. ②코멘소리.
鼻水[はなみず/はなじる] 콧물.
鼻息[はないき] ①콧김. 콧숨. ②기세.
鼻摘み[はなつまみ] 밉상을 떪.
鼻柱[はなばしら] ①코뼈. ②고집. 콧대.
鼻持ち[はなもち] 고약한 냄새를 견딤.
鼻風邪[はなかぜ] 콧물감기.
鼻血[はなぢ] 코피.
鼻詰(ま)り[はなつまり] 코가 막힘.

音読

鼻カタル[びカタル] ≪医≫ 비염(鼻炎).
鼻孔[びこう] ≪生理≫ 비공; 콧구멍
鼻炎[びえん] ≪医≫ 비염.
鼻音[びおん] 비음; 콧소리.
鼻祖[びそ] 비조; 원조. 시조.

屁 방귀 비   音 ⊗ヒ
            訓 ⊗へ

訓読

⊗**屁**[へ] ①방귀. ②시시한 것. 하찮은 것.
屁理屈[へりくつ] 억지소리. 억지 평계. 이
치에 닿지 않는 평계.

庇 감쌀 비   音 ⊗ヒ
            訓 ⊗かばう

訓読

¹⊗**庇う**[かばう] 〈5他〉 ①두둔하다. 감싸다.
비호(庇護)하다. ②(상처를) 감싸다.

音読

庇護[ひご] 비호; 옹호하여 보호함.

砒 비상 비   音 ⊗ヒ
            訓 ―

音読

砒酸鉛[ひさんえん] ≪化≫ 비산연; 비산 수
소연.
砒石[ひせき] ≪鉱≫ 비석; 비소·유황·철로
된 광물.
砒素[ひそ] ≪化≫ 비소; 비금속 원소의 한 종류.

婢 계집종 비   音 ⊗ヒ
              訓 ―

音読

婢僕[ひぼく] 비복; 남종과 여종.
婢妾[ひしょう] 비첩; 종으로 첩이 된 여자.

琵 비파 비   音 ⊗ビ
            訓 ―

音読

琵琶[びわ] ≪楽≫ 비파.
琵琶湖[びわこ] 滋賀県(しがけん)에 있는 일본
최대의 호수.

脾 지라 비   音 ⊗ヒ
            訓 ―

音読

脾臓[ひぞう] ≪生理≫ 비장; 지라-.
脾脱疽[ひだっそ] ≪医≫ 비탈저; 탄저병.

痺 저릴 비   音 ⊗ヒ
            訓 ⊗しびれる

訓読

²⊗**痺れる**[しびれる] 〈下1自〉 ①저리다. 마비
되다. ② ≪俗≫ 몹시 흥분하다. 아주 도
취되다.
痺れ[しびれ] 저림. 마비(麻痺).
痺鰻[しびれうなぎ] ≪魚≫ 전기뱀장어.
痺れ薬[しびれぐすり] ≪俗≫ 마취제.

鄙 더러울 비   音 ⊗ヒ
              訓 ⊗ひな

訓読

⊗**鄙**[ひな] 시골. 촌.
鄙びる[ひなびる] 〈上1自〉 시골티가 나다.
시골 냄새가 나다. 촌스럽다.

音読

鄙陋[ひろう] 비루; 야비함.
鄙語[ひご] 비어; 상말. 욕.
鄙劣[ひれつ] 비열; 행동이 천함.

緋 붉은빛 비   音 ⊗ヒ
              訓 ―

音読

緋桃[ひもも] ≪植≫ 진홍색 꽃이 피는 복숭
아나무.
緋衣草[ひごろもそう] ≪植≫ 'サルビア'의 딴이름.
緋鯉[ひごい] ≪魚≫ 관상용 잉어. 비단잉어.

誹 헐뜯을 비   音 ⊗ヒ
              訓 ⊗そしる

訓読

⊗**誹る**[そしる] 〈5他〉 헐뜯다. 비방하다. 비
난하다. 중상(中傷)하다.
誹り[そしり] 헐뜯기. 비방. 비난. 중상.

音読

誹謗[ひぼう] 비방; (남을) 중상(中傷)함. 헐
뜯음.

[빈]

浜 (濱) 물가 빈

丶 丶 氵 氵 汀 沪 浜 浜 浜

音 ●ヒン
訓 ●はま

訓読
1. ●浜[はま] ①바닷가. 호숫가. ②벼루의 얕은 부분. ③(바둑의) 따낸 돌. ④《俗》'横浜(よこはま)'의 준말.
- 浜街道[はまかいどう] ①해변 도로. ②江戸(えど)에서 陸前(りくぜん)까지의 해변 도로.
- 浜開き[はまびらき] 해변을 개방함.
- 浜端[はまばた] 바닷가.
- 浜路[はまじ] 바닷가·호숫가의 길.
- 浜万年青[はまおもと] '浜木綿(はまゆう)'의 딴이름.
- 浜木綿[はまゆう]《植》문주란.
- 浜辺[はまべ] 바닷가. 해변.
- 浜焼(き)[はまやき] (갓 잡은 물고기를) 바닷가에서 바로 구운 것.
- 浜手[はまて] 해변. 해변 쪽.
- 浜の真砂[はまのまさご] ①해변의 잔모래. ②수없이 많음.
- 浜千鳥[はまちどり] 해변의 물떼새.
- 浜風[はまかぜ] 갯바람. 바닷바람.

音読
- ◑京浜[けいひん]

貧 가난 빈

ノ 八 分 分 分 谷 谷 貧 貧 貧

音 ●ヒン ●ビン
訓 ●まずしい

訓読
2. ●貧しい[まずしい]〈形〉①가난하다. ②(내용이) 부족하다. 빈약하다. 보잘것없다.
- 貧しげ[まずしげ]〈形動〉가난한 듯함.
- 貧しさ[まずしさ] 가난. 빈곤. 빈곤도(貧困度). 가난한 정도.

音読
- 貧[ひん] 가난. 빈곤.
- 貧する[ひんする]〈サ変自〉가난해지다.
- 貧苦[ひんく] 빈고; 가난의 고통.

1. 貧困[ひんこん] 빈곤; ①가난하여 생활이 어려움. ②빈약함. 보잘것없음.
- 貧窮[ひんきゅう] 빈궁; 빈곤. 가난.
- 貧農[ひんのう] 빈농; 가난한 농민.
- 貧民[ひんみん] 빈민; 가난한 백성.
- 貧富[ひんぷ] 빈부; 가난함과 부유함.
- 貧相[ひんそう] 빈상; ①가난한 인상. 초라한 인상. ②궁상맞음. 초라함.
1. 貧弱[ひんじゃく] 빈약; 다른 것에 비해서 초라하고 뒤짐.
- 貧者[ひんじゃ] 빈자; 가난한 사람.
- 貧村[ひんそん] 빈촌; 가난한 마을.
- 貧土[ひんど] 빈토; 척박한 땅. 불모지.
1. 貧乏[びんぼう] 빈핍; 가난함. 궁핍함. 빈궁함.
- 貧乏徳利[びんぼうどっくり] 원통형 모양의 자기 술병.
- 貧乏性[びんぼうしょう] 궁상을 떠는 성질.
- 貧乏神[びんぼうがみ] ①가난을 가져다준다는 신. ②十両(じゅうりょう)의 첫 번째 씨름꾼.
- 貧乏揺すり[びんぼうゆすり] (앉아 있을 때) 무릎을 떪.
- 貧乏人[びんぼうにん] 가난뱅이.
- 貧寒[ひんかん] 빈한; ①초라하고 썰렁함. ②빈약함. 많이 부족함.
1. 貧血[ひんけつ] 빈혈; 혈액 중의 적혈구나 혈색소가 정상치 이하인 상태.

賓 (賓) 손님 빈

宀 宀 宀 宀 宀 宇 宇 宇 賓 賓

音 ●ヒン
訓 ―

音読
- 賓[ひん] 빈; ①손님. 빈객. ②주(主)된 것에 종속(從屬)된 것.
- 賓客[ひんかく/ひんきゃく] 빈객; 귀한 손님.

頻 (頻) 자주 빈

丨 ト 止 屮 步 步 步 頻 頻 頻

音 ●ヒン
訓 ⊗しきり

音読
- 頻度[ひんど] 빈도; 반복되는 횟수.
- 頻発[ひんぱつ] 빈발; ①자주 발생함. ②자동차가 잇달아 많이 발차(発車)함.

¹頻繁[ひんぱん] 빈번: 횟수가 잦음. 쉴 새 없음. 끊임없음.
頻出[ひんしゅつ] 빈출: 자주 나타남·발생함.

牝　암컷 빈

音 ⊗ヒン
訓 ⊗めす ⊗め

訓読
⊗**牝**[めす] ①(동물의) 암컷. ②≪俗≫ 여자. ＊멸시하는 말임.
牝犬[めすいぬ] 암캐.
牝鹿[めじか] 암사슴.
牝猫[めすねこ] 암고양이.
牝牡[めすおす] 암컷과 수컷.
牝羊[めひつじ] 암양.
牝牛[めうし] 암소.
牝狐[めぎつね] 암여우.

音読
牝鶏[ひんけい] 암탉.
牝馬[ひんば] 암말.

彬　빛날 빈

音 ⊗ヒン
訓 ─

音読
彬彬[ひんびん] 빈빈: ①외양과 실속이 잘 갖추어져 있음. ②문물(文物)이 제대로 갖추어짐.

瀕 ˣ(瀬)　물가/임박할 빈

音 ⊗ヒン
訓 ─

音読
瀕する[ひんする] 〈サ変自〉 (절박한 상황이) 직면하다. 닥치다. 임박하다. 박두하다.
瀕死[ひんし] 빈사: 거의 죽게 된 상태에 이름.

氷　얼음 빙

丿 丨 水 氷 氷

音 ◉ヒョウ
訓 ◉こおり ◉ひ ⊗こおる

訓読
²◉氷[こおり] 얼음. ¶〜が張(は)る 얼음이 얼다. ¶〜が溶(と)ける 얼음이 녹다.
⊗**氷る**[こおる] 〈5自〉 (물이) 얼다. 차게 느껴지다.
氷菓子[こおりがし] 얼음과자.
氷袋[こおりぶくろ] 얼음주머니.
氷水[こおりみず] 빙수: ①얼음물. ②얼음을 눈처럼 갈아서 당밀 즙을 넣은 빙수.
氷枕[こおりまくら] 얼음 베개.
氷滑り[こおりすべり] 얼음지치기.
氷詰(め)[こおりづめ] 얼음을 채움. 얼음에 채운 것.

音読
氷結[ひょうけつ] 빙결: 얼어붙음. 결빙.
氷塊[ひょうかい] 빙괴: 얼음덩어리.
氷囊[ひょうのう] 빙낭: 얼음주머니.
氷山[ひょうざん] 빙산: 얼음덩이 산.
氷上[ひょうじょう] 빙상: 얼음 위.
氷雪[ひょうせつ] 빙설: 얼음과 눈.
氷原[ひょうげん] 빙원: 얼음 벌판.
氷点[ひょうてん] 빙점: 얼음이 어는 온도.
氷点下[ひょうてんか] 빙점하: 영하(零下).
氷河期[ひょうがき] 빙하기.
氷海[ひょうかい] 빙해: 얼어붙은 바다.
氷解[ひょうかい] 빙해: ①얼음이 녹음. ② 의문이나 의심이 완전히 풀림.

［사］

土　선비 사

一 十 土

音 ◉シ ⊗ジ
訓 ―

音読

¹士[し] ①무사(武士). 무사 계급. ②(江戸(えど) 시대의) 선비. ③전문직의 사람.
士官学校[しかんがっこう] 사관학교.
士気[しき] 사기; ①싸우려하는 병사들의 씩씩한 기개. ②일을 하고자 하는 기분.
士農工商[しのうこうしょう] 사농공상; (江戸(えど) 시대의) 무사・농민・공인・상인을 계급 순서대로 말함 것임.
士族[しぞく] 사족; ①무사의 집안. ②(明治維新(めいじいしん) 이후에) 옛 무사 계급에 주어진 신분.
士卒[しそつ] 사졸; 병사(兵土).

四　넉 사

丨 冂 冂 四 四

音 ◉シ
訓 ◉よっつ ◉よん ◉よ

訓読

⁴◉四❶[よ/よっ/よん] ①넷. ②네 개. ③네 살. ④(일본 씨름에서) 서로 양팔을 지르고 맞붙음. ❷[し] ☞ [音読]
⁴◉四つ[よっつ/よつ] ①넷. ②네 개. ③네 살. ④(일본 씨름에서) 서로 양팔을 지르고 맞붙음.
四H[よんえっち] 4에이치.
²四つ角[よつかど] ①네 귀. 네 모퉁이. 4개의 각. ②네거리.
四階[よんかい] (건물의) 4층.
四年[よねん] 4년. 네 해.
四年生[よねんせい] 4학년. 4학년 학생.
四年制[よねんせい] 4년제.
四時❶[よじ] 4시. 네 시. ❷[しじ] ①4계절. 사철. ②《仏》 하루의 네 때. 아침・낮・저녁・밤.
四十路[よそじ] ①마흔. 40. ②마흔 살. 40세.

四(つ)辻[よつつじ] 네거리. 십자로.
四月❶[よつき] 넉 달. 4개월. ❷[しがつ] (1년 중의) 4월.
四ヶ月[よんかげつ] 4개월. 넉 달.
四人[よにん] 4명. 네 사람.
⁴四日[よっか] ①초나흗날. ②4일간. 나흘.
四回[よんかい] 4회. 네 번.

音読

⁴◉四❶[し] 4. 넷. ❷[よ/よっ/よん] ☞ [訓読]
²四角[しかく] ①4각. 네모. ②모가 남. ③(태도가) 딱딱함. 엄격함.
²四角い[しかくい] 〈形〉 ①네모나다. ②융통성이 없이 딱딱하다. 고지식하다.
四角四面[しかくしめん] ①네모 반듯함. 정사각형임. ②융통성이 없음. 고지식함.
四角形[しかくけい/しかっけい] 4각형.
²四季[しき] 사계; ①사철. ②각 계절의 막달인 음력 3・6・9・12월.
四国[しこく] ①사국; 네 나라. ②‘四国地方(しこくちほう)’의 준말.
四六時中[しろくじちゅう] 하루 종일. 24시간.
四六判[しろくばん] 사륙판; 가로 13cm 세로 19cm 되는 인쇄물의 규격.
四面[しめん] 사면; ①네 면. ②사방.
四半期[しはんき] 4분기(分期); 1년을 넷으로 나눈 기간.
四方❶[しほう] ①사방; 주위. ②천하(天下). ❷[よも] 《雅》 사방; 동서남북. 전후좌우.
四辺[しへん] 사변; ①부근. 근방. 주위. ②사방의 변경(邊境). ③《数》 4개의 변.
四分五裂[しぶんごれつ] 사분오열; 여러 파벌로 분열됨.
²四捨五入[ししゃごにゅう] 사사오입.
四散[しさん] 사방으로 흩어짐.
四書[ししょ] 사서; 대학(大学)・중용(中庸)・논어(論語)・맹자(孟子)의 총칭.
⁴四月❶[しがつ] (1년 중의) 4월. ❷[よつき] 넉 달. 4개월.
四囲[しい] 사위; 사방. 주위. 둘레.
四肢[しし] 사지; 팔다리.
四次元[しじげん/よじげん/よんじげん] 4차원.
四通八達[しつうはったつ] 사통팔달; 교통이 잘 발달되어 있음.
四海[しかい] 사해; ①사방의 바다. ②온세계. 천하.

司 맡을/벼슬 사

丁 丁 丁 司 司

音 ●シ
訓 ⊗つかさどる

訓読
¹⊗**司る**[つかさどる] 〈5他〉 ①(업무를) 담당하다. 맡아 하다. ②관리하다. 감독하다.

音読
司教[しきょう] 〈天主教의〉 주교(主教).
司令[しれい] 사령; 군대를 통솔·지휘함.
司令官[しれいかん] 사령관.
¹**司法**[しほう] 사법; 분쟁 해결을 위해 법을 적용하여 일정한 사항의 적법성·위법성·권리 관계를 확정·선언하는 행위.
司書[ししょ] 사서; (도서관에서) 도서의 정리·보존 및 열람에 관한 사무에 종사하는 사람.
司祭[しさい] (천주교) 사제; 신부(神父).
²**司会**[しかい] 사회; 회의·모임 등의 진행을 맡아 봄.
司会者[しかいしゃ] 사회자; 사회하는 사람.

写(寫) 베낄 사

丶 宀 宀 写 写

音 ●シャ
訓 ●うつす ●うつる

訓読
³●**写す**[うつす] 〈5他〉 ①베끼다. 복사하다. ②그리다. 묘사하다. ③본뜨다. 모방하다. ④(사진을) 찍다. 촬영하다.
¹**写し**[うつし] ①복사본. 사본. ②베낌. 모작(模作). ③사진을 찍음.
²●**写る**[うつる] 〈5自〉 ①(속이) 비쳐 보이다. ②(사진에) 찍히다.
写り[うつり] ①비침. (사진에) 찍힘. ②영상(映像).

音読
写本[しゃほん] 사본; 베낀 것. 복사한 것.
²**写生**[しゃせい] 사생; 스케치.
写実[しゃじつ] 사실; 사물을 있는 그대로 묘사함.
⁴**写真**[しゃしん] ①사진. ②사실(写実).
写真機[しゃしんき] 사진기; 카메라.

史 역사 사

丶 口 口 史 史

音 ●シ
訓 —

音読
●**史**[し] ①역사. ②(大宝令(たいほうりょう) 제도에서) 제4등의 문서를 담당하던 관리.
史家[しか] 사가; 역사학자.
史官[しかん] 사관; 역사 편찬을 관장하는 관리.
史劇[しげき] 사극; 역사상의 사건을 소재로 한 극.
史論[しろん] 사론; 역사에 관한 평론.
史料[しりょう] 사료; 역사 자료.
史上[しじょう] 사상; 역사상(歴史上).
史書[ししょ] 사서; 역사 책.
史詩[しし] 사시; 사실(史実)을 소재로 한 시.
史実[しじつ] 사실; 역사상의 사실.
史伝[しでん] 사전; ①역사와 전기(伝記). ②역사를 기초로 하여 만든 전기(伝記).
史学[しがく] 사학; 역사를 연구하는 학문.

仕 벼슬/섬길 사

丿 亻 仁 什 仕

音 ●シ ●ジ
訓 ●つかえる ⊗つかまつる

訓読
¹●**仕える**[つかえる] 〈下1自〉 ①섬기다. 모시다. ②(정부 관리로서) 근무하다.

音読
仕官[しかん] ①관직에 오름. ②야인(野人)이던 무사(武士)가 주군(主君)을 섬김.
仕掛かる[しかかる] 〈5他〉 ①(일을) 시작하다. 착수하다. ②(일을) 중도까지 하다.
¹**仕掛(け)**[しかけ] ①(일을) 하기 시작함. ②(일을) 중도까지 함. ③(궁리하여 꾸며낸) 장치. 속임수. 조작. ④낚시 도구.
¹**仕掛ける**[しかける] 〈下1他〉 ①(일을) 시작하다. 착수하다. ②(일을) 중도까지 하다. ③걸다. ④장치하다. 놓다. ⑤(불에) 얹다. 안치다. ⑥(씨름에서 상대이게) 수를 걸다.
仕掛(け)品[しかけひん] 제조 과정의 물건.

仕掛(け)花火[しかけはなび] 여러 모양의 불꽃이 나타나게 장치한 불꽃.

仕度[したく] ①준비. 채비. ②(외출용) 옷차림.

¹**仕来たり**[しきたり] 관습. 관례.

仕立(て)[したて] ①제작. 만듦. ②바느질. 옷 모양. ③교육. 훈련. 양성. ④준비. 마련.

¹**仕立てる**[したてる] 〈下1他〉 ①(옷을) 맞추다. 만들다. ②(탈 것을) 준비하다. 마련하다. ③훈련시키다. 양성하다. ④다시 만들다. ⑤분장하다. 꾸미다. ⑥《古》치다하다.

仕立(て)物[したてもの] ①바느질. 재봉. ②새로 맞춘 옷.

仕立(て)下(ろ)し[したておろし] 새로 맞춘 옷. 새로 맞춘 옷을 입어봄.

仕舞う[しまう] 〈5他〉 ①(일을) 마치다. 끝내다. 파하다. ②(물건을) 챙기다. 간수하다. 넣다. 치우다. ③(가게 문을) 닫다. 폐업하다.

仕舞い[しまい] ①마지막. 끝. 최후. ②끝장. ③품절. 매절.

仕返し[しかえし] ①보복. 복수. 앙갚음. ②다시 함.

³**仕方**[しかた] ①수단. 방법. ②하는 짓. 처사. ③몸짓.

仕方なしに[しかたなしに] 〈副〉 하는 수 없이. 부득이.

仕付(け)[しつけ] ①예의범절. ②(옷 가봉에서) 시침질. ③모내기.

仕分け[しわけ] 분류. 구분.

⁴**仕事**[しごと] ①일. 작업. 업무. ②직업. 직장.

²**仕上(が)り**[しあがり] ①마무리. 완성. ②완성된 결과.

¹**仕上がる**[しあがる] 〈5自〉 마무리되다. 완성되다. 일이 다 되다.

¹**仕上(げ)**[しあげ] ①마무리. 완성. 완성된 결과. ②(작업의) 끝손질. 마지막 공정(工程).

¹**仕上げる**[しあげる] 〈下1他〉 ①마무리하다. 완성하다. ②(작업의) 끝손질하다. 마무리하다.

仕送り[しおくり] 생활비나 학비 일부를 보내줌.

仕手[して] ①하는 사람. ②(能楽(のうがく)에서) 주인공. ③투기꾼. 투기업자.

仕手株[してかぶ] 투기의 대상이 되는 주식.

¹**仕様**[しよう] 일하는 방법. 하는 수.

仕業[しわざ] 짓. 행위. 소행.

仕儀[しぎ] ①일이 되어 가는 형세. 형편. ②(좋지 않은) 결과. 사태.

仕入(れ)[しいれ] 매입(買入). 사들임.

¹**仕入れる**[しいれる] 〈下1他〉 ①(업자가 상품을) 사들이다. 구입하다. 매입하다. ②입수하다. 얻다. ③ 《古》가르치다. 훈련시키다.

仕入(れ)先[しいれさき] 구입처. 매입처(買入處).

仕込む[しこむ] 〈5他〉 ①(예능을) 가르치다. ②(동물을) 길들이다. 훈련시키다. ③(물건을) 사들이다. ④속에 장치하다. 주입하다. ⑤(술·간장을) 담그다. 빚다.

仕込(み)[しこみ] ①가르침. ②길들임. 훈련시킴. ③(물건을) 사들임. 매입함. ④(술·간장을) 담금. ⑤(落語(らくご)에서) 서론(序論). ⑥(연극에서) 준비 작업.

¹**仕切る**[しきる] 〈5他〉 ①칸막이하다. 분할하다. ②결산하다. 청산하다. ③매듭짓다. 결말을 짓다. 〈5自〉 (씨름꾼이) 맞불을 자세를 취하다.

仕切(り)[しきり] ①칸막이. 분할. ②결산. 청산. ③(씨름꾼이) 맞붙을 자세를 취함.

仕切(り)金[しきりきん] 결산금. 청산금(淸算金).

¹**仕組(み)**[しくみ] ①얼개. 짜임새. ②(기계의) 구조. 장치. ③궁리. 계획. 방법. ④(소설의) 줄거리. 구상.

仕着(せ)[しきせ] ①주인이 철따라 고용인에게 옷을 해 입힘. ②윗사람이 준 것. ③형식적인 일. 판에 박힌 일.

仕草[しぐさ] ①하는 짓. 짓거리. 태도. ②(배우의) 연기.

仕出かす[しでかす] 〈5他〉 (잘못·실수를) 저지르다. 해버리다.

仕出(し)[しだし] ①연구하여 새로 만들어 냄. 고안. ②주문 음식을 만들어 배달함.

仕出(し)屋[しだしや] 음식을 배달하는 사람.

仕打(ち)[しうち] ①(남에 대한 좋지 못한) 처사. 소행. ②(배우의) 연기. ③흥행주.

仕向け[しむけ] ①(상품의) 발송. ②(남에 대한 좋지 못한) 대접·대우.

仕向ける[しむける] 〈下1他〉 ①(상품을) 발송하다. ②(무슨 일을 하도록) 만들다. 유도하다. ③(특정한 태도로) 대하다.

死 죽을 사

一 フ ラ グ ダ 死 死

音 ●シ
訓 ●しぬ

訓読

4**●死ぬ**[しぬ] 〈5自〉 ①죽다. 사망하다. ②
(활동이) 멎다. 잠잠하다. ③활기가 없다.
④활용되지 않다. 사장되다. ⑤(바둑에서)
잡히다. ⑥(야구에서) 아웃되다.

死に金[しにがね] ①사장(死藏)된 돈. ②써
도 보람 없는 돈. ③장례(葬礼) 비용.

死に目[しにめ] 임종(臨終).

死に物狂い[しにものぐるい] 필사적으로 버
둥거림. 결사적인 몸부림.

死に別れる[しにわかれる]〈下1自〉사별하다.
여의다.

死に所[しにどころ] 죽을 곳. 죽어야 할 곳.

死に損なう[しにそこなう]〈5自〉①죽으려
다 실패하다. ②죽지 못하고 살아남다.

死に水[しにみず] 임종 때 입술을 축이는 물.

死に時[しにどき] 죽을 때. 죽어야 할 때.

死に神[しにがみ] 사신; 죽음의 신.

死に顔[しにがお] 죽은 사람의 얼굴.

死に様[しにざま] 죽는 모습.

死に場[しにば] 죽을 곳. 죽어야 할 곳.

死絶える[しにたえる]〈下1自〉멸종되다.
전멸하다.

死に際[しにぎわ] 임종(臨終).

死に支度[しにじたく] 죽을 준비.

死に恥[しにはじ] 수치스러운 죽음.

死に花[しにばな] 명예로운 죽음.

音読

1**死**[し] ①죽음. ②사형(死刑). ③활동을 멈춤.
④어쩐지 기분이 나쁨. ⑤(야구에서) 아웃.

死する[しする]〈サ変他〉죽다.

死角[しかく] 사각; ①사정거리 안에 있으
면서 쏘아 맞히지 못하는 구역. ②안 보
이는 범위·각도.

死去[しきょ] 사거; 사망. 죽음.

死球[しきゅう] (야구에서) 사구; 데드볼.

死期[しき/しご] ①임종. ②죽을 시기.

死力[しりょく] 사력; 죽을 힘. 전력(全力).

2**死亡**[しぼう] 사망; 죽음.

死滅[しめつ] 사멸; 죽어 없어짐.

死没[しぼつ] 사몰; 사망. 죽음.

死別[しべつ] 사별; 여의어 이별함. 죽어서
이별함.

死病[しびょう] 사병; 죽을 병.

死産[しざん/しさん] 사산; 죽은 아이를 낳음.

死相[しそう] 사상; ①죽을 상. ②죽는 사
람의 얼굴.

死傷者[ししょうしゃ] 사상자; 사망자와 부
상자.

死所[ししょ] 사소; ①죽을 장소·기회. ②죽
은 장소.

死守[ししゅ] 사수; 목숨 걸고 지킴.

死語[しご] 사어; 현재 사용하지 않는 언어.

死因[しいん] 사인; 죽은 원인.

死者[ししゃ] 사자; 죽은 사람.

死蔵[しぞう] 사장; 활용하지 않고 처박아 둠.

死罪[しざい] 사죄; ①죽을 죄. ②사형(死刑).

死地[しち] 사지; ①죽을 곳. ②위험한 곳.
죽을 고비. ③궁지(窮地).

死体[したい] 사체; 시체. 주검.

死闘[しとう] 사투; 목숨을 걸고 싸움.

死骸[しがい] 사해; 시체. 송장.

死刑[しけい] 사형; 죽음에 처함.

死火山[しかざん] 사화산; 휴화산(休火山).

死活[しかつ] 사활; 생사(生死). 죽음과 삶.

死灰[しかい] 사회; ①불 꺼진 재. ②생기
를 잃은 것.

死後[しご] 사후; 죽은 후.

寺 절 사

一 十 十 寺 寺 寺

音 ●ジ
訓 ●てら ●でら

訓読

3**●寺**[てら]《仏》절. 사찰(寺刹).

寺方[てらかた] ①절과 관계있는 사람들.
②절의 중.

寺子[てらこ] 서당·글방에 들어간 아이.

寺子屋[てらこや] 서당. 글방.

寺銭[てらせん] (도박의) 자릿세.

寺参り[てらまいり] 절에 참배함.

音読

2**寺**[じ]〈接尾語〉…사; 절.

寺格[じかく] 사격; 사찰의 등급.

寺領[じりょう] 사령; 절의 소유지

寺社[じしゃ] 사찰과 신사(神社).

2**寺院**[じいん] 사원; 절. 사찰.

糸(絲) 실 사

ˊ 幺 幺 幺 糸 糸

音 ◉シ
訓 ◉いと

訓読
³◉糸[いと] ①실. ②(실 모양의) 줄. ③낚싯줄. ④(현악기의) 현(絃/弦).
糸口[いとぐち] ①실의 끝. ②실마리. 단서.
糸目[いとめ] ①실날. 실가닥. ②(연의) 벌줄. ③생사(生絲)의 무게. ④그릇에 새긴 실 금. ⑤줄거리. ⑥《虫》 실갯지렁이.
糸切(り)歯[いときりば] 《俗》 송곳니.

音読
◉綿糸[めんし], 原糸[げんし], 蚕糸[さんし]

伺 살필 사

ノ イ 門 伺 伺 伺 伺

音 ◉シ
訓 ◉うかがう

訓読
²◉伺う[うかがう] 〈5他〉 (손윗사람에게) 여쭙다. ＊'聞(き)く・間(と)う'의 겸양어임. 〈5自〉 (손윗사람에게) 문안드리다. 찾아뵙다. ＊'訪(たず)ねる'의 겸양어임.

音読
伺候[しこう] 사후; ①귀인(貴人)을 곁에서 모심. ②(윗사람에게) 문안을 드림.

似 닮을 사

ノ イ 化 化 似 似 似

音 ◉ジ
訓 ◉にる ◉にせる

訓読
²◉似る[にる] 〈上1自〉 닮다. 비슷하다.
◉似せる[にせる] 〈下1他〉 닮게 하다. 흉내 내다. 모방하다.
似つかわしい[につかわしい] 〈形〉 어울리다. 적합하다. 꼭 알맞다. 걸맞다.
似顔り[により] 아주 닮음. 비슷함.
似顔[にがお] 초상화.

¹似通う[にかよう] 〈5自〉 서로 닮았다. 서로 비슷하다.
²似合う[にあう] 〈5自〉 어울리다. 걸맞다.

音読
◉近似値[きんじち], 類似[るいじ]

社(社) 모일 사

ˋ ㇀ ネ ネ ネ 社 社

音 ◉シャ
訓 ◉やしろ

訓読
◉社[やしろ] 신(神)을 모신 건물. 신사(神社).

音読
²社[しゃ] ①'会社(かいしゃ)・新聞社(しんぶんしゃ)' 등의 준말. ②단체. 조합. ③신사(神社).
社告[しゃこく] 사고; 회사에서 내는 광고.
¹社交[しゃこう] 사교; 사회적으로 교제하며 사귐.
社内[しゃない] 사내; ①회사 내. ②신사(神社)의 경내.
社団法人[しゃだんほうじん] 사단법인.
社務所[しゃむしょ] 신사(神社)의 사무를 보는 곳.
社報[しゃほう] 사보; '社内報(しゃないほう)'의 옛 칭호.
²社説[しゃせつ] 사설; 신문・잡지사의 논설.
社業[しゃぎょう] 사업; 회사의 사업.
社屋[しゃおく] 사옥; 회사의 건물.
社外[しゃがい] 사외; ①신사(神社) 밖. ②회사 밖. ③그 회사 사원 이외의 외부인.
社用[しゃよう] 사용; ①회사의 용무. ②신사(神社)의 용무.
社用族[しゃようぞく] 《俗》 사용족; 회사 비용으로 유흥을 즐기는 회사원.
社員[しゃいん] 사원; ①회사원. ②《法》 사단법인의 구성원.
³社長[しゃちょう] 사장; 회사의 우두머리.
社殿[しゃでん] 사전; 신사(神社)의 신전(神殿).
社主[しゃしゅ] 사주; 회사의 주인.
社債[しゃさい] 사채; 회사가 발행하는 채무(債務) 증권.
¹社宅[しゃたく] 사택; 회사 소유의 집.
³社会[しゃかい] 사회; ①여러 사람이 공동생활하는 형태. ②세상.
社会面[しゃかいめん] (신문의) 사회면.

私 사사로울 사

一 二 千 禾 禾 私 私

音 ●シ
訓 ●わたくし ⊗ひそか

訓読

⁴●私[わたくし] ①저. ＊'わたし'보다 격식을 차린 공손한 말씨임. ②사사로움. 개인. ③사심(私心). 사리(私利). ④불공평. 정실. ＊'わたし'로도 읽음.
⊗私か[ひそか]〈形動〉몰래함. 살짝 함.
私する[わたくしする]〈サ変他〉①(공적인 것을) 개인 용도로 사용하다. ②독점하다. 사유화하다.
私事[わたくしごと/しじ] ①개인적인 일. ②비밀스런 일.

音読

私見[しけん] 사견; 개인의 의견.
私企業[しきぎょう] 사기업; 개인 기업.
私利私欲[しりしよく] 사리사욕; 개인의 이익과 욕심.
¹私立[しりつ/わたくしりつ] 사립; 개인이 설립함.
私文書[しぶんしょ] 사문서; 개인의 문서.
¹私物[しぶつ/わたくしもの] ①개인 소유물. ②비장물(秘蔵物).
私費[しひ] 사비; 개인이 부담하는 비용.
私生児[しせいじ] 사생아; 법률상 부부가 아닌 사이에서 태어난 아이.
私書箱[ししょばこ] 사서함.
私設[しせつ] 사설; 개인이 시설함.
私塾[しじゅく] 사숙; 개인의 글방·서당.
私心[ししん] 사심; 이기심. 개인의 욕심.
私案[しあん] 사안; 개인의 고안.
私営[しえい] 사영; 개인 경영.
私欲[しよく] 사욕; 개인의 욕심.
¹私用[しよう] 사용; ①개인적인 볼일. ②개인의 이익을 위해 사용함.
私有[しゆう] 사유; 개인의 소유.
私益[しえき] 사익; 개인의 이익.
私蔵[しぞう] 사장; 개인이 간직하고 있음.
私財[しざい] 사재; 개인의 재산.
私邸[してい] 사저; 개인의 저택.
私的[してき] 사적; 사사로움.
私情[しじょう] 사정; ①개인 연고 관계에 끌리는 감정. ②이기적인 생각.
私鉄[してつ] 사철; 민영 철도.

事 일 사

一 二 三 三 写 写 写 事

音 ●ジ ⊗ズ
訓 ●こと

訓読

³●事[こと] ①(세상의) 일. 사슬. ②큰일. 사건. ③경험.
事欠く[ことかく]〈5自〉(물자가) 부족하다. 모자라다.
事寄せる[ことよせる]〈下1自〉핑계 삼다.
事毎に[ことごとに] 매사에. 사사건건.
事も無げ[こともなげ] 태연함. 아무렇지도 않음. 대수롭지 않음.
¹事柄[ことがら] ①사정. 내용. ②일. 사항.
事細か[ことこまか]〈形動〉자상함. 세밀함.
事始め[ことはじめ] ①일의 시작. ②시초. ③(옛날) 음력 2월 8일에 농사를 시작하던 행사. ④(옛날) 음력 12월 8일에 대청소를 하고 설을 맞이할 준비를 하던 행사.

音読

²事件[じけん] 사건; 뜻밖에 생긴 일
²事故[じこ] 사고; 뜻밖의 사건.
事例[じれい] 사례; ①전례가 되는 사실. ②낱낱의 사실과 형편.
²事務[じむ] 사무; ①다루는 일. ②업무.
事務引き継ぎ[じむひきつぎ] 사무 인계.
³事務所[じむしょ] 사무소.
事務取り扱い[じむとりあつかい] 서리(署理). 직무대행(職務代行).
²事物[じぶつ] 사물; 일이나 물건. ＊물건에 중점을 둔 말임.
事変[じへん] 사변; ①(경찰력으로는 진압할 수 없는) 변란(変乱). 소요(騒擾). ②천재(天災). ③(선전 포고가 없는) 전쟁 행위.
事実[じじつ] 사실; ①실제로 있는 일. ②정말. 참말로.
¹事業[じぎょう] 사업; ①세상에 유익이 되는 일. ②회사나 가게를 경영하는 일.
事由[じゆう] 사유; 사물의 이유와 원인.
事績[じせき] 사적; 업적(業績).
¹事典[じてん] 사전; '百科事典'의 준말.
¹事前[じぜん] 사전; 미리. 앞서.
²事情[じじょう] 사정; 어떤 일의 흔편.
²事態[じたい] 사태; 일이 되어 가는 형편.
¹事項[じこう] 사항; 일의 조항.
事後[じご] 사후; 일이 지난 뒤.

使　부릴 사

丿 亻 亻 仁 仁 仵 侢 侢 使

音 ●シ
訓 ●つかう ●つかえる

訓読

●使う[つかう]〈5他〉①(물건을) 쓰다. 사용하다. ②(돈·시간을) 쓰다. 소비하다. ③(사람을) 부리다. ④(말을) 하다. ⑤(정신을) 쓰다. ⑥목욕하다. ⑦부채질하다. ⑧먹다.

●使える[つかえる]〈下1自〉①쓸 수 있다. 쓸 만하다. ②(검술 등의 기술을) 능숙하게 쓸 수 있다.

使いこなす[つかいこなす]〈5他〉잘 다루다.

使い古す[つかいふるす]〈5他〉오래 사용하여 낡아지게 하다.

使い慣れる[つかいなれる]〈下1自〉숙련되다.

¹使い道[つかいみち] ①용도, 쓸모. ②사용법.

使い物[つかいもの] ①쓸 만한 물건. 변변한 물건. ②선물.

使い方[つかいかた] 사용법. 사용 방법.

使い付ける[つかいつける]〈下1他〉(기계·도구를) 오래 사용하여 익숙해지게 하다. 단련시키다.

使い分け[つかいわけ] 물건을 가려 씀.

使い分ける[つかいわける]〈下1他〉①물건을 가려서 쓰다.②적절하게 사용하다.

使い捨て[つかいすて] 한 번 쓰고 버림.

使い手[つかいて] ①(도구의) 사용자. ②명수(名手). ③씀씀이가 헤픈 사람.

使い賃[つかいちん] 심부름 값.

使い込み[つかいこみ] 공금 횡령.

使い込む[つかいこむ]〈5他〉①(공금을) 횡령하다. ②예산을 초과하여 쓰다. ③사용하여 길들이다.

音読

使徒[しと] 사도; 예수 그리스도의 12제자.

使徒行伝[しとぎょうでん] 사도행전.

¹使命[しめい] 사명; 임무.

使役[しえき] 사역; 부리는 일을 시킴.

²使用[しよう] 사용; 씀.

¹使用人[しようにん] 사용인; 고용인.

使者[ししゃ] 사자; 명령을 받고 심부름하는 자.

使節団[しせつだん] 사절단.

舎(舎)　집 사

丿 人 人 스 全 全 全 舎 舎

音 ●シャ
訓 ―

音読

舎監[しゃかん] 사감; 기숙사의 감독자.

舎利[しゃり] 사리; ①≪仏≫ 부처·성자의 유골. ②화장하고 남은 뼈. ③≪俗≫ 쌀알. 쌀밥.

舎弟[しゃてい] 사제; 자기 아우를 낮추어 말할 때 일컫는 말.

舎兄[しゃけい] 사형; 자기 형을 남에게 말할 때 일컫는 말.

邪　간사할 사

一 厂 匚 匚 牙 牙 牙' 牙' 邪 邪

音 ●ジャ
訓 ⊗よこしま

訓読

⊗邪[よこしま]〈形動〉사악함. 악함.

音読

邪教[じゃきょう] 사교; 사회를 해치는 요사스런 종교.

邪気[じゃき] 사기; ①병을 일으키는 독소. ②악의(悪意).

邪念[じゃねん] 사념; ①사악한 마음. ②잡념.

邪道[じゃどう] 사도; 옳지 못한 방법.

邪恋[じゃれん] 사련; 불륜의 사랑.

邪論[じゃろん] 사론; 옳지 못한 이론.

²邪魔[じゃま] ①방해. 방해물. 거추장스러움. ②(방문한다는 뜻의) 실례. ③≪仏≫ 사마; 수행(修行)을 방해하는 악마.

邪魔っ気[じゃまっけ] 귀찮게 느낌. 거추장스러움.

邪魔立て[じゃまだて] 일부러 방해함.

邪魔者[じゃまもの] 방해자.

邪法[じゃほう] ①사도(邪道). ②마법. 요술.

邪説[じゃせつ] 사설; 사람을 현혹시키는 그릇된 학설.

邪心[じゃしん] 사심; 비뚤어진 마음.

邪悪[じゃあく] 사악; 부당하고 악함. 심성이 비뚤어져 악의에 가득참.

邪推[じゃすい] 사추; 그릇된 추측.

査

조사할 사

一 十 オ 才 木 木 杏 杏 杏 査

音 ◉サ
訓 —

音読

査問[さもん] 사문; 조사하여 따져 물음.
査収[さしゅう] 사수; 잘 조사하여 수납함.
査閲[さえつ] 사열; ①실제로 하나하나 조사함. ②군사교련의 성적을 실제로 조사함.
査定[さてい] 사정; 조사하여 결정함.
査証[さしょう] 사증; ①조사하여 증명함. ②비자. 외국인의 입국 허가.
査察[ささつ] 사찰; 어떤 일이 기준대로 행해지고 있는지를 조사함.

思

생각 사

丨 冂 冂 田 田 田 思 思 思

音 ◉シ
訓 ◉おもう ◉おもえる ◉おもわしい ⊗おぼしい

訓読

³◉思う[おもう] 〈5他〉①느끼다. 생각하다. 여기다. ②추측하다. 헤아리다. 예상하다. ③소망하다. 원하다. ④회상하다. ⑤그리워하다.
◉思える[おもえる] 〈下1自〉①생각되다. 느껴지다. 여겨지다. ②(가능의 뜻으로) 생각할 수 있다.
◉思わしい[おもわしい] 〈形〉바람직하다.
⊗思しい[おぼしい] 〈形〉…처럼 보이다. 생각되다.
思いのまま[おもいのまま] 뜻대로. 자유대로.
²思わず[おもわず] 무심코. 그만. 무의식중에. 엉겁결에.
思い遣り[おもいやり] 동정. 동정심. 이해심.
思い遣る[おもいやる] 〈5他〉①(멀리서) 생각하다. 그리다. ②(남의 마음을) 헤아리다. 동정하다. 염려하다.
思い過ごし[おもいすごし] 기우(杞憂). 지나친 생각. 쓸데없는 걱정.
思い掛けず[おもいがけず] 뜻밖에도.
²思い掛けない[おもいがけない] 〈形〉뜻밖이다. 의외이다. 예상 밖이다.

思い起こす[おもいおこす] 〈5他〉생각해 내다.
思い悩む[おもいなやむ] 〈5自〉많은 생각으로 고민하다. 이것저것 생각하며 고민하다.
思い当たる[おもいあたる] 〈5自〉짐작이 가다. 생각이 미치다. 짚이다.
思い立つ[おもいたつ] 〈5他〉(뭔가 하려고) 결심하다. 마음먹다.
思い描く[おもいえがく] 〈5他〉마음속에 그리다. 상상하다.
¹思い付き[おもいつき] ①즉흥적인 생각. ②아이디어.
²思い付く[おもいつく] 〈5他〉①(좋은 것을) 생각해 내다. ②(잊었던 것을) 기억해 내다.
思い浮かぶ[おもいうかぶ] 〈5自〉생각나다. 마음에 떠오르다.
思い思い[おもいおもい] 각자의 생각대로. 제 나름대로.
思い上がる[おもいあがる] 〈5自〉우쭐대다. 잘난 체하다. 자만하다.
思い巡らす[おもいめぐらす] 〈5他〉여러 모로 생각하다.
思い余る[おもいあまる] 〈5自〉생각을 가누지 못하다. 갈팡질팡하다.
思いの外[おもいのほか] 뜻밖에. 예상외로. 의외로.
思い違い[おもいちがい] 잘못 생각함. 오해. 착각.
思い入れ[おもいいれ] ①생각에 잠김. 깊이 생각함. ②무언극(無言劇). ③마음껏. 실컷.
²思い込む[おもいこむ] 〈5自〉①굳게 믿다. ②굳게 결심하다. 각오하다.
思い残す[おもいのこす] 〈5他〉미련을 남기다.
思い切って[おもいきって] ①결단코. 결연코. ②실컷. 마음껏. ③대단히. 매우. 몹시.
²思い切り[おもいきり] ①단념. 체념. ②마음껏. 힘껏.
²思いっ切り[おもいっきり] '思い切り'의 강조.
思い切る[おもいきる] 〈5他〉단념하다. 체념하다. 〈5自〉결심하다. 각오하다.
思う存分に[おもうぞんぶんに] 마음껏. 실컷. 소신껏.
思い知る[おもいしる] 〈5他〉뼈저리게 느끼다. 깊이 깨닫다. 절실히 느끼다.
思い直す[おもいなおす] 〈5他〉다시 생각하다. 재고하다.
思わせ振り[おもわせぶり] 변죽을 울림. 의미 있는 듯이 언동함. 암시적임.
²思い出[おもいで] 추억. 회상.

³思い出す[おもいだす]〈5他〉①생각하기 시작하다. ②생각나다. 상기하다. 생각해내다.

思い通り[おもいどおり] 생각한 대로. 생각대로.

思い合(わ)せる[おもいあわせる]〈下1他〉(다른 일과) 관련시켜 생각하다.

思惑[おもわく] ①예상. 속셈. 생각. ②평판. 소문. 인기.

思惑買(い)[おもわくがい] 투기 매입(投棄買入).

思い詰める[おもいつめる]〈下1他〉(어떻게 할까하고) 깊이 생각하다. 골똘히 생각하다.

音読

¹思考[しこう] 사고; 생각하고 궁리함.

思考力[しこうりょく] 사고력; 생각하고 궁리하는 능력.

思量[しりょう] 사량; 사료. 헤아려 생각함.

思慮[しりょ] 사려; 신중히 생각함.

思料[しりょう] 사료; 헤아려 생각함.

思慕[しぼ] 사모; 그리워함.

思弁[しべん] 사변; (경험에 의하지 않고) 논리적으로 생각하여 판별함.

²思想[しそう] 사상; 생각. 의견.

思索[しさく] 사색; 사물을 깊이 생각함.

思案[しあん] 사안; ①여러 모로 생각함. 분별. ②근심. 걱정.

思議[しぎ] 사의; 생각하여 의논함.

思潮[しちょう] 사조; 사상의 흐름.

思春期[ししゅんき] 사춘기.

砂　　모래 사

一　ア　ア　石　石　石　砂　砂　砂

音 ●サ ●シャ
訓 ●すな ⊗いさご

訓読

³砂[すな] 모래. ¶ 目(め)に~が入(はい)る 눈에 모래가 들어가다. ¶ ~をまく 모래를 뿌리다.

砂袋[すなぶくろ] ①(소화·방수용의) 모래주머니. ②조류의 모래주머니.

砂浜[すなはま] 모래 해변. 모래톱. 모래사장.

砂山[すなやま] 모래 언덕.

砂書き[すながき] 모래로 글씨를 쓰거나 그림을 그림.

砂時計[すなどけい] 모래시계.

砂埃[すなぼこり] 모래 먼지.

砂煙[すなけむり] 모래 먼지.

砂原[すなはら] 모래벌판.

砂遊び[すなあそび] 모래 장난.

砂場[すなば] 모래밭. 모래땅.

砂舟[すなぶね] 모래 채취선. 모래 운반선.

砂地[すなじ/すなち] 모래땅.

砂風呂[すなぶろ] 모래찜질.

音読

砂丘[さきゅう] 사구; 모래 언덕.

砂金[さきん/しゃきん] ≪鉱≫ 사금.

¹砂利[じゃり] ①자갈. ②조무래기. 꼬마.

砂利道[じゃりみち] 자갈길.

²砂漠[さばく] ≪地≫ 사막.

砂州[さす/さしゅう] 사주; 모래톱.

砂塵[さじん/しゃじん] 사진; 모래 섞인 먼지.

⁴砂糖[さとう] 설탕.

卸　　짐부릴 사

丿　亠　乍　午　午　乍　缶　缶　卸

音 ⊗シャ
訓 ●おろす ●おろし

訓読

²卸す[おろす]〈5他〉(도매업자가 소매상인에게 물건을) 도매하다.

●卸[おろし] 도매. 도매가격.

卸売(り)[おろしうり] 도매

卸問屋[おろしどんや] 도매상. 도매상점.

卸屋[おろしや] 도매상.

卸値[おろしね] 도매가격. 도매값.

師　　스승/군사 사

丿　亻　亻　卢　卢　自　自　自　師

音 ●シ ⊗ジ
訓 ―

音読

¹師[し] 사사; ①스승. 선생. ②군대. ③기능인.

師団[しだん] 사단; 군대 편제의 하나.

師範[しはん] 사범; ①모범. ②선생. 스승.

師父[しふ] 사부; ①스승과 아버지. ②아버지처럼 존경하는 스승.

師事[しじ] 사사; 스승한테서 가르침을 받음.

師恩[しおん] 사은; 스승의 은혜.

師匠[ししょう] 사장; ①스승. ②연예인을 높여서 부르는 말.

師弟[してい] 사제; 스승과 제자.

師走[しわす] ≪雅≫ 음력 섣달.

唆 부추길 사

丨 冂 冂 叮 叮 叮 唥 唥 唆

音 ●サ
訓 ●そそのかす

訓読
●唆す[そそのかす] 〈5他〉 부추기다. 꾀다.

音読
▶教唆[きょうさ], 示唆[しさ]

射 쏠 사

丶 亻 亣 亣 身 身 身 身 射 射

音 ●シャ
訓 ●いる

訓読
●射る[いる] 〈上1他〉 ①쏘다. 쏘아 맞추다.
②쏘아보다. ③(빛이 강렬하게) 비추다.
射掛ける[いかける] 〈下1他〉 (목표물에) 활・
총을 쏘다.
射抜く[いぬく] 〈5他〉 (활을) 쏘아서 목표물
을 꿰뚫다.
射散らす[いちらす] 〈5他〉 (활・총을) 쏘아
서 흩어뜨리다.
射手❶[いて] 사수; ①궁수(弓手). ②명궁
(名弓), 궁술의 명인. ❷[しゃしゅ] 사격
수(射撃手).
射場[いば] ①활터. ②궁수(弓手)가 서는
자리.

音読
射[しゃ] (교양・무예로서의) 궁술(弓術).
射角[しゃかく] 사각; 발사 각도.
射距離[しゃきょり] 사거리; 사정거리(射程
距離).
射撃[しゃげき] 사격; 활・총을 쏨.
射殺[しゃさつ] 사살; 쏘아 죽임.
射的[しゃてき] ①(연습용) 표적 사격. ②공
기총으로 표적을 쏘는 놀이.
射程[しゃてい] 사정; 쏘는 거리. 사정거리.
射精[しゃせい] 사정; 정액을 사출(射出)함.
射出[しゃしゅつ] 사출; ①(활・총의) 발사.
②(함선에서) 비행기 발사. ③(액체의) 분
출. ④방사(放射).
射幸[しゃこう] 사행; 요행(僥倖), 노력하지
않고 뜻밖의 이익이나 성공을 바람.

斜 비스듬 사

丿 ハ ㇉ 今 牟 余 余 余 斜 斜

音 ●シャ
訓 ●ななめ ⊗はす

訓読
²●斜め[ななめ] ①비스듬함. 경사짐. ②(한
쪽으로) 기욺. ③(기분 등이) 좋지 않음.
⊗斜[はす] 비스듬함. 경사짐.
斜掛け[はすかけ] 비스듬함.
斜交い[はすかい] ①비스듬함. ②비스듬하
게 엇갈림.

音読
¹斜面[しゃめん] 사면; 경사면.
斜辺[しゃへん] 사변; ①빗변. ② 《数》 직
각 삼각형의 직각의 맞변.
斜線[しゃせん] 사선; 빗금.
斜視[しゃし] 사시; ①곁눈질. ② 《医》 사
팔뜨기.
斜陽[しゃよう] 사양; ①석양(夕陽). ② 《俗》
쇠퇴. 몰락.
射影[しゃえい] 사영; 비스듬히 비친 그림자.
斜塔[しゃとう] 사탑; 비스듬히 기울어진 탑.

捨(捨) 버릴 사

一 扌 扌 扚 扲 捈 捨 捨 捨 捨

音 ●シャ
訓 ●すてる

訓読
³●捨てる[すてる] 〈下1他〉 ①(불필요한 것을)
버리다. 내다버리다. ②내버려두다. 모르
는 체하다. 체념하다. 체념하다.
捨てぜりふ[すてぜりふ] ①각본에 없는 즉석
대사. ②(떠나면서) 아무렇게나 내뱉는 난
폭하고 야비한 말.
捨(て)去る[すてさる] 〈5他〉 (미련 없이) 버
리고 떠나다. 떨쳐 버리다.
捨(て)金[すてがね] ①헛돈. 쓴 보람이 없는
돈. ②버린 셈치고 빌려주는 돈. ③(기생의)
몸값.
捨(て)売り[すてうり] 덤핑 판매.
捨(て)石[すていし] ①정원석(庭園石). ②물
속에 기초를 놓기 위해 던져 넣는 돌. ③(바
둑에서) 사석. 희생돌. ④디딤돌. 밑거름.

捨(て)所[すてどころ] 버릴 만한 시기.
捨(て)身[すてみ] 목숨을 걺. 필사적임.
捨(て)子[すてご] 기아(棄児). 아이를 버림.
捨(て)場[すてば] 버리는 곳.
捨(て)値[すてね] 헐값. 덤핑.

音読
捨象[しゃしょう] 사상; 현상의 특성이나 공통점 이외의 요소를 버림.
捨身❶[しゃしん] ≪仏≫ 사신; ①출가(出家). ②불법이나 중생을 구하기 위해 목숨을 버림. **❷**[すてみ] 목숨을 걺. 필사적임.

蛇 뱀 사

ㅁ ㅁ 虫 虫 虫 蚊 蚊 蛇 蛇 蛇

音 ●ジャ ●ダ
訓 ●へび

訓読
●**蛇**[へび] ≪動≫ 뱀
蛇遣い[へびつかい] ①음악으로 뱀을 춤추게 함. ②음악으로 뱀을 부리는 사람. ③게으름뱅이

音読
蛇蝎[だかつ] 사갈; 뱀과 전갈.
¹**蛇口**[じゃぐち] 수도꼭지.
蛇腹[じゃばら] ①(카메라의) 주름상자. ②신축성이 있는 몸통부분. ③신축성이 있는 호스. ④ ≪建≫ 실내의 벽에 둘러 붙인 장식용 돌출부.
蛇足[だそく] 사족; 군더더기.
蛇行[だこう] 사행; 뱀이 기어가듯 꾸불꾸불 나아감. 갈지자(之)로 감.

赦 놓아줄 사

一 十 土 疒 亣 赤 郝 赦 赦 赦

音 ●シャ
訓 ⊗ゆるす

訓読
⊗**赦す**[ゆるす] ⟨5他⟩ ①(죄나 잘못을) 용서하다. 사하다. ②(교도소에서) 복역중인 사람을 석방하다.

音読
赦免[しゃめん] 사면; 죄를 용서함.
赦罪[しゃざい] 사죄; 죄를 용서하고 처벌을 하지 않음.

詐 속일 사

二 亠 亠 言 言 訃 訃 許 許 詐 詐

音 ●サ
訓 ⊗いつわる

訓読
⊗**詐る**[いつわる] ⟨5他⟩ 거짓말하다. 속이다. 기만하다.

音読
¹**詐欺**[さぎ] 사기; ①남을 속여 금품을 탈취하거나 손해를 끼침. ②남을 속여서 착오로 빠뜨리는 행위.
詐術[さじゅつ] 사술; 속임수.
詐取[さしゅ] 사취; 속여서 빼앗음.
詐称[さしょう] 사칭; 이름이나 신분 등을 허위로 꾸며 댐.

詞 말 사

二 亠 亠 言 言 訂 訂 詞 詞 詞

音 ●シ
訓 ⊗ことば

音読
詞❶[し] ①시문(詩文). ②일본어 단어를 문법상의 성질로 크게 나눈 둘 중의 하나.
詞章[ししょう] 사장; 시가(詩歌)와 문장.

賜 줄/하사할 사

ㅁ 目 目 貝 貝 貯 貯 賜 賜 賜

音 ●シ
訓 ●たまわる ⊗たまう

訓読
¹●**賜る**[たまわる] ⟨5他⟩ ①(웃어른한테서) 하사 받다. 받다. ②(웃어른이) 주시다. 하사하시다.
賜り物[たまわりもの] 웃어른이 내려 주신 물품.
⊗**賜う**[たまう] ⟨5他⟩ 하사하다. 내리시다.
賜物[たまもの] ①신(神)이 내리신 선물. ②좋은 결과·보람·은혜·덕분.

音読
賜暇戦術[しかせんじゅつ] 휴가 전술. 직원이 한꺼번에 휴가를 얻어 태업하는 전술.
賜金[しきん] 사금; 하사금(下賜金).

辞(辭) 말씀/사양할 사

一 二 千 千 舌 舌 舌" 舌" 舌" 辞

音 ●ジ
訓 ●やめる ⊗いなむ

訓読

²●辞める[やめる]〈下1他〉(직장을) 그만두다. 사직하다. 사임하다.
⊗辞む[いなむ]〈5他〉①거절하다. 거부하다. 사절하다. ②부정하다.

音読

辞する[じする]〈サ変自〉물러 나오다. 하직하다. 〈サ変他〉①사절하다. 사양하다. ②사직하다. 사퇴하다. ③불사하다. 무릅쓰다.
辞令[じれい] 사령; ①응대의 말. ②임명장. 사령장. ③(사교적인) 겉치레 말.
⁴辞書[じしょ] 사서; 낱말 사전.
辞意[じい] 사의; ①(말의) 뜻. 어의(語意). ②사직 의사.
辞儀[じぎ] ①인사. 절. ②사퇴. 사양.
辞任[じにん] 사임; 직책을 물러남.
³辞典[じてん] 사전; 낱말 사전.
¹辞職[じしょく] 사직; 직책을 물러남.
辞退[じたい] 사퇴; 작별하고 물러남. 사절하여 물리침.
辞表[じひょう] 사표; 직책을 사퇴하는 문서.

嗣 이을/후사 사

丨 丨丨 丨丨 亅ー 亅冂 亅冃 亅冃 亅冐 嗣 嗣 嗣

音 ●シ
訓 ⊗つぐ

音読

嗣子[しし] 사자; 대(代)를 이을 자식. 적자(嫡子). 후사(後嗣).

飼(飼) 기를 사

丿 𠆢 𠆢 𠆢 飠 飠 飠 飼 飼 飼

音 ●シ
訓 ●かう

訓読

¹●飼う[かう]〈5他〉①(동물을) 기르다. 사육하다. ②(동물에게) 먹이를 주다.

飼い犬[かいいぬ] (집에서) 기르는 개.
飼い方[かいかた] (동물을) 사육하는 법. 기르는 법.
飼い殺し[かいごろし] ①(쓸모없는 가축을) 죽을 때까지 기름. ②(쓸모없는 사람을) 평생 고용함.
飼い主[かいぬし] 사육주. 기르는 사람.

音読

飼料[しりょう] 사료; 가축의 먹이.
飼育[しいく] 사육; 가축을 먹이어 기름.

謝 사례할/거절할 사

言 言 言 訁 訬 訬 諍 諍 諍 謝 謝

音 ●シャ
訓 ●あやまる

訓読

²●謝る[あやまる]〈5自他〉①사과하다. 사죄하다. 용서를 빌다. ②항복하다. 손들다. ③(난처하여) 사양하다. 사절하다.

音読

謝する[しゃする]〈サ変自〉작별을 하고 떠나다. 〈サ変他〉사과하다. 사죄하다. 용서를 빌다.
謝金[しゃきん] 사례금(謝礼金).
謝礼[しゃれい] 사례; 사례 인사.
謝辞[しゃじ] ①감사의 인사. ②사과의 말.
謝肉祭[しゃにくさい] ≪宗≫ 사육제.
謝恩会[しゃおんかい] 사은회; 스승의 은혜에 감사하다는 뜻으로 베푸는 연회·다과회.
謝意[しゃい] 사의; ①감사의 뜻. ②사과의 뜻. 유감의 뜻.
謝状[しゃじょう] ①감사의 편지. ②사과의 편지.
¹謝絶[しゃぜつ] 사절; 거절함.
¹謝罪[しゃざい] 사죄; 지은 죄에 대해 용서를 빎.

巳 뱀 사

音 ⊗シ
訓 ⊗み

訓読

⊗巳[み] 사; ①십이지(十二支)의 여섯째. 뱀. ②사시(巳時); 오전 9시부터 11시까지의 사이. ③사방(巳方); 남남동(南南東).
⊗巳の時[みのとき] 사시; 오전 9시부터 11시까지의 사이.

沙 모래 사
音 ⊗サ ⊗シャ
訓 ⊗すな

訓読

⊗沙[すな] 모래. ¶～をかます(씨름에서) 상대방을 넘어뜨리다. ¶～をかむような 모래를 씹는 듯한. 무미건조한.

音読

沙漠[さばく] 《地》 사막.
沙汰[さた] ①판가름. 시비를 가림. ②명령. 지시. 분부. ③소식. 기별. ④(화제가 되는) 소문. 사건.
沙汰止み[さたやみ] (명령·계획의) 중지.
沙汰の限り[さたのかぎり] 당치도 않음. 언어도단임.

些 적을 사
音 ⊗サ
訓 ⊗いささか

訓読

⊗些か[いささか] 조금. 약간. 좀. 다소. *'すこし'와 'わずか'의 아어적(雅語的) 표현임.

音読

些事[さじ] 사사; 사소한 일. 하찮은 일.
些細[ささい] 사세; 사소함. 하찮음.
些少[しょう] 사소; 조금. 약간.

祀 제사 사
音 ⊗シ
訓 ⊗まつる

訓読

⊗祀る[まつる] 〈5他〉 ①제사지내다. ②신으로 받들어 모시다.

音読

❶祭祀[さいし], 祭祀料[さいしりょう]

娑 춤출 사
音 ⊗サ ⊗シャ
訓 ―

音読

娑婆[しゃば] 사바; ① 《仏》 사바세계. 세속(世俗). ②(군대나 감옥 안에서 본) 바깥세상. 일반인의 자유로운 세계.
娑婆界[しゃばかい] 사바계; 속세계(俗世界).
娑婆気[しゃばけ] 세속적인 마음.
娑婆塞げ[しゃばふさげ] 세상에 쓸모없는 존재. 밥벌레.

祠 사당 사
音 ⊗シ
訓 ⊗ほこら

訓読

⊗祠[ほこら] 사당(祠堂).

音読

祠官[しかん] 사관; 신관(神官). 제관(祭官).
祠堂[しどう] 사당; ①가묘(家廟). ②(절에 부속된) 위패당(位牌堂). ③조그마한 신사(神社).

嗄 목쉴 사
音 ⊗サ
訓 ⊗からす
⊗かれる

訓読

⊗嗄らす[からす] 〈5他〉 (목소리를) 쉬게 하다.
⊗嗄れる[かれる] 〈下1自〉 (목이) 잠기다. 쉬다. 허스키해지다.
嗄れ嗄れ[かれがれ] 목이 잠김. 목이 쉼.

奢×(奢) 사치할 사
音 ⊗シャ
訓 ⊗おごる

訓読

¹奢る[おごる] 〈5他〉 한턱내다. 대접하다. 〈5自〉 ①사치하다. 사치스럽다. ②우쭐대다. 우쭐하다.
奢り[おごり] ①한턱냄. 대접. ②사치. 호사. ③우쭐댐. 우쭐함.

音読

奢侈[しゃし] 사치; 호화스러움. 사치스러움.

覗 엿볼 사
音 ⊗シ
訓 ⊗のぞく
⊗のぞける

訓読

⊗覗かせる[のぞかせる] 〈下1他〉 ①(틈 사이로) 슬쩍 내비치다. 들여다보게 하다. 엿보이다. ②(씨름에서) 상대방의 옆구리에 손목이 닿을 정도로 손을 얕게 넣어 잡다.
¹覗く[のぞく] 〈5他〉 ①(좁은 틈으로) 엿보다. 들여다보다. ②(몸을 내밀고) 아래를 내려다보다. ③잠깐 들여다보다. 잠깐 들르다. ④(남의 비밀을) 엿보다. 훔쳐보다. 〈5自〉 일부분이 살짝 보이다.

覗き見[のぞきみ] ①엿봄. 들여다봄. 훔쳐 봄. ②남의 사생활을 알려고 함.
覗き込む[のぞきこむ] 〈5他〉 속을 들여다 보다.
⊗覗ける[のぞける] 〈下1他自〉 일부분이 살짝 보이다. 일부분이 보이게 하다.

| 斯 | 이것 사 | 音 ⊗シ |
| | | 訓 — |

音読
斯界[しかい] 사계; 이 분야.
斯道[しどう] 사도; ①그 분야. ②유학(儒学) 의 길.
斯文[しぶん] 사문; ①이 학문. ②유학(儒学).
斯業[しぎょう] 사업; 이 사업.

| 獅 | 사자 사 | 音 ⊗シ |
| | | 訓 — |

音読
獅子[しし] ≪動≫ ①사자. ②해태.
獅子舞(い)[ししまい] 사자 춤.
獅子吼[ししく] 사자후; ①부처의 설법(説法). ②크게 열변을 토함.

| 瀉 | 토할/설사할 사 | 音 ⊗シャ |
| | | 訓 — |

音読
瀉下剤[しゃかざい] 사하제; 설사약.
瀉血[しゃけつ] ≪医≫ 사혈; 치료 목적으로 피를 뽑아냄.

[삭]

| 削(削) | 깎을 삭 |

丨 ⺌ ⺌ ⺌ 肖 肖 肖 削 削

音 ●サク
訓 ●けずる ⊗そぐ ⊗そげる

訓読
²●削る[けずる] 〈5他〉 ①얇게 깎다. 대패로 밀다. ②(예산 등을) 깎다. 삭감하다. ③삭제하다.
削り節[けずりぶし] (요리의 조미료용으로) 얇게 깎은 かつおぶし.

音読
削減[さくげん] 삭감; 깎아서 줄임.
削岩[さくがん] 삭암. 바위에 구멍을 뚫음.
削岩機[さくがんき] 착암기. 바위에 구멍을 뚫는 기계.
²削除[さくじょ] 삭제; ①깎아서 없앰. ②기록된 것을 지워 없앰.

| 朔 | 초하루/북쪽 삭 | 音 ⊗サク |
| | | 訓 ⊗ついたち |

訓読
⊗●朔[ついたち] ①(매월) 1일. 초하루. ②상순(上旬). 초순(初旬).
朔日[ついたち/さくじつ] ☞ 朔(ついたち)

音読
朔望[さくぼう] 삭망; 음력 초하루와 보름.
朔望月[さくぼうげつ] 삭망월; 음력 초하루의 달과 보름달.
朔北[さくほく] 삭북; 북쪽.
朔月[さくげつ] 삭월; 음력 초하루의 달.
朔風[さくふう] 삭풍; 북풍(北風).

[산]

| 山 | 메/뫼 산 |

丨 山 山

音 ●サン ●ザン
訓 ●やま

訓読
⁴●山[やま] ①산. ②광산(鉱山). ③무더기. 산더미. ④(어떤 물건의) 꼭대기. ⑤절정. 고비. 클라이맥스. 최고조. ⑥요행수. ⑦ ≪俗≫ 범죄 사건. *경찰과 기자들의 용어임.
山間[やまあい/さんかん] 산간; 산골짜기.
山開き[やまびらき] ①등산을 허용하는 행사. ②산에 길을 냄. ③여름 등산 시즌을 맞이함.
山裾[やますそ] 산기슭.
山高帽子[やまたかぼうし] 중산모즈-. 꼭대기가 높은 모자.
山冠[やまかんむり] 뫼산밑. *한자(漢字) 부수의 하나로 '岸, 岩' 등의 '山'부분.
山掛(け)[やまかけ] ①높이 쌓아 올림. ②마즙을 친 생어회.

山口[やまぐち] ①산 어귀. ②일본의 中国
(ちゅうごく) 지방의 한 현(県).

山国[やまぐに] 산골. 산이 많은 고장.

山肌[やまはだ] (나무가 없는) 산의 표면.
산의 흙바닥.

山男[やまおとこ] ①산 사나이. ②등산을 좋
아하는 남자. ③깊은 산 속의 남자 괴물.

山道[やまみち] 산길.

山登り[やまのぼり] ①등산. 산에 오름.
②등산가. 산을 좋아하는 사람.

山姥[やまうば] 깊은 산 속의 마귀할멈.

山路[やまじ] ≪雅≫ 산길.

山籠(も)り[やまごもり] ①산 속에 숨어삶.
②산사(山寺)에 틀어박혀 수행(修行)함.

山里[やまざと] 산촌. 두멧마을.

山並み[やまなみ] 산이 연이어 솟아 있음.
연산(連山).

山伏(し)[やまぶし] ①산야(山野)에서 수행
하는 중. ②'修験者(しゅげんじゃ)'의 딴이름.

山分け[やまわけ] ①공평하게 나눔. ②눈대
중으로 나눔.

山崩れ[やまくずれ] (소규모의) 산사태.

山寺[やまでら] 산사; 산에 있는 절.

山師[やまし] ①광산 개발업자. ②산림 매
매업자. ③투기업자. ④사기꾼.

山山[やまやま] ①많은 산. 여러 산. 이산
저산. ②태산 같음. ③고작. 기껏해야.

山盛り[やまもり] (음식을) 수북이 담음.
곱빼기로 담음.

山小屋[やまごや] 산막. 등산객의 숙박·휴
식을 위해 지은 오두막집.

山焼き[やまやき] (새싹이 잘 돋아나게끔)
산의 마른 풀을 태움.

山手[やまて] ⇨ 山の手(やまのて)

山の手[やまのて] ①산 쪽. 산에 가까운
쪽. ②도시의 높은 지대의 주택지.

山狩(り)[やまがり] ①산에서 하는 사냥.
②(범인을 잡기 위해) 산을 뒤짐. 산을
수색함.

山彦[やまびこ] ①메아리. ②산신령.

山奥[やまおく] 깊은 산 속.

山の芋[やまのいも] ≪植≫ 참마.

山越え[やまごえ] ①산을 넘어감. 산을 넘
는 곳. ②(江戸(えど) 시대에) 통행증이 없
는 사람이 몰래 산을 넘음.

山越し[やまごし] ①산을 넘음. ②산 너머.

山陰❶[やまかげ] 산그늘. ❷[さんいん] 산
음; 북쪽.

山人[やまびと] ≪雅≫ ①산촌에 사는 사람.
②산에서 일하는 사람. ③신선(神仙).

山積み[やまづみ] 산적; ①산처럼 쌓아 올
림. ②(할 일이) 많이 밀림.

山田[やまだ] 산의 논.

山伝い[やまづたい] 산을 타고 감.

山際[やまぎわ] ①산기슭. 산등성이. ②산
근처.

山津波[やまつなみ] (대규모의) 산사태.

山車[★だし] (축제 때의) 축제 수레.

山川❶[やまかわ/さんせん] 산천; 산과 내.
❷[やまがわ] 산 속을 흐르는 시내·강.

山出し[やまだし] ①목재·숯 등을 산에서
실어냄. ②시골에서 갓 나옴. 시골뜨기.

山坂[やまさか] ①산과 고개. ②산 고개.

山の幸[やまのさち] ①산에서 사냥한 것.
②산에서 채취한 열매.

音読

山麓[さんろく] 산록; 산기슭.

²山林[さんりん] 산림; ①산과 숲. ②산 속
의 숲.

¹山脈[さんみゃく] 산맥.

山門[さんもん] 산문; ①절의 문. ②'比叡山
(ひえいざん)'의 딴이름.

¹山腹[さんぷく] 산복; 산중턱. 산허리.

山上[さんじょう] 산상; 산 위.

山上の垂訓[さんじょうのすいくん] 산상 수훈.

山水画[さんすいが] 산수화.

¹山岳[さんがく] 산악; 높고 험한 산.

山野[さんや] 산야; ①산과 들. ②시골.

山陽地方[さんようちほう] 일본 瀬戸内海(せ
とないかい)에 면한 지역.

山容[さんよう] 산용; 산의 모양.

山紫水明[さんしすいめい] 산자수명; 산수
(山水)의 경치가 아주 좋음.

山荘[さんそう] 산장; 산의 별장.

¹山頂[さんちょう] 산정; 산꼭대기.

山地[さんち] 산지; ①산악지대. ②산 속의
땅. 산이 많은 곳.

山菜[さんさい] 산채; 산나물.

山椒[さんしょう] ≪植≫ 산초; 산초나무.

山河[さんが/さんか] 산하; ①산하(山河).
②산천이 이룬 자연.

山海[さんかい] 산해; 산과 바다.

山行[さんこう] 산행; ①산에 감. ②산 속
여행함.

山火[さんか] 산화; 산불.

山火防止[さんかぼうし] 산불 방지.

産(産)　낳을 산

产　产　产　产　产　产　产　产　产　产

音 ●サン
訓 ●うまれる ●うむ ●うぶ

訓読
●**産まれる**[うまれる]〈下1自〉태어나다. 출생하다.
¹**産む**[うむ]〈5他〉①(새끼나 알을) 낳다. 분만하다. 출생하다. ②(새로운 것을) 만들어내다. ③발생시키다. ④(어떤 생각을) 낳게 하다.
産みの苦しみ[うみのくるしみ] 산고; ①낳는 고생. 출산의 고통. ②사물을 시작할 때의 고생.
産み落とす[うみおとす]〈5他〉(새끼나 알을) 낳다. 분만하다. 출생하다.
産み付ける[うみつける]〈下1他〉①(어떤 성질을 갖도록) 낳다. ②(물고기·벌레 등이 알을) 낳다. 슬다.
産み月[うみづき] 산월; 해산달.
産み出す[うみだす]〈5他〉(새끼나 알을) 낳다. 분만하다. 낳기 시작하다.
●**産毛**[うぶげ] ①배냇머리. ②(피부의) 솜털.
産声[うぶごえ] 갓난아기의 첫 울음소리.
産屋[うぶや] ①산실(産室). ②해산 때 부정(不浄)을 꺼려 따로 지은 집.
産着[うぶぎ] 배내옷.
産湯[うぶゆ] 갓난아기를 목욕시키는 더운 물.
音読
²**産**[さん] ①출산. 분만. ②출생. 출신. ③산출. ④재산.
産科[さんか] 산과; 산부인과.
産気[さんけ] 산기; 해산의 기미.
産卵期[さんらんき] 산란기; 알을 낳는 기간.
¹**産物**[さんぶつ] 산물; 소산(所産).
¹**産婦人科**[さんふじんか] 산부인과.
産児制限[さんじせいげん] 산아 제한.
産額[さんがく] 산액; 생산액. 산출액.
³**産業**[さんぎょう] 산업; 생산을 하는 사업.
産院[さんいん] 산원; 산부인과 의원.
産油国[さんゆこく] 산유국.
²**産地**[さんち] 산지; ①생산지. ②출생지.
¹**産出**[さんしゅつ] 산출; 생산됨.
¹**産後**[さんご] 산후; 출산 후.
¹**産休**[さんきゅう] 산휴; 출산 휴가.

傘　우산 산

ﾉ　ﾍ　ﾍ　ﾍ　ﾍ　ﾍ　ﾍ　ﾍ　傘

音 ●サン
訓 ●かさ

訓読
⁴●**傘**[かさ] 우산(雨傘). 양산(陽傘).
傘立て[かさたて] 우산꽂이.
音読
傘下[さんか] 산하; 보호를 받는 어떤 세력의 그늘.

散　흩어질 산

一　十　卝　杪　扗　昔　背　背　散　散

音 ●サン
訓 ●ちらかす ●ちらかる ●ちらす ●ちらばる ●ちる

訓読
²●**散らかす**[ちらかす]〈5他〉흩트려 놓다. 어지르다. 어질러 놓다.
²●**散らかる**[ちらかる]〈5自〉흩어지다. 어질러지다.
²●**散らす**[ちらす]〈5他〉①흩날리다. ②흩어뜨리다. 흩어 놓다. ③튀기다 ④어수선하게 하다. 어지르다. ⑤(수술하지 않고) 가라앉히다 가시게 하다. ⑥산만하게 하다. ⑦퍼뜨리다.
散らし[ちらし] ①흩어뜨림. 어지름. ②광고용 전단. 광고지. 삐라.
散らし広告[ちらしこうこく] 광고 전단.
散らし髪[ちらしがみ] (여자의) 산발한 머리.
散らし書き[ちらしがき] 이리저리 흩어 뜨려 씀.
●**散らばる**[ちらばる]〈5自〉①흩어지다. 분산되다. ②널리 분포하다. 산재(散在)하다. ③흩어지다. 어질러지다.
²●**散る**[ちる]〈5自〉①(꽃·나무 등이) 지다. 떨어지다. ②흩어지다. 어질러지다. ③튀기다. ④(구름·안개가) 걷히다. ⑤(소문이) 널리 퍼지다. ⑥(잉크가) 번지다. ⑦(통증이) 가라앉다. 가시다. ⑧산만해지다. ⑨떳떳이 죽다. 산화(散華)하다.
散り敷く[ちりしく]〈5自〉(꽃·나뭇잎 등이) 떨어져서 깔리다.
散り散りに[ちりぢりに] 뿔뿔이.

音読
散じる[さんじる]〈上1自〉☞ 散ずる
散ずる[さんずる]〈サ変自〉①흩어지다. 달아나다. ②없어지다. 탕진되다.〈サ変他〉①없애다. 탕진하다. ②(기분을) 날려버리다. 풀어버리다.
散開[さんかい] 산개; ①모인 사람 등이 흩어짐. ②(군대가) 일정한 간격으로 흩어짐.
散見[さんけん] 산견; 군데군데 보임.
散乱[さんらん] 산란; ①흩어짐. ②《仏》마음이 흐트러짐.
散漫[さんまん] 산만; 집중되지 않고 흩어져 있음.
散文[さんぶん] 산문; 형식이 없는 문장.
散発[さんぱつ] 산발; ①이따금씩 총을 쏨. ②일이 때때로 일어남. 분산해서 일어남.
散髪[さんぱつ] 산발; ①풀어헤친 머리. ②이발. 머리를 깎음.
散髪代[さんぱつだい] 이발료.
散髪屋[さんぱつや] 이발소.
散兵[さんぺい] 일정한 간격으로 흩어진 병사.
⁴**散歩**[さんぽ] 산책(散策).
散散[さんざん] ①실컷. 마음껏. ②몹시. 심하게. 지독하게. 호되게. ③(결과상태가) 형편없음. 엉망임.
散水[さんすい] 살수(撒水). 물을 뿌림.
散水車[さんすいしゃ] 살수차(撒水車).
散薬[さんやく] 산약; 가루약.
散逸[さんいつ] 산일; 흩어져 없어짐.
散在[さんざい] 산재; 여기저기 흩어져 있음.
散財[さんざい] 산재; 돈을 낭비함.
散財袋[さんざいぶくろ] (연회석에서) 팁을 넣어주는 봉투.
散剤[さんざい] 산제; 가루약.
散茶[さんちゃ] ①가루 차. 분말 차. ②갓 달인 차.
散策[さんさく] 산책.
散布[さんぷ] ①살포(撒布). 흩어 뿌림. ②(여기 저기) 흩어짐.
散布剤[さんぷざい] 살포제(撒布剤). 뿌리는 약.
散布超過[さんぷちょうか] 정부의 재정 적자.
散票[さんぴょう] 산표; ①(여러 후보에게) 표가 분산됨. 분산된 표. ②(한 후보에게) 여러 투표소에서 조금씩 흩어져 투표된 표.
散会[さんかい] 산회; ①모임이 끝남. 모임이 끝나고 참석자들이 흩어짐. ②(주식거래에서) 그 날의 입회(立会)가 마감됨.

算   셈할 산

丿 ケ ⺮ ⺮ ⺮ ⺮ 筲 筲 筲 算 算

音 ●サン
訓 ―

音読
算[さん] 산; ①산가지. ②셈. 계산. ③점. 점괘. ④가망. 공산. 예상.
算する[さんする]〈サ変他〉(어떤 수·양에) 이르다. 헤아리다.
算段[さんだん] (돈·물건을 마련할) 궁리. 변통.
算当[さんとう] 셈. 어림.
²**算盤**[★そろばん] ①주판. 주산. ②손익의 계산. 타산. 수지. 채산.
²**算数**[さんすう] 산수; 수학(数学).
算術[さんじゅつ] 산술; ①계산 방법. ②돈벌이.
算用[さんよう] 산용; ①셈. 계산. ②견적. 어림잡음.
算入[さんにゅう] 산입; 계산에 넣음.
算定[さんてい] 산정; 계산하여 정함.
算出[さんしゅつ] 산출; 계산해 냄.

酸   신맛 산

一 丆 丙 西 酉 酉 酢 酢 酸 酸

音 ●サン
訓 ●すい ●すっぱい

訓読
●**酸い**[すい]〈形〉맛이 시다. 시름하다.
²●**酸っぱい**[すっぱい]〈形〉①맛이 시다. 시름하다. ②불쾌하다.

音読
¹**酸**[さん] ①초(醋). 신맛. 신 것. ②《化》산(酸).
酸苦[さんく] 괴로움.
酸度[さんど] 산도; 신맛·산성의 정도.
酸類[さんるい]《化》산류; 산성 화합물.
酸味[さんみ/すみ] 산미; 신맛.
酸鼻[さんび] 처참함. 무참함.
²**酸性**[さんせい]《化》산성.
¹**酸素**[さんそ]《化》산소.
酸敗[さんぱい] 산패; 음식이 시어짐.
¹**酸化**[さんか]《化》산화.
酸化物[さんかぶつ]《化》산화물.

[산]

霰 싸락눈 산
音 ⊗サン
訓 ⊗あられ

訓読
⊗霰[あられ] ①싸락눈. ②깍두기 모양의 떡. ③육면체(六面体)로 썬 것. 깍둑썰기.

音読
霰弾銃[さんだんじゅう] 산탄총; 발사와 동시에 많은 잔 탄알이 퍼져 발사되는 총.

[살]

殺(殺)
①죽일 살
②심할/덜 쇄

ノ メ 禾 禾 禾 杀 殺 殺 殺

音 ●サツ ●セツ ●サイ
訓 ●ころす ⊗そぐ ⊗そげる

訓読
²●殺す[ころす]〈5他〉①죽이다. 살해하다. ②억제하다. 억누르다. 눌러 참다. ③(재능을) 썩이다. ④없애다. ⑤전당잡히다. ⑥(야구에서) 아웃시키다. ⑦(상대방을) 뇌쇄(悩殺)하다. 녹이다. 홀리다.
殺し文句[ころしもんく] ①홀리는 말. 달콤한 말. ②협박조의 말.
⊗殺ぐ[そぐ]〈5他〉①뾰족하게 깎다. ②자르다. ③깎아내다. 엷게 깎다. ④(흥을) 싹 없애다. 깨다.
⊗殺げる[そげる]〈下1自〉엷게 깎이다. 홀쭉해지다.

音読
殺菌[さっきん] 살균; 세균을 죽여 없앰.
殺気[さっき] 살기; 살벌한 기운. ②(가을·겨울의) 한기(寒気). 차가운 기운.
殺到[さっとう] 쇄도; 세차게 몰려듦.
殺傷[さっしょう] 살상; 죽이거나 상처를 입힘.
殺生[せっしょう] 살생; ①사람이나 짐승을 죽임. ②끔찍함. 잔인함.
殺意[さつい] 살의; 죽이려는 의사.
¹殺人[さつじん] 살인; 사람을 죽임.
殺風景[さっぷうけい] 살풍경; ①경치나 풍경이 운치가 없고 메마름. ②매몰차고 흥미가 없음. 재미가 없음.
殺害[さつがい] 살해; 남의 생명을 해침.

撒 뿌릴 살
音 ⊗サツ ⊗サン
訓 ⊗まく

訓読
²⊗撒く[まく]〈5他〉①(물건을) 흩어지게 뿌리다. 뿌려서 흩어지게 하다. ②(광고지 등을) 골고루 살포하다 ③(동행자·미행자를) 따돌리다.
撒き散らす[まきちらす]〈5他〉①흩어 뿌리다. 뿌려서 흩어지게 하다. ②퍼뜨리다. 유포하다. ③(돈을) 뿌리다.

音読
撒水[さっすい/さんすい] 살수; 물을 뿌림.
撒布[さっぷ/さんぷ] 살포; 뿌려서 흩어지게 함. 흩어 뿌림.

[삼]

三 석 삼

一 二 三

音 ●サン ⊗シャ
訓 ●みっつ ●みつ ●み

訓読
⁴●三つ[みっつ/みつ] ①셋. ②세 거. ③(나이) 세 살.
三つ子[みつご] ①세쌍둥이. ②3세 된 아이.
三つ揃い[みつぞろい] 3개로 한 벌이 됨.
三つ折(り)[みつおり] ①셋으로 접음. 셋으로 접은 것. ②3등분한 것. ③(옛날) 남자 머리스타일의 하나.
三つ組(み)[みつぐみ] ①3개로 한 벌이 됨. ②세 가닥으로 갈라서 끈처럼 엮은 것.
三つ重ね[みつがさね] 셋이 합쳐져 한 벌이 되는 것.
三つ指[みつゆび] 엄지·집게·가운데의 세 손가락.
三つ巴[みつどもえ] ①바깥쪽으로 도는 소용돌이 모양이 3개 맞물려 있는 무늬. ②삼파(三巴).
三毛[みけ] ①백색·흑색·갈색이 섞인 털. ②삼색얼룩고양이.
⁴三日[みっか] ①사흘. 3일. ②초사흘.
三日月[みかづき] 초승달.

음독

⁴三[さん] 3. 셋. 셋째.

²角[さんかく] 삼각; ①세모꼴. 삼각형. ②'三角法(さんかくほう)'의 준말.

三脚[さんきゃく] 삼각; ①세 다리. ②삼발이. 삼각가(三脚架).

三権分立[さんけんぶんりつ] 삼권 분립.

三段跳び[さんだんとび] 3단 뛰기.

三流[さんりゅう] 삼류; ①세 유파(流派). ②낮은 등급.

三輪車[さんりんしゃ] 삼륜차.

三枚目[さんまいめ] ①(연극에서) 익살스러운 역. ②익살꾼.

三枚肉[さんまいにく] 삼겹살. 세겹살.

三昧❶[さんまい] 삼매; (어떤 일에) 열중함. 빠져 있음. ❷[ざんまい] (명사에 접속하여) 툭하면 …함. 마음껏 …함.

三面鏡[さんめんきょう] 삼면경.

三文[さんもん] 서 푼. 아주 적은 돈. 무가치.

¹三味線[★しゃみせん] 《楽》 삼현(三絃)의 일본 고유의 악기.

三拍子[さんびょうし] ① 《楽》 3박자. ② 《楽》 큰북·작은북·피리 등 세 악기로 맞추는 박자. ③세 가지 중요한 기본 조건.

三半規管[さんはんきかん] 《生理》 삼반규관.

三方[さんぽう] 삼방; 세 방향. 세 방면.

三宝[さんぽう] ① 《仏》 삼보; 불(仏)·법(法)·승(僧) ② 《仏》 부처. ③도교(道教)의 3보배인 귀·눈·입. ④〈접미어〉 …되어 가는 대로.

三省[さんせい] 삼성; 거듭거듭 반성함.

三原色[さんげんしょく] 삼원색.

⁴三月❶[さんがつ] (1년 중의 셋째 달) 3월. ❷[みつき] 석 달. 3개월.

三位一体[さんみいったい] 삼위일체; 세 가지 것이 하나로 통일되거나 하나가 됨.

三種の神器[さんしゅのじんぎ] ①황위(皇位)의 상징으로 천황이 승계하는 세 가지 보물. ②《俗》 귀중한 세 가지 물건.

三重❶[さんじゅう] 3중. 세 겹. ❷[みえ] ①세 겹. ②일본 近畿(きんき) 지방 동부의 한 현(県).

三差路[さんさろ] 삼거리. 세 갈래길.

三寒四温[さんかんしおん] 《気》 삼한사온.

三弦[さんげん] ①'三味線(しゃみせん)'의 딴이름. ②和琴(わごん)·비파(琵琶)·쟁(箏)의 세 가지 악기.

杉　삼나무 삼

一　十　才　木　杉　杉　杉

音　—

訓　●すぎ

훈독

²●杉[すぎ] 《植》 삼목(杉木)

杉並木[すぎなみき] 삼나무 가로수.

杉菜[すぎな] 《植》 쇠뜨기.

杉板[すぎいた] 삼나무 판자.

杉戸[すぎと] 삼나무 판자로 만든 문.

森　나무빽빽할 삼

一　十　才　木　杢　杢　杢　森　森　森

音　●シン

訓　●もり

훈독

³●森[もり] 울창한 숲. 수풀.

森陰[もりかげ] 숲 그늘. 숲 속.

음독

森羅万象[しんらばんしょう] 삼라만상.

²森林[しんりん] 삼림; 숲.

森林公園[しんりんこうえん] 삼림 공원.

森林浴[しんりんよく] 삼림욕.

森厳[しんげん] 삼엄; 질서가 바로 서고 매우 엄숙함.

森閑[しんかん] 삼한; 인기척이 없이 매우 고요함.

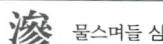

滲　물스며들 삼　　音　⊗シン　　訓　⊗しみる　　⊗にじむ

훈독

¹⊗滲みる[しみる] 〈上1自〉 ①(액체가 물건에) 스미다. 스며들다. ¶インキが~ 잉크가 스며들다. ②(액체나 기체의 자극을 받아) 쑤시듯이 아프다. 아리다.

¹⊗滲む[にじむ] 〈5自〉 ①(액체가) 스미다. 번지다. 배다. ②(물건의 윤곽이) 아물거리다.

음독

滲出[しんしゅつ] 삼출; 스며 나옴.

滲透[しんとう] 삼투; 스며듦.

滲透圧[しんとうあつ] 《物》 삼투압.

[삽]

挿(挿) 꽂을 삽

一 十 才 扌 扩 折 拆 拆 挿

音 ●ソウ
訓 ●さす ⊗はさむ

訓読
2●挿す[さす] 〈5他〉 ①(꽃·비녀 등을) 꽂다. ②꺾꽂이하다. ③(허리에) 차다.
挿(し)木[さしき] 삽목; 꺾꽂이.
挿(し)絵[さしえ] 삽화(挿画).
挿(し)絵入り[さしえいり] 삽화(挿画)가 있음.

音読
挿入[そうにゅう] 삽입; 끼워 넣음.
挿花[そうか] 삽화; 꽃꽂이.
挿画[そうが] 삽화; 끼워 넣는 그림.
挿話[そうわ] 삽화; 에피소드.

渋(澁) 떫을 삽

氵 氵 氵 汁 汁 泮 渋 渋 渋

音 ●ジュウ
訓 ●しぶ ●しぶい ●しぶる

訓読
●渋[しぶ] ①떫은 맛. ②감물. ③물 때. 앙금.
1●渋い[しぶい] 〈形〉 ①(맛이) 떫다. ②(표정이) 떨떠름하다. 못마땅하다. 씁쓸하다. ③수수하면서도 깊은 맛이 있다. 차분하다. 구성지다. ④쩨쩨하다. 짜다. 인색하다.
●渋る[しぶる] 〈5自〉 ①(일이) 술술 진행되지 않다. 원활하지 않다. 매끄럽지 않다. ②(뱃속이) 무지근해지다. 〈5他〉 망설이다. 주저하다. 꺼리다.
渋塗り[しぶぬり] 감물을 칠함. 감물을 칠한 것.
渋味[しぶみ] ①떫은 맛. ②점잖고 고상한 멋. 은근한 멋.
渋抜き[しぶぬき] (땡감의) 떫은맛을 뺌. 떫은맛을 뺀 감.
渋り腹[しぶりばら] (변은 마려우나) 시원하게 나오지 않는 증세. 무지근한 배.
渋渋と[しぶしぶと] 마지못해.

渋色[しぶいろ] 감물 색. 적갈색.
渋柿[しぶがき] 떫은 감. 땡감.
渋紙[しぶがみ] 감물을 먹인 종이.
渋茶[しぶちゃ] ①맛이 떫은 차. ②하급차. 질이 낮은 차.

音読
渋面[じゅうめん/しぶつら] 찌푸린 얼굴. 씁쓸한 얼굴. 우거지상.
2渋滞[じゅうたい] 삽체; ①(일이) 걸림이 많아 진행이 더딤. ②(자동차의) 정체(停滞). 체증(滞症).

[상]

上 윗 상

丨 丨 上

音 ●ジョウ ●ショウ
訓 ●あがる ●あげる ●のぼせる ●のぼる ●うえ ●うわ ●かみ

訓読
4●上❶[うえ] ①위. 위쪽. ②표면. 겉면. ③(지위·능력·위치·나이가) 높음. 위임. ④겉모양.
2上❷[かみ] ①위. 위쪽. ②¶お～ 주군(主君). 정부(政府). ③(강의) 상류(上流). ④상석(上席). 상좌(上座). ⑤첫 부분. ⑥¶お～さん (여관·음식점의) 안주인. 아주머니. ⑦(객석에서 봐서) 무대의 오른쪽. ❸[じょう] ☞ [音読]
3●上がる[あがる] 〈5他〉 (음식을) 잡수시다. 드시다. 〈5自〉 ①(위로) 오르다. 올라가다. ②(목욕이) 끝나다. ③(방으로) 들어가다. 들다. ④(지위·정도가) 오르다. 승진하다. ⑤(실력·성적이) 좋아지다. 향상되다. ⑥진학하다. ⑦(물건이) 올라가다. ⑧끝나다. 완성되다. ⑨찾아뵙다. ⑩기가 죽다. 얼다.
1上がり[あがり] ①오름. 올라감. ②매상. 수익. 이익. 매출. ③숙달. 늚. 진도. ④(일의) 끝남. 종료. 마침. ⑤갓 끓인 차. ⑥…출신.
上がり口[あがりぐち] ①(마루나 방으로) 올라가는 입구. ②계단 입구.
上がり込む[あがりこむ] 〈5自〉 (남의 집에) 들어가 앉다.
上がり下がり[あがりさがり] 오르내림.

⁴●上げる[あげる]〈下1他〉①(위로) 올리다. ②쏘아 올리다. 띄우다. ③(몸의 일부를) 들어 올리다. 들다. ④(수입·효과를) 올리다. 거두다. ⑤(사람을) 모셔 들이다. ⑥승진시키다. 진학시키다. ⑦(값·수치를) 올리다. ⑧신불(神仏)에게 바치다. ⑨(이불을) 치우다. 걷다. ⑩(손님을) 들여보내다. ⑪소리를 지르다. ⑫(일을) 마치다. 끝내다. 완성시키다. 〈下1自〉(바닷물이) 밀려오다.

上げ[あげ] ①올림. 인상(引上). 상승(上昇). ②(옷의 기장을 줄이기 위한) 징금. 징근 주름.

上げ蓋[あげぶた] ☞ 上げ板

上げ底[あげぞこ] ①(상자·통의) 바닥을 높임. ②겉보기만 좋음. 허울만 좋음.

上げ潮[あげしお] ①밀물. 만조(滿潮). ②상승세. 오름세.

上げ下げ[あげさげ] ①올림과 내림. 올렸다 내렸다 함. ②추켜세웠다 깎아내렸다 함. 칭찬과 비난. ③밀물과 썰물.

上げ下ろし[あげおろし] ①올림과 내림. ②(짐을) 싣고 부림.

●上す[のぼす]〈5他〉☞ 上せる

●上せる[のぼせる]〈下1他〉①(높은 곳으로) 올리다. ②(기록에) 올리다. 싣다. ③서울로 보내다. ④문제 삼다. (의제로) 올리다.

²●上る[のぼる]〈5自〉①(높은 곳으로) 올라가다. 오르다. ②(나무에) 기어오르다. ③(수량이 어느 정도에) 달하다. 이르다. ④(상류로) 올라가다. ⑤(높은 지위에) 오르다. ⑥(화제 등에) 오르다. ⑦(연기가) 피어오르다. ⑧(마음에) 떠오르다.

²上り[のぼり] ①올라감. 오름. ②비탈. 오르막. ③상행 열차. ④상경(上京). 서울로 감.

上り列車[のぼりれっしゃ] 상행 열차.

上り坂[のぼりざか] ①오르막길. 고갯길. 비탈길. ②상승 기세. 상승 일로.

上り下り[のぼりくだり] 오르내림.

上り詰める[のぼりつめる]〈下1自〉끝까지 오르다. 정점(頂点)에 도달하다.

上の空[うわのそら] 마음이 들뜸. 건성임.

上の句[かみのく] 和歌(わか)의 첫 구.

上期[かみき] 상반기(上半期).

上塗り[うわぬり] ①덧칠. 마지막칠. 마무리칠. ②마무리. ③(나쁜 짓을) 거듭함.

上履(き)[うわばき] 실내화(室内靴).

上面❶[うわつら] ①겉면. 표면. ②겉보기. 외관. ❷[じょうめん] 상면; 위쪽 면. 윗면.

上っ面[うわっつら] '上面(うわつら)'의 강조.

上目[うわめ] ①눈을 치켜 뜸. ②(분량의) 초과. ③(저울대의) 위쪽 눈금.

上目使い[うわめづかい] 눈을 치켜 뜸.

上半期[かみはんき] 상반기.

上方❶[かみがた] 京都(きょうと)·大阪(おおさか) 지방. ❷[じょうほう] 상방; 위쪽.

上背[うわぜい] 키. 신장.

上辺[うわべ] ①겉. 표면. ②외관. 겉모양.

上敷(き)[うわしき/うわじき] ①깔개. ②돗자리.

上書き[うわがき] 겉봉에 주소를 씀. 겉봉에 쓴 주소.

上手❶[うわて] ①땅의 높은 쪽. 위쪽. ②바람이 불어오는 쪽. ③강의 상류. ④(실력이) 상수임. 한 수 위임. ⑤(씨름에서) 상대방이 내민 팔위로 샅바를 잡음. ⑥고자세(高姿勢). 고압적임. ❷[かみて] ①위쪽. 윗자리. ②강의 상류. ③(객석에서 본) 무대의 오른쪽. ❸[じょうず] ☞[音読]

上手投げ[うわてなげ] ①(야구의) 오버 스로. ②(씨름의) 상대방의 팔 바깥쪽으로 샅바를 잡고 던지는 기술.

上乗せ[うわのせ] 덧붙임. 추가함.

上乗り[うわのり] ①짐 위에 올라탐. ②(운반 중의) 화물 관리. 화물 관리인.

上様❶[うえさま] ①각하(閣下). ＊천황이나 将軍(しょうぐん)에 대한 존칭. ②귀하. ＊영수증 등에서 상대방 이름 대신 사용함. ❷[かみさま] ①마님. ②아주머님. ❸[かみざま]《古》①위쪽. ②신분이 높은 사람들.

上役[うわやく] 윗사람. 상사(上司). 상관.

上屋[うわや] ①기둥과 지붕만 있는 간단한 건물. ②보세 창고.

上屋敷[かみやしき] 江戸(えど) 시대에, 大名(だいみょう)·旗本(はたもと) 등이 江戸(えど)에 마련해 놓고 살던 집.

上一段活用[かみいちだんかつよう]《語学》상1단 활용.

上っ張り[うわっぱり] (작업용) 겉옷. 덧옷.

上積み[うわづみ] ①웃짐. 쌓은 짐 위에 또 짐을 쌓음. ②웃돈. 더 얹어주는 돈.

上前[うわまえ] ①(옷의) 겉섶. ②(남에게 줄) 남의 몫. 임금·대금의 일부.

上調子❶[うわちょうし/うわっちょうし] ① 덤벙거림. 진득하지 못함. 경박함. ② ❷[うわぢょうし] 三味線(しゃみせん)의 합주 (合奏)에서, 한쪽 연주자가 다른 연주자와 다른 가락으로 하는 연주.

上座❶[かみざ] 상좌; ①윗자리. ②(객석에 서 봐서) 무대의 오른쪽. ❷[じょうざ] 상좌; ①윗자리. ②≪仏≫ 문주보살상. ③ ≪仏≫ 상좌. ＊장로(長老)나 상좌승의 호칭.

上澄み[うわずみ] (1)(찌꺼기가 가라앉은) 맑은 윗물. (2)(막걸리의 찌꺼기가 가라앉 혀 받은) 맑은 술.

⁴上着[うわぎ] ①겉옷. ②상의. 윗도리. 저 고리.

上擦る[うわずる] 〈5自〉 ①(긴장·흥분하여) 달아오르다. 흥분하다. (2)(음성이) 높아 지다. 흥분하다.

上鞘[うわざや] (증권 거래에서) 강세. 높은 시세.

上側[うわがわ] ①위쪽. 겉쪽. 표면. ②겉보 기. 외관. 표면에 나타난 것.

上値[うわね] (증권 거래에서) 비싼 값. 높 은 시세.

上包み[うわづつみ] 겉포장. 겉 포장지.

上下❶[うえした] ①상하; 위아래. ②거꾸 로임. 반대임. ❷[かみしも] ①(신분의) 위아래. 상위와 하위. ②저고리와 바 지. ③(안마에서) 허리의 위아래의 안 마. ❸[じょうげ/しょうか/じょうか] ☞ [音読]

上向き[うわむき] ①상향; 위를 향함. 위 를 봄. ②겉. 겉보기. ③(시세의) 오름 세. ④(일이) 잘 되어 가는 경향.

上靴[うわぐつ] 실내화. 덧신.

上滑り[うわすべり] ①(표면이) 미끄러움. 미끄러짐. ②수박 겉핥기임. ③경솔함.

¹上回る[うわまわる] 〈5自〉 ①상회하다. 웃돌 라. ②우수하다. 뛰어나다.

上絵[うわえ] ①(염색에서) 백발(白抜) 바탕 에 그린 그림이나 무늬. ②(도자기에서) 유약을 바른 위에 그린 그림이나 무늬.

音読

²上❶[じょう] 상; (1)(가치·계급·순위·지 위·품질 등이) 제일 위임. ②상급. 훌륭함. ③(책의) 상권. ❷[うえ/かみ] ☞ [訓読]

上甲板[じょうかんぱん] (배의) 상갑판; 맨 위 갑판.

上客[じょうきゃく] 상객; ①주빈(主賓). ②중 요한 고객.

上揭[じょうけい] 상게; 위에 게재·게시함.

²上京[じょうきょう] 상경; 서울로 감·옴.

上告[じょうこく] 상고; ①상신(上申). ② ≪法≫ 상급 법원에 상소함.

¹上空[じょうくう] 상공; 높은 하늘. 어떤 지 역의 하늘.

上官[じょうかん] 상관; 윗자리의 관리.

上卷[じょうかん] (책의) 상권.

²上級[じょうきゅう] 상급; ①윗 등급. 높은 계급. ②학급·학년의 윗 단계.

上気[じょうき] 상기; 발끈 흥분함.

上記[じょうき] 상기; 위에 기록함.

上機嫌[じょうきげん] 매우 기분이 좋음.

上段[じょうだん] 상단; ①윗단. ②상좌(上座). 상석(上席). ③한 단계 높은 방바닥. ④칼을 머리 위로 치켜 겨룸. ⑤고단(高段).

上端[じょうたん] 상단; 위의 끝 부분.

²上達[じょうたつ] 상달; ①(학문·예술 등 의) 숙달. 향상. ②상부에 알려짐.

上代[じょうだい] 상대; ①먼 옛날. 태고(太 古). ②大和(やまと)·奈良(なら) 시대.

上図[じょうず] 상도; 위의 그림.

上棟式[じょうとうしき] 상량식(上梁式).

²上等[じょうとう] 상등; ①고급. ②뛰어남. 훌륭함.

上例[じょうれい] 상례; 위의 예(例).

上流[じょうりゅう] 상류; ①(강의) 상류. ②사회의 높은 계층.

¹上陸[じょうりく] 상륙; (1)(배에서 내려) 육지로 올라옴. ②바다로부터 태풍이 닥쳐옴.

上物[じょうもの] 상품(上品). 고급품. ❷ [うわもの] 지상(地上) 건물.

上半身[じょうはんしん] 상반신; 윗몸.

上方❶[じょうほう] 상방; 위쪽. ❷[かみが た] 京都(きょうと)·大阪(おおさか) 지방.

上白[じょうはく] ①고급 쌀. 상등미(上等 米). ②고급 백설탕.

上部[じょうぶ] 상부; 윗부분.

¹上司[じょうし] 상사; ①직장에서 자기보다 지위가 높은 사람. ②상급 관청.

上上[じょうじょう] 최상. 최고. 가장 좋음. 더없이 좋음. 최고로 좋음.

上席❶[じょうせき] 상석; ①상좌(上座). ②(계급·석차가) 위임. 윗자리. ❷[か みせき] 그 달 초순의 흥행.

上訴[じょうそ] 상소; ①상급자·상급기관
　에 호소함. ②《法》상소.
上水❶[じょうすい] ①수돗물. ②상수도.
　❷[うわみず] (찌꺼기가 가라앉은) 맑은
　윗물.
⁴上手❶[じょうず] ①능숙함. 잘함. 솜씨가
　뛰어남. ②아첨. 입에 발린 말. ❷[うわて
　/かみて] ☞ [訓読]
上首尾[じょうしゅび] 일이 잘 되어 감. 결
　과가 만족스러움. 성공적임.
²上旬[じょうじゅん] 상순; 초순(初旬).
上述[じょうじゅつ] 상술; 위에 말함.
¹上昇[じょうしょう] 상승; 위로 올라감.
上申書[じょうしんしょ] 상신서; 윗사람이
　나 관청에 올리는 의견서.
上伸[じょうしん] 상신; 시세가 오름.
¹上演[じょうえん] 상연; 연극을 공개함.
¹上映[じょうえい] 상영; 영화를 공개함.
上院[じょういん] 《政》상원.
¹上位[じょうい] 상위; 높은 자리.
上場[じょうじょう] 상장; ①주식 매매 대
　상으로 거래소에 등록함. ②연극을 상연
　(上演)함.
上場株[じょうじょうかぶ] 상장주.
上程[じょうてい] 상정; 의안을 의회에 올림.
上質[じょうしつ] 상질; 질이 좋음.
上出来[じょうでき] ①썩 잘됨. 성과가 훌
　륭함. ②특제품.
¹上層[じょうそう] 상층; ①위층. 윗부분.
　②윗 계급의 사람들.
²上品❶[じょうひん] ① 〈形動〉품위가 있음.
　고상함. ②상품; 고급품. ❷[じょうぼん]
　《仏》극락정토의 최상위의 세 품계.
²上下[じょうげ] ❶[じょうげ] ①상하; 위아래.
　②(신분
　의) 상하. ③(책의) 상하권. ④오르내림.
　⑤(탈것에) 타고 내림. 승강(昇降). ❷
　[しょうか] ①통치자와 백성. ②오르내림.
　❸[じょうか] ①상원(上院)과 하원(下院).
　②통치자와 백성. ❹[うえした/かみしも]
　☞ [訓読]
上下動[じょうげどう] 상하동; 아래위로 흔
　들리는 진동.
上限[じょうげん] 상한; ①위쪽 한계. ②(시
　대의) 오래된 쪽의 한계.
上戸[じょうご] 술꾼. 애주가. 술을 많이
　마시는 사람.
上皇[じょうこう] 상황; ＊양위(讓位)한 천
　황의 높임말.

床　　마루 상

　一　ナ　广　广　庐　庄　床

音 ◉ショウ
訓 ◉とこ ◉ゆか ◉ゆかしい

訓読
◉床❶[とこ] ①잠자리. 이부자리. ②모판.
　못자리. ③이발소. ④'床の間(とこのま)'의
　준말.
²◉床❷[ゆか] ①마루. 바닥. ②浄瑠璃(じょう
　るり)를 낭창(朗唱)하는 높게 만든 무대.
　❸[し]ょう] ☞ [音読]
◉床しい[ゆかしい] 〈形〉①우아하다. ②어
　쩐지 그립다.
²床の間[とこのま] (일본식 가옥의) 객실 상
　좌에 만든 장식용 공간.
床上[とこうえ] 마루 위.
²床屋[とこや] 이발소. 이발사.
床柱[とこばしら] '床の間(とこのま)'의 한쪽에
　장식용으로 세운 기둥.
床板❶[とこいた] '床の間(とこのま)'의 바닥에
　까는 널빤지. ❷[ゆかいた] 마루청. 청널.
　[ゆかした] 마루 밑.

音読
床❶[しょう] (병원의) 병상(病床)의 수효.
　…병상(病床). ❷[とこ/ゆか] ☞ [訓読]
床几[しょうぎ] (낚시터 등에서 사용하는)
　접는 의자.

状 (狀)　①모양 상
　　　　②문서 장

　｜　丬　爿　オー　丬　状　状

音 ◉ジョウ
訓 ―

音読
²状[じょう] ①모양. ②편지.
状景[じょうけい] 정경(情景). 사람의 마음
　을 움직이는 풍경이나 장면.
状勢[じょうせい] 정세(情勢). 형세(形勢).
状差し[じょうさし] (기둥이나 벽에 거는)
　편지꽂이. 서신함.
²状態[じょうたい] 상태; 사물의 형편·모양.
²状況[じょうきょう] 상황; 정황(情況). 그때
　그때의 사물의 상태.

379

尚(尙) 오히려/숭상할 상

丨 丨 丷 冋 冋 尙 尙 尙

音 ●ショウ
訓 ⊗なお

訓読

⊗**尚**[なお] ①역시. 여전히. 아직. ②더욱.
¹⊗**尚更**[なおさら] 더욱더. 게다가. 더 한층.

音読

尚古[しょうこ] 상고; 옛 문물·사상·제도를 숭상함.
尚武[しょうぶ] 상무; ①무예를 숭상함 ②군비(軍備)에 힘씀.
尚早[しょうそう] 상조; 아직 때가 이름.
尚歯[しょうし] 상치; 노인을 공경함.

峠 고개/산마루 상

丨 山 山 山' 山' 岆 岆 峠 峠

音 ―
訓 ●とうげ

訓読

²●**峠**[とうげ] ①고개. 산마루. ②고비. 한창때. 절정기. ¶ ~を越(こ)す 고비를 넘기다. ¶寒(さむ)さも今(いま)が~だ 추위도 지금이 고비다.

相 서로 상

一 十 オ 木 村 村 相 相 相 相

音 ●ソウ ●ショウ
訓 ●あい

訓読

●**相**[あい] 서로. 함께.
相客[あいきゃく] ①숙소의 한 방에서 함께 묵었던 사람. 동숙객(同宿客). ②남의 집을 방문했을 때, 종종 자리를 함께 했던 사람. 동석객(同席客).
相対する[あいたいする] 〈サ変自〉 ①상대하다. 마주 대하다. 맞면면하다. ②맞서다. 대립하다. 서로 반대 입장에 서다.
相対尽くで[あいたいずくで] 단둘이서. 합의하에.

相対取引[あいたいとりひき] 당사자끼리의 직접 매매.
²**相撲**[★すもう] (일본) 씨름.
相撲取り[★すもうとり] 씨름꾼.
相半ばする[あいなかばする] 〈サ変他〉 서로 반반이다.
相伴う[あいともなう] 〈5自〉 ○동반하다. ②(서로) 따르다. 수반하다.
相方[あいかた] ①상대. 상대방. ②주역의 상대가 되는 배우. ③손님의 상대가 되는 창녀.
²**相変(わ)らず**[あいかわらず] 변함없이. 여전히. 전과 다름없이.
相棒[あいぼう] ①한패. 동료. 동업자. ②가마를 함께 메는 짝.
相性[あいしょう] ①성격이 맞음. ②궁합이 맞음.
²**相手**[あいて] ①(뭔가를 함께 하는) 상대. ②(경쟁자로서의) 상대. 상대편.
相手方[あいてかた] 상대방. 상대편.
相乗り[あいのり] ①합승(合乗). ②편의상 공동으로 함.
相異なる[あいことなる] 〈5自〉 상이하다. 서로 다르다.
相槌[あいづち] ①(연장을 벼릴 때 두 사람의) 맞장치질. 맞메질 ②(말할 때의) 맞장구.
相打ち[あいうち] ①(무술에서) 서로 동시에 상대방을 공격함. ②비김. 무승부. ③하나의 적을 둘 이상이 침.
相合傘[あいあいがさ] (남녀가) 한 우산을 씀.

音読

相❶[しょう] 상; 재상(宰相). 대신(大臣). 장관(長官).
¹**相❷**[そう] ①형상. 형체. 모습. ②인상(人相). ③《語学》상. 태(態).
相関係数[そうかんけいすう] 《数》상관 계수.
相克[そうこく] 상극; ①대립된 것끼리 서로 다툼. ②(오행설의) 상극.
³**相談**[そうだん] 상담; 의논. 상의.
²**相当**[そうとう] 상당; ①해당함. 대등함. ②상응함. 걸맞음. 알맞음. 어울림. ③〈副〉꽤. 제법. 상당히.
¹**相対**[そうたい] 상대; ①서로 마주봄. ②다른 사물에 대응되게 존재함.
相貌[そうぼう] 상모; 용모. 인상. 얼굴 모양.
相伴[しょうばん] ①동반함. 동반자 ②덩달아 덕을 봄. ③주빈(主賓)의 동반자로서 함께 대접을 받음.
相補[そうほ] 상보; 서로 보충함.

相似形[そうじけい] 상사형; 서로 닮은꼴.
相思相愛[そうしそうあい] 상사상애; 서로 그리워하며 서로 사랑함.
²相続[そうぞく] 상속; ①선대(先代)를 대신하여 가명(家名) 등을 이어받음. ②사람이 죽기 전에 재산상의 권리·의무 등을 배우자·자녀·친족 등에게 분배함.
相続税[そうぞくぜい] 상속세.
相殺[そうさい] 상쇄; ①두 특징이 마주쳐서 효력이 없어짐. ②≪法≫ 상계(相計).
相愛[そうあい] 상애; 서로 사랑함.
²相違[そうい] 상위; 서로 다름.
²相違ない[そういない] ⟨形⟩ 틀림없다.
¹相応[そうおう] 상응; 어울림. 알맞음.
¹相場[そうば] ①시가(時價). 시세(時勢). ②투기(投機). ③통념(通念). 일반적인 평가.
²相互[そうご] 상호; ①서로. ②번갈아. 교대로.
相好[そうごう] 용모. 얼굴 표정.

祥(祥) 상서로울 상

丶 ﾗ ｲ ｵ ｵ ﾈﾆ ﾈﾞ ﾈﾞ ﾈﾞ 祥

音 ●ショウ
訓 ―

音読
祥瑞[しょうずい] 상서; 길조(吉兆). 경사스러운 일이 있을 좋은 징조.
祥雲[しょううん] 상운; 상서로운 구름.
祥月[しょうつき] 상월; 1주기(周忌) 이후에 돌아오는 고인(故人)이 죽은 달.

桑 뽕나무 상

音 ●ソウ
訓 ●くわ

訓読
●桑[くわ] ≪植≫ 뽕나무.
桑原[くわばら] ①뽕밭. ②맙소사. 하느님 살려 주소서.
桑摘み[くわつみ] 뽕따기. 뽕따는 사람.
桑畑[くわばたけ] 뽕밭. 뽕나무 밭.

音読
桑門[そうもん] 상문; 중. 승려.
桑園[そうえん] 상원; 뽕나무 밭.
桑田[そうでん] 상전; 뽕나무 밭.

商 장사 상

丶 亠 ㇒ 亠 产 产 产 商 商 商

音 ●ショウ
訓 ●あきなう

訓読
●商う[あきなう] ⟨5他⟩ 장사하다. 매매하다. 거래하다.
商い[あきない] ①장사. 매매. 거래. ②매상고. 매출액.

音読
²商[しょう] ①상업. 장사. ② ≪数≫ 상. 나눗셈에서 얻은 답. 몫.
商家[しょうか] 상가; 상인의 집.
商工[しょうこう] 상공; 상업과 공업. 상인과 장인(匠人).
商科[しょうか] 상과; 상업에 관한 교과목.
商権[しょうけん] 상권; 상업상의 권리.
商談[しょうだん] 상담; 상업상의 대화.
商量[しょうりょう] 상량; 헤아려 생각함.
²商売[しょうばい] ①장사. 상업. ② ≪俗≫ 직업. ③접객업. 술장사.
商法[しょうほう] 상법; ①상술(商術). 장사의 방식. ② ≪法≫ 상법.
²商社[しょうしゃ] 상사; 무역 회사.
商事[しょうじ] 상사; ①장사에 관한 사항. ②'商事会社[しょうじかいしゃ]'의 준말.
商船[しょうせん] 상선; 화물선.
²商業[しょうぎょう] 상업; 장사.
商用[しょうよう] 상용; 상업상의 용무.
²商人[しょうにん/あきびと/あきんど] 상인; 장사꾼.
商才[しょうさい] 상재; 장사 재주.
商戦[しょうせん] 상전; 상업상의 경쟁.
²商店[しょうてん] 상점; 가게.
商店街[しょうてんがい] 상점가; 상가(商街).
商取引[しょうとりひき] 상거래(商去来).
商標[しょうひょう] 상표; trademark.
²商品[しょうひん] 상품; 시장에서 거래되는 물건.
商品切手[しょうひんきって] 상품권.
商学部[しょうがくぶ] 상과대학(商科大学).
商港[しょうこう] 상항; 상업 항구.
商況[しょうきょう] 상황; 장사의 형편.
商号[しょうごう] 상호; 옥호(屋号).
商魂[しょうこん] 상혼; 상인 기질.
商会[しょうかい] 상회; 상점(商店).

常　항상 상

丶 ⺍ ⺍ ⺍ 尚 尚 常 常 常 常

音 ●ジョウ
訓 ●つね ●とこ

訓読

●常[つね] ①예사(例事). 흔히 있는 일. ②평소. 평상. ③보통. 평범. ④변함없음.
●常しえ[とこしえ] 영원히. 영구히.
²常に[つねに] 늘. 항상. 언제나. 평소에.
常常[つねづね] ①평소. ②늘. 항상. 언제나. 평소에.
常春[とこはる] 상춘; 늘봄.
常夏[とこなつ] ①상하; 늘 여름. ②《植》 패랭이꽃. ③석죽(石竹)의 원예 품종.

音読

常客[じょうきゃく] 상객; 단골손님.
常勤[じょうきん] 상근; 매일 근무함.
常道[じょうどう] 상도; ①항상 지켜야 할 도리. ②늘 하는 방법.
常例[じょうれい] 상례; 관례. 예사(例事).
常緑樹[じょうりょくじゅ] 《植》 상록수.
常務[じょうむ] 상무; ①일상의 보통 업무. ②'常務取締役'의 준말.
常務取締役[じょうむとりしまりやく] (주식 회사의) 상무이사.
常服[じょうふく] 평상복.
常備[じょうび] 상비; 늘 준비해 둠.
常設[じょうせつ] 상설; 늘 설비해 둠.
常数[じょうすう] 상수; ①일정한 수. ②《数》 정수(定数). 항수(恒数).
常習[じょうしゅう] 상습; 늘 하는 버릇.
常食[じょうしょく] 상식; 늘 먹음.
²常識[じょうしき] 상식; 일반적인 지식.
常温[じょうおん] 상온; ①일정한 온도. ②자연 그대로의 온도. ③《気》 연간 평균 기온.
常用[じょうよう] 상용; 늘 사용함. 평소 사용함.
常用漢字[じょうようかんじ] 상용한자.
常人[じょうじん] ①보통 사람. ②정상인.
常日[じょうじつ] 상일; 평소. 평상.
常任[じょうにん] 상임; ①항상 그 임무를 맡아봄. ②항상 임무를 맡김.
常置[じょうち] 상치; 상설(常設).
常態[じょうたい] 상태; 정상적인 상태.
常套[じょうとう] 상투; 평소의 방법.

喪　죽을/잃을 상

一 十 サ 市 亩 亩 南 喪 喪 喪

音 ●ソウ
訓 ●も ⊗うしなう

訓読

¹喪[も] 상; ①복(服). 사람이 죽은 후, 친족이 그 죽음을 애도하며 일정 기간 근신함. ②흉사(凶事).
⊗喪う[うしなう]〈5他〉 사별(死別)하다. 여의다.
¹喪服[もふく] 상복; ①상제옷. ②문상객이 입는 검은 예복.
喪章[もしょう] 상장; 죽은 사람을 조상(弔喪)하기 위해 팔에 두르는 표.
喪主[もしゅ] 상주; 맏상제.
喪中[もちゅう] 상중; 복중(服中).

音読

¹喪失[そうしつ] 상실; 잃어버림.

象　코끼리/모양 상

⺈ ⺈ ⺈ 竹 争 ⺈ 兔 象 象 象

音 ●ショウ ●ゾウ
訓 ⊗かたどる

訓読

⊗象る[かたどる]〈5自他〉 ①모방하다. 본뜨다. ②상징하다.

音読

²象[ぞう]《動》 코끼리.
象牙[ぞうげ] 상아; 코끼리의 앞니.
¹象徴[しょうちょう] 상징; 심벌.
象形文字[しょうけいもじ] 상형 문자.

傷　상할/상처 상

亻 亻 亇 亇 作 倬 倬 傷 傷 傷

音 ●ショウ
訓 ●いたましい ●いたむ ●いためる ●きず

訓読

●傷ましい[いたましい]〈形〉 가엾다. 딱하다. 애처롭다. 참혹하다. 측은하다.
●傷む[いたむ]〈5自〉 ①(기물이) 깨지다. 망가지다. ②(식품이) 상하다. 부패하다.

●**傷める**[いためる] 〈下1他〉 ①(기물을) 파손하다. 망가뜨리다. ②(식품을) 상하게 하다. 부패시키다. 쉽게 하다. 썩이다.

²●**傷**[きず] ①상처. 부상(負傷). ②(마음의) 상처. ③흠. 티. 금간 데. ④수치. 오점.

傷口[きずぐち] ①상처 자리. 생채기. 흠집. ②과거의 허물.

傷物[きずもの] ①파치. 흠이 있는 물건. ②《俗》순결을 잃은 처녀.

¹**傷付く**[きずつく] 〈5自〉①상처가 나다. 다치다. 부상을 입다. ②(기물이) 흠집이 나다. 망가지다. 금이 가다. ③(마음·명예 등이) 상처를 입다. 손상되다.

²**傷付ける**[きずつける] 〈下1他〉①상처를 내다. 다치게 하다. ②(기물을) 망가뜨리다. 파손시키다. ③(마음·명예·기분 등을) 상하게 하다. 손상시키다. 훼손하다.

傷跡[きずあと] 상처 자국. 흉터. 흠.

[音読]

傷心[しょうしん] 상심; 마음이 상함.

傷害[しょうがい] 상해; (남에게) 상처를 내어 해를 입힘.

傷痕[しょうこん/きずあと] 상흔; 상처 자국.

想　생각 상

一 十 木 机 机 相 相 相 想 想 想

[音] ●ソウ ●ソ
[訓] ―

[音読]

想起[そうき] 상기; 지난 일을 다시 생각해 봄.

想念[そうねん] 상념; 마음에 떠오르는 생각.

¹**想像**[そうぞう] 상상; 머릿속으로 그리며 미루어 생각함.

想定[そうてい] 상정; 어떤 상황을 가정함.

詳　자세할 상

宀 宀 言 言 言 詳 詳 詳 詳 詳

[音] ●ショウ
[訓] ●くわしい ⊗つまびらか

[訓読]

²●**詳しい**[くわしい] 〈形〉①상세하다. 자세하다. ②(어떤 분야에) 정통하다. 밝다.

⊗**詳らか**[つまびらか] 〈形動〉자세함.

[音読]

詳記[しょうき] 상기; 자세히 기록함.

詳論[しょうろん] 상론; 자세히 논함.

詳密[しょうみつ] 상밀. 상세함. 세밀함.

詳報[しょうほう] 상보; 상세한 보고.

詳説[しょうせつ] 상설; 자세한 설명.

¹**詳細**[しょうさい] 상세; 자세함. 소상함.

詳述[しょうじゅつ] 상술; 자세히 진술함.

詳言[しょうげん] 상언; 상세히 말함.

詳伝[しょうでん] 상전; 상세한 전기(伝記).

詳注[しょうちゅう] 상주; 상세한 주석(注釈).

詳察[しょうさつ] 상찰; 상세히 살핌.

詳解[しょうかい] 상해; 자세한 해석. 상세하게 해석함.

像　형상 상

亻 亻 俨 俨 侼 停 停 傍 像 像

[音] ●ゾウ
[訓] ―

[音読]

²**像**[ぞう] 상; ①어떤 형태. 모습. 모양. 꼴. ②형상(形象). 신불(神仏)이나 사람의 모양을 본떠 그리거나 만든 것. ③《物》빛의 반사나 굴절로 비치는 물체의 모양.

賞　상줄 상

丷 丷 丷 尚 尚 営 営 営 営 賞

[音] ●ショウ
[訓] ―

[音読]

²**賞**[しょう] 상; 포상(褒賞).

²**賞金**[しょうきん] 상금; 포상으로 주는 돈.

賞美[しょうび] 상미; ①찬미(讃美). ②감상함. 맛을 즐김.

賞味[しょうみ] 상미; 음식 맛을 즐김.

賞杯[しょうはい] 상배; 우승컵.

賞罰[しょうばつ] 상벌; 상과 벌.

賞与金[しょうよきん] 상여금; 보너스.

賞状[しょうじょう] 상장; 상 주는 뜻을 표하는 증서.

賞賛[しょうさん] 칭찬.

賞牌[しょうはい] 상패; 상으로 주는 메달·패(牌).

²**賞品**[しょうひん] 상품; 상으로 주는 물품.

箱 상자 상

丿　丿　ⁿ　⺮　竺　竹　筥　筥　箱　箱

[音] ―
[訓] ●はこ

[訓読]
⁴●箱[はこ] ①상자. 함. 궤짝. 박스. ②≪俗≫ 철도 차량. ③≪俗≫ 三味線(しゃみせん). 三味線(しゃみせん)을 넣는 상자. 三味線(しゃみせん)을 운반하는 남자. ④기녀(妓女). 기생(妓生).
箱書(き)[はこがき] (공예품을 넣은) 상자 뚜껑에 작가나 감정가 등이 진품임을 증명하는 서명·날인.
箱船[はこぶね] 네모난 배. 방주(方舟).
箱乗り[はこのり] ≪俗≫ (신문 기자의 회견 상대가 탄) 기차에 동승함.
箱屋[はこや] ①상자를 만들어 파는 가게나 사람. ②기생의 三味線(しゃみせん)을 들고 다니는 남자.
箱入り[はこいり] ①상자에 들어 있음. ②애지중지함. 소중히 함.
箱入り娘[はこいりむすめ] 여염집 아가씨.
箱庭[はこにわ] 상자 안에 만든 모형 정원·산수(山水) 풍경.
箱枕[はこまくら] 나무 상자 모양의 베개.
箱詰(め)[はこづめ] 상자에 물건을 담음. 상자들이 물건.

償 갚을 상

亻　亻′　亻″　亻″　償　償　償　償　償　償

[音] ●ショウ
[訓] ●つぐなう ⊗つぐのう

[訓読]
¹●償う[つぐなう] 〈5他〉 ①변상하다. 배상하다. 보상하다. ②속죄하다. 죄를 갚다.
¹償い[つぐない] 변상. 배상. 보상(補償). 속죄. 죄를 갚음.

[音読]
償却[しょうきゃく] 상각; ①(빚 등을) 갚음. ②'감가상각(減価償却)'의 준말.
償金[しょうきん] 배상금(賠償金).
償還[しょうかん] 상환; ①보상해 되돌려 줌. ②금전 채무를 변제함.

霜 서리 상

一　⺇　⻗　⻗　⻗　⻗　零　霜　霜　霜

[音] ●ソウ
[訓] ●しも

[訓読]
²●霜[しも] ① ≪気≫ 서리. ②(냉장고의) 성에. ③백발(白髮).
霜降り[しもふり] ①서리가 내림. ②(옷감색) 희끗희끗한 무늬. 쑥색. 쑥색 무늬의 천. ③(쇠고기의) 차돌박이. ④살짝 데친 생선이나 닭고기.
霜枯れ[しもがれ] ①(초목이) 서리를 맞아 시들어 버림. ②불황(不況). 불경기(不景気).
霜曇り[しもぐもり] 서리가 내릴 것 같은 겨울의 흐린 날씨.
霜焼け[しもやけ] ① ≪医≫ (가벼운) 동상(凍傷). ②(초목이) 서리 맞음.
霜夜[しもよ] (서리 내리는) 추운 밤.
霜柱[しもばしら] ①서릿발. ②차조기과(科)의 다년초.
霜解け[しもどけ] ①서릿발이 녹음. ②해빙(解氷).

[音読]
霜雪[そうせつ] 상설; ①서리와 눈. ②백발.
霜害[そうがい] 상해; 서리의 피해.

爽 상쾌할 상

[音] ⊗ソウ
[訓] ⊗さわやか

[訓読]
²⊗爽やか[さわやか] 〈形動〉 ①(기분이) 상쾌함. ②(말이 막힘없이) 유창함. 명쾌함.

[音読]
爽気[そうき] 상기; ①상쾌한 (가을의) 대기(大気). ②상쾌한 기분.
爽涼[そうりょう] 상량; 상쾌하고 시원함.
爽快[そうかい] 상쾌; 기분이 아주 유쾌함.

翔(翔) 날 상

[音] ⊗ショウ
[訓] ⊗かける

[訓読]
⊗翔る[かける] 〈5自〉 (하늘 높이) 날다. 높게 날아오르다. 비상(飛翔)하다.

裳　치마 상

音 ⊗ショウ
訓 ⊗も

訓読
⊗裳[も] ①(옛날) 귀족이 袴(はかま) 위에 입던 옷. ②(옛날) 여자의 치마.
裳裾[もすそ] 옷자락. 치맛자락.

嘗　맛볼 상

音 ⊗ショウ
訓 ⊗なめる

訓読
¹⊗嘗める[なめる] 〈下一他〉 ①(혀로) 핥다. ②맛보다. ③(불길이 혀로 핥듯이) 불태우다. ④(괴로움을) 겪다. 맛보다. ⑤깔보다. 얕보다.
嘗め物[なめもの] (짠맛의) 밑반찬.

[새]

璽　옥새 새

一　ナ　ゴ　爾　爾　爾　璽　璽　璽　璽

音 ●ジ
訓 ―

音読
璽[じ] ①옥새. 임금의 인장(印章). ②일본의 세 가지 신기(神器)의 하나인 八尺瓊曲玉(やさかにのまがたま).
璽書[じしょ] 임금의 옥새가 찍힌 문서. 옥새를 찍은 문서.

塞　①변방 새 ②막을 색

音 ⊗サイ　⊗ソク
訓 ⊗とりで　⊗ふさがる　⊗ふさぐ

訓読
⊗塞[とりで] ①성채(城砦). ②요새.
²⊗塞がる[ふさがる] 〈五自〉 ①막히다. ②닫히다. ③(가득) 차다. ④(짬이) 안 나다. ⑤(전화가) 통화중이다.
²⊗塞ぐ[ふさぐ] 〈五他〉 ①막다. 틀어막다. 메우다. ②가로막다. ③(시간·임무를) 채우다. ④(방해되게) 자리를 차지하다. 〈五自〉 우울해지다.

塞ぎ[ふさぎ] ①막음. 메움. 막는 것. ②우울함. 울적함.

音読
塞翁が馬[さいおうがうま] 새옹지마.
塞外[さいがい] 새외; ①성채(城砦) 밖. ②국경 밖.
塞源[そくげん] 색원; 악의 근원을 막음.

賽　굿새

音 ⊗サイ
訓 ―

音読
賽[さい] 주사위.
賽の目[さいのめ] ①주사위의 눈. ②주사위의 크기·모양.
賽子[さいころ] 주사위.
賽銭[さいせん] ≪仏≫ 새전; 시줏돈.
賽銭箱[さいせんばこ] 새전함; 시줏돈을 넣는 함.

[색]

色　빛/예쁜 여자 색

ノ　ク　クク　各　各　色

音 ●シキ　●ショク
訓 ●いろ

訓読
⁴●色[いろ] 색; ①색깔. 빛깔. ②피부색. ③얼굴빛. 기색. 표정. ④(섹스의) 색. 색정(色情). ⑤여자 애인(愛人). 정부(情婦).
色っぽい[いろっぽい] 〈形〉 섹시하다. 요염하다.
色気[いろけ] ①색조(色調). 빛깔의 조화. ②멋. 취향. 재미. ③성적 매력. 이성을 앎. ④관심. 의욕. ⑤여자의 존재.
色男[いろおとこ] ①미남. 미남자. ②정부(情夫). ③호색꾼. 호색 남자. 레이디 킬러.
色女[いろおんな] ①미녀. 미인. ②정부(情婦). ③색정적인 미녀.
色里[いろざと] 유흥가. 환락가.
色物[いろもの] ①(백색과 흑색을 제외한) 채색된 종이·천. ②(寄席(よせ)에서의) 음곡·곡예·요술·춤·만담 등. ③落語(らくご)에 나오는 인정담(人情談).

色変(わ)り[いろがわり] ①변색. 퇴색. ②(모양은 같으나) 색깔이 다름. ③(종류가) 색다름. 별남. ④여러 가지 빛깔로 변함.

色付く[いろづく] 〈5自〉 ①물들다. 단풍들다. ②(여자가) 성(性)에 눈뜨다.

色付け[いろづけ] ①착색. 채색. 물들임. ②특별 서비스. ③(기생이) 처음으로 손님에게 몸을 허락함.

色分け[いろわけ] ①색별(色別). 색깔별로 구분함. ②분류. 종류별로 나눔.

色色[いろいろ] 여러 가지. 온갖. 갖가지.

色眼鏡[いろめがね] 색안경.

色鉛筆[いろえんぴつ] 색연필.

色紙❶[いろがみ] 색종이. ❷[しきし] ①和歌(わか)·俳句(はいく)를 적는 두꺼운 종이. ②낡은 옷의 안감. ③(요리에서) 얇고 네모지게 썲.

色合(い)[いろあい] ①색조. 색상. ②경향. 성향. 느낌. ③분위기. 무드.

色好み[いろごのみ] 호색가. 색골.

色感[しきかん] 색감; ①색깔의 느낌. ②색을 식별하는 감각.

色盲[しきもう] 색맹; 색깔을 분간 못하는 시력.

色相[しきそう] 색상; ①색조(色調). 색깔의 조화. ② ≪仏≫ 육안으로 볼 수 있는 형체.

色素[しきそ] 색소; 색의 본질.

色欲[しきよく] 색욕; ①성적 욕망. ②색정과 이욕(利慾).

色情[しきじょう] 색정; 남녀 간의 정욕.

色調[しきちょう] 색조; 색깔의 조화.

¹色彩[しきさい] 색채; ①색의 조화. 빛깔. ②특색. 성질.

索　①찾을 색
　　②새끼줄 삭
一十士古卉卉索索索索

音 ●サク
訓 ―

音読

索莫[さくばく] 삭막; 호젓함. 쓸쓸함.

索然[さくぜん] 삭연; ①흥미가 없음. ②무미건조함. 삭막하고 아취가 없음.

²索引[さくいん] 색인; 인덱스(index).

索条[さくじょう] 삭조; 동아줄. 와이어로프.

[생]

生　날/낳을/살/살릴/산 것 생
ノ 仁 牛 牛 生

音 ●セイ ●ショウ
訓 ●なま ●おい ●はえる ●いかす ●いきる
　 ●いける ●なす ●うまれる ●うむ ●ならす
　 ●なる ●き ●はやす

訓読

²●生❶[なま] ①날 것. 생것. 가공하지 않은 것. ②(과일의) 덜 익은 것. ③생생함. ④미숙함. 서투름. ⑤'生(なま)ビール'의 준말. ⑥ ≪俗≫ 건방짐. ⑦ ≪俗≫ 현금. ⑧(칼날이) 무딤. ❷[き] 순수함. 잡것이 섞이지 않음. ❸[せい] ☞ [音読]

●生い立つ[おいたつ] 〈5自〉 (초목이나 어린이가) 성장하다. 자라나다.

生い立ち[おいたち] ①성장함. 자라남. ②성장 과정. 자란 내력.

生い茂る[おいしげる] 〈5自〉 (초목이) 무성해지다. 우거지다.

²生える[はえる] 〈下1自〉 나다. 자라다.

生え抜き[はえぬき] ①본토박이. ②창립 이래 계속 근무함. 외길로 근무함.

生え際[はえぎわ] (이마·목덜미의) 머리털이 난 언저리.

¹●生かす[いかす] 〈5他〉 ①살리다. 살려 두다. ②되살리다. ③발휘하다. 활용하다. ④(교정·작문에서) 일단 지운 것을 되살리다.

³●生きる[いきる] 〈上1自〉 ①살다. 생존하다. ②생활하다. 지내다. 살다. ③존재하다. 있다. ④유효하다. 가치를 지니다. ⑤생동하다. 생기를 띠다. ⑥(경기에서) 죽지 않다. ⑦(교정·작문에서) 일단 지워진 부분이 되살아나다.

¹生甲斐[いきがい] 사는 보람. 산 보람.

生き埋め[いきうめ] 생매장(生埋葬).

²生き物[いきもの] 생물; ①살아 있는 것. ②생명체.

生き返る[いきかえる] 〈5自〉 ①소생하다. 되살아나다. ②(기억이) 되살아나다.

生き抜く[いきぬく] 〈5自〉 (어려움을 극복하며) 살아 나가다.

生き方[いきかた] ①생활 태도. 삶의 태도. ②생활 방식. 사는 방법.

生き別れ[いきわかれ] 생이별(生離別).

生き仏[いきぼとけ] 생불 ①산 부처. 고승 (高僧). ②자비로운 사람.

生き写し[いきうつし] 꼭 빼닮음.

生き死に[いきしに] 생사; 삶과 죽음.

²生き生きと[いきいきと] 생생하게. 생기 있게.

生き生きとした[いきいきとした] 생생한. 싱싱한. 활기찬.

生き身[いきみ] (살아 있는) 몸.

生き延びる[いきのびる] 〈上1自〉①살아남다. ②더 살다. 장수하다. 오래 살다.

生き字引[いきじびき] 살아 있는 사전. 만물박사.

生き残る[いきのこる] 〈5自〉 살아남다.

生き長らえる[いきながらえる] 〈下1自〉 장수하다. 오래 살다.

生き恥[いきはじ] 살아서 수모를 당함.

生き血[いきち] 생혈; 생피.

¹生ける[いける] 〈連語〉 살아 있는. 산. 〈下1他〉①소생시키다. 살리다. 되살리다. ②꽃꽂이하다. 꽂다. ③(식물을) 심다.

生け魚[いけうお] 활어(活魚). 활어조(活魚槽)에 기르는 물고기.

生け垣[いけがき] 산울타리.

生け作り[いけづくり] 물고기의 머리와 뼈는 그대로 두고 살만 회를 쳐서 살아 있는 모양으로 꾸며 내놓는 요리.

生け捕り[いけどり] 생포; ①사로잡음. ②포로(捕虜).

²生け花[いけばな] 꽃꽂이. 꽃꽂이한 꽃.

●生す[なす] 〈5他〉 낳다. 〈5自〉 생기다. 자라다. 나다.

⁴●生(ま)れる[うまれる] ①태어나다. 출생하다. 탄생하다. ②(어떤 상태·사태가) 발생하다. 생기다. 생겨나다.

²生(ま)れ[うまれ] ①태어남. 출생. ②태생지. 출생지. ③태어난 가문. 출신.

生(ま)れながら[うまれながら] 선천적으로. 태어나면서.

生(ま)れ故郷[うまれこきょう] 태어난 고장. 고향. 고향 땅.

生(ま)れ落ちる[うまれおちる] 〈上1自〉 태어나다. 탄생하다.

生(ま)れ立て[うまれたて] 갓 태어남.

生(ま)れ変(わ)る[うまれかわる] 〈5自〉①다시 태어나다. 환생하다. ②(성격·행동이) 딴사람이 되다.

¹生(ま)れ付き[うまれつき] ①천성(天性). 타고남. ②선천적으로. 천성으로. 태어날 때부터.

生(ま)れ損(な)い[うまれぞこない] 칠푼이. 팔푼이. 덜된 놈. 불출. 병신. *욕하는 말임.

¹●生む[うむ] 〈5他〉①(새끼나 알을) 낳다. 분만하다. 출산하다. ②(없던 것을) 생기게 하다. 낳다.

生み落とす[うみおとす] 〈5他〉 (새끼나 알을) 낳다. 분만하다. 출산하다.

生み付ける[うみつける] 〈下1他〉①(어떤 모양·상태·성질로) 낳다. ②(곤충·물고기 등이) 알을 낳다. 알을 슬다.

生みの子[うみのこ] 친자식.

生み出す[うみだす] 〈5他〉①(새끼나 알을) 낳다. 분만하다. 출산하다. ②(새 것을)만들어 내다. 창안해 내다. ③낳기 시작하다.

生みの親[うみのおや] ①친부모. 생부모. ②(고생 끝에) 최초로 만들어낸 사람. 창시자. 공로자.

¹●生やす[はやす] 〈5他〉 (수염·초목 등을) 자라게 하다. 기르다.

●生らす[ならす] 〈5他〉 열매를 맺게 하다. 열매가 열리게 하다.

²●生る[なる] 〈5自〉①(열매가) 열리다. 맺히다. ②≪古≫ 태어나다.

生ゴム[なまゴム] 생고무.

生ビール[なまビール] 생맥주.

生干し[なまぼし] 덜 마름. 설말림.

生菓子[なまがし] 생과자.

生蕎麦[きそば] 순 메밀국수.

生暖かい[なまあたたかい] 〈形〉 약간 따뜻하다. 미적지근하다. 뜨뜻미지근하다.

生卵[なまたまご] 생계란. 날달걀.

生娘[きむすめ] 숫처녀. 동정녀(童貞女).

生木[なまき] ①살아 있는 나무. ②갓 베어 낸 나무. 덜 마른 나무.

生物❶[なまもの] ①날것. 생것. ②생선. ❷[せいぶつ] 생물; 동물·식물의 총칭.

生半可[なまはんか] 미숙함. 어설픔. 엉거주춤함. 불충분함.

生返事[なまへんじ] 건성으로 대답함.

生放送[なまほうそう] 생방송.

生糸[きいと] 생사; 생명주실.

生殺し[なまごろし] ①반죽음. 반죽임. 초죽음. ②해결하지 않고 방치해 둠.

生生しい[なまなましい] 〈形〉 생생하다.

生焼け [なまやけ] 설구워짐.

生水[なまみず] 생수; 끓이지 않은 물.

生粋[きっすい] 순수함.

¹生身[なまみ] ①산 몸. 살아있는 몸뚱이. ②날고기. 생고기.

生薬[きぐすり/しょうやく] 생약.

¹生温い[なまぬるい] 〈形〉①미지근하다. ②미온적이다. 흐리멍덩하다. ③엄하지 않다.

²生意気[なまいき] 〈形動〉①건방짐. 주제넘음. ②건방진 놈.

生易しい[なまやさしい] 〈形〉(부정의 말을 수반하여) 손쉽다. 간단하다.

生一本[きいっぽん] ①강직함. 올곧음. ②순수한 일본 술. 청주. 전내기.

生煮え[なまにえ] ①설익음. 덜 삶아짐. ②모호함. 흐리멍덩함.

²生地[きじ] ①옷감. 천. 직물. ②본성. 본바탕. ③소태(素胎). 유약을 바르기 전의 질그릇.

¹生真面目[きまじめ] 고지식함. 꼼꼼함. 착실함. 진국임.

¹生臭い[なまぐさい] 〈形〉①비릿하다. 비린내가 나다. ②피비린내가 나다. ③(중이) 속되다. ④건방지다. ⑤세속적이다. 타산적이다.

生酔い[なまよい] 거나하게 취함. 약간 취함.

生花[なまばな/せいか] (꽃꽂이의) 생화.

音読

²生❶[せい] 생; ①삶. 생활. ②생명. 목숨. ③생물. ④소생(小生). ＊남자의 겸양어임. ⑤생. ＊남자가 자기 이름 밑에 붙여 겸양어로 씀. ❷[き/なま] ☞ 訓読

²生じる[しょうじる] 〈上1自〉①(식물 등이) 나다. 돋아나다. ②발생하다. 생기다. ③ (저절로) 생겨나다. 〈上1他〉①(식물 등을) 돋아나게 하다. ②생기게 하다. 일으키다. ③(어떤 상태·결과를) 만들어 내다.

²生ずる[しょうずる] ☞ 生じる

生家[せいか] 생가; ①태어난 집. ②(며느리·양자의) 본가. 친정.

生姜[しょうが] ≪植≫ 생강; 새앙.

¹生計[せいけい] 생계; 살아 나아갈 방도.

気[せいき] 생기; 활기. 활력.

生年月日[せいねんがっぴ] 생년월일.

⁴生徒[せいと] 생도; (중·고교) 학생.

生来[せいらい/しょうらい] ①천성(天性). 타고남. ②본디. 태어난 이래.

¹生理[せいり] 생리; ①생물이 살아가는 원리. ②월경. 달거리.

²生命[せいめい] 생명; ①목숨. ②수명. ③가장 중요한 것.

²生物❶[せいぶつ] 생물; 동물·식물의 총칭. ❷[なまもの]①날 것. 생것. ②생선.

¹生死[せいし/しょうじ] 생사; ①삶과 죽음. ②태어남과 죽음. ③≪仏≫ 윤회(輪廻).

³生産[せいさん] 생산; ①생활에 필요한 물건을 만들어 냄. ②각종 경제 활동의 총칭. ③생활. 가업(家業).

生鮮[せいせん] (생선·야채 등이) 신선함. 싱싱함.

生成[せいせい] 생성; ①사물이 생겨남. ②물건을 만들어 냄.

¹生涯[しょうがい] 생애; ①평생. 일생. ②일생의 어느 기간.

生肉[せいにく] 생육; 날고기.

¹生育[せいいく] 생육; ①태어나 자람. 낳아서 기름. ②(식물이) 성장함.

²生長[せいちょう] 생장; 초목이 자람.

²生存[せいぞん] 생존; 살아 있음.

生彩[せいさい] 생채; 생기. 생동감.

生体[せいたい] 생체; 살아 있는 몸.

生態[せいたい] 생태; 살아가는 도양.

生還[せいかん] 생환; ①살아서 돌아옴. ②(야구에서) 주자(走者)가 홈인함.

³生活[せいかつ] 생활; ①살아감. ②살아서 활동함. ③생활을 지탱함.

生後[せいご] 생후; 출생한 후.

| 省 | ①덜 생 |
| | ②살필 성 |

丿 丿丶 少 少 省 省 省 省

音 ●ショウ ●セイ

訓 ●はぶく ●かえりみる

訓読

²●省く[はぶく] 〈5他〉생략하다. 제거하다. 줄이다. 없애다.

¹●省みる[かえりみる] 〈上1他〉반성하다. 돌이켜보다. 뒤돌아보며 곰곰이 생각하다.

音読

²省[しょう] ①일본 내각 안의 행정관서. ＊한국 행정부의 부(部)에 해당함. ②〈接頭語〉절약함. 생략함.

省エネルギ[しょうエネルギ] 에너지 절약.

²省略[しょうりゃく] 생략; 덜어서 줄임.

省令[しょうれい] 성령; 대신(大臣)의 명령.

省資源[しょうしげん] 자원 절약.

牲 희생 생

丿 𠂉 牛 牛 牜 牪 牲 牲 牲

音 ◉セイ
訓 ⊗にえ

訓読
⊗牲[にえ] ①제물(祭物). ②조정(朝廷)에 바치는 진상물. ③희생(犠牲). 산 제물(祭物).

音読
◑犠牲[ぎせい], 犠牲者[ぎせいしゃ

甥 조카 생

音 ⊗セイ
訓 ⊗おい

訓読
2⊗甥[おい] 남자 조카. 생질(甥姪).

서

西 서녘 서

一 丅 冂 丙 两 西

音 ◉セイ ◉サイ
訓 ◉にし

訓読
4◉西[にし] 서; ①서쪽. ②서풍(西風). ③서방층(西方層). 자본주의.
西半球[にしはんきゅう] ≪地≫ 서반구.
西方❶[にしがた] ①서쪽. 서편. ②(경기에서 동서로 나눴을 때) 서쪽편. ❷[さいほう/せいほう] 서방; 서쪽.
1西日[にしび] 석양. 서쪽으로 기운 해.
西日本[にしにほん] 일본 서쪽.
西側[にしがわ] 서측; ①서쪽. ②서방측. 자유 진영. 서방 유럽 제국.
西風[にしかぜ] 서풍; 갈바람.
西向き[にしむき] 서향; 서쪽을 향함.

音読
西欧[せいおう] 서구; 서유럽.
西紀[せいき] 서기; 서력(西暦).
2西暦[せいれき] 서력; 서기(西紀).
西部[せいぶ] 서부; ①서쪽. ②서양.
3西洋[せいよう] 서양; 유럽.
西海[さいかい] 서해; 서쪽 바다.

序 차례/실마리 서

丶 亠 广 庀 庐 序 序

音 ◉ジョ
訓 ⊗ついでる

訓読
⊗序でる[ついでる] 〈下1自〉 순서대로 늘어놓다. 차례대로 놓다. 가지런히 놓다.
2⊗序で[ついで] ①형편이 좋을 때. 알맞은 기회. ②순서. 차례.
⊗序でに[ついでに] …하는 김에.

音読
序曲[じょきょく] 서곡; ①서악(序楽). 오버추어. ②시초. 전조(前兆).
序論[じょろん] 서론; 머리말로 쓴 논설.
序幕[じょまく] 서막; ①(연극의) 제1막. ②시작 단계.
序文[じょぶん] 서문; 머리말.
序盤[じょばん] 서반; ①(바둑·장기의) 초반(初盤). ②첫 단계. 시작 단계.
序詞[じょし] 서문(序文). 머리말.
序説[じょせつ] 서설; 서론(序論).
序数詞[じょすうし] 서수사; 사물의 순서를 나타내는 수사(数詞).
序列[じょれつ] 서열; 순서. 차례.
序章[じょしょう] 서장; ①논문·소설 등의 최초의 장. ②사물의 시작.

叙(敍) 차례매길/베풀 서

丿 𠆢 亼 亼 今 余 余 叙 叙

音 ◉ジョ
訓 –

音読
叙する[じょする] 〈サ変他〉 ①서술하다. 문장·시가로 표현하다. ②머리말을 쓰다. ②작위(爵位) 등을 수여하다.
叙事詩[じょじし] 서사시; 역사상의 사실·신화·전설 등을 객관적으로 읊은 시.
叙説[じょせつ] 서설; 서술하여 설명함.
叙述[じょじゅつ] 서술; 순서대로 말함.
叙情詩[じょじょうし] 서정시; 주관적으로 자기 내부의 감정을 운율적으로 나타낸 시.
叙勲[じょくん] 서훈; 훈공 등급에 따라 훈장을 내림.

書 글/문서 서

一 ナ ナ ヲ ヲ 津 聿 聿 書 書 書

音 ●ショ
訓 ●かく

訓読

⁴●**書く**[かく] 〈5他〉 ①(글씨를) 쓰다. ②(글을) 쓰다. 짓다. ③(그림·모양을) 그리다.

書き加える[かきくわえる] 〈下1他〉 가필(加筆)하다. 덧붙여 쓰거나 그리다.

書き改める[かきあらためる] 〈下1他〉 개서하다. 고쳐 쓰다.

書き慣れる[かきなれる] 〈下1自〉 ①늘 써서 손에 익다. ②늘 써서 익숙해지다.

書き記す[かきしるす] 〈5他〉 기록하다.

書き連ねる[かきつらねる] 〈下1他〉 ①장황하게 쓰다. 써서 늘어놓다. ②열기(列記)하다.

書き漏らす[かきもらす] 〈5他〉 빠뜨리고 쓰다. 적는 것을 깜빡 잊다.

²**書留**[かきとめ] ①써 둠. 메모. ②'書留郵便(かきとめゆうびん)'의 준말.

書き留める[かきとめる] 〈下1他〉 기록해 두다. 메모해 두다.

²**書留郵便**[かきとめゆうびん] 등기 우편.

書き立てる[かきたてる] 〈下1他〉 ①조목조목 쓰다. ②(신문·잡지 등에) 눈에 띄게 크게 다루다.

書き物[かきもの] ①기록. 문서. ②글쓰기. 글을 씀.

書(き)抜き[かきぬき] ①(요점을) 발췌해 씀. 뽑아 씀. ②(연극의) 대사만을 뽑아 쓴 것.

書き抜く[かきぬく] 〈5他〉 (요점을) 발췌해 쓰다. 뽑아 쓰다.

書き方[かきかた] ①서식(書式). 쓰는 법. 작성법. ②획순. ③글자쓰기. 습자(習字).

書き並べる[かきならべる] 〈下1他〉 ①열기(列記)하다. 나란히 적다. ②(남에게) 뒤지지 않게 쓰다.

書(き)付(け)[かきつけ] ①문서. 증서(証書). ②청구서.

書き付ける[かきつける] 〈下1他〉 ①기록해 두다. ②(글씨를) 써 버릇하다.

書き分ける[かきわける] 〈下1他〉 구별하여 쓰다. 가려서 쓰다.

書き上げる[かきあげる] 〈下1他〉 ①(목적한 것을) 탈고(脱稿)하다. 모두 쓰다. ②낱낱이 열거하여 기록하다.

書き損じる[かきそんじる] 〈上1他〉 틀리게 쓰다. 잘못 쓰다.

書き損ずる[かきそんずる] ☞ 書き損じる

書き損ない[かきそこない] 잘못 씀. 틀리게 씀.

書き損なう[かきそこなう] 〈5他〉 잘못 쓰다. 틀리게 쓰다.

書き送る[かきおくる] 〈5他〉 써서 보내다. 적어 보내다.

書き手[かきて] ①필자(筆者). 글을 쓴 사람. ②문장가. 명필가.

書き言葉[かきことば] 문장어. 글말.

書き誤り[かきあやまり] 잘못 씀. 틀리게 씀.

書き入れる[かきいれる] 〈下1他〉 ①기입하다. 써 넣다. ②첨서(添書)하다. 보태어 써 넣다.

書き入れ時[かきいれどき] 대목 때.

書き込み[かきこみ] 써 넣음. 기입(記入).

書き込む[かきこむ] 〈5他〉 (여백에) 기입(記入)하다. 써 넣다.

書き残す[かきのこす] 〈5他〉 ①써서 남기다. (쓸 것을) 다 쓰지 못하고 남기다. ②빠뜨리고 쓰다.

書き著す[かきあらわす] 〈5他〉 저술(著述)하다. 책을 쓰다.

書き直す[かきなおす] 〈5他〉 다시 쓰다. 고쳐 쓰다. 새로 쓰다.

書き添える[かきそえる] 〈下1他〉 첨서(添書)하다. 덧붙여 쓰다.

書き替え[かきかえ] ①고쳐 씀. 다시 씀. ②(명의의) 변경. ③(증서의) 갱신.

書き替える[かきかえる] 〈下1他〉 ①고쳐 쓰다. 다시 쓰다. ②개서(改書)하다. (명의를) 변경하다. ③갱신하다.

書き初め[かきぞめ] 신춘휘호(新春揮毫).

書き出し[かきだし] ①(글의) 첫머리. 서두(書頭). ②청구서. 계산서. ③날쳄. 뽑아쓰기. ④(연극 배역표에) 이름이 첫 번째에 오르는 젊은 인기 배우.

書き出す[かきだす] 〈5他〉 ①(글을) 쓰기 시작하다. ②발췌해 쓰다. ③(청구서·계산서를) 써서 내다. ④써서 내걸다.

²**書き取り**[かきとり] ①베껴 씀. ②받아쓰기.

¹**書き取る**[かきとる] 〈5他〉 ①베끼다. 복사하다. ②받아쓰다.

書き置き[かきおき] ①쪽지 편지. 메모. ②유서. 유언장.

書き表(わ)す[かきあらわす] 〈5他〉①글로 표현하다. 그림으로 표현하다. ②글자로 표기하다.

書き下(ろ)し[かきおろし] 새로 씀. 새로 쓴 작품. 신작(新作).

書き換え[かきかえ] ①고쳐 씀. 다시 씀. ②(명의의) 변경. ③(증서의) 갱신.

書き換える[かきかえる] 〈下1他〉①고쳐 쓰다. 다시 쓰다. ②개서(改書)하다. (명의를) 변경하다. ③갱신하다.

音読
¹書[しょ] ①글씨를 씀. 필적. ②서도(書道). ③책. ④편지. 서간(書簡).

書する[しょする] 〈サ変他〉기록하다. 쓰다. 적다.

書架[しょか] 서가; 책시렁.
書家[しょか] 서도가(書道家).
書簡[しょかん] 서간; 편지.
書庫[しょこ] 서고; 서적 창고.
書記[しょき] 서기; 기록을 맡아 봄.
²書道[しょどう] 서도; 서예(書芸).
²書類[しょるい] 서류; 문서(文書).
書面[しょめん] 서면; ①문서상의 내용. ②문서. 편지.
書名[しょめい] 서명; 책 이름.
²書物[しょもつ] 책. 서적.
書房[しょぼう] ①서재(書斎). ②〈接尾語〉서점.
書棚[しょだな] 서가(書架). 책장.
書生[しょせい] 서생; ①학생. ②남의 집안일을 도와주고 기식하면서 공부하는 사람.
書式[しょしき] 서식; 서류의 양식.
書院[しょいん] 서원; ①절의 글방. ②서재(書斎). ③응접실. 사랑방. ④〈接尾語〉서점. 출판사.
²書斎[しょさい] 서재; 독서를 하거나 글을 쓰거나 연구를 하는 방.
²書籍[しょせき/しょじゃく] 서적; 책. 도서.
²書店[しょてん] 서점; 책방.
書証[しょしょう] 서증; 재판에서 서면의 내용을 증거로 함.
書体[しょたい] 서체; ①글씨체의 종류. ②개인의 서풍(書風).
¹書評[しょひょう] 서평; 책에 대한 평.
書翰[しょかん] 서한; 편지.
書画[しょが] 서화; 글씨와 그림.

徐 천천히 서
丿 ⺈ 彳 彳 彳 徉 徉 徐 徐
音 ●ジョ
訓 ⊗おもむろに

訓読
⊗徐に[おもむろに] 서서히. 천천히.

音読
²徐に[じょじょに] ①서서히. 천천히. ②차츰. 조금씩.
徐行[じょこう] 서행; 천천히 감.

逝(逝) 갈/죽을 서
一 扌 扌 扌 扩 折 折 折 逝 逝
音 ●セイ
訓 ●ゆく

訓読
●逝く[ゆく] 〈5自〉(사람이) 죽다. 서거(逝去)하다.

音読
逝去[せいきょ] 서거; ＊'死(し)ぬ(죽다)'의 존경어. ¶～される 서거하시다. 돌아가시다.

庶 여러/무리 서
丶 亠 广 广 庐 庐 庐 庶 庶 庶
音 ●ショ
訓 ⊗こいねがう

音読
庶務[しょむ] 서무; 잡다한 사무.
¹庶民[しょみん] 서민; 일반 대중.

婿 사위 서
乚 女 女 女 妒 妒 妒 婍 婿 婿
音 ●セイ
訓 ●むこ

訓読
¹●婿[むこ] ①사위. ②신랑. ③데릴사위.
婿養子[むこようし] 데릴사위.
婿入り[むこいり] 데릴사위로 들어감.

暑(暑) 더울 서

丿 口 日 旦 早 早 星 睪 睪 暑 暑

音 ●ショ
訓 ●あつい ●あつがる

訓読
[4]**暑い**[あつい]〈形〉(날씨가) 덥다.
[4]**暑さ**[あつさ] 더위. 더운 정도.
●**暑がる**[あつがる]〈5自〉더워하다.
暑がり[あつがり] 더위를 많이 탐.
暑がり屋[あつがりや] 더위를 많이 타는 사람.

音読
暑気[しょき] 서기; 여름 더위.
暑気払い[しょきばらい] 피서(避暑). 더위를 떨쳐버림.
暑気中り[しょきあたり] 더위를 먹음.
暑熱[しょねつ] 서열; 여름의 더위.
暑月[しょげつ] 여름철. 하계(夏季).
暑中[しょちゅう] ①삼복(三伏) 때. ②입추(立秋) 전 18일간.
暑中見舞い[しょちゅうみまい] 복중 문안.
暑中伺い[しょちゅううかがい] 복중 문안. 복중 문안 편지.
暑中休暇[しょちゅうきゅうか] 여름 휴가.
暑寒[しょかん] 서한; ①더위와 추위. ②여름과 겨울.

署(署) 관청 서

丿 口 罒 罒 罒 罒 罗 罗 罗 署 署

音 ●ショ
訓 ―

音読
署[しょ] 서; 세무서(税務署). 경찰서(警察署). 영림서(営林署).
署する[しょする]〈サ変他〉서명(署名)하다. 자기 이름을 쓴다.
[2]**署名**[しょめい] 서명; 자기 이름을 써 넣음. 문서상에 기록된 이름.
署名捺印[しょめいなついん] 서명 날인; 본인의 이름을 쓰고 사인을 함.
署員[しょいん] 서원; 경찰서나 세무서에 근무하는 사람.
署長[しょちょう] 서장; 경찰서장. 세무서장.

誓 맹세할 서

一 ナ 扌 扩 扩 扩 折 哲 誓 誓 誓

音 ●セイ
訓 ●ちかう

訓読
[2]**誓う**[ちかう]〈他〉맹세하다. 서약(誓約)하다. 굳게 약속하다.
誓い[ちかい] 맹세. 서약.
誓い合う[ちかいあう]〈5自〉서로 맹세하다.

音読
誓文[せいもん] 서문; 서약문. 서약서.
誓詞[せいし] 서사; 맹세의 말.
誓約[せいやく] 서약; 맹세하고 약속함.
誓願[せいがん] 서원; 신불(神仏)에 대한 약속.

緒(緒) 실마리 서

幺 糸 糸 糽 紗 紓 紓 緒 緒

音 ●ショ ●チョ
訓 ●お

訓読
●**緒❶**[お] ①끈. 줄. 실. ②(악기의) 줄. 현(弦). ③(사물이) 길게 이어짐. ❷[しょ/ちょ] ☞ [音読]

音読
緒❶[しょ/ちょ] 단서. 실마리. 시작. 처음. ❷[お] ☞ [訓読]
緒論[しょろん/ちょろん] 서론; 본론에 들어가기 전의 논설.
緒言[しょげん/ちょげん] 서언; 머리말.
緒戦[しょせん/ちょせん] 서전; 싸움의 초기. 최초의 싸움. 최초의 시합.

抒 펼/마음털어 놓을 서

音 ⊗ジョ
訓 ―

音読
抒情[じょじょう] 서정; 자기의 감정을 나타냄.
抒情文[じょじょうぶん] 서정문; 자신의 감정을 표현한 문장.
抒情詩[じょじょうし] 서정시; 작가가 주관적으로 자신의 생각이나 감정을 운율적으로 나타낸 시.

棲　깃들일 서
音 ⊗セイ
訓 ⊗すむ

訓読
⊗棲む[すむ]〈5自〉(동물이) 서식(棲息)하다. 깃들이다.

音読
棲息[せいそく] 서식; 동물이 어떤 곳에 삶.
棲息地[せいそくち] 서식지; 동물이 사는 곳.

瑞　상서로울 서
音 ⊗ズイ
訓 ⊗みず

訓読
⊗瑞木[みずき] 싱싱한 어린 나무.
瑞瑞しい[みずみずしい]〈形〉윤기가 있고 싱싱하다. 아름답고 싱싱하다.
瑞穂[みずほ] 탐스럽게 여문 벼이삭.
瑞穂の国[みずほのくに] '일본'의 미칭(美称).
瑞垣[みずがき] '궁전・神社(じんじゃ)의 울타리'의 미칭(美称).
瑞枝[みずえ] 싱싱한 어린 나무.
瑞歯[みずは] ①튼튼하고 고운 이. ②노인이 되어 다시 돋아나는 이. ③노인.

音読
瑞光[ずいこう] 서광; 상서로운 빛.
瑞気[ずいき] 서기; 상서로운 기운.
瑞相[ずいそう] 서상: ①길조(吉兆). 서조(瑞兆). ②복스러운 인상(人相).
瑞祥[ずいしょう] 서상; 길조(吉兆).
瑞象[ずいしょう] 서상; 길조(吉兆).
瑞西[スイス]《地》스위스.
瑞雲[ずいうん] 서운; 상서로운 구름.
瑞典[スウェーデン]《地》스웨덴.
瑞兆[ずいちょう] 서조; 길조(吉兆).
瑞鳥[ずいちょう] 서조; 상서로운 새.

鼠　쥐 서
音 ⊗ソ
訓 ⊗ねずみ

訓読
²⊗鼠[ねずみ] ①《動》쥐. ②'鼠色(ねずみいろ)'의 준말.
鼠落(と)し[ねずみおとし] 쥐덫.
해 부착한 판자.
鼠色[ねずみいろ] 쥐색. 회색(灰色).

鼠取り[ねずみとり] ①쥐덫. ②쥐약. ③구렁이.
鼠穴[ねずみあな] 쥐구멍.
鼠花火[ねずみはなび] 쥐불놀이.

音読
鼠輩[そはい] 서배; (쥐새끼 같은) 하찮은 사람들. 소인배(小人輩).
鼠賊[そぞく] 서적; 좀도둑.

鋤　호미 서
音 ⊗ショ
訓 ⊗すき ⊗すく

訓読
⊗鋤[すき]《農》가래.
⊗鋤く[すく]〈5他〉가래로 땅을 일구다. 가래질하다.
鋤鍋[すきなべ] 전골용 냄비.
鋤焼(き)[すきやき] 전골 요리. 쇠고기・두부・파 등을 육수로 끓여 익히면서 먹는 냄비 요리.

曙(曙)　새벽 서
音 ⊗ショ
訓 ⊗あけぼの

訓読
⊗曙[あけぼの]《雅》새벽. 여명(黎明).
曙色[あけぼのいろ] 노란 색을 띤 담홍색(淡紅色).
曙染め[あけぼのぞめ] 새벽하늘처럼 아래는 희게, 위로 올라가면서 진하게 물들이는 선염법(渲染法).

音読
曙光[しょこう] 서광: ①새벽빛. ②장래에 비치는 기대나 희망.

薯ˣ(薯)　참마 서
音 ⊗ショ ⊗ジョ
訓 ⊗いも

訓読
⊗薯[いも] 감자・고구마・토란 등의 총칭.
⊗薯蕷[★とろろ] '薯蕷芋(とろろいも)'와 '薯蕷汁(とろろじる)'의 준말.
薯蕷芋[とろろいも] 마. 참마.
薯蕷汁[とろろじる] 마・참마 등을 갈아서 맑은 장국으로 묽게 한 요리.

音読
❶甘薯[かんしょ]、馬鈴薯[ばれいしょ]

[석]

夕　저녁 석

ノ　ク　夕

音 ●セキ
訓 ●ゆう

訓読
●夕[ゆう] 저녁.
夕べ[ゆうべ] ①저녁때. ②어젯밤. 간밤. 어제 저녁.
夕刻[ゆうこく] 저녁때. 황혼.
²夕刊[ゆうかん] 석간; 석간신문.
夕間暮れ[ゆうまぐれ] 황혼. 어스름 때.
夕景[ゆうけい] ①저녁때. ②저녁 경치.
夕景色[ゆうげしき] 저녁 경치.
夕嵐[ゆうあらし] 저녁 바람.
夕涼み[ゆうすずみ] 여름날 저녁때 시원한 바람을 쐼.
²夕立[ゆうだち/ゆだち] ①(여름날 오후의) 소나기. ②저녁때가 되자 바람·구름·파도 등이 일기 시작함.
¹夕暮れ[ゆうぐれ] 황혼. 해질녘.
夕霧[ゆうぎり] 저녁 안개.
⁴夕飯[ゆうはん] 저녁 식사. ❷[ゆうめし] 저녁밥. *남성용어로 거친 말씨임.
⁴夕方[ゆうがた] 저녁때. 해질녘.
¹夕焼け[ゆうやけ] 저녁놀. 해질 무렵에 서쪽 하늘이 붉게 보이는 현상.
夕焼(け)空[ゆうやけぞら] 저녁놀이 진 하늘.
夕食[ゆうしょく] 석식; 저녁 식사.
夕闇[ゆうやみ] 땅거미.
夕陽[ゆうひ/せきよう] 석양; 저녁 해.
⁴夕御飯[ゆうごはん] 저녁 식사.
夕映え[ゆうばえ] ①저녁놀. ②석양을 받아 붉게 빛남.
夕月[ゆうづき] 초저녁 달.
夕雲[ゆうぐも] 모운(暮雲). 해질 무렵의 구름.
²夕日[ゆうひ] 석양. 저녁 해.
夕凪[ぎ][ゆうなぎ] (해안 지방의)저녁뜸. 저녁때 잠시 바람이 멈춤.
夕波[ゆうなみ] 저녁 파도.
夕風[ゆうかぜ] 저녁 바람.

音読
夕陽[せきよう/ゆうひ] 석양; 저녁 해.

石　돌 석

一　ナ　才　石　石

音 ●コク　●シャク　●セキ
訓 ●いし

訓読
³石❶[いし] ①돌. 석재(石材). ②보석. ③(가위·바위·보의) 바위. ④담석(胆石). 결석(結石). ⑤바둑돌. ❷[こく/せき] □ [音読]
石高❶[いしだか] 돌이 많아 길이 울퉁불퉁함. ❷[こくだか] ①쌀 수확량. ②(옛날) 쌀로 지급한 녹봉(祿俸).
石塊[いしくれ/いしころ/せっかい] 돌멩이.
石橋[いしばし] ①돌다리. 돌로 만든 다리. ②돌로 만든 징검다리.
石臼[いしうす] 돌절구. 맷돌.
石段[いしだん] 석단; 돌계단. 돌층계.
石突(き)[いしづき] ①물미. *칼집·우산·창 등의 땅에 닿는 부분의 쇠붙이. ②버섯의 밑동.
石頭[いしあたま] 석두; ①돌대가리. ②돌처럼 단단한 머리.
石灯籠[いしどうろう] 석등롱; 석등.
石仏[いしぼとけ/せきぶつ] ①석불; 돌부처. ②감정을 드러내지 않는 사람.
石造り[いしづくり] 돌 세공. 돌 세공장이.
石川[いしかわ] 일본 중부 지방의 한 현(県).
石畳[いしだたみ] ①납작한 돌을 깐 곳. ②돌계단. ③바둑판 무늬.

音読
石鹸[せっけん] 비누.
石高❶[こくだか] ①쌀 수확량. ②(옛날) 쌀로 지급한 녹봉(祿俸). ❷[いしだか] 돌이 많아 길이 울퉁불퉁함.
石膏像[せっこうぞう] 석고상.
石棺[せっかん/せきかん] 석관; 돌로 만든 관.
石窟[せっくつ] 석굴; 바위 굴.
石器時代[せっきじだい] 석기 시대.
石仏[せきぶつ/いしぼとけ] ①석불; 돌부처. ②감정을 드러내지 않는 사람.
石碑[せきひ] 석비; ①비석. ②묘석(墓石).
石像[せきぞう] 석상; 돌로 만든 형상.
²石油[せきゆ] 석유.
石材[せきざい] 석재; 돌로 된 재료.
²石炭[せきたん] ≪鉱≫ 석탄.

析   쪼갤 석

一 十 十 木 木 杧 析 析

音 ●セキ
訓 ―

音読
析出[せきしゅつ] 석출; ①화합물을 분석하여 어떤 물질을 추출함. ②용액에서 고체가 분리되어 나옴. ③(자료를) 분석하여 전반적인 경향 등을 알아냄.

昔   옛날 석

一 十 廿 甘 昔 昔 昔 昔

音 ●セキ ●シャク
訓 ●むかし

訓読
³●**昔**[むかし] ①옛날. 예전. ②과거 10년의 세월.
昔ながら[むかしながら] 옛날 그대로.
昔馴染(み)[むかしなじみ] 옛 친구.
昔語り[むかしがたり] 경험담. 지난 이야기. 옛날 이야기.
昔風[むかしふう] 고풍(古風). 예스러움.
昔話[むかしばなし] ①경험담. 지난 이야기. 회고담. ②옛날 이야기. 전설(伝説).

音読
昔年[せきねん] 석년; 옛날.
昔時[せきじ] 석시; 옛날. 지난 날.
昔日[せきじつ] 석일; 옛날.

席   자리 석

亠 广 广 产 产 产 庑 席 席

音 ●セキ
訓 ―

音読
³**席**[せき] ①좌석. 자리. ②(무슨 일을 하는) 자리. ③(직장·계급 등의) 자리. 위치. ④흥행장. 등 ⑤〈接尾語〉(성적·지위의 차례) 석차. 등(等).
席巻[せっけん] 석권; 돗자리를 말아 감듯이 모조리 차지함.
席代[せきだい] 자릿세. 좌석 요금.
席貸(し)[せきがし] 돈을 받고 자리를 빌려 줌. 연회장·회의장 임대.
席上[せきじょう] 모임의 자리.
席順[せきじゅん] 석순; 좌석의 차례. 석차(席次).
席次[せきじ] 석차; ①좌석 순위. ②성적 순위.

惜   아낄 석

丶 忄 忄 忄 忄 忄 惜 惜 惜

音 ●セキ ⊗シャク
訓 ●おしい ●おしむ

訓読
²●**惜しい**[おしい] 〈形〉①아깝다. ②소중하다. ③애석하다. 서운하다. 섭섭하다.
惜しがる[おしがる] 〈5他〉아까워하다.
惜しさ[おしさ] 아까움. 애석함.
¹●**惜しむ**[おしむ] 〈5他〉①아까워하다. ②아끼다. ③애석해하다. 아쉬워하다.
惜しまず[おしまず] 〈5他〉아끼지 않고.
惜しみない[おしみない] 〈形〉아낌없다.

音読
惜別[せきべつ] 석별; 아쉬운 이별.
惜春[せきしゅん] 석춘; 봄이나 청춘이 지나감을 아쉬워함.
惜敗[せきはい] 석패; 아깝게 패함.

釈 (釈)   풀/해석할 석

一 ㄱ ㄹ ㄹ 平 乗 釆 釈 釈 釈

音 ●シャク
訓 ―

音読
釈[しゃく] 해석. 풀이.
釈する[しゃくする] 〈サ変他〉해석하다. 풀이하다.
釈家[しゃっけ] ①불가(仏家). 중. ②경론(経論)을 주석(註釈)하는 학승(学僧).
釈迦[★しゃか] 석가. 석가모니.
釈迦牟尼[★しゃかむに] 석가모니.
お釈迦[★おしゃか] ≪俗≫ 불량품. 파치.
お釈迦様[★おしゃかさま] 부처님.
釈講[しゃっこう] 강의하여 해석함.
釈明[しゃくめい] 석명; ①풀이해 밝힘. ②변명. 해명.

釈門[しゃくもん] 석문; 불문(仏門).
釈放[しゃくほう] 석방; ①잡힌 자를 풀어 줌. ② ≪法≫ 구금 해제.
釈氏[しゃくし] ①석가(釈迦). ②중.
釈然としない[しゃくぜんとしない] 석연치 않다. 의심스러운 점이 시원하게 풀리지 않다.
釈義[しゃくぎ] 석의; 해석. 뜻풀이.
釈典[しゃくてん] 불전(仏典).
釈尊[しゃくそん] 석존; '석가모니(釈迦牟尼)'의 존경어.

潟 개펄 석

音 ⊗セキ
訓 ⊗かた

訓読
●潟[かた] ①석호(潟湖). 사구(砂丘) 등으로 생긴 호수나 늪. ②개펄. 간석지(干潟地). ③ ≪関西≫ 포구(浦口). 만(湾).

汐 썰물 석
音 ⊗セキ
訓 ⊗しお

訓読
⊗汐[しお] ①바닷물. 조수(潮水). 밀물과 썰물. ②호기(好機). 좋은 기회.

碩 클 석
音 ⊗セキ
訓 ―

音読
碩徳[せきとく] 석덕; 덕망이 높은 사람. 고승(高僧).
碩士[せきし] 석사; 덕이 높은 선비.
碩儒[せきじゅ] 석유; 유명한 유학자.
碩学[せきがく] 석학; 학문이 넓고 깊은 사람.

錫 주석 석
音 ⊗シャク
訓 ⊗すず

訓読
⊗錫[すず] ≪化≫ 주석(朱錫). 기호는 Sn.
音読
錫杖[しゃくじょう] ≪仏≫ 석장; ①중이 짚고 다니는 지팡이. ②‘祭文読(さいもんよ)み’가 흔들며 장단을 맞추는 도구.

[선]

仙 신선 선

ノ　イ　仏　仙　仙

音 ●セン
訓 ―

音読
仙❶[せん] 신선(神仙). 선인(仙人). ❷[セント] (미국의 화폐 단위) 센트. cent.
仙界[せんかい] 선계; 신선이 사는 곳.
仙女[せんにょ/せんじょ] 선녀.
仙術[せんじゅつ] 선술; 신선의 술법.
仙人[せんにん] 선인; ①신선(神仙). ②욕심이 없고 속세를 떠난 사람.

先 먼저/옛 선

ノ　ヒ　生　生　先

音 ●セン
訓 ●さき ⊗まず

訓読
⁴●先❶[さき] ①(어떤 물체의) 끝. 끝 부분. ②앞. 선두(先頭). ③앞쪽. 전방(前方). ④목적지. ⑤(비즈니스의) 상대. ⑥장래. ⑦이전. ⑧다음. 뒤. ❷[せん] ☞ [音読]
³⊗先ず[まず] ①우선. 먼저. 첫째로. ②하여간. 어쨌든. ③대체로. 아마도.
¹先に[さきに] 《副》 ①먼저. 우선. ②앞서. 이전에. 지난 번.
先んじる[さきんじる] 《上1自》 ○(남보다) 먼저 가다. 앞서 가다. ②남보다 앞서 있다. 뛰어나다.
先んずる[さきんずる] ☞ 先んじる
先頃[さきごろ] 일전. 요전.
先高[さきだか] 오름세. 앞으로 시세가 오를 기미.
先駆け[さきがけ] 선구; ①앞장섬. 먼저 알림. ②앞장서서 적진에 쳐들어감.
先駆ける[さきがける] 《下1自》 ①앞장서다. ②앞장서서 적진에 쳐들어가다.
先渡し[さきわたし] ①선불(先払). ②선도; 매매 계약을 하고 일정 기간 후에 상품을 넘겨줌. ③화물을 도착지에서 넘겨줌.

先立つ[さきだつ] 〈5自〉 ①앞서다. 앞장서다. ②(순서가) 앞서다. ③먼저 죽다. ④우선 필요하다.

先売り[さきうり] (증권 거래소의) 선매.

先物[さきもの] ① 《経》 선물; 나중에 거래하는 조건으로 미리 매매 계약함. ②(증권 거래소에서) 장기 청산 거래. ③ 《俗》 장래성이 있는 사람.

先物買い[さきものがい] ①선물(先物) 매입(買入). ②장래의 이익을 예상하고 매입(買入)함.

先棒[さきぼう] ①(가마를 멜 때) 앞채를 멤. ②남의 앞잡이.

先付け[さきづけ] 날짜를 늦추어서 기입함.

先払い[さきばらい] 선불; ①미리 지불함. ②(우편·운임의) 수취인 부담. ③벽제(辟除).

先備え[さきぞなえ] 선진(先陣). 선봉(先鋒). 선두에 서는 군대.

先先[さきざき] ①먼 장래. 먼 훗날. ②가는 곳마다. ③(사물의) 끝. ④오래 전. 훨씬 이전.

先細り[さきぼそり] ①끝으로 갈수록 가늘어짐. ②점점 쇠약해짐. 점점 적어짐.

先安[さきやす] 내림세. 앞으로 시세가 내릴 기미.

¹**先程**[さきほど] 아까. 조금 전. *'さっき'보다 겸양어.

先走り[さきばしり] ①(행차 때) 앞질러 감. ②(남보다) 너무 앞서 감. ③주제넘음. 촐랑거림. ④제철보다 앞선 농수산물.

先走る[さきばしる] 〈5自〉 ①남보다 앞질러 나아가다. ②주제넘은 짓을 하다. 촐랑거리다.

先借り[さきがり] 선불. 미리 지불 받음.

先触れ[さきぶれ] ①예고. 조짐. ②전조(前兆).

先取り[さきどり] 선취; ①남보다 먼저 행함. ②선불(先払)을 받음. ③앞지름.

先行き[さきゆき/さきいき] 선행; ①먼저 감. 선발(先発). ②장래. 미래. 앞날. ③주식시세·경기(景気)의 전망.

先回り[さきまわり] ①앞질러 미리 가 있음. ②(언행을) 남보다 앞질러 함.

音読

¹**先❶**[せん] 선; ①앞장. 선수(先手). ②이전. ③먼저 할 차례. ❷[さき] ☞ [訓読]

¹**先だって**[せんだって] 요전 날. 지난번. 일전에.

先覚[せんかく] 선각; ①남보다 먼저 깨달음. ②학문상의 선배.

先見の明[せんけんのめい] 선견지명.

先遣[せんけん] 선견; 먼저 파견함.

先決[せんけつ] 선결; 먼저 해결함.

先攻[せんこう] 선공; 먼저 공격함.

先口[せんくち] (차례의) 앞 순번. 앞 차례.

先駆[せんく] 선구; ①남보다 앞서 행함. ②선도(先導).

先君[せんくん] 선군; ①앞 군주(君主). ②선친(先親). 돌아가신 아버지.

先年[せんねん] ①몇 년 전. 몇 해 전. ②지난 해. 작년.

²**先端**[せんたん] 첨단(尖端). (물체의) 끝.

先達[せんだつ] ①(그 분야의) 선배. 지도자. ②(등산의) 안내인. ③ 《仏》 (입산할 때의) 선도자(先導者).

先代[せんだい] 선대; ①전대(前代). ②(현재의 주인) 이전의 주인.

先導[せんどう] 선도; 앞서서 인도함.

²**先頭**[せんとう] 선두; 첫머리.

先例[せんれい] 선례; 같은 사례.

先発隊[せんぱつたい] 선발대; 먼저 출발하는 부대.

先方❶[せんぽう] ①상대방. 상대편. ②앞쪽. 전방(前方). ❷[さきがた] 아까. 조금 전.

³**先輩**[せんぱい] 선배.

先鋒隊[せんぽうたい] 선봉대; 맨 앞장서 출발하는 부대.

先史時代[せんしじだい] 선사 시대.

⁴**先生**[せんせい] 선생; ①선생님. *존경어임. ②선생. 그 양반. 그 녀석. 그 사람. *놀리는 말임.

²**先先月**[せんせんげつ] 지난달 달.

²**先先週**[せんせんしゅう] 지지난 주.

先手❶[せんて] 선수; ①(바둑·장기에서) 먼저 두는 사람. ②기선(機先). 상대방보다 앞서 행함. ❷[さきて] (군대의) 선진(先陣). 선봉(先鋒).

先約[せんやく] 선약; ①(다른 사람과) 먼저 한 약속. ②(상대방과) 이전에 한 약속.

先鋭[せんえい] ①첨예(尖鋭)함. 끝이 뾰족함. ②(사상·행동이) 과격함. 급진적임.

⁴**先月**[せんげつ] 전월(前月). 지난 달.

先人[せんじん] 선인; ①옛 사람. ②조상. ③선친(先親).

²**先日**[せんじつ] 요전 날. 일전.

先任[せんにん] 선임; 먼저 그 임무를 맡음.

先入観[せんにゅうかん] 선입관; 고정 관념.
²**先祖**[せんぞ] 선조; ①조상. 시조(始祖). ②선
조 대대.
先住[せんじゅう] 선주; ①남보다 먼저 거
주함. ② ≪仏≫ 전(前)의 주지(住持).
⁴**先週**[せんしゅう] 지난 주.
先進[せんしん] 선진; ①선배. ②앞서 나아감.
先進国[せんしんこく] 선진국.
先陣[せんじん] 선진; ①제1진. 선봉 부대.
②선봉. 맨 앞장.
¹**先着**[せんちゃく] 선착; 먼저 도착함.
先妻[せんさい] 전처(前妻).
¹**先天的**[せんてんてき] 선천적; 태어날 때부
터 갖추고 있는 것.
先取[せんしゅ] 선취; 남보다 먼저 가짐.
先鞭[せんべん] 기선(機先). 선수(先手).
¹**先行**[せんこう] 선행; ①앞서감. ②앞서 행
함. ③안내, 인도(引導). ④이전의 행동.
先賢[せんけん] 선현; 선철(先哲).

宣   베풀 선

丶 宀 宀 宀 官 官 官 宣 宣

●セン
⊗のたまう ⊗のべる

訓読
⊗**宣う**[のたまう] 〈4自〉 말씀하시다.
宣わく[のたまわく] 가라사대. 말씀하시기를.
⊗**宣べる**[のべる] 〈F1他〉①논리적으로 말
하다. 진술하다. ②서술(叙述)하다.
宣べ伝える[のべつたえる] 〈F1他〉 전파(伝
播)하다. 말로 전하여 널리 퍼뜨리다.

音読
宣する[せんする] 〈サ変他〉 선언하다. 선포하다.
宣告[せんこく] 선고; 법정에서 재판장이 판
결을 공고함.
¹**宣教**[せんきょう] 선교; 포교(布教) 활동.
宣教者[せんきょうしゃ] 선교인.
宣撫[せんぶ] 선무; 정부의 정책을 이해시
켜 민심을 안정시킴.
宣誓[せんせい] 선서; 성실할 것을 맹세함.
¹**宣言**[せんげん] 선언; 의견을 공표함.
²**宣伝**[せんでん] 선전; 널리 전함.
宣戦[せんせん] 선전; 전쟁을 시작한다는 선언.
宣布[せんぷ] 선포; 공적(公的)인 것을 세상
에 널리 알림.

扇(扇)   부채/부채질할 선

一 亣 亣 戸 戸 戸 房 扇 扇 扇

●セン
●おうぎ ⊗あおぐ

訓読
●**扇**[おうぎ] 부채.
扇形[おうぎがた/せんけい] 부채꼴.
²⊗**扇ぐ**[あおぐ] 〈5他〉 부채질하다.
扇ぎ立てる[あおぎたてる] 〈F1他〉 ①계속
부채질하다. ②선동하다. 마구 부추기다.

音読
扇動[せんどう] 선동; 남을 부추기어 일을
일으키게 함.
扇状地[せんじょうち] 선상지; 부채꼴 모양
의 지형(地形).
²**扇子**[せんす] 쥘부채. 접부채.
扇情的[せんじょうてき] 선정적; 욕망이나
정욕(情慾)을 북돋워 일으킴.
²**扇風機**[せんぷうき] 선풍기.

旋   빙빙돌 선

亠 亣 方 扩 扩 扩 扩 旋 旋 旋

●セン
―

音読
旋盤[せんばん] 선반; 공작 기계.
旋律[せんりつ] 선율; 멜로디.
旋風[せんぷう/つむじかぜ] 선풍; 회오리바람.
旋回[せんかい] 선회; 빙빙 돎.

船(船)   배 선

丿 丿 丿 角 角 舟 舟′ 船 船 船

●セン
●ふね ●ふな…

訓読
³●**船**[ふね] ①배. 선박(船舶). ②(생선회 등
을 담는) 접시.
船端[ふなばた] 뱃전.
船旅[ふなたび] 배 여행. 선박 여행.
船路[ふなじ] ①뱃길. ②선박 여행.
船宿[ふなやど] 배 객주집. 해상 은송업자.

船乗り[ふなのり] 뱃사람.

船旅[ふなたび] 배를 타고 하는 여행. 선박 여행.

船縁[ふなべり] 뱃전.

船遊び[ふなあそび] 뱃놀이.

船人[ふなびと] ①배의 승객. ②뱃사람.

船賃[ふなちん] 뱃삯.

船底[ふなぞこ] ①뱃바닥. ②뱃바닥처럼 생긴 물건.

船積み[ふなづみ] 선적; 배에 짐을 실음.

船足[ふなあし] ①배의 속도. ②홀수(吃水).

船主[ふなぬし] 선주; 배주인.

船止め[ふなどめ] (배의) 입출항 금지.

船着場[ふなつきば] 선착장; 배를 대는 곳.

船出[ふなで] ①출항(出航). 출범(出帆). ②사회로의 출발. 사업을 시작함.

船酔い[ふなよい] 뱃멀미.

船板[ふないた] ①뱃바닥의 깔판. ②선재(船材).

²船便[ふなびん] 선편; ①배편. 선박 교통. ②선박 운송.

船荷[ふなに] 선하; 뱃짐.

船荷証券[ふなにしょうけん] 선하 증권.

船会社[ふながいしゃ] 선박회사. 해운회사.

音読

船客[せんきゃく/せんかく] 선객; 배에 탄 손님.

船内[せんない] 선내; 배 안.

船団[せんだん] 선단; 선박의 일단(一団).

船頭[せんどう] ①뱃사공. ②(작은 목선의) 선장.

船尾[せんび] 선미; 배의 뒤쪽. 고물.

船舶[せんぱく] 선박; 배.

船腹[せんぷく] 선복; ①배의 동체(胴体) 부분. ②배의 적재량. ③(수송 기관으로서의) 선박.

船上[せんじょう] 선상; 배 위

船首❶[せんしゅ] 선수; 뱃머리. 이물. ❷[みよし] (소형 배의) 뱃머리. 이물.

船室[せんしつ] 선실; 배 안의 승객의 방.

船員[せんいん] 선원; 뱃사람.

船医[せんい] 선의; 배 안에서 승무원·승객의 건강을 돌보는 의사.

船長❶[せんちょう] 선장; ①배의 우두머리. ②배의 길이. ❷[ふなおさ] (소형 배의) 선장.

船中[せんちゅう] 선중; 배 안.

船倉[せんそう/ふなぐら] 배 안의 곳간.

船体[せんたい] 선체; 배의 동체(胴体).

善　좋을/착할 선

丷丷丷羊羊羊羊善善

音 ●ゼン
訓 ●よい

訓読

●善い[よい] 〈形〉 (도덕적으로) 착하다. 좋다. 바르다.

善き[よき] 좋은.

善し悪し[よしあし] ①선악; 좋고 나쁨. 옳고 그름. ②('…も~だ'의 문형으로) …도 고려할 문제다.

音読

²善[ぜん] 선; 선행(善行). 옳은 일. 좋은 일. 착한 일.

善導[ぜんどう] 선도; 올바른 길로 인도함.

¹善良[ぜんりょう] 선량; 착하고 어짊.

善悪[ぜんあく] 선악; 선과 악.

善用[ぜんよう] 선용; ①올바르게 사용함. ②유효하게 사용함.

善意[ぜんい] 선의; 좋은 뜻.

善人[ぜんにん] 선인; 착한 사람.

善戦[ぜんせん] 선전; 잘 싸움.

善政[ぜんせい] 선정; 바르고 어진 정치.

善処[ぜんしょ] 선처; ①잘 처리함. ②《仏》 극락(極楽).

善行[ぜんこう] 선행; 착한 행실.

善後策[ぜんごさく] 선후책; 뒤처리를 잘 하려는 계책.

禅(禪)　고요할 선

亅ネネネネネ衤衤禅禅禅

音 ●ゼン
訓 ―

音読

¹禅[ぜん] 《仏》 선; ①정신을 하나의 대상에 집중하여 그 참모습을 알려고 하는 것. ②선종(禅宗). ③좌선(座禅).

禅尼[ぜんに] 《仏》 선니; 보살(菩薩).

禅堂[ぜんどう] 《仏》 선당.

禅林[ぜんりん] 선림; 선사(禅寺).

禅門[ぜんもん] 선문; 선종(禅宗).

禅問答[ぜんもんどう] ① 《仏》 선문답. ② 동문서답(東問西答).

禅味[ぜんみ] 선미; 선(禅)의 멋·취향.
禅師[ぜんじ] ≪仏≫ 선사; 고승(高僧).
禅僧[ぜんそう] 선승; ①선종(禅宗)의 중. ②좌선(座禅)을 하는 중.
禅宗[ぜんしゅう] ≪仏≫ 선종.

銑　무쇠 선

ハ ト 仝 全 釒 釒 釒 釒 銑 銑

音 ●セン
訓 ⊗ずく

訓読
⊗銑[ずく] 선철. 무쇠. ＊'ずく'는 'せんてつ'의 속칭임.

音読
銑鉄[せんてつ/ずくてつ] 선철; 무쇠. ＊'ずくてつ'는 'せんてつ'의 속칭임.

選(選)　고를/가릴 선

丶 ' ' 巴 巴 쁜 巽 巽 漢 選

音 ●セン
訓 ●えらぶ ⊗える ⊗よる

訓読
³●選ぶ[えらぶ] 〈5他〉 ①선택하다. 택하다. 고르다. ②선발하다. 뽑다. ③편집하다. 편찬하다.
選び抜く[えらびぬく] 〈5他〉 엄선하다. 선발하다. 선거내다.
⊗選る[える/よる] 〈5他〉 고르다. 뽑다.

音読
選[せん] 선; ①가려 뽑음. 선발. ②〈接尾語〉 ㉠선집(選集). ㉡선거(選挙).
²選挙[せんきょ] 선거; 투표로 선출함.
¹選考[せんこう] 전형(銓衡). 적임자를 선발함.
選良[せんりょう] 선량; ①선출된 훌륭한 사람. ②'代議士(だいぎし)/국회의원'의 딴이름.
選抜[せんばつ] 선발; 고르고 고름.
選別[せんべつ] 선별; 가려서 따로 나눔.
²選手[せんしゅ] 선수; 선발되어 경기에 나가는 사람.
選任[せんにん] 선임; 사람을 뽑아서 직무를 맡김.
選者[せんじゃ] 선자; 심사 위원.
選定[せんてい] 선정; 가려서 정함.

選集[せんしゅう] 선집; 몇 가지를 추려 모은 책.
選出[せんしゅつ] 선출; 가려냄.
²選択[せんたく] 선택; 골라 가림.
選評[せんぴょう] 선평; ①(응모 작품을) 선택하여 비평함. ②선후평(選後評).

線　실/줄 선

丶 ' ' ' 쏘 纟 糸 約 紗 綿 綿 線

音 ●セン
訓 ─

音読
³線[せん] 선; ①줄. 금. ②(교통통신의) 노선. 선. ③윤곽. 인상. 느낌. ④기준. 수준. 한도. ⑤방침. 방향.
²線路[せんろ] 선로; 철도의 레일.
線上[せんじょう] 선상; 선의 위.
線引小切手[せんびききごって] 횡선 수표.
線香[せんこう] 선향; 실처럼 가는 향.
線画[せんが] 선화; ①백묘(白描) 선으로만 그린 그림. ②선화를 촬영한 영화.

鮮　고울/깨끗할 선

ノ ク ケ 占 角 角 魚 魚 魚 鮮 鮮

音 ●セン
訓 ●あざやか ●あざやぐ

訓読
¹●鮮やか[あざやか] 〈形動〉 ①선명함. 뚜렷함. 산뜻함. ②(동작·솜씨가) 뛰어남. 훌륭함. 멋짐.
●鮮やぐ[あざやぐ] 〈5自〉 ①선명하게 보이다. 뚜렷하게 보이다. ②긴장해 있다. 고압적인 자세로 보이다.

音読
鮮度[せんど] 선도; 신선도. 신선한 정도.
鮮明[せんめい] 선명; 산뜻하고 밝음.
鮮魚[せんぎょ] 선어; 갓 잡은 신선한 생선.
鮮肉[せんにく] 선육; 신선한 생고기.
鮮赤色[せんせきしょく] 선적색; 선명한 빨강색.
鮮血[せんけつ] 선혈; 새빨간 피.
鮮紅色[せんこうしょく] 선홍색; 산뜻하고 밝은 붉은 색.

繕 고칠/수리할 선

- 音　●ゼン
- 訓　●つくろう

訓読

- ●繕う[つくろう] 〈5他〉 ①(터진 곳을) 꿰매다. 깁다. 수선하다. ②(흐트러진 것을) 바로잡다. 가다듬다. ③체면을 차리다. 외관을 꾸미다. ④얼버무리다. 둘러대다.

繕い[つくろい] 수리. 수선.

繕い物[つくろいもの] 수선할 의복. 의복의 수선.

音読

- ◑修繕[しゅうぜん], 営繕[えいぜん]

腺 샘 선

- 音　⊗セン
- 訓　—

音読

腺病質[せんびょうしつ] 선병질; 체질이 약하고 흉곽이 평평하며 빈혈질 등의 약한 체질.

羨 부러워할 선

- 音　⊗エン ⊗セン
- 訓　⊗うらやましい
　　⊗うらやむ

訓読

- ⊗羨ましい[うらやましい] 〈形〉 부럽다.
- ⊗羨ましがる[うらやましがる] 〈5自〉 부러워하다. 부럽게 여기다.
- ⊗羨む[うらやむ] 〈5他〉 선망(羨望)하다. 부러워하다. 샘하다.

音読

羨望[せんぼう] 선망; 부러워함.

羨慕[せんぼ] 선모; 부러워하며 흠모함.

煽 ×(煽) 부채질할 선

- 音　⊗セン
- 訓　⊗あおぐ
　　⊗あおる
　　⊗おだてる

訓読

- ⊗煽ぐ[あおぐ] 〈5他〉 부채질하다.
- ¹⊗煽てる[おだてる] 〈下1他〉 ①치켜세우다. ②선동하다. 부추기다.

- ⊗煽る[あおる] 〈5他〉 ①부채질하다. 부치다. ②재촉하다. 몰아대다. 박차를 가하다. ③선동하다. 부추기다. 꼬드기다. ④(증권 거래소에서) 시세를 부채질하다. ⑤카메라의 렌즈를 위로 향하게 하여 찍다.

煽り買い[あおりがい] 주가(株価)를 조작하기 위해 주식을 대량으로 사들임.

音読

煽動[せんどう] 선동; 남을 부추기어 일을 일으키게 함.

煽情的[せんじょうてき] 선정적; 욕망이나 정욕(情欲)을 북돋워 일으킴.

膳 반찬/음식 선

- 音　⊗ゼン
- 訓　—

音読

¹膳[ぜん] 밥상. 요리상.

膳立て[ぜんだて] ①상차림. 식사 준비. ②만반의 준비.

[설]

舌 혀 설

- 音　●ゼツ
- 訓　●した

訓読

- ²●舌[した] 《生理》 (입안의) 혀.

舌鼓[したつづみ] ①(음식이 맛이 있어서 다 먹고 난 후에) 입맛을 다심. ②불만스러운 듯 혀를 참/차는 소리.

舌先[したさき] ①혀끝. ②감언이설.

舌長[したなが] 허풍을 떪. 큰 소리를 침.

舌足らず[したたらず] ①혀짤배기. 혀가 짧음. ②표현이 서툶. 설명이 부족함.

舌打ち[したうち] ①혀를 참. ②입맛을 다심.

舌怠い[したたるい] 〈形〉 혀짤배기소리를 하다. 응석부리는 말투로 말하다.

舌触り[したざわり] 혀에 닿는 감촉.

音読

舌端[ぜったん] 설단; ①혀끝. ②말투.

舌音[ぜつおん] 설음; 혓소리.

舌戦[ぜっせん] 설전; 말다툼.

舌禍[ぜっか] 설화; 구설수.

雪 (雪) 눈 설

一 厂 戸 帀 帀 帀 雩 雩 雪 雪 雪

訓読

⁴◉雪[ゆき] ①《気》 눈. ②흰 색. 흰 것.
⊗雪ぐ[そそぐ] 〈五他〉 설욕(雪辱)하다. 오명
(汚名)을 씻다.

雪間[ゆきま] ①눈이 잠시 그친 사이 ②쌓인
눈 속. ③쌓인 눈이 군데군데 녹은 곳.

雪降り[ゆきふり] 눈이 내림. 강설(降雪).

雪降(ろ)し[ゆきおろし] ①쌓인 눈을 쓸어내
림. ②눈이 몰아치는 재넘이. ③(歌舞伎
(かぶき)에서) 큰 눈이 내리는 장면 때 치
는 북소리.

雪見[ゆきみ] 눈 구경. 설경을 즐김.

雪景色[ゆきげしき] 설경. 눈경치.

雪空[ゆきぞら] 눈이 내릴 듯한 하늘.

雪国[ゆきぐに] 눈이 많이 내리는 지방.

雪達磨[ゆきだるま] 눈사람.

雪明(か)り[ゆきあかり] 쌓인 눈의 반사로
주위가 어슴푸레하게 보임.

雪模様[ゆきもよう] 곧 눈이 올 듯한 날씨.
눈발이 선 날씨.

雪崩[★なだれ] ①눈사태. 사태. ②경사(傾斜).
비스듬히 기욺.

雪崩れる[★なだれる] 〈下1自〉①눈사태가 나
다. 무너져 내리다. ②비스듬히 기울다. ③
(많은 사람이) 우르르 몰려나오다.

雪崩れ込む[★なだれこむ] 〈五自〉(많은 사람
이) 우르르 몰려들다. 한꺼번에 밀어닥
치다.

雪搔き[ゆきかき] ①눈을 침. ②제설기(除雪
器). 눈을 치우는 도구.

雪煙[ゆきけむり] 눈보라.

雪雲[ゆきぐも] 설운; 눈구름.

雪遊び[ゆきあそび] 눈 장난. 눈싸움.

雪日和[ゆきびより] ①눈이 내릴 듯한 날씨.
②눈이 내리는 날씨.

雪折れ[ゆきおれ] 쌓인 눈의 무게로 나뭇가
지 등이 부러짐.

雪除け[ゆきよけ] ①눈을 치움. 제설 작업.
②눈보라를 막음.

雪晴れ[ゆきばれ] 눈이 그치고 맑게 갬.

雪投げ[ゆきなげ] 눈싸움.

雪下(ろ)し[ゆきおろし] ①쌓인 눈을 쓸어내
림. ②눈이 몰아치는 재넘이. ③(歌舞伎
(かぶき)에서) 큰 눈이 내리는 장면 때 치
는 북소리.

雪合戦[ゆきがっせん] 눈싸움.

雪解け[ゆきどけ] ①눈이 녹음. ②긴장이
완화됨. 해빙(解氷) 무드.

雪靴[ゆきぐつ] 눈이 올 때 신는 신.

音読

雪景[せっけい] 설경; 눈경치.

雪渓[せっけい] 설계; 여름에도 눈이 녹지
않는 심산계곡.

雪山❶[せつざん] 설산; 일 년 내내 눈이
녹지 않는 산. ❷[ゆきやま] 설산; ①눈이
쌓인 산. ②(눈을 긁어모은) 눈 더미.

雪原[せつげん] 설원; 눈이 쌓인 넓은 들.

雪月花[せつげっか] 설월화; 눈과 달과 꽃.
사계절의 아름다운 경치.

雪害[せつがい] 설해; 눈에 의한 피해.

設 베풀/세울 설

一 一 亖 言 言 言 言 設 設 設

訓読

¹◉設ける[もうける] 〈下1他〉①(어떤 상황
을) 마련하다. 준비하다. 만들다. ②설치
하다. 제정하다. ③붙이다. 달다.
⊗設える[しつらえる] 〈下1他〉(건물이나 방안
에) 꾸미다. 장식하다. 설비하다. 마련하다.

音読

²**設計**[せっけい] 설계; 목적에 따라 계획을
세우고 도면으로 나타냄.

設計図[せっけいず] 설계도.

¹**設立**[せつりつ] 설립; (조직을) 만들어 세움.

設問[せつもん] 설문; 문제나 질문을 냄.
또는 그 문제나 질문.

²**設備**[せつび] 설비; 필요한 건물·장치·기구
등을 목적에 따라 설치함. 또는 이미 설
치된 것.

設営[せつえい] 설영; ①미리 시설이나 건
물을 만듦. ②(회의장의) 준비·설치.

¹**設定**[せってい] 설정; ①새로 만들어 정해
둠. ②《法》 설정.

¹**設置**[せっち] 설치; 미리 시설·건물·비품
등을 만들어 둠.

説(說) 말할/말씀 설

説 説 説 説 説 説 説 説 説 説

音 ●セツ ●ゼイ
訓 ●とく

訓読
¹●説く[とく]〈5他〉①설명하다. ②타이르
다. ③설교하다.

音読
²説[せつ] 설; ①의견. 주장. ②학설. ③소
문. 풍설.
説教[せっきょう] 설교; ①종교상의 교리
설명. ②잔소리. 교훈·충고의 말.
¹説得[せっとく] 설득; 설명하여 납득시킴.
³説明[せつめい] 설명; 내용·이유 등을 풀어
서 밝힘.
説法[せっぽう] ≪仏≫ 설법; 설교.
説話[せつわ] 설화; 예로부터 민간에 전해
진 이야기.

洩 물샐 설

音 ⊗エイ ⊗セツ
訓 ⊗もらす
　 ⊗もる
　 ⊗もれる

訓読
⊗洩らす[もらす]〈5他〉①(물을) 흘러나오
게 하다. 새게 하다. ②누설하다. 입 밖
에 내다. ③(이불이나 옷에) 오줌을 싸다.
④빠뜨리다. ⑤놓치다. ⑥(동사 ます형에
접속하여) 빠뜨리고 …하다.
⊗洩る[もる]〈5自〉(물·비가) 새다.
⊗洩れる[もれる]〈下1自〉①(물·비·가스
등이) 새다. ②(비밀이) 누설되다. ③누락
되다. 탈락되다. 빠지다.
洩れなく[もれなく] 죄다. 빠짐없이. 모두.
洩れ聞く[もれきく]〈5他〉①간접적으로 듣
다. 주워듣다. ②'聞(き)く'의 겸양어.

潒 준설할 설

音 ⊗セツ
訓 ⊗さらう
　 ⊗さらえる

訓読
⊗潒う[さらう]〈5他〉(우물·개천 등을) 준설
하다. 도랑을 치다. 긁어내다.
⊗潒える[さらえる]〈下1他〉☞ 潒う

〔 섬 〕

纖(纖) 가늘 섬

糸 糸 糸 糸 糸 糸 糸 纖 纖

音 ●セン
訓 ―

音読
纖巧[せんこう] 섬교; 섬세하고 교묘함.
纖細[せんさい] 섬세; ①가냘프면서도 아름다
움. ②(감정이나 감각이) 세밀함. 미묘함.
纖手[せんしゅ] 섬수; (여자의) 가냘픈 손.
纖弱[せんじゃく] 섬약; 가냘프고 약함.
¹纖維[せんい] 섬유; ①생물체의 몸을 이루
는 가늘고 실 같은 물체. ②직물의 원료.

閃 번쩍일 섬

音 ⊗セン
訓 ⊗ひらめかす
　 ⊗ひらめく

訓読
⊗閃かす[ひらめかす]〈5他〉①(순간적으로)
번쩍이다. 번뜩이다. ②(깃발을) 펄럭이
다. ③(재능 등을) 발휘하다.
⊗閃く[ひらめく]〈5自〉①(순간적으로) 번
쩍이다. ②(바람에) 나부끼다. ③(생각 등
이) 번쩍 떠오르다.

音読
閃光[せんこう] 섬광; 번쩍이는 빛.
閃閃[せんせん] 섬섬; 번쩍이는 모양.

〔 섭 〕

涉(涉) 물건널 섭

涉 涉 涉 涉 涉 涉 涉 涉 涉 涉

音 ●ショウ
訓 ―

音読
涉猟[しょうりょう] 섭렵; ①널리 찾아 헤맴.
②여러 가지 많은 책을 읽음.
涉外[しょうがい] 섭외; 외부와 연락을 하거나
협상을 함.
涉外係[しょうがいがかり] 섭외 담당.

摂(攝) 끌어잡을 섭

一 寸 扌 扩 抃 捗 捗 捗 捗 捗

音 ●セツ ✕ショウ
訓 ✕とる

音読

摂家[せっけ] 섭정(摂政)이나 関白(かんぱく)에 임명될 수 있는 지체 높은 집안.

摂理[せつり] 섭리; 하느님이 인간의 이익을 염두에 두고 세상의 모든 것을 다스림.

摂生[せっせい] 섭생; 몸과 마음을 튼튼하게 해서 장수를 꾀함.

摂氏[せっし] 섭씨; 기호는 C.

摂政[せっしょう] 섭정; 임금을 대신하여 정치를 함.

摂取[せっしゅ] 섭취; 외부로부터 받아들여 자기 것으로 함.

成(成) 이룰 성

丿 厂 厈 成 成 成

音 ●セイ ●ジョウ
訓 ●なす ●なる

訓読

●**成す**[なす] 〈5他〉①이룩하다. 이루다. 달성하다. ②형성하다. 만들어내다. ③(어떤 것을 바꾸어) 다른 것으로 만들다.

成し遂げる[なしとげる] 〈F1他〉이룩하다. 성취하다. 완수하다. 해내다.

[4]●**成る**[なる] 〈5自〉①이룩되다. 이루어지다. 완성되다. ②(조직 등이) …로 되다. 구성되다. 이루어지다. ③(일본 장기에서) 궁·金将(きんしょう) 이외의 말이 적진에 진입하여 金将의 자격을 얻다. 승격하다. ④행차하시다.

成り[なり] ①(장기에서) 말이 적진에 진입하여 金将의 자격을 얻음. ②(신분이 높은 사람의) 행차.

成り果てる[なりはてる] 〈F1自〉①달성되다. 이루어지다. ②몰락하다. 전락하다.

成れの果て[なれのはて] 몰락한 모습. 서글픈 말로(末路).

成り金[なりきん] ①(일본 장기에서) 말이 적진에 들어가 金将(きんしょう)의 자격을 얻음. ②벼락부자. 졸부.

成り代わる[なりかわる] 〈5自〉대신하다. 대리가 되다. 대신이 되다.

成り立ち[なりたち] ①성립; 완성. 이루어짐. ②(되어 가는) 과정. 내력. 경과. ③성분. 구성 요소.

[1]**成り立つ**[なりたつ] 〈5自〉①성립되다. 완성되다. 이루어지다. ②이루어지다. 구성되다. ③(재산이 맞아) 장사가 되다.

成り上がり[なりあがり] 벼락출세. 벼락부자.

成り上がる[なりあがる] 〈5自〉벼락출세하다. 벼락부자가 되다.

[2]**成程**[なるほど] ①(듣던 바와 같이) 과연. 정말. ②아무렴. 그렇고말고.

成り済ます[なりすます] 〈5自〉…인 체하다.

成り下がる[なりさがる] 〈5自〉몰락하다. 전락(転落)하다.

成り行き[なりゆき] ①(되어 가는) 과정. 내력. 경과. ②(증권에서) 시세.

音読

[2]**成功**[せいこう] 성공; 목적을 이룸.

[1]**成果**[せいか] 성과; 이루어진 결과.

成句[せいく] 성구; 글귀를 이룸.

[1]**成年**[せいねん] 성년; 20세 이상의 성인.

成年式[せいねんしき] 성년식.

[2]**成立**[せいりつ] 성립; 사물이 이루어짐.

成文[せいぶん] 성문; 문장으로 나타냄.

[2]**成分**[せいぶん] 성분; 바탕이 되는 원질.

成仏[じょうぶつ] 성불; ①번뇌를 해탈하여 불과(仏果)를 이룸. ②죽어서 부처가 됨.

成算[せいさん] 성산; 성취될 가능성.

[1]**成熟**[せいじゅく] 성숙; ①(농작물이) 익음. ②(심신의) 성숙. ③(시기가) 무르익음.

成案[せいあん] 성안; 안을 작성함.

成約[せいやく] 성약; 계약이 성립됨.

[2]**成員**[せいいん] 성원; 조직의 구성원.

成育[せいいく] 성육; 자람.

[2]**成人**[せいじん] 성인; 어른.

成人向き[せいじんむき] 성인용(成人用).

成因[せいいん] 성인; 사물이 이루어진 원인.

[2]**成長**[せいちょう] 성장; 자라서 점점 커짐.

成長株[せいちょうかぶ] ① ≪経≫ 성장주. ②유망주. 장래가 촉망되는 사람.

[1]**成績**[せいせき] 성적; 평가된 결과.

成虫[せいちゅう] 성충; 어른벌레.

成就[じょうじゅ] 성취; 목적을 이룸.
成敗❶[せいはい] 성패; 성공과 실패. ❷[せいばい] ①처벌. ②(옛날 죄인의) 목을 벰. 참수(斬首)함.
成形[せいけい] 성형; 형체를 만듦.
成型[せいけい] 성형; 틀에 넣어 프레스로 눌러 만듦.

声 (聲) 소리 성

一 十 士 吉 吉 吉 声

音 ●セイ ●ショウ
訓 ●こえ ●こわ

訓読

⁴●声[こえ] ①목소리. ②(물건이) 진동해서 나는 소리. ③의견. 생각. ④(계절의) 낌새.
声高[こわだか] 높은 소리. 목청을 돋움.
声変(わ)り[こえがわり] 변성. 변성기. 목소리가 변함.
声色❶[こわいろ] ①음색. 목청. 목소리. ②성대모사. 남의 목소리를 흉내 냄. ❷[せいしょく] 성색; ①목소리와 얼굴빛. ②(퇴폐적인 뜻의) 여색(女色).
声色屋[こわいろや] 성대 모사꾼. (직업적으로) 남의 목소리를 잘 흉내내는 사람.
声声に[こえごえに] 저마다. 입을 모아.
声音❶[こわね] 음성. 목소리. 목청. ❷[せいおん] ①음성. 목소리. ②음악. 성악(声楽).

音読

声価[せいか] 성가; 세상의 좋은 평가.
声帯[せいたい] 《生理》 성대; 목에 있는 발성 기관(発声器官).
声量[せいりょう] 성량; 사람이 내는 목소리의 울리는 양.
声望[せいぼう] 성망; 명성과 인망.
¹声明❶[せいめい] 성명; 어떤 사항에 관한 견해·의견을 발표함. ❷[しょうみょう] 《仏》 ①(고대 인도의) 음운(音韻)·문법·주석(注釈)의 학문. ②범패(梵唄).
声楽[せいがく] 성악; 사람의 가창(歌唱)을 주제로 한 음악.
声域[せいいき] 성역; 소리넓이.
声優[せいゆう] 성우; 라디오 방송극 전문의 배우.
声援[せいえん] 성원; 격려하고 고무하여 사기를 북돋아 도와줌.

姓 성/성씨/백성 성

し ひ ヌ 女 如 女 姓 姓 姓

音 ●セイ ●ショウ
訓 ⊗かばね

音読

姓[せい] 성; ①성씨(姓氏). ②(상고 시대의) 씨족의 칭호.
¹姓名[せいめい] 성명; 성씨와 이름.
姓氏[せいし] 성씨; 성(姓).

性 성품/바탕/성별 성

丶 丶 忄 忄 忄 忰 性 性

音 ●セイ ●ショウ
訓 ─

音読

²性[せい] 성; ①천성. 본성. ②(만물의) 본질. ③(남녀를 구분하는) 성. ④섹스. 섹스. ⑤(언어학상의) 성 구별.
性感[せいかん] 성감; 성적인 감각. 성적인 쾌감.
²性格[せいかく] 성격; 고유의 성질.
性交[せいこう] 성교; (남녀의) 섹스 행위.
性根❶[しょうこん] 끈기. 근성(根性). ❷[しょうね] 마음씨. 마음보. 심성. 심지.
²性能[せいのう] 성능; 성질과 능력.
性癖[せいへき] 성벽; 버릇.
²性別[せいべつ] 성별; 남녀의 구별. 암수의 구별.
性病[せいびょう] 《医》 성병.
性分[しょうぶん] 성분; 타고난 성질. 성미.
性腺[せいせん] 성선; 생식선(生殖腺).
性悪[しょうわる] 심보가 고약함. 심술궂음.
性愛[せいあい] 성애; 남녀 간의 본능적인 애욕(愛慾).
性欲[せいよく] 성욕; 성적(性的) 욕망.
性情[せいじょう] 성정; 타고난 성질.
²性質[せいしつ] 성질; ①본래의 특성. ② 성격.
性懲りもなく[しょうこりもなく] 뉘우치는 기색도 없이. 질리지도 않고.
性行[せいこう] 성행; 품행(品行).
性行為[せいこうい] 성행위; 섹스 행위.
性向[せいこう] 성향; 기질.

城(城) 재/성 성

一 十 土 圤 圹 圻 城 城 城

[音] ◉ジョウ ⊗セイ
[訓] ◉しろ

訓読
²◉城❶[しろ] ①성. ②본거지. 아성. ❷[じょう] ☞ [音読]
城跡[しろあと] 성지(城址). 성터.

音読
城❶[じょう] (地名에 접속하여) …성. ¶大阪(おおさか)~ 오사카 성. ❷[しろ] ☞ [訓読]
城郭[じょうかく] 성곽; ①성의 외곽. 성벽. ②성. 성채(城砦).
城内[じょうない] 성내. 성중(城中).
城塁[じょうるい] 성루. 성보(城堡).
城楼[じょうろう] 성루; 성의 망루(望楼).
城門[じょうもん] 성문; 성의 출입문.
城壁[じょうへき] 성벽; 성의 담벼락.
城外[じょうがい] 성외; 성밖. 성문 밖.
城主[じょうしゅ] 성주; 성의 주인.
城址[じょうし] 성지; 성터.
城下[じょうか] 성하; ①성벽 아래. ②'城下町(じょうかまち)'의 준말.
城下町[じょうかまち] 성시(城市). 성을 중심으로 발달한 도시.

星 별 성

一 口 日 旦 尸 戸 早 星 星

[音] ◉セイ ◉ジョウ
[訓] ◉ほし

訓読
³◉星[ほし] ① ≪天≫ 별. ②별표. ③세월. ④(눈동자에 생기는) 점. ⑤과녁. 표적. ⑥(씨름에서) 승패의 성적. ⑦범인. ⑧운수. 운세.
星空[ほしぞら] 별이 총총한 밤하늘.
星明(か)り[ほしあかり] 별빛. 별빛으로 밝음.
星影[ほしかげ] ≪雅≫ 별빛.
星占い[ほしうらない] 점성술(占星術).
星祭り[ほしまつり] ①칠석제(七夕祭). ②액막이로 별을 제사지냄.
星回り[ほしまわり] 운수. 운명. 팔자. 신수.

音読
星団[せいだん] 성단; 항성의 집단.
星霜[せいそう] 성상; 세월.
星雲[せいうん] 성운; 구름이나 안개처럼 보이는 천체.
¹星座[せいざ] 성좌; 별자리.

省 ①덜 생 ②살필 성

☞ 省(생) p. 387

盛(盛) 성할/담을 성

丿 厂 厂 成 成 成 成 盛 盛 盛

[音] ◉セイ ◉ジョウ ⊗ショウ
[訓] ◉さかん ◉さかる ◉もる

訓読
²◉盛ん[さかん] 〈形動〉 ①번창함. 번성함. ②왕성함. ③맹렬함. 열렬함. 활발함. ④한창 유행함. ⑤빈번함. 자주.
◉盛る❶[さかる] 〈自〉 ①(가게 등이) 번창하다. 번영하다. ②(기세가) 좋아지다. 활발해지다. ③유행하다. ④(짐승이) 발정하여 교미하다.
²◉盛る❷[もる] 〈他〉 ①(그릇에) 수북이 담다. ②쌓아 올리다. ③(독약을) 섞어 조제하다. ④눈금을 새기다. ⑤(사상·감정 등을) 글로 표현하다.
²盛り❶[さかり] ①한창. 한창때. ②(짐승의) 발정. 암내.
盛り❷[もり] ①(그릇에) 수북이 담음. ②(숫자에 접속하여 조수사로) …그릇. …공기.
盛岡[もりおか] ≪地≫ 岩手県(いわてけん)의 현청(県庁) 소재지.
盛(り)菓子[もりがし] ①신불(神仏)에게 바치는 과자. ②수북이 담은 과자.
盛(り)蕎麦[もりそば] 일본식 메밀국수.
盛(り)物[もりもの] ①상에 차린 음식. ②제수(祭需). 공물(供物).
盛り返す[もりかえす] 〈他〉 (쇠퇴한 기운을) 만회하다. 복구하다. 회복시키다.
盛り付ける[もりつける] 〈下1他〉 (그릇에) 음식을 수북이 담다.
盛(り)砂[もりずな] ①(옛날에 귀인을 환영하거나 의식이 있을 때) 대문 양쪽에 높이 쌓았던 모래. ②쌓아 올린 모래.

¹盛り上がる[もりあがる] 〈5自〉 ①부풀어 오르다. 뛰어나오다. ②(분위기가) 고조(高潮). 높아지다. 비등(沸騰)하다.

盛り上げる[もりあげる] 〈F1他〉 ①돋우다. 쌓아 올리다. ②(분위기를) 고조(高潮)시키다. 제고(提高)하다. 앙양(昂揚)하다.

盛(り)塩[もりじお] 재수 좋으라고 문간에 소금을 놓음.

盛り込む[もりこむ] 〈5他〉 ①(여러 가지 물건을) 함께 담다. ②(여러 가지 생각 등을) 종합하다. 포함시키다.

盛り場[さかりば] 번화가(繁華街).

盛(り)切り[もりきり] 그릇에 가득 담음.

盛(り)沢山[もりだくさん] (내용이) 풍부함. 다채로움.

盛(り)土[もりつち] 흙을 높이 쌓아 올림.

盛(り)花[もりばな] 갖가지 꽃을 가득히 꽂은 꽃꽂이.

音読

¹盛大[せいだい] 성대; 모임이나 의식(儀式)의 규모가 크고 아주 화려함.

盛衰[せいすい] 성쇠; 성함과 쇠퇴함.

¹盛装[せいそう] 성장; 옷을 훌륭하게 차려 입음.

盛夏[せいか] 성하; 한여름.

盛況[せいきょう] 성황; 성대한 상황.

盛会[せいかい] 성회; 성대한 모임.

聖(聖) 거룩할/성인 성

一 丁 丅 耳 耳 耵 耵 耵 聖 聖

音 ●セイ ⊗ショウ
訓 ⊗ひじり

音読

聖[せい] 거룩함. 신성함.

聖なる[せいなる] 거룩한. 신성한.

聖歌[せいか] 성가; ①신불(神仏)을 찬양하는 노래. ②(기독교의) 찬송가.

聖経[せいきょう] 성경; ①신성한 경전. ②(기독교의) 성서(聖書).

聖堂[せいどう] 성당; ①천주교 교회당. ②공자묘(公子廟).

聖霊[せいれい] 성령; 거룩한 영.

聖母像[せいぼぞう] 성모상.

¹聖書[せいしょ] 성서; 성경.

聖寿[せいじゅ] 성수; 천자의 나이·수명.

聖夜祭[せいやさい] 성탄 전야제.

聖域[せいいき] 성역; 신성한 지역.

聖人❶[せいじん] 성인; ①지덕(智德)이 뛰어난 사람. ②위대한 신앙인. ③청주(清酒). ❷[しょうにん] ≪仏≫ 성인; ①지덕(智德)이 높고 자비심이 많은 사람. ②고승(高僧).

聖者❶[せいじゃ] 성자; ①성인(聖人). ②뛰어난 신앙인. ③위대한 순교자·신도의 높임말. ❷[しょうじゃ] ≪仏≫ 성자; 번뇌를 끊고 올바른 도리를 깨달은 사람.

聖跡[せいせき] 성적; ①성스러운 유적. ②천자와 관계된 유적.

聖典[せいてん] 성전; 경전(経典).

聖地巡礼[せいちじゅんれい] 성지 순례.

聖餐[せいさん] 성찬; (예수의) 최후의 만찬.

聖火[せいか] 성화; ①신에게 바치는 신성한 불. ②올림픽에 사용하는 신성한 불.

誠(誠) 정성 성

一 三 亖 言 言 訪 訪 訪 誠 誠 誠

音 ●セイ
訓 ●まこと

訓読

¹誠[まこと] ①참. 사실. 진실. ②성의. 정성. 진심. ③〈副〉 참으로. 정말로.

誠しやか[まことしやか] 〈形動〉 그럴 듯함. 아주 그럴싸함.

¹誠に[まことに] 〈副〉 참으로. 정말로. 대단히. *'ほうとうに'의 공손한 말임.

音読

¹誠実[せいじつ] 성실; 거짓됨이 없이 진실함. 진심이 느껴짐.

誠心[せいしん] 성심; 정성스런 마음.

誠意[せいい] 성의; 정성.

誠忠[せいちゅう] 성충; 충성(忠誠).

醒 술깰 성

音 ⊗セイ
訓 ⊗さます
⊗さめる

訓読

⊗醒ます[さます] 〈5他〉 (술기운을) 깨게 하다. 제정신이 들게 하다.

⊗醒める[さめる] 〈F1自〉 (술이) 깨다. 제정신이 들다.

醒め遣らぬ[さめやらぬ] (술이) 아직 덜 깨다. (흥분이) 아직 덜 가시다.

音読

●覚醒剤[かくせいざい], 警醒[けいせい]

[세]

世 인간/세상 세

一 十 卄 卅 世

音 ●세 ●세이
訓 ●요

訓読

¹●世[よ] ①(사람이 모여 사는) 세상. 사회. ②(역사상의) 시대. 세대. ③(한 사람의) 일생. 인생. ④(한 집안의) 대(代). ⑤(그때의) 시국. 때. ⑥《仏》세상. 속세. ⑦나라. ⑧남녀의 정. 남녀 관계. ⑨나이. 연령. ❷[せい] ☞ [音読]

世継ぎ[よつぎ] 대를 이음. 상속인. 후사.

世慣れる[よなれる] 〈下1自〉①세상 물정에 밝아지다. ②남녀 관계를 잘 알다.

世渡り[よわたり] 처세. 세상살이.

世離れる[よばなれる] 〈下1自〉세상 물정을 모르다. 속세를 벗어나다.

世捨(て)人[よすてびと] 속세를 떠난 사람.

世の常[よのつね] ①세상의 관례. 흔히 있는 일. ②보통임. 예사로움.

世の習い[よのならい] 세상의 관습.

²世の中[よのなか] 세상. 사회.

音読

世❶[せい] 〈接尾語〉…세. *이어받은 세대·지위·칭호 등의 대수(代数)나 순서를 나타냄. ❷[よ] ☞ [訓読]

²世間[せけん] ①(사람이 모여 사는) 세상. 사회. ②세상사람. ③활동 범위. 교제 범위.

世間並み[せけんなみ] 평범함. 보통임.

世間体[せけんてい] 세상에 대한 체면.

世間話[せけんばなし] 세상 이야기. 잡담.

³世界[せかい] 세계; ①모든 나라. ②우주. ③세상.

世界中[せかいじゅう] 온 세계. 전 세계.

世故[せこ] 세상 물정.

²世紀[せいき] 세기; ①100년을 단위로 한 시대 구분. ②일정한 기간. 시대. ③세기적인. 100년에 한 번 꼴.

¹世代[せだい] 세대; ①어떤 연령층. ②여러 대(代).

¹世帯[せたい] 세대; 가구(家口).

¹世辞[せじ] 아첨. 맞장구치는 인사말.

世嗣[せいし] 후사(後嗣).

世上[せじょう] 세상; 사회.

世相[せそう] 세상; 세태(世態).

世俗[せぞく] 세속; ①이 세상. 세상 사람들. ②세상 풍속.

世襲[せしゅう] 세습; 자자손손 물려받음.

世人[せじん] 세인; 세상 사람들.

世子[せいし] 세자; 후사(後嗣).

世情[せじょう] 세정; 세상 물정.

世知辛い[せちがらい] 〈形〉①세상살이가 힘들다. 먹고살기가 힘들다. ②야박하다. 각박하다.

世評[せひょう] 세평; 세상의 평판.

²世話[せわ] ①시중. 돌봄. 보살핌 ②수고. 폐. 신세. ③참견. ④추천. 소개. ⑤평판. 소문.

世話焼き[せわやき] ①남의 일을 잘 돌봐주는 사람. ②(단체 등의) 살림꾼.

世話好き[せわずき] ①남의 일을 잘 돌봐줌. ②남의 일을 잘 돌봐주는 사람.

洗 씻을 세

丶 丶 氵 浐 浐 洴 洗 洗 洗

音 ●센
訓 ●あらう

訓読

⁴●洗う[あらう] 〈5他〉①(더러워진 것을 물로) 씻다. 빨다. 빨래하다. ②(파도가) 밀려와 부딪치다. ③(비밀을) 들추어내다. 캐내다. 밝혀내다.

洗い[あらい] ①(물로) 씻음. 세탁. 빨래. ②냉회. 얼음물에 씻어 오돌오돌하게 만든 생선회.

洗い流す[あらいながす] 〈5他〉씻어내다. 닦아내다. 씻어 떠내려 보내다.

洗い物[あらいもの] ①빨랫감. 설거짓감. ②빨래. 설거지.

洗い髪[あらいがみ] (여자의) 막 감은 머리.

洗い粉[あらいこ] 가루비누.

洗い上げる[あらいあげる] 〈下1他〉①다 씻다. 씻기를 마치다. ②깨끗이 씻다. ③(비밀 등을) 캐내다. 밝혀내다. 속속들이 조사하다.

洗い場[あらいば] ①빨래터. 설거지하는 곳. ②(목욕탕의) 때 씻는 곳.

洗い張り[あらいはり] 옷감을 빨아 풀을 먹여 반반하게 펴서 말림.

洗い出し[あらいだし]　①(벽돌·인조석의) 표면을 바르지 않고 그대로 둠. ②(벽·바닥이 마르기 전에) 물로 씻어내어 표면에 잔돌이 드러나게 한 것. ③(삼나무 판자를 물로 씻어내어) 나뭇결을 도드라지게 한 것. ④조사(調査).

洗い桶[あらいおけ]　씻는 통. 물통.

音読

洗脳[せんのう]　세뇌; 어떤 사상·주의를 주입시키는 일.

洗練[せんれん]　세련; 인품을 닦아 고상함.

洗礼[せんれい]　세례; ①기독교의 신자가 될 때의 의식. ②반드시 거쳐야 할 특이한 경험.

²洗面[せんめん]　세면; 세수를 함.

洗面台[せんめんだい]　세면대.

洗面所[せんめんじょ]　세면소; 세면장.

洗髪[せんぱつ]　세발; 머리를 감음.

洗眼[せんがん]　≪医≫ 세안; 눈을 씻음.

洗顔[せんがん]　세안; 얼굴을 씻음.

洗浄[せんじょう]　세정; 세척(洗滌).

洗剤[せんざい]　세제; 물에 타서 더러움을 씻어내는 약제.

洗車[せんしゃ]　세차; 차를 깨끗이 씻음.

⁴洗濯[せんたく]　세탁; 빨래.

洗濯機[せんたくき]　세탁기.

洗濯物[せんたくもの]　세탁물; 빨랫감.

細　가늘/자세할 세

〳　〵　幺　糸　糸　細　細　細　細

音 ●サイ
訓 ●ほそい ●ほそめる ●ほそる ●こまか
　●こまかい

訓読

⁴●細い[ほそい]　〈形〉 ①(물체가) 가늘다. ②(목소리가) 가늘다. ③(힘·신경이) 약하다. ④(양이) 적다. ⑤(폭이) 좁다.

●細か[こまか]　〈形動〉 ①(모양이) 아주 작음. 잘다. ②자세함. 상세함. ③면밀함. ④타산적임.

³●細かい[こまかい]　〈形〉 ①(크기가) 잘다. 작다. ②자세하다. 상세하다. ③면밀하다. 세심하다. ④사소하다. 하찮다. ⑤타산적이다. 짜다. ⑥(금액이) 작다.

細さ[ほそさ]　가늘기. 가늚. 좁음.

●細める[ほそめる]　〈下1他〉 ①가늘게 하다. ②(소리·기세를) 약하게 하다.

¹●細やか❶[こまやか]　〈形動〉 ①자상함. 세밀함. ②(애정이) 두터움.

●細やか❷[ほそやか]　〈形動〉 가느스름함. 가냘픔.

●細る[ほそる]　〈5自〉 가늘어지다. 작아지다. 약해지다. 여위다. 줄다.

細巻(き)[ほそまき]　(김밥 등을) 가늘게 맒. 가늘게 만 것.

細道[ほそみち]　오솔길. 좁은 길.

細面[ほそおもて]　갸름한 얼굴.

細細と❶[こまごまと]　〈副〉 ①자질구레하게. ②자세하게. 상세하게. 자상하게. ③부지런히. ❷[ほそぼそと]　〈副〉 ①가느다랗게. ②근근이. 겨우.

細腕[ほそうで]　①가냘픈 팔. ②가냘픈 힘. 연약한 힘.

細引き[ほそびき]　가는 삼노끈.

音読

¹細工[さいく]　세공; ①손끝을 사용해서 조그만 물건을 만듦. ②≪俗≫ 잔꾀. 농간.

細君[さいくん]　(친구 사이에서 아내를 지칭하여) 마누라. 집사람.

¹細菌[さいきん]　세균; 박테리아.

細大[さいだい]　세대; 작은 것과 큰 것. 크고 작은 일.

細大漏らさず[さいだいもらさず]　모두. 전부.

細論[さいろん]　세론; 상론(詳論).

細目❶[さいもく]　세목; 자세한 조목. ❷[ほそめ]　①실눈. 가늘게 뜬 눈. ②(편물 등의) 촘촘히 짠 코. ③가느스름함. ④좁은 틈.

細密[さいみつ]　세밀; 면밀함. 세심함.

細別[さいべつ]　세별; 세밀하게 나눔.

細部[さいぶ]　세부; 세밀한 부분.

細分[さいぶん]　세분; 세밀하게 분류함.

細事[さいじ]　세사; ①자세한 일. ②자세한 사항.

細小[さいしょう]　세소; 미세함.

細心[さいしん]　세심; 꼼꼼한 마음.

細則[さいそく]　세칙; 세밀한 규칙.

¹細胞[さいぼう/さいほう]　≪生理≫ 세포; 생물체를 이루는 최소 단위.

細胞膜[さいぼうまく]　≪生理≫ 세포막.

細胞核[さいぼうかく]　≪生理≫ 세포핵.

細胞分裂[さいぼうぶんれつ]　세포 분열.

税 (税) 세금 세

一 二 千 禾 禾 利 秒 秒 秒 税

音 ●ゼイ
訓 —

音読

²税[ぜい] 세; 세금.
²税関[ぜいかん] 세관.
²税金[ぜいきん] 세금.
税吏[ぜいり] 세리; 세무 공무원.
¹税務署[ぜいむしょ] 세무서.
税法[ぜいほう] 세법; 세무에 관한 법률.
税収[ぜいしゅう] 세수; 세금 수입.
税額[ぜいがく] 세액; 조세의 액수.
税率[ぜいりつ] 세율; 과세율.
税引[き][ぜいびき] 세금 공제.
²税込[み][ぜいこみ] 세금 포함.
税制[ぜいせい] 세제; 조세 제도.

歳 (歳) 해/나이 세

丨 止 止 产 产 产 岸 歳 歳 歳

音 ●サイ ●セイ
訓 ⊗とし

音読

²歳[さい] (숫자에 접속하여) …세; …살. *접미어로 나이를 셀 때.
歳計[さいけい] 세계; 1년 또는 회계 연도 중의 수입과 지출의 총계.
歳末[さいまつ] 세말; 연말(年末).
歳暮[せいぼ] 세모; ①연말(年末). ②¶お~ 연말의 선물.
歳費[さいひ] 세비; ①국회의원 1년간의 수당. ②1년 동안 필요한 비용.
歳歳[さいさい] 세세; 해마다. 매년.
歳時記[さいじき] 세시기; ①1년 동안의 행사와 관련된 생활을 해설한 책. ②俳句(はいく)의 계어(季語)를 분류·해설한 책.
歳月[さいげつ] 세월; 어느 긴 기간.
歳入[さいにゅう] 세입; 1년간의 총수입.
歳差[さいさ] 세차; 춘분(春分)이 되는 날이 해마다 조금씩 틀림.
歳出[さいしゅつ] 세출; 1년간의 총지출.
歳出入[さいしゅつにゅう] 세출입; 1년간의 수입과 지출.

勢 기세 세

一 十 土 坴 坴 刲 埶 埶 勢 勢

音 ●セイ
訓 ●いきおい

訓読

²●勢い[いきおい] ①(자연의) 힘. ②(원기의) 힘. ③기세. 권세. 위세. 세력. 위력. ④기운. 여세. ⑤(되어 가는) 추세. 흐름. ⑥[副] 자연히. 당연히.
勢いよく[いきおいよく] 힘차게. 활기차게. 대단한 기세로.
勢い付く[いきおいづく] 〈5自〉 기운이 나다. 기운 차리다. 힘이 나다.
勢い込む[いきおいこむ] 〈5自〉 기운을 내다. 분발하다.

音読

勢ぞろい[せいぞろい] ①총집결. 한 자리에 모두 모임. ②(병력의) 집결(集結).
¹勢力[せいりょく] 세력; ①남을 복종시키는 기세와 힘. ②(어떤 일을 하는 데에) 사용하는 인원·기자재(器資材).
勢威[せいい] 세위; 위세. 세력.

貰 세낼 세

音 ⊗セイ
訓 ⊗もらう

訓読

³⊗貰う[もらう] 〈5他〉 ①얻다. 받다. ②인수하다. 떠맡다. ③(양자·며느리·사위로) 맞이하다. ④(시합에) 이기다. ⑤전염되다. 옮기다. ⑥(물건을) 사다. 사 가지다.
貰い[もらい] ①얻음. 얻은 것. 동냥한 것. ②딴 좌석의 기녀(妓女) 등을 불러옴.
貰い物[もらいもの] 얻은 물건. 선물.
貰いっ放し[もらいっぱなし] 선물을 받고도 답례를 하지 않음.
貰い笑い[もらいわらい] 덩달아서 웃음.
貰い手[もらいて] 받아주는 사람. 떠맡는 사람. 가져갈 사람. 데리로 갈 사람.
貰い水[もらいみず] 얻은 물.
貰い食い[もらいぐい] 얻어 먹음.
貰い乳[もらいぢ/もらいちち] 남의 젖을 얻어 먹임. 얻어 먹이는 남의 젖.
貰い泣き[もらいなき] 덩달아 욺.

[소]

小 　작을 소

亅 刂 小

音 ●ショウ
訓 ●ちいさい ●お ●こ

訓読

⁴●**小さい**[ちいさい] 〈形〉①(면적·부피가) 작다. ②(수량·정도가) 적다. ③(나이가) 어리다. 적다. ④(소리가) 작다. 낮다. ⑤(규모가) 작다. 사소하다. ⑥(마음이) 좁다.

⁴**小さな**[ちいさな] 조그마한.

小刻み[こきざみ] ①잘게 썲. ②종종걸음. ③조금씩. 찔끔찔끔.

小間物[こまもの] 방물. (여자용의) 자질구레한 장신구(装身具).

小間物屋[こまものや] ①방물상. 방물 가게. 잡화상. ②(입으로) 토함. 토한 것.

小降り[こぶり] (눈·비가) 조금씩 내림.

小犬[こいぬ] ①작은 개. ②강아지.

小見出し[こみだし] ①작은 표제어(標題語). 부제(副題). ②한 문장의 소제목(小題目).

²**小遣(い)**[こづかい] 용돈.

小遣(い)銭[こづかいぜに/こづかいせん] 용돈.

小結[こむすび] (씨름에서) 三役(さんやく)의 최하위로서 関脇(せきわき) 다음 자리.

小競り合い[こぜりあい] ①소규모의 전투. 작은 충돌. ②사소한 분쟁. 알력. 시비.

小股[こまた] ①사타구니. 다리 가랑이. ②종종걸음.

小高い[こだかい] 〈形〉약간 높다.

小骨[こぼね] ①(물고기 등의) 잔뼈. 잔가시. ②약간의 고생. 약간의 수고.

小金[こがね] 작은 목돈.

小気味[こきみ] 기분. 느낌.

小奇麗[こぎれい] 〈形動〉아담함. 깔끔함.

小綺麗[こぎれい] 〈形動〉아담함. 깔끔함.

小男[こおとこ] 몸집이 작은 남자.

小刀❶[こがたな] ①주머니칼. ②작은 칼. **❷**[しょうとう] ①창칼. ②허리에 차는 작은 칼.

小島[こじま/おじま] 소도; 작은 섬.

小道[こみち] ①골목길. 좁은 길. ②샛길. 옆길. ③6정(町)을 1里(4㎞)로 하는 이정(里程).

小突く[こづく] 〈他〉①(손가락 등으로) 쿡쿡 찌르다. ②(약한 자를) 들볶다. 못살게 굴다.

小豆[★あずき] ≪植≫ 팥.

小利口[こりこう] (전체를 꿰뚫어 보는 판단력이 부족하여) 약삭빠름.

小粒[こつぶ] ①작은 알갱이. ②몸집이 작음. ③인품·역량이 떨어짐.

小馬[こうま] ①망아지. ②조랑말.

小馬鹿[こばか] 바보 취급을 함. 깔봄.

小売(り)[こうり] 소매.

小麦[こむぎ] ≪植≫ 밀.

小麦粉[こむぎこ] 소맥분; 밀가루.

小面憎[こづらにくい] 〈形〉얄밉다. 밉살스럽다.

小皿[こざら] 작은 접시.

小母[おば] 아줌마. 아주머니.

小紋[こもん] 잔무늬. 작은 무늬.

小法師[こぼうし] ①젊은 중. ②(중세와 근세의) 궁궐의 잡역부.

¹**小柄❶**[こがら] ①몸집이 작음. ②무늬 등이 자잘함. **❷**[こづか] 요도(腰刀)의 칼집 바깥쪽에 꽂는 작은 칼.

小父[おじ] 아저씨.

小分(け)[こわけ] 세분함. 조금씩 나눔.

小鼻[こばな] 콧방울.

小商い[こあきない] 조그마한 장사.

小石[こいし] 작은 돌.

小雪❶[こゆき] 조금 오는 눈. **❷**[しょうせつ] 소설; 24절기의 하나로 11월 22일경.

小声[こごえ] 낮은 목소리.

小姓[こしょう] ①(옛날 귀인의) 시동(侍童). ②소년. 아이.

小細工[こざいく] ①자질구레한 세공. ②잔재주. 잔꾀.

小手[こて] ①팔뚝. 손목. ②손끝. 손재주. 잔재주. ③(검도에서) 손목 부분을 침.

小手先[こてさき] ①(세공할 때의) 잔손질. ②손재주. ③잔재주. 잔꾀.

小手調べ[こてしらべ] 예행 연습.

小手投げ[こてなげ] (씨름에서) 상대방의 팔을 되감아 던지는 기술.

小首[こくび] (목에 관계되는 가벼운 동작의) 고개.

小袖[こそで] ①소매통이 좁은 평상복. ②솜을 둔 명주옷.

小膝[こひざ] (무릎에 관계되는 가벼운 동작의) 무릎.

小僧[こぞう] ①나이 어린 중. ②나이 어린
점원. ③애송이. 풋내기.

小暗い[こぐらい/おぐらい] 〈形〉 어둑하다.
어스레하다.

小躍り[こおどり] 덩실거림.

小魚[こざかな] 작은 물고기.

²小屋❶[こや] ①(임시로 지은) 오두막집. 작
은 집. ②가설극장. ③(옛날) 성 안에 있
던 하급 무사의 집. ❷[しょうおく] ①오
두막집. ②누옥(陋屋). *자기 집의 낮춤
말임.

小雨[こあめ/こさめ] 가랑비.

小耳[こみみ] (귀에 관계되는 가벼운 동작의)
귀.

小人数[こにんずう] 적은 인원수.

小作[こさく] 소작; 남의 땅을 빌려 농사를
짓는 일.

小作り[こづくり] ①조그마하게 만듦. 조그
맣게 만들어 진 것. ②몸집이 작음.

¹小銭[こぜに] ①잔돈. ②약간의 목돈.

小切れ[こぎれ] 자투리. 헝겊 조각.

¹小切手[こぎって] 《経》 수표.

小切手帳[こぎってちょう] 수표책.

³小鳥[ことり] 작은 새. 조그마한 새.

小舟[こぶね] 작은 배.

小走り[こばしり] ①종종걸음. ②몸종.

小憎らしい[こにくらしい] 〈形〉 얄밉다.

小止み[こやみ] 비・눈이 잠시 멈춤.

小枝[こえだ] 잔가지. 작은 가지.

小指[こゆび] 새끼손가락・발가락.

小振り[こぶり] ①〈形動〉 (약간) 작음. ②작
게 휘두름.

小槌[こづち] 작은 망치.

小春[こはる/しょうしゅん] 소춘; 음력 10월
의 딴이름.

小春日和[こはるびより] (초겨울의) 봄처럼
따뜻한 날씨.

小出し[こだし] 찔끔찔끔 내놓음.

小判[こばん] ①(종이 등의) 작은 판. ②(江
戸(えど) 시대의) 금화(金貨).

²小包[こづつみ] 소포.

小荷物[こにもつ] 소하물; 작은 짐. ②(화
물 기차의) 소하물.

小賢しい[こざかしい] 〈形〉 ①주제넘다. 건
방지다. ②약삭빠르다. 잔재주가 있다.
몹시 약다.

小形[こがた] 소형; 형체가 작음.

小型[こがた] 소형; 작게 만들어진 것.

小話[こばなし] ①짧은 이야기. ②짤막한
에피소드.

[音読]

²小[しょう] 소; 작음. 작은 것. 즈-은 쪽.

小康[しょうこう] 소강; ①병세가 조금 좋
아짐. ②혼란된 상태가 가라앉음.

小憩[しょうけい] 소게; 잠깐 쉼.

小計[しょうけい] 소계; 일부분의 합계.

小国[しょうこく] 소국; ①국토가 작은 나
라. ②약소국가.

小規模[しょうきぼ] 소규모; 규모가 작음.

小企業[しょうきぎょう] 소기업; 규모가 작
은 기업.

¹小量[しょうりょう] 소량; 도량이 좁음.

²小便[しょうべん] 소변; 오줌.

小史[しょうし] 소사; ①약사(略史). ②작가
등이 아호(雅号) 밑에 붙이는 말.

¹小説[しょうせつ] 소설.

²小数[しょうすう] 소수; ①작은 수. 적은 수.
②《数》 절대값이 1보다 작은 실수(実数).

小数点[しょうすうてん] 《数》 소수점.

小乗的[しょうじょうてき] 소승적   소국적
(小局的).

小市民[しょうしみん] 소시민; 중산층. 서민.

小食[しょうしょく] 소식; 양을 적게 먹음.

小心[しょうしん] 소심; 도량이 좁음.

²小児科[しょうにか] 《医》 소아과.

小我[しょうが] 소아; ①《仏》 소아. ②《哲
》 현상계의 자아.

小額[しょうがく] 소액; 작은 단위의 금액.

小異[しょうい] 소이; 약간의 차이.

小腸[しょうちょう] 《生理》 소장.

小節❶[しょうせつ] 소절; ①작은 마디. 작은
절(節). ②문장의 짧은 한 단락. ③(악보에
서) 마디. ④사소한 의리・절조. ❷[こぶし]
①작은 마디. ②(민요・유행가에서) 음보(音
譜)로 나타낼 수 없는 미묘한 억양.

小株主[しょうかぶぬし] 소주주; 약간의 주
식을 갖고 있는 주주.

小差[しょうさ] 소차; 작은 차이.

小冊子[しょうさっし] 소책자; 팸플릿.

小片[しょうへん] 소편; 작은 조각.

小学[しょうがく] '小学校'의 준말.

²小学校[しょうがっこう] 초등학교.

²小学生[しょうがくせい] 초등학생.

小会[しょうかい] 소회; 소규모 모임.

小会派[しょうかいは] 소수당파(少数党派).

小休止[しょうきゅうし] 잠깐 쉼.

少 적을/젊을 소

丿 小 小 少

音 ●ショウ
訓 ●すこし ●すくない

訓読

⁴●少し[すこし] 〈副〉 조금. 좀. 약간.
少しも[すこしも] 조금도. 전혀.
⁴●少ない[すくない] 〈形〉 ①(수량・수효가) 적다. ②(나이가) 적다. 어리다.
少なからず[すくなからず] 적잖이. 많이. 매우. 몹시. 대단히.
少なくとも[すくなくとも] 적어도. 최소한.

音読

²少女[しょうじょ] 소녀; 나이 어린 처녀.
²少年[しょうねん] 소년; 나이 어린 남자.
少量[しょうりょう] 소량; 적은 양.
²少少[しょうしょう] ①조금. 약간. ②잠깐. 잠시. 조금. 좀.
少数[しょうすう] 소수; 적은 수효.
少時[しょうじ] 소시; ①어릴 때. ②잠시.
少食[しょうしょく] 소식; 양을 적게 먹음.
少額[しょうがく] 소액; 적은 금액.
少壮[しょうそう] 소장; 젊고 원기 왕성함.
少将[しょうしょう] ① 《軍》 소장. ②(옛날) 近衛府(このえふ)의 차관(次官).

召 부를 소

フ フ刀 召 召

音 ●ショウ
訓 ●めす

訓読

¹●召す[めす] 〈5他〉 ①부르시다. 불러들이시다. ②하시다. (음식을) 잡수시다. (옷을) 입으시다. (신을) 신으시다. (차에) 타시다. (물건을) 사시다. ③감기 드시다. 목욕하시다. 마음에 드시다. 나이를 잡수시다.
召し物[めしもの] 귀인의 물건・음식.
召使[めしつかい] 머슴. 하인. 하녀.
召し使う[めしつかう] 〈5他〉 고용해서 부리다. 고용하다.
²召し上がる[めしあがる] 〈5他〉 (음식을) 잡수시다. 드시다.

召し出す[めしだす] 〈5他〉 ①불러내다. 호출하다. 소환하다. 차출하다. ②불러내어 관직이나 녹(禄)을 주다.
召し抱える[めしかかえる] 〈下1他〉 부하로 삼다. 고용하다.
召し捕る[めしとる] 〈5他〉 (죄인 등을) 체포하다. 잡다.

音読

召集[しょうしゅう] 소집; (많은 사람을) 불러 모음.
召致[しょうち] 소치; 불러들임. 소환함.
召喚[しょうかん] 소환; 피고인・증인 등에 대해 출두를 명하는 강제 처분.
召還[しょうかん] 소환; 일을 마치기 전에 돌아오게 함.

沼 늪 소

丶 丶 氵氿 沪 沼 沼 沼

音 ●ショウ
訓 ●ぬま

訓読

¹●沼[ぬま] 늪. 늘 물이 괸 곳.
沼縁[ぬまべり] 늪가. 늪과 육지와의 경계.
沼田[ぬまた] 수렁논.
沼地[ぬまち/しょうち] 소지; 늪지대.

音読

沼気[しょうき] 소기; 메탄가스.
沼沢[しょうたく] 소택; 늪과 못.
沼沢地[しょうたくち] 소택지.
沼湖[しょうこ] 소호; 늪과 호수.

昭 밝을 소

丨 冂 日 日 旫 𣄰 昭 昭 昭

音 ●ショウ
訓 ●ー

音読

昭代[しょうだい] 소대; 태평성대.
昭昭[しょうしょう] 밝고 뚜렷함. 분명함.
昭示[しょうじ] 밝혀 냄. 분명히 밝힘.
昭和[しょうわ] 서기 1926년~1988년 사이의 일본의 연호(年号).
昭和基地[しょうわきち] 일본의 남극 관측 기지.

所(所) 바/장소 소

一 ㄱ �,,, ㄹ 戶 戶 所 所 所

音 ●ショ
訓 ●ところ

訓読
[4]●所[ところ] ①곳. 장소. ②주소. 근무처.
③부분. 데. ④형편. 처지. 때. ⑤…하는
참. ⑥정도. 쯤. ⑦…한 바.
所番地[ところばんち] 지명과 번지. 주소.
所柄[ところがら] 장소의 형편상.
所書(き)[ところがき] 기록된 주소.
[2]所所[ところどころ] 군데군데. 여기저기.
[2]所謂[★いわゆる] 소위; 흔히 말하는.

音読
所感[しょかん] 소감; 느낀 바.
所見[しょけん] 소견; ①본 바. 본 결과. 본 풍
경. ②의견. 생각하고 있는 바. ③본 경험.
所管[しょかん] 소관; 맡아 다스림.
所帯[しょたい] 세대(世帯), 가구(家口).
所帯持ち[しょたいもち]   ①살림을   차림.
②살림을 꾸려 나감.
[1]所得[しょとく] 소득; 이익. 수입.
所得税[しょとくぜい] 소득세.
所領[しょりょう] 소유 영지(領地).
所論[しょろん] 소론; 의견. 논하는 바.
所望[しょもう] 소망; 소원. 바라는 바.
所産[しょさん] 소산; 결과.
所生[しょせい] 소생; ①친부모. ②친자식.
③출생지. ④…이 만들어 냄.
所説[しょせつ] 소설; 주장하는 바.
[1]所属[しょぞく] 소속; 어떤 단체에 딸림.
所信[しょしん] 소신; 믿는 바.
所業[しょぎょう] (나쁜) 행위. 짓.
所要[しょよう] 소요; 필요로 함.
所用[しょよう] 소용; ①쓸데. ②용무. 볼일.
所員[しょいん] 연구소・사무소 직원.
[2]所為❷[せい] 탓. 원인. 이유.
[1]所有[しょゆう] 소유; 갖고 있음.
所作[しょさ] ①거동. 행동. 몸짓. ②할 일.
所蔵[しょぞう] 소장; 간직해 둠.
[1]所在[しょざい] 소재; ①거처. 있는 곳.
②하는 일. 행동.
[1]所定[しょてい] 소정; 정한 바.
所存[しょぞん] 소견. 생각. 의견.
[1]所持[しょじ] 소지; 가지고 있음.

咲(咲) 웃을/꽃필 소

丨 ㅁ ㅁ ㅁ 吽 吽 咲 咲 咲

音 ⊗ショウ
訓 ●さく

訓読
[4]●咲く[さく] 〈5自〉 (꽃이) 피다.
咲き乱れる[さきみだれる] 〈下1自〉 (많은 꽃
이) 흐드러지게 만발하다.

宵(宵) 밤/초저녁 소

丶 丶 宀 宀 宀 宀 宵 宵 宵 宵

音 ●ショウ
訓 ●よい

訓読
●宵[よい] ①초저녁. ②초경(初更). 아직
밤이 깊지 않은 무렵.
宵の口[よいのくち] 초저녁. 저녁.
宵宮[よいみや] 축제일의 전야제.
宵の明星[よいのみょうじょう] 《天》 태백
성. 초저녁에 보이는 금성(金星).
宵闇[よいやみ] ①(음력 16일부터 다음 달
초승까지) 초저녁의 어둠. ②땅거미.
宵越し[よいごし] 하룻밤을 넘김. 하룻밤을
묵힌 물건.
宵祭り[よいまつり] 축제일의 전야제.
宵寝[よいね] ①초저녁부터 잠. ②초저녁
잠. 초저녁에만 잠을 잠.

消(消) 끌/꺼질/사라질 소

丶 丶 氵 氵 氵 汁 汁 消 消 消

音 ●ショウ
訓 ●きえる ●けす

訓読
[4]●消える[きえる] 〈下1自〉①사라지다. 없어
지다. ②(불이) 꺼지다. ③(눈 등이) 녹다.
④지워지다. ⑤(목숨이) 사라지다. 죽다.
⑥ 《俗》 (사람이) 없어지다. 꺼지다.
消え去る[きえさる] 〈5自〉 사라지다.
消え失せる[きえうせる] 〈下1自〉 ①(사람이)
자취를 감추다. 사라져 없어지다. ②죽다.

消え入る[きえいる]〈5自〉①꺼져 들어가다. 사라지다. ②죽다. 숨이 끊어지다. ③실신하다. 기절하다.

消え残る[きえのこる]〈5自〉사라지지 않고 남다. 꺼지지 않고 남아 있다.

⁴●消す[けす]〈5他〉①(불·스위치 등을) 끄다. ②(흔적을) 지우다. 없애다. ③제거하다. 없애다. ④(종적을) 감추다. ⑤《俗》(사람을) 죽이다.

³消しゴム[けしゴム] 고무지우개.

消し飛ぶ[けしとぶ]〈5自〉(순식간에) 날아가 없어지다. 날아가 버리다.

消印[けしいん] 소인; 날짜 도장.

消し止める[けしとめる]〈下1他〉①불길을 잡다. 불을 끄다. ②(소문 등이) 퍼지는 것을 막다.

音読

消却[しょうきゃく] 소각; ①지워 없앰. 소비함. 써서 없앰. ③상환. 빚을 갚음.

¹消去[しょうきょ] 소거; 지워 없앰.

²消極的[しょうきょくてき] 소극적.

²消毒[しょうどく] 소독; 병균을 죽임.

消滅[しょうめつ] 소멸; 사라져 없어짐.

²消耗[しょうもう] 소모; ①사용해서 없어짐. ②체력·기력을 소진시킴.

消防[しょうぼう] 소방; 화재나 재해를 예방하거나 수습하는 일.

²消防署[しょうぼうしょ] 소방서.

²消費[しょうひ] 소비; 사용해서 없앰.

¹消息[しょうそく] 소식; ①기별. 연락. ②정보. 동정(動静).

²消化[しょうか] 소화; ①《生理》음식물을 위에서 삭임. ②완전히 이해함.

消火栓[しょうかせん] 소화전; 화재를 진압하기 위해 설치한 급수(給水) 시설.

素　　바탕/흴 소

一 十 キ キ 圭 夫 妻 素 素 素

音 ●ス ●ソ
訓 ⊗もと

音読

素っ気無い[そっけない]〈形〉무뚝뚝하다.

素肌[すはだ] ①(화장하지 않은) 맨 살갗. 살결. ②맨살. ③노출시킨 살갗.

素っ裸[すっぱだか] ①알몸. 알몸뚱이. ②적나라함. 전혀 숨기지 않음.

素描[そびょう] 소묘; ①데생. 밑그림. ②사물의 요점만을 대충 써나감.

素描き[すがき] 소묘; 데생. 밑그림.

素朴[そぼく] 소박; 꾸밈없는 상태.

素っ飛ばす[すっとばす]〈5自〉마구 달리다. 마구 내몰다.

素性[すじょう] ①가문. 혈통. 핏줄. ②신원. 정체. ③본성. 유래. 내력.

素焼(き)[すやき] ①초벌구이. ②생선·고기 등을 양념하지 않고 굽기.

¹素速い[すばやい]〈形〉재빠르다. 날래다. 민첩하다.

素手[すで] ①맨손. 맨주먹. ②빈손.

素顔[すがお] ①(여성의) 화장하지 않은 얼굴. ②(배우의) 분장하지 않은 얼굴. ③(술에 취하지 않은) 맨송맨송한 얼굴. ④(있는 그대로의) 실상. 참모습.

素養[そよう] 소양; 평소의 교양.

²素人[★しろうと] ①아마추어. 초심자. 풋내기. ②여염집. 가정집.

素材[そざい] 소재; 근본 재료.

素敵[すてき]〈形動〉①아주 멋있음. 정말 근사함. ②굉장함. 대단함.

¹素早い[すばやい]〈形〉재빠르다. 날래다. 민첩하다.

素足[すあし] 맨발.

素地[そじ/そち] 소지; 밑바탕. 기초.

素知らぬ[そしらぬ] 모르는 체하는.

²素直[すなお]〈形動〉①순박함. 순진함. 순수함. ②고분고분함. 온순함. ③곧음. 비뚤어진 데가 없음. ④자연스러움.

素振り❶[すぶり] ①(검·목검(木劍)·죽도(竹刀) 등을 상단(上段)에서 중단(中段)까지 상하로 휘두름. ②(야구에서) 배트를 휘두르는 연습. ❷[そぶり] 거동. 행동. 기색.

²素質[そしつ] 소질; ①본래부터 갖추어져 있는 성질. 천성. ②장래에 무엇이 되는 데에 필요한 능력이나 성질.

³素晴らしい[すばらしい]〈形〉①기막히게 좋다. 멋지다. 근사하다. 훌륭하다. ②굉장하다. 대단하다.

素通し[すどおし] 소통; ①(앞·속이) 훤히 내다 봄. ②도수 없는 안경. ③투명 유리. ④유리가 투명한 전구.

素通り[すどおり] ①(들러보지 않고) 그대로 지나침. ②(언급하지 않고) 그냥 넘어감.

笑　웃을 소

丿 亻 ᅡ 竹 竹 竹 竹 笑 笔 笋 笑

音 ●ショウ
訓 ●わらう ●えむ

訓読
³●笑う[わらう]〈5自〉①웃다. ②(꽃이) 피다. (열매가 익어서) 벌어지다. ③(꿰맨 곳이) 타지다. ④《俗》웃기다. 가소롭다. 〈5他〉비웃다. 빈정대다.
笑い[わらい] ①웃음. ②비웃음. ③《経》시세가 올라가 경기가 좋아짐. ④《建》돌을 쌓을 때 접합부를 약간 떼어놓음.
笑い飛ばす[わらいとばす]〈5他〉웃어넘기다.
笑い上戸[わらいじょうご] ①(술에 취하면) 웃는 사람. ②잘 웃는 사람.
笑い声[わらいごえ] 웃음소리.
笑い顔[わらいがお] 웃는 얼굴.
笑い転げる[わらいころげる]〈下1自〉자지러지게 웃다. 포복절도하다.
笑い話[わらいばなし] ①우스운 이야기. ②우스갯소리. ③비웃음거리.
●笑む[えむ]〈5自〉①미소 짓다. 생긋이 웃다. ②(꽃이) 피다. (꽃봉오리가) 벌어지다. ③(열매가) 익어서 벌어지다.
笑み[えみ] ①미소. 웃음. ②개화(開花). 꽃이 핌. ③(열매가) 익어서 벌어짐.
²笑顔[えがお] 웃는 얼굴. 미소짓는 얼굴.
笑窪[えくぼ] 보조개.
笑み溢れる[えみこぼれる]〈下1自〉얼굴 가득히 미소를 띠다.
笑み割れる[えみわれる] 〈下1自〉(열매가) 익어서 벌어지다.

音読
笑劇[しょうげき] 소극; 코미디. 희극.
笑納[しょうのう] 소납. ＊선물할 때 '별 것 아니지만 웃으며 받아 주십시오'라는 뜻임.
笑覧[しょうらん] 소람. ＊자기 것을 남에게 보일 때 '웃으면서 봐 주십시오'라는 뜻임.
笑殺[しょうさつ] 소살; ①크게 웃김. 몹시 비웃음. ②웃어넘김.
笑声[しょうせい] 웃음소리.
笑止[しょうし] ①가소로움. 우스움. ②딱함. 가엾음.
笑話[しょうわ] 소화; 우스운 이야기.

巢(巢)　새집/보금자리 소

丶 丷 丷 ᅳ 巛 巛 岩 쓰 쓰 単 巣

音 ●ソウ
訓 ●す

訓読
²●巣[す] ①(짐승·물고기·벌레 의) 집. 둥지. ②소굴. ③보금자리.
巣くう[すくう]〈5自〉①(짐승·물고기·벌레가) 집을 짓고 살다. 둥지를 틀다. ②소굴을 이루다. 근거지로 삼다. ③(좋지 않은 마음·병이) 깃들이다. 자리 잡다.
巣立ち[すだち] ①(새끼가 다 자라서) 둥지를 떠남. ②사회로 진출함. ③자립함. 독립함.
巣立つ[すだつ]〈5自〉①(새끼가 다 자라서) 둥지를 떠나다. ②사회로 진출하다. ③자립하다. 독립하다.
巣箱[すばこ] (사람이 만든) 둥우리 상자.

音読
巣窟[そうくつ] 소굴: ①도둑·불량배들의 본거지. ②거처로 삼고 있는 곳.

掃(掃)　쓸어버릴 소

一 十 ᅡ 扌 扌 打 挦 挦 捍 掃 掃

音 ●ソウ
訓 ●はく

訓読
²●掃く[はく]〈5他〉①(빗자루로) 쓸다. 비질하다. ②(가볍게) 칠하다. ③(갓 깬 애누에를) 잠란지(蚕卵紙)에서 옮기다.
掃き溜め[はきだめ] 쓰레기터. 쓰레기통.
掃き立て[はきたて] ①방금 청소함. ②(갓 깬 애누에를) 잠란지(蚕卵紙)에서 옮기기.
掃き清める [はききよめる]〈下1他〉①(빗자루로) 쓸어서 깨끗이 하다. ②(어떤 지역의) 적을 완전히 소탕하다.
掃き出す[はきだす]〈5他〉쓸어내다.

音読
掃滅[そうめつ] 소멸; 송두리째 없애버림.
⁴掃除[そうじ] 소제; 청소.
掃除屋[そうじや] 청소부.
掃除人[そうじにん] 청소하는 사람.
掃海艇[そうかいてい] 소해정.

疎

성길/소통할 소

丁 了 予 正 正 正 乔 乔 疏 疎

- 音 ●ソ
- 訓 ●うとい ●うとむ ⊗おろそか ⊗まばら

訓読
- ●疎い[うとい]〈形〉①친한 사이가 아니다. 소원하다. ②사정에 어둡다. 잘 모르다.
- ●疎む[うとむ]〈5〉따돌리다. 멀리하다.
- ⊗疎か❶[おろか]〈副〉(…은) 물론이고,
¹●疎か❷[おろそか]〈形動〉소홀함. 등한함.
- ⊗疎ら[まばら]〈形動〉드문드문함.

音読
疎開[そかい] 소개; ①밀집한 것들의 사이를 넓힘. ②도시의 주민들을 지방 등으로 이동시킴.
疎明[そめい] 소명; ①변명함. ②재판관에게 어느 정도 확실하다는 심증을 줌.
疎外[そがい] 소외; 가까이 하지 않음.
疎遠[そえん] 소원; 친하지 않고 멀어짐.
疎通[そつう] 소통; 막히지 않고 서로 통함.

紹

이을 소

ㄠ ㄠ ㄠ 幺 糸 糸 紹 紹 紹 紹

- 音 ●ショウ
- 訓 ―

音読
³**紹介**[しょうかい] 소개; ①모르는 사람끼리 알고 지내도록 관계를 맺어줌. ②잘 알려지지 않은 것을 알게 해 줌.
紹介状[しょうかいじょう] 소개장; 모르는 사람을 소개하기 위한 서한(書翰).

焼（燒）

불사를 소

ㅣ ㅘ ㅘ ㅘ ㅄ ㅄ 炒 炒 焼 焼

- 音 ●ショウ
- 訓 ●やく ●やける

訓読
³●焼く[やく]〈他〉①(불에) 태우다. 굽다. ②그을리다. 지지다. ③애태우다. ④(여러 모로) 돌봐주다. ⑤(사진을) 인화하다. 복사하다. ⑥달구다. ⑦질투하다. 시기하다.

焼(き)金[やきがね] ①낙인을 찍음. ②순금(純金).
焼(き)豚[やきぶた] 오향장육 요리.
焼(き)豆腐[やきどうふ] 두부구이.
焼(き)鈍[やきなまし] ≪化≫ 풀림.
焼(き)物[やきもの] ①도자기. ②불에 구운 요리. ③담금질하여 버린 날붙이.
焼(き)飯[やきめし] ①볶음밥. ②불에 구운 주먹밥.
焼き付く[やきつく]〈5自〉①타서 눌어붙다. ②강하게 인상지어지다.
焼(き)付け[やきつけ] ①도자기에 무늬를 그려서 구움. ②(사진에서) 인화(印画). ③도금(鍍金).
焼き払う[やきはらう]〈5他〉①죄다 태워버리다. ②태워서 쫓아버린다.
焼き上げる[やきあげる]〈下1他〉①잘 굽다. ②구워 내다.
焼(き)魚[やきざかな] 생선구이.
焼(き)芋[やきいも] 군고구마.
焼(き)肉[やきにく] 불고기.
焼(き)栗[やきぐり] 군밤.
焼(き)刃[やきば] ①담금질한 날붙이. ②칼날의 물결무늬.
焼(き)印[やきいん] 낙인(烙印).
焼(き)入れ[やきいれ] 담금질.
焼き切る[やききる]〈5他〉①불에 달구어 끊다. ②충분히 달구다. 다 태우다.
焼(き)鳥[やきとり] 새고기 꼬치구이.
焼(き)増し[やきまし] (사진의) 추가 인화.
焼(き)直し[やきなおし] ①(음식을) 다시 구움. ②(사진에서) 다시 인화함. ③개작(改作). 원작을 약간 손질하여 신작인 양 발표함.
焼き直す[やきなおす]〈5他〉①(음식을) 다시 굽다. ②불에 다시 달구다. ③개작(改作)하다. 원작을 약간 손질하여 신작인 양 발표하다.
焼(き)討ち[やきうち] 불로 공격함.
³●焼ける[やける]〈下1自〉①불타다. ②구워지다. ③데워지다. 달다. ④(햇볕에) 그을리다. 타다. ⑤변색하다. 바래다. ⑥놀이 지다. 붉게 물들다. ⑦(소화불량으로) 속이 쓰리다. ⑧애가 쓰이다. ⑨질투하다. 샘이 나다. ⑩(화산이) 분화하다. ⑪주독(酒毒)으로 빨개지다.

焼け落ちる[やけおちる] 〈上1自〉 불타서 무너져 내리다.

焼け付く[やけつく] 〈5自〉 ①불타다. ②타서 눌어붙다.

焼け死ぬ[やけしぬ] 〈5自〉 소사하다. 불에 타 죽다.

焼け山[やけやま] ①불타버린 산. ② 《俗》 휴화산(休火山).

焼け色[やけいろ] 그을린 빛깔.

焼け石[やけいし] 불에 달궈진 돌.

焼け野[やけの] 불타버린 들판.

焼け野原[やけのはら] ①불타버린 들판. ②(화재로 인한) 허허 벌판.

焼け残る[やけのこる] 〈5自〉 불에 타지 않고 남다. 화재를 모면하다.

焼け跡[やけあと] 불탄 흔적.

焼け焦げ[やけこげ] 타서 눌음.

焼け出される[やけだされる] 〈下1自〉 (화재・전쟁으로) 집을 잃다.

焼け太り[やけぶとり] 화재 덕분에 전보다 형편이 더 나아짐.

焼け土[やけつち] ①불에 탄 흙. ②햇볕에 뜨거워진 흙.

焼け火箸[やけひばし] 달군 부젓가락.

焼け灰[やけばい] 불탄 재.

焼け痕[やけあと] 화상의 흔적.

음독

焼却[しょうきゃく] 소각; 불필요한 것을 불태워 없앰.

焼却炉[しょうきゃくろ] 소각로.

焼却場[しょうきゃくじょう] 소각장.

焼死[しょうし] 소사; 불에 타 죽음.

焼失[しょうしつ] 소실; 불에 타 없어짐.

焼酎[しょうちゅう] 소주.

焼香[しょうこう] 소향; 분향(焚香).

訴   하소연할 소

`一 亠 亠 亖 言 言 訃 訴 訴 訴`

음 ●ソ

훈 ●うったえる

훈독

²●訴える[うったえる] 〈下1他〉 ①(법에) 고소하다. 소송하다. ②호소하다. 하소연하다. ③(해결하기 위해) 수단으로 쓰다.

¹訴え[うったえ] ①호소. 하소연. ② 《法》 소송(訴訟).

음독

訴訟[そしょう] 소송; 재판을 청구함.

訴願[そがん] 소원; 호소하여 청원함.

訴状[そじょう] 소장; 소송장(訴訟状).

訴追[そつい] 소추; ①(검사의) 기소(起訴). ②(탄핵의) 소추.

塑   흙인형 소

`ソ 屮 屮 屮 声 剉 朔 朔 朔 塑`

음 ●ソ

훈 —

음독

塑像[そぞう] 소상; (찰흙으로 만든) 점토상(粘土像). (석고로 만든) 석고상石膏像).

塑造[そぞう] 소조; 석고・찰흙으로 조각의 원형을 만듦.

騷(騒)   시끄러울 소

`｜ 厂 厂 厊 馬 馬 馴 騌 騒 騒`

음 ●ソウ

훈 ●さわがしい ●さわがす ●さわぐ

훈독

²●騒がしい[さわがしい] 〈形〉 ①시끄럽다. 떠들썩하다. 왁자지껄하다. 소란스럽다. ②(분위기가) 뒤숭숭하다.

●騒がす[さわがす] 〈5他〉 ①시끄럽게 하다. ②(가슴을) 두근거리게 하다.

³●騒ぐ[さわぐ] 〈5他〉 ①떠들다. ②소란을 피우다. 소동을 일으키다. ③술렁거리다. 허둥대다. ④(수동형 '騒(さわ)がれる'로 변하여) 인기가 있다. 평판(評判)이 좋다.

²騒ぎ[さわぎ] ①시끄러움. 떠들썩함. ②소동. 소란. 분쟁. 사건.

騒ぎ立てる[さわぎたてる] 〈下1自〉 떠들어대다. 과장해서 떠들썩하게 만들다.

음독

¹騒動[そうどう] 소동; 여러 사람이 문제를 일으켜 분쟁함.

騒乱[そうらん] 소란; 소동(騒動).

²騒騒しい[そうぞうしい] 〈形〉 ①떠들썩하다. 시끄럽다. ②소란하다. 어수선하다.

騒然[そうぜん] 소연; ①떠들썩함. ②뒤숭숭함. 어수선함.

²騒音[そうおん] 소음; 시끄러운 소리.

疏 뚫릴 소
音 ⊗ソ
訓 ―

音読
疏明[そめい] 소명; ①변명함. ②재판관에게 어느 정도 확실하다는 심증을 줌.
疏水[そすい] 인공 수로(人工水路).
疏食[そし] 소식; 변변치 못한 음식.
疏通[そつう] 소통; 막히지 않고 서로 통함.

掻 ×(掻) 긁을 소
音 ⊗ソウ
訓 ⊗かく

訓読
²⊗掻く[かく] 〈5他〉 ①긁다. 긁적거리다. ②(현악기의 줄을) 퉁기다. 타다. ③(자기 쪽으로 당기어) 베다. 자르다. ④(칼로) 긁어내다. 깎다. ⑤할퀴다. 파헤치다. ⑥(쟁기로) 일구다. 갈다. ⑦(갈퀴로) 긁어모으다. ⑧빗질하다. ⑨휘저어 개다. 반죽하다.
掻き寄せる[かきよせる] 〈下1他〉 ①긁어모으다. ②(손으로) 끌어당기다.
掻き乱す[かきみだす] 〈5他〉 휘저어 어지럽히다. 흐트러뜨리다. 교란시키다.
掻き立てる[かきたてる] 〈下1他〉 ①심지를 돋우다. ②북돋우다. ③휘젓다. ④(현악기를) 켜다. 퉁기다.
掻き鳴らす[かきならす] 〈5他〉 (현악기를) 켜다. 퉁기다.
掻き分ける[かきわける] 〈下1他〉 (좌우로) 헤치다. 헤집다.
掻き散らす[かきちらす] 〈5他〉 ①(여기저기) 함부로 긁다. ②한꺼번에 흐트러뜨리다.
掻き上げる[かきあげる] 〈下1他〉 ①그러 올리다. 쓸어 올리다. ②(심지 등을) 돋우다.
掻き消える[かききえる] 〈下1自〉 갑자기 사라지다. 싹 사라지다.
掻き捜す[かきさがす] 〈5他〉 뒤지다.
掻き揚げ[かきあげ] ①튀김 요리. ②(심지 등을) 돋움. 위로 당김.
掻き揚げる[かきあげる] 〈下1他〉 ①그러 올리다. 쓸어 올리다. ②(심지 등을) 돋우다.
掻き込む[かきこむ] 〈5他〉 ①(앞쪽으로) 그러모으다. 그러당기다. ②(입 안에) 그러넣다. 급히 먹다.
掻っ込む[かっこむ] 〈5他〉 (입 안에) 그러넣다. 급히 먹다.

掻っ切る[かっきる] 〈5他〉 ①싹둑 자르다. 동강 치다. ②단숨에 가르다.
掻き集める[かきあつめる] 〈下1他〉 ①(단번에) 그러모으다. 끌어 모으다. ②긁어모으다.
掻き出す[かきだす] 〈5他〉 긁어내다. 퍼내다.
掻き探す[かきさがす] 〈5他〉 뒤지다.
掻き退ける[かきのける] 〈下1他〉 좌우로 밀치다. 밀어 제치다. 헤치다.
掻き抱く[かきいだく] 〈5他〉 꽉 껴안다.
掻き合(わ)せる[かきあわせる] 〈下1他〉 ①여미다. ②(현악기로) 합주하다.
掻き昏れる[かきくれる] 〈下1他〉 완전히 캄캄해지다.
掻き混ぜる[かきまぜる] 〈下1他〉 뒤섞다.
¹掻き回す[かきまわす] 〈5他〉 휘젓다.

音読
掻痒[そうよう] 소양; 가려운 곳을 긁음.
掻爬[そうは] 소파; 몸 안의 병적 조직의 일부를 떼어냄.

遡 ×(遡) 거슬러 올라갈 소
音 ⊗ソ
訓 ⊗さかのぼる

訓読
²⊗遡る[さかのぼる] 〈5自〉 ①(흐르는 물을) 거슬러 올라가다. ②(과거·근본으로) 되돌아가다. ③소급하다.

音読
遡及[そきゅう/さっきゅう] 소급; 거슬러 올라감. *'さっきゅう'는 관용음임.
遡源[そげん/さくげん] 소원; 원천으로 거슬러 올라감. *'さくげん'은 관용음임.
遡航[そこう] 소항; 수류(水流)를 거슬러 항해함.
遡行[そこう] 소행; 수류(水流)를 거슬러 올라감.

蘇 되살아날 소
音 ⊗ソ
訓 ⊗よみがえる

訓読
¹⊗蘇る[よみがえる] 〈5自〉 되살아나다. 소생(蘇生)하다.
蘇り[よみがえり] 소생(蘇生). 되살아남.

音読
蘇生[そせい] 소생; ①되살아남. ②생기를 되찾음.
蘇鉄[そてつ] ≪植≫ 소철.

[속]

束 묶을 속

一 厂 戸 市 束 束

音 ●ソク
訓 ●たば ⊗つか

訓読
²●束❶[たば] 다발. 뭉치. 단.
⊗束❷[つか] ①≪建≫조구미. 동자기둥. ②책의 부피. ③쥼. *옛 길이의 단위로서 네 손가락으로 쥐었을 때의 길이. ❸[そく] ☞ [音読]
¹●束ねる[たばねる]〈下Ⅰ他〉①단으로 묶다. 다발을 짓다. ②통솔하다. 다스리다.

音読
束❶[そく]①(다발로 된 물건을 세는 조수사로) …속. …다발. …묶음. ②벼 10단의 단위. ③반지(半紙) 200매의 단위. ④화살 길이의 단위. ⑤(100개를 한 단위로) …접. ❷[たば/つか] ☞ [訓読]
¹束縛[そくばく] 속박; 자유를 빼앗음.

俗 풍속/속될 속

丿 亻 俨 俨 佟 俗 俗 俗

音 ●ゾク
訓 ―

音読
俗論[ぞくろん] 속론; 세속적인 의논. 견해가 좁은 의견.
俗名❶[ぞくみょう] ①속명; 중의 출가(出家)하기 전의 이름. ②(故人의) 생전의 이름. ❷[ぞくめい] ①세속적인 하찮은 명성. ②속칭(俗称).
俗物[ぞくぶつ] 속물; 저속한 인간.
俗事[ぞくじ] 속사; 속된 일.
俗説[ぞくせつ] 속설; 통설(通説).
俗世間[ぞくせけん] 속세간; 속세.
俗受け[ぞくうけ] 대중에게 인기를 얻음. 일반 사람의 평판이 좋음.
俗悪[ぞくあく] 속악; 저속함.
俗語[ぞくご] 속어; ①구어(口語). 일상 회화어. ②은어. 속된 말.

俗人[ぞくじん] 속인; ①속된 사람. 속물. ②풍류를 모르는 사람. ③중이 아닌 사람.
俗字[ぞくじ] 속자; 漢字의 약자(略字).
俗称[ぞくしょう] 속칭; ①통칭(通称). ②중이 되기 전의 속명(俗名).
俗評[ぞくひょう] 속평; 보통 사람들의 평판.
俗向き[ぞくむき] 대중용. 대중적임. 통속적임.
俗化[ぞっか] 속화; 세속적이 됨.
俗話[ぞくわ] 속화; 세속 이야기. 잡담.

速(速) 빠를 속

一 厂 戸 市 市 束 束 涑 涑 速

音 ●ソク
訓 ●はやい ●すみやか

訓読
⁴●速い[はやい]〈形〉(속도・동작・과정・반응이) 빠르다. 날래다.
速く[はやく]〈副〉빨리. 빠르게.
⁴速さ[はやさ] 속도. 빠르기.
速まる[はやまる]〈5自〉(속도가) 빨라지다.
速め[はやめ] 약간 빠름.
¹速める[はやめる]〈下Ⅰ他〉속력을 내다. 서두르다. 재촉하다.
●速やか[すみやか]〈形動〉재빠름. 신속함.

音読
速決[そっけつ] 속결; 빨리 결정함.
速攻[そっこう] 속공; 재빠른 공격.
速急[そっきゅう] 속급; 매우 빠름. 매우 급함.
速記[そっき] 속기; 속기술(速記術).
速断[そくだん] 속단; 빨리 판단함.
²速達[そくたつ] 속달; 속달 우편.
速答[そくとう] 속답; 빨리 대답함.
²速度[そくど] 속도; 스피드. 빠르기.
速読[そくどく] 속독; 책을 빨리 읽음.
²速力[そくりょく] 속력; 스피드. 속도.
速了[そくりょう] 지레짐작.
速歩[そくほ] 속보; 잰걸음. 빠른 걸음.
速報[そくほう] 속보; 긴급 뉴스.
速成[そくせい] 속성; 목적을 신속히 이룸.
速修[そくしゅう] 속수; 빨리 배움.
速修科[そくしゅうか] 속성과(速成科).
速習[そくしゅう] 속습; 빨리 배움.
速習科[そくしゅうか] 속성과(速成科).
速戦即決[そくせんそっけつ] 속전속결(速戦速決).
速効[そっこう] 속효; 빠른 효과.

属(屬) 속할 속

一 ｢ ｣ ｢ ｢ ｢ ｢ 居 属 属 属 属

音 ●ゾク ⊗ショク
訓 ─

音読
²**属する**[ぞくする] 〈サ変自〉 속하다. 소속되다. 포함되다. 범위 안에 들다.
属国[ぞっこく] 속국; 종속된 나라. 식민지.
属領[ぞくりょう] 속령; 종속된 영지(領地).
属僚[ぞくりょう] 속료; 하급 관리.
属性[ぞくせい] 속성; ①특성. ②사물의 본질을 이루는 성질.
属地[ぞくち] 속지; ①부속된 땅. ②그 고장에 속함.

続(續) 이을 속

纟 幺 纟 糸 紵 紵 続 続 絴 続

音 ●ゾク ⊗ショク
訓 ●つづく ●つづける

訓読
³**●続く**[つづく] 〈自〉 ①계속되다. 이어지다. ②잇따르다. ③뒤따르다. ④버금가다.
²**続き**[つづき] ①연결. ②계속. ③죽 계속됨. 잇닿음. 연속됨.
続き物[つづきもの] (소설・드라마・영화 등의) 연속물. 연재물.
続き柄[つづきがら] 혈연 관계.
³**●続ける**[つづける] 〈下1他〉 ①계속하다. ②잇다. 연결하다.
続け様[つづけざま] 잇따름. 계속됨.

音読
続[ぞく] 속; '続編'의 준말.
続落[ぞくらく] 속락; 시세가 계속 내림.
続発[ぞくはつ] 속발; 잇달아 발생함.
²**続々と**[ぞくぞくと] 속속; 잇달아. 연이어.
続演[ぞくえん] 속연; 연장 공연(公演).
続映[ぞくえい] 속영; 연장 상영(上映).
続出[ぞくしゅつ] 속출; 연이어 발생함.
続投[ぞくとう] 속투; (야구에서) 투수가 쉬지 않고 계속해서 공을 던짐.
続編[ぞくへん] 속편; 앞서의 책・영화・드라마 등에 잇대어 편집한 것.
続行[ぞっこう] 속행; 계속 행함.

贖 속죄할 속

音 ⊗ショク
訓 ⊗あがなう

訓読
⊗**贖う**[あがなう] 〈5他〉 ①(어떤 대가를 치르고) 죄를 갚다. 속죄(贖罪)하다. ②대속(代贖)하다. 보상하다.
贖い[あがない] 대속(代贖). 속죄(贖罪). 죄 갚음.

音読
贖罪[しょくざい] 속죄; 금품을 내거나 공을 세워 지은 죄를 비겨 없앰.

[손]

孫 손자 손

一 了 了 孑 孑 孑 孫 孫 孫 孫

音 ●ソン
訓 ●まご

訓読
²**●孫**[まご] ①손자. ②한 대(代)를 사이에 둔 관계.
孫娘[まごむすめ] 손녀(孫女)
孫子❶[まごこ] ①손자와 아들. ②자손.
❷[そんし] ①손자; 중국 전국(戦国) 시대의 전략가. ②중국 병법의 대표적인 고전.
孫弟子[まごでし] 제자의 제자.
孫株[まごかぶ] 신주(新株)를 발행하여 증자(増資)한 후 다시 증자(増資)하기 위해 발행한 주식.

損 손해볼 손

一 扌 扩 扩 扌 捐 捐 損 損

音 ●ソン
訓 ●そこなう ●そこねる

訓読
¹**●損なう**[そこなう] 〈5他〉 ①망가뜨리다. 파손하다. 부수다. ②(기분・건강・성질을) 해치다. 상하게 하다. ③살상(殺傷)하다. ④(동사 ます형에 접속하여) ㉠잘못 …하다. …하기를 실패하다. ㉡할 기회를 놓치다. ㉢(하마터면) …할 뻔하다.

●損ねる[そこねる] 〈下1他〉 (기분・건강・성질을) 해치다. 상하게 하다.

音読
²損[そん] ①손해. ②소득이 없음. 불리함.
損じ[そんじ] ①부서짐. 망가짐. 파손됨.
②(동사 ます형에 접속하여) 잘못 …함.
損じる[そんじる] 〈上1他〉 ①부수다. 망가뜨리다. 파손하다. ②(기분・건강・성질을) 해치다. 상하게 하다. ③(동사 ます형에 접속하여) 잘못 …하다.
損する[そんする] 〈サ変他〉 손해보다.
損ずる[そんずる] ⊏⊐ 損じる
損壊[そんかい] 손괴. 파괴.
損金[そんきん] 손금. 손해액. 손해 본 돈.
損金袋[そんきんぶくろ] 팁을 넣어주는 봉투.
損気[そんき] 손해를 보는 성질. 손해를 봄.
²損得[そんとく] 손득. 손해와 이득. 손익.
損料[そんりょう] 손료. 임차료(賃借料). 사용료.
損料貸(し)[そんりょうがし] 사용료를 받고 빌려줌. 임대(賃貸)함.
損亡[そんもう/そんぼう] 손망. 손실(損失).
損耗[そんもう/そんこう] 손모. 소모(消耗).
損保[そんぽ] '損害保険'의 준말.
¹損失[そんしつ] 손실. ①(재산이나 이익의) 손해. ②(어떤 장치나 시스템 내에서) 이용되지 않고 버려지는 에너지. 로스.
損益[そんえき] 손익. 손실과 이익. 지출과 소득.
損益勘定[そんえきかんじょう] 손익 계정.
²損害[そんがい] 손해. ①사고나 자연재해에 의해 입는 재산상의 불이익. 손실. 손상. ②(물건의) 파손.
損害保険[そんがいほけん] 손해 보험.

遜 ˣ(遜) 겸손할   **音** ⊗ソン
손   **訓** ⊗へりくだる

訓読
¹⊗遜る[へりくだる] 〈5自〉 겸손하다. 자기를 낮추다.

音読
遜色[そんしょく] 손색. 다른 것에 비해 뒤떨어짐.
遜譲[そんじょう] 손양. 겸손하여 남에게 양보함.

[솔]

率(率) ①거느릴 솔
        ②비율 률

一 ナ 玄 玄 玄 浓 浓 浓 率 率

音 ●ソツ ●リツ
訓 ●ひきいる

訓読
¹●率いる[ひきいる] 〈上1他〉 ①거느리다. 인솔하다. 이끌다. ②통솔하다. 다스리다.

音読
²率[りつ] 율; ①비율. ②(노력・수고에 대한) 보수(報酬).
率先[そっせん] 솔선; 남보다 앞장 섬.
率然と[そつぜんと] ①갑자기. 돌연히. ②경솔하게.
²率直[そっちょく] 솔직; 숨김이 없이 바르고 곧음.

[송]

松   소나무 송

一 十 才 オ 札 松 松 松

音 ●ショウ
訓 ●まつ

訓読
²●松[まつ] ①≪植≫ 소나무. ②'門松(かどまつ)'의 준말. ③≪雅≫'松明(たいまつ)'의 준말.
松の内[まつのうち] 설에 門松(かどまつ)를 세워 두는 기간. *설날부터 7일간을 임.
松林[まつばやし] 송림; 솔밭. 소나무 숲.
松明[★たいまつ] 횃불.
松飾り[まつかざり] (설날) 대문에 장식하는 소나무.
松葉[まつば] 송엽; ①솔잎. ②바늘.
松葉杖[まつばづえ] 목발.
松茸[まつたけ] ≪植≫ 송이버섯.
松原[まつばら] (해안 근처의) 소나무 숲.
松脂[まつやに] 송진.

音読
松竹梅[しょうちくばい] 송죽매; 소나무・대나무・매화.

送(送) 보낼 송

`ヽ ゙ ゙ 丷 半 羊 关 关 送 送`

音 ●ソウ
訓 ●おくる

³●**送る**[おくる] 〈5他〉 ①(물건·짐·신호 등을) 보내다. 부치다. ②전송하다. 배웅하다. ③파견하다. ④바래다주다. 모셔다 주다. ⑤(죽은 자를) 떠나보내다. ⑥(세월을) 보내다. ⑦(차례로) 돌리다. 넘기다. 옮기다. ⑧(자리를) 좁히다. ⑨갚다. 보답하다. ⑩(졸업생을) 내보내다. 배출하다. ⑪송り仮名(おくりがな)를 달다.

送り[おくり] ①(물건·짐·신호 등을) 보냄. 발송. ②전송. 배웅. ③'送(おく)り状(じょう)'의 준말. 송장. ④뒤로 물림. ⑤'送り仮名(おくりがな)'의 준말. ⑥관할(管轄)을 옮김. 송치(送致)함. ⑦(인쇄·공작 기계에서) 공작물을 이동시킴. 이동시키는 장치. ⑧(浄瑠璃(じょうるり)에서) 끝 장면·장면 변경·배우가 교대할 때의 음악. ⑨(歌舞伎(かぶき)에서) 배우가 무대에서 물러날 때 부르는 下座唄(げざうた). ⑩≪古≫장송(葬送). 죽은 자를 묘소까지 전송함. ⑪≪古≫배우의 심부름꾼.

²**送り仮名**[おくりがな] 漢字와 かな를 혼용할 때 漢字 뒤에 다는 かな.

送り届ける[おくりとどける] 〈下1他〉 (목적지까지) 보내주다. 바래다주다.

送り返す[おくりかえす] 〈5他〉 반송(返送)하다. 되돌려 보내다.

送り先[おくりさき] 보낼 곳.

送り迎え[おくりむかえ] 송영; 전송과 마중.

送り込む[おくりこむ] 〈5他〉 (목적한 데로) 보내다. 들여보내다. 올려 보내다. 바래다주다.

送り状[おくりじょう] 송장; 짐을 보내는 사람이 받는 사람에게 보내는 문서.

送り主[おくりぬし] (물건을) 보내는 사람.

送り出し[おくりだし] ①떠나보냄. 전송. 배웅. ②(씨름에서) 등떼밀어내기.

送り出す[おくりだす] 〈5他〉 ①전송하다. 배웅하다. ②밖으로 내보내다. 배출하다. ③물건을 부치다. ④(씨름에서) 상대방을 씨름판 밖으로 떼밀어내다.

送検[そうけん] 송청(送庁). 용의자나 범죄자를 검찰청으로 보냄.

送球[そうきゅう] 송구; ①핸드볼. ②공을 던짐. 공을 보냄.

¹**送金**[そうきん] 송금; 돈을 보냄.

送気管[そうきかん] 송기관; 공기를 보내는 파이프.

²**送料**[そうりょう] 송료; 물건을 보내는 요금.

²**送別**[そうべつ] 송별; 사람을 이별하여 보냄.

送付[そうふ] 송부; (일반적으로) 보냄.

送水管[そうすいかん] 송수관; 물을 보내는 파이프.

送受[そうじゅ] 송수; 보냄과 받음. 송신과 수신.

送信塔[そうしんとう] 송신탑; 통신을 보내는 탑.

送迎[そうげい] 송영; 사람을 보내고 맞이함.

送油管[そうゆかん] 송유관; 기름을 보내는 파이프.

送葬[そうそう] 장송(葬送). 유해(遺骸)를 장지(葬地)로 보냄.

送電線[そうでんせん] 송전선.

送致[そうち] 송치; ①송달(送達). ② ≪法≫ 다른 곳으로 보냄.

送還[そうかん] 송환; 되돌려 보냄.

訟 송사 송

`丶 亠 亠 言 言 言 言 訟 訟 訟`

音 ●ショウ
訓 ―

訟務局[しょうむきょく] 송무국; 소송에 관한 모든 사무를 관장하는 부서.

頌 기릴 송

音 ⊗ショウ
訓 ―

頌[しょう] 송; 종묘에 임금의 덕을 기리어 아뢰는 시.

頌歌[しょうか] 송가; 찬가(讚歌). 찬송가.

頌徳碑[しょうとくひ] 송덕비; 공덕을 기리기 위해 만든 비.

頌詞[しょうし] 송사; 공덕을 칭송하는 문장.

頌詩[しょうし] 송시; 공덕을 칭송하는 시.

頌春[しょうしゅん] 송춘; 새해를 칭송함.
＊연하장에 사용하는 말임.

〔 쇄 〕

刷 인쇄할/솔질할 쇄

`ㄱ ㄱ ㄱ ㄹ ㄹ ㅋ ㅋ 刷 刷`

音 ●サツ
訓 ●する

訓読
2●刷る[する] 〈他〉 (책을) 인쇄하다. (판화를) 찍다.
刷り[すり] ①인쇄. 인쇄된 모양새. ②인쇄물.
刷り物[すりもの] 인쇄물.
刷り本[すりほん] ①판본(版本). 판목(板木)으로 찍은 책. ②인쇄만 끝나고 아직 제본되지 않은 책.
刷り上がる[すりあがる] 〈自〉 인쇄가 끝나다.
刷り上げる[すりあげる] 〈下1他〉 인쇄를 끝마치다.
刷り込む[すりこむ] 〈他〉 (어떤 지면에) 추가로 인쇄하다. 추가해서 인쇄해 넣다.

音読
刷新[さっしん] 쇄신; 나쁜 폐단을 없애고 새롭게 함.

砕(碎) 부술 쇄

`一 ア イ 石 石 矴 砕 砕 砕`

音 ●サイ
訓 ●くだく ●くだける

訓読
2●砕く[くだく] 〈他〉 ①(단단한 물건을) 부수다. ②(기세・계획을) 꺾다. 쳐부수다. ③(어려운 표현을) 쉽게 풀어서 이야기하다. ④(어떤 목적을 달성하기 위해) 애쓰다. 힘을 다하다.
2●砕ける[くだける] 〈下1自〉 ①(단단한 물건이) 부서지다. ②(기세・계획이) 꺾이다. ③스스럼없어지다. 허물이 없어지다.

音読
砕氷[さいひょう] 쇄빙; 얼음을 깸.
砕氷船[さいひょうせん] 쇄빙선.
砕石[さいせき] 쇄석; 암석을 잘게 부숨. 잘게 부순 돌.

鎖(鎖) 쇠사슬 쇄

`ㅅ ㅅ ㅅ ㅅ 針 針 鉗 鉗 鎖 鎖 鎖`

音 ●サ
訓 ●くさり ⊗とざす ⊗さす

訓読
2●鎖[くさり] ①쇠사슬. 체인. ②연계. 인연. ③한바탕.
⊗鎖す❶[とざす] 〈他〉 ①(문・자물쇠 등을) 잠그다. 닫다. ②(가게 문을) 닫다. 장사를 그만 두다. ③(길・통행을) 막다. 봉쇄하다. ④갇히게 하다. 덮어 가리다.
❷[さす] 〈他〉 (문・자물쇠 등을) 잠그다.
鎖鎌[くさりがま] 쇠사슬이 달린 낫.
鎖編(み)[くさりあみ] (편물의) 사슬뜨기.

音読
鎖骨[さこつ] ≪生理≫ 쇄골; 빗장뼈.
鎖国[さこく] 쇄국; 외국과의 통상이나 교통을 금함.

洒 씻을 쇄

音 ⊗シャ ⊗サイ
訓 ─

音読
2洒落[しゃれ] ①익살. 유머. 농담. 재치. ②¶お～ 멋부림. 멋쟁이.
1洒落る[しゃれる] 〈下1自〉 ①세련되다. 멋지다. ②멋을 부리다. ③익살을 떨다. ④시건방지게 굴다. 똑똑한 체하다.

晒 햇볕쬘 쇄

音 ⊗サイ
訓 ⊗さらす

訓読
⊗晒す[さらす] 〈他〉 ①(햇볕・비바람에)쬐다. 맞히다. ②바래다. ③(창피・수치를) 드러내다. ④위험한 상태에 두다. ⑤효수형(梟首刑)에 처하다. ⑥응시하다. 뚫어지게 보다. ⑦하다. 'する'의 난폭한 말임.

瑣 옥가루 쇄

音 ⊗サ
訓 ─

音読
瑣末[さまつ] 사소함. 하찮음.
瑣事[さじ] 사소한 일. 하찮은 일.

[쇠]

衰(衰) 쇠약할 쇠

`一 亠 亠 亠 吂 音 音 宦 宦 宦 衰`

音 ●スイ
訓 ●おとろえる

訓読
1●衰える[おとろえる] 〈下1自〉 (힘・기세 등이) 쇠약해지다. 쇠퇴하다. 시들해지다.
衰え[おとろえ] (힘・기세 등이) 쇠약해짐. 쇠퇴함. 쇠잔함. 시들해짐.

音読
衰亡[すいぼう] 쇠망; 쇠퇴하여 망함. 멸망.
衰微[すいび] 쇠미; 쇠퇴하여 약해짐.
衰弱[すいじゃく] 쇠약; 쇠퇴하여 약해짐.
衰運[すいうん] 쇠운; 쇠퇴하는 운명.
衰退[すいたい] 쇠퇴; 쇠약해져 전보다 점점 더 못하여 감.

[수]

手 손 수

`一 二 三 手`

音 ●シュ
訓 ●て ●た

訓読
4●手[て] ①손. ②(동물의) 앞다리. ③손잡이. ④수단. 방법. ⑤계략. ⑥솜씨. ⑦필적. ⑧쪽. 방향. ⑨관계. 교제. ⑩(트럼프에서) 패. ⑪일손. 노동력.
手ずから[てずから] 손수. 몸소. 직접.
手ぶら[てぶら] 빈손. 맨손.
手加減[てかげん] ①손대중. 손어림. ②(사물을 다루는) 요령. ③참작함. 사정을 봐줌.
2手間[てま] ①노력. 품. 시간. ②일손. 노동력. 일꾼. ③임금. 품삯.
　②노력이 드는 일.
手間賃[てまちん] 품삯. 임금(賃金).
手間取り[てまとり] ①삯일. ②품팔이꾼.
手間取る[てまどる] 〈5自〉 (어떤 일에) 노력이 들다. 시간이 걸리다.

手の甲[てのこう] 손등.
手強い[てづよい/てごわい] 〈形〉 ①만만치 않다. 강경하다. ②호되다.
手綱[たづな] ①말고삐. ②남을 견제・조정하는 힘.
手堅い[てがたい] 〈形〉 ①견실하다. 확실하고 무난하다. ②시세가 하락할 위험이 없다.
1手頃[てごろ] ①(크기・굵기등이) 적당함. 알맞음. ②(능력・조건이) 걸맞음. 어울림.
1手軽[てがる] 간편함. 간단함. 손쉬움.
手鏡[てかがみ] 손거울.
手空き[てあき] 손이 빔. 한가함.
手控え[てびかえ] ①(잊지 않도록) 메모함. ②여벌. ③조심해서 함. 신중히 함.
手鍋[てなべ] 손잡이가 달린 냄비.
手管[てくだ] (남을 속이는) 농간. 잔꾀.
手慣れる[てなれる] 〈下1自〉 ①손에 익숙해지다. ②숙달되다. 익숙하다.
1手筈[てはず] 준비. 채비. 계획.
手広い[てびろい] 〈形〉 ①널찍하다. 너르다. ②광범위하다. 규모가 크다.
1手掛(か)り[てがかり] ①손으로 잡을 곳. ②(수사의) 단서. 실마리.
1手掛ける[てがける] 〈下1他〉 ①직접 다루다. 직접 하다. ②돌보다.
手口[てぐち] ①(범죄의) 수법. 방법. ②(증권 거래에서) 거래처.
手垢[てあか] 손때. 손의 때.
手鉤[てかぎ] ①쇠갈고리. 갈고랑이. ②소방용 갈고랑이.
手巻(き)[てまき] 손으로 맒・감음.
手摑み[てづかみ] 맨손으로 움켜 쥠.
手隙[てすき] 짬. 짬이 남. 한가함.
1手近[てぢか] 〈形動〉 ①바로 곁에 있음. 가까움. ②잘 알려짐. 비근(卑近)함.
手筋[てすじ] ①손금. ②손재주. 소질. ③수단. 방법. ④(바둑・장기에서) 정수. ⑤연줄. 연고. ⑥(증권 거래의) 거래처.
手金[てきん] 계약금. 예약금.
手旗[てばた] 수기; ①손에 드는 작은 깃발. ②수기 신호에 사용하는 홍백(紅白)기.
手短[てみじか] (문장이나 이야기가) 간략함. 간단함.
2手当❶[てあて] 수당; ①급여. ②팁. 사례금.
2手当て❷[てあて] ①(상처의) 치료. 처치. ②준비. 대비.
手当(た)り[てあたり] ①촉감. ②실마리. 단서.

手当(た)り次第[てあたりしだい] 닥치는 대로.

手代[てだい] ①수석 점원. ②주인의 대리. 지배인의 대리.

³**手袋**[てぶくろ] ①장갑. ②깍지.

手刀[てがたな] 수도; 손을 펴서 무엇을 베듯이 내리치는 동작의 손 모양.

手渡す[てわたす] 〈5他〉①직접 전하다. ②손에서 손으로 건네다.

手落ち[ておち] 실수. 부주의. 미비점.

手練手管[てれんてくだ] 온갖 속임수.

手漉き[てすき] 손으로 뜬 종이.

手料理[てりょうり] 집에서 만든 요리.

手立て[てだて] (구체적인) 수단·방법.

手蔓[てづる] ①연줄. 연고. ②단서. 실마리.

手拍子[てびょうし] ①손장단. ②(바둑·장기에서) 기분 내키는 대로 둠.

手薄[てうす] ①수중에 가진 돈·상품이 적음. 부족함. ②허술함. 불충분함.

手抜(か)り[てぬかり] 실수. 미비한 점.

手抜き[てぬき] ①날림. 부실. ②한가함. 짬이 남. ③(바둑·장기에서) 손을 뺌. 다른 곳에 둠.

手放し[てばなし] ①손을 놓음. ②방치함. 방임함. ③노골적임. ④무조건.

手放す[てばなす] 〈5他〉①손을 놓다. 손을 떼다. ②(남에게) 양도하다. 넘겨주다. 처분하다. ③(자식을) 멀리 떠나 보내다. 여의다. ④한ып 중단하다. 손을 떼다.

¹**手配**[てはい] 수배; ①준비. 채비. ②(범인 체포를 위한) 수배.

手配り[てくばり] 온갖 준비. 손을 나눔.

手焙り[てあぶり] 손난로.

手並み[てなみ] 솜씨. 기량.

手柄[てがら] 공. 공적.

¹**手本**[てほん] ①글씨본. 그림본. ②모범. 본보기. ③기준. 표준. 양식(樣式).

手縫い[てぬい] 손바느질.

手付き[てつき] ①솜씨. 손놀림. ②필적. ③(歌(うた)がるた 놀이에서) 엉뚱한 딱지를 잡음. ④주인이 시녀·하녀 등에 손을 댐. 손을 댄 여자.

手付(け)[てつけ] ①계약금. 착수금. ②주인이 시녀·하녀 등에게 손을 댐. 손을 댄 여자.

手付金[てつけきん] 계약금. 착수금.

手負い[ておい] (싸우다) 상처를 입음.

手負う[ておう] 〈5他〉(싸우다) 상처를 입다.

¹**手分け**[てわけ] 분담함.

手仕舞(い)[てじまい] (청산 거래에서) 거래 관계를 완료함.

手相[てそう] 수상; 손금.

手書き ❶[てかき] 달필(達筆). 글씨를 잘 쓰는 사람. ❷[てがき] 손으로 쓴 글씨.

手先[てさき] ①손끝. ②앞잡이. ③정보원. 끄나풀.

手盛り[てもり] ①손수 음식을 담음. ②자기에게 유리하게 함. ③속아 넘어감.

²**手洗い**[てあらい] ①손을 씻음. ②손 씻는 그릇·물. ③화장실.

手細工[てざいく] 수세공; ①손으로 하는 세공. ②아마추어의 취미 세공.

手勢[てぜい] 직속 부하.

²**手続(き)**[てつづき] 수속; 절차.

手刷り[てずり] ①목판 인쇄. 목판 인쇄물. ②손으로 조작하여 인쇄함.

²**手首**[てくび] 손목. 팔목.

¹**手数 ❶**[てかず] (바둑·장기에서) 다 둘 때까지의 수(手)의 수효. ❷[てすう] ①(수단·방법의) 수(手). ②수고. 애씀. 번거로움.

手数料[てすうりょう] 수수료.

¹**手順**[てじゅん] 수순; 순서. 절차.

手習い[てならい] ①습자(習字). ②(예능 등의) 공부. 연습.

手始め[てはじめ] ①시초. 시작. ②초보.

²**手拭い**[てぬぐい] 수건.

手心[てごころ] 손어림. 손대중. 손짐작.

手暗がり[てくらがり] (불 밑에서) 손 그늘이 져서 어두움.

手押し[ておし] 손으로 밂.

手厳しい[てきびしい] 〈形〉매우 엄하다. 혹독하다. 가차 없다. 사정없다.

手玉[てだま] ①오자미. 공기놀이. ②손목에 차는 장식 구슬.

手緩い[てぬるい] 〈形〉①지나치게 관대하다. 뜨뜻미지근하다. ②느리다. 굼뜨다.

手踊り[ておどり] ①(앉아서) 손짓으로 하는 춤. ②집단 손짓춤. ③(歌舞伎(かぶき)의 所作事(しょさごと)에서) 빈손으로 추는 춤.

¹**手元**[てもと] ①손이 미치는 범위. 주변. 바로 옆. ②손놀림. 솜씨. 기량. ③손잡이. ④살림 형편. 생계. ⑤(미장이·목수의) 조수.

手違い[てちがい] 차례가 뒤바뀜. 착오.

手慰み[てなぐさみ] ①소일거리. ②도박. 노름.

手遊び❶[てあそび] ①손장난. ②장난감. ③도박. 노름. ❷[てすさび] 소일(消日)거리.

手応え[てごたえ] ①손에 받는 반응. 느낌. ②(무기로) 맞혔다는 느낌. ③(언행에 대한) 반응. 호응.

¹手引き[てびき] ①안내. 안내인. 길잡이. ②안내서. 입문서. ③연고. 연줄. ④손으로 꺼냄.

²手入れ[ていれ] ①손질. ②(경찰의) 단속.

手込(め)[てごめ] ①폭행. ②강간(強姦).

手の者[てのもの] 부하. 심복.

手作り[てづくり] 수제품(手製品).

手長[てなが] ①손이 긺. ②도벽이 있음.

²手帳[てちょう] 수첩(手帖).

²手伝い[てつだい] 거듦. 도와줌. 돕는 사람.

³手伝う[てつだう]〈5他〉 거들다. 돕다.〈5自〉 (어떤 상황이) 겹치다. 곁들다.

²手前[てまえ] ①자기 쪽. 이쪽. ②약간 못 미치는 지점. ③체면. 면목. ④솜씨. 기량. ⑤다도(茶道)의 예법. ⑥저. *경양어임. ⑦너. 그대. *동년배나 손아랫사람에게.

手切れ[てぎれ] ①절교. 인연을 끊음. 갈라섬. ②위자료.

手切れ金[てぎれきん] 위자료(慰藉料).

手折る[たおる]〈5他〉①(손으로) 꺾다. ②아내로 삼다.

手摺り[てすり] ①난간(欄干). ②인형극 무대 앞면에 마련한 칸막이.

¹手錠[てじょう] 수갑. 쇠고랑.

手提(げ)[てさげ] 손에 듦. 휴대용.

¹手際[てぎわ] ①(사물을 처리하는) 솜씨. 수완. ②만들어진 됨됨이.

手製[てせい] 수제; 손으로 만듦.

手早い[てばやい]〈形〉 재빠르다. 민첩하다. 날렵하다.

手助け[てだすけ] ①도움. ②돕는 사람.

手繰る[たぐる]〈5他〉①(양손으로 번갈아) 끌어당겨 들이다. ②(기억 등을) 더듬다. (사물을 하나하나) 풀어나가다.

手繰り寄せる[たぐりよせる]〈下1他〉①(양손으로 번갈아) 끌어당겨 들이다. 감아올리다. ②(기억을 더듬어) 되살리다. (사물을 하나하나) 풀어나가다.

手繰り網[てぐりあみ] 후릿그물. 예인망.

手足❶[てあし] 수족; ①손발. 팔다리. ②수족처럼 부리는 졸개. 부하. ❷[しゅそく] ①몸 전체. ②부하. 졸개.

手持ち[てもち] ①현재 갖고 있음. 수중에 있음. ②잘 보존함. ③심심풀이로 하는 일.

手持ち無沙汰[てもちぶさた] (할 일이 없어서) 무료함. 따분함. 지루함.

⁴手紙[てがみ] 편지.

¹手遅れ[ておくれ] (사건 처리에서) 때가 늦음. 때를 놓침. 시기를 놓침.

手直し[てなおし] ①(완성된 뒤에) 손질. 수정(修正). ②(바둑·장기에서) 복기(復碁)하면서 해설을 함.

手織(り)[ており] 수직; 손으로 짬.

手振り[てぶり] ①손짓. 손놀림. ②종자(從者). ③빈손. 맨손. ④(경매 시장의) 경매 대리인.

手真似[てまね] 손짓. 손 흉내.

手招き[てまねき] 손짓으로 부름.

手触り[てざわり] (손의) 감촉. 느낌.

手燭[てしょく] 수촉; 손잡이가 달린 촛대.

手出し[てだし] ①손을 내밂. ②먼저 손찌검을 함. ③참견. ④직접 손을 댐. 관계함.

手取❶[てとり] ①손에 듦. 손에 잡음. ②씨름을 잘함. ③사람을 잘 다룸. ❷[てどり] ①(세금 등을 공제한) 실 수령액. 순수입. ②(동물 등을) 맨손으로 잡음. ③실을 손으로 자음.

手っ取(り)早い[てっとりばやい]〈形〉①날쌔다. 날렵하다. 재빠르다. 민첩하다. ②간략하다. 손쉽다.

手枕[てまくら/たまくら] 팔베개.

手打ち[てうち] 수타: ①(거래나 화해가 성립된 표시로) 손뼉을 침. ②국수 등을 손으로 쳐서 만듦. ③(무사가 부하나 백성을) 직접 베어 죽임.

手探り[てさぐり] ①손으로 더듬음. ②암중모색.

手土産[てみやげ] (인사차 들고 가는) 간단한 선물.

手痛い[ていたい]〈形〉호되다. 뼈아프다. 혹심하다.

手捌き[てさばき] ①손놀림. 솜씨. ②(씨름에서) 상대방의 공격을 처리하는 손재간.

手編み[てあみ] 손뜨기. 손으로 뜬 것.

手の平[てのひら] 손바닥.

²手品[てじな] ①요술. 마술. ②속임수.

手品師[てじなし] ①요술쟁이. ②사기꾼.

手風琴[てふうきん] 손풍금. 아코디언.

手荷物[てにもつ] 수하물; ①손으로 운반하는 짐. ②승객이 맡긴 짐.

手合(い)[てあい] ①패. 놀들. ②종류. ③요령. 형편에 따라 적절히 조처함. ④(바둑·장기의) 대국(対局). ⑤걸맞은 상대. ⑥(승부에서의) 실력. ⑦매매·계약을 함. ⑧투기에서 적중함.

手合(わ)せ[てあわせ] ①시합. 승부를 겨룸. ②거래. 계약.

手解き[てほどき] ①초보를 가르침. ②입문서(入門書).

手向(か)い[てむかい] 맞섬. 반항. 저항.

手向かう[てむかう] 〈五自〉 맞서다. 반항하다. 저항하다.

手形[てがた] ①어음. ②손도장. ③손바닥에 먹을 칠해 찍은 손의 모양.

手形割引[てがたわりびき] 어음 할인.

手酷い[てひどい] 〈形〉 매섭다. 혹독하다. 호되다. 혹심하다.

¹手回し[てまわし] ①손으로 돌림. ②준비. 채비. ③(돈의) 변통. 융통.

手回り品[てまわりひん] 주변에 두고 쓰는 일용품.

手懐ける[てなずける] 〈下I他〉 (동물 등을) 길들이다. 회유(懐柔)하다.

手厚い[てあつい] 〈形〉 정중하다. 극진하다. 융숭하다.

¹手後れ[ておくれ] (사건 처리가) 시기를 놓침. 때를 놓침. 때가 늦음.

手詰(ま)り[てづまり] ①속수무책. ②돈줄이 막힘. ③(바둑·장기에서) 수가 막힘.

音読

手工業[しゅこうぎょう] 수공업.

手交[しゅこう] 수교; 손으로 건네줌.

手技[しゅぎ] 손재주.

手記[しゅき] 수기; 체험을 손수 기록함.

²手段[しゅだん] 수단; 방법. 방편.

手動[しゅどう] 수동; (기계 등을) 손으로 움직여 조작함.

手練[しゅれん] 수련; 익숙한 솜씨.

手榴弾[しゅりゅうだん/てりゅうだん] 수류탄.

¹手法[しゅほう] 수법; (예술 작품의) 기법(技法).

手写[しゅしゃ] 수사; 손으로 베껴 씀.

²手術[しゅじゅつ] 〈医〉 수술.

¹手芸[しゅげい] 수예; 손끝을 사용하는 수공예. *편물(編物)·자수(刺繡) 등을 말함.

手腕[しゅわん] 수완; 일처리 솜씨.

手中[しゅちゅう] 수중; ①손 안. ②손아귀.

手話[しゅわ] 수화; 주로 청각 장애인끼리 손짓·몸짓으로 하는 대화(対話).

水   물 수

丿 기 기 水

音 ●スイ ●ズイ
訓 ●みず

訓読

⁴●水❶[みず] ①물. ②큰물. 홍수. ③수분. 액상(液状)의 것. 진물. ❷[すい] ☞ [音読]

水攻め[みずぜめ] ①수공; 강물을 막아 적의 성에 침수시키는 공격법. ②적의 식수 공급로를 차단하는 공격법.

水菓子[みずがし] 과일.

水掛(け)論[みずかけろん] 결말이 나지 않는 논쟁.

¹水気❶[みずけ] 물기. 수분. ❷[すいき] ①물기. 수분. ②수증기. ③〈医〉 수종(水腫).

水漏り[みずもり] 누수(漏水). 물이 샘.

水溜(ま)り[みずたまり] 물구덩이. 웅덩이.

水瓶❶[みずがめ] 물항아리. 물독. ❷[すいびょう] 목이 가늘고 기다란 물병.

水商売[みずしょうばい] 물장사. 접객업.

水色[みずいろ] 물 색깔. 엷은 남색.

水先案内[みずさきあんない] 수로(水路) 안내인. 도선사(導船士).

水盛(り)[みずもり] 수평기(水平器).

水洗い[みずあらい] 물로 씻음.

水掻き[みずかき] 물갈퀴.

水嵩[みずかさ] (강·하천의) 수량(水量).

水眼鏡[みずめがね] 물안경.

水薬[みずぐすり] 물약.

水揚げ[みずあげ] ①양수(揚水). 물을 퍼 올림. ②양륙(揚陸). 뱃짐을 육지로 올림. ③어획고(漁獲高). ④(물장사 등의) 매상금. 수입금. ⑤(꽃꽂이에서) 화초가 물을 잘 빨아들이게 함. ⑥(기생·창녀가) 처음으로 손님을 받음.

水煙[みずけむり] ①물안개. ②물보라.

水玉[みずたま] ①물방울. 이슬방울. ②'水玉模様'의 준말.

水浴び[みずあび] ①물을 끼얹음. 미역을 감음. ②헤엄.

水遊び[みずあそび] ①물놀이. ②물장난.

水飲み[みずのみ] ①물 그릇. ②물 다시는 곳.

水飴[みずあめ] 물엿. 조청.

水引[みずひき] ①지노에 풀을 먹여 말린 것. *선물 포장용임. ②〈植〉 이삭여뀌.

水入らず[みずいらず] 집안 식구끼리.

水入り[みずいり] ①속에 물이 들어있음.

水切れ[みずぎれ] ①물이 빠졌음. ②물이 말라 없어짐. ③물의 공급이 끊어짐.

水際[みずぎわ] 물가.

水足[みずあし] 물발. 물살.

水増し[みずまし] ①물 타기. 물을 타서 양(量)을 늘림. ②실제의 수보다 명목·외형상의 수를 불림.

水車[みずぐるま/すいしゃ] 수차; ①물레방아. ②(관개용) 무자위.

水差し[みずさし] 물병. 물주전자.

²**水着**[みずぎ] 물옷. 수영복.

水草[みずくさ] 수초; 물풀.

水臭い[みずくさい]〈形〉①싱겁다. ②(친한 사이인데도) 서먹서먹하다. 쌀쌀하다.

水炊き[みずたき] 영계 백숙.

水枕[みずまくら] 물베개.

水浸し[みずびたし] 침수. 물에 잠김.

水桶[みずおけ] 수통; 물통.

水捌け[みずはけ] 배수(排水).

水涸れ[みずがれ] ①가뭄으로 물이 말라버림. ②화초 등이 말라 죽음.

水割り[みずわり] ①물을 타서 묽게 함. ②양을 늘려 질을 떨어뜨림.

水割(り)株[みずわりかぶ] 과대평가한 기준에 따라 발행된 주식.

音読

³**水**[すい] ①'水曜日'의 준말. ②당밀즙(唐蜜汁)만을 탄 물. ③(五行에서) 다섯 번째인 수. ＊계절은 겨울, 방위는 북쪽, 색은 검정임.

水難[すいなん] 수난; ①수해(水害). ②(침몰·좌초·익사 등의) 조난(遭難).

²**水道**[すいどう] 수도; ①상수도. ②상·하수도의 총칭.

水稲[すいとう] 수도; 논벼.

水力[すいりょく] 수력; 물의 힘.

水力発電[すいりょくはつでん] 수력 발전.

水路[すいろ] 수로; ①물길. 도랑. ②뱃길. 항로. ③(수영의) 경영(競泳) 코스.

水流[すいりゅう] 수류; 물의 흐름.

水陸[すいりく] 수륙; 물과 뭍.

水利[すいり] 수리; 물사정.

水脈❶[すいみゃく] 수맥; ①(땅속의) 물줄기. ②뱃길. 수로. **❷**[みお] ①바다나 강에서 수로(水路)를 이루는 띠 모양의 깊은 곳. ②(선박이 지나간) 항적(航跡).

²**水面**[すいめん] 수면; 물의 표면.

水門[すいもん] 수문; 물문.

水盤[すいばん] 수반; 꽃꽂이 그릇.

水防[すいぼう] 수방; 수해 방지.

水兵[すいへい] 수병; 해군 병사.

水夫[すいふ] 수부; ①선원의 총칭. 뱃사람. ②잡일을 하는 하급 선원.

²**水分**[すいぶん] 수분; 물기.

²**水産物**[すいさんぶつ] 수산물.

水仙[すいせん]《植》수선화.

水星[すいせい]《天》수성.

¹**水洗**[すいせん] 수세; 물로 씻음.

水洗便所[すいせんべんじょ] 수세식 변소.

²**水素**[すいそ]《化》수소.

水深[すいしん] 수심; 물의 깊이.

水圧[すいあつ] 수압; 물의 압력.

水域[すいいき] 수역; 수면의 일정한 구역.

水煙❶[すいえん] ①물보라. ❷불탑(仏塔)의 구륜(九輪) 위쪽에 있는 불꽃 모양의 장식. **❷**[みずけむり] ①수연; 물안개. ②물보라.

²**水泳**[すいえい] 수영; 헤엄.

水温[すいおん] 수온; 물의 온도.

⁴**水曜日**[すいようび] 수요일.

水溶性[すいようせい] 수용성; 물에 녹는 성질.

水運[すいうん] 수운; 수로로 운반함.

¹**水源**[すいげん] 수원; 강물 등이 흘러나오는 근원.

水源地[すいげんち] 수원지; 강물 등이 흘러나오는 근원지.

水位[すいい] 수위; 수면의 높이.

²**水滴**[すいてき] ①물방울. ②연적(硯滴).

¹**水田**[すいでん] 수전; 논.

水槽[すいそう] 수조; 물통.

水族館[すいぞくかん] 수족관.

²**水準**[すいじゅん] 수준; ①(토지·건축물의) 수평 조사. ②(가치·등급·품질의 표준이되는 정도.

水中[すいちゅう] 수중; 물 속.

²**水蒸気**[すいじょうき] 수증기; 김.

水質[すいしつ] 수질; 물의 성질.

水彩画[すいさいが] 수채화.

²**水筒**[すいとう] 수통; 물통.

²**水平線**[すいへいせん] 수평선.

水爆[すいばく] 수폭; '水素爆弾'의 준말.

水害[すいがい] 수해; (홍수나 해일 등의) 물에 의한 피해.

収(收) 거둘 수

| ㅣ 丩 収収

音 ◉シュウ
訓 ◉おさまる ◉おさめる

訓読

¹◉収まる[おさまる] 〈5自〉 ①(어떤 범위 안에) 보기 좋게 들어가다. ②(돈·물건이) 수납되다. 걷히다. ③수습되다. ④(어떤 형편에) 정착하다. 들어앉다. ⑤조용해지다. 가라앉다.

²◉収める[おさめる] 〈下1他〉 ①(어떤 범위 안에) 보기 좋게 간직하다. 넣다. 담다. ②받다. 받아들이다. ③(돈·물건을) 납부하다. 납품하다. 바치다. ④수습하다. ⑤(이익·성공을) 거두다. 얻다. ⑥(원래의 자리로) 거두어들이다. 모으다. ⑦끝내다. 멈추다.

音読

収監[しゅうかん] 수감; 감옥에 가둠.
収納[しゅうのう] 수납; ①(금품을) 받아들임. 거두어들임. ②(광이나 상자에) 다 쓴 물건을 거두어 넣음.
収得[しゅうとく] 수득; 취하여 자기 것으로 함.
収量[しゅうりょう] 수확량.
収録[しゅうろく] 수록; ①수집하여 출판물에 실음. ②녹음함. 녹화함.
収税吏[しゅうぜいり] 세무 공무원.
収束[しゅうそく] 수속; ①모아서 묶음. ②결말이 남. 결말을 냄. ③《数》 수렴(収斂). ④《物》 광속(光束)이 한 점에 모임.
収拾[しゅうしゅう] 수습; ①거두어들임. ②(사태를) 다스려 바로잡음.
¹収用[しゅうよう] 수용; ①거둬들여 사용함. ②공공의 이익을 위하여 징수하여 사용함.
収容所[しゅうようじょ] 수용소.
¹収益[しゅうえき] 수익; 수입이 되는 이익.
²収入[しゅうにゅう] 수입; 소득.
¹収支[しゅうし] 수지; 수입과 지출.
¹収集[しゅうしゅう] 수집; ①거두어 모음. ②(연구·취미용으로) 모아 갖춤.
収縮[しゅうしゅく] 수축; 오그라짐.
²収穫[しゅうかく] 수확; ①추수. ②어떤 일을 한 결과로 얻은 것.
収賄罪[しゅうわいざい] 수뢰죄(受賂罪).

囚 가둘/죄수 수

| 冂 冈 冈 囚

音 ◉シュウ
訓 ⊗とらわれる

訓読

⊗囚われる[とらわれる] 〈下1自〉 ①붙잡히다. 사로잡히다. 포로가 되다. ②구애되다. 구애받다. 매이다.

音読

囚獄[しゅうごく] 수옥; 감옥.
囚衣[しゅうい] 수의; 죄수복.
囚人[しゅうじん] 수인; 죄수.

守 지킬/막을 수

丶 丷 宀 宁 守 守

音 ◉シュ ◉ス
訓 ◉まもる ◉もり

訓読

²◉守る[まもる] 〈5他〉 ①지키다. 수비하다. 수호하다. 막다. ②(규칙이나 약속을) 지키다. 준수하다. 어기지 않다. ③(눈을 떼지 않고) 지켜보다.
守り❶[まもり] ①지킴. 수비. 수호. 방비. ②❶ お～ 부적. ❷[もり] ①보살핌. 보살피는 사람. ②지키는 사람.
守り神[まもりがみ] 수호신(守護神).
守(り)役[もりやく] 보살피는 역할. 보살피는 사람.
守り札[まもりふだ] 부적(符籍).

音読

¹守備[しゅび] 수비; 지키어 방어함.
守成[しゅせい] 수성; 창업자의 뒤를 이어 그 사업을 더욱 견고히 다짐.
守勢[しゅせい] 수세; 적을 맞아 지키는 형세나 군세(軍勢).
¹守衛[しゅえい] 수위; 경비하는 사람.
守戦[しゅせん] 수전; ①지키는 일과 싸우는 일. ②적의 공격을 막아 싸움.
守銭奴[しゅせんど] 수전노; 구두쇠.
守株[しゅしゅ] 수주; 헛되이 옛 곤습을 고수함.
守則[しゅそく] 수칙; 지켜야 할 규칙.
守護[しゅご] 수호; 지키어 보호함.

寿(壽)　목숨/나이 수

一 二 三 丰 丰 寿 寿

音 ●ジュ
訓 ●ことぶき ⊗ことほぐ

訓読

●寿[ことぶき] ①축복. 축하. 축하 인사. 축사. ②경사. ③장수(長寿).
⊗寿ぐ[ことほぐ] 〈5他〉 축하의 인사를 하다. 축하하다. 축복하다.

音読

²寿命[じゅみょう] 수명; ①목숨의 길이. ②물건이 지탱하는 기간.
寿司[★すし] ①초밥. 생선 초밥. 김밥. ② 《古》 젓갈.
寿司屋[★すしや] 초밥집.

秀　빼어날 수

一 二 千 禾 禾 秀 秀

音 ●シュウ
訓 ●ひいでる

訓読

●秀でる[ひいでる] 〈下1自〉 ①뛰어나다. 빼어나다. ②(용모가) 두드러지다. 준수하다. 수려하다.

音読

秀歌[しゅうか] 뛰어난 和歌(わか).
秀麗[しゅうれい] 수려; 빼어나게 아름다움.
秀抜[しゅうばつ] 수발; 뛰어나게 우수함. 발군(抜群).
秀作[しゅうさく] 수작; 뛰어난 작품.
秀才[しゅうさい] 수재; ①뛰어난 재주·재주꾼. ②(平安(へいあん) 시대의) 方略式(ほうりゃくしき)에 합격한 사람.

垂　드리울 수

一 二 三 千 壬 垂 垂 垂

音 ●スイ
訓 ●たらす ●たれる

訓読

●垂らす[たらす] 〈5他〉 ①늘어뜨리다. 드리우다. ②뚝뚝 떨어뜨리다.

¹●垂れる[たれる] 〈下1自〉 ①늘어지다. 처지다. 드리워지다. ②(물방울 등이) 떨어지다. 〈下1他〉 ①늘어뜨리다. 드리우다. ②(고개를) 숙이다. ③흘리다. ④(나타내) 보이다. ⑤(오래도록) 남기다. ⑥용변을 보다. (방귀를) 뀌다.
垂れ下がる[たれさがる] 〈5自〉 아래도 처지다. 드리워지다. 늘어지다.

音読

垂範[すいはん] 수범; 본을 보임.
垂線[すいせん] 수선; 수직선(垂直線).
垂示[すいし/すいじ] 가르쳐 보임.
²垂直[すいちょく] 수직; 반듯하게 드리움.
垂訓[すいくん] 수훈; 후세에 전하는 교훈.

受(受)　받을 수

一 ㄷ ㄷ ㄸ ㄸ 严 受 受

音 ●ジュ
訓 ●うかる ●うける

訓読

¹●受かる[うかる] 〈5自〉 (시험에) 붙다. 합격하다.
³●受ける[うける] 〈下1他〉 ①받다. 받아내다. ②(남의 행동에) 응하다. 받다. ③(상·축복을) 받다. ④이어받다. 뒤를 잇다. 계승하다. ⑤(피해·영향을) 받다. 입다. ⑥(빛·바람을) 받다. 향하다. ⑦인정하다. 믿다. 〈下1自〉 인기가 있다. 호평을 받다.
¹受け継ぐ[うけつぐ] 〈5他〉 상속하다. 계승하다. 이어받다.
受け口[うけぐち] ①(우편물 등의) 투입구(投入口). ②주걱턱입매. ③물건을 끼우는 곳. ④벌목할 나무의 쓰러질 쪽에 표시한 도끼 자국.
受(け)渡し[うけわたし] ①주고받음. ②돈을 받고 물건을 건네 줌. 상환 인도(相換引渡).
受け流す[うけながす] 〈5他〉 ①(검술에서 상대방의 칼을) 살짝 피하다. ②(비난·질문 등을) 받아넘기다. ③(남이 따라 준 술을) 안마시고 살짝 비우다.
受(け)売り[うけうり] ①위탁 판매. 전매(転売). ②(남의 학설을) 표절함. 도용함.
受け皿[うけざら] ①받침 접시. ②주관(主管). ③인수할 곳. 인수할 태세.

受け方[うけかた] ①받아들이는 방법·태도. ②받는 쪽의 사람. ③수동적임. 소극적임. 방어 자세.

³受(け)付(け)[うけつけ] ①접수. ②접수처.

¹受(け)付ける[うけつける]〈下1他〉①(서류 등을) 접수하다. ②(남의 충고 등을) 받아들이다. ③(환자가 약·음식을) 받다.

受(け)払い[うけはらい] 수불(受払); 수납과 지불.

¹受(け)身[うけみ] ①수동(受動), 수동적인 자세. 수세(守勢). 소극적임. ②(유도의) 낙법(落法). ③《語學》수동태(受動態).

¹受(け)入れ[うけいれ] ①받아들임. 떠맡음. 인수. ②(회계 장부의) 수입(收入). 수납. ③승낙. 들어줌.

¹受け入れる[うけいれる]〈下1他〉①받아들이다. ②수납하다. 인수하다. ③맞아들이다. ④(남의 청을) 들어주다. 승낙하다.

¹受け止める[うけとめる]〈下1他〉①(날아오는 물건이나 떨어지는 것을) 받다. 받아내다. ②(공격을) 막다. 막아내다.

¹受け持ち[うけもち] 담당. 담당자. 담임.

²受け持つ[うけもつ]〈5他〉담당하다.

²受(け)取(り)[うけとり] ①수취; 받음. 수령. ②영수증. 인수증.

²受け取る[うけとる]〈他〉①수취하다. 받다. ②받아들이다. 이해하다.

受取手形[うけとりてがた] 받을 어음.

受取人[うけとりにん] 수취인; 받는 사람.

受講[じゅこうしゃ] 수강; 강의를 받음.

²受検[じゅけん] 수검; 검사를 받음.

受給[じゅきゅう] 수급; 급여나 배급을 받음.

受納[じゅのう] 수납; 받아서 넣어 둠.

受動的[じゅどうてき] 수동적.

受諾[じゅだく] 수락; 승낙함.

受領[じゅりょう] 수령; 받아들임.

受理[じゅり] 수리; 소장(訴狀)·원서(願書) 등을 받아서 처리함.

受賞[じゅしょう] 수상; 상을 받음.

受信[じゅしん] 수신; 신호를 받음.

受益[じゅえき] 수익; 이익을 얻거나 받음.

受注[じゅちゅう] 수주; 주문을 받음.

受験[じゅけん] 수험; 시험을 봄.

受験者[じゅけんしゃ] 수험자; 시험 응시자.

受刑者[じゅけいしゃ] 수형자; 형벌을 받는 사람.

²受話器[じゅわき] 수화기.

帥　　장수 수

丿　亻　亻　白　白　白　帥　帥

●元帥[げんすい], 将帥[しょうすい]

首　　머리/우두머리 수

丶　丷　屵　产　首　首　首　首

³首[くび] ①목. 고개. ②머리 부분. ③(물건 등의) 목. ④목숨. ⑤파면. 해고. 면직(免職).

首巻き[くびまき] 목도리. 머플러.

首根っ子[くびねっこ] 목. 목덜미. 뒷덜미.

首筋[くびすじ] 목덜미.

¹首輪[くびわ] ①목걸이. ②(애완동물의) 목고리.

首狩り[くびがり] (미개인들이 종교 의식을 하기 위해) 다른 부족의 목을 베어 오는 풍습.

¹首飾り[くびかざり] 목걸이.

首っ引き[くびっぴき] ①(어떤 것을) 늘 참조함. ②(어떤 일과) 씨름함.

首切り[くびきり] ①참수(斬首). 목을 벰. ②파면. 해고. 면직(免職).

首吊り[くびつり] ①목매어 자살함. 목매어 죽은 사람. ②기성복화.

首投げ[くびなげ] (씨름에서) 헤드록. 한쪽 팔로 상대방의 목을 잡아 넘기는 수.

首肯[しゅこう] 수긍; 옳다고 고개를 끄덕임.

¹首脳[しゅのう] 수뇌; ①지도적 인물. ②주요 부분.

²首都[しゅと] 수도; 서울.

首領[しゅりょう] 수령; 우두머리. 두목.

首謀[しゅぼう] 수모; 주장이 되어 어떤 일을 모의함.

首尾[しゅび] 수미; ①머리와 꼬리. ②사물의 처음과 끝. ③결과. 전말. ④변통. 형편.

首尾よく[しゅびよく] 순조롭게. 성공적으로.

首尾一貫[しゅびいっかん] 시종일관.

首班[しゅはん] 수반; ①단체의 첫째 지위. ②내각 총리대신.

首府[しゅふ] 수부; 수도(首都). 서울.

²首相[しゅしょう] 수상; 국무총리.

首席[しゅせき] 수석; 맨 윗자리.

首位[しゅい] 수위; 첫째가는 지위.

首長[しゅちょう] 수장; ①단체의 우두머리. ②지방 자치 단체장.

首将[しゅしょう] 수장; 수석 대장.

首題[しゅだい] 수제; ①첫머리에 쓰는 제목. ② ≪仏≫ 경문의 첫 구절.

首唱[しゅしょう] 수창; 맨 먼저 주창함.

狩   사냥할 수

ノ ノ ブ ブ ガ ザ 狩 狩 狩

音 ●シュ
訓 ●かる ●かり

訓読

●狩る[かる] 〈5他〉①사냥하다. 잡다. ②(찾아내어) 캐다. ③찾아서 즐기다.

¹●狩り[かり] ①사냥. ②(명사에 접미어 형태로 접속하여) 관찰. 수집. 놀이. 잡기.

狩(リ)犬[かりいぬ] 사냥개.

狩人[★かりうど/かりゅうど] 사냥꾼.

狩(リ)込み[かりこみ] ①짐승을 몰아 잡음. ②(불량자 등의) 일제 검거. 소탕작전.

狩り出す[かりだす] 〈5他〉 (사냥에서 짐승을) 내몰다. 몰아내다. 몰이하다.

音読

狩猟[しゅりょう] 수렵; 사냥. 사냥 도구를 사용해서 산야(山野)의 새나 짐승을 잡는 일.

殊   다를 수

一 ァ ヵ ヵ ヵ ヶ 歺 妚 殊 殊

音 ●シュ
訓 ●こと

訓読

¹●殊に[ことに] 〈副〉 특히. 특별히. 각별히.

殊更[ことさら] 〈副〉①일부러. 고의로. 짐짓. ②특별히. 새삼스럽게.

殊の外[ことのほか] ①예상외로. 뜻밖에. 의외로. ②대단히. 특별히. 유달리. 유별나게.

音読

殊勝[しゅしょう] ①갸륵함. 기특함. ② ≪仏≫ 가장 뛰어남.

殊勲[しゅくん] 수훈; 뛰어난 공훈.

修   닦을 수

ノ イ 什 忟 攸 攸 修 修 修 修

音 ●シュ ●シュウ
訓 ●おさまる ●おさめる

訓読

●修まる[おさまる] 〈5自〉 (품행이) 단정해지다. 바르게 되다. 좋아지다.

●修める[おさめる] 〈下1他〉①(학문을) 닦다. ②(심신을) 수양하다. 닦다.

音読

修得[しゅうとく] 수득; 닦아서 터득함.

修練[しゅうれん] 수련; (정신이나 기술 등을) 연마함. 닦아서 단련함.

¹修了[しゅうりょう] 수료; 일정한 학과를 다 배워 마침.

²修理[しゅうり] 수리; 손보아 고침.

修復[しゅうふく] 수복; 복원(復元).

¹修士[しゅうし] ①석사(碩士). ②(가톨릭의) 수사. 수도자.

修史[しゅうし] 수사; 역사를 편찬함.

修辞[しゅうじ] 수사; 말이나 문장을 아름답게 꾸밈.

²修繕[しゅうぜん] 수선; 손보아 고침.

¹修飾[しゅうしょく] 수식; ①겉모양을 꾸밈. ② ≪語学≫ 어휘에 종속하여 뜻을 꾸밈.

修身[しゅうしん] 수신; 행실을 바르게 가지려고 노력함.

修養[しゅうよう] 수양; 심신을 닦아 지덕(知德)을 계발함.

修業[しゅうぎょう/しゅぎょう] 수업; 학업을 닦음.

²修正[しゅうせい] 수정; 바로 잡아 고침.

修訂[しゅうてい] 수정; 출판물의 잘못을 고침.

修整[しゅうせい] 수정; ①단정하게 바로잡음. ②(사진의 원판 등을) 손질하여 바로잡음.

¹修学[しゅうがく] 수학; 학업을 닦음.

¹修行[★しゅぎょう] 수행; ①(학문·무예 등의) 수업. 수련. ②불도(仏道)를 닦음.

修好[しゅうこう] 수호; 나라와 나라가 친밀한 교제를 함.

搜(搜) 찾을 수

一 ナ 扌 扌 扌 扪 护 护 搜 搜

音 ●ソウ
訓 ●さがす

訓読
²●捜す[さがす] 〈5他〉 (있던 것이 없어져) 찾다. 뒤지다.
捜し当てる[さがしあてる] 〈下1他〉 (여기저기 찾아서 목적한 물건을) 잘 찾아내다.
捜し出す[さがしだす] 〈5他〉 여기저기 찾아서 발견해 내다.

音読
¹捜査[そうさ] 수사; 찾아다니며 조사함.
捜索[そうさく] 수색; 더듬어서 찾음.

粋(粋) 순수할 수

丶 丷 丷 ½ ½ ½ ½ 粁 粋 粋

音 ●スイ
訓 ⊗いき

訓読
¹⊗粋❶[いき] 〈形動〉 ①세련됨. 멋있음. ②연예계의 사정에 정통함. ③사려 깊음. ❷[すい] [音読]

音読
¹粋❶[すい] ①순수함. ②정수(精粋). ③인정이 있고 싹싹함. ④풍류를 앎. 세련됨. ❷[いき] [訓読].
粋人[すいじん] ①트인 사람. 세상 물정에 밝고 이해심이 많은 사람. ②풍류인. 풍류객. ③연예계의 사정에 밝은 사람.

授(授) 줄 수

一 ナ 扌 扌 扩 护 护 授 授

音 ●ジュ
訓 ●さずかる ●さずける

訓読
●授かる[さずかる] 〈5自〉 (신(神)이나 윗사람이) 내려주시다. 하사(下賜)해 주시다.
¹●授ける[さずける] 〈下1他〉 ①(신(神)이나 윗사람이) 수여하다. 하사(下賜)하다. 내리다. ②전수(伝授)하다. 전해 주다.

音読
授戒[じゅかい] 수계; 신자나 중에게 계율을 줌.
授権[じゅけん] 수권; 일정한 권리를 특정인에게 줌.
授粉[じゅふん] 수분; 가루받이.
授産[じゅさん] 수산; 일자리를 줌.
授産金[じゅさんきん] (대출해 주는) 생활 자립금.
授産所[じゅさんじょ] 부녀자 직업 보도소.
授賞[じゅしょう] 수상; 상을 수여함.
授受[じゅじゅ] 수수; 주고 받음.
⁴授業[じゅぎょう] 수업; 학문을 가르침.
授与[じゅよ] 수여; (상장·증서를) 줌.
授乳[じゅにゅう] 수유; 아기에게 젖을 먹임.
授爵[じゅしゃく] 수작; 작위를 수여함.
授章[じゅしょう] 수장; 훈장을 수여함.
授精[じゅせい] 수정; 정자(精子)를 난자(卵子)에 결합시키는 일.

随(随) 따를 수

了 了 阝 阝' 阝' 阝' 阝 陌 陌 随 随

音 ●ズイ
訓 ⊗したがう ⊗したがえる ⊗まにまに

訓読
⊗随う[したがう] 〈5自〉 ①뒤따르다. 따라가다. ②따르다. 좇다. 복종하다. ③쏠리다.
⊗随える[したがえる] 〈下1他〉 ①거느리다. 데리고 가다. ②복종시키다. 정복하다.
⊗随に[まにまに] 되어 가는 대로. 되는 대로. …하는 대로.

音読
随伴[ずいはん] 수반; ①윗사람을 모시고 감. ②어떤 일에 따름.
¹随分[ずいぶん] ① 〈副〉 분수에 맞게. ②꽤. 몹시. 퍽. 상당히. ③ 〈形動〉 너무함. 지나침. 심함.
随想録[ずいそうろく] 수상록; 그때그때 떠오르는 생각이나 느낌을 기록한 것.
随時[ずいじ] 수시; ①때때로. 가끔. 그때그때. ②(필요한 때) 언제라도. 아무 때고.
随員[ずいいん] 수행원(随行員).
随一[ずいいち] 제일. 첫째.
随従[ずいじゅう] 수종; ①높은 사람을 따라 모심. ②남의 말에 따라 좇음.
²随筆[ずいひつ] 수필; 에세이.
随行[ずいこう] 수행; 따라 감. 따라 행함.

遂(遂) 이룰/드디어 수

`` '' '' '' '' '' 岁 岁 岁 岁 遂 遂

音 ●スイ
訓 ●とげる ⊗ついに

訓読
¹●遂げる[とげる] 〈下1他〉①(목적을) 이루다. 달성하다. 성취하다. ②(최후를) 마치다.
²⊗遂に[ついに] 〈副〉①결국. 드디어. 마침내. ②(부정문에서) 끝내. 끝끝내. 아직까지. 여태까지.

音読
遂行[すいこう] 수행; 계획한 대로 해냄.

愁 근심 수

一 二 千 禾 和 和 秒 秋 愁 愁

音 ●シュウ
訓 ●うれい ●うれえる

訓読
●愁い[うれい] ①근심. 걱정. ②우려. 슬픔. ③괴롭고 어려움. 곤란.
●愁える[うれえる] 〈下1他〉①마음 아파하다. 상심하여 슬퍼하다. ②걱정하다. 우려하다.

音読
愁眉[しゅうび] 수미; 근심스러운 기색.
愁思[しゅうし] 수사; 수심에 찬 생각.
愁傷[しゅうしょう] 수상; 매우 애통해 함. 매우 슬픔.
愁色[しゅうしょく] 수색; 근심스러운 얼굴.

数(數) 헤아릴 수

`` '' '' 十 米 米 米 娄 数 数

音 ●スウ ●ス
訓 ●かず ●かぞえる

訓読
²●数❶[かず] ①수효. ②수가 많음. 여럿. ❷[すう] ☞[音読]
²●数える[かぞえる] 〈下1他〉①(수를) 세다. 헤아리다. ②열거하다.
数え歌[かぞえうた] 숫자풀이 노래.
数え年[かぞえどし] 세는 나이. 달력 나이. ＊태어난 해를 한 살로 쳐서 세는 나이.

数え上げる[かぞえあげる] 〈下1他〉①열거하다. 하나하나 세다. ②총계를 내다. 다 세어내다.
数ならぬ[かずならぬ] 하찮은.
数数[かずかず] 다수. 수많음. 여러 가지.
数の子[かずのこ] 말린 청어알.

音読
²数❶[すう] ①수; 숫자. ② ≪数≫ 수. ③운수. 운명. ❷[かず] ☞ [訓読]
数奇❶[すうき] 기구함. 불우함. ❷[すき] ①풍류(風流). 풍류를 즐김. ②다도(茶道). 다도를 즐김.
数寄[すき] ①풍류(風流). 풍류를 즐김. ②다도(茶道). 다도를 즐김.
数寄屋[すきや] ①다실(茶室). 다도(茶道)를 위해 지은 집. ②다실풍(茶室風)의 집.
数寄屋造り[すきやづくり] 다실풍(茶室風)으로 지은 건물.
数寄者[すきしゃ/すきもの] 풍류인(風流人).
数年[すうねん] 수년; 몇 년. 여러 해.
数多[すうた/あまた] 많음. 허다함.
数段[すうだん] ①(계단이) 몇 단임. 서너 단. ②훨씬. 월등히.
数量[すうりょう] 수량; 분량.
数理[すうり] 수리; ①계산. 계산 방법. ②수학의 이론.
数万[すうまん] 수만; 몇 만.
数名[すうめい] 수명; 여러 명.
数倍[すうばい] 수배; 여러 배.
数百[すうひゃく] 수백; 몇 백.
¹数詞[すうし] ≪語学≫ 수사; 셈씨.
数ヶ所[すうかしょ] 여러 군데.
数式[すうしき] ≪数≫ 수식.
数億[すうおく] 수억; 몇 억.
数列[すうれつ] ≪数≫ 수열; ①수의 계열. ②몇 줄.
数人[すうにん] 여러 명. 대여섯 사람.
数日[すうじつ] 수일; 며칠. 2·3일.
²数字[すうじ] 숫자.
数的[すうてき] 숫자적.
数次[すうじ] 수차; 몇 번. 여러 번.
数千[すうせん] 수천; 몇 천.
数秒[すうびょう] 수초; 몇 초.
数値[すうち] ≪数≫ 수치; 값.
³数学[すうがく] ≪数≫ 수학.
数行[すうこう/すうぎょう] 수행; 몇 줄. 여러 줄.
数回[すうかい] 수회; 몇 차례. 여러 차례.

睡　잠잘/졸 수

丿 刂 刂 刂⁻ 刂⁼ 刂⁼ 刂⁼ 睊 睡 睡

音 ◉スイ
訓 ―

音読
²睡眠[すいみん] 수면; ①잠. 잠을 잠. ②휴
　면(休眠).
睡眠薬[すいみんやく] 수면제.

酬　갚을/잔돌릴 수

厂 厂 閂 西 酉 酌 酌 酌 酬 酬

音 ◉シュウ
訓 ⊗むくいる

訓読
⊗酬いる[むくいる]〈上1他〉①보답하다. 갚
　다. ②보복하다. 앙갚음하다.
音読
◖報酬[ほうしゅう], 応酬[おうしゅう]

需　구할/요구할/쓰일/쓸 수

一 二 千 千 千 千 千 雷 需 需

音 ◉ジュ
訓 ―

音読
需給[じゅきゅう] 수급: 수요와 공급.
²需要[じゅよう] 수요: 필요해서 얻고자 함.
需用[じゅよう] 수용: 구해 씀. 필수품.
需品[じゅひん] 수요품. 생활 필수품.

穂(穗)　이삭 수

千 千 千 禾 禾 禾 稲 稲 穂 穂

音 ◉スイ
訓 ◉ほ

訓読
¹穂[ほ] ①《植》이삭. ②이삭처럼 끝이
　뾰족한 것.
穂麦[ほむぎ] 이삭이 팬 보리.
穂波[ほなみ] 바람에 물결치는 이삭.
音読
穂状[すいじょう] 수상: 이삭 모양.

獣(獸)　짐승 수

丷 ⺍ ⺍⺍ 畄 曽 曽 獣 獣 獣

音 ◉ジュウ
訓 ◉けもの

訓読
¹◉獣[けもの] 짐승.
音読
獣類[じゅうるい] 수류: 짐승.
獣疫[じゅうえき] 수역: 가축의 전염병.
獣肉[じゅうにく] 수육; 짐승의 고기.
獣医[じゅうい] 수의: 수의사(獣医師).

樹　나무 수

木 木⁻ 木⁺ 杧 桔 桔 桔 桔 樹 樹

音 ◉ジュ
訓 ―

音読
樹幹[じゅかん] 수간; 나무줄기.
樹齢[じゅれい] 수령; 나무의 나이.
樹林[じゅりん] 수림; 수풀.
¹樹立[じゅりつ] 수립; 공(功)이나 어떤 사업
　을 세움.
¹樹木[じゅもく] 수목; 살아 있는 나무.
樹氷[じゅひょう] 수빙; 상고대.
樹上[じゅじょう] 수상; 나무 위.
樹影[じゅえい] 수영; 나무 그림자.
樹枝[じゅし] 수지; 나뭇가지.
樹脂[じゅし] 수지; 나무의 진.
樹皮[じゅひ] 수피; 나무껍질.
樹海[じゅかい] 수해; 밀림. 빽빽한 삼림.

輸(輸)　보낼/실어낼 수

一 目 目 車 軒 軒 軒 輸 輸 輸

音 ◉ユ
訓 ―

音読
²輸送[ゆそう] 수송: 사람이나 화물을 대량
　으로 운반함.
輸液[ゆえき] 수액; 링거 주사액.
²輸入[ゆにゅう] 수입: 외국에서 사들여 옴.
²輸出[ゆしゅつ] 수출: 외국으로 팔아 보냄.
²輸血[ゆけつ] 수혈; 피를 혈관에 주입함.

髓(髄) 골수 수

一 冂 冎 冎 冎' 骨' 骨' 骨骨 骨骨 骨骨 骨骨 骨骨

音 ●ズイ
訓 ―

音読
髓[ずい] ①《生理》골수. 뼛골. ②《植》(나무줄기의) 고갱이. ③사물의 핵심. 요점.
髓脳[ずいのう] 수뇌; ①척수와 뇌. ②뇌수(脳髄). ③(중요한) 골자. 핵심. ④和歌(わか)의 기원(起源)・작법(作法) 등을 해설한 책.
髓膜[ずいまく]《生理》수막.

袖 옷소매 수

音 ⊗シュウ
訓 ⊗そで

訓読
²⊗袖[そで] ①소매. 소맷자락. ②대문 양쪽의 울타리. ③책상의 양쪽 서랍. ④무대의 양옆. ⑤(책 커버의 양끝을 안으로 접은) 책날개.
袖無し[そでなし] ①소매가 없는 옷. ②소매가 없는 짧은 羽織(はおり).

音読
袖手[しゅうしゅ] 수수; 팔짱을 낌.
袖手傍観[しゅうしゅぼうかん] 수수방관.

隋 수나라 수

音 ⊗ズイ
訓 ―

音読
隋[ずい] (중국의) 수. 수나라.
隋王朝[ずいおうちょう] 수왕조.

羞 부끄러워할 수

音 ⊗シュウ
訓 ⊗はじらう
　⊗はじる

訓読
⊗羞じらう[はじらう]〈5自〉부끄러워하다. 수줍어하다.
⊗羞じる[はじる]〈上1自〉부끄러워하다. 부끄럽게 여기다.

音読
羞恥[しゅうち] 수치; 부끄러움.
羞恥の念[しゅうちのねん] 수치심.

須 모름지기 수

音 ⊗シュ ⊗ス
訓 ⊗すべからく

訓読
⊗須らく[すべからく]〈副〉마땅히. 모름지기.

音読
須要[しゅよう/すよう] 수요; 꼭 필요함.

蒐 모을 수

音 ⊗シュウ
訓 ―

音読
蒐書[しゅうしょ] 수서; 연구 재료로서 참고 자료를 모음.
蒐集[しゅうしゅう] 수집; ①거두어 모음. ②(취미・연구용으로) 모아 갖춤.
蒐荷[しゅうか] 수하; 집하(集荷). 화물이 모임. 화물을 모음.

瘦^X(瘦) 여윌 수

音 ⊗シュウ ⊗ソウ
訓 ⊗やせる

訓読
³⊗瘦せる[やせる]〈下1自〉①여위다. 살이 빠지다. ②(땅이) 메마르다.
瘦せっぽち[やせっぽち] 말라깽이.
瘦せ薬[やせぐすり] 살 빠지는 약.

音読
瘦軀[そうく] 수구; 여윈 몸.
瘦身[そうしん] 수신; 여윈 몸.
瘦身法[そうしんほう] 살 빼는 법.

誰 누구 수

音 ⊗スイ
訓 ⊗だれ

訓読
⁴⊗誰[だれ] 누구.
誰か[だれか] 누군가.
誰かさん[だれかさん] 아무개 씨.
誰も彼も[だれもかも] 누구나 다. 모두가 다.

音読
誰何[すいか] 수하; '누구냐'고 물어 봄.

讎 원수 수

音 ⊗シュウ
訓 ―

音読
讎敵[しゅうてき] 수적; 원수(怨讐).

[숙]

叔   아재비 숙

一 卜 上 卡 丰 赤 叔 叔

音 ●シュク
訓 ―

音読
⁴叔母[★おば/しゅくぼ] 숙모; ①작은 어머니.
②고모. ③이모. ④외숙모.
⁴叔父[★おじ/しゅくふ] 숙부; ①작은 아버지.
②고모부. ③이모부. ④외삼촌.

宿   ①묵을/본디 숙
         ②별자리 수

丶 宀 宀 宀 宀 宕 宿 宿 宿

音 ●シュク
訓 ●やど ●やどす ●やどる

訓読
²●宿[やど] ①사는 집. ②숙소. 여관. ③고
용인의 본집. 보증인의 본집. ④(아내가
남편을 지칭하는 말로서 친근감 있게)
주인.
●宿す❶[やどす] 〈5他〉①≪古≫ 묵게 하다.
숙박시키다. ②품다. 간직하다. ③임신하
다. ④머물게 하다. ❷[しゅくす]〈5他〉묵
다. 숙박하다. 유숙하다.
●宿る[やどる]〈5自〉①살다. 거주하다.
②묵다. 숙박하다. ③머물다. 자리 잡다.
④임신하다. 잉태하다. ⑤기생(寄生)하다.
宿り[やどり] ①머묾. 머무는 곳. 거처. ②숙
소. 숙박함.
宿り木[やどりぎ] ≪植≫ 겨우살이. 기생목
(寄生木). 다른 나무에 기생하는 나무.
宿無し[やどなし] 일정하게 사는 집이 없음.
떠돌이.
宿屋[やどや] 여관. 여인숙.
宿賃[やどちん] 숙박료. 숙박비.
宿帳[やどちょう] 숙박부(宿泊簿).
宿銭[やどせん] 숙박료. 숙박비.
宿主❶[やどぬし] 여관 주인. ❷[しゅくしゅ]
(기생충 등의) 숙주.
宿替え[やどがえ] 이사(移徙). 전거(轉居).
宿割(り)[やどわり/しゅくわり] (많은 인원을
유숙시키기 위해) 숙소를 배당함.

音読
宿老[しゅくろう] 숙로; ①노련한 사람. 경험이
많은 사람. ②무가(武家) 시대의 고관(高官).
宿望[しゅくぼう/しゅくもう] 숙망; ①숙원
(宿願). ②이전부터의 명망(名望).
¹宿命[しゅくめい] 숙명; 정해진 운명.
²宿泊[しゅくはく] 숙박; 유숙함. 듦음.
宿坊[しゅくぼう] 숙방; ①절방. 참배자가 묵는
의 숙소. ②신도 자신이 속하는 절. ③중이
사는 승가(僧家).
宿病[しゅくびょう] 숙병; 숙환(宿患).
宿舎[しゅくしゃ] 숙사; ①숙소. ②(관사·
사택 등의) 특수 주택.
宿所[しゅくしょ] 숙소; 숙박할 곳.
宿業[しゅくごう] ≪仏≫ 전세의 업.
宿駅[しゅくえき] 역참(驛站).
宿縁[しゅくえん] ≪仏≫ 전생의 인연.
宿営[しゅくえい] 숙영; ①병영(兵營). ②야
영(野營). 군대가 야영함.
宿願[しゅくがん] 숙원; ①오랜 소원.   ②
≪仏≫ 전생에서부터의 서원.
宿将[しゅくしょう] 숙장; 노장(老將).
宿敵[しゅくてき] 숙적; 오랜 원수.
⁴宿題[しゅくだい] 숙제; 과제(課題).
宿直❶[しゅくちょく] 숙직; 직장에서 잠을
자며 지킴. ❷[とのい] ①(옛날) 관청에서
의 숙직. ②(옛날) 여자가 귀인의 수청
들던 일.

肅(肅)   고요할 숙

一 一 ⇒ ⇒ 肀 肀 肀 肀 肃 肃 肅

音 ●シュク
訓 ―

音読
肅党[しゅくとう] 숙당; 당(黨)의 내부를 숙
청함.
肅白[しゅくはく] 숙백; 숙계(肅啓). 삼가
편지를 올립니다.
肅肅[しゅくしゅく] 숙숙; ①숙연함. 조용
함. ②엄숙함.
肅然[しゅくぜん] 숙연; 고요하고 엄숙함.
肅正[しゅくせい] 숙정; 엄하게 부정을 제
거함.
肅清[しゅくせい] 숙청; 엄중히 다스리어
불순분자를 몰아냄.
肅学[しゅくがく] 숙학; 학교 내부를 숙청함.

淑　맑을 숙

氵 氵 氵 汁 汁 汁 汗 沫 淑 淑

音 ◉シュク
訓 ⊗しとやか

訓読

¹淑やか[しとやか] 〈形動〉 정숙함. 얌전함. 온순함. 우아함. *여성의 언행이 품위있고 침착한 상태임.

音読

淑女[しゅくじょ] 숙녀; 레이디.

塾　글방 숙

亠 亠 亨 亨 亨 剉 軌 軌 塾 塾

音 ◉ジュク
訓 ―

音読

¹塾[じゅく] 사설 학원(学院).
塾舎[じゅくしゃ] 숙사; 기숙사(寄宿舎).
塾生[じゅくせい] 숙생; 학원생(学院生).
塾長[じゅくちょう] 숙장; 학원장(学院長). 학원의 최고 책임자.

熟　익을 숙

亠 亠 亨 亨 亨 剉 軌 軌 軌 熟

音 ◉ジュク
訓 ◉うれる ⊗うむ ◉なれる

訓読

◉熟れる❶[うれる] 〈下1自〉 (과일이) 익다.
⊗熟れる❷[なれる] 〈下1自〉 ①(음식에 간이 배어) 맛이 들다. 잘 익다. ②(오래 사용해서) 낡아지다. 후줄근해지다. ③(생선 등이) 썩다.
⊗熟む[うむ] 〈5自〉 (과일이) 익다. 여물다.

音読

熟す[じゅくす] 〈5自〉 ①(과일이) 익다. ②(기회가) 무르익다. ③숙달되다. 숙련되다. 익숙하다.
熟する[じゅくする] 〈サ変自〉 ☞ 熟す
熟考[じゅっこう] 숙고; 깊이 생각함.
熟達[じゅくたつ] 숙달; 익숙해져 잘 함.
熟読[じゅくどく] 숙독; 정독(精読).

熟慮[じゅくりょ] 숙려; 숙고. 깊이 생각함.
熟練[じゅくれん] 숙련; 능숙하게 됨.
熟眠[じゅくみん] 숙면; 깊이 잠이 듦.
熟成[じゅくせい] 숙성; 성숙(成熟). 생물이 충분히 잘 발육되.
熟視[じゅくし] 숙시; 주시(注視)함.
²熟語[じゅくご] 숙어; ①복합어(複合語). ②《語学》 두 자 이상의 한자(漢字)가 결합하여 된 낱말. ③관용어.
熟知[じゅくち] 숙지; 머릿속에 익힘.

旬　열흘 순

丿 勹 勽 句 句 旬

音 ◉ジュン ⊗シュン
訓 ―

音読

旬[しゅん] ①(농·수산물이 한창 때로 맛이 가장 좋은) 제철. ②(어떤 일을 하는) 알맞은 시기. 최적기(最適期).
旬刊[じゅんかん] 순간; 열흘마다 발행하는 간행물.
旬報[じゅんぽう] 순보; ①열흘마다 내는 보도·보고. ②순간(旬刊) 잡지.
旬外れ[しゅんはずれ] ①제철이 아님. 제철이 지남. ②한물 감.

巡(巡)　돌아다닐 순

く 巛 巛 巛 巛 巡 巡

音 ◉ジュン
訓 ◉めぐらす ◉めぐる

訓読

◉巡らす[めぐらす] 〈他〉 ①회전시키다. 돌리다. ②에워싸다. 두르다. ③궁리하다. 이리저리 생각하다.
²◉巡る[めぐる] 〈5自〉 ①회전하다. 돌다. ②여기저기 들르다. 차례로 돌아다니다. ③둘러싸다. 에워싸다. ④(어떤 문제와) 관련되다.
巡り[めぐり] ①회전. 순환. 한 바퀴 돎. ②시찰. 차례로 들름. 순회. 순례. ③둘레. 주변. 주위. 근처.

²お巡りさん[★おまわりさん] 경찰 아저씨. 경비원 아저씨.

巡り合い[めぐりあい] 해후. 우연히 만남.

巡り合(わ)せ[めぐりあわせ] 운. 운명.

音読

巡検[じゅんけん] 순검; 돌아다니며 검사함.

巡見[じゅんけん] 순견; 순시. 돌아다니며 봄.

巡歴[じゅんれき] 순력; 각처로 돌아다님.

巡礼[じゅんれい] 순례; 종교와 관련된 곳을 차례로 찾아 참배함.

巡拝[じゅんぱい] 순배; 순례(巡礼).

²巡査[じゅんさ] ≪法≫ 순사; 경찰관.

巡視[じゅんし] 순시; 돌아다니며 봄.

巡洋艦[じゅんようかん] 순양함.

巡業[じゅんぎょう] 순업; 순회 공연.

巡演[じゅんえん] 순연; 순회 공연.

巡察[じゅんさつ] 순찰; 돌아다니며 경계하고 조사함.

巡航[じゅんこう] 순항; 여기저기 항해함.

巡回[じゅんかい] 순회; ①돌아다님. ②둘러봄.

盾 방패 순

一 厂 厂 厈 斤 盾 盾 盾 盾

音 ◉ジュン

訓 ◉たて

訓読

²◉盾[たて] 방패. ¶~にする 방패로 삼다.

音読

◉矛盾[むじゅん]

殉 따라죽을 순

一 ノ ク ク タ゛ タ゛ 殉 殉 殉

音 ◉ジュン

訓 —

音読

殉じる[じゅんじる] 〈上1自〉 ⇨ 殉ずる

殉ずる[じゅんずる] 〈サ変自〉 ①순사(殉死)하다. (죽은 왕이나 남편을) 따라 죽다. ②목숨을 바치다. ③행동을 통일하다.

殉教[じゅんきょう] 순교; 자기의 신앙을 위해 목숨을 바침.

殉職[じゅんしょく] 순직; 직무를 위해 목숨을 버림.

純 순수할 순

く ㄑ ㄠ ㄠ 幺 糸 紅 紅 純 純

音 ◉ジュン

訓 —

音読

純潔[じゅんけつ] 순결; 마음이나 몸이 더럽혀져 있지 않음.

純度[じゅんど] 순도; 품질의 순수한 정도.

純良[じゅんりょう] 순량; ①불순물이 없고 질이 좋음. ②순진하고 양순함.

純綿[じゅんめん] 순면; 면사로 짠 직물.

純毛[じゅんもう] 순모; 순수한 털실.

純朴[じゅんぼく] 순박; 순진하고 꾸밈이 없음.

純白[じゅんぱく] 순백; ①새하얌. ②티 없이 맑고 깨끗함.

²純粋[じゅんすい] 순수; ①잡것이 조금도 섞이지 않음. ②사념(邪念)·사욕(私慾)이 없음.

純愛[じゅんあい] 순애; 순수한 사랑.

純益[じゅんえき] 순익; 순이익.

純正[じゅんせい] 순정; ①불순물이 없는 상태. 불순물이 없는 진짜임. ②(응용이나 경험에 관계없이) 이론만을 추구함.

²純情[じゅんじょう] 순정; 티 없이 맑고 순수한 마음·사랑.

²純増[じゅんぞう] 순증; 실질적인 증가. 순전한 증가.

純真[じゅんしん] 순진; 꾸밈이 없고 참됨.

純血[じゅんけつ] 순혈; 순수 혈통.

唇 입술 순

一 厂 厂 戸 戸 辰 辰 辰 唇 唇

音 ◉シン

訓 ◉くちびる

訓読

◉唇[くちびる] ≪生理≫ 입술. ¶~が薄(う)すい ㉠입술이 얇다. ㉡수다스럽다. ¶~をとがらす (입을) 뾰로통하게 하다.

音読

唇音[しんおん] 순음; 입술 소리.

唇歯[しんし] 순치; ①입술과 이. ②서로 밀접한 관계.

順　　순할/좇을 순

丿 刂 刂 斤 斤 斤 順 順 順 順

音 ●ジュン
訓 ―

音読

²順[じゅん] 순; ①순서. 순번. ②당연함.
順に[じゅんに] 순서대로. 차례대로.
順境[じゅんきょう] 순경; 모든 일이 순조롭게 잘 되어가는 환경.
順当[じゅんとう] 순당; 당연함. 타당함.
順路[じゅんろ] 순로; 평탄한 길.
²順番[じゅんばん] 순번; 차례.
²順序[じゅんじょ] 순서; ①정해진 차례. ②절차(節次).
順送り[じゅんおくり] 차례로 다음으로 보냄.
順手[じゅんて] (철봉에서) 바로잡기.
²順順に[じゅんじゅんに] 차례차례. 차례대로.
順逆[じゅんぎゃく] 순역; ①순종과 거역. ②잘잘못. 도리에 맞는 일과 어긋나는 일. ③순경(順境)과 역경(逆境).
順延[じゅんえん] 순연; 차례대로 날짜를 연기함.
順列[じゅんれつ] 순열; ①순서. 서열(序列). ②≪数≫ 순열.
順位[じゅんい] 순위; 차례. 순번.
順応[じゅんのう] 순응; 순순히 잘 따름.
順接[じゅんせつ] 순접; 앞의 문장과 뒤의 문장이 의미상 순리적으로 이어지는 접속법.
²順調[じゅんちょう] 순조; 탈 없이 일이 잘 진행되어 가는 상태.
順繰りに[じゅんぐりに] 차례대로. 순서대로.
順次[じゅんじ] 순차; 차례대로.
順鞘[じゅんざや] ≪経≫ ①(청산 거래에서) 당한(当限)·중한(中限)·선한(先限)의 순으로 시세가 높음. 또는 그 시세의 차익. ②시중 은행의 할인율이 중앙은행의 할인율을 상회함. 또는 그 차액.
順風[じゅんぷう] 순풍; 배가 가는 쪽으로 부는 바람.
順行[じゅんこう] 순행; ①순서에 따라 가거나 행동함. ②≪天≫ (태양에서 볼 때) 천체가 지구와 같은 방향으로 나아감. 또는 그 운동.
順化[じゅんか] 순화; (생물이) 기후·풍토에 차차 적응하게 됨.

循　　돌 순

彳 亻 亻 亻 亻 循 循 循 循 循

音 ●ジュン
訓 ―

音読

²循環[じゅんかん] 순환; 쉬지 않고 계속 돎.
循環器[じゅんかんき] ≪生理≫ 순환기.

瞬(瞬)　　눈깜짝일 순

目 盯 盯 盰 瞬 瞬 瞬 瞬 瞬 瞬

音 ●シュン
訓 ●またたく ⊗まじろく

訓読

●瞬く[またたく] 〈5自〉 ①눈을 깜빡이다. ②(별빛·등불이) 깜빡이다. 반짝이다. 반짝반짝 비치다.
瞬き[またたき] ①(눈을) 깜빡임. ②(별빛·등불이) 깜빡임. 반짝임.
⊗瞬く[まじろく] 〈5自〉 눈을 깜빡이다.

音読

²瞬間[しゅんかん] 순간; 순식간.
瞬時[しゅんじ] 순시; 순식간.

淳　　순박할 순

音 ⊗ジュン
訓 ―

音読

淳良[じゅんりょう] 순량; 순박하고 선량함.
淳朴[じゅんぼく] 순박; 순진하고 꾸밈이 없음.

楯　　방패 순

音 ―
訓 ⊗たて

訓読

⊗楯[たて] ①방패. ②자신을 방어하기 위한 수단.
楯突く[たてつく] 〈5自〉 대들다. 반항하다. 말대꾸하다.

馴　　길들일 순

音 ⊗ジュン
訓 ⊗ならす
　⊗なれる

訓読
⊗**馴らす**[ならす] 〈5他〉 (동물을) 길들이다. 익숙해지게 하다.

²⊗**馴れる**[なれる] 〈下1自〉 ①익숙해지다. 친숙해지다. 친숙해지다. ②(동물이) 길들다. 사람을 따르다.

¹**馴れ馴れしい**[なれなれしい] 〈形〉 ①매우 친하다. 매우 정답다. ②(친해져서) 버릇없다.

馴れ初め[なれそめ] 친해진 계기.

馴れ合う[なれあう] 〈5自〉 ①서로 친해지다. 친숙해지다. ②한통이 되다. 한통속이 되다. ③(남녀가) 간통하다. 밀회하다.

馴(れ)合い夫婦[なれあいふうふ] 내연(内縁) 관계의 부부.

馴(れ)合い相場[なれあいそうば] 담합(談合) 시세. 판매자와 매입자가 짜고 매긴 시세.

音読
馴鹿[じゅんろく] 《動》 순록.

馴育[じゅんいく] 순육; 길들여 기름.

馴致[じゅんち] 순치; 길들임.

馴化[じゅんか] 순화; (생물이) 기후・풍토에 차차 적응하게 됨.

醇	순수할/진할 순	音 ⊗ジュン
		訓 ―

音読
醇美[じゅんび] 순미; 순수한 아름다움.

醇朴[じゅんぼく] 순박; 순진하고 꾸밈이 없음.

醇化[じゅんか] 순화; ①정성으로 감화(感化)시킴. ②잡다한 것을 정리하고 불순한 요소를 제거함.

諄	타이를 순	音 ⊗ジュン
		訓 ⊗くどい

訓読
²⊗**諄い**[くどい] 〈形〉 ①(같은 말을 반복하여) 지겹도록 장황하다. 지겹게 되풀이되다. ②(음식 맛이) 느끼하다. 담백하지 않다. ③(색깔이) 칙칙하다.

⊗**諄と**[くどくどと] 지겹게. 장황하게.

⊗**諄諄しい**[くどくどしい] 〈形〉 (같은 말을 반복하여) 지겹다. 장황하다.

音読
諄諄[じゅんじゅん] (잘 알도록 타이를 때의) 차근차근.

〔 술 〕

述 (述)	말할 술

一 十 木 朮 朮 沭 沭 述

音 ●ジュツ
訓 ●のべる

訓読
²●**述べる**[のべる] 〈下1他〉 ①(공식적인 입장에서) 말하다. 진술하다. ②(글로 써서) 기술하다. 서술하다.

音読
述部[じゅつぶ] 《語学》 술부; 문장 구성에 있어서 주부(主部)를 설명하는 부분.

²**述語**[じゅつご] 《語学》 술어; 주어(主語)에 접속하여 동작・상태・성질 등을 나타내는 말.

述作[じゅっさく] 술작; 책을 저술(著述)함. 저작물(著作物)

述懐[じゅっかい] 술회; 마음속에 품고 있는 생각을 말함.

術 (術)	꾀 술

ク イ オ 什 休 休 休 休 術 術

音 ●ジュツ
訓 ⊗すべ

音読
術[じゅつ] 술; ①기술, 기예(技芸). ②꾀, 계략. 술수. ¶～めぐらす 계략을 꾸미다. ③수단. 방법. ④마술. 요술. ¶～を使(つ)かう요술을 부리다.

術計[じゅっけい] 술계; 술책. 술수.

術無い[すべない] 〈形〉 ①어쩔 수 없다 어떻게 할 도리가 없다. ②(어찌 할 수가 없어서) 안타깝다. 난처하다.

術数[じゅっすう] 술수; 술책. 계략.

術語[じゅつご] 술어; 학술어.

術者[じゅっしゃ] ①수술이나 요법(療法)을 행하는 사람. ②요술하는 사람.

術前[じゅつぜん] (병원에서) 수술하기 전.

術中[じゅっちゅう] 술중; 술책의 함정.

術策[じゅっさく] 술책; 남을 속이기 위한 책략. 술수(術数).

術後[じゅつご] (병원에서) 수술한 후.

[숭]

崇 높일 숭

` ` 屮 屮 中 当 肖 崇 崇 崇 崇

音 ●スウ
訓 ⊗あがめる

訓読
⊗崇める[あがめる] 〈下1他〉 ①(더할 나위 없는 존재로) 숭상하다. 공경하다. ②소중히 여겨 남달리 귀여워하고 사랑하다.

音読
崇高[すうこう] 숭고; 존엄하고 고상함.
²崇拝[すうはい] 숭배; 우러러 섬김.
崇仏[すうぶつ] 숭불; 불교를 숭상함.

嵩 높을 숭

音 ⊗スウ
訓 ⊗かさ ⊗かさむ

訓読
⊗嵩[かさ] ①부피. 분량. ②(상대를 위압하는) 기세. 위엄.
¹⊗嵩む[かさむ] 〈5自〉 ①부피가 커지다. 분량이 늘다. ②(비용·빚이) 늘다. 증가하다. 많아지다.
嵩高い[かさだかい] 〈形〉 ①(무게에 비해) 부피가 크다. 부푸다. ②시건방지다. 거만하다.
嵩上げ[かさあげ] ①(제방·둑을) 더 높이 쌓아 올림. 덧쌓음. ②(금액 등을) 늘림.
¹嵩張る[かさばる] 〈5自〉 부피가 커지다.

[슬]

膝 무릎 슬

音 ⊗シツ
訓 ⊗ひざ

訓読
²⊗膝[ひざ] 《生理》 무릎. ¶~をつく 무릎을 꿇다. ¶~を組(く)む 책상다리를 하고 앉다.

音読
膝蓋骨[しつがいこつ] 《生理》 슬개골.
膝行[しっこう] 슬행; 무릎걸음.

[습]

拾 ①주울 습 ②열 십

` 一 十 扌 才 扒 拧 拧 拾 拾 拾

音 ●シュウ ●ジュウ
訓 ●ひろう

訓読
³●拾う[ひろう] 〈5他〉 ①(떨어진 것을) 줍다. 습득하다. ②(많은 것 중에서) 골라내다. 고르다. ③(차를) 잡다. 부르다. ④(손님을) 차에 태우다. ⑤(빛을 못보고 있는 사람을) 발탁하다. ⑥(뜻밖의 것을) 얻다. ⑦(가까스로 목숨을) 건지다.
拾い読み[ひろいよみ] ①(문장을 여기저기서) 띄엄띄엄 골라 읽음. ②글자를 한 자 한 자 더듬더듬 읽음.
拾い物[ひろいもの] ①습득물. 주운 물건. ②(뜻밖의) 수확. 횡재. 행운.
拾い上げる[ひろいあげる] 〈下1他〉 ①(떨어진 것을) 주워 올리다. 줍다. ②(인재를) 발탁하다. 발 디디기 좋은 곳을 골라 걸어감.

音読
拾[じゅう] 십; 열. 10.
拾得[しゅうとく] 습득; 주워서 얻음.

習 (習) 배울/익힐 습

` ⁊ ⁊ ⁊⁊ ⁊⁊ ⁊⁊ ⁊⁊ ⁊⁊ ⁊⁊ 習

音 ●シュウ
訓 ●ならう ●ならわす

訓読
⁴●習う[ならう] 〈5他〉 (학문·예능 등을) 배우다. 익히다. 연습하다.
●習わす[ならわす] 〈5他〉 배우게 하다. 공부시키다.
習わし[ならわし] 관습. 습관. 풍습.

音読
習慣[しゅうかん] 관습; 풍습. 관습.
習得[しゅうとく] 습득; 배워 익힘.
²習字[しゅうじ] 습자; 글자 쓰기를 익힘.
習作[しゅうさく] 습작; 예술가가 연습으로 작품을 만듦.

湿(濕) 젖을 습

氵 氵 氵 泹 浬 浬 湿 湿 湿 湿

音 ◉シツ
訓 ◉しめす ◉しめっぽい ◉しめる

訓読
◉湿す[しめす] 〈5他〉 촉촉하게 적시다.
◉湿っぽい[しめっぽい] 〈形〉 ①눅눅하다. 축축하다. ②우울하다. 침울하다.
²◉湿る[しめる] 〈5自〉 ①눅눅해지다. 축축해지다. 습기 차다. ②우울해지다. 침울해지다.
湿り[しめり] ①눅눅함. 축축함. 습기 참. ②¶お～ (가뭄 뒤의) 단비. ③진화(鎮火)됨.
湿り気[しめりけ] 습기; 축축한 기운.
湿り半[しめりばん] 진화(鎮火)됐음을 알리는 종소리.
湿り声[しめりごえ] 울먹이는 소리.
湿り泣き[しめりなき] 조용히 흐느낌.

音読
²湿気[しっき/しっけ] 습기; 축축한 기운.
湿気る[しける] 〈F1自〉 습기가 차다. 눅눅해지다. 축축해지다.
²湿度[しつど] 습도; 습기의 정도.
湿式[しっしき] 습식; (물질의 합성·분석 등에서) 액체 등을 사용하는 방법.
湿地❶[しっち] 습지; 축축한 땅. ❷[しめじ] ≪植≫ (야생의) 송이버섯.
湿疹[しっしん] ≪医≫ 습진.
湿布[しっぷ] 습포; 찜질. 찜질하는 헝겊.

襲 엄습할 습

亠 音 音 龍 龍 龍 龔 襲 襲

音 ◉シュウ
訓 ◉おそう ⊗かさね

訓読
¹◉襲う[おそう] 〈5他〉 ①습격하다. 덮치다. ②(남의 집을) 갑자기 방문하다. 들이닥치다. 밀어닥치다. ③계승하다. 이어받다.
襲い掛かる[おそいかかる] 〈5自〉 (와락) 덤벼들다. 덮치려 하다.

音読
¹襲撃[しゅうげき] 습격; 갑자기 덮쳐 공격함.
襲来[しゅうらい] 습래; 내습. 습격하여 옴.
襲名[しゅうめい] 습명; 어버이나 스승의 이름을 계승함.

[승]

升 되 승

ノ 丿 千 升

音 ◉ショウ
訓 ◉ます

訓読
◉升[ます] ①(곡물·액체의 양을 되는 그릇) 되. 약 1.8ℓ. ②말로 된 양. ③되 모양의 틀·무늬. 모눈.
升目[ますめ] ①되로 된 양(量). ②모눈. 격자 모양의 네모진 무늬.
升席[ますせき] (흥행장에서) 되 모양으로 칸막이한 관람석. *4명이 앉게 되었음.
升組(み)[ますぐみ] (障子(しょうじ)나 난간의 살을) 네모꼴로 짬. 네모꼴로 짠 것.
升酒[ますざけ] 됫술. 말술.

音読
◑一升升[いっしょうます]

承 이을/받을 승

一 了 了 手 手 承 承

音 ◉ショウ
訓 ◉うけたまわる

訓読
²◉承る[うけたまわる] 〈5他〉 ①삼가 받다. 삼가 떠맡다. ②삼가 듣다. ③삼가 전해 듣다. ④삼가 승낙하다. 알아 모시다.

音読
承継[しょうけい] 승계; 계승. 이어 받음.
¹承諾[しょうだく] 승낙; 받아들임.
承了[しょうりょう] 동의함. 받아들임.
承服[しょうふく] 승복; 납득하여 좇음.
承引[しょういん] 승낙(承諾). 받아들임.
²承認[しょうにん] 승인; ①정당하다고 인정함. ②승낙함.
承認書[しょうにんしょ] 승인서; 승낙서.
承前[しょうぜん] 승전; 앞의 글을 이어받음.
³承知[しょうち] ①(사정·형편 등을) 앎. 알고 있음. ②승낙함. 들어줌.
承知しない[しょうちしない] 〈形〉 ①용서하지 않는다. ②고집하다.
承知の助[しょうちのすけ] 알았다. 알았네.

昇 오를 승

丿 丄 丆 <del>厅</del> <del>厅</del> 早 果 昪 昇

音 ●ショウ
訓 ●のぼる

訓読

²●昇る[のぼる] 〈5自〉 ①(해·달이) 떠오르
다. 뜨다. ②(높은 지위에) 오르다.

音読

昇降口[しょうこうぐち] 승강구: ①오르내
리는 곳. ②큰 건물의 출입구.

昇格[しょうかく] 승격; 자격이 오름.

昇級[しょうきゅう] 승급; 등급이 오름.

昇給[しょうきゅう] 승급; 급료가 오름.

¹昇進[しょうしん] 승진; 직위가 오름.

昇天[しょうてん] 승천; 하늘로 올라감.

昇華[しょうか] 승화; ①고체의 기화(気化),
또는 그 역(逆) 현상. ②성적(性的)인 욕망
등이 미화(美化)·순화(醇化)되어 예술 수
준으로 전환되는 일. ③사물이 보다 고상
한 것으로 높여짐.

乗(乘) 탈/태울 승

丿 一 二 千 千 千 乖 乖 乗 乗

音 ●ジョウ
訓 ●のせる ●のる

訓読

²●乗せる[のせる] 〈下1他〉 ①(탈것에) 태우
다. ②(계략으로) 속이다. ③(가락에) 맞
추다. ④(전파에) 싣다. ⑤(한몫) 끼워주
다. 가담시키다.

乗っける[のっける] 〈下1他〉 (탈것에) 태우다.
승차시키다.

⁴●乗る[のる] 〈5自〉 ①(탈것에) 타다. 올라
타다. 승차하다. ②(물건 위에) 오르다.
올라가다. ③속다. 넘어가다. ④(가락에)
맞추다. ⑤(전파·물결에) 타다. ⑥응하
다. 한몫 끼다. ⑦(잉크·화장품이) 잘
먹다. ⑧(기분이) 내키다.

乗り降り[のりおり] 승강; 타고 내림.

乗り継ぐ[のりつぐ] 〈5自他〉 (탈것을) 갈아
타고 가다.

乗り過ごす[のりすごす] 〈5自〉 타고 가다가
목적지를 지나치다.

乗り掛かる[のりかかる] 〈5自〉 ①(탈것에)
막 올라타다. ②(어떤 일에) 착수하다.
손을 대려고 하다. ③(몸에) 올라타다.
덮치다.

乗り気[のりき] 마음이 내킴.

乗(り)逃げ[のりにげ] ①차비를 내지 않고
도망침. ②탈 것을 훔쳐 타고 달아남.

³乗(り)物[のりもの] ①교통수단. 탈것. 교통
편. ②가마.

乗り付ける[のりつける] 〈下1自〉 ①(차를)
타고 가다. 차를 갖다 대다. ②늘 타 버
릇하다. 탈것에 익숙해지다.

乗り捨てる[のりすてる] 〈下1他〉 ①(목적지
까지) 차를 타고 간 다음 차를 버리다.
②타고 온 차에서 내려 거들떠보지도
않다.

乗り上げる[のりあげる] 〈下1自〉 (탈것이 장
애물에) 얹히다. 올라앉다. 걸리다. 좌초
하다.

乗り損なう[のりそこなう] 〈5自〉 (탈것을)
놓치다.

乗(り)手[のりて] ①승객. ②기수(騎手).
③(바둑에서) 놓아서는 안 되는 수.

乗(り)心地[のりごこち] 승차감.

乗り越える[のりこえる] 〈下1他〉 ①타고 넘
다. ②극복하다. 헤쳐 나가다. ③앞지르
다. 능가하다.

²乗(り)越し[のりこし] 목적지를 지나쳐서
타고 감. 과승(過乗).

乗り越す[のりこす] 〈5自〉 ①타고 넘다.
②목적지를 지나쳐 타고 가다.

乗り移る[のりうつる] 〈5自〉 ①갈아타다. 바
꿔 타다. ①(신이) 들리다.

乗(り)入れ[のりいれ] ①차를 탄 채 들어감.
②노선(路線) 연장.

乗り入れる[のりいれる] 〈下1他〉 ①차를 탄
채 들어가다. ②노선(路線)을 연장 운행
하다.

¹乗り込む[のりこむ] 〈5自〉 ①차에 타다. 탑
승하다. ②차를 탄 채 들어가다. ③떼 지
어 함께 타다. ④떼 지어 몰려가다. 쳐들
어가다.

乗(り)場[のりば] 승차장. 승선장.

乗り切る[のりきる] 〈5自他〉 ①(탈것에) 타
고 끝까지 가다. ②극복하다. 견디어 내
다. 헤쳐 나가다.

乗(り)組(み)[のりくみ] (승무원으로서) 함께
탐. 함께 탄 사람.

乗組員[のりくみいん] 승무원(乗務員).

乗り遅れる[のりおくれる] 〈下1自〉①(탈것을) 놓치다. ②(시대에) 뒤떨어지다. 뒤지다.

乗り出す[のりだす] 〈5自他〉①타고 나아가다. 기운차게 떠나다. ②(탈것을) 타기 시작하다. ③(적극적으로) 착수하다. 나서다. ④(몸을 앞으로) 내밀다.

乗っ取り[のっとり] ①경영권 탈취. ②(항공기 등의) 납치. 탈취.

¹乗っ取る[のっとる] 〈5他〉①탈취하다. 납치하다. ②(쳐들어가서) 빼앗다. 점령하다.

乗(り)合(い)[のりあい] 합승. 여러 사람이 함께 차를 탐.

乗り合(わ)せる[のりあわせる] 〈下1自〉①(우연히) 함께 타다. ②(우연히 탈것에) 타고 있다.

²乗(り)換え[のりかえ] ①환승. 갈아탐. 바꿔 탐. ②(예비의) 갈아탈 것. ③변심(変心).

³乗り換える[のりかえる] 〈下1自他〉①환승하다. 갈아타다. 바꿔 타다. ②(다른 것과) 바꾸어 가지다. ③(주식 등을) 바꿔 사다.

乗り回す[のりまわす] 〈5自他〉(탈것을) 타고 돌아다니다.

乗(り)詰め[のりづめ] 줄곧 차를 탐.

乗じる[じょうじる] 〈上1自他〉➡乗ずる

乗ずる[じょうずる] 〈サ変自〉①(탈것을) 타다. 오르다. ②편승하다. 틈타다. 이용하다. 〈サ変他〉곱셈하다. 곱하다.

乗降[じょうこう] 승강: 타고 내림.

乗降口[じょうこうぐち] 승강구.

²乗客[じょうきゃく] 승객: 탈것에 탄 손님.

乗馬[じょうば] 승마: 말을 탐.

乗務員[じょうむいん] 승무원.

乗法[じょうほう] 승법: ①곱셈. ②승마법. 말을 타는 법.

乗算[じょうざん] 승산: 곱셈.

乗船[じょうせん] 승선: 배에 탐.

乗数[じょうすう] 승수: 곱셈.

乗用車[じょうようしゃ] 승용차.

乗員[じょういん] 승무원.

乗積[じょうせき] 승적: 곱하여 얻은 수.

乗除[じょうじょ] 승제: 곱셈과 나눗셈.

²乗車[じょうしゃ] 승차: 교통편에 탐.

乗車口[じょうしゃぐち] 승차구.

乗車券[じょうしゃけん] 승차권.

乗車駅[じょうしゃえき] 승차역.

乗号[じょうごう] 곱셈의 부호(×).

勝 (勝)   이길/나을 승

丿 刀 月 月` 贮 胖 胖 胖 勝 勝

●ショウ

●かつ ●まさる ⊗すぐれる

¹勝る[まさる] 〈5自〉①(다른 것과 비교해서) 낫다. 우수하다. 뛰어나다. ②(동사 ます형에 접속하여) 더욱 …해지다.

³●勝つ[かつ] 〈5自〉①승리하다. 이기다. ②극복하다. 이겨내다. ③능가하다. 앞서다. ④버겁다. 힘에 겹다. ⑤쟁취하다.

勝ち[かち] ①승리. 이김. ②(명사나 동사 ます형에 접속하여) …의 경향·비율이 높음. 잘·자주 …함.

勝ち誇る[かちほこる] 〈5自〉 승리하여 뽐내다. 이겨서 우쭐대다.

勝(ち)気[かちき] 억척스러움. 지기 싫어함.

勝(ち)名乗り[かちなのり] ①(씨름에서) 심판이 軍配(ぐんばい)를 들고 승리 자의 이름을 부름. ②승리를 선언함.

勝(ち)目[かちめ] ①승산. 이길 가망. ②이길 듯함. 이길 듯한 낌새.

勝(ち)味[かちみ] 승산. 이길 가망.

勝ち抜く[かちぬく] 〈5自〉①마지 막까지 싸워 이기다. 이겨내다. ②내리 이기다.

勝(ち)っ放し[かちっぱなし] '勝(ち)放し'의 강조. 내리 이김.

勝(ち)負け[かちまけ] 승부: 이기고 짐.

勝(ち)星[かちぼし] (씨름에서) 승리자의 이름 위에 찍는 흰 동그라미표. 승점(勝点).

¹勝手[かって] ①부엌. 주방. ②생계(生計). 살림살이. ③사정. 형편. ④〈形動〉제멋대로임. 마음대로임. 시건방짐.

²勝手に[かってに] 제멋대로. 마음대로.

勝(ち)越し[かちこし] ①이긴 횟수가 진 횟수보다 많음. ②상대보다 득점을 많이 얻음.

勝ち越す[かちこす] 〈5自〉①이긴 횟수가 진 횟수보다 많아지다. ②상대보다 득점을 많이 얻다.

勝ち残る[かちのこる] 〈5他〉(경기에서) 이겨서 살아남다. 진출하다.

勝(ち)戦[かちいくさ] 승전: 싸움에 이김.

勝ち進む[かちすすむ] 〈5自〉(경기에) 이겨서 다음 단계로 나아가다. 진출하다.

音読

勝機[しょうき] 승기; 이길 기회.
勝率[しょうりつ] 승률; 이긴 비율.
¹**勝利**[しょうり] 승리; 겨루어 이김.
²**勝負**[しょうぶ] 승부; ①이기고 짐. 승패. ②승부를 겨룸.
勝負無し[しょうぶなし] 무승부. 비김.
勝負事[しょうぶごと] ①승부를 겨루는 놀이. ②도박. 내기.
勝負師[しょうぶし] ①도박꾼. 노름꾼. ②프로 기사(棋士). ③투기꾼.
勝算[しょうさん] 승산; 이길 가망.
勝訴[しょうそ] 승소; 소송에 이김.
勝運[しょううん] 승운; 이길 운.
勝因[しょういん] 승인; ①이긴 원인. ②《仏》선과(善果)를 가져오는 원인.
勝者[しょうしゃ] 승자; 승리자.
²**勝敗**[しょうはい] 승패; 이기고 짐. 승부.

僧(僧) 중 승

亻 亻' 亻' 亻'' 們 們 僧 僧 僧

音 ●ソウ
訓 ―

音読

¹**僧**[そう] 승; 중. 승려.
僧尼[そうに] 승니; 중과 여승(女僧).
僧堂[そうどう] 승당.
僧侶[そうりょ] 승려; 중.
僧門[そうもん] 승문; 불가(仏家).
僧坊[そうぼう] ➮ 僧房
僧房[そうぼう] 승방; 중이 거처하는 방.
僧兵[そうへい] 승병; 승군(僧軍).
僧服[そうふく] 승복; 중의 옷.
僧俗[そうぞく] 승속; 승려와 속인(俗人).
僧庵[そうあん] 승암; 암자.
僧院[そういん] 승원; ①절. 사원(寺院). ②(기독교의) 수도원.
僧正[そうじょう] 승정; ①승관(僧官)의 최고위직. ②각 종파의 승계(僧階)의 하나.
僧職[そうしょく] 승직; ①승려로서의 직무. ②(기독교의) 교직자로서의 직무.
僧職者[そうしょくしゃ] 승직자; ①승려로서 직무를 행하는 자. ②(기독교의) 교직자(教職者).
僧体[そうたい] 승체; 중의 모습.
僧形[そうぎょう] 승형; 중의 모습.

繩(縄) 새끼줄 승

乡 夅 夅 糸 糹 紆 絸 縄 縄 縄

音 ●ジョウ
訓 ●なわ

訓読

²●**繩**[なわ] ①새끼줄. 줄. ②오랏줄. 포승.
繩暖簾[なわのれん] ①(가게 앞의) 줄로 된 발. 새끼발. ②선술집. 대폿집.
繩跳び[なわとび] 줄넘기.
繩目[なわめ] ①새끼줄의 매듭. 끈의 매듭. ②포박 당함. 오랏줄에 묶임. 법망(法網).
繩付(き)[なわつき] 오랏줄에 묶임. 죄인.
繩飛び[なわとび] 줄넘기.
繩手[なわて] 논길. 논두렁길.
繩延び[なわのび] ①늘인 새끼줄의 길이. ②(논밭의) 실제 면적이 토지 대장상의 면적보다 넓음.
繩張(り)[なわばり] ①줄을 쳐서 경계를 정함. ②경계선. ③세력권. 관할권. ④전문 분야. ⑤(동물의) 점유 지역.
繩帳[なわちょう] 전답 측량 대장(台帳).
繩梯子[なわばしご] 줄사다리.

音読

繩規[じょうき] 승규; ①먹줄과 컴퍼스. ②규칙. 표준.
繩墨[じょうぼく] 승묵; ①먹줄. ②규칙. 법도.
繩文[じょうもん] 승문; 새끼줄 무늬.
繩文文化[じょうもんぶんか] 승문 문화.
繩文式時代[じょうもんしきじだい] 승문식 시대.
繩文式土器[じょうもんしきどき] 승문식 토기.
繩索[じょうさく] 승삭; 밧줄. 새끼줄.

蠅ˣ(蝿) 파리 승
音 ⊗ヨウ
訓 ⊗はえ

訓読

⊗**蠅**[はえ] 《虫》 파리.
蠅叩き[はえたたき] 파리채.
蠅帳[はえちょう] 음식에 파리가 접근하지 못하게 만든 방충망.
蠅取り[はえとり] ①파리를 잡음. ②파리를 잡는 도구.
蠅取(り)紙[はえとりがみ] (파리를 잡는) 끈끈이 종이.

[시]

市 저자 시

一 亠 亠 市 市

音 ◉シ
訓 ◉いち

訓読

¹◉市❶[いち] ①장. 시장. 저자. ②시가. 거리. ❷[し] ▷ 音読

市松[いちまつ] ①'市松模様(いちまつもよう)'의 준말. ②'市松人形(いちまつにんぎょう)'의 준말.

市松模様[いちまつもよう] 체크 무늬.

市日[いちび] 장날.

²市場❶[いちば] 시장; 장. 저자. ❷[しじょう] 《経》 시장; ①수요와 공급 사이의 교환 관계. ②물건을 팔고 사는 곳. ③상품 매매의 범위.

音読

³市❶[し] 《法》 시. *지방 자치 단체의 하나로서 인구 2만 명 이상의 도시임. ❷[いち] ▷ 訓読

市価[しか] 시가; 시중 시세.

¹市街[しがい] 시가; 거리.

市街地[しがいち] 시가지.

市内[しない] 시내; 시의 구역 안.

市立[しりつ/いちりつ] 시립; 시에서 설립함.

³市民[しみん] 시민; ①도시의 주민. ②공민(公民).

市民権[しみんけん] 시민권.

市部[しぶ] 시부; 시(市)에 속한 구역.

市役所[しやくしょ] 시청(市庁).

市営[しえい] 시영; 시(市)에서 운영함.

市外[しがい] 시외; 시(市)의 구역 밖.

市有[しゆう] 시유; 시(市)의 소유.

市議会[しぎかい] 시의회.

市長[しちょう] 시장; 시(市)의 우두머리.

市井[しせい] 시정; ①항간. 거리. ②서민 사회.

市町村[しちょうそん] (행정 구획의) 市(し)·町(ちょう)·村(そん).

市中[しちゅう] 시중; 시내.

市政[しせい] 시정; 시의 행정.

市制[しせい] 시제; 시의 제도.

市販[しはん] 시판; 시중에서 판매함.

市況[しきょう] 시황; 거래 상황.

市会[しかい] '市議会'의 옛 칭호.

矢 화살 시

ノ 厂 厂 午 矢

音 ◉シ
訓 ◉や

訓読

¹◉矢[や] ①화살. ②(나무나 돌을 쪼개는) 쐐기. ③화살처럼 빠름.

矢継ぎ早[やつぎばや] ①화살을 연달아 빨리 갈아 메김. ②잇달음. 연달음.

矢尻[やじり] 화살촉.

矢立て[やたて] ①전통(箭筒). 화살통. ②화살통 속에 넣어 휴대하는 벼루. ③먹통에 붓통이 달린 휴대용 필묵.

矢面[やおもて] ①(싸움터에서) 화살이 날아오는 정면. 진두(陣頭). ②질문·비난받는 입장.

矢先[やさき] ①화살촉. ②화살이 날아오는 정면. 진두(陣頭). ③마침 그때. 막 …하려는 참.

矢鱈に[やたらに] 함부로. 마구. 무턱대고.

矢印[やじるし] 화살표.

²矢張り[やはり] 역시. 마찬가지로.

矢庭に[やにわに] ①당장에; 즉석에서. 그 자리에서. ②갑자기. 느닷없이.

矢車[やぐるま] ①화살꽂이. ②화살 모양의 살을 박은 팔랑개비. ③화살 모양의 살을 박은 팔랑개비의 모양을 한 가문(家紋).

音読

矢石[しせき] 시석; ①화살과 돌쇠뇌의 돌. ②전쟁(戦争). 전장(戦場).

示 보일 시

一 二 亍 亍 示

音 ◉ジ ◉シ
訓 ◉しめす

訓読

²◉示す[しめす] 〈五他〉 ①(나타내) 보이다. 제시하다. ②(방향을) 가리키다.

示し[しめし] ①가르침. 계시(啓示). ②본보기. 교훈.

示し合わせる[しめしあわせる] 〈下I他〉 ①미리 의논해 두다. 미리 짜다. ②서로 신호하여 알리다.

音読
示談[じだん] ≪法≫ 시담; 화해(和解).
示唆[しさ/じさ] 시사; ①미리 암시하여 일러줌. ②부추김.
示威[じい/しい] 시위; 위력·기세를 드러내어 보임.

侍 모실 시

ノ　イ　仁　仁　佳　佳　侍　侍

音 ●ジ
訓 ●さむらい ⊗はべる

訓読
¹●**侍**[さむらい] ①무사(武士). ②(옛날) 귀인이나 영주(領主)의 경호원. ③대단한 인물. 호걸. 기골찬 사람.
⊗**侍る**[はべる] ⟨5自⟩ 곁에서 모시다.

音読
侍講[じこう] 시강; 군주나 태자에게 강의함. 또는 강의하는 사람.
侍女[じじょ] 시녀; 여자 몸종.
侍臣[じしん] 시신; 주군(主君) 곁에서 섬기는 사람.
侍医[じい] 시의; 국왕이나 황족(皇族) 등 신분이 높은 사람들의 주치의(主治医).
侍従[じじゅう] 시종; 군주(君主) 곁에서 받들어 섬기는 궁내청(宮内庁)의 직원.

始 비로소/처음 시

く　女　女　女'　好　始　始　始

音 ●シ
訓 ●はじまる ●はじめる

訓読
⁴●**始まる**[はじまる] ⟨5自⟩ ①(새로운 일이) 시작되다. 개시하다. ②(평소의 버릇이) 다시 나오다. 재개되다.
²**始まり**[はじまり] 시작. 시초. 발단.
⁴●**始める**[はじめる] ⟨下1他⟩ ①(새로운 일을) 시작하다. 개시하다. ②(평소의 버릇을) 다시 시작하다. ③(동사 ます형에 접속하여) 다시 …하기 시작하다.
²**始め**[はじめ] ①처음. 시초. ②근원. 발단. ③처음 부분. 첫머리. ④위시. 비롯함.
　始め値[はじめね] ≪経≫ (거래소에서) 개장 즉시의 값.

音読
始球式[しきゅうしき] 시구식; (야구에서) 시합 시작 전에 내빈 중 한 사람이 제1구를 본루로 던지는 의식.
始動[しどう] 시동; 움직이기 시작함.
¹**始末**[しまつ] 시말; ①(나쁜) 결과. 형편. ②(일의) 자초지종. ③(일의) 매듭. 처리. 정리. 아낌. 절약.
始末書[しまつしょ] 시말서; 일의 나쁜 결과를 자세히 적은 문서.
¹**始発**[しはつ] 시발; ①그곳을 기점으로 하여 출발함. ②(그 날) 처음 발차함.
始発駅[しはつえき] 시발역; 출발역.
始業[しぎょう] 시업; 일·수업의 시작. (일정 기간의) 수업의 개시.
始業式[しぎょうしき] 시무식(始務式).
始原[しげん] 시원; 처음. 원시(原始).
始祖[しそ] 시조; 원조(元祖).
²**始終**[しじゅう] 시종; ①처음과 끝. ②자초지종. 전부. ③⟨副⟩ 늘. 항상. 언제나.

施 베풀 시

'　亠　方　方　扩　扩　施　施

音 ●シ ●セ
訓 ●ほどこす

訓読
¹●**施す**[ほどこす] ⟨5他⟩ ①(자선을) 베풀다. 주다. ②(어떤 행동을) 하다. 시행하다. ③(장식·가공을) 하다. ④(체면을) 세우다.
施し[ほどこし] 베풂. 시주(施主).

音読
施工[しこう/せこう] 시공; 공사를 행함.
施療[せりょう] 시료; 무료 치료.
施肥[せひ/しひ] 시비; 거름을 줌.
¹**施設**[しせつ] 시설; ①(어떤 목적을 위해) 만들어 설치함. 설비. ②'児童福祉施設'의 준말.
施術[しじゅつ] 시술; 의술을 베풂.
施政[しせい] 시정; 정치를 행함.
施主[せしゅ] ①≪仏≫ 시주. ②법사(法事)·공양을 하는 당사자. ③건축주. 시공자(施工者).
施策[しさく] 시책; 계획을 짜서 시행함. 또는 그 계책.
¹**施行❶**[しこう/せこう] 시행; 실제로 행함.
❷[せぎょう] ① ≪仏≫ 보시(布施). ② ≪古≫ 명령 하달.

是　옳을 시

丨 冂 冂 日 旦 무 무 무 무 문 是

音 ◉ゼ
訓 ⊗これ

音読
是[ゼ] 옳음. 바름.
²是非[ゼひ] 시비; ①옳고 그름. 잘잘못. ②시비를 가림. 잘잘못을 가림. ③〈副〉꼭. 제발. 아무쪼록.
是非とも[ゼひとも] 꼭. 무슨 일이 있어도. 반드시.
是是非非[ゼゼひひ] 시시비비; 옳은 것은 옳고 그른 것은 그르다고 함.
是認[ゼにん] 시인; 옳다고 승인함.
是正[ゼせい] 시정; 잘못된 것을 바로잡음.

時　때 시

丨 冂 日 日 日' 日十 旷 旷 時 時

音 ◉シ
訓 ◉とき

訓読
⁴◉時❶[とき] ①때. 시간. ②시각. ③시점. ④계절. 시절. 시대. ⑤호기. 좋은 기회. ⑥기한. ❷[じ] ☞ [音読]
時めく[ときめく]〈5自〉한창 인기가 있다.
⁴時計[★とけい] 시계.
時計台[★とけいだい] 시계탑.
⁴時時[ときどき] ①그때그때. ②때때로. 가끔.
時偶[ときたま] 가끔. 때때로.
時折[ときおり] 가끔. 때때로.

音読
⁴時❶[じ] ①(시각을 나타내는 말에 접속하여) …시. ②…때. ❷[とき] ☞ [訓読]
時価[じか] 시가; 시세(時勢).
²時刻[じこく] 시각; ①시간. ②시기. 기회. 때.
¹時刻表[じこくひょう] (열차 등의) 시간표.
⁴時間[じかん] 시간; ①때의 길이. ②때. 시각.
²時間割(り)[じかんわり] (학교의) 시간표.
時局[じきょく] 시국; 현재의 대세의 판국.
²時期[じき] 시기; 정해진 때.
²時代[じだい] ①시대. ②시절. ③그 당시. 당대. ④예스러움. 구식(旧式).

時代遅れ[じだいおくれ] 시대에 뒤떨어짐.
時代後れ[じだいおくれ] 시대에 뒤떨어짐.
時流[じりゅう] 시류; 시대의 흐름. 그 시대 특유의 경향·유행·풍조.
時報[じほう] 시보; ①시각을 알림. ②(어떤 전문 분야의 동향을 알리는) 신문·잡지류.
時分[じぶん] ①무렵. 당시. 때. ②기회. 적당한 때. 시기.
時事[じじ] 시사; 그 당시에 생긴 여러 가지 세상 일.
時勢[じせい] 시세; 시대의 추세.
²時速[じそく] 시속; 1시간에 가는 속도.
時節[じせつ] 시절; ①계절. 철. ②호기. 좋은 기회. ③세상의 형편.
時点[じてん] 시점; 시간의 흐름 위에 어떤 한 점.
時制[じせい]《語学》시제; tense.
²時差[じさ] 시차; 일정 시간과 시간과의 차이.
時評[じひょう] 시평; 그 때의 비평.
時限[じげん] 시한; ①기한을 정한 시각. ②(수업의) …교시(校時).
時効[じこう] 시효; 일정 기간이 지남으로써 권리가 발생하거나 소멸됨.
時候[じこう] 시후; (사철의) 절기.

視(視)　볼 시

丶 丶 亅 礻 礻 初 初 初 視 視

音 ◉シ
訓 ―

音読
¹視覚[しかく] 시각; 물체를 볼 때 눈의 망막을 자극시켜 일어나는 감각.
視界[しかい] 시계; 시력이 미치는 범위.
視力[しりょく] 시력; 물체를 보는 눈의 능력.
視線[しせん] 시선; 눈길. 눈의 방향.
¹視野[しや] 시야; ①시력이 미치는 범위. ②식견(識見).
視点[してん] 시점; ①(원근법에서) 사람의 눈과 직각을 이루는 지평선상의 가정(仮定)한 한 점. ②관점(観点). ③시선(視線).
¹視察[しさつ] 시찰; 돌아다니며 살핌.
視聴[しちょう] 시청; ①보고 들음. 보기와 듣기. ②주목. 이목. 관심.

試 시험할 시

`ㄱ ㅌ ㅌ ㅌ ㅌ 言 言 言 訂 計 試 試`

音 ●シ
訓 ●ためす ●こころみる

訓読

²●試す[ためす]〈5他〉①(실제로) 시험해 보다. ②(실제로) 조사해 보다. 알아보다.
²試し[ためし] 시험. 시도.
¹●試みる[こころみる]〈上1他〉①시험 삼아 해 보다. 시도해 보다. ②시식(試食)하다.
¹試み[こころみ] 시험. 시도.

音読

試供品[しきょうひん] 시공품; 샘플.
試金石[しきんせき] 시금석; ①귀금속을 문질러 그 품질을 알아보는 돌. ②가치·능력의 평가 기준.
試練[しれん] 시련; 시험하고 단련함.
試写会[ししゃかい] 시사회; 영화를 개봉하기 전에 특정인에게 상영해 보이는 모임.
試乗[しじょう] 시승; 시험 삼아 타 봄.
試食[ししょく] 시식; 시험 삼아 먹어 봄.
試案[しあん] 시안; 시험 삼아 만든 안.
試用[しよう] 시용; 시험 삼아 사용해 봄.
試運転[しうんてん] 시운전; 시험 삼아 운전·운항해 봄.
試作[しさく] 시작; 시험 삼아 만든 작품.
³試合[しあい] 시합; 경기(競技). 겨루기.
¹試行[しこう] 시행; 시험 삼아 해 봄.
³試験[しけん] 시험; 테스트하여 봄.

詩 시 시

`ㄱ ㅌ ㅌ 글 言 言 計 詰 詩 詩`

音 ●シ ●シイ
訓 —

音読

²詩[し]《文学》①시. ②한시(漢詩).
詩境[しきょう] 시경; 시의 경지.
詩句[しく] 시구; 시의 구절.
詩論[しろん] 시론; 시에 관한 평론.
詩碑[しひ] 시비; 시를 새긴 비석.
詩吟[しぎん] 시음; 한시(漢詩)에 가락을 붙여 읊음.
²詩人[しじん] 시인; 시를 쓰는 사람.

詩作[しさく] 시작; 시를 지음.
詩情[しじょう] 시정; 시적인 정취.
詩集[ししゅう] 시집; 시를 모은 책.
詩興[しきょう] 시흥; 시에 대한 흥취.

屍 주검 시

音 ⊗シ
訓 ⊗しかばね

訓読
⊗屍[しかばね/かばね] 시체. 송장. 주검.
音読
屍姦[しかん] 시간; 시체를 간음함.
屍体[したい] 시체; 주검. 송장.
屍骸[しがい] 시해; 시체. 송장. 주검.

柿 감나무 시

音 ⊗シ
訓 ⊗かき ⊗こけら

訓読
⊗柿❶[かき] ①《植》감. 감나무. ②감색. 주황색. 암갈색. ❷[こけら] ①지저깨비. 목찰(木札). ②지붕을 일 때 쓰는 얇은 널빤지.

偲 살필 시

音 ⊗シ
訓 ⊗しのぶ

訓読
⊗偲ぶ[しのぶ]〈5他〉그리워하다. 사모하다.
¶故郷(こきょう)を〜 고향을 그리워하다.

匙 숟가락 시

音 ⊗シ
訓 ⊗さじ

訓読
²⊗匙[さじ] 숟가락.
匙加減[さじかげん] ①(약 조제할 때의) 약분량의 조절. ②(알맞은) 정도. 배려의 정도. 조절.

柴 섶 시

音 ⊗サイ
訓 ⊗しば/ふし

訓読
⊗柴[しば] ①(산야에 자라는) 작은 잡목. ②잡목의 작은 가지.
柴刈り[しばかり] ①땔감을 함. ②땔감을 베는 사람.
柴葺き[しばぶき] 잡목으로 지붕을 임.

弑 죽일 시

音 ⊗シイ
訓 —

音読

弑する[しいする]〈サ変他〉(부모나 주군을) 시해(弑害)하다. 시역(弑逆)하다.

弑逆[しいぎゃく] 시역; 부모나 주군(主君)을 살해함. 시해(弑害).

蒔 모종할 시

音 ⊗ジ ⊗シ
訓 ⊗まく

訓読

²⊗蒔く[まく]〈五他〉①파종하다. 씨를 뿌리다. ②원인을 만들다. ③(금·은 가루로) 칠기(漆器)에 무늬를 놓다.

蒔肥[まきごえ] 파종할 때 주는 거름. 밑거름.

蒔き直し[まきなおし] ①씨를 다시 뿌림. ②(일을) 다시 시작함.

蒔絵[まきえ] 칠공예의 하나. *(금·은 가루로) 칠기(漆器)에 무늬를 놓는 일본 특유의 공예.

[식]

式 법/꼴/의식 식

一 二 丁 工 式 式

音 ●シキ
訓 —

音読

²式[しき] 식; ①의식(儀式). ②방법. 방식. ③수식(数式). ④공식(公式). ⑤논식(論式). ⑥스타일. 방식.

式服[しきふく] 식복; 의식(儀式)을 거행할 때 입는 정식 예복(礼服).

式辞[しきじ] 식사; 식을 거행할 때의 인사말.

式日[しきじつ] 식일; ①의식·모임이 있는 당일. ②제일(祭日). 축일(祝日).

¹式場[しきじょう] 식장; 예식장(礼式場).

式典[しきてん] 식전; 식(式). 의식(儀式).

式次[しきじ] 식순(式順). 의식의 순서.

式次第[しきしだい] 식순(式順). 식(式)을 진행하는 순서.

食 먹을/밥 식

人 ノ 𠆢 今 今 𠆢 倉 食 食

音 ●ショク ●ジキ
訓 ●くう ●くらう ●たべる ⊗はむ

訓読

²●食う[くう]〈五他〉①먹다. *'食べる'보다는 난폭한 말씨임. ②(살아가기 위해) 먹다. 생활하다. ③(벌레가) 물다. 쏘다. ④(사람을) 깔보다. 무시하다. ⑤(남의 영역을) 침범하다 잠식하다. 갉아먹다. ⑥(비용·시간을) 소비하다. 잡아먹다. ⑦(낮에게) 당하다. ⑧(나이를) 먹다. ⑨(상대방을) 꺾다.

食い繋ぎ[くいつなぎ]〈五自〉겨우 목숨만 이어오다. 겨우 연명하다.

食(い)過ぎ[くいすぎ] 과식. 지나치게 먹음.

食(い)掛け[くいかけ] 먹다 맒.

食い潰す[くいつぶす]〈五他〉놀고먹어 재산을 탕진하다.

食い気[くいけ] 식욕. 먹성.

食(い)逃げ[くいにげ] ①음식 값을 떼어먹고 달아남. ②실컷 대접만 받고 인사도 없이 사라짐. ③받기만 하고 남에게 주지 않음.

食い倒す[くいたおす]〈五他〉①(음식 값 등을) 떼어먹다. ②(놀고먹어) 재산을 탕진하다.

食(い)倒れ[くいだおれ] ①호화로운 음식으로 재산을 탕진함. ②놀고먹는 사람.

食い道楽[くいどうらく] 식도락; 여러 음식을 맛보며 먹는 일을 즐김.

食い物[くいもの] ①음식물. 먹을 것. ②(이익을 위한) 미끼. 이용물. 희생물.

食い縛る[くいしばる]〈五他〉(이를) 악물다.

食(い)放題[くいほうだい] 마음대로 먹음.

食い付く[くいつく]〈五自〉①달려들어 물다. 덤벼들다. ②물고 늘어지다 달라붙다. ③(물고기가) 입질하다. ④(혹해서) 달라붙다.

食い散らす[くいちらす]〈五他〉①(음식을) 흘리며 먹다. 지저분하게 먹다. ②여러 가지 일에 손을 대어 보다.

食(い)上げ[くいあげ] 생계 수단을 잃음. 밥줄이 끊어짐.

食い余す[くいあます]〈五他〉다 먹지 못하고 남기다. 먹다 만 채로 남기다.

食い延ばす[くいのばす]〈五他〉①아껴서 오래 먹다. ②생활비를 아껴서 오래 쓰다.

食(い)違い[くいちがい] 엇갈림. 어긋남.
¹食い違う[くいちがう] 〈5自〉 엇갈리다. 어긋나다. 일치하지 않다.
食い意地[くいいじ] 게걸스럽게 먹음. 걸신들림.
食い逸れる[くいはぐれる] 〈下1他〉 ①먹을 기회를 놓치다. ②생계 수단을 잃다. 생계가 막히다.
食い込む[くいこむ] 〈5自他〉 ①깨물어 삼키다. ②잠식(蠶食)하다. 먹어 들어가다. ③깊숙이 파고들다. 쬐어들다. ④결손나다. 축나다.
食(い)残し[くいのこし] ①먹다 남김. 먹다 남은 것. ②약간 남은 것.
食い止める[くいとめる] 〈下1他〉 (미연에) 막다. 방지하다.
食い破る[くいやぶる] 〈5他〉 물어뜯다.
食い飽きる[くいあきる] 〈上1自〉 ①실컷 먹다. 포식하다. ②(음식 등에) 질리다. 물리다.
食い下がる[くいさがる] 〈5自〉 ①(끈질기게) 물고 늘어지다. ②끈덕지게 싸우다.
食(い)合い[くいあい] ①서로 잡아먹음. 서로 물어뜯음. ②관계. 상관. ③(증권시장에서) 파는 쪽과 사는 쪽의 짝 이루기.
食い合う[くいあう] 〈5自〉 ①서로 잡아먹다. 서로 물어뜯다. ②(조립한 부분이) 맞물리다. ③맞부딪치다. 〈5他〉 서로 다투어 먹다.
食い合(わ)せ[くいあわせ] ①서로 상극되는 음식. 서로 상극되는 음식에 탈이 남. ②이음매. 접합(接合).
食い荒らす[くいあらす] 〈5他〉 ①들쑤셔 먹다. 마구 파헤쳐 먹다. ②(남의 영역을) 침범하다. 짓밟다.
食い詰める[くいつめる] 〈下1自〉 생계가 막히다. 밥줄이 끊어지다.
●食える[くえる] 〈下1自〉 ①먹을 수 있다. ②먹을 만하다. ③먹고 살아갈 만하다. 생활이 되다.
●食らう[くらう] 〈5他〉 ①처먹다. 퍼먹다. 퍼마시다. ②먹고살다. 생활해 나가다. ③(피해를) 받다. 당하다. 입다.
●食わす[くわす] 〈5他〉 ①(음식을) 먹이다. 먹게 하다. ②먹여 살리다. 부양하다. ③속이다. 골탕 먹이다. 기만하다. ④(해를) 주다. 가하다.
●食わせる[くわせる] 〈下1他〉 ☞ 食わす

食わせ物[くわせもの] 겉만 번드레함.
⁴●食べる[たべる] 〈下1他〉 ①(음식을) 먹다. ②먹고살다. 살아가다. 생활하다.
食べ頃[たべごろ] 먹기에 알맞은 때. 제철.
食べ過ぎ[たべすぎ] 과식. 지나치게 먹음.
食べ過ぎる[たべすぎる] 〈上1他〉 과식하다. 지나치게 먹다.
食べ掛け[たべかけ] 먹다 그만둠. 먹다 맒.
⁴食べ物[たべもの] 음식. 음식물.
食べ残し[たべのこし] 먹다 남김.
食べ滓[たべかす] 먹다 남은 찌꺼기.

食パン[しょくパン/しょっパン] 식빵.
食間[しょっかん] 식간; 식사 때와 식사 때와의 사이.
食券[しょっけん] 식권; 식사 티켓.
食器[しょっき] 식기; 음식 그릇.
食器戸棚[しょっきどだな] 찬장.
⁴食堂❶[しょくどう] 식당; ①식사를 하는 곳. ②간단한 음식을 제공하는 음식점. ❷[じきどう] 《仏》 큰 절의 식당.
食堂車[しょくどうしゃ] (열차의) 식당차.
²食糧[しょくりょう] 식량; 먹을 양식.
食料[しょくりょう] ①식품. 주식 이외의 음식. ②식대. 식사값. 식사비.
³食料品[しょくりょうひん] 식료품.
²食物[しょくもつ] 식물; 음식물.
食費[しょくひ] 식비; 식사의 비용. 식대.
³食事[しょくじ] 식사; 음식을 먹음.
食傷[しょくしょう] 식상; ①식중독. ②싫증이 남. 물림.
食膳[しょくぜん] ①밥상. 식탁. ②(밥상에 차린) 음식.
食言[しょくげん] 식언; 거짓말을 함.
²食塩[しょくえん] 식염; 식용의 소금.
²食欲[しょくよく] 식욕; ①밥맛. ②하고 싶은 마음.
食餌[しょくじ] 식이; 요양(療養)을 위해 조리한 음식.
食前[しょくぜん] 식전; 식사하기 전.
食中毒[しょくちゅうどく] 식중독.
食指[しょくし] 식지; 집게손가락.
食尽[しょくじん] 식심(蝕甚); 일식(日蝕)·월식(月蝕)에서 가장 많이 이지러진 때.
²食卓[しょくたく] 식탁; 식사를 하는 탁자.
食通[しょくつう] 식통; 음식 맛에 정통함.
²食品[しょくひん] 식품; 식료품.
食後[しょくご] 식후; 식사한 후.

息   숨쉴/자식 식

´ ſ ſ 白 白 白 自 自 息 息 息

音 ●ソク
訓 ●いき

訓読
²●息[いき] ①숨. 호흡. ②입김. 내쉬는 공기. ③(2인 이상이 일할 때의) 마음. 호흡. 가락. 손발. ④김. 증기. ⑤영향력. 힘.
息遣い[いきづかい] 호흡. 숨결.
息苦しい[いきぐるしい] 〈形〉①숨쉬기가 힘들다. 숨이 막히다. ②(분위기가) 숨이 막힐 것 같다. 답답하다.
息巻く[いきまく] 〈5自〉①(화가 나서) 씩씩거리다. ②딱딱거리다. 기세 높게 으르대다.
息抜き[いきぬき] ①(일하는 도중) 잠시 쉼. 한숨 돌림. ②환기창(換気窓). 숨구멍.
³**息子**[★むすこ] 아들.
息切れ[いきぎれ] ①숨이 참. 헐떡임. ②일에 겨워 그만둠.
息吹[★いぶき] ①숨. 숨결. 호흡. ②기척. 조짐. 활기. 생기.
息詰まる[いきづまる] 〈5自〉(긴장하여) 숨이 막히다.

音読
息女[そくじょ] ¶御(ご)~ 영애(令愛). 신분이 높은 사람의 딸.

植   심을 식

一 十 オ 木 木 杧 栌 栌 植 植

音 ●ショク
訓 ●うえる ●うわる

訓読
³●**植える**[うえる] 〈下1他〉①(화초・나무 등을) 심다. ②(작은 물건을) 끼워 넣다. 꽂다. ③이식(移植)하다. 접종하다. 배양하다. ④(사상 등을) 주입하다.
¹**植わる**[うわる] 〈5自〉(화초・나무 등이) 심어지다. 심기다.
²**植木**[うえき] ①정원수(庭園樹). ②분재(盆栽).
植木鉢[うえきばち] 화분(花盆).
植(え)付け[うえつけ] ①(묘목 등의) 옮겨심기. 이식(移植). ②(벼의) 모내기. 모심기. 이앙(移秧).

植え付ける[うえつける] 〈下1他〉①이식(移植)하다. 옮겨 심다. 이앙(移秧)하다. 모내기하다. ②(마음에) 심어주다. 들어넣다.
植(え)込み[うえこみ] ①(정원수 등의) 수풀. 식수림(植樹林). ②(씨감자 등의) 심기. ③(어떤 것을 다른 물건 속에) 끼워 넣기.

音読
²**植物**[しょくぶつ] 식물; 동물을 제외한 생물.
植民[しょくみん] 식민; 본국과 종속 관계에 있는 땅에 자국민을 이주시켜 경제 발전을 꾀하는 일.
¹**植民地**[しょくみんち] 식민지.
植樹[しょくじゅ] 식수; 나무를 심음.

殖   번식할 식

一 ſ ſ ſ ſ ſ ſ ſ 殖 殖 殖 殖

音 ●ショク
訓 ●ふえる ●ふやす

訓読
²●**殖える**[ふえる] 〈下1自〉①(재산이) 늘다. 불어나다. ②(생물이) 번식하다.
²●**殖やす**[ふやす] 〈5他〉①(재산을) 늘리다. 불리다. ②(동식물을) 증식시키다. 번식시키다.

音読
殖民[しょくみん] 식민; 본국과 종속 관계에 있는 땅에 자국민을 이주시켜 경제 발전을 꾀하는 일.
殖産[しょくさん] 식산; 재산을 늘림.
殖財[しょくざい] 식재; 재산 증식.

飾(飾)   꾸밀 식

ハ ゲ 今 今 拿 拿 拿 旆 飾 飾

音 ●ショク
訓 ●かざる

訓読
³●**飾る**[かざる] 〈5他〉①장식하다. 꾸미다. 치장하다. ②영광되게 하다. 빛내다. ③진열하다. 꾸며놓다. ④장식으로 걸다. 놓다.
²**飾り**[かざり] ①장식. 장식물. ②겉치레. 허식(虚飾). ③장식품. 허울뿐임. ④¶お~설에 장식하는 'しめかざり・まつかざり'의 준말.

飾りボタン[かざりボタン] 장식 단추.
飾り立てる[かざりたてる] 〈下1他〉 화려하게 꾸미다. 요란하게 꾸미다.
飾り物[かざりもの] ①장식. 장식품. ②설 장식물. ③허울뿐임. 명색뿐임.
飾(り)付け[かざりつけ] 장식. 장식한 것.
飾り棚[かざりだな] ①(응접실 등의) 장식 장. 장식 선반. ②상품 등을 장식하는 선반.
飾り松[かざりまつ] 설날 대문에 장식하는 소나무.

音読
飾言[しょくげん] 식언; 말을 꾸며댐. 교묘하게 둘러댐. 교묘하게 얼버무림.

識　①알 식　②표할 지
言 言 言 言 諳 諳 諳 識 識 識

音 ●シキ
訓 ―

音読
識見[しきけん/しっけん] 식견; 학식과 견문.
識別[しきべつ] 식별; 알아서 구별함.
識者[しきしゃ] 식자; 지식인.

拭　닦을 식　音 ⊗ショク　訓 ⊗ぬぐう ⊗ふく

訓読
⊗**拭う**[ぬぐう] 〈5他〉 ①닦다. 훔치다. ②지우다. 씻다.
²**拭く**[ふく] 〈5他〉 (걸레나 종이 등으로) 닦다. 훔치다.
拭き掃除[ふきそうじ] 걸레질.
拭き込む[ふきこむ] 〈5他〉 윤이 나도록 닦다. 반들반들하게 닦다.

蝕ˣ(蝕)　벌레먹을 식　音 ⊗ショク　訓 ⊗むしばむ

訓読
⊗**蝕む**[むしばむ] 〈5他〉 ①벌레 먹다. 좀 먹다. ②(심신을) 해치다.
音読
蝕分[しょくぶん] 《天》 식분; 일식(日蝕)·월식(月蝕) 때 해나 달이 이지러지는 정도.

申　펼/말할 신
丨 冂 冂 日 申

音 ●シン
訓 ●もうす ⊗さる

訓読
⊗**申**[さる] 신; ①십이지(十二支)의 아홉째. 원숭이. ②신시(申時). 오후 3시~5시 사이. ③신방(申方). 서남서쪽.
³●**申す**[もうす] 〈5他〉 ①말씀드리다. 여쭙다. ②하다. ＊'する(하다)·なす(행하다)'의 겸양어.
申(し)立(て)[もうした て] ①제기함. 신청함. ②《法》 주장. 신청.
申し立てる[もうしたてる] 〈下1他〉 ①(의견·희망을 공공기관에) 제기하다. 신청하다. 제의하다. ②말씀 올리다.
申し付かる[もうしつかる] 〈5他〉 분부를 받다.
申し付ける[もうしつける] 〈下1他〉 분부하다. 명령하다.
¹**申し分**[もうしぶん] ①할 말. 주장. ②나무랄 데. 흠잡을 데.
³**申し上げる**[もうしあげる] 〈下1他〉 ①말씀드리다. 여쭙다. 아뢰다. ②…하여 드리다.
申し送り[もうしおくり] ①(말의) 전달. ②(사무·명령 등의) 인계. 전달.
申し送る[もうしおくる] 〈5他〉 ①(편지·전언으로) 상대에게 전하다. ②(사무·명령 등을 다른 사람에게) 전달하다.
申し受ける[もうしうける] 〈下1他〉 ①신청하여 받다. ②삼가 받다. 주문 받다.
申し述べる[もうしのべる] 〈下1他〉 말씀드리다. 진술하다. 말하다.
²**申し訳**[もうしわけ] ①변명. 해명. ②형식적임. 명색뿐임.
²**申し訳無い**[もうしわけない] 면목이 없다. 미안하다.
申(し)入れ[もうしいれ] 신청. 제의.
¹**申し入れる**[もうしいれる] 〈下1他〉 신청하다. 제의하다. 제기하다.
¹**申し込む**[もうしこむ] 〈5他〉 ①신청하다. ②제의하다. 제기하다. 말하다.
¹**申(し)込(み)**[もうしこみ] 신청(申請).

申込書[もうしこみしょ] 신청서(申請書).
申し子[もうしご] ①(神仏이) 점지해 주신 자식. ②부산물(副産物).
申し伝える[もうしつたえる]〈下1他〉말씀을 전해 드리다. 전갈 드리다.
申し添える[もうしそえる]〈下1他〉덧붙여 말씀드리다. 말을 덧붙이다.
[1]**申し出**[もうしで] (의견・희망 등의) 제의. 신청.
申し出る[もうしでる]〈下1他〉(의견・희망 등을) 자청해서 말하다. 신청하다. 신고하다.
申(し)合(わ)せ[もうしあわせ] 합의. 약정(約定).
申し合(わ)せる[もうしあわせる]〈下1他〉합의하다. 약정(約定)하다.

音読
[1]**申告**[しんこく] 신고; 일정한 사실을 진술하거나 보고하는 일.
[2]**申請**[しんせい] 신청; 신고하여 청구함.
申請人[しんせいにん] 신청인.

迅(迅) 빠를 신

丆 刋 刊 刊 迅 迅

音 ◉ジン
訓 —

音読
迅雷[じんらい] 신뢰; 맹렬한 천둥.
迅速[じんそく] 신속; 매우 빠름.

身 몸 신

丿 亻 冂 冃 自 身 身 身

音 ◉シン
訓 ◉み

訓読
[2]◉**身**[み] ①몸. 신체. ②자기. 자신. ③(짐승・생선의) 살. ④신분. 분수. ⑤성의. 정성. ⑥입장. 처지. ⑦(나무의) 속 부분. ⑧(뚜껑에 대하여) 물건을 넣는 부분.
身ぐるみ[みぐるみ] 몸에 지닌 것 몽땅.
身じろぎ[みじろぎ] 몸을 꼼짝거림.
[1]**身なり**[みなり] ①옷차림. 복장. ②몸집. 덩치.

身軽[みがる] ①(몸이) 가벼움. 가뿐함. ②(몸이) 홀가분함. 간편함. ③(출산하여) 몸이 가벼워짐.
身頃[みごろ] (옷의) 길.
身空[みそら] 신세. 처지. 몸.
身構え[みがまえ] (공격・방어의) 자세. 태도.
身構える[みがまえる]〈下1自〉(공격・방어의) 자세를 취하다. 태세를 갖추다.
[1]**身近**[みぢか] ①신변. 자기 몸 가까운 곳. ②자기와 가까움. 자기와 관계가 깊음.
身近い[みぢかい]〈形〉자기와 가깝다. 자기와 관계가 깊다.
身寄り[みより] (의지할 수 있는) 친척. 친족. 연고자.
身内❶[みうち] ①온몸. 전신. ②일가. 친척. 집안. ③한패. 패거리. ❷[みぬち] 몸속. 체내(体内).
身の代[みのしろ] ①'身の代金'의 준말. ②재산.
身の代金[みのしろきん] (유괴된 사람의) 몸값. 인질의 몸값.
身代(わ)り[みがわり] (남을) 대신함. 대역함.
身動き[みうごき] ①몸을 움직임. 운신(運身). ②(마음대로) 행동함.
身籠る[みごもる]〈5自他〉임신하다.
身売り[みうり] ①(여자가) 몸을 팖. ②(경영난 등으로) 양도함. 넘김.
身柄[みがら] ①(구류・보호 대상으로서의) 신병. 당사자의 몸. ②신분. 지위.
[2]**身分**[みぶん] ①신분. ②지위. ③신세. 팔자. 처지.
身仕舞い[みじまい] (여자의) 몸치장. 몸단장.
[1]**身の上**[みのうえ] 신상; ①신세. ②운명. 신수(身数).
身繕い[みづくろい] 몸치장. 몸차림.
身勝手[みがって] 제멋대로임. 당자참.
身元[みもと] 신원; 일신상의 관계.
身元保証[みもとほしょう] 신원 보증.
身丈[みたけ] 신장. 키.
身銭[みぜに] 자기 돈. 생돈.
身拵え[みごしらえ] 몸치장. 몸차림.
身重[みおも] 임신함.
身支度[みじたく] 몸차림. 몸치장.
身持ち[みもち] ①몸가짐. 품행. ②임신함.
[1]**身振り**[みぶり] ①몸짓. 몸놀림. ②옷차림. ③얼굴 생김새.
身震い[みぶるい] 몸을 떪. 몸서리 침.
身投げ[みなげ] 투신 자살.

¹**身形**[みなり] ①옷차림. 복장. ②몸집. 덩치.

¹**身の回り**[みのまわり] ①(곁에 두고 쓰는) 일용품. ②매일의 생활. ③(사업·교제의) 신변의 일.

音読

身代[しんだい] (개인의) 재산.

身命[しんめい] 신명; 몸과 목숨.

身辺[しんぺん] 신변; 몸과 몸의 주변.

身上❶[しんしょう] ①재산. ②살림살이. ③장점(長点). ❷[しんじょう] 신상; ①그 사람에 관한 사항. ②장점(長点).

身上持ち[しんしょうもち] ①부자. 재산가. ②살림살이.

身心[しんしん] 신심; 몸과 마음. 심신(心身).

²**身長**[しんちょう] 신장; 키.

²**身体**[しんたい] 신체; 몸.

身体障害者[しんたいしょうがいしゃ] 신체 장애자.

臣　　신하 신

｜　厂　戸　戸　臣　臣　臣

音　●シン　●ジン

訓　―

音読

臣[しん] 신; 신하.

臣民[しんみん] 신민; 군주국의 국민.

臣下[しんか] 신하; 왕을 섬기는 벼슬아치.

辛　　매울/괴로울 신

｀　亠　立　立　辛　辛

音　●シン

訓　●からい　⊗かろうじて　⊗つらい　⊗かのと

訓読

⁴●**辛い❶**[からい]〈形〉①(맛이) 맵다. 얼큰하다. 얼얼하다. ②(맛이) 짜다. ③(술맛 등이) 쏘는 맛이 있다. ④(평가가) 박하다. 짜다. ⑤고통스럽다.

²⊗**辛い❷**[つらい]〈形〉①괴롭다. 고통스럽다. ②매정하다. 가혹하다. ③(동사 ます형에 접속하여) …하기 거북하다. …하기 곤란하다.

⊗**辛うじて**[かろうじて] 겨우. 간신히.

辛み[からみ] 매운 맛. 짠 맛.

辛口[からくち] ①맵거나 짠 것을 좋아함. ②(된장·술 등이) 짭짤함. 매콤함. 쌉쌀함. ③애주가(愛酒家).

辛党[からとう] 술꾼. 애주가(愛酒家).

辛味[からみ] 매운 맛. 짠 맛.

辛子[からし] 겨자. 겨자씨.

音読

辛苦[しんく] 신고; 고생.

辛勝[しんしょう] 신승; 간신히 이김.

¹**辛抱**[しんぼう] 참고 견딤. 인내함.

辛抱強い[しんぼうづよい]〈形〉참을성이 많다. 인내심이 강하다.

伸　　펼 신

ノ　イ　仁　仟　佢　但　伸

音　●シン

訓　●のばす　●のびる　⊗のべる　⊗のす

訓読

²●**伸ばす**[のばす]〈5他〉①(길게) 늘이다. ②(곧게) 펴다. ③발전시키다. 계발하다. 신장시키다. ④(수염을) 길게 기르다.

²●**伸びる**[のびる]〈上1自〉①(길게) 자라다. 성장하다. 늘다. ②(곧게) 펴지다. ③발전되다. 향상되다. ④(영향이) 미치다.

伸び悩む[のびなやむ]〈5自〉①제대로 성장·향상·진전되지 않다. 제자리걸음을 하다. ②시세가 답보 상태다.

伸び率[のびりつ] 성장률. 신장률. 증가율.

伸び上がる[のびあがる]〈5自〉(키를 높이려고) 까치발하다. 발돋움하다.

伸び伸び[のびのび] ①자유롭고 느긋함. 활달함. ②구김살 없이. 무럭무럭. 쑥쑥.

⊗**伸び縮み**[のびちぢみ] 신축; 늘어남과 줆.

⊗**伸べる**[のべる]〈下1他〉(손·다리 등을) 뻗치다.

⊗**伸す**[のす]〈5自〉①(세력·재산·지위 등이) 향상되다. ②(멀리까지) 활동 범위를 넓히다. …한 김에 …까지 가다.〈5他〉①평평하게 하다. 펴다. ②때려눕히다.

音読

伸長[しんちょう] 신장; (길이나 힘이) 늘어남.

伸張[しんちょう] 신장; (세력이나 물체 등이) 늘어남.

伸縮[しんしゅく] 신축; 늘고 줄어듦. 늘이고 줄임.

信 믿을 신

丿 亻 亻 亻 亻 信 信 信 信

音 ●シン
訓 ―

音読

²信じる[しんじる]〈上1他〉☞信ずる
²信ずる[しんずる]〈サ変他〉①信じる。信頼する。信用する。②信仰心を持つ。
信教[しんきょう] 신교; 신앙. 종교를 믿음.
¹信念[しんねん] 신념; 굳게 믿는 마음.
信徒[しんと] 신도; 신자(信者).
²信頼[しんらい] 신뢰; 믿고 의지함.
信望[しんぼう] 신망; 믿음과 덕망.
信服[しんぷく] 신복; 믿고 복종함.
信奉[しんぽう] 신봉; 믿고 받듦.
信賞必罰[しんしょうひつばつ] 신상필벌.
信書[しんしょ] 신서; 개인 사이의 편지.
信実[しんじつ] 신실; 진심. 성실.
信心[しんじん] 신심; 믿음. 신앙심.
²信仰[しんこう] 신앙; 어떤 대상을 절대시하여 믿고 받듦.
信愛[しんあい] 신애; ①신앙과 사랑. ②믿고 사랑함.
²信用[しんよう] 신용; ①믿어 의심치 않음. ②평판이 좋음.
信用貸(し)[しんようがし] 신용 대출(貸出).
信用買(い)[しんようがい] 신용 매입(買入).
信用状[しんようじょう] 신용장.
信用取引残高[しんようとりひきざんだか] 신용거래 잔고.
信用協同組合[しんようきょうどうくみあい] 신용협동조합.
信義[しんぎ] 신의; 믿음과 의리.
¹信任[しんにん] 신임; 믿고 일을 맡김.
¹信者[しんじゃ] 신자; ①신도(信徒). ②신봉자. 팬.
信田巻[★しのだまき] 유부 주머니에 여러 가지 재료를 넣어 만든 요리.
信田鮨[★しのだずし] 유부 초밥.
信条[しんじょう] 신조; ①교의(教義). 종교상의 가르침. ②신념.
信託[しんたく] 신탁; 신용하고 위탁함.
²信号[しんごう] 신호; ①일정한 부호로 의사를 전달함. ②교통 신호.
信号待ち[しんごうまち] 신호 대기.

神(神) 귀신/신통할/정신 신

丶 ⼗ 亻 礻 礻 初 剂 神 神 神

音 ●シン ●ジン
訓 ●かみ ●かん ●こう

訓読

²●神[かみ] 신; ①하느님. ②(민속적인) 신. 신령.
神頼み[かみだのみ] 신의 가호를 구함.
神棚[かみだな] 집안에 신령을 모셔 놓은 감실(龕室).
神神しい[こうごうしい]〈形〉성스럽다. 거룩하다. 숭고하다. 엄숙하다.
神楽[★かぐら] ①신에게 제사지낼 때 연주하는 일본 고유의 무악(舞楽). ②(歌舞伎(かぶき)의) 반주 음악의 하나.
²神様[かみさま] 신; ①하느님. ②(그 분야에) 뛰어난 사람. 도사(道士). 천재.
神業[かみわざ] 신의 조화. ②신기(神技). 귀신같은 솜씨. 기막힌 재간 ③《古》신에 관한 행사.
神詣(で)[かみもうで] 神社(じんじゃ) 참배.
神隠し[かみかくし] 갑자기 행방불명이 됨.
神主[かみぬし] 神社(じんじゃ)의 신관(神官).
神酒[★みき/しんしゅ] ①제주(祭酒). 신전(神前)에 바치는 술. ②¶お~ 술.
神参り[かみまいり] 神社(じんじゃ) 참배.
神風[かみかぜ] 신풍; ①신의 위력으로 일어난다는 바람. ②제2차 대전 중의 일본 해군 특공대. ③난폭. 무모. 결사적임.
神懸(か)り[かみがかり] ①신이 내림. 신이 내린 사람. ②미신적임. 광신적임.

音読

²神経[しんけい] ①《生理》신경. ②사물을 느끼거나 생각하는 힘. 감각. 감수성.
神経症[しんけいしょう] 노이로제.
神官[しんかん] 신관; 神社(じんじゃ)에 종사하는 관직.
神宮[じんぐう] ①신전(神殿). ②격이 높은 神社(じんじゃ). ③伊勢神宮(いせじんぐう).
神権[しんけん] 신권; ①신의 권위. ②신에게서 받은 권력.
神道❶[しんとう] 일본 황실의 조상이라는 天照大神(あまてらすおおみかみ)를 숭배하는 일본 민족의 전통적 종교. ❷[しんどう] ①신의 도리. ②신기(神祇).

神童[しんどう] 신동; 재주가 비상한 아이.
神妙[しんみょう] 신묘; ①불가사의함. ②온순함. 얌전함. ③신통함. 기특함.
神父[しんぷ] 신부; 가톨릭교의 사제(司祭).
神仏[しんぶつ] 신불; ①신과 부처. ②神道(しんとう)와 불교.
¹神秘[しんぴ] 신비; 보통의 이론과 인식을 초월함.
³神社[じんじゃ] 신사; 일본 황실의 조상·신(神)·국가 유공자 등을 모신 건물.
神仙[しんせん] 신선; ①신이나 선인. ②신통력을 터득한 사람.
¹神聖[しんせい] 신성; 신처럼 성스러움.
神髄[しんずい] 진수(真髄). 그 계통의 깊은 뜻.
神意[しんい] 신의; 신의 뜻.
¹神殿[しんでん] 신전; ①신을 모시는 전당(殿堂). ②神社(じんじゃ)의 본전(本殿).
神州[しんしゅう] ①신의 나라. ②신선이 사는 나라.
神体[しんたい] 신체; 신의 상징으로 모신 예배의 대상물.
神出鬼没[しんしゅつきぼつ] 신출귀몰.
神通力[じんずうりき] 신통력; 불가사의한 힘.
神学[しんがく] 신학; 종교를 연구하는 학문.
²神話[しんわ] 신화; ①신을 중심으로 한 설화. ②절대적 존재로서 신격화된 것.

娠　아이밸 신

し　女　女　女′　女㇀　妒　妒　娠　娠　娠

音 ●シン
訓 ―

音読
❶妊娠[にんしん] 임신; 아이를 뱀.

紳　신사 신

㇀　幺　幺　幺㇀　糸　糸　糺′　紳′　紳′　紳

音 ●シン
訓 ―

音読
¹紳士[しんし] 신사; 품위 있고 예의 바른 남자. 부유한 남자.
紳士道[しんしどう] 신사도; 신사로서 지켜야 할 도덕.

慎(愼)　삼갈 신

㇀　㇀　忄　忄　忄㇀　忄㇀　忄㇀　慎　慎　慎

音 ●シン
訓 ⊗つつしむ ⊗つつましい ⊗つつましやか

訓読
¹●慎む[つつしむ] 〈5他〉①삼가다. 조심하다. ②재계(斎戒)하다. 금기(禁忌)하다.
慎み[つつしみ] ①조심성. ②금기(禁忌).
慎み深い[つつしみぶかい] 〈形〉①신중하다. 조심성이 많다. ②겸손하다.
⊗慎ましい[つつましい] 〈形〉①수줍고 조심스럽다. ②얌전하다. 점잖다. ③검소하다.
⊗慎ましやか[つつましやか] 〈形動〉점잖음.

音読
²慎重[しんちょう] 신중; 매우 조심스러움.

新　새 신

㇀　㇀　立　立　辛　辛　亲　亲′　新′　新′　新

音 ●シン
訓 ●あたらしい ●あらた ●にい

訓読
⁴●新しい[あたらしい] 〈形〉①새롭다. 새것이다. ②싱싱하다. 생생하다. 신선하다.
新しがり屋[あたらしがりや] 유행에 따라 새로운 것을 좇는 사람.
²●新た[あらた] 〈形動〉새로움. 새로 함.
新巻[き][あらまき] ①짚이나 죽순 등으로 포장한 생선. ②얼간 연어 자반.
新手❶[あらて] ①(아직 싸워 보지 않은) 신병(新兵). 새 병사. 새 선수. ②신참. 신인(新人). 새 얼굴. ③새로운 수법. 신종(新種). ❷[しんて] 새로운 수단·방법·취향.
新妻[にいづま] 새댁. 새 색시.

音読
²新[しん] 신; ①새로움. ②양력(陽曆). ③'新株(しんかぶ)'의 준말.
新刊[しんかん] 신간; 새로 간행함. 새로 간행한 서적.
²新幹線[しんかんせん] 신칸센. 일본 고속 철도.
新居[しんきょ] ①새집. ②새 살림. 신혼 가정. ③새로 꾸민 집.
新曲[しんきょく] 신곡; 새로 만든 곡.

新館[しんかん] 신관; 새로 지은 건물.

新教[しんきょう] 신교; 프로테스탄트.

新旧[しんきゅう] 신구; ①새것과 낡은 것. ②양력과 음력.

新規[しんき] 신규; ①새로운 규칙. ②새로움. 새로이 시작함.

新劇[しんげき] 신극; 근대극(近代劇).

新機軸[しんきじく] 신기축; 이제까지 없던 새로운 방법이나 체제.

新年[しんねん] 신년; 새해.

新大陸[しんたいりく] 신대륙.

新道❶[しんどう] 신도; 새길. ❷[しんみち] ①신작로. 새로 만든 길. ②(東京에서) 가게 등이 늘어선 좁은 거리.

新郎[しんろう] 신랑; 갓 결혼한 남자.

新来[しんらい] 신래; 새로 옴.

新暦[しんれき] 신력; 태양력.

新緑[しんりょく] 신록; 늦봄이나 초여름의 초목이 띤 푸른 빛.

⁴**新聞**[しんぶん] 신문.

³**新聞社**[しんぶんしゃ] 신문사.

新聞紙[しんぶんし] 신문지.

新米[しんまい] ①햅쌀. ②신참(新参). 신출내기. 풋내기.

新味[しんみ] 신미; 새로운 맛·취향.

新報[しんぽう] 신보; ①새 소식. ②신간 잡지·신문.

新婦[しんぷ] 신부; 새색시.

新生[しんせい] 신생; ①새로 태어남. ②(신앙 등에 의한) 새 생활.

新生児[しんせいじ] 신생아; 갓 태어난 아이.

新書[しんしょ] 신서; ①신간 서적. ②신서판(新書判).

新線[しんせん] 신선; 새로 부설한 선로.

新選[しんせん] 신선; 새로 뽑음.

³**新鮮**[しんせん] 〈形動〉 신선; 싱싱함. 산뜻함. 청신함.

新設[しんせつ] 신설; 새로 설립·설치함.

新説[しんせつ] 신설; ①새로운 의견·생각. ②처음 듣는 이야기·의견.

新星[しんせい] 신성; ①희미하던 별이 갑자기 환히 빛났다가 다시 희미해지는 별. ②(연예계의) 새로운 스타. 신인 스타.

新式[しんしき] 신식; 새로운 스타일.

新芽[しんめ] 신아; 새싹.

新案[しんあん] 신안; 새로운 제안.

新顔[しんがお] 신인(新人). 신참(新参).

新薬[しんやく] 신약; 새로 개발한 약.

新約聖書[しんやくせいしょ] 신약 성서.

新語[しんご] 신어; ①신조어(新造語). ②(교과서의) 신출어(新出語).

新訳[しんやく] 신역; ①새 번역. 새로 번역한 책. ②(고전의) 현대어역

新鋭[しんえい] 신예; 새롭고 기세가 날카로움.

新月[しんげつ] 신월; ①방금 떠오른 달. ②초승달. ③음력 초하루.

¹**新人**[しんじん] 신인; ①새로운 얼굴. 새 사람. ②신입(新入).

新任[しんにん] 신임; 새로 임명됨.

新入り[しんいり] 신입; ①신참(新参). 새 사람. ②감옥에 새로 들어온 사람.

¹**新入生**[しんにゅうせい] 신입생.

新作[しんさく] 신작; 새 작품. 새로 만듦.

新装[しんそう] 신장; ①새 옷. 새 복장. ②새로 단장함.

新著[しんちょ] 신저; 새로 저술함. 새로 저술한 책.

新制[しんせい] 신제; ①새로운 제도·체제. ②(학교 교육의) 새로운 제도.

新造❶[しんぞ] 신조. 새댁. 새색시. ②20세 전후의 처녀. ③(유곽에서) 유녀의 시중을 드는 젊은 여자. ❷[しんぞう] ①신조; 새로 만듦. ②¶ご~ 새댁. 새 색시.

新調[しんちょう] 신조; ①새로 만듦. ②신곡(新曲). 새로운 가락.

新卒[しんそつ] (그 해의) 새 졸업자.

新進[しんしん] 신진; 새로 진출함. 새로 진출하는 사람.

新陳代謝[しんちんたいしゃ] 신진 대사.

新茶[しんちゃ] 신차; (그 해에 나온) 새싹을 따서 만든 차.

新着[しんちゃく] 신착; 방금 도착함.

新参[しんざん] 신참; ①새로 주인을 섬기는 사람. ②새로 가담하는 사람.

¹**新築**[しんちく] 신축; 새로 건축함.

新春[しんしゅん] 신춘; ①초봄 ②새해.

新出[しんしゅつ] 신출; 새로 나옴.

新派[しんぱ] 신파; ①새로 생긴 방식·유파. ②'新派劇(しんぱげき)'의 준말.

新品[しんぴん] 신품; 새 물건.

新風[しんぷう] 신풍; 새로운 풍조.

新香[しんこ/しんこう] ¶お~ (일본식) 김치.

新型[しんがた] 신형; 새로운 스타일.

¹**新婚旅行**[しんこんりょこう] 신혼여행.

¹**新興宗教**[しんこうしゅうきょう] 신흥 종교. 기성 종교에 대하여 새로 생긴 종교.

薪　땔나무 신

一 艹 艹 芢 芢 莑 莑 莑 薪 薪

- 音 ◉シン
- 訓 ◉たきぎ ⊗まき

訓読
◉薪[たきぎ] 장작. 땔나무.
薪割(り)[たきぎ] ①장작을 팸. ②도끼.
音読
薪炭[しんたん] 신탄; 장작과 숯. 땔감.

訊　물을 신

- 音 ⊗ジン
- 訓 ⊗きく ⊗たずねる

訓読
⊗訊く[きく] 〈5他〉 묻다. 질문하다.
⊗訊ねる[たずねる] 〈下1他〉 묻다. 질문하다.
音読
訊問[じんもん] 신문; 캐물어 조사함.

腎　콩팥 신

- 音 ⊗ジン
- 訓 ⊗むらと

訓読
⊗腎[むらと] 신; 신장(腎臟). 콩팥.
音読
腎[じん] 신; 신장(腎臟). 콩팥.
腎不全[じんふぜん] ≪医≫ 신부전.
腎臓[じんぞう] ≪生理≫ 신장; 콩팥.
腎虚[じんきょ] 신허; (한방에서) 지나친 섹스 행위로 인한 남자의 전신 허약.

[실]

失　잃을/잘못할 실

ノ ﾉ 二 失 失

- 音 ◉シツ
- 訓 ◉うしなう ⊗うせる

訓読
²◉失う[うしなう] 〈5他〉 ①(가진 것을) 잃다. 잃어버리다. 상실하다. ②놓치다. ③사별(死別)하다. 여의다. ④알 수 없게 되다.
失せ物[うせもの] 분실물. 유실물.

音読
失する[しっする] 〈サ変他〉 ①잃다. 놓치다. ②잊다. 잊어버리다. 〈サ変自〉 지나치게 …하다.
¹失脚[しっきゃく] 실각; 실패로 인해 지위를 잃음.
¹失格[しっかく] 실격; 자격을 잃음.
失敬[しっけい] ①무례함. 버릇없음. ②작별함. ③(실수나 작별할 때의 인사말로) 미안. 실례. ④거수 경례. ⑤슬쩍함. 훔침.
失権[しっけん] 실권; 권력·권리를 잃음.
失権株[しっけんかぶ] 실권주.
失禁[しっきん] 실금; 대소변을 참지 못하고 쌈·지림.
失念[しつねん] 실념; ①깜박 잊음. ② ≪仏≫ 정념(正念)을 잃음.
³失礼[しつれい] ① 〈感〉 실례. 미안. ②무례함. 예의가 없음.
失路[しつろ] 실로; 진로를 잃음. 실망에 빠짐.
²失望[しつぼう] 실망; ①희망을 잃음. ②낙심. 낙망(落望).
失名氏[しつめいし] 이름을 모르는 사람.
失明[しつめい] 실명; 장님이 됨.
失費[しっぴ] 비용(費用).
失笑[しっしょう] 실소; 터져 나오는 웃음.
失速[しっそく] 실속; 비행기가 비행에 필요한 속력을 잃음.
失神[しっしん] 실신; 정신을 잃음. 기절함.
失心[しっしん] 정신을 잃음. 기절함.
失言[しつげん] 실언; 실수하여 잘못 말함.
²失業者[しつぎょうしゃ] 실업자.
²失恋[しつれん] 실연; 연애에 실패함.
失意[しつい] 실의; 실망(失望)함.
失点[しってん] 실점; ①(시합에서) 잃은 점수. ②잘못. 과실.
失政[しっせい] 실정; 잘못된 정치.
¹失調[しっちょう] 실조; ①균형·조화를 잃음. ②슬럼프. 순조롭지 못함.
失職[しっしょく] 실직; 직업을 잃음.
失策[しっさく] 실책; 실수. 실패.
失墜[しっつい] 실추; (권위·신용 등을) 잃음. 떨어뜨림.
失態[しったい] 실수. 추태(醜態).
³失敗[しっぱい] 실패; ①일을 잘못하여 그르침. ②실수.
失火[しっか] 실화; 잘못해 불을 냄.
失効[しっこう] 실효; 효력을 잃음.

実(實) 열매/실제 실

丶宀宀宀実実

音 ●ジツ
訓 ●み ●みのる ●まことしやか

訓読

²●実❶[み] ①열매. ②(과일의) 씨. ③내용. 알맹이. ④국건더기. 국거리. ❷[じつ] ☞[音読]

実入り[みいり] ①결실(結実). ②수입. 소득.

²●実る[みのる] 〈5自〉①(식물이) 열매를 맺다. 결실(結実)하다. ②성과를 거두다.

実り[みのり] 결실(結実). 수확. 성과.

⊗実しやか[まことしやか] 〈形動〉그럴 듯함. 아주 그럴싸함.

音読

¹実❶[じつ] ①실리(実利). ②성의. 진심. ③사실. 진실. ④실적(実積). 실질적인 성과. ⑤ 《数》실. 피제수(被除数). ❷[み] ☞[訓読]

²実に[じつに] 실로. 참으로. 매우. 아주.

実の[じつの] ①실제의. ②혈연관계에 있는. 친(親)….

実は[じつは] 실은. 사실은.

¹実家[じつか] ①생가(生家). 본가(本家). ②친정.

²実感[じつかん] 실감; 실제의 느낌.

実検[じつけん] 실검; 사실 여부를 실제로 검사함.

実権[じつけん] 실권; 실제의 권력·권한.

実技[じつぎ] 실기; 실제의 기술.

実働[じつどう] 실동; 실제로 노동함.

²実力[じつりよく] 실력; ①실제의 역량·힘. ②완력. 무력(武力).

²実例[じつれい] 실례; 실제의 예.

実録[じつろく] 실록; ①(역사적인) 사실의 기록. ②'実録物(じつろくもの)'의 준말.

実利[じつり] 실리; 실제로 얻은 이익.

実名[じつめい] 실명; 본명(本名).

実母[じつぼ] 실모; 친어머니.

実務[じつむ] 실무; 실제의 업무.

²実物[じつぶつ] 실물; 실제로 있는 물건.

実物大[じつぶつだい] 실물 크기.

¹実費[じつぴ] 실비; 실제의 비용.

実写[じつしや] 실사; 실물을 그리거나 촬영함.

実社会[じつしやかい] 실제의 사회.

実状[じつじよう] 실상; 실제의 상황.

実相[じつそう] 실상; 실제의 모습.

実数[じつすう] 《数》실수; ①유리수·무리수의 총칭. ②실제의 수량.

²実習[じつしゆう] 실습; 실제로 익혀 배움.

²実施[じつし] 실시; 실제로 시행함.

実業[じつぎよう] 실업; 생산적이며 경제적인 사업.

²実業家[じつぎようか] 실업가; 사업가.

実演[じつえん] 실연; ①실제로 해 보임. ②(배우나 가수가) 무대에 섬.

²実用[じつよう] 실용; 실제로 소용됨.

実益[じつえき] 실익; 실제적인 이익.

実印[じついん] 실인; 인감 도장.

実在[じつざい] 실재; 실제로 존재함.

実積[じつせき] 실적; 실제 면적.

²実績[じつせき] 실적; 실제의 업적·공적.

²実戦[じつせん] 실전; 실제로 싸움.

²実情[じつじよう] 실정; ①실제의 사정. ②진실. 진정. 진심.

²実際[じつさい] 실제; ①실지의 경우·형편. ②정말로. 참으로.

実存[じつぞん] 실존; 실제로 존재함.

実証[じつしよう] 실증; ①확실한 증거. ②(확실한 사실로) 증명함.

実地[じつち] 실지; ①현장(現場). ②실제.

実直[じつちよく] 성실하고 정직함.

¹実質[じつしつ] 실질; 실제의 내용·성질.

¹実践[じつせん] 실천; 실제로 행동에 옮김.

実体❶[じつたい] 실체; 실물. 본체. ❷[じつてい] 성실하고 정직함.

実測[じつそく] 실측; 실제로 측량함.

実弾[じつだん] 실탄; ①진짜 총알. ②(어떤 목적을 위해 사람을 매수하거나 선거에 사용하는) 현금.

¹実態[じつたい] 실태; 실제의 상황.

実学[じつがく] 실학; 이론보다 실용에 치우치는 학문.

実害[じつがい] 실해; 실제의 손해.

²実行[じつこう] 실행; 실제로 행함.

²実験[じつけん] 실험; ①실제로 시험함. ②체험. 실제의 경험.

²実現[じつげん] 실현; 실제로 나타남.

実兄[じつけい] 실형; 친형.

実刑[じつけい] 실형; 실제로 받는 체형(体刑).

実話[じつわ] 실화; 사실 이야기.

実況[じつきよう] 실황; 실제의 상황.

室 집/방/아내 실

丶ㆍ宀宀宀宇宇宇室室

音 ●シツ
訓 ●むろ

訓読
●室❶[むろ] ①온실. ②승방(僧房). ③(옛날에) 흙을 칠하여 꾸민 방. ④산허리에 판 암굴(巖窟). ❷[しつ] ☞ [音読]
室咲き[むろざき] 온실에서 꽃을 피움.

音読
室❶[しつ] ①방. ②어떤 조직상의 한 구분. ③(신분이 높은 사람의) 아내. 처(妻). ④도검(刀劍)의 칼집. ❷[むろ] ☞ [訓読]
室内[しつない] 실내; 집안. 방안.
室温[しつおん] 실온; 실내 온도.
室外[しつがい] 실외; 집 바깥. 방 밖.
室員[しついん] 실원; 한 방이나 한 연구실에 소속된 인원.
室長[しつちょう] 실장; 한 방이나 한 연구실의 우두머리.

[심]

心 마음/염통/중심 심

丶 心 心 心

音 ●シン
訓 ●こころ

訓読
³●心❶[こころ] ①마음. ②정성. 진심. ③생각. 속셈. ④기분. 감정. 심정. ⑤배려. 사려. ⑥(문장의) 깊은 뜻. ⑦정취. 운치. 취향. ⑧사물의 중심. 심장부. ⑨(수수께끼에서) 해답의 근거. 까닭. ❷[しん] ☞ [音読]
心から[こころから] 진심으로.
心して[こころして] 조심하여. 주의하여.
心ならずも[こころならずも] 본의 아니게도. 마지못해서. 부득이하여.
心覚え[こころおぼえ] ①마음속에 기억함. ②잊지 않기 위한 메모.
¹心強い[こころづよい] 〈形〉①마음 든든하다. 믿음직스럽다. ②마음이 굳다.

心遣い[こころづかい] 배려. 사려 깊음.
心遣り[こころやり] ①심심풀이. 기분 전환. ②배려. 동정.
心苦しい[こころぐるしい] 〈形〉①마음이 괴롭다. ②어쩐지 미안하다.
¹心掛け[こころがけ] 마음가짐. 마음의 준비.
¹心掛ける[こころがける] 〈下1他〉마음을 쓰다. 유념하다. 유의하다.
心構え[こころがまえ] 마음의 준비. 각오.
心根❶[こころね] ①마음씨. 심성. ②근성. 성질. ❷[しんこん] 마음 속.
心急く[こころせく] 〈5自〉마음이 초조하다.
心暖まる[こころあたたまる] 〈5自〉마음이 흐뭇해지다. 마음이 훈훈해지다.
²心当(た)り[こころあたり] 마음에 짚이는 데. 짐작이 가는 데.
心当て[こころあて] ①짐작. 추측. ②은근히 기대함.
心待ち[こころまち] 은근히 기다림.
²心得[こころえ] ①마음가짐. ②소양(素養). ③주의 사항. 수칙(守則). ④직무 대행. 대리.
²心得る[こころえる] 〈下1自〉①이해하다. 터득하다. ②떠맡다. 승낙하다. ③소양을 지니다. ④익혀서 알고 있다.
心得違い[こころえちがい] ①도리에 어긋난 행동. ②착각. 오해.
心頼み[こころだのみ] 은근히 기대함.
心配り[こころくばり] 배려. 마음 씀씀이.
心変(わ)り[こころがわり] ①변심. 마음이 변함. ②미침. 실성.
心付く[こころづく] 〈5自〉①깨닫다. 알아채다. ②철나다. 철들다.
心付け[こころづけ] ①주의함. 충고함. ②팁.
¹心細い[こころぼそい] 〈形〉①마음이 안 놓이다. 불안하다.
心安い[こころやすい] 〈形〉①마음이 놓이다. 안심이 되다. ②친하다. 허물없다. ③간단하다. 쉽다.
心有る[こころある] ①분별 있는. 사려 깊음. ②동정심 많은. ③멋을 아는.
心意気[こころいき] (진취적인) 의기. 기상. 기개.
心任せ[こころまかせ] 임의대로 함.
心残り[こころのこり] 미련. 마음에 걸림.
心積(も)り[こころづもり] 작정. 심산(心算).
心組(み)[こころぐみ] (적극적인) 마음가짐. 각오.

心憎い[こころにくい] 〈形〉 ①(완벽해서) 얄밉다. ②고상하다. 그윽하고 우아하다.

心地[★ここち] 기분. 느낌. 심정.

心持ち[こころもち] ①기분. 심기. ②기분 상. 약간.

心尽(く)し[こころづくし] ①정성들임. ②마음을 졸임. 온갖 생각에 잠김.

心置き無く[こころおきなく] ①거리낌 없이. 기탄없이. ②마음 놓고. 걱정 없이.

心行く[こころゆく] 〈5自〉 만족하다. 흡족하다.

心許無い[こころもとない] 〈形〉 (약간) 불안하다. 미덥지 않다. 염려되다.

心❶[しん] (어떤 물건의 중심을 이루는) 심(芯). **❷**[こころ] ☞ [訓読]

心境[しんきょう] 심경; 마음. 기분.

心霊[しんれい] 심령; 마음속의 영혼.

心労[しんろう] 심로; 심려. 정신적인 피로.

²心理[しんり] 심리; 마음의 움직임.

³心配[しんぱい] ①근심. 걱정. 염려. ②배려. 돌봄. ③걱정스러움.

心棒[しんぼう] ①축(軸). 굴대. ②활동의 중심이 되는 것. 중심인물.

心事[しんじ] 마음속의 생각.

心象[しんしょう] 심상; 이미지.

²心身[しんしん] 심신; 몸과 마음.

心外[しんがい] 심외; 뜻밖임. 의외임.

心張り棒[しんばりぼう] 빗장.

²心臓[しんぞう] ① ≪生理≫ 심장; 염통. ②사물의 중요 부분. ③뻔뻔스러움.

心臓麻痺[しんぞうまひ] 심장 마비.

心的[しんてき] 심적; 마음에 관함.

¹心情[しんじょう] 심정; 마음과 정.

¹心中❶[しんじゅう] ①(사랑하는 남녀의) 정사(情死). 동반 자살. ②집단 자살. ③운명을 함께할 함. ④사랑의 약속으로 하는 행위. **❷**[しんちゅう] 심중. 마음 속.

心証[しんしょう] 심증; ①마음에 받은 인상. ②재판관이 사건의 심리에서 얻은 심중의 확신.

心酔[しんすい] 심취; 깊이 빠져 마음이 도취함.

心痛[しんつう] 심통; 근심함. 걱정함.

心血[しんけつ] 심혈; ①심장의 피. ②온 힘. 있는 대로의 힘.

心魂[しんこん] 심혼; ①온 정신. ②마음 속. 골수(骨髄).

甚 심할 심

一 十 卄 廿 卅 其 其 基 甚 甚

●ジン

●はなはだ ●はなはだしい ⊗いたく

¹●甚だ[はなはだ] (주로 나쁜 의미로) 심히. 대단히. 매우. 몹시.

²●甚だしい[はなはだしい] 〈形〉 (주로 나쁜 의미로 정도가) 매우 심하다. 대단하다. 이만저만이 아니다.

⊗甚く[いたく] 매우. 몹시. 대단히.

甚大[じんだい] 심대함. 막대함. 지대함.

甚六[じんろく] 얼간이. 멍청이.

深 깊을 심

丶 氵 氵 氵 氿 汐 泙 泙 深 深

●シン

●ふかい ●ふかまる ●ふかむ ●ふかめる

³深い[ふかい] 〈形〉 ①깊다. ②(정도가) 깊다. 크다. ③(관계가) 깊다. 밀접하다. ④(색깔·농도가) 짙다. ⑤(잡초 등이) 무성하다. ⑥(계절이) 깊다.

深さ[ふかさ] 깊이.

●深む[ふかむ] 〈5自〉 깊어지다.

深み[ふかみ] ①깊은 정도. 깊이. ②깊은 곳. 구렁텅이. ③깊은 관계.

²●深まる[ふかまる] 〈5自〉 깊어지다.

¹●深める[ふかめる] 〈下1他〉 깊게 하다.

深手[ふかで] 깊은 상처. 중상(重傷).

深深と❶[ふかぶかと] **❷**[しんしんと] ①(밤이) 이슥하게. ②매우 조용히. ③매섭게. 오싹오싹. ④깊고 깊음.

深入り[ふかいり] 깊이 들어감. 깊이 관여함.

深情け[ふかなさけ] 깊은 애정.

深追い[ふかおい] 끝까지 끈덕지게 쫓음. 깊이 추구함.

²深刻[しんこく] 심각; 아주 깊고 절실함.

深度[しんど] 심도; 깊이의 정도.

深緑[しんりょく/ふかみどり] 진초록.

深山[しんざん/みやま] 심산; 깊은 산.

深甚[しんじん] 심심; (마음이) 매우 깊음.
²深夜[しんや] 심야; 깊은 밤.
深淵[しんえん] 심연; ①깊은 못. ②정신의 깊숙한 곳.
深遠[しんえん] 심원; 깊고도 멂. 오묘함.
深層[しんそう] 심층; 속의 깊은 층.
深呼吸[しんこきゅう] 심호흡.
深化[しんか] 심화; 깊어짐. 깊게 함.

尋(尋) 물을/찾을 심

一 ? ? ? ? ? ? ? ? ? 尋

音 ●ジン
訓 ●たずねる ⊗ひろ

訓読
³●尋ねる[たずねる] 〈下1他〉 ①묻다. 여쭙다. ②찾다. ③탐구하다. 찾아 밝히다.

音読
尋問[じんもん] 심문; ①질문에 강제적으로 대답하게 함. ②캐물어 조사함.
尋常[じんじょう] 심상; ①보통임. 예사로움. 평범함. ②얌전함. 수수함. ③정정당당함.

審 살필/조사할 심

宀 宀 宀 宀 宷 宷 宷 審 審

音 ●シン
訓 ⊗つまびらか

訓読
⊗審らか[つまびらか] 〈形動〉 상세함. 소상함. 자세함. 분명함.

音読
審理[しんり] 심리; 소송 사건에 관한 일체를 법원이 조사를 함.
審問[しんもん] 심문; ①자세하게 캐물어 물음. ②(법원에서) 서면이나 구두로 관계자에게 진술시킴.
¹審査[しんさ] 심사; 자세히 조사하여 합격·등급을 정함.
¹審議[しんぎ] 심의; 회의를 열어서 자세히 심사하고 논의함.
²審判[しんぱん] 심판; ①사건을 심리하여 판결함. ②제3자로서 판단함. ③(경기에서) 우열·승패와 행위의 적부(適否)을 판정함.

芯 심지 심

音 ⊗シン
訓 ―

音読
²芯[しん] 심; ①심지(心地). ②어떤 물건의 중심을 이루는 부분. ③초목의 가지 끝에 돋는 싹. 순.
芯地[しんじ] 심지; 심. 띠나 옷깃 속에 넣는 빳빳한 천.

[십]

十 열 십

一 十

音 ●ジュウ ●ジッ
訓 ●とお ●と

訓読
⁴●❶[とお] ①열. 열 개. ②열 살. ❷[じゅう] ☞ [音読]
⁴十日[とおか] ①초열흘날. ②열흘. 10일간.
十重二十重[とえはたえ] 겹겹이. 여러 겹.

音読
⁴十❶[じゅう] 10. 십. ❷[とお] ☞ [訓読]
十年一日[じゅうねんいちじつ] 10년이 하루 같음. 오랫동안 변함이 없음.
十能[じゅうのう] 부삽.
⁴十万[じゅうまん] 십만; 100,000.
十文字[じゅうもんじ] 열십자. 십자형.
³十分❶[じっぷん/じゅっぷん] (시간상의) 10분. 600초. ❷[じゅうぶん] ①충분함. 부족함이 없음. ②〈副〉 충분히.
⁴十月❶[じゅうがつ] (달력상의) 10월. 시월. ❷[とつき] 열 달. 10개월.
十二分[じゅうにぶん] 십이분; 충분함.
十二支[じゅうにし] 십이지.
十二指腸[じゅうにしちょう] 《生理》 십이지장.
十人並み[じゅうにんなみ] (용모·재능 등이) 보통임. 평범함. 수수함.
十人十色[じゅうにんといろ] 십인십색; 각양각색.
十字[じゅうじ] 십자; 십자형.
十字架[じゅうじか] ①십자가. ②십자형 표지.
十字街[じゅうじがい] 십자로. 네거리.

十字軍[じゅうじぐん] 십자군.

¹十字路[じゅうじろ] 십자로; 네거리.

十全[じゅうぜん] 십전; 만전(万全).

十中八九[じっちゅうはっく] 십중팔구; 거의.

十八番❶[じゅうはちばん] 십팔번; 장기(長技). 특기. ❷[おはこ] ①장기(長技). 특기. ②입버릇.

［쌍］

双(雙) 두/쌍 쌍

フ ヌ 刃 双

音 ●ソウ
訓 ●ふた

訓読

●双葉[ふたば] ①떡잎. 자엽(子葉). ②어렸을 적. 일의 시초.

²双子[ふたご/そうし] 쌍둥이. 쌍생아.

音読

双肩[そうけん] 쌍견; 양쪽 어깨.

双曲線[そうきょくせん] 쌍곡선.

双務[そうむ] 쌍무; 계약 당사자 쌍방이 의무를 짐.

双発機[そうはつき] 쌍발기; 엔진이 2대인 비행기.

双方[そうほう] 쌍방; 양쪽.

双璧[そうへき] 쌍벽; 두 개의 구슬. 여럿 가운데서 특히 뛰어난 둘.

双生児[そうせいじ] 쌍생아; 쌍둥이.

双書[そうしょ] 총서(叢書). 시리즈.

双手[そうしゅ] 쌍수; 양손. 두 손.

双眼鏡[そうがんきょう] 쌍안경.

双翼[そうよく] 쌍익; ①양쪽 날개. ②좌우 양쪽의 부대.

［씨］

氏 성/성씨 씨

一 厂 F 氏

音 ●シ
訓 ●うじ

訓読

●氏❶[うじ] ①성(姓). 성씨. ②집안. 가문. 문벌. ❷[し] ☞ [音読]

氏文[うじぶみ] 족보(族譜).

氏寺[うじでら] 세도가(勢道家)들이 자기들의 일족(一族)을 위해 세운 절.

氏の上[うじのかみ] 고대 씨족의 통솔자.

氏素性[うじすじょう] 집안. 가문 문벌.

氏神[うじがみ] ①그 고장의 수호신. 서낭신. ②조상신. 씨족 신(氏族神).

氏子[うじこ] ①같은 수호신을 섬기는 고장 사람. ②씨족의 후손.

氏子中[うじこじゅう] 같은 씨족 신을 섬기는 사람들.

氏子総代[うじこそうだい] 같은 씨족 신을 섬기는 氏子(うじこ)들의 대표.

音読

氏❶[し] ①그 사람. 그이. ②(남자 이름 아래에 접속하여) …씨. ③(漢字의 수사에 접속하여) …명. …분. ＊존경을 나타냄. ❷[うじ] ☞ [訓読]

²氏名[しめい] 성명(姓名). 성과 이름.

氏姓制度[しせいせいど] 大化(たいか)の改新(かいしん) 이전 시대의 정치 제도.

氏族[しぞく] 씨족; 선조가 같은 혈족의 단체.

氏族社会[しぞくしゃかい] 씨족 사회.

氏族制度[しぞくせいど] 씨족 제도; 씨족 사회의 구조.

〔아〕

亜(亞) 버금 아

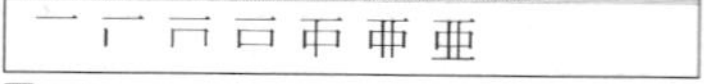

音 ◉ア
訓 ⊗つぐ

訓読

⊗**亜ぐ**[つぐ] 〈5自〉 ①잇따르다. 뒤따르다. ②버금가다. 다음가다.

音読

亜流[ありゅう] 아류; ①같은 유파(流派)에 속한 사람. ②추종자.
亜麻[あま] ≪植≫ 아마.
[2]**亜細亜**[アジア] 아시아.
亜鉛[あえん] ≪化≫ 아연.
亜熱帯[あねったい] 아열대.

我 나 아

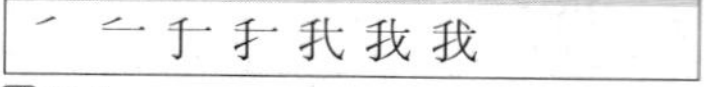

音 ◉ガ
訓 ◉わが ◉われ

訓読

[2]◉**我が**[わが] 나의. 우리의.
[2]**我がまま**[わがまま] 제멋대로 굶. 버릇없음.
我が家[わがや/わがいえ] 우리 집. 내 집.
我が国[わがくに] 우리나라.
我が輩[わがはい] ①우리들. 우리네. ②나. 본인. ＊예스럽고 거만한 말투임.
我が身[わがみ] ①내 몸. 자신. ②자신의 입장.
[1]◉**我❶**[われ] ①나. 자신. ②우리. 우리 편. ❷[が] ☞ [音読]
我等[われら] 우리들.
我先に[われさきに] 앞을 다투어. 너도 나도. 남에게 뒤질세라.
[2]**我我**[われわれ] ①우리들. ②우리. 나. ＊겸손한 말씨임.

音読

我❶[が] ①자아(自我). 나. ¶ ～の意識(いしき) 자아의식. ②아집. 자기 본위의 생각. ¶ ～が強(つよ)い 아집이 세다. ❷[われ] ☞ [訓読]
[2]**我慢**[がまん] ①참음. 견딤. ②용서함. 눈감아 줌. 봐줌. ③고집을 부림.

児(兒) 아이 아

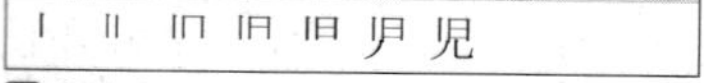

音 ◉ジ ◉ニ
訓 ―

音読

[2]**児童**[じどう] 아동; 어린이.
児童向き[じどうむき] 아동용(児童用).
児孫[じそん] 아손; 자식과 손자. 자손.
◑**小児**[しょうに], **小児科**[しょうにか]

芽(芽) 싹 아

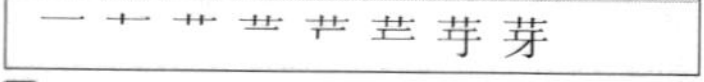

音 ◉ガ
訓 ◉め

訓読

[2]◉**芽**[め] ①(초목의) 싹. 눈. ② ≪鳥≫ 알눈. 배반(胚盤). ③(비유적으로) 싹.
芽生え[めばえ] 싹이 틈. 움틈.
芽生える[めばえる] 〈下1自〉 ①(초목이) 싹트다. 움트다. ②(사물이) 시작되다.
芽吹く[めぶく] 〈5自〉 싹트다. 움트다.

音読

芽胞[がほう] 아포; 포자(胞子). 포자식물의 생식을 위해서 생긴 특별한 세포.

雅 아담할 아

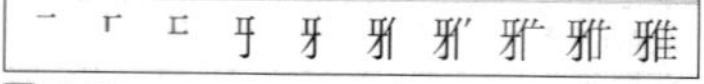

音 ◉ガ
訓 ⊗みやび ⊗みやびる ⊗みやびやか

音読

雅量[がりょう] 아량; 관대함. 넓은 마음.
雅俗[がぞく] 아속; ①고상함과 속됨. ②아어(雅語)와 속어(俗語).
雅楽[ががく] 아악; 상고(上古)・중세(中世)에 행해진 궁중 음악.
雅語[がご] 아어; ①아름답고 고상한 말. ②和歌(わか) 등에서 쓰인 平安(へいあん) 시대의 大和言葉(やまとことば).
雅趣[がしゅ] 아취; 운치. 아담한 정취.
雅号[がごう] 아호; (문인・학자・화가 등이 본명 외에 갖는) 고상하고 멋있는 칭호.

餓(餓) 굶주릴 아

〲 勹 勹 刍 刍 飠 飠 飠 餒 餓 餓

音 ⊙ガ
訓 ⊗うえる ⊗かつえ

訓読
⊗餓える[うえる] 〈下1自〉①굶주리다. 주리다. ②갈망(渴望)하다.
餓え[うえ/かつえ] ①굶주림. ②갈망(渴望).

音読
餓鬼[がき] ①≪仏≫아귀. ②개구쟁이.
餓死[がし] 아사; 굶어 죽음.

牙 어금니 아

音 ⊗ガ ⊗ゲ
訓 ⊗きば

訓読
⊗牙[きば] 엄니. 큰 송곳니. ¶~を鳴(な)らす 이를 갈며 분해하다. ¶~をかむ 이를 악물다.

音読
牙城[がじょう] 아성; ①성(城)의 중심. ②본거지.
牙彫り[げぼり] 상아의 조각. 상아를 재료로 하여 새긴 조각.

阿 언덕 아

音 ⊗ア ⊗オ
訓 ⊗おもねる

訓読
⊗阿る[おもねる] 〈5自〉알랑거리다. 아첨하다. 영합하다.

音読
阿[ア] '阿弗利加(アフリカ)'의 준말.
阿片[あへん] 아편.

俄 갑자기 아

音 ⊗ガ
訓 ⊗にわか

訓読
⊗俄[にわか] ①돌연. 갑작스러움. ②즉각. 당장.
²俄に[にわかに] 갑자기. 별안간.
俄狂言[にわかきょうげん] 즉흥극.
俄勉強[にわかべんきょう] 벼락치기 공부.
俄分限[にわかぶんげん] 벼락부자.

啞ˣ(啞) ①벙어리 아 ②웃음소리 액

音 ⊗ア
訓 ⊗おし

訓読
⊗啞[おし] 벙어리. 말을 못함.
啞蟬[おしぜみ] 매미의 암컷. *울지 않기 때문에 붙여진 이름임.

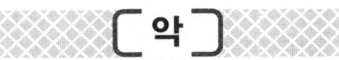

[악]

岳 큰산 악

丿 丘 丘 丘 岳 岳 岳 岳

音 ⊙ガク
訓 ⊙たけ ⊙…だけ

訓読
⊙岳❶[たけ] 높은 산. 높은 봉우리.
岳❷[だけ] (높은 산 이름에 접속하여) …산. …봉우리. ¶雲仙(うんぜん)~ 운젠 산.

音読
岳父[がくふ] 악부; 장인. 아내의 아버지.
岳人[がくじん] 등산가. 산악인.

惡(惡) ①나쁠 악 ②미워할 오

一 一 一 亞 亞 亞 亞 惡 惡 惡

音 ⊙アク ⊙オ
訓 ⊙わるい ⊗あし

訓読
⁴⊙悪い[わるい] 〈形〉①(질이) 나쁘다. 좋지 않다. ②(건강이) 좋지 않다 ③(기능·능력이) 뒤떨어지다. ④불쾌하다. 언짢다. ⑤꼴사납다. 흉하다. ⑥서투르다. ⑦해롭다. ⑧미안하다. 실례가 되다. ⑨(사이·기회가) 나쁘다.
悪さ[わるさ] ①나쁨. 나쁜 정도. ②나쁜 짓. 못된 짓.
⊗悪し[あし] ≪古≫나쁘다. 좋지 않다.
悪しからず[あしからず] 언짢게 생각지 마세요. 양해하세요.
悪びれる[わるびれる] 〈下1自〉주눅 들다. 기가 죽다.
悪ふざけ[わるふざけ] 못된 장난.
悪巧み[わるだくみ] 간계. 흉계. 못된 계교.

悪尻[わるじり] 남에게 숨기는 나쁜 짓.

²悪口❶[わるくち/あっこう] 욕. 욕설. 험담.
❷[あっく] ≪仏≫ 남을 욕함.

悪気❶[わるぎ] ①악의(悪意). 나쁜 마음.
②나쁘게 추측함. ❷[あっき] ①재앙이 닥쳐
올 분위기. ②고약한 냄새가 나는 기체.

悪遊び[わるあそび] 주색잡기(酒色雑技).

¹悪者[わるもの] 나쁜 놈. 악인(悪人).

悪阻[★つわり] ≪医≫ 입덧.

悪知恵[わるぢえ] 못된 꾀. 간사한 꾀.

悪擦れ[わるずれ] 닳아빠짐. 약아빠짐.

悪賢い[わるがしこい]〈形〉교활하다.

悪戯[★いたずら] ①(못된) 장난. 장난질.
②심심풀이. *자신의 행동의 겸손한 표
현임. ③(남녀간의) 못된 짓. 난잡함.

音読

¹悪❶[あく] 악; ①나쁨. ②(연극의) 악역(悪役).
③ ≪古≫ 독기(毒気). ❷[わる] □ 訓読

悪党[あくとう] 악당; 나쁜 사람.

悪徳[あくとく] 악덕; 나쁜 짓.

悪童[あくどう] 악동; 개구쟁이. 장난꾸러기.

悪辣[あくらつ] 악랄; 매섭고 표독함.

悪霊[あくれい/あくりょう] 악령; 못된 귀신.

悪例[あくれい] 악례; 나쁜 선례.

悪路[あくろ] 악로; 험한 길.

²悪魔[あくま] 악마; ①마귀. 사탄. ②악령
(悪霊). ③ ≪仏≫ 악신(悪神).

悪名❶[あくめい] 악명; 나쁜 평판. ❷[あく
みょう] ①악명; 나쁜 평판. ②나쁜 짓을
한 사람.

悪夢[あくむ] 악몽; 불길한 꿈.

悪文[あくぶん] 서투른 글. 난해한 문장.

悪癖[あくへき] 악벽; 나쁜 버릇.

悪事[あくじ] 악사; ①나쁜 짓. 악행(悪行).
②나쁜 일. 재앙. 재난.

悪相[あくそう] 악상; ①무서운 인상. 험상.
②불길한 조짐.

悪性❶[あくせい] 악성; ①나쁜 성질. ②건
강을 위태롭게 하는 상태. ❷[あくしょう]
①심성(心性)이 나쁨. ②행실이 나쁨.

悪循環[あくじゅんかん] 악순환.

悪習[あくしゅう] 악습; 나쁜 습관.

悪業[あくごう/あくぎょう] ≪仏≫ 악업; 나
쁜 행위에 대한 응보.

悪役[あくやく] 악역; ①(연극의) 악인역.
②남에게 미움을 사는 역할.

悪疫[あくえき] 악역; 악성 유행병.

悪玉[あくだま] (연극에서) 악역. 악인역.

悪用[あくよう] 악용; 잘못 사용함.

悪運[あくうん] 악운; ①액운. 불운. ②나쁜
짓을 하고도 결과가 좋은 운.

悪意[あくい] 악의; 나쁜 마음·뜻.

悪人[あくにん] 악인; 나쁜 사람.

悪疾[あくしつ] 악질; 고약한 병.

悪質[あくしつ] 악질; ①성질이 모질고 나쁨.
②(물건의) 질이 나쁨. 저질.

悪妻[あくさい] 악처; 마음이 나쁘고 부덕
(婦徳)이 없는 아내.

悪臭[あくしゅう] 악취; 나쁜 냄새.

悪態[あくたい] 악태; 욕설. 욕지거리.

悪評[あくひょう] 악평; 나쁜 평판.

悪風[あくふう] 악풍; ①모진 바람. 폭풍.
②나쁜 풍속. 악습.

悪筆[あくひつ] 악필; 서툰 글씨.

悪寒[★おかん] 오한; 한기(寒気).

悪行[あくぎょう] 악행; 나쁜 짓.

¹悪化[あっか] 악화; 나빠짐.

握　　질 악

一　十　扌　扩　护　护　押　捉　握

音 ●アク
訓 ●にぎる

訓読

²●握る[にぎる]〈5he〉①(손에) 쥐다. 잡다.
②(비밀·약점·마음을) 잡다. ③자기 것
으로 만들다. 수중에 넣다.

握り[にぎり] ①(손에) 쥠. 잡음. ②손잡이.
쥐는 곳. ③(활의) 줌통. ④주먹밥. ⑤생
선 초밥. ⑥움큼. 줌. 주먹. ⑦(바둑에서)
손에 쥔 돌의 홀수·짝수에 따라 선(先)
을 결정함.

握り飯[にぎりめし] 주먹밥.

握り寿司[にぎりずし] 생선 초밥.

握握[にぎにぎ] ①(어린아이의) 쥐엄쥐엄.
② ≪幼≫ 주먹밥. ③ ≪古≫ 뇌물을 받음.

握り箸[にぎりばし] (어린이 등이) 젓가락
2개를 한데 뭉쳐 쥠.

握り鮨[にぎりずし] 생선 초밥.

握り締める[にぎりしめる]〈下1他〉(손으로)
꽉 쥐다. 꽉 쥐고 놓지 않다.

音読

握力[あくりょく] 악력; 물건을 쥐는 힘.

²握手[あくしゅ] 악수; ①서로 손을 마주 잡
음. ②화해(和解).

楽(樂)

①풍류 **악**
②즐거울 **락**

☞ 楽(락) p. 206

愕   놀랄 악

| 音 | ⊗ガク |
| 訓 | ⊗おどろく |

訓読
⊗愕く[おどろく]〈5白〉놀라다.
⊗愕き[おどろき]①놀람. ②놀라운 일.

顎   턱 악

| 音 | ⊗ガク |
| 訓 | ⊗あご |

訓読
¹⊗顎[あご]①턱. ②아래턱.
顎髭[あごひげ]턱수염.

安   편안/값쌀 안

ゝ ハ ヴ 宁 安 安

| 音 | ●アン |
| 訓 | ●やすい |

訓読
⁴●安い[やすい]〈形〉①(값이) 싸다. ②(마음
   이) 평온하다. 편안하다. ③경솔하다. 가
   볍다. ④(남녀 사이가) 친밀하다. 보통 사
   이가 아니다.
¹安っぽい[やすっぽい]〈形〉①싸구려로 보이
   다. 값싸다. ②천하다. 품위가 없다. 저
   속하다. ③시시하다. 하찮다.
安らか[やすらか]〈形動〉①편안함. 평온함.
   ②용이함. 손쉬움.
安らぎ[やすらぎ]평안. 평온.
安んじる[やすんじる]〈上1自他〉☞ 安んずる
安んずる[やすんずる]〈サ変自〉만족하다.
   〈サ変他〉안심하다. 안심시키다.
安売り[やすうり]①싸게 팖. 염가 판매.
   ②무턱대고 베풂. 쉽게 응함.
安物[やすもの]싸구려 물건.
安上(が)り[やすあがり](값이) 싸게 먹힘.
安手[やすで]①값이 쌈. 싸구려임. ②저속
   함. 하찮음.

安請(け)合[やすうけあい]경솔하게 떠맡음.
安値[やすね]①싼값. 헐값. ②(증권 거래에
   서 그날의) 최저 가격. 하종가(下終価).

音読
安楽[あんらく]안락; 편안하고 즐거움.
安眠[あんみん]안면; 편안하게 잠을 잠.
安否[あんぴ]안부; 문안(問安).
安産[あんざん]안산; 순산(順産).
安息[あんそく]안식; 편안하게 쉼.
安息日[あんそくび]안식일.
²安心[あんしん]안심; 마음이 편함. 걱정이
   없음.
²安易[あんい]안이; 손쉬움.
²安全[あんぜん]안전; 평안하여 위험이 없음.
²安定[あんてい]안정; 안전하게 자리 잡음.
¹安静[あんせい]안정; 마음과 정신이 편안하
   고 고요함.
安座[あんざ]안좌; ①편하게 앉음. ②현재
   에 만족하고 있음.
安住[あんじゅう]안주; 자리 잡고 편히 삶.
安置[あんち]안치; 안전하게 둠.

岸   언덕 안

ゝ 屵 屵 屵 屵 屵 岸 岸

| 音 | ●ガン |
| 訓 | ●きし |

訓読
²●岸[きし]물가. 해안. 둑.
岸辺[きしべ]물가. 바닷가. 강변.
岸伝い[きしづたい]①물가를 따라감. ②물가.

音読
岸壁[がんぺき]안벽; ①물가의 벼랑. ②부두.

案   생각 안

ゝ ハ ヴ 宁 安 安 安 案 案

| 音 | ●アン |
| 訓 | — |

音読
²案[あん]안; ①생각. 궁리. 의견. 아이디어.
   ②계획. 구상.
¹案じる[あんじる]〈上1他〉①이리저리 생각
   하다. ②걱정하다. 염려하다. ③(확실하
   지 않은 점을) 조사하다.
¹案ずる[あんずる]〈サ変他〉☞ 案じる

案ずるに[あんずるに] 생각해 보건대.
[2]**案内**[あんない] 안내; ①인도(引導). ②(용건 등의) 전달. ③초청. 초대. 통지. 알림. ④잘 알고 있음.
案内係[あんないがかり] 안내 담당자.
案文[あんぶん/あんもん] ①초안. 초고. ②문장을 생각해 냄.
案分[あんぶん] 안분; 비례 배분.
[2]**案外**[あんがい] 예상외. 뜻밖.
案の定[あんのじょう] 예상한 대로. 짐작한 대로. 아니나 다를까.
案出[あんしゅつ] 안출; 생각해 냄. 고안해 냄.

眼 눈 안

丨 𠂆 月 目 目ㄱ 目ㅋ 目ヨ 眼 眼 眼

音 ◉ガン ◉ゲン
訓 ◉まなこ ⊗ま ⊗め

訓読

◉眼[まなこ] ①눈. 눈알. ②시계(視界).
[4]**眼鏡**[めがね] ①안경. ②감정. 식별. 판단.

音読

眼界[がんかい] 안계; ①시계(視界). ②안목(眼目). 사물을 보는 식견(識見).
[1]**眼科**[がんか] ≪医≫ 안과.
眼光[がんこう] 안광; ①눈빛. 눈의 광채. ②관찰력. 통찰력.
[1]**眼球**[がんきゅう] ≪生理≫ 안구; 눈알.
眼帯[がんたい] 안대; 눈가리개.
眼力[がんりき/がんりょく] 안력; 분별력.
眼目[がんもく] 안목; ①요점. 주안점. ②눈. 눈알.
眼中[がんちゅう] 안중; 눈 속.
眼下[がんか] 안하; 눈 아래.

顔(顏) 얼굴 안

亠 立 产 彦 彦 彦 顔 顔 顔

音 ◉ガン
訓 ◉かお

訓読

[4]**◉顔**[かお] ①얼굴. 낯. ②(생긴) 얼굴. 용모. ③(얼굴) 표정. 기색. ④표면. ⑤멤버. 성원(成員). ⑥체면. 면목.
顔見世[かおみせ] ①(대중 앞에) 첫선을 보임. ②(한 극단의) 배우가 총출연함.
顔見知り[かおみしり] 안면이 있음.
顔立ち[かおだち] 얼굴 생김새. 용모.
[1]**顔付き**[かおつき] ①얼굴 생김새. 용모. ②표정. 안색.
顔負け[かおまけ] (상대방의 실력에) 무색해짐. 압도됨.
顔色❶[かおいろ] 안색; ①얼굴 빛. ②눈치. 표정. **❷**[がんしょく] 안색; 낯빛.
顔馴染(み)[かおなじみ] ①낯익은 얼굴. ②친한 사이.
顔役[かおやく] (어떤 지역·집단의) 실력자. 유지. 보스.
顔触れ[かおぶれ] ①(모임·사업에) 참여하는 사람. 진용. 멤버. ②(歌舞伎(かぶき)에서) 배우가 총출연하는 흥행.
顔出し[かおだし] ①인사차 들름. 얼굴을 내밂. 방문. ②(모임에) 참석함.
顔合(わ)せ[かおあわせ] ①첫 대면. 첫 모임. ②(연극·영화에서) 함께 출연함. 공연(共演)함.

音読

顔料[がんりょう] 안료; ①광물질의 착색제. ②그림물감.
顔面[がんめん] 안면; 얼굴. 낯.

按 어루만질 안

音 ⊗アン
訓 —

音読

按摩[あんま] ①안마. 안마사. ②맹인. 장님.
按舞[あんぶ] 안무; 음악에 수반되는 무용의 진행을 창안함.
按配[あんばい] 안배; 알맞게 잘 배치함.
按手[あんしゅ] 안수; 머리 위에 손을 얹음.

雁 기러기 안

音 ⊗ガン
訓 ⊗かり

訓読

⊗雁❶[かり] '雁(がん/기러기)'의 딴이름. ＊시가(詩歌)에서 주로 사용함. **❷**[がん] ☞ [音読]
雁が音[かりがね] 기러기 울음소리.

音読

雁❶[がん] ≪鳥≫ 기러기. **❷**[かり] ☞ [訓読]
雁木[がんぎ] ①(기러기의 행렬처럼) 양쪽이 들쭉날쭉하여 맞물리게 된 것. ②선창(船艙)의 계단. ③갱내용 사닥다리. ④(벌목용) 큰톱.

鞍　안장 안

音	⊗アン
訓	⊗くら

訓読
⊗鞍[くら] (말에 얹는) 안장.
鞍掛(け)[くらかけ] ①안장을 걸어두는 대(台). ②(네 발 달린) 발판. ③안장을 얹은 말.
鞍替え[くらがえ] ①(창녀나 기생이) 일자리를 바꿈. ②전직(転職). 전업(転業). 소속을 옮김.
鞍置(き)[くらおき] ①말 등에 안장을 얹음. ②등에 안장을 얹은 말.
鞍置(き)馬[くらおきうま] 등에 안장을 얹은 말.

音読
鞍馬[あんば] ①(체조의) 안마 경기. ②안장을 얹은 말.
鞍部[あんぶ] 안부; 산등성이의 오목한 곳.
鞍上[あんじょう] 안상; 말안장 위.

[알]

謁(謁)　뵐/아뢸 알

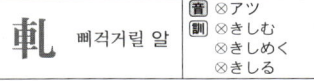

音	●エツ
訓	―

音読
謁する[えっする] 〈サ変自〉 (신분이 높은 사람에게) 알현(謁見)하다. 뵙다.
謁見[えっけん] 알현; 배알(拝謁). 신분이 높은 사람과의 면회.

軋　삐걱거릴 알

音	⊗アツ
訓	⊗きしむ
	⊗きしめく
	⊗きしる

訓読
⊗軋む[きしむ] 〈5自〉 ①삐걱거리다. ②안절부절 못하다. 초조하다.
⊗軋めく[きしめく] 〈5自〉 삐걱삐걱하다.
⊗軋る[きしる] 〈5自〉 ①삐걱거리다. ②너무 가까이 접근하다.

音読
軋轢[あつれき] 알력; 서로 대립하여 다툼. 불화(不和).

斡　알선할 알

音	⊗アツ
訓	―

音読
斡旋[あっせん] 알선; 주선(周旋). 남의 일을 잘 되도록 마련해 줌.

閼　막을 알

音	⊗ア ⊗アツ
訓	―

音読
閼伽[あか] 부처에게 올리는 물.
閼伽棚[あかだな] 부처에게 올리는 물이나 꽃을 꽂는 선반.

[암]

岩　바위 암

音	●ガン
訓	●いわ

訓読
●岩[いわ] 바위.
岩間[いわま] 바위 틈.
岩橋[いわばし] ①징검다리. ②돌다리.
岩壁[いわかべ] 바위벽; 바위 낭떠러지.
岩山[いわやま] 암산; 바위산.
岩手[いわて] 일본 동북 지방에 있는 県(けん).
岩屋[いわや] ①암굴집. 바위를 뚫어 주거용으로 만든 곳. ②암굴. 바위굴.
岩場[いわば] ①암석 지대. 바위가 많은 곳. ②(암벽 등반에서의) 암벽.
岩清水[いわしみず] 석간수(石間水). 바위틈에서 나오는 샘물.
岩風呂[いわぶろ] 바위틈의 목욕탕.

音読
岩窟[がんくつ] 암굴; 바위굴.
岩盤[がんばん] 암반; 다른 바위 속으로 돌입하여 굳어진 대형의 바위.
岩壁[がんぺき/いわかべ] 암벽; 바위 낭떠러지.
岩石[がんせき] 암석; 바위.
岩塩[がんえん] 암염; 육지에서 천연으로 산출되는 광물질의 돌소금.
岩礁[がんしょう] 암초; 해면(海面) 가까이에 숨어 있어 보이지 않는 바위.

暗 어둘 암

日 旷 旷 旷 旷 暗 暗 暗

音 ●アン
訓 ●くらい

訓読

⁴●暗い[くらい] 〈形〉①어둡다. 캄캄하다.
②(색깔이) 칙칙하다. ③(행실이) 떳떳하지
못하다. ④희망이 없다. 암담하다. ⑤(성
격·표정이) 우울하다. 침울하다. ⑥(세상
물정에) 어둡다.
暗がり[くらがり] ①어둠. 어두운 곳. ②으
슥한 곳.
暗闇[くらやみ] ①어둠. 어두운 곳. ②남모
르는 곳. ③희망이 없음. 암담함.

音読

暗に [あんに] 은근히. 넌지시.
暗渠[あんきょ] 암거; 지하수로(地下水路).
²暗記[あんき] 암기; 욈.
暗澹[あんたん] 암담; ①절망적임. ②어둡
고 쓸쓸함.
暗流[あんりゅう] 암류; ①(흐름의) 저류(低
流). ②(이면에) 숨은 움직임.
暗黙[あんもく] 암묵; 자기의 의사를 나타
내지 않음.
¹暗算[あんざん] 암산; 머리 속으로 계산함.
¹暗殺[あんさつ] 암살; 몰래 사람을 죽임.
¹暗示[あんじ] 암시; 넌지시 깨우쳐 줌.
暗室[あんしつ] 암실; 밀폐된 방.
暗暗裏[あんあんり] 암암리; 은연중.
暗夜[あんや] 암야; 캄캄한 밤.
暗躍[あんやく] 암약; 남몰래 책동함.
暗然[あんぜん] 암연; ①캄캄함. ②슬퍼서
눈앞이 캄캄함. 암담함.
暗影[あんえい] 암영; 어두운 그림자.
暗雲[あんうん] 암운; 먹구름. 검은 구름.
暗紫色[あんししょく] 암자색; 검보라색.
暗転[あんてん] 암전; ①연극의 무대를 어
둡게 하여 장면을 바꿈. ②나쁜 쪽으로
전환됨. 악화됨.
暗唱[あんしょう] 암창; 암송(暗誦).
暗礁[あんしょう] 암초; 해면(海面) 가까이
에 숨어 있어 보이지 않는 바위.
暗合[あんごう] 암합; 우연의 일치.
暗号[あんごう] 암호; 비밀 기호.
暗黒[あんこく] 암흑; 어둡고 캄캄함.

庵 암자 암

音 ⊗アン
訓 ⊗いおり

訓読

⊗庵[いおり] ①암자(庵子). ②농막(農幕).
초막(草幕).

癌 암 암

音 ⊗ガン
訓 ―

音読

¹癌[がん] 암; ①악성 종양(腫瘍). ②조직 전
체에 해를 끼치는 것.
癌腫[がんしゅ] 암종; 악성 종양. 암.

闇 어둘 암

音 ⊗アン
訓 ⊗やみ

訓読

¹⊗闇[やみ] ①어둠. 암흑. ②분별력을 잃음. ③
앞길이 캄캄함. 암담함. ④암거래(暗去来).
闇市[やみいちば] 암시장; 암거래 시장.
闇闇と[やみやみと] 호락호락. 쉽사리.
闇取引[やみとりひき] ①(물건의) 암거래.
부정 거래. ②(교섭 등의) 뒷거래. 남몰래
거래함.
闇値[やみね] 암시세. 암거래 시세.

諳 욀 암

音 ⊗アン
訓 ⊗そらんじる
⊗そらんずる

訓読

⊗諳じる[そらんじる]〈上一自〉암기하다. 외다.
⊗諳ずる[そらんずる]〈サ変自〉암기하다. 외다.

音読

諳記[あんき] 암기; 욈.
諳誦[あんしょう] 암송; 외운 것을 읊음.

巖(巖) 바위 암

音 ⊗ガン
訓 ⊗いわお

訓読

⊗巖❶[いわ] 바위. ❷[いわお] 반석(磐石).
큰 바위.

音読

巖窟[がんくつ] 암굴; 바위굴.
巖壁[がんぺき/いわかべ] 암벽; 바위 낭떠러지.

압

圧(壓) 누를 압

一 厂 戸 圧 圧

音 ◉アツ
訓 ⊗おす ⊗へす

訓読

⊗圧す[おす/へす] 〈5他〉 ①(위에서 아래로) 누르다. ②(남을) 압도하다.

音読

圧する[あっする] 〈サ変他〉 ①누르다. 짓누르다. ②제압하다. 압도하다. 위압하다. 휩쓸다.
圧巻[あっかん] 압권; ①책 중에서 가장 뛰어난 부분. ②최우수. 제일. 가장 뛰어난 것. 클라이맥스.
1 圧倒[あっとう] 압도; 뛰어나서 남을 능가함.
1 圧力[あつりょく] 압력; ①누르는 힘. ②압박하는 힘.
圧力釜[あつりょくがま] 압력솥.
1 圧迫[あっぱく] 압박; ①짓누름. ②억압함.
圧伏[あっぷく] 압복; 위압적으로 복종시킴.
圧死[あっし] 압사; 깔려 죽음.
圧勝[あっしょう] 압승; 압도적으로 이김.
圧延[あつえん] 압연; 눌러서 폄.
圧制[あっせい] 압제; 억지로 내리 누름.
圧搾[あっさく] 압착; 압력으로 짜냄.
2 圧縮[あっしゅく] 압축; ①눌러서 오그라뜨림. ②줄임. 요약함.

押 수결/누를 압

一 十 才 扌 扣 押 押 押

音 ◉オウ
訓 ◉おさえる ◉おす

訓読

2 ◉押(さ)える[おさえる] 〈下1他〉 ①(손이나 손가락으로) 누르다. ②(움직이지 못하도록) 붙잡다. ③파악하다. ④(범인을) 잡다. 덮치다. ⑤압류하다.
押(さ)え[おさえ] ①누름. ②누름돌. ③대열의 후미. 후진(後陣). ④(술을) 연거푸 마시게 함. ⑤(바둑에서) 상대의 세력 확장을 억제하기 위해 놓는 돌. ⑥(야구에서) 상대의 반격을 저지함. 또는 그 투수.
押(さ)え付ける[おさえつける] 〈下1他〉 꽉 누르다. 단단히 누르다.
押(さ)え込み[おさえこみ] (유도에서) 누르기.
押(さ)え込む[おさえこむ] 〈5他〉 ①눌러 꼼짝 못하게 하다. ②(유도에서) 상대방의 몸을 덮쳐 꼼짝 못하게 누르다.
4 ◉押す[おす] 〈5他〉 ①밀다. 밀어붙이다. ②(위에서) 누르다. ③(도장을) 찍다. ④(납작하게 펴서) 붙이다. ⑤압도하다. ⑥확인하다.
押し[おし] ①밀기. 밀어붙임. ②누름. 누름돌. ③억지.
押し開ける[おしあける] 〈下1他〉 (문 등을) 밀어젖히다.
押し遣る[おしやる] 〈5他〉 ①(저쪽으로) 밀어 보내다. 밀어내다. 밀어붙이다. ②(생각・기분을) 물리치다. 몰아내다. 떨쳐버리다.
押し広める[おしひろめる] 〈下1他〉 ①널리 퍼뜨리다. 보급시키다. ②(생각의) 범위를 넓히다.
押し掛ける[おしかける] 〈下1自〉 ①(한꺼번에) 밀어닥치다. 우르르 몰려들다. ②(불청객이) 불쑥 찾아오다.
1 押し寄せる[おしよせる] 〈下1自他〉 ①밀어닥치다. 밀려들다. 몰려들다. 쇄도하다. ②(한쪽으로) 밀어붙이다. 밀어내다. 밀어 보내다.
押し当てる[おしあてる] 〈下1他〉 바짝 대다. 파묻다.
押し倒す[おしたおす] 〈5他〉 밀어 넘어뜨리다. 밀어 쓰러뜨리다.
押し戻す[おしもどす] 〈5他〉 되돌려 보내다. 후퇴시키다.
押し流す[おしながす] 〈5他〉 ①떠내려 보내다 ②(어떤 큰 힘이) 떠밀다.
押し立てる[おしたてる] 〈下1他〉 ①(어떤 것을) 내세우다. ②(사람을) 내세우다. 앞세우다. ③강경하게 밀어붙이다.
押(し)売(り)[おしうり] ①강매(強売). 잡상인. ②일방적으로 강요함.
押(し)目[おしめ] ①(오름세에 있던 시세의) 하락세. 급락(急落). ②압도적임.
押(し)目買(い)[おしめがい] 하락세 때에 사들임.
押し黙る[おしだまる] 〈5自〉 입을 다물다. 침묵하다.
押(し)問答[おしもんどう] 입씨름. 승강이.

押し迫る[おしせまる]〈5自〉(눈앞에) 다가오다. 박두하다.

押し返す[おしかえす]〈5他〉①되물리치다. 격퇴하다. ②(상대방의) 말을 받아 되묻다. ③원시세로 돌아서다.

押(し)付け[おしつけ]①밀어붙임. 내리누름. ②강요. 강압.

押(し)付けがましい[おしつけがましい]〈形〉강요하는 듯하다.

押し分ける[おしわける]〈下1他〉(좌우로) 밀어 헤치다. 밀어 제치다.

押し上げる[おしあげる]〈下1他〉밀어 올리다. 들어 올리다.

押(し)葉[おしば]석엽(腊葉). 책갈피 등에 끼워 말린 꽃·잎.

押し隠す[おしかくす]〈5他〉애써 감추다. 굳이 숨기다.

押し入る[おしいる]〈5自〉침입하다. 억지로 밀고 들어가다.

³押(し)入れ[おしいれ]벽장.

押(し)込み[おしこみ]①무리하게 집어넣음. 억지로 들어감. ②벽장. ③강도(强盜).

¹押し込む[おしこむ]〈5他〉무리하게 집어넣다. 밀어 넣다. 쑤셔 넣다. 처넣다.〈5自〉①무단 침입하다. ②억지로 들어가다. 비집고 들어가다.

押し込める[おしこめる]〈下1他〉①무리하게 집어넣다. 억지로 밀어 넣다. 억지로 쑤셔 넣다. ②≪古≫(마음속에 숨기고) 입 밖에 내지 않다. ③(江戸(えど) 시대에) 연금(軟禁)에 처하다.

¹押し切る[おしきる]〈5他〉①꼭 눌러서 자르다. ②(반대에도) 강행하다. ③(파도를) 무릅쓰고 항진하다.

押し頂く[おしいただく]〈5他〉①(물건을 얼굴 위로 올려) 공손히 받다. ②받들어 모시다.

押し止める[おしとめる/おしとどめる]〈下1他〉(남의 행동을) 말리다. 제지하다.

押(し)出し[おしだし]압출; ①밀어냄. ②(씨름·야구에서) 밀어내기. ③풍채. 외양. ④화산의 산허리에서 유출된 용암·진흙.

押し出す[おしだす]〈5自〉(표면으로) 치솟다. 솟아나오다. ②(여럿이) 몰려가다. ③(적극적으로) 진출하다. 나가다.〈5他〉①(억지로) 밀어내다 ②짜 내다. ③(적극적으로) 내세우다.

押し通す[おしとおす]〈5他〉①억지로 밀고 나가다. ②억지로 통과시키다. ③(끝까지) 관철시키다.

押っ被せる[おっかぶせる]〈下1他〉①덮어씌우다. 뒤집어씌우다. ②(책임을) 전가하다. ③위압적인 태도로 나오다. ④(무슨 일을) 끝내기가 무섭게 다른 행동을 하다.

押(し)割り[おしわり]①눌러서 쪼갬. ②'押(し)割り麦'의 준말.

押し合う[おしあう]〈5自他〉서로 밀다. 밀고 밀리다.

押(し)合い[おしあい]①서로 밀기. 밀고 밀리기. ②시세에 변동이 없음. 보합세임. ③입씨름. 말다툼.

押(し)花[おしばな](책이나 종이에 끼워) 눌러 말린 꽃.

押(し)絵[おしえ](여러 가지 모양을 본뜬) 종이를 여러 가지 색깔의 헝겊으로 싸서 판자 등에 붙인 장식물.

押(し)絵細工[おしえざいく]押(し)絵 등을 판자에 붙여 세공한 것.

押し詰まる[おしつまる]〈5自〉①임박하다. 박두하다. ②(연말이) 다가오다 닥쳐오다.

押し詰める[おしつめる]〈5他〉①밀어 넣다 쑤셔 넣다. ②끝까지 밀어붙이다. ③요약하다. 간추리다.

【音読】

押捺[おうなつ]날인(捺印). 도장을 찍음.

押領[おうりょう]①(옛날에) 병졸을 통솔하던 일. ②(토지 등을) 힘으로 빼앗음.

押送[おうそう]압송; 죄인을 잡아 보냄.

押収[おうしゅう]압수; 증거물·몰수해야 할 물건의 점유를 취득하는 강제 처분.

押印[おういん]날인(捺印). 도장을 찍음.

押紙[おうし]압지; ①부전지(附箋紙). 포스트지. ②벽보. ③흡묵지(吸墨紙).

| 鴨 | 오리 압 | 音 ⊗オウ
訓 ⊗かも |

【訓読】

⊗鴨[かも]①≪鳥≫오리. ②봉. 이용하기 좋은 사람.

鴨る[かもる]〈5他〉(노름 따위에서) 봉으로 삼다.

鴨居[かもい]≪建≫상인방(上引枋).

鴨猟[かもりょう]오리 사냥.

[앙]

央 가운데 앙

丨 冂 冂 央 央

音 ●オウ
訓 ―

【音読】
❶中央[ちゅうおう], 震央[しんおう]

仰 우러러볼 앙

丿 亻 亻 仁 仰 仰

音 ●ギョウ ●コウ
訓 ●あおぐ ●おおせ ⊗のけ

【訓読】
¹●仰ぐ[あおぐ] 〈5他〉 ①(위쪽을) 쳐다보다. ②공경하다. 우러러보다. ③(윗사람으로) 모시다. ④삼가 바라다. 앙망하다. ⑤(독약을) 단숨에 마시다.
仰ぎ見る[あおぎみる] 〈上1他〉 ①올려다보다. ②존경하다. 우러러보다.
仰向ける[あおむける] 〈下1他〉 위쪽을 보게 하다. (고개를) 뒤로 젖히다.
●仰せ[おおせ] ①(높은 분의) 분부. 명령. ②말씀.
仰せ付かる[おおせつかる] 〈5自〉 분부를 받다. 지시를 받다.

【音読】
仰角[ぎょうかく] ≪数≫ 앙각.
仰望[ぎょうぼう] 앙망; 우러러 바람.
仰臥[ぎょうが] 앙와; 반듯이 누움.
仰天[ぎょうてん] 매우 놀람. 아연 실색함.

昂 높을 앙

音 ⊗コウ
訓 ⊗たかぶる

【訓読】
⊗昂る[たかぶる] 〈5自〉 ①(감정이) 곤두서다. 흥분하다. 고조되다. ②뻐기다. 뽐내다.

【音読】
昂騰[こうとう] 앙등; 물가가 뛰어오름.
昂奮[こうふん] 앙분; 흥분.

[애]

哀 슬플 애

丶 亠 亠 亠 亨 亨 亨 衰 哀

音 ●アイ
訓 ●あわれ ●あわれむ ⊗かなしい

【訓読】
²●哀れ[あわれ] ①가련함. 불쌍한 생각. 동정심. 연민. ②정취(情趣). 정감(情感). ③비애(悲哀). 슬픔. ④〈形動〉 불쌍함. 애처로움. 가엾음. 초라함. 비참함. ⑤〈感〉 아아, 어쩌면. 이다지도.
哀れっぽい[あわれっぽい] 〈形〉 불쌍하다. 가련하다. 처량하다. 청승맞다.
●哀れむ[あわれむ] 〈5他〉 ①불쌍하게 여기다. 동정하다. 가엾게 여기다. ②귀여워하다. 애틋해하다. ③〈雅〉 정취를 느끼다. 애달파하다.
哀れみ[あわれみ] 동정심. 측은한 마음. 연민. 불쌍히 여기는 마음.
⊗哀しい[かなしい] 〈形〉 ①슬프다. ②애처롭다. 딱하다. 구슬프다.
⊗哀しみ[かなしみ] 슬픔. 비애(悲哀).
⊗哀しむ[かなしむ] 〈5他〉 슬퍼하다.

【音読】
哀歌[あいか] 애가; 슬픈 노래. 엘레지.
哀悼[あいとう] 애도; 사람의 죽음을 슬퍼함.
哀惜[あいせき] 애석; (남의 죽음을) 슬프고 아깝게 여김.
哀訴[あいそ] 애소; 슬프게 하소연함.
哀愁[あいしゅう] 애수; 슬픈 근심.
哀願[あいがん] 애원; 애타게 바람.
哀切[あいせつ] 애절; 애처로움.
哀調[あいちょう] 애조; 슬픈 가락.
哀歓[あいかん] 애환; 슬픔과 기쁨.

涯 물가 애

氵 氵 汒 汒 沪 涯 涯 涯 涯

音 ●ガイ
訓 ⊗はて

【音読】
涯分[がいぶん] ①분수. 신분에 맞음. ②힘껏. 마음껏.

愛 (愛) 사랑 애

一 爫 爫 鬥 鬥 鬥 鬥 愛 愛 愛

[音] ●アイ
[訓] ⊗いとしい ⊗めでる ⊗まな

[訓読]
⊗愛しい[いとしい]〈形〉귀엽다. 사랑스럽다.
⊗愛でる[めでる]〈下1他〉①귀여워하다. ②감상하다. ③탄복하다. 칭찬하다.

[音読]
²愛[あい] 사랑. 애정.
²愛する[あいする]〈サ変他〉①사랑하다. ②소중히 여기다. 아끼다. ③친애하다. ④즐기다.
愛らしい[あいらしい]〈形〉귀엽다. 사랑스럽다. 예쁘다.
愛敬❶[あいきょう] ①애교. 아양. ②붙임성. 귀염성. ③재롱. ④(모임의 여흥에서) 덤. ❷[あいけい] 애경; 경애(敬愛). 진심으로 공경함.
愛嬌[あいきょう] 애교; ①아양. ②붙임성. 귀염성. ③재롱. ④(모임의 여흥에서) 덤.
愛国心[あいこくしん] 애국심.
愛読者[あいどくしゃ] 애독자.
¹愛想[あいそ/あいそう] ①붙임성. 상냥함. ②정나미. 정(情). ③대접. ④(요릿집의) 셈. 계산.
愛想尽かし[あいそづかし] 정나미가 떨어짐.
愛惜[あいせき] 애석; ①아껴 소중히 여김. ②아까워함.
愛玩[あいがん] 애완; 사랑하여 가까이 두고 다루며 즐김.
愛用[あいよう] 애용; 즐겨 사용함.
愛育[あいいく] 애육; 귀엽게 기름.
愛飲[あいいん] 애음; 즐겨 마심.
愛人[あいじん] 애인; 정부(情夫). 정부(情婦).
²愛情[あいじょう] 애정; 사랑.
愛知[あいち] 일본 중부 지방의 한 현(県).
愛執[あいしゅう] 애집; ①애정에 이끌려 단념하지 못함. ②《仏》집착.
愛着❶[あいちゃく] 애착; 사랑하고 아껴서 단념할 수가 없음. ❷[あいじゃく]《仏》집착. 애착.
愛唱[あいしょう] 애창; 노래나 시를 즐겨 부름. 즐겨 욈.

愛妻[あいさい] 애처; ①아내를 사랑함. ②사랑하는 아내.
愛称[あいしょう] 애칭; 친한 사이에 다정하게 부르는 칭호.
愛好[あいこう] 애호; 좋아함. 즐김.
愛護[あいご] 애호; 사랑하고 보호함.

艾 쑥 애

[音] ⊗ガイ
[訓] ⊗よもぎ ⊗もぐさ

[訓読]
⊗艾❶[よもぎ]《植》쑥. ❷[もぐさ] ①뜸쑥. 뜸질용으로 말려서 솜처럼 만든 쑥. ②'よもぎ(쑥)'의 딴이름.

埃 티끌 애

[音] ⊗アイ
[訓] ⊗ほこり

[訓読]
²⊗埃[ほこり] 먼지.

挨 맞댈 애

[音] ⊗アイ
[訓] ―

[音読]
³挨拶[あいさつ] ①(만나거나 헤어질 때 하는) 인사. ②(모임에서의) 인사말. ③(사과의) 인사.

崖 벼랑 애

[音] ⊗ガイ
[訓] ⊗がけ

[訓読]
¹⊗崖[がけ] 낭떠러지. 벼랑. 절벽.

隘 ˣ(隘) 좁을 애

[音] ⊗アイ
[訓] ―

[音読]
隘路[あいろ] 애로; ①좁고 험한 길. ②난관(難関). 장애(障碍). 애로점.

曖 ˣ(曖) 희미할 애

[音] ⊗アイ
[訓] ―

[音読]
¹曖昧[あいまい] 애매; ①애매함. 확실하지 않음. ②수상쩍음.

[액]

厄　재앙 액

一 厂 厄 厄

[音] ●ヤク
[訓] ―

[音読]

¹厄介[やっかい] ①귀찮음. 성가심. 번거로움. ②폐(弊). 신세. ③돌봄. 보살핌.
厄落(と)し[やくおとし] 액막이. 액때움.

液　진/액체 액

氵 氵 氵 汚 汚 汧 液 液 液

[音] ●エキ
[訓] ―

[音読]

¹液[えき] 액; 액체. 즙.
液状[えきじょう] 액상; 액체 상태.
液晶[えきしょう] 액정; 고체와 액체의 중간 상태의 물질.
液体[えきたい] 액체; 유동 물질.
液化[えきか] 액화; 액체화됨.

額　이마/현판 액

⺌ ⺍ 夕 客 客 客 額 額 額 額

[音] ●ガク
[訓] ●ひたい ⊗ぬか

[訓読]

²●額❶[ひたい] 이마. ❷[がく] ☞ [音読]

[音読]

²額❶[がく] ①액수; 금액. ②액자. ❷[ひたい] ☞ [訓読]
額面[がくめん] 액면: ①'額面価格(がくめんかかく)'의 준말. ②(사물의) 표면상의 이유. ③액자.
額面割れ[がくめんわれ] 액면 가격 미달.
額縁[がくぶち] ①액자. ②이불·방석 등의 둘레에 댄 천. ③(장식으로) 창·문짝 등의 둘레에 댄 나무. ④선물 상자 등이 크게 보이도록 붙이는 장식물.

[앵]

桜(櫻)　앵두나무 앵

一 十 木 木 杧 杧 杧 桜 桜 桜

[音] ●オウ
[訓] ●さくら

[訓読]

²●桜[さくら] ① ≪植≫ 벚나무. 벚꽃. ②'桜色(さくらいろ)'의 준말. ③'桜肉(さくらにく)'의 준말.
桜ん坊[さくらんぼ/さくらんぼう] ①버찌. ②앵두.
桜餅[さくらもち] 벚나무 잎으로 싼 떡.
桜色[さくらいろ] 연분홍색. 담홍색.
桜狩(り)[さくらがり] 벚꽃놀이.
桜紙[さくらがみ] 부드러운 휴지.
桜漬(け)[さくらづけ] 소금에 절인 벚꽃.
桜草[さくらそう] ≪植≫ 앵초.
桜湯[さくらゆ] 소금에 절인 벚꽃에다 뜨거운 물을 부은 차.
桜海老[さくらえび] ≪魚≫ 꽃새우.

[音読]

桜桃[おうとう] ≪植≫ ①앵두나무. ②앵두. 버찌.
桜雲[おううん] 앵운: 구름처럼 많이 피어 있는 벚꽃.
桜花[おうか/さくらばな] 벚꽃.
桜花賞[おうかしょう] 앵화상: 매년 4월 阪神(はんしん) 경마장에서 행해지는 경마.

鶯　꾀꼬리 앵

[音] ⊗オウ
[訓] ⊗うぐいす

[訓読]

⊗鶯[うぐいす] ≪鳥≫ 휘파람새.
鶯豆[うぐいすまめ] 푸른 완두콩을 달콤하게 삶은 식품.
鶯餅[うぐいすもち] 푸른 콩고물을 묻힌 일본 떡.
鶯声[うぐいすごえ] (꾀꼬리 같은) 고운 목소리.
鶯芸者[うぐいすげいしゃ] (꾀꼬리처럼) 목청이 고운 기생.
鶯張り[うぐいすばり] 밟으면 휘파람새 소리가 나도록 깐 마루.

夜　밤 야

`ノ 十 ナ 亽 冇 夜 夜 夜`

音 ●ヤ
訓 ①●よる ●よ

訓読
⁴●夜❶[よる] 밤. ＊'昼(ひる)'의 반대어임.
²●夜❷[よ] 밤. ＊'夜(よる)'에 비하여 독립적인 용법이 한정되어 있음. ¶～が明(あ)ける 날이 새다. ¶～が更(ふ)ける 밤이 깊어 가다. ¶～を明(あ)かす 밤을 새우다.
夜なべ[よなべ] 밤일. 야간 작업.
夜もすがら[よもすがら] 밤새도록.
夜見世[よみせ] 밤거리의 노점. 야시(夜市).
¹夜更(か)し[よふかし] 밤늦게까지 잠을 안 잠.
¹夜更け[よふけ] 심야(深夜). 야반.
夜空[よぞら] 밤하늘.
夜宮[よみや] 축제일의 전야제(前夜祭).
夜汽車[よぎしゃ] 야간열차.
夜道[よみち] 밤길.
夜露[よつゆ] 밤이슬.
夜明(か)し[よあかし] 밤샘. 철야.
²夜明け[よあけ] 새벽. 새벽녘.
夜鳴き[よなき] ①새 따위가 밤중에 욺. ②'夜鳴き蕎麦(よなきそば)·夜鳴き饂飩(よなきうどん)'의 준말.
夜目[よめ] 밤눈.
夜霧[よぎり] 밤안개.
夜半[よわ/やはん] 야밤. 밤중.
夜番[よばん/やばん] ①야경(夜警). 불침번. ②야간 당직.
夜歩き[よあるき] 밤나들이. 밤에 나다님.
夜遊び[よあそび] 밤놀이.
夜長[よなが] 긴긴밤. 밤이 긴 계절.
夜店[よみせ] 밤거리의 노점. 야시(夜市).
夜祭(り)[よまつり] 밤 축제.
夜釣り[よづり] 밤낚시.
夜昼[よるひる] ①밤과 낮. 주야. ②밤낮으로. 밤이나 낮이나.
²夜中[よなか] 밤중. 한밤중.
夜着[よぎ] ①이불. ②옷처럼 만든 이불.
夜討(ち)[ようち] 야간 습격. 야습(夜襲).
夜通し[よどおし] 밤새도록.
夜風[よかぜ] 밤바람.

音読
²夜間[やかん] 야간; 밤.
夜景[やけい] 야경; 야간 경치.
夜警[やけい] 야경; 야경꾼.
夜曲[やきょく] 야곡; 세레나데.
¹夜具[やぐ] 침구(寝具). 이부자리.
夜勤[やきん] 야근; 야간 근무.
夜気[やき] 야기; ①밤의 찬 공기. 밤기운. ②밤의 고요.
夜半[やはん/よわ] 야반; 한밤중.
夜襲[やしゅう] 야습; 야간 습격.
夜食[やしょく] 야식; ①저녁 식사. ②밤참.
夜業[やぎょう/よなべ] 야간 작업.
夜陰[やいん] 야음; 밤의 어두울 때.
²夜行[やこう] 야행; ①밤에 행동함. ②야간에 감. ③'夜行列車'의 준말.
夜行列車[やこうれっしゃ] 야간열차.
夜会[やかい] 야회; ①밤의 모임. 밤의 연회. ②밤의 사교 무도회.

野　들 야

`丨 冂 日 甲 甲 里 里 里 野 野 野`

音 ●ヤ
訓 ●の

訓読
²●野[の] ①들. 들판. ②논밭. ③야생.
野道[のみち] 들길.
野良[のら] ①들. ②논밭.
野放し[のばなし] ①방목(放牧). 가축을 놓아기름. ②방임함. 멋대로 하게 버려 둠.
野放図[のほうず] ①한없음. 끝없음. ②방자함. 시건방짐.
野辺[のべ] ①들. 들판. ②매장지.
野山[のやま] 산야(山野). 들과 산.
野原[のはら] 들. 들판.
野遊び[のあそび] ①들놀이. ②(옛날) 귀족들의 사냥놀이.
野育ち[のそだち] 제멋대로 자람. 버릇없이 자람.
野中[のなか] 들 가운데.
野天[のてん] 노천(露天). 옥외(屋外).
野天風呂[のてんぶろ] 옥외 목욕탕.

音読
野球[やきゅう] 야구. baseball.
¹野党[やとう] 야당; 정권을 유지하고 있지 않은 쪽의 정당.

野郎[やろう] ①놈. 자식. 녀석. ＊남자를 욕하는 말임. ②젊은이. 젊은 남자. ③저 놈. 저 녀석.

野蛮[やばん] 야만; ①문화가 미개한 상태. ②난폭하고 예의가 없음.

野望[やぼう] 야망; 분에 넘치는 희망.

野暮[やぼ] ①우둔함. 답답함. ②촌스러움. ③숙맥. 세상 물정에 어두움.

¹野生[やせい] 야생; 동식물이 산이나 들에서 저절로 자람.

野性[やせい] 야성; 본능 그대로의 성질.

野獣[やじゅう] 야수; 야생의 짐승.

¹野心[やしん] 야심; 남몰래 품은 소망. 신분에 맞지 않은 욕망.

野営[やえい] 야영; 영외(営外)에서 야외에 천막을 치고 잠.

¹野外[やがい] 야외; ①들. 교외(郊外). ②옥외. 문밖.

野次[やじ] ①야유. 빈정거리며 놀림. ②'野次馬(やじうま)'의 준말.

野次馬[やじうま] 덩달아 떠들어댐. 구경꾼.

²野菜[やさい] 야채; 채소. 푸성귀.

野草[やそう] 야초; 들풀.

冶 풀무 야

音 ⊗ヤ
訓 ―

音読

冶金[やきん] 야금; 광석에서 쇠붙이를 공업적으로 골라내거나 합금하는 일.

冶金術[やきんじゅつ] 야금술.

冶金学[やきんがく] 야금학.

耶 그런가 야

音 ⊗ヤ
訓 ―

音読

耶蘇[やそ] 예수. 예수 그리스도.

耶蘇教[やそきょう] 예수교. 기독교. 천주교.

耶蘇会[やそかい] 예수회.

爺 노인 야

音 ⊗ヤ
訓 ⊗じい ⊗じじ
⊗じじい

訓読

⊗爺[じい/じじ/じじい] 늙은 남자. 할아범. 늙은 하인.

爺さん[じいさん] ①할아버지. ②영감님.

若 어릴 약

一 十 艹 ヸ 芝 若 若 若

音 ●ジャク ●ニャク
訓 ●わかい ⊗もし

訓読

⁴●若い[わかい] 〈形〉 ①젊다. ②(나이가) 어리다. 손아래이다. ③미숙하다. 서툴다. ④(차례가) 이르다. 빠르다.

²⊗若し[もし] 만약. 만약에. 만일. 만일에.

²⊗若しかしたら[もしかしたら] 어쩌면.

¹⊗若しかして[もしかして] ①혹시. 만일에. ②어쩌면.

²⊗若しかすると[もしかすると] 어쩌면.

¹⊗若しくは[もしくは] 혹은. 또는. 그렇지 않으면.

²⊗若しも[もしも] 만약. 만일. 혹시.

若やぐ[わかやぐ] 〈5自〉 젊어지다. 젊어 보이다. 젊어진 듯하다.

若気❶[わかげ/わかぎ] 젊은 혈기. 패기(覇気). ❷[にやけ] ①(남색의 대상이 되는) 미동(美童). ②남색(男色). 남창(男娼).

若旦那[わかだんな] ①큰 도련님. ②도련님.

若返る[わかがえる] 〈5自〉 ①다시 젊어지다. ②(조직의 담당자・구성원이) 젊은 층으로 바뀌다. 젊어지다.

若夫婦[わかふうふ] 젊은 부부.

若手[わかて] ①(한창 때의) 젊은이. ②젊은 층.

¹若若しい[わかわかしい] 〈形〉 젊디젊다. 아주 젊다. 활기차다.

若様[わかさま] 도련님. 서방님.

若人[＊わこうど] 젊은이. 청년.

¹若者[わかもの] 젊은이. 청년.

若作り[わかづくり] 나이보다 젊게 꾸밈.

若妻[わかづま] 젊은 아내. 신혼의 아내.

若草[わかくさ] 어린 풀.

若向き[わかむき] 젊은이용.

音読

¹若干[じゃっかん] 약간; 다소. 얼마간.

若干名[じゃっかんめい] 약간 명; 몇 명.

若年[じゃくねん] 나이가 젊음.

若輩[じゃくはい] ①젊은이. ②풋내기.

約 (約)　대략 약

〈 纟 纟 纟 糸 糸 糸 約 約

音 ●ヤク
訓 ⊗つづまやか ⊗つづまる ⊗つづめる

訓読
⊗約まやか[つづまやか] 〈形動〉 ①간결함.
　간략함. ②검소함.
⊗約まる[つづまる] 〈5他〉 줄어들다. 단축되
　다. 간단해지다.
⊗約める[つづめる] 〈下1他〉 ①줄이다. 간단
　하게 하다. ②절약하다.

音読
²約[やく] 약; ①대략. ②약속. ③생략. 줄
　임. ④약음(約音).
約する[やくする] 〈サ変他〉 ①약속하다. 기약
　하다. ②줄이다. 간추리다. 요약하다. ③절
　약하다. ④ ≪数≫ 약분(約分)하다.
約款[やっかん] 약관; 법령・조약・계약 등
　에 관한 조항.
約諾[やくだく] 약속하고 승낙함.
約分[やくぶん] ≪数≫ 약분.
³約束[やくそく] 약속; ①서로 언약하여 정함.
　②규정. 규약. 규칙. ③숙명. 운명. 인연.
約束手形[やくそくてがた] 약속 어음.
約数[やくすう] ≪数≫ 약수.
約言[やくげん] 약언; ①요약해서 말함.
　②≪語学≫ 약음(約音).
約定[やくじょう] 약정; 일을 약속하여 정함.

弱 (弱)　약할 약

フ ¬ ¬ 弓 弓 弓 弓 弘 弱 弱

音 ●ジャク
訓 ●よわい ●よわまる ●よわめる ●よわる
　　⊗なゆ ⊗なよ

訓読
⁴●弱い[よわい] 〈形〉 ①약하다. ②모자라다.
　③(소리가) 가냘프다. ④능숙하지 않다.
弱さ[よわさ] 약함.
弱み[よわみ] ①약한 마음. ②약점.
²●弱まる[よわまる] 〈5自〉 약해지다. 누그러
　지다. 줄어들다.
²●弱める[よわめる] 〈下1他〉 약하게 하다.
　약화시키다.

²●弱る[よわる] 〈5自〉 ①약해지다. 쇠약해지
　다. ②난처해지다. 곤란해지다.
弱り果てる[よわりはてる] 〈下1自〉 ①몹시
　약해지다. ②아주 난처해지다.
弱気[よわき] ①마음이 약함. 무기력함.
　②(경기 전망이) 불투명함.
弱り目[よわりめ] 어려울 때. 곤란할 때.
弱弱しい[よわよわしい] 〈形〉 아주 약하다.
　연약하다.
弱腰[よわごし] ①옆구리. ②소극적인 태도.
弱音❶[よわね] 무기력한 소리. 나약한 말.
　우는 소리. ❷[じゃくおん] ≪楽≫ 약음.
　약한 소리.
弱材料[よわざいりょう] ≪経≫ 약재(弱材).
　시세를 떨어뜨릴 원인이 되는 조건.
弱虫[よわむし] 못난이. 겁쟁이.
弱火[よわび/とろび] (화력이) 약한 불.

音読
¹弱[じゃく] 약; ①약함. ②(숫자에 접속하여)
　반올림했지만 조금 모자람.
弱冠[じゃっかん] 약관; ①20세. ②젊은 나이.
弱国[じゃっこく] 약국; 약소국(弱小国).
弱年[じゃくねん] 약년; 나이가 젊음.
弱小[じゃくしょう] 약소; 약하고 작음.
弱視[じゃくし] 약시; 약한 시력의 눈.
弱肉強食[じゃくにくきょうしょく] 약육강식.
弱者[じゃくしゃ] 약자; 세력이 약한 사람.
²弱点[じゃくてん] 약점; ①단점(短点). 모자
　라는 점. ②떳떳하지 못한 점.
弱卒[じゃくそつ] 약졸; 약한 병사.
弱震[じゃくしん] 약진; 약한 지진.
弱体[じゃくたい] 약체; ①약한 몸. 몸이 약
　함. ②(조직・체제 등이) 허약함.
弱化[じゃっか] 약화; 세력이 약해짐.

薬 (藥)　약 약

一 艹 艹 艹 甘 甘 莖 蒪 蓮 薬

音 ●ヤク ⊗ヤ
訓 ●くすり ⊗くす

訓読
⁴●薬[くすり] ①약; 약제(薬剤). ②방충제.
　소독약. ③유약(釉薬). ④화약. ⑤(좋은)
　경험.
薬九層倍[くすりくそうばい] ①원가에 비해
　약값이 몹시 비쌈. ②폭리를 취함.
薬箱[くすりばこ] 약 상자.

薬屋[くすりや] 약방. 약국.

薬指[くすりゆび] 약지; 약손가락. 무명지.

薬湯❶[くすりゆ] 약탕; ①치료 목적으로 약제를 넣은 목욕탕. ②약효가 있는 온천. ❷[やくとう] ①약을 넣은 목욕물. ②탕약.

音読

²薬缶[★やかん] 주전자.

²薬局[やっきょく] 약국; ①약방. ②병원의 약제실.

薬理[やくり] 약리; 약품의 작용에 의해 생기는 생리적·병리적 변화.

薬物[やくぶつ] 약물; 약제가 되는 물질.

薬味[やくみ] 약미; ①향신료. 양념. ②약품.

薬用[やくよう] 약용; 약으로 사용함.

薬剤[やくざい] 약제; 여러 약재를 섞어서 조제한 약.

薬剤師[やくざいし] 약제사; 약사(薬師).

薬草[やくそう] 약초; 약풀.

²薬品[やくひん] 약품; 의약품.

薬学[やくがく] 약학; 약재에 관해 연구하는 학문.

薬効[やっこう] 약효; 약의 효과.

躍 (躍) 뛸 약

口 □ 足 足 『 『 『 『 『 躍

音 ●ヤク

訓 ●おどらす ●おどる

訓読

●躍らす[おどらす] 〈5他〉 ①뛰게 하다. ②(마음을) 들뜨게 하다. 설레게 하다.

²●躍る[おどる] 〈5自他〉①뛰어오르다. 솟구치다. ②흔들리다. ③(글씨가) 들쭉날쭉하다. 비틀거리다. ④(배후에서) 암약하다. ⑤(가슴·마음이) 설레다. 들뜨다.

躍り掛かる[おどりかかる] 〈5自〉 세차게 달려들다. 덤벼들다.

躍り上がる[おどりあがる] 〈5自〉 ①(힘차게) 뛰어오르다. 날뛰다. ②(놀라거나 기뻐서) 펄쩍뛰다.

躍り込む[おどりこむ] 〈5自〉 (몸을 날려) 뛰어들다.

躍り出る[おどりでる] 〈下1自〉 ①(힘찬 기세로) 뛰어나가다. ②(맹렬한 기세로 남을 앞질러) 뛰어오르다.

音読

躍起[やっき] 약기; 애가 타서 안달을 함. 기를 씀. 기를 쓰며 열심히 함.

躍動[やくどう] 약동; 생기 있고 활발하게 움직임.

躍如[やくじょ] 약여; 눈앞에 생생하게 나타남. 뚜렷함.

躍進[やくしん] 약진; 매우 빠르게 진보함.

[양]

羊 양 양

丶 丷 キ 兰 羊 羊

音 ●ヨウ

訓 ●ひつじ

訓読

●羊[ひつじ] 《動》 양.

羊飼い[ひつじかい] 양치기. 목자(牧者).

羊小屋[ひつじごや] 양 우리.

羊雲[ひつじぐも] 양떼구름.

音読

羊羹[ようかん] 양갱; 단팥묵.

²羊毛[ようもう] 양모; 양털.

羊肉[ようにく] 양육; 양고기.

羊皮[ようひ] 양피; 양가죽.

羊皮紙[ようひし] 양피지; 양의 가죽을 처리하여 종이 대신 사용한 것.

洋 바다/서양 양

丶 丶 氵 氵 汮 浐 浐 浐 洋

音 ●ヨウ

訓 ―

音読

洋[よう] 양; ①동양과 서양. ②넓은 바다.

洋間[ようま] 양실(洋室). 서양식 방.

洋菓子[ようがし] 양과자; 서양 과자.

洋館[ようかん] 양옥집.

洋弓[ようきゅう] 양궁; 서양 활.

洋髮[ようはつ] 양발; 서양식 머리 모양.

²洋服[ようふく] 양복; 서양식 옷.

洋書[ようしょ] 양서; 서양의 서적.

²洋式[ようしき] 양식; 서양식.

洋食[ようしょく] 양식; 서양 요리.
洋室[ようしつ] 양실; 서양식 방.
洋楽[ようがく] 양악; 서양 음악.
洋洋[ようよう] 양양; ①끝없이 넓고 넓음. ②장래가 훤히 트이고 희망에 가득함. ③아름답고 힘참.
洋装[ようそう] 양장; ①(주로 여성의) 서양식 복장. ②서양식 제본.
洋裁[ようさい] 양재; 양복의 재단법. 양복의 재봉.
洋酒[ようしゅ] 양주; 서양의 술.
洋品[ようひん] 양품; 서양식의 잡화.
[2]**洋品店**[ようひんてん] 양품점.
[1]**洋風**[ようふう] 양풍; 서양 스타일.
洋学[ようがく] 양학; 서양의 학문.
洋行[ようこう] 양행; 서양으로 여행함.
洋画[ようが] 양화; ①서양화. ②서양 영화.

揚 날릴/올릴 양

音 ◉ヨウ
訓 ◉あがる ◉あげる

訓読

◉**揚がる**[あがる] 〈5自〉 ①(튀김이) 튀겨지다. ②높이 솟아오르다. ③(배에서) 뭍으로 오르다. 양륙되다.
[2]◉**揚げる**[あげる] 〈下1他〉 ①(튀김을) 튀기다. ②높이 올리다. 게양하다. ③뭍으로 옮기다. ④(기생을) 부르다.
揚(げ)句[あげく] ①한 끝에. 한 결과. ②連歌(れんが)・俳諧(はいかい)의 끝 구절인 7・7의 구(句).
揚(げ)物[あげもの] ①튀김. 튀긴 음식. ②장물. 훔친 물건.
揚(げ)油[あげあぶら] 튀김용 기름.
揚(げ)板[あげいた] ①(마루나 부엌 바닥의) 널빤지 뚜껑. ②(극장에서) 무대와 花道(はなみち)를 이은 좌우의 널마루. ③목욕탕 바닥의 널판때기.

音読

揚力[ようりょく] 양력; 부양력(浮揚力). 흐름 속에서 지탱해주는 힘.
揚陸[ようりく] 양륙; ①배의 짐을 뭍으로 운반함. ②상륙(上陸).
揚水[ようすい] 양수; 물을 위로 퍼 올림.
揚揚[ようよう] 양양; 의기양양함.

陽 볕 양

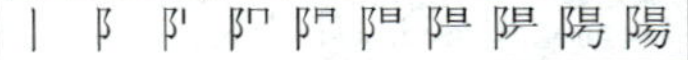

音 ◉ヨウ
訓 ⊗ひ

訓読

⊗**陽❶**[ひ] ①해. 태양. ②햇볕. 햇살. 햇빛. ❷[よう] ☞ [音読]

音読

陽❶[よう] ①표면. ②(易学에서) 양. ③ ≪物≫ 양; 플러스. ④ ≪医≫ 양성(陽性). ❷[ひ] ☞ [訓読]
[2]**陽気**[ようき] ①명랑함. 쾌활함. ②날씨. 기후. ③양기; 만물이 생동하는 기운.
陽暦[ようれき] 양력; 태양력.
陽性[ようせい] 양성; ①명랑하고 적극적인 성질. ② ≪医≫ 양성 반응.

様(樣) 모양 양

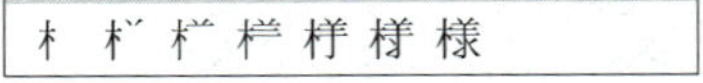

音 ◉ヨウ
訓 ◉さま

訓読

[3]◉**様❶**[さま] ①(인명이나 호칭에 접속하여) …님. …씨. ②(인사말에 접속하여) …하셨습니다. ③(어엿한) 모습. 모양. 자태. ④(어떤 사물의) 모습. 모양. 형태. ❷[ざま] (비웃는 말로) 꼴. 꼬락서니. ¶ ~を見(み)ろ 꼴 좋다. 그것 보라지. ❸[よう] ☞ [音読]
[2]**様様❶**[さまざま] 여러 가지. 가지각색. ❷[さまさま] (자기에게 이로운 물건이나 사람에 접속하여 감사・찬탄을 나타내는 말로) …덕. …최고다.

音読

[2]**様❶**[よう] ①(동사 ます형에 접속하여) ㉠…방법. 수단. ㉡…모양. 모습. ②…모양의. …같은. ③(유럽・불상 등의) 스타일. ❷[さま/ざま] ☞ [訓読]
[1]**様相**[ようそう] 양상; 생김새. 모양. 모습.
[1]**様式**[ようしき] 양식; ①모양. 상태. ②(사회생활의) 방법. 방식. ③(예술품의) 표현 형식. ④(문서 등의) 서식.
[2]**様子**[ようす] ①(사물의) 상태. 상황. ②(사람의) 옷차림. ③낌새. ④기색. ⑤흔적.

養　기를 양

丷 丷 羊 羊 羔 养 养 養 養 養

音 ●ヨウ
訓 ●やしなう

訓読
1 ●養う[やしなう] 〈5他〉 ①(사람을) 기르다.
양육하다. ②(가족을) 부양하다. ③(가축
을) 사육하다. 기르다. ④배양하다. 기르
다. ⑤요양하다. ⑥양자로 삼다.
養い子[やしないご] 양자.
養い親[やしないおや] 양부모.

音読
養老[ようろう] 양로; 노인을 봉양함.
2 養分[ようぶん] 양분: 자양분.
1 養成[ようせい] 양성; ①교육이나 훈련을
통해 인재를 길러냄. ②배양하여 길러냄.
養殖[ようしょく] 양식; 바다의 생물을 인공
적으로 길러서 번식시킴.
養育[よういく] 양육; 부양하여 기름.
1 養護[ようご] 양호; 양육하고 보호함.

壌(壤)　흙덩이 양

扌 圹 圹 圹 圹 壌 壌 壌 壌

音 ●ジョウ
訓 ―

音読
壌土[じょうど] 양토; ①흙. 토양. ②농사짓
기에 적합한 검은 흙.

嬢(孃)　아가씨 양

女 女 妒 妒 娀 嬢 嬢 嬢 嬢 嬢

音 ●ジョウ
訓 ―

音読
3 お嬢さん [おじょうさん] ①아가씨. ②따님.
＊남의 딸에 대한 존경어임.
お嬢さん育ち[おじょうさんそだち] 고이 자
란 딸. 고생을 모르고 자란 딸.
お嬢様[おじょうさま] ①따님. 영애(令愛).
＊남의 딸에 대한 존경어임. ②아가씨.
③고생을 모르고 자란 아가씨.

讓(讓)　사양할 양

言 言 訐 訐 訣 諓 讓 讓 讓 讓

音 ●ジョウ
訓 ●ゆずる

訓読
2 ●讓る[ゆずる] 〈5他〉 ①물려주다. 양도(讓
渡)하다. ②(희망자에게) 팔다. 팔아넘기
다. ③양보하다. ④(다음 기회로) 미루다.
연기하다.
讓り[ゆずり] 양도(讓渡). 물려줌. 물려받음.
讓り渡す[ゆずりわたす] 〈5他〉 양도하다. 물
려주다.
讓り状[ゆずりじょう] 양도(讓渡) 증서.
讓り受ける[ゆずりうける] 〈下1他〉 양도(讓渡)
받다. 물려받다.
讓り合う[ゆずりあう] 〈5他〉 서로 양보하다.
쌍방이 양보하다.

音読
讓渡[じょうと] 양도; 권리·재산·법률상의
지위 등을 남에게 넘겨줌.
1 讓歩[じょうほ] 양보; 어떤 것을 사양하여 남
에게 미루어 줌.
讓与[じょうよ] 양여; 남에게 자기 소유를
넘겨줌.
讓位[じょうい] 양위; 임금이 자리를 물려줌.

醸(釀)　술빚을 양

酉 酉 酉 酉 酘 酘 醸 醸 醸 醸

音 ●ジョウ
訓 ●かもす

訓読
●醸す[かもす] 〈5他〉 ①(간장·술을) 빚다.
담그다. 양조하다. ②(분위기·상태 등을)
조성하다. 자아내다.
醸し出す[かもしだす] 〈5他〉 (어떤 분위기·
느낌 등을) 조성하다. 자아내다.

音読
醸成[じょうせい] 양성; ①(간장·술·식초
등을) 빚음. 담금. 양조함. ②(어떤 분위
기·느낌 등을) 조성함.
醸造[じょうぞう] 양조; (간장·술·식초 등
을) 담가서 만듦.
醸造業[じょうぞうぎょう] 양조업.

痒 가려울 양

音 ⊗ヨウ
訓 ⊗かゆい

訓読

²⊗痒い[かゆい] 〈形〉 가렵다.
痒がる[かゆがる] 〈5自〉 가려워하다.
痒さ[かゆさ] 가려움.
痒み[かゆみ] 가려움.

楊 버들 양

音 ⊗ヨウ
訓 —

音読

楊子[ようじ] 이쑤시개.
楊枝[ようじ] 이쑤시개.

攘 물리칠 양

音 ⊗ジョウ
訓 —

音読

攘夷[じょうい] 양이; 외국인을 물리쳐 국내
　로 들어오지 못하게 하는 일.
攘夷論[じょういろん] 양이론; 외국과의 통상
　에 반대하여 외국의 배척을 주장하는 사상.

〔 어 〕

魚 물고기 어

〃 イ 乍 台 召 召 角 魚 魚 魚

音 ●ギョ
訓 ●さかな ●うお

訓読

⁴●魚❶[さかな] ①물고기. ②생선.
²魚❷[うお] ①물고기. ②생선. ＊원래는 요리
　한 것은 'さかな', 날것은 'うお'라고 했음.
²魚市場[うおいちば] 어시장; 생선 시장.
魚屋[さかなや] 생선 가게. 생선 장수.
魚釣(り)[うおつり/さかなつり] 낚시질.
魚座[うおざ] ≪天≫ 물고기자리.
魚河岸[うおがし] ①어시장. ②어시장이 열
　리는 강변. ③東京(とうきょう)의 築地(つきじ)
　어시장.

音読

魚介類[ぎょかいるい] 어패류(魚貝類). 바다
　에서 나는 물고기와 조개류의 총칭.

漁 고기잡을 어

氵 氵 沪 沪 沪 泠 漁 漁 漁

音 ●ギョ ●リョウ
訓 ⊗あさる ⊗すなどる

訓読

⊗漁る❶[あさる] 〈5他〉 ①고기잡이하다. 조
　개잡이 하다. 해산물을 따다. ②먹이를 찾아
　다니다. ③(손에 넣으려고) 뒤지고 다니다.
　❷[すなどる] 〈5他〉 물고기와 조개를 잡다.

音読

漁区[りょうく/ぎょく] 어구; 어업 구역.
漁具[ぎょぐ] 어구; 고기 잡는 도구.
漁期[りょうき/ぎょき] 어기; 물고기를 잡을
　수 있는 기간. 어로기(漁撈期).
漁網[ぎょもう] 어망; 고기 잡는 그물.
漁民[ぎょみん] 어민; 고기잡이에 종사하는
　사람.
漁夫[ぎょふ] 어부; 고기잡이하는 사람.
²漁師[りょうし] 어부(漁夫). 고기 잡는 사람.
¹漁船[ぎょせん/いさりぶね] 어선; 고기잡이 배.
²漁業[ぎょぎょう] 어업; 수산업(水産業).
漁場[りょうば/ぎょじょう] 어장; 고기잡이
　를 하는 곳. 고기가 잡히는 곳.
¹漁村[ぎょそん] 어촌; 어부들의 마을.
漁港[ぎょこう] 어항; 주로 어선이 정박하는
　항구.
漁獲高[ぎょかくだか] 어획고; 어획량.

御 모실/제어할 어

彳 彳 彳 征 征 御 御 御 御

音 ●ギョ ●ゴ
訓 ●おん ⊗お ⊗み

訓読

⁴⊗御❶[お/ご] 존경·공손·위안·동정·위
　로의 뜻을 나타냄. ❷[み] 존경이나 공손
　한 마음을 나타내는 말.
御金[おかね] 돈. 금전.
御年玉[おとしだま] 세뱃돈. 새해 선물.
御大[おんたい] 두목. 수령. 대장.
御袋[おふくろ] 어머니. ＊성인 남자가 자기
　어머니를 친근하게 부르는 말.
御得意[おとくい] ①장기(長技). 특기(特技).
　②단골손님. 단골 거래처.

御礼[おれい] 사례. 사례 인사. 사례 선물.

御礼返し[おれいがえし] 답례. 답례품을 보냄.

御目出度う[おめでとう]〈感〉축하하다.

御坊っちゃん[おぼっちゃん] ①도련님. ②세상을 모르고 자란 사람.

²御辞儀[おじぎ] ①머리 숙여 인사함. ②사양. 사퇴.

御上さん[おかみさん] ①(상점 등의) 안주인. ②마누라. 여편네.

御膳[おぜん] 밥상. 상.

御世辞[おせじ] 발림말. 겉치렛말.

御世話[おせわ] ('世話(せわ)'의 높임말로) ①보살핌. 시중듦. ②주선. 알선. 추천. 소개. ③신세. 폐. 번거로움.

⁴御手洗(い)[おてあらい] ❶ 화장실. 변소. ❷[みたらし] ①(神社(じんじゃ)·절 입구에 마련한) 참배객들의 손과 입을 씻는 곳. ②손을 씻음.

御手伝いさん[おてつだいさん] 가정부. 파출부.

御身[おんみ] ①(편지 등에서) 옥체(玉体). 존체(尊体). ②그대. 당신.

御握り[おにぎり] 주먹밥. ＊여성어임.

御月様[おつきさま] 달님.

御陰[おかげ] ①덕분. 덕택. ②(神)의 가호(加護). ③탓. 때문.

御日様[おひさま] 해님.

御子[みこ] 천황의 자녀.

²御前 ❶[おまえ] ①너. 자네. ②신불(神仏)이나 귀인의 앞. ❷[おんまえ] 어전; 신불(神仏)이나 귀인의 앞. ❸[ごぜん] 어전; 천황·将軍(しょうぐん)·大名(だいみょう)의 앞.

御祭り[おまつり] ①제사. 축제. ②낚싯줄이 남의 것과 서로 얽힘.

御釣り[おつり] 거스름돈. 잔돈.

御昼[おひる] ①낮. ②점심. 점심 식사.

御酒 ❶[おさけ] ①술. ②청주(清酒). 정종. ❷[みき] 신주(神酒). 제주(祭酒).

⁴御中[おなか] 배. 뱃속. 위장.

²御中 ❷[おんちゅう] (편지에서) 귀중(貴中). ＊단체나 회사명 아래에 붙이는 말임.

御茶[おちゃ] ①차. tea. ②잠깐의 휴식.

御茶菓子[おちゃがし] 차에 곁들이는 과자.

御天気[おてんき] ①날씨. 일기. ②좋은 날씨. 날씨가 갬.

御宅[おたく] ①댁. ＊상대방의 '가정. 집'의 높임말. ②댁의 회사. ③댁의 바깥주인. ＊상대방 남편의 높임말.

御土産[おみやげ] ①여행 기념 선물. ②남의 집을 방문할 때의 선물.

御通夜[おつや] 상가(喪家)에서여 밤샘. ＊'通夜(つや)'의 공손한 말.

御八つ[おやつ] 오후의 간식.

御好み焼(き)[おこのみやき] 부침개.

御話中[おはなしちゅう] ①말씀 도중. 이야기 도중. ②(전화에서) 통화중.

御休み[おやすみ] ①잘 자라. 안녕히 주무십시오. ＊'御休みなさい(おやすみなさい)'의 준말. ②쉼. 잠을 잠. ③결근. 휴가. 휴업.

御姫様[おひめさま] 공주님.

音読

御する[ぎょする]〈サ変自〉곁에서 섬기다. 모시다. 〈サ変他〉①(말·차를) 부리다. ②(사람을) 부리다. 다루다. ③다스리다. 통치하다.

御苦労[ごくろう] ①수고. ②(비웃는 말로) 헛수고. 헛일.

御苦労様[ごくろうさま] 수고하십니다. 수고하셨습니다.

²御覧[ごらん] ①보심. ＊'見(み)る'의 높임말. ②보렴. 보아요.

御来光[ごらいこう] 높은 산에서 보는 장엄한 해돋이의 광경.

御利益[ごりやく] 신불(神仏)의 은혜·영험·혜택.

²御免[ごめん] ①면직(免職). ＊'免職(めんしょく)·免官(めんかん)'의 높임말. ②용서. ③(거절의 뜻으로) 사양함. 싫음. ④공인(公認). ＊'免許(めんきょ)'의 높임말.

²御無沙汰[ごぶさた] (오랫동안) 격조(隔阻)함. 무소식임.

御物[ぎょぶつ] 황실의 소장품.

⁴御飯[ごはん] 진지. 식사. 밥. ＊'飯(めし)·食事(しょくじ)'의 높임말.

御飯粒[ごはんつぶ] 밥알.

御飯蒸し[ごはんむし] 찜통.

²御用[ごよう] ①볼일. 용건. ②(궁중·관청의) 사무. ③(옛날) 어명(御名). 관명(官命)으로 범인을 체포함. ④어용; 권력자에게 아부하고 자주성이 없음.

御用納め[ごようおさめ] (관공서의) 종무식(終務式). ＊12월 28일 그 해의 일을 끝내는 일.

御用聞き[ごようきき] ①단골집 주문을 받으러 돌아다님. ②(江戸(えど) 시대에) 범인의 수사나 체포를 돕는 사람.

御用始め[ごようはじめ] (관공서의) 시무식 (始務式). *1월 4일 새해 처음으로 사무를 시작함.

御苑[ぎょえん] 어원; 황실 소유의 정원.

御意[ぎょい] ①존의(尊意). ②분부. 지시. 명령. ③말씀하신 대로.

御自身[ごじしん] (신분이 높은) 자신. 당사자.

御前❶[ごぜん] 어전; 천황将軍(しょうぐん)・大名(だいみょう)의 앞. ❷[おまえ] ①너. 자네. ②신불(神仏)이나 귀인의 앞. ❸[おんまえ] 어전; 신불(神仏)이나 귀인의 앞.

御殿[ごてん] ①궁전. 대궐. ②귀인의 저택. ③호화로운 저택.

²御馳走[ごちそう] ①진수성찬. 맛있는 음식. ②(후한) 대접.

²御馳走様[ごちそうさま] ①맛있게 잘 먹었습니다. ②기분 좋으시겠습니다. 잘 들었습니다. *남녀 간에 사이좋게 지내는 것을 보았거나 정사(情事) 이야기를 들었을 때의 놀림 말임.

御破算[ごはさん] ①(주산을 다시 시작할 때의) 떨기. ②지금까지 진행된 일을 백지화(白紙化)함.

御幣[ごへい] (神官이 사용하는) 흰 종이나 천을 꽂은 막대기. 신장(神将)대.

語　말씀 어

ⁱ ⁱ ⁱ 訁 訁 訳 語 語 語 語

音 ●ゴ

訓 ●かたらう ●かたる

訓読

●語らう[かたらう] 〈5他〉 ①(여럿이서) 말을 주고받다. 이야기하다. ②설득하여 끌어들이다. 규합하다. ③교제하다. ④사랑을 약속하다. 언약하다.

語らい[かたらい] ①(여럿이서) 대화함. 말을 주고받음. ②(남녀간의) 약속. 맹세.

²●語る[かたる] 〈5他〉 ①(들으려고 하는 사람에게 정리된 내용을) 이야기하다. 말하다. ②(어떤 사정을) 스스로 말하다. 잘 설명하다. ③(浄瑠璃(じょうるり)・浪曲(ろうきょく) 등에서) 가락을 붙여 읊다.

語り[かたり] ①대화. 이야기. ②(能(のう)・狂言(きょうげん)에서) 낭송(朗誦). ③(라디오・TV에서) 낭독. 해설.

語り継ぐ[かたりつぐ] 〈5他〉 말로 전해 내려가다. 구전(口伝)하다.

語り物[かたりもの] 가락을 붙여 악기에 맞추어 들려주는 이야기. *浄瑠璃(じょうるり)・浪花節(なにわぶし) 등을 말함.

語り手[かたりて] ①이야기꾼. ②낭독자. 해설자. 내레이터.

語り伝える[かたりつたえる] 〈下1他〉 이야기하여 전하다. 구전(口伝)하다.

語り草[かたりぐさ] 이야깃거리. 화젯거리.

語り合う[かたりあう] 〈5他〉 ①서로 이야기를 나누다. 대화를 하다. ②의논하다. 상의하다.

音読

²語[ご] ①말. 이야기. ②낱말. 단어. ③(하나의 언어 체계를 나타내는) …어.

語幹[ごかん] 어간; 용언에서 활용하지 않는 부분.

語感[ごかん] 어감; ①어떤 말이 지닌 독특한 느낌. ②말에 대한 감각.

ⁱ語句[ごく] 어구; 말의 구절(句節). 문장을 이루는 한 토막의 말.

語呂合(わ)せ[ごろあわせ] 속담이나 속어의 유사한 음(音)에 빗대어 뜻이 전혀 다른 말을 만듦. 말장난. 재담(才談).

語録[ごろく] 어록; 뛰어난 인물의 명언집.

語尾[ごび] 어미; ①말끝. ② 《語学》 활용 어미. ③낱말의 끝음절.

語法[ごほう] 어법; ①말의 법칙. 문법(文法). ②문장이나 언어의 표현 방법.

語釈[ごしゃく] 어석; 어구 해석.

語勢[ごせい] 어세; 어조(語調).

語順[ごじゅん] 어순; ①말이 글귀 가운데서 차지하는 위치나 순서. ②표제어의 배열순서.

ⁱ語原[ごげん] ☞ 語源

ⁱ語源[ごげん] 어원; 단어가 성립된 근원.

語意[ごい] 어의; 말의 뜻.

語義[ごぎ] 어의; 말의 뜻.

語調[ごちょう] 어조; 말투.

語族[ごぞく] 《語学》 어족.

語弊[ごへい] 어폐; 오해를 받기 쉬운 말. 말의 사용이 적절하지 못하여 생기는 폐단.

²語学[ごがく] 어학; ①언어학. ②외국어 학습.

語形[ごけい] 《語学》 어형; 언어의 형태.

語彙[ごい] 어휘; 어떤 범위에 사용되는 말의 총체.

於 어조사 어

音	⊗オ
訓	⊗おいて
	⊗おける

訓読
⊗於いて[おいて] ①(장소와 시간에 접속하여) …에 있어서. …에서. ②(사물·인물에) …에 관하여. …에 있어서. …으로.
⊗於ける[おける] ①(장소와 상태에 접속하여) …에 있어서. …의 경우에. …에서의. …중(中)의. ②…의 …에 대한 관계.

禦 막을 어

音	⊗ギョ
訓	⊗ふせぐ

訓読
⊗禦ぐ[ふせぐ] 〈5他〉 ①(적·도둑 등을) 막다. 방어하다. ②(재해 등을) 막다. 방지하다.
⊗禦ぎ[ふせぎ] 방어(防禦). 방지(防止).

[억]

抑 누를 억

一 丁 扌 扌 打 抑 抑

音	●ヨク
訓	●おさえる

訓読
²●抑える[おさえる] 〈下1他〉 ①(더 이상 확대되지 않도록) 억제하다. 진정시키다. ②(감정을) 참다. 억제하다. 죽이다. ③(요점을) 파악하다.
抑え[おさえ] 지배력. 통솔력. 통제력.
抑え付ける[おさえつける] 〈下1他〉 억누르다. 억압하다.

音読
抑留[よくりゅう] 억류; 자유를 구속하여 억지로 붙잡아 둠.
¹抑圧[よくあつ] 억압; 억누름. 억제함.
抑揚[よくよう] 억양; 음조나 말의 고저(高低)와 강약(強弱).
抑揚頓挫[よくようどんざ] 억양의 변화.
¹抑制[よくせい] 억제; 억눌러서 통제함.
抑止[よくし] 억지; 억눌러서 제지함.
抑止力[よくしりょく] 억지력.

億 억 억

亻 亻 价 侉 侉 億 億 億 億

音	●オク
訓	―

音読
²億[おく] (숫자의) 억; 1만의 1만 배.
億カン[おくカン] 골프 회원권의 시세가 1억 엔 이상의 골프 코스.
億ション[おくション] 평당(坪当) 1억 엔 단위 시세의 고급 맨션아파트.
億劫❶[おっくう] 귀찮음. 내키지 않음. ❷[おっこう] 억겁; ①대단히 긴 세월. ②대단히 수효가 많음. ③귀찮음.
億劫がる[おっくうがる] 〈5自〉 귀찮아하다.
億万[おくまん] 억만; 엄청나게 많음.
億万長者[おくまんちょうじゃ] 억만장자.
億兆[おくちょう] 억조; ①무한대로 큰 수. ②온 백성. 만민.

憶 생각할 억

忄 忄 忙 憒 悟 憶 憶 憶 憶

音	●オク
訓	―

音読
憶念[おくねん] 억념; 마음에 깊이 새겨 언제까지고 잊지 않음.
憶断[おくだん] 억단; 억측에 의한 판단.
憶想[おくそう] 억상; 제멋대로 상상함.
憶説[おくせつ] 억설; 근거와 이유가 없는 억측의 말.
憶測[おくそく] 억측; 지레짐작.

臆 가슴/뜻 억

音	⊗オク
訓	―

音読
臆する[おくする] 〈サ変自〉 (주눅이 들어) 겁내다. 주저주저하다. 두려워하다.
臆断[おくだん] 억단; 억측에 의한 판단.
¹臆病[おくびょう] 겁쟁이. 겁이 많음.
臆説[おくせつ] 억설; 근거와 이유가 없는 억측의 말.
臆測[おくそく] 억측; 지레짐작.

[언]

言 말씀 언

一 二 亖 亖 言 言 言

[音] ●ゲン ●ゴン
[訓] ●いう ●こと

訓読

⁴●**言う**[いう] 〈5自〉 ①말하다. 지껄이다. ②…(라고) 하다. 〈5自〉 소리가 나다. 소리가 들리다.

言いくるめる[いいくるめる] 〈下1他〉 (감언 이설로) 그럴 듯하게 속이다. 구슬리다. 말로 구워삶다.

言いそびれる[いいそびれる] 〈下1他〉 말할 기회를 놓쳐 말을 못하고 말다.

言(い)開き[いいひらき] 변명. 해명.

言い兼ねる[いいかねる] 〈下1他〉 (차마) 말을 할 수가 없다. 말하기가 거북하다.

言い継ぐ[いいつぐ] 〈5他〉 ①말을 잇다. 앞의 말에 이어서 말하다. ②말을 전하다. ③입으로 전해 내려오다.

言(い)掛(か)り[いいがかり] ①트집. 생트집. 시비. ②말을 꺼낸 전후 관계.

言い掛ける[いいかける] 〈下1他〉 ①말을 걸다. 말을 시작하다. ②말을 꺼내다. ③말을 하다가 말다. ④≪文学≫ (발음이 같음을 이용하여) 한 말을 두 가지 의미로 사용하다. 엇걸말을 쓰다.

言い交わす[いいかわす] 〈5他〉 ①말을 주고받다. ②(당사자끼리) 결혼을 약속하다.

言い捲る[いいまくる] 〈5他〉 (혼자서만) 마구 지껄여대다. 줄곧 떠들어대다.

言い寄る[いいよる] 〈5自〉 ①말을 걸며 접근하다. ②사랑을 호소하다. 구애(求愛)하다.

言い難し[いいがたし] 〈形〉 말하기 거북하다. 말할 수 없다. [いいにくい] 〈形〉 ①발음하기가 어렵다. ②말하기 거북하다.

言い逃れる[いいのがれる] 〈下1他〉 발뺌하다. 핑계를 대며 회피하다. 둘러대다.

言(い)渡し[いいわたし] 언도; ①명령. 통고. ② ≪法≫ 선고(宣告).

言い渡す[いいわたす] 〈5他〉 ①(구두로) 통고하다. 알리다. ②언도하다. 선고하다.

言い落とす[いいおとす] 〈5他〉 빠뜨리고 말하다. 할 말을 빠뜨리다.

言い漏らす[いいもらす] 〈5他〉 ①빠뜨리고 말하다. 할 말을 빠뜨리다. ②(비밀을) 누설하다.

言い立てる[いいたてる] 〈下1他〉 ①강조하다. 주장하다. 내세워 말하다. ②아뢰다. 여쭙다. 말씀드리다.

言い募る[いいつのる] 〈5他〉 (점점 더) 말을 심하게 하다. 말을 격하게 하다.

言い聞かせる[いいきかせる] 〈下1他〉 타이르다. 설득하다. 알아듣게 말하다.

言い返す[いいかえす] 〈5他〉 되풀이해 말하다. 〈5自〉 말대꾸하다. 말대답하다. 항변하다.

言い抜ける[いいぬける] 〈下1他〉 발뺌하다. 핑계를 대며 회피하다. 둘러대다.

言い方[いいかた] ①말투. 말씨. ②표현.

言い放つ[いいはなつ] 〈5他〉 ①함부로 말하다. 지껄이다. ②딱 잘라 말하다. 단언하다.

言い付かる[いいつかる] 〈5他〉 분부 받다. 지시받다. 명령을 받다.

言(い)付け[いいつけ] ①분부. 명령. ②고자질. 일러바침.

²**言い付ける**[いいつける] 〈下1他〉 ①분부하다. 명령하다. 시키다. ②고자질하다. 일러바치다. ③(늘) 입버릇처럼 말하다.

言い分[いいぶん] ①할말. 주장하고 싶은 말. ②불평. 불만.

言い捨てる[いいすてる] 〈下1他〉 ①(대꾸를 기대하지 않고) 말을 내뱉다. ②(連歌(れんが) 등에서) 즉흥적으로 읊기만 하고 종이에 기록하지 않다.

言い渋る[いいしぶる] 〈5他〉 말하기를 꺼리다. 말하기를 주저하다.

言(い)成り[いいなり] 하라는 대로.

言い損(な)う[いいそこなう] 〈5他〉 ①잘못 말하다. 틀리게 말하다. ②실언하다. ③할 말을 빠뜨리다.

言い習(わ)し[いいならわし] (옛날부터) 전승되어 온 말. 관습.

言い様❶[いいざま] 말투. 말하는 모양. ❷[いいよう] ①말씨. 말투. ②표현 방법.

¹**言い訳**[いいわけ] 변명. 구실. 핑계.

言い誤る[いいあやまる] 〈5他〉 잘못 말하다. 실언하다. 틀리게 말하다.

言い違える[いいちがえる] 〈下1他〉 잘못 말하다. 틀리게 말하다.

言い込める[いいこめる] 〈下1他〉 말로 꼼짝 못하게 하다. 설복시키다.

言い残す[いいのこす] 〈5他〉 ①할 말을 남기다. 할 말을 못 다하다. ②(떠나는 사람이) 당부해 두다. 말을 남기다.

言い張る[いいはる] 〈5他〉 주장하다. 우겨대다.

言い争う[いいあらそう] 〈5自他〉 언쟁하다. 말다툼하다. 입씨름하다.

言(い)伝え[いいつたえ] ①구전(口伝). ②전갈. 전언(伝言).

言い伝える[いいつたえる] 〈下1他〉 ①(후세에까지) 입으로 전하다. ②말로 전하다. 전언(伝言)하다.

言い切る[いいきる] 〈5他〉 ①잘라 말하다. 단언하다. ②말을 마치다. 말을 끝내다.

言い知れぬ[いいしれぬ] 무어라 표현할 수 없는. 말 못할.

言い直す[いいなおす] 〈5他〉 ①다시 말하다. ②말을 정정하다. 고쳐 말하다.

言い尽くす[いいつくす] 〈5他〉 죄다 말하다. 할 말을 다하다.

言い替える[いいかえる] 〈下1他〉 ①바꿔 말하다. 다시 말하다. ②달리 말하다. 딴 말을 하다.

言い草[いいぐさ] ①말투. ②화제. 이야깃거리. ③구실. 변명. 핑계. ④입버릇. 말버릇.

言い触らす[いいふらす] 〈5他〉 말을 퍼뜨리다. 소문내다.

²**言い出す**[いいだす] 〈5他〉 ①말을 꺼내다. ②입 밖에 내다. ③제안하다.

言い置く[いいおく] 〈5他〉 말해 두다. 말을 남기다.

言い通す[いいとおす] 〈5他〉 끝까지 주장하다. 끝까지 우겨대다.

言い表(わ)す[いいあらわす] 〈5他〉 말로 표현하다.

言い含める[いいふくめる] 〈下1他〉 ①알아듣게 말하다. 타이르다. ②미리 알리다. 미리 일러두다.

言(い)合い[いいあい] 말다툼. 언쟁. 시비.

言い合う[いいあう] 〈5自他〉 ①(여러 사람이) 서로 말하다. 말을 주고받다. ②말다툼하다. 언쟁하다. 시비하다.

言い換え[いいかえ] 바꿔 말함.

言い換える[いいかえる] 〈下1他〉 ①바꿔 말하다. 다시 말하다. ②달리 말하다. 딴 말을 하다.

言(い)回し[いいまわし] 말솜씨. 말주변.

●**言**[こと] ①말. 이야기. ¶~を食(は)む 식언하다. 약속을 어기다. ②〈接尾語〉 말. 마디. ¶ひと~ 말 한 마디.

¹**言葉**[ことば] ①말. 언어. ②낱말. 단어. 문장. ③말씨. 말투. ④(소설·희곡에서) 회화 부분. ⑤(가극·연극에서) 해설. 낭독.

言葉遣い[ことばづかい] 말투. 말씨.

言伝[ことづて] ①전해 들음. 얻어 들음. 전문(伝聞). ②전갈. 전언(伝言).

言及[げんきゅう] 언급; 어떤 일에 대해 말함.

言動[げんどう] 언동; 말과 행동.

¹**言論**[げんろん] 언론; 말과 글로 사상을 발표하여 논의함.

言明[げんめい] 언명; 말로써 자신의 의사를 분명히 나타냄.

言辞[げんじ] 언사; 말. 말씨.

言上書[ごんじょうしょ] (신분이 높은 사람에게 제출하는) 품의서(稟議書).

²**言語**[げんご] 언어; 말.

言語障害[げんごしょうがい] 언어장애.

言語道断[ごんごどうだん] 언어도단; ①어처구니가 없어 말이 막힘. ②《仏》 깊은 진리.

言外[げんがい] 언외; 말에 나타난 뜻의 밖.

言容[げんよう] 언용; 말씨와 용모.

言質[げんち/げんしつ] 언질; 나중에 증거가 될 약속의 말.

言下に[げんかに/ごんかに] 말이 끝나자마자. 일언지하(一言之下)에.

言行[げんこう] 언행; 말과 행동.

彦(彥) 선비 언   音 ⊗ゲン   訓 ⊗ひこ

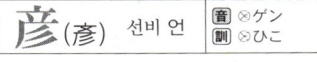

訓読

⊗**彦**[ひこ] 남자의 미칭(美称). ＊오늘날에는 남자의 이름에 많이 사용함.

彦星[ひこぼし] 《天》 견우성(牽牛星).

諺˟(諺) 속담 언   音 ⊗ゲン   訓 ⊗ことわざ

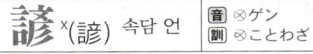

訓読

²⊗**諺**[ことわざ] 속담.

音読

諺語[げんご] 언어; ①속어(俗語). ②속담.

諺語辞典[げんごじてん] 속담 사전.

[엄]

厳(嚴) 엄할/혹독할 엄

[`] 尸 尸 严 严 严 嚴 厳 厳 厳

音 ●ゲン ●ゴン
訓 ●おごそか ●きびしい ⊗いかつい ⊗いかめしい

訓読
¹●厳か[おごそか]〈形動〉엄숙함.
³●厳しい[きびしい]〈形〉①엄하다. 엄격하다. ②(길·산 등이) 험하다. ③(정도가) 심하다. 호되다. 혹독하다. ④냉엄하다.
⊗厳つい[いかつい]〈形〉엄격해 보이다.
⊗厳めしい[いかめしい]〈形〉①위엄이 있다. 엄숙하다. ②삼엄하다.

音読
厳格[げんかく] 엄격; 엄숙하고 딱딱함.
厳戒[げんかい] 엄계; 엄중히 경계함.
厳禁[げんきん] 엄금; 엄중히 금함.
厳冬[げんとう] 엄동; 혹독한 추위의 겨울.
厳命[げんめい] 엄명; 엄한 명령.
厳密[げんみつ] 엄밀; 엄격하고 자세함.
厳罰[げんばつ] 엄벌; 엄한 벌.
厳選[げんせん] 엄선; 엄격하게 가려냄.
厳粛[げんしゅく] 엄숙; ①장엄하고 정숙함. ②엄연함. 당연함.
厳然[げんぜん] 엄연; 엄격하고 근엄함.
厳正[げんせい] 엄정; 엄격하게 공정함.
²厳重[げんじゅう] 엄중; 엄격하고 신중함.
厳寒[げんかん] 엄한; 혹독한 추위.

俺 나 엄/암
音 ⊗エン
訓 ⊗おれ

訓読
¹●俺[おれ] 나. 내. ＊남자 용어임. ¶～お前[まえ]の間柄[あいだがら] 너나 하는 사이.
俺等[おれら] ①우리. ②우리들.

掩 덮을 엄
音 ⊗エン
訓 ⊗おおう

訓読
⊗掩う[おおう]〈他〉①덮다. 씌우다. ②가리다. 은폐하다. 숨기다. 싸서 감추다.

[업]

業 업 업

[`] 業 業 業 業 業 業 業 業 業 業

音 ●ギョウ ●ゴウ
訓 ●わざ

訓読
●業❶[わざ] ①행위. 소행. ②일. 업무.
❷[ぎょう/ごう] ☞ [音読]

音読
²業❶[ぎょう] ①직업. ②학문. 기예. ③업무. 사업. ❷[ごう] ≪仏≫ 업; ①악업(悪業). ②업보(業報). ❸[わざ] ☞ [訓読]
¹業務[ぎょうむ] 업무; 직업이나 사업 등에 관해서 계속하여 행하는 일.
¹業者[ぎょうしゃ] 업자; ①기업가. 상공인. ②동업자.
¹業績[ぎょうせき] 업적; 실적(実績). 사업이나 학술연구에서 획득한 성과.
業種[ぎょうしゅ] 업종; ①상업·공업 등의 사업의 종류. ②업무의 종류.

[여]

与(與) 줄/편들 여

一 与 与 与

音 ●ヨ
訓 ●あたえる ⊗あずかる ⊗くみする

訓読
²●与える[あたえる]〈下1他〉①(자기의 소유물을 손아랫사람에게) 내려 주다. 수여하다. ②(상대방의 유익이 되는 것을) 제공하다. ③(숙제·책임·역할을) 내주다. 부여하다. ④(영향을) 끼치다. 주다.
⊗与る[あずかる]〈5自〉①관여하다. ②(남의 호의·친절을) 받다. ③한패에 끼이다.
⊗与する[くみする]〈サ変自〉①가담하다. 한패가 되다. ②편들다. 가세하다.

音読
与件[よけん] 여건; 주어진 조건.
与国[よこく] 여국; 동맹국.

¹与党[よとう] ①여당; 행정부의 편을 들어 그 정책을 지지하는 정당. ②패거리. 도당(徒党).

与野党[よやとう] 여야당; 여당과 야당.

与奪[よだつ] 여탈; 주는 일과 빼앗는 일.

与太者[よたもの] ①건달. 불량배. ②게으름뱅이. ③바보. 못난이.

如　같을/어찌 여

　　　　　 ㇄　女　女　如　如　如

音 ●ジョ　⊖ニョ

訓 ⊗ごとし　⊗ごとき　●ごとく

訓読

⊗**如し**[ごとし] (흔히 '체언+の〜', '체언+が〜'의 문형으로) ①…같다. …비슷하다. ②…인 것 같다. ③…와 같다.

⊗**如き**[ごとき] (조동사 如(ごと)し의 연체형으로) …와 같은. …듯한.

⊗**如く❶**[ごとく] (조동사 如(ごと)し의 연용형으로) …와 같이. …처럼. …듯이. **❷**[しく] 〈5自〉 필적하다. 보다 더 낫다. 보다 더 좋다.

音読

如露[じょろ] 물뿌리개.

如雨露[じょうろ] 조로. 물뿌리개.

如意[にょい] 여의; 뜻대로 됨.

如才[じょさい] 빈틈. 소홀함.

如才無い[じょさいない] 〈形〉 싹싹하다. 재치가 있다. 눈치가 빠르다.

余(餘)　남을 여

　　　　　 ノ　人　㇒　ㇲ　今　余　余

音 ●ヨ

訓 ●あます　●あまる

訓読

●**余す**[あます] 〈5他〉 남기다. 남게 하다. 남겨 두다.

²●**余る**[あまる] 〈5自〉 ①(사용하고도 여분으로) 남다. ②(수량이) 넘다. …이상이다. ③벅차다. 버겁다. 과분하다.

²**余り**[あまり] ①나머지. 남은 것. 여분. ②우수리. ③너무함. ④〈接尾語〉 남짓. 더 됨. ⑤(부정문에서) 그다지. 그리.

余りにも[あまりにも] 너무나도. 지나치게.

余り物[あまりもの] 나머지. 남은 것. 여분의 것. 불필요한 것.

余り有る[あまりある] ①…하고도 남음이 있다. 여분이 있다. ②이루 …할 수 없다.

音読

余[よ] 여; ①남짓. ②그 밖. 그 외의.

¹余暇[よか] 여가; 짬. 틈.

²余計[よけい] 〈形動〉 ①여분. 여벌. ②(정도가 지나쳐) 쓸데없음. 부질없음. ③〈副〉 더욱. 더 한층. 더 많이.

余念[よねん] 여념; 딴 생각.

余談[よだん] 여담; 용건 밖의 이야기.

余力[よりょく] 여력; 남은 힘.

余命[よめい] 여명; 여생.

余白[よはく] 여백; 글씨를 쓰고 남은 빈자리.

²余分[よぶん] 여분; ①나머지. ②필요 이상임. 덤.

余生[よせい] 여생; 남은 목숨. 앞으로의 생애.

余勢[よせい] 여세; 어떤 일이 끝난 뒤의 나머지 세력.

²余所[よそ] ①딴 곳. 타관. 객지. 먼 곳. ②남. 남의 집. ③¶〜にする 소홀히 하다.

¹余所見[よそみ] ①곁눈질. 한눈을 팖. ②남이 봄. 남보기. 남의 눈.

余所目[よそめ] ①남의 눈. 남이 봄. 남보기. ②곁눈질. 한눈을 팖. ¶…を〜に …을 아랑곳하지 않고.

余熱[よねつ] 여열; ①식지 않고 남은 열기. ②잔서(残暑).

余韻[よいん] 여운; ①소리가 난 다음에 남는 음향. ②(詩文에서) 가시지 아니한 운치. ③뒷맛.

²余裕[よゆう] 여유; 넉넉하고 여유가 있음.

余儀無い[よぎない] 〈形〉 어쩔 수 없다. 하는 수 없다. 부득이하다.

余人[よじん] 남. 타인. 다른 사람.

余剰[よじょう] 여잉; 잉여(剰余).

¹余程[よほど] ①무척. 상당히. 어지간히. ②정말이지. 큰 맘 먹고.

¹余地[よち] 여지; ①남은 땅. 여분의 토지. ②여유.

余震[よしん] 여진; 대지진 뒤에 잇달아 발생하는 작은 지진.

余波[よは] 여파; ①바람이 잔 뒤에도 아직 이는 파도. ②주위나 후세에 미치는 영향.

¹余興[よきょう] 여흥; ①놀이 끝에 남아 있는 흥. ②연회 끝에 흥을 돋우는 연예.

<table>
<tr><td>

茹 데칠 여

</td><td>

音 ⊗ジョ
訓 ⊗ゆだる
　　⊗ゆでる

</td></tr>
</table>

訓読

⊗茹だる[ゆだる] 〈5自〉 삶아지다. 데쳐지다.
[2] ⊗茹でる[ゆでる] 〈下1他〉 ①삶다. 데치다.
②(부은 곳을) 열탕으로 찜질하다.
茹で栗[ゆでぐり] 삶은 밤.
茹で上がる[ゆであがる] 〈5自〉 완전히 삶아지다. 완전히 데쳐지다.
茹で卵[ゆでたまご] 삶은 계란.

<table>
<tr><td>

輿 가마 여

</td><td>

音 ⊗ヨ
訓 ⊗こし

</td></tr>
</table>

訓読

⊗輿[こし] ①가마. ②신체(神体)를 모신 가마.
輿入れ[こしいれ] 시집감. 출가(出嫁).

音読

[1] 輿論[よろん] 여론; 세상 사람들의 공통된 의견.
輿望[よぼう] 여망; 많은 사람의 기대.

역

<table>
<tr><td>

役 부릴/일 역

</td></tr>
</table>

ノ　ク　彳　彳　彳　役　役

音 ●エキ　●ヤク
訓 ―

音読

役❶[えき] ①(옛날 백성에게 부과한) 부역. 강제 노동. ②전역(戦役). 전쟁. 싸움.
[2] 役❷[やく] ①직무. 임무. ②(연극 등에서의) 역. 배역(配役). ③역할. 구실. ④(마작·트럼프·화투 등에서) 약속에 따라 정해진 패를 모으는 법. 약(約).
[2] 役立つ[やくだつ] 〈5自〉 도움이 되다. 쓸모가 있다. 유용하다.
[1] 役に立つ[やくにたつ] 〈5自〉 도움이 되다. 쓸모가 있다. 유용하다.
役立てる[やくだてる] 〈下1他〉 유용하게 쓰다. 쓸모 있게 하다.

[2] 役目[やくめ] 역할. 임무. 직무. 직책.
役柄[やくがら] ①직무의 성질. ②직책상의 체면. 직책을 맡은 신분. ③(연극에서) 유형별로 분류한 등장인물.
役付き[やくづき] (단체의) 중역(重役).
[2] 役所❶[やくしょ] 관공서. 관청.
役所❷[やくどころ] ①주어진 역할·임무. ②(그 사람에게) 알맞은 직무·역할·배역.
役員[やくいん] ①(회사·단체의) 중역(重役). ②(모임·행사 때의) 임원(任員).
[2] 役人[やくにん] 관리. 공무원.
[2] 役者[やくしゃ] ①배우(俳優). ②일꾼. 인물.
[1] 役場[やくば] ①(町(ちょう)·村(そん) 등의 지방 자치 단체의) 사무소. *한국의 '면(面)·동(洞) 사무소'에 해당함. ②공증인·집달관 등의 사무소.
[1] 役職[やくしょく] ①지위와 그 임무. 직무. ②(조직·단체의) 관리직.
[2] 役割[やくわり] 역할; 임무.
役回り[やくまわり] 직무. 임무. 역할.

<table>
<tr><td>

易
①바꿀 역
②쉬울 이

</td></tr>
</table>

｜　冂　日　目　易　易　易

音 ●イ　●エキ
訓 ●やさしい　⊗やすい

訓読

[4] ●易しい[やさしい] 〈形〉 쉽다. 용이하다. 간단하다.
⊗易い[やすい] 〈形〉 ①쉽다. 간단하다. ②(동사 ます형에 접속하여) …하기 쉽다.

音読

易者[えきしゃ] 역자; 점쟁이.

<table>
<tr><td>

逆(逆) 거스를 역

</td></tr>
</table>

ヽ　ソ　ソ　半　屰　屰　逆　逆

音 ●ギャク　⊗ゲキ
訓 ●さか　●さからう　⊗のぼ

訓読

[2] ●逆さ[さかさ] 거꾸로 됨. 반대로 됨.
逆しま[さかしま] ①거꾸로 됨. 역으로 됨. ②도리에 어긋남.
逆ねじ[さかねじ] ①(나사 등을) 거꾸로 비틂. ②(비난·항의 등을) 되받아 반박함. 역공세로 나옴.

²●逆らう[さからう] 〈5自〉 ①역행하다. ②거스르다. 역행하다. 반항하다.

逆巻く[さかまく] 〈5自〉 ①(파도가 흐름을 거슬러 치다. ②(불길·연기 등이) 세차게 솟아오르다. 용솟음치다.

²逆立ち[さかだち] ①물구나무서기. 거꾸로 섬. ②힘껏 함. ③(사물의) 아래위가 거꾸로 되어 있음.

逆立つ[さかだつ] 〈5自〉 ①거꾸로 서다. 물구나무서다. ②곤두서다.

逆立てる[さかだてる] 〈下1他〉 거꾸로 세우다. 곤두세우다.

逆夢[さかゆめ] 역몽; 현실과 반대되는 악몽.

逆撫で[さかなで] ①(수염·머리카락을) 거슬러 쓰다듬음. ②(비위 등을) 일부러 거스름. 자극함.

逆手[さかて] ①(칼의) 날이 자기 쪽으로 오게 쥠. 돌려 쥠. ②(철봉에서) 손을 밑으로 돌려 손바닥이 자기 쪽으로 오게 쥠. ❷[ぎゃくて] ①(유도에서) 관절꺾기. ②(씨름에서) 반칙. ③역이용. 역습. ④(물건을 잡을 때) 거꾸로 잡기.

²逆様[さかさま] 거꾸로 됨. 반대로 됨.

逆波[さかなみ] 역랑(逆浪). 거슬러 치는 파도.

音読

²逆[ぎゃく] 역; ①거꾸로임. 반대임. ②《論》 역정리(逆定理).

逆コース[ぎゃくコース] 역코스; ①거꾸로의 진행 방향. ②역사의 발전에 역행하는 움직임. ③정치의 반동화. ④사회의 복고 풍조.

逆ざや[ぎゃくざや] ①중앙은행의 공정 할인율이 시중은행의 할인율을 웃돎. 또는 그 차액. ②생산자 쌀값이 소비자 쌀값을 웃돎.

逆に[ぎゃくに] 역으로. 거꾸로. 반대로.

逆境[ぎゃっきょう] 역경; 뜻대로 되지 않는 경우. 고통이 많이 따르는 경우.

逆光[ぎゃっこう] 역광; 물체의 배후에서 비치는 광선.

逆光線[ぎゃっこうせん] 역광선.

逆戻り[ぎゃくもどり] 제자리로 돌아감. 환원(還元).

逆流[ぎゃくりゅう] 역류; 물이 거슬러 흐름.

逆比例[ぎゃくひれい] 역비례; 반비례.

逆算[ぎゃくさん] 역산; 거꾸로 하는 계산.

逆上[ぎゃくじょう] 몹시 흥분함. 발끈함.

逆宣伝[ぎゃくせんでん] 역선전; 반대의 입장에서 상대에게 불리하도록 선전함.

逆説[ぎゃくせつ] 역설; 패러독스.

逆送[ぎゃくそう] 역송; ①되돌려 코냄. 반송(返送). ②《法》 반송.

逆輸入[ぎゃくゆにゅう] 역수입.

逆輸出[ぎゃくゆしゅつ] 역수출.

逆襲[ぎゃくしゅう] 역습; 방어의 입장에서 반대로 공격에 나섬.

逆用[ぎゃくよう] 역용; 역이용.

逆賊[ぎゃくぞく] 역적; 반역하는 무리.

¹逆転[ぎゃくてん] 역전; ①반대로의 회전. U턴. ②(순위·형세 등이) 뒤집힘.

逆潮[ぎゃくちょう] 역조; 바람이나 배의 진행 방향과 반대로 흐르는 조류.

逆調[ぎゃくちょう] 역조; 일의 진척이 나쁜 방향으로 향하는 배.

逆風[ぎゃくふう] 역풍; 맞바람.

逆行[ぎゃっこう] 역행; 거슬러 나아감.

逆効果[ぎゃくこうか/ぎゃっこうか] 역효과; 정반대의 효과.

疫   병들 역

` 广 广 广 疒 疒 疒 疠 疫 疫 `

音 ●エキ ●ヤク
訓 ―

音読

疫痢[えきり] 역리; 급성 전염성 설사병의 총칭.

疫病[えきびょう] 역병; 악성 유행병. 돌림병. 전염병.

疫病神[やくびょうがみ] ①역귀(疫鬼). ②(그 사람이 오면 좋지 않은 일이 일어난다는) 돌림쟁이.

疫神[えきじん] 역신; 역귀(疫鬼).

疫学[えきがく] 《医》 역학.

域   지경/구역 역

` 十 士 圹 圹 圹 垆 垆 域 域 域 `

音 ●イキ
訓 ―

音読

域[いき] ①어떤 특정 지역. ②어떤 특정 범위. 단계. 경지.

域内[いきない] 역내; 구역 안. 범위 안.

域外[いきがい] 역외; 구역 밖. 범위 밖.

訳(譯) 통역할 역

言 言 言 言 言 計 訳 訳

音 ●ヤク
訓 ●わけ

訓読

²●訳❶[わけ] ①사리. 도리. 이치. ②까닭. 이유. 사정. ③깊은 속사정. 꿍꿍이. 남녀간의 사정. ❷[やく] ☞ [音読]
訳ない[わけない] 〈形〉 손쉽다. 간단하다. 수월하다. 문제없다.
訳無い[わけない] 〈形〉 손쉽다. 간단하다. 수월하다. 문제없다.
訳柄[わけがら] 까닭. 사정. 이유.

音読

²訳❶[やく] ①번역. ②알기 쉽게 옮김. ❷[わけ] ☞ [訓読]
²訳す[やくす] 〈5他〉 ☞ 訳する
²訳する[やくする] 〈サ変他〉 ①번역하다. ②알기 쉽게 현대문으로) 옮기다.
訳文[やくぶん] 역문; 번역문.
訳書[やくしょ] 역서; 번역한 책.
訳述[やくじゅつ] 역술; ①번역하여 내용을 말함. ②번역하여 저술함.
訳語[やくご] 역어; 번역어.
訳者[やくしゃ] 역자; 번역자. 번역한 사람.
訳注[やくちゅう] 역주; ①번역과 그 주석. ②번역자가 다는 주석.
訳解[やっかい/やくかい] 역해; ①번역과 해석. ②번역하여 해설함.

駅(驛) 역마/정거장 역

厂 F FF 馬 馬 馬' 馬T 馿 駅

音 ●エキ
訓 ―

音読

⁴駅[えき] ①역; 정거장. ②역참(駅站). 역관(駅館).
駅弁[えきべん] 역에서 파는 도시락.
駅舎[えきしゃ] 역사; 정거장 건물.
駅員[えきいん] 역원; 역의 직원.
駅長[えきちょう] 역장; 역의 우두머리.
駅伝[えきでん] 역전; ①역마 제도. ②역에서 역으로 사람·짐을 운송함.
駅伝競争[えきでんきょうそう] 역전 경주.

延(延) 끌/늘일 연

ㅡ 丿 千 千 正 ᠌正 延 延

音 ●エン
訓 ●のばす ●のびる ●のべる

訓読

²●延ばす[のばす] 〈5他〉 ①(날짜 등을) 늦추다. 연기하다. 연장시키다. 끌다. 지연시키다. ②(액체를) 묽게 하다. 희석시키다. ③때려눕히다.
²●延びる[のびる] 〈上1自〉 ①(날짜 등이) 연기되다. 연장되다. 늦어지다. 미루어지다. ②(길이·굵기 등이) 늘어나다. 붇다. ③(액체가) 잘 퍼지다. ④(피로·타격으로) 녹초가 되다. 뻗다.
延び[のび] 길게 늘어짐. 길게 퍼짐.
延び延び[のびのび] (날짜가) 자꾸 지연됨. 늦어짐.
●延べる[のべる] 〈下1他〉 ①(접어서 포개 놓은 것을) 펴다. ②(손·다리를) 뻗치다. ③(길게) 늘이다. ④(날짜 등을) 늦추다. 연기하다.
¹延べ[のべ] ①(금·은 등을) 두드려서 늘임. ②총계. 연. ③연장(延長). ④일종의 선물 거래(先物去来).
延(べ)面積[のべめんせき] 연면적; 총 면적.
延(べ)払い[のべばらい] 연불; 대금 지불 날짜를 연기함.
延(べ)人数[のべにんずう] 연인원; 총 인원.
延(べ)人員[のべじんいん] 연인원; 총 인원.
延(べ)坪[のべつぼ] ①연건평(延建坪). ②연평수(延坪数). 총 평수.

音読

²延期[えんき] 연기; 기한을 물려서 늘림.
延納[えんのう] 연납; 기한이 지나서 납부함.
延命[えんめい] 연명; 목숨을 이어감.
延焼[えんしょう] 연소; 불길이 번짐.
延引[えんいん] (예정보다) 늦어짐.
²延長[えんちょう] 연장; ①(시간·날짜를) 길게 늘임. ②합한 길이. 뻗친 길이. ③(같은 범위에 드는) 연장.
延着[えんちゃく] 연착; 예정 시각보다 늦게 도착함.
延滞[えんたい] 연체; 늦추어 지체함.

沿(沿)　물 따라갈/따를 연

`丶丶氵氵氵沁沿沿

音 ◉エン
訓 ◉そう

訓読

²◉沿う[そう] 〈5自〉 ①…을 따라서 가다. ¶川(かわ)に～道(みち) 강을 따라가는 길. ②(어떤 방침을) 따르다. 좇다. ¶方針(ほうしん)に～ 방침에 따르다.

沿い[ぞい] 〈接尾語〉 …따라. …가. ¶川(かわ)～の道(みち) 강을 따라가는 길. ¶線路(せんろ)～に行(い)く 철길을 따라 가다.

音読

沿道[えんどう] 연도; 도로를 따라 있는 길.
沿路[えんろ] 연로; 연도(沿道).
¹沿線[えんせん] 연선; 철로를 따라 있는 땅.
¹沿岸[えんがん] 연안; 바다·호수·강 등을 따라 있는 육지 부분.
沿海[えんかい] 연해; ①해안 일대의 육지. ②육지와 가까운 바다. 근해(近海).
沿革[えんかく] 연혁; 변천하여 온 내력.

研(研)　갈/연구할 연

`丁丆石石石石研研

音 ◉ケン
訓 ◉とぐ ⊗みがく

訓読

¹◉研ぐ[とぐ] 〈5他〉 ①(날붙이 등을) 갈다. ②(거울 등을) 문질러 윤을 내다.

音読

³研究[けんきゅう] 연구; 사물을 상세히 조사하고 깊이 생각하여 사실이나 진리 등을 밝히는 일. 또는 그 내용.
³研究室[けんきゅうしつ] 연구실.
研摩[けんま] 연마; ①칼이나 보석 등을 갈고 닦음. ②학문이나 기술을 갈고 닦음.
研磨[けんま] 연마; ①칼이나 보석 등을 갈고 닦음. ②학문이나 기술을 갈고 닦음.
²研修[けんしゅう] 연수; 직무상 필요로 하는 지식이나 기능을 높이기 위해 일정 기간 특별히 공부나 실습을 하는 일. 또는 그 때 행해지는 강습.
研学[けんがく] 연학; 학문을 연구함.

宴　잔치 연

`丶宀宀宵宵宴宴宴宴

音 ◉エン
訓 ⊗うたげ

訓読

⊗宴❶[うたげ] 《雅》 연회(宴会). 주연(酒宴). ❷[エン] ☞ [音読]

音読

宴❶[エン] 연회. 잔치. 향연(饗宴). ❷[うたげ] ☞ [訓読]
宴席[えんせき] 연석; 연회석.
宴遊[えんゆう] 연유; 잔치를 하며 놂.
²宴会[えんかい] 연회; 잔치. 향연.

軟　연할 연

`一一一一一一車車車軟軟

音 ◉ナン
訓 ◉やわらか ◉やわらかい

訓読

◉軟らか[やわらか] 〈形動〉 ①부드러움. 폭신함. ②딱딱하지 않고 유연함. 나긋나긋함. ③원만함. 온화함.
²◉軟らかい[やわらかい] 〈形〉 ①부드럽다. ②푹신푹신하다. ③말랑말랑하다. ④나긋나긋하다. ⑤원만하다. ⑥(가파르지 않고) 완만하다. ⑦격식을 차리지 않는다.

音読

軟膏[なんこう] 《医》 연고.
軟性[なんせい] 연성; 부드러운 성질.
軟水[なんすい] 연수; 단물.
軟式[なんしき] 연식; ①부드러운 재료를 쓰는 방식. ②(야구·정구·탁구에서) 연구(軟球)를 쓰는 방식.
軟弱[なんじゃく] 연약; ①부드럽고 약함. ②(태도나 의지가) 나약함.
軟質[なんしつ] 연질; 부드러운 성질.
軟派[なんぱ] 연파; ①(주의·주장이 약한) 온건파. ②(신문·잡지의) 문화부·사회부 기자.
軟化[なんか] 연화; ①(물건의 성질이) 부드러워짐. 부드럽게 함. ②(주장태도가) 누그러짐. 누그러뜨림. ③시세가 하락세(下落勢)임. ④셈물을 단물로 바꿈.

然　그럴 연

夕 夕 夕- 烌 狄 狄 狄 然 然 然

音 ●ゼン ●ネン
訓 ⊗そう ⊗しかし

訓読
⊗然う[そう] ①〈副〉 그렇게. 그런. 그리.
　②〈感〉 그래. 정말.
⊗然し[しかし] 그러나. 그렇지만. 하지만.

音読
然諾[ぜんだく] 연낙; 승낙.
●自然[しぜん] 天然[てんねん]

煙(煙)　연기 연

火 灯 灯 炉 烟 烟 煙 煙 煙

音 ●エン
訓 ●けむり ●けむい ●けむる

訓読
²●煙[けむり] 연기.
²●煙い[けむい]〈形〉(연기가 나서) 냅다.
¹煙たい[けむたい]〈形〉①(연기가 나서) 냅
　다. ②거북하다. 어렵다.
煙たがる[けむたがる]〈5自〉①(연기로) 내
　워하다. ②거북하게 여기다. 어려워하다.
¹●煙る[けむる]〈5自〉①(몹시) 연기가 나
　다. 연기가 자욱하다. ②흐려 보이다.

音読
煙管❶[えんかん] 연기통. 굴뚝. ❷[キセ
　ル] ①담뱃대. 곰방대. ②(발차·도착역
　에 가까운 차표만 갖고 타는) 부정 승차
　(乗車).
²煙突[えんとつ] ①굴뚝. ②택시가 미터기를
　작동하지 않고 달려 요금을 속임.
煙幕[えんまく] 연막; 자기편의 행동을 숨
　기기 위한 인공 연기.
煙霧[えんむ] 연무; ①연기와 안개. ②매
　연. 스모그.
⁴煙草[★たばこ] 담배.
煙草盆[★たばこぼん] 담배함.
煙草銭[★たばこせん] ①담뱃값. ②약간의
　돈. ③약간의 사례금.
煙霞[えんか] 연하; ①연기와 안개. ②안개
　가 낀 듯한 산수의 아름다운 경치.

鉛(鉛)　납 연

人 스 ム 牟 金 金 釩 釦 釦 鉛 鉛

音 ●エン
訓 ●なまり

訓読
¹●鉛[なまり]《化》납.
鉛ガラス[なまりガラス] 납유리.
鉛色[なまりいろ] 납빛. 회색. 잿빛.
鉛中毒[なまりちゅうどく] 연중독; 납중독.

音読
鉛管[えんかん] 연관; 납으로 된 관.
鉛直[えんちょく]　연직; ①직각인 방향.
　②《物》 중력(重力)의 방향.
鉛版[えんばん]《印》 연판.
⁴鉛筆[えんぴつ] 연필.

演　넓힐/연습할 연

氵 氵 氵 泞 済 済 演 演 演 演

音 ●エン
訓 ―

音読
¹演じる[えんじる]〈上1他〉⇨ 演ずる
¹演ずる[えんずる]〈サ変他〉①(연극·영화에
　서) 배역을 맡다. ②(실수·잘못을) 저지
　르다. ③진술하다.
演歌[えんか] 연가; 일본의 대중가요의 한
　분야. 애조를 띤 가요곡.
演歌師[えんかし] 거리에서 演歌(えんか)를 부
　르며 노래책을 팔던 사람.
²演劇[えんげき] 연극; 드라마.
²演技[えんぎ] 연기; ①관객에게 예능의 재
　주를 보임. ②겉으로 꾸민 짓.
演壇[えんだん] 연단; 강연·연설 등을 하
　는 사람이 올라서는 단.
演武[えんぶ] 연무; ①무예를 연습함. ②무
　술을 행함.
演舞[えんぶ] 연무; ①춤을 연습함. ②춤을
　추어 관중에게 보임.
演算[えんざん] 연산; 계산.
²演説[えんぜつ] 연설; 많은 사람 앞에서 자
　신의 주장·의견을 말함.
²演習[えんしゅう] ①연습(練習). ②세미나.

演繹[えんえき] 연역; ①어떤 전제(前提)에서 논리적으로 올바른 추론을 거듭하여 결론을 이끌어냄. ②차츰 넓혀가며 의의(意義)를 부연해 진술함.

演芸[えんげい] 연예; 대중 앞에서 예능을 연출하여 보임.

演題[えんだい] 연제; 연설·강연의 제목.

²演奏[えんそう] 연주; 대중 앞에서 악기로 음악을 들려줌.

演奏会[えんそうかい] 연주회.

¹演出[えんしゅつ] 연출; 각본이나 시나리오를 기초로 하여 연기·장치·조명·음악 등 각종 표현 요소를 종합하여 지도하는 일.

縁 (緣) 인연 연

糸 糸 糸 糸 糸 糸 糸 糸 糸

[音] ●エン ●ネン
[訓] ●ふち ⊗へり ⊗ゆかり ⊗よる

訓読

²●縁❶[ふち] 가장자리. 테두리. 둘레. 테. ¶眼鏡(めがね)の〜 안경 테.

¹⊗縁❷[へり] ①(바다·강·호수·굴 등의) 가장자리. 언저리. 가. ②(물건의) 가장자리. ③가에 두르는 천. 가선 ❸[ゆかり] 연고. 관계. ❹[えにし] (남녀간의) 연분. 인연. ❺[よすが] ①연고. ②방편. 실마리. ③의지할 친척. ❻[えん] ☞ [音読]

音読

¹縁❶[えん] 연; ①(운명적인) 인연. 연분. ②(사물과의) 관계. 인연. 계기. ③(부부·친족간의) 인연. 연분. ④툇마루. ❷[ふち/へり/ゆかり/えにし/よすが] ☞ [訓読]

縁結び[えんむすび] ①부부의 인연을 맺음. 부부가 됨. ②사모하는 사람의 이름을 쓴 쪽지를 神社(じんじゃ)나 절의 문살 또는 나무에 매어 소원이 이루어지도록 비는 일.

縁故[えんこ] 연고; ①관계. ②인척 관계. 혈연. 연고자. ③까닭. 이유.

縁起[えんぎ] ①(길흉의) 운수. 재수. ②(사물의) 기원. 유래. ③ ≪仏≫ 일의 기원. 유래.

縁起物[えんぎもの] ①재수를 비는 물건. ＊부적·복조리·오뚝이·손짓하는 인형. ②神社(じんじゃ)나 절(寺).

縁談[えんだん] 혼담(婚談).

縁台[えんだい] 길쭉한 걸상. 평상.

縁付く[えんづく] 〈5自〉 ①시집가다. 출가하다. ②장가들다.

縁先[えんさき] ①마루 끝. 툇마루 끝. ②마루 앞. 툇마루 앞. ③시가(媤家). 사돈집.

縁続き[えんつづき] ①친척. 인척. 친척뻘. ②툇마루로 연결됨.

縁語[えんご] 和歌(わか)에서 서로 연관되는 단어를 사용하여 표현 효과를 올리는 기법.

縁遠い[えんどおい] 〈形〉 ①인연이 걸다. 관계가 멀다. ②결혼 인연이 없다. 시집을 못가다.

縁日[えんにち] 神社(じんじゃ)나 절(寺)의 축제일.

縁者[えんじゃ] 친척. 일가(一家).

縁切り[えんきり] 절연. 의절(義絶)함.

縁組(み)[えんぐみ] ①(부부·양자 등의) 인연을 맺음. 결연. 정혼(定婚). ② ≪法≫ 양자(養子) 결연.

¹縁側[えんがわ] ①툇마루. ②물고기 지느러미 기부(基部)에 있는 뼈나 살.

縁の下[えんのした] 마루 밑.

燃 불탈 연

火 火 火 火 火 火 火 火 火 燃

[音] ●ネン
[訓] ●もえる ●もす ●もやす

訓読

●燃える[もえる] 〈下1自〉 ①(불이) 타다. ②피어오르다. ③(희망·열정이) 불타다. 솟다. ④새빨갛게 빛나다.

燃え立つ[もえたつ] 〈5自〉 ①활활 타오르다. 불타오르다. ②(감정이) 치밀어 오르다.

燃え付く[もえつく] 〈5自〉 불이 붙다. 불이 번지다.

燃え上がる[もえあがる] 〈5自〉 ①불타오르다. ②(감정이) 치밀어 오르다.

燃え盛る[もえさかる] 〈5自〉 맹렬하게 불타다. 활활 타오르다.

燃え残り[もえのこり] 타다 남은 것.

燃え止し[もえさし] 불타다 남음.

燃え差し[もえさし] 불타다 남음.

●燃す[もす] 〈5他〉 불태우다. 타게 하다.

²●燃やす[もやす] 〈5他〉 ①불태우다. 타게 하다. ②(감정을) 고조시키다. 불태우다.

音読
¹燃料[ねんりょう] 연료; 땔감.
燃費[ねんぴ] 연비; 연료 소비율. 자동차 등이 연료 1리터로 주행할 수 있는 거리.
¹燃焼[ねんしょう] 연소; ①불탐. ②자신의 역량을 최대한 발휘함.

衍 퍼질 연
音 ⊗エン
訓 ―

音読
衍字[えんじ] 연자; 문장 속에 잘못 끼어 있는 쓸데없는 글자.

淵 연못 연
音 ⊗エン
訓 ⊗ふち

訓読
⊗淵[ふち] ①깊은 연못. ②(헤어나기 어려운 처지의) 구렁.
音読
淵源[えんげん] 연원; 근원. 근본.

硯 벼루 연
音 ⊗ケン
訓 ⊗すずり

訓読
⊗硯[すずり] 벼루.
硯蓋[すずりぶた] ①벼루 뚜껑. ②(잔치 때에 사용하는) 뚜껑 모양의 쟁반. 또는 거기에 담긴 술안주.
硯箱[すずりばこ] 연상; 벼룻집.
音読
硯北[けんぼく] 좌하(座下). *편지에서 수신인의 이름 밑에 써서 경의를 표하는 말임.
硯池[けんち] 연지; 벼루의 먹물이 괴는 곳.

燕 제비 연
音 ⊗エン
訓 ⊗つばめ

訓読
⊗燕[つばめ] ① ≪鳥≫ 제비. ②제비족. 연하(年下)의 정부(情夫).
音読
燕尾服[えんびふく] 연미복.
燕脂[えんじ] 연지; ①홍색(紅色)의 안료(顔料). ②검붉은 빛깔의 그림물감.
燕脂色[えんじいろ] 연지색.

[열]

悅(悦) 기쁠 열

丶 丶 忄 忄 忄 忄 忟 悦 悦 悦

音 ⊗エツ
訓 ⊗よろこぶ ⊗よろこばしい

訓読
⊗悦ぶ[よろこぶ] 〈5自〉기뻐하다. 즐거워하다. 좋아하다.
⊗悦ばしい[よろこばしい] 〈形〉기쁘다. 즐겁다. 경사스럽다.
⊗悦ばす[よろこばす] 〈5他〉기쁘게 하다.
音読
悦[えつ] 기쁨. 즐거움.
悦楽[えつらく] 열락; 기뻐하며 즐김.

閱(閲) 볼/살필 열

丨 冂 冂 閂 閂 門 門 閂 閒 閲 閲

音 ●エツ
訓 ⊗けみする

音読
閲読[えつどく] 열독; 내용을 검토하며 읽음.
¹閲覧[えつらん] 열람; 죽 내리 훑어 봄.
閲兵式[えっぺいしき] 열병식; 군대를 정렬시켜 검열하는 의식.

熱 뜨거울 열

圡 圥 圥 坴 坴 埶 埶 埶 執 熱

音 ●ネツ
訓 ●あつい

訓読
⁴●熱い[あつい] 〈形〉①(열·온도가 높아서) 뜨겁다. ②(감정이 격하여) 뜨겁다. ③열렬하다. 반해 있다.
熱湯❶[あつゆ] 뜨거운 목욕물. ❷[ねっとう] 열탕; 펄펄 끓어오르는 물.
音読
²熱[ねつ] 열; ① ≪物≫ 물질의 온도를 변화시키는 에너지. ②높은 체온. 신열(身熱). ③열기(熱気). ④열성. 열의. 열중.

²熱する[ねっする] 〈サ変他〉 (물체에) 열을 가하다. 뜨겁게 하다. 가열하다. 〈サ変自〉 ①뜨거워지다. 달구어지다. ②열중하다. 열을 내다.

熱狂[ねっきょう] 열광; 미칠 정도로 열심임.

熱気[ねっき] 열기; ①뜨거운 공기. ②높은 체온. ③열띤 기분. 솟구치는 힘.

²熱帯[ねったい] 열대: 적도를 중심으로 하여 남북의 위도 23°27′ 이내의 지대.

熱帯魚[ねったいぎょ] 열대어.

熱冷(ま)し[ねつさまし] 해열제.

¹熱量[ねつりょう] 열량; 칼로리.

熱烈[ねつれつ] 열렬; 언행이 매우 맹렬함.

熱望[ねつぼう] 열망; 열심히 바람.

熱弁[ねつべん] 열변; 열렬한 변론.

熱病[ねつびょう] 《医》 열병.

熱射病[ねっしゃびょう] 《医》 열사병.

熱誠[ねっせい] 열성; 열렬한 정성.

²熱心[ねっしん] 열심; 어떤 일에 골몰함.

熱愛[ねつあい] 열애; 열렬히 사랑함.

熱演[ねつえん] 열연; 열렬하게 연기함.

熱源[ねつげん] 《物》 열원.

¹熱意[ねつい] 열의; 열성스런 마음.

熱戦[ねっせん] 열전; ①열렬한 시합. ②무력에 의한 본래의 전쟁.

熱情[ねつじょう] 열정; 열중하는 마음.

²熱中[ねっちゅう] 열중; 한 가지 일에 정신을 쏟음.

¹熱湯❶[ねっとう] 열탕; 펄펄 끓어오르는 물. ❷[あつゆ] 뜨거운 목욕물.

熱風[ねっぷう] 열풍; 열기를 품은 바람.

[염]

炎   불꽃 염

丶 丷 ⺌ 火 炏 炏 炎 炎

音 ◉エン

訓 ◉ほのお

訓読

²◉炎[ほのお] ①불길. 불꽃. ②(격한 감정의) 불길. ¶恋(こい)の〜 사랑의 불길.

音読

炎上[えんじょう] (큰 건물·비행기·선박 등이) 불탐. 불타오름.

炎暑[えんしょ] 염서; 무더위. 혹서(酷暑).

炎熱[えんねつ] 무더위. 혹서(酷暑).

炎炎[えんえん] (불이) 활활 타오름.

炎天[えんてん] 염천; 여름날의 무더운 날씨.

染   물들일 염

丶 丶 丶 氵 氿 氿 染 染 染

音 ◉セン

訓 ◉しみる ◉そまる ◉そむ ◉そめる

訓読

¹◉染まる[そまる] 〈5自〉 ①물들다. 염색되다. ②(나쁜 영향을 받아 악에) 물들다.

◉染みる❶[しみる] 〈上1自〉 ①배다. 스며들다. 번지다. ②(나쁜 영향을 받아) 물들다. ③(자극을 받아) 아리다. ④절실하게 느끼다. 사무치다. ❷[じみる] 〈上1自〉 (명사에 접속하여) ①…배다. …끼다. ②…같아 보이다.

染み[しみ] ①얼룩. ②(피부에 생기는) 검버섯. ③불쾌한 추억.

染み抜き[しみぬき] ①얼룩을 뺌. ②얼룩을 빼는 약.

染み付く[しみつく] 〈5自〉 ①얼룩지다. 찌들다. 배다. ②(나쁜 습관이) 몸에 배다. ③절실하게 느껴지다.

染み込む[しみこむ] 〈5自〉 ①(액체가) 스며들다. 배어들다. ②(마음속에) 사무치다.

染み透る[しみとおる] 〈5自〉 ①(깊이) 배어들다. 스며들다. ②사무치다.

◉染む[そむ] 〈5自〉 ①(빛깔이) 물들다. ②배어들다. 스며들다. ③('心(こころ)に 染(そ)まない' 문형으로) 마음에 들지 않다. ④'染(そ)める・染(し)みる'의 문어(文語).

¹◉染める[そめる] 〈下1他〉 ①(빛깔을) 물들이다. 염색하다. ②깊이 인상에 남다. ③(붓에 물감이나 먹을) 묻히다. ④일을 시작하다.

染(め)物[そめもの] 염색. 염색물.

染(め)返し[そめかえし] ①(퇴색한 것을) 다시 염색함. 재염색. ②다른 빛깔로 바꿔 염색함.

染め返す[そめかえす] 〈他〉 ①(퇴색한 것을) 다시 염색하다. 재염색하다. ②다른 빛깔로 바꿔 염색하다.

染(め)抜き[そめぬき] 발염. 무늬 부분만 바탕색으로 남기고 나머지 부분을 물들임.

染め抜く[そめぬく] 〈5他〉 발염하다. 무늬 부분만 바탕색으로 남기고 물들이다.

染(め)付け[そめつけ] ①물들임. 염색함. ②남빛 무늬를 물들인 천. ③남빛 무늬를 넣어 구운 도자기.

染め分ける[そめわける] 〈下1他〉 여러 색깔로 염색하다. 색색으로 염색하다.

染(め)粉[そめこ] 가루 물감. 분말 염료.

染(め)糸[そめいと] 색실. 염색한 실.

染(め)上(が)り[そめあがり] 염색이 다 됨. 염색된 상태.

染め上げる[そめあげる] 〈下1他〉 염색해 내다. 염색을 마치다.

染(め)色[そめいろ] 염색한 빛깔.

染め直す[そめなおす] 〈5他〉 다른 무늬나 빛깔로 바꿔 염색하다.

染(め)替え[そめかえ] 다른 무늬나 빛깔로 바꿔 염색함.

染め替える[そめかえる] 〈下1他〉 다른 무늬나 빛깔로 바꿔 염색하다.

染(め)型[そめがた] ①염색할 무늬. ②염색할 무늬의 본.

音読

染料[せんりょう] 염료; 색소가 되는 물질.

染髪[せんぱつ] 염발; 머리를 염색함.

染色[せんしょく] 염색; 염료로 물들임.

染織[せんしょく] 염직; 염색과 직조(織造).

塩(鹽) 소금 염

｜ ｆ ｆ ｆ 圹 圹 坫 坫 塩 塩 塩

🔲 ●エン
🔲 ●しお

訓読

⁴●塩❶[しお] ①소금. ②간. 소금기. ❷[えん] ☞ [音読]

塩干し[しおぼし] 건어물.

塩鮭[しおざけ] 소금에 절인 연어.

塩気[しおけ] 간. 소금기. 짠맛.

塩断ち[しおだち] (神仏에게 기도하거나 건강상의 이유로) 한동안 소금기 있는 음식을 먹지 않음.

塩物[しおもの] 소금에 절인 생선.

塩味[しおあじ/しおみ] 간. 짠맛. 소금기.

塩焼(き)[しおやき] ①소금구이. ②소금으로 간을 맞춰 삶음.

塩水[しおみず] 소금물.

塩辛[しおから] 젓. 젓갈.

²塩辛い[しおからい] 〈形〉 (맛이) 짜다.

塩揉み[しおもみ] 소금에 버무림.

塩引き[しおびき] 소금에 절인 생선.

塩漬(け)[しおづけ] ①소금에 절인 식품. ②주식의 시세가 오를 때까지 가지고 있음.

塩出し[しおだし] (소금에 절인 것을) 물에 담가 소금기를 우려냄.

塩湯[しおゆ] 염탕; ①데운 바닷물 목욕. ②염분을 함유한 광천. ③끓인 소금물.

塩風呂[しおぶろ] 데운 소금물 목욕. 데운 바닷물 목욕.

音読

塩❶[えん] ≪化≫ 염; 황산나트륨. ❷[しお] ☞ [訓読]

塩梅[★あんばい] ①(양념으로서의) 소금과 매실. ②(음식의) 간. 맛. ③(일의) 형편. 상태. ④('いい～に'의 문형으로) 알맞게.

塩分[えんぶん] 염분; 소금기.

塩酸[えんさん] ≪化≫ 염산.

塩素[えんそ] ≪化≫ 염소.

塩田[えんでん] 염전; 바닷물에서 소금을 채취하기 위해 시설한 모래밭.

塩害[えんがい] 염해; 해수(海水)나 해풍(海風)에 의한 피해.

塩化[えんか] ≪化≫ 염화.

厭 싫어할 염

🔲 ⊗エン
🔲 ⊗いや ⊗いとう ⊗あきる

訓読

⊗厭[いや] ①싫음. ②불쾌함.

⊗厭う[いとう] 〈5他〉 ①싫어하다. 꺼리다. ②돌보다. 소중히 하다. ③속세를 떠나다.

厭わしい[いとわしい] 〈形〉 지겹다. 불유쾌하다. 꺼림칙하다. 귀찮다.

⊗厭きる[あきる] 〈上1自〉 ①싫증나다. 물리다. 질리다. ②진력나다.

厭き[あき] 싫증. 물림. 진력남.

厭き性[あきしょう] 싫증을 잘 내는 성질.

厭き厭き[あきあき] 몹시 질력이 남. 넌덜머리남. 진절머리 남. 신물 남.

厭味[いやみ] ①불쾌감·혐오감을 줌. ②비아냥거림. 남이 싫어하는 말이나 행동을 함.

厭持て[いやもて] 진심이 아닌 형식적인 대접을 받음.

音読

厭忌[えんき] 염기; 싫어하고 꺼림.

厭世[えんせい] 염세; 세상을 싫어함.

厭悪[えんお] 혐오. 싫어하고 꺼림.

艶(艷) 예쁠 염

音	⊗エン
訓	⊗あで ⊗つや ⊗なまめかしい

訓読

²⊗艶❶[つや] ①윤. 윤기. 광택. ②(목소리가) 애교스럽고 밝음. ③멋. 재미. 섹스. ❷[あで] 요염함. ❸[えん] ☞ [音読]

⊗艶っぽい[つやっぽい] 〈形〉 요염하다.

⊗艶めかしい[なまめかしい] 〈形〉 ①요염하다. ②매력적이다. 아리땁다. ③≪古≫ 우아하다.

⊗艶めく❶[つやめく] 〈5自〉 ①윤이 나다. 반들거리다. ②요염해지다. 섹시해지다. ❷[なまめく] ①요염해지다. ②매력적이다. 아리따워지다. ③≪古≫ 우아해지다.

⊗艶やか❶[あでやか] 〈形〉 아리따움. 요염함. 우아함. ❷[つややか] 〈形〉 윤기가 돎. 광택이 있음.

艶気[つやけ] ①윤기. 광택의 정도. ②요염함. 섹시함.

艶物[つやもの] (浄瑠璃(じょうるり)에서) 남녀간의 정사(情事)를 소재로 한 작품.

艶事[つやごと] (남녀간의) 정사(情事).

艶消し[つやけし] ①무광택. 광택을 없앰. ②흥을 깸. 재미를 없앰. 艶消しい[つやっやしい] 〈形〉 반질반질하다. 반들반들하다. 윤이 나다.

艶艶する[つやつやする] 〈サ変自〉 반들반들하다. 반지르르하다. 윤이 나다.

艶姿[あですがた] 요염한 자태.

艶種[つやだね] (남녀간의) 스캔들.

艶出し[つやだし] 광택을 냄.

艶布巾[つやぶきん] 광택을 내는 걸레.

音読

艶❶[えん] 요염한 아름다움. ❷[あで/つや] ☞ [訓読]

艶麗[えんれい] ①요염하고 아름다움. ②표현이 화려하고 아름다움.

艶文[えんぶん] 염문; 연애 편지.

艶聞[えんぶん] 염문; 스캔들.

艶美[えんび] 요염하고 아름다움.

艶福[えんぷく] 염복; 여자가 잘 따르는 복.

艶福家[えんぷくか] 여자가 잘 따르는 사람.

艶色[えんしょく] 요염한 자색.

艶書[えんしょ] 연애 편지.

艶笑[えんしょう] ①요염하게 웃음. ②익살스런 성풍속(性風俗) 묘사.

[엽]

葉 잎사귀 엽

葉 葉 葉 葉 葉 葉 葉 葉 葉 葉

音	●ヨウ
訓	●は

訓読

¹●葉[は] ≪植≫ 잎. 잎사귀.

葉っぱ[はっぱ] 잎. 이파리. 잎사귀.

葉巻[はまき] 엽궐련. 시거.

葉裏[はうら] 잎의 뒤쪽.

葉末[はずえ] ①잎의 끝. ②자손.

⁴葉書[はがき] 엽서.

葉桜[はざくら] 꽃이 지고 새 잎이 날 무렵의 벚나무.

葉煙草[はたばこ] 엽연초; 잎담배.

葉影[はかげ] 나뭇잎 그림자.

葉隠る[はがくる] 〈下2自〉≪雅≫ 초목의 잎 사이에 숨다.

葉隠れ[はがくれ] ①나뭇잎 사이에 숨음. ②'葉隠聞書'의 준말.

葉隠れる[はがくれる] 〈下1自〉 나뭇잎 사이로 숨다.

葉隠聞書[はがくれききがき] 江戸(えど) 시대 전기(前期)의 무사도(武士道) 논서(論書).

葉音[はおと] 나뭇잎이 바람에 날려서 내는 소리.

葉陰[はかげ] 나뭇잎 그늘. 나뭇잎 뒤.

葉竹[はだけ] 잎이 달린 채 벤 대나무.

葉茶[はちゃ/はぢゃ] 엽차; 찻잎을 따서 가공하여 만든 차.

葉擦れ[はずれ] (바람에) 나뭇잎이 서로 스침.

葉叢[はむら] 무성한 한 무더기의 잎.

葉虫[はむし] 엽충; 잎벌레.

葉風[はかぜ] 초목의 잎을 나부끼게 하는 바람.

音読

葉緑素[ようりょくそ] ≪植≫ 엽록소.

葉緑体[ようりょくたい] ≪植≫ 엽록체.

葉脈[ようみゃく] ≪植≫ 엽맥; 잎맥.

葉状[ようじょう] 엽상; 나뭇잎 모양.

葉身[ようしん] ≪植≫ 엽신; 잎의 넓은 부분.

葉菜類[ようさいるい] ≪農≫ 엽채류; 잎과 줄기를 식용하는 채소류.

［영］

永　길/오랠 영

` 冫 才 永 永

音 ◉エイ
訓 ◉ながい

訓読
²永い[ながい] 〈形〉 (시간적으로) 오래다. 길다.
永らく[ながらく] 오래. 오랫동안. 오래도록.

音読
永劫[えいごう] 영겁; 아주 오랜 세월. 매우 긴 세월.
²永久[えいきゅう] 영구; 영원함.
永久歯[えいきゅうし] 영구치.
永年[えいねん/ながねん] 오랜 세월. 여러 해. 다년간.
永眠[えいみん] 영면; 죽음.
永別[えいべつ] 영별; 영원한 이별.
永世[えいせい] 영구(永久). 영원.
永続[えいぞく] 영속; 오래 계속됨.
²永遠[えいえん] 영원; 영구(永久).
永住権[えいじゅうけん] 《法》 영주권.

迎（迎）　맞이할 영

` ⺄ ⺄ ⼝ ⼝ 迎 迎

音 ◉ゲイ
訓 ◉むかえる

訓読
²◉迎える[むかえる] 〈下1他〉 ①(사람을) 맞다. 맞이하다. ②(때를) 맞다. 맞이하다. ③(가족이나 회원으로) 맞아들이다. ④부르다. 초청하다. ⑤(어떤 상황에) 직면하다. 맞다. ⑥(적을) 맞서다. 맞아 싸우다.
²迎え[むかえ] ①마중함. 맞이함. 마중 사람. ②불러 옴.
迎え撃つ[むかえうつ] 〈5他〉 요격(邀撃)하다. 쳐들어오는 적을 맞아 공격하다.
迎え取る[むかえとる] 〈5自〉 ①(책임 등을) 자기 몸에 받아들이다. ②집으로 맞아들이다.
迎え火[むかえび] (盂蘭盆会(うらぼんえ) 때) 조상의 혼백을 맞기 위해 문 앞에 피우는 불.

音読
迎撃[げいげき] 요격(邀撃). 적을 맞아 침.
迎賓[げいひん] 영빈; 손님을 기쁘게 맞이함.
迎賓館[げいひんかん] 영빈관.
迎春[げいしゅん] 영춘. ＊연하장에서의 새해 인사말.
迎合[げいごう] 영합; 아첨하러 좇음.

泳　헤엄칠 영

` 冫 冫 氵 汀 汀 泳 泳

音 ◉エイ
訓 ◉およぐ

訓読
⁴◉泳ぐ[およぐ] 〈5自〉 ①(물에서) 헤엄치다. 수영하다. ②(사람의 무리를) 헤쳐 나가다. ③(씨름에서) 앞쪽으로 허우적거리다. 비틀거리다. ④(능란하게) 처신하다. 처세하다.
泳ぎ[およぎ] ①헤엄. 수영. ②세상살이. 처신. 처세.

音読
泳法[えいほう] 영법; 수영하는 법. 헤엄치는 법. 수영하는 스타일.
泳者[えいしゃ] 수영하는 사람.

英　꽃부리/빼어날 영

一 艹 艹 艹 苹 英 英 英

音 ◉エイ
訓 ―

音読
英[えい] 영국(英国). 잉글랜드.
英傑[えいけつ] 영걸; 대인물.
英国[えいこく] 영국; 잉글랜드.
英断[えいだん] 영단; 과감한 결단.
英領[えいりょう] 영령; 영국 영토.
英霊[えいれい] 영령; 죽은 사람의 혼.
²英文[えいぶん] 영문; ①영어 문장. ②'英文学·英文学科'의 준말.
英文学[えいぶんがく] 영문학.
英文学科[えいぶんがっか] 영문학과.
英米[えいべい] 영미; 영국과 미국.
英書[えいしょ] 영서; ①영어로 된 책. ②영국 서적. 영국에서 발행한 책.

英詩[えいし] 영시; ①영어로 쓴 시. ②영국
의 시.

⁴英語[えいご] 영어; 영국의 국어.

英訳[えいやく] 영역; 영어로 번역함.

英連邦[えいれんぽう] 영연방.

¹英雄[えいゆう] 영웅; 재능・담력・무용(武勇)
을 겸비한 뛰어난 인물.

英人[えいじん] 영국 사람.

¹英字[えいじ] 영자; 영어 글자.

英姿[えいし] 당당한 모습.

英作文[えいさくぶん] 영작문; 영어 작문.

英才[えいさい] 영재; 뛰어난 재능의 소
유자.

英知[えいち] 영지; 뛰어난 깊은 지혜.

²英和辞典[えいわじてん] 영일 사전(英日辞典);
영어・일본어 사전.

映 비칠 영

｜ ｎ ｎ ｎ ｎ 町 町 映 映

[音] ◉エイ

[訓] ◉はえる ◉うつす ◉うつる

[訓読]

¹◉映える[はえる] 〈下1自〉 ①(빛을 받아) 빛나
다. 비치다. ②훌륭하다. 돋보이다. ③잘 어
울리다. 조화되다.

映え[はえ] 빛남. 돋보임.

²◉映す[うつす] 〈5他〉 ①(모습・그림자를) 비
추다. ②(영상을) 비추다. 상영하다. 방영
(放映)하다.

²◉映る[うつる] 〈5自〉 ①(모양・색깔이) 비
치다. ②(스크린에) 영상이 나타나다.
③(눈에) 비치다. 보이다. ④(빛깔 등이)
잘 어울리다. 조화되다.

映り[うつり] ①비침. 영상(映像). ②(색깔
의) 조화. 배색(配色).

[音読]

映じる[えいじる] 〈上1自〉 ☞ 映ずる

映ずる[えいずる] 〈サ変自〉 ①(거울・수면
등에) 비치다. ②(빛을 받아) 빛나다.
③(눈에) 비치다.

¹映写機[えいしゃき] 영사기; 영화를 상영하는
기계.

¹映像[えいぞう] 영상; ①물체에 비추어진 모
습. ②이미지. ③(영화・TV의) 화상(画像).

⁴映画[えいが] 영화; 활동사진.

⁴映画館[えいがかん] 영화관; 영화 극장.

栄(榮) 영화 영

ヽ ヽ ⺍ ⺍ ⺾ 学 学 学 栄 栄

[音] ◉エイ

[訓] ◉さかえる ◉はえる

[訓読]

¹◉栄える❶[さかえる] 〈下1自〉 번창하다. 번
영하다.

◉栄える❷[はえる] 〈下1自〉 훌륭하다. 돋보
이다.

栄え❶[さかえ] 번창. 번영. ❷[はえ] 영광.
영예.

[音読]

栄光[えいこう] 영광; ①빛나는 영예. ②서
광(瑞光).

栄達[えいたつ] 영달; 입신출세.

²栄養[えいよう] 영양; 자양분(滋養分).

栄誉[えいよ] 영예; 영광스러운 뜻예.

栄耀[えいよう] 영요; 크게 번창함.

栄辱[えいじょく] 영욕; 영예와 치욕.

栄位[えいい] 영위; 명예로운 직위.

栄典[えいてん] 영전; ①경사스러운 의식.
②훈장. 작위. ③명예로운 대우. 파격적인
대우.

栄転[えいてん] 영전; 먼저 있던 자리보다
더 좋은 자리나 지위로 옮김.

栄職[えいしょく] 영직; 영예로운 직위.

栄進[えいしん] 영진; 상위의 직급으로 승진함.

栄華[えいが] 영화; 사회적인 지위와 많은
재물로 호화롭게 번창함.

営(營) 경영할 영

⺍ ⺍ ⺍ 学 学 学 学 営 営 営

[音] ◉エイ

[訓] ◉いとなむ

[訓読]

◉営む[いとなむ] 〈5他〉 ①(생활을 위해서)
일하다. 영위하다. ②(사업을) 하다. 경
영하다. ③마련하다. 장만하다. ④ ≪仏≫
(仏事를) 거행하다.

営み[いとなみ] ①일. 생업. ②경영. ③(어떤)
행위. ④준비. 채비. ⑤불사(仏事).

[音読]

営む[えい] 병영(兵営).

営農[えいのう] 영농; 농사를 지음.
営利[えいり] 영리; 이익을 도모함.
営林署[えいりんしょ] 영림서; 삼림(森林)을 경영하는 일을 맡은 관공서.
営繕[えいぜん] 영선; 건축물의 신축과 수선.
²営養[えいよう] 영양; 자양분(滋養分).
²営業[えいぎょう] 영업; 영리를 목적으로 하는 사업.
営業特金[えいぎょうとっきん] (증권 회사의) 특정 금전 신탁.
営造[えいぞう] 영조; 큰 건물 등을 지음.
営造物[えいぞうぶつ] 영조물; ①건축물. ②공공시설.

詠　읊을 영

ヨ　ヨ　言　言　言　訁　訁　訂　訪　詠　詠

音　●エイ
訓　●よむ　⊗うたう

訓読
●詠む[よむ] 〈5他〉 (시가를) 읊다. 짓다.
詠み込む[よみこむ] 〈5他〉 시가(詩歌) 등에 사물의 이름을 넣어서 짓다.
⊗詠う[うたう] 〈5他〉 시(詩)로 짓다. 시로 읊다.

音読
詠じる[えいじる] 〈上1他〉 ☞ 詠ずる
詠ずる[えいずる] 〈サ変他〉 ①시가(詩歌)를 짓다. 읊다. ②소리 내어 외다.
詠歌[えいか] ①和歌(わか)를 지음. 또는 지은 和歌(わか). ②찬불가(讃仏歌).
詠草[えいそう] 和歌(わか)의 초고(草稿).
詠嘆[えいたん] 영탄; 감탄(感歎).

影　그림자 영

ㅁ　ㅂ　토　문　뭄　뭄　뭄　景　影　影　影

音　●エイ
訓　●かげ

訓読
²●影[かげ] ①그림자. ②(해·달 등의) 빛. ③모습. 형체. ④(어두운) 그림자. 환영(幻影).
影武者[かげむしゃ] ①(적을 속이기 위해) 대장으로 가장한 무사. ②배후 조종자. 막후 인물.

影法師[かげぼうし] (사람의) 그림자.
影身[かげみ] ①그림자처럼 잠시도 떨어지지 않음. ②대보름날 밤에 비치는 자신의 그림자로 점을 침.
影人形[かげにんぎょう] 인형으로 하는 그림자놀이.
影絵[かげえ] ①그림자놀이. 그림자놀이의 그림자. ②실루엣. 그림자 모양을 그린 그림.

音読
影供[えいぐ] 신불(神仏)이나 고인(故人)의 초상에 공물을 바침.
影像[えいぞう] 영상; ①초상(肖像). 영정(影幀). ②물체의 그림자.
影印本[えいいんぼん] 영인본; 원본을 사진으로 복제한 인쇄물.
影向[えいこう/ようごう] 영향; 신불(神仏)이 일시 현신(現身)함.
²影響[えいきょう] 영향; 한 가지 사실로 인해 다른 사물에 미치는 결과.

盈　가득찰 영

音　⊗エイ
訓　―

音読
盈虚[えいきょ] 영허; ①달(月)의 참과 이지러짐. ②영고성쇠(栄枯盛衰).

穎　×(頴)　빼어날 영

音　⊗エイ
訓　―

音読
穎[えい] ① ≪植≫ 영. *벼과 식물의 꽃의 기부에 있는 2개의 잎. ②벼의 이삭. ③붓·송곳의 끝. ④날카로운 재기(才気).
穎敏[えいびん] 영민; 영특하고 민첩함. 깨달음이 빠름.
穎悟[えいご] 영오; 깨달음이 빠름. 뛰어난 총명.
穎脱[えいだつ] 영탈; 재능이 뛰어남.

嬰　어릴 영

音　⊗エイ
訓　―

音読
嬰[えい] ≪楽≫ 샤프(#). 올림표.
嬰記号[えいきごう] ≪楽≫ 영기호; 샤프(#). 올림표.
嬰児[えいじ/みどりご] 영아; 젖먹이.

[예]

予(豫) 미리 예

フ マ ヌ 予

音 ●ヨ
訓 ⊗あらかじめ ⊗かねて

訓読
¹⊗予め[あらかじめ] 미리. 사전(事前)에.
¹⊗予て[かねて] 미리. 전부터. 진작부터.

音読
¹予感[よかん] 예감; 사전에 암시적이나 육감으로 미리 느낌.
予見[よけん] 예견; 미리 앎.
予告[よこく] 예고; 미리 알림.
²予期[よき] 예기; 예상. 기대.
予断[よだん] 예단; 미리 판단함.
²予防[よぼう] 예방; 미리 막음.
²予報[よほう] 예보; 미리 알려 줌.
²予備[よび] 예비; 미리 준비함.
予備校[よびこう] 입시 학원.
²予算[よさん] 예산; 필요한 경비를 미리 계산함.
¹予想[よそう] 예상; 미리 상상함.
予選[よせん] 예선; 본선에 앞서 미리 뽑음.
⁴予習[よしゅう] 예습; 미리 공부하여 둠.
³予約[よやく] 예약; 미리 약속해 둠.
予約済(み)[よやくずみ] 예약이 끝남.
¹予言[よげん] 예언; 앞날의 일을 미리 알림.
³予定[よてい] 예정; 미리 정함.
予知[よち] 예지; 미리 앎.
²予測[よそく] 예측; 미리 헤아림.
予行演習[よこうえんしゅう] 예행연습.

刈 풀벨 예

ノ メ 刈 刈

音 ―
訓 ●かる

訓読
²●刈る[かる] 〈5他〉(풀・벼・머리를) 베다. 깎다.
刈(り)入れ[かりいれ] 추수. 수확.
刈り入れる[かりいれる] 〈下1他〉추수하다.

芸(藝) 재주 예

一 艹 艹 芏 芸 芸

音 ●ゲイ
訓 ―

音読
¹芸[げい] ①예능. 기예(技芸). ②재주. ③배우의 연기.
芸妓[げいぎ] 예기; 기생.
²芸能[げいのう] 예능; 연예.
芸能人[げいのうじん] 연예인.
芸談[げいだん] 예담; 예능의 비결이나 고충에 관한 이야기.
芸当[げいとう] ①곡예. 묘기. 재주. ②(상식 밖의) 위험한 짓. 아슬아슬한 짓.
芸大[げいだい] 예대; '芸術大学'의 준말.
芸道[げいどう] 예도; 예능・기예의 길.
芸林[げいりん] 예림; 문예계(文芸界).
芸名[げいめい] 예명; 예술인들이 본명 외에 따로 갖는 이름.
芸文[げいぶん] ①예술과 문학. ②학문과 예술.
芸事[げいごと] 예능에 관한 일.
²芸術[げいじゅつ] 예술; 감상의 대상이 되는 것을 인위적으로 창조하는 기술 및 그 작품.
芸術品[げいじゅつひん] 예술품.
芸人[げいにん] ①연예인. ②재주꾼.
芸子[げいこ] 《関西》기생.
芸者[げいしゃ] ①기생(妓生). ②재주꾼.
芸才[げいさい] 예능에 관한 재주.
芸風[げいふう] 예풍; (그 사람만이 갖고 있는) 예술・예도(芸道)의 풍취.

誉(譽) 기릴 예

⺍ 艹 艹 灼 代 誉 誉 誉 誉

音 ●ヨ
訓 ●ほまれ ⊗ほめる

訓読
●誉れ[ほまれ] 명예. 명성. 좋은 평판.
⊗誉める[ほめる] 〈下1他〉①칭찬하다. ②축하하다. 축복하다.

音読
◑名誉[めいよ], 栄誉[えいよ]

預　참여할/맡길 예

予 序 序 矛 预 预 預 預 預 預

音 ●ヨ
訓 ●あずかる ●あずける

訓読
²●預かる[あずかる] 〈5他〉 ①(남의 것을) 맡다. 보관하다. ②(책임을) 맡다. 맡아 돌보다. ③(처리를) 떠맡다. ④(공개·결정을) 보류하다.
預(か)り[あずかり] ①(남의 것을) 맡음. 보관. 수탁(受託). ②(책임을) 맡는 사람. ③집 보는 사람. ④보관증. ⑤(씨름 등에서) 승부의 판정을 보류함.
預(か)り金[あずかりきん] ①예탁금(預託金). 맡아 보관하는 돈. ②빌린 돈. 빚.
預(か)り所[あずかりしょ] 물품 보관소.
²●預ける[あずける] 〈下1他〉 ①(남에게) 맡기다. 보관시키다. ②(책임을) 맡기다. ③(결정을) 맡기다.
預け金[あずけがね] 남에게 맡긴 돈.
預け入れる[あずけいれる]〈下1他〉 예금하다. 예입하다.

音読
¹預金[よきん] 예금; 돈을 금융기관에 맡김.
預言[よげん] 예언; 하느님에게서 영감 받은 말씀을 말함.
預託[よたく] 예탁; 금전이나 물건을 일시적으로 맡김.

銳(鋭)　날카로울 예

金 釒 釤 釔 釻 釻 釺 銳

音 ●エイ
訓 ●するどい

訓読
²●鋭い[するどい]〈形〉 ①(칼날·끝이) 날카롭다. ②(기세가) 예리하다. ③예민하다.

音読
鋭気[えいき] 예기; 날카로운 기상.
鋭利[えいり] 예리; 날카로움.
鋭敏[えいびん] 예민; 사물의 이해력이나 감각이 날카로움.
鋭鋒[えいほう] 예봉; ①날카로운 창이나 칼 끝. ②날카로운 공격.

曳　끌어당길 예

音 ⊗エイ
訓 ⊗ひく

訓読
⊗曳く[ひく]〈5他〉 끌다. 끌어당기다. 잡아당기다.
曳き網[ひきあみ] 끌어당겨 고기를 잡는 그물. *후릿그물을 말함.

音読
曳光弾[えいこうだん] 예광탄.
曳船[えいせん] 예선; 예인선(曳引船).
曳航[えいこう] 예항; 어떤 배가 다른 배를 끌고 항해함.

睨　흘겨볼 예

音 ⊗ゲイ
訓 ⊗にらまえる ⊗にらむ

訓読
⊗睨まえる[にらまえる]〈下1他〉 (꼼짝하지 않고) 노려보다. 쏘아보다.
²⊗睨む[にらむ]〈5他〉 ①(눈을 부라려) 노려보다. 매섭게 쏘아보다. ②감시하다. 주시하다. ③(수상쩍다고) 점찍다.
睨み付ける[にらみつける]〈下1他〉 눈을 부릅뜨고 노려보다. 매섭게 쏘아보다. 째려보다.
睨み鯛[にらみだい] (설날이나 결혼식 등의 음식상에) 장식용으로 올려놓는 도미.

詣　나아갈/이를 예

音 ⊗ケイ
訓 ⊗もうでる

訓読
⊗詣でる[もうでる]〈下1自〉 (神社(じんじゃ)나 절에) 참배하다. 참예(參詣)하다.

音読
●造詣[ぞうけい], 参詣[さんけい]

叡　밝을/임금 예

音 ⊗エイ
訓 ―

音読
叡覧[えいらん] 어람(御覧). 임금이 보심.
叡山[えいざん] '比叡山(ひえいざん)'의 준말. *京都市(きょうとし) 북동부와 滋賀県(しがけん)의 경계에 있는 산임.
叡知[えいち] 예지; 뛰어난 깊은 지혜.

五 다섯 오

一 丁 五 五

音 ◉ゴ
訓 ◉いつつ

訓読

⁴◉五つ[いつつ] ①다섯. 다섯 개. ②다섯 살. ③(옛날 시각에서) 지금의 오전 및 오후의 8시.

⁴五日[いつか] ①(그 달의) 초닷새. 5일. ②닷새. 5일간. 다섯 날.

音読

⁴五[ご] 오; 5. 다섯.

五角形[ごかくけい/ごかっけい] 5각형.

五感[ごかん] 오감; 다섯 가지 촉감.

五穀[ごこく] 오곡; 다섯 가지 곡식.

五官[ごかん] 오관; 눈·귀·코·혀·피부.

五輪[ごりん] 오륜; 올림픽의 마크.

五目[ごもく] 오목; ①여러 가지가 섞여 있음. ②'五目飯(ごもくめし)·五目並(ごもくなら)べ·五目鮨(ごもくずし)'의 준말.

五分❶[ごふん] (시간상의) 5분. ❷[ごぶ] ①5푼. 100분의 5. ②(미터법에서) 5푼. 약 1.5㎝. ③우열이 없음. 비슷함. ❸[ごぶん] 다섯 등분.

五分五分[ごぶごぶ] 비슷함. 반반임.

五色[ごしき/ごしょく] 오색; ①파랑·노랑·빨강·하양·검정의 다섯 가지 색깔. ②여러 가지 색깔.

五十肩[ごじゅうかた] ≪医≫ 오십견.

²**五十音**[ごじゅうおん] 가나로 적은 50개의 음.

²**五十音図**[ごじゅうおんず] 오십음도.

²**五十音順**[ごじゅうおんじゅん] 오십음 순서. 오십음도(五十音図)의 차례.

⁴**五月❶**[ごがつ] 5월. 1년 중 다섯째 달. ❷[いつき] 다섯 달. 5개월. ❸[さつき] 음력 5월.

五指[ごし] 오지; 다섯 손가락.

五彩[ごさい] 오채; ①다섯 가지 색깔. ②5색 그림의 중국산 도자기.

五体満足[ごたいまんぞく] 오체 만족; 결함이 없는 완전한 몸.

五七調[ごしちちょう] ≪文学≫ (和歌(わか)나 시에서) 어구를 5음절 다음에 7음절의 순서로 배열한 것.

五行[ごぎょう] 오행; ①만물을 구성하는 다섯 원소. *'목(木)·화(火)·토(土)·금(金)·수(水)'의 총칭. ②≪仏≫ 보살의 다섯 가지 수행(修行).

五弦[ごげん] 오현; ①현악기의 다섯 가닥의 줄. ②비파의 한 종류.

午 낮 오

ノ 仁 上 午

音 ◉ゴ
訓 ⊗うま

訓読

⊗午[うま] 오; ①십이지(十二支)의 일곱째. ②(방위로는) 남쪽. 오방(午方). ③낮 12시. 지금의 오전 11부터 오후 1시 사이. ④≪俗≫ 말(馬).

音読

午睡[ごすい] 오수; 낮잠.

⁴**午前**[ごぜん] 오전; 0시부터 낮 12시 사이.

午餐[ごさん] 오찬; 점심 식사.

午後[ごご] 오후; 낮 12시부터 밤 12시 사이.

汚 더러울 오

氵 汀 沪 汚

音 ◉オ
訓 ◉きたない ◉けがす ◉けがれる ◉よごす ◉よごれる

訓読

⁴◉汚い[きたない] 〈形〉①(환경이) 더럽다. 불결하다. 지저분하다. ②(외모가) 꾀죄죄하다. ③(언행이) 상스럽다. 추잡하다. 천하다. ④비열하다. 비겁하다. ⑤인색하다. ⑥속이 검다. 못되다. 나쁘다.

汚らしい [きたならしい] 〈形〉①더러워 보이다. 꾀죄죄하다. ②(생각이) 추접스럽다.

²◉汚す❶[よごす] 〈他〉①(물질적인 것을) 더럽히다. ②좋지 않은 짓을 하다. ③(음식을) 먹다. ④(나물을 양념에) 무치다. 버무리다.

●汚す❷[けがす] 〈5他〉 ①(정신적・종교적인 것을) 더럽히다. 모독하다. ②(명예를) 훼손시키다. ③(폭력으로) 성폭행하다. ④외람되이 앉다.
汚らわしい[けがらわしい] 〈形〉 ①더럽다. 불결하다. 치사하다. 역겹다. 추잡하다. ②야비하다. 음탕하다. ③역겹다. 불쾌하다.

²●汚れる❶[よごれる] 〈下1自〉 (물질적으로) 때 묻다. 더러워지다.
●汚れる❷[けがれる] 〈下1自〉 ①(정신적・종교적으로) 더러워지다. 때가 묻다. 더럽혀지다. ②악에 물들다. 불결해지다. ③정조를 짓밟히다. ④(월경・출산으로) 몸이 부정(不淨)해지다.

²汚れ❶[よごれ] (물질적인) 때. 더러움.
汚れ❷[けがれ] ①(정신적인) 더러움. 불결함. 추악함. ②(월경・출산・상중(喪中)으로) 부정(不淨)함. 부정(不淨)탐.
汚れ物[よごれもの] 때 묻은 물건. 더러워진 물건. 씻어야 할 물건.
汚れ役[よごれやく] (연극・영화에서) 궂은 역. 천한 역.

음독
汚名[おめい] 오명; 더러워진 이름.
汚物[おぶつ] 오물; 더러운 배설물.
汚損[おそん] 오손; 더럽히고 손상함.
汚水[おすい] 오수; 더러운 물.
²汚染[おせん] 오염; 더러움에 물듦.
汚辱[おじょく] 오욕; 욕됨. 수치. 남의 명예를 더럽힘.
汚点[おてん] 오점; ①얼룩. 더러운 점. ②결점. 흠. 불명예.
汚濁❶[おだく] 오탁; 더럽고 흐림. ❷[おじょく] 《仏》 오탁; 더럽고 흐림. 혼탁함.

呉(吳) 나라이름 오
丨 口 口 口 尸 甼 呉 呉
음 ●ゴ
훈 ⊗くれる

훈독
³⊗呉れる[くれる] 〈下1他〉 (남이 나에게 뭔가를) 주다.
음독
呉服[ごふく] ①포목. 옷감. ②비단.

娛(娛) 즐거워할 오
人 女 女 女' 女ロ 女ロ 妈 娛 娛
음 ●ゴ
훈 ―

음독
²娛楽[ごらく] 오락; 노동・일・공부 등의 여가 시간에 즐기는 놀이나 게임.
娛楽室[ごらくしつ] 오락실.
娛楽設備[ごらくせつび] 오락 설비.

悟 깨달을 오
丶 丶 忄 忄 忸 怃 怃 悟 悟
음 ●ゴ
훈 ●さとる

훈독
¹●悟る[さとる] 〈5自他〉 ①깨닫다. 똑똑히 알다. ②《仏》 득도(得道)하다. 깨닫다.
悟り[さとり] ①깨달음. 득도(得道). ②이해(理解). 이해력.

음독
悟道[ごどう] 오도; 진리를 깨달음.
悟性[ごせい] 오성; 이해력.

奧(奧) 속/안/깊을 오
冂 冎 冎 向 向 奥 奥 奥 奥 奥
음 ●オウ
훈 ●おく

훈독
²●奧[おく] ①깊숙한 안쪽. 깊숙한 곳. ②(겉으로 드러나지 않는) 속. ③집안. 안방. ④끝. 끝머리. ⑤(추상적인) 깊이. 오의(奧義). ⑥(발육이) 늦됨.
⁴奧さん[おくさん] 부인. 아주머님. 아주머니.
奧まる[おくまる] 〈5自〉 후미지다. 쑥 들어가다. 깊숙하다.
奧付[おくづけ] 판권장(版權張). 책 끝에 저자명・발행자명・발행 연월일・정가 등을 명시한 페이지.
奧山[おくやま] 심산. 깊은 산중.
奧床しい[おくゆかしい] 〈形〉 깊이와 품위가 있다. 그윽하고 고상하다.

奧書[おくがき] ①(책의) 판권(版權) 페이지. ②(관공서에서) 기재 사실이 틀림없음을 증명하기 위해 서류 끝에 기록하는 글. ③서화류(書畵類)의 감정서.

奧手[おくて] ①(농작물이) 늦됨. 만생종(晩生種). 늦깎이. ②(성숙이) 늦됨.

³奧様[おくさま] ①부인. 영부인. '奧(おく)さん'의 존경어. ②주인마님. *고용인의 입장에서. ③가정주부. 기혼 여성.

奧義[おくぎ/おうぎ] 오의; (학문·예술·무예 등의) 깊은 뜻·비결.

奧底[おくそこ] ①(가장) 깊은 곳. ②본심. 속마음. ③(사물의) 깊은 곳. 진리.

奧地[おくち] 오지; 도시나 바다에서 멀리 떨어진 곳.

奧歯[おくば] ≪生理≫ 어금니.

奧行き[おくゆき] ①(건물·대지의) 안쪽까지의 길이. ②(지식·생각·경험의) 깊이.

【音読】
奧妙[おうみょう] 오묘; 심오하고 미묘함.
奧旨[おうし] 오지; 매우 깊은 뜻.

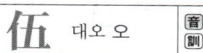
그르칠/잘못할 오

言 言 訂 訳 訳 誤 誤 誤 誤

【音】●ゴ
【訓】●あやまる

【訓読】
¹●誤る[あやまる] 〈5自〉 ①잘못되다. 실수하다. 실패하다. ②(남녀간에 섹스에 관한) 잘못을 일으키다. ③도리에 어긋나다. 〈他〉 ①잘못하다. 실수하다. 그르치다. ②(남을) 망치다. 실패시키다. 잘못 인도하다.

²誤り[あやまり] ①잘못. 실수. ②틀린 곳.

【音読】
誤記[ごき] 오기; 잘못 기록함.
誤報[ごほう] 오보; 잘못된 보도.
誤訳[ごやく] 오역; 잘못 번역함.
誤用[ごよう] 오용; 잘못 사용함.
誤字[ごじ] 오자; 틀린 글자.
誤診[ごしん] 오진; 잘못 진단함.
¹誤差[ごさ] 오차; ①계산상의 차이. ②차질. 착오.
²誤解[ごかい] 오해; 어떤 사실이나 말을 잘못 이해함.

伍 대오 오
【音】⊗ゴ
【訓】—

【音読】
伍[ご] ①한 무리. ②대오(隊伍).
伍する[ごする] 〈サ変自〉 함께 늘어서다. 축에 끼다. 동아리에 들다.

吾 나 오
【音】⊗ゴ ⊗ア
【訓】⊗われ. ⊗わが

【訓読】
⊗吾[われ] ①나. 자신. 자기. ②우리. 우리 쪽.
吾等[われら] 우리. 우리들.
⊗吾が[わが] 나의. 우리의. ¶～校(こう) 우리 학교. ¶～輩(はい) 우리들. 우리네.

梧 오동나무 오
【音】⊗ゴ
【訓】⊗あおぎり

【音読】
梧桐[ごとう/あおぎり] ≪植≫ 벽오동.

烏 까마귀 오
【音】⊗ウ ⊗エ ⊗オ
【訓】⊗からす

【訓読】
⊗烏[からす] ≪鳥≫ 까마귀.
【音読】
烏竜茶[ウーロンちゃ] 우롱차.
烏賊[★いか] ≪動≫ 오징어.

傲 거만할 오
【音】⊗ゴウ
【訓】⊗おごる

【訓読】
⊗傲る[おごる] 〈5自〉 ①교만을 떨다. 거만하게 굴다. ②방자하다. 제멋대로 굴다.
【音読】
傲慢[ごうまん] 오만; 교만함. 거만함.
傲岸不遜[ごうがんふそん] 오만불손.

墺 물가/
오스트리아 오
【音】⊗オウ
【訓】—

【音読】
墺国[おうこく] 오스트리아.
墺太利[オーストリア] 오스트리아.

[옥]

玉　구슬 옥

一　丁　干　王　玉

音 ●ギョク
訓 ●たま

[訓読]

²●玉❶[たま] ①구슬. 진주. 주옥. ②아름다운 것. 귀중한 것. ③당구(撞球). ④총알. 탄환. ⑤(안경·카메라의) 렌즈. ⑥(주산) 알. ⑦전구(電球). ⑧(국수) 사리. ⑨(물) 방울. ⑩동전(銅錢). ⑪ ≪俗≫ 불알. ⑫기생. 미인. ⑬쓸만한 녀석. 괜찮은 녀석. ⑭(사람을 속이는) 미끼. ❷[ぎょく] ☞ [音読]

玉串[たまぐし] ①비쭈기 나뭇가지에 종이 오리를 매단 것. ＊신전(神前)에 바침. ②≪植≫ 비쭈기나무. ＊‘さかき’의 미칭임.

玉突(き)[たまつき] ①당구(撞球). ②(자동차의) 연속 추돌.

玉突(き)事故[たまつきじこ] 연속 추돌 사고.

玉突(き)追突[たまつきついとつ] 연쇄 충돌.

玉糸[たまいと] 옥사; 굵고 마디가 많은 명주실.

玉砂利[たまじゃり] 굵은 자갈.

玉算[たまざん] 주산. 주판셈.

玉手箱[たまてばこ] 보물 상자.

玉乗り[たまのり] (공위에 올라가) 공을 굴리는 곡예·곡예사.

玉子[たまご] ①(새·물고기·벌레의) 알. ②계란. ③햇병아리. 풋내기? 올챙이.

玉子色[たまごいろ] 연한 노란색.

玉子焼(き)[たまごやき] 계란부침.

玉子丼[たまごどんぶり] 계란덮밥.

玉造り[たまつくり] ①구슬 세공. 옥을 갈아 세공함. ②장색(匠色).

玉菜[たまな] ①‘キャベツ’의 딴이름. ②‘葉牡丹(はぼたん)’의 딴이름.

玉尺[たまじゃく] 구면계(球面計).

玉蜀黍[★とうもろこし] ≪植≫ 옥수수. 강냉이.

玉葱[たまねぎ] ≪植≫ 양파.

玉取り[たまとり] 여러 개의 공을 공중에 던졌다가 받는 곡예.

玉の汗[たまのあせ] 구슬땀.

玉❶[ぎょく] 옥; ①구슬. 보석. ②매매가 성립된 주식·상품. ③(화류계에서) 창기. 기생. 유녀. ④화대(花代). ⑤(장기에서) 궁. ⑥(식당에서) 달걀. ❷[たま] ☞ [訓読]

玉高[ぎょくだか] ①화대(花代)의 금액. ②(거래소에서) 매매 약정이 성립된 수량.

玉稿[ぎょっこう] 옥고. ＊상대방 원고에 대한 높임말.

玉顔[ぎょくがん] 옥안; ①아름다운 얼굴. ②용안(竜顔).

玉座[ぎょくざ] 옥좌; 보좌(宝座).

玉体[ぎょくたい] 옥체; 천황의 몸.

屋　집 옥

一　コ　ヨ　尸　尸　屄　屄　居　居　屋

音 ●オク
訓 ●や

[訓読]

⁴●屋[や] ①집. ②지붕. ③(물건 이름에 접속하여 그 물건을 파는) 가게. 점포. ④(약간 경멸의 뜻으로) …쟁이. …꾼.

²屋根[やね] ①지붕. ②덮개. ③(집에서) 가장 높은 곳.

屋根裏[やねうら] ①지붕과 천장 사이. ②다락방.

屋台[やたい] ①포장마차 가게. ②(축제 때) 춤추는 무대. ③오두막집. ④(연극에서) 집을 본떠서 만든 도구. ⑤‘屋台骨(やたいぼね)’의 준말.

屋台店[やたいみせ] 노점상(露店商).

屋並み[やなみ] ①즐비하게 늘어선 집들. ②집집마다.

屋敷[やしき] ①집의 부지(敷地). 대지(垈地). ②고급 주택. 대저택.

屋数[やかず] 집 수효. 호수(戸数).

屋形[やかた] ①(귀족들의) 저택. ②¶お～様(さま) 나리님. 주인 어르신. ③배·수레의 지붕. ④‘屋形船’의 준말.

屋内[おくない] 옥내; 실내. 건물 안.

³屋上[おくじょう] 옥상; ①지붕 위. ②빌딩 옥상의 평평한 곳.

²屋外[おくがい] 옥외; 건물 밖.

獄 감옥 옥

丿 丨 丬 丬 丬 丬 獄 獄 獄

音 ●ゴク
訓 ⊗ひとや

音読

獄[ごく] 옥; ①감옥. ②판결.
獄舎[ごくしゃ] 옥사; 감옥. 교도소.
獄中[ごくちゅう] 옥중; 감옥 안.

沃 기름진 옥

音 ⊗ヨク ⊗ヨウ
訓 ―

音読

沃田[よくでん] 옥전; 기름진 논.
沃土[よくど] 옥토; 기름진 땅.

[온]

温(溫) 따스할 온

氵 氵 沪 沪 沪 沪 沪 沪 温 温

音 ●オン ⊗ウン
訓 ●あたたか ●あたたかい ●あたたまる
●あたためる ⊗ぬくい ⊗ぬるむ ⊗ぬくもる

訓読

²●温か[あたたか] 〈形動〉①(마음이) 따뜻함.
훈훈함. 다정함. ②(음식・감촉이) 따뜻함.
③경제적으로 여유가 있음.
²●温かい[あたたかい] 〈形〉①(마음이) 따
뜻하다. 훈훈하다. ②(음식・감촉이) 따
뜻하다. ③경제적으로 여유가 있다.
²●温まる❶[あたたまる]〈5自〉①(마음이) 훈
훈해지다. ②경제적으로 여유가 생기다.
⊗温まる❷[ぬくまる]〈5自〉(어떤 물건에
의해) 따뜻해지다.
²●温める❶[あたためる]〈下1他〉①(음식을)
데우다. 따뜻하게 하다. ②(새가 알을)
품다. ③(마음속에) 간직하다. ④대기하
다. ⑤되살리다. 새로이 하다.
⊗温める❷[ぬくめる]〈下1他〉(어떤 것을)
따뜻하게 하다. 데우다.
⊗温める❸[ぬるめる]〈下1他〉(물을) 미지
근하게 하다.

²⊗温い[ぬるい]〈形〉①미지근하다. 미적지
근하다. ②엄하지 않다. 미온적이다. ③
굼뜨다. 느리다.

音読

²温暖[おんだん] 온난; 기후가 따뜻함.
²温暖化[おんだんか] 온난화; 기후가 점차로
따뜻해지는 현상.
²温帯[おんたい] 온대; 열대(熱帯)와 한대(寒帯)
사이의 지대(地帯).
²温度[おんど] 온도; 덥고 찬 온도.
温良[おんりょう] 온량; 온화하고 양순함.
²温床[おんしょう] 온상; ①인공적으로 온도
를 높인 묘상(苗床). ②어떤 일이 일어나
기 쉬운 환경.
温水[おんすい] 온수; 더운 물.
温順[おんじゅん] 온순; ①온화하고 양순함.
②(날씨 등이) 따뜻함. 온화함.
²温室[おんしつ] 온실; 내부의 온도를 일정
하게 유지할 수 있도록 난방 장치가 된
건물.
温情[おんじょう] 온정; 따뜻한 m-음씨.
温存[おんぞん] 온존; ①소중히 간직함. ②(고
치지 않고) 그대로 둠.
²温泉[おんせん] ①온천. ②온천장. 온천탕.
¹温和[おんわ] 온화; ①(성질・태도가) 온유
하고 온순하고 유화함. ②(기후가) 따뜻하
고 화창함.

穏(穩) 평온할 온

二 千 禾 禾 秆 秤 稆 稆 穏

音 ●オン ●ノン
訓 ●おだやか

訓読

²●穏やか[おだやか]〈形動〉①(상태가) 조용
하고 평온함. 온화함. ②(인품이) 온후함.
차분함. ③행동이나 사고방식이 온당함.
¶ ～でない 온당치 못하다.

音読

穏健[おんけん] 온건; 성격・사상 등이 온
당하고 건전함.
穏当[おんとう] 온당; ①사리에 맞고 타당
함. ②(성격이) 유순함. 온화학.
穏便[おんびん] 원만함. 모나지 않음.
穏和[おんわ] 온화; 원만하고 브드러움.
❶安穏[あんのん/あんおん]

[옹]

翁 (翁) 늙은이 옹

ノ ハ 公 公 公 弁 弇 翁 翁 翁

音 ●オウ
訓 ⊗おきな

訓読
⊗翁❶[おきな] ①영감님. *'老人(ろうじん)'의 높임말. ②(能楽(のうがく)에서) 노인의 탈. 또는 能楽(のうがく)의 곡명. ❷[おう] ☞ [音読]
⊗翁草[おきなぐさ] ≪植≫ 할미꽃.

音読
翁❶[おう] 옹; 남자 노인에 대한 존칭.
❷[おきな] ☞ [訓読]

擁 안을 옹

扌 扩 扩 扩 扚 挧 捹 捹 擁 擁

音 ●ヨウ
訓 ⊗いだく

音読
擁する[ようする] 〈サ変他〉 ①끌어안다. 포옹하다. ②소유하다. 가지다. 지니다. ③거느리다. ④추대하다. 옹립하다.
擁立[ようりつ] 옹립; 옹호하여 어떤 지위에 즉위시킴.
擁護[ようご] 옹호; 편을 들어 지킴. 부축하여 보호하다.

[와]

渦 소용돌이 와

氵 氵 汀 汩 汩 渦 渦 渦 渦 渦

音 ●カ
訓 ●うず

訓読
¹●渦[うず] ①소용돌이. ②소용돌이무늬. ③혼란한 상태. 와중(渦中).
渦巻(き)[うずまき] ①소용돌이. ②소용돌이 모양.
渦巻く[うずまく] 〈5自〉 소용돌이치다.

渦潮[うずしお] 소용돌이쳐 흐르는 바닷물.

音読
渦紋[かもん] 와문; 소용돌이무늬.
渦中[かちゅう] 와중; 혼란한 상태.

瓦 기와 와

音 ⊗ガ
訓 ⊗かわら

訓読
²⊗瓦[かわら] ①기와. ②무가치한 것.
瓦屋根[かわらやね] 기와지붕.

音読
瓦落落ち[がらおち] 시세의 폭락.
瓦解[がかい] 와해; 조직의 일부가 무너짐으로 인해 전체가 무너짐.

臥 누울 와

音 ⊗ガ
訓 ⊗ふす ⊗ふせる

訓読
⊗臥す[ふす] 〈5自〉 옆으로 눕다. 모로 눕다.
⊗臥せる[ふせる] 〈5自〉 ①옆으로 눕다. 모로 눕다. ②(병으로) 앓아눕다.

音読
臥竜[がりょう] 와룡; ①엎드려 있는 용. ②알려지지 않은 큰 인물.
臥床[がしょう] 와상; ①잠자리. 침상(寝床). ②자리에 누움. 몸져누움.
臥薪嘗胆[がしんしょうたん] 와신상담.

訛 거짓말 와

音 ⊗カ
訓 ⊗なまる

訓読
⊗訛る[なまる] 〈5自〉 사투리 발음을 하다.
訛り[なまり] 사투리 발음.
訛声[だみごえ] ①사투리가 섞인 목소리. ②(귀에 거슬리는) 탁한 목소리.

音読
訛言[かげん] 와언; ①그릇된 소문. ②사투리.
訛音[かおん] 와음; 사투리 발음.
訛伝[かでん] 와전; 잘못 전함.

蛙 개구리 와

音 ⊗ア
訓 ⊗かえる

訓読
⊗蛙[かえる] ≪動≫ 개구리.
蛙泳ぎ[かえるおよぎ] 개구리헤엄.

| **蝸** 달팽이 와 | 音 ⊗カ |
| | 訓 ⊗かたつむり |

訓/音読
⊗蝸牛[かたつむり/かぎゅう] ≪動≫ 달팽이.

窪 웅덩이 와	音 ⊗ア ⊗ワ
	訓 ⊗くぼまる
	⊗くぼむ
	⊗くぼめる

訓読
⊗窪[くぼ] 구덩이. 움푹 팬 곳.
⊗窪い[くぼい] 〈形〉 (일부만이) 움푹 패어
  있다. 우묵하다. 쑥 들어가 있다.
⊗窪まる[くぼまる] 〈5自〉 움푹 패다.
⊗窪む[くぼむ] 〈5自〉 ①움푹 패다. ②불우
  한 처지에 있다. 몰락하다.
⊗窪める[くぼめる] 〈下I他〉 움푹 패게 하다.

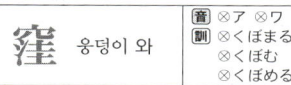
[완]

| **完** 완전할 완 | |
| ` ` 宀 宁 宇 宇 完 | |

音 ●カン
訓 —

音読
完結[かんけつ] 완결; 완전하게 끝맺음.
完工[かんこう] 완공; 공사가 완전히 끝남.
完納[かんのう] 완납; 모두 납부함.
²完了[かんりょう] 완료; 완전히 끝남.
¹完璧[かんぺき] 완벽; 완전무결함.
完本[かんぽん] 완본; 전질(全帙). 한 질(帙)
  로 된 책 전부.
完封[かんぷう] 완봉; ①상대방의 활동을
  완전히 봉쇄함. ②(야구에서) 셧아웃.
完備[かんび] 완비; 완전히 갖춤.
²完成[かんせい] 완성; 완전히 이룸.
完遂[かんすい] 완수; 목적을 완전히 이룸.
完勝[かんしょう] 완승; 완전한 승리.
完訳[かんやく] 완역; 전문(全文)을 번역함.
完泳[かんえい] 완영; 목표로 하는 거리 끝
  까지 완전히 헤엄침.
²完全[かんぜん] 완전; 부족함이 없음. 결점이
  없음.

| **腕** 팔뚝 완 | |
| 月 月 月' 用' 扩 肹 脐 脐 腕 | |

音 ●ワン
訓 ●うで

訓読
³●腕[うで] ①팔. ②솜씨. 기량. 실력. ③완
  력. ④(의자의) 가로대. 팔걸이.
腕ずく[うでずく] 완력(腕力). 우격다짐.
腕輪[うでわ] 팔찌.
腕比べ[うでくらべ] ①힘겨루기. ②솜씨 겨
  루기.
腕相撲[うでずもう] 팔씨름.
腕首[うでくび] 팔목. 손목.
腕時計[うでどけい] 손목시계.
腕試し[うでだめし] 실력을 시험해 봄.
腕押し[うでおし] 팔씨름.
¹腕前[うでまえ] 솜씨. 기량. 수완.
腕組[うでぐみ] 팔짱.
腕枕[うでまくら] 팔베개.
音読
腕力[わんりょく] 완력; ①뚝심. ②폭력.
腕章[わんしょう] 완장; 옷의 팔 부분에 두
  르는 표장(標章).

| **頑** 완고할 완 | |
| 一 二 テ 元 元 矿 矿 頑 頑 頑 | |

音 ●ガン
訓 ⊗かたくな ⊗かたくなし

訓読
⊗頑[かたくな] 〈形動〉 완고함. 고집스러움.
  ¶ ～な態度(たいど) 완고한 태도.
⊗頑し[かたくなし] 〈形〉≪文≫ 완고하다. 고
  집스럽다.
音読
頑強[がんきょう] 완강; ①태도가 완고하고
  의지가 굳셈. ②몸이 튼튼함.
¹頑固[がんこ] 완고; ①고집스러움. ②끈질김.
¹頑丈[がんじょう] 튼튼함. 단단함.
⁴頑張る[がんばる] 〈5自〉 ①(끝까지) 버티다.
  힘내다. 분발하다. 노력하다. ②(끝까지)
  고집하다. 우기다. 뻗대다. ③(한 곳에)
  버티고 서다. 버티다.

緩(緩) 느릴 완

糸 糸 糸 紓 紓 絟 絟 緩 緩

音 ●カン
訓 ●ゆるい ●ゆるまる ●ゆるむ ●ゆるめる
　　●ゆるやか ●ゆるりと

訓読

²●緩い[ゆるい] 〈形〉①느슨하다. 헐렁하다. 헐겁다. ②허술하다. ③가파르지 않다. 완만하다. ④느리다. ⑤묽다. 되지 않다.
●緩か[ゆるか] 완만함. 느긋함. 느슨함.
●緩まる[ゆるまる] 〈5自〉 느슨해지다.
¹●緩む[ゆるむ] 〈5自〉①느슨해지다. 헐거워지다. ②허술해지다. ③(추위가) 누그러지다. 풀리다. ④해이(解弛)해지다. ⑤묽어지다. ⑥시세가 내려가다.
¹●緩める[ゆるめる] 〈下1他〉①느슨하게 하다. 헐렁하게 하다. ②완화하다. 늦추다. ③(긴장을) 풀다. ④(상태를) 늦추다. ⑤완만하게 하다. ⑥묽게 하다.
¹●緩やか[ゆるやか] 〈形動〉①가파르지 않음. 완만함. ②느릿함. ③느긋함. ④엄하지 않음. 허술함. ⑤느슨함. 헐거움.
●緩りと[ゆるりと] 유유히. 천천히. 편히.

音読

緩急[かんきゅう] 완급; ①느림과 빠름. ②느슨함과 엄함. ③위급한 상태.
緩慢[かんまん] 완만; ①(동작·속도가) 느림. 활발하지 않음. ②엄하지 않음. 허술함.
緩衝[かんしょう] 완충; 둘 사이의 불화나 충격을 완화시킴.
緩衝地帯[かんしょうちたい] 완충 지대.
緩行[かんこう] 완행; 느리게 감.
¹緩和[かんわ] 완화; 느슨하게 함.

玩 장난할 완

音 ⊗ガン
訓 ⊗もてあそぶ

訓読

⊗玩ぶ[もてあそぶ] 〈5他〉①가지고 놀다. 만지작거리다. ②심심풀이로 즐기다. ③희롱하다. 농락하다.

音読

²玩具[がんぐ/おもちゃ] 완구; 장난감.
玩具店[がんぐてん] 완구점.

宛 굽을 완

音 ⊗エン
訓 ⊗あて ⊗あてる

訓読

¹⊗宛て[あて] ①(편지가 배달되는 사람·단체에 접속하여) …앞. ②(숫자에 접속하여) …당. …에 대해.
²⊗宛てる[あてる] 〈下1他〉(짐·우편물을) …앞으로 보내다. …앞으로 부치다.
²宛て名[あてな] (우편물 등의) 수신인 주소 성명. 수신인명(受信人名).
宛て先[あてさき] (우편물 등의) 수신인. 수신처.
宛て所[あてどころ] ①(우편물 등의) 수신인. 수신처. ②목표. 목적.
宛て字[あてじ] 차자(借字). 취음자(取音字).

音読

宛然[えんぜん] 완연; ①뚜렷하게 나타남. ②마치. 꼭.

婉 순할 완

音 ⊗エン
訓 ―

音読

¹婉曲[えんきょく] 완곡; ①(말이나 행동을) 드러내지 않고 빙 둘러서 나타냄. ②말씨가 곱고 차근차근함.

椀 주발 완

音 ⊗ワン ⊗オウ
訓 ―

音読

²椀[わん] ①(나무로 만든 밥·국 등을 담는) 공기. ¶一(ひと)～の汁(しる) 한 공기의 국. ②(공기에 담긴 음식물의 수효를 세는 말로) …공기.
椀飯[おうばん] ①밥공기에 담은 밥. ②성대한 잔치.
椀飯振舞[おうばんぶるまい] 진수성찬.

碗 주발 완

音 ⊗ワン
訓 ―

音読

²碗[わん] ①(도자기로 만든 밥·국 등을 담는) 공기. ¶一(ひと)～の汁(しる) 한 공기의 국. ②(공기에 담긴 음식물의 수효를 세는 말로) …공기.

[왕]

王　임금 왕

一　丁　干　王

音 ●オウ ●ノウ
訓 ―

音読
²王[おう] 왕; ①임금. 군주(君主). ②으뜸.
③親王(しんのう)가 아닌 황족(皇族)의 남자.
④(장기에서) 궁(宮).
王冠[おうかん] 왕관; ①왕이 쓰는 관.
②영예의 관. ③금속제 병마개.
王国[おうこく] 왕국; ①왕이 다스리는 나
라. ②거대한 조직체.
王宮[おうきゅう] 왕궁; 궁궐.
²王女[おうじょ] 왕녀; ①공주. ②왕족의 여자.
王道[おうどう] 왕도; ①임금이 마땅히 지
켜야 할 정도(正道). ②인덕(仁德)으로 나
라를 다스리는 정도(政道). ③지름길.
王妃[おうひ] 왕비; 국왕의 배우자.
²王様[おうさま] 임금님. 왕.
王位[おうい] 왕위; ①제위(帝位). ②(바둑·
장기에서) 최고위의 칭호.
²王子[おうじ] 왕자; ①왕의 아들. ②황족(皇
族)의 남자.
王者[おうじゃ] 왕자; ①임금. ②왕도(王
道)로 나라를 다스리는 사람. ③으뜸가
는 존재.
王政[おうせい] 왕정; ①임금이 다스리는
정치. ②군주제(君主制).

往　갈 왕

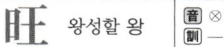

音 ●オウ
訓 ⊗ゆく ⊗いぬ

音読
往古[おうこ] 왕고; 오랜 옛날.
往年[おうねん] 왕년; 지난 날.
往来[おうらい] 왕래; ①오고감. ②길. 도
로. ③교제. ④(생각이) 떠올랐다 사라졌
다 함. (만감이) 교차함.
往路[おうろ] 왕로; 가는 길.

²往復[おうふく] 왕복; ①가고 옴. 갔다가 옴.
②왕래. 교제. ③(편지 등을) 주고받음.
²往復切符[おうふくきっぷ] 왕복 티켓.
往生[おうじょう] ① ≪仏≫ 극락왕생. 극락
에 태어남. ②죽음. ③단념. 체념. ④곤
란함. 난처함. 손듦.
往生際[おうじょうぎわ] ①임종. ②단념.
체념.
往往に[おうおうに] 왕왕; 이따금. 때때로.
¹往診[おうしん] 왕진; 의사가 환자의 집에
가서 진찰함.

旺　왕성할 왕

音 ⊗オウ
訓 ―

音読
旺盛[おうせい] 왕성; 한창 성(盛)함.
旺然[おうぜん] 왕연; 매우 왕성함.

[왜]

歪　비뚤 왜

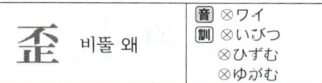

音 ⊗ワイ
訓 ⊗いびつ
　⊗ひずむ
　⊗ゆがむ

訓読
⊗歪[いびつ] ①찌그러짐. 일그러짐. ②(상
태가) 비정상임. 비뚤어짐.
¹歪む❶[ひずむ] 〈5自〉 (모양이) 뒤틀리다.
일그러지다.
¹⊗歪む❷[ゆがむ] 〈5自〉 ①(모양이) 비뚤어
지다. 일그러지다. 뒤틀리다. ②(성질·
상태가) 바르지 못하다. 비뚤어지다.
⊗歪み❶[ひずみ] ①(모양이) 뒤틀림. 일그
러짐. ②변형(変形). 일그러진 상태. ③(일
이 잘 안 되는 데서 생기는) 나쁜 여파. 주
름살. ❷[ゆがみ] ①(모양이) 비뚤어짐. 일
그러짐. 뒤틀림. ②(성질·상태가) 바르지
못함. 비뚤어짐.
⊗歪める[ゆがめる] 〈下1他〉 ①(형태를) 비
뚤어지게 하다. 뒤틀리게 하다. 일그러뜨
리다. ②왜곡하다. 왜곡시키다.
音読
歪曲[わいきょく] 왜곡; 사실 등을 거짓으
로 바르지 못하게 함.

倭	왜국 왜	音 ⊗ワ
		訓 ―

音読
倭寇[わこう] 왜구; 일본 해적(海賊). ＊13~16세기의 일본 해적을 말함.
倭国[わこく] 왜국; 일본.
倭人[わじん] 왜인; 일본인. 일본 사람.

矮	난장이 왜	音 ⊗ワイ
		訓 ―

音読
矮軀[わいく] 왜구; 키가 작은 체구(體軀).
矮林[わいりん] 왜림; 키가 작은 나무의 숲.
矮性[わいせい] 왜성; (식물이) 크게 자라지 않는 성질.
矮星[わいせい] ≪天≫ 왜성; 난쟁이별.
矮小[わいしょう] 왜소; ①키가 낮고 작음. ②조그맣고 아담함.
矮樹[わいじゅ] 왜수; 키가 작은 나무.
矮人[わいじん] 왜인; 난쟁이.

外	바깥 외

ノ ク タ 外 外

音 ●ガイ ●ゲ
訓 ●そと ●ほか ●はずす ●はずれる ⊗と

訓読
⁴●**外❶**[そと] ①바깥. ②집 밖. 옥외(屋外). ③(자신이 속한 사회의) 외부. ④겉. 표면. ⑤(테두리) 밖. **❷**[ほか] ①(어떤 범위) 바깥. 외부. ②딴 곳. 딴 것. ③그 밖. 이외. …을 빼놓고.
²●**外す**[はずす] ⟨他⟩ ①떼어내다. 떼다. ②끄르다. 풀다. 벗기다. ③누락시키다. 제외시키다. 빼다. ④(자리를) 비우다. 뜨다. ⑤빗나가게 하다. ⑥잃다. 놓치다. ⑦(관절 등이) 빠지게 하다.
²●**外れる**[はずれる] ⟨下1自⟩ ①빠지다. 벗겨지다. 글러지다. ②(범위를) 벗어나다. ③(규칙에) 어긋나다. ④빗나가다. ⑤제외되다. 탈락되다.

外開き[そとびらき] (문이) 안에서 밖으로 열림.
外見[そとみ/がいけん] 외관; 겉보기.
外掛け[そとがけ] (씨름에서) 발걸이.
外構え[そとがまえ] ①(건물의) 외부 구조. 바깥 꾸밈새. ＊대문·담·울타리를 말함. ②외관. 겉보기.
外堀[そとぼり] ①외호(外濠). 성의 바깥 둘레의 해자(垓字). ②중으로 된 해자(垓字) 중 바깥쪽의 것.
¹**外方**[そっぽ/そっぽう] 다른 쪽. 딴 데.
外様[★とざま] ①(武家시대의) 大名(だいみょう)나 무사. ②(江戸시대에) 徳川(とくがわ) 집안을 따르던 大名(だいみょう). ③방계(傍系). 직계에서 갈라져 나온 계통.
外囲い[そとがこい] 바깥 울타리.
外側[そとがわ] 외측; 바깥쪽. 겉면.
外海❶[そとうみ] 외해; 육지로 둘러싸여 있지 않은 넓은 바다. **❷**[がいかい] 육지에서 멀리 떨어진 바다. 원양(遠洋).
外回り[そとまわり] ①바깥 둘레. 주위. ②외근(外勤). ③(전차의 순환선에서) 바깥쪽 노선(路線). ④대외적(対外的)임.

音読
外角[がいかく] ① ≪数≫ 외각. ②(야구에서) 아웃코너. ③(물체의) 돌출부.
外見[がいけん/そとみ] 외관; 겉보기.
外界[がいかい] 외계; 바깥 세계.
²**外科**[げか] ≪医≫ 외과.
外科医[げかい] ≪医≫ 외과 의사.
外科手術[げかしゅじゅつ] 외과 수술.
外郭[がいかく] 외곽; 바깥 테두리.
¹**外観**[がいかん] 외관; 겉보기.
²**外交**[がいこう] ①(국가간의) 외교. ②(남과의) 외교. 섭외. 외무(外務).
外交官[がいこうかん] 외교관.
外局[がいきょく] (중앙 관서의) 외청(外庁).
¹**外国**[がいこく] 외국; 다른 나라.
⁴**外国語**[がいこくご] 외국어.
⁴**外国人**[がいこくじん] 외국인.
外国為替[がいこくかわせ] 외환(外換). 외국환(外国換).
外気[がいき] 외기; 바깥 공기.
外灯[がいとう] 외등; 옥외등(屋外灯).
¹**外来**[がいらい] 외래; ①외국에서 옴. ②외부에서 옴. ③'外来患者'의 준말.
¹**外来語**[がいらいご] 외래어.
外来患者[がいらいかんじゃ] 외래 환자.

外面❶[がいめん] 외면; ①표면. 겉면. ②외관. 외모. ❷[そとづら] ①(물건의) 겉모양. 겉보기. ②남을 대하는 태도.

外務[がいむ] 외무; ①외국에 관한 사무 ②외근(外勤).

外務大臣[がいむだいじん] 외무대신; 외무부 장관.

外務省[がいむしょう] 외무성; 외무부(外務省).

外聞[がいぶん] 외문; ①세상. 평판 소문. ②체면.

外米[がいまい] 외미; 외국 쌀.

外泊[がいはく] 외박; 일정한 숙소 이외의 장소에서 잠을 잠.

²外部[がいぶ] 외부; ①물건의 바깥쪽. ②어떤 집단의 바깥.

¹外相[がいしょう] 외상; 외무부 장관.

外傷[がいしょう] 외상; 몸 외부의 상처.

外線[がいせん] 외선; ①바깥쪽 선. ②옥외선(屋外線). ③외부로 통하는 전화선.

外線工事[がいせんこうじ] 옥외선 공사.

外食[がいしょく] 외식; 집 밖에서의 식사.

外圧[がいあつ] 외압; 외부의 압력.

外野[がいや] 외야; ①(야구에서) 아웃필드. ②그 사건과 관계가 없는 사람. 제삼자.

外洋[がいよう] 외양; 원양(遠洋). 먼 바다.

外苑[がいえん] 외원; 궁성(宮城)・신궁(神宮) 등의 바깥 정원.

外遊[がいゆう] 외유; 외국 여행.

外人[がいじん] 외인; 외국인.

外因[がいいん] 외인; 외부 원인.

外資[がいし] 외자; 외국 자본.

外敵[がいてき] 외적; 외부에서 쳐들어오는 적.

外地[がいち] 외지; ①외국. 해외. ②(2차 대전 당시) 일본 식민지.

外地勤務[がいちきんむ] 해외 근무.

外紙[がいし] 외지; 외국 신문.

外債[がいさい] 외채; 외국에 대한 채무.

²外出[がいしゅつ] 외출; 나들이.

外皮[がいひ] 외피; ①겉껍질. ②동물의 몸의 표면.

外港[がいこう] 외항; 어떤 도시의 문호(門戸) 역할을 하는 항구.

外形[がいけい] 외형; 겉모양.

¹外貨[がいか] 외화; ①외국 화폐. ②(수입 대상국의) 외국 상품・화물.

外患[がいかん] 외환; 외부로부터 받는 근심・걱정.

畏	두려워할 외	音 ⊗イ
		訓 ⊗おそれる
		⊗かしこ

訓読

⊗畏れる[おそれる] 〈下1自〉 경외(敬畏)하다. 두려워하다.

畏れ[おそれ] 경외(敬畏). 외경(畏敬).

畏れ多い[おそれおおい] 〈形〉 ①황공하다. 송구스럽다. ②대단히 고맙다.

畏れ入る[おそれいる] 〈5自〉 ①죄송해하다. 황송해하다. ②어이없다. 기막히다. 어처구니없다. ③탄복하다. 놀라다.

⊗畏[かしこ] 삼가 이만 실례합니다. ＊여성이 편지 끝에 쓰는 말.

畏い[かしこい] 〈形〉 ①황공하다. ②고맙다.

畏くも[かしこくも] 황공하옵게도.

畏き辺り[かしこきあたり] 황공한 곳. ＊궁중이나 황실의 높임말.

²畏まる[かしこまる] 〈5自〉 ①황공해하다. 황송하다. ②긴장해서 꿇어앉다. 정좌(正坐)하다. ③받들어 모시다.

音読

畏敬[いけい] 외경; 공경하고 두려워함.

畏伏[いふく] 외복; 두려워 엎드림.

畏服[いふく] 외복; 두려워 복종함.

畏縮[いしゅく] 외축; 두려워 움츠림.

畏怖[いふ] 외포; 두려워함.

猥	함부로 외	音 ⊗ワイ
		訓 ⊗みだら
		⊗みだり

訓読

⊗猥ら[みだら] 〈形動〉 음란함. 난잡함. 외설적임.

⊗猥りがましい[みだりがましい] 〈形〉 (남녀 관계가) 음란스럽다. 난잡하다.

⊗猥りに[みだりに] ①함부로. 멋대로. 무분별하게. ②난잡하게. 무질서하게.

音読

猥談[わいだん] 외담; 음담패설.

猥本[わいほん] 외설(猥褻) 서적.

猥書[わいしょ] 외서; 외설(猥褻) 서적.

猥褻[わいせつ] 외설; 음란함.

猥雑[わいざつ] 외잡; ①음란함. ②추잡함. ③난잡함.

猥画[わいが] 외설적인 그림・영화.

[요]

凹　오목할 요

𠆢 𠮠 𠘨 凹 凹

音 ●オウ
訓 ⊗へこむ　⊗くぼむ

訓読
⊗凹まる[くぼまる]〈5自〉움푹 패다. 푹 꺼지다.
²⊗凹む❶[へこむ]〈5自〉①(외부의 힘에 의해서 단시간에) 푹 꺼지다. 움푹 들어가다. ②굴복하다. 물러나다. 꺾이다. ③밑지다. 손해보다.
⊗凹む❷[くぼむ]〈5自〉①(오랜 기간에 걸쳐서 저절로) 움푹 패다 움푹 들어가다. ②몰락하다. 불우한 처지에 있다.

音読
凹レンズ[おうレンズ] 오목 렌즈.
凹面[おうめん] 요면; 오목면. 가운데가 오목한 면.
凹面鏡[おうめんきょう] 요면경; 오목 거울.
凹状[おうじょう] 요상; 오목한 모양.
凹凸[おうとつ] 요철; 울퉁불퉁함.
凹版[おうはん] ≪印≫ 요판.
凹形[おうけい] 요형; 가운데가 주위보다 오목한 모양.
凹型[おうがた] 요형; 오목꼴.

要　필요할 요

一 厂 厂 币 西 西 要 要 要

音 ●ヨウ
訓 ●いる　⊗かなめ

訓読
⁴●要る[いる]〈5自〉필요하다.
要り用[いりよう] ①(금품 등이) 필요함. ②필요한 경비. 비용.
⊗要❶[かなめ] ①(쥘부채의) 사북. 부채의 뼈대를 한 곳에 모으는 곳. ②(사물의) 주축. 축. ③가장 중요한 대목·요점.
❷[よう] ☞ [音読]

音読
要[よう] ①요점. 요령. ②필요. 필요성.

¹要する[ようする]〈サ変他〉①요하다. 필요로 하다. ②잠복하다. 숨어 기다리다. ③요약하다.
²要するに[ようするに] 요컨대. 결국.
要綱[ようこう] 요강; 중요한 강령(綱領).
要件[ようけん] 요건; ①중요한 용건. ②필요한 조건.
²要求[ようきゅう] 요구; 강력히 청하여 구함.
要談[ようだん] 요담; 필요한 말. 중요한 이야기.
²要領[ようりょう] 요령; 요점(要点).
¹要望[ようぼう] 요망; 구하여 바람.
要目[ようもく] 요목; 중요한 항목.
要塞[ようさい] 요새; 성채(城砦).
要所[ようしょ] 요소; 중요한 장소.
²要素[ようそ] 요소; 꼭 필요한 근본 조건.
要式[ようしき] 요식; 일정한 방식대로 해야 하는 일.
要約[ようやく] 요약; ①요점을 간추림. ②약속함. 언약을 맺음.
要員[よういん] 요원; 필요한 인원.
要人[ようじん] 요인; 중요한 직위에 있는 사람.
¹要因[よういん] 요인; 주요한 원인.
²要点[ようてん] 요점; 가장 중요한 점.
要注意[ようちゅうい] 요주의; 주의하시오. 주의할 필요가 있음.
²要旨[ようし] 요지; 대체의 내용.
要地[ようち] 요지; 아주 중요한 핵심이 되는 지역.
¹要請[ようせい] 요청; 요긴하게 청함.
要衝[ようしょう] 요충; 요지(要地).
要項[ようこう] 요항; 필요한 사항.

揺(搖)　흔들 요

扌 扌 扌 扌 扌 扞 扵 挥 挥 揺

音 ●ヨウ
訓 ●ゆさぶる　●ゆすぶる　●ゆする　●ゆらぐ
●ゆらす　●ゆらめく　●ゆる　●ゆるがす
●ゆるぐ　●ゆれる

訓読
¹●揺さぶる[ゆさぶる]〈5他〉①(크게 움직이도록) 흔들다. 뒤흔들다. ②동요시키다.
揺さぶり[ゆさぶり] ①(크게) 뒤흔듦. 흔들어 움직임. ②동요시킴.
●揺すぶる[ゆすぶる]〈5他〉①흔들다. 뒤흔들다. ②동요시키다.

◉揺する[ゆする] 〈5他〉 ①흔들다. 흔들어 움직이다. ②공갈 협박하여 금품을 빼앗다. 둥치다.

¹◉揺らぐ[ゆらぐ] 〈5自〉 ①흔들리다. 요동하다. ②(상태가) 흔들리다 불안정해지다.

◉揺らす[ゆらす] 〈5他〉 흔들다.

◉揺らめかす[ゆらめかす] 〈5他〉 흔들다. 흔들리게 하다.

◉揺らめく[ゆらめく] 〈5自〉 흔들거리다.

◉揺る[ゆる] 〈5他〉 ①흔들다. 흔들리게 하다. ②(쌀 등을) 일다. 〈5自〉 떨다. 흔들리다.

揺り起こす[ゆりおこす] 〈5他〉 흔들어 깨우다. 흔들어 일으키다.

揺り動かす[ゆりうごかす] 〈5他〉 ①뒤흔들다. 흔들어 움직이게 하다. ②동요시키다. 불안정하게 만들다.

揺り籠[ゆりかご] 요람(揺籃).

揺り返し[ゆりかえし] ①다시 흔들림. ②여진(余震).

揺り上げる[ゆりあげる] 〈下1他〉 흔들어 올리다. 추켜올리다.

◉揺るがす[ゆるがす] 〈5他〉 뒤흔들다. 요동시키다.

◉揺るぐ[ゆるぐ] 〈5自〉 흔들리다.

揺るぎ[ゆるぎ] 흔들림. 동요. 요동.

揺るぎない[ゆるぎない] 흔들리지 않는다.

²◉揺れる[ゆれる] 〈下1自〉 ①(상하·좌우로) 흔들리다. ②(마음·기반이) 흔들리다. 동요하다.

揺れ動く[ゆれうごく] 〈5自〉 (상하·좌우로) 마구 흔들리다. 마구 동요하다.

音読 揺動[ようどう] 요동; 흔들림.

腰 허리 요

月 月 胛 胛 胛 胛 腰 腰 腰

音 ◉ヨウ
訓 ◉こし

訓読
²◉腰[こし] ①(몸의) 허리. ②(옷의) 허리. ③(사물의) 허리. ④和歌(わか)의 셋째 구(句). ⑤끈기. ⑥(무엇을 하려는) 자세.

腰高[こしだか] ①(허리가 높아) 엉거주춤함. ②건방짐. 거만함.

²腰掛け[こしかけ] ①걸상. ②임시 직장.

²腰掛ける[こしかける] 〈下1自〉 걸터앉다.

腰帯[こしおび] 허리띠.

腰抜け[こしぬけ] ①앉은뱅이. ②무기력하고 겁이 많음. 겁쟁이.

腰付き[こしつき] (뭔가를 하려고 할 때의) 허리 모양. 허리 자세.

腰砕け[こしくだけ] ①(씨름에서) 허릿심이 빠져 주저앉음. ②(어떤 일이) 중단됨. 좌절됨.

腰元[こしもと] ①시녀(侍女). ②허리께. 허리 부분.

腰折れ[こしおれ] ①늙어서 허리가 꼬부라짐. ②서투른 시가(詩歌)나 문장.

腰回り[こしまわり] 허리둘레.

音読
腰部[ようぶ] 요부; 허리 부분.

腰痛[ようつう] 요통. 허리가 아픈 병.

窯 그릇굽는 가마 요

宀 宀 宛 窝 窑 窑 窑 窯 窯

音 ◉ヨウ
訓 ◉かま

訓読
◉窯[かま] (도자기·숯을 굽는) 가마.

窯元[かまもと] ①도자기를 굽는 곳. ②도자기 제조소 주인.

窯入れ[かまいれ] (도자기 종류를 구우려고) 가마에 넣음.

音読
窯業[ようぎょう] 요업; 도자기·벽돌·기와 등을 제조하는 공업.

謠 (謡) 노래 요

言 訁 訁 謠 謠 謠 謠 謠 謠

音 ◉ヨウ
訓 ◉うたい ◉うたう

訓読
◉謡[うたい] 能(のう)의 가사. 또는 能(のう)의 가사에 가락을 붙여 노래를 부름.

◉謡う[うたう] 〈5他〉 (노래를) 부르다.

謡物[うたいもの] 서정적인 가사에 가락을 붙여 노래 부르는 것의 총칭.

音読
謡曲[ようきょく] 能楽(のうがく)의 가사. 또는 그 가사에 가락을 붙여 노래함.

曜(曜) 요일 요

日　日'　日''　日''　日''　日''　日''　日''　曜

音 ●ヨウ
訓 ―

音読
曜[よう] ①빛남. ②일월(日月)과 오성(五星).
③요일.
²曜日[ようび] 요일; 1주일의 날

夭 일찍죽을 요

音 ⊗ヨウ
訓 ―

音読
夭死[ようし] 요사; 젊어서 죽음. 요절.
夭逝[ようせい] 요서; 젊어서 죽음. 요절.
夭折[ようせつ] 요절; 젊어서 죽음.

妖 요사스러울 요

音 ⊗ヨウ
訓 ⊗あやしい

訓読
⊗妖しい[あやしい] 〈形〉 ①불가사의하다.
신비스럽다. ②괴상하다. 괴이하다. 이상
하다.

音読
妖術[ようじゅつ] 요술; 마법. 마술.
妖精[ようせい] 요정; 괴이한 정령(精靈).

拗 꺾을/비뚤 요

音 ⊗ヨウ
訓 ⊗ねじける
⊗すねる
⊗こじれる

訓読
⊗拗ける[ねじける] 〈下1自〉 ①(물건 등이)
비틀어지다. ②(심성이) 비뚤어지다.
⊗拗ねる[すねる] 〈下1自〉 ①토라지다. ②떼
를 쓰다.
¹⊗拗れる[こじれる] 〈下1自〉 ①(병이) 덧나
다. 악화되다. ②뒤틀리다. ③비뚤어지다.

音読
拗音[ようおん] ≪語学≫ 요음; 일본어의 음
절 중 'あ·や·わ'행(行) 이외의 かな에
'ゃ·ゅ·ょ'를 덧붙여 표기하여 두 글자를
한 음절로 발음하는 것을 말함. ＊예로
'きゃ·きゅ·きょ'와 같은 형태의 발음임.

遥(遙) 멀 요

音 ⊗ヨウ
訓 ⊗はるか

訓読
¹⊗遥か[はるか] 〈形動〉 ①(거리가) 아득함.
②(시간이) 아득함. ③¶～に 훨씬.
遥遥[はるばる] 멀리.
遥遥と[はるばると] 멀리서.

音読
遥拝[ようはい] 요배; 먼 곳에서 배례(拜
礼)함.
遥遠[ようえん] 요원; 아득하게 동떨어져
있음.

瑤(瑤) 아름다운 옥 요

音 ⊗ヨウ
訓 ―

音読
瑤台[ようだい] 요대; ①아름다운 누대(楼
台). ②신선이 산다는 곳. ③달(月)의 딴
이름.

擾 어지러울 요

音 ⊗ジョウ
訓 ―

音読
擾乱[じょうらん] 요란; 소란(騒乱)함. 소요
(騒擾). 시끄럽고 어지러움.

耀(耀) 빛날 요

音 ⊗ヨウ
訓 ⊗かがよう
⊗かがやかしい

訓読
⊗耀う[かがよう] 〈5自〉≪雅≫ ①반짝이다.
②번득이다. 어른거리다.
⊗耀かしい[かがやかしい] 〈形〉 빛나다. 훌
륭하다.
⊗耀かす[かがやかす] 〈5他〉 빛내다.
⊗耀く[かがやく] 〈5自〉 빛나다. 반짝이다.

音読
●栄耀[えいよう]

饒 배부를 요

音 ⊗ジョウ
訓 ―

音読
饒舌[じょうぜつ] 수다. 수다스러움.
饒舌家[じょうぜつか] 수다쟁이.

[욕]

辱 더럽힐 욕

一 厂 厂 厍 辰 辰 辰 辱 辱 辱

- 音 ◉ジョク ⊗ニク
- 訓 ◉はずかしめる ⊗かたじけない

訓読
◉辱める[はずかしめる] 〈下1他〉 ①모욕하다. ②(명예・지위를) 더럽히다.

⊗辱い[かたじけない] 〈形〉 ①(호의가) 고맙다. 감사하다. ②《古》과분하다. 황송하다. 송구스럽다.

音読
辱知[じょくち] 욕지; (그 사람과) 잘 앎. *자기와의 교제가 오히려 그 사람에게 욕이 된다는 뜻으로 자신을 낮추어 하는 말임.

浴 목욕할 욕

丶 氵 氵 氵 沙 浴 浴 浴 浴

- 音 ◉ヨク
- 訓 ◉あびせる ◉あびる

訓読
◉浴びせる[あびせる] 〈下1他〉 ①(물・공격을) 퍼붓다. 끼얹다. ②(질문・비난을) 퍼붓다. ③(씨름에서) 덮치다.

浴びせ掛ける[あびせかける] 〈下1他〉 (물・공격을) 마구 퍼붓다. 마구 끼얹다. 들이붓다.

浴びせ倒し[あびせたおし] (씨름에서) 위에서 덮쳐 넘어뜨리기.

4◉浴びる[あびる] 〈上1他〉 ①(물을) 뒤집어쓰다. ②(햇볕을) 쬐다. 받다. ③(먼지・연기를) 뒤집어쓰다. ④(공격・비난을) 받다.

音読
浴する[よくする] 〈サ変自〉 ①목욕하다. ②(햇볕을) 쬐다. 받다. ③(혜택을) 받다.

浴室[よくしつ] 욕실; 목욕실.

2浴衣[★ゆかた] (목욕 후나 여름철에 입는) 일본의 무명 홑옷.

浴衣掛け[★ゆかたがけ] ゆかた 차림.

浴場[よくじょう] 욕장; ①목욕실. ②대중 목욕탕.

浴槽[よくそう] 욕조; 목욕통.

欲 바랄 욕

ハ ク ク グ 谷 谷 谷 谷 欲 欲

- 音 ◉ヨク
- 訓 ◉ほしい ◉ほっする

訓読
4◉欲しい[ほしい] 〈形〉 ①탐나다. 필요하다. 갖고 싶다. 먹고 싶다. 사고 싶다. ②…하여 주기 바란다.

欲しがる[ほしがる] 〈5他〉 탐내다. 갖고 싶어 하다. 먹고 싶어하다. 사고 싶어하다.

欲しげ[ほしげ] 〈形動〉 욕심이 나는 듯함.

◉欲する[ほっする] 〈サ変他〉 원하다. 바라다. 갖고 싶다. 하고 싶다.

音読
欲[よく] 욕심. 욕망.

欲どしい[よくどしい] 〈形〉 욕심이 많다.

欲界[よっけい/よっかい] 욕계; 욕땅으로 가득 찬 중생이 사는 세계.

欲求[よっきゅう] 욕구; 바라서 구함.

欲念[よくねん] 욕념; 욕심.

欲得[よくとく] 이해타산. 이득을 얻고자 함.

欲得ずく[よくとくずく] 타산적임. 잇속만을 따져서 행동함.

2欲望[よくぼう] 욕망; 부족을 느껴 이를 채우려고 바라는 마음.

欲目[よくめ] 편견. 자기에게 편한 대로 생각함.

欲心[よくしん] 욕심; 탐내는 마음.

欲深[よくふか] 욕심이 많음. 욕심쟁이.

2欲深い[よくふかい/よくぶかい] 〈形〉 욕심이 많다. 욕심이 강하다.

2欲張り[よくばり] (지나치게) 욕심을 부림. 욕심쟁이. 욕심꾸러기.

欲張る[よくばる] 〈5自〉 (자나치게) 욕심을 부리다.

欲情[よくじょう] 욕정; ①욕심. ②정욕(情欲). 색정(色情).

欲太り[よくぶとり] 욕심스러운 부자를 경멸하여 이르는 말.

欲火[よっか] 욕화; 불타는 욕정. 욕정의 불꽃.

慾 욕심 욕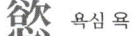

- 音 ⊗ヨク
- 訓 ―

音読
❶貪慾[どんよく]

[용]

冗　쓸데없을 용

丶　冖　冖　冗

音 ●ジョウ
訓 ―

音読
²冗談[じょうだん] ①농담. ②희롱하는 말.
冗漫[じょうまん] 지루함. 장황함.
冗費[じょうひ] 헛된 비용. 낭비.
冗員[じょういん] 용원; 쓸데없는 인원.
冗長[じょうちょう] (말이나 글이) 쓸데없이 길어짐. 장황함.

用　쓸 용

丿　刀　月　月　用

音 ●ヨウ
訓 ●もちいる

訓読
²●**用いる**[もちいる] 〈上1他〉 ①이용하다. 사용하다. 쓰다. ②채용하다. 임용하다. ③채택하다. 받아들이다. ④배려하다.
用い方[もちいかた] 사용 방법. 사용법.

音読
³**用**[よう] ①용무. 용건. 볼일. ②쓸모. 소용. ③비용. ④대소변. 용변.
¹**用件**[ようけん] 용건; 볼일. 용무.
用具[ようぐ] 용구; 도구(道具).
用談[ようだん] 상담(商談).
用度[ようど] 용도; ①필요한 비용. ②(회사・관청의) 물품의 공급.
²**用途**[ようと] 용도; 사용할 곳. 사용처.
用量[ようりょう] 용량; (약품 등의) 복용하는 량. 복용량.
用例[ようれい] 용례; 쓰이는 본보기.
用立てる[ようだてる] 〈下1他〉 ①도움이 되게 하다. ②돈을 꾸어주다. 입체해 주다.
用命[ようめい] ①하명. 분부. ②주문.
¹**用法**[ようほう] 용법; 사용법. 사용 방법.
用便[ようべん] 용변; 대소변을 봄.
²**用事**[ようじ] ①볼일. 용무. 용건. ②대소변. 용변.

²**用心**[ようじん] 조심함. 주의함. 경계함.
用心深い[ようじんぶかい] 〈形〉 신중하다. 조심성이 많다. 주의 깊다.
²**用語**[ようご] 용어; ①말. 말씨. ②술어(述語).
³**用意**[ようい] ①준비. 채비. ②조심. 주의. 대비.
用足し[ようたし] ①볼일을 봄. ②용변을 봄. ③납품업자.
用地[ようち] 용지; (어떤 목적에 사용하기 위한) 토지.
²**用紙**[ようし] 용지; (어떤 목적에 사용하기 위한) 종이.
¹**用品**[ようひん] 용품; (어떤 목적에 사용하는) 물품.
用向き[ようむき] ①볼일. 용건. ②(상대에게 전할) 용건의 내용.

勇(勇)　날랠 용

マ　マ　Ｆ　丙　丙　丙　恿　勇　勇

音 ●ユウ
訓 ●いさましい ●いさむ

訓読
²●**勇ましい**[いさましい] 〈形〉 ①용감하다. 용맹스럽다. ②씩씩하다. 활기차다. ③무모하다. 대담하다.
●**勇む**[いさむ] 〈5自〉 힘차다. 힘이 용솟음치다.

音読
勇[ゆう] 용기. 용감함.
¹**勇敢**[ゆうかん] 용감; 용기가 있어 과감함.
²**勇気**[ゆうき] 용기; 담대함. 씩씩한 의기. 사물을 겁내지 않는 기개.
勇断[ゆうだん] 용단; 용기를 가지고 결단함.
勇猛[ゆうもう] 용맹; 용감하고 사나움.
勇名[ゆうめい] 용명; 용감한 사람으로서의 명성.
勇士[ゆうし] 용사; 용맹스런 사람.
勇躍[ゆうやく] 용약; 용감하게 뛰쳐나가는 모습.
勇者[ゆうしゃ] 용자; 용사. 용맹스런 사람.
勇姿[ゆうし] 용자; 용감한 모습.
勇壮[ゆうそう] 용장; 용감하고 씩씩함.
勇退[ゆうたい] 용퇴; 후배에게 길을 열어주기 위해 스스로 관직에서 물러남.

容
얼굴/담을 용

丶 宀 宀 宀 宀 宀 宑 宏 容 容

音 ●ヨウ
訓 ⊗いれる

訓読
⊗容れる[いれる] 〈下1他〉 ①참견하다. ②(마음에) 품다. ③받아들이다. 포용하다.
¹⊗容易い[たやすい] 〈形〉 용이하다. 손쉽다. 문제없다. 어렵지 않다.

音読
²容器[ようき] 용기; (특정한 물건을 담기 위해) 특정한 재료로 만든 그릇.
容量[ようりょう] 용량; 용기 안에 들어갈 수 있는 분량.
容赦[ようしゃ] ①관용을 베풀어 벌하지 않음. ②사정을 봐줌. 형편을 참작함.
容色[ようしょく] 용색; 여성의 예쁜 용모.
容疑者[ようぎしゃ] 용의자; 범죄 혐의자.
²容易[ようい] 용이; 손쉬움. 어렵지 않음.
²容認[ようにん] 용인; 관용하여 인정함.
容姿[ようし] 얼굴 모습과 몸매. 자태(姿態).
²容積[ようせき] 용적; ①용량. 용기(容器) 안에 들어갈 수 있는 양. ②《数》 부피. 체적(体積).

庸
떳떳할 용

一 广 广 庐 庐 庐 肩 肩 肩 庸

音 ●ヨウ
訓 ―

音読
庸君[ようくん] 용군; 어리석은 군주(君主). 용렬한 주군(主君).
庸才[ようさい] 용재; 평범한 재주. 평범한 사람.

溶
녹을 용

氵 氵 氵 氵 宀 汈 汃 溶 溶 溶

音 ●ヨウ
訓 ●とかす ●とく ●とける

訓読
²●溶かす[とかす] 〈5他〉 녹이다.

●溶く[とく] 〈5他〉 ①(액체에) 풀다. 개다. ②녹이다. 용해시키다.
溶きほぐす[ときほぐす] 〈5他〉 (달걀 등을) 풀어서 젓다.
²●溶ける[とける] 〈下1自〉 녹다. 용해되다.
²溶け込む[とけこむ] 〈5自〉 ①(어떤 물질이) 액체가 되어 용해되다. ②융화되다. 동화되다.

音読
溶媒[ようばい] 용매; 딴 물질을 녹여내는 액체.
²溶岩[ようがん] 용암; 마그마가 화산의 분화구에서 분출한 것.
¹溶液[ようえき] 용액; 가용성 물질이 녹은 액체.
溶接[ようせつ] 용접; 두 금속에 높은 전기열이나 가스열을 가해서 접합시킴.
溶剤[ようざい] 용제; 고체를 액체로 만드는 데 사용하는 액체.
溶解[ようかい] 용해; 고체(固体)가 녹음. 고체를 녹임.

踊
춤출 용

口 曱 曱 昆 昆 趵 趵 趵 踊 踊

音 ●ヨウ
訓 ●おどらす ●おどる ●おどり

訓読
●踊らす[おどらす] 〈5他〉 ①춤추게 하다. ②(뒤에서 조종하여) 놀아나게 하다.
³●踊る[おどる] 〈5自〉 ①춤추다. ②앞잡이노릇을 하다. 놀아나다. 조종되다.
²●踊り[おどり] ①춤. 무용. ②(초밥집에서) 살아 있는 새우. ③'踊り步(おどりぶ)・踊り字(おどりじ)'의 준말.
踊り子[おどりこ] ①무용수. 댄서. 무희(舞姫). ②춤추는 소녀. ③춤꾼. ④《俗》 (갓난아이 정수리의) 숨구멍.
踊り字[おどりじ] (같은 글자가 반복되는) 반복 부호. *'堂々・中々' 등의 '々'부분을 말함.
踊り場[おどりば] ①무도장. 춤추는 곳. ②(계단 중간의 약간 넓은 곳인) 층계참. 계단참.

音読
踊躍[ようやく] 용약; 좋아서 뜀.

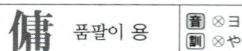

訓讀

²⊗湧く[わく] 〈5自〉 솟다. 솟아나다. 분출
(噴出)하다.
湧き出る[わきでる] 〈下1自〉 솟아나다. 분출
(噴出)하다.

音讀

湧出[ゆうしゅつ/ようしゅつ] 용출; 솟아 나
옴. 분출(噴出)함.
湧出量[ゆうしゅつりょう/ようしゅつりょう]
용출량; 솟아 나오는 분량.

傭 품팔이 용　音 ⊗ヨウ　訓 ⊗やとう

訓讀

²⊗傭う[やとう] 〈5他〉 ①고용하다. ②세내
다. 사용료를 주고 빌리다.
⊗傭い[やとい] ①고용. ②임시 직원.

音讀

傭兵[ようへい] 용병; 지원자에게 월급을
주고 병무(兵務)에 복무케 함.
傭船[ようせん] 용선; 배를 세냄. 세낸 배.
傭役[ようえき] 용역; 사람을 고용하여 부림.
고용됨.
傭人[ようにん] 용인; 고용인.

熔 녹일 용　音 ⊗ヨウ　訓 ⊗とかす ⊗とける

訓讀

²⊗熔かす[とかす] 〈5他〉 (금속을 불에) 녹이
다. 용해시키다.
²⊗熔ける[とける] 〈下1自〉 (금속이 불에) 녹
다. 용해되다.

音讀

熔鉱炉[ようこうろ] 용광로.
熔銑[ようせん] 용선; 선철(銑鉄)을 녹임.
²**熔岩**[ようがん] 용암; 마그마가 화산의 분
화구에서 분출한 것.
熔岩流[ようがんりゅう] 용암류; 화산의 분
화구에서 흘러나온 용암.
熔接[ようせつ] 용접; 두 금속에 높은 전기
열이나 가스열을 가해서 접합시킴.

熔解[ようかい] 용해; 고체(固体)가 녹음.
고체를 녹임.
熔解炉[ようかいろ] 용해로; 금속을 높은
열로 녹이는 노(炉).

鎔 쇠녹일 용　音 ⊗ヨウ　訓 ⊗とかす ⊗とける

訓讀

²⊗鎔かす[とかす] 〈5他〉 (금속을 불에) 녹이
다. 용해시키다.
²⊗鎔ける[とける] 〈下1自〉 (금속이 불에) 녹
다. 용해되다.

音讀

鎔鉱炉[ようこうろ] 용광로.
鎔銑[ようせん] 용선; 선철(銑鉄)을 녹임.
鎔接[ようせつ] 용접; 두 금속에 높은 전기
열이나 가스열을 가해서 접합시킴.
鎔解炉[ようかいろ] 용해로; 금속을 높은
열로 녹이는 노(炉).

聳 솟을 용　音 ⊗ショウ　訓 ⊗そびえる ⊗そびやかす

訓讀

¹⊗聳える[そびえる] 〈下1自〉 높이 솟다. 우
뚝 솟다. 치솟다.
⊗聳やかす[そびやかす] 〈5他〉 ①우뚝 서게
하다. 곧추 세우다. ②추켜올리다. 우뚝
세우다.
⊗聳やぐ[そびやぐ] 〈4自〉≪古≫ 키가 커 보
이다. 우뚝 솟은 것처럼 보이다.

又 또 우

フ又

音 ―
訓 ●また

訓讀

⁴●又[また] 〈副〉 ①또. 또다시. 재차. ②또
다른. ③…도 역시. …도 또한. 〈接〉①동
시에. ②또한. 또는.
又と[またと] (부정의 말을 수반하여) 또다
시. 두 번 다시.

又とない[またとない] 다시없다. 둘도 없다. 두 번 다시없다.

²又は[または] 또는. 혹은.

又頼み[またたのみ] 간접적으로 부탁함. 사람을 내세워 부탁함.

又聞き[またぎき] 간접적으로 전해 들음. 한 다리 건너 들음.

又又[またまた] 또다시. 거듭. 재차.

友   벗 우

一ナ方友

音 ●ユウ
訓 ●とも

訓読

²●友[とも] ①벗. 동무. 친구. ②동료. 동지. 한패.

⁴友達[ともだち] ①벗. 친구. 동무. ②벗들. 친구들. 동무들.

友引[ともびき] (陰陽道에서) 손이 있는 날.

友釣(り)[ともづり] 후림낚시질. 산 은어를 실에 매어 물 속에 풀어놓고 다른 은어를 꾀어 들여 낚는 낚시질.

音読

友軍[ゆうぐん] 우군; 자기편의 군대.

友邦[ゆうほう] 우방; 서로 친교가 있는 나라.

友愛[ゆうあい] 우애; 형제나 친구 사이의 정(情).

友誼[ゆうぎ] 우의; 우정(友情).

²友人[ゆうじん] 우인; 벗. 친구. 동료.

²友情[ゆうじょう] 우정; 친구 사이의 정(情).

²友好[ゆうこう] 우호; 개인끼리 또는 나라끼리 서로 사이가 좋음.

牛   소 우

丿 � 牛

音 ●ギュウ ⊗ゴ
訓 ●うし

訓読

³●牛[うし] ≪動≫ 소.

牛小屋[うしごや] 소 외양간.

牛車❶[うしぐるま/ぎゅうしゃ] 우차; 소달구지. ❷[ぎっしゃ] (옛날) 귀인이 타고 다니던 수레.

牛追い[うしおい] 소몰이 짐꾼. 소에 짐을 싣고 운반하는 사람.

音読

牛鍋[ぎゅうなべ] ①쇠고기 전골. ②쇠고기 전골냄비.

牛馬[ぎゅうば] 우마; 소와 말.

牛舍[ぎゅうしゃ] 우사; 외양간.

⁴牛乳[ぎゅうにゅう] 우유.

⁴牛肉[ぎゅうにく] 쇠고기.

⁴牛肉屋[ぎゅうにくや] 푸줏간. 정육점.

牛飲馬食[ぎゅういんばしょく] 우음 마식; 폭음 폭식(暴飲暴食)함.

牛耳る[ぎゅうじる] 〈5他〉 (어떤 단체를) 자기 마음대로 움직이다. 좌지우지하다. 주름잡다.

牛丼[ぎゅうどん] 쇠고기덮밥.

牛脂[ぎゅうし] 우지; 쇠기름.

牛皮[ぎゅうひ] 우피; 쇠가죽.

右   오른쪽 우

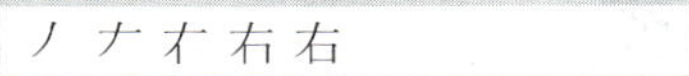

丿ナ ナ右右右

音 ●ウ ●ユウ
訓 ●みぎ

訓読

⁴●右[みぎ] 우; ①오른쪽. ②우익(右翼). 보수 적임. ③(세로로 쓴 문장에서) 앞에 기록한 바. 이상(以上). ④(비교하여) 더 나은 쪽.

右利き[みぎきき] 오른손잡이.

右手[みぎて] ①오른손. ②오른쪽.

右腕[みぎうで] ①오른팔. ②심복. 심복 부하.

右側[みぎがわ] 우측. 오른쪽.

右回り[みぎまわり] 우회전. 시계 방향으로 돎.

音読

右端[うたん] 우단; 오른쪽 끝.

右党[うとう] 우당; ①우익 정당. 고수당. ②술은 못 마시고 단 것을 좋아하는 사람.

右往左往[うおうさおう] 우왕좌왕.

右翼[うよく] 우익; ①오른쪽 날개. ②보수적·국수적인 사상·경향. ③(야구에서) 우측 외야수. ④(군대나 함대의) 우측 대열. ⑤(군대에서) 석차가 상위임.

右翼団体[うよくだんたい] 우익 단체.

右折[うせつ] (자동차의) 우회전.

右折禁止[うせつきんし] 우회전 금지.

右側通行[うそくつうこう] 우측통행.

右派[うは] 우파; 보수파(保守派).

宇 집/하늘 우

丶丶宀宀宀宇宇

音 ●ウ
訓 ―

音読
宇都宮[うつのみや] 栃木県(とちぎけん)의 현청 (県庁) 소재지.
²宇宙[うちゅう] 우주; 모든 천체를 포함한 전공간(全空間).
宇宙船[うちゅうせん] 우주선.
宇宙人[うちゅうじん] 우주인.

芋 토란 우

一十艹芒芏芋

音 ―
訓 ●いも

訓読
●芋[いも] ①감자・고구마・토란・마 등의 총칭. ②촌스러움.
芋掘り[いもほり] 감자나 고구마 캐기.
芋蔓[いもづる] 참마・고구마의 덩굴.
芋蔓式に[いもづるしきに] 연달아. 줄줄이. 연줄연줄로.
芋粥[いもがゆ] ①고구마 죽. ②참마에 돌외의 즙을 넣어 달게 쑨 죽.

羽(羽) 날개/깃 우

丁丌丌羽羽羽

音 ●ウ
訓 ●はね ●は ●わ

訓読
²●羽❶[はね] ①새털. 깃. ②(새・곤충의) 날개. ③(기계・기구 등에 붙인) 날개. 프로펠러. ④궁지. 화살에 단 깃. ❷[は/わ] …마리. *접미어로 새・토끼를 세는 말임.
羽撃く[はばたく] 〈5自〉 ①날개를 치다. 홰를 치다. ②넓은 사회로 나가 활약하다. 웅비(雄飛)하다.
²羽根[はね] ①새털. 깃. ②(새・곤충의) 날개. ③(기계・기구의) 날개. 프로펠러.

羽根突き[はねつき] 羽子(はご)를 羽子板(はごいた)로 치는 놀이. *설날에 여자들이 하는 배드민턴 비슷한 놀이.
羽目[はめ] ①판자벽. 판벽(板壁). ②궁지. 곤란한 처지. 곤경.
羽目板[はめいた] 벽에 붙인 널빤지.
羽音[はおと] ①(새나 곤충의) 날개 치는 소리. ②화살이 날아가는 소리.
羽衣[はごろも] 우의; 깃옷. *선녀가 입고 하늘을 난다는 옷.
羽二重[はぶたえ] 곱고 부드러우며 윤이 나는 순백색 비단.
羽[はご] 모감주에 물들인 새털을 끼운 배드민턴 공 비슷한 것.
羽子板[はごいた] 羽子(はご)를 치는 나무 채.
羽織[はおり] 일본 옷 위에 입는 짧은 겉옷.
羽織る[はおる] 〈5他〉 (옷 위에) 걸쳐 입다. 걸치다.
羽振り[はぶり] ①새의 날개 모양. ②사회적인 영향력・세력・세도・권세.

音読
羽毛[うもう] 우모; 깃털.
羽翼[うよく] 우익; ①새의 날개. ②보좌. 보좌역. 한편이 되어 도와줌.
羽化[うか] 우화; 번데기가 성충(成虫)이 됨.

雨 비우

一一一一一雨雨雨雨

音 ●ウ
訓 ●あめ ●あま ⊗さめ

訓読
⁴雨[あめ] ①비. ②비가 옴. 우천(雨天). ③비처럼 계속 이어져 내리는 것.
雨脚[あまあし] ①빗발. 빗줄기. ②빗발이 지나감.
雨降り[あめふり] ①비가 옴. ②비 오는 날.
雨乞い[あまごい] 비가 오기를 빎. 기우(祈雨).
¹雨具[あまぐ/うぐ] 우비. 우장(雨裝).
雨曇り[あまぐもり] 잔뜩 흐린 날씨.
雨漏り[あまもり] 비가 샘. 빗물이 샘.
雨模様[あめもよう/あまもよう] 비가 올 날씨. 당장 비가 올 듯한 날씨.
雨傘[あまがさ] 우산.
雨上(が)り[あめあがり] 막 비가 갬. 막 비가 갠 뒤.

雨水❶[あまみず] 빗물. 비가 와서 괸 물.
　❷[うすい] 우수. *24절기의 하나로 양력
　2월 18일 경임.
雨宿り[あまやどり] 비를 피함.
雨雲[あまぐも] 비구름.
雨音[あまおと] 빗소리.
雨着[あまぎ] 비웃. 우의(雨衣).
雨催い[あまもよい/あめもよい] 비가 올 듯
　한 날씨. 비가 올 듯함.
雨避け[あまよけ] ①비를 막음. 비를 막는
　덮개. ②비를 피함.
²雨戸[あまど] (비바람을 막기 위한) 덧문.
　빈지문.
雨靴[あまぐつ] 우화; 장화(長靴).

　音読
雨季[うき] 우계; 비 오는 계절.
雨期[うき] 우기; 1년 중에서 비가 가장 많
　이 오는 시기.
雨量[うりょう] 우량; 강우량(降雨量).
雨露❶[うろ] 우로; ①비와 이슬. ②큰 은
　혜. ❷[あめつゆ] 비와 이슬.
雨滴[うてき] 우적; 빗방울.
¹雨天[うてん] 우천; 비 오는 날.
雨後[うご] 우후; 비가 온 뒤.

偶　　짝/우연 우

亻 亻 亻ⁿ 俏 俏 俏 偶 偶 偶

音 ●グウ
訓 ⊗たま

　訓読
²⊗偶に[たまに] 간혹. 가끔. 드물게. 모처럼.
²⊗偶偶[たまたま] ①드물게. 어쩌다. 가끔.
　②우연히. 뜻밖에.
　音読
偶[ぐう] ①짝수. 우수(偶数). ¶～の数(すう)
　짝수. ②배우자.
偶発[ぐうはつ] 우발; 우연히 발생함.
偶像[ぐうぞう] 우상; ①목석이나 금속 등
　으로 만든 형상(形像). ②숭배의 대상이
　되는 물건이나 사람.
²偶数[ぐうすう] 우수; 짝수.
偶語[ぐうご] 우어; 둘이 마주 대하여 이야기함.
²偶然[ぐうぜん] 우연; 뜻밖. 뜻하지 않음.
偶然変異[ぐうぜんへんい] 돌연 변이.
偶列[ぐうれつ] 우열; 짝수 열(列).
偶人[ぐうじん] 우인; 목각 인형.

郵　　우편 우

二 亖 垂 垂 垂 垂 垂 垂′ 垂阝 郵

音 ●ユウ
訓 ―

　音読
郵券[ゆうけん] 우표.
郵袋[ゆうたい] 우편 행낭(行嚢).
郵船[ゆうせん] 우선; 우편선.
郵税[ゆうぜい] 우세; 우편 요금.
²郵送[ゆうそう] 우송; 우편으로 보냄.
郵政[ゆうせい] 우정; 우편에 관한 행정.
⁴郵便[ゆうびん] 우편; 우편 제도.
⁴郵便局[ゆうびんきょく] 우체국.
郵便物[ゆうびんぶつ] 우편물.
郵便相[ゆうびんしょう] 체신부 장관.
郵便為替[ゆうびんがわせ] 우편환.
郵便切手[ゆうびんきって] 우표.

隅　　모퉁이 우

了 了 阝 阝ⁿ 阝ⁿ 阝ᴴ 隅 隅 隅 隅

音 ●グウ
訓 ●すみ

　訓読
³●隅[すみ] ①구석. ②모퉁이. 귀퉁이.
隅隅[すみずみ] ①구석구석. ②므든 방면.
隅田川[すみだがわ] 東京(とうきょう)의 동부를
　남쪽으로 흐르는 강.
隅切り[すみきり] '隅切り角(すみきりかく)'의
　준말.
隅切り角[すみきりかく] 8각형.

遇(遇)　　만날 우

冂 严 严 严 严 月 禺 禺 禺 遇 遇

音 ●グウ
訓 ⊗あう

　訓読
⊗遇う[あう] 〈5自〉①우연히 만나다. 마주
　치다. ②(좋지 않은 일을) 겪다.
　音読
遇する[ぐうする] 〈サ変他〉 대접하다. 대우
　(待遇)하다.

愚　어리석을 우

口 日 日 尸 禺 禺 禺 愚 愚 愚

音 ●グ
訓 ●おろか

訓読

¹愚か[おろか] 〈形動〉 어리석음. 미련함.
愚かしい[おろかしい] 〈形〉 어리석다. 미련하다. 바보스럽다. 생각이 모자라다.
愚か者[おろかもの] 어리석은 놈. 바보 같은 놈.

音読

愚見[ぐけん] 우견. *자기 소견의 낮춤말.
愚計[ぐけい] 우계; ①어리석은 계교. ②자기 계획의 낮춤말.
愚考[ぐこう] 우고; ①어리석은 생각. ②자기 생각의 낮춤말.
愚鈍[ぐどん] 우둔; 어리석고 둔함.
愚論[ぐろん] 우론; ①부질없는 토론. 쓸데없는 의견. ②자기 의견의 낮춤말.
愚弄[ぐろう] 우롱; 사람을 바보로 만들어 놀림.
愚問[ぐもん] 우문; 어리석은 질문.
愚民[ぐみん] 우민; 어리석은 백성.
愚息[ぐそく] 우식. *자기 아들의 낮춤말.
愚劣[ぐれつ] 우열; 어리석고 못남.
愚人[ぐじん] 우인; 어리석은 사람.
愚者[ぐしゃ] 우자; 어리석은 사람.
愚作[ぐさく] 우작; ①보잘 것 없는 작품. ②자기 작품의 낮춤말.
愚直[ぐちょく] 우직; 어리석고 고지식함.
愚妻[ぐさい] 우처. ①어리석은 아내. ②자기 아내의 낮춤말.
愚痴[ぐち] ①푸념. ②어리석고 못남.

虞(虞)　염려할 우

一 广 卢 卢 虍 虐 虐 虞 虞 虞

音 ⊗グ
訓 ●おそれ

訓読

¹●虞[おそれ] (어떤 일이 발생할 것 같은) 염려. 우려.

音読

虞犯[ぐはん] 우범; 성격이나 환경으로 인해 죄를 범할 우려가 있음.

憂　근심 우

一 产 产 育 育 真 悪 悪 憂 憂 憂

音 ●ユウ
訓 ●うい ●うれい ●うれえる ●うれわしい

訓読

●憂い❶[うい] 〈形〉 ①번거롭다. 귀찮다. ②괴롭다. 고통스럽다. ③무정하다. 박정하다. **❷**[うれい] 〈名〉 ①근심. 걱정. 불안. 우려. ②수심(愁心). 슬픔. 우수(憂愁).
●憂える[うれえる] 〈下1他〉 ①한탄하다. 마음 아파하다. 상심하여 슬퍼하다. ②걱정하다. 염려하다. 우려하다.
憂え[うれえ] ①근심. 걱정. 불안. 우려. ②수심(愁心). 슬픔. 우수(憂愁).
●憂わしい[うれわしい] 〈形〉 걱정스럽다. 근심스럽다. 한탄스럽다. 우려되다.
憂(き)目[うきめ] 괴로움. 쓰라림.
憂(き)身[うきみ] 고달픈 신세.

音読

憂国[ゆうこく] 우국; 나라 일을 염려함.
憂慮[ゆうりょ] 우려; 근심 걱정함.
憂色[ゆうしょく] 우색; 근심스런 기색.
憂愁[ゆうしゅう] 우수; 근심과 걱정.
¹憂鬱[ゆううつ] 우울; (근심 걱정으로 마음이) 답답하고 밝지 못함.

優　뛰어날/부드러울 우

亻 亻 俨 俨 俨 傿 傿 優 傻 優

音 ●ユウ ⊗ウ
訓 ●すぐれる ●やさしい ⊗まさる

訓読

²●優れる[すぐれる] 〈下1自〉 뛰어나다. 우수하다. 훌륭하다.
³●優しい[やさしい] 〈形〉 ①상냥하다. 친절하고 다정하다. ②온화하다. 부드럽다. ③우아하다. 아름답다.
⊗優る[まさる] 〈5自〉 (다른 것과 비교해서) 낫다. 우수하다. 뛰어나다.
優男[やさおとこ] 훤칠하고 잘 생긴 남자. 품위 있고 우아한 남자.
優女[やさおんな] 날씬하고 잘 생긴 여자. 품위 있고 우아한 여자.
優人[やさびと] 상냥한 사람. 우아한 사람.

優姿[やさすがた] 우아한 모습. 아름다운 몸매.
優形[やさがた] ①훤칠하고 품위 있는 모습. ②우아하고 품위 있음.

音読
¹優[ゆう] 우; ①남보다 뛰어남. ②(성적 평가에서) 우. ③우아함. 고상함.
優に[ゆうに] 넉넉히. 충분히. 족히.
優待[ゆうたい] 우대; 특별히 잘 대우함.
優等[ゆうとう] 우등; 훌륭하게 뛰어난 등급.
優良[ゆうりょう] 우량; 뛰어나게 좋음.
¹優美[ゆうび] 우미; 우아하고 아름다움.
優賞[ゆうしょう] 우상; 후하게 칭찬함. 후하게 주는 상.
¹優先[ゆうせん] 우선; 다른 것에 앞섬.
優先株[ゆうせんかぶ] ≪経≫ 우선주.
優性[ゆうせい] 우성; 대립(対立) 상태의 두 품종을 교배했을 때 잡종 1대에 나타나는 형질.
¹優勢[ゆうせい] 우세; 남보다 나은 세력·형세.
²優秀[ゆうしゅう] 우수; 뛰어남.
²優勝[ゆうしょう] 우승; ①첫째로 이김. ②가장 뛰어남.
優勝劣敗[ゆうしょうれっぱい] 우승열패; 적자생존(適者生存).
優雅[ゆうが] 우아; 점잖고 아담함. 고상하고 기품이 있음.
優劣[ゆうれつ] 우열; 우수함과 열등함.
優艶[ゆうえん] (여성이) 고상하고 아름다움. 상냥하고 부드러움.
優遇[ゆうぐう] 우우; 특별히 잘 우대함.
¹優越[ゆうえつ] 우월; 뛰어나게 나음.
¹優位[ゆうい] 우위; 남보다 유리한 위치.
優柔[ゆうじゅう] 우유; 결단력이 모자람.
優柔不断[ゆうじゅうふだん] 우유부단.
優退[ゆうたい] 우퇴; (토너먼트 방식의 경기에서) 몇 시합을 계속 이긴 사람이 규약에 따라 물러남.

| 尤 | 더욱 우 | 音 ⊗ユウ |
| | | 訓 ⊗もっとも |

訓読
²⊗尤も[もっとも] 〈形動〉 당연함. 지당함. 사리에 맞음. 〈接〉 (그렇다고는) 하지만.
尤もらしい[もっともらしい] 〈形〉 ①그럴싸하다. 그럴듯하다. ②점잔빼다.

音読
尤なる[ゆうなる] 가장 뛰어남.
尤物[ゆうぶつ] 우물; ①(많은 것 중에서) 뛰어난 것. ②미인(美人).

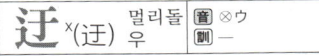

| 迁ˣ(迂) | 멀리돌 우 | 音 ⊗ウ |
| | | 訓 ― |

音読
迂曲[うきょく] 우곡; ①꾸불꾸불함. ②우회(迂回). 에두름.
迂路[うろ] 우로; 우회로(迂廻路). 도는 길.
迂愚[うぐ] 어리석고 멍청함.
迂遠[うえん] 우원; ①직접적이 아니고 간접적임. 완곡함. 우회적임. ②실제적인 쓸모가 없음.
迂闊[うかつ] 우활; ①사정에 어두움. ②멍청함. 얼뜸.
迂回[うかい] 우회; 멀리 돌아서 감.

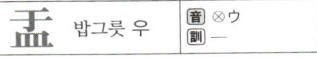

| 盂 | 밥그릇 우 | 音 ⊗ウ |
| | | 訓 ― |

音読
盂蘭盆[うらぼん/うらんぼん] 백중맞이. *음력 7월 13일부터 16일에 걸쳐 조상의 명복을 비는 행사.
盂蘭盆会[うらぼんえ] ☞ 盂蘭盆

| 寓 | 부처살/머무를 우 | 音 ⊗グウ |
| | | 訓 ― |

音読
寓[ぐう] 주거(住居). 임시 주거.
寓する[ぐうする] 〈サ変自〉 임시로 거처하다. 우거(寓居)하다. 〈サ変他〉 빗대어 말하다. 넌지시 시사하다.
寓居[ぐうきょ] 우거; ①임시 거처. ②자기 집의 낮춤말.
寓目[ぐうもく] 우목; 주목함. 눈여겨 봄.
寓舎[ぐうしゃ] 우사; ①임시로 거처하는 집. ②숙소. 여인숙.
寓言[ぐうげん] 우언; 우화(寓話).
寓意[ぐうい] 우의; 어떤 일을 예로 들어 어떤 의미를 암시함.
寓話[ぐうわ] 우화; 어떤 일을 빗대어서 교훈적인 의미가 내포된 이야기.

[욱]

旭 빛날 욱	音 ⊗キョク
	訓 ⊗あさひ

訓読

⊗旭[あさひ] 아침 해. 아침의 햇살. 아침의 태양.

旭影[あさひかげ] 아침 햇빛. 아침 햇살.

旭子[あさひこ] 아침 해.

旭川[あさひがわ] 일본 北海道(ほっかいどう) 중앙부(中央部)에 위치한 시(市).

音読

旭光[きょっこう] 욱광; 아침 햇빛.

旭旗[きょっき] 욱기; 아침 해를 본뜬 깃발.

旭日[きょくじつ] 욱일; 아침 해.

旭日旗[きょくじつき] 욱일기; 아침 해와 햇살을 본뜬 깃발.

旭日昇天[きょくじつしょうてん] 욱일승천.

旭暉[きょっき] 아침 햇살. 아침 햇빛.

[운]

運(運) 옮길/운전할/운 운	

一　一　一　一　一　一　軍　軍　渾　運

音 ●ウン
訓 ●はこぶ

訓読

³●運ぶ[はこぶ] 〈5他〉 ①(물건을) 나르다. 옮기다. 운송하다. ②(발길을) 옮기다. ③(일하는 손을) 움직이다. ④(일을) 진행시키다. 〈5自〉 진척되다.

運び[はこび] ①운반. 운송. ②걸음. 걸음걸이. 왕림. ③(일의) 진행. 진척. 진도. ④(일의) 진행 방법. 꾸려나가는 솜씨. ⑤(일의) 단계. ⑥(음식점 등의) 음식을 나르는 사람. 배달원.

運び入れる[はこびいれる] 〈下1他〉 (짐을) 날라 들이다. 운반해 들여놓다.

運び込む[はこびこむ] 〈5他〉 (짐을) 날라 들이다. 운반해 들여놓다.

運び出す[はこびだす] 〈5他〉 (짐을) 날라 내다. 운반해 내다. 반출하다.

音読

²運[うん] 운; ①운명. 운수. 재수. ②행운.

³運動[うんどう] 운동; ①돌아다니며 움직임. ②건강을 위해 신체를 움직임. ③목적을 이루기 위해 분주히 돌아다님.

運動場[うんどうじょう] 운동장.

運動会[うんどうかい] 운동회.

¹運命[うんめい] 운명; 운수와 명수(命数).

¹運搬[うんぱん] 운반; 짐을 옮겨 나름.

¹運送[うんそう] 운송; 화물이나 여객을 일정한 장소에서 다른 장소로 나르는 일.

¹運輸[うんゆ] 운수; 여객이나 화물을 대규모로 다른 장소로 나르는 일.

運輸大臣[うんゆだいじん] 교통부 장관.

運輸相[うんゆしょう] 교통부 장관.

運輸省[うんゆしょう] 운수성; 교통부.

¹運営[うんえい] 운영; 조직·기구 등을 운용(運用)하여 경영함.

¹運用[うんよう] 운용; 움직여 사용함. 부리어 사용함.

¹運賃[うんちん] 운임; 운송(運送)에 대한 삯.

³運転[うんてん] 운전; ①(기계·탈것 등의) 운전. ②(자금 등의) 운용.

³運転手[うんてんしゅ] 운전수.

²運河[うんが] 운하; 육지를 파서 만든 인공 수로(水路).

運航[うんこう] 운항; 배나 항공기가 항로(航路)를 운행함.

運行[うんこう] 운행; 차량이 일정한 선로를 따라 운전하며 진행함.

運休[うんきゅう] 운휴; 교통 기관이 운전·운항을 중지함.

雲 구름 운	

一　一　一　一　雨　雨　雨　雲　雲　雲

音 ●ウン
訓 ●くも

訓読

³●雲[くも] ①구름. ②(멀리서) 구름처럼 보이는 것. ③막연함.

雲脚[くもあし] ①구름이 움직이는 속도. ②(낮게 뜬) 비구름. ③(책상·탁자의) 구름 모양의 다리.

雲間❶[くもま] 운간; ①구름 사이. ②잠시 갠 동안. ❷[うんかん] 운간; 구름 사이.

雲隱れ[くもがくれ] ①(달이) 구름 속에 숨음. ②종적을 감춤. 도망침.

雲行き[くもゆき] ①구름의 움직임. 구름의 형세. ②(사물이 되어 가는) 형세. 추이.

音読

雲泥[うんでい] 운니; 구름과 진흙. 엄청난 차이.

雲量[うんりょう] 운량; 구름이 하늘을 얼마나 덮고 있는가를 나타내는 양.

雲母[うんも/うんぼ] ≪鑛≫ 운모; 돌비늘.

雲上[うんじょう] 운상; ①구름 위. ②궁중. 대궐.

雲水[うんすい] 운수; ①흘러가는 구름과 물. ②탁발승(托鉢僧).

雲集[うんしゅう] 운집; 구름처럼 많이 모임.

雲海[うんかい] 운해; 구름바다.

韻 운/운치 운

立 产 音 音 音 音 韵 韵 韻 韻 韻

音 ●イン
訓 ―

音読

韻[いん] 운; ①문장 안에 비슷한 음의 글자를 규칙적으로 늘어놓는 것. ②한자(漢字)를 그 소리의 닮음에 따라 나눈 구별. ③말머리나 글줄의 끝에 비슷한 음운을 되풀이하는 일.

韻文[いんぶん] 운문; ①시의 형식을 갖춘 글. ②언어 문자의 배열에 일정한 규율이 있는 글.

韻律[いんりつ] 운율; 시문(詩文)의 음성적 형식. 리듬.

云 말할/이를 운

音 ●ウン
訓 ⊗いう

訓読

⊗云う[いう] 〈5他〉 말하다. 지껄이다.

音読

云云❶[うんぬん] 운운; ①얼버무리거나 생략할 때 쓰는 말. ②이러쿵저러쿵 비판함. 왈가왈부함. 운운함. ❷[しかじか] (긴 말이나 문장을 생략하여) 여차여차. 이러이러. 운운. ¶~という 訳(わけ)で 이러이러한 이유로.

云為[うんい] 운위; 언행(言行). 말과 행동.

[울]

鬱 답답할 울

音 ⊗ウツ
訓 ⊗ふさぐ

訓読

⊗鬱ぐ[ふさぐ] 〈5自〉 우울해지다.

鬱ぎ込む[ふさぎこむ] 〈5自〉 매우 우울해지다. 울적해지다.

音読

鬱[うつ] 우울함. 울적함.

鬱気[うっき] 울기; 답답한 기분.

鬱陶[うっとう] 울도; 울적함. 답답함.

鬱陶しい[うっとうしい] 〈形〉 ①(ブ분이) 울적하고 답답하다. 찌무룩하다. ②(날씨가) 후텁지근하다. ③거추장스럽다. 귀찮다.

鬱病[うつびょう] 울병; 우울증.

鬱憤[うっぷん] 울분; 분한 마음이 가슴 속에 가득 쌓임.

鬱散[うっさん] 운산; 기분 전환.

鬱鬱[うつうつ] ①우울함. 울적함. ②(초목이) 울창함.

鬱積[うっせき] 울적; (불평·불만 등이 발산되지 않고) 겹쳐 쌓임.

[웅]

雄 수컷 웅

一 ナ ナ 太 太 旅 旅 旅 旅 雄

音 ●ユウ
訓 ●おす ●お ●おん

訓読

¹●雄[おす] 수컷. 수놈.

雄犬[おすいぬ] 수캐. 개의 수컷.

雄羊[おひつじ] 숫양. 양의 수컷.

雄牛[おうし] 수소. 황소.

雄雄しい[おおしい] 〈形〉 씩씩하다.

雄蝶[おちょう] ①수나비. ②종이로 접은 수나비.

雄蝶雌蝶[おちょうめちょう] ①수나비와 암나비. ②종이로 접은 한 쌍의 나비.

雄鳥[おんどり] ①새의 수컷. ②수탉.

雄花[おばな] ≪植≫ 수꽃.

音読
雄大[ゆうだい] 웅대; 웅장하고 규모가 큼.
雄図[ゆうと] 웅도; 웅대한 계획.
雄弁[ゆうべん] 웅변; ①힘차고 거침이 없는 변설. ②설득력이 있음. 확실함.
雄飛[ゆうひ] 웅비; 기세 좋고 힘차게 활동함.
雄姿[ゆうし] 웅자; 웅감하고 씩씩한 모습.
雄渾[ゆうこん] 웅혼; 웅대하고 거침이 없음.

| 熊 | 곰 웅 | 音 ⊗ユウ |
| | | 訓 ⊗くま |

訓読
⊗熊[くま] ≪動≫ 곰.
熊の胆[くまのい] 웅담; 곰의 쓸개.
熊本[くまもと] ①九州(きゅうしゅう) 지방 중앙 서부에 위치한 현(県). ②熊本県[くまとけん]의 현청(県庁) 소재지.
熊手[くまで] ①갈퀴. ②갈고랑이. ③복(福) 갈퀴.
熊狩[くまがり] 곰 사냥.

音読
熊胆[ゆうたん] 웅담; 곰의 쓸개.
熊掌[ゆうしょう] 웅장; 곰의 발바닥.

[원]

| 元 | 으뜸 원 |

一 二 テ 元

音 ●ガン　●ゲン
訓 ●もと

訓読
²●元❶[もと] ①원래. ②전(前). 전직(前職). ¶ ～代議士(だいぎし) 전직 국회의원. ③기원. 시작. 처음. ④원인. ⑤밑천. 원금. 자본. ⑥원료. 재료. ⑦원가(原価). ⑧(상품을 제조하거나 판매하는) 회사. ❷[げん] ☞ [音読]
元売(り)[もとうり] 제조 회사에서의 제품의 판매.
²元元[もともと] ①본전치기. 본전. ②원래.
元帳[もとちょう] 원장; 근본이 되는 장부.
元請負[もとうけおい] 주문 당사자와 직접 계약하여 일을 맡음.
元通り[もとどおり] 원상태. 이전. 본래.

音読
元❶[げん] ①(중국의) 원나라. ②≪数≫원; 대수 방정식의 미지수를 나타내는 말. ❷[もと] ☞ [訓読]
元金[がんきん] 원금; ①밑천. 자본금. ②본전.
⁴元気[げんき] ①건강함. 활발함. ②원기; 힘. ③기력. 기운참. 힘참.
¹元年[げんねん] 원년; ①제왕(帝王)의 즉위 첫해. ②새 연호의 첫해. ③획기적인 출발점이 되는 첫해.
²元旦[がんたん] 원단; 설날 아침.
¹元来[がんらい] 원래; 본디. 처음부터.
元老[げんろう] 원로; 오래 그 분야에 종사하여 공로가 있는 공로자.
元利[がんり] 원리; 원금과 이자.
元本[がんぽん] ①원금. 밑천. 자금. ②수익의 밑천이 되는 재산이나 권리.
¹元素[げんそ] ≪化≫ 원소.
¹元首[げんしゅ] 원수; 국가의 최고 통치자.
元帥[げんすい] 원수; 군인의 최고 계급.
²元日[がんじつ] 원일; 설날.
元祖[がんそ] 원조; ①(한 집안의) 맨 처음 조상. 시조(始祖). ②창시자(創始者). ③원형(原形).
元朝[がんちょう] 원조; 설날 아침.
元勲[げんくん] 원훈; 나라를 위해 세운 큰 공훈. 큰 공훈을 세운 원로(元老).

| 円(圓) | 둥글 원 |

丨 冂 冂 円

音 ●エン
訓 ●まるい　⊗まどか　⊗つぶらか

訓読
⁴●円い[まるい] 〈形〉 둥글다.
円み[まるみ] 둥그스름함.
⊗円か[まどか] 〈形動〉 ①아주 둥긂. ②원만함. ③평온함.
⊗円やか❶[まどやか] 〈形動〉 ①아주 둥긂. ②원만함. ③평온함. ❷[まろやか] 〈形動〉 ①둥긂. ②(맛 등이) 순함.
⊗円ら[つぶら] 〈形動〉 ①둥긂. ②(맛 등이) 순함.
円顔[まるがお] 둥근 얼굴.
円窓[まるまど] 원창; 둥근 창문.
円形[まるがた] 원형; 둥근 모양.

音読
⁴円[えん] 원; ①동그라미. ② ≪数≫ 원. ③일본의 화폐 단위.
円価[えんか] 엔화(円貨)의 국제 시세.
円建て[えんだて] (외환 시세를 표시할 때) 외국 통화 일정액에 대한 엔화(円貨) 표시 방법.
円高[えんだか] 엔고. 엔화(円貨) 강세. 엔(円) 시세가 외국 통화에 비해 높음.
¹円満[えんまん] 원만; 모나지 않고 너그러움. 서로 의가 좋음.
円舞[えんぶ] 원무; ①여러 사람이 함께 추는 윤무(輪舞). ②(남녀 한 쌍이 추는) 왈츠.
円舞曲[えんぶきょく] 원무곡; 왈츠.
円盤[えんばん] 원반; ①둥글넓적한 판. ②(육상 경기에서) 원반던지기용 나무 판. ③'円盤投げ(えんばんなげ)'의 준말. ④레코드판.
円盤投げ[えんばんなげ] (육상 경기에서) 원반던지기. 투원반.
円熟[えんじゅく] 원숙; 인격·지식·기능 등이 매우 숙련된 경지에 이름.
円安[えんやす] 엔화(円貨) 약세. 엔(円) 시세가 외국 통화에 비해 쌈.
円為替[えんかわせ] 엔환(円換). 엔(円)의 환시세.
円転[えんてん] 원전; 둥글게 돎. 원활하게 진전됨.
円座[えんざ] 원좌; ①둘러앉음. ②둥근 짚 방석.
¹円周[えんしゅう] ≪数≫ 원주; 원둘레.
円柱[えんちゅう] 원주; ①둥근 기둥. ② ≪数≫ 원기둥.
円陣[えんじん] 원진; 원형의 진.
円借款[えんしゃっかん] 엔 차관.
円錐[えんすい] ≪数≫ 원추; 원뿔.
円卓[えんたく] 둥근 테이블.
円筒[えんとう] 원통; ①둥근 통. ②원기둥.
円筒形[えんとうけい] 원통형.
円板[えんばん] 원판; 둥근 널빤지.
円形[えんけい] 원형; 둥근 형상.
円弧[えんこ] ≪数≫ 원호; 원주(円周)의 일부분.
円貨[えんか] 일본의 화폐(貨幣). 엔화.
¹円滑[えんかつ] 원활; ①매끄럽고 모나지 않음. 원만함. ②일이 거침없이 잘 되어 감. 막힘없이 잘 진행됨.

垣   낮은담 원

一 十 土 圹 垣 垣 垣 垣 垣

音 ―
訓 ●かき

訓読
●垣[かき] 울타리. 담.
垣間見る[★かいまみる] ≪上1他≫ 틈 사이로 보다. 슬쩍 훔쳐보다. 슬쩍 엿보다.
²垣根[かきね] 울타리.
垣隣[かきどなり] 담 하나를 사이에 둔 옆집. 이웃.
垣網[かきあみ] 유도 어망(漁網).

原   근원/벌판 원

一 厂 厂 厂 盾 盾 原 原 原 原

音 ●ゲン
訓 ●はら

訓読
²●原[はら] 들. 들판. ＊평평하고 넓은 토지로서 경작하지 않는 곳.
²原っぱ[はらっぱ] 잡초가 난 빈터. 들. 들판.
音読
原価[げんか] 원가; ①생산비. ②매입가(買入価).
原告[げんこく] ≪法≫ 원고.
²原稿[げんこう] 원고; 인쇄하기 위해 쓴 초벌의 글·그림.
原動力[げんどうりょく] 원동력; 사물의 활동을 일으키는 근원이 되는 힘.
原論[げんろん] 원론; 근본이 되는 이론.
²原料[げんりょう] 원료; 기본 소재(素材).
²原理[げんり] 원리; 근본 법칙. 원칙.
原毛[げんもう] 원모; 원료가 되는 양모.
原木[げんぼく] 원목; 가공하지 않은 나무.
¹原文[げんぶん] 원문; 본디의 문장.
原盤[げんばん] 원반; 본디의 레코드.
原本[げんぽん] 원본; ①본디의 서책. ②근본. 근원.
原簿[げんぼ] 원부; ①본디 장부. ②(부기에서) 원장(元帳).
原糸[げんし] 원사; 원료가 되는 실.
²原産地[げんさんち] 원산지; ①물건의 생산지. ②동식물의 본래의 산지.

原生[げんせい] 원생; 원시(原始).

¹原書[げんしょ] 원서; ①원본. 원전(原典).
②양서(洋書).

原石[げんせき] 원석; ①원광(原鑛). ②가공
하기 전의 보석.

²原始[げんし] 원시; ①처음. 원초(原初).
②자연 그대로임.

原始人[げんしじん] 원시인.

原審[げんしん] ≪法≫ 원심.

原案[げんあん] 원안; 최초의 의안(議案).

原液[げんえき] 원액; 가공하기 전의 본래
의 액체.

原語[げんご] 원어; 번역하기 전의 언어.

¹原油[げんゆ] 원유; 땅속에서 채굴한 석유.

原人[げんじん] 원인; 원시인(原始人).

³原因[げんいん] 원인; 어떤 상태를 일으키
는 근본 현상.

¹原子[げんし] ≪物≫ 원자.

原子雲[げんしぐも] 원자운; 원폭운(原爆雲).
버섯구름.

原資[げんし] 원자; 기본이 되는 자금.

¹原作[げんさく] 원작; 본디의 제작·저작.

原材料[げんざいりょう] 원재료; 원자재.

原著[げんちょ] 원저; 원작(原作).

¹原典[げんてん] 원전; 원서(原書).

¹原点[げんてん] 원점; ①출발점. ②기준점.
③≪数≫ (좌표에서) 좌표축의 기준점.

原住民[げんじゅうみん] 원주민.

原紙[げんし] 원지; ①닥나무 껍질로 만든
두꺼운 종이. ②등사 원지.

原寸[げんすん] 원촌; ①실물 크기의 치수.
②(축소·확대하기 전의) 본디의 치수.

原寸大[げんすんだい] 원촌 실물 크기.

原寸図[げんすんず] 실물 크기의 그림.

¹原則[げんそく] 원칙; ①근본이 되는 법칙.
②두루 적용되는 법칙.

原板[げんばん/げんぱん] (사진의) 원판. 음
화(陰畵). 네가.

原版[げんぱん] ① ≪印≫ 원판; 원래의 조
판. ②(사진 인쇄판의) 바탕이 되는 판.
③(출판의) 초판(初版). ④(복제판·번각
판에 대하여) 원래의 판.

¹原爆[げんばく] 원폭; '原子爆弾(げんしばくだん)'
의 준말.

¹原形[げんけい] 원형; 본디의 모습.

¹原型[げんけい] 원형; ①본래의 형태. ②제
작물의 본보기. 거푸집.

原画[げんが] 원화; 본디의 그림.

員　　인원 원

丨 冂 冂 冃 冒 冒 冐 員 員 員

音 ●イン
訓 ─

音読

員[いん] 인원수(人員数).

員数[いんずう] 정원(定員). 정수(定数).

員外[いんがい] 원외; ①정원외(定員外). ②
'員外官'의 준말.

院　　집/담/절 원

丨 丨 阝 阝 阝 阝 阼 阼 院 院

音 ●イン
訓 ─

音読

院[いん] ①주위를 울타리로 둘러싼 큰 건
물. ②절. 사원(寺院). ③학교명 등의 원.
④上皇(じょうこう)·法皇(ほうおう)·女院(にょ
いん)의 높임말. ⑤衆議院(しゅうぎいん)·参議
院(さんぎいん)'의 준말.

院内[いんない] 원내; ①국회의 내부. ②원
(院)자가 붙는 기관의 내부.

院外[いんがい] 원외; ①국회의 외부. ②원
(院)자가 붙는 기관의 외부.

院議[いんぎ] 원의; 국회의 의결.

院長[いんちょう] 원장; 원(院)자가 붙는 기
관의 우두머리.

援(援)　　도울 원

一 十 扌 扩 扩 抨 抨 抨 揨 援

音 ●エン
訓 ─

音読

援用[えんよう] 원용; ①자기주장을 뒷받침하
기 위해 다른 문헌·사실·관례 등을 인용
함. ②(법률에서) 어떤 사실을 들어 주장함.

²援助[えんじょ] 원조; 곤란한 상황에 처해
있는 사람을 도와줌.

援護[えんご] 원호; ①곤란한 상태에 처해
있는 사람을 도와줌. ②아군의 행동이나
시설물을 적의 공격으로부터 보호함.

園 동산 원

冂 冂 冂 門 昂 園 園 園 園 園

音 ●エン
訓 ●その

訓読
●園[その] 《雅》 ①정원. 뜰. ②(뭔가 행해지는) 장소. ¶学(まな)びの～ 배움의 터.

音読
園児[えんじ] 보육원·유치원 등에 다니는 아이.
園芸[えんげい] 원예; 채소·과수·정원수·화훼 등을 집약적으로 재배함.
園遊会[えんゆうかい] 원유회; 가든 파티.
園長[えんちょう] 원장: 보육원·유치원·동물원·식물원 등의 우두머리.
園丁[えんてい] 정원사(庭園師).
園地[えんち] 공원. 정원.

源 근원 원

氵 氵 氵 氵 汀 沪 沪 沪 源 源 源

音 ●ゲン
訓 ●みなもと

訓読
¹●源[みなもと] ①수원(水源). 물의 근원. ②기원(起源). 근원(根源).

音読
源流[げんりゅう] 원류; ①수원(水源). 물이 흐르는 원천. ②사물의 근원.
源氏[げんじ] ①'源(みなもと)の' 씨족(氏族). *(平安(へいあん) 시대) 황족에서 신하가 된 源(みなもと) 성씨의 일족. ②'源氏物語(げんじものがたり)'의 준말. 또는 그 주인공 '光源氏(ひかるげんじ)'의 준말.
源氏名[げんじな] ①'源氏物語(げんじものがたり)' 54첩의 제목 이름을 본든 궁녀 이름. ②기명(妓名).
源氏物語[げんじものがたり] (平安(へいあん) 시대) 여류 작가 紫式部(むらさきしきぶ)가 지은 장편 소설.
源泉[げんせん] 원천; ①수원(水源). 샘솟는 근원. ②사물의 근원. 생겨나는 근원.
源泉課税[げんせんかぜい] 원천 과세.
源泉徴収[げんせんちょうしゅう] 원천 징수.

猿 원숭이 원

丿 丬 犭 犭 犷 猝 猿 猿 猿 猿

音 ●エン
訓 ●さる

訓読
²●猿[さる] ① 《動》 원숭이. ②교활한 사람. ③촌사람. ④(덧문 등의) 비녀장.
猿ぐつわ[さるぐつわ] 수건 재갈. *소리를 못 내게 입을 틀어막는 수건.
猿引(き)[さるひき] 원숭이에게 재즈를 부리게 하고 돈을 버는 사람.
猿芝居[さるしばい] ①원숭이 놀음. ②서투른 연극. ③얄팍한 잔꾀.
猿知恵[さるぢえ] 얕은꾀. 잔재주. 잔꾀.
猿真似[さるまね] ①원숭이 흉내. ②무턱대고 흉내냄.
猿回し[さるまわし] 원숭이에게 재주를 부리게 하고 돈을 버는 사람.

音読
猿人[えんじん] 원인; 가장 원시적인 화석(化石) 인류의 총칭.
猿猴[えんこう] 원후; ①원숭이의 총칭. ②'河童(かっぱ)'의 딴이름.

遠(遠) 멀 원

十 土 吉 吉 声 袁 袁 溒 溒 遠

音 ●エン ●オン
訓 ●とおい

訓読
⁴●遠い[とおい] 〈形〉 ①(공간적인) 거리가 멀다. ②(시간적으로) 간격이 멀다. ③(인간관계가) 멀다. ④(내용·성질·정도가) 멀다. ⑤(소리가) 잘 들리지 않다. ⑥(의식이) 아찔해지다.
³遠く[とおく] ①먼 곳. ②멀리.
遠ざかる[とおざかる] 〈5自〉 ①멀어지다. 멀리 물러나다. ②(사이가) 소원해지다. 멀어지다.
遠ざける[とおざける] 〈下1他〉 ①멀리하다. 멀리 떨어지게 하다. ②가까이 하지 않다. 멀리하다.
遠のく[とおのく] 〈5自〉 ①멀어지다. 멀리 떠나다. ②(인간관계가) 소원해지다.

遠巻き[とおまき] 멀찍이 둘러쌈.

遠目[とおめ] ①멀리서 봄. 먼눈. ②먼 곳이 잘 보임. ③원시안(遠視眼). ④약간 멂. 멀찍함.

遠山里[とおやまざと] 두메산골. 산촌.

遠乗り[とおのり] (탈 것을 타고) 멀리까지 놀러감.

遠眼鏡❶[とおめがね] 망원경. ❷[えんがんきょう] 원시경(遠視鏡).

遠縁[とおえん] 먼 친척.

遠浅[とおあさ] (강・바다가) 물가에서 멀리까지 물이 얕음.

遠出[とおで] ①멀리까지 나감. 멀리 여행함. ②(기생이) 자기의 담당 구역 이외의 손님 자리에 나감.

遠回し[とおまわし] 빙 두름. 완곡함.

遠回り[とおまわり] ①멀리 돌아서 감. 우회(迂回). ②(일부러) 복잡하게 함. 번거롭게 함. 우회적(迂廻的)임.

音読

遠距離[えんきょり] 원거리; 장거리(長距離).

遠景[えんけい] 원경; 멀리 보이는 경치.

遠国❶[えんごく] 원국; 먼 나라. ❷[おんごく] 서울에서 멀리 떨어진 고장. 먼 고장.

遠忌[おんき] ≪仏≫ 원기.

遠大[えんだい] 원대; 규모・뜻이 큼.

遠島[えんとう] 원도; ①낙도(落島). 육지에서 먼 섬. ②(江戸(えど) 시대의) 유배형(流配刑). 먼 섬으로의 귀양.

遠来[えんらい] 원래; 멀리서 옴.

²遠慮[えんりょ] ①조심스러움. ②삼감. 사양함. ③물러남. ④장래를 헤아리는 깊은 생각. ⑤(江戸(えど) 시대의) 근신.

遠路[えんろ] 원로; 먼 길. 원정(遠程).

遠流[おんる] 멀리 귀양을 보냄.

遠望[えんぼう] 원망; 멀리 바라봄.

¹遠方[えんぽう] 원방; 먼 곳.

遠視[えんし] 원시; 원시안(遠視眼).

遠視眼[えんしがん] 원시안.

遠心力[えんしんりょく] ≪物≫ 원심력.

遠洋[えんよう] 원양; 육지에서 멀리 떨어진 넓은 바다.

遠泳[えんえい] 원영; 장거리 수영.

遠因[えんいん] 원인; 간접적인 원인.

遠征[えんせい] 원정; 멀리 정벌・경기・조사・탐험하러 떠남.

²遠足[えんそく] 소풍.

遠海[えんかい] 원해; 먼 바다.

願　원할 원

一 厂 厂 盾 盾 原 原 原 願 願

音 ●ガン

訓 ●ねがう ●ねがわくは ●ねがわしい

訓読

²●願う[ねがう] 〈5他〉 ①원하다. 바라다. ②(소원을) 빌다. 기원하다. ③(관공서 등에) 청원(請願)하다. ④(상점에서) 손님에게 사게 하다. ⑤돌봐주기를 부탁하다.

²願い[ねがい] ①소원. 바람. 부탁. ②기원(祈願). ③원서(願書).

願い事[ねがいごと] 소원. 기원(祈願).

願い上げる[ねがいあげる] 〈下1他〉 삼가 바라다. *주로 편지에서 사용함.

願い下げ[ねがいさげ] ①(희망한 일을) 철회함. 취소함. ②(부탁 받은 것을) 거절함.

願い下げる[ねがいさげる] 〈下1他〉 ①(희망한 일을) 철회하다. 취소하다. ②(부탁 받은 것을) 거절하다.

●願わくは[ねがわくは] 원컨대. 아무쪼록.

●願わしい[ねがわしい] 〈形〉 바람직하다.

音読

願望[がんぼう/がんもう] 원망; 원하고 바람. 소원. 소망. 희망.

¹願書[がんしょ] 원서; ①입학 원서. 입사 원서. ②소원 성취를 비는 기원문(祈願文).

苑　나라동산 원

音 ⊗エン ⊗オン

訓 ⊗その

訓読

⊗苑[その] ①정원. 뜰. ②(뭔가 행해지는) 장소. ¶学(まな)びの～ 배움의 터.

音読

苑池[えんち] 정원과 연못.

苑地[えんち] 공원. 정원.

怨　원망할 원

音 ⊗エン ⊗オン

訓 ⊗うらむ ⊗うらめしい

訓読

⊗怨む[うらむ] 〈5他〉 원망하다. 원한을 품다. 앙심을 품다.

怨み[うらみ] 원망. 원한. 앙심.

怨みがましい[うらみがましい]〈形〉 원한이
있는 듯하다.

怨みっこ[うらみっこ] 서로 원망함.

怨み辛み[うらみからみ] 쌓이고 쌓인 원한.
갖가지 원한.

怨み顔[うらみがお] 원망스런 얼굴.

怨み言[うらみごと] 원한의 말. 원망의 말.

⊗怨めしい[うらめしい]〈形〉 원망스럽다.
한스럽다. 유감스럽다.

音読

怨声[えんせい] 원성; 원망하는 소리.

怨恨[えんこん] 원한; 원통하고 한이 되는
생각.

月 달 월

丿 月 月 月

音 ❶ガツ ❷ゲツ
訓 ❶つき

訓読

⁴❶月❶[つき] ① ≪天≫ 달. ②달빛. ③(달력
상의) 달. 월. ④1개월. 한 달. ⑤(사람의
임신 기간) 달. ⑥월경. ❷[げつ] ☞[音読]

月見[つきみ] ①달맞이. 달구경. ②(국수
위에) 날계란을 얹음.

月見草[つきみそう] ≪植≫ 달맞이꽃.

月掛(け)[つきがけ] 월부. 월부금.

月明(かり)[つきあかり] ①달빛. ②달빛으로
밝음.

月半ば[つきなかば] 월중. 중순.

月並(み)[つきなみ] ①평범함. 진부함. ②매
월. ③'月並俳句(つきなみはいく)'의 준말.

月払(い)[つきばらい] 월부(月賦).

月夜[つきよ] 월야; 달밤.

月影❶[つきかげ] ① ≪雅≫ 월영; 달빛. ②
≪古≫ 달빛에 비친 모습. ❷[げつえい]
달빛. 달그림자.

月月[つきづき] 매달. 달마다. 다달이.

²月日[つきひ] 세월. 시일.

月足らず[つきたらず] ①조산아(早産児). ②
칠삭둥이. 칠뜨기. 팔삭둥이.

月遅れ[つきおくれ] ①행사를 한 달 늦추어
함. ②(정기 간행물에서) 지난달 호. 과월
호(過月号).

月初め[つきはじめ] 월초; 초순.

月の出[つきので] 월출; 달이 뜸.

月割り[つきわり] ①매월의 할당. 월평균.
②월부(月賦).

月行事[つきぎょうじ] ①월중 행사. ②한
달씩 교대로 사무를 봄.

月形[つきがた] 월형; 초승달 모양. 반달
모양. 반월형(半月形).

月回り[つきまわり] ①다달이 돌아가며 맡
는 당번. ②그 달의 운수.

月後れ[つきおくれ] ①행사를 한 달 늦추어
함. ②(정기 간행물에서) 지난달 호. 과월
호(過月号).

音読

⁴月❶[げつ] 월요일. ＊'月曜日'의 준말임.
❷[つき] ☞ [訓読]

月刊[げっかん] 월간; 매월 발행하는 간행물.

月間[げっかん] 월간; 한 달 동안.

月経[げっけい] 월경; 경도. 달거리.

月界[げっかい] 월계; 달세계.

月計[げっけい] 월계; 월의 합계.

月桂[げっけい] 월계; 달의 계수나무.

月桂冠[げっけいかん] 월계관.

月桂樹[げっけいじゅ] 월계수.

月光[げっこう] 월광; 달빛.

月琴[げっきん] 월금; 중국에서 전래된 4현
악기.

²月給[げっきゅう] 월급; 월급의 급료.

月給日[げっきゅうび] 월급날.

月給取り[げっきゅうとり] 월급쟁이.

月内[げつない] 월내; 그 달 안.

月旦[げったん] 월단; ①매월 초하룻날.
②'月旦評(げったんひょう)'의 준말.

月旦評[げったんひょう] 월단평; 인물평.

月齢[げつれい] ≪天≫ 월령.

月例[げつれい] 월례; 매월 정기적으로 행함.

月輪[げつりん] 달. ＊'月(つき)'의 딴이름.

月利[げつり] 월리; 한 달 이자.

²月末[げつまつ/つきずえ] 월말; 그믐날.

月面[げつめん] 월면; 달 표면.

月明[げつめい] 달이 밝음. 밝은 달.

月報[げっぽう] 월보; 매달 내는 보고나 보
도. 또는 그 간행물.

月俸[げっぽう] 월봉; 월급.

¹月賦[げっぷ] 월부; ①매달의 할당. ②매달
할당하여 지불함.

月賦払い[げっぷばらい] 월두불.

月賦販売[げっぷはんばい] 월부 판매.

¹**月謝**[げっしゃ] 월사; 매달의 수업료.
月産[げっさん] 월산; 월 생산량.
月世界[げっせかい] 월세계; 달나라.
月収[げっしゅう] 월수; 월 수입.
月食[げっしょく] 월식(月蝕).
月額[げつがく] 월액; 월정액(月定額).
⁴**月余**[げつよ] 월여; 한 달 남짓.
⁴**月曜**[げつよう] '月曜日'의 준말임.
⁴**月曜日**[げつようび] 월요일.
月次[げつじ] 월차; ①매달의. ②《天》천 공에서의 달의 위치.
月評[げっぴょう] 월평; 매달의 비평.
月表[げっぴょう] 월표; 매달 정리하는 표.
月下老人[げっかろうじん] 중매인.
月下美人[げっかびじん] 《植》월하미인.
月下氷人[げっかひょうじん] 중매인.

越　넘을 월

土 卡 走 走 起 起 越 越 越

音 ●エツ ⊗エチ
訓 ●こえる ●こす

訓読
²●**越える**[こえる] 〈下1自〉①넘다. 넘어가다. ②(강을) 건너다. ③(어떤 시기가) 지나다. 넘기다. ④(기준・정도를) 초과하다. 넘다. ⑤능가하다. 뛰어나다. ⑥(순서를) 건너뛰다. 앞지르다.
越え[ごえ] (국경이나 고개 이름 등에 접속하여) …을 넘음. 넘어가는 길. …재. …영(嶺).
²●**越す**[こす] 〈5他〉①넘다. 넘기다. ②(강을) 건너다. ③(어떤 시기를) 넘기다. ④(기준・정도를) 초과하다. 넘기다. ⑤더 좋다. 낫다. ⑥(순서를) 건너뛰다. 앞지르다. 추월하다. ⑦이사하다. ⑧오다. 가다.
越し[ごし] ①(명사에 접속하여) …너머. ②(시간을 나타내는 말에 접속하여) …에 걸쳐. …걸린.

音読
越境[えっきょう] 월경; 경계선을 넘음.
越権[えっけん] 월권; 권한 밖의 일을 함. 남의 직권을 침범함.
越権行為[えっけんこうい] 월권행위.
越南[ベトナム] 베트남.
越年[えつねん] 월년; 해를 넘김.
越冬[えっとう] 월동; 겨울을 남.

危　위태로울 위

丿 勹 卢 产 危

音 ●キ
訓 ●あやうい ●あぶない ●あやぶむ ⊗あやめる

訓読
²●**危うい**[あやうい] 〈形〉①아슬아슬하다. 위태롭다. 조마조마하다. ②《雅》위험하다.
⁴●**危ない**[あぶない] 〈形〉①위험하다. 위태롭다. ②아슬아슬하다. ③불안하다. ④미심쩍다.
¹●**危ぶむ**[あやぶむ] 〈5他〉①불안해하다. 걱정하다. ②의심하다.
⊗**危める**[あやめる] 〈下1他〉(사람을) 해치다. 죽이다. 살해하다.

音読
危急[ききゅう] 위급; 위태롭고 급함.
¹**危機**[きき] 위기; 위험한 순간.
危機一髪[ききいっぱつ] 위기일발.
危篤[きとく] 위독; 병세가 중하여 생명이 위태로움.
危地[きち] 위지; 위험한 곳・상태.
危殆[きたい] 위태; 위험.
¹**危害**[きがい] 위해; 위험한 재해(災害).
²**危険**[きけん] 위험; ①(목숨이) 위태로움. ②우려. 염려.

位　자리/위치/벼슬 위

丿 亻 亻 付 位 位

音 ●イ ⊗ミ
訓 ●くらい

訓読
²●**位❶**[くらい] ①국왕의 자리. ②계급. 지위. ③품격. 기품. 품위. ④《数》자릿수. ❷[い] ☞ [音読]
位する[くらいする] 〈サ変自〉위치하다. 자리하다. 차지하다.
位取り[くらいどり] ① 《数》 숫자의 자릿수. 수치(数値)의 자릿수를 정함. ②계급・품계・우열 등을 정함.

音読
²位❶[い] ①(등급·정도의) …위. ②(순번·위계의) …위. …품. ③《数》자릿수. ④(죽은 사람을 세는 높임말로) …위.
❷[くらい] ☞ 訓読

位階[いかい] 위계; 벼슬의 품계.

位相[いそう] 위상; ①《物》위상; (주기적 운동에서의) 어떤 순간의 상태·위치. ②《天》때의 차에 따라 변하는 천체의 모습. ③《語学》남녀·직업·계급에 따른 언어의 차이. ④《数》(일반적으로 공간에서) 유한이나 연속의 개념을 정의함에 있어 기초가 되는 수학적 구조.

²位置[いち] 위치; ①장소. 곳. ②지위. 입장.

位牌[いはい] 위패; 위판(位版).

囲(圍) 둘레 위

丨 冂 冃 月 用 囲 囲

音
●イ

訓
●かこう　●かこむ

訓読
●囲う[かこう]〈5他〉①에워싸다. 둘러싸다. 둘러치다. ②숨겨두다. 감춰두다. ③(첩을) 두다. ④저장하다. 비축하다.

囲い[かこい] ①에워쌈. 둘러쌈. 둘러침. ②담. 울타리. ③(집안에 마련한) 다실(茶室). ④(채소 등의) 저장. 비축. ⑤(장기에서) 金将(きんしょう)·銀将(ぎんしょう) 등으로 将(しょう)의 주위를 굳힘.

囲い物[かこいもの] ①(신문·잡지 등의) 박스(box) 기사. ②저장품. 비축해 둔 채소.

²●囲む[かこむ]〈5他〉①(사람이나 물건을 중앙에 두고) 포위하다. 에워싸다. 둘러싸다. ②바둑을 두다.

囲み[かこみ] ①에워쌈. 울타리. ②포위. 포위망. ③(신문·잡지 등의) 박스(box) 기사.

囲み記事[かこみきじ] 박스(box) 기사. 칼럼 기사.

音読
囲碁[いご] 바둑.

囲碁大会[いごたいかい] 바둑 대회.

囲炉裏[いろり] 방바닥을 4각형으로 잘라내고 취사용·난방용으로 불을 피우는 장치.

囲炉裏端[いろりばた] 노변(炉邊).

委 맡길 위

一 二 千 千 禾 秃 委 委

音
●イ

訓
⊗くわしい　⊗まかせる　⊗ゆだねる

訓読
⊗委しい[くわしい]〈形〉①상세하다. 자세하다. 자상하다. ②(어떤 분야에) 정통하다. 잘 알고 있다. 밝다.

⊗委せる[まかせる]〈下1他〉①맡기다. 일임하다. ②(…있는) 대로 …하다.

⊗委ねる[ゆだねる]〈下1他〉①완전히 맡기다. 내맡기다. ②(몸을) 바치다.

音読
²委員[いいん] 위원; 특정한 사항의 처리를 위임 맡은 사람.

委任[いにん] 위임; 사무의 처리를 타인 또는 다른 기관에게 위탁함.

委嘱[いしょく] 위촉; 맡기어 부탁함.

¹委託[いたく] 위탁; 어떤 행위나 사무를 타인 또는 다른 기관에게 맡기어 부탁함.

威 위엄 위

丿 厂 厂 厈 広 咸 咸 威 威

音
●イ

訓
⊗おどかす　⊗おどす

訓読
⊗威かす[おどかす]〈5他〉①깜짝 놀라게 하다. ②위협하다. 협박하다. 으르다.

⊗威す[おどす]〈5他〉①위협하다. 협박하다. 으르다. ②깜짝 놀라게 하다.

音読
¹威力[いりょく] 위력; 위풍(威風) 있는 강대한 힘.

威勢[いせい] 위세; ①위력으로 복종시키는 힘. ②기운참. 활기참.

威信[いしん] 위신; 위엄과 신망.

威圧[いあつ] 위압; 위력으로 내리누름.

威厳[いげん] 위엄; 위세가 있어 엄숙함.

威容[いよう] 위용; 위엄 있는 모습·형상.

²威張る[いばる]〈5自〉뽐내다. 으스대다. 빼기다. 잘난 체하다.

威風[いふう] 위풍; 엄숙하여 범하기 어려운 모습.

威嚇[いかく] 위하; 위협.

胃　밥통 위

丨 冂 冂 冃 門 門 胃 胃 胃

音 ●イ
訓 ―

音読

²胃[い] ① ≪生理≫ 위; 밥통. ②28수(宿)의 하나. 서쪽에 위치함.
胃袋[いぶくろ] 밥통. 위. 배.
胃病[いびょう] 위병; 위장병.
胃散[いさん] 위산; 가루 위장약.
胃癌[いがん] 위암; 위에 발생한 암.
胃液[いえき] 위액; 소화액(消化液).
胃腸[いちょう] 위장; 위와 장. 소화기관.
胃下垂[いかすい] ≪医≫ 위하수.

為(爲)　할/위할 위

丶 丿 ⺈ ⺈ 為 為 為 為 為

音 ●イ
訓 ⊗ため ⊗なさる ⊗なす ⊗なる ⊗する

訓読

³⊗為[ため] ①(어떤 점에서) 위함. 이익이 됨. 이득이 됨. ②(어떤 목적을 나타내는) 위함. ③때문.
²為替[★かわせ] ≪経≫ ①외환(外換). ②환어음. ③환시세.
為替相場[★かわせそうば] 외환 시세. 환율.
為替銀行[★かわせぎんこう] 외환 은행.

音読

為楽[いらく] 위락; 진실한 즐거움.
為政[いせい] 위정; 정치를 행함.

偽(僞)　거짓 위

亻 亻 仚 伪 伪 偽 偽 偽 偽

音 ●ギ
訓 ●にせ ●いつわる

訓読

●偽[にせ] 가짜. 위조. 모조.
●偽る[いつわる] 〈他〉 ①거짓말하다. 사칭(詐称)하다. ②속이다. 기만(欺瞞)하다.
偽り[いつわり] 거짓. 허위.

¹偽物[にせもの/ぎぶつ] ①가짜 물건. 위조품. ②(겉만 번지르르하고 실속이 없는) 엉터리.
偽手形[にせてがた] 가짜 어음.
偽者[にせもの] 가짜 인물. 엉터리.
偽札[にせさつ] 위조 지폐.

音読

偽名[ぎめい] 위명; 가짜 이름.
偽善[ぎぜん] 위선; 겉으로만 착한 체함.
偽悪[ぎあく] 위악; 일부러 악한 체함.
偽作[ぎさく] 위작; 표절(剽窃).
偽装[ぎそう] 위장; 남의 눈을 속이려고 어떤 태도나 행동을 일부러 꾸며서 하는 일.
¹偽造[ぎぞう] 위조; 진짜와 비슷하게 만듦.
¹偽造紙幣[ぎぞうしへい] 위조 지폐. 가짜 돈.
偽証[ぎしょう] 위증; 거짓 증언.

尉　벼슬 위

フ コ ア 尸 尸 层 月 尉 尉 尉 尉

音 ●イ ⊗ジョウ
訓 ―

音読

尉官[いかん] 위관; (군인) 장교.

偉　위대할 위

亻 亻 仁 伃 伃 偉 偉 偉 偉

音 ●イ
訓 ●えらい

訓読

²●偉い[えらい] 〈形〉 ①위대하다. 훌륭하다. ②(신분·지위가) 높다. ③갸륵하다. 장하다. ④엄청나다. 큰일이다. ⑤심하다. 지독하다. 대단하다. ⑥괴롭다. 고되다. ⑦엉뚱하다. 뜻밖이다. 황당하다. 난처하다.

音読

偉功[いこう] 위공; 훌륭한 공훈.
²偉大[いだい] 위대; 뛰어남. 웅장함.
偉力[いりょく] 위력; 위대한 힘.
偉業[いぎょう] 위업; 위대한 업적.
偉容[いよう] 위용; 훌륭한 모습.
偉人[いじん] 위인; 위대한 사람.
偉才[いさい] 위재; 재능이 뛰어난 사람.
偉材[いざい] 위재; 뛰어난 인물.
偉勲[いくん] 위훈; 큰 공훈·공적.

違(違)　어길/다를 위

丶 ナ キ キ 吾 吾 查 韋 諱 違

音 ●イ
訓 ●ちがう ●ちがえる

訓読
⁴●違う[ちがう] 〈5自〉 ①다르다. 틀리다. ②(앞과) 달라지다. 다르다. ③잘못되다. 틀리다. ④(뼈·근육이) 어긋나다. 삐다.
²違い[ちがい] 차이. 다름.
²違いない[ちがいない] 〈形〉 틀림없다. 정말 그렇다.
違い棚[ちがいだな] (2개의 판자를 상하 좌우로) 어긋나게 매어단 장식용 선반.
¹●違える[ちがえる] 〈下I他〉 ①다르게 하다. 변경하다. 달리하다. ②(이해·판단·행동을) 잘못하다. 틀리다. ③(사람을) 이간시키다. ④(뼈·근육 등을) 삐다.

音読
違例[いれい] 위례; ①평소와 다름. ②건강이 안 좋음. 병이 남.
²違反[いはん] 위반; 법령·계약·협정 등을 어김.
違背[いはい] 위배; 약속·규칙·명령 등을 어김.
違犯[いはん] 위범; 죄를 범함.
違法[いほう] 위법; 법률을 어김.
違約[いやく] 위약; 약속·계약을 어김.
違勅[いちょく] 위칙; 직령(勅令)을 어김.
違憲[いけん] 위헌; 헌법 규정에 위반됨.
違和感[いわかん] 위화감.

慰　위로할 위

フ コ コ 尸 戸 尽 尉 尉 尉 慰 慰

音 ●イ
訓 ●なぐさむ ●なぐさめる

訓読
●慰む[なぐさむ] 〈5自〉 (마음이) 풀리다. 가벼워지다. 〈5他〉 ①(여자를) 농락하다. 노리개로 삼다. ②희롱하다. 놀리다. ③기분 전환하다.
慰み[なぐさみ] ①위안. 즐거움. ②위안거리. 심심풀이. 기분 전환. ③여자를 농락함. 희롱함. ④노름. 도박.

²●慰める[なぐさめる] 〈下I他〉 ①위로하다. 위안하다. ②즐겁게 하다. 후련하게 하다.
慰め[なぐさめ] 위로. 위안.

音読
慰霊[いれい] 위령; 죽은 자의 영혼을 위로함.
慰問[いもん] 위문; 위로하기 위해 문안함.
慰謝料[いしゃりょう] 위자료(慰藉料).
慰安[いあん] 위안; 위로하여 마음을 편하게 함.
慰安旅行[いあんりょこう] 위로(慰労) 여행.

衛(衛)　지킬/호위할 위

彳 彳 彳 彳 彳 衧 衍 衛 衛 衛 衛

音 ●エイ ⊗エ
訓 ―

音読
衛兵[えいへい] 위병; 경비·감시 등의 임무를 맡은 병사.
衛兵所[えいへいじょ] 위병소.
衛士[えじ] 위사; (옛날) 궁중 경비병.
²衛生[えいせい] 위생; 청결을 유지하여 질병에 안 걸리도록 힘쓰는 일.
¹衛星[えいせい] 위성; ① 《天》 행성(行星)의 주위를 운행하는 천체(天体). ②중심이 되는 것과 종속적 관계에 있는 것.
衛星中継[えいせいちゅうけい] 우성 중계.
衛星船[えいせいせん] 우주선(宇宙船).
衛戍[えいじゅ] 위수; (과거 육군에서) 군대가 한 장소에 배치·주둔하는 일.
衛視[えいし] 국회의 경호원.
衛試[えいし] '国立衛生試験所'의 준말.

緯　씨줄 위

糸 糸' 糸' 糸' 絆 絆 結 緯 緯 緯

音 ●イ
訓 ⊗ぬき

音読
緯[い] 위; ①가로. ②위도(緯度).
²緯度[いど] 위도; 지구의 어떤 지점이 적도에서 떨어져 있는 정도. 적도에서 남북으로 잰 각거리.
緯線[いせん] 위선; 위도선(緯度線). 위도를 나타내는 선. 씨줄.

| 萎 시들 위 | 音 ⊗イ |
| | 訓 ⊗なえる ⊗しなびる ⊗しぼむ ⊗しおれる |

訓読
⊗萎える[なえる] 〈下1自〉 ①(풀 등이) 시들다. ②맥이 빠지다. 쇠잔해지다. ③(오래 입은 옷이) 후줄근해지다.

¹⊗萎びる[しなびる] 〈上1自〉 ①시들다. ②쭈글쭈글해지다. 쭈그러지다.

²⊗萎む[しぼむ] 〈5自〉 ①시들다. 시들시들해지다. ②위축되다. 오그라들다.

⊗萎れる[しおれる] 〈下1自〉 ①시들시들해지다. 시들다. ②의기소침해지다. 풀이 죽다.

音読
萎縮[いしゅく] 위축; 마르고 시들어서 쪼그라듦. 어떤 힘에 눌려 기력이 없어짐.

| 葦 갈대 위 | 音 ⊗イ |
| | 訓 ⊗あし ⊗よし |

訓読
⊗葦[あし/よし] 《植》 갈대. *'あし'는 '悪(あ)し'와 발음이 같아서 피하여 '良(よ)し'처럼 발음하나 'よし'는 별칭(別稱)임.

葦簾[よしずだれ] 갈대로 만든 발. 갈대발.

葦船[あしぶね] ①갈대를 실은 배. ②갈대로 만든 배. ③물에 뜬 갈댓잎.

葦垣[あしがき] 갈대 울타리.

葦原[あしはら/あしわら] 갈대밭.

葦笛[あしぶえ] 갈대 피리.

葦舟[あしぶね] ①갈대를 실은 배. ②갈대로 만든 배. ③물에 뜬 갈댓잎.

葦簀[よしず] 갈대로 만든 발. 갈대발.

葦簀張り[よしずばり] 갈대발로 둘러침.

葦戸[よしど] 갈대발을 친 문.

| 魏 위나라/높을 위 | 音 ⊗ギ |
| | 訓 ― |

音読
魏[ぎ] (중국의) 위나라.

魏魏[ぎぎ] (산·건물 등이) 높고 큼.

魏魏する[ぎぎする] 〈サ変自〉 높고 크다. 우람하다.

[유]

| 由 말미암을 유 | |

丨 冂 巾 由 由

音 ●ユ ●ユイ ●ユウ
訓 ●よし ⊗よる

訓読
●由[よし] ①까닭. 원인. 이유. ②사정. 곡절. 연유. ③(이제까지 말한) 내용. 취지. ④수단. 방법. 수. ⑤…라는 말씀. …라고 하다니.

由無い[よしない] 〈形〉 ①(이렇다 할) 이유·근거가 없다. ②어쩔 수 없다. 부득이하다. ③할 방법이 없다. ④부질없다.

⊗由る[よる] 〈5自〉 말미암다. 기인하다. 관계되다. 연유하다.

音読
由来[ゆらい] 유래; ①연유. 까닭. ②본디. 원래.

由緒[ゆいしょ] 유서; ①전해 오는 까닭나 내력. ②유래. 내력.

由緒深い[ゆいしょぶかい] 〈形〉 유서 깊다.

由由しい[ゆゆしい] 〈形〉 ①중대하다. 예삿일이 아니다. ②황송하다. ③불길하다. 꺼림칙하다.

❶理由[りゆう], 事由[じゆう], 自由[じゆう]

| 幼 어릴 유 | |

〈 幺 幺 幻 幼

音 ●ヨウ
訓 ●おさない ⊗いとけない ⊗いたい…

訓読
²●幼い[おさない] 〈形〉 ①어리다. ②유치(幼稚)하다. 미숙(未熟)하다.

幼びる[おさなびる] 〈上1自〉 어리게 보이다. 어린아이 같아 보이다.

幼心[おさなごころ] 동심(童心). 어린 마음.

幼顔[おさながお] 어릴 적 모습.

幼友達[おさなともだち] 죽마고우(竹馬故友). 어릴 때의 친구.

幼遊び[おさなあそび] 어린아이의 놀이.

幼子[おさなご] 유아(幼児). 어린아이.

幼姿[おさなすがた] 어릴 적의 모습.

音読

幼年[ようねん] 유년; 나이가 어림.

幼名[ようめい] 유명; 아명(児名).

幼少[ようしょう] 유소; 나이 어림.

幼時[ようじ] 유시; 어린 시절.

幼児[ようじ] 유아; 어린아이.

幼児期[ようじき] 유아기; 만 1세부터 유치원생까지의 기간을 말함.

幼魚[ようぎょ] 유어; 어린 물고기.

幼虫[ようちゅう] 유충; 애벌레.

²幼稚[ようち] 유치; ①나이가 어림. ②미숙(未熟)함. 유치함.

²幼稚園[ようちえん] 유치원.

有   있을 유

ノ ナ オ 有 有 有

音 ●ユウ ●ウ

訓 ●ある

訓読

⁴●有る[ある]〈5自〉(…을 가지고) 있다. 존재하다. 소유되다. 갖추고 있다.

有りのまま[ありのまま] 있는 그대로임. 사실 그대로임.

有り金[ありがね] 현재 가진 돈. 소지금.

²有り難い[ありがたい]〈形〉①고맙다. 감사하다. ②반갑다. 달갑다. ③고맙다. 거룩하다. 과분하다. ④기특하다. 갸륵하다.

²有り難う[ありがとう]〈感〉고맙소. 고마워.

有(り)明(け)[ありあけ] ①새벽달. 달이 떠 있는 새벽. ②새벽. 동틀 녘.

有り勝ち[ありがち] 흔히 있음. 있을 법함.

¹有(り)様●[ありさま] 모양. 상태. 꼴. ❷[ありよう] ①(사물의) 현실. 실정. 진상. ②이상적인 자세. 바람직한 상태. ③있을 까닭. 있을 턱. 있을 리.

有り余る[ありあまる]〈5自〉남아돌다.

有り丈[ありたけ] 전부. 죄다. 몽땅. 모두.

有りっ丈[ありったけ] ‘有り丈(ありたけ)’의 강조.

有り体[ありてい] ①있는 그대로. 사실 그대로. ②평범함. 형식적임.

¹有り触れる[ありふれる]〈下1自〉흔하게 있다. 흔해 빠지다. 어디에나 있다.

有らん限り[あらんかぎり] 있는 한. 힘껏.

有り合(わ)せ[ありあわせ] 마침 그 자리에 있는 물건.

音読

有[ゆう] 유; ①있음. 존재함. ②소유. 소유물. ③또. 그 위에. ④〈接頭語〉…이 있음.

¹有する[ゆうする]〈サ変自〉가지다. 소유하다. 가지고 있다.

有価証券[ゆうかしょうけん] 유가 증권.

有権者[ゆうけんしゃ] 유권자; ①권리를 가진 자. ②선거권을 가진 자.

有給[ゆうきゅう] 유급; 급료가 있음.

有期[ゆうき] 유기; (일정한) 기한이 있음.

¹有機[ゆうき] 유기; ①생활 기능을 갖추고 생활력을 갖고 있음. *동식물을 말함. ②《化》탄소를 주성분으로 한 물질.

²有能[ゆうのう] 유능; 능력이 뛰어남.

有段者[ゆうだんしゃ] 유단자; (바둑·장기·무예에서) 초단(初段) 이상의 사람.

有徳[ゆうとく/うとく] 유덕; ①덕이 있음. ②부유함. 부자.

有毒[ゆうどく] 유독; 독성이 있음.

¹有力[ゆうりょく] 유력; 힘이 있음. 세력이 있음. 영향력이 있음.

²有料[ゆうりょう] 유료; 요금이 필요함.

²有利[ゆうり] 유리; 이로움. 이익이 있음.

¹有望[ゆうぼう] 유망; 앞으로 잘 될 듯함. 희망이 있음.

⁴有名[ゆうめい] 유명; 세상에 이름이 알려져 있음.

有名無実[ゆうめいむじつ] 유명무실.

²有無[うむ] 유무; ①(사물의) 있음과 없음. ②가부(可否). 좋고 싫음. 승낙과 거부.

有史以来[ゆうしいらい] 유사 이래.

有事[ゆうじ] 유사; 일이 있음. 사변(事変)이 있음.

有象無象[うぞうむぞう] 유상무상; ①만물. 삼라만상. ②어중이떠중이.

有償[ゆうしょう] 유상; 어떤 행위의 결과에 대해 보상이 있음.

有線[ゆうせん] 유선; 전선에 의한 통신 방식.

有数[ゆうすう] 유수; ①셀 수 있을 정도로 수효가 적음. ②굴지. 손꼽힘.

有為●[ゆうい] 유위; 유망함. 유능함. ❷[うい]《仏》인연으로 말미암아 생기는 이 세상의 모든 현상.

有意義[ゆういぎ] 유의의; 의의가 있음.

¹有益[ゆうえき] 유익; 이로움. 이익이 있음.

有情[ゆうじょう] 유정; ①정이 있음. ②생물이 감각·감정을 지니고 있음.

有頂天[うちょうてん] 기뻐서 어찌할 바를 모름.

有終の美[ゆうしゅうのび] 유종의 미; 끝까지 잘하여 훌륭한 성과를 거둠.

有罪[ゆうざい] 유죄; 죄가 있음.

有志[ゆうし] 유지; 어떤 일에 참여하여 성취하려는 뜻이 있음.

有職❶[ゆうしょく] 유직; 직업을 가짐. ❷[ゆうそく] ①조정이나 무가(武家)의 예식・고사(故事)에 밝은 사람. ②한 분야에 박식한 사람.

有職故実[ゆうそくこじつ] 조정이나 무가(武家)의 법령・의식・풍습 등을 연구하는 학문.

有限[ゆうげん] 유한; 한계가 있음.

有閑[ゆうかん] 유한; 생활에 여유가 있고 여가가 많음.

有害[ゆうがい] 유해; 해로움.

有形[ゆうけい] 유형; 형체가 있음.

²有効[ゆうこう] 유효; 효능・효과가 있음.

有効期間[ゆうこうきかん] 유효 기간.

乳 (乳) 젖 유

　一　ｆ　ｆ　ρ　ρ　ρ　孚　孚　乳

🔊 ●ニュウ

訓 ●ちち ●ち

訓読

¹●乳[ちち] ①젖. 유즙(乳汁). ②젖통이. 유방(乳房).

乳離れ[ちばなれ/ちちばなれ] ①젖떼기. 이유. 이유기. ②(부모 곁을 떠나) 자립함.

乳房[ちぶさ] 유방; 젖통이.

乳首[ちくび/ちちくび] 젖꼭지.

乳牛[ちちうし/にゅうぎゅう] 젖소.

乳飲(み)子[ちのみご] 젖먹이.

乳臭い[ちちくさい] 〈形〉①젖비린내 나다. ②유치하다. 젖내나다.

乳兄弟[ちきょうだい] 젖동생. 형제간이 아닌데도 같은 젖을 먹고 자란 사이.

乳型[ちがた] 패드. 여자의 가슴을 예쁘게 보이기 위한 유방 모양의 심.

音読

乳価[にゅうか] 유가; 우유값.

乳果[にゅうか] 유과; 우유로 만든 과자.

乳糖[にゅうとう] 유당; 락토오스.

乳頭[にゅうとう] 유두; 젖꼭지.

乳母[★うば] 유모; 젖어머니.

乳母車[★うばぐるま] 유모차.

乳鉢[にゅうばち] 《医》 유발.

乳白色[にゅうはくしょく] 유백색; 젖빛.

乳酸菌[にゅうさんきん] 《化》 유산균.

乳状[にゅうじょう] 유상; 우유 형태의 모양.

乳腺[にゅうせん] 《生理》 유선; 젖샘.

乳児[にゅうじ] 《医》 유아; 젖먹이.

乳液[にゅうえき] 유액; ①(식물에 포함된) 젖빛 액체. ②유상(乳状)의 화장 크림.

乳幼児[にゅうようじ] 유유아; 젖먹이와 어린이.

乳剤[にゅうざい] 《化》 유제.

乳製品[にゅうせいひん] 유제품; 우유 제품.

乳歯[にゅうし] 《生理》 유치; 젖니.

油 기름 유

　丶　丶　氵　汕　汕　油　油　油

🔊 ●ユ ⊗ユウ

訓 ●あぶら

訓読

²●油[あぶら] ①기름. ②활력소. 활동의 원동력.

油気[あぶらけ] 기름기.

油色[あぶらいろ] 기름 빛깔. 불그레하고 투명한 황색.

油揚(げ)[あぶらあげ/あぶらげ] 유부.

油染みる[あぶらじみる] 〈上1自〉기름때가 묻다. 기름에 찌들다.

油紙[あぶらがみ] 유지; 기름종이.

油差し[あぶらさし] 주유기(注油器). 기계에 기름을 치는 도구.

油菜[あぶらな] 《植》 유채; 평지.

油虫[あぶらむし] ①《虫》 진딧물. ②《虫》 바퀴벌레. ③(남한테 빌붙어 생활하는) 빈대. ④건달.

油布[あぶらぬの] ①기름걸레. 기름을 묻힌 천. ②윤기가 나는 천.

油絵[あぶらえ] 유화(油画). 서양화.

音読

²油断[ゆだん] 방심(放心). 부주의.

油断なく[ゆだんなく] 빈틈없이.

油断ならない[ゆだんならない] 방심할 수 없다.

油類[ゆるい] 유류; 기름 종류.

油性[ゆせい] 유성; 기름의 성질.

油田[ゆでん] 유전; 석유를 채굴하는 지역.

油井[ゆせい] 유정; 석유를 채굴하기 위해 땅
　속으로 판 우물.
油剤[ゆざい] 유제; 기름 약.
油槽船[ゆそうせん] 유조선; 기름을 실어
　나르는 배.
油脂[ゆし] 유지; 동식물에서 채취한 기름.
油層[ゆそう] 유층; 석유를 함유한 지층.

柔　　　부드러울 유

フ　フ　マ　矛　矛　柔　柔　柔　柔

音 ●ジュウ　●ニュウ
訓 ●やわらか　●やわらかい

訓読
●柔らか[やわらか] 〈形動〉①부드러움. 폭
　신함. ②유연함. 나긋나긋함. ③원만함.
　온화함. ④딱딱하지 않음.
³●柔らかい[やわらかい] 〈形〉①부드럽다.
　보드랍다. ②푹신하다. ③말랑말랑하다.
　④포근하다. 온화하다. ⑤유연하다. 나긋
　나긋하다. ⑥완만하다. ⑦격식을 차리지
　않다. 딱딱하지 않다. 융통성이 있다.

音読
柔道[じゅうどう] 유도.
柔順[じゅうじゅん] 유순; 성질이 부드럽고
　온순함.
柔弱[にゅうじゃく] 유약; 연약함.
¹柔軟[じゅうなん] 유연; ①(몸・동작이) 부
　드럽고 나긋함. ②융통성이 있음.
柔和[にゅうわ] 유화; 성품이 온유함.

唯　　　오직 유

Ⅱ　Ⅱ　Ⅱ'　ⅡⅠ　叶　叶　叶　唯　唯　唯

音 ●ユイ　●イ
訓 ⊗ただ

訓読
²⊗唯[ただ] ①오직. 오로지. 그저. ②겨우.
　단지. ③〈接〉단(但). 다만.
唯今[ただいま] ①지금. 현재. ②지금. 곧.
　③방금. 막. ④〈感〉다녀왔습니다.

音読
唯物[ゆいぶつ] ≪哲≫ 유물; 오로지 물질만
　이 존재한다는 것.
唯我独尊[ゆいがどくそん] 유아독존; 독선적
　(独善的)임.

唯唯諾諾[いいだくだく] 유유낙낙　명령대
　로 순종하여 응낙함.
²唯一[ゆいいつ] 유일; 오직 그것 하나뿐임.
唯一無二[ゆいいつむに] 유일무이.

幽　　　그윽할 유

丨　丩　彡　幺　纵　纵　纵　幽　幽

音 ●ユウ
訓 ⊗かすか

訓読
⊗幽か[かすか] 〈形動〉①희미함. 흐릿함. 아
　련함. 어렴풋함. ②초라함. 미미함. ③쓸쓸
　함. 조용함.

音読
幽[ゆう] 유; ①피하여 숨음. ②심원(深遠)함.
　③어두움.
幽谷[ゆうこく] 유곡; 깊은 산 계곡.
幽霊[ゆうれい] 유령; ①눈에 보이지 않는 영
　자(靈者). ②이름뿐이고 실제로는 없는 것.
幽明[ゆうめい] 유명; 저승과 이승.
幽閉[ゆうへい] 유폐; 감옥에 가둠.

悠　　　멀/한가할 유

亻　亻　亻'　攸　攸　攸　悠　悠　悠

音 ●ユウ
訓 —

音読
悠久[ゆうきゅう] 유구; 세월이 길고 오램.
悠揚[ゆうよう] 유양; 태연하고 침착함.
悠然[ゆうぜん] 유연; 침착하고 여유가 있음.
²悠悠[ゆうゆう] 유유; ①느긋함. 대범하고
　침착함. ②끝없이 이어짐. ③끝없음. 아
　득히 멂.

愉(愉)　　　즐거울 유

丶　忄　忄'　怜　怜　怜　愉　愉

音 ●ユ
訓 —

音読
愉楽[ゆらく] 유락; 기쁘고 즐거움.
愉悦[ゆえつ] 유열; 즐거워하고 기뻐함.
²愉快[ゆかい] 유쾌; 즐거움. 재미있음.

遊(遊) 놀 유

ノ　ﾉ　ﾉ　ﾊﾞ　ﾊﾞ　ﾌ　ﾌ　ﾌ　遊

音 ◉ユウ ⊗ユ
訓 ◉あそばす ◉あそぶ

訓読

◉遊ばす[あそばす]〈5他〉①놀게 하다. 놀리다. ②(돈·기구·기계 등을) 활용하지 않고 놀리다. ③하시다. ＊'行(おこ)なう'의 존경어.
遊ばせる[あそばせる]〈下1他〉①놀게 하다. 놀리다. ②즐겁게 하다.
⁴◉遊ぶ[あそぶ]〈5自〉①놀다. 놀이를 하다. ②(주색잡기에) 놀아나다. 방탕한 생활을 하다. ③(아무 일도 안 하고) 놀다. ④(돈·기구·기계 등이) 활용되지 않고 놀다. ⑤유람하다. ⑥…에 유학하다. …에서 배우다. ⑦(야구에서) 일부러 볼을 던지다.
²遊び[あそび]①놀이. 오락. 장난. ②유흥. 주색잡기. 방탕. ③심심풀이. ④쉼. 일이 없음. ⑤여유. ⑥《古》사냥·오락으로 도락을 즐김. ⑦《古》관현(管絃)의 연주. ⑧《古》창녀.
遊び道具[あそびどうぐ]놀이 도구. 장난감.
遊び半分[あそびはんぶん]반 장난. 놀이 삼음. 중요한 일을 적당히 해치움.
遊び相手[あそびあいて]놀이 상대.
遊び人[あそびにん]①백수. 무직자. 건달. ②노름꾼. 난봉꾼.
遊び場[あそびば]놀이터. 유흥장.

音読

遊客[ゆうかく]유객; ①놀고먹는 사람. 백수. ②유람객. ③유곽에 온 손님.
遊撃[ゆうげき]유격; 임기응변으로 우군(友軍)을 도와 적을 공격함.
遊郭[ゆうかく]유곽; 창녀들이 손님을 맞이하는 집들이 모여 있는 곳.
遊金[ゆうきん]유금; 노는 돈.
遊技[ゆうぎ]유기; 오락으로 하는 운동.
遊女[ゆうじょ]유녀; ①중세(中世)의 기생. ②(江戸(えど) 시대) 창녀(娼女).
遊動円木[ゆうどうえんぼく]유동원목. ＊운동 기구의 하나임.
遊覧[ゆうらん]유람; 구경하고 다님.
遊覧船[ゆうらんせん]유람선.

遊離[ゆうり]유리; ①따로 떨어짐. 동떨어짐. ②《化》다른 것과 화합하지 않고 존재함.
¹遊牧[ゆうぼく]유목; 일정한 거처 없이 풀과 물을 따라 옮겨 가며 가축을 기름.
遊牧民族[ゆうぼくみんぞく]유목 민족.
遊民[ゆうみん]유민; 백수. 건달.
遊歩[ゆうほ]유보; 산책(散策).
遊山[ゆうさん]유산; ①산이나 들로 놀러 다님. ②유람. 멀리 구경 다님.
遊星[ゆうせい]유성; 행성(行星).
遊説[ゆうぜい]유세; 자기의 의견 또는 소속 정당의 주장을 설파하며 돌아다님.
遊泳[ゆうえい]유영; ①수영. 헤엄. ②처세(処世).
遊泳禁止[ゆうえいきんし]수영(水泳) 금지.
遊泳場[ゆうえいば]수영장(水泳場).
遊泳術[ゆうえいじゅつ]처세술(処世術).
²遊園地[ゆうえんち]유원지; 놀이터 공원.
遊学[ゆうがく]유학; 타향에 가서 공부함.
遊休[ゆうきゅう]유휴; (돈·기계·토지 등을) 활용하지 않고 놀림.
遊興[ゆうきょう]유흥; 흥취 있게 놂.

猶(猶) 오히려/머뭇거릴 유

ノ　ｲ　ｲ　ｲﾞ　ｲﾞ　猶　猶　猶　猶　猶

音 ◉ユウ
訓 ⊗なお

訓読

²⊗猶[なお]①역시. 여전히. 아직도. ②더욱. 오히려. 한층. ③〈接〉또한. 덧붙여 말하면. ＊격식을 갖추어서 하는 말임.

音読

猶予[ゆうよ]유예; ①(어떤 일을) 꾸물거림. ②(정해진 시일을) 늦춤.

裕 넉넉할 유

ノ　ｲ　ｲ　ｲﾞ　衤　衤　衤　裕　裕　裕

音 ◉ユウ
訓 ―

音読

裕福[ゆうふく]유복; 살림이 넉넉함. ¶～な家庭(かてい) 유복한 가정.

維　맬/끈 유

糸　糸　糸′　糸甲　糸片　絆　絆　維　維

音 ●イ ⊗ユイ
訓 ─

音読
維新[いしん] 유신; 정치상의 혁신. *특히 '明治維新(めいじいしん)'을 말함.
²維持[いじ] 유지; 지탱하여 나감.

誘　꾈/유혹할 유

言　言　言′　言扌　訣　誘　誘　誘　誘

音 ●ユウ
訓 ●さそう ⊗いざなう ⊗おびく

訓読
²●誘う❶[さそう] 〈5他〉 ①권하다. 권유하다. ②(…하자고) 불러내다. ③꾀다. 유혹하다. 불러일으키다.
⊗誘う❷[いざなう] 〈5他〉 ≪文≫ 권유하다. 꾀다. 꾀어내다.
⊗誘く[おびく] 〈5他〉 꾀다. 유혹하다.

音読
誘拐[ゆうかい] 유괴; 교묘하게 사람을 속여서 꾀어냄.
誘導[ゆうどう] 유도; ①꾀어서 이끎. ② ≪物≫ 유도.
誘発[ゆうはつ] 유발; 어떤 일이 원인이 되어 다른 일을 발생시킴.
誘引[ゆういん] 유인; 꾀어 끌어들임.
誘致[ゆうち] 유치; 꾀어서 데려옴.
¹誘惑[ゆうわく] 유혹; 남을 꾀어서 정신을 어지럽게 함. 나쁜 길로 꾐.

遺(遺)　남길/잃을 유

口　中　虫　貴　貴　貴　貴　遺　遺

音 ●イ ●ユイ
訓 ⊗のこす ⊗のこる

訓読
⊗遺す[のこす] 〈5他〉 ①(전체에서 일부를) 남기다. 남겨 두다. 남게 하다. ②(후세에) 전하다. 남기다. ③(재산을) 모으다. ④(씨름에서) 버티어내다.

⊗遺る[のこる] 〈5自〉 ①(일부가) 남다. ②(없어지지 않고) 남다. ③(후세에) 전해지다. 남다. ④(나중까지) 이어지다. ⑤(씨름에서) 버티다.

音読
遺憾[いかん] 유감; 섭섭한 마음.
遺稿[いこう] 유고; 죽은 사람이 남긴 원고.
遺棄[いき] 유기; 내어 버림.
遺物[いぶつ] 유물; ①선인(先人)의 제작물. ②유품(遺品). ③분실물.
遺産[いさん] 유산; 고인이 남긴 재산.
遺書[いしょ] 유서; ①유언을 남긴 글. ②유저(遺著); 고인이 남긴 저작물(著作物).
遺失物[いしつぶつ] 유실물; 분실물.
遺児[いじ] 유아; ①부모가 죽고 남은 아이. ②버려진 아이.
遺言[いごん/ゆいごん] 유언; 임종시 남긴 말. *법률 용어로는 'いごん'이라고 함.
遺業[いぎょう] 유업; 고인이 남긴 사업.
遺詠[いえい] 유영; ①고인이 남긴 시가(詩歌). ②사세(辞世)의 시가.
遺作[いさく] 유작; 고인이 남긴 작품.
¹遺跡[いせき] 유적; ①고적(古跡). 옛날에 건축물이나 사건이 있었던 곳. ②고고학적 유물이 남아 있는 곳. ③고인이 남긴 영지(領地)・관직(官職).
遺伝[いでん] 유전; 자손에게 몸의 형태나 성질이 전해지는 현상.
遺伝子[いでんし] 유전자.
遺族[いぞく] 유족; 유가족(遺家族). 사망한 사람의 가족이나 친족.
遺志[いし] 유지; 고인의 생전의 뜻.
遺体[いたい] 유체; 시체. 유해(遺骸).
遺品[いひん] 유품; 고인이 남긴 물건.
遺骸[いがい] 유해; 죽은 사람의 몸.
遺賢[いけん] 유현; (초야의) 능능한 인재.

儒　선비/유교 유

イ　イ′　伊　伊　俨　偆　儒　儒　儒

音 ●ジュ
訓 ─

音読
儒教[じゅきょう] 유교; 유학(儒学).
儒者[じゅしゃ] 유자; 유학자(儒学者).
儒学[じゅがく] 유학; 공자(孔子)를 시조로 하는 가르침.

諭(諭) 깨우칠 유

言 言 訡 訡 諭 諭 諭 諭

音 ◉ユ
訓 ◉さとす

訓読
●**諭す[さとす]** 〈5他〉 타이르다. 깨우치다.
가르쳐 인도하다.
諭し[さとし] ①타이름. ②신불(神仏)의 계시
(啓示). 신탁(神託). ¶お～ 신(神)의 계시.

音読
諭旨[ゆし] 유지; (윗사람이 아랫사람에게)
타일러 알림.

癒(癒) 병나을 유

亠 疒 疒 疒 疒 疒 疒 疒 瘉 癒

音 ◉ユ
訓 ⊗いえる ⊗いやす

訓読
⊗**癒える[いえる]** 〈下1自〉 (병이) 낫다. 치
료되다. (상처가) 아물다.
⊗**癒す[いやす]** 〈5他〉 ①(병을) 치료하다.
고치다. ②(번민을) 달래다. 없애다.

音読
癒着[ゆちゃく] 유착; ① ≪医≫ 분리되어
있어야 할 피부 등이 재차 달라붙음.
②바람직하지 않은 상태로 결합됨.

酉 술단지/닭 유

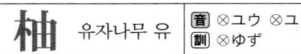

訓読
⊗**酉[とり]** 유; ①십이지(十二支)의 열째.
②유시(酉時). 지금의 오후 5시부터 7시
사이. ③유방(酉方). 서쪽.

宥 용서할 유

訓読
⊗**宥める[なだめる]** 〈下1他〉 달래다. 구슬리
다. 진정시키다.
宥めすかす[なだめすかす] 〈5他〉 달래고 어
르다.

音読
宥和[ゆうわ] 유화; 너그럽게 대하여 화평
하게 지냄.

柚 유자나무 유

訓読
⊗**柚[ゆず]** ☞ 柚子
柚子[ゆず] ≪植≫ 유자. 유자나무.
柚子茶[ゆずちゃ] 유자차.

音読
柚餅子[ゆべし] 쌀가루에 된장·설탕·유자
껍질 등을 넣어서 찐 과자.

惟 생각할 유

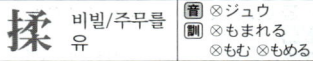

訓読
⊗**惟うに[おもうに]** 생각건대. 짐작컨대.
⊗**惟るに[おもんみるに]** 생각해 보건대.
⊗**惟神[★かんながら]** ①신의 뜻하신 대로.
②태고적(太古的) 그대로.

揉 비빌/주무를 유

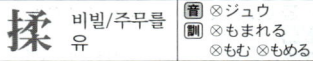

訓読
⊗**揉まれる[もまれる]** 〈下1他〉 시달리다. 시
련을 겪다.
²⊗**揉む[もむ]** 〈5他〉 ①비비다. ②주무르다.
안마하다. ③(마음을) 졸이다. 애태우다.
④격론하다. 토의하다. ⑤(유도·씨름에
서) 한 수 가르쳐 주다. ⑥몹시 흔들다.
¹⊗**揉める[もめる]** 〈下1自〉 ①분규가 일어나
다. 옥신각신하다. ②조바심이 나다. 안절
부절못하다.

喩ˣ(喩) 깨우칠 유

訓読
⊗**喩える[たとえる]** 〈下1他〉 예를 들다. 빗
대어 말하다. 비유(比喩)하다.
喩え[たとえ] ①비유(比喩). 빗대어 말함.
②비슷한 예. 거의 같은 예(例).

音読
❶**比喩[ひゆ]**, **隠喩[いんゆ]**, **直喩[ちょくゆ]**

濡 적실 유

音	⊗ジュ
訓	⊗そぼつ
	⊗ぬらす
	⊗ぬれる

訓読
⊗濡つ[そぼつ] 〈4自〉 ①(안개·비·눈물 등으로) 젖다. ②(비가) 촉촉이 내리다.
²⊗濡らす[ぬらす] 〈5他〉 적시다.
³⊗濡れる[ぬれる] 〈下1自〉 ①젖다. ②(남녀가) 정사(情事)를 하다. 정(情)을 나누다.

鮪 다랑어 유

| 音 | ⊗イ ⊗ユウ |
| 訓 | ⊗まぐろ |

訓読
⊗鮪[まぐろ] ≪魚≫ 참치. 다랑어.

[육]

肉 고기 육

 丨 冂 冂 内 肉 肉

| 音 | ●ニク |
| 訓 | ― |

音読
⁴肉[にく] 육; ①살. 근육. ②고기. ③(식물의) 과육(果肉). 살. ④두께. ⑤(첨가하는) 세부 사항. ⑥몸뚱이. ⑦혈통. ⑧인주(印朱).
肉感[にくかん/にっかん] 육감; ①몸에서 풍기는 느낌. ②성적(性的)인 느낌.
肉鍋[にくなべ] 전골; 고기를 삶은 냄비
肉類[にくるい] 육류; 식육 고기 종류.
肉薄❶[にくうす] 살이 얄팍함. ❷[にくはく] 육박; ①바짝 다가섬. 몸으로 돌진함. ②힐문. 몹시 다그쳐 물음.
肉付け[にくづけ] ①(어떤 내용에) 살을 붙임. 내용을 충실하게 보충함. ②(조각에서) 양감 표현(量感表現)
肉色[にくいろ] ①살색. ②고기 빛깔.
肉声[にくせい] 육성; 확성기를 통하지 않고 입에서 직접 나오는 소리.
肉食[にくしょく/にくじき] 육식; 동물의 고기를 먹음.
肉芽[にくが] ①≪植≫ 육아; 살눈. ②‘肉芽組織’의 준말.

肉眼❶[にくがん] 육안; 사람의 눈. ❷[にくげん] ≪仏≫ 표면적인 안식(眼識).
⁴肉屋[にくや] 정육점. 고깃간. 푸줏간.
肉欲[にくよく] 육욕; 성욕(性慾). 정욕.
肉牛[にくぎゅう] 육우; 고기를 먹기 위해 기르는 소.
肉入れ[にくいれ] 인주갑(印朱匣)
肉切り[にくきり] ①고기 썰기. ②고기 써는 칼. *‘肉切包丁(にくきりぼうちょう)’의 준말임.
肉切り包丁[にくきりぼうちょう] 고기 써는 칼.
肉腫[にくしゅ] ≪医≫ 육종; 악성 종양.
肉汁[にくじゅう] 육즙; ①고기 국물. 육수. ②날고기 즙. ③고기를 구울 때 나오는 즙.
¹肉体[にくたい] 육체; 몸. 몸뚱이.
¹肉親[にくしん] 육친; 친척.
肉弾[にくだん] 육탄; 적진에 몸으로 돌진함.
肉太[にくぶと] 글씨 획이 굵음.
肉片[にくへん] 육편; 고기 조각. 고깃점.

育 기를 육

` 亠 亠 卒 卒 育 育 育

| 音 | ●イク |
| 訓 | ●そだつ ●そだてる ⊗はぐくむ |

訓読
²●育つ[そだつ] 〈5自〉 자라다. 성장하다.
育ち[そだち] ①성장. 발육. ②성장과정. 가정환경. ③〈接尾語〉 …에서 자람. …에서 자란 사람.
²●育てる[そだてる] 〈下1他〉 ①기르다. 양육하다. 키우다. ②양성하다. 가르치다. 길들이다. ③성장시키다.
⊗育む[はぐくむ] 〈5他〉 ①(어미 새가 새끼 새를) 품어 기르다. ②소중히 기르다. 귀하게 양육하다. ③(도덕·재능·사랑 등을) 보호 육성하다. 키우다.

音読
育苗[いくびょう] 육묘; 모종을 가꿈.
¹育成[いくせい] 육성; 길러냄.
²育児[いくじ] 육아; 어린 아이를 키움.
育児箱[いくじばこ] 인큐베이터.
育英[いくえい] 육영; 인재를 양성함.
育種[いくしゅ] 육종; 품종 개량. 동식물의 개량종을 키움.
育種所[いくしゅじょ] 육종소.
育休[いくきゅう] ‘育児休業制度’의 준말.

[윤]

潤　젖을/윤택할 윤

氵　氵　氵　氵　氵　潤　潤　潤　潤　潤

音 ◉ジュン
訓 ◉うるおう ◉うるおす ◉うるむ ⊗ほとびる
　⊗ほとばす ⊗ほとぼす

訓読
¹潤う[うるおう]〈5自〉①물기를 머금다.
눅눅해지다. 축축해지다. ②(금전적으로)
넉넉해지다. 두둑해지다. ③(정신적으로)
여유가 생기다. 느긋해지다.
◉潤す[うるおす]〈5他〉①눅눅하게 하다.
축축하게 하다. 축이다. ②혜택을 주다.
◉潤む[うるむ]〈5自〉①(습기로) 축축해지다.
눅눅해지다. 물기가 어리어 부예지다. ②울
먹이다. ③맞거나 꼬집혀 (피부에) 멍이 들다.
⊗潤す[ほとばす/ほとぼす]〈5他〉(물에 담가)
불리다.
⊗潤びる[ほとびる]〈上1自〉(물에) 붇다.
불어서 물렁해지다.

音読
潤色[じゅんしょく] 윤색; ①(윤이 나도록)
겉모양을 꾸밈. ②재미있게 각색함.
潤沢[じゅんたく] 윤택; ①넉넉함. 풍부함.
②윤. 윤기. ③혜택. 은혜.
潤滑[じゅんかつ] 윤활; 매끄러움.
潤滑油[じゅんかつゆ] 윤활유.

胤　자손 윤

音 ⊗イン
訓 ⊗たね

訓読
⊗胤[たね] 자식. 아이. 혈통.
胤違い[たねちがい] 이부(異父) 형제.

閏　윤달 윤

音 ⊗ジュン
訓 ⊗うるう

訓読
⊗閏[うるう] (달력 등에서) 윤. 윤으로 든.
閏年[うるうどし/じゅんねん] 윤년.
閏月[うるうづき/じゅんげつ] 윤월; 윤달.
閏日[うるうび] 윤일; 양력 2월 29일.
閏秒[うるうびょう] 윤초.

[융]

融　녹을/통할 융

冖　冐　冐　冐　冐　融ト　融ト　融　融

音 ◉ユウ
訓 ⊗とかす ⊗とく ⊗とける ⊗とおる

訓読
⊗融かす[とかす]〈5他〉녹이다.
⊗融く[とく]〈5他〉(액체에) 풀다. 녹이다.
⊗融ける[とける]〈下1自〉녹다.
⊗融る[とおる]〈5自〉(자금이) 융통되다.

音読
¹融資[ゆうし] 융자; 자금을 융통함.
¹融通[ゆうずう] 융통; ①물품 등을 서로 돌
려 씀. ②임기응변으로 일을 처리함.
融合[ゆうごう] 융합; 녹아서 하나로 합침.
融解[ゆうかい] 융해; 녹음.
融和[ゆうわ] 융화; ①서로 어울려 친숙
해짐. ②다른 물질이 서로 녹아서 하나
로 됨.

絨　융 융

音 ⊗ジュウ
訓 ─

音読
絨緞[じゅうたん] 융단; 양탄자.

[은]

恩　은혜 은

丨　冂　冋　因　因　因　因　恩　恩　恩

音 ◉オン
訓 ─

音読
²恩[おん] 은; 은혜.
恩給[おんきゅう] 은급; 연금(年金).
恩返し[おんがえし] 보은(報恩). 은혜를 갚음.
恩赦[おんしゃ] 은사; 특사. 특별 사면.
恩師[おんし] 은사; 스승.
恩賜[おんし] 은사; 하사(下賜).
恩賞[おんしょう] 은상; 공을 기리어 주군
(主君)이 상을 줌.

恩愛[おんあい] 은애; 은혜와 사랑.

恩義[おんぎ] 은의; 은혜와 덕의.

恩人[おんじん] 은인; 신세진 사람.

恩典[おんてん] 은전; 국가에서 내리는 혜택에 관한 특전.

恩情[おんじょう] 은정; 자애로운 마음.

²恩恵[おんけい] 은혜; 사랑하고 소중히 여겨 베풀어주는 혜택.

銀　　은 은

ハ　ム　牟　牟　金　金´　金ㄱ　釒　釒　銀

[音] ●ギン

[訓] ⊗しろがね

[音読]

²銀[ぎん] ① ≪化≫ 은. ②은화(銀貨). ③은빛. ④은메달.

銀幕[ぎんまく] 은막; ①스크린. 영사막. ②영화계(映画界).

銀盤[ぎんばん] 은반; ①은 쟁반. ②스케이트 링크.

銀色[ぎんいろ] 은색; 은빛.

銀世界[ぎんせかい] 은세계; 온통 눈으로 뒤덮여 있는 경치.

銀製[ぎんせい] 은제; 은제품.

銀河[ぎんが] 은하; 은하수.

⁴銀行[ぎんこう] 은행.

²銀行員[ぎんこういん] 은행원.

銀婚式[ぎんこんしき] 은혼식; 결혼 25주년 기념 잔치.

銀貨[ぎんか] 은화; 은으로 만든 동전.

隱(隱)　　숨길 은

´　孑　阝　阝⌐　阝冖　阝円　阝円　阝囘　隱

[音] ●イン ⊗オン

[訓] ●かくす ●かくれる

[訓読]

²●隠す[かくす] ⟨5他⟩ 감추다. 몰래 숨기다.

隠し事[かくしごと] 비밀. 숨기고 있는 일.

隠し芸[かくしげい] 숨은 재주. 장기(長技).

隠し釘[かくしくぎ] 겉으로는 보이지 않게 박은 못.

隠し持つ[かくしもつ] ⟨5他⟩ 남몰래 가지다. 남몰래 소지하다.

隠し撮り[かくしどり] 비밀 촬영.

---

²●隠れる[かくれる] ⟨下1自⟩ ①숨다. 모습을 감추다. ②숨어살다. ③(가려져) 보이지 않게 되다. ④(귀인이) 돌아가시다. 사망하시다.

隠れ家[かくれが] 은신처(隠身処).

隠れん坊[かくれんぼう] 숨바꼭질.

[音読]

¹隠居[いんきょ] 은거; ①세상을 등지고 숨어서 생활함. ②은퇴한 노인.

隠見[いんけん] 보였다 안 보였다 함.

隠匿[いんとく] 은닉; 비밀로 함. 숨겨 둠.

隠遁[いんとん] 은둔; 세상을 등지고 숨어서 생활함.

隠滅[いんめつ] 은멸; 숨어서 보이지 않게 됨.

隠微[いんび] 은미; 은밀함.

隠密[★おんみつ] ①은밀; 몰래 함. ②(江戸(えど) 시대의) 밀정(密偵). 첩보 활동을 하는 무사(武士).

隠士[いんし] 은사; 숨어사는 사람.

隠棲[いんせい] 은서; 은거 생활.

隠語[いんご] 은어; 일부 사람들만 사용하는 특정한 뜻이 숨겨져 있는 말.

隠然[いんぜん] 은연; 은근하고 진중함.

隠喩[いんゆ] 은유; 숨겨서 비유하는 수사법(修辞法).

隠忍[いんにん] 은인; 꾹 참음.

隠忍自重[いんにんじちょう] 은인자중; 꾹 참으며 몸가짐을 조심함.

隠者[いんじゃ] 은자; 세상을 등지고 숨어 사는 사람.

隠退[いんたい] 은퇴; 사회적인 활동에서 물러나 조용히 생활함.

隠退蔵[いんたいぞう] 은퇴장; (물품을) 사용하지 않고 숨겨 둠.

隠花植物[いんかしょくぶつ] ≪植≫ 은화 식물; 민꽃식물.

殷　　은나라 은

[音] ⊗イン

[訓] ―

[音読]

殷[いん] 은; 중국의 은나라.

殷盛[いんせい] 은성; 번성. 번창.

殷殷[いんいん] ①소리가 크고 우렁참. ②몹시 걱정함.

殷賑[いんしん] 은진; 경기가 좋음. 번화하고 흥청댐.

[을]

乙　둘째 을

乙

音 ◉オツ ⊗イツ
訓 ⊗おと ⊗きのと ⊗めり

音読
乙女[おとめ] ≪雅≫ 소녀. 처녀.

音読
¹乙[おつ] 을; ①(등급에서) 두 번째. ②(주로 법률관계에서 이름 대신에) 을. ③形動 멋짐. 근사함. 재치 있음.
乙種[おつしゅ] 을종; 둘째 등급의 종류.

[음]

吟　읊을 음

丨 冂 口 吖 吟 吟 吟

音 ◉ギン
訓 ―

音読
吟じる[ぎんじる] 〈上1他〉 ①소리 내어 읊다. ②시가(詩歌)를 짓다.
¹吟味[ぎんみ] 음미; ①시가(詩歌)를 읊조려 그 뜻을 맛봄. ②(사물을) 잘 살핌. 잘 검토함. ③(용의자를) 조사함. 문초함.
吟詠[ぎんえい] 음영; ①시가(詩歌)에 가락을 붙여 노래함. ②시가를 지음.

音　소리 음

丶 亠 立 立 音 音 音 音 音

音 ◉オン ◉イン
訓 ◉おと ◉ね

訓読
³音❶[おと] ① ≪物≫ 소리. ②소문. 평판. 풍문.
²◉音❷[ね] (새·곤충·종·피리·거문고·방울 등의 비교적 작고 아름다운 느낌의) 소리. ❸[おん] ☞ [音読]

¹音色[ねいろ/おんしょく] 음색; 다른 소리와는 다른 특유한 음조.
音締め[ねじめ] 거문고 등의 줄을 죄어 음을 고름. 또는 줄을 죄어 고른 맑은 음색.

音読
²音❶[おん] ①(언어의) 음. 발음. ②(일본어에서) 중국식 발음. ③음색(音色). ❷[おと/ね] ☞ [訓読]
音感[おんかん] 음감; 음에 대한 감각.
音階[おんかい] 음계; 일정한 음의 간격으로 높이 순으로 배열한 음의 계단.
音曲[おんぎょく] 음곡; ①근세 일본 악기에 의한 음악·가곡의 총칭. ②(三味線(しゃみせん)에 맞추어 부르는) 속곡(俗曲).
音読[おんどく] 음독; ①한자(漢字)를 (뜻으로 읽지 않고) 음으로 읽음. ②글을 소리 내어 읽음.
音読み[おんよみ] 음독; 한자(漢字)를 (뜻으로 읽지 않고) 음으로 읽음.
音頭[おんど] ①(합창할 때) 선창(先唱)함. ②(여럿이) 노래에 맞춰 춤을 춤. ③(어떤 일을 할 때) 선도함. 앞장섬. ④(雅楽에서) 관악기를 부는 사람.
音量[おんりょう] 음량; ①소리의 크기. ②스피커의 볼륨.
音律[おんりつ] 음률; ①음의 높이를 음향학적으로 정리한 체계. ②소리·음악의 가락.
音譜[おんぷ] 음보; 악보(楽譜).
音符[おんぷ] ① ≪語学≫ 음부; 탁음부(濁音符). ②한자(漢字)의 형성(形声)문자에서 음을 나타내는 부분. ③음표(音標).
音声[おんせい] 음성; ①목소리. 말소리. ②라디오·TV의 소리.
音速[おんそく] 음속; 소리의 속도.
音数[おんすう] 음수; 음의 수. 음절수.
音信❶[おんしん] 소식. ❷[いんしん] 편지.
音信不通[いんしんふつう] 편지 왕래가 없음.
⁴音楽[おんがく] 음악; 뮤직.
音域[おんいき] 음역; 최고음과 최저의 범위.
音韻[おんいん] ≪語学≫ 음운; ①한자(漢字)의 음(音)과 운(韻). ②어운(語韻). ③음소(音素).
音引き[おんびき] ①(사전에서) 단어를 발음으로 찾음. ②(교정 용어로서) 장음부호(長音符号).
音節[おんせつ] 음절; 음성의 한 단위.
音程[おんてい] 음정; 높이가 다른 두 음의 간격.

音質[おんしつ] 음질; (스피커에서 나오는) 음의 좋고 나쁨.
音痴[おんち] 음치; ①(생리적으로) 음의 감상·인식·기억이 안 됨. ②(어떤 방면에) 감각이 둔한 사람.
音波[おんぱ] ≪物≫ 음파.
音便[おんびん] ≪文法≫ 음편.
音響[おんきょう] 음향; 소리의 울림.
音訓[おんくん] 음훈; 한자(漢字)의 음(音)과 훈(訓).

陰 어둠/그늘/생식기 음

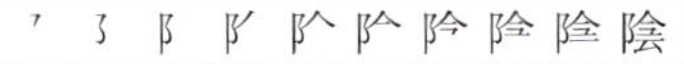

音 ◉イン ⊗オン
訓 ◉かげ ◉かげる

訓読

2 ◉**陰**❶[かげ] ①그늘. 응달. ②(보이지 않는) 뒤. 뒤쪽. ③뒷전. 뒷구멍. ④배후(背後). ⑤어두운 면. 어두운 분위기. ⑥무덤 속. ❷[いん] ☞ [音読]
◉**陰る**[かげる] 〈5自〉 ①그늘지다. ②(해·달이) 기울다. ③(표정 등이) 어두워지다.
陰り[かげり] ①그늘짐. ②어두운 면.
陰干し[かげぼし] 그늘에서 말림.
陰口[かげぐち] (뒤에서 하는) 험담.
陰弁慶[かげべんけい] 집안에서만 큰소리치는 사람.
陰膳[かげぜん] (집을 떠난 사람의 무사함을 빌기 위해) 아침저녁으로 차려놓은 밥상.
陰の声[かげのこえ] (라디오·TV 프로에서) 시청자에게만 정답을 알려주는 목소리.
陰日向[かげひなた] ①음지와 양지. ②음(陰)으로 양(陽)으로. ③(언행의) 표리(表裏).
陰祭り[かげまつり] (神社(じんじゃ)에서) 本祭(ほんまつ)り가 없는 해에 행해지는 간소한 祭(まつ)り.
陰地[かげち] 음지; 응달. 그늘진 땅.

音読

陰❶[いん] ①(易学에서) 음. ②뒤쪽. 배후. ③음침함. ❷[かげ] ☞ [訓読]
陰極[いんきょく] ≪物≫ 음극.
1 **陰気**[いんき] 음침함. 침울함.
陰暦[いんれき] 음력; 달의 운행을 기초로 하여 만든 달력.
陰謀[いんぼう] 음모; 일을 몰래 꾸밈.
陰性[いんせい] 음성; ①소극적이며 음침한 성질. ②(병원균 등에 대한) 반응이 없음.
陰影[いんえい] 음영; ①그늘. 그림자. ②함축성. 뉘앙스.
陰惨[いんさん] 음참; 참담함.
陰険[いんけん] 음험; 외부로는 좋게 보여도 내심으로는 심성이 비뚤어져 있음.

飲(飮) 마실 음

音 ◉イン ⊗オン
訓 ◉のます ◉のまれる ◉のむ

訓読

◉**飲ます**[のます] 〈5他〉 ①마시게 하다. ②술 대접하다.
◉**飲まれる**[のまれる] 〈下1自〉 ①(누군가가) 마셔 버리다. ②(파도에) 삼켜지다. 휩쓸리다. ③압도당하다.
4 ◉**飲む**[のむ] 〈5他〉 ①마시다. ②(약을) 복용하다. ③(담배를) 피우다. 들이마시다. ④(눈물을) 삼키다. 꾹 참다. ⑤깔보다. 업신여기다. ⑥받아들이다. 수용하다. ⑦(몸에) 지니다. 감추다.
飲みさし[のみさし] 마시다 맒.
飲み干す[のみほす] 〈5他〉 죽 들이키다. 다 마셔버리다.
飲み過ぎ[のみすぎ] 과음. 지나치게 마심.
飲み過ぎる[のみすぎる] 〈上1他〉 과음하다.
飲み掛け[のみかけ] 마시다 맒. 마시다 남김.
飲み倒す[のみたおす] 〈5他〉 ①술값을 떼어먹다. ②술로 망하다.
飲み明かす[のみあかす] 〈5自他〉 밤새도록 술을 마시다.
4 **飲み物**[のみもの] 음료수. 마실 것.
飲み歩く[のみあるく] 〈5自〉 이집 저집 옮겨 다니며 술을 마시다.
飲み水[のみみず] 식수. 마실 물.
飲み食い[のみくい] 먹고 마심.
飲み薬[のみぐすり] 먹는 약. 내복약.
飲み屋[のみや] 술집. 선술집. 대폿집.
飲み込み[のみこみ] ①마셔버림. ②납득. 이해.
1 **飲み込む**[のみこむ] 〈5他〉 ①꿀꺽 삼키다. ②납득하다. 이해하다.
飲み出[のみで] 마시기에 충분한 분량.
飲み下す[のみくだす] 〈5他〉 ①삼키다. ②(말하려 했던 것을) 보류하다.

音読
飲料[いんりょう] 음료; 마실 것.
飲料水[いんりょうすい] 음료수. 마실 것.
飲食[いんしょく] 음식; ①먹고 마심. ②음식물.
飲用[いんよう] 음용; 마심.
飲用水[いんようすい] 음용수; 마시는 물.
飲酒[いんしゅ] 음주; 술을 마심.
飲酒検知器[いんしゅけんちき] 음주 측정기.
飲酒運転[いんしゅうんてん] 음주 운전.

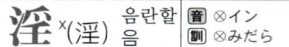

淫×(淫) 음란할 음   **音** ⊗イン   **訓** ⊗みだら

訓読
⊗淫ら[みだら] 〈形動〉 음란함. 외설적임. 난잡함. ¶ ～な話(はなし) 음란한 이야기.
音読
淫女[いんじょ] 음녀; ①음란한 여자. ②창녀. 매춘부.
淫楽[いんらく] 음락; 음란한 쾌락.
淫乱[いんらん] 음란; 음탕하고 난잡함.
淫婦[いんぷ] 음부; ①음탕한 여자. ②창녀. 매춘부.
淫辞[いんじ] 음사; ①음란한 말. ②그릇된 말. 부정한 말.
淫書[いんしょ] 음서; 음탕한 책.
淫猥[いんわい] 음외; 성욕을 자극하는 음란한 행위.
淫欲[いんよく] 음욕; 음탕한 욕심.
淫蕩[いんとう] 음탕; 주색(酒色)에 빠져 방탕함.
淫風[いんぷう] 음풍; 음란한 풍조.
淫虐[いんぎゃく] 음학; 음란하고 잔학함.
淫行[いんこう] 음행; 음란한 행위.

蔭 그늘 음   **音** ⊗イン   **訓** ⊗かげ

訓読
²⊗蔭[かげ] ①그늘. 응달. ②(보이지 않는) 뒤. 뒤쪽. ③뒷전. 뒷구멍. ④배후(背後). ⑤두우운 면. 어두운 분위기. ⑥무덤 속.
蔭り[かげり] ①그늘짐. ②어두운 면.
蔭る[かげる] 〈5自〉 ①그늘지다. ②(해·달이) 기울다. ③(표정 등이) 어두워지다.
蔭地[かげち] 음지; 응달. 그늘진 땅.
音読
❶緑蔭[りょくいん], 樹蔭[じゅいん]

[읍]

泣 울 읍
` ` ⟩ ⟩ ⟩ 氵 汁 汸 泣 泣

音 ◉キュウ
訓 ◉なく ◉なける

訓読
³◉泣く[なく] 〈5自〉 ①울다. ②후회하다. 혼나다. ③(시합에) 지다. ④(밑지는 값으로) 깎아주다. ⑤사정을 봐주다. 참다.
◉泣ける[なける] 〈下1自〉 (기쁘거나 감동하여) 눈물이 나오다. 눈물나다.
泣きじゃくる[なきじゃくる] 〈5自〉 흐느껴 울다.
泣きべそ[なきべそ] ①울상. ②툭하면 욺.
泣きわめく[なきわめく] 〈5自〉 울부짖다.
泣き叫ぶ[なきさけぶ] 〈5自〉 울부짖다.
泣き面[なきつら] 울상. 우는 얼굴.
泣きっ面[なきっつら] '泣き面(なきつら)'의 강조.
泣き暮らす[なきくらす] 〈5自〉 눈물로 지내다. 울며 지내다.
泣き別れ[なきわかれ] 눈물의 이별.
泣き伏す[なきふす] 〈5自〉 엎드려 울다.
泣き付く[なきつく] 〈5自〉 ①울며 매달리다. ②울며 애원하다.
泣き崩れる[なきくずれる] 〈下1自〉 정신없이 울다. 마냥 울다.
泣き上戸[なきじょうご] 술만 취하면 우는 사람.
泣き声[なきごえ] ①우는 소리. 울음소리. ②울먹이는 소리. 울음 섞인 소리.
泣き顔[なきがお] 울상. 우는 얼굴.
泣き言[なきごと] 우는 소리. 넋두리. 푸념.
泣き泣き[なきなき] 울며불며. 울면서.
泣き込む[なきこむ] 〈5自〉 ①울며 달려 들어오다. ②울며 애원하다.
泣き虫[なきむし] 울보.
泣き沈む[なきしずむ] 〈5自〉 슬픔에 잠겨 울다. 쓰러져 울다.
泣き寝[なきね] 울다가 잠.
泣き寝入り[なきねいり] ①울다가 잠이 듦. ②억울하나 참고 넘어감.
音読
泣訴[きゅうそ] 읍소; 울며 호소함.

[응]

応(應) 응할 응

亠 广 广 応 応 応

音 ◉オウ ◉ノウ
訓 ⊗こたえる

訓読

⊗応える[こたえる]〈下1自〉①(기대에) 보답하다. 응하다. ②사무치다. 절실하게 느끼다. ③(소리가) 울리다.

音読

²応じる[おうじる]〈上1自〉⇨ 応ずる
²応ずる[おうずる]〈サ変自〉①(외부 작용에) 응하다. ②(초대・요구에) 응하다. ③상응하다. 어울리다.
¹応急[おうきゅう] 응급; 급한 대로 우선 처리함.
応急手当て[おうきゅうてあて] 응급 치료.
応諾[おうだく] 응낙; (요구에) 승낙함.
応答[おうとう] 응답; 물음에 대답함.
²応対[おうたい] 응대; (손님을) 접대함.
¹応募[おうぼ] 응모; 모집에 응함.
応分[おうぶん] 응분; 분수에 맞음.
応酬[おうしゅう] 응수; ①(의견 등을) 주고받음. 상대방의 말에 반박함. ②(술자리에서) 잔을 주고받음. ③(편지 등에) 응답함.
²応用[おうよう] 응용; ①사물에 따라 적용시켜 사용함. ②임기응변의 조처를 취함.
²応援[おうえん] 응원; ①지원. 원조. ②성원(声援).
応戦[おうせん] 응전; 싸움에 응함.
²応接[おうせつ] 응접; (손님) 접대.
²応接間[おうせつま] 응접실.
応札[おうさつ] 응찰; 입찰에 응함.

凝 엉길 응

冫 冫 冫 冫 冫 冫 冫 凝 凝 凝

音 ◉ギョウ
訓 ◉こらす ◉こる

訓読

¹凝らす[こらす]〈5他〉①엉기게 하다. 응고(凝固)시키다. ②(눈・귀・정신・마음을) 집중시키다.

●凝る[こる]〈5自〉①엉기다. 응고(凝固)되다. ②열중하다. 미치다. ③정교하게 만들다. ④(근육이) 뻐근하다.
凝り[こり] 근육이 뻐근함. 결림.
凝り固(ま)り[こりかたまり] (어떤 사상에) 외곬으로 빠져버림. 몰두함. 집착함.
凝り固まる[こりかたまる]〈5自〉①엉겨서 굳어지다. 응고(凝固)되다. ②(어떤 사상에) 외곬으로 빠져버리다. 몰두하다. 집착하다.
凝り性[こりしょう] ①(한 가지 일에) 빠져버리는 성질. 몰두하는 기질. 집념이 강한 사람. ②(어깨 등이) 결리기 쉬운 성질.
凝り屋[こりや] (한 가지 일에) 열중하는 사람. 빠져버리는 사람. 몰두하는 사람. 집념이 강한 사람. 철저히 해야만 직성이 풀리는 사람.

音読

凝結[ぎょうけつ] 응결; ①엉김 응고됨. ②응축(凝縮). 엉기어 줄어듦.
凝固[ぎょうこ] 응고; ①엉겨서 굳어짐. ②액체나 기체가 고체로 됨.
凝念[ぎょうねん] 응념; 골똘히 생각함.
凝立[ぎょうりつ] 응립; 꼼짝 않고 서 있음.
凝視[ぎょうし] 응시; 뚫어지게 자세히 봄.
凝然として[ぎょうぜんとして] 꼼짝 않고.
凝脂[ぎょうし] 응지; ①엉기어 굳은 지방. ②희고 윤기 있는 여자의 피부.
凝集[ぎょうしゅう] 응집; 엉기어 모임.
凝縮[ぎょうしゅく] 응축; 엉기어 줄어듦.
凝聚[ぎょうしゅう] 응취; 엉기어 모임.
凝血[ぎょうけつ] 응혈; 피가 엉김. 엉긴 피.
凝灰岩[ぎょうかいがん]《鉱》응회암.

鷹 매 응

音 ⊗オウ ⊗ヨウ
訓 ⊗たか

訓読

⊗鷹[たか]《鳥》매.
鷹狩り[たかがり] 매사냥. 길들여진 매로 새를 사냥함.
鷹匠[たかじょう] (江戸(えど) 시대에) 주군(主君)의 매를 기르고 매사냥에 종사하던 매부리.
鷹派[たかは] 매파. 강경파(強硬派).

音読

鷹揚[おうよう] 응양; 느긋함. 유연하고 기품이 있음.

[의]

衣 옷 의

`` ' 亠 ナ 才 衣 衣 ``

音 ●イ ⊗エ
訓 ●ころも ⊗きぬ

訓読
●衣❶[ころも] ①옷. 의복. ¶～の首(くび) 옷깃. 동정. ②승복(僧服). 법의(法衣). ③(튀김·과자 등의 표면을 싸는) 튀김옷. 당의(糖衣). ❷[い] ☞ [音読]
衣替え[ころもがえ] ①(철 따라 옷을) 갈아입음. 철따라 갈아입음. ②(가게 등을) 새로 단장함.

音読
衣❶[い] 의; 옷. 의복. ¶～食住(いしょくじゅう) 의식주. ❷[ころも] ☞ [訓読]
¹衣料[いりょう] 의료; 옷감. 의복의 재료.
¹衣類[いるい] 의류; 옷가지.
²衣服[いふく] 의복; 옷.
²衣食住[いしょくじゅう] 의식주.
¹衣装[いしょう] 의상(衣裳). 복장(服装).

医 (醫) 의원/병고칠 의

`` 一 厂 厂 匚 匡 矢 医 ``

音 ●イ
訓 ⊗いやす

訓読
⊗医す[いやす] 〈5他〉 ①(병을) 고치다. 치료하다. ②(허기를) 가시게 하다. 메우다. ③(번민·고통을) 달래다. 없애다.

音読
医大[いだい] 의대; '医科大学'의 준말.
²医療[いりょう] 의료; 의술(医術)로 병을 치료함.
¹医師[いし] 의사.
医薬品[いやくひん] 의약품.
¹医院[いいん] 의원; ①개인 병원. ②진료소.
⁴医者[いしゃ] 의사(医師).
医長[いちょう] (종합 병원에서 각과의) 수석 의사.
⁴医学[いがく] 의학; 의술에 관한 학문.

依 의지할 의

`` ' イ イ 仁 代 仕 依 依 ``

音 ●イ ●エ
訓 ⊗よる

訓読
⊗依る[よる] 〈5自〉 ①의하다. 의존하다. 근거로 삼다. ②의거하다. 따르다. 준하다.

音読
依拠[いきょ] 의거; 근거로 함.
²依頼[いらい] 의뢰; ①부탁. ②의지. 의탁.
¹依然として[いぜんとして] 여전히.
依願[いがん] 의원; 희망에 의함.
¹依存[いそん/いぞん] 의존; 의지하고 삶.
依託[いたく] 의탁; ①남에게 의뢰함. ②어떤 물체에 기댐.

宜 마땅할 의

`` ' 宀 宀 宁 宁 宜 宜 宜 ``

音 ●ギ
訓 ⊗うべ ⊗むべ ⊗よろしい

訓読
²⊗宜しい[よろしい] 〈形〉 ①좋다. 괜찮다. ②알맞다. 적절하다. 적당하다. ③《古》보기 좋다. 볼품이 좋다.
²宜しく[よろしく] ①적절히. 적당히. ②잘. ③안부 전해 주세요. ④꼭 (…해야 한다). ⑤…처럼.

音読
宜野湾[ぎのわん] 일본 沖縄(おきなわ) 섬 남부에 있는 시(市).

意 뜻 의

`` 亠 立 产 产 音 音 音 意 意 ``

音 ●イ
訓 ―

音読
¹意[い] 의; ①마음. 생각. ②의사(意思). 의지(意志). ③(사물의) 뜻. 내용. 의미.
³意見[いけん] 의견; ①생각. ②훈계. 충고. 타이름.
意気[いき] 의기; 기세. 기개.

意気消沈[いきしょうちん] 의기소침.
意気揚揚[いきようよう] 의기 양양.
¹**意気込む**[いきごむ] 〈5自〉(어떤 일을 꼭 해 내려고) 단단히 마음먹다. 각오를 굳히다. 분발하다.
意気地[いくじ] 패기(覇気). 의기(意気).
意気投合[いきとうごう] 의기투합.
¹**意図**[いと] 의도; ①생각. ②계획.
⁴**意味**[いみ] 의미; ①뜻. 말뜻. ②(어떤·표현이나 행동의) 의도. 까닭. 의미. ③보람. 가치. ④취지.
意味付ける[いみづける] 〈下1他〉 가치나 의미를 부여하다. 가치 있게 하다.
意味深長[いみしんちょう] 의미 심장; 말이나 글의 뜻이 매우 깊음.
意味合い[いみあい] (특별한) 의미·이유·까닭.
²**意思**[いし] 의사; 마음먹은 생각.
²**意識**[いしき] 의식; ①(자신이 하고 있는 일이나 주변의 일을 느끼고 있는) 마음의 상태. ②(어떤 대상을 상대로 한) 마음. ③(사회적으로 규정되는) 사상·감정·이론·견해.
意識的に[いしきてきに] 의식적으로. 고의적으로.
意訳[いやく] 의역; 단어·구절에 구애되지 않고 전체의 뜻을 살리는 번역.
²**意外**[いがい] 의외; 뜻밖. 생각 밖.
¹**意欲**[いよく] 의욕; 하고 싶어 하는 마음.
²**意義**[いぎ] 의의; ①뜻. 의미. ②값. 값어치. 가치.
意匠[いしょう] 의장; ①생각. 고안. 궁리. ②디자인.
意中[いちゅう] 의중; 마음 속.
²**意志**[いし] 의지; 의사(意思). 생각. 뜻.
²**意地**[いじ] 의지; 고집. 오기.
²**意地悪**[いじわる] 심술궂음. 심술쟁이.
意地悪い[いじわるい] 〈形〉 심술궂다. 짓궂다. 심술이 고약하다.
意地汚い[いじきたない] 〈形〉 탐욕스럽다. 게걸스럽다.
意地っ張り[いじっぱり] 고집을 부림.
意趣[いしゅ] ①생각. 마음. ②원한. 앙심. ③고집. 억지.
意趣返し[いしゅがえし] 앙갚음. 복수. 보복.
意表[いひょう] 의표; 예상 밖. 뜻밖.
¹**意向**[いこう] 의향; 생각. 뜻. 마음.

義 옳을/뜻 의

丷 半 半 兰 莑 莑 義 義 義

音 ●ギ
訓 —

音読

義[ぎ] 의; ①의리. 의로움. 옳은 길. ②의미. ③(친척 이외의 사람과 결연 관계의) 의.
義なる[ぎなる] 의로운.
義挙[ぎきょ] 의거; 정의를 위해서 일을 일으킴.
義軍[ぎぐん] 의군; 의병(義兵).
¹**義理**[ぎり] 의리; ①(올바른) 도리. ②(조직 생활·교제에 필요한) 체면. 의리. ③(혈연관계는 없으나) 친족과 같은 관계에 있음. ④의미. 뜻. 까닭.
義理立て[ぎりだて] 의리를 지킴.
義妹[ぎまい] 의매; ①의리로 맺은 여동생. ②의붓누이동생. *처제·손아래시누이·손아래올케·계수·이복 여동생을 말함.
義母[ぎぼ] 의모; ①의붓어머니. ②장모. 시어머니.
²**義務**[ぎむ] 의무; 법률상 또는 도덕상 마땅히 해야 할 일.
義父[ぎふ] 의부; ①의붓아버지. ②시아버지. 장인. ③수양아버지.
義憤[ぎふん] 의분; 도리에 벗어난 일에 대하여 분개함.
義士[ぎし] 의사; ①의(義)를 지켜 행하는 사람. ②'赤穂義士(あこうぎし)'의 준말.
義手[ぎしゅ] 의수; 절단된 손을 보충하기 위해 만든 인공적인 손.
義眼[ぎがん] 의안; 인공 안구(眼球).
義勇[ぎゆう] 의용; 정의에 바탕을 둔 용기.
義援金[ぎえんきん] 의연금(義捐金).
義姉[ぎし] 의자; 의로 맺은 누님. *처형·형수·손위시누이·손위올케·이복 누나를 말함.
義賊[ぎぞく] 의적; 부자의 재물을 훔쳐다가 가난한 사람에게 나누어 주는 도둑.
義弟[ぎてい] 의제; ①의동생. ②시동생. 처남. 손아래 매제.
義足[ぎそく] 의족; 절단된 다리를 보충하기 위해 만든 인공적인 발.
義歯[ぎし] 의치; 틀니.

義俠[ぎきょう] 의협; 정의를 지키며 약한 자를 돕는 일.
義兄[ぎけい] ①의형. ②손위처남. 손위동서. 자형(姉兄). 형부.
義兄弟[ぎきょうだい] 의형제; ①의로써 맺은 형제. ②배우자의 형제. ③자매의 남편.

疑 의심할 의

ヒ ヒ ヒ ヒ 5 疑 疑 疑 疑

音 ●ギ
訓 ●うたがう ●うたがわしい ⊗うたぐる

訓読
²●疑う[うたがう] 〈5他〉 의심하다.
疑い[うたがい] ①의심. 의문. ②혐의.
●疑わしい[うたがわしい] 〈形〉 ①수상하다. 수상쩍다. ②의심스럽다.
⊗疑る[うたぐる] 〈5他〉 의심하다.

音読
疑問[ぎもん] 의문; 의심스러운 문제. 의심해 물음.
疑似[ぎじ] 의사; (병의) 겉모양·증세 등이 아주 닮았음.
疑心[ぎしん] 의심; 믿지 못해 이상히 여김.
疑獄[ぎごく] ⌐ 疑獄事件
疑獄事件[ぎごくじけん] 정치 문제화된 대규모 뇌물 사건.
疑義[ぎぎ] 의미·내용이 의심스러움.
疑点[ぎてん] 의문점.
疑惑[ぎわく] 의혹; 정말인지 아닌지 의심이 감.

儀 거동/본보기/예의 의

亻 亻 俨 俨 俨 俨 儀 儀 儀

音 ●ギ
訓 —

音読
儀[ぎ] ①의식(儀式). 예식(礼式). ②일. 건(件). ③모형.
儀礼[ぎれい] 의례; 예의(礼意).
儀礼的[ぎれいてき] 의례적; 형식적임.
²儀式[ぎしき] 의식; 의전(儀典).
儀式張る[ぎしきばる] 〈5自〉 격식을 차리다. 형식에 치우치다.

擬 비길/흉내낼 의

扌 扌 扩 拦 拚 揀 揀 撺 擬

音 ●ギ
訓 ⊗なぞらえる ⊗まがい

訓読
⊗擬える[なぞらえる] 〈下1他〉 ①비교하다. 견주다. 비하다. ②모방하다. 본뜨다. 흉내 내다.
⊗擬(い)[まがい] ①모조. 모조품. ②(뒤섞여) 구별하기 어려움. 착각하기 쉬움.

音読
擬する[ぎする] 〈サ変他〉 ①흉내 내다. 모방하다. ②견주다. 비기다. ③가상(仮想)하다. ④(무기 등을) 들이대다. 겨누다.
擬声語[ぎせいご] 의성어; 사물의 소리를 나타내는 말.
擬勢[ぎせい] 의세; ①허세(虚勢). ②동물이 적을 위협하기 위해 취하는 태도.
擬音[ぎおん] 의음; (방송·연극에서의) 효과음.
擬装[ぎそう] 위장(偽装). 다른 것처럼 꾸며 적의 눈을 속임.
擬態語[ぎたいご] 의태어; 사물의 모양이나 태도 등을 흉내 내어 나타내는 말.

議 의논할 의

言 言 訁 諍 諍 諍 諱 議 議 議

音 ●ギ
訓 ⊗はかる

音読
議する[ぎする] 〈サ変他〉 심의하다. 논의하다. 의논하다.
¹議決[ぎけつ] 의결; 합의에 의해서 결정됨. 합의 결정된 사항.
²議論[ぎろん] 의논; 토론. 논쟁. 격론.
議事[ぎじ] 의사; 모여서 심의(審議)함. 심의해야 할 사항.
¹議事堂[ぎじどう] 의사당; 국회 의사당.
議席[ぎせき] 의석; ①회의하는 자리. ②의회 안의 의원의 자리.
¹議案[ぎあん] 의안; 심의할 안건.
²議員[ぎいん] 의원; 의회의 의결권을 가진 사람.

議院[ぎいん] 의원; 국회(国会).
²議長[ぎちょう] 의장; 회의를 주재하는 사람.
議場[ぎじょう] 의장; 회의장.
¹議題[ぎだい] 의제; 의안(議案)의 제목. 심의할 문제.
²議会[ぎかい] 의회; ①선출된 의원에 의해 결정하는 합의제의 기관. ②국회(国会).

| 椅 | 의자 의 | 音 ⊗イ |
| | | 訓 ― |

音読
⁴椅子[いす] 의자; ①걸상. ②(관직 등의) 지위. 자리. ¶大臣(だいじん)の~　장관(長官) 자리.

| 毅 | 굳셀 의 | 音 ⊗キ |
| | | 訓 ― |

音読
毅然とする[きぜんとする] 〈サ変自〉 의연하다. 단호하다. 의지가 굳고 마음이 흔들리지 않다.

| 誼 | 도타울 의 | 音 ⊗ギ |
| | | 訓 ⊗よしみ |

訓読
⊗誼[よしみ] 우의(友誼). 친교(親交).
音読
◑交誼[こうぎ], 友誼[ゆうぎ], 情誼[じょうぎ]

| 蟻 | 개미 의 | 音 ⊗ギ |
| | | 訓 ⊗あり |

訓読
⊗蟻[あり] 《虫》 개미.
蟻の門渡(り)[ありのとわたり] ①개미의 행렬. ②회음(会陰). ③(양쪽이 골짜기인) 좁은 산길. ④수도승이 수행하는 험난한 곳.
蟻食[ありくい] 《動》 개미핥기.
蟻塚[ありづか] 의총; 개밋둑.
蟻の塔[ありのとう] 의총(蟻塚). 개밋둑.
音読
蟻封[ぎほう] 의봉; 개밋둑.
蟻酸[ぎさん] 의산; 개미산. 포름산.
蟻蚕[ぎさん] 《虫》 의잠; 개미누에.
蟻集[ぎしゅう] 의집; 개미떼처럼 모여듦.

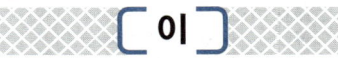

| 二 | 두 이 |

一　二

音 ●二
訓 ●ふた ●ふたつ

訓読
⁴●二つ[ふたつ] ①둘. ②두 개. 두 가지. ③(나이) 두 살. ④양쪽. ⑤둘째.
二股[ふたまた] ①두 갈래로 갈라짐. ②양다리를 걸침.
二心❶[ふたごころ] 이심; ①두 마음. 딴마음. ②변덕. 바람기. ❷[にしん] ①(ズ-기 주인에 대한) 모반(謀叛). 불충(不忠). ②의심.
⁴二十歳[★はたち] 스무 살. 20세.
⁴二十日[★はつか] 스무 날. 20일.
二言目には[ふたことめには]　입버릇처럼. 말을 꺼냈다하면 으레.
二葉[ふたば] ①떡잎. ②일의 시초. ③(사람의) 유년(幼年) 시절.
⁴二人[ふたり] 두 사람. 두 명.
⁴二日[★ふつか] 초이틀. 이틀. 2일.
二重❶[ふたえ] 두 겹. ❷[にじゅう] ☞ [音読]
二重瞼[ふたえまぶた] 쌍꺼풀.
二つ割り[ふたつわり] ①반씩 나눔. 둘로 쪼갬. ②반씩 나눠 가짐. ③두 밑들이 술통.
音読
⁴二[に] ①2. 둘. ②둘째 번. 두 번째. ③같지 않음. ④三味線(しゃみせん)의 가운데 줄.
⁴二階[にかい] (집의) 2층. 2층 건물.
二階家[にかいや] 2층집.
二階建て[にかいだて] 2층집.
二の句[にのく] 다음 말. 다음 구.
⁴二級[にきゅう] 2급; ①두 개의 등급. ②두 번째의 등급.
二年[にねん] 2년; 두 해.
³二年生[にねんせい] ①2년생; 식물의 생존 기간이 2년에 걸쳐 성장하는 식물. ②(학교의) 2학년 학생.
二段抜き[にだんぬき] (신문에서) 두 단에 걸친 기사. 2단 기사.
⁴二度[にど] 두 번. 재차.
二度と[にどと] 두 번 다시
二度とない[にどとない] 〈形〉 두 번 다시 없다.

二頭立て[にとうだて] 쌍두마차.

³二等[にとう] 2등; 두 번째 등급.

二等辺三角形[にとうへんさんかくけい] 2등변 3각형.

二等分[にとうぶん] 2등분; 둘로 똑같이 나눔.

二流[にりゅう] 2류; ①두 유파(流派). ②일류보다 낮은 등급.

二輪車[にりんしゃ] 2륜차.

⁴二枚[にまい] 2매; ①두 장. ②두 개. 두 쪽.

二枚目[にまいめ] ①미남 배우. 남자 주인공. ②미남. 미남자. ③(씨름꾼의 순위표에서 前頭(まえがしら)・十両(じゅうりょう)・幕下(まくした) 등의 각각 위에서) 두 번째 지위 씨름꾼.

二枚舌[にまいじた] 모순된 말을 함.

二毛作[にもうさく] ≪農≫ 2모작.

二の舞[にのまい] ①(舞楽에서) 安摩(あま)의 춤에 뒤이어 그것을 흉내 내어 추는 우스꽝스러운 춤. ②남의 실패와 똑같은 실패를 되풀이함. 전철(前轍)을 밟음.

⁴二倍[にばい] 2배; 두 배. 두 곱.

二百十日[にひゃくとおか] 입춘(立春)부터 210일째 되는 9월 1일경. *이 무렵에 태풍이 많이 옴.

⁴二番[にばん] 2번; ①둘째. 두 번째. ②'二番抵当(にばんていとう)'의 준말.

二番目[にばんめ] 두 번째. 둘째 번.

⁴二本[にほん] 두 자루. *가늘고 긴 물건.

二本立て[にほんだて] ①(두 가지 영화를) 동시에 상영함. ②(두 가지 일을) 동시에 진행함.

二部[にぶ] 2부; ①두 부분. ②제2의 부분. ③(대학의) 야간부. ④(책・서류 등의) 2통. 두 권.

²二分❶[にぶ] ①20%. ②1할(割)의 10분의 2. ❷[にふん] (시간상의) 2분; 120초. ❸[にぶん] 2분; 둘로 나눔. 양분(両分)함.

二上(が)り[にあがり] ≪楽≫ 三味線(しゃみせん)의 두 번째 줄을 한 음(音) 높게 올림.

二世[にせい] 2세; ①2대째. ②(같은 이름으로 두 번째 왕위에 오른) 국왕・황제・교황 등의 일컬음. ③그 사람의 아들. ④이주지에서 태어난 이민자의 아들. [にせ]≪仏≫ 현세와 내세(来世).

二束三文[にそくさんもん] 헐값. 싸구려. *두 묶음에 서푼이라는 뜻임.

二乗[にじょう] ①2승; 자승(自乗). 제곱. ②성문승(声聞乗)과 연각승(緑覚乗). ③대승(大乗)과 소승(小乗).

二伸[にしん] 추신(追伸).

⁴二十[にじゅう] 20. 스물.

⁴二十四時間[にじゅうよじかん] 24시간.

二十世紀[にじっせいき] 20세기.

二言[にごん] ①두 번 말함. ②두 말. ❷[ふたこと] 두 마디의 말.

⁴二月❶[にがつ] (1년 중의) 2월. February. ❷[ふたつき] 두 달. 2개월.

二人三脚[ににんさんきゃく] ①②2인 3각 경기. 둘이 서서 안쪽의 발목을 묶고 뛰는 경기. ②둘이서 협력함.

二者択一[にしゃたくいつ] 양자(両者) 택일.

二の足[にのあし] (걷기 시작할 때) 두 번째 내딛는 발.

二足[にそく] ①(신발의) 두 켤레. ②'조류(鳥類)'의 딴이름.

²二重❶[にじゅう] 2중; ①겹. ②(똑 같은 일이) 겹침. 중복됨. ❷[ふたえ] ☞ [訓読]

二重取り[にじゅうどり] 2중으로 받음.

二重回し[にじゅうまわし] 和服(わふく) 위에 입는 남자용 코트.

二進[にしん] (야구에서) 도루・번트 등으로) 1루에서 2루로 진출함.

二の次[にのつぎ] 뒤로 미룸. 나중 문제.

二次[にじ] 2차; ①두 번째. ②≪数≫ 제곱.

二の替(わ)り[にのかわり] ①음력 11월의 신인 배우 소개 공연 다음에 하는 이듬해 정월의 狂言(きょうげん). ②(흥행 기간 중의) 두 번째 흥행.

二通[につう] (편지・서류 등의) 두 통.

二八❶[にっぱち] (장사가 잘 안 되는) 2월과 8월. ❷[にはち] 처녀의 16세.

二軒建て[にけんだて] 두 가구를 수용하는 연립 주택.

二弦琴[にげんきん] 2현금; 두 줄로 된 현악기.

二号[にごう] 2호; ①두 번째. ②첩(妾).

二号宅[にごうたく] 첩(妾)의 집.

二号車[にごうしゃ] (열차의) 2호차.

二化螟蛾[にかめいが] ≪虫≫ 이화명아; 이화명충 나방.

二化螟虫[にかめいちゅう] ≪虫≫ 이화명충; 이화명아(二化螟蛾)의 애벌레.

二の丸[にのまる] 성(城)의 외곽(外廓). 본성(本城)을 싸고 있는 성곽.

以 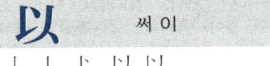 써 이

丨 丨ㄥ 以 以

音 ●イ
訓 ⊗もって

訓読
¹⊗以て[もって] ① 〈接〉 따라서. 그러므로. ②㉠¶…を～ …으로. …로써. ㉡… 때문에. …이므로. ③…로서. …로 하여금. ④(동사 ます형에 접속하여) …하면서.
以ての外[もってのほか] ①뜻밖임. 의외임. ②당치도 않음.

音読
²以降[いこう] 이후(以後). 그로부터.
以南[いなん] 이남; …로부터 남쪽.
²以内[いない] 이내; …로부터 안.
²以東[いとう] 이동; …로부터 동쪽.
²以来[いらい] 이래; ①이후. ②금후. 앞으로.
以北[いほく] 이북; …로부터 북쪽.
²以上[いじょう] 이상; ①그보다 위. ②이제까지 말한 것. ③(문서의 마지막에 기록하여) 끝. ④합계. 전부. ⑤…한 이상.
以西[いせい] 이서; …로부터 서쪽.
以心伝心[いしんでんしん] 이심전심; 마음에서 마음으로 전달됨.
²以外[いがい] 이외; 그 밖.
以遠[いえん] 이원; 그곳보다 멂. 그 저쪽.
²以前[いぜん] 이전; ①그 전. …보다 전. ②옛날. 과거. 왕년. ③(어떤 정도 범위에) 이르지 않은 단계·상태.
²以下[いか] 이하; ①(숫자나 정도를 포함하여) 그 보다 아래임. ②그 다음.
²以後[いご] 이후; ①지금부터. 앞으로. ②그 후.

耳 귀 이

一 丁 FF 耳 耳

音 ●ジ
訓 ●みみ

訓読
⁴●耳[みみ] ①귀. ②청력(聴力). ③귀 모양의 물건. ④네모난 물건의 가장자리.
耳慣れる[みみなれる] 〈下1自〉 귀에 익다.
耳輪[みみわ] 귀고리.
耳鳴り[みみなり] 이명; 귀 울음.

耳掻き[みみかき] 귀이개.
耳飾り[みみかざり] (장식용) 귀고리.
耳新しい[みみあたらしい] 〈形〉 금시초문이다. 처음 듣는다.
耳元[みみもと] 귓전.
耳打ち[みみうち] 귀엣말. 귓속말.

音読
²耳目[じもく] 이목; ①귀와 눈. ②주의. 관심. 주목. ③견문. ④(남의 수족이 되어) 보좌함.
耳鼻咽喉科[じびいんこうか] 이비인후과.

弐 (貳) 두 이

一 一 一 弐 弐 弐

音 ●二
訓 一

音読
²弐[に] '二'와 같은 글자임. *영수증이나 수표 등의 변조를 막기 위해 '二' 대신 사용하는 글자임.
弐十[にじゅう] 이십; 20. 스물.
弐百[にひゃく] 이백; 200.
弐千[にせん] 이천; 2,000.
弐万[にまん] 이만; 20,000.

異 다를 이

丨 冂 冂 币 币 甲 甲 里 里 異

音 ●イ
訓 ●こと ●ことなる

訓読
²●異なる[ことなる] 〈5自〉 (2가의 사물이 서로) 다르다. 같지 않다. 차이가 나다.
異にする[ことにする] 달리하다. 구별하다.

音読
¹異[い] ①다름. 특별함. ②다른 의견.
¹異見[いけん] 이견; ①다른 의견. 다른 견해. ②충고. 훈계.
異境[いきょう] 이경; 외국. 이국(異国).
異口同音[いくどうおん] 이구동성(異口同声).
異国❶[いこく] 이국; 외국. ❷[ことくに] 《雅》 ①타향. ②외국.
異端[いたん] 이단; 그 시대의 다수의 사람들이 정통이라고 인정하는 것과는 다른 사상·신앙·학설.

異端児[いたんじ] 이단아.
¹異動[いどう] 이동; 지위나 근무처가 바뀜.
異例[いれい] 이례: 이례적임. 전례(前例)가 없음.
¹異論[いろん] 이론; 다른 의논.
異名[いみょう] 이명; ①별명. ②딴이름.
異聞[いぶん] 이문; 색다른 소문.
異物[いぶつ] 이물질(異物質). 체내로 들어가는 음식물 이외의 것. ②특이한 것. 보통이 아닌 것.
異邦人[いほうじん] 이방인; 외국인.
異変[いへん] 이변; ①보통과 다른 사건·사정. ②변화. 이상(異状).
異状[いじょう] 이상; 보통과는 다른 상태.
²異常[いじょう] 이상; 정상적이 아님.
異色[いしょく] 이색; ①다른 빛깔. ②(상태·성질의) 색다름. 이색적임.
異説[いせつ] 이설; 색다른 이론.
¹異性[いせい] 이성; 남자가 여자를·여자가 남자를 지칭하는 말.
異数[いすう] 이수; 아주 드묾. 이례적임.
異様[いよう] 이상함. 야릇함. 괴상함.
異義[いぎ] 이의; 다른 뜻.
¹異議[いぎ] 이의; 다른 의견. 반대 의견.
異人[いじん] 이인; ①다른 사람. ②외국인. ③기인(奇人).
異存[いぞん] 이의(異議). 반대 의견.
異種[いしゅ] 이종; 다른 종류.
異質[いしつ] 이질; 성질이 다름.
異彩[いさい] 이채; 한층 뛰어남.
異臭[いしゅう] 이취; 고약한 냄새.
異郷[いきょう] 이향; 타향(他郷).

移 옮길 이

一 二 千 禾 秒 秒 秒 秒 移 移

音 ●イ
訓 ●うつす ●うつる ●うつろう

²●移す[うつす] 〈5他〉 ①(다른 장소로) 옮기다. ②(직장·근무처·관할권 등을) 옮기다. ③(관심의 대상을 딴 데로) 옮기다. 돌리다. ④(병을) 옮기다. 전염시키다. ⑤(빛깔·냄새를) 배게 하다. ⑥(일을 다음 단계로) 옮기다. 진행시키다. 착수하다.
移(し)替え[うつしかえ] 이체; 서로 바꿈. 전용(転用)함.

³●移る[うつる] 〈5自〉 ①(위치·장소·소속·지위 등이) 옮기다. ②(관심의 대상이 딴 데로) 옮아가다. ③(상태·동작이) 바뀌다. ④(세월이) 흐르다. ⑤(병이) 전염되다. ⑥(빛깔·냄새가) 배다.
移り気[うつりぎ] 변덕. 변덕스러움.
移り変(わ)り[うつりかわり] 바뀜. 변천.
●移ろう[うつろう] 〈5自〉 ①옮기다. ②(사물이) 변해가다. 변하다. ③(마음이) 바뀌다. 변하다. ④(색이) 변하다. 바래다. ⑤(빛깔·냄새가) 배다.

移管[いかん] 이관; 관할을 옮김.
²移動[いどう] 이동; 옮겨 움직임. 움직여서 자리를 바꿈.
¹移民[いみん] 이민; 자기 나라를 떠나 다른 나라의 영토로 옮겨감.
移植[いしょく] 이식; ①(농작물·화초·수목을) 옮겨 심음. ②《医》 몸의 조직 일부를 떼어 다른 개체에 옮김.
移譲[いじょう] 이양; 남에게 옮겨 넘겨 줌.
移入[いにゅう] 이입; ①옮기어 들임. ②국내의 다른 지방에서 화물을 들여옴.
移籍[いせき] 이적; ①(결혼·양자 등으로) 호적을 다른 곳으로 옮김. ②운동선수가 소속팀에서 다른 팀으로 적을 옮김.
²移転[いてん] 이전; ①(사무실 등의) 이사. ②권리 이양. ③변이(変移). 옮김. 옮음.
¹移住[いじゅう] 이주; 국내의 다른 지방이나 국외의 다른 나라로 옮겨 삶.
¹移行[いこう] 이행; 옮아감. 변해 감.

已 이미/그칠 이

音 ●イ
訓 ●すでに ●やむ ●やめる

●已に[すでに] ①이미. 벌써. ②(때를 놓치고) 이젠. 이미 이제는. ③하마터면.
●已む[やむ] 〈5自〉 멎다. 그치다.
●已める[やめる] 〈下1他〉 (어떤 일을) 그만두다. 중지하다. 끊다.

已然形[いぜんけい] 《語学》 이연형; 문어(文語)의 활용형의 하나로써, 접속조사 'ば·ど·ども'가 접속하여 '동작이 이미 그렇게 되어 있다'는 확정조건을 나타냄. 구어(口語)에서는 가정형에 해당함.

伊 저/저사람 이
音 ⊗イ
訓 ―

音読
伊[い] '伊多利(イタリア)'의 준말.
伊多利[イタリア] ≪地≫ 이탈리아.
伊達[だて] ①(짐짓) 호기를 부림. ②멋 부림. 겉치레. 허세를 부림.
伊豆[いず] (옛 지명으로) 현재의 静岡県(しずおかけん) 대부분과 伊豆(いず) 7도(島).
伊呂波[いろは] 'いろは歌(うた) 47자의 첫머리 3글자. 'かな'의 총칭.
伊勢[いせ] ①옛 지명. *현재의 三重県(みえけん) 대부분. ②'伊勢神宮(いせじんぐう)'의 준말.
伊勢神宮[いせじんぐう] 三重県(みえけん) 伊勢市(いせし)에 소재한 일본 황실의 신궁(神宮).
伊勢海老[いせえび] ≪動≫ 왕새우.
伊太利[イタリア] ≪地≫ 이탈리아.

夷 오랑캐 이
音 ⊗イ
訓 ⊗えびす

訓読
⊗夷❶[えびす] ①고대에 奥羽(おうう) 지방에서 北海道(ほっかいどう) 지방에 걸쳐 살던 인종. ②미개인. 야만인. ③성질이 거친 사람. ❷[い] [音読]
夷心[えびすごころ] 야만인의 거친 마음.
夷草[えびすぐさ] ≪植≫ 결명차.

音読
夷❶[い] 동쪽 오랑캐. ❷[えびす] ☞ [訓読]
夷国[いこく] 이국; 오랑캐 나라. 야만국.
夷人[いじん] 이인; ①오랑캐. 야만인. 미개인. ②외국인.

弛 느슨할/늦출 이
音 ⊗シ ⊗チ
訓 ⊗ゆるまる
　 ⊗ゆるむ
　 ⊗ゆるめる

訓読
⊗弛まる[ゆるまる] 〈5自〉 느슨해지다.
¹⊗弛む[ゆるむ] 〈5自〉 ①헐렁해지다. 헐거워지다. ②(날씨가) 누그러지다. ③(마음이) 해이해지다. ④묽어지다. ⑤(시세가) 떨어지다. ❷[たるむ] 〈5自〉 ①느슨해지다. ②(마음이) 해이해지다.
¹弛み[ゆるみ/たるみ] 느슨해짐. 해이해짐.

⊗弛める❶[ゆるめる] 〈下1他〉 ①(긴장·단속을) 완화하다. ②느슨하게 하다. 헐겁게 하다. ③(속력·상태 등을) 늦추다. ④묽게 하다. ❷[たるめる] 〈下1他〉 느슨하게 하다.

音読
弛緩[しかん/ちかん] 이완; 느슨해짐. *'ちかん'은 관용음(慣用音)임.

爾 너 이
音 ⊗ジ
訓 ⊗なんじ ⊗しか

訓読
⊗爾❶[なんじ] 너. 그대. ❷[しか] 그렇게. 그와 같이.

音読
爾今[じこん] 이제부터. 금후(今後).
爾来[じらい] 이래; 그 후. 이후.
爾後[じご] 이후; 그 후.

飴 ˣ(飴) 엿 이
音 ⊗イ
訓 ⊗あめ

訓読
³⊗飴[あめ] ①사탕. ②엿. 조청.
飴ん棒[あめんぼう] ①가래엿. 엿가래. ②≪虫≫ 소금쟁이.
飴色[あめいろ] 조청색. 투명한 황갈색.
飴細工[あめざいく] ①엿으로 여러 가지 모양을 만듦. ②빛 좋은 개살구. 허울만 좋고 실속이 없는 것.
飴玉[あめだま] 눈깔사탕.
飴屋[あめや] 엿장수. 엿가게.

餌 ˣ(餌) 먹이 이
音 ⊗ジ
訓 ⊗えさ ⊗え

訓読
²⊗餌[えさ/え] ①모이. 먹이. 사료. ②미끼. ③음식. 식사. *천한 말씨임.
餌ば[えば] ①사료. 먹이. ②미끼.
餌付く[えづく] 〈5自〉 (야생 동물이) 사람이 주는 먹이를 먹게 되다.
餌付け[えづけ] (야생 동물에게 먹이를 주어) 길들임.
餌食[えじき] ①(살아 있는) 먹이. ②희생물. 제물(祭物). 봉.
餌壺[えつぼ] 모이통. 모이 그릇.

[익]

益(益) 더할/이로울 익

丶 ソ ヴ 产 产 兴 丝 拳 奔 益 益

音 ◉エキ ◎ヤク
訓 ◎ます

訓読
⊗益す[ます]〈5自〉많아지다. 불어나다. 늘다.〈5他〉많아지게 하다. 불리다. 늘리다.
²⊗益益[ますます] 더욱더. 점점 더.
音読
益❶[えき] ①유익. ②이득. 이익. ③효과. 효험. ❷[やく] 효과. 효용.
益する[えきする]〈サ変他〉이익을 주다.
益金[えききん] 이익금. 수익금.
益友[えきゆう] 익우: 유익한 벗.

翠(翠) 다음날 익

ㄱ ㄱ ㅋ ㅋ ㅋㄱ ㅋㄱ ㅋㄱ 翠 翠 翠 翠

音 ◉ヨク
訓 ―

音読
²翠[よく] (특정한 연(年)·월(月)·일(日) 등의 앞에 접속하여) 오는. 이듬. 다음.
²翠年[よくとし/よくねん] 익년; 그 이듬해. 그 다음해.
翠晩[よくばん] 그 다음날 밤.
翠月[よくげつ] 익월; 그 다음달.
¹翠日[よくじつ] 익일; 그 다음날.
²翠朝[よくあさ/よくちょう] 그 다음날 아침.

翼(翼) 날개 익

ㄱ ㅋ ㅋㄱ ㅋㄱ ㅋㅋ 羽 翠 翠 翼 翼 翼

音 ◉ヨク
訓 ◎つばさ

訓読
²◉翼[つばさ] ①(새의) 날개. ②(비행기의) 날개.
音読
翼状[よくじょう] 익상; 날개를 펼친 모양.

[인]

人 사람 인

ノ 人

音 ◉ジン ◎ニン
訓 ◎ひと

訓読
⁴◉人❶[ひと] ①사람. 인간. 인류. ②세상사람. ③남. 타인. ④남편. 아내. ¶うちの～우리 집 양반·마나라. ⑤훌륭한 사람. 인물. ⑥인품. ❷[じん/にん] ☞[音読]
人となり[ひととなり] 사람됨. 천성. 인품.
人減らし[ひとべらし] 감원(減員). 직원 수를 줄임.
人見知り[ひとみしり] (어린아이의) 낯가림.
¹人気❶[ひとけ] ①인기척. ②인간다움. ☞[音読] ❷[にんき/じんき]
人肌[ひとはだ] ①사람의 피부. ②체온.
人寄せ[ひとよせ] (흥행을 하기 위해) 사람을 불러 모음.
人頼み[ひとだのみ] 남에게 의지함. 남에게 맡김.
人里[ひとざと] 마을.
人買い[ひとかい] 인신 매매. 인신 매매자.
¹人目[ひとめ] 남의 눈.
人聞き[ひとぎき] 세상의 평판. 남이 들음.
人並み[ひとなみ] 남들과 같은 정도.
¹人柄[ひとがら] ①인품. 성품. 사람됨. ②인품이 좋음. 점잖음.
人付(き)合い[ひとづきあい] 교제. 붙임성.
人払い[ひとばらい] ①(밀담을 위해) 좌우를 물림. 사람을 물림. ②벽제(辟除).
人使い[ひとづかい] 사람을 부림.
人事❶[ひとごと] 남의 일. ❷[じんじ] 인사; ①인력(人力)으로 할 수 있는 일. ②인간사. 세상사. ③개인의 능력이나 신분에 관한 사항. ④(俳句(はいく)의 분류에서) 인간 사회·생활 등에 관한 사항.
人殺し[ひとごろし] 살인. 살인자.
人声[ひとごえ] 사람의 목소리.
人騒がせ[ひとさわがせ] 남을 놀라게 함. 세상을 떠들썩하게 함.
人手[ひとで] ①≪動≫ 불가사리. ②남의 손. 남의 힘. 남의 도움. ③일손.

人身御供[ひとみごくう] ①사람을 희생 제물로 신(神)에게 바침. ②(남을 위해) 희생이 되는 사람.

¹**人影❶**[ひとかげ] ①(물이나 거울에 비친) 사람의 그림자. ②사람의 모습. ❷[じんえい] 인적(人跡). 사람의 모습.

人垣[ひとがき] 많은 사람이 울타리처럼 늘어선 상태. 인산인해(人山人海).

人違い[ひとちがい] ①사람을 잘못 봄. 사람을 착각함. ②딴사람처럼 달라짐.

⁴**人人❶**[ひとびと] ①(많은) 사람들. ②각자. ❷[にんにん] 각자, 각인(各人).

人一倍[ひといちばい] 남보다 갑절. 남보다 더한층. 남달리.

人任せ[ひとまかせ] (자기가 할 일을) 남에게 맡김.

²**人込み**[ひとごみ] 사람으로 붐빔. 혼잡함.

人伝[ひとづて] ①인편(人便)에 전함. ②소문. 입으로 전해짐.

人前[ひとまえ] ①남의 앞. 남들이 보는 앞. ②체면.

人助け[ひとだすけ] 남을 도움.

²**人指**[し]**指**[ひとさしゆび] 집게손가락.

人真似[ひとまね] ①남의 흉내. 흉내 내기. ②(동물·새가) 사람 흉내를 냄. 사람 흉내.

¹**人質**[ひとじち] 인질; 볼모.

人集り[ひとだかり] 군중(群衆). 많은 사람들이 모임.

²**人差**[し]**指**[ひとさしゆび] 집게손가락.

人擦れ[ひとずれ] (많은 사람을 접하여) 닳고 닳음. 순수성이 없음.

人出[ひとで] 나들이 인파.

²**人通り**[ひとどおり] 사람의 왕래.

人波[ひとなみ] 인파; 사람의 물결.

人怖じ[ひとおじ] 낯가림.

人嫌い[ひとぎらい] ①사람 만나기를 싫어함. ②(체질적으로) 사람을 꺼림.

人好き[ひとずき] 남에게 호감을 줌.

人懐こい[ひとなつこい] 〈形〉 붙임성이 있다. 사람을 잘 따르다.

音読

⁴**人❶**[じん] ①(国名에 접속하여) 그 나라 사람. ¶インド〜 인도 사람. ②(3단계로 나누는 평점(評点)에서 등에서) 3번째. ¶天(てん)·地(ち)·〜 천·지·인. ❷[にん] (숫자에 접속하여 사람 수효를 나타내는) …명(名). ❸[ひと] ☞ [訓読]

人家[じんか] 인가; 사람이 사는 집.

²**人間❶**[にんげん] ①①인간; 사람. 인류. ②인품. 인물. ③《古》 인간 세상. ❷[ひとま] 《雅》 사람이 없는 곳. 사람이 안 보이는 사이. ☞ [訓読]

人間国宝[にんげんこくほう] 인간문화재.

人間味[にんげんみ] 인간미; 인정미(人情味). 따뜻함이 느껴지는 인품.

人間並[にんげんなみ] 보통 사람 수준.

人間性[にんげんせい] 인간성; 인간의 본성.

人間業[にんげんわざ] 사람의 짓.

人件[じんけん] 인건; 인사(人事)에 관한 사항.

人件費[じんけんひ] 인건비.

¹**人格**[じんかく] 인격; 사람의 품격.

人格化[じんかくか] 인격화; 의인화(擬人化).

人絹[じんけん] 인견; '人造絹糸(じんぞうけんし)'의 준말.

人骨[じんこつ] 인골; 사람의 뼈.

²**人工❶**[じんこう] 인공; 사람이 자연물에 가공함. ❷[にんく] (하나의 공사에 필요한) 총 인원수. 연인원수.

³**人口**[じんこう] 인구; ①뭇사람들의 입. 세상 사람들의 소문. ②일정한 지역에 사는 사람의 수효.

人口密度[じんこうみつど] 인구 밀도.

人権[じんけん] 인권; 인간의 기본 권리.

²**人気❶**[にんき] 인기; 세상의 평판. ❷[じんき] 그 지방 일대의 기풍·기질. ❸[ひとけ] ☞ [訓読]

人気取り[にんきとり] 인기를 얻으려 함.

人徳[じんとく] 인덕; 사람이 본디 지니고 있는 덕.

人道[じんどう] 인도; ①사람이 지켜야 할 도리. ②보도(歩道).

人頭税[じんとうぜい/にんとうぜい] 인두세; 사람 수에 의해서 부과하는 세금.

人力❶[じんりき] 인력; ①사람의 힘·능력. ②'人力車(じんりきしゃ)'의 준말. ❷[じんりょく] 사람의 힘·능력.

人力車[じんりきしゃ] 인력거.

²**人類**[じんるい] 인류; 인간. 사람. *사람을 다른 생물과 구별하는 말임.

人倫[じんりん] 인륜; ①사람과 사람 사이의 질서. ②사람이 지켜야 할 도리.

人馬[じんば] 인마; 사람과 말.

人望[じんぼう] 인망; 세상 사람이 존경하며 따르는 덕망.

人面獸心[じんめんじゅうしん/にんめんじゅうしん] 인면수심; 사람의 마음·행동이 몹시 흉악함.

人名[じんめい] 인명; 사람의 이름.

²**人命**[じんめい] 인명; 사람의 목숨.

人文[じんぶん] 인문; ①인류 사회의 문화. ②인간과 문화.

²**人文科学**[じんぶんかがく] 인문 과학.

²**人物**[じんぶつ] 인물; ①사람. 인간. ②인품. 성격. ③인재. 유능한 사람.

¹**人民**[じんみん] 인민; 국민. 백성.

人別[にんべつ] ①개인별. 개인 단위로 할당함. ②(옛날) 인구. 인구 조사.

人夫[にんぷ] 인부; 일꾼.

人士[じんし] 인사; 사회적인 지위가 있는 사람.

²**人事❶**[じんじ] 인사; ①인력(人力)으로 할 수 있는 일. ②인간사. 세상사. ③개인의 능력이나 신분에 관한 사항. ④(俳句(はいく)의 분류에서) 인간 사회·생활 등에 관한 사항. ❷[ひとごと] 남의 일.

人事不省[じんじふせい] 인사불성; 혼수상태에 빠져 의식을 잃음.

人参[にんじん] ≪植≫ ①당근. ②'朝鮮人参(ちょうせんにんじん)'의 준말.

人相[にんそう] 인상; ①얼굴 모습. ②관상(観相).

²**人生**[じんせい] 인생; ①인간의 생존·생활 방법. ②인간이 살고 있는 기간. 일생(一生).

人選[じんせん] 인선; 적당한 사람을 가려 뽑음.

人世[じんせい] 인세; 인간 세상. 속세.

人数❶[にんずう] 인원수. ❷[ひとかず] ①인원수. ②사람 축.

人身[じんしん] 인신; ①인체. 사람의 몸. ②개인의 신상.

人心❶[じんしん] 사람의 마음. 민심(民心). ❷[ひとごころ] ①인정. 인심. ②안도감.

人魚[にんぎょ] ①인어. ② ≪動≫ '儒艮(じゅごん/듀공)'의 딴이름.

人員[じんいん] 인원; 사람의 수효.

人為[じんい] 인위; 사람의 힘으로 된 일.

¹**人材**[じんざい] 인재; 뛰어난 인물.

人災[じんさい] 인재; 사람의 부주의로 발생한 재해(災害).

人的[じんてき] 인적; 사람에 관한.

人跡[じんせき/ひとあと] 인적; 사람의 발자취.

²**人情**[にんじょう] 인정; ①남을 동정하는 마음씨. ②남녀간의 애정.

²**人造**[じんぞう] 인조; 사람이 만듦.

人足❶[にんそく] (막일하는) 노무자. 인부. ❷[ひとあし] 사람의 왕래. 인적(人跡).

²**人種**[じんしゅ] 인종; ①신체적 특징으로 분류한 인류의 종별. ②(경멸하는 뜻으로) 족속. 족.

人種差別[じんしゅさべつ] 인종 차별.

人知[じんち] 인지; 인간의 지혜.

¹**人体❶**[じんたい] 인체; 사람의 몸. ❷[にんてい] ①(사람의) 풍채. 외양. 모습. ②인품. 품격.

人畜[じんちく/にんちく] 인축; ①사람과 가축. ②(경멸하는 말로) 짐승 같은 놈. 몰인정한 놈.

人品[じんぴん] 인품; 인격.

³**人形❶**[にんぎょう] (장난감) 인형. ❷[ひとがた] ①사람 모양. 사람 모양을 한 것.

人形浄瑠璃[にんぎょうじょうるり] 浄瑠璃(じょうるり)·三味線(しゃみせん)에 맞추어 연기하는 일본 고유의 인형극.

刃 (刃) 칼날 인

丁 刀 刃

🔲 ●ジン ⊗ニン

🔲 ●は ⊗やいば

【訓読】

¹**刃❶**[は] (칼 따위의) 날. ❷[じん] ☞ [音読]

⊗**刃❸**[やいば] 칼. 검(剣).

刃渡り[はわたり] ①칼날의 길이. ②칼날 위를 맨발로 걷는 곡예.

¹**刃物**[はもの] 날붙이. 날이 있는 도구.

刃先[はさき] 칼 끝. 칼날 끝.

刃針[はばり] ①양쪽에 날이 선 납작한 수술용 바늘. 바소. ②란셋.

刃向かう[はむかう] 〈五自〉맞서다. 덤벼들다. 대항하다. 적대하다. 거역하다.

刃向(か)い[はむかい] 맞섬. 덤벼듦. 대항. 거역. 적대.

【音読】

刃❶[じん] 날이 달린 무기. ❷[は/やいば] ☞ [訓読]

刃傷[にんじょう] 인상; 칼부림.

仁　어질 인

　ノ　イ　仁

音 ●ジン ●ニ ⊗ニン
訓 ─

音読

仁[じん] 인; ①동정심. ②(유교에서) 최고의 미덕. ③씨의 눈과 씨젖의 총칭. ④세포핵 내에 있는 하나 또는 여러 개의 소체(小体). ⑤분. ＊'人(ひと)'의 존칭어.

仁徳[じんとく] 인덕; 어진 덕.

仁術[じんじゅつ] 인술; ①(봉사적인 치료를 한다는) 의술(医術). ②유교의 도덕인 인(仁)을 행하는 방법.

仁愛[じんあい] 인애; 어진 마음으로 사랑함.

仁王[におう] ≪仏≫ 인왕; 금강신(金剛神).

仁義[じんぎ] 인의; ①인(仁)과 의(義). ②의리. ③(폭력배끼리의) 첫 대면의 인사. ④(폭력배들 특유의) 예의. 예절.

仁者[じんしゃ] 인자; 마음이 어진 사람. 도덕적으로 완전한 사람.

引　끌 인

　フ　フ　弓　引

音 ●イン
訓 ●ひく ●ひける ●ひっ

訓読

[4]●**引く**[ひく] 〈5他〉 ①끌다. 끌어당기다. 잡아당기다. ②(주의·주목을) 끌다. ③(땅에) 질질 끌다. ④(감기에) 걸리다. ⑤뽑다. 뽑아내다. ⑥인용하다. ⑦(전화선 등을) 끌어들이다. 가설하다. ⑧빼다. 감하다. ⑨(사전에서) 조사하다. 찾다. ⑩(줄을) 긋다. 〈5自〉 ①물러나다. 후퇴하다. ②퇴직하다. 은퇴하다. ③(열이) 내리다. 가시다. ④(물이) 빠지다. ⑤뜸해지다.

引き[ひき] ①끎. 끄는 힘. ②애호. 팬. ③연줄. 연고. ④(사진 촬영할 때) 카메라가 뒤로 물러날 수 있는 여지.

[1]**引きずる**[ひきずる] 〈5他〉 ①질질 끌다. ②연행하다. 억지로 끌고 가다. ③(시간·날짜를) 끌다. 지연시키다. 연기하다.

引(き)綱[ひきづな] (물건에 매어) 끄는 밧줄. 배를 예인하는 줄.

引(き)継(ぎ)[ひきつぎ] 인계; 이어받음. 인계를 위한 협의.

引っ括める[ひっくるめる] 〈下1他〉 일괄하다. 총괄하다. 통틀다.

引っ掛(か)り[ひっかかり] ①손잡이. ②관계. 관련. ③마음에 걸림. 거리낌.

引っ掛かる[ひっかかる] 〈5自〉 ①걸리다. ②들르다.

引(き)絞る[ひきしぼる] 〈5他〉 ①힘껏 당기다. ②쥐어짜다.

引(き)金[ひきがね] ①방아쇠. ②계기. 빌미. 원인.

[1]**引き起こす**[ひきおこす] 〈5他〉 ①(쓰러진 것을) 일으켜 세우다. 다시 일으키다. 잡아 일으키다. ②발생시키다. 야기하다.

引き寄せる[ひきよせる] 〈下1他〉 ①끌어당기다. ②저절로 모이게 하다.

引っ担ぐ[ひっかつぐ] 〈5他〉 (난폭하게) 둘러메다.

引(き)当て[ひきあて] ①저당(抵当). 담보. ②'引当金(ひきあてきん)'의 준말.

引(き)当(て)金[ひきあてきん] (장래의 지출에 대비한) 준비금. 충당금.

引(き)倒し[ひきだおし] 잡아 쓰러뜨림.

引き倒す[ひきたおす] 〈5他〉 잡아 쓰러뜨리다. 끌어당겨 넘어뜨리다.

引(き)渡し[ひきわたし] 인도; 넘겨줌.

引き渡す[ひきわたす] 〈5他〉 ①인도하다. 넘겨주다. ②(줄·막 등을) 길게 치다. 둘러치다.

引(き)落(と)し[ひきおとし] (씨름에서) 상대방의 팔을 잡아 자기 몸을 한쪽으로 비키면서 앞으로 넘어뜨리는 수.

引き落とす[ひきおとす] 〈5他〉 ①잡아당겨 쓰러뜨리다. ②(상대방의 예금 계좌에서) 자동 대체하다.

引き戻す[ひきもどす] 〈5他〉 ①다시 끌어들이다. ②데리고 돌아오다. 〈5自〉 되돌아가다. 되돌아오다.

引き連れる[ひきつれる] 〈下1他〉 거느리다. 인솔하다. 데리다.

引き籠る[ひきこもる] 〈5自〉 틀어박히다. 죽치다. 들어앉다.

引き離す[ひきはなす] 〈5他〉 ①(억지로) 사이를 떼어놓다. 갈라놓다. ②(달리기 등에서) 뒷사람과의 거리·간격을 떼어놓다.

引き立つ[ひきたつ] 〈5自〉 ①두드러지다. 한층 돋보이다. ②활기를 띠다. 활발해지다.

引(き)立て[ひきたて] 특별히 돌봐줌. 아껴줌.

引き立てる[ひきたてる] 〈下1他〉 ①특별히 돌봐주다. 아껴주다. ②격려하다. 북돋우다. 부추기다. ③돋보이게 하다. 두드러지게 하다. ④강제로 연행하다. 억지로 끌고 가다. ⑤(문을 옆으로) 밀어 닫다.

引っ立てる[ひったてる] 〈下1自〉 ①강제로 연행하다. 억지로 끌고 가다. ②당겨서 들어올리다. 세우다. ③(기운을) 북돋우다. 격려하다.

引(き)物[ひきもの] ①(축하연에서) 손님에게 주는 선물. 답례품. ②(잔치에서) 상에 곁들여 차려 내는 요리・과자 등의 선물. ③(천으로 된) 칸막이. 휘장. 장막.

引(き)眉[ひきまゆ] 먹으로 그린 눈썹.

引(き)返し[ひきかえし] ①되돌아감. 되돌아옴. ②(일본 여자 옷에서) 옷단・소맷부리를 겉감과 같은 천으로 댐. ③하락한 시세의 소폭 반등(反騰). ④'引返幕(ひきかえしまく)'의 준말.

²引き返す[ひきかえす] 〈5自〉 되돌아가다. 되돌아오다.

引(き)抜き[ひきぬき] ①(배우 등의) 스카우트. ②(연극에서) 배우가 겉옷을 재빨리 벗고 속에 입은 옷을 드러냄.

引き抜く[ひきぬく] 〈5他〉 ①뽑아내다. 뽑다. ②스카우트하다.

引っ付く[ひっつく] 〈5自〉 ①찰싹 달라붙다. 들러붙다. ②남녀가 친해져서 부부가 되다.

²引(き)分け[ひきわけ] ①비김. 무승부. ②(사이를) 떼어놓음. 갈라놓음.

引き分ける[ひきわける] 〈下1他〉 ①비기다. 무승부가 되다. ②(사이를) 떼어놓다. 갈라놓다.

引き払う[ひきはらう] 〈5自〉 (걷어치우고・비우고) 떠나다. 퇴거하다.

引き写す[ひきうつす] 〈5他〉 ①(원문을) 고스란히 베끼다. 그대로 복사하다. ②(그림 등을) 위에 대고 베끼다.

²引(き)算[ひきざん] 뺄셈. 감산(減算).

引(き)上げ[ひきあげ] 인상; ①끌어올림. ②철수(撤收).

¹引き上げる[ひきあげる] 〈下1他〉 ①위로 끌어올리다. ②(값을) 인상하다. 올리다. ③승진시키다. ④철수시키다. ⑤몰수하다. 〈下1自〉 (외지에서) 돌아오다. 귀환하다. 철수하다. 귀국하다.

引っ搔く[ひっかく] 〈5他〉 (손톱이나 가시로) 할퀴다. 세게 긁다.

引っ搔き回す[ひっかきまわす] 〈5他〉 ①마구 뒤적거리다. 마구 뒤섞다. ②마구 행동하여 혼란에 빠뜨리다. 휘저어 놓다.

引(き)受け[ひきうけ] 인수; ①떠맡음. ②환어음의 인수. 지불 의무 부담. ③공사채(公社債) 모집의 수탁(受託). ④(증권업자가) 신주(新株)를 인수하여 일반에게 판매함.

²引き受ける[ひきうける] 〈下1他〉 ①(책임지고) 떠맡다. 부담하다. ②보증하다. ③뒤를 잇다. 계승하다. ④(주식・어음 등을) 인수하다. 떠맡다.

引(き)伸(ば)し[ひきのばし] ①연장(延長). 연기(延期). 지연(遲延). ②사진의 확대. 확대한 사진.

引き伸す[ひきのばす] 〈5他〉 ①잡아 늘이다. 길게 하다. ②(시간・기일 등을) 지연시키다. ③물을 타다. 묽게 하다. ④(사진을) 확대하다.

引(き)揚げ[ひきあげ] 인양; ①끌어올림. ②철수(撤收).

引き揚げる[ひきあげる] 〈下1他〉 ①인양하다. 끌어올리다. ②승진시키다. 〈下1自〉 돌아오다. 귀환하다. 귀국하다. 철수하다.

引き揚げ者[ひきあげしゃ] (제2차 대전이 끝난 후 외국에서) 일본 본토로 돌아온 사람. 귀환자. 귀국자.

引(き)延(ば)し[ひきのばし] ①연장(延長). 연기(延期). 지연(遲延). ②사진의 확대. 확대한 사진.

引き延ばす[ひきのばす] 〈5他〉 ①잡아 늘이다. 길게 하다. ②(시간・기일 등을) 지연시키다. ③물을 타다. 묽게 하다. ④(사진을) 확대하다.

²引っ越し[ひっこし] 이사(移徙).

³引っ越す[ひっこす] 〈5他〉 이사하다.

引き入れる[ひきいれる] 〈下1他〉 ①끌어넣다. 인도해 들이다. ②(한패로) 끌어들이다. ③들이마시다.

引(き)込み[ひきこみ] 끌어들임.

引(き)込(み)線[ひきこみせん] 인입선; ①간선(幹線)에서 갈라져 들어간 철도. ②(전신주에서) 옥내로 끌어들인 배전선(配電線).

引き込む[ひきこむ] 〈5自〉 ①틀어박히다. ②움푹 꺼지다. 쑥 들어가다. ③은퇴하다. 물러나다. 〈5他〉 ①끌어들이다. 끌어넣다. ②감기에 걸리다. ③강하게 잡아끌다.

²引っ込む[ひっこむ]〈5自〉①(집안에) 틀어박히다. ②움푹 꺼지다. 쏙 들어가다. ③은퇴하다. 물러나다.

引っ込める[ひっこめる]〈下1他〉①(한 번 내밀었던 것을 제자리로) 당겨 들이다. 끌어당기다. ②움츠리다. ③철회하다. 취소하다. 취하하다.

²引っ張る[ひっぱる]〈5他〉①잡아당기다. 팽팽히 당기다. ②끌어당기다. ③억지로 끌고 가다. 연행하다. ④권유하다. 끌어들이다. ⑤미루다. 연기하다. ⑥예로 들다. 인용하다.

引っ張り凧[ひっぱりだこ](많은 사람들에게) 인기가 있음.

引っ張り出す[ひっぱりだす]〈5他〉①(안의 것을) 억지로 끌어내다. 꺼내다. ②추대하다.

引きも切らず[ひきもきらず]쉴 새 없이. 줄곧.

引き摺る[ひきずる]〈5他〉①질질 끌다. ②연행하다. 억지로 끌고 가다. ③(시간·날짜를) 끌다. 지연시키다. 연기하다.

引き潮[ひきしお]썰물. 간조(干潮).

²引き止める[ひきとめる]〈下1他〉만류하다. 말리다. 붙들다. 잡다.

引き直す[ひきなおす]〈5他〉①(감기에) 다시 걸리다. ②고치다. 되돌리다.

引(き)替(え)[ひきかえ]바꿈. 교환.

引き締まる[ひきしまる]〈5自〉①꽉 죄어지다. 굳게 닫히다. ②(마음이) 긴장하다. ③(거래소에서) 오름세로 바뀌다. (값이) 안정세를 보이다.

引(き)締め[ひきしめ]①단단히 죔. ②긴장시킴. ③절약. 지출 억제. ④(여자 옷에서) 매듭을 帯(おび)와 나란히 매는 띠 매는 법.

引き締める[ひきしめる]〈下1他〉①(잡아당겨) 단단히 죄다. 죄어 매다. ②긴장시키다. 다잡다. ③긴축하다. 지출을 억제하다. 절약하다.

²引き出す[ひきだす]〈5他〉①꺼내다. 끌어내다. ②(재능·결론 등을) 끌어내다. 이끌어내다. ③(돈을) 우려내다. ④(은행에서 돈을) 인출하다. 찾다.

³引(き)出し[ひきだし]①(책상의) 서랍. ②(예금의) 인출.

引(き)出物[ひきでもの](축하연에서) 손님에게 주는 선물. 답례품.

¹引き取る[ひきとる]〈5自〉(장소에서) 물러나다. 물러가다. 떠나다.〈5他〉○떠맡다. 인수하다. ②(말끝을) 이어받아 말하다. ③(숨을) 거두다. 죽다.

引(き)取り[ひきとり]①인수함. 떠맡음. ②인수증. 영수증. ③(장소에서) 물러남. 떠남.

引き取り人[ひきとりにん]인수인. 인수자.

引き破る[ひきやぶる]〈5他〉잡아 찢다.

引っ捕らえる[ひっとらえる]〈下1他〉체포하다. 붙잡다.

引っ被る[ひっかぶる]〈5他〉①뒤집어쓰다. ②떠맡다.

引き下がる[ひきさがる]〈5自〉①(장소에서) 물러나다. ②(일에서) 손을 떼다.

¹引き下げる[ひきさげる]〈下1他〉①(값을) 인하하다. 내리다. ②(아래로) 내리다. ③(지위·수준을) 낮추다. ④철회하다. 취하하다. ⑤(뒤로) 물러나게 하다.

引(き)合い[ひきあい]①서로 당김. 마주 당기기. ②예(例)로 듦. 예로 인용함. ③증인. 참고인. ④연좌. 연루(連累). ⑤거래하기 전의 조회·문의.

引き合う[ひきあう]〈5自〉①서로 당기다. 마주 당기다. ②거래하다. ③(수지가 맞다. 이익이 남다. ④보람이 있다.

引き合わす[ひきあわす]〈5他〉☞ 引き合わせる

引(き)換(え)[ひきかえ]인환; 교환. 바꿈.

引き換える[ひきかえる]〈下1他〉교환하다.

引換券[ひきかえけん]교환권.

引(き)回し[ひきまわし]①데리고 다님. 끌고 다님. ②지도하여 돌봄. 보살핌. ③(소매가 없는) 비옷. 망토.

引き回す[ひきまわす]〈5他〉①(막·커튼 등을) 둘러치다. ②데리고 다니다. 끌고 다니다. ③지도하다. 보살펴 주다. ④(중죄인을) 조리돌리다.

●引ける[ひける]〈下1自〉①(일과나 근무가) 끝나다. ②(마음이) 내키지 않다. 주눅 들다. 기가 죽다.

引け[ひけ]①(학교나 직장의) 파함. 퇴근. 하교(下校). ②(남에게) 뒤짐. 뒤떨어짐. 열등감. ③(거래소에서) 마지막 장. 막장. 막장의 시세.

引け過ぎ[ひけすぎ]①(창녀가) 집 앞에 늘 앉아서 손님을 기다리기에는 너무 늦은 시간. *밤 12시부터 새벽 2시경. ②퇴근 시간 뒤.

引け目[ひけめ] 열등감. 주눅.

引け相場[ひけそうば] (거래소에서) 그 날의 파장 때의 시세.

引け時[ひけどき] (일과를 끝낸) 퇴근 시간. 하교(下校) 시간. 파할 시각.

引け際[ひけぎわ] ①일이 끝날 무렵. 퇴근 무렵. 파할 무렵. 파장. ②(거래소에서) 마지막 매매가 끝날 무렵. ③퇴직할 무렵.

引け値[ひけね] (거래소에서) 그 날의 파장 때 시세.

音読

引見[いんけん] 인견; 접견(接見).

引導[いんどう] 인도; 이끎.

²引力[いんりょく] 인력; 공간적으로 떨어진 물체끼리 서로 끌어당기는 힘.

引率[いんそつ] 인솔; 거느림.

²引用[いんよう] 인용; 남의 문장이나 사례(事例)들을 끌어다가 사용함.

引責[いんせき] 인책; 책임을 짐.

²引退[いんたい] 은퇴(隱退). 지금까지 하던 일을 그만두고 물러남.

引火[いんか] 인화; 불이 옮아 붙음.

印 도장 인

´ ⌐ Ｆ Ｆ 印 印

音 ●イン
訓 ●しるし ⊗しるす

訓読

²●印❶[しるし] ①표. 표시. ②심벌. 상징. ③증거. 증표. ④가문(家紋). 기장(記章). ⑤신호. 통보. ❷[いん] ☞ [音読]

⊗印す[しるす] 〈5他〉 표하다. 표시하다.

音読

印❶[いん] 인; ①도장. 인장. ②자취. 흔적. ③ ≪仏≫ 인계(印契). ❷[しるし] ☞ [訓読]

印する[いんする] 〈サ変他〉 표시를 하다.

¹印鑑[いんかん] 인감; ①실인(実印). ②도장.

印籠[いんろう] 인롱; 허리에 차는 세 겹 또는 다섯 겹의 작은 통.

²印象[いんしょう] 인상; 깊이 느껴 잊혀지지 않은 일.

印税[いんぜい] 인세; 출판사가 저자에게 지불하는 로열티.

²印刷[いんさつ] 인쇄.

印影[いんえい] 인영; 도장 찍은 자국.

印肉[いんにく] 인육; 인주(印朱).

印章[いんしょう] 인장; 도장.

印紙[いんし] 인지; ①수입 인지. ②우표.

印形[いんぎょう] 도장의 총칭.

印画紙[いんがし] 인화지; 사진을 만드는 감광지(感光紙).

因 인함/까닭 인

丨 冂 冂 冈 因 因

音 ●イン
訓 ●よる ⊗ちなむ

訓読

²●因る[よる] 〈5自〉 말미암다. 연유하다.
⊗因む[ちなむ] 〈5自〉 (어떤 인연으로) 말미암다. 연유하다. 관련되다.

因みに[ちなみに] 덧붙여서. 그와 관련해서.

音読

因果[いんが] 인과; ①원인과 결과. ② ≪仏≫ 악의 응보. 업보. ③운명. 팔자. 숙명. ④〈形動〉 불우함. 불행함. 숙명적임.

因循[いんじゅん] 인순; ①구습에 얽매임. ②머뭇거림. 주저함.

因習[いんしゅう] 인습; 옛날부터 계속되어 현재는 폐단이 생기는 풍습.

因縁[いんねん] ≪仏≫ 인연; ①인(因)과 연(縁). ②운명. ③(운명적인) 연분. 관계. ④내력. 유래. 까닭. ⑤트집.

因子[いんし] 인자; ①근본 요소. 요인. ②인수(因数). ③유전자(遺伝子).

忍(忍) 참을 인

フ 刀 刃 刃 忍 忍 忍

音 ●ニン
訓 ●しのばせる ●しのぶ

訓読

●忍ばせる[しのばせる] 〈下1他〉 ①(목소리・소리를) 죽이다. 낮추다. ②(모습을) 감추다. 숨기다. ③몰래 지니다.

●忍ぶ[しのぶ] 〈5自〉 숨다. 〈5他〉 ①참다. 견디다. 인내하다. ②(남의 눈을) 피하다. 몰래하다.

忍び[しのび] ①몰래함. ②적중(敵中)에 잠입(潜入)함. ③둔갑. ④스파이. ⑤미행(尾行). ⑥도둑질.

忍びやか[しのびやか] 〈形動〉 은밀함.

忍び寄る[しのびよる] 〈5自〉 슬며시 다가오다. 살짝 다가서다.

忍び歩き[しのびあるき] ①살금살금 걸음. ②미복잠행(微服潜行).

忍び泣き[しのびなき] 남몰래 흐느낌. 소리를 죽여 욺.

忍び込む[しのびこむ] 〈5自〉 숨어들다. 몰래 들어가다.

忍び足[しのびあし] 살금살금 걸음.

음독
忍苦[にんく] 인고; 괴로움을 참음.
忍耐[にんたい] 인내; 참고 견딤.
忍術[にんじゅつ] 둔갑술.
忍者[にんじゃ] 둔갑술을 부리는 스파이. 밀정(密偵).
忍従[にんじゅう] 인종; 참고 복종함.

姻 혼인할 인

𡥀 𡥀 𡥀 𡥀 𡥀 姻 姻 姻 姻

음 ●イン
훈 ─

음독
姻族[いんぞく] 인족; 결혼으로 인해 생긴 친족.
姻戚[いんせき] 인척; 결혼으로 인해 생긴 친척.

認(認) 인정할 인

訔 訔 訔冂 訒 訒 訒 訒 訒 認

음 ●ニン
훈 ●みとめる ⊗したためる

훈독
²●認める❶[みとめる] 〈下1他〉 ①인정하다. 시인하다. 승인하다. 허가하다. ②알아보다. 알아차리다. 인지하다. ③간주하다. ④높이 평가하다. 좋게 보다.
⊗認める❷[したためる] 〈下1他〉 ①(글씨를) 쓰다. ②식사하다. ③《古》 처리하다. 정리하다. ④《古》 준비하다.

認め印[みとめいん] (인감 이외에 사용하는) 소형의 막도장. 약식 도장.

음독
認可[にんか] 인가; 인정하여 허락함.
認否[にんぴ] 인부; 인정(認定)과 부정(否定). 인정의 여부(与否).
¹認識[にんしき] 인식; 사물을 분명히 알고 그 의의(意義)를 바르게 이해·분별함.
認容[にんよう] 인용; 인정하여 용납함.
認定[にんてい] 인정; 어떤 사실이나 자격의 유무·당부(当否) 등을 심사·판단하여 결정하는 일.
認証[にんしょう] ①《法》 인증. ②내각 또는 총리대신의 직권상 행위를 천황이 공적으로 증명함.
認知[にんち] 인지; ①어떤 사항을 분명히 앎. ②《心》 사물의 뜻을 알아차리는 지적(知的)인 작용.

咽 목구멍 인

음 ⊗イン ⊗エツ
훈 ⊗のど
　⊗むせぶ

훈독
²⊗咽[のど] ①목. 목구멍. ②목청. 목소리. ③급소. ④(제본에서) 책을 철하는 여백 부분.
⊗咽ぶ[むせぶ] 〈5自〉 ①(연기·눈물·먼지·음식 등으로) 목메다. 숨이 막히다. ②흐느끼다. 목메어 울다. ③(물·바람 소리가) 우는 것처럼 들리다.

음독
咽頭[いんとう] 《生理》 인두.
咽喉[いんこう] 인후; ① 《生理》 인두(咽頭)와 후두(喉頭). 목. 목구멍. ②중요한 통로. 요로(要路). 요소(要所).

寅 셋째지지 인

음 ⊗イン
훈 ⊗とら

훈독
⊗寅[とら] 인; ①십이지(十二支)의 셋째. ②인시(寅時). 새벽 3시부터 5시 사이. ③인방(寅方). 동북동(東北東).
寅年[とらどし] 인년; 범(虎)의 해.

음독
寅月[いんげつ] 인월; 음력 정월의 딴이름.

湮 잠길 인	音 ⊗イン
	訓 ―

音読
湮滅[いんめつ] 인멸; 흔적도 없이 없앰.
湮没[いんぼつ] 인몰; 흔적도 없이 가라앉
아 사라짐.

靭 질길 인	音 ⊗ジン
	訓 ⊗うつぼ

訓読
⊗靭[うつぼ] 허리에 차는 화살통.
音読
靭帯[じんたい] ① ≪生理≫ 인대; 척추동물
의 뼈와 뼈를 잇는 끈 모양의 결합 조직.
②조개의 두 껍데기를 잇는 탄력성의 섬
유 조직.

[일]

一	한 일

一

音 ●イチ ●イツ
訓 ●ひと ●ひとつ

訓読
4●一つ[ひとつ] ①하나. 한 개. ②(나이) 한
살. ③한가지. 동일함. ④한편. ⑤〈副〉
시험 삼아. 한번. 좀. ⑥〈副〉 부디. 아무
쪼록.
一つ覚え[ひとつおぼえ] 하나밖에 모름. 외
고집. 융통성이 없음.
¹一頃[ひところ] 한때. 어느 한 시기.
一口[ひとくち] ①한 입. 한 모금. ②한마
디 말. ③(주식·기부 등의) 한 구좌. ④
(여럿이 하는 일의) 몫. 배당.
一口話[ひとくちばなし] 짤막한 이야기.
一群れ[ひとむれ] (짐승·새·벌레의) 한
떼. 한 무리.
¹一筋[ひとすじ] ①한 줄기. 외줄기. ②외곬.
일편단심.
一度❶[ひとたび] ①한 번. 1회. ②〈副〉일
단(一旦). ❷[いちど] 한 번. 1회.
一渡り[ひとわたり] 대충. 대강. 대략.
一粒種[ひとつぶだね] 외아들. 외동딸.

一幕物[ひとまくもの] 단막극.
一晩[ひとばん] ①하룻밤. ②어느 날 밤.
一晩中[ひとばんじゅう] 밤새도록.
一眠り[ひとねむり] 잠깐 잠. 한숨 잠. 한
잠 잠.
一皿[ひとさら] 한 접시.
一目❶[ひとめ] ①첫눈. 한 번 봄. ②한눈
에 다 봄. ❷[いちもく] ☞ [音読]
一方ならぬ[ひとかたならぬ] 대단한. 굉
장한.
一番❶[ひとつがい] (암수) 한 쌍. ❷[いちば
ん] ☞ [音読]
一癖[ひとくせ] ①한 가지 버릇. ②(보통이
아닌) 성격.
一飛びに[ひととびに] 단번에. 한 번에.
一頻り[ひとしきり] 한바탕. 한동안.
一仕事[ひとしごと] ①한 가지 일. ②(어떤)
사업. ③꽤 힘든 일. 대단한 일.
一思いに[ひとおもいに] 단김에. 단숨에.
一昔[ひとむかし] 한 옛날. *보통 10년쯤
전의 과거를 말함.
一先ず[ひとまず] 우선. 일단.
一つ所[ひとつところ] 한 곳. 한 장소.
一続き[ひとつづき] 일정 기간 쉬지 않고
계속됨. 한동안 쭉 이어짐.
一時❶[ひととき] ①잠시. 잠깐. 한동안.
②(과거의) 한때. 어느 때. ❷[いちじ/い
ちどき/いっとき] ☞ [音読]
¹一息[ひといき] ①한 번의 숨. ②한숨 돌림.
잠깐 쉼. ③단숨. ④한 고비.
一握り[ひとにぎり] ①한줌. ②약간. 극소수.
一安心[ひとあんしん] 한시름 놓음.
²一言[ひとこと/いちごん/いちげん] 한 마디 말.
一雨[ひとあめ] ①한차례 비가 옴. ②한바
탕 쏟아지는 비.
4一人❶[ひとり] ①한 사람. 1명. ②혼자.
③독신. 홀몸. ❷[いちじん] (천하에 단
한 사람이란 뜻의) 천자(天子). 임금.
❸[いちにん] 한 사람. 1인.
一人ぼっち[ひとりぼっち] 외톨이.
一人暮(ら)し[ひとりぐらし] 독신 생활.
一人息子[ひとりむすこ] 외동아들.
²一人一人[ひとりひとり] 한 사람 한 사람.
각자.
一人っ子[ひとりっこ] 외아들. 독자.
4一日❶[ついたち] (매달) 초하루. ❷[ひとひ]
①하루. ②종일. ③어느 날. ④ ≪雅≫ 초
하루. ❸[いちにち/いちじつ] ☞ [音読]

一入[ひとしお] ①(염색할 때) 물감을 탄 물에 천을 한 번 담그기. ②〈副〉더욱. 한층 더. 한결.

一切れ[ひときれ] ①한 조각. ②약간. 조금.

一際[ひときわ] 한층 더. 유달리.

一組[ひとくみ/いちくみ] 한 조. 한 반(班).

一足❶[ひとあし] ①한 걸음. 한 발짝. ②아주 가까움. ❷[いっそく] (신·양말 등의) 한 켤레.

一重[ひとえ] ①한 겹. 외겹. 홑겹. ②홑꽃잎. ③(옷의) 홑것. 홑옷.

一撮み[ひとつまみ] ①(손끝으로) 한 번 집음. ②약간. ③(상대를) 손쉽게 이김. 간단히 해치움.

一寝入り[ひとねいり] 잠깐 잠. 한잠 잠.

一打ち[ひとうち] ①일격(一擊). 한 번 침. ②단번에 무찌름.

²**一通り**[ひととおり] ①(처음부터 끝까지) 대충. 대강. 한 차례. ②대충 필요한 만큼. ③보통. 웬만함.

一抱え[ひとかかえ] 한 아름.

一筆❶[ひとふで] ①(먹을 다시 안 묻히고) 단번에 씀. ②한 줄의 글. 간단히 씀. ❷[いっぴつ] ①같은 필적. ②(먹을 다시 안 묻히고) 단번에 씀. ③짧은 글. 간단히 씀. ④(토지 대장상의) 한 필지.

一荒れ[ひとあれ] ①한바탕 폭우가 몰아침. ②(시합·회의 등에서) 한바탕 파란이 일어남. ③(기분이 안 좋아) 남에게 한바탕 신경질을 부림.

一回り[ひとまわり] ①한 바퀴 돎. 일주(一周). ②(十二支에서) 12년. 12살. ③(능력·인품·크기·굵기 등에서) 단계를 나타내는 말로) 한 단계. 한 수.

²**一休み**[ひとやすみ] 잠깐 쉼.

⁴**一**[いち] ①하나. 1. ②첫째. 처음. 시초. ③최고. 으뜸. 최상.

²**一家❶**[いっか] 일가; ①한 집. 한 가정. 한 가족. ②(폭력배 등의) 특수한 조직. 일당. ③(학문·예술 등에서) 독자적인 한 유파. ❷[いっけ] ①일가; 한 집안. 친척. 동족. ②한 채의 집.

一角❶[いっかく] 일각; ①한 각. 한 모서리. ②한 구석. 한 모퉁이. ③한 개의 뿔. ④《動》일각고래. ❷[いっかど] 한층 뛰어남. ❸[ひとかど] ①하나의 사항·분야. ②한몫. 제구실. ③뛰어남. 상당함.

一刻[いっこく] 일각; ①짧은 시간. ②고집스러움. 완고함. ③성급하여 화를 잘 냄.

一介[いっかい] 일개; (보잘 것 없는) 한낱.

一個[いっこ] ①한 개. 1개. ②한 사람.

一個所[いっかしょ] 1개소; 한 군데.

一個月[いっかげつ] 1개월; 한 달.

¹**一概に**[いちがいに] 무조건. 덮어놓고. 일괄적으로. 통틀어.

¹**一挙に**[いっきょに] 일거에. 단 한 번에.

¹**一件**[いっけん] 일건; ①한 사람. 한 사항. ②그 건.

¹**一見**[いっけん] 일견; ①한 번 봄. ②언뜻 봄. 대충 봄.

一計[いっけい] 일계; 한 가지 계략.

一階[いっかい] ①(건물의) 1층. 단층. ②(관직의) 1계급.

一考[いっこう] 일고; 한 번 생각해 봄.

一顧[いっこ] 일고; 한 번 돌아봄. 한 번 돌이켜 봄.

一貫[いっかん] 일관; 처음부터 끝까지 하나의 방법으로 관철하는 것.

¹**一括**[いっかつ] 일괄; 하나로 묶음.

一群[いちぐん] 일군; 한 떼. 한 무리.

一級[いっきゅう] 1급; ①1등급. ②한 계급.

¹**一気に**[いっきに] 단숨에.

一騎打ち[いっきうち] (기마병의) 1대1 싸움.

一年❶[いちねん] 1년. 한 해. ❷[ひととせ] ①1년 간. 한 해. ②(이전의) 어느 해.

一年生[いちねんせい] ①(학교의) 1학년 학생. ②1년생 식물.

一念[いちねん] 일념; ①한결같은 생각. ②《仏》전심으로 염불함.

²**一旦**[いったん] 일단; ①한 번. ②당장. 우선. 잠시.

一団[いちだん] 일단; 한 떼. 한 무리.

一段[いちだん] 일단; ①(계단의) 한 계단. ②(문장의) 한 토막. ③'五十音図'의 가로 한 줄.

²**一段と**[いちだんと] 더욱. 한층. 훨씬.

一段落[いちだんらく] 일단락; 일의 한 계단이 끝남.

²**一端❶**[いったん] 일단; ①한쪽 끝. ②일부분. ❷[いっぱし] ①제 구실을 함. 어엿함. ②어엿하게. 남 못지않게. 남처럼. 남과 같이. ③제법.

一大事[いちだいじ] 일대사; ①큰 사건. 대사건. ②《仏》인연을 맺고 부처가 이 세상에 나옴.

一代[いちだい] 1대; ①국왕의 재위 기간. ②일생. 한평생. ③그 시대. 어떤 한 시대. 당대. ④제1대. 초대(初代).

一対[いっつい] 한 쌍. 한 벌.

¹一帯[いったい] 일대; ①어느 지역 전부. ②한 줄기.

一隊[いったい] 일대; 하나의 부대.

³一度❶[いちど] 한 번. 1회. ❷[ひとたび] ①한 번. 1회. ②〈副〉일단(一旦).

²一度に[いちどに] 한꺼번에. 한 번에.

一途❶[いちず] 외곬. 고지식함. 하나밖에 모름. ❷[いっと] ①하나의 수단·방법. ②오직 한 방향. 일로(一路).

一読[いちどく] 일독; 한 번 읽음.

¹一同[いちどう] 일동; 모두. 전원(全員).

一等[いっとう] ①가장. 제일. ②1등. 최상. 최고. ③한 등급.

一覧[いちらん] 일람; 한 번 쭉 훑어 봄.

一両日[いちりょうじつ] ①하루 이틀. ②금명간. 오늘과 내일.

¹一連❶[いちれん] 일련; ①관계있는 일의 한 연속. ②같이 있는 한 무리. 일행(一行). ③(종이의) 한 연. 전지 500매. ④(말린 생선 등을 줄로 묶은) 한 두릅. ⑤(律詩에서의) 한 쌍의 구(句). ❷[ひとつら] 일련; 한 줄. 할 줄로 섬.

一例[いちれい] 일례; 하나의 예.

一路[いちろ] 일로; ①(쭉 뻗은) 한 줄기의 길. ②(바둑에서) 어떤 돌의 하나 옆. ③〈副〉곧장. 곧바로.

²一流[いちりゅう] 1류; ①어떤 분야에서 첫째 감. ②(기예·학문 등의) 한 유파(流派). ③한 혈통. ④독특함. 특유함.

一輪[いちりん] 1륜; ①바퀴 하나. ②보름달. ③(꽃) 한 송이.

一輪挿し[いちりんざし] (한두 송이의 꽃을 꽂는) 작은 꽃병.

¹一律[いちりつ] 일률; 균등함.

一里[いちり] 1리; ①약 4km. ②하나의 촌락.

一里塚[いちりづか] 이정표(里程標). *전국의 가도(街道)에 약 4km마다 흙을 쌓아 팽나무 등을 심었음.

一利[いちり] 일리; 한 가지 이득.

一理[いちり] 일리; 하나의 이치.

一抹[いちまつ] 일말; 아주 조금. 약간.

一望❶[いちぼう] 일망; 한 번 쳐다봄. 한눈으로 훑어봄. ❷[いちもう] 유일한 희망. 하나뿐인 희망.

⁴一枚[いちまい] 1매; ①(종이·손수건 등의) 한 장. ②(논밭의) 한 구획. 한 뙈기. 한 배미. ③한 몫. ④한 단계.

一枚刷(り)[いちまいずり] 한 장의 종이에 인쇄함. 또는 그 인쇄물.

一脈[いちみゃく] 일맥; ①한 줄기. 한 가닥. ②조금. 약간.

¹一面[いちめん] 일면; ①한 면. 한 쪽. ②(사물의) 어떤 관점. ③(신문의) 첫 페이지. ④주변 일대. 어떤 장소 전체. 온통.

一名[いちめい] 일명; ①한 사람. ②별명. 다른 이름.

一命[いちめい] 일명; ①생명. 목숨. ②한 명령.

¹一目❶[いちもく] ①한쪽 눈. 외눈. ②슬쩍 봄. ③(바둑에서) 한 집. 돌 하나. ❷[ひとめ] ①첫눈. 한 번 봄. ②한눈에 다 봄.

一目散に[いちもくさんに] (곁눈질도 하지 않고) 곧장. 쏜살같이.

一文❶[いちぶん] 한 문장. 간단한 글. ❷[いちもん] ①엽전 한 닢. ②한 푼. 아주 적은 돈. ③글자 한 자.

一文無し[いちもんなし] 무일푼. 빈털터리.

一門[いちもん] 일문; ①일족(一族). 일가(一家). 한 집안. ②한 스승 밑의 제자들. 동학(同學). 동문(同門). ③대포 1문. ④《仏》같은 종파 사람.

一問[いちもん] 일문; 하나의 문제·질문.

一問一答[いちもんいっとう] 일문일답.

一味[いちみ] 일미; ①한 가지 맛. ②반찬 한 가지. ③(한약방의) 한 가지 약제. 1품. ④(같은 목적을 가진) 패거리. 동아리. 일당.

²一泊[いっぱく] 일박; 하룻밤 묵음.

²一般[いっぱん] 일반; ①전반(全般). 보편(普遍). ②보통. ③마찬가지. 매일반.

²一方❷[いっぽう] ①한 방향. ②한쪽. ③(사물의) 한 면. 다른 관점. ④오로지 …뿐임. 오로지 …만 함. ⑤…하는 한편. ⑥〈接〉한편. 다른 한편에서는. ❸[ひとかた] ☞ [訓読]

一方的[いっぽうてき] 일방적; ①한쪽으로 치우침. ②편파적임.

⁴一杯[いっぱい] 일 배; ①한 잔. 한 그릇. ②(가볍게) 술을 한잔함. ③(오징어·문어·게 등의) 한 마리. ④(배) 한 척. ⑤(그릇·장소 등에) 가득 참. 가득 많음. ⑥빠듯함. ⑦…껏.

一番❶[いちばん] 1번; ①첫째. 으뜸. 맨 처음. ②일등. 으뜸. 제일. ③최상. 상책. ④(바둑・장기・씨름에서) 한 판. 단판. ⑤한 쌍. 한 조(組). ⑥〈歌舞伎(かぶき)・謡曲(ようきょく) 등을 세는 말로) 한 곡. ⑦가장. 맨. ⑧〈副〉 우선. 시험 삼아. ❷[ひとつがい] (암수) 한 쌍.

一番目[いちばんめ] 첫 번째.

一番乗り[いちばんのり] ①맨 먼저 적진에 쳐들어감. ②(어떤 곳에) 맨 먼저 도착함. 또는 그런 사람.

一番煎じ[いちばんせんじ] 처음 달인 약・차.

一法[いっぽう] 한 방법. 한 가지 수단.

一辺[いっぺん] 일변; ①하나의 변. ②한편. 한쪽.

一辺倒[いっぺんとう] 일변도; 한쪽으로만 치우침.

¹一変[いっぺん] 일변; 완전히 바뀜.

¹一別以来[いちべついらい] 작별한 이후.

一服[いっぷく] ①(1회분의) 가루약 한 봉지. ②(차・약의) 한 모금. ③(담배의) 한 모금. ④잠깐의 휴식. ⑤(시세가) 보합세임.

⁴一本[いっぽん] ①(가늘고 긴 물건의) 한 자루. 한 가락. 한 그루. ②(검도나 유도에서) 한 판 이김. ③어떤 책. ④술 한 병. ⑤일정한 수준에 달한 기생. ⑥(전화・편지 등의) 한 통. ⑦(도박・축의금에서) 1만 엔 한 장. ⑧한결같음.

一本気[いっぽんぎ] 외곬임. 기질이 곧음.

一本立ち[いっぽんだち] ①(나무 등이) 외따로 서 있음. ②독립. 자립.

一本化[いっぽんか] 일원화(一元化).

²一部[いちぶ] 일부; ①(책의) 한 권. ②한 질. 한 벌. ③일부분. ④(대학에서) 주간부(昼間部).

¹一部分[いちぶぶん] 일부분; 일부.

一事[いちじ] 일사; 한 가지 일.

一散に[いっさんに] 한눈팔지 않고. 곧장. 곧바로. 쏜살같이.

²一生[いっしょう] 일생; ①평생. 한 평생. ②겨우 살아남.

³一生懸命[いっしょうけんめい] (목숨을 걸고) 아주 열심임.

⁴一緒[いっしょ] ①(행동을) 함께 함. 같이 함. ②(함께) 합침. ③같음. 마찬가지임. ④동행함.

⁴一緒に[いっしょに] 함께. 같이.

一席[いっせき] ①한 모임. 한 자리. ②(연설・만담 등의) 1회. 한 차례. 한 바탕. ③(석차에서) 1등. 수석. 첫째.

一線[いっせん] 일선; ①한 선. 한 줄. ②분명한 구별. 뚜렷한 구분. 한계. ③제1선. 최전선.

一説[いっせつ] 일설; ①한 가지 주장. ②다른 주장.

一世❶[いっせい] 일세; ①일생. 한 평생. ②일대(一代). 한 통치 기간. ③한 시대. 당대(当代). ④제1대. 초대. ⑤(이민의) 첫대 사람. ❷[いっせ] 《仏》 ①현세. ②과거・현재・미래의 3세 중의 하나. ③일생. 한 평생.

一世紀[いっせいき] 1세기.

一所懸命[いっしょけんめい] (목숨을 걸고) 아주 열심임.

一掃[いっそう] 일소; 말끔히 쓸어 버림.

一笑[いっしょう] 일소; ①한 번 웃음. ②하나의 웃음거리.

一手❶[いって] ①독점. 도맡아 함. ②(바둑・장기에서) 한 수. ③가장 유리한 방법. 한 가지 수. ❷[ひとて] ①한 손. 한 쪽 손. ②독점. 도맡아 함. ③(바둑・장기에서) 한 수. 한 조(組). 한 무리. ⑤한 종류.

一首[いっしゅ] (詩歌의) 한 수.

一睡[いっすい] 한잠. 한잠 잠.

一巡[いちじゅん] 일순; 한 바퀴 돎.

²一瞬[いっしゅん] 일순; ①한 순간. ②금세. 금방. 순식간에.

⁴一時❶[いちじ] ①(시계의) 1시. ②한때. 그 당시. ③임시 그때만. ④한동안. 잠시. ⑤동시. 한꺼번에. ❷[いちどき] 일시; 동시. 한꺼번에. ❸[いっとき] ①옛날 시각으로 지금의 2시간. ②잠시. ③(과거의) 한때. ④동시. 한꺼번에. ❹[ひととき] ①잠시. 잠깐. 한동안. ②(과거의) 한때. 어느 때.

一時逃れ[いちじのがれ] 임시 모면.

一時払い[いちじばらい] 일시불.

一視同仁[いっしどうじん] 일시 동인; 모든 사람을 차별하지 않고 평등하게 사랑함.

一式[いっしき] 일식; 필요한 것 한 벌. 관련된 것 모두.

一食[いっしょく] 일식; 한 끼의 식사.

一身[いっしん] 일신; 한 몸. 자기 자신.

一新[いっしん] 일신; 새롭게 함.

¹一心[いっしん] 일심; ①일치된 마음. 한마음. ②오직 열심임.

—心同体[いっしんどうたい] 일심동체.

—心不乱[いっしんふらん] 한마음으로 골몰함.

—夜[いちや/ひとよ] 일야; ①하룻밤. ②어느 날 밤.

—夜作り[いちやづくり] ①하룻밤 사이에 만듦. ②벼락치기로 만듦.

—夜漬(け)[いちやづけ] ①담근 지 하루 만에 먹는 김치. ②벼락치기.

—躍[いちやく] 일약; ①한 번 뜀. ②단숨에 오름.

¹—様❶[いちよう] ①똑같음. 한결같음. ②보통임. 평범함. ❷[ひとよう] 동일함.

—言居士[いちげんこじ] 일언거사; 말참견을 안 하고는 못 배기는 사람. ＊약간 경멸의 뜻이 포함됨.

—芸[いちげい] 일예; 한 가지 기예.

¹—円[いちえん] ①(화폐 단위의) 1엔. ②(어떤) 지역의 전체 일대. ③《古》(부정문에서) 조금도. 전혀. 도무지.

—員[いちいん] 일원; 구성원의 한 사람.

⁴—月❶[いちがつ] 정월. 1월. January. ❷[ひとつき] 한 달. 1개월.

²—応[いちおう] ①일단. 우선은. 어쨌거나. ②한 번. 한 차례.

—翼[いちよく] 일익; ①한쪽 날개. ②한 역할. 한 임무.

—人前❶[いちにんまえ] ①1인분. 한 사람 몫. ②(능력・솜씨 등이) 제몫을 할 만함. 어엿함. ③어른과 같은 능력・자격을 가짐. 자립할 만함. 성인임. ❷[ひとりまえ] ①1인분. 한 사람 몫. ②어른과 같은 능력・자격을 가짐. 자립할 만함. 성인임.

——[いちいち] 일일이. 하나하나. 낱낱이. 모두. 빠짐없이.

⁴—日❶[いちにち] ①(24시간의) 하루. ②종일. ③단시일. 아주 짧은 시일. ❷[いちじつ] ①하루. ②(그 달의) 초하루. ③어느 날. ❸[ついたち/ひとひ] ☞ [訓読]

—日千秋[いちにちせんしゅう/いちにちせん しゅう] 일일 여삼추; 하루가 천년 같음.

—任[いちにん] 일임; 전적으로 맡김.

²—昨年[いっさくねん/おととし] 재작년.

²—昨日[いっさくじつ/おととい] 그저께.

—場[いちじょう] ①한 장면. 한 바탕. 한 차례. ②한 자리. ③단 한 번. 그때뿐.

—張羅[いっちょうら] 단벌 옷. 단 한 벌의 나들이 옷.

—再ならず[いっさいならず] 종종.

—滴[いってき/ひとしずく] 한 방울.

—転[いってん] 일전; ①1회전(一回転). ②일변(一変)함. 완전히 바뀜.

—転語[いってんご] 《仏》 일전어.

—戦[いっせん/ひといくさ] 일전; ①한바탕의 싸움. ②한 차례의 싸움.

¹—切[いっさい] ①일절; 모두. 전부. ②(부정문에서) 전혀. 전연.

—切合切[いっさいがっさい] 전부. 남김없이. 모조리. 죄다.

—節[いっせつ] ①(문장의) 한 구절. ②(악곡의) 한 악절. ❷[ひとふし] ①(대나무 등의) 한 마디. 또는 두 마디의 사이. ②한 가지 독특한 점. ③(음악이나 시의) 한 절.

—点張り[いってんばり] 외곬. 일변도(一辺倒). 한 가지만으로 일관함.

—丁[いっちょう] ①(날붙이・총・괭이 등의) 한 자루. ②(음식점에서) 1인분. ③(두부 등의) 한 모. ④(시합에서) 한 판. 한 번. ⑤(거리의 단위로) 약 109m. 1정(町).

—丁目[いっちょうめ] 1가(街). ＊시가지 구분의 하나임.

²—定❶[いってい] 일정; 정해져 있음. ❷[いちじょう] 《古》 ①꼭. 틀림없이. 반드시. ②확실함. 정해진 것.

²—斉に[いっせいに] 일제히. 한꺼번에.

—条[いちじょう] 한 가닥. 한 줄기.

—助[いちじょ] 일조; 약간의 도움.

—足❶[いっそく] (신・양말 등의) 한 켤레. ❷[ひとあし] ①한 걸음. 한 발짝. ②아주 가까움.

—足飛び[いっそくとび] ①두 발을 모아 뛰기. ②일약(一躍). ③단숨에.

—族[いちぞく] 일족; 동족(同族).

—存[いちぞん] 혼자만의 생각・판단.

²—種[いっしゅ] 일종; ①한 종류. ②…에 가까운. ③《副》 어딘지. 어쩐지. 뭔가.

—座[いちざ] ①좌중(座中). ②동석(同席). ③연예인의 일단. ④한 자리. 일장(一場). ⑤《仏》(불상 등의) 1기(基). ⑥《古》상좌. 제일 윗자리.

—周[いっしゅう] 일주; 한 바퀴 돎.

⁴—週間[いっしゅうかん] 1주간; 7일간.

—直線[いっちょくせん] 일직선; ①한 직선. ②똑바름.

一次[いちじ] 1차; 최초의. 첫 번째의.
一着[いっちゃく] 1착; ①(달리기에서) 1등. ②(옷) 한 벌. ③옷을 입음. ④(바둑에서) 한 수.
一冊[いっさつ] 책 한 권. 한 권의 책.
一策[いっさく] 일책; 하나의 계책.
²一体[いったい] ①일체; 한 몸. ②(불상·조각품을 세는 단위로) 일좌(一座). ③하나의 스타일·체제. ④〈副〉도대체. 대관절. ⑤〈副〉본래. 원래. 애당초.
一寸❶[いっすん] 일촌; ①(길이의 단위) 한 치. ②(거리·시간에) 매우 짧음. ❷[ちょっと] 잠깐. 잠시.
²一層[いっそう] ①더욱. 한층 더. 더욱 더. ②단층. 한 층. ③첫 층. 제1층.
²一致[いっち] 일치; 하나가 됨.
一統[いっとう] ①전체. ②통일.
一通[いっつう] (편지·문서의) 한 통.
一片[いっぺん] ①한 장. ②한 조각. ③약간. 조금. ❷[ひとひら] 한 장. 한 조각.
一遍に[いっぺんに] 한꺼번에. 한번에.
一幅[いっぷく] (서화·족자 등의) 한 폭.
一匹[いっぴき] ①(짐승·벌레·물고기 등의) 한 마리. ②(비단) 두 필. 약 21.2m.
一筆❶[いっぴつ] ①같은 필적. ②(먹을 다시 안 묻히고) 단번에 씀. ③짧은 글. 간단히 씀. ④(토지 대장상의) 한 필지. ❷[ひとふで] ①(먹을 다시 안 묻히고) 단번에 씀. ②한 줄의 글. 간단히 씀.
一割(り)[いちわり] 1할; 10분의 1. 10%.
一行❶[いちぎょう] (문장의) 한 줄. 1행. ❷[いっこう] ①일행; 동행자들. ②한 가지 행동. ❸[ひとくだり] ①(문장의) 한 줄. 1행. ②(문장의) 한 부분. ③사물의 일부분. 한 건.
一向[いっこう] ①오로지. 외곬으로. ②매우. 아주. 완전히. ③(부정문에서) 전혀. 조금도.
一軒[いっけん] (집) 한 채. 한 집.
一戸建て[いっこだて] 단독 주택.
一丸[いちがん] 일환; ①하나의 탄환. ②한 덩어리.
一回[いっかい] 1회; ①한 번. ②한 바퀴 돎. ③한 회.
一会[いちえ] 일회; ①하나의 모임. ②한 번 만남.
一画[いっかく] 1획; ①(漢字의) 한 획. ②(땅·구역의) 한 구획.

日   날/해 일

丨 冂 日 日

音 ●ニチ ●ジツ
訓 ●ひ ●か

訓読
⁴●日❶[ひ] ①해. 태양. ②햇볕. 햇살. 햇빛. ③낮. ④하루. 날. ⑤날수. 날짜. ⑥기한. 기일. ⑦날씨. ⑧시절. ⑨그 날의 운수. ❷[にち] ☞ [音読]
日脚[ひあし] ①태양이 움직이는 속도. ②낮 시간.
¹日頃[ひごろ] ①평소. 평상시. ②요즘.
日掛(け)[ひがけ] 일부(日賦). 일수.
²日帰り[ひがえり] 당일치기 왕복. 당일로 다녀옴.
²日当(た)り[ひあたり] ①볕이 듦. 볕이 드는 정도. ②양달. 양지바른 곳.
日毎[ひごと] 매일. 날마다.
日の暮れ[ひのくれ] 해질 녘. 저녁때.
日暮れ[ひぐれ] 황혼. 해질 녘.
²日歩[ひぶ] 일변. 하루의 이자.
²日付[ひづけ] 일부; 날짜.
日傘[ひがさ] 양산.
日盛り[ひざかり] 햇볕이 가장 세게 내려쬐는 시각. 한낮. 대낮.
¹日焼け[ひやけ] ①햇볕에 탐. ②가뭄으로 물이 마름.
日延べ[ひのべ] ①연기(延期). ②연장(延長).
日永[ひなが] (봄의) 낮이 긺. 긴 낮 동안.
日影[ひかげ] ①햇빛. 햇살. ②(해가 있는) 낮.
日傭い[ひやとい] 일용; 날품팔이.
¹日陰[ひかげ] 응달. 그늘.
日日❶[ひにち] ①날 수. 일수. ②날. 날짜. 기일(期日). ❷[ひび/にちにち] 나날. 매일. 하루하루.
²日の入り[ひのいり] 일몰(日没). 해가 짐.
日除け[ひよけ] ①해가리개. 차양(遮陽). 챙. ②양산.
日照り[ひでり] ①햇볕이 쬠. ②가뭄. ③필요한 것이 부족함.
日中❶[ひなか] ①낮. 낮 동안. ②한 나절. ❷[にっちゅう] ①주간. 대낮. ②한낮. 정오(正午). ③일본과 중국.
日増しに[ひましに] 날이 갈수록.
日差し[ひざし] 햇살. 햇볕이 쬠.

²日の出[ひので] 일출; 해돋이.
¹日取り[ひどり] 택일(擇日). 날짜를 정함. 정한 날짜.
¹日向[ひなた] ①양지(陽地). 양달. ②풍족한 환경.
日和[ひより] ①날씨. ②갠 날씨. 좋은 날씨. ③형편. 추세.
日和見[ひよりみ] ①날씨의 예측. ②기회를 엿봄. 형세를 관망함.
¹日の丸[ひのまる] ①태양을 상징한 붉은 원. ②일본 국기. 일장기(日章旗).

【音読】
²●日❶[にち] ①'日本'의 준말. ②'日曜日'의 준말. ❷[ひ] ☞【訓読】
日刊[にっかん] 일간; ①날마다 간행함. ②일간 신문.
日系[にっけい] 일계; 일본인 혈통.
²日課[にっか] 일과; 매일 규칙적으로 하는 일정한 일.
²日光[にっこう] ①일광; 햇빛. ②栃木県(とちぎけん)의 관광 명소.
日給[にっきゅう] 일급; 하루의 급료.
³日記[にっき] 일기; 그 날에 있었던 일이나 느낌을 매일 적어 두는 것.
日没[にちぼつ] 일몰; 해가 짐. 해넘이.
日米[にちべい] 일미; 일본과 미국.
日報[にっぽう] 일보; ①매일 작성하는 업무상의 보고. ②매일 보도되는 신문 등의 인쇄물.
²日本[にほん/にっぽん] 일본.
日産[にっさん] 일산; 하루 생산량.
²日常[にちじょう] 일상; 평소.
日数[にっすう] 일수; 날수. 날짜 수.
²日時[にちじ] 일시; ①날짜와 시각. ②날수와 시간. 시일. 세월.
日食[にっしょく] ≪天≫ 일식(日蝕).
¹日夜[にちや] ①낮과 밤. 밤낮. ②밤낮. 늘.
¹日英[にちえい] 일영; 일본과 영국.
⁴日曜[にちよう] '日曜日(にちようび)'의 준말.
⁴日曜日[にちようび] 일요일.
²日用品[にちようひん] 일용품.
日月[じつげつ] 일월; ①해와 달. ②세월. ❷[にちげつ] 세월.
日日❶[にちにち/ひび] 나날. 매일. 하루하루. ❷[ひにち] ①날 수. 일수. ②날. 날짜. 기일(期日).
日章旗[にっしょうき] 일장기; 일본 국기.
²日程[にってい] 일정; 매일의 스케줄.

²日中❶[にっちゅう] ①주간. 대낮. ②한낮. 정오(正午). ③일본과 중국. ❷[ひなか] ①낮. 낮 동안. ②한 나절.
日誌[にっし] 일지; 직무상의 기록.
日直[にっちょく] 일직; ①그날그날의 당직. ②주간 당직.

壱 (壹) 한 일
一 𠀀 𡗗 𡗗 声 声 声 壱

【音】●イチ
【訓】一

【音読】
²壱[いち] 1. 셈할 때의 첫째 수.

逸 (逸) 숨을/달아날 일
⺍ ⺅ 𠂉 𠂤 𠂤 免 免 免 逸 逸

【音】●イツ ○イチ
【訓】⊗そらす ⊗はやる ⊗それる ⊗はぐれる

【訓読】
⊗逸らす[そらす]〈五他〉①놓치다. ②(딴 데로) 돌리다. 빗나가게 하다. ③(기분을) 상하게 하다.
⊗逸る[はやる]〈五自〉①날뛰다. ②조급해지다. 초조해지다.
²⊗逸れる❶[それる]〈下1自〉①빗나가다. 벗어나다. ②가락이 안 맞다.
⊗逸れる❷[はぐれる]〈下1自〉(일행을) 놓치다.
【音読】
逸する[いっする]〈サ変他〉①놓치다. 잃다. ②일탈(逸脱)하다. 벗어나다. ③분실하다. 빠뜨리다.
逸脱[いつだつ] 일탈; ①빗나감. 벗어남. ②빠뜨림. 빠짐. 누락됨.
逸品[いっぴん] 일품; 걸작품.
逸話[いつわ] 일화; 에피소드.

溢 ˣ(溢) 넘칠 일　【音】⊗イツ　【訓】⊗あふれる

【訓読】
²⊗溢れる[あふれる]〈下1自〉①(가득 차서) 넘쳐흐르다. ②(넘칠 만큼) 가득 차다.

[임]

任　맡길 임

ノ　イ　仁　仁　仟　任

音 ●ニン
訓 ●まかす　●まかせる

訓読
¹●任す[まかす] 〈5他〉 ①(남에게) 맡기다. 위임하다. ②…을 기회로 삼다. 있는 대로 …하다.
²●任せる[まかせる] 〈下1他〉 ①맡기다. 위임하다. ②힘껏 …하다. 있는 대로 …하다. ③되는 대로 내버려 두다.

音読
任じる[にんじる] 〈上1自他〉 ☞ 任ずる
任ずる[にんずる] 〈サ変自〉 ①책임지다. 떠맡다. 임하다. ②…인 체하다. 〈サ変他〉 ①임명하다. ②맡기다. 맡게 하다.
任官[にんかん] 임관; 관직에 임명됨.
任国[にんごく] 임국; (대사·공사·영사로서) 임명을 받고 부임하는 나라.
任期[にんき] 임기; 임무를 맡아 보고 있는 일정한 기한.
任免[にんめん] 임면; 임명과 면직.
¹任命[にんめい] 임명; 직무를 맡김.
¹任務[にんむ] 임무; 맡은 직무.
任用[にんよう] 임용; 직무를 맡겨 등용시킴.
任意[にんい] 임의; 생각에 맡김.
任地[にんち] 임지; 부임하는 지방.

妊　임신할 임

く　く　女　女　奸　妊　妊

音 ●ニン
訓 ⊗みごもる

訓読
⊗妊る[みごもる] 〈5自他〉 임신하다.

音読
¹妊婦[にんぷ] 임부; 임신한 부인.
妊産婦[にんさんぷ] 임산부; 임신(妊娠)한 부인과 해산(解産)한 부인.
¹妊娠[にんしん] 임신; 아이를 뱀.

賃　품삯 임

ノ　イ　仁　仁　仟　任　任　侟　佯　賃　賃

音 ●チン
訓 ―

音読
賃[ちん] 삯. 품삯. 요금.
¹賃金[ちんぎん] 임금; 품삯. 노임.
賃貸[ちんたい] 임대; 세를 받고 빌려줌.
賃貸し[ちんがし] 임대; 남에게 세를 받고 빌려줌.
賃上げ[ちんあげ] 임금 인상.
賃銀[ちんぎん] 임금; 품삯. 노임.
賃借[ちんしゃく] 임차; 사용료를 주고 빌림.
賃借り[ちんがり] 임차; 세냄. 사용료를 주고 빌림.

壬　아홉째천간 임

音 ⊗ジン
訓 ⊗みずのえ　⊗み

訓読
⊗壬[みずのえ] 십간(十干)의 아홉째. 오행(五行)으로는 수(水).

音読
壬申[じんしん] 임신; 육십갑자(六十甲子)의 아홉째.

[입]

入　들 입

ノ　入

音 ●ニュウ　⊗ジュ
訓 ●はいる　●いる　●いれる

訓読
⁴●入る[はいる] 〈5自〉 ①(어떤 공간 속으로) 들어가다. 들어오다. ②(조직에) 들어가다. ③(자기의 소유·관리로) 들어오다. ④(어떤 시즌·시기에) 접어들다. ⑤(다른 물질이) 들어가다. ⑥(손질이) 가해지다. ⑦(어떤 시설이) 가설되다. 통하다.
²●入る[いる] 〈5自〉 ①(어떤 공간 속으로) 들어가다. 들어오다. ②(어떤 상태·경지에) 이르다. ③(조직에) 몸담다. ④숨다.

入り[いり] ①용적(容積). 들이. ②입장객
수. 참석자 수. ③수입. ④비용. ⑤(해·
달이) 짐. ⑥(어떤 시즌의) 첫날. ⑦(어떤
곳으로) 들어감. 들기. ⑧포함되어 있음.
入(り)江[いりえ] (호수나 바다가 육지 깊숙
이 파고 든 곳으로) 후미. 작은 만.
入り交じる[いりまじる] 〈5自〉 뒤섞이다.
한데 섞이다.
⁴入(り)口[いりぐち] ①입구; 들어가는 곳.
②시작. 처음.
入り乱れる[いりみだれる] 〈下1自〉 헝클어지
다. 뒤엉키다. 뒤범벅되다.
入母屋[いりもや] ≪建≫ 팔작집 지붕.
入(り)用[いりよう] ①(금품 등이) 필요함.
②(필요한) 경비. 비용.
入(り)日[いりひ] 지는 해. 석양.
入り込む❶[はいりこむ] 〈5自〉 (깊숙이) 파
고들다. (안으로) 들어오다. 들어가다. ❷
[いりこむ] 〈5自〉 ①(몰래) 숨어들다. 잠
입하다. ②밀치고 들어가다. 파고들다.
③뒤섞이다. 복잡하게 얽히다. 붐비다.
入り組む[いりくむ] 〈5自〉 (사물이) 뒤얽히
다. 복잡해지다. 헝클어지다. 말썽이 나다.
入(り)海[いりうみ] 만(湾). 내해(内海).
入会権[いりあいけん] 입회권; 공동 작업으
로 수익을 올리는 권리.
⁴●入れる[いれる] 〈下1他〉 ①(어떤 공간 안
으로) 넣다. 들어가게 하다. 들이다. 집
어넣다. ②넣다. 수용하다. ③(단체에)
넣다. ④투표하다. ⑤(정성·힘을) 쏟다.
⑥(차를) 끓이다. 달이다. ⑦포함하다.
⑧박다. 끼우다. 넣다. ⑨손질하다. ⑩지
불하다. ⑪(요구를) 받아들이다. ⑫(전화
를) 걸다. ⑬(스위치를) 넣다.
入れ[いれ] 물건을 담는 그릇. 용기(容器).
상자.
入れ墨[いれずみ] 문신(文身). 먹물뜨기.
⁴入れ物[いれもの] 그릇. 용기(容器).
入れ揚げる[いれあげる] 〈下1他〉 (좋아하는
일·취미·사람에게) 돈을 많이 쏟아 붓
다. 돈을 털어 바치다. 돈을 처넣다.
入れ違い[いれちがい] (드나드는 데) 엇갈림.
入れ違える[いれちがえる] 〈下1他〉 잘못 넣
다. 엉뚱한 것을 집어넣다.
入(れ)知恵[いれぢえ] ①(남이) 일러준 꾀.
②(남에게) 꾀를 일러줌.
入れ替える[いれかえる] 〈下1他〉 ①교체하
다. 바꿔 넣다. ②옮겨 넣다. ③바꾸다.

入れ歯[いれば] ①의치(義歯). 틀니. ②왜나
막신의 굽을 갊.
入(れ)換え[いれかえ] ①교체함. 바꿔 넣음.
②교대. 교체. 대체. ③교차(交叉). ④(열
차 등의) 입환(入換).

音読
入閣[にゅうかく] 입각; 내각의 한 사람이 됨.
入坑[にゅうこう] 입갱; 갱도 속에 들어감.
入居[にゅうきょ] 입거; 입주(入住).
入居者[にゅうきょしゃ] 입주자(入住者).
入庫[にゅうこ] 입고; (물건을) 창고에 넣음.
(자동차 등을) 차고에 넣음.
入国[にゅうこく] 입국; ①다른 나라에 들
어감. 자기 나라로 들어옴. ②(옛날) 영주
(領主)가 처음으로 자기 영토에 들어감.
入金[にゅうきん] 입금; ①돈이 들어옴.
②돈을 은행에 입금시킴. ③내입금(内入
金)을 치름.
入念[にゅうねん] 공을 들임. 정성들임.
入団[にゅうだん] 입단; 어떤 단체에 가입함.
入党[にゅうとう] 입당; 어떤 정당에 가입함.
入隊[にゅうたい] 입대; 군대에 들어감.
入力[にゅうりょく] 입력; ①(컴퓨터에서)
처리할 정보를 넣음. ②기계·기구 등에
주어지는 힘. ③(일을 진행시키기 위해)
조직체 안에 투입하는 인력.
入寮[にゅうりょう] 입료; 기숙사에 들어감.
入門[にゅうもん] 입문; ①문 안으로 들어
감. ②스승을 찾아 제자가 됨. ③배우기
시작함.
入部[にゅうぶ] 입부; (문예부·야구부 등
의) 부원이 됨.
入費[にゅうひ] 입비; 비용.
²入社[にゅうしゃ] 입사; 회사에 취직함.
¹入賞[にゅうしょう] 입상; 상을 타게 됨.
入選[にゅうせん] 입선; 당선됨. 선출됨.
入所[にゅうしょ] 입소; ①연구소·재판소
등에 직원으로 들어감. ②교도소에 들어
가 복역함.
¹入手[にゅうしゅ] 입수; 손에 넣음.
入営[にゅうえい] 입영; 군대에 들어감.
¹入浴[にゅうよく] 입욕; 목욕탕에 들어감.
목욕을 함.
入用[にゅうよう] ①소용됨. 필요함. ②(필
요한) 비용. 경비.
³入院[にゅういん] 입원; ①병원에 환자로서
들어감. ②중이 절에 들어가 주지(住持)
가 됨.

²入場[にゅうじょう] 입장; 어떤 장소로 들어감.

入籍[にゅうせき] 입적; 호적에 올림.

入札[にゅうさつ] 입찰; 일의 도급이나 물건의 매매 계약을 위해 희망자에게 예정 가격을 써 내게 하는 일.

入湯[にゅうとう] 입탕; 목욕탕에 들어감. 온천에 들어감.

入荷[にゅうか] 입하; 물건이 들어옴.

³入学[にゅうがく] 입학; 학교에 들어감.

入港[にゅうこう] 입항; 배가 항구로 들어옴.

入会❶[にゅうかい] 입회; (어떤) 회에 가입함. **❷**[いりあい] (일정 지역의 주민들이) 공동작업으로 수익을 올림.

込(込) 담을 입

丶 入 込 込 込

音 ―

訓 ●こむ ●こめる

訓読

²●込む[こむ] 〈5自〉 ①(사람·물건이) 꽉 들어차다. 복작거리다. 붐비다. 혼잡하다. ②복잡하고 정밀하다. 정교하다.

込み[こみ] ①(한 곳으로) 몰아침. 도거리. ②…을 포함하여. ③(감량을 예상하여) 가마니에 추가로 넣는 쌀. ④(바둑에서) 덤. 공제. ⑤(꽃꽂이에서) 받침대.

込み入る[こみいる] 〈5自〉 ①(많은 사람이) 억지로 들어가다. 난입(乱入)하다. ②(사건 등이) 복잡하게 얽히다. 뒤얽히다. 얽히고설키다. ③복잡하고 정밀하다. 정교하다.

込み合う[こみあう] 〈5自〉 (사람이) 꽉 들어차다. 복작거리다. 붐비다. 혼잡하다.

²●込める[こめる] 〈F1他〉 ①(총알을) 재다. 속에 넣다. ②집중시키다. ③합치다. 포함시키다.

[**잉**]

剰(剰) 남을 잉

一 二 三 手 手 丢 乗 乗 乗 剰

音 ●ジョウ

訓 ⊗あまつさえ

音読

剰費[じょうひ] 잉비; 헛된 비용. 쓸데없는 비용.

剰語[じょうご] 잉어; 군말. 쓸데없는 말.

剰余[じょうよ] 잉여; 여분. 나머지.

剰余金[じょうよきん] 잉여금.

剰余物資[じょうよぶっし] 잉여 물자.

剰員[じょういん] 잉원; 과잉 인원. 남아도는 인원. 나머지 인원.

孕 잉태할 잉 　　**音** ⊗ヨウ　**訓** ⊗はらむ

訓読

⊗**孕む**[はらむ] 〈5他〉 ①잉태하다. 임신하다. 새끼를 배다. ②(식물이) 알배다. 이삭이 패려고 통통해지다. ③포함하다. 내포하다. 품다. 싸안다.

孕み女[はらみおんな] 임신부. 아이 밴 여자.

孕み子[はらみご] 태아(胎児).

［ 자 ］

子　아들 자

マ 了 子

音 ●シ ●ス
訓 ●こ

訓読
⁴●子[こ] ①자식. ②아이. ③소녀. 젊은 여자.
　④(동물의) 새끼. ⑤(식물의) 순. 새순. ⑥
　기생. ⑦(물고기의) 알. ⑧이자(利子).
子犬[こいぬ] ①작은 개. ②강아지.
⁴子供[こども] ①어린이. 아이. ②자식. 자녀.
　아이. ③(언어·행동이) 유치함.
子豚[こぶた] 새끼 돼지. 돼지 새끼.
子馬[こうま] ①망아지. ②조랑말.
子猫[こねこ] ①작은 고양이. ②고양이 새
　끼. 새끼 고양이.
子煩悩[こぼんのう] 자식을 끔찍하게 사랑함.
子福者[こぶくしゃ] 자식 부자. (좋은) 자녀
　를 많이 두어 행복한 사람.
子分[こぶん] ①(불량배 사회에서의) 부하.
　②양자. 수양아들.
子飼(い)[こがい] ①새끼 때부터 기름. ②어
　릴 때부터 보살펴 기름.
子守[こもり] 아이를 봄. 아이 보는 사람.
子役[こやく] (연극·영화에서의) 아역(児
　役). 어린이 역(役).
子牛[こうし] 송아지.
子株[こかぶ] (증권거래에서) 신주(新株).
子中[こなか] ☞ 子仲(こなか)
子仲[こなか] 자식이 있는 부부 사이. 자녀
　가 있는 부부.
子持(ち)[こもち] ①아이가 딸림. 아이가 딸
　린 여자. ②(생선의) 알배기. ③대(大)·
　소(小) 한 세트.
子会社[こがいしゃ] 자회사; 방계 회사.

音読
子宮[しきゅう] ≪生理≫ 자궁; 아기집.
子女[しじょ] 자녀; ①아들과 딸. ②여자.
　여식(女息).
子細[しさい] ①(자세한) 사정. 자초지종.
　경위. ②(부정문에서) 할 말. 지장(支障).
²子孫[しそん] 자손; 후손.
¹子息[しそく] 자식; 자제(子弟). ＊남의 자
　식에 대해 하는 말임.

字　글자 자

ハ 宀 宀 宀 字 字

音 ●ジ
訓 ●あざ ⊗あざな

訓読
●字❶[あざ] ‘町(ちょう)’나 ‘村(そん)’보다 작
　은 행적 구획. ＊한국의 ‘리(里)’에 해당
　하며 ‘大字(おおあざ)’와 ‘小字(こあざ)’의 구별
　이 있음.
⊗字❷[あざな] 자(字); 본명 외에 따로 부르
　는 이름.

音読
³字[じ] ①글자. 문자. ②글씨. 필적.
字句[じく] 자구; 글자와 어구(語句).
字幕[じまく] (영화의) 자막; (영화의) 표
　제·설명·배역을 글자로 나타낸 것.
字配り[じくばり] 배자. 글자의 배치.
字書[じしょ] 자서; ①자전(字典). ②어학
　사전.
字義[じぎ] 자의; 한자(漢字)의 뜻.
字音[じおん] 자음; 일본화한 한자음(漢字音).
⁴字引[じびき] ①옥편(玉篇). 자전(字典). ②사
　전(辞典). 사서(辞書).
¹字体[じたい] 자체; 글자 모양.
字画[じかく] 자획; 한자(漢字)의 획수.
字訓[じくん] 자훈; 한자(漢字)의 훈독.
字詰(め)[じづめ] (원고지·인쇄물 등의) 글
　자 수.

自　스스로 자

ハ 亻 白 白 自 自

音 ●ジ ●シ
訓 ●みずから ⊗おのずから ⊗おのずと

訓読
²●自ら[みずから] ①자기 자신. 자신. 스스로.
　②〈副〉 몸소. 스스로. 손수.
¹⊗自ずから[おのずから] 〈副〉 ①저절로. 자
　연히. ②≪古≫ 몸소. 스스로.
⊗自ずと[おのずと] 〈副〉 저절로. 자연히.

音読
自家[じか] 자가; ①자기 집. ②자기 자신.
¹自覚[じかく] 자각; ①스스로 깨달음. ②스
　스로 느낌.

自決[じけつ] 자결; ①스스로 결정하고 처리함. ②자살함.

自警[じけい] 자경; ①주변을 스스로 경계함. ②스스로 경계하고 삼감.

自供[じきょう] 스스로 자백(自白)함.

自国語[じこくご] 자국어; 자기 나라 말.

自給[じきゅう] 자급; 필요한 것을 자기 힘으로 마련해서 씀.

¹**自己紹介**[じこしょうかい] 자기 소개.

¹**自動**[じどう] 자동; 스스로 움직임.

¹**自動詞**[じどうし] 자동사.

⁴**自動車**[じどうしゃ] 자동차.

自得[じとく] 자득; ①스스로 터득함. ②스스로 우쭐댐. ③스스로 갚음을 받음.

自力[じりき] 자력; ①자기 혼자만의 힘. ②《仏》 자기의 힘으로 수행하여 성불함.

¹**自立**[じりつ] 자립; 스스로 일어섬.

²**自慢**[じまん] 자랑.

自滅[じめつ] 자멸; 스스로 멸망함.

自明[じめい] 자명; 명백함.

自問自答[じもんじとう] 자문자답; 스스로 마음 속에 묻고 대답함.

自発[じはつ] 자발; ①스스로 자진해서 함. 자원(自願)해서 함. ②자연히 그렇게 됨.

自白[じはく] 자백; ①(비밀·죄 등을) 고백함. ②《法》 (불리한 점의) 자인(自認).

自腹[じばら] ①자기 배. ②각자 부담.

自負[じふ] 자부; 자신의 재능이나 능력이 뛰어나다고 믿고 있음.

⁴**自分**[じぶん] ①자기 자신. 스스로. ②나. 저.

自分勝手[じぶんかって] 제멋대로임.

自分自身[じぶんじしん] 자기 자신. *'自分
(じぶん)'의 강조임.

自費[じひ] 자비; 자신이 부담하는 비용.

自社[じしゃ] 자사; 자기 회사.

²**自殺**[じさつ] 자살; 스스로 자기 목숨을 끊음.

自生[じせい] 자생; 생물이 어떤 지역에서 사람의 보호를 받지 않고 스스로 번식하며 생육함.

自序[じじょ] 자서; 자신의 저서(著書)의 권두(巻頭)에 쓴 머리말.

自叙伝[じじょでん] 자서전; 자신이 기록한 자신의 전기(伝記).

自説[じせつ] 자설; 자기의 의견.

自省[じせい] 자성; 자기 반성.

ˈ**自首**[じしゅ] 자수; 죄를 범한 사람이 자진해서 수사 기관에 범죄 사실을 신고함.

自粛[じしゅく] 자숙; 자진해서 행동이나 태도를 삼감.

²**自習**[じしゅう] 자습; (학교에서) 교사의 지도를 받지 않고 스스로 공부함.

²**自身**[じしん] 자신; ①자기. ②그 자신. 그 자체.

²**自信**[じしん] 자신; 자신의 능력·가치·생각 등을 확신함.

ˈ**自我**[じが] ① 《哲》 자아; 자기 자신. ②《心》 자기 자신에 대한 의식 관념.

自愛[じあい] 자애; ①몸을 아낌. 몸조심함. ②(남보다) 자기 이익을 생각함. ③품행을 삼감. ④《哲》 자연스런 자기 보호의 감정.

自余[じよ] 이것 이외. 이 밖. 그 밖.

²**自然**[★しぜん] 자연; ①사람의 힘이 가해지지 않은 천연 그대로의 상태. ②자연스러움. 꾸밈이 없음.

自然に[★しぜんに] 자연히. 저절로.

²**自然科学**[★しぜんかがく] 자연과학.

²**自衛**[じえい] 자위; 자기를 방위함.

²**自衛隊**[じえいたい] (일본의) 자위대; 일본 국방군.

²**自由**[じゆう] 자유; ①남에게 그속을 받지 않고 마음대로 행동함. ②법률의 범위 내에서 할 수 있는 수의(随意)의 행위.

自律[じりつ] 자율; 스스로 방종을 억제함.

自認[じにん] 자인; 스스로 인정함.

自任[じにん] 자임; ①스스로 자기의 임무로 여김. ②자부(自負).

自作[じさく] 자작; ①자기가 만듦. ②자작농(自作農).

自作農[じさくのう] 자작농.

ˈ**自在**[じざい] 자재; 속박이나 장애가 없이 마음대로임.

自伝[じでん] 자전; 자서전(自叙伝).

自前[じまえ] ①자기 부담. 자기 소유. ②(기생이) 독립하여 영업함. 자립함.

ˈ**自転**[じてん] 자전; ①스스로 돎. ②(천체가) 자전축을 중심으로 회전함.

⁴**自転車**[じてんしゃ] 자전거.

自制[じせい] 자제; 스스로 억제함.

自嘲[じちょう] 자조; 스스로 자기 자신을 비웃음.

自足[じそく] 자족; ①자기 단족. ②자기 충당.

ˈ**自尊心**[じそんしん] 자존심; 제 몸이나 품위를 스스로 높이 가지는 마음. 자중심(自重心).

¹**自主**[じしゅ] 자주; 독립적으로 행함.

自重❶[じじゅう] 자중: 자체의 중량. ❷[じちょう] 자중: ①자기 자신을 삼가하여 신중함. ②(건강을 생각해서) 자신의 몸을 소중히 여김.

自賛[じさん] 자찬: 자신이 행한 일에 자신이 칭찬함.

自責[じせき] 자책: 자신을 스스로 책망함.

自体[じたい] 자체: ①자기의 몸. 그 자신. ②〈副〉도대체. 대관절. ③〈副〉원래.

自炊[じすい] 자취: 스스로 밥을 지어 먹음.

²**自治**[じち] 자치: ①자기 일을 스스로 다스려 감. ②공공 단체가 행정·사무를 투표로 선출된 사람들이 자치 행정.

自称[じしょう] 자칭: ①스스로 …라고 칭함. ②《語学》1인칭.

自他[じた] 자타: ①자기와 타인. ②《語学》자동사와 타동사. 자칭(自称)과 타칭(他称).

²**自宅**[じたく] 자택: 자기 집.

自爆[じばく] 자폭: ①스스로 폭파함. ②스스로 파멸시킴. 자멸(自滅).

自筆[じひつ] 자필: 자기가 직접 씀.

自虐[じぎゃく] 자학: 스스로 자신을 학대함.

自害[じがい] 자해: 자살(自殺).

¹**自惚れ**[★うぬぼれ] 자부. 자부심. 자만. 자만심.

自画像[じがぞう] 자화상.

自活[じかつ] 자활: 자신의 힘으로 생활함.

刺 ①찌를 자 ②칼로찌를 척

一 二 戸 市 市 束 刺 刺

音 ●シ

訓 ●ささる ●さす ⊗とげ ⊗いら

訓読

¹⊗**刺**❶[とげ] 가시. ¶魚(さかな)の～ 생선 가시. ❷[し] ☞ [音読]

●**刺さる**[ささる]〈5自〉찔리다. 박히다. 꽂히다.

²●**刺す**[さす]〈5他〉①찌르다. ②꿰다. ③(곤충·벌레가) 쏘다. 물다. ④꿰매다. ⑤(야구에서) 터치아웃시키다. ⑥끈끈이를 바른 장대로 잡다.

刺し殺す[さしころす]〈5他〉찔러 죽이다.

刺(し)傷[さしきず] 자상; 찔린 상처.

²**刺(し)身**[さしみ] 생선회.

音読

刺❶[し] ①가시. ②가시 돋친 말. ③명함. ❷[とげ] ☞ [訓読]

²**刺激**[しげき] ① 《生理》 자극. 외부에서 감각 기관에 미치는 작용. ② 《心》 마음을 흥분시킴.

刺殺[しさつ] 척살: ①찔러 죽임. ②(야구에서) 주자에게 터치아웃시킴.

刺繍[ししゅう] 자수; 수를 놓음.

姉 누이 자

乚 乂 女 女' 女' 妙 姉 姉

音 ●シ

訓 ●あね

訓読

⁴●**姉**[あね] ①누나. 언니. ②형수. 처형. 손윗시누이.

⁴**姉さん**[★ねえさん] ①누님. 언니. ＊'姉(あね)'의 높임말. ②(여자를 부를 때) 아주머니. 아가씨. ③(여관·요릿집의) 아가씨.

姉女房[あねにょうぼう] (남편보다 나이가 많은) 연상의 아내.

姉様人形[あねさまにんぎょう] 각시 인형. 종이로 만든 여자 인형.

姉御[あねご] ①누님. 언니. ②(조직 폭력배에서) 여자 두목. 두목의 아내.

音読

²**姉妹**[しまい] 자매; ①여자 형제. 언니와 여동생. ②같은 계통의 2개의 것.

姉妹都市[しまいとし] 자매도시.

者(者) 사람/놈 자

一 十 土 耂 耂 者 者 者 者

音 ●シャ ●ジャ ⊗サ

訓 ●もの

訓読

²●**者**[もの] 자; 사람. ＊상대방을 깔보거나 격식을 갖추어서 말할 때 사용함.

者共[ものども] 너희들. 얘들아. ＊많은 부하들을 부를 때 사용하는 말임.

音読

❶**記者**[きしゃ], **読者**[どくしゃ], **学者**[がくしゃ]

姿　모습 자

`一 ᆫ ニ �573 沙 次 恣 姿 姿`

[音] ●シ
[訓] ●すがた

訓読
²●姿[すがた] ①모습. 모양. 형체. ②옷차림. 풍채. ③몸매. ④모양. 상태. ⑤취향.
姿見[すがたみ] 체경(体鏡). 전신을 볼 수 있는 거울.

音読
²姿勢[しせい] 자세; ①몸의 모양. ②사물에 대한 태도.
姿態[したい] 자태. 모습. 몸매. 맵시.

紫　자줏빛 자

`ᅡ ᅡ ᅶ ᅶᄂ ᄔ ᄔᄀ 毕 堂 紫 紫`

[音] ●シ
[訓] ●むらさき

訓読
²●紫[むらさき] ①자색(紫色). 보라색. 가지색. ②《植》지치. 지치의 뿌리.
²紫色[むらさきいろ] 자색; 보라색. 가지색.

音読
紫紺[しこん] 자감; 보랏빛을 띤 남색. 남보랏빛.
紫煙[しえん] 자연; ①보라색 안개. 보라색 연기. ②담배 연기.
紫外線[しがいせん] 《物》자외선.

煮(煮)　삶을 자

`一 十 土 耂 耂 者 者 者 煮`

[音] ●シャ
[訓] ●にえる ●にやす ●にる

訓読
²●煮える[にえる] 〈下1自〉①(물이) 끓다. ②(음식이) 삶아지다. 익다. ③(화가) 치밀다. 끓어오르다. ④타협이 이루어지다.
煮えたぎる[にえたぎる] 〈5自〉부글부글 끓어오르다. 펄펄 끓어오르다.
煮え立つ[にえたつ] 〈5自〉끓어오르다. 펄펄 끓다.

煮え返る[にえかえる] 〈5自〉①부글부글 끓어오르다. 펄펄 끓어오르다. ②(화가) 치밀다. ③법석을 떨며 발칵 뒤집히다.
煮え切らない[にえきらない] (태도나 생각 등이) 우유부단하다. 미적지근하다.
煮え繰り返る[にえくりかえる] 〈5自〉'煮え返る(にえかえる)'의 강조.
煮え湯[にえゆ] 끓는 물. 열탕.
●煮やす[にやす] 〈5他〉①(음식을) 익히다. 끓이다. ②부글부글 화가 치밀게 하다.
²煮る[にる] 〈上1他〉(음식을) 삶다. 익히다. 조리다. 끓이다.
煮干し[にぼし] 쪄서 말림. 쪄서 말린 식품.
煮豆[にまめ] 콩자반.
煮立つ[にたつ] 〈5自〉펄펄 끓다.
煮立てる[にたてる] 〈下1自〉펄펄 끓이다.
煮物[にもの] 음식물을 익힘.
煮返す[にかえす] 〈5自〉다시 익히다. 다시 끓이다. 다시 삶다.
煮付け[につけ] 조림.
煮魚[にざかな] 생선 조림. 조린 생선.
煮染め ❶[にしめ] (간장에) 조림. ❷[にぞめ] 삶아서 염색함.
煮染める[にしめる] 〈下1自〉①(간장에) 바짝 조리다. ②(땀이나 때가 지저분하게) 쩌들다.
煮溶かす[にとかす] 〈5他〉끓여 녹이다.
煮込む[にこむ] 〈5他〉①푹 끓이다. 푹 익히다. ②(재료를 넣고) 푹 익히다. 푹 삶다.
煮汁[にじる] 끓인 국물. 삶은 국물.
煮出す[にだす] 〈5他〉끓여서 맛을 우려내다. 우려서 맛국물을 만들다.
煮出し[にだし] ①끓여서 맛을 냄. ②(다시마・가다랭이포 등의) 장국.
煮出し汁[にだしじる] (다시마・가다랭이포 등을 오래 끓여서 우려낸) 장국.
煮炊き[にたき] 취사. 밥 짓는 일.
煮浸し[にびたし] (건어물・구운 민물고기 등을) 초간장에 무르게 조린 요리.
煮詰まる[につまる] 〈5自〉①(음식이) 바짝 졸아들다. ②(검토 끝에) 결론에 가까워지다.
煮詰める[につめる] 〈下1他〉①(음식을) 바짝 조리다. ②(검토 끝에) 결론을 내리다.

音読
煮沸[しゃふつ] 자비; 펄펄 끓임.
煮沸消毒[しゃふつしょうどく] 자비소독; 열탕 소독. 끓여서 살균하는 소독.

滋(滋) 불을/맛 자

氵 氵 氵 氵 沙 滋 滋 滋 滋

音 ●ジ ⊗シ
訓 —

音読
滋味[じみ] ①맛있는 음식. ②자양물(滋養物). ③(예술 작품 등의) 깊은 맛.
滋養[じよう] 자양; 몸의 영양이 됨.
滋雨[じう] 자우; 단비.
滋賀県[しがけん] 일본 近畿(きんき) 지방에 있는 행정 구역의 하나.

慈(慈) 사랑 자

丷 丷 丷 丷 兹 兹 慈 慈 慈 慈

音 ●ジ
訓 ●いつくしむ

訓読
●慈しむ[いつくしむ] 〈5他〉귀여워하다. 애지중지하다. 사랑하다. 자비를 베풀다.
慈しみ[いつくしみ] 자애(慈愛), 자비(慈悲). 사랑.

音読
慈母[じぼ] 자모; 인자한 어머니.
慈父[じふ] 자부; 인자한 아버지.
慈悲[じひ] 자비; 동정. 동정심.
慈善[じぜん] 자선; 동정을 베풂.
慈愛[じあい] 자애; 아랫사람에 대한 도타운 사랑.
慈雨[じう] 자우; 단비.

資 재물/바탕 자

丶 冫 冫 冫 次 次 咨 咨 資 資

音 ●シ
訓 —

音読
資する[しする] 〈サ変自〉①이바지하다. 도움이 되다. ②자본을 대다. 투자하다.
¹資格[しかく] 자격; 어떤 일을 할 만한 합당한 조건.
¹資金[しきん] 자금; 사업에 필요한 돈.
資力[しりょく] 자력; 재력(財力).

²資料[しりょう] 자료; 바탕이 되는 재료.
²資本[しほん] 자본; ①밑천. ②(회사의) 운영 자금.
¹資産[しさん] 자산; 재산.
資性[しせい] 자성; 천성. 자질.
²資源[しげん] 자원; 생산에 이용되는 것.
資材[しざい] 자재; 재료가 되는 물건.
資財[しざい] 자재; 자산(資産).
資質[ししつ] 자질; 타고난 성품과 바탕.

磁(磁) 자석 자

一 丆 石 石' 矿 砗 磁 磁 磁

音 ●ジ
訓 —

音読
磁極[じきょく] 자극; ①(자석의) 남극. 북극. ②(지구의) 남자극. 북자극.
¹磁気[じき] 자기; 자석의 자력(磁力)의 작용으로 서로 당기고 배척하는 현상.
¹磁器[じき] 자기; 사기 그릇.
磁力[じりょく] 자력; 자기력(磁気力).
²磁石[じしゃく] 자석; ①지남철. 마그넷. ②나침반. ③《鉱》자철광(磁鉄鉱).
磁性[じせい] 자성; 자기(磁気)를 띤 물체가 나타내는 성질.
磁場[じば/じじょう] 자장; 자계(磁界). 자석의 작용이 미치는 범위.
磁針[じしん] 자침; 나침반의 바늘.

雌 암컷 자

⺊ ⺊ 此 此 此 此 此 雌 雌

音 ●シ
訓 ●め ●めす ●めん

訓読
¹雌[めす] (동물의) 암컷. 암놈.
雌犬[めすいぬ] 암캐. 개의 암컷.
雌馬[めうま] 암말. 말의 암컷.
雌猫[めすねこ] 암코양이.
雌牛[めうし] 암소. 소의 암컷.
雌鳥[めんどり] ①암새. 새의 암컷. ②암탉.

音読
雌雄[しゆう] 자웅; ①암컷과 수컷. ②승부(勝負). 우열(優劣).

諮 물을 자

言 言 言 許 許 許 許 諮 諮 諮

音 ●シ
訓 ●はかる

訓読
¹●諮る[はかる] 〈5他〉 자문하다. 의견을 묻
다. 상의하다.

音読
諮問[しもん] 자문: 개인 또는 특정 단체에
게 의견을 물음.

仔 자세할/새끼 자
音 ⊗シ
訓 ⊗こ

訓読
⊗仔犬[こいぬ] ①작은 개. ②강아지.
仔豚[こぶた] 새끼 돼지. 돼지 새끼.
仔馬[こうま] ①망아지. ②조랑말.
仔猫[こねこ] 작은 고양이. 새끼 고양이.
仔羊[こひつじ] ①어린양. ②새끼 양.
仔牛[こうし] 송아지.

音読
仔細[しさい] ①(자세한) 사정. 자초지종. 경
위. ②(부정문에서) 할 말. 지장(支障).

茨 가시나무 자
音 ⊗シ
訓 ⊗いばら

訓読
⊗茨[いばら] ① ≪植≫ 가시나무. ②식물의
가시. ③고통. 고난.
茨城県[いばらきけん] 일본 관동(関東) 지방에
있는 행정 구역의 하나.

炙 고기구울 자
音 ⊗シャ
訓 ⊗あぶる

訓読
²⊗炙る[あぶる] 〈5他〉 ①불에 살짝 쬐어 굽
다. ②불에 쬐어 데우다.
炙(り)物[あぶりもの] ①불에 살짝 구운 음식.
②생선구이.
炙(り)出し[あぶりだし] 종이에 백반 수용액
또는 소금물 등으로 글씨나 그림을 그려 불
에 쬐면 나타나게 만든 것.

[작]

勺(勺) 구기 작

ノ 勹 勺

音 ● シャク
訓 ―

音読
勺[しゃく] ①(용적·용량의 단위로) 1홉
(合)의 10분의 1. ②(토지 면적의 단위로)
1평(坪)의 100분의 1. ③(등산의 路程에
서) 1홉(合)의 10분의 1.

作 지을/만들 작

ノ イ イ 仁 作 作 作

音 ●サク ●サ
訓 ●つくる

訓読
⁴●作る[つくる] 〈5他〉 ①만들다. 제조하다.
②건조하다. 짓다. ③(줄을) 서다. ④술을
빚다. 양조하다. ⑤(글을) 짓다. ⑥(서류
를) 작성하다. ⑦(책을) 출판하다. ⑧농사
를 짓다. 경작하다. 재배하다. ⑨조직하
다. ⑩(신기록을) 수립하다. ⑪(사람을)
육성하다. 키우다. ⑫(아이를) 가지다. ⑬
화장하다. 꾸미다. ⑭(거짓으로) 일부러
…짓다. ⑮요리하다. 조리하다. ⑯(친
구·애인·적을) 만들다. 생기다. ⑰(재
산을) 장만하다. ⑱마련하다. 준비하다.
⑲(어떤) 짓을 하다.
³作り❶[つくり] ①만듦새. 구조. 꾸밈새.
②몸집. ③몸단장. 화장. ④농작물. ⑤일
부러 꾸밈. ⑥ ≪関西≫ 생선회.
作り❷[づくり] (명사에 접속하여) 만듦. 만
들기. ¶菊(きく)～ 국화 재배. ¶粘土(ねん
ど)～ 진흙으로 만듦.
作り物[つくりもの] ①모조품. ②농작물.
③가공품. ④(能楽(のうがく)에서) 무대 장치.
作り方[つくりかた] ①만드는 방법. 재배
방법. ②만듦새. 구조. 꾸밈새.
作り上げる[つくりあげる] 〈F1他〉 ①만들어
내다. 완성하다. ②꾸며내다. 조작하다.
作り直す[つくりなおす] 〈5他〉 다시 만들다.
고쳐 만들다.

作り替える[つくりかえる]〈下1他〉①(낡은 것 대신) 새로 만들다. ②(헌 것을) 고쳐 만들다. 개작(改作)하다.

作り出す[つくりだす]〈5他〉①만들기 시작하다. 재배하기 시작하다. ②만들어내다. 제조하다. 생산하다. ③창작하다.

作り話[つくりばなし] 꾸며낸 이야기.

音読

¹**作**[さく] 작; ①제작. 작품. ②작황(作況).

²**作家**[さっか] 작가; 시가(詩歌)·소설·그림·만화 등의 예술 작품의 제작자.

²**作曲**[さっきょく] 작곡; 악곡을 창작함.

作図[さくず] 작도; ①그림을 만듦. 제도(製図). ②《数》도형을 그림.

作例[さくれい] 작례; ①시문(詩文) 등을 짓는 법의 본보기. ②(사전에서의) 예문(例文). 용례(用例).

⁴**作文❶**[さくぶん] 작문; ①글짓기. ②허울 좋음. 표현은 좋으나 실속이 없음. ❷[さくもん] 한시(漢詩) 짓기. 시작(詩作).

²**作物❶**[さくもつ] 농작물. ❷[さくぶつ] (문장·그림·조각 등의) 작품.

²**作法❶**[★さほう] ①예의범절. 예절. ②관례. 규정. ③제작법. 만드는 법. ❷[さくほう] 작법; 만드는 법. 짓는 법.

作柄[さくがら] ①(농작물의) 작황(作況). ②예술작품의 됨됨이.

作詞[さくし] 작사; 가사(歌詞)를 지음.

²**作成**[さくせい] 작성; 만들어 완성함.

作詩[さくし] 작시; 시를 지음.

²**作業**[★さぎょう] 작업; 일을 함. 노동을 함.

作業場[★さぎょうば] 작업장.

作業着[★さぎょうぎ] 작업복.

¹**作用**[★さよう] 작용; 다른 것에 영향을 미치는 움직임.

作用点[★さようてん]《物》작용점.

作為[さくい] 작위; ①꾸밈. 자연의 상태에 손질을 함. ②조작함. ③《法》적극적인 행위.

作意[さくい] 작의; ①책략. 계략. ②(예술작품의) 창작 의도. 제작 의도.

²**作者**[さくしゃ] 작자; ①작가(作家). ②狂言(きょうげん) 작자.

¹**作戦**[さくせん] 작전; ①적에 대한 전투 행동. ②(게임·판매 등의) 계획. 싸우는 방법.

²**作製**[さくせい] 제작. 만듦.

²**作品**[さくひん] 작품; 제작한 물건.

作風[さくふう] 작풍; 작품에 나타난 경향과 특징.

昨 어제 작

丨 丨丨 丨丨 卧 卧 卧 昨 昨 昨

音 ●サク
訓 —

音読

²**昨**[さく] ①어제. 전날. ②지난.

昨今[さっこん] 작금; 요즈음.

²**昨年**[さくねん] 작년; 지난해.

²**昨晩**[さくばん] 어젯밤.

²**昨夜**[さくや/ゆうべ] 어젯밤. ＊'さくや'는 'ゆうべ'보다 격식을 차린 말임.

²**昨日**[さくじつ/きのう] 어제. ＊'さくじつ'는 'きのう'보다 격식을 차린 말임.

酌(酌) 술따를/참작할 작

一 丆 丌 丙 丙 酉 酉 酉 酌 酌

音 ●シャク ●ジャク
訓 ●くむ

訓読

²●**酌む**[くむ]〈5他〉①(술을 그릇에) 따르다. ②(남의 기분·사정을) 참작하다.

音読

酌[しゃく] ①(술을) 따름. ②작부(酌婦). 접대부(接待婦).

酌量[しゃくりょう] (사정을) 참작함.

爵(爵) 벼슬 작

爫 爫 爫 爫 爫 爫 爵 爵 爵

音 ●シャク
訓 —

音読

爵位[しゃくい] 작위; 벼슬이나 지위.

爵号[しゃくごう] 작호; 작위의 칭호.

雀 참새 작

音 ⊗ジャク
訓 ●すずめ

訓読

⊗**雀**[すずめ]《鳥》참새.

雀焼き[すずめやき] ①참새구이. ②등을 갈라서 양념장을 바른 붕어구이.

[잔]

桟 (桟) 사다리 잔

一 十 才 木 栏 栈 栈 栈

音 ●サン ⊗サ ⊗ザン
訓 ―

音読
¹桟橋[さんばし] 잔교; ①부두. 선창(船艙).
②(공사장의) 비계. 높은 곳에 오르내리게 경사지게 놓은 판자.
桟道[さんどう] 잔도; ①벼랑길. ②절벽 사이에 가설한 다리로 된 길.
桟敷[★さじき] 높게 만든 관람석.

残 (残) 남을/해칠 잔

一 厂 歹 歹 歼 歼 残 残 残

音 ●ザン
訓 ●のこす ●のこる

訓読
²●残す[のこす] 〈5他〉 ①남기다. 남겨 두다.
②(후세에) 남기다. ③(씨름에서 상대방의 공격을) 씨름판 가장자리에서 버티어 내다.
³●残る[のこる] 〈5自〉 ①(일부분이) 남다.
②(없어지지 않고) 나중까지 남다. ③(후세에) 남다. ④(씨름에서) 씨름판 가장자리까지 아직 여유가 있다.
²残らず[のこらず] 남김없이. 전부. 모두.
²残り[のこり] 남음. 남은 것. 나머지.
残り物[のこりもの] 남은 물건.
残り惜しい[のこりおしい] 〈形〉 헤어지기 섭섭하다. 못내 아쉽다.
残り火[のこりび] 잔화; 타다 남은 불.

音読
¹残高[ざんだか] 잔고; 잔액. 잔금.
¹残金[ざんきん] 잔금; 쓰고 남은 돈.
³残念[ざんねん] ①유감스러움. 섭섭함. 애석함. ②억울함. 분함.
残留[ざんりゅう] 잔류; 뒤에 남음.
残飯[ざんぱん] 잔반; 먹고 남은 밥.
残本[ざんぽん] 잔본; 팔고 남은 책.
残部[ざんぶ] 잔부; ①남은 부분. ②(출판물의) 팔고 남은 부수.
残暑[ざんしょ] 잔서; 늦더위.

残雪[ざんせつ] 잔설; 녹다 남은 눈.
残額[ざんがく] 잔액; 나머지 액수.
残業[ざんぎょう] 잔업; 근무 시간이 끝난 뒤에도 하는 작업.
残業手当[ざんぎょうてあて] 잔업수당.
残余[ざんよ] 잔여; 나머지.
残忍[ざんにん] 잔인; 인정이 없고 모짊.
残存[ざんそん/ざんぞん] 잔존; ①없어지지 않고) 남아 있음. ②생존. 살아 남음.
残虐[ざんぎゃく] 잔학; 잔인하고 포학함.
残骸[ざんがい] 잔해; ①(비행기·탱크·배·자동차 등의) 산산이 부서지고 남은 조각.
②버려진 시체. 송장.
¹残酷[ざんこく] 잔혹; 잔인하고 혹독함.

[잠]

蚕 (蠶) 누에 잠

一 二 チ 天 天 吞 吞 吞 蚕 蚕

音 ●サン
訓 ●かいこ

訓読
●蚕[かいこ] ≪虫≫ 누에.
音読
蚕糸[さんし] 잠사; ①생사(生糸). 견사(絹紗). 누에실. ②양잠(養蚕)과 제사(製糸).
蚕食[さんしょく] 잠식; 누에처럼 조금씩 먹어 들어감.
蚕室[さんしつ] 잠실; 누에를 치는 방.

潜 (潛) 잠길 잠

氵 氵 汒 汒 浐 浐 潜 潜 潜 潜

音 ●セン
訓 ●ひそまる ●ひそむ ●ひそめる ●もぐる ⊗かずく ⊗くぐる

訓読
●潜まる[ひそまる] 〈5自〉 ①잠잠해지다. 조용해지다. ②숨다.
●潜む[ひそむ] 〈5自〉 ①숨다. ②잠재하다.
●潜める[ひそめる] 〈下1他〉 ①숨기다. 감추다. ②(소리를) 낮추다. 죽이다.
²●潜る❶[もぐる] 〈5自〉 ①(물 속에) 자맥질하다. 잠수하다. ②숨어들다. ③숨다.

¹潜る❷[くぐる]〈5自〉①(몸을 구부리고) 빠져나가다. ②(곤란한 환경을) 뚫고 나가다. 빠져나가다.
潜り込む❶[もぐりこむ]〈5自〉①밑으로 들어가다. 잠수해 들어가다. ②숨어들다. 기어들다. ❷[くぐりこむ]〈5自〉(몸을 구부리고) 밑으로 들어가다.

音読
潜望鏡[せんぼうきょう] 잠망경.
潜伏[せんぷく] 잠복; ①몰래 숨어 엎드림. ②《医》감염은 되었으나 증상이 나타나지 않음.
潜伏期[せんぷくき]《医》잠복기.
潜勢力[せんせいりょく] 잠재 세력.
¹潜水[せんすい] 잠수; 자맥질.
潜水服[せんすいふく] 잠수복.
潜水夫[せんすいふ] 잠수부.
¹潜水艦[せんすいかん] 잠수함.
¹潜心[せんしん] 잠심; (마음을 가라앉혀) 깊이 생각함. 몰두함.
潜熱[せんねつ] 잠열; ①겉으로 나타나지 않고 숨어 있는 열. ②《物》물질이 변화할 때 흡수하거나 방출하는 열.
¹潜入[せんにゅう] 잠입; ①물 속에 잠기어 들어감. ②남몰래 들어감.
潜在[せんざい] 잠재; 속에 잠겨 숨어 있음.
潜在能力[せんざいのうりょく] 잠재능력.
潜行[せんこう] 잠행; ①숨어서 감. 남몰래 다님. ②몰래 행동함.

暫　　잠깐 잠

一 戸 戸 車 車 斬 斬 斬 斬 暫

音 ●ザン
訓 ⊗しばらく ⊗しばし

訓読
²⊗暫く[しばらく]〈副〉①잠깐. 잠시. ②당분간. 한참. 한동안. ③오랜만. 오래간만.
⊗暫くも[しばらくも]〈副〉(부정문에서) 잠시도. 조금도.

音読
暫時[ざんじ] 잠시; 잠깐.
暫定[ざんてい] 잠정; 잠깐 임시로 정함.
暫定内閣[ざんていないかく] 임시 내각.
暫定措置[ざんていそち] 잠정조치; 잠깐 임시로 정한 조치.
暫定的[ざんていてき] 잠정적; 임시임.

[잡]

雜(雜)　섞일/어수선할 잡

丿 九 九 杂 杂 杂 杂 杂 雜 雜

音 ●ザ ●ザツ ●ゾウ
訓 ⊗まざる ⊗まじる ⊗まぜる

訓読
⊗雑ざる[まざる]〈5自〉(서로 다른 것이) 섞이다.
⊗雑じる[まじる]〈5自〉①(서로 다른 것이) 섞이다. ②(남들 사이에) 섞이다. 끼이다.
⊗雑ぜる[まぜる]〈下1他〉(서로 다른 것을) 섞다. 혼합하다.

音読
¹雑❶[ざつ] ①엉성함. 조잡함. 막됨. ②뒤섞여 있음. 기타(其他). ＊(和歌(わか)・俳句(はいく) 등에서) '사계절・사랑・만가(輓歌)' 등의 부류에 들지 않은 것. ❷[ぞう] ①(和歌(わか)・俳句(はいく) 등에서) '사계절・사랑・만가(挽歌)' 등의 부류에 들지 않은 것. ②'雑の歌(ぞうのうた)'의 준말.
雑感[ざっかん] 잡감; 잡다한 생각.
雑居[ざっきょ] 잡거; ①여러 사람이 한 곳에 섞여 삶. ②한 건물에 여러 세대가 거주함. ③서로 다른 종류가 섞여 존재함.
²雑巾[ぞうきん] 걸레.
雑巾掛け[ぞうきんがけ] 걸레질.
雑穀[ざっこく] 잡곡; 쌀을 제외한 곡식.
雑記帳[ざっきちょう] 잡기장; 메모 노트.
雑念[ざつねん] 잡념; 건전하지 않은 여러 가지 생각.
雑多[ざった] 잡다; 여러 가지가 뒤섞여 많음.
¹雑談[ざつだん] 잡담; 쓸데없는 이야기.
¹雑木[ぞうき] 잡목. 여러 가지 나무. ②중요하게 사용되지 못하는 나무.
雑木林[ぞうきばやし] 잡목림; 잡목 숲.
雑務[ざつむ] 잡무; 자질구레한 일.
雑費[ざっぴ] 잡비; 잡다한 비용.
雑役[ざつえき] 잡역; 허드렛일.
雑用❶[ざつよう] 잡용; 잡다한 용무. 하찮은 볼일. ❷[ぞうよう] ①잡비(雑費). 잡다한 비용. ②잡다한 용무. 잡무(雑務).
²雑音[ざつおん] 잡음; ①소음(騒音). 불쾌한 잡소리. ②무책임한 언론.
雑煮[ぞうに] (일본식) 떡국.

雑作[ぞうさ] ①수고. 번거로움. 귀찮음. 폐. ②융숭한 대접.
雑種[ざっしゅ] 잡종; ①여러 가지가 섞인 종류. ②(유전학에서) 교잡(交雑)에 의해 생긴 튀기.
[4]**雑誌**[ざっし] 잡지; ①정기적으로 간행하는 서책. ②잡다한 사항을 기록한 책.
雑草[ざっそう] 잡초; 잡다한 풀.
雑炊[ぞうすい] 야채죽.
雑学[ざつがく] 잡학; 체계화되지 않은 잡다한 지식・학문.
[1]**雑貨**[ざっか] 잡화; 잡다한 상품.

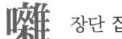

囃 장단 잡	音 ⊗ソウ
	訓 ⊗はやす
	⊗はやし

[訓読]
⊗**囃す**[はやす] 〈5他〉 ①囃子(はやし)를 연주하다. ②장단을 맞추다. ③(사람을) 놀려대다. ④소리를 질러 칭찬하다. ⑤(자기에 유리한 점을) 요란하게 선전하다.
⊗**囃し立てる**[はやしたてる] 〈下1他〉 요란하게 囃子(はやし)를 연주하다. 요란하게 반주하다. 요란하게 소리를 지르다.
囃詞[はやしことば] 장단을 맞추기 위해 넣는 의미 없는 말. ＊'ヨイヨイ・ヨイサット' 등이 있음.

[장]

丈(丈) 어른/길이 장

一ナ丈

音 ⊙ジョウ
訓 ⊙たけ

[訓読]
[1]⊙**丈**[たけ] ①키. 신장(身長). ②(옷의) 길이. ③모두. 전부. 몽땅.
丈比べ[たけくらべ] 키 대보기. 키재기.

[音読]
丈六[じょうろく] ① ≪仏≫ 장륙불. 입상(立像)의 키가 16척(尺)이나 되는 불상(仏像). ② ≪俗≫ 책상다리를 하고 앉음.
[4]**丈夫**[じょうぶ] ①건강함. ②튼튼함. 단단함. 견고함.

匠 장인/만들 장

一 アア斤斤匠

音 ⊙ショウ
訓 ⊗たくみ

[訓読]
⊗**匠**[たくみ] ①(나무로 물건을 만드는) 장인(匠人). 목수. 조각사. ②(공작물의) 기교(技巧). 의장(意匠).

[音読]
匠気[しょうき] 장기; (예술가 등이) 대중적 인기를 얻고자 하는 마음.
匠人[しょうじん] 장인; ①목수. ②조각사.

壯(壯) 씩씩할/웅장할 장

ノ 丬 爿 爿 壯 壯

音 ⊙ソウ
訓 ─

[音読]
壮観[そうかん] 장관; 훌륭한 광경.
壮年[そうねん] 장년; 한창때.
[2]**壮大**[そうだい] 장대; 웅대함.
壮図[そうと] 장도; 웅대한 계획.
壮途[そうと] 장도; 희망에 찬 출발.
壮烈[そうれつ] 장렬; 용감하고 열렬함.
壮快[そうかい] 장쾌; 씩씩하고 상쾌함.

長 길/어른 장

一 Γ Γ F F E E E 長 長

音 ⊙チョウ
訓 ⊙ながい ⊗たける ⊗おさ

[訓読]
[4]⊙**長い**[ながい] 〈形〉 ①(길이가) 길다. ②(시간적으로) 길다. 오래다. ③(길이) 멀다. ④(성질이) 느긋하다.
[3]**長さ**[ながさ] 길이. 거리.
⊗**長❶**[おさ] ①우두머리. ¶村(むら)の〜 마을의 우두머리. ②가장 뛰어난 것. ¶鯛(たい)は魚(うお)の〜 도미는 생선 중에서 왕. ❷[ちょう] ☞ [音読]
⊗**長ける**[たける] 〈下1自〉 (어떤 분야에) 뛰어나다. 밝다. 정통하다.

長たらしい[ながたらしい]〈形〉(지겹도록)
　장황하다. 지루하다. 기다랗다.
長め[ながめ] 약간 긴 듯함.
長居[ながい] 오래 머무름. 오래 앉아 있음.
長口上[ながこうじょう] 장황한 말.
長崎[ながさき] ①일본 九州(きゅうしゅう) 서
　북부 지방의 현(県). ②長崎県(ながさきけん)
　의 현청(県庁) 소재지.
長年[ながねん] 오랜 세월. 긴 세월.
長生き[ながいき] 오래 삶. 장수(長寿)함.
長続き[ながつづき] 오래 계속됨.
長袖[ながそで] ①긴 소매. 소매가 긴 옷.
　② ≪古≫ 공경(公卿)・신관(神官)・의사・
　학자 등의 총칭. ＊항상 긴 소매의 옷을
　입는다는 데서.
長野[ながの] ①일본 중부 지방에 있는 현(県).
　②長野県(ながのけん)의 현청(県庁) 소재지.
長屋[ながや] ①용마루가 긴 집. ②단층 연
　립 주택.
長雨[ながあめ/ながめ] 장마.
長椅子[ながいす] 긴 의자.
²長引く[ながびく]〈5自〉오래 끌다. 지연되다.
　길어지다.
¹長長と[ながながと] 기다랗게. 길게. 오래
　도록. 장황하게.
長持ち[ながもち] ①오래 사용함. 오래 감.
　②(일상 용품을 넣는) 뚜껑이 달린 직사
　각형의 큰 궤.
長着[ながぎ] 긴 일본 옷.
長靴[ながぐつ] 장화.

音読

長❶[ちょう] 장; ①우두머리. ②연장자. 연
　상자. ③장점. ❷[おさ] ☞【訓読】
長ずる[ちょうずる]〈サ変自〉①자라다. 성
　장하다. ②뛰어나다. ③연상(年上)이다.
　나이가 위이다.
長距離[ちょうきょり] 장거리.
¹長官[ちょうかん] 장관; 행정 기관 '庁(ちょう)'
　의 우두머리.
長広舌[ちょうこうぜつ] 장광설; 핵심도 없
　이 오래 지껄이는 말.
長久[ちょうきゅう] 장구; 오래 계속됨.
²長期[ちょうき] 장기; 장기간. 오랜 기간.
²長男[ちょうなん] 장남; 맏아들.
²長女[ちょうじょ] 장녀; 맏딸.
²長短[ちょうたん] 장단; ①긴 것과 짧은 것.
　②길이. ③장점과 단점. ④남는 것과 부
　족한 것.

長大[ちょうだい] 장대; ①길이가 길고 큼.
　키가 크고 몸집이 큼. ②(성장하여) 어른
　이 됨. 나이가 듦.
長老[ちょうろう] 장로; 경험이 풍부하고
　지덕(知徳)이 뛰어난 지도적(指導的) 입장
　에 있는 사람.
長命[ちょうめい] 장명; 장수(長寿). 오래 삶.
長文[ちょうぶん] 장문; 긴 문장.
長髪[ちょうはつ] 장발; 긴 머리.
²長方形[ちょうほうけい] 장방형; 직사각형.
長蛇[ちょうだ/ちょうじゃ] 장사; ①큰 뱀.
　②길고 큰 것.
²長所[ちょうしょ] 장소; 장점(長点). 뛰어난 점.
　좋은 점.
長寿[ちょうじゅ] 장수; 명(命)이 긺.
長時間[ちょうじかん] 장시간; 긴 시간.
長身[ちょうしん] 장신; 키가 큰 사람.
長夜[ちょうや] 장야; ①(겨울의) 긴 밤.
　②철야. 밤샘.
長子[ちょうし] 장자; 맏아들.
長者[ちょうじゃ] 장자; ①(덕・지위가 높은)
　연장자. ②부자. 부호(富豪).
長足[ちょうそく] 장족; ①긴 다리. ②보폭
　(歩幅)이 큼. ③진보가 빠름.
長針[ちょうしん] 장침; (시계의) 분침.
長打[ちょうだ] 장타; (야구에서) 롱 히트.
¹長編[ちょうへん] 장편; (소설・시・영화 등
　에서) 편장(編章)이 긴 작품.
長兄[ちょうけい] 장형; 맏형.

荘(荘) 별장/엄할 장

一　十　艹　艹　荘　荘　荘　荘　荘

音 ●ソウ ⊗ショウ
訓 ―

音読

荘[そう] 장. ＊별장・여관・아파트 등의
　이름에 접속하는 말.
荘厳❶[そうごん] 장엄; 존귀하고 엄숙함.
　❷[しょうごん] ≪仏≫ 불상・불당을 장엄
　하게 장식함.
荘園[しょうえん] 장원; (奈良(なら) 시대부터
　室町(むろまち) 시대에 걸쳐 있었던) 귀족・
　神社(じんじゃ)・절(寺)의 사유지(私有地).
荘重[そうちょう]〈形動〉장중; 장엄하고 무
　게가 있음. ¶〜な音楽(おんがく) 장중한 음
　악. ¶〜な儀式(ぎしき) 장중한 의식.

将 (將) 장수/장군 장

`丶  丬  丬  丬ㄱ  丬ㄱ  丬ㄶ  丬隼  将  将`

音 ●ショウ
訓 ―

音読
将校[しょうこう] 장교; (군대의) 소위 이상
　의 무관의 총칭(総称).
将軍[しょうぐん] 장군; ①군대를 지휘·통솔
　함. ②'征夷大将軍(せいいだいしょうぐん)'의 준말.
将軍家[しょうぐんけ] '征夷大将軍(せいいだい
　しょうぐん)'의 가문. 대대로 将軍에 임명되
　는 집안.
²**将棋**[しょうぎ] 장기.
将棋倒し[しょうぎだおし] 도미노 현상.
²**将来**[しょうらい] 장래; ①미래. 앞날. ②(외
　국으로부터) 가져옴. 초래함.
将来性[しょうらいせい] 장래성; 미래에 성
　공할 가능성.
将兵[しょうへい] 장병; 장교와 병사.
将士[しょうし] 장사; 장교와 병사.
将卒[しょうそつ] 장졸; 장교와 병졸.

帳 휘장/장부 장

`丨  冂  巾  巾ˊ  巾ˊ  巾〒  巾〒  帳  帳  帳`

音 ●チョウ
訓 ⊗とばり

訓読
⊗**帳**[とばり] 방장(房帳). 장막. ¶夜(よる)
　の～に包(つつ)まれる 밤의 장막에 싸이다.

音読
帳尻[ちょうじり] 기재된 장부의 맨 끝. 마
　지막 수지 결산. 정산(精算)의 결과.
帳面❶[ちょうづら] 장부에 기재된 숫자.
　❷[ちょうめん] 장부. 노트. 공책.
帳付(け)[ちょうつけ] ①기장(記帳). 장부에
　기입함. ②외상 거래.
帳簿[ちょうぼ] 장부; 금품의 수입과 지출을
　기록하는 책.
帳場[ちょうば] (상점·여관 등의) 카운터.
帳締(め)[ちょうじめ] 결산(決算).
帳合[ちょうあい] ①(상품·현금을) 장부와
　대조하여 확인함. ②장부에 기입함. ③손
　익을 계산해 봄.

張 베풀/당길/펼 장

`丨  弓  弓  弓ˊ  弓ˉ  弓ˉ  弓ˉ  張  張  張`

音 ●チョウ
訓 ●はる

訓読
²**張る**[はる] 〈5自〉①(온 면을) 덮다. 덮
　이다. 깔리다. ②뻗다. 뻗어나다. ③뻗어나다. (터
　질 듯이) 부풀다. ④불거지다. 튀어나오
　다. ⑤(줄이) 팽팽해지다. ⑥(어깨가) 뻐
　근해지다. ⑦긴장하다. ⑧(정도가) 지나
　치다. 벅차다. 〈5他〉①(줄·천막을) 팽
　팽하게 당기다. 치다. ②(온 면을) 덮다.
　가득하게 하다. ③뻗다. 뻗치다. ④(가슴
　을) 펴다. ⑤붙이다. ⑥차리다. 마련하
　다. ⑦감시하다. 지키다. ⑧크기 벌이다.
　⑨큰소리로 외치다. ⑩(의지를) 관철하
　다. (고집을) 부리다. ⑪(손바닥으로) 때
　리다. 갈기다. ⑫(돈을) 걸다. 내기하다.
　⑬대항하다. 맞서다. 다투다. ⑭(창녀가)
　손님을 끌다.
張り倒す[はりたおす] 〈5他〉 (손바닥으로)
　때려누이다.
張り裂ける[はりさける] 〈下1自〉①(풍선 등
　이) 부풀어 터지다. 부풀어 찢어지다.
　②(슬픔 등으로 가슴이) 메어 터지다.
張(り)物[はりもの] ①(뜯은 옷을 빨아서)
　풀을 먹여 판자에 붙여 말림. ②(연극에
　서) 나무에 종이 등을 바르고 색칠하여
　나무·바위 등의 모양을 만든 대도구.
張(り)番[はりばん] 파수꾼. 망을 봄.
張り付ける[はりつける] 〈下1他〉①풀로 붙
　이다. 찰싹 붙이다. ②(사람을) 일정한 장
　소에 대기시켜 두다. ③(손바닥으로) 후
　려갈기다.
張り飛ばす[はりとばす] 〈5他〉 (손바닥으로)
　후려갈기다. 세차게 때리다.
張り殺す[はりころす] 〈5他〉 때려죽이다.
張り上げる[はりあげる] 〈下1他〉 외치다. 소
　리를 지르다.
張(り)扇[はりおうぎ] 접어서 겉을 종이로
　싸 바른 쥘부채. *만담가 등이 책상을
　두들기며 가락을 맞출 때 사용함.
張(り)込み[はりこみ] ①잠복함. 망을 봄.
　②대지(台紙)에 사진이나 종잇조각 등을
　붙임.

張り込む[はりこむ] 〈5自〉 ①(台地に) 붙이다. 바르다. 종이 끝을 안쪽으로 접어 넣어 바르다. ②(물 등을) 가득 채우다. ③힘을 기울이다. ④선뜻 큰돈을 쓰다. ⑤잠복하다. 망을 보다.

張(り)子[はりこ] 목형(木型)에 종이를 여러 겹 바르고 굳어진 다음에 목형을 빼내어 만드는 종이 세공.

²張り切る[はりきる] 〈5自〉 ①팽팽하게 당기다. 팽팽해지다. ②아주 긴장하다. ③기운이 넘치다. 힘이 넘치다.

¹張(り)紙[はりがみ] ①라벨. 레테르. ②벽보. ③부전지(附箋紙).

張(り)札[はりふだ] 벽보. 게시문(揭示文).

張(り)替え[はりかえ] ①(헌 것을 뜯어내고) 새로 바름. ②옷을 뜯어서 빨아 말림.

張り替える[はりかえる] 〈下1他〉 ①(헌 것을 뜯어내고) 새로 바르다. 갈아붙이다. ②새로 갈다.

張(り)出し[はりだし] ①(건물에서) 벽면다 튀어나온 부분. 달아낸 부분. ②벽보. 게시문(揭示文). ③(씨름에서) 대진표의 난 외에 기입함.

張り出す[はりだす] 〈5自他〉 ①(밖으로) 뛰어나오다. 돌출하다. ②(밖으로) 달아내다. ③게시하다. 내붙이다. 내어 걸다.

張(り)板[はりいた] 재양판. 세탁한 천이나 뜬 종이 등을 주름이 안 지게 붙여서 말리는 널빤지.

張り合う[はりあう] 〈5自他〉 ①경쟁하다. 겨루다. 대립하다. ②차지하려고 서로 다투다.

張(り)合(い)[はりあい] ①경쟁. 대립. ②보람. 의욕.

張り回す[はりまわす] 〈5他〉 (새끼줄·휘장 등을) 삥 둘러치다.

張り詰める[はりつめる] 〈下1自〉 ①빈틈없이 덮이다. (얼음이) 얼다. ②긴장되다.

音読

張力[ちょうりょく] 장력; 어떤 물체 안에서 서로 잡아당기는 힘.

張本[ちょうほん] 장본; ①뒷일에 대비하여 미리 바탕을 마련함. ②사건의 발단·원인. ③주모자. 장본인.

張本人[ちょうほんにん] 장본인; (사건의) 주모자.

張三李四[ちょうさんりし] 장삼이사; 평범한 사람들. 평민들.

章　글 장

亠　立　产　咅　咅　咅　音　音　章　章

音 ●ショウ

訓 ―

音読

²章[しょう] 장; ①(문장·악곡의) 한 단락 (段落). ②기념장(記念章).

章句[しょうく] 장구; ①글의 장(章)과 구(句). ②문장의 단락.

章数[しょうすう] 장수; 문장의 장(章)의 수효.

章節[しょうせつ] 장절; 글의 장(章)과 절.

粧　단장할 장

丷　丷　半　米　米'　米ㄴ　米戸　粉　粧　粧

音 ●ショウ

訓 ⊗めかす

訓読

⊗粧す[めかす] 〈5自〉 멋을 부리다. 치장하다. 모양을 내다.

音読

粧飾[しょうしょく] 장식; ①예쁘게 꾸밈. ②장식물.

場　마당 장

一　十　土　圹　圬　圬　坦　塄　場　場

音 ●ジョウ

訓 ●ば

訓読

²場❶[ば] ①곳. 자리. 장소. ②때. 경우. ③공간. 차지할 곳. 위치. 자리. ④(연극·영화의) 장면. 장. ⑤(거래소의) 입회장. ⑥(카드·화투의) 장. 판. ❷[じょう] ⇨ [音読]

場当(た)り[ばあたり] ①(모임·연극 등에서) 즉흥적인 재치로 인기를 얻음. ②즉흥적임.

場代[ばだい] 자릿값. 자릿세. 장소값.

²場面[ばめん] 장면; ①(연극·영화 등의) 한 정경(情景). ②처지. 경우.

²場所[ばしょ] 장소; ①곳. ②(어떤) 좌석. 자리. ③(씨름의) 흥행. ④경험. ⑤경우.

場所柄[ばしょがら] ①(어떤 상황·성질의) 장소. ②장소 조건상. 장소 관계.

場所割(り)[ばしょわり] 장소 할당.

場数[ばかず] ①장면·장소의 수효. ②경험한 횟수.

²**場合**[ばあい] ①경우. 때. ②(특별한) 형편. 사정. 상태.

音読
場❶[じょう] 곳. 장소. ¶寒(さむ)き風(かぜ)〜に満(み)つ 찬바람이 장내에 가득하다. **❷**[ば] ☞ [訓読]

場内[じょうない] 장내; (어떤) 장소의 내부.

場内禁煙[じょうないきんえん] 장내 금연.

場外[じょうがい] 장외; 어떤 장소의 밖.

場外株[じょうがいかぶ] 장외주.

掌 손바닥 장

丨 ⺍ ⺍ ⺌ ⺍⺍ 兴 兴 学 掌 掌

音 ●ショウ
訓 ⊗たなごころ ⊗てのひら ⊗つかさどる

訓読
⊗**掌**[たなごころ/てのひら] 손바닥.

⊗**掌る**[つかさどる] 〈5他〉 ①(직무를) 담당하다. 맡다. ②관리하다. 감독하다. 지배하다. 다스리다.

音読
掌握[しょうあく] 장악; 자기 뜻대로 지배할 수 있도록 하여 둠.

掌編小説[しょうへんしょうせつ] 꽁트.

葬 장사지낼 장

⺜ ⺜ ⺜⺜ ⺜⺜ ⺜⺜ ⺜⺜ 茐 葬 葬 葬

音 ●ソウ
訓 ●ほうむる

訓読
¹●**葬る**[ほうむる] 〈5他〉 ①장사지내다. 매장하다. 묻다. ②(폭로하여 사회적으로) 매장시키다.

葬り[ほうむり] 매장함. 장례식. 장송(葬送).

葬り去る[ほうむりさる] 〈5他〉 ①드러나지 않게 하다. 매장해 버리다. 덮어 버리다. 없애 버리다. ②(폭로하여 사회적으로) 매장시키다.

音読
葬礼[そうれい] 장례; 장례식.

²**葬式**[そうしき] 장례식. 장례.

葬儀[そうぎ] 장례식. 장례. *'葬式(そうしき)'보다 격식을 차린 말씨임.

装(裝) 꾸밀 장

⺣ ⺣ ⺣ ⺣ ⺣ ⺣ 装 装 装 装

音 ●ソウ ⊗ショウ
訓 ●よそおう ⊗よそう

訓読
●**装う❶**[よそおう] 〈5他〉 ①(몸을) 치장하다. 꾸미다. (옷을) 차려 입다. ②준비하다. 채비하다. ③…한 체하다. 가장하다.

⊗**装う❷**[よそう] 〈5他〉 (음식을) 그릇에 담다.

装い[よそおい] ①(옷)차림. 복장. 치장. ②단장. 장식. ③준비. 채비.

装具[そうぐ] 장구; ①화장 도구. ②(등산 기타 등등의) 몸에 지니는 도구. 장비(装備). ③실내 장식에 사용하는 도구.

¹**装備**[そうび] 장비; 비품·부속품 등을 갖춤.

装束[しょうぞく] (어떤 일을 하기 위한) 옷차림. 옷.

¹**装飾**[そうしょく] 장식; 치장하여 꾸밈.

装身具[そうしんぐ] 장신구; 액서서리.

装丁[そうてい] 장정; ①책을 메어 꾸밈. ②책의 형식이나 면의 조화를 두미는 기술.

²**装置**[そうち] 장치; ①(기계·도구 등을) 차리어서 꾸밈. ②'舞台装置'의 준말.

奨(奬) 권면할 장

丨 ⺅ ⺅ ⺅ 护 护 护 将 奨

音 ●ショウ
訓 ⊗すすめる

訓読
⊗**奨める**[すすめる] 〈下1他〉 ①권하다. 권고하다. ②권장하다. ③장려하다.

音読
¹**奨励**[しょうれい] 장려; 높이 평가하여 그것을 하도록 권하여 북돋아 줌.

奨学[しょうがく] 장학; 학문을 장려함.

²**奨学金**[しょうがくきん] 장학금.

腸　창자 장

月　月'　胛　胛　胛　腭　腸　腸　腸

[音] ●チョウ
[訓] ⊗わた　⊗はらわた

訓読
⊗腸❶[わた]　(생선의) 내장.　❷[はらわた]
①창자. 대장과 소장.　②(동물의) 내장.
③(오이・호박 등의 씨를 싼) 속.　④마음.
정신.　⑤물건의 내부에 채워져 있는 것.
❸[ちょう]　☞ [音読]

音読
¹腸❶[ちょう]　《生理》 장; 창자.　❷[わた/は
らわた]　☞ [訓読]
腸チフス[ちょうチフス] 장티푸스.
腸炎[ちょうえん] 장염; 창자의 염증.
腸詰め[ちょうづめ] 순대. 소시지.

障　막힐/장애 장

'　ヲ　ß　ß'　ß"　ßㅜ　陪　陪　障　障

[音] ●ショウ
[訓] ●さわる

訓読
¹●障る[さわる]　《5自》①지장이 있다. 방해
가 되다. ②해롭다. ③(비위에) 거슬리다.
障り[さわり]　①지장. ②방해. 장애. ③(신
체상의) 탈. 병(病). ④월경(月経).

音読
²障子[しょうじ] 미닫이. 장지.
²障害[しょうがい] 장해; ①장애. 방해. ②(신
체상의) 고장. 탈.

蔵(藏)　감출/곳집 장

一　艹　艹'　芹　芹　芹　蔵　蔵　蔵　蔵

[音] ●ゾウ
[訓] ●くら

訓読
¹●蔵❶[くら] 곳간. 창고.　❷[ぞう]　☞ [音
読]
蔵払い[くらばらい] 창고떨이. 재고 정리.
蔵入れ[くらいれ] 입고(入庫). 창고에 넣음.
蔵出し[くらだし] 출고. 갓 창고에서 꺼냄.

音読
蔵❶[ぞう] 소유(所有). 소장(所蔵). ¶国立博
物館(こくりつはくぶつかん)〜 국립 박물관 소장.
❷[くら]　☞ [訓読]
蔵する[ぞうする]　《サ変他》①소유(所有)하
다. 소장(所蔵)하다. ②내포하다. 품다.
蔵本[ぞうほん] 장본; 장서(蔵書).
'蔵相[ぞうしょう] '大蔵大臣(おおくらだいじん)'의
준말. 재무부 장관.
蔵書[ぞうしょ] 장서; 소유하고 있는 책.
蔵版[ぞうはん] 장판; 소장하고 있는 판
목 (版木)이나 지형(紙型). 또는 그 인본
(印本).

臓(臟)　오장 장

月　月"　肝　胖　胖　肺　胼　臓　臓　臓

[音] ●ゾウ
[訓] ―

音読
臓器[ぞうき]　《生理》 장기; (신체 내의 여러)
내장 기관.
臓物[ぞうもつ] (식용으로 하는 소・돼지・
닭・생선・새 등의) 내장.
臓腑[ぞうふ] 장부; 오장과 육부. 내장.

庄　농막 장

[音] ⊗ショウ
[訓] ―

音読
庄屋[しょうや] (江戸(えど) 시대) 마을의 사무
를 보던 사람. ＊지금의 '村長(そんちょう)'에
해당함.
庄園[しょうえん] 장원; (奈良(なら) 시대부터
室町(むろまち) 시대에 걸쳐 있었던) 귀족・
神社(じんじゃ)・절(寺)의 사유지(私有地).

杖　지팡이 장

[音] ⊗ジョウ
[訓] ⊗つえ

訓読
⊗杖[つえ]　①지팡이. ②믿고 의지하는 것.
③곤장(棍杖).
杖柱[つえばしら] 크게 믿고 의지하는 사람.
정신적인 지주(支柱). (집안의) 기둥.

音読
杖刑[じょうけい] 장형; 볼기를 치는 형벌.

薔 장미꽃 장   音 ⊗ソウ ⊗ショウ
                訓 ―

音読
薔薇[★ばら/しょうび] 《植》 장미. ¶～に
刺(とげ)あり 장미에 가시가 있다.
薔薇色[★ばらいろ] 장밋빛.

醬 ˣ(醬) 젓갈 장   音 ⊗ショウ
                    訓 ―

音読
⁴醬油[しょうゆ] 간장.

[재]

才 재주 재
一 十 才

音 ◉サイ
訓 ◉ざえ

音読
才[さい] ①재능. 재주. ②(나이를 말할 때)
…살. …세.
才覚[さいかく] ①재치. 기지(機智). ②궁
리. 생각. ③돈 마련.
才幹[さいかん] 재간; 재능. 재주.
才気[さいき] 재기; 재능. 재주.
才女[さいじょ] 재녀; 재원(才媛). 문재(文
才)에 뛰어난 여자.
²才能[さいのう] 재능; 재주. 재간(才幹).
才徳[さいとく] 재덕; 재주와 덕행.
才略[さいりゃく] 재략; ①재주와 계략.
②재치 있는 책략.
才色[さいしょく] 재색; 여성의 재주와 미모.
才腕[さいわん] 재완; 재능 있는 수완.
才人[さいじん] 재인; 재주꾼.
才子[さいし] 재주꾼. 빈틈없는 사람.
才走る[さいばしる] 〈5自〉 재주가 넘치다.
너무 약아빠지다.
才知[さいち] 재지; 재주와 지혜.
才弾き[さいはじき] 약삭빠름.
才弾ける[さいはじける] 〈下1自〉 약삭빠르
다. 약삭빠르게 굴다.
才弾け者[さいはじけもの] 약삭빠른 사람.
才学[さいがく] 재학; 재주와 학식.

再 두번/다시 재
一 冂 冂 円 再 再

音 ◉サ ◉サイ
訓 ◉ふたたび

訓読
²◉再び[ふたたび] 두 번. 재차. 다시.
音読
再嫁[さいか] 재가; 재혼(再婚).
再刊[さいかん] 재간; ①(중지됐던 정기 간
행물의) 재간행. 복간(復刊). ②책의 재판
(再版)을 간행함.
再開[さいかい] 재개; 다시 시작함.
再挙[さいきょ] 재거; 재기(再起).
¹再建❶[さいけん] 재건; ①불타거나 무너진
건축물을 다시 세움. ②몰락한 것을 다시
일으킴. ❷[さいこん] 神社(じんじゃ)나 절
등을 다시 건축함. 중건(重建).
再考[さいこう] 재고; 다시 생각하 봄.
再帰[さいき] 재귀; 다시 돌아옴.
再起[さいき] 재기; 다시 일어나 활동함.
再度[さいど] 재도; 두 번. 재차.
再来[さいらい] 재래; ①다시 옴. ②다시
이 세상에 태어남.
²再来年[さらいねん] 내후년. 다음다음 해.
²再来月[さらいげつ] 다음다음 달.
²再来週[さらいしゅう] 다음다음 주.
¹再発[さいはつ] 재발; ①(병이) 다시 발병
함. ②(같은 일이) 다시 발생함.
再発見[さいはっけん] 재발견; 다시 발견함.
再犯[さいはん] 재범; 두 번째 죄를 범함.
²再三[さいさん] 재삼; 두세 번. 여러 번
¹再生[さいせい] 재생; 버리게 된 것을 다시
살려서 사용함.
再選[さいせん] 재선; ①동일인을 다시 선
출함. ②재당선. 두 번째 당선됨.
再審[さいしん] 재심; ①다시 섬사함. ②다
시 심리(審理)함.
再演[さいえん] 재연; ①(연극의) 재공연.
②(같은 연극에) 다시 출연함. 재출연.
再縁[さいえん] 재연; 재혼(再婚).
再燃[さいねん] 재연; ①(꺼진 불이) 다시 타
오름. ②(쇠한 것이) 다시 왕성해짐. ③다시
문제가 됨.
再任[さいにん] 재임; 다시 임명됨.
再再[さいさい] 자주. 여러 번.

再製[さいせい] 재제; 어떤 물건을 가공하여 다시 다른 물건으로 옮김.

再出発[さいしゅっぱつ] 재출발.

再割引[さいわりびき] 재할인; 한 은행에서 한 번 할인하여 취득한 어음을 다시 다른 은행의 할인에 부침.

¹**再現**[さいげん] 재현; 다시 나타냄.

再婚[さいこん] 재혼; 다시 결혼함.

再確認[さいかくにん] 재확인; 다시 확인함.

¹**再会**[さいかい] 재회; 다시 만남.

再興[さいこう] 재흥; 부흥(復興). 다시 일어남. 다시 일으킴.

在 있을 재

一 ナ 才 存 在 在

音 ●ザイ
訓 ●ある

訓読

⁴●**在る**[ある] 〈5自〉 ①(어떤 장소에) 있다. 존재하다. ②(살고) 있다.

在り高[ありだか] ①재고량(在庫量). ②현재의 총액(総額).

在り方[ありかた] ①현실. 현상(現状). ②바람직한 상태. 본연의 자세.

在り処[ありか] 있는 곳. 소재(所在).

音読

在[ざい] 그 곳에 있음.

在京[ざいきょう] 재경; 서울에 있음.

¹**在庫**[ざいこ] 재고; 창고에 있음.

在勤[ざいきん] 재근; 근무.

在隊[ざいたい] 재대; 군에 복무 중임.

在来[ざいらい] 재래; 전부터 있어 내려옴.

在留[ざいりゅう] 재류; (외국에) 머물러 있음.

在留邦人[ざいりゅうほうじん] 해외 교포.

在米❶[ざいべい] 재미; 미국에 체류 중임. ❷[ざいまい] 재고미(在庫米). 현재 창고에 저장된 쌀.

在世❶[ざいせい] 재세; 이 세상에 살아 있음. ❷[ざいせ] ≪仏≫ 생존. 살아 있음.

在所[ざいしょ] 재소; ①거처하는 곳. 소재(所在). ②고향. ③시골.

在野[ざいや] 재야; ①공직에 있지 않고 민간인으로 있음. ②야당의 입장에 있음.

在外[ざいがい] 재외; 외국에 거주함.

在位[ざいい] 재위; 통치자가 다스리는 기간.

在任[ざいにん] 재임; 근무 중임.

在日[ざいにち] 재일; 일본에 거주함.

在籍[ざいせき] 재적; 학적 · 호적 · 단체에 등록되어 적(籍)이 있음.

在住[ざいじゅう] 재주; 거주하고 있음.

在住者[ざいじゅうしゃ] 거주자(居住者).

在中[ざいちゅう] 재중; 속에 들어 있음.

在職[ざいしょく] 재직; 직장에 근무하고 있음.

在宅[ざいたく] 재택; 자기 집에 있음.

²**在学**[ざいがく] 재학; 학교에 학적을 둠.

²**在証明書**[ざいがくしょうめいしょ] 재학 증명서.

材 재목 재

一 十 才 木 村 村 材

音 ●ザイ
訓 ●―

音読

²**材料**[ざいりょう] 재료; ①(어떤 물건을 만드는) 원료. ②자료. 데이터. ③(시세를 등락시키는) 요인.

²**材木**[ざいもく] 재목; 목재(木材).

材積[ざいせき] 재적; 목재 · 석재의 부피.

材質[ざいしつ] 재질; ①목재의 질. ②목질부(木質部). ③재료의 성질.

災 재앙 재

く 〃 〃 〃 〃 〃 災

音 ●サイ
訓 ●わざわい

訓読

●**災い**[わざわい] 재난. 재앙. 화(禍). 화근(禍根). 불행.

災いする[わざわいする] 〈サ変自〉 (그것이 원인이 되어) 화근이 되다. 재난이 되다.

音読

²**災難**[さいなん] 재난; 뜻밖의 불행한 일.

災民[さいみん] 이재민(罹災民). 뜻밖의 재해(災害)를 입은 백성.

災厄[さいやく] 재액; 재난(災難). 재앙과 액운(厄運).

¹**災害**[さいがい] 재해; 재난으로 인해 받은 피해.

災害対策[さいがいたいさく] 재해대책.

災害地[さいがいち] 재해지; 재해 지역.

災禍[さいか] 재화; 재앙. 재해. 재난.

宰   우두머리/재상 재

宀宀宀宀宀宀宰宰

音 ◉サイ
訓 ―

音読
宰領[さいりょう] ①주관(主管)함. 감독함.
②화물 운송 및 인부들을 지휘·감독함.
③(단체 여행 등의) 인솔·감독함. 인솔자.
宰相[さいしょう] 재상; 국무총리. 수상(首相).

栽   심을 재

一十十十丰丰丰栽栽栽

音 ◉サイ
訓 ―

音読
²栽培[さいばい] 재배; 씨를 뿌리거나 모종
을 심어서 키움.
栽培漁業[さいばいぎょぎょう] 양식 어업(養
殖漁業).
栽培種[さいばいしゅ] 재배종.

財   재물 재

丨冂冂冃冃貝貝貯財財

音 ◉ザイ ◉サイ
訓 ―

音読
¹財[ざい] 재; ①재산. 재물(財物). 부(富).
②가치가 있는 것. ③재화(財貨).
財界[ざいかい] 재계; 경제계.
財界人[ざいかいじん] 재계 인사.
財団[ざいだん] 재단; ①일정한 목적을 위
해 결합된 재산의 집단. ②'財団法人'의
준말.
財団法人[ざいだんほうじん] 재단법인.
財力[ざいりょく] 재력; ①돈의 힘. ②비용
부담 능력.
財務[ざいむ] 재무; 재정에 관한 사무.
財物[ざいぶつ] 재물; 돈이나 그 밖에 온갖
값나가는 물건.
財閥[ざいばつ] 재벌; ①재계(財界)에 영향
력이 있는 대자본가. ②부자.

財宝[ざいほう] 재보; 재산과 보물. 재화(財
貨)의 총칭.
²財産[ざいさん] 재산; ①금전적인 가치가
있는 것의 총칭. ②아주 가치가 있는
보물.
¹財源[ざいげん] 재원; 재화(財貨)를 발생시
키는 근원. 지출하는 돈의 출처.
¹財政[ざいせい] 재정; ①나라 살림을 꾸려
나가는 활동. ②(개인의) 경제 상태.
⁴財布[★さいふ] 돈지갑. 돈주머니.
財貨[ざいか] 재화; ①돈. ②값나가는 물건.

斎(齋)   글방/재계할 재

一宀文产产斉斉斎斎

音 ◉サイ
訓 ⊗とき ⊗いつき ⊗いみ ⊗いわい

音読
斎戒[さいかい] 재계; 몸과 마음을 깨끗이
하고 부정(不浄)한 일을 멀리함.
斎戒沐浴[さいかいもくよく] 목욕재계.
斎場[さいじょう] 재장; 장례식장.
斎主[さいしゅ] 재주; 제주(祭主). 신관(神官)
을 불러 제사를 지내는 주최자.

裁   재단할 재

一十十丰丰丰丰栽裁裁

音 ◉サイ
訓 ◉さばく ◉たつ

訓読
¹◉裁く[さばく] 〈5他〉 재판하다. 심판하다.
판가름하다. (시비를) 가리다.
裁き[さばき] 재판. 심판. 심리(審理).
裁き人[さばきびと] (성경에서) 재판관. 심
판관. 사사(士師).
◉裁つ[たつ] 〈5他〉 (옷감을) 단하다. 마
름질하다.
裁(ち)物[たちもの] ①재단. 마름질. ②재단
한 천. 마름질한 천.
裁ち方[たちかた] 재단하는 법.
裁(ち)縫い[たちぬい] 재봉; 바느질.
裁(ち)上がり[たちあがり] 재단을 끝냄. 마
름질. 마름질 솜씨.
裁ち板[たちいた] 재단대. 마름질판.

音読

裁可[さいか] 재가; 안건(案件)을 결재하여 허가함.

裁決[さいけつ] 재결: ①재량하여 결재함. ②행정 기관의 판정.

裁断[さいだん] ①마름질. 컷팅. (종이·천 등을) 일정한 틀에 따라 자름. ②(옳고 그름의) 판정. 판가름. 재결(裁決).

裁量[さいりょう] 재량; 자신의 생각에 의해 임의로 판정하여 해결함.

²裁縫[さいほう] 재봉; 바느질.

裁定[さいてい] 재정; 옳고 그름을 판단하여 결정함.

²裁判[さいばん] 재판; 법률상의 쟁점에 대해 재판소가 판정을 내리는 일.

²裁判官[さいばんかん] 재판관; 법관.

²裁判所[さいばんしょ] 재판소; 법원(法院).

載　실을 재

一 十 土 吉 吉 直 車 車 載 載 載

音 ●サイ
訓 ●のせる ●のる

訓読

²●載せる[のせる] 〈下1他〉 ①(짐을) 싣다. ②(물건 위에) 얹다. 위에 놓다. ③(책·신문·잡지에) 게재하다. 싣다.

²●載る[のる] 〈5自〉 ①(물건 위에) 놓이다. ②(차에) 실을 수 있다. ③(책·신문·잡지에) 게재되다. 실리다.

音読

載録[さいろく] 재록; (책·신문·잡지에) 실어 올림. 게재함.

載積[さいせき] 적재(積載). (짐을 차에 실어서) 쌓음.

載貨[さいか] 재화; 짐을 차에 실음. 차에 실은 짐.

梓　가래나무 재

音 ⊗シ
訓 ⊗あずさ

訓読

⊗梓[あずさ] ① ≪植≫ 가래나무. ②판목(版木).

梓巫女[あずさみこ] 가래나무 활의 시위를 퉁기면서 죽은 사람의 영혼을 불러내어 그 말을 전한다는 무당.

争(争)　다툴 쟁

丿 ク ヶ 刍 刍 争

音 ●ソウ
訓 ●あらそう

訓読

²●争う[あらそう] 〈5他〉 ①경쟁하다. 우열을 겨루다. 다투다. ②대항하다. 적대하다. 맞서다. ③(옥신각신) 싸우다. 말다툼하다. ④싸우다. 전쟁하다. ⑤약간의 시간을 벌려고 바쁘게 하다. (시간을) 다투다.

¹争い[あらそい] 경쟁. 다툼. 싸움. 분쟁.

音読

争乱[そうらん] 쟁란; 난리가 일어나 세상이 어지러움.

争論[そうろん] 쟁론; 논쟁. 말다툼.

争議[そうぎ] 쟁의; ①서로 의견을 주장하여 다툼. ②노동 쟁의. ③(행정 기관 사이에서 발생하는) 권한상의 다툼.

争奪[そうだつ] 쟁탈; 자기 것으로 만들려고 서로 다투어 빼앗음.

争闘[そうとう] 쟁투; 투쟁. 싸움.

低　낮을 저

丿 イ 亻 仁 仟 低 低

音 ●テイ
訓 ●ひくい ●ひくまる ●ひくめる

訓読

⁴●低い[ひくい] 〈形〉 ①(높이가) 낮다. ②(신분·지위가) 낮다. 높지 않다. ③(수준·정도가) 낮다. 얕다. ④(목소리가) 낮다. 저음이다.

低み[ひくみ] 낮은 곳.

●低まる[ひくまる] 〈5自〉 낮아지다.

●低める[ひくめる] 〈下1他〉 낮추다.

低め[ひくめ] 나지막함. 약간 낮음. 낮은 듯함.

音読

低減[ていげん] 저감; ①줆. 줄임. 감소함. ②값이 내림. 값을 내림.

低空[ていくう] 저공; 낮은 하늘.

低級[ていきゅう] 저급; ①등급이 낮음. ②저속함. 수준이 낮음.

低気圧[ていきあつ] 저기압; ① 《気》 기압이 낮음. ②기분이 좋지 않은 상태.

低落[ていらく] 저락; 내려감. 떨어짐.

低廉[ていれん] 저렴; 값이 쌈.

低利[ていり] 저리; 싼 이자.

低木[ていぼく] 저목; 키가 작은 나무. 관목(灌木).

低迷[ていめい] 저미; ①구름이 낮게 떠돎. ②나쁜 상태에서 헤어나지 못함.

低俗[ていぞく] 저속; 품격이 낮고 속됨.

低額[ていがく] 저액; 적은 금액.

低温[ていおん] 저온; 낮은 온도.

低位[ていい] 저위; 낮은 위치·지위.

低率[ていりつ] 저율; 낮은 비율.

低音[ていおん] 저음; 낮은 목소리.

低調[ていちょう] 저조; ①수준이 낮고 저속함. ②활기가 없고 일이 진척되지 않음.

低地[ていち] 저지; 낮은 땅.

²**低下**[ていか] 저하; ①정도가 낮아짐. ②(질·능력 등이) 나빠짐.

低血圧[ていけつあつ] 저혈압; 혈압이 낮음.

低回[ていかい] 저회; 사색에 잠겨 천천히 걸음.

底   밑바닥 저

丶 亠 广 广 庐 庐 底 底

音 ●テイ
訓 ●そこ

訓読

²●**底**[そこ] ①밑바닥. 바닥. ②끝. 한계. ③(깊은) 속. ④바닥시세. 최저 가격.

底光り[そこびかり] (겉으로 드러나지 않은) 그윽한 빛.

底冷え[そこびえ] 추위가 뼛속까지 스며듦.

底力[そこぢから] 저력; 속에 간직한 숨은 힘.

底抜け[そこぬけ] ①바닥이 없음. 밑이 빠짐. ②술고래. ③걷잡을 수 없는 시세 폭락. ④끝이 없음. ⑤일간이.

底積み[そこづみ] ①바닥짐. ②(짐을 쌓을 때) 맨 밑에 실음; 또 그 짐.

底値[そこね] 바닥시세. 최저 가격.

音読

底流[ていりゅう] 저류; ①(강·바다의) 밑바닥의 흐름. ②(겉으로 드러나지 않는) 내부의 움직임·감정·사상.

底面[ていめん] 저면; ①바닥 면. ② 《数》 (입체의) 밑면.

底辺[ていへん] 저변; ① 《数》 밑변. ②사회의 밑바닥.

底本[ていほん/そこほん] ①대본(台本). 텍스트. ②부본(副本). 사본(写本). ③초고(草稿).

底止[ていし] 저지; (막다른 데까지 가서) 멈춤.

抵   막을/거스를 저

一 十 扌 扩 扩 抵 抵 抵

音 ●テイ
訓 ―

音読

抵当[ていとう] 저당; 담보. 담보물.

抵触[ていしょく] 저촉; 법률이나 규칙 등에 맞닥뜨려 걸려듦.

²**抵抗**[ていこう] 저항; 힘의 작용에 대해 그 반대 방향으로 작용하는 힘.

抵抗器[ていこうき] 저항기; 전기 저항기.

邸   큰집 저

一 厂 厎 氏 氐 氐 邸 邸

音 ●テイ
訓 ⊗やしき

音読

邸内[ていない] 저내; 저택 안.

¹**邸宅**[ていたく] 저택; 규모가 큰 집.

著(著)   ①드러날/책지을 저
②입을/붙을/⊏다를 착

一 艹 艹 芏 莘 莘 芙 荖 著 著 著

音 ●チョ
訓 ●いちじるしい ●あらわす

訓読

¹●**著しい**[いちじるしい] 〈形〉 현저하다. 눈에 띄다. 두드러지다.

²●**著**(わ)**す**[あらわす] 〈5他〉 (책을) 쓰다. 저술하다.

音読
¹著[ちょ] 저; 저술(著述). 저서(著書).
¹著名[ちょめい] 저명; 이름이 세상에 알려짐.
¹著書[ちょしょ] 저서; 지은 책.
著述[ちょじゅつ] 저술; 저술; 글을 써서 책을 만듦.
²著者[ちょしゃ] 저자; 저작자(著作者).
著作者[ちょさくしゃ] 저작자; 저자(著者).

貯 쌓을/저장할 저

丨 刂 月 月 月 貝 貝 貯 貯 貯 貯

音 ●チョ
訓 ⊗たくわえる ⊗ためる

訓読
⊗貯える[たくわえる]〈下1他〉(만일을 위해) 비축하다. 모아 두다. 저축하다.
貯え[たくわえ] 비축. 모아 둔 것. 저축.
⊗貯める[ためる]〈下1他〉(돈을) 저축하다. 저금하다.

音読
²貯金[ちょきん] 저금; 돈을 저축함.
貯水池[ちょすいち] 저수지.
²貯蔵[ちょぞう] 저장; 비축해 둠.
¹貯蓄[ちょちく] 저축; 저금함. 비축함.
貯炭[ちょたん] 저탄; 숯이나 석탄을 비축함. 비축한 숯·석탄.

狙 노릴 저

音 ⊗ソ
訓 ⊗ねらう

訓読
²⊗狙う[ねらう]〈5他〉①노리다. 엿보다. ②겨냥하다. 겨누다. ③목표로 하다. 목표를 달성할 기회를 엿보다.
²狙い[ねらい] ①노리는 바. 목표. 목적. ②겨냥. 겨눔.
狙い撃ち[ねらいうち] ①저격; 겨누어 쏨. ②(목표를 정확하게 파악하고) 집중 공격함. 중점을 둠.
狙い所[ねらいどころ] 노리는 바. 착안점.
狙い澄ます[ねらいすます]〈5他〉충분히 겨냥하다. 어김없도록 겨누다.
狙い打ち[ねらいうち] (야구에서) 잘 겨냥해서 침. 잘 노려서 침.

音読
狙撃[そげき] 저격; 겨냥해서 쏨.

沮 막을 저

音 ⊗ソ
訓 ⊗はばむ

訓読
¹⊗沮む[はばむ]〈5他〉 가로막다. 방해하다. 저지하다. 〈5自〉(용기가) 꺾이다. 주눅이 들다.

音読
沮止[そし] 저지; 가로막아 방해함.
沮害[そがい] 저해; 방해함. 못하게 함.

渚(渚) 물가 저

音 ⊗ショ
訓 ⊗なぎさ

訓読
⊗渚[なぎさ] 물결이 밀려오는 물가.
渚遊び[なぎさあそび] 물가에서 놂.

猪(猪) 멧돼지 저

音 ⊗チョ
訓 ⊗いのしし

訓読
⊗猪[いのしし] 《動》 멧돼지.
猪武者[いのししむしゃ] 무턱대고 돌진만 하는 무사. 저돌형(猪突形) 무사.
猪飼い[いのししかい] 멧돼지를 사육함.
猪狩り[いのししがり] 멧돼지 사냥.
猪首[いくび] ①(멧돼지 목처럼) 굵고 짧은 목. ②《古》투구를 뒤로 젖혀 씀.
猪肉[ししにく] 멧돼지고기.

音読
猪口❶[ちょく] ①작은 사기그릇 잔. ②(생선회 등을 담는) 작고 바닥이 깊은 사기그릇 접시. ❷[ちょこ] 작은 사기그릇 잔.
猪口才[ちょこざい] 약아빠지고 시건방짐. 주제넘음.
猪突[ちょとつ] 저돌; 멧돼지처럼 무턱대고 앞만 보고 돌진함.
猪勇[ちょゆう] 저용; 무모한 용기.

這ˣ(這) 이것 저

音 ⊗シャ
訓 ⊗はう

訓読
²⊗這う[はう]〈5自〉①기다. 기어가다. ②(덩굴이) 뻗다. 뻗어 나가다.
這い上がる[はいあがる]〈5自〉①기어오르다. ②난관을 극복하고 일어서다.

這い出す[はいだす] 〈5自〉 ①기어 나오다. 기어 나가다. ②기기 시작하다.

這い出る[はいでる] 〈下1自〉 기어 나오다. 기어 나가다.

這い回る[はいまわる] 〈5自〉 기어 돌아다니다.

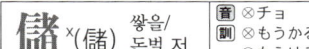

箸 ×(箸) 젓가락 저   音 ⊗チョ   訓 ⊗はし

訓読

⁴⊗箸[はし] 저; 젓가락.

箸箱[はしばこ] 젓가락 통. 수저통.

箸置き[はしおき] (밥상의) 젓가락 받침. 젓가락 끝을 올려놓는 받침대.

箸休め[はしやすめ] (식사 도중에) 입맛을 산뜻하게 하기 위하여 먹는 별미의 반찬.

儲 ×(儲) 쌓을/돈벌 저   音 ⊗チョ   訓 ⊗もうかる ⊗もうける

訓読

²⊗儲かる [もうかる] 〈5自〉 ①돈벌이가 되다. 수지가 맞다. ②덕보다. 득이 되다.

²⊗儲ける [もうける] 〈下1他〉 ①(돈을) 벌다. ②덕을 보다. ③(자식을) 두다. 얻다.

[적]

赤   붉을 적

一 十 土 ナ 方 赤 赤

音 ●セキ ●シャク
訓 ●あか ●あかい

訓読

³●赤[あか] ①빨강. 적색. ②공산주의. 빨갱이. ③구리, 동(銅). ④적자(赤字). ⑤빨간 신호. ⑥(校正에서) 고친 글.

⁴●赤い[あかい] 〈形〉 ①붉다. 빨갛다. ②사상이 붉다. 좌익적이다.

²赤ちゃん[あかちゃん] 갓난아이. 젖먹이.

赤ばむ[あかばむ] 〈5自〉 붉어지다. 불그스름해지다. 붉은색을 띠다.

¹赤らむ[あからむ] 〈5自〉 불그레해지다. 불그스름해지다.

赤らめる[あからめる] 〈下1他〉 (얼굴을 약간) 붉히다.

赤肌[あかはだ] ①(피부가 벗겨진) 빨간 살갗. ②알몸뚱이. 벌거숭이. ③(산의) 벌거숭이. 민둥민둥함.

赤旗[あかはた] 적기; 붉은 깃발. ②위험 신호기. ③(공산당·노조의) 붉은 기. ④(옛날에) 平(たいら)씨(氏) 집안의 깃발.

赤裸[あかはだか] ①알몸뚱이. 벌거숭이. ②쌀보리. ③빈털터리.

赤帽[あかぼう] ①빨간 모자. ②(역의) 짐꾼. 포터.

赤味[あかみ] 붉은 기. 불그스름함.

³赤ん坊[あかんぼう] ①젖먹이. 갓난애. ②(세상 물정을 모르는) 철부지.

赤線[あかせん] 적선; 붉은 선.

赤身❶[あかみ] ①빨간 살코기. ②(생선의) 붉은 살. ③심재(心材). ❷[せきしん] 적신; ①알몸. 벌거숭이. ②맨몸. 아무것도 지니지 않은 몸.

²赤信号[あかしんごう] 적신호; 빨간 신호.

赤子❶[あかご] 갓난아기. 젖먹이. ❷[せきし] ①갓난아기. ②국민. 백성.

¹赤字[あかじ] 적자; ①결손(缺損) ②《印》 교정에서 바로잡은 빨간 글자.

赤と[あかあかと] 빨갛게. 새빨갛게

赤茶ける[あかちゃける] 〈下1自〉 ①적갈색으로 퇴색하다. ②햇볕에 검붉게 타다.

赤札[あかふだ] ①빨간 딱지. ②특가품. 팔린 상품에 붙이는 붉은 표, 또는 그 물건.

赤の他人[あかのたにん] 생판 모르는 사람.

赤貝[あかがい] ①《貝》 피조개. ② 《俗》 (성인 여성의) 음부(陰部).

赤黒い[あかぐろい] 〈形〉 검붉다. 불그스레하면서도 검다.

音読

赤光[しゃっこう] 적광; 눈부시게 빛나는 붉은 빛. 낙조(落照).

²赤道[せきどう] 《地》 적도.

赤銅色[しゃくどういろ] 적동색; 구리 빛깔.

赤裸裸[せきらら] 적나라; ①알몸. 벌거숭이. ②사실 그대로임. 있는 그대로임.

赤飯[せきはん] 찹쌀 팥밥. *경사스런 날에 먹음.

赤貧[せきひん] 적빈; 몹시 가난함.

赤誠[せきせい] 적성; 참된 정성. 진심.

赤十字[せきじゅうじ] 적십자.

赤外線[せきがいせん] 《物》 적외선.

赤血球[せっけっきゅう] 적혈구; 붉은피톨.

赤化[せっか] 적화; 공산주의가 됨.

的(的) 과녁 적

′ ′ 白 白 白 白 的 的

音 ●テキ
訓 ●まと

訓読
¹●的❶[まと] ①과녁. 표적. ②목표. 초점.
❷[てき] ☞[音読]
的外れ[まとはずれ] ①과녁을 빗나감. ②요
점에서 벗어남.

音読
²的❶[てき] (명사에 접속하면 형용동사가
되어) ①…에 관한. …에 대한. ②…같
은. …의 성질을 띤. ③…상태에 있는.
④(인명이나 직업명에 접속하여 친근감·
경멸의 뜻을 나타냄.) ¶泥(どろ)~ 도씨.
도둑놈. ¶貧(ひん)~ 가난뱅이. ¶取(と
り)~ 졸개기 씨름꾼. ❷[まと] ☞[訓読]
的中[てきちゅう] 적중; ①과녁에 명중함.
②(예상이) 들어맞음.
²的確[てきかく/てっかく] 정확(正確)함.

寂 고요할 적

宀 宀 宀 宇 宇 宋 宋 寂 寂

音 ●ジャク ●セキ
訓 ●さび ●さびしい ●さびる ●さびれる

訓読
●寂[さび] ①예스럽고 차분한 아취. ②차
분하고 낮은 목소리. ③노숙하고 구성진
목소리. 성대를 떨면서 발음하는 저음.
④(일본 문학의 이념으로서) 한적하고
인정미 넘치는 정취미(情趣味).
³寂しい[さびしい] 〈形〉①(인적이 없어)
쓸쓸하다. 한적하다. 호젓하다. ②(외로
워서) 적적하다. 쓸쓸하다. ③허전하다.
서운하다. ④울적하다. ⑤내용이 빈약하
다. 초라하다.
●寂る[さびる] 〈上1自〉①조용하고 운치
가 있다. ②노숙해지다. 목소리가 낮고
굵어 구수해지다. ③(오래 되어) 황폐해
지다.
●寂れる[さびれる] 〈下1自〉①(번창하던 곳
이) 쇠퇴하다. 쓸쓸해지다. 한적해지다.
②(오래 되어) 황폐해지다.

音読
寂として[せきとして] 쥐죽은 듯이.
寂寞[じゃくまく/せきばく] 적막; 쓸쓸하고
고요함.
寂滅[じゃくめつ/せきめつ] 적멸; ①번뇌의
경지를 떠남. ②죽음. 사망.
寂然[じゃくねん/せきぜん] 적연; 고요하고
쓸쓸함.
寂寂❶[じゃくじゃく] 적적; ①고요함. 호젓
함. ②무념무상(無念無想)함. ❷[せきせき]
적적; 고요함. 호젓함.

笛 피리 적

′ ′ ′ ′ ′′ ′′ ′′ 竹 竹 竹 笛 笛 笛

音 ●テキ
訓 ●ふえ

訓読
²●笛[ふえ] ①피리. ②호각. 호루라기.
笛吹(き)[ふえふき] ①피리꾼. 피리 부는 사
람. ②선동자. 선동하는 사람.

音読
●警笛[けいてき], 鼓笛[こてき], 汽笛[きてき]

跡 자취 적

口 𧾷 𧾷 𧾷 𧾷 𧾷 跡 跡 跡 跡 跡

音 ●セキ
訓 ●あと ⊗と…

訓読
²跡[あと] ①(남겨진) 자국. 흔적. ②자취.
흔적. 행적. 유적(遺跡). ③뒤. 행방. 행적.
④(집안의) 대(代). 후계자.
¹跡継ぎ[あとつぎ] ①상속. 상속자. (집안의)
대를 이음. ②(예능·학문의) 후계자.
跡目[あとめ] ①상속. 상속자. ②후계자. 후임자.
跡始末[あとしまつ] 뒤치다꺼리. 뒷정리.
뒤처리. 뒷마무리.
跡地[あとち] ①(건물 등을) 헌 터. ②농작
물의 수확이 끝난 땅.
跡取り[あととり] 상속. 상속인.
跡片付け[あとかたづけ] 뒤치다꺼리. 뒷정리.
뒤처리. 뒷마무리.
跡形[あとかた] 흔적. 자취.

音読
●古跡[こせき], 史跡[しせき]

賊
도적 적

丨 丨丨 目 貝 貝ㅏ 貝ㅏ 貯 賊 賊 賊

音 ●ゾク
訓 ―

音読
賊徒[ぞくと] 적도; ①도적의 무리. ②반란군. 역적의 무리.
賊臣[ぞくしん] 적신; 반역한 신하. 역적.

滴
물방울 적

氵 氵 氵 氵 浐 済 滴 滴 滴 滴

音 ●テキ
訓 ●しずく ●したたらす ●したたる

訓読
¹●**滴**[しずく] 물방울.
●**滴らす**[したたらす] 〈他〉 (물방울 등을) 떨어뜨리다.
●**滴る**[したたる] 〈5自〉 ①(물방울 등이) 방울져 떨어지다. ②(싱싱함이) 넘칠 듯이 충만하다.

音読
滴滴と[てきてきと] 뚝뚝. 방울방울.
滴下[てきか] 적하; 방울져 떨어짐.

適(適)
알맞을 적

亠 产 产 产 育 商 商 商 滴 滴

音 ●テキ
訓 ⊗かなう ⊗かなえる ⊗かなわぬ

音読
²**適する**[てきする] 〈サ変自〉 알맞다. 적합하다. 합당하다.
適格[てきかく/てっかく] 적격; 어떤 자격에 합당함.
適期[てっき] 적기; 적당한 시기.
²**適当**[てきとう] 적당; ①적합함. 적절함. 꼭 들어맞음. ②(정도·분량이) 알맞음. ③적당히 해 버림. 대충해 버림. 엉터리로 함.
²**適度**[てきど] 적도; 알맞은 정도.
適量[てきりょう] 적량; 적당량. 알맞은 양.
適齢[てきれい] 적령; 어떤 표준이나 규정에 알맞은 나이.
適例[てきれい] 적례; 적절한 예.
適法[てきほう] 적법; 합법적임.
適否[てきひ] 적부; 적합함과 부적합함.
¹**適性**[てきせい] 적성; 적합한 성질.
¹**適所**[てきしょ] 적소; ①적당한 지위. ②알맞은 자리.
適時[てきじ] 적시; 적당한 때.
適役[てきやく] 적역; 알맞은 배역(配役).
²**適用**[てきよう] 적용; 어떤 특정한 사항·사건 등에 맞추어 사용함.
¹**適応**[てきおう] 적응; 환경에 적합하도록 형태·습성을 변화시킴.
¹**適宜**[てきぎ] 적의; ①적절함. 적당함. ②요령껏. 각자가 알아서.
適任[てきにん] 적임; 임무에 적합함.
適者[てきしゃ] 적자; 어떤 환경에 적합한 자.
適材[てきざい] 적재; 적합한 인물.
²**適切**[てきせつ] 적절; 딱 들어맞음.
適正[てきせい] 적정; 알맞고 바름.
適合[てきごう] 적합; 꼭 들어맞음.
²**適確**[てきかく/てっかく] 정확(正確)함.

摘
집어낼/딸 적

扌 扩 扩 护 捛 摘 摘 摘 摘

音 ●テキ
訓 ●つむ ⊗つまむ

訓読
¹●**摘む**[つむ] 〈5他〉 ①(손끝으로 나뭇잎·꽃 등을) 따다. 뜯다. ②(가위 등으로) 가지런히 깎다.
¹⊗**摘まむ**[つまむ] 〈5他〉 ①(손가락으로) 집다. ②(음식을) 집어먹다. ③발췌하다. 요약하다.
●**摘み❶**[つみ] (손끝으로 나뭇잎·꽃 등의) 따기. 뜯기.
⊗**摘まみ❷**[つまみ] ①손잡이. ②손가락으로 집은 분량. ¶お〜 마른안주.
摘み草[つみくさ] 나물캐기.

音読
摘記[てっき] 적기; 요점만 골라 기록함.
摘発[てきはつ] 적발; 숨겨진 사실을 들추어냄.
摘要[てきよう] 적요; 요점만 골라 기록함.
摘出[てきしゅつ] 적출; ①끄집어 냄. 빼냄. ②《医》수술로 제거함. 도려냄. ③골라냄. 가려냄. ④폭로함. 들추어냄. 밝혀냄. ⑤(나쁜) 원인·문제점을 도려냄.

嫡 본처/정실 적

女 女 女 女 妒 妒 嫡 嫡 嫡

音 ●チャク
訓 ―

音読
嫡男[ちゃくなん] 적남; 본처의 장남으로 대(代)를 이어갈 아들.
嫡流[ちゃくりゅう] 적류; ①정통의 혈통. 종가(宗家)의 혈통. ②정통파.
嫡孫[ちゃくそん] 적손; 가문(家門)을 상속할 손자. 적자(嫡子)의 적자(嫡子).
嫡子[ちゃくし] 적자; ①본처가 낳은 아들. ②가문(家門)을 상속할 아들.
嫡出[ちゃくしゅつ] 적출; 본처의 소생.
嫡出子[ちゃくしゅつし] 적출자; 본처의 장남으로 대(代)를 이어나갈 아들.

敵 원수 적

亠 ャ 产 育 育 育 商 商 商 敵 敵

音 ●テキ
訓 ●かたき

訓読
●敵❶[かたき] ①원수(怨讐). ②경쟁 상대. 라이벌. ❷[てき] ☞ [音読]
敵討ち[かたきうち] 원수를 갚음. 복수함.

音読
²敵❶[てき] 적; ①적군(敵軍). 적수(敵手). ②해를 끼치는 것. ③(교섭·절충의) 상대. 저쪽. ❷[かたき] ☞ [訓読]
敵する[てきする]〈サ変自〉 ①적대(敵対)하다. 대항하다. 맞서다. ②필적하다. 어깨를 나란히 하다.
敵愾心[てきがいしん] 적개심; 적에 대한 의분(義憤)과 성낸 마음.
敵国[てきこく/てっこく] 적국; 적대 관계에 있는 나라.
敵軍[てきぐん] 적군; 적의 군대.
敵機[てっき] 적기; 적군의 비행기.
敵対[てきたい] 적대; 적으로서 맞섬.
敵方[てきがた] 적군의 편. 적측(敵側).
敵兵[てきへい] 적병; 적군의 군대.
敵手[てきしゅ] 적수; ①적군의 수중(手中). ②경쟁 상대. 라이벌.

敵意[てきい] 적의; 적대심(敵対心). 적으로서 생각함.
敵将[てきしょう] 적장; 적군의 장수(将帥).
敵情[てきじょう] 적정; 적군의 상황.
敵地[てきち] 적지; 적군의 점령지.
敵陣[てきじん] 적진; 적군의 진영.
敵弾[てきだん] 적탄; 적군이 쏜 탄환.
敵艦[てきかん/てっかん] 적함; 적군의 군함.

積 쌓을 적

千 千 禾 禾 秆 秸 秸 積 積 積

音 ●セキ
訓 ●つむ ●つもる

訓読
²積む[つむ]〈5他〉 ①(물건을) 쌓다. ②(짐을) 싣다. ③(재산을) 모으다. 저축하다. 쌓다. ④(경험을) 거듭하다. 쌓다.
積み降(ろ)し[つみおろし] (화물을) 싣고 내림.
積(み)金[つみきん] 적금. 적립금.
積(み)立て[つみたて] 적립; 모아서 쌓아 둠.
積み立てる[つみたてる]〈下1他〉 적립하다. 모아서 쌓아 두다.
積立金[つみたてきん] 적립금; ①적금. 적립해 두는 돈. ②준비금(準備金).
積(み)木[つみき] ①나무를 쌓아올림. 쌓아올린 나무. ②쌓기놀이. 집짓기놀이.
積(み)卸(し)[つみおろし] (화물을) 싣고 내림.
積み上げる[つみあげる]〈下1他〉 ①(물건을) 쌓아올리다. ②다 쌓다. ③단계적으로 이룩하다.
積(み)込み[つみこみ] 짐을 실음.
積み込む[つみこむ]〈5他〉 짐을 싣다.
積(み)残し[つみのこし] (차에) 싣다가 남은 짐. 태우다 남은 사람.
積み重なる[つみかさなる]〈5自〉 겹겹이 쌓이다. 포개어 쌓이다.
積み重ねる[つみかさねる]〈下1他〉 ①겹겹이 쌓다. 포개어 쌓다. ②차츰 늘려 나가다. 거듭하다. 쌓다.
積(み)替え[つみかえ] ①(짐을) 옮겨 쌓음. ②다시 쌓음.
積み替える[つみかえる]〈下1他〉 ①(짐을) 옮겨 쌓다. ②다시 쌓다. 다시 고쳐 쌓다.
積(み)出し[つみだし] (짐을) 출하(出荷)함.

積み出す[つみだす] 〈5他〉(짐을) 실어 내다. 실어 보내다. 출하(出荷)하다.
積(み)荷[つみに] 짐싣기.
²積もる[つもる] 〈5自〉①쌓이다. 모이다. ②쌓이고 쌓이다. 〈5他〉①어림잡다. 셈치다. ②추측하다. 헤아리다.
¹積(も)り[つもり] ①생각. 작정. ②예상. 속셈. ③…한 셈 침. ④(술자리에서) 마지막 잔.

음독
積極[せっきょく] 적극; 바싹 다잡아서 활동함.
²積極的[せっきょくてき] 적극적.
積年[せきねん] 적년; 다년간.
積算[せきさん] 적산; ①모아서 계산함. 누계(累計). ②(예산 등의) 산출. 견적.
積雪[せきせつ] 적설; 쌓인 눈.
積載[せきさい] 적재; (차에) 물건·짐을 쌓아 실음.

績   길쌈/공(功) 적

糸 糸 糸 糸 結 結 績 績

음 ●セキ
훈 ⊗うむ

음독
●功績[こうせき], 成績[せいせき]

籍   문서 적

⺮ ⺮ 筥 筥 筥 筥 籍 籍 籍 籍

음 ●セキ
훈 —

음독
籍[せき] 적; ①호적(戸籍). ¶〜を入(い)れる 입적하다. 호적에 올리다. ②신분. 적.
●国籍[こくせき], 書籍[しょせき]

謫   귀양갈 적 | 음 ⊗タク
                           | 훈 —

음독
謫する[たくする] 〈サ変他〉①귀양 보내다. 유배시키다. ②좌천(左遷)시키다.
謫居[たっきょ] 적거; 귀양살이를 함.
謫所[たくしょ] 적소; 귀양지. 유배지.

[전]

田   밭 전

丨 冂 冂 田 田

음 ●デン
훈 ●た

훈독
²●田❶[た] 논. ❷[でん] ☞ [음독]
³田舎[★いなか] ①촌. 시골. 지방. ②(시골의) 고향.
田植(え)[たうえ] 모내기. 모심기.
田畑[たはた/でんばた] 논밭. 전답(田畓).
²田圃[たんぼ] 논.

음독
田❶[でん] (생활 필수품을) 생산하는 곳. 생산지. ¶衣食(いしょく)の〜 의복과 식품의 생산지. ❷[た] ☞ [훈독]
¹田園[でんえん] 전원; ①논과 밭. ②시골.
田地[でんち] 전지; 논으로 이용하는 땅.

伝(傳)   전할 전

丿 亻 仁 仁 伝 伝

음 ●デン ⊗テン
훈 ●つたう ●つたえる ●つたわる ⊗つて

훈독
●伝う[つたう] 〈5自〉(어떤 것을 매개체로 하여) 옮겨가다. 이동하다.
伝い[づたい] (명사에 접속하여) …을 따라서. …을 매개체로 하여. …을 타고.
³●伝える[つたえる] 〈下1他〉①(소식을) 전하다. 알려 주다. ②(비법을) 전하다. 전수(傳授)하다. ③(재산을) 물려주다. ④전파하다. 널리 알리다. ⑤전달하다. 작용이 미치다.
伝え[つたえ] ①전갈. 전언(傳言). ②구전(口傳). 전설(傳說).
伝え聞く[つたえきく] 〈5他〉전해 듣다. 소문으로 듣다.
²●伝わる[つたわる] 〈5自〉①전해지다. 전해 내려오다. ②알려지다. 전해 퍼지다. 전파(傳播)되다. ③전래(傳來)되다. ④(매개체를 통해) 통하다. 전해지다. 옮겨가다. 이동하다.

音読

伝奇[でんき] 전기; 괴이한 이야기.

²伝記[でんき] 전기; 개인의 일생 동안 있었던 사적(私的)인 기록.

¹伝達[でんたつ] 전달; (명령이나 연락사항 등을 남에게) 전하여 이르게 함.

伝道[でんどう] 전도; 종교를 전파함.

伝道者[でんどうしゃ] 전도자; 전도인.

伝導[でんどう] 전도; 전기가 물체를 통해 옮겨가는 현상.

伝動[でんどう] 전동; 기계 장치를 통해 동력을 다른 부분으로 전함.

¹伝来[でんらい] 전래; 전해 내려옴.

伝令[でんれい] 전령; 명령을 전달함. 명령을 전달하는 사람.

伝馬船[★てんません] 전마선; 거룻배.

伝聞[でんぶん] 전문; 전해 들음.

伝法肌[でんぽうはだ] (여자가) 우락부락함.

伝書鳩[でんしょばと] 전서구; 통신 수단으로 이용하는 비둘기.

伝線[でんせん] 전선; (스타킹 등의) 줄이 나감. 올이 줄줄이 풀림.

¹伝説[でんせつ] 전설; 전해 내려오는 이야기.

伝送[でんそう] 전송; ①차례로 전하여 보냄. ②(옛날) 역참에서 보낸 통신 제도. ③(전기·신호 등을) 보내어 전함.

伝送線[でんそうせん] 전송선.

伝受[でんじゅ] 전수; (학문·기예·무예 등을) 전해 받음.

伝授[でんじゅ] 전수; 전해 줌.

伝習[でんしゅう] 전습; 전문적인 학문·기술을 이어받아 배움. 교습(教習).

伝習所[でんしゅうじょ] 교습소(教習所).

伝承[でんしょう] 전승; 계통을 전하여 계승함.

²伝言[でんごん] 전언; 말을 전함. 메시지를 전함.

伝言板[でんごんばん] 전언판; 메모판.

²伝染[でんせん] 전염; ① 《医》 병원체가 옮음. ②(습관·상태 등이) 옮아 물듦.

²伝染病[でんせんびょう] 전염병.

伝助賭博[でんすけとばく] 삥땅이 노름.

²伝唱[でんしょう] 전창; 전하여 부름.

²伝統[でんとう] 전통; 오랜 세월에 걸쳐 전해 내려온 유형·무형의 관습·경향·계통.

伝播[でんぱ] 전파; ①전하여 널리 퍼짐. ②《物》 파동(波動)이 널리 퍼져 나감.

伝票[でんぴょう] 전표; 거래 내용을 적어 책임을 분명히 하는 표.

全(全)　온전/모두 전

ノ　ヘ　ム　수　수　全

音 ●ゼン

訓 ●まったい ●まったく ⊗まっとうする ⊗すべて

訓読

●全い[まったい] 〈形〉 완전하다. 온전하다.

全き[まったき] 완전한. 온전한. 완벽한.

²●全く[まったく] ①완전히. 전적으로. ②정말로. 참으로. 실로. ③(부정문에서) 전혀.

⊗全うする[まっとうする] 〈サ変他〉 완수하다. 다하다.

⊗全て[すべて] ① 〈副〉 모두. 모든. 모조리. 통틀어. ②대체적으로. 일반적으로. ③〈名〉 모든 것. 전체. 전부.

音読

²全[ぜん] 전; ①전체. ②모두. 모든.

全景[ぜんけい] 전경; 전체의 경치.

全科[ぜんか] 전과; 전 학과. 전 교과.

全校[ぜんこう] 전교; ①한 학교 전체. ②모든 학교.

全局[ぜんきょく] 전국; ①국면 전체. ②(바둑·장기에서) 대국(対局) 전체.

²全国[ぜんこく] 전국; 나라 전체. 온 나라.

全軍[ぜんぐん] 전군; 전체의 군대.

全権[ぜんけん] 전권; (위임된 일을 처리하는) 모든 권한과 권리.

全能[ぜんのう] 전능; 어떤 것이든지 못하는 것이 없음. 불가능이 없음.

全段[ぜんだん] 전단; 신문 한 페이지 전부.

全図[ぜんず] 전도; 지도 전체.

全裸[ぜんら] 전라; 알몸. 벌거숭이.

全量[ぜんりょう] 전량; 전체의 분량.

²全力[ぜんりょく] 전력; 온힘.

全面[ぜんめん] 전면; 모든 면.

¹全滅[ぜんめつ] 전멸; 모두 멸망함.

全貌[ぜんぼう] 전모; 전체의 모양.

全文[ぜんぶん] 전문; 문장 전체.

²全般[ぜんぱん] 전반; 통틀어 모두.

⁴全部[ぜんぶ] 전부; 모두. 전체.

全書[ぜんしょ] 전집; 전집(全集).

全線[ぜんせん] 전선; ①(철도·통신 등의) 노선 전부. ②전전선(全戦線).

¹全盛[ぜんせい] 전성; 한창 왕성함.

全焼[ぜんしょう] 전소; 몽땅 타 버림.

全勝[ぜんしょう] 전승; 모두 이김.

²**全身**[ぜんしん] 전신; 온몸.

全額[ぜんがく] 전액; 액수의 전부.

全訳[ぜんやく] 전역; 완역(完訳).

全域[ぜんいき] 전역; ①온 지역. 지역 전체. ②모든 분야. 모든 방면.

²**全然**[ぜんぜん] 전연; ①(부정문에서) 전연. 전혀. 조금도. ②완전히. 전적으로. ③《俗》아주. 대단히. 굉장히.

全容[ぜんよう] 전용; 전체의 모습.

²**全員**[ぜんいん] 전원; 모든 인원.

全長[ぜんちょう] 전장; 전체의 길이.

²**全集**[ぜんしゅう] 전집; 한 사람의 또는 같은 종류의 저작물을 모은 출판물.

²**全体**[ぜんたい] 전체; ①온몸. 전신(全身). ②모두. 전부. ③본디. 애당초. 원래. ④(의문문에서) 도대체. 대체. ⑤대체로.

全治[ぜんち/ぜんじ] 전치; 병을 완전히 고침.

¹**全快**[ぜんかい] 전쾌; 완쾌(完快).

全通[ぜんつう] 전통; (철도·통신 등의) 모든 노선(路線) 개통.

全敗[ぜんぱい] 전패; 완패(完敗).

全廃[ぜんぱい] 전폐; 모두 폐함.

全会[ぜんかい] 전회; ①그 모임에 참석한 사람 모두. ②모든 회원. 회원 모두.

全休[ぜんきゅう] 전휴; ①그 날 하루 또는 일정 기간 내내 쉼. ②전 차량이 쉼.

典 법/책 전

丨 冂 冂 冉 曲 曲 曲 典 典

音 ●テン

訓 —

典拠[てんきょ] 전거; 문헌상의 근거.

典故[てんこ] 전고; 문헌상의 근거가 있는 고사(故事).

典礼[てんれい] 전례; ①정해진 의식·의례. ②의식을 관장하는 직책.

典例[てんれい] 전례; 문헌상의 근거가 있는 선례(先例).

典範[てんぱん] 전범; 행동의 기준이 되는 규칙이나 법률.

²**典型**[てんけい] 전형; 모범이 될 만한 본보기.

²**典型的**[てんけいてき] 전형적; 어떤 종류의 특징이나 성격 등을 잘 표현하고 있음.

前(前) 앞 전

丶 丷 疒 亓 疒 前 前 前 前

音 ●ゼン

訓 ●まえ

⁴●**前❶**[まえ] ①(방향의) 앞. 앞쪽. 정면. ②(어느 시점의) 전. 이전. ③(순서에서) 앞. 앞서. 먼저. ④《俗》전과(前科). ⑤(몇 사람) 몫. 분. ❷[ぜん] ☞ [音読]

前のめり[まえのめり] 앞으로 거구러짐. 앞으로 기울어짐.

¹**前もって**[まえもって] 미리. 사전에.

前掛(け)[まえかけ] ①앞치마. ②(인력거의) 손님 무릎에 덮는 포목.

前金[まえきん/ぜんきん] 선금(先金).

前貸(し)[まえがし] 선불(先払). 가불(仮払).

前渡し[まえわたし] 전도; ①기일 전에 미리 줌. ②예약금. 계약금.

前頭[まえがしら] (씨름에서) 幕内(まくうち) 중 小結(こむすび)의 다음 계급.

¹**前売(り)**[まえうり] 예매(豫売).

前売(り)券[まえうりけん] 예매권(豫売券).

前髪[まえがみ] ①앞머리. ②(옛날) 관례(冠礼) 전의 소년들이 이마 위에 땋아 얹었던 머리. ③관례(冠礼) 전의 소년.

前付(け)[まえづけ] (책의 본문 앞에 붙이는) 서문(序文). 목차(目次).

前払い[まえばらい] 선불(先払).

前書き[まえがき] 서문(序文). 머리말.

前垂れ[まえだれ] (상인·짐꾼들이 두르는) 앞치마.

¹**前以て**[まえもって] 미리. 사전어.

前前[まえまえ] 이전. 오래 전.

前足[まえあし] 짐승의 앞발.

前借り[まえがり] (급료 등을 미리 지불하는) 가불(仮払).

前触れ[まえぶれ] ①예고(豫告). 미리 알림. ②전조(前兆). 조짐.

前祝い[まえいわい] 미리 축하함.

前歯[まえば] ①앞니. ②나막신의 앞굽.

¹**前置(き)**[まえおき] 머리말. 서론(序論).

前幅[まえはば] 일본옷의 앞길 너비.

前下がり[まえさがり] 앞이 처짐.

前向き[まえむき] ①앞쪽을 향합. ②적극적임. 진취적임. 전향적임.

音読

前❶[ぜん] 전; ①바로 앞. ¶ ～首相(しゅしょう) 바로 전 수상. ②기원전(紀元前). ③전. 이전(以前). ④(…보다) 이전. ⑤둘 중의 앞쪽. ¶ ～半期(はんき) 전반기. ❷[まえ] ☞ [訓読]

前掲[ぜんけい] 전게; 앞서 말함.

前科[ぜんか] 전과; ①형벌의 전력(前歴). ②이전의 좋지 못한 행실.

前記[ぜんき] 전기; 앞에 기록되어 있음.

前期[ぜんき] 전기; 어떤 기간을 둘로 나누는 첫 기간.

前納[ぜんのう] 전납; 선납(先納). 미리 바침.

前年[ぜんねん] 전년; ①작년. 지난해. ②왕년(往年). ③(어느 해의) 전년.

前段[ぜんだん] 전단; (어떤 문장의) 앞의 단락.

前代[ぜんだい] 전대; 지나간 시대.

¹前途[ぜんと] 전도; 장래. 앞으로 나갈 길.

前略[ぜんりゃく] 전략; ①(인용문 등의) 앞부분을 생략함. ②편지 첫머리에 쓰는 글. *계절 인사나 형식적인 것을 생략한다는 뜻으로, '草々(そうそう)・不一(ふいつ)' 등으로 끝맺음.

前歴[ぜんれき] 전력; 경력(経歴).

¹前例[ぜんれい] 전례; 선례(先例).

前面[ぜんめん] 전면; 앞쪽 면.

前文[ぜんぶん] 전문; 앞의 문장.

前半期[ぜんはんき] 전반기; (전체를 둘로 나눈) 앞의 기간.

前方❶[ぜんぽう] 전방; 앞쪽. ❷[まえかた] ①이전(以前). ②미리. ③앞쪽. 전방.

前非[ぜんぴ] 전비; 이전의 잘못.

前史[ぜんし] 전사; ①(어떤 한 시대) 그 이전의 역사. ②한 시대의 전반(前半)의 역사. ③선사(先史).

前線[ぜんせん] 전선; ①(戦場의) 제일선. ②《気》 성질이 다른 두 기단(気団)이 땅과 접촉하는 선.

前世❶[ぜんせ] ①전세; 전생(前生). ②(부정문에서) 한 번도. 전혀. ❷[ぜんせい] 옛날. 지난 날.

前述[ぜんじゅつ] 전술; 앞서 이미 진술・논술함.

前身❶[ぜんしん] ① 《仏》 전세(前世)의 몸. ②지금까지의 경력. 지금까지의 프로필. ③(조직의) 이전의 형태. ❷[まえみ] '前身頃(まえみごろ)'의 준말.

前夜[ぜんや] 전야; ①어젯밤. ②(특별한 일이 있는 날의) 전날 밤.

前夜祭[ぜんやさい] 전야제.

前言[ぜんげん] 전언; ①앞서 한 말. ②선인(先人)의 말.

前列[ぜんれつ] 전열; 앞줄.

前月[ぜんげつ] 전월; ①지난 달. 전달. ②(이전 어느 달의) 전달.

前衛[ぜんえい] 전위; ①전방의 호위. ②(사회 운동・예술 운동에서) 가장 선구적인 집단.

前人[ぜんじん] 전인; 이전 사람. 옛 사람.

前日[ぜんじつ] 전일; 어느 날의 전날

前任[ぜんにん] 전임; ①먼저 취임함. ②이전에 근무함.

²前者[ぜんしゃ] 전자; (두 가지 예를 들어서 말할 때) 그 앞의 것.

前作[ぜんさく] 전작; ①이전의 작품. ②《農》 (그루갈이에서) 앞갈이.

前場[ぜんば] (증권거래소의) 전장.

前前[ぜんぜん] 전전; 이전의 이전.

¹前提[ぜんてい] 전제; (어떤 사물을 논할 때) 먼저 내세우는 기본이 되는 것.

前兆[ぜんちょう] 전조; 징조. 조짐.

前奏曲[ぜんそうきょく] 전주곡; 반주의 첫머리에 연주되는 부분.

前週[ぜんしゅう] 전주; 지난 주.

前肢[ぜんし] 전지; (동물의) 앞다리.

²前進[ぜんしん] 전진; 앞으로 나아감.

前車[ぜんしゃ] 전차; 앞차.

前借[ぜんしゃく] 전차; 가불(仮払).

前借金[ぜんしゃくきん] 가불금(仮払金).

前菜[ぜんさい] 전채; 오르되브르.

前轍[ぜんてつ] 전철; 앞서 가는 수레의 바퀴자국.

前哨戦[ぜんしょうせん] 전초전; 전투가 벌어지기 직전의 작은 충돌.

前編[ぜんぺん] 전편; 두 편으로 나뉜 책의 앞의 편.

前項[ぜんこう] 전항; ①앞의 항목. ②《数》 전항.

前賢[ぜんけん] 전현; 선현(先賢).

前回[ぜんかい] 전회; 전번. 지난번.

²前後[ぜんご] 전후; ①(위치상의) 앞뒤. ②(시간상의) 앞뒤. ③앞뒤 사정. ④(숫자에 접속하여) 쯤. 안팎. ⑤거의 동시임. ⑥순서가 뒤바뀜.

前後不覚[ぜんごふかく] 제정신을 잃음. 전후 사정을 분간하지 못함.

専(専) 오로지 전

一　厂　戸　百　百　申　亩　専　専

音 ●セン
訓 ●もっぱら

訓読

¹●専ら[もっぱら] ①오로지. 전적으로. 한결같이. ②독차지. ¶権力(けんりょく)を～にする 권력을 독차지하다.

音読

専決[せんけつ] 전결; 자신만의 의견으로 결정함.

²専攻[せんこう] 전공; 어떤 학문·학과를 전문으로 연구함.

²専攻科目[せんこうかもく] 전공과목.

専科[せんか] 전과; 전문학과 과정.

専念[せんねん] 전념; ①몰두(没頭)함. ②≪仏≫ 오로지 염불만 함.

専断[せんだん] 전단; 독단(独断). 제 마음대로 단행(断行)함.

専売[せんばい] 전매; 독점하여 판매함.

専務[せんむ] 전무; 전문적으로 일을 맡아 보는 사람.

専務取締役[せんむとりしまりやく] (주식회사의) 전무이사(専務理事).

²専門[せんもん] 전문; ①오로지 한 가지 일에만 종사하거나 연구함. ②유일한 관심사.

専属[せんぞく] 전속; 오로지 한 곳에만 속함.

¹専修[せんしゅう] 전수; 오로지 그 일만 습득함.

¹専修科目[せんしゅうかもく] 전수과목.

¹専心[せんしん] 전심; ①전념(専念)함. 오로지 한 가지 일에만 몰두함. ②경건한 정성.

専業[せんぎょう] 전업; ①전문 사업·직업. ②(법률로 정한) 독점 사업.

¹専用[せんよう] 전용; 오로지 한 가지 일에만 사용함.

¹専任[せんにん] 전임; 오로지 그 일에만 종사함.

²専制[せんせい] 전제; 독단적으로 처리함.

²専制政治[せんせいせいじ] 전제정치.

専従[せんじゅう] 전종; ①오로지 그 일에만 종사함. ②'組合専従者(くみあいせんじゅうしゃ)'의 준말.

専横[せんおう] 전횡; 남의 의향을 무시하고 자기 마음대로 행동함.

畑 밭 전

丶　丿　灯　火　灯　灯　炯　畑　畑

音 ―
訓 ●はたけ ●はた

訓読

²●畑[はたけ] ①밭. ②전문 분야. ¶～が違(ちが)う 전문 분야가 다르다. ③모태(母胎). 배(腹). ¶～の違(ちが)う兄弟(きょうだい) 배다른 형제.

畑違い[はたけちがい] 전문 분야가 다름.

畑作[はたさく] 밭농사. 밭작물.

畑地[はたち] 밭으로 사용하는 땅.

展 펼 전

フ　コ　尸　尸　尸　屏　屈　屈　屉　展

音 ●テン
訓 ―

音読

²展開[てんかい] 전개; ①(눈앞에) 펼침. 펼쳐짐. ②늘여서 폄. ③(영화·소설 등에서) 주제를 발전시킴. ④(군대에서) 각 부대를 군인을 따로따로 배치시킴.

²展覧会[てんらんかい] 전람회.

¹展望[てんぼう] 전망; ①멀리까지 바라봄. ②넓은 범위에 걸쳐 사회의 사건이나 인생 등을 예측함.

¹展望台[てんぼうだい] 전망대.

¹展示[てんじ] 전시; 작품이나 물품을 진열해 놓고 일반에게 보임.

展示会[てんじかい] 전시회.

栓(栓) 나무못/말뚝 전

一　十　オ　木　杧　松　栓　栓　栓

音 ●セン
訓 ―

音読

²栓[せん] ①마개. ②병마개. ③(수도 등의) 꼭지.

栓抜(き)[せんぬき] 병따개. 마개뽑이.

栓塞[せんそく] 전색; 혈관이나 림프관(임파관)이 막힘.

転(轉) 구를/옮길 전

一 ㄷ �冇 冇 ㅌ 亘 車 軒 転 転 転

音 ●テン

訓 ●ころがす ●ころがる ●ころげる
●ころばす ●ころぶ ⊗うた ⊗くるめかす
⊗くるめく

訓読

²●転がす[ころがす] 〈5他〉 ①굴리다. ②넘어
뜨리다. 쓰러뜨리다. ③운전하다. ④(여
러 번) 전매(転売)하다.

²●転がる[ころがる] 〈5自〉 ①구르다. 굴러가
다. ②넘어지다. 쓰러지다.

●転げる[ころげる] 〈下1自〉 ①구르다. 굴러
가다. ②넘어지다. 쓰러지다.

●転ばす[ころばす] 〈5他〉 ①굴리다. ②넘어
뜨리다. 쓰러뜨리다. ③(기생 등에게) 몸
을 팔게 하다.

²●転ぶ[ころぶ] 〈5自〉 ①구르다. 굴러가다.
②넘어지다. 쓰러지다. ③(기생 등이) 몸을
팔다. ④정절을 굽히다. 굴복하다. 타협하
다. ⑤사태가 바뀌다. 추세가 변한다.

転び[ころび] ①넘어짐. 쓰러짐. 나뒹굶.
②(江戸(えど) 시대에) 종교 탄압에 굴복하
여 불교로 개종한 기독교 신자. ③(기생
등의) 매춘(売春).

⊗転かす[くるめかす] 〈5他〉 ①뱅뱅 돌리다.
②현기증을 일으키게 하다.

⊗転く[くるめく] 〈5自〉 ①뱅뱅 돌다. ②현
기증이 나다. 어지러워지다.

⊗転た[うたた] ①(몹시 감동하여) 사뭇.
매우. ②(평소와는 달리) 몹시. 자못.

¹転た寝[うたたね] (잠자리에 들지 않고 앉
아서 조는) 선잠.

音読

¹転じる[てんじる] 〈上1自他〉 변하다. 바뀌다.
옮다. 옮기다. 돌다. 돌리다.

¹転ずる[てんずる] 〈サ変自他〉 변하다. 바뀌
다. 옮다. 옮기다. 돌다. 돌리다.

¹転居[てんきょ] 전거; 이사(移徙).

転科[てんか] 전과; 학과(学科)를 옮김.

¹転校[てんこう] 전교; 전학(転学). 학교를
옮김.

転校生[てんこうせい] 전학생(転学生).

¹転勤[てんきん] 전근; 근무처를 옮김.

転記[てんき] 전기; 옮겨 기록함.

転貸[てんたい] 전대; 빌린 것을 남에게 다
시 빌려 줌.

転倒[てんとう] 전도; ①넘어져 쓰러짐. 쓰
러드림. 넘어뜨림. ②(순서가) 거꾸로 됨.
뒤집힘. 뒤집음. ③당황함. 기겁함.

¹転落[てんらく] 전락; (나쁜 상태로) 굴러
떨어짐. 타락(堕落)함.

転売[てんばい] 전매; 산 물건을 다시 팖.

転覆[てんぷく] 전복; 뒤집혀 엎어짐.

転成[てんせい] 전성; ①성질이 다른 것으
로 변함. ② 《語学》 다른 품사로 변화됨.

転身[てんしん] 전신; ①몸을 돌려 비킴.
②전환(転換). 주의·주장·생활 방식 등
을 완전히 바꿈.

転業[てんぎょう] 전업; 직업을 바꿈.

転用[てんよう] 전용; 본래의 목적과는 다
른 목적에 사용함.

転移[てんい] 전이; ①자리가 바뀜. 자리를
바꿈. ② 《医》 암(癌) 등의 환부가 자리
를 옮김. ③ 《物》 물질이 서로 다른 상
태로 변함.

¹転任[てんにん] 전임; 다른 임무나 임지(任
地)로 자리를 옮김.

¹転入[てんにゅう] 전입; ①딴 곳에서 들어
와 거주함. ②'転入学'의 준말.

転載[てんさい] 전재; 이미 발행된 인쇄물
의 내용을 다른 간행물에 옮겨 실음.

転籍[てんせき] 전적; 본적·학적 등을 다
른 곳으로 옮김.

²転転と[てんてんと] 여기저기 옮겨 다님.
(각처를) 전전함.

転地[てんち] 전지; 현재 거주하는 장소를
옮김.

転職[てんしょく] 전직; 다른 직업으로 바꿈.

転進[てんしん] 전진; ①진로를 바꿔 나아감.
②군대가 다른 목적으로 이동함. *'후
퇴·퇴각'의 완곡한 표현임.

転出[てんしゅつ] 전출; ①거주지를 옮김.
②다른 직장으로 옮겨감.

転向[てんこう] 전향; (이제까지의) 방향·
사상·태도 등을 바꿈.

転化[てんか] 전화; 변화. 변환. 다른 상태
로 변함.

¹転換[てんかん] 전환; (이제까지의) 방침·
경향 등을 다른 방향으로 바꿈.

¹転回[てんかい] 전회; ①회전(回転). ②방향
을 바꿈. ③ 《楽》 (화음 등에서) 음의
상하 관계를 바꿈.

戦(戦) 싸울 전

```
" ̄ ̄ ̄ ̄ ̄ ̄ ̄ ̄ ̄ ̄ ̄
戦戦戦
```

音 ●セン

訓 ●いくさ ●たたかう ●たたかわす
⊗おののく ⊗そよがす ⊗そよぐ

訓読

●戦❶[いくさ] 전쟁. 싸움. 전투. ❷[せん]
☞[音読]

²●戦う[たたかう] 〈5自〉 ①(무력으로) 전쟁
하다. 싸우다. 전투하다. ②(승부를) 겨
루다. 경쟁하다. 시합하다. ③투쟁하다.
다투다.

²戦い[たたかい] ①전쟁. 싸움. 전투. ②경쟁.
시합. ③투쟁.

●戦わす[たたかわす] 〈5他〉 (논쟁 등을) 벌
이다. 서로 다투다.

⊗戦く[おののく] 〈5自〉 부들부들 떨다.

⊗戦がす[そよがす] 〈5他〉 ①(바람이) 산들
산들 흔들다. ②설레게 하다.

⊗戦ぐ[そよぐ] 〈5自〉 (바람에) 산들산들 흔
들리다. 산들거리다. 살랑거리다.

音読

²戦❶[せん] (명사에 접속하여 접미어로) 전;
①전쟁. ¶空中(くうちゅう)~ 공중전. ②시
합. ¶リーグ~ 리그전. ③경쟁. ¶宣伝
(せんでん)~ 선전전. ❷[いくさ] ☞[訓読]

戦果[せんか] 전과; 전쟁의 성과.

戦局[せんきょく] 전국; 전쟁·시합·승부
등이 되어 가는 판국.

戦国時代[せんごくじだい] 전국시대; ①(일본
의) '応仁(おうにん)の乱(らん)(1467년)'부터 豊
臣秀吉(とよとみひでよし)의 천하 통일 때까지
의 전란(戦乱) 시대. ②(중국의) 춘추 시대
부터 진시황의 통일까지의 전란 시대. ③서
로 경쟁하는 시대.

戦記[せんき] 전기; 전쟁의 기록.

戦記物語[せんきものがたり] 전쟁 기록 이
야기.

戦乱[せんらん] 전란; 전쟁.

戦略[せんりゃく] 전략; 전쟁에 승리하기
위한 대국적인 전술.

¹戦力[せんりょく] 전력; ①전쟁을 할 수 있
는 힘. ②어떤 일을 할 수 있는 능력.

戦歴[せんれき] 전력; 전쟁·경기에 참가한
경력.

戦利品[せんりひん] 전리품; 적군에게서 노
획한 물품.

戦没[せんぼつ] 전몰; 전쟁터에서 죽음.

戦没者[せんぼつしゃ] 전몰자.

戦犯[せんぱん] 전범; 전쟁 범죄죄.

戦法[せんぽう] 전법; 전쟁의 방법.

戦費[せんぴ] 전비; 전쟁 비용.

戦士[せんし] 전사; ①전쟁터에서 싸우는
병사. ②제일선에서 활약하는 사람.

戦史[せんし] 전사; 전쟁의 역사·기록.

戦傷[せんしょう] 전상; 전쟁터에서 부상을
입음.

戦線[せんせん] 전선; 전투의 최전선.

¹戦術[せんじゅつ] 전술; 전쟁의 방법.

戦勝[せんしょう] 전승; 전쟁에 이김.

戦時[せんじ] 전시; 전쟁이 행해지는 때.

戦役[せんえき] 전역; 전쟁.

戦域[せんいき] 전역; 전투 지역.

戦列[せんれつ] 전열; 전쟁에 참여한 부대
의 대열.

戦友[せんゆう] 전우; 전투를 함께 하는 동료.

戦雲[せんうん] 전운; 전쟁이 발생할 것 같
은 긴박한 상황.

戦慄[せんりつ] 전율; 두려워 몸이 부들부
들 떨림.

戦意[せんい] 전의; 싸우려는 의지.

戦場[せんじょう] 전장; 전쟁터. 싸움터.

¹戦災[せんさい] 전재; 전쟁에 의한 피해.

⁴戦争[せんそう] 전쟁. 전투. 싸움.

戦跡[せんせき] 전적; 전쟁의 흔적.

戦績[せんせき] 전적; 전쟁의 실적.

戦前[せんぜん] 전전; ①(특히) 2차 대전
전. ②시합 시작 전.

戦中[せんちゅう] 전중; ①(특히) 2차 대전
중. ②전쟁 중.

戦地[せんち] 전지; 전쟁터.

戦車[せんしゃ] 전차; 탱크.

¹戦闘[せんとう] 전투; 전쟁에서 이기기 위
해 온갖 무기를 써서 직접 맞붙어 싸움.

戦闘機[せんとうき] 전투기.

戦敗国[せんぱいこく] 패배국(敗戦国).

戦艦[せんかん] 전함; 군함(軍艦).

戦火[せんか] 전화; ①전쟁에 의한 화재.
②전쟁.

戦禍[せんか] 전화; 전쟁에 의한 피해.

戦況[せんきょう] 전황; 전쟁의 상황.

戦後[せんご] 전후; ①전쟁이 끝난 후.
②(특히) 2차 대전이 끝난 후.

電　번개/전기 전

一 戸 币 币 币 币 币 雨 雨 雨 雨 雷 電

音 ●デン
訓 ―

音読

電リク[でんリク] 전화 리퀘스트. 방송국에서 시청자의 요청을 전화로 접수함.

電撃[でんげき] 전격; ①전기 감전에 의한 충격. ②갑작스런 공격.

電工[でんこう] 전공; ①'電気工業'의 준말. ②전기 공사에 종사하는 사람.

電光[でんこう] 전광; ①번개. ②전등빛.

²電球[でんきゅう] 전구; 전등알.

電極[でんきょく] 전극; 전기가 드나드는 곳.

⁴電気[でんき] ① ≪物≫ 전기. ②전등(電灯).

電気釜[でんきがま] 전기밥솥.

電機[でんき] 전기; 전기 기계.

³電灯[でんとう] 전등; 전등불.

電力[でんりょく] ≪物≫ 전력.

²電流[でんりゅう] ≪物≫ 전류; 전기의 흐름.

電髪[でんぱつ] (전열기를 사용한) 퍼머넌트 웨이브. 파마 머리.

³電報[でんぽう] 전보; 전신으로 글을 보내는 통보.

²電線[でんせん] 전선; 전깃줄.

電送[でんそう] 전송; 사진을 전류 또는 전파를 통해 멀리 보냄.

電信[でんしん] 전신; 전류를 이용한 통신.

電信柱[でんしんばしら] 전신주.

電圧[でんあつ] ≪物≫ 전압.

電熱[でんねつ] 전열; ①전기에 의한 열. ②'電熱器'의 준말.

¹電源[でんげん] 전원; 전력을 공급하는 원천.

²電子[でんし] ≪物≫ 전자.

電磁波[でんじは] ≪物≫ 전자파.

²電柱[でんちゅう] 전주; 전신주.

²電池[でんち] ≪化≫ 전지.

⁴電車[でんしゃ] 전차; 전기로 가는 열차.

電車賃[でんしゃちん] 전차 요금.

電鉄[でんてつ] 전철; 전철 철도.

²電卓[でんたく] 전자 계산기.

²電波[でんぱ] ≪物≫ 전파.

電荷[でんか] ≪物≫ 전하.

電解[でんかい] '電気分解'의 준말.

⁴電話[でんわ] 전화.

殿　큰집/전각 전

尸 尸 尸 屈 屈 屈 屐 殿 殿 殿

音 ●デン ●テン
訓 ●との ●どの ⊗しんがり

訓読

●殿❶[との] ≪古≫ ①(여자가 남자를 지칭하는 높임말로) 남자 분. 나리. ②(主君・귀인을 지칭하는 높임말로) 나리. 님. ③귀인의 저택.

²●殿❷[どの] (인명이나 신분을 나타내는 말에 접속하여) …님. …귀하. ＊주로 편지・문서에서 사용하는 공식적인 용어로 '様(さま)'보다는 딱딱한 말씨임. ❸[でん] ☞ [音読]

殿方[とのがた] (여자가 남자를 지칭하는 높임말로) 남자 분. 나리님.

¹殿様[とのさま] ①(主君・귀인을 지칭하는 높임말로) 나리님. 영주(領主)님. ②(세상 물정을 모르는) 도련님.

殿様暮らし[とのさまぐらし] 팔자 좋은 생활. 호화로운 생활.

殿様仕事[とのさましごと] (귀인・부자들이) 심심풀이로 하는 일.

殿様商売[とのさましょうばい] 배부른 장사. 여유 있는 장사.

殿様芸[とのさまげい] (귀인・부자들이) 심심풀이로 하는 도락(道楽).

殿様育ち[とのさまそだち] 많은 사람에 떠받들려 고생을 모르고 자란 사람.

殿御[とのご] (여자가 특별한 관계의 남자를 지칭하는 말로) 그이. 그분.

音読

殿❶[でん] 전; ①(옛날의) 궁궐・사찰 등의 일부. ②큰 건물에 붙이는 말. ③법명(法名)에 붙이는 높임말. ❷[との/どの] ☞ [訓読]

殿堂[でんどう] 전당; ①큰 건물. ②신불(神仏)을 모신 건물.

殿舎[でんしゃ] 전사; 전당(殿堂). 크고 넓은 건물.

殿中[でんちゅう] ①(江戸(えど) 시대) 将軍(しょうぐん)의 거처. ②궁전・저택의 안.

殿下[でんか] 전하; ①황족・왕족의 존칭어. ＊'陛下(へいか)' 이외의 황족에게 사용하는 말임. ②궁전이나 전각의 섬돌 아래.

銭(錢) 돈 전

ハ　々　幺　金　金　釘　釒　銭　銭　銭

音 ●セン
訓 ●ぜに

訓読
●銭❶[ぜに] ①엽전. 동전. ②돈. ❷[せん]
　☞ [音読]
銭金[ぜにがね] ①돈. 금전. ②금전상의 이
　해 득실.
銭箱[ぜにばこ] 돈궤.
銭入れ[ぜにいれ] 동전 지갑. 돈지갑.
銭儲け[ぜにもうけ] 돈벌이.
銭形[ぜにがた] ①동전 모양. ②(神에게 바
　칠 목적으로) 엽전 모양으로 오린 종이.

音読
銭❶[せん] 전; (돈의 단위로) 1円의 100분
　의 1. ❷[ぜに] ☞ [訓読]
銭湯[せんとう] 대중 목욕탕. 돈을 받고 일
　반인들에게 개방한 목욕탕.

佃 밭갈 전

音 ⊗デン
訓 ⊗つくだ

訓読
⊗佃[つくだ] ①개간하여 밭을 만듦. ②(荘
　園 제도하에서) 영주(領主)가 직접 경영
　하는 논. ③'佃節(つくだぶし)'의 준말.
佃煮[つくだに] (물고기・조개・해조류 등
　을) 달짝지근하게 조린 반찬.
佃節[つくだぶし] (江戸(えど) 시대에) 墨田(す
　みだ) 강가에서 유행했던 속요(俗謡).

剪 가위/벨 전

音 ⊗セン
訓 ⊗はさむ

訓読
⊗剪む[はさむ] 〈5他〉 가위로 자르다.
剪刀[はさみ] 가위.

音読
剪断[せんだん] 전단; 잘라 끊음.
剪裁[せんさい] 전재; ①(종이・꽃・천 등
　을) 자름. ②문장을 다듬음.
剪定[せんてい] 전정; 나뭇가지를 자름.
剪除[せんじょ] 전제; (나뭇가지 등을) 쳐서
　없앰. 쳐냄.

揃 자를/뽑을 전

音 ⊗セン
訓 ⊗そろう
　　⊗そろえる

訓読
²⊗揃う[そろう] 〈5自〉 ①갖추어지다. 구비되
　다. ②일치하다. 맞다. 고르다. ③(사람
　이) 모두 모이다.
¹揃い❶[そろい] ①(의복의 무늬・색깔・천
　모양새가) 같음. 동일함. ②세트. 한 벌.
　③함께 모임.
揃い❷[ぞろい] (명사에 접속하여) 모두 …
　임. …가 갖추어짐. …가 모임.
²⊗揃える[そろえる] 〈下1他〉 ①모두 갖추다.
　고루 구비하다. ②일치시키다. 가지런히
　하다. 맞추다. ③한데 모으다. ④(예정된
　수를) 채우다.

煎 달일/지질 전

音 ⊗セン
訓 ⊗いる ⊗いれる

訓読
²⊗煎る[いる] 〈5他〉 ①(양념한 달걀・두부
　등을) 지지다. 부치다. ②볶다. ③안달하
　다. 애태우다.
⊗煎れる[いれる] 〈下1自〉 ①볶이다. 볶아지
　다. 지져지다. ②초조해지다. 애태우다.
煎(り)豆腐[いりどうふ] 두부볶음. 두부지
　짐이.
煎(り)卵[いりたまご] 달걀지짐이.
煎(り)飯[いりめし] 볶음밥.

音読
煎じる[せんじる] 〈上1他〉 (차・약초를) 달
　이다.
煎ずる[せんずる] 〈サ変他〉 ☞ 煎じる
煎餅[せんべい] 얇게 구운 과자. 센베이.
煎汁❶[せんじ] (가다랭이포를 만들 때) 가
　라앉는 국물로 곧 진액. ❷[せんじゅう]
　달여 낸 한약.
煎茶[せんちゃ] 전차; ①찻잎을 뜨거운 물에 우
　려낸 녹차. 달인 엽차. ②중급 품질의 녹차.
煎じ茶[せんじちゃ] 전차; 찻잎을 뜨거운 물
　에 우려낸 녹차.
煎じ出す[せんじだす] 〈5他〉 (차・약초 등을)
　달이다. 끓이다.
煎じ詰める[せんじつめる] 〈下1他〉 ①(성분
　이 나오게) 바짝 달이다. 졸이다. ②끝까
　지 따져 보다. ③요약하다.

塡ˣ(填) 메울 전

音	⊗テン
訓	⊗はまる ⊗はめる

訓読

¹⊗塡まる[はまる] 〈5自〉 ①(구멍·틀 등에) 꼭 들어맞다. 꼭 끼이다. ②(조건 등에) 들어맞다. 꼭 맞다. ③(깊은 곳에) 빠지다. ④(나쁜 상태에) 빠져들다. 빠지다.

²⊗塡める[はめる] 〈下1他〉 ①(구멍·틀 등에) 채우다. 꼭 끼우다. ②맞춰 넣다. 박다. ③(나쁜 상태에) 빠뜨리다. 속이다.

音読

塡補[てんぽ] 전보; 부족·결손을 메움.
塡充[てんじゅう] 충전(充塡). 가득 채움.

詮 갖출/평론할 전

音	⊗セン
訓	—

音読

詮ずるに[せんずるに] 결국. 요컨대. 생각건대. 따져 보건대.
詮無い[せんない] 〈形〉 부질없다.
詮方[せんかた] 수단. 방법. 하는 수.
詮議[せんぎ] 전의; ①심의(審議). ②(죄인을) 문초함. 따져 캐물음.

篆 전서 전

音	⊗テン
訓	—

音読

篆刻[てんこく] 전각; 인각(印刻). 도장을 새김.
篆書[てんしょ] 전서; *한자(漢字) 서체의 하나임.
篆字[てんじ] 전자; 전서체(篆書体)의 글자.

顛ˣ(顚) 꼭대기 전

音	⊗テン
訓	—

音読

顚倒[てんとう] 전도; ①넘어져 쓰러짐. 쓰러뜨림. 넘어뜨림. ②(순서가) 거꾸로 됨. 뒤집힘. 뒤집음. ③당황함. 기겁함.
顚落[てんらく] 전락; (나쁜 상태로) 굴러 떨어짐. 타락(堕落)함.
顚末[てんまつ] 전말; 처음부터 끝까지.
顚覆[てんぷく] 전복; 뒤집혀 엎어짐.

纏 얽을/얽힐 전

音	⊗テン
訓	⊗まとまる ⊗まとめる

訓読

⊗纏う[まとう] 〈5他〉 (옷·머플러 등을) 몸에 두르다. 몸에 걸치다.

²⊗纏まる[まとまる] 〈5自〉 ①한데 모이다. 합쳐지다. 통합되다. ②정리되다. 정돈되다. ③해결되다. 결말이 나다.

¹⊗纏まり[まとまり] ①통합. 합침. 정리. ②해결. 결말.

²⊗纏める[まとめる] 〈下1他〉 ①한데 모으다. 합치다. ②정리하다. 정돈하다. ③해결하다. 매듭짓다.

¹⊗纏め[まとめ] 통합. 통괄. 총괄.

⊗纏る[まつる] 〈5他〉 (천의 끝이 풀리지 않도록 실로) 감치다. 공그르다.

⊗纏わる[まつわる] 〈5自〉 ①휘감기다. 엉겨 붙다. ②달라붙다. 매달리다. ③관계되다. 얽히다.

[절]

切
①끊을 절
②모두 체

一　七　切　切

音	●セツ ●サイ
訓	●きらす ●きる ●きれる

訓読

●切らす[きらす] 〈5他〉 ①(현재 갖고 있는 것을) 다 없애다. 바닥내다. 품절시키다. ②(숨을) 헐떡이다.

⁴●切る[きる] 〈5他〉 ①(칼로) 베다. 자르다. 가르다. ②(인연을) 끊다. 단절하다. ③(잠시) 멈추다. 중단하다. 끊다. ④마감하다. ⑤(스타트를) 시작하다. 개시하다. ⑥(수표·전표 등을) 끊다. ⑦(스위치를) 끄다. ⑧(기준) 이하가 되다. 밑돌다. ⑨가로지르다. ⑩(핸들을) 꺾다. ⑪(물기 등을) 빼다. ⑫(탁구·테니스에서) 깎아 치다. ⑬(카드놀이에서) 섞다. 치다. ⑭(셔터를) 누르다.

¹●切り[きり] ①(칼로) 벰. 끊음. 벤 조각. ②끝 맺기. 단락. ③끝. 종말. ④(연극에서) 마지막 장면. ⑤(트럼프의) 으뜸 패.

切り開く[きりひらく] 〈5他〉 ①절개하다. 째다. ②(황무지를) 개간하다. ③(적의 포위 등을) 뚫다. ④(난관을) 타개하다. 개척하다.

切り掛かる[きりかかる] 〈5他〉 자르기 시작하다. 〈5自〉(칼로) 베려고 덤벼들다.

切(り)口[きりくち] ①벤 자리. 절단면. 단면(断面). ②베인 자리. 상처. ③베는 솜씨.

切(り)口上[きりこうじょう] 깍듯한 말투. 격식을 차린 딱딱한 말투.

切り倒す[きりたおす] 〈5他〉 ①베어 쓰러뜨리다. ②베어 죽이다.

切り落とす[きりおとす] 〈5他〉 ①베어 버리다. 잘라 내다. 절단하다. ②(둑을) 무너뜨려 물을 흘러보내다.

切り裂く[きりさく] 〈5他〉 째다. 가르다.

切り離す[きりはなす] 〈5他〉 떼어놓다. 분리하다.

切っ立つ[きったつ] 〈5自〉(벼랑・산이) 깎아지른 듯하다.

切(り)売り[きりうり] ①조금씩 잘라서 팖. 분할 판매. ②(학문・지식・경험 등을) 조금씩 팔아먹기.

切(り)目[きりめ] ①벤 자리. 자른 자리. 칼자국. ②매듭. 단락.

切(り)返し[きりかえし] ①반격(反撃). ②(씨름에서) 바깥다리시걸이. ③(검도에서) 상대방의 정면 좌우를 번갈아 치는 기본 연습법. ④(영화에서) 컷백.

切(り)抜く[きりぬく] 〈5他〉 오려 내다. 잘라 내다.

切(り)抜き[きりぬき] 오려 냄. 잘라 냄.

切(り)抜(き)帳[きりぬきちょう] 스크랩북.

切(り)抜(き)絵[きりぬきえ] 오려 내는 그림.

切(り)抜け[きりぬけ] (난관을) 헤쳐나감.

切り抜ける[きりぬける] 〈下1他〉 ①(적의 포위를) 뚫고 나가다. ②(난관을) 극복하다. 헤쳐 나가다.

切(り)方[きりかた] 자르는 법. 베는 방법.

切り付ける[きりつける] 〈下1他〉 ①(칼로) 베려고 덤벼들다. ②베어서 상처를 내다.

⁴切符[きっぷ] 표. 티켓.

切り払う[きりはらう] 〈5他〉 ①베어 버리다. 잘라 버리다. ②칼을 휘둘러 쫓아 버리다.

切(り)崩し[きりくずし] ①깎아 무너뜨림. 허물어뜨림. ②(반대파를) 와해시킴.

切り崩す[きりくずす] 〈5他〉 ①깎아- 허물어뜨리다. ②(방비를) 무너뜨리다. ③(반대파의 결속을) 와해시키다.

切(り)死に[きりじに] 칼 맞아 죽음. 칼싸움하다 죽음.

切り捨てる[きりすてる] 〈下1他〉 ①베어서 버리다. 잘라서 버리다. ②버리고 돌보지 않다. ③《数》(어떤 단위 이하의) 끝수를 버리다. ④(무사가 평민을) 벤 채 내버려두다.

切り殺す[きりころす] 〈5他〉 베어 죽이다. 참살(斬殺)하다.

切(り)上げ[きりあげ] ①일단락지음. 일단 끝냄. ②《数》끝올림. ③(값어치의) 절상.

切り上げる[きりあげる] 〈下1他〉 ①일단락을 짓다. 일단 끝내다. ②밑에서 위쪽으로 베다. ③《数》 끝올림하다. ④(값어치를) 절상하다.

切(り)盛り[きりもり] ①음식을 알맞게 잘라서 담아 나눔. ②(일을) 적절히 처리함. 꾸려 나감.

⁴切手[きって] ①우표. ②어음. 수표. ③'商品切手(しょうひんきって)'의 준말.

切(り)身[きりみ] (생선) 토막. 살점.

切り込む[きりこむ] 〈5他〉 썰어서 안에 넣다. 〈5自〉①(적진으로) 칼을 빼들고 쳐들어가다. ②깊숙이 베다. ③추궁하다. 날카롭게 따지다. 따져 묻다.

切(り)込み[きりこみ] ①깊숙이 벰. ②칼자국. ③칼을 빼 들고 쳐들어감. ④남의 약점을 파고 들어감. ⑤생선을 토막 내어 절인 것.

切(り)子[きりこ] 모서리를 잘라 세공한 것.

切(り)張り[きりばり] ①(찢어진 곳을) 도려내고 때우기. ②(종이나 헝겊을) 오려 바르기.

切り揃える[きりそろえる] 〈下1他〉 잘라서 가지런히 하다.

切り組む[きりくむ] 〈5他〉 (목재 등을) 잘라서 짜 맞추다.

切(り)株[きりかぶ] 그루터기.

切(り)紙[きりかみ/きりがみ] ①종잇조각. ②종이 공작. ③(무예 등의) 면허장.

切(り)札[きりふだ] ①(카드놀이에서) 으뜸패. ②비방(秘方). 비장의 수단. 결정적인 수.

切(り)替(え)[きりかえ] ①갈아치움. 변경. 바꿈. 전환(転換). ②(산림을 개발하여 농사를 짓다가 다시 나무를 심음.

¹切り替える[きりかえる]〈下1他〉①(딴 것 · 새것으로) 갈아치우다. 바꾸다. 전환하다. ②(돈을) 바꾸다. 환전(換錢)하다.

切(り)出し[きりだし] ①베어 냄. 베어 낸 것. 잘라 냄. 잘라 낸 것. ②(날이 비스듬하게 생긴) 공작용 칼. ③말을 꺼냄. 말문을 엶.

切り出す[きりだす]〈5他〉①자르기 시작한다. ②베어 반출하다. ③말을 꺼내다. 말문을 열다.

切り取る[きりとる]〈5他〉①잘라 내다. 도려내다. ②(무력으로) 점령하다. 빼앗다.

切(り)取(り)線[きりとりせん] 절취선; 잘라 낼 부분을 점으로 표시한 선.

切(り)下げ[きりさげ] ①(값어치를) 절하; 떨어뜨림. ②'切(り)下(げ)髪'의 준말.

切り下げる[きりさげる]〈下1他〉①(칼로) 내리치다. 내리베다. ②잘라서 늘어뜨리다. ③(값어치를) 절하하다. 떨어뜨리다.

切り合う[きりあう]〈5自〉서로 칼부림하다.

切(り)合(わ)せ[きりあわせ] ①(목재 등을) 잘라 맞추기. ②차솔의 일종.

切(り)花[きりばな] 가지 째 자른 꽃. 자른 꽃가지. 자른 꽃송이.

切(り)換(え)[きりかえ] ①갈아치움. 변경. 바꿈. 전환(転換). ②산림을 개발하여 농사를 짓다가 수확이 줄면 다시 나무를 심음.

¹切り換える[きりかえる]〈下1他〉①(딴 것 · 새것으로) 갈아치우다. 변경하다. 바꾸다. 전환하다. 갱신하다. ②(돈을) 바꾸다. 환전(換錢)하다.

切り回す[きりまわす]〈5他〉①닥치는 대로 자르다. 마구 베다. 함부로 자르다. ②(까다로운 일을) 탈 없이 척척 처리하다. 중심이 되어 꾸려 나가다.

切り詰める[きりつめる]〈下1他〉①(불필요한 부분을) 잘라 줄이다. 축소하다. ②(예산 · 비용을) 감축하다. 긴축하다. 절약하다.

²●切れる[きれる]〈下1自〉①베어지다. 쩨지다. 상처가 나다. ②절단되다. 끊어지다. ③(상품이) 품절되다. 떨어지다. ④(기한 등이) 마감되다. 끝나다. ⑤모자라다. 부족하다. ⑥닳아서 헤어지다. ⑦(둑 · 제방이) 무너지다. ⑧(칼 등이) 잘 들다. ⑨빗나가다. ⑩(두뇌가) 잘 돌다. 예민하다. ⑪저려 오다. ⑫(카드놀이에서) 카드가 잘 섞이다.

²切れ[きれ] ①조각. 토막. ②형겊. 자투리. ③옷감. 직물. 천. ④(물이) 빠지는 정도. ⑤(칼날의) 드는 정도. ⑥(두뇌가) 예민함. ⑦(솜씨 등의) 날카로움. ⑧(눈의 생김새에서 눈초리 쪽으로) 쩨짐.

切れ口[きれくち] 벤 자리. 절단면. 단면.

切れ端[きれはし] 조각. 자투리. 토막.

切れっ端[きれっぱし] 조각. 자투리. 토막.

¹切れ目[きれめ] ①끊어진 곳. 틈. 틈새기. 금. ②끊어진 짬. 단락. ③끊어질 때. 떨어질 때.

切れ物[きれもの] ①(잘 드는) 날붙이. 칼. ②품절된 물건. 매절품(売切品).

切れ味[きれあじ] ①(날붙이가) 잘 드는 정도. ②(재주 · 솜씨가) 뛰어남. 예민함.

切れ上がる[きれあがる]〈5自〉위쪽으로 쩨지다.

切れ込み[きれこみ] ①(옷깃 등이) 깊게 패어짐. ②(식물 잎의) 톱니.

切れ込む[きれこむ]〈5自〉①베어진 자국이 깊게 들어가다. ②(어떤 방향으로) 들어가다.

切れ者[きれもの] ①수완가. ②(君主의 신임이 두터운) 실력가. 세력가.

切れ長[きれなが] 눈초리가 길게 쩨짐.

切れ切れ[きれぎれ] ①조각조각이 남. 토막토막이 남. ②(끊일락 말락) 띄엄띄엄 이어짐.

切れ地[きれじ] ①옷감. ②형겊. 자투리.

音読

¹切ない[せつない]〈形〉①(숨이 막힐 듯이) 힘들다. 괴롭다. ②애달프다. 애절하다. 안타깝다.

切なる[せつなる] 간절한. 안타까운. 절실한.

切に[せつに] 간절히. 부디. 진심으로.

¹切開[せっかい] 절개; (치료 목적으로) 환부를 메스로 째어 놓음.

切断[せつだん] 절단; 자름.

切望[せつぼう] 절망; 간절히 바람.

切迫[せっぱく] 절박; ①임박(臨迫). ②긴박(緊迫). ③조금씩 빨라짐.

切腹[せっぷく] 할복자살(割腹自殺).

¹切実[せつじつ] 절실; 아주 긴요함.

切羽[せっぱ] ①손잡이와 칼집에 접하는 부분에 대는 얇은 덧쇠. ② 《古》 최후의 순간.

切切[せつせつ] 간절함. 절실함.

切除[せつじょ] 절제; 잘라 냄.

折

꺾을/꺾일 **절**

一 十 扌 扩 扩 折 折

音 ●セツ ⊗シャク
訓 ●おる ●おり ●おれる

訓読

³●**折る**[おる] 〈5他〉 ①접다. ②구부리다. 굽히다. ③꺾다. 부러뜨리다. ④(붓·주장 등을) 꺾다.

¹**折(り)**[おり] ①접음. 접은 것. 주름. ②(나무·종이로 된) 상자. ③기회. 시기.

折から[おりから] 마침 그때. 때마침.

折り曲げる[おりまげる] 〈下1他〉 (꺾어) 구부리다.

折(り)菓子[おりがし] 얇은 나무상자에 담은 과자.

折(り)襟[おりえり] (양복·와이셔츠 등의) 밖으로 젖히게 만든 옷깃.

折(り)目[おりめ] ①접친 금. 주름. ②일의 매듭. 절도(節度).

折(り)目正しい[おりめただしい] 〈形〉 예의 바르다. (예의범절이) 깍듯하다.

折(り)返し[おりかえし] ①접어서 꺾음. 접어서 꺾은 부분. 젖힌 부분. ②(갔던 길을) 되돌아옴. ③시가(詩歌)의 후렴. ④〈副〉 즉시. 즉각. 곧 바로. 금방.

¹**折り返す**[おりかえす] 〈5他〉 ①(두 겹으로) 접다. 접어 꺾다. 젖히다. ②반복하다. 다시 하다. 되풀이하다. 〈5自〉 ①되돌아오다. 되돌아가다. ②즉시 답장을 보내다.

折(り)山[おりやま] (접었을 때 생기는) 바깥쪽의 자국.

折(り)箱[おりばこ] 나무 도시락. 나무 상자. 마분지 상자.

折悪しく[おりあしく] 하필이면.

折(り)込(み)[おりこみ] (신문·잡지 등에) 접어서 끼워 넣음. 접어서 끼워 넣는 부록·광고물.

折り込む[おりこむ] 〈5他〉 ①(안쪽으로) 접어 넣다. ②(신문·잡지 등에) 접어서 끼워 넣다.

折折[おりおり] ①그때그때. ②때때로. 이따금.

折助[おりすけ] 무사(武士)의 하인.

折り重なる[おりかさなる] 〈5自〉 겹치다. 겹쳐 쌓이다. 포개어지다.

折り重ねる[おりかさねる] 〈下1他〉 접어서 쌓다. 포개다.

折知り顔[おりしりがお] 마침 좋은 때를 알고 있는 듯한 표정.

折(り)紙[おりがみ] ①색종이 접기. 색종이. ②(예술품의) 감정서. ③보증. 정평(定評). ④(선물 목록·공식 문서 등에 사용하는) 접지. 둘로 접은 종이.

折(り)紙付(き)[おりがみつき] ①감정서가 있는 물건. ②정평(定評)이 남.

折り畳み[おりたたみ] (펴진 것을) 접어서 갬. 접음.

折り畳む[おりたたむ] 〈5他〉 (펴진 것을) 접어서 개다. 접다. 개키다.

折(り)鶴[おりづる] 종이로 접은 학.

折(り)合い[おりあい] ①(원만한) 인간관계. 사이. ②타협. 절충.

折り合う[おりあう] 〈5自〉 타협하다. 절충하다. 서로 양보하여 매듭지어지다.

折好く[おりよく] 때마침. 마침 그때.

折(り)詰め[おりづめ] (음식물을) 나무 도시락에 담음. 나무 도시락에 둔 것.

³●**折れる**[おれる] 〈下1自〉 ①접히다. ②꺾이다. 부러지다. ③구부러지다. ④굽히다. 양보하다.

折れ[おれ] 접힘. 꺾임. 부러짐. 꺾어짐. 꺾어진 것.

折れ曲がる[おれまがる] 〈5自〉 구부러지다. 꺾이다.

折れ口[おれくち] ①접힌 곳. 꺾인 곳. ②상(喪)을 당함. 초상(初喪).

折れ目[おれめ] 접힌 곳. 꺾인 곳.

折れ線[おれせん] 절선; 꺾은 선.

折れ込む[おれこむ] 〈5自〉 꺾여서 안으로 들어가다. 접혀 들어가다.

折れ釘[おれくぎ] ①굽은 못. 못쓰게 된 못. ②(물건을 걸기 위해) 구부린 못.

折れ合う[おれあう] 〈5自〉 서로 양보하다. 절충하다. 타협하다.

音読

²**折角**[せっかく] ①모처럼임. 애써 함. ②〈副〉 모처럼. 일부러. ③힘껏. 열심히. ④부디. 아무쪼록.

折半[せっぱん] 절반. 반씩 나눔. 2등분함.

折線[せっせん] 절선; 꺾은 선.

折中[せっちゅう] ⇨ 折衷

折衷[せっちゅう] 절충; 양쪽의 좋은 점을 취하여 알맞게 조화시킴.

窃(竊) 훔칠 절

`ﾉ 丶 宀 宀 宀 空 空 窃 窃`

音 ●セツ
訓 ⊗ひそか ⊗ぬすむ

訓読
⊗**窃か**[ひそか] 〈形動〉 몰래 함. 살짝 함. 은근함. 은밀함.
⊗**窃む**[ぬすむ] 〈他〉 ①훔치다. 도둑질하다. ②속이다. ③표절(剽窃)하다.

音読
窃盗[せっとう] 절도; 도둑질.
窃取[せっしゅ] 절취; 남의 것을 훔쳐 가짐.

絶(絕) 끊을 절

`幺 幺 糸 糸 糸 糹 絹 絡 絽 絶`

音 ●ゼツ
訓 ●たえる ●たつ ●たやす

訓読
¹●**絶える**[たえる] 〈下1自〉 ①(계속되던 것이) 끊어지다. 끊기다. 중단되다. ②(계속되던 동작·상태가) 멎다. 그치다.
²**絶えず**[たえず] 끊임없이. 늘. 언제나. 항상.
絶えて[たえて] (부정문에서) 도무지. 전혀.
絶え間[たえま] (끊어진·멈춘) 사이. 틈새.
絶え絶え[たえだえ] ①(숨이) 곧 끊어질 듯 함. 헐떡거림. 헐레벌떡함. ②간간이 끊김. 드문드문함. 띄엄띄엄함.
¹●**絶つ**[たつ] 〈5他〉 ①(이어진 것을) 끊다. 절단하다. ②(일시적으로) 중단하다. ③(퇴로·보급로를) 끊다. 차단하다.
●**絶やす**[たやす] 〈5他〉 ①진멸시키다. 끊어지게 하다. 없애다. ②없는 상태로 두다. ③('…絶(た)やさない' 문형으로) 늘 …하고 있다.

音読
絶する[ぜっする] 〈サ変自〉 ①끊어지다. 두절되다. ②초월하다. 다 할 수 없다. ③뛰어나다. 유례가 없다. 〈サ変他〉 끊다. 중단하다.
絶景[ぜっけい] 절경; 매우 아름다운 경치.
絶交[ぜっこう] 절교; 교제를 끊음.
絶叫[ぜっきょう] 절규; 온 힘을 다해 큰 소리로 부르짖음.

絶大[ぜつだい] 절대; 아주 많음. 아주 큼.
²**絶対**[ぜったい] 절대; ①어떤 것에도 제한이나 구속을 받지 않고 그 자체로서 존재하는 것. 상대되어 비교할 만한 것이 없음. ②틀림없음. ③〈副〉절대로. 무조건. 반드시. ④(부정문에서) 결코.
¹**絶望**[ぜつぼう] 절망; 희망이 완전히 끊어짐. 완전히 희망을 잃음.
²**絶滅**[ぜつめつ] 절멸; ①멸절(滅絶). 전멸. 멸종. ②근절(根絶).
絶命[ぜつめい] 절명; 죽음.
絶壁[ぜっぺき] 절벽; 아주 험한 낭떠러지.
絶食[ぜっしょく] 절식; 단식(斷食).
絶縁[ぜつえん] 절연; ①인연·관계를 끊음. ②전기·열의 전도(伝導)를 차단함.
絶頂[ぜっちょう] 절정; ①정상(頂上). ②사물의 최고도에 위치함.
絶賛[ぜっさん] 절찬; 극찬(極讃). 더할 나위 없는 칭찬.
絶体絶命[ぜったいぜつめい] 절체절명; 절망적임. 도저히 피할 길이 없음.
¹**絶版**[ぜっぱん] 절판; 한 번 출판한 책을 계속 발행하지 않음.
絶品[ぜっぴん] 절품; 아주 뛰어난 물건·작품.
絶筆[ぜっぴつ] 절필; ①생전의 마지막 필적. ②(작가가) 글쓰기를 그만 둠.
絶海[ぜっかい] 절해; 육지에서 멀리 떨어진 바다.
絶好[ぜっこう] 절호; 더할 나위 없이 좋음.

節(節) 마디 절

`ﾉ 广 竹 竹 竺 笆 節 節 節`

音 ●セツ ●セチ
訓 ●ふし

訓読
²●**節❶**[ふし] ①(대나무·갈대 등의) 마디. ②(나무의) 옹이. ③관절. 뼈마디. ④실의 매듭. ⑤매듭. 고비. 단락. ⑥곳. 군데. ⑦선율. 가락. ⑧때. ⑨가다랑이포. ⑩(생선을 토막을 낸 것 중의) 한 토막. ⑪《物》(定常波에서) 진폭이 영으로 되는 점. ⑫(노래의) 한 절. ❷[せつ/せち] ☞ [音読]
節目[ふしめ] 절목; ①(대나무나 나무의) 마디·옹이가 있는 부분. ②고비. 단락. 매듭.

音読
節❶[せつ] 절; ①이은 자리. 마디. ②절도. 알맞은 정도. ③신념. 절개. 지조. 강한 의지. ④때. 무렵. ⑤(긴 문장이나 문법의) 절. 단락. ❷[せち] 《古》①명절. 설날의 향응. ¶お～料理(りょうり) 명절 때 먹는 조림 요리. ②계절이 바뀔 때의 축일(祝日). ③계절. ❸[ふし] ☞
[訓読]
節する[せっする] 〈サ変他〉①줄이다. 절제하다. 제한하다. ②절약하다. 아끼다.
節減[せつげん] 절감; 절약하고 줄임.
節介[せっかい] ¶お～ 쓸데없는 참견. 참견하기를 좋아함.
節倹[せっけん] 절검; 절약(節約).
節季仕舞い[せっきじまい] 연말 총결산.
節季払い[せっきばらい] 7월과 연말에 정산하여 지불함.
節句[せっく] 다섯 명절. 다섯 명절 중의 하루. ＊1월7일(人日(じんじつ))・3월3일(上巳(じょうし))・5월5일(端午(たんご))・7월7일(七夕(たなばた))・9월9일(重陽(じゅうよう))을 말함.
節度[せつど] 절도; 알맞은 정도.
節分[せつぶん] ①입춘(立春) 전날. ＊볶은 콩을 뿌려 악귀를 쫓는다고 함. ②입춘・입하・입추・입동 전날.
節水[せっすい] 절수; 물을 절약함.
節食[せっしょく] 절식; 식사량을 적당하게 줄이거나 제한함.
²節約[せつやく] 절약; 아껴 사용함.
節煙[せつえん] 절연; 담배 피우는 양을 적당하게 줄임.
節義[せつぎ] 절의; 절개와 의리.
節電[せつでん] 절전; 전기를 절약함.
節制[せっせい] 절제; 알맞게 조절함.
節操[せっそう] 절조; 절개와 지조.

截 끊을 절
音 ⊗セツ
訓 ⊗きる

訓読
⊗截る[きる] 〈5他〉(종이나 옷감을) 자르다. 절단하다.
音読
截断[せつだん] 절단; 자름.
截取[せっしゅ] 절취; 잘라 냄.

[점]

占 차지할/점칠 점
丨 ⺊ ⺊ 占 占

音 ●セン
訓 ●うらなう ●しめる

訓読
²●占う[うらなう] 〈5他〉점치다. 예측하다.
占い[うらない] ①점. 점을 침. ②점쟁이.
占い師[うらないし] 점쟁이.
²●占める[しめる] 〈下1他〉①(자기 소유로) 차지하다. ②(지위・장소를) 차지하다. ③재미를 붙이다.
音読
占拠[せんきょ] 점거; ①일정한 장소를 차지하여 자리 잡고 남이 들어오는 것을 거부함. ②다른 나라를 무력으르 차지함. 점령(占領).
¹占領[せんりょう] 점령; ①다른 나라를 무력으로 차지함. ②일정한 장소를 자리 잡고 차지함.
占星術[せんせいじゅつ] 점성술.
占用[せんよう] 점용; 일정한 곳을 자기 소유로 하여 사용함.
占有[せんゆう] 점유; 자기 소유로 함.

店 가게 점
丶 宀 广 广 庐 庐 店 店

音 ●テン
訓 ●みせ ⊗たな

訓読
⁴●店[みせ] ①가게. 상점. 점포. ②영업소. 직매소. 직판장. ③(江戸(えど)시대에 유곽에서) 창녀들이 늘어앉아 손님을 기다리는 좌석.
店開き[みせびらき] ①개점. 개업. 가게 영업을 시작함. ②새로이 영업・업무를 시작함.
店仕舞い[みせじまい] ①(하루의 장사를 끝내고) 가게 문을 닫음. ②폐업함.
店卸し[たなおろし] ①재고 조사. ②(남의) 흉을 봄. 헐뜯음.

店先[みせさき] 가게 앞.
店晒し[たなざらし] ①재고품. ②(어떤 문제가) 미해결인 채로 방치되어 있음.

音読

店頭[てんとう] 점두; ①가게 앞. ②(증권거래소에서) 장외(場外).
店頭株[てんとうかぶ] 장외주(場外株).
店頭取引[てんとうとりひき] 장외(場外) 거래.
店屋❶[てんや] 음식점. ❷[みせや] 가게. 점포. 상점.
店屋物[てんやもの] 음식점에 주문한 요리.
³店員[てんいん] 점원; 가게 종업원.
店長[てんちょう] 점장; 가게 종업원의 우두머리.
店主[てんしゅ] 점주; 가게 주인.
店舗[てんぽ] 점포; 가게.

点(點) 점찍을 점

丶 ├ 卜 片 占 占 占 点 点

音 ●テン
訓 ⊗たてる ⊗つける ⊗とぼす ⊗ともす
　 ⊗とぼる ⊗ともる

訓読

⊗点てる[たてる] 〈下1他〉 (茶道의 방식대로) 抹茶(まっちゃ)를 타서 휘젓다. 차를 달여 내다.
⊗点く[つく] 〈5自〉 (불이) 켜지다. 점화하다. 붙다.
⊗点ける[つける] 〈下1他〉 (불을) 켜다. 불이다. 점화하다.
⊗点す[とぼす/ともす] 〈5他〉 (등불을) 켜다.
⊗点る[とぼる/ともる] 〈5自〉 (등불이) 켜지다.

音読

²点[てん] 점; ①작은 표시. ②(답안지의) 점수. ③(운동 시합의) 득점. ④비판. 비평. ⑤부분. 측면. ⑥위치. 장소. 지점.
点じる[てんじる] 〈上1他〉 ①불을 켜다. 불을 붙이다. ②(차를) 끓이다. 달이다. ③(물방울을) 떨어뜨리다. ④점을 찍다.
点ずる[てんずる] 〈サ変他〉 ☞ 点じる
¹点検[てんけん] 점검; 하나하나 검사함.
点滅[てんめつ] 점멸; (불이) 꺼졌다 켜졌다 함.
¹点線[てんせん] 점선; 많은 점으로 이어져 있는 선.
²点数[てんすう] 점수; ①평점·득점의 수. ②(물건의) 가짓수.

点心[てんしん/てんじん] 점심; ①(중국요리에서) 마지막에 나오는 과자. ②차에 곁들이는 과자 종류. ③간식. ④≪仏≫ 점심.
点眼[てんがん] 점안; 안약을 눈에 넣음.
点字[てんじ] 점자; 맹인용의 글자나 부호.
²点点と[てんてんと] ①점점이. 띄엄띄엄. ②방울방울. 뚝뚝.
点茶[てんちゃ] 점차; 가루차에 끓는 물을 부어 우려냄.
点取(り)虫[てんとりむし] 점수 벌레. 좋은 점수를 따기 위해 악착스런 학생. *비웃는 말임.
点火[てんか] 점화; 불을 붙임.

粘 끈끈할 점

丷 ⺽ 半 米 米 米 粘 粘 粘 粘

音 ●ネン
訓 ●ねばい ●ねばる

訓読

●粘い[ねばい] 〈形〉 ①끈끈하다. 끈적끈적하다. 차지다. ②(성격이) 진득하다. 끈덕지다. 끈질기다.
¹●粘る[ねばる] 〈5自〉 ①끈적거리다. 끈적끈적 달라붙다. ②끈덕지게 버티다.
²粘り[ねばり] ①찰기. ②끈기. 끈기가 있음.
粘り強い[ねばりづよい] 〈形〉 ①매우 끈적거리다. 매우 찰기가 있다. ②매우 끈질기다. 매우 끈덕지다.
粘り気[ねばりけ] 찰기. 끈기.
粘り抜く[ねばりぬく] 〈5自〉 (어려움을 없애고) 끝까지 해내다. 버티어 내다.
粘り付く[ねばりつく] 〈5自〉 끈적끈적 달라붙다.
粘り着く[ねばりつく] 〈5自〉 끈적거리다. 끈적끈적 달라붙다.

音読

粘膜[ねんまく] ≪生理≫ 점막.
粘性[ねんせい] 점성; 끈적거리는 성질.
粘液[ねんえき] 점액; 끈적끈적한 액체.
粘稠剤[ねんちゅうざい] 점조제; 액체에 끈기가 있게 섞는 물질.
粘着[ねんちゃく] 점착; 점착(接着). 끈적끈적하게 달라붙음.
粘体[ねんたい] 점체; 물엿이나 접착제처럼 끈끈한 성질의 물체.
粘土[ねんど/ねばつち] 점토; 찰흙.

漸 차츰 점

氵 氵 氵 沂 沔 渐 渐 渐 渐 漸

[音] ●ゼン
[訓] ⊗ようやく ⊗ようよう

[訓読]

²⊗**漸く**[ようやく] 〈副〉 ①차츰. 차차. 점차.
②겨우. 가까스로. 간신히.
⊗**漸う**[ようよう] 〈副〉 '漸く(ようやく)'의 예스런
말씨임.

[音読]

漸減[ぜんげん] 점감; 조금씩 줄어듦.
漸騰[ぜんとう] 점등; 값이 조금씩 오름.
漸増[ぜんぞう] 점증; 조금씩 증가함.
漸進[ぜんしん] 점진; 조금씩 앞으로 나아감.
漸次[ぜんじ] 점차; 차차. 차츰. 점점.

鮎 메기 점

[音] ⊗デン
[訓] ⊗あゆ ⊗あい

[訓読]

⊗**鮎**[あゆ] 은어(銀魚). ＊중국에서는 '메기'를
뜻하나 일본에서는 '은어'로 쓰이고 있음.

[접]

接 사귈/이을 접

一 十 扌 扩 扩 拦 挂 接 接 接

[音] ●セツ
[訓] ●つぐ ⊗はぐ

[訓読]

¹●**接ぐ**[つぐ] 〈5他〉 ①(뼈를) 접골하다. 이
어 붙이다. ②(나무를) 접붙이다.
接ぎ木[つぎき] 접목; 접붙이기.
接ぎ目[つぎめ] 이은 곳. 이음매.

[音読]

²**接する**[せっする] 〈サ変他〉 ①잇대다. 잇다.
②맞대다. 〈サ変自〉 ①이웃하다. 인접하
다. ②맞닿다. 접하다. ③향하다. ④(소
식을) 받다. 접하다. ⑤만나다. 접대하
다. ⑥경험하다. 알다. ⑦ ≪数≫ (한 점에
서) 만나다.
接客[せっきゃく] 접객; 손님을 접대함.

接見[せっけん] 접견; 신분이 높은 사람이
공식적으로 손님을 만남.
接骨[せっこつ] 접골; 뼈를 이어 맞춤.
²**接近**[せっきん] 접근; ①가까이 함. 바싹 다
붙음. ②서로 대등해짐. ③가까이 대함.
接待[せったい] 접대; 대접.
接伴[せっぱん] 접반; 접대. 대접.
接写[せっしゃ] 접사; (사진 촬영에서) 렌즈
를 가까이 대고 찍음.
接線[せっせん] 접선; 곡선의 한 점에 닿
은 선.
²**接続**[せつぞく] 접속; 이어짐.
¹**接続詞**[せつぞくし] 접속사.
接収[せっしゅう] 접수; 국가 등이 강제적
으로 국민의 소유물을 수용(收用)함.
接受[せつじゅ] 접수; ①공문 서류 등을 받
아들임. ②외교 사절을 받아들임.
接戦[せっせん] 접전; 좀처럼 승부가 나지
않는 싸움.
接点[せってん] 접점; ① ≪数≫ 접선이 곡
선이나 곡면(曲面)과 공유하는 점. ②접
촉점. 합의점. ③ ≪物≫ 전류를 흐르게
하거나 차단하는 접촉 부분.
接着[せっちゃく] 접착; 착 달라붙음.
¹**接触**[せっしょく] 접촉; ①접근ᄒ여 맞닿음.
②다른 사람이나 세계·영역과 교섭을
가짐.
接合[せつごう] 접합; 한데 이어 붙임.

摺 ˣ(摺) 접을 접

[音] ⊗ショウ
[訓] ⊗する

[訓読]

⊗**摺る**[する] 〈5他〉 ①인쇄하다. 박다. ②문
지르다. 비비다. 갈다.
摺り切る[すりきる] 〈5他〉 ①문질러서 끊다.
②돈을 다 써 버리다. 재산을 바닥내다.

蝶 나비 접

[音] ⊗チョウ
[訓] ―

[音読]

¹**蝶**[ちょう] ≪虫≫ 나비.
¹**蝶ネクタイ**[ちょうネクタイ] 나비넥타이.
蝶結び[ちょうむすび] 나비매듭.
蝶蝶[ちょうちょう] ①나비. 나비들. ②'蝶
蝶髷(ちょうちょうまげ)'의 준말.
蝶形[ちょうがた] 나비 모양.

[정]

丁
장정/넷째천간 정

一 丁

音 ●チョウ ●テイ
訓 ⊗ひのと

訓読
⊗**丁**❶[ひのと] 정; 십간(十干)의 넷째. ❷[ちょう/てい] ☞ [音読]

音読
丁❶[ちょう] ①(주사위의) 짝수. ②(재래식 장정으로 된 책의 장수를 세는 말) 장. ③(두부를 세는 말로) 모. ④(음식점에서 1인분 요리를 세는 말로) 그릇. 접시. ⑤(거리의 단위로) 정(町). ❷[てい] 정; ①십간(十干)의 넷째. ②(등급의) 네 번째. 4위. ③장정(壯丁). ④'丁抹(テンマーク)'의 준말. ❸[ひのと] ☞ [訓読]

³**丁寧**[ていねい] 〈形動〉 ①공손함. 정중함. 예의 바름. ②신중함. 정성스러움.

丁寧語[ていねいご] 공손한 말.

丁度[ちょうど] ①(숫자 앞에서) 꼭. 정확히. ②마침. 알맞게. ③(꼭 닮은 모양으로) 마치. 흡사. 꼭. ④방금. 바로. 막.

²**丁目**[ちょうめ] (행정구역의 하나인 町(ちょう)를 다시 구분한 소단위로) 가(街).

丁付(け)[ちょうづけ] (책의) 페이지 수의 차례를 매김.

丁数[ちょうすう] ①(주로 재래식 서적의) 매수. 장수. ②《古》짝수. 우수(偶数).

丁子[ちょうじ] ①《植》정향나무. ②정향. 정향나무의 꽃봉오리를 말린 것.

丁字[ていじ] 정자. 정자형(丁字形).

丁字路[ていじろ] 삼거리.

丁字定規[ていじじょうぎ] 'T'자 모양의 잣대.

丁場[ちょうば] ①정거장 사이의 거리. 어떤 구간의 거리. ②(운송·도로 공사의) 담당 구역. ③(마부·인력거·가마꾼 등의) 대기소.

丁重[ていちょう] 정중; ①공손함. 정성스러움. 극진함. ②신중함.

丁稚[★でっち] 견습생.

丁合い[ちょうあい] (제본 과정에서) 인쇄가 끝난 인쇄물을 페이지 순으로 정리하는 작업.

井
우물 정

一 二 亖 井

音 ●セイ ●ショウ
訓 ●い

訓読
●**井**[い] 우물.

井桁[いげた] ①나무로 짠 '井'자 모양의 우물 난간. ②'井'자 모양의 물건·글자·무늬.

²**井戸**[いど] 우물.

井戸端[いどばた] 우물가.

井戸端会議[いどばたかいぎ] 우물가의 쑥덕공론.

井戸水[いどみず] 우물물.

井戸替え[いどがえ] 우물청소. 우물치기.

音読
井目[せいもく] 정목; (바둑에서) 바둑판에 표시된 9개의 흑점.

正
바를 정

一 丁 下 下 正

音 ●セイ ●ショウ
訓 ●ただしい ●ただす ●まさ

訓読
²●**正しい**[ただしい] 〈形〉 ①(모양이) 옳다. 바르다. 곧다. ②(언행·판단이) 옳다. 바르다. ③(법률상·위치·해답이) 맞다. 옳다. 바르다.

正しく❶[ただしく] 바르게. 옳게. 곧게. ❷[まさしく] 확실히. 틀림없이.

●**正す**[ただす] 〈5他〉 ①(틀린 것을) 고치다. 바로 잡다. ②(흐트러짐·뒤틀림을) 바로 하다. 가다듬다. 고치다. ③(옳고 그름을) 밝히다. 가리다.

²●**正に**[まさに] 〈副〉 ①바로. 틀림없이. 정말로. 확실히. ②당연히. 마땅히. ③이제 막. 바야흐로.

正夢[まさゆめ] 정몽; 사실과 일치하는 꿈.

音読
²**正**[せい] 정; ①정도(正道). 바른 길. 올바름. ②정통. 본디의 것. ③주(主)가 되는 것. ④《数》양(陽). 플러스. ⑤정식. 우두머리. ⑥같은 계급 중에서 상위임.

正課[せいか] 정과; 정규 학과·과목.
¹正規[せいき] 정규; 정식. 규칙적임.
正気❶[しょうき] 제정신. 본정신. ❷[せいき] 정기; 생명의 원기.
¹正当[せいとう] 정당; 합법적임. 바르고 옳음.
正道[せいどう] 정도; 바른 길.
正論[せいろん] 정론; 정당한 주장.
²正面❶[しょうめん] 정면; ①바로 마주보는 쪽. ②맞대면. 직접. ❷[まとも] ①정면; 맞대면. 직접. ②성실함. 착실함. 진실함.
²正門[せいもん] 정문; 정면에 있는 문.
正味[しょうみ] 정미; ①알맹이. ②(포장 등의 무게를 뺀) 정량. ③실제 수량. ④에누리 없는 가격. ⑤도맷값.
正反対[せいはんたい] 정반대; 아주 반대임.
²正方形[せいほうけい] 정방형; 정사각형.
正副[せいふく] 정부; 주장되는 으뜸과 그 버금.
正比例[せいひれい] 정비례.
正社員[せいしゃいん] 정사원; 정식 사원.
¹正常[せいじょう] 정상; 바르고 떳떳함. 올바른 상태임. 보통 상태임.
正視[せいし] 정시; 바로 봄. 직시(直視)함.
²正式[せいしき] 정식; 바른 격식.
²正午[しょうご] 정오; 낮 12시.
正誤[せいご] 정오; 잘못을 바로잡음.
正員[せいいん] 정원; 정식 회원. 정회원.
³正月[しょうがつ] 정월; ①1월. ②설날.
¹正義[せいぎ] 정의; 올바른 도리.
正装[せいそう] 정장; 정식의 복장.
正正堂堂[せいせいどうどう] 정정당당; ①(군사 등의) 사기가 왕성함. ②(태도 등이) 바르고 떳떳함.
正座❶[せいざ] 정좌; 무릎을 꿇고 자세를 바로 하여 앉음. ❷[しょうざ] (주빈이 앉는) 정면 좌석.
²正直[しょうじき] 정직; ①성실함. ②〈副〉사실은. 솔직히 말하자면.
正札[しょうふだ] 정찰; 정가(定価).
¹正体❶[しょうたい] 정체; ①본래의 모습. ②제정신. 본정신. ❷[せいたい] ①올바른 자세. ②올바른 서체(書体).
正統[せいとう] 정통; 계통·혈통이 바름.
¹正解[せいかい] 정해; ①바르게 이해하고 해석함. ②올바른 대답.
正貨[せいか] 정화; 본위 화폐(本位貨幣).
²正確[せいかく] 정확; 바르고 확실함.
正会員[せいかいいん] 정회원; 정식 회원.

呈(呈) 드릴 정

ノ 口 口 口 무 무 무 呈

音 ●テイ
訓 ―

音読
呈[てい] 드림. 바침. *인명이나 증정하는 품명 위에 붙여 쓰는 말임.
呈する[ていする] 〈サ変他〉 ①드리다. 증정하다. ②나타내다. 드러내다.
呈上[ていじょう] 정상; 드림. 바침. 증정.
呈示[ていじ] 정시; 제시(提示). 앞으로 내밀어 상대방에게 보여 줌.

廷 조정 정

一 二 千 壬 壬 廷 廷

音 ●テイ
訓 ―

音読
廷内[ていない] 정내; 법정 내.
廷吏[ていり] 정리; 법원 직원.
廷臣[ていしん] 정신; 조정의 신하.

町 밭두둑 정

丨 冂 冊 冊 町 町 町

音 ●チョウ
訓 ●まち

訓読
⁴●町❶[まち] ①시가지. 읍내(邑内). 시내(市内). ②지방 자치 단체의 하나인 町(ちょう). ③시(市)나 구(区)를 구성하는 한 구획. ④번화가. ❷[ちょう] ☞ [音読]
町工場[まちこうば] 시내에 있는 소규모의 조그마한 공장.
町並(み)[まちなみ] 시가지(市街地).
町役場[まちやくば] 町(ちょう) 사무소.
町外れ[まちはずれ] (도시 중심부에서 벗어난) 변두리.
町中[まちなか] 시내. 번화가.
町着[まちぎ] 외출복. 나들이옷.
町版[まちはん] (서적·출판사가) 영리를 목적으로 하는 출판물.

²町❶[ちょう] ①지방 자치 단체의 하나. ＊한국의 읍(邑)에 해당함. ②시(市)나 구(区)를 구성하는 한 구획. ＊한국의 동(洞)에 해당함. ③거리의 단위. ＊60간으로 약 109m임. ④면적의 단위. ＊10단으로 3,000평임. ❷[まち] ☞〖訓読〗

町内[ちょうない] (지방 공공 단체로서의) 町(ちょう)의 안. 동네.

町名[ちょうめい] 町(ちょう)의 이름.

町民[ちょうみん] 町(ちょう)의 주민.

町歩[ちょうぶ] 정보; 면적의 단위. ＊1정보 3,000평을 말함.

町税[ちょうぜい] 町(ちょう)가 징수하는 세금.

町有[ちょうゆう] 町(ちょう)의 소유.

町議会[ちょうぎかい] 町(ちょう) 의회.

町長[ちょうちょう] 町(ちょう)의 우두머리.

町政[ちょうせい] 町(ちょう)의 자치 행정.

町村[ちょうそん] ①도시와 시골. ②(지방 자치 단체로서의) 町(ちょう)와 村(そん).

町会[ちょうかい] ①町(ちょう) 주민의 자치 모임. ②'町議会'의 옛 칭호.

定   정할 정

丶 宀 宀 宀 定 定 定 定

音 ●テイ ●ジョウ
訓 ●さだか ●さだまる ●さだめる

〖訓読〗

●**定か**[さだか]〈形動〉분명함. 확실함. 명확함.

²●**定まる**[さだまる]〈五自〉①정해지다. 결정되다. ②안정되다. 진정되다. ③분명해지다.

²●**定める**[さだめる]〈下I他〉①정하다. 결정하다. 확정하다. ②(난리를) 안정시키다. 수습하다. 가라앉히다. 진정시키다. ③고정시키다. 안정시키다. ④품평(品評)하다.

定めし[さだめし] (추측의 말을 수반하여) 아마도. 틀림없이. 반드시.

定めて[さだめて] (추측의 말을 수반하여) 아마도. 틀림없이. 반드시. ＊약간 예스러운 말씨임.

〖音読〗

²**定価**[ていか] 정가; 정해진 가격.

定刻[ていこく] 정각; 정해진 시각. 일정한 시각.

定見[ていけん] 정견; 일정한 견식.

定款[ていかん] 정관; 어떤 단체 등의 설립에 즈음하여 목적·내부 조직·활동 등을 정한 근본 법칙.

定規❶[じょうぎ] ①자. 잣대. ②표준. 모범. 본보기. ❷[ていき] 정규; 정해진 규정·격식.

²**定期**[ていき] 정기; ①정해진 일정 기간. ②정기 교통편. ③'定期預金·定期乗車券·定期便'의 준말.

²**定期券**[ていきけん] 정기권; 정기 승차권.

定期船[ていきせん] 정기선; 일정한 항로를 정기적으로 항해하는 선박.

定期乗車券[ていきじょうしゃけん] 정기 승차권.

定期便[ていきびん] 정기편.

¹**定年**[ていねん] 정년; 퇴직하게끔 정해져 있는 나이.

定年退職[ていねんたいしょく] 정년퇴직.

定量[ていりょう] 정량; 일정량.

定例[ていれい] 정례; ①관례. 일정한 규례. ②정기적으로 행해짐.

定率[ていりつ] 정률; 일정 비율.

¹**定理**[ていり]《数》정리.

定本[ていほん] 정본; ①고전 등의 이본(異本)을 비교·교정하여 가장 원본에 가깝게 복원한 표준이 되는 책. ②저자가 손질한 결정판.

定石[じょうせき] 정석; ①(바둑에서) 정해진 수. ②(최선으로 여겨지는) 일정한 방식.

定説[ていせつ] 정설; 정론(定論).

定数[ていすう] 정수; ①정해진 인원수. ②《数》 상수(常数).

定時[ていじ] 정시; ①정해진 시각. ②정기(定期). 일정한 시기.

¹**定食**[ていしょく] 정식; ①일정한 메뉴에 의해 차려진 식사. ②풀코스의 양식(洋食).

定額[ていがく] 정액; 일정한 금액.

²**定員**[ていいん] 정원; 수용 인원.

¹**定義**[ていぎ] 정의; 개념의 내용이나 용어의 의미를 정확하게 한정함.

定点[ていてん] 정점; ①《数》주어진 점. ②기상 관측을 위해 바다 위에 정해진 지점.

定足数[ていそくすう] 정족수; (회의에서) 의사 진행과 의결에 필요한 최소한의 출석 인원.

定住[ていじゅう] 정주; 일정한 장소에 주거(住居)를 정함.

定着[ていちゃく] 정착; ①어떤 정해진 곳에 자리 잡음. ②(사진에서) 필름·인화지 등의 감광성(感光性)을 제거하는 일.

定置[ていち] 정치; 정해진 곳에 둠.

定評[ていひょう] 정평; 일반에게 널리 알려진 좋은 평판.

定形[ていけい] 정형; 일정한 모양.

定型[ていけい] 정형; 일정한 틀.

²定休日[ていきゅうび] 정기(定期) 휴일.

征 칠/갈 정

丿 彳 彳 彳 征 征 征 征

🔊 ●セイ
訓 ―

音読

征する[せいする] 〈サ変他〉 정벌(征伐)하다. 정복(征服)하다.

征伐[せいばつ] 정벌; 토벌(討伐).

¹征服[せいふく] 정복; 정벌하여 복종시킴.

征衣[せいい] 정의; ①군복(軍服). ②여행복. 여장(旅裝).

征夷大将軍[せいいたいしょうぐん] 정이대장군; ①(奈良(なら)시대에) 북방의 아이누족 정벌을 위해 파견된 장군. ②병마와 정치의 실권을 가진 幕府(ばくふ)의 주권자의 직책명.

征討[せいとう] 정토; 정벌(征伐). 토벌.

亭 정자 정

丶 亠 亡 亡 宁 宁 亭 亭 亭

🔊 ●テイ
訓 ―

音読

亭[てい] ①(여관·요릿집 등의 옥호에 붙이는) 정. ②(뜰 안의) 정자. ③문인·연예인 등의 호에 붙이는 말. ④풍류인의 거실 이름에 붙이는 말.

亭亭[ていてい] (큰 나무 등이) 우뚝 솟아 있음.

亭主[ていしゅ] ①집주인. ②남편. ③(茶道에서) 손님을 접대하는 주인.

亭主関白[ていしゅかんぱく] 폭군 같은 남편. 집안의 폭군.

貞 곧을 정

丶 一 一 亡 占 卢 貞 貞 貞

🔊 ●テイ ⊗ジョウ
訓 ―

音読

貞潔[ていけつ] 정결; 정숙 결백함

貞女[ていじょ] 정녀; 정절이 있는 여자.

貞淑[ていしゅく] 정숙; 절개가 굳고 얌전함.

貞節[ていせつ] 정절; 여자의 곧은 절개.

貞操[ていそう] 정조; 여자가 성적(性的)인 순결을 지킴.

政 정사 정

一 丁 下 正 正 正 政 政 政

🔊 ●セイ ○ショウ
訓 ●まつりごと

訓読

●政[まつりごと] 정사(政事). 정치.

音読

政綱[せいこう] 정강; 정부나 정당이 공약한 정책의 대강.

政見[せいけん] 정견; 정치상의 의견.

政経[せいけい] 정경; 정치와 경제.

政界[せいかい] 정계; 정치가의 사회.

政局[せいきょく] 정국; 정치계의 형편.

¹政権[せいけん] 정권; 정치상의 권리.

²政党[せいとう] 정당; 정치를 실현하기 위해 모인 단체.

政略[せいりゃく] 정략; ①정치상의 책략. ②이익을 얻기 위한 흥정.

政令[せいれい] 정령; ①정치상의 명령이나 법령. ②《政》각령(閣令).

政務[せいむ] 정무; 정치상의 사무.

政変[せいへん] 정변; 쿠데타. 내각의 경질.

²政府[せいふ] 정부; 국가의 통치권을 행사하는 기관.

政友[せいゆう] 정우; 정치상 의견을 같이 하는 동료.

政争[せいそう] 정쟁; 정치상의 싸움.

政情[せいじょう] 정정; 정치 정세(情勢).

²政策[せいさく] 정책; 정치의 당침.

政体[せいたい] 정체; 통치권의 운용 형식.

³政治[せいじ] 정치; 나라를 다스림.

訂　바로잡을 정

一　言　言　言　言　言　言　訂　訂

音 ●テイ
訓 ―

音読
¹訂正[ていせい] 정정; 말이나 문장의 잘못을 고쳐 바로잡음.
訂正版[ていせいばん] 정정판.
訂正表[ていせいひょう] 정정표.

浄(淨)　깨끗할 정

ノ　ソ　氵　汀　汀　汽　浄　浄

音 ●ジョウ
訓 ⊗きよい ⊗きよめる

訓読
⊗浄い[きよい] 〈形〉 ①맑다. 깨끗하다.
②(마음・태도가) 깨끗하다. 순수하다.
⊗浄める[きよめる] 〈下I他〉 맑게 하다. 깨끗하게 하다. 부정(不浄)을 씻다.

音読
浄書[じょうしょ] 정서; 보기 좋게 깨끗이 글씨를 다시 씀.
浄水[じょうすい] 정수; ①깨끗한 물. ②손 씻는 물. ③물의 정화. 정화된 물.
浄財[じょうざい] 정재; 깨끗한 재물. ＊종교 사업・사회사업 등에 기부되는 금품.
浄土[じょうど] 《仏》 정토; ①극락정토. ②'浄土宗'의 준말.
浄化[じょうか] 정화; ①깨끗이 함. ②악폐・폐습 등을 없앰.

庭　뜰 정

一　亠　广　庐　庐　庄　庭　庭　庭

音 ●テイ
訓 ●にわ

訓読
⁴●庭[にわ] ①뜰. 정원. 마당. ②(특정한 일을 하는) 곳. 장소. 터.
庭木[にわき] 정원수(庭園樹).
庭師[にわし] 정원사.
庭石[にわいし] 정원석. 정원 장식을 위해 놓는 돌. 마당의 징검돌.

庭作り[にわづくり] ①정원을 꾸밈. 정원 조경. ②정원사.

音読
庭球[ていきゅう] 정구; 테니스.
庭内[ていない] 정내; 뜰 안.
庭園[ていえん] 정원; 뜰.

偵　정탐할 정

イ　イ′　イ′　伫　侦　侦　偵　偵　偵

音 ●テイ
訓 ―

音読
偵察[ていさつ] 정찰; 몰래 적이나 상대방의 정세를 살핌.
偵察衛星[ていさつえいせい] 정찰 위성.

停　머무를 정

イ　イ′　伫　伫　伫　伫　停　停　停

音 ●テイ
訓 ⊗とまる ⊗とめる

訓読
⊗停まる[とまる] 〈5自〉 ①(움직이는 차・기계 등이) 멎다. 멈추다. ②(계속 통하던 것이) 끊어지다. 두절되다.
⊗停める[とめる] 〈下I他〉 ①(움직이는 차・기계 등을) 멈추다. 정지시키다. ②(계속 통하던 것을) 중단하다. 끊어지게 하다.

音読
停[てい] 정류장. ¶バス〜 버스 정류장.
停年[ていねん] 정년; 관청이나 회사에서 퇴직하게끔 정해진 나이.
停留所[ていりゅうじょ] 정류소; 정류장.
停泊[ていはく] 정박; 배가 닻을 내리고 머무름.
²停電[ていでん] 정전; 전기의 송전이 한때 중단됨.
停戦[ていせん] 정전; 전쟁 중 잠시 적대 행위를 중단함.
²停止[ていし] 정지; 중도에서 멈춤.
²停車[ていしゃ] 정차; 정거. 열차・전차・자동차 등이 역이나 정류소에 멈춤.
¹停滞[ていたい] 정체; 일이 지체되어 순조롭게 진행되지 않음.
停会[ていかい] 정회; 회의를 잠시 중단함.

情(情) 뜻/정성 정

丶 忄 忄 忄 忄 忄 忄 情 情 情

音 ●ジョウ ●ゼイ
訓 ●なさけ

訓読

¹●情け[なさけ] 정; ①인정. 동정심. 자비. ②(남녀간의) 사랑. 애정. ③풍류를 아는 마음. 정취(情趣). 멋.
¹情けない[なさけない] 〈形〉①한심하다. 비참하다. 처량하다. 딱하다. ②몰인정하다. 무정하다.
¹情け深い[なさけぶかい] 〈形〉인정이 많다.
情け知らず[なさけしらず] 몰인정함.

音読

¹情[じょう] 정; ①감정. ②동정심. 인정. ③(남녀간의) 사랑. 애정. ④정성. 진심. 성심. 성의. ⑤진상. 사정. ⑥고집. ⑦운치. 정취.
情感[じょうかん] 정감; 감정. 느낌.
情景[じょうけい] 정경. 광경.
情交[じょうこう] 정교; ①친밀한 교제. ②(남녀간의) 육체관계.
情念[じょうねん] 감정에서 생기는 사념.
情理[じょうり] 정리; ①인정과 도리. ②사리(事理).
²情報[じょうほう] 정보; ①사정·상황의 보고. ②(판단·결정하는 데 도움이 되는) 지식. 자료.
情夫[じょうふ] 정부; 내연(内縁)의 남편.
情婦[じょうふ] 정부; 내연(内縁)의 아내.
情死[じょうし] 정사; 서로 사랑하는 남녀가 함께 자살함.
情事[じょうじ] 정사; 부부가 아닌 남녀 간의 성적(性的)인 사랑.
情状酌量[じょうじょうしゃくりょう] 《法》 정상 참작.
¹情緒[じょうちょ/じょうしょ] 정서; ①정취(情趣). ②(喜·怒·哀·楽의) 감정.
¹情勢[じょうせい] 정세; 사정과 형편.
情実[じょうじつ] 정실; ①사사로운 인정에 얽힌 사실. ②실제 사정. ③진심.
情愛[じょうあい] 정애; 애정(愛情).
¹情熱[じょうねつ] 정열; 열띤 감정.
情欲[じょうよく] 정욕; ①이성(異性)의 육체에 대한 욕망. ②욕망. 마음의 욕구. ③《仏》 물건을 탐내어 집착하는 마음.

情義[じょうぎ] 정의; 인정과 의리.
情人[じょうじん/じょうにん] 정인; ①애인(愛人). 사랑하는 사람. ②정이 많은 사람.
情操[じょうそう] 정조; 정서(情緒).
情趣[じょうしゅ] 정취; 정감(情感)을 불러일으키는 흥취. 풍미(風味).
情痴[じょうち] 치정(痴情). 색정(色情)에 빠져 이성을 잃어버림.

頂 꼭대기 정

丁 丆 丆 乛 頂 頂 頂 頂 頂 頂

音 ●チョウ
訓 ●いただき ●いただく ●いただけない
   ●いただける

訓読

¹●頂[いただき] (산의) 꼭대기. 정상(頂上).
³頂く[いただく] 〈5他〉①(머리에) 얹다. 이다. ②높이 쳐들다. 치켜들다. ③모시다. 우러러 섬기다. 받들다. ④받다. 얻다. *'もらう'의 겸양어. ⑤먹다. 마시다. *'食(た)べる·飲(の)む'의 겸양어.
頂き物[いただきもの] 받은 것. 얻은 것. 선물. *'もらいもの'의 겸양어.
●頂けない[いただけない] 〈形〉 마땅치 않다. 좋지 않다. 맛이 없다.
●頂ける[いただける] 〈F1自〉①얻을 수 있다. 받을 수 있다. ②(음식을) 커을 수 있다. ③쓸 만하다. 좋다.

音読

頂角[ちょうかく] 《数》 정각; 꼭지각.
²頂戴[ちょうだい] ①받음. *'もらう'의 겸양어. ②먹음. *'食(た)べる·飲(の)む'의 겸양어.
²頂上[ちょうじょう] 정상; ①꼭대기. ②최고 수뇌. 톱. ③절정(絶頂).
²頂点[ちょうてん] 정점; ①정상. 꼭대기. ②절정. 피크. ③《数》 꼭짓점.

晶 수정 정

丨 冂 日 日 昌 晶

音 ●ショウ
訓 ―

音読

晶晶[しょうしょう] 반짝반짝 빛남.
●結晶[けっしょう], 水晶[すいしょう]

程(程) 과정/한도 정

禾 利 秆 和 秆 秆 程 程

音 ●テイ
訓 ●ほど

訓読
³●程[ほど] ①(사물의) 정도. ②(지나칠) 정도, 한도, 한계. ③분수. ④무렵. 쯤. 시간. ⑤간격, 거리. ⑥(모양·상태의) 여하.
程よい[ほどよい] 〈形〉 알맞다. 꼭 적당하다.
程遠い[ほどとおい] 〈形〉 (거리·시간이) 좀 멀다. 아직 멀었다.
程程に[ほどほどに] 적당히. 정도껏.
程合(い)[ほどあい] 알맞음. 적당함.

音読
²程度[ていど] 정도; ①성질이나 값어치의 한도. ②수준. ③가량. 쯤.

艇 거룻배 정

丿 力 月 角 舟' 舟舟 舟 舟千 舟王 舟壬 艇 艇

音 ●テイ
訓 ―

音読
艇[てい] ①거룻배. 작은 배. ②(명사에 접속하여) 작은 배를 나타냄.
艇庫[ていこ] 정고; 보트 창고.
艇首[ていしゅ] 정수; 작은 배의 뱃머리.
艇長[ていちょう] 정장; 작은 배의 선장.

精(精) 자세함/깨끗할 정

丷 丬 半 米 米' 籿 粘 精 精 精

音 ●セイ ●ショウ
訓 ⊗しらげる ⊗くわしい

訓読
⊗精げる[しらげる] 〈下1他〉 ①정미(精米)하다. ②(세공품을) 끝손질하다. 마무리하다.
⊗精しい[くわしい] 〈形〉 ①상세하다. 자세하다. ②잘 알고 있다. 정통하다. 밝다.

音読
精[せい] ①자상함. ②정력, 원기. ③정성. ④정수(精髓). ⑤(동화나 민요에서) 요정(妖精).

¹精巧[せいこう] 정교; 정밀하고 교묘함.
精根[せいこん] 정근; 정력과 끈기. 기력.
精勤[せいきん] 정근; 일이나 학업에 힘씀.
精気[せいき] 정기; ①만물의 원기. ②정력(精力). ③(사물의) 순수한 기운.
精糖[せいとう] 정당; 정제한 설탕.
精度[せいど] 정도; 정밀도. 정확도.
精読[せいどく] 정독; 자세히 살피며 정밀하게 읽음.
精励[せいれい] 정려; 부지런히 함.
精力[せいりょく] 정력; ①심신의 활동력. ②성적(性的)인 능력.
精練[せいれん] 정련; ①(동식물의) 섬유에서 불순물을 제거하여 순도(純度)를 높임. ②군대를 잘 훈련시킴.
精錬[せいれん] 정련; (광석이나 기타 원료에서) 함유된 금속을 추출하여 정제함.
精米[せいまい] 정미; 현미를 쓿어서 흰쌀로 만듦.
¹精密[せいみつ] 정밀; 가늘고 촘촘함.
¹精算[せいさん] 정산; 정밀한 계산.
精選[せいせん] 정선; 정성스럽게 뛰어난 것을 골라냄.
精髓[せいずい] 정수; 사물의 본질. 사물의 중심이 되는 요점.
²精神[せいしん] 정신; ①마음가짐. ②사물의 근본 의의 및 목적.
精鋭[せいえい] 정예; 매우 날래고 용맹스러움.
精油[せいゆ] 정유; ①방향유(芳香油). ②석유를 정제함. 정제한 석유.
精一杯[せいいっぱい] ①힘껏. 최대한. ②고작. 겨우.
²精精[せいぜい] ①힘껏. 최대한. 가능한 한. ②겨우. 기껏해야. 고작.
精製[せいせい] 정제; ①정성 들여 잘 만듦. ②다시 가공하여 한결 더 좋게 만듦.
精進[しょうじん] 정진; ① 《仏》 오로지 불도 수행에 전념함. ②재계(斎戒), 일정 기간 행동을 삼가고 부정(不浄)을 피함. ③채식주의(菜食主義) ④열심히 노력함.
精進落ち[しょうじんおち] 채식(菜食) 기간이 끝나고 평상시의 식사로 돌아감.
精進料理[しょうじんりょうり] 야채 요리.
精彩[せいさい] 정채; ①광채(光彩). 아름답고 빛나는 색채. ②활발한 기상.
精通[せいつう] 정통; 자세히 잘 앎.
精解[せいかい] 정해; 상세한 해설.
精確[せいかく] 정확; 정밀하고 확실함.

静(静) 고요할 정

一 十 主 青 青 青 靜 静 静

音 ●セイ ●ジョウ
訓 ●しずか ●しずけさ ●しずまる ●しずめる

訓読

⁴●静か[しずか]〈形動〉①조용함. 고요함. ②잠잠함. ③평온함. ④(태도가) 차분함. 침착함.

●静けさ[しずけさ] 조용함. 고요함. 정적(静寂). 잠잠함.

²●静まる[しずまる]〈5自〉①조용해지다. 잠잠해지다. ②(난리·폭동이) 진정되다. 가라앉다. 평온해지다. ③(감정 등이) 가라앉다. ④(神霊이) 머물다. 진좌(鎮座)하다.

●静める[しずめる]〈下1他〉①조용하게 하다. 잠잠하게 하다. ②진정시키다. 가라앉히다. ③(난리·폭동을) 진압하다. 평정하다. ④(神霊을) 머물게 하다. 진좌(鎮座)시키다.

静岡[しずおか]①일본 중부 지방의 한 현(県). ②静岡県(しずおかけん)의 현청(県庁) 소재지.

音読

静[せい] 정; 조용함.

静観[せいかん] 정관; 조용히 사태의 추이를 지켜봄.

静脈[じょうみゃく]《生理》정맥.

静物[せいぶつ] 정물; 정지하여 안 움직이는 물건.

静物画[せいぶつが] 정물화.

静思[せいし] 정사; 조용히 생각함.

静粛[せいしゅく] 정숙; 고요하고 엄숙함.

静養[せいよう] 정양; 요양(療養)함.

静穏[せいおん] 정온; ①고요하고 평온함. ②《気》무풍(無風) 상태.

¹静的[せいてき] 정적; 정지한 모양. 조용한 상태. 정지하여 움직이지 않는 것.

静寂[せいじゃく] 정적; 고요함.

静電気[せいでんき] 정전기; 마찰 전기.

静座[せいざ] 정좌; 마음을 진정시키고 차분하게 앉음.

¹静止[せいし] 정지; 조용히 멈춤. 한 곳에 머물러 움직이지 않음. 한 곳에 멈추어 가만히 있는 상태.

静聴[せいちょう] 정청; 조용히 들음.

静閑[せいかん] 정한; 고요함. 조용함.

整 가지런할 정

口 市 東 束⁻ 敕 敕 敕 軟 整 整

音 ●セイ
訓 ●ととのう ●ととのえる

訓読

²●整う[ととのう]〈5自〉①정돈되다. 정비되다. 가지런히 되다. 고르게 되다. ②잘 다듬어지다. ③일치하다. 잘 맞다. ④갖추어지다. 구비되다. ⑤성립되다. 이루어지다.

¹●整える[ととのえる]〈下1他〉①정돈하다. 정비하다. 가지런히 하다. 단정히 하다. ②조절하다. 맞추다. ③갖추다. 구비하다. 준비하다. 마련하다. ④성립시키다. 이루어지게 하다.

音読

整骨[せいこつ]《医》정골.

整頓[せいとん] 정돈; 가지런히 하여 바로잡음.

¹整列[せいれつ] 정렬; 가지런히 줄을 지어 늘어섬.

整流[せいりゅう] 정류; ①《物》전류의 교류를 직류로 바꿈. ②혼란한 흐름을 바르게 함.

²整理[せいり] 정리; 가지런히 바르잡음.

²整備[せいび] 정비; 기계 등의 이상 유무를 보살피고 수리함.

²整数[せいすう]《数》정수; 자연수.

¹整然[せいぜん] 정연; 질서 있고 가지런함.

整地[せいち] 정지; 땅바닥을 고름.

整合[せいごう] 정합; ①꼭 들어맞음. 이론에 모순이 없음. ②《地》둘 이상의 지층이 나란히 퇴적된 현상.

整形[せいけい] 정형; 모양을 가지런히 함.

整形外科[せいけいげか]《医》정형외과.

錠 알약/자물쇠 정

ᐟ ᐟ 솩 鈩 鈩 鈩 鈩 鈩 鈩 錠

音 ●ジョウ
訓 ―

音読

錠[じょう] ①자물쇠. 빗장. ②알약.

錠前[じょうまえ] 자물쇠.

錠前屋[じょうまえや] 자물쇠 장수.

錠剤[じょうざい] 정제; 알약.

丼 우물두레박 정

音 ⊗トン
訓 ⊗どんぶり

訓読

²⊗丼[どんぶり] ①(깊고 두꺼운) 사발. 밥그릇. ②덮밥. ③장색(匠色)들이 앞에 두르는 앞가리개에 달린 주머니.
丼勘定[どんぶりかんじょう] (장부에 기입하지 않고 돈을 취급하는) 주먹구식 계산.
丼物[どんぶりもの] 덮밥.
丼飯[どんぶりめし] 덮밥.

釘 못 정

音 ⊗テイ
訓 ⊗くぎ

訓読

²⊗釘[くぎ] 못.
釘抜き[くぎぬき] 못뽑개.
釘付け[くぎづけ] ①(움직이지 못하게) 못박음. 고정시킴. ②(그 자리에서) 꼼짝 못하게 함.

挺 빼어날 정

音 ⊗テイ ⊗チョウ
訓 —

音読

挺[ちょう] 정; ①자루. ＊총·괭이·가래·노·톱·대패·식칼·숫돌·먹·양초·바이올린·三味線(しゃみせん) 등을 세는 말임. ②(가마·인력거 등 탈 것을 세는 말로서) 채.
挺する[ていする] 〈サ変他〉 앞장서다. 앞서서 나아가다. 자원(自願)하다.
挺身[ていしん] 정신; 솔선함. 자원(自願)함. 앞장서서 몸을 바쳐 일함.
挺身隊[ていしんたい] 정신대.
挺進[ていしん] 정진; 많은 사람 중에서 앞장서서 나아감.

桯 막대기 정

音 ⊗チョウ/テイ
訓 ⊗てこ

訓読

⊗桯[てこ] 지레. 지렛대.
桯台[てこだい] 지렛목.
桯子[てこ] 지레. 지렛대.

捉 둘러칠 정

音 ⊗テイ
訓 ⊗おきて

訓読

⊗捉[おきて] ①법도. 규정. 규칙. ②(공적인) 규정. 법제. ③≪古≫ 마음가짐. 재능.

逞ˣ(逞) 왕성할 정

音 ⊗テイ
訓 ⊗たくましい

訓読

¹⊗逞しい[たくましい] 〈形〉 ①(신체가 튼튼하여) 늠름하다. 다부지다. 우람하다. 건장하다. ②(하려고 하는 의지가) 강인하다. 왕성하다. 억척스럽다. 힘차다.

碇 닻돌 정

音 ⊗テイ
訓 ⊗いかり

訓読

⊗碇[いかり] ①닻. ②닻 모양의 갈고리.
碇綱[いかりづな] 닻줄.
音読
碇泊[ていはく] 정박; 배가 닻을 내리고 머무름.

靖(靖) 편안할/다스릴 정

音 ⊗セイ
訓 ⊗やす

訓読

⊗靖国神社[やすくにじんじゃ] 야스쿠니 신사(神社). ＊한국의 '국립묘지'에 해당함.
靖国通り[やすくにどおり] 야스쿠니 거리. ＊東京都(とうきょうと) 中央区(ちゅうおうく) 両国(りょうごく)에서부터 新宿区(しんじゅくく) 歌舞伎町(かぶきちょう)에 이르는 거리.

鼎 솥 정

音 ⊗テイ
訓 ⊗かなえ

訓読

⊗鼎[かなえ] ①(고대 중국의) 세 발 달린 솥. ②왕위·권위의 상징.
音読
鼎談[ていだん] 정담; 세 사람이 마주 앉아 이야기함. 삼자(三者) 회담.
鼎立[ていりつ] 정립; 삼자(三者) 대립.
鼎座[ていざ] 정좌; 세 사람이 마주 앉음.

[제]

弟   아우/제자 제

丶 丷 当 当 肖 弟 弟

音 ●テイ ●デ ●ダイ
訓 ●おとうと ⊗おと

訓読
⁴●弟[おとうと] ①남동생. 아우. ②처남. 시동생. 매제(妹弟).
弟分[おとうとぶん] 동생뻘 되는 사람.

音読
弟妹[ていまい] 제매; 남동생과 여동생.
²弟子[でし] 제자; 스승에게 학문이나 기예(技芸)의 가르침을 받는 사람.
弟子入り[でしいり] 제자가 됨.

制   억제할/정할 제

丿 ⼇ 二 牛 与 告 制 制

音 ●セイ
訓 ―

音読
¹制[せい] 제도. 규제.
¹制する[せいする] 〈サ変他〉 ①억제하다. 제지하다. ②지배하다. 제압하다. ③획득하다. 얻다. 차지하다. ④정하다. 제정하다.
制空権[せいくうけん] 제공권; 공군력으로 공중을 지배하는 권력.
制球[せいきゅう] 제구; (야구의) 볼 컨트롤.
²制度[せいど] 제도; 제정된 규정・법규.
制帽[せいぼう] 제모; 학교와 관청 등에서 제정된 모자.
¹制服[せいふく] 제복; 유니폼.
制圧[せいあつ] 제압; 상대를 제어하여 누름.
¹制約[せいやく] 제약; 조건을 붙여서 활동의 자유를 제한함.
制御[せいぎょ] 제어; ①억제함. ②컨트롤.
²制作[せいさく] 제작; ①예술 작품을 만듦. ②(연극・영화에서) 작품을 만들어 공연・상영함.
¹制裁[せいさい] 제재; 규칙 위반자에게 내리는 벌・형벌.
¹制定[せいてい] 제정; 규칙이나 법률 등을 정함.

制止[せいし] 제지; 하려고 하는 일을 말려 못하게 함.
制覇[せいは] 제패; ①상대를 제압하여 권력을 휘두름. ②(경기 등에서) 우승함.
²制限[せいげん] 제한; 한계를 정함. 정해진 한계.

斉(齊)   가지런할 제

丶 一 亠 文 产 斉 斉 斉

音 ●セイ
訓 ⊗ひとしい

訓読
⊗斉しい[ひとしい] 〈形〉 ①같다. 동일하다. 똑같다. ②다름없다. 마찬가지다. 흡사하다. ③한결같다.

音読
斉家[せいか] 제가; 집안을 잘 다스림.
斉唱[せいしょう] 제창; 여럿이 같은 목소리로 함께 주창(主唱)・노래함.

帝   임금 제

丶 一 亠 宀 广 产 产 产 帝

音 ●テイ ⊗タイ
訓 ⊗みかど

音読
帝[てい] 황제. 천황. ¶光武(こうぶ)〜 광무제. ¶人徳(にんとく)〜 仁徳 천황.
帝国[ていこく] 제국; ①황제가 통치하는 국가. ②'大日本帝国'의 준말.
帝都[ていと] 제도; 제국(帝国)의 수도.
帝王[ていおう] 제왕; 황제・황제(皇帝).
帝位[ていい] 제위; 황제의 자리.
帝政[ていせい] 제정; 황제의 정치. 또는 황제의 정치 형태.

剤(劑)   약지을 제

丶 一 亠 文 产 产 斉 斉 剤 剤

音 ●ザイ
訓 ―

音読
剤[ざい] (명사에 접속하여 접기어로서) …제; 어떤 약을 나타냄.
◗覚醒剤[かくせいざい]

除 덜/나눌/제할 제

′ ﾞ ﾞ ﾞ ﾞ ﾞ ﾞ ﾞ 除 除

[音] ●ジョ ●ジ
[訓] ●のぞく ⊗のける ⊗よける

[訓読]
²●**除く[のぞく]** 〈5他〉 ①없애다. 제거하다. 치우다. ②빼다. 제외하다. ③없애다. 죽이다.
⊗**除ける❶[のける]** 〈下1他〉 ①(그 장소에서) 치우다. 옮기다. ②따돌리다. ③따로 떼어 놓다. 남겨 놓다. ❷**[よける]** 〈下1他〉 ①비키다. 피하다. ②면하다. 벗어나다. ③(피해를) 방지하다. 막다.
⊗**除け[よけ]** (명사에 접속하여) …을 막음. …을 막는 것. …막이.

[音読]
除する[じょする] 〈サ変他〉 ① 《数》 나눗셈을 하다. 나누다. ②없애다. 제거하다. 치우다. ③관직에 임명하다. *새로운 직책을 맡기고 전(前)의 직책을 제거한다는 뜻임.
除去[じょきょ] 제거; 덜어 없앰.
除隊[じょたい] 제대; 군대 복무를 마침.
除名[じょめい] 제명; 명부에서 이름을 빼거나 지워 버림.
除雪[じょせつ] 제설; 쌓인 눈을 치움.
除夜[じょや] 제야; 섣달 그믐날 밤.
¹**除外[じょがい]** 제외; 어떤 범위 밖에 둠.
除籍[じょせき] 제적; 호적·당적·학적 등의 명부에서 빼 버림.

済(濟) 물건널/구제할 제

′ ﾞ ﾞ ﾞ ﾞ 済 済 済 済 済

[音] ●サイ ●ザイ ⊗セイ
[訓] ●すます ●すませる ●すまない ●すむ ●なす

[訓読]
¹●**済ます[すます]** 〈5他〉 ①(어떤 일을) 끝마치다. 완료하다. ②(대신에) 때우다. 넘기다. ③수습하다. ④(돈을) 갚다.
²●**済ませる[すませる]** 〈下1他〉 (어떤 일을) 끝마치다. 완료하다.
²●**済まない[すまない]** 〈形〉 (감사·사과·부탁의 뜻으로) 미안하다.

²●**済む[すむ]** 〈5自〉 ①(어떤 일이) 끝나다. 완료되다. ②수습되다. 해결되다. ③(돈을) 다 갚다. ④(기분이) 풀리다. ⑤(그럭저럭) 족하다. ⑥(부정문·반어법에서) 체면이 서다. 도리를 다하다.
²**済(み)❶[すみ]** ①끝남. ②지불이 끝남. ❷**[ずみ]** (명사에 접속하여 접미어로) 끝남. 필(畢). ¶檢査(けんさ)~ 검사필. ¶予約(よやく)~ 예약이 끝남.

[音読]
済生[さいせい] 제생; 생명을 구제함.
済世[さいせい] 제세; 세상 사람을 구제함.

祭 제사 제

ク タ タ タʹ ﾀ ﾀ 祭 祭 祭 祭

[音] ●サイ
[訓] ●まつる ●まつり

[訓読]
²●**祭る[まつる]** 〈5他〉 ①제사지내다. ②(신으로) 모시다.
²●**祭(り)[まつり]** ①제사(祭祀). ②축제(祝祭). 잔치. ③(상점에서 특별 기간에 하는) 특별세일.
祭り上げる[まつりあげる] 〈下1他〉 ①숭상하다. 우러러 받들다. ②떠받들다. 추대하다. ③치켜세우다. 추켜올리다.

[音読]
祭壇[さいだん] 제단; 제사지내는 단.
祭司[さいし] ①(성경에서) 제사장. ②(천주교의) 사제(司祭).
²**祭日[さいじつ]** 제일; ①제삿날. ②국경일.
祭典[さいてん] 제전; ①제사 의식. ②성대한 예술 발표회·체육 대회.

第 차례 제

′ ﾞ ﾞ ﾞ ﾞ ﾞ 竺 笃 第 第

[音] ●ダイ
[訓] ―

[音読]
²**第[だい]** 제; 차례.
²**第一[だいいち]** 제일; ①첫째. 첫 번째. ②〈形動〉 으뜸. 제일 중요함. 첫째임. ③최고임. 가장 뛰어남. ④〈副〉 우선. 먼저. 무엇보다도.

堤 제방/둑 제

十 土 圹 垾 垾 垾 堤 堤 堤

音 ●テイ
訓 ●つつみ

訓読
●堤[つつみ] ①둑. 제방. ¶~が切(き)れる 둑이 무너지다. ②저수지.

音読
¹堤防[ていぼう] 제방; 둑. ¶海岸(かいがん)に~を築(きず)く 해안에 제방을 쌓다.

提 들/끌 제

十 扌 圹 护 担 担 捍 捍 提

音 ●テイ ⊗チョウ
訓 ●さげる

訓読
●提げる[さげる] 〈下1他〉 ①(손에) 들다. ②(가슴・허리에) 차다. 달다.

音読
¹提供[ていきょう] 제공; 상대방에게 사용하라고 줌.
提起[ていき] 제기; 소송이나 문제 등을 내세움.
提督[ていとく] 제독; 해군의 장성(將星). 함대 사령관.
提灯[ちょうちん] 제등; 초롱.
提灯持ち[ちょうちんもち] ①초롱을 들고 앞장 섬. ②(다른 사람의) 앞잡이 노릇.
提灯行列[ちょうちんぎょうれつ] 제등 행렬.
提訴[ていそ] 제소; 소송을 제기함.
¹提示[ていじ] 제시; 꺼내어 보여 줌.
²提案[ていあん] 제안; 안건(案件)을 제출함.
提言[ていげん] 제언; 의견・생각을 회의에 제안함.
提要[ていよう] 제요; 요점・요령을 추려서 저술함. 또는 그렇게 저술한 책.
提議[ていぎ] 제의; 의논・의안을 제출함.
提唱[ていしょう] 제창; ①어떤 의견을 주장함. ②《仏》(禪宗에서) 종지(宗旨)의 대강(大綱)을 제시하여 설법(説法)함.
²提出[ていしゅつ] 제출; 문제・의견・증거 자료 등을 내어놓아 보여줌.
¹提携[ていけい] 제휴; 서로 협조함.

製 지을/만들 제

⺧ 与 乍 制 制 制 製 製 製 製

音 ●セイ
訓 ―

音読
²製[せい] 제; ①그 물건이 제조된 장소. ¶スイス~ 스위스제. ②만든 재료나 소재(素材). ¶金属(きんぞく)~ 금속지.
製菓[せいか] 제과; 과자를 만듦.
製錬[せいれん] 제련; 광석을 용광로에 녹여서 함유된 금속을 뽑아내어 정제함.
¹製法[せいほう] 제법; 제조 방법.
製本[せいほん] 제본; 제책(製冊). 인쇄물을 책으로 만듦.
製薬[せいやく] 제약; 약을 제조함.
製油[せいゆ] 제유; 기름을 제조함.
²製作[せいさく] 제작; (어떤 도구나 기계 등을 사용하여) 물건을 만듦.
製材[せいざい] 제재; 나무를 용도에 맞게 각목・널빤지로 켬.
²製造[せいぞう] 제조; 원료를 가공해서 만듦.
製造元[せいぞうもと] 제조원; 저조 회사.
製紙[せいし] 제지; 종이를 만듦.
製茶[せいちゃ] 제차; 찻잎을 ブ工함. 또는 가공한 찻잎.
¹製鉄[せいてつ] 제철; 철광석으로 선철을 만듦.
製版[せいはん] 제판; 인쇄용 판을 만듦.
²製品[せいひん] 제품; 원료로 물건을 만듦.

際 즈음 제

⺈ 阝 阝 阝 阝 阝 阝 阝 際 際 際

音 ●サイ
訓 ●きわ ●きわやか

訓読
●際❶[きわ] ①가장자리. 가. 곁. 옆. ②때. 경우. ③《古》신분. 분수. 지체. ④《古》재능. ❷[ぎわ] (명사에 접속하여) ①…가. …곁. …옆. ②(동사 ます형에 접속하여) …할 무렵. …하기 시작할 때. …할 즈음. ❸[さい] ☞ 音読
●際やか[きわやか] 〈形動〉 두드러짐. 뚜렷함. 현저하게 눈에 띔.

際立つ[きわだつ] 〈5自〉 (다른 것과 차이나 구별이 뚜렷하여) 두드러지다. 눈에 띄다. 뛰어나다. 특출하다.

際物[きわもの] ①계절상품. ②(소설·영화 등이) 일시적인 유행을 노림.

際疾い[きわどい] 〈形〉 ①아슬아슬하다. 위태위태하다. ②절박하다. ③음란하다. 외설스럽다.

音読

²際❶[さい] 때. 즈음. 기회. ❷[きわ/ぎわ] ☞ [訓読]

際して[さいして] (…에) 즈음하여. (…에) 임하여.

際する[さいする] 〈サ変自〉 (어떤 기회에) 즈음하다. 임하다.

際限[さいげん] 제한; 끝. 한계. 한도.

際会[さいかい] 제회; (사건·기회 등을) 만남. 직면함. 봉착함.

諸(諸) 모두 제

諸 言 言 言 計 計 誹 諸 諸 諸 諸

音 ●ショ
訓 ⊗もろ

訓読

⊗諸❶[もろ] ①양쪽. ¶ ～の腕(うで) 양팔. ②많음. 다수. ③함께 함. ❷[しょ] ☞ [音読]

音読

²諸❶[しょ] 제; 모든. 많은. ¶ ～問題(もんだい) 제문제; 모든 문제. ¶ ～経費(けいひ) 제경비; 모든 경비. ❷[もろ] ☞ [訓読]

諸国[しょこく] ①여러 나라. ②여러 지방.

諸国民[しょこくみん] 여러 나라 사람들.

¹諸君[しょくん] 제군; ①여러 사람들. ②여러분.

諸島[しょとう] 제도; 여러 섬들.

諸般[しょはん] 제반; 여러 가지.

諸事[しょじ] 제사; 여러 가지 일.

諸氏[しょし] 제씨; ①이미 말한 여러 사람들. ②(많은 사람들에 대한 높임말로) 여러분.

諸種[しょしゅ] 제종; 여러 종류.

諸行無常[しょぎょうむじょう] 《仏》 제행무상.

諸兄[しょけい] 〈代〉 제형; 여러분.

題 제목 제

題 日 旦 咠 是 是 是 是 題 題 題

音 ●ダイ
訓 ―

音読

²題[だい] ①표제. 제목. ②문제.

¹題する[だいする] 〈サ変他〉 ①제목을 붙이다. 제목을 달다. ②표제(標題)·제자(題字)·제사(題辞) 등을 쓰다.

²題名[だいめい] 제명; 제목. 타이틀.

題目[だいもく] 제목; ①표제. 타이틀. ②(연구의) 주제. ③(말뿐인) 주장.

題意[だいい] 제의; 문제·제목의 뜻.

題号[だいごう] 제호; 표제. 제목.

梯 사다리 제

音 ⊗テイ
訓 ⊗はしご

訓読

²⊗梯[はしご] ☞ 梯子

²梯子[はしご] ①사다리. ②계단. ③'梯子酒'의 준말.

蹄 말발굽 제

音 ⊗テイ
訓 ⊗ひづめ

訓読

⊗蹄[ひづめ] (마소 등의) 발굽.

醍 맑은술 제

音 ⊗ダイ
訓 ―

音読

醍醐[だいご] 제호; 우유나 양젖으로 정제한 진하고 달콤한 액즙.

醍醐味[だいごみ] 제호미; ① 《仏》 부처의 최상의 설법(説法). ②참다운 즐거움.

臍 배꼽 제

音 ⊗セイ ⊗サイ
訓 ⊗へそ ⊗ほぞ

訓読

¹⊗臍❶[へそ] ①배꼽. ②(물건의 배꼽 모양의) 꼭지. ❷[ほぞ] (과일의) 꼭지.

臍の緒[へそのお] 탯줄.

[조]

弔　위문할 조

コ コ 弓 弔

音 ●チョウ
訓 ●とむらう

訓読
● 弔う[とむらう] 〈5他〉①(죽음을) 애도하다. ②명복을 빌다. *'とぶらう'라고도 읽음.
弔い[とむらい] ①조위(弔慰). 문상(問喪). 애도. ②장례식.

音読
弔客[ちょうかく/ちょうきゃく] 조객; 문상객.
弔文[ちょうぶん] 조문; 조사(弔詞).
弔問[ちょうもん] 조문; 문상(問喪).
弔意[ちょうい] 조의; 애도하는 마음.

兆　징조/억조 조

丿 丿 儿 兆 兆 兆

音 ●チョウ
訓 ●きざす

訓読
● 兆す[きざす] 〈5自〉①(싹이) 트다. 움트다. ②(징조가) 보이다. 싹트다. 꿈틀거리다. ③(생각이) 일다. (마음이) 생기다.
¹兆し[きざし] 조짐. 징조. 징후.

音読
²兆[ちょう] 조; ①1억의 1만 배. ②조짐. 징조.
兆候[ちょうこう] 징후(徴候). 조짐. 징조.

早　일찍/이를 조

丨 冂 冂 日 旦 甲 早

音 ●ソウ ●サッ ●サ
訓 ●はや ●はやい ●はやまる ●はやめる

訓読
● 早[はや] ①빨리. ②벌써. 이미.
⁴● 早い[はやい] 〈形〉①(시기·시각이) 이르다. 빠르다. ②(동작·과정이) 빠르다. ③손쉽다. 빠른 방법이다. ④훨씬 이전이다. ⑤('…するが~か'의 문형으로) …자마자. …하기가 바쁘게.

⁴早く[はやく] ①일찍이. 오래 전에. ②일찍.
● 早まる[はやまる] 〈5自〉①(시간·기일이) 빨라지다. 앞당겨지다. ②서두르다. 성급히 굴다. ③(속도가) 빨라지다.
¹● 早める[はやめる] 〈下1他〉①(시간·기일을) 앞당기다. ②서두르다. 빨리 하다.
早めに[はやめに] ①일찍감치. ②조금 빨리.
早見[はやみ] 조견; 데이터를 간단히 알 수 있게 만든 것.
早見表[はやみひょう] 조견표.
²早口[はやくち] ①말을 빨리 함. ②(발음하기 힘든 말을) 빨리 말하는 놀이.
早帰り[はやがえり] ①(정한 시각보다) 일찍 돌아옴. ②(외박하고) 아침 일찍 돌아옴.
早起き[はやおき] 조기; 아침 일찍 일어남.
早道[はやみち] ①지름길. 빠른 길. ②종종 걸음. ③보발. 파발꾼.
早稲[★わせ] 조도; 올벼.
早稲田[★わせだ] 올벼를 심은 논.
早瀬[はやせ] 여울. 급류(急流).
早立ち[はやだち] 아침 일찍 길을 떠남.
早飯[はやめし] ①(평소보다) 이른 식사. ②(밥을) 빨리 먹음.
早番[はやばん] 일찍 근무하는 당번.
早分(か)り[はやわかり] ①빨리 이해함. 이해가 빠름. ②빨리 이해할 수 있게 만든 해설서·도표.
早飛脚[はやびきゃく] 보발. 파발꾼.
早仕舞い[はやじまい] (작업·가게 영업을) 일찍 파함. 일찍 끝냄.
早死(に)[はやじに] 요절(夭折). 젊어서 죽음.
早緒[はやお] ①배의 닻줄. ②썰매·수레를 끄는 줄.
早咲き[はやざき] (꽃이 예년보다) 일찍 핌. 일찍 피는 꽃.
早手回し[はやてまわし] 미리 손을 씀.
早業[はやわざ] 날랜 솜씨. 빠른 솜씨.
早耳[はやみみ] 소식통. 소식에 밝음.
早引き[はやびき] 조퇴(早退).
早引け[はやびけ] 조퇴(早退).
早い者勝ち[はやいものがち] 먼저 한 사람이 유리함. 선착순.
早場[はやば] (농산물이) 일찍 수확되는 고장.
早早❶[はやばや] ¶～と 부랴부랴. ❷[そうそう] ①¶～に 일찍감치. 서둘러. ②…하자마자. …하자 곧.
早昼[はやひる] (평소보다) 이른 점심.
早撮り[はやどり] 촬영을 짧은 시간에 끝냄.

早出[はやで] ①(평소보다) 일찍 출근함. ②아침 일찍 근무하는 차례.
早寝[はやね] 일찍 잠을 잠.
早呑み込み[はやのみこみ] ①이해가 빠름. 빨리 알아들음. ②지레짐작. 속단(速断).
早合点[はやがてん] 지레짐작. 속단(速断).

音読
早計[そうけい] 경솔한 판단. 성급한 생각.
¹**早急**[さっきゅう/そうきゅう] 조급; 매우 급함.
早期[そうき] 조기; 이른 시기.
早晩[そうばん] 조만간. 언젠가는. 결국은.
早苗[さなえ] 볏모. 모내기에 적합한 벼.
早産[そうざん] 조산; 태아를 예정일보다 일찍 출산함.
²**早速**[さっそく] ①곧. 즉시. 당장. 재빨리. ②서두름. 곧바로 함.
早熟[そうじゅく] 조숙; ①(신체·정신이) 올됨. 숙성함. ②(농산물이) 일찍 익음.
早朝[そうちょう] 조조; 이른 아침.
早春[そうしゅん] 조춘; 초봄. 이른 봄.
早退[そうたい] 조퇴; 정해진 시각보다 일찍 퇴근함.
早婚[そうこん] 조혼; 결혼 적령기가 되기 전에 일찍 결혼함.
早暁[そうぎょう] 조효; 꼭두새벽. 동틀 녘.

条(條) 조목/조리 조

ノ 久 久 冬 条 条

音 ●ジョウ
訓 ─

音読
¹**条**[じょう] 조; ①조목. 대목. ②줄. 줄기.
²**条件**[じょうけん] 조건; ①성립 요건. ②전제(前提). 제약(制約) 사항.
条規[じょうき] 조규; 법령 규정.
条令[じょうれい] 조령; 조항별로 된 법령.
条例[じょうれい] 조례; ①조항별로 된 법령. ②지방 자치 단체가 제정한 법규.
条理[じょうり] 조리; 합당한 이치.
条目[じょうもく] 조목; 조항(条項).
条文[じょうぶん] 조문; (법률·규약 등을) 조목으로 쓴 글.
¹**条約**[じょうやく] 조약; ①명문화된 국가 간의 합의문서. ②낱낱의 조목으로 쓴 약속.
条条[じょうじょう] 조조; 조목조목.
条項[じょうこう] 조항; 조목.

助 도울 조

亅 冂 刀 月 月 助 助

音 ●ジョ
訓 ●たすかる ●たすける ●すけ

訓読
²●**助かる**[たすかる] 〈5自〉①(위기에서) 살아나다. 목숨을 건지다. 구출되다. ②(도난·화재 등에서) 무사하다. ③(노력·비용 등이 덜어져) 수월해지다. 편해지다.
²●**助ける**[たすける] 〈下1他〉①(목숨을) 구하다. 살리다. ②(쓰러지려는 것을) 부축하다. 받치다. ③돕다. 거들다.
助け船[たすけぶね] ①구조선. ②도움.
助け合う[たすけあう] 〈5自〉서로 돕다. 서로 힘을 합치다.
●**助**[すけ] ①도움. 거듦. 원조. ②(아이를 업는) 띠. ③(寄席(よせ)에서) '真打(しんうち)'의 보조. ④애인. 정부(情婦). ⑤(명사에 접속하여 사물을 의인화하는 말로서) 놈. 꾼. 치. ¶飲(の)み~ 술꾼.
助っ人[すけっと] 가세(加勢)하는 사람.
助太刀[すけだち] ①(결투·복수 등을) 거듦. 가세(加勢)하는 사람. ②도움. 도와주는 사람.
助平[すけべい] 색골. 호색꾼. 음탕함.

音読
助監督[じょかんとく] (영화의) 조감독.
助教諭[じょきょうゆ] 준교사(準教師).
²**助教授**[じょきょうじゅ] 조교수.
¹**助動詞**[じょどうし] 《語学》 조동사.
助力[じょりょく] 조력; 도움.
助命[じょめい] 조명; 목숨을 구해 줌.
¹**助詞**[じょし] 《語学》 조사.
助成[じょせい] 조성; 연구나 사업의 완성을 도움.
²**助手**[じょしゅ] 조수; ①일의 보조 역할을 하는 사람. ②(대학교의) 조교(助教).
¹**助言**[じょげん/じょごん] 조언; 곁에서 말을 덧붙여 도와줌.
助役[じょやく] 조역; ①주임자(主任者)를 보좌하는 사람. ②부시장(副市長). ③역장(駅長)을 보좌하는 사람.
助演[じょえん] 조연; 주연 배우의 연기를 보조하는 배우.
助長[じょちょう] 조장; 도와서 성장시킴.

阻

막을/막힐 조

`' ㄱ ㅏ ㅼ 阴 阴 阻 阻`

音 ◉ソ
訓 ◉はばむ

訓読
¹◉**阻む[はばむ]** 〈5他〉 가로막다. 방해하다. 저지하다. 〈5自〉(용기가) 꺾이다. 주눅 들다.
音読
阻喪[そそう] (기가 꺾여) 의기소침해짐.
²**阻止[そし]** 저지(沮止). 방해함.
阻害[そがい] 저해(沮害). 방해함.

祖(祖)

조상/할아버지 조

`' ㄱ �礻 ㅓ ㅓ 礻 祀 祖 祖 祖`

音 ◉ソ
訓 ◉―

音読
祖[そ] ①선조. 조상. ②시조(始祖). 원조(元祖). ③조부(祖父). ④(사물의) 근본·근원·시작.
祖国[そこく] 조국; 선조부터 줄곧 살아온 나라. 자기가 태어난 나라.
²**祖母[そぼ]** 조모; 할머니. 외할머니.
⁴**お祖母さん[★おばあさん]** 할머님. 외할머님. ＊'祖母(そぼ)'의 높임말임.
²**祖父[そふ]** 조부; 할아버지. 외할아버지.
⁴**お祖父さん[★おじいさん]** 할아버님. 외할아버님. ＊'祖父(そふ)'의 높임말임.
²**祖先[そせん]** 조선; 조상. 선조(先祖).

造(造)

지을 조

`' ㅢ ㅗ 生 生 告 告 造 造 造`

音 ◉ゾウ
訓 ◉つくる

訓読
²◉**造る[つくる]** 〈5他〉 (주로 공업 제품·약품·술 등을) 제조하다. 제작하다. 만들다.
²**造り[つくり]** (건물 등의) 만듦새. 꾸밈새. 구조.
造り替える[つくりかえる] 〈下1他〉 ①(낡은 것 대신) 새로 만들다. ②(낡은 것을) 개작(改作)하다. 고쳐 만들다.

造り出す[つくりだす] 〈5他〉 ①제작하기 시작하다. 제조하기 시작하다. 만들기 시작하다. ②생산하다. 제작하다. 제조하다. 만들어 내다.
音読
造機[ぞうき] 조기; 기계의 설계나 제작.
造林[ぞうりん] 조림; 나무를 많이 심어 숲을 만듦.
造物[ぞうぶつ] 조물; (조물주가 창조한) 천지 만물.
造物主[ぞうぶつしゅ] 조물주; 창조주.
造本[ぞうほん] 조본; 책으로 만듦.
²**造船[ぞうせん]** 조선; 선박을 건조함.
造船所[ぞうせんじょ] 조선소.
造成[ぞうせい] 조성; 만들어 냄.
造営[ぞうえい] 조영; 궁전·신궁 등을 건축함.
造詣[ぞうけい] 조예; 깊은 지식.
造園[ぞうえん] 조원; 공원·정원 등을 만듦.
造作❶[ぞうさ] ①폐(弊). 귀찮음. 번거로움. 수고로움. ②융숭한 대접. ❷[ぞうさく] ①집의 세간. 가구(家具). ② ≪俗≫ 용모(容貌). 생김새. 이목구비. ③집을 지음.
造作無い[ぞうさない] 〈形〉 손쉽다. 간단하다. 어려움이 없다.
造幣[ぞうへい] 조폐; 화폐를 제조함.
造幣局[ぞうへいきょく] 조폐국; 조폐공사.
造形[ぞうけい] 조형; 어떤 관념에서 형태가 있는 것을 물질적 재료를 사용하여 시각적으로 표현하는 예술.
造化[ぞうか] 조화; ①조물주. 창조주. ②우주. 천지 만물. 자연.
造花[ぞうか] 조화; 인공으로 꽃을 만듦.

租

세금 조

`' ㄴ 千 ㅢ 禾 利 利 和 和 租`

音 ◉ソ
訓 ◉―

音読
租[そ] 세금. 조세(租税).
租界[そかい] 조계; 어떤 나라가 다른 나라로부터 빌린 거류지.
租税[そぜい] 조세; ①세금. ②연공(年貢).
租借[そしゃく] 조차; 어떤 나라가 다른 나라 영토 안의 일정 기간 그곳을 다스림.

眺　바라볼/멀리 볼 조

丨 丨 丨 丬 丬 盻 盻 眺 眺 眺

音 ●チョウ
訓 ●ながめる

訓読
²●眺める[ながめる] 〈下1他〉①바라보다. 눈
여겨보다. 지그시 응시하다. 쳐다보다.
②(멀리서) 바라보다.
²眺め[ながめ] 바라보는 경치. 전망(展望).

音読
眺望[ちょうぼう] 조망; 전망(展望).
眺望権[ちょうぼうけん] 조망권; 이제까지
누려 왔던 전망(展望)을 다른 건물 등에
의해서 방해받지 않을 권리.

粗　거칠 조

丷 丷 半 米 米 粸 粍 粗 粗 粗

音 ●ソ
訓 ●あら ●あらい ⊗ざら

訓読
●粗❶[あら] ①(물고기의 좋은 부분을 요리
하고 남은) 서덜. ②(쌀 속의) 뉘. ③(남의)
결점. 단점. 흠. ❷[そ] ☞[音読]
²粗い[あらい] 〈形〉①거칠다. 성기다. 엉
성하다. 조잡하다. ②(촉감이) 까끌까끌
하다. 꺼칠꺼칠하다. ③(알이) 굵다.
④(무늬가) 크다.
²粗筋[あらすじ] 개요. 대강의 줄거리.
粗方[あらかた] 대강. 거의. 대부분.
粗削り[あらけずり] ①(나무 등을) 거칠게
깎음. ②거칢. 다듬어지지 않음. 세련되
지 않음. 야성적임.
粗捜し[あらさがし] (남의) 트집 잡기. 헐뜯
음. 흠을 잡음. 흠집 내기.

音読
粗略[そりゃく] 조략; 소홀함.
²粗末[そまつ] ①변변치 못함. 조잡함. 허술
함. ②소홀히 함.
粗密[そみつ] 조밀; 성김과 빽빽함.
粗放[そほう] 조방; (방법·생각 등이) 꼼꼼
하지 않음. 치밀하지 못함. 주먹구구식임.
粗相[そそう] ①실수. ②(실수하여) 대소변
을 지림.

粗食[そしょく] 조식; 변변치 못한 식사.
粗悪[そあく] 조악; 조잡함.
粗野[そや] 조야; 거칠고 촌스러움. 거칠고
버릇이 없음. 거칠고 세련되지 않음.
粗衣[そい] 조의; 허술한 옷.
粗雑[そざつ] 조잡; 거칠고 엉성함.
粗製[そせい] 조제; 만듦새가 조잡함.
粗製品[そせいひん] 조제품.
粗暴[そぼう] 조포; 난폭함.
粗品[そしな/そひん] 조품; 변변치 못한 물건.
＊겸양어임.

組　짤 조

乄 乄 午 午 糸 紅 細 細 組 組

音 ●ソ
訓 ●くむ ●くみ

訓読
²●組[くみ] ①(학교의) 학급. 반. 클래스.
②조. 쌍. ③세트. 벌. 쌍. ④동아리. 패
의 한 사람. ⑤(인쇄소의) 조판(組版).
²●組む[くむ] 〈5他〉①꼬다. 엇걸다. ②얽
다. 짜다. ③조직하다. 구성하다. 편성하
다. 〈5自〉①짝이 되다. 한 패가 되다.
②맞붙다. 맞잡다.
組み[くみ] ①짜 맞춤. 짜 맞춘 것. ②(인
쇄소의) 조판(組版).
組歌[くみうた] 짧은 노래를 몇 곡 묶어 한
곡으로 만든 三味線(しゃみせん)이나 箏(こと)
의 노래.
組曲[くみきょく] 조곡; 몇 개의 곡을 하나
로 엮어 편곡한 기악곡(器楽曲).
組み立て[くみたて] 조립; ①짜 맞춤.
②구조. 조직.
²組み立てる[くみたてる] 〈下1他〉조립하다.
짜 맞추다.
組(み)物[くみもの] ①세트로 된 것. ②(문
살 등을) 정자(井字) 모양으로 짜 맞춤.
③(실·철사 등으로 만든) 끈목. 매듭.
組み伏せる[くみふせる] 〈下1他〉넘어뜨려
타고 누르다. 내리누르다.
組み付く[くみつく] 〈5自〉달라붙다. 달려들
다. 덤벼들다. 맞붙다.
組み敷く[くみしく] 〈5自〉깔고 누르다. 깔
아 눕히다. 넘어뜨려 누르다.
組分け[くみわけ] (사람·물건을) 조로 나눔.
組(み)写真[くみしゃしん] 합성 사진.

組(み)手[くみて] ①서로 맞붙어 싸우는 사람. 맞붙는 상대. ②(배구에서) 양손의 손가락을 앞에서 깍지 낀 상태. ③(건축에서) 목재와 목재가 짜 맞춰진 부분. ④(空手(からて)에서) 상대를 설정하여 공방(攻防)을 실연함.

組(み)入れ[くみいれ] ①짜 넣음. 편입시킴. ②(찬합처럼) 겹겹이 포개넣는 그릇.

¹**組み込む**[くみこむ] 〈5他〉 ①짜 넣다. 편성하다. ②(조직에) 집어넣다. 끼워 넣다.

組長[くみちょう] 조장; 반장(班長).

組み替える[くみかえる] 〈下1他〉 다시 짜다. 재편성하다. 고쳐 짜다.

²**組合**[くみあい] 조합; ①2명 이상이 출자하여 공동 사업을 하는 단체. ②노동조합.

組み合う[くみあう] 〈5自〉 ①맞붙어 싸우다. 격투하다. ②서로 편을 짜다. 한패가 되다.

組み合わす[くみあわす] 〈5他〉 ①짜 맞추다. 조화시키다. ②짝을 맞추다. 세트로 하다. ③시합하게 만들다. 대전(対戦)시키다.

²**組(み)合(わ)せ**[くみあわせ] ①짜 맞추기. 짜 맞춘 것. ②《数》 조합. ③(시합에서) 경기의 대전(対戦)·편성.

¹**組み合わせる**[くみあわせる] 〈下1他〉 ①짜 맞추다. 조화시키다. ②짝을 맞추다. 세트로 하다. ③시합하게 만들다. 대전(対戦)시키다.

音読
組閣[そかく] 조각; 내각(内閣)을 조직함.

組成[そせい] 조성; 구성. 몇 개의 요소·성분으로 짜 맞춤.

²**組織**[そしき] 조직; ①유기적인 집합체를 이룸. 시스템. ②(세포의) 조직.

組織的[そしきてき] 조직적.

曹   무리/마을 조

一　亻　市　市　曲　曲　曹　曹　曹　曹

音 ●ソウ　⊗ゾウ
訓 ―

音読
曹達[ソーダ] 탄산소다.

曹達水[ソーダすい] 소다수.

曹長[そうちょう] (옛 일본의) 육군 하사관의 최상급. *한국 육군의 '상사'에 해당.

釣(釣)   낚시 조

ノ　人　ム　乍　乍　斉　金　金　釣　釣

音 ●チョウ
訓 ●つる

訓読
³●**釣る**[つる] 〈5他〉 ①(물고기를) 낚다. 잡다. ②꾀다. 유혹하다. ③매달다. 달다. ④(씨름에서) 상대방의 샅바를 잡고 들어 올리다.

²**釣り**[つり] ①낚시. 낚시질. ②거스름돈. 우수리.

釣(り)竿[つりざお] 낚싯대.

釣(り)格子[つりごうし] 창문 밖으로 내밀게 된 창살.

釣(り)堀[つりぼり] 유료 낚시터.

釣(り)道具[つりどうぐ] 낚시 도구.

釣(り)糸[つりいと] 낚싯줄.

釣(り)師[つりし] 조사; 낚시꾼.

釣り上げる[つりあげる] 〈下1他〉 ①(물고기 등을) 낚아 올리다. ②매달아 올리다. ③추켜올리다. ④(물가·시세 등을) 끌어 올리다. 인상(引上)하다.

釣(り)手[つりて] ①낚시꾼. ②매다는 끈. ③매달아 올릴 때 밧줄을 대는 부분. ④(차량의) 손잡이.

釣(り)銭[つりせん] 거스름돈. 우수리.

釣(り)鐘[つりがね] 조종; 범종(梵鐘).

釣(り)針[つりばり] 낚싯바늘.

釣り下がる[つりさがる] 〈5自〉 ①매달리다. ②붙들고 늘어지다.

釣り下げる[つりさげる] 〈下1他〉 매달다. 늘어뜨리다.

釣(り)合(い)[つりあい] 균형. 걸맞음. 조화.

釣り合う[つりあう] 〈5自〉 ①균형이 잡히다. 평형을 이루다. ②걸맞다. 어울리다. 조화를 이루다.

釣香炉[つりこうろ] (床(とこ)의 間(ま) 옆에) 장식된 긴 끈으로 매다는 향로.

釣(り)戸棚[つりとだな] 매달아 놓은 찬장.

釣(り)花[つりばな] 꽃꽂이 그릇을 床(とこ)の間(ま)의 천장에 매달아 놓고 하는 꽃꽂이.

音読
釣果[ちょうか] 낚시질로 잡은 물고기.

釣魚[ちょうぎょ] 조어; 낚시질.

彫 (彫) 조각할 조

刀 月 月 月 周 周 周 彫 彫 彫

音 ●チョウ
訓 ●ほる

訓読
²●彫る[ほる] 〈5他〉 ①조각하다. 새기다.
　②(문신 등을) 새기다. 넣다.
彫(り)目[ほりめ] (조각에서) 새긴 부분.
彫(り)物[ほりもの] ①조각. ②문신.
彫り付ける[ほりつける] 〈下1他〉 (글씨나 무
　늬 등을) 새겨 넣다.
彫(り)師[ほりし] 조각가. 문신가.
彫(り)上げ[ほりあげ] ①양각(陽刻). 부조(浮
　彫). ②(얼굴의) 윤곽.
彫(り)込み[ほりこみ] ①음각(陰刻). 음각한
　부분. ②(얼굴의) 윤곽.

音読
²彫刻[ちょうこく] 조각; 어떤 재료에 서화
　를 새기거나 물상(物像)을 입체적으로 새
　기는 일.
彫刻家[ちょうこくか] 조각가.
彫工[ちょうこう] 조공; 조각사(彫刻師).
彫金[ちょうきん] 조금; 금속에다 조각함.
彫像[ちょうぞう] 조상; 조각상.
彫塑[ちょうそ] 조소; ①조각과 소상(塑像).
　②조각의 원형인 소상(塑像). 또는 그 소
　상을 만듦.
彫心鏤骨[ちょうしんるこつ] 조심누골; 매
　우 고심하여 시문(詩文) 등을 만듦.

措 농을/둘 조

扌 扌 扩 抖 拌 抻 措 措 措

音 ●ソ
訓 ⊗おく

訓読
⊗措く[おく] 〈5他〉 ①제쳐놓다. 제외하다.
　별도로 하다. ②보류하다. 그만두다.

音読
措辞[そじ] 《語学》 조사. ①말의 용법.
　②문자의 용법과 사구(辞句)의 배치.
¹措置[そち] 조치; 조처(措処). 일을 잘 정돈
　하여 처치함.

鳥 새 조

亻 亼 宀 宀 自 鳥 鳥 鳥 鳥 鳥

音 ●チョウ
訓 ●とり

訓読
⁴●鳥[とり] ① 《動》 새. ②닭. 닭고기.
鳥もち[とりもち] (장대 끝에 붙여 새·곤
　충 등을 잡는) 끈끈이.
¹鳥居[とりい] 神社(じんじゃ) 입구에 세운 문.
鳥撃帽[とりうちぼう] 사냥 모자.
鳥肌[とりはだ] ①소름. ②닭살. 가슬가슬
　한 피부. 거친 피부.
鳥目[とりめ] ❶밤소경. 야맹증(夜盲症). ❷[ちょ
　うもく] ①(구멍 뚫린) 엽전. ② 《俗》 돈.
鳥小屋[とりごや] ①새장. ②닭장.
鳥肉[とりにく] ①새고기. ②닭고기.
鳥取[とっとり] 鳥取県(とっとりけん)의 현청(県
　庁) 소재지.
鳥取県[とっとりけん] 일본 서해안에 있는
　한 현(県).

音読
鳥瞰[ちょうかん] 조감; 높은 곳에서 비스
　듬히 내려다 봄.
鳥瞰図[ちょうかんず] 조감도.
鳥類[ちょうるい] 조류; 새의 종류.
鳥獣[ちょうじゅう] 조수; 새와 짐승.

朝 아침 조

一 十 ナ 古 古 直 卓 卓 朝 朝

音 ●チョウ
訓 ●あさ

訓読
⁴●朝❶[あさ] ①아침. ②아침 식사. ③오전.
　오전중. ❷[ちょう] ☞ [音読]
朝ぼらけ[あさぼらけ] 새벽녘. 동틀 녘.
朝まだき[あさまだき] 날이 새기 전. 날이
　밝기 전. 미명(未明).
朝帰り[あさがえり] 외박하고 아침에 귀가
　(帰家)함.
朝起き[あさおき] ①아침 일찍 일어남. ②(일
　어날 때의) 아침 기분.
朝涼[あさすず] (여름날) 아침의 선선함.
朝露[あさつゆ] 아침 이슬.

朝晩[あさばん] ①아침저녁. 조석(朝夕). ②밤낮으로. 매일.

朝明け[あさあけ] 새벽. 새벽녘. 동틀 녘.

朝飯❶[あさはん] 아침밥. 아침 식사. ❷[あさめし] 아침밥. ＊남자들의 거친 말씨임.

朝方[あさがた] 아침결. 아침 무렵.

朝夕❶[あさゆう] 조석; ①아침저녁. ②조석으로. 밤낮으로. 매일. ❷[ちょうせき] 조석; ①아침저녁. ②아침저녁의 식사.

朝な夕な[あさなゆうな] 조석으로. 밤낮으로. 늘.

朝焼け[あさやけ] 아침놀.

朝顔[あさがお] ① ≪植≫ 나팔꽃. ②깔때기 모양의 남자용 소변 변기.

朝靄[あさもや] 아침 안개.

⁴**朝御飯**[あさごはん] 아침 식사.

朝日[あさひ] 아침 해. 아침 햇빛.

朝な朝な[あさなあさな] 아침마다.

朝寝[あさね] 늦잠.

朝寝坊[あさねぼう] 늦잠꾸러기. 늦잠을 잠.

朝風[あさかぜ] 아침 바람.

朝風呂[あさぶろ] 아침 목욕.

朝霞[あさがすみ] 아침놀.

朝❶[ちょう] ①조정(朝廷). ②천자(天子)가 다스리는 나라. 왕조(王朝). ❷[あさ] ▷[訓読]

²**朝刊**[ちょうかん] 조간; 아침 신문.

朝礼[ちょうれい] 조례; 조회(朝会).

朝夕❶[ちょうせき] 조석; ①아침저녁. ②아침저녁의 식사. ❷[あさゆう] 조석; ①아침저녁. ②조석으로. 밤낮으로. 매일.

朝鮮[ちょうせん] 조선; 한국.

朝鮮半島[ちょうせんはんとう] 조선 반도; 한반도(韓半島).

朝鮮人参[ちょうせんにんじん] 고려 인삼.

²**朝食**[ちょうしょく] 조식; 아침 식사.

朝野[ちょうや] 조야; 조정(朝廷)과 민간.

朝威[ちょうい] 조위; 조정의 세력.

朝恩[ちょうおん] 조은; 성은(聖恩).

朝儀[ちょうぎ] 조의; 조정의 의식.

朝議[ちょうぎ] 조의; 조정의 평의(評議).

朝敵[ちょうてき] 조적; 역적.

朝廷[ちょうてい] 조정; ①천자(天子)가 다스리는 정부(政府). ②천황.

朝政[ちょうせい] 조정; 조정(朝廷)의 정치.

朝会[ちょうかい] 조회; 조례(朝礼).

詔 　　조서 조

丶 言 言 言 言 訂 訝 訝 詔 詔

音 ◉ショウ

訓 ◉みことのり

訓読

◉**詔**[みことのり] 천황(天皇)의 명령. 조칙(詔勅). 조서(詔書). ¶～を賜(たま)わる 조서를 내리시다.

音読

詔書[しょうしょ] 조서; 천황(天皇)의 뜻을 명기한 공문서. ＊국회의 소집·중의원의 해산·국회의원의 총선거 때에 발표됨.

詔勅[しょうちょく] 조칙; 천황(天皇)이 발표하는 공식 문서의 총칭.

照 　　비칠 조

日 𠃜 𠘧 𠘧 昭 昭 照 照 照 照

音 ◉ショウ

訓 ◉てらす ◉てる ◉てれる

訓読

◉**照らす**[てらす] 〈5他〉 ①(빛을) 비추다. 비추어서 밝히다. ②(어떤 사실에) 비추어 보다. 참조하다. 대조하다.

照らし合わす[てらしあわす] 〈5他〉 대조하다. 비교해 보다. 참조하다.

照らし合わせる[てらしあわせる] 〈下1他〉 ①대조하다. 비교해 보다. 참조ㅎ-다. ②양쪽에서 (빛을) 비추다.

²◉**照る**[てる] 〈5自〉 ①(빛이) 비치다. 밝게 빛나다. ②아름답게 빛나다. ③(날씨가) 개다.

照り[てり] ①(햇볕이) 쬠. 햇볕. ②맑은 날씨. 쾌청. 윤. ④양념장.

照り返し[てりかえし] ①반사(反射). 되비침. ②반사경(反射鏡).

¹**照り返す**[てりかえす] 〈5自〉 반사(反射)하다. 되비치다.

照り付ける[てりつける] 〈下1自〉 (햇볕이) 강하게 내리쬐다.

照(り)焼(き)[てりやき] 생선구이.

照る照る坊主[てるてるぼうず] 날씨가 개기를 기원하여 추녀 밑이나 나뭇가지에 매다는 종이 인형. ＊날씨가 개면 먹으로 눈동자를 그려 넣기도 함.

◉照れる[てれる] 〈下1自〉 수줍어하다. 쑥스러워하다. 겸연쩍어하다. 멋쩍어하다. 부끄러워하다.

照れ屋[てれや] 수줍음쟁이. 수줍음을 잘 타는 사람.

照れ隠し[てれかくし] 멋쩍음·쑥스러움·어색함을 얼버무림.

照れ臭い[てれくさい] 〈形〉 멋쩍다. 겸연쩍다. 쑥스럽다.

音読

照度[しょうど] 조도; 조명도(照明度).

¹照明[しょうめい] 조명; ①빛을 비추어 밝게 함. ②(무대나 촬영) 효과를 높이기 위해 사용하는 광선.

照射[しょうしゃ] 조사; ①(햇볕 등이) 내리쬠. (광선·방사선 등을) 비춤. ②(사물의 본질을) 비추어 냄.

照応[しょうおう] 조응; 둘이 서로 관련하여 대응·상응함.

照準[しょうじゅん] 조준; 가늠. 겨냥.

¹照合[しょうごう] 조합; 대조하여 확인함.

照会[しょうかい] 조회; 서면으로 물어 봄.

遭(遭) 만날 조

一 厂 后 両 曲 曹 曹 曹 遭 遭

音 ◉ソウ
訓 ◉あう

訓読

²◉遭う[あう] 〈5自〉 ①(좋지 않은 일을) 경험하다. 당하다. 만나다. 겪다. ②우연히 만나다. 마주치다.

音読

¹遭難[そうなん] 조난; 재난을 당함.
遭難者[そうなんしゃ] 조난자.
遭逢[そうほう] 조봉; 우연히 마주침.
遭遇[そうぐう] 조우; 뜻밖에 만남.

槽 구유 조

木 杧 杧 栌 栌 楮 楮 槽 槽 槽

音 ◉ソウ
訓 ―

音読

槽櫪[そうれき] 조력; ①말구유. ②마구간. 외양간.

潮 조수/밀물/썰물 조

氵 氵 氵 汁 汁 洪 泸 滔 潯 潮

音 ◉チョウ
訓 ◉しお ⊗うしお

訓読

¹潮[しお] ①바닷물. ②조수. 밀물. 썰물. ③(좋은) 기회. 계기. 찬스. ④애교.

潮干狩り[しおひがり] (바닷물이 빠진) 개펄에서의 조개잡이.

潮汲み[しおくみ] 소금용으로 바닷물을 길음. 또는 그 사람.

潮路[しおじ] 조로; ①조수가 드나드는 곳. ②항로. 뱃길. 해로(海路).

潮焼け[しおやけ] ①바닷바람과 햇볕에 피부가 탐. ②해상의 수증기가 햇빛에 비쳐 붉게 보임.

潮騒[しおさい] 해조음(海潮音). 밀물 때의 파도 소리.

潮時[しおどき] ①물 때. 만조와 간조 때. ②(좋은) 기회. 찬스. 호기(好機).

潮煙[しおけむり] (바닷물의) 물보라.

潮風[しおかぜ] 바닷바람. 갯바람.

潮合い[しおあい] ①물 때. 만조와 간조 때. ②좋은 기회. 호기(好機).

音読

潮力[ちょうりょく] 조력; 조류(潮流)의 힘.

潮力発電[ちょうりょくはつでん] 조력 발전.

潮流[ちょうりゅう] 조류; ①바닷물의 흐름. 해류(海流). ②사물이 나아가는 방향. ③시대의 흐름.

潮汐[ちょうせき] 조석; 썰물과 밀물.

潮音[ちょうおん] 조음; ①바다 물결 소리. 파도 소리. ② ≪仏≫ 해조음(海潮音).

調(調) 고를 조

言 訁 訁 訓 訓 訊 調 調 調

音 ◉チョウ
訓 ◉ととのう ◉ととのえる ◉しらべる

訓読

²◉調う[ととのう] 〈5自〉 ①정돈되다. 정비되다. 조화를 이루다. 고르게 되다. ②잘 다듬어지다. ③일치하다. ④구비되다. 갖춰지다. ⑤성립되다. 이루어지다.

¹●調える[ととのえる]〈下1他〉①정돈하다. 정비하다. 단정히 하다. 가지런히 하다. ②조절하다. 맞추다. ③마련하다. 갖추다. 준비하다. ④성립시키다.

³●調べる[しらべる]〈下1他〉①조사하다. 점검하다. ②대조하다. 참조하다. ③찾다. 수색하다. 뒤지다. ④수사하다. 심문하다. ⑤(악기의 음을) 고르게 하다. ⑥≪雅≫ 연주하다.

調べ[しらべ] ①조사. 점검. ②신문(訊問). 수색. ③(음악의) 가락. 음률(音律). ④(악기의) 조율(調律).

調べ室[しらべしつ] 연구실. 조사실.

音読

調[ちょう] ①≪楽≫ (음계의) 조. ②(詩歌의) 가락. 리듬. ③(특징적인) 경향. 스타일.

調教[ちょうきょう] 조교; 동물을 훈련시킴.

調達[ちょうたつ] 조달; 주문 받은 대로 자금·물품 등을 대어 줌.

調度[ちょうど] ①(일상 생활의) 살림살이. 세간. 집기(什器). ②활과 화살.

調練[ちょうれん] 조련; 훈련을 쌓음.

¹調理[ちょうり] 조리; ①일을 처리함. ②(음식을) 요리함.

調理師[ちょうりし] 조리사; 요리사.

調馬[ちょうば] 조마; 말을 타고 길들임.

²調味料[ちょうみりょう] 조미료.

調髪[ちょうはつ] 조발; 이발(理髪).

調法[ちょうほう] ①편리함. 유용함. ②(편리해서) 아낌. 애용함. ③≪仏≫ 남을 저주하기 위한 주법(呪法).

²調査[ちょうさ] 조사; 사물을 명확하게 처리하기 위해 살펴 봄.

調書[ちょうしょ] 조서; ①조사한 내용을 기록한 문서. ②소송 절차의 결과·내용을 기록한 공문서.

調律[ちょうりつ] ≪楽≫ 조율; 악기의 음을 표준음에 맞추어 고르게 함.

¹調印[ちょういん] 조인; 쌍방의 대표자가 조약·계약 등의 문서에 서명함.

²調子[ちょうし] ①≪楽≫ 박자. 리듬. 가락. 음정. ②어조. 말투. ③(문장 표현의) 논조. 격조. ④(신체·기계 등의) 컨디션. 상태. ⑤(사물의) 형편. 맞장구. 장단. ⑥본궤도. 신바람. ⑧방법. 방식. 요령.

調子付く[ちょうしづく]〈5自〉①본궤도에 오르다. 신바람이 나다. ②상태가 좋아지다. 일이 순조로워지다.

調子外れ[ちょうしはずれ] ①≪楽≫ 박자·리듬·음정이 맞지 않음. ②(언행이) 비정상적임. 엉뚱함. 변덕스러움.

²調節[ちょうせつ] 조절; 사물의 정도에 맞추어 잘 고르게 함.

¹調停[ちょうてい] 조정; 분쟁을 중간에 서서 화해시킴. 중재(仲裁)함.

²調整[ちょうせい] 조정; 상태를 그르게 함.

調剤[ちょうざい] 조제; 여러 가지 약을 조합하여 한 가지 약을 만듦.

調剤師[ちょうざいし] 조제사; 약사.

²調製[ちょうせい] 조제; ①규칙에 맞추어 가지런히 만듦. ②주문에 응하여 만듦.

調合[ちょうごう] 조합; 약품 등을 정해진 분량에 따라 혼합함.

調和[ちょうわ] 조화; 모순되거나 충돌 없이 서로 잘 어울리게 함.

操   잡을/부릴 조

十 扌 扩 扩 挹 挹 操 操 操 操

音 ●ソウ

訓 ●みさお ●あやつる

訓読

●操[みさお] ①지조(志操). 절개(節概). ②정조(貞操).

¹●操る[あやつる]〈5他〉①(인형 등을) 놀리다. 조종하다. ②조종하다. 다루다. 조작하다. 취급하다. ③(언어를) 구사하다.

操り人形[あやつりにんぎょう] ①인형극. 꼭두각시놀음. ②꼭두각시. 괴뢰.

音読

操業[そうぎょう] 조업; 공장의 가동.

操業短縮[そうぎょうたんしゅく] 조업 단축.

¹操作[そうさ] 조작; ①(기계 등을) 다룸. ②(일·자금·물자 등을) 운용함. 변통하여 처리함.

操縦[そうじゅう] 조종; ①기계를 부림. ②남을 자유로이 다룸.

操縦桿[そうじゅうかん] 조종간.

操縦席[そうじゅうせき] 조종석.

¹操縦士[そうじゅうし] 조종사.

操車[そうしゃ] 조차; 열차의 편성이나 운행 순서 등을 결정하는 작업.

操車係[そうしゃがかり] 조차계; 조차 담당.

操車場[そうしゃじょう] 조차장.

操行[そうこう] 품행(品行). 소행(所行).

燥　마를 조

` ´ 火 ゙ 火 ゙ 火 ゙ 炉 ゙ 炉 ゙ 炉 ゙ 燥 燥 燥 燥 燥 燥

音 ●ソウ
訓 ⊗はしゃぐ

訓読
⊗燥ぐ[はしゃぐ]〈5自〉①(기뻐서) 떠들어 대다. 까불거리다. ②큰소리치다. ③건조 해지다. 마르다.

音読
❶乾燥[かんそう], 焦燥[しょうそう]

繰　감을/고치켤 조

糸 糸 糸 糸 糸 糸 糸 糸 繰

音 ⊗ソウ
訓 ●くる

訓読
●繰る[くる]〈5他〉①(실 등을) 감다. 끌어 당기다. ②(문짝 등을) 차례로 밀어 옮기 다. ③(책장을 한 장씩) 넘기다. ④(차례 로) 세다. ⑤(씨아로) 목화씨를 빼다.
繰り広げる[くりひろげる]〈下1他〉①(책・ 서류 등을) 펼치다. ②(어떤 일을) 벌이 다. 전개하다.
繰り返し[くりかえし] 되풀이함. 반복함.
²繰り返す[くりかえす]〈5他〉(같은 일을) 되 풀이하다. 반복하다.
繰り上(が)り[くりあがり] 차례대로 위로 올라감. 앞당겨짐.
繰り上がる[くりあがる]〈5自〉차례대로 위 로 올라가다. 앞당겨지다.
繰(り)上げ[くりあげ] 차례로 위로 끌어 올림. 앞당김.
繰り上げる[くりあげる]〈下1他〉①차례로 앞당기다. ②(날짜 등을) 앞당기다.
繰(り)言[くりごと] 넋두리. 푸념.
繰(り)延べ[くりのべ] 차례대로 늦춤. 연장 (延長). 순연(順延).
繰り延べる[くりのべる]〈下1他〉①연장(延 長)하다. ②(차례로) 미루다. 연기(延期) 하다. 순연(順延)하다.
繰(り)越(し)[くりこし]①이월(移越). 사용 하고 남은 것을 차례로 넘김. ②'繰越金 (くりこしきん)'의 준말.

繰り越す[くりこす]〈5他〉(사용하고 남은 것을) 이월(移越)하다. 순서에 따라 차례 로 다음으로 넘기다.
繰越金[くりこしきん] 이월금(移越金).
繰り込む[くりこむ]〈5自〉(많은 사람이) 몰 려 들어오다. 몰려들다.〈5他〉①끌어당기 다. ②(다른 것에) 집어 넣다. 짜 넣다. ③(많은 것을) 들여보내다. 투입하다. ④ 우수리를 올려 계산해 넣다.
繰(り)替え[くりかえ]①교환함. 바꿔치기함. ②대체함. 전용(転用)함.
繰り出す[くりだす]〈5他〉①(실 등을) 자아 내다. 풀어내다. ②(차례로) 잇달아 내보 내다. 투입하다. ③(창 등을) 세게 쩌르 다.〈5自〉떼 지어 나가다. 몰려 나가다.
繰り下げる[くりさげる]〈下1他〉①(차례로) 다음으로 물리다. 뒤로 물리다. 아래로 끌 어내리다. ②(날짜를) 연기하다. 늦추다.
繰(り)合(わ)せ[くりあわせ] 짬을 냄. 기회를 만듦. 시간을 냄.
繰り合わせる[くりあわせる]〈下1他〉 짬을 내다. 기회를 만들다. 시간을 내다.

藻　마름/말 조

艹 艹 艹 艹 艹 藻 藻 藻 藻 藻 藻

音 ●ソウ
訓 ●も

訓読
●藻[も] ≪植≫ 말. 해조(海藻) 및 수초(水 草)의 총칭.
藻塩[もしお]①해초를 불에 태워 물에서 풀 어서 그 윗물을 조려서 만든 소금. ②'藻塩 (もしお)'를 만들기 위해 긷는 바닷물.

音読
藻類[そうるい] ≪植≫ 조류; 말 종류.

爪　손톱 조

音 ⊗ソウ
訓 ⊗つめ ⊗つま

訓読
²⊗爪[つめ]①손톱. 발톱. ②(거문고의) 가조 각(仮爪角). ③(물건을 매다는) 갈고랑이. ④(기계 끝에 붙은) 발톱 모양의 부품.
爪切(り)[つめきり] 손톱깎이.

音読
爪痕[そうこん/つめあと] 조흔; 손톱자국.

吊 매어달 조
音 ⊗チョウ
訓 ⊗つるす ⊗つる

訓読

²⊗吊(る)す[つるす] ⟨5他⟩ 달아매다. 매달다.

²⊗吊る[つる] ⟨5自⟩ ①치켜 올라가다. ②경련이 일다. 쥐가 나다. 근육이 땅기다. ⟨5他⟩ ①매달다. 매다. ②(높은 곳에) 건너지르다. ③(씨름에서) 상대방의 샅바를 잡고 들어 올리다. ④(허리에) 차다.

吊り[つり] ①매닮. 매다는 줄. ②(씨름에서) 상대방의 샅바를 잡고 들어올리기.

吊(り)橋[つりばし] 현수교(懸垂橋).

吊(り)棚[つりだな] ①천장에 달아맨 선반. ②床(とこ)の間(ま) 옆에 매단 선반.

吊り上がる[つりあがる] ⟨5自⟩ ①매달려 올라가다. ②치켜 올라가다.

吊り上げる[つりあげる] ⟨下1他⟩ ①매달아 올리다. ②치켜 올리다. ③끌어올리다. 인상(引上)하다.

¹吊(り)革[つりかわ] (차량의) 손잡이.

笊 소쿠리 조
音 ⊗ソウ
訓 ⊗ざる

訓読

⊗笊[ざる] ①소쿠리. ②엉성함. 허점투성이.

笊蕎麦[ざるそば] (대발을 깐 네모난 상자에 담은) 메밀국수.

笊耳[ざるみみ] 들어도 금방 잊어버림. 한 귀로 듣고 한 귀로 흘림.

棗 대추나무 조
音 ⊗ソウ
訓 ⊗なつめ

訓読

⊗棗[なつめ] ① ≪植≫ 대추. 대추나무. ②(茶道에서) 대추 모양으로 된 차를 담는 그릇.

棗椰子[なつめやし] ≪植≫ 대추야자.

漕 노저을 조
音 ⊗ソウ
訓 ⊗こぐ

訓読

²⊗漕ぐ[こぐ] ⟨5他⟩ ①(배를) 젓다. ②(자전거의) 페달을 밟다. ③(그네를) 타다. ④꾸벅꾸벅 졸다. ⑤헤치고 나아가다.

漕ぎ手[こぎて] 조타수(操舵手). 노를 잘 젓는 사람.

音読

漕法[そうほう] 조법; 조정법(漕艇法). 배를 젓는 법.

漕艇[そうてい] 조정; (경기용) 보트를 젓는 일.

誂 꾈 조
音 ⊗チョウ
訓 ⊗あつらえる

訓読

¹⊗誂える[あつらえる] ⟨下1他⟩ 맞추다. 주문하다.

誂え[あつらえ] 맞춤. 주문.

誂え物[あつらえもの] 맞춤. 주문한 것.

誂え向き[あつらえむき] 안성맞춤.

嘲 조롱할 조
音 ⊗チョウ
訓 ⊗あざける

訓読

⊗嘲る[あざける] ⟨5他⟩ 비웃다. 조소하다.

嘲り[あざけり] 비웃음. 조소(嘲笑). 조롱(嘲弄).

¹嘲笑う[あざわらう] ⟨5他⟩ 조소하다. 비웃다.

音読

嘲弄[ちょうろう] 조롱; 비웃거나 깔보고 놀림.

嘲罵[ちょうば] 조매; 비웃고 욕함.

嘲笑[ちょうしょう] 조소; 비웃음

嘲戯[ちょうぎ] 조희; 조롱. 희롱.

糟 술지게미 조
音 ⊗ソウ
訓 ⊗かす

訓読

⊗糟[かす] ①술지게미. 술찌끼. ¶酒(さけ)の〜 술지게미. 술찌끼. ②찌끼. 찌꺼기.

糟漬け[かすづけ] (야채 등을) 술찌끼에 절인 채소 식품.

音読

糟糠[そうこう] 조강; 지게미와- 겨.

糟粕[そうはく] 조박; 술지게미.

鯛(鯛) 도미 조
音 ⊗チョウ
訓 ⊗たい

訓読

⊗鯛[たい] ≪魚≫ 도미.

鯛縛り網[たいしばりあみ] (도미 떼를 둘러싸서 잡는) 선망(旋網)의 일종.

[족]

足　　발 족

丨 冂 冂 叮 卩 尸 足 足

音 ●ソク
訓 ●たす ●たりる ●たる ●あし

訓読

⁴●足❶[あし] ①발. ②다리. ③발걸음. 걸음걸이. 발길. ④내친걸음에. 그 길로. ⑤(손님의) 발길. 방문. ⑥(물건의) 아래. 밑부분. ⑦교통 기관. ⑧(범인 등의) 도주로. 발자취. ⑨(떡국 등의) 찰기. ⑩¶お~ 돈. 금전. ❷[そく] ☞ [音読]

³●足す[たす] 〈5他〉 ①더하다. 보태다. ②(부족분을) 채우다. 보충하다. 더 넣다. ③(볼일・대소변을) 보다.

¹足し算[たしざん] 덧셈.

³●足りる[たりる] 〈上1自〉 ①족하다. 충분하다. ②…할 만하다. …할 값어치가 있다.

足りない[たりない] 〈形〉 모자라다. 부족하다. 결점이 있다.

●足る[たる] 〈5自〉 ①족하다. 충분하다. ②만족하다.

足らず[たらず] (수량의 숫자에 접속하여) 채 못 됨. 미치지 못함.

足軽[あしがる] 평상시에는 막일에 종사하고 전시에는 병졸이 되는 무사.

足継ぎ[あしつぎ] ①(높이를 높이기 위해) 다리 부분을 덧댐. ②발판.

足固め[あしがため] ①(다리를 튼튼하게 하기 위한) 보행 연습. 다리 훈련. ②기초를 다짐. 기초를 튼튼히 함. ③(레슬링・유도에서) 다리잡고 굳히기. 상대를 꼼짝 못하게 하는 굳히기 수. ④(건축의) 마루 밑기둥과 기둥 사이에 대는 튼튼한 가로대.

足慣らし[あしならし] ①보행 연습. 걷는 연습. ②예행연습. 준비 운동.

足掛(か)り[あしがかり] ①높은 곳에 올라갈 때의) 발판. 발 디딜 곳. ②연줄. 연고. 발판. ③실마리. 단서.

足掛け[あしかけ] ①(차지 않은 연・월・일을 하나로 쳐서 계산하는 방법으로서) 햇수로. 달수로. ②(유도・씨름 등에서) 다리걸기.

足踏み[あしぶみ] ①제자리걸음. ②답보 상태. 정체(停滯). 정돈(停頓) 상태. ③(어떤 곳에) 드나듦. 발을 들여놓음.

足代[あしだい] 거마비. 교통비. 차비.

足袋[★たび] (일본식) 버선.

足裏[あしうら] 발바닥.

足の裏[あしのうら] 발바닥.

足並み[あしなみ] (여럿이 함께 걷는) 발걸음. 보조(步調). 호흡.

足付き[あしつき] 걸음걸이. 발놀림. 걸음새.

足手纏い[あしでまとい/あしてまとい] (발에 휘감겨) 거치적거림. 부담됨.

足首[あしくび] 발목.

²足元[あしもと] ①발 밑. 발치. ②걸음걸이. 발걸음. ③바로 곁. 주변. 신변. 눈앞. ④(음식점에서 손님의) 신발. ⑤기초. 기반.

足音[あしおと] 발소리.

足任せ[あしまかせ] ①정처없이 걸음. 목표 없이 발길 닿는 대로 걸음. ②걸을 수 있는 데까지 걸음.

足入れ[あしいれ] (약혼하고) 정식 결혼 전에 신부가 시집에 가서 사는 일.

足場[あしば] ①발 디딜 곳. 발 디딜 자리. 발붙일 곳. ②(높은 곳의 작업을 위한) 발판. 비계. ③(어떤 일을 하기 위한) 터전. 토대. 기반. 발판. ④교통편. 교통 사정.

²足跡[あしあと] ②종적(蹤迹). ❷[そくせき] 족적; ①발자취. ②업적.

足止め[あしどめ] ①외출 금지. 발이 묶임. ②접근 금지. ③(염색에서) 얼룩을 방지함. ④(건축에서) 비탈의 미끄럼을 방지하는 가로대.

足指[あしゆび] 발가락.

足取り❶[あしとり] ①(일본 씨름에서) 발을 잡아 넘어뜨리는 수. ②발을 잡음. ❷[あしどり] ①걸음걸이. ②발자취. 종적. (범인의) 행적. ③주식 시세의 변동.

²足下❶[あしもと] ①발 밑. 발치. ②걸음걸이. 발걸음. ③바로 곁. 주변. 신변. 눈앞. ④(음식점에서 손님의) 신발. ⑤기초. 기반. ❷[そっか] ①발아래. 발 밑. ②(편지를 받는 사람의 이름 밑에 쓰는 높임말로) 귀하. ③당신. 귀하. ＊주로 남자가 동등한 사람에 대한 경칭임.

音読

²足❶[そく] (숫자에 접속하여 신발・양말을 세는 접미어로) 켤레. ❷[あし] ☞ [訓読]

足労[そくろう] 왕림. 일부러 오시는 수고.

族　무리/겨레 족

亠　宁　方　方　扩　於　於　游　族　族

音 ●ゾク
訓 ⊗やから

音読
族[ぞく] 족; ①같은 혈통을 지닌 것. ¶ア
イヌ〜 아이누족. ②같은 종류의 행동을
하는 무리. ¶マイカー〜 마이카족.
族生[ぞくせい] 족생; 더북하게 자람.
族長[ぞくちょう] 족장; 부족의 우두머리.
族制[ぞくせい] 족제; 가족제도. 씨족제도.

存　있을/보존할 존

一　ナ　疒　疒　存　存

音 ●ソン　●ゾン
訓 ―

音読
存じ[ぞんじ] 알고 있음.
²**存じる**[ぞんじる] 〈上一自〉 ①알고 있다.
＊'知(し)る・承知(しょうち)する'의 겸양어.
②생각하다. ＊'思(おも)う・考(かんが)える'
의 겸양어.
存する[そんする] 〈サ変自〉①있다. 존재하
다. ②남아 있다. ③…에 있다. …에 달
려 있다. 〈サ変他〉간직하다. 보존하다.
²**存ずる**[ぞんずる] ☞ 存じる
存念[ぞんねん] (마음속에 간직한) 생각.
存立[そんりつ] 존립; 생존하여 자립함.
存亡[そんぼう] 존망; 존속과 멸망.
存命[ぞんめい] 존명; 생존해 있음.
存否[そんぴ] 존부; ①존폐(存廃). ②생존
여부. ③안부.
存分[ぞんぶん] 마음껏. 실컷. 충분히.
存生[ぞんじょう] 생존. 살아 있음.
¹**存続**[そんぞく] 존속; 계속 존재함.
存外[ぞんがい] 의외임. 뜻밖임.
²**存在**[そんざい] 존재; 현재 사람이나 사물
이 어떤 가치나 능력을 갖고 있음.
存知[ぞんち] 존지; 알고 있음.
存置[そんち] 존치; (제도·시설 등의) 존속.
存廃[そんぱい] 존폐; 존속과 폐지.

尊(尊)　높을/공경할 존

八　쓰　쓰　芦　芦　芮　酋　酋　道　尊　尊

音 ●ソン
訓 ●たっとい/とうとい　●たっとぶ/とうとぶ

訓読
¹●**尊い**[とうとい/たっとい] 〈形〉①고귀하
다. 존귀하다. 존엄하다. ②소중하다. 귀
중하다.
¹●**尊ぶ**[とうとぶ/たっとぶ] 〈5他〉①숭상하
다. 우러러 받들다. ②공경하다. 존경하
다. 존중하다. 중요시하다.

音読
²**尊敬**[そんけい] 존경; 높여 공경함.
尊大[そんだい] 존대; 거만함. 거드름을 피움.
尊名[そんめい] 존명; 존함(尊銜). 성함.
尊命[そんめい] 존명; 분부(分付).
尊母[そんぼ] 존모; 자당(慈堂).
尊父[そんぷ] 존부; 춘부장(春府丈).
尊卑[そんぴ] 존비; 신분의 높낮이.
尊属[そんぞく] 존속; 부모와 같은 항렬 이
상의 혈족(血族).
尊崇[そんすう] 존숭; 우러러 공경함.
尊厳[そんげん] 존엄; 존귀하고 엄숙함.
尊王[そんのう] 존왕; 천황을 받들고 천황
중심으로 생각함.
²**尊重**[そんちょう] 존중; 높이고 소중히 여김.
尊称[そんしょう] 존칭; 경칭. 높임말.
尊号[そんごう] 존호; 天皇(てんのう)·皇后(こ
うごう) 등에 대한 칭호.
尊皇[そんのう] 존황; 천황을 받들고 천황
중심으로 생각함.

拵　지을 존

音 ⊗ソン
訓 ⊗こしらえる

訓読
²⊗**拵える**[こしらえる] 〈下1他〉①(손으로)
만들다. 제작하다. ②(아이를) 낳다.
③준비하다. 마련하다. ④꾸미다. 분장하
다. 치장하다. ⑤속이다. 꾸미다. ⑥(애
인 등을) 만들다. 두다.
拵え[こしらえ] ①만듦. 만듦새. ②준비.
채비. ③화장. 분장. ④세공 장식(細工
装飾).
拵え物[こしらえもの] 모조품. 짝퉁.

[졸]

卒 마칠/군사 졸

丶 亠 宀 亥 汏 卆 卒 卒

音 ●ソツ
訓 —

音読
卒[そつ] 졸; ①졸업. ②'卒去(そっきょ)'의 준말. ③병졸(兵卒).
卒する[そっする] 〈文章語〉 죽다. 사망하다.
卒倒[そっとう] 졸도; 갑자기 의식을 잃고 쓰러짐.
³卒業[そつぎょう] 졸업; ①학교에서 소정의 학업 과정을 마침. ②어떤 단계를 넘음.
卒然と[そつぜんと] ①갑자기. 별안간. ②경솔하게.
卒中[そっちゅう] 《医》 뇌졸중. 뇌출혈.

拙 서투를 졸

一 十 扌 扗 扗 拙 拙 拙

音 ●セツ
訓 ⊗まずい ⊗つたない

訓読
²⊗拙い❶[まずい] 〈形〉 서투르다.
⊗拙い❷[つたない] 〈形〉 ①서투르다. ②어리석다. 변변치 못하다. ③불운하다. 운이 없다. 운이 나쁘다.

音読
拙稿[せっこう] 졸고; ①서투른 원고. ②자신의 원고에 대한 겸양어.
拙劣[せつれつ] 졸렬; ①서투르고 보잘 것 없음. ②정도가 낮고 나쁨.
拙論[せつろん] 졸론; ①서투른 논리. ②자신의 논리의 겸양어.
拙文[せつぶん] 졸문; ①서투른 글. ②자신의 문장에 대한 겸양어.
拙速[せっそく] 졸속; 서투르지만 빠름.
拙著[せっちょ] 졸저; 자신의 저서(著書)에 대한 겸양어.
拙策[せっさく] 졸책; ①서투른 계획. ②자신의 계책에 대한 겸양어.
拙宅[せったく] 졸택; 누추한 집. *자신의 집에 대한 겸양어임.

枠 (椊) 도끼자루/테두리 졸

一 十 才 木 朷 枠 枠

音 —
訓 ●わく

訓読
¹●枠[わく] ①틀. 테두리. ②범위.
枠内[わくない] ①테두리 안. ②범위 안. 한도 내.
枠外[わくがい] ①테두리 밖. ②범위 밖. 한도 외.
枠組(み)[わくぐみ] ①틀을 짬. 또는 그 틀. 패널. ②사물의 대체적인 짜임새·구조. 대강(大綱). 아우트라인.

[종]

宗 마루/으뜸 종

丶 宀 宀 宁 宁 宗 宗 宗

音 ●シュウ ●ソウ
訓 ⊗むね

音読
¹宗❶[しゅう] ①종파(宗派). 종문(宗門). ②동아리. 한패. ③(불교의) 종파. 종(宗). ¶天台(てんだい)〜 천태종. ❷[そう] ①조상. ¶一族(いちぞく)の〜 일족의 조상. ②예도(芸道)의 종가·본가.
宗家[そうか/そうけ] 종가; ①본가(本家). 큰집. ②원조(元祖).
²宗教[しゅうきょう] 종교.
宗徒[しゅうと] 종도; (종교의) 신도. 신자.
宗廟[そうびょう] 종묘; ①조상의 영령을 모시는 곳. ②황실의 선조를 모시는 伊勢神宮(いせじんぐう).
宗門[しゅうもん] 종문; ①종파(宗派). ②승려.
宗匠[そうしょう] 종장; 和歌(わか)·俳句(はいく)·다도(茶道)의 선생.
宗祖[しゅうそ] 종조; 종파의 개조(開祖).
宗主[しゅうしゅ] 종주; ①숭앙하는 주장(主長). ②맹주(盟主).
宗旨[しゅうし] 종지; ①교리(教理). ②종파. 종문(宗門). ③(좋아하는) 주의·주장·기호.
宗派[しゅうは] 종파; ①(같은 종교 안에서의) 분파. ②技芸의 유파(流派).

從(從) 따를/좇을 종

丿 ノ 彳 彳 彳 彳 従 従 従 従

音 ◉ジュ ◉ジュウ ◉ショウ
訓 ◉したがう ◉したがえる ◉したがって

訓読

²◉従う[したがう] 〈5自〉①뒤따르다. 따라가다. ②따르다. 복종하다. ③(강한 힘에) 휩쓸리다. 내맡겨지다.
◉従える[したがえる] 〈下1他〉①데리고 가다. 거느리다. ②정복하다. 복종시키다.
²◉従って[したがって] 따라서. 그러므로.

音読

従❶[じゅう] ①종; 하인. ¶主(しゅ)と〜 주종; 주인과 하인. ②부수적인 것. 딸린 것. ❷[じゅ] 종; 같은 계급자 중에서 정(正)의 다음.
¹従来[じゅうらい] 종래; 지금까지 내려온.
¹従事[じゅうじ] 종사; 어떤 일에 마음과 힘을 다해서 함.
従属[じゅうぞく] 종속; 주(主)되는 것에 딸려 붙음.
従順[じゅうじゅん] 순종(順従). 고분고분함.
¹従業員[じゅうぎょういん] 종업원; 직원.
従者[じゅうしゃ/ずさ] 종자; 시중드는 사람.
従前[じゅうぜん] 종전; 지금까지 내려온.
従卒[じゅうそつ] 종졸; 장교 당번병.
²従兄弟[じゅうけいてい/いとこ] 종형제; 사촌·외종·고종·이종 간이 되는 형제.

終(終) 끝날 종

乡 幺 半 糸 糸 糸 紋 終 終 終

音 ◉シュウ
訓 ◉おえる ◉おわる ⊗しまう

訓読

²◉終える[おえる] 〈下1他〉(하던 일을) 끝내다. 끝마치다. 파하다.
⁴◉終わる[おわる] 〈5自〉①(하던 일이) 끝나다. 파하다. 종료되다. ②(생애가) 끝나다. 죽다. ③(더욱 발전하지 못하고) 끝나다. …의 결과로 되다. 〈5他〉(하던 일을) 끝내다. 끝마치다. 파하다.
²終(わ)り[おわり] ①끝. 마지막. 종말. ②(일생의) 최후. 임종(臨終).

²終(わ)り値[おわりね] (증권 거래소에서) 종가(終価). 최종 시세.

音読

終バス[しゅうバス] (그날의) 마지막 버스.
終結[しゅうけつ] 종결; ①일이 끝남. 끝장남. ②≪論≫ 귀결(帰結).
終局[しゅうきょく] 종국; ①(바둑·장기가) 끝판이 남. ②일의 종말. 사건의 낙착.
²終了[しゅうりょう] 종료; 끝남. 듣냄.
¹終幕[しゅうまく] 종막; ①(연극에서) 마지막 막·장면. ②(어떤 사건·일이) 끝남. 종말.
終末[しゅうまつ] 종말; 끝.
終盤[しゅうばん] 종반; ①(시합에서) 승부가 끝날 무렵. ②끝판에 가까운 단계.
¹終始[しゅうし] 종시; ①시종(始終). 시종일관. ②항상. 처음부터 끝까지.
終夜[しゅうや] 종야; 밤새껏. 철야.
終業[しゅうぎょう] 종업; ①업무를 끝마침. ②(학교에서) 한 학기 또는 한 학년의 수업이 끝남.
終演[しゅうえん] 종연; 연극이 끝남. 끝냄.
¹終日[しゅうじつ] 종일; 하루 종일. 온종일.
終戦[しゅうせん] 종전; ①전쟁이 끝남. ②2차 세계 대전이 끝남.
終電[しゅうでん] (그날의) 마지막 전차. 막차. *'終電車(しゅうでんしゃ)'의 준말임.
²終点[しゅうてん] 종점; 맨 끝의 지점.
²終車[しゅうしゃ] 종차; 마지막 차. 막차.
終着[しゅうちゃく] 종착; ①종줄에 도착함. ②마지막으로 도착함.

種 씨앗 종

禾 禾 禾 秆 秆 稻 稻 種 種 種

音 ◉シュ
訓 ◉たね ⊗くさ

訓読

¹◉種❶[たね] ①씨앗. 씨. 종자. ②(동물의) 씨. 정자(精子). ③자식. 아이. ④(부계의) 혈통. ⑤원인. 발단. 불씨. ⑥(요리의) 재료. 거리. ⑦(신문·소설·이야기의) 소재거리. ⑧(요술의) 술책. 트릭. ❷[しゅ] ⌐ [音読]
種馬[たねうま] 종마; ①종마. 씨말. ②남자.
種明(か)し[たねあかし] ①(요술의) 술책 공개. ②(감춰진) 내막을 공개함.

種物[たねもの] ①(초목의) 씨앗. 종자. ②계란·고기 튀김 등을 넣은 국수. ③팥빙수.

種本[たねほん] 대본(台本). 그것을 참고로 해서 자기의 저작이나 강의 재료로 하는 남의 저서.

種蒔[たねまき] ①파종. 씨뿌리기. ②(5월 1·2일의) 볍씨 뿌리기.

種牛[たねうし] 종우; 씨소.

種籾[たねもみ] 볍씨.

種子島[たねがしま] ①九州(きゅうしゅう) 남단의 섬. ②화승총(火縄銃). *1543년 포르투갈 인이 種子島로 화승총을 가져온 데서 생긴 말임.

種切れ[たねぎれ] (준비한) 재료가 떨어짐.

種取り[たねとり] ①채종(採種). 씨받기. ②종축(種畜). 새끼를 받기 위해 기르는 가축. ③(신문·잡지의) 취재. 취재 기자.

種板[たねいた] 사진 원판.

音読

¹種❶[しゅ] 종; ①종류. ②(명사에 접속하여) 종자. ¶英国(えいこく)~の犬(いぬ) 영국 종자의 개. ③생물 분류상의 단위. ¶~の起源(きげん) 종의 기원. ❷[たね] ☞ [訓読]

²種類[しゅるい] 종류; 같은 형태나 성질을 가진 것끼리 분류한 것.

種目[しゅもく] 종목; ①종류의 명목. ②(제품의) 품목.

種別[しゅべつ] 종별; 종류에 따른 구별.

種子[しゅし] 종자; 씨앗.

種族[しゅぞく] 종족; ①같은 종류의 생물. ②(인종·민족의 분류 단위로서의) 사회집단. 부족.

¹種種[しゅじゅ] 가지가지. 여러 가지.

種畜[しゅちく] 종축; 씨짐승.

縱(縦) 세로 종

幺 糸 糸 糹 絎 絎 紆 紆 縦 縦

音 ●ジュウ
訓 ●たて

訓読

²●縦[たて] ①(수직 방향의) 세로. ②(입체평면 등의) 긴 부분. 긴 방향. ③남북 방향. 종단(縦断). ④(인간관계·조직의) 상하. 위아래.

縦糸[たていと] 종사; 날실. 경사(経糸).

縦書[き][たてがき] 종서; 세로쓰기.

縦軸[たてじく] 종축; 세로의 축.

縦割[り][たてわり] ①세로로 쪼갬. ②종적 조직. 상하 관계로만 움직이는 조직.

音読

縦貫[じゅうかん] 종관; 세로로 꿰뚫음.

縦断[じゅうだん] 종단; ①세로로 끊음. ②남북의 방향으로 오고감.

縦隊[じゅうたい] 종대; 세로로 줄을 지어 나란히 선 대형(隊形).

縦覧[じゅうらん] 종람; (어떤 시설·전시품을) 마음대로 구경함.

縦列[じゅうれつ] 종렬; 세로로 줄지음.

縦線[じゅうせん] 종선; 세로줄. 세로금.

縦走[じゅうそう] 종주; ①남북으로 길게 이어짐. ②(등산에서) 능선으로 이어진 많은 산봉우리들을 따라 등정(登頂)함.

縦横❶[じゅうおう] 종횡; ①가로세로. ②자유자재. 행동에 거침이 없음.❷[たてよこ] 가로세로.

縦横無尽[じゅうおうむじん] 종횡무진; 행동이 마음 내키는 대로 자유자재임.

鐘 쇠북 종

釒 釒 鈩 鈩 鈩 鐼 鐼 鐘 鐘 鐘

音 ●ショウ
訓 ●かね

訓読

²鐘[かね] ①종. ②종소리.

鐘の音[かねのね] 종소리.

音読

鐘楼[しょうろう] 종루; 종각(鐘閣).

鐘声[しょうせい] 종성; 종소리.

腫 부스럼 종

音 ⊗シュ
訓 ⊗はらす
　　⊗はれる

訓読

⊗腫らす[はらす] 〈他〉 (몸을) 부은 상태가 되게 하다. 붓게 하다.

¹⊗腫れる[はれる] 〈下1自〉 (몸이) 붓다.

腫れ[はれ] ①부기. ②≪医≫ 수종(水腫).

腫れぼったい[はれぼったい] 〈形〉 (얼굴 등이) 부석부석하다.

腫れ物[はれもの] ①부스럼. 종기(腫気). ②
까다로운 사람.
腫れ上がる[はれあがる] 〈5自〉 부어오르다.
【音読】
腫物[しゅもつ] 종기. 부스럼.
腫瘍[しゅよう] ≪医≫ 종양.
腫脹[しゅちょう] ≪医≫ 종창.

| 綜 | 모을 종 | 音 ⊗ソウ |
| | | 訓 ― |

【音読】
綜合[そうごう] 종합; 여기저기 흩어져 있
는 것을 하나로 모음. ＊현재는 '総合(そう
ごう)'로 표기함.

| 鍾 | 술잔/술단지 종 | 音 ⊗ショウ |
| | | 訓 ― |

【音読】
鍾馗[しょうき] 종규; 역귀(疫鬼)를 쫓는다
는 신(神). ＊액막이로 5월 단오절에 인
형으로 장식함.
鍾愛[しょうあい] 종애; 총애(寵愛). 몹시
사랑함. 애지중지함.
鍾乳洞[しょうにゅうどう] ≪地≫ 종유동.
鍾乳石[しょうにゅうせき] ≪鉱≫ 종유석.

［ 좌 ］

| 左 | 왼/왼쪽 좌 |
| 一 ナ 左 左 左 | |

音 ●サ
訓 ●ひだり

【訓読】
[4]●左❶[ひだり] ①왼쪽. 왼편. 좌측. ②(정
치・사상의) 좌경(左傾). 좌익. 좌파.
❷[さ] 〖音読〗
左巻(き)[ひだりまき] ①왼쪽으로 감음. ②
괴짜. 머리가 정상이 아님.
左団扇[ひだりうちわ] 안락한 생활. 편안히
지냄. ＊왼손으로 부채를 부친다는 뜻에
서 생겨난 말임.
左党❶[ひだりとう] 술꾼. 주당(酒党). ❷[さ
とう] ①좌당; 좌익 정당. ②술꾼.

左利き[ひだりきき] 왼손잡이.
左四つ[ひだりよつ] (씨름에서) 왼손을 서
로 상대편 오른팔 밑에 넣어 잡는 수.
左手❶[ひだりて] ①왼손. ②왼쪽. 왼편.
❷[ゆんで] ①(활을 잡는) 왼손. ② ≪雅≫
왼쪽. 좌측.
左前[ひだりまえ] ①(보통과는 반대로) 왼쪽
섶을 안으로 여며 옷을 입음. ②(경제적
으로) 곤란함.
左褄[ひだりづま] ①(옷의) 왼쪽 자락. ②기
생. ＊기생은 걸을 때 왼쪽 옷자락을 잡
고 걷는다는 데서.
左側[ひだりがわ] 좌측; 왼쪽.
左向き[ひだりむき] ①좌향; 왼쪽으로 향
함. ②(경제적으로) 곤란함.
【音読】
左❶[さ] (세로쓰기 문장에서) 좌; 다음. 이하.
¶～の通(とお)り 다음과 같이. ¶～に記(しる)
す 다음에 적는다. ❷[ひだり] ☞ 〖訓読〗
左官[さかん] 미장이. 미장공.
左記[さき] 좌기; (세로쓰기에서) 다음에
기록함.
左袒[さたん] 좌단; 편듦. 거듦.
左党❶[さとう] ①좌당; 좌익 정당. ②술꾼.
❷[ひだりとう] 술꾼. 주당(酒党).
左大臣[さだいじん] (옛날) 太政官(だじょうか
ん)의 장관.
左方[さほう] 좌방; ①왼쪽. 왼편. ②아악
(雅楽)의 하나.
左様[さよう] ①(상대방의 이야기 내용을
받아) 그렇게. 그와 같이. 그러한. 그처
럼. ②〈感〉 그렇다. 그렇소.
[2]左様なら[さようなら] ① 〈感〉 안녕히 가세
요. 안녕히 계세요. ②〈接〉 그렇다면.
[2]左右[さゆう] 좌우; ①왼쪽과 오른쪽. ②이
랬다저랬다 함. 애매함. ③(자기의) 바로
옆. ④측근자. ⑤좌지우지함. 지배함.
左翼[さよく] 좌익; ①왼쪽 날개. ②(대
열・좌석 등의) 좌측 부분. 의좌. ③급진
적・혁신적인 경향.
左折[させつ] 좌절; 좌회전.
左折禁止[させつきんし] 좌회전 금지.
左遷[させん] 좌천; 그때까지보다 더 낮은
직급・지위로 낮춤.
左側通行[さそくつうこう] 좌측통행.
左派[さは] 좌파; 급진파.
左舷[さげん] 좌현; 왼쪽 뱃전.

佐　도울 좌

ノ　イ　仁　仵　佐　佐　佐

音 ●サ
訓 ―

音読

佐官[さかん] ①(옛날의 군인 계급으로) 大佐(だいさ)・中佐(ちゅうさ)・少佐(しょうさ)의 총칭. ②(현재의 자위대의) 一佐(いっさ)・二佐(にさ)・三佐(さんさ)의 총칭. ＊한국의 영관(領官)에 해당함.

佐幕[さばく] 좌막; (江戸(えど) 시대 말기에) 幕府(ばくふ)를 지지하고 도움.

佐幕派[さばくは] 막부(幕府) 지지파.

座　자리/앉을 좌

ヽ　亠　广　广　庐　庐　座　座　座　座

音 ●ザ
訓 ●すわる

訓読

●**座る**[すわる]〈5自〉①앉다. ②침착해지다. ③튼튼해지다. 안정되다. ④(어떤 지위에) 앉다. ⑤물끄러미 바라보다. 눈이 풀어져 있다. ⑥(도장이) 찍히다. ⑦(배가) 좌초하다.

座り心地[すわりごこち] (의자・소파 등에) 앉았을 때의 느끼는 기분.

座(り)込み[すわりこみ] 연좌 데모.

座り込む[すわりこむ]〈5自〉①들어가 앉다. ②연좌 데모를 하다. 눌러앉다.

音読

座[ざ] ①좌석. 자리. ②(사람들이 모인) 장소. 자리. ③(지위・신분의) 자리. ④극단(劇団). ⑤(鎌倉(かまくら)・室町(むろまち) 시대에 상인이 조직한) 동업자 조합. ⑥(江戸(えど)시대의) 화폐 주조소.

座高[ざこう] 좌고; 앉은키.

座金[ざがね] 좌금; ①기구에 붙이는 쇠붙이의 머리 부분에 대는 장식용 철물. ②(볼트를 죌 때) 잘 풀리지 않도록 너트 밑에 대는 얇은 금속판.

座談[ざだん] 좌담; 자리에 앉아서 형식에 구애되지 않고 하는 담화.

¹**座談会**[ざだんかい] 좌담회.

座頭❶[ざがしら] ①좌상(座上). 한 자리의 우두머리. ②(극단의) 우두머리 배우. ❷[ざとう] ①《古》①맹인의 관직 琵琶法師(びわほうし)의 관명(官名) 넷 중에서 맨 아래. ②(머리를 깎은 맹인으로) 비파를 타거나 안마・침술 등을 직업으로 하던 사람. ③맹인. 장님.

座付[き][ざつき] ①전속 배우・작가. ②좌석에서의 처음 인사말. ③연회석에서 예기(芸妓)가 처음 연주하는 축하곡.

²**座敷**[ざしき] ①다다미 방. 응접실. ②연회석. ③연회 시간. ④연회에서의 접대. ⑤(연예인이) 객석으로 부름을 받음.

²**座席**[ざせき] 좌석; 앉는 자리.

座禅[ざぜん] 좌선; 조용히 앉아 참선함.

座視[ざし] 좌시; 앉아서 봄.

座右[ざゆう] 좌우; ①신분. 결. ②좌하(座下). ＊편지 겉봉에 쓰는 말임.

座右の銘[ざゆうのめい] 좌우명.

座長[ざちょう] ①(연예 극단의) 우두머리. 단장. ②(좌담회 등의) 진행자. 사회자.

座持ち[ざもち] 좌흥(座興)을 돋움. 또는 그런 사람.

²**座布団**[ざぶとん] 방석.

¹**座標**[ざひょう]《数》좌표.

座興[ざきょう] 좌흥; ①그 자리의 흥을 돋우기 위한 놀이. ②그 자리의 일시적인 장난.

坐　자리/앉을 좌

音 ⊗ザ
訓 ⊗すわる

訓読

⊗**坐る**[すわる]〈5自〉①앉다. ②침착해지다. ③튼튼해지다. 안정되다. ④(어떤 지위에) 앉다. ⑤물끄러미 바라보다. 눈이 풀어져 있다. ⑥(도장이) 찍히다. ⑦(배가) 좌초하다.

挫　꺾을 좌

音 ⊗ザ
訓 ⊗くじく
　⊗くじける

訓読

⊗**挫く**[くじく]〈5他〉①(뼈를) 삐다. ②(기세를) 꺾다. 누르다. 약화시키다.

⊗**挫ける**[くじける]〈F1自〉①접질리다. ②(기가) 꺾이다. 좌절되다. 약화되다.

音読

挫折[ざせつ] 좌절; 마음과 기운이 꺾임. 계획이 수포로 돌아감.

[죄]

罪 허물 죄

丨 冂 罒 罒 咢 咢 罪 罪 罪

音 ●ザイ
訓 ●つみ

訓読
²●罪[つみ] 죄; ①죄악. ②형벌. ③책임.
④못된 짓. 지독함. 무자비함.
罪する[つみする] 〈サ変他〉 벌하다. 벌을 주
다. 처벌하다.
罪科❶[つみとが] 잘못. 허물. ❷[ざいか] 죄
과; ①죄악. ②처벌. 형벌.
罪滅ぼし[つみほろぼし] 죄값음. 속죄.
罪作り[つみつくり] ①벌 받을 짓을 함.
②무자비한 짓을 함.

音読
罪科❶[ざいか] 죄과; ①죄악. ②처벌. 형
벌. ❷[つみとが] 잘못. 허물.
罪名[ざいめい] 죄명; ①범죄의 이름. ②죄
가 있다는 세상의 소문.
罪状[ざいじょう] 죄상; 범죄의 실상.
罪悪[ざいあく] 죄악; 중죄가 될 만한 악행.
罪人[ざいにん/つみびと] 죄인; 죄를 범한
사람.

[주]

主 주인 주

丶 亠 十 主 主

音 ●シュ ●ズ ⊗シュウ
訓 ●ぬし ●おもな ●おもに

訓読
¹●主❶[ぬし] ①주인. 가장(家長). ②임자.
소유자. ③터줏대감. ❷[しゅ] ☞[音読]
²●主な[おもな] 주된. 중요한. 소중한.
³●主に[おもに] 주로. 대개.
主立つ[おもだつ] 〈5自〉 중심이 되다.

音読
¹主❶[しゅ] 주; ①주인. ②주군(主君). ③중
심. ④(성경에서) 주님. ❷[ぬし] ☞[訓読]
主家[しゅか] 주가; 주인이나 주군의 집.

主幹[しゅかん] 주간; 단체의 일을 하는 데
중심이 되는 사람.
主客[しゅかく/しゅきゃく] 주객; ①주인과
손님. ②주요한 것과 부수적인 것. ③(문
법에서) 주어와 목적어.
主格[しゅかく] 《語学》 주격.
主計[しゅけい] 회계 담당자.
主管[しゅかん] 주관; 중심이 되어 관리함.
¹主観[しゅかん] 주관; 자기 혼자만의 생각.
主君[しゅくん] 주군; 자신이 섬기는 주(主)
나 영주(領主).
¹主権[しゅけん] 주권; 국가 국성 요소로서
최고・독립・절대의 권력.
主権者[しゅけんしゃ] 주권자.
主脳[しゅのう] 주뇌; ①수뇌(首脳). 지도적인 인
물. ②주요 부분.
¹主導[しゅどう] 주도; 중심이 되어 인도함.
主力[しゅりょく] 주력; 주된 힘이나 세력.
主流[しゅりゅう] 주류; ①강의 본류(本流).
②중심이 되는 유파(流派). ③주된 경향.
主務[しゅむ] 주무; 중심이 되어 사물을 취
급함.
主犯[しゅはん] 주범; 범죄의 중심 인물.
主部[しゅぶ] 주부; ①주요한 부분. ② 《語
学》 주어와 그 수식어로 된 부분.
²主婦[しゅふ] 주부; 아내로서 한 가정의 살
림을 맡아 하는 여성.
主賓[しゅひん] 주빈; ①주된 손님. ②주객
(主客). 주인과 손님.
主事[しゅじ] 주사; ①사무를 주관하는 사
람. ②공무원 직명의 하나.
主査[しゅさ] 주사; ①중심이 되어 조사함.
②조사 주임. 심사 주임.
主上[しゅじょう] 주상; 천황의 높임말.
主席[しゅせき] 주석; ①주인의 자리. ②최
고 책임자.
¹主食[しゅしょく] 주식; 식사의 주된 음식물.
主審[しゅしん] 주심; 주가 되어 심판함.
主眼[しゅがん] 주안; 요점. 핵심.
²主語[しゅご] 주어; ①문장의 주어. ②주사
(主辞). 주개념.
²主役[しゅやく] 주역; 주인공의 역할.
¹主演[しゅえん] 주연; 연극의 주인공.
²主要[しゅよう] 주요; 중요함.
主位[しゅい] 주위; 중요한 자리.
主意[しゅい] 주의; ①주된 생각. ②주인이
나 주군의 뜻. ③이지나 감정보다는 의지
를 중히 여김.

²**主義**[しゅぎ] 주의; ①사상(思想). 항상 품고 있는 주장·생각·행동의 지침. ②특정한 이념에 근거한 학설이나 사상상(思想上)의 입장. 또는 그 체제나 제도.

²**主人**[しゅじん] 주인; ①손님을 맞아들이는 사람. ②가장(家長). ③(아내가 남편을 말할 때) 자기 남편. 바깥양반. ④자기가 섬기고 있는 사람.

¹**主人公**[しゅじんこう] 주인공; ①중심 인물. ②주인(主人)의 높임말.

¹**主任**[しゅにん] 주임; 주로 그 사무를 관장하는 사람.

²**主張**[しゅちょう] 주장; 자신의 생각을 강하게 말함.

主宰[しゅさい] 주재; 중심이 되어 전체의 일을 처리함.

主将[しゅしょう] 주장; ①전군(全軍)의 총대장. ②(스포츠에서) 팀의 통솔자.

¹**主題**[しゅだい] 주제; ①중심 제목. 중심이 되는 내용. ②(예술 작품에서) 중심 사상. ③ ≪楽≫ 중심이 되는 선율(旋律).

主従[しゅじゅう] 주종; ①주된 것과 부수적인 것. ②주군과 신하. 주인과 종자(從者).

主唱[しゅしょう] 주창; 주가 되어 주장함.

¹**主体**[しゅたい] 주체; ①자신의 의지로 행동하는 것. ②조직 등에서 중심이 되는 것.

¹**主催**[しゅさい] 주최; 중심이 되어 개최함.

主治医[しゅじい] 주치의; ①중심이 되어 치료를 담당하는 의사. ②단골 의사.

主筆[しゅひつ] 주필; 신문사나 잡지사의 수석 기자.

州　　고을/섬 주

丶　丿　川　州　州　州

音 ●シュウ
訓 ●す

音読

●**州❶**[す] 흙이나 모래가 물속에 퇴적하여 수면에 나타난 땅. ¶三角(さんかく)~ 삼각주. ❷[しゅう] ☞ [音読]

音読

²**州❶**[しゅう] 주; ①연방 국가의 행정 구획의 하나. ¶~政府(せいふ) 주정부. ②지구상의 대륙. ¶アジア~ 아시아 주. ❷[す] ☞ [訓読]

州立[しゅうりつ] 주립; 주(州)에서 설립함.

朱　　붉을 주

丿　亠　二　牛　牛　朱

音 ●シュ
訓 ⊗あけ

音読

朱[しゅ] 주; ①주홍색. 빨간 색. ②(교정지에 써 넣는) 붉은 글자.

朱塗り[しゅぬり] 주홍색을 칠함.

朱墨[しゅずみ] 주묵; 붉은 색의 먹.

朱門[しゅもん] 주문; ①붉은 칠을 한 대문. ②부귀한 사람의 집.

朱色[しゅいろ/しゅしょく] 주색; 주홍색.

朱肉[しゅにく] 주육; 인주(印朱).

朱印船[しゅいんせん] 주인선; (근세 초기에) 将軍(しょうぐん)의 주인(朱印)이 찍힌 허가장을 얻어 통상을 하던 무역선.

朱鞘[しゅざや] 주초; 주홍색 칠을 한 칼집.

朱筆[しゅひつ] 주필; ①붉은 색의 먹을 칠한 붓. ②붉은 글씨로 써 넣음.

舟　　배 주

丿　丿　凢　甪　舟　舟

音 ●シュウ
訓 ●ふね ●ふな…

訓読

²●**舟**[ふね] (작은) 배.

舟歌[ふなうた] ①뱃노래. ② ≪楽≫ 성악곡·기악곡의 하나. 바르카롤.

舟路[ふなじ] ①뱃길. ②선편(船便) 여행.

舟方[ふなかた] 뱃사공.

舟守[ふなもり] 배를 지킴.

舟宿[ふなやど] ①배 객줏집. 선박 운송업자. ②놀잇배나 낚싯배를 주선하는 집.

舟遊び[ふなあそび] 뱃놀이.

舟人[ふなびと] ①뱃사람. 선원. ②배의 승객.

舟子[ふなこ] 뱃사람; 선원(船員).

音読

舟運[しゅううん] 주운; 배를 이용한 교통·운송.

舟遊[しゅうゆう] 주유; 뱃놀이.

舟艇[しゅうてい] 주정; 소형의 배.

舟航[しゅうこう] 주항; 항해(航海).

舟行[しゅうこう] 주행; ①배를 타고 감. ②배가 나아감. ③뱃놀이.

住 살 주

ノ イ イ 仁 什 仹 住 住

音 ●ジュウ
訓 ●すまう ●すむ

訓読
●**住まう**[すまう] 〈5自〉 거주하다. 살다.
²**住(ま)い**[すまい] ①생활. 살이. ②집. 주택. 주소.
⁴●**住む**[すむ] 〈5自〉 ①거주하다. 살다. ②서식(棲息)하다. 깃들이다.
住み慣れる[すみなれる] 〈下1自〉 오래 살아 정들다.
住(み)込(み)[すみこみ] 더부살이.
住み込む[すみこむ] 〈5自〉 더부살이하다. 주인집에 입주하다.
住み着く[すみつく] 〈5自〉 정착(定着)하다.
住み処[すみか] ①거처. 주거. ②소굴. 굴.

音読
住[じゅう] ①거주함. ②주거. 집.
²**住居**[じゅうきょ] 주거; 거주함. 생활함.
住民[じゅうみん] 주민; 그 지방 사람.
²**住所氏名**[じゅうしょしめい] 주소 성명.
住人[じゅうにん] 주민. 거주인. 거주자.
住持[じゅうじ] 주지; 한 절을 주관하는 중.
住宅[じゅうたく] 주택; 사람의 집.
住宅街[じゅうたくがい] 주택가.

走 달릴 주

一 十 土 キ キ 走 走

音 ●ソウ
訓 ●はしらす ●はしらせる ●はしる

訓読
●**走らす**[はしらす] 〈5他〉 ①달리게 하다. 달려가게 하다. 몰다. ②달아나게 하다. ③막힘없이 빨리 움직이다.
●**走らせる**[はしらせる] 〈下1他〉 ①달리게 하다. 달려가게 하다. 몰다. ②달아나게 하다. ③막힘없이 빨리 움직이다.
⁴●**走る**[はしる] 〈5自〉 ①달리다. 뛰다. 빨리 움직이다. ②달아나다. 도망가다. ③세차게 흐르다. 용솟음치다. ④(강·길 등이) 뻗다. 통하다. ⑤(순간적으로) 스쳐 지나가다. ⑥(나쁜 방향으로) 치우치다.

走(り)高跳(び)[はしりたかとび] 높이뛰기.
走(り)高飛(び)[はしりたかとび] 높이뛰기.
走(り)書き[はしりがき] 휘갈겨 씀.
走(り)幅跳び[はしりはばとび] 멀리뛰기.
走り回る[はしりまわる] 〈5自〉 ①뛰어 돌아다니다. ②바삐 돌아다니다.

音読
走力[そうりょく] 주력; 달릴 수 있는 힘.
走路[そうろ] 주로; ①경주로. ②탈주로. 도망가는 길.
走馬灯[そうまとう] 주마등.
走法[そうほう] 주법; 달리는 방법.
走者[そうしゃ] 주자; ①(야구에서) 러너. ②(육상 경기의) 러너.
走破[そうは] 주파; 최후까지 달림.
¹**走行**[そうこう] 주행; (자동차가) 달려 감.

周 (周) 두루 주

丿 冂 刀 刀 冋 冋 周 周

音 ●シュウ
訓 ●まわり ⊗あわてる

訓読
²●**周り**[まわり] ①둘레. 주위. 근처. ②가. 가장자리. 주변.

音読
周忌[しゅうき] ≪仏≫ 주기; 매년 돌아오는 죽은 날.
¹**周期**[しゅうき] ≪物≫ 주기; 거의 일정한 간격을 두고 같은 일이 되풀이 됨.
周年[しゅうねん] 주년; ①만 1년. ②1년 내내. 1년 동안.
周到[しゅうとう] 주도; 주의가 빈틈없이 두루 미침.
²**周辺**[しゅうへん] 주변; 둘레. 근처. 부근.
周旋[しゅうせん] 주선; 알선. 중개.
²**周囲**[しゅうい] 주위; ①주변. 근처. 부근. ②어떤 사물을 둘러싸고 있는 것이나 사람들. ③원주(円周)의 길이.
周遊[しゅうゆう] 주유; 각처를 여행함.
周遊券[しゅうゆうけん] 주유권; (일본 철도 회사가 철도 관광 여행자를 위해 발행하는) 할인 승차권.
周知[しゅうち] 주지; 여러 사람이 앎.
周波数[しゅうはすう] ≪物≫ 주파수.
周航[しゅうこう] 주항; 배로 일주함.

宙 집/하늘 주

丶 ⺮ 宀 宀 宁 审 宙 宙

音 ●チュウ
訓 ―

音読
¹宙返り[ちゅうがえり] ①공중제비. ②(비행기의) 공중회전.

注 물댈 주

丶 丶 氵 氵 氵 汁 注 注

音 ●チュウ
訓 ●そそぐ ⊗つぐ ⊗さす

訓読
²●注ぐ❶[そそぐ]〈5自〉①흘러 들어가다. 흘러들다. ②(비·눈 따위가) 쏟아지다.〈5他〉①(물을) 대다. 주다. ②따르다. 붓다. ③(물을) 뿌리다. 주다. ④(눈물을) 흘리다. ⑤(정신을) 쏟다. 집중하다.
⊗注ぐ❷[つぐ]〈5他〉따르다. 쏟다. 붓다.
⊗注す[さす]〈5他〉①(물을) 붓다. 따르다. ②첨가하다. ③(기름을) 치다. 넣다. ④(술잔을) 권하다. ⑤칠하다. 바르다.

音読
²注[ちゅう] 주; 주석(註釈). 주해(註解).
注記[ちゅうき] 주기; 주를 닮. 주를 단 것.
²注目[ちゅうもく] 주목; 관심을 갖고 지켜봄. 주시함.
²注文[ちゅうもん] 주문; ①맞춤. ②요구. 희망.
³注射[ちゅうしゃ]①《医》주사. ②(물을) 끼얹음.
注釈[ちゅうしゃく] 주석; ①주해(註解). ②말을 덧붙임.
注水[ちゅうすい] 주수; 물을 주입함. 물을 댐.
注視[ちゅうし] 주시; 관심을 갖고 지켜봄.
注油[ちゅうゆ] 주유; 기름을 침.
³注意[ちゅうい] 주의; ①마음을 집중함. ②경계함. 조심함.
注入[ちゅうにゅう] 주입; ①액체를 흘려 넣음. ②한 곳에 집중해서 넣음. ③(기억력만 믿고 단편적으로) 지식을 가득 채워 넣음.
注解[ちゅうかい] 주해; 본문의 뜻을 이해하기 쉽게 풀이함.

昼(畫) 낮 주

⺆ ⺆ ⺹ ⺹ 尺 昼 昼 昼 昼

音 ●チュウ
訓 ●ひる

訓読
⁴●昼[ひる] ①낮. ②정오. ③점심.
³昼間[ひるま/ちゅうかん] 주간; 낮. 낮 동안.
昼頃[ひるごろ] 정오경. 정오쯤.
昼過ぎ[ひるすぎ] 정오가 조금 지났을 무렵.
昼飯[ひるめし] 점심. *남성 용어임.
昼時[ひるどき] ①정오경. ②점심때.
⁴昼御飯[ひるごはん] 점심. 점심 식사.
昼日中[ひるひなか] 대낮. 한낮.
昼酒[ひるざけ] 낮술.
昼中[ひるなか] ①낮. 낮 동안. ②대낮. 한낮.
²昼寝[ひるね] 낮잠. 오수(午睡).
昼下がり[ひるさがり] ①정오가 조금 지난 무렵. ②오후 2시경. ③하오(下午).
³昼休み[ひるやすみ] ①점심 휴식 시간. ②낮잠. 점심 후의 휴식.

音読
昼間[ちゅうかん/ひるま] 주간; 낮. 낮 동안.
²昼食[ちゅうしょく] 점심. 점심 식사.
昼夜[ちゅうや] 주야; ①낮과 밤. ②〈副〉밤낮으로. 늘. 밤낮없이.
昼夜兼行[ちゅうやけんこう] 주야겸행; 밤낮을 가리지 않고 행함.
昼餐[ちゅうさん] 주찬; 오찬(午餐). 점심.

柱 기둥 주

一 十 才 木 木 ⺊木 朾 柱 柱 柱

音 ●チュウ
訓 ●はしら

訓読
²●柱[はしら] ①기둥. ②중심 인물. ③책의 꼭대기 난. ④패주(貝柱). 조개관자. ⑤신체(神体)·유골(遺骨)을 세는 말. 위(位).
柱暦[はしらごよみ] 기둥에 거는 작은 달력. 한 장씩 떼는 달력.

音読
柱石[ちゅうせき] 주석; ①기둥과 주춧돌. ②중요한 인물.

奏(奏) 연주할 주

一 二 三 声 夫 夫 夫 奏 奏 奏

音 ◉ソウ
訓 ◉かなでる

訓読
◉奏でる[かなでる] 〈下1他〉 ①(악기를) 연주하다. 켜다. 타다. ②≪古≫ 춤을 추다.

音読
奏する[そうする] 〈サ変他〉 ①상주(上奏)하다. 임금께 아뢰다. ②연주(演奏)하다. ③(목적 등을) 이루다.
奏功[そうこう] 주공; ①공을 이룸. 목적한 대로 성취함. ②공적을 나타냄.
奏鳴曲[そうめいきょく] ≪楽≫ 주명곡; 소나타.
奏上[そうじょう] 주상; 군주께 아룀.
奏楽[そうがく] 주악; ①음악을 연주함. ②(歌舞伎(かぶき)의 下座(げざ) 음악에서) 아악(雅楽)을 모방한 곡.
奏請[そうせい] 주청; 군주께 상주(上奏)하여 재가(裁可)를 청함.
奏効[そうこう] 주효; 효과가 나타남.

酒 술 주

丶 丶 氵 汀 汀 沔 沔 洒 酒 酒

音 ◉シュ
訓 ◉さけ ◉さか

訓読
²◉酒[さけ] ①술. ②(일본) 청주(清酒).
酒代[さかだい] ①술값. ②팁. 술값.
酒癖[さけくせ/さけぐせ] 주벽; 술버릇.
酒盛り[さかもり] 주연(酒宴). 술잔치.
²酒屋[さかや] ①술을 소매로 파는 가게. 술 전문점. ②양조장(醸造場).
酒甕[さかがめ] 술독.
酒飲み[さけのみ] 술을 즐겨 마심.
²酒場[さかば] (술을 마시는) 술집. 바.
酒蔵[さかぐら] 술 창고. 술 저장고.
酒樽[さかだる] 술통.
酒浸り[さけびたり/さかびたり] 줄곧 술만 마시고 있음.
酒太り[さけぶとり/さかぶとり] 술살이 찜.
酒好き[さけずき] 애주가(愛酒家).

音読
酒乱[しゅらん] 주란; 술에 취해 몹시 주정함.
酒類[しゅるい] 주류; ①술의 종류. ②모든 술의 총칭.
酒色[しゅしょく] 주색; 술과 여자.
酒席[しゅせき] 주석; 술자리.
酒食[しゅしょく] 주식; 술과 식사.
酒宴[しゅえん] 주연; 술잔치.
酒精[しゅせい] 주정; 알코올.
酒造[しゅぞう] 주조; 술을 빚어 만듦.
酒豪[しゅごう] 주호; 술꾼.
酒肴[しゅこう] 주효; 술과 안주.

株 그루터기 주

一 十 才 木 木 杧 朴 杵 杵 株 株

音 ⊗シュ
訓 ◉かぶ

訓読
²◉株[かぶ] ①그루터기. ②그루. 포기. ③주; 주식(株式). 주권(株券). ④주가(株価). ⑤¶お～ 특기. 장기(長技). ⑥(江戸(えど) 시대에 제한되던 영업의) 권리. ⑦(옛날 특수 사회에서) 특별한 지위나 신분.
株価[かぶか] 주가; 주식 시세.
株券[かぶけん] 주권; 주주(株主)임을 표시한 유가(有価) 증권.
¹株式[かぶしき] 주식.
株式市場[かぶしきしじょう] 주식 시장.
¹株式会社[かぶしきがいしゃ] 주식회사.
株主[かぶぬし] 주주; 주식회사의 주식 소유자.
株主総会[かぶぬしそうかい] 주즈 총회.

珠 구슬 주

一 丁 F 王 尹 珘 珒 珒 珒 珠 珠

音 ◉シュ ⊗ズ
訓 ⊗たま

訓読
⊗珠[たま] ①구슬. 보석. 진주. 옥. ②소중한 것. 아름다운 것.
珠算[たまざん/しゅざん] 주산; 주판.

音読
珠簾[しゅれん] 주렴; 구슬로 장식한 발.
珠玉[しゅぎょく] 주옥; 구슬. 보석. 옥.

週(週) 두를/주간 주

丿 几 凡 冃 冃 用 用 周 调 週 週

音 ●シュウ
訓 —

音読

²週[しゅう] 주; 1주간(週間). 1주일(週日).

週刊[しゅうかん] 주간; 1주 1회 발간·발행하는 출판물.

⁴週間[しゅうかん] 주간; ①1주일 동안. ②특별한 행사를 위해 정한 7일간.

週給[しゅうきゅう] 주급; 1주일 단위로 지급하는 급료.

週末[しゅうまつ] 주말; ①한 주일의 끝. 토요일. ②토요일과 일요일.

週番[しゅうばん] 주번; 1주일 동안 당번이 된 사람. 1주일마다 교체되는 근무.

週日[しゅうじつ] 주일; 평일.

週休[しゅうきゅう] 주휴; 한 주일에 휴가가 있는 날.

鋳(鑄) 주조할 주

ᐟ ᐟ 钅 钅 金 金 釕 鋅 鋳 鋳

音 ●チュウ
訓 ●いる

訓読

●鋳る[いる] 〈下1他〉 (거푸집에) 부어 만들다. 주조(鋳造)하다.

鋳掛(け)[いかけ] (냄비·솥 등의) 땜질.

鋳掛(け)屋[いかけや] 땜장이. 땜장이 집.

鋳潰す[いつぶす] 〈5他〉 금속 제품을 녹이다. 금속 제품을 녹여서 딴 물건으로 만들다.

鋳物[いもの] 주물; 쇠붙이를 녹여 주조(鋳造)한 물건.

鋳込む[いこむ] 〈5他〉 (거푸집에) 금속을 녹여서 쇳물을 붓다.

鋳型[いがた] 주형; 거푸집. 틀.

音読

鋳金[ちゅうきん] 주금; 주조(鋳造).

鋳造[ちゅうぞう] 주조; 쇠붙이를 녹여 거푸집에 부어 넣어 소요의 모양을 만듦.

鋳鉄[ちゅうてつ] 주철; 1.7% 이상의 탄소를 포함한 철합금.

鋳貨[ちゅうか] 주화; 주조 화폐. 동전.

駐 머무를 주

丨 ⼂ ⼂ ⺁ 馬 馬 馬 馬 駐 駐

音 ●チュウ
訓 —

音読

駐屯[ちゅうとん] 주둔; 군대가 어떤 지역에 머무름.

駐留[ちゅうりゅう] 주류; 군대가 어떤 지역에 장기간 머무름.

駐輪[ちゅうりん] 자전거를 세워 둠.

駐輪場[ちゅうりんじょう] 자전거 주차장.

駐米[ちゅうべい] 주미; 미국에 머무름.

駐兵[ちゅうへい] 주병; 군대를 주둔시킴. 주둔시키는 군대.

駐仏[ちゅうふつ] 주불; 프랑스에 머무름.

駐英[ちゅうえい] 주영; 영국에 머무름.

駐日[ちゅうにち] 주일; 일본에 머무름.

駐在[ちゅうざい] 주재; ①일정한 장소에 머물러 있음. ②파견된 임지(任地)에 장기간 머무름. ③'駐在所'의 준말.

駐在さん[ちゅうざいさん] 파출소 순경님.

駐在所[ちゅうざいしょ] 주재소; 파출소.

駐中[ちゅうちゅう] 주중; 중국에 머무름.

²駐車[ちゅうしゃ] 주차; 자동차를 세워 둠.

駐車禁止[ちゅうしゃきんし] 주차 금지.

³駐車場[ちゅうしゃじょう] 주차장.

肘 팔꿈치 주

音 ⊗チュウ
訓 ⊗ひじ

訓読

²⊗肘[ひじ] ①팔꿈치. ②팔꿈치 모양의 것.

肘掛け[ひじかけ] 팔걸이.

肘突き[ひじつき] 팔꿈치 방석.

肘枕[ひじまくら] 팔베개.

呪 저주할 주

音 ⊗ジュ
訓 ⊗まじなう
　⊗のろう

訓読

⊗呪う❶[まじなう] 〈5他〉 주문(呪文)을 외다. 주술(呪術)을 부리다. ❷[のろう] 〈5他〉 ①저주하다. ②몹시 원망하다.

⊗呪わしい[のろわしい] 〈形〉 저주스럽다. 원망스럽다.

音読
呪文[じゅもん] 주문: 주술(呪術)을 행할 때 외는 글귀.
呪術[じゅじゅつ] 주술; 주법(呪法).

洲	섬 주	音 ⊗シュウ
		訓 ⊗す

訓読
⊗**洲**[す] 흙이나 모래가 물속에 퇴적하여 수면에 나타난 땅. ¶三角(さんかく)〜 삼각주.
洲崎[すさき] 갑(岬). 곶. 주(州)가 길게 바다나 호수·강 가운데로 뛰어나온 곳.

厨	부엌 주	音 ⊗ズ ⊗チュウ
		訓 ⊗くりや

訓読
⊗**厨**[くりや] ①부엌. 주방. ②요리사.
音読
厨芥[ちゅうかい] 주개: 주방의 쓰레기.
厨房[ちゅうぼう] 주방; 부엌.
厨夫[ちゅうふ] 주부; 요리인.
厨子[ずし] ①책 등을 넣어 두는 2개의 문이 달린 궤. ②여닫이문이 달린 감실(龕室) 모양의 궤.

酎	진한 술 주	音 ⊗チュウ
		訓 ―

音読
酎ハイ[ちゅうハイ] 소주(焼酎)를 탄산수에 섞은 음료수. ＊'焼酎(しょうちゅう)ハイボール'의 약어(略語)임.

紬	명주 주	音 ⊗チュウ
		訓 ⊗つむぎ

訓読
⊗**紬**[つむぎ] 명주.
紬糸[つむぎいと] 명주실.

註	주낼 주	音 ⊗チュウ
		訓 ―

音読
註[ちゅう] 주; 주석(註釋). 주해(註解).
註する[ちゅうする] 〈サ変自他〉①주석을 달다. 주해하다. 설명하다. ②기록하다.
註釈[ちゅうしゃく] 주석; ①주해(註解). ②말을 덧붙임.
註解[ちゅうかい] 주해; 본문의 뜻을 풀이함.

誅	벌할 주	音 ⊗チュウ
		訓 ―

音読
誅[ちゅう] 주; 죄인을 벌함. 죄인을 죽임.
誅する[ちゅうする] 〈サ変他〉주살(誅殺)하다. 적을 처부수다.
誅求[ちゅうきゅう] 주구; (관청에서 백성의 재물을) 무리하게 빼앗음.
誅殺[ちゅうさつ] 주살; 죄를 이유로 죽임.

躊	머뭇거릴 주	音 ⊗チュウ
		訓 ⊗ためらう

訓読
²**躊躇う**[ためらう] 〈5自〉①주저하다. 망설이다. ②방황하다. 서성거리다.
躊躇い[ためらい] 주저함. 망설임.
音読
躊躇[ちゅうちょ] 주저; 망설임. 머뭇거림.

[죽]

竹	대나무 죽

丿 𠂊 𠂉 竹 竹 竹

音 ●チク
訓 ●たけ

訓読
²●**竹**[たけ] ①《植》 대. 대나무. ②(대나무로 만든) 관악기.
竹竿[たけざお] 대나무 장대.
竹鋸[たけのこぎり] 대나무로 만든 톱.
竹光[たけみつ] 대나무 칼. 죽도(竹刀).
竹刀[★しない] 죽도; 대나무를 쪼개어 만든 연습용 검.
竹島[たけしま] 죽도. ＊한국의 '독도(独島)'를 일본에서 일컫는 말임.
竹馬[たけうま/ちくば] 죽마; 대나무 말. ¶〜の友(とも) 죽마고우; 소꿉동무.
竹細工[たけざいく] 죽세공; 대세공; 대나무를 재료로 하는 세공.

竹垣[たけがき] 대나무 울타리.
竹槍[たけやり] 죽창; 대나무 창.
竹筒[たけづつ] 죽통; 굵은 대나무로 만들어 술·간장·기름 등을 담는 긴 통.

音読
竹工[ちっこう/ちくこう] 죽공: ①죽세공(竹細工). ②죽세공을 직업으로 하는 사람.
竹林[ちくりん] 죽림; 대나무 숲.
竹馬の友[ちくばのとも] 죽마고우. 소꿉동무.

粥　죽 죽

	音 ⊗シュク
	訓 ⊗かゆ

訓読
⊗粥[かゆ] 죽.

[준]

俊　준수할 준

／　亻　仁　伫　伫　俟　俟　俊　俊

音 ●シュン
訓 ―

音読
俊傑[しゅんけつ] 준걸; 뛰어난 인물.
俊敏[しゅんびん] 준민; 머리가 영리하고 행동이 날렵함.
俊秀[しゅんしゅう] 준수; 재주가 뛰어난 사람. 영재(英才). 준재(俊才).
俊英[しゅんえい] 준영; 준재(俊才).
俊才[しゅんさい] 준재; 재주가 뛰어난 사람. 영재(英才).
俊足[しゅんそく] 준족; ①재능이 뛰어난 사람. 준재(俊才). ②걸음이 빠름.

准　승인할 준

丶　冫　沪　沪　汇　汇　准　准　准

音 ●ジュン
訓 ⊗なぞらえる

音読
准尉[じゅんい] 준위; ①(옛날) 일본 육군의 준위. ②현 일본 자위대 계급의 하나 ＊'准陸尉(じゅんりくい)·准海尉(じゅんかいい)·准空尉(じゅんくうい)'의 통칭.

準　법도/비길 준

冫　汁　汽　汫　汫　洴　准　凖　準

音 ●ジュン
訓 ⊗なぞらえる

訓読
⊗準える[なぞらえる] 〈下1他〉 ①비유하다. 비교하다. 견주다. 비하다. ②모방하다.

音読
¹準じる[じゅんじる] 〈上1自〉 ☞ 準ずる
¹準ずる[じゅんずる] 〈サ変自〉 ①준하다. 기준으로 삼다. 본뜨다. ②비교하다. 비례하다.
準拠[じゅんきょ] 준거; 표준으로 삼음.
準決勝[じゅんけっしょう] 준결승.
¹準急[じゅんきゅう] '準急行列車'의 준말.
準急行列車[じゅんきゅうこうれっしゃ] 준급행열차.
³準備[じゅんび] 준비; 미리 마련하여 갖춤.
準用[じゅんよう] 준용; 표준으로 적용함.
準準決勝[じゅんじゅんけっしょう] 준준결승.
準則[じゅんそく] 준칙; 표준으로 적용함.

遵(遵)　따를 준

丷　丷　肖　肖　酋　酋　酋　尊　尊　遵

音 ●ジュン
訓 ―

音読
遵法[じゅんぽう] 준법; 법령을 지킴.
遵奉[じゅんぽう] 준봉; 관례나 규칙을 좇아서 받듦.
遵守[じゅんしゅ] 준수; 규칙·명령 등을 그대로 좇아서 지킴.

浚　깊을 준

	音 ⊗シュン
	訓 ⊗さらう
	⊗さらえる

訓読
⊗浚う[さらう] 〈5他〉 (도랑·연못·샘 등을) 긁어내다. 치다. 준설하다.
⊗浚える[さらえる] 〈下1他〉 ☞ 浚(さら)う

音読
浚渫[しゅんせつ] 준설; 물속의 바닥을 긁어내어 치움.

浚渫機[しゅんせつき] 준설기.
浚渫船[しゅんせつせん] 준설선.
浚渫作業[しゅんせつさぎょう] 준설 작업.

峻 높을 준   音 ⊗シュン
            訓 ―

音読
峻拒[しゅんきょ] 준거; 준엄하게 거절함.
峻嶺[しゅんれい] 준령; 높고 험한 고개.
峻路[しゅんろ] 준로; 가파른 언덕길.
峻別[しゅんべつ] 준별; 엄중한 구별.
峻峰[しゅんぽう] 준봉; 험준한 봉우리.
峻厳[しゅんげん] 준엄. ①매우 엄격함.
  ②(산이나 봉우리가) 험준함.
峻烈[しゅんれつ] 준열; 준엄하고 격렬함.
峻坂[しゅんぱん] 준판; 매우 가파른 언덕.
峻険[しゅんけん] 준험 ①(산이) 높고 험함.
  ②엄격함. 냉엄함.

竣 일 마칠 준   音 ⊗シュン
               訓 ―

音読
竣工[しゅんこう] 준공; 건축물의 공사(工
  事)를 마침. 낙성(落成).
竣工式[しゅんこうしき] 준공식.
竣功[しゅんこう] ☞ 竣工
竣成[しゅんせい] 준성; 준공(竣工).

噂 ×(噂) 수군거릴   音 ⊗ソン
         준   訓 ⊗うわさ

訓読
²⊗噂[うわさ] ①소문. 풍문. ②남의 말. 남
  의 이야기.
噂話[うわさばなし] 소문 이야기. 세상 돌아
  가는 이야기.

樽 ×(樽) 술통 준   音 ⊗ソン
                  訓 ⊗たる

訓読
⊗樽[たる] (술·간장 등을 담는) 나무통.
樽抜き[たるぬき] ①통의 뚜껑을 뜯음.
  ②감을 빈 술통에 넣어 우려냄.
樽拾い[たるひろい] 단골집의 빈 술통을 거
  두어들이는 술도가의 심부름꾼.
樽柿[たるがき] 빈 술통에 넣어 우려낸 감.

樽御輿[たるみこし] (주로 어린이들이 메는)
  빈 술통으로 만든 (神을 모시는) ブ마.
樽入り[たるいり] 통에 듦. 통들이.
樽酒[たるざけ] 통술. 통에 든 술.
音読
樽俎[そんそ] 준조; 잔치. 술자리.

駿 준마/빠를 준   音 ⊗シュン
                 訓 ―

音読
駿馬[しゅんめ/しゅんば] 준마; 잘 달리는 말.
駿才[しゅんさい] 준재; 재주가 뛰어난 사
  람. 영재(英才). 수재(秀才).
駿足[しゅんそく] 준족; ①걸음이 빠름.
  ②재능이 뛰어난 사람. 준재(俊才).

蹲 웅크릴 준   音 ⊗ソン
              訓 ⊗つくばう
                 ⊗うずくまる

訓読
⊗蹲う[つくばう] 〈5自〉 ①웅크리다. 쭈그리
  다. ②(네 손발로) 납죽 엎드리다.
蹲い[つくばい] ①웅크림. ②다실(茶室) 입
  구에 나지막하게 만들어 놓은 손 씻는 물
  그릇.
⊗蹲る[うずくまる] 〈5自〉 ①웅크리다. 쭈그
  리고 앉다. ②(짐승이) 앞발을 꺾고 엎드
  리다. 웅크리다.
音読
蹲居[そんきょ] ☞ 蹲踞
蹲踞[そんきょ] ①웅크림. 쭈그리고 앉음.
  ②(씨름에서) 맞붙기 전에 발두 꿈치를 세
  우고 상체를 편 채 마주보고 앉는 자세.

蠢 꿈틀거릴 준   音 ⊗シュン
                訓 ⊗うごめかす
                   ⊗うごめく

訓読
⊗蠢かす[うごめかす] 〈5他〉 꿈틀거리다. 벌
  름거리다.
⊗蠢く[うごめく] 〈5自〉 꿈틀거리다. 굼실거
  리다.
音読
蠢動[しゅんどう] 준동; ①(작은 벌레 등이)
  꿈틀거림. 굼실거림. ②(하찮은 무리가)
  소란을 피움.

[중]

中　가운데 중

丨 冂 口 中

音 ●チュウ ⊗ジュウ
訓 ●なか ⊗あたる ⊗あてる

訓読

⁴●中❶[なか] ①안. 속. 내부. ②복판. 중앙. 한가운데. ③중간. ④(한정된 범위) 내. 중. ⑤(어떤 상태의) 속. ¶雨(あめ)の～を步(ある)く 빗속을 걷다. ❷[ちゅう/じゅう] ☞ [音読]

⊗中てる[あてる]〈下I他〉명중시키다. (과녁에) 맞히다. 적중시키다.

⊗中る[あたる]〈5自〉중독되다. 체하다. 탈나다.

中頃[なかごろ] ①중간쯤 되는 때. ②한창 때. ③중간.

中継(ぎ)[なかつぎ] 중계; ①인계. ②중간에서 이어 맞춤. ③(뚜껑을 씌우면 이음매가 생겨 보이는) 말차(抹茶) 그릇. ④알선. 소개. ⑤근친자가 한때 상속함.

中高❶[なかだか] ①가운데가 높음. ②콧날이 오똑 섬. ③중한(中限) 시세가 당한(当限)・선한(先限)보다 높음. ❷[ちゅうこう] 중고; ①중학교와 고등학교. ②중간 정도와 높은 정도.

中売り[なかうり] (흥행장에서 막간에) 음식물을 팔러 다님. 또는 그 판매원.

²中味[なかみ] 내용물. 알맹이.

中手[なかて] ①가운데에 둠. 치중(置中). ②중올벼. 올벼와 늦벼의 중간에 수확하는 벼. ③중물. 만물 다음의 채소.

²中身[なかみ] ①내용물. 알맹이. ②칼의 몸. 칼날 부분. 도신(刀身).

中日❶[なかび] 흥행 기간의 중간 날. ❷[ちゅうにち] ①중국과 일본. ② ≪仏≫ 7일간의 피안(彼岸) 중간일. *춘분(春分)이나 추분(秋分)에 해당함. ③일정한 기간의 중간 날.

中入り[なかいり] (씨름・연극의) 중간 휴식.

中積み[なかづみ] 짐을 가운데에 쌓음. 가운데에 쌓은 짐.

中折(れ)帽子[なかおれぼうし] 중절 모자.

中庭[なかにわ] 중정; 안뜰.

中程[なかほど] ①(공간의) 한가운데쯤. ②(시간・거리・상태의) 중간. 절반. 도중.

中州❶[なかす] 강 가운데 생긴 모래톱. ❷[ちゅうしゅう] ①세계의 중앙에 위치한 나라. ②일본의 중앙에 위치한 땅.

中洲[なかす] 강 가운데 생긴 모래톱.

²中中[なかなか] ①꽤. 상당히. 제법. ②(부정문에서) 좀처럼. 쉽사리. ③〈感〉그렇소. 그렇고말고.

中指[なかゆび] 중지; 가운뎃손가락.

中休み[なかやすみ] ①중간 휴식. ②(흥행장의) 막간 휴식.

音読

⁴中❶[ちゅう] ①중간. 한가운데. ②중간 정도. ③중용(中庸). 치우치지 않음. ④중국. ⑤중학교. ⑥범위 안. ⑦…도중. ⑧…속.

²中❷[じゅう] (시간이나 장소에 접속하여) ①내내. 동안. ②온통. 전체. ❸[なか] ☞ [訓読]

²中間❶[ちゅうかん] 중간; ①두 개 사이. ②양 극단의 사이. ③진행 중인 시점. ❷[ちゅうげん] (옛날) 무가(武家)의 사무라이와 小者(こもの) 중간의 하인. ❸[ちゅうま] 一間(いっけん)을 약 1.9m로 한 척도.

中堅[ちゅうけん] 중견; ①대장 직속 부대. ②중심이 되는 위치에 있는 사람. ③(야구에서) 센터.

¹中継[ちゅうけい] 중계; ①인계(引継). ②'中継放送'의 준말.

²中古❶[ちゅうこ] 중고; ①어느 정도 사용하여 낡은 물품. ②(일본 역사 시대 구분의 하나로) 상고(上古) 시대와 근고(近古) 시대 사이. *흔히 平安(へいあん)시대를 말함. ❷[ちゅうぶる] 중고; 어느 정도 사용하여 낡은 물품.

中空❶[ちゅうくう] 중공; ①중천(中天). ②속이 텅 비어 있음. ❷[なかぞら] ①중천(中天). ②(마음이) 들떠 있음. 건성임.

中国[ちゅうごく] ①중국; 중화민국. ②일본의 山陽(さんよう)・山陰(さんいん) 지방.

中近東[ちゅうきんとう] 중근동; 중동과 근동을 합친 지역.

中級[ちゅうきゅう] 중급; 중간 급수.

中期[ちゅうき] 중기; ①중간의 시기. ② ≪経≫ 중한(中限).

中南米[ちゅうなんべい] 중남미.

²中年[ちゅうねん] 중년; 40대 나이.

¹中断[ちゅうだん] 중단: ①중간에서 잘림·자름. ②중도에서 끊김·끊음.

中隊[ちゅうたい] (군대의) 중대.

²中途[ちゅうと] 중도; ①(먼 길을) 가는 도중. ②하던 일의 중간.

中途半端[ちゅうとはんぱ] ①엉거주춤함. ②흐지부지함.

中道❶[ちゅうどう] 중도; ①중용(中庸). ②도중. 중도. ❷[なかみち] ①(먼 길을 가는) 도중. ②(밭 등의) 가운데 길. ③(등산자가) 산중턱을 옆으로 빙 돌아감.

¹中毒[ちゅうどく] 중독; ①물질의 독성에 의해서 기능장애를 일으킴. ＊식중독·약물중독·세균중독 등이 있음. ②주변의 상황에 익숙해져 감각 등이 마비되어 버림.

中東[ちゅうとう] 중동; 극동과 근동의 중간 지역. 중앙아시아.

中等[ちゅうとう] 중등; 상등(上等)과 하등(下等)의 사이.

中略[ちゅうりゃく] 중략; 중간 부분을 생략함.

中老[ちゅうろう] ①중늙은이. ②(室町[むろまち] 시대) 무가(武家)의 중신(重臣)으로 家老[かろう]의 다음 자리. ③무가의 시녀로서 老女[ろうじょ]의 다음 자리.

中流[ちゅうりゅう] 중류; ①(강의) 흐름의 중간쯤. ②생활 정도가 중간쯤 되는 사회계층.

¹中立[ちゅうりつ] 중립; 중간 입장에 섬.

中米[ちゅうべい] 중미; 중앙 아메리카.

中盤[ちゅうばん] 중반: (바둑·장기에서) 승부 도중의 가장 격렬한 국면.

中背[ちゅうぜい] 중키. 보통의 키.

¹中腹[ちゅうふく] (산의) 중턱.

中部[ちゅうぶ] 중부; 중앙 부분.

中産階級[ちゅうさんかいきゅう] 중산 계급.

¹中傷[ちゅうしょう] 중상; 있지도 않은 일을 말하여 남의 명예를 손상시킴.

²中性[ちゅうせい] 중성; ①(서로 대립되는 양자의) 중간적인 성질. ②산성도 알칼리성도 아닌 성질. ③전하(電荷)를 띠지 않은 상태. ④남자답지도 여자답지도 않은 성질. ⑤≪語学≫ 중성.

中性子[ちゅうせいし] ≪物≫ 중성자.

²中世[ちゅうせい] 중세; 고대와 근대 사이. ＊일본에서는 鎌倉[かまくら]·室町[むろまち] 시대를 말함.

中細[ちゅうぼそ] 중간 정도의 굵기.

中小企業[ちゅうしょうきぎょう] 중소기업.

²中旬[ちゅうじゅん] 중순; 한 달의 11일부터 20일까지의 10일간.

²中心[ちゅうしん] 중심; ①중앙. 한가운데. ②(사물의) 가장 중요한 부분·요소·위치·장소. ③마음속. ④≪数≫ 중심점. ⑤중심(重心).

²中央[ちゅうおう] 중앙; ①중심. 한가운데. ②수도(首都). 정부.

中外[ちゅうがい] 중외; 안팎. 내외.

中腰[ちゅうごし] 엉거주춤한 자세. 반쯤 일어난 자세.

²中庸[ちゅうよう] 중용; 중도(中道)임. 어느 쪽으로도 치우침이 없음.

中元[ちゅうげん] 중원; ①백중. 음력 7월 15일. ②백중날의 선물.

中尉[ちゅうい] (육·해군의) 중위.

中肉中背[ちゅうにくちゅうぜい] 보통 몸집에 보통 키.

中日❶[ちゅうにち] ①중국과 일본. ②≪仏≫ 7일간의 피안(彼岸) 중간일. ＊춘분(春分)이나 추분(秋分)에 해당함. ③일정한 기간의 중간 날. ❷[なかび] 흥행 기간의 중간 날.

中将[ちゅうじょう] ①(군대의) 중장. ②近衛府[このえふ]의 차관 상위.

中絶[ちゅうぜつ] 중절; ①중단(中断). ②'妊娠中絶'의 준말.

中正[ちゅうせい] 중정; 공정(公正)함.

中座❶[ちゅうざ] (회의·집회) 도중에 자리를 뜸. ❷[なかざ] ①중앙의 좌석. ②(회의·집회) 도중에 자리를 뜸.

³中止[ちゅうし] 중지; 그만 둠.

中天[ちゅうてん] 중천; 공중. 하늘 한복판.

中秋[ちゅうしゅう] 중추; 음력 8월 15일.

¹中枢[ちゅうすう] 중추; 중심이 되는 중요한 곳. 중요한 부분.

中軸[ちゅうじく] 중축; ①물체의 중앙을 꿰뚫는 축. ②사물의 중심. 조직의 중심 인물.

中退[ちゅうたい] '中途退学'의 준말.

中編[ちゅうへん] 중편; ①(서적 등에서) 3편으로 된 것의 중간의 것. ②(소설·영화에서) 장편과 단편의 중간 분량 길이의 작품.

中風[ちゅうふう/ちゅうぶ/ちゅうぶう] ≪医≫ 중풍; 반신불수.

²中学[ちゅうがく] 중학; 중학교.

³中学校[ちゅうがっこう] 중학교.

中学生[ちゅうがくせい] 중학생.

中核[ちゅうかく] 중핵; 사물의 중심이 되는 중요한 부분.

中形[ちゅうがた] 중형; ①중간 정도의 크기. ②중간형 염색 무늬.

中型[ちゅうがた] ⇨ 中形

中火[ちゅうび] 중불. 중간 정도의 화력(火力).

¹中和[ちゅうわ] 중화; ①성격이 온화함. 원만함. ②(다른 성질의 것이) 서로 융합하여 그 특성을 잃음. ③《化》(적당량의) 산(酸)과 염기(塩基)가 반응하여 물과 소금을 만듦.

中華[ちゅうか] 중화; '中国'의 딴이름

中華料理[ちゅうかりょうり] 중화요리; 중국 요리.

中興[ちゅうこう] 중흥; 쇠해졌다가 다시 번영함.

仲 버금갈 중

丿 亻 亻 亻 仢 仲

音 ●チュウ
訓 ●なか

訓読

²●仲[なか] (사람과 사람의) 사이. 관계.

²仲間❶[なかま] ①동료. 한패. ②같은 종류. 동류(同類). ❷[ちゅうげん] (옛날) 무가(武家)의 사무라이와 小者(こもの) 중간의 하인.

仲間同士[なかまどうし] 동료끼리. 친구끼리.

仲間外れ[なかまはずれ] 따돌림. 외톨이.

仲間入り[なかまいり] 한패가 됨.

仲居[なかい] ①(요릿집 등에서) 손님을 접대하거나 잔심부름을 하는 하녀. ②將軍 (しょうぐん)・大名(だいみょう)의 저택에서 시중드는 여자들이 대기하던 방.

仲働き[なかばたらき] 내실과 부엌 사이의 잡일을 하는 하녀.

²仲良し[なかよし] (주로 어린이들의) 사이가 좋음. 사이좋은 친구.

仲立ち[なかだち] 중개. 중매. 주선. 소개.

仲買[なかがい] 중매; 중개. 중개인.

仲買人[なかがいにん] 중개업자. 중개인.

仲人[★なこうど] (결혼) 중매인.

²仲直り[なかなおり] 화해(和解)함.

仲好し[なかよし] (주로 어린이들의) 사이가 좋음. 사이좋은 친구.

音読

仲介[ちゅうかい] 중개; 주선. 알선.

仲裁[ちゅうさい] 중재; (싸움・분쟁을) 중재하여 화해시킴.

仲秋[ちゅうしゅう] 중추; 음력 8월.

仲秋の候[ちゅうしゅうのこう] 중추지절(仲秋之節).

重 무거울/거듭 중

一 亠 亍 亓 盲 盲 重 重 重

音 ●ジュウ ●チョウ
訓 ●え ●おもい ●かさなる ●かさねる

訓読

●重[え] (숫자에 접속하여 접미어로) …겹.

⁴重い[おもい] 〈形〉①(무게가) 무겁다. ②(부담・책임이) 무겁다. 중대하다. ③(정도가) 심하다. ④(기분이) 무겁다. ⑤(지위가) 높다. 중요하다. ⑥침착하다. 진중하다.

重がる[おもがる] 〈5自〉 무거워하다.

²重さ[おもさ] 무게.

²重たい[おもたい] 〈形〉 ①(무게가) 묵직하다. 무겁다. ②(마음이) 답답하다. 우울하다. ③(동작이) 둔하다. 굼뜨다.

重み[おもみ] ①(기준 이상의) 중량. 무거움. ②중요도. 중요한 정도. ③관록. 중후함.

¹重んじる[おもんじる] 〈上1他〉 ⇨ 重んずる

¹重んずる[おもんずる] 〈サ変他〉 중요시하다. 소중히 여기다. 중히 여기다. 존중하다.

重苦しい[おもくるしい] 〈形〉 숨 막힐 듯하다. 답답하다. 짓눌리는 듯하다.

重石❶[おもし] ①누름돌. 눌러 놓는 돌. ②(남을 위압하는) 관록. ③저울추. ❷[じゅうせき] 중석; 텅스텐 광석.

重々しい[おもおもしい] 〈形〉 ①위엄이 있다. 무게가 있다. ②정중하다. 육중하다. 엄중하다.

重湯[おもゆ] 미음. 암죽.

重荷[おもに] ①무거운 짐. ②부담.

¹●重なる[かさなる] 〈5自〉 ①겹치다. 포개어지다. ②거듭되다.

²●重ねる[かさねる] 〈下1他〉 ①겹치다. 포개다. 쌓다. ②되풀이하다. 반복하다.

重ね重ね[かさねがさね] ①자주. 여러 번. 잇달아. ②거듭거듭.

音読

重工業[じゅうこうぎょう] 중공업.

重金属[じゅうきんぞく] 중금속.

²**重大**[じゅうだい] 중대; ①(일이) 보통이 아님. 대단함. ②중요함.

²**重量**[じゅうりょう] 중량; ①무게. 무거운 정도. ②무게가 무거움.

重量挙げ[じゅうりょうあげ] 역도(力道).

²**重力**[じゅうりょく] 《物》 중력.

重文[じゅうぶん] 중문; ①《語学》 둘 이상의 대등절로 된 글월. ②'重要文化財'의 준말.

重犯[じゅうはん] 중범; ①중한 범죄. ②재차 죄를 범함. 누범(累犯).

重病[じゅうびょう] 중병; 심한 병.

重宝❶[じゅうほう] 귀중한 보물. **❷**[ちょうほう] ①편리함. 유용함. ②편리해서 아낌. 애용함. ③보물. 보배.

¹**重複**[じゅうふく/ちょうふく] 중복; 거듭됨.

重商主義[じゅうしょうしゅぎ] 중상주의.

重箱[じゅうばこ] 찬합.

重傷[じゅうしょう] 중상; 심하게 다침.

重税[じゅうぜい] 중세; 무거운 세금.

重水[じゅうすい] 중수; 중수소가 포함된 물.

²**重視**[じゅうし] 중시; 중요시함.

重臣[じゅうしん] 중신; 중요한 직책의 신하.

重心[じゅうしん] 중심; ①몸의 균형. ②무게 중심. 중력의 중심점. ③사물의 중심점.

重圧[じゅうあつ] 중압; 강한 압박.

重言[じゅうげん/じゅうごん] 중언; ①같은 말을 되풀이함. ②같은 뜻의 말을 거듭 사용하는 방식.

²**重役**[じゅうやく] 중역; ①회사의 간부. ②중책.

重訳[じゅうやく] 중역; 이중 번역.

²**重要**[じゅうよう] 중요; 귀중함. 소중함.

重用[じゅうよう] 중용; 중요한 지위에 임용함.

重油[じゅうゆ] 《化》 중유.

²**重任**[じゅうにん] 중임; ①중책(重責). ②재임(再任). 연임(連任).

重電機[じゅうでんき] 중전기; 발전기나 전동기.

²**重点**[じゅうてん] 중점; ①(사물의) 중요한 점. ②(지레의) 작용점.

重罪[じゅうざい] 중죄; 무거운 죄.

重奏[じゅうそう] 중주; 여러 악기의 합주.

重重[じゅうじゅう/ちょうちょう] ①거듭거듭. ②잘. 충분히.

重症[じゅうしょう] 중증; 심한 병.

重職[じゅうしょく] 중직; 중요한 직책.

重鎮[じゅうちん] 중진; 중요한 인물.

重責[じゅうせき] 중책; 중요한 직책.

重畳[ちょうじょう] 중첩; ①여러 겹으로 겹침. ②(좋은 일이 겹쳐) 반갑기 짝이 없음. 그지없이 좋음.

²**重体**[じゅうたい] 중태(重態). 병이 위급함.

重出[じゅうしゅつ/ちょうしゅつ] 중출; 중복되어 나옴.

重層[じゅうそう] 중층; 여러 층으로 겹침.

重態[じゅうたい] 중태; 병이 위급함.

重版[じゅうはん] 중판; 서적을 거듭 인쇄함.

重砲[じゅうほう] 중포; 구경(口往)이 8인치 이상의 대포.

重婚[じゅうこん] 중혼; 이중 결혼.

重患[じゅうかん] 중환; 중병 환자.

重厚[じゅうこう/ちょうこう] 중후; 태도가 정중하고 견실함.

重詰(め)[じゅうづめ] 요리를 찬합에 담음. 찬합에 담은 요리.

衆 무리 중

白 白 血 血 冊 �血 𤼵 眔 衆

音 ●シュウ ●シュ

訓 —

音読

衆[しゅう] ①많은 사람들. ②집단의 사람들. ③(친근감·공손함을 나타내는 말로) 분. ¶年寄(としより)～ 나이 드신 분.

衆寡[しゅうか] 중과; 수효의 많음과 적음.

衆望[しゅうぼう] 중망; 뭇사람의 기대.

衆目[しゅうもく] 중목; 뭇사람의 시선.

衆生[しゅじょう] 《仏》 중생; 모든 생물.

衆愚[しゅうぐ] 많은 어리석은 사람들.

衆院[しゅういん] '衆議院'의 준말.

¹**衆議院**[しゅうぎいん] 중의원; 일본 국회의 하원(下院).

衆知[しゅうち] 중지; ①많은 사람이 알고 있음. ②많은 사람들의 지혜.

衆参両院[しゅうさんりょういん] 중의원(衆議院)과 참의원(参議院).

衆評[しゅうひょう] 중평; 뭇사람의 비평.

[즉]

即(即) 곧 즉

丨 刁 刁 刁 即 即 即

音 ●ソク
訓 ⊗つく ⊗すなわち

訓読
⊗即く[つく] 〈5自〉 즉위(即位)하다. 지위 (地位)에 오르다.
²⊗即ち[すなわち] 〈接〉 ①즉. 곧. 다시 말하면. ②('すれば~'의 문형으로) …하면 곧. …하면 즉시.

音読
¹即する[そくする] 〈サ変自〉 딱 들어맞다. 근 거하다. 입각하다.
即刻[そっこく] 즉각; 곧. 즉시.
即決[そっけつ] 즉결; 즉석의 결정.
即金[そっきん] 맞돈. 즉석에서 지불하는 돈.
即納[そくのう] 즉납; ①돈을 즉시 납부함. ②물건을 즉시 납품함.
即断[そくだん] 즉단; 즉석에서 결단을 내림.
即答[そくとう] 즉답; 즉석에서 대답함.
即売[そくばい] 직매(直売); 현장에서 판매함.
即発[そくはつ] 즉발; 즉석에서 폭발함.
即死[そくし] 즉사; 사고 등을 당해서 그 자리 에서 곧 죽음.
即席[そくせき] 즉석; ①인스턴트. ②그 자리 에서 만듦.
即成[そくせい] 즉성; 즉석에서 완성됨.
即時[そくじ] 즉시; ①곧. 바로. 즉각. ②아 주 짧은 시간.
即詠[そくえい] 즉영; 즉석에서 시를 읊음.
即位[そくい] 즉위; 임금 자리에 오름.
即応[そくおう] 즉응; 즉각 응함.
即日[そくじつ] 즉일; 당일(当日).
即日開票[そくじつかいひょう] 당일(当日) 개표. 투표한 그날에 개표함.
即製[そくせい] 즉제; 즉석에서 제작함. 그 자리에서 만듦.
¹即座に[そくざに] 즉석에서. 당장에. 그 자 리에서.
即効[そっこう] 즉효; 당장에 나타나는 효험.
即興[そっきょう] 즉흥; 즉석에서 일어나는 흥미.

[즐]

櫛 ×(櫛) 빗 즐

音 ⊗シツ
訓 ⊗くし

訓読
²⊗櫛[くし] 빗.
櫛笥[くしげ] 빗을 넣어 두는 상자.

音読
櫛比[しっぴ] 즐비; (건물 등이) 빗살처럼 촘촘히 들어섬.

[즙]

汁 진액 즙

丶 丶 氵 汁 汁

音 ●ジュウ
訓 ●しる ⊗つゆ

訓読
²●汁❶[しる] 즙; ①진액. ¶レモンの~ 레몬 즙. ②국. 국물. ③(남의 힘으로) 얻는 이익. ¶う まい~を吸(す)う (남의 힘으로) 이득을 보다.
⊗汁❷[つゆ] ①양념 장국. ¶そばの~ 메밀 국수의 양념 장국. ②¶お~ (맑은) 장국.
汁粉[しるこ] 단팥죽.

音読
汁液[じゅうえき] 즙액; 즙.

[증]

症 증세 증

丶 丶 广 广 疒 疒 疒 疒 症 症

音 ●ショウ
訓 ―

音読
²症状[しょうじょう] 증상; 병(病)이나 질환 (疾患)의 상태.
症候[しょうこう] 증후; 병의 증세. 증상.
症候群[しょうこうぐん] 증후군; 몇 가지 증 세가 인정되나 그 원인이 분명하지 않음.

証(證) 증거 증

言 言 言 訂 訂 訐 証 証

音 ●ショウ
訓 ⊗あかす

訓読

⊗証す[あかす] 〈5他〉 (의심스런 점을) 밝히다. 증명하다. 입증하다.

¹⊗証(し)[あかし] ①증거. 증명. 증표. ②결백의 증명. 입증.

音読

¹証[しょう] ①증거. 증명. ②증명서.

証する[しょうする] 〈サ変他〉 ①(사실을) 증명하다. 증거를 대다. ②보증하다.

¹**証拠**[しょうこ] 증거; 어떤 사실을 증명할 수 있는 근거.

証券[しょうけん] 증권; ①《法》 재산에 관한 권리·의무를 나타내는 문서. ②유가증권(有価証券).

証券取引所[しょうけんとりひきじょ] 증권거래소.

²**証明**[しょうめい] 증명; ①진실임을 밝힘. ②《数》 (어떤 명제·판단을) 근본 원리에서 이끌어 냄. ③(재판의 기초가 되는 일을) 증거에 의해 확인함.

証文[しょうもん] 증문; ①증명 문서. 증서. ②《古》 전거(典拠)가 되는 문서.

証書[しょうしょ] 증서; 증거 서류.

¹**証言**[しょうげん] 증언; 사실을 증명하는 말.

¹**証人**[しょうにん] 증인; ①사실을 증명하는 사람. ②《法》 사실을 공술하는 제3자. ③보증인.

証左[しょうさ] 증좌; 증거.

蒸 찔 증

一 艹 芽 芽 芽 茅 莢 莢 蒸 蒸

音 ●ジョウ ⊗セイ
訓 ●むす ●むらす ●むれる ⊗ふかす ⊗ふける

訓読

²●蒸す[むす] 〈5他〉 (김으로) 찌다. 익히다. 〈5自〉 찌는 듯이 무덥다.

蒸しタオル[むしタオル] (식당에서 손님에게 제공하는) 찐 타월.

蒸し菓子[むしがし] 쪄서 만든 과자.

蒸し鍋[むしなべ] (음식을 찌는) 찜 냄비.

蒸し器[むしき] (음식을 찌는) 찜틀.

蒸し物[むしもの] ①찜. ②쪄서 만든 과자.

蒸し返す[むしかえす] 〈5他〉 ①다시 찌다. ②(결말이 난 일을) 다시 문제 삼다.

²**蒸し暑い**[むしあつい] 〈形〉 찌는 듯이 덥다. 무덥다.

蒸(し)焼(き)[むしやき] 찜구이.

蒸し鰈[むしがれい] 쪄서 말린 가자미.

蒸し蒸しと[むしむしと] 푹푹 (찌다).

蒸し風呂[むしぶろ] 한증막. 한증탕.

●**蒸らす**[むらす] 〈5他〉 뜸들이다.

●**蒸れる**[むれる] 〈下1自〉 ①뜸 들다. ②(열기·습기가) 차다. 물쿠다. 화끈거리다.

⊗**蒸かす**[ふかす] 〈5他〉 (김으로) 찌다.

⊗**蒸ける**[ふける] 〈下1自〉 ①(쌀 등이) 열기나 습기로 변질되다. ②푹 쪄지다.

音読

²**蒸気**[じょうき] 증기; 수증기.

¹**蒸留**[じょうりゅう] 증류; 액체를 가열하여 생긴 수증기를 냉각시켜 다시 액화하여 성분을 분리·정제함.

²**蒸発**[じょうはつ] 증발; ①액체가 표면에서 기화(気化)함. ②사람이 행방불명됨.

增(增) 더할 증

土 圹 圹 圹 圩 捘 捘 捘 增 增

音 ●ゾウ
訓 ●ふえる ●ふやす ●ます ●まさる

訓読

³●**増える**[ふえる] 〈下1自〉 (수효나 양이) 늘다. 늘어나다. 불어나다. 증가하다.

²●**増やす**[ふやす] 〈5他〉 (수효나 양을) 늘리다. 많아지게 하다. 불리다. 불어나게 하다. 증가시키다.

²●**増さる**[まさる] 〈5自〉 (수량이나 정도가) 붇다. 많아지다. 더해지다.

²●**増す**[ます] 〈5自〉 (수량이) 늘다. 많아지다. 불어나다. 〈5他〉 (수량을) 늘리다. 불리다. 더하다. 많아지게 하다.

¹**増し**[まし] ①많아짐. 증가. ②할증(割増). 프리미엄. ③〈形動〉 더 좋음. 더 나음.

音読

増[ぞう] 증; 증가.

²**増加**[ぞうか] 증가; 수량이 더 많아짐. 분량을 더 늘림.

增価[ぞうか] 증가; ①값이 오름. 값을 더 올림. ②재산의 시세가 오름.

增刊[ぞうかん] 증간; 임시로 늘려서 발행하는 정기 간행물.

²增減[ぞうげん] 증감; 늘림과 줄임. 분량이 늘어나거나 줄어듦.

¹增強[ぞうきょう] 증강; 더하여 굳세게 함.

²增大[ぞうだい] 증대; 늘려서 많게 함. 더하여 크게 함.

增発[ぞうはつ] 증발; ①(교통편의) 운행 횟수를 늘림. ②화폐의 발행고를 늘림.

增配[ぞうはい] 증배; 주식 등의 배당량이나 배급량을 더 증가시킴.

增補版[ぞうほばん] 증보판; 내용을 증보 개정하여 낸 책.

增産[ぞうさん] 증산; 생산량이 늘어남. 생산량을 증가시킴.

增設[ぞうせつ] 증설; 설비 등을 더 늘려서 설치함.

增税[ぞうぜい] 증세; 조세액을 늘리거나 세율을 더 높임.

增収[ぞうしゅう] 증수; 수입·수확이 늚.

增額[ぞうがく] 증액; 액수를 늘림. 늘린 액수. 늘린 금액.

增員[ぞういん] 증원; 사람 수를 늘림.

增益[ぞうえき] 증익; ①증가. 더하여 늘게 함. 더하여 늘어남. ②이익이 불어남.

增資[ぞうし] 증자; 자본을 더 늘림.

¹增進[ぞうしん] 증진; 더하여 나아감.

增築[ぞうちく] 증축; 건물을 더 늘려 건축함.

憎(憎) 미워할 증

丶 忄 忄 忄 忙 忙 憎 憎 憎 憎

音 ●ゾウ

訓 ●にくい ●にくむ ●にくまれる ●にくらしい

訓読

²●憎い[にくい] 〈形〉 ①밉다. 얄밉다. 밉살스럽다. ②기특하다. 깜찍하다. *반어적(反語的)인 표현임.

憎げ[にくげ] 밉살스러움. 미움을 삼.

憎さ[にくさ] 미움. 미운 정도.

¹憎しみ[にくしみ] 미움. 증오.

憎たらしい[にくたらしい] 〈形〉 밉살스럽다.

²●憎む[にくむ] 〈5他〉 미워하다. 증오하다.

憎み[にくみ] 미움. 증오.

●憎まれる[にくまれる] 〈下I自〉 미움 받음.

憎まれ口[にくまれぐち] 밉살스런 말투. 미움을 살 말투.

憎まれっ子[にくまれっこ] 미움 받는 아이.

²●憎らしい[にくらしい] 〈形〉 얄밉다.

憎憎しい[にくにくしい] 〈形〉 아주 밉살스럽다. 몹시 얄밉다.

音読

憎悪[ぞうお] 증오; 몹시 미워함.

憎悪の念[ぞうおのねん] 증오심.

贈(贈) 선물/줄 증

貝 貝 貝 貝 貯 贮 贈 贈 贈 贈

音 ●ゾウ ●ソウ

訓 ●おくる

訓読

²●贈る[おくる] 〈5他〉 ①선물하다. ②(관위·칭호를) 추서(追敍)하다. (상·칭호를) 수여하다. ④(감사·격려·축복의 뜻을) 보내다.

贈り名[おくりな] 시호(諡号). 사후(死後)에 그 사람의 덕을 기리기 위해 수여하는 칭호.

³贈り物[おくりもの] 선물.

音読

贈[ぞう] (관직 앞에 접속하여) 사후(死後)에 내린 벼슬을 나타냄.

贈答[ぞうとう] 증답; 주고받음.

贈収賄[ぞうしゅうわい] 증수회; 뇌물을 주고받음.

贈与[ぞうよ] 증여; 남에게 무상으로 재산이나 금품을 줌.

贈位[ぞうい] 증위; 추증(追贈). 사후(死後)에 내리는 벼슬.

贈呈[ぞうてい] 증정; 남에게 물건을 드림.

贈賄[ぞうわい] 증회; 뇌물을 줌.

曾 ˣ(曽) 일찍 증

音 ⊗ソ ⊗ソウ

訓 ⊗かつて ⊗ひい

訓読

¹⊗曾て[かつて] ①일찍이. 이전에. 옛날에. ②(부정문에서) 아직껏.

⊗曾孫[ひいまご/ひまご/そうそん] 증손; 손자의 아들.

曾祖母[ひいばば/ひばば/そうそぼ] 증조모; 아버지의 할머니

曾祖父[ひいじじ/ひじじ/そうそふ] 증조부; 아버지의 할아버지.

[지]

支 지탱할 지
一 十 ヤ 支

[音] ●シ
[訓] ●ささえる ⊗つかえる ⊗かう

[訓読]
²●**支える❶**[ささえる] 〈下1他〉 ①받치다. 떠받치다. ②지탱하다. 유지하다. ③저지하다. 막아내다.
⊗**支える❷**[つかえる] 〈下1自〉 ①막히다. 메다. ②걸리다. ③받히다. ④밀리다. 정체되다. ⑤(다른 사람이) 사용 중이다. ⑥(몸이) 결리다. 뻐근하다.

[音読]
支局[しきょく] 지국; 본사 또는 본국(本局)의 관리 하에 있는 일정 구역의 업무를 취급하는 곳.
²**支給**[しきゅう] 지급; 급여·금품 등을 지출해 내어 줌.
³**支度**[したく] ①준비. 채비. ②몸치장.
支度金[したくきん] (결혼·취직 등을 하기 위한) 준비금.
支流[しりゅう] 지류; ①본류(本流)에서 갈라져 나온 강. ②분파. 분가(分家).
支離滅裂[しりめつれつ] 지리멸렬; (갈가리 흩어지고 찢기어) 갈피를 잡을 수 없음.
²**支配**[しはい] 지배; ①다스림. 통치함. ②(사람의 생각·행동 등을) 규제·속박함.
支配人[しはいにん] 지배인; 영업의 모든 업무를 관장하는 최고 책임자.
支弁[しべん] 지변; 지불(支払).
支部[しぶ] 지부; 본부(本部)의 관리 하에 일정 구역의 업무를 취급하는 곳.
²**支払う**[しはらう] 〈5他〉 지불하다. 돈을 치르다. 지급(支給)하다.
²**支払い**[しはらい] 지불; 지급(支給).
支払手形[しはらいてがた] 지급 어음.
支社[ししゃ] 지사; 본사의 관리 하에 일정 구역의 업무를 취급하는 곳.
支線[しせん] 지선; (전선·도로·철도 등이) 본선(本線)에서 갈라져 나간 선.
支所[ししょ] 지소; 본사(本社)·본청(本庁)에서 갈라져 나간 출장소.

支援[しえん] 지원; 지지해 도와 줌.
支障[ししょう] 지장; 일의 진행에 방해가 되는 장애(障碍).
²**支店**[してん] 지점; 본점에서 갈라져 나온 다른 장소에 개설된 점포.
支点[してん] 지점; 지렛목. 받침점.
支柱[しちゅう] 지주; 받침 기둥.
¹**支持**[しじ] 지지; ①버팀. 지탱함. ②찬동하여 도와줌.
支庁[しちょう] 지청; 都(と)·道(どう)·府(ふ)·県(けん)의 출장소.
²**支出**[ししゅつ] 지출; 어떤 목적을 위해 돈을 지불하는 일.

止 그칠/막을 지
丨 卜 止 止

[音] ●シ
[訓] ●とまる ●とめる ⊗とどまる ⊗とどめる ⊗やむ ⊗やめる ⊗よす

[訓読]
⁴●**止まる**[とまる] 〈5自〉 ①(활동·기계 등이) 멎다. 멈추다. 그치다. 서다. ②(통하던 것이) 끊어지다. 끊기다. ③고정되다. 죄어지다. ④(새·벌레 등이) 내려앉다. ⑤(귀·눈·마음에) 들리다. 띄다. 남다. ⑥삐기다. 잘난 체하다.
止(ま)り[とまり] ①멈춤. 그침. ②막힘. 막힌 곳. ③끝. 마지막. 종말. ④종점(終点).
止(ま)り木[とまりぎ] ①(닭 장·새 장의) 홰. ②(술 집 등의) 카운터 앞의 작고 높은 의자.
³●**止める❶**[とめる] 〈下1他〉 ①(활동·기계 등을) 멎게 하다. 멈추다. 정지하다. 세우다. ②(통하던 것을) 끊다. 차단하다. ③금하다. 막다. ④고정시키다. 죄다. ⑤꽂다. 끼우다. ⑥붙잡아 두다. ⑦주목하다.
²⊗**止める❷**[やめる] 〈下1他〉 (활동을) 그만두다. 중지하다.
止(め)金[とめがね] 걸쇠. 호크.
止め処[とめど] 한(限). 끝.
²⊗**止む**[やむ] 〈5自〉 멎다. 그치다.
²⊗**止す**[よす] 〈5他〉 그만두다. 중지하다.

[音読]
止宿[ししゅく] 지숙; 숙박함. 국음.
止血[しけつ] 지혈; 출혈을 멈추게 함.
止血剤[しけつざい] 지혈제.

旨　맛/맛있을 지

一 ト ヒ 뇬 듭 旨 旨

音 ●シ
訓 ●むね ⊗うまい

訓読
●旨[むね] 뜻. 취지(趣旨).
²⊗旨い[うまい]〈形〉(남성 용어로서) ①맛있다. ②잘하다. ③(자기에게) 유리하다.

音読
旨趣[ししゅ] 지취; ①취지(趣旨). 근본이 되는 뜻. ②마음속에 품은 생각.

至　이를/지극할 지

一 ζ 氕 丞 至 至

音 ●シ
訓 ●いたる

訓読
²●至る[いたる]〈5自〉①(어떤 시간·장소에) 다다르다. 도달하다. ②(어떤 상태에) 이르다. ③(기회가) 찾아오다. 닥치다.
¹至って[いたって] ①대단히. 매우. 몹시. ②…에 이르러.
至り[いたり] ①다시없음. 그지없음. ②(…의) 탓. 결과.
至る所[いたるところ] 도처에. 가는 곳마다. 곳곳에.
至れり尽くせり[いたれりつくせり] 극진함. 빈틈없음. 더할 나위 없음.

音読
至[し] …까지. …에 이름.
至高[しこう] 지고; 지극히 높음.
至極[しごく] 지극; ①지극히. 더없이. ②당연함. 타당함. ③…하기 짝이 없음.
至近[しきん] 지근; 아주 가까움.
²至急[しきゅう] 지급; 매우 급함.
至当[しとう] 지당; 지극히 당연함.
至大[しだい] 지대; 막대함. 더없이 큼.
至宝[しほう] 지보; ①매우 귀한 보배. ②보배 같은 존재.
至福[しふく] 지복; 최고의 행복.
至上[しじょう] 지상; 최상. 가장 높은.
至誠[しせい] 지성; 지극한 정성.

至聖所[しせいじょ] 지성소; (성경에 나오는 성막·성전의) 가장 거룩한 곳.
至言[しげん] 지언; 지당한 말.
至芸[しげい] 지예; 최고의 기예(技芸).
至情[しじょう] 지정; ①지극한 정성. ②인지상정(人之常情); 지극히 자연스러운 인정.
至便[しべん] 지편; 아주 편리함.

地　땅 지

一 十 圵 圵 地 地

音 ●チ ●ジ
訓 ―

音読
²地❶[ち] ①땅. 대지. ②(특정한) 지역. 곳. 장. ③소유지. 영토. ④입장. 지위.
地❷[じ] ①땅바닥. 지면(地面). ②그 지방. 그 고장. ③본성. 천성. 본바탕. ④기반. 기초. ⑤옷감. 천. ⑥피부. 살결. ⑦(문장에서) 설명문. 지문(地文). ⑧(바둑에서) 집. ⑨풋내기.
地べた[じべた] 땅바닥. 지면(地面).
地価[ちか] 지가; 토지의 매매 가격.
地殻[ちかく] 지각; 지구의 외각(外殼).
地階[ちかい] (고층 건물의) 지하층.
地固め[じがため] ①(집짓기 전의) 터다짐. 달구질. ②기초 작업. 준비 작업.
²地区[ちく] 지구; 일정한 지역.
²地球[ちきゅう] 지구; 인류가 살고 있는 천체.
地球儀[ちきゅうぎ] 지구의; 지구본.
地均し[じならし] ①땅고르기. 정지(整地). ②(땅을 고르는) 롤러. 굴림대. ③밭을 고르는 농기구의 총칭. ④사전 준비. 사전 공작.
地金[じがね] 지금; ①도금한 바탕의 금속. 바탕쇠. ②타고난 나쁜 성질. 본성. 본바탕.
地肌[じはだ] ①(화장하지 않은) 맨살. ②지면(地面). 지표(地表).
地団駄[じだんだ] 발을 동동 구름.
地代[じだい] 지대; ①땅값. 토지의 매매가. ②차지료(借地料).
²地帯[ちたい] 지대; 일정한 지역.
⁴地図[ちず] ①지도. ②지도 모양의 도해(図解).
³地理[ちり] 지리; '地理学'의 준말.

²地面[じめん] 지면; ①땅바닥. ②토지. 땅.

²地名[ちめい] 지명; 고장 이름.

地鳴り[じなり] (지진화산 폭발로 인한) 땅울림 소리.

²地味[じみ] 〈形動〉 수수함. 검소함.

²地盤[じばん] 지반; ①지면(地面). 지표(地表). ②(건축물의) 기초. 토대. ③발판. 기반(基盤).

²地方[ちほう] 지방; ①(국토를) 몇 개로 구분한 지역. ②(막연한 말로) 지방의 토지. ③시골.

地步[ちほ] 지보; (자기의) 위치. 입장. 지반(地盤). 토대.

地糸[じいと] 피륙을 짜는 바탕실.

地上[ちじょう] 지상; ①땅 위. 지면 위. ②이 세상.

地色[じいろ] (옷감 등의) 바탕색.

地声[じごえ] 타고난 음성.

地勢[ちせい] 지세; 지형(地形).

地所[じしょ] (집을 짓기 위한) 땅. 토지.

²地域[ちいき] 지역; 토지의 구역.

地熱[ちねつ/じねつ] 지열; 지구 내부의 열.

¹地獄[じごく] ①《仏》 지옥. ②아주 괴로운 지경. ③화산의 분화구. ④온천의 열탕(熱湯)이 샘솟는 곳. ⑤매춘부(売春婦).

¹地元[じもと] ①(그 일에 직접 관련 있는) 그 지방. 그 고장. ②자기 고장. 본거지.

地元民[じもとみん] 그 고장 사람들.

²地位[ちい] 지위; 역할상의 위치. 신분.

地引(き)網[じびきあみ] 후릿그물.

地蔵[じぞう] 《仏》 지장.

地底[ちてい] 지저; 땅의 밑바닥.

²地点[ちてん] 지점; 땅 위의 일정한 지점.

地租[ちそ] 지조; 지세(地税).

¹地主[じぬし] 땅 주인.

地酒[じざけ] 토속주(土俗酒).

地鎮祭[じちんさい] 《建》 지진제; 공사의 안전을 비는 제사.

²地震[じしん] 《地》 지진.

²地質❶[ちしつ] 지질; 지각을 구성하는 암석·지층의 성질·상태.

地質❷[じしつ] 옷감의 질.

地軸[ちじく] 지축; ①지구의 자전축(自転軸). ②대지(大地)를 지탱하고 있다고 생각되는 중심축.

地層[ちそう] 《地》 지층.

²地平線[ちへいせん] 지평선.

地表[ちひょう] 지표; 지구의 표면.

²地下❶[ちか] 지하; ①지면의 밑. 땅 속. ②비합법·비밀의 세계. ❷[じげ] ①당하관(堂下官). ②(궁중에서 일하는 사람이) 외부 사람을 부르던 말. ③서민. 평민.

地下街[ちかがい] 지하 상가(商街).

地下茎[ちかけい] 지하경; 땅속줄기

地下道[ちかどう] 지하도.

²地下水[ちかすい] 지하수.

地下室[ちかしつ] 지하실.

⁴地下鉄[ちかてつ] 지하철.

地割り[じわり] 토지 분할.

地割れ[じわれ] 땅이 갈라짐.

地合(い)[じあい] ①옷감의 질. ②(거래소에서) 시세의 상태. ③(바둑에서) 서로 차지한 집의 비교. ④(浄瑠璃(じょうるり)에서) 음악의 반주에 맞추어 사물이나 정경(情景)을 설명하는 부분.

地響き[じひびき] ①지축을 흔드는 소리. ②땅울림.

地峡[ちきょう] 지협; 두 육지를 연결하는 잘록하고 가늘게 된 육지 부분

¹地形[ちけい] 지형; 땅의 형태.

地形図[ちけいず] 지형도.

地滑り[じすべり] ① 《地》 사태(沙汰). ②급격한 변동. 커다란 변화.

芝	버섯 지

一十十艹艹芝芝

音 ⊗シ

訓 ●しば

訓読

¹●芝[しば] 《植》 잔디.

²芝居[しばい] ①연극. *일본 고유의 연극인 歌舞伎(かぶき)·文楽(ぶんらく) 등을 가리키는 말임. ②속임수. ③(배우의) 연기.

芝居気[しばいぎ] ①연극 스타일로 남을 놀라게 함. ②자신을 돋보이게 하려는 마음. 남의 관심을 끌려는 마음.

芝居小屋[しばいごや] 소규모 연극 또는 극장.

芝居者[しばいもの] ①극장 관계자. ②배우.

²芝生[しばふ] 잔디밭.

芝刈(り)[しばかり] 잔디 깎기.

芝刈(り)機[しばかりき] 잔디 깎는 기계.

芝原[しばはら] 잔디가 깔린 들관.

芝地[しばち] 잔디밭.

池　　못 지

丶　丶　氵　氿　沘　池

音 ●チ
訓 ●いけ

訓読
4●池[いけ] ①연못. ②연지(硯池).

音読
池畔[ちはん] 지반; 연못가.
池沼[ちしょう] 지소; 연못과 늪.
池魚[ちぎょ] 지어; 연못에 사는 물고기.

志　　뜻 지

一　十　士　志　志　志　志

音 ●シ
訓 ●こころざし ●こころざす

訓読
1●志[こころざし] ①(하고자 하는) 뜻. ②호의. 친절. ③촌지(寸志). 성의.
1●志す[こころざす] 〈5自〉 ①뜻을 세우다. 뜻을 두다. 지망하다. 지향하다. ②성의 표시로 선물을 하다.

音読
1志望[しぼう] 지망; 뜻하여 바람.
志士[しし] 지사; 국가와 사회를 위해 일신 (一身)을 바치려는 사람.
志願[しがん] 지원; 뜻하여 바람.
志願者[しがんしゃ] 지원자.
1志向[しこう] 지향; 뜻이 향하는 방향. 뜻이 쏠림.

枝　　가지 지

一　十　才　木　术　枂　枝　枝

音 ●シ
訓 ●えだ

訓読
2●枝[えだ] ① 《植》 (초목의) 가지. ②근원에서 갈라진 것. 갈래.
枝道[えだみち] ①샛길. 옆길. ②본줄기에서 벗어남. 본론에서 벗어남.
枝豆[えだまめ] 가지째 자른 풋콩. 꼬투리째 삶은 콩.

枝葉[えだは/しよう] 지엽; ①가지와 잎. ②사소한 일. 하찮은 일.
枝肉[えだにく] 지육; (가축의) 다리 부분의 고기.
枝切り[えだきり] 가지치기.
枝振り[えだぶり] 나뭇가지 모양.
枝差し[えだざし] 나뭇가지 모양.
枝川[えだがわ] 지천; 본류(本流)로 흘러 들어가는 물.
枝打ち[えだうち] 가지치기.
枝炭[えだずみ] 지탄; (茶道에서 차를 달일 때 사용하는 진달래나 상수리나무의) 가지로 만든 숯.
枝(ろ)し[えだおろし] 가지치기.
枝話[えだばなし] 주제에서 벗어난 이야기. 여담(余談).

音読
枝頭[しとう] 지두; 가지의 끝.
枝垂れる[しだれる] 〈下1自〉 (나뭇가지 등이) 축 늘어지다.
枝垂れ柳[しだれやなぎ] 《植》 수양버들.
枝垂れ桜[しだれざくら] 《植》 실벚나무. 수양벚나무.
枝葉[しよう/えだは] 지엽; ①가지와 잎. ②중요하지 않은 부분.
枝折り[しおり] ①서표(書標). ②길잡이. 안내서. ③(등산·광야에서) 나뭇가지를 꺾어 통과한 길을 표하는 일. ④'枝折垣(しおりがき)'와 '枝折戸(しおりど)'의 준말.
枝折(り)門[しおりもん] 사립문.
枝折(り)垣[しおりがき] 나뭇가지 울타리.
枝折(り)戸[しおりど] 사립짝. 시문(柴門).
枝族[しぞく] 지족; 분가(分家).

知　　알 지

丿　上　午　矢　知　知　知

音 ●チ
訓 ●しらす ●しらせる ●しる ●しれる ⊗しろす

訓読
●知らす[しらす] 〈5他〉 알리다.
3●知らせる[しらせる] 〈下1他〉 ①알리다. 통지하다. ②보복하다 앙갚음하다.
2知らせ[しらせ] ①알림. 통보. 통지. ②조짐.
4●知る[しる] 〈5他〉 ①(보고 듣고 배워서 이미) 알다. ②이해하다. ③(경험하여) 알다. ④안면이 있다. ⑤관계하다.

知り抜く[しりぬく] 〈5他〉 속속들이 알다. 환하게 알다.
知らん顔[しらんかお] 모르는 체함.
知り人[しりびと] 아는 사람.
²**知(り)合い[しりあい]** 친지(親知). (서로) 아는 사이.
知り合う[しりあう] 〈5自〉 (서로) 알게 되다. 아는 사이가 되다. 사귀게 되다.
●**知れる[しれる]** 〈下1自〉 ①알려지다. ②발각되다. 알게 되다. ③뻔하다. 대단찮다.
知れ渡る[しれわたる] 〈5自〉 (널리) 두루 알려지다.

音読
知覚[ちかく] 지각; ①감각 기관을 통해 외부의 사물을 인식하는 작용. ②감지(感知).
知己[ちき] 지기; ①자기 마음을 잘 알아주는 사람. ②지인(知人). 친지(親知).
²**知能[ちのう]** 지능; 두뇌의 작용. 지혜와 재능.
知力[ちりょく] 지력; 지식의 능력.
知名[ちめい] 지명; 이름이 널리 알려짐.
知謀[ちぼう] 지모; 지혜로운 계략.
²**知事[ちじ]** 지사; ①지방 장관. *都道府県(とどうふけん)의 우두머리. ②(禅宗에서) 주지(住持), 주승(主僧).
¹**知性[ちせい]** 지성; 인식 및 이해의 능력.
²**知識[ちしき]** 지식; ①(뚜렷이) 알고 이해함. ②(어떤 사물에 대해) 알려진 사실. 알고 있는 내용. ③지혜와 견식. ④《仏》 덕이 높은 중. 이름 있는 중. ⑤《仏》 (인연을 맺기 위해) 사찰에 바치는 재물과 토지. 또는 그것을 바치는 사람.
知遇[ちぐう] 지우; 특별 대우함.
知育[ちいく] 지육; 지능 개발과 향상을 목표로 하는 교육.
²**知人[ちじん]** 지인; 친지. 아는 사이.
知者[ちしゃ] 지자; ①지식이 넓은 사람. ②《仏》 지식이 깊은 중.
¹**知的[ちてき]** 지적; ①지성과 지식이 풍부함. ②지식과 관계있음.
²**知恵[ちえ]** 지혜; ①슬기. 꾀. ②《仏》 진리를 이해하고 도통하는 정신력.
知恵比べ[ちえくらべ] 지혜 겨루기.
知恵袋[ちえぶくろ] ①지혜 주머니. 가장 지혜로운 사람. ②가지고 있는 모든 지혜.
知恵歯[ちえば] 사랑니.
知恵の板[ちえのいた] 블록 쌓기. *어린이 장난감의 하나임.

肢   팔다리 지

丿 冂 月 月 肝 肸 肢 肢

音 ●シ
訓 ―

音読
肢骨[しこつ] 《生理》 지골; 사지의 뼈.
肢体[したい] 지체; 팔다리와 몸.
肢体不自由[したいふじゆう] 지체 부자유; 신체 장애.
肢体障害[したいしょうがい] 지체 장애.

祉(祉)· 복지

丶 丿 示 示 礻 礻 祉 祉

音 ●シ
訓 ―

音読
●**福祉[ふくし]**, **福祉国家[ふくしこっか]**

指   손가락 지

一 十 才 扌 扌 护 指 指 指

音 ●シ ⊗チ
訓 ●ゆび ●さす

訓読
³●**指[ゆび]** 손가락. 발가락.
³**指輪[ゆびわ]** 반지.
指先[ゆびさき] 손가락 끝.
指人形[ゆびにんぎょう] 손가락 인형. *인형의 몸통에 손가락을 넣어 늘리는 인형.
指切り[ゆびきり] ①새끼손가락을 걸고 약속함. ②(맹세의 표시로) 새끼손가락을 자름. 단지(断指).
指折り[ゆびおり] ①손꼽음. ②손꼽힘. 굴지(屈指).
¹**指差す[ゆびさす]** 〈5他〉 ①(손가락으로) 가리키다. ②뒤에서 흉보다. 손가락질하다.
指尺[ゆびじゃく] 뼘으로 길이를 잼.
³**指環[ゆびわ]** 반지.
²●**指す[さす]** 〈5他〉 ①(손가락으로) 가리키다. ②(그 방향으로) 향해서 가다. ③지적하다. 지명하다. ④(장기를) 두다. ⑤(치수를) 재다. ⑥(상자·책상 등을) 만들다.

¹指図[さしず] ①지시. 지휘. ②지명. 지정.

指し示す[さししめす] 〈5他〉 ①(손가락으로) 가리키다. ②지적하다.

指(し)値[さしね] (주식 등의 거래에서) 지정가(指定価).

音読

指南[しなん] 지남: 무예 등을 지도함.

²指導[しどう] 지도: 어떤 의도(意図)된 방향으로 가르쳐 인도함.

¹指令[しれい] 지령: 지휘. 명령.

指名[しめい] 지명: 특정인을 지정함.

指数[しすう] 지수: ①정도나 변동을 나타내는 문자·숫자. ② 《数》 승역을 나타내는 숫자·문자.

²指示[しじ] 지시: ①손가락으로 가리켜 보임. ②타인에게 명령함.

指圧[しあつ] 지압: 치료의 목적으로 손가락이나 손바닥으로 사람의 몸을 누름.

¹指摘[してき] 지적: 손가락질해 가리킴.

²指定[してい] 지정: ①가리켜 정함. ② 《語学》 단정(断定)함.

指定席[していせき] 지정석.

指針[ししん] 지침: ①(나침반·시계 등) 계기(計器)의 바늘. ②나아갈 방침.

指標[しひょう] 지표: ①어떤 사물을 가리키는 표지. ②지수(指数).

指向[しこう] 지향: ①어떤 목적에 대하여 향함. ②정해진 방향으로 향함.

¹指揮[しき] 지휘: 지시해 일을 하도록 시킴.

指揮者[しきしゃ] 지휘자.

持 가질 지

一 十 才 扌 扩 扩 拃 持 持

音 ●ジ ⊗チ

訓 ●もたす ●もたせる ●もてる ●もつ

訓読

●**持たす**[もたす] 〈5他〉 ①가지게 하다. 갖고 있게 하다. 들리다. ②마음을 졸이게 하다. 애태우게 하다.

●**持たせる**[もたせる] 〈下1他〉 ①가지게 하다. 갖고 있게 하다. 들리다. ②기대를 갖게 하다. ③들려 보내다. 주다. ④지탱시키다. 유지시키다. 오래 가게 하다. ⑤부담시키다.

●**持てる**[もてる] 〈下1他〉 ①가질 수 있다. ②유지할 수 있다. ③인기가 있다.

持て成し[もてなし] ①(손님에 대한) 후한 대접. 대우(待遇). ②음식 대접. ③사물이나 사물을 대하는 태도.

¹**持て成す**[もてなす] 〈5他〉 ①후하게 대접하다. 후대하다. ②(음식을) 대접하다. 향응하다. 환대하다. 접대하다. ③…하는 체하다. 꾸미다.

持て余す[もてあます] 〈5他〉 (어떻게 해야 좋은지) 난처해하다. 처치 곤란해하다.

持て映やす[もてはやす] 〈5他〉 ①극구 칭찬하다. 추켜 세우다. ②(수동형 'もて映やされる'로) 인기가 있다.

⁴●**持つ**[もつ] 〈5自〉 견디다. 지탱하다. 지속되다. 〈5他〉 ①(손에) 가지다. 쥐다. 들다. ②(몸에) 지니다. 휴대하다. ③소유하다. 가지다. ④떠맡다. 담당하다. 담임하다. ⑤(마음에) 품다. ⑥(관계·모임을) 가지다.

²**持ち**[もち] ①소유함. 지님. ②(바둑·장기에서) 제한 시간. ③담당. 부담. ④오래 지탱함. ⑤(바둑·장기에서) 무승부. ⑥(몸에 지니기에 적합한) …용(用).

持(ち)家[もちいえ] 자기 집. 소유 가옥.

持ち去る[もちさる] 〈5他〉 갖고 가 버리다.

持ち掛ける[もちかける] 〈下1他〉 (말을) 꺼내다. (말을) 걸다.

持ち駒[もちごま] ①(일본 장기에서) 이편에서 잡아 소유하고 있는 상대방의 말. *필요할 때는 자기 말로서 사용할 수 있음. ②예비 선수. 예비 물건.

持ち帰り[もちかえり] 가지고 돌아감. 산 물건을 직접 들고 감. takeout.

持ち帰る[もちかえる] 〈5他〉 ①(물건을) 가지고 돌아가다. ②(안건을 검토하기 위해) 다시 가지고 가다.

持(ち)金[もちがね] 가진 돈.

持ち寄る[もちよる] 〈5自〉 (필요한 물건·음식 등을) 각자가 갖고 모이다.

持(ち)逃げ[もちにげ] (남의 금품을) 갖고 달아남. 들치기.

持(ち)味[もちあじ] ①(음식물의) 제 맛. 본래의 맛. ②(사람의) 개성. 취향. ③(예술 작품의) 독특한 맛.

持(ち)腐れ[もちぐされ] 가지고도 썩힘. 가지고 있을 뿐 활용하지 못함.

持ち崩す[もちくずす] 〈5他〉 ①(소중한 것을) 함부로 사용해서 망가뜨리다. ②신세를 망치다. ③(재산을) 탕진하다.

持ち上がる[もちあがる] 〈5自〉①솟아오르다. 돋아 오르다. ②들려 올라가다. ③(사건이) 발생하다. 일어나다.

²持ち上げる[もちあげる] 〈下1他〉①들어 올리다. ②(몸의 일부를) 쳐들다. 들다. ③치켜세우다. 추어주다.

持(ち)運び[もちはこび] 운반. 들어 나름.

持ち越す[もちこす] 〈5他〉(끝맺지 못하고) 이월(移越)하다. 넘기다. 미루다.

持(ち)込み[もちこみ] 지참. 반입. 가져옴.

持ち込む[もちこむ] 〈5他〉①지참하다. 반입하다. 가져오다. ②(사건·용건 등을) 가져오다. 제기하다. ③(끝맺지 못하고) 다음 단계로 끌고 가다.

持(ち)場[もちば] 담당 부서. 담당 임무. 담당 구역.

持(ち)前[もちまえ] ①천성. 타고난 성질. ②지분(持分). 배당된 자기 몫.

¹持ち切り[もちきり] ①(같은 상태를) 유지함. ②(소문이) 자자함.

持(ち)主[もちぬし] 임자. 소유주.

持(ち)株[もちかぶ] 소유주(所有株).

持(ち)直す[もちなおす] 〈5他〉(다른 손으로) 바꾸어 들다. 고쳐 쥐다. 〈5自〉(날씨·경기·병세 등이) 회복되다.

持(ち)出し[もちだし] ①반출. 가지고 나감. ②(남의 것을) 부당하게 인출함. ③자기 부담. ④(양복 앞섶의 안단 등에) 겹쳐지도록 여유를 둔 부분. ⑤(가옥 구조에서) 기준면보다 밖으로 튀어나오게 한 부분.

持(ち)出す[もちだす] 〈5他〉①반출하다. 갖고 나가다. 꺼내다. 끌어내다. ②(남의 것을) 부당하게 인출하다. ③(말을) 꺼내다. 제안하다. ④갖기 시작하다. ⑤(비용을) 부담하다.

持ち合わす[もちあわす] 〈5他〉마침 그때 갖고 있다.

持(ち)合(わ)せ[もちあわせ] ①마침 가진 것. ②현재 가진 돈.

持ち合わせる[もちあわせる] 〈下1他〉마침 그때 갖고 있다.

持(ち)回り[もちまわり] ①여기저기 갖고 돌아다님. ②(의안 등을) 관계자 사이를 돌아다니며 결정함. ③(관계자들이) 차례로 일을 맡음.

持って回る[もってまわる] 〈5自〉①가지고 돌아다니다. ②완곡(婉曲)하다. 에두르다. 우회(迂回)하다.

音読

持する[じする] 〈サ変自〉①유지하다. 지탱하다. ②(계율을) 지키다. ③삼가다. 조심하다.

持久[じきゅう] 지구; 오래 견딤.

持久力[じきゅうりょく] 지구력.

持久戦[じきゅうせん] 지구전.

持論[じろん] 지론; 늘 주장하는 의견.

持病[じびょう] 지병; ①고질(痼疾). ②(몸에 밴) 나쁜 버릇.

持説[じせつ] 지설; 늘 주장하는 의견.

¹持続[じぞく] 지속; 어떤 상태가 중단되지 않고 계속됨.

持続性[じぞくせい] 지속성.

持薬[じやく] 지약; 상용약(常用薬).

²持参[じさん] 지참; 가지고 감. 가지고 옴.

持参金[じさんきん] (결혼) 지참금.

紙　　종이 지

く　幺　幺　爷　糸　糸　糸　紅　紙　紙

音 ●シ
訓 ●かみ

訓読

⁴●紙[かみ] ①종이. ②(가위바위보의) 보.

紙袋[かみぶくろ] 종이 봉지. 봉투.

紙屑[かみくず] 휴지. 종이 부스러기.

紙一重[かみひとえ] 종이 한 장. 근소한 차이. 약간의 차이.

紙入れ[かみいれ] ①지갑. ②종이 쌈지.

紙切れ[かみきれ] 종잇조각.

紙芝居[かみしばい] ①그림 연극. 극화(劇畫). ②애들 속임수. 어린애 장난.

紙鉄砲[かみでっぽう] 종이 딱총.

紙吹雪[かみふぶき] (환영·축하의 뜻으로 뿌리는) 오색 색종이. 잘게 썬 색종이.

紙包み[かみづつみ] ①종이 포장. 종이로 포장한 것. ②금일봉(金一封).

紙挟み[かみばさみ] ①서류 끼우개. 페이퍼 홀더. ②종이 집게. 클립.

音読

紙器[しき] 지기; 종이로 만든 용기.

紙面[しめん] 지면; ①종이의 표면. ②서면(書面). ③(잡지나 신문의) 지상(紙上).

紙上[しじょう] (특히 신문의) 지상.

紙数[しすう] 지수; ①종이 매수. 쪽수. 페이지 수. ②(신문·잡지 기사의) 지면 수.

紙質[ししつ] 지질; 종이의 품질.
紙片[しへん] 지편; 종잇조각.
²**紙幣[しへい]** 지폐; 종이 돈.
紙型[しけい] 지형; 인쇄용 연판을 만들기 위해 활자의 조판을 눌러서 뜬 종이 거푸집.

脂 비계/기름바를 지

丿 丿 刀 月 月 肝 胪 脂 脂 脂

音 ●シ
訓 ●あぶら

訓読

²**脂[あぶら]** (동물의) 지방. 기름. 굳기름.
脂ぎる[あぶらぎる] 〈5自〉 ①기름기가 돌다. 번질거리다. ②비곗살이 오르다.
脂っこい[あぶらっこい] 〈形〉 ①(생선·육류·음식 등이) 기름지다. 기름기가 많다. 느끼하다. ②(성질이) 추근추근하다. 끈끈하다.
脂気[あぶらけ] 기름기.
脂っ濃い[あぶらっこい] 〈形〉 ①(생선·육류·음식 등이) 기름지다. 기름기가 많다. 느끼하다. ②(성질이) 끈질기다.
脂性[あぶらしょう] 지방 체질. 살갗에 항상 기름기가 도는 체질.
脂身[あぶらみ] (생선·고기의) 기름살. 비계. 비곗살.

音読

¹**脂肪[しぼう]** 지방; 굳기름. 비계.
脂肪太り[しぼうぶとり] 몸이 풍동함.
脂粉[しふん] 지분; ①연지와 분. ②여자의 요사스런 화장.

遅(遲) 늦을 지

コ コ ㇞ ㇞ 尸 尺 屋 屋 遅 遅

音 ●チ
訓 ●おそい ●おくらす ●おくらせる ●おくれる

訓読

⁴**遅い[おそい]** 〈形〉 ①(동작·속도가) 느리다. 더디다. ②(시기·시간이) 늦다. ③(계절이) 늦다.
⁴**遅く[おそく]** 늦게.
¹**遅くとも[おそくとも]** 늦어도. 늦는다 해도.
¹●**遅らす[おくらす]** 〈5他〉 늦추다. 늦게 하다.
●**遅らせる[おくらせる]** 〈下1他〉 늦추다. 늦게 하다. 지연시키다.

³●**遅れる[おくれる]** 〈下1自〉 ①(정해진 날·시각에) 늦어지다. 지각하다. 늦다. ②(진도가) 뒤처지다. 뒤떨어지다. ③(유행·시세에) 뒤지다. 뒤떨어지다. ④시계가 늦게 가다.
¹**遅れ[おくれ]** 늦음. 뒤늦음. 뒤짐. 뒤떨어짐.
遅れ馳せ[おくればせ] 뒤늦음. 때늦음.
遅生[ま]れ[おそうまれ] 생일이 늦음. *4월 2일부터 12월말까지 사이에 태어나 학령(学齢) 미달을 말함.
遅咲き[おそざき] (꽃이) 늦게 핌. 철늦게 핌.
遅蒔き[おそまき] ①늦심기. 늦파종. ②때늦음.

音読

²**遅刻[ちこく]** 지각; 정해진 시각에 늦음.
遅配[ちはい] 지배; 늦게 배달됨. (급료 등의) 체불(滯払).
遅速[ちそく] 지속; 완급(緩急) 느림과 빠름.
遅延[ちえん] 지연; 예정보다 늦음.
遅遅[ちち] 지지; ①지지부진함. 느리고 더딤. ②(하루가) 길고 한가로움.
遅参[ちさん] 지참; 예정 시간에 늦게 옴.
遅滞[ちたい] 지체; 정해진 기일에 늦어짐.

漬 담글 지

氵 氵 汁 洪 漬 漬 漬 漬 漬 漬

音 ⊗シ
訓 ●つかる ●つける ●つく

訓読

●**漬かる[つかる]** 〈5自〉 ①(물에) 잠기다. ②(김치 등이) 익다. 맛이 들다.
●**漬く[つく]** 〈5自〉 ①(물이) 차다. (물에) 잠기다. ②(김치·채소 등이) 익다. 맛이 들다.
³●**漬ける[つける]** 〈下1他〉 ①(액체 속에) 담그다. 잠그다. 적시다. ②(김치·채소 등을) 담그다. 절이다.
漬物[つけもの] (일본식) 김치. 채소를 절인 식품.
漬(け)物樽[つけものだる] (일본식) 김치를 담그는 통.
漬け込む[つけこむ] 〈5他〉 (김치·채소 등을) 담그다. 절이다.
漬(け)菜[つけな] 김칫거리. 절임용 채소.
◗**奈良漬[ならづ]け, 大根漬[だいこんづ]け, 味噌漬[みそづ]け, 白菜漬[はくさいづ]け**

誌 기록할 지

言 言 言 計 計 詰 誌 誌 誌

音 ●シ
訓 ⊗しるす

訓読
⊗誌す[しるす]〈5他〉(문장을) 기록하다.

音読
誌[し] 지; ①잡지. ②기록한 문서.
誌代[しだい] 지대; 잡지 구독료.
誌面[しめん] 지면; 잡지의 지상(誌上).
誌上[しじょう] 지상; 잡지의 지면(誌面).

只 다만 지

音 ⊗シ
訓 ⊗ただ/ひた

訓読
²⊗只[ただ] 공짜. 무료. 거저임. 무보수임.
²只今[ただいま] ①지금, 현재. ②방금. 곧. 막. ③《感》 다녀왔습니다. 다녀왔소.
只働き[ただばたらき] 무보수로 일함.
只戻り[ただもどり] 헛걸음.
只乗り[ただのり] 무임 승차(乘車).
只儲け[ただもうけ] 거저먹기. 가만히 앉아서 생기는 돈벌이.

舐 핥을 지

音 ⊗シ
訓 ⊗なめずる
⊗なめる
⊗ねぶる

訓読
⊗舐めずる[なめずる]〈5他〉(혀로) 입술을 핥다.
¹⊗舐める[なめる]〈下1他〉①(혀로) 핥다. ②맛보다. ③(불길이 혀로 핥듯이) 불태우다. ④(괴로움을) 겪다. ⑤깔보다.
⊗舐る[ねぶる]〈5他〉①핥다. ②협박하여 단물을 빨아 먹다.

智 슬기 지

音 ⊗チ
訓 —

音読
智能[ちのう] 지능; 두뇌의 작용. 지혜와 재능.
智徳[ちとく] 지덕; 지식과 덕성.

智略[ちりゃく] 지략; 슬기로운 계략.
智恵[ちえ] 지혜; ①슬기. 꾀. ②《仏》 진리를 이해하고 도통하는 정신력.

痣 사마귀 지

音 ⊗シ
訓 ⊗あざ

訓読
⊗痣[あざ] ①(피부에 생기는) 반점. ¶~がある 반점이 있다. ②멍. ¶~になる 멍이 들다.

蜘 거미 지

音 ⊗チ
訓 ⊗くも

訓読
⊗蜘蛛[★くも]《虫》 거미.
蜘蛛手[★くもで]《虫》①길이 (거미 다리처럼) 사면팔방으로 갈라짐. ②나무나 대(竹)를 십자형이나 'V'자 모양으로 엮어 짠 모양. ③사방으로 뛰어다님. ④칼을 사방으로 휘두름. ⑤마음이 어지럽게 흐트러짐.

鮨 젓갈 지

音 ⊗キ ⊗シ
訓 ⊗すし

訓読
⊗鮨[すし] 초밥. 생선 초밥. 젖밥.
鮨飯[すしめし] 초밥용 밥.
鮨屋[すしや] 초밥집.
鮨詰め[すしづめ] (도시락에 담은 초밥처럼) 꽉 들어참. 콩나물시루 같음.

贄 폐백 지

音 ⊗シ
訓 ⊗こえ

訓読
⊗贄[にえ] ①제물(祭物). ②조정에 바치는 진상물(進上物). ③선물. ④희생(犧牲).

蹟 넘어질 지

音 ⊗チ
訓 ⊗つまずく

訓読
²⊗蹟く[つまずく]〈5自〉①(발이) 걸려 넘어질 뻔하다. 채여서 비틀거리다. ②(중도에서) 실패하다. 차질이 생기다.

直直に[じきじきに] 직접. 바로.

直進[ちょくしん] 직진; ①똑바로 나아감. ②서슴없이 나아감.

直参[じきさん] ①江戸幕府(えどばくふ)에 직속했던 1만 석(石) 이하의 무사. ②주군(主君)을 직접 섬기는 신하.

²**直通**[ちょくつう] 직통; ①두 지점 간에 중계 없이 바로 통함. ②교통편을 갈아타지 않고 목적지에 곧바로 감.

直筆❶[ちょくひつ] 직필; ①사실대로 기록함. 사실대로 쓴 문장. ②(서예에서) 붓을 똑바로 세우고 글씨를 씀. **❷**[じきひつ] (유명 인사의) 자필(自筆). 친필(親筆).

直下[ちょっか] 직하; ①바로 아래. ②똑바로 떨어져 내려감.

直轄[ちょっかつ] 직할; 직접 관할함.

直行[ちょっこう] 직행; ①올바른 행위. ②(생각한 바를) 서슴없이 실행함. ③곧장 목적지로 감.

²**直後**[ちょくご] 직후; (어떤 일이 발생한) 바로 뒤. 그 후.

織　베짤 직

糸 糸 糸 糸 糸 経 経 織 織 織

[音] ●ショク ●シキ
[訓] ●おる

訓読

¹●**織る**[おる] 〈5他〉 ①(옷감 등을) 짜다. ②엮다. 엮어내다. 섞어서 만들다.

織り交ぜる[おりまぜる] 〈下1他〉 ①(여러 가지 무늬·실을) 교대로 짜 넣다. 섞어서 짜다. ②(한 사물에) 다른 것을 끼워 넣다. 섞어서 곁들이다.

織り目[おりめ] (직물의) 발. 올과 올 사이. 짜임새.

¹**織物**[おりもの] 직물; 섬유로 짠 물건.

織り成す[おりなす] 〈5他〉 ①(옷감이나 무늬 등을) 짜내다. ②엮어서 펼치다. 다양하게 엮어내다.

織元[おりもと] 직물의 제조원. 직조 공장.

織り込む[おりこむ] 〈5他〉 ①(다른 실이나 무늬 등을) 짜 넣다. 섞어 짜다. ②(다른 일에) 포함시키다.

織(り)地[おりじ] 옷감의 바탕.

織り姫[おりひめ] ①직녀. 베 짜는 아가씨. ②방직 공장 여직공의 애칭. ③직녀성(織女星).

織機[しょっき] 직기; 베 짜는 기지.

織女[しょくじょ] 직녀; ①베 짜는 아가씨. ②'織女星'의 준말.

織女星[しょくじょせい] 직녀성.

織布[しょくふ] 직포; 기계로 짠 디륙.

職　직분/벼슬 직

厂 厂 耳 耳 耴 耴 耴 聄 職 職 職

[音] ●ショク
[訓] —

音読

²**職**[しょく] 직; ①직업. ②기능. 기술. ③직무.

職階[しょっかい] 직계; 직무상의 계급.

職権[しょっけん] 직권; 그 지위나 자격에 근거하여 권한을 행사함.

職能[しょくのう] 직능; ①직무상의 능력. ②직업 고유의 기능. ③기능(技能).

職名[しょくめい] 직명; 직무·직업의 명칭.

¹**職務**[しょくむ] 직무; 담당해 맡은 일.

職分[しょくぶん] 직분; ①직무상의 본분. ②마땅히 해야 할 본분. ③能楽(のうがく)의 전문가.

²**職業**[しょくぎょう] 직업; 일상 종사하는 업무.

職域[しょくいき] 직역; ①직무나 직업의 범위. ②직장.

¹**職員**[しょくいん] 직원; 직무를 담당하는 사람.

職員室[しょくいんしつ] 직원실; 교무실.

²**職人**[しょくにん] 직인; 기술자. 장인(匠人). *목수·미장이·이발사 등의 기술자를 말함.

職長[しょくちょう] 직장의 우두머리.

¹**職場**[しょくば] 직장; 근무처. 일터.

職種[しょくしゅ] 직종; 직무·직업의 종류. 직주 근접; 직장 근처에 주거가 있음.

職責[しょくせき] 직책; 직무상의 책임.

職探し[しょくさがし] 직업을 구함.

稷　기장 직

[音] ⊗ショク
[訓] ⊗きび

訓読

⊗**稷**[きび] 《植》 기장. 수수.

稷団子[きびだんご] 수수 경단.

[진]

尽(盡) 다할 진

┐ ㄱ ㅋ 尸 尺 尽

音 ●ジン
訓 ●つかす ●つきる ●つくす

訓読

●尽かす[つかす] 〈5他〉 다하다. 바닥내다. 소진(消尽)하다.

¹●尽きる[つきる] 〈上1自〉 ①다하다. 바닥나다. ②끝나다. ③('…に~'의 문형으로) …밖에는 없다. 더할 나위 없다. 제일이다.

尽きせぬ[つきせぬ] 한없는. 끝없는.

尽き目[つきめ] 끝장이 날 때. 종말. 마지막.

¹●尽くす[つくす] 〈5他〉 ①다하다. 바닥내다. 소진(消尽)하다. ②봉사하다. 진력하다. ③(동사 ます형에 접속하여) 다 …해 버리다. 모두 …해 버리다.

音読

尽力[じんりょく] 진력; ①(어떤 목적을 위해) 힘을 다함. 노력함. ②도움. 협력.

尽日[じんじつ] 진일; ①온종일. 하루종일. ②그믐날. ③섣달 그믐날.

尽忠[じんちゅう] 진충; 충성을 다함.

尽忠報国[じんちゅうほうこく] 진충보국; 충성을 다 하여 나라에 보답함.

尽瘁[じんすい] 진췌; 힘을 다해 노력함.

津 나루터 진

` 丶 氵 汀 沪 沪 津 津 津

音 ●シン
訓 ●つ

訓読

●津[つ] 나루터. 선착장.

津浪[つなみ] ⇨ 津波

津津浦浦[つつうらうら] 전국 도처. 방방곡곡.

¹津波[つなみ] 해일(海溢). (지진·화산의 폭발·해상의 폭풍 등으로) 바다에 큰 물결이 갑자기 일어나 육지로 바닷물이 넘쳐 들어옴.

音読

津津と[しんしんと] 진진; 자꾸 솟아 나옴.
¶ ~湧(ゎ)く 계속 솟아 나오다.

珍 보배 진

一 Т Ŧ Ŧ Ŧ Ŧ 玔 玲 珍 珍

音 ●チン
訓 ●めずらしい

訓読

³●珍しい[めずらしい] 〈形〉 ①드물다. 진귀하다. 희귀하다. 색다르다. 희한하다. ②새롭다. 참신하다. ③오랜만이다.

珍しがる[めずらしがる] 〈5自〉 신기해하다. 희한하게 생각하다.

音読

珍[ちん] ①진기함. ②진귀함.

珍客[ちんきゃく] 진객; 진귀한 손님.

珍貴[ちんき] 진귀; 보배롭고 귀중함.

珍奇[ちんき] 진기; 보배롭고 기이함.

珍談[ちんだん] 진담; 진기한 이야기.

珍答[ちんとう] 진답; 진기한 대답.

珍妙[ちんみょう] 진묘; 유별나게 기묘함.

珍聞[ちんぶん] 진문; 진기한 이야기.

珍物[ちんぶつ] 진물; 진기한 물건.

珍味[ちんみ] 진미; 진귀한 맛의 음식.

珍事[ちんじ] 진사; 진기한 사건.

珍説[ちんせつ] 진설; ①진기한 이야기. ②엉뚱한 의견. 색다른 설.

珍芸[ちんげい] 진예; 진기한 연기.

珍重[ちんちょう] 진중; ①진귀하게 여겨 소중히 다룸. ②경사스러움. 축하할 만함. ③자애(慈愛)함.

珍品[ちんぴん] 진품; 진귀한 물품.

振 떨칠/움직일 진

一 十 扌 扩 扩 拒 拒 振 振 振

音 ●シン
訓 ●ふる ●ふるう ●ふれる

訓読

●振(る)う[ふるう] 〈5他〉 ①(마음껏) 휘두르다. ②흔들다. 떨다. 털다. ③(솜씨를) 발휘하다. 〈5自〉 ①번창해지다. 성하다. 떨치다. ②자원하다. 자진하다. 분발하다. ③색다르다. 기발하다.

●振れる[ふれる] 〈下1自〉 ①흔들리다. ②치우치다. 쏠리다. 기울다. ③(야구에서 휘두른 방망이가) 공을 잘 맞히다.

²●振る[ふる] 〈5他〉 ①(몸의 일부를) 흔들다. 휘두르다. ②흩뿌리다. ③흔들어서 던지다. ④잃다. 날리다. 버리다. ⑤뿌리치다. 거절하다. 퇴짜놓다. ⑥할당하다. 매기다. ⑦토를 달다. ⑧(어음·수표를) 발행하다. ⑨(방향을) 돌리다. 틀다. ⑩(落語(らくご)에서) 허두를 꺼내다.

¹振り❶[ふり] ①(몸의 일부를) 흔듦. 휘두름. 휘두르는 솜씨. ②(겉으로 나타난) 모습. 꼴. 행동. ③…체. …척. ④(무용연극에서) 동작. 연기. 몸짓. ⑤뜨내기. ⑥임시. 변통. ⑦(일본 여자 옷의) 소매의 겨드랑이 밑에서부터 배래기까지 터놓은 부분. ⑧(칼을 세는 말로) …자루.

²振り❷[ぶり] ①(명사나 동사 ます형에 접속하여) 모습. 풍채. 태도. 품. 모양. ②(시간을 나타내는 말에 접속하여) …만에. ③…스타일. …양식(様式). …풍(風).

振りかざす[ふりかざす] 〈5他〉 ①머리 위로 번쩍 쳐들다. ②(주의·주장을) 내세우다.

振りかぶる[ふりかぶる] 〈5他〉 머리 위로 높이 쳐들다. 휘둘러 올리다.

²振(り)仮名[ふりがな] 한자(漢字)의 읽는 음(音)을 かな로 표기한 토.

振り乱す[ふりみだす] 〈5他〉 흐트러뜨리다. 흩프리다.

振り立てる[ふりたてる] 〈下1他〉 ①곤두세우다. 치켜세우다. ②소리를 지르다. 크게 소리를 내다. ③흔들어 소리를 내다.

²振(る)舞う[ふるまう] 〈5自〉 행동하다. 처신하다. 〈5他〉 (음식을) 접대하다. 대접하다.

振(る)舞[ふるまい] ①행동. 거동. 처신. ②접대. 대접.

振(る)舞(い)酒[ふるまいざけ] 접대 술.

¹振り返る[ふりかえる] 〈5他〉 ①뒤돌아보다. ②(과거를) 돌이켜 보다. 회고하다.

振り方[ふりかた] ①휘두르는 법. ②처신. 대처하는 방법.

²振り放す[ふりはなす] 〈5他〉 ①(손 따위를) 뿌리치다. 떨어 버리다. ②(뒤쫓아오는 사람을) 떼치다. 떼어 놓다.

振(り)付(け)[ふりつけ] (춤의) 안무(按舞).

振り付ける[ふりつける] 〈下1他〉 ①(싫어서) 뿌리치다. 퇴박하다. ②안무(按舞)하다.

振(り)分け[ふりわけ] ①둘로 나눔. 배분(配分). ②짐을 둘로 나눠 끈으로 매어 어깨의 앞뒤로 걸침.

振り分ける[ふりわける] 〈下1他〉 ①양분(両分)하다. 둘로 나누다. 반씩 가르다. ②분배하다. 할당하다. ③짐을 둘로 나눠 어깨의 앞뒤로 걸치다.

振り捨てる[ふりすてる] 〈下1他〉 (서슴없이) 내동댕이치다. 버리다.

振り撒く[ふりまく] 〈5他〉 ①흩뿌리다. ②(많은 사람에게) 퍼뜨리다 보이다.

振り上げる[ふりあげる] 〈下1他〉 번쩍 들다. 치켜 올리다.

振(り)袖[ふりそで] 겨드랑이 밑을 터놓은 긴 소매. ＊미혼 여성의 사교용 일본 옷임.

振り込む[ふりこむ] 〈5他〉 ①흔들어서 넣다. ②(은행 구좌 등에) 불입(払入)하다. 입금하다. ③(麻雀에서) 상대방이 이기게 되는 패를 던지다.

振(り)子[ふりこ] 《物》 진자; 흔들이.

振り切る[ふりきる] 〈5他〉 ①떨쳐버리다. 떼치다. ②딱 잘라 거절하다. 뿌리치다. ③마음껏 휘두르다.

¹振(り)出し[ふりだし] ①흔들어서 내용물이 작은 구멍으로 나오게 만든 기구. ＊후추가루 통. ②주사위의 출발점. ③(사물의) 시작점. 출발점. ④(어음·수표의) 발행. ⑤탕약(湯薬).

振り出す[ふりだす] 〈5他〉 ①흔들어서 내용물이 나오게 하다. ②(어음·수표를) 발행하다. ③흔들리기 시작하다. ④(탕제약을) 우려내다.

振り下ろす[ふりおろす] 〈5他〉 (들어 올린 것을) 내려치다.

振り合い[ふりあい] (다른 것과 비교한) 균형. 형편.

振り解く[ふりほどく] 〈5他〉 (몸을 묶은 것을) 흔들어 풀다. 뿌리치다.

¹振り向く[ふりむく] 〈5自〉 ①뒤돌아보다. 돌아다보다. ②뒤돌아떠보다.

振り向ける[ふりむける] 〈下1他〉 ①(고개를) 돌리다. 뒤돌아보게 하다. ②충당하다. 전용(転用)하다.

振り回す[ふりまわす] 〈5他〉 ①휘두르다. ②남용하다. ③과시하다. 뽐내다. 자랑하다. ④(남을) 멋대로 다루다.

音読

¹振動[しんどう] 진동; 흔들리어 움직임.

振幅[しんぷく] 진폭; 진동하는 폭.

¹振興[しんこう] 진흥; 정신을 가다듬어서 일어남. 왕성하게 일어나게 함.

真(眞) 참 진

一 十 十 古 占 吉 盲 直 真 真

音 ●シン
訓 ●ま

訓読

●真っ[まっ] 아주. 완전히. 딱.
真冬[まふゆ] 한겨울. 엄동(厳冬).
真裸[まはだか] ⇨ 真っ裸
真っ裸[まっぱだか] ('真裸[まはだか]'의 강조어로서) ①알몸. 발가벗음. ②조금도 꾸밈이 없음. 있는 그대로 드러냄.
²**真面目❶**[まじめ] 〈形動〉 ①진지함. 진실함. 진심임. ②착실함. 성실함. ❷[しんめんぼく/しんめんもく] 진면목; ①본래의 모습. 진가(真価). ②성실함. 진지함.
²**真っ白**[まっしろ] 새하얌.
²**真っ白い**[まっしろい] 〈形〉 새하얗다.
真四角[ましかく] 정사각형.
²**真似**[まね] ①흉내. 모방. 시늉. ②(달갑지 않은) 행동. 짓.
²**真似る**[まねる] 〈下1他〉 흉내내다. 모방하다.
真上[まうえ] 바로 위.
²**真っ先**[まっさき] 맨 앞. 제일 먼저.
真っ盛り[まっさかり] 한창. 한창 때.
真新しい[まあたらしい] 〈形〉 아주 새것이다.
真心[まごころ] 진심; 정성. 성심.
²**真っ暗**[まっくら] ①(어두워서) 아주 캄캄함. ②(절망으로) 캄캄함.
真っ暗闇[まっくらやみ] 칠흑 같은 어둠.
真夜中[まよなか] 한밤중. 심야(深夜).
真っ逆様[まっさかさま] 곤두박질. 거꾸로 박힘.
¹**真ん円い**[まんまるい] 〈形〉 아주 둥글다. 동그랗다.
¹**真っ二つ**[まっぷたつ] 두 동강. 딱 절반.
真一文字[まいちもじ] 일직선(一直線).
²**真っ赤**[まっか] 〈形動〉 ①새빨감. 진홍(真紅). ②영락없음. 틀림없음.
¹**真ん前**[まんまえ] 정면. 바로 앞.
真正面[ましょうめん] 바로 앞. 바로 정면.
真昼[まひる] 한낮. 대낮. 백주(白昼).
²**真ん中**[まんなか] 한가운데. 한복판.
²**真っ直ぐ**[まっすぐ] ①똑바름. ②정직함.
²**真っ青**[まっさお] ①몹시 새파람. ②안색(顔色)이 몹시 창백함.

²**真っ最中**[まっさいちゅう] (어떤 일이) 한창 진행중임. 한창임.
真下[ました] 바로 아래. 바로 밑.
真夏[まなつ] 한여름.
真向(か)い[まむかい] 바로 마주봄. 정면.
¹**真ん丸い**[まんまるい] 〈形〉 아주 둥글다. 동그랗다.
真後ろ[まうしろ] 바로 뒤.
²**真っ黒**[まっくろ] 〈形動〉 새까맘. 시커멈.
²**真っ黒い**[まっくろい] 〈形〉 아주 새까맣다. 시커멓다.
真っ黒け[まっくろけ] 아주 새까맘.

音読

真に[しんに/まに] 진실로. 정말로. 참으로.
真の[しんの] 참. 참된. 참다운. 진정한.
真価[しんか] 진가; 진정한 값어치.
²**真剣**[しんけん] ①진검; 진짜 칼. ②진지함. 진정임.
²**真空**[しんくう] 진공; ① 《物》 공기 등의 물질이 전혀 없는 상태. ②작용활동이 정지된 공백 상태. ③ 《仏》 모든 실상(実相)을 공허임.
¹**真理**[しんり] 진리; ①참된 도리(道理). ② 《哲》 어떤 경우에도 통용되는 타당한 지식이나 판단.
¹**真相**[しんそう] 진상; 사물의 참된 모습.
真善美[しんぜんび] 인식상(認識上)의 진(真)과 윤리상(倫理上)의 선(善)과 심미상(審美上)의 미(美).
真性[しんせい] 진성; ①천성(天性). ② 《医》 틀림없는 그 증세의 병. ③ 《哲》 만유(万有)의 실상(実相).
真髄[しんずい] 진수; 사물의 본질.
¹**真実**[しんじつ] 진실; ①거짓이 없음. ② 《仏》 절대의 진리. ③ 《副》 정말로.
真偽[しんぎ] 진위; 참과 거짓. 옳고 그름.
真意[しんい] 진의; 참뜻.
真因[しんいん] 진인; 참된 원인.
¹**真正**[しんせい] 진정; 진실하고 바름.
真情[しんじょう] 진정; ①진심. 성심. ②실정(実情).
¹**真珠**[しんじゅ] 진주.
¹**真打**[しんうち] (落語[らくご] 등의 흥행에서) 마지막에 출연하는 인기 있는 출연자. 최고 연기자.
真皮[しんぴ] 진피; 피부의 내층(内層).
真筆[しんぴつ] 진필; 본인의 필적.
真紅[しんく] 진홍; 새빨감.

陣 진칠/줄 진

`7 3 阝 阝⁻ 阝⁼ 阽 陌 阵 陣 陣`

音 ●ジン
訓 ―

音読

¹陣[じん] 진; ①병사를 배치함. ②진지(陣地). 진영(陣營). ③전투. 전쟁. ④집단. 무리.

陣頭[じんとう] 진두; ①최전선(最前線). 진의 맨 앞. ②(업무·활동의) 제일선(第一線).

陣立て[じんだて] ①군세(軍勢)의 배치·편제. ②(난국에 대처한) 진용(陣容).

陣営[じんえい] 진영; ①군대가 진을 치는 곳. ②대립하는 세력 집단.

陣容[じんよう] 진용; ①군대의 배치. ②(조직의) 구성 인원.

陣中見舞(い)[じんちゅうみまい] ①전방 부대 위문. ②(선거전 등의) 격려 위문.

陣地[じんち] 진지; 전쟁에 대비해 군대·장비를 배치해 둔 곳.

陣取る[じんどる]〈5自〉①진을 치다. 포진(布陣)하다. ②(어떤 장소를) 점거하다. 자리를 차지하다.

陳 늘어놓을/말할 진

`7 3 阝 阝⁻ 阝⁼ 阽 阿 阿 陣 陳`

音 ●チン
訓 ⊗のべる ⊗ひねる

訓読

⊗陳べる[のべる]〈下1他〉①말하다. 진술하다. ②기술하다. 서술하다.

⊗陳(ね)る[ひねる]〈下1他〉①오래되다. 낡아지다. ②어른스러워지다.

音読

陳腐[ちんぷ] 진부; 케케묵음. 오래 되어서 썩음. 오래 되어서 낡고 흠.

陳述[ちんじゅつ] 진술; ①자세히 말함. ②《法》 공술(供述).

¹陳列[ちんれつ] 진열; 남에게 보이기 위해 물품을 늘어놓음.

陳情[ちんじょう] 진정; ①심정을 말하여 호소함. ②(정부나 어떤 조직에) 실정을 호소하여 일정한 시책을 요청함.

進(進) 나아갈 진

`亻 亻⁻ 亻⁼ 什 住 隹 隹 隹 進 進`

音 ●シン
訓 ●すすむ ●すすめる

訓読

³●進む[すすむ]〈5自〉①(앞으로) 전진하다. 나아가다. ②(시계가) 빨리 가다. 빠르다. ③발달하다. 진보하다. ④(일이) 진행되다. 진척되다. ⑤(지위가) 올라가다. 승진하다. ⑥진학하다. 진출하다. ⑦(식욕이) 왕성해지다. ⑧(병세가) 악화되다. 더해지다.

¹進み[すすみ] ①전진. 나아감. 진행. ②(마음의) 내킴. ②진도. 진보함. 숙달함. ④진행됨. 진척됨.

進み出る[すすみでる]〈下1自〉(앞으로) 전진하다. 나아가다.

進んで[すすんで] 기꺼이. 자진해서.

²●進める[すすめる]〈下1他〉①(앞으로) 전진시키다. 나아가게 하다. ②(시계를) 앞으로 돌리다. 빨리 가게 하다. ③발전시키다. 발달시키다. ④(일을) 진행하다. 진척시키다. ⑤(정도를) 높이다. 승진시키다. ⑥진학시키다. 진출시키다. ⑦(식욕을) 왕성하게 하다. 돋구다.

音読

進撃[しんげき] 진격; 공격하여 나아감.

進境[しんきょう] 진경; 진보된 정도.

進攻[しんこう] 진공; 나아가 공격함.

進軍[しんぐん] 진군; 군대가 진군함.

進級[しんきゅう] 진급; 등급이 오름.

¹進度[しんど] 진도; 진행 정도.

¹進路[しんろ] 진로; 나아가는 길.

進塁[しんるい] 진루; (야구에서) 주자가 다음 베이스로 나아감.

進物[しんもつ] 선물. 증정물.

進発[しんぱつ] 진발; (부대가) 출발함.

²進歩[しんぽ] 진보; 점차 좋은 방향으로 발달함. 사물이 차차 나아짐.

進上[しんじょう] 진상; ①바침. 드림. ②(윗사람에게 보내는) 편지의 겉에 쓰는 존칭.

進水[しんすい] 진수; 새로 건조한 배를 물 위에 띄움.

進言[しんげん] 진언; 윗사람에게 의견을 말함.

進入[しんにゅう] 진입; 나아가 들어감.

¹進展[しんてん] 진전; ①사태가 진행함. ②어떤 사물이 진보 발전함.

進転[しんてん] 진전; 앞으로 옮겨 나감.

¹進呈[しんてい] 진정; 드림. 증정(贈呈).

進捗[しんちょく] 진척; 일이 진행되어 감.

¹進出[しんしゅつ] 진출; 세력의 확장 또는 새로운 분야의 개척을 위해 앞으로 나아감.

進取[しんしゅ] 진취; 고난을 무릅쓰고 힘껏 앞으로 나아감.

進退[しんたい] 진퇴; 나아감과 물러섬. 움직임. 동작.

進退伺い[しんたいうかがい] (직무상 과실로) 책임을 지고 사직해야 하는지 어떤지에 관한 문의서.

²進学[しんがく] 진학; 상급 학교에 들어감.

進航[しんこう] 진항; 배가 앞으로 나아감.

¹進行[しんこう] 진행; ①앞으로 나아감. ②진전(進展). ③진척(進陟).

¹進化[しんか] 진화; ①생물의 형태·기능이 향상되어감. ②사물이 보다 나은 상태로 발전함.

進化論[しんかろん] 진화론.

診 진찰할 진

一 二 言 言 言 彡 彡 診 診 診

音 ●シン

訓 ●みる

訓読

²●診る[みる] 〈上1他〉 (환자를) 진찰하다. (맥을) 짚어 보다.

音読

²診断[しんだん] 진단; ①의사가 환자를 진찰하여 병의 상태를 판단함. ②사물의 결함을 조사하여 전망에 대해 판단을 내림.

診断書[しんだんしょ] 진단서.

¹診療[しんりょう] 진료; (의사에 의한) 진찰과 치료.

診療所[しんりょうじょ] 진료소.

診療室[しんりょうしつ] 진료실.

²診察[しんさつ] 진찰; 의사가 환자의 병의 상태를 조사하여 판단함.

診察券[しんさつけん] 진찰권.

診察台[しんさつだい] 진찰대.

診察室[しんさつしつ] 진찰실.

診察日[しんさつび] 진찰일.

震 흔들릴/진동할 진

一 尸 乕 乕 宙 雪 严 严 震 震 震

音 ●シン

訓 ●ふるう ●ふるえる ●ふるわす ●ふるわせる

訓読

●震う[ふるう] 〈5自〉 흔들리다. 떨리다.

震い[ふるい] ①(작은) 떨림. 흔들림. 진동(震動). ②(오한·공포로) 떨림.

²●震える[ふるえる] 〈下1自〉 ①흔들리다. 떨리다. 진동(震動)하다. ②(두려움·공포로) 떨리다.

震え[ふるえ] 떨림.

震え上がる[ふるえあがる] 〈5自〉 (추위·공포로) 부들부들 떨다.

震え声[ふるえごえ] 떨리는 목소리.

●震わす[ふるわす] 〈5他〉 떨다. 떨게 하다.

¹●震わせる[ふるわせる] 〈下1他〉 떨다. 떨게 하다.

音読

震度[しんど] 진도; 지진의 강도.

震動[しんどう] 진동; 흔들림. 떨림.

震央[しんおう] 진앙; 지진의 진원(震源) 바로 위가 되는 지점.

震災[しんさい] 진재; 지진으로 인한 재해(災害).

震災地[しんさいち] 지진 재해(災害) 지역.

震幅[しんぷく] 진폭; (지진계에 나타난) 지진의 흔들림의 폭.

鎭(鎮) 진압할/누를 진

釒 釒 釒 釒 針 鈰 鈰 鎮 鎮 鎮

音 ●チン

訓 ●しずまる ●しずめる

訓読

●鎮まる[しずまる] 〈5自〉 ①(난리·폭동 등이) 진압되다. 가라앉다. 평온해지다. ②(神이) 머물다. 진좌(鎮座)하다.

●鎮める[しずめる] 〈下1他〉 ①(난리·폭동 등을) 진압되다. 가라앉히다. 평정하다. ②(마음·통증 등을) 가라앉히다. 진정시키다. ③(神을) 머물게 하다. 진좌(鎮座)시키다.

鎮め[しずめ] 가라앉힘. 진호(鎮護). 진정(鎮定).

音読

鎭撫[ちんぶ] 진무; 난리를 평정하고 민심을 수습함.

鎭守[ちんじゅ] 진수; ①군인을 주둔시켜 그 고장을 지킴. ②서낭신. 수호신. 또는 그 사당(祠堂).

鎭圧[ちんあつ] 진압; ①(난리를) 진정시켜 억누름. ②땅을 일구어 흙을 고르게 함.

鎭定[ちんてい] 진정; (난리를) 진압하여 평정함.

鎭静[ちんせい] 진정; 조용히 가라앉힘. 조용히 가라앉음.

鎭静剤[ちんせいざい] 《薬》 진정제.

鎭座[ちんざ] 진좌; ①신(神)이 그곳에 임함. ②의젓하게 자리잡음.

鎭痛[ちんつう] 진통; 환부의 통증을 진정시킴·가라앉힘.

鎭痛剤[ちんつうざい] 《薬》 진통제.

鎭護[ちんご] 진호; 난리를 평정하여 나라를 지킴.

鎭火[ちんか] 진화; 화재(火災)가 난 불을 끔. 화재가 난 불이 꺼짐.

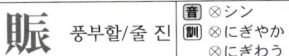

辰 별/조개 진   音 ⊗シン
                  訓 ⊗たつ

訓読

⊗辰[たつ] 진; ①십이지(十二支)의 다섯째. ②진시(辰時). 오전 7시부터 9시 사이. ③진방(辰方), 동남동(東南東).

音読

辰砂[しんさ] 진사; 수은(水銀)의 원광(原鉱).

辰宿[しんしゅく] 진수; 별자리.

賑 풍부할/줄 진   音 ⊗シン
                    訓 ⊗にぎやか
                      ⊗にぎわう

訓読

⁴⊗賑やか[にぎやか] 〈形動〉 ①번화함. 흥청거림. ②(명랑하게) 떠들썩함. 왁자지껄함.

¹⊗賑わう[にぎわう] 〈5自〉 ①흥청거리다. 북적거리다. ②번창하다. 번성하다. ③풍성해지다.

賑わい[にぎわい] ①인파(人波). 사람의 물결. ②흥청거림. 번창. 번영.

⊗賑わしい[にぎわしい] 〈形〉 붐비다. 떠들썩하다. 번화하다.

⊗賑わす[にぎわす] 〈5他〉 ①풍성하게 하다. 푸짐하게 하다. 풍부하게 하다. ②활기차게 하다. 번잡하게 하다. 떠들썩하게 하다. ③흥청거리게 하다. 번창하게 하다. ④(금품·은혜를) 베풀다.

賑賑しい[にぎにぎしい] 〈形〉 떠들썩하다. 매우 번화하다.

賑賑と[にぎにぎと] 떠들썩하게. 요란하게. 북적북적. 화려하게.

音読

賑恤[しんじゅつ] 진휼; 흉년에 궁핍한 백성을 구원하여 도와 줌.

賑恤金[しんじゅつきん] 진휼금.

塵 티끌 진   音 ⊗ジン
              訓 ⊗ちり

訓読

¹塵[ちり] ①먼지. ②티끌. ③(속세의) 번거로움. 더러움.

塵芥❶[ちりあくた] 진개; ①쓰레기. ②무가치한 것. ❷[じんかい] 진개; 쓰레기.

塵っ端[ちりっぱ] 먼지. 티끌.

塵払い[ちりはらい] ①총채. 먼지떨이. ②먼지를 텀.

塵の世[ちりのよ] 속세. 티끌 같은 세상.

塵埃❶[ちりほこり] 진애; 티끌과 먼지. ❷[じんあい] ①먼지와 티끌. ②속세. 티끌 같은 세상.

塵っ葉[ちりっぱ] 먼지. 티끌.

塵除け[ちりよけ] 먼지막이.

²塵紙[ちりがみ] 휴지.

塵塚[ちりづか] ①쓰레기장. ②쓰레기 더미.

¹塵取り[ちりとり] 쓰레받기.

音読

塵境[じんきょう] 진경; 속세. 티끌 같은 세상.

塵界[じんかい] 진계; 속세. 티끌 같은 세상.

塵務[じんむ] 진무; 속세의 번잡한 사무.

塵外[じんがい] 진외; 속세를 벗어난 곳.

塵土[じんど] 진토; ①먼지와 흙. ②하찮은 것. 값어치가 없는 것. ③속세. 티끌 같은 세상.

塵灰[じんかい] 진회; ①티끌고- 재. ②(화재가 난 곳의) 티끌과 재.

[질]

迭(迭) 바꿀 질

丿 亻 二 生 失 失 失 迭

音 ●テツ
訓 ―

音読
❶更迭[こうてつ] 경질; 교체. 바꿈.

疾 앓을/병 질

丶 亠 广 广 扩 疒 疒 疾 疾 疾

音 ●シツ
訓 ⊗はやい ⊗とうに ⊗とく ⊗やましい

訓読
⊗疾い[はやい] 〈形〉 (동작이) 빠르다.
⊗疾うに[とうに] 〈副〉 이미. 벌써. 진작부터.
⊗疾く[とく] 급히. 빨리.
⊗疾しい[やましい] 〈形〉 양심의 가책을 받다. 꺼림칙하다. 뒤가 켕기다.

音読
疾病[しっぺい] 질병; 병(病).
疾走[しっそう] 질주; 빨리 달림.
疾患[しっかん] 질환; 병(病).

秩 차례/질서 질

二 二 千 禾 禾 禾 秒 秒 秩 秩

音 ●チツ
訓 ―

音読
¹秩序[ちつじょ] 질서; 사물의 순서.

窒 막힐/막을 질

丶 宀 宀 灾 灾 空 空 宓 窒 窒

音 ●チツ
訓 ―

音読
窒死[ちっし] 질사; 숨이 막혀 죽음.
窒素[ちっそ] 《化》 질소.

窒息[ちっそく] 질식; 숨이 막힘. 호흡을 할 수 없게 됨.
窒化物[ちっかぶつ] 《化》 질화물. 질소와 다른 원소와의 화합물.

質 모양/바탕 질

一 ⺮ ⺮ ⺮ 斤 斦 斦 斦 質 質 質

音 ●シチ ●シツ ●チ
訓 ⊗ただす ⊗たち

訓読
⊗質す[ただす] 〈5他〉 (모르는 점을 알기 위해) 묻다. 질문하다.
⊗質[たち] ①(사람의 타고난) 성질. 천성(天性). ②(물건의) 품질. ③(사물의) 질.

音読
質❶[しち] ①담보물. 볼모. 저당(抵当). ②전당(典当). 전당물(典当物).
²質❷[しつ] 질; ①품질. ②자질(資質).
質量[しつりょう] 질량; ①질과 양. ②《物》 물체가 가지고 있는 물질의 양.
⁴質問[しつもん] 질문; 의문점을 캐어물음.
¹質素[しっそ] 〈形動〉 검소함.
¹質疑[しつぎ] 질의; 의문점을 물어 밝힘.

叱 꾸짖을 질

音 ⊗シツ
訓 ⊗しかる

訓読
³⊗叱る[しかる] 〈5他〉 꾸짖다. 꾸중하다. 꾸지람하다. 나무라다. 야단치다.
叱り付ける[しかりつける] 〈下1他〉 호통치다. 몹시 야단치다.

音読
叱責[しっせき] 질책; 꾸짖음.
叱咤激励[しったげきれい] 질타 격려; 큰 소리로 꾸짖어 격려함.

姪 조카딸 질

音 ⊗テツ
訓 ⊗めい

訓読
²⊗姪[めい] 질녀(姪女). 조카딸.
姪御さん[めいごさん] (다른 사람의) 조카 따님. ＊존경어임.
姪っ子[めいっこ] 조카딸.

嫉 미워할 질
音 ⊗シツ
訓 ⊗そねむ
　⊗ねたむ

訓読
¹⊗嫉む[そねむ/ねたむ] 〈5他〉 질투하다. 시기하다.
嫉み[そねみ/ねたみ] 질투. 시기.
音読
嫉視[しっし] 질시; 시기하여 봄.
¹嫉妬[しっと] 질투; 시샘.

膣 새살돋을 질
音 ⊗チツ
訓 ―

音読
膣[ちつ] 질; 포유류 암컷 생식기의 일부.
膣炎[ちつえん] ≪医≫ 질염.
膣前庭[ちつぜんてい] ≪生理≫ 질전정.

[짐]

朕(朕) 나 짐
丿 刀 月 月 月 肝 肝 肹 肹 朕
音 ●チン
訓 ―

音読
朕[ちん] 짐. ＊천황(天皇)·제왕(帝王)이 자신을 지칭하는 말로서 중국의 진시황(秦始皇) 때부터 사용되고 있음.

[집]

執 잡을 집
一 十 土 去 幸 幸 幸 剌 執 執
音 ●シツ ●シュウ ⊗シュ
訓 ●とる

訓読
●執る[とる] 〈5他〉 ①(사무를) 보다. 집무하다. ②(손에) 들다. 집다. 잡다.
執り行(な)う[とりおこなう] 〈5他〉 집행하다. 행하다. 거행하다.

音読
執権[しっけん] 집권; ①정권을 잡음. ②(鎌倉(かまくら) 시대의) 将軍(しょうぐん)의 보좌역.
執念[しゅうねん] 집념; 마음에 새겨 동요되지 않는 생각.
執刀[しっとう] 집도; 수술을 위해 메스를 잡음.
執務[しつむ] 집무; 사무를 봄.
執事[しつじ] 집사; 신분이 높은 집이나 절·神社(じんじゃ) 등에서 사무를 감독하고 집행하는 사람.
執心[しゅうしん] 집심; ①집착(執着). ②이성에게 홀딱 반함.
¹執着[しゅうちゃく/しゅうじゃく] 집착; 마음에 새겨두고 잊지 않음.
²執筆[しっぴつ] 집필; 붓으로 글씨를 씀.
執行❶[しっこう] 집행; 어떤 일을 실제로 행함. ❷[しゅぎょう] 절의 사무를 보는 승직(僧職).
執行猶予[しっこうゆうよ] 집행 유예.

集 모을/모일 집
イ イ′ イ″ 什 隹 隹 隹 隼 集 集
音 ●シュウ
訓 ●つどう ●あつまる ●あつめる ⊗すだく ⊗たかる

訓読
●集う[つどう] 〈5自〉 모이다. 모여들다.
集い[つどい] 모임. 회합. 집회(集会).
³●集まる[あつまる] 〈5自〉 모이다. 모여들다. 집합(集合)하다.
²集(ま)り[あつまり] 모임. 집회(集会).
³●集める[あつめる] 〈下1他〉 모으다. 집합시키다. 집중시키다. 수집하다.
⊗集く[すだく] 〈5自〉 ①떼지어 모이다. ②(벌레 등이) 떼지어 울다. ③모여서 소동을 벌이다.
⊗集る[たかる] 〈5自〉 ①모여들다. ②협박하거나 떼를 써서 금품을 빼앗다. 등치다. ③바가지 씌우다.

音読
²集[しゅう] 집; 문장이나 시가(詩歌)를 모은 책.
集結[しゅうけつ] 집결; 한 군데로 모음.
¹集計[しゅうけい] 집계; 수를 모아서 합계함.
²集金[しゅうきん] 집금; 수금(収金). 수금한 돈.
集団[しゅうだん] 집단; 모여서 생긴 단체.
集散[しゅうさん] 집산; 모음과 흩음.

集約[しゅうやく] 집약; 한데 모아 요약함.

集積[しゅうせき] 집적; 모아 쌓음. 모여 쌓임.

²集中[しゅうちゅう] 집중; 한 군데로 모음.

²集合[しゅうごう] 집합; ①(사람을) 한 군데로 모음. ②《数》 집합.

²集会[しゅうかい] 집회; (특정한 공동 목적을 위한) 모임. 회합(会合).

| 什 | ①세간 집 ②열 십 | **音** ⊗ジュウ **訓** ― |

音読

什器[じゅうき] 집기; 일상생활에 사용하는 가구.

什一[じゅういち] 《宗》 십일조. 공물(貢物)로서 특히 종교적인 목적을 위해 바치는 농산물의 십분의 일.

[징]

| 徵(徴) | 부를/조짐 징 |
| 彳 彳' 彳" 徂 徂 徨 徨 徨 徴 徴 | |

音 ●チョウ
訓 ⊗しるし

音読

徴する[ちょうする] 〈サ変他〉 ①소집하다. 징집하다. ②징수하다. 거두다. ③요구하다. 구하다. ④비추어보다.

徴募[ちょうぼ] 징모; 불러 모집함.

徴兵[ちょうへい] 징병; 국가가 국민에게 강제적으로 병역에 복무시키는 일.

¹徴収[ちょうしゅう] 징수; (법에 근거하여) 강제적으로 거두어 들임.

徴用[ちょうよう] 징용; 징발하여 사용함.

徴集[ちょうしゅう] 징집; (국가에서) 사람이나 물건을 강제적으로 모음.

徴候[ちょうこう] 징후; 징조. 조짐.

| 澄 | 맑을 징 |
| 氵 氵' 氵" 氵" 氵" 氵" 氵" 澄 澄 澄 | |

音 ●チョウ
訓 ●すます ●すむ

訓読

¹●澄ます[すます] 〈5他〉 ①(탁한 것을 가라앉혀) 맑게 하다. ②집중하다. 주의를 기울이다. 〈5自〉 얌전한 체하다. 새침을 떼다. 점잔빼다.

澄(ま)し[すまし] ①(탁한 것을 가라앉혀) 맑게 함. ②술잔을 씻는 물. ③새치름함.

澄(ま)し顔[すましがお] 새침한 얼굴.

²●澄む[すむ] 〈5自〉 ①(탁한 것이 없어지고) 맑아지다. 깨끗해지다. ②(하늘이) 맑아지다. 청명해지다. ③(소리가) 맑아지다. ④(마음이) 깨끗해지다. 맑아지다. ⑤(눈이) 맑아지다.

澄み渡る[すみわたる] 〈5自〉 ①(구름 한 점 없이) 맑게 개다. ②(물이) 온통 맑다.

澄み切る[すみきる] 〈5自〉 티없이 맑다. 아주 맑게 개다.

音読

澄明[ちょうめい] 징명; 맑고 투명함.

| 懲(懲) | 징계할 징 |
| 彳 彳" 彳" 徍 徎 徵 徵 徵 懲 懲 | |

音 ●チョウ
訓 ●こらす ●こらしめる ●こりる

訓読

●懲らす[こらす] 〈5他〉 징계하다. 벌주다. (벌로서) 따끔한 맛을 뵈다. 응징하다.

●懲らしめる[こらしめる] 〈下1他〉 징계하다. 벌주다. (벌로서) 따끔한 맛을 뵈다. 응징하다.

懲らしめ[こらしめ] 벌. 징계. 징벌. 응징.

¹●懲りる[こりる] 〈上1自〉 넌더리나다. 질리다.

懲り懲り[こりこり/こりごり] 지긋지긋함. 지겨움. 신물이 남.

音読

懲戒[ちょうかい] 징계; 부당한 행위에 대하여 제재(制裁)를 가함.

懲罰[ちょうばつ] 징벌; ①장래를 경계(警戒)하기 위해 벌을 가함. ②부당한 행위에 대해 징계할 목적으로 가하는 벌.

懲悪[ちょうあく] 징악; 못된 사람을 징계함.

懲役[ちょうえき] 징역; 죄인을 교도소 안에서 일정 기간 복무시키는 형벌.

[차]

且 또 차

丨 冂 冂 且 且

音 ⊗シャ ⊗ショ ⊗ソ
訓 ●かつ

訓読
¹●且つ[かつ] ①또한. 동시에. ②한편으로
는. ③또. 게다가. 그 위에.
且つは[かつは] 또한. 한편으로는.
且つ又[かつまた] 그 위에. 게다가. 또한.
且つ且つ[かつがつ] 겨우. 간신히.

次 다음/차례 차

一 丷 冫 汋 次 次

音 ●ジ ●シ
訓 ●つぐ ●つぎ

訓読
²●次ぐ[つぐ] 〈5自〉①뒤따르다. 뒤를 잇다.
잇따르다. ②버금가다. 다음가다.
次いで[ついで] 이어. 뒤이어. 계속하여.
⁴●次[つぎ] (차례·지위의) 다음.
⁴次に[つぎに] 다음에. 뒤이어.
次の間[つぎのま] 곁방. 옆방. 큰방 옆에
붙은 작은방.
²**次次と**[つぎつぎと] 잇달아. 차례차례.
²**次次に**[つぎつぎに] 잇달아. 차례차례.

音読
次官[じかん] 차관; 대신(大臣) 또는 장관
(長官)을 보좌하는 다음 자리의 사람.
次期[じき] 차기; 다음 기간.
²**次男**[じなん] 차남; 둘째아들.
²**次女**[じじょ] 차녀; 둘째딸.
次代[じだい] 차대; 다음 시대. 다음 세대.
次席[じせき] 차석; 석차가 두 번째임.
次元[じげん] 차원; ① ≪数≫ 일반적인 공
간의 넓이의 정도를 나타내는 수. ②사고
방식이나 행위 등의 수준.
次位[じい] 차위; 둘째 지위. 다음 지위.
次長[じちょう] 차장; (직장에서) 장(長) 다
음 자리에서 보좌하는 직책명.
次点[じてん] 차점; 최고 점수에서 다음가
는 점수.

²**次第**[しだい] ①순서. ②사정. 경과(経過).
유래(由来). ③(명사에 접속하여) …나름
임. …에 따라 결정됨. ④(동사 ます형에
접속하여) …하는 즉시. …하는 대로.
²**次第に**[しだいに] ①서서히. 점점. 차츰.
②순서에 따라서.
次第書(き)[しだいがき] 유래를 기록한 문서.
순서를 적은 문서.
次号[じごう] 차호; 다음 호.
次回[じかい] 차회; 다음 번. 다음 회.

車 ①수레 차
②수레 거

一 冂 冂 冃 冐 亘 車

音 ●シャ
訓 ●くるま

訓読
⁴●車[くるま] 차; 자동차.
車寄せ[くるまよせ] (현관 앞의) 차를 주차
할 수 있도록 현관 앞에 잇대어 지은 곳.
車代[くるまだい] ①차비. 찻삯. ②(수고비
로 주는) 약간의 사례금.
車椅子[くるまいす] 휠체어.
車座[くるまざ] 빙 둘러앉음.
車止め[くるまどめ] ①차량 통행 금지. ②
(차량의) 궤도 이탈 방지 장치. ③(경사진
곳에서 차가 주차할 때) 차바퀴가 움직이
지 않게 하는 장치.
車酔い[くるまよい] 차멀미.
車海老[くるまえび] ≪魚≫ 보리새우.

音読
²**車庫**[しゃこ] 차고; 자동차를 넣어 두는 곳간.
車内[しゃない] 차내; 자동차 안.
²**車道**[しゃどう] 차도; 자동차만이 통행하도록
규정된 도로 구획.
車両[しゃりょう] 차량; 기차·전차·자동차
의 일반적인 호칭.
²**車輪**[しゃりん] 차륜; ①바퀴. ②열심히 일함.
車馬[しゃば] 거마; 수레와 말. 교통 수단.
車線[しゃせん] 차선; ①(자동차의) 주행로
(走行路). ②주행 노폭(路幅).
²**車掌**[しゃしょう] (기차·전차의) 차장.
車種[しゃしゅ] 차종; 자동차의 종류.
車中[しゃちゅう] 차중; 자동차 안.
車窓[しゃそう] 차창; 차량의 창문.
車体[しゃたい] 차체; 차량의 외형 전체.
車軸[しゃじく] 차축; 차량의 굴대.

茶
①차 차
②차 다

☞ 茶(다) p.158

借
빌릴 차

／ 亻 仁 什 什 借 借 借 借

音 ●シャク ⊗シャ
訓 ●かりる

訓読

⁴●借りる[かりる] 〈上1他〉 ①(금품을) 빌리다. 꾸다. ②(도움을) 받다. ③대용(代用)하다.

¹借り[かり] ①빌림. 빚. 부채(負債). ②갚아야 할 은혜. ③(장부상의) 차변(借辺).

借り家[かりいえ/かりや] 셋집.

借り貸し[かりかし] 대차(貸借). ①빌려 줌과 빌려 옴. ②(장부상의) 대변(貸辺)과 차변(借辺).

借り倒す[かりたおす] 〈5他〉 (빚을) 떼어 먹다.

借り物[かりもの] 차용물(借用物). 빌린 물건.

借りっ放し[かりっぱなし] 빌린 채 갚지 않음.

借り手[かりて] 차용인(借用人). 빌려 쓰는 사람.

借り受ける[かりうける] 〈下1他〉 빌리다. 임차(賃借)하다. 꾸다.

借(り)越し[かりこし] 차월: ①일정 한도를 넘어서 빌림. ②빌려 준 것보다 더 많이 빌려 옴.

借り賃[かりちん] 차임: 세(貰). 물건을 빌려쓰고 지불하는 요금.

借り入れ[かりいれ] 차입: 빌려 옴.

借り入れる[かりいれる] 〈下1他〉 차입하다. 빌려 오다.

借入金[かりいれきん] 차입금: 빌려 온 돈. 빌린 돈.

借(り)切り[かりきり] 전세 냄. 몽땅 빌림.

借り切る[かりきる] 〈5他〉 ①전세 내다. 대절하다. ②몽땅 빌리다. 남김없이 빌리다.

借(り)主[かりぬし] 차용인(借用人).

借(り)地[かりち] 차지: 빌려 쓰는 땅.

借(り)着[かりぎ] ①빌려 입은 옷. ②허울만 좋음. 빛 좋음.

借り換える[かりかえる] 〈下1他〉 차환하다. 일단 갚은 것으로 하고 다시 빌리다.

音読

借家[しゃくや/しゃっか] 셋집.

借家人[しゃくやにん] 세 든 사람.

借間[しゃくま] 셋방. 빌려 쓰는 방.

借款[しゃっかん] 차관: 국가 간의 자금의 대차(貸借).

²借金[しゃっきん] 빚. 부채(負債).

借料[しゃくりょう] 차료: 세(貰). 임차료(賃借料).

借用[しゃくよう] 차용: 빌려 사용함.

借用証書[しゃくようしょうしょ] 차용증서.

借財[しゃくざい] 차재: 빚. 부채(負債).

借地[しゃくち] 차지: 빌려 사용하는 땅.

差
어긋날 차

丶 丷 丷 丷 羊 羊 差 差 差 差

音 ●サ
訓 ●さす

訓読

²●差す[さす] 〈5自〉 ①(빛・그림자가) 비치다. ②(밀물이) 밀려오다. 들다. ③(어떤 현상이) 나타나다. ④(마음에) 꺼리다. 켕기다. ⑤(귀신이) 들리다. 씌다. ⑥스며들다. ⑦(가지가) 뻗다. 〈5他〉 ①위로 올리다. 추켜올리다. 들어올리다. ②(춤에서) 손을 앞으로 뻗치다. ③(우산을) 쓰다. 받치다. ④꽂다. ⑤(술잔을) 내밀다. ⑥(씨름에서) 손을 상대편 겨드랑이 밑에 찔러 넣다. ⑦(배가 나아가게) 삿대를 젓다. 삿대질을 하다.

差し遣わす[さしつかわす] 〈5他〉 (사람을) 파견하다. 보내다.

差し控える[さしひかえる] 〈下1自〉 (옆에서) 대기하다. 〈下1他〉 ①삼가다. 조심하다. ②사양하다. 보류하다.

¹差し掛かる[さしかかる] 〈5自〉 ①(시기・장소에) 접어들다. 다다르다. ②뒤덮다. 내리덮다.

差(し)掛け[さしかけ] ①(우산 등을) 받쳐 듦. ②(본채에서 달아 낸) 달개지붕.

差し掛ける[さしかける] 〈下1他〉 ①(우산 등을) 받치다. 받다. ②뒤덮다. 내리덮다. ③술을 따라 권하다.

差し金❶[さしがね] ①(금속제) 곱자. ②(무대 뒤에서) 조종하는 가는 철사. ③막후 조종. 배후 조종. 사주(使嗾). ❷[さしきん] ①계약금. ②부족액을 채우는 돈.

差(し)当(た)り[さしあたり] 우선. 당장.

差(し)戻(し)[さしもどし] ①(서류 등을) 반려함. 되돌려 보냄. ②환송(還送).

差し迫る[さしせまる] 〈5自〉 눈앞에 다가오다. 박두하다. 임박하다. 절박하다.

²差し上げる[さしあげる] 〈下1他〉 ①(눈보다) 높이 쳐들다. 들어 높이 올리다. ②(손윗사람에게) 드리다. 바치다.

差し伸べる[さしのべる] 〈下1他〉 (손을) 쭉 내밀다. 쭉 뻗치다.

差押え[さしおさえ] ≪法≫ 차압; 압류.

差し押さえる[さしおさえる] 〈下1他〉 ①붙잡아 두다. ②차압하다. 압류하다.

²差し引く[さしひく] 〈5他〉 ①공제(控除)하다. 차감(差減)하다. 빼다. ②(낮잡아) 깎다. ③수지 계산을 하다. 〈5自〉 ①(조수가) 밀려왔다 나갔다 하다. ②(체온이) 오르내리다.

¹差(し)引(き)❶[さしひき] ①공제(控除)함. 차(差減). 정산(精算) 결과. ②(조수의) 간만(干滿). 만조(滿潮)와 간조(干潮). ❷[さしびき] 인력거를 끄는 사람 외에 또 한 사람이 끌어당김. 또는 그 사람.

差引勘定[さしひきかんじょう] 차감 계정(差減計定).

差(し)入れ[さしいれ] ①(수감자에 대한) 차입; 음식·옷 등을 들여보냄. ②격려·위로의 선물·음식물.

差し入れる[さしいれる] 〈下1他〉 ①(속에) 집어넣다. 끼우다. 꽂다. ②(수감자에게) 음식·옷 등을 들여보내다. ③격려·위로의 선물·음식물을 주다.

差(し)込(み)[さしこみ] ①찔러 넣음. 찔러 꽂음. ②콘센트. ③위경련(胃痙攣).

差し込む[さしこむ] 〈5他〉 찔러 넣다. 끼워 넣다. 꽂다. 〈5自〉 ①(가슴·배 등이) 쿡쿡 찌르듯이 아프다. ②(빛이) 들어오다.

差し障る[さしさわる] 〈5自〉 지장이 있다. 장애가 되다.

差(し)障り[さしさわり] 지장. 장애. 방해.

差し潮[さししお] 밀물. 만조(滿潮).

差し繰る[さしくる] 〈5他〉 (그럭저럭) 변통하다. 둘러맞추다.

差し足[さしあし] ①살금살금 걸음. ②(경마에서) 앞지르려는 말의 주법(走法).

²差(し)支え[さしつかえ] 지장. 장애.

¹差し支える[さしつかえる] 〈下1自〉 지장이 있다. 지장이 생기다. 지장을 주다.

差し止める[さしとめる] 〈下1他〉 ①금지하다. 못하게 하다. ②정지하다.

差(し)替え[さしかえ] ①교체(交替). 바꿈. ②(바꿔 차기 위한) 예비용 칼.

差し替える[さしかえる] 〈下1他〉 ①교체(交替)하다. 바꾸다. 바꿔 넣다. ②갈아 꽂다. 바꿔 꽂다.

差し招く[さしまねく] 〈5他〉 ①손짓하여 부르다. ②지시하다. 지휘하다.

差し出がましい[さしでがましい] 〈形〉 주제넘다.

¹差し出す[さしだす] 〈5他〉 ①(손을) 내밀다. ②(서류 등을) 제출하다. ③(사람을) 파견하다. 보내다. ④(우편물을) 발송하다. 부치다. 보내다.

差出人[さしだしにん] (우편물 등의) 발송인(発送人). 발신인(発信人).

差し置く[さしおく] 〈5他〉 ①그냥 두다. 그만두다. ②내버려두다. ③무시하다. 제쳐놓다.

差(し)向(か)い[さしむかい] (두 사람이) 마주 앉음. 마주 봄.

差(し)回し[さしまわし] (필요한 것을 지정한 장소로) 보냄.

音読

²差[さ] 차; ①차이. 차등. 간격. ②(뺄셈에서) 나머지. 차이. 차.

差金[さきん] 차금; 차액(差額).

差等[さとう] 차등; 차이가 나는 등급.

差配[さはい] ①(세놓은 집·땅역) 대리 관리. 대리 관리인. ②일을 분담함. ③참견.

²差別[さべつ] 차별; 차등이 있게 구별함.

差額[さがく] 차액; (어떤 액수를 뺀) 나머지 액수.

差違[さい] 차위; 차이가 있음(差異).

差異[さい] 차이; 서로 차가 있게 다름.

差益[さえき] 차익; (가격의 개정이나 매매 결산에서) 차액으로서의 이익.

遮(遮) 가릴/막을 차

亠 广 广 庐 庐 庶 庶 庶 遮 遮

音 ●シャ
訓 ●さえぎる

訓読

¹●遮る[さえぎる] 〈5他〉 ①(보이지 않게) 차단하다. 가리다. ②(방해할 목적으로) 가로막다. 방해하다. 못하게 하다.

直　　곧을 직

一 ナ オ 市 市 有 直 直

音 ●ジキ ●チョク
訓 ●ただちに ●なおす ●なおる ⊗すぐ ⊗ひた…

訓読

²●直ちに[ただちに] ①즉시. 곧. 당장. ②바로. 직접. ③즉. 그대로.

³●直す[なおす] 〈5他〉 ①(잘못 된 것을) 고치다. 바로잡다. ②정정하다. ③수리하다. ④(계획·기분을) 바꾸다. ⑤(딴 형식으로) 바꾸다. 번역하다. 변조(変調)하다. ⑥환산(換算)하다. ⑦(어떤 관계를) 회복하다. 회복시키다. ⑧(동사 ます형에 접속하여) 다시 …하다. 고쳐 …하다.

³●直る[なおる] 〈5自〉 ①(잘못 된 것이) 고쳐지다. 바로잡히다. ②정정되다. ③수리되다. 수선되다. ④(어떤 관계가) 회복되다. ⑤(좋은 자리로) 옮겨 앉다. 옮겨지다. ⑥(병이) 낫다. 치료되다.

²⊗直ぐ[すぐ] 〈副〉 ①곧. 즉시. 당장. 냉큼. ②머지않아. 곧. ③곧잘. 쉽게. ④(거리상으로) 바로 곁. 아주 가까이. 〈形動〉 ①곧음. 똑바름. ②순진함. 정직함.

音読

²直❶[じき] ①직접. ②(거리·시간이) 아주 가까움. ❷[ちょく] ①곧음. 옳음. ②당직. ③솔직함. ④손쉽고 간편함.

²直に❶[じきに] 곧. 금방. 머지않아. ❷[じかに] 직접. 바로.

²直角[ちょっかく] 직각; 직각임.

²直覚[ちょっかく] 직각; 직관(直観).

¹直感[ちょっかん] 직감; 추리·고찰(考察)에 의하지 않고 순식간에 느껴서 앎.

直撃[ちょくげき] 직격; 직접적인 공격.

直結[ちょっけつ] 직결; 직접적인 연결.

²直径[ちょっけい] 《数》 직경; 지름.

直系[ちょっけい] 직계; 직접적으로 계통을 이어받음.

直球[ちょっきゅう] 직구; (야구의) 스트레이트(볼).

直談[じきだん/じかだん] 직접 담판.

直列[ちょくれつ] 직렬; ①직선으로 늘어섬. 직선으로 늘어선 줄. ②'直列連結'의 준말.

²直流[ちょくりゅう] 직류; ①곧게 흐름. 곧은 흐름. ②항상 일정한 방향으로 흐르는 전류.

直立[ちょくりつ] 직립; ①똑바로 섬. 꼿꼿이 섬. ②높이 솟음.

直売[ちょくばい] 직매; 생산자가 직접 상품을 소비자에게 팖.

¹直面❶[ちょくめん] 직면; 어떤 사물에 직접 대면함. ❷[ひたおもて] ①직접 얼굴을 맞댐. 맞대면함. ②거리낌 없음. ③(能楽(のうがく)에서) 탈을 쓰지 않음. ❸[ひためん] (能楽(のうがく)에서) 탈을 쓰지 않음. 가면을 쓰지 않은 얼굴.

直門[じきもん] 스승에게서 직접 지도를 받음. 또는 그런 사람.

直物[じきもの] (상거래에서) 현물(現物).

直物相場[じきものそうば] 현물 시세.

直配[ちょくはい] 직배; 직접 배급·배달함.

直写[ちょくしゃ] 직사; 있는 그대로 베낌. 꾸밈없이 묘사함.

直上[ちょくじょう] 직상; ①바로 위. ②똑바로 위로 올라감. 쭉쭉 올라감.

直叙[ちょくじょ] 직서; 있는 사실 그대로 서술함.

²直線[ちょくせん] 직선; ①곧은 줄. ②《数》 두 점을 연결하는 최단거리의 선.

直訴[じきそ] 직소; 절차를 밟지 않고 윗사람이나 상급 관청에 호소함.

直属[ちょくぞく] 직속; 직접 예속됨.

直送[ちょくそう] 직송; 상대방에게 직접 보냄.

直視[ちょくし] 직시; ①똑바로 지켜봄. ②(사물을) 있는 그대로 봄.

直言[ちょくげん] 직언; 생각한 바를 상대방에게 기탄없이 말함.

直訳[ちょくやく] 직역; 원문의 자구(字句)·어법(語法)에 따라 한 마디 한 마디 충실하게 번역함.

直営[ちょくえい] 직영; 직접 경영함.

直裁[ちょくさい] 직재; ①즉시 결재함. ②본인이 직접 결재함.

²直前[ちょくぜん] 직전; ①바로 앞. 눈 앞. ②(어떤 일이 발생하기) 바로 전.

²直接[ちょくせつ] 직접; 중간에 매개나 거리·간격이 없이 바로 접합.

直情[ちょくじょう] 있는 그대로의 감정.

直情径行[ちょくじょうけいこう] (생각한 바를) 거리낌 없이 말하거나 행동함.

音読
遮光[しゃこう] 차광; 빛을 막아서 가림.
遮断[しゃだん] 차단; 가로막아서 멈추게 함. 가로막아 사이를 끊음.
遮断器[しゃだんき] (전기 회로의) 차단기.
遮音[しゃおん] 차음; 소리가 들리지 않도록 방음(防音) 장치를 함.
遮二無二[しゃにむに] (앞뒤를 가리지 않고) 마구. 무턱대고.
遮蔽[しゃへい] 차폐; 가리고 덮음.

此 이것 차
音 ⊗シ
訓 ⊗この ⊗これ

訓読
4⊗**此の**[この] ①이. ②최근의.
2**此のまま**[このまま] 이대로. 이냥.
3**此の間❶**[このあいだ] 요전. 지난번. 접때. ❷[このかん] ①그 동안. 그 사이. ②저간 (這間).
3**此の頃**[このごろ] 근래. 요즈음 최근.
4**此の辺**[このへん] ①이 근처. 이 근방. ②이 쯤. 이 정도.
此の上[このうえ] ①이 이상. ②이렇게 된 바에는. 앞으로도.
4⊗**此れ**[これ] ①이것. ②(자기 가족이나 손 아랫사람을 가리켜서) 이 사람. 이 애. 이 아이.
此れから[これから] ①이제부터. 앞으로. 장차. ②여기서부터. 여기로부터.

音読
此岸[しがん] 《仏》 차안; 이승. 이 세상. 현세(現世).

侘 실망할 차
音 ⊗タ ⊗ダ
訓 ⊗わびしい ⊗わびる

訓読
⊗**侘しい**[わびしい] 〈形〉 ①쓸쓸하다. 외롭다. 적적하다. 울적하다. ②초라하다.
⊗**侘びる**[わびる] 〈上1自〉 ①비관하여 한탄하다. 슬퍼하다. ②쓸쓸하게 생각하다. ③초라하게 보이다. ④속세를 멀리하여 한적한 정취에 잠기다.
侘び[わび] ①여러 가지 걱정. 수심(愁心). ②한적한 정취.
侘び住まい[わびずまい] ①한적한 아취가 있는 생활. ②은둔 생활. ③초라한 생활.

着 입을/손댈/붙을 착
丷 半 弟 差 差 着 着 着 着

音 ●チャク ●ジャク
訓 ●つく ●つける ●きせる ●きる

訓読
4●**着く**[つく] 〈5自〉 ①도착하다. ②닿다. 접촉하다. ③(자리에) 앉다. ④달라붙다. 밀착하다. ⑤(얼룩이) 묻다. 생기다.
2●**着ける**[つける] 〈F1他〉 ①(옷을) 입다. 걸치다. ②(탈것을) 대다. ③접촉하다. 닿게 하다. ④(자리에) 앉히다.
2●**着せる**[きせる] 〈F1他〉 ①(옷을) 입히다. ②(겉에) 씌우다. 입히다. ③(죄·책임 등을) 뒤집어 씌우다. 전가(転嫁)하다.
4●**着る**[きる] 〈上1他〉 ①(옷을) 입다. ②(누명 등을) 뒤집어쓰다. ③(혜택을) 입다. 받다.
着こなし[きこなし] (옷을) 맵시 있게 입음. 몸에 어울리게 입음.
着こなす[きこなす] 〈5他〉 (옷을) 맵시 있게 입다. 몸에 어울리게 입다.
着古す[きふるす] 〈5他〉 오래 입어서 낡다.
着倒れ[きだおれ] 옷사치로 망함.
着流し[きながし] ①(能楽(のうがく)의) 옷차림에서) 袴(はかま)를 입지 않음. ②(袴(はかま)를 입지 않은) 평소의 간단한 복장.
3**着物**[きもの] ①옷. 의복. ②(서양 옷에 대하여) 일본 옷.
着付[けつけ] ①옷맵시. 옷매무새. ②옷 단장을 해 줌. ③(늘 입어서) 몸에 익숙함.
着崩れ[きくずれ] (입고 있는 동안에) 옷 무새가 흐트러짐.
着飾る[きかざる] 〈5自他〉 정장(正装)하다. (화려하게) 옷을 차려입다.
着心地[きごこち] (옷을) 입었을 때의 기분. 옷을 입은 느낌.
着込み[きこみ] 호신용 속옷.
着込む[きこむ] ①(옷을 밑에) 받쳐 입다. ②(여러 벌) 껴입다. ③입다. 차려 입다. ＊'着(き)る'의 강조임.
着丈[きたけ] (몸에 맞는) 옷기장.
2**着替え**[きがえ] ①(옷을) 갈아입음. ②갈아 입을 옷.

²着替える[きかえる/きがえる] 〈下1他〉 옷을
갈아입다.

音読

²着[ちゃく] 착; ①도착, 도착함. ②(시합에서)
입상(入賞). ③(옷을 세는 말로서) …벌.

着剣[ちゃっけん] 착검; 총 끝에 대검(帯剣)
을 꽂음.

¹**着工**[ちゃっこう] 착공; 공사에 착수함.

¹**着陸**[ちゃくりく] 착륙; 비행기가 육지에
내림.

¹**着目**[ちゃくもく] 착목; 주의(注意)하여 봄.
주목(注目)함.

着服[ちゃくふく] 착복; ①옷을 입음. ②몰
래 훔쳐 자기 것으로 만듦.

着払い[ちゃくばらい] 착불; (배달 물품의
운송료를) 수취인이 지불함.

着想[ちゃくそう] 착상; 아이디어. 구상.

着色[ちゃくしょく] 착색; 물들임. 염색을 함.

着生[ちゃくせい] 착생; 다른 것에 부착하
여 자라거나 생활함. 더부살이함.

¹**着席**[ちゃくせき] 착석; 자리에 앉음.

着水[ちゃくすい] 착수; 물 위에 내림.

¹**着手❶**[ちゃくしゅ] 착수; ①일을 시작함.
손을 댐. ②범행의 개시. ③(바둑·장기
에서) 한 수 한 수. **❷**[きて] (그) 옷을
입은 사람.

着順[ちゃくじゅん] 착순; ①도착순. 선착
순. ②(경마 등에서) 골인 순서.

着実[ちゃくじつ] 착실; 성실함. 진실함.

着駅[ちゃくえき] 착역; (철도에서) 도착역.

着駅払い[ちゃくえきばらい] 화물 운임을
도착역에서 지불함.

着用[ちゃくよう] 착용; ①옷을 입음. ②(물
건을) 몸에 지녀 활용함. 휴대함.

着衣[ちゃくい/ちゃくえ] 착의; 옷을 입음.
또는 입고 있는 옷.

着意[ちゃくい] 착의; ①주의함. ②궁리를
함. 착상(着想).

着任[ちゃくにん] 착임; 새로운 임지에 도
착함. 또는 새 임무를 맡음.

着装[ちゃくそう] 착장; ①(옷을) 몸에 걸침.
②(기계 부품을) 본체(本体)에 부착함.

着地[ちゃくち] 착지; ①착륙 장소. ②도착
지. ③(스키·체조·허들 경기에서) 운동
을 마치고 땅으로 내려서는 것.

着地払い[ちゃくちばらい] 착불(着払), 운임
을 도착지에서 지불함.

²**着着と**[ちゃくちゃくと] 〈副〉 착착; 척척.

搾 쥐어짤 착

一 十 才 扩 扩 挧 搾 搾 搾

音 ●サク

訓 ●しぼる

訓読

²●**搾る**[しぼる] 〈5他〉 ①(물기가 빠지게) 짜
다. 쥐어짜다. ②(액즙을) 짓눌러 짜다.
③(금품을) 착취하다. 억지로 우려내다.
④호되게 야단치다. 혼내다.

搾り上げる[しぼりあげる] 〈下1他〉 ①다 짜
내다. ②(금품을) 우려내다. 뜯어내다.
③호되게 꾸짖다. 닦달하다.

搾り滓[しぼりかす] (액체를 짜낸) 찌꺼기.

搾り出し[しぼりだし] (치약·접착제·약 등
의 내용물을 짜내게 만든) 튜브.

搾り出す[しぼりだす] 〈5他〉 (액체 등을) 짜
내다. 쥐어짜다.

搾り取る[しぼりとる] 〈5他〉 ①(액체 등을)
다 짜내다. 쥐어짜내다. ②(금품을) 착취
하다. 쥐어짜다.

音読

搾油[さくゆ] 착유; 기름을 짬.

搾乳[さくにゅう] 착유; (가축의) 젖을 짜냄.

搾取[さくしゅ] 착취; ①누르거나 비틀어서
(액체 등을) 쥐어짜냄. ②지주(地主)나 고
용주가 싼 임금을 지급하고 그 이익 대부
분을 차지함.

錯 뒤섞일 착

亠 牟 牟 金 金 鉗 錯 錯 錯 錯

音 ●サク ⊗シャク

訓 ―

音読

錯角[さっかく] ≪数≫ 착각; 엇각.

¹**錯覚**[さっかく] 착각; ① ≪心≫ 객관적 사
실과 다르게 자각함. ②사실처럼 잘못 생
각함.

錯乱[さくらん] 착란; 뒤섞여 어수선함. 머
리가 혼란함.

¹**錯誤**[さくご] 착오; ①착각에 의한 잘못.
②인식(認識)과 사실의 불일치.

錯雑[さくざつ] 착잡; 뒤섞여 복잡함.

錯綜[さくそう] 착종; 뒤섞여 얽힘.

捉 잡을 착

音	⊗ソク
訓	⊗とらえる
	⊗つかまえる

訓読
⊗捉える[とらえる] 〈下1他〉 ①붙들다. 붙잡다. ②포착하다. ③파악하다.
⊗捉(ま)える[つかまえる] 〈下1他〉 ①꽉 잡다. 붙잡다. 잡다. ②파악하다.
捉(ま)え所[つかまえどころ] 종잡을 곳. 요점.
⊗捉まる[つかまる] 〈5自〉 ①(범인 등이) 붙잡히다. 잡히다. ②(가지 못하게) 붙잡히다. ③(꽉 붙잡고) 매달리다.

窄 좁을 착

音	⊗サク
訓	⊗すぼまる
	⊗すぼむ

訓読
⊗窄まる[すぼまる/つぼまる] 〈5自〉 오므라들다. 작아지다. 움츠러들다.
⊗窄む[すぼむ/つぼむ] 〈5自〉 ①오므라들다. 점점 작아지다. ②끝이 가늘어지다. ③쇠퇴하다.
⊗窄める[すぼめる/つぼめる] 〈下1他〉 오므리다. 오므라뜨리다. 움츠리다.

縒 어지러울 착

音	⊗シ
訓	⊗よる ⊗よれる

訓読
⊗縒る[よる] 〈5他〉 (실을) 꼬다. 꼬아서 엉키게 하다.
縒り[より] (실을) 꼼. 꼰 것.
縒り金[よりきん] 견사·면사의 심에 가늘게 자른 금박을 감은 실.
縒り合わせる[よりあわせる] 〈下1他〉 (실 등을) 꼬아서 한 가닥이 되게 하다. 합쳐서 꼬다.
⊗縒れる[よれる] 〈下1自〉 (실이) 꼬이다. 비틀리다. 엉키다.

齣 단락 착

音	⊗セキ
訓	⊗こま

訓読
⊗齣[こま] 영화나 필름의 한 장면, 또는 그것을 세는 말.
齣落し[こまおとし] (영화에서) 느린 속도의 촬영, 또는 그 필름.

[찬]

贊(賛) 기릴/찬성할 찬

一 二 ナ 夫 夫夫 替替 替替 贊

音	●サン
訓	―

音読
贊[さん] ①(사물을 찬미하는) 한문의 한 문체. ②(그림 속에 써 넣은) 글. ③부처의 공덕을 기리는 말. ④비평.
贊する[さんする] 〈サ変他〉 ①찬성하다. 동의하다. ②돕다. 조력하다. ③칭찬하다. 기리다. ④(그림에) 찬(贊)을 쓰다.
贊歌[さんか] 찬가; 찬미의 노래.
贊同[さんどう] 찬동; 찬성하여 동의함.
¹贊美[さんび] 찬미; 기리어 칭송함.
贊美の歌[さんびのうた] 찬송가(讚頌歌).
贊否[さんぴ] 찬부; 찬성과 불찬성. 찬성 여부.
贊辞[さんじ] 찬사; 찬미의 글이나 말.
²贊成[さんせい] 찬성; 동의함.
贊意[さんい] 찬의; 찬성의 뜻.
贊助[さんじょ] 찬조; 찬성하여 도움.

撰ˣ(撰) 편찬할 찬

音	⊗セン
訓	⊗えらぶ

訓読
⊗撰ぶ[えらぶ] 〈5他〉 편찬하다. 편집하다.
¶詩歌(しいか)を～ 시가를 편찬하다.

音読
撰する[せんする] 〈サ変他〉 편찬하다. 저술(著述)하다.
撰述[せんじゅつ] 찬술; 저술(著述).
撰者[せんじゃ] 찬자; ①저자(著者). 작자(作者). ②편찬자.

燦 빛날 찬

音	⊗サン
訓	―

音読
燦爛[さんらん] 찬란함. 눈부심.
燦然と[さんぜんと] 찬연히. 번쩍거리며 빛남.
燦燦と[さんさんと] 눈부시게 빛남.

讚(讚) 찬

기릴/도울 / 찬
音 ⊗サン
訓 ―

音読
讚[さん] ①(사물을 찬미하는) 한문의 한 문체. ②(그림 속에 써 넣은) 글. ③부처의 공덕을 기리는 말. ④비평.
讚する[さんする] 〈サ変他〉 ①찬성하다. 동의하다. ②돕다. 조력하다. ③칭찬하다. 기리다. ④(그림에) 찬(贊)을 쓰다.
讚歌[さんか] 찬가; 찬미의 노래.
讚美[さんび] 찬미; 기리어 칭송함.
讚美の歌[さんびのうた] 찬송가(讚頌歌).

〔 찰 〕

札

패/편지 찰
一 十 才 木 札
音 ●サツ
訓 ●ふだ

訓読
¹**札❶[ふだ]** ①표찰(標札). 표(標). ②¶お~ 부적(符籍). ③팻말. ④표. 입장권. ⑤(화투・트럼프의) 패. ❷[さつ] ☞ [音読]
札付(き)[ふだつき] ①표(標)가 붙어 있음. ②(상품에) 가격표가 붙어 있음. ③(악평으로) 유명함. 소문이 나 있다.
札箱[ふだばこ] 표(標)를 넣는 상자. 부적을 넣는 상자.
札所[ふだしょ] (절에서) 참배인이 부적을 받는 곳.
札止め[ふだどめ] ①표가 매진됨. ②출입 금지의 푯말을 세움.
札差[ふださし] ①역참에서 화물의 무게를 검사하던 사람. ②(江戸(えど) 시대에) 旗本(はたもと)・御家人(ごけにん)의 대리로 녹미(禄米)를 수납・처분하며 돈놀이를 하던 사람.

音読
²**札❶[さつ]** ①종이돈. 지폐. ②(증서・어음 등을 세는 말로서) 통. ❷[ふだ] ☞ [訓読]
札束[さつたば] 돈뭉치. 지폐 다발.
札入れ[さついれ] 돈지갑.
札片[さつびら] (여러 장의) 지폐.

察

살필 찰
丶 宀 宀 宀 宏 宏 宎 窔 窔 察 察
音 ●サツ
訓 ―

音読
¹**察する[さっする]** 〈サ変他〉 ①헤아리다. 추측하다. 짐작하다. 살피다. ②동정하다. 생각해 주다. ③자세히 관찰하다. 상세히 조사하다.
察し[さっし] 추측. 미루어 짐작함. 이해함. 살펴 헤아림.
察知[さっち] 찰지; 살펴서 앎. 미루어 앎.

擦

문지를/비빌 찰
扌 扩 扩 扩 护 护 掉 捽 搾 擦
音 ●サツ
訓 ●する ●すれる

訓読
¹**擦る[する]** 〈5他〉 ①문지르다. 비비다. ②(먹을) 갈다. (줄로) 쓸다. ③으깨다. 짓이기다. ④돈을) 탕진하다. 다 써 버리다.
擦り寄る[すりよる] 〈5自〉 ①(몸이 닿을 정도로) 살며시 다가서다・기대다. ②앉은 걸음으로 다가오다.
擦り抜ける[すりぬける] 〈下1自〉 ①(좁은 틈새를) 빠져나가다. ②적당히 넘기다. 어물쩍 넘어가다.
擦り傷[すりきず] ①찰과상. ②긁힌 자국.
¹**擦れる[すれる]** 〈下1自〉 ①(나뭇잎 등이) 마주 스치다. 맞닿다. ②스쳐 닳다. 무지러지다. ③(세상사에) 약아빠지다.
擦れ枯らし[すれからし] (세상사에) 닳아빠짐. 뻔뻔스러움. 교활함.
²**擦れ違う[すれちがう]** 〈5自〉 ①마주 스쳐 지나가다. ②(길이) 엇갈리다. ③(의견이) 엇갈리다. 빗나가다.
擦れ合う[すれあう] 〈5自〉 ①서로 스치다. 마찰이 생기다. 마찰하다. ②(사이가 안 좋아) 서로 으르렁대다.

音読
擦過傷[さっかしょう] 찰과상; 스치거나 문질려서 살갗이 벗어진 상처.

[참]

参(参) ①참여할 참
②석 삼

一 ㄠ ㄢ � 夭 乒 参 参

[音] ●サン ⊗シン
[訓] ●まいる

訓読
³参る[まいる] 〈5自〉 ①가다. ＊'行(い)く'의 겸양어. ②오다. ＊'来(く)る'의 겸양어. ③참배(参拝)하다. 성묘(省墓)하다. ④(시합에) 지다. 항복하다. ⑤질리다. 손들 뒤다. ⑥《俗》맥 못 추다. ⑦《俗》죽다. 뒈지다. 뻗다. ⑧홀딱 반하다.
参り[まいり] ①(윗사람을) 찾아뵘. 뵈러 감. ②참배(参拝).

音読
²参[さん] ①참가함. 참여함. ②삼. 3.
参じる[さんじる] 〈上1自〉 ☞ 参ずる
参する[さんする] 〈サ変自〉 참여하다. 관계하다.
参ずる[さんずる] 〈サ変自〉 ①(윗사람을) 찾아뵙다. 뵈러 가다. ②참석하다. 참여하다. ③참선(参禅)하다.
²参加[さんか] 참가; 참여함.
²参考[さんこう] 참고; 살펴서 생각함. 참조하여 고증(考証)함.
参考書[さんこうしょ] 참고서.
参考人[さんこうにん] 참고인.
参観[さんかん] 참관; 그 장소에 가서 직접 봄.
参列[さんれつ] 참렬; 참석.
参謀[さんぼう] 참모; ①지휘관의 보좌관. ②(일반적으로) 계획에 참여하여 지도를 하는 사람.
参拝[さんぱい] 참배; 신불(神仏)에게 엎드려 절함.
参事[さんじ] 참사; 어떤 사무에 참여하는 직책. 또는 그 사람.
¹参上[さんじょう] 뵈러 감. 찾아뵘.
参禅[さんぜん] 《仏》 참선; 좌선(坐禅)하여 선도(禅道)를 수행함.
参与[さんよ] 참여; ①어떤 일에 관계하여 그 일에 협력함. ②학식(学識)이나 경험이 있는 사람을 행정 사무에 관여하게 하는 직책. 고문.

参院[さんいん] '参議院'의 준말.
参議[さんぎ] 참의; ①정치에 관한 의사(議事)에 참여함. ②(옛날) 太政官(だじょうかん)의 관직.
参議院[さんぎいん] 참의원.
参酌[さんしゃく] 참작; 다른 것과 비교하여 알맞게 고려함.
参戦[さんせん] 참전; 전쟁에 참여함.
参政権[さんせいけん] 참정권; 국민이 직접 또는 간접적으로 국가의 정치에 참여하는 권리.
¹参照[さんしょう] 참조; 다른 것과 비교하여 참고로 함.
参集[さんしゅう] 참집; 모여듦.
参賀[さんが] 참하; 입궐(入闕)하여 축하의 말이나 글을 올림.
参会[さんかい] 참회; ①모임에 참석함. ②모임. 집회(集会).
参画[さんかく] 참획; 계획에 참여함.

惨(惨) 참혹할 참

丶 忄 忄 忄 忄 快 快 惨 惨 惨

[音] ●サン ●ザン
[訓] ●みじめ ⊗むごい ⊗むごたらしい

訓読
²●惨め[みじめ] 〈形動〉 비참함. 참담함. 참혹함. 처참함.
⊗惨い[むごい] 〈形〉 ①비참하다. 애처롭다. ②무자비하다. 잔인하다. 매정하다.
⊗惨たらしい[むごたらしい] 〈形〉 비참하다. 참혹하다. 잔인스럽다.

音読
惨劇[さんげき] 참극; 비참한 사건.
惨憺[さんたん] 참담; ①비참함. 처참함. ②노심초사함. ③암담함.
惨死[さんし] 참사; 참혹하게 죽음.
惨事[さんじ] 참사; 비참한 사건.
惨殺[ざんさつ] 참살; 참혹하게 죽임.
惨状[さんじょう] 참상; 참혹한 상태.
惨敗[さんぱい/ざんぱい] 참패; 형편없이 패배함.
惨害[さんがい] 참해; 참혹하게 입은 손해.
惨酷[ざんこく] 참혹; 비참하고 끔찍함. 잔인하고 무자비함.
惨禍[さんか] 참화; 참혹한 재앙(災禍).

斬 벨 참
音 ⊗ザン
訓 ⊗きる

訓読
⊗斬る[きる] 〈5他〉 (사람을) 베다. 자르다.

音読
斬首[ざんしゅ] 참수; 목베기. 벤 머리.
斬新[ざんしん] 참신; 취향 등이 매우 새로움.

僭 참람할/거짓 참
音 ⊗セン
訓 —

音読
僭越[せんえつ] 참월; 주제넘음.

倉 창고 창
丿 个 亽 今 今 佥 슦 倉 倉 倉

音 ●ソウ
訓 ●くら

訓読
●倉[くら] 창고. 곳간.
倉渡し[くらわたし] 창고 인도. 매매한 상품을 창고에 둔 채로 거래함.
倉敷料[くらしきりょう] 창고 사용료. 창고 보관료.
倉荷[くらに] 창고에 보관 중인 짐.

音読
²倉庫[そうこ] 창고; 물건을 보관하는 곳.

唱 노래할 창
丨 𠀚 𠮛 𠮝 𠮟 𠮟 𠮡 唱

音 ●ショウ
訓 ●となえる

訓読
¹●唱える[となえる] 〈下1他〉 ①(소리내어) 외다. 읊다. ②(소리 높여) 외치다. ③주창(主唱)하다. 주장하다.

音読
唱和[しょうわ] 창화; 제창(斉唱). 한 사람이 선창하고 여러 사람이 따라 부름.

窓 창문 창
丶 宀 灾 灾 灾 空 空 窓 窓 窓

音 ●ソウ
訓 ●まど

訓読
⁴●窓[まど] 창; ①창문. ②(비유적인) 창문. ③학창(学窓).
窓ガラス[まどガラス] 창문 유리. 유리창.
窓掛け[まどかけ] 창을 가리는 천. 커튼.
²窓口[まどぐち] 창구; ①(관공서·은행 등에서) 창을 통해 금품의 출납 사무를 보는 곳. ②외부와 연락을 취하는 곳.
窓明(か)り[まどあかり] 창문을 통해 안으로 비쳐드는 빛.
窓辺[まどべ] 창변; 창가.
窓越し[まどごし] 창 너머. 창문 너머.
窓際[まどぎわ] 창가.

音読
窓外[そうがい] 창외; 창 밖.
窓前[そうぜん] 창전; 창문 앞. 창가.
窓下[そうか] 창하; 창문 아래. 창가.

創 비롯할/다칠 창
𠆢 亽 亽 亼 亽 佥 佥 倉 倉 創 創

音 ●ソウ
訓 ⊗きず ⊗はじめる ⊗つくる

訓読
⊗創[きず] 상처. 다친 데. 흉터.
⊗創める[はじめる] 〈下1他〉 (사업을) 시작하다. 개시하다.
⊗創る[つくる] 〈5他〉 ①창조하다. ②창작하다. ③창립하다. 창설하다.

音読
¹創刊[そうかん] 창간; 잡지나 신문 등을 새로 발간함.
創建[そうけん] 창건; 처음으로 세움.
¹創立[そうりつ] 창립; 학교·회사 등을 처음으로 설립함.
創傷[そうしょう] 창상; 칼에 베인 상처.
創設[そうせつ] 창설; 새로 설립함.
創世記[そうせいき] (성경의) 창세기.
創始[そうし] 창시; 처음으로 시작함.
創案[そうあん] 창안; 처음으로 생각해 냄.

創業[そうぎょう] 창업; 사업을 시작함.

創意[そうい] 창의; 새로 의견을 생각해 냄. 새로 생각해 낸 의견.

²創作[そうさく] 창작; ①새로운 것을 처음으로 만들어 냄. ②예술 작품을 만들어 냄. 또는 그 작품. ③날조. 그럴듯하게 꾸며냄.

創製[そうせい] 창제; 물건을 최초로 만들어 냄.

¹創造[そうぞう] 창조; ①조물주가 우주 만물을 처음으로 만들어 냄. ②새로운 것을 처음으로 만들어 냄.

創出[そうしゅつ] 창출; 새로 만들어 냄.

| 脹 | 팽창할 창 |

丿 刀 月 旷 旷 旷 胪 胪 胪 脹

🔲 ●チョウ

🔲 ⊗ふくよか ⊗ふくらす ⊗ふくらます
⊗ふくらむ ⊗ふくれる

訓読

⊗脹よか[ふくよか] 〈形動〉①(부드럽게 부푼) 포동포동함. 풍만함. 푹신함. 폭신함. ②향기가 풍부함. ③성격이 온화하고 개성이 풍부함.

⊗脹らす[ふくらす] 〈5他〉부풀리다. 볼록하게 하다.

⊗脹らます[ふくらます] 〈5他〉①부풀리다. 부풀리게 하다. ②(가슴을) 부풀리다.

⊗脹らむ[ふくらむ] 〈5自〉부풀다. 불룩해지다. 부풀어오르다.

音読

脹満[ちょうまん] ≪医≫ 창만; 병으로 복부(腹部)가 부풀어오르는 증세.

| 彰 | 밝을/밝힐 창 |

亠 立 产 产 音 音 音 章 彰

🔲 ●ショウ

🔲 ⊗あきらか ⊗あらわす

訓読

⊗彰らか[あきらか] 〈形動〉명백함. 분명함.

⊗彰(わ)す[あらわす] 〈5他〉드러내어 알리다. 표창(表彰)하다.

音読

彰徳[しょうとく] 창덕; 남의 덕행을 밝혀 드러냄. 밝혀 드러내는 덕.

| 娼 | 창녀 창 |

🔲 ⊗ショウ

🔲 ⊗よね

音読

娼家[しょうか] 창가; 유곽(遊廓).

娼妓[しょうぎ] 창기; 창녀. 매춘부(売春婦).

娼楼[しょうろう] 창루; 유곽(遊廓).

娼婦[しょうふ] 창부; 창녀. 매춘부.

| 菖 | 창포 창 |

🔲 ⊗ショウ

🔲 ⊗あやめ

訓読

⊗菖蒲❶[あやめ] ≪植≫ ①붓꽃. ②'菖蒲 (しょうぶ)'의 옛 이름.

音読

菖蒲❷[しょうぶ] ≪植≫ ①창포. ②'はなしょうぶ(꽃창포)'의 속칭.

菖蒲湯[しょうぶゆ] 창포물.

| 蒼 | 푸를 창 |

🔲 ⊗ソウ

🔲 ⊗あおい

訓読

⊗蒼い[あおい] 〈形〉①파랗다. 푸르다. 청색이다. ②초록색이다. 푸르다.

蒼ずむ[あおずむ] 〈5自〉푸르스름해지다. 푸르러지다. 푸른빛을 띠다.

蒼み渡る[あおみわたる] 〈5自〉온통 파래지다. 푸른빛이 퍼지다.

蒼白い[あおじろい] 〈形〉①창백하다. 파리하다. ②푸르스름하다.

蒼褪める[あおざめる] 〈下1自〉①(공포·병 등으로) 새파래지다. 창백해지다. 해쓱해지다. ②푸르스름해지다.

音読

蒼空[そうくう] 창공; 푸른 하늘.

蒼白[そうはく] 창백; 해쓱함.

蒼生[そうせい] 창생; 백성. 국민.

蒼然[そうぜん] 창연; ①(색이) 푸릇푸릇함. ②오래 되어 퇴색한 빛을 띰. ③어슴푸레함.

蒼蒼[そうそう] 창창; ①푸름. ②울창함. ③(머리털이) 희끗희끗함.

蒼天[そうてん] 창천; ①푸른 하늘. ②봄 하늘. ③조물주. 창조주.

蒼海[そうかい] 창해; 푸른 바다.

滄 파도칠 창

音 ⊗ソウ
訓 ―

音読
滄浪[そうろう] 창랑; 푸른 파도.
滄溟[そうめい] 창명; 넓은 바다.
滄海[そうかい] 창해; 푸른 바다.
滄海桑田[そうかいそうでん] 창해상전; 상
　전벽해(桑田碧海). 세상이 변화무쌍함.

漲 불어날 창

音 ⊗チョウ
訓 ⊗みなぎる

訓読
⊗漲る[みなぎる] 〈5自〉①(물이) 넘치다.
　넘쳐흐르다. ②넘칠 만큼 차다.
音読
漲溢[ちょういつ] 창일; ①물이 불어서 넘
　침. ②(의기나 의욕이) 왕성하게 일어남.

槍 창 창

音 ⊗ソウ
訓 ⊗やり

訓読
⊗槍[やり] ①창. ②창술(槍術). ③(일본 장
　기에서) '香車(こうしゃ)'의 딴이름.
槍衾[やりぶすま] 여럿이서 빈틈없이 늘어
　서서 창을 겨눔.
槍先[やりさき] 창끝.
槍玉[やりだま] ①창을 자유자재로 다룸.
　②사람을 창끝으로 찌름.
槍持(ち)[やりもち] (옛날에) 창을 들고 주
　인을 따라다니는 종자(從者).
槍投げ[やりなげ] (육상 경기에서) 투창.
　창던지기.
音読
槍騎兵[そうきへい] 창기병; 창을 가진 기병.
槍法[そうほう] 창법; 창을 쓰는 법.
槍兵[そうへい] 창병; 창을 든 병사.
槍術[そうじゅつ] 창술; 창을 쓰는 무사.

暢 화창할/펼 창

音 ⊗チョウ
訓 ―

音読
暢気[★のんき] 〈形動〉(성격이) 낙천적임.
　무사태평함. 팔자 좋음.
暢気者[★のんきもの] 낙천가. 만사태평인 사람.

暢達[ちょうたつ] 창달; 활달함. 거침없음.
　구김살 없음. 막힘없이 숙달함.

瘡 부스럼 창

音 ⊗ソウ
訓 ⊗かさ

訓読
⊗瘡[かさ] ①종기. 부스럼. ②≪俗≫ 창병
　(瘡病). 매독(梅毒).
瘡蓋[かさぶた] 부스럼 딱지.
音読
瘡毒[そうどく] 창독; 매독(梅毒).
瘡痕[そうこん] 창흔; 상처. 흉터.

廠 (廠) 헛간 창

音 ⊗ショウ
訓 ―

音読
廠舍[しょうしゃ] 창사; ①울타리가 없는
　임시 건물. ②군대가 훈련장 등에서 숙박
　하는 임시 건물.

蹌 춤출 창

音 ⊗ソウ
訓 ⊗よろめく

訓読
⊗蹌踉めく[よろめく] 〈5自〉①비틀거리다.
　②(유혹에) 빠지다. 바람을 피우다.
音読
蹌踉[そうろう] 창랑; 비틀거림. 비틀거리는
　모양.

錆 (錆) 정(精)할/정밀할 창

音 ⊗セイ
　⊗ショウ
訓 ⊗さび

訓読
²⊗錆[さび] ①(공기나 습기 등의 작용으로
　금속 표면에 생기는) 녹. ②(우리 몸에
　생기는) 나쁜 결과.
²⊗錆る[さびる] 〈上1自〉①(금속 표면에) 녹
　슬다. 녹나다. ②(능력·활동·기술 등이)
　무뎌지다. ③목소리가 구수해지다.
錆び付く[さびつく] 〈5自〉①녹슬어 다른
　물건에 엉겨 붙다. ②심하게 녹슬다.
　③(녹이 슬어) 움직이지 않게 되다. 작
　동하지 않다. ④기능이 약해져 잘 듣지
　않다.
錆色[さびいろ] 녹 빛깔. 적갈색.

[채]

菜 (菜) 나물 채

十 艹 艹 菜 菜 菜 菜 菜 菜 菜

音 ●サイ
訓 ●な

訓読
●菜❶[な] ①나물. 푸성귀. ②유채. ❷[さい] ☞ [音読]
菜っ葉[なっぱ] 푸성귀의 잎. 푸성귀.
菜畑[なばたけ] ①유채밭. ②푸성귀밭.
菜種[なたね] 유채의 씨.
菜の花[なのはな] 유채꽃.

音読
菜❶[さい] 반찬. 부식물. ❷[な] ☞ [訓読]
菜館[さいかん] (중국) 요릿집. 음식점.
菜食[さいしょく] 채식; 주로 채소를 먹음.
菜園[さいえん] 채원; 채소밭.
菜箸[さいばし] (요리를 하거나 반찬을 접시에 옮기는) 긴 젓가락.

採 (採) 캘/가려낼 채

扌 扌 扌 扩 扩 扩 护 护 採 採

音 ●サイ
訓 ●とる

訓読
²●採る[とる] 〈他〉 ①(사람을) 채용하다. 고용하다. ②채취하다. ③채집하다. 채취하여 모으다.

音読
¹採決[さいけつ] 채결; (의장이) 의안의 채택 여부를 회의 구성원들에게 물어 결정함.
採光[さいこう] 채광; 외부의 빛을 실내로 받아들임.
採鉱[さいこう] 채광; 광석을 채굴함.
¹採掘[さいくつ] 채굴; 광물 등을 캐냄.
¹採録[さいろく] 채록; ①(요점만을) 간추려서 기록함. ②녹음함.
採譜[さいふ] 채보; (민요 등의) 곡조나 선율을 악보에 기록함.
採否[さいひ] 채부; 채택·채용 여부.
¹採算[さいさん] 채산; 수지를 계산함.

採算割れ[さいさんわれ] 채산이 맞지 않음. 이익이 없음.
¹採用[さいよう] 채용; ①의견·방법 등을 채택하여 사용함. ②사람을 고용인으로 받아들임.
採油[さいゆ] 채유; ①석유를 파냄. ②기름을 짬.
²採点[さいてん] 채점; 점수를 매김.
採種[さいしゅ] 채종; 종자를 채취함.
¹採集[さいしゅう] 채집; 채취하여 모음.
採草[さいそう] 채초; ①사료나 비료로 하려고 풀을 벰. ②해초(海草)를 채취함.
採寸[さいすん] (옷의) 치수를 잼.
採取[さいしゅ] 채취; 필요한 것을 일부분 베거나 캐거나 뽑아냄.
¹採択[さいたく] 채택; 가려서 뽑음.
採捕[さいほ] 포채; (동식물을) 채집하거나 포획함.
採血[さいけつ] 채혈; 피를 뽑음.

彩 (彩) 무늬/채색 채

一 亠 平 平 采 采 采 彩 彩 彩

音 ●サイ
訓 ●いろどる

訓読
●彩る[いろどる] 〈他〉 ①색칠하다. 채색하다. ②(예쁘게) 화장하다. ③(여러 가지 색을 배합해서) 장식하다. 꾸미다. 단장하다.
彩り[いろどり] ①색칠. 색채. ②배색(配色). ③장식. 꾸밈. 단장. ④(사물의) 구색. 배합.

音読
彩管[さいかん] 채관; 화필(畵筆).
彩光[さいこう] 채광; 광채.
彩色[さいしき/さいしょく] 채색; ①그림에 색을 칠함. ②여러 가지 고운 색깔.

債 빚 채

亻 亻 亻 俨 俨 倩 倩 債 債

音 ●サイ
訓 ―

音読
債券[さいけん] 채권; 유가 증권.
債権[さいけん] 채권; 채권자가 채무자에게 청구할 수 있는 권리.

債鬼[さいき] (독촉이 심한) 빚쟁이.
債務[さいむ] 채무; 빚을 갚아야 하는 의무.
債主[さいしゅ] 채주; 채권자. 빚쟁이.

采(采)	캘/풍채 채	音 ⊗サイ 訓 ―

音読
采[さい] ①주사위. ②(옛날 전쟁터에서 사용한) 지휘채. ③채색(彩色). 배색(配色).
采の目[さいのめ] ①주사위의 눈. ②주사위의 크기·모양.

砦	울타리 채	音 ⊗サイ 訓 ⊗とりで

訓読
⊗**砦**[とりで] ①성채(城砦). 본성(本城)에서 떨어진 요충지에 쌓은 소규모의 성. ②요새(要塞).

[책]

冊(册)	책 책	｜ 冂 冊 冊 冊

音 ●サク ●サツ
訓 ―

音読
⁴**冊**[さつ] (책을 세는 말로서) …권. …부.
冊数[さっすう] 책수; 권수. 책의 수효.
冊子[さっし] 책자; 책. 서적.

責	꾸짖을 책	一 十 圭 圭 青 青 青 責 責

音 ●セキ ⊗シャク
訓 ●せめる

訓読
²●**責める**[せめる] 〈下1他〉①(잘못·태만·실수 등을) 책하다. 꾸짖다. 나무라다. ②몹시 재촉하다. 조르다. ③괴롭히다. 고통을 주다. ④엄하게 추궁하다. 문초하다. ⑤일심(一心)으로 노력하다.
責め苦[せめく] 고통. 시달림.

責め道具[せめどうぐ] 형틀. 고문용 기구.
責め立てる[せめたてる] 〈下1他〉①몹시 나무라다. 몰아세우다. ②몹시 재촉하다. 조르다.
責め馬[せめうま] 말을 타서 길들임. 또는 길들인 말.
責め付ける[せめつける] 〈下1他〉검히 꾸짖다. 호되게 책망하다.

音読
¹**責務**[せきむ] 책무; 책임과 의두. 마땅히 해야 할 일.
²**責任**[せきにん] 책임; ①마땅히 래야 할 임무. ②초래된 결과. ③《法》법률적인 제재(制裁).

策	꾀 책	' ﾉ ﾉ ﾉ ﾉ ﾉ ﾉ 笁 笁 笁 策 策

音 ●サク
訓 ―

音読
¹**策**[さく] 책; ①책략. 계책. ②목간(木簡). ③매. 회초리.
策略[さくりゃく] 책략; 계략.
策士[さくし] 책사; 책략을 잘 쓰는 사람.
策定[さくてい] 책정; 획책하여 결정함.

柵	울타리 책	音 ⊗サク 訓 ⊗しがらみ

訓読
⊗**柵❶**[しがらみ] ①수책(水柵). 물살을 막기 위해 말뚝을 박고 대·무·섶 등을 얽어 놓은 것. ②(비유적으로) 가로 막는 것.
音読
¹**柵❷**[さく] ①울짱. 목책(木柵). ②(나무·대나무 등을 두른) 성채(城砦).

簀	살평상 책	音 ⊗サク 訓 ⊗す

訓読
⊗**簀**[す] (대나무로 만든) 발.
簀の子[すのこ] ①대나 갈대로 발처럼 엮은 것. ②조금씩 사이를 띄워서 간 툇마루.

[처]

処 (處)　곳/살 처

丿 勹 夂 処 処

音 ●ショ
訓 ⊗ところ

訓読
⊗処[ところ] ①곳. 장소. ②주소. 근무처. ③부분. 데. ④형편. 처지. 때. ⑤…하는 참. ⑥정도. 쯤. ⑦…한 바.

音読
処する[しょする] 〈サ変自〉 ①(문제에) 대처(対処)하다. ②살아가다. 〈サ変他〉 ①처신하다. 대처하다. ②처리하다. ③(형벌에) 처하다. 벌주다.
処決[しょけつ] 처결; ①결정하여 조치함. ②결심함. 각오함.
処女[しょじょ] 처녀; ①숫처녀. 동정녀(童貞女). ②사람이 들어간 적이 없음. ③최초의. 최초의.
²処理[しょり] 처리; (사건・사무를) 잘 마무리하여 끝냄.
処方[しょほう] 처방; 병의 증세에 따라 약재를 배합하는 방법.
処方箋[しょほうせん] 처방전; 약방문.
¹処罰[しょばつ] 처벌; 형벌에 처함.
¹処分[しょぶん] 처분; ①(불필요한 물건을 버리거나 팔거나 하여) 처리(処理)함. 처치(処置)함. ②(규칙 위반자를) 처벌(処罰)함. ③(어떤 일을) 처리함.
処遇[しょぐう] 처우; 대우(待遇).
¹処置[しょち] 처치; ①조처. 조치. 처리. ②(병・상처 등을) 치료함.

妻　아내 처

一 コ ヲ ヲ 妻 妻 妻 妻

音 ●サイ
訓 ●つま ⊗め

訓読
³●妻[つま] 처; ①아내. ②생선회 등에 곁들이는 약간의 해초나 야채.
妻子[つまこ/さいし/めこ] 처자; 아내와 자식.
妻板[つまいた] 건물 측면의 널. 박공널.

妻戸[つまど] ①집 끝쪽에 붙은 미닫이문. ②(寝殿造(しんでんづくり)에서) 네 모퉁이에 있는 양 여닫이문.

音読
妻君[さいくん] ①(친한 사람에게 자기 아내를 말할 때) 집사람. 마누라. ②(같은 동년배 아래의) 남의 아내.
妻女[さいじょ] ①아내. 처. ②아내와 딸.
妻帯[さいたい] 처대; 아내를 거느림.
妻子[さいし] 처자; 아내와 자식.
妻妾[さいしょう] 처첩; 아내와 첩.

凄　싸늘할/쓸쓸할 처

音 ⊗セイ
訓 ⊗すごい ⊗すさまじい

訓読
³⊗凄い[すごい] 〈形〉 ①무시무시하다. 으스스하다. 아주 무섭다. ②굉장하다. 대단하다. ③(정도가) 지독하다. 심하다.
⊗凄む[すごむ] 〈5自〉 으름장을 놓다.
⊗凄まじい[すさまじい] 〈形〉 ①어마어마하다. 엄청나다. 굉장하다. ②무시무시하다. 섬뜩하다. ③어처구니없다. 기가 막히다. 기가 차다.

音読
凄涼[せいりょう] 처량; 초라하고 구슬픔.
凄絶[せいぜつ] 처절; 매우 애처로움.
凄惨[せいさん] 처참; 매우 참혹함.

悽　슬퍼할 처

音 ⊗セイ
訓 ―

音読
悽絶[せいぜつ] 처절; 매우 애처로움.
悽惨[せいさん] 처참; 매우 참혹함.
悽愴[せいそう] 처창; 처참함.

褄　옷자락 처

音 ―
訓 ⊗つま

訓読
⊗褄[つま] 일본옷의 앞자락 좌우 끝.
褄高[つまだか] 일본옷의 앞자락 좌우 끝을 높게 올림.
褄模様[つまもよう] 여성복 아랫자락의 무늬. 또는 그런 옷.
褄先[つまさき] 일본옷의 앞자락 좌우 끝.

尺	자/짧을 척

ㄱ ㄱ � 尺

音 ●シャク ⊗セキ
訓 —

音読
尺度[しゃくど] 척도; ①자. 잣대. ②길이.

斥	물리칠 척

一 厂 斥 斥 斥

音 ●セキ
訓 ⊗しりぞく ⊗しりぞける

訓読
⊗斥く[しりぞく] 〈5自〉 ①물러나다. 물러
　가다. ②사양하다. 양보하다.
⊗斥ける[しりぞける] 〈下1他〉 ①물리치다.
　②멀리하다. ③그만두게 하다.

音読
斥候[せっこう] 척후; 적군을 정찰함.

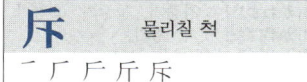

拓	①넓힐 척 ②박을 탁

一 十 扌 扩 扩 打 拓 拓

音 ●タク
訓 ⊗ひらく

訓読
⊗拓く[ひらく] 〈5他〉 개간하다. 개척하다.

音読
拓本[たくほん] 탁본; 비석이나 기물(器物)
　등에 새겨진 것을 종이에 그대로 베껴 냄.
拓殖[たくち] 척식; 개척하여 정착함.

隻	외짝 척

ノ イ イ イ 作 作 隹 隹 隻 隻

音 ●セキ
訓 —

音読
²隻[せき] ①척. *선박(船舶)의 수효를 세는
　말임. ②폭. *병풍 등을 세는 말임.

隻手[せきしゅ] 척수; ①한쪽 손. ②외팔이.
隻眼[せきがん] 척안; ①애꾸눈. ②뛰어난
　식견.
隻腕[せきわん] 척완; 외팔이.

脊	등뼈 척	音 ⊗セキ 訓 —

音読
脊梁[せきりょう] 척량; ①척추. 등골뼈.
　②산등성이.
脊髄[せきずい] 《生理》 척수; 등골.
脊柱[せきちゅう] 《生理》 척주; 등뼈.
脊椎[せきつい] 《生理》 척추; 추골(椎骨).

瘠	파리할 척	音 ⊗セキ 訓 —

音読
瘠地[せきち] 척지; 몹시 메마른 땅.
瘠土[せきど] 척토; 몹시 메마른 땅. 척박
　한 땅.

擲	던질 척	音 ⊗チャク ⊗テキ 訓 ⊗な げうつ

訓読
⊗擲つ[なげうつ] 〈5自〉 ①(물건·일을) 내
　던지다. 내팽개치다. ②(귀중한 것을) 아
　낌없이 내놓다. 미련 없이 버리다. 유감
　없이 버리다. 기꺼이 버리다.

千	일천 천

一 二 千

音 ●セン
訓 ●ち

訓読
●千❶[ち] 《雅》 천. 1000. 백의 십 배.
　❷[せん] ☞ [音読]
千代[ちよ] 천세(千歳). 영원. 영구(永久).
　아주 오랜 세월.
千代紙[ちよがみ] 여러 가지 무늬를 인쇄한
　색종이.

千代田区[ちよだく] 東京都(とうきょうと)의 한 행정 구역의 이름.

千鳥[ちどり] ①≪鳥≫ 물떼새. ②수많은 새.

千鳥掛け[ちどりがけ] ①좌우 지그재그로 교차시킴. ②지그재그형으로 사뜨기함.

千千に[ちぢに] 천 갈래 만 갈래. 이것저것 수없이 많게.

千草[ちぐさ] ①온갖 풀. ②'千草色'의 준말.

音読

⁴千❶[せん] ①천. 백의 십 배. 1000. ②많음. ❷[ち] ☞ [訓読]

千古[せんこ] 천고; 영원.

千鈞[せんきん] 천균; 아주 무거움.

千金[せんきん] 천금; 많은 돈.

千年[せんねん] 천 년. 오랜 세월.

千里❶[せんり] ①천 리. *한국의 리(里)로는 10,000리에 해당함. ②아주 먼 거리. ❷[ちさと] ①많은 촌락(村落). ②먼 거리.

千万❶[せんまん] ①천만; 천의 만 배. ②수많음. 수없이 많음. ❷[せんばん] ①두루. 여러 모로. ②(형용 동사 어간에 접속하여) 아주 심함. 더할 수 없음. …하기 짝이 없음. ❸[ちよろず] ≪雅≫ 무수함. 수없이 많음.

千枚通し[せんまいどおし] (여러 장의) 종이를 뚫는 송곳.

千変万化[せんぺんばんか] 천변만화; 변화무쌍함. 온갖 변화.

千成り[せんなり] (한 식물에) 주렁주렁 열매가 열림.

千尋[せんじん] 천심; 측량할 수 없이 대단히 깊은 곳.

千人力[せんにんりき] ①굉장히 힘이 셈. *천 명과 맞먹을 힘. ②마음 든든함. *천 명의 도움을 얻었다는 데서.

千人切り[せんにんぎり] ①천 명을 베어죽임. ②(어떤 남자가) 천 명의 여자와 육체 관계를 가짐.

千切❶[せんぎり] (채소의) 채친 것. 채. ❷[ちぎり] '千切木'의 준말.

千差万別[せんさばんべつ] 천차만별; 모든 것이 차이가 있고 구별이 있음.

千秋[せんしゅう] 천추; 천 년. 오랜 세월.

千秋楽[せんしゅうらく] ①(연극·씨름에서) 흥행의 마지막 날. ② ≪仏≫ 법회의 마지막 날에 연주하는 아악의 곡명.

川   내 천

丿 川 川

音 ●セン
訓 ●かわ

訓読

⁴川[かわ] 강. 하천. 시내. 내.

川開き[かわびらき] (그 해의 강물놀이가 개시를 축하하는) 초여름의 불꽃놀이.

川口[かわぐち] 강어귀.

川筋[かわすじ] ①강줄기. 물줄기. ②강가.

川端[かわばた] 냇가. 강가.

川瀬[かわせ] 강의 여울·얕은 곳.

川流れ[かわながれ] ①강물에 떠내려감. ②강에서 익사함.

川面[かわづら/かわも] 강의 수면.

川辺[かわべ] 물가. 강변.

川上[かわかみ] (강의) 상류(上流).

川床[かわどこ] 강바닥. 하상(河床).

川狩(り)[かわがり] 강에서 물고기를 잡음.

川岸[かわぎし] 강변. 강기슭. 냇가.

川魚[かわうお/かわざかな] 민물고기.

川沿い[かわぞい] 강가. 강변. 냇가.

川縁[かわぶち] 냇가. 강가. 물가.

川原[かわら] 강가의 모래밭. 모래톱.

川遊び[かわあそび] (강에서의) 뱃놀이.

川音[かわおと] 냇물·강물 소리.

川伝い[かわづたい] 강을 끼고 감.

川竹[かわたけ] ①강가의 대나무. ② ≪植≫ 참대. ③창녀의 신세.

川中[かわなか] 강심(江心). 강 복판.

川波[かわなみ] 강에 이는 물결.

川幅[かわはば] 강폭(江幅). 강의 너비.

川風[かわかぜ] 강바람. 냇바람.

川下[かわしも] 강의 하류(下流).

川向(か)い[かわむかい] 강 건너편.

川向(こ)う[かわむこう] ①강 건너편. ②(東京(とうきょう)의 중심부에서 본) 隅田(すみだ)·江東(こうとう)의 두 구(区).

音読

川柳❶[せんりゅう] (江戸(えど) 시대에) 서민층 사이에 유행했던 5·7·5의 3구(句) 17음으로 된 풍자·익살을 주제로 한 짧은 시. ❷[かわやなぎ] ① ≪植≫ 냇버들. 냇가의 버들. ②番茶(ばんちゃ) 중의 상품(上品).

天 하늘 천

一 二 于 天

音 ●テン
訓 ●あめ ●あま…

訓読

● 天❶[あめ] ≪雅≫ ①하늘. ②신(神)이 사는 곳. ❷[てん] ⊏ [音読]
天つ[あまつ] 하늘의. 천상(天上)의.
天降り[あまくだり] ①(神의) 강림(降臨). 하강(下降)함. ②(상급 관청·상관의) 일방적인 지시. ③(관직에서 퇴직하고 민간기업의) 높은 자리로 옴. 낙하산식 취임.
天降り人事[あまくだりじんじ] 낙하산식 인사.
天照大御神[あまてらすおおみかみ] (일본 신화의) 태양의 여신(女神). *일본 황실의 조상이라 하여 伊勢神宮(いせじんぐう)에 모셔 두었음.
天の川[あまのがわ] 은하(銀河). 은하수.
天が下[あまがした] 하늘 아래. 천하.
天下り[あまくだり] ①(神의) 강림(降臨). 하강(下降)함. ②(상급 관청·상관의) 일방적인 지시. ③(관직에서 퇴직하고 민간기업의) 높은 자리로 옴. 낙하산식 취임.
天下り人事[あまくだりじんじ] 낙하산식 인사.
天の河[あまのがわ] 은하(銀河). 은하수.

音読

¹天❶[てん] ①하늘. ¶～と地(ち) 하늘과 땅. ②조물주. 하느님. ¶～の助(たす)け 하늘의 도움. ③자연의 이치. ¶運(うん)を～に任(まか)せる 운을 하늘에 맡기다. ④하늘나라. ⑤(물건의) 위쪽. ⑥선두. 처음. 최초. ❷[あめ] ≪雅≫ ①하늘. ②신(神)이 사는 곳.
天蓋[てんがい] ≪仏≫ 천개; ①닫집. ②보화종(普化宗)의 유발승(有髮僧)이 쓰는 삿갓.
天空[てんくう] 천공; 창공. 하늘.
天狗[てんぐ] 천구; ①얼굴이 붉고 코가 높고 산 속에 살며 하늘을 자유로이 난다는 상상의 괴물. ②우쭐댐. 뽐냄.
¹天国[てんごく] 천국; ①하늘나라. ②이상향(理想郷). 낙원.
⁴天気[てんき] 천기; ①날씨. 일기(日気). ②좋은 날씨. ③천자(天子)의 심기.

天気図[てんきず] 일기도(日気図).
³天気予報[てんきよほう] 일기(日気) 예보.
天女[てんにょ] 천녀; ①≪仏≫ 선녀(仙女). ②아름답고 상냥한 여성.
天覧[てんらん] 천람; 천황이 관람함.
天理教[てんりきょう] ≪宗≫ 천리교; 神道(しんとう)의 한 종파. *본부는 奈良県(ならけん) 天理市(てんりし)에 있음.
天幕[てんまく] 천막; ①텐트. ②천장에서 드리우는 장식막.
天網[てんもう] 천망; 하늘의 법망.
天命[てんめい] 천명; ①하늘의 명령. ②운명. 천운. ③천수. 수명.
天文台[てんもんだい] 천문대.
天罰[てんばつ] 천벌; 하늘이 내리는 벌.
天変[てんぺん] 천변; 하늘의 이상 현상.
天変地異[てんぺんちい] 천재지변(天災地変).
天賦[てんぷ] 천부; 타고남.
天分[てんぶん] 천분; 타고난 천성(天性).
天使[てんし] 천사; ①하느님의 사자(使者). ②사랑이 많은 여성.
天上[てんじょう] 천상; 하늘.
天性[てんせい] 천성; 타고난 성질.
天水[てんすい] 천수; ①하늘과 굴. ②빗물.
天守閣[てんしゅかく] 천수각; 성(城)의 중심 건물에 축조한 가장 높은 당대.
天寿[てんじゅ] 천수; 천명(天命).
天神[てんじん] ①≪宗≫ 천신; 하늘을 다스리는 신. ②문신(文神)으로 추앙되는 菅原道真(すがわらみちざね)를 모신 神社(じんじゃ).
天心[てんしん] 천심; ①중천(⊏天). 하늘 한가운데. ②하느님·하늘·천자의 마음.
天顔[てんがん] 천안; 용안(龍顔).
天涯[てんがい] 천애; 하늘 끝. 머나먼 타향.
天与[てんよ] 천여; 타고난 것. 천부(天賦).
²天然[てんねん] 천연; ①자연 그대로임. ②천성. 본성.
天然記念物[てんねんきねんぶつ] 천연기념물.
天然痘[てんねんとう] 천연두; 마마.
天然色[てんねんしょく] 천연색; 컬러.
天王星[てんのうせい] ≪天≫ 천왕성.
天外[てんがい] 천외; 하늘 밖. 먼 타향.
天恩[てんおん] 천은; ①천혜(天恵). 자연의 혜택. ②천자의 은혜.
天人❶[てんじん] 천인; 하늘과 사람. 자연과 인간. ❷[てんにん] ≪仏≫ 천상계(天上界)의 영자(靈者)들.
天引[き][てんびき] 공제(控除)함. 제(除)함.

天日❶[てんじつ] 태양. ❷[てんび] 햇볕. 햇빛.

天子[てんし] 천자; 임금. 황제.

¹天才[てんさい] 천재; 태어날 때부터 갖춘 뛰어난 재능, 또는 그런 사람.

¹天災[てんさい] 천재; 자연 재해(災害).

²天井[てんじょう] 천정; ①천장. ②최대값.

天丼[てんどん] 튀김 덮밥. 'てんぷらどんぶり'의 준말.

天井値[てんじょうね] 천정치; 최고 가격.

天頂[てんちょう] 천정; ①꼭대기. ②관측자의 곧바로 위의 천구상의 점.

¹天地[てんち] 천지; ①하늘과 땅. ②세계. 세상. ③(물건의) 위아래.

天地無用[てんちむよう] (화물・짐의) 위아래를 거꾸로 하지 말 것. *화물 표면에 적는 말임.

天職[てんしょく] 천직; ①하늘이 내린 책무. 타고난 직무. ②적성에 맞는 직업.

天窓[てんまど] 천창; 천장에 낸 창문.

¹天体[てんたい] 천체; 우주의 총칭.

¹天下[てんか] 천하; ①온 세상. 전세계. ②전국. 온 나라. ③(국가) 권력. ④천하 제일임. 비길 데 없음.

天恵[てんけい] 천혜; 자연의 혜택.

天火❶[てんか] 천화; 벼락에 의한 화재. ❷[てんぴ] (요리용의) 오븐.

²天皇[てんのう] 천황; 일본 국왕(国王).

天皇陛下[てんのうへいか] 천황 폐하.

²天候[てんこう] 천후; 날씨. 기후.

泉　샘 천

` ´ 亻 白 白 白 宇 皁 泉 泉

音 ●セン
訓 ●いずみ

訓読
²●泉[いずみ] ①샘. 샘물. ②원천. 근원.

泉の水[いずみのみず] 샘물.

泉熱[いずみねつ] 《医》 이형 성홍열(異形猩紅熱). *발견자인 泉専助(いずみせんすけ)의 성(姓)을 따서 명명한 것으로 성홍열 비슷한 급성 전염병.

音読
泉水[せんすい] 천수; ①샘. 샘물. ②정원 안에 만든 연못.

泉下[せんか] 저승. 황천(黄泉).

浅(浅)　얕을 천

` ´ ´ 氵 氵 浐 浐 浅 浅 浅

音 ●セン
訓 ●あさい

訓読
³●浅い[あさい] 〈形〉 ①(깊이・바닥이) 얕다. 깊지 않다. ②(분량이나 정도가) 낮다. 덜하다. ③(그렇게 된 상태가 시일이) 오래지 않다. 짧다. ④(색깔이) 연하다. 엷다. ⑤(향이) 연하다. ⑥지위나 가문(家門)이 낮다.

¹浅ましい[あさましい] 〈形〉 ①한심스럽다. 비참하다. 볼꼴사납다. 처량하다. ②속이 빤히 들여다보이다. 근성이 비열하다. 치사하다. 비굴하다.

浅緑[あさみどり] 연두색.

浅瀬[あさせ] 얕은 물. 여울.

浅知恵[あさぢえ] 얕은 꾀. 잔꾀.

浅漬(け)[あさづけ] 얕게 절인 야채.

浅草[あさくさ] 《地》 東京(とうきょう)의 台東区(たいとうく)에 있는 지명. *대중적인 환락가임.

浅黄[あさぎ] ①옅은 노랑. ②옅은 남빛.

浅黒い[あさぐろい] 〈形〉 (피부가) 거무스름하다.

音読
浅慮[せんりょ] 천려; 얕은 생각.

浅聞[せんぶん] 천문; 얕은 견문.

浅薄[せんぱく] 천박; 학문이나 사고력 등이 얕음.

浅才[せんさい] 천재; 얕은 재능.

浅春[せんしゅん] 천춘; 초봄. 이른 봄.

浅学[せんがく] 천학; ①학식이 얕음. ②'자기 학문'의 겸양어.

践(践)　밟을 천

口 ㅁ 무 무 무 무 무 무 践 践 践

音 ●セン
訓 ―

音読
践歴[せんれき] 천력; 두로 돌아다님.

践言[せんげん] 천언; 말한 대로 실천함.

践行[せんこう] 천행; 말한 대로 실행함.

遷(遷) 옮길 천

一 亓 襾 襾 襾 覀 覀 覄 覄 覉 遷

音 ◉セン
訓 ⊗うつす ⊗うつる

訓読
⊗遷す[うつす] 〈5他〉 (다른 장소로) 옮기다.
⊗遷る[うつる] 〈5自〉 ①(위치·장소 등이)
바뀌다. 옮기다. ②변천하다.

音読
遷宮[せんぐう] 천궁; 神社[じんじゃ]를 고쳐
지을 때 신령을 옮기는 의식.
遷都[せんと] 천도; 도읍(都邑)을 옮김.

薦 추천할 천

艹 艹 艹 广 芦 芦 芦 芦 薦 薦

音 ◉セン
訓 ◉すすめる ⊗こも

訓読
◉薦める[すすめる] 〈下1他〉 추천하다.

音読
薦挙[せんきょ] 천거; 사람을 어떤 자리나
직책에 추천함.

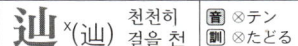
辿ˣ(辿) 천천히 걸을 천
音 ⊗テン
訓 ⊗たどる

訓読
¹⊗辿る[たどる] 〈5他〉 ①길을 따라가다. (모
르는 길을) 헤매며 가다. ②(기억을) 더
듬어가다. ③여기저기 찾아가다. ④(어떤
과정을) 지나오다. (어떤 방향으로) 가다.
¹辿り着く[たどりつく] 〈5自〉 ①가까스로 도
착하다. 고생하여 겨우 당도하다. ②간신
히 그 곳에 이르다.

穿 뚫을 천
音 ⊗セン
訓 ⊗はく

訓読
⁴⊗穿く[はく] 〈5他〉 (바지·치마 등을) 입다.
⊗穿つ[うがつ] 〈5他〉 ①(구멍을) 뚫다. 꿰뚫
다. ②핵심을 찌르다. ③탐구하다. ④(신발
을) 신다. (옷을) 입다.

⊗穿る[ほじくる] 〈5他〉 ①후비다. 쑤시다.
②(내막을) 집요하게 캐낸다.

音読
穿孔[せんこう] 천공; ①구멍을 뚫음. ②
구멍.

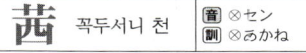
茜 꼭두서니 천
音 ⊗セン
訓 ⊗あかね

訓読
⊗茜[あかね] ① ≪植≫ 꼭두서니 ②꼭두서
니 뿌리에서 얻은 염료. ③검붉은 빛. 자
줏빛.
茜色[あかねいろ] 검붉은 빛. 자줏빛.

喘 헐떡거릴 천
音 ⊗ゼン
訓 ⊗あえぐ

訓読
⊗喘ぐ[あえぐ] 〈5自〉 ①(숨을) 헐떡이다.
숨차 하다. ②허덕이다. 시달리다. 괴로
워하다.
喘ぎ[あえぎ] 헐떡거림.
喘ぎ喘ぎ[あえぎあえぎ] 헐떡헐떡.

音読
喘息[ぜんそく] ≪医≫ 천식; 발작적으로 호
흡이 곤란한 병.
喘息持ち[ぜんそくもち] 천식 환자.

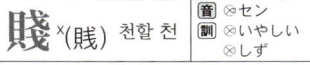
賤ˣ(賤) 천할 천
音 ⊗セン
訓 ⊗いやしい
⊗しず

訓読
¹⊗賤しい[いやしい] 〈形〉 ①천하다. 비천하
다. ②비열하다. 상스럽다. ③초라하다.
너절하다. ④탐욕스럽다. 게걸스럽다.
⊗賤しむ[いやしむ] 〈5他〉 경멸하다. 깔보
다. 멸시하다. 무시하다. 얕노다.
⊗賤しめる[いやしめる] 〈下1他〉 경멸하다.
깔보다. 멸시하다. 무시하다. 얕보다.
⊗賤が家[しずがや] 초라한 집.
賤の男[しずのお] 미천한 남자.
賤の女[しずのめ] 미천한 여자.
⊗賤が伏家[しずがふせや] 초라한 오두막집.

音読
賤民[せんみん] 천민; 천한 일에 종사하는
백성.

[철]

凸　볼록할 철

一　十　卝　凸　凸

音 ●トツ
訓 ⊗でこ

訓読
⊗凸[でこ] ①뛰어나옴. 뛰어나온 것. ②이마가 뛰어나옴. ¶お～ 짱구머리.
²凸凹[でこぼこ/とつおう] ①들쭉날쭉. 울룩불룩. 울퉁불퉁. ②불균형. 고르지 않음.
凸助[でこすけ] 짱구.

音読
凸レンズ[とつレンズ] 볼록렌즈.
凸面鏡[とつめんきょう] 철면경; 볼록거울.
凸版[とっぱん] ≪印≫ 철판; 잉크가 묻는 부분이 볼록하게 뛰어나온 인쇄판. 또는 그것에 의한 인쇄 방법.

哲　밝을 철

一　十　扌　扩　扩　折　折　折　哲　哲

音 ●テツ
訓 ―

音読
²哲学[てつがく] 철학; ①세계나 인생의 궁극적인 근본 원리를 이론적으로 추구하는 학문. ②자기 자신의 경험 등으로부터 정립한 인생관·세계관.
哲学者[てつがくしゃ] 철학자.

鉄(鐵)　쇠 철

丿　𠂉　𠂉　牟　牟　金　金　釒　鈩　鉄　鉄

音 ●テツ
訓 ⊗くろがね ⊗かな

音読
²鉄[てつ] 철; ①쇠. ②굳고 단단한 것.
¹鉄鋼[てっこう] 철강; 강철.
鉄格子[てつごうし] 철격자; 쇠로 된 격자.
鉄骨[てっこつ] 철골; 건축물의 쇠로 된 구조물의 뼈대.

鉄工所[てっこうじょ] 철공소.
鉄管[てっかん] 철관; 쇠 파이프.
鉄鉱石[てっこうせき] 철광석.
²鉄橋[てっきょう] 철교; ①쇠로 된 다리. ②기찻길 다리.
鉄拳[てっけん] 철권; 쇠같이 단단한 주먹.
鉄筋[てっきん] 철근; 콘크리트 속에 박는 가늘고 긴 철봉.
鉄器[てっき] 철기; 철제 기구·기계.
²鉄道[てつどう] 철도; 기찻길.
鉄路[てつろ] 철로; 철도. 선로(線路).
鉄面皮[てつめんぴ] 철면피; 뻔뻔스러움.
鉄壁[てっぺき] 철벽; ①철판을 붙인 벽. ②매우 튼튼한 방비.
鉄瓶[てつびん] 쇠주전자.
¹鉄棒❶[てつぼう] (체조용의) 철봉. ❷[かなぼう] ①쇠몽둥이. 쇠방망이. ②쇠고리를 단 쇠지팡이.
鉄索[てっさく] 철삭; 철사를 꼬아 만든 줄.
鉄色[てついろ] 철색; 검푸르죽죽한 색깔.
鉄線[てっせん] 철선; ①철사. ② ≪植≫ 위령선.
鉄鎖[てっさ] 철쇄; ①쇠사슬. ②엄중한 속박.
鉄心[てっしん] 철심; ①쇠로 박은 심(芯).
鉄材[てつざい] 철재; 공업·건축·토목 공사 등에 사용하는 쇠로 된 재료.
鉄製[てっせい] 철제; 쇠로 만든 제품.
鉄則[てっそく] 철칙; 변경하거나 어길 수 없는 엄중한 규칙.
鉄板[てっぱん/ついた] 철판; 쇠로 된 판.
鉄板焼(き)[てっぱんやき] 철판구이.
鉄片[てっぺん] 철편; 쇳조각.
²鉄砲[てっぽう] ①총. 소총. ②철제 목욕탕. ③(씨름에서) 팔로 상대방을 밀어내는 기술. ④(가위바위보에서) 바위. ⑤ ≪俗≫ 복어. ⑥허풍. 거짓말.
鉄砲巻(き)[てっぽうまき] 가늘게 만 김밥.
鉄砲焼(き)[てっぽうやき] 물고기에 고추장을 발라 구운 음식.
鉄砲玉[てっぽうだま] ①총알. 탄환. ②심부름 간 사람이 돌아오지 않음. ③(검고) 둥근 눈깔사탕.
鉄火[てっか] 철화; ①빨갛게 단 쇠. ②성격이 불 같음. 괄괄함. ③도박꾼. 노름꾼. ④총칼.
鉄火巻(き)[てっかまき] 참치 김초밥.

撤   제거할 철

扌 扌 扩 扩 扩 拼 挦 挦 揝 撤

音 ●テツ
訓 ―

音読

撤する[てっする] 〈サ変他〉 제거하다. 철거하다. 철수하다. 걷어치우다.

撤去[てっきょ] 철거; 건물·시설 등을 걷어치워 버림.

撤収[てっしゅう] 철수; ①시설물을 걷어치움. ②군대가 물러남.

撤廃[てっぱい] 철폐; 제도·법규 등을 없애 버림.

撤回[てっかい] 철회; ①일단 제출했던 것을 취하함. ②한번 말한 것을 취소함.

徹   뚫을 철

彳 彳 彳 彳 忁 徃 徃 徿 徹 徹

音 ●テツ
訓 ⊗とおす ⊗とおる

訓読

⊗徹す[とおす] 〈5他〉 ①(대충) 훑어보다. ②(앞뒤를) 맞게 하다.

⊗徹る[とおる] 〈5自〉 ①뚫리다. (속까지) 스며들다. ②(구석구석까지) 들리다.

音読

¹徹する[てっする] 〈サ変自〉 ①(속까지) 스며들다. 사무치다. ②꿰뚫다. ③철저하다. 투철하다. ④처음부터 끝까지 일관하다.

²徹夜[てつや] 철야; 밤을 새움. 밤샘.

²徹底[てってい] 철저; (속속들이 밑바닥까지) 투철함·관철(貫徹)함.

綴   철할 철

音 ⊗テイ ⊗テツ
訓 ⊗とじる ⊗つづる

訓読

¹⊗綴じる[とじる] 〈上1他〉 ①(끈으로) 철하다. 매다. ②(천 등을) 합쳐서 꿰매다. 시치다. ③(달걀 등을) 풀어서 덮다.

⊗綴る[つづる] 〈5他〉 ①(책·서류 등을) 철하다. 매다. ②(잇대어) 깁다. 꿰매다. ③(글을) 엮어 짓다. ④철자하다.

轍   수레바퀴 철

音 ⊗テツ
訓 ⊗わだち

訓読

⊗轍[わだち] 수레바퀴 자국.

音読

轍[てつ] 선례(先例). 전철(前轍).

轍鮒[てっぷ] (마른 땅의 수레바퀴 자국에 괸 물에 있는 붕어라는 뜻으로) 몹시 어려운 처지에 있는 사람.

[첨]

添   더할/덧붙일 첨

氵 氵 沃 沃 添 添 添 添 添

音 ●テン
訓 ●そう ●そえる ⊗そわせる

訓読

²添う[そう] 〈5自〉 ①더해지다. 늘다. ②(그대로) 따르다. ③부부가 되다. ④(기대에) 부응하다. 부합되다.

添い寝[そいね] (잠자는 사람) 곁에서 함께 잠을 잠.

¹●添える[そえる] 〈下1他〉 ①곁들이다. 덧붙이다. 첨부하다. ②(사람을) 딸리게 하다. ③(곁에서) 거들다. ④더하다. 돋우다.

添(え)物[そえもの] ①덤. 곁들인 물건. ②경품(景品). ③있으나마나한 존재. 곁다리. ④부식. 반찬.

添(え)書き[そえがき] ①(문장·서화 등에) 그 유래·증명 등을 곁들여 쓴 글. ②추신(追伸).

添(え)手紙[そえてがみ] (심부름·선물을 보낼 때) 간단하게 쓴 쪽지.

添(え)状[そえじょう] (심부름·선물을 보낼 때) 간단하게 쓴 쪽지.

⊗添わせる[そわせる] 〈下1他〉 ①(사람을) 붙여 주다. ②결혼시키다. 짝지어 주다.

音読

添加[てんか] 첨가; 더 넣음. 덧붙임.

添付[てんぷ] 첨부; 더하여 붙임.

添削[てんさく] 첨삭; 타인의 시문·문장·답안 등을 부가하거나 삭제하여 고침.

尖	뾰족할 첨	音 ⊗セン
		訓 ⊗とがらす
		⊗とがる

訓読

⊗尖らす[とがらす] 〈他〉①뾰족하게 하다. 날카롭게 하다. ②뾰루퉁하게 하다.

¹⊗尖る[とがる/とんがる] 〈5自〉①뾰족해지다. ②날카로워지다. ③거칠어지다. ④토라지다. 화내다.

⊗尖んがらかす[とんがらかす] 〈他〉≪俗≫ 뾰족하게 하다. 날카롭게 하다.

⊗尖んがらかる[とんがらかる] 〈5自〉≪俗≫ 뾰족해지다. 날카로워지다.

音読

尖端[せんたん] 첨단; ①물건의 뾰족한 끝. ②시대나 유행에 앞섬.

籤	제비/꼬챙이 첨	音 ⊗セン
		訓 ⊗くじ

訓読

¹⊗籤[くじ] 제비. 추첨.

籤当り[くじあたり] 당첨됨. 좋은 제비를 뽑음.

籤引(き)[くじびき] 추첨. 제비뽑기.

[첩]

疊(疊)	접쳐질/포갤 첩	

凡 甲 田 甲 甲 畀 畀 畳 畳 畳

音 ●ジョウ

訓 ●たたみ ●たたまる ●たたむ ⊗たたなわる

訓読

³疊❶[たたみ] ①다다미. 일본 돗자리. ②(나막신의) 깔개. ③≪古≫ 거적. ❷[じょう] ☞ [音読]

●疊まる[たたまる] 〈5自〉 접치다.

²●疊む[たたむ] 〈5他〉①개다. 개키다. ②(여러 겹으로) 접다. ③(펼쳐진 것을) 접다. ④(겹겹이) 쌓다. 쌓아올리다. ⑤(사업을) 정리하다. 걷어치우다. ⑥(마음에) 간직하다. ⑦≪古≫ 제거하다. 없애다.

疊み掛ける[たたみかける] 〈下1自他〉 (상대에게 여유를 주지 않고) 연거푸 말을 하다. 다그치다.

疊屋[たたみや] 다다미 가게.

疊み込む[たたみこむ] 〈5他〉①접어 넣다. 개어 넣다. ②(마음에) 간직하다. 새겨두다.

⊗疊なわる[たたなわる] 〈5自〉①(산 등이) 첩첩이 이어지다. ②겹겹이 쌓이다.

音読

²●疊❶[じょう] (다다미 수효를 세는 말로) …장. ❷[たたみ] ☞ [訓読]

疊語[じょうご] 첩어; 같은 단어・어근(語根)이 중복된 복합어.

疊字[じょうじ] 첩자; 같은 글자를 중복해서 쓸 때 아래 글자를 생략함을 나타내는 부호.

妾	첩 첩	音 ⊗ショウ
		訓 ⊗めかけ
		⊗わらわ

訓読

⊗妾❶[めかけ/しょう] 첩. ❷[わらわ] 소첩(小妾). 저. ＊무가(武家) 집 여성이 자기를 낮추어서 하는 말임.

妾狂い[めかけぐるい] 첩에 빠짐・미침.

妾腹[めかけばら] 첩의 소생. 서출(庶出).

音読

妾出[しょうしゅつ] 서출(庶出). 서자(庶子).

帖	휘장 첩	音 ⊗チョウ
		⊗ジョウ
		訓 ―

音読

帖[じょう] 첩; ①(병풍 등을 세는 말로) 폭. ②(종이・김 등을 세는 말로) 톳. ③(접첩을 세는 말로) 첩. ④(중의 가사를 세는 말로) 벌.

捷	이길 첩	音 ⊗ショウ
		訓 ⊗はしこい

訓読

⊗捷い[はしこい] 〈形〉①(동작이) 민첩하다. 재빠르다. 잽싸다. 날렵하다. ②약삭빠르다.

音読

捷径[しょうけい] 첩경; 지름길.

喋 재잘거릴 첩
音 ⊗チョウ
訓 ⊗しゃべくる
　　⊗しゃべる

訓読
⊗喋くる[しゃべくる] 〈5自〉 계속 지껄이다.
²⊗喋る[しゃべる] 〈5自他〉 ①재잘거리다. 수다떨다. ②말하다. 입 밖에 내다.
お喋り[おしゃべり] 수다. 수다쟁이.

貼 붙일/붙을 첩
音 ⊗チョウ ⊗テン
訓 ⊗はる

訓読
⁴⊗貼る[はる] 〈5他〉 (풀로) 붙이다. 바르다.
貼り付ける[はりつける] 〈下1他〉 ①(풀로) 붙이다. 바르다. ②(사람을 일정한 장소에) 대기시키다. 붙잡아 두다. ③후려갈기다.
貼(り)札無用[はりふだむよう] 벽보 금지. 벽보를 붙이지 말 것.
貼り出す[はりだす] 〈5他〉 게시하다. 내걸다. 내붙이다.

音読
貼付[ちょうふ/てんぷ] 첨부(添附). (사진 등을) 서류에 붙임.
貼用[ちょうよう] 첩용; (약 종류를) 피부에 붙여 사용함.

睫 속눈썹 첩
音 ⊗ショウ
訓 ⊗まつげ

訓読
⊗睫[まつげ] 속눈썹.
⊗睫毛[まつげ] 속눈썹.

諜 염탐할 첩
音 ⊗チョウ
訓 ―

音読
諜報[ちょうほう] 첩보; 적군의 정세 등을 탐지하여 보고함.
諜者[ちょうしゃ] 첩자; 스파이.

鰈 가자미 첩
音 ⊗チョウ
訓 ⊗かれい

訓読
⊗鰈[かれい] ≪魚≫ 가자미.

［청］

庁(廳) 관청/집 청
一　广　广　庁
音 ●チョウ
訓 ―

音読
²庁[ちょう] 청; 관청. 행정 조직법에 의한 외국(外局)의 하나. ¶文化(ぶんか)～ 문화청. ¶防衛(ぼうえい)～ 방위청.
庁内[ちょうない] 청내; 관청 내.
庁務[ちょうむ] 청무; 관청의 사무.
庁舎[ちょうしゃ] 청사; 관청의 건물.
庁始め[ちょうはじめ] (연초의) 관청 시무식.

青(青) 푸를 청
一　十　士　主　丰　青　青　青
音 ●セイ ⊗ショウ
訓 ●あお ●あおい

訓読
³●青[あお] ①파랑. 청색. 푸른색. ②'青信号'의 준말. ③말(馬).
⁴●青い[あおい] 〈形〉 ①파랗다. 푸르다. 청색이다. ②초록색이다. 푸르다.
青ざめる[あおざめる] 〈下1自〉 ①(공포・병으로) 새파래지다. 창백해지다. 해쓱해지다. ②파르스름해지다.
青み[あおみ] ①푸름. 푸른빛. ②(요리에서) 곁들이는 푸른 채소.
青む[あおむ] 〈5自〉 창백해지다. 파래지다. 청색을 띠다.
青枯れ[あおがれ] 식물이 퍼런 채로 시들어 죽음.
青空[あおぞら] ①푸른 하늘. ②옥외. 야외. 노천.
青豆[あおまめ] ①푸른대콩. ②푸른 완두콩.
青柳[あおやぎ] ①(잎이 무성한) 푸른 버드나무. ②짙은 파랑의 옷 빛깔. ③개랑조개의 살. *초밥에 사용함.
青梅[あおうめ] 청매; 덜 익은 푸른 매실.
青木[あおき] ① ≪植≫ 식나무. ②상록수. ③생나무. 마르지 않은 나무.

青物[あおもの] ①야채. 채소. 푸성귀. ②등 푸른 생선.

青味[あおみ] ①푸름. 푸른빛. ②(요리에서) 곁들이는 푸른 채소.

²青白い[あおじろい] 〈形〉 ①푸르스름하다. 파르스름하다. ②창백하다. 파리하다.

青写真[あおじゃしん] ①(복사용) 청사진. ②(미래의) 구상. 설계도.

青森[あおもり] ①일본 동북 지방 끝에 있는 현(県). ②青森(あおもり) 현청(県庁) 소재지.

青色[あおいろ] 청색; ①푸른색. ②녹색.

青息[あおいき] 한숨. 탄식.

青信号[あおしんごう] 청신호; 푸른 신호.

青葉[あおば] ①푸른 나뭇잎. ②(초여름의) 새 잎. 신록의 잎.

青二才[あおにさい] 풋내기.

青み走る[あおみばしる]〈5自〉 푸른빛을 띠다.

青竹[あおだけ] 청죽; ①푸른 대나무. ②선명한 녹색의 염기성(塩基性) 물감. ③《古》 피리.

青菜[あおな] ①푸른 채소. 푸성귀. ②《植》 유채(油菜)의 한 품종.

青畳[あおだたみ] 새 다다미.

青青と[あおあおと] 파랗게. 푸르게.

青草[あおくさ] 청초; 푸른 풀.

青臭い[あおくさい] 〈形〉 ①풋내가 나다. ②젖비린내 나다. 미숙하다. 유치하다.

青海原[あおうなばら] 넓고 푸른 바다.

音読

青果物[せいかぶつ] 청과물; 채소와 과일.

²青年[せいねん] 청년; 청년기의 사람. *10대 후반부터 30대 초반까지를 말함.

青銅[せいどう] 청동; 동합금(銅合金)의 일종.

青史[せいし] 청사; 역사. 기록.

²青少年[せいしょうねん] 청소년; 청년과 소년.

²青松[せいしょう] 청송; 푸른 소나무.

青眼[せいがん] 청안; ①환영하는 마음을 나타내는 눈매. ②(검도에서) 상대방의 눈높이에 칼끝이 가도록 겨눔.

青雲[せいうん] 청운; ①푸른 하늘. ②높은 벼슬.

青雲の志[せいうんのこころざし] 청운의 뜻. 공명심.

青磁[せいじ] 청자; 청록색 자기(磁器).

青天[せいてん] 청천; 푸른 하늘.

¹青春[せいしゅん] 청춘; 인생의 봄으로 비유된 젊고 활기찬 시절.

清(清)　　맑을/깨끗할 청

氵氵汀汢沽清清清清

音 ◉セイ ◉ショウ ⊗シン

訓 ◉きよい ◉きよまる ◉きよめる ◉きよらか ⊗すむ ⊗すがやか

訓読

²◉清い[きよい]〈形〉①맑다. 깨끗하다. 정갈하다. ②(태도・마음이) 정결하다. 순수하다. 깨끗하다.

◉清まる[きよまる]〈5自〉 맑아지다. 깨끗해지다. 청정해지다.

◉清める[きよめる]〈下1他〉 맑게 하다. 깨끗이 하다. 부정(不浄)을 씻다.

清め[きよめ] 맑게 함. 깨끗이 함. 정(浄)하게 함. 부정(不浄)을 씻음.

¹◉清らか[きよらか]〈形動〉 맑음. 깨끗함. 정결함. 청순함. 청아함.

清水❶[★よめ] 맑은 샘물. ❷[きよみず] 京都市(きょうとし) 東山区(ひがしやまく)에 있는 지역.

⊗清む[すむ]〈5自〉 맑아지다.

⊗清やか[すがやか]〈形動〉①상쾌함. 시원 시원함. ②막힘이 없이 진행됨.

音読

²清潔[せいけつ] 청결; 맑고 깨끗함.

清涼[せいりょう] 청량; 맑고 시원함.

清廉[せいれん] 청렴; 성품이 고결하고 탐욕이 없음.

清流[せいりゅう] 청류; 맑게 흐르는 물.

清貧[せいひん] 청빈; 청렴하게 가난함.

清算[せいさん] 청산; ①상호간의 채권・채무 관계를 계산하여 깨끗이 정리함. ②과거의 관계・일 등을 깨끗이 씻어 버림.

²清書[せいしょ] 정서(浄書). 글씨를 깨끗이 씀. 다시 바르게 씀.

²清掃[せいそう] 청소; 주거(住居) 환경을 깨끗이 소제(掃除)함.

¹清純[せいじゅん] 청순; 맑고 순수함.

清新[せいしん] 청신; 새롭고 산뜻함.

清音[せいおん] 청음. ①맑은 음색. ②《語学》 청음.

清浄[せいじょう] 청정; 맑고 깨끗함.

清酒[せいしゅ] 청주; ①맑은 술. ②일본 술.

清清と[せいせいと] ①청명하게. ②후련하게. 속 시원하게.

清聴[せいちょう] 청청. '자신의 이야기 등을 상대방이 들어 줌'의 높임말.

清楚[せいそ] 청초; 깨끗하고 고움.

¹**清濁**[せいだく] 청탁; ①맑음과 흐림. ②청음(清音)과 탁음(濁音). ③군자(君子)와 소인(小人). 선인과 악인.

清閑[せいかん] 청한; 속세를 떠나 청아하고 한가함.

晴(晴) 갤 청

| 冂 冂 冃 冃┌ 冃┼ 冃卄 晴 晴 晴 晴

音 ●セイ
訓 ●はらす ●はれる

訓読

●**晴らす**[はらす] 〈5他〉①(불만이나 의심을 없애고 기분을) 풀다. 만족시키다. ②(내리는 눈·비가) 멎기를 기다리다.

⁴●**晴れる**[はれる] 〈5自〉①(날씨가) 개다. (구름이나 안개가) 걷히다. ②(마음이) 상쾌해지다. ③(혐의가) 없어지다.

⁴**晴れ**[はれ] ①(날씨가) 맑음. 갬. ②공식적임. 자랑스러움. 영광스러움. 명예롭고 화려함.

晴れがましい[はれがましい] 〈形〉①매우 화려하다. ②(너무 드러나서) 겸연쩍다. 쑥스럽다.

晴れやか[はれやか] 〈形動〉①(표정이) 밝음. 환함. (마음이) 명랑함. ②(구름 한 점 없이) 맑게 갬. ③화려함. 화사함.

晴れ間[はれま] (눈·비 등이) 잠깐 갠 사이.

晴れ渡る[はれわたる] 〈5自〉(날씨가) 활짝 개다.

晴れ上がる[はれあがる] 〈5自〉(날씨가) 맑게 개다.

晴れ姿[はれすがた] ①화려하게 차려 입은 모습. ②(화려한 장소에 나온) 장한 모습.

晴れ着[はれぎ] 나들이옷. 빔.

晴れ晴れしい[はればれしい] 〈形〉①(마음이) 밝다. 상쾌하다. ②영광스럽고 화려하다.

音読

晴耕雨読[せいこううどく] 청경우독; 갠 날은 일하고 비 오는 날은 독서함.

晴雨[せいう] 청우; 맑게 갬과 비내림.

¹**晴天**[せいてん] 청천; 맑은 하늘.

請(請) 청할/물을 청

| 言 言 言┐ 言十 言丰 請 請 請 請 請

音 ●セイ ●シン ⊗ショウ
訓 ●こう ●うける

訓読

●**請う**[こう] 〈5他〉(누군가에게) 청하다. 바라다. 원하다.

請い[こい] 청; 부탁.

●**請ける**[うける] 〈下1他〉①(빚을 갚고) 돌려받다. 되찾다. ②청부맡다. 떠맡다.

請け負う[うけおう] 〈5他〉①청부맡다. 도급(都給)맡다. ②떠맡다. 책임지다.

請負[うけおい] 청부; 도급(都給)으로 일을 맡음.

請(け)書(き)[うけがき] 승낙서. 승인서.

請(け)書[うけしょ] 승낙서. 승인서.

請(け)人[うけにん] 보증인.

請(け)判[うけはん] 보증하는 도장.

請(け)合い[うけあい] ①(책임지고) 떠맡음. 약속함. ②보증함. 틀림없음.

請け合う[うけあう] 〈5他〉①(책임지고) 떠맡다. ②보증하다.

音読

請暇[せいか] 청가; ①휴가 신청. ②휴가원을 내어 얻은 휴가.

²**請求**[せいきゅう] 청구; 상대에게 일정(一定)한 행위를 요구함.

²**請求書**[せいきゅうしょ] 청구서.

請願[せいがん] 청원; 청하고 원함.

聴(聽) 들을 청

| 丁 丆 耳 耴┌ 耴┐ 耶 耶 聏 聴 聴

音 ●チョウ
訓 ●きく

訓読

²●**聴く**[きく] 〈5他〉(귀를 기울여서) 열심히 듣다. 잘 듣다.

聴き手[ききて] ①듣는 사람. 듣는 쪽. ②(남의 말을) 잘 듣는 사람.

音読

¹**聴覚**[ちょうかく] 《生理》청각; 소리를 듣고 이해하는 기관.

¹**聴講**[ちょうこう] 청강; 강의를 들음.

聴聞[ちょうもん] 청문: ①귀를 기울여 들음. ②(행정 기관이) 널리 이해 당사자의 의견을 들음.

聴聞会[ちょうもんかい] 청문회.

聴衆[ちょうしゅう] 청중: 연설·연주·강연을 듣기 위해 모인 사람들.

¹聴診器[ちょうしんき] 청진기.

聴取[ちょうしゅ] 청취; ①사정·상황 등을 들음. ②라디오나 무선을 들음.

蜻 ˣ(蜻) 귀뚜라미/ 잠자리 청   音 ⊗セイ   訓 ⊗とんぼ

訓読

蜻蛉[★とんぼ] 《虫》 잠자리.

鯖 ˣ(鯖) 청어 청   音 ⊗セイ   訓 ⊗さば

訓読

⊗鯖[さば] 《魚》 고등어.

鯖節[さばぶし] かつおぶし처럼 가공한 고등어.

[체]

体 (體) 몸 체

ノ イ 仁 什 休 休 体

音 ●タイ ●テイ
訓 ●からだ

訓読

⁴●体❶[からだ] 몸. 몸뚱이. 신체. 체격. ❷[たい/てい] ☞ [音読]

¹体付き[からだつき] 몸매. 몸집. 체격.

音読

体❶[たい] ①모양. 틀. 형태. ¶～を成(な)す 형태를 갖추다. ②본질. 실체. ¶名(な)は～を表(あらわ)す 이름은 그 실체를 말해 준다. ❷[てい] ①모습. 태도. 차림. ¶芸人(げいにん)～の男(おとこ) 연예인 차림의 남자. ②겉치레. 허울. ¶～のいい言葉(こと ば) 허울 좋은 말. ❸[からだ] ☞ [訓読]

体する[たいする] 〈サ変他〉 마음에 새겨 지키다. 몸소 실천하다.

体たらく[ていたらく] 꼬락서니. 꼴불견. 몰골. *멸시하거나 비난하는 말임.

体よく[ていよく] 완곡하게. 정중하게.

¹体格[たいかく] 체격; 몸의 외관상 상태.

²体系[たいけい] 체계; ①구성하는 각 부분을 계통적으로 통일시킨 전체. ②일정한 원리에 따라 통일적으로 조직된 지식의 전체.

体内[たいない] 체내; 몸의 안.

体当(た)り[たいあたり] ①(자기) 몸으로 부딪쳐 (상대에게) 타격을 줌. ②전력을 다함. 혼신을 다함.

体得[たいとく] 체득; ①몸소 체험하여 알게 됨. ②완전히 이해하여 자기 것으로 함.

¹体力[たいりょく] 체력; 몸의 힘.

体面[たいめん] 체면; 남을 대하는 면목.

体罰[たいばつ] 체벌; 몸에 고통을 주는 벌.

体勢[たいせい] 체세; 몸의 자세.

²体温[たいおん] 체온; 몸의 온도.

体温計[たいおんけい] 체온계.

体外[たいがい] 체외; 몸 밖.

²体育[たいいく] 체육; 체위 향상을 위한 교육.

体育館[たいいくかん] 체육관.

¹体裁[ていさい] 체재; ①외관. 겉모양. ②체면. 남의 이목. ③갖추어야 할 형식. ④빈말. 겉치레.

²体積[たいせき] 《数》 체적; 부피.

²体制[たいせい] 체제; ①생물체의 각 부분이 전체로서 통일을 유지하는 그 관계. ②사회 조직의 형태. ③정치 지배의 형태.

²体操[たいそう] 체조; 일정한 규칙에 따른 운동.

²体重[たいじゅう] 체중; 몸무게.

体質[たいしつ] 체질; ①몸의 성질. ②조직이 갖고 있는 성질.

体臭[たいしゅう] 체취; 몸에서 나는 냄새.

¹体験[たいけん] 체험; 실제의 경험.

体現[たいげん] 체현; 구현(具現). 추상적인 것을 구체적으로 나타냄.

体刑[たいけい] 체형; ①몸에 고통을 주는 형벌. ②신체의 자유를 속박하는 형벌.

体形[たいけい] 체형; ①몸매. 몸의 모양. ②모양. 형태.

体型[たいけい] 체형; 체격의 모양. *비만형·근육형 등을 말함.

遞(遞) 차례로 바꿀 체

一 厂 厂 厂 斥 厉 馬 馬 遞 遞

音 ◉テイ
訓 ―

音読
遞減[ていげん] 체감; 차례로 줄여 감.
遞送[ていそう] 체송; ①차례로 여러 사람을 거쳐서 보냄. ②(우편물・짐을) 차례 차례 전하여 보냄. ③우송(郵送).
遞信[ていしん] 체신; (우편물・짐을) 차례 차례 전하여 보냄.
遞增[ていぞう] 체증; 점차적으로 증가함.

逮(逮) 붙잡을/미칠 체

一 彐 彐 肀 肀 肀 隶 隶 逮 逮

音 ◉タイ
訓 ―

音読
逮夜[たいや] ≪仏≫ ①장례식의 전야(前夜). ②기일(忌日)의 전야(前夜).
²**逮捕**[たいほ] ≪法≫ 체포; 수사 기관이 피의자를 구속(拘束)함.
逮捕状[たいほじょう] 체포장; 구속 영장.

替 바꿀 체

一 二 夫 夫 扶 扶 梼 替 替

音 ◉タイ
訓 ◉かえる ◉かわる

訓読
²◉**替える**[かえる] 〈下1他〉 ①(서로) 바꾸다. 교환하다. ②(새것으로) 교체하다. 바꾸다. 갈다.
替え刃[かえば] (면도기의) 갈아 끼우는 날.
替え地[かえち] 환지(換地). 대토(代土).
²◉**替わる**[かわる] 〈5自〉 교체되다. 바뀌다. 교대하다.
替(わ)り[かわり] ①교체. 대체. 대용. ②한 그릇 더 먹음.

音読
◑**交替**[こうたい], **代替**[だいたい]

滯(滯) 막힐/머무를 체

氵 氵 汁 泄 泄 渋 滞 滞 滞

音 ◉タイ
訓 ◉とどこおる

訓読
¹◉**滞る**[とどこおる] 〈5自〉 ①(일・지불할 돈이) 밀리다. ②(일・교통이) 막히다. 정체되다.
滞り[とどこおり] 밀림. 막힘. 지체. 정체.

音読
滞空[たいくう] 체공; 비행기 등이 공중을 계속해서 낢.
¹**滞納**[たいのう] 체납; 납부해야 할 돈・물건을 기한이 지나도 납부하지 않음.
滞留[たいりゅう] 체류; ①체재(滞在). 여행지에 얼마 동안 머묾. ②정체(停滞). 진행되지 않고 머묾.
滞日[たいにち] 체일; 일본에 머묾.
²**滞在**[たいざい] 체재; 여행지에 얼마 동안 머묾.
滞貨[たいか] 체화; 팔고 남은 재고품이나 발송되지 않은 화물・상품이 정체됨.

締 맺을 체

幺 幺 糸 糸 紵 紵 締 締 締 締

音 ◉テイ
訓 ◉しまる ◉しめる

訓読
◉**締まる**[しまる] 〈5自〉 ①(단단히) 조여지다. 팽팽해지다. ②(마음・표정이) 긴장되다. 굳어지다. ③(품행이) 단정해지다. 착실해지다. ④절약하다. 아끼다. ⑤(문이) 닫히다. ⑥시세가 오르다. 오름세다.
締まり[しまり] ①단단히 조여 있음. 팽팽함. ②긴장미. 야무짐. ③결말. 매듭. ④문단속. ⑤감독. 다스림. ⑥절약함. 알뜰함.
締まり屋[しまりや] 절약가. 구두쇠.
⁴◉**締める**[しめる] 〈下1他〉 ①(바싹) 죄다. 졸라매다. ②(단단히) 죄다. 잠그다. ③단속하다. 엄히 다스리다. ④(문을) 닫다. ⑤결산하다. 합계하다. ⑥(축하하여) 손뼉을 치다.

締め[しめ] ①합계. 총계. ②(숫자에 접속하여) 다발. 묶음. ③(편지 봉투의) 봉함표.

締めて[しめて] 합계해서. 모두 합쳐.

締(め)括り[しめくくり] (일의) 결말. 매듭.

締め付ける[しめつける] 〈下1他〉 ①단단히 죄다. ②다그치다. 짓누르다.

締め殺す[しめころす] 〈5他〉 교살하다. 목 졸라 죽이다.

締め上げる[しめあげる] 〈下1他〉 ①단단히 묶다. 단단히 조르다. ②추궁하다. 엄하게 문초하다.

締(め)込(み)[しめこみ] (씨름에서) 샅바.

²締(め)切(り)[しめきり] ①(기한의) 마감. 마감일. 마감 날짜. ②(창·문 등이) 폐쇄됨. 닫혀 있음.

²締め切る[しめきる] 〈5他〉 ①마감하다. ②(문을) 단단히 잠그다. 완전히 닫다. 모두 닫다. ③(문을) 오랫동안 닫은 채로 두다. 폐쇄하다.

締め出し[しめだし] ①(문을 닫고) 내쫓음. 축출. ②배척. 따돌림. ③(파업에 대항한 경영자측의) 공장 폐쇄.

締め出す[しめだす] 〈5他〉 ①(문을 닫고) 내쫓다. 쫓아내다. 몰아내다. ②배척하다. 따돌리다.

音読

締結[ていけつ] 체결; ①단단히 묶음. ②다른 나라와 조약이나 계약을 맺음.

締盟[ていめい] 체맹; 다른 나라와 동맹이나 조약을 맺음.

締約[ていやく] 체약; 조약·계약을 맺음.

| 剃 | 털 깎을 체 | **音** ⊗テイ |
| | | **訓** ⊗そる |

訓読

²⊗剃る[そる] 〈5他〉 (수염·머리 등을 면도로) 밀다. 깎다.

剃刀[★かみそり] 면도칼. 면도기.

| 諦 | 살필/체념할 체 | **音** ⊗テイ⊗タイ |
| | | **訓** ⊗あきらめる |

訓読

²⊗諦める[あきらめる] 〈下1他〉 체념하다. 단념하다. 포기하다.

¹諦め[あきらめ] 체념. 단념. 포기.

| 肖(肖) | 닮을 초 |

丨 丨 丷 丬 肖 肖 肖

音 ●ショウ
訓 ⊗あやかる

訓読

⊗肖る[あやかる] 〈5自〉 ①감화되어 닮다. ②(행복한 사람의) 영향을 받아 행복해지다.

音読

肖像[しょうぞう] 초상; 사람의 얼굴이나 모습을 나타낸 그림·사진·조각.

肖像画[しょうぞうが] 초상화.

| 抄 | 베낄 초 |

一 十 扌 扣 扚 抄 抄

音 ●ショウ
訓 ⊗すく

訓読

⊗抄く[すく] 〈5他〉 (종이·김 등을) 뜨다.

音読

抄録[しょうろく] 초록; 발췌. 발췌한 기록.

抄本[しょうほん] 초본; ①발췌하여 쓴 책. ②원본의 일부를 분리하여 발췌한 것.

抄紙[しょうし] 초지; 종이를 뜸.

| 初 | 처음 초 |

丶 ラ オ ネ ネ 初 初

音 ●ショ
訓 ●はつ ●はじめ ●そめる ●うい ⊗うぶ

訓読

●初[はつ] 첫. 처음. 최초. ¶～の出勤(しゅっきん) 첫 출근.

⁴●初め❶[はじめ] ①처음. 시작. 최초. ②기원. 근원. 당초. 발달. ❷[ぞめ] (동사 ます형에 접속하여) ①새해 들어 첫 번째임. ¶書(か)き～ 새해 처음으로 글씨를 씀. ②처음으로 함. ¶橋(はし)の渡(わた)り～ 다리를 첫 번째로 건넘. 다리의 개통식.

⁴初めて[はじめて] ①처음으로. 최초로. ②비로소.

⁴初めに[はじめに] 처음에. 시초에.

初めまして[はじめまして] (처음 만났을 때의 인사말로) 처음 뵙겠습니다.

●初める[そめる] 〈F1自〉 (동사 ます형에 접속하여) …하기 시작하다. 처음 …하다. ¶夜(よ)が明(あ)け〜 날이 밝기 시작하다.

初冬[はつふゆ/しょとう] 초동; ①초겨울. ②음력 10월의 딴이름.

初夢[はつゆめ] ①새해의 첫꿈. 설날에 꾸는 꿈. ②(옛날) 입춘 전날 밤에 꾼 꿈.

初物[はつもの] ①맏물. 햇것. ②(그 철 들어) 처음으로 먹는 햇것. ③새것. ④숫처녀. 숫총각.

初釜[はつがま] ①새해 들어 처음 차(茶)를 끓임. ②새해 들어 첫 다도회(茶道会).

初水[はつごおり] 첫얼음.

初産[ういざん/はつざん/しょざん] 초산; 첫 아이를 낳음.

初雪[はつゆき] 첫눈.

初孫[ういまご/はつまご] 첫 손자.

初刷り[はつずり] 초쇄; 첫 인쇄. 초판.

初穂[はつほ] ①그 해 처음 익은 벼이삭. ②그 해 처음 거둔 농작물. ③(神仏에게) 바치는 첫 농작물·음식물·돈.

初恋[はつこい] 초연; 첫사랑.

初詣[で][はつもうで] 새해 들어 처음 신불(神仏)에게 참배함.

¹初耳[はつみみ] 금시초문. 처음 듣는 이야기.

初日[はつひ] 설날 아침의 해. ❷[しょにち] ①(흥행의) 첫날. 개막일. ②(씨름에서 지기만 하다가) 첫 승리. 첫 이김.

初日影[はつひかげ] 설날 아침의 햇빛.

初子❶[はつご/ういご] 첫아이. ❷[はつね] ①정월의 첫 자일(子日). ②11월의 첫 자일(子日).

初陣[ういじん] (경기·시합의) 첫 출전.

初着[はつぎ] ①처음 입는 새 옷. ②새해 들어 처음 입는 나들이옷.

初参り[はつまいり] ①새해 들어 처음 신불(神仏)을 참배함. ②(태어나) 처음으로 신불을 참배함.

初初しい[ういういしい] 〈形〉 ①(모습이) 앳되다. ②싱싱하다.

初春[はつはる] 초춘; ①초봄. ②새해. 신년.

初値[はつね] (증권 거래소에서) 그 해 처음 형성된 시세.

初荷[はつに] 초하; 그 해 처음 상품을 실어 보내는 짐.

音読

²初級[しょきゅう] 초급; 맨 첫 등급.

初期[しょき] 초기; 맨 처음 시작되는 시기.

初代[しょだい] 초대; 제1대.

初対面[しょたいめん] 초대면; 첫 대면.

初冬[しょとう] 초동; ①초겨울. ②음력 10월의 딴이름.

初頭[しょとう] 초두; 첫머리.

初等[しょとう] 초등; 맨 처음의 등급.

初老[しょろう] 초로; 50세 전후.

初犯[しょはん] 초범; 첫 범죄.

²初歩[しょほ] 초보; 첫걸음. 초심(初心).

初手[しょて] 초수; ①(바둑·장기의) 첫수. ②최초. 첫머리.

²初旬[しょじゅん] 초순; 상순(上旬).

初心[しょしん] 초심; ①처음에 품은 뜻·마음. ②처음으로 배움. ③순진함.

初心者❶[しょしんしゃ] 초심자; 초보자(初歩者). ❷[しょしんもの] 순진한 사람.

初夜[しょや] 초야; ①(결혼) 첫날밤. ②초경(初夜). 오후 7시부터 9시 사이. ③《仏》초야의 독경(読経).

初演[しょえん] 초연; 첫 연주·공연.

初日❶[しょにち] ①(흥행의) 첫날. 개막일. ②(씨름에서 지기만 하다가) 첫 승리. 처음 이김. ❷[はつひ] 설날 아침의 해.

初任給[しょにんきゅう] 첫 월급.

初潮[しょちょう] 초조; 첫 월경.

初志[しょし] 초지; 처음에 품은 뜻.

初診[しょしん] 초진; 최초의 진찰.

初秋[しょしゅう/はつあき] 초추; 초가을.

初春[しょしゅん/はつはる] 초춘; 초봄.

初七日[しょなのか/しょなぬか] 《仏》 7일재(斎). 죽은 후 7일째 되는 날.

¹初版[しょはん] 초판; 제1판.

初便[しょびん] 초편; ①(교통편의) 첫편. ②처음 보낸·도착한 소식.

初夏[しょか/はつなつ] 초하; 초여름.

初学者[しょがくしゃ] 초학자; 초보자.

初号[しょごう] 초호; ①(정기 간행물의) 제1호. 창간호. ②'初号活字'의 준말.

初婚[しょこん] 초혼; 첫 결혼.

初会[しょかい] 초회; ①첫 대면. ②첫 모임. ③(창녀가) 처음 오는 손님을 맞이함.

初回[しょかい] 초회; 제1회. 첫 번째.

初回金[しょかいきん] 제1회 출입금.

招　부를 초

一　丁　扌　扫　扫　招　招　招

音 ●ショウ
訓 ●まねく

訓読

²●招く[まねく] 〈5他〉 ①손짓하여 부르다. ②초대하다. 초빙하다. 초청하다. ③(사람을) 불러오다. ④(문제를) 일으키다. 초래하다. 야기하다.

¹招き[まねき] ①초대. 초빙. 초청. ②(손님을 끌기 위한) 간판. 상점의 장식물. ③(옛날 흥행장의 출입구에서) 손님을 끌던 사람.

音読

²招待[しょうたい] 초대; 손님을 불러들임.
招待状[しょうたいじょう] 초대장; 초청장.
招来[しょうらい] 초래: ①(사람을) 초빙함. 불러옴. ②(문제를) 일으킴. 야기함.
招聘[しょうへい] 초빙; 정중히 초청함.
招集[しょうしゅう] 소집(召集). *공손한 말임.
招請[しょうせい] 초청: 청하여 부름.
招致[しょうち] 초치: 청하여 오게 함.

草　풀 초

一　十　艹　艹　芢　芢　苩　苩　苜　草

音 ●ソウ ●ゾウ
訓 ●くさ

訓読

³●草[くさ] ①풀. 잡초. ②꼴. 꼴풀.
草いきれ[くさいきれ] (여름철 풀숲에서 풍기는) 풀의 훈김. 후끈한 열기.
草むしり[くさむしり] 풀을 뜯음.
草木[くさき/そうもく] 초목; 풀과 나무.
草餅[くさもち] 쑥떡.
草分け[くさわけ] ①(황무지를) 개척함. 개척자. ②창시자. ③선구자.
草山[くさやま] 풀이 난 낮은 산.
草色[くさいろ] 풀빛. 초록색.
草市[くさいち] 우란분재(盂蘭盆斎)에 사용할 화초·불구(仏具)를 파는 시장.
草深い[くさぶかい] 〈形〉 ①풀이 무성하다. ②두메 같다. 벽촌 같다.
草野球[くさやきゅう] (빈터에서 하는) 풋내기 야구. 동네 야구.

草刈り[くさかり] 풀베기. 풀 베는 사람.
草屋[くさや] 초옥; ①초가집. ②건초를 저장해 두는 헛간.
草屋根[くさやね] 초가지붕.
²草臥れる[くたびれる] 〈下1自〉 ①지치다. 피로하다. ② 《俗》 낡아지다. 허름해지다. ③무기력해지다. 기력이 쇠퇴하다.
草丈[くさたけ] 농작물이 자란 키.
草笛[くさぶえ] 풀피리.
草叢[くさむら] 풀숲. 풀밭.
草花[くさばな] 화초; 풀 종류의 꽃.

音読

草稿[そうこう] 초고; 원고(原稿).
²草履[★ぞうり] (일본) 짚신.
草書[そうしょ] 초서; 흘림체.
草食動物[そうしょくどうぶつ] 초식동물.
草案[そうあん] 초안: 규약(規約) 등의 초고. 원안(原案).
草原[そうげん] 초원; 푸른 들판.
草紙[そうし] ①철해 놓은 책. ②(江戸(えど) 시대의) 삽화가 들어 있는 대중 소설. ③가나로 쓰인 책. ④붓글씨 연습장.
草創[そうそう] ①(사업 등의) 시작. 시초. ②절·神社(じんじゃ) 등의 창건(創建).
草体[そうたい] 초체; 초서체(草書体).
草草[そうそう] ①(편지 끝에서 바쁘게 썼다는 뜻으로서의 인사말) 이만 총총. ②〈形動〉 간단함. 간략함. 대강임. ③변변치 못했음. ④매우 바쁨.

秒　까끄라기/초 초

一　二　千　禾　禾　利　利　秒　秒

音 ●ビョウ
訓 ─

音読

²秒[びょう] 초: ①시간의 단위. ②각도·경도·위도의 단위.
秒記時計[びょうきどけい] 초시계. stopwatch.
秒読み[びょうよみ] 초읽기. 시간을 초 단위로 셈함.
秒速[びょうそく] 초속; 1초 동안에 나아가는 속도.
秒時計[びょうどけい] 초시계. 초 단위를 표시하는 시계.
秒針[びょうしん] 초침; 시계의 초(秒)를 가리키는 바늘.

硝(硝)   초석 초

一 ア 彳 石 石 矿 矿 矿 硝 硝

音 ●ショウ
訓 ―

音読
硝酸[しょうさん] ≪化≫ 초산; 질산(窒酸).
硝石[しょうせき] 초석; (천연산의) 질산갈륨.
硝煙[しょうえん] 초연. 화약의 연기.
³硝子[★ガラス] 글라스. 유리.
³硝子瓶[★ガラスびん] 유리병.

超   넘을 초

一 十 土 キ 未 走 起 起 起 超

音 ●チョウ
訓 ●こえる ●こす

訓読
²●超える[こえる] ⟨下1自⟩ ①(어떤 기준을) 초과하다. 넘다. 넘어서다. ②초월하다. ③능가하다. 뛰어나다.
²●超す[こす] ⟨5他⟩ (어떤 기준을) 초과하다. 넘다. 넘어서다.

音読
超[ちょう] 초; 초과(超過).
超高速[ちょうこうそく] 초고속; 고속보다 더 빠른 속도.
²超過[ちょうか] 초과; 어떤 기준을 넘어섬.
超克[ちょうこく] 초극; 난관을 극복함.
超大型[ちょうおおがた] 초대형; 일반적인 대형을 초월한 것.
超満員[ちょうまんいん] 초만원; 더할 수 없이 꽉 찬 만원.
超然[ちょうぜん] 초연; ①어떤 사건과 멀리 떨어져 있음. ②어떤 일에 구애되지 않음.
超越[ちょうえつ] 초월; ①(보통보다) 뛰어남. ②(범위·한계를) 벗어남. ③≪哲≫ (인식·경험 등의) 영역을 넘어서 존재함.
超音速[ちょうおんそく] 초음속; 소리보다 빠른 속도.
超音波[ちょうおんぱ] 초음파; 진동수가 매초 2만 이상인 음파.
超人[ちょうじん] 초인; ①슈퍼맨. 위대한 능력의 소유자. ②≪哲≫ 인간의 가능성을 극한까지 실현한 이상적인 인간상.

超自然[ちょうしぜん] 초자연; 자연의 이치를 넘어서 신비적임.
超絶[ちょうぜつ] 초절; ①초월(超越). ②출중하게 뛰어남. ③≪哲≫ (인식·경험 등의) 영역을 넘어서 존재함.
超特急[ちょうとっきゅう] 초특급; 특급보다 더 빠름.

酢   초산 초

一 厂 厅 厅 酉 酉 酢 酢 酢 酢

音 ●サク
訓 ●す

訓読
²●酢[す] 초; 식초.
酢の物[すのもの] 식초에 무친 요리.
酢味[すみ] 시큼한 맛. 신맛.
酢漬(け)[すづけ] 식초에 절임.
酢和え[すあえ] 초무침.

音読
酢酸[さくさん] ≪化≫ 초산.
酢酸菌[さくさんきん] 초산균.

焦   그을릴 초

ノ イ イ 什 隹 隹 隹 焦 焦

音 ●ショウ
訓 ●こがす ●こがれる ●こげる ●あせる ⊗じらす ⊗じれる

訓読
²●焦がす[こがす] ⟨5他⟩ ①(불에) 그슬리다. 태우다. 눌리다. ②애태우다.
●焦がれる[こがれる] ⟨下1自⟩ ①갈망하다. 몹시 동경하다. 간절히 소망하다. ②애타게 그리다. 깊이 사모하다.
²●焦げる[こげる] ⟨下1自⟩ (불에) 눈다. 불에 타서 검정이나 갈색이 되다.
お焦げ[おこげ] 누룽지. 눋은밥.
焦げ付き[こげつき] ①(냄비 바닥 등에) 눌어붙음. 눌어붙은 것. ②(빌려준 돈의) 회수 불능. ③보합세. 시세 변동이 없음.
焦げ付く[こげつく] ⟨5自⟩ ①(냄비 바닥 등에) 눌어붙다. ②(빌려준 돈이) 회수 불능이 되다. ③보합세를 보이다. 시세 변동이 없다.

¹焦げ茶[こげちゃ] 짙은 밤색.
焦げ臭い[こげくさい] 〈形〉 눋는 냄새가 나다. 타는 냄새가 나다.
¹◉焦る[あせる] 〈5自〉 조바심하다. 안달하다. 초조하게 굴다. 조급하게 굴다.
焦り[あせり] 조바심. 안달. 초조함.
⊗焦らす[じらす] 〈5他〉 애태우다. 약올리다. 안달이 나게 하다.
⊗焦れる[じれる] 〈下1自〉 안달이 나다. 초조해지다. 조바심나다.
焦れ込む[じれこむ] 〈5自〉《俗》 애태우다.

音読
焦心[しょうしん] 초심; 조바심이 남. 노심초사.
²焦点[しょうてん] 초점; ①거울·렌즈에 들어온 빛이 모이는 지점. ②(관심·주의 등의) 집중점. ③《数》 타원·쌍곡선·포물선을 이루는 기본점.
焦燥[しょうそう] 초조; 마음을 졸임. 조바심이 남. 애태움.
焦土[しょうど] 초토; ①검게 탄 흙. ②많은 건축물이 불에 타서 흔적도 없이 사라져 버린 땅.

礁 암초 초

一 丆 石 矿 矿 矿 矿 碓 碓 礁

音 ◉ショウ
訓 ─

音読
◗珊瑚礁[さんごしょう], 岩礁[がんしょう], 暗礁[あんしょう], 座礁[ざしょう], 環礁[かんしょう]

礎 주춧돌 초

石 石 矿 矿 碑 碑 礎 礎 礎 礎

音 ◉ソ
訓 ◉いしずえ

訓読
◉礎[いしずえ] ①초석(礎石). 주춧돌. ②(사물의) 기초. 바탕. 토대(土台).
礎石[そせき] 초석; ①주춧돌. ②(사물의) 기초. 바탕. 토대.

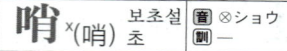
炒 볶을 초

音 ⊗ショウ ⊗ソウ
訓 ⊗いためる
　　⊗いる

訓読
¹⊗炒める[いためる] 〈下1他〉 ①(기름에) 볶다. ②(양념한 것을) 지지다.
²⊗炒る[いる] 〈5他〉 ①(기름에) 볶다. ②(양념한 것을) 지지다.
炒り子[いりこ] (쪄서) 말린 잔멸치.

音読
炒飯[チャーハン] (중국 요리의) 볶은 밥.

哨ˣ(哨) 보초설 초
音 ⊗ショウ
訓 ─

音読
哨戒[しょうかい] 초계; 적의 습격을 경계함.
哨兵[しょうへい] 초병; 보초병.
哨舎[しょうしゃ] 초사; ①초소(哨所). 파수막. ②(비가 올 때 등에) 초병(哨兵)이 들어가는 막사.
哨所[しょうしょ] 초소; 파수를 보는 곳.
哨海艇[しょうかいてい] 초해정; 바다를 경계하며 파수를 보는 함정.

悄 근심할 초
音 ⊗ショ ⊗ショウ
訓 ─

音読
悄気る[しょげる] 〈下1自〉 풀이 죽다. 기가 죽다.
悄然[しょうぜん] 초연; 의기를 잃어 기운이 없는 모양.

梢(梢) 나무끝 초
音 ⊗ショウ
訓 ⊗こずえ

訓読
⊗梢[こずえ] 나무 끝. 나뭇가지의 끝.

椒 산초나무 초
音 ⊗ショウ
訓 ─

音読
椒房[しょうぼう] 초방; ①황후(皇后)의 거처. ②'皇后(こうごう)'의 딴이름.

鞘 ×(鞘) 칼집 초

音 ⊗ショウ
訓 ⊗さや

訓読

⊗鞘[さや] ①칼집. ②연필·붓 등의 뚜껑.
③마진. 차액(差額). 차익금.
鞘寄せ[さやよせ] (증권 거래소에서) 시세
변동으로 차액(差額)이 작아짐.
鞘当て[さやあて] ①체면이나 고집에 관한
싸움. ②≪俗≫ (한 여자를 두고 하는) 애
인 쟁탈전. 삼각 관계.
鞘取り[さやとり] 값의 차액을 취하기 위한
거래. 또는 그런 사람.

鍬 가래 초

音 ⊗シュウ
訓 ⊗くわ

訓読

⊗鍬[くわ] 괭이.
鍬下[くわした] 황무지를 개간하여 논밭으
로 만들 때까지의 기간.
鍬形[くわがた] ①투구의 앞면 양쪽에 뿔처
럼 세운 장식물. ②'鍬形虫'의 준말.
鍬形虫[くわがたむし] ≪動≫ 사슴벌레의
총칭.

[촉]

促 재촉할 촉

丿 亻 仁 仃 伊 促 促 促

音 ●ソク
訓 ●うながす

訓読

¹●促す[うながす] 〈5他〉①재촉하다. 독촉하
다. 촉구하다. ②(사물의 진행을) 촉진시
키다.

音読

促成[そくせい] 속성(速成). 성장을 촉진
시킴.
促成栽培[そくせいさいばい] 속성(速成) 재배.
促音[そくおん] 촉음; (일본어의 발음에서)
막히는 듯한 느낌을 주는 음.
¹促進[そくしん] 촉진; ①재촉하여 빨리 나
아가게 함. ②어떤 상태나 일이 빠르게
진척됨.

触 (觸) 닿을 촉

丿 ⺈ 尹 角 角 角 角⺆ 角⺆ 触 触

音 ●ショク
訓 ●さわる ●ふれる

訓読

³●触る[さわる] 〈5自〉①(살짝) 닿다. 건드
리다. 손을 대다. 접촉하다. ②관계하다.
접근하다. ③(비위에) 거슬리다.
触り[さわり] ①닿는 느낌. 촉감. 군촉. 감각.
②(연극에서) 가장 감동적인 장면·대목.
²●触れる[ふれる] 〈F1自〉①(살짝) 닿다.
스치다. 접촉하다. 만지다. ②느끼다.
③언급하다. ④(규정·규칙에) 저촉되다.
⑤부딪치다. 타격을 입다. 〈F1他〉①(살
짝) 스치다. 접촉하다. 건드리다. 만지
다. ②(말을) 퍼뜨리다.
触れ[ふれ] ①(일반에게 널리 알리는) 고시
(告示). 포고(布告). ②(씨름에서) 사회자
가 선수를 호명(呼名)함.
触れ告げる[ふれつげる] 〈F1他〉널리 알리
다. 선포하다. 포고(布告)하다.
触(れ)込み[ふれこみ] (실제 이상으로 과장
된) 사전 광고.
触(れ)太鼓[ふれだいこ] ①널리 광고하기 위
해 두드리는 북. ②(씨름에서) 시합 전날에
북을 치며 하는 광고.
触れ合う[ふれあう] 〈5自〉①(서로) 맞닿
다. 스치다. 접촉하다. ②(마음이) 서로
통하다.
触れ回る[ふれまわる] 〈5他〉①(공지 사항을)
알리며 다니다. ②여기저기 말을 퍼뜨리며
다니다.

音読

触角[しょっかく] ≪動≫ 촉각; 더듬이.
触覚[しょっかく] 촉각; 피부 감각.
触感[しょっかん] 촉감; 물건에 닿았을 때
의 느낌.
触媒[しょくばい] ≪化≫ 촉매; 다른 물질의
반응을 촉진시키거나 지연시키는 물질.
触媒作用[しょくばいさよう] ≪化≫ 촉매
작용.
触発[しょくはつ] 촉발; ①뭔가에 닿거나
하면 폭발하거나 발사됨. ②충동을 가해
행동을 유발함.
触手[しょくしゅ] ≪動≫ 촉수.

嘱(嘱) 부탁할 촉

口 口 口 叮 叮 咟 喟 喟 喟 嘱

音 ●ショク
訓 ─

音読
嘱望[しょくぼう] 촉망; 기대됨.
嘱託[しょくたく] 촉탁; ①어떤 조건하에 일을 맡김. ②(비정규직 직원에게) 업무를 위촉함.

燭 촛불 촉

音 ⊗ショク
訓 ─

音読
燭[しょく] 촉; ① ≪物≫ 광도(光度)의 단위. ②등불.
燭光[しょっこう] 촉광; ①등불의 빛. ② ≪物≫ 광도(光度)의 단위.
燭台[しょくだい] 촉대; 촛대.
燭涙[しょくるい] 촉루; 촛농.

〔 촌 〕

寸 마디 촌

一 十 寸

音 ●スン ⊗ズン
訓 ─

音読
寸[すん] 촌; ①(척관법에서) 치. 약 3cm. 한 자(尺)의 10분의 1. ②치수. 길이.
寸暇[すんか] 촌가; 짧은 여가. 틈.
寸劇[すんげき] 촌극; 토막극. 짤막한 연극.
寸断[すんだん] 촌단; 토막토막 끊음.
寸描[すんびょう] 촌묘; 스케치.
²寸法[すんぽう] ①치수. 길이. 사이즈. ②계획. 작정. 예정.
寸分[すんぶん] ①조금. 약간. ②(부정문에서) 조금도. 전혀.
寸時[すんじ] 촌시; 아주 짧은 여가.
寸前[すんぜん] 촌전; 바로 앞. 직전.
寸足らず[すんたらず] ①치수가 모자람. 길이가 약간 짧음. ②남보다 뒤짐. 시원치 않음.

寸志[すんし] 촌지; ①조그만 정성. ②하찮은 선물. 변변치 않은 선물.
寸評[すんぴょう] 촌평; 간단한 비평.
寸毫[すんごう] 촌호; 추호(秋毫). 아주 적음. 아주 극소량.
寸詰(つ)まり[すんづまり] (규정보다) 치수가 모자람. 약간 짧음.

村 마을 촌

一 十 才 木 村 村 村

音 ●ソン
訓 ●むら

訓読
⁴●村❶[むら] ①마을. 시골. ②지방 자치 단체로서의 최소의 단위. ❷[そん] ☞ [音読]
村里[むらざと] 시골. 촌락.
村役場[むらやくば] 리(里) 사무소. *村(むら)의 행정 사무를 맡아 보는 곳.
村外れ[むらはずれ] 동구(洞口) 밖.
村雨[むらさめ] 소나기.
村人[むらびと] 마을 사람.
村芝居[むらしばい] ①마을 사람들의 연극. ②(지방 순회 극단의) 지방 공연.
村八分[むらはちぶ] ①동네에서 따돌림. 동네 왕따. ②따돌림. 왕따.

音読
村❶[そん] 촌. *지방 자치단체로서의 최소의 단위임. ❷[むら] ☞ [訓読]
村道[そんどう] 촌도; ①마을길. ②村(そん)의 경비로 만들고 보수·유지하는 도로.
村落[そんらく] 촌락; 마을. 부락.
村吏[そんり] 촌리; 村(そん)의 공무원.
村民[そんみん] 촌민; 마을 사람들.
村夫子[そんぷうし] 시골 선비.
村費[そんぴ] 村(そん)의 경비.
村営[そんえい] 村(そん)에서 경영함.
村有[そんゆう] 村(そん)의 소유.
村有地[そんゆうち] 村(そん)의 소유지.
村議[そんぎ] '村議会'의 준말.
村議会[そんぎかい] 村(そん) 의회(議会).
村長❶[そんちょう] 촌장; 村(そん)의 우두머리. *한국의 면장(面長)에 해당함. ❷[むらおさ] '村長(そんちょう)'의 예스런 말.
村政[そんせい] 村(そん)의 행정(行政).
村会[そんかい] '村議会(そんぎかい)'의 준말.

[총]

塚(塚) 무덤 총

一 十 ţ ţ" ţ" ţ" ţ坆 塚 塚 塚

音 ⊗チョウ
訓 ●つか

訓読

●塚[つか] 총; ①성토한 무덤. ②둔덕. 흙
　무더기. 흙을 쌓아올린 곳.
塚穴[つかあな] 총혈; 묘혈(墓穴). 시체를
　매장하는 구덩이.

総(總) 모두/거느릴 총

ﾉ ﾑ ﾑ 糸 糸 糸 紦 絅 総 総

音 ●ソウ
訓 ⊗ふさ ⊗すべて ⊗すべる

訓読

⊗総[ふさ] ①(여러 가닥의 실로 만든) 술.
　②(포도) 송이.
⊗総て[すべて] ①전체. 전부. 모든 것.
　②〈副〉모두. 전부. 모조리.
⊗統べる[すべる] 〈下1他〉①통합하다. ②다
　스리다. 지배하다.

音読

総ぐるみ[そうぐるみ] 전원이 똘똘 뭉침.
総じて[そうじて] 대체로. 대개. 일반적으
　로.
総監[そうかん] 총감; (경찰·군대 등의) 큰
　조직 전체를 감독하는 직명.
総決算[そうけっさん] 총결산; 총체적인
　결산.
総計[そうけい] 총계; 총합계.
総攻撃[そうこうげき] 총공격; 전원이 공
　격함.
総括[そうかつ] 총괄; 여러 가지를 한데로
　모아서 뭉침. 총정리.
総掛(か)り[そうがかり] ①총동원. ②총공
　격. ③(지출된) 총경비.
総当(た)り[そうあたり] ①(경기에서) 리그
　전 참가자 전원과 경기함. ②(제비뽑기에
　서) 꽝이 없음. 전원이 당첨됨.
総代[そうだい] 총대; 총 대표. 대표.

総督[そうとく] 총독; ①관할 구역의 모든
　정무(政務)·군무(軍務)를 통괄함. ②식민
　지의 장관.
総量[そうりょう] 총량; 총중량. 총분량.
総力[そうりょく] 총력; 전체의 모든 힘.
総領[そうりょう] 총령; ①가독(家督) 상속
　인. ②맏아들. 맏자식. ③통할(統轄). 모
　두 거느려서 관할함.
総領事[そうりょうじ] 총영사.
総論[そうろん] 총론; 전체를 총괄하는 이론.
総理[そうり] 총리; ①사무를 모두 관할함.
　②수상(首相). '総理大臣'의 준말.
²総理大臣[そうりだいじん] 총리대신; 수상
　(首相).
総理府[そうりふ] 총리부; 총리대신이 관할
　하는 행정 기관.
総裏[そううら] 양복 겉저고리 안쪽 전체에
　대는 안집.
総立ち[そうだち] (흥분하거나 호기심 등으
　로) 모두 일어섬. 총기립.
総毛立つ[そうけだつ]〈5自〉소름끼치다.
総務[そうむ] 총무; 조직 전체의 사무를 관
　장하여 처리함. 또는 그 사람.
総門[そうもん] 총문; ①저택의 제일 바깥
　쪽 정문. 대문. ②(禅宗의 사찰에서) 정문
　(正門).
総本山[そうほんざん] 총본산; ①《仏》총
　본사(総本寺). ②(사물의 중심이 되는 곳.
　전체를 통괄하는 곳.
総崩れ[そうくずれ] ①궤멸. 완전 붕괴.
　②완패(完敗). 전패(全敗).
総仕舞(い)[そうじまい] ①일을 모두 끝냄.
　마감. ②몽땅 팔아 버림. 몽땅 사 버림.
　③(유곽에서) 그 집 기생을 몽땅 부름.
総選挙[そうせんきょ] 총선거. ＊일본에서
　는 '衆議院議員選挙'를 말함.
総説[そうせつ] 총설; 전체의 설명.
総勢[そうぜい] 총세; ①전원. 인원수.
　②전군(全軍). 전 병력(全兵力).
総帥[そうすい] 총수; 총지휘관.
総数[そうすう] 총수; 전체의 수.
総額[そうがく] 총액; 총체의 금액.
総揚げ[そうあげ] (그 유곽의) 기생을 몽땅
　불러 놓고 놂.
総員[そういん] 총원; 전원(全員).
総意[そうい] 총의; 전체의 의사(意思).
総長[そうちょう] 총장; ①조직 전체를 관
　리하는 우두머리. ②(대학교의) 총장.

総裁[そうさい] 총재; 공사(公社)나 정당(政堂)의 우두머리.

総菜[そうざい] 반찬. 부식(副食).

総体[そうたい] ①전체. ②대체로. 전반적으로. ③≪俗≫ 원래.

総出[そうで] 총출동.

総称[そうしょう] 총칭; 전부를 총괄하여 일컫는 명칭.

総統[そうとう] 총통; 국가·정당을 총괄하여 다스리는 직무.

¹総合[そうごう] 종합(綜合). 전부를 합함.

総花[そうばな] 종업원 모두에게 주는 팁.

総和[そうわ] 총화; ①모든 것을 합한 것. ②총계. 총합계.

¹総会[そうかい] 총회; 단체 구성원 전원에 의한 모임에서 그 단체의 의사를 결정하는 의결 기관.

総画[そうかく] 총획; 한 한자(漢字) 획수의 합계.

銃 **총 총**

ノ 스 午 숲 숲 쇸 鈝 鈝 銃

音 ●ジュウ
訓 ―

音読

²銃[じゅう] 총.

銃剣[じゅうけん] 총검; ①총과 칼. ②소총 끝에 부착하는 검.

銃撃[じゅうげき] 총격; 총으로 사격함.

銃口[じゅうこう] 총구; 총부리.

銃器[じゅうき] 총기; 혼자서 운반할 수 있는 총의 총칭.

銃殺[じゅうさつ] 총살; 총으로 쏴 죽임.

銃声[じゅうせい] 총성; 총을 쏜 소리.

銃身[じゅうしん] 총신; 총의 몸.

銃眼[じゅうがん] 총안; 적을 사격하기 위해 방어벽(防禦壁) 등에 뚫어놓은 구멍.

銃槍[じゅうそう] 총창; ①총과 창. ②총검.

銃弾[じゅうだん] 총탄; 총알.

銃砲[じゅうほう] 총포; 소총과 공기총.

銃刑[じゅうけい] 총형; 총살형(銃殺刑).

銃火[じゅうか] 총화; 총기에 의한 사격.

銃丸[じゅうがん] 총탄; 총알.

銃後[じゅうご] ①전쟁터의 후방. ②후방 국민. 직접적으로 전투에 참여하지 않는 국민.

葱 **파 총**

音 ⊗ソウ
訓 ⊗ねぎ

訓読

⊗葱[ねぎ] ≪植≫ 파.

葱鮪[ねぎま] 파와 다랑어를 냄비에 넣고 끓인 요리.

聡(聰) **귀밝을 총**

音 ⊗ソウ
訓 ⊗さとい

訓読

⊗聡い[さとい] 〈形〉 ①머리가 영리하다. 총명하다. 명석하다. ②(감각이) 예민하다. 민감하다. 재빠르다.

音読

聡明[そうめい] 〈形動〉 총명; 사물에 대한 이해가 빠르고 영리함.

聡慧[そうけい] 〈形動〉 총혜; 총명하고 슬기로움.

叢 **모일 총**

音 ⊗ソウ
訓 ⊗くさむら
⊗むら
⊗むらがる

訓読

⊗叢❶[くさむら] 풀숲. ❷[むら] 무리. 떼.

⊗叢る[むらがる] 〈5自〉 떼지어 모이다.

叢立ち[むらだち] ①떼를 지어 서 있음. ②떼지어 나 있음.

叢立つ[むらだつ] 〈5自〉 ①떼를 지어 서다. ②떼를 지어 나다.

音読

叢談[そうだん] 총담; 여러 가지 이야기를 모은 책.

叢書[そうしょ] 총서; ①여러 종류의 책을 모아 하나의 큰 책으로 만든 것. ②시리즈.

叢説[そうせつ] 총설; 한데 모아 놓은 여러 학설.

寵 **총애할 총**

音 ⊗チョウ
訓 ―

音読

寵臣[ちょうしん] 총신; 총애하는 신하.

寵愛[ちょうあい] 총애; 특별히 소중하게 사랑함.

寵遇[ちょうぐう] 총우; 특별 대접. 후대.

[찰]

撮   사진찍을 찰

扌 扌 扌 扫 扫 扫 扫 撮 撮

音 ●サツ
訓 ●とる ⊗つまむ

訓読
²●撮る[とる] 〈5他〉 (사진을) 찍다. 촬영하다.
²⊗撮む[つまむ] 〈5他〉 ①(손가락으로) 집다.
　잡다. ②집어서 먹다. ③(요점을) 간추리
　다. 발췌하다. ④(수동형 'つままれる'로)
　홀리다.
お撮み[おつまみ] 마른안주.

音読
²撮影[さつえい] 촬영; 영화·사진을 찍음.
撮影機[さつえいき] 촬영기.
撮影所[さつえいじょ] 촬영소.
撮要[さつよう] 개요(概要). 요점만 간추려
　간단히 기록한 것.

[최]

最   가장 최

丨 冂 曰 旦 旦 昌 旱 昌 最 最

音 ●サイ
訓 ●もっとも ⊗も

訓読
²●最も[もっとも] (…중에서) 가장. 제일.
⊗最寄り[もより] (그 곳에서) 가장 가까움.
⊗最寄り品[もよりひん] (가장 가까운 소매
　점에서) 조금씩 자주 사는 물건.
⊗最早[もはや] 이미. 벌써. 이제는.

音読
最たる[さいたる] 가장. 제일가는. 으뜸가는.
最強[さいきょう] 최강; 가장 강함.
最敬礼[さいけいれい] (허리를 굽혀서 하는)
　가장 정중한 인사.
最古[さいこ] 최고; 가장 오래됨.
²最高[さいこう] 최고; ①높이가 가장 높음.
　②(정도·지위가) 제일 위임. ③(기분이
　나 어떤 상태가) 가장 좋음. 최상(最上)의
　상태임. 여럿 중에서 가장 뛰어남.

最高峰[さいこうほう] 최고봉; 가장 높은
　봉우리.
最高裁[さいこうさい] '最高裁判所'의 준말.
最高潮[さいこうちょう] 최고조; 클라이맥스.
　절정(絶頂).
³最近[さいきん] 최근; ①요즈음. 근래. 최근
　에. ②(여럿 중에서) 가장 가까움.
最期[さいご] (일생의) 최후. 임종(臨終).
最多[さいた] 최다; 가장 많음.
最短[さいたん] 최단; 가장 짧음.
最大[さいだい] 최대; 가장 큼.
最大級[さいだいきゅう] 최대급; 아주 대대
　적임.
最良[さいりょう] 최량; 가장 좋음
最上[さいじょう] 최상; 맨 위.
最先端[さいせんたん] 최첨단(最尖端).
¹最善[さいぜん] 최선; ①가장 좋음. ②할 수
　있는 방법·노력.
最盛期[さいせいき] 전성기(全盛期). 한창 때.
最小[さいしょう] 최소; 가장 작음.
最小限[さいしょうげん] 최소한; 최소 한도.
最少[さいしょう] 최소; ①가장 적음. ②최
　연소(最年少). 가장 젊음.
最新[さいしん] 최신; 가장 새로움.
最新版[さいしんばん] 최신판.
最新型[さいしんがた] 최신형.
最深[さいしん] 가장 깊음.
最悪[さいあく] 최악; 가장 나쁨.
最愛[さいあい] 최애; 가장 사랑함.
最長[さいちょう] 최장; ①가장 긺. ②가장
　우수함. ③가장 나이가 많음.
²最低[さいてい] 최저; ①가장 낮음. 최하(最
　下). ②(정도·지위가) 가장 낮음. ③(성
　질·품질·행동 등이) 가장 나쁨. 가장
　저질(低質)임.
最適[さいてき] 최적; 가장 적합함.
最前[さいぜん] 최전; ①맨 앞. ②아까. 조
　금 전.
²最終[さいしゅう] 최종; ①맨 마지막. ②막
　차. 마지막 교통편.
²最中[さいちゅう] 한창 …중임. 한창임.
²最初[さいしょ] 최초; 맨 처음.
最下[さいか] 최하; 맨 아래.
最恵国[さいけいこく] 최혜국; 가장 혜택을
　많이 받는 나라.
³最後[さいご] 최후; ①맨 뒤. 맨 끝. 마지
　막. ②('…したら～'·'…たが～'의 문형으
　로) 하기만 하면 끝장.

催　재촉할 최

亻 亻 仁 仁 仁 催 催 催 催

音 ●サイ
訓 ●もよおす

訓読

¹●催す[もよおす]〈5他〉①(어떤 기분을) 불러일으키다. 자아내다. ②(기획하여) 개최하려고 하다. 열다.〈5自〉(어떤 상태가) 발생하려고 하다. 낌새가 있다.

²催し[もよおし]①모임. 회합. 행사. ②기미. 낌새. 징조.

催(し)物[もよおしもの]모임. 행사. 전시회.

⊗催合う[もやう]〈5他〉공동으로 일하다.

⊗催合い[もやい]공동으로 일함. 공유함.

音読

催告[さいこく]최고;①재촉하는 통지. ②채무 이행을 촉구함.

催涙[さいるい]최루;눈물이 나오게 함.

催眠[さいみん]최면;잠이 오게 함.

催眠術[さいみんじゅつ]최면술.

²催促[さいそく]재촉(再促). 독촉함.

抽　뽑을 추

一 十 扌 扣 扣 抽 抽 抽

音 ●チュウ
訓 ⊗ぬきんでる

訓読

⊗抽んでる[ぬきんでる]〈下1他〉①골라내다. ②남보다 열심히 하다.〈下1自〉①뛰어나다. 빼어나다. ②눈에 띄다.

音読

²抽象[ちゅうしょう]추상;여러 가지 사물이나 개념에서 특정한 속성이나 요소를 뽑아낸 것을 사고의 대상으로 삼는 정신 작용.

抽象的[ちゅうしょうてき]추상적;①(분석) 통합적. ②개념적. 관념적.

抽象画[ちゅうしょうが]추상화.

¹抽選[ちゅうせん]추첨(抽籤). 제비뽑기.

抽出[ちゅうしゅつ]추출;①특정 물질을 뽑아 분리시킴. ②(특정의 생각·요소를) 뽑아냄. 빼냄.

枢(樞)　지도리 추

一 十 才 木 枢 枢 枢 枢

音 ●スウ
訓 ⊗とぼそ ⊗くるる

訓読

⊗枢❶[とぼそ]①문둔테 구멍. 문둔개. ②문짝. ❷[くるる]①문지도리. 돌쩌귀를 문둔테 구멍에 끼워 여닫게 만든 장치. ②(문 얼굴의 아래위 테에 찔러서) 문이 열리지 않게 하는 빗장.

⊗枢戸[くるるど]문지도리가 붙은 문.

音読

枢機[すうき]추기;①사물의 중추가 되는 곳. ②중요한 정무(政務).

枢機卿[すうききょう](천주교의) 추기경.

枢密[すうみつ]추밀;(비밀을 요하는) 정치상의 중요 사항.

枢要[すうよう]추요;가장 중요함. 가장 요긴한 곳.

枢軸[すうじく]추축;①(기계의) 중심 축. ②중추(中樞). 가장 중요한 부분.

追(追)　쫓을/따를 추

´ ´ ´ 阝 阝 阝 阝 追 追

音 ●ツイ
訓 ●おう

訓読

²●追う[おう]〈5他〉①내쫓다. 추방하다. ②뒤쫓아 가다. 따르다. ③추구하다. 쫓다. ④(동물을) 몰다. ⑤(순서에) 따르다. ⑥그리워하다. 그리다.

追い遣る[おいやる]〈5他〉①쫓아 보내다. ②(궁지로) 몰아넣다.

²追い掛ける[おいかける]〈下1他〉①추적하다. 뒤쫓아 가다. ②잇따르다. 잇달아 일어나다.

追い捲る[おいまくる]〈5他〉(사정없이) 내쫓다. 내몰아치다. 쫓아 버리다.

追っ掛ける[おっかける]〈下1他〉≪俗≫ ①추적하다. 뒤쫓아 가다. ②잇따르다.

追(い)落(と)し[おいおとし]①쫓아가서 떨어뜨림. ②노상 강도. ③(바둑에서) 계속 단수가 되어 결국 한 무리의 돌을 들어내게 되고 마는 상태.

追い立てる[おいたてる] 〈下1他〉 (딴 곳으로) 추방하다. 내쫓다. 내몰다.

追(い)剝ぎ[おいはぎ] 노상강도.

追い返す[おいかえす] 〈5他〉 ①(만나지 않고) 되돌려 보내다. ②물리치다.

追い抜く[おいぬく] 〈5他〉 ①추월하다. 앞지르다. 앞서다. ②(힘·능력에서) 능가하다. 앞서다.

²**追い付く**[おいつく] 〈5自〉 ①(뒤쫓아 가서) 따라잡다. 따라붙다. ②(같은 수준에) 도달하다. 미치다. 따라잡다. ③(불이익이) 해소되다. 메워지다.

追い払う[おいはらう] 〈5他〉 추방하여 버리다. 내쫓다.

追(い)肥[おいごえ] 《農》 추비; 웃거름.

追い散らす[おいちらす] 〈5他〉 (군중을) 해산시키다. 내몰아 흩어지게 하다.

追い上げる[おいあげる] 〈下1他〉 ①바싹 뒤쫓다. 육박하다. ②위쪽으로 몰다.

追っ手[おって] 추격자.

追っ羽根[おいばね] 羽子(はご)치기 놀이. *배드민턴과 비슷한 여자아이들의 설날 놀이.

²**追い越す**[おいこす] 〈5他〉 ①추월하다. 앞지르다. ②(능력·힘에서) 앞서다. 추월하다.

¹**追い込む**[おいこむ] 〈5他〉 ①(동물을) 몰아넣다. ②(궁지에) 빠뜨리다. 몰아넣다. ③(최종 단계에서) 전력을 다하다. 막판의 힘을 쏟다. ④(병균이) 안으로 스며들게 하다. ⑤《印》 (행이나 면을 바꾸지 않고) 잇대어 판을 짜다.

追(い)込み[おいこみ] ①(동물을) 몰아넣음. ②최종 단계. 초읽기. ③(최종 단계에서) 전력을 다함. 막판의 힘을 쏟음. ④《印》 (행이나 면을 바꾸지 않고) 잇대어 판을 짬. ⑤투매(投売)로 시세를 하락시킴. ⑥(극장·음식점에서) 좌석에 상관없이) 사람을 마구 입장시킴.

追(い)銭[おいせん] 추가금. 추가로 지불하는 돈.

追(い)追(い)[おいおい] ①차차. 차츰차츰. 점차로. ②머지않아. 불원간.

追い縋る[おいすがる] 〈5自〉 ①뒤쫓아 가서 매달리다. 바싹 뒤쫓다. ②매달리며 졸라대다.

¹**追い出す**[おいだす] 〈5他〉 추방하다. 쫓아내다.

追(い)出し[おいだし] ①추방. 쫓아냄. ②(흥행의) 끝났음을 알리는 북소리.

追(い)討ち[おいうち] ①추격. ②치명타.

追(い)風[おいかぜ] ①순풍. 뒤에서 불어오는 바람. ②옷의 향기를 전하는 바람.

追い回す[おいまわす] 〈5他〉 ①(도망자를) 추격하다. 악착같이 뒤쫓다. 짓궂게 따라다니다. ②(사람을) 혹사시키다. 눈코 뜰 새 없이 부리다.

追い詰める[おいつめる] 〈下1他〉 (막다른 지경에) 몰아넣다. 바싹 추적·추궁하다.

音読

²**追加**[ついか] 추가; 지금까지의 것에 나중에 더하여 보탬.

追撃[ついげき] 추격; 뒤쫓아 가며 공격함.

追求[ついきゅう] 추구; 목적을 달성할 때까지 뒤쫓아 구함.

追究[ついきゅう] 추구; 근본을 깊이 캐어 들어가 연구함.

¹**追及**[ついきゅう] 추급; ①추적(追跡). 뒤쫓아 따라붙음. ②추궁함.

追悼[ついとう] 추도; 죽은 사람을 생각하여 슬퍼함.

追突[ついとつ] 추돌; (자동차 등이) 뒤에서 충돌함.

¹**追放**[ついほう] 추방; ①(해로운 것을) 몰아냄. ②(직장에서) 쫓아냄. ③옛날 죄인을 다른 지역으로 쫓아 버림.

追想[ついそう] 추상; 거의 사건이나 죽은 사람을 그리워함.

追随者[ついずいしゃ] 추종자(追従者). 따르는 사람. 제자.

追試[ついし] 추시; ①전에 타인이 한 실험을 그대로 다시 해서 확인함. ②'追試験'의 준말.

追試験[ついしけん] 추가 시험.

追憶[ついおく] 추억; 지나간 과거의 일들을 돌이켜 생각함.

追認[ついにん] 추인; ①과거로 소급해서 그 사실을 인정함. ②《法》 법률 행위의 불완전함을 보충해 완전한 것이 되게 함.

¹**追跡**[ついせき] 추적; ①뒤쫓음. ②사건이 발생했던 경과·줄거리를 더듬음.

追従❶[ついじゅう] 추종; 뒤를 따라 쫓음. ❷[ついしょう] 아부함. 아첨함. 알랑거림.

追徴[ついちょう] 추징; 추가하여 징수함.

追捕[ついぶ/ついほ] 추포; ①악인을 뒤쫓아가 사로잡음. ②몰수. 빼앗음.

秋 가을 추

一 二 千 禾 禾 禾 秒 秋 秋

音 ◉シュウ ◉ジュウ
訓 ◉あき

【訓読】

⁴◉秋[あき] ①가을. ②가을걷이. 추수.
秋めく[あきめく] 〈5自〉 가을다워지다. 가을이 깊어지다.
秋高[あきだか] ‘秋高相場’의 준말.
秋高相場[あきだかそうば] (추수가 예상보다 적어) 가을에 쌀값이 오름.
秋の空[あきのそら] 가을 하늘. 가을 날씨.
秋空[あきぞら] 가을 하늘. 가을 날씨.
秋口[あきぐち] 초가을.
秋刀魚[★さんま] ≪魚≫ 꽁치.
秋雨[あきさめ/しゅうう] 가을비.
秋日和[あきびより] 맑게 갠 가을 날씨.
秋祭り[あきまつり] (추수를 감사하는) 神社(じんじゃ)의 가을 축제.
秋晴れ[あきばれ] 맑게 갠 가을 날씨.
秋草[あきくさ] 가을 화초.
秋風[あきかぜ] 추풍; 가을 바람.
秋胡頹子[あきぐみ] ≪植≫ 보리수나무.

【音読】

秋季[しゅうき] 추계; 가을철.
秋期[しゅうき] 추기; 가을 동안.
秋冷[しゅうれい] 추랭; 가을의 싸늘함.
秋涼[しゅうりょう] 추량; ①가을의 서늘함. ②음력 8월의 딴이름.
秋分[しゅうぶん] 추분; 24절기의 하나로 매년 9월 23일 경.
秋思[しゅうし] 추사; 가을철에 느끼는 쓸쓸한 생각.
秋霜[しゅうそう] 추상; ①가을의 서리. ②날카롭게 번득이는 칼. ③엄격함.
秋色[しゅうしょく] 추색; ①가을빛. 가을 경치. ②가을 기운. 가을다운 느낌.
秋水[しゅうすい] 추수; ①가을철의 맑은 물. ②날이 시퍼렇게 선 칼.
秋月[しゅうげつ] 추월; 가을 달.
秋蚕[しゅうさん/あきご] 추잠; 가을누에.
秋波[しゅうは] 추파; 미인의 맑은 눈매. 요염한 눈길.
秋海棠[しゅうかいどう] ≪農≫ 추해당.
秋毫[しゅうごう] 추호; 조금도. 털끝만큼도.

推 ①밀 추 ②밀 퇴

十 扌 扌 扩 扩 拃 护 排 推 推 推

音 ◉スイ
訓 ◉おす

【訓読】

◉推す[おす] 〈5他〉 ①(일을 하도록) 밀다. 추진시키다. ②(사람을) 추천하다. ③추측하다. 헤아리다. 미루어 생각하다.
推し量る[おしはかる] 〈5他〉 추측하다. 짐작하다. 헤아리다.

【音読】

推計[すいけい] 추계; 추정하여 계산함.
推考[すいこう] 추고; 미루어 생각함.
推敲[すいこう] 퇴고; 문장의 자구(字句)를 여러 번 생각하여 고침.
推戴[すいたい] 추대; 윗사람으로 떠받듦.
推量[すいりょう] 추량; 추측. 짐작.
推力[すいりょく] 추력; 추진력(推進力).
推論[すいろん] 추론; 사물을 추측하여 논함.
¹推理[すいり] 추리; 사물을 추측하여 생각함.
推賞[すいしょう] 추상; 좋다고 칭찬함.
推移[すいい] 추이; 변화. 변천(變遷).
推奨[すいしょう] 추장; 추천하여 장려함.
²推定[すいてい] 추정; 여러 가지 사실을 근거로 추측하여 단정함.
¹推進[すいしん] 추진; 밀고 나아감.
推察[すいさつ] 추찰; 추측함.
推参[すいさん] ①(무턱대고) 찾아뵘. ②무례함. 당돌함. 건방짐.
²推薦[すいせん] 추천; 적합하거나 좋다고 생각되는 사람이나 사물을 남에게 권함.
¹推測[すいそく] 추측; 미루어 헤아림.

墜 (隊) 떨어질 추

阝 阝 阝 阝 阡 隊 隊 隊 隊 墜

音 ◉ツイ
訓 ⊗おちる ⊗おとす

【訓読】

⊗墜ちる[おちる] 〈上1自〉 ①(비행기 등이) 추락하다. 떨어지다. ②(도덕이나 사회질서가) 타락하다.
⊗墜とす[おとす] 〈5他〉 (비행기 등을) 추락시키다. 떨어뜨리다.

音読
¹墜落[ついらく] 추락; 높은 곳에서 떨어짐.
墜死[ついし] 추사; 추락사(墜落死). 높은 곳에서 떨어져 죽음.

錘 저울추 추

`ノ ← 牟 金 釒 釒 釺 錘 錘 錘`

音 ●スイ
訓 ●つむ ⊗おもり

訓読
●錘❶[つむ] 방추(紡錘). 물렛가락.
⊗錘❷[おもり] ①저울추. 분동(分銅). ②무게를 더하는 추. ③낚싯봉. ❸[すい] ☞ [音読]

音読
錘❶[すい] 추; ①저울추. 분동(分銅). ②방추(紡錘)를 세는 말. ❷[つむ/おもり] ☞ [訓読]
錘状[すいじょう] 추상; 저울추 모양.

醜 못생길/추할 추

`厂 古 西 酉 酉´ 酉⺁ 酚 酚 醜 醜`

音 ●シュウ
訓 ●みにくい ⊗しこ

訓読
²●醜い[みにくい] 〈形〉 ①(행동이) 추하다. 추잡하다. ②보기 흉하다. 못 생기다.

音読
醜怪[しゅうかい] 추괴; 얼굴이 흉칙함.
醜聞[しゅうぶん] 추문; 스캔들.
醜婦[しゅうふ] 추부; 추녀. 못생긴 여자.
醜状[しゅうじょう] 추상; 추악상. 추태.
醜悪[しゅうあく] 추악; 더럽고 좋지 않음.
醜態[しゅうたい] 추태; 추한 태도. 수치스런 모습.
醜行[しゅうこう] 추행; 음란한 짓.

酋ˣ(酉) 두목 추

音 ⊗シュウ
訓 ―

音読
酋長[しゅうちょう] 추장; 두목. 특히 미개인 부족의 우두머리.

槌ˣ(槌) ①칠 추 ②몽둥이 퇴

音 ⊗ツイ
訓 ⊗つち

訓読
⊗槌[つち] 망치.

萩 쑥 추

音 ⊗シュウ
訓 ⊗はぎ

訓読
⊗萩[はぎ] 《植》 싸리.
萩原[はぎはら/はぎわら] 싸리나무가 있는 들판.

椎 몽치 추

音 ⊗ツイ
訓 ⊗しい

訓読
⊗椎[しい] 《植》 메밀잣밤나무.
椎茸[しいたけ] 《植》 표고버섯.

音読
椎骨[ついこつ] 《生理》 추골; 척추골.

縋 매달릴 추

音 ⊗ツイ
訓 ⊗すがる

訓読
⊗縋る[すがる] 〈5自〉 ①매달리다. 달라붙다. ②의지하다. 기대다.

錐 송곳 추

音 ⊗スイ
訓 ⊗きり

訓読
⊗錐[きり] ①송곳. ②먼저 맞힌 과녁의 구멍에 다음 번 화살을 맞힘.

音読
錐体[すいたい] 《数》 추체; 뿔꼴. *원뿔·각뿔 등을 말함.

趨 달릴 추

音 ⊗スウ
訓 ⊗おもむく

訓読
⊗趨く[おもむく] 〈5自〉 ①(향하여) 가다. ②(어떤 상태로) 향하다. 가다.

音読
趨勢[すうせい] 추세; 대세(大勢)의 흐름이나 경향. 일이 되어 가는 형편.

雛 병아리 추	音 ⊗スウ 訓 ⊗ひな

訓読

¹⊗雛[ひな] ①병아리. 새끼 새. ②옷을 입힌 작은 인형.
雛壇[ひなだん] ①히나마쓰리의 인형 진열대. ②(회의장 등에서) 한 단계 높은 좌석. ③(歌舞伎(かぶき)에서) 2단으로 된 음악 반주자의 좌석.
雛の節句[ひなのせっく] 3월 삼짇날.
¹雛祭り[ひなまつり] 3월 3일에 작은 인형을 제단에 장식하고 지내는 축제.

皺 주름 추	音 ⊗スウ ⊗シュウ 訓 ⊗しわ

訓読

²⊗皺[しわ] 주름. 구김살.
皺くちゃ[しわくちゃ] 쪼글쪼글함. 고깃고깃함. 꼬깃꼬깃함.
皺ばむ[しわばむ] 〈5自〉 주름이 지다.
皺む[しわむ] 〈5自〉 주름지다. 구겨지다.
皺める[しわめる] 〈下1他〉 주름지게 하다. 찌푸리다.

[축]

祝(祝) 빌/축하할 축	

' ラ ラ オ ネ ネ ネ ネ 祝

音 ●シュク ○シュウ
訓 ⊗いわう ⊗ほぐ

訓読

²祝う[いわう] 〈5他〉 ①축하하다. ②축복하다. 행운을 빌다. ③축하 선물을 보내다.
²祝(い)[いわい] ①축하. ②축하 선물. 축의금. ③축하 인사. 축하의 말. 축사. ④축하 행사.
祝(い)物[いわいもの] 축하 선물.
祝(い)事[いわいごと] 축하할 일.
祝い箸[いわいばし] 축하연 때 사용하는 둥글고 긴 젓가락.
祝い酒[いわいざけ] 축하주(祝賀酒).
⊗祝ぐ[ほぐ] 〈4他〉≪古≫ 축복하다.

音読

祝[しゅく] 축: 축하.
祝す[しゅくす] 〈5他〉 경축하다. 축하하다.
祝する[しゅくする] 〈サ変他〉 경축하다. 축하하다.
祝杯[しゅくはい] 축배: 축하의 술잔.
祝福[しゅくふく] 축복: 앞으로의 행복을 빎.
祝辞[しゅくじ] 축사: 축하하는 뜻의 글.
祝詞❶[しゅくじ] 축사. 축하의 말. ❷[のりと] 축문(祝文). 신관(神官)이 신(神)에게 고하는 독특한 고문체(古文体).
祝儀[★しゅうぎ] 축의: ①축하식. ②결혼식. ③축의금. 축하 선물. ④팁.
²祝日[しゅくじつ] 축일: 국경일. 경축일.
祝典[しゅくてん] 축전: 축하식.
祝電[しゅくでん] 축전: 축하의 전보.
祝祭日[しゅくさいじつ] 축제일: 경축일.
祝砲[しゅくほう] 축포: 축하의 뜻을 표하는 뜻으로 쏘는 공포(空砲).
¹祝賀[しゅくが] 축하: 경축하여 기뻐함.

畜 가축 축	

' 一 亠 玄 玄 玄 斉 斉 畜 畜

音 ●チク
訓 —

音読

畜類[ちくるい] 축류: ①가축. ②짐승.
畜舎[ちくしゃ] 축사: 가축의 우리.
¹畜産[ちくさん] 축산: 가축을 사육하는 일.
畜産物[ちくさんぶつ] 축산물.
¹畜生[ちくしょう] ①≪仏≫ 짐승. 동물. ②(남을 욕하는 말로) 개새끼. 소 새끼. ③〈感〉 (화가 났을 때) 젠장. 제기랄. 빌어먹을.

逐(逐) 쫓을 축	

一 丆 豕 豕 豕 豕 豕 逐 逐 逐

音 ●チク
訓 ⊗おう

訓読

⊗逐う[おう] 〈5他〉 ①내쫓다. 추방하다. ②뒤쫓아 가다. ③(순서에) 따르다.

音読

逐鹿[ちくろく] 축록: ①정권 다툼. 지휘권 다툼. ②(선거전에서) 당선 싸움.

逐語訳[ちくごやく] 축어역; 원문의 단어 하나하나에 충실한 번역.
逐一[ちくいち] 축일; ①하나하나. 차례로. 하나씩. ②낱낱이 상세하게.
逐次[ちくじ] 차례차례. 순차적으로.

軸　굴대 축

一　冂　冂　亘　車　車　軒　軸　軸

音 ●ジク
訓 ―

音読
¹軸[じく] 축; ①(회전하는 것의) 굴대. ②두루마리. 족자. ③(가늘고 긴 물건) 자루. 개비. 대. ④(식물의) 줄기. 꼭지. ⑤(활동·사물의) 중심. ⑥(족자 끝의 축 가까운 곳에 기록하는) 선자(選者)의 구(句). ⑦《数》 기준이 되는 선.
軸木[じくぎ] 축목; ①족자의 심대. ②(성냥의) 나뭇개비 부분.
軸物[じくもの] ①족자. ②두루마리.
軸受(け)[じくうけ] 《工》 ①(기계의) 축받이. 베어링. ②(문짝 등의) 암톨쩌귀.
軸心[じくしん] 축심; 중심축.

蓄　쌓을/모을 축

一　艹　芏　芏　莶　莁　莕　莕　蓄　蓄

音 ●チク
訓 ●たくわえる

訓読
²●蓄える[たくわえる] 〈下1他〉 ①(만일을 위해) 비축하다. 저축하다. 모아 두다. ②(지식·체력을) 쌓다. 기르다. ③(머리칼·수염을) 기르다. ④첩을 두다.
蓄え[たくわえ] 비축. 저축. 모아 둔 것.

音読
蓄膿症[ちくのうしょう] 《医》 축농증.

蓄蔵[ちくぞう] 축장; (금품을) 모아서 보관해 둠.
蓄財[ちくざい] 축재; 재산을 모음.
¹蓄積[ちくせき] 축적; 많이 쌓아 둠. 많이 쌓임.
蓄電[ちくでん] 축전; 전기를 모아 둠.
蓄電池[ちくでんち] 축전지.

築　지을/쌓을 축

ハ　ハハ　从　竺　竺　筑　筑　筑　築　築

音 ●チク
訓 ●きずく　⊗つく

訓読
¹●築く[きずく] 〈5他〉 ①(제방을) 축조(築造)하다. 돌과 흙을 다져 쌓아 올리다. ②성(城)·요새를 만들다.
⊗築く[つく] 〈5他〉 축조(築造)하다. 돌과 흙을 단단히 다져 쌓아 올리다.
築き上げる[きずきあげる] 〈下1他〉 쌓아올리다. 구축하다.
築山[つきやま] 가산(仮山). 정원에 돌과 흙으로 산처럼 만든 곳.
築地❶[つきじ] ①매립지(埋立地). ②東京都(とうきょうと) 中央区(ちゅうおうく)에 있는 지명. ❷[★ついじ] 토담.

音読
築城[ちくじょう] 축성; 성을 쌓음.
築造[ちくぞう] 축조; 다지고 쌓아서 만듦.
築港[ちっこう/ちくこう] 축항; 항만에 배가 정박할 수 있는 설비를 함.

縮　줄어들 축

幺　糸　糸　紵　紵　紵　綧　綧　縮　縮

音 ●シュク
訓 ●ちぢまる ●ちぢむ ●ちぢめる ●ちぢれる ●ちぢらす ⊗ちり

訓読
●縮かまる[ちぢかまる] 〈5自〉《俗》 움츠러지다.
●縮かむ[ちぢかむ] 〈5自〉 ①(긴장·공포·추위 등으로) 움츠러지다. 오므라들다. ②(추위로 손이) 곱다.
●縮くれる[ちぢくれる] 〈下1自〉《俗》 오그라들다. 쪼글쪼글해지다. 곱슬곱슬해지다.
●縮こまる[ちぢこまる] 〈5自〉 움츠러들다.
¹●縮まる[ちぢまる] 〈5自〉 오그라들다. 움츠러들다. 줄어들다.
²●縮む[ちぢむ] 〈5自〉 ①줄다. 쭈그러들다. ②쭈글쭈글해지다. ③위축되다.
縮み[ちぢみ] ①줄어듦. 오그라듦. 수축. ②'縮(み)織(り)'의 준말.

縮み上がる[ちぢみあがる] 〈5自〉①(옷감 등이) 오그라들다. 줄어들다. ②무서워서 움츠리다. 위축되다.

縮(み)織(り)[ちぢみおり] 바탕이 오글오글한 직물. 크레이프.

²●縮める[ちぢめる] 〈下1他〉①(길이를) 줄이다. 줄어들게 하다. ②(시간・기간을) 단축시키다. ③움츠리다. ④(얼굴을) 찌푸리다.

●縮らす[ちぢらす] 〈5他〉①오글오글하게 하다. ②곱슬곱슬하게 지지다.

●縮らせる[ちぢらせる] 〈下1他〉☞ 縮らす

²●縮れる[ちぢれる] 〈下1自〉①(옷감 등이) 오글오글해지다. 주름져서 오그라들다. ②(머리털이) 곱슬곱슬해지다.

縮れ毛[ちぢれげ] 곱슬털. 고수머리.

縮れ髪[ちぢれがみ] 고수머리. 곱슬머리.

音読

縮減[しゅくげん] 축감; 감축. 축소시킴.

縮図[しゅくず] 축도; 원형보다 작게 줄여서 그린 그림.

縮写[しゅくしゃ] 축사; 사진을 줄여서 다시 찍음.

²縮小[しゅくしょう] 축소; 줄여서 작게 함.

縮刷[しゅくさつ] 축쇄; 책・그림의 원형을 그 크기만 줄여서 한 인쇄.

縮尺[しゅくしゃく] 축척; ①(지도・제도에서) 실물보다 작게 그림. ②축척 비율.

丑 소/둘째 축	音 ⊗チュウ	訓 ⊗うし

訓読

⊗丑[うし] 축; ①십이지(十二支)의 둘째. ②(방위로는) 북북동(北北東). ③(시각으로는) 오전 1시~3시. ④≪俗≫ 소.

丑の時[うしのとき] 축시; 오전 1시~3시.

筑 비파 축	音 ⊗チク ⊗ツク	訓 —

音読

筑前[ちくぜん] (옛 지명의 하나로) 지금의 福岡県(ふくおかけん) 지방.

筑波[つくば] ①茨城県(いばらきけん)의 남부에 있는 지명. ②'筑波山(つくばやま)'의 준말.

筑後[ちくご] (옛 지명의 하나로) 지금의 福岡県(ふくおかけん) 남부 지방.

蹴 발로 찰 축	音 ⊗シュウ	訓 ⊗ける

訓読

²⊗蹴る[ける] 〈5他〉①(발로) 차다. 발길질하다. ②거절하다. 물리치다.

¹蹴飛ばす[けとばす] 〈5他〉①(발로) 걷어차다. 힘껏 차다. ②(발로) 차 내던지다.

音読

蹴球[しゅうきゅう] 축구. *지금은 '사커'라고 함.

[춘]

春 봄 춘	一 二 三 声 夫 表 春 春 春

音 ●シュン

訓 ●はる

訓読

⁴●春[はる] ①봄. ②새해. 신년. ③전성기. 한창때. ④사춘기. ⑤색정(色情).

春めく[はるめく] 〈5自〉봄다워지다. 봄기운이 돌다.

春告げ鳥[はるつげどり] 'うぐいす(휘파람새)'의 딴이름.

春巻き[はるまき] (중국요리의 하나로) 고기・조개 등을 얇은 밀전병 피로 싸서 튀긴 요리.

春先[はるさき] 초봄. 이른 봄. 초춘(初春).

春雨[はるさめ] ①봄비. ②잡채. 녹두가루 국수. 당면.

春場所[はるばしょ] 춘계 씨름 대회. *매년 3월에 大阪(おおさか)에서 열림.

春着[はるぎ] ①봄옷. ②설빔. 설옷.

春秋❶[はるあき] ①봄가을. 봄과 가을. ②세월. 나이. ❷[しゅんじゅう] ①봄과 가을. ②세월. 1년. ③춘추; (손윗사람의) 연세. 나이.

春風[はるかぜ/しゅんぷう] 춘풍; 봄바람.

春霞[はるがすみ] 봄안개.

³春休み[はるやすみ] 봄방학.

春季[しゅんき] 춘계; 봄철. 봄의 계절.

春季闘争[しゅんきとうそう] 춘계 투쟁; 춘계 임금 인상 투쟁.

春期[しゅんき] 춘기; 봄의 기간.

春眠[しゅんみん] 춘면; 봄날의 잠.
春分[しゅんぶん] 춘분. ＊24절기의 하나로 매년 3월 21일경임.
春秋時代[しゅんじゅうじだい] 춘추 시대.
春夏秋冬[しゅんかしゅうとう] 춘하추동; 1년 내내. 사시사철.
春寒[しゅんかん] 춘한; 꽃샘추위.

椿 참죽나무 춘 | 音 ⊗チン
| 訓 ⊗つばき

訓読
⊗椿[つばき] ≪植≫ 동백나무.
椿姫[つばきひめ] 춘희. ＊1848년에 발표한 뒤마의 소설·희곡.
音読
椿事[ちんじ] 춘사; 뜻밖의 큰 사건.

[출]

出 날 출

丨 屮 屮 出 出

音 ●シュツ ●スイ
訓 ●だす ●でる ⊗いでる

訓読
⁴●出す[だす] ≪5他≫ ①(밖으로) 꺼내다. 내놓다. ②(앞으로) 내밀다. ③(액체를) 나오게 하다. 흘리다. ④(교통편을) 출발시키다. ⑤(작품 등을) 제출하다. 발표하다. ⑥(우편물 등을) 부치다. 띄우다. ⑦(책을) 발행하다. 출판하다. ⑧(돈을) 지불하다. ⑨(어떤 일을) 발생시키다. 나게 하다. ⑩(남에게) 내보이다. ⑪(맛을) 우려내다. ⑫(가게를) 개업하다. ⑬(문제를) 내다.
出し物[だしもの] 공연물(公演物).
出し抜く[だしぬく] ≪5他≫ (남의 약점을 노려서) 앞지르다. 기선을 제압하다.
出し抜け[だしぬけ] 갑작스러움. 느닷없음.
出し渋る[だししぶる] ≪5他≫ (지불하거나 내놓아야 할 것을) 내놓기를 꺼려하다.
出し入れ[だしいれ] (금품의) 출납.
出し遅れる[だしおくれる] ≪下1他≫ 내놓아야 할 기회를 놓치다. 제출할 기회를 놓치다.
出し投げ[だしなげ] (씨름에서) 상대방 살바를 잡아 앞으로 넘어뜨리는 기술.

出し合う[だしあう] ≪5他≫ (금품 등을) 함께 내다. 나누어 내다. 서로 내다.
⁴●出る[でる] ≪下1自≫ ①(밖으로) 나오다. 나가다. ②(교통편이) 출발하다. 떠나다. ③(학교를) 졸업하다. ④출석·출근하다. ⑤(시합에) 나가다. ⑥(얼굴에) 나타나다. ⑦(선거에) 진출하다. 출마하다. ⑧(책이) 출판되다. ⑨(신문 등에) 게재되다. 실리다. ⑩(물건이) 팔리다. ⑪(어떤 일이) 발생하다. ⑫(물건이) 생산되다. ⑬(목적지에) 다다르다. 이르다. ⑭(결과가) 나오다. ⑮(기준을) 초과하다. 넘다. ⑯(허가가) 나다. 나오다. ⑰(맛이) 우러나다.
¹出くわす[でくわす] ≪5自≫ 우연히 만나다. 맞닥뜨리다.
出稼ぎ[でかせぎ] (타향에서) 돈벌이함.
出稽古[でげいこ] ①출장 지도. ②(씨름에서) 다른 도장에 나가 지도를 받음.
出過ぎる[ですぎる] ≪上1自≫ ①너무 나오다. ②주제넘게 나서다.
出掛け[でがけ] ①나가려는 참. ②나가는 길. 나가는 도중.
⁴出掛ける[でかける] ≪下1自≫ ①(목적지로) 떠나다. 나가다. 나서다. ②나가려고 하다.
⁴出口[でぐち] 출구; 나가는 곳. 나오는 곳.
出端❶[では] ①나갈 기회. ②나가려는 참. 나가려고 할 때. ③나가는 편. ④(연극에서) 배우가 등장할 때의 반주나 노래. ❷[でばな/ではな] ①나가는 순간. 나가자마자. ②(일을) 시작하자마자. 시작하려는 찰나.
⁴出来る[できる] ≪上1自≫ ①만들어지다. 생산되다. ②완성되다. 다 되다. ③(자식이) 생기다. 태어나다. ④가능하다. 할 수 있다. ⑤잘하다. 할 줄 안다. ⑥(어떤 일이) 발생하다. 생기다. ⑦(능력이) 뛰어나다. 유능하다. ⑧거래가 성립되다. ⑨ ≪俗≫ (남녀가) 밀통하다. 눈이 맞다.
出来高[できだか] ①생산량. ②(농산물의) 수확량. ③거래 총액.
出来高払い[できだかばらい] 성과급(成果給). 도급제(都給制).
出来物❶[できぶつ] 난사람. 재능이 뛰어난 사람. ❷[できもの] 부스럼. 종기.
²出来事[できごと] 사건. 사고. 일어난 일.
²出来上[が]り[できあがり] ①완성. 완성품. ②만듦새. 완성된 결과.

²出来上がる[できあがる] 〈5自〉 ①완성되다. 다 만들어지다. ②…하게 태어나다. ③(술에) 흠뻑 취하다.

出来心[できごころ] 우발적인 충동. 불쑥 일어난 나쁜 생각.

出来栄え[できばえ] ①(잘 만들어진) 모양새. 만듦새. 됨됨이. ②솜씨. 기량.

出来値[できね] 매매가 성립된 가격.

出来合い[できあい] ①기성품(既成品). ②(남녀가) 눈이 맞음.

出来合う[できあう] 〈5自〉 ①때맞추어 완성되다. 제때에 만들어지다. ②(남녀가) 밀통하다. 눈이 맞다.

出戻り[でもどり] ①(떠난 사람이) 도중에 되돌아옴. ②(떠났던 직장에) 복직함. ③이혼하고 친정에 돌아온 여자.

出目金[でめきん] ≪魚≫ 눈이 튀어나온 금붕어.

出放題[でほうだい] ①나오는 대로 내버려 둠. ②함부로 지껄임.

出番[でばん] ①(일・무대에) 나갈 차례. ②나설 차례. ③나서서 활약할 차례. ④(근무에서) 쉴 차례.

出歩く[であるく] 〈5自〉 나다니다. 나돌아다니다. 싸다니다.

出払う[ではらう] 〈5自〉 (사람이나 물건이) 모두 나가다.

出船[でふね/しゅっせん] 출선; 배가 떠남. 떠나는 배. 출항(出港).

²出鱈目[でたらめ] ①엉터리. 터무니없음. ②허튼 소리. 터무니없는 짓.

出盛り[でさかり] ①(농산물・상품 등의) 제철. 한창 나올 때. ②(많은 사람으로) 북적거림. 북적댐.

出所❶[でどころ/でどこ] ①출처(出処). ②출구. 나가는 곳. ③활약할 때. 나설 때. 나설 시기. ❷[しゅっしょ] 출소; ①출옥(出獄). 감옥에서 나옴. ②연구소・사무소・재판소 등에 출근함. ③출처(出処). 나온 곳. ④출생지.

出始め[ではじめ] (농산물의) 맏물. 제철의 것이 갓 나옴.

出始める[ではじめる] 〈下1自〉 나오기 시작하다. 나가기 시작하다.

²出迎え[でむかえ] 출영; 마중.

²出迎える[でむかえる] 〈下1他〉 출영하다. 마중 나가다. 나가 맞이하다.

出刃包丁[でばぼうちょう] 식칼. 부엌칼.

出任せ[でまかせ] ①나가는 대로 그냥 둠. ②함부로 말을 함.

²出入り❶[でいり] ①드나듦. 출입. ②(금품의) 수입과 지출. 출납. ③단골. ④사고팔고 함. ⑤(분량이) 들쭉날쭉함. ⑥(어떤 모양이) 둘쭉날쭉함. 울퉁불퉁함. ⑦다툼. 시비. ⑧소송(訴訟). ❷[ではいり] ①드나듦. 출입. ②(금품의) 수입과 지출. 출납. ③단골. ④(어떤 모양이) 둘쭉날쭉함. 울퉁불퉁함.

²出入り口[でいりぐち/ではいりぐち] 출입구.

出っ張る[でっぱる] 〈5自〉 돌출하다. 툭 튀어나오다. 쑥 내밀다.

出前[でまえ] ①요리 배달. ②배달 요리.

出揃う[でそろう] 〈5自〉 (빠짐없이) 모두 다 나오다. 모두 모이다. 모두 갖추어지다.

出銭[でせん] 지출. 지출되는 돈.

出足[であし] ①(교통편의) 출발. 스타트. ②(손님의) 드나드는 상태・정도. ③(씨름・유도에서) 공격하여 내딛는 발.

出遅れる[でおくれる] 〈下1自〉 ①(일의) 출발・시작이 늦다. ②늦게 나서다.

出遅(れ)株[でおくれかぶ] 시세가 오르지 않는 주식. 보합세의 주식.

¹出直し[でなおし] ①(돌아갔다가) 다시 옴. 다시 나옴. ②다시 시작함. 재출발함.

出直す[でなおす] 〈5自〉 ①(돌아갔다가) 다시 오다. 다시 나오다. ②다시 시작하다. 재출발하다.

出窓[でまど] 돌출창. 건물 바람벽 밖으로 튀어나온 창.

出初め式[でぞめしき] 신년 소방 의식.

出涸(ら)し[でがらし] 여러 번 우려서 맛이 없음.

出合う[であう] 〈5自〉 ☞ 出会う

出向く[でむく] 〈5自〉 (목적지로) 떠나다. 출장가다.

出丸[でまる] 외성(外城). 나성(羅城).

出回る[でまわる] 〈5自〉 (물건이 생산지로부터 시장에) 나돌다. 출회하다.

²出会う[であう] 〈5自〉 ①우연히 만나다. 마주치다. ②(재난 등을) 당하다. ③(나와서) 맞상대하다. ④데이트하다. 몰래 만나다. ⑤(맛・색깔이) 잘 맞다. 어울리다. ⑥(물줄기가) 합류하다. 만나다.

²出会(い)[であい] ①만남. 마주침. ②첫 만남. ③(남녀가) 몰래 만남. 데이트. ④(강 등의) 합류점. ⑤공동 작업. ⑥색깔의 배합. ⑦거래가 성립됨.

出会(い)頭[であいがしら] 나서자마자. 나선 순간. 만나자마자. 마주치는 순간.

⊗**出でる**[いでる] 〈下1自〉《文》 나오다. 나가다. 나타나다.

音読

出家[しゅっけ] 《仏》 출가; 집을 떠나 불문(仏門)에 들어가 중이 됨.

出撃[しゅつげき] 출격; 나가서 공격함.

出欠[しゅっけつ] 출결; 출석과 결석. 출근과 결근.

出国[しゅっこく] 출국; 그 나라를 떠나 다른 나라로 감.

出国手続[しゅっこくてつづき] 출국 수속.

²**出勤**[しゅっきん] 출근; 근무하러 감.

²**出金**[しゅっきん] 출금; ①돈을 냄. ②지출한 돈.

出納[★すいとう] 출납; 금품을 내어 줌과 받아들임.

出納係[★すいとうがかり] 출납 담당.

出納簿[★すいとうぼ] 출납부.

¹**出動**[しゅつどう] 출동; 활동하러 떠남.

出頭[しゅっとう] 출두; ①관청에 본인이 나감. ②남보다 뛰어남.

出力[しゅつりょく] 출력; ①(입력된 자료가) 정보화되어 나옴. ②(기계·전기·발전기 등이) 외부로 내는 힘.

出馬[しゅつば] 출마; ①(신분이 높은 사람이) 말을 타고 외출함. ②(장수가) 말을 타고 출전함. ③(간부가) 직접 현장에 나감. ④(선거에) 입후보함.

出没[しゅつぼつ] 출몰; 나타났다 숨었다 함.

³**出発**[しゅっぱつ] 출발; ①목적지를 향해 떠남. ②일을 시작함.

出帆[しゅっぱん] 출범; 배가 출항함.

出兵[しゅっぺい] 출병; 군대를 보냄.

出奔[しゅっぽん] 출분; 도망처 행방을 감춤.

¹**出費**[しゅっぴ] 출비; 지출.

¹**出社**[しゅっしゃ] 출사; 회사에 출근함.

¹**出産**[しゅっさん] 출산; ①해산(解産). 아기를 분만함. ②산출(産出).

出色[しゅっしょく] 출색; 뛰어남. 훌륭함.

¹**出生**[しゅっせい/しゅっしょう] 출생; 세상에 태어남.

¹**出生届(け)**[しゅっせいとどけ/しゅっしょうとどけ] 출생 신고.

¹**出生年月日**[しゅっせいねんがっぴ/しゅっしょうねんがっぴ] 출생 연월일.

³**出席**[しゅっせき] 출석; 참석.

¹**出世**[しゅっせ] 출세; ①세상에 유명해지는 신분이 됨. ②출가(出家)함. 중이 됨. ③《仏》 부처가 세상에 나타남.

出水[しゅっすい/でみず] 출수; 홍수(洪水).

²**出身**[しゅっしん] 출신; 어떤 계층에서 나온 신분.

出漁[しゅつりょう] 출어; 고기 잡으러 나감.

¹**出演**[しゅつえん] 출연; (연극·영화·연설·방송 등의) 공식 활동하게 됨.

出獄[しゅつごく] 출옥; 감옥에서 나옴.

出願[しゅつがん] 출원; 신청함.

出入[しゅつにゅう] 출입; 드나듦.

出入国[しゅつにゅうこく] 출입국; 출국과 입국.

出資[しゅっし] 출자; 자금을 투자함.

出張[しゅっちょう] 출장; 공무로 인해 어떤 곳에 잠깐 파견됨.

²**出場❶**[しゅつじょう] 출장; ①(경기·연기하러) 그 장소에 나감. ②(운동 경기에) 참가함. 출전(出戦)함. ❷[でば] '出場所(でばしょ)'의 준말.

出典[しゅってん] 출전; 출처가 되는 책.

出廷[しゅってい] 출정; 법정에 나감.

出征[しゅっせい] 출정; 군대에 참가하여 전쟁터로 나감.

¹**出題**[しゅつだい] 출제; ①문제를 냄. ②시제(詩題)·가제(歌題) 등을 냄.

出走[しゅっそう] 출주; ①도망쳐 행방을 감춤. ②(경마 등에서) 경주(競走)에 참가함.

出陣[しゅつじん] 출진; 싸움터로 나감.

出札[しゅっさつ] 출찰; (입장권·승차권 등의) 표를 판매함.

²**出版**[しゅっぱん] 출판; 서적을 인쇄하여 판매 또는 반포함.

²**出版物**[しゅっぱんぶつ] 출판물.

²**出版社**[しゅっぱんしゃ] 출판사.

出版屋[しゅっぱんや] 출판업자.

¹**出品**[しゅっぴん] 출품; (전람회장 등에) 물건이나 작품을 전시함.

出荷[しゅっか] 출하; (판매하기 위해) 시장에 상품을 내놓음.

出航[しゅっこう] 출항; 배나 항공기가 출발함.

¹**出現**[しゅつげん] 출현; 이제까지 없었던 것이 새로 나타남.

¹**出血**[しゅっけつ] 출혈; ①피가 혈관 밖으로 흘러나옴. ②손해. 희생.

出火[しゅっか] 출화; 불을 냄. 화재가 남.

出火地点[しゅっかちてん] 발화(発火) 지점.

[충]

充 가득할 충

一 亠 さ 广 方 充

音 ●ジュウ
訓 ●あてる ⊗みたす ⊗みちる ⊗みつ

音読
●充てる[あてる] 〈下1他〉 (어떤 용도로) 돌리다. 충당하다. 할당하다.
⊗充たす[みたす] 〈5他〉 ①(가득) 채우다. ②충족시키다. 만족시키다.
⊗充ちる[みちる] 〈上1自〉 ①(가득) 차다. ②충족되다. 충만하다.
⊗充つ[みつ] 〈5自〉 (가득) 차다.

音読
充当[じゅうとう] 충당; 모자란 것을 채움.
充満[じゅうまん] 충만; 가득 참.
充分[じゅうぶん] ①〈副〉 충분히. ②〈形動〉 충분함. 부족함이 없음.
¹充実[じゅうじつ] 충실; 내용이 알참.
充電[じゅうでん] 충전: ①(축전기에) 전기를 축적함. ②(사람이) 활력을 축적함.
充足[じゅうそく] 충족; 부족함이 없음.
充血[じゅうけつ] 충혈; 신체 일부분에 이상이 생겨 피가 다량으로 흐름.

虫(蟲) 벌레 충

丨 口 口 中 虫 虫

音 ●チュウ
訓 ●むし

音読
³●虫[むし] ①벌레. 곤충. ②해충(害虫). ③(어린이의) 짜증. ④기분. 생각. 예감. ⑤(한 가지 일에) 몰두하는 사람. ⑥걸핏하면 …하는 사람.
虫ピン[むしピン] (표본의) 곤충을 꽂아 두는 사람.
虫干し[むしぼし] 거풍(擧風). (여름에 옷이나 책 등을) 햇볕이나 바람에 쐼.
虫籠[むしかご] 벌레를 기르는 바구니.
虫の息[むしのいき] 실낱같은 숨. 숨이 다 끊어져 감.

虫食い[むしくい] ①벌레가 먹음. ②(유약이 잘 묻지 않아) 벌레 먹은 것 같이 된 찻잔. ＊진귀하게 여김.
虫眼鏡[むしめがね] ①확대경. 돋보기. ②《俗》 최하위 씨름꾼. ＊(씨름 대전표에서) 확대경으로 보아야 할 정도로 제일 하단에 조그맣게 쓰인 이름에서 생긴 말임.
虫除け[むしよけ] ①제충(除虫). 방충(防虫). 방충 장치. 방충제. ②독충의 해를 막아 준다는 부적.
²虫歯[むしば] 충치; 벌레 먹은 치아.
虫下し[むしくだし] 회충약. 구충제(驅虫劑).
虫類[ちゅうるい] 충류; 벌레 종류.
虫垂[ちゅうすい] 충수; 맹장 하부의 돌기.
虫垂炎[ちゅうすいえん] 《医》 충수염; 맹장염.
虫害[ちゅうがい] 충해; 벌레에 의한 피해.

沖 깊을 충

丶 冫 氵 汀 沪 沪 沖

音 ●チュウ
訓 ●おき

音読
²●沖[おき] 앞 바다.
沖つ[おきつ] 《雅》 앞바다의. 먼 바다의.
沖掛(か)り[おきがかり] (배가) 앞바다에 정박함.
沖渡し[おきわたし] (해상 운송 화물의 인수 방법의 하나로서) 매입자가 본선(本船)에서 화물을 인수함.
沖売り[おきうり] ①(어부가) 어획물을 앞바다에서 판매함. ②(商船이) 상품을 직접 앞바다에서 매매함.
沖縄県[おきなわけん] 《地》 오키나와현. 일본 최남단의 현.
沖魚[おきうお] 앞바다에서 잡히는 물고기.
沖釣(り)[おきづり] 앞바다낚시.
沖合(い)[おきあい] 앞바다 쪽.

音読
沖する[ちゅうする] 〈サ変自〉 높이 솟아오르다. ¶天(てん)に~ 하늘 높이 솟아오르다.
沖積[ちゅうせき] 충적; 흐르는 물에 의해서 쌓임.
沖積層[ちゅうせきそう] 충적층.
沖天[ちゅうてん] 충천; 하늘 높이 솟아오름.

忠 충성 충

丿 口 口 中 史 忠 忠 忠

音 ●チュウ
訓 ―

音読
忠[ちゅう] 충; ①충실함. ②충성.
¹忠告[ちゅうこく] 충고; 결점이나 잘못을 고치도록 충심으로 권함. 또는 그 말.
忠誠[ちゅうせい] 충성; 진정에서 우러나온 정성.
忠臣[ちゅうしん] 충신; 충성스런 신하.
¹忠実[ちゅうじつ] 충실; ①충실함. 성실함. ②정확함.
忠義[ちゅうぎ] 충의; 충성.
忠節[ちゅうせつ] 충절; 변하지 않는 마음으로 충성을 다함.
忠魂碑[ちゅうこんひ] 충혼비.
忠孝[ちゅうこう] 충효; 충성과 효도.

衷 속마음/정성 충

一 亠 古 亩 古 宦 宦 宦 衷

音 ●チュウ
訓 ―

音読
衷心[ちゅうしん] 충심; 진심.
衷情[ちゅうじょう] 충정; 진심. 진정. 거짓이나 위선이 없는 마음.

衝 부딪칠 충

彳 彳 彳 彳 徉 徸 衝 衝 衝 衝

音 ●ショウ
訓 ⊗つく

訓読
⊗衝く[つく] 〈5他〉 ①찌르다. ②(대단한 기세로) 꿰뚫다. ③무찌르다. ④무릅쓰다.

音読
¹衝撃[しょうげき] 충격; ①충돌에 의한 심한 타격. ②마음의 격동. ③물체에 급격히 가해지는 힘.
²衝突[しょうとつ] 충돌; ①서로 부딪침. ②대립하여 싸움.

衝動[しょうどう] 충동; ①급격한 마음의 동요. ②(깊이 생각하지 않은) 급격한 마음의 작용.
衝動買い[しょうどうがい] 충동 구매(購買).
衝天[しょうてん] 충천; 하늘 높이 솟아올라 하늘을 찌를 듯함.

[췌]

膵 췌장 췌

音 ⊗スイ
訓 ―

音読
膵液[すいえき] 췌액; 췌장에서 분비되는 소화액.
膵臓[すいぞう].《生理》 췌장; 이자.

贅 혹 붙을 췌

音 ⊗セイ
訓 ―

音読
²贅沢[ぜいたく] 사치스러움. 분에 넘침.
贅沢三昧[ぜいたくざんまい] 분에 넘치게 호화로움.
贅沢屋[ぜいたくや] 사치를 좋아하는 사람.
贅沢品[ぜいたくひん] 사치품.

[취]

吹 입으로 불 취

丿 口 口 吖 吖 吹 吹

音 ●スイ
訓 ●ふかす ●ふく

訓読
●吹かす[ふかす] 〈5他〉 ①(밖으로) 뿜어내다. (담배 연기를) 내뿜다. ②(정지된 상태에서 자동차) 엔진을 고속으로 회전시키다. ③거드름을 피우다. 틔를 내다. ④말을 퍼뜨리다. 선전하다.
⁴●吹く[ふく] 〈5自〉 ①(바람이) 불다. ②(기체·액체 등이) 뿜어 나오다. ③(가루·곰팡이·소금 등이) 표면으로 나오다. 피다. ④(싹이) 돋다. 싹트다. 〈5他〉 ①(바람이 물건을) 날리다. ②(입으로) 불다.

③내뿜다. ④(악기·휘파람을) 불다. ⑤싹을 내다. 싹트다. ⑥(가루·곰팡이·소금 등을) 표면으로 내다. ⑦(광석을 녹여) 분리하다. ⑧주조(鑄造)하다. ⑨(값을) 비싸게 부르다. ⑩허풍을 떨다.

吹き掛ける[ふきかける] 〈下1他〉 ①(바람이) 세게 불어 대다. ②(숨을) 세게 내뿜다. ③(액체 등을) 뿌리다. ④(싸움을) 걸다. ⑤(값을) 턱없이 비싸게 부르다. 바가지를 씌우다.

吹き寄せる[ふきよせる] 〈下1自〉 (바람이) 불어오다. 불어 닥치다. 〈下1他〉 (바람이) 한곳으로 밀어 보내다. 한곳으로 그러모으다.

吹き零れる[ふきこぼれる] 〈下1自〉 (물 등이) 끓어 넘치다.

吹き流し[ふきながし] ①기드림. 군진(軍陣)의 표지. *좁고 긴 형겊 여러 개를 반월형 고리에 매어 깃대에 매단 기. ②'鯉(こい)のぼり' ③(관상대·비행장 등에서) 풍향을 알기 위해 사용하는 원통형의 깃발.

吹き返す[ふきかえす] 〈5自〉 (바람이) 이전과 반대 방향으로 불다. 〈5他〉 ①(바람이 불어서 물건을) 뒤엎다. 뒤집다. ②(멈추었던) 숨을 되돌리다. ③(금속 기구·화폐 등을) 다시 부어 주조하다.

吹(き)抜き[ふきぬき] ①통풍이 잘 됨. 통풍이 잘 되는 곳. ②(속옷은 입지 않고) 겉옷 한 개만 걸친 차림. ③기둥 사이에 벽이 없는 건축 구조. *베란다 등을 말함. 《建》(천장과 마루를 꾸미지 않고) 우물 모양으로 꿰뚫어 짓는 구조. ⑤기드림. 군진(軍陣)의 표지. *좁고 긴 형겊 여러 개를 반월형 고리에 매어 깃대에 매단 기.

吹き付ける[ふきつける] 〈下1自〉 (바람이) 불어 닥치다. 휘몰아치다. 세차게 불다. 〈下1他〉 ①(입김·액체·연기 등을) 세게 내뿜다. ②(페인트 등을) 뿜어서 칠하다. 분무식으로 칠하다.

吹き払う[ふきはらう] 〈5他〉 (바람이 불어서) 날려 버리다. 털어 버리다.

吹き飛ぶ[ふきとぶ] 〈5自〉 ①(바람에) 날리다. 날아가다. ②단번에 없어지다.

吹き上げる[ふきあげる] 〈下1他〉 ①(바람이 불어) 날려 올리다. 날아오르게 하다. ②(기체·액체를) 솟아오르게 하다. 뿜어 오르게 하다. 〈下1自〉 (바람이) 밑에서 위로 불다. 불어 오르다. ②(감정이) 복받치다. 솟구치다.

²**吹雪**[ふぶき] 눈보라.

吹き消す[ふきけす] 〈5他〉 ①(촛불 등을) 입으로 불어서 끄다. ②(어떤 큰 소리가) 다른 소리를 지워 버리다.

吹き送る[ふきおくる] 〈5他〉 (입으로) 불어 보내다. (바람에) 날려 보내다.

吹(き)矢[ふきや] 바람총. 바람총 화살. *짧은 화살을 대통에 넣고 입으로 불어 쏘는 것.

吹(き)込(み)[ふきこみ] ①(비·바람 등이) 집안으로 들이침. ②취입; 녹음.

吹き込む[ふきこむ] 〈5自〉 (비·바람 등이) 집안으로 들이치다. 〈5他〉 ①(뭔가를) 입으로 불어넣다. ②(사상을) 불어넣다. 고취하다. 교사하다. 꼬드기다. ③취입하다. 녹음하다.

吹(き)替え[ふきかえ] ①(연극에서) 관객 모르게 대역(代役)을 함. ②(금속 기구·화폐 등을) 다시 부어 주조함. ③(외국 영화 등에서) 더빙. 재녹음.

吹聴[★ふいちょう] 말을 퍼뜨림. 선전함.

吹き出す[ふきだす] 〈5自〉 ①(바람 등이) 불기 시작하다. ②(기체·액체가) 솟다. 솟구치다. ③(감정·웃음이) 터져 나오다. ④(시세가) 급등하다. 〈5他〉 ①(밖으로) 불어서 내다. ②(악기를) 불기 시작하다. ③싹트기 시작하다.

吹(き)出物[ふきでもの] 좁쌀 같은 부스럼.

吹き通し❶[ふきとおし] 통풍이 됨. 바람이 통하는 곳. ❷[ふきどおし] ①바람이 계속 붊. ②허풍을 침. 호언장담함.

吹き通す[ふきとおす] 〈5他〉 ①(바람이) 불고 지나가다. ②(바람이) 계속 불다.

吹(き)曝し[ふきさらし] 바람받이. 비바람이 휘몰아침. 노천(露天)에 방치됨.

吹き下ろす[ふきおろす] 〈5自〉 (바람이) 내리 불다.

吹き荒れる[ふきあれる] 〈下1自〉 ①(바람이) 세차게 불다. 사납게 불어 대다. ②(뜻밖의 사건이) 잇달아 발생하다.

吹(き)回し[ふきまわし] ①바람이 부는 정도. 바람의 상태. ②심경의 변화.

音読

吹鳴[すいめい] 취명; (입 등으로) 세게 불어서 소리나게 울림.

¹**吹奏**[すいそう] 취주; 관악기로 연주함.

¹**吹奏楽**[すいそうがく] 취주악.

¹**吹奏楽団**[すいそうがくだん] 취주악단.

取 취할 취

一 ｢ 厂 尸 F 耳 取 取

音 ●シュ
訓 ●とれる ●とる ●とっ

訓読

²●**取れる**[とれる] 〈下1自〉 ①('取る'의 가능 동사로서) 잡을・받을・딸・채취할 수 있다. ②떨어지다. 빠지다. ③없어지다. 사라지다. 가시다. ④(농산물・광물이) 생산되다. ⑤(물고기・동물이) 잡히다. ⑥해석되다. ⑦(균형이) 잡히다. 유지되다.

取れ高[とれだか] (농산물의) 수확량. (수산물의) 어획고.

取れ立て[とれたて] (농산물의) 갓 수확한 것. (수산물의) 갓 잡은 것.

⁴●**取る**[とる] 〈5他〉 ①(손에) 들다. 잡다. 집다. 쥐다. ②빼앗다. 탈취하다. ③떠맡다. 수취하다. ④(동식물을) 포획하다. 잡다. 뽑다. 없애다. ⑤벗다. 풀다. ⑥예약하다. ⑦(뭔가를) 하다. ⑧취하다. 받다. ⑨먹다. ⑩이해하다. 받아들이다. ⑪(자격을) 얻다. 따다. ⑫공제하다. 빼다. ⑬정권을 잡다. ⑭징수하다. ⑮나누어 담다.

取(り)敢えず[とりあえず] ①(다른 일은 제처놓고) 곧바로. 지체 없이. 부랴부랴. ②우선. 먼저.

取り去る[とりさる] 〈5他〉 제거하다. 없애다.

取り結ぶ[とりむすぶ] 〈5他〉 ①(계약・약속을) 체결하다. 맺다. ②중매하다. 주선하다. ③(비위를) 맞추다.

取(り)決め[とりきめ] 마련. 결정 사항.

取り決める[とりきめる] 〈下1他〉 ①마련하다. 결정하다. ②계약하다. 약정하다. 체결하다.

取(り)計(ら)い[とりはからい] 조처. 처리. 배려.

取り計らう[とりはからう] 〈5他〉 조처하다. 처리하다. 배려하다.

取(り)高[とりだか] ①수확량. ②수입액. 소득액. ③몫. 배당액.

取り掛かる[とりかかる] 〈5自〉 ①시작하다. 착수하다. ②매달리다. ③덤벼들다.

取(り)壊し[とりこわし] 부숨. 파괴.

取り交わす[とりかわす] 〈5他〉 교환하다.

取(り)口[とりくち] ①(씨름의) 솜씨. ②수입(収入).

取(り)巻き[とりまき] ①포위함. 에워쌈. 둘러쌈. ②추종자들.

¹**取り巻く**[とりまく] 〈5他〉 ①포위하다. 에워싸다. 둘러싸다. ②추종하다. 빌붙다.

取り極める[とりきめる] 〈下1他〉 ①마련하다. 결정하다. ②계약하다. 약정하다. 체결하다.

¹**取り扱う**[とりあつかう] 〈5他〉 ①취급하다. 처리하다. 다루다. ②(물건을) 다루다. ③대접하다. 대우하다. 다루다.

²**取(り)扱(い)**[とりあつかい] 취급. ①처리. 다룸. ②접대. 대우.

取扱所[とりあつかいじょ] 취급소.

取り急ぐ[とりいそぐ] 〈5自〉 서두르다.

¹**取り寄せる**[とりよせる] 〈下1他〉 ①배달시키다. ②가까이 끌어당기다. 가까이 다가놓다.

取り逃がす[とりにがす] 〈5他〉 (잡을 듯하다가) 놓치다.

取り落とす[とりおとす] 〈5他〉 ①(물건을) 떨어뜨리다. ②(깜박 잊고) 빠뜨리다. ③잃다.

取り乱す[とりみだす] 〈5他〉 흩뜨리다. 어지르다. 〈5自〉 ①이성을 잃다. 침착성을 잃다. ②(모습이) 흐트러지다.

¹**取り戻す**[とりもどす] 〈5他〉 되찾다. 회복하다. 탈환하다.

取り留める[とりとめる] 〈下1他〉 ①(붙잡아) 말리다. 붙들다. 멈추다. ②목숨을 건지다. ③확정짓다. 결정짓다.

取(り)立て[とりたて] ①(독촉하여) 거두어들임. 징수함. 회수함. ②후원함. 애호함. ③발탁. 천거. 등용. ④(동식물을) 갓 따옴. 갓 잡음. ⑤(금융 기관의) 추심.

¹**取り立てる**[とりたてる] 〈下1他〉 ①(독촉하여) 거두어들이다. 징수하다. 회수하다. 받아내다. ②특별히 내세우다. ③후원하다. 애호하다. ④발탁하다. 천거하다. 등용시키다.

取(り)立(て)金[とりたてきん] 강제로 징수한 돈. 징수금. 회수금.

取り返す[とりかえす] 〈5他〉 ①(주거나 잃어버린 것을) 되찾다. ②(원상을) 회복하다. 만회하다. 돌이키다.

取り柄[とりえ] 취할 점. 장점. 쓸모.

取り付く[とりつく] 〈5自〉 ①매달리다. 의지하다. ②착수하다. 시작하다. ③(귀신이) 쓰다. 홀리다. ④도전하다. 맞붙다. ⑤단서를 잡다. ⑥(어떤 생각이) 머리에 박히다. 머리에서 떠나지 않다.

¹取り付ける[とりつける] 〈下1他〉 ①(기계 등을) 설치하다. 장치하다. ②단골로 사다. ③얻어내다. 성립시키다. 획득하다.

取り分[とりぶん] (자기) 몫.

取(り)分け[とりわけ] ①(많은 것 중에서) 따로 떼어놓은 몫. ②(씨름에서) 무승부. ③《副》 특히. 유독. 유달리. 그 중에서도.

取り分ける[とりわける] 〈下1他〉 ①(많은 것 중에서) 골라내다. 가려내다. 선별하다. ②(음식을) 나누어 담다.

取り紛れる[とりまぎれる] 〈下1自〉 ①뒤섞이다. ②(바빠서) 정신을 빼앗기다. 헷갈리다. 쫓기다.

取(り)払い[とりはらい] (어떤 물건의) 제거. 철거.

取り払う[とりはらう] 〈5他〉 (어떤 물건을) 제거하다. 철거하다. 걷어치우다.

取り崩し[とりくずし] 무너뜨림. 헐어버림.

取り崩す[とりくずす] 〈5他〉 ①무너뜨리다. 헐어버리다. ②야금야금 없애다.

取り仕切る[とりしきる] 〈5他〉 도맡아 관리하다. 도맡아 처리하다.

取り沙汰[とりざた] ①평판. 소문. ②취급. 처리.

取り散らす[とりちらす] 〈5他〉 어지러뜨리다. 어지르다.

²取り上げる[とりあげる] 〈下1他〉 ①집어 들다. ②채택하다. 받아들이다. ③몰수하다. 징수하다. 빼앗다. ④해산을 돕다. (아이를) 받다. ⑤문제 삼다.

取り繕う[とりつくろう] 〈5他〉 ①수선하다. 고치다. ②(잘못·허물 등을) 얼버무려 넘기다. ③체면치레하다.

取(り)消(し)[とりけし] 취소; 기재하거나 진술한 것을 말소함.

²取り消す[とりけす] 〈5他〉 취소하다.

取り損なう[とりそこなう] 〈5他〉 ①잘못해서 못 잡다. 잘못 잡다. ②잘못 이해하다. 잘못 알다.

取っ手[とって] (기구의) 손잡이.

取り押(さ)える[とりおさえる] 〈下1他〉 ①옴짝달싹 못하게 하다. ②체포하다. 포박하다.

取(り)外し[とりはずし] 맞췄다 뗐다 함.

取り外す[とりはずす] 〈5他〉 ①떼어내다. ②(잡다가) 놓치다. 놓치어 떨어뜨리다. ③무심코 방귀를 뀌다.

取り運ぶ[とりはこぶ] 〈5他〉 (일을) 진행시키다. 진척시키다.

取(り)越(し)苦労[とりこしぐろう] 괜한 걱정. 기우(杞憂).

取り違える[とりちがえる] 〈下1他〉 ①잘못해서 바꿔 가지다. 딴 것을 가지다. ②잘못 이해하다. 오해하다.

取り囲む[とりかこむ] 〈5他〉 포위하다. 에워싸다. 둘러싸다.

¹取引[とりひき] ①거래. 흥정. ②상행위(商行為). 거래.

取引先[とりひきさき] 거래처. 거래선.

取引所[とりひきじょ] 거래소.

取り入る[とりいる] 〈5自〉 환심을 사다. 빌붙다. 아첨하다.

²取り入れる[とりいれる] 〈下1他〉 ①(농산물을) 수확하다. 거두어들이다. ②(세탁물 등을) 거두어들이다. ③받아들이다. 도입하다.

取り込む[とりこむ] 〈5自〉 혼잡해지다. 어수선해지다. 뒤숭숭해지다. 〈5他〉 ①거두어들이다. ②자기 것으로 하다. 수중에 넣다. 착복하다. ③(사람을) 구슬리다. 구워 삶다. 농락하다.

取(り)込み[とりこみ] ①(농산물의) 수확. 거두어들임. ②혼잡. 북새통. 어수선함.

取(り)残し[とりのこし] (일부를) 남겨 둠.

取り残す[とりのこす] 〈5他〉 ①(일부를) 남겨 두다. ②(흔히 수동형 ‘とりのこされる’ 문형으로) 혼자 남겨지다. 따로 뒤처지다.

取り纏める[とりまとめる] 〈下1他〉 ①종합하다. 총괄하다. 뭉뚱그리다. 한데 모으다. ②(원만히) 매듭짓다 성사시키다. 해결짓다.

¹取り除く[とりのぞく] 〈5他〉 제거하다. 치우다.

取り除ける[とりのける] 〈下1他〉 ①없애다. 치우다. ②제쳐놓다. 따로 떼어놓다.

取(り)組(み)[とりくみ] ①맞붙음. ②(씨름에서) 대전(対戦). 대전표. ③《経》 매매의 약정.

¹取り組む[とりくむ] 〈5自〉 ①맞붙다. 맞붙어 싸우다. ②(어려운 문제와) 맞닥뜨리다. 씨름하다.

取(り)調べ[とりしらべ] 취조; 조사. 문초.

¹**取り調べる[とりしらべる]** 〈下1他〉 ①(자세히) 조사하다. 알아보다. ②(용의자를) 취조하다. 문초하다. 신문하다.

取り止め❶[とりとめ] ①(붙잡아) 멈춤. 말림. 붙듦. ②요점. ❷**[とりやめ]** 그만둠. 중지.

取(り)持ち[とりもち] ①주선. 알선. 소개. 중매. ②접대. 대우.

取り直す[とりなおす] 〈5他〉 ①고쳐 쥐다. 바꾸어 쥐다. ②(씨름에서) 재시합하다. ③(기분을) 전환하다. 마음을 고쳐먹다.

取り鎮める[とりしずめる] 〈下1他〉 (소동을) 진압하다. 진정시키다. 가라앉히다.

取り澄ます[とりすます] 〈5自〉 점잔빼다.

取(り)次(ぎ)[とりつぎ] ①중개. 중개인. ②접대.

¹**取り次ぐ[とりつぐ]** 〈5他〉 ①(중간에서) 전하다. ②(전화를) 바꿔 주다. ③(상품을) 중개하다. 배포해 주다. ④(물건을) 인계하다.

取次店[とりつぎてん] 대리점. 취급소.

¹**取(り)替え[とりかえ]** 대체. 교환.

³**取り替える[とりかえる]** 〈下1他〉 ①(쓰던 것을) 교체하다. 갈다. 교환하다. ②(서로) 교환하다. 바꾸다.

¹**取り締まる[とりしまる]** 〈5他〉 ①관리하다. 감독하다. ②단속하다.

¹**取(り)締(ま)り[とりしまり]** ①관리. 감독. ②단속. ③'取締役'의 준말

取締役[とりしまりやく] (주식회사의) 이사(理事). 임원. 중역.

取締役会[とりしまりやくかい] (주식회사의) 이사회(理事会). 중역 회의.

取り縋る[とりすがる] 〈5自〉 매달리다. 매달려 조르다.

²**取り出す[とりだす]** 〈5他〉 ①꺼내다. 끄집어내다. ②골라내다. 추려내다.

取って置き[とっておき] 소중히 간직함. 비장(秘蔵).

取り捌く[とりさばく] 〈5他〉 처리하다. 적절히 다루다. 판가름하다.

取り片付ける[とりかたづける] 〈下1他〉 깨끗이 정리·정돈하다.

取(り)下げ[とりさげ] 취하; (일단 제기한 소송·안건을) 철회함. 취소함.

取り下げる[とりさげる] 〈下1他〉 취하하다; (일단 제기한 소송·안건을) 철회하다. 취소하다.

取(り)合い[とりあい] 쟁탈전. 다투어 빼앗음.

取り合う[とりあう] 〈5他〉 ①(손을) 서로 맞잡다. 서로 붙잡다. ②쟁탈하다. 서로 다투어 빼앗다.

取り合(わ)せ[とりあわせ] 구색을 맞춤. 배합.

¹**取り混ぜる[とりまぜる]** 〈下1他〉 (여러 가지를) 한데 섞다. 한데 합치다.

¹**取(り)換え[とりかえ]** 대체. 교환.

³**取り換える[とりかえる]** 〈下1他〉 ①(쓰던 것을) 교체하다. 교환하다. 갈다. 바꾸다. ②(서로) 교환하다. 바꾸다.

取得[しゅとく] 취득; 자기 것으로 만듦.

取捨[しゅしゃ] 취사; 좋은 것은 취하고 나쁜 것은 버림.

取捨選択[しゅしゃせんたく] 취사선택.

¹**取材[しゅざい]** 취재; (신문·잡지 등의) 기사나 작품 등의 재료가 되는 것을 수집함.

¹**取材記者[しゅざいきしゃ]** 취재 기자.

炊 밥지을/불땔 취

丶 ソ ゾ 火 火 炊 炊 炊

音 ◉スイ
訓 ◉たく ◉たける ⊗かしぐ

訓読

²◉**炊く[たく]** 〈5他〉 ①(밥을) 짓다. ② 《方》 삶다. 익히다.

◉**炊ける[たける]** 〈下1自〉 (밥이) 다 지어지다. 다 되다.

炊き込む[たきこむ] 〈5他〉 (고기·생선·채소 등을) 넣어서 밥을 짓다.

炊(き)込み御飯[たきこみごはん] (고기·생선·채소 등을) 넣어서 지은 밥.

炊き出し[たきだし] (이재민에게) 밥을 지어 제공함. 식사 제공.

⊗**炊ぐ[かしぐ]** 〈5他〉 밥하다. (밥을) 짓다.

炊ぎ[かしぎ] (밥 등을) 지음.

炊飯[すいはん] 취반; 취사. 밥을 지음.

炊飯器[すいはんき] 전기나 가스를 이용하여 밥을 짓는 밥솥.

炊婦[すいふ] 취부; 밥 짓는 여자.

²**炊事[すいじ]** 취사; 밥 짓고 음식을 만듦.

炊事当番[すいじとうばん] 취사 당번.

炊事場[すいじば] 취사장; 주방.

炊煙[すいえん] 취연; 밥 짓는 연기.

臭(臭) 냄새 취

丿 𠂉 冂 白 白 自 自 臭 臭 臭

- 音 ●シュウ
- 訓 ●くさい ⊗におう ⊗におい

訓読

²臭い[くさい] 〈形〉 ①구리다. 고약한 냄새가 나다. ②수상쩍다. 미심쩍다. 수상하다. 의심스럽다. ③(명사에 접속하여) ㉠…냄새가 나다. ㉡…티가 나다. …처럼 느껴지다. …같다.

³⊗臭い[におい] 〈形〉 ①나쁜 냄새. 고약한 냄새. ②(수상한) 낌새. 기미.

²⊗臭う[におう] 〈5自〉 ①(악취가) 나다. ②수상한 낌새가 보이다. …처럼 느껴지다.

臭み[くさみ] ①(특유한) 냄새. ②역겨움. 불쾌함.

音読

臭[しゅう] …티. …인 체하는 좋지 않은 느낌. ¶貴族(きぞく)~ 귀족 티. 귀족 냄새.

臭覚[しゅうかく] 취각; 후각(嗅覚). 냄새를 맡는 감각.

臭気[しゅうき] 취기; 악취. 나쁜 냄새.

臭素[しゅうそ] 《化》 취소. 기호는 Br.

醉(醉) 술취할 취

一 厂 冇 冇 西 西 酉′ 酔 酔 酔

- 音 ●スイ
- 訓 ●よう

訓読

²●酔う[よう] 〈5自〉 ①(술에) 취하다. ②멀미하다. ③도취하다. 황홀해지다. ④(나쁜 길에) 빠지다. 미혹(迷惑)되다. ⑤(생선 등에) 중독되다. 체하다.

酔い覚め[よいざめ] 술이 깸.

酔い潰れる[よいつぶれる] 〈F1自〉 술에 곯아떨어지다. 곤드레만드레가 되다.

酔い倒れる[よいたおれる] 〈F1自〉 술에 취해 쓰러지다 · 드러눕다.

²酔っ払い[よっぱらい] 술주정꾼. 몹시 술에 취한 사람.

酔っ払う[よっぱらう] 〈5自〉 ①곤드레만드레 취하다. 몹시 취하다. ②심하게 멀미하다.

酔い心地[よいごこち] ①(술에 취해) 얼큰한 기분. 거나한 기분. ②도취된 기분.

酔い痴れる[よいしれる] 〈F1自〉 ①(술에) 취해 정신을 잃다. 고주망태가 되다. ②(어떤 일에) 도취되다. 황홀해지다.

音読

酔客[すいかく/すいきゃく] 취객; 술 취한 사람.

酔狂[すいきょう] 취광; ①술에 취해 미친 짓을 함. ②색다른 것을 좋아함.

酔生夢死[すいせいむし] 취생몽사; 흐리멍덩하게 살아 감.

酔眼[すいがん] 취안; 술 취한 눈.

酔態[すいたい] 취태; 술 취한 상태.

酔漢[すいかん] 취한; 술 취한 사람.

就 나아갈 취

亠 亠 亠 亩 亩 亨 京 京 訪 就 就

- 音 ●シュウ ●ジュ
- 訓 ●つく ●つける

訓読

²●就く[つく] 〈5自〉 ①취임하다. 취업하다. ②즉위(即位)하다. 지위에 오르다. ③(잠자리에) 들다. ④(여행길에) 오르다. ⑤따르다. ⑥사사(師事)하다.

²就いて[ついて] ①…에 관해서. ②…마다. ③…에 따라서.

●就ける[つける] 〈F1他〉 ①(지위 · 자리 등에) 앉히다. 임명하다. ②(임무를) 맡기다. 종사시키다. ③(제자로) 삼다. ④…밑에서. ¶先生(せんせい)に就(つ)けて習(なら)わせる 선생님 밑에서 배우게 하다.

音読

就労[しゅうろう] 취로; 노동에 종사함.

就眠[しゅうみん] 취면; 잠자리에 듦.

就縛[しゅうばく] (범인이) 체포 · 검거됨.

就床[しゅうしょう] 취상; 잠자리에 듦.

¹就業[しゅうぎょう] 취업; ①직업을 가짐. ②업무에 종사함.

就任[しゅうにん] 취임; 맡은 임무를 봄.

²就職[しゅうしょく] 취직; 직업을 가짐.

就寝[しゅうしん] 취침; 잠자리에 듦.

就学[しゅうがく] 취학; 학교에 입학함.

就航[しゅうこう] 취항; (배 · 비행기가) 그 항로로 운항을 시작함.

●成就[じょうじゅ]

趣 취미/달릴 취

土 丰 耒 走 走 赴 起 超 趣 趣

音 ◉シュ
訓 ◉おもむき ⊗おもむく

訓読
¹◉趣[おもむき] ①멋. 풍취. 정취. ②모습. 분위기. 느낌. ③뜻. 내용. 취지. ④(편지에서) …이라는 말씀.
⊗趣く[おもむく] 〈5自〉①(목적지로) 가다. 향하다. ②(어떤 상태로) 돌아가다.

音読
³趣味[しゅみ] 취미; ①멋. 정취. ②(본업 이외로) 즐기는 일. ③(멋을 알고 느끼는 능력의) 취향.
趣意[しゅい] 취의; 일의 근본이 되는 중요한 뜻. 취지(趣旨).
趣旨[しゅし] 취지; 일의 근본이 되는 중요한 뜻.
趣致[しゅち] 취치; 풍치. 운치.
趣向[しゅこう] 취향; 개인의 취미가 쏠리는 경향.

脆 무를 취

音 ⊗ゼイ
訓 ⊗もろい

訓読
¹⊗脆い[もろい] 〈形〉①무르다. 부서지기 쉽다. 깨지기 쉽다. ②(마음이) 약하다. 여리다.
脆くも[もろくも] 허무하게도. 맥없이.

音読
脆弱[ぜいじゃく] 취약; 물러서 약함.

娶 장가들 취

音 ⊗シュ
訓 ⊗めとる

訓読
⊗娶る[めとる] 〈5他〉장가들다. 아내로 맞다.
¶妻(つま)を～ 아내를 맞다. 장가들다.

翠 비취 취

音 ⊗スイ
訓 ⊗みどり

訓読
⊗翠[みどり] ①녹색. 초록. ②푸른 빛.

音読
翠緑[すいりょく] 취록; 녹색.
翠色[すいしょく] 취색; 녹색.
翠玉[すいぎょく] 취옥; 에메랄드.

聚 모을 취

音 ⊗シュウ ⊗ジュ
訓 ―

音読
聚落[しゅうらく] 취락; ①인가가 모여 있는 곳. ②≪植≫배양기(培養基)
聚落遺跡[しゅうらくいせき] 취락 유적.

鷲 수리 취

音 ⊗ジュ ⊗シュウ
訓 ⊗わし

訓読
⊗鷲[わし] ≪鳥≫수리. 독수리.
鷲鼻[わしばな] 매부리코.
鷲座[わしざ] ≪天≫독수리자리.

[측]

側 곁/옆 측

亻 亻 佀 佀 側 側 側 側 側 側

音 ◉ソク
訓 ⊗かわ ◉がわ ⊗そば ⊗そばめる

訓読
⁴◉側❶[かわ/がわ] ①곁. 옆. ②(둘러싸는) 케이스. 딱지. 둘레. ③(대립하는) 쪽. 편. 측. 방면. ＊능력시험에서는 'がわ'로 읽음.
²⊗側❷[そば] 곁. 옆. 가까이.
⊗側める[そばめる] 〈下他〉①옆으로 밀어붙이다. 움츠리다. ②외면하다.

音読
側近[そっきん] 측근; 곁의 가까운 사람.
側近筋[そっきんすじ] 측근 소식통.
¹側面[そくめん] 측면; ①사물의 옆 표면. ②성질·상태의 여럿 중에서 한 면.
側面図[そくめんず] 측면도.
側壁[そくへき] 측벽; 측면의 벽.
側線[そくせん] 측선; ①열차의 본선 이외의 선로. ②≪魚≫옆줄. ③사이드라인.
側室[そくしつ] 측실; ①(귀인의) 첩. 소실. ②서자(庶子).

測　측량할 측

氵　氵刂　沖　測　測　測　測　測　測　測

音 ●ソク
訓 ●はかる

訓読

²●測る[はかる] 〈5他〉 ①(길이·넓이·높이·깊이 등을) 측량하다. 재다. 측정하다. ②예측하다. 짐작하다. 헤아리다.

測り知る[はかりしる] 〈5他〉 추측하다. 헤아리다.

測り知れない[はかりしれない] 〈形〉 헤아릴 수 없다. 측량할 길이 없다.

音読

測距儀[そっきょぎ] 측거의; 마이크로미터.

²測量[そくりょう] 측량; 여러 기기를 사용하여 길이·넓이·높이·깊이 등을 재는 일.

測量術[そくりょうじゅつ] 측량술.

測算[そくさん] 측산; 실지로 측량하여 계산함.

測深[そくしん] 측심; 깊이를 잼.

²測定[そくてい] 측정; 계기를 사용하여 무게·길이·속도 등을 정확히 계산해 냄.

測地[そくち] 측지; 토지 측량.

測候所[そっこうじょ] 측후소; 기상관측 및 예보를 하는 중앙 기상청의 지방 기관.

〔 층 〕

層(層)　층 층

ᄀ　尸　尸　尸　屈　屈　屈　層　層　層

音 ●ソウ
訓 ―

音読

層[そう] 층: ①겹. ②계급. 계층. ③위아래 두께를 지닌 물체. ④지층(地層). ⑤(겹친 물체는 세는 말로서) 층.

層楼[そうろう] 층루; 여러 층으로 높게 지은 누각(樓閣).

層状[そうじょう] 누상; 층을 이룬 모양.

層雲[そううん] 층운; ①낮게 층을 이룬 구름. ②(땅에 가장 가깝게 끼는) 안개구름.

層一層[そういっそう] 더욱더. 한층 더.

層層[そうそう] 층층; 겹겹이.

〔 치 〕

治　다스릴/병고칠 치

ヽ　冫　氵　汁　治　治　治　治

音 ●チ ●ジ
訓 ●おさまる ●おさめる ●なおす ●なおる

訓読

¹●治まる[おさまる] 〈5自〉 ①(세상 상태가) 안정되다. 평온해지다. 조용해지다. 수습되다. ②(어수선함이) 가라앉다. ③(고통·아픔이) 가라앉다. ④(마음이) 안정을 찾다.

治まり[おさまり] ①수습. ②평온해짐. 가라앉음.

²●治める[おさめる] 〈下1他〉 ①(감정·소란 등을) 진정시키다. 가라앉히다. 수습하다. ②(보살펴) 다스리다. ③치료하다.

²●治す[なおす] 〈5他〉 (병을) 치료하다.

³●治る[なおる] 〈5自〉 (병이) 낫다. 치유되다. 치료되다.

音読

治[ち] ①치세(治世). ②정치.

治する[じする/ちする] 〈サ変自〉 (병이) 낫다. 치료되다. 〈サ変他〉 ①(병을) 고치다. 치료하다. ②다스리다. 통치하다.

治国[ちこく] 치국; 나라를 다스림.

治乱[ちらん] 치란; 혼란한 세상을 다스림.

¹治療[ちりょう] 치료; 병이나 상처를 다스려서 낫게 함.

治療代[ちりょうだい] 치료비.

治山治水[ちさんちすい] 치산치수.

治産[ちさん] 치산; ①생계를 잘 꾸려나감. ②《法》 자기 재산의 관리 처분.

治世[ちせい] 치세; ①태평한 세상. ②(통치자로서) 세상을 다스림.

治水[ちすい] 치수; 물을 잘 다스려 홍수를 막고 관개용 물의 편이를 꾀하는 일.

¹治安[ちあん] 치안; 나라를 편안하게 다스림. 나라가 편안하게 다스려짐.

治外法権[ちがいほうけん] ① 《法》 치외법권. ②규정 범위 밖.

治癒[ちゆ] 치유; 병이나 상처가 나음.

治者[ちしゃ] 치자; 통치자. 주권자.

治積[ちせき] 치적; 정치상의 공적.

治下[ちか] 치하; 통치하(統治下).

●政治[せいじ]　退治[たいじ]

値　값 치

丿 イ 仁 仁 仵 佔 値 値 値 値

音 ●チ
訓 ●ね ●あたい

訓読

²●**値❶[ね]** ①값. 가격. ②가치. 값어치.
¹●**値❷[あたい]** ①가격. 대가(代価). ②물건의 가치. ③《数》수치(数値). 값.
¹**値する[あたいする]** 〈サ変自〉('…に~'의 문형으로) …할 가치가 있다. …할 만하다.
値ざや[ねざや] 두 시세의 차액(差額). 마진.
値巾[ねはば] ①가격 차. 두 값의 차이. ②(거래에서) 시세의 폭.
値頃[ねごろ] (사고에) 적당한 값. 값이 적당함. 알맞은 값.
³**値段[ねだん]** (물건을 사고팔고 할 때의) 값. 가격. 시세.
値段書(き)[ねだんがき] 가격표.
値段表[ねだんひょう] 가격표.
値踏み[ねぶみ] (어림쳐서) 값을 매김.
値動き[ねうごき] 시세 변동.
値付き[ねつき] 가격이 형성되어 거래가 이루어짐.
値崩れ[ねくずれ] (공급 과잉으로) 값이 떨어짐. 값세 하락.
値上(が)り[ねあがり] 값이 오름. 가격 인상.
値上げ[ねあげ] 가격 인상. 값을 올림.
値嵩[ねがさ] 값이 비쌈. 고가(高価)임.
値嵩株[ねがさかぶ] 고가주(高価株).
¹**値引き[ねびき]** 할인. 에누리.
値切る[ねぎる] 〈5他〉값을 깎다.
値札[ねふだ] 가격표.
値鞘[ねざや] 두 시세의 차액(差額). 마진.
値鞘稼ぎ[ねざやかせぎ] 차액(差額)・마진을 노린 투기적인 매매.
¹**値打ち[ねうち]** ①값. 가격. ②가치. 값어치. ③값을 매김.
値幅[ねはば] ①가격 차. 두 값의 차이. ②(거래에서) 시세의 폭.
値下(が)り[ねさがり] 값이 내림. 하락세.
値下げ[ねさげ] 가격 인하. 요금 인하.
値惚れ[ねぼれ] 싼 맛에 마음이 끌림.

音読
◑**価値[かち]**, **絶対値[ぜったいち]**

恥　부끄러울 치

一 丅 F F E E 耳 耴 耻 恥

音 ●チ
訓 ●はじ ●はじらう ●はじる ●はずかしい

訓読

¹●**恥[はじ]** 부끄러움. 수치. 치욕. 창피.
恥知らず[はじしらず] 철면피. 파렴치함.
¹●**恥じらう[はじらう]** 〈5自〉부끄러워하다.
恥じらい[はじらい] 부끄러움. 수줍음.
¹●**恥じる[はじる]** 〈上1自〉부끄럽다. 부끄러워하다. 부끄럽게 생각하다.
恥じ入る[はじいる] 〈5自〉몹시 부끄러워하다. 창피하게 생각하다.
³●**恥ずかしい[はずかしい]** 〈形〉①부끄럽다. 창피하다. ②수줍다. 겸연쩍다.
恥ずかしがる[はずかしがる] 〈5自〉부끄러워하다. 수줍어하다.
恥ずかしがり屋[はずかしがりや] 부끄러움을 잘 타는 사람.
恥ずべき[はずべき] 수치스러운.

音読
恥辱[ちじょく] 치욕; 수치와 모욕.

致　이를/초래할 치

一 工 云 云 至 至 至 致 致

音 ●チ
訓 ●いたす

訓読
³●**致す[いたす]** 〈5他〉①하다. *'する'의 겸양어. ②드리다. ③다하다. 바치다. ④(좋지 않은 결과를) 초래하다.

音読
致命[ちめい] 치명; ①목숨을 바침. ②죽음.
致命傷[ちめいしょう] 치명상; ①죽음의 원인이 되는 상처. ②재기할 가망성이 없을 만큼의 심한 타격.
致命的[ちめいてき] 치명적; 죽음에 이를 만큼의 심한 상처.
致死[ちし] 치사; 어떤 것이 원인이 되어 뜻하지 않게 죽음에 이르게 됨.
致死量[ちしりょう] 치사량; 섭취하면 죽음에 이르는 양.

歯(齒)　이 치

`丨 ⺊ ⺊ ⺊ ⺊ ⺊ ⺆ ⺊ 歯 歯`

音 ●シ
訓 ●は ⊗よわいする

訓読

⁴●歯[は] ①이. 치아(歯牙). ②(기계・도구의) 톱니. 살. ③(나막신의) 굽.
⊗歯する[よわいする]〈サ変自〉한패로 사귀다. 한패에 끼이다.
歯ブラシ[はブラシ] 칫솔.

²歯磨き[はみがき] ①양치질. ②치약.

³歯医者[はいしゃ] 치과 의사. 치과의.
歯止め[はどめ] ①브레이크. ②(수레바퀴・톱니바퀴 등이) 저절로 움직이지 않도록 괴는 것. 쐐기. ③제동(制動).
歯車[はぐるま] ①기어. 톱니바퀴. ②리듬. ③(조직의) 한 사람.
歯痛[はいた/しつう] 치통; 이앓이.
歯向(か)う[はむかう]〈5自〉거역하다. 대항하다. 덤벼들다. 맞서다. ＊'치아를 드러내고 대든다는 데서.
歯型[はがた] (치과에서) 치형; 이틀.

音読

歯科[しか]《医》치과.
歯石[しせき] 치석; 이똥.
歯牙[しが] 치아; ①이. ②말. 언사.
歯列[しれつ] 치열; 잇바디.
歯槽膿漏[しそうのうろう]《医》치조농루.

痴(癡)　어리석을 치

`一 广 疒 疒 疒 疒 疠 疾 痴 痴 痴`

音 ●チ
訓 ⊗しれる

訓読

⊗痴れる[しれる]〈下1自〉정신을 잃다.

音読

痴呆[ちほう]《医》치매.
痴情[ちじょう] 치정; 색정(色情)에 빠져 이성(理性)을 잃음.
痴態[ちたい] 치태; 바보 같은 행동. 추태.
痴漢[ちかん] 치한; ①어리석은 사람. ②여자에게 음탕한 짓을 하는 사람.

稚　어릴 치

`二 千 禾 禾 利 利 秒 稚 稚 稚`

音 ●チ
訓 ⊗いとけない ⊗いわけない

訓読

⊗稚い[いとけない/いわけない]〈形〉순진하고 귀엽다. 유치하다. 철이 없다. 어리다. 앳되다.

音読

稚気[ちき] 치기; 어린애 같은 기질.
稚児[ちご] 치아; ①젖먹이. 유아(幼児). ②(神社(じんじゃ)나 절의 축제 행렬에 나오는) 단장한 어린이. ③남색(男色)의 상대가 되는 소년. ④《古》(귀족집・절 등에서 일하던) 사동(使童).
稚児行列[ちごぎょうれつ] (神社(じんじゃ)나 절의 축제 때) 어린이 행렬.
稚魚[ちぎょ] 치어; 알에서 갓 깨어난 어린 물고기.
稚拙[ちせつ] 치졸; 미숙하고 서투름.

置　둘/놓을 치

`丆 罒 罒 罒 罒 罘 罘 罤 置 置`

音 ●チ
訓 ●おく

訓読

⁴●置く[おく]〈5他〉①(어떤 장소에) 두다. 놓다. ②(사무소를) 설치하다. ③남겨 두다. ④(사람을) 고용하다. ⑤(어떤 상황하에) 두다. ⑥맡기다. ⑦(거리・시간 등의) 간격을 두다. ⑧(금・은박을) 입히다. 〈5自〉(서리・이슬 등이) 내리다.
置きに[おきに] (숫자에 접속하여) …걸러. …건너. …마다. …간격으로.
置(き)去り[おきざり] 남겨 둔 채 가 버림.
置(き)炬燵[おきごたつ] 이동식 각로(脚炉).
置(き)碁[おきご] (바둑에서) 접바둑.
置き忘れる[おきわすれる]〈下1他〉①(물건을) 둔 곳을 잊어버리다. ②잊어버리고 두고 오다.
置物[おきもの] ①(놓아두는) 실내 장식품. ②꼭두각시. 허수아비. ③제물(祭物).

置き所[おきどころ] ①(물건을) 놓아 둘 곳. 놓아 둔 곳. ②안주(安住)할 곳. 몸 둘 곳.

置(き)手紙[おきてがみ] (외출 시나 사람을 못 만났을 때) 용건을 써 놓고 가는 편지. 쪽지. 메모.

置(き)時計[おきどけい] 탁상시계.

置屋[おきや] ①(창녀를 데리고 있는) 포줏집. ②(사기 치려고) 물건을 전당잡히는 상습자.

置(き)場[おきば] (물건을) 두는 곳. 하치장.

置き注ぎ[おきつぎ] 술잔을 놓아 둔 채로 따름.

置(き)土産[おきみやげ] ①(떠날 때 두고 가는) 고별 선물. 남겨 놓는 선물. ②유물(遺物), 유품(遺品).

置き換える[おきかえる] 〈下1他〉 ①옮겨 놓다. ②(물건을) 바꾸어 놓다.

音読
置換[ちかん] 치환: ①바꾸어 놓음. ② ≪数≫ 순열(順列)을 바꾸어 놓음. ③ ≪化≫ 어떤 화합물의 원자나 원자단을 다른 것으로 바꿈.

峙 우뚝솟을 치 | 音 ⊗ジ | 訓 ⊗そばだつ

訓読
⊗峙つ[そばだつ] 〈5自〉 (바위·산 등이) 우뚝 솟다. 드높이 솟다.

痔 치질 치 | 音 ⊗ジ | 訓 —

音読
痔[じ] ≪医≫ 치질.
痔瘻[じろう] ≪医≫ 치루.
痔持ち[じもち] 치질을 앓고 있음.
痔疾[じしつ] ≪医≫ 치질: 항문 주변에 생기는 병의 총칭.
痔核[じかく] ≪医≫ 치핵; 수치질.

雉 꿩 치 | 音 ⊗チ | 訓 ⊗きじ

訓読
⊗雉[きじ] ≪鳥≫ 꿩.
雉鳩[きじばと] ≪鳥≫ 산비둘기.
雉隠し[きじかくし] ≪植≫ 닭의 비짜루.

馳 말달릴 치 | 音 ⊗チ | 訓 ⊗はせる

訓読
⊗馳せる[はせる] 〈下1自〉 (말이) 달리다. 달려가다. 〈下1他〉 ①(말·자동차를) 달리게 하다. 달리다. 몰다. ②(먼 곳에 있는 것을) 생각하다. ③(명성을) 떨치다.

音読
³馳走[ちそう] ①(음식) 대접. ¶ご~さま 잘 먹었습니다. ②훌륭한 식사.

幟 깃발 치 | 音 ⊗シ | 訓 ⊗のぼり

訓読
⊗幟[のぼり] ①기드림. 좁고 긴 천의 한쪽 면을 장대에 매달아 세우는 깃발. ②종이 또는 천으로 잉어처럼 만들어 단오절에 장대에 매다는 것.

緻 빽빽할 치 | 音 ⊗チ | 訓 —

音読
緻密[ちみつ] 〈形動〉 치밀: ①(종이·천 등의) 결이 촘촘함. ②자상하고 꼼꼼함.

熾 성할 치 | 音 ⊗シ | 訓 ⊗おきる ⊗おこす ⊗おこる

訓読
⊗熾きる[おきる] 〈上1自〉 (숯불이) 벌겋게 피다.
⊗熾す[おこす] 〈5他〉 (숯불을) 피우다.
⊗熾る[おこる] 〈5自〉 (숯불이) 활활 피어오르다. 활활 타오르다.

音読
熾烈[しれつ] 치열; 세력이 불처럼 맹렬함.

鯔 숭어 치 | 音 ⊗シ | 訓 ⊗いな ⊗ぼら

訓読
⊗鯔❶[いな] ≪魚≫ 모쟁이. 숭어의 새끼.
❷[ぼら] ≪魚≫ 숭어.

[칙]

勅 (敕)　칙서 칙

一　ｒ　ｒ　ｒ　ｒ　ｒ　束　束　勅　勅

音 ●チョク
訓 ⊗みことのり

音読

勅[ちょく/みことのり] 천황의 명령. 조칙(詔勅).

勅答[ちょくとう] 칙답; ①천황의 대답. ②천황의 질문에 대답함.

勅命[ちょくめい] 칙명; 천황의 명령.

勅使[ちょくし] 칙사; 칙명으로 가는 사신.

勅書[ちょくしょ] 칙서; 조서(詔書).

勅選[ちょくせん] 칙선; 천황이 직접 사람을 뽑음.

勅額[ちょくがく] 칙액; 천황의 친필 액자.

勅語[ちょくご] 칙어; 천황의 말.

勅願[ちょくがん] 칙원; 칙명에 의한 기원.

勅旨[ちょくし] 칙지; 천황의 의사(意思).

勅号[ちょくごう] 칙호; (조정에서) 고승(高僧)에게 내리는 칭호.

則　①법칙 칙　②곧 즉

丨　冂　冂　冃　目　貝　貝　則　則

音 ●ソク
訓 ⊗のり ⊗のっとる

訓読

⊗則❶[のり] ①법규, 규정, 규칙, 규범. ②모범, 본. ③(토목 공사 등에서) 경사면의 기울기. ❷[そく] ☞ [音読]

⊗則る[のっとる] 〈5自〉 (법칙・규범에) 따르다. 준하다. 본뜨다.

音読

則❶[そく] (항목・조목 등의 수를 세는 말로서) 조목. ❷[のり] ☞ [訓読]

則する[そくする] 〈サ変自〉 (법칙・규범에) 따르다. 준하다. 본뜨다.

則天去私[そくてんきょし] 칙천거사; 사심(私心)을 버리고 천심(天心)으로 돌아감. *소설가 夏目漱石(なつめそうせき)가 만년에 터득한 인생관・예술관임.

[친]

親　친할/어버이 친

亠　立　立　辛　亲　亲　新　新　親　親

音 ●シン
訓 ●おや ●したしい ●したしむ

訓読

²●親[おや] ①부모, 어버이. ②조상, 선조. ③원조(元祖), 창안자. ④(식물의) 어미줄기, 구경(球茎). ⑤(노름에서) 리더, 선(先). ⑥계주(契主).

²●親しい[したしい] 〈形〉 ①친하다. 사이가 좋다. ②(혈연 관계가) 가깝다. ③낯익다. 친숙하다.

親しく[したしく] ①친히, 몸소, 손수. ②직접, 실지로.

親しげ[したしげ] 〈形動〉 친밀한 듯함.

¹●親しむ[したしむ] 〈5自〉 ①친하게 지내다. 의좋게 지내다. ②(항상 접하여) 즐기다. 가까이하다.

親しみ[したしみ] 친밀감, 친근감.

親掛(か)り[おやがかり] (자식이 독립하지 않고) 부모에게 의지함.

親代(わ)り[おやがわり] 부모를 대신함.

親馬鹿[おやばか] 자식 사랑에 눈이 먼 부모・어리석음・행동.

親方[おやかた] ①(스포츠・연예계에서 은퇴하여 후배를 양성하는) 우두머리 지도자, 선배님. ②(기능공・인부 등의) 우두머리, 십장(什長). ③(창녀의) 포주. ④(공장 등의) 주인.

¹親父❶[おやじ] ≪俗≫ ①아버지, 부친. ②영감쟁이. ③(친근한 말로) 가게 주인, 직장 책임자. *주로 남성들이 사용함. ❷[しんぷ] 친부; 친아버지.

親分[おやぶん] ①친부모처럼 의지하는 사람, 양부모. ②(폭력배의) 두목.

親思い[おやおもい] 효성이 지극함. 효자.

親船[おやぶね] 모선(母船), 본선(本船).

親心[おやごころ] ①(자식을 사랑하는) 부모의 마음. ②(아랫사람에 대한) 부모 같은 마음. 노파심.

親譲り[おやゆずり] 부모한테서 물려받음. 대물림.

親玉[おやだま] ①≪俗≫ 중심 인물. 두목. 우두머리. ②(염주알 중에서) 제일 큰 알.

親芋[おやいも] (토란의) 어미줄기.

親元[おやもと] ①부모 슬하. 부모 곁. ②≪俗≫ 경찰서. *범죄자들의 은어임.

親子❶[おやこ] ①부모와 자식. 부자(父子). 모자(母子). ②기본이 되는 것과 갈라져 나온 것. ❷[しんし] ①어버이와 자식. ②≪法≫ 일등친(一等親)의 직계 혈족 관계의 사람. ③≪法≫ 양친자(養親子). 법적 혈족 관계의 사람.

親子丼[おやこどんぶり] 닭고기 계란덮밥.

親鳥[おやどり] ①어미 새. ②성장한 새.

親株[おやかぶ] ①≪植≫ 어미포기. 원 그루. ②구주(舊株). *증자하기 전에 발행한 주권.

²親指[おやゆび] ①엄지. 엄지손가락. 엄지발가락. ②≪俗≫ (집안의) 어른.

親会社[おやがいしゃ] 모회사(母会社).

親孝行[おやこうこう] ①효도. 효성. 효행. ②효자. 효녀.

親交[しんこう] 친교; 친밀한 교제.

親権[しんけん] 친권; 부모가 미성년 자녀에 대해 갖는 권리·의무의 총칭.

親等[しんとう] ≪法≫ 친등; 촌수(寸数).

²親類[しんるい] ①친척. 집안. ②동류(同類). 사촌뻘.

親睦[しんぼく] 친목; 서로 친해 화목함.

親密[しんみつ] 친밀; 대단히 친함.

¹親善[しんぜん] 친선; 친하여 사이좋게 지냄.

親身[しんみ] ①근친(近親). 친족. ②친족처럼 아주 친절함.

親愛[しんあい] 친애; 친밀히 사랑함.

²親友[しんゆう] 친우; 친구. 벗.

親衛隊[しんえいたい] 친위대; 국가 원수 등의 신변을 보호하는 부대.

親展[しんてん] 친전; 봉함 편지의 수신인이 직접 개봉함.

³親切[しんせつ] 친절; ①매우 정답고 상냥하며 호감이 감. ②빈틈없고 정성스러움. 꼼꼼히 공들임. ③마음씀씀이가 깊음.

親族[しんぞく] 친족; ①친척. ② ≪法≫ 육친등(六親等) 내의 혈족 및 배우자와 삼친등(三親等) 내의 인족(姻族).

²親戚[しんせき] 친척; 친족과 외척.

親和[しんわ] 친화; ①서로 사이좋게 지냄. ②≪化≫ 물질의 화합.

七   일곱 칠

一 七

音 ◉シチ

訓 ◉なな ◉ななつ ◉なの

⁴◉七❶[なな] 일곱. ❷[しち] ☞ [音読]

⁴◉七つ[ななつ] ①일곱. ②일곱 개. ③일곱 살. ④≪俗≫ 전당포. ⑤(옛날 시각의 이름으로서) 오전·오후 4시경.

七曲(が)り[ななまがり] 꼬불꼬불한 길.

七不思議[ななふしぎ] 일곱 가지 불가사의.

七夕[★たなばた] 칠석; 칠석제(七夕祭).

七夕祭[★たなばたまつり] 칠석제.

⁴七日[なのか/なぬか] ①초이렛날. ②7일간. 7일.

七転び八起[ななころびやおき] 칠전팔기; ①여러 번 실패해도 굴하지 않고 일어섬. ②인생에 파란이 많음.

七重[ななえ] ①7중; 일곱 겹. ②여러 겹.

⁴七❶[しち] 칠. 7. ❷[なな] ☞ [訓読]

七難[しちなん] ≪仏≫ 칠난; ①일곱 가지 재난. ②여러 가지 재난. ③많은 결점.

七輪[しちりん] (흙으로 만든) 풍로.

七面倒[しちめんどう] 몹시 귀찮음.

七面鳥[しちめんちょう] ① ≪鳥≫ 칠면조. ②변덕쟁이.

七福神[しちふくじん] 칠복신; 복덕(福德)의 일곱 신.

七分❶[しちふん/ななふん] (시간상의) 7분. 420초. ❷[しちぶ] 7할. 70%.

七三[しちさん] ①7대3의 비율. ②(歌舞伎(かぶき) 극장에서) 花道(はなみち)의 중간.

七夜[しちや] ①7일 동안의 밤. 7일째의 밤. ②(출생한 후) 7일째의 밤. *이 날 아이에게 이름을 지어주고 축하홈.

⁴七月❶[しちがつ] 7월. July. 1년 중 7번째의 달. ❷[ななつき] 7개월. 일곱 달.

七転八起[しちてんはっき] 칠전팔기; 여러 번 실패해도 굴하지 않고 일어섬.

七転八倒[しちてんばっとう] 칠전팔도; 괴로운 나머지 이리 뒹굴고 저리 뒹굶.

漆　옻칠할 칠

氵 氵 汁 沣 沫 沫 漆 漆 漆 漆

音 ●シツ
訓 ●うるし

訓読
漆[うるし] ①≪植≫ 옻나무. ②옻칠.
漆塗[り][うるしぬり] ①옻칠을 함. 옻칠한
　것. 칠기(漆器). ②칠장이. 칠하는 사람.

音読
漆器[しっき] 칠기; 옻그릇.
漆黒[しっこく] 칠흑; 칠처럼 검고 윤택이
　있는 빛깔.

沈　①잠길/빠질 침　②성씨 심

丶 冫 氵 氵 沪 沙 沈

音 ●チン ⊗ジン
訓 ●しずむ ●しずめる

訓読
²**沈む**[しずむ] ⟨5自⟩ ①(물속에) 가라앉
　다. ②(해·달이) 지다. ③(지반이) 낮
　아지다. 내려앉다. ④(마음이) 침울해지
　다. ⑤(고난에) 시달리다. ⑥(불행에)
　빠지다. ⑦(맥박이) 약해지다. ⑧(들뜨
　지 않고) 차분하다. ⑨(도박에서) 잃다.
　지다. ⑩(권투에서) KO로 쓰러지다.
¹●**沈める**[しずめる] ⟨FI他⟩ ①(물속에) 가
　라앉히다. 잠그다. ②(불행한 상태에) 빠
　뜨리다. ③(몸의) 자세를 낮추다. ④(권투
　에서) KO로 쓰러뜨리다.

音読
沈降[ちんこう] 침강; ①침하(沈下). 내려앉
　음. ②침전(沈澱).
¹**沈没**[ちんぼつ] 침몰; ①물속에 깊이 잠김.
　② ≪俗≫ (술에 취해) 고주망태가 됨.
　③≪俗≫ 농땡이 부림.
¹**沈黙**[ちんもく] 침묵; 말이 없음.
沈思[ちんし] 침사; 깊이 생각함.
沈勇[ちんゆう] 침용; 침착하고 용감함.
沈積[ちんせき] 침적; 물밑에 가라앉아 쌓임.
¹**沈殿**[ちんでん] 침전; 액체 속의 앙금·잡물
　이 가라앉음.

沈殿物[ちんでんぶつ] 침전물.
沈静[ちんせい] 침정; ①침착하고 조용함.
　잠잠함. ②침체(沈滞).
沈着[ちんちゃく] 침착; 행동이 들뜨지 않고
　정체됨.
沈滞[ちんたい] 침체; 사물이 진척되지 않고
　정체됨.
沈痛[ちんつう] 침통; 슬픔으로 가슴이 아픔.
沈下[ちんか] 침하; 내려앉음.

侵(侵)　침범할 침

丿 亻 厂 厅 厇 侵 侵 侵 侵

音 ●シン
訓 ●おかす

訓読
¹**侵す**[おかす] ⟨5他⟩ ①(타국·남의 땅을)
　침범하다. ②(남의 권리·권한을) 침해
　하다.

音読
侵攻[しんこう] 침공; 적지로 쳐들어감.
¹**侵略**[しんりゃく] 침략; 다른 나라의 주권·
　영토·정치적 독립을 침범하기 위해 무력
　을 행사하는 일.
侵犯[しんぱん] 침범; 남의 영토·권리 등
　을 범(犯)함.
侵食[しんしょく] 침식; (남의 영토·권리
　등을) 침해함.
²**侵入**[しんにゅう] 침입; (남의 영토에) 침범
　해 들어감.
侵害[しんがい] 침해; (남의 영토·권리 등
　을) 침범하여 손해를 끼침.

浸(浸)　젖을/잠길 침

丶 冫 氵 氵 氵 浐 浐 浐 浸 浸

音 ●シン
訓 ●ひたす ●ひたる ⊗つく ⊗つける

訓読
¹●**浸す**[ひたす] ⟨5他⟩ ①(물·액체에) 담그
　다. 잠그다. ②(물·액체에) 흠뻑 적시다.
●**浸る**[ひたる] ⟨5自⟩ ①(물·액체에) 잠기
　다. ②(어떤 일에) 빠지다. 잠기다.
⊗**浸く**[つく] ⟨5自⟩ (물에) 잠기다. 침수(浸
　水)되다.
⊗**浸ける**[つける] ⟨下I他⟩ (물에) 담그다.

音読

浸水[しんすい] 침수; 물에 잠김.

浸食[しんしょく] 침식; ①물이 스며들어 물건을 상하게 함. ②(비바람으로) 육지·암석 등이 조금씩 깎여짐.

浸潤[しんじゅん] 침윤; ①(물이) 스며들어 젖음. ②(사상·세력 등이) 차츰 스며들어 번짐.

浸入[しんにゅう] 침입; (건물이나 땅에) 물이 들어감. 침수함.

浸出[しんしゅつ] 침출; 우려냄. 우러남.

浸透[しんとう] 침투; ①(물이) 스며듦. 젖어 듦. ②(사상·세력 등이) 차츰 스며들어 번짐.

針　바늘 침

ノ　ノ　卜　ハ　ム　本　牟　牟　金　金　釺　針

音 ●シン
訓 ●はり

訓読

²●針[はり] ①바늘. ②바느질. 재봉. ③(식물의) 가시. ④(벌의) 침. ⑤(시계·계기 등의) 바늘.

²針金[はりがね] 철사.

針立て[はりたて] 바늘겨레.

針仕事[はりしごと] 바느질. 재봉.

針箱[はりばこ] 반짇고리. 바느질그릇.

針子[はりこ] (양복점이나 양장점 등에서) 일하는 봉제공.

音読

針路[しんろ] 침로; 방향. 진로.

針術[しんじゅつ] ≪医≫ 침술.

針葉樹[しんようじゅ] ≪植≫ 침엽수.

寝(寢)　잠잘/누울 침

宀　宀　宇　宇　宇　寢　寢　寢　寢　寢

音 ●シン
訓 ●ねかす　●ねかせる　●ねる

訓読

●寝かす[ねかす] ⟨5他⟩ ①잠자게 하다. 재우다. ②쓰러뜨리다. 누이다. ③(활용하지 않고) 사장시키다. 묵히다. ④(누룩 등을) 발효시키다. 띄우다.

¹●寝かせる[ねかせる] ⟨下1他⟩ ⇨ 寝かす

⁴●寝る[ねる] ⟨下1自⟩ ①잠자다. 자다. ②드러눕다. 눕다. ③몸져눕다. 앓아눕다. ④숙박하다. 묵다. ⑤(남녀가) 동침하다. 잠자리를 같이 하다. ⑥(상품·자본이) 놀다. 사장되다. 잠기다. ⑦(유도에서) 누워서 메치는 기술을 걸다.

寝そべる[ねそべる] ⟨5自⟩ 엎드려 눕다. 배를 깔고 눕다.

寝間着[ねまき] 잠옷.

寝苦しい[ねぐるしい] ⟨形⟩ (더위·고통 등으로) 잠들기 어렵다. 잠을 이룰 수 없다.

²寝巻き[ねまき] 잠옷.

寝起き[ねおき] ①기거(起居). 생활. ②깨어났을 때의 기분.

寝袋[ねぶくろ] 침낭. 슬리핑백.

寝冷え[ねびえ] 차게 자서 감기가 듦. 차게 자서 배탈이 남.

寝泊(ま)り[ねとまり] 숙박. 기숙(寄宿).

寝返り打つ[ねがえりうつ] ⟨5自⟩ ①자다가 몸을 뒤척이다. ②배신하다. 배반한다.

³寝坊[ねぼう] 늦잠을 잠.

³お寝坊さん[おねぼうさん] 늦잠꾸러기.

寝不足[ねぶそく] 수면 부족. 잠이 부족함.

寝付き[ねつき] 잠이 듦.

寝付く[ねつく] ⟨5自⟩ ①잠들다. ②(병으로) 눕다. 몸져눕다.

寝床[ねどこ] 침상; ①잠자리. ②침실.

寝心地[ねごこち] 잠자리의 기분

寝顔[ねがお] 잠자는 얼굴.

寝押し[ねおし] (바지 등을 요 밑에) 깔고 자서 주름을 잡음.

寝言[ねごと] ①잠꼬대. ②헛소리. ③뜻을 알 수 없는 말.

寝煙草[ねたばこ] 잠자리에서 담배를 피움. 잠자리에서 피우는 담배.

寝入る[ねいる] ⟨5自⟩ ①잠자리에 들다. 잠들다. ②숙면하다. 깊이 잠들다. ③활기가 없어지다. 쇠퇴하다.

寝込む[ねこむ] ⟨5自⟩ ①깊이 잠들다. ②(병으로) 자리에 눕다. 몸져눕다.

寝転がる[ねころがる] ⟨5自⟩ 누워 뒹굴다.

寝転ぶ[ねころぶ] ⟨5自⟩ 누워 뒹굴다.

寝静まる[ねしずまる] ⟨5自⟩ (모두) 잠들어 조용해지다. 푹 잠들다.

音読

寝具[しんぐ] 침구; 잠잘 때 필요한 물건.

²寝台[しんだい/ねだい] 침대.

寝食[しんしょく] 침식; 일상생활.

寝室[しんしつ] 침실; 잠자는 방.

枕 베개 침

音 ⊗チン
訓 ⊗まくら

訓読
²⊗枕[まくら] ①베개. ②(잠잘 때) 머리를 두는 방향. 베갯머리. ③(지탱하기 위해) 밑에 받치는 물건. ④(落語(らくご) 등에서) 짧은 서두의 이야기.
枕元[まくらもと] 베갯머리. 머리말.
枕許[まくらもと] 베갯머리. 머리말.

[칭]

称(稱) 일컬을/부를 칭

一 二 千 千 禾 秆 秆 秆 称 称

音 ●ショウ
訓 ⊗たたえる ⊗となえる

訓読
⊗称える❶[たたえる]〈下1他〉①기리다. 칭송하다. 치하하다. ②칭하다. 호칭하다. 일컫다. …라고 부르다. ❷[となえる]〈下1他〉①소리내어 읽다. ②큰소리로 부르다. ③주장(主張)하다. ④호칭하다.
称え[となえ] 호칭. 일컬음. 명칭.
称え言[たたえごと] 칭송・칭찬하는 말.
称え辞[たたえごと] 칭송・칭찬하는 말.

音読
¹称する[しょうする]〈サ変他〉①칭하다. 일컫다. 부르다. ②(거짓으로) 속여 말하다. 사칭하다. ③칭송하다. 칭찬하다. 기리다.
称名[しょうみょう]《仏》칭명; 부처의 명호(名号)를 욈.
称美[しょうび] 칭미; 훌륭하다고 칭찬하면서 감상하며 즐김.
称揚[しょうよう] 칭양; 찬양. 찬미. 칭찬.
称賛[しょうさん] 칭찬; 좋은 점이나 잘한 점을 일컬어 기림.
称讃[しょうさん] ☞ 称賛
称号[しょうごう] 칭호; (자격을 나타내는) 명칭.
称呼[しょうこ] 칭호; 호칭(呼称).

秤 ˣ(秤) 저울 칭

音 ⊗ショウ
⊗ヒョウ
訓 ⊗はかり

訓読
²⊗秤[はかり] 저울.
秤竿[はかりざお] 저울대.
秤皿[はかりざら] 저울판.
秤目[はかりめ] ①저울눈. ②무게.

音読
秤量[ひょうりょう/しょうりょう] 칭량; ①(저울로) 무게를 닮. ②사물을 저울질함. ③그 저울로 달 수 있는 최대한의 무게. * 'ひょうりょう'는 관용음임.

[쾌]

快 유쾌할/빠를 쾌

丿 丨 忄 忄 忄 快 快

音 ●カイ
訓 ●こころよい

訓読
¹●快い[こころよい]〈形〉①상쾌하다. 기분이 좋다. ②유쾌하다. 즐겁다. ③(병세가) 좋아지다.

音読
快[かい] 쾌; ①유쾌. 상쾌. ②쾌락.
快感[かいかん] 쾌감; 상쾌하고 유쾌한 느낌.
快挙[かいきょ] 쾌거; 속 시원한 일.
快気[かいき] 쾌기; ①(병이) 쾌차함. 쾌유함. ②상쾌함. 기분이 좋음.
快技[かいぎ] 쾌기; 묘기(妙技).
快男児[かいだんじ] 쾌남아; 쾌활한 남자.
快男子[かいだんし] 쾌남자; 쾌활한 남자.
快談[かいだん] 쾌담; ①유쾌하게 이야기함. ②유쾌한 이야기.
快刀[かいとう] 쾌도; 썩 잘 드는 칼.
快楽[かいらく] 쾌락; 즐거움.
快諾[かいだく] 쾌락; 기분 좋게 승낙함.
快眠[かいみん] 쾌면; 잠을 푹 잠.
快夢[かいむ] 쾌몽; 유쾌한 꿈.
快味[かいみ] 쾌미; 상쾌한 맛.
快方[かいほう] 병이 나아짐. 차도(差度).
快弁[かいべん] 쾌변; 거침없이 잘하는 말.
快便[かいべん] 쾌변; 시원스럽게 용변을 봄. 시원스러운 용변.
快報[かいほう] 쾌보; 시원스러운 소식.
快復[かいふく] (병의) 회복. 쾌차.

快復期[かいふくき] (병의) 회복기.
快事[かいじ] 쾌사; 유쾌한 일.
快速[かいそく] 쾌속; 속도가 매우 빠름.
快速船[かいそくせん] 쾌속선.
快速艇[かいそくてい] 쾌속정.
快勝[かいしょう] 쾌승; 압승(圧勝).
快食[かいしょく] 쾌식; ①좋은 음식. ②유쾌하고 만족하게 먹음.
快心[かいしん] 쾌심; 좋은 기분.
快然[かいぜん] 쾌연; ①유쾌함. 상쾌함. ②(병이) 완쾌됨.
快癒[かいゆ] 쾌유; 병이 나음. 회복.
快音[かいおん] 쾌음; ①(엔진 등의) 경쾌한 소리. ②(야구에서 히트를 쳤을 때 등의) 상쾌한 소리.
快作[かいさく] 쾌작; 쾌심작(快心作). 가슴이 후련해지는 뛰어난 작품.
快哉[かいさい] 쾌재; 매우 흡족하게 여김.
²**快適**[かいてき] 쾌적; 심신(心身)에 적합하여 기분이 매우 좋음.
快戦[かいせん] 쾌전; 통쾌한 싸움.
快絶[かいぜつ] 쾌절; 기분이 매우 상쾌함.
快調[かいちょう] 쾌조; 아주 컨디션이 좋음.
快足[かいそく] 준족(駿足). 발걸음이 빠름.
快走[かいそう] 쾌주; 기분 좋게 빨리 달림.
快走艇[かいそうてい] 쾌주정; 요트.
²**快晴**[かいせい] 쾌청; (하늘이) 상쾌하도록 맑게 갬.
快打[かいだ] 쾌타; (야구에서) 통쾌한 안타.
快投[かいとう] 쾌투; (야구에서) 멋지게 공을 던짐.
快漢[かいかん] 쾌한; 쾌활한 남자.
快活[かいかつ] 쾌활; 성격이 밝고 씩씩함. 마음씨 좋고 вы発함.
快豁[かいかつ] 쾌활; ①앞이 툭 틔어 전망이 좋음. ②도량이 넓음. 활달함.

〔 타 〕

他 다를/남 타

丿 亻 仁 仙 他

音 ●タ
訓 ⊗ほか

訓読

⊗他❶[ほか] ①(어떤 범위) 바깥. 외부.
②딴 곳. 딴 것. ③그 밖. 이외. …을 빼
놓고. ❷[た] ☞ [音読]

⊗他ならない[ほかならない] 〈連語〉 (다른
것이 아닌) 바로 그것이다.

⊗他ならぬ[ほかならぬ] 〈連語〉 (다른 것이
아닌) 바로 그것이다.

音読

²他❶[た] 타; ①다른 것. ②남. 다른 사람.
③다른 일. ④다른 곳. 딴 곳. ⑤딴마음.
❷[ほか] ☞ [訓読]

他見無用[たけんむよう] 남에게 보이지 말
것. 남이 보지 못하도록 할 것.

他界[たかい] 타계; ①다른 세계. ②죽음.
사망함. ③《仏》 인간계 이외의 세계.

他校[たこう] 타교; 다른 학교.

他国[たこく] 타국; ①외국. 다른 나라.
②타향.

他年[たねん] 타년; 다른 해. 후년.

¹他動詞[たどうし] 《語学》 타동사.

他力[たりき] 타력; 남의 조력(助力).

他面[ためん] 타면; ①다른 방면. ②〈副〉
한편으로는.

¹他方[たほう] 타방; ①다른 방면. 다른 한
쪽. ②〈副〉 한편으로는.

他社[たしゃ] 타사; ①다른 회사. 다른 신
문사. ②딴 神社(じんじゃ).

他山の石[たざんのいし] 타산지석.

他殺[たさつ] 타살; 다른 사람이 죽임.

他律[たりつ] 타율; ①다른 규정·규율.
②다른 사람의 지배나 법·권위 등에 복
종함.

他意[たい] 타의; ①다른 뜻. ②딴 생각.
딴 마음.

²他人[たにん] 타인; ①남. 다른 사람. ②혈
연관계가 없는 사람. ③제삼자.

他紙[たし] 타지; 다른 신문.

他薦[たせん] 타천; 남이 추천함.

打 칠 타

一 扌 扌 扩 打

音 ●ダ ⊗チョウ
訓 ●うつ

訓読

³●打つ[うつ] 〈5他〉 ①치다. 때리다. 두드
리다. ②(바둑을) 두다. ③(어떤 행동
을) 하다. ④(심금을) 울리다. 감동을
주다.

打ちのめす[うちのめす] 〈5他〉 ①때려눕히
다. 두들겨 패다. ②(재기하지 못하게) 큰
타격을 입히다. ③큰 차이로 이기다.

打(ち)壊し[うちこわし] ①때려 부숨. ②(江
戸(えど) 시대) 흉년에 빈민들이 부잣집·
관청을 습격하여 부수고 약탈하던 소동.

打ち壊す[うちこわす] 〈5他〉 ①때려 부수다.
파괴하다. ②(계획 등을) 망치다.

打ち克つ[うちかつ] 〈5自〉 ①이기다. 무찌르
다. 승리하다. ②극복하다. 이겨내다.

打ち込む[うちこむ] ☞ (야구·테니스 시합에서 상대를) 제압하다.

打ち寄せる[うちよせる] 〈下1自〉 ①(파도·
수많은 사람이) 밀려오다. 밀어닥치다.
②(말을 타고) 다가오다.

打ち当てる[うちあてる] 〈下1他〉 ①'当(あ)て
る'의 강조. ②부딪치다.

打ち倒す[うちたおす] 〈5他〉 ①쓰러뜨리다.
②쳐서 넘어뜨리다. ③(적군을) 무찌르다.
쳐부수다.

打ち落とす[うちおとす] 〈5他〉 ①쳐서 떨어
뜨리다. ②베어 쓰러뜨리다. ③(총으로)
쏘아 떨어뜨리다.

¹打ち明ける[うちあける] 〈下1他〉 (고민·비
밀을) 털어놓다. 고백하다.

打ち明け話[うちあけばなし] 속말. 속이야
기. 숨김없이 털어놓는 이야기.

打(ち)返し[うちかえし] ①되받아　치기.
②(연극에서) 무대의 배경을 다른 배경으
로 바꾸기. ③헌 솜 타기.

打ち返す[うちかえす] 〈5他〉 ①'返(かえ)す'의
강조. ②되받아 치다. 반격하다. ③(논밭
을) 갈아 뒤집다. ④헌 솜을 타다.

打ち抜く[うちぬく] 〈5他〉 ①구멍을 뚫다.
②(판지·판금 등을) 펀칭하다. ③땅을
파서 우물을 만들다. ④(파업을) 예정 일
시까지 끝까지 관철시키다.

打(ち)方[うちかた] ①(타악기의) 치는 방법. ②(바둑・장기의) 두는 법.

打ち付ける[うちつける] 〈下1他〉 ①(못 등을) 쳐서 박다. 박아서 고정시키다. ②부딪치다.

打ち払う[うちはらう] 〈5他〉 ①털어 버리다. 털어 내다. ②(적을) 공격하여 쫓다. ③(총 등으로) 쏘아 쫓아버리다.

打ち捨てる[うちすてる] 〈下1他〉 내팽개치다. 방치하다. 내버려두다.

打ち殺す[うちころす] 〈5他〉 ①때려죽이다. 쳐 죽이다. ②(총 등으로) 쏘아 죽이다. ③잡아 죽이다.

打(ち)上げ[うちあげ] ①발사(発射). 쏘아 올림. 쳐 올림. ②종료. 끝마침. ③(바둑에서) 종국(終局). 승부를 냄. ④'打(ち)上(げ)花火'의 준말.

打ち上げる[うちあげる] 〈下1他〉 ①발사(発射)하다. 쏘아 올리다. 쳐 올리다. ②(흥행을) 마치다. ③(바둑에서) 승부를 내다. 상대방의 죽은 돌을 들어내다. ④(파도가 물건을) 해안으로 밀어 올리다.

打(ち)上(げ)花火[うちあげはなび] 쏘아 올리는 불꽃놀이.

¹打(ち)消し[うちけし] 부정(否定).

²打ち消す[うちけす] 〈5他〉 ①부정(否定)하다. ②지우다. 없애다.

打(ち)続く[うちつづく] 〈5自〉 죽 계속되다. 줄지어 있다.

打ち砕く[うちくだく] 〈5他〉 ①때려 부수다. 박살내다. 쳐부수다. ②(용기를) 꺾어버리다. ③알기 쉽게 말하다.

打(ち)水[うちみず] (더위를 식히거나 먼지를 막기 위해) 물을 뿌림.

打(ち)手[うちて] ①토벌대(討伐隊). ②총을 쏘는 사람. ③바둑꾼. ④노름꾼.

打(ち)勝つ[うちかつ] 〈5自〉 ①이기다. 무찌르다. 승리하다. ②극복하다. 이겨내다. ③(야구・테니스 시합에서) 상대를 제압하다.

打(ち)身[うちみ] ①타박상. ②《古》 생선회.

打(ち)込み[うちこみ] ①두드려 박기. ②열중하기. 몰두하기. ③(날실 사이에) 씨실을 바디로 세게 쳐서 넣기. ④(시합에서) 상대방에게 공격하기.

¹打(ち)込む[うちこむ] 〈5他〉 ①두드려 박다. 박아 넣다. ②열중하다. 몰두하다. ③명중시키다. ④(시합에서) 상대방을 공격하다. ⑤(공사장에서) 콘크리트를 다져 넣다.

打ち切り[うちきり] 중단. 중지.

¹打ち切る[うちきる] 〈5他〉 ①(힘주어) 절단하다. 자르다. ②중단하다. 중지하다. ③(바둑에서) 끝까지 두다.

打ち振る[うちふる] 〈5他〉 세게 흔들다. 마구 휘두르다. 힘차게 흔들다.

打ち出す[うちだす] 〈5他〉 ①(무늬 모양을) 도드라지게 하다. ②치기・때리기 시작하다. ③(총 등을) 쏘기 시작하다. ④(흥행이) 끝났음을 알리는 북을 치다. ⑤(주의・주장을) 내세우다. 제창하다.

打(ち)出し[うちだし] ①돋을무늬. ②흥행이 끝남.

打ち取る[うちとる] 〈5他〉 ①(무기로) 쳐 죽이다. ②(시합에서) 격파하다. 승리하다.

打ち破る[うちやぶる] 〈5他〉 ①깨뜨리다. 쳐부수다. ②(습관 등을) 타파하다. ③(적을) 격파하다. 쳐부수다. 무찌르다.

打ち下ろす[うちおろす] (칼・망치 등을) 위에서 내리치다.

打(ち)合い[うちあい] (검 등으로) 서로 침. 서로 싸움.

打ち合う[うちあう] 〈5自〉 ①(검 등으로) 서로 치다. 서로 싸우다. ②(야구에서) 서로 홈런을 날리다. 〈5他〉 서로 총을 쏘다.

打ち合わす[うちあわす] 〈5他〉 ①맞부딪치다. ②(하나로) 모으다. 붙이다. ③협의하다. 상의하다.

²打(ち)合(わ)せ[うちあわせ] 미리 상의함. 사전에 협의함.

²打ち合わせる[うちあわせる] 〈下1他〉 ①맞부딪치다. ②(하나로) 모으다. 붙이다. ③협의하다. 상의하다.

打ち解ける[うちとける] 〈下1自〉 마음을 터놓다. 허물없이 지내다.

【音読】

打[だ] 타; (야구에서) 타격.

¹打開[だかい] 타개; 얽히고설킨 일을 잘 처리하여 나아갈 길을 엶.

¹打撃[だげき] 타격; ①세게 침. ②(정신적인) 충격. ③(격심한) 피해. 손해. ④(야구에서) 투수가 던진 공을 타자가 침.

打球[だきゅう] 타구; (야구에서) 타자가 친 공.

打倒[だとう] 타도; 쳐서 쓰러뜨림.

打力[だりき] 타력; ①(야구에서) 타격의 힘. ②치는 힘. 때리는 힘.

打撲傷[だぼくしょう] 타박상; 때려서 난 상처. 부딪쳐서 난 상처.

打棒[だぼう] 타봉; ①야구의 배트. ②타격. 배트로 공을 침.
打算[ださん] 타산; 이해 득실을 계산함.
打席[だせき] 타석; (야구에서) 배터박스.
打線[だせん] 타선; (야구에서) 타자의 진용.
打数[だすう] 타수; (야구에서) 타자가 타석에 선 횟수.
打順[だじゅん] 타순; (야구에서) 타자가 칠 차례.
打楽器[だがっき] ≪楽≫ 타악기.
打率[だりつ] 타율; (야구에서) 타수(打数)에 대한 안타(安打)의 비율.
打者[だしゃ] 타자; (야구에서) 배터.
打電[だでん] 타전; 전보를 침.
打点[だてん] 타점; (야구에서) 안타(安打) 등으로 득점한 점수.
打破[だは] 타파; ①무찌름. 쳐부숨. ②(나쁜 습관·장애물 등을) 깨뜨려 버림.

妥(妥) 타당할 타

一　ハ　ヘ　ヘ　ヱ　受　妥　妥

音 ◉ダ
訓 ―

音読
¹妥結[だけつ] 타결; 서로 절충하여 좋게끔 이야기를 마무름.
²妥当[だとう] 〈形動〉 타당; 사리에 맞고 타당함.
妥当性[だとうせい] 타당성.
¹妥協[だきょう] 타협; 서로 양보하거나 상의하여 협력함.
妥協案[だきょうあん] 타협안.

堕(隋) 떨어질 타

ろ　ド　ド　ド　ド　陀　附　陏　陏　堕

音 ◉ダ
訓 ⊗おちる

訓読
⊗堕ちる[おちる] 〈上1自〉 타락하다. ¶～ところまで～ 타락할 때까지 타락하다.
音読
堕落[だらく] 타락; 품행이 나쁜 길로 빠짐.
堕胎[だたい] 타태; 낙태(落胎).

惰 게으를 타

忄　忄　忙　忙　忙　忰　忰　惰　惰　惰

音 ◉ダ
訓 ―

音読
惰気[だき] 타기; 게으른 생각.
惰力[だりょく] 타력; ①관성(慣性)의 힘. ②종래의 습관.
惰性[だせい] 타성; ①이제까지의 습관. ②관성(慣性).
惰弱[だじゃく] 타약; 나약함. 의지가 약함.

唾 침 타

音 ⊗ダ
訓 ⊗つば ⊗つばき

訓読
¹⊗唾[つば/つばき] 침. 타액(唾液).
唾する[つばきする] 〈サ変自〉 침을 뱉다.
音読
唾棄[だき] 타기; 침을 뱉을 정도로 미워서 피해 버림·기피함.
唾腺[だせん] ≪生理≫ 타선; 침샘.
唾液[だえき] ≪生理≫ 타액; 침.
唾液腺[だえきせん] ≪生理≫ 타액선; 침샘.

陀 비탈질 타

音 ⊗ダ
訓 ―

音読
陀羅尼[だらに]] ≪仏≫ 다라니; 범어(梵語) 그대로의 발음으로 외는 긴 구절. 경문 중의 그 주문(呪文).

舵 배의 키 타

音 ⊗ダ
訓 ⊗かじ

訓読
⊗舵[かじ] ①(배의) 키. ②(비행기의) 조종간. 방향타(方向舵).
舵柄[かじづか] 키의 손잡이.
舵取り[かじとり] ①키잡이 조타수(操舵手). ②지도. 지휘. ③지도자. 지휘자.
音読
舵機室[だきしつ] 조종실.
舵手[だしゅ] 타수; 키잡이. 조타수.

詫 자랑할 타

音 ⊗タ
訓 ⊗わびる

訓読
²⊗**詫びる**[わびる] 〈上1自〉 사죄(謝罪)하다.
　사과(謝過)하다.
¹**詫び**[わび] 사죄(謝罪). 사과(謝過).
　詫び言[わびごと] ①사죄의 말. 사과의 말.
　　②사양의 말. 거절의 말.
　詫び入る[わびいる] 〈5自〉 정중하게 사죄・
　　사과하다. 깍듯이 빈다.

楕 길쭉할 타

音 ⊗ダ
訓 ―

音読
²**楕円**[だえん] ≪数≫ 타원.
　楕円運動[だえんうんどう] 타원 운동.
　楕円体[だえんたい] ≪数≫ 타원체.
　楕円形[だえんけい] ≪数≫ 타원형.

駝 낙타 타

音 ⊗ダ
訓 ―

音読
駝鳥[だちょう] ≪鳥≫ 타조.
❶**駱駝**[らくだ]

卓 책상/높을/뛰어날 탁

卜　ト　ト　占　卓　卓　卓　卓

音 ❶タク
訓 ―

音読
卓見[たっけん] 탁견; 뛰어난 식견・의견.
卓球[たっきゅう] 탁구; 핑퐁.
卓抜[たくばつ] 탁발; 특출함. 다른 것보다
　훨씬 뛰어남.
卓上[たくじょう] 탁상; 탁자 위.
卓説[たくせつ] 탁설; 뛰어난 의견・논설.
卓識[たくしき] 탁식; 뛰어난 식견.
卓越[たくえつ] 탁월; 비길 데 없이 뛰어남.
卓絶[たくぜつ] 탁절; 비길 데 없이 뛰어남.

託 부탁할 탁

´　二　言　言　言　計　許　託

音 ❶タク
訓 ⊗かこつける ⊗かこつ

訓読
⊗**託ける**[かこつける] 〈下1自〉 빙ス-하다. 구
　실로 삼다. 핑계 삼다.
❶**託つ**[かこつ] 〈5他〉 ①빙자하다. 구실로
　삼다. 핑계 삼다. ②원망하다. 푸념하다.

音読
託する[たくする] 〈サ変他〉 ①부탁하다. 의
　지하다 맡기다. ②빙자하다. 구실로 삼
　다. 핑계 삼다. ③(어떤 형식을) 빌려 표
　현하다.
託宣[たくせん] 탁선; ①신(神)의 말씀. ②
　의견이나 충고.
託送[たくそう] 탁송; 운송 회사 등에 부탁
　하여 물건을 부침.
託児[たくじ] 탁아; 유아(幼児)를 보육 시설
　에 맡김.
託児所[たくじしょ] 탁아소; 나이어린 유아
　들을 맡아 그 보육・지도를 하는 시설.

濁 흐릴 탁

氵　汀　汀　汀　汩　渭　渭　濁　濁　濁

音 ❶ダク
訓 ❶にごす ❶にごらす ❶にごる

訓読
❶**濁す**[にごす] 〈5他〉 ①흐리게 하다. 탁하
　게 하다. ②(말을) 얼버무리다.
❶**濁らす**[にごらす] 〈5他〉 ☞ 濁す
²❶**濁る**[にごる] 〈5自〉 ①(맑은 물・공기 등이)
　흐려지다. 탁해지다. ②(정신・마음이) 흐
　려지다. 탁해지다. ③(빛깔・소리가) 흐려
　지다. ④≪語学≫ 탁음이 되다 탁음 부호를
　찍다.
濁り[にごり] ①흐림. 탁함. ②부정(不浄). 불
　결. 더러움. ③≪仏≫ 번뇌. 속세의 더러움.
　④탁한 목소리. 사투리 발음. ⑤≪語学≫ 탁
　음 부호. ⑥'濁り酒'의 준말.
濁り水[にごりみず] 탁수; 흐린 물. 구정물.
濁り酒[にごりざけ] 탁주; 막걸리.

音読

濁流[だくりゅう] 탁류; 비가 온 후의 탁하고 흐린 물줄기.

濁水[だくすい] 탁수; 흐린 물. 구정물.

濁音[だくおん] ≪語学≫ 탁음.

濁点[だくてん] ≪語学≫ 탁점.

濁酒[どぶろく/だくしゅ] 탁주; 막걸리.

濯(濯) 씻을 탁

氵 氵 浐 浐 浐 浐 濯 濯 濯 濯

音 ●タク
訓 ⊗すすぐ ⊗ゆすぐ

訓読

¹⊗濯ぐ❶[すすぐ] 〈5他〉 ①(물로) 씻다. 헹구다. ②(누명·오명 등을) 씻다. 설욕하다.
⊗濯ぐ❷[ゆすぐ] 〈5他〉 ①(물로) 씻다. 헹구다. ②(입을) 가시다. 헹구다. 양치질하다.

音読

●洗濯[せんたく], 洗濯機[せんたくき]

托 의지할 탁

音 ⊗タク
訓 ―

音読

托する[たくする] 〈サ変他〉 ①부탁하다. 의뢰하다. 맡기다. ②빙자하다. 구실로 삼다. 핑계 삼다. ③(어떤 형식을) 빌려 표현하다.

啄(啄) 쪼을 탁

音 ⊗タク
訓 ⊗ついばむ

訓読

⊗啄む[ついばむ] 〈5他〉 (새가 입으로) 쪼다. 쪼아 먹다.

音読

啄木[たくぼく] 'きつつき(딱따구리)'의 딴이름.
啄木鳥[★きつつき] ≪鳥≫ 딱따구리.

琢(琢) 옥다듬을 탁

音 ⊗タク
訓 ―

音読

琢磨[たくま] 탁마; ①(보석을) 갈고 다듬음. ②(학문이나 기예를) 갈고 닦음.

擢ˣ(擢) 뽑을 탁

音 ⊗テキ
訓 ⊗ぬきんでる

訓読

⊗擢んでる[ぬきんでる] 〈下1自〉 ①눈에 띄다. 돌출하다. 솟아오르다. ②빼어나다. 뛰어나다. 훌륭하다. 〈下1他〉 ①골라내다. ②(어떤 일을) 남보다 더 열심히 하다.

[탄]

炭(炭) 숯 탄

丷 屵 屵 屵 炭 炭 炭 炭

音 ●タン
訓 ●すみ

訓読

²●炭[すみ] 숯. 목탄(木炭).

炭焼(き)[すみやき] ①숯을 구움. 숯쟁이. ②숯불구이 요리.

炭窯[すみがま] 숯가마. 숯을 굽는 가마.

炭取(り)[すみとり] 숯바구니. 숯을 조금씩 나누어 담아 두는 그릇.

炭壺[すみつぼ] 숯을 담아서 끄는 단지.

炭火[すみび] 숯불.

炭火焼(き)[すみびやき] 숯불구이. 숯불구이 요리.

音読

炭カル[たんカル] '炭化カルシウム'의 준말.

炭価[たんか] 탄가; 석탄 값.

炭坑[たんこう] 탄갱; 석탄 캐는 구덩이.

炭鉱[たんこう] 탄광; 석탄 캐는 광산.

炭山[たんざん] 탄산; 탄광.

炭酸[たんさん] 탄산; 이산화탄소가 물과 결합하여 만들어 내는 약한 산.

炭素[たんそ] 탄소; 비금속 원소의 하나.

炭水化物[たんすいかぶつ] 탄수화물.

炭疽病[たんそびょう] ≪医/農≫ 탄저병.

炭田[たんでん] 탄전; 석탄이 묻힌 땅.

炭塵[たんじん] 탄진; 탄광의 갱내에 떠다니는 석탄 가루.

炭質[たんしつ] 탄질; 석탄·숯의 품질.

炭車[たんしゃ] 탄차; 석탄 운반차.

炭化[たんか] ≪化≫ 탄화; 유기물이 분해되어 탄소만 남음.

弾(弾) 탄알/튕길 탄

`丨 丆 弓 弓′ 弓″ 弹 弹 弹 弹`

音 ◉ダン
訓 ◉たま ◉ひく ◉はずむ ⊗はじく ⊗はじける

訓読

²◉弾[たま] 총알. 탄환.
弾込め[たまごめ] (총포에) 탄환을 장전함.
¹◉弾む[はずむ] 〈5自〉 ①(어떤 물체가 반동으로) 튀다. ②(마음이) 들뜨다. 신바람이 나다. 활기를 띠다. ③숨이 가빠지다. 〈5他〉(호기 있게) 돈을 쓰다.
弾み[はずみ] ①탄력. ②여세. 기세. 힘. ③형세. 상황. 추세. ④(그) 순간. 찰나.
⁴◉弾く❶[ひく] 〈5他〉(악기를) 연주하다.
¹⊗弾く❷[はじく] 〈5他〉①(손끝으로) 튀기다. ②(주판알을) 튀기다. 계산하다. ③(三味線[しゃみせん] 악기를) 타다. 연주하다. ④돌튕게 하다.
弾(き)手[ひきて] (악기의) 연주자.
⊗**弾ける**[はじける] 〈下1自〉①(농작물이 여물어) 터지다. 벌어지다. ②(사방으로) 터지다. 튀다.

音読

弾じる[だんじる] 〈上1他〉(현악기를) 연주하다. 타다. 켜다.
弾ずる[だんずる] 〈サ変他〉☞ 弾じる
弾琴[だんきん] 탄금; 거문고를 탐.
弾道[だんどう] 탄도; 발사된 탄환이 포물선을 그리면서 목표물에 이르는 길.
弾道弾[だんどうだん] 탄도탄.
弾頭[だんとう] 탄두; 탄환의 머리 부분.
¹**弾力**[だんりょく] 탄력; ①튕기는 힘. ②융통성이 많음.
弾力性[だんりょくせい] 탄력성.
弾性[だんせい] 탄성; 튕기는 성질.
弾圧[だんあつ] 탄압; 지배 계급이 권력이나 무력으로 피지배 계급을 억누름.
弾薬[だんやく] 탄약; 탄환과 화약.
弾雨[だんう] 탄우; 비 오듯 퍼붓는 탄환.
弾奏[だんそう] 탄주; 현악기를 연주함.
弾劾[だんがい] ≪法≫ 탄핵.
弾丸[だんがん] 탄환; ①총알. ②(옛날 중국에서) 활로 튀겨서 새를 잡던 탄알.
弾丸道路[だんがんどうろ] 고속 도로.
弾痕[だんこん] 탄흔; 탄환에 맞은 자국.

嘆(嘆) 탄식할 탄

`丨 口 口 口″ 咁 咁 咁 嗒 嗒 嘆`

音 ◉タン
訓 ◉なげかわしい ◉なげく

訓読

◉**嘆かわしい**[なげかわしい] 〈形〉 한탄스럽다. 한심스럽다.
¹◉**嘆く**[なげく] 〈5他〉①탄식하다. 신음하다. ②한탄하다. 비탄하다. 슬퍼하다. ③개탄하다. 분개하다.
嘆き[なげき] ①탄식. 신음. 통곡. ②한탄. 비탄. ③개탄. 분개. ④탄원. 어원.
嘆き悲しむ[なげきかなしむ] 〈5他〉 한탄하여 슬퍼하다.

音読

嘆ずる[たんずる] 〈サ変自他〉①한탄하다. 비탄하다. ②개탄하다. 분개하다. ③감탄하다. 탄복하다.
嘆賞[たんしょう] 탄상; 감탄하여 칭찬함.
嘆声[たんせい] 탄성; ①한숨. ②감탄하여 내는 소리.
嘆息[たんそく] 탄식; 한숨쉬며 한탄함.
嘆願[たんがん] 탄원; 사정을 자세히 말하고 도와주기를 몹시 바람.

誕 태어날 탄

`丶 言 言 訂 訂 訐 誕 誕 誕 誕`

音 ◉タン
訓 ―

音読

²**誕生**[たんじょう] 탄생; ①출산. 사람이 태어남. ②첫돌. ③새로운 일이 시작됨.
⁴**誕生日**[たんじょうび] 생일. 출생일.

呑 삼킬 탄

音 ⊗ドン
訓 ⊗のむ ⊗のん

訓読

⊗**呑む**[のむ] 〈5他〉 삼키다. 들이마시다.
²**呑気**[のんき] ①낙천적임. 무사태평함. 팔자 좋음. ②느긋함.
¹**呑み込む**[のみこむ] 〈5他〉①꿀꺽 삼키다. ②이해하다. 납득하다.

坦 평평할 탄

音 ⊗タン
訓 ー

音読
坦途[たんと] 탄도; 평탄한 길.
坦坦[たんたん] 〈形動〉①평탄함. 평평하게
이어짐. ②탄탄함. 순탄함.

綻 옷터질 탄

音 ⊗タン
訓 ⊗ほころぶ
　⊗ほころびる

訓読
⊗綻ぶ[ほころぶ] 〈5自〉 ⇨ 綻びる
⊗綻ばせる[ほころばせる] 〈下1他〉 ①(실밥
등을) 풀리게 하다. 타지게 하다. ②(꽃봉
오리 등을) 조금 벌어지게 하다. ③미소
를 띠다.
¹綻びる[ほころびる] 〈上1自〉①(실밥 등이)
풀리다. 타지다. ②(꽃봉오리 등이) 조금
벌어지다. ③방긋이 웃다. 방긋거리다.

憚 꺼릴 탄

音 ⊗タン
訓 ⊗はばかる

訓読
⊗憚る[はばかる] 〈5他〉 꺼리다. 사양하다.
주저하다. 〈5自〉위세를 부리다. 판치다.
으스대다.
憚り[はばかり] ①거리낌. 삼감. ②변소. 뒷간.
憚りながら[はばかりながら] ①죄송합니다
만. ②주제넘은 것 같습니다만.
憚り様[はばかりさま] ①(남의 신세를 졌을
때의 인사말로) 죄송합니다. 신세가 많았
습니다. ②(빈정대는 말로) 안됐군요. 천
만에요.

歎 ×(歎) 탄식할 탄

音 ⊗タン
訓 ⊗なげく

訓読
⊗歎く[なげく] 〈5他〉①탄식하다. 신음하다.
②한탄하다. 비탄하다. 슬퍼하다. ③개탄하
다. 분개하다.

音読
歎じる[たんじる] 〈上1自他〉 ⇨ 歎ずる
歎ずる[たんずる] 〈サ変自他〉 ①한탄하다.
비탄하다. ②개탄하다. 분개하다. ③감탄
하다. 탄복하다.

灘 ×(灘) 여울 탄

音 ⊗ダン
訓 ⊗なだ

訓読
⊗灘[なだ] ①여울. 파도가 센 먼 바다. ②
'灘酒(なだざけ)'의 준말. ③神戸市(こうべし)의
灘区(なだく)에서 西宮市(にしのみや)に 이르
는 해안 지대의 총칭.
灘酒[なだざけ] 神戸市(こうべし)의 灘(なだ) 지
방에서 생산되는 고급 청주(清酒).
◗玄海灘[げんかいなだ]

[탈]

脱(脱) 벗을/벗어날 탈

丿 亅 月 月 月′ 肜 胪 胪 脱 脱

音 ◉ダツ
訓 ◉ぬがす ◉ぬぐ ◉ぬげる ⊗ぬける

訓読
◉脱がす[ぬがす] 〈5他〉 (다른 사람의 옷을)
벗기다. 벗게 하다.
⁴◉脱ぐ[ぬぐ] 〈5他〉 (옷·신발 등을) 벗다.
脱ぎ捨てる[ぬぎすてる] 〈下1他〉 ①벗어 던
지다. 벗어 그대로 두다. ②(낡은 옷 등
을) 벗어서 아주 버리다. ③(낡은 습관·
생각 등을) 벗어버리다. 탈피하다.
◉脱げる[ぬげる] 〈下1自〉 ①(옷·신발 등
이) 벗어지다. 벗겨지다. ②(가능의 뜻으
로) 벗을 수 있다.
⊗脱ける[ぬける] 〈下1自〉 ①(박힌 물건이)
빠지다. ②누락되다. 탈락되다. 빠지다.
③없어지다. 사라지다. ④(조직에서) 이
탈하다. 빠져나오다. 떠나다.

音読
脱[だつ] 탈; 그것으로부터 빠져나감.
脱サラ[だつサラ] 탈 샐러리맨.
¹脱する[だっする] 〈サ変自〉①(위험한 상태·
장소에서) 벗어나다. 헤어나다. ②(조직에
서) 탈퇴하다. ③(영역·경지에서) 벗어나
다. 〈サ変他〉①제거하다. 없애다. ②빠뜨
리다. ③(원고를) 다 쓰다. 마치다.
脱却[だっきゃく] 탈각; ①(미련 없이) 버리
고 떠남. 떨쳐 버림. 벗어 던짐. ②(나쁜
상태에서) 벗어남.
脱稿[だっこう] 탈고; 원고 쓰기를 마침.

脱穀[だっこく] 탈곡; 곡식의 낱알을 이삭에서 떨어냄.

脱臼[だっきゅう] 탈구; 뼈의 관절을 뻠.

脱党[だっとう] 탈당; 소속된 정당에서 탈퇴함.

脱落[だつらく] 탈락; ①(필요한 것이) 빠져버림. 누락됨. ②(한패에서) 낙오됨.

脱漏[だつろう] 탈루; 빠져서 새어나감.

脱毛[だつもう] 탈모; (머리)털이 빠짐.

脱帽[だつぼう] 탈모; ①모자를 벗음. ②(모자를 벗고) 경의를 표함. ③항복함.

脱色[だっしょく] 탈색; 물색을 뺌.

²**脱線**[だっせん] 탈선; ①(열차의) 바퀴가 선로에서 벗어남. ②언행이 상규(常規)를 벗어남.

脱税[だつぜい] 탈세; 세금을 포탈함.

脱水[だっすい] 탈수; ①물질 속의 수분을 제거함. ②《化》탈수.

脱獄[だつごく] 탈옥; 감옥을 빠져 도망침.

脱衣[だつい] 탈의; 옷을 벗음.

脱衣所[だついじょ] 탈의장. (목욕탕이나 풀장 등의) 옷을 벗는 곳.

脱字[だつじ] 탈자; 누락된 글자.

脱走[だっそう] 탈주; 소속된 곳에서 빠져나와 도망침.

脱脂[だっし] 탈지; 지방분을 빼냄.

¹**脱出**[だっしゅつ] 탈출; 몸을 빼쳐 나옴.

脱臭[だっしゅう] 탈취; 냄새를 없앰.

¹**脱退**[だったい] 탈퇴; 조직에서 물러남.

脱皮[だっぴ] 탈피; ①(동물이) 허물을 벗음. ②(낡은 생각에서) 벗어나 진보함.

脱会[だっかい] 탈회; (어떤 모임에서) 관계를 끊고 빠져 나옴. 탈퇴함.

奪 빼앗을 탈

一 六 衣 衣 衣 衣 奞 奞 奪 奪

音 ●ダツ
訓 ●うばう

²●**奪う**[うばう]〈5他〉①약탈하다. 탈취하다. 빼앗다. ②훔치다. ③제거하다. 없애다. ④(시선을) 사로잡다.

奪い返す[うばいかえす]〈5他〉탈환하다. 다시 빼앗다.

奪い取る[うばいとる]〈5他〉탈취하다. 억지로 빼앗다.

奪い合う[うばいあう]〈5他〉쟁탈전을 벌이다. 서로 빼앗다.

奪略[だつりゃく] 탈략; 약탈. 빼앗음.

奪取[だっしゅ] 탈취; 억지로 빼앗음.

奪胎[だったい] 탈태; 남의 문장의 내용을 조금 바꾸어 새것으로 만듦.

奪還[だっかん] 탈환; 다시 빼앗음.

奪回[だっかい] 탈회; 탈환. 다시 빼앗음.

[탐]

探 찾을/더듬을 탐

扌 扌 扌 扩 扩 扴 押 捽 探 探

音 ●タン
訓 ●さがす ●さぐる

³●**探す**[さがす]〈5他〉찾다. 구하다.

探し当てる[さがしあてる]〈下1他〉찾아내다.

²●**探る**[さぐる]〈5他〉①더듬어 찾다. 뒤지다. ②(원인을) 찾다. ③탐색하다. 살피다. ④(아름다운 경치를) 즐기다. 찾아가다.

探り[さぐり] ①탐색함. 속을 떠봄. ②간첩. 스파이. ③도장 허리에 집게손가락으로 집기 위한 홈. ④《医》소식자(消息子).

探り当てる[さぐりあてる]〈下1他〉①더듬어 찾다. ②조사하거나 찾아서 발견해 내다.

探り足[さぐりあし] 발로 더듬어 찾음. 발로 물건을 더듬음.

探り出す[さぐりだす]〈5他〉(비밀을) 알아내다. 찾아내다.

¹**探検**[たんけん] 탐험; 위험을 무릅쓰고 현지를 살피고 조사함.

探鉱[たんこう] 탐광; 광맥(鉱脈)이나 광상(鉱床)을 찾는 일.

探求[たんきゅう] 탐구; 더듬어 찾음.

探究[たんきゅう] 탐구; 더듬어 연구함.

探訪[たんぼう] 탐방; (기자 등이) 진상을 알아보려고 찾아옴.

探査[たんさ] 탐사; 더듬어 조사함.

探索[たんさく] 탐색; 죄인의 실종한 행방을 더듬어 찾음. 수색(捜索).

探偵[たんてい] 탐정; 몰래 살핌.

探知[たんち] 탐지; 더듬어 살핌.

探険[たんけん] 탐험; 위험을 무릅쓰고 현지를 살피고 조사함.

耽 즐길 탐
音 ⊗タン
訓 ⊗ふける

訓読
[1]⊗耽る[ふける] 〈5自〉 (어떤 일에 지나치게) 열중하다. 빠지다.

音読
耽溺[たんでき] 탐닉; (좋지 않은 일에) 지나치게 열중함. 빠짐.
耽読[たんどく] 탐독; (책을) 특별히 즐겨 읽음.
耽美[たんび] 탐미; 아름다움을 최고의 것으로 하여 추구함.

貪 탐할 탐
音 ⊗ドン
訓 ⊗むさぼる

訓読
⊗貪る[むさぼる] 〈5他〉 한없이 욕심을 부리다. 탐하다.

音読
貪吏[どんり] 탐리; 탐관오리(貪官汚吏).
貪欲[どんよく] 탐욕; 지나치게 욕심이 많음. 욕심을 부려 만족할 줄 모름.

［ 탑 ］

塔 탑 탑
一 十 土 圵 圹 圹 㙮 㙮 塔 塔

音 ●トウ
訓 —

音読
[2]塔[とう] ① ≪仏≫ 탑. ②뾰족한 건물.
塔頭[★たっちゅう] ≪仏≫ ①탑두; (禅宗에서) 조사(祖師) 등의 탑이 있는 곳. ②본사(本寺)의 경내에 있는 작은 절.
塔屋[とうや/とうおく] ≪建≫ 탑옥; 옥탑. 빌딩 옥상의 시설물.
塔婆[とうば] ≪仏≫ ①탑파; 공양・보은(報恩) 등을 위하여 건립하는 탑. ②공양을 위해 묘에 세우는 탑 모양의 나무판자.
塔形クレーン[とうがたクレーン] 타워 크레인(tower crane).

搭 탈/짐실을 탑
一 十 扌 扩 扩 扻 扻 拣 搭 搭

音 ●トウ
訓 —

音読
搭乗[とうじょう] 탑승; 비행기나 배에 탐.
搭乗券[とうじょうけん] 탑승권; 티켓.
搭載[とうさい] 탑재; (배・비행기・차량 등의) 교통편에 짐을 실음.

［ 탕 ］

湯 끓일 탕
氵 氵 氵 沪 沪 渭 渭 湯 湯 湯

音 ●トウ
訓 ●ゆ

訓読
[3]湯[ゆ] ①더운 물. 끓인 물. 뜨거운 물. ②목욕물. 목욕탕. ③온천. ④(금속을 녹인) 쇳물. ⑤(배의 밑바닥에) 괸 물. ⑥탕약(湯薬).
[2]湯気[ゆげ] 김. 수증기.
湯冷まし[ゆざまし] ①끓여 식힌 물. ②끓인 물을 식히는 그릇.
湯冷め[ゆざめ] 목욕 후의 한기(寒気).
湯沸かし[ゆわかし] 물 끓이는 주전자.
湯上がり[ゆあがり] ①목욕을 마치고 나옴. ②목욕 후 입는 홑옷. ③'湯上(が)り タオル'의 준말. ④탕치(湯治)를 끝냄.
湯船[ゆぶね] ①목욕물통. 욕조(浴槽). ②(옛날) 목욕탕을 만들어 요금을 받고 목욕시키던 배.
湯煙[ゆけむり] (온천장의) 김. 수증기.
湯元[ゆもと] 온천 근거지.
[2]湯飲み[ゆのみ] 찻잔.
湯殿[ゆどの] 목욕탕. 욕실(浴室).
湯桶読み[ゆとうよみ] 한자(漢字) 숙어를 첫 글자는 훈(訓)으로 그 다음 글자는 음(音)으로 읽는 방식. ＊'手本(てほん)・身分(みぶん)' 등이 있음.

音読
湯治[とうじ] 탕치; 온천에서 요양함.

蕩 방탕할 탕

音 ⊗トウ
訓 ⊗とろかす
　　⊗とろける

訓読
⊗蕩かす[とろかす] 〈他〉 ①(물질을) 녹이다. ②(마음을) 녹이다. 넋을 빼앗다. 황홀하게 하다.
¹⊗蕩ける[とろける] 〈下1自〉 ①(물질이) 녹다. ②(마음이) 녹다. 황홀해지다.

音読
蕩心[とうしん] 탕심; 방탕한 마음.
蕩児[とうじ] 탕아; 방탕자.
蕩尽[とうじん] 탕진; 재산 등을 모두 없애 버림.

[태]

太 클 태

一 ナ 大 太

音 ●タイ ●タ ⊗ダ
訓 ●ふとい ●ふとめ ●ふとやか ●ふとる

訓読
⁴●太い[ふとい] 〈形〉 ①굵다. ②대담하다. ③ ≪俗≫ 뻔뻔스럽다. 유들유들하다. 발칙하다. ④ ≪方≫ 크다.
●太め[ふとめ] ① 〈形動〉 굵직함. 굵은 듯함. ②(편물에서) 굵게 짠 코.
●太やか[ふとやか] 〈形動〉 굵직함.
³●太る[ふとる] 〈5自〉 ①살찌다. 굵어지다. ②(식물이 자라서) 커지다. 통통해지다. ③(재산 등이) 많아지다. 불어나다. 풍부해지다.
太巻(き)[ふとまき] 굵게 말거나 만 것.
太っ腹[ふとっぱら] 도량이 큼. 배짱이 큼.
太織(り)[ふとおり] 굵은 견사(絹紗)로 평직으로 짠 직물.
太太[ふとぶと] 굵직함. 굵직굵직함.
太腿[ふともも] 넓적다리.

音読
太古[たいこ] 태고; 아주 먼 옛날.
²太鼓[たいこ] ①북. ②'太鼓持ち'의 준말.
太刀[たち] 칼. 도검(刀劍).
太刀魚[たちうお] ≪魚≫ 갈치.

²太陽[たいよう] 태양; 해.
太子[たいし] 태자; ①황태자(皇太子). ②'聖徳太子(しょうとくたいし)'의 약칭.
太初[たいしょ] 태초; 천지개벽 때.
太平[たいへい] 태평; 세상이 조용하고 평화로움.
太平洋[たいへいよう] 태평양.
太后[たいこう] 태후; 황태후. 태황태후.

怠 게으를 태

乀 厶 厸 台 台 台 怠 怠 怠

音 ●タイ
訓 ●なまける ●おこたる ⊗だるい

訓読
²●怠ける[なまける] 〈下1自〉 게으름을 피우다. 게을리하다.
怠け者[なまけもの] 게으름뱅이.
¹●怠る[おこたる] 〈5自〉 ①(일을) 게을리하다. 태만히 하다. ②방심하다. 소홀히 하다. 부주의하다.
怠り[おこたり] ①태만함. 게으름. ②방심. 부주의.
⊗怠い[だるい] 〈形〉 나른하다. 노곤하다.

音読
¹怠慢[たいまん] 태만; 게으름피움.
怠業[たいぎょう] 태업; 파업할 때 고의로 노동 능률을 저하시킴.
怠惰[たいだ] 태타; 나태. 게으름. 태만함.

胎 아이밸 태

丿 刀 月 月 肝 肝 胎 胎 胎

音 ●タイ
訓 —

音読
胎[たい] 태; ①자궁(子宮). ②태아(胎児). ③사물의 시작. 시초. ④'胎蔵界(たいぞうかい)'의 준말.
胎教[たいきょう] 태교; 임신부가 태아에게 좋은 영향을 끼치는 행위.
胎内[たいない] 태내; 어머니 뱃속.
胎動[いどう] 태동; ① ≪生理≫ 태아의 움직임. ②내부의 움직임이 외부에서 느껴짐.
胎盤[たいばん] ≪生理≫ 태반.
胎児[たいじ] ≪生理≫ (포유류의) 태아.

泰　클/편안할 태

一 二 三 夫 未 夫 泰 泰 泰 泰

音 ●タイ
訓 ―

音読
泰[たい] 태국. Thai.
泰国[たいこく] 태국; Thai.
泰斗[たいと] 태두; 권위자.
泰然[たいぜん] 태연; 아무렇지도 않음.
泰平[たいへい] 태평; 세상이 조용하고 평화스러움.

態　태도/모양 태

∧ ∧ 台 育 育 能 能 能 態 態

音 ●タイ
訓 ⊗わざと

訓読
²⊗態と[わざと] 일부러. 고의로. 짐짓.
²⊗態態[わざわざ] ①일부러. 고의로. 짐짓.
②특별히. 각별하게.

音読
²態度[たいど] 태도; 몸가짐. 행동.
¹態勢[たいせい] 태세; 어떤 사물에 대한 몸가짐이나 상태.

駄　①짐실을 태
　　②쓸모없을 타

厂 厂 厍 厍 馬 馬 馬 馬 駄 駄

音 ●ダ ⊗タ
訓 ―

音読
駄犬[だけん] 똥개. 잡종개.
駄菓子[だがし] 막과자. 싸구려 과자.
駄馬[だば/だうま] ①짐 싣는 말. ②시시한 말. 혈통이 좋지 않은 말.
³駄目[だめ] ①(바둑에서) 공배(空排). ②(연극에서 감독이 연기자에게 주는) 연기상의 주의. 지적. ③허사임. 소용없음. ④안됨. 못씀. 좋지 않음. ⑤못쓰게 됨. 쓸모없음. ⑥불가능함. 가망이 없음.
¹駄作[ださく] 졸작(拙作). 시시한 작품.
駄駄っ子[だだっこ] 응석받이. 떼쟁이.

苔　이끼 태

音 ⊗タイ
訓 ⊗こけ

訓読
⊗苔[こけ] ≪植≫ 이끼.
苔むす[こけむす] 〈5自〉①(오래 되어) 이끼가 끼다. ②오랜 세월이 경과하다.

殆　위태로울 태

音 ⊗タイ
訓 ⊗ほとんど

訓読
³⊗殆ど[ほとんど] ①거의. 대부분. ②하마터면. ¶ ~死(し)ぬところだった 하마터면 죽을 뻔했다.

笞　볼기칠 태

音 ⊗チ
訓 ⊗むち/しもと

訓読
⊗笞❶[むち] ①채찍. 회초리. 매. ②지휘봉.
⊗笞❷[しもと] ①매. 곤장(棍杖). ②심한 훈계.

颱　태풍 태

音 ⊗タイ
訓 ―

音読
颱風[たいふう] 태풍; 타이푼. 최대 풍속 17m이상 되는 폭풍우. *지금은 台風(たいふう)로 표기함.

[택]

宅　①집 택
　　②댁 댁

丶 宀 宀 宅 宅 宅

音 ●タク
訓 ―

音読
²宅[たく] ①댁; 집. 가족. ②(남에게 자기 남편을 말할 때의) 주인. 남편.
宅扱い[たくあつかい] 발송인 집에서 수신인 집까지 배달해 주는 철도 화물 운송 방법.
宅配[たくはい] 택배; 각 가정으로 배달함.
宅地[たくち] 택지; 집터.

択(擇) 가릴/고를 택

一 亅 扌 扌 扩 护 択

音 ●タク
訓 ⊗えらぶ ⊗えらむ

訓読
⊗択ぶ[えらぶ]〈5他〉선택하다. 고르다.
⊗択む[えらむ]〈5他〉선택하다. 고르다.

音読
択一[たくいつ] 택일; 2개 이상의 것 중에서 하나를 고름.
◐選択[せんたく], 採択[さいたく]

沢(澤) 못 택

丶 冫 氵 沪 沪 沢 沢

音 ●タク
訓 ●さわ

訓読
●沢[さわ] ①늪. 얕은 못. 물이 얕게 괴고 풀이 난 저습지. ②계곡.
沢辺[さわべ] 못가. 늪가.

音読
⁴沢山[たくさん] ① 〈副〉 많이. 충분히. ② 〈形動〉 ㉠많음. ㉡(달갑지 않을 만큼) 충분함. 더 필요 없음. 질색임.
沢庵[たくあん] '沢庵漬(け)'의 준말.
沢庵漬(け)[たくあんづけ] 단무지. 왜무지.

[토]

土 흙/땅 토

一 十 土

音 ●ド ●ト
訓 ●つち

訓読
²●土❶[つち] ①땅. ②흙. ③지면(地面). ❷[ど/と] ☞ [音読]
土塊[つちくれ/どかい] 토괴; 흙덩이.
土踏まず[つちふまず] ①발바닥의 장심(掌心). ② 《俗》 (교통편만 이용하고) 조금도 걷지 않음.

土付かず[つちつかず] (씨름에서) 전승(全勝)함.
²土産[★みやげ] ①토산품. 여행 기념 선물. ②(남의 집을 방문할 때의) 선물.
土色[つちいろ] 토색; 흙빛. 사색(死色).
土埃[つちぼこり] 흙먼지.
土煙[つちけむり] 흙먼지.

音読
⁴土❶[ど] '土曜日(どようび)'의 준말. ❷[つち] ☞ [訓読]
土間[どま] ①봉당. 토방. ②(옛날 극장에서) 무대 정면의 1층 관람석.
土建[どけん] 토건; '土木建築'의 준말.
土工[どこう] 토공; ①토목 공사. ②토목 공사를 하는 인부.
土鍋[どなべ] 질그릇냄비.
土管[どかん] 토관; 흙으로 된 원통형의 관.
土器[どき] 토기; 흙으로 만든 그릇.
土嚢[どのう] 토낭; 흙부대. 흙을 담은 자루.
土壇場[どたんば] ①(옛날의) 참형장(斬刑場). ②막판. 결정적인 순간.
¹土台[どだい] 토대; ①기초. ②본시. 근본적으로. 원래. 애당초.
¹土木[どぼく] 《建》 토목.
¹土木工事[どぼくこうじ] 토목 공사.
土民[どみん] 토민; 토착민.
土方[どかた] (토목 공사장의) 막일꾼.
土塀[どべい] 토담.
土瓶[どびん] 토병; 질그릇주전자.
土砂[どしゃ] 토사; 흙과 모래.
土砂降り[どしゃぶり] 비가 억수같이 쏟아짐. 비가 엄청나게 내림.
土砂崩れ[どしゃくずれ] 산사태
土星[どせい] 《天》 토성.
土俗[どぞく] 토속; 그 고장의 풍속・습관.
¹土手[どて] ①둑. 제방. ②토둔. ③(가다랭이 등의 큰 생선의) 살덩이. ④(노인의) 이 빠진 잇몸.
土壌[どじょう] 토양; 농작물이 자라는 토지.
⁴土曜[どよう] 토요; 토요일.
⁴土曜日[どようび] 토요일.
土用[どよう] ①토왕(土旺). 입춘・입하・입추・입동 전의 18일간. ②한여름.
土用干し[どようぼし] 한여름에 옷・책 등을 햇볕에 쬐고 통풍시킴.
土用波[どようなみ] 한여름에 일본의 태평양 연안에 이는 높은 파도.
土人[どじん] 토인; ①토착민. ②미개인.

土葬[どそう] 토장; 매장(埋葬).
土蔵[どぞう] 흙벽으로 만든 곳간.
土提[どて] 둑. 제방.
土足[どそく] 토족; ①신을 신은 채로의 발. ②흙 묻은 발.
²土地[★とち] ①토지; 땅. 대지(坒地). ②그 지방. 그 고장. ③영토. 영지(領地).
土質[どしつ] 토질; 흙의 성질.
土着[どちゃく] 토착; 그 지방에 태어나 정착함.
土俵[どひょう] ①흙을 담은 섬. ②씨름판. ③대결 장소. 타협할 곳.
土俵入り[どひょういり] (프로 씨름꾼이) 씨름판에 등장하는 의식(儀式).
土下座[どげざ] ①(옛날 귀인의 행차 때) 무릎을 꿇고 땅에 엎드려 절함. ②무릎을 꿇고 이마가 땅에 닿도록 정중히 인사함.
土候国[どこうこく] 토후국.

吐　　토할 토

丨　⼝　⼝　⼝一　叶　吐

[音] ●ト
[訓] ●はく ⊗ぬかす ⊗つく

訓読
²●吐く❶[はく]〈5他〉①토하다. 뱉다. 게우다. 내쉬다. ②(밖으로) 내뿜다. ③말하다. 토로하다.
⊗吐く❷[つく]〈5他〉①숨쉬다. 호흡하다. ②함부로 말하다. 욕하다.
吐き口[はきぐち] 수챗구멍.
²吐き気[はきけ] 구역질.
吐き捨てる[はきすてる]〈下1他〉 토해 버리다. 뱉어 버리다.
吐き出す[はきだす]〈5他〉①토해내다. 구토하다. 게우다. 내뱉다. 내쉬다. ②(밖으로) 내뿜다. 내보내다. ③모두 말하다. 토로하다. ④(숨겨 놓은 것을) 게워내다. 토해내다.
吐き下し[はきくだし] 토사. 구토와 설사.
⊗吐かす[ぬかす]〈5他〉≪俗≫ 입을 놀리다. 지껄이다.

音読
吐露[とろ] 토로; 마음속의 말을 죄다 말해 버림.
吐瀉[としゃ] 토사; 구토와 설사.
吐息[といき] 한숨.
吐血[とけつ] 토혈; 피를 토함.

討　　칠/공격할 토

一　⼆　⼸　⼸　言　言　言　計　討　討

[音] ●トウ
[訓] ●うつ

訓読
²●討つ[うつ]〈5他〉①(무기 등으로) 공격하다. 치다. 쓰러뜨리다. 토벌하다. ②(칼로) 죽이다. 베다.
討ち果たす[うちはたす]〈5他〉①베어 죽이다. 때려죽이다. ②(적을) 소탕하다. 완전히 무찌르다.
討ち滅ぼす[うちほろぼす]〈5他〉(적을) 소탕하다. 쳐서 멸망시키다.
討ち死に[うちじに] 전사(戰死)함. 전쟁에서 싸우다가 죽음.
討ち手[うちて] ①토벌대(討伐隊). ②노름꾼.
討(ち)入(り)[うちいり] 습격함. 쳐들어감.
討ち入る[うちいる]〈5自〉 습격해 들어가다. 쳐들어가다.
討ち止める[うちとめる]〈下1他〉(무기 등으로) 베어 죽이다. 찔러 죽이다.
討ち取る[うちとる]〈5他〉①(무기 등으로) 쳐 죽이다. 쏘아 죽이다. ②(시합에서 상대방을) 격파하다.

音読
討究[とうきゅう] 토구; ①거듭 검토하여 연구함. ②토의하여 충분히 연구함.
¹討論[とうろん] 토론; 서로 각자의 의견을 말하며 의논함.
討伐[とうばつ] 토벌; 군대를 동원하여 반항자·도둑의 무리를 침.
¹討議[とうぎ] 토의; (어떤 사물에 대해) 각자의 의견을 내걸어 검토하고 협의함.

兎 ˣ(兎)　토끼 토

[音] ⊗ト
[訓] ⊗うさぎ ⊗う

訓読
²⊗兎[うさぎ] ≪動≫ 토끼.
兎狩り[うさぎがり] 토끼몰이. 토끼 사냥.

音読
¹兎角[とかく] ①이럭저럭. 이러쿵저러쿵. ②툭하면. 걸핏하면. ③아무튼. 하여튼.
²兎に角[とにかく] 어쨌든. 하여튼.
¹兎も角[ともかく] 여하튼. 어쨌든.

[통]

通(通) 통할 통

> マ マ 丙 肖 甬 甬 涌 涌 涌

音 ●ツウ ●ツ

訓 ●かよう ●かよわす ●かよわせる ●とおす ●とおる

訓読

³●通う[かよう]〈5自〉①왕래하다. 다니다. 오가다. ②통근하다. 통학하다. ③(마음이) 통하다. ④유통하다. 통하다. ⑤닮다. 비슷하다.

●通わす[かよわす]〈5他〉①다니게 하다. ②통하게 하다.

●通わせる[かよわせる]〈下1他〉①다니게 하다. ②통하게 하다.

²●通す[とおす]〈5他〉①(교통·통신·연락 수단을) 통하게 하다. 마련하다. ②(손님을) 안쪽으로 모시다. 안내하다. ③통과시키다. 지나가게 하다. ④침투시키다. ⑤(채소를 더운 물에) 데치다. ⑥가결시키다. 통과시키다. ⑦(뜻을) 관철시키다. ⑧끝까지 계속하다. ⑨(서류 등을) 훑어보다. ⑩(음식점에서) 주문을 주방에 전달하다.

通し[とおし]①통과. 지나가게 함. ②(손님을) 안쪽으로 모심. ③처음부터 끝까지 계속함. ④직행(直行). ⑤(음식점에서 주문한 요리가 나오기 전의) 맨 처음 나오는 간단한 음식.

通し切符[とおしきっぷ]①출발지에서 목적지까지 한 장으로 통용되는 차표. ②(극장 등에서) 언제나 사용 가능한 패스권.

³●通る[とおる]〈5自〉①통과하다. 지나가다. 통하다. ②개통되다. ③투과하다. 비쳐 보이다. ④뚫리다. ⑤일관되다. 쭉 곧다. ⑥(안쪽으로) 안내되다. ⑦합격되다. 통과되다. ⑧통용되다. 인정되다. ⑨(구석구석까지) 잘 들리다. ⑩(음식점에서) 주문이 주방에 전달되다.

³通り❶[とおり]①도로. 한길. 거리. ②왕래. 통행. ③(기체·액체 등의) 유통. 잘 통함. ④(소리 등이) 잘 들림. ⑤통용됨. 통함. ⑥평판. 신용. ⑦이해. ⑧(숫자에 접속하여) 종류. 가지. ⑨…대로.

³通り❷[どおり]①(거리 이름에 접속하여) …거리. ②(숫자에 접속하여) …가량. 정도. 쯤. ③…대로.

³通り過ぎる[とおりすぎる]〈上1自〉(어떤 장소를) 통해해 가다. 지나가다. 지나치다.

通り掛(か)り[とおりがかり]①마침 그곳을 지나감. ②지나는 길.

³通り掛かる[とおりかかる]〈5自〉마침 그곳을 지나가다.

通り道[とおりみち]①통로. ②지나는 길.

通り魔[とおりま]①바람처럼 순식간에 지나치며 사람을 해친다는 요물(妖物). ②괴한(怪漢).

通り抜け[とおりぬけ]골목길을 빠져나감. 빠져나갈 수 있는 골목길.

通り抜ける[とおりぬける]〈下1自〉(어떤 장소를) 빠져 나가다.

通り越す[とおりこす]〈5自〉①(어떤 장소를) 통과해 가다. 지나쳐 가다. 지나치다. ②(어떤 상황을) 넘기다.

通り一遍[とおりいっぺん]①지나는 길에 들름. ②형식적임. 피상적임.

音読

²通[つう]통: ①(그 방면에) 정통함. 훤함. ②〔形動〕이해심이 있음. ③신통력. ④(편지·문서를 세는 말로) 통.

通じ[つうじ]①통함. 뚫림. ②납득. 이해. ③대소변의 배설. 통변(通便).

通じて[つうじて]대체로. 일반적으로.

²通じる[つうじる]〈上1自他〉☞ 通ずる

²通ずる[つうずる]〈サ変自〉①통하다. 개통되다. 트이다. 연결되다. ②(상대방이) 이해하다. ③정통하다. 잘 알다. ④내통하다. ⑤간통하다. ⑥통하다. 공통되다. 상통하다. 〈サ変他〉①통하게 하다. 연결하다. ②알리다. 고(告)하다.

通告[つうこく]통고; 통지. 알림.

通過[つうか]통과; 지나감.

通関[つうかん]통관; 세관을 통과함.

通勤[つうきん]통근; 근무처에 다님.

通気[つうき]통기; 통풍. 공기가 통함.

通念[つうねん]통념; 일반적으로 공통된 생각.

通達[つうたつ]통달; ①능숙함. 능통함. ②(관청에서 보내는) 통지문. 통고.

通読[つうどく]통독; 책을 처음부터 끝까지 내려 읽음.

通例[つうれい]통례; ①관례(慣例). ②보통. 대개. 일반적으로.

²通路[つうろ] 통로; 통행하는 길.

通報[つうほう] 통보; 긴급을 요하는 정보를 알려줌.

通産相[つうさんしょう] 통산상; '通商産業大臣'의 준말.

通産省[つうさんしょう] 통산성; '通商産業省'의 준말.

通算[つうさん] 통산; 총계. 총합계.

¹通常[つうじょう] 통상; 보통.

通説[つうせつ] 통설; ①일반적으로 인정되는 설. ②전반에 걸쳐 해설함.

通俗[つうぞく] 통속; ①누구든지 이해할 수 있음. ②일반 세상에 널리 통하는 풍속.

²通信[つうしん] 통신; ①소식을 알림. ②통신 기관을 이용하여 연락함.

通夜[つや/つうや] ①밤샘. 철야(徹夜). ②《仏》 상가(喪家) 집에서의 밤샘.

²通訳[つうやく] 통역; 언어가 통하지 않는 사람 사이에서 양쪽의 언어를 번역하여 그 뜻을 전하여 줌.

²通用[つうよう] 통용; ①세상에서 널리 활용됨. ②공용(共用). 겸용. ③가치 있는 것으로 인정됨.

通運[つううん] 통운; 운송. 화물을 운송함.

通人[つうじん] 통인; ①그 방면에 통달한 사람. 도사(道士). ②세상 물정에 밝은 사람. ③화류계 사정에 밝은 사람.

²通帳[つうちょう] 통장; 장부.

²通知[つうち] 통지; 통고. 알림.

通知簿[つうちぼ] 생활 통지표.

通知表[つうちひょう] 생활 통지표.

通牒[つうちょう] 통첩; ①문서로 통지함. ②(관청에서) 통지문. 통고.

通称[つうしょう] 통칭; 일반적인 명칭.

通販[つうはん] '通信販売'의 준말.

通弊[つうへい] 통폐; 일반적인 폐단.

通風[つうふう] 통풍; 환기(換気).

通風孔[つうふうこう] 환기 구멍.

通風筒[つうふうとう] 환기통.

²通学[つうがく] 통학; 학교에 다님.

通航[つうこう] 통항; 선박이 통행함.

²通行[つうこう] 통행; ①왕래. 오고감. ②통용됨. 세상에 널리 쓰임.

²通貨[つうか] 통화; 화폐. 돈.

通話[つうわ] 통화; ①전화로 이야기함. ②통화 시간의 단위.

通暁[つうぎょう] 통효; ①철야. 밤을 샘. ②깊이 통달함. 훤히 앎.

痛　　아플/심할 통

广 广 扩 疒 疒 疒 疖 病 病 痛 痛

音 ◉ツウ

訓 ◉いたい ◉いたましい ◉いたむ ◉いためる

訓読

⁴痛い[いたい] 〈形〉 ①(몸이) 아프다. ②(마음이) 쓰라리다. 뼈아프다. 가슴 아프다. ③(약점 등을 찔려) 뜨끔하다.

痛手[いたで] ①중상. 큰 상처. ②큰 타격. 손해.

痛し痒し[いたしかゆし] 신경이 쓰임. 난처함. *긁으면 아프고 그냥 두면 가렵다는 뜻임.

◉痛ましい[いたましい] 〈形〉 ①가엾다. 딱하다. 측은하다. 애처롭다. ②참혹하다. 처참하다. 비참하다.

²痛む[いたむ] 〈5自〉 ①(상처가) 아프다. ②괴롭다. 고통스럽다. 슬프다.

²痛み[いたみ] ①(상처 등의) 아픔. 통증. ②괴로움. 고민. 슬픔.

¹◉痛める[いためる] 〈下1他〉 ①(몸을) 상하게 하다. 다치다. 병나다. ②(골치를) 썩이다. 골치 아프게 하다.

音読

痛覚[つうかく] 《生理》 통각.

¹痛感[つうかん] 통감; 절실히 느낌.

痛撃[つうげき] 통격; 심한 공격.

痛烈[つうれつ] 통렬; 매우 격렬함.

痛論[つうろん] 통론; 신랄한 논의.

痛棒[つうぼう] ① 《仏》 통봉. ②호되게 꾸짖음. 심한 꾸지람.

痛憤[つうふん] 통분; 원통하고 분함.

痛惜[つうせき] 통석; 매우 애석해 함.

◉痛痒[つうよう] 통양; ①아픔과 가려움. ②고통. 고민. ③(자기에게 미치는) 영향.

痛飲[つういん] 통음; 마음껏 술을 마심.

¹痛切[つうせつ] 통절; 절실함. 간절함.

痛快[つうかい] 통쾌; 아주 유쾌하고 속 시원함.

痛打[つうだ] 통타; ①(야구에서) 강타(強打). ②치명적인 타격.

痛嘆[つうたん] 통탄; 몹시 한탄함.

痛風[つうふう] 《医》 통풍; 요산성 관절염(尿酸性関節炎).

痛恨[つうこん] 통한; 몹시 한스러움.

筒 대롱 통

丶 ナ ナ ケ ケ ケ 竹 笁 笁 筒 筒

音 ●トウ ⊗ドウ
訓 ●つつ

訓読

¹●筒[つつ] 통; ①관(管). 대롱. ②(소총·대포 등의) 총신(銃身). 포신(砲身). ③소총. 대포. ④우물벽. 토관(土管).
筒抜け[つつぬけ] ①(비밀이) 곧바로 누설됨. ②(말소리가) 그대로 들림. 환히 들림. ③(충고하여도) 한쪽 귀로 듣고 한쪽 귀로 흘림.
筒先[つつさき] ①둥근 통의 끝 부분. ②총구. 총부리. ③소방 호스의 끝. 호스 끝을 잡는 소방수.
筒袖[つつそで] 통소매. 통소매옷.
筒音[つつおと] 총소리. 포성(砲声).
筒形[つつがた] 원통 모양. 둥근 통 모양.

音読

◐封筒[ふうとう], 水筒[すいとう]

統 거느릴/합칠 통

幺 糸 糸 糸 糽 紵 統 統 統 統

音 ●トウ
訓 ●すべる

訓読

●統べる[すべる] 〈下I他〉 ①통합하다. ②지배하다. 다스리다. 통치하다.
統べ括る[すべくくる] 〈5他〉 ①통괄하다. 총괄하다. ②단속하다.

音読

²統計[とうけい] 통계; 어떤 수치(数値)의 특징을 나타내는 수치의 총체(総体).
統括[とうかつ] 통괄; 낱낱의 일을 한데 몰아서 총괄함. ②통할(統轄).
統領[とうりょう] 통령; 우두머리.
¹統率[とうそつ] 통솔; 많은 사람을 총괄하여 거느림.
統帥[とうすい] 통수; 군대를 지휘함. 군대를 지배하에 둠.
統御[とうぎょ] 통어; 전체를 거느리고 통제함. 의도한 대로 다룸.

²統一[とういつ] 통일; 2개 이상의 것을 몰아서 하나로 만듦.
¹統制[とうせい] 통제; ①많은 사물을 하나로 제약함. ②일정한 방침에 따라 제한·규제함.
¹統治[とうち] 통치; 주권자가 나라를 다스림.
統轄[とうかつ] 통할; 모두 거느려 관할함.
¹統合[とうごう] 통합; 2개 이상의 것을 하나로 모음.

桶 통 통

音 ⊗トウ
訓 ⊗おけ

訓読

⊗桶[おけ] 통. 나무통.
桶屋[おけや] 나무통을 만들어 파는 가게. 또는 그 사람.

樋ˣ(樋) 나무이름 통

音 ⊗トウ
訓 ⊗ひ ⊗とい

訓読

⊗樋❶[ひ] ①(물을 흘려보내기 위해 나무나 대로 만든) 홈통. ②수문(水門). ③칼날에 새겨진 가늘고 긴 홈. ❷[とい] ①물받이. ②홈통.

[퇴]

退(退) 물러날/물리칠 퇴

フ ヲ ㇌ 艮 艮 艮 艮 退 退

音 ●タイ
訓 ●しりぞく ●しりぞける ⊗どける ⊗のく ⊗のける ⊗ひく ⊗ひける

訓読

●退く[しりぞく] 〈5自〉 ①(뒤로) 물러나다. 물러서다. ②(윗사람 앞에서) 물러나다. ③양보하다. 사양하다. ④은퇴하다. 사퇴하다.
⊗退く[のく/どく] 〈5自〉 물러나다. 비키다. 물러서다.
⊗退く[ひく] 〈5自〉 ①(물 등이) 빠지다. ②(열·부기 등이) 빠지다. ③뜸해지다. ④(뒤로) 물러나다. ⑤그만두다. 사퇴하다.

●**退ける**[しりぞける] 〈下1他〉 ①(뒤로) 물러서게 하다. 후퇴시키다. ②멀리하다. 물리다. ③(무력으로) 물리치다. 격퇴하다. ④거절하다. ⑤(직장을) 물러나게 하다. 그만두게 하다.

⊗**退ける❶**[のける] 〈下1他〉 ①(그 장소에서) 치우다. 옮기다. ②제외하다. 빼놓다. ③따로 떼어놓다. 제거하다. ❷[どける]〈下1他〉 치우다. 제거하다. ❸[ひける]〈下1自〉 (그 날의 일과가) 끝나다. 파하다.

音読
退却[たいきゃく] 퇴각; ①후퇴. ②물러감.
退去[たいきょ] 퇴거; 물러감. 물러남.
退校[たいこう] 퇴교; ①퇴학. ②하교(下校). 학교 공부가 끝나 집으로 돌아감.
²**退屈**[たいくつ] 따분함. 지루함. 무료함.
退歩[たいほ] 퇴보; 후퇴함.
退社[たいしゃ] 퇴사; ①회사를 그만둠. ②회사에서 퇴근함.
退散[たいさん] 퇴산; ①달아남. 도망침. ②뿔뿔이 돌아감.
退色[たいしょく] 퇴색; 빛이 바램.
退勢[たいせい] 퇴세; 쇠퇴하는 형세.
³**退院**[たいいん] 퇴원; ①(환자가) 병원에서 나감. ②국회의원(議員)이 국회에서 퇴청함. ③ ≪仏≫ 절의 주지가 물러나 은퇴함.
退任[たいにん] 퇴임; 임무에서 물러남.
退場[たいじょう] 퇴장; 그 장소를 물러남.
退蔵[たいぞう] 퇴장; 물자 등을 활용하지 않고 처박아 둠. 사장(死蔵)시킴.
¹**退職**[たいしょく] 퇴직; 직장을 그만 둠.
退陣[たいじん] 퇴진; ①진지를 뒤로 물림. 퇴각함. ②진영을 떠남. ③지위를 물러남.
退出[たいしゅつ] 퇴출; 어떤 자리에서 물러남.
¹**退治**[たいじ] 퇴치; 어떤 것을 물리쳐 아주 없애버림.
退廃[たいはい] 퇴폐; ①쇠퇴하여 몰락함. ②도덕·풍속이 쇠퇴하여 문란해짐.
退避[たいひ] 퇴피; (위험한 장소에서) 물러나와 피함.
¹**退学**[たいがく] 퇴학; 학업을 그만둠.
¹**退化**[たいか] 퇴화; ①발달한 것이 본래의 상태로 되돌아감. ②생물체의 기관·조직이 축소 쇠퇴함.

堆	흙무더기 퇴	音 ⊗タイ ⊗ツイ
		訓 ⊗うずたかい

訓読
⊗**堆い**[うずたかい] 〈形〉 수북하다. 수북하게 쌓였다. 산더미 같다.

音読
堆石[たいせき] 퇴석; ①높게 쌓인 돌. ② ≪地≫ 빙하에 의해 운반되어 쌓인 암석·토사(土砂).
堆積[たいせき] 퇴적; ①겹겹이 높게 쌓임. ②수북이 쌓임. ③(퇴적 작용으로) 지층이 형성됨.
堆積岩[たいせきがん] ≪鉱≫ 퇴적암.

腿ˣ(腿)	넓적다리 퇴	音 ⊗タイ
		訓 ⊗もも

訓読
⊗**腿**[もも] 넓적다리. ¶ ～を割(さ)いて腹(はら)を充(み)たす 자기의 이익을 꾀하려다가 도리어 자멸함.

褪	빛바랠 퇴	音 ⊗タイ
		訓 ⊗あせる ⊗さめる

訓読
¹⊗**褪せる**[あせる] 〈下1自〉 ①(자연적인 빛깔이) 바래다. 퇴색하다. ②(용모·열의 등이) 시들다. 쇠퇴하다.
⊗**褪める**[さめる] 〈下1自〉 (인공적인 빛깔이) 바래다. 퇴색하다.

音読
褪色[たいしょく] 퇴색; 빛깔이 바램.
褪紅色[たいこうしょく] 퇴홍색; 연분홍. 담홍색.

頹	무너질 퇴	音 ⊗タイ
		訓 ⊗くずおれる

訓読
⊗**頹れる**[くずおれる] 〈下1自〉 ①털썩 주저앉다. 맥없이 쓰러지다. ②(실망하여) 풀이 죽다. 기가 꺾이다. 기력을 잃다.

音読
頹勢[たいせい] 퇴세; 쇠퇴하는 형세.
頹廃[たいはい] 퇴폐; 쇠퇴하여 몰락함.

[투]

投

던질/버릴 투

一　十　扌　扌　扩　抄　投

音 ●トウ
訓 ●なげる

訓読

³●**投げる**[なげる] 〈下1他〉①던지다. 내던지다. ②(씨름·유도에서) 메어치다. ③(그 속에) 뛰어들다. 투신하다. 몸을 던지다. ④단념하다. 포기하다. ⑤(빛·시선을) 보내다. ⑥(문제 등을) 제시하다. 제기하다. ⑦성의 없이 하다. ⑧싸게 팔다. 덤핑 판매하다.

投げ[なげ] ①던짐. 던지기. ②(씨름·유도에서) 메어치기. ③(바둑·장기에서) 돌을 던짐. 장기를 놓음. 승부를 포기함. 패배를 인정함.

投げキッス[なげキッス] (입술을 자기 손에 대었다가) 상대방에게 던지는 시늉의 키스를 보냄.

投げ遣り[なげやり] ①(하던 일을) 그만둠. 중도에서 팽개침. ②(일을) 아무렇게나 함. 무책임함.

投げ掛ける[なげかける] 〈下1他〉①(옷을 아무렇게나) 걸치다. ②(몸을 남에게) 기대다. ③던지다. 보내다. ④(문제 등을) 제시하다. 제기하다.

投(げ)売り[なげうり] 투매; 덤핑.

投(げ)売り品[なげうりひん] 덤핑 물건.

投(げ)物[なげもの] 떨이. 덤핑 물건.

投げ付ける[なげつける] 〈下1他〉①(겨냥하여) 세게 던지다. 내던지다. ②메어치다. ③(말·욕설을) 내뱉다. 쏘아붙이다. 퍼붓다.

投げ飛ばす[なげとばす] 〈5他〉세게 내던지다. 냅다 던지다. 멀리 내던지다.

投げ捨てる[なげすてる] 〈下1他〉①내버리다. 내던지다. ②(하던 일을) 팽개치다.

投げ首[なげくび] 고개를 숙이고 생각에 잠김.

投げ入れる[なげいれる] 〈下1他〉투입하다. 던져 넣다.

投げ込む[なげこむ] 〈5他〉(아무렇게나) 던져 넣다. 쳐 넣다. 집어넣다.

投(げ)込み[なげこみ] ①(아무렇게나) 던져 넣음. ②아무렇게나 꽂은 것 같이 자연미를 살린 꽃꽂이. ③'投込寺(なげこみでら)'의 준말. ④시체를 投込寺(なげこみでら)에 매장함.

投げ槍[なげやり] ①투창; 창던지기. 창을 던짐. ②(적에게) 던지는 짧은 창.

¹**投げ出す**[なげだす] 〈5他〉①내팽개치다. 내던지다. ②(하던 일을) 포기하다. 중도에 그만두다. ③(목숨·권리·재산 등을) 바치다. 아깝없이 내놓다.

音読

投じる[とうじる] 〈上1自他〉☞ 投ずる

投ずる[とうずる] 〈サ変自〉①(그 속에) 뛰어들다. 투신하다. 몸을 던지다. ②틈타다. 편승하다. ③투항하다. 항복하다. ④영합하다. 일치시키다. ⑤묵다. 숙박하다. 〈サ変他〉①던지다. 내던지다. ②(몸을) 던지다. 투신하다. ③(그 속에) 던져 넣다. ④투입하다. 부어 넣다. ⑤투표하다.

投稿[とうこう] 투고; (문학 작품의) 원고를 신문사나 잡지사에 보냄.

投球[とうきゅう] 투구; (야구에서) 피칭.

投棄[とうき] 투기; 내던져 버림.

投棄処分[とうきしょぶん] 폐기(廃棄) 처분.

投機[とうき] 투기; ①우연한 이익을 노리는 행위. ②(시세 변동의) 차익을 노리는 상거래.

投網[★とあみ] 투망; 원추형의 그물을 펼쳐 던졌다가 끌어당겨 물고기를 잡음.

投射[とうしゃ] 투사; (빛을) 내던져 비춤.

²**投書**[とうしょ] 투서; ①의견·불평·희망 등을 글로 써서 보냄. ②투고(投稿).

投石[とうせき] 투석; 돌을 던짐.

投手[とうしゅ] 투수; (야구에서) 피처.

投宿[とうしゅく] 투숙; (여관 등에) 숙박함. 묵음.

投身[とうしん] 투신; (자살 목적으로) 몸을 던짐.

投薬[とうやく] 투약; (환자에게) 약을 처방하여 줌.

投影[とうえい] 투영; ①그림자가 비침. 그림자를 비춤. ②물체의 모양을 어떤 점에서 본 형상의 평면도. ③(어떤 일이) 다른 것에 반영됨.

¹**投入**[とうにゅう] 투입; ①던져 넣음. ②(자본 등을) 들여 넣음.

¹投資[とうし] 투자; 사업에 자금을 투입함.
²投票[とうひょう] 투표; 선거하거나 사물을 결정할 때 자신의 의사 표시를 한 종이를 제출하는 일.
投下[とうか] 투하; ①내리던짐. 떨어뜨림. ②자본을 들임. 투입(投入).
投合[とうごう] 투합; 2개의 것이 딱 맞아 떨어짐.
投降[とうこう] 투항; 항복함.

透 (透) 통할/환할 투

一 ニ 千 千 禾 禾 秀 秀 透 透

音 ◉トウ
訓 ◉すかす ◉すく ◉すける ⊗とおる

訓読
◉透かす[すかす] 〈5他〉 ①틈새를 만들다. 사이를 벌리다. 조금 열다. ②성기게 하다. 솎다. ③틈 사이를 통해서 보다. ④(손을 이마에 얹고) 멀리 보다. ⑤《俗》소리 없이 방귀를 뀌다. ⑥《俗》허탕 치게 하다. 바람맞히다. ⑦투각(透刻)해 넣다. 꿰뚫어 파거나 조각하다.
透(か)し[すかし] ①틈새를 만듦. 성기게 함. ②(지폐 등의) 비침무늬. 투명한 무늬·글자.
透(か)し彫(り)[すかしぼり] 투조; 투각(透刻). 꿰뚫어 파거나 조각함.
◉透く[すく] 〈5自〉 ①틈이 생기다. 사이가 벌어지다. ②성기게 되다. ③(사물을 통해서) 들여다보이다. ④(바람 등이) 빠져 나가다.
²透き[すき] ①틈. 빈틈. 틈새기. ②겨를. 짬. ③빈틈. 허점. 끼어드는 기회.
²透き間[すきま] ①틈. 빈틈. 틈새기. ②겨를. 짬.
透き間風[すきまかぜ] ①틈새기 바람. 외풍. ②(친한 사람끼리의) 감정의 거리. 찬바람. 냉랭함.
透き見[すきみ] 엿봄. 틈으로 들여다봄.
透き写し[すきうつし] (서화 위에) 종이를 대고 베낌. 투사(透写).
²透き通る[すきとおる] 〈5自〉 ①비쳐 보이다. 비치다. 투명하다. ②(소리 등이) 맑다.
◉透ける[すける] 〈F1自〉 (어떤 것을 통해) 비쳐 보이다. 들여다보이다. 투명하다.
⊗透る[とおる] 〈5自〉 ①투과(透過)하다. (속까지) 비쳐 보이다. ②(속까지) 스며들다. 배어들다.

音読
²透明[とうめい] 투명; ①조금도 흐린 데가 없이 속까지 환히 트여 보임. ②빛이 잘 통하여 속까지 환히 비쳐 보임.
透写[とうしゃ] 투사; (서화 위에) 종이를 대고 베낌.
透視[とうし] 투시; 환히 꿰뚫어 봄.
透察[とうさつ] 투찰; 꿰뚫어 봄.
透徹[とうてつ] 투철; 사리가 밝고 확실함.

鬪 (鬪) 싸울 투

丨 丨 丨 丨 丨 丨 丨 丨 丨 丨

音 ◉トウ
訓 ◉たたかう

訓読
²◉鬪う[たたかう] 〈自〉 ①(이해 당사자끼리) 다투다. 투쟁하다. ②(어려운 일과) 맞서다. 싸우다.
²鬪い[たたかい] 투쟁. 싸움. 다툼.

音読
鬪鶏[とうけい] 투계; ①닭싸움. ②싸움닭.
鬪病[とうびょう] 투병; 질병의 치료를 위해 요양 생활을 함.
鬪士[とうし] 투사; ①전사(戦士). ②투쟁하는 사람. ③투지에 넘친 사람.
鬪牛[とうぎゅう] 투우; ①소싸움. ②싸움소. ③사람과 황소와의 투기(鬪技).
鬪争[とうそう] 투쟁; 상대를 쓰러뜨리려고 싸움.
鬪志[とうし] 투지; 투쟁 정신.
鬪魂[とうこん] 투혼; 투쟁 정신.

妬 시샘할 투

音 ⊗ト
訓 ⊗やく ⊗やける ⊗ねたむ

訓読
⊗妬く[やく] 〈5他〉 질투하다. 시기하다. 시샘하다.
⊗妬ける[やける] 〈F1自〉 질투가 나다. 매우 시기하다. 샘이 나다.
⊗妬ましい[ねたましい] 〈形〉 샘이 나다. 질투가 나다. 매우 부럽다.
¹⊗妬む[ねたむ] 〈5他〉 질투하다. 시기하다. 시샘하다.
妬み[ねたみ] 질투. 시기. 시샘.

[특]

特 다를/홀로 특

丿 一 十 牛 牛 牛 牜 牝 特 特

音 ◉トク
訓 一

[音読]

³特に[とくに] 특히. 특별히.

特価[とっか] 특가; 특별히 책정한 싼 가격.

特開[とっかい] '特別開拓者'의 준말.

特攻[とっこう] 특공; ①특별 공격. ②'特攻隊'의 준말.

¹**特権**[とっけん] 특권; 특별한 권리.

³**特急**[とっきゅう] 특급; ①'特別急行列車'의 준말. ②매우 급함. 화급(火急).

特級[とっきゅう] 특급; 특별 등급.

¹**特技**[とくぎ] 특기; 특별히 잘하는 기술.

特大[とくだい] 특대; 특별히 큼.

特等[とくとう] 특등; 특별한 등급.

²**特売**[とくばい] 특매; ①특별히 싸게 판매함. ②특정인에게 수의(随意) 계약으로 매도함.

特命[とくめい] 특명; 특별 명령. 특별 임명.

特配[とくはい] 특배; ①특별 배급. ②(주식의) 특별 배당.

³**特別**[とくべつ] 특별; ①보통과 다름. ②(부정문에서) 그다지. 그리. 그렇게.

特別開拓者[とくべつかいたくしゃ] 특별 개척자. 파이오니어.

特報[とくほう] 특보; 특별 보도・보고.

特写[とくしゃ] 특사; 특별히 복사함. 특별히 사진을 촬영함.

特使[とくし] 특사; 특별한 임무를 띤 사자(使者).

特赦[とくしゃ] 특사; 특별 사면(赦免).

¹**特産**[とくさん] 특산; 특별히 그 지방에서만 생산됨.

特産物[とくさんぶつ] 특산물.

特賞[とくしょう] 특상; 최고의 상.

²**特色**[とくしょく] 특색; 다른 것과 특별히 다른 점. 다른 것보다 뛰어난 점.

特選[とくせん] 특선; ①특별히 정성들여 만듦. ②특별히 추천함. ③(심사 결과) 특별히 우수하다고 인정된 것.

特設[とくせつ] 특설; 특별히 설치함.

特性[とくせい] 특성; 그것에만 있는 특유한 성질. 특질(特質).

²**特殊**[とくしゅ] 특수; 보통과 다름. 특별함. 평균적인 것을 초월함.

特殊撮影[とくしゅさつえい] 특수 촬영.

特捜[とくそう] 특수; '特別捜査'의 준말.

特捜班[とくそうはん] 특별 수사반.

特需[とくじゅ] 특수; ①특별한 사태에 의한 물자・인력 등의 수요. ②(관청 등의) 특별한 주문. ③특별 수요.

特需品[とくじゅひん] 특수품; 특별 주문품.

特約[とくやく] 특약; 특별한 약속・계약.

特約店[とくやくてん] 특약점.

¹**特有**[とくゆう] 특유; 그것에만 특별히 갖추어져 있는 것.

特飲街[とくいんがい] 특음가; 줄대부를 둔 특수 음식점이 있는 환락가.

特異[とくい] 특이; 특별히 다른 것과 다름.

特異体質[とくいたいしつ] 특이 체질; 알레르기 체질.

²**特長**[とくちょう] 특장; ①특별한 장점. ②(다른 것에 비해) 눈에 띄는 특징.

特装車[とくそうしゃ] 특장차; 특별한 장비를 갖춘 자동차. *소방차・레미콘차 등을 말함.

特典[とくてん] 특전; 특별한 대우.

特電[とくでん] '特別電報'의 준말.

²**特定**[とくてい] 특정; 특별히 지정함.

²**特製**[とくせい] 특제; 특별히 공들여 만듦.

特種❶[とくしゅ] 특종; 특별한 종류. ❷[とくだね] (신문 기사의) 특종. 특별한 정보.

特旨[とくし] 특지; (천황의) 특별 배려.

特進[とくしん] 특진; 특별 승진.

特質[とくしつ] 특질; 특성. 특별한 성질.

¹**特集**[とくしゅう] 특집; 특정한 화제・문제를 중심으로 보도하거나 편집함.

²**特徴**[とくちょう] 특징; 특색. 특별히 뛰어난 점.

特出[とくしゅつ] 특출; 특별히 뛰어남.

特快[とっかい] '特別快速電車'의 준말.

¹**特派**[とくは] 특파; 특별히 파견함.

¹**特派員**[とくはいん] 특파원.

特筆[とくひつ] 특필; 특별히 크게 기록함.

¹**特許**[とっきょ] 특허; ①특정인을 위하여 능력・자격・권리・법률 관계를 새로이 설정하는 행정 처분. ②'特許権'의 준말.

特効[とっこう] 특효; 특별한 효과.

[파]

把　　잡을 파

一　十　扌　扌'　扌''　扌'''　把

音 ●ハ
訓 ⊗たば

訓読
⊗把[たば] 다발. 묶음.

音読
把握[はあく] 파악; ①내용이나 사정을 확실히 이해함. ②장악함. 꽉 잡아 줌.
把持[はじ] 파지; ①견지(堅持)함. 꽉 잡아 줌. ②≪心≫ 기억한 것이 남아 있음.

波　　물결 파

丶　冫　氵　冹　氵'　汄　波

音 ●ハ
訓 ●なみ

訓読
2●波❶[なみ] ①(바다의) 파도. 물결. ②파도처럼 요동치는 것. 흐름. ③기복(起伏). 고저(高低). ④주름. ⑤파동(波動). ❷[は] ☞ [音読]
波間[なみま] ①물결 사이. 파도와 파도 사이. ②파도가 밀려오지 않는 사이.
波頭❶[なみがしら] ①물마루. 파도의 제일 높은 곳. ②부서지는 파도 모양을 도안화한 무늬. ❷[はとう] ①물마루. ②해상(海上). 파도 위.
波路[なみじ] 물길. 뱃길. 항로(航路).
波立つ[なみだつ] ⟨5自⟩ ①파도가 일다. 물결치다. ②(가슴이) 두근거리다. 설레다. ③분란이 일어나다. 술렁이다.
波乗り[なみのり] ①파도를 탐. ②파도타기. 서핑.
波音[なみおと] ①파도 소리. 물결치는 소리. ②(연극에서) 파도치는 소리를 흉내낸 효과음.
波除け[なみよけ] ①파도를 막음. ②방파제.
波枕[なみまくら] ①파도소리가 베갯머리에 들려옴. ②≪雅≫ 배 여행. *파도를 베개 삼아 배에서 잔다는 뜻임.

波打つ[なみうつ] ⟨5自⟩ ①파도치다. 물결치다. ②(물결치듯 가슴이) 울렁거리다.
波打(ち)際[なみうちぎわ] (파도·물결이 밀려오는) 바닷가. 물가.
波板[なみいた] ①골함석. 골진 플라스틱 판자. ②(연극에서) 물결치는 모양을 그려놓은 무대 장치.
波風[なみかぜ] ①(거센) 풍파. 바람과 파도. ②분란. 분쟁. 불화. ③고난. 고생. 고초. 괴로움.
波の花[なみのはな] ≪雅≫ ①물보라. (부딪쳐 하얗게 부서지는) 하얀 파도. ②'しお (소금)'의 딴이름.

音読
波❶[は] ①'波斯(ペルシア)'의 준말. ②'波蘭(ポーランド)'의 준말. ③(계속 일어나는 공세의 수를 세는 말로) 파. ¶第三(だいさん)～の攻撃(こうげき) 제3파의 공격. ❷[なみ] ☞ [訓読]
波高[はこう] 파고; 파도의 높이.
波及[はきゅう] 파급; 점점 영향이 미치는 범위가 확대되어 감.
波動[はどう] 파동; ①공간적으로 전해져 퍼져 가는 진동. ②(사회 현상의) 주기적인 동요·변동.
波頭❶[はとう] ①물마루. ②해상(海上). 파도 위. ❷[なみがしら] ①물마루. 파도의 제일 높은 곳. ②부서지는 파도 모양을 도안화한 무늬.
波乱[はらん] 파란; 분쟁. 소동. 풍파.
波浪[はろう] 파랑; 파도. 물결.
波浪注意報[はろうちゅういほう] 파랑 주의보; 파도 주의보.
波面[はめん] 파면; ①물결의 표면. 수면(水面). ②파동이 일면서 생기는 면.
波紋[はもん] 파문; ①수면에 이는 잔물결. ②(어떤 일의) 영향.
波状[はじょう] 파상; ①물결 모양. ②연거푸 반복함.
波状スト[はじょうスト] 파상적인 파업. 연거푸 반복하여 하는 파업.
波長[はちょう] 파장; 파동에서 같은 위상(位相)을 가진 서로 이웃한 두 점 사이의 거리.
波止[はと] 방파제. 선창.
波止場[はとば] 부두. 선창.
波止場釣(り)[はとばづり] 부두 낚시.
波止釣(り)[はとづり] 부두 낚시.
波戸[はと] 방파제. 부두. 선창.
波戸場[はとば] 부두. 선창.

派   갈래 파

`ﾉ ﾉ ﾗ ﾗ 沪 沪 沪 泝 派`

音 ◉ハ
訓 ─

音読
派[は] 파; 분파. 한패. 동아리.
¹派遣[はけん] 파견; 담당자를 어떤 장소로
　출장시킴.
派閥[はばつ] 파벌; 지연·학연·이해관계
　등에 의해서 결속되어 배타적인 경향을
　가진 사람들의 집단.
派兵[はへい] 파병; 군대를 파견함.
派生[はせい] 파생; 하나의 본체에서 다른
　사물이 갈라져 나와 생김.
²派手[はで] ①화려함. 화사함. 야함. ②(행
　동이) 야단스러움.
派出[はしゅつ] 파출; 사람을 출장시킴.
派出所[はしゅつじょ] 파출소; ①출장 사무
　소. ②경찰관 파출소. *지금은 '交番(こう
　ばん)'이라고 함.

破   깨뜨릴 파

`ｰ ｒ ｒ 石 石 矼 矴 矴 破 破`

音 ◉ハ
訓 ◉やぶる ◉やぶれる ⊗やぶく ⊗やぶける

訓読
²⊗破く[やぶく] <5他>≪俗≫ (종이나 천 등의
　얇은 것을) 찢다. 째다.
　⊗破ける[やぶける] <下1自>≪俗≫ (종이나 천
　등의 얇은 것이) 찢어지다
²◉破る[やぶる] <5他> ①찢다. 째다. ②깨다.
　부수다. ③(어떤 상태를) 깨뜨리다. 해치
　다. ④(약속 등을) 어기다. 깨다. ⑤(기록
　을) 갱신하다. ⑥(경기에서 상대를) 물리치
　다. 무찌르다. 격파하다.
²◉破れる[やぶれる] <下1自> ①찢어지다. 해
　지다. ②깨지다. 부서지다. 터지다. ③(어떤
　상태가) 깨지다. ④실패하다. ⑤(경기에서
　상대에게) 지다. 패배하다.
破れ[やぶれ] 찢어짐. 찢어진 곳. 갈라진 틈.
　찢어지고 부서짐. 찢어진 정도.
破れ目[やぶれめ] 찢어진 곳. 갈라진 곳.

音読
破格[はかく] 파격; 격식을 깨뜨림.
破戒[はかい] 파계; 계율을 어김.
破壊[はかい] 파괴; 무너뜨림. 깨뜨림.
破局[はきょく] 파국; 비극적인 결말.
破棄[はき] 파기; ①깨뜨리거나 찢어서 버림.
　②계약·약속 등을 취소함. ③≪法≫ 파기.
破滅[はめつ] 파멸; 파괴하고 멸망함.
破門[はもん] 파문; ①스승이 사제(師弟)의
　관계를 끊고 배척하여 물리침. ②신도를
　종문(宗門)에서 제명시킴.
破産[はさん] 파산; ①재산을 모두 잃음.
　② ≪法≫ 파산.
破損[はそん] 파손; 깨어져 못쓰게 됨. 깨
　뜨려 못쓰게 함.
破砕[はさい] 파쇄; 깨뜨려 부스러뜨림.
破顔[はがん] 파안; 얼굴에 미소를 띰.
破約[はやく] 파약; 약속을 이행하지 않음.
　계약을 취소함.
破裂[はれつ] 파열; ①안쪽으로부터 압력을
　받아 깨어져서 갈라짐. ②(양쪽 의견이
　맞지 않아) 결렬(決裂)됨.
破獄[はごく] 파옥; 탈옥(脱獄).
破竹[はちく] 파죽; ①대나무를 쪼갬. ②기
　운이 세참.
破竹の勢い[はちくのいきおい] 파죽지세.
破天荒[はてんこう] 파천황; 유례가 없음.
破綻[はたん] 파탄; 일이 돌이킬 수 없는
　지경에 이름. 일이 그릇됨.
²破片[はへん] 파편; 깨어진 조각.

婆   할머니 파

`ﾗ ﾗ 沪 沙 沙 波 波 婆 婆`

音 ◉バ
訓 ⊗ばば ⊗ばあ

訓読
⊗婆[ばば] ①노파. 늙은 여자. 할머니. 할
　망구. ②(트럼프에서) 조커. 시시한 것.
　얹잖은 것.
お婆さん[★おばあさん] (나이 많은 여인의
　높임말로) 할머님. 할머니.

音読
婆羅門教[バラモンきょう] ≪宗≫ 바라문교.
婆心[ばしん] 파심; 노파심.

罷　파할/그칠 파

一　巾　罒　罕　罕　罕　罪　罪　罷　罷

音　●ヒ
訓　⊗やめる　⊗まかる

訓読
⊗罷める[やめる]　〈下1他〉　(직장・임무를) 사직(辞職)하다. 사임하다. 그만두다.
⊗罷る[まかる]　〈5自〉①(귀인 앞에서) 물러나다. ②먼 곳으로 떠나가다. ③죽다.
罷り間違う[まかりまちがう]　〈5自〉자칫 잘못하다. 어쩌다 실수하다.
罷り出る[まかりでる]　〈下1自〉①(귀인 앞에서) 물러나다. ②자진하여 나서다.
⊗罷り通る[まかりとおる]　〈5自〉①(주위 사정에 아랑곳하지 않고) 태연하게 지나다. ②버젓이 행세하다. 활개 치다.

音読
罷工[ひこう]　파공; ①파업. ②동맹 파업.
罷免[ひめん]　파면; 맡은 일을 그만두게 함.
罷免権[ひめんけん]　파면권.
罷業[ひぎょう]　파업; 일부러 업무를 중단함. 고의로 일을 하지 않음.
罷業破り[ひぎょうやぶり]　동맹 파업의 배신행위.

巴　소용돌이/꼬리 파

音　⊗ハ
訓　⊗ともえ

訓読
⊗巴[ともえ]　①소용돌이 모양・무늬. ②소용돌이 모양의 문장(紋章). ③세 사람이 뒤섞임.
巴瓦[ともえがわら]　둥근 모양의 타일.
巴投げ[ともえなげ]　(유도에서) 배대되치기.

音読
巴旦杏[はたんきょう]　≪植≫ 편도(扁桃). 편도 복숭아. 감복숭아.

芭　파초 파

音　⊗ハ　⊗バ
訓　―

音読
芭蕉[ばしょう]　≪植≫ 파초.
芭蕉布[ばしょうふ]　파초 섬유로 짠 천. *沖縄(おきなわ) 특산으로 여름용 옷감임.

播　씨뿌릴 파

音　⊗ハ　⊗バン
訓　⊗まく

訓読
²⊗播く[まく]　〈5他〉파종하다. 씨를 뿌리다.
播き肥[まきごえ]　≪農≫ 밑거름.

音読
播磨[はりま]　(옛 지명으로) 지금의 兵庫県(ひょうごけん) 남부 지방.
播種[はしゅ]　파종; 씨를 뿌림.
播種期[はしゅき]　파종기; 씨뿌리는 시기.
播州[ばんしゅう]　'播磨(はりま)の国(くに)'의 딴이름.

爬　긁을 파

音　⊗ハ
訓　―

音読
爬羅剔抉[はらてっけつ]　파라척결; ①남의 결점을 들춰냄. ②숨은 인재를 발굴하여 활용함.
爬虫類[はちゅうるい]　≪動≫ 파충류. ¶～みたいな奴(やつ) 파충류 같은 놈. 엉큼한 놈.

玻　유리 파

音　⊗ハ
訓　―

音読
玻璃[はり]　①≪仏≫ 수정(水晶). ②유리.
玻璃鏡[はりきょう]　유리 거울.
玻璃器[はりき]　유리 그릇.

跛　절름발이 파

音　⊗ハ
訓　⊗びっこ　⊗あしなえ

訓読
⊗跛[びっこ/あしなえ]　절름발이. 절뚝발이.

音読
跛行[はこう]　파행; ①다리를 젊. 다리를 절뚝거림. ②순조롭지 않음.
跛行者[はこうしゃ]　절름발이.

頗　자못/치우칠 파

音　⊗ハ
訓　⊗すこぶる

訓読
⊗頗る[すこぶる]　〈副〉①매우. 대단히. 몹시. ②≪古≫ 조금. 약간.

[판]

判 (刴) 판가름할 판

丶 丷 ㄅ ⺊ 半 半 判

音 ◉ハン ◉バン
訓 ⊗わかる

訓読
⊗判る[わかる] ⟨5自⟩ ①이해하다. 판단하다. ②판명되다. 밝혀지다.

音読
¹判❶[はん] ①도장. 인장(印章). ②판결. 판단. ③수결(手決). ❷[ばん] 판; 종이·책·필름 등의 크기. ¶四六(しろく)〜 사륙판. ¶菊(きく)〜 국판.
¹判決[はんけつ] ≪法≫ 판결; 구두 변론에 근거하여 행하는 판단.
²判断[はんだん] 판단; ①(좋고 나쁨을) 생각하여 결정함. ②길흉의 판단.
判読[はんどく] 판독; 읽기 힘든 글자나 문장을 판단하면서 읽음.
判例[はんれい] ≪法≫ 판례; 판결례.
判明[はんめい] 판명; 명백히 드러남.
判じ物[はんじもの] 수수께끼. 퀴즈.
判別[はんべつ] 판별; 명확히 구별함.
²判事[はんじ] ≪法≫ 판사. *재판관의 명칭.
判然[はんぜん] 판연; 분명함. 명확함. 명확함.
²判子[はんこ] 도장. 인장(印章).
¹判定[はんてい] 판정; 판별하여 결정함.
　◗菊判[きくばん]，裁判[さいばん]，談判[だんばん]，審判[しんばん]

坂 비탈길 판

一 十 土 圵 圬 坊 坂

音 ◉ハン
訓 ◉さか

訓読
³◉坂[さか] ①고개. 고갯길. 비탈길. ②(인생의) 한 고비.
坂道[さかみち] 고갯길. 비탈길. 언덕길.
坂上[さかうえ] 고개 위. 고갯마루.
坂下[さかした] 비탈길 맨 아래. 고개 초입.
音読
坂路[はんろ] 고갯길. 비탈길. 언덕길.

板 널빤지 판

一 十 扌 朩 朾 板 板 板

音 ◉ハン ◉バン
訓 ◉いた

訓読
²◉板[いた] ①판자. 널빤지. ②무대.
板ガラス[いたガラス] 판유리.
板の間[いたのま] ①마루방. ②(목욕탕의) 탈의장.
板の間稼ぎ[いたのまかせぎ] 목욕탕의 탈의장에서 금품을 훔치는 사람.
板金❶[いたがね] 판금; 금속판. ❷[ばんきん] ①금속판. ②금속판의 가공.
板目[いため] ①판자와 판자의 이음매. ②(판자의) 엇결.
板目紙[いためがみ] 여러 겹 배접한 종이. *책 표지로 사용함.
板塀[いたべい] 판자울. 판자울타리.
板敷(き)[いたじき] ①널빤지를 깖. 마루. ②마루방.
板葺き[いたぶき] ①지붕을 판자로 임. ②판자 지붕.
板囲い[いたがこい] (공사장 등에 임시로 친) 판자 울타리.
板子[いたご] ①(뱃바닥에 까는) 뚜껑널. ②(두께 약 15㎝ 길이 약 1.3m의) 판재(板材). 널빤지로 된 재목.
板張り[いたばり] ①판자를 댐·붙인 곳. ②판자에 재양(裁陽)치기.
板前[いたまえ] ①주방. 주방장. ②(일본 요식의) 요리사. ③요리 솜씨. 요리 방법.
板紙[いたがみ] ①(생선을 요리할 때) 도마 위에 까는 종이. ②판자.
板挟み[いたばさみ] (양 틈바구니에 끼여) 이러지도 저러지도 못함. 딜레마.
板戸[いたど] 널문. 판자문.
音読
板刻[はんこく] 판각; 서화를 판목(版木)에 새김. 서화를 서적으로 출판함.
板木❶[はんぎ] 판목; 인쇄하기 위해 글씨·그림을 새긴 목판(木版). ❷[ばんぎ] (江戸(えど) 시대에 사용한) 딱따기. 두들겨 신호하는 나무판자.
板状[ばんじょう] 판상; 널빤지 모양.
板書[ばんしょ] 판서; 칠판에 글씨를 씀.

版　인쇄 판

丿 广 广 片 片 斤 断 版 版

音 ●ハン ●バン
訓 ―

音読
版❶[はん] 판: ①판목(版木). 판화(版画).
②인쇄판. ③한 서적의 발행 횟수. **❷**[ば
ん]〈接尾語〉①출판. 출판물. ¶改訂(かいて
い)〜 개정판. ¶縮刷(しゅくさつ)〜 축쇄판.
②…에 있어서의. 〜스타일로 개작한. ¶
現代(げんだい)〜 현대판. 日本(にほん)〜 일본
스타일. ③(신문에서) 지방판. ¶大阪(おお
さか)〜 오사카 지방판.
版権[はんけん] 판권: 출판권.
版図[はんと] 판도: ①(국가의) 호적과 지
도. ②영역. 영토. ③(개인의) 세력 범위.
版木[はんぎ] 판목: 인쇄하기 위해 글씨·
그림을 새긴 목판.
版元[はんもと] 판원: 출판물의 발행소.
版下[はんした] 판목(版木) 인쇄판을 새기기
위한 밑글씨·밑그림.
版画[はんが] 판화: 목판화(木版画).
❶**銅版**[どうばん], **原版**[げんばん]

販　물건팔 판

贝 贝 貝 貝 貝 貯 貯 販 販

音 ●ハン
訓 ⊗ひさぐ

訓読
⊗**販ぐ**[ひさぐ]〈5他〉(물건을) 팔다. ¶色
(いろ)を〜 몸을 팔다. 매춘하다.

音読
販価[はんか] 판가: 판매 가격.
販路[はんろ] 판로: 상품이 팔리는 방면.
²**販売**[はんばい] 판매: 상품을 파는 일.
販売係[はんばいがかり] 판매 담당.
販売機[はんばいき] 판매기.
販売網[はんばいもう] 판매망.
販売元[はんばいもと] 판매원: 판매 회사.
販売人[はんばいにん] 판매원.
販社[はんしゃ] '販売会社(はんばいがいしゃ)'의 준말.
販促[はんそく] 판촉: 판매 촉진.

阪　비탈길 판

音 ⊗ハン
訓 ⊗さか

訓読
⊗**阪**[さか] ①고개. 고갯길. 비탈길. ②(인
생의) 한 고비.

音読
阪急電鉄[はんきゅうでんてつ] 京都(きょう
と)・大阪(おおさか)・神戸(こうべ)를 중심으로
운영하는 철도망.
阪神[はんしん] 大阪(おおさか)와 神戸(こうべ)를
중심으로 한 지방.

〔 팔 〕

八　여덟 팔

丿 八

音 ●ハチ
訓 ●や ●やつ ●やっつ ●よう

訓読
⁴●**八つ❶**[やっつ] ①여덟. ②여덟 개. ③여
덟 살. ④여덟 번째. **❷**[やつ] ①여덟. ②
여덟 살. ③(옛날의 시각으로) 오전·오
후의 2시.
²**お八つ**[おやつ] 오후의 간식(間食).
八つ当(た)り[やつあたり] 아무에게나 무턱
대고 화풀이를 함.
八つ裂き[やつざき] 갈기갈기 찢음.
⁴**八百屋**[やおや] ①야채 가게. 야채장수.
②(깊이는 없지만 이것저것 많이 알고 있
는) 만물박사.
八百長[やおちょう] ①(미리 짜고 하는) 엉
터리 시합. ②짜고 일을 진행함.
⁴**八日**[ようか] ①초여드렛날. ②8일. 8일간.
八つ切り[やつぎり] ①8등분. ②(사진에서) 8
절판. 22×16.5㎝ 크기의 인화지·건판.
八重[やえ] ①여덟 겹. ②많이 겹침.
八重咲き[やえざき] 겹꽃. 꽃잎이 여러 겹
으로 겹쳐서 피는 꽃.
八重歯[やえば] 덧니.

音読
⁴**八**[はち] 8. 팔. 여덟. 여덟 째.
八角形[はっかくけい] 8각형. 팔각형.

八掛け[はちがけ] 80%. 8할(割). ＊어떤 가격에 대하여 다른 가격의 비율을 나타내는 말임.

八紘[はっこう] 팔굉; 팔방. 온 세상.

八頭身[はっとうしん] 팔등신(八等身).

八面[はちめん] ①8면. 여덟 평면. 8면체. ②(한 사람의) 여덟 가지 얼굴. ③팔방(八方). ④모든 방면.

八方[はっぽう] 팔방; ①여덟 방향. ②모든 방향. 모든 방면.

八方美人[はっぽうびじん] 팔방미인.

八分❶[はちぶ] ①10분의 8. 80%. 8할(割). ②100분의 8. ③'村八分(むらはちぶ)'의 준말. ❷[はちふん/はっぷん] (시간상의) 8분; 480초(秒).

八分目[はちぶんめ] ①10분의 8. 80%. 8할(割). ②부족한 듯한 데서 그만 둠.

八十八夜[はちじゅうはちや] 입춘(立春)부터 88일째의 날. ＊5월 2일로 파종에 적기임.

⁴八月❶[はちがつ] 8월. 1년 중 여덟 번째 달. August. ❷[やつき] 여덟 달. 8개월.

八丁[はっちょう] 잘함. 능숙함. ＊약간 멸시하는 말임.

捌 깨뜨릴/나눌 팔
[音] ハツ
[訓] ⊗さばく ⊗はける

[訓読]
⊗捌かす[はかす] 〈5他〉①물이 잘 빠지게 하다. 물이 잘 흐르게 하다. ②(상품을) 몽땅 처분하다. 다 팔아치우다.

⊗捌く[さばく] 〈5他〉①(흐트러지기 쉬운 일을) 잘 처리하다. 능숙하게 다루다. ②(복잡한 일을) 잘 처리해내다. ③(복잡하게 얽힌 것을) 풀어 가르다. 가지런히 하다. ④(상품을) 처분하다. 팔아치우다.

⊗捌ける❶[さばける] 〈下1自〉①(상품이) 잘 팔리다. 다 팔리다. ②(사람이) 이해성이 있다. 서글서글하다. 속이 트이다. ③엉킨 것이 풀리다. ❷[はける] 〈下1自〉①(물이) 잘 빠지다. ②(물건이) 잘 팔리다. 다 팔리다.

捌け口❶[さばけぐち] 판로(販路). 팔 곳. ❷[はけぐち] ①배수구(排水口). ②판로(販路). 팔 곳. ③(스트레스를) 발산시킬 곳ㆍ기회ㆍ방법.

捌け道[はけみち] ①배수구(排水口). ②판로(販路). 팔 곳.

貝 조개 패
丨 冂 刀 日 目 貝 貝

[音] ⊗バイ
[訓] ●かい

[訓読]
²●貝[かい] ①《貝》조개. ②조가비.

貝殻[かいがら] 패각; 조가비. 조개껍데기.

貝細工[かいざいく] 조가비 세공. 조가비로 세공한 물건.

貝塚[かいづか] 《考古》패총; 조개무지.

[音読]
貝独楽[ばいごま/べいごま] 조가비를 본떠서 만든 작은 팽이.

敗 패할 패
冂 冂 日 目 貝 貝 貯 敗 敗

[音] ●ハイ
[訓] ●やぶれる ⊗まける

[訓読]
●敗れる[やぶれる] 〈下1自〉(승부에서) 지다. 패배하다.

⊗敗ける[まける] 〈下1自〉(경쟁이나 싸움에) 지다. 패배하다.

[音読]
¹敗[はい] 패; 패배. 짐.

敗軍[はいぐん] 패군; 싸움에 진 군대.

¹敗亡[はいぼう] 패망; 싸움에 져 망함.

¹敗北[はいぼく] 패배; ①(싸움에) 짐. ②싸움에 져서 도망침.

敗色[はいしょく] 패색; 패할 기색.

敗因[はいいん] 패인; 패한 원인.

敗残[はいざん] 패잔; ①전쟁에 지고 살아 남음. ②(인생에 대한) 패배. ③병자나 불구자가 됨.

敗将[はいしょう] 패장; 전쟁에 진 장군.

¹敗戦[はいせん] 패전; 전쟁ㆍ시합에 짐.

敗走[はいそう] 패주; 싸움에 져 도망침.

敗着[はいちゃく] 패착; (바둑에서) 패인(敗因)이 되는 악수(悪手).

敗退[はいたい] 패퇴; 싸움에 지고 물러남.

覇(覇) 으뜸/두목 패

一 ナ ナ 西 西 覀 覀 覀 覇 覇

音 ●ハ
訓 ―

音読
覇[は] 패; ①패권; 무력·권력으로 나라와 백성 위에 군립함. ②(경기에서의) 우승.
覇権[はけん] 패권; ①패자(覇者)로서의 얻은 권력. ②(경기에서의) 우승자로서의 입장이나 영예.
覇気[はき] 패기; ①패자(覇者)가 되려는 마음. ②야심.
覇道[はどう] 패도; 무력과 권모술수로 통치하는 방법.
覇業[はぎょう] 패업; 패자(覇者)로서의 사업. 위대한 업적.
覇王[はおう] 패왕; ①무력으로 자리에 오른 왕. ②패도(覇道)와 왕도(王道).
覇者[はしゃ] 패자; ①(무력이나 권력으로) 천하를 정복한 자. ②(경기에서의) 우승자.

佩 허리에 찰 패

音 ⊗ハイ
訓 ⊗はく ⊗おびる

訓読
⊗佩かす[はかす] 〈他〉 칼을 허리에 차시다.
⊗佩く[はく] 〈5他〉 (허리에) 차다.
⊗佩びる[おびる] 〈上1他〉 (몸에) 차다. 달다.

音読
佩剣[はいけん] 패검; 칼을 참.
佩刀[はいとう] 패도; 허리에 찬 칼.

唄 염불소리 패

音 ⊗バイ
訓 ⊗うた ⊗うたう

訓読
⊗唄[うた] 노래. ¶ ～をうたう 노래를 부르다.
⊗唄う[うたう] 〈5他〉 (노래를) 부르다.

悖 어그러질 패

音 ⊗ハイ ●ボツ
訓 ⊗もとる

訓読
⊗悖る[もとる] 〈5自〉 (원칙·도리 등에) 어긋나다. 위배되다.

音読
悖徳[はいとく] 패덕; 도덕과 의리에 어긋남.
悖戻[はいれい] 패려; 도리에 어긋남. ❷[ぼつれい] 반역. 저항. 반항.
悖逆[はいぎゃく] 패역; 인륜(人倫)을 어김.

牌 [×](牌) 패 패

音 ⊗ハイ ⊗バイ
訓 ―

音読
牌❶[はい] ①팻말. ②메달. ❷[バイ] (마작의) 패.
●骨牌[こっぱい], 金牌[きんぱい], 位牌[いはい]

稗 [×](稗) 피 패

音 ⊗ハイ
訓 ⊗ひえ

訓読
⊗稗[ひえ] ≪植≫ 피.

音読
稗史[はいし] 패사; ①소설 스타일로 쓴 역사. ②소설.

[팽]

膨 불룩할 팽

丿 刀 月 ∬ ∬ ∬ ∬ ∬ ∬ ∬ 膨

音 ●ボウ
訓 ●ふくよか ●ふくらかす ●ふくらす
　●ふくらます ●ふくらむ ●ふくれる

訓読
●膨よか[ふくよか] 〈形動〉 ①(부드럽게 부푼 모양으로) 포동포동함. 몽실몽실함. ②향기가 풍부함.
●膨らかす[ふくらかす] 〈5他〉 불룩하게 하다. 부풀리다.
●膨らす[ふくらす] 〈5他〉 불룩하게 하다. 부풀리다.
膨らし粉[ふくらしこ] 베이킹파우더.
²●膨らます[ふくらます] 〈5他〉 불룩하게 하다. 부풀리다.
²●膨らむ[ふくらむ] 〈5自〉 ①(부드럽고 둥글게) 불룩해지다. 부풀다. ②팽창하다.
膨らみ[ふくらみ] 부푼 모양. 탄력성.

¹●膨れる[ふくれる] 〈下1自〉 ①볼록해지다. 부풀다. ②뿌루퉁해지다.

膨れっ面[ふくれっつら] 뿌루퉁한 얼굴. 볼멘 얼굴. 화난 얼굴.

²膨大[ぼうだい] ①팽대; 부풀어 커짐. ②방대함. 양(量)이나 규모가 매우 큼.

¹膨張[ぼうちょう] ☞ 膨脹

¹膨張率[ぼうちょうりつ] ☞ 膨脹率

¹膨脹[ぼうちょう] 팽창; ①부풀어 커짐. ②규모가 커짐.

¹膨脹率[ぼうちょうりつ] 팽창률.

[편]

片   조각/한쪽 편

丿 丿 ヷ 斤 片

●ヘン
●かた ⊗ひら

¹片❶[かた] (세트 중의) 한쪽. 한편. ❷[へん] ☞ [音読]

⁴片仮名[かたかな] 《語学》 カタカナ.

片肌[かたはだ] (웃통을 벗었을 때의) 한쪽 어깨.

片寄せる[かたよせる] 〈下1他〉 한쪽으로 치우치다.

²片寄る[かたよる] 〈5自〉 ①(한쪽으로) 치우치다. 기울다. 쏠리다. ②불공평해지다. ③불공평하게 취급하다. ④(어떤 것에) 다가가다.

片端❶[かたはし] ①한쪽 끝. ②일부분. ❷[かたわ] ①병신. 불구자. ②불균형.

片っ端[かたっぱし] ①한쪽 끝. ②일부분.

²片道[かたみち] 편도; ①왕복의 한쪽 길. ②일방적임.

片道切符[かたみちきっぷ] 편도 차표.

片道通行[かたみちつうこう] 일방통행.

片恋[かたこい] 짝사랑.

片流れ[かたながれ] 《建》 ①외쪽지붕. ②한쪽으로만 경사지게 된 지붕. ③용마루에서 처마까지.

片栗粉[かたくりこ] 녹말가루.

片面[かたおもて/かためん] 한쪽 면.

片目[かため] ①한쪽 눈. ②애꾸눈.

片方[かたえ]❶[かたえ] ①한쪽. 한편. ②일부분. 반쪽. ③곁에 있는 사람. ❷[かたほう] (세트로 된 것의) 한쪽. 한 짝. ❸[かたかた] 한쪽. 한편.

片帆[かたほ] ①(2개 있는 돛 중의) 한쪽 돛. ②(바람을 잘 받도록) 돛을 한쪽으로 기울여 올림.

片腹痛い[かたはらいたい] 〈形〉 가소롭다.

片棒[かたぼう] 교자꾼의 한 사람. 목도의 맞잡이.

²片付く[かたづく] 〈5自〉 ①정리되다. 정돈되다. ②해결되다. 결말이 나다. 매듭지어지다. 끝나다. ③시집가다. 출가하다. *윗사람이 사용하는 말임. ④방해자가 제거되다. 눈엣가시가 없어지다

¹片付け[かたづけ] 정리. 정돈.

²片付ける[かたづける] 〈下1他〉 ①정리하다. 정돈하다. 치우다. ②해결하다. 결말을 내다. 매듭짓다. 끝내다. ③시집보내다. 출가시키다. *윗사람이 사용하는 말임.

片糸[かたいと] 외실.

¹片思い[かたおもい] 짝사랑.

¹片手[かたて] ①한쪽 손. ②(장갑의) 한짝. 한쪽. ③손이 하나뿐인 사람. ④한쪽. 일방. ⑤《俗》 (한쪽 손의 손가락 수대로) 5, 50, 500 등이 붙는 금액.

片手間[かたてま] (본업의) 여가. 짬. 틈. 부업.

片手落ち[かたておち] 한쪽으로 치우침. 편파적임. 불공평함.

片袖[かたそで] ①한쪽 소매. ②쪽소매책상.

片時[かたとき] 잠시. 잠깐 동안.

片身[かたみ] ①몸의 반쪽. 반으로 가른 생선의 한쪽. ②(옷의 몸통의) 반쪽.

¹片言❶[かたこと] ①더듬거리는 말씨. ②한마디의 말. ❷[へんげん] 간단한 말.

片言交じり[かたことまじり] 떠듬떠듬 말함.

片腕[かたうで] ①한쪽 팔. ②외팔. 팔이 하나뿐임. ③가장 신임하는 사람·부하.

片隅[かたすみ] 한구석. 한쪽 구석.

片意地[かたいじ] 외고집. 옹고집. 황소고집.

片耳[かたみみ] ①한쪽 귀. ②열핏 들음.

片一方[かたいっぽう] (세트로 된 것의) 한 짝.

片田舎[かたいなか] 벽촌. 외딴 시골.

片足[かたあし] ①한쪽 발. ②외다리. 다리가 하나뿐임. ③(신발의) 한짝.

片側[かたがわ] 한쪽. 한쪽 편.

片親[かたおや] ①한쪽 부모. ②홀어버이.

片便り[かただより] ①보낸 편지에 답장이 없음. ②다른 한편에선 소식을 전할 방법이 없음.

片割れ[かたわれ] ①파편. 깨어진 한 조각. ②(세트의) 한짝. 한쪽. ③(한패 중의) 한 사람. ④분신(分身).

片割れ月[かたわれづき] 반달. 조각달.

音読

片❶[へん] 조각. *(숫자에 접속하여) 물건의 조각·토막·꽃잎 등을 세는 말임.
❷[かた] ☞〔訓読〕

片影[へんえい] 편영; ①간신히 알아볼 수 있는 모습. ②행동·성격의 일면.

片雲[へんうん] 편운; 조각구름.

便 ①편할/소식 편
②똥오줌 변

丿 亻 亻 伂 佰 侕 便 便

音 ●ベン ●ビン
訓 ●たより

訓読

²●便り[たより] ①소식. 편지. ②편리. 편의.

音読

²便❶[びん] ①(우편·운송 수단의) 편. 운송 수단. ¶次(つぎ)の〜を待(ま)つ 다음 차·배를 기다리다. ②좋은 기회.

²便❷[べん] 편; ①편리함. 형편이 좋음. ¶交通(こうつう)の〜がよい 교통편이 좋다. ②변. 대변. 배설물.

便器[べんき] 변기; 대소변을 보는 그릇.

便覧[べんらん/びんらん] 편람; 보기에 편리하게 만든 소책자.

²便利[べんり] 편리; 편하고 유용함.

便利屋[べんりや] 심부름센터.

便法[べんぽう] 편법; ①편리한 방법. ②그때만 모면하려는 편의상의 수단.

便秘[べんぴ] ≪医≫ 변비.

便船[びんせん] 마침 떠나는 배.

²便所[べんじょ] 변소; 화장실.

便乗[びんじょう] 편승; ①남의 차에 같이 탐. ②기회를 틈타서 잘 이용함.

¹便宜[べんぎ] 편의; ①편리하고 마땅함. ②그 때 그 때에 적응한 처치(処置).

便意[べんい] 변의; 대변을 보고 싶은 느낌.

便益[べんえき] 편익; 편리함.

便箋[びんせん] 편지지.

便通[べんつう] 변통; 대변이 나옴.

偏(偏) 치우칠 편

丿 亻 亻 仟 佇 仴 偏 偏 偏 偏

音 ●ヘン
訓 ●かたよる ⊗ひとえに

訓読

●偏る[かたよる] 〈5自〉 한쪽으로 치우치다. 한쪽으로 쏠리다.

偏り[かたより] 한쪽으로 치우침.

⊗偏に[ひとえに] 오로지. 오직. 전적으로.

音読

偏[へん] ≪語学≫ 변. 좌우로 구성되는 한자(漢字)의 왼쪽 부분.

偏する[へんする] 〈サ変自〉 한쪽으로 치우치다. 한쪽으로 쏠리다. 기울다.

¹偏見[へんけん] 편견; 한쪽으로 치우친 견해·사고방식.

偏光[へんこう] ≪物≫ 편광.

偏屈[へんくつ] 편굴; 편벽되고 비뚤어져 있음.

偏頭痛[へんずつう] ≪医≫ 편두통.

偏食[へんしょく] 편식; 음식을 골고루 먹지 않고 어느 것 한쪽에 치우쳐 먹음.

偏愛[へんあい] 편애; 어느 한쪽에 치우쳐 사랑함.

偏在[へんざい] 편재; 한곳에만 치우쳐 몰려 있음.

偏重[へんちょう] 편중; 어떤 특정한 것만 중요시함.

偏執[へんしゅう/へんしつ] 편집; 편견을 고집하고 남의 의견을 받아들이지 않음.

偏差[へんさ] ≪数≫ 편차; 수치·위치·방향 등이 표준에서 벗어남.

偏向[へんこう] 편향; 한쪽으로 치우침.

偏狭[へんきょう] 편협; ①땅·토지가 좁음. ②도량(度量)이 좁음.

遍(遍) 두루 편

一 ㄱ ㅋ 尸 尸 戶 扁 扁 漏 遍

音 ●ヘン
訓 ⊗あまねく ⊗あまねし

訓読

⊗遍く[あまねく] 널리. 두루. 일반적으로.

⊗遍し[あまねし] 〈形〉 널리 미치다. 두루 미치다. 널리 퍼져 있다.

音読
²遍[へん] (횟수를 세는 말로) 번. 회(回).
遍歴[へんれき] 편력; ①널리 돌아다님. ②여러 가지 경험을 함.
遍在[へんざい] 편재; 널리 퍼져 있음.

編(編) 엮을 편

幺 糸 紵 紵 紵 紵 紵 絹 絹 編

音 ●ヘン
訓 ●あむ

訓読
²●編む[あむ] 〈五他〉 ①엮다. 땋다. 뜨다.
②편집하다. 편찬하다. ③(계획 등을) 짜다. 세우다.
編み機[あみき] 편물기(編物機). 편물 기계.
編み笠[あみがさ] 골풀 등으로 엮은 삿갓.
編み目[あみめ] ①(물건을 엮은) 틈새기. ②(뜨개질의) 코.
²編(み)物[あみもの] 편물; 뜨개질.
編み棒[あみぼう] 뜨개바늘. 대바늘.
編み糸[あみいと] 뜨개질실.
編(み)上(げ)[あみあげ] ①엮어서 짜 올라감. ②'編上靴'의 준말.
編み上げる[あみあげる] 〈下1他〉 ①엮어서 올라가다. ②끝까지 다 엮다. 끝까지 다 짜다.
編上靴[あみあげぐつ] 편상화; 목이 단화보다는 길고 장화보다는 짧은 구두.
編み出す[あみだす] 〈五他〉 ①엮어 짜기 시작하다. ②(무늬를) 짜 내다. ③고안해 내다. 생각해 내다.
編(み)針[あみばり] 뜨개바늘.
編(み)戸[あみど] (대・나무 등으로) 엮은 문. 사립문.

音読
編[へん] 편; ①문장(文章). 시문(詩文).
②책 내용을 여러 부분별로 나누었을 때의 일부분. ③'編集'의 준말.
編曲[へんきょく] 편곡; 어떤 악곡을 악기나 연주 형식을 바꾸거나 하여 사용하기 위해 고쳐 쓴 곡.
編年体[へんねんたい] 편년체; 연월(年月)의 순서대로 역사를 기술하는 방법.
編隊[へんたい] 편대; 두 대 이상의 비행기 대오를 편성함.
編成[へんせい] 편성; 각각의 것을 모아서 조직적으로 엮어서 만듦.

編修[へんしゅう] 편수; 어떤 자료를 근거로 책을 편집하고 수정(修正)함.
編入[へんにゅう] 편입; 단체・조직 등에 끼게 함.
編者[へんしゃ] 편자; 편집자. 편찬자.
編著[へんちょ] 편저; 저작하고 편집한 책.
編制[へんせい] 편제; 전체를 분할ㅎ여 계통적인 단위로서 조직함.
²編集[へんしゅう] 편집; ①일정한 기획 아래 수집하고 정리하여 서적・신문・잡지 형태로 만듦. ②필름・테이프 등을 정리하여 재편성함.
編纂[へんさん] 편찬; 여러 종류의 재료를 모아서 책의 내용을 꾸며냄.

扁ˣ(扁) 납작할 편   音 ⊗ヘン
                      訓 —

音読
扁桃[へんとう] 편도; ①'アーモンド(아몬드)'의 딴이름. ②편도선(扁桃腺).
扁桃腺[へんとうせん] ≪生理≫ 편도선.
扁円形[へんえんけい] 편원형; 납작한 원형.
扁舟[へんしゅう] 편주; 쪽배.
扁平[へんぺい] 편평; 평평함.
扁平足[へんぺいそく] ≪医≫ 편평족; 평발.
扁形[へんけい] 편형; 평평한 모양.

篇ˣ(篇) 책/문장 편   音 ⊗ヘン
                      訓 —

音読
篇[へん] ①시문(詩文). 문장(文章). ②책의 내용을 여러 부분별로 나누었을 때의 일부분.
篇什[へんじゅう] ①한시(漢詩)를 모은 것. 시편(詩篇). ②시(詩).
篇章[へんしょう] 편장; ①시(詩)나 문장의 편(篇)과 장(章). ②시문(詩文). 문장. 책.
篇帙[へんちつ] 편질; ①책을 덮어 싸는 표지. ②책. 서적.

蝙ˣ(蝙) 박쥐 편   音 ⊗ヘン
                    訓 ⊗こうもり

訓読
蝙蝠[こうもり] ① ≪動≫ 박쥐. ②이리 붙었다 저리 붙었다 하는 사람.
蝙蝠傘[こうもりがさ] 박쥐우산. 양산(洋傘).

鞭　채찍 편

音 ⊗ベン
訓 ⊗むち

訓読
⊗鞭[むち] ①회초리. 채찍. 매. ②지휘봉.
鞭打つ[むちうつ] 〈5自他〉①채찍질하다. 채찍을 가하다. ②격려하다.
鞭打ち[むちうち] ①채찍으로 때림. ②(말의 몸에서) 기수의 채찍이 닿는 곳. ③'鞭打ち症'의 준말.

音読
鞭撻[べんたつ] 편달; 격려함.
鞭毛虫[べんもうちゅう] 《動》 편모충.
鞭虫[べんちゅう] 《動》 편충.

騙ˣ(騙)　속일 편

音 ⊗ヘン
訓 ⊗かたる
　　⊗だます

訓読
⊗騙る[かたる] 〈他〉①사취(詐取)하다. 속여서 빼앗다. ②사칭(詐稱)하다. 속이다.
⊗騙かす[だまかす] 〈5他〉《俗》 속이다.
⊗騙くらかす[だまくらかす] 〈5他〉《俗》 속이다.
²⊗騙す[だます] 〈他〉①속이다. ②달래다. ③호리다.

音読
騙詐[へんさ] 거짓말로 속임.
騙取[へんしゅ] 편취; 속여서 빼앗음.

[폄]

貶　떨어뜨릴 폄

音 ⊗ヘン
訓 ⊗けなす

訓読
¹⊗貶す[けなす] 〈5他〉헐뜯다. 비방하다.
⊗貶める[おとしめる] 〈下1他〉깔보다. 얕보다. 멸시하다.
⊗貶む[さげすむ] 〈他〉깔보다. 얕보다. 멸시하다. 업신여기다.
貶み[さげすみ] 깔봄. 얕봄. 멸시함. 업신여김.

音読
貶する[へんする] 〈サ變他〉❶비방하다. 헐뜯다. ❷강등시키다. 좌천시키다.

[평]

平(平)　평평할/화평할 평

一 ㄱ ㄢ 立 平

音 ●ヘイ ●ビョウ
訓 ●たいら ●ひら

訓読
²●平ら[たいら] 〈形動〉①평평함. 납작함. 평탄함. ②편한 자세를 취함. ③평온함. 안정됨. ④(地名에 접속하여) 산간(山間)의 평지를 나타냄.
●平らか[たいらか] 〈形動〉①평평함. 납작함. 평탄함. ②(세상이) 평온함. 안정됨. ③(마음이) 편안함.
●平らぐ[たいらぐ] 〈5自〉①평평해지다. 평탄해지다. ②(병이 나아) 평온해지다.
●平らげる[たいらげる] 〈下1他〉①(소란을) 진압하다. 평정하다. (적군을) 퇴치하다. ②다 먹어치우다. ③평평하게 하다. 평탄하게 만들다.
●平[ひら] ①평평함. 평평한 곳. ②보통. ③《建》 건물의 대들보에 평행한 측면. ④'平椀(ひらわん)'의 준말.
¹平たい[ひらたい] 〈形〉①납작하다. 널찍하다. ②평평하다. 판판하다. ③(성격이) 모나지 않다. 사근사근하다. ④이해하기 쉽다.
⁴平仮名[ひらがな] 히라가나.
平家❶[ひらや] 단층집. ❷[へいけ] ☞ [音読]
平鍋[ひらなべ] 납작한 냄비.
平社員[ひらしゃいん] 평사원; 보통 사원.
平謝り[ひらあやまり] 싹싹 빎.
平手[ひらて] ①편 손바닥. ②(장기에서) 맞장기.
平泳ぎ[ひらおよぎ] 평영; 개구리헤엄.
平屋[ひらや] 단층집.
平屋建て[ひらやだて] 단층집 구조.

音読
平価[へいか] 평가; ①두 나라 간의 화폐 가치의 비율. ②유가 증권 거래 가격이 액면 가격과 같음.
平価切り下げ[へいかきりさげ] 평가절하.
²平均[へいきん] 평균; ①균일함. ②수량의 중간치. ③균형.

²平気[へいき] ①태연함. 아무렇지도 않음.
　②예사로움. ③끄떡없음.

平年[へいねん] 평년; ①윤년(閏年)이 아닌
　해. ②농사가 보통인 해.

平等[びょうどう] 평등; 차별이 없음. 동등함.

平面[へいめん] 평면; 평평한 표면.

平民[へいみん] 평민; 일반인. 서민.

¹平方[へいほう] ≪数≫ 평방; 자승. 제곱.

平方根[へいほうこん] ≪数≫ 평방근; 제곱근.

²平凡[へいぼん] 평범; 보통임.

²平伏[へいふく] 엎드림. 엎드려 절함.

平服[へいふく] 평복; 평상복.

¹平常[へいじょう] 평상; 일상. 보통. 평소.

平生[へいぜい] 평소. 보통 때.

平時[へいじ] 평시; 평상시. 보통 때.

平身低頭[へいしんていとう] 평신저두; 엎
　드리어 고개를 숙이고 황송해 함.

平安[へいあん] 평안; ①무사하고 평온함.
　②겉봉의 수신인 이름 옆에 쓰는 말.
　＊특별한 용무가 아님을 밝히는 말임.
　③'平安時代'의 준말.

²平野[へいや] 평야; 넓은 들판.

平然[へいぜん] 평연; 태연함.

平熱[へいねつ] ≪生理≫ 평열.

平穏[へいおん] 평온; 고요하고 평화로움.

平原[へいげん] 평원; 평평한 들판.

平易[へいい] 평이; 까다롭지 않고 쉬움.

²平日[へいじつ] 평일; ①평상시. 보통 때.
　②일요일·공휴일이 아닌 날.

平定[へいてい] 평정; 평온하게 진정시킴.

平静[へいせい] 평정; 평안하고 고요함.

平準[へいじゅん] 평준; ①수평으로 함.
　②균일하게 함.

平地[へいち/ひらち] 평지; 평평한 땅.

平凸レンズ[へいとつレンズ] 평철렌즈.

平坦[へいたん] 평탄; ①지면이 넓고 평평
　함. ②덤덤함. 순탄함.

平版[へいはん] ≪印≫ 평판; 표면이 평평한
　인쇄판.

平版印刷[へいはんいんさつ] 평판 인쇄.

平平凡凡[へいへいぼんぼん] 평범하기 짝이
　없음. 아주 평범함.

²平行[へいこう] 평행; ① ≪数≫ 서로 만나
　지 않는 선. ②병행(並行).

平行線[へいこうせん] 평행선.

平衡[へいこう] 평형; 균형. 밸런스.

²平和[へいわ] 평화; 화목함. 평온함.

坪(坪) 땅평평할 평

一 十 土 ⼟ ⼟ ⼟ 坪 坪

音 ⊗ヘイ
訓 ●つぼ

訓読
●坪[つぼ] ①평; (地積의 단위로) 가로 세
　로 여섯 자(尺) 평방. 약 3.306㎡. ②(立体
　의 단위로) 여섯 자(尺) 입방(立方). ③(製
　版·비단 등의) 한 치 평방. ④(가죽·타
　일 등의) 한 자(尺) 평방.

坪当(た)り[つぼあたり] 평당.

坪数[つぼすう] 평수.

坪刈り[つぼがり] ≪農≫ 평균작의 한 평만
　베어 전체의 수확량을 산출함.

評(評) 평론할 평

亠 亠 言 言 言 訂 評 評 評 評

音 ●ヒョウ
訓 ―

音読
評[ひょう] 평; 비평. 평판.

評する[ひょうする] 〈サ変他〉 평하다; 비평
　하다. 평가하다.

²評価[ひょうか] 평가; ①가치나 가격을 정
　함. ②긍정적으로 그 가치를 높이 인정
　함. ③교육 효과에 관해 판정함.

評決[ひょうけつ] 평결; 의결(議決).

評壇[ひょうだん] 평단; 비평가의 사회.

²評論[ひょうろん] 평론; 비평하여 논함.

評釈[ひょうしゃく] 평석; 해석하고 비평을
　가함.

評言[ひょうげん] 평언; 비평의 말.

評議[ひょうぎ] 평의; 여러 사람이 모여서
　의견을 발표하고 의논함.

評点[ひょうてん] 평점; 평가하여 매기는 점수.

評定❶[ひょうじょう] 평정; 여럿이 평의하
　여 결정함. ❷[ひょうてい] (가격·등급을)
　평가하여 정함.

評注[ひょうちゅう] 평주; 비평을 하고 주
　석(注釈)을 가함.

²評判[ひょうばん] 평판; ①세상 사람들의
　비평. ②소문남. 유명해짐. 인기가 있음.
　잘 알려짐.

[폐]

肺   허파 폐

丿 刀 月 月 月 肝 肝 肺 肺 肺

音 ●ハイ
訓 ―

音読
肺[はい] 《生理》 폐; 허파.
肺結核[はいけっかく] 《医》 폐결핵.
肺炎[はいえん] 《医》 폐렴.
肺病[はいびょう] 《医》 폐병; 폐결핵.
肺腑[はいふ] 폐부; ①허파. 폐. ②마음 속. ③급소. 요긴한 곳.
肺癌[はいがん] 《医》 폐암.
肺臓[はいぞう] 《生理》 폐장; 허파. 폐.
肺活量[はいかつりょう] 폐활량.

陛   임금/섬돌 폐

了 阝 阝 阝 阡 阼 阼 陛 陛

音 ●ヘイ
訓 ⊗きざはし

訓読
⊗階[きざはし] 《雅》 계단. 층층대.
音読
陛下[へいか] 폐하; 天皇(てんのう)・皇后(こうごう)・皇太后(こうたいごう)・太皇太后(たいこうたいごう)의 경칭(敬称). ※단독으로 사용할 때는 천황(天皇)을 가리킬 때가 많음.

閉   문닫을 폐

丨 冂 冃 冃 門 門 門 門 閉 閉

音 ●ヘイ
訓 ●とざす ●とじる ●しまる ●しめる

訓読
●閉ざす[とざす] 〈5他〉 ①(문을) 잠그다. 닫다. ②(길・통행을) 막다. 방해하다. ③(출입구를) 봉쇄하다. 폐쇄하다.
²●閉じる[とじる] 〈上1自〉 ①(열린 것이) 닫히다. ②끝나다. 파하다. 〈上1他〉 ①(열린 것・편 것을) 닫다. 덮다. 접다. ②(하던 일을) 마치다. 끝내다.

●閉じ籠もる[とじこもる] 〈5自〉 (문을 닫고 집이나 방에) 틀어박히다.
●閉じ込める[とじこめる] 〈下1他〉 가두다.
⁴●閉まる[しまる] 〈5自〉 ①(문 등이) 닫히다. ②(영업이) 끝나다.
⁴●閉める[しめる] 〈下1他〉 ①(열린 것・편 것을) 닫다. 덮다. 접다. ②영업을 끝내다. ③폐업하다.

音読
閉館[へいかん] 폐관; 도서관・미술관・박물관 등이 폐업함. 또는 그 날의 업무를 마침.
閉校[へいこう] 폐교; ①학교를 폐쇄함. ②그 날의 수업을 마침.
¹閉口[へいこう] ①입을 굳게 다물고 아무 말을 하지 않음. ②질림. 손듦.
閉幕[へいまく] 폐막; ①연극을 마치고 막을 내림. ②어떤 행사가 끝남.
閉門[へいもん] 폐문; ①문을 닫음. ②(근신하는 뜻으로) 집안에 틀어박힘.
閉塞[へいそく] 폐색; (문을) 닫아서 막음. 닫히어 막힘.
¹閉鎖[へいさ] 폐쇄; ①문을 닫아 출입을 못하게 함. ②문을 닫아 출입하는 기능을 정지시킴.
閉業[へいぎょう] 폐업; ①그 날의 영업을 끝냄. ②영업을 중단함.
閉店[へいてん] 폐점; ①장사를 그만두고 가게를 폐쇄함. ②가게가 그 날의 영업을 마침.
閉廷[へいてい] 《法》 폐정; ①법정을 닫음. ②법정에서의 심리를 중단함.
²閉会[へいかい] 폐회; ①회의・모임을 끝마침. ②(국회의) 회기가 끝남.

廃(廢)   폐지할 폐

广 广 庐 庐 庐 庐 廃 庐 庐 廃

音 ●ハイ
訓 ●すたる ●すたれる

訓読
●廃る[すたる] 〈5自〉 ①쓸모없게 되다. 쓰이지 않게 되다. ②유행이 지나가다. 한물가다. ③(체면이나 명예가) 실추되다.
¹●廃れる[すたれる] 〈下1自〉 ①쓸모없게 되다. 쓰이지 않게 되다. ②유행이 지나가다. 한물가다. ③(체면이나 명예가) 실추되다. 손상되다. 깎이다.

廃れ物[すたれもの] ①폐품(廃品). ②한물 간 것. 지금은 유행하지 않는 것.

音読

廃ガス[はいガス] 페가스.

廃する[はいする] 〈サ変他〉 ①폐하다. 폐지 하다. 그만두다. ②지위에서 물러나게 하 다. 폐위(廃位)하다.

廃刊[はいかん] 폐간; 신문·잡지 등의 정 기 간행물의 간행을 폐지함.

廃坑[はいこう] 폐갱; 폐기된 광산·탄광.

廃鉱[はいこう] 폐광; 폐기된 광산.

廃校[はいこう] 폐교; 폐쇄된 학교.

廃棄[はいき] 폐기; ①못쓰게 된 것을 버 림. ②그만두어 무효화함.

廃物[はいぶつ] 폐물; 필요 없는 물건.

廃液[はいえき] 폐액; 못쓰게 되어 버려진 액체.

廃業[はいぎょう] 폐업; 그때까지의 직업이 나 장사를 그만둠.

廃園[はいえん] 폐원; ①황폐된 정원. ②유 치원·공원·식물원·동물원 등의 경영을 그만둠.

廃人[はいじん] 폐인; 사고·질병 등으로 일상적인 사회생활을 할 수 없는 사람.

廃除[はいじょ] 폐제; ①버려 없앰. ②추정 상속인으로서의 지위를 상실시킴.

廃止[はいし] 폐지; 이제까지의 제도·법규 등을 불필요한 것으로 하여 그만둠.

廃品[はいひん] 폐품; 못쓰게 된 물건.

廃合[はいごう] 폐합; 폐지와 합병.

廃墟[はいきょ] 폐허; 건물이나 시가지·성 터 등의 황폐된 터.

幣(幣) 예물 폐

ツ 尚 尚 尚 尚 尚 敝 敝 幣

音 ●ヘイ

訓 ⊗ぬさ

訓読

⊗**幣**❶[ぬさ] 《宗》 (神道(しんとう)에서) 신 에게 빌 때 바치는 삼·종이 등을 가늘게 오려 만든 것. ＊신전(神前)의 나뭇가지 나 울타리에 묶어 드리움. ❷[へい] ☞ [音読]

音読

幣❶[へい] ①신에게 빌 때 바치는 삼·종 이 등을 가늘게 오려 만든 것. ②공물(貢 物). 진상물(進上物). ❷[ぬさ] ☞ [訓読]

幣物[へいぶつ/へいもつ] 폐물; ①신(神)에 게 바치는 물건의 총칭. ②예물. 선물.

幣帛[へいはく] 폐백; ①신전(神前)에 바치 는 공물(供物). ②예물. 선물.

幣束[へいそく] (신에게 바치는 공물의 하 나로) 삼·종이 등을 잘라 가늘고 긴 나 무에 드리운 것.

幣制[へいせい] 화폐(貨幣) 제도.

幣制改革[へいせいかいかく] 화폐 제도 개혁.

弊(弊) 폐단/나쁠 폐

ツ 尚 尚 尚 尚 尚 敝 敝 弊

音 ●ヘイ

訓 ―

音読

弊[へい] 폐; ①폐습. ②폐해. 폐단. ③(자 기 것임을 나타내는 겸손한 말로) 폐. ¶～社(しゃ) 폐사; 저희 회사.

弊履[へいり] 폐리; 헌 신짝.

弊社[へいしゃ] 폐사; '저희 회사'의 낮춤말.

弊習[へいしゅう] 폐습; 나쁜 풍습.

弊屋[へいおく] 폐옥; ①황폐된 집. ②자기 집의 낮춤말.

弊店[へいてん] 폐점; 자기 가게의 낮춤말.

弊政[へいせい] 폐정; 악정(悪政).

弊紙[へいし] 폐지; 자사(自社) 발행 신문에 대한 낮춤말.

弊誌[へいし] 폐지; 자사(自社) 발행 잡지에 대한 낮춤말.

弊村[へいそん] 폐촌; ①피폐(疲弊)한 마을. ②자기 마을의 낮춤말.

弊宅[へいたく] 폐택; ①피폐된 집. ②자기 집의 낮춤말.

弊舗[へいほ] 폐포; 자기 가게의 낮춤말.

弊風[へいふう] 폐풍; 나쁜 풍습.

弊害[へいがい] 폐해; 폐단(弊端)과 손해.

吠 짖을 폐   音 ⊗ベイ
                 訓 ⊗ほえる

訓読

吠える[ほえる] 〈下1自〉 ①(개·맹수 등이) 짖다. 으르렁거리다. ② 《俗》 앙앙거리 다. 큰소리로 울다. ③ 《俗》 소리 지르다. 악쓰다.

吠え面[ほえづら] 《俗》 울상. 우는 얼굴.

[포]

包 (包) 포장할/쌀 포

丿 勹 勹 勺 包

- **音** ◉ホウ
- **訓** ●つつむ ⊗くるむ ⊗くるめる

訓読

³**包む❶**[つつむ] 〈5他〉 ①포장하다. 싸다. ②둘러싸다. 에워싸다. ③(감정 등을) 감추다. 숨기다. 품다. ④(돈을) 종이에 싸서 주다.

²⊗**包む❷**[くるむ] 〈5他〉 휘감아 싸다. 감싸다.

²●**包み❶**[つつみ] ①포장함. 쌈. 포장한 물건. 보따리. 꾸러미. ②(포장한 물건을 세는 말로) 봉지. 꾸러미.

⊗**包み❷**[くるみ] ①휘감아 쌈. 폭 감쌈. 또는 그런 물건. ②▮お～ (아기의) 포대기.

包み金[つつみきん/つつみがね] 금일봉(金一封). (축하나 사례의 표시로) 종이에 싸서 주는 돈.

包み飾る[つつみかざる] 〈5他〉 포장하여 꾸미다.

包み隠す[つつみかくす] 〈5他〉 ①포장하여 안 보이게 하다. ②비밀로 하다. 은폐하다.

包み紙[つつみがみ] 포장지.

⊗**包める**[くるめる] 〈F1他〉 ①(여러 개를) 하나로 뭉뚱그리다. 한데 합치다. ②둘러치다. 휘감싸다. ③교묘하게 속이다. 구슬리다.

音読

包括[ほうかつ] 포괄; 있는 대로 모두 하나로 휩싸서 묶음.

²**包帯**[ほうたい] 붕대(繃帯).

包摂[ほうせつ] 포섭; ①한 가지 사항을 큰 범위 속에 싸 넣음. ②어떤 개념이 일반적인 개념에 포함됨.

包容[ほうよう] 포용; 휩싸서 받아들임.

包容力[ほうようりょく] 포용력.

包囲[ほうい] 포위; 둘러쌈.

²**包装**[ほうそう] 포장; 물건을 싸서 꾸림.

²**包丁**[ほうちょう] ①부엌칼. 식칼. ②요리사. ③요리.

包含[ほうがん] 포함; 내포함. 싸서 간수함.

布 베/펼/베풀 포

丿 ナ ナ 右 布

- **音** ◉フ ⊗ホ
- **訓** ●ぬの ⊗しく

訓読

²●**布**[ぬの] 천. 옷감. 직물.

⊗**布く**[しく] 〈5他〉 (법·정치 등을) 널리 펴다. 베풀다.

布目[ぬのめ] ①(천의) 올. 발. ②(기와·도자기에 찍힌) 천의 올 무늬.

布目紙[ぬのめがみ] 천의 올 무늬를 넣은 종이.

布切れ[ぬのぎれ] 천조각. 헝겊.

布地[ぬのじ] 천. 옷감. 직물.

音読

¹**布巾**[ふきん] 행주.

¹**布告**[ふこく] 포고; 널리 알림.

布教[ふきょう] 포교; 전도(伝道).

布団[ふとん] ①이부자리. 이불. 요. ②부들방석. *좌선(座禅) 등에 사용함.

布石[ふせき] 포석; ①(바둑에서) 대국 초에 바둑알을 벌려 놓음. ②장래에 대비한 사전 준비.

布施[ふせ] ≪仏≫ ①보시. 가난한 사람에게 동정을 베풂. ②시주(施主). 중에게 시주하는 금품.

布陣[ふじん] 포진; (전쟁에서) 진을 침.

布置[ふち] 포치; 배치. 사물을 각각의 위치에 늘어놓음.

怖 두려워할 포

丿 丶 忄 忄 忤 怖 怖 怖

- **音** ◉フ
- **訓** ●こわい ⊗おじける ⊗おじる ⊗おめる ⊗おそれる

訓読

³●**怖い**[こわい] 〈形〉 무섭다. 두렵다. 겁나다.

怖がる[こわがる] 〈5自〉 무서워하다.

怖怖[こわごわ] 조심조심. 주뼛주뼛.

⊗**怖じける**[おじける] 〈F1自〉 무서워하다. 겁내다. 두려워하다. 겁먹다.

⊗**怖じる**[おじる] 〈上1自〉 무서워하다. 겁내다. 두려워하다. 겁먹다.

⊗怖める[おめる] 〈下1自〉 겁내다. 주눅 들다. 겁먹다. 무서워하다.

怖めず臆せず[おめずおくせず] 당당히, 조금도 두려워하지 않고.

⊗怖れる[おそれる] 〈下1自〉 ①무서워하다. 겁내다. 겁먹다. ②두려워하다. 경외(敬畏)하다. ③우려하다. 염려하다.

音読 ❶恐怖[きょうふ], 恐怖心[きょうふしん]

抱(抱) 안을/품을 포

一 十 扌 扌 扚 拘 拘 抱

音 ◉ホウ

訓 ◉かかえる ◉いだく ◉だく

訓読 ²◉抱える[かかえる] 〈下1他〉 ①안다. 껴안다. 끼다. 감싸 쥐다. ②(부담스러운 것을) 떠맡다. 안다. 거느리다. ③고용하다. 채용하다.

抱え[かかえ] ①고용함. 전속(專屬), 어용(御用). ②기한부로 고용한 기생·창녀. ③'抱え帯'의 준말.

抱え込む[かかえこむ] 〈5他〉 ①(양팔로) 껴안다. 부둥켜안다. ②(겨드랑이에) 끼다. ③안아 들이다. ④(부담스러운 일을) 떠맡다. 안다. 거느리다.

²◉抱く❶[いだく] 〈5他〉 (마음에) 품다.

²◉抱く❷[だく] 〈5他〉 (팔로) 안다. (앞가슴에) 품다.

抱き起こす[だきおこす] 〈5他〉 끌어 안아 일으키다.

抱き付く[だきつく] 〈5自〉 달려들어 안다. 엉겨 붙다. 붙잡고 늘어지다.

抱き上げる[だきあげる] 〈下1他〉 끌어 안아 올리다.

抱(き)込み[だきこみ] ①(양팔로) 꼭 껴안음. 부둥켜안음. ②(나쁜 일에) 끌어들임. 포섭함. ③(수사기관에서) 엉뚱한 사람을 공범이라고 진술함.

抱き込む[だきこむ] 〈5他〉 ①(양팔로) 꼭 껴안다. 부둥켜안다. 끌어안다. ②(나쁜 일에) 끌어들이다. 포섭하다. ③(수사기관에서) 엉뚱한 사람을 공범이라고 말하다.

抱き締める[だきしめる] 〈下1他〉 꼭 껴안다. 부둥켜안다.

抱き取る[だきとる] 〈5他〉 ①(아기를) 받아서 안다. ②(양팔로) 꼭 껴안다.

抱き抱える[だきかかえる] 〈下1他〉 끌어안다. 껴안다. 부축하다.

抱き合う[だきあう] 〈5自〉 서로 끌어안다. 서로 얼싸안다.

抱(き)合(わ)せ[だきあわせ] ①(두 가지를) 하나로 묶음. ②(인기 상품에) 끼워 팔기. (두 가지를) 묶어서 팖.

抱き合わせる[だきあわせる] 〈下1他〉 ①(두 가지를) 하나로 묶다. 짝 짓다. 연계시키다. ②(다른 물건에) 끼워서 팔다.

音読 抱腹[ほうふく] 포복; 몹시 웃음.

抱腹絶倒[ほうふくぜっとう] 포복절도.

抱負[ほうふ] 포부; 마음속에 품고 있는 생각이나 계획.

抱擁[ほうよう] 포옹; 얼싸안음.

抱懐[ほうかい] 포회; 생각을 품음.

泡(泡) 물거품 포

丶 丶 氵 氵 汋 泃 泃 泡

音 ◉ホウ

訓 ◉あわ ⊗あぶく

訓読 ²◉泡[あわ] ①거품. ②(입가의) 게거품.

⊗泡[あぶく] ≪俗≫ 거품. ¶シャボンの~ 비누 거품.

泡立つ[あわだつ] 〈5自〉 거품이 일다.

泡立てる[あわだてる] 〈下1他〉 거품을 일으키다. 거품이 일게 하다.

泡立(て)器[あわだてき] (계란·생크림 등을 휘저어) 거품을 내는 기구.

泡雪[あわゆき] ①가랑눈. ②'泡雪羹(あわゆきかん)'泡雪豆腐(あわゆきどうふ)'의 준말.

泡雪羹[あわゆきかん] 계란 흰자를 거품 내어 우무와 설탕을 넣어 만든 양갱(羊羹).

泡盛[あわもり] 沖縄(おきなわ) 특산의 소주.

泡銭[あぶくぜに] 부정하게 번 돈.

音読 泡沫[ほうまつ] 포말; ①물거품. ②(물거품처럼) 덧없음. 허무함.

泡沫景気[ほうまつけいき] 포말 경기; 일시적인 호황.

泡沫候補[ほうまつこうほ] 포괄 후보; 당선이 절대 불가능한데도 이름을 내거나 다른 후보를 방해하기 위해 입후보한 사람.

胞(胞) 태보 포

丿 几 几 月 肝 朐 朐 朐 胞

音 ●ホウ ●ボウ
訓 ―

音読
胞子[ほうし] ≪植≫ 포자; 민꽃식물의 생식을 위해 생긴 특별한 세포.
胞葉[ほうしよう] ≪植≫ 포자엽.
胞体[ほうしたい] ≪植≫ 포자체.
◖細胞[さいぼう], 同胞[どうほう]

捕 붙잡을 포

一 亅 扌 扩 扩 折 捕 捕 捕 捕

音 ●ホ
訓 ●つかまえる ●つかまる ●とる ●とらえる
●とらわれる

訓読
³◖捕まえる[つかまえる]〈下1他〉 ①(달아나지 못하도록) 붙잡다. 붙들다. ②(안 놓치려고) 꽉 잡다.
²◖捕まる[つかまる]〈5自〉 ①(범인 등이) 붙잡히다. ②(가지 못하게) 붙잡히다. ③꽉 붙잡고 매달리다.
²◖捕る[とる]〈5他〉 (생물을) 포획하다. 잡다. 따다.
捕(り)方[とりかた] 죄인을 체포하는 방법.
²◖捕(ら)える[とらえる]〈下1他〉 ①(안 놓치려고) 붙잡다. 붙들다. ②포착하다. ③파악하다. ④(마음을) 사로잡다.
◖捕(ら)われる[とらわれる]〈下1自〉 ①붙잡히다. 사로잡히다. ②구애되다. 구애받다. 얽매이다.

音読
¹捕鯨[ほげい] 포경; 고래잡이.
¹捕鯨船[ほげいせん] 포경선.
¹捕虜[ほりょ] 포로; (전쟁에서) 적군에게 사로잡힌 사람.
¹捕虜収容所[ほりょしゅうようしょ] 포로수용소.
捕手[ほしゅ] 포수; (야구에서) 캐처.
捕捉[ほそく] 포착; ①붙잡음. ②파악함.
¹捕獲[ほかく] 포획; ①(짐승 등을) 잡음. 사로잡음. ②노획함. 나포함.

浦 물가 포

丶 丶 氵 氵 汀 汀 沪 沪 浦 浦

音 ●ホ
訓 ●うら

訓読
●浦[うら] ①포구(浦口). 후미. 만(湾). ②해변. 바닷가.
浦島太郎[うらしまたろう] 일본 동화에 나오는 한 주인공.
浦里[うらざと] ≪雅≫ 어촌. 갯마을.
浦人[うらびと] 갯마을 사람. 어민. 어부.
浦伝い[うらづたい] 해변을 따라서 걸음.
浦波[うらなみ] ≪雅≫ 물가로 밀려오는 파도.
浦風[うらかぜ] 갯바람. 해변 바람.

音読
◖曲浦[きょくほ]

砲(砲) 대포 포

一 丁 丆 石 石 矿 矿 矽 砲 砲

音 ●ホウ
訓 ―

音読
砲[ほう] 포; 대포. 화포(火砲).
砲架[ほうか] 포가; 포신을 얹는 받침.
砲撃[ほうげき] 포격; 대포 사격.
砲口[ほうこう] 포구; 포문(砲門).
砲台[ほうだい] 포대; 대포를 설치한 진지.
砲門[ほうもん] 포문; ①포구(砲口). ②포안(砲眼).
砲兵[ほうへい] 포병; 대포로 적을 공격하는 임무를 띤 병사.
砲声[ほうせい] 포성; 대포를 쏘는 소리.
砲手[ほうしゅ] 포수; 대포 사수(射手).
砲術[ほうじゅつ] 포술; 대포를 다루는 기술.
砲身[ほうしん] 포신; 대포의 몸통.
砲煙[ほうえん] 포연; 대포를 쏠 때 나오는 연기.
砲列[ほうれつ] 포열; 대포를 가로로 늘어놓고 사격하는 형태.
砲座[ほうざ] 포좌; 대포를 고정시키는 밑받침대.
砲車[ほうしゃ] 포차; 대포를 이동하기 쉽게 바퀴를 단 포가(砲架).

砲弾[ほうだん] 포탄; 대포의 탄환.

砲塔[ほうとう] 포탑; 대포·전투원을 방호
하기 위해 두른 두꺼운 강철 장치.

砲艦[ほうかん] 포함; 해안의 경비 임무를
맡은 소형 군함.

砲火[ほうか] 포화; 포격(砲擊).

砲丸[ほうがん] 포환; ①포탄. ②투포환에
사용하는 금속제의 공.

砲丸投げ[ほうがんなげ] 투포환(投砲丸).

飽(飽) 배부를 포

ノ ケ キ キ 含 食 飠 飠 飽 飽

音 ●ホウ
訓 ●あかす ●あきる ●あく

訓読
●飽かす[あかす] 〈5他〉 ①싫증나게 하다.
물리게 하다. ②('…に飽(あ)かして'의 문형
으로) …을 십분 활용하다. …을 아낌없
이 쓰다. …을 듬뿍 들이다.
²●飽きる[あきる] 〈上1自〉 ①(똑같은 일이
여러 번 계속되어) 싫증나다. 물리다. 질
리다. ②만족하다.
飽き[あき] 싫증. 물림. 질림. 진력남.
飽きっぽい[あきっぽい] 〈形〉 금방 싫증을
내다. 이내 질리다.
飽き性[あきしょう] 싫증을 잘 내는 성질.
飽き足らない[あきたらない] 성에 차지 않
다. 불만스럽다. 시원찮게 여기다.
飽き足りない[あきたりない] 성에 차지 않
다. 불만스럽다. 시원찮게 여기다.
飽き飽き[あきあき] 몹시 싫증이 남. 넌덜
머리남. 진절머리 남.
●飽く[あく] 〈5自〉 싫증나다. 질리다. 물
리다.
飽くなき[あくなき] 끝없이 탐하는. 만족할
줄 모르는.
²飽くまで[あくまで] 끝까지. 철저히. 철두
철미.

音読
飽満[ほうまん] 포만; 배불리 먹음. 실컷
먹음. 마음껏 먹음.
飽食[ほうしょく] 포식; ①배불리 먹음. ②먹
을 것이 풍부함.
¹飽和[ほうわ] 포화; ①더 이상 넣을 수 없
을 정도로 가득함. ②≪物≫ 포화.
飽和量[ほうわりょう] 포화량.

舖(舖) 가게/펼 포

ノ ケ ゟ 舎 舎 舎 鈁 舗 舗 舗

音 ●ホ
訓 ⊗しく

訓読
⊗舖く[しく] 〈5他〉 (모래·자갈·타일 등을)
깔다.

音読
舖道[ほどう] 포도; 포장 도로.
舖石[ほせき] 포석; 도로에 포장되어 있는 돌.
포장석.
¹舖装[ほそう] 포장; 노면에 콘크리트·아스
팔트·벽돌 등을 깖.

褒 기릴/칭찬할 포

一 ナ 衣 侉 侉 停 停 褒 褒 褒 褒

音 ●ホウ
訓 ●ほめる

訓読
³●褒める[ほめる] 〈下1他〉 ①칭찬하다. ②축
복하다. 축하하다.
褒めちぎる[ほめちぎる] 〈5他〉 (늘 인이 무안
할 정도로) 극구 칭찬하다. 격찬하다.
褒め立てる[ほめたてる] 〈下1他〉 치켜세우
다. 극구 칭찬하다. 격찬하다.

音読
¹褒美[ほうび] 포상(褒賞). 칭찬하며 격려하
는 뜻으로 주는 금품.
褒賞[ほうしょう] 포상; 칭찬하며 격려하는
뜻으로 주는 금품.
褒状[ほうじょう] 포장; 상장(賞状).
褒章[ほうしょう] 포장; 훌륭한 업적이 있
는 사람에게 국가가 주는 기장(記章).

抛 내던질 포

音 ⊖ホウ
訓 ⊖なげうつ

訓読
⊗抛つ[なげうつ] 〈5他〉 ①내던지다. 내팽개치
다. ②아낌없이 내놓다. 유감없이 버리다.

音読
抛棄[ほうき] 포기; 아주 내버림.

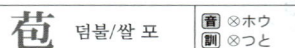

庖 ×(庖) 부엌 포 ｜ 音 ⊗ホウ ｜ 訓 ―

音読
²庖丁[ほうちょう] ①부엌칼. 식칼. ②요리사. ③요리.

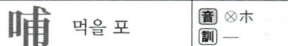

苞 덤불/쌀 포 ｜ 音 ⊗ホウ ｜ 訓 ⊗つと

訓読
⊗苞[つと] ①짚으로 싼 꾸러미. ②(선물용) 토산품(土産品).
音読
苞[ほう] ≪植≫ 포; 화포(花苞). 싹이나 꽃 부리 밑에 붙은 바늘 모양의 잎.

哺 먹을 포 ｜ 音 ⊗ホ ｜ 訓 ―

音読
哺乳[ほにゅう] 포유; 어미가 제 젖으로 새 끼를 먹여 기름.
哺乳動物[ほにゅうどうぶつ] 포유동물.

葡 포도 포 ｜ 音 ⊗ブ ⊗ホ ｜ 訓 ―

音読
葡萄[ぶどう] ≪植≫ 포도.
葡萄糖[ぶどうとう] ≪化≫ 포도당.
葡萄状球菌[ぶどうじょうきゅうきん] 포도 상구균.
葡萄色[ぶどういろ] 포도색; 붉은 자줏빛.
葡萄牙[ポルトガル] ≪地≫ 포르투갈.
葡萄液[ぶどうえき] 포도색; 포도 주스.
葡萄園[ぶどうえん] 포도원; 포도 농장.
葡萄畑[ぶどうばたけ] 포도밭.
葡萄酒[ぶどうしゅ] 포도주.

鉋 대패 포 ｜ 音 ⊗ホウ ｜ 訓 ⊗かんな

訓読
⊗鉋[かんな] 대패.
鉋掛[かんなかけ] 대패질.
鉋屑[かんなくず] 대팻밥.

蒲 부들 포 ｜ 音 ⊗ホ ⊗ブ ⊗フ ｜ 訓 ⊗がま ⊗かば

訓読
⊗蒲[がま] ≪植≫ 부들.
蒲焼[かばやき] 뼈를 발라내고 적당한 길이로 잘라 구운 뱀장어 요리
音読
蒲柳[ほりゅう] ≪植≫ 포류; 갯버들.

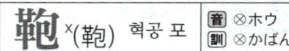

鞄 ×(鞄) 혁공 포 ｜ 音 ⊗ホウ ｜ 訓 ⊗かばん

訓読
⁴⊗鞄[かばん] 가방.
鞄持ち[かばんもち] 상사의 가방을 든 사람. 비서.

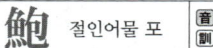

鮑 절인어물 포 ｜ 音 ⊗ホウ ｜ 訓 ⊗あわび

訓読
⊗鮑[あわび] ≪貝≫ 전복.
鮑の片思い[あわびのかたおもい] 짝사랑.

[폭]

幅 너비/폭 폭

｜ 丨 冂 巾 帄 帄 帄 帄 幅 幅 幅

音 ●フク
訓 ●はば

訓読
²●幅❶[はば] 폭; ①너비. 나비. ②(천의 폭을 재는 단위로) 폭. ＊한 폭은 30～36 ㎝임. ③(두 값의) 폭. 차이. ④융통성. 여유. ⑤위세. 세력. ❷[ふく] ☞ [音読]
幅広い[はばひろい] 〈形〉 ①폭이 넓다. ②광범위하다. 폭넓다.
幅跳び[はばとび] 멀리뛰기.
音読
幅❶[ふく] 폭; 족자. ¶七福神(しちふくじん)の～ 칠복신의 족자. ❷[はば] ☞ [訓読]
幅員[ふくいん] (도로・선박・차량 등의) 폭. 너비.

暴

①사나울 포/폭
②나타낼 폭

口 旦 므 므 昴 昺 昺 暴 暴 暴

[音] ●ボウ ●バク
[訓] ●あばく ●あばれる

訓読

●暴く[あばく] 〈5他〉 ①파헤치다. ②(비밀을) 폭로하다. 들추어내다. 까발리다.

暴き出す[あばきだす] 〈5他〉 마구 폭로하다. 마구 들추어내다. 까발리다.

²●暴れる[あばれる] 〈下1自〉 ①난폭하게 굴다. 난동을 부리다. 날뛰다. ②대담하게 행동하다. 설치다. 크게 활약하다.

暴れん坊[あばれんぼう] ①난폭한 사람. ②활약가. 설치는 사람.

暴れ者[あばれもの] 난폭자. 무법자.

音読

暴挙[ぼうきょ] 폭거; ①난폭한 행위. 불법 행위. ②폭동을 일으킴.

暴君[ぼうくん] 폭군; ①포악한 군주(君主). ②제멋대로 행동하는 난폭한 사람.

暴徒[ぼうと] 폭도; 폭동을 일으킨 무리.

¹暴動[ぼうどう] 폭동; 무리를 지어 소동을 일으켜 치안을 어지럽힘.

暴騰[ぼうとう] 폭등; 물가(物價)나 주가(株價)가 큰 폭으로 갑자기 뛰어오름.

暴落[ぼうらく] 폭락; 물가(物價)나 주가(株價)가 큰 폭으로 갑자기 내림.

¹暴力[ぼうりょく] 폭력; 물리적 힘을 사용한 난폭한 행위.

¹暴露[★ばくろ] 폭로; ①비밀·악행 등을 들춰냄. ②비바람을 맞음·맞힘.

暴利[ぼうり] 폭리; 부당하게 많은 이익.

暴発[ぼうはつ] 폭발; ①갑자기 일을 저지름. 갑자기 과격한 행동을 함. ②총기 오발(誤発). ③돌발(突発).

暴食[ぼうしょく] 폭식; 함부로 먹음.

暴言[ぼうげん] 폭언; 난폭하고 상대방을 무시하는 무례한 말.

暴飲[ぼういん] 폭음; 과도하게 술을 마심.

暴政[ぼうせい] 폭정; 포악한 정치.

暴走[ぼうそう] 폭주; ①난폭(亂暴)하게 달림. ②사물을 마구 밀어붙임. 억지로 추진함.

暴投[ぼうとう] 폭투; (야구의) 와일드 피치.

¹暴風[ぼうふう] 폭풍; 극심하게 부는 바람.

暴風圏[ぼうふうけん] 폭풍권.

暴風雨[ぼうふうう] 폭풍우; 폭풍을 동반한 비. 폭풍과 폭우. 사나운 비바람.

暴虐[ぼうぎゃく] 포학; 난폭하고 잔인한 방법으로 사람을 괴롭힘.

暴漢[ぼうかん] 폭한; 난폭한 사람.

暴行[ぼうこう] 폭행; ①난폭한 행동. ②남에게 폭력을 가함. ③성폭행. 강간(強姦).

爆

터질 폭

火 炸 炉 炉 焊 煤 爆 爆 爆

[音] ●バク
[訓] ⊗はぜる

訓読

⊗爆ぜる[はぜる] 〈下1自〉 (열매 등이 익어서) 터져 벌어지다. 튀다.

音読

爆撃[ばくげき] 폭격; 비행기에서 폭탄을 투하하여 적을 공격함.

²爆発[ばくはつ] 폭발; ①급격한 화학 반응에 의해 순간적으로 열·폭은·강한 압력 등이 발생함. ②울적함이 한꺼번에 분출함.

爆死[ばくし] 폭사; 폭탄의 파열이나 폭약의 폭발 등에 의해서 죽음.

爆笑[ばくしょう] 폭소; 여러 사람이 한꺼번에 큰 소리로 웃음.

爆薬[ばくやく] 폭약; 물건을 파괴하기 위한 화약 종류.

爆音[ばくおん] 폭음; 화산·화약 등이 폭발하는 소리.

¹爆弾[ばくだん] 폭탄; ①폭약을 폭발시켜서 사람을 살상하거나 시설물을 파괴하기 위한 병기(兵器). ②《俗》 남이 놀랄 만큼 갑자기 발표함. ③《俗》 싸구려 소주. ④강낭이뛰김.

¹爆破[ばくは] 폭파; 폭약을 폭발시켜서 시설물을 파괴시킴.

瀑

폭포 폭

[音] ⊗バク
[訓] ―

音読

瀑流[ばくりゅう] 폭류; 폭포의 흐름.

瀑声[ばくせい] 폭성; 폭포 소리.

[표]

表　겉/나타낼 표

一 十 卅 丰 丢 丢 表 表

音 ●ヒョウ
訓 ●おもて ●あらわす ●あらわれる

訓読

³●**表❶**[おもて] ①(물건의) 표면. 거죽. 겉. ②(가옥 등의) 바깥쪽. ③외관. 겉모양. 겉보기. 겉치레. ④집 앞. ⑤(다른 것보다) 앞섬. ⑥정면 입구. 정면(正面). ⑦(야구에서) 매회의 선공(先攻). 초(初). **❷**[ひょう] ☞ [音読]

²●**表**[あらわ]す[あらわす]〈5他〉①(모양·모습을) 드러내다. 나타내다. ②(감정·생각을) 드러내다. 나타내다. ③(기호로서 내용을) 표시하다. 상징하다. ④널리 알리다.

²●**表**[あらわ]れる[あらわれる]〈下1自〉①(모양·모습이) 출현하다. 나타나다. ②(감정·생각이) 드러내다. 나타나다. 표현되다. ③(저절로) 노출되다. 드러나다. ④널리 알려지다.

表構え[おもてがまえ] 집 정면의 구조.
表襟[おもてえり] (옷깃·동정의) 겉쪽.
表立つ[おもてだつ]〈5自〉①표면화되다. 겉으로 드러나다. 공개되다. 공공연히 드러나다. ②(소송 등이) 문제화되다.
表目[おもてめ] 겉에서 본 편물의 코.
表門[おもてもん] 정문(正門). 앞문.
表方[おもてかた] (극장이나 흥행장 등의) 매표원. 안내원. 사무원.
表沙汰[おもてざた] ①표면화됨. 공공연하게 알려짐. ②관청에서 취급되는 사건. 소송.
表書き[おもてがき] ①편지 겉봉 쓰기. ②겉봉의 주소 성명.
表芸[おもてげい] ①교양으로 갖추어야 할 기예(技芸). ②(그 사람의) 본업.
表日本[おもてにほん] (일본 열도 本州[ほんしゅう]의) 태평양 쪽의 지방.
表地[おもてじ] ①옷의 겉감. ②겹으로 된 주머니의 겉감.
表替え[おもてがえ] 다다미의 거죽을 새것으로 바꿈·교체함.
表側[おもてがわ] ①겉쪽. ②앞쪽. 정면쪽.

表通り[おもてどおり] (시가지의) 주된 큰길. 주요 간선 도로.
表表紙[おもてひょうし] (책의) 겉표지.
表向き[おもてむき] ①표면화됨. 공공연히 드러남. ②(실제로는 어떻든) 표면상. ③정부 관청. ④소송. 송사(訟事).

音読

²**表❶**[ひょう] 표; ①도표. 일람표. ②상주(上奏)하는 글월. **❷**[おもて] ☞ [訓読]
表する[ひょうする]〈サ変他〉표하다. 표시하다. 나타내다. 표현하다.
表決[ひょうけつ] 표결; 투표로 결정함.
表記[ひょうき] 표기; ①(문서 등의) 표면에 기록함. ②문자나 기호로써 나타냄.
表裏[ひょうり] 표리; ①겉과 속. 안팎. ②(말과 행동이) 겉 다르고 속다름.
²**表面**[ひょうめん] 표면; 겉. 앞면.
表面積[ひょうめんせき] 표면적; 어떤 물체 표면의 넓이.
表明[ひょうめい] 표명; 의사를 나타냄.
表象[ひょうしょう] 표상; 상징.
表示[ひょうじ] 표시; ①분명하게 나타내 보임. ②표(表)로 나타냄.
表音文字[ひょうおんもじ] 표음 문자.
表意文字[ひょういもじ] 표의문자; 뜻글자.
表装[ひょうそう] 표장; 표구(表具).
²**表情**[ひょうじょう] 표정; ①(감정·정서가 겉으로 나타나는) 얼굴 모양. ②(사회의 어떤 면의) 외부적인 동태·상황.
表題[ひょうだい] 표제; ①책 이름. ②(연극·연설·예술 작품의) 제목.
²**表紙**[ひょうし] 표지; 책의 겉장.
表徴[ひょうちょう] 표징; ①상징. 표상(表象). ②외부로 나타난 표시.
表札[ひょうさつ] 표찰; 문패(門牌).
表彰[ひょうしょう] 표창; 선행·공로를 극구 칭찬하여 널리 알림.
表彰状[ひょうしょうじょう] 표창장.
表出[ひょうしゅつ] 표출; (마음속의 생각을) 밖으로 나타냄.
表層[ひょうそう] 표층; 표면의 층.
表土[ひょうど] ≪農≫ 표토; 농사짓는 땅의 맨 윗부분. 경토(耕土).
表皮[ひょうひ] 표피; 고등 동식물의 몸의 표면을 덮는 조직.
²**表現**[ひょうげん] 표현; 나타내 보임.
表顕[ひょうけん] 표현; ①구체적인 모양으로 드러남. ②표현(表現).

俵

나누어줄/흩을 표

丿 亻 仁 什 件 佳 佳 俵 俵

[音] ●ヒョウ
[訓] ●たわら

訓読
●俵❶[たわら] (쌀·숯 등을 넣는) 가마니. 섬. 멱서리. ❷[ひょう] ☞ [音読]
●米俵[こめだわら], 炭俵[すみだわら]

音読
俵❶[ひょう] (숫자에 접속하여 가마니나 섬을 세는 단위로) 가마니. ❷[たわら] ☞ [訓読]

票

쪽지 표

一 一 一 覀 覀 覀 覀 票 票 票

[音] ●ヒョウ
[訓] ─

音読
¹票[ひょう] 표; ①딱지. 전표. 카드. ②투표지. ③(숫자에 접속하여 표를 세는 말로) 표.
票決[ひょうけつ] 표결; 의안(議案)에 대한 가부(可否)를 투표로 결정함.
票数[ひょうすう] 표수; 표의 수효.

漂

떠다닐/빨래할 표

氵 汀 沪 沪 湮 湮 湮 湮 漂 漂

[音] ●ヒョウ
[訓] ●ただよう ●ただよわす

訓読
¹●漂う[ただよう] 〈5自〉 ①(물에) 떠다니다. 떠돌다. 방황하다. 헤매다. ③(분위기가) 감돌다. ④(안개가) 자욱이 끼다.
●漂わす[ただよわす] 〈5他〉 ①(물에) 떠다니게 하다. 떠돌게 하다. ②(분위기·냄새 등을) 감돌게 하다.

音読
漂流[ひょうりゅう] 표류; 바람과 파도에 밀려 해상을 떠돎.
漂泊[ひょうはく] 표박; ①표류. ②방랑.
漂白[ひょうはく] 표백; 물에 씻거나 약품을 사용해서 하얗게 만듦.

漂失[ひょうしつ] 표실; 물에 떠돌아다니다가 없어져 버림.
漂着[ひょうちゃく] 표착; 해류를 따라 떠돌아다니다가 해안에 닿음.

標

표시 표

木 术 术 枦 桿 桿 桿 標 標 標 標

[音] ●ヒョウ
[訓] ⊗しめ ⊗しるし ⊗しるす ⊗しるべ

訓読
⊗標❶[しめ] ①금(禁)줄. 말뚝을 세우거나 새끼줄을 쳐서 장소를 한정한 표시. ②'標縄(しめなわ)'의 준말. ❷[しるし] 표. 기호. 표시. ❸[しるべ] 길잡이. 안내. ❹[ひょう] ☞ [音読]
⊗標す[しるす] 〈5他〉 표하다. 표시하다.
⊗標縄[しめなわ] 금(禁)줄. 말뚝을 세우거나 새끼줄을 쳐서 장소를 한정한 표시.

音読
標❶[ひょう] 표; ①표지(標識). ②(궁중 의식 때) 관원의 석차(席次)를 표시한 백골목(白骨木). ❷[しめ/しるし/しるべ] ☞ [訓読]
標高[ひょうこう] 표고; 해발(海抜).
標記[ひょうき] 표기; ①표시를 함. 표시하는 부호. ②(서류 등의) 표제를 씀.
標目[ひょうもく] 표목; ①표지(標識). ②목록(目録). 목차(目次).
標榜[ひょうぼう] 표방; 주의·주장이나 자기의 입장을 공개적으로 나타냄.
²標本[ひょうほん] 표본; ①견본. 대표적인 것. ②(동식물·광물의) 샘플.
標本室[ひょうほんしつ] 표본실.
標示[ひょうじ] 표시; 표를 하여 보임.
¹標語[ひょうご] 표어; 슬로건.
標的[ひょうてき] 표적; ①과녁. ②목표.
標題[ひょうだい] 표제; ①책 이름. ②(연극·연설·예술 작품의) 제목.
標注[ひょうちゅう] 표주; 서적의 난외(欄外)에 기록한 각주(脚注).
²標準[ひょうじゅん] 표준; ①기준(基準). ②목표. ③평균적인 것.
標準時[ひょうじゅんじ] 표준시.
標準語[ひょうじゅんご] 표준어.
²標識[ひょうしき] 표지; ①표시. ②《哲》진위(真偽) 결정의 기준이 되는 것.
標札[ひょうさつ] 표찰; 문패(門牌).

杓
①국자자루 표
②국자자루 작

音 ⊗シャク
　 ⊗シャ
訓 —

音読
杓[しゃく] 국자.
杓う[しゃくう] 〈5他〉《俗》(액체를 국자 등으로) 뜨다.
杓子[しゃくし] 주걱. 국자.
杓子定規[しゃくしじょうぎ] 획일적임. 융통성이 없음.

豹
표범 표

音 ⊗ヒョウ
訓 —

音読
豹[ひょう] 《動》 표범.
豹変[ひょうへん] 표변: 태도나 의견 등이 갑자기 돌변함.

剽
훔칠 표

音 ⊗ヒョウ
訓 —

音読
剽軽者[ひょうきんもの] 익살꾼.
剽窃[ひょうせつ] 표절: 남의 문장이나 논문·논설 등을 훔쳐서 자기 것으로 하여 발표하는 것.

瓢
바가지/박 표

音 ⊗ヒョウ
訓 ⊗ひさご
　 ⊗ふくべ

訓読
⊗**瓢❶**[ひさご] ①《植》 박·조롱박·호리병박의 총칭. ②말린 호리병박. ❷[ふくべ] ①《植》 박. ②바가지.
音読
瓢箪[ひょうたん] 《植》 호리병박.
瓢箪鯰[ひょうたんなまず] (바가지로 메기를 잡을 수 없듯이) ①잘 잡히지 않음. ②도무지 종잡을 수 없음.

飄
회오리바람 표

音 ⊗ヒョウ
訓 —

音読
飄然[ひょうぜん] 표연: ①(쉽게 오가는 모양으로) 훌쩍. ②유유자적함.

[品]

品
물건/품격 품

| 口 | 口 | 口 | 口 | 品 | 品 | 品 | 品 | 品 |

音 ●ヒン
訓 ●しな

訓読
²●**品❶**[しな] ①(상품으로서의) 물건. 물품. 상품. ②물질. ③신분. 품격. 품위. ❷[ひん] ☞ [音読]
品文字[しなもじ] '品'자 모양으로 물건이 3개 진열되어 있음.
²**品物**[しなもの] (사람이 사용하거나 먹기 위한 상품으로서의) 물건.
品薄[しなうす] 품귀. 상품이 달림.
品薄株[しなうすかぶ] 품귀주(品貴株).
品分け[しなわけ] 물건을 종류별로 구별함.
品書き[しながき] ①물품 목록. ②메뉴.
品玉[しなだま] ①(여러 개의) 공 던지기 곡예. ②요술. 마술.
品切れ[しなぎれ] 품절: 재고 상품이 없음.
品定め[しなさだめ] (물건·인물의) 품평.
品品[しなじな] ①여러 가지 물건. ②여러 종류.
音読
²**品❶**[ひん] 품위. 품격. 기품. ❷[しな] ☞ [訓読]
品格[ひんかく] 품격; 기품. 품위.
品目[ひんもく/しなめ] 품목; 물품의 목록.
品詞[ひんし] 《語学》 품사.
品性[ひんせい] 품성; 인품(人品).
品位[ひんい] 품위: ①품격. ②(금화·은화에 포함된) 금·은의 비율. ③(광석에 함유된) 금속의 비율.
¹**品種**[ひんしゅ] 품종: ①물품의 종류. ②(농산물의) 분류의 최소 단위.
¹**品質**[ひんしつ] 품질; 물품의 성질.
品評[ひんぴょう] 품평; 그 물건의 가치·등급을 논하여 정함.
品評会[ひんぴょうかい] 품평회.
品行[ひんこう] 품행; (도덕적인 판단에서 본) 행위. 몸가짐.
品行方正[ひんこうほうせい] 품행방정; (도덕적인) 행위나 몸가짐이 올바름.

[풍]

風   바람 풍

丿 几 几 凡 凡 凮 風 風 風

音 ●フウ ●フ
訓 ●かぜ ●かざ

訓読

⁴●**風❶**[かぜ] ① ≪気≫ 바람. ②낌새. 눈치. ③(명사에 접속하여 접미어적으로) 태도. 티. ❷[ふう] ☞ [音読]

風見[かざみ] 풍향계(風向計). 바람개비.

風当(た)り[かぜあたり] ①바람이 불어 닥침. ②비난. 비판. 비평.

⁴**風邪**[かぜ] 감기.

風邪気味[かぜぎみ] 감기 기운.

風邪薬[かぜぐすり] 감기약.

風上[かざかみ] 바람이 불어오는 쪽.

風除け[かざよけ/かぜよけ] 바람막이.

風足[かざあし] 풍속(風速). 바람의 속도.

風通し[かぜとおし] ①통풍. ②(조직 안에서의) 의사소통.

風下[かざしも] 바람이 불어가는 쪽.

風向き[かざむき/かぜむき] 풍향; ①바람이 부는 방향. ②(되어 가는) 형세. 추세. ③기분. 심기.

音読

²**風❶**[ふう] ①풍습. 관습. ②경향. ③기풍. ④…체. ¶知(し)らない～をする 모르는 체하다. ⑤방법. 스타일. 양식(樣式). ¶日本(にほん)～ 일본 스타일. ❷[かぜ] ☞ [訓読]

風格[ふうかく] 풍격; ①풍채와 품격. 인품. ②풍취. 독특한 멋.

²**風景**[ふうけい] 풍경; 경치(景致).

風光[ふうこう] 풍광; 아름다운 경치.

風狂[ふうきょう] 풍광; ①미친 사람. 미치광이. ②풍류에 철저함.

風教[ふうきょう] 풍교; ①(그 지방의) 풍속으로서 가르침. ②덕으로서 교화함.

風紀[ふうき] 풍기; 남녀 교제에 관한 규율.

風袋[ふうたい] 풍대; ①(저울에 달 때의) 포장용 주머니. 겉포장. ②외관. 겉모양.

風洞[ふうどう] 풍동; ①산중턱에 있는 서늘한 굴. ②인공적으로 기류를 일으키는 터널 스타일의 장치.

風浪[ふうろう] 풍랑; ①바람과 물결. ②바람결에 일어나는 파도.

風来坊[ふうらいぼう] 풍래방; ①바람처럼 홀쩍 나타난 사람. 떠돌이. 뜨내기. ②턴덕쟁이.

⁴**風呂**[★ふろ] ①목욕. 목욕물. 목욕통. ②욕실.

²**風呂敷**[★ふろしき] ①보자기. ②허풍.

風呂屋[★ふろや] 대중 목욕탕.

風呂場[★ふろば] 욕실(浴室). 목욕탕.

風力[ふうりょく] 풍력; 바람의 힘.

風鈴[ふうりん] 풍령; 풍경(風磬). 처마 끝에 다는 경쇠.

風流❶[ふうりゅう] 풍류; ①우아하고 정취가 있음. ②운치가 있음. 멋을 부림. ③속세를 떠나 취미에 몰두함. ④별난 색다름. ⑤단순한 축하 연기. ⑥세련된 장식품. ❷[ふりゅう] 중세(中世)에 유행한 가무(歌舞). ＊지금도 盆踊(ぼんおど)り 등에 남아 있음.

風媒花[ふうばいか] ≪植≫ 풍매화.

風貌[ふうぼう] 풍모; 용모. 외모.

風聞[ふうぶん] 풍문; 뜬소문.

風物[ふうぶつ] 풍물; ①경치. 풍경(風景). ②(그 고장의) 계절의 생활과 깊은 관계가 있는 사물. 계절물.

風物詩[ふうぶつし] 풍물시; ①풍물을 읊은 시. ②계절의 정취를 잘 나타낸 것.

風味[ふうみ] 풍미; 음식의 고상한 맛.

風変(わ)り[ふうがわり] 색다름. 별남. 특이함.

²**風船**[ふうせん] ①풍선. ②벌룬.

風雪[ふうせつ] 풍설; ①바람과 눈. ②눈보라. ③세월.

風説[ふうせつ] 풍설; 뜬소문.

¹**風俗**[ふうぞく] 풍속; ①풍습. 습관. ②풍기(風紀). 남녀 교제에 관한 규율.

風俗営業[ふうぞくえいぎょう] 유흥 접객업.

風速[ふうそく] 풍속; 바람의 속도.

風速計[ふうそくけい] 풍속계.

風水害[ふうすいがい] 풍수해; 폭풍우와 홍수에 의한 재해.

¹**風習**[ふうしゅう] 풍습; 풍속고- 습관.

風雅[ふうが] 풍아; 풍류. 멋. 고상함.

風圧[ふうあつ] 풍압; 바람의 압력.

風雨[ふうう] 풍우; ①바람과 비. ②폭풍우.

風雲[ふううん] 풍운; ①바람과 구름. 자연. ②대사건이 일어날 듯한 형세.

風雲児[ふううんじ] 풍운아; 세상에 두각을 나타낸 사람.

風韻[ふういん] 풍운; 풍취. 아취.
風月[ふうげつ] 풍월; 청풍명월.
風刺[ふうし] 풍자; 비꼼. 비아냥거림.
風姿[ふうし] 풍자; 용모. 풍채(風采).
風前の灯火[ふうぜんのともしび] 풍전등화.
風情[★ふぜい] 풍정; ①운치. 정취. ②표정. 기색. ③대접. 접대. ④(사람을 나타내는 말에 접속하여) …따위. …같은 것. …같은 부류.
風潮[ふうちょう] 풍조; 일반적인 경향.
風疹[ふうしん] 《医》 풍진.
¹風車❶[ふうしゃ] 풍차. ❷[かざぐるま] ①풍차. ②팔랑개비. 바람개비.
風車小屋[ふうしゃごや] 풍차가 도는 집.
風采[ふうさい] 풍채; 외모. 외관. 용모.
風体[ふうてい] 차림새. 옷차림. 꼴. 모습. ＊나쁜 뜻으로 쓰이는 말임.
風趣[ふうしゅ] 풍취; 멋. 아취.
風致[ふうち] 풍치; 멋. 아취.
¹風土[ふうど] 풍토; (그 지방의) 기후와 토지의 상태.
風土病[ふうどびょう] 《医》 풍토병.
風波[ふうは] 풍파; ①바람과 파도. 바람에 의한 거친 파도. ②(친한 사이의) 분쟁. 다툼.
風評[ふうひょう] 풍평; 풍문. 뜬소문.
風合(い)[ふうあい] (피륙의) 느낌. 촉감.
風害[ふうがい] 풍해; 바람에 의한 재해.
風化[ふうか] 풍화; ①지표의 암석이 점차로 부서져 흙으로 변하는 과정. ②(기억·사상 등이) 차차 약화됨. ③윗사람의 덕망에 감화됨.

豊(豐) 풍성할 풍

⌐ 巾 曲 曲 曹 曹 豊 豊 豊

音 ●ホウ
訓 ●ゆたか ⊗とよ

訓読
²●豊か[ゆたか] 〈形動〉 ①풍성함. 풍부함. ②부유함. 유복함. ③느긋함. ④넉넉함. 충분함. 족히 됨직함.
豊葦原[とよあしはら] 《雅》 '일본국'의 미칭(美称). ＊갈대가 풍성하게 자란 들판이라는 뜻임.
豊秋津州[とよあきつしま] 《雅》 '일본국'의 미칭(美称).

音読
豊年[ほうねん] 풍년; 곡식이 풍성하게 여물어 수확이 많은 해.
豊麗[ほうれい] 풍려; 풍만하고 아름다움.
豊満[ほうまん] 풍만; ①풍족하여 넘침. ②몸이 뚱뚱함.
²豊富[ほうふ] 풍부; 넉넉하고 많음.
豊熟[ほうじゅく] 풍숙; 곡물이 잘 여물음.
豊穣[ほうじょう] 풍양; 곡물이 잘 여물음.
豊漁[ほうりょう] 풍어; 물고기 등이 많이 잡힘.
豊艶[ほうえん] 풍염; 풍만하고 아리따움.
豊饒[ほうじょう] 풍요; 넉넉하고 많음.
豊潤[ほうじゅん] 풍윤; 풍족하고 윤택함.
¹豊作[ほうさく] 풍작; 농작물이 풍성하게 여물어 수확이 많음.
豊凶[ほうきょう] 풍흉; 풍작과 흉작. 풍년과 흉년.

楓 단풍나무 풍
音 ⊗フウ
訓 ⊗かえで

訓読
⊗楓[かえで] 《植》 단풍나무. ¶～の紅葉(こよう)が美(うつく)しい 단풍나무의 단풍이 아름답다. ¶～の盆栽(ぼんさい) 단풍나무 분재.

音読
楓林[ふうりん] 풍림; 단풍나무 숲.
楓樹[ふうじゅ] 풍수; 단풍나무.
楓葉[ふうよう] 풍엽; 단풍나무 잎.

諷 풍자할 풍
音 ⊗フウ
訓 ―

音読
諷する[ふうする] 〈サ変他〉 풍자하다. 에둘러 비판하다.
諷諫[ふうかん] 풍간; 넌지시 빗대어 간함.
諷誦[ふうじゅ] 풍송; (경문을) 소리 내어 읽음.
諷詠[ふうえい] 풍영; 시가(詩歌)를 읊조림.
諷諭[ふうゆ] 풍유; ①에둘러서 넌지시 타이름. ②비유를 사용해서 깨닫게 함.
諷諭法[ふうゆほう] 풍유법; 비유만을 사용하고 본뜻은 결과에서 짐작하게 하는 수사법.
諷意[ふうい] 풍의; 암시하는 뜻.
諷刺[ふうし] 풍자; 비꼼. 비아냥거림.
諷刺画[ふうしが] 풍자화; 풍자하는 그림.

[피]

皮 가죽/껍질 피

丿 厂 广 皮 皮

音 ●ヒ
訓 ●かわ

訓読
²●皮[かわ] ①가죽. 껍질. ②모피(毛皮).
　털가죽. ③(이불 등의) 껍데기. ④표면.
　겉면.
皮帯[かわおび] 피대; 가죽 띠.
皮付き[かわつき] 껍질이 붙어 있음.
皮算用[かわざんよう] 독장수 셈. 실속 없
　는 셈. 헛수고만 함.

音読
皮膜[ひまく] 피막; ①피부와 점막. ②껍질
　처럼 얇은 막. ③근소한 차이.
²皮膚[ひふ] ≪生理≫ 피부; 살갗.
皮膚病[ひふびょう] ≪医≫ 피부병.
皮相[ひそう] 피상; ①겉. 표면. ②겉만 보
　고 판단함.
²皮肉[ひにく] 피육; ①가죽과 살. ②비아냥
　거림. 빈정거림. 비꼼. ③얄궂음. 짓궂음.
　④피상적(皮相的)임.
皮肉る[ひにくる] 〈5他〉 비아냥거리다. 빈정
　대다. 야유하다. 비꼬다.
皮脂腺[ひしせん] ≪生理≫ 피지선.
皮質[ひしつ] ≪生理≫ 피질.
皮下組織[ひかそしき] ≪生理≫ 피하 조직.
皮下脂肪[ひかしぼう] ≪生理≫ 피하 지방.
皮革[ひかく] 피혁; 가죽.

彼 저쪽 피

丿 ⺅ ⺅ 彳 ⺅ ⺅ 彼 彼

音 ●ヒ
訓 ●かれ ●かの

訓読
³●彼[かれ] ①그이. 그 사람. 그 남자. ②(애
　인이나 남편을 가리켜서) 그이. 저이. 남
　자 친구.
彼これ[かれこれ] ①이것저것. 이러쿵저러
　쿵. ②이럭저럭. 그럭저럭. 거의. 대충.
³彼ら[かれら] 그들. 그 사람들. 저들.

³彼女[かのじょ] ①그녀. 그 여자. 저 여자.
　②여자 친구.
³彼等[かれら] 그들. 그 사람들. 저들.
彼方❶[かなた] 저쪽. 저편. 저기. ❷[★あ
　ちら] 저쪽. 저기.
²彼氏[かれし] ①그분. 그 사람. ②(애인이나
　남편을 가리켜) 그이. 저이. 남자 친구.

音読
彼我[ひが] 피아; 그 사람과 나.
彼岸[ひがん] 피안; ① ≪仏≫ 열반(涅槃)에
　도달함. ②건너편. 저쪽 기슭. 강변.

披 펼/열 피

一 十 扌 扌 扩 护 捗 披

音 ●ヒ
訓 ⊗ひらく

訓読
⊗披く[ひらく] 〈5他〉 열다. 벌리다. 펴다.
　¶手紙(てがみ)を〜 편지를 뜯다.

音読
披講[ひこう] 피강; (詩歌会어서) 시가(詩
　歌)를 낭독하여 자기 생각을 털어놓음.
披見[ひけん] 피견; 펼쳐 봄.
披読[ひどく] 피독; 책을 펼쳐서 읽음.
披瀝[ひれき] 피력; 마음속을 털어놓음.
¹披露[ひろう] 피로; ①공개함. 광고함. 선전
　함. ②(문서 등을) 펼쳐 보임.
¹披露宴[ひろうえん] 피로연; 결혼이나 출생
　등을 널리 알린다는 뜻의 연회.

疲 피곤할 피

丶 亠 广 广 扩 疒 疒 疖 疲 疲

音 ●ヒ
訓 ●つからす ●つからせる ●つかれる

訓読
●疲らす[つからす] 〈5他〉 지치게 하다.
●疲らせる[つからせる] 〈下1他〉 피곤하게
　하다. 지치게 하다.
⁴●疲れる[つかれる] 〈下1自〉 ①피곤하다. 피
　로하다. 지치다. ②(오래 사용해서) 낡아
　지다. 약해지다.
²疲れ[つかれ] ①피곤. 피로. ②몸살.
疲れ果てる[つかれはてる] 〈下1自〉 몹시 지
　치다. 지칠 대로 지치다.

疲れ目[つかれめ] 피곤한 눈.
疲れ切る[つかれきる]〈5自〉 몹시 피곤하다. 몹시 지치다.

音読
疲労[ひろう] 피로; 지침. 피곤.
疲弊[ひへい] 피폐; ①심신이 지치고 쇠약해짐. ②비용이 많이 들어 궁핍함.

被 이불/덮을/입을 피

丶 ナ ネ ネ ネ ネ 衤 衫 衫 秒 被

音 ●ヒ
訓 ●こうむる ⊗かぶる ⊗おおう ⊗かずく ⊗かずける ⊗かぶさる ⊗かぶせる

訓読
●被る❶[こうむる]〈5他〉 ①(손해·은혜 등을) 입다. ②(신불(神仏)이나 손윗사람으로부터 무언가를) 받다.
²⊗被る❷[かぶる]〈5他〉 ①(머리에) 쓰다. 덮어쓰다. ②(누명이나 책임 등을) 뒤집어쓰다. 짊어지다.〈5自〉 ①(연극 등이) 끝나다. 파하다. ②(사진에서 노출 과다로) 흐려지다.
⊗被う[おおう]〈5他〉 ①(표면을) 덮다. 싸다. 씌우다. ②가리다. 막다. ③은폐하다. 숨기다. ④충만하다. 뒤덮다. ⑤일괄(一括)하다. 망라하다.
⊗被く[かずく]〈5他〉 (머리에) 쓰다. 덮다.
⊗被ける[かずける]〈下1他〉 ①(머리에) 씌우다. ②핑계 삼다. 구실삼다. ③(책임·누명을) 뒤집어씌우다. 전가(転嫁)하다.
⊗被さる[かぶさる]〈5自〉 ①덮이다. 씌워지다. ②겹치다. 포개지다. ③(책임이) 돌아오다.
²⊗被せる[かぶせる]〈下1他〉 ①(표면에) 덮다. 입히다. 씌우다. ②(가루·액체를) 끼얹다. ③(책임·누명을) 뒤집어씌우다. ④(어떤 소리에 다른 소리를) 겹치게 하다. ⑤짬을 주지 않고 계속 말하다.

音読
被検者[ひけんしゃ] 피검자; 검사(検査)를 받는 사람.
被告人[ひこくにん] 피고인; (재판에서) 소송을 당한 사람.
被膜[ひまく] 피막; 감싸고 있는 막.
被服[ひふく] 피복; 옷. 의복. 의류.
被覆[ひふく] 피복; 덮어 쌈·씌움.
被写体[ひしゃたい] (사진에서) 피사체.

被選挙権[ひせんきょけん] 피선거권.
被疑者[ひぎしゃ] 피의자; 용의자(容疑者).
被子植物[ひししょくぶつ] ≪植≫ 피자식물.
被災[ひさい] 피재; 재해를 입음.
被災者[ひさいしゃ] 이재민(罹災民).
被災地[ひさいち] 재해(災害) 지역.
被曝[ひばく] 피폭; 방사능이나 화학물질에 노출됨.
被曝者[ひばくしゃ] 피폭자; 방사능이나 화학물질에 노출된 사람.
被爆[ひばく] 피폭; ①폭격을 받음. ②(원자탄·수소탄 등의) 방사능 피해를 입음. ③방사능을 쐼.
被爆者[ひばくしゃ] 피폭자; (원자탄·수소탄 등의) 방사능 피해를 입은 사람.
被虐[ひぎゃく] 피학; 학대를 받음.
²被害[ひがい] 피해; 신체·재산·정신상의 손해를 입는 일. 손해.
被害妄想[ひがいもうそう] 피해망상.
被験者[ひけんしゃ] 피험자; 검사(検査)나 실험(実験)을 받는 사람.

避 (避) 피할 피

丶 コ コ 尸 居 居 辟 辟 辟 辟 避

音 ●ヒ
訓 ●さける ⊗よける

訓読
²●避ける❶[さける]〈下1他〉 ①(적극적으로) 멀리하다. 피하다. 꺼리다. ②(방해되는 것을) 피하다. ③삼가다.
¹⊗避ける❷[よける]〈下1他〉 ①(소극적으로) 비키다. 피하다. ②(피해를) 면하다. 벗어나다. ③(피해를) 방지하다. 막다.
避け道[よけみち] 피할 방법.

音読
¹避難[ひなん] 피난; 재난을 피하여 다른 곳으로 달아남.
避雷針[ひらいしん] 피뢰침.
避暑[ひしょ] 피서; 더위를 피해서 시원한 지역으로 옮겨 감.
避暑地[ひしょち] 피서지.
避妊[ひにん] 피임; 인위적으로 임신을 피하는 방법을 취함.
避寒[ひかん] 피한; 추위를 피해서 따뜻한 지역으로 옮겨 감.
避寒地[ひかんち] 피한지.

[필]

匹   짝/필 **필**

一 丆 兀 匹

音 ●ヒツ
訓 ●ひき

訓読

⁴●匹[ひき] ①(물고기·벌레·동물 등을 세는 말로) 마리. ¶二(に)~の鮒(ふな) 두 마리의 붕어. ②(옷감 등을 세는 말로) 필. ¶反物(たんもの) 二(に)~ 포목 두 필.
●一匹[いっぴき], 二匹[にひき], 三匹[さんびき], 四匹[よんひき], 五匹[ごひき], 六匹[ろっぴき], 七匹[ななひき], 八匹[はっぴき], 九匹[きゅうひき], 十匹[じっぴき], 何匹[なんびき]

音読

匹夫[ひっぷ] 필부; 신분이 낮은 남자. 사리를 분별하지 못하는 남자.
匹婦[ひっぷ] 신분이 낮은 여자. 사리를 분별하지 못하는 여자.
¹匹敵[ひってき] 필적; ①맞먹음. ②대등한 상대.

必   반드시 **필**

丶 ソ 必 必 必

音 ●ヒツ
訓 ●かならず

訓読

³●必ず[かならず] 필히. 반드시. 꼭.
²必ずしも[かならずしも] (부정문에서) 반드시. 꼭.

音読

必見[ひっけん] 필견; 꼭 보아야 함.
必読[ひつどく] 필독; 꼭 읽어야 함.
必読書[ひつどくしょ] 필독서; 누구나 반드시 읽어야 할 책.
必滅[ひつめつ] 필멸; 반드시 멸망함.
必罰[ひつばつ] 필벌; 반드시 벌함.
²必死[ひっし] 필사; ①반드시 죽음. ②필사적임. ③(장기에서) 외통수.
必殺[ひっさつ] 필살; 반드시 죽임.

必衰[ひっすい] 필쇠; 반드시 쇠퇴함.
¹必修[ひっしゅう] 필수; 어떤 과정을 반드시 배워야 함. 반드시 이수(履修)해야 함.
必修科目[ひっしゅうかもく] 필수 과목.
必須[ひっす] 필수; 반드시 필요함.
必須条件[ひっすじょうけん] 필수 조건.
²必需品[ひつじゅひん] 필수품; 반드시 필요한 물건. 없어서는 안 되는 물건.
必勝[ひっしょう] 필승; 반드시 이김.
¹必然[ひつぜん] 필연; 반드시 그렇게 될 수밖에 없음.
必然性[ひつぜんせい] 필연성.
²必要[ひつよう] 필요; 꼭 소용이 됨.
必用品[ひつようひん] 필용품; 반드시 사용해야 하는 물건.
必定[ひつじょう] 필정; ①필연적임. 불가피함. ②꼭. 반드시.
必中[ひっちゅう] 필중; 반드시 명중함.
必至[ひっし] 필지; ①필연적임. 불가피함. ②(장기에서) 외통수.
必至の手[ひっしのて] (장기에서) 외통수.
必着[ひっちゃく] 필착; 반드시 도착함.
必携[ひっけい] 필휴; 반드시 휴대해야 함.

筆   붓/글 **필**

ノ ト ⺮ ⺮ 竺 竺 竺 笋 筆 筆 筆

音 ●ヒツ
訓 ●ふで

訓読

²●筆❶[ふで] ①붓. ②붓으로 그린 그림. 붓으로 쓴 글씨. ③집필함. 글씨를 씀. ❷[ひつ] [音読]
筆まめ[ふでまめ] 글·편지 쓰기를 좋아함.
筆遣い[ふでづかい] 붓놀림.
筆頭[ふでがしら/ひっとう] 필두; ①붓끝. ②(여러 사람의 이름을 거론할 때) 첫째. 첫 번째.
筆立て[ふでたて] (필기구를 세워두는) 필통. 필기도구 꽂이.
筆無精[ふでぶしょう] 글·편지 쓰기를 싫어함.
筆癖[ふでくせ/ふでぐせ] (그 사람의) 독특한 글씨체·문장·그림.
筆不精[ふでぶしょう] 글·편지 쓰기를 싫어함.

筆付き[ふでつき] 필치(筆致). 필법(筆法). 그린 그림의 모양. 쓴 글씨의 모양.

筆使い[ふでづかい] 붓놀림.

筆箱[ふでばこ] 필통. 필갑(筆匣).

筆石[ふでいし] ≪鑛≫ 필석.

筆先[ふできき] ①붓끝. ②붓놀림. ②문필. 붓으로 쓴 문장·글씨.

筆洗い[ふであらい] 붓끝을 씻는 그릇.

筆入れ[ふでいれ] 필통. 필갑(筆匣).

筆の跡[ふでのあと] 필적; 붓자국.

筆塚[ふでづか] 붓무덤. 못쓰게 된 붓을 모아서 땅에 묻고 공양하는 무덤.

筆忠実[ふでまめ] 글·편지 쓰기를 좋아함.

筆太[ふでぶと] (붓글씨가) 굵직함. 굵직한 글씨.

[音読]

筆❶[ひつ] 필; ①(문장이 나 서화의 작가 이름 밑에 써서) 그 사람이 썼음을 타나냄. ②토지의 한 구획. ❷[ふで] ☞ [訓読]

筆耕[ひっこう] 필경; 원지에 철필(鉄筆)로 글씨를 씀.

²筆記[ひっき] 필기; 글씨를 씀.

筆談[ひつだん] 필담; 입으로 말하는 대신 글씨를 써서 의사소통을 함.

筆答[ひっとう] 필답; 질문에 글로 써서 대답함.

筆力[ひつりょく] 필력; ①필세(筆勢). ②훌륭한 문장을 쓰는 능력.

筆名[ひつめい] 필명; 펜네임.

筆墨[ひつぼく] 필묵; 붓과 먹.

筆法[ひっぽう] 필법; ①붓 놀리는 법. 붓으로 쓰는 법. ②(문장의) 표현 방법. ③일을 처리하는 방법.

筆写体[ひっしゃたい] 필사체; 베껴 쓴 글씨체.

筆算[ひっさん] 필산; ①종이에 써서 계산함. ②쓰기와 셈하기.

筆舌[ひつぜつ] 필설; 글과 말.

筆勢[ひっせい] 필세; 글씨체에 드러난 기세. 필법(筆法).

筆順[ひつじゅん] 필순; 글씨를 쓸 때 붓을 움직이는 순서.

筆硯[ひっけん] 필연; ①붓과 벼루. ②(편지 용어로) 문필 생활.

²筆者[ひっしゃ] 필자; 문장이나 서화(書画)를 쓰거나 그리는 사람.

筆跡[ひっせき] 필적; 글씨의 형적.

筆陣[ひつじん] 필진; 집필 진용(陣容).

筆致[ひっち] 필치; 그린 그림의 모양. 쓴 글씨의 모양.

筆禍[ひっか] 필화; 발표한 글이 말썽이 되어 입는 화.

| 畢 | 마칠 필 | 音 ⊗ヒツ |
| | | 訓 ― |

[音読]

畢竟[ひっきょう] 필경; 결국에는.

畢生[ひっせい] 필생; 평생(平生). 한평생 동안. 일생을 마칠 때까지의 기간.

[핍]

| 乏 | 모자랄/가난할 핍 |
| | 一 ノ ラ 乏 |

音 ●ボウ
訓 ⊗とぼしい

[訓読]

¹●乏しい[とぼしい] 〈形〉①부족하다. 모자라다. ②가난하다. 궁색하다.

[音読]

❶欠乏[けつぼう], 窮乏[きゅうぼう], 耐乏[たいぼう], 貧乏[びんぼう]

| 逼 ˣ(逼) | 핍박할/ 다가올 핍 | 音 ⊗ヒツ |
| | | 訓 ⊗せまる |

[訓読]

⊗逼る[せまる] 〈自五〉①(거리가) 좁혀지다. ②(어떤 시각이) 닥쳐오다. 다가오다. ③(어느 방향으로) 다가서다. 육박하다. ④(어떤 상태에) 직면하다. ⑤(숨이) 막히다. 답답해지다. 〈他五〉강요하다. 재촉하다. 핍박하다.

[音読]

逼迫[ひっぱく] 핍박; ①절박해짐. 여유가 없는 상태가 됨. ②고통에 직면함.

逼塞[ひっそく] 핍색; ①궁핍해짐. 궁색해짐. ②몰락하여 숨어 삶. ③(江戸(えど) 시대에) 문을 걸어 잠그고 출입을 금하던 무사·승려에 대한 형벌.

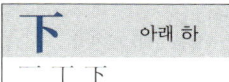

아래 하

一 丁 下

音 ●カ ●ゲ

訓 ●した ●しも ●もと ●さがる ●さげる
●くださる ●くだす ●くだる ●おりる
●おろす

訓読

⁴●下❶[した] ①(위치・신분・지위・나이가)
아래. 밑. ②(옷의) 안쪽. 속. ③(기술・솜
씨가) 아래. ④아랫자리. 말석(末席). ⑤바
로 뒤. 직후. ❷[しも] ①(어떤 장소의) 아
래쪽. ②(강의) 하류. ③(몸의) 아랫도리.
④대소변. ⑤(신분・지위가) 낮은 사람. ⑥
(무대에서) '下手(しもて)'의 준말. ⑦(문장의)
뒷부분. ❸[もと] ①밑동. 뿌리. ②(어떤 범
위의) 곁. 슬하. ③(조건・영향이 미치는)
…아래. …하(下). ❹[げ] ☞ [音読]

³●下がる[さがる] 〈5自〉 ①(위에서 아래로)
내려가다. ②(지위・값・정도 등이) 내려
가다. 떨어지다. ③(기온・열 등이) 내려
가다. 내리다. ④(머리가) 수그러지다.
⑤매달리다. 드리워지다. ⑥(직장・학
교・윗사람한테서) 물러나다. ⑦(뒤로)
물러서다. ⑧(허가 등이) 나오다. 발급되
다. ⑨(시대가) 지나다. ⑩(윗사람한테서)
명령이나 은급이) 내려지다.

　下がり目[さがりめ] ①눈초리가 처진 눈.
②(사물의) 내리막. 쇠퇴하기 시작할 무
렵. ③(물가의) 내림세. 하락세.

³●下げる[さげる] 〈下1他〉 ①(위에서 아래
로) 내리다. ②(지위・값・정도・수치 등
을) 낮추다. 내리다. ③(기온・열 등을)
내리다. ④(머리를) 숙이다. ⑤매달다.
드리우다. 늘어뜨리다. 달다. ⑥(손에)
들다. ⑦(뒤로) 물리다. 옮기다. ⑧(윗사
람한테서) 물리다. ⑨(아랫사람에게) 물
려주다. ⑩(맡긴 것을) 찾다. ⑪헐뜯다.

　下げ渡す[さげわたす] 〈5他〉 (윗사람이 아랫
사람에게・관청이 민간에게) 내려주다.
하사하다. 불하하다.

　下げ足[さげあし] (시세가) 하락세임.

³●下さる[くださる] 〈5他〉 (윗사람이 아랫
사람에게) 하사하다. 주시다.

●下す[くだす] 〈5他〉 ①(지위 등을) 낮추다.
내리다. 강등하다. ②(윗사람이 아랫사람에
게) 하사하시다. 주시다. 내리시다. ③(명령
이나 판결을) 내리다. 하달하다. ④(물에)
떠내려 보내다. ⑤항복시키다. 흡복시키다.
⑥(몸밖으로) 내보내다. ⑦직접 하다. ⑧파
견하다. ⑨(동사 ます형에 접속하여) 줄줄
…해 내려가다.

　下し[くだし] ①내림. ②설사약.

　下し薬[くだしぐすり] 설사약.

²●下る[くだる] 〈5自〉 ①(낮은 곳으로) 내려
가다. ②(명령・판결・결론이) 내려지다.
나다. ③항복하다. ④(시골로) 내려가다.
하행(下行)하다. ⑤(강의) 하류로 내려가
다. ⑥물러나다. ⑦하사(下賜)되다. ⑧(시
대가) 바뀌다. ⑨복역(服役)하다.

　下って[くだって] 각설하옵고. *편지에서
겸양의 뜻으로 사용함.

²下らない[くだらない] 〈形〉 ①시시하다. 쓸
모없다. 쓸데없다. ②그 이하가 아니다.
밑돌지 않다.

²下り[くだり] ①내려감. ②하행(下行). (서
울에서) 지방으로 내려감. ③'下(くだ)り腹
(ばら)'・'下(くだ)り列車(れっしゃ)'・'下(くだ)り
坂(ざか)'의 준말.

³●下りる[おりる] 〈上1自〉 ①(의에서 아래
로) 내려가다. 내려오다. ②(탈것에서) 내
리다. ③(중도에) 그만두다. ④(몸 밖으
로) 나오다. ⑤(지위・직책에서) 물러나
다. 그만두다. ⑥(서리・이슬 등이) 내리
다. ⑦(가스・안개 등이) 내려 깔리다.
⑧(허가 등이) 나오다. ⑨(자물쇠가) 잠기
다. ⑩(책임에서) 벗어나다. 해방되다.
⑪(권리를) 포기하다.

　下り列車[くだりれっしゃ] 하행 열차.

　下り坂[くだりざか] ①내리막길. ②쇠퇴기.
사양길. 내리막.

²●下ろす[おろす] 〈5他〉 ①(높은 데서 낮은
데로) 내리다. ②(탈것에서) 내리게 하다.
③(뿌리를) 뻗다. ④(붙였던 것을) 떼다.
내리다. ⑤(윗사람에게 바쳤던 것을) 물
리다. ⑥(지위・직책에서) 해임시키다.
물러나게 하다. ⑦베어내다. 잘라내다.
⑧강판에 갈다. ⑨(머리를) 깎다. ⑩(神
을) 부르다. 내리게 하다. ⑪(자물쇠를)
채우다. 잠그다. ⑫(은행에서 돈을) 찾다.
인출하다. ⑬(몸 밖으로) 내다. 떼어내다.
⑭(생선을) 발라내다. ⑮(새 옷을) 입다.

下見[したみ] ①사전 답사. 예비 검사. ②예습. 미리 읽어 둠. ③(일본 목조 건물의) 바깥벽에 가로 댄 미늘판자벽.

下の句[しものく] 短歌(たんか)의 넷째 구(句)와 다섯째 구(句). *5·7·5 다음의 7·7의 두 구.

下期決算[しもきけっさん] 하반기 결산.

下期[しもき] '下半期(しもはんき)'의 준말.

下っ端[したっぱ] 지위가 낮음. 신분이 낮음. 말단(末端).

下塗り[したぬり] ①초벌 칠. 애벌 칠. ②초벌·애벌 칠한 것.

下読み[したよみ] 예습. 미리 읽어 둠.

下働き[したばたらき] ①남 밑에서 일하는 사람. ②허드렛일을 하는 사람.

下履き[したばき] 밖에서 신는 신.

下半期[しもはんき] 하반기; 1년을 둘로 나눈 것의 뒷 부분의 기간.

下腹[したはら/したばら] ①아랫배. 하복부. ②(말의) 살찐 배.

下っ腹[したっぱら] 아랫배. 하복부.

下縫い[したぬい] 가봉. 시침질.

下敷(き)[したじき] ①깔개. 밑받침. 책받침. ②바탕. 본보기. ③(밑에) 깔림.

下肥え[しもごえ] ≪農≫ 뒷거름. 밑거름.

下相談[したそうだん] 예비 상담. 사전 의논.

²**下書き**[したがき] ①초안(草案). 초고(草稿). ②(서예에서) 연습으로 써봄. ③윤곽을 그림.

⁴**下手❶**[へた] 〈形動〉 ①서투름. ②어설픔.

下手❷[したて] ①아래쪽. ②(강의) 하류. ③(지위나 능력이) 뒤짐. ④(씨름에서) 상대방 겨드랑이 아래쪽에 넣는 손.

下手❸[したで] (지위나 능력이) 뒤짐.

下手❹[しもて] ①(강의) 하류. 아래쪽. ②무대 왼쪽.

下手投げ[したてなげ] ①(씨름에서) 살바를 아래쪽에서 치올려 낚아채 쓰러뜨림. ②(야구에서) 언더스로.

¹**下心**[したごころ] ①본심. 속마음. ②(계획된) 음모. 계략. ③(격언 등의) 참뜻. 숨은 뜻. ④마음심. *한자(漢字) 부수의 하나로 '恭·慕' 등의 '⺗' 부분을 말함.

下押し[したおし] ①(위에서 아래로) 밀어 내림. ②(시세가) 하락하는 경향.

下役[したやく] ①부하 직원. ②하급 관리.

下一段活用動詞[しもいちだんかつようどうし] ≪語学≫ 하1단 활용 동사.

下張り[したばり] 초배. 초배지.

下積み[したづみ] ①(다른 물건의) 밑에 쌓음. 밑에 쌓은 물건. ②언제까지나 출세를 못함. 말단(末端).

下前[したまえ] (일본옷의) 안자락.

²**下町**[したまち] (바다나 강에 가까운 저지대의) 달동네. 서민 동네.

¹**下調べ**[したしらべ] ①예비 조사. 사전 조사. 사전 답사. ②예습.

下拵え[したごしらえ] ①사전 준비. 미리 준비함. ②(요리에서) 대충 미리 만들어둠.

下座❶[しもざ] ①하좌; 말석(末席). ②(무대의) 객석에서 본 왼쪽. *관객의 눈에 잘 띄지 않는 반주자의 자리. ❷[げざ] ①하좌; 말석(末席). ②(무대의) 객석에서 본 왼쪽. *관객의 눈에 잘 띄지 않는 반주자의 자리. ③바닥에 납작 엎드려 절함. 부복함.

下支え[したささえ] (값이 더 내려가지 않도록 막는) 하한선(下限線).

¹**下地**[したじ] ①준비. 기초. ②본래의 성질. 소양(素養). ③본심. ④(양념) 간장. ⑤밑바탕.

³**下着**[したぎ] 속옷. 내의. 내복.

下請(け)[したうけ] 하청; 남이 청부 맡은 일을 다시 딴 사람이 청부 맡음.

下請(け)人[したうけにん] 하청업자.

¹**下取(り)**[したどり] (신품 판매 시 중고품의 값을 쳐주고) 중고품을 인수함.

下値[したね] (지금까지의 시세보다) 싼값. 염가(廉価).

下々❶[したじも] 신분이 낮은 사람들. 서민. 아랫것들. ❷[げげ] ①가장 신분이 낮은 사람들. ②최하위. 하치.

下向き[したむき] ①하향; 아래쪽을 향함. 아래로 숙임. ②쇠퇴해짐. 하강(下降). ③내림세. 하락세.

下火[したび] ①불기운이 약해짐. ②시들해짐. 기세가 약해짐. ③(오븐 등의) 아래서 쬐는 불. 밑불.

下回り[したまわり] ①(남의 밑에서 하는) 허드렛일. 잡일. ②(연극에서) 최하급의 단역 배우.

下回る[したまわる] 〈5自〉 (어떤 기준이나 목표보다) 하회하다. 밑돌다.

下絵[したえ] ①밑그림. 초벌 그림. ②(자수나 조각에서) 재료 위에 윤곽을 그린 그림. ③(종이에) 장식으로 엷게 그린 그림.

音読

²下❶[げ] 하; ①낮음. 열등. 못함. ¶上(じょう)·中(ちゅう)·〜 상·중·하. ②(책의) 하권. ❷[した/しも/もと] [訓読]

下降[かこう] 하강; 떨어짐. 내려감.

下界[かかい] 하계; ①인간 세계. 세상. ②(높은 곳에서 본) 지상(地上).

下校[げこう] 하교; 하학(下学).

下巻[げかん] 하권; 2권 또는 3권으로 된 책의 맨 마지막 권.

下克上[げこくじょう] 하극상; 계급이 낮은 사람이 윗사람을 꺾고 오름.

下級[かきゅう] 하급; (어떤 기준보다) 등급이나 단계가 낮음.

下記[かき] 하기; 어떤 기사의 아래쪽이나 다음에 기록함.

下段[げだん] 하단; ①아랫단. ②(무술에서) 칼끝·창끝을 낮춘 자세.

下等[かとう] 하등; ①하급(下級). 품질이 떨어짐. 저질. ②저속함. ③(어떤 등급의) 하류.

下落[げらく] 하락; ①등급·품격 등이 떨어짐. ②(물건 값이) 떨어짐.

下流[かりゅう] 하류; ①(강의) 아래쪽. ②(사회적·경제적으로) 하층.

¹下痢[げり] ≪医≫ 설사.

下痢止め[げりどめ] 지사제(止瀉劑). 설사를 멎게 하는 약.

下馬評[げばひょう] 하마평; 세상의 평판.

下命[かめい] 하명; ①명령. ②주문.

下部[かぶ] 하부; 아래쪽. 아래 부분.

下賜[かし] 하사; 신분이 높은 사람이 주심. 특히 천황이 주심.

下山[げざん] 하산; ①산을 내려감. ②절을 떠나 귀가함.

下船[げせん] 하선; 배에서 내림.

²下水[げすい] 하수; 수챗물.

²下水管[げすいかん] 하수관.

²下水道[げすいどう] 하수도.

下手人[げしゅにん] (흉악한) 살인범. ②나쁜 일의 장본인.

²下宿[げしゅく] 하숙; ①(싸구려) 여인숙. ②하숙집.

下宿屋[げしゅくや] 하숙집.

²下旬[げじゅん] 하순; 그 달 21일부터 그믐날까지의 10일 동안.

下院[かいん] 하원; 양원(両院) 제도에서 공선(公選)된 의원으로 조직된 의원(議院).

下位[かい] 하위; 낮은 지위나 순위.

下人[げにん] 하인; ①머슴. ②아랫것.

下剤[げざい] 설사약.

下足[げそく] (모임에 참석한 사람들의) 벗어 놓은 신발.

下座❶[げざ] 하좌; ①말석(末席). ②(무대의) 객석에서 본 왼쪽. ＊관객의 눈에 띄지 않는 반주자의 자리. ③납작 엎드려 절함. ❷[しもざ] ①말석(末席). ②(무대의) 객석에서 본 왼쪽.

下知[げじ/げち] ①명령. 지시. 분부. ②(鎌倉(かまくら)·室町(むろまち) 시대의) 幕府(ばくふ)의 명령이나 판결.

²下車[げしゃ] 하차; 차에서 내림.

²下層[かそう] 하층; ①겹친 것의 아래 부분. ②사회적 계층의 아래쪽.

²下駄[げた] ①왜나막신. ②≪印≫ '='모양의 복자(伏字). ③≪俗≫ 수상 비행기의 플로트.

下駄履(き)[げたばき] ①왜나막신을 신고 있음. ②≪俗≫ 下駄履(き)住宅

下駄箱[げたばこ] 신발장.

²下品❶[げひん] 〈形動〉 상스러움. 천스러움. 품위가 없음.

下向[げこう] 하향; ①높은 데서 낮은 데로 내려감. ②하향(下郷). 시골로 내려감. ③신불(神仏)에게 참배하고 귀가함.

下戸[げこ] 술을 못하는 사람.

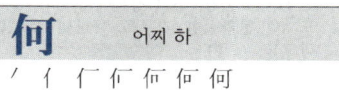

何   어찌 하

丿 亻 仁 仃 何 何 何

音 ●カ
訓 ●なに ●なん ⊗いずれ

訓読

⁴●何❶[なに] ①무엇. ②〈感〉 뭐! 뭐라고! ③(갑자기 생각이 안나 얼버무릴 때) 그것. 거시기. ¶〜を〜してくれ 그것 좀 어떻게 해줘! ④(한 예를 들어서) 무엇이고 모두. ¶가방んも〜も盗(ぬす)まれた 가방이고 뭐고 죄다 도둑맞았다. ⑤(대수롭지 않다는 뜻으로) 무얼. 아니야. 아니. ⑥(부정문에서) 무엇 하나. 조금도. 전혀. ⑦(비난하는 뜻으로) 뭐라고! 무슨! 무엇! ❷[なん] 'なに'의 변화형으로 'さ·だ·な행'에 이어질 때 'なん'으로 발음이 변화됨.

²何か[なにか] ①뭔가. 무엇인가. ②(부사 용법으로) 어쩐지. 웬일인지.

何がし[なにがし] ①아무개. 모(某). ②(적은 돈을 말할 때) 약간. 얼마간.

何かと[なにかと] 이것저것. 여러 모로.

何しろ[なにしろ] 아무튼. 여하튼. 어쨌든.

¹何だか[なんだか] ①무엇인지. 무언지. ②어쩐지. 웬일인지.

¹何だかんだ[なんだかんだ] ①이것저것. 여러 가지. 여러 모로. ②이러쿵저러쿵. 이러니저러니.

²何で❶[なにで] 무엇으로. ❷[なんで] 어째서. 왜. 무엇 때문에.

²何でも[なんでも] ①무엇이든지. 뭐든지. 모두. ②기어이. 어떻든지. ③이 얼마나. 어쩌면 그렇게. ④자! 봐요!

²何でもない[なんでもない] ①아무것도 아니다. ②대수롭지 않다.

²何と[なんと] ①뭐라고. ②어떻게. 어찌. ③〈感〉어쩌면 그렇게. 이 얼마나. ④〈感〉(사람을 부를 때) 여보세요. ⑤(말을 걸거나 의향을 물을 때) 어때. 자. 봐요.

²何とか[なんとか] ①뭔가. 뭐라든가. ②어떻게든. 어떻게 좀. ③그럭저럭. 어떻게. ④여러 가지. 이러니저러니.

²何となく[なんとなく] 무난히. 수월하게. 쉽사리. 어렵지 않게.

何となしに[なんとなしに] 왠지 모르게. 어쩐지. 이렇다 할 까닭 없이.

²何とも[なんとも] ①(부정문에서) 아무렇지도. ②(불확실한 기분을 나타낼 때) 뭐라고도. 어떻다고. ③〈感〉참으로.

¹何なりと[なんなりと] 무엇이든지.

何にも[なんにも] (부정문에서) 아무것도. 전혀.

何の[なんの] ①무슨. 어떤. ②(부정문에서) 아무런. 아무.

³何も[なにも] ①(부정문에서) 아무것도. 전혀. 무엇이고. ②특히. 유독.

何もかも[なにもかも] (부사용법으로) 이것도 저것도. 무엇이든. 모조리. 죄다.

何より[なにより] ①무엇보다도 좋음. 가장 좋음. 최고임. 최상임. ②무엇보다도. 가장. 더없이.

⊗何れ[いずれ] ①어느 것. 어느 곳. 어느 쪽. ②어차피. 아무래도. 결국. ③머지않아. 근간.

何故❶[なにゆえ] 왜. 어째서. 무엇 때문에. 어찌하여.

³何故❷[★なぜ] 왜. 어째서.

何年[なんねん] 몇 년. 몇 해.

何年生[なんねんせい] 몇 학년.

何度[なんど] ①몇 번. 몇 회. ②(온도를 나타낼 때) 몇 도.

何度も[なんども] 몇 번이고. 여러 번.

何等[なんら] (부정문에서) 하등; 아무런. 조금도.

何枚[なんまい] (얇고 납작한 물건을 말할 때) 몇 장.

何物[なにもの] ①무엇. 어떤 것. ②그 어떤 것. 무엇인가.

⁴何倍[なんばい] 몇 배.

⁴何番[なんばん] 몇 번.

⁴何番目[なんばんめ] 몇 번째.

³何番線[なんばんせん] 몇 번선.

³何番地[なんばんち] 몇 번지.

⁴何本[なんぽん] (가늘고 긴 물건) 몇 자루. 몇 병. 몇 개.

⁴何の本[なんのほん] 무슨 책.

²何分❶[なにぶん] ①모종의. 이러저러한. ②얼마간. ③아무튼. ④여러 모로. ⑤제발. 아무쪼록. ❷[なんぶん]《数》몇 분. ❸[なんぷん] (시간 단위의) 몇 분.

²何事[なにごと] ①무슨 일. ②(흔히 '…とは~だ'문형으로) …하다니 그게 무슨 꼴이냐!

何様[なにさま] ①어떤 분. 어느 양반. ②(빈정대는 말투로) 고귀한 양반. 위대한 분. ③하여튼. 여하튼. 아무래도.

⁴何曜日[なにようび/なんようび] 무슨 요일.

何羽[なんば] (날짐승) 몇 마리.

何月[なんがつ] (1년 중의) 몇 월. 무슨 달.

何ヶ月[なんかげつ] 몇 개월.

何人❶[なんにん] 몇 사람. 몇 명. ❷[なにじん] 어느 나라 사람. ❸[なにびと/なんびと/なんぴと] 누구. 어떤 사람.

何日[なんにち] 며칠.

何日間[なんにちかん] 며칠 간.

何者[なにもの] 어떤 사람. 무엇 하는 사람.

何程[なにほど] ①〈名〉얼마만큼. 어느 정도. ②〈副〉아무리.

¹何足[なんぞく] (신발·양말의) 몇 켤레.

¹何卒[なんとぞ] ①부디. 아무쪼록. 제발. 청컨대. ②어떻게든.

⁴何週間[なんしゅうかん] 몇 주간.

⁴何冊[なんさつ] (책·노트의) 몇 권.

⁴何秒[なんびょう] (시간상의) 몇 초.

何遍[なんべん] ①몇 번. ②여러 번.

²何何[なになに] (모르는 것을 늘어놓고) 무엇. 어떠어떠한 것.
³何軒[なんげん] (집을 셀 때) 몇 채.
³何回[なんかい] 몇 회. 몇 번.
何回も[なんかいも] 몇 번이고. 여러 번.

音読

◗幾何級数[きかきゅうすう], 幾何学[きかがく]

河   물/강 하

音 ◗カ
訓 ◗かわ

訓読

⁴◗河[かわ] 강. 하천. 시내. 내.
河口[かわぐち/かこう] 강어귀.
河岸❶[かわぎし] 강변. 강기슭. 냇가. ❷[かし] ☞ [音読]
河原[かわら] 강가의 모래밭. 모래톱.

音読

河口[かこう/かわぐち] 강어귀.
河豚[★ふぐ] ≪魚≫ 복. 복어.
河流[かりゅう] 하류; 강의 흐름.
河畔[かはん] 하반; 강가. 강변.
河床[かしょう] 하상; 강바닥.
河岸❶[かし] ①나루터. ②(강변의) 어시장(魚市場). ③(먹거나 노는) 장소. ❷[かわぎし] 강변. 강기슭. 냇가.
河川[かせん] 하천; 크고 작은 강이나 내의 총칭.
河川敷[かせんしき] 하천 부지.
河港[かこう] 하항; 강어귀나 강기슭에 있는 항구.

夏   여름 하

音 ◗カ ◗ゲ
訓 ◗なつ

訓読

⁴◗夏[なつ] 여름.
夏めく[なつめく] <5自> 여름다워지다.
夏柑[なつかん] 여름 밀감.
夏枯れ[なつがれ] 여름철 불경기.
夏物[なつもの] 여름 용품. 여름옷.

夏蜜柑[なつみかん] ≪植≫ 여름 밀감.
夏服[なつふく] 하복; 여름옷.
夏負け[なつまけ] 여름을 탐.
夏山[なつやま] ①(여름철의) 무성한 산. ②(등산 대상으로서의) 여름 산. 여름 등산.
夏瘦せ[なつやせ] 여름을 탐. 더위로 몸이 약해짐.
夏時[なつどき] 여름철.
夏姿[なつすがた] ①(여름에 어울리는) 시원한 옷차림. ②여름다운 풍물 ③(여름에 어울리는) 시원한 주위 환경.
夏場[なつば] 여름철. 여름 동안.
夏場所[なつばしょ] 매년 5월에 열리는 정규격인 큰 프로 씨름대회.
夏祭(り)[なつまつり] 여름철에 거행하는 神社(じんじゃ)의 제사.
夏着[なつぎ] 여름옷.
夏向き[なつむき] 여름용. 여름철에 적합함.
夏休み[なつやすみ] 여름 방학・휴가.

音読

夏季[かき] 하계; 여름철.
夏期[かき] 하기; 여름 기간.
夏期休暇[かききゅうか] 하기휴가.
夏炉冬扇[かろとうせん] 하로동선; 계절에 맞지 않아 쓸모없는 것.
夏至[げし] 하지; 24절기의 하나로 낮이 가장 길고 밤이 가장 짧은 날.

荷   짐 하

音 ◗カ
訓 ◗に ⊗の

訓読

¹◗荷[に] ①짐. 하물. 화물(貨物). ②부담. 임무. 책임.
荷扱(い)[にあつかい] ①화물 취급. ②화물의 운송・하역.
荷馬車[にばしゃ] 짐마차.
⁴荷物[にもつ] ①하물; 짐. 화물(貨物). ②부담. 짐이 되는 것.
荷送(り)人[におくりにん] 화물 발송인.
荷受(け)[にうけ] 보내온 짐을 받음.
荷受人[にうけにん] 화물 수령인.
荷揚げ[にあげ] 양륙(揚陸). 뱃짐을 부림.
荷役[にやく] 하역; 짐을 싣고 부림.
¹荷造(り)[にづくり] 포장. 짐을 꾸림.

荷拵え[にごしらえ] 짐을 꾸림.
荷主[にぬし] 하주; 화물의 주인.
荷車[にぐるま] 짐수레.
荷札[にふだ] (짐의) 꼬리표.

音読

荷担[かたん] 가담(加担). 한 편이 되어 일을 함께 함.
荷電[かでん] 하전; 전하(電荷). 물체가 띠고 있는 정전기의 양.
荷重❶[かじゅう] ① ≪物≫ 구조물의 일부나 전체에 미치는 무게. ②(화물 자동차의) 짐의 무게. ❷[におも] ⇨ [訓読]

賀　　축하할 하

フ カ か 加 加 智 智 賀 賀

音 ●ガ
訓 ―

音読

賀する[がする] 〈サ変他〉 축하하다.
賀詞[がし] 축사(祝詞). 축하의 말.
賀状[がじょう] ①축하의 편지. ②연하장(年賀状).
賀正[がしょう] 새해를 축하함.
賀春[がしゅん] 새해를 축하함.

瑕　　옥티/허물 하　音 ⊗カ　訓 ⊗きず

訓読

⊗瑕[きず] ①흠. 흠집. 티. ②(정신적인) 상처. 피해. 타격.

音読

瑕疵[かし] 하자; ①결점. 흠. 흠집. ②법적으로 무엇인가의 결점·결함.

蝦　　새우 하　音 ⊗カ ⊗ガ　訓 ⊗えび

訓読

⊗蝦[えび] ≪動≫ 새우.
蝦腰[えびごし] 새우등. 구부정한 허리.
蝦夷[えぞ] ①(옛날에) 奥羽(おうう)지방에서 北海道(ほっかいどう) 지방에 걸쳐 살던 인종. ②'北海道(ほっかいどう)'의 옛 이름.
蝦蟹[えびがに] ≪動≫ 가재.

霞　　노을 하　音 ⊗カ　訓 ⊗かすみ ⊗かすむ

訓読

⊗霞[かすみ] ①안개. 특히 봄안개. ② ≪古≫ (아침·저녁의) 놀.
¹⊗霞む[かすむ] 〈5自〉 ①(특히 봄에) 안개가 끼다. ②부옇다. 흐릿하게 보이다.
霞が関[かすみがせき] ①(일본 외무성이 있는) 東京都(とうきょうと)　千代田区(ちよだく) 남부 일대의 지명(地名). ②'일본 외무성(外務省)'의 딴이름.

[학]

学(學)　배울 학

、 、 、″ ″′ ′″ 学 学 学

音 ●ガク
訓 ●まなぶ

訓読

²●学ぶ[まなぶ] 〈5他〉 ①배우다. 배워 익히다. ②공부하다. ③체득하다. 경험하여 얻다.
学び[まなび] 배움. 학문.
学びの園[まなびのその] ≪雅≫ 배움의 동산. 학원(学園). 학교.

音読

²学[がく] ①학문. ②학식. ③배움.
²学科[がっか] 학과; 학문의 과목. 교과(教科)의 과목.
学課[がっか] 학과; 학문의 과정. 학교의 교과(教科) 과정.
⁴学校[がっこう] 학교.
学区[がっく] 학구; 교육위원회가 설정한 취학·통학하기 위한 구역.
学究[がっきゅう] 학구; 학자(学者).
²学級[がっきゅう] 학급; 반(班). 클래스.
²学期[がっき] 학기; 한 학년을 구분하는 일정한 기간.
学内[がくない] 학내; ①학교 내부. ②대학 내부.
²学年[がくねん] 학년; ①1년간의 학습 과정의 단위. ②입학연도에 따라 구분하는 학생들의 집단.

学徒[がくと] 학도; ①학생. ②학자(学者).
学力❶[がくりき] 학력; 학문의 힘.
²**学力❷**[がくりょく] 학습하여 얻을 수 있는 학문상의 지식·능력·실력.
学力テスト[がくりょくテスト] 학력 테스트.
¹**学歴**[がくれき] 학력; 학업에 관한 경력.
学齢[がくれい] 학령; ①의무교육을 받아야 하는 나이. ②초등학교에 입학할 나이.
学名[がくめい] 학명; ①(분류학상) 동식물에 붙이는 명칭. ②학문상의 명성.
学帽[がくぼう] 학모; 학교 모자.
²**学問**[がくもん] ①모르는 것을 배움. ②체계적으로 조직화된 지식이나 방법.
学閥[がくばつ] 학벌; 같은 학교 출신자.
³**学部**[がくぶ] 학부; 단과 대학.
学費[がくひ] 학비; 학교에서 공부하는 데 필요한 비용.
¹**学士**[がくし] 학사; 대학 졸업생에게 수여하는 칭호.
⁴**学生**[がくせい] 학생; (특히) 대학생.
¹**学説**[がくせつ] 학설; 학문상의 설(説).
²**学術**[がくじゅつ] 학술; 학문과 예술.
²**学習**[がくしゅう] 학습; 배워 익힘. 공부함.
学識[がくしき] 학식; 학문과 식견.
学業[がくぎょう] 학업; ①학문을 습득함. ②학교의 공부·수업.
¹**学芸**[がくげい] 학예; 학문과 예술.
¹**学芸会**[がくげいかい] 학예회.
学用品[がくようひん] 학용품.
学友[がくゆう] 학우; 학교 친구.
学院[がくいん] 학원. *사립학교의 교명(校名)으로 사용함.
学園[がくえん] 학원; ①'学校'의 딴이름. ②사립학교의 조직.
学位[がくい] 학위; 일정한 학문에 관해 독창적인 연구를 한 사람에 대하여 심사 결과 수여되는 칭호.
²**学者**[がくしゃ] 학자; ①학문 연구를 업으로 하는 사람. ② ≪俗≫ 어떤 일에 조예가 깊은 사람.
学資[がくし] 학자금. 학비.
学長[がくちょう] 학장; 대학의 장(長). 대학 총장.
学才[がくさい] 학재; 학문상의 재능.
学制[がくせい] 학제; 학교 제도(制度)에 관한 규정.
学窓[がくそう] 학창; 배움의 집. 학교.

学則[がくそく] 학칙; 학교의 규칙.
学派[がくは] 학파; 학문상의 유파(流派).
学風[がくふう] 학풍; ①학문상의 경향. ②학교의 기풍(気風).
学割[がくわり] 학생 할인. '学生割引(がくせいわりびき)'의 준말.
²**学会**[がっかい] 학회; 학술 연구의 추진·학자 상호간의 연락 등을 위해 조직된 단체·모임.

虐(虐) 사나울/학대할 학

丨　卜　　　虍　虐　虐　虐

音 ●ギャク
訓 ●しいたげる ⊗いじめる

訓読
●**虐げる**[しいたげる] 〈下1他〉 학대하다. 못살게 굴다.
²⊗**虐める**[いじめる] 〈下1他〉 (약한 사람을) 괴롭히다. 굶기다. 들볶다. 못살게 굴다.

音読
虐待[ぎゃくたい] 학대; 못살게 굶.
虐殺[ぎゃくさつ] 학살; 참혹하게 죽임.
虐政[ぎゃくせい] 학정; 백성을 학대하는 정치. 백성을 못살게 구는 정치.

涸 마를 학

音 ⊗コ ⊗カク
訓 ⊗からす ⊗かれる

訓読
⊗**涸らす**[からす] 〈5他〉 ①(물·자원을) 고갈시키다. 말리다. ②건조시키다. 물기를 없애다. ③(생각 등을) 다 짜내다.
¹**涸れる**[かれる] 〈下1自〉 ①(물·자원이) 고갈되다. 마르다. ②(생각·감정 등이) 메마르다. 다하다.

鶴 두루미 학

音 ⊗カク
訓 ⊗つる

訓読
⊗**鶴**[つる] ① ≪鳥≫ 학; 두루미. ②뛰어난 것. ¶はきだめに~ 쓰레기터에 학. 개천에 용이 나다.
鶴の一声[つるのひとこえ] 학의 일성; 권위자·유력자의 한 마디 말.

汗 땀 한

丶 丶 氵 氵 汗 汗

音 ●カン
訓 ●あせ

訓読
²●汗[あせ] ①땀. 땀방울. ②(표면에 서리는) 물방울.
汗する[あせする] 〈サ変自〉 ①땀 흘리다. ②열심이하다.
汗ばむ[あせばむ] 〈5自〉 (조금) 땀이 나다. 땀이 배다.
汗みどろ[あせみどろ] 땀에 흠뻑 젖음.
汗水[あせみず] 흘러내리는 땀.
汗染みる[あせじみる] 〈上1自〉 땀이 배다. 땀에 젖다. 땀으로 더러워지다.
汗知らず[あせしらず] 땀띠약. *상표명임.
汗取り[あせとり] ①땀받이. ②땀을 닦는 종이나 천.

音読
汗腺[かんせん] 《生理》 한선; 땀샘.
汗顔[かんがん] 한안; (얼굴에 땀이 나도록) 몹시 부끄러워함.
汗顔の至り[かんがんのいたり] 부끄럽기 짝이 없음. 몹시 부끄러움.
汗牛充棟[かんぎゅうじゅうとう] 한우충동; 장서(蔵書)가 매우 많음.

限 한정 한

ヮ ヲ ﬞ ﬞﬞ ﬞﬞﬞ ﬞﬞﬞﬞ 阝 阝 限

音 ●ゲン
訓 ●かぎる

訓読
²●限る[かぎる] 〈5他〉 ①경계 짓다. 구분하다. ②제한하다. 한정하다. 〈5自〉 ①('…に〜'의 문형으로) (…하는 것이) 최고다. 제일이다. ②('…に限(かぎ)って'의 문형으로) …에 한해서. …만은. …하는 한.
限らない[かぎらない] 〈形〉 (부정문에서) 꼭 …하다고만 할 수는 없다. 반드시 …한 것은 아니다.

²限り[かぎり] ①한. 한계. 끝. ②끝. 최후. 마지막. ③온갖. 한껏. ④…동안. …하는 한. 범위. ⑤〈接尾語〉 …까지. …까지만. ⑥('〜ではない'의 문형으로) …바 아니다. …에 해당되지 않는다.
限り無い[かぎりない] 〈形〉 한없다. 끝없다. 무한하다.

音読
²限界[げんかい] 한계; 사물의 정하여 놓은 범위.
限局[げんきょく] 국한(局限). 내용·의미 등의 범위를 한정함.
²限度[げんど] 한도; 한계. 이 이상 초과할 수 없다고 하는 정도나 범위.
限外[げんがい] 한외; 한계 밖. 한도 이상. 일정한 조건을 충족시킨 범위 밖.
¹限定[げんてい] 한정; 범위·수량·권한 등을 일정한 범위 안에 한정시킴.

恨 원망할 한

丶 丶 忄 忄 忉 忉 恨 恨 恨

音 ●コン
訓 ●うらむ ●うらめしい

訓読
²●恨む[うらむ] 〈5他〉 원망하다. 원한을 품다.
²恨み[うらみ] 원망. 원한.
恨み言[うらみごと] 원망하는 말.
●恨めしい[うらめしい] 〈形〉 ①원망스럽다. ②유감스럽다. 한스럽다.

音読
恨事[こんじ] 한사; 한. 한스러운 일.

寒(寒) 찰/가난할 한

丶 宀 宀 宙 宙 寒 寒 寒 寒

音 ●カン
訓 ●さむい

訓読
⁴●寒い[さむい] 〈形〉 ①(날씨가) 춥다. 차다. ②(무서움 등으로) 써늘하다. 오싹하다. ③부족하다. 빈약하다. ④한심하다. 보잘것없다.
寒がる[さむがる] 〈5自〉 추위를 타다.
³寒さ[さむさ] 추위.

寒空[さむぞら] ①차가운 겨울 하늘. ②추운 겨울 날씨.

²寒気❶[さむけ] 한기; (불유쾌하게 느껴지는) 추위. 오한. ❷[かんき] (겨울 날씨의) 추위.

音読

寒稽古[かんげいこ] 동계(冬季) 훈련.

寒気❶[かんき] (겨울 날씨의) 추위. ❷[さむけ] 한기; (불유쾌하게 느껴지는) 추위. 오한.

²寒帯[かんたい] 한대; 남위・북위 각각 66.5도부터 양극까지의 한랭한 지대.

寒暖[かんだん] 한란; 추위와 따뜻함.

寒暖計[かんだんけい] 한란계; 온도계.

寒冷[かんれい] 한랭; 춥고 차가움.

寒流[かんりゅう] 한류; ①차가운 물의 흐름. ②지구의 양극 지방에서 적도 지방으로 흐르는 한랭한 해류(海流).

寒暑[かんしょ] 추위와 더위.

寒心[かんしん] 한심; (추위나 무서움 등으로) 오싹함. 무섭게 여김.

寒剤[かんざい] 《化》 한제; 혼합에 의해서 저온을 얻기 위한 재료.

寒天[かんてん] 한천; ①겨울 하늘. ②우무.

寒波[かんぱ] 《気》 한파; 한랭한 기단(気団)이 이동해 와서 기온이 현저하게 내려가는 현상.

寒害[かんがい] 한해; 냉해(冷害).

閑 한가할 한

丨 丨 ㅏ ㅏ ㅏ 門 門 閂 閑 閑

音 ●カン
訓 ―

音読

閑暇[かんか] 한가; 여가.

閑却[かんきゃく] 등한히 함. 소홀히 함.

閑居[かんきょ] 한거; ①조용한 곳. ②한가로이 지냄.

閑談[かんだん] 한담; ①심심풀이로 하는 이야기. ②조용히 하는 이야기.

閑散[かんさん] 한산; ①한가로움. ②시장의 거래가 활발하지 못함.

閑地[かんち] 한지; ①환경이 조용한 곳. ②공지(空地). 놀고 있는 땅. ③한직(閑職). 직무를 떠난 신분.

閑職[かんしょく] 한직; 직무를 떠난 신분. 한가한 직무. 중요하지 않은 직책.

漢(漢) 한나라/사나이 한

氵 氵 氵 氵 汸 漢 漢 漢 漢 漢

音 ●カン
訓 ―

音読

漢[かん] 한; ①(중국 고대 왕조역 하나인) 한 나라. ②중국 본토.

漢文[かんぶん] 한문; 한자(漢字)만으로 표기된 고대 중국의 문자나 문장.

漢方[かんぽう] 《医》 한방; 한방 의학.

漢詩[かんし] 한시; 한문시(漢文詩).

¹漢語[かんご] 《語学》 한어; ①일본어 중에서 한자(漢字)의 자음(字音)으로 읽는 언어. ②중국어.

漢音[かんおん] 《語学》 한음; 중국 당(唐)시대의 중국 발음이 그대로 일본에 전해졌다는 한자음(漢字音).

⁴漢字[かんじ] 한자; 중국어를 표기하는 문자.

漢学者[かんがくしゃ] 한학자; 한문학자.

²漢和[かんわ] (옛날의) 중국과 일본.

²漢和辞典[かんわじてん] 한화사전; 중국의 한자와 숙어를 일본어로 설명한 사전.

旱 가뭄 한

音 ⊗カン
訓 ⊗ひでり

訓読

⊗旱[ひでり] ①가뭄. 한발(旱魃). ②부족함. 기근(饑饉).

旱続き[ひでりつづき] 가뭄이 계속됨.

旱雨[ひでりあめ] 여우비.

旱雲[ひでりぐも] (가뭄의 징조로 알려진) 저녁놀 구름.

音読

旱天[かんてん] 한천; 가문 낮씨.

旱害[かんがい] 한해; 가뭄의 재해.

翰 ˣ(翰) 문서 한

音 ⊗カン
訓 ―

音読

翰林院[かんりんいん] 한림원; (중국 당나라 이래) 학자나 문인들을 모아 조칙(詔勅)을 취급하고 때로는 국사・도서의 찬술(撰述)을 취급했던 관청.

韓 나라이름 한　　音 ⊗カン
　　　　　　　　　　　　訓 ⊗から

音読
韓[かん] 한; ①한국(韓国). ②대한제국(大韓帝国). ③삼한(三韓). ④(중국 전국시대의) 칠웅(七雄)의 하나.
韓国[かんこく] 한국; ①대한민국(大韓民国). ②대한제국(大韓帝国).
韓国語[かんこくご] 한국어.
韓国人[かんこくじん] 한국인.
韓語[かんご] 한어; 한국어.
韓日[かんにち] 한일; 한국과 일본.
韓日辞典[かんにちじてん] 한일사전; 한국어를 일본어로 설명한 사전.

할

割(割) 나눌 할

宀 宀 中 宝 宇 宇 害 割 割

音 ●カツ
訓 ●さく ●われる ●わる ●わり

訓読
●**割く**[さく] 〈5他〉 ①가르다. 째다. ②할애하다. ③이간질하다. 떼어 놓다.
³●**割れる**[われる] 〈下1自〉 ①부서지다. 깨지다. 망가지다. ②터지다. 쪼개지다. 빠개지다. ③갈라지다. 금이 가다. ④분열되다. 분산되다. ⑤ ≪数≫ (나눗셈에서 끝수 없이) 나누어지다. 나누어떨어지다. ⑥ ≪俗≫ 탄로 나다. 드러나다.
割れ[われ] ①(사이가) 벌어짐. 깨어짐. ②파편. 깨진 것. 조각. ③결렬(決裂). ④(시세가) 어떤 값 이하로 떨어짐.
割れ目[われめ] 균열. 갈라진 틈. 터진 데. 갈라진 금.
割れ物[われもの] ①깨진 물건. ②깨지기 쉬운 물건.
割(れ)物注意[われものちゅうい] 파손 주의.
²●**割る**[わる] 〈5他〉 ①쪼개다. 빠개다. ②깨뜨리다. 깨다. ③분배하다. ④ ≪数≫ 나눗셈을 하다. 나누다. ⑤(좌우로) 벌리다. 열다. ⑥헤치고 들어가다. 비집다. ⑦(사이를) 갈라놓다. ⑧(숨김없이) 털어놓다. 고백하다. ⑨(물을 타서) 묽게 하다.

⑩(어떤 수량 · 시세에) 못 미치다. 밑돌다. ⑪할인하다. ⑫(범위 밖으로) 밀려나다. 벗어나다.
¹●**割**[わり] ①(10분의 1을 표시하는 단위의) 할. 10% 단위. ②비율. 꼴. ③비교함. 비함. ④수지. 채산. ⑤(씨름에서) 대전표(対戦表). 대전(対戦). ⑥(묽게 하려고) 물을 탐.
²**割と**[わりと] ≪俗≫ 비교적. 상당히.
²**割に**[わりに] ①비교적. 상당히. ②예상외로. 뜻밖에. 생각 외로.
割り勘[わりかん] (비용을 균등하게) 각자 부담함. 각자 지불.
割高[わりだか] (품질 · 분량에 비해) 돈이 많이 듦. 비싸게 먹힘.
¹**割(り)当て**[わりあて] ①할당. ②배당. 분담. 분배.
割り当てる[わりあてる] 〈下1他〉 ①할당하다. 배당하다. ②분배하다. 부담시키다.
割当制[わりあてせい] 할당제.
割り戻す[わりもどす] 〈5他〉 (받은 금액 중) 일부를 환불하다.
割(り)戻し[わりもどし] (받은 금액 중) 일부를 환불함. 리베이트.
割(り)戻(し)金[わりもどしきん] (받은 금액 중) 일부를 환불하는 돈.
割(り)付(け)[わりつけ] ①할당. 배당. ②(인쇄물 등의) 레이아웃. 편집.
割り付ける[わりつける] 〈下1他〉 ①할당하다. 배당하다. ②(인쇄물을) 편집하다.
²**割(り)算**[わりざん] 나눗셈.
割安[わりやす] (품질 · 분량에 비해) 값이 쌈. 돈이 적게 듦. 싸게 먹힘.
割り引く[わりびく] 〈5他〉 ①할인하다. 값을 깎다. ②어음을 할인하다. ③에누리하다. 줄잡다. 줄여 평가하다.
²**割引**[わりびき] 할인; 값을 깎음.
割引券[わりびきけん] 할인권.
割引手形[わりびきてがた] 할인 어음.
割引債[わりびきさい] 할인채.
割(り)印[わりいん] 할인; 계인(契印).
割(り)込み[わりこみ] ①새치기. 끼어들기. ②(극장에서) 지정석 이외의 자리에서 관람함.
¹**割り込む**[わりこむ] 〈5自他〉 ①새치기하다. 끼어들다. 비집고 들어가다. ②(일반적으로) 억지로 들어가다. ③말참견하다. ④(시세가 일정한 값) 이하로 떨어지다.

割(リ)箸[わりばし] 나무젓가락.

割(リ)前[わりまえ] 몫. 배당량. 배당액.

割(リ)切る[わりきる] 〈5他〉 ①(우수리 없이) 정확히 나누다. ②딱 잘라 구별하다. 명쾌하게 결론짓다.

割(リ)切れる[わりきれる] 〈下1自〉 ① ≪数≫ 나머지 없이 나누어지다. 정확히 나누어지다. ②분명해지다. 충분히 납득되다.

割(リ)注[わりちゅう] 할주; 본문 도중에 두 줄로 단 문장이나 주(註).

割(リ)増(し)[わりまし] 할증; 일정한 액수에 얼마를 더 얹음.

割増金[わりましきん] 할증금; 할증료. 프리미엄.

割(リ)振り[わりふり] (전체를 나누어서) 배당함. 분담함. 할당함.

割札[わりふだ] ①(입장권 등의) 반쪽 표. ②할인권.

割(リ)出し[わりだし] ①계산해 냄. ②알아냄. 추단(推斷)함.

割り出す[わりだす] 〈5他〉 ①계산해 결과를 내다. 산출하다. ②(이미 판명된 사실을 근거로) 알아내다. 추단(推斷)하다.

割(リ)判[わりはん/わりばん] 계인(契印).

³割合[わりあい] 비율. 꼴.

³割合に[わりあいに] ①비교적. 제법. 상당히. ②뜻밖에. 생각보다.

割拠[かっきょ] 할거; 권리자들이 각자의 지역을 근거로 세력을 떨침.

割賦[かっぷ/わっぷ] 할부; 분할 지불.

割愛[かつあい] 할애; 아깝지만 선뜻 내어 줌. 아까운 것을 흔쾌히 내어 줌.

割譲[かつじょう] 할양; 땅의 일부를 쪼개어 남에게 나누어 줌.

割烹[かっぽう] (일본 음식의) 조리(調理). 요리.

轄(轄) 다스릴 할

亘 車 軐 軗 軛 轄 轄 轄 轄

音 ●カツ

訓 —

音読

❶管轄[かんかつ], 所轄[しょかつ], 直轄[ちょっかつ], 総轄[そうかつ], 統轄[とうかつ]

[함]

合   머금을 함

ノ 人 亼 今 今 含 含

音 ●ガン

訓 ●ふくまれる ●ふくむ ●ふくめる

訓読

●含まれる[ふくまれる] 〈下1自〉 포함되다. 속에 들어 있다.

²●含む[ふくむ] 〈5他〉 ①(입에) 물다. 머금다. ②포함하다. 함유하다. ③함축하다. 내포하다. 지니다. ④(마음속에) 품다. 간직하다. ⑤(어떤 상태를) 띠다.

含み[ふくみ] ①포함함. 포함된 것. ②함축성. 내포됨. ③숨은 뜻. ④재갈.

含み声[ふくみごえ] 입 안의 소리. 입안에서 우물거리는 소리.

含み笑い[ふくみわらい] (입을 다문 채로) 소리 없이 웃는 웃음.

含み資産[ふくみしさん] 기업의 자산의 가치 증가에 따라 장부상에는 나타나지 않는 자산. 음성 자산.

²●含める[ふくめる] 〈下1他〉 ①입 속에 넣다. 입 속에 물리다. ②포함시키다. 포함하다. ③납득시키다. 타이르다.

含め煮[ふくめに] 찜. (채소・밤 등에) 국물을 많이 넣어 맛이 배어들도록 푹 조림.

音読

含量[がんりょう] 함량; 함유량.

含味[がんみ] 함미; ①음식을 입에 넣고 충분히 맛봄. ②음미함.

含水炭素[がんすいたんそ] '炭水化物(たんすいかぶつ)'의 옛 칭호.

含羞[がんしゅう] 함수; 부끄러워함.

含羞草[★おじぎそう] ≪植≫ 학수초.

含有量[がんゆうりょう] 함유량; 내포・포함하고 있는 양.

含有率[がんゆうりつ] 함유율; 내포・포함하고 있는 비율.

含油層[がんゆそう] 함유층; 기름을 포함하고 있는 층.

含意[がんい] 함의; 말 속에 어떤 뜻을 포함시킴.

含蓄[がんちく] 함축; 표현의 의미가 깊이 포함되어 있음.

陷(陷) 빠질 함

丂 阝 阝 阝' 阝⌒ 阝 陷 陷 陷

音 ●カン
訓 ●おちいる ●おとしいれる

訓読
●陷る[おちいる] 〈5自〉 ①(낮은 곳에) 빠지다. 빠져들다. ②(계략에) 빠지다. 걸려들다. ③(근거지가) 함락되다. ④(나쁜 상태에) 빠지다 ⑤ 죽다.
●陷れる[おとしいれる] 〈下1他〉 ①(나쁜 상태로) 빠뜨리다. 몰아넣다. ②(적을) 함락시키다. 점령하다. 공략하다. ③(낮은 곳에) 빠뜨리다.

音読
陷落[かんらく] 함락: ①(땅이) 꺼짐. ②(근거지가) 함락됨. ③(지위 등이) 떨어짐. ④≪俗≫ 설득 당함.
陷没[かんぼつ] 함몰: (낮은 데로) 빠져 들어감. 푹 팸.
陷穽[かんせい] 함정: 파놓은 구덩이.

艦 군함 함

丬 丬 丬 丬 舟' 舟⌒ 艀 艀 艦 艦

音 ●カン
訓 ―

音読
艦橋[かんきょう] 함교: (군함 앞 갑판에 높이 만들어진) 브리지.
艦隊[かんたい] 함대: 군함 2척 이상으로 편성된 해상 부대.
艦船[かんせん] 함선: 군함과 선박.
艦長[かんちょう] 함장: 군함의 우두머리.
艦載機[かんさいき] 함재기: 군함의 갑판에 실은 비행기.
艦砲射撃[かんぽうしゃげき] 함포 사격.

函 상자 함

音 ⊗カン
訓 ⊗はこ

訓読
⊗函[はこ] 함: 상자. 궤짝.
函館[はこだて] 北海道(ほっかいどう) 남서부에 위치한 시(市).

緘 봉할 함

音 ⊗カン
訓 ―

音読
緘[かん] 함: (편지의) 봉함.
緘する[かんする] 〈サ変他〉 ①봉(封)하다. ②(입을) 꽉 다물다. 말을 못하게 하다.
緘口[かんこう] 함구: 입을 꽉 다묾. 말을 못하게 함.

檻 우리 함

音 ⊗カン
訓 ⊗おり

訓読
⊗檻[おり] (짐승의) 우리. ¶ ～に入(い)れる 우리에 가두다. ¶ ～入(い)れられたライオン 우리에 갇힌 사자.

頷 턱 함

音 ⊗ガン
訓 ⊗うなずく
　　⊗うなずける

訓読
²⊗頷く[うなずく] 〈5自〉 수긍하다. 고개를 끄덕이다.
⊗頷ける[うなずける] 〈下1自〉 수긍이 가다. 납득이 가다. 이해할 수 있다.

[합]

合 ①합할 합 ②홉 홉

丿 人 ム 合 合 合

音 ●カッ ●ガッ ●ゴウ
訓 ●あう ●あわさる ●あわす ●あわせる

訓読
³●合う[あう] 〈5自〉 ①일치하다. 맞다. ②알맞다. 어울리다. ③수지가 맞다. ④합쳐지다. ⑤(동사 ます형에 접속하여) 서로 …하다.
¹合間[あいま] (시간적인) 틈. 짬. 사이.
合(い)鍵[あいかぎ] 여벌 열쇠.
合気道[あいきどう] 합기도.
²合図[あいず] 신호. 사인.
合服[あいふく] 춘추복(春秋服).
合符[あいふ] (역에서 수하물을 맡겼다는 증거로 주는) 짐표.

合(い)の手[あいのて] ①(일본음악에서) 간주(間奏). ②노래나 춤의 가락에 맞춰 하는 말이나 소리. ③맞장단.

合(い)言葉[あいことば] ①암호말. ②표어. 모토. 슬로건.

合(い)印❶[あいいん] ①대조인(対照印). ②계인(契印). 할인(割印). ❷[あいじるし] ①한편임을 나타내는 표지. ②(바느질에서) 헝겊을 똑바로 맞추기 위한 표시. ③계인(契印). 할인(割印).

²合憎[あいにく] 공교롭게도. 운수 사납게도. 재수 없게도.

合着[あいぎ] ①춘추복(春秋服). ②겉옷과 속옷 사이에 입는 옷.

合(い)札[あいふだ] ①물표. 보관증. ②(입장권 등의) 반쪽 표.

合取り[あいどり] ①일을 함께 함. ②(떡을 칠 때 고루 처지도록) 욱여넣음. 욱여넣는 사람.

合(い)判❶[あいはん] ①대조인(対照印). ②계인(契印). 할인(割印). ③연판(連判). ❷[あいばん] ①(종이 치수의 하나로) A5판(判). *보통 노트 크기인 15×21㎝를 말함. ②(사진 건판의 하나로) 소판과 중판의 중간판 13×10㎝. ③浮世絵(うきよえ) 판화의 크기의 하나. *가로 7치 5푼×세로 1자 1치.

●合わさる[あわさる] 〈5自〉≪俗≫ ①(물건이) 합쳐지다. ②(소리가) 합쳐지다. 조화되다.

¹●合わす[あわす] 〈5他〉 ☞ 合わせる

²●合わせる[あわせる] 〈下1他〉 ①(2개의 물건이 빈틈이 없도록) 합치다. 합하다. 모으다. ②일치시키다. 맞추다. ③대조하다. 맞춰보다. ④배합하다. 섞다. ⑤조화시키다. 어울리게 하다. ⑥합주(合奏)하다. ⑦결혼시키다. ⑧싸우다.

合(わ)せて[あわせて] ①합계. 모두. 합해서. ②아울러. 덧붙여.

合(わ)せ鏡[あわせかがみ] 뒷거울질. 맞거울질. *뒷모습을 보기 위해 앞뒤에서 거울을 비춰 봄.

合(わ)せ物[あわせもの] ①(2개 이상의 것을) 합친 것. 맞춘 것. ②≪楽≫ 합주(合奏). ③한 접시에 두 가지 이상의 요리를 곁들여 담은 것. ④≪古≫ 반찬. 부식물.

合(わ)せ持つ[あわせもつ] 〈5他〉 겸비하다. 아울러 가지다. 함께 갖추다.

音読

合[ごう] 합; ①(변증법에서) 종합(綜合). ②(용량 단위의) 홉. ③(토지 면적 단위의) 홉. ④(등산 거리의) 10분의 一. ⑤(경기 횟수를 세는 말로) 번. 차례. ⑥(뚜껑이 있는 그릇을 셀 때) 개(個).

合する[がっする] 〈サ変自〉합쳐지다. 일치하다. 하나가 되다. 〈サ変他〉합하다. 합치다.

²合格[ごうかく] 합격; 시험 등에 급제함.

²合計[ごうけい] 합계; 총계. 총액.

合金[ごうきん] ≪物/化≫ 합금; 섞음쇠.

²合同[ごうどう] 합동; 2개 이상의 것이 하나로 합쳐짐.

²合流[ごうりゅう] 합류; ①두 개의 강이 하나로 합쳐서 흐름. ②(약속 장소에서) 하나로 합쳐짐.

²合理[ごうり] 합리; 이치에 맞음.

合法[ごうほう] 합법; 법률·규칙에 적합함.

¹合併[がっぺい] 합병; 병합(併合).

合算[がっさん] 합산; 합계(合計).

¹合成[ごうせい] 합성; ①(둘 이상의 것을) 합쳐서 하나로 만듦. ②유기 화합물을 인공적으로 만들어냄.

合宿[がっしゅく] 합숙; 연수·연습 등의 목적으로 여러 사람이 같은 숙소에 묵음.

合羽[★かっぱ] ①소매 없는 비옷. ②(비를 막기 위해) 물건 위에 씌우는 기름먹인 종이나 천. *포르투갈어 capa에서 유래됨.

¹合意[ごうい] 합의; 서로 뜻이 닿음.

¹合議[ごうぎ] 합의; 모여서 의논함.

合一[ごういつ] 합일; 하나가 됨.

合作[がっさく] 합작; 공동 제작.

合掌[がっしょう] 합장; ①양손의 손바닥을 얼굴이나 가슴 앞에서 합쳐 예배함. ②목재를 합각으로 어긋매낌.

合戦[★かっせん] 합전; 전투. 싸움. 접전.

合点[がってん/がてん] 수긍. 납득. 동의.

合奏[がっそう] ≪楽≫ 합주; 두 개 이상의 악기로 동시에 연주함.

合衆国[がっしゅうこく] 합중국. 두 개 이상의 나라나 주(州)가 동일 주권 아래 연합하여 생긴 단일 국가.

¹合唱[がっしょう] 합창; ①여러 사람이 목소리를 맞추어 같은 문구를 부름. ②≪楽≫ 코러스.

¹合致[がっち] 합치; 일치함.

合板[ごうはん/ごうばん] 합판; 베니어판.

合評[がっぴょう] 합평; 합동 비평.

[항]

抗 대항할 항

一 十 扌 扩 扩 抗

音 ●コウ
訓 ⊗あらがう

訓読
⊗抗う[あらがう]〈5自〉거역하다. 저항하다. 항거하다. 맞서다.

音読
抗する[こうする]〈サ変自〉저항하다. 항거하다. 맞서다.
抗拒[こうきょ] 항거; 저항하여 상대방의 행위를 방해함.
抗告[こうこく] ≪法≫ 항고; 항소(抗訴).
抗菌性[こうきんせい] ≪医≫ 항균성.
抗論[こうろん] 항론; 항변(抗弁).
抗命[こうめい] 항명; 명령에 따르지 않고 반항함.
抗病力[こうびょうりょく] ≪医≫ 항병력.
抗生物質[こうせいぶっしつ] 항생물질.
抗生剤[こうせいざい] ≪医≫ 항생제.
抗原[こうげん] 항원; 면역원(免疫原).
¹抗議[こうぎ] 항의; 상대방의 언동에 대해 부당하다는 반대 의견을 주장함.
抗張力[こうちょうりょく] 항장력.
¹抗争[こうそう] 항쟁; 대항하여 다툼.
抗戦[こうせん] 항전; 대항하여 싸움.
抗体[こうたい] ≪生理≫ 항체; 면역체.

恒(恆) 항상 항

' 忄 忄 忄 忙 恒 恒 恒 恒

音 ●コウ ⊗ゴウ
訓 ―

音読
恒久[こうきゅう] 항구; 변함없이 오래 감.
恒久的[こうきゅうてき] 항구적.
恒例[こうれい] 항례; 흔히 있는 예.
恒産[こうさん] 항산; 일정한 재산・직업.
恒常[こうじょう] 항상; 변함없이 언제나 일정함.
恒星[こうせい] ≪天≫ 항성; 붙박이별.

航 배로건널/비행할 항

' 亻 冂 月 月 舟 舟 舟 航 航 航

音 ●コウ
訓 ―

音読
航空[こうくう] 항공; 비행기 등으로 공중을 비행함.
²航空機[こうくうき] 항공기; 비행기.
航空母艦[こうくうぼかん] 항공모함.
²航空便[こうくうびん] 항공편; 비행기 편.
航路標識[こうろひょうしき] 항로 표지.
航程[こうてい] 항정; 항행의 도정(道程).
¹航海[こうかい] 항해; 배로 바다 위를 항행함.

港(港) 항구 항

氵 氵 汁 汁 洪 洪 洪 港 港

音 ●コウ
訓 ●みなと

訓読
³●港❶[みなと] 항구. 포구(浦口). ❷[こう] ☞ [音読]
港町[みなとまち] 항구 도시. 항도(港都).

音読
²●港❶[こう] (지명에 접속하여) …항; 항구. ❷[みなと] ☞ [訓読]
港口[こうこう] 항구; 항구의 출입구.
港湾[こうわん] 항만; 선박의 입출항・정박・승객의 승하선・화물 등을 싣고 내리는 설비가 있는 수역(水域).

項 목덜미/조목 항

工 T 工 垳 項 項 項 項 項 項

音 ●コウ
訓 ⊗うなじ

訓読
⊗項[うなじ] 목덜미. ¶髪(かみ)の毛(け)が～にほつれる 머리털이 목덜미로 흐트러지다.
⊗項垂れる[うなだれる]〈下1自〉(실망・수치・슬픔 등으로) 고개를 떨어뜨리다.

音読
項[こう] 항; ①항목. 조항을 세분화한 하나하나. ②≪数≫ 수식(数式)을 이루는 요소가 되는 수.
²**項目**[こうもく] 항목; ①문장 등의 조항을 세분화한 조목. ②사전의 표제어.

肛 똥구멍 항   音 ⊗コウ
                     訓 ―

音読
肛門[こうもん] 항문; 고등 포유동물의 똥구멍으로서 체내의 똥을 배설하는 곳.

杭 건널 항   音 ⊗コウ
                    訓 ⊗くい

訓読
⊗**杭**[くい] 말뚝.
杭打ち[くいうち] (건축·토목공사에서) 파일박기. 말뚝 박기.
杭打(ち)機[くいうちき] 파일 박는 기계.

巷ˣ(巷) 거리/골목   音 ⊗コウ
          항   訓 ⊗ちまた

訓読
⊗**巷**[ちまた] ①기로(岐路). 갈림길. ②번화한 거리. ③(많은 사람에 의해 어떤 일이 진행되고 있는) 장소. 거리.

音読
巷間[こうかん] 항간; 세상.
巷談[こうだん] 항담; 거리의 소문.
巷説[こうせつ] 항설; 소문. 풍문.

桁 ①차꼬/횃대 항   音 ⊗コウ
      ②시렁/마개 형   訓 ⊗けた

訓読
²⊗**桁**[けた] ① ≪建≫ 도리. 기둥과 기둥 위에 건너 얹어 그 위에 서까래를 놓는 나무. ②(주판의) 뀀대. ③(숫자의) 자릿수. 자릿수잡기. ④(비교했을 때의) 규모. 정도. 격차. 틀.
桁外れ[けたはずれ] (표준·규격과) 엄청난 차이. 차이가 엄청남.
桁違い[けたちがい] ①(숫자의) 자릿수가 다름. 자릿수를 틀리게 함. ②엄청난 차이.

[해]

海(海) 바다 해

丶 丶 氵 汁 汗 海 海 海

音 ●カイ
訓 ●うみ

訓読
⁴●**海**[うみ] ①바다. ②호수. ③(바다처럼) …가 많음. ④월면(月面)의 평원 ⑤(벼루의) 연지(硯池).
海開き[うみびらき] 해수욕장의 가장(開場). 개장일(開場日).
海女[★あま] 해녀.
³**海老**[★えび] ≪動≫ 새우.
海鳴り[うみなり] 폭풍우의 전조로서 해상에서 일어나는 소리.
海辺[うみべ] 해변; 바닷가.
海鼠[★なまこ] ≪動≫ (살아있는) 해삼.
海星[★ひとで] ≪動≫ 불가사리.
海松[うみまつ] 해송; ①바닷가의 소나무. ②≪動≫ 흑산호. ③ ≪植≫ '미る(청각채)'의 딴이름.
海沿い[うみぞい] 해안. 바닷가. 연안.
海原[うなばら] 넓은 바다. 대양(大洋).
海千山千[うみせんやません] 산전수전을 다 겪음. 온갖 풍파에 시달려 교활함.
海鞘[★ほや] ≪動≫ 우렁쉥이. 멍게.
海苔[★のり] 해태; 김.
海苔巻(き)[★のりまき] 김초밥.
海風[うみかぜ/かいふう] 해풍; 바닷바람.
海の幸[うみのさち] 해산물. 하물(海物).

音読
海溝[かいこう] 해구; 바다 밑바닥에 가늘고 길게 움푹 들어간 곳.
海国[かいこく] 해양국(海洋国).
海軍[かいぐん] 해군; 바다의 군대.
海難[かいなん] 해난; 항해중의 사고.
海図[かいず] 해도; 바다의 지도.
¹**海路**[かいろ/うみじ/うなじ] 뱃길; 뱃길.
¹**海流**[かいりゅう] 해류; 바닷물의 흐름.
海陸[かいりく] 해륙; 바다와 육지.
海里[かいり] 해리; 항해·항공용의 거리의 단위로 1해리는 약 1.852㎞임.
海綿[かいめん] 해면; ①해면동물의 총칭. ②해면의 골격. 스펀지.

¹海抜[かいばつ] 해발; 해면(海面)을 기준으로 하여 잰 어느 지점의 높이.

海浜[かいひん] 바닷가. 해변.

海産物[かいさんぶつ] 해산물.

海上[かいじょう] 해상; 바다 위.

海水[かいすい] 해수; 바닷물.

²海水浴場[かいすいよくじょう] 해수욕장.

³海岸[かいがん] 해안; 육지가 바다와 접한 곳. 해변.

³海岸線[かいがんせん] 해안선; ①육지와 바다와의 경계선. ②해안의 철도 선로.

²海洋[かいよう] 해양; 바다.

²海外[かいがい] 해외; 외국.

²海外旅行[かいがいりょこう] 외국 여행.

¹海運[かいうん] 해운; 선박으로 여객이나 화물을 해상 운송함.

海員[かいいん] 선원(船員).

海底[かいてい] 해저; 바다 밑.

海賊[かいぞく] 해적; ①바다의 도적. ②(鎌倉(かまくら)・室町(むろまち) 시대의) 수군(水軍).

海戦[かいせん] 해전; 해상의 전투.

海藻[かいそう] 《植》 해조; 바닷말.

海草[かいそう/うみくさ] 《植》 해초.

¹海峡[かいきょう] 해협; 육지와 육지 사이에 끼여 폭이 좁은 바다.

害(害) 해칠/손해 해

丶丶宀宀宝害害害害

音 ●ガイ

訓 ⊗そこなう ⊗そこねる

訓読

⊗害なう[そこなう] 〈5他〉 (기분・건강・성질을) 해치다. 상하게 하다.

⊗害ねる[そこねる] 〈下1他〉 (기분・건강・성질을) 해치다. 상하게 하다.

音読

²害[がい] 해; ①해로움. ②방해. ③재앙.

¹害する[がいする] 〈サ変他〉 ①해치다. 상하게 하다. ②방해하다. ③(사람을) 살해하다. 죽이다.

害毒[がいどく] 해독; 해로움과 독.

害悪[がいあく] 해악; 해독(害毒).

害鳥[がいちょう] 해조; 농작물이나 사람에게 해를 끼치는 새.

害虫[がいちゅう] 해충; 농작물이나 사람에게 해를 끼치는 벌레.

解 풀/벗길/해부할 해

⺈ ⺈ 角 角 角 角ʼ 解ʼ 解 解

音 ●カイ ●ゲ

訓 ●とかす ●とく ●とける ⊗ほどく ⊗ほぐす ⊗ほごす ⊗ほどける ⊗ほつれる ⊗わかる

訓読

●解かす[とかす] 〈5他〉 ①(머리 등을) 빗다. ②(얼음・설탕 등을) 녹이다.

●解く❶[とく] 〈5他〉 ①(묶은 것・봉한 것・꿰맨 것을) 풀다. 뜯다. ②(금지・제한을) 해제하다. 풀다. ③(계약・약속을) 해약하다. ④(긴장・응어리를) 풀다. ⑤(문제・의문을) 풀다. ⑥(흐트러진 것을) 가다듬다.

²⊗解く❷[ほどく] 〈5他〉 ①(묶은 것・엉킨 것을) 풀다. ②(봉한 것・꿰맨 것을) 뜯다. ③(의문점을) 풀다. 이해하다.

解きほぐす[ときほぐす] 〈5他〉 ①(복잡하게 얽힌 것을) 풀어내다. 풀다. ②(굳게 닫힌 마음을) 누그러뜨리다.

解き物[ときもの] (옷이나 이불의) 솔기를 뜯음.

解き方[ときかた] ①(문제의) 푸는 방법. 해법. 해결 방법. ②옷의 솔기를 뜯어서 푸는 방법.

解き放す[ときはなす] 〈5他〉 ①(얽힌 것을) 풀어 헤치다. ②(속박에서) 풀어주다. 해방시키다.

²●解ける❶[とける] 〈下1自〉 ①(묶은 것・봉한 것・꿰맨 것이) 풀리다. 풀어지다. 끌러지다. ②(감정 등이)풀리다. 해소되다. ③(구속・속박 등이) 해제되다. 풀리다. ④해임되다. 해직되다. 물러나다. ⑤(문제・의문 등이) 풀리다. 해결되다.

¹⊗解ける❷[ほどける] 〈下1自〉 ①(매듭이나 묶인 것이 저절로) 풀리다. ②(기분이) 풀리다. 마음을 터놓다.

解け合い[とけあい] ①화합. 융화. ②(시세가 급변하는 이상 사태 때) 협의하여 계약을 파기함.

解け合う[とけあう] 〈5自〉 ①화합하다. 융화하다. ②(시세가 급변하는 이상 사태 때) 협의하여 계약을 파기하다.

⊗解す[ほぐす/ほごす] 〈5他〉 ①(굳어진 것을) 풀다. ②(얽히거나 꿰맨 것을) 풀다. 뜯다. ③(감정・오해 등을) 풀다.

⊗**解る**[わかる] 〈5自〉 ①알다. 이해하다. ②판명되다. 밝혀지다.

⊗**解れる**[ほつれる] 〈下1自〉 (실·실밥·매듭이) 풀리다. 흐트러지다.

音読

解する[かいする] 〈サ変他〉 ①(생각하여) 풀다. 해석하다. ②이해하다. 알다.

解せない[げせない] 〈句〉 이해할 수 없다. 알 수 없다.

²**解決**[かいけつ] 해결; 사건이나 문제 등을 잘 처리함.

解雇[かいこ] 해고; 면직(免職).

解禁[かいきん] 해금; 금지령을 해제함.

²**解答**[かいとう] 해답; 문제를 풀어 답함.

解党[かいとう] 해당; 정당 등을 해산함.

解毒[げどく] 《医》 해독; 독을 제거함.

解毒作用[げどくさよう] 해독 작용.

解毒剤[げどくざい] 《医》 해독제.

解読[かいどく] 해독; (암호 등 보통으로는 읽을 수 없는 것을) 읽어서 풀어냄.

解明[かいめい] 해명; 풀어서 밝힘.

²**解放**[かいほう] 해방; 속박·제한 등을 없애 자유롭게 함.

¹**解剖**[かいぼう] 해부; ①생물체를 쪼개서 그 내부 구조를 조사함. ②사물의 조리(条理)를 자세히 분석함.

解氷[かいひょう] 해빙; 봄이 되어 하천·호수·늪·바다 등의 얼음이 녹음.

²**解散**[かいさん] 해산; ①모인 사람이 흩어지거나 헤어짐. ②(회사 등의 단체가) 조직을 해체하고 활동을 중지함. ③의회(議会)의 모든 의원에 대하여 임기 만료 전에 그 자격을 빼앗음.

解析[かいせき] 해석; ①분석(分析). ②'解析学(かいせきがく)'의 준말.

²**解釈**[かいしゃく] 해석; ①문장의 의미나 내용을 이해함. ②사물을 자신의 경험이나 판단력에 따라 이해함.

²**解説**[かいせつ] 해설; 사물을 이해하기 쉽게 설명함.

解消[かいしょう] 해소; 이제까지의 관계·상태·약속 등을 소멸시킴.

解約[かいやく] 해약; 계약을 해제함.

解語[かいご] 해어; 말뜻을 이해함.

解熱[げねつ] 해열; 몸의 열을 내림.

解熱剤[げねつざい] 《薬》 해열제.

解任[かいにん] 해임; 특정한 지위나 임무를 내놓게 함.

解除[かいじょ] 해제; 제한·금지 등의 특별한 조치를 풀어 평상 상태로 되돌림.

解題[かいだい] 해제; ①문제를 풂. ②서적·저자·저술 과정·체제·내용 등의 해설.

解職[かいしょく] 해직; 명령에 따라 직무를 그만두게 함. 면직(免職).

解体[かいたい] 해체; ①분해(分解). 하나로 뭉쳐진 것을 낱낱이 뜯어 헤침. ② 《古》 해부(解剖).

該 그/해당할 해

言 言 言 言 該 該 該 該 該

音 ●ガイ
訓 —

音読

¹**該当**[がいとう] 해당; 일정한 조건에 들어 맞음. 적합함.

該当者[がいとうしゃ] 해당자.

該博[がいはく] 해박; 사물에 관해 널리 알고 있음.

咳 기침 해

音 ⊗ガイ
訓 ⊗せき ⊗せく ⊗しわぶく

訓読

²⊗**咳❶**[せき] 기침. ❷[しわぶき] 헛기침.

⊗**咳く❶**[せく] 〈5自〉 기침하다. ❷[しわぶく] 〈5自〉 헛기침하다.

咳き返す[せきかえす] 〈他〉 자꾸 기침하다. 반복해서 기침하다.

咳払い[せきばらい] 헛기침.

咳き入る[せきいる] 〈5自〉 콜록거리다. 기침이 심하게 나오다.

咳き込む[せきこむ] 〈5自〉 돋시 콜록거리다. 심하게 기침을 하다.

音読

咳嗽[がいそう] 해수; 기침.

諧 희롱할/익살 떨 해

音 ⊗カイ
訓 —

音読

諧調[かいちょう] 해조; 잘 어울리는 가락.

諧謔[かいぎゃく] 해학; 익살.

骸　뼈/시체 해

音 ⊗ガイ
訓 ⊗むくろ

音読
⊗骸[むくろ] ①시체. 송장. ②썩은 나무 줄.

音読
骸骨[がいこつ] 해골; 시체의 살이 썩고 남은 뼈.
骸炭[がいたん] 해탄; 코크스.

蟹　게 해

音 ⊗カイ
訓 ⊗かに

訓読
⊗蟹[かに] ≪動≫ 게.
蟹股[かにまた] O형 다리.
蟹文字[かにもじ] 가로로 쓰는 글씨.
蟹座[かにざ] ≪天≫ 게자리.

音読
蟹行[かいこう] 해행; ①게걸음으로 걸음. ②가로로 쓰는 문자.

핵

劾　캐물을 핵

丶　亠　亥　歺　歺　亥　刻　劾

音 ●ガイ
訓 ―

音読
劾奏[がいそう] 핵주; 관리의 죄를 들추어 내어 임금에게 아룀.
◑弾劾[だんがい]

核　씨/핵심 핵

一　十　才　木　杧　杧　栌　栌　核　核

音 ●カク
訓 ⊗さね

訓読
⊗核❶[さね] ①(열매의) 핵. ② ≪建≫ 은촉. 판자와 판자를 이어붙일 때 한쪽 판자 측면의 돌출 부분. ③ ≪俗≫ (여자의) 음핵 (陰核). ❷[かく] ☞ [音読]

音読
¹核❶[かく] 핵; ① ≪植≫ 열매의 씨를 싸고 있는 단단한 부분. ②핵심(核心). ③핵무기 (核武器). ❷[さね] ☞ [訓読]
核エネルギー[かくエネルギー] 핵에너지.
¹核家族[かくかぞく] 핵가족; 부부 또는 부부와 그 아이들만으로 이루어진 가족.
核反応[かくはんのう] 핵반응.
核兵器[かくへいき] 핵병기; 핵무기.
核分裂[かくぶんれつ] 핵분열; ①원자핵 분열. ②세포핵 분열.
核酸[かくさん] ≪化≫ 핵산.
¹核実験[かくじっけん] 핵실험; ①핵분열・핵융합 등의 실험. ②핵폭탄 실험.
核心[かくしん] 핵심; 사물의 중심・본질을 이루고 있는 중요한 부분.
¹核燃料[かくねんりょう] 핵연료; 원자로 내에서 핵분열을 일으켜 에너지를 발생시키는 물질.
核爆発[かくばくはつ] 핵폭발; 원자 핵폭발.

행

行　다닐/행할 행

丿　彳　彳　彳　行　行

音 ●アン　●ギョウ　●コウ
訓 ●いく　●ゆく　●いける　●おこなう　　●おこなわれる

訓読
³●行(な)う[おこなう] 〈5他〉 ①하다. 행하다. 거행하다. 실시하다. ＊'する'의 문장체임. ② ≪雅≫ 불도(仏道)를 닦다.
¹行(な)い[おこない] ①행위. 행동. 실천. ②품행. 몸가짐. 행실. ③ ≪仏≫ 불도 수행(修行). 근행(勤行).
●行(な)われる[おこなわれる] 〈下1自〉 ①행하여지다. 거행되다. 실행되다. ②널리 통하다. 유행하다.
⁴●行く[いく/ゆく] 〈5自〉 ＊'ゆく'는 문장용어임. ①(목적지로) 가다. ②가다. 떠나다. ③(세월이) 가다. ④(연락이) 가다. ⑤(일이) 진행되다. ⑥(구름・강물이) 흘러가다. ⑦시집가다. ⑧(납득이) 가다.
²行(き)[ゆき] ①(목적지로) 감. 향함. ②갈 때.

行き届く[ゆきとどく/いきとどく]〈5自〉(생각·주의가) 두루 미치다. 용의주도하다. 주도면밀하다. 빈틈이 없다.

行(き)過げ[ゆきすぎ/いきすぎ]①(목적지를) 지나쳐 감. 더 지나감. 통과함. ②(생각·행동 등이) 도를 넘음. 지나침.

行き過ぎる[ゆきすぎる/いきすぎる]〈上1自〉①(목적지를) 지나쳐 가다. 더 지나가다. 통과하다. ②(생각·행동 등이) 도를 넘다. 지나치다.

行(き)掛け[ゆきがけ/いきがけ] 가는 길. 가는 도중. 갈 때.

行き交い[ゆきかい/いきかい] ①왕래. 오고 감. ②교제.

行き交う[ゆきかう/いきかう]〈5自〉①왕래하다. 오고가다. ②교제하다.

行(き)帰り[ゆきがえり/いきがえり] ①왕복. 오고감. ②갔다가 되돌아옴.

行き悩む[ゆきなやむ/いきなやむ]〈5自〉①(앞으로 나가는 데) 애를 먹다. 어려움을 느끼다. ②(일이) 잘 진척되지 않다. 곤란을 느끼다.

行(き)当(た)り[ゆきあたり/いきあたり] ①막다름. 막다른 곳. ②나아가 부딪침.

行き渡る[ゆきわたる/いきわたる]〈5自〉①(넓은 범위에) 골고루 미치다. 전체에 미치다. ②보급되다. 널리 퍼지다.

行き来[ゆきき/いきき] ①왕래. 오고감. ②교제.

行く末[ゆくすえ] 장래. 미래.

行き方❶[いきかた/ゆきかた] ①(목적지로) 가는 길. ②방법. 방식. ❷[いきがた/ゆきがた] 행방. 갈 곳.

行く方[ゆくかた] ①행방; 갈 곳. ②《古》시름을 푸는 방법.

²行方[ゆくえ] ①행방; 행선지. 목적지. 간 곳. 갈 곳. ②장래. 미래.

²行方不明[ゆくえふめい] 행방불명; (어떤 사람의) 간 곳을 모름.

行く先[ゆくさき/いくさき] ①행선지. 목적지. 가는 방향. ②장래. 미래.

行く手[ゆくて] ①(향해 가는) 앞길. 전방(前方). 가는 쪽. ②장래. 미래.

¹行き違い[いきちがい/ゆきちがい] ①(길이) 엇갈림. 어긋남. ②스쳐 지나감. ③오해. 착오. 의견 충돌.

行き場[ゆきば/いきば] 갈 곳. 가야할 곳.

行き止まり[ゆきどまり/いきどまり] ①막다름. 막다른 곳. ②(사물의) 종말.

行き着く[ゆきつく/いきつく]〈5自〉①(목적지에) 도착하다. 다다르다. ②귀착하다. 최후에 다다르다.

行く春[ゆくはる] 가는 봄.

行き合う[いきあう/ゆきあう]〈5自〉가다가 만나다. 우연히 마주치다.

行く行く[ゆくゆく] ①〈副〉가면서. 걸으면서. ②〈名〉장래. 미래. 장차.

行(き)詰(ま)り[いきづまり/ゆきづまり] ①(길이) 막다름. 막힘. 막다른 곳. ②(진행되던 일이) 침체에 빠짐. 벽에 부딪침.

行き詰まる[いきづまる/ゆきづまる]〈5自〉①(길이) 막다르다. 막히다. 막다른 곳에 이르다. ②(진행되던 일이) 침체에 빠지다. 벽에 부딪치다.

●行ける[いける]〈下1自〉①갈 수 있다. ②(마음먹은 대로) 잘 나가다. 잘 되다. ③(음식의 맛·물건의 질이) 상당히 좋다. 제법 쓸 만하다. ④술을 제법 마시다. 술잔 깨나 하다.

音読

²行❶[ぎょう] ①(글자 등의) 줄 ② 《仏》수행(修行). ③ 《仏》과거의 행위. ④(한자 서체에서) 행서(行書).

行❷[こう] ①여행. 떠남. ②행동. 행함. ③〈接尾語〉여행. 기행(紀行). ④(漢詩体)의 하나.

行間[ぎょうかん] 행간; 문장의 행(行)과 행(行)의 사이.

行軍[こうぐん] 행군; 군대가 대열을 이루어 장거리를 행진함.

²行動[こうどう] 행동; 행위. 실제로 자신을 움직여서 무언가를 함.

行楽[こうらく] 행락; 야외로 나가 즐기며 노는 것.

²行列[ぎょうれつ] 행렬; ①여럿이 줄지어 감. ②격식을 갖추어 줄지어 가는 사람들.

行路[こうろ] 행로; ①길을 걸어감. ②처세. 세상살이.

行李[こうり] 고리. 고리짝.

行司[ぎょうじ] (씨름의) 심판.

²行事[ぎょうじ] 행사; 어떤 일을 거행함.

行使[こうし] 행사; 권리·권력 등을 실제로 실현함.

行商[ぎょうしょう] 행상; 도붓장사.

行書[ぎょうしょ] 행서; (한자 서체의 하나로) 해서(楷書)와 초서(草書)의 중간체.

¹**行為**[こうい] 행위: ①(어떤 목적을 가진) 개인적인 행동. ②《哲》의식적인 행동. ③《法》권리의 행동.

行儀[ぎょうぎ] ①예절. 예의범절. ②질서.

行状[ぎょうじょう] ①행실. 품행. 몸가짐. ②'行状記[ぎょうじょうき]'의 준말.

行跡[ぎょうせき] 행적; 행실. 몸가짐.

¹**行政**[ぎょうせい] 행정; 정치를 함.

行程[こうてい] 행정; ①노정(路程). ②《工》(피스톤 등의) 왕복 거리. ③(여행 등의) 일정(日程). 스케줄.

¹**行進**[こうしん] 행진; 여럿이 줄을 지어 앞으로 나아감.

幸　　다행 행

一 十 土 土 击 杏 幸 幸

音 ●コウ
訓 ●さち ●さいわい ●しあわせ ⊗さい ⊗さき

訓読

●**幸❶**[さち] ①행복. 행운. ②(바다나 산에서 사냥이나 고기잡이로 얻은) 산물(産物). 노획물. 수확. ③짐승이나 물고기를 잡는 도구. ❷[こう] ☞[音読]

²●**幸い**[さいわい] ①(자신에게 있어서 바람직하게 느껴지는 상태의) 다행. 행복. 행운. ②운이 좋음. ③《副》다행히.

²●**幸せ**[しあわせ] ①《形動》행복. ②운명.

⊗**幸く**[さきく]《雅》편안하게. 무사히.

⊗**幸先**[さいさき] 길조(吉兆).

音読

幸❶[こう] 행; 행복. 다행. 행운. ❷[さち] ☞[訓読]

²**幸福**[こうふく] 행복; 불편함이나 불만이 없이 마음이 만족된 상태.

²**幸運**[こううん] 행운; 운이 좋음.

杏　　살구나무 /은행 행

音 ⊗アン ⊗キョウ ⊗ギョウ
訓 ⊗あんず

訓読

⊗**杏**[あんず]《植》살구나무. 살구.

⊗**杏子**[あんず]《植》살구나무. 살구.

音読

杏仁[きょうにん]《医》행인; 살구 씨의 속 알맹이. ＊한약재(漢薬材)임.

[향]

向　　향할 향

´ ｲ 门 向 向 向

音 ●コウ ⊗キョウ
訓 ●むかう ●むく ●むける ●むこう

訓読

³●**向かう**[むかう]〈下I他〉①마주 대하다. 마주 보다. 그쪽으로 향하다. ②(어떤 곳을) 향해 가다. ③다가오다. 다가서다. ④(바람을) 안고 가다. 거슬러 가다. ⑤대항하다. 맞서다. ⑥(…의) 기미가 보이다.

³**向(か)い**[むかい] ①마주 봄. 마주 보고 있음. ②건너편. 맞은편. 건너편 집.

向(か)い側[むかいがわ] 맞은편. 정면.

向(か)い風[むかいかぜ] 맞바람. 역풍.

向(か)い合う[むかいあう]〈5自〉마주 보다. 마주 대하다.

向(か)い合(わ)せ[むかいあわせ] 마주 봄. 마주 보고 있음.

²●**向く**[むく]〈5自〉①(몸・얼굴을) 그쪽으로 돌리다. 향하다. ②가리키다. ③마음이 쏠리다. 내키다. ④기울다. ⑤(운이) 트이다. ⑥적합하다. 맞다. 어울리다.

²**向き**[むき] ①방향. ②《接尾語》적합함. 알맞음. ③취지. 경향. ④〈形動〉(사소한 일에도) 정색하고 화냄. 정색을 함. ⑤(…하시는) 분. 사람. ⑥관계 당국.

向き直る[むきなおる]〈5自〉(몸을 돌려) 방향을 바꾸다. 돌아서다. 그쪽을 향하다.

²●**向ける**[むける]〈下I他〉①(어느 방향으로) 돌리다. 향하게 하다. 향하다. ②(주의를) 기울이다. 쏟다. ③보내다. ④충당하다. 돌려쓰다.

²**向け**[むけ] ①(행선지를 나타내는 말로) 행(行). ②(대상을 나타내는 말로) 용(用).

⁴●**向(こ)う**[むこう] ①건너편. 맞은편. ②저쪽. ③(목적지의) 그쪽. ④상대편. ⑤금후. 향후. 이후.

向(こ)う見ず[むこうみず] 무턱대고 함. 경솔함. 무모함.

向(こ)う脛[むこうずね] 정강이.

向(こ)う鉢巻(き)[むこうはちまき] (수건의) 매듭이 앞이마에 오도록 동여맨 머리띠.

向(こ)う付け[むこうづけ] ①(정식 일본요리에서) 상 맞은편에 놓는 요리. ②(씨름에서) 이마를 상대편의 가슴에 댐. ③(俳諧(はいかい)에서) 前句(まえく)에 덧붙이는 방법의 하나.

向(こ)う岸[むこうぎし] 건너편 물가.

向(こ)う意気[むこういき] (상대편에게 대항하려는) 뚝심.

向(こ)う側[むこうがわ] ①(무엇인가를 사이에 둔) 저쪽. ②상대편.

音読

¹**向上**[こうじょう] 향상; 좋은 쪽으로 향함.

向暑[こうしょ] 향서; 더위에 접어듦.

向学[こうがく] 향학; 학문에 힘쓰려고 생각함.

向寒[こうかん] 향한; 추위에 접어듦. *편지 서두의 용어임.

享   누릴 향

丶 一 古 古 亨 亨 享 享

音 ●キョウ
訓 ●うける

訓読

⊗**享ける**[うける] 〈下1他〉 (자신의 의지와는 관계없이 남으로부터) 주어지다. 받다. ¶生(せい)を~ 삶을 누리다. 살다.

音読

享年[きょうねん] 향년; 생존 연수. 사망했을 때의 나이.

享楽[きょうらく] 향락; 즐거움을 누림.

享楽主義[きょうらくしゅぎ] 향락주의.

¹**享受**[きょうじゅ] 향수; ①복을 받아 누림. ②예술의 아름다움을 음미하고 즐김.

享有[きょうゆう] 향유; (권리·능력 등을) 태어날 때부터 지님·누림.

香   향기 향

一 二 千 千 禾 禾 乔 香 香

音 ●キョウ ●コウ
訓 ●か ●かおり ●かおる ⊗におい ⊗におう ⊗かぐわしい

訓読

●**香❶**[か] (흔히 '…の~'의 문형으로) 향기. ¶梅(うめ)の~ 매화 향기. **❷**[こう] ☞ [音読]

²●**香り**[かおり] 향기. 좋은 냄새.

●**香る**[かおる] 〈5自〉 향기가 나다. 향기가 풍기다.

⊗**香い**[におい] 향기. 냄새. 향긋한 냄새.

⊗**香う**[におう] 〈5自〉 향긋한 냄새가 나다. 향내가 나다. 향기가 풍기다.

⊗**香しい**[かぐわしい] 〈形〉 ①향기롭다. ②훌륭하다. 자랑스럽다. 명예롭다. ③아름답다. 아리땁다.

音読

香❶[こう] ①향. 향내. ②향료. 향나무. ③'味噌(みそ/된장)'의 딴이름. ④'薬味(やくみ/양념)'의 딴이름. **❷**[か] ☞ [訓読]

香気[こうき] 향기; 향기로운 냄새.

香道[こうどう] 향도; 향기를 피우고 그 향기를 즐기는 도(道).

香落ち[きょうおち] (일본 장기에서) 상수가 왼쪽 香車(きょうしゃ)를 떼고 둠.

香料[こうりょう] 향료; ①좋은 향기를 발산하는 물건. ②부의(賻儀).

香の物[こうのもの] 일본식 김치. *소금·쌀겨·술지게미에 채소를 절인 것.

香水❶[こうすい] (화장품으로서의) 향수. **❷**[こうずい] ≪仏≫ ①불전(仏前)에 바치는 정화수. ②불구(仏具) 등을 씻기 위해 향을 섞은 정화수.

¹**香辛料**[こうしんりょう] 향신료; 양념.

香油[こうゆ] 향유; 머릿기름.

香典[こうでん] 부의(賻儀).

香港[ホンコン] ≪地≫ 홍콩.

郷(鄕)   시골 향

幺 乡 纟 纟 纟 邹 绑 绑 郷 郷

音 ●キョウ ●ゴウ
訓 ⊗さと

訓読

⊗**郷❶**[さと] 시골. 고향. **❷**[ごう] ☞ [音読]

音読

郷❶[ごう] ①시골. 촌. ②옛날 행정 구역의 하나. *村(むら)를 여러 개 합친 단위임. ¶~に入(い)っては~に従(したが)え 다른 고장에 가면 그곳의 습관을 따르라. **❷**[さと] ☞ [訓読]

郷関[きょうかん] 향관; ①고향과 타관의 경계. ②고향.

郷国[きょうこく] 향국; 고향.

郷党[きょうとう] 향당; 동향인.

¹**郷里**[きょうり] 향리; 고향.

鄕士[ごうし] 향사; ①시골에 토착한 무사(武士). ②토착 농민으로서 무사 대우를 받던 사람.

鄕社[ごうしゃ] 神社(じんじゃ)의 사격(社格)의 하나. ＊県社(けんしゃ)의 아래, 村社(そんしゃ)의 위.

¹鄕愁[きょうしゅう] 향수; ①고향을 그리는 마음. ②옛것에 끌리는 마음.

鄕友[きょうゆう] 향우; 고향 친구.

¹鄕土[きょうど] 향토; ①태어난 곳. ②그 지방.

鄕土芸能[きょうどげいのう] 민속 예능.

鄕土入り[きょうどいり] 고향에 들어감.

響(響) 울릴 향

夕 彳 夘 綁 綁 綁³ 綁 綁 響 響

音 ●キョウ

訓 ●ひびかす ●ひびかせる ●ひびく

訓読

●響かす[ひびかす] 〈他〉☞ 響かせる

●響かせる[ひびかせる] 〈F1他〉①(소리가 나게) 울리다. 울리게 하다. ②(이름을) 떨치다.

²●響く[ひびく] 〈自〉①(소리가) 울리다. 울려 퍼지다. ②메아리치다. ③여운을 길게 남기다. ④(진동이) 울리다. ⑤(영향을) 미치다. 끼치다. 주다. ⑥널리 알려지다. 소문이 나다. ⑦(마음에) 감동을 주다. 느끼다. 와 닿다. 통하다.

²響き[ひびき] ①울림. 울리는 소리. ②메아리. ③여운. ④진동. ⑤소문. 풍문. ⑥영향. ⑦(귀에 들리는) 느낌.

響き渡る[ひびきわたる] 〈自〉①널리 울려 퍼지다. ②(명성·평판 등이) 널리 퍼지다.

音読

響応[きょうおう] 향응; 많은 사람이 따라서 응함. 목소리를 따라 메아리가 울리듯이 남의 언동에 따라 즉시 행동함.

饗ˣ(饗) 잔치할 향

音 ⊗キョウ
訓 ―

音読

饗する[きょうする] 〈サ変他〉음식을 대접하다. 향응을 베풀다.

饗宴[きょうえん] 향연; 손님을 접대하기 위한 잔치.

饗応[きょうおう] 향응; ①손님을 접대함. ②즉각 남의 언동에 찬성함. 영합(迎合)함.

〔 허 〕

虛(虛) 빌/헛될 허

ー ↑ ⼧ 广 庐 虍 虍 虚 虚

音 ●キョ ●コ

訓 ⊗むなしい ⊗うつける ⊗うつろ

訓読

¹⊗虚しい[むなしい] 〈形〉①공허하다. 내용이 없다. ②흔적도 없다. ③헛되다. 보람이 없다. ④허무하다. 덧없다.

⊗虚ける[うつける] 〈下1自〉①속이 비다. ②멍해지다. 얼이 빠지다.

¹⊗虚ろ[うつろ] 〈形動〉①(속이) 텅 빔. ②얼빠짐. 멍청함.

音読

虚構[きょこう] 허구; ①거짓. 조작함. ②(문학에서) 픽션.

虚礼[きょれい] 허례; 겉으로만 꾸민 예절.

虚妄[きょもう] 허망; 거짓. 사실이 아님.

虚名[きょめい] 허명; ①(사실과 다른) 실력 이상의 명성·평판. ②가명(仮名).

虚無[きょむ] 허무; ①아무것도 없고 텅 빔. ②세상의 진리나 가치가 공허함.

虚勢[きょせい] 허세; 실속이 없는 기세.

虚実[きょじつ] 허실; ①거짓과 참. ②온갖 책략. ③'虚虚実実(きょきょじつじつ)'의 준말.

虚心坦懐[きょしんたんかい] 허심탄회; 아무런 사념이 없이 마음이 고요함.

虚弱[きょじゃく] 허약; 몸이 약함.

虚言[きょげん] 허언; 거짓말.

虚栄[きょえい] 허영; 필요 이상으로 하는 겉치레.

虚偽[きょぎ] 허위; 진실처럼 꾸민 거짓.

許 허락할 허

ᵓ ᵓ 言 言 言 言 訁 訐 許 許

音 ●キョ

訓 ●ゆるす ⊗もと ⊗ばかり

訓読

²●許す[ゆるす] 〈他〉①허가하다. 허용하다. ②용서하다. ③(마음을) 주다. ④(몸을) 허락하다. ⑤인정하다. ⑥(의무나 부담을) 면제하다.

許し[ゆるし] ①허가. ②용서.
⊗許[もと] 곁. 슬하.
⊗許り[ばかり] ①(숫자에 접속하여) 가량.
쯤. 정도. ②(한정을 나타내어) 만. 뿐.

[音読]
²許可[きょか] 허가; ①허락함. 허용함. 요
청을 들어줌. ②인가(認可).
許諾[きょだく] 허락; 승낙. 청을 들어줌.
許否[きょひ] 허부; 허락과 거절.
¹許容[きょよう] 허용; 허락하여 용납함. 요
청을 받아들임.

噓ˣ(噓) 거짓말 허   **[音]** ⊗キョ **[訓]** ⊗うそ

[訓読]
³⊗噓[うそ] ①거짓. 거짓말. ②잘못. 틀림.
틀린 데. ③바람직하지 않음. 적당치 않
음. 말도 안 됨.
噓つき[うそつき] 거짓말쟁이.
噓吐き[うそつき] 거짓말쟁이.

墟 언덕 허   **[音]** ⊗キョ **[訓]** —

[音読]
❶殷墟[いんきょ], 廃墟[はいきょ]

[헌]

軒 처마/집 헌
一 厂 亓 亓 亘 亘 車 軒 軒 軒
[音] ●ケン ⊗コン
[訓] ●のき

[訓読]
²●軒❶[のき] 처마. ❷[けん] ☞ [音読]
軒端[のきば] ①처마 끝. ②집 근처.
¹軒並(み)[のきなみ] ①집들이 늘어서 있음.
②집집마다. ③모두. 일제히.
軒先[のきさき] ①처마 끝. ②집 앞.
軒下[のきした] 처마 밑.
[音読]
²軒❶[けん] ①(가옥을 세는 말로서) 채.
②(옥호·아호에 붙이는 말로) 헌. ❷[の
き] ☞ [訓読]
軒数[けんすう] 헌수; 호수(戸数).

献(獻) 드릴 헌
十 宀 亣 亣 亣 南 南 南 献 献
[音] ●ケン ●コン
[訓] —

[音読]
献じる[けんじる] 〈上1他〉 드리다. 진상하다.
바치다.
献ずる[けんずる] 〈サ変他〉 ☞ 献じる
献金[けんきん] 헌금.
献納[けんのう] 헌납; 神社(じんじゃ)나 절·
국가 등에 물품을 바침.
²献立[こんだて] ①(음식의) 메뉴. 식단(食單
單). ②(무엇을 하기 위한) 준비. 채비.
献立表[こんだてひょう] (음식의) 메뉴표.
식단표.
献上[けんじょう] 헌상; 진상(進上).
献身[けんしん] 헌신; 자신의 몸이나 이해
를 돌보지 않고 그 일에 몸을 바쳐 전력
을 다함.
献言[けんげん] 헌언; 윗사람에게 의견을
말씀드림. 윗사람에게 말씀드리는 의견.
献呈[けんてい] 헌정; 삼가 드림. 근정(謹呈).
献策[けんさく] 헌책; 건의(建議).
献血[けんけつ] 헌혈; (다른 사람에게) 자기
피를 제공함.

憲(憲) 법/모범 헌
宀 宀 宀 宀 害 害 害 害 憲 憲
[音] ●ケン
[訓] —

[音読]
²憲法[けんぽう] 헌법; ①다른 법률이나 명
령으로 변경할 수 없는 국가 최고의 법
규범. ②사물의 대원칙이 되는 약속.
憲法記念日[けんぽうきねんび] 헌법기념일.
＊한국의 '제헌절(制憲節)'에 해당하며 매년
5월 3일로 공휴일임.
憲兵[けんぺい] 헌병; 군대내의 질서유지를
주임무로 하는 군인.
憲章[けんしょう] 헌장; 국가 등이 이상(理
想)으로 정한 규칙이나 의칙.
憲政[けんせい] 헌정; 헌법에 근거하여 행
해지는 정치. 입헌 정치.

[험]

險(険) 험할 험

犭 阝 阝' 阝☆ 阹 阶 阶 險 險

音 ●ケン

訓 ●けわしい

訓読
²●**険しい**[けわしい]〈形〉①가파르다. 험하다. 험준하다. ②형상궂다. 악랄하다. ③(전망이) 위급하다. 위태롭다. 험난하다. ④거칠다.

音読
険[けん] 험; ①험준함. 험준한 곳. ②사나움. 표독함.
険難[けんなん] 험난; ①험하여 가기 힘듦. ②고민. 고통.
険路[けんろ] 험로; 험한 길.
険相[けんそう] 험상; 험악한 인상(人相).
険所[けんしょ] 험소; 험한 곳.
険要[けんよう] 험요; 요충지(要衝地).
険阻[けんそ] 험조; ①(지세가) 험준함. 험한 곳. ②(표정 등이) 험상궂음.
険峻[けんしゅん] 험준; ①산이 높고 험함. ②험악함.

験(験) 시험할 험

厂 厂 厂 馬 馬 馬 馬` 馬✦ 馬✦ 験

音 ●ケン ●ゲン

訓 ⊗ためす ⊗しるし

訓読
⊗**験す**[ためす]〈5他〉시험하다. 시험해 보다. 테스트하다.
験し[ためし] 시험. 시도(試図).
⊗**験**[しるし] 효험(効験).

音読
験[げん] ①효험. 효능. ②《仏》 길흉의 조짐.
験算[けんざん] 《数》 검산(検算). 계산한 결과의 정답 여부를 확인함.
験者[げんじゃ] 《仏》 修験道(しゅげんどう)를 닦는 사람.
❶**試験**[しけん]

[혁]

革 가죽/고칠 혁

一 十 十 十 古 古 古 苩 革

音 ●カク

訓 ●かわ ⊗あらたまる ⊗あらためる

訓読
²●**革**[かわ] (가공한) 가죽. 피혁.
革具[かわぐ] 혁구; 가죽으로 만든 도구.
革帯[かわおび] 혁대; 가죽 벨트.
革袋[かわぶくろ] 가죽 부대.
革細工[かわざいく] 가죽 세공·세공품.
革靴[かわぐつ] 가죽 구두.
⊗**革まる**[あらたまる]〈5自〉(오래 앓던 병이) 갑자기 악화되다. 중태에 빠지다.
⊗**革める**[あらためる]〈下1他〉①고치다. 바꾸다. 변경하다. 개혁하다. ②좋게 고치다. 개선하다.

音読
¹**革命**[かくめい] 혁명; ①피지배 계급이 지배 계급을 무너뜨리고 사회체제를 변혁함. ②근본적인 급격한 변화.
¹**革新**[かくしん] 혁신; (특히 정치 분야에서) 종래의 습관·제도·조직·방법 등을 바꿔 새롭게 함.
革質[かくしつ] 혁질; (식물 표피층의) 가죽처럼 단단하고 질긴 성질.

嚇 ①꾸짖을 혁 ②위협할 하

口 口 口╴ 口╵ 口╵ 呀 呀 哧 哧 嚇

音 ●カク

訓 ⊗おどかす ⊗おどす

訓読
⊗**嚇かす**[おどかす]〈5他〉①깜짝 놀라게 하다. ②협박하다. 위협하다. 겁을 주다.
⊗**嚇す**[おどす]〈5他〉①협박하다. 위협하다. 공갈치다. ②놀라게 하다.
嚇し[おどし] ①협박. 위협. 공갈. 으름장. ②(논밭의) 허수아비.

音読
嚇怒[かくど] 혁노; 격노(激怒). 몹시 화를 냄. 엄청나게 화를 냄.

赫　붉을/빛날 혁　[音] ⊗カク　[訓] —

[音読]

赫怒[かくど] 혁노; 몹시 화를 냄.

赫然[かくぜん] 혁연; ①몹시 화를 냄. ②빨갛게 빛남. ③세력이 왕성함.

赫赫たる[かっかくたる]　혁혁;　①(매우) 밝고 찬란한. ②(명성 등이) 찬연하게 빛나는.

[현]

玄　검을/오묘할 현

`一 亠 亠 玄 玄`

[音] ●ゲン
[訓] ⊗くろ

[訓読]

¹⊗**玄人**[★くろうと] ①전문가. 숙련자. 프로. ②화류계 여자.

⊗**玄人筋**[★くろうとすじ] 특히 (증권거래소의) 전문가. 프로. 정통한 사람.

[音読]

玄界灘[げんかいなだ] 현해탄(玄海灘). 대한해협 남쪽. 후쿠오카 서북쪽의 바다.

⁴**玄関**[げんかん] 현관; ①건물이나 주택의 정면에 낸 출입구. ②≪仏≫ 선사(禅寺)의 작은 문.

玄関払い[げんかんばらい] 방문객을 현관에서 맞이하고 돌려보냄.

玄米[げんまい/くろごめ] 현미.

玄孫[げんそん/やしゃご] 현손; 고손자.

弦　활시위/악기줄 현

`一 コ 弓 弓´ 引 引 弦 弦`

[音] ●ゲン
[訓] ●つる

[訓読]

●**弦❶**[つる] 활줄. 활시위. **❷**[げん] ☞ [音読]

弦音[つるおと] ①활시위 소리. ②弦打ち(つるうち)할 때 내는 소리.

[音読]

弦❶[げん] ①(악기의) 현; 줄. ② ≪数≫ 현. ③반달형의 달. **❷**[つる] ☞ [訓読]

弦歌[げんか] 현가; 三味線(しゃみせん)을 연주하면서 부르는 노래.

弦楽[げんがく] ≪楽≫ 현악; 현악기로 연주하는 음악.

弦楽器[げんがっき] ≪楽≫ 현악기; 현(弦)을 발음체(発音体)로 하는 악기.

弦月[げんげつ] 현월; 조각달.

県(縣)　고을 현

`丨 冂 冂 月 目 貝 県 県 県`

[音] ●ケン
[訓] ⊗あがた

[訓読]

⊗**県❶**[あがた] ①(大和(やまと)시대의) 일본 황실의 직할 영지. ②(옛날) 지방관. 지방의 관리. ③시골. 지방. **❷**[けん] ☞ [音読]

県主[あがたぬし] [大化改新(たいかのかいしん)이전의] 세습적인 현(県)의 지방관.

[音読]

³**県❶**[けん] ≪地≫ 현; 일본 지방 행정구역의 하나. *한국의 '도(道)'에 해당함. **❷**[あがた] ☞ [訓読]

県警[けんけい] 현경; 현(県)의 경찰본부.

県界[けんかい] 현계; 현(県)과 현(県)의 경계·경계선.

県道[けんどう] 현도; 지방 도로. *현(県)의 비용으로 건설하고 유지·보수하는 도로.

県立[けんりつ] 현립; 현(県)에서 설립함.

県民[けんみん] 현민; 현(県)의 주민.

県税[けんぜい] 현세; 현(県)에서 부과하고 징수하는 세금. 지방세(地方税).

県政[けんせい] 현정; 현(県)의 행정.

県知事[けんちじ] 현지사. *한국의 '도지사(道知事)'에 해당함.

²**県庁**[けんちょう] 현청; 현(県)의 사무를 보는 곳. *한국의 '도청(道庁)'에 해당함.

県下[けんか] 현하; 현내(県内). 그 현(県)의 행정 관할구역 내.

県花[けんか] 현화; 현(県)을 상징하는 꽃.

県会[けんかい] 현회; ①'県議会(けんぎかい)'의 준말. ②현(県)의 의결 기관. *지방자치제 시행 이전의 호칭임.

現 나타날/지금 현

丁 F F 王 玑 玑 玥 玥 玥 現

音 ●ゲン
訓 ●あらわす ●あらわれる ⊗うつつ ⊗うつし
⊗あきつ

訓読

²●現(わ)す[あらわす] 〈5他〉 (지금까지 보이지 않던 모습·모양을) 드러내다. 나타내다.

¹●現(わ)れる[あらわれる] 〈下1自〉 ①(지금까지 보이지 않던 모습·모양이) 나타나다. 출현하다. ②(저절로) 드러나다. 알려지다. 노출되다. 탄로나다.

¹現(わ)れ[あらわれ] ①나타남. 표현. ②결과. ⊗現[うつつ] ①현실. 생시. ②본심. 제정신. ③비몽사몽간.

⊗現し世[うつしよ] ≪雅≫ 현세. 이 세상.

⊗現し身[うつしみ] ≪雅≫ 현 세상에 살고 있는 몸. 살아 있는 몸.

⊗現つ神[あきつかみ] 현세에 모습을 나타낸 신. *천황(天皇)의 높임말임.

音読

¹現[げん] 〈接頭語〉 현; 지금의. 현재의.

²現に[げんに] 현재. 눈앞에. 실제로.

現高[げんだか] 현재의 잔고(残高).

現今[げんこん] 현금; 현재. 오늘날.

²現金[げんきん] 현금; ①현재 가지고 있는 돈. ②현찰(現札). ③맞돈. ④〈形動〉 타산적임.

²現代[げんだい] 현대; 현재. 지금.

現物[げんぶつ] 현물; ①실물. 현품. ②금전 이외의 물품. ③거래의 대상인 실제의 상품. ④'現物取引(げんぶつとりひき)'의 준말.

現物取引[げんぶつとりひき] 현물 거래.

²現状[げんじょう] 현상; 현재의 상태.

²現象[げんしょう] 현상; ①나타나 보이는 사실. ② ≪哲≫ 감각에 포착되는 경험할 수 있는 대상.

¹現像[げんぞう] 현상; ①영상(映像)을 나타냄. ②감광(感光)된 사진 필름을 약품 처리하여 화상(画像)으로 나타냄.

現世❶[げんせ] 현세. 이승. 이 세상. ❷[げんぜ] ≪仏≫ '現在世(げんざいせ)'의 준말. ❸[げんせい] ①현재. 이승. 이 세상. ②현대. 현재의 세상. ③ ≪地≫ 지질 시대의 마지막 세상.

²現実[げんじつ] 현실; 현재 사실로서 있는 상태.

現役[げんえき] 현역; ①상비 병역. ②현재 어떤 직무에 종사하고 있는 사람. ③재학 중의 수험생.

現有[げんゆう] 현유; 현재 갖고 있음.

²現場[げんば/げんじょう] 현장; ①사건이 일어난 곳. ②공사장. 작업장.

²現在[げんざい] 현재; ①지금. ② ≪哲≫ 과거와 미래의 경계에 있는 일점. ③ ≪仏≫ 현세. 이승.

現存[げんぞん/げんそん] 현존; ①현재 실제로 존재함. 현재 실제로 살아 있음.

現住所[げんじゅうしょ] 현주소; 현재의 주소. 현재 거주하고 있는 장소.

¹現地[げんち] 현지; ①자신이 현재 살고 있는 땅. ②어떤 일이 실제로 행해지고 있는 그 장소.

現職[げんしょく] 현직; ①현재 맡고 있는 직무. ②현재 어떤 직무·직업에 취업해 있음.

現出[げんしゅつ] 현출; 드러남. 나타남.

現品[げんぴん] 현품; 현재 갖고 있는 물건.

現下[げんか] 현하; 지금. 목하(目下).

¹現行[げんこう] 현행; ①(법률 등이) 현재 행해지고 있음. ②범죄를 눈앞에서 행함.

¹現行犯[げんこうはん] 현행범.

¹現行法[げんこうほう] 현행법.

現況[げんきょう] 현황; 현재의 상황.

賢 어질/어진 이 현

丨 丨丨 臣丁 臣乃 臣又 臣又 臣又 腎 賢 賢

音 ●ケン
訓 ●かしこい

訓読

²●賢い[かしこい] 〈形〉 ①영리하다. 현명하다. 슬기롭다. ②(하는 행동이) 약삭빠르다. 약다.

音読

¹賢明[けんめい] 현명; 어질고 영리함.

賢母[けんぼ] 현모; 어진 어머니.

賢人[けんじん] 현인; ①현명한 사람. ②탁주. 막걸리. *청주(清酒)를 성인(聖人)에 비유한 데서.

賢察[けんさつ] 현찰; 헤아려 살피심.

顯(顕) 밝을/나타날 현

口 日 旦 旦 昂 昂 顥 顥 顥 顯

音 ●ケン
訓 ⊗あらわ ⊗あらわす ⊗あらわれる

訓読
⊗顕[あらわ] ①노골적임. 공공연함. ②가린 것 없이 드러남.
⊗顕す[あらわす] 〈5他〉 드러내다. 나타내다. 노출시키다.
⊗顕れる[あらわれる] 〈下1自〉 나타나다. 드러나다. 노출되다.

音読
²顕微鏡[けんびきょう] ≪物≫ 현미경.
顕著[けんちょ] 현저; 뚜렷이 드러남.
顕彰[けんしょう] 현창; (숨은 공적 등을) 밝히어 알림. (세상에 알려) 표창함.
顕現[けんげん] 현현; 뚜렷이 모습을 나타냄. 명백히 나타남.

懸 메달/걸릴 현

目 申 即 県 県 県 県 県 縣 縣 懸

音 ●ケ ●ケン
訓 ●かかる ●かける

訓読
●懸かる[かかる] 〈5自〉 ①(공중에) 뜨다. 걸리다. ②(어떤 결과가 마음에) 걸리다. ③(상금이) 걸리다.
●懸ける[かける] 〈下1他〉 ①(공중에) 걸다. 띄우다. ②얹다. 올려놓다. 달다. ③(상금을) 걸다.

音読
懸念[★けねん] ①근심. 걱정. 염려. ②≪仏≫ 집념. 집착.
²懸命[けんめい] 목숨을 겂. 열심히 함.
¹懸賞[けんしょう] 현상; 상을 겂.
懸垂[けんすい] 현수; ①매닮. 매달림. ②(기계 체조에서) 턱걸이. 매달린 자세.
懸案[けんあん] 현안; 아직 해결되지 않고 있는 문제.
懸崖[けんがい] 현애; ①벼랑. 절벽. ②(盆栽에서) 가지나 잎이 뿌리보다 아래로 처지게 만든 것.
懸河[けんが] 현하; 세차게 흐르는 강.

呟 소리 현

音 ⊗ケン
訓 ⊗つぶやく

訓読
¹⊗呟く[つぶやく] 〈5自他〉 중얼거리다. 투덜거리다.
呟き[つぶやき] 중얼거림.

眩 아찔할 현

音 ⊗ゲン
訓 ⊗まぶしい
⊗くらむ

訓読
⊗眩い[まばゆい] 〈形〉 ①눈부시다. ②눈부시게 아름답다. ③≪古≫ 부끄럽다.
²⊗眩しい[まぶしい] 〈形〉 눈부시다.
⊗眩む[くらむ] 〈5自〉 ①(눈앞이) 침침해지다. 아찔해지다. ②눈이 멀다. 눈이 어두워지다.
⊗眩かす[くるめかす] 〈5他〉 ①빙빙 돌리다. ②(놀라서) 현기증을 일으키게 하다.
⊗眩く[くるめく] 〈5自〉 ①뱅뱅 돌다. ②눈이 핑핑 돌다. 현기증이 나다.

音読
眩惑[げんわく] 현혹; 어지러워져 홀림. 어지럽게 하여 홀리게 함.

絃 줄 현

音 ⊗ゲン
訓 ⊗つる

訓読
⊗絃❶[つる] 활줄. 활시위. ❷[げん] ☞ [音読]

音読
絃❶[げん] (악기의) 현; 줄. ❷[つる] ☞ [訓読]
絃歌[げんか] 현가; 三味線(しゃみせん)을 연주하면서 부르는 노래.
絃楽器[げんがっき] ≪楽≫ 현악기; 현(弦)을 발음체(発音体)로 하는 악기.

絢 무늬/고울 현

音 ⊗ケン
訓 ―

音読
絢爛[けんらん] 현란; 휘황찬란함. ¶～たる衣裳(いしょう) 현란한 의상.
絢爛豪華[けんらんごうか] 현란호화; 휘황찬란하며 호화스러움.

舷　뱃전 현

音 ⊗ゲン
訓 ⊗ふなばた

訓讀
⊗舷[ふなばた] 현(舷). 뱃전.

音讀
舷頭[げんとう] 현두; 뱃전.
舷灯[げんとう] 현등; 뱃전에 단 등불.
舷門[げんもん] 현문; 뱃전의 출입구.
舷窓[げんそう] 현창; 배 중간의 창문.
舷側[げんそく] 현측; 뱃전.

蜆　바지라기 현

音 ⊗ケン
訓 ⊗しじみ

訓讀
⊗蜆[しじみ] ≪貝≫ 바지라기. 가막조개.
蜆汁[しじみじる] 바지라기 된장국.

鉉　솥귀고리 현

音 ⊗ゲン
訓 ⊗つる

訓讀
⊗鉉[つる] ①(냄비・주전자 등의) 활시위 모양의 손잡이. ②(정확하게 측정하기 위해) 되의 위쪽에 대각선으로 건너지른 가는 철사.

[혈]

穴　구멍 혈

丶宀宀宀穴

音 ●ケツ
訓 ●あな

訓讀
²●穴[あな] ①(뚫린) 구멍. ②구덩이. ③굴. 동굴. 소굴. 은신처. ④빈자리. 공석. 공백. ⑤결함. 약점. 허점. ⑥(금전상의) 결손. 손실. ⑦노다지. 노른자위. ⑧(경마・경륜에서) 뜻밖의 결과나 승부.
穴かがり[あなかがり] (단춧구멍의) 사뜨기.
穴馬[あなうま] (경마에서) 뜻밖에 우승할 것 같은 말. 다크호스.
穴埋め[あなうめ] ①(구멍・구덩이를) 메움. ②(결손・부족분의) 보충. 메움. 벌충.

穴子[あなご] ≪魚≫ 붕장어.
穴場[あなば] ①(남이 잘 모르는) 좋은 곳. 잘 알려지지 않은 좋은 곳. ②≪俗≫ (경마・경륜 등의) 매표소.
穴蔵[あなぐら] 움. 움막.

音讀
穴居[けっきょ] 혈거; 동굴에서 생활함.
穴居人[けっきょじん] 혈거인.

血　피 혈

丶宀宀血血血

音 ●ケツ ⊗ケチ
訓 ●ち

訓讀
³●血[ち] ①피. 혈액(血液). ②핏줄. 혈통(血統). ③혈기(血気).
血みどろ[ちみどろ] ①피투성이가 됨. 피범벅이 됨. ②급박함.
血筋[ちすじ] ①핏줄. 혈관. ②혈통. 혈연.
血の気[ちのけ] ①핏기. ②혈기.
血塗れ[ちまみれ] 피투성이가 됨.
血豆[ちまめ] ≪医≫ 피멍.
血迷う[ちまよう] 〈5自〉 (흥분하여) 이성을 잃다. 눈이 뒤집히다. 미치다.
血生臭い[ちなまぐさい] 〈形〉 ①피비린내 나다. ②참혹하다. 잔인하다.
血続き[ちつづき] 혈연. 혈족. 혈통.
血の巡り[ちのめぐり] ①혈액 순환. ②머리 회전. 두뇌 회전.
血眼[ちまなこ] 혈안; ①핏발 선 눈. ②광분(狂奔)함. 골몰함.
血潮[ちしお] ①(몸에서 흘러나오는) 선혈(鮮血). 피. ②(몸속의) 피. 열정(熱情).
血走る[ちばしる] 〈5自〉 ①피가 뿜어지다. ②(눈이) 충혈 되다. 핏발이 서다.
血止め[ちどめ] 지혈(止血). 지혈제(止血剤).
血合い[ちあい] (가다랑이・방어・참치 등의 몸 중심 부분의) 붉은 살. 검붉은 살.
血糊[ちのり] 선지피. 끈적끈적한 피.

音讀
¹**血管**[けっかん] 혈관; 핏줄.
血球[けっきゅう] ≪生理≫ 혈구; 피톨.
血気[けっき] 혈기; 활력이 넘쳐흐르는 것. 생명력. 기력(気力).
血尿[けつにょう] ≪医≫ 혈뇨; 피오줌.
血痰[けったん] ≪医≫ 혈담; 피석인 가래.

血糖値[けっとうち] 《生理》 혈당치; 혈액 속에 포함되어 있는 포도당의 수치.

血路[けつろ] 혈로; ①적의 포위를 뚫고 도망치는 일. ②괴로움이나 어려운 난관을 극복하는 일.

血涙[けつるい] 혈루; 피눈물.

血脈❶[けつみゃく] 혈맥; ①핏줄. 혈관. ②혈연. 혈통. ❷[けちみゃく] 《仏》 스승이 제자에게 불법을 전해감. 또는 그 상승계보(相承系譜)를 기록한 문서.

血便[けつべん] 《医》 혈변; 피똥.

血相[けっそう] 혈상; 안색. 낯빛.

血色[けっしょく] 혈색; 안색. 낯빛.

血税[けつぜい] 혈세; ①무거운 세금. ②병역 의무의 비유.

血小板[けっしょうばん] 《生理》 혈소판.

²血圧[けつあつ] 《生理》 혈압; 혈액이 혈관 내를 흐르고 있을 때의 압력.

²血液[けつえき] 《生理》 혈액; 피.

血液型[けつえきがた] 혈액형.

血縁[けつえん] 혈연; 혈족. 친족.

血友病[けつゆうびょう] 《医》 혈우병.

血肉[けつにく] 혈육; ①피와 살. ②살아 있는 몸. ③피붙이. 친척.

血漿[けっしょう] 《生理》 혈장; 혈액의 액상 성분(液状成分).

血栓[けっせん] 《医》 혈전; 혈관 내를 흐르는 혈액이 혈관 내에서 응고된 것.

血戦[けっせん] 혈전; 피나는 싸움.

血族[けつぞく] 혈족; 혈연. 친족.

血清[けっせい] 《生理》 혈청; 응고된 혈액의 상부에 분리할 수 있는 담황색의 투명한 액체.

血沈[けっちん] ˮ赤血球沈降速度(せっけっきゅうちんこうそくど)˷의 준말.

血統[けっとう] 혈통; 혈연. 핏줄.

血行[けっこう] 혈행; 혈액 순환.

血痕[けっこん] 혈흔; 핏자국.

頁　머리 혈

音 ⊗ケツ
訓 ⊗ページ
　⊗おおがい

訓読

⊗頁❶[おおがい] 머리혈. ＊漢字 부수의 하나로 ˮ頭˷・ˮ顔˷ 등의 ˮ頁˷ 부분을 말함. ❷[ページ] 페이지. 쪽. ＊책・노트・서류 등의 면수(面数)를 세는 말임.

[혐]

嫌(嫌)　싫어할/의심할 혐

女 女 女 女 娃 娃 婕 婕 嫌 嫌

音 ●ケン ●ゲン
訓 ●いや ●きらう ●きらい

訓読

²●嫌う[きらう] 〈5自〉 ①싫어하다. 좋아하지 않다. ②혐오하다. 미워하다. ③기피하다. 꺼리다. 가리다.

⁴●嫌い[きらい] ①〈形動〉 싫음. 싫어함. 꺼림. ②〈名〉 (좋지 않은) 경향. 성향. 기미. 폐단. ③차별. 구별.

嫌わず[きらわず] 구별하지 않고. 가리지 않고. 꺼리지 않고.

⁴●嫌[いや] ①싫음. 좋아하지 않은. ②불쾌함.

嫌がらせ[いやがらせ] (일부러) 남이 싫어하는 짓을 함. 짓궂게 굶.

²嫌がる[いやがる] 〈他〉 싫어하다.

嫌らしい[いやらしい] 〈形〉 ①돌쾌하다. ② (음탕하여) 망측하다. 야하다. 징그럽다. ③추잡하다. 천덕스럽다.

嫌気[いやき/いやけ] 싫증. 싫은 마음.

嫌気売り[いやきうり/いやけうり] 주식(株式)의 인기가 떨어지는 것이 싫어서 팔아 버림.

嫌気投げ[いやきなげ/いやけなげ] 싫증이 나서 주식을 매입가보다 싸게 팖.

嫌味[いやみ] ①혐오감・불쾌감을 줌. ②비아냥거림. 싫은 소리.

嫌持て[いやもて] (본심이 아닌) 형식적인 대접을 받음.

¹嫌嫌[いやいや] ①마지못해. 싫으나 하는 수 없이. ②(싫다는) 도리질.

音読

嫌忌[けんき] 혐기; 싫어함. 꺼림.

嫌悪[けんお] 혐오; 감정적으로 몹시 싫어하고 미워함.

嫌悪感[けんおかん] 혐오감; 감정적으로 몹시 싫어하고 미워하는 감정.

嫌厭[けんえん] 혐염; 싫어함. 꺼림.

嫌疑[けんぎ] 혐의; 용의(容疑). 범죄의 사실이 있는 것은 아닌가 하고 의심스러움.

❶機嫌[きげん]

[협]

協 도울 협

一 十 卄 忄⺈ 忄劦 協 協 協

音 ●キョウ
訓 —

音読

協同[きょうどう] 협동; 둘 이상의 사람이나 단체가 마음과 힘을 합쳐 일을 함께 함.

協同組合[きょうどうくみあい] 협동조합.

協働[きょうどう] 협동; 협력하여 일함. 서로 협력해서 일함.

²協力[きょうりょく] 협력; 서로 힘을 합쳐 노력함.

協商[きょうしょう] 협상; ①서로 협의하여 정함. ②이해관계가 있는 2개국 이상이 쟁점을 조정하여 우호관계를 수립하기 위한 협정.

協心[きょうしん] 협심; (어떤 목적을 위해) 마음을 합침.

協約[きょうやく] 협약; ①협의하여 계약함. ②2개국 이상의 나라 사이에서 문서에 의해 체결하는 약속.

協業[きょうぎょう] 협업; 노동자가 일정한 생산을 하기 위해 일을 분담·협동하여 조직적으로 일함.

¹協議[きょうぎ] 협의; 두 사람 이상이 모여서 의논함.

¹協定[きょうてい] 협정; ①의논하여 결정함. ②의논하여 결정된 사항.

¹協調[きょうちょう] 협조; ①이해가 대립된 사람끼리 평화롭게 문제를 해결하려고 함. ②사고방식 등이 다른 사람끼리 서로 양보하여 조화롭게 일을 처리함.

協賛[きょうさん] 협찬; ①(계획의 취지에) 찬성하여 협력함. ②(옛날 헌법에서) 의회가 법률안·예산안을 성립시키기 위한 의사 표시를 함.

協和[きょうわ] 협화; ①사이좋게 지냄. ②높이가 다른 2개 이상의 합성음이 잘 조화되어 울리는 상태.

¹協会[きょうかい] 협회; 어떤 목적을 위해 회원들이 협력하여 유지하는 모임.

峽 (峽) 골짜기 협

丨 屮 山 屵⺈ 屵⺈ 峋 峽 峽

音 ●キョウ
訓 ⊗はざま

訓読
⊗峽[はざま] (산의) 골짜기.

音読
峽谷[きょうこく] 협곡; 폭이 좁고 깊은 산골짜기.

峽湾[きょうわん] 협만; 피오르드. 육지로 깊이 들어간 만(湾).

挾 (挾) 낄 협

一 十 扌 扩 扩 抔 抾 挾 挾

音 ●キョウ
訓 ●はさまる ●はさむ

訓読

²●挾まる[はさまる] 〈5自〉 ①(사이에) 끼이다. ②(대립하는 양자 사이에) 끼이다.

²●挾む[はさむ] 〈5他〉 ①(틈새에) 끼우다. ②사이에 두다. 끼다. ③(끼워서) 집다. ④말참견하다. ⑤(마음에) 품다. ⑥(귓결에) 듣다.

挾(み)撃ち[はさみうち] 협격; ①협공(挾攻). ②(야구에서) 주자(走者)를 베이스와 베이스 사이에서 몰아 죽임.

挾み入れる[はさみいれる] 〈下1他〉 ①(사이에) 끼워 넣다. ②끼워서 다른 물건 사이에 넣다.

挾(み)込み[はさみこみ] 삽입. 끼워 넣음.

挾み込む[はさみこむ] 〈5他〉 끼워 넣다.

挾み切る[はさみきる] 〈5他〉 끼워서 자르다. 가위로 자르다.

挾(み)紙[はさみがみ] ①서표(書標). ②(파손되기 쉬운) 물건이 서로 스치지 않게 사이에 끼우는 종이.

音読

挾撃[きょうげき] 협격; ①협공(挾攻). ②(야구에서) 주자(走者)를 베이스와 베이스 사이에서 몰아 죽임.

挾殺[きょうさつ] 협살; (야구에서) 주자(走者)를 베이스와 베이스 사이에서 협공(挾攻)하여 죽임.

狹(狭) 좁을 협

ノ　犭　犭　犭　狉　狹　狹　狹　狹

音 ●キョウ
訓 ●せまい ●せばまる ●せばめる ⊗さ ⊗さむ
　　⊗はざ

訓読

⁴●狭い[せまい] 〈形〉 ①(면적・폭이) 좁다.
②(범위가) 좁다. ③(마음이) 좁다.
狭苦しい[せまくるしい] 〈形〉 좁아서 답답
하다. 갑갑하도록 좁다. 옹색하다.
狭き門[せまきもん] ①좁은 문. ②(입학・
취직에서) 좁은 문. 난관.
●狭まる[せばまる] 〈5自〉 좁아지다. 좁혀
지다.
●狭める[せばめる] 〈下1他〉 좁히다.
⊗狭間[さま/はざま] ①틈. 틈새기. ②(성벽
등에 설치하여) 밖을 보거나 활・총을 쏘
는 창.
⊗狭霧[さぎり] (가을의) 안개.

音読

狭軌[きょうき] (철도의) 협궤; 철로의 폭이
1.435m의 표준 궤도보다 좁은 궤도.
狭量[きょうりょう] 협량; 너그럽지 못한
도량. 도량이 좁음. 옹졸함.
狭小[きょうしょう] 협소; 비좁음.
狭心症[きょうしんしょう] ≪医≫ 협심증.
狭義[きょうぎ] 협의; 한 단어가 가리키는
뜻의 범위에서의 좁은 뜻.

脅 위협할 협

ニ　ク　ホ　ネ　杁　棱　脅　脅　脅　脅

音 ●キョウ
訓 ●おびやかす ●おどかす ●おどす ⊗おびえる

訓読

¹●脅かす❶[おびやかす] 〈5他〉 ①(안정된 상
태를) 위협하다. 협박하다. ②(지위나 신
분을) 위태롭게 하다. ＊안정된 상태를
무력이나 실력으로 두려움을 느끼게 하
는 말임.
²●脅かす❷[おどかす] 〈5他〉 ①깜짝 놀라게
하다. ②협박하다. 위협하다.
¹●脅す[おどす] 〈5他〉 ①협박하다. 공포심을
주다. 위협하다. ②놀라게 하다.

¹⊗脅える[おびえる] 〈下1自〉 ①두려워하다.
겁내다. ②가위눌리다.
¹●脅迫[きょうはく] 협박; (형법에서) 남을 위
협할 목적으로 해악(害悪)을 가할 의사
표시를 함.
脅威[きょうい] 협위; 위협. 협박.

叶 화합할 협

音 ⊗キョウ
訓 ⊗かなう
　　⊗かなえる

訓読

¹⊗叶う[かなう] 〈5自〉 ①(이치에) 꼭 맞다.
들어맞다. ②뜻대로 되다. 성취되다. 이
루어지다. ③…하는 것이 허용되다. …할
수 있다. ④대항할 수 있다.
¹⊗叶える[かなえる] 〈下1他〉 ①일치시키다.
들어맞히다. ②채우다. 충족시키다. ③(소
망을) 성취시키다. 이루어주다. 들어주다.

夾ˣ(夾) 낄 협

音 ⊗キョウ
訓 ―

音読

夾撃[きょうげき] 협격; 협공(挟攻).
夾侍[きょうじ] ≪仏≫ 본존(本尊) 좌우의
불상.
夾雑[きょうざつ] 협잡; 잡것이 섞임.
夾雑物[きょうざつぶつ] 협잡물; 불순물.
夾竹桃[きょうちくとう] ≪植≫ 협죽도.

俠ˣ(侠) 호협할 협

音 ⊗キョウ
訓 ―

音読

俠客[きょうかく] 협객; 의협심 있는 사람.
俠骨[きょうこつ] 협골; 의협심 있는 성질.
俠気[きょうき] 협기; 의협심
俠女[きょうじょ] 협녀; 의협심 있는 여자.

脇 겨드랑이 협

音 ⊗キョウ
訓 ⊗わき

訓読

²⊗脇[わき] ①겨드랑이. ②옆. 곁. ③엉뚱한
데. 딴 데. ④(연극에서) 仕手(して)의 상대역.
脇見[わきみ] 한눈팔기. 곁눈질.
脇毛[わきげ] 겨드랑이 털.

脇門[わきもん] 쪽문.
脇腹[わきばら] ①옆구리. ②서자(庶子).
脇の下[わきのした] 겨드랑이.
脇下[わきした] 겨드랑이 밑.
脇挟む[わきばさむ] 〈5他〉 겨드랑이에 끼다.

莢 ×(英) 꼬투리 협
音 ⊗キョウ
訓 ⊗さや

訓読
⊗莢[さや] 콩깍지. 꼬투리.
莢豆[さやまめ] ≪植≫ 꼬투리째 먹는 콩.
莢豌豆[さやえんどう] ≪植≫ 꼬투리째 먹는
　강낭콩.

音読
莢膜[きょうまく] ≪生理≫ 협막.

鋏 가위/집게 협
音 ⊗キョウ
訓 ⊗はさみ
　⊗はさむ

訓読
²⊗鋏❶[はさみ] ①가위. ②표를 개찰하는
　가위. 펀치. ❷[やっとこ] (철사를 구부리
　거나 불에 단 쇠를 집는) 집게.
⊗鋏む[はさむ] 〈5他〉 가위로 자르다.
鋏虫[はさみむし] ≪虫≫ 집게벌레.

頰 ×(頬) 뺨 협
音 ⊗キョウ
訓 ⊗ほお

訓読
⊗頰[ほお] 뺨. 볼.
頰骨[ほおぼね] 광대뼈.
頰袋[ほおぶくろ] 볼주머니. *원숭이가 볼
　안의 먹이를 잠시 두는 주머니.
頰返し[ほおがえし] ①입에 가득 문 음식을
　혀로 돌려 씹음. ②취할 수단·방법.
頰辺[ほおべた] 볼. 뺨.
頰っ辺[ほっぺた] 〈俗〉 귀싸대기. 뺨.
頰笑ましい[ほおえましい/ほほえましい]
　〈形〉 흐뭇하다. 절로 미소 짓다.
頰笑み[ほおえみ/ほほえみ] 미소.
頰笑む[ほおえむ/ほほえむ] 〈5自〉 ①미소 짓
　다. ②꽃망울이 조금 벌어지다.
頰髯[ほおひげ] 구레나룻.
頰杖[ほおづえ] (팔꿈치를 세우고 손바닥으)
　턱을 굄.
頰桁[ほおげた] 광대뼈.
頰紅[ほおべに] 볼연지.

[형]

兄 맏 형

丨 口 口 尸 兄

音 ●ケイ ●キョウ
訓 ●あに ●にい ⊗せ

訓読
⁴●兄❶[あに] ①형. 오빠. ②손위 처남. 시
　숙. 자형. 형부. ❷[けい] ☞ [音読]
⁴兄さん[にいさん] 형. 오빠.
兄ちゃん[にいちゃん] ≪俗≫ 형. 형님. 오
　빠. *친근하게 부르는 말임.
兄嫁[あによめ] ①형수. ②손위 처남댁.
兄貴[あにき] ①형. 형님. *정다운 호칭
　임. ②(폭력배들 사이에서) 선배님. 형님.
兄弟子[あにでし] 동문(同門)의 선배.

音読
兄❶[けい] 형. *흔히 편지에서 가까운 남
　자끼리 사용함. ¶ ~たり難(がた)く弟(てい)
　たり難(がた)く 난형난제. 막상막하. ❷[あ
　に] ☞ [訓読]
兄事[けいじ] 형으로 모심.
⁴兄弟[きょうだい] ①형제. *'남매'의 경우는 한자로 표기하지 않음. ③의형
　제. ④친구. *남자끼리 친하게 부를 때.

刑 형벌 형

一 二 于 开 刑 刑

音 ●ケイ ⊗ギョウ
訓 ―

音読
刑期[けいき] 형기; (교도소에서) 형의 집
　행을 받는 기간.
刑務所[けいむしょ] 형무소; 교도소(矯導所)
¹刑罰[けいばつ] 형벌; (국가가 죄를 범한
　자에게 부과하는) 형(刑)과 벌(罰).
刑法[けいほう] 형법; 형벌의 법칙.
刑死[けいし] 형사; 형을 받아 죽음.
²刑事[けいじ] 형사; ①형법을 적용하여 처
　리해야 할 사항. ②'刑事巡査(けいじじゅん
　さ)'의 준말.
刑余[けいよ] 전과(前科)가 있음. 전과자.
刑場[けいじょう] 형장; 사형장(死刑場).

形

형상 형

一 二 于 开 形 形 形

音 ●ケイ ●ギョウ
訓 ●かた ●がた ●かたち ⊗なり

訓読

●形❶[かた] ①모양. 형태. 스타일. ②자국. 흔적. ③틀. 형식. ④담보. 저당.

³●形❷[かたち] ①모양. 형상. 형체. 형태. ②용모. 얼굴 생김새. 모습. ③(겉에 나타난) 형식. 꼴. 겉모양. ④(사람에 대한) 자세. 태도. ❸[なり] ①옷차림. ②몸집. 몸매.

●形❹[がた] 〈接尾語〉형. 모양. 꼴. ¶卵(たまご)~ 계란형. ¶渦巻(うずまき)~ 소용돌이 모양.

形見[かたみ] ①(과거의) 추억거리. 기념품. ②(죽은 사람이 생전에 쓰던) 유품. 유물.

形許り[かたばかり] 형식뿐임. 명색뿐임.

音読

形状[けいじょう] 형상; 모양. 모습.

形相❶[けいそう] 형상; ①형태. 양상. ② 《哲》 사물의 본질적 특징인 현실의 형태. ❷[ぎょうそう] (무서운) 얼굴 표정.

形象[けいしょう] 형상; 미적(美的)인 대상으로서의 사물의 모습.

形像[けいぞう] 형상; 본떠서 만든 상.

¹形成[けいせい] 형성; 이루어짐.

形成外科[けいせいげか] 성형외과.

¹形勢[けいせい] 형세; (대립하여) 변화되어 가는 그때그때의 모양·형편.

²形式[けいしき] 형식; ①사물이 존재할 때의 일반적인 모습. ②사물의 존재 형태로서 미리 정해져 있는 형태·방법.

形影[けいえい] 형영; ①형체와 그 그림자. ②자신의 형체와 그림자.

形容[けいよう] 형용; ①모양. 모습. 형상. ②사물의 모양·상태를 표현함.

²形容動詞[けいようどうし] 《語学》 형용동사.

²形容詞[けいようし] 《語学》 형용사.

形跡[けいせき] 형적; 흔적. 자취.

形質[けいしつ] 형질; ①형태와 실질. ②생물의 형태적·유전적인특징.

¹形態[けいたい] 형태; ①형체. 사물의 모양새. 생김새. ② 《心》 게슈탈트.

形骸[けいがい] 형해; ①송장. 시체. ②빈 껍데기. 형체는 있고 내용이 없는 것.

型

거푸집/본보기 형

一 二 于 开 刑 刑 刑 刑 型

音 ●ケイ
訓 ●かた ●がた

訓読

²●型❶[かた] ①틀. 거푸집. 본. ②(스포츠에서) 기본적인 품. ③틀. 관례. 흉식. ④전형(典型). 유형(類型). ⑤크기. 사이즈.

●型❷[がた] 〈接尾語〉형; 타입. 스타일. ¶最新(さいしん)~ 최신형. ¶B~肝炎(かんえん) B형 간염.

型紙[かたがみ] 형지; 종이 본.

型通り[かたどおり] 관례 대로임. 판에 박은 대로임.

型破り[かたやぶり] (이제까지의 관례와는 달리) 파격적임. 색다름.

音読

型式[けいしき] 형식; ①타입. 모델. ②(어떤 특정한 내부 구조나 외흥을 갖고 있는) 비행기·차량·기계 등의 형태.

蛍 (螢)

개똥벌레 형

⺍ ⺍ ⺍ 卷 卷 堂 蛍 蛍

音 ●ケイ
訓 ●ほたる

訓読

蛍[ほたる] 《虫》 개똥벌레. 반디.

蛍狩(り)[ほたるがり] 반딧불 구경. 개똥벌레잡기놀이.

蛍火[ほたるび/けいか] ①반딧불. ②(꺼지지 않고 잿속에 남아 있는) 불씨.

音読

蛍光[けいこう] 형광; ①반딧불. ② 《物》 어떤 물질이 빛·자외선·방사선·전자열 등의 전자파에 의해서 자극을 받았을 때 발하는 빛.

蛍光塗料[けいこうとりょう] 형광도료.

²蛍光灯[けいこうとう] 형광등.

蛍光物質[けいこうぶっしつ] 형광물질.

蛍光体[けいこうたい] 형광체.

蛍光板[けいこうばん] 형광판.

蛍雪の功[けいせつのこう] 형설지공; 고생하여 공부한 성과.

衡　저울대 형

彳 彳 彳 衧 衧 衎 徻 徻 衡 衡

音 ●コウ
訓 ―

音読
衡平[こうへい] 형평; 공평. 균형.

桁　①시렁/마개 형　②차꼬/횃대 항

音 ⊗コウ
訓 ⊗けた

訓読
²⊗桁[けた] ① ≪建≫ 도리. 횡목(橫木).
②(숫자의) 자릿수. 자리. ③(주판의) 꿸
대. ④(비교했을 때의) 규모. 틀.

荊ˣ(荊)　가시나무 형

音 ⊗ケイ
訓 ⊗いばら

訓読
⊗荊[いばら] ① ≪植≫ 가시나무. ②식물의
가시. ③고통. 고난.

音読
荊棘❶[けいきょく] 형극; ①가시. 가시나
무. ②(가시나무가 무성한) 황폐한 땅.
③고통. 고난. ④(남을 헤치려는) 나쁜
마음. ❷[ばら] 가시가 있는 나무.

桁　화장 형

音 ―
訓 ⊗いき
　⊗ゆき

訓読
桁丈[ゆきたけ] ①(옷의) 등솔기에서 소매
끝까지의 길이. ②사물과 형편.

馨　향내날 형

音 ⊗ケイ
訓 ⊗かおる
　⊗かんばしい

訓読
⊗馨(り)[かおり] 향기. 좋은 냄새.
⊗馨る[かおる] 〈5自〉 향기가 나다. 향기를
풍기다.
⊗馨しい❶[かんばしい] 〈形〉 ①향기롭다.
향기가 좋다. ②바람직하다. 좋다. ③명
예롭다. ❷[かぐわしい] 〈形〉 ①향기롭다.
②명예롭다. 훌륭하다. ③아름답다.

［ 혜 ］

惠(惠)　은혜 혜

一 ナ 币 甫 甫 東 東 恵 恵 恵

音 ●ケイ ●エ
訓 ●めぐまれる ●めぐむ

訓読
²●恵まれる[めぐまれる] 〈下1自〉 ①혜택을
받다. 풍족하다. 풍부하다. ②은혜를 받다.
운 좋게 주어지다. 타고나다. 복 받다.
¹●恵む[めぐむ] 〈5他〉 ①(사랑·은혜·자비
를) 베풀다. ②(동정하여 금품을) 베풀다.
적선하다.
¹恵み[めぐみ] 은총. 은혜. 자비. 동정.

音読
恵方[えほう] (陰陽道에서 그 해의) 좋다고
정해진 방향. 길방(吉方).
恵方参り[えほうまいり] 설날에 좋다는 방
향에 있는 神社(じんじゃ)나 절을 찾아가 복
을 비는 일.
恵比須[えびす] 칠복신(七福神)의 하나.
＊오른손에는 낚싯대를 들고, 왼손에는
도미를 안고 있는 바다·어업·상가(商
家)의 수호신.
恵存[けいそん/けいぞん] 혜존; (자기의 저
서를 증정할 때, 상대의 이름 아래에 써
서) '받아 간직해 두십시오'라는 뜻의 말.

彗　살별 혜

音 ⊗スイ
訓 ―

音読
彗星[すいせい] ≪天≫ 혜성; 살별. ＊태양
광선을 받아 빗자루처럼 긴 꼬리를 끄는
별이라 하여 'ほうきぼし'라고도 함.

慧(慧)　슬기로울 혜

音 ⊗ケイ ⊗エ
訓 ―

音読
慧敏[けいびん] 혜민; 슬기로움. 두뇌회전이
빠름. 명석(明晳)함.
慧眼[けいがん] 혜안; 뛰어난 통찰력.
慧知[けいち] 혜지; 슬기. 지혜.

[호]

互　서로 호

一 ｢ 万 互

音 ●ゴ
訓 ●たがい ⊗かたみ

訓読
²●互い[たがい] 서로. 쌍방. 상호(相互).
　互いに[たがいに] 〈副〉 서로. 다 함께.
　⊗互に[かたみに] 서로. 번갈아.
　互(い)先[たがいせん] (바둑・장기에서) 호
　　선. 맞수.
　互(い)違い[たがいちがい] 엇갈림. 번갈아 함.

音読
　互角[ごかく] 호각; 백중지세(伯仲之勢).
　互選[ごせん] 호선; (특정인들이) 자신들
　　중에서 서로 선출하는 것.
　互助[ごじょ] 호조; 상조(相助). 서로 도움.
　互恵[ごけい] 호혜; (국가 간에) 서로 특별
　　한 혜택을 주고받는 일.
　互換[ごかん] 호환; ①서로 바꿈. ②서로
　　교환할 수 있음.
　互換性[ごかんせい] 호환성.

戶(戶)　집/문 호

一 フ ヨ 戶

音 ●コ
訓 ●と

訓読
⁴●戶❶[と] ①문. ② 《古》 집의 출입문.
　　대문. ③ 《古》 (바다의) 좁은 해협. ❷
　　[こ] ☞ [音読]
　戶口❶[とぐち] ①집의 출입구. 문간. ②출
　　발점. ❷[ここう] ☞ [音読]
　戶袋[とぶくろ] 덧문을 넣어두는 곳.
²戶棚[とだな] 안에 선반을 단 장. ＊찬장・
　　책장・신발장 등의 총칭.
¹戶締(ま)り[とじまり] 문단속.
　戶板[といた] 덧문짝.
¹戶惑い[とまどい] 당황함. 망설임.
¹戶惑う[とまどう] 〈5自〉 당황하다. 망설이다.
　　갈피를 못 잡다.

音読
　戶❶[こ] (집 호수를 세는 말로) 호. 채.
　　❷[と] ☞ [訓読]
　戶建て[こだて] 단독주택.
　戶口❶[ここう] 호구; 가구(家口). 집 호수
　　(戶数)와 인구. ❷[とぐち] ☞ [訓読]
　戶別[こべつ] 호별; 집집이. 집집마다.
　戶数[こすう] 호수; 집 수효.
　戶外[こがい] 옥외(屋外). 집 밖.
¹戶籍[こせき] 《法》 호적.
　戶籍謄本[こせきとうほん] 호적등본.
　戶籍抄本[こせきしょうほん] 호적초본.
　戶主[こしゅ] 호주; ①세대주. ②호주권(戶
　　主権)을 가진 자.

号(號)　부를/부르짖을 호

｜ ｢ ｢ ｢ ｢ 号

音 ●ゴウ
訓 ―

音読
²号[ごう] 호; ①아호(雅号). 필명(筆名).
　　②(신문・잡지・차량 등의) 호수(号数).
　　③(배・비행기・기차 등의 이름에 접속하
　　여 부르는 칭호)……호.
　号令[ごうれい] 호령; 구령(口令). 명령.
　号数[ごうすう] 호수; ①(신문・잡지 등의)
　　발행된 숫자. ②(크기의) 치수. 사이즈.
　号外[ごうがい] 호외; (신문 등의) 정한 발
　　행 부수 이외의 것.
　号砲[ごうほう] 호포; 신호로 쏘는 총포.

好　좋아할 호

乚 乚 女 女 好 好

音 ●コウ
訓 ●このむ ●このましい ●このもしい ●すく
　●すき ⊗よし ⊗いい ⊗よい

訓読
⁴●好む[このむ] 〈他〉 ①좋아하다. 흥미를
　　갖다. ②즐기다. ③원하다. 바라다.
²好み❶[このみ] ①좋아함. 취향. 기호(嗜
　　好). ②원함. 희망. ③유행.
　好み❷[ごのみ] 〈接尾語〉 (명사에 접속하여)
　　취향. 기호(嗜好).

お好み焼(き)[おこのみやき] (일본식) 부침개.

¹●好ましい[このましい] 〈形〉 ①(성질・태도 등이) 마음에 들다. 호감이 가다. ②바람직하다.

●好もしい[このもしい] 〈形〉 ①호감이 가다. 믿음직스럽다. ②바람직하다.

●好く[すく] 〈五他〉 ①좋아하다. 마음에 들다. ②애정을 느끼다. 사랑하다.

⁴●好き ❶[すき] 〈形動〉 ①좋아함. ②여색(女色)을 좋아함. 호색(好色). ③제멋대로임.

好き ❷[ずき] 〈接尾語〉 애호가. 광(狂). ¶音楽(おんがく)～음악광; 음악 애호가. ¶釣(つ)り～낚시광; 낚시 애호가.

好き放題[すきほうだい] 제멋대로 함.

²好き嫌い[すききらい] 좋아함과 싫어함.

好き好き[すきずき] 각자 취향이 다름. 각자의 취미.

好き好む[すきこのむ] 〈五他〉 특별히 좋아하다. 일부러 좋아하다.

⊗好し[よし] 〈形〉《古》 좋다.

⊗好い[いい/よい] 〈形〉 좋다.

音読

好感[こうかん] 호감; (사람에 대해 갖는) 좋은 감정・느낌.

好個[こうこ] 알맞음. 적당함. 안성맞춤임.

好景気[こうけいき] 호경기; 호황(好況).

好球[こうきゅう] 호구; (구기 종목에서) 치기 좋거나 받기 좋은 공.

好技[こうぎ] 호기; 좋은 기술・연기.

好奇心[こうきしん] 호기심; 새롭거나 신기한 것에 끌리는 마음.

好機[こうき] 호기; 좋은 기회.

好機会[こうきかい] 호기회; 좋은 기회.

好都合[こうつごう] 형편이 좋은. 사정이 좋음. 적절함. 알맞음.

好例[こうれい] 호례; 좋은 예.

好物[こうぶつ] 호물; ①(취미에서) 좋아하는 것. ②좋아하는 음식.

好事家[こうずか] 호사가; ①별난 것을 좋아하는 사람. ②풍류를 즐기는 사람.

好色[こうしょく] 호색; ①이성에 대해 음탕한 마음을 품음. ② (미녀의) 고운 얼굴.

好手[こうしゅ] 호수; ①기술이 뛰어난 사람. ②(장기・바둑에서) 멋진 수.

好守[こうしゅ] 호수; 선방(善防). (골키퍼 등이) 적의 공격을 잘 막아냄.

好演[こうえん] 호연; 훌륭한 연주・연기.

好運[こううん] 호운; 행운(幸運).

好意[こうい] 호의; 호감(好感).

好餌[こうじ] 호이; ①(남을 꾀는) 달콤한 미끼. ②(남의) 희생물.

好人物[こうじんぶつ] 호인물; 호인(好人).

好一対[こういっつい] 잘 어울리는 한 쌍.

好日[こうじつ] 호일; ①기분이 좋은 날. ②즐겁고 평온한 나날.

好材料[こうざいりょう] 호재료; ①적절한 재료. ②《経》 시세를 올리는 원인이 되는 조건.

好適[こうてき] 호적; 딱 알맞음.

好敵手[こうてきしゅ] 호적수; 맞수.

好転[こうてん] 호전; (이제까지의 나쁜 상황이) 보다 좋은 쪽으로 진행됨.

好転反応[こうてんはんのう] 호전 반응.

好戦[こうせん] 호전; ①싸움을 좋아함. ②(스포츠에서) 잘 싸움. 선전(善戦).

¹好調[こうちょう] 호조; 순조로움.

¹好評[こうひょう] 호평; 좋은 평판.

好漢[こうかん] 호한; 쾌남아. 시원스럽고 호감이 가는 남자.

好好爺[こうこうや] 마음씨 좋은 할아버지.

好況[こうきょう] 호황; 생산・거래가 증가하고 경제 활동이 활발해지는 것.

呼   부를/숨내쉴 호

丨 丨丨 丨丨 丨丨ー 丨ーー 丨ーー 呼

音 ●コ

訓 ●よぶ

訓読

⁴●呼ぶ[よぶ] 〈五他〉 ①(소리 내어) 부르다. ②(부탁하거나 소리 질러) 오게 하다. ③초대하다. ④불러 모으다.

呼ばれる[よばれる] 〈下1自〉 ①불리다. 일컬어지다. ②초대받다. 대접받다.

呼ばわり[よばわり] ①큰소리로 부름. ②(상대방을 욕하는 뜻의 명사에 접속하여) 취급함.

呼(び)掛け[よびかけ] ①소리 질러 부름. ②호소. ③(能楽(のうがく)에서) 주역인 'シテ'가 소리를 지르면서 등장하는 형식.

²呼び掛ける[よびかける] 〈下1他〉 ①멀리 있는 사람을 소리 질러 부르다. ②의견을 말하고 동참할 것을 호소하다.

呼び起こす[よびおこす] 〈5他〉 ①(잠자는 사람을) 불러 깨우다. ②(감동을) 일게 하다. (기억을) 상기시키다. 되살리다.

呼び寄せる[よびよせる] 〈下1他〉 가까이 불러들이다. 불러 모으다.

呼び戻す[よびもどす] 〈5他〉 ①불러들이다. 소환하다. ②(원래의 상태를) 되찾다.

呼(び)鈴[よびりん] 초인종.

呼び立てる[よびたてる] 〈下1他〉 ①큰소리로 부르다. ②불러들이다. 소환하다.

呼(び)物[よびもの] (모임·흥행에서) 인기 종목. 구경거리.

呼び返す[よびかえす] 〈5他〉 (원위치로) 불러들이다. 소환하다.

呼び付ける[よびつける] 〈下1他〉 ①불러오다. ②(늘 불러서) 입에 익다.

呼(び)捨て[よびすて] (경칭을 생략하고 이름이나 성(姓)을) 함부로 부름. 막 부름.

呼(び)声[よびごえ] ①부르는 소리. ②(임명·선출에 관한) 평판. 소문.

呼(び)水[よびみず] ①(펌프의) 마중물. ②(어떤 일의) 실마리. 계기. ③(소금절임에 소금기가 잘 스며들도록) 보충하는 물.

呼び入れる[よびいれる] 〈下1他〉 ①불러들이다. ②(며느리로) 맞아들이다.

呼び込む[よびこむ] 〈5他〉 (한패로) 끌어들이다. 불러들이다.

呼(び)子[よびこ] 호루라기.

呼ぶ子[よぶこ] 호루라기.

¹呼び止める[よびとめる] 〈下1他〉 불러서 멈춰 세우다.

²呼び出す[よびだす] 〈5他〉 ①호출하다. 불러서 오게 하다. ②부르기 시작하다.

呼(び)出(し)[よびだし] ①호출. ②(씨름에서) 씨름꾼을 호명하여 등장시키는 일.

呼(び)値[よびね] 호가(呼價). (거래에서) 매매하는 물건의 단위 수량에 대한 값을 말함.

【音読】

呼気[こき] 호기; 내쉬는 숨.

呼応[こおう] 호응; ①서로 마음이 통해 행동을 함께 함. ②《語学》 앞의 특정한 어구(語句)에 대응하여 일정한 어형(語形)이 뒤따름.

呼称[こしょう] 호칭; ①어떤 사물에 이름을 붙여 부름. ②(제조할 때의) 구령(口令).

²呼吸[こきゅう] 호흡; ①숨쉬기. ②호흡 작용. ③요령. ④(함께 일할 때의) 장단.

呼吸器[こきゅうき] 호흡기; 호흡기관.

弧　활 호

一　丁　弓　弓　弘　弧　弧　弧　弧

【音】 ●コ
【訓】 ―

【音読】
弧状[こじょう] 호상; 궁형(弓形). 반달이나 활처럼 구부러져 있는 모양.
弧線[こせん] 호선; 반달이나 활 모양의 선.

湖　호수 호

氵　氵　汁　沽　沽　沽　湖　湖　湖　湖

【音】 ●コ
【訓】 ●みずうみ

【訓読】
³●湖❶[みずうみ] 호수. ＊원래는 '水海(みずうみ)'라는 뜻임. ❷[こ] ☞ [音読]

【音読】
湖❶[こ] 〈接尾語〉 호; 호수. ¶琵琶(びわ)〜 비와호. ¶人造(じんぞう)〜 인공호; 인공 호수. ❷[みずうみ] ☞ [訓読]
湖面[こめん] 호면; 호수의 수면(水面).
湖畔[こはん] 호반; 호숫가.
湖沼[こしょう] 호소; 호수와 늪.
湖水[こすい] 호수; 호수의 물.
湖岸[こがん] 호안; 호숫가.
湖底[こてい] 호저; 호수 바닥.

豪　굳셀/뛰어날 호

亠　亠　高　高　亭　亭　豪　豪　豪

【音】 ●ゴウ
【訓】 ⊗えらい

【訓読】
⊗豪い[えらい] 〈形〉 ①위대하다. 훌륭하다. ②장하다. 기특하다. 갸륵하다. ③지위가 높다. ④엄청나다. 큰일°이다. ⑤대단하다. 굉장하다. 중대하다. ⑥심하다. 지독하다. ⑦뜻밖이다. 엉뚱하다.
豪がる[えらがる] 〈5自〉 잘난 체하다.

【音読】
豪[ごう] 호; ①뛰어남. 권세가 있음. ②'豪州(ごうしゅう)/오스트레일리아'의 준말.

豪傑[ごうけつ] 호걸; ①지혜와 무예를 겸비한 사람. ②≪俗≫ 대담한 사람.

豪農[ごうのう] 호농; 재력과 세도가 있는 농가 집안.

豪胆[ごうたん] 호담; 대담함.

豪放[ごうほう] 호방; 담대하여 사소한 일에 구애되지 않음.

豪雪[ごうせつ] 호설; 폭설(暴雪).

豪勢[ごうせい] 호세; 호화판임.

豪語[ごうご] 호어; 큰소리. 호언장담.

豪勇[ごうゆう] 호용; 매우 용감함.

豪雨[ごうう] 호우; 큰비. 폭우.

豪遊[ごうゆう] 호유; (큰돈을 쓰며) 호화판으로 놀아남.

豪壮[ごうそう] 호장; ①세력이 강성함. ②규모가 크고 호화로움.

豪族[ごうぞく] 호족; 지방의 세도가.

豪州[ごうしゅう] 호주; 오스트레일리아.

豪洲[ごうしゅう] 호주; 오스트레일리아.

豪快[ごうかい] 호쾌; 사소한 일에 구애됨 없이 시원시원함.

²豪華[ごうか] 호화; 사치스럽고 화려함.

護　지킬/도울 호

音 ●ゴ
訓 ⊗まもる

訓読

⊗護る[まもる]〈5他〉지키다. 수호하다. 방호하다. 보호하다.

音読

護国[ごこく] 호국; 국가의 번영과 평안을 지킴.

護符[ごふ/ごふう] 호부; 부적(符籍).

護送[ごそう] 호송; 보호하여 보냄.

護身[ごしん] 호신; (남의 공격으로부터) 몸을 보호함.

護岸[ごがん] 호안; (돌이나 콘크리트 등으로) 강이나 바다의 둑을 보강하여 수해를 방지함.

¹護衛[ごえい] 호위; 어떤 사람이나 사물의 안전을 지키는 일.

護持[ごじ] 호지; 수호(守護).

護憲[ごけん] 호헌; (개혁 세력에 대항하여) 현행 헌법·정치를 지킴.

狐　여우 호

音 ⊗コ
訓 ⊗きつね

訓読

⊗狐[きつね] ① ≪動≫ 여우. ②여우처럼 교활한 사람. ③ ≪俗≫ 창녀. ④'狐色(きつねいろ)'의 준말. ⑤'狐饂飩(きつねうどん)'의 준말. ⑥'稲荷鮨(いなりずし)'의 준말.

狐の嫁入り[きつねのよめいり] ①여우비. ②(초롱불 행렬처럼) 줄지어 늘어선 도깨비불.

狐蕎麦[きつねそば] 메밀 유부국수.

狐饂飩[きつねうどん] 유부국수.

音読

狐狸[こり] 호리; ①여우와 너구리. ②사람을 속이거나 몰래 나쁜 짓을 하는 사람.

虎　범/호랑이 호

音 ⊗コ
訓 ⊗とら

訓読

²⊗虎[とら] ≪動≫ 범. 호랑이.

虎の巻[とらのまき] ①병법(兵法)의 비전(秘伝)을 기록한 책. ② ≪俗≫ 강의 등의 기초 자료가 되는 책. ③자습서. 참고서.

虎の皮[とらのかわ] 호피; 호랑이 가죽.

音読

虎口[ここう] 호구; ①호랑이의 입. ②매우 위험한 곳.

虎列刺[コレラ] ≪医≫ 콜레라.

虎穴[こけつ] 호혈; ①범의 굴. ②매우 위험한 곳.

胡　오랑캐 호

音 ⊗コ ⊗ゴ
訓 ―

音読

胡瓜[★きゅうり] ≪植≫ 오이.

胡桃[★くるみ] ≪植≫ 호두.

胡麻[ごま] ≪植≫ 참깨.

胡麻油[ごまあぶら] 참기름.

胡麻和え[ごまあえ] 깨소금을 넣고 무친 음식.

胡地[こち] 호지; 오랑캐의 땅.

²胡椒[こしょう] ①후춧가루. ② ≪植≫ 후추나무.

胡頽子[ぐみ] ≪植≫ 수유나무.

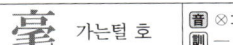

넓을/클 호

音 ⊗コウ
訓 ―

音読
浩然[こうぜん] 호연; (마음이) 넓고 느긋함.
浩然の気[こうぜんのき] 호연지기; ①하늘과 땅 사이에 가득찬 넓고 큰 정기(精気). ②(잡다한 일에서 벗어난) 자유롭고 느긋한 마음.
浩蕩[こうとう] 호탕; ①(땅·바다 등이) 드넓음. ②(마음이) 호방(豪放)함.

毫 가는털 호

音 ⊗ゴウ
訓 ―

音読
毫光[ごうこう] 호광; 부처의 미간에 있는 백호(白毫)에서 사방으로 뻗치는 광채.

壺ˣ(壷) 항아리 호

音 ⊗コ
訓 ⊗つぼ

訓読
¹⊗壺[つぼ] ①항아리. 단지. ②종지. 보시기. ③우묵하게 팬 곳. ④뜸자리. ⑤예상. 짐작. ⑥급소. 요점. ⑦≪古≫ 대궐의 안뜰.
壺皿[つぼざら] ①종지. ②(노름판에서) 주사위를 덮는 종지.

琥 호박 호

音 ⊗コ
訓 ―

音読
琥珀[こはく] ≪鉱≫ 호박. *옛날에 수지(樹脂)가 땅속에 묻혀 화석처럼 된 것.
琥珀色[こはくいろ] 호박색; 호박 같은 누런 색.
琥珀織[こはくおり] 호박단(琥珀緞).

糊 풀칠할 호

音 ⊗コ
訓 ⊗のり

訓読
²⊗糊[のり] 풀. ¶～で張(は)り付(つ)ける 풀로 붙이다.
糊する[のりする] ≪サ変他≫ ①풀로 붙이다. ②(입에) 풀칠하다. 겨우 생계를 꾸려가다.

糊付け[のりづけ] ①풀칠함. 풀로 칠함. ②(세탁한 옷에) 풀을 먹임.
糊口[ここう] 호구; 입에 풀칠함. 겨우겨우 생계를 꾸려감.
糊塗[こと] 호도; 얼버무려 넘김.

명주 호

音 ⊗コウ
訓 ⊗しま

訓読
²⊗縞[しま] 줄무늬. 체크무늬.
縞馬[しまうま] ≪動≫ 얼룩말. 제브러.
縞織物[しまおりもの] 줄무늬 직물.
縞合(い)[しまあい] (옷감의) 줄무늬의 색조.

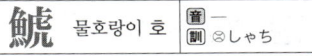

해자 호

音 ⊗ゴウ
訓 ⊗ほり

訓読
²⊗濠[ほり] ①도랑. 수로(水路) ②(성 둘레에 판) 해자(垓字).

音読
濠[ごう] ≪地≫ 오스트레일리아.
濠州[ごうしゅう] ☞ 濠洲
濠洲[ごうしゅう] ≪地≫ 오스트레일리아.
濠太剌利[オーストラリア] ≪地≫ 오스트레일리아.

鯱 물호랑이 호

音 ―
訓 ⊗しゃち

訓読
⊗鯱❶[しゃち] ①≪動≫ 범고래. ②'しゃちほこ'의 준말. ❷[しゃちほこ] 용마루 양쪽 끝에 다는 장식용 동물상. *머리는 호랑이이고, 등에는 가시가 돋친 상징적인 물고기 모양임.
鯱張る[しゃちほこばる] 〈5自〉 ①(지나치게) 격식을 차리다. ②(긴장해서) 몸이 굳어지다.

냄비 호

音 ⊗コウ
訓 ⊗しのぎ

訓読
⊗鎬[しのぎ] 칼날과 칼등 사이의 약간 볼록한 부분. ¶～を削(けず)る 맹렬하게 싸우다.

[혹]

惑　미혹할/어지러울 혹

一　一　一　一　一　一　戓　或　或　或　惑

音　●ワク
訓　●まどう　●まどわす

訓読
●惑う[まどう] 〈5自〉 ①갈팡질팡하다. 갈피를 못 잡다. 당혹하다. ②마음을 빼앗기다. 매혹되다. 푹 빠지다.
惑い[まどい] 미혹(迷惑).
惑い箸[まどいばし] (식사 때) 이것저것 건드리는 젓가락. *식사 예법에 어긋남.
●惑わす[まどわす] 〈5他〉 ①(생각을) 헷갈리게 하다. ②(정신을) 혼란시키다. 현혹하다. 미혹(迷惑)하다. ③유혹하다. 꾀다. ④기만하다. 속이다.

音読
惑溺[わくでき] 혹닉; (제정신을 잃고) 푹 빠짐. 마음을 빼앗김.
惑乱[わくらん] 혹란; (사물을 냉정하게 판단할 수 없을 정도로) 마음이 헷갈림.
¹惑星[わくせい] 혹성; ①행성(行星). ②(실력은 모르나) 유력해 보이는 인물. 다크호스.

酷(酷)　혹독할/참혹할 혹

一　丁　丌　西　酉　酉　酌　酷　酷

音　●コク
訓　⊗ひどい　⊗むごい

訓読
³⊗酷い❶[ひどい] 〈形〉 ①너무하다. 지독하다. 혹독하다. ②잔인하다. 참혹하다. ③형편없다.
⊗酷い❷[むごい] ①비참하다. 애처롭다. ②잔인하다. 무자비하다.

音読
酷薄[こくはく] 혹박; 무자비함.
酷使[こくし] 혹사; 사람을 가혹하게 부림.
酷似[こくじ] 혹사; 매우 닮음.
酷暑[こくしょ] 혹서; 지독한 더위.
酷評[こくひょう] 혹평; 매우 심한 비평.
酷寒[こっかん] 혹한; 혹독한 추위.

或　혹/어떤 혹

音　⊗ワク
訓　⊗ある
　　⊗あるいは

訓読
²⊗或る[ある] 〈連体詞〉 어떤. 어느. *예를 들어서 말할 때 사용하는 말임.
²或(い)は[あるいは] 혹은. 또는. 때로는. 더러는.
⊗或は[あるは] 혹은. 또는. 어떤 것은.

[혼]

婚　혼인할 혼

女　女　女　女　女　婚　婚　婚　婚

音　●コン
訓　―

音読
婚家[こんか] 혼가; 시집간 집. 데릴사위로 들어간 집.
婚期[こんき] 혼기; 결혼 적령기.
婚礼[こんれい] 혼례; 결혼식.
²婚約[こんやく] 혼약; 약혼.
婚約指輪[こんやくゆびわ] 약혼 반지.
婚儀[こんぎ] 혼례(婚礼). 결혼식.
婚姻[こんいん] 혼인; 결혼.
婚姻届[こんいんとどけ] 혼인신고. 결혼신고.

混　섞일/섞을 혼

氵　氵　氵　氵　氵　氵　混　混　混　混

音　●コン
訓　●まざる　●まじる　●まぜる

訓読
²●混ざる[まざる] 〈5自〉 (두 종류 이상의 것이) 혼합되다. 섞이다.
²●混じる[まじる] 〈5自〉 ①혼합되다. 섞이다. ②(남들 사이에) 끼이다. 섞이다.
²●混ぜる[まぜる] 〈下1他〉 ①혼합하다. 섞다. 뒤섞다. ②(휘저어) 뒤섞다. ③말참견하다.

音読
混ずる[こんずる] 〈サ変自他〉 혼합되다. 혼합하다. 섞이다. 섞다.

混交[こんこう] 혼교; ①여러 가지가 뒤섞임. ②뜻이 비슷한 두 낱말이 부분적으로 결합되어 새로운 낱말을 만들어 냄. *'とらまえる'는 'とらえる'와 'つかまえる'의 결합어임.

混沌[こんとん] 혼돈; ①사물이 엉켜서 갈피를 잡을 수 없는 상태. ②천지(天地)가 아직 분리되지 않은 상태.

¹混同[こんどう] 혼동; 서로 섞여 하나가 됨.

²混乱[こんらん] 혼란; 여러 가지가 헝클어져 질서가 없음.

混迷[こんめい] 혼미; 혼란하여 갈피를 잡을 수 없음.

混紡[こんぼう] 혼방; 종류가 다른 섬유를 섞어서 짬.

混生[こんせい] 혼생; 여러 종류의 식물이 섞여서 자람.

混線[こんせん] 혼선; ①(전신·전화에서) 다른 신호나 통화가 섞여서 들려옴. ②(여러 이야기가) 뒤섞여 뒤범벅이 됨.

混成[こんせい] 혼성; 종류가 다른 것이 서로 섞여서 된 것.

混声[こんせい] ≪楽≫ 혼성; 남자 목소리와 여자 목소리가 함께 섞여 노래함.

混浴[こんよく] 혼욕; 남녀가 한 욕탕에서 뒤섞여 목욕함.

混用[こんよう] 혼용; 두 종류 이상의 것을 섞어서 사용함.

混一[こんいつ] 혼일; 두 종류 이상을 하나로 섞음.

混入[こんにゅう] 혼입; 어떤 것이 다른 것 속으로 섞여 들어감.

²混雑[こんざつ] 혼잡; 많은 사람이나 사물이 질서 없이 뒤섞여 혼란스러움.

混在[こんざい] 혼재; 뒤섞여 있음.

混戦[こんせん] 혼전; ①두 편이 뒤섞여 싸움. ②(시합에서) 승패를 가름할 수 없는 치열한 싸움.

混濁[こんだく] 혼탁; 여러 물질이 뒤섞여 있어 물이 흐림.

²混合[こんごう] 혼합; 성질이 다른 물질이 서로 섞임. 서로 뒤섞임.

混合気[こんごうき] 혼합 기체. (엔진에서) 공기와 연료의 혼합체.

¹混血児[こんけつじ] 혼혈아; 튀기.

混和[こんわ] 혼화; ①골고루 뒤섞임. ②≪法≫ 누구의 소유인지 알 수 없게 뒤섞여 있음.

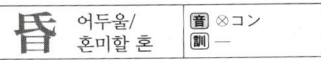

魂 넋/혼 혼

音 ●コン
訓 ●たましい ⊗たま

訓読
●魂❶[たましい] 혼; ①영혼. ②정신. 근성. 정성. ③(직업·신분을 나타내는 말에 접속하여) 특유의 정신. 정신자세. 마음가짐.
⊗魂❷[たま] 영혼. 혼. 넋.
魂消る❶[たまぎる] ⟨5自⟩ 혼나다. 깜짝 놀라다. ❷[たまげる] ⟨下1自⟩≪俗≫ 깜짝 놀라다.

音読
魂胆[こんたん] 혼담; ①간담. 넋. ②책략. 꿍꿍이속. ③복잡한 사정.
魂魄[こんぱく] 혼백; 죽은 사람의 넋.

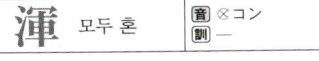

音読
昏睡[こんすい] 혼수; 의식 불명으로 인해 외부로부터 자극을 주어도 깨어나지 않음.
昏絶[こんぜつ] 혼절; 기절.

渾 모두 혼   音 ⊗コン
訓 ―

音読
渾沌[こんとん] 혼돈; ①사물이 서로 엉켜서 갈피를 잡을 수 없음. ②천지(天地)가 아직 분리되지 않은 상태.
渾然[こんぜん] 혼연; ①여러 가지가 하나로 융합되어 구별이 없음. ②(성질 등이) 모나지 않고 흠이 없음.
渾然一体[こんぜんいったい] 혼연 일체.

音読
焜炉[こんろ] (들고 다닐 수 있는) 취사용 화로. 풍로. ¶電気(でんき)~ 전기 화로.

[홀]

忽 홀연 홀
音 ⊗コツ
訓 ⊗たちまち
⊗ゆるがせ

訓読
⊗忽せ[ゆるがせ] 소홀함. 등한함. 허술함.
²忽ち[たちまち] ①곧. 금세. 순식간에.
②갑자기.

音読
忽[こつ] 홀; (작은 수의 단위로) 1의 10만분의 1.
忽として[こつとして] 홀연히. 갑자기. 별안간.
忽焉と[こつえんと] 홀연히. 갑자기. 별안간.
忽然と[こつぜんと] 홀연히. 갑자기. 별안간.

笏 홀 홀
音 ⊗コツ
訓 ⊗しゃく

訓読
⊗笏[しゃく] 홀; (옛날) 관리가 조정에 나아갈 때 조복(朝服)에 갖추어 손에 쥐던 패(牌).

惚 황홀할 홀
音 ⊗コツ
訓 ⊗とぼける
⊗ほれる
⊗ほうける

訓読
¹⊗惚ける❶[とぼける] 〈下1自〉①얼빠지다. 멍청하다. 정신 나가다. ②시치미를 떼다. 딴청부리다. ③익살을 부리다.
⊗惚ける❷[ほうける/ほける] 〈下1自〉①멍해지다. 아둔해지다. ②몰두하다. 정신이 팔리다.
¹⊗惚ける❸[ぼける] 〈下1自〉①멍청해지다. 둔해지다. ②(초점·윤곽이) 흐려지다. 흐릿해지다.
惚け❶[とぼけ] ①얼빠짐. 멍청함. 정신이 나감. ②시치미를 뗌. 딴청부림. ❷[ぼけ] 지각이 둔해짐. 멍청해짐. 망령이 듦.
⊗惚れる[ほれる] 〈下1自〉①반하다. 넋을 잃다. ②심취하다.
惚気る[のろける] 〈下1自〉①애인이나 아내의 자랑을 늘어놓다. ②여자에 반해 사람이 물렁해지다.
惚気話[のろけばなし] 자기 사랑 이야기.

[홍]

洪 큰물 홍
音 ●コウ
訓 ―

音読
洪大[こうだい] 홍대; 굉장히 큼.
¹洪水[こうずい] 홍수; ①큰물. ②사물이 한꺼번에 많이 나옴.
洪恩[こうおん] 홍은; (부모나 스승에게서) 물려받은 큰 은혜.
洪積世[こうせきせい] ≪地≫ 홍적세.
洪積層[こうせきそう] ≪地≫ 홍적층.
洪化[こうか] 홍화; 광대한 덕화(德化). 천자(天子)의 덕정(德政).

紅 붉을 홍
音 ●コウ ●ク ⊗グ
訓 ●べに ●くれない ⊗あかい ⊗もみ

訓読
●紅❶[べに] ① ≪植≫ 잇꽃. 홍화. ②분홍색. ③연지. ❷[くれない] 다홍. 주홍색(朱紅色).
⊗紅い[あかい] 〈形〉빨갛다. 붉다.
紅白粉[べにおしろい] ①연지와 분. ②화장.
紅色[べにいろ/こうしょく/くれないいろ] 홍색; 분홍색. 선홍색.
紅花❶[べにばな] ≪植≫ 잇꽃. 홍화. ❷[こうか] 홍화; 붉은 꽃.
紅型[べにがた] 오키나와에서 발달한 다양한 무늬의 염색한 천.
紅絵[べにえ] (浮世絵(うきよえ) 판화의 한 양식으로) 판화로 찍어낸 그림 위에 홍색을 주제로 하여 채색한 것.

音読
紅梅[こうばい] 홍매; ①붉은 빛의 매화. ②진한 분홍색.
紅白[こうはく] 홍백; ①붉은 색과 흰색. ②(경기에서) 대항하는 두 팀.
紅白試合[こうはくじあい] (경기에서) 홍백전(紅白戦). 청백전(青白戦).

紅顔[こうがん] 홍안; 생기가 넘치고 혈색이
　좋은 얼굴.
²紅葉❶[こうよう] 가을 단풍.
²紅葉❷[★もみじ] ①단풍이 듦. 단풍. ②
　'かえで(단풍나무)'의 딴이름. ③《俗》 사
　슴고기.
紅葉狩(り)[★もみじがり] 단풍놀이.
紅一点[こういってん] 홍일점; 많은 남성 가
　운데 섞여 있는 1명의 여성.
紅潮[こうちょう] 홍조: ①(아침저녁의 햇
　살로 인해) 붉게 보이는 바다. ②(긴장·
　흥분으로) 얼굴이 붉어짐.
³紅茶[こうちゃ] 홍차.

| 弘 | 넓을 홍 | 音 ⊗コウ ⊗グ |
| | | 訓 ⊗ひろまる ⊗ひろめる |

訓読
⊗弘まる[ひろまる] 〈5自〉 ①넓어지다. ②
　널리 퍼지다.
⊗弘める[ひろめる] 〈下1他〉 ①(범위를) 넓
　히다. ②널리 보급하다. 널리 퍼뜨리다.
音読
弘大[こうだい] 홍대; 넓고 큼. 광대함.
弘法[ぐほう] 홍법; 불교를 널리 포교함.
弘報[こうほう] 홍보; (기업체나 단체가) 사
　업 내용이나 활동 상황을 널리 알리고 이
　해를 구하는 일.

| 虹 | 무지개 홍 | 音 ⊗コウ |
| | | 訓 ⊗にじ |

訓読
⊗虹[にじ] 《気》 무지개.
音読
虹彩[こうさい] 《生理》 홍채; 눈조리개.

| 鴻 | 큰기러기 홍 | 音 ⊗コウ |
| | | 訓 ⊗おおとり ⊗ひしくい |

訓読
⊗鴻❶[おおとり] ①(학·황새와 같은) 큰
　새. ②(봉황과 같은) 상상의 큰 새. ❷[ひ
　しくい]《鳥》 큰기러기.
音読
鴻鵠[こうこく] 홍곡; ①큰기러기와 고니.
　②큰 인물.

[화]

| 化 (化) | 될/변화/요술 화 |

ノ イ 仁 化

音 ●カ ●ケ
訓 ●ばかす ●ばける

訓読
●化かす[ばかす] 〈5他〉 (정신을) 홀리다.
　(속여서 남의 정신을) 흐리게 하다.
¹●化ける[ばける] 〈下1自〉 ①변신(変身)하다.
　둔갑(遁甲)하다. ②(딴사람처럼) 변장하다.
　가장(仮装)하다. ③《俗》 예상외로 변하다.
化(け)物[ばけもの] ①요괴(妖怪). 도깨비.
　②괴물(怪物).
化(け)の皮[ばけのかわ] 가면(仮面).
音読
化[か] 〈接尾語〉 화; …이 되다.
化す[かす] 〈5自他〉 ☞ 化する
化する[かする] 〈サ変自〉 ①화하다. 변화되
　다. 바뀌다. ②동화(同化)되다. 감화되다.
　③둔갑하다. 〈サ変他〉 ①변화시키다. ②감
　화시키다.
¹化石[かせき] ① 《地》 화석. ②돌로 변함.
　돌처럼 움직이지 않음.
¹化繊[かせん] 화섬; '化学繊維(かがくせんい)'의
　준말.
化成[かせい] 화성: ①육성함. ②모양이 바
　뀌어 다른 것이 됨. ③ 《化》 화합하여
　딴 물질이 됨. ④감화되어 착해짐.
化性[かせい] 《虫》 화성; 곤충이 1년에 여
　러 번 세대를 반복하는 성질.
化身[かしん/けしん] 화신; 다른 모습으로
　태어남.
化育[かいく] 화육; 천지자연이 만물을 만
　들고 생육(生育)함.
²化粧[けしょう] 화장: ①얼굴을 아름답게
　꾸밈. ②단장. 치장. ③겉치레.
²化粧品[けしょうひん] 화장품.
²化学❶[かがく] 《化》 화학. ❷[ばけがく]
　화학. *발음이 같은 '科学(かがく)'과 구별
　하기 위한 말임.
化学繊維[かがくせんい] 화학·섬유.
¹化合[かごう] 《化》 화합; 둘 이상의 물질
　또는 원소가 화학적으로 결합하여 다른
　물질을 생성함.

火　불 화

ノ　ソ　少　火

音 ●カ　⊗コ
訓 ●ひ　●ほ

訓読

³●火❶[ひ] ①불. 불꽃. 불길. ②화재. ③불기. 불기운. ④등불. ⑤화. 격한 감정. ❷[か] ▷ [音読]

火加減[ひかげん] ①불기운. 화력의 세기. ②화력의 조절.

火蓋[ひぶた] 화승총(火繩銃)의 화약을 넣는 부분의 덮개.

火攻め[ひぜめ] 화공; 불로 공격함.

火の気[ひのけ] ①불기. 불의 온기. ②(화재의 원인이 되는) 불씨.

火鉢[ひばち] 화로(火爐).

火の粉[ひのこ] 불똥. 불티.

²火傷[★やけど] 화상; ①불이나 뜨거운 물에 뎀. ②손해를 봄. 피해를 봄. 타격을 입음.

火色[ひいろ] ①불의 빛깔. ②불덩이의 색깔. ③불꽃같은 주홍색.

火消(し)[ひけし] ①소화(消火). 불을 끔. ②(江戸(えど) 시대의) 소방수. 소방 조직. ③위기를 극복함.

火消(し)壺[ひけしつぼ] 뜬숯을 만들 때 사용하는 항아리. 뜬숯 항아리.

火の手[ひので] 불길.

火影[ほかげ] ①불빛. 등불 빛. ②등불에 비치는 그림자.

火の用心[ひのようじん] 불조심.

火元[ひもと] ①불기 있는 곳. ②불이 난 곳. ③불씨. 사건의 원인.

火の元[ひのもと] ①화재의 원인. ②불기가 있는 곳.

火箸[ひばし] 화저; 부젓가락.

火照る[ほてる] ⟨5自⟩ ①(몸・얼굴이) 달아오르다. 뜨거워지다. ②(수치심으로) 얼굴이 빨개지다.

火種[ひだね] 불씨.

火柱[ひばしら] 불기둥.

火の車[ひのくるま] ①(죄인을 지옥으로 싣고 간다는) 불타는 수레. ②살림이 매우 쪼들림. 몹시 궁색함.

火責め[ひぜめ] 불로 하는 고문. 불고문.

火花[ひばな] ①불똥. 불티. 불꽃. ②전극(電極)에서 나는 불꽃. 스파이크.

音読

火❶[か] ①'火曜日(かようび)'의 준말. ②오행(五行)의 둘째. ❷[ひ] ▷ [訓読]

²火口[かこう] 화구; ①≪地≫ (화산의) 분화구(噴火口). ②(보일러의) 아궁이.

火急[かきゅう] 화급; 몹시 절박함.

火気[かき/かっき] 화기; ①불기운. ②화재. 불의 세기.

火器[かき] 화기; ①불을 담아 두는 기구. ②총포류(銃砲類)의 총칭.

火燵[★こたつ] 각로(脚爐).

火力[かりょく] 화력; ①불의 힘. ②총포류(銃砲類)의 위력.

火力発電[かりょくはつでん] 화력발전.

²火事[かじ] 화재(火災). 불이 남.

²火山[かざん] ≪地≫ 화산.

²火山帯[かざんたい] ≪地≫ 화산대.

¹火星[かせい] ≪天≫ 화성.

火勢[かせい] 화세; ①불기운. 불이 타는 기세. ②격렬한 기세.

火薬[かやく] ≪化≫ 화약.

火炎[かえん] 화염; 불꽃. 불길.

⁴火曜[かよう] '火曜日(かようび)'의 준말.

⁴火曜日[かようび] 화요일.

火葬[かそう] 화장; 시체를 불에 태워 남은 뼈를 장사지냄.

²火災[かさい] 화재; 불에 의한 재난.

花　꽃 화

一　艹　艹　だ　だ　花　花

音 ●カ　⊗ケ
訓 ●はな

訓読

⁴●花[はな] ①꽃. ②꽃꽂이의 꽃. ③꽃처럼 아름다움. ④전성기(全盛期) ⑤화대(花代).

²花嫁[はなよめ] 신부(新婦). 새색시.

³花見[はなみ] 꽃구경. 벚꽃놀이.

花結び[はなむすび] ①장식용으로 끈을 꽃모양으로 맨 매듭. ②당기면 금새 풀리게 끈을 매는 법.

花冷え[はなびえ] 꽃샘추위.

花曇り[はなぐもり] 벚꽃이 필 무렵의 흐린 날씨.

花道❶[はなみち] ①(歌舞伎(かぶき)극장에서) 객석을 지나가는 배우의 통로. ②씨름꾼이 출입하는 길. ③전성기. ④은퇴하는 시기. ❷[かどう] 꽃꽂이.

花籠[はなかご] ①꽃바구니. ②≪仏≫ 산화(散華)를 넣는 바구니.

花輪[はなわ] 화환. 꽃다발.

花立(て)[はなたて] ①꽃꽂이 그릇. ②부처나 무덤 앞에 꽃을 꽂아 두는 그릇.

花売(り)[はなうり] 꽃을 팖.

花房[はなぶさ] ①꽃송이. ②꽃받침.

¹花弁[はなびら/かべん] 화판(花瓣). 꽃잎.

花色[はないろ] ①꽃의 색깔. ②연한 남색.

花生け[はないけ] 꽃병. 꽃꽂이 그릇.

²花婿[はなむこ] 신랑(新郎).

花盛り[はなざかり] ①꽃이 한창임. ②전성기. 한창 때. ③(여자의) 가장 아름다운 나이. 한창 때의 나이.

花束❶[はなたば] 꽃다발. ❷[けそく] ①(책상다리와 같은 것의 끝을) 꽃이나 구름모양으로 다듬은 것. ②불전(仏前)에 바치는 물건을 담는 그릇. ③불전(仏前)에 올리는 음식.

花言葉[はなことば] 꽃말.

花屋[はなや] 꽃집.

花屋さん[はなやさん] ①꽃가게. ②꽃가게 주인.

花園[はなぞの] 화원; 꽃동산. 꽃밭.

花作り[はなつくり/はなづくり] ①화초 가꾸기. ②화초 재배업자.

花摘(み)[はなつみ] 꽃을 땀.

花畑[はなばたけ] 꽃밭. 화원(花園).

花電車[はなでんしゃ] 꽃전차.

花祭(り)[はなまつり] ① ≪仏≫ (4월 초파일의) 관불회(灌仏会). ②풍년을 비는 제사.

花尽(く)し[はなづくし] ①여러 가지 꽃무늬를 그린 것. ②(글이나 노래 가사에) 여러 가지 꽃 이름을 열거함.

花吹雪[はなふぶき] 꽃보라.

花便り[はなだより] 꽃소식. 화신(花信).

花合(わ)せ[はなあわせ] ①화투놀이. ②(平安(へいあん) 시대에) 사람들이 두 편으로 나뉘어 꽃에 대한 和歌(わか)를 읊으며 놀던 놀이.

花形[はながた] ①스타. 인기 있는 사람. ②꽃모양. 꽃무늬.

²花火[はなび] 불꽃. 폭죽(爆竹).

²花火大会[はなびたいかい] 불꽃놀이.

花花しい[はなばなしい] 〈形〉화려하다. 찬란하다. 눈부시다. 훌륭하다.

花崗岩[かこうがん] ≪鉱≫ 화강암.

花器[かき] 화기; 꽃꽂이 그릇.

¹花壇[かだん] 화단; 화초를 심어두는 곳.

花弁[かべん/はなびら] 화판(花瓣). 꽃잎.

⁴花瓶[かびん] 화병; 꽃병.

¹花粉[かふん] ≪植≫ 화분; 꽃가루.

¹花粉症[かふんしょう] ≪医≫ 화분증; 꽃가루병.

画 (畫/劃) ①그림 화 ②그을 획

一 ｢ ｢ 币 币 面 画 画

⊗画[え] ①그림. ②(TV의) 영상. 화면.

⊗画く[えがく] 〈5他〉①(그림을) 그리다. ②(그림으로) 묘사하다. 표현하다. ③(마음에) 떠올리다. 그리다.

画[かく] 획; 한자(漢字)의 자획(字劃).

画す[かくす] 〈5他〉☞ 画する

画する[かくする] 〈サ自他〉①선을 긋다. 구분 짓다. ②(계획을) 세우다. 꾀하다. 획책하다.

画架[がか] 화가; 받침틀. 이젤.

²画家[がか] 화가; 화백(画伯). 그림 그리는 것을 직업으로 하는 사람.

¹画期的[かっきてき] 획기적; (어떤 분야에서) 새로운 시대가 열릴 만큼 뚜렷한 것.

画廊[がろう] 화랑; ①그림을 전시하는 장소. ②화상(画商).

画面[がめん] 화면; ①그림·필름의 표면. ②(영화·TV의) 영상(映像).

画伯[がはく] 화백; '화가(画家)'의 높임말.

画鋲[がびょう] 압정(押釘). 압핀.

画餅[がべい] 화병; 그림의 떡.

画報[がほう] 화보; 그림이나 사진을 중심으로 하여 편집한 잡지·책

画商[がしょう] 화상; 그림 매매 업자.

画像[がぞう] 화상; ①초상화 ②(영화·TV의) 영상(映像).

画数[かくすう] 획수; 한자(漢字)를 구성하고 있는 획의 숫자.

画室[がしつ] 화실; 아틀리에.

画業[がぎょう] 화업; 그림 그리는 업.

画然[かくぜん] 획연; 구별이 뚜렷함.

画用紙[がようし] 도화지(図画紙).

画引(き)[かくびき] 획인; 한자(漢字)를 획수에 따라 찾음.

画一[かくいつ] 획일(劃一); 하나하나의 성질·사정을 중요시하지 않고 전체를 하나로 통일시킴.

画一的[かくいつてき] 획일적.

画才[がさい] 화재; 그림을 그리는 재능.

画材[がざい] 화재; ①그림 그리는 재료. ②그림을 그리는 소재.

画調[がちょう] 화조; (사진이나 그림에서) 그 화면 전체에서 받는 느낌.

画質[がしつ] 화질; (사진이나 TV에서) 화상(画像)의 질.

画集[がしゅう] 화집; 그림을 모은 책.

画賛[がさん] 화찬; 그림의 여백에 써 넣은 글귀.

画策[かくさく] 획책; 계략을 꾸밈.

画風[がふう] 화풍; 화법(画法)의 특색.

和 온화할/고를 화

一 二 千 千 禾 和 和 和

[音] ●ワ ●オ ⊗カ

[訓] ●なごむ ●なごやか ●やわらぐ
●やわらげる ⊗あえる ⊗なぐ ⊗にき ⊗にこ

訓読

●**和む**[なごむ] 〈5自〉 (분위기·기분이) 누그러지다. 온화해지다. 부드러워지다.

¹●**和やか**[なごやか] 〈形動〉 (분위기·기색이) 온화함. 부드러움.

●**和らぐ**[やわらぐ] 〈5自〉 ①(날씨·통증이) 가라앉다. 완화되다. 누그러지다. 잔잔해지다. ②(마음·태도가) 누그러지다.

¹●**和らげる**[やわらげる] 〈下1他〉 ①(분위기를) 누그러뜨리다. 완화시키다. ②(문장표현을) 부드럽게 하다.

⊗**和える**[あえる] 〈下1他〉 (반찬을) 버무리다. 무치다.

⊗**和ぐ**[なぐ] 〈5自〉 ①(바람이나 파도가) 조용해지다. 가라앉다. ②(날씨가) 온화해지다. ③(마음이) 가라앉다.

音読

²**和**[わ] 화; ①화목(和睦). ②화해(和解). ③《数》합. 합계. ④일본. 일본어.

和する❶[わする] 〈サ変他〉 혼합하다. 뒤섞다. 〈サ変自〉①화합하다. 화목하다. ②(노래를) 맞추어 부르다. ③(남의 시가에) 화답(和答)하다. ❷[かする] 〈サ変他〉 부드럽게 하다. 조화시키다. 〈サ変自〉 누그러지다. 어우러지다. 화합하다.

和歌[わか] ①일본 고유 형식의 시(詩). ②화답가(和答歌). ③(謡曲(ようきょく)에서) 춤의 전후에 있는 謡(うたい)의 한 구절.

和歌山県[わかやまけん] 《地》 와카야마현.

²**和菓子**[わがし] 일본 전통의 과자.

和気[わき] 화기; 화목한 분위기.

¹**和文**[わぶん] 일문(日文). 일본어 문장.

²**和服**[わふく] 일본옷. 기모노.

和順[わじゅん] 화순; ①기후가 온화하고 순조로움. ②평온함. 온화함.

和式[わしき] 일본식. 일본 스타일.

和食[わしょく] 일본 음식. 일식(日食).

和室[わしつ] 다다미 방.

和洋[わよう] 화양; ①일본과 서양. ②일본식과 서양식.

和様[わよう] 일본 고유 양식. 일본 스타일.

和訳[わやく] 일역(日訳). 일본어로 번역함.

²**和英**[わえい] 일본과 영국. 일본어와 영어.

和牛[わぎゅう] 일본 재래종 소.

和音[わおん] ①《楽》화음. ②《語学》일본식으로 발음되는 한자(漢字)의 음. ③(平安(へいあん) 시대에) 한(漢)나라 발음을 정음(正音)으로 한 데 대한 오(呉)나라 발음의 일컬음.

和議[わぎ] 화의; 화해 협상.

和字[わじ] ①일본 글자. ②일본에서 만든 한자(漢字).

和装[わそう] ①일본식 옷차림. ②(책 제본에서) 재래식 장정(装幀).

和製[わせい] 일제(日製). 일본제(日本製).

和紙[わし] (재래식) 일본 종이.

和平[わへい] 화평; 평화.

¹**和風**[わふう] ①일본풍. 일본식. 일본 스타일. ②건들바람. ③온화한 바람.

和学[わがく] (일본의) 국학(国学).

和合[わごう] 화합; 사이좋게 지냄.

和解[わかい] 화해; 사이좋게 함.

和魂[わこん] 일본 고유의 정신.

和訓[わくん] 한자(漢字)의 훈독(訓読).

華 빛날 화

一 十 卝 ゲ 芒 芒 苹 莁 莁 莁 華

音 ●カ ●ケ ⊗ゲ
訓 ●はな ●はなやか ●はなやぐ

訓読

●**華❶**[はな] ① ≪植≫ 꽃. ②꽃꽂이의 꽃.
③꽃처럼 아름다움. ④전성기. 절정기.
❷[か] ☞ [音読]

¹●**華やか**[はなやか] 〈形動〉 ①(꽃처럼 아름
다워) 화려함. 화사함. 눈부심. ②한층
화려하여 눈에 띔. 뛰어남.

●**華やぐ**[はなやぐ] 〈五自〉 ①화려해지다.
②유쾌해지다. 쾌활해지다.

¹**華華しい**[はなばなしい] 〈形〉 매우 화려하다.
찬란하다. 눈부시다. 훌륭하다.

華華と[はなばなと] 매우 화려하게. 찬란하
게. 눈부시게. 훌륭하게.

音読

華道[かどう] 화도; 꽃꽂이.
華麗[かれい] 화려; 눈부시고 아름다움.
華美[かび] 화미; 화려하고 아름다움.
華商[かしょう] 화상; 해외에 거주하는 중
국 상인.
華燭[かしょく] 화촉; ①화려하게 켠 불.
②결혼식.
華燭の典[かしょくのてん] 결혼식. 혼례식.
＊남의 결혼식에 대한 말임.

貨(貨) 재화/화폐 화

丿 亻 化 化 化 貨 貨 貨 貨 貨 貨

音 ●カ
訓 ―

音読

貨[か] 〈接尾語〉 화; 화폐.
貨客船[かきゃくせん/かかくせん] 화객선;
사람과 화물을 동시에 실어 나르는 배.
²**貨物**[かもつ] 화물; (기차·배·자동차 등의)
수송 수단으로 운반하는 짐.
貨物船[かもつせん] 화물선.
貨殖[かしょく] 화식; 재산을 늘림.
貨財[かざい] 화재; 돈과 재산.
貨車[かしゃ] 화차; 화물 열차.
¹**貨幣**[かへい] 화폐; 돈.

禍(禍) 재앙 화

ラ ネ ネ ネ ネ 初 祀 禍 禍 禍

音 ●カ
訓 ⊗わざわい ⊗まが

訓読

⊗**禍❶**[わざわい/まが] 화; 재앙. 재난. **❷**[か]
☞ [音読]

禍する[わざわいする] 〈サ変自〉 (어떤 것이
원인이 되어) 재난이 되다. 화가 되다.

音読

禍❶[か] 화; 불행(不幸). 재앙(災殃). **❷**[わ
ざわい/まが] ☞ [訓読]

禍根[かこん] 화근; 재앙의 근원.
禍福[かふく] 화복; 불행과 행복.
禍害[かがい] 화해; 재난. 재해(災害).

話 말씀/이야기할 화

言 言 言 計 計 計 話 話 話 話

音 ●ワ
訓 ●はなし ●はなす

訓読

⁴●**話**[はなし] ①이야기. 말. 담화. ②정보.
③논의. ④(남에게 들려주는) 만담. 재담.

⁴●**話す**[はなす] 〈五他〉 ①이야기하다. 말하
다. ②대화하다. 의논하다. 상의하다.

話せる[はなせる] 〈下1自〉 ①말할 수 있다.
말할 줄 안다. ②말이 통하다. 대화 상대
가 될 만하다.

²**話し掛ける**[はなしかける] 〈下1自〉 ①말을
걸다. 말을 붙이다. ②말을 시작하다.

話し方[はなしかた] 말씨. 말투.
話(し)相手[はなしあいて] 대화 상대. 말벗.
話し声[はなしごえ] 말소리.
話し手[はなして] ①말하는 사람. ②이야기
꾼. 말재주꾼.
話し言葉[はなしことば] ①일상어. 구어(口
語). ②음성 언어.
話し込む[はなしこむ] 〈五自〉 이야기에 열중
하다. 골똘히 이야기하다.
²**話(し)中**[はなしちゅう] ①대화 도중. 말씀
도중. ②(전화의) 통화중.
²**話(し)合い**[はなしあい] 의논. 서로 이야기
함. 대화. 교섭(交渉).

²話し合う[はなしあう]〈5自〉①서로 의논하다. ②서로 이야기하다. 대화하다.

話し好き[はなしずき] 이야기하기를 좋아함. 또는 그런 사람.

音読

話頭[わとう] 화두; 말머리. 화제.

話法[わほう] 화법; ①말하는 법. 대화의 기술. ②서술법(叙述法).

話柄[わへい] 화제. 이야깃거리.

話術[わじゅつ] 화술; 말하는 기술.

²話題[わだい] 화제; 이야깃거리.

靴(靴)　신발 화

一　十　廿　廿　芇　苜　革　靪　靪　靴

音 ●カ
訓 ●くつ

訓読

⁴●靴[くつ] 구두. 신발.

靴紐[くつひも] 구두끈.

靴磨き[くつみがき] ①구두닦기. ②구두닦이. 구두를 닦는 것을 업으로 하는 사람.

靴墨[くつずみ] 구두약.

靴敷[くつしき] (구두의) 깔창.

靴箆[くつべら] 구두주걱.

靴屋[くつや] ①구둣방. 양화점. ②구두 수리 및 판매를 하는 사람.

靴音[くつおと] 구둣발자국 소리.

靴底[くつぞこ] ①구두창. 구두 바닥. ②《魚》 참서대. 혀가자미.

靴跡[くつあと] 구둣발자국 소리.

靴直し[くつなおし] ①구두 수선. ②구두 수선공. 구두를 수선하는 사람.

靴擦れ[くつずれ] 구두에 쓸리어 생긴 상처.

⁴靴下[くつした] 양말.

音読

❶軍靴[ぐんか], 製靴[せいか]

樺　자작나무 화
音 ⊗カ
訓 ⊗かば ⊗から

訓読

⊗樺[かば] ①《植》 자작나무. ②'樺色(かばいろ/주황색)'의 준말.

樺の木[かばのき] 《植》 자작나무

樺色[かばいろ] 주황색(朱黄色).

樺太[からふと] 《地》 '사할린'의 일본 명칭.

拡(擴)　넓힐 확

一　十　扌　扩　拡　拡　拡

音 ●カク
訓 ⊗ひろがる ⊗ひろげる

訓読

⊗拡がる[ひろがる]〈5自〉①넓어지다. ②퍼지다. 번지다. ③확대되다. 벌어지다. ④펼쳐지다. 전개되다. ⑤퍼지다.

⊗拡げる[ひろげる]〈下1他〉①벌리다. 펴다. 펼치다. ②넓히다. 확장하다. ③어질러 놓다.

音読

²拡大[かくだい] 확대; (형태나 규모 등을) 넓힘. 크게 함.

¹拡散[かくさん] 확산; 퍼져서 흩어짐.

拡声器[かくせいき] 확성기; 라우드스피커.

²拡張[かくちょう] 확장; (범위・규모 등을) 넓히거나 크게 함.

²拡充[かくじゅう] 확충; (설비・조직 등을) 규모를 크게 함. 충실을 기함.

確　확실할 확

ｒ　石　矿　矿　矿　矿　矿　確　確

音 ●カク
訓 ●たしか ●たしかめる ⊗しかと ⊗しっかり

訓読

²●確か[たしか]〈形動〉①확실함. 틀림없음. ②정확함. ③튼튼함. 안전함. ④건전함. 멀쩡함. 또렷함. 《副》확실히. 분명히. 틀림없이.

²●確かめる[たしかめる]〈下1他〉(조사하거나 다짐하여) 확인하다.

⊗確と[しかと] ①확실히. 분명히. 틀림없이. ②굳게. 단단히. 꽉.

³⊗確り[しっかり] ①튼튼함. 단단함. 견고함. ②(기억력・판단력이) 똑똑함. ③착실히. 열심히. ④잔뜩. 듬뿍.

音読

確固[かっこ] 확고; 확실하여 쉽게 움직이지 않음.

確答[かくとう] 확답; 확실한 답변.

²確率[かくりつ] 확률; 어떤 일이 발생할 수 있는 가능성의 비율.

¹確立[かくりつ] 확립; 확실히 정함.

¹確保[かくほ] 확보; 확실하게 손에 넣음. 자기의 것으로서 확실하게 만듦.

¹確信[かくしん] 확신; 굳게 믿어 의심하지 않음. 확실한 신념.

²確実[かくじつ] 확실; 정확하고 틀림이 없음.

確約[かくやく] 확약; 확실한 약속.

確言[かくげん] 확언; 확실하게 단언함.

²確認[かくにん] 확인; 확실하게 인정함.

¹確定[かくてい] 확정; 확실하게 정함.

確証[かくしょう] 확증; 확실한 증거.

穫 거둘/수확할 확

千 禾 秆 秆 秆 秆 秆 秆 穫 穫

音 ●カク
訓 ● ─

音読
◐収穫[しゅうかく], 収穫逓減[しゅうかくていげん]

攫 붙잡을 확

音 ⊗カク
訓 ⊗さらう

訓読
¹⊗攫う[さらう] 〈5他〉 ①날치기하다. 채가다. ②유괴하다. ③독차지하다. 죄다 가져가다. 휩쓸다.

환

丸 둥글/알약 환

ノ 九 丸

音 ●ガン
訓 ●まる ●まるい ●まるまる ●まるめる

訓読
²●丸❶[まる] ①둥근 것. 동그라미. ②(일본어의) 온점이나 반탁점의 부호. ③전체. 통째. 온통. ④성곽(城郭)의 내부. ⑤ ≪俗≫ 돈. ❷[がん] ☞ [音読]

---

⁴●丸い[まるい] 〈形〉 ①둥글다. 동그랗다. ②폭신하다. ③포동포동하다. ④(성격이) 원만하다. 모나지 않다.

¹丸っきり[まるっきり] '丸(まる)きり'의 강조.

¹丸ごと[まるごと] 통째로. 온통 그대로.

丸ぽちゃ[まるぽちゃ] ≪俗≫ (여자가) 토실토실하고 귀여움. 오동통하고 귀여움.

¹●丸まる[まるまる] 〈5自〉 몸이 둥그래지다. 몸을 움츠리다.

¹●丸める[まるめる] 〈下1他〉 ①둥글게 만들다. 뭉치다. ②구슬리다. 교묘하게 설복하다. ③끝자리수를 사사오입(四捨五入)하다. ④하나로 뭉뚱그리다. ⑤모두를 자기 것으로 만들다.

丸干し[まるぼし] 통째로 말림·말린 것.

丸見え[まるみえ] 온통 다 보임.

丸潰れ[まるつぶれ] 완전히 부서짐.

丸裸[まるはだか] ①맨몸. 알몸. 발가숭이. ②빈털터리. 무일푼.

丸木舟[まるきぶね] 통나무배. 카누.

丸味[まるみ] 둥그스름함. 원만함.

丸洗い[まるあらい] (옷을 뜯지 않고) 그대로 빨래함.

丸焼き[まるやき] 통구이. 통째로 구움.

丸焼け[まるやけ] 전소(全焼). 하나도 남김 없이 몽땅 불타버림.

丸損[まるぞん] 손해만 봄.

丸首[まるくび] 셔츠 같은 옷의 목을 둥글게 판 것.

丸暗記[まるあんき] 통째로 암기함.

¹丸っ切り[まるっきり] (부정문에서) 전혀. 아주.

丸出し[まるだし] 숨김없이 노출함.

丸太[まるた] 통나무.

丸抱え[まるがかえ] (남을 위하) 비용을 모두 부담함.

丸形[まるがた] 둥근 모양. 원형(円形).

丸丸[まるまる] ①모조리. 온통. ②포동포동. ③모모(某某). ④ ≪印≫ 공공(○○).

¹丸形[まるがた] 둥근 모양. 원형(円形).

¹丸丸とした[まるまるとした] 포동포동한. 통통한. 토실토실한.

音読
丸❶[がん] (환약 이름에 접속하여 접미어로) 환. ❷[まる] ☞ [訓読]

丸薬[がんやく] 환약; 알약.

丸剤[がんざい] 환제; 환약. 알약.

幻　　허깨비 환

〈　幺　幺　幻

- 音 ●ゲン
- 訓 ●まぼろし

訓読
- ●幻[まぼろし] ①환상(幻像). 환영(幻影). ②덧없는 것.
- 幻の世[まぼろしのよ] 덧없는 세상.

音読
- 幻覚[げんかく] 환각; 현실에 없는 것이 마치 존재하듯이 지각(知覚)되어짐.
- 幻灯機[げんとうき] 환등기; 슬라이드 필름을 비추어 보는 기계.
- 幻滅[げんめつ] 환멸; 이상적으로 여기고 있던 것이 현실과 동떨어져 낙담함.
- 幻想[げんそう] 환상; 현실에 없는 것을 마음속으로 그려 봄.
- 幻術[げんじゅつ] 환술; ①요술. 마법(魔法). ②마술(魔術). 속임수.
- 幻影[げんえい] 환영; 환상(幻想). 환각.
- 幻聴[げんちょう] 환청; 실제로는 소리가 들리지 않는데도 들리는 것처럼 느껴짐.
- 幻惑[げんわく] 환혹; 현혹(眩惑)함.

患　　병앓을/근심할 환

丨 ㅁ ㅁ ㅁ 吕 串 串 患 患 患

- 音 ●カン
- 訓 ●わずらう ⊗うれえる

訓読
- ●患う[わずらう] 〈5自他〉 (병을) 앓다. 병이 나다.
- 患い[わずらい] 병(病). 병고(病苦).
- 患い付く[わずらいつく] 〈5自他〉 (병을) 앓다. 병이 나다.
- ⊗患える[うれえる] 〈下1他〉 ①슬퍼하다. ②우려하다. 근심하다. 걱정하다.
- 患え[うれえ] 근심. 걱정. 우려.

音読
- 患苦[かんく] 환고; 근심에 의한 고통.
- 患難[かんなん] 환난; 재난(災難). 재앙(災殃).
- 患部[かんぶ] 환부; 질환이나 상처 자리.
- ²患者[かんじゃ] 환자; 병자나 다친 사람.

喚　　부를 환

丨 ㅁ ㅁ ㅑ ㅑ ㅑ 呾 唤 唤 喚

- 音 ●カン
- 訓 ⊗おめく ⊗わめく

訓読
- ⊗喚く❶[おめく] 〈5自〉《雅》 부르짖다. 소리지르다.
- ⊗喚く❷[わめく] 〈5自〉 아우성치다. 큰소리로 떠들다. 큰소리로 외치다.

音読
- 喚起[かんき] 환기; 호소하여 주의·자각(自覚)·양심 등을 불러일으킴.
- 喚問[かんもん] 환문; (공공기관에서) 사람을 불러들여 필요한 사항을 물어봄.
- 喚声[かんせい] 환성; 크게 외치는 소리.

換　　바꿀 환

扌 扌 ㅑ 扴 扵 換 換 換

- 音 ●カン
- 訓 ●かえる ●かわる

訓読
- ²換える[かえる] 〈下1他〉 ①(서로) 바꾸다. 교환하다. ②(새것으로) 바꾸다. 교체하다. ③(같은 음식을) 더 달라고 요구해서 먹다.
- 換え[かえ] ①바꿈. 교환. ②대신. 대치품. ③(교환의) 비율.
- ²●換(わ)る[かわる] 〈5自〉 바뀌다. 교체되다. 교대하다. 갈리다.

音読
- 換価[かんか] 환가; ①물건의 가치를 금액으로 환산함. ②《法》 압류한 재산 등을 금전으로 바꿈.
- 換価株[かんかかぶ] 《経》 환가주.
- 換骨奪胎[かんこつだったい] 환골탈태; 타인의 작품을 손질하여 새것인 것처럼 발표함. 개작(改作).
- 換金[かんきん] 환금; 돈으로 바꿈.
- ²換気[かんき] 환기; 오염된 공기를 신선한 공기로 교체함.
- ¹換算[かんさん] 환산; 어떤 수치(数値)를 다른 단위로 바꾸어 계산함.
- 換言[かんげん] 환언; 바꾸어 말함.

歡(歓) 기뻐할 환

` ╯ ╰ ╯ ╯ ╯ ╯ ╯ 雚 雚 歡`

音 ●カン
訓 ⊗よろこぶ

訓読
⊗歡ぶ[よろこぶ] 〈5他〉 기뻐하다. 즐거워하다. 좋아하다.

音読
歡談[かんだん] 환담; 즐겁게 대화함.
歡待[かんたい] 환대; 진심어린 대접.
歡楽[かんらく] 환락; 기쁨과 즐거움.
¹歡声[かんせい] 환성; 환호성.
歡送[かんそう] 환송; 떠나는 사람을 따뜻하게 격려하여 보냄.
歡心[かんしん] 환심; 사람의 마음을 기쁘게 함.
²歡迎[かんげい] 환영; 사람을 기쁘게 맞이함.
歡呼[かんこ] 환호; 기뻐서 크게 소리침.
歡喜❶[かんき] 환희; 큰 기쁨. ❷[かんぎ] ≪仏≫ 법열(法悦).

還(還) 다시/돌아올 환

`丆 罒 罒 罒 昬 景 景 睘 還 還`

音 ●カン ⊗ゲン
訓 ⊗かえす ⊗かえる

訓読
⊗還す[かえす] 〈5他〉 (원래의 위치로) 돌려보내다. 돌아가게 하다.
⊗還る[かえる] 〈5自〉 (원래의 위치로) 돌아오다. 돌아가다.

音読
¹還暦[かんれき] 환갑(還甲). 회갑(回甲).
還流[かんりゅう] 환류; 본래의 방향으로 되돌아 흐름.
還付[かんぷ] 환부; 환급(還給). (정부가 한때 소유했던 것을) 되돌려 줌.
還付金[かんぷきん] 환급금(還給金).
還俗[げんぞく] 환속; 출가하여 중이 된 사람이 다시 속인(俗人)으로 되돌아옴.
還送[かんそう] 송환(送還). 되돌려 보냄.
還御[かんぎょ] 환어; 궁궐로 되돌아옴.
¹還元[かんげん] 환원; ①원상태로 되돌아옴. ② ≪化≫ 산화된 물질을 원래의 상태로 되돌림.

環(環) 고리/두를 환

`王 环 环 环 珂 珺 瑨 環 環 環`

音 ●カン
訓 ⊗たまき ⊗わ

訓読
⊗環[たまき] ≪雅≫ (옛날에) 팔에 두르던 팔찌 모양의 장신구. ❷[わ] ①고리. 원형. ②테. 테두리.
²環境[かんきょう] 환경; ①생활체를 둘러싸고 있는 주변의 세계. ②주위의 사물이나 사정.
環状[かんじょう] 환상; 고리 모양.
環状線[かんじょうせん] 환상선; 순환선.
環視[かんし] 환시; 여러 사람이 봄.
環礁[かんしょう] 환초; 둥근 고리 모양의 산호초(珊瑚礁).
環海[かんかい] 환해; 사방이 ㅂ-다로 둘러싸임.

宦 내시/벼슬살이 환

音 ⊗カン
訓 —

音読
宦官[かんがん] 환관; 내시(内侍).
宦者[かんじゃ] 환자; 환관(宦官). 내시.

渙 흩어질 환

音 ⊗コン
訓 —

音読
渙発[かんぱつ] 환발; 천자(天子)의 명령을 세상에 널리 알림.

煥 불꽃 환

音 ⊗カン
訓 —

音読
煥発[かんぱつ] 환발; (숨은 지능이) 겉으로 드러남. 번득임.

鰥 홀아비 환

音 ⊗カン
訓 ⊗やもめ

訓読
⊗鰥夫[やもめ/やもお] 홀아비.
鰥夫暮らし[やもめぐらし] 홀아비 생활.

[활]

活　살/응용할 활

丶丶氵氵泙泙活活活

音 ●カツ
訓 ⊗いかす ⊗いかる ⊗いきる ⊗いける

訓読
⊗活かす[いかす]〈他〉①살리다. 소생시키다. ②활용하다. 발휘하다.
⊗活かる[いかる]〈5自〉꽃꽂이가 되다. (꽃이 살 수 있는 상태로) 꽂히다.
⊗活きる[いきる]〈上1自〉①살다. 생존하다. ②생활하다. ③존재하다. ④쓸모가 있다. ⑤생기를 띠다.
⊗活ける[いける]〈下1他〉①살리다. 되살리다. 소생시키다. ②꽃꽂이하다. ③(식물을) 심다.

音読
活劇[かつげき] 활극; ①액션 드라마. ②격렬한 난투극.
²活気[かっき] 활기; 왕성한 기운.
²活動[かつどう] 활동; 활발하게 움직임.
²活力[かつりょく] 활력; 활동하는 힘. 활동력. 생명력(生命力).
活路[かつろ] 활로; ①(막다른 곳에 탈출한다는 뜻의) 살 길. ②생활의 방법.
¹活発[かっぱつ] 활발; 활기가 있음.
活社会[かっしゃかい] 현실 사회.
活殺自在[かっさつじざい] 남을 자기 마음대로 다룸.
活性[かっせい] 활성; 기능이 나타나거나 효용이 향상됨.
活性化[かっせいか] 활성화.
²活躍[かつやく] 활약; 크게 활동함.
活魚[かつぎょ] 활어; 살아 있는 물고기.
²活用[かつよう] 활용; ①이용함. ②《語学》용언이나 조동사의 활용.
²活字[かつじ] 활자; 인쇄용 글자 꼴.
活着[かっちゃく] 활착; (식물이) 뿌리를 내리고 성장하기 시작함.
活版[かっぱん] 활판; 활자 등을 조합하여 만든 인쇄판.
活火山[かっかざん]《地》활화산.
活況[かっきょう] 활황; 경기가 좋은 상태.

滑　미끄러울 활

氵氵氵汩汩汩滑滑滑

音 ●カツ ⊗コツ
訓 ●なめらか ●すべらす ●すべる ⊗ぬめる

訓読
¹●滑らか[なめらか]〈形動〉①미끄러움. 매끈매끈함. ②순조로움. 거침없음.
●滑らす[すべらす]〈5他〉①미끄러뜨리다. ②입을 잘못 놀리다.
³●滑る[すべる]〈5自〉①미끄러지다. ②(접촉면이) 미끈거리다. ③(스키·스케이트 등을) 타다. 활주하다. ④《俗》(시험에) 불합격하다. 떨어지다. ⑤(부주의로) 잘못 말하다.
⊗滑る❷[ぬめる]〈5自〉①미끈거리다. ②《古》멋 내다. 모양내다. ③《古》들뜨다.
⊗滑[ぬめ] ①아무런 무늬가 없는 평활한 면. 민짜. ②흠이 없는 문지방.
滑っこい[すべっこい]〈形〉《俗》매끄럽
滑り❶[すべり] 미끄럼. 미끄러지기. ❷[ぬめり] 점액(粘液) 등으로 미끈미끈함.
滑り台[すべりだい] 미끄럼대.
滑り入る[すべりいる]〈5自〉①미끄러져 들어가다. 미끄러지듯이 들어가다. ②살짝 들어가다.
滑り込み[すべりこみ] ①(야구의) 슬라이딩. ②(정해진 시간에) 가까스로 시간에 댐.
滑り込む[すべりこむ]〈5自〉①(야구에서) 슬라이딩하다. ②미끄러져 들어가다. ③미끄러지듯이 들어가다. 살짝 들어가다. ④가까스로 시간에 대다.
滑り出す[すべりだす]〈5自〉①미끄러지기 시작하다. ②(일이) 진행하기 시작하다.

音読
¹滑稽[こっけい] ①해학(諧謔). 익살스러움. 코미디. ②우스꽝스러움.
滑降[かっこう] 활강; (스키에서) 미끄러져 내려감.
滑空[かっくう] 활공; 공중 활주.
滑空機[かっくうき] 글라이더.
滑走[かっそう] 활주; ①미끄러지듯이 달림. ②비행기가 이착륙하기 위해 달림.
滑走路[かっそうろ] 활주로.
滑車[かっしゃ] 활차; 도르래.

豁 뚫린골 활
音 ⊗カツ
訓 ―

音読
豁然[かつぜん] 활연; ①활짝 트임. 드넓음. ②별안간 깨달음.

闊 넓을 활
音 ⊗カツ
訓 ―

音読
闊達[かったつ] 활달; 도량이 큼. 대범하여 사소한 일에 구애되지 않음.
闊歩[かっぽ] 활보; ①큰 걸음으로 당당히 걸음. ②당당한 태도로 멋대로 행동함.
闊葉樹[かつようじゅ] 활엽수. ＊'広葉樹(こうようじゅ)'의 옛 명칭.

[황]

況 하물며 황
丶 丶 氵 沪 沪 沪 況

音 ●キョウ
訓 ⊗まして ⊗いわんや

訓読
¹⊗況して[まして] ①하물며. 더구나. ②한층 더. 더욱 더.
⊗況(ん)や[いわんや] 하물며. 더군다나. 말할 것도 없이. 물론.

音読
❶不況[ふきょう]. 状況[じょうきょう].

荒(荒) 거칠 황
一 十 艹 艹 芒 芒 芦 芹 荒

音 ●コウ
訓 ●あらい ●あらす ●あれる ●あばら ⊗すさぶ ⊗すさむ

訓読
²●荒い[あらい] 〈形〉①(행동이) 거칠다. 난폭하다. ②(파도 등이) 거칠다. 맹렬하다. ③거칠고 절도가 없다. 헤프다.

荒くれる[あらくれる] 〈下1自〉 난폭하게 굴다. 거칠게 행동하다.
荒っぽい[あらっぽい] 〈形〉①난폭하다. 거칠다. 사납다. ②조잡하다. ③투박하다.
¹●荒す[あらす] 〈他〉①황폐하게 만들다. 엉망으로 만들어 놓다. ②맏가프리다. ③(남의 영역을) 노략질하다. 침범하다. ④위협하다.
荒し[あらし] …을 틺. …을 터는 사람.
²●荒れる[あれる] 〈下1自〉①(분위기가) 험악해지다. ②황폐해지다. ③(피부가) 까칠까칠해지다. ④≪俗≫ 날뛰다. 발광하다.
⊗荒ぶ[すさぶ] 〈5自〉①(마음이) 삭막해지다. ②탐닉하다.
⊗荒む[すさむ] 〈5自〉①(마음이) 삭막해지다. ②탐닉하다. ③〈接尾語〉 더욱 심해지다. 날뛰다.
荒れ果てる[あれはてる] 〈下1自〉 몹시 황폐해지다. 몹시 거칠어지다.
荒れ狂う[あれくるう] 〈5自〉①미쳐 날뛰다. 광란하다. ②(바람·파도 등이) 몹시 사나워지다. 몹시 거칠어지다.
荒筋[あらすじ] 개요. 대강의 줄거리.
荒立てる[あらだてる] 〈下1他〉①거칠게 하다. ②(일이 얽혀) 말썽을 일으키다. 더욱 복잡하게 만들다.
荒武者[あらむしゃ] 거칠고 씩씩한 무사.
荒物[あらもの] ①(일상생활의) 잡다한 도구. ＊소쿠리·통·빗자루 등을 말함. ②싱싱한 어패류.
荒削り[あらけずり] ①대강 다듬음. ② 〈形動〉 세련되지 않음. 거칢.
荒れ性[あれしょう] 건성(乾性) 체질.
荒れ野[あれの] 황야; 거친 들판.
荒れ地[あれち] 황무지(荒蕪地).
荒行[あらぎょう] (괴로움을 참고 하는) 모진 수행(修行). 고행(苦行).
荒荒しい[あらあらしい] 〈形〉①우락부락하다. ②(정도가) 심하다. 격렬하다.

音読
荒涼[こうりょう] 황량; 풍경 등이 몹시 황폐하여 쓸쓸함.
荒野[こうや/あらの] 황야; 거친 들판.
荒原[こうげん] 황원; 거친 들판.
荒天[こうてん] 황천; 거친 날씨.
荒土[こうど] 황토; 황폐된 땅.
¹荒廃[こうはい] 황폐; (집이나 땅이) 돌보아지지 않고 그냥 버려져 몹시 거칠어 못쓰게 됨.

皇

임금 황

丶 亻 冂 冃 甶 甶 皀 皇 皇

音 ●コウ ●オウ ⊗ノウ
訓 ⊗すめ ⊗すめら

音読
¹皇居[こうきょ] 천황이 거처하는 곳. ＊제2
차 세계 대전까지는 宮城(きゅうじょう)라고
했음.
皇国[こうこく] 황국; 천황이 다스리는 나라.
일본(日本).
皇女[こうじょ/おうじょ] 황녀; 천황의 딸.
皇孫[こうそん] 황손; 천황의 자손.
皇室[こうしつ] 황실 및 그 황족.
皇室御寮[こうしつごりょう] 황실 재산.
皇位[こうい] 황위; 천황의 자리.
皇子[おうじ/みこ] 황자; 천황의 아들.
皇族[こうぞく] 황족; 천황의 일족(一族).
皇太妃[こうたいひ] 황태비; 천황의 생모로
선황(先皇)의 비(妃).
皇太孫[こうたいそん] 황태손; 천황의 손자.
皇太子[こうたいし] 황태자; 천황의 뒤를
이을 아들.
皇太子妃[こうたいしひ] 황태자비.
皇太后[こうたいごう] 황태후; 천황의 생모
로 선황(先皇)의 비(妃).
皇后[こうごう] 황후; 천황의 아내.
皇后陛下[こうごうへいか] 황후폐하.
❿天皇[てんのう], 法皇[ほうおう]

黃

(黄)　　누를/누른 빛 황

一 艹 芒 芒 苗 苗 黃 黃 黃

音 ●コウ ●オウ
訓 ●き ●こ

訓読
●黄[き] 황; 노랑. 황색.
黄ばむ[きばむ] 〈5自〉 노란빛을 띠다.
黄金色[こがねいろ] 황금색.
黄緑[きみどり] 황색을 띤 녹색.
黄(な)粉[きなこ] 콩고물. 콩가루.
³黄色❶[きいろ] 황색; 노랑. ❷[おうしょく/
こうしょく] ☞ [音読]
⁴黄色い[きいろい] 〈形〉 ①노랗다. ②미숙하
다. ③(목소리가) 새되다.

黄身[きみ] 노른자위. 난황(卵黄).
黄八丈[きはちじょう] 노랑 바탕에 황색 계
통의 실로 무늬를 넣은 견직물.

音読
黄褐色[おうかっしょく] 황갈색.
¹黄金❶[おうごん] 황금; ①금. ②화폐. 돈.
❷[こがね] ☞ [訓読]
黄金時代[おうごんじだい] 황금시대.
黄疸[おうだん] ≪医≫ 황달.
黄変[おうへん] 황변; 누렇게 변함.
黄砂[こうさ] 황사; ①노란 모래. ②사막.
③황토(黄土). ④황사(黄砂) 현상.
黄色❶[おうしょく/こうしょく] 황색. ❷[き
いろ] ☞ [訓読]
黄色人種[おうしょくじんしゅ] 황색 인종.
黄葉[こうよう] 황엽; 누렇게 단풍이 듦.
黄土❶[おうど] 황토; ①노란색 안료. ②누
런 흙. ❷[こうど] ①황토; 누런 흙. ②황
천. 저승.

慌

(慌)　　당황할 황

忄 忄 忙 忙 忙 忙 忙 忙 慌

音 ●コウ
訓 ●あわただしい ●あわてる

訓読
²●慌(ただ)しい[あわただしい] 〈形〉 ①분주
하다. 경황이 없다. ②어수선하다. 부산
하다.
²●慌てる[あわてる] 〈下1自〉 ①당황하다. 허
둥거리다. 허둥대다. 허둥지둥하다. ②
(놀라서) 몹시 서두르다.
慌てふためく[あわてふためく] 〈5自〉 당황
하여 허둥대다. 놀라서 쩔쩔매다.

音読
❿恐慌[きょうこう]

恍

황홀할 황

音 ⊗コウ
訓 ⊗とぼける

訓読
¹⊗恍ける[とぼける] 〈下1自〉 ①얼빠지다. 정
신 나가다. ②시치미를 떼다. ③얼빠진
짓을 하다.
恍け面[とぼけづら] 얼빠진 얼굴.
恍け顔[とぼけがお] 얼빠진 얼굴.

恍け者[とぼけもの] ①정신 나간 사람. 얼 빠진 사람. ②시치미 떼는 사람. ③멍청한 체하며 익살을 부리는 사람.

音読
恍惚[こうこつ] 황홀; ①넋을 잃음. ②(나이가 들어) 정신이 흐려짐. 멍청함.

 幌 휘장 황

音 ⊗コウ
訓 ⊗ほろ ⊗とばり

訓読
⊗幌❶[ほろ] (마차·인력거 등의) 포장. 덮개. ❷[とばり] 방장. 장막.
幌馬車[ほろばしゃ] 포장마차.

 徨 노닐 황

音 ⊗コウ
訓 ―

音読
❶彷徨[ほうこう] 방황; 헤맴. 갈팡질팡함.

 煌 빛날 황

音 ⊗コウ
訓 ⊗きらびやか

訓読
¹⊗煌びやか[きらびやか] 〈形動〉 현란함. 눈부시게 화려하고 아름다움.
⊗煌めかす[きらめかす] 〈5他〉 번쩍거리게 하다. 반짝이게 하다.
⊗煌めく[きらめく] 〈5自〉 ①반짝이다. 번쩍거리다. ②현란하다. 찬란하다.
⊗煌やか[きらやか] 〈形動〉 현란함. 눈부시게 화려하고 아름다움.
⊗煌らか[きららか] 〈形動〉 찬란함. 아름답게 반짝임.

音読
¹煌煌と[こうこうと] (전깃불 등이) 휘황찬란하게. 휘황하게.

 蝗 누리 황

音 ⊗コウ
訓 ⊗いなご

訓読
⊗蝗[いなご] ≪虫≫ 메뚜기. 누리.

音読
蝗虫[こうちゅう/ばった] 황충; 메뚜기.
蝗害[こうがい] 황해; 메뚜기나 누리에 의한 농작물의 피해.

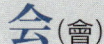 会(會) 모일 회

丿 人 스 今 숤 会

音 ◉カイ ◉エ
訓 ◉あう ◉あわせる

訓読
⁴◉会う[あう] 〈5自〉 (사람을) 만나다.
◉会わせる[あわせる] 〈下1他〉 (사람을) 만나게 하다. 대면(対面)시키다.

音読
会❶[かい] 회; ①모임. 집회(集会). ②단체 조직. ❷[え] (불교 용어에 접속하여) 법회(法会). 제례(祭礼). ¶灌仏(かんぶつ)~ (4월 초파일의) 관불회.
会する[かいする] 〈サ変自〉 ①회합하다. 모이다. ②마주치다. 만나다. ③(사물이) 만나다.
¹会見[かいけん] 회견; 인터뷰.
²会計[かいけい] 회계; 대금의 계산.
会計係[かいけいがかり] 회계 담당자.
²会館[かいかん] 회관; 집회나 회의를 위해 만들어 놓은 건물.
会期[かいき] 회기; 집회·회합 등이 행해지는 기간·시기.
¹会談[かいだん] 회담; 모여서 으논함.
会堂[かいどう] 회당; ①모임을 위한 건물. ②(기독교의) 교회당.
会頭[かいとう] 회두; 회장(会長).
会得[えとく] 터득. 충분히 이해하여 자기 것으로 만듦.
会報[かいほう] 회보; ①회(会)에 관한 사무를 알리는 문서나 잡지. ②(군대에서) 상관의 명령을 아랫사람들에게 전달하기 위한 모임.
会費[かいひ] 회비; 회원이 내는 비용.
⁴会社[かいしゃ] 회사; 영리를 목적으로 설립된 법인(法人).
会釈[えしゃく] ①(머리를 끄덕이는) 가벼운 인사. ②배려. 동정. ③≪古≫ 애교.
会食[かいしょく] 회식; 여럿이 함께 모여서 식사함.
会心[かいしん] 회심; 마음에 듦.
²会員[かいいん] 회원; 모임에 가입한 사람. 모임을 구성하고 있는 사람.

³**会議**[かいぎ] 회의; ①관계자가 모여 의논함. ②평의(評議)하기 위한 기관.

会議所[かいぎしょ] 회의소.

³**会議室**[かいぎしつ] 회의실.

会長[かいちょう] 회장; 회(会)의 우두머리.

³**会場**[かいじょう] 회장; 모임 장소. 집회 장소.

会戦[かいせん] 회전; 대규모의 육상 전투.

会衆[かいしゅう] 회중; 모임에 모여든 사람들.

会則[かいそく] 회칙; 회(会)의 규칙.

²**会合**[かいごう] 회합; 모임.

³**会話**[かいわ] 회화; 대화(対話).

灰(灰)　재/석회 회

一 厂 厂 厂 厌 灰

音 ●カイ
訓 ●はい

訓読

²●**灰**[はい] ①(불타고 남은) 재. ②쓸모없게 된 물건.

²**灰皿**[はいざら] (담배) 재떨이.

²**灰色**[はいいろ/はいしょく] 회색; ①잿빛. ②침울함. 우울함. 쓸쓸함.

灰吹(き)[はいふき] 담뱃재나 꽁초를 넣는 대나무통.

音読

灰白色[かいはくしょく] 회백색.

灰塵[かいじん] 회진; ①재와 먼지. ②하찮은 물건.

回　돌/돌아올 회

｜ 冂 冂 冋 同 回

音 ●カイ ●エ
訓 ●まわす ●まわる ⊗めぐらす ⊗めぐる

訓読

²●**回す**[まわす] 〈他〉 ①(빙글빙글) 회전시키다. 돌리다. ②둘러치다. ③(차례로) 돌리다. ④(필요한 장소로) 보내다. 옮기다. ⑤(구석구석까지) 손을 쓰다. ⑥운영하다. ⑦(돈을) 굴리다.

回し[まわし] ①회전. ②(씨름꾼의) 앞치마 모양의 드림. ③(씨름꾼의) ふんどし. ④소매 없는 비옷. ⑤(창녀가) 여러 손님을 상대함. ⑥유곽의 잔심부름꾼. ⑦和服(わふく) 위에 입는 남자용 코트의 일종.

回し者[まわしもの] 첩자. 스파이. 염탐꾼.

⊗**回らす**[めぐらす] 〈5他〉 ①두르다. 에워싸다. ②돌리다. 회전시키다. ③곰곰이 생각하다. 궁리하다.

³●**回る❶**[まわる] 〈5自〉 ①(축을 중심으로) 돌다. 회전하다. ②차례로 돌다. 차례가 오다. ③우회하다. 돌아서 가다. ④들르다. ⑤(방향이나 장소를) 바꾸다. 옮기다. ⑥고루 돌아가다. 퍼지다. ⑦필요에 따르다. ⑧(시각이) 지나다. ⑨(돈을) 굴리다. 이자가 생기다. ⑩현기증이 나다. 어지럽다.

⊗**回る❷**[めぐる] 〈5自〉 ①돌다. 회전하다. 순환하다. ②여기저기 돌아다니다. 차례로 돌다. ③에워싸다. 둘러싸다. ④관련되다.

²**回り❶**[まわり] ①회전. 돎. ②둘레. 부근. 주위. ③주변. 가장자리. 가. ④널리 퍼짐. ⑤〈接尾語〉…경유. …순회.

回り❷[めぐり] ①순환. ②차례로 들름. 순례(巡礼). 순방(巡訪). ③주변. 주위. 둘레.

回りくどい[まわりくどい] 〈形〉 (말을) 빙둘러서 하다. 완곡(婉曲)하게 말하다.

²**回り道**[まわりみち] 길을 돌아서 감.

回り灯籠[まわりどうろう] 주마등(走馬灯).

回り舞台[まわりぶたい] 회전 무대.

回り持ち[まわりもち] 차례로 담당함.

回り合(わ)せ[まわりあわせ] 운명. 운수.

音読

⁴**回**[かい] 〈接尾語〉 회; 횟수.

回顧[かいこ] 회고; 과거를 뒤돌아봄.

回顧録[かいころく] 회고록.

回教[かいきょう] 회교; 이슬람교.

回教徒[かいきょうと] 회교도; 회교 신자.

回国[かいこく] 회국; 여러 지방을 걸어서 돌아다님.

回帰[かいき] 회귀; 일주하여 제자리로 돌아옴.

回帰線[かいきせん] ≪地≫ 회귀선.

回帰熱[かいきねつ] ≪医≫ 회귀열.

回忌[かいき] 회기; 주기(週忌). 해마다 돌아오는 기일(忌日).

²**回答**[かいとう] 회답; ①문제에 대한 답. ②해결책.

回読[かいどく] 회독; 돌려가며 읽음.

¹**回覧**[かいらん] 회람; ①돌려가며 봄. ②유람(遊覧).

回廊[かいろう] 회랑; 꺾인 긴 복도.

¹回路[かいろ] ≪物≫ 회로.

²回復[かいふく] 회복; 나빠졌던 것이 원 상태로 됨.

回付[かいふ] 회부; 서류 등을 돌림.

回想[かいそう] 회상; 지나간 과거의 일을 돌이켜 봄.

¹回送[かいそう] 회송; ①(편지나 화물을) 다시 다른 곳으로 보냄. ②(자동차·전차를) 되돌려 보냄.

¹回収[かいしゅう] 회수; 분배한 것이나 흩어진 것을 다시 끌어 모음.

²回数[かいすう] 회수; 횟수. 행해진 숫자.

²回数券[かいすうけん] 회수권.

回遊[かいゆう] ①유람(遊覧). ②(물고기가) 계절에 따라 떼지어 이동함.

²回転[かいてん] 회전; ①빙글빙글 돎. ②두뇌의 작용.

回転木馬[かいてんもくば] 회전목마.

回漕[かいそう] 회조; 배에 의한 운송.

回診[かいしん] 회진; (병원에서) 의사가 병실을 돌며 환자를 진찰함.

回虫[かいちゅう] ≪虫≫ 회충; 거위.

回避[かいひ] 회피; 피함.

回航[かいこう] 회항; ①여러 곳을 항해함. ②(배를) 특정 지역으로 운항함.

悔(悔) 뉘우칠 회

丶 丶 忄 忄 忙 忙 悔 悔 悔

音 ●カイ ⊗ケ ⊗ゲ

訓 ●くいる ●くやしい ●くやむ

訓読

●悔いる[くいる] 〈上1他〉 후회하다. 뉘우치다.

悔い[くい] 후회. 뉘우침.

悔い改め[くいあらため] 회개; ①뉘우쳐 고침. ②(기독교에서) 고해(告解), 고백(告白).

悔い改める[くいあらためる] 〈下1他〉 (과거의 잘못을 뉘우치고) 회개하다.

²●悔しい[くやしい] 〈形〉 ①(실패나 치욕으로 인해) 속상하다. 분하다. 억울하다. ②(자신의 행위를 후회하여) 후회스럽다.

悔しがる[くやしがる] 〈5自〉 원통해 하다.

悔し涙[くやしなみだ] 분루(憤涙). 분해서 흘리는 눈물. 분통한 눈물.

悔し泣き[くやしなき] 분을 못 이겨 욺.

²●悔む[やむ][くやむ] 〈5他〉 ①후회하다. 뉘우치다. ②문상(問喪)하다. 조위(弔慰)하다.

悔(や)み状[くやみじょう] 문상(問喪)하는 편지.

音読

悔悟[かいご] 회오; 자신의 과거의 잘못을 깨달아 바로 잡음.

悔恨[かいこん] 회한; 잘못을 뉘우침.

絵(繪) 그림/그릴 회

纟 纟 幺 糸 糸 絵 絵 絵 絵

音 ●エ ●カイ

訓 ―

音読

⁴絵[え] ①그림. ②(텔레비전의) 화면.

²絵の具[えのぐ] 그림물감.

絵巻[えまき] 그림 두루마리.

絵巻物[えまきもの] 그림 두루마리.

絵図[えず] ①그림. ②그림 지도. ③평면도.

絵文字[えもじ] 그림 문자.

絵物語[えものがたり] 그림 이야기 책.

⁴絵本[えほん] 그림책.

絵師[えし] 화가(画家), 화공(画工).

絵捜し[えさがし] 그림 찾기.

²絵葉書[えはがき] 그림엽서.

絵姿[えすがた] 화상(画像), 초상(肖像).

²絵画[かいが] 회화; 그림.

賄 뇌물 회

丨 冂 日 貝 貝 貼 貼 賄 賄

音 ●ワイ

訓 ●まかなう ⊗まいない

訓読

¹●賄う[まかなう] 〈5他〉 ①(한정된 인원·돈·물자로) 꾸려가다. 처리하다. ②조달하다. 갖추어 공급하다. ③(식사를) 마련해 주다.

賄い❶[まかない] ①식사 담당자. 요리사. ②식사 시중. ③준비. 보살핌. ❷[まいない] ①선물. ②뇌물.

音読

賄賂[わいろ] 뇌물(賂物).

懷(懐)   품을/생각할 회

忄 ㅏ ㅏ ㅏ 忙 忙 恦 愯 愯 懷

音 ●カイ
訓 ●ふところ ●なつかしい ●なつかしむ
●なつく ●なつける ⊗いだく

訓読
●懷[ふところ] ①품. 가슴 언저리. 의복의 안쪽. ②호주머니 사정. 지닌 돈. ③속셈. 마음속. 내막.

²●懷かしい[なつかしい] 〈形〉 ①정답다. 정겹다. 그립다. ② 《古》 반갑다. 기쁘다. ③사랑스럽다. 귀엽다. ④마음이 끌리다. 호감이 가다.

●懷かしむ[なつかしむ] 〈5他〉 반가워하다. 그리워하다.

¹●懷く❶[なつく] 〈5自〉 (친숙해져) 따르다. 친해지다.

⊗懷く❷[いだく] 〈5他〉 (마음에) 품다.

●懷ける[なつける] 〈下1他〉 (친숙해져) 따르게 하다. 길들이다.

懷勘定[ふところかんじょう] 꿍꿍이셈. 속셈. 대충 계산함.

懷刀[ふところがたな] ①(품에 지니는) 호신용 칼. 비수(匕首). ②심복 부하.

懷手[ふところで] ①(양손을 품에 넣고) 팔짱을 낌. ②빈둥빈둥 지냄.

音読
懷剣[かいけん] 호신용 단검. 비수(匕首).

懷古[かいこ] 회고; 옛날을 그리워함.

懷炉[かいろ] 주머니 난로.

懷石料理[かいせきりょうり] (茶道에서) 차를 대접하기 전에 내놓는 간단한 음식.

懷柔[かいじゅう] 회유; 상대방을 설득하여 자신의 생각에 따르게 함.

懷疑[かいぎ] 회의; 의심을 품음.

懷妊[かいにん] 회임; 임신.

懷姙[かいにん] 회임; 임신.

懷中[かいちゅう] 회중; 주머니 속.

懷中物[かいちゅうもの] 소지품(所持品).

懷中日記[かいちゅうにっき] 휴대용 일기장.

懷中電灯[かいちゅうでんとう] 회중전등. 손전등.

懷胎[かいたい] 회태; 임신. 잉태.

懷郷[かいきょう] 회향; 고향을 그리워함.

廻   돌/돌릴 회

音 ⊗カイ ⊗エ
訓 ⊗まわす ⊗めぐる

訓読
⊗廻す[まわす] 〈5他〉 ①(빙글빙글) 회전시키다. 돌리다. ②둘러치다. ③(차례로) 돌리다. ④(필요한 장소로) 보내다. 옮기다. ⑤(구석구석까지) 손을 쓰다. ⑥운영하다. ⑦(돈을) 굴리다.

⊗廻らす[めぐらす] 〈5他〉 ①두르다. 에워싸다. ②돌리다. 회전시키다. ③곰곰이 생각하다. 궁리하다.

⊗廻る❶[まわる] 〈5自〉 ①(축을 중심으로) 돌다. 회전하다. ②차례로 돌다. 차례가 오다. ③우회하다. 돌아서 가다. ④들르다.(방향이나 장소를) 바꾸다. 옮기다. ⑥고루 돌아가다. 퍼지다. ⑦필요에 따르다. ⑧(시각이) 지나다. ⑨(돈을)굴리다. 이자가 생기다. ⑩현기증이 나다.

⊗廻る❷[めぐる] 〈5自〉 ①돌다. 회전하다. 순환하다. ②여기저기 돌아다니다. 차례로 돌다. ③에워싸다. 둘러싸다. ④관련되다.

音読
廻覧[かいらん] 회람; ①돌려가며 봄. ②유람(遊覧).

廻廊[かいろう] 회랑; 꺾인 긴 복도.

廻旋[かいせん] 회선; 선회. 빙글빙글 돎.

廻転[かいてん] 회전; ①빙글빙글 돎. ②두뇌의 작용.

廻転木馬[かいてんもくば] 회전목마.

廻虫[かいちゅう] 《虫》 회충; 거위.

徊   노닐 회

音 ⊗カイ
訓 ―

音読
◗徘徊[はいかい] 배회; 목적 없이 거닒.

栃   상수리나무 회

音 ―
訓 ⊗とち

訓読
⊗栃[とち] 《植》 칠엽수(七葉樹).

栃木県[とちぎけん] 《地》 일본 関東(かんとう) 지방 북부에 있는 현(県).

| 晦 ×(晦) | 그믐/어두울 회 | 音 ⊗カイ |
| | | 訓 ⊗つごもり ⊗くらます ⊗みそか |

訓読
⊗晦[つごもり] 음력 그믐. 월말(月末).
⊗晦ます[くらます] 〈5他〉 ①(모습을) 감추다. 숨기다. ②속이다.
⊗晦日[みそか] 그믐날. 월말.
音読
晦冥[かいめい] 회명; 캄캄해짐.
晦朔[かいさく] 회삭; 그믐날과 초하루.
晦蔵[かいぞう] 회장; ①자신의 재능을 눈에 띄지 않게 함. ②(땅에) 매장되어 있음.

| 獪 ×(獪) | 교활할 회 | 音 ⊗カイ |
| | | 訓 — |

音読
◑狡獪[こうかい], 老獪[ろうかい]

| 檜 ×(桧) | 노송나무 회 | 音 ⊗カイ |
| | | 訓 ⊗ひ ⊗ひのき |

訓読
⊗檜[ひ/ひのき] ≪植≫ 노송나무.
檜葉[ひば] 노송나무 잎.
檜垣[ひがき] 노송나무 판자로 만든 울타리.
檜皮[ひわだ] 노송나무 껍질.

| 膾 ×(脍) | 회/회칠 회 | 音 ⊗カイ |
| | | 訓 ⊗なます |

訓読
⊗膾[なます] 육회(肉膾).
音読
膾炙[かいしゃ] 회자; 세상 사람들에게 널리 알려짐.

| 鱠 | 생선회 회 | 音 ⊗カイ |
| | | 訓 ⊗なます ⊗えそ |

訓読
⊗鱠❶[なます] ①생선회. ②무·당근 생채를 초간장에 무친 것. ③어패류를 가늘게 썰어서 초간장에 절인 것. ❷[えそ] ≪魚≫ 매퉁이.

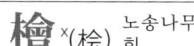

[획]

| 画(劃) | ①그을 획 ②그림 화 |

☞ 画(화) p. 849

| 獲 | 얻을 획 |

犭 犭 犭 犷 犷 犷 猎 猎 獲 獲

音 ●カク
訓 ●える

訓読
●獲る[える] 〈下1他〉 ①(사냥이나 고기잡이에서) 잡다. 포획하다. ②(어렵게) 쟁취하다.
¹獲物[えもの] ①(사냥이나 고기잡이에서) 잡은 것. 사냥감. ②전리품(戰利品).
音読
¹獲得[かくとく] 획득; 노력이나 고생 끝에 자기 것으로 만듦.

[횡]

| 横(横) | 가로/옆 횡 |

木 杧 栉 栉 栉 桡 桡 横 横 横

音 ●オウ
訓 ●よこ

訓読
⁴●横[よこ] ①가로. ②옆. 옆면. 측면. ③부정(不正). ④'横糸(よこいと)'의 준말.
横たえる[よこたえる] 〈下1他〉 ①옆으로 누이다. 가로로 놓다. ②(칼 따위를) 옆으로 차다.
横たわる[よこたわる] 〈5自〉 ①옆으로 눕다. 가로로 놓이다. ②(앞을) 가로막다.
横降り[よこぶり] (세찬 비바람으로 비나 눈이) 옆으로 들이침.
¹横綱[よこづな] ①(일본) 최고위의 씨름꾼. 천하장사. ②최고위의 씨름꾼이 씨름판에 들어갈 때 샅바 위에 매는 四手(しで)로 장식한 굵은 줄. ③제1인자.
横殴り[よこなぐり] ①옆에서 세게 때림. ②(비바람이) 옆으로 세차게 들이침. ③거칠게 함.

横倒し[よこたおし/よこだおし] 옆으로 쓰러짐. 옆으로 넘어짐.

横倒れ[よこだおれ] 옆으로 쓰러짐·넘어짐.

横道❶[よこみち] ①옆길. 골목길. ②(이야기가) 본 줄거리에서 벗어남. ③그릇된 길. ❷[おうどう] ☞ ①그릇된 길. 사도(邪道). ②부정을 알면서도 행함.

横っ面[よこっつら] ≪俗≫ 따귀. 옆얼굴.

横目[よこめ] ①곁눈. 곁눈질. ②(종이의) 가로결. ③본체만체함. ④'横目付(よこめっけ)'의 준말.

横文字[よこもじ] 가로로 쓰는 글씨.

横腹[よこばら] ①옆구리. ②물건의 측면.

横っ腹[よこっぱら] ①옆구리. ②물건의 측면. 옆면.

横付け[よこづけ] (자동차나 선박을) 목적의 장소에 바싹 갖다 댐.

横書き[よこがき] 횡서; 가로쓰기.

横顔[よこがお] ①옆얼굴. 얼굴 옆모습. ②프로필.

横様[よこさま/よこざま] ①옆쪽. 옆방향. ②도리에 맞지 않음. 합당하지 않음.

横長[よこなが] (세로에 비해서) 가로의 길이가 긺. 또는 그런 모양의 물건.

横這い[よこばい] ①(게가) 옆으로 기어감. ②≪経≫ 보합 시세.

²横切る[よこぎる] 〈5自〉 횡단(橫斷)하다. 가로지르다.

横町[よこちょう/よこまち] 옆길. 골목.

横紙破り[よこがみやぶり] ①억지를 부림. ②생억지를 부리는 사람.

横取り[よこどり] 새치기. 횡령. 가로챔.

横抱き[よこだき] ①가로로 안음. 옆으로 안음. ②겨드랑이에 낌.

横幅[よこはば] 가로 폭. 좌우 넓이.

横割り[よこわり] ①옆으로 쪼갬. ②어떤 조직을 횡적인 연관을 갖도록 일을 분담함.

横合い[よこあい] ①옆면. ②곁. 국외(局外). 그 일과 아무 상관이 없는 입장.

横向き[よこむき] ①옆으로 향함. ②측면. 옆면.

横好き[よこずき] ①본업도 아닌데 무척 좋아함. ②못하면서도 무척 좋아함.

横縞[よこじま] 가로줄 무늬.

横滑り[よこすべり] ①옆으로 미끄러짐. ②(인사이동에서) 동격(同格)인 다른 지위로 이동함.

音読

²横断[おうだん] 횡단; 가로지름.

²横断歩道[おうだんほどう] 횡단보도.

横隊[おうたい] 횡대; 가로로 선 대열.

横領[おうりょう] 횡령; 불법으로 남의 것을 자기 것으로 만듦.

横柄[おうへい] 거만스러움. 건방짐.

横死[おうし] 횡사; 변사(變死).

横線[おうせん] 횡선.

横転[おうてん] 횡전; ①옆으로 넘어짐. ②좌우로 회전함. ③곡예 비행함.

横着[おうちゃく] ①뻔뻔스러움. ②교활함. ③뻔들거림. ④방자함. 무례함.

横暴[おうぼう] 횡포; 난폭한 행동.

横行[おうこう] 횡행; ①옆으로 걸음. ②제멋대로 다님. ③(악이) 활개침. (악인이) 멋대로 설침.

효

孝　　효도 효

一 十 土 耂 老 考 孝

音 ●コウ ⊗キョウ

訓 —

音読

孝[こう] 효; 효도. 효행.

孝心[こうしん] 효심; 효도하는 마음.

孝養❶[こうよう] 효양; 효도하여 봉양함. ❷[きょうよう] ①효도하여 봉양함. ②돌아가신 분을 위해 추선(追善)함.

²孝行[こうこう] 효행; ①효도(孝道). 자식이 부모를 존경하며 정성을 다함. ②(부모를 대하듯이) 소중히 여김.

効(効)　　보람/본받을 효

' 十 ナ 六 亓 交 刻 効

音 ●コウ

訓 ●きく

訓読

²●効く[きく] 〈5自〉 ①(약이) 잘 듣다. 효력이 있다. 효과가 있다. ②기능이 작용하다. 능력이 충분히 발휘되다.

効き目[ききめ] 효과. 효능. 효험(効験).

²効果[こうか] 효과; ①보람이 있는 결과. ②(연극·영화의) 음향 효과.
効能[こうのう] 효능; 효력. 효험.
²効力[こうりょく] 효력; 효능. 효험.
効用[こうよう] 효용; ①효과. 효능. 효험. ②쓸모. 용도. ③ ≪経≫ 소비자의 욕구를 충족시킬 수 있는 재화의 정도.
¹効率[こうりつ] 효율; 능률.
¹効率的[こうりつてき] 효율적; 능률적.

暁(曉) 새벽 효

日 日⊢ 日⊢ 日＋ 日灬 日灬 暁 暁 暁

音 ●ギョウ
訓 ●あかつき

訓読
●暁[あかつき] ①새벽. 동틀 녘. ②실현될 때. 성취될 때.
音読
暁光[ぎょうこう] 효광; 새벽빛.
暁星[ぎょうせい] 효성; ①새벽별. ②샛별.
暁鐘[ぎょうしょう] 효종; 새벽에 치는 종.
暁天[ぎょうてん] 효천; 새벽 하늘.

酵 술밑/술괼 효

一 一 一 酉 酉 酉 酵 酵 酵

音 ●コウ
訓 ―

音読
酵母菌[こうぼきん] 효모균; 이스트균.
酵素[こうそ] ≪化≫ 효소.
酵素剤[こうそざい] ≪薬≫ 효소제.
酵素製剤[こうそせいざい] ≪薬≫ 효소제제; 효소가 주된 성분인 제제.

肴 고기안주 효

音 ⊗コウ
訓 ⊗さかな

訓読
⊗肴[さかな] ①술안주. ②주흥(酒興)을 돋우기 위한 노래나 이야기.
音読
●佳肴[かこう]. 酒肴[しゅこう]

哮 으르렁거릴 효

音 ⊗コワ
訓 ⊗たける

訓読
⊗哮る[たける] 〈5自〉 (짐승이) 포효(咆哮)하다. 사납게 울부짖다.
哮り立つ[たけりたつ] 〈5自〉 (짐승이) 포효(咆哮)하다. 사납게 울부짖다.

梟 올빼미 효

音 ⊗キョウ
訓 ⊗ふくろう

訓読
⊗梟[ふくろう/ふくろ] ≪鳥≫ 올빼미.
梟部隊[ふくろうぶたい] 야간 순찰대.
梟山伏[ふくろうやまぶし] 狂言(きょうげん)의 하나.
梟耳[ふくろうみみ] 한 번 들으면 잊지 않음. 또는 그런 사람.
音読
梟する[きょうする] 〈サ変自〉 효수(梟首)하다. 목을 베어 높이 매달다.
梟木[きょうぼく] 효목; 효수(梟首)하는 나무. 목을 베어 높이 매다는 나무.
梟首[きょうしゅ] 효수; 목을 베어 높이 매달음.
梟悪[きょうあく] 효악; 몹시 악독함. *올빼미는 어미도 잡아먹는 악독한 새라는 뜻.
梟勇[きょうゆう] 효용; 잔인하고 억셈.
梟雄[きょうゆう] 효웅; 사납고 용맹함.
梟将[きょうしょう] 효장; 용맹한 장수.

嚆 울릴/외칠 효

音 ⊗コウ
訓 ―

音読
嚆矢[こうし] 효시; ①소리 나는 화살. 우는 살. 신호탄. ②맨 처음. 시초. 시작.

囂 시끄러울 효

音 ⊗ゴウ
訓 ⊗かしがましい
　 ⊗かしましい
　 ⊗かまびすしい

訓読
⊗囂しい[かまびすしい/かしがましい/かしましい] 〈形〉 ≪雅≫ 시끄럽다. 떠들썩하다. 소란스럽다.

[후]

后　황후 후

一 厂 厂 厂 后 后

音 ●コウ ⊗ゴウ
訓 ⊗きさき

訓読

⊗**后**[きさき] ①왕비. 천황의 배우자. ②왕족의 아내.
后の宮[きさきのみや] 황후(皇后).

音読

后妃[こうひ] 후비; ①왕후(王侯)의 아내. ②왕족의 아내.
后土[こうど] 후토; 지신(地神).

朽　썩을/쇠할 후

一 十 オ 木 朽 朽

音 ●キュウ
訓 ●くちる

訓読

¹●**朽ちる**[くちる] 〈上1自〉①(나무 등이) 썩다. ②(명성이) 쇠퇴하다. ③죽다.
朽ち果てる[くちはてる] 〈下1自〉①(나무 등이) 완전히 썩어 버리다. ②(이렇다할 업적도 없이) 허무하게 죽다.
朽ち木[くちき] ①썩은 나무. ②인정받지 못하고 허무하게 죽는 사람.
朽(ち)葉[くちば] ①썩은 낙엽. ②'朽(ち)葉色(くちばいろ)'의 준말.

音読

朽廃[きゅうはい] 후폐; (건물 등이) 썩어서 못 쓰게 됨. 썩어서 내려앉음.

厚　두터울 후

一 厂 厂 厂 厚 厚 厚 厚 厚

音 ●コウ
訓 ●あつい

訓読

⁴●**厚い**[あつい] 〈形〉①두껍다. ②(인정이) 후하다. 두텁다. ③(신앙이) 독실하다. ④(병이) 위독하다.

²**厚かましい**[あつかましい] 〈形〉 뻔뻔하다. 뻔뻔스럽다.
厚さ[あつさ] 두께.
厚み[あつみ] ①두께. 두터움. 두툼함. ②(내용의) 깊이.
厚め[あつめ] 두께가 비교적 두꺼움.
厚地[あつじ] 두꺼운 천.
厚紙[あつがみ] ①판지. 두꺼운 종이. ②안 티나무와 다다나무 섬유로 만든 일본 종이. 화지(和紙).
厚化粧[あつげしょう] 짙은 화장.

音読

厚相[こうしょう] '厚生大臣(こうせいだいじん)'의 준말.
厚生[こうせい] 후생; 생활을 윤택하게 만듦. 생활이 넉넉해지도록 돕는 일.
厚生大臣[こうせいだいじん] 후생성 장관. *한국의 '보건복지부 장관'에 해당함.
厚生省[こうせいしょう] 후생성. *한국의 '보건복지부'에 해당함.
厚顔[こうがん] 후안; 뻔뻔스러움.
厚意[こうい] 후의; 두터운 정(情).
厚情[こうじょう] 후정; 두터운 정.

後　뒤 후

ノ ク イ 彳 彳 後 後 後 後

音 ●ゴ ●コウ
訓 ●あと ●のち ●うしろ ●おくらす
　　●おくらせる ●おくれる ⊗しり

訓読

⁴●**後①**[あと] ①(공간적으로) 뒤쪽. 등쪽. ②(시간적으로) 나중. ③뒷일. 뒤처리. ④나머지. ⑤후임자. 후처(後妻). ⑥후손.
²●**後②**[のち] (격식을 갖추어서 말할 때) ①후. 나중. 뒤. ¶雨(あめ)～曇(くも)り 비 온 후 개임. ②(둘 중에서) 후자(後者). ③사후(死後). ❸[ご/こう] ☞ [音読]
●**後らす**[おくらす] 〈他〉①(시간을) 늦추다. 지연시키다. ②뒤에 남겨두다. 남겨두고 떠나다. ③먼저 죽다.
●**後らせる**[おくらせる] 〈下1他〉(시간을) 늦추다. 지연시키다.
³●**後れる**[おくれる] 〈下1自〉①(정해진 시각에) 지각하다. 늦다. ②(예정보다) 늦다. 늦어지다. ③(남에게) 뒤지다. ④(사람을) 여의다. ⑤주눅이 들다. 기가 죽다.

後れ毛[おくれげ] 귀밑머리.

¹後継ぎ[あとつぎ] ①상속인. 대를 잇는 사람. ②후계자.

後味[あとあじ] (음식이나 일의) 뒷맛.

後返り[あとがえり] 되돌아감. 되돌아옴.

後釜[あとがま] ①후임자. 후계자. ②후처.

後腐れ[あとくされ/あとぐされ] (일이 끝난 후의) 뒤탈. 말썽.

後払い[あとばらい/ごばらい] 후불; 값을 나중에 지불함.

後書き[あとがき] ①(책의) 후기(後記). 뒷말. ②(편지의) 추신(追伸).

後先[あとさき] ①앞뒤. 앞과 뒤. ②(어떤 일의) 전후 사정. ③일의 차례.

後の世[のちのよ] 후세; ①미래. 장래. ②사후(死後). 내세(来世).

後始末[あとしまつ] ①일이 끝난 후의 뒷정리. 뒤처리. ②(제대로 끝나지 않은 일의) 뒷마무리.

後押(し)[あとおし] ①(차를) 뒤에서 밂. 미는 사람. ②후원자. 뒷바라지.

後程[のちほど] 나중에. 뒤에.

後の祭[あとのまつり] ①행차 뒤의 나팔. 지나간 버스 손들기. 시기를 놓침. 사후 약방문. ②축제 다음 날.

後足[あとあし] ①(짐승의) 뒷발. 뒷다리. ②(연극에서) 하급 배우.

後添い[あとぞい] 후처(後妻). 후취(後娶).

後退り[あとじさり/あとずさり] 뒷걸음질 침.

後退る[あとじさる/あとずさる] 〈5自〉 뒷걸음치다.

後片付け[あとかたづけ] 뒤처리. 뒷마무리.

¹後回し[あとまわし] (순서를 바꾸어) 뒤로 돌림. 뒤로 미룸.

後後[あとあと/のちのち] 먼 뒷날. 먼 훗날.

⁴●後ろ[うしろ] ①(방향의) 뒤쪽. ②등. ③(안 보이는) 뒤쪽. ④뒷모습. ⑤사후(事後). 일이 끝난 뒤. ⑥(무대의) 프롬프터.

後ろめたい[うしろめたい] 〈形〉 뒤가 켕기다. 뒤가 구리다. 떳떳하지 못하다.

後ろ髪[うしろがみ] 뒷머리털.

後ろ手[うしろで] ①뒷짐. 손을 등으로 돌림. ②뒤쪽. 등쪽.

後ろ盾[うしろだて] ①(전투에서) 뒤쪽을 막는 방패. ②후방을 방비함. ③스폰서.

後ろ暗い[うしろぐらい] 〈形〉 떳떳하지 못하다. 뒤가 켕기다. 뒤가 구리다.

後ろ姿[うしろすがた] 뒷모습.

後ろ前[うしろまえ] 앞뒤가 뒤바뀜.

後ろ足[うしろあし] ①(동물의) 뒷다리. ②뒷걸음질을 함. 뒤로 물러남.

後ろ指[うしろゆび] 뒷손가락질.

後ろ幅[うしろはば] 옷의 뒤품. 듸폭.

後ろ向き[うしろむき] ①등을 돌림. ②퇴보적임. 소극적임. 역행함.

音読

²後●[ご] 후; ①(시간적으로) 뒤. ¶その~ 그 후. ②〈接尾語〉 후. ¶百年~ 100년 후. ❷[あと/のち] ☞ [訓読]

後家[ごけ] ①과부. 미망인. ②(세트로 된 것의) 외짝. 짝을 잃은 물건.

後見[こうけん] 후견; ①어린 군주(君主)나 가장(家長)을 보좌하는 직책. ②《法》 (민법상의) 후견. ③(能(のう)·歌舞伎(かぶき)에서) 배우의 뒷바라지를 하는 사람.

後見人[こうけんにん] 후견인; 스폰서.

後継[こうけい] 후계; ①지위·재산·업무 등을 이어받음. ②(행군하는 부대의) 후미(後尾) 부대. 후진(後陣).

後顧[こうこ] 후고; ①뒤돌아봄. 돌이켜 봄. ②미래에 가서 신경이 쓰임.

後光[ごこう] 후광; ①배광(背光). ②광원(光源)이나 음영(陰影) 주위에 원이나 방사선 모양으로 보이는 광선.

後宮[こうきゅう] 후궁; ①후비(后妃) 등이 거처하는 내전(内殿). ②후비나 궁녀의 총칭.

後記[こうき] 후기; ①후세의 기록. ②문장 뒤쪽에 기록함. ③(책의) 본문 뒤쪽에 기록하는 문장.

後期[こうき] 후기; 일정한 시대나 기간을 두 부분으로 나누었을 때의 뒤쪽의 기간.

後年[こうねん] 후년; ①뒷날. 후일. ②만년(晩年).

後段[こうだん/ごだん] ①(계단이) 뒤쪽의 단. ②(문장의) 뒷부분.

後楽[こうらく] 후락; 세상 사람들이 즐기고 난 후에 나중에 즐김. *위정자의 마음가짐을 말함.

後略[こうりゃく] 후략; 뒷부분을 생략함.

後尾[こうび] 후미; 맨 뒤쪽.

¹後半[こうはん] 후반; 기간을 두 부분으로 나누었을 때의 뒷부분.

後半生[こうはんせい] 생애의 나머지 절반.

後方❶[こうほう] 후방; 뒤쪽. ❷[のちかた] 나중에. 뒤에.

²後輩[こうはい] 후배; 학교나 직장에 나중
에 들어온 사람.
後部[こうぶ] 후부; 뒤쪽.
後事[こうじ] 후사; 뒷일. 사후(死後)의 일.
後生❶[こうせい] 후생; ①나중에 태어남.
　②후배(後輩). 후진(後進). ❷[ごしょう]
　① ≪仏≫ 내세(来世). 사후(死後)의 세계.
　②극락왕생. ③제발. 부디.
後生大事[ごしょうだいじ] ①애지중지함.
　매우 소중하게 여김. ②내세의 행복을
　첫째로 생각함.
後世❶[こうせい] 후세; 다음 세상. ❷[ご
　せ] ≪仏≫ 내세(来世). 사후(死後)의 세
　계. ②내세(来世)에서의 안락(安楽).
後続[こうぞく] 후속; 나중에 계속됨.
後手[ごて] 후수; ①(바둑·장기에서) 나중
　에 두는 사람. ②상대방에게 선수를 빼앗
　김. ③후진(後陣).
後述[こうじゅつ] 후술; 뒷부분에서 설명함.
後室[こうしつ] 후실; ①뒷방. ②(신분이
　높은 사람의) 미망인. 과부.
後列[こうれつ] 후열; 뒷줄.
後裔[こうえい] 후예; 후손(後孫).
後援[こうえん] 후원; ①뒤에서 도와줌.
　②후방에 대기하고 있는 원군(援軍).
後衛[こうえい] 후위; ①후방을 지키는 부대·
　사람. ②(스포츠에서) 후방을 지키는 역할.
後日[ごじつ/ごにち] 후일; 뒷날. 훗날.
後任[こうにん] 후임; 전임자가 맡고 있던
　임무를 그 사람 대신 맡음.
後者[こうしゃ] 후자; ①뒤를 잇는 사람.
　②(앞서 말한 둘 중의) 나중 것.
後進[こうしん] 후진; ①후배(後輩). ②진보
　가 늦어짐. 뒤떨어짐.
後進国[こうしんこく] 후진국.
後妻[ごさい] 후처; 후취(後娶).
後天性[こうてんせい] 후천성.
¹後退[こうたい] 후퇴; ①뒤로 물러남. ②힘
　이나 세력이 떨어짐.
後篇[こうへん] ☞ 後編
後編[こうへん] 후편; (작품·서적 등에서)
　후반부의 것. 최후의 부분.
後学[こうがく] 후학; ①학문의 후배. ②미
　래에 자신에게 도움이 될 지식.
後患[こうかん] 후환; 뒷탈. 뒷근심.
¹後悔[こうかい] 후회; 뉘우침.
後詰め[ごづめ] ①후진(後陣). 후방 부대.
　②적의 배후를 공격하는 부대.

侯　제후/후작 후

丿 亻 伫 仨 伊 仨 仨 侯 侯

音 ●コウ
訓 ―

音読
侯[こう] 후; ①봉건 시대의 영주(領主). 제
　후(諸侯). ②'侯爵(こうしゃく)'의 준말.
侯爵[こうしゃく] 후작; 귀족의 제2 계급.

候　기후/조짐 후

丿 亻 亻 俨 佗 俟 俟 候 候

音 ●コウ
訓 ●そうろう

訓読
●候う[そうろう] ⟨4自⟩≪古≫ ('あります'와 'い
　ます'의 겸양어로서) 있사옵니다. 있나이다.
候文[そうろうぶん] 문장의 끝을 '候(そうろ
　う)'라는 말로 끝맺는 문어체의 편지글.

音読
候[こう] 철. 계절.
²候補[こうほ] 후보; 어떤 지위나 신분을 얻
　을 자격이 있어서 거기에 뽑힐 가능성이
　있는 사람.
²候補者[こうほしゃ] 후보자.

喉　목구멍 후

音 ⊗コウ
訓 ●のど

訓読
³⊗喉[のど] ①목구멍. 목. 인후(咽喉). ②목
　소리. 노랫소리. ③숨통. 급소. ④(제본
　에서) 책을 철하는 여백 부분.
喉頸[のどくび] ①멱. 숨통. ②급소.
喉彦[のどびこ] 목젖.
喉元[のどもと] ①목구멍. 목구멍 맨 안쪽.
　②가장 중요한 부분. 중추.
喉越し[のどごし] 음식물이 목구멍으로 넘
　어감. 또는 그 느낌.
喉自慢[のどじまん] 노래 자랑.
喉風邪[のどかぜ] 목감기.

音読
喉頭[こうとう] ≪生理≫ 후두; 인두(咽頭)와
　기관(器官) 사이의 부분.

嗅 냄새맡을 후 | 音 ⊗キュウ
| 訓 ⊗かぐ

訓読
²⊗嗅ぐ[かぐ]〈5他〉①(냄새를) 맡다. ②탐지해내다. 알아내다.
嗅ぎ当てる[かぎあてる]〈下1他〉①(물건의) 냄새로 알아맞히다. 냄새로 찾아내다. ②낌새로 알아내다. 낌새로 알아채다.
嗅ぎ分ける[かぎわける]〈下1他〉 냄새로 식별하다. 냄새로 구별하다.
嗅ぎ薬[かぎぐすり] 코로 흡입하는 약.
嗅ぎ込む[かぎこむ]〈5他〉 강하게 흡입하여 냄새를 맡다.
嗅ぎ取る[かぎとる]〈5他〉①냄새를 맡아서 알다. ②낌새를 알아채다.

音読
嗅覚[きゅうかく] 후각; 냄새를 맡는 지각(知覚).
嗅神経[きゅうしんけい]《生理》후신경.

[훈]

訓 가르칠 훈

一 二 言 言 言 言 言 訓 訓

音 ●クン
訓 ⊗よむ

訓読
⊗訓む[よむ]〈5他〉 한자(漢字)를 훈(訓)으로 읽다.

音読
²訓[くん] 훈; 한자(漢字)를 그 뜻에 해당하는 일본어로 읽는 것.
訓戒[くんかい] 훈계; 타이름.
訓読[くんどく] 훈독; ①한자(漢字)를 그 뜻에 해당하는 일본어로 읽는 것. ②한문(漢文)에 訓点(くんてん)을 붙여서 일본어의 문법에 따라 읽는 것.
²訓読み[くんよみ] 훈독; 한자(漢字)를 그 뜻에 해당하는 일본어로 읽는 것.
²訓練[くんれん] 훈련; 가르친 것이 잘 되도록 연습을 계속적으로 하게 하는 것.
訓令[くんれい] 훈령; ①훈시하여 명령함. ②하급 관청에게 내리는 명령.

訓辞[くんじ] 훈사; 훈계하는 말.
訓釈[くんしゃく] 훈석; 문자나 문장의 읽기와 뜻풀이.
訓示[くんじ] 훈시; 훈계하는 말.
訓育[くんいく] 훈육; 올바른 품성과 습관을 가지도록 가르쳐 양육함.
訓義[くんぎ] 훈의; 한자의 훈독과 뜻.
訓点[くんてん] 훈점; 한문(漢文)을 훈독하기 위해 찍는 부호.
訓化[くんか] 훈화; 가르쳐 인도함.
訓話[くんわ] 훈화; 가르치기 위한 이야기.

勳(勲) 공 훈

一 一 一 宣 宣 重 重 重 勳 勳 勳

音 ●クン
訓 ⊗いさお ⊗いさおし

訓読
⊗勲❶[いさお/いさおし]《雅》 공훈(功勳). 공적(功績). 공로(功労). ❷[くん] ☞ [音読]

音読
勲❶[くん] (훈장의 등급 위에 접속하는 말로서) 훈. ¶～一等(いっとう) 훈 일등. 1등 훈장. ❷[いさお/いさおし] ☞ [訓読]
勲功[くんこう] 훈공; 공훈(功勳).
勲等[くんとう] 훈등; 훈장의 등급.
勲章[くんしょう] 훈장; 국가나 사회에 기여한 공로자(功労者)에 대해 국가가 수여하는 기장(記章).

薫(薫) 향내/훈할 훈

一 艹 艹 芦 芦 芦 芦 苒 蕾 薫 薫

音 ●クン
訓 ●かおる ⊗くゆる ⊗たく

訓読
●薫る❶[かおる]〈5自〉 향ゔ가 나다. 향기가 풍기다. 향긋하다.
⊗薫る❷[くゆる]〈5自〉①(불에) 타다. 연기가 나다. ②(마음이) 답답하여 고민하다.
²薫り[かおり] 향기. 좋은 냄새.
⊗薫く[たく]〈5他〉 향을 피우다.

音読
薫陶[くんとう] 훈도; 덕으로써 사람을 감화하여 교육함.

薫育[くんいく] 훈육; 덕으로써 가르쳐 인도함.
薫製[くんせい] 훈제; (물고기나 고기를) 연기에 쐬어 말림. 또는 그런 식품.
薫風[くんぷう] 훈풍; 초여름에 불어오는 상쾌한 남풍(南風).
薫化[くんか] 훈화; 인격으로써 감화시킴.

| 暈 | 무리 훈 | 音 ⊗ウン |
| | | 訓 ⊗かさ ⊗ぼかす ⊗ぼける |

訓読

⊗暈[かさ] ① ≪天≫ (해나 달의) 무리. ②(피로 등으로 인하여) 눈가에 생기는 검은 기미.
⊗暈す[ぼかす] 〈5他〉①바림을 하다. ②얼버무리다. 애매하게 말하다.
⊗暈ける[ぼける] 〈下1他〉 (윤곽・영상・색조가) 흐릿해지다. 바래다.

| 葷 | 훈채 훈 | 音 ⊗クン |
| | | 訓 ― |

音読

葷酒[くんしゅ] 훈주; (고약한 냄새가 나는) 파・부추 등의 야채와 술.

| 燻 | 태울/연기낄 훈 | 音 ⊗クン |
| | | 訓 ⊗いぶす ⊗くすぶる |

訓読

⊗燻す[いぶす] 〈5他〉①연기를 내다. 연기를 피우다. 냅게 하다. ②(모깃불을) 피우다. ③그을리다.
⊗燻べる[くすべる/ふすべる] 〈下1他〉 연기만 나도록 태우다.
⊗燻らす[くゆらす] 〈5他〉연기를 피우다.
⊗燻る❶[くすぶる] 〈5自〉①(불이 잘 타지 않고) 연기만 나다. ②그을리다. ③찌들다. ④(감정이) 풀리지 않다. 응어리가 남하다. ⑤발전하지 못하다. 제자리걸음을 하다. ⑥(집안에) 틀어박히다. 죽치다. ❷[くゆる] 〈5自〉①연기가 나다. 불타다. ②(마음이) 답답하여 고민하다.

音読

燻製[くんせい] 훈제; (물고기나 고기를) 연기에 쐬어 말림. 또는 그런 식품.

| 薨 | 죽을 훙 | 音 ⊗コウ |
| | | 訓 ― |

音読

薨ずる[こうずる] 〈サ変自〉 훙서(薨逝)하다. 서거(逝去)하다. (귀인이) 돌아가시다.
薨去[こうきょ] 훙거; 서거(逝去). ＊황족(皇族)이나 삼품(三品) 이상인 사람의 죽음에 대한 높임말.

| 喧 | 시끄러울 훤 | 音 ⊗ケン |
| | | 訓 ⊗かまびすしい ⊗やかましい |

訓読

⊗喧しい❶[かまびすしい] 〈形〉 소란스럽다. 시끄럽다. 떠들썩하다.
²⊗喧しい❷[やかましい] 〈形〉①시끄럽다. 떠들썩하다. ②번거롭다. ③잔소리가 심하다. 까다롭다. ④엄하다. 엄격하다.
喧し屋[やかましや] 잔소리꾼. 까다로운 사람.

音読

³喧嘩[けんか] 싸움. 다툼. 언쟁.
喧嘩別れ[けんかわかれ] 싸우고 나서 화해하지 않은 채 헤어짐.
喧嘩腰[けんかごし] 싸움을 걸려는 태도.
喧嘩早い[けんかばやい] 〈形〉 (조그만 일에도) 툭하면 싸우려 들다.

| 萱 | 원추리 훤 | 音 ⊗カン ⊗ケン |
| | | 訓 ⊗かや |

訓読

⊗萱[かや] ≪植≫ ①참억새. ②띠・참억새・사초 등의 총칭.
萱原[かやはら] 억새 밭. 띠 밭.
萱葺(き)[かやぶき] 억새나 띠로 지붕을 임.
萱場[かやば] ①지붕용의 띠나 억새를 베는 곳. ②꼴을 베는 곳.

音読

萱草[かんぞう/けんぞう] ≪植≫ 훤초; 원추리.

[훼]

喙 부리 훼 | 音 ⊗カイ | 訓 ⊗くちばし

訓讀
¹⊗喙[くちばし] 부리. (새의) 주둥이.

毀 부술/비방할 훼 | 音 ⊗キ | 訓 ⊗こわす ⊗こぼつ

訓讀
⊗毀す❶[こわす] 〈5他〉 ①부수다. 파손하다. ②고장 내다. 망가뜨리다. ③(약속·질서·계획을) 망치다. ④(큰돈을) 헐다. ❷[こぼつ] 〈5他〉 부수다. 허물다.
⊗毀れる❶[こわれる/こぼれる] 〈下1自〉 (물건의 일부가) 망가지다.

[휘]

揮 지휘할/휘두를 휘

一 十 才 扌 扩 护 护 捐 捐 揮

音 ●キ
訓 ⊗ふるう

訓讀
⊗揮う[ふるう] 〈5他〉 (가지고 있는 능력을) 발휘하다. 〈5自〉 (성적·실력·사기가) 떨치다. 번창하다. 상승하다.

音讀
揮発[きはつ] 휘발; ①보통의 기온에서 액체가 기체로 됨. ②'揮発油'의 준말.
揮毫[きごう] 휘호; 붓으로 글씨나 그림을 그림.

輝 빛날 휘

l ⺌ ⺌ ⺌⺋ ⺋⻊ ⺋⻊ 炉 炉 輝 輝 輝

音 ●キ
訓 ●かがやかす ●かがやかしい ●かがやく

訓讀
●輝かす[かがやかす] 〈5他〉 ①(눈을)반짝이다. ②(명예를) 빛내다.

●輝かしい[かがやかしい] 〈形〉 ①(눈부실 정도로) 빛나다. ②대단히 훌륭하다.
²●輝く[かがやく] 〈5自〉 ①반짝반짝 빛나다. 반짝이다. ②(영광스럽게) 빛나다.

音讀
輝石[きせき] 《鉱》 휘석.
輝線[きせん] 《物》 휘선; 물질의 스펙트럼에 나타나는 빛나는 선.

彙 무리 휘 | 音 ⊗イ | 訓 ─

音讀
彙報[いほう] 휘보; 종류별로 알기 쉽게 정리한 보고. ¶学会(がっかい)の〜 학회의 보고·보고서.

暉 빛날 휘 | 音 ⊗キ | 訓 ─

音讀
暉暉[きき] 휘휘; (햇빛이) 찬란하게 빛남. 밝게 빛남.

麾 대장기 휘 | 音 ⊗キ | 訓 ⊗さしまねく

訓讀
⊗麾く[さしまねく] 〈5他〉 ①손짓하여 부르다. ②(군대를) 지휘하다. 지시하다.

音讀
麾下[きか] 휘하; ①장군의 직속 부하. 막하(幕下). ②지휘하(指揮下).

諱 꺼릴/숨길 휘 | 音 ⊗キ ⊗イ | 訓 ⊗いみな

訓讀
⊗諱[いみな] 휘; ①시호(諡号). ②고인(故人)의 생존 시의 이름. ③신분이 높은 사람의 이름을 존경해서 하는 말.

徽 아름다울 휘 | 音 ⊗キ | 訓 ─

音讀
徽章[きしょう] 휘장; 메달. 배지. ¶〜をつける 배지를 달다. 메달을 달다.

[휴]

休　쉴/그칠 휴

丿 亻 仁 什 休 休

音 ◉キュウ
訓 ◉やすまる ◉やすむ ◉やすめる ◉やすらう

訓読

◉**休まる**[やすまる] 〈5自〉 (심신이) 편안해지다.

4◉**休む**[やすむ] 〈5自他〉 ①쉬다. 휴식을 취하다. ②자다. 잠자리에 들다. ③멈추다. ④(직장이나 학교를) 결근하다. 결석하다. ⑤(직장이나 학교가) 정기적으로 쉬다. 방학하다.

4◉**休み**[やすみ] ①휴식. 쉬는 시간. ②취침. 잠자리에 듦. ③결근. 결석. ④휴일. 방학. ⑤(누에의) 잠.

休み休み[やすみやすみ] ①쉬엄쉬엄. ②(비난하는 말로서) 작작. ¶ばかも~言(い)え 바보 같은 소리 작작해라.

1◉**休める**[やすめる] 〈下1他〉 ①쉬게 하다. 휴식시키다. ②멈추다. 중단하다. ③안심시키다. 편안하게 하다. ④(기계나 돈을) 묵히다. 놀리다.

休め[やすめ] 열중 쉬어! ＊구령(口令) 소리.

◉**休らう**[やすらう] 〈5自〉 ① ≪雅≫ 쉬다. 휴식하다. ② ≪古≫ 망설이다. 머뭇거리다. ③잠시 머물다. 발걸음을 멈추다.

音読

2**休暇**[きゅうか] 휴가; 직장에서 일정 기간을 쉬도록 주는 휴식.

休刊[きゅうかん] 휴간; 정기 간행물이 어느 일정 기간 발행되지 않음.

2**休講**[きゅうこう] 휴강; 강의를 쉼.

2**休憩**[きゅうけい] 휴게; 휴식. 쉼.

休憩所[きゅうけいじょ] 휴게소; 쉬는 곳.

2**休憩室**[きゅうけいしつ] 휴게실; 쉬는 방.

休館[きゅうかん] 휴관; 도서관·미술관·영화관 등이 업무나 영업을 쉼.

休校[きゅうこう] 휴교; 학교를 쉼.

2**休息**[きゅうそく] 휴식; 휴게. 쉼.

2**休養**[きゅうよう] 휴양; 일을 쉬고 체력을 기름.

2**休業**[きゅうぎょう] 휴업; 업무를 쉼.

休日[きゅうじつ] 휴일: ①업무나 영업·수업 등을 쉼. ②국경일.

休場[きゅうじょう] 휴장: ①흥행을 쉼. ②선수가 시합에 참가하지 않음.

1**休戦**[きゅうせん] 휴전; 교전국 쌍방의 합의에 의해 전쟁을 잠시 중단함.

休職[きゅうしょく] 휴직; 직무를 쉼.

休診[きゅうしん] 휴진; 진찰·진료를 쉼.

1**休学**[きゅうがく] 휴학; 학교를 쉼.

休火山[きゅうかざん] ≪地≫ 휴화산.

休会[きゅうかい] 휴회: ①국회가 쉼. ②회(会)의 개최를 쉼. ③(거래소에서) 입회(立会)를 쉼.

携　가질/손에들 휴

扌 扌 扩 扩 抄 携 携 携

音 ◉ケイ
訓 ◉たずさえる ◉たずさわる

訓読

◉**携える**[たずさえる] 〈下1他〉 ①휴대하다. 손에 들다. 몸에 지니다. ②함께 데리고 가다. 동행(同行)하다. ③(두손을) 맞잡다. 서로 협력하다.

1◉**携わる**[たずさわる] 〈5自〉 (어떤 일에) 종사하다. 관계하다. 관여하다.

音読

1**携帯**[けいたい] 휴대; 몸에 지니거나 손에 들고 다님.

1**携帯手荷物**[けいたいてにもつ] (교통편을 이용하는 승객의) 휴대 수하물.

1**携帯電話**[けいたいでんわ] 휴대 전화.

1**携帯品**[けいたいひん] 휴대품.

畦　밭두둑 휴

音 ⊗ケイ
訓 ⊗あぜ ⊗うね

訓読

⊗**畦❶**[あぜ] ①논두렁. 논과 논의 경계. ②(문지방이나 상인방의) 홈과 홈 사이의 턱. ❷[うね] ①밭두둑. 밭이랑. ②밭두둑과 비슷한 것.

畦道[あぜみち] 논두렁길.

音読

1**畦畔**[けいはん] 휴반; 논밭을 구분 짓는 두둑. 두렁.

[흉]

凶 (兇) 흉할/흉악할 흉

丿 乂 凶 凶

音 ●キョウ
訓 ―

音読

凶[きょう] 흉; 불길함. 운수가 나쁨.

凶器[きょうき] 흉기; 사람을 살상(殺傷)하는 데 사용하는 기구.

凶年[きょうねん] 흉년; ①농작물의 수확이 나쁜 해. ②재앙이 든 해.

凶徒[きょうと] 흉도; 살인·강도·모반 등 흉악한 범죄를 행하는 사람.

凶変[きょうへん] 흉변; 불길한 변고.

凶報[きょうほう] 흉보; ①불길한 소식. ②부고(訃告). 사망했다는 소식.

凶状[きょうじょう] 흉상; 흉악 범죄 경력.

凶悪[きょうあく] 흉악; ①몹시 거칠고 사나움. ②험상궂음.

¹凶作[きょうさく] 흉작; 농작물의 소출이 적음.

凶賊[きょうぞく] 흉적; 흉악한 도적.

凶暴[きょうぼう] 흉포; 흉악하고 난폭함.

凶漢[きょうかん] 흉한; 흉악한 사람.

凶行[きょうこう] 흉행; 흉악한 범행.

凶荒[きょうこう] 흉황; 흉작. 심한 기근.

胸 가슴/마음 흉

丿 刀 月 月 胪 胸 胸 胸 胸 胸

音 ●キョウ
訓 ●むね ●むな

訓読

²●胸[むね] ①가슴. 흉부(胸部). ②심장. ③폐(肺). ④위(胃). ⑤마음. 생각.

胸苦しい[むなぐるしい]〈形〉①(짓눌려서) 가슴이 답답하다. ②(근심으로) 마음이 괴롭다.

胸高[むなだか] 허리띠를 가슴 가까이에 높이 올려 맴.

胸当て[むねあて/むなあて] ①흉갑(胸甲). ②(어린애의) 턱받이.

胸突き[むなつき] (산길의) 가파른 길.

胸突き八丁[むなつきはっちょう] ①가파른 고갯길. ②어려운 국면.

胸廉[むなすだれ] ①늑골(肋骨). 갈비뼈. ②야위었음.

胸毛[むなげ] 흉모; 가슴털.

胸糞[むなくそ/むねくそ] 속. 배알.

胸算用[むなざんよう/むねざんよう] 속셈. 꿍꿍이셈. 일을 하기 전에 머릿속으로 대충 계산함.

胸先[むなさき] (명치 부근의) 가슴패기.

胸焼け[むねやけ/むなやけ] 《医》 명치 언저리가 쓰리고 아픈 증세.

胸騒ぎ[むなさわぎ] 가슴이 두근거림. 설렘.

胸髭[むなひげ] 흉모(胸毛). 가슴털.

胸元[むなもと] (명치 부근의) 가슴.

胸乳[むなち/むなぢ] 유방(乳房). 젖가슴.

胸底[むなそこ/きょうてい] 흉저. 마음속.

胸積(も)り[むなづもり] 속셈. 꿍꿍이셈.

胸尽くし[むなづくし] 멱살.

胸倉[むなぐら] 멱살.

胸板[むないた] ①앞가슴. 가슴의 평평한 부분. ②갑옷의 가슴 부분에 대는 철판.

胸許[むなもと] (명치 부근의) 가슴패기.

胸黒[むなぐろ] 《鳥》 검은가슴물떼새.

音読

胸腔[きょうこう/きょうくう] 《生理》 흉강. *의학계에서는 'きょうくう'라고 함.

胸骨[きょうこつ] 《生理》 흉골.

胸郭[きょうかく] 《生理》 흉곽.

胸襟[きょうきん] 흉금; 가슴속.

胸裏[きょうり] 흉리; 가슴속. 마음속.

胸膜[きょうまく] 흉막; 늑막.

胸膜炎[きょうまくえん] 《医》 늑막염.

胸壁[きょうへき] 흉벽; ①가슴의 바깥부분. ②가슴 높이의 성벽. ③요새. 성채.

胸部[きょうぶ] 흉부; ①(신체의) 가슴 부분. ②호흡기.

胸部疾患[きょうぶしっかん] 호흡기 질환.

胸像[きょうぞう] 흉상; 사람의 가슴 부분부터 머리까지의 그림이나 조각상.

胸腺[きょうせん] 《生理》 흉선; 가슴샘.

胸奥[きょうおう] 흉오; 가슴속. 마음속.

胸囲[きょうい] 흉위; 가슴둘레.

胸章[きょうしょう] 흉장; 가슴에 다는 표장(標章).

胸中[きょうちゅう] 흉중; 가슴속. 마음속.

胸痛[きょうつう] 흉통; 가슴의 통증.

胸懐[きょうかい] 흉회; 가슴속. 마음속.

[흑]

黒 (黑) 검을 흑

丨 丨丨 甲 甲 甲 里 里 黒 黒 黒

音 ●コク
訓 ●くろ ●くろい

訓読

³●黒[くろ] ①검정. 검은 빛깔. ②검정 바둑돌. ③검은색과 관계된 물건. ④용의 자. 범죄 혐의가 뚜렷함.

⁴●黒い[くろい]〈形〉①검다. 까맣다. ②거멓다. 거무스름하다. ③(범죄의) 혐의가 짙다. ④(속이) 엉큼하다. ⑤불길하다.

黒ずむ[くろずむ]〈5自〉거무스름해지다. 검은빛을 띠다.

黒ダイヤ[くろダイヤ] ①≪鉱≫ 흑다이아몬드. 흑금강석. ②'석탄'의 미칭.

黒っぽい[くろっぽい]〈形〉①거무스름하다. 거뭇하다. ②전문가 티가 나다.

黒ビール[くろビール] 흑맥주.

黒み[くろみ] 검은빛. 거무스름함.

黒む[くろむ]〈5自〉검은빛을 띠다.

黒める[くろめる]〈下1他〉①검게 물들이다. ②살살 속이다.

黒光り[くろびかり] 검게 윤이 남.

黒帯[くろおび] (유도에서) 검은 띠. 유단자(有段者).

黒塗り[くろぬり] ①검정 칠. ②검정 칠을 한 물건.

黒豆[くろまめ]≪植≫흑두; 검정콩.

黒幕[くろまく] 흑막; ①(무대에서) 장면이 바뀔 때 사용하는 검은 무대막. ②(배후에서 조종하는) 막후 인물.

黒目[くろめ] (눈알의) 검은자위. 눈동자.

黒目勝ち[くろめがち] 눈이 부리부리함.

黒髪[くろかみ] 흑발; 검은 머리.

黒ん坊[くろんぼう] ①흑인(黒人). ②햇볕에 까맣게 그을린 사람.

黒房[くろぶさ] (씨름에서) 씨름판 위의 지붕 북서쪽 귀퉁이에 드리우는 검은 술.

黒白❶[くろしろ] 흑백; ①흑과 백. ②(일의) 시비(是非). ❷[こくびゃく] ①검정색과 흰색. ②유죄와 무죄.

黒砂糖[くろざとう] 흑설탕.

黒山[くろやま] 새까맣게 모여든 사람.

黒星[くろぼし] ①검은 점. 검고 둥근 점. ②(과녁 중앙의) 검은 동그라미. 중심. ③(씨름에서) 패배를 나타내는 표. ④패배. 실패. ⑤눈동자.

黒水引[くろみずひき] 절반은 흑색, 절반은 흰색의 포장용 끈. ＊궂은 일에 사용함.

黒雲[くろくも/こくうん] 흑운; ①먹구름. 비구름. ②암운(暗雲). 불안한 분위기.

¹黒字[くろじ] 흑자; ①검정색으로 쓴 글씨. ②≪経≫이익.

黒装束[くろしょうぞく] 검정색의 복장.

黒潮[くろしお]≪地≫흑조; 일본 해류.

黒枠[くろわく] ①부고(訃告) 등에 두르는 검은 테. ②부고(訃告).

黒地[くろじ] 검은 바탕. 검은 바탕의 천.

黒土[くろつち/こくど] 흑토; ①검정색의 흙. ②부엽토(腐葉土). ③불에 탄 땅.

音読

黒褐色[こっかっしょく/こくかっしょく] 흑갈색; 검정 갈색.

黒衣❶[こくい/こくえ] 흑의; ①검정 옷. ②승복(僧服). ❷[くろご] ①(歌舞伎(かぶき)에서) 배우의 시중을 드는 사람. 또는 그가 입는 검정 옷.

黒人[こくじん] 흑인; 피부색이 검은 사람.

黒点[こくてん] 흑점; ①검은 점. ②≪天≫태양 흑점.

²黒板[こくばん] 흑판; 칠판.

[흔]

欣 기뻐할 흔

| **音** | ⊗キン ⊗コン ⊗ゴン |
| **訓** | ― |

音読

欣慕[きんぼ] 흔모; 기쁜 마음으로 사모함.

欣快[きんかい] 흔쾌; 매우 기뻐함.

痕 흉터/흔적 흔

| **音** | ⊗コン |
| **訓** | ⊗あと |

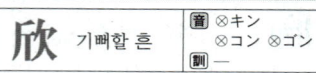

訓読

⊗痕[あと] (상처의) 흔적. 자국. ¶傷(きず)の～ 흉터. 상처 자국. ¶手術(しゅじゅつ)の～ 수술 자국.

音読

痕跡[こんせき] 흔적; 자국.

[흘]

吃 말더듬을 흘

音	⊗キツ
訓	⊗どもる

訓読

⊗吃る[どもる]〈5自〉 말을 더듬다.

音読

吃水[きっすい] 흘수; 수면에서 배 밑바닥까지의 최대 수직 거리.

吃水線[きっすいせん] 흘수선; 배가 물에 떠 있을 때의 물속에 잠기는 부분과 잠기지 않는 부분의 경계선.

屹 우뚝솟을 흘

音	⊗キツ
訓	—

音読

屹度[きっと] 꼭. 반드시. 틀림없이.

屹立[きつりつ] 흘립; (산을 깎아지른 듯이) 우뚝 솟아 있음.

屹然[きつぜん] 흘연; ①산이 우뚝 솟아 있음. ②의혹함.

迄 ^x(迄) 이를/마침내 흘

音	⊗キツ
訓	⊗まで

訓読

 ⊗迄[まで] ①…까지. ②…조차. ＊동작·작용이 미치는 한계점을 나타내는 조사(助辞)임.

[흠]

欽 공경할 흠

音	⊗キン
訓	—

音読

欽命[きんめい] 흠명; 군주(君主)의 명령.

欽慕[きんぼ] 흠모; 존경하고 사모함.

欽羨[きんせん] 흠선; 우러러 선망함.

欽定[きんてい] 흠정; 군주(君主)의 명령으로 제정함.

欽定訳聖書[きんていやくせいしょ] 흠정역 성서.

欽定憲法[きんていけんぽう] 흠정 헌법.

[흡]

吸 (吸) 숨들이쉴/빨 흡

丨 ㅁ ㅁ ㅁ 吸 吸

音	●キュウ
訓	●すう

訓読

 ●吸う[すう]〈5他〉①(기체나 액체를) 들이마시다. 빨아들이다. 빨다. ②흡수하다. 빨아당기다. ③끌어당기다.

吸(い)殻[すいがら] ①(담배) 꽁초. ②(필요한 성분을 짜내고) 남은 찌꺼기.

吸い寄せる[すいよせる]〈F1他〉①빨아 당기다. 빨아들이다. ②(마음·주의를) 끌다. 매혹하다.

吸(い)物[すいもの] 맑은 장국.

吸い付く[すいつく]〈5自〉달라붙다.

吸い付ける[すいつける]〈下1他〉①빨듯이 끌어당기다. 흡착시키다. ②빨아서 담뱃불을 붙이다. ③(같은 담배를) 늘 피우다.

吸(い)上げ[すいあげ] 빨아올릴.

吸い上げる[すいあげる]〈F1他〉①빨아올리다. ②(남의 이익을) 착취하다. 가로채다. ③(의견을) 수렴하다.

吸(い)飲み[すいのみ] 부리가 긴 주전자 모양의 물그릇. ＊환자가 누워서 마실 수 있는 그릇.

吸い込む[すいこむ]〈5他〉흡입하다. 빨아들이다.

吸い出す[すいだす]〈5他〉○빨아내다. ②빨아들이기 시작하다.

吸い取る[すいとる]〈5他〉①흡수하다. 흡입하다. 빨아들이다. 빨아내다. ②(냄새·분말·액체 등을) 빨아들여 걷어내다. 빨아들여 제거하다.

吸(い)取(り)紙[すいとりがみ] 흡묵지(吸墨紙). 먹을 흡수하는 종이.

音読

吸気[きゅうき] 흡기; ①들이쉬는 숨. ②가스·증기 등을 빨아들임.

吸盤[きゅうばん] 흡반; ①《動》빨판. ②(고무나 플라스틱으로 되어) 물체를 고착시키는 물건.

²吸収[きゅうしゅう] 흡수; 빨아들임.

吸湿[きゅうしつ] 흡습; 습기를 흡수함.

吸音[きゅうおん] 흡음; 소리를 빨아들임.
吸引[きゅういん] 흡인; ①빨아들임. ②(사람을) 끌어당김.
吸入[きゅうにゅう] 흡입; 빨아들임.
吸着[きゅうちゃく] 흡착; 달라붙음.
吸血[きゅうけつ] 흡혈; 피를 빨아 먹음.

恰	흡사할 흡	音 ⊗カツ ⊗コウ ⊗チョウ
		訓 ⊗あたかも

訓読
⊗恰も[あたかも] ①마치. 흡사. ②때마침. 바야흐로.
恰も好し[あたかもよし] 때마침. 운 좋게.
音読
恰度[ちょうど] ①꼭. 정확히. ②마침. 알맞게. ③마치. 흡사. ④막. 방금. 바로.
²恰好[かっこう] ①모양. 모습. 꼴. 꼬락서니. ②체제. 형식. ③〈形動〉걸맞음. 알맞음. 적당함. ④〈接尾語〉가량. 정도.

翕	합할 흡	音 ⊗キュウ
		訓 ―

音読
翕然[きゅうぜん] 흡연; 많은 것이 한 군데로 모임. 많은 것이 합하여 한 곳으로 향함.

〔 흥 〕

興	흥할/흥겨울 흥

𠂉 𦥑 𦥑 𦥑 𦥑 𦥑 𦥑 𦥑 𦥑 𦥑 興

音 ●キョウ ●コウ
訓 ●おこす ●おこる

訓読
●興す[おこす] 〈5他〉①(쇠약해진 것을) 흥하게 하다. ②(세력을) 성하게 하다. 일으키다. ③(사업을) 벌이다. 시작하다.
●興る[おこる] 〈5自〉①(세력이) 일어나다. 흥하다. 번성하다. ②(새로) 발생하다. 일어나다.
音読
興[きょう] 흥; ①흥취. 재미. ②좌흥(座興). ③(漢詩에서) 어떤 사물을 접하여 자기의 감흥을 표현함.

興じる[きょうじる] 〈上1自〉☞ 興ずる
興ずる[きょうずる] 〈サ変自〉흥겨워하다. 즐거워하다. 재미있어하다.
興隆[こうりゅう] 흥륭; 세력이 왕성하여 번성함.
興亡[こうぼう] 흥망; 흥함과 망함.
²興味[きょうみ] 흥미; 사물에 마음이 끌려 재미있다고 느낌.
興味津津[きょうみしんしん] 흥미진진.
²興味深い[きょうみぶかい] 〈形〉매우 흥미롭다.
興復[こうふく] 흥복; 부흥(復興). 다시 일으킴.
¹興奮[こうふん] 흥분; 감정이 격해짐.
興醒める[きょうざめる] 〈下1自〉흥이 깨지다. 기분을 잡치다.
興信所[こうしんじょ] 흥신소; (개인이나 기업의) 신용을 조사하는 민간 기관.
¹興業[こうぎょう] 흥업; 새로 사업을 일으킴.
興趣[きょうしゅ] 흥취; 즐겁고 유쾌함.
興廃[こうはい] 흥폐; 흥망. 성쇠(盛衰).
興行[こうぎょう] 흥행; 입장료를 받고 스포츠·연예·영화 등을 보여줌.

〔 희 〕

希	바랄/드물 희

丿 メ メ チ チ 希 希

音 ●キ ⊗ケ
訓 ⊗こいねがう ⊗まれ

訓読
²⊗希[まれ] 〈形動〉드물. 많지 않음. 좀처럼 없음.
⊗希う[こいねがう] 〈5自〉갈망하다. 간절히 바라다.
音読
希[き] 희; ①그리스. 희랍. '希臘(ギリシア)'의 준말. ② 《化》 묽은. ③드묾. ¶古来(にらい)～なり 예로부터 드문 일이다.
希求[ききゅう] 희구; 바라고 원함.
希代❶[きたい/きだい] 희대; ①세상에 드묾. ②아주 이상함. 이상야릇함. ❷[けったい] 이상함. 이상야릇함.
希硫酸[きりゅうさん] 《化》 희황산. 묽은 황산.

²希望[きぼう] 희망; 실현되기를 바람.
　希薄[きはく] 희박; ①기체의 밀도나 농도가 묽음. ②모자람. 부족함.
　希釈[きしゃく] 희석; 용액(溶液)의 농도(濃度)를 묽게 함.
　希世[きせい] 희세; 세상에 드묾.
　希少[きしょう] 희소; 매우 드묾.
　希少価値[きしょうかち] 희소가치.
　希元素[きげんそ] 《化》 희원소; 희유원소.

姫(姫) 계집/아가씨 희

く 女 女 如 如 妒 妒 姫 姫 姫

音 ⊗キ
訓 ●ひめ

訓読
●姫[ひめ] ①'여자'에 대한 미칭. ②귀인의 딸로 미혼녀. ③창녀(娼女). 유녀(遊女).
　姫鏡台[ひめきょうだい] 꼬마 경대.
　姫様[★ひいさま] 아가씨. 아씨. ＊'귀인의 딸'의 존경어.

喜 기쁠/즐거울 희

十 士 吉 吉 吉 吉 亭 喜 喜 喜

音 ●キ
訓 ●よろこばしい ●よろこばす ●よろこぶ

訓読
●喜ばしい[よろこばしい] 〈形〉 경사스럽다. 기쁘다. 즐겁다.
●喜ばす[よろこばす] 〈5他〉 기쁘게 하다.
●喜ばせる[よろこばせる] 〈下1他〉 기쁘게 하다. 즐겁게 하다.
³●喜ぶ[よろこぶ] 〈5他〉 기뻐하다. 달가워하다. 즐거워하다. 좋아하다.
²喜び[よろこび] ①기쁨. 즐거움. ②경사. 경사스러운 일. ③축사. 축사의 말.
　喜んで[よろこんで] 기꺼이. 흔쾌히. 기쁘게. 기쁜 마음으로.

音読
　喜歌劇[きかげき] 《楽》 희가극; 코믹 오페라.
¹喜劇[きげき] 희극; ①코미디. ②사람을 웃길 만한 사건.
　喜捨[きしゃ] 희사; 물품이나 기부금을 기꺼이 남을 위해 내놓음.
　喜色[きしょく] 희색; 기쁜 표정.

戯(戲) 희롱할/연극할 희

丿 广 广 卢 卢 虍 虛 虛 戱 戲

音 ●ギ ⊗ケ ⊗ゲ
訓 ●たわむれる ⊗じゃれる ⊗ざれる ⊗そばえる ⊗おどける ⊗たわける

訓読
●戯れる❶[たわむれる] 〈下1自〉 ①장난치다. 놀다. ②시시덕거리다. 농담을 하다. ③(남녀가) 새롱거리다.
⊗戯れる❷[ざれる/じゃれる] 〈下1自〉 (작은 동물이) 재롱부리다. 달라붙어 장난치다.
⊗戯える[そばえる] 〈下1自〉 ①미풍이 살랑살랑 불다. ②버릇없이 굴다. 응석부리다. ③(동물이) 재롱부리다.
⊗戯ける❶[おどける] 〈下1自〉 익살떨다. 익살부리다. ❷[たわける] 〈下1自〉 ①희롱거리다. ②음란한 행동을 하다.
　戯曲[ぎきょく] 희곡; 드라마.
　戯号[ぎごう/げごう] 통속 문학 작가 등이 사용하는 아호(雅号).
　戯画[ぎが] 희화; 풍자화(諷刺画).

犠(犠) 희생 희

牛 犄 犄 犄 犄 犠 犠 犠 犠 犠

音 ●ギ
訓 —

音読
¹犠牲[ぎせい] 희생; ①어떤 목적을 위해 하나밖에 없는 것을 바침. ②신에게 바치기 위해 죽을 동물을 도살함.
　犠打[ぎだ] (야구에서) 희생타.

稀 드물/적을 희

音 ⊗キ ⊗ケ
訓 ⊗まれ

訓読
²⊗稀[まれ] 〈形動〉 드묾. 좀처럼 없음.

音読
　稀釈[きしゃく] 희석; 용액(溶液)의 농도(濃度)를 묽게 함.
　稀少[きしょう] 희소; 매우 드묾.
　稀元素[きげんそ] 《化》 희원소; 희유원소.

嬉 즐길 희

音 ⊗キ
訓 ⊗うれしい

訓読

³⊗嬉しい[うれしい] 〈形〉①반갑다. 기쁘다.
②고맙다. ③ ≪俗≫ 귀엽다. 애교가 있
다. 밉지 않다.
嬉しがる[うれしがる]〈5自〉반가워하다.
嬉し涙[うれしなみだ] 기쁨의 눈물.
嬉し悲しい[うれしがなしい]〈形〉기쁜 듯
하면서도 슬프다.
嬉し泣き[うれしなき] 너무 기뻐서 흐느껴 욺.

鱚 서두어 희

音 ―
訓 ⊗きす

訓読

⊗鱚[きす]≪魚≫ 보리멸. 서두어(鼠頭魚).

詰 물을/꾸짖을 힐

言 言 言 訐 訐 訐 詰 詰

音 ●キツ
訓 ●つまる ●つむ ●つめる ⊗なじる

訓読

²●詰まる[つまる]〈5自〉①(빈 공간에 물건
이 빈틈없이) 꽉 차다. 가득 차다. ②(통로
가) 막히다. ③(길이가) 줄다. 줄어들다.
④(몰려서) 궁하다. 궁해지다. 꼼짝 못하다.
⑤(야구에서) 공이 베트의 손잡이 근처에
맞다. ⑥(물건이) 부족하다. 모자라다.
詰(ま)る所[つまるところ] 결국은. 요컨대.
⁴詰(ま)らない[つまらない]〈形〉①시시하다.
하찮다. 보잘것없다. ②소용없다. 보람이
없다. ③재미가 없다. 흥미가 안 난다.
④어이없다. 우습다. 우스운 꼴이 되다.
⑤사소한 일이다. 하찮은 일이다.
²詰(ま)り[つまり] ①꽉 참. 가득 참. ②(길
이가) 줄어듦. 오그라듦. ③귀막. 막다
름. ④즉. 요컨대.
●詰む[つむ]〈5自〉①막다른 곳에 이르다.
막히다. 궁해지다. ②촘촘하다. ③(장기
에서) 외통수에 몰리다.

²●詰める[つめる]〈下1自〉(출근하여) 대기
하다. 〈下1他〉①(빈 공간에 물건을 빈틈
없이) 꽉 채우다. 채워 넣다. 담다. ②(사
이를) 좁히다. ③(구멍을) 메우다. 틀어막
다. ④(숨이나 소리를) 죽이다. ⑤(한 가
지 일만을) 꾸준히 계속하다. 내리 하다.
⑥(길이를) 줄이다. 짧게 하다. ⑦절약하
다. ⑧(장기에서) 외통수로 몰다. ⑨(회의
나 이야기를) 매듭짓다. 결말을 내다. 결
론을 내다.
詰め[つめ] ①(빈 공간에 물건을 빈틈없이)
꽉 채움. 채워 넣음. ②마개. ③가장자
리. ④(장기에서) 마지막 판. ⑤(일의) 막
바지. 마무리. ⑥(차례가 와서) 당번함.
詰め掛ける[つめかける]〈下1自〉①(한꺼번
에) 몰려들다. 밀려들다. 밀어닥치다. ②
바짝 다가서다.
詰(め)襟[つめえり] (학생복 등의) 선 깃.
詰め寄る[つめよる]〈5自〉①바짝 다가서
다. ②심하게 추궁하다. 심하게 다그치
다. 따지며 덤비다.
詰(め)物[つめもの] ①(생선이나 새의) 내장
에 다른 재료를 채워 넣는 요리. ②(충치
를 메우는) 봉. ③(포장할 때의) 패킹.
詰(め)腹[つめばら] ①(강요당하여) 할복자
살함. ②(강제적으로) 사임(辞任)이나 사
직(辞職)을 강요당함.
詰(め)所❶[つめしょ] (근무하기 위한) 대기
소. ❷[つめどころ] 급소. 가장 중요한 곳.
볼만한 장소.
詰め込む[つめこむ]〈5他〉가득 채워 넣다.
쑤셔 넣다. 가득 밀어 넣다.
詰(め)込み[つめこみ] 가득 채워 넣음. 쑤셔
넣음. 가득 밀어 넣음.
詰(め)込み教育[つめこみきょういく] 주입
식 교육.
詰(め)込み主義[つめこみしゅぎ] 주입식 교
육방법.
詰め替える[つめかえる]〈下1他〉(다른 것으
로) 갈아 채우다. 다시 채워 넣다.
詰(め)合(わ)せ[つめあわせ] (여러 가지를)
한데 섞어 담음. 섞어 담은 것.
¹⊗詰る[なじる]〈5他〉(잘못된 점이나 불만
스런 점을) 따져 묻다. 힐문하다. 힐책
하다.

音読

詰問[きつもん] 힐문; 나무라고 따짐.
詰責[きっせき] 힐책; 나무라고 따짐.

부 록

자음 색인   881
총획 색인   898
かな 색인   913
어패류 색인   981

자음 색인

가	
加	1
可	1
仮	2
価	3
佳	3
架	3
家	3
街	5
嫁	5
暇	5
歌	5
稼	6
伽	6
呵	7
茄	7
苛	7
枷	7
珈	7
痂	7
袈	7
嘉	7
榎	7
駕	7

각	
各	8
却	8
角	8
刻	9
脚	9
殼	10
覚	10

閣	10
擱	10

간	
干	11
刊	11
肝	11
看	12
間	12
幹	14
墾	14
懇	14
簡	14
奸	15
姦	15
竿	15
諫	15
癎	15
癇	15
艱	15

갈	
喝	16
渇	16
褐	16
葛	16

감	
甘	16
紺	17
勘	17
堪	18
敢	18
減	18
感	19

監	19
憾	20
鑑	20
坩	20
柑	20
疳	20
嵌	20
橄	20
瞰	20
龕	20

갑	
甲	21
岬	21
閘	21

강	
江	21
剛	22
降	22
康	23
強	23
綱	24
鋼	24
講	24
岡	25
腔	25
慷	25
糠	25

개	
介	25
改	25
皆	26
個	26

開	27
慨	28
概	28
箇	28
芥	28
疥	29
凱	29
蓋	29

객	
客	29
喀	29

갱	
坑	30
更	30

거	
巨	30
去	30
居	31
拒	31
拠	31
挙	32
据	32
距	32
倨	32
炬	32
倨	33
渠	33
秬	33
裾	33
踞	33
鋸	33
欅	33

襷	33

건	
件	34
建	34
乾	34
健	35
巾	35
腱	35
鍵	35

걸	
傑	36
乞	36

검	
倹	36
剣	36
検	36
瞼	37

겁	
劫	37
怯	37

게	
掲	37
憩	38

격	
格	38
隔	38
撃	39
激	39
檄	39

견	
犬	40
見	40

肩	43
堅	44
遣	44
絹	44
繭	45
牽	45
鰹	45

결	
欠	45
決	46
結	46
潔	47
抉	47
訣	47

겸	
兼	48
謙	48
鎌	48

경	
更	30
京	49
径	49
茎	49
耕	49
経	50
敬	50
景	51
硬	51
軽	51
傾	52
境	52
鏡	52

慶	53	古	60	坤	69	郭	80	**괴**		**구**	
競	53	考	60	梱	69	廓	80	怪	88	九	95
警	53	告	61	棍	69	**관**		拐	88	久	95
驚	54	固	61	褌	69	缶	80	塊	88	口	95
庚	54	苦	62	**골**		官	80	壞	88	区	97
竟	54	故	62	骨	70	冠	81	乖	89	丘	97
頃	54	枯	63	**공**		貫	81	傀	89	旧	97
卿	54	孤	63	工	70	棺	81	魁	89	句	98
脛	54	拷	63	公	71	款	81	槐	89	求	98
痙	54	高	63	孔	72	寬	81	**곽**		究	98
梗	54	庫	65	功	72	慣	82	摑	89	拘	98
頸	55	雇	65	共	72	管	82	**굉**		欧	99
鯨	55	鼓	65	攻	73	関	82	宏	89	殴	99
계		稿	65	供	73	館	83	轟	89	具	99
系	55	顧	65	空	74	観	83	**교**		救	99
戒	55	叩	65	貢	75	串	84	巧	90	球	100
届	56	尻	66	恐	75	菅	84	交	90	溝	100
季	56	刳	66	恭	76	灌	84	郊	91	構	100
係	56	姑	66	控	76	罐	84	校	91	駆	101
契	56	股	67	拱	76	**괄**		教	91	購	101
界	57	袴	67	鞏	76	括	84	絞	92	仇	101
計	57	菰	67	**과**		刮	84	較	92	勾	101
啓	57	痼	67	果	77	筈	84	橋	93	臼	102
械	57	敲	67	科	77	**광**		矯	93	灸	102
渓	58	膏	67	菓	77	広	85	咬	93	狗	102
階	58	藁	67	過	77	光	85	狡	93	咎	102
継	58	**곡**		誇	78	狂	86	喬	93	苟	102
鶏	58	曲	68	寡	78	鉱	86	蛟	93	垢	102
桂	59	谷	68	課	79	匡	86	僑	94	枸	102
禊	59	穀	68	戈	79	筐	86	嬌	94	枢	103
誡	59	哭	68	瓜	79	曠	86	蕎	94	倶	103
稽	59	鵠	68	夥	79	**괘**		膠	94	矩	103
髻	59	**곤**		顆	79	掛	87	驕	94	寇	103
繋	59	困	69	鍋	79	卦	87	攪	94	毬	103
고		昆	69	**곽**		罫	87	鮫	94	釦	103

鉤 103	券 111	**균**	扱 126	器 136	捏 142
鳩 103	巻 111	均 117	急 126	機 137	捺 143
舅 104	圏 112	菌 117	級 127	騎 137	**남**
蒟 104	勧 112	**극**	給 127	伎 137	男 143
嘔 104	権 112	克 118	汲 127	妓 138	南 143
嫗 104	倦 112	極 118	笈 127	杞 138	**납**
厩 104	拳 113	劇 118	**긍**	其 138	納 144
駈 104	捲 113	棘 119	肯 128	埼 138	**낭**
駒 105	眷 113	戟 119	矜 128	祇 138	娘 145
篝 105	**궐**	隙 119	**기**	嗜 138	囊 145
謳 105	蕨 113	**근**	己 128	畸 139	**내**
軀 105	闕 113	斤 119	企 128	綺 139	内 145
鷗 105	蹶 113	近 119	肌 128	磯 139	耐 147
국	**궤**	根 120	気 129	麒 139	乃 147
局 105	机 113	勤 121	岐 130	饑 139	**녀**
国 106	軌 114	筋 121	汽 130	驥 139	女 147
菊 107	几 114	謹 121	忌 130	**긴**	**년**
掬 107	跪 114	芹 122	技 131	緊 139	年 149
鞠 107	詭 114	菫 122	奇 131	**길**	撚 150
麹 107	潰 114	僅 122	祈 131	吉 139	**념**
군	**귀**	槿 122	紀 132	拮 140	念 150
君 107	帰 114	**금**	既 132	桔 140	捻 150
軍 108	鬼 115	今 122	記 132	**끽**	**녕**
郡 108	貴 115	金 123	起 132	喫 140	寧 151
群 108	亀 116	琴 124	飢 133	**나**	佞 151
굴	**규**	禁 124	寄 133	奈 141	**노**
屈 109	叫 116	襟 125	基 134	那 141	奴 151
堀 109	糾 116	衿 125	崎 135	拿 141	努 151
掘 109	規 116	衾 125	幾 135	**낙**	怒 151
窟 109	珪 117	禽 125	棋 135	諾 141	**농**
궁	硅 117	擒 125	期 135	**난**	農 152
弓 110	葵 117	噤 125	欺 135	暖 141	濃 152
宮 110	閨 117	錦 125	棄 136	難 142	膿 153
窮 111	窺 117	**급**	碁 136	**날**	**뇌**
권	鮭 117	及 126	旗 136	埒 142	悩 153

脳 153

뇨
尿 154
撓 154

눌
訥 154

뉴
紐 154

능
能 154

니
尼 155
泥 155

닉
匿 156
搦 156
溺 156

다
多 157
茶 158

단
丹 159
団 159
但 159
単 159
段 160
断 160
短 161
端 161
壇 162
鍛 162
旦 162
蛋 162
緞 162
檀 162

簞 163

달
達 163

담
担 163
胆 163
淡 164
談 164
曇 164
痰 164

답
答 165
踏 165

당
当 166
唐 167
党 168
堂 168
糖 168
撞 168
瞠 168

대
大 169
代 174
台 175
対 176
待 176
帯 177
袋 178
隊 178
貸 178
撞 179
戴 179

덕
徳 179

도
刀 180
図 180
到 180
度 181
挑 181
逃 181
倒 182
桃 182
島 182
徒 183
途 183
悼 183
陶 183
盗 183
都 184
渡 184
道 185
跳 186
塗 186
稲 187
導 187
掏 187
淘 187
屠 187
棹 187
搗 188
賭 188
鍍 188

독
毒 188
独 189
督 190
読 190
篤 191

禿 191
瀆 191

돈
豚 191
敦 191
頓 191
突 192
咄 193

동
冬 193
同 194
東 195
凍 196
洞 196
胴 196
動 196
働 197
棟 197
童 198
銅 198
桐 198
憧 198
瞳 198

두
斗 199
豆 199
痘 199
頭 199
杜 200
兜 200

둔
屯 201
鈍 201
遁 201

득
得 201

등
灯 202
登 202
等 202
謄 203
騰 203
藤 203

라
裸 204
羅 204
螺 204
癩 204

락
落 205
絡 206
楽 206
酪 207
洛 207
烙 207
駱 207

란
乱 207
卵 208
欄 208
蘭 208
爛 208

람
覧 209
濫 209
嵐 209
藍 209
襤 209

랍

拉 209
蠟 209

랑
郎 209
浪 210
朗 210
廊 210
狼 210

래
来 210

랭
冷 211

략
略 212
掠 212

량
両 213
良 213
涼 214
量 214
糧 214
梁 214
諒 214
輛 214

려
励 215
戻 215
旅 215
慮 215
麗 216
黎 216

력
力 216
歴 216
暦 217

礫 217	老 223	**룡**	菱 237	摩 246	每 253
轢 217	労 224	竜 230	稜 237	磨 246	売 253
련	炉 224	龍 230	綾 237	魔 247	妹 254
恋 217	路 225	**루**	**리**	**막**	枚 254
連 217	虜 225	涙 231	吏 237	幕 247	埋 254
練 218	露 225	楼 231	利 237	漠 247	梅 255
錬 219	蘆 225	累 231	里 238	膜 247	買 255
煉 219	櫓 225	壘 231	厘 238	莫 247	媒 256
蓮 219	**록**	漏 231	理 238	**만**	魅 256
憐 219	緑 226	**류**	痢 239	万 248	呆 256
聯 219	録 226	柳 232	裏 239	蛮 248	苺 256
렬	鹿 226	留 232	履 240	満 248	昧 256
劣 220	禄 226	流 232	離 240	湾 249	煤 257
列 220	碌 226	硫 233	李 240	晩 249	罵 257
烈 220	麓 226	類 233	俚 240	慢 249	邁 257
裂 220	**론**	溜 234	狸 240	漫 249	**맥**
捩 220	論 227	瘤 234	梨 241	卍 250	麦 257
렴	**롱**	**륙**	罹 241	挽 250	脈 257
廉 221	滝 227	六 234	鯉 241	蔓 250	**맹**
簾 221	弄 227	陸 235	**린**	幔 250	盲 258
렵	朧 227	**륜**	隣 241	輓 250	猛 258
猟 221	籠 228	倫 235	吝 241	鰻 250	盟 258
령	聾 228	輪 235	燐 241	饅 250	孟 258
令 221	**뢰**	**률**	鱗 242	**말**	萌 258
鈴 221	雷 228	律 235	**림**	末 250	**면**
零 222	頼 228	率 235	林 242	抹 251	免 259
領 222	瀬 229	栗 236	臨 242	**망**	面 259
霊 222	牢 229	慄 236	淋 242	亡 251	勉 260
齢 222	**료**	**륭**	**립**	妄 251	眠 260
嶺 222	了 229	隆 236	立 243	忙 252	綿 260
례	料 229	**륵**	粒 244	忘 252	棉 260
礼 223	僚 230	肋 236	笠 245	望 252	麵 260
例 223	寮 230	**릉**	**마**	網 252	**멸**
隷 223	療 230	陵 236	馬 246	茫 253	滅 261
로	瞭 230	凌 236	麻 246	**매**	蔑 261

【명】			蒙	271	物	282	剝	291	肪	302	煩	310
皿	261	【묘】			勿	283	搏	291	倣	302	繁	310
名	261	妙	272	【미】			箔	291	紡	302	藩	311
命	263	苗	272	未	284	駁	291	傍	302	翻	311
明	263	畝	272	米	284	【반】			訪	303	蕃	311
銘	264	描	272	尾	285	反	292	彷	303	燔	311
鳴	264	猫	272	味	285	半	292	尨	303	【벌】		
冥	265	墓	273	美	285	伴	294	旁	303	伐	311
酩	265	卯	273	迷	286	返	294	膀	303	罰	311
瞑	265	廟	273	微	286	班	294	謗	303	閥	312
【모】			錨	273	眉	286	畔	295	【배】			筏	312
毛	265	【무】			弥	286	般	295	拜	303	【범】		
矛	266	武	274	楣	287	飯	295	杯	304	凡	312
母	266	茂	274	媚	287	搬	295	背	304	犯	312
侮	266	務	274	謎	287	頒	295	倍	305	帆	312
冒	266	無	274	靡	287	盤	295	俳	305	範	312
某	266	貿	277	徽	287	叛	296	配	305	汜	313
耗	267	舞	277	【민】			絆	296	培	306	汎	313
帽	267	霧	277	民	287	斑	296	排	306	梵	313
募	267	巫	277	敏	288	【발】			陪	306	【법】		
慕	267	誣	277	罠	288	拔	296	賠	306	法	313
暮	267	撫	278	悶	288	発	297	輩	306	【벽】		
模	267	蕪	278	【밀】			鉢	298	盃	306	壁	314
謀	268	【묵】			密	288	髮	298	胚	307	癖	314
牡	268	墨	278	蜜	288	勃	299	徘	307	辟	314
茅	268	黙	278	【박】			撥	299	焙	307	碧	314
【목】			【문】			朴	289	【방】			【백】			僻	314
木	268	文	279	泊	289	方	299	白	307	劈	315
目	269	勿	280	拍	289	坊	300	百	308	【변】		
牧	270	門	280	迫	289	妨	300	伯	309	弁	315
睦	271	紋	280	舶	289	芳	300	帛	309	辺	315
【몰】			蚊	281	博	290	防	300	柏	309	変	315
没	271	問	281	撲	290	邦	301	魄	309	【별】		
【몽】			聞	281	薄	290	房	301	【번】			別	316
夢	271	【물】			縛	291	放	301	番	310	【병】		

丙	317	奉	328	芙	337	朋	347	彬	355	賜	366

字	쪽	字	쪽	字	쪽	字	쪽	字	쪽	字	쪽
丙	317	奉	328	芙	337	朋	347	彬	355	賜	366
兵	317	封	328	斧	337	硼	347	瀕	355	辭	367
倂	318	俸	329	俘	337	**비**		氷	355	嗣	367
並	318	峰	329	訃	337	比	348	**빙**		飼	367
柄	318	棒	329	俯	338	妃	348	**사**		謝	367
病	319	縫	329	釜	338	批	348	士	356	巳	367
瓶	319	逢	330	埠	338	泌	348	四	356	沙	368
塀	319	捧	330	腑	338	沸	348	司	357	些	368
屛	319	蜂	330	孵	338	肥	349	写	357	祀	368
餠	320	鳳	330	**북**		非	349	史	357	娑	368
보		鋒	330	北	338	卑	350	仕	357	祠	368
宝	320	**부**		**분**		飛	350	死	359	嗄	368
步	320	不	343	分	339	秘	351	寺	359	奢	368
保	321	夫	330	奔	340	備	351	糸	360	覗	368
報	321	父	330	盆	340	悲	351	伺	360	斯	369
普	321	付	331	粉	340	扉	352	似	360	獅	369
補	322	扶	332	紛	341	費	352	社	360	澌	369
譜	322	否	332	雰	341	碑	352	私	361	**삭**	
堡	322	府	332	噴	341	鼻	352	事	361	削	369
輔	322	附	332	墳	342	屁	353	使	362	朔	369
菩	322	負	333	憤	342	庇	353	舍	362	索	385
복		赴	333	奮	342	砒	353	邪	362	**산**	
伏	323	浮	333	扮	342	婢	353	査	363	山	369
服	323	剖	334	忿	342	脾	353	思	363	産	371
復	323	部	335	焚	342	琵	353	砂	364	傘	371
腹	324	副	335	糞	342	痺	353	卸	364	散	371
福	325	婦	335	**불**		鄙	353	師	364	算	372
僕	325	符	336	不	343	緋	353	唆	365	酸	372
複	325	富	336	仏	345	誹	353	射	365	霰	373
覆	325	復	323	払	346	**빈**		斜	365	**살**	
卜	325	腐	336	弗	346	浜	354	捨	365	殺	373
輻	325	敷	336	祓	346	貧	354	蛇	366	撒	373
본		膚	337	**붕**		賓	354	赦	366	**삼**	
本	326	賦	337	崩	347	頻	354	詐	366	三	373
봉		簿	337	棚	347	牝	355	詞	366	杉	374

森	374	色	384	潟	395	**성**		紹	416	衰	424

森 374
滲 374

삽
挿 375
渋 375

상
上 375
床 378
状 378
尚 379
相 379
峠 379
祥 380
桑 380
商 380
常 381
喪 381
象 381
傷 381
想 382
詳 382
像 382
賞 382
箱 383
償 383
霜 383
爽 383
翔 383
裳 384
嘗 384

새
璽 384
塞 384
賽 384

색

色 384
索 385

생
生 385
省 387
牲 388
甥 388

서
西 388
序 388
叙 388
書 389
徐 390
逝 390
庶 390
婿 390
暑 391
署 391
誓 391
緒 391
抒 391
棲 392
瑞 392
鼠 392
鋤 392
曙 392
薯 392

석
夕 393
石 393
析 394
昔 394
席 394
惜 394
釈 394

潟 395
汐 395
碩 395
錫 395

선
仙 395
先 395
宣 397
扇 397
旋 397
船 397
善 398
禅 398
銑 399
選 399
線 399
鮮 399
繕 400
腺 400
羨 400
煽 400
膳 400

설
舌 400
雪 401
設 401
説 402
洩 402
渫 402

섬
繊 402
閃 402

섭
渉 402
摂 403

성
成 403
声 404
姓 404
性 404
城 405
星 405
省 405
盛 405
聖 406
誠 406
醒 406

세
世 407
洗 407
細 408
税 409
歳 409
勢 409
貰 409

소
小 410
少 412
召 412
沼 412
昭 412
所 413
咲 413
宵 413
消 413
素 414
笑 415
巣 415
掃 415
疎 416

紹 416
焼 416
訴 417
塑 417
騒 417
疏 418
搔 418
遡 418
蘇 418

속
束 419
俗 419
速 419
属 420
続 420
贖 420

손
孫 420
損 420
遜 421

솔
率 421

송
松 421
送 422
訟 422
頌 422

쇄
刷 423
砕 423
鎖 423
洒 423
晒 423
瑣 423

쇠

수
手 424
水 427
収 429
囚 429
守 429
寿 430
秀 430
垂 430
受 430
帥 431
首 431
狩 432
殊 432
修 432
捜 433
粋 433
授 433
随 433
遂 434
愁 434
数 434
睡 435
酬 435
需 435
穂 435
獣 435
樹 435
輸 435
髄 436
袖 436
隋 436
羞 436
須 436

蒐	436	拾	442	息	453	十	464	斡	471
瘦	436	習	442	植	453	**쌍**		闕	471
誰	436	湿	443	殖	453	双	465	**암**	
雦	436	襲	443	飾	453	**씨**		岩	471
숙		**승**		識	454	氏	465	暗	472
叔	437	升	443	拭	454	**아**		庵	472
宿	437	承	443	蝕	454	亜	466	闇	472
肅	437	昇	444	**신**		我	466	癌	472
淑	438	乗	444	申	454	児	466	諳	472
塾	438	勝	445	迅	455	芽	466	巌	472
熟	438	僧	446	身	455	雅	466	**압**	
순		縄	446	臣	456	餓	467	圧	473
旬	438	蠅	446	辛	456	牙	467	押	473
巡	438	**시**		伸	456	阿	467	鴨	474
盾	439	市	447	信	457	俄	467	**앙**	
殉	439	矢	447	神	457	啞	467	央	475
純	439	示	447	娠	458	**악**		仰	475
唇	439	侍	448	紳	458	岳	467	昂	475
順	440	始	448	慎	458	悪	467	**애**	
循	440	施	448	新	458	握	468	哀	475
瞬	440	是	449	薪	460	楽	206	涯	475
淳	440	時	449	訊	460	愕	469	愛	476
楯	440	視	449	腎	460	顎	469	艾	476
馴	440	試	450	**실**		**안**		埃	476
醇	441	詩	450	失	460	安	469	挨	476
諄	441	屍	450	実	461	岸	469	崖	476
술		柿	450	室	462	案	469	隘	476
述	441	偲	450	**심**		眼	470	曖	476
術	441	匙	450	心	462	顔	470	**액**	
숭		柴	450	甚	463	按	470	厄	477
崇	442	弒	451	深	463	雁	470	液	477
嵩	442	蒔	451	尋	464	鞍	471	額	477
슬		**식**		審	464	**알**		**앵**	
膝	442	式	451	芯	464	謁	471	桜	477
습		食	451	**십**		軋	471	鶯	477

야	
夜	478
野	478
冶	479
耶	479
爺	479
약	
若	479
約	480
弱	480
薬	480
躍	481
양	
羊	481
洋	481
揚	482
陽	482
様	482
養	483
壌	483
嬢	483
譲	483
醸	483
痒	484
楊	484
攘	484
어	
魚	484
漁	484
御	484
語	486
於	487
禦	487
억	
抑	487

億	487	鉛	496	刈	505	**와**		窯	519	芋	526
憶	487	演	496	芸	505	渦	512	謡	519	羽	526
臆	487	緣	497	譽	505	瓦	512	曜	520	雨	526
언		燃	497	預	506	臥	512	夭	520	偶	527
言	488	衍	498	銳	506	訛	512	妖	520	郵	527
彦	489	淵	498	曳	506	蛙	512	拗	520	隅	527
諺	489	硯	498	睨	506	蝸	513	遥	520	遇	527
엄		燕	498	詣	506	窪	513	瑤	520	愚	528
嚴	490	**열**		叡	506	**완**		擾	520	虞	528
俺	490	悅	498	**오**		完	513	耀	520	憂	528
掩	490	閱	498	五	507	腕	513	饒	520	優	528
업		熱	498	午	507	頑	513	**욕**		尤	529
業	490	**염**		汚	507	緩	514	辱	521	迂	529
여		炎	499	吳	508	玩	514	浴	521	盂	529
與	490	染	499	娛	508	宛	514	欲	521	寓	529
如	491	塩	500	悟	508	婉	514	慾	521	**욱**	
余	491	厭	500	奧	508	椀	514	**용**		旭	530
茹	492	艶	501	誤	509	碗	514	冗	522	**운**	
輿	492	**엽**		伍	509	**왕**		用	522	運	530
역		葉	501	吾	509	王	515	勇	522	雲	530
役	492	**영**		梧	509	往	515	容	523	韻	531
易	492	永	502	烏	509	旺	515	庸	523	云	531
逆	492	迎	502	傲	509	**왜**		溶	532	**울**	
疫	493	泳	502	墺	509	歪	515	踊	523	鬱	531
域	493	英	502	**옥**		倭	516	湧	524	**웅**	
訳	494	映	503	玉	510	矮	516	備	524	雄	531
駅	494	栄	503	屋	510	**외**		熔	524	熊	532
연		営	503	獄	511	外	516	鎔	524	**원**	
延	494	詠	504	沃	511	畏	517	聳	524	元	532
沿	495	影	504	**온**		猥	517	**우**		円	532
研	495	盈	504	温	511	**요**		又	524	垣	533
宴	495	穎	504	穩	511	凹	518	友	525	原	533
軟	495	嬰	504	**옹**		要	518	牛	525	員	534
然	496	**예**		翁	512	揺	518	右	525	院	534
煙	496	予	505	擁	512	腰	519	宇	526	援	534

園	535	唯	545	殷	551	弍	561	**임**		爵	588
源	535	幽	545	**을**		易	561	任	579	雀	588
猿	535	悠	545	乙	552	異	561	妊	579	**잔**	
遠	535	愉	545	**음**		移	562	賃	579	棧	589
願	536	遊	546	吟	552	已	562	壬	579	殘	589
苑	536	猶	546	音	552	伊	563	**입**		**잠**	
怨	536	裕	546	陰	553	夷	563	入	579	蠶	589
월		維	547	飲	553	弛	563	込	581	潛	589
月	537	誘	547	淫	554	爾	563	**잉**		暫	590
越	538	遺	547	蔭	554	飴	563	剩	581	**잡**	
위		儒	547	**읍**		餌	563	孕	581	雜	590
危	538	諭	548	泣	554	**익**		**자**		囃	591
位	538	癒	548	**응**		益	564	子	582	**장**	
囲	539	酉	548	応	555	翌	564	字	582	丈	591
委	539	宥	548	凝	555	翼	564	自	582	匠	591
威	539	柚	548	鷹	555	**인**		刺	584	壯	591
胃	540	惟	548	**의**		人	564	姉	584	状	378
為	540	揉	548	衣	556	刃	566	者	584	長	591
偽	540	喩	548	医	556	仁	567	姿	585	荘	592
尉	540	濡	549	依	556	引	567	紫	585	将	593
偉	540	鮪	549	宜	556	印	570	煮	585	帳	593
違	541	**육**		意	556	因	570	滋	586	張	593
慰	541	肉	549	義	557	忍	570	慈	586	章	594
衛	541	育	549	疑	558	姻	571	資	586	粧	594
緯	541	**윤**		儀	558	認	571	磁	586	場	594
萎	542	潤	550	擬	558	咽	571	雌	586	掌	595
葦	542	胤	550	議	558	寅	571	諮	587	葬	595
魏	542	閏	550	椅	559	湮	572	仔	587	装	595
유		**융**		毅	559	靭	572	茨	587	奨	595
由	542	融	550	誼	559	**일**		炙	587	腸	596
幼	542	絨	550	蟻	559	一	572	**작**		障	596
有	543	**은**		**이**		日	577	勺	587	蔵	596
乳	544	恩	550	二	559	壱	578	作	587	臓	596
油	544	銀	551	以	561	逸	578	昨	588	庄	596
柔	545	隱	551	耳	561	溢	578	酌	588	杖	596

薔	597	笛	604	纏	616	停	628	梯	636
醬	597	跡	604	**절**		情	629	蹄	636
재		賊	605	切	616	頂	629	醍	636
才	597	滴	605	折	619	晶	629	臍	636
再	597	適	605	窃	620	程	630	**조**	
在	598	摘	605	絶	620	艇	630	弔	637
材	598	嫡	606	節	620	精	630	兆	637
災	598	敵	606	截	621	静	631	早	637
宰	599	積	606	**점**		整	631	条	638
栽	599	績	607	占	621	錠	631	助	638
財	599	籍	607	店	621	井	632	阻	639
斎	599	謫	607	点	622	釘	632	祖	639
裁	599	**전**		粘	622	挺	632	造	639
載	600	田	607	漸	623	梃	632	租	639
梓	600	伝	607	鮎	623	掟	632	眺	640
쟁		全	608	**접**		逞	632	粗	640
争	600	典	609	接	623	碇	632	組	640
저		前	609	摺	623	靖	632	曹	641
低	600	専	611	蝶	623	鼎	632	釣	641
底	601	畑	611	**정**		**제**		彫	642
抵	601	展	611	丁	624	弟	633	措	642
邸	601	栓	611	井	624	制	633	鳥	642
著	601	転	612	正	624	斉	633	朝	642
貯	602	戦	613	呈	625	帝	633	詔	643
狙	602	電	614	廷	625	剤	633	照	643
沮	602	殿	614	町	625	除	634	遭	644
渚	602	銭	615	定	626	済	634	槽	644
猪	602	佃	615	征	627	祭	634	潮	644
這	602	剪	615	亭	627	第	634	調	644
箸	603	揃	615	貞	627	堤	635	操	645
儲	603	煎	615	政	627	提	635	燥	646
적		填	616	訂	628	製	635	繰	646
赤	603	詮	616	浄	628	際	635	藻	646
的	604	篆	616	庭	628	諸	636	爪	646
寂	604	顚	616	偵	628	題	636	吊	647

笊	647
棗	647
漕	647
誂	647
嘲	647
糟	647
鯛	647
족	
足	648
族	649
존	
存	649
尊	649
拵	649
졸	
卒	650
拙	650
枠	650
종	
宗	650
従	651
終	651
種	651
縦	652
鐘	652
腫	652
綜	653
鍾	653
좌	
左	653
佐	654
座	654
坐	654
挫	654
죄	

罪	655	準	662	芝	673	進	685	此	694	漲	701

罪	655
주	
主	655
州	656
朱	656
舟	656
住	657
走	657
周	657
宙	658
注	658
晝	658
柱	658
奏	659
酒	659
株	659
珠	659
週	660
鑄	660
駐	660
肘	660
呪	660
洲	661
酎	661
紬	661
廚	661
註	661
誅	661
躊	661
죽	
竹	661
粥	662
준	
俊	662
准	662

準	662
遵	662
浚	662
峻	663
竣	663
噂	663
樽	663
駿	663
蹲	663
蠢	663
중	
中	664
仲	666
重	666
衆	667
즉	
卽	668
즐	
櫛	668
즙	
汁	668
증	
症	668
証	669
蒸	669
增	669
憎	670
贈	670
曾	670
지	
支	671
止	671
旨	672
至	672
地	672

芝	673
池	674
志	674
枝	674
知	674
肢	675
祉	675
指	675
持	676
紙	677
脂	678
遲	678
漬	678
誌	679
只	679
舐	679
智	679
痣	679
蜘	679
鮨	679
贄	679
躓	679
직	
直	680
織	681
職	681
稷	681
진	
盡	682
津	682
珍	682
振	682
眞	684
陣	685
陳	685

進	685
診	686
震	686
鎭	686
辰	687
賑	687
塵	687
질	
迭	688
疾	688
秩	688
窒	688
質	688
叱	688
姪	688
嫉	689
膣	689
짐	
朕	689
집	
執	689
集	689
什	690
징	
徵	690
澄	690
懲	690
차	
且	691
次	691
車	691
茶	158
借	692
差	692
遮	693

此	694
侘	694
착	
着	694
搾	695
錯	695
捉	696
窄	696
縒	696
齪	696
찬	
贊	696
撰	696
燦	696
譜	697
찰	
札	697
察	697
擦	697
참	
參	698
慘	698
斬	699
僭	699
창	
倉	699
唱	699
窓	699
創	699
脹	700
彰	700
娼	700
菖	700
蒼	700
滄	701

漲	701
槍	701
暢	701
瘡	701
廠	701
蹌	701
錆	701
채	
菜	702
採	702
彩	702
債	702
采	703
砦	703
책	
冊	703
責	703
策	703
柵	703
簀	703
처	
處	704
妻	704
凄	704
悽	704
褄	704
척	
尺	705
斥	705
拓	705
隻	705
脊	705
瘠	705
擲	705
천	

千	705	**청**		椒	722	萩	731	取	741	則	750

千 705		椒 722	萩 731	取 741	則 750
川 706	庁 713	鞘 723	椎 731	炊 743	**친**
天 707	青 713	鍬 723	縋 731	臭 744	親 750
泉 708	清 714	**촉**	錐 731	醉 744	**칠**
浅 708	晴 715	促 723	趨 731	就 744	七 751
践 708	請 715	触 723	雛 732	趣 745	漆 752
遷 709	聴 715	嘱 724	皺 732	脆 745	**침**
薦 709	蜻 716	燭 724	**축**	娶 745	沈 752
辿 709	鯖 716	**촌**	祝 732	翠 745	侵 752
穿 709	**체**	寸 724	畜 732	聚 745	浸 752
茜 709	体 716	村 724	逐 732	驚 745	針 753
喘 709	逓 717	**총**	軸 733	**측**	寝 753
賤 709	逮 717	塚 725	蓄 733	側 745	枕 754
철	替 717	総 725	築 733	測 746	**칭**
凸 710	滞 717	銃 726	縮 733	**층**	称 754
哲 710	締 717	葱 726	丑 734	層 746	秤 754
鉄 710	剃 718	聡 726	筑 734	**치**	**쾌**
撤 711	諦 718	叢 726	蹴 734	治 746	快 755
徹 711	**초**	寵 726	**춘**	値 747	**타**
綴 711	肖 718	**촬**	春 734	恥 747	他 756
轍 711	抄 718	撮 727	椿 735	致 747	打 756
첨	初 718	**최**	**출**	歯 748	妥 758
添 711	招 720	最 727	出 735	痴 748	堕 758
尖 712	草 720	催 728	**충**	稚 748	惰 758
籤 712	秒 720	**추**	充 738	置 748	唾 758
첩	硝 721	抽 728	虫 738	峙 749	陀 758
畳 712	超 721	枢 728	沖 738	痔 749	舵 758
妾 712	酢 721	追 728	忠 739	雉 749	詫 759
帖 712	焦 721	秋 730	衷 739	馳 749	楕 759
捷 712	礁 722	推 730	衝 739	幟 749	駝 759
喋 713	礎 722	墜 730	**췌**	緻 749	**탁**
貼 713	炒 722	錘 731	膵 739	熾 749	卓 759
睫 713	哨 722	醜 731	贅 739	鯔 749	拓 705
諜 713	悄 722	酋 731	**취**	**칙**	託 759
鰈 713	梢 722	槌 731	吹 739	勅 750	濁 759

濯 760
托 760
啄 760
琢 760
擢 760

탄
炭 760
弾 761
嘆 761
誕 761
呑 761
坦 762
綻 762
憚 762
歎 762
灘 762

탈
脱 762
奪 763

탐
探 763
耽 764
貪 764

탑
塔 764
搭 764

탕
湯 764
蕩 765

태
太 765
怠 765
胎 765
泰 766
態 766

駄 766
苔 766
殆 766
笞 766
颱 766

택
宅 766
択 767
沢 767

토
土 767
吐 768
討 768
兎 768

통
通 769
痛 770
筒 771
統 771
桶 771
樋 771

퇴
退 771
堆 772
腿 772
褪 772
頹 772

투
投 773
透 774
闘 774
妬 774

특
特 775

파

把 776
波 776
派 777
破 777
婆 777
罷 778
巴 778
芭 778
播 778
爬 778
玻 778
跛 778
頗 778

판
判 779
坂 779
板 779
版 780
販 780
阪 780

팔
八 780
捌 781

패
貝 781
敗 781
覇 782
佩 782
唄 782
悖 782
牌 782
稗 782

팽
膨 782

片 783
便 784
偏 784
遍 784
編 785
扁 785
篇 785
蝙 785
鞭 786
騙 786

폄
貶 786

평
平 786
坪 787
評 787

폐
肺 788
陛 788
閉 788
廃 788
幣 789
弊 789
吠 789

포
包 790
布 790
怖 790
抱 791
泡 791
胞 792
捕 792
浦 792
砲 792
飽 793

舗 793
褒 793
抛 793
庖 794
苞 794
哺 794
葡 794
鉋 794
蒲 794
鞄 794
鮑 794

폭
幅 794
暴 795
爆 795
瀑 795

표
表 796
俵 797
票 797
漂 797
標 797
杓 798
豹 798
剽 798
瓢 798
飄 798

품
品 798

풍
風 799
豊 800
楓 800
諷 800

피

皮 801
彼 801
披 801
疲 801
被 802
避 802

필
匹 803
必 803
筆 803
畢 804

핍
乏 804
逼 804

하
下 805
何 807
河 809
夏 809
荷 809
賀 810
瑕 810
蝦 810
霞 810

학
学 810
虐 811
涸 811
鶴 811

한
汗 812
限 812
恨 812
寒 812
閑 813

漢	813	蟹	822	現	830	螢	837	或	844
旱	813	**핵**		賢	830	衡	838	**혼**	
翰	813	劾	822	顯	831	桁	838	婚	844
韓	814	核	822	懸	831	荊	838	混	844
할		**행**		呟	831	桁	838	魂	845
割	814	行	822	眩	831	馨	838	昏	845
轄	815	幸	824	絃	831	**혜**		渾	845
함		杏	824	絢	831	惠	838	焜	845
含	815	**향**		舷	832	彗	838	**홀**	
陷	816	向	824	蜆	832	慧	838	忽	846
艦	816	享	825	鉉	832	**호**		笏	846
函	816	香	825	**혈**		互	839	惚	846
緘	816	鄕	825	穴	832	戶	839	**홍**	
檻	816	響	826	血	832	号	839	洪	846
頷	816	饗	826	頁	833	好	839	紅	846
합		**허**		**혐**		呼	840	弘	847
合	816	虛	826	嫌	833	弧	841	虹	847
항		許	826	**협**		湖	841	鴻	847
抗	818	噓	827	協	834	豪	841	**화**	
恒	818	墟	827	峽	834	護	842	化	847
航	818	**헌**		挾	834	狐	842	火	848
港	818	軒	827	狹	835	虎	842	花	848
項	818	獻	827	脅	835	胡	842	画	849
肛	819	憲	827	叶	835	浩	843	和	850
杭	819	**험**		夾	835	毫	843	華	851
巷	819	險	828	俠	835	壺	843	貨	851
桁	819	驗	828	脇	835	琥	843	禍	851
해		**혁**		莢	836	糊	843	話	851
海	819	革	828	鋏	836	縞	843	靴	852
害	820	嚇	828	頰	836	濠	843	樺	852
解	820	赫	829	**형**		鯱	843	**확**	
該	821	**현**		兄	836	鎬	843	拡	852
咳	821	玄	829	刑	836	**혹**		確	852
諧	821	弦	829	形	837	惑	844	穫	853
骸	822	縣	829	型	837	酷	844	攫	853
								환	
								丸	853
								幻	854
								患	854
								喚	854
								換	854
								歡	855
								還	855
								環	855
								宦	855
								渙	855
								煥	855
								鰥	855
								활	
								活	856
								滑	856
								豁	857
								闊	857
								황	
								況	857
								荒	857
								皇	858
								黃	858
								慌	858
								恍	858
								幌	859
								徨	859
								煌	859
								蝗	859
								회	
								会	859
								灰	860
								回	860
								悔	861
								絵	861

賄	861	孝	864	喉	868	毁	871	[흑]		興	876
懷	862	効	864	嗅	869	[휘]		黑	874	[희]	
廻	862	曉	865	[훈]		揮	871	[흔]		希	876
徊	862	酵	865	訓	869	輝	871	欣	874	姬	877
栃	862	肴	865	勳	869	彙	871	痕	874	喜	877
晦	863	哮	865	薰	869	暉	871	[흘]		戱	877
獪	863	梟	865	暈	870	麾	871	吃	875	犧	877
檜	863	嚆	865	葷	870	諱	871	屹	875	稀	877
膾	863	囂	865	燻	870	徽	871	迄	875	嬉	878
鱠	863	[후]		[훙]		[휴]		[흠]		鱚	878
[획]		后	866	薨	870	休	872	欽	875	[힐]	
画	863	朽	866	[훤]		携	872	[흡]		詰	878
獲	863	厚	866	喧	870	畦	872	吸	875		
[횡]		後	866	萱	870	[흉]		恰	876		
橫	863	侯	868	[훼]		凶	873	翕	876		
[효]		候	868	喙	871	胸	873	[흥]			

총획 색인

1획		刃	566	互	839	天	707	片	783	包	790
一	572	勺	587	互	25	太	765	牙	467	北	338
乙	552	千	705	介	101	孔	72	牛	525	巨	30
2획		口	95	仇	122	少	412	犬	40	半	292
丁	624	土	767	今	345	尺	705	王	515	占	621
七	751	士	356	仏	690	屯	201	尤	529	卯	273
乃	147	夕	393	什	567	巴	778	**5획**		去	30
九	95	大	169	仁	847	幻	854	丘	97	可	1
了	229	女	147	化	532	升	443	丙	317	古	60
二	559	子	582	元	71	引	567	世	407	叩	65
人	564	寸	724	公	234	弔	637	且	691	台	175
几	114	小	410	六	145	心	462	主	655	司	357
入	579	山	369	内	532	戈	79	丼	632	史	357
八	780	川	706	円	522	戸	839	代	174	召	412
刀	180	工	70	冗	873	手	424	令	221	右	525
力	216	己	128	凶	339	支	671	付	331	叶	835
十	464	已	367	分	616	文	279	仕	357	只	679
卜	325	已	562	切	505	斗	199	仙	395	叱	688
又	524	巾	35	刈	101	斤	119	以	561	号	839
3획		干	11	勾	280	方	299	仔	587	四	356
万	248	弓	110	勾	283	日	577	他	756	囚	429
三	373	才	597	勿	97	月	537	兄	836	圧	473
上	375	**4획**		区	97	木	268	冊	703	冬	193
与	490	不	343	匹	803	欠	45	写	357	外	516
丈	591	丑	734	午	507	止	671	処	704	失	460
下	805	中	664	厄	477	比	348	凹	518	央	475
久	95	丹	159	反	292	毛	265	凸	710	奴	151
及	126	乏	804	収	429	氏	465	出	735	孕	581
乞	36	予	505	双	465	水	427	刊	11	尻	66
丸	853	五	507	友	525	火	848	加	1	尼	155
亡	251	云	531	壬	579	爪	646	功	72	巧	90
凡	312	井	624	夫	330	父	330	句	98	左	653
				天	520						

市	447	甘	16	会	859	地	672	汚	507	米	284
布	790	生	385	休	872	壮	591	池	674	糸	359
平	786	用	522	光	85	多	157	汗	812	缶	80
幼	542	甲	21	先	395	夷	563	芋	526	羊	481
広	85	申	454	兆	637	奸	15	芝	673	羽	526
庁	713	由	542	充	738	妄	251	成	403	老	223
弁	315	田	607	兇	873	妃	348	曲	68	耳	561
弗	346	白	307	共	72	如	491	曳	506	肉	549
弘	847	皮	801	同	194	好	839	旭	530	自	582
払	346	皿	261	再	597	姫	104	早	637	至	672
打	756	目	269	列	220	存	649	旨	672	臼	102
氾	313	矛	266	刑	836	守	429	肌	128	舌	400
汁	668	矢	447	劣	220	安	469	肋	236	舟	656
犯	312	石	393	旬	438	宇	526	有	543	色	384
必	803	示	447	匠	591	字	582	机	113	艮	738
斥	705	穴	832	卍	250	宅	766	朴	289	血	832
旧	97	立	243	危	538	寺	359	朱	656	衣	556
旦	162	**6획**		印	570	当	166	朽	866	西	388
艾	476	夾	835	各	8	尖	712	次	691	**7획**	
末	250	両	213	叫	116	尽	682	此	694	串	84
未	284	争	600	吉	139	屹	875	死	359	乱	207
本	326	交	90	吏	237	州	656	毎	253	亜	466
札	697	仮	2	名	261	帆	312	気	129	伽	6
正	624	件	34	吊	647	年	149	灯	202	倭	151
母	266	企	128	吐	768	庄	596	灰	860	但	159
民	287	伎	137	合	816	式	451	牝	268	伴	294
氷	355	伐	311	向	824	弐	561	考	60	伯	309
永	502	伏	323	后	866	弛	563	巡	438	伺	360
礼	223	仰	475	吃	875	行	822	迅	455	似	360
辺	315	伍	509	吸	875	忙	252	迈	257	伸	456
辷	581	任	579	呕	104	扱	126	迂	529	余	491
玄	829	伊	563	団	159	托	760	辿	709	位	538
玉	510	全	608	因	570	江	21	迄	875	作	587
瓜	79	伝	607	回	860	汎	313	百	308	低	600
瓦	512	仲	666	在	598	汐	395	竹	661	佃	615

佐	654	含	815	弄	227	芥	28	求	98	辰	687
住	657	困	69	弟	633	芯	464	灸	102	杉	303
体	716	図	180	形	837	花	848	災	598	酉	548
何	807	囲	539	彷	303	那	141	牡	268	里	238
克	118	坑	30	役	492	邦	301	状	378	麦	257
兎	768	均	117	快	755	防	300	社	360	**8획**	
秀	191	坊	300	抉	47	阪	780	孝	864	並	318
児	466	坐	654	技	131	屁	353	近	119	乳	544
兵	317	坂	779	抜	296	忌	130	返	294	乖	89
冷	211	売	253	扶	332	忘	252	迎	502	事	361
冶	479	声	404	扮	342	忍	570	迂	529	些	368
別	316	壱	578	批	348	志	674	辿	709	京	49
判	779	夾	835	抒	391	戒	55	迄	875	夜	478
努	151	妓	138	抑	487	我	466	男	143	卒	650
励	215	妙	272	折	619	戻	215	町	625	享	825
劫	37	妨	300	抄	718	改	25	利	237	侠	835
労	224	妖	520	択	767	攻	73	私	361	価	3
助	638	妊	579	投	773	更	30	秀	430	佳	3
匡	86	妥	758	把	776	旱	813	究	98	供	73
医	556	宏	89	抗	818	肝	11	初	718	例	223
却	8	完	513	決	46	肘	660	系	55	侮	266
卵	208	牢	229	汲	127	肖	718	良	213	命	263
即	668	対	176	汽	130	肛	819	臣	456	併	318
告	61	寿	430	没	271	杞	138	見	40	使	362
君	107	局	105	沙	368	杜	200	角	8	舎	362
吝	241	尿	154	沃	511	来	210	言	488	侍	448
呆	256	尾	285	沖	738	李	240	谷	68	依	556
否	332	岐	130	沈	752	杉	374	豆	199	侘	694
呉	508	巫	277	沢	767	枸	798	貝	781	佩	782
吾	509	希	876	狂	86	束	419	赤	603	免	259
吟	552	庇	353	芹	122	杖	596	走	657	兎	768
呈	625	床	378	芳	300	材	598	足	648	具	99
吹	739	序	388	芙	337	条	638	身	455	其	138
呑	761	応	555	芸	505	村	724	車	691	典	609
吠	789	廷	625	芭	778	杏	824	辛	456	函	816

画	849	奉	328	府	332	抛	793	苞	794	育	549
券	111	奔	340	底	601	抱	791	英	502	肢	675
刻	9	姑	66	店	621	披	801	苑	536	肴	865
刳	66	妹	254	庵	472	拡	852	邪	362	果	77
刮	84	姓	404	庖	794	泥	155	邸	601	東	195
到	180	始	448	庖	794	泊	289	附	332	林	242
刷	423	委	539	延	494	法	313	阿	467	枚	254
刺	584	姉	584	弥	286	泌	348	阻	639	杯	304
制	633	妻	704	弦	829	沸	348	陀	758	析	394
劾	822	妾	712	弧	841	沼	412	念	150	松	421
効	864	妬	774	径	49	沿	495	忿	342	枠	650
卓	759	季	56	往	515	泳	502	忠	739	枝	674
協	834	孤	63	征	627	油	544	忽	846	采	703
卦	87	孟	258	彼	801	泣	554	或	844	枢	728
参	698	学	810	怯	37	沮	602	房	301	枕	754
受	430	官	80	怪	88	注	658	所	413	板	779
叔	437	宝	320	性	404	治	746	承	443	杭	819
味	285	実	461	怖	790	波	776	放	301	欧	99
呪	660	宛	514	抬	179	泡	791	斧	337	殴	99
吮	831	宜	556	拒	31	河	809	於	487	欣	874
咄	193	定	626	拋	31	況	857	昆	69	武	274
呵	7	宗	650	拐	88	狗	102	明	263	歩	320
咎	102	宙	658	拘	98	狙	602	昔	394	毒	188
周	657	尚	379	担	163	狐	842	昇	444	炉	224
呼	840	居	31	拉	209	茄	7	昂	475	炎	499
固	61	届	56	抹	251	茎	49	易	492	炙	587
国	106	屈	109	拍	289	苦	62	旺	515	炒	722
坩	20	岬	21	拝	303	苛	7	昏	845	炊	743
坤	69	岡	25	押	473	茅	268	肩	43	爬	778
垂	430	岳	467	拗	520	苗	272	股	67	版	780
坦	762	岸	469	抵	601	茂	274	肯	128	牧	270
坪	787	岩	471	拙	650	芽	466	肪	302	物	282
幸	824	帛	309	拓	705	若	479	服	323	玩	514
奇	131	帖	712	招	720	苟	102	朋	347	祈	131
奈	141	庚	54	抽	728	苫	765	肥	349	祉	675

祇	138	俄	467	契	56	徨	859	独	189	映	503
者	584	俊	662	奏	659	徊	862	狩	432	昨	588
迫	289	促	723	姦	15	後	866	狭	835	昼	658
述	441	侵	752	威	539	恨	812	狢	863	春	734
迭	688	俠	835	姻	571	恍	858	茨	587	眈	86
的	604	侯	868	姿	585	恒	818	茶	158	胆	163
盂	529	俘	337	姪	688	悔	861	茄	492	背	304
盲	258	冠	81	客	29	恰	876	苺	256	胚	307
直	680	削	369	宣	397	拷	63	荘	592	胃	540
知	674	前	609	室	462	括	84	草	720	胤	550
祀	368	剃	718	宥	548	挑	181	茜	709	胎	765
和	850	則	750	耐	147	拾	442	荒	857	肺	788
空	74	勃	299	封	328	拭	454	荊	838	胞	792
突	192	勇	522	専	611	按	470	荊	838	胡	842
取	741	勅	750	単	159	拵	649	英	836	架	3
虎	842	南	143	屍	450	指	675	茫	253	枷	7
表	796	卑	350	屋	510	拮	140	郊	91	柑	20
軋	471	卸	364	屏	319	持	676	郎	209	枯	63
金	123	厘	238	峠	379	拱	76	耶	479	枢	103
長	591	厚	866	崎	749	挟	834	限	812	枸	103
門	280	叛	296	峡	834	洞	196	急	126	柳	232
雨	526	叛	296	巻	111	洛	207	怒	151	柚	548
青	713	叙	388	巷	819	洗	407	思	363	某	266
非	349	咲	413	巷	819	洩	402	怨	536	柄	318
斉	633	哀	475	帥	431	洒	423	怠	765	査	363
［ 9획 ］		咽	571	帝	633	洋	481	故	62	相	379
乗	444	唖	467	幽	545	浄	600	政	627	柿	450
亭	627	咬	93	度	181	洲	661	施	448	柏	309
係	56	品	798	建	34	津	682	扁	785	染	499
俚	240	咳	821	廻	862	浅	708	扁	785	栄	503
俥	32	垢	102	彦	489	派	777	昧	256	柔	545
便	784	城	405	彦	489	海	819	冒	266	柱	658
保	321	垣	533	待	176	洪	846	星	405	柵	703
俗	419	型	837	律	235	活	856	昭	412	栃	862
信	457	変	315	衍	498	狡	93	是	449	歪	515

殆	766	省	387	酉	731	凍	196	孫	420	搜	433
段	160	盾	439	重	666	凌	236	家	3	挺	632
泉	708	県	829	面	259	准	662	宮	110	挫	654
炬	32	羿	128	革	828	凄	704	宵	413	振	682
炭	760	砒	353	音	552	剛	22	宴	495	捉	696
点	622	砂	364	頁	833	剣	36	容	523	挨	476
為	540	砕	423	風	799	剝	291	宰	599	捌	781
牲	388	研	495	飛	350	剥	291	害	820	捏	142
珈	7	祇	138	食	451	剖	334	宦	855	捕	792
玻	778	科	77	首	431	剤	633	射	365	振	220
珍	682	秒	720	香	825	勉	260	将	593	挽	250
神	457	秋	730	〔 10획 〕		卿	54	展	611	拿	141
祖	639	窃	620	個	26	匿	156	島	182	浪	210
祝	732	穿	709	倨	33	原	533	峰	329	涙	231
逃	181	糾	116	倹	36	哭	68	峻	663	流	232
迷	286	級	127	俱	103	唆	365	差	692	浮	333
送	422	紀	132	倦	112	唇	439	帰	114	浜	354
逆	492	約	480	倒	182	員	534	帯	177	消	413
追	728	紅	846	倫	235	哲	710	師	364	浴	521
退	771	美	285	倣	302	哨	722	庫	65	酒	659
甚	463	臭	744	俳	305	哨	722	唐	167	浚	662
界	57	虐	811	倍	305	唄	782	席	394	浸	752
畏	517	要	518	俸	329	哺	794	庭	628	浦	792
畑	611	虹	847	俯	338	哮	865	座	654	浩	843
疥	29	竿	15	修	432	啄	760	弱	480	狼	210
疫	493	臥	512	俺	490	埒	142	徒	183	狸	240
発	297	計	57	倭	516	埋	254	徐	390	莓	256
皆	26	訃	337	借	692	埃	476	従	651	荷	809
皇	858	訂	628	倉	699	夏	809	悩	153	華	851
衿	125	負	333	値	747	娘	145	悦	498	英	836
盃	306	貞	627	俵	797	媚	287	悟	508	莫	247
盈	504	赴	333	候	868	娑	368	悄	722	郡	108
盆	340	軍	108	党	168	娠	458	悖	782	降	22
看	12	軌	114	兼	48	娯	508	挽	250	院	534
眉	286	酋	731	冥	265	姫	877	挿	375	除	634

陣	685	格	38	逝	390	称	754	記	132	側	745
陛	788	桂	59	速	419	秤	754	訊	460	偏	784
陷	816	校	91	造	639	秤	754	託	759	兜	200
恐	75	根	120	逐	717	窄	696	討	768	剪	615
恭	76	桔	140	逐	732	袖	436	訓	869	副	334
恋	217	桃	182	通	769	被	802	豹	798	剩	581
息	453	桐	198	透	774	笈	127	貢	75	勘	17
恩	550	栗	236	這	602	笑	415	財	599	動	196
恵	838	梅	255	逢	330	笊	647	起	132	務	274
扇	397	桑	380	逞	632	笏	846	軒	827	匙	450
挙	32	柴	450	留	232	粗	33	辱	521	厩	104
拳	113	案	469	畝	272	粉	340	配	305	喝	16
敏	288	桜	477	畔	295	粋	433	酌	588	啓	57
料	229	桟	589	畜	732	納	144	酎	661	唯	545
旅	215	栽	599	痂	7	紐	154	釜	338	唱	699
旁	303	栓	611	疳	20	紋	280	釘	632	唾	758
既	132	株	659	病	319	紡	302	針	753	啞	467
書	389	核	822	症	668	紛	341	閃	402	堀	109
晒	423	桁	819	疾	688	索	385	隻	705	基	134
時	449	殊	432	疲	801	素	414	飢	133	埼	138
晦	863	殉	439	益	564	純	439	馬	246	堂	168
能	154	残	589	眠	260	紙	677	骨	70	培	306
胴	196	殺	373	罠	288	翁	512	高	63	埠	338
朗	210	殷	551	真	684	耕	49	鬼	115	域	493
脈	257	泰	766	眩	831	耗	267	竜	230	執	689
朔	369	烙	207	矩	103	恥	747	**【11획】**		堆	772
脂	678	烈	220	舐	679	耽	764	乾	34	婦	335
朕	689	烏	509	破	777	致	747	率	235	婢	353
脍	863	特	775	砲	792	般	295	商	380	婉	514
脊	705	珪	117	祓	346	航	818	健	35	娼	700
脆	745	班	294	祠	368	蚊	281	偲	450	娶	745
脅	835	珠	659	崇	442	蚕	589	偶	527	婆	777
脇	835	祥	380	秘	351	衾	125	偽	540	婚	844
胸	873	途	183	租	639	衰	424	停	628	壷	843
桧	863	連	217	秩	688	衷	739	偵	628	寇	103

寄	133	惚	846	渋	375	陸	235	梯	636	痕	874
宿	437	据	32	涉	402	隆	236	梃	632	盗	183
寅	571	揭	37	淑	438	陵	236	棹	187	盛	405
寂	604	控	76	淳	440	陪	306	梶	287	眷	113
奢	368	掛	87	深	463	陰	553	梧	509	眼	470
尉	540	掏	107	渚	602	陳	685	梓	600	眺	640
巢	415	掘	109	涯	475	険	828	梁	214	砦	703
屠	187	捲	113	液	477	悪	467	梨	241	硅	117
屏	319	捺	143	淫	554	悠	545	梵	313	祭	634
崎	135	捻	150	済	634	患	854	欲	521	票	797
密	288	振	220	添	711	教	91	殻	10	移	562
崩	347	掏	187	清	714	救	99	毬	103	窒	688
崇	442	掟	632	涸	811	赦	366	毫	843	窓	699
崖	476	掠	212	混	844	敗	781	爽	383	竟	54
常	381	描	272	猪	602	斜	365	牽	45	章	594
帳	593	排	306	猟	221	断	160	球	100	袴	67
康	23	捧	330	猛	258	斬	699	理	238	衦	838
庶	390	捨	365	猫	272	旋	397	現	830	笠	245
庵	472	掃	415	葛	16	族	649	琢	760	符	336
庸	523	授	433	菓	77	曹	641	視	449	笛	604
強	23	掩	490	菊	107	晦	863	逸	578	第	634
張	593	接	623	菌	117	脚	9	週	660	答	766
彗	838	措	642	董	122	脛	54	進	685	瓠	67
彬	355	採	702	萌	258	脳	153	逮	717	粒	244
彫	642	捷	712	著	601	豚	191	逢	330	粘	622
彩	702	推	730	菖	700	望	252	這	602	粗	640
得	201	探	763	菜	702	腎	460	逞	632	紺	17
徘	307	掴	89	菱	237	脱	762	瓶	319	経	50
術	441	搔	418	菩	322	梗	54	産	371	累	231
惟	548	渴	16	郭	80	械	57	略	212	絆	296
悼	183	渓	58	都	184	梱	69	畦	872	細	408
惜	394	淡	164	部	335	梟	865	異	561	紹	416
情	629	淘	187	郵	527	桶	771	畢	804	紳	458
惨	698	涼	214	郷	825	梢	722	痒	484	組	640
悽	704	淋	242	陶	183	梢	722	痔	749	終	651

紬	661	釈	394	喪	381	属	420	渾	845	悲	351
絃	831	野	478	善	398	嵌	20	煥	855	惑	844
羞	436	釣	641	喘	709	嵐	209	湿	443	戟	119
習	442	釦	103	喋	713	帽	267	渫	402	扉	352
翌	564	問	281	喚	854	幅	794	淵	498	掌	595
肅	437	閉	788	喉	868	幾	135	温	511	敢	18
舶	289	雀	588	喧	870	雁	470	渦	512	敬	50
船	397	雪	401	喙	871	廊	210	湧	524	敦	191
舵	758	斎	599	喜	877	廃	788	湮	572	散	371
舷	832	頃	54	喻	548	弑	451	渚	602	斑	296
虚	826	頂	629	圏	112	弾	761	滋	586	斯	369
蛋	162	魚	484	堪	18	街	5	測	746	景	51
蛇	366	鳥	642	堅	44	復	323	湯	764	晩	249
蛍	837	鹿	226	塁	231	循	440	港	818	普	321
袈	7	麻	246	塀	319	御	484	湖	841	暑	391
袋	178	黄	858	堡	322	徨	859	猥	517	晶	629
規	116	黒	874	報	321	愕	469	猶	546	曾	670
訣	47	亀	116	場	594	愉	545	猪	602	曽	670
訪	303	【12획】		堤	635	惰	758	菅	84	智	679
設	401	傀	89	塚	725	慌	858	落	205	晴	715
訟	422	傍	302	堕	758	揉	548	葵	117	替	717
訳	494	備	351	塔	764	握	468	葉	501	最	727
訛	512	傘	371	壺	843	揚	482	萎	542	暁	865
許	826	偉	540	奢	368	揺	518	葬	595	腔	25
訥	154	凱	29	奥	508	援	534	萩	731	期	135
貫	81	創	699	媒	256	揃	615	萱	870	腑	338
貧	354	割	814	堵	390	提	635	葱	726	脾	353
責	703	勤	121	富	336	搭	764	葷	870	勝	445
貪	764	募	267	寓	529	換	854	葛	16	腕	513
販	780	博	290	寒	812	揮	871	階	58	朝	642
貶	786	卿	54	尋	464	減	18	隊	178	脹	700
貨	851	厨	661	尊	649	渠	33	随	433	検	36
軟	495	喀	29	営	503	渡	184	隋	436	棉	260
転	612	喬	93	就	744	満	248	陽	482	棍	69
酔	744	喫	140	屠	187	湾	249	隅	527	棺	81

極	118	運	530	筋	121	詠	504	集	689	塗	186
椒	722	遊	546	答	165	詔	643	雰	341	墓	273
棘	119	遅	678	等	202	註	661	雲	530	塞	384
棗	647	遍	784	筏	312	証	669	飯	295	塑	417
棋	135	遥	520	策	703	診	686	飲	553	塩	500
棟	197	遁	201	筑	734	評	787	須	436	夢	271
棒	329	逼	804	筒	771	象	381	順	440	奨	595
棚	347	甥	388	筆	803	貴	115	項	818	嫁	5
森	374	番	310	粧	594	貸	178	頓	191	嫌	833
棲	392	畳	712	粥	662	買	255	歯	748	嫉	689
植	453	疎	416	結	46	貿	277	**13획**		寛	81
椀	514	疏	418	絢	831	費	352	傑	36	寝	753
椅	559	痙	54	絞	92	貰	409	傾	52	幕	247
椎	731	痘	199	給	127	貯	602	僅	122	幌	859
款	81	痢	239	絡	206	貼	713	働	197	幹	14
欺	135	痩	436	紫	585	賀	810	傲	509	廉	221
殖	453	痛	770	絶	620	越	538	傭	524	彙	871
焙	307	痺	679	統	771	超	721	傷	381	微	286
焚	342	登	202	絵	861	靭	572	僧	446	慨	28
焼	416	着	694	絨	550	距	32	債	702	慎	458
焜	845	睫	713	翔	383	軽	51	催	728	稟	236
無	274	短	161	翁	876	軸	733	剽	798	搗	188
然	496	硬	51	跛	778	酢	721	勧	112	搏	291
煮	585	硫	233	蛟	93	量	214	勢	409	搬	295
焦	721	硯	498	蛮	248	鈍	201	厥	104	摂	403
牌	782	硝	721	蛙	512	欽	875	嗜	138	搔	418
琥	843	税	409	衆	667	間	12	嗅	869	損	420
琴	124	程	630	裂	220	開	27	嗄	368	搾	695
琵	353	稀	877	装	595	閑	813	嗣	367	携	872
禄	226	童	198	裁	599	悶	288	嘆	761	搦	156
過	77	竣	663	覚	10	閏	550	園	535	溝	100
達	163	褄	704	視	368	躯	105	嵩	442	溺	156
道	185	補	322	詐	366	雇	65	塊	88	滝	227
遂	434	裕	546	詞	366	雁	470	塡	616	溜	234
遇	527	筈	84	訴	417	雄	531	塡	616	漢	247

滅	261	新	458	煥	855	稚	748	試	450	鈴	221
溶	523	牌	782	煌	859	稗	782	詣	506	鉢	298
源	535	暇	5	煎	615	窟	109	誉	505	鉛	496
溢	578	暖	141	照	643	靖	632	詭	114	鉄	710
溢	578	暗	472	献	827	靖	632	誅	661	鉉	832
準	662	暉	871	瑕	810	罪	87	誂	647	鉋	794
滄	701	暈	870	福	325	署	391	詮	616	閘	21
滯	717	瑞	392	禅	398	罪	655	詫	759	雅	466
漢	813	瑶	520	禍	851	置	748	該	821	零	222
滑	856	腱	35	遺	547	褐	16	話	851	雷	228
獅	369	腹	324	遠	535	裸	204	詰	878	電	614
猿	535	腺	400	違	541	裾	33	豊	800	靴	852
蓮	219	腎	460	遜	421	褪	772	賃	579	雉	749
蔣	451	腰	519	遡	418	節	620	資	586	頒	295
蓋	29	腸	596	遁	201	絹	44	賊	605	頌	422
葦	542	腫	652	逼	804	継	58	賄	861	預	506
蒸	669	腿	772	痼	67	続	420	跳	186	頑	513
蒼	700	棄	136	痰	164	筐	86	跪	114	飼	367
蓄	733	楽	206	痺	353	舅	104	路	225	飾	453
葡	794	槌	731	痴	748	群	108	跡	604	飽	793
蒟	104	楼	231	盟	258	羨	400	践	708	飴	563
蒲	794	楯	440	督	190	義	557	蹄	636	馴	440
蒐	436	楊	484	睦	271	聖	405	較	92	馳	749
隔	38	業	490	睨	506	艇	630	輅	214	鳩	103
隙	119	楢	759	睡	435	虜	225	載	600	鼎	632
隘	476	椿	735	畸	139	虞	528	辟	314	鼓	65
感	19	楓	800	矮	516	蜂	330	辞	367	鼠	392
想	382	爺	479	碁	136	裏	239	農	152	**14획**	
愁	434	歳	409	硼	347	蜆	832	賎	709	僑	94
愛	476	殿	614	碌	226	触	723	酪	207	僚	230
愚	528	毀	871	碗	514	解	820	酩	265	僕	325
意	556	煉	219	碇	632	誇	78	酬	435	像	382
慈	586	煤	257	禁	124	詳	382	醍	636	僭	699
戦	613	煩	310	禽	125	誠	406	鉱	86	劃	863
数	434	煙	496	稜	237	詩	450	鉤	103	厭	500

嘉	7	滴	605	槍	701	箇	28	誤	509	飴	563
嘔	104	滲	374	槐	89	管	82	誘	547	蝕	454
噓	827	漲	701	樋	771	算	372	認	571	餌	563
幔	250	漸	623	槌	731	箔	291	誌	679	駆	101
鳴	264	漕	647	榎	7	精	630	輔	325	駁	291
嘗	384	漬	678	樺	852	綱	24	豪	841	駅	494
境	52	漆	752	歌	5	綺	139	孵	338	駄	766
墨	278	漂	797	歴	216	練	218	賑	687	髪	298
塾	438	漣	84	夥	79	綾	237	赫	829	魁	89
増	669	獄	511	榖	68	緑	226	踊	523	敲	67
塵	687	鄙	353	煽	400	網	252	鞁	250	魂	845
奪	763	隠	551	煽	400	綿	260	酸	372	鳴	264
嫡	606	障	596	熔	524	緋	353	酷	844	鳳	330
嫗	104	際	635	熊	532	緒	391	酵	865	鼻	352
寡	78	慕	267	爾	563	維	547	銅	198		
寧	151	態	766	歎	762	綜	653	銘	264	**15획**	
窪	513	幹	471	適	605	綴	711	銑	399	僻	314
察	697	瑣	423	遭	644	総	725	銀	551	億	487
層	746	旗	136	遮	693	綻	762	銭	615	儀	558
廓	80	暦	217	遜	421	翠	745	銃	726	劈	315
彰	700	蔓	250	遡	418	聡	726	閣	10	劇	118
徳	179	蔭	554	疑	558	聚	745	関	82	器	136
徴	690	暮	267	碑	352	腐	336	閨	117	噴	341
慷	25	蔑	261	碩	395	蜜	288	聞	281	嘲	647
慣	82	蒙	271	磁	586	蜻	716	閥	312	噤	125
慢	249	暢	701	碧	314	蜻	716	頗	778	噂	663
憎	670	膏	67	稲	187	蜘	679	雌	586	噂	663
摑	89	截	621	種	651	蜴	209	雑	590	嘱	724
摘	605	膜	247	稗	782	製	635	需	435	舗	793
摺	623	膀	303	禊	59	誠	59	静	631	噓	827
摺	623	腿	772	端	161	読	190	鞄	794	墳	342
漏	231	概	28	罰	311	誣	277	鞄	794	墜	730
漫	249	構	100	複	325	誓	391	領	222	嬌	94
漁	484	模	267	褝	69	説	402	頚	55	嬉	878
演	496	様	482	箸	603	語	486	颱	766	寮	230
										審	464

導	187	澄	690	熱	498	篆	616	賓	354	駝	759
履	240	蕨	113	勳	869	篇	785	賜	366	魅	256
幟	749	蕆	596	選	399	篇	785	賞	382	魄	309
幣	789	蕎	94	遺	547	糊	843	質	688	鷗	105
弊	789	蕪	278	遵	662	緊	139	贄	696	麴	107
慶	53	蕃	311	遷	709	緞	162	賤	709	黎	216
廟	273	慮	215	瘡	701	縋	731	趣	745	**16획**
廠	701	慾	521	瘠	705	線	399	踞	33	儒	547
影	504	憂	528	瘤	234	繩	446	踏	165	凝	555
徹	711	慰	541	瘦	436	緣	497	輔	214	叡	506
衝	739	慧	838	監	19	緩	514	輪	235	墾	14
憚	762	戲	877	盤	295	締	717	輩	306	壞	88
憧	198	擊	39	瞑	265	編	785	輝	871	壇	162
憐	241	摩	246	蝿	446	緘	816	舞	277	壁	314
憤	342	麾	871	蝙	785	蝕	454	醇	441	壤	483
撚	150	敷	336	蝙	785	蝸	513	鋒	330	墺	509
撫	278	敵	606	蝶	623	褒	793	銳	506	奮	342
撲	290	暫	590	蝦	810	諫	15	鑄	660	孃	483
撥	299	暴	795	蝗	859	課	79	鋤	392	喩	548
撰	696	膠	94	確	852	諾	141	鋏	836	衛	541
撰	696	膚	337	稼	6	談	164	閱	498	衡	838
撤	711	膝	442	稽	59	諒	214	靈	222	憾	20
撒	373	膵	739	稿	65	論	227	震	686	憶	487
撮	727	膣	689	穗	435	誹	353	鞍	471	懷	862
擒	125	權	112	稷	681	諄	441	鞘	723	擁	512
播	778	樋	771	窮	111	謁	471	頬	836	操	645
撓	154	槿	122	窯	519	誼	559	肇	76	激	39
撞	168	槽	644	罵	257	諸	636	餅	320	濃	152
撹	94	標	797	罷	778	調	644	餓	467	濁	759
潔	47	橫	863	皺	732	請	715	養	483	獲	863
潰	114	歎	762	褪	772	誕	761	餌	563	獪	863
潟	395	歡	855	箪	163	誰	436	駕	7	薯	392
潤	550	毅	559	範	312	諦	718	駟	104	薄	290
潛	589	黙	278	箱	383	賠	306	駒	105	薪	460
潮	644	熟	438	箸	603	賦	337	駐	660	藥	480

字	번호	字	번호	字	번호	字	번호	字	번호	字	번호
蕘	870	窺	117	醒	406	儲	603	癇	15	轄	815
薦	709	罹	241	鋼	24	噶	865	瞰	20	鍵	35
蕩	765	篤	191	錫	395	嚇	828	瞳	198	鍋	79
薰	869	篝	105	錦	125	嬰	504	瞭	230	鍛	162
薔	597	笔	228	鍊	219	嚴	490	矯	93	鍍	188
隣	241	糖	168	錄	226	嶺	222	礁	722	鍾	653
憩	38	築	733	錠	631	擬	558	磯	139	錨	273
憲	827	縛	291	錯	695	擦	697	禦	487	鍬	723
整	631	繁	310	錆	701	攔	10	糠	25	闇	472
曇	164	縫	329	鋸	701	擢	760	糞	342	閣	857
瞠	168	緯	541	錘	731	擢	760	糟	647	醬	597
膳	400	縱	652	錐	731	擅	179	纖	402	霜	383
膨	782	縞	843	鋸	33	濡	549	績	607	霞	810
膽	863	縒	696	隷	223	濯	760	縮	733	鞠	107
橄	20	緻	749	頸	55	濠	843	繫	59	顆	79
橋	93	翰	813	頷	816	薯	392	徽	871	頻	354
機	137	翰	813	頭	199	懇	14	蹌	701	豁	857
檜	863	興	876	賴	228	戴	179	簀	703	韓	814
樹	435	親	750	頰	836	曙	392	翼	564	醜	731
樽	663	諫	15	穎	504	曖	476	螺	204	鮫	94
樽	663	謀	268	頹	772	膿	153	輿	492	鮭	117
燐	241	諺	489	館	83	膾	203	聯	219	鮨	679
燔	311	諺	489	閼	471	臆	487	聳	524	鮮	399
燃	497	謠	519	駱	207	檄	39	聰	715	鮪	549
熾	749	譜	472	骸	822	檀	162	艱	15	鴻	847
燗	15	諭	548	髷	68	櫛	668	覽	209	駿	663
燕	498	諮	587	髻	59	燥	646	趨	731	齡	222
獸	435	諜	713	融	550	燦	696	講	24	**18획**	
避	802	諷	800	鮎	623	燭	724	謙	48	囊	145
還	855	諧	821	鮑	794	爵	588	謹	121	儲	603
瓢	798	諱	871	鴨	474	犧	877	謎	287	叢	726
磨	246	謎	287	麵	260	環	855	謗	303	擾	520
穩	511	賭	188	**17획**		邁	257	謝	367	擲	705
積	606	賢	830	償	383	療	230	購	101	擢	760
盟	84	輸	435	優	528	癌	472	賽	384	瀆	191

濫	209	贈	670	臟	596	鯛	647	馨	838	贖	420
瀉	369	贅	679	檣	225	鯔	749	飄	798	欒	217
瀑	795	贄	739	櫛	668	鯖	716	麵	260	讚	697
藁	67	軀	105	檻	816	鯖	716	韻	696	饗	826
藤	203	醬	597	爆	795	鯨	843	鰈	713	驚	54
藍	209	鎌	48	蟹	384	鷄	58	**[21획]**		驕	94
蘆	225	鎖	423	羅	204	麴	107	囃	591	鷗	105
蘇	418	鎔	524	簾	221	麓	226	灘	762	鰻	250
藩	311	鎭	686	薄	337	麒	139	爛	208	龕	20
懲	690	鎬	843	繫	59	麗	216	欄	33	**[23획]**	
曜	520	關	113	繰	646	**[20획]**		癲	204	巖	472
臍	636	鬪	774	艶	501	巖	472	纏	616	攪	94
燻	870	難	142	蠅	446	灌	84	艦	816	攫	853
癖	314	雛	732	蟻	559	瀨	355	蠟	209	徽	287
癒	548	鞭	786	蟹	822	攘	484	蠢	663	儺	436
瞼	37	類	233	霸	782	懸	831	躍	481	籤	712
瞬	440	顎	469	警	53	騰	203	躊	661	鑑	20
礎	722	顔	470	譜	322	朧	227	轟	89	鷲	745
穫	853	額	477	識	454	襤	209	露	225	鱔	878
襟	125	題	636	蹠	113	欄	208	顧	65	鱗	242
耀	520	顯	831	蹴	734	礫	217	囂	865	鰹	45
簡	14	騎	137	蹲	663	競	53	饑	139	**[24획]**	
簞	163	騷	417	轍	711	耀	520	饒	520	鷹	555
糧	214	驗	828	鏡	52	籍	607	魔	247	繪	863
繭	45	魏	542	離	240	讓	483	鶯	477	**[26획]**	
繕	400	鯉	241	霧	277	議	558	鶴	811	讚	697
織	681	**[19획]**		韻	531	護	842	**[22획]**		**[27획]**	
翻	311	寵	726	願	536	霞	373	囊	145	驥	139
職	681	靡	287	顚	616	釀	483	灘	762	**[29획]**	
覆	325	瀨	229	顚	616	鐘	652	襻	33	鬱	531
臨	242	瀨	355	髓	436	響	826	籠	228		
觀	83	蘭	208	騙	786	饅	250	聾	228		
謳	105	藻	646	騙	786	饗	826	襲	443		
謫	607	曠	86	鯨	55	饑	139	躓	679		

かな 索引

あ			あおぐ	扇	397	あきらめる	諦	718
ア	亜	466		煽	400	あきる	飽	793
	吾	509	あおる	煽	400		厭	500
	阿	467	あか	赤	603	あきれる	呆	256
	啞	467		垢	102	アク	悪	467
	蛙	513	あかい	赤	603		握	468
	窪	513		紅	846	あく	明	263
	閼	471	あかがね	銅	198		空	74
アイ	哀	475	あかす	明	263		開	27
	愛	476		証	669		飽	793
	埃	476		飽	793	あくた	芥	28
	挨	476	あがた	県	829	あくる	明	263
	隘	476	あかつき	暁	865	あけ	朱	656
	曖	476	あがなう	購	101	あげつらう	論	227
あい	相	379		贖	420	あけぼの	曙	392
	間	12	あかね	茜	709	あける	開	27
	藍	209	あがめる	崇	442		空	74
あいだ	間	12	あからむ	明	263		明	263
あう	会	859	あかり	明	263	あげる	上	375
	合	816	あかる	明	263		挙	32
	逢	330	あがる	上	375		揚	482
	遇	527		挙	32		騰	203
	遭	644		揚	482	あご	顎	469
あえぐ	喘	709		騰	203	あこがれる	憧	198
あえて	敢	18	あかるい	明	263	あさ	朝	642
あえない	敢	18	あかるむ	明	263		麻	246
あえる	和	850	あき	秋	730	あざ	字	582
あお	青	713	あきつ	現	830		痣	679
あおい	青	713	あきない	商	380	あさい	浅	708
	葵	117	あきなう	商	380	あざける	嘲	647
	蒼	700	あきらか	明	263	あざな	字	582
あおぎり	梧	509		彰	700	あざなう	糾	116
あおぐ	仰	475	あきらめる	明	263	あさひ	旭	530

あざむく	欺	135	あたたかい	温	511	あなどる	侮	266
あざやか	鮮	399		暖	141	あに	兄	836
あざやぐ	鮮	399	あたたまる	温	511	あね	姉	584
あさる	漁	484		暖	141	あばく	発	297
あし	足	648	あたためる	温	511		暴	795
	悪	467		暖	141	あばら	肋	236
	脚	9	あたま	頭	199		荒	857
	葦	542	あたらしい	新	458	あばれる	暴	795
	蘆	225	あたらす	当	166	あびせる	浴	521
あしなえ	跛	778	あたり	辺	315	あびる	浴	521
あじ	味	285	あたる	中	664	あぶく	泡	791
あじわう	味	285		当	166	あぶない	危	538
あずかる	与	490	アツ	圧	473	あぶら	油	544
	預	506		軋	471		脂	678
あずける	預	506		幹	471		膏	67
あずさ	梓	600		閼	471	あぶる	炙	587
あずま	東	195	あつい	厚	866		焙	307
あせ	汗	812		暑	391	あふれる	溢	578
あぜ	校	91		熱	498	あま	天	707
	畦	872		篤	191		雨	526
	畔	295	あつかう	扱	126		尼	155
あせる	焦	721	あつまる	集	689	あまい	甘	16
	褪	772	あつめる	集	689	あまえる	甘	16
あそばす	遊	546	あつらえる	誂	647	あます	余	491
あそぶ	遊	546	あて	宛	514	あまつさえ	剰	581
あだ	仇	101		貴	115	あまねく	普	321
	寇	103	あで	艶	501		遍	784
	徒	183	あてる	充	738	あまねし	普	321
あたい	価	3		当	166		遍	784
	値	747		宛	514	あまやか	甘	16
あたう	能	154	あと	後	866	あまやかす	甘	16
あたえる	与	490		痕	874	あまる	余	491
あたかも	恰	876		跡	604	あみ	網	252
あだする	寇	103	あな	孔	72	あむ	編	785
あたたか	温	511		穴	832	あめ	天	707
	暖	141	あながち	強	23		雨	526

あめ	飴	563	あらわ	顕	831	アン	鞍	471
あや	文	279	あらわす	表	796		諳	472
	綾	237		現	830		闇	472
あやうい	危	538		著	601	あんず	杏	824
あやかる	肖	718		彰	700			
あやしい	妖	520		顕	831	イ	已	562
	怪	88	あらわれる	表	796		以	561
あやしむ	怪	88		現	830		伊	563
あやつる	操	645		顕	831		夷	563
あやぶむ	危	538	あり	蟻	559		衣	556
あやまつ	過	77	ある	在	598		位	538
あやまる	誤	509		有	543		委	539
	謝	367		或	844		衣	556
あやめ	菖	700	あるいは	或	844		医	556
あやめる	危	538	あるく	歩	320		囲	539
あゆ	鮎	623	あれる	荒	857		易	492
あゆむ	歩	320	あわ	泡	791		威	539
あら	新	458	あわい	淡	164		胃	540
	粗	640	あわさる	合	816		為	540
あらい	荒	857	あわす	合	816		畏	517
	粗	640	あわせる	合	816		唯	545
あらう	洗	407		会	859		惟	548
あらがう	抗	818		併	318		尉	540
あらかじめ	予	505	あわただしい	慌	858		異	561
あらがね	鉱	86	あわてる	慌	858		移	562
あらし	嵐	209		周	657		偉	540
あらす	荒	857	あわび	鮑	794		椅	559
あらず	非	349	あわれ	哀	475		萎	542
あらそう	争	600	あわれむ	憐	219		彙	871
あらた	新	458	アン	安	469		葦	542
あらたまる	改	25		行	822		意	556
	革	828		杏	824		違	541
あらためる	改	25		按	470		維	547
	革	828		案	469		飴	563
	検	36		庵	472		慰	541
あられ	霰	373		暗	472		遺	547

イ	緯	541	いける	生	385	いだく	擁	512
	鮪	549		行	822	いたす	致	747
	諱	871		活	856	いたずら	徒	183
い	井	624		埋	254	いただき	頂	629
いい	飯	295	いこい	憩	38	いただく	頂	629
いう	云	531	いこう	憩	38		戴	179
	言	488	いさお	功	72	いただけない	頂	629
いえ	家	3		勲	869	いただける	頂	629
いえる	癒	548	いさおし	勲	869	いたつき	労	224
いおり	庵	472	いさぎよい	潔	47	いたって	至	672
いが	毬	103	いさご	砂	364		痛	770
いかす	生	385	いささか	些	368		傷	381
	活	856	いざなう	誘	547	いたむ	悼	183
いかずち	雷	228	いさましい	勇	522		痛	770
いかだ	筏	312	いさむ	勇	522		傷	381
いかつい	厳	490	いさめる	諫	15	いためる	炒	722
いかめしい	厳	490	いし	石	393		痛	770
いからす	怒	151	いしくも	美	285		傷	381
いかり	碇	632	いしずえ	礎	722	いたる	至	672
	錨	273	いじめる	苛	7		到	180
いかる	活	856		虐	811	いたわしい	労	224
	怒	151	いじる	弄	227	いたわる	労	224
イキ	域	493	いずみ	泉	708	イチ	一	572
いき	息	453	いずれ	何	807		壱	578
	粋	433	いそ	磯	139		逸	578
	裄	838	いそがしい	忙	252	いち	市	447
いきおい	勢	409	いそがす	急	126	いちご	苺	256
いきどおる	憤	342	いそがせる	急	126	いちじるしい	著	601
いきる	生	385	いそがわしい	忙	252	イツ	一	572
	活	856	いそぐ	急	126		乙	552
イク	育	549	いそしむ	勤	121		逸	578
いく	行	822	いた	板	779		溢	578
いくさ	戦	613	いたい	痛	770	いつくしむ	慈	586
	軍	108	いたく	甚	463	いつき	斎	599
いくつ	幾	135	いだく	抱	791	いつつ	五	507
いけ	池	674		懐	862	いつわる	偽	540

いつわる	詐	366	いまわしい	忌	130	いわう	祝	732
いてる	凍	196	いみ	斎	599	いわけない	稚	748
いと	糸	360	いみな	諱	871	いわお	巌	472
いとう	厭	500	いむ	忌	130	いわや	窟	109
いとけない	幼	542	いも	芋	526	いわんや	況	857
	稚	748		薯	392	イン	引	567
いとしい	愛	476	いもうと	妹	254		印	570
いとなむ	営	503	いや	否	332		因	570
いとま	暇	5		弥	286		姻	571
いどむ	挑	181		嫌	833		咽	571
いな	否	332		厭	500		音	552
	稲	187	いやしい	卑	350		員	534
	鯔	749		賎	709		院	534
いなご	蝗	859	いやしくも	苟	102		陰	553
いなみ	諱	871	いやしむ	卑	350		飲	553
いなむ	辞	367	いやしめる	卑	350		湮	572
いぬ	犬	40	いやす	医	556		隠	551
	去	30		癒	548		韻	531
	往	515	いら	苛	7		胤	550
	狗	102		刺	584		殷	551
いぬい	乾	34	いらう	弄	227		寅	571
いね	稲	187	いらつ	郎	209		淫	554
いのしし	猪	602	いる	入	579		蔭	554
いのち	命	263		居	31			
いのる	祈	131		炒	722	ウ	右	525
いばら	荊	838		要	518		宇	526
	茨	587		射	365		有	543
いばり	尿	154		煎	615		羽	526
いびつ	歪	515		鋳	660		迂	529
いぶす	燻	870	いれる	入	579		盂	529
いま	今	122		容	523		雨	526
いましめる	戒	55		煎	615		烏	509
	誡	59	いろ	色	384		嫗	104
	縛	291	いろどる	彩	702		優	528
	警	53	いわ	岩	471	う	卯	273
いまだ	未	284		巌	472		兎	768

うい	初	718	うずくまる	踞	33	うつぶせる	俯	338	
	憂	528		蹲	663	うつぼ	靭	572	
うえ	上	375	うずたかい	堆	772	うつむく	俯	338	
うえる	植	453	うずまる	埋	254	うつむける	俯	338	
	飢	133	うずめる	埋	254	うつる	写	357	
	餓	467	うずもれる	埋	254		映	503	
うお	魚	484	うせる	失	460		移	562	
うかがう	伺	360	うそ	嘘	827		遷	709	
	窺	117	うた	歌	5	うつろ	空	74	
うかす	浮	333		唄	782		虚	826	
うかぶ	浮	333	うたい	謡	519	うつろう	移	562	
うかべる	浮	333	うたう	歌	5	うつわ	器	136	
うかる	受	430		唄	782	うで	腕	513	
うかれる	浮	333		詠	504	うてな	台	175	
うく	浮	333		謡	519	うとい	疎	416	
うぐいす	鶯	477		謳	105	うながす	促	723	
うけがう	肯	128	うたがう	疑	558	うなぎ	鰻	250	
うけたまわる	承	443	うたがわしい	疑	558	うなじ	項	818	
うける	受	430	うたぐる	疑	558	うなずく	頷	816	
	請	715	うたげ	宴	495	うぬ	己	128	
	享	825	うたた	転	612	うね	畝	272	
うごかす	動	196	うち	内	145		畦	872	
うごく	動	196	ウツ	鬱	531	うばう	奪	763	
うごめかす	蠢	663	うつ	打	756	うぶ	初	718	
うごめく	蠢	663		討	768		産	371	
うさぎ	兎	768		撃	39	うべなう	諾	141	
うし	牛	525	うつくしい	美	285	うま	午	507	
	丑	734	うつし	現	830		馬	246	
うじ	氏	465	うつす	写	357	うまい	旨	672	
うしお	潮	644		映	503	うまや	厩	104	
うしなう	失	460		移	562	うまる	埋	254	
	喪	381		遷	709	うまれる	生	385	
うしろ	後	866	うったえる	訴	417		産	371	
うす	臼	102	うつつ	現	830	うみ	海	819	
うず	渦	512	うつばり	梁	214		膿	153	
うすい	薄	290	うつぶす	俯	338	うむ	生	385	

うむ	産	371	うれえる	患	854	エイ	映	503
	熟	438		愁	434		栄	503
	倦	112		憂	528		盈	504
	績	607	うれしい	嬉	878		曳	506
	膿	153	うれる	売	253		洩	402
うめ	梅	255		熟	438		営	503
うめる	埋	254	うれわしい	憂	528		詠	504
うもれる	埋	254	うろこ	鱗	242		影	504
うやうやしい	恭	76	うろくず	鱗	242		鋭	506
うやまう	敬	50	うわ	上	375		叡	506
うら	末	250	うわさ	噂	663		衛	541
	浦	792	うわつく	浮	333		穎	504
	裏	239	うわる	植	453		嬰	504
うらなう	卜	325	ウン	云	531	えがく	描	272
	占	621		温	511		画	849
うらむ	恨	812		運	530	エキ	役	492
	怨	536		雲	530		易	492
	憾	20		暈	870		疫	492
うらめしい	恨	812					益	564
	怨	536	**え**	会	859		液	477
うらやましい	羨	400	エ	衣	556		駅	494
うらやむ	羨	400		依	556	えぐる	抉	47
うららか	麗	216		廻	862	えさ	餌	563
うり	瓜	79		烏	509	えそ	鱠	863
うる	売	253		恵	838	えたり	得	201
	得	201		絵	861	えだ	枝	674
うるう	閏	550		衛	541	エチ	越	538
うるおう	潤	550		慧	838	エツ	咽	571
うるおす	潤	550	え	江	21		悦	498
うるさい	煩	310		画	849		越	538
うるし	漆	752		柄	318		閲	498
うるむ	潤	550		重	666		謁	471
うるわしい	麗	216		餌	563	えのき	榎	7
うれ	末	250	エイ	永	502	えび	蝦	810
うれい	愁	434		泳	502	えびす	夷	563
	憂	528		英	502	えむ	笑	415

えらい	偉	540	エン	艶	501	オウ	横	863
	豪	841	えんじゅ	槐	89		嘔	104
えらぶ	選	399					鴨	474
	択	767	お				謳	105
	撰	696	オ	汚	507		鶯	477
えらむ	択	767		阿	467		鷗	105
えり	衿	125		於	487		鷹	555
	襟	125		和	850	おう	負	333
える	得	201		烏	509		追	728
	選	399	お	悪	467		逢	330
	獲	863		小	410		逐	732
エン	円	532		尾	285	おうぎ	扇	397
	延	494		男	143	おうな	嫗	104
	沿	495		御	484	おえる	終	651
	炎	499		雄	531	おお	大	169
	宴	495	お	緒	391	おおい	多	157
	衍	498		生	385	おおう	被	802
	婉	514	おい	笈	127		掩	490
	援	534		甥	388		蓋	29
	園	535	おいて	於	487		覆	325
	塩	500	おいる	老	223	おおがい	頁	833
	煙	496	オウ	王	515	おおかみ	狼	210
	猿	535		凹	518	おおきい	大	169
	鉛	496		央	475	おおせ	仰	475
	演	496		応	555	おおせる	果	77
	縁	497		往	515	おおとり	鴻	847
	宛	514		押	473	おおむね	概	28
	苑	536		旺	515	おおやけ	公	71
	怨	536		欧	99	おか	丘	97
	俺	490		殴	99		岡	25
	淵	498		皇	858		陸	235
	掩	490		桜	477		傍	302
	羨	400		翁	512	おかす	犯	312
	厭	500		黄	858		侵	752
	燕	498		奥	508		冒	266
	遠	535		椀	514			
				墺	509	おがむ	拝	303

お

おき	沖	738	おごる	驕	94	おそろしい	恐	75
おきて	掟	632	おこなわれる	行	822	おそわる	教	91
おきな	翁	512	おさ	長	591	おだてる	煽	400
おぎなう	補	322	おさえる	押	473	おだやか	穏	511
おきる	起	132		抑	487	おちいる	陥	816
	熾	749	おさない	幼	542	おちる	落	205
オク	屋	510	おさまる	収	429		堕	758
	億	487		治	746		墜	730
	憶	487		修	432	オツ	乙	552
	臆	487		納	144	おっと	夫	330
おく	置	748	おさめる	収	429	おと	乙	552
	措	642		治	746		弟	633
	奥	508		納	144		音	552
	擱	10		修	432	おとうと	弟	633
おくらす	後	866	おし	啞	467	おどかす	威	539
	遅	678	おじ	伯	309		脅	835
おくらせる	後	866		叔	437		嚇	828
	遅	678	おしい	惜	394	おとこ	男	143
おくる	送	422	おしえる	教	91	おとしいれる	陥	816
	贈	670	おじける	怖	790	おどける	戯	877
おくれる	遅	678	おしむ	惜	394	おとす	落	205
	後	866	おじる	怖	790		墜	730
おけ	桶	771	おす	圧	473	おどす	脅	835
おける	於	487		押	473		威	539
おこす	起	132		推	730		嚇	828
	熾	749		牡	268	おとずれる	訪	303
	興	876		雄	531	おどらす	踊	523
おごそか	厳	490		捺	143		躍	481
おこたる	怠	765	おそい	遅	678	おどり	踊	523
おこなう	行	822	おそう	襲	443	おとる	劣	220
おこる	怒	151	おそらく	恐	75	おどる	踊	523
	起	132	おそる	恐	75		躍	481
	興	876	おそれ	虞	528	おどろ	棘	119
	熾	749	おそれる	畏	517	おとろえる	衰	424
おごる	傲	509		恐	75	おどろかす	驚	54
	奢	368		怖	790	おどろく	驚	54

おどろく	愕	469	おもねる	阿	467	オン		遠	535
おなじ	同	194	おもむき	趣	745			隠	551
おに	鬼	115	おもむく	赴	333			穏	511
おの	斧	337		趣	745	おん		御	484
おのおの	各	8	おもむろに	徐	390			雄	531
おのずから	自	582	おもり	錘	731	おんな		女	147
おのずと	自	582	おもわしい	思	363		か		
おののく	慄	236	おもんぱかる	慮	215	カ		下	805
	戦	613	おもんみるに	惟	548			戈	79
おのれ	己	128	おや	親	750			化	847
おび	帯	177	およぐ	泳	502			火	848
おびえる	怯	37	およそ	凡	312			加	1
	脅	835	および	及	126			可	1
おびく	誘	547	およぶ	及	126			瓜	79
おびただしい	夥	79	およぼす	及	126			仮	2
おびやかす	脅	835	おり	檻	816			何	807
おびる	帯	177	おりる	下	805			伽	6
	佩	782		降	22			花	848
おぼえる	覚	10	おる	折	619			価	3
おぼしい	思	363		織	681			佳	3
	覚	10	おれ	俺	490			卦	87
おぼらす	溺	156	おれる	折	619			呵	7
おぼれる	溺	156	おろか	愚	528			果	77
おぼろ	朧	227	おろし	卸	364			河	809
おめく	喚	854	おろす	下	805			和	850
おめる	怖	790		卸	364			茄	7
おも	主	655		降	22			苛	7
	面	259	おろそか	疎	416			架	3
おもい	重	666	おわる	終	651			枷	7
おもう	思	363	オン	怨	536			珂	7
おもうに	惟	548		苑	536			科	77
おもそる	思	363		音	552			痂	7
おもて	表	796		恩	550			個	26
	面	259		陰	553			夏	809
おもな	主	655		温	511			家	3
おもに	主	655		飲	553			荷	809

カ			ガ			カイ		
	華	851		俄	467		魁	89
	菓	77		臥	512		槐	89
	訛	512		賀	810		誡	59
	貨	851		雅	466		潰	114
	渦	512		蝦	810		壊	88
	過	77		餓	467		懐	861
	嫁	5		駕	7		獪	863
	暇	5	カイ	介	25		諧	821
	瑕	810		会	859		繪	863
	禍	851		回	860		檜	863
	靴	852		灰	860		蟹	822
	嘉	7		快	755		鱠	863
	榎	7		戒	55	かい	貝	781
	夥	79		改	25	ガイ	艾	476
	寡	78		怪	88		外	516
	樺	852		拐	88		劾	822
	歌	5		乖	89		咳	821
	箇	28		芥	28		害	820
	稼	6		徊	862		崖	476
	駕	7		廻	862		涯	475
	蝸	513		海	819		凱	29
	蝦	810		悔	861		街	5
	課	79		界	57		慨	28
	霞	810		疥	29		該	821
	顆	79		皆	26		概	28
	鍋	79		晦	863		蓋	29
か	日	577		械	57		骸	822
	香	825		傀	89	かいこ	蚕	589
	蚊	281		街	5	かう	支	672
ガ	牙	466		開	27		買	255
	瓦	512		絵	861		飼	367
	伽	6		喙	871	かえす	返	294
	我	466		階	58		帰	114
	画	849		罫	87		還	855
	河	809		塊	88		孵	338
	芽	466		解	820	かえって	反	292

かえって	却	8	かかる	罹	241	カク	鶴	811
かえで	楓	800		繋	59		攪	94
かえりみる	省	405		懸	831		攬	853
	顧	65	かかわる	拘	98	かく	欠	45
かえる	代	174		係	56		書	389
	返	294		関	82		掻	418
	変	315	かき	垣	533	かぐ	嗅	869
	帰	114		柿	450	かぐわしい	香	825
	換	854	かぎ	鉤	103	ガク	学	810
	替	717		鍵	35		岳	467
	蛙	512	かぎる	限	812		愕	469
	還	855	カク	各	8		楽	205
	孵	338		角	8		額	477
がえんじる	肯	128		拡	852		顎	469
がえんずる	肯	128		喀	29	かくす	隠	551
かお	顔	470		客	29	かくまう	匿	156
かおり	香	825		革	828	かくれる	隠	551
かおる	香	825		画	849	かげ	陰	553
	薫	869		格	38		影	504
	馨	838		核	822		蔭	554
かかえる	抱	791		郭	80	がけ	崖	476
かかげる	掲	37		殻	10	かける	欠	45
かがまる	屈	109		涸	811		架	3
かがみ	鏡	52		覚	10		掛	87
	鑑	20		隔	38		翔	383
かがむ	屈	109		較	92		駆	101
かがめる	屈	109		閣	10		駈	104
かがやかしい	輝	871		劃	863		賭	188
かがやかす	輝	871		廓	80		懸	831
かがやく	輝	871		摑	89	かご	籠	228
	耀	520		赫	829	かこう	囲	539
かがよう	耀	520		確	852	かこつ	託	759
かがり	篝	105		獲	863	かこつける	託	759
かかる	係	56		擱	10	かこむ	囲	539
	架	3		嚇	828	かさ	笠	245
かかる	掛	87	カク	穫	853		傘	371

かな	漢字	번호	かな	漢字	번호	かな	漢字	번호
かさ	暈	870	かせ	枷	7	かたる	騙	786
	嵩	442	かぜ	風	799	かたわら	傍	302
	瘡	701	かせぐ	稼	6		旁	303
かざ	風	799	かぞえる	数	434	カチ	褐	16
かさなる	重	666	かた	方	299	かち	徒	183
かさね	襲	443		片	783		搗	188
かさねる	重	666		形	837	カッ	合	816
かさぶた	痂	7		型	837		搗	188
かさむ	嵩	442		肩	43	カツ	刮	84
かざる	飾	453		潟	395		括	84
かじ	梶	287	がた	形	837		活	856
	舵	758		型	837		恰	876
かしがましい	囂	865	かたい	固	61		喝	16
かしぐ	炊	743		堅	44		渇	16
	傾	52		硬	51		割	814
かしげる	傾	52		難	142		筈	84
かしこ	畏	517	かたがた	旁	303		滑	856
かしこい	賢	830	かたき	敵	606		葛	16
かしましい	姦	15	かたくな	頑	513		褐	16
	囂	865	かたくなし	頑	513		轄	815
かしら	頭	199	かたじけない	辱	521		豁	857
かしわ	柏	309	かたち	形	837		闊	857
かす	貸	178	かたつむり	蝸	513	かつ	且	691
	糟	647	かたどる	象	381		克	118
かず	数	434		模	267		勝	445
かすか	幽	545	かたな	刀	180	ガッ	合	816
	微	286	かたまり	塊	88		楽	205
かずく	被	802	かたまる	固	61	ガツ	月	537
	潜	589	かたみ	互	839	かつえ	餓	467
かずける	被	802		筐	86	かつえる	飢	133
かずら	葛	16	かたむく	傾	52	かつお	鰹	45
かすみ	霞	810	かたむける	傾	52	かつぐ	担	163
かすむ	霞	810	かためる	固	61	かったい	癩	204
かすめる	掠	212	かたよる	偏	784	かつて	曾	670
かずら	葛	16	かたらう	語	486	かつら	桂	59
かする	掠	212	かたる	語	486	かて	糧	214

かど	角	8	かぶと	兜	200	がら	柄	318
	門	280	かぶら	蕪	278	からい	辛	456
かな	金	123	かぶる	被	802	からし	芥	28
かなう	叶	835	かぶろ	禿	191	からす	枯	63
	適	605	かべ	壁	314		烏	509
かなえ	鼎	632	かま	缶	80		涸	811
かなえる	叶	835		釜	338		嗄	368
	適	605		窯	519	からだ	体	716
かなしい	哀	475		鎌	48	からびる	乾	34
	悲	351	がま	蒲	794	からます	絡	206
かなしむ	哀	475	かまう	構	100	からませる	絡	206
	悲	351	かまえる	構	100	からまる	絡	206
かなでる	奏	659	かまびすしい	喧	870	がらみ	搦	156
かなめ	要	518		囂	865	からむ	絡	206
かならず	必	803	かみ	上	375	からめる	搦	156
かなわぬ	適	605		神	457	かり	仮	2
かに	蟹	822		紙	677		雁	470
かね	金	123		髪	298	かりる	借	692
	鐘	652	かみなり	雷	228	かる	刈	505
かねて	予	505	かむ	咬	93		狩	432
かねる	兼	48	かめ	亀	116		駆	101
かの	彼	801	かも	鴨	474		駈	104
かのえ	庚	54	かもす	醸	483	かるい	軽	51
かのと	辛	456	かもめ	鷗	105	かれ	彼	801
かば	蒲	794	かや	茅	268	かれい	鰈	713
	樺	852		萱	870	かれる	枯	63
かばう	庇	353	かゆ	粥	662		涸	811
かばね	姓	404	かゆい	痒	484		嗄	368
かばん	鞄	794	かよう	通	769	かろうじて	辛	456
かび	黴	287	かよわす	通	769	かろしめる	軽	51
かぶ	株	659	かよわせる	通	769	かろやか	軽	51
	蕪	278	から	空	74	かろんじる	軽	51
かぶさた	痂	7		唐	167	かろんずる	軽	51
かぶさる	被	802		殻	10	かわ	川	706
かぶせる	被	802		幹	14		皮	801
かぶと	甲	21		樺	852		河	809

かわ	革	828	カン	勘	17	カン	環	855
	側	745		患	854		癇	15
かわら	瓦	512		貫	81		瞰	20
がわ	側	745		喚	854		艱	15
かわかす	乾	34		渙	855		韓	814
かわく	乾	34		煥	855		簡	14
	渇	16		堪	18		観	83
かわす	交	90		寒	812		灌	84
かわら	瓦	512		嵌	20		檻	816
かわる	代	174		換	854		鑑	816
	変	315		敢	18		鑑	20
	替	717		棺	81	かん	神	457
	換	854		款	81	ガン	丸	853
				菅	84		元	532
カン	干	11		間	12		含	815
	刊	11		閑	813		岩	471
	甘	16		萱	870		岸	469
	甲	21		勧	112		玩	514
	奸	15		寛	81		眼	470
	汗	812		幹	14		雁	470
	缶	80		感	19		頑	513
	完	513		漢	813		癌	472
	旱	813		慣	82		顔	470
	肝	11		管	82		領	816
	坩	20		関	82		願	536
	函	816		歓	855		巌	472
	官	80		監	19		龕	20
	冠	81		緩	514	かんがえる	考	60
	姦	15		緘	816	かんがみる	鑑	20
	巻	111		爛	15	かんな	鉋	794
	柑	20		憾	20	かんばしい	芳	300
	看	12		橄	20		馨	838
	竿	15		翰	813	かんむり	冠	81
	宦	855		諫	15			
	陥	816		還	855	キ	几	114
	疳	20		館	83		己	128
	乾	34						

き

キ	企	128	キ	棋	135	ギ	宜	556
	伎	137		欺	135		祇	138
	吉	139		稀	877		偽	540
	危	538		葵	117		棋	135
	肌	128		貴	115		欺	135
	机	113		暉	871		義	557
	気	129		棄	136		疑	558
	岐	130		毀	871		儀	558
	希	876		畸	139		戯	877
	忌	130		碁	136		誼	559
	杞	138		詭	114		擬	558
	汽	130		跪	114		犠	877
	其	138		窺	117		魏	542
	奇	131		旗	136		蟻	559
	季	56		綺	139		議	558
	祈	131		器	136	きえる	消	413
	紀	132		毅	559	きおう	競	53
	軌	114		諱	871	きかす	利	237
	起	132		嬉	878	きかせる	利	237
	桔	140		輝	871	キク	菊	107
	姫	877		麾	871		掬	107
	帰	114		機	137		鞠	107
	既	132		磯	139		麹	107
	記	132		鮨	679	きく	利	237
	飢	133		徽	871		効	864
	鬼	115		騎	137		訊	460
	基	134		麒	139		聞	281
	埼	138		饑	139		聴	715
	寄	133		驥	139	きこえる	聞	281
	崎	135	き	木	268	きこす	聞	281
	規	116		生	385	きさき	后	866
	亀	116		黄	858		妃	348
	喜	877		葵	117	きざす	兆	637
	幾	135	ギ	伎	137		萌	258
	揮	871		妓	138	きざはし	陛	788
	期	135		技	131	きざむ	刻	9

きし	岸	469	きびしい	厳	490	キュウ	救	99
きじ	雉	749	きまる	決	46		球	100
きしむ	軋	471	きみ	君	107		枢	103
きしめく	軋	471	きめる	決	46		毬	103
きしる	軋	471		極	118		舅	104
きす	鱚	878	きも	肝	11		給	127
きず	傷	381	キャ	伽	6		翕	876
	創	699		脚	9		嗅	869
	瑕	810	キャク	却	8		厩	104
きずく	築	733		客	29		鳩	103
きずな	絆	296		脚	9		窮	111
きせる	着	694	ギャク	虐	811	ギュウ	牛	525
きそう	競	53		逆	492	キョ	巨	30
きた	北	338	キュウ	九	95		去	30
きたえる	鍛	162		久	95		刑	836
きたす	来	210		仇	101		居	31
きたない	汚	507		及	126		拒	31
きたる	来	210		弓	110		拠	31
キチ	吉	139		丘	97		炬	32
キツ	乞	36		旧	97		倨	33
	吉	139		休	872		挙	32
	吃	875		吸	875		据	32
	屹	875		扱	126		粔	33
	迄	875		朽	866		虚	826
	拮	140		臼	102		許	826
	桔	140		求	98		渠	33
	喫	140		汲	127		距	32
	詰	878		咎	102		鋸	33
きつね	狐	842		灸	102		裾	33
きぬ	衣	556		究	98		墟	827
	絹	44		泣	554		踞	33
きのう	昨	588		急	126		噓	827
きのえ	甲	21		級	127		欅	33
きのと	乙	552		笈	127	ギョ	魚	484
きば	牙	467		糾	116		御	484
きび	稷	681		宮	110		漁	484

ギョ	禦	487	キョウ	教	91	ギョク	玉	510
きよい	浄	600		梗	54	きよまる	清	714
	清	714		経	50	きよめる	清	714
キョウ	凶	873		卿	54	きよらか	清	714
	兄	836		梟	865	きらい	嫌	833
	叶	835		喬	93	きらう	嫌	833
	兇	873		敬	50	きらす	切	616
	共	72		境	52	きらびやか	煌	859
	叫	116		鞏	76	きらめく	煌	859
	向	824		鋏	836	きり	桐	198
	杏	824		僑	94		霧	277
	夾	835		嬌	94		錐	731
	狂	86		橋	93	きる	切	616
	孝	864		興	876		伐	311
	京	49		蕎	94		斬	699
	享	825		頬	836		着	694
	供	73		矯	93	きれ	裂	220
	協	834		鏡	52	きれる	切	616
	俠	835		競	53	きわ	際	635
	峡	834		響	826	きわまる	極	118
	挟	834		饗	826		窮	111
	狭	835		驚	54	きわみ	極	118
	茮	836		驕	94	きわめる	究	98
	匡	86	ギョウ	仰	475		極	118
	況	857		行	822		窮	111
	怯	37		形	837	きわやか	際	635
	香	825		杏	824	キン	巾	35
	恐	75		暁	865		今	122
	恭	76		業	490		斤	119
	拱	76		凝	555		均	117
	胸	873	キョク	曲	68		近	119
	脅	835		旭	530		芹	122
	脇	835		局	105		径	49
	強	23		極	118		欣	874
	竟	54		棘	119		金	123
	郷	825		髷	68		衿	125

キン	矜	128	ク		救	99	くぐる		潜	589
	菫	122			枸	102	くさ		草	720
	衾	125			紅	846	くさい		臭	744
	菌	117			倶	103	くさむら		叢	726
	軽	51			矩	103	くさらす		腐	336
	勤	121			宮	110	くさり		鎖	423
	琴	124			庫	65	くさる		腐	336
	筋	121			駆	101	くされる		腐	336
	欽	875			駈	104	くし		串	84
	僅	122			駒	105			櫛	668
	禁	124			軀	105	くじ		籤	712
	禽	125	グ		工	70	くしき		奇	131
	槿	122			弘	847	くじく		挫	654
	擒	125			求	98	くしくも		奇	131
	緊	139			供	73	くじける		挫	654
	噤	125			具	99	くじら		鯨	55
	錦	125			紅	846	くず		葛	16
	謹	121			倶	103	くずおれる		頽	772
	襟	125			貢	75	くずす		崩	347
ギン	吟	552			救	99	くすぶる		燻	870
	銀	551			愚	528	くすべる		燻	870
	く				虞	528	くすり		薬	480
ク	九	95	く		孔	72	くずれる		崩	347
	久	95	くい		杭	819	くせ		曲	68
	口	95	くいる		悔	861			癖	314
	工	70	クウ		空	74	くそ		糞	342
	公	71			供	73	くだ		管	82
	区	97	くう		食	451	くだく		砕	423
	孔	72	グウ		宮	110	くだける		砕	423
	丘	97			偶	527	くださる		下	805
	功	72			遇	527	くだす		下	805
	句	98			寓	529			降	22
	究	98			隅	527	くだり		件	34
	供	73	くき		茎	49	くだる		下	805
	狗	102	くぎ		釘	632			降	22
	苦	62	くくる		括	84	くだん		件	34

くち	口	95	くら	倉	699	くれる	呉	508
くらばし	啄	760		庫	65		暮	267
くちびる	唇	439		蔵	596	くろ	玄	829
くちる	朽	866		鞍	471		畔	295
クツ	屈	109	くらい	位	538		黒	874
	堀	109		暗	472	くろい	黒	874
	掘	109	くらう	食	451	くろがね	鉄	710
	窟	109	くらす	暮	267	くろむ	黒	874
くつ	靴	852	くらべる	比	348	くろめる	黒	874
くつがえす	覆	325		較	92	くわ	桑	380
くつがえる	覆	325	くらます	晦	863		鍬	723
くつろぐ	寛	81	くらむ	眩	831	くわうる	加	1
くつろげる	寛	81	くり	栗	236	くわえる	加	1
くどい	諄	441	くりや	厨	661	くわしい	詳	382
くに	国	106	くる	来	210		委	539
くばる	配	305		剞	66		精	630
くび	首	431		繰	646	くわす	食	451
	頸	55	くるう	狂	86	くわだてる	企	128
くびれる	括	84	くるおしい	狂	86	くわわる	加	1
くぼ	窪	513	くるしい	苦	62	クン	君	107
くぼむ	凹	518	くるしむ	苦	62		訓	869
	窪	513	くるしめる	苦	62		菫	870
くま	熊	532	くるま	車	691		勲	869
くみ	組	640		俥	32		薫	869
くみする	与	490	くるめかす	転	612		燻	870
くむ	汲	127	くるめく	転	612	グン	軍	108
	酌	588		眩	831		郡	108
	組	640	くるる	枢	728		群	108
くも	雲	530	くるわ	郭	80			
	蜘	679		廓	80	ケ	化	847
くもらす	曇	164	くるわしい	狂	86		仮	2
くもる	曇	164	くるわす	狂	86		気	129
くやしい	悔	861	くるわせる	狂	86		希	876
くやむ	悔	861	くれ	呉	508		花	848
くゆらす	燻	870		塊	88		卦	87
くゆる	薫	870	くれない	紅	846		怪	88

け

ケ			ケイ			ゲキ		
	芥	28		啓	57		戟	119
	悔	861		掲	37		隙	119
	家	3		脛	54		劇	118
	華	851		渓	58		撃	39
	袈	7		硅	117		激	39
	健	35		蛍	837		檄	39
	検	36		畦	872	けす	消	413
	景	51		頃	54	けずる	削	369
	戯	877		敬	50	けた	桁	819
	稀	877		痙	54	けだし	蓋	29
	罫	87		軽	51	ケチ	血	832
	懸	831		景	51		結	46
け	毛	265		卿	54	ケツ	欠	45
ゲ	下	805		傾	52		穴	832
	牙	467		境	52		血	832
	外	516		携	872		抉	47
	悔	861		継	58		決	46
	夏	809		罫	87		頁	833
	華	851		閨	117		訣	47
	解	820		慶	53		結	46
	戯	877		慧	838		傑	36
ケイ	兄	836		稽	59		潔	47
	刑	836		憩	38		蕨	113
	形	837		頸	55		闕	113
	系	55		繋	59		蹶	113
	京	49		警	53	ゲツ	月	537
	径	49		鶏	58	けづめ	距	32
	茎	49		競	53	けなす	貶	786
	係	56		鮭	117	けみする	閲	498
	型	837		馨	838	けむい	煙	496
	契	56	ゲイ	芸	505	けむり	煙	496
	計	57		迎	502	けむる	煙	496
	荊	838		鯨	55	けもの	獣	435
	恵	838	けがす	汚	507	けやき	欅	33
	桂	59	けがれる	汚	507	ける	蹴	734
	珪	117	ゲキ	逆	492	けわしい	険	828

ケン			ケン					コ		
	犬	40		権	112	⊏ こ ⊐				
	件	34		憲	827			コ	己	128
	見	40		賢	830				戸	839
	券	111		謙	48				火	848
	肩	43		鍵	35				巨	30
	巻	111		簡	14				去	30
	建	34		瞼	37				古	60
	県	829		鎌	48				杞	138
	呟	831		繭	45				呼	840
	研	495		顕	831				固	61
	俔	36		験	828				孤	63
	倦	112		懸	831				居	31
	兼	48		鰹	45				弧	841
	剣	36	ゲン	元	532				拠	31
	拳	113		幻	854				股	67
	軒	827		玄	829				姑	66
	乾	34		見	40				狐	842
	健	35		言	488				虎	842
	捲	113		弦	829				垢	102
	険	828		彦	489				故	62
	牽	45		限	812				胡	842
	眷	113		原	533				枯	63
	喧	870		拳	113				炬	32
	萱	870		眩	831				個	26
	圏	112		現	830				庫	65
	堅	44		眼	470				虚	826
	検	36		絃	831				壺	843
	硯	498		舷	832				涸	811
	絢	831		減	18				湖	841
	間	12		鉉	832				雇	65
	嫌	833		嫌	833				琥	843
	献	827		源	535				誇	78
	蜆	832		諺	489				鼓	65
	絹	44		還	855				痼	67
	腱	35		厳	490				箇	28
	遣	44		験	828				糊	843

コ	顧	65	コウ	孔	72	コウ	昂	475
こ	乞	36		勾	101		厚	866
	子	582		叩	65		垢	102
	小	410		甲	21		巷	819
	木	268		功	72		後	866
	仔	587		巧	90		恒	818
	粉	340		尻	66		恍	858
	黄	858		広	85		恰	876
	籠	228		弘	847		洪	846
ゴ	五	507		交	90		狡	93
	互	839		仰	475		皇	858
	午	507		光	85		紅	846
	伍	509		向	824		苟	102
	后	866		后	866		荒	857
	呉	508		好	839		虹	847
	吾	509		行	822		香	825
	後	866		江	21		候	868
	胡	842		考	60		降	22
	娯	508		劫	37		郊	91
	悟	508		坑	30		格	38
	梧	509		宏	89		校	91
	御	484		抗	818		耕	49
	期	135		攻	73		耗	267
	碁	136		更	30		航	818
	語	486		肛	819		桁	819
	誤	509		孝	864		浩	843
	護	842		効	864		貢	75
こい	恋	217		幸	824		高	63
	濃	152		岡	25		哮	865
	鯉	241		庚	54		寇	103
こいしい	恋	217		拘	98		康	23
こいねがう	希	876		肯	128		控	76
	庶	390		肴	865		梗	54
コウ	口	95		杭	819		黄	858
	工	70		咬	93		経	50
	公	71		侯	868		蛟	93

コウ	喉	868	コウ	藁	67	こえる	肥	349
	徨	859		曠	86		越	538
	慌	858		膠	94		超	721
	煌	859		梗	54	こおり	氷	355
	腔	25		経	50		郡	108
	港	818		鎬	843	こおる	氷	355
	硬	51		囂	865		凍	196
	絞	92		攪	94	こがす	焦	721
	項	818	こう	乞	36	こがれる	焦	721
	嚆	865		神	457	コク	石	393
	溝	100		恋	217		克	118
	較	92		請	715		告	61
	釦	103	ゴウ	号	839		谷	68
	鉱	86		后	866		刻	9
	鉤	103		合	816		国	106
	閘	21		江	21		哭	68
	幌	859		劫	37		黒	874
	慷	25		格	38		穀	68
	敲	67		拷	63		酷	844
	膏	67		剛	22	こく	扱	126
	構	100		降	22	ゴク	極	118
	綱	24		強	23		獄	511
	酵	865		郷	825	こぐ	扱	126
	稿	65		毫	843		漕	647
	蝗	859		傲	509	こけ	苔	766
	衡	838		業	490	こけら	柿	450
	薨	870		豪	841		鱗	242
	興	876		濠	843	こげる	焦	721
	鋼	24		轟	89	こごえる	凍	196
	篝	105	こうじ	柑	20	ここのつ	九	95
	縞	843		麹	107	こころ	心	462
	糠	25	こうむる	被	802	こころざし	志	674
	講	24		蒙	271	こころざす	志	674
	購	101	こうる	梱	69	こころみる	試	450
	鮫	94	こえ	声	404	こころよい	快	755
	鴻	847		肥	349	こし	越	538

こし	腰	519	こばむ	拒	31	ころげる	転	612
	輿	492	こびる	媚	287	ころす	殺	373
こしらえる	拵	649	こぶ	瘤	234	ころばす	転	612
こじる	抉	47	こぶし	拳	113	ころぶ	転	612
こじれる	拗	520	こぼす	零	222	ころも	衣	556
こす	越	538	こぼつ	毀	871	こわ	声	404
	超	721	こぼれる	零	222	こわい	怖	790
こすい	狡	93	こま	駒	105		恐	75
こずえ	梢	722		齣	696		強	23
こぞる	挙	32	こまか	細	408	こわす	壊	88
こたえ	答	165	こまかい	細	408		毀	871
こたえる	答	165	こまぬく	拱	76	こわれる	壊	88
	応	555	こまねく	拱	76		毀	871
こだわる	拘	98	こまやか	濃	152	コン	今	122
コツ	乞	36	こまる	困	69		困	69
	骨	70	ごみ	芥	28		近	119
	忽	846	こむ	込	581		坤	69
	笏	846	こめ	米	284		昆	69
	惚	846	こめる	込	581		昏	845
	滑	856	こも	菰	67		欣	874
こと	言	488		薦	709		金	123
	事	361	こもる	籠	228		建	34
	殊	432	こやし	肥	349		恨	812
	琴	124	こやす	肥	349		根	120
ごと	毎	253	こよみ	暦	217		軒	827
ごとし	如	491	こらえる	堪	18		婚	844
ことなる	異	561	こらしめる	懲	690		混	844
ことば	詞	366	こらす	凝	555		渾	845
ことぶき	寿	430		懲	690		梱	69
ことほぐ	寿	430					痕	874
ことわざ	諺	489	こりる	懲	690		紺	17
ことわり	理	238	こる	梱	69		棍	69
ことわる	断	160		凝	555		焜	845
こな	粉	340	これ	此	694		蒟	104
こねる	捏	142	ころ	頃	54		献	827
このむ	好	839	ころがす	転	612		褌	69
			ころがる	転	612			

コン	魂	845	サイ	妻	704	さいわい	幸	824
	墾	14		洒	423	さえぎる	遮	693
	懇	14		砕	423	さお	竿	15
ゴン	言	488		晒	423		棹	187
	欣	874		宰	599	さか	坂	779
	勤	121		裁	599		阪	780
	権	112		柴	450		逆	492
	厳	490		殺	373		酒	659
				財	599	さかい	境	52
さ				彩	702	さかえる	栄	503
サ	左	653		砦	703	さがす	捜	433
	再	597		採	702		探	763
	早	637		済	634	さかずき	杯	304
	佐	654		祭	634	さかな	肴	865
	作	587		細	408		魚	484
	沙	368		菜	702	さかのぼる	遡	418
	些	368		埼	138	さからう	逆	492
	査	363		斎	599	さかる	盛	405
	砂	364		最	727	さがる	下	805
	茶	158		裁	599	さかん	盛	405
	唆	365		債	702	さき	先	395
	差	692		催	728		崎	135
	詐	366		塞	384		埼	138
	瑣	423		歳	409	さきがけ	魁	89
	鎖	423		載	600	サク	冊	703
	娑	368		際	635		作	587
	嗄	368		賽	384		削	369
	狭	835		臍	636		昨	588
さザ	坐	654	ザイ	才	597		柵	703
	座	654		在	598		朔	369
	挫	654		材	598		索	385
サイ	才	597		剤	633		窄	696
	切	616		財	599		策	703
	再	597		済	634		酢	721
	西	388		罪	655		搾	695
	災	598	さいなむ	苛	7		錯	695
	采	703						

サク	簀	703	サツ	札	697	さむらい	侍	448
さく	咲	413		刷	423	さめ	雨	526
	割	814		殺	373		鮫	94
	裂	220		察	697	さめる	冷	211
さくら	桜	477		撮	727		覚	10
さぐる	探	763		撤	711		褪	772
さけ	酒	659		撒	373		醒	406
	鮭	117		擦	697	さや	莢	836
さげすむ	蔑	261	ザツ	雑	590		鞘	723
さけぶ	叫	116	さと	里	238	さら	皿	261
さける	裂	220		郷	825		更	30
	避	802	さとい	敏	288	さらう	浚	662
さげる	下	805		聡	726		渫	402
	提	635	さとす	諭	548		攫	853
ささえる	支	671	さとび	俚	240	さらす	晒	423
ささげる	捧	330	さとる	悟	508	さる	去	30
ささやか	細	408		覚	10		申	21
ささる	刺	584	さね	核	822		猿	535
さしまねく	麾	871	さば	鯖	716	ざる	笊	647
さじ	匙	450	さばく	捌	781	ざれる	戯	877
さす	刺	584		裁	599	さわ	沢	767
	注	658	さばける	捌	781	さわがしい	騒	417
	指	675	さび	寂	604	さわぐ	騒	417
	射	365		錆	701	さわやか	爽	383
	差	692	さびしい	寂	604	さわる	触	723
	挿	375		淋	242		障	596
さずかる	授	433	さびる	錆	701	サン	三	373
さずける	授	433		寂	604		山	369
さする	摩	246	さびれる	寂	604		参	698
さそう	誘	547	さま	様	482		桟	589
さだか	定	626	さます	冷	211		蚕	589
さだまる	定	626		覚	10		惨	698
さだめる	定	626		醒	406		産	371
さち	幸	824	さまたげる	妨	300		傘	371
サッ	早	637	さまよう	彷	303		散	371
サツ	冊	703	さむい	寒	812		算	372

サン	酸	372
	撒	373
	賛	696
	燦	696
	霰	372
	譜	697
ザン	残	589
	惨	698
	斬	698
	暫	590

し	
シ	士	356
	子	582
	巳	367
	支	671
	止	671
	氏	465
	仕	357
	仔	587
	史	357
	司	357
	只	679
	四	356
	市	447
	矢	447
	示	447
	弛	563
	旨	672
	次	691
	此	694
	死	359
	糸	360
	自	582
	至	672
	芝	673
	伺	360

シ	志	674
	私	361
	使	362
	刺	584
	姉	584
	始	448
	肢	678
	枝	674
	祀	368
	祉	675
	姿	585
	屍	450
	思	363
	指	675
	施	448
	柿	450
	師	364
	脂	678
	祠	368
	紙	677
	茨	587
	偲	450
	匙	450
	視	449
	弑	451
	覘	368
	斯	369
	紫	585
	詞	366
	歯	748
	痣	679
	嗣	367
	獅	369
	詩	450
	試	450
	資	586

シ	嗜	138
	飼	367
	漬	678
	誌	679
	雌	586
	幟	749
	賜	366
	熾	749
	諮	587
	鮨	679
	鯔	749
ジ	士	356
	仕	357
	示	447
	地	672
	字	582
	寺	359
	次	691
	耳	561
	自	582
	似	360
	児	466
	事	361
	侍	448
	治	746
	峙	749
	持	676
	師	364
	除	634
	時	449
	痔	749
	滋	586
	辞	367
	慈	586
	蒔	451
	爾	563

ジ	磁	586	じじ	爺	479	シツ	櫛	668
	璽	384	しじみ	蜆	832	ジッ	十	464
じ	路	225	しず	賤	709	ジツ	日	577
しあわせ	幸	824		静	631		実	461
シイ	弑	541	しずか	静	631	しっかり	確	852
しい	椎	731	しずく	滴	605	しつらえる	設	401
しいたげる	虐	811	しずまる	静	631	しと	尿	154
しいる	強	23		鎮	686	しとやか	淑	438
	誣	277	しずむ	沈	752	しな	品	798
しお	塩	500	しずめる	沈	752		科	77
	潮	644		静	631	しなう	撓	154
しおれる	萎	542		鎮	686	しなびる	萎	542
しか	鹿	226	した	下	805	しなる	撓	154
しかし	併	318		舌	400	しぬ	死	359
しかと	確	852	したう	慕	267	しのぎ	鎬	843
しかばね	屍	450	したがう	従	651	しのぐ	凌	236
しがらみ	柵	703	したがえる	従	651	しのばせる	忍	570
しかり	然	496	したしい	親	750	しのぶ	忍	570
しかる	叱	688	したしむ	親	750		偲	450
	呵	7	したたか	健	35	しば	芝	673
	然	496		強	23		柴	450
シキ	式	451	したためる	認	571	しばらく	暫	590
	色	384	したたる	滴	605	しばる	縛	291
	織	681	したわしい	慕	267	しびれる	痺	353
	識	454	シチ	七	751	しぶ	渋	375
ジキ	直	680		質	688	しぶい	渋	375
	食	451	シツ	叱	688	しぶる	渋	375
しきりに	頻	354		失	460	しぼむ	萎	542
しく	布	790		室	462	しぼる	絞	92
	敷	336		疾	688		搾	695
ジク	軸	733		執	689	しま	島	182
しげい	繁	310		湿	443		縞	843
しげる	茂	274		嫉	689	しまう	終	651
	繁	310		漆	752	しまる	閉	788
しこ	醜	731		膝	442		絞	92
しごく	扱	126		質	688		締	717

かな	漢字	頁	かな	漢字	頁	かな	漢字	頁	かな	漢字	頁
しみ	染	499	シャ	這	602	シュ	狩	432
しみる	染	499		奢	368		首	431
	凍	196		煮	585		修	432
	滲	374		遮	693		酒	659
しめ	標	797		謝	367		株	659
しめす	示	447		瀉	369		殊	432
	湿	443	ジャ	邪	362		珠	659
しめる	占	621		蛇	366		娶	745
	閉	788	シャク	勺	587		衆	667
	湿	443		尺	705		須	436
	絞	92		石	393		腫	652
	締	717		折	394		種	651
しも	下	805		赤	603		趣	745
	霜	383		昔	394	ジュ	入	579
しもと	筈	766		杓	798		寿	430
しもべ	僕	325		借	692		受	430
シャ	三	373		笏	846		呪	660
	且	691		酌	588		従	651
	写	357		惜	394		授	433
	沙	368		釈	394		就	744
	社	360		錫	395		聚	745
	車	691		爵	588		需	435
	杓	798	ジャク	若	479		儒	547
	舎	362		弱	480		樹	435
	炙	587		寂	604		濡	549
	者	584		雀	588	シュウ	主	655
	卸	364		着	694		収	429
	洒	423		搦	156		囚	429
	砂	364	しゃけ	鮭	117		州	656
	借	692	しゃち	鯱	843		舟	656
	姿	368	しゃべる	喋	713		秀	430
	射	365	シュ	手	424		周	657
	捨	365		主	655		宗	650
	赦	366		守	429		拾	442
	斜	365		朱	656		洲	661
	釈	394		取	741		祝	732

シュウ	秋	730	ジュウ	紐	154	ジュン	殉	439
	臭	744		従	651		純	439
	酋	731		渋	375		淳	440
	修	432		終	651		循	440
	袖	436		揉	548		順	440
	執	689		絨	550		閏	550
	終	651		銃	726		準	662
	羞	436		獣	435		馴	440
	習	442		縦	652		潤	550
	週	660	しゅうと	舅	104		諄	441
	就	744	しゅうとめ	姑	66		遵	662
	衆	667	シュク	叔	437		醇	441
	集	689		祝	732	ショ	且	691
	愁	434		宿	437		処	704
	蒐	436		淑	438		初	718
	酬	435		粛	437		所	413
	瘦	436		粥	662		書	389
	萩	731		縮	733		庶	390
	醜	731	ジュク	塾	438		暑	391
	蹴	734		熟	438		署	391
	襲	443	シュツ	出	735		緒	391
	鷲	745	ジュツ	述	441		諸	636
	鰡	436		術	441		曙	392
	鍬	723	シュン	旬	438		薯	392
	皺	732		俊	662	ジョ	女	147
	聚	745		春	734		如	491
ジュウ	十	464		峻	663		助	638
	什	690		浚	662		抒	391
	中	664		竣	663		序	388
	汁	668		瞬	440		叙	388
	充	738		駿	663		徐	390
	住	657		蠢	663		除	634
	秋	730	ジュン	旬	438		茹	492
	拾	442		巡	438		薯	392
	柔	545		盾	439	ショウ	上	375
	重	666		准	662		小	410

ショウ	少	412	ショウ	症	668	ショウ	詳	382
	升	443		祥	380		頌	422
	井	624		称	754		嘗	384
	召	412		秤	754		彰	700
	正	624		笑	415		精	630
	生	385		商	380		裳	384
	匠	591		唱	699		障	596
	庄	596		娼	700		廠	701
	声	404		捷	712		衝	739
	床	378		渉	402		憧	198
	抄	718		清	714		請	715
	肖	718		盛	405		賞	382
	妾	712		章	594		薔	597
	炒	722		紹	416		錆	701
	姓	404		菖	700		鞘	723
	尚	379		訟	422		償	383
	性	404		粧	594		礁	722
	承	443		掌	595		鍾	653
	招	720		晶	629		鐘	652
	沼	412		勝	445		醬	597
	昇	444		椒	722		聳	524
	松	421		焼	416	ジョウ	上	375
	青	713		焦	721		丈	591
	咲	413		硝	721		冗	522
	政	627		翔	383		成	403
	昭	412		装	595		条	638
	相	379		証	669		杖	596
	省	387		詔	643		状	378
	荘	592		象	381		定	626
	哨	722		傷	381		帖	712
	宵	413		奨	595		星	405
	将	593		摂	403		乗	444
	従	651		照	643		城	405
	悄	722		睫	713		浄	628
	梢	722		聖	406		娘	145
	消	413		摺	623		剰	581

ジョウ	常	381	しらげる	精	630	シン	身	455
	尉	540	じらす	焦	721		辛	456
	情	629	しらせる	知	674		辰	687
	盛	405	しらべる	検	36		参	698
	場	594		調	644		芯	464
	畳	712	しり	尻	66		信	457
	蒸	669		後	866		侵	752
	静	631	しりぞく	斥	705		津	682
	縄	446		退	771		神	457
	壌	483	しりぞける	斥	705		唇	439
	嬢	483		退	771		娠	458
	錠	631	しる	汁	668		振	682
	擾	520		知	674		浸	752
	攘	484	しるし	印	570		真	684
	譲	483		標	797		針	753
	醸	483		徴	690		深	463
	饒	520		験	828		清	714
ショク	式	451	しるす	印	570		紳	458
	色	384		記	132		進	685
	拭	454		標	797		森	374
	食	451	しるべ	標	797		診	686
	属	420		導	187		寝	753
	植	453	しれる	知	674		慎	458
	殖	453		痴	748		新	458
	触	723	じれる	焦	721		滲	374
	飾	453	しろ	代	174		賑	687
	嘱	724		白	307		審	464
	稷	681		城	405		請	715
	蝕	454	しろい	白	307		震	686
	燭	724	しろがね	銀	551		薪	460
	織	681	しわ	皺	732		親	750
	職	681	しわい	吝	241	ジン	人	564
	贖	420	シン	心	462		刃	566
ジョク	辱	439		申	454		仁	567
しら	白	307		伸	456		壬	579
しらがみ	柵	703		臣	456		尽	682

ジン	迅	455	スイ	炊	743	すがる		縋	731
	沈	752		帥	431	すき		好	839
	臣	456		粋	433			隙	119
	甚	463		衰	424			鋤	392
	神	457		彗	838	すぎ		杉	374
	陣	685		推	730			過	77
	訊	460		酔	744	すぎる		過	77
	靭	572		遂	434	すく		好	839
	尋	464		睡	435			抄	718
	腎	460		翠	745			空	74
	塵	687		穂	435			透	774
しんがり	殿	614		膵	739			結	46
	す			誰	436			鋤	392
ス	子	582		錘	731	すぐ		直	680
	司	357		錐	731	ずく		銑	399
	守	429	すい	酸	372	すくう		救	99
	寿	430	ズイ	水	427			掬	107
	素	414		随	433	すくない		少	412
	須	436		隋	436	すくよか		健	35
	数	434		瑞	392	すぐれる		優	528
す	州	656		髄	436			勝	445
	洲	661	スウ	枢	728	すけ		介	25
	巣	415		崇	442			助	638
	酢	721		嵩	442	すげ		菅	84
	簀	703		数	434	すける		透	774
ズ	主	655		趨	731	すごい		凄	704
	図	180		雛	732	すこし		少	412
	杜	200	すう	吸	875	すごす		過	77
	珠	659	すえ	末	250	すこやか		健	35
	事	361		陶	183	すさぶ		荒	857
	厨	661	すえる	据	32	すさまじい		凄	704
	頭	199	すが	菅	84	すさむ		荒	857
スイ	水	427	すかす	空	74	すし		鮨	679
	出	735		透	774	すじ		筋	121
	吹	739	すがた	姿	585	すす		煤	257
	垂	430	すがやか	清	714	すず		鈴	221

すず	錫	395	すぼむ	窄	696	セ		施	448
すすき	薄	290	すまう	住	657			勢	409
すすぐ	濯	760	すます	済	634			兄	836
すずしい	涼	214		澄	690			背	304
すすむ	進	685	すみ	炭	760			畝	272
すずめ	雀	588		済	634			瀬	229
すすめる	進	685		隅	527	ゼ		是	449
	勧	112		墨	278	セイ		井	624
	奨	595	すみやか	速	419			世	407
	薦	709	すみれ	菫	122			正	624
すずり	硯	498	すむ	住	657			生	385
すそ	裾	33		済	634			成	403
すだく	集	689		棲	392			西	388
すたる	廃	788		澄	690			声	404
すだれ	簾	221	すめ	皇	858			制	633
すたれる	廃	788	すめら	皇	858			姓	404
すっぱい	酸	372	すもも	李	240			征	627
すでに	已	562	する	刷	423			性	404
	既	132		為	540			青	713
すてる	捨	365		掏	187			斉	633
	棄	136		摺	623			城	405
すな	沙	368		擦	697			政	627
	砂	364		磨	246			星	405
すなどる	漁	484		摩	246			牲	388
すなわち	即	668	ずるい	狡	93			省	387
すね	脛	54	ずるける	狡	93			凄	704
すねる	拗	520	するどい	鋭	506			逝	390
すべ	術	441	すれる	摺	623			悽	704
すべて	凡	312		擦	697			済	634
	全	608		摩	246			清	714
	総	725	すわる	坐	654			盛	405
すべらす	滑	856		座	654			婿	390
すべる	滑	856		据	32			晴	715
	統	771	スン	寸	724			甥	388
	総	725						貰	409
すぼまる	窄	696	セ	世	407			棲	392

<!-- せ -->

セイ	勢	409	セキ	惜	394	せめる	攻	73
	歳	409		責	703		責	703
	靖	632		釈	394	せり	芹	122
	聖	406		跡	604	せる	迫	289
	誠	406		碩	395		競	53
	精	630		潟	395	ゼロ	零	222
	蜻	716		瘠	705	せわしい	忙	252
	製	631		積	606	セン	千	705
	誓	391		績	607		川	706
	静	631		籍	607		仙	395
	醒	406		齣	696		占	621
	蒸	669	せき	咳	821		先	395
	請	715		関	82		尖	712
	整	631	せく	急	126		宣	397
	錆	701	セチ	節	620		専	611
	臍	636	セツ	切	616		染	499
	鯖	716		折	619		泉	708
せい	背	304		拙	650		浅	708
ゼイ	情	630		浅	402		洗	407
	税	409		窃	620		穿	709
	勢	409		殺	373		茜	709
	説	402		接	623		扇	397
	贅	739		設	401		栓	611
	脆	745		雪	401		閃	402
セキ	夕	393		渫	402		剪	615
	尺	705		摂	403		旋	397
	石	393		節	620		船	397
	斥	705		説	402		揃	615
	汐	395		截	621		戦	613
	赤	603	ゼツ	舌	400		腺	400
	昔	394		絶	620		煎	615
	析	394	ぜに	銭	615		羨	400
	席	394	せばまる	狭	835		詮	616
	脊	705	せばめる	狭	835		践	708
	隻	705	せまい	狭	835		煽	400
	寂	604	せまる	迫	289		銭	615

セン	銑	399	ソ	塑	417	ソウ	装	595
	潜	589		想	382		僧	446
	線	399		礎	722		想	382
	選	399		遡	418		搔	418
	撰	696		蘇	418		滄	701
	遷	709		鼠	392		漕	647
	僭	699	ソウ	双	465		蒼	700
	賤	709		爪	646		層	746
	薦	709		争	600		槍	701
	繊	402		壮	591		総	725
	籤	712		早	637		綜	653
	鮮	399		走	657		聡	726
ゼン	全	607		宗	650		槽	644
	前	609		瘡	701		遭	644
	善	398		奏	659		操	645
	喘	709		相	379		燥	646
	然	496		草	720		瘦	436
	禅	398		荘	592		囃	591
	漸	623		送	422		葱	726
	膳	400		炒	722		糟	647
	繕	400		倉	699		霜	383
				笊	647		薔	597
ソ	且	691		棗	647		蹌	701
	沮	602		喪	381		叢	726
	狙	602		搜	433		贈	670
	阻	639		挿	375		騒	417
	祖	639		桑	380		繰	646
	租	639		巣	415		藻	646
	素	414		掃	415	そう	沿	495
	措	642		曹	641		添	711
	粗	640		爽	383		副	335
	組	640		窓	699	ゾウ	造	639
	曾	670		創	699		曹	641
	疎	416		喪	381		象	381
	疏	418		曾	670		増	669
	訴	417		葬	595		憎	670

そ

ゾウ	雑	590	そそぐ	注	658	そら		空	74
	蔵	596		灌	84	そらす		反	292
	贈	670		雪	401			逸	578
	像	382	そそのかす	唆	365	そらんじる		諳	472
	臓	596	そぞろ	漫	249	そらんずる		諳	472
そうろう	候	868	そだつ	育	549	そる		反	292
そえる	副	335	そだてる	育	549			剃	718
	添	711	ソツ	卒	650	それ		其	138
ソク	即	668		率	421	それがし		某	266
	束	419	そで	袖	436	それる		逸	578
	足	648	そと	外	516	そろい		揃	615
	促	723	そなえる	供	73	そろう		揃	615
	則	750		具	99	そろえる		揃	615
	息	453		備	351	そわせる		添	711
	捉	696	そなわる	具	99	ソン		存	649
	速	419		備	351			村	724
	側	745	そねむ	嫉	689			拵	649
	測	746	その	其	138			孫	420
	塞	384		苑	536			尊	649
	続	420		園	535			損	420
そぐ	削	369	そば	側	745			遜	421
	殺	373		傍	302			噂	663
ゾク	俗	419		蕎	94			樽	663
	族	649	そばだつ	峙	749			蹲	663
	属	420	そばめる	側	745	ゾン		存	649
	続	420	そびえる	聳	524			た	
	賊	605	そびやかす	聳	524	タ		太	765
そげる	削	369	そまる	染	499			他	756
	殺	373	そむ	染	499			多	157
そこ	底	601	そむく	背	304			侘	694
そこなう	害	820		叛	296			詫	759
	損	420	そむける	背	304	た		手	424
そこねる	害	820	そめる	初	718			田	607
	損	420		染	499	ダ		太	765
そしる	誹	353	そよがす	戦	613			打	756
	謗	303	そよぐ	戦	613			妥	758

ダ			タイ			たきぎ				薪	460
	那	141		腿	772	タク				宅	766
	蛇	366		颱	766					托	760
	侘	694		諦	718					択	767
	陀	758		褪	772					沢	767
	拿	141		頽	772					卓	759
	唾	758		戴	179					拓	705
	舵	758		擡	179					度	181
	堕	758	たい							託	759
	惰	758	ダイ	鯛	647					濯	760
	楕	759		乃	147					啄	760
	駄	759		大	169					琢	760
	駝	759		内	145					謫	607
タイ	大	169		代	174	たく				炊	743
	太	765		台	175					焚	342
	代	174		弟	633					薫	869
	台	175		第	634	ダク				諾	141
	体	716		題	635					濁	759
	対	176		醍	636	だく				抱	791
	耐	147	たいら	平	786	たぐい				類	233
	帝	633	たえ	妙	272	たぐう				類	233
	待	176	たえて	絶	620	たぐえる				類	233
	怠	765	たえる	耐	147	たくましい				逞	632
	胎	765		堪	18	たくみ				工	70
	殆	766		絶	620					巧	90
	苔	766	たおす	倒	182					匠	591
	退	771	たおれる	倒	182	たくむ				工	70
	帯	177	たか	高	63					巧	90
	泰	766		鷹	555	たくらむ				企	128
	堆	772	たかい	高	63	たくわえる				貯	602
	袋	178	たがい	互	839					蓄	733
	逮	717	たがえる	違	541	たけ				丈	591
	替	717	たかぶる	昂	475					竹	661
	貸	178	たかまる	高	63					岳	467
	隊	178	たがやす	耕	49	だけ				岳	467
	滞	717	たから	宝	320	たけし				猛	258
	態	766	たかる	集	689						
			たき	滝	227						

たける	長	591	たち	質	688	たな	棚	347	
	炊	743		館	83	たなごころ	掌	595	
	哮	865	ダチ	達	163	たに	谷	68	
	猛	258	たちまち	忽	846	たぬき	狸	240	
たしか	確	852		塔	764	たね	胤	550	
たしかめる	確	852	タッ	達	163		種	651	
たしなむ	嗜	138	タツ			たのしい	楽	206	
たす	足	648	たつ	立	243	たのしみ	楽	206	
だす	出	735		辰	687	たのしむ	楽	206	
たすかる	助	638		発	297	たのしめる	楽	206	
たすき	襷	33		竜	230	たのむ	頼	228	
たすける	助	638		建	34	たのもしい	頼	228	
たずさえる	携	872		断	160	たば	束	419	
たずさわる	携	872		経	50	たばかる	謀	268	
たずねる	訪	303		絶	620	たび	度	181	
	尋	464		裁	599		旅	215	
ただ	只	679		龍	230	たべる	食	451	
	徒	183	ダツ	脱	762	たま	玉	510	
	唯	545		奪	763		珠	659	
たたえる	称	754	たっとい	尊	649		球	100	
たたかう	戦	613		貴	115		弾	761	
	闘	774	たっとぶ	尊	649		魂	845	
たたかわす	戦	613		貴	115		霊	222	
たたく	叩	65	たて	盾	439	たまう	給	127	
	敲	67		楯	440		賜	366	
ただし	但	159		経	50	たまき	環	855	
ただしい	正	624		館	83	たまご	卵	208	
ただす	正	624		縦	652	たましい	魂	845	
	糾	116	たてまつる	奉	328	だます	騙	786	
	質	688	たてる	立	243	たまたま	偶	527	
ただちに	直	680		建	34	たまもの	賜	366	
たたみ	畳	712		点	622	たまる	堪	18	
たたむ	畳	712	たとえ	例	223		溜	234	
ただよう	漂	797	たとえる	例	223	だまる	黙	278	
ただれる	爛	208		喩	548	たまわる	給	127	
タチ	達	163	たどる	辿	709		賜	366	
			たな	店	621				

たみ	民	287	タン	胆	163	チ		治	746
たむろ	屯	201		段	160			知	674
ため	為	540		炭	760			値	747
ためす	試	450		耽	764			恥	747
	験	828		淡	164			致	747
ためらう	躊	661		探	763			智	679
ためる	貯	602		蛋	162			遅	678
	溜	234		堪	18			痴	748
	矯	93		短	161			稚	748
たもつ	保	321		嘆	761			答	766
たやす	絶	620		痰	164			置	748
たゆむ	弛	563		端	161			雉	749
たより	便	784		綻	762			馳	749
たよる	頼	228		憚	762			蜘	679
たらい	盥	84		歎	762			質	688
たらす	垂	430		緞	162			緻	749
たりる	足	648		誕	761	ち		千	705
たる	足	648		壇	162			血	832
	樽	663		檀	162			乳	544
だるい	怠	765		鍛	162	ちいさい		小	410
たるむ	弛	563		簞	163	ちかい		近	119
たるめる	弛	563	ダン	旦	162	ちかう		誓	391
だれ	誰	436		団	159	ちがう		違	541
たれる	垂	430		男	143	ちがえる		違	541
たわける	戯	877		段	160	ちから		力	216
たわむ	撓	154		断	160	ちぎる		契	56
たわむれる	戯	877		弾	761	チク		竹	661
たわめる	撓	154		暖	141			筑	734
たわら	俵	797		談	164			畜	732
タン	丹	159		壇	162			逐	732
	反	292		檀	162			蓄	733
	旦	162		灘	762			築	733
	但	159		ち		ちち		父	330
	坦	762	チ	地	672			乳	544
	担	163		弛	563	ちぢまる		縮	733
	単	159		池	674	ちぢむ		縮	733

ちぢめる	縮 733	チョ	貯 602	チョウ	暢 701
ちぢらす	縮 733		緒 391		漲 701
ちぢれる	縮 733		箸 603		嘲 647
チツ	秩 688		儲 603		潮 644
	窒 688	チョウ	丁 624		澄 690
	膣 689		弔 637		蝶 623
ちなむ	因 570		庁 713		調 644
ちびる	禿 191		打 756		諜 713
ちまた	巷 819		兆 637		聴 715
チャ	茶 158		吊 647		懲 690
チャク	着 694		町 625		鰈 713
	嫡 606		長 591		寵 726
チュウ	丑 734		帖 712		鯛 647
	中 664		挑 181	チョク	直 680
	仲 666		重 666		勅 750
	虫 738		恰 876	ちらかす	散 371
	沖 738		挺 632	ちらかる	散 371
	肘 660		帳 593	ちらす	散 371
	宙 658		張 593	ちり	塵 687
	忠 739		彫 642	ちる	散 371
	抽 728		眺 640	チン	沈 752
	注 658		釣 641		枕 754
	昼 658		頂 629		珍 682
	柱 658		梃 632		朕 689
	紐 154		鳥 642		陳 685
	衷 739		塚 725		椿 735
	酎 661		提 635		賃 579
	紬 661		朝 642		鎮 686
	厨 661		脹 700	つ	
	註 661		貼 713	ツ	通 769
	誅 661		喋 713		都 184
	鋳 660		超 721	つ	津 682
	駐 660		腸 596	ツイ	対 176
	躊 661		跳 640		追 728
チョ	猪 602		誂 647		堆 772
	著 601		徴 690		椎 731

ツイ	槌	731	つかわす	遣	44	つける	点	622
	墜	730	つき	月	537		就	744
	縋	731		付	331		着	694
ついえる	費	352	つぎ	次	691		漬	678
	潰	114	つきる	尽	682	つげる	告	61
ついたち	朔	369	ツク	筑	734	つごもり	晦	863
ついで	序	388	つく	付	331	つたう	伝	607
ついに	竟	54		突	192	つたえる	伝	607
	遂	434		附	332	つたない	拙	650
ついばむ	啄	760		就	744	つたわる	伝	607
ついやす	費	352		即	668	つち	土	767
ツウ	通	769		着	694		槌	731
	痛	770		漬	678	つちかう	培	306
つえ	杖	596		搗	188	つちのと	己	128
つか	束	419		衝	739	つつ	筒	771
	柄	318		撞	168	つづく	続	420
	塚	725		築	733	つづける	続	420
つがい	番	310	つぐ	次	691	つつしむ	慎	458
つかう	使	362		注	658		謹	121
	遣	44		接	623	つつしんで	謹	121
つかえる	支	671		嗣	367	つつましい	慎	458
	仕	357		継	58	つつましやか	慎	458
	使	362	つくえ	机	113	つづまやか	約	480
つかさどる	司	357	つくす	尽	682	つづまる	約	480
	掌	595	つくだ	佃	615	つつみ	包	790
つかす	尽	682	つぐなう	償	383		堤	635
つかまえる	捕	792	つくねる	捏	142	つづみ	鼓	65
	捉	696	つくばう	蹲	663	つつむ	包	790
	摑	89	つぐむ	噤	125	つづめる	約	480
つかまつる	仕	357	つくり	旁	303	つづら	葛	16
つかまる	捕	792	つくる	作	587	つづる	綴	711
	摑	89		造	639	つて	伝	607
つかむ	摑	89		創	699	つと	苞	794
つからす	疲	801	つくろう	繕	400	つどう	集	689
つかる	漬	678	つける	付	331	つとまる	勤	121
つかれる	疲	801		附	332	つとめる	努	151

つとめる	務	274	つまむ	撮	727	つわもの	兵	317
	勉	260	つまる	詰	878	つんざく	劈	315
	勤	121	つみ	罪	655	つんぼ	聾	228
つな	綱	24	つむ	詰	878		[て]	
つながる	繋	59		摘	605	て	手	424
つなぐ	繋	59		積	606	デ	弟	633
つなげる	繋	59		錘	731	テイ	丁	624
つね	常	381	つむぎ	紬	661		体	716
つねに	常	381	つむぐ	紡	302		低	600
つの	角	8	つむる	瞑	265		呈	625
つのる	募	267	つめ	爪	646		廷	625
つば	唾	758	つめたい	冷	211		弟	633
つばき	椿	735	つめる	詰	878		定	626
	唾	758	つもる	積	606		底	601
つばさ	翼	564	つや	艶	501		抵	601
つばめ	燕	498	つゆ	汁	668		邸	601
つぶ	粒	244		露	225		亭	627
つぶさに	具	99	つよい	強	23		帝	633
	備	351	つよまる	強	23		訂	628
つぶす	潰	114	つよめる	強	23		貞	627
つぶやく	呟	831	つら	面	259		庭	628
つぶら	円	532	つらい	辛	456		挺	632
つぶる	瞑	265	つらなる	列	220		逓	717
つぶれる	潰	114		連	217		釘	632
つぼ	坪	787	つらぬく	貫	81		停	628
	壺	843	つらねる	連	217		偵	628
つぼね	局	105		列	220		梯	636
つぼまる	窄	696	つる	吊	647		梃	632
つま	爪	646		釣	641		堤	635
	妻	704		弦	829		提	635
	褄	704		絃	831		程	630
つましい	倹	36		蔓	250		艇	630
つまずく	躓	679		鶴	811		鼎	632
つまびらか	詳	381	つるぎ	剣	36		綴	711
	審	464	つるす	吊	647		締	717
つまむ	摘	605	つれる	連	217		諦	718

テイ	逞	632	テン	展	611	と	門	280
	碇	632		添	711	ド	土	767
	掟	632		貼	713		奴	151
	蹄	636		転	612		努	151
デイ	泥	155		塡	616		度	181
テキ	的	604		殿	614		怒	151
	笛	604		簒	616	とい	問	281
	摘	605		顚	616		樋	771
	滴	605		纏	616	トウ	刀	180
	適	605	デン	田	607		冬	193
	敵	606		伝	607		当	166
	擲	705		佃	615		灯	202
	擢	760		殿	614		投	773
デキ	溺	156		電	614		豆	199
てこ	梃	632		鮎	623		杜	200
でこ	凸	710					到	180
テツ	迭	688	ト	土	767		東	195
	姪	688		斗	199		逃	181
	哲	710		吐	768		倒	182
	鉄	710		図	180		党	168
	綴	711		杜	200		凍	196
	徹	711		兎	768		島	182
	撤	373		妬	774		唐	167
	轍	711		徒	183		桃	182
てのひら	掌	595		途	183		桐	198
てら	寺	359		都	184		納	144
てらす	照	643		兜	200		討	768
てる	照	643		屠	187		透	774
でる	出	735		渡	184		悼	183
てれる	照	643		登	202		桶	771
テン	天	707		塗	186		淘	187
	伝	607		賭	188		陶	183
	辿	709		頭	199		棟	197
	典	609		鍍	188		塔	764
	店	621	と	十	414		搭	764
	点	622		戸	839		棹	187

（「と」の見出し）

トウ	湯	764	ドウ	導	187	トク	潰	191
	痘	199		憧	198	とく	疾	688
	登	202		撞	168		溶	523
	答	165		瞠	168		解	820
	等	202		瞳	198		説	402
	筒	771	とうげ	峠	379	とぐ	研	495
	統	771	とうとい	尊	649		磨	246
	踏	165		貴	115	ドク	毒	188
	盗	183	とうとぶ	尊	649		独	189
	掏	187		貴	115		読	190
	道	185	とお	十	464	どく	退	771
	搗	188	とおい	遠	535	とげ	刺	584
	稲	187	とおす	通	769		棘	119
	読	190		徹	711	とける	溶	523
	糖	168	とおる	通	769		解	820
	蕩	765		透	774		融	550
	頭	199		徹	711	とげる	遂	434
	膽	203		融	550	とこ	床	378
	藤	203	とが	咎	102		常	381
	闘	774		科	77	ところ	処	704
	騰	203	とかす	溶	523		所	413
とう	父	330		解	820	とざす	閉	788
	疾	688		融	550		鎖	423
	問	281	とがらす	尖	712	とし	年	149
	訪	303	とがる	尖	712		歳	409
ドウ	同	194	とき	時	449	とじる	閉	788
	洞	196		斎	599		綴	711
	胴	196	とぎ	伽	6	とち	栃	862
	桐	198	トク	禿	191	トツ	凸	710
	動	196		匿	156		突	192
	堂	168		特	775		咄	193
	童	198		得	201		訥	154
	筒	771		督	190	とつぐ	嫁	5
	道	185		徳	179	とどく	届	56
	働	197		読	190	とどける	届	56
	銅	198		篤	191	とどこおる	滞	717

ととのう	整	631	とも	共	72	トン		団	159
	調	644		供	73			豚	191
ととのえる	整	631	ども	共	72			敦	191
	調	644	ともえ	巴	778			道	201
とどろかす	轟	89	ともがら	輩	306			頓	191
とどろく	轟	89	ともしび	灯	202	とん		問	281
となえる	称	754	ともす	灯	202	ドン		呑	761
	唱	699		点	622			貪	764
となり	隣	241	ともなう	伴	294			鈍	201
との	殿	614	ともる	灯	202			綴	162
どの	殿	614	どもる	吃	875			曇	164
とばす	飛	350	とよ	豊	800	どんぶり		丼	632
とばり	帳	593	とら	虎	842	とんぼ		蜻	716
	幌	859		寅	571		な	
とびら	扉	352	とらえる	捉	696	ナ		那	141
とぶ	飛	350		捕	792			奈	141
	跳	186	とらわれる	囚	429			南	143
どぶ	溝	100		捕	792			納	144
とぼける	惚	846	とり	酉	548	な		名	261
とぼしい	乏	804		鳥	642			菜	702
とぼす	灯	202	とりこ	虜	225	ナイ		内	145
とぼそ	枢	728		擒	125			乃	147
とまる	止	671	とりで	砦	703	ない		亡	251
	泊	289		塞	384			無	274
	留	232	とる	取	741	ないがしろ		蔑	261
	停	628		捕	792	なえ		苗	272
とみ	富	336		執	689	なえる	萎	542
とみに	頓	191		採	702	なお		尚	379
とむ	富	336		摂	403			猶	546
とむらい	弔	637		撮	727	なおす	治	746
とむらう	弔	637	ドル	弗	346			直	680
とめる	止	671	どろ	泥	155	なおる	治	746
	泊	289	とろかす	蕩	765			直	680
	留	232	とろける	蕩	765	なか		中	664
	停	628	トン	屯	201			仲	666
とも	友	525		丼	632	ながい		永	502

ながい	長	591	なす	生	385	なます	膾	863
ながす	流	232		成	403		鱠	863
なかだち	媒	256		茄	7	なまめかしい	艶	501
なかば	半	292		為	540	なまり	鉛	496
ながめる	眺	640		済	634	なまる	訛	512
ながらえる	永	502	なずむ	泥	155		鈍	201
	長	591	なぞ	謎	287	なみ	並	318
なかれ	勿	283	なぞらえる	准	662		波	776
	莫	247		準	662		浪	210
ながれる	流	232		擬	558	なみする	蔑	261
なぎさ	渚	602	なだ	灘	762	なみだ	涙	231
なく	泣	554	なだめる	宥	548	なめらか	滑	856
	鳴	264	なだれる	傾	52	なめる	嘗	384
なぐ	和	850	ナッ	納	144	なやましい	悩	153
なぐさむ	慰	541	ナツ	捺	143	なやます	悩	153
なぐさめる	慰	541	なつ	夏	809	なやむ	悩	153
なくす	亡	251	なつかしい	懐	862	なやめる	悩	153
	無	274	なつかしむ	懐	862	ならう	倣	302
なくなる	亡	251	なつく	懐	862		習	442
	無	274	なつける	懐	862	ならす	生	385
なぐる	殴	99	なつめ	棗	647		均	117
	撲	290	なでる	撫	278		馴	440
なげうつ	抛	793	など	等	202		慣	82
	擲	705	なな	七	751		鳴	264
なげかわしい	嘆	761	ななつ	七	751	ならびに	並	318
なげく	嘆	761	ななめ	斜	365	ならぶ	並	318
なける	泣	554	なに	何	807	ならべる	並	318
なげる	投	773		浪	210	ならわし	習	442
なごむ	和	850	なにがし	某	266		慣	82
なごやか	和	850	なの	七	751	ならわす	習	442
なごやぐ	和	850	なびかす	靡	287		慣	82
なさけ	情	630	なびく	靡	287	なり	形	837
なさる	為	540	なべ	鍋	79	なる	生	385
なし	梨	241	なま	生	385		成	403
	無	274	なまくら	鈍	201		為	540
なじる	詰	878	なまける	怠	765		鳴	264

なれる	馴	440	ニク	肉	549	にわとり	鶏	58
	慣	82	にくい	憎	670	ニン	人	564
	熟	438		難	142		刃	566
なわ	苗	272	にくしみ	憎	670		仁	567
	縄	446	にくむ	憎	670		任	579
ナン	男	143	にくらしい	憎	670		妊	579
	南	143	にげる	逃	181		忍	570
	納	144	にこ	和	850		認	571
	軟	495	にごす	濁	759			
	難	142	にごる	濁	759	**ぬ**		
なん	何	807	にし	西	388	ヌ	奴	151
なんじ	爾	563		螺	204		怒	151
に			にじ	虹	847	ぬう	縫	329
ニ	二	559	にしき	錦	125	ぬか	糠	25
	仁	567	にじむ	滲	374		額	477
	尼	155	にせ	偽	540	ぬかす	抜	296
	弐	561	ニチ	日	577	ぬがす	脱	762
	児	466	になう	担	163	ぬかる	抜	296
に	丹	159		荷	809	ぬき	貫	81
	荷	809	にぶい	鈍	201		緯	541
にい	兄	836	にぶる	鈍	201	ぬきんでる	抽	728
	新	458	ニャク	若	479		擢	760
にえ	牲	388	にやす	煮	585	ぬく	抜	296
	贄	679	ニュウ	入	579	ぬぐ	脱	762
にえる	煮	585		乳	544	ぬくい	温	511
におい	臭	744		柔	545	ぬぐう	拭	454
	香	825	ニョ	女	147	ぬくもる	温	511
におう	香	825		如	491	ぬける	抜	296
	臭	744	ニョウ	女	147	ぬげる	脱	762
にがい	苦	62		尿	154	ぬさ	幣	789
にがす	逃	181	にらむ	睨	506	ぬし	主	655
にかわ	膠	94	にらめる	睨	506	ぬすむ	盗	183
にき	和	850	にる	似	360	ぬの	布	790
にぎやか	賑	687		煮	585	ぬま	沼	412
にぎる	握	468	にわ	庭	628	ぬめる	滑	856
にぎわう	賑	687	にわか	俄	467	ぬらす	濡	549
						ぬる	塗	186

ぬるい	温	511	ネン	年	149	のす	伸	456	
ぬるむ	温	511		念	150	のせる	乗	444	
ぬるめる	温	511		捻	150		載	600	
ぬれる	濡	549		粘	622	のぞく	除	634	

ね

				然	496		覗	368	
ね	音	552		撚	150	のぞましい	望	252	
	値	747		縁	497	のぞむ	望	252	
	根	120		燃	497		臨	242	
ネイ	佞	151	ねんごろ	懇	14	のたまう	宣	397	
	寧	151				のち	後	866	

の

ねがう	願	536	の	荷	809	のっとる	法	313	
ねかす	寝	753		野	478		則	750	
ねぎ	葱	726	ノウ	王	515	のど	咽	571	
ねぎらう	労	224		応	555		喉	868	
ねこ	猫	272		皇	858	ののしる	罵	257	
ねじける	拗	520		悩	153	のばす	伸	456	
ねじる	振	220		能	154		延	494	
ねじれる	振	220		納	144	のびる	伸	456	
ねずみ	鼠	392		脳	153		延	494	
ねたむ	妬	774		農	152	のべる	伸	456	
	嫉	689		濃	152		延	494	
ネツ	捏	142		膿	153		述	441	
	熱	498		嚢	145		宣	397	
ねばい	粘	622	のがす	逃	181		陳	685	
ねばる	粘	622	のがれる	逃	181	のぼ	逆	492	
ねぶる	舐	679		遁	201	のぼせる	上	375	
ねむい	眠	260	のき	軒	827	のぼり	幟	749	
ねむたい	眠	260	のく	退	771	のぼる	上	375	
ねむる	眠	260	のけ	仰	475		昇	444	
ねや	閨	117	のける	退	771		登	202	
ねらう	狙	602	のこ	鋸	33	のます	飲	553	
ねる	寝	753	のこぎり	鋸	33	のまれる	飲	553	
	練	218	のこす	残	589	のむ	呑	761	
	煉	219		遺	547		飲	553	
	錬	219	のこる	残	589	のり	則	750	
ねれる	練	218		遺	547		糊	843	

のる	乗	444	ハイ	俳	305	はかない	果	77
	載	600		悖	782	はがね	鋼	24
のろい	鈍	201		配	305	はかま	袴	67
のろう	呪	660		徘	307	はからう	計	57
ノン	穏	511		排	306	はかり	秤	754
				敗	781	はかりごと	謀	268
は				廃	788	ばかり	許	826
ハ	巴	778		牌	782	はかる	図	180
	把	776		稗	782		計	57
	波	776		輩	306		測	746
	芭	778	はい	灰	860		量	214
	爬	778	バイ	売	253		諮	587
	派	777		貝	781		謀	268
	玻	778		枚	254		議	558
	破	777		倍	305	はぎ	脛	54
	跛	778		唄	782		萩	731
	播	778		梅	255	ばける	化	847
	頗	778		培	306	ハク	白	307
	覇	782		陪	306		百	308
は	刃	566		媒	256		伯	309
	羽	526		買	255		拍	289
	葉	501		焙	307		泊	289
	歯	748		煤	257		迫	289
	端	161		賠	306		帛	309
バ	芭	778		黴	287		柏	309
	馬	246	はいる	入	579		剥	291
	婆	777	はう	這	602		舶	289
	罵	257	はえ	栄	503		博	290
ば	場	594		蝿	446		搏	291
ばあ	婆	777	はえる	生	385		箔	291
ハイ	佩	782		映	503		魄	309
	拝	303		栄	503		薄	290
	杯	304	はか	墓	273	はく	吐	768
	肺	788	はかす	捌	781		佩	782
	背	304	はがす	剥	291		穿	696
	盃	306	ばかす	化	847		掃	415
	胚	307						

はく	履	240	はじく	弾	761	はたけ	疥	29
はぐ	剝	291	はじける	弾	761		畑	611
	接	623	はしこい	捷	712	はだける	開	27
バク	麦	257	はしご	梯	636	はたす	果	77
	莫	247	はした	端	161	はたらく	働	197
	博	290	はじまる	始	448	ハチ	八	780
	漠	247	はじめ	始	448		鉢	298
	駁	291		初	718	はち	蜂	330
	暴	795	はじめて	初	718	バチ	罰	311
	縛	291	はじめる	始	448		撥	299
	瀑	795		創	699	ハッ	法	313
	爆	795	はしゃぐ	燥	646	ハツ	発	297
はぐくむ	育	549	はしら	柱	658		鉢	298
はぐれる	逸	578	はじらう	恥	747		捌	781
はげしい	烈	220	はしる	走	657		髪	298
	激	39	はじる	恥	747		撥	299
	劇	118	はす	蓮	219	はつ	初	718
はげます	励	215	はず	筈	84	はつる	果	77
はける	捌	781	はずかしい	恥	747	バツ	末	250
はげむ	励	215	はずかしめ	辱	521		伐	311
はげる	禿	191	はずかしめる	恥	747		抜	296
	剝	291		辱	521		筏	312
ばける	化	847	はずす	外	516		罰	311
はこ	函	816	はずむ	弾	761		閥	312
	箱	383	はずれる	外	516	はて	果	77
はこぶ	運	530	はせる	馳	749		涯	475
はさまる	挟	834	はぜる	爆	795	はてる	果	77
はさみ	鋏	836	はた	畑	611	はと	鳩	103
はざま	峡	834		旗	136	はな	花	848
はさむ	挟	834		端	161		華	851
	鋏	836		機	137		鼻	352
	剪	615	はだ	肌	128	はなし	話	851
はし	端	161		膚	337		咄	193
	箸	603	はだえ	肌	128	はなす	放	301
	橋	93	はだか	裸	204		話	851
はじ	恥	747	はだかる	開	27		離	240

はなつ	放	301	はら	腹	324	ハン		搬	295
はなはだ	甚	463	ばら	薔	597			煩	310
はなはだしい	甚	463	はらう	払	346			頒	295
はなやか	華	851		祓	346			範	312
はなやぐ	華	851	はらす	晴	715			幡	311
はなれる	放	301	はらむ	孕	581			蕃	311
	離	240	はらわた	腸	596			繁	310
はね	羽	526	はり	針	753			藩	311
はねる	跳	186		梁	214	バン		万	248
	撥	299	はる	春	734			伴	294
はは	母	266		張	593			判	779
ばば	巾	35		貼	713			板	779
	幅	794	はるか	遥	520			版	780
	婆	585	はれる	晴	715			挽	250
はばかる	憚	762		腫	652			絆	296
はばむ	阻	639	ハン	凡	312			晩	249
	沮	602		反	292			番	310
はぶく	省	387		半	292			蛮	248
はべる	侍	448		犯	312			鞄	250
はま	浜	354		氾	313			蕃	311
はまる	嵌	20		帆	312			播	778
	塡	616		汎	313			盤	295
はむ	食	451		伴	294		**じ**		
はめる	嵌	20		判	779	ヒ		比	348
	塡	616		坂	779			皮	801
はやい	早	637		阪	780			妃	348
	速	419		板	779			否	332
はやし	林	242		版	780			批	348
はやす	生	385		叛	296			庇	353
	囃	591		班	294			彼	801
はやまる	早	637		畔	295			披	801
	速	419		般	295			泌	348
はやめる	早	637		絆	296			肥	349
	速	419		販	780			屁	353
はやる	逸	578		斑	296			非	349
はら	原	533		飯	295			柄	318

ヒ	卑	350	ビ	靡	287	ひそか	密	288
	飛	350	ひい	曾	670		窃	620
	砒	353	ひいでる	秀	430	ひそまる	潜	589
	疲	801	ひえる	冷	211	ひそむ	潜	589
	秘	351	ひかえる	控	76	ひそめく	密	288
	被	802	ひがし	東	195	ひそめる	潜	589
	婢	353	ひがむ	僻	314	ひそやか	密	288
	脾	353	ひかり	光	85	ひたい	額	477
	悲	351	ひかる	光	85	ひたす	浸	752
	扉	352	ひき	匹	803	ひだり	左	653
	費	352	ひきいる	率	235	ひたる	浸	752
	痺	353	ひく	引	567	ヒツ	匹	803
	碑	352		曳	506		必	803
	緋	353		退	771		泌	348
	鄙	353		挽	250		畢	804
	羆	778		牽	45		筆	803
	誹	353		弾	761		逼	804
	避	802		轢	217	ひっ	引	567
ひ	日	577	ひくい	低	600	ひつぎ	柩	103
	火	848	ひくまる	低	600		棺	81
	氷	355	ひくめる	低	600	びっこ	跛	778
	灯	202	ひける	引	567	ひつじ	未	284
	陽	482		退	771		羊	481
	檜	863	ひこ	彦	489	ひづめ	蹄	636
	樋	771	ひざ	膝	442	ひでり	旱	813
ビ	比	348	ひさご	瓢	798	ひと	人	564
	未	284	ひさしい	久	95	ひどい	酷	844
	尾	285	ひざまずく	跪	114	ひとえ	単	159
	弥	286	ひし	菱	237	ひとえに	偏	784
	眉	286	ひじ	肘	660	ひとしい	等	202
	美	285	ひしくい	鴻	847	ひとつ	一	572
	備	351	ひしぐ	拉	209	ひとみ	瞳	198
	媚	287	ひしげる	拉	209	ひとや	獄	511
	琵	353	ひじり	聖	406	ひとり	独	189
	微	286	ひずむ	歪	515	ひな	鄙	353
	鼻	352	ひそか	私	361		雛	732

ひねくる	捻	150	ビョウ	秒	720	ヒン	賓	354
ひねる	捻	150		病	319		頻	354
	陳	685		屏	319		頻	355
ひのえ	丙	317		描	272	ビン	便	784
ひのき	檜	863		猫	272		敏	288
ひのと	丁	624		廟	273		瓶	319
ひびかす	響	826		錨	273		貧	354
ひびかせる	響	826	ひら	片	783	ふ		
ひびく	響	826		平	786	フ	不	343
ひま	暇	5	ひらく	拓	705		夫	330
	隙	119		開	27		父	330
ひめ	姫	877	ひらける	開	27		付	331
ひめる	秘	351	ひらたい	平	786		布	790
ひも	紐	154	ひらめかす	閃	402		巫	277
ひや	冷	211	ひらめく	閃	402		扶	332
ひやかす	冷	211	ひる	干	11		芙	337
ヒャク	百	308		昼	658		府	332
ビャク	白	307		乾	34		怖	790
ひやす	冷	211	ひるがえす	翻	311		附	332
ひややか	冷	211	ひるがえる	翻	311		斧	337
ヒョウ	氷	355	ひるむ	怯	37		歩	320
	兵	317	ひろい	広	85		訃	337
	拍	289	ひろう	拾	442		俘	337
	表	796	ひろがる	広	85		負	333
	俵	797		拡	852		赴	333
	秤	754	ひろげる	広	85		風	799
	豹	798		拡	852		俯	338
	票	797	ひろまる	広	85		浮	333
	評	787		弘	847		釜	338
	剽	798	ひろめる	広	85		埠	338
	瓢	798		弘	847		婦	335
	漂	797	ヒン	牝	355		符	336
	標	797		品	798		富	336
	飄	798		浜	354		普	321
ビョウ	平	786		彬	355		蒲	794
	苗	272		貧	354		腐	336

フ	誣	277	ふかまる	深	463	ふさぐ	鬱	531	
	孵	338	ふかめる	深	463	ふし	節	620	
	敷	336	フク	伏	323	ふじ	藤	203	
	膚	337		服	323	ふす	伏	323	
	賦	337		副	334		臥	512	
	腑	338		幅	794	ふすべる	燻	870	
	譜	322		復	323	ふすま	衾	125	
ブ	不	343		腹	324	ふせぐ	防	300	
	分	339		福	325		禦	487	
	夫	330		複	325	ふせる	伏	323	
	侮	266		輻	325		臥	512	
	奉	328		覆	325	ふた	二	559	
	武	274	ふく	吹	739		双	465	
	歩	320		拭	454		蓋	29	
	部	335		噴	341	ふだ	札	697	
	無	274	ふくべ	瓢	798	ぶた	豚	191	
	葡	794	ふくまれる	含	815	ふたたび	再	597	
	豊	800	ふくむ	含	815	ふたつ	二	559	
	蒲	794	ふくめる	含	815	ふち	縁	497	
	誣	277	ふくらす	脹	700		淵	498	
	撫	278		膨	782	フツ	仏	345	
	憮	278	ふくらむ	脹	700		弗	346	
	舞	277		膨	782		払	346	
フウ	夫	330	ふくれる	脹	700		沸	348	
	封	328		膨	782		祓	346	
	風	799	ふくろ	袋	178	ブツ	仏	345	
	富	336		囊	145		物	282	
	楓	800	ふくろう	梟	865	ふで	筆	803	
	諷	800	ふける	老	223	ふとい	太	765	
ふえ	笛	604		更	30	ふところ	懐	862	
ふえる	殖	453		耽	764	ふとる	太	765	
	増	669		蒸	669	ふな	舟	656	
ふかい	深	463	ふさ	房	301		船	397	
ふかす	吹	739		総	725	ふなばた	舷	832	
	更	30	ふさがる	塞	384	ふね	舟	656	
	蒸	669	ふさぐ	塞	384		船	397	

ふまえる	踏	165	ブン	蚊	281	へだたる	隔	38
ふみ	文	279		聞	281	へだてる	隔	38
ふむ	踏	165	ふんどし	褌	69	ベツ	別	316
ふもと	麓	226	【　へ　】				蔑	261
ふやす	増	669	へ	屁	353	べに	紅	846
	殖	453		部	335	へび	蛇	366
ふゆ	冬	193	べ	辺	315	へらす	減	18
ふらす	降	22	ヘイ	丙	317	へり	縁	497
ふる	降	22		平	786	へりくだる	謙	48
	振	682		兵	317		遜	421
ふるい	古	60		並	318	へる	経	50
	旧	97		併	318		減	18
ふるう	振	682		坪	787	ヘン	片	783
	揮	871		柄	318		辺	315
	震	686		陛	788		返	294
	奮	342		屏	319		変	315
ふるえる	震	686		瓶	319		扁	785
ふるす	古	60		閉	788		偏	784
ふるびる	古	60		塀	319		貶	786
ふれる	狂	86		幣	789		遍	784
	振	682		弊	789		篇	785
ふれる	触	723		餅	320		蝙	785
フン	分	339	ベイ	皿	261		編	785
	扮	342		米	284		騙	786
	忿	342		吠	789	ベン	弁	315
	粉	340	ページ	頁	833		便	784
	紛	341	ヘキ	辟	314		勉	260
	焚	342		碧	314		鞭	786
	雰	341		僻	314	【　ほ　】		
	噴	341		劈	315	ホ	布	790
	墳	342		壁	314		歩	320
	憤	342		癖	314		保	321
	奮	342	へこむ	凹	518		哺	794
	糞	342	べし	可	1		捕	792
ブン	分	339	へす	減	18		浦	792
	文	279	へそ	臍	636		畝	272

ホ			ホウ			ボウ		
	菩	322		胞	792		尨	303
	堡	322		倣	302		忘	252
	補	322		旁	303		房	301
	葡	794		俸	329		肪	302
	蒲	794		峰	329		茅	268
	輔	322		砲	792		冒	266
	舗	793		萌	258		某	266
ほ	火	848		崩	347		剖	334
	帆	312		捧	330		紡	302
	穂	435		訪	303		茫	253
ボ	母	266		逢	330		望	252
	牡	268		傍	302		傍	302
	募	267		堡	322		帽	267
	菩	322		報	321		棒	329
	墓	273		焙	307		貿	277
	慕	267		硼	347		膀	303
	暮	267		蜂	330		暴	795
	模	267		豊	800		膨	782
	簿	337		飽	793		謀	268
ホウ	方	299		鳳	330		謗	303
	包	790		鉋	794	ほうむる	葬	595
	呆	256		鞄	794	ほうる	放	301
	彷	303		鋒	330	ほえる	吠	789
	芳	300		褒	793	ほお	朴	289
	邦	301		縫	329		頬	836
	奉	328		鮑	794	ほか	外	516
	宝	320	ボウ	亡	251		他	756
	朋	347		乏	804	ぼかす	暈	870
	苞	794		矛	266	ほがらか	朗	210
	庖	794		卯	273	ホク	北	338
	抱	791		妄	251	ボク	卜	325
	抛	793		忙	252		木	268
	放	301		呆	256		朴	289
	法	313		坊	300		牧	270
	泡	791		妨	300		睦	271
	封	328		防	300		僕	325

ボク	墨	278	ほとびる	潤	550	マ	魔	247
	撲	290	ほとぼす	潤	550	ま	目	269
ほぐす	解	820	ほとんど	殆	766		間	12
ぼける	惚	846	ほね	骨	70		馬	246
	暈	870	ほのお	炎	499		真	684
ほこ	戈	79	ほぼ	略	212		眼	470
	矛	266	ほまれ	誉	505	マイ	毎	253
	鋒	330	ほめる	誉	505		米	284
ほごす	解	820		褒	793		売	253
ほこら	祠	368	ほら	洞	196		苺	256
ほこり	埃	476	ぼら	鯔	749		妹	254
ほこる	誇	78	ほり	堀	109		枚	254
ほころびる	綻	762		濠	843		昧	256
ほし	星	405	ほる	掘	109		埋	254
ほしい	欲	521		彫	642		邁	257
ほす	干	11	ほれる	掘	109	まい	舞	277
	乾	34		惚	846	まいない	賄	861
ほぞ	臍	636	ほろ	幌	859	まいる	参	698
ほそい	細	408	ほろびる	亡	251	まう	舞	277
ほそめる	細	408		滅	261	まえ	前	609
ほそる	細	408	ほろぼす	亡	251	まが	勾	101
ほたる	蛍	837		滅	261		禍	851
ほだす	絆	296	ホン	反	292	まがい	擬	558
ホッ	法	313		本	326	まがう	紛	341
ホツ	発	297		奔	340	まがえる	紛	341
ボッ	坊	300		叛	296	まかす	任	579
ボツ	没	271		翻	311		負	333
	勃	299	ボン	凡	312	まかせる	任	579
ほっする	欲	521		本	326		委	539
ほつれる	解	820		盆	340	まかなう	賄	861
ほど	程	630		梵	313	まかる	負	333
ほどく	解	820		煩	310		罷	778
ほとけ	仏	345				まがる	曲	68
ほどける	解	820	マ	麻	246	まき	牧	270
ほどこす	施	448		摩	246		巻	111
ほとばす	潤	550		磨	246		薪	460

まぎらす	紛	341	まじろぐ	瞬	440	まとう	纏	616
まぎらわしい	紛	341	まじわる	交	90	まどう	惑	844
まぎらわす	紛	341	ます	升	443	まどか	円	532
まぎれる	紛	341		益	564	まとまる	纏	616
マク	莫	247		増	669	まとめる	纏	616
	幕	247	まず	先	395	まどわす	惑	844
	膜	247	まずい	拙	650	まな	愛	476
まく	巻	111	まずしい	貧	354	まなこ	眼	470
	蒔	451	まぜる	交	90	まなぶ	学	810
	捲	113		混	844	まねかれる	免	259
	撒	373	また	又	524	まねく	招	720
	播	778		股	67	まばゆい	眩	831
まくら	枕	754	まだ	未	284	まばら	疎	416
まくる	捲	113	またたく	瞬	440	まぶしい	眩	831
まくれる	捲	113	まだら	斑	296	まぶす	塗	186
まぐろ	鮪	549	まち	町	625	まぶた	瞼	37
まげ	髷	68		街	5	まぼろし	幻	854
まける	負	333	マツ	末	250	まましい	継	58
まげる	曲	68		抹	251	まみれる	塗	186
まご	孫	420	まっ	真	684	まめ	豆	199
まこと	誠	406	まつ	松	421	まもる	守	429
まことに	誠	406		待	176		護	842
まさ	正	624	まつげ	睫	713	まゆ	眉	286
まさに	正	624	まったく	全	608		繭	45
	当	166	まっとうする	全	608	まゆみ	檀	162
まさる	勝	445	まつまじい	睦	271	まよう	迷	286
	増	669	まつむ	睦	271	まり	毬	103
	優	528	まつり	祭	634		鞠	107
まざる	交	90	まつりごと	政	627	まる	丸	853
	混	844	まつる	祀	368	まるい	丸	853
	雑	590		祭	634		円	532
まじえる	交	90		纏	616	まるまる	丸	853
まして	況	857	まつわる	纏	616	まるめる	丸	853
まじなう	呪	660	まで	迄	875	まれ	希	876
まじる	交	90	まと	的	604		稀	877
	混	844	まど	窓	699	まわす	回	860

まわす	廻	862	みことのり	勅	750	みつぎ	貢	75
まわり	周	657		詔	643	みつぐ	貢	75
まわる	回	860	みごもる	妊	579	みっつ	三	373
マン	万	248	みさお	操	645	みとめる	認	571
	卍	250	みさき	岬	21	みどり	緑	226
	満	248	みささぎ	陵	236		翠	745
	慢	249	みじかい	短	161	みな	皆	26
	漫	249	みじめ	惨	698	みなぎる	張	701
	蔓	250	みず	水	427	みなしご	孤	63
	幔	250		瑞	392	みなと	港	818
	饅	250	みずうみ	湖	841	みなみ	南	143
	鰻	250	みずから	自	582	みなもと	源	535
まんじ	卍	250	みずち	蛟	93	みにくい	醜	731
			みずのえ	壬	579	みね	峰	329

□ み □

ミ	未	284	みせ	店	621		嶺	222
	位	538	みせる	見	40	みのる	実	461
	味	285	みぞ	溝	100	みはる	瞠	168
	弥	286	みそか	晦	863	みみ	耳	561
	眉	286	みそぎ	禊	59	みや	宮	110
	美	285	みたす	充	738	ミャク	脈	257
	微	286		満	248	みやこ	都	184
	魅	256	みだす	乱	207	みやび	雅	466
み	三	373	みだら	淫	554	みやびやか	雅	466
	巳	367		猥	517	みやびる	雅	466
	身	455	みだり	妄	251	ミョウ	名	261
	実	461		濫	209		妙	272
	御	484	みだれる	乱	207		命	263
みえる	見	40	みち	道	185		明	263
みがく	研	495		途	183		苗	272
	磨	246	みちびく	導	187		冥	265
みかける	見	40	みちる	充	738		猫	272
みかど	帝	633		満	248	みる	見	40
みき	幹	14	ミツ	密	288		看	12
みぎ	右	525		蜜	288		診	686
みこ	巫	277	みつ	三	373		観	83
みこと	命	263		充	738	ミン	民	287

ミン	明	263	むすぶ	結	46	め	眼	470
	眠	260	むすめ	娘	145		雌	586
	罠	288	むせぶ	咽	571	メイ	名	261
			むだ	徒	183		命	263
む			むち	鞭	786		明	263
ム	矛	266	むつ	六	234		迷	286
	武	274	むっつ	六	234		冥	265
	務	274	むつまじい	睦	271		盟	258
	無	274	むつむ	睦	271		酩	265
	夢	271	むな	胸	873		銘	264
	謀	268		棟	197		鳴	264
	霧	277	むなしい	空	74		瞑	265
む	六	234		虚	826		謎	287
むい	六	234	むね	旨	672	めい	姪	688
むかう	向	824		宗	650	めかけ	妾	712
むかえる	迎	502		胸	873	めかす	粧	594
むかし	昔	394		棟	197	めぐまれる	恵	838
むぎ	麦	257	むべ	宜	556	めぐむ	恵	838
むく	向	824	むら	村	724	めくら	盲	258
	剥	291		斑	296	めぐらす	巡	438
むくいる	報	321		群	108		回	860
	酬	435	むらがる	群	108	めくる	捲	113
むくげ	槿	122		叢	726	めぐる	巡	438
むくろ	骸	822	むらさき	紫	585		回	860
	軀	105	むらす	蒸	669		廻	862
むける	向	824	むらと	腎	460	めし	飯	295
	剥	291	むれ	群	108	めしい	盲	258
むこ	婿	390	むれる	群	108	めす	召	412
むごい	惨	698		蒸	669		牝	355
	酷	844	むろ	室	462		雌	586
むこう	向	824	め			めずらしい	珍	682
むさぼる	貪	764	メ	馬	246	メツ	滅	261
むし	虫	738	め	女	147	めっき	鍍	188
むしばむ	蝕	454		目	269	めでる	愛	476
むしろ	寧	151		牝	268	めとる	娶	745
むす	蒸	669		芽	466	めまい	眩	831
むずかしい	難	142						

めり	乙	552	もしくは	若	479	もも	百	308
	減	18	もす	燃	497		股	67
メン	免	259	もだえる	悶	288		桃	182
	面	259	もたげる	擡	179		腿	772
	棉	260	モチ	勿	283	もやす	燃	497
	綿	260	もち	餅	320	もよおす	催	728
	麺	260	もちいる	用	522	もらう	貰	409
めん	雌	586	モツ	没	271	もらす	洩	402

〔 も 〕

				物	282		漏	231
モ	茂	274	もつ	持	676	もり	守	429
	模	267	もって	以	561		杜	200
も	喪	381	もっとも	尤	529		森	374
	藻	646		最	727	もる	洩	402
	裳	384	もっぱら	専	611		盛	405
モウ	亡	251	もてあそぶ	弄	227		漏	231
	毛	265		玩	514	もれる	洩	402
	妄	251	もてる	持	676		漏	231
	孟	258	もと	下	805	もろ	諸	636
	盲	258		元	532	もろい	脆	745
	耗	267		本	326	もろもろ	諸	636
	望	252		基	134	モン	文	279
	猛	258		許	826		門	280
	網	252	もとい	基	134		紋	280
	蒙	271	もどす	戻	215		問	281
もうかる	儲	603	もとづく	基	134		悶	288
もうける	設	401	もとどり	髻	59		聞	281
	儲	603	もとめる	求	98	もんめ	匁	280
もうす	申	454	もとより	固	61

〔 や 〕

もうでる	詣	506	もとる	悖	782	ヤ	冶	479
もえる	萌	258	もどる	戻	215		夜	478
	燃	497	もの	物	282		耶	479
モク	木	268		者	584		野	478
	目	269	もまれる	揉	548		爺	479
	黙	278	もみ	紅	846		薬	480
もぐる	潜	589	もむ	揉	548	や	八	780
もし	若	479	もめる	揉	548		矢	447

や	弥	286	やせる	痩	436	やわらげる	和	850	
	屋	510	やつ	八	780	**ゆ**			
	耶	479		奴	151	ユ	由	542	
	家	3	やっこ	奴	151		油	544	
	輻	325	やっつ	八	780		柚	548	
やいば	刃	566	やど	宿	437		喩	548	
やかた	館	83	やとう	雇	65		愉	545	
やかましい	喧	870		傭	524		遊	546	
やから	族	649	やどす	宿	437		諭	548	
ヤク	厄	477	やどる	宿	437		輸	435	
	役	492	やな	梁	214		癒	548	
	疫	493	やなぎ	柳	232	ゆ	弓	110	
	約	480	やぶる	破	777		湯	764	
	益	564	やぶれる	破	777	ユイ	由	542	
	訳	494		敗	781		唯	545	
	薬	480	やま	山	369		維	547	
	躍	481	やまい	病	319		遺	547	
やく	焼	416	やましい	疾	688	ユウ	友	525	
やぐら	櫓	225	やみ	闇	472		尤	529	
やける	焼	416	やむ	已	562		右	525	
やさしい	易	492		止	671		由	542	
	優	528		病	319		有	543	
やしき	邸	601	やめる	已	562		酉	548	
やしなう	養	483		止	671		油	544	
やしろ	社	360		病	319		柚	548	
やす	靖	632		辞	367		勇	522	
やすい	安	469		罷	778		宥	548	
	易	492	やもめ	鰥	855		幽	545	
	廉	221	やや	動	196		悠	545	
やすまる	休	872	やり	槍	701		郵	527	
やすむ	休	872	やる	遣	44		湧	524	
やすめる	休	872	やわらか	柔	545		猶	546	
やすらう	休	872		軟	495		裕	546	
	安	469	やわらかい	柔	545		遊	546	
やすらか	安	469		軟	495		雄	531	
やすんじる	安	469	やわらぐ	和	850		熊	531	

ユウ	誘	547	ゆるまる	緩	514	ヨウ	容	523
	憂	528		弛	563		庸	523
	融	550	ゆるむ	弛	563		痒	484
	優	528		緩	514		揚	482
	鮪	549	ゆるめる	緩	514		揺	518
ゆう	夕	393		弛	563		瑶	518
	結	46	ゆるやか	緩	514		湧	524
ゆえ	故	62	ゆるりと	緩	514		葉	501
ゆか	床	378	ゆれる	揺	518		遥	520
ゆかり	縁	497	ゆわえる	結	46		陽	482
ゆがむ	歪	515	ゆん	弓	110		腰	519
ゆき	雪	401					楊	484
	桁	838		よ			溶	523
ゆく	行	822	ヨ	与	490		傭	524
	往	515		予	505		様	482
	逝	390		余	491		熔	524
ゆさぶる	揺	518		誉	505		踊	523
ゆず	柚	548		預	506		窯	519
ゆすぐ	濯	760		輿	492		養	483
ゆすぶる	揺	518	よ	世	407		擁	512
ゆする	揺	518		代	174		謡	519
ゆずる	譲	483		四	356		曜	520
ゆたか	豊	800		夜	478		鎔	524
ゆだねる	委	539	よい	好	839		耀	520
ゆだる	茹	492		良	213		蠅	446
ゆでる	茹	492		宵	413		鷹	555
ゆばり	尿	154		善	398	よう	八	780
ゆび	指	675	ヨウ	夭	520		酔	744
ゆみ	弓	110		幼	542	ようやく	漸	623
ゆめ	夢	271		用	522	ようよう	漸	623
ゆらぐ	揺	518		羊	481	ヨク	抑	487
ゆる	揺	518		孕	581		沃	511
ゆるい	緩	514		妖	520		浴	521
ゆるぐ	揺	518		沃	511		欲	521
ゆるす	赦	366		拗	520		翌	564
	許	826		洋	481		慾	521
				要	518			

ヨク	翼	564	よる	依	556	ラク	絡	206
よく	能	154		拠	31		落	205
	克	118		寄	133		楽	206
よける	避	802		縁	497		酪	207
よこ	横	863		選	399		駱	207
よこいと	緯	541		縒	696	ラチ	埒	142
よこしま	邪	362	よろい	甲	21	ラツ	拉	209
よごす	汚	507	よろばしい	喜	877		埒	142
よごれる	汚	507	よろこばす	喜	877	ラッ	楽	206
よし	由	542	よろこばしい	悦	498		落	205
	好	839	よろこぶ	悦	498	ラン	乱	207
	葦	542		喜	877		卵	208
	嘉	7		歓	855		嵐	209
よしみ	誼	559		慶	53		覧	209
よす	止	671	よろしい	宜	556		濫	209
よせる	寄	133	よろず	万	248		藍	209
よそう	装	595	よろめく	蹌	701		蘭	208
よそえる	寄	133	よわい	弱	480		欄	208
よそおう	装	595		齢	222		爛	208
よつ	四	356	よわまる	弱	480		襤	209
よっつ	四	356	よわめる	弱	480		り	
よなげる	淘	187	よわる	弱	480	リ	吏	237
よね	米	284	よん	四	356		李	240
よばわる	呼	840		ら			利	237
よぶ	呼	840	ラ	拉	209		里	238
よみ	嘉	7		裸	204		俚	240
よみがえる	蘇	418		螺	204		狸	240
よむ	読	190		羅	204		理	238
	詠	504		等	202		梨	241
	訓	869	ら	礼	223		痢	239
よめ	嫁	5	ライ	来	210		裏	239
よもぎ	艾	476		雷	228		履	240
より	縒	696		頼	228		罹	241
よる	由	542		癩	204		鯉	241
	因	570	ラク	洛	207		離	240
	夜	478		烙	207	リキ	力	216

リク	六	234	リョウ	陵	236	レイ	令	221
	陸	235		菱	237		礼	223
リチ	律	235		量	214		冷	211
リツ	立	243		僚	230		励	215
	律	235		稜	237		戻	215
	率	235		綾	237		例	223
	栗	236		漁	484		鈴	221
	慄	236		領	222		零	222
リャク	掠	212		寮	230		霊	222
	略	212		諒	214		黎	216
リュウ	立	243		輛	214		隷	223
	柳	232		霊	222		嶺	222
	流	232		療	230		齢	222
	留	232		瞭	230		麗	216
	竜	230		糧	214	レキ	暦	217
	龍	230	リョク	力	216		歴	216
	笠	245		緑	226		礫	217
	粒	244	リン	吝	241		轢	217
	隆	236		林	242	レツ	列	220
	硫	233		厘	238		劣	220
	溜	234		倫	235		烈	220
	瘤	234		淋	242		捩	220
リョ	旅	215		鈴	221		裂	220
	虜	225		輪	235	レン	恋	217
	慮	215		隣	241		連	217
リョウ	了	229		燐	241		煉	219
	令	221		臨	242		廉	221
	両	213		鱗	242		練	218
	良	213	**る**				蓮	219
	凌	236	ル	流	232		憐	219
	料	229		留	232		錬	219
	竜	230	ルイ	涙	231		聯	219
	龍	230		累	231		簾	221
	梁	214		塁	231		鎌	48
	涼	214		類	233	**ろ**		
	猟	221	**れ**			ロ	炉	224

ロ	路	225	わ	羽	526	わずか	僅	122
	蘆	225		輪	235	わずらう	患	854
	露	225		環	855		煩	310
	櫓	225	ワイ	歪	515	わずらわしい	煩	310
ロウ	老	223		賄	861	わずらわす	煩	310
	労	224		矮	516	わすれる	忘	252
	弄	227		猥	517	わた	棉	260
	牢	229	わが	吾	509		綿	260
	郎	209		我	466		腸	596
	朗	210	わかい	若	479	わたくし	私	361
	浪	210	わかす	沸	348	わたし	私	361
	狼	210	わかつ	分	339	わたす	渡	184
	廊	210		別	316	わだち	轍	711
	楼	231	わかる	分	339	わたる	渡	184
	漏	231		判	779	わな	罠	288
	糧	214		解	820	わびしい	侘	694
	露	225	わかれる	分	339	わびる	侘	694
	朧	227		別	316	わびる	詫	759
	籠	228		岐	130	わめく	喚	854
	蠟	209	わき	脇	835	わら	藁	67
	聾	228		傍	302	わらう	笑	415
ロク	六	234	わきまえる	弁	315	わらび	蕨	113
	肋	236	ワク	或	844	わらべ	童	198
	陸	235		惑	844	わらわ	妾	712
	鹿	226	わく	枠	650		童	198
	禄	226		沸	348	わり	割	814
	碌	226		湧	524	わる	割	814
	緑	226	わけ	訳	494	わるい	悪	467
	録	226	わける	分	339	われ	吾	509
	麓	226		別	316		我	466
ロン	論	227	わざ	技	131	われる	割	814
	わ			業	490	ワン	腕	513
ワ	和	850	わざと	態	765		椀	514
	倭	516	わざわい	災	598		湾	249
	話	851		禍	851		碗	514
	窪	513	わし	鷲	745			

어패류(魚貝類) 색인

*일본 식당에서 잘 사용하는 '어(魚)'와 관련된 단어만 수록하였습니다.

鮎[かがみたい] ≪魚≫ 도미의 일종.
魳[かます] ≪魚≫ 꼬치고기.
魬[いなだ/はまち] ≪魚≫ 마래미. 새끼 방어. *'はまち'는 関西(かんさい) 지방 말임.
鮃[ひらめ] ≪魚≫ 넙치. 광어.
鮓[すし] 초밥.
鮎[あゆ] ≪魚≫ 은어.
鮗[このしろ] ≪魚≫ 전어(錢魚).
鮒[ふな] ≪魚≫ 붕어.
鮑[あわび] ≪貝≫ 전복.
鮪[まぐろ] ≪魚≫ 참치. 다랑어.
鮭[さけ/しゃけ] ≪魚≫ 연어.
鮟鱇[あんこう] ≪魚≫ 아귀.
鮫[さめ] ≪魚≫ 상어.
鮠[はや/はえ] ≪魚≫ 피라미.
鮹[たこ] ≪魚≫ 문어. 낙지.
鮨[すし] 초밥.
鯒[こち] ≪魚≫ 양태.
鯆[いるか] ≪動≫ 돌고래.
鯉[こい] ≪魚≫ 잉어.
鯊[はぜ] ≪魚≫ 망둥이.
鯑[かずのこ] ≪魚≫ 말린 청어알. *설날이나 결혼 축하연에 사용함.
鯏[あさり] ≪貝≫ 모시조개.
鯨[くじら] ≪動≫ 고래.
鯛[たい] ≪魚≫ 도미.
鯖[さば] ≪魚≫ 고등어.
鯥[むつ] ≪魚≫ 게르치.
鯱❶[しゃち] ≪動≫ 범고래. ❷[しゃちほこ] 용마루 양쪽 끝에 다는 장식용 동물상. *머리는 호랑이이고, 등에는 가시가 돋친 상징적인 물고기임.
鯣[するめ] 말린 오징어.
鯰[なまず] ≪魚≫ 메기.
鯡[にしん] ≪魚≫ 청어.
鰐[わに] ≪動≫ 악어.
鰓[えら] ≪魚≫ 아가미.

鰈[かれい] ≪魚≫ 가자미.
鰌[どじょう] ≪魚≫ 미꾸라지.
鰍[かじか] ≪魚≫ 둑중개.
鰭[ひれ] 지느러미.
鰊[にしん] ≪魚≫ 청어.
鰕[えび] ≪動≫ 새우.
鰆[さわら] ≪魚≫ 삼치.
鰒❶[ふぐ] ≪魚≫ 복. 복어. ❷[あわび] ≪貝≫ 전복.
鰉[ひがい] ≪魚≫ 중고기. *한국에서는 먹지 않으나 明治天皇(めいじてんのう)이 즐겨 먹었다 하여 '魚+皇=鰉'가 되었음.
鰡[ぼら] ≪魚≫ 숭어.
鰯[いわし] ≪魚≫ 정어리.
鰰[はたはた] ≪魚≫ 도루묵.
鰤[ぶり] ≪魚≫ 방어.
鰾[ふえ] 부레.
鱈[たら] ≪魚≫ 대구.
鰶[このしろ] ≪魚≫ 전어(錢魚).
鰺[あじ] ≪魚≫ 전갱이.
鰻[うなぎ] ≪魚≫ 뱀장어.
鱒[ます] ≪魚≫ 송어.
鱚[きす] ≪魚≫ 보리멸.
鱝[えい] ≪魚≫ 가오리.
鱏[えい] ≪魚≫ 가오리.
鯷❶[ごまめ] 말린 멸치 새끼. ❷[うつぼ] ≪魚≫ 곰치.
鱛[えそ] ≪魚≫ 매퉁이.
鱠[なます] 생선회.
鯯[たなご] ≪魚≫ 납자루.
鱗[うろこ] 비늘.
鱰[しいら] ≪魚≫ 만새기.
鱧[はも] ≪魚≫ 갯장어.
鱶[ふか] ≪魚≫ 큰 상어류의 속칭. *'鮫(さめ)'의 딴이름.
鱸[すずき] ≪魚≫ 농어.

특별 부록

인명(人名)·지명(地名) 읽기　　985

특별부록

인명(人名) · 지명(地名) 읽기

일본어를 심도 있게 공부해 감에 따라서 일본어 학습자를 괴롭히는 것은, 바로 일본인들의 인명(人名)과 지명(地名)을 읽는 방법입니다.

현재 일본에는 27만 종류 이상의 성씨(姓氏)가 존재하는데도 날마다 새로운 성씨의 가문이 생겨나고 있기 때문에 여기서는 독자들의 고민을 모두 해결해 드리지는 못하지만, 서기 2000년 이전의 일본의 사회, 정치, 경제, 문화, 군사, 스포츠 등의 다방면에서 많은 영향력을 끼친 사람들의 성씨 및 이름을 게재하였습니다.

또한 일본의 지명(地名)은 대부분 그 지방의 지형, 특산물, 서식하는 동식물, 과거의 행정기관과 제도, 신사(神社)와 성(城)과 같은 건물 및 역사적인 사건에서 유래된 것이 많기 때문에, 통상적인 한자 읽기와는 너무나 다른 것이 특징입니다. 일본어 학습자가 반드시 알아두어야 할 정도의 지명(地名)도 수록하였으므로, 많은 도움이 되리라고 확신합니다.

※ 일러두기
  (人) : 일본의 인명, (地) : 일본의 지명, (姓) : 일본의 성씨

인명(人名)・지명(地名) 읽기

가

加
可
仮
袈
歌
嘉
榎
各
角
脚
覚
干
肝

加

加計呂麻島[かけろまじま] (地)
加古[かこ] (地)
加古川[かこがわ] (地/姓)
加古川本蔵[かこがわほんぞう] (人)
加納[かのう] (地/姓)
加納作次郎[かのうさくじろう] (人)
加納諸平[かのうもろひら] (人)
加納夏雄[かのうなつお] (人)
加東[かとう] (地)
加藤[かとう] (姓)
加藤嘉明[かとうよしあき] (人)
加藤景正[かとうかげまさ] (人)
加藤高明[かとうたかあき] (人)
加藤唐九郎[かとうとうくろう] (人)
加藤道夫[かとうみちお] (人)
加藤民吉[かとうたみきち] (人)
加藤盤斎[かとうばんさい] (人)
加藤繁[かとうしげし] (人)
加藤士師萌[かとうはじめ] (人)
加藤宇万伎[かとううまき] (人)
加藤友三郎[かとうともさぶろう] (人)
加藤枝直[かとうえなお] (人)
加藤千蔭[かとうちかげ] (人)
加藤清正[かとうきよまさ] (人)
加藤楸邨[かとうしゅうそん] (人)
加藤弘之[かとうひろゆき] (人)
加藤暁台[かとうきょうたい] (人)
加茂[かも] (地/姓)
加茂儀一[かもぎいち] (人)
加茂川[かもがわ] (地)
加美[かみ] (地)
加舎[かや] (地)
加舎白雄[かやしらお] (人)
加西[かさい] (地)
加世田[かせだ] (地)
加須[かぞ] (地)
加州[かしゅう] (地)
加集[かしゅう] (姓)
加集珉平[かしゅうみんべい] (人)
加治木[かじき] (地)
加太[かだ] (地)
加茂山[かぼさん] (地)
加賀[かが] (地/姓)
加賀千代[かがのちよ] (人)

可

可古の島[かこのしま] (地)
可楽[からく] (人)
可児[かに] (地)
可愛岳[えのだけ] (地)
可翁[かおう] (人)

仮

仮垣魯文[かながきろぶん] (人)

家

家康[いえやす] (人)
家島諸島[いえしましょとう] (地)
家隆[かりゅう] (人)
家持[やかもち] (人)

袈

袈裟御前[けさごぜん] (人)

歌

歌麿[うたまろ] (人)
歌舞伎町[かぶきちょう] (地)
歌右衛門[うたえもん] (人)
歌の中山[うたのなかやま] (地)
歌志内[うたしない] (地)
歌川[うたがわ] (姓)
歌川広重[うたがわひろしげ] (人)
歌川国芳[うたがわくによし] (人)
歌川国貞[うたがわくにさだ] (人)
歌川豊広[うたがわとよひろ] (人)
歌川豊国[うたがわとよくに] (人)
歌川豊春[うたがわとよはる] (人)
歌沢笹丸[うたざわささまる] (人)

嘉

嘉納[かのう] (人)
嘉納治五郎[かのうじごろう] (人)
嘉島[かしま] (地)
嘉麻[かま] (地)
嘉祥大師[かじょうだいし] (人)
嘉手納[かでな] (地)
嘉穂[かほ] (地)
嘉義[かぎ] (地)
嘉村[かむら] (姓)
嘉村礒多[かむらいそた] (人)
嘉喜門院[かきもんいん] (人)

榎

榎本[えのもと] (姓)
榎本健一[えのもとけんいち] (人)
榎本其角[えのもときかく] (人)
榎本武揚[えのもとたけあき] (人)

각

各

各務[かがみ] (姓)
各務鉱三[かがみこうぞう] (人)
各務原[かかみがはら] (地)
各務支考[かがみしこう] (人)

角

角館[かくのだて] (地)
角大師[つのだいし] (人)
角屋七郎兵衛[かどやしちろうべえ] (人)
角田①[かくだ] (地)
角田②[つのだ] (地)
角田忠行[つのだただゆき] (人)
角倉[すみのくら] (姓)
角倉了以[すみのくらりょうい] (人)
角倉素庵[すみのくらそあん] (人)

脚

脚摩乳[あしなずち] (人)

覚

覚鑁[かくばん] (人)
覚信尼[かくしんに] (人)
覚彦[かくげん] (人)
覚如[かくにょ] (人)
覚運[かくうん] (人)
覚猷[かくゆう] (人)
覚一[かくいち] (人)
覚行法親王[かくぎょうほうしんのう] (人)

간

干

干宝[かんぽう] (人)

肝

肝付[きもつき] (地)
肝属[きもつき] (地)

間

間[はざま](姓)
間宮[まみや](姓)
間宮林蔵[まみやりんぞう](人)
間宮海峡[まみやかいきょう](地)
間島[かんとう](地)
間部[まなべ](姓)
間部詮房[まなべあきふさ](人)
間部詮勝[まなべあきかつ](人)
間の山[あいのやま](地)
間十次郎[はざまじゅうじろう](人)
間ノ岳[あいのだけ](地)
間人皇女[はしひとのひめみこ](人)
間重富[はざましげとみ](人)
間の土山[あいのつちやま](地)

諫

諫早[いさはや](地)

簡

簡野[かんの](姓)
簡野道明[かんのみちあき](人)

葛

葛巻[くずまき](地)
葛尾[かつらお](地)
葛西[かさい](姓)
葛西善蔵[かさいぜんぞう](人)
葛西因是[かさいいんぜ](人)
葛城[かつらぎ](地/姓)
葛城山[かつらぎさん](地)
葛城襲津彦[かずらきのそつひこ　かつらぎのそつひこ](人)
葛飾[かつしか](地/姓)
葛飾北斎[かつしかほくさい](人)
葛原親王[かつらはらしんのう](人)
葛洪[かっこう](人)

甘

甘橿岡[あまかしのおか](地)
甘樫丘[あまかしのおか](地)
甘南備山[かんなびやま](地)
甘楽[かんら](地)
甘木[あまぎ](地)
甘粛[かんしゅく](地)
甘英[かんえい](人)
甘藷先生[かんしょせんせい](人)
甘輝[かんき](人)

邯

邯鄲[かんたん](地)

勘

勘六[かんろく](人)
勘平[かんぺい](人)

鑑

鑑真[かんじん](人)

甲

甲南[こうなん](地)
甲良[こうら](地/姓)
甲良宗広[こうらむねひろ](人)
甲武信岳[こぶしだけ](地)
甲府[こうふ](地)
甲府盆地[こうふぼんち](地)
甲斐[かい](地)
甲斐駒ヶ岳[かいこまがたけ](地)
甲斐ヶ嶺[かいがね](地)
甲西[こうせい](地)
甲子園[こうしえん](地)
甲佐[こうさ](地)
甲州[こうしゅう](地)
甲州街道[こうしゅうかいどう](地)
甲賀[こうか　こうが](地)

岬

岬[みさき](地)

江

江見[えみ](姓)
江見水蔭[えみすいいん](人)
江口[えぐち](地)
江口の君[えぐちのきみ](人)
江南[こうなん](地)
江ノ島[えのしま](地)
江島[えじま](人)
江東[こうとう](地)
江藤[えとう](姓)
江藤新平[えとうしんぺい](人)
江馬[えま](姓)
江馬細香[えまさいこう](人)
江馬小四郎[えまこしろう](人)
江馬太郎[えまたろう](人)
江木[えぎ](地)
江木翼[えぎたすく](人)
江木千之[えぎかずゆき](人)

江別[えべつ](地)
江府[こうふ](地)
江北[こうほく](地)
江侍従[ごうじじゅう](人)
江原[えばら](姓)
江原素六[えばらそろく](人)
江月[こうげつ](人)
江刺[えさし](地)
江田島[えたじま](地)
江州[ごうしゅう](地)
江津[ごうつ](地)
江差[えさし](地)
江川①[ごうがわ](地)
江川②[えがわ](姓)
江の川[ごうのかわ](地)
江川太郎左衛門[えがわたろうざえもん](人)
江村[えむら](姓)
江村北海[えむらほっかい](人)
江戸[えど](地)
江戸崎[えどさき](地)
江戸半田夫[えどはんだゆう](人)
江戸屋猫八[えどやねこはち](人)
江戸川[えどがわ](地)
江戸川乱歩[えどがわらんぽ](人)
江湖[ごうこ](地)

岡

岡[おか](姓)
岡潔[おかきよし](人)
岡谷[おかや](地)
岡鬼太郎[おかおにたろう](人)
岡崎[おかざき](地)
岡崎義恵[おかざきよしえ](人)
岡崎正宗[おかざきまさむね](人)
岡島[おかじま](地)
岡島冠山[おかじまかんざん](人)
岡鹿之助[おかしかのすけ](人)
岡麓[おかふもと](人)
岡白駒[おかはっく](人)
岡本[おかもと](地/姓)
岡本綺堂[おかもときどう](人)
岡本文弥[おかもとぶんや](人)
岡本保孝[おかもとやすたか](人)
岡本三右衛門[おかもとさんえもん](人)
岡本一平[おかもといっぺい](人)
岡本かの子[おかもとかのこ](人)
岡本則録[おかもとのりぶみ](人)
岡本黄石[おかもとこうせき](人)
岡部[おかべ](地/姓)
岡部六弥太[おかべろくやた](人)
岡山[おかやま](地)

岡西[おかにし](姓)
岡西惟中[おかにしいちゅう](人)
岡の水門[おかのみなと](地)
岡野[おかの](姓)
岡野敬次郎[おかのけいじろう](人)
岡研介[おかけんかい](人)
岡熊臣[おかくまおみ](人)
岡垣[おかがき](地)
岡義武[おかよしたけ](人)
岡田[おかだ](地)
岡田嘉子[おかだよしこ](人)
岡田啓介[おかだけいすけ](人)
岡田良平[おかだりょうへい](人)
岡田米山人[おかだべいさんじん](人)
岡田半江[おかだはんこう](人)
岡田三郎助[おかださぶろうすけ](人)
岡田武松[おかだたけまつ](人)
岡田野水[おかだやすい](人)
岡田為恭[おかだためちか](人)
岡田以蔵[おかだいぞう](人)
岡田寒泉[おかだかんせん](人)
岡倉[おかくら](姓)
岡倉由三郎[おかくらよしさぶろう](人)
岡倉天心[おかくらてんしん](人)
岡村[おかむら](姓)
岡村柿紅[おかむらしこう](人)
岡鶴汀[おかかくてい](人)

康
康慶[こうけい](人)
康継[やすつぐ](人)
康国[こうこく](人)
康尚[こうしょう](人)
康円[こうえん](人)
康有為[こうゆうい](人)
康定[こうてい](地)

強
強羅温泉[ごうらおんせん](地)

綱
綱島[つなしま](姓)
綱島梁川[つなしまりょうせん](人)

橿
橿原[かしはら](地)

介
介之推[かいしすい](人)

芥
芥川[あくたがわ](姓)
芥川丹丘[あくたがわたんきゅう](人)
芥川竜之介[あくたがわりゅうのすけ](人)
芥川也寸志[あくたがわやすし](人)

皆
皆生温泉[かいけおんせん](地)
皆野[みなの](地)
皆川[みながわ](姓)
皆川気炎[みながわきえん](人)

開
開高健[かいこうたけし](人)
開聞岳[かいもんだけ](地)
開成[かいせい](地)
開化天皇[かいかてんのう](人)

更
更科[さらしな](地)
更級[さらしな](地)
更別[きらべつ](地)
更埴[こうしょく](地)

去
去来[きょらい](人)

巨
巨椋池[おぐらのいけ](地)
巨勢[こせ](姓)
巨勢金岡[こせのかなおか](人)
巨勢山[こせやま](地)
巨勢野[こせの](地)
巨然[きょねん](人)

挙
挙母[ころも](地)

裾
裾野[すその](地)

鉅
鉅南[きょなん](地)
鉅鹿[きょろく](地)

鋸
鋸山[のこぎりやま](地)

建
建礼門院[けんれいもんいん](人)
建礼門院右京大夫[けんれいもんいんうきょうのだいぶ](人)
建部[たけべ](姓)
建部遜吾[たけべとんご](人)
建部綾足[たけべあやたり](人)
建部賢弘[たけべかたひろ](人)
建川[たてかわ](姓)
建川美次[たてかわよしつぐ](人)
建春門院[けんしゅんもんいん](人)

剣
剣崎[つるぎざき](地)
剣山[つるぎさん](地)
剣淵[けんぶち](地)
剣持[けんもち](姓)
剣持勇[けんもちいさむ](人)

劒
劒岳[つるぎだけ](地)

犬
犬公方[いぬくぼう](人)
犬山[いぬやま](地)
犬上[いぬかみ](地/姓)
犬上御田鍬[いぬかみのみたすき](人)
犬養[いぬかい](姓)
犬養毅[いぬかいつよし](人)
犬吠埼[いぬぼうさき](地)

見
見島[みしま](地)
見附[みつけ](地)
見沼[みぬま](地)
見真大師[けんしんだいし](人)

堅
堅山[かたやま](姓)
堅山南風[かたやまなんぷう](人)
堅田[かたた](地)

結
結城[ゆうき](地/姓)
結城孫三郎[ゆうきまごさぶろう](人)
結城秀康[ゆうきひでやす](人)

結城朝[ゆうきうじとも](人)
結城哀草果[ゆうきあいそうか](人)
結城朝光[ゆうきともみつ](人)
結城宗広[ゆうきむねひろ](人)
結城豊太郎[ゆうきとよたろう](人)

兼 [겸]

兼光[かねみつ](人)
兼吉[かねよし](人)
兼明親王[かねあきらしんのう](人)
兼常[かねつね](人)
兼寿[けんじゅ](人)
兼[かねうじ](人)
兼元[かねもと](人)
兼載[けんさい](人)
兼定[かねさだ](人)
兼好[けんこう](人)
兼好法師[けんこうほうし](人)

謙德公[けんとくこう](人)
謙信[けんしん](人)

鎌ヶ谷[かまがや](地)
鎌田[かまた](姓)
鎌田柳泓[かまたりゅうおう](人)
鎌倉[かまくら](地/姓)
鎌倉開道[かまくらかいどう](地)
鎌倉景政[かまくらかげまさ](人)
鎌倉山[かまくらやま](地)
鎌倉右大臣[かまくらうだいじん](人)

京 [경]

京[きょう](地)
京街道[きょうかいどう](地)
京極[きょうごく](地/姓)
京極高次[きょうごくたかつぐ](人)
京極上[きょうごくのうえ](人)
京極為兼[きょうごくためかね](人)
京丹波[きょうたんば](地)
京丹後[きょうたんご](地)
京都①[きょうと](地)
京都②[みやこ](地)
京都郡[みやこぐん](地)
京都府[きょうとふ](地)
京田辺[きょうたなべ](地)
京伝[きょうでん](人)

茎崎[くきざき](地)

庚申山[こうしんざん](地)

耕雲[こううん](人)

経が島[きょうがしま](地)

景戒[けいかい](人)
景光[かげみつ](人)
景德鎮[けいとくちん](地)
景山[かげやま](姓)
景山英子[かげやまひでこ](人)
景三[けいさん](人)
景正[かげまさ](人)
景清[かげきよ](人)
景清洞[かげきよどう](地)
景行天皇[けいこうてんのう](人)

軽大郎女[かるのおおいらつめ](人)
軽米[かるまい](地)
軽王[かるのみこ](人)
軽井沢[かるいざわ](地)
軽皇子[かるのみこ](人)

傾山[かたむきやま](地)

境[さかい](地)
境港[さかいみなと](地)

慶紀逸[けいきいつ](人)
慶雲[けいうん](地)
慶親王奕誆[けいしんのうえききょう]
　　(人)
慶喜[けいき](人)

鏡[かがみ](地)
鏡石[かがみいし](地)
鏡野[かがみの](地)
鏡王女[かがみのおおきみ](人)
鏡川[かがみがわ](地)
鏡花[きょうか](人)

戒 [계]

戒日王[かいじつおう](人)
戒賢[かいげん](人)

季吟[きぎん](人)

契[せつ](人)
契冲[けいちゅう](人)

桂[かつら](地/姓)
桂文楽[かつらぶんらく](人)
桂文枝[かつらぶんし](人)
桂文治[かつらぶんじ](人)
桂浜[かつらはま](地)
桂小五郎[かつらこごろう](人)
桂庵玄樹[かつらあんげんじゅ](人)
桂田[かつらだ](姓)
桂田富士郎[かつらだふじろう](人)
桂昌院[けいしょういん](人)
桂川[かつらがわ](地/姓)
桂川甫桑[かつらがわほさん](人)
桂川甫周[かつらがわほしゅう](人)
桂川甫筑[かつらがわほちく](人)
桂春団治[かつらはるだんじ](人)
桂太郎[かつらたろう](人)
桂湖村[かつらこそん](人)

渓斎英泉[けいさいえいせん](人)

堺[さかい](地/姓)
堺筋[さかいすじ](地)
堺利彦[さかいとしつこ](人)

階上[はしかみ](地)

繼体天皇[けいたいてんのう](人)

鶏足山[けいそくさん](地)

古 [고]

古公亶父[ここうたんぽ](人)

結
兼
謙
鎌
京
茎
庚
耕
経
景
軽
傾
境
慶
鏡
戒
季
契
桂
渓
堺
階
繼
鶏
古

古
告
高

古関[こせき](姓)
古関裕而[こせきゆうじ](人)
古今亭志ん生[ここんていしんしょう](人)
古島一雄[こじまかずお](人)
古里温泉[ふるさとおんせん](地)
古利根川[ふるとねがわ](地)
古満休伯[こまきゅうはく](人)
古満休意[こまきゅうい](人)
古武弥四郎[こたけやしろう](人)
古市[ふるいち](姓)
古市公威[ふるいちこうい](人)
古宇[ふるう](地)
古在[こざい](姓)
古在由直[こざいよしなお](人)
古田[ふるた](姓)
古田織部[ふるたおりべ](人)
古畑[ふるはた](姓)
古畑種基[ふるはたたねもと](人)
古殿[ふるどの](地)
古座川[こざがわ](地)
古川[ふるかわ](地/姓)
古川古松軒[ふるかわこしょうけん](人)
古川緑波[ふるかわろっぱ](人)
古泉[こいずみ](姓)
古泉千樫[こいずみちかし](人)
古平[ふるびら](地)
古筆了佐[こひつりょうさ](人)
古河[こが](地)
古河[ふるかわ](姓)
古河古松軒[ふるかわこしょうけん](人)
古河緑波[ふるかわろっぱ](人)
古河黙阿弥[ふるかわもくあみ](人)
古河市兵衛[ふるかわいちべえ](人)
古河太四郎[ふるかわたしろう](人)
古賀[こが](地/姓)
古賀逸策[こがいっさく](人)
古賀政男[こがまさお](人)
古賀精里[こがせいり](人)
古賀春江[こがはるえ](人)
古学先生[こがくせんせい](人)

告
告子[こくし](人)

高
高間山[たかまやま](地)
高岡[たかおか](地)
高見[たかみ](姓)
高見順[たかみじゅん](人)
高階[たかしな](姓)
高階陸兼[たかしなたかかね](人)

高階英子[たかしなえいし](人)
高鍋[たかなべ](地)
高橋[たかはし](姓)
高橋健自[たかはしけんじ](人)
高橋景保[たかはしかげやす](人)
高橋亀吉[たかはしかめきち](人)
高橋泥舟[たかはしでいしゅう](人)
高橋道八[たかはしどうはち](人)
高橋瑞子[たかはしみずこ](人)
高橋是清[たかはしこれきよ](人)
高橋新吉[たかはししんきち](人)
高橋由一[たかはしゆいち](人)
高橋くら子[たかはしくらこ](人)
高橋残夢[たかはしざんむ](人)
高橋お伝[たかはしおでん](人)
高橋至時[たかはしよしとき](人)
高橋虫麻呂[たかはしのむしまろ](人)
高橋和巳[たかはしかずみ](人)
高久[たかく](地)
高久靄厓[たかくあいがい](人)
高群[たかむれ](姓)
高群逸枝[たかむれいつえ](人)
高槻[たかつき](地)
高根沢[たかねざわ](地)
高崎[たかさき](地)
高崎山[たかさきやま](地)
高崎正風[たかさきまさかぜ](人)
高崎[たかさき](姓)
高碕達之助[たかさきたつのすけ](人)
高楠[たかくす](地/姓)
高楠順次郎[たかくすじゅんじろう](人)
高島[たかしま](姓)
高島嘉右衛門[たかしまかえもん](人)
高島米峰[たかしまべいほう](人)
高島秋帆[たかしましゅうはん](人)
高良三[こうらさん](地)
高梁[たかはし](地)
高梁川[たかはしがわ](地)
高麗[こま](地)
高嶺[たかみね](姓)
高瀬[たかせ](姓)
高瀬川[たかせがわ](地)
高柳[たかやなぎ](姓)
高柳健次郎[たかやなぎけんじろう](人)
高輪[たかなわ](地)
高望王[たかもちおう](人)
高木[たかぎ](姓)
高木徳子[たかぎとくこ](人)
高木市之助[たかぎいちのすけ](人)
高木貞治[たかぎていじ](人)
高木八尺[たかぎやさか](人)

高尾[たかお](地)
高尾山[たかおさん](地)
高峰[たかみね](姓)
高峰高原[たかみねこうげん](地)
高峰秀夫[たかみねひでお](人)
高峰譲吉[たかみねじょうきち](人)
高富[たかとみ](地)
高浜[たかはま](地/姓)
高浜虚子[たかはまきょし](人)
高砂[たかさご](地)
高師冬[こうのもろふゆ](人)
高師の浜[たかしのはま](地)
高師の山[たかしのやま](地)
高師直[こうのもろなお](人)
高師泰[こうのもろやす](人)
高山①[こうやま](地)
高山②[たかやま](地/姓)
高山彦九郎[たかやまひこくろう](人)
高山右近[たかやまうこん](人)
高山樗牛[たかやまちょぎゅう](人)
高山宗砌[たかやまそうぜい](人)
高杉[たかすぎ](姓)
高杉晋作[たかすぎしんさく](人)
高森[たかもり](地)
高桑[たかくわ](姓)
高桑闌更[たかくわらんこう](人)
高石[たかいし](地)
高松[たかまつ](地)
高市①[たかいち](地)
高市②[たけち](姓)
高市玄人[たけちのくろひと](人)
高市皇子[たけちのみこ](人)
高岳親王[たかおかしんのう](人)
高安[たかやす](姓)
高安月郊[たかやすげっこう](人)
高野①[こうや](地)
高野②[たかの](地)
高野口[こうやぐち](地)
高野蘭亭[たかのらんてい](人)
高野房太郎[たかのふさたろう](人)
高野山[こうやさん](地)
高野実[たかのみのる](人)
高野岩三郎[たかのいわさぶろう](人)
高野の玉川[こうやのたまがわ](地)
高野長英[たかのちょうえい](人)
高野辰之[たかのたつゆき](人)
高陽院[かようのいん](人)
高雄[たかお](地)
高円[たかまと](地)
高円山[たかまどやま](地)
高原[たかはる](地)
高遠[たかとお](地)

高越山[こうつざん](地)
高田[たかた‧たかだ](姓)
高田馬場[たかだのばば](地)
高田博厚[たかだひろあつ](人)
高田保馬[たかたやすま](人)
高田実[たかたみのる](人)
高田与清[たかだともきよ](人)
高田屋嘉兵衛[たかだやかへえ](人)
高田早苗[たかたさなえ](人)
高田平野[たかだへいや](地)
高畠①[たかはた](地)
高畠②[たかばたけ](地)
高畠達四郎[たかばたけたつしろう](人)
高畠素之[たかばたけもとゆき](人)
高畠華宵[たかばたけかしょう](人)
高井[たかい](姓)
高井几董[たかいきとう](人)
高井蘭三[たかいらんさん](人)
高座[こうざ](地)
高志[こし](地)
高志の山[たかしのやま](地)
高知[こうち](地)
高津①[たかつ](姓)
高津②[たかつ](地)
高津春繁[こうづはるしげ](人)
高倉天皇[たかくらてんのう](人)
高千穂[たかちほ](地)
高千穂峰[たかちほのみね](地)
高天山[たかまやま](地)
高村[たかむら](地)
高村光雲[たかむらこううん](人)
高村光太郎[たかむらこうたろう](人)
高村豊周[たかむらとよちか](人)
高萩[たかはぎ](地)
高取[たかとり](地)
高平[たかひら](姓/人)
高平小五郎[たかひらこごろう](人)
高向[たかむこ](地)
高向玄理[たかむこのくろまろ](人)

袴

袴垂[はかまだれ](人)

菰

菰野[こもの](地)

賈

賈島[かとう](人)
賈宝玉[かほうぎょく](人)
賈似道[かじどう](人)
賈誼[かぎ](人)

賈耽[かたん](人)

塙

塙①[ばん](姓)
塙②[はなわ](姓)
塙団右衛門[ばんだんえもん](人)
塙保己一[はなわほきのいち](人)

曲

曲山人[きょくさんじん](人)
曲垣[まがき](姓)
曲垣平九郎[まがきへいくろう](人)
曲亭馬琴[きょくていばきん](人)
曲直瀬[まなせ](姓)
曲直瀬道三[まなせどうさん](人)

谷

谷[たに](姓)
谷千城[たにかんじょう](人)
谷千城②[たにたてき](人)
谷口[たにぐち](姓)
谷口吉郎[たにぐちよしろう](人)
谷口蕪村[たにぐちぶそん](人)
谷口雅春[たにぐちまさはる](人)
谷崎[たにざき](姓)
谷崎潤一郎[たにざきじゅんいちろう](人)
谷崎精二[たにざきせいじ](人)
谷文晁[たにぶんちょう](人)
谷時中[たにじちゅう](人)
谷中[やなか](地)
谷秦山[たにじんざん](人)
谷津[やつ](姓)
谷津直秀[やつなおひで](人)
谷川①[たにかわ](姓)
谷川②[たにがわ](姓)
谷川士清[たにかわことすが](人)
谷川岳[たにがわだけ](地)
谷川雁[たにがわがん](人)
谷川徹三[たにかわてつぞう](人)
谷村[やむら](地)
谷風梶之助[たにかぜかじのすけ](人)
谷和原[やわら](地)

昆

昆陽[こや](地)

工

工藤[くどう](姓)
工藤祐経[くどうすけつね](人)
工藤平助[くどうへいすけ](人)

公

公任[きんとう](人)
公平[きんぴら](人)
公暁[くぎょう](人)

孔

孔舎衙坂[くさえざか](地)

功

功徳天[くどくてん](人)

共

共和[きょうわ](地)

空

空蟬[うつせみ](人)
空穂[うつぼ](人)
空也[くうや](人)
空知[そらち](地)
空知川[そらちがわ](地)
空海[くうかい](人)
空華庵忍鎧[くうげあんにんがい](人)

恐

恐山[おそれざん](地)

恭

恭親王奕訢[きょうしんのうえききん](人)

瓜

瓜生[うりゅう](姓)
瓜生保[うりゅうたもつ](人)
瓜生山[うりゅうやま](地)
瓜生岩[うりゅういわ](人)
瓜生野[うりゅうの](地)
瓜生外吉[うりゅうそときち](人)

鍋

鍋島[なべしま](姓)
鍋島直正[なべしまなおまさ](人)
鍋島閑叟[なべしまかんそう](人)
鍋山[なべやま](姓)
鍋山貞親[なべやままさちか](人)

관

串
串間[くしま] (地)
串木野[くしきの] (地)
串本[くしもと] (地)

冠
冠[かんむり] (姓)
冠山[かんむりやま] (地)
冠松次郎[かんむりまつじろう] (人)

菅
菅[すが] (姓)
菅江[すがえ] (姓)
菅江真澄[すがえますみ] (人)
菅沼①[すげぬま] (地)
菅沼②[すがぬま] (姓)
菅沼貞風[すがぬまていふう] (人)
菅野[すがの] (姓)
菅野正道[すがののまみち] (人)
菅原[すがわら] (姓)
菅原道真[すがわらのみちざね] (人)
菅原文時[すがわらのふみとき] (人)
菅原是善[すがわらのこれよし] (人)
菅原為長[すがわらのためなが] (人)
菅原清公[すがわらのきよとも] (人)
菅原孝標女[すがわらのたかすえのむすめ] (人)
菅専助[すがせんすけ] (人)
菅井[すがい] (姓)
菅井梅関[すがいばいかん] (人)
菅平[すがだいら] (地)

貫
貫之[つらゆき] (人)
貫名[ぬきな] (姓)
貫名海屋[ぬきなかいおく] (人)

寛
寛算[かんざん] (人)
寛平法皇[かんびょうほうおう] (人)

管
管野[かんの] (姓)
管野スガ[かんのすが] (人)

関
関[せき] (地/姓)
関谷[せきや] (姓)
関谷敏子[せきやとしこ] (人)
関谷清景[せきやせいけい] (人)
関寛斎[せきかんさい] (人)

関口[せきぐち] (姓)
関口鯉吉[せきぐちりきち] (人)
関根[せきね] (姓)
関根金次郎[せきねきんじろう] (人)
関根正二[せきねしょうじ] (人)
関根正直[せきねまさなお] (人)
関内[かんない] (地)
関東[かんとう] (地)
関東山地[かんとうさんち] (地)
関東州[かんとうしゅう] (地)
関東地方[かんとうちほう] (地)
関東八州[かんとうはっしゅう] (地)
関東平野[かんとうへいや] (地)
関の藤川[せきのふじかわ] (地)
関門[かんもん] (地)
関門海峡[かんもんかいきょう] (地)
関兵内[せきのへいない] (人)
関山慧玄[かんざんえげん] (人)
関西[かんさい] (地)
関城[せきじょう] (地)
関の小万[せきのこまん] (人)
関孫六[せきのまごろく] (人)
関宿[せきやど] (地)
関野[せきの] (姓)
関野貞[せきのただす] (人)
関屋[せきや] (姓)
関温泉[せきおんせん] (地)
関ヶ原[せきがはら] (地)
関一[せきはじめ] (人)
関中[かんちゅう] (地)
関川[せきかわ] (地)
関八州[かんはっしゅう] (地)
関孝和[せきたかかず] (人)

館
館[たち] (姓)
館柳湾[たちりゅうわん] (人)
館林[たてばやし] (地)
館山[たてやま] (地)

観
観世寿夫[かんぜひさお] (人)
観世信光[かんぜのぶみつ] (人)
観世元雅[かんぜもとまさ] (人)
観世元章[かんぜもとあきら] (人)
観世元重[かんぜもとしげ] (人)
観世元清[かんぜもときよ] (人)
観世音[かんぜおん] (人)
観世長俊[かんぜながとし] (人)
観世宗節[かんぜそうせつ] (人)
観世清次[かんぜきよつぐ] (人)

観世華雪[かんぜかせつ] (人)
観世黒雪[かんぜこくせつ] (人)
観阿弥[かんあみ] (人)
観音[かんのん] (人)
観音崎[かんのんざき] (地)
観音寺[かんおんじ・かんのんじ] (地)
観音寺城[かんのんじじょう] (地)
観自在[かんじざい] (人)
観海寺温泉[かんかいじおんせん] (地)

광

広
広島[ひろしま] (地)
広島湾[ひろしまわん] (地)
広瀬[ひろせ] (姓)
広瀬淡窓[ひろせたんそう] (人)
広瀬武夫[ひろせたけお] (人)
広瀬旭荘[ひろせきょくそう] (人)
広瀬元恭[ひろせげんきょう] (人)
広瀬惟然[ひろせいぜん] (人)
広瀬川[ひろせがわ] (地)
広尾[ひろお] (地)
広松[ひろまつ] (姓)
広松渉[ひろまつわたる] (人)
広野[ひろの] (地)
広田[ひろた] (姓)
広田弘毅[ひろたこうき] (人)
広田和郎[ひろたかずお] (人)
広重[ひろしげ] (人)
広津[ひろつ] (姓)
広津柳浪[ひろつりゅうろう] (人)
広津和郎[ひろつかずお] (人)
広川①[ひろかわ] (地)
広川②[ひろがわ] (地)
広沢[ひろさわ] (地)
広沢池[ひろさわのいけ] (地)
広沢真臣[ひろさわさねおみ] (人)
広沢虎造[ひろさわとらぞう] (人)

光
光[ひかり] (地)
光格天皇[こうかくてんのう] (人)
光崎[みつざき] (姓)
光崎検校[みつざきけんぎょう] (人)
光明天皇[こうみょうてんのう] (人)
光明皇后[こうみょうこうごう] (人)
光世[みつよ] (人)
光厳天皇[こうごんてんのう] (人)
光源[ひかるげんじ] (人)
光仁天皇[こうにんてんのう] (人)
光田[みつだ] (姓)
光田健輔[みつだけんすけ] (人)

光忠[みつただ](人)
光孝天皇[こうこうてんのう](人)

匡
匡衡[きょうこう](人)

┌─ 괘 ─┐

掛
掛川[かけがわ](地)

┌─ 괴 ─┐

怪
怪童丸[かいどうまる](人)

┌─ 교 ─┐

交
交野[かたの](地)

教
教如[きょうにょ](人)

喬
喬木[たかぎ](地)

橋
橋岡[はしおか](姓)
橋岡久太郎[はしおかきゅうたろう](人)
橋口[はしぐち](姓)
橋口五葉[はしぐちごよう](人)
橋本[はしもと](地)
橋本関雪[はしもとかんせつ](人)
橋本国彦[はしもとくにひこ](人)
橋本明治[はしもとめいじ](人)
橋本雅邦[はしもとがほう](人)
橋本宗吉[はしもとそうきち](人)
橋本左内[はしもとさない](人)
橋本増吉[はしもとますきち](人)
橋本進吉[はしもとしんきち](人)
橋本平八[はしもとへいはち](人)
橋本欣五郎[はしもときんごろう](人)
橋田[はしだ](姓)
橋田邦彦[はしだくにひこ](人)
橋川[はしかわ](姓)
橋川文三[はしかわぶんぞう](人)

鮫
鮫が橋[さめがはし](地)
鮫川[さめがわ](地)

┌─ 구 ─┐

九
九谷[くたに](地)
九鬼[くき](地/姓)
九鬼嘉隆[くきよしたか](人)
九鬼隆一[くきりゅういち](人)
九鬼水軍[くきすいぐん](人)
九鬼周造[くきしゅうぞう](人)
九段[くだん](地)
九度山[くどやま](地)
九頭竜川[くずりゅうがわ](地)
九十九島[くじゅうくしま](地)
九十九里[くじゅうくり](地)
九十九里浜[くじゅうくりはま](地)
九条[くじょう](姓)
九条兼実[くじょうかねざね](人)
九条道家[くじょうみちいえ](人)
九条良経[くじょうよしつね](人)
九条頼経[くじょうよりつね](人)
九条武子[くじょうたけこ](人)
九州[きゅうしゅう](地)
九州山地[きゅうしゅうさんち](地)
九州地方[きゅうしゅうちほう](地)
九重[ここのえ](地)
九重山[くじゅうさん](地)
九戸[くのへ](地)

久
久居[ひさい](地)
久国[ひさくに](人)
久能山[くのうざん](地)
久留島[くるしま](姓)
久留島義太[くるしまよしひろ](人)
久留米[くるめ](地)
久里浜[くりはま](地)
久万高原[くまこうげん](地)
久明親王[ひさあきらしんのう](人)
久米[くめ](地/姓)
久米桂一郎[くめけいいちろう](人)
久米南[くめなん](地)
久米島[くめじま](地)
久米邦武[くめくにたけ](人)
久米仙人[くめのせんにん](人)
久米愛[くめあい](人)
久米栄左衛門[くめえいざえもん](人)
久米正雄[くめまさお](人)
久米平内[くめのへいない](人)
久米の皿山[くめのさらやま](地)
久保[くぼ](姓)
久保栄[くぼさかえ](人)
久保田[くぼた](姓)

久保田万太郎[くぼたまんたろう](人)
久保田譲[くぼたゆずる](人)
久保天随[くぼてんずい](人)
久山[ひさやま](地)
久生[ひさお](姓)
久生十蘭[ひさおじゅうらん](人)
久世①[くぜ](地)
久世②[くぜ](姓)
久世広周[くぜひろちか](人)
久松[ひさまつ](姓)
久松潜一[ひさまつせんいち](人)
久御山[くみやま](地)
久延毘古[くえびこ](人)
久隅[くすみ](姓)
久隅守景[くすみもりかげ](人)
久原[くはら](姓)
久原躬弦[くはらみつる](人)
久原房之助[くはらふさのすけ](人)
久遠[くどう](地)
久慈[くじ](地)
久慈川[くじがわ](地)
久田[ひさだ](姓)
久住山[くじゅうさん](地)
久津見[くつみ](姓)
久津見蕨村[くつみにっそん](人)
久村[くむら](姓)
久村暁台[くむらきょうたい](人)
久坂[くさか](姓)
久坂玄瑞[くさかげんずい](人)
久布白[くぶしろ](姓)
久布白落実[くぶしろおちみ](人)
久喜[くき](地)

口
口永良部島[くちのえらぶじま](地)
口之津[くちのつ](地)

仇
仇野[あだしの](地)

丘
丘[おか](姓)
丘浅次郎[おかあさじろう](人)

句
句句廼馳[くくのち](人)

臼
臼杵[うすき](地)
臼田[うすだ](地/姓)
臼田亜浪[うすだあろう](人)

臼井[うすい](姓)
臼井吉見[うすいよしみ](人)

玖
玖珂[くが](地)
球磨[くま](地)
玖珠[くす](地)

具
具志川[ぐしかわ](地)
具平親王[ともひらしんのう](人)

粂
粂平内[くめのへいない](人)

倶
倶生神[くしょうじん](人)
倶知安[くっちゃん](地)

救
救済[ぐさい](人)

韮
韮崎[にらさき](地)
韮山[にらやま](地)

鳩
鳩ヶ谷[はとがや](地)
鳩摩羅什[くまらじゅう](人)
鳩山[はとやま](地/姓)
鳩山一郎[はとやまいちろう](人)
鳩山春子[はとやまはるこ](人)
鳩山和夫[はとやまかずお](人)

溝
溝口[みぞぐち](姓)
溝口健二[みぞぐちけんじ](人)
溝店[どぶだな](地)

廐
廐戸皇子[うまやどのおうじ](人)

駒
駒ヶ根[こまがね](地)
駒ヶ岳[こまがたけ](地)
駒込[こまごめ](地)
駒場[こまば](地)
駒井[こまい](姓)
駒井埼[こまいき](人)
駒井卓[こまいたく](人)
駒沢[こまざわ](地)
駒形[こまがた](地)

鷗
鷗外[おうがい](人)

国
国綱[くにつな](人)
国見[くにみ](地)
国広[くにひろ](人)
国光[くにみつ](人)
国吉[くによし](姓)
国吉康雄[くによしやすお](人)
国東[くにさき](地)
国東半島[くにさきはんとう](地)
国頭[くにがみ](地)
国立[くにたち](地)
国木田[くにきだ](姓)
国木田独歩[くにきだどっぽ](人)
国府台[こうのだい](地)
国府津[こうづ](地)
国富[くにとみ](地)
国分①[こくぶ](地/姓)
国分②[こくぶん](姓)
国分寺[こくぶんじ](地)
国分一太郎[こくぶんいちたろう](人)
国分青厓[こくぶせいがい](人)
国司[くにし](姓)
国司信濃[くにししなの](人)
国姓爺[こくせんや](人)
国阿[こくあ](人)
国永[くになが](人)
国友[くにとも](姓)
国友藤兵衛[くにともとうべえ](人)
国定忠次[くにさだちゅうじ](人)
国貞[くにさだ](人)
国助[くにすけ](人)
国宗[くにむね](人)
国俊[くにとし](人)
国中[くんなか](地)
国中公麻呂[くになかのきみまろ](人)
国重[くにしげ](人)
国包[くにかね](地)
国行[くにゆき](人)
国後[くなしり](地)
国後島[くなしりとう](地)

菊
菊岡[きくおか](姓)
菊岡検校[きくおかけんぎょう](人)
菊多[きくた](地)
菊水[きくすい](地)

菊陽[きくよう](地)
菊五郎[きくごろう](人)
菊慈童[きくじどう](人)
菊田[きくた](地/姓)
菊田一夫[きくたかずお](人)
菊池[きくち](地/姓)
菊池契月[きくちけいげつ](人)
菊池寛[きくちかん](人)
菊池大麓[きくちだいろく](人)
菊池武光[きくちたみつ](人)
菊池武敏[きくちたけとし](人)
菊池武時[きくちたけとき](人)
菊池武朝[きくちたけとも](人)
菊池武重[きくちたけしげ](人)
菊池五山[きくちござん](人)
菊池温泉[きくちおんせん](地)
菊池容斎[きくちようさい](人)
菊池幽芳[きくちゆうほう](人)
菊池正士[きくちせいし](人)
菊川[きくがわ](地)

麹
麹町[こうじまち](地)

君
君津[きみつ](地)

軍
軍茶利[ぐんだり](人)
軍艦島[ぐんかんじま](地)

郡
郡内[ぐんない](地)
郡司[ぐんじ](姓)
郡司成忠[ぐんじしげただ](人)
郡山[こおりやま](地)
郡上[ぐじょう](地)
郡上八幡[ぐじょうはちまん](地)

群
群馬[ぐんま](地)

屈
屈斜路湖[くっしゃろこ](地)
屈原[くつげん](人)

堀
堀[ほり](姓)
堀兼の井[ほりかねのい](地)

堀口[ほりぐち](姓)
堀口大学[ほりぐちだいがく](人)
堀内[ほりのうち](姓)
堀内仙鶴[ほりのうちせんかく](人)
堀達之助[ほりたつのすけ](人)
堀麦水[ほりばくすい](人)
堀尾[ほりお](姓)
堀尾吉晴[ほりおよしはる](人)
堀部[ほりべ](姓)
堀部弥兵衛[ほりべやへえ](人)
堀部安兵衛[ほりべやすべえ](人)
堀越公方[ほりこしくぼう](人)
堀田[ほった](姓)
堀田正睦[ほったまさよし](人)
堀田正俊[ほったまさとし](人)
堀辰雄[ほりたつお](人)
堀川[ほりかわ](地)
堀河天皇[ほりかわてんのう](人)
堀杏庵[ほりきょうあん](人)

弓

弓ヶ浜[ゆみがはま](地)
弓削島[ゆげしま](地)
弓削道鏡[ゆげどうきょう](人)
弓削皇子[ゆげのみこ](人)
弓月君[ゆづきのきみ](人)

宮

宮[みや](姓)
宮古[みやこ](地)
宮古島[みやこじま](地)
宮古諸島[みやこしょとう](地)
宮昆羅[くびら](人)
宮崎[みやざき](地/姓)
宮崎滔天[みやざきとうてん](人)
宮崎市定[みやざきいちさだ](人)
宮崎安貞[みやざきやすさだ](人)
宮崎友禅[みやざきゆうぜん](人)
宮崎八郎[みやざきはちろう](人)
宮崎平野[みやざきへいや](人)
宮崎寒雉[みやざきかんち](人)
宮崎湖処子[みやざきこしょし](人)
宮内卿[くないきょう](人)
宮代[みやしろ](地)
宮島[みやじま](地)
宮の渡し[みやのわたし](地)
宮滝[みやたき](地)
宮瀬[みやせ](姓)
宮瀬竜門[みやせりゅうもん](人)
宮ヶ瀬ダム[みやがせダム](地)
宮ヶ瀬湖[みやがせこ](地)

宮武[みやたけ](姓)
宮武外骨[みやたけがいこつ](人)
宮本[みやもと](姓)
宮本武蔵[みやもとむさし](人)
宮本百合子[みやもとゆりこ](人)
宮本三郎[みやもとさぶろう](人)
宮本常一[みやもとつねいち](人)
宮部[みやべ](姓)
宮部金吾[みやべきんご](人)
宮部鼎蔵[みやべていぞう](人)
宮城[みやぎ](地/姓)
宮城道雄[みやぎみちお](人)
宮城野[みやぎの](地)
宮若[みやわか](地)
宮原[みやはら](地)
宮原二郎[みやはらじろう](人)
宮田①[みやた](地)
宮田②[みやだ](地)
宮柊二[みやしゅうじ](人)
宮之城[みやのじょう](地)
宮之浦岳[みやのうらだけ](地)
宮津[みやづ](地)
宮簀媛[みやずひめ](人)
宮沢[みやざわ](姓)
宮沢俊義[みやざわとしよし](人)
宮沢賢治[みやざわけんじ](人)
宮川[みやがわ](地/姓)
宮川長春[みやがわちょうしゅん](人)
宮川町[みやがわちょう](地)

巻

巻[まき](人)
巻菱湖[まきりょうこ](人)
巻向山[まきむくやま](地)

権

権藤[ごんどう](姓)
権藤成卿[ごんどうせいきょう](人)
権田[ごんだ](地)
権田直助[ごんだなおすけ](人)
権現[ごんげん](人)

蕨

蕨[わらび](地)

几

几董[きとう](人)

帰

帰山[かえりやま](人)
帰山[かえるやま](地)
帰山教正[かえりやまのりまさ](人)
帰綏[きすい](地)
帰天斎正一[きてんさいしょういち](人)

鬼

鬼界ヶ島[きかいがしま](地)
鬼貫[おにつら](人)
鬼怒川[きぬがわ](地)
鬼怒川温泉[きぬがわおんせん](地)
鬼ヶ島[おにがしま](地)
鬼無里[きなさ](地)
鬼北[きほく](地)
鬼城[きじょう](人)
鬼ヶ城[おにがじょう](地)
鬼首温泉郷[おにこうべおんせんきょう](地)
鬼押出[おにおしだし](地)
鬼一法眼[きいちほうげん](人)

亀

亀岡[かめおか](地)
亀菊[かめぎく](人)
亀山[かめやま](地)
亀山天皇[かめやまてんのう](人)
亀田[かめだ](地/姓)
亀田鵬斎[かめだほうさい](人)
亀井[かめい](姓)
亀井南冥[かめいなんめい](人)
亀井文夫[かめいふみお](人)
亀井昭陽[かめいしょうよう](人)
亀井勝一郎[かめい かついちろう](人)
亀井茲矩[かめいこれのり](人)
亀井孝[かめいたか゛](人)
亀戸[かめいど](地)

貴

貴宮[あてみや](人)
貴船[きぶね](地)
貴船山[きぶねやま](地)
貴船川[きぶねがわ](地)
貴志川[きしがわ](地)

糺

糺[ただす](地)
糺ノ森[ただすのもり](地)

葵

葵[あおい](地)
葵の上[あおいのうえ](人)

鮭

鮭川[さけがわ](地)

 귤

橘

橘[たちばな](姓)
橘家円太郎[たちばなやえんたろう](人)
橘嘉智子[たちばなのかちこ](人)
橘奈良麻呂[たちばなのならまろ](人)
橘南谿[たちばななんけい](人)
橘樸[たちばなしらき](人)
橘三千代[たちばなのみちよ](人)
橘瑞超[たちばなずいちょう](人)
橘曙覧[たちばなあけみ](人)
橘成季[たちばなのなりすえ](人)
橘守部[たちばなもりべ](人)
橘媛[たちばなひめ](人)
橘逸勢[たちばなのはやなり](人)
橘諸兄[たちばなのもろえ](人)
橘周太[たちばなしゅうた](人)
橘枝直[たちばなえなお](人)
橘千蔭[たちばなちかげ](人)
橘秋子[たちばなあきこ](人)
橘孝三郎[たちばなこうざぶろう](人)

極

極楽寺坂[ごくらくじざか](地)

近

近江①[おうみ](地/姓)
近江②[ちかつおうみ](地)
近江のお兼[おうみのおかね](人)
近江盆地[おうみぼんち](地)
近江聖人[おうみせいじん](人)
近江前久[このえさきひさ](人)
近江八幡[おうみはちまん](地)
近江の海[おうみのうみ](地)
近畿[きんき](地)
近畿地方[きんきちほう](地)
近つ淡海[ちかつおうみ](地)
近藤[こんどう](姓)
近藤万太郎[こんどうまんたろう](人)

近藤芳樹[こんどうよしき](人)
近藤富蔵[こんどうとみぞう](人)
近藤勇[こんどういさみ](人)
近藤重蔵[こんどうじゅうぞう](人)
近藤真琴[こんどうまこと](人)
近藤真柄[こんどうまがら](人)
近藤平三郎[こんどうへいざぶろう](人)
近路行者[きんろぎょうじゃ](人)
近衛家熙[このえいえひろ](人)
近衛篤麿[このえあつまろ](人)
近衛文麿[このえふみまろ](人)
近衛秀麿[このえひでまろ](人)
近衛信尹[このえのぶただ](人)
近衛天皇[このえてんのう](人)
近衛忠熙[このえただひろ](人)
近松[ちかまつ](姓)
近松徳三[ちかまつとくぞう](人)
近松門左衛門[ちかまつもんざえもん](人)
近松半二[ちかまつはんじ](人)
近松秋江[ちかまつしゅうこう](人)

芹

芹生[せりふ・せりょう](地)
芹川[せりかわ](地/姓)
芹沢[せりざわ](地)
芹沢銈介[せりざわけいすけ](人)
芹沢光治良[せりざわこうじろう](人)
芹沢鴨[せりざわかも](人)

根

根来[ねごろ](地)
根尾谷[ねおだに](地)
根本[ねもと](姓)
根本通明[ねもとつうめい](人)
根室[ねむろ](地)
根室湾[ねむろわん](地)
根室半島[ねむろはんとう](地)
根室海峡[ねむろかいきょう](地)
根岸[ねぎし](地/姓)
根岸鎮衛[ねぎしやすもり](人)
根羽[ねば](地)
根津[ねづ](地)
根津嘉一郎[ねづかいちろう](人)
根釧台地[こんせんだいち](地)

勤

勤操[こんぞう・こんそう](人)

今

今帰仁[なきじん](地)

今金[いまかね](地)
今東光[こんとうこう](人)
今立[いまだて](地)
今別[いまべつ](地)
今北[いまきた](地)
今北洪川[いまきたこうせん](人)
今西[いまにし](地)
今西錦司[いまにしきんじ](人)
今西竜[いまにしりゅう](人)
今市[いまいち](地)
今熊野[いまぐまの](地)
今切[いまぎれ](地)
今井[いまい](地)
今井兼平[いまいかねひら](人)
今井慶松[いまいけいしょう](人)
今井登志喜[いまいとしき](人)
今井邦子[いまいくにこ](人)
今井似閑[いまいじかん](人)
今井正[いまいただし](人)
今井宗久[いまいそうきゅう](人)
今井宗薫[いまいそうくん](人)
今津[いまず・いまづ](地)
今川[いまがわ](姓)
今川了俊[いまがわりょうしゅん](人)
今川義元[いまがわよしもと](人)
今川貞世[いまがわさだよ](人)
今泉[いまいずみ](姓)
今泉嘉一郎[いまいずみかいちろう](人)
今泉今右衛門[いまいずみいまえもん](人)
今村[いまむら](姓)
今村明恒[いまむらあきつね](人)
今村紫紅[いまむらしこう](人)
今村知商[いまむらちしょう](人)
今治[いまばり](地)
今戸[いまど](地)
今和次郎[こんわじろう](人)

金

金家[かねいえ](人)
金ヶ江三兵衛[かねがえさんべえ](人)
金剛手[こんごうしゅ](人)
金剛巌[こんごういわお](人)
金剛右京[こんごううきょう](人)
金剛智[こんごうち](人)
金谷[かなや](地)
金ヶ崎[かねがさき](地)
金道[かねみち](人)
金輪王[こんりんおう](人)
金売吉次[かねうりきちじ](人)
金武町[きんちょう](地)

金門海峡[きんもんかいきょう](地)
金峰山[きんぶさん　きんぼうさん](地)
金北山[きんぽくさん](地)
金比羅[こんぴら](人)
金毘羅[こんぴら](人)
金山[かねやま](地)
金森[かなもり](姓)
金森徳次郎[かなもりとくじろう](人)
金森宗和[かなもりそうわ](人)
金の御岳[かねのみたけ](地)
金原明善[きんばらめいぜん](人)
金子[かねこ](姓)
金子堅太郎[かねこけんたろう](人)
金子光晴[かねこみつはる](人)
金子文子[かねこふみこ](人)
金子元臣[かねこもとおみ](人)
金子薫園[かねこくんえん](人)
金田[かねだ](姓)
金田一京助[かねだいっきょうすけ]
　(人)
金井[かない](姓)
金井三笑[かないさんしょう](人)
金重[かねしげ](姓)
金重陶陽[かねしげとうよう](人)
金地院崇伝[こんちいんすうでん](人)
金津[かなづ](地)
金春禅鳳[きんぱるぜんぽう](人)
金春禅竹[きんぱるぜんちく](人)
金太郎[きんたろう](人)
金平[きんぴら](人)
金沢①[かなざわ](地/姓)
金沢②[かねさわ](姓)
金沢実時[かねさわさねとき　かなざ
　わさねとき](人)
金沢庄三郎[かなざわしょうざぶろう]
　(人)

琴
琴平[ことひら](地)
琴平街道[ことひらかいどう](地)
琴平山[ことひらやま](地)
琴浦[ことうら](地)

錦
錦[にしき](地)
錦江[きんこう](地)
錦江湾[きんこうわん](地)
錦流[にしきぶんりゅう](人)
錦祥女[きんしょうじょ](人)
錦川[にしきがわ](地)

襟
襟裳岬[えりもみさき](地)

ᄒ

亘
亘[わたり](姓)
亘理[わたり](地)

기

企
企救の高浜[きくのたかはま](地)
企救半島[きくはんとう](地)

気
気比の松原[けひのまつばら](地)
気色の森[けしきのもり](地)
気仙[けせん](地)
気仙沼[けせんぬま](地)

伎
伎芸天[ぎげいてん](人)

妓
妓王[ぎおう](人)

岐
岐南[ぎなん](地)
岐阜[ぎふ](地)
岐山[きざん](地)

奇
奇稲田姫[くしなだひめ](人)

其
其角[きかく](人)

紀
紀[き](姓)
紀貫之[きのつらゆき](人)
紀国[きのくに](地)
紀国屋文左衛門[きのくにやぶんざ
　えもん](人)
紀内侍[きのないし](人)
紀淡海峡[きたんかいきょう](地)
紀郎女[きのいらつめ](人)
紀文[きぶん](人)
紀尾井坂[きおいざか](地)
紀美野[きみamong](地)
紀宝[きほう](地)
紀北[きほく](地)
紀淑望[きのよしもち](人)
紀時文[きのときふみ](人)
紀信[きしん](人)
紀友則[きのとものり](人)

紀
紀伊[きい](地/人)
紀伊半島[きいはんとう](地)
紀伊山地[きいさんち](地)
紀伊水道[きいすいどう](地)
紀逸[きいつ](人)
紀長谷雄[きのはせお](人)
紀州[きしゅう](地)
紀ノ川[きのかわ](地)
紀海音[きのかいおん](人)

祇
祇空[ぎくう](人)
祇女[ぎじょ](人)
祇王[ぎおう](人)
祇園[ぎおん](地/姓)
祇園南海[ぎおんなんかい](人)
祇陀太子[ぎだたいし](人)

耆
耆闍崛山[ぎじゃくっせん](地)
耆婆[ぎば](人)

埼
埼京[さいきょう](地)
埼玉①[さいたま](地)
埼玉②[さきたま](地)
埼玉古墳群[さきたまふんぐん](地)

基
基山[きやま](地)

寄
寄居[よりい](地)

箕
箕輪[みのわ](地)
箕面[みのお](地)
箕山[きざん](地)
箕作[みつくり](姓)
箕作佳吉[みつくりかきち](人)
箕作麟祥[みつくりりんしょう](人)
箕作省吾[みつくりしょうご](人)
箕作阮甫[みつくりげんぽ](人)
箕作原八[みつくりげんぱち](人)
箕作秋坪[みつくりしゅうへい](人)
箕郷[みさと](地)

綺
綺堂[きどう](人)

騎
騎西[きさい](地)

磯

磯谷[いそや](地)
磯城[しき](地)
磯子[いそご](地)

【길】

吉

吉江[よしえ](人)
吉江喬松[よしえたかまつ](人)
吉岡[よしおか](地/姓)
吉岡弥生[よしおかやよい](人)
吉岡憲法[よしおかけんぽう](人)
吉見[よしみ](地/姓)
吉見幸和[よしみゆきかず](人)
吉光[よしみつ](人)
吉奈温泉[よしなおんせん](地)
吉良[きら](地/姓)
吉良吉央[きらよしなか](人)
吉良上野介[きらこうずけのすけ](人)
吉良仁吉[きらのにきち](人)
吉弥[きちや](人)
吉房[よしふさ](人)
吉冨[よしとみ](地)
吉備[きび](地/姓)
吉備高原[きびこうげん](地)
吉備大臣[きびだいじん](人)
吉備の中山[きびのなかやま](地)
吉備中央[きびちゅうおう](地)
吉備真備[きびのまきび](人)
吉祥金剛[きちじょうこんごう](人)
吉祥天[きちじょうてん](人)
吉水上人[よしみずしょうにん](人)
吉野[よしの](地)
吉野ヶ里[よしのがり](地)
吉野山[よしのやま](地)
吉野秀雄[よしのひでお](人)
吉野熊野国立公園[よしのくまのこくりつこうえん](地)
吉野源三郎[よしのげんざぶろう](人)
吉野作造[よしのさくぞう](人)
吉野川[よしのがわ](地)
吉屋[よしや](姓)
吉屋信子[よしやのぶこ](人)
吉雄[よしお](地)
吉雄耕牛[よしおこうぎゅう](人)
吉原[よしわら](地)
吉益[よします](姓)
吉益東洞[よしますとうどう](人)
吉蔵[きちぞう](人)
吉田[よしだ](地/姓)
吉田健一[よしだけんいち](人)
吉田兼倶[よしだかねとも](人)

吉田兼好[よしだけんこう](人)
吉田光由[よしだみつよし](人)
吉田奈良丸[よしだならまる](人)
吉田東洋[よしだとうよう](人)
吉田東伍[よしだとうご](人)
吉田茂[よしだしげる](人)
吉田文五郎[よしだぶんごろう](人)
吉田富三[よしだとみぞう](人)
吉田山[よしだやま](地)
吉田松陰[よしだしょういん](人)
吉田栄三[よしだえいざ](人)
吉田五十八[よしだいそや](人)
吉田一穂[よしだいっすい](人)
吉田定房[よしださだふさ](人)
吉田精一[よしだせいいち](人)
吉田絃二郎[よしだげんじろう](人)
吉田篁墩[よしだこうとん](人)
吉井[よしい](地/姓)
吉井勇[よしいいさむ](人)
吉宗[よしむね](人)
吉住[よしずみ](人)
吉住小三郎[よしずみこさぶろう](人)
吉川①[よしかわ](地/姓)
吉川②[きっかわ](姓)
吉川経家[きっかわつねいえ](人)
吉川経幹[きっかわつねもと](人)
吉川広家[きっかわひろいえ](人)
吉川霊華[きっかわれいか](人)
吉川英治[よしかわえいじ](人)
吉川元春[きっかわもとはる](人)
吉川惟足[よしかわこれたり・きっかわこれたり](人)
吉川幸次郎[よしかわこうじろう](人)
吉村[よしむら](姓)
吉村冬彦[よしむらふゆひこ](人)
吉村信吉[よしむらしんきち](人)
吉村寅太郎[よしむらとらたろう](人)
吉村秋陽[よしむらしゅうよう](人)
吉沢[よしざわ](姓)
吉沢検校[よしざわけんぎょう](人)
吉沢義則[よしざわよしのり](人)
吉賀[よしか](地)
吉行[よしゆき](姓)
吉行淳之介[よしゆきじゅんのすけ](人)

【나】

那

那珂[なか](地/姓)
那珂道世[なかみちよ](人)
那珂湊[なかみなと](地)
那珂川[なかがわ](地)
那大津[なのおおつ](地)

那羅延[ならえん](人)
那須[なす](地/姓)
那須信吾[なすしんご](人)
那須岳[なすだけ](地)
那須野[なすの](地)
那須原[なすのはら](人)
那須与一[なすのよいち](人)
奈須塩原[なすしおばら](地)
奈須烏山[なすからすやま](地)
那須温泉[なすおんせん](地)
那智滝[なちたき](地)
那智山[なちさん](地)
那智勝浦[なちかつうら](地)
那波[なわ](地)
那波活所[なわかっしょ](人)
那覇[なは](地)
那賀[なか](地)
那賀川[なかがわ](地)

奈

奈良[なら](地)
奈良利寿[ならとしなが](人)
奈良茂[ならも](人)
奈良盆地[ならぼんち](地)
奈良山[ならやま](地)
奈良屋茂左衛門[ならやもざえもん](人)
奈良井[ならい](地)
奈良坂[ならざか](地)
奈良俣ダム[ならまたダム](地)
奈半利[なはり](地)
奈呉の海[なごのうみ](地)
奈翁[なおう](人)
奈義[なぎ](地)
奈井江[ないえ](地)
奈川渡ダム[ながわどダム](地)
奈河[ながわ](姓)
奈河亀輔[ながわかめすけ](人)

【난】

難

難波[なにわ・なんば](地)
難波江[なにわえ](地)
難波門[なにわと](地)
難波潟[なにわがた](地)
難波津[なにわづ](地)

【남】

男

男谷[おだに](姓)
男谷精一郎[おだにせいいちろう](人)
男女群島[だんじょぐんとう](地)

男女川[みなのがわ](地)
男鹿[おが](地)
男鹿国定公園[おがこくていこうえん](地)
男鹿半島[おがはんとう](地)
男山[おとこやま](地)
男体山[なんたいさん](地)

南

南[みなみ](地/姓)
南巨摩[みなみこま](地)
南九州[みなみきゅうしゅう](地)
南国[なんこく](地)
南紀[なんき](地)
南埼玉[みなみさいたま](地)
南箕輪[みなみのわ](地)
南濃[なんのう](地)
南丹[なんたん](地)
南淡[なんだん](地)
南大東[みなみだいとう](地)
南大東島[みなみだいとうじま](地)
南大隅[みなみおおすみ](地)
南島原[みなみしまばら](地)
南都留[みなみつる](地)
南砺[なんと](地)
南牟[みなみむろ](地)
南木曾[なぎそ](地)
南牧①[なんもく](地)
南牧②[みなみまき](地)
南畝[なんぽ](人)
南方[みなかた](姓)
南方熊楠[みなかたくまぐす](人)
南房総[みなみぼうそう](地)
南部[なんぶ](地/姓)
南部南山[なんぶなんざん](人)
南部富士[なんぶふじ](地)
南部信直[なんぶのぶなお](人)
南富良野[みなみふらの](地)
南北[なんぼく](人)
南山[なんざん](人)
南山古梁[なんざんこりょう](人)
南山大師[なんざんだいし](人)
南山城[みなみやましろ](地)
南三陸[みなみさんりく](地)
南三陸金華山[みなみさんりくきんかざん](地)
南相木[みなみあいき](地)
南西諸島[なんせいしょとう](地)
南西諸島海溝[なんせいしょとうかいこう](地)
南仙笑楚満人[なんせんしょうまひと](人)
南城[なんじょう](地)

南小国[みなみおぐに](地)
南松浦[みなみまつうら](地)
南阿蘇[みなみあそ](地)
南岳[みなみだけ](地)
南陽[なんよう](地)
南淵[みなみぶち](姓)
南淵請安[みなみぶちのしょうあん](人)
南宇和[みなみうわ](地)
南雲[なぐも](姓)
南雲忠一[なぐもちゅういち](人)
南原[なんばら](地)
南原繁[なんばらしげる](人)
南越前[みなみえちぜん](地)
南伊豆[みなみいず](地)
南伊勢[みなみいせ](地)
南条[なんじょう](地/姓)
南条文雄[なんじょうぶんゆう](人)
南鳥島[みなみとりしま](地)
南足柄[みなみあしがら](地)
南種子[みなみたね](地)
南佐久[みなみさく](地)
南支那海[みなみしなかい](地)
南知多[みなみちた](地)
南津軽[みなみつがる](地)
南次郎[みなみじろう](人)
南村[みなみむら](姓)
南村梅軒[みなみむらばいけん](人)
南総[なんそう](地)
南秋田[みなみあきた](地)
南翠[なんすい](人)
南浦文之[なんぽぶんし](人)
南浦紹明[なんぽしょうみょう](人)
南蒲原[みなみかんばら](地)
南風原[はえばる](地)
南河内[みなみかわち](地)
南海[なんかい](地/人)
南海道[なんかいどう](地)
南華真人[なんかしんじん](人)
南幌[なんぽろ](地)
南会津[みなみあいづ](地)

楠

楠[くすのき](姓)
楠瀬[くすのせ](姓)
楠瀬喜多[くすのせきた](人)
楠木[くすのき](姓)
楠木正季[くすのきまさすえ](人)
楠木正成[くすのきまさしげ](人)
楠木正時[くすのきまさとき](人)
楠木正儀[くすのきまさのり](人)
楠木正行[くすのきまさつら](人)
楠本[くすもと](姓)

楠本端山[くすもとたんざん](人)
楠部[くすべ](姓)
楠部弥弌[くすべやいち](人)
楠山[くすやま](姓)
楠山正雄[くすやままさを](人)
楠葉[くずは](地)

納

納蘭性徳[のうらんせいとく](人)
納屋助左衛門[なやすけざえもん](人)

乃

乃木[のぎ](姓)
乃木希典[のぎまれすけ](人)

内

内の大野[うちのおおの](地)
内藤[ないとう](姓)
内藤多仲[ないとうたちゅう](人)
内藤露沾[ないとうろせん](人)
内藤鳴雪[ないとうめいせつ](人)
内藤新宿[ないとうしんじゅく](地)
内藤丈草[ないとうじょうそう](人)
内藤風虎[ないとうふうこ](人)
内藤湖南[ないとうこなん](人)
内房[うちぼう](地)
内山[うちやま](地)
内山峠[うちやまとうげ](地)
内山完造[うちやまかんぞう](人)
内山真竜[うちやまゝたつ](人)
内野[うちの](地)
内原[うちはら](地)
内子[うちこ](地)
内田[うちだ](姓)
内田康哉[うちだこうさい](人)
内田魯庵[うちだろあん](人)
内田良平[うちだりょうへい](人)
内田百閒[うちだひゃっけん](人)
内田祥三[うちだよしかず](人)
内田五観[うちだいつみ](人)
内田銀蔵[うちだぎんぞう](人)
内田清之介[うちざせいのすけ](人)
内田吐夢[うちだとむ](人)
内之浦[うちのうら](地)
内村[うちむら](姓)
内村鑑三[うちむらかんぞう](人)
内灘[うちなだ](地)
内浦湾[うちうらわん](地)

녀

女

女満別[めまんべつ](地)
女木島[めぎじま](地)
女三の宮[おんなさんのみや](人)
女二の宮[おんなにのみや](人)
女川[おながわ](地)

농

濃

濃尾[のうび](地)
濃尾平野[のうびへいや](地)
濃州[のうしゅう](地)

눈

嫩

嫩草山[わかくさやま](地)

능

能

能久親王[よしひさしんのう](人)
能代[のしろ](地)
能登[のと](地)
能登半島[のとはんとう](地)
能登川[のとがわ](地)
能美[のみ](地)
能勢[のせ](地)
能阿弥[のうあみ](人)
能仁[のうにん](地)
能仁寂黙[のうにんじゃくもく](人)
能因[のういん](人)
能忍[のうにん](人)
能州[のうしゅう](地)
能取湖[のとろこ](地)

니

尼

尼崎[あまさき](地)
尼ヶ崎[あまさき](地)
尼棚[あまだな](地)
尼子[あまこ](姓)
尼子経久[あまこつねひさ](人)
尼子勝久[あまこかつひさ](人)
尼子晴久[あまこはるひさ](人)
尼将軍[あましょうぐん](人)
尼店[あまだな](地)

다

多

多可[たか](地)
多古[たこ](地)
多久[たく](地)
多気[たき](地)
多度津[たどつ](地)
多良間[たらま](地)
多良木[たらぎ](地)
多摩[たま](地)
多摩丘陵[たまきゅうりょう](地)
多摩川[たまがわ](地)
多摩湖[たまこ](地)
多武峰[とうのみね](地)
多聞[たもん](人)
多聞天[たもんてん](人)
多宝[たほう](人)
多野[たの](地)
多田[ただ](姓)
多田南嶺[ただなんれい](人)
多田良浜[ただらはま](地)
多田満仲[ただのまんじゅう](人)
多治見[たじみ](地)
多治見国長[たじみくになが](人)
多賀[たが](地)
多賀城[たがじょう](地)
多胡[たご](地)
多祜の浦[たこのうら](地)

茶

茶臼山[ちゃうすやま](地)
茶臼岳[ちゃうすだけ](地)
茶屋四郎次郎[ちゃやしろじろう](人)

단

丹

丹生[にゅう](地)
丹野[たんの](姓)
丹野セツ[たんのせつ](人)
丹羽[にわ](地/姓)
丹羽保次郎[にわやすじろう](人)
丹羽長秀[にわながひで](人)
丹州[たんしゅう](地)
丹沢[たんざわ](地)
丹沢大山国定公園[たんざわおおやまこくていこうえん](地)
丹沢山[たんざわやま](地)
丹沢山地[たんざわさんち](地)
丹波[たんば](地/姓)
丹波康頼[たんばやすより](人)
丹波高地[たんばこうち](地)
丹波口[たんばぐち](地)
丹波山[たんばやま](地)
丹波与作[たんばのよさく](人)

丹下[たんげ](姓)
丹下左膳[たんげさぜん](人)
丹後[たんご](地)
丹後局[たんごのつぼね](人)
丹後半島[たんごはんとう](地)

団

団[だん](姓)
団十郎[だんじゅうろう](人)
団子坂[だんござか](地)
団七[だんしち](人)
団琢磨[だんたくま](人)

但

但馬[たじま](地)
但馬皇女[たじまのひめみこ](人)
但州[たんしゅう](地)

断

断魚渓[だんぎょけい](地)

壇

壇の浦[だんのうら](地)

檀

檀[だん](姓)
檀林皇后[だんりんこうごう](人)
檀一雄[だんかずお](人)
檀特山[だんどくせん](地)

달

達

達磨[だつま　だるま](人)
達磨大師[だるまだいし](人)

담

胆

胆振[いぶり](地)
胆沢[いさわ](地)

淡

淡路[あわじ](地)
淡路島[あわじしま](地)
淡路の瀬戸[あわじのせど](地)
淡水[たんすい](地)
淡州[たんしゅう](地)
淡窓[たんそう](人)
淡海[おうみ](地/姓)
淡海公[たんかいこう](人)
淡海三船[おうみのみふね](人)

談

談山[だんざん](地)

曇

曇徴[どんちょう](人)

沓掛[くつかけ](地)

当麻[とうま](地)
当麻蹴速[たいまのけはや](人)
当別[とうべつ](地)
当山[とうやま](地)
当山久三[とうやまきゅうぞう](人)

唐

唐犬権兵衛[とうけんごんべえ](人)
唐崎[からさき](地)
唐木[からき](姓)
唐木順三[からきじゅんぞう](人)
唐衣橘洲[からごろもきっしゅう](人)
唐人お吉[とうじんおきち](人)
唐津[からつ](地)

堂

堂島[どうじま](地)
堂ヶ島温泉[どうがしまおんせん](地)
堂本[どうもと](姓)
堂本印象[どうもといんしょう](人)

撞

撞木町[しゅもくまち](地)

大

大覚禅師[だいがくぜんじ](人)
大間[おおま](地)
大間々[おおまま](地)
大間崎[おおまざき](地)
大江[おおえ](地)
大江広元[おおえのひろもと](人)
大江匡房[おおえのまさふさ](人)
大江匡衡[おおえのまさひろ](人)
大江山[おおえやま](地)
大江維時[おおえのこれとき](人)
大江音人[おおえのおんど](人)
大江朝綱[おおえあさつな](人)
大江千里[おおえのちさと](人)

大江卓[おおえたく](人)
大江丸[おおえまる](人)
大岡[おおおか](姓)
大岡昇平[おおおかしょうへい](人)
大岡忠相[おおおかただすけ](人)
大高[おおたか](姓)
大高源吾[おおたかげんご](人)
大高坂[おおたかさか](姓)
大高坂芝山[おおたかさかしざん](人)
大曲[おおまがり](地)
大谷①[おおや](地)
大谷②[おおたに](地/姓)
大谷光瑞[おおたにこうずい](人)
大谷句仏[おおたにくぶつ](人)
大谷吉継[おおたによしつぐ](人)
大谷友右衛門[おおたにともえもん]
　　(人)
大谷竹次郎[おおたにたけじろう](人)
大谷川[だいやがわ](地)
大空[おおぞら](地)
大関[おおぜき](地)
大関和[おおぜきちか](人)
大館[おおだて](地)
大橋[おおはし](姓)
大橋訥庵[おおはしとつあん](人)
大橋新太郎[おおはししんたろう](人)
大橋乙羽[おおはしおとわ](人)
大橋宗桂[おおはしそうけい](人)
大橋佐平[おおはしさへい](人)
大口[おおぐち・おおぐち](地)
大久保[おおくぼ](地/姓)
大久保利通[おおくぼとしみち](人)
大久保長安[おおくぼながやす](人)
大久保忠寛[おおくぼただひろ](人)
大久保忠教[おおくぼただたか](人)
大久保忠隣[おおくぼただちか](人)
大国[おおくに](姓)
大国隆正[おおくにたかまさ](人)
大宮[おおみや](地)
大槻[おおつき](姓)
大槻文彦[おおつきふみひこ](人)
大槻磐渓[おおつきばんけい](人)
大槻伝蔵[おおつきでんぞう](人)
大槻玄沢[おおつきげんたく](人)
大給[おぎゅう](姓)
大給恒[おぎゅうゆずる](人)
大紀[たいき](地)
大崎[おおさき](地)
大崎上島[おおさきかみじま](地)

大磯[おおいそ](地)
大南北[おおなんぼく](人)
大内[おおち・おおうち](地)
大内兵衛[おおうちひょうえ](人)
大内義隆[おおうちよしたか](人)
大内義弘[おおうちよしひろ](人)
大内義興[おおうちよしおき](人)
大内政弘[おおうちまさひろ](人)
大内青巒[おおうちせいらん](人)
大多喜[おおたき](地)
大台[おおだい](地)
大台ヶ原山[おおだいがはらさん](地)
大刀洗[たちあらい](地)
大島[おおしま](地)
大島高任[おおしまたかとう](人)
大島亮吉[おおしまりょうきち](人)
大島蓼太[おおしまりょうた](人)
大島如雲[おおしまじょうん](人)
大島浩[おおしまひろし](人)
大都河[だいとが](地)
大導寺[だいどうじ](姓)
大導寺友山[だいどうじゆうざん](人)
大東[だいとう](地)
大東島[だいとうじま](地)
大灯国師[だいとうこくし](人)
大楽[だいらく](地)
大楽源太郎[だいらくげんたろう](人)
大鹿[おおしか](地)
大輪田の泊[おおわだのとまり](地)
大里[おおさと](地)
大利根[おおとね](地)
大満小満[おおまんこまん](人)
大網白里[おおあみしらさと](地)
大牟田[おおむた](地)
大木[おおき](地/姓)
大木喬任[おおきたかとう](人)
大牧温泉[おおまきおんせん](地)
大文字[だいもんじ](地)
大文字山[だいもんじやま](地)
大物浦[だいもつのうら](地)
大泊[おおどまり](地)
大伴[おおとも](地)
大伴家持[おおとものやかもち](人)
大伴金村[おおとものかなむら](人)
大伴大江丸[おおとものおおえまる]
　　(人)
大伴旅人[おおとものたびと](人)
大伴安麻呂[おおとものやすまろ](人)
大伴御行[おおとものみゆき](人)
大伴義鑑[おおとものよしあき](人)
大伴坂上郎女[おおとものさかのうえ
　のいらつめ](人)

大

大飯[おおい] (地)
大伴黒主[おおともくろぬし] (人)
大伯皇女[おおくのひめみこ] (人)
大別山脈[だいべつさんみゃく] (地)
大歩危小歩危[おおぼけこぼけ] (地)
大菩薩峠[だいぼさつとうげ] (地)
大峰[おおみね] (地)
大峰山[おおみねさん] (地)
大峰山脈[おおみねさんみゃく] (地)
大府[おおぶ] (地)
大分[おおいた] (地)
大分平野[おおいたへいや] (地)
大仏[おさらぎ] (姓)
大仏次郎[おさらぎじろう] (人)
大崩壊小崩壊[おおぼけこぼけ] (地)
大山①[おおやま] (地/姓)
大山②[だいせん] (地)
大山康晴[おおやまやすはる] (人)
大山綱良[おおやまつなよし] (人)
大山崎[おおやまざき] (地)
大山祗神[おおやまつみのかみ] (人)
大山咋神[おおやまくいのかみ] (人)
大山捨松[おおやますてまつ] (地)
大山巌[おおやまいわお] (人)
大山郁夫[おおやまいくお] (人)
大三島[おおみしま] (地)
大杉[おおすぎ] (姓)
大杉谷[おおすぎだに] (地)
大杉栄[おおすぎさかえ] (人)
大森[おおもり] (地)
大森房吉[おおもりふさきち] (人)
大森茂七[おおもりひこしち] (人)
大森義太郎[おおもりよしたろう] (人)
大桑[おおくわ] (地)
大西[おおにし] (地)
大西瀧治郎[おおにしたきじろう] (人)
大西祝[おおにしはじめ] (人)
大石[おおいし] (姓)
大石久敬[おおいしひさたか] (人)
大石内蔵助[おおいしくらのすけ] (人)
大石良雄[おおいしよしお] (人)
大石誠之助[おおいしせいのすけ] (人)
大石田[おおいしだ] (地)
大石正巳[おおいしまさみ] (人)
大石主税[おおいしちから] (人)
大石千引[おおいしちびき] (人)
大潟[おおがた] (地)
大仙[だいせん] (地)
大沼[おおぬま] (地/姓)
大沼枕山[おおぬまちんざん] (人)
大手町[おおてまち] (地)
大樹[たいき] (地)

大樹緊那羅[だいじゅきんなら] (人)
大船渡[おおふなと] (地)
大雪山[だいせつざん] (地)
大雪山国立公園[だいせつざんこく
りつこうえん] (地)
大星由良助[おおぼしゆらのすけ] (人)
大聖寺[だいしょうじ] (地)
大洗[おおあらい] (地)
大須賀[おおすが] (地)
大須賀乙字[おおすがおつじ] (人)
大矢[おおや] (姓)
大矢野[おおやの] (地)
大矢透[おおやとおる] (人)
大辻[おおつじ] (姓)
大辻司郎[おおつじしろう] (人)
大岳温泉[おおたけおんせん] (地)
大鰐[おおわに] (地)
大冶鉄山[だいやてつざん] (地)
大野[おおの] (地/姓)
大野九郎兵衛[おおのくろべ] (人)
大野東人[おおののあずまひと] (人)
大野伴睦[おおのばんぼく] (人)
大野城[おおのじょう] (地)
大野洒竹[おおのしゃちく] (人)
大野治長[おおのはるなが] (人)
大彦命[おおびこのみこと] (人)
大堰川[おおいがわ] (地)
大塩[おおしお] (姓)
大塩平八郎[おおしおへいはちろう]
(人)
大叡[おおひえ] (地)
大玉[おおたま] (地)
大窪[おおくぼ] (地)
大窪詩仏[おおくぼしぶつ] (人)
大王崎[だいおうざき] (地)
大倭[おおやまと] (地)
大隅①[おおすみ] (地)
大隅②[おおくま] (姓)
大隅半島[おおすみはんとう] (地)
大隈言道[おおくままことみち] (人)
大隈重信[おおくましげのぶ] (人)
大隅諸島[おおすみしょとう] (地)
大涌谷[おおわくだに] (地)
大友[おおとも] (姓)
大友宗麟[おおともそうりん] (人)
大友皇子[おおとものおうじ] (人)
大熊[おおくま] (地/姓)
大熊喜邦[おおくまよしくに] (人)
大元[おおもと] (地)
大元帥明王[だいげんみょうおう] (人)
大垣[おおがき] (地)
大原[おはら] (地)

大原[おおはら] (地/姓)
大原孫三郎[おおはらまごさぶろう]
(人)
大原野[おおはらの] (地)
大原幽学[おおはらゆうがく] (人)
大原重徳[おおはらしげとみ] (人)
大月[おおつき] (地)
大庾嶺[だいゆれい] (地)
大威徳明王[だいいとくみょうおう]
(人)
大応国師[だいおうこくし] (人)
大宜味[おおぎみ] (地)
大弐三位[だいにのさんみ] (人)
大仁[おおひと] (地)
大任[おおとう] (地)
大日本[おおやまと] (地)
大日本豊秋津洲[おおやまととよあ
きつしま] (地)
大日岳[だいにちだけ] (地)
大子[だいご] (地)
大蔵[おおくら] (地/姓)
大蔵永常[おおくらながつね] (人)
大蔵虎明[おおくらとらあきら] (人)
大斎院[だいさいいん] (人)
大田①[おおた] (地)
大田②[おおだ] (地)
大田南畝[おおたなんぽ] (人)
大田原[おおたわら] (地)
大田垣[おおたがき] (姓)
大田垣蓮月[おおたがきれんげつ]
(人)
大田黒[おおたぐろ] (姓)
大田黒伴雄[おおたぐろともお] (人)
大前田英五郎[おおまえだえいごろ
う] (人)
大井[おおい] (地/姓)
大井川[おおいがわ] (地)
大井憲太郎[おおいけんたろう] (人)
大正[たいしょう] (地)
大正洞[たいしょうどう] (地)
大正池[たいしょういけ] (地)
大正天皇[たいしょうてんのう] (人)
大町[おおまち] (地/姓)
大町桂月[おおまちけいげつ] (人)
大庭[おおば] (地)
大庭景親[おおばかげちか] (人)
大庭源之丞[おおばげんのじょう]
(人)
大淀[おおよど] (地/姓)
大淀川[おおよどがわ] (地)
大淀三千風[おおよどみちかぜ] (人)
大鳥[おおとり] (地)
大鳥桂介[おおとりけいすけ] (人)

大住院以信[だいじゅういんいしん](人)
大洲[おおず](地)
大湊[おおみなと](地)
大竹[おおたけ](地)
大中臣[おおなかとみ](姓)
大中臣能宣[おおなかとみのよしのぶ](人)
大枝[おおえ](姓)
大枝流芳[おおえりゅうほう](人)
大津①[おおつ](地)
大津②[おおづ](地)
大津皇子[おおつのおうじ](人)
大秦王安敦[たいしんおうあんとん](人)
大鑚井盆地[だいさんせいぼんち](地)
大倉[おおくら](姓)
大倉喜八郎[おおくらきはちろう](人)
大川[おおかわ](地)
大川端[おおかわばた](地)
大川周明[おおかわしゅうめい](人)
大泉[おおいずみ](地)
大鵺鵜尊[おおさざきのみこと](人)
大村[おおむら](地/姓)
大村湾[おおむらわん](地)
大村純忠[おおむらすみただ](人)
大村益次郎[おおむらますじろう](人)
大塚[おおつか](姓)
大塚金之助[おおつかきんのすけ](人)
大塚楠緒子[おおつかくすおこ](人)
大塚弥之助[おおつかやのすけ](人)
大槌[おおつち](地)
大炊の帝[おおいのみかど](人)
大治[おおはる](地)
大塔宮[おおとうのみや·だいとうのみや](人)
大湯温泉[おおゆおんせん](地)
大太法師[だいだぼっち·だいだらぼうし](人)
大宅[おおや](姓)
大宅壮一[おおやそういち](人)
大沢[おおさわ](姓)
大沢久守[おおさわひさもり](人)
大沢崩れ[おおさわくずれ](地)
大沢野[おおさわの](地)
大沢の池[おおさわのいけ](地)
大沢豊子[おおさわとよこ](人)
大坂[おおさか](地)
大阪[おおさか](地)
大阪湾[おおさかわん](地)
大阪平野[おおさかへいや](地)
大阪狭山[おおさかさやま](地)
大八洲[おおやしま](地)

大平[おおひら](地/姓)
大平正芳[おおひらまさよし](人)
大浦[おおうら](姓)
大浦兼武[おおうらかねたけ](人)
大豊[おおとよ](地)
大下[おおした](姓)
大下弘[おおしたひろし](人)
大河内[おおこうち](姓)
大河内一男[おおこうちかずお](人)
大河内伝次郎[おおこうちでんじろう](人)
大河内正敏[おおこうちまさとし](人)
大河原[おおがわら](地)
大賀[おおが](姓)
大賀一郎[おおがいちろう](人)
大海人皇子[おおあまのおうじ](人)
大幸[おおさか](姓)
大幸勇吉[おおさかゆうきち](人)
大郷[おおさと](地)
大穴牟遅神[おおなむちのかみ](人)
大衡[おおひら](地)
大濠公園[おおぼりこうえん](地)
大和①[やまと](地)
大和②[たいわ](地)
大和高田[やまとたかだ](地)
大和郡山[やまとこおりやま](地)
大和島[やまとしま](地)
大和島根[やまとしまね](地)
大和路[やまとじ](地)
大和三山[やまとさんざん](地)
大和田[おおわだ](地)
大和田建樹[おおわだたけき](人)
大和川[やまとがわ](地)
大和青垣[やまとあおがき](地)
大和海嶺[やまとかいれい](地)
大荒木の森[おおあらきのもり](地)
大休正念[だいきゅうしょうねん](人)
大黒屋光太夫[だいこくやこうだゆう](人)
大興安嶺[だいこうあんれい](地)

代
代々木[よよぎ](地)
代々木公園[よよぎこうえん](地)
代田[しろた](姓)
代田稔[しろたみのる](人)
代地河岸[だいちがし](地)

台
台東[たいとう](地)

対
対馬[つしま](地)

対馬海峡[つしまかいきょう](地)

待
待兼山[まちかねやま](地)
待乳山[まつちやま](地)
待賢門院[たいけんもんいん](人)
待賢門院堀河[たいけんもんいんのほりかわ](人)

帯
帯広[おびひろ](地)
帯方郡[たいほうぐん](地)
帯隈山[おぶくまやま](地)

袋
袋田温泉[ふくろだおんせん](地)
袋井[ふくろい](地)

碓
碓水峠[うすいとうげ](地)

 덕

徳
徳岡[とくおか](姓)
徳岡神泉[とくおかしんせん](人)
徳島[とくしま](地)
徳本峠[とくごうとうげ](地)
徳富[とくとみ](姓)
徳富蘆花[とくとみろか](人)
徳富蘇峰[とくとみそほう](人)
徳山[とくやま](地)
徳永[とくなが](姓)
徳永恕[とくながゆき](人)
徳永直[とくながすなお](人)
徳一[とくいち](人)
徳田[とくだ](姓)
徳田球一[とくだきゅういち](人)
徳田秋声[とくだしゅうせい](人)
徳之島[とくのしま](地)
徳川[とくがわ](姓)
徳川家康[とくがわいえやす](人)
徳川家綱[とくがわいえつな](人)
徳川家慶[とくがわいえよし](人)
徳川家継[とくがわいえつぐ](人)
徳川家光[とくがわいえみつ](人)
徳川家達[とくがわいえさと](人)
徳川家茂[とくがわいえもち](人)
徳川家宣[とくがわいえのぶ](人)
徳川家斉[とくがわいえなり](人)
徳川家定[とくがわいえさだ](人)
徳川家重[とくがわいえしげ](人)
徳川家治[とくがわいえはる](人)

徳川綱吉[とくがわつなよし](人)
徳川綱重[とくがわつなしげ](人)
徳川慶冨[とくがわよしとみ](人)
徳川慶喜[とくがわよしのぶ](人)
徳川光国[とくがわみつくに](人)
徳川吉宗[とくがわよしむね](人)
徳川頼房[とくがわよりふさ](人)
徳川頼宣[とくがわよりのぶ](人)
徳川夢声[とくがわむせい](人)
徳川昭武[とくがわあきたけ](人)
徳川秀忠[とくがわひでただ](人)
徳川信康[とくがわのぶやす](人)
徳川義直[とくがわよしなお](人)
徳川斉昭[とくがわなりあき](人)
徳川忠長[とくがわただなが](人)

도

度

度会[わたらい](地/姓)
度会家行[わたらいいえゆき](人)
度会延佳[わたらいのぶよし](人)
度会行忠[わたらいゆきただ](人)

島

島[しま](姓)
島尻[しまじり](地)
島広山[しまひろやま](地)
島根[しまね](地)
島崎[しまざき](姓)
島崎藤村[しまざきとうそん](人)
島木[しまき](姓)
島木健作[しまきけんさく](人)
島木赤彦[しまきあかひこ](人)
島牧[しままき](地)
島尾[しまお](姓)
島尾敏雄[しまおとしお](人)
島本[しまもと](地)
島原[しまばら](地)
島原湾[しまはらわん](地)
島原半島[しまはらはんとう](地)
島薗[しまぞの](姓)
島薗順次郎[しまぞのじゅんじろう]
　(人)
島義勇[しまよしたけ](人)
島田[しまだ](地/姓)
島田三郎[しまださぶろう](人)
島田清次郎[しまだせいじろう](人)
島井[しまい](姓)
島井宗室[しまいそうしつ](人)
島之内[しまのうち](地)
島地[しまじ](姓)
島地黙雷[しまじもくらい](人)

島津[しまづ](姓)
島津家久[しまづいえひさ](人)
島津久光[しまづひさみつ](人)
島津久基[しまづひさもと](人)
島津源蔵[しまづげんぞう](人)
島津義久[しまづよしひさ](人)
島津義弘[しまづよしひろ](人)
島津斉彬[しまづなりあきら](人)
島津重豪[しまづしげひで](人)
島津忠義[しまづただよし](人)
島村[しまむら](姓)
島村抱月[しまむらほうげつ](人)

桃

桃山[ももやま](地)
桃源瑞仙[とうげんずいせん](人)
桃園天皇[ももぞのてんのう](人)
桃井[もものい](姓)
桃井幸若丸[もものいこうわかまる]
　(人)
桃中軒雲右衛門[とうちゅうけんくも
　もえもん](人)

徒

徒野[あだしの](地)

陶

陶[すえ](姓)
陶山[すやま](姓)
陶山鈍翁[すやまどんおう](人)
陶晴賢[すえはるかた](人)

都

都の錦[みやこのにしき](人)
都幾川[ときがわ](地)
都農[つの](地)
都島[みやこじま](地)
都々逸坊扇歌[どどいつぼうせんか]
　(人)
都良香[みやこのよしか](人)
都留[つる](地)
都城[みやこのじょう](地)
都窪[つくぼ](地)
都一中[みやこいっちゅう](人)
都井岬[といみさき](地)
都筑[つづき](地)
都賀[つが](姓)
都賀庭鐘[つがていしょう](人)

渡

渡嘉敷[とかしき](地)
渡島[おしま](地)

渡島大島[おしまおおしま](地)
渡島半島[おしまはんとう](地)
渡島小島[おしまこじま](地)
渡良瀬川[わたらせがわ](地)
渡瀬[わたせ](姓)
渡瀬庄三郎[わたせしょうざぶろう]
　(人)
渡名喜[となき](地)
渡辺[わたなべ](姓)
渡辺綱[わたなべのつな](人)
渡辺一夫[わたなべかずお](人)
渡辺政之輔[わたなべまさのすけ](人)
渡辺霞亭[わたなべかてい](人)
渡辺海旭[わたなべかいきょく](人)
渡辺華山[わたなべかざん](人)
渡会[わたらい](地)

道

道綱母[みちつなのはは](人)
道灌[どうかん](人)
道灌山[どうかんやま](地)
道隆[どうりゅう](人)
道了薩埵[どうりょうさった](人)
道昭[どうしょう](人)
道修町[どしょうまち](地)
道阿弥[どうあみ](人)
道彦[みちひこ](人)
道元[どうげん](人)
道入[どうにゅう](人)
道慈[どうじ](人)
道長[みちなが](人)
道真[みちざね](人)
道春[みちはる](人)
道八[どうはち](人)
道風[どうふう](人)
道後温泉[どうごおんせん](地)

稲

稲毛[いなげ](地)
稲美[いなみ](地)
稲敷[いなしき](地)
稲生[いのう](姓)
稲生若水[いのうじゃくすい](人)
稲城[いなぎ](地)
稲若水[とうじゃくすい](人)
稲葉[いなば](姓)
稲葉一鉄[いなばいってつ](人)
稲羽山[いなばやま](地)
稲垣[いながき](姓)
稲垣足穂[いながきたるほ](人)
稲垣浩[いながきひろし](人)
稲日野[いなびの](地)

稲田[いなだ](姓)
稲田竜吉[いなだりゅうきち](人)
稲田姫[いなだひめ](人)
稲津[いなづ](姓)
稲津祇空[いなづぎくう](人)
稲妻雷五郎[いなずまらいごろう](人)
稲村[いなむら](姓)
稲村ヶ崎[いなむらがさき](地)
稲村三伯[いなむらさんぱく](人)
稲築[いなつき](地)
稲沢[いなざわ](地)
稲荷山[いなりやま](地)
稲魂女[うかのめ](人)

嶋
嶋中[しまなか](姓)
嶋中雄作[しまなかゆうさく](人)

濤
濤沸湖[とうふつこ](地)
濤川[なみかわ](姓)
濤川惣助[なみかわそうすけ](人)

橋
橋原[ゆすはら](地)

独
独歩[どっぽ](人)
独庵玄光[どくあんげんこう](人)

読
読谷[よみたん](地)

敦
敦盛[あつもり](人)
敦実親王[あつみしんのう](人)
敦賀[つるが](地)
敦賀湾[つるがわん](地)

頓
頓別[とんべつ](地)
頓阿[とんあ](人)

東
東①[あずま](姓)
東②[ひがし](地)
東京[とうきょう](地)
東京湾[とうきょうわん](地)

東串良[ひがしくしら](地)
東関[ひがしぜき](地)
東広島[ひがしひろしま](地)
東久留米[ひがしくるめ](地)
東久世[ひがしくぜ](地)
東久世通禧[ひがしくぜみちとみ](人)
東臼杵[ひがしうすき](地)
東近江[ひがしおうみ](地)
東根[ひがしね](地)
東金[とうがね](地)
東吉野[ひがしよしの](地)
東大阪[ひがしおおさか](地)
東大和[ひがしやまと](地)
東牟婁[ひがしむろ](地)
東武[とうぶ](地)
東白川[ひがししらかわ](地)
東伯[とうはく](地)
東辺道[とうへんどう](地)
東福門院[とうふくもんいん](人)
東峰[とうほう](地)
東部[とうぶ](地)
東北[とうほく](地)
東北地方[とうほくちほう](地)
東山[ひがしやま](地)
東山道[とうさんどう](地)
東山温泉[ひがしやまおんせん](地)
東山殿[ひがしやまどの](人)
東山千栄子[ひがしやまちえこ](人)
東山天皇[ひがしやまてんのう](人)
東三好[ひがしみよし](地)
東常縁[とうつねより](人)
東成[ひがしなり](地)
東成瀬[ひがしなりせ](地)
東松島[ひがしまつしま](地)
東松山[ひがしまつやま](地)
東松浦[ひがしまつうら](地)
東神楽[ひがしかぐら](地)
東尋坊[とうじんぼう](地)
東野州[ひがしやしゅう](人)
東洋[とうよう](地)
東御[とうみ](地)
東栄[とうえい](地)
東予[とうよ](地)
東叡山[とうえいざん](地)
東吾妻[ひがしあがつま](地)
東員[とういん](地)
東儀[とうぎ](姓)
東儀鉄笛[とうぎてってき](人)
東伊豆[ひがしいず](地)
東茨城[ひがしいばらき](地)
東庄[とうのしょう](地)
東田川[ひがしたがわ](地)

東畑[とうはた](姓)
東畑精一[とうはたせいいち](人)
東淀川[ひがしよどがわ](地)
東諸県[ひがしもろかた](地)
東条[とうじょう](地)
東条英機[とうじょうひでき](人)
東条義門[とうじょうぎもん](人)
東条操[とうじょうみさお](人)
東州斎写楽[とうしゅうさいしゃらく](人)
東住吉[ひがしすみよし](地)
東津軽[ひがしつがる](地)
東秩父[ひがしちちぶ](地)
東川[ひがしかわ](地)
東村山[ひがしむらやま](地)
東筑摩[ひがしちくま](地)
東置賜[ひがしおきたま](地)
東灘[ひがしなだ](地)
東通[ひがしとおり](地)
東浦[ひがしうら](地)
東蒲原[ひがしかんばら](地)
東風平[こちんだ](地)
東彼杵[ひがしそのぎ](地)
東海[とうかい](地)
東海道[とうかいどう](地)
東海林[しょうじ](姓)
東海林太郎[しょうじたろう](人)
東海散士[とうかいさんし](人)
東海地方[とうかいちほう](地)
東郷[とうごう](地)
東郷茂徳[とうごうしげのり](人)
東郷温泉[とうごうおんせん](地)
東郷青児[とうごうせいじ](人)
東郷平八郎[とうごうへいはちろう](人)

洞
洞ヶ峠[ほらがとうげ](地)
洞爺湖[とうやこ](地)
洞院[とういん](姓)
洞院公定[とういんきんさだ](人)
洞院公賢[とういんきんかた](人)
洞院実世[とういんさねよ](人)
洞院実熙[とういんさねひろ](人)
洞庭湖[どうていこ](地)
洞海湾[どうかいわん](地)

桐
桐ヶ谷[きりがや](地)
桐生[きりゅう](地)
桐生悠々[きりゅうゆうゆう](人)
桐野[きりの](姓)

桐
棟
銅
斗
豆
逗
兜
頭
灯
登
等
藤

桐野利秋[きりのとしあき]
桐原[きりはら](姓)
桐竹[きりたけ](姓)
桐竹紋十郎[きりたけもんじゅうろう](人)
桐壺の帝[きりつぼのみかど](人)

棟

棟方[むなかた](姓)
棟方志功[むなかたしこう](人)

銅

銅輪王[どうりんおう](人)
銅脈先生[どうみゃくせんせい](人)

斗

斗南半島[となみはんとう](地)

豆

豆右衛門[まめえもん](人)
豆州[ずしゅう](地)

逗

逗子[ずし](地)

兜

兜町[かぶとちょう](地)

頭

頭光[つむりのひかる](人名)
頭山[とうやま](姓)
頭山満[とうやまみつる](人)
頭の中将[とうのちゅうじょう](人)

灯

灯明寺畷[とうみょうじなわて](地)

登

登米[とめ](地)
登別[のぼりべつ](地)
登別温泉[のぼりべつおんせん](地)

等

等伯[とうはく](人)

藤

藤江の浦[ふじえのうら](地)
藤岡[ふじおか](地/姓)
藤岡勝二[ふじおかかつじ](人)
藤岡作太郎[ふじおかさくたろう](人)

藤崎[ふじさき](地)
藤堂[とうどう](姓)
藤堂高虎[とうどうたかとら](人)
藤代[ふじしろ](地)
藤島[ふじしま](地)
藤島武二[ふじしまたけじ](人)
藤浪[ふじなみ](姓)
藤浪与兵衛[ふじなみよへえ](人)
藤里[ふじさと](地)
藤木[ふじき](姓)
藤木九三[ふじきくぞう](人)
藤本[ふじもと](姓)
藤本鉄石[ふじもとてっせき](人)
藤四郎[とうしろう](人)
藤山[ふじやま](姓)
藤山寛美[ふじやまかんび](人)
藤山雷太[ふじやまらいた](人)
藤山一郎[ふじやまいちろう](人)
藤森[ふじもり](姓)
藤森成吉[ふじもりせいきち](人)
藤森栄一[ふじもりえいいち](人)
藤森弘庵[ふじもりこうあん](人)
藤樹[とうじゅ](人)
藤野[ふじの](地)
藤原[ふじわら](姓)
藤原家隆①[ふじわらのいえたか](人)
藤原家隆②[ふじわらのかりゅう](人)
藤原兼家[ふじわらのかねいえ](人)
藤原兼輔[ふじわらのかねすけ](人)
藤原兼実[ふじわらのかねざね](人)
藤原兼通[ふじわらのかねみち](人)
藤原鎌足[ふじわらのかまたり](人)
藤原公経[ふじわらのきんつね](人)
藤原公季[ふじわらのきんすえ](人)
藤原公任[ふじわらのきんとう](人)
藤原広嗣[ふじわらのひろつぐ](人)
藤原基家[ふじわらのもといえ](人)
藤原基経[ふじわらのもとつね](人)
藤原基俊[ふじわらのもととし](人)
藤原基衡[ふじわらのもとひら](人)
藤原道綱母[ふじわらのみちつなのはは](人)
藤原道兼[ふじわらのみちかね](人)
藤原道隆[ふじわらのみちたか](人)
藤原道信[ふじわらのみちのぶ](人)
藤原道雅[ふじわらのみちまさ](人)
藤原道子[ふじわらみちこ](人)
藤原道長[ふじわらのみちなが](人)
藤原敦頼[ふじわらのあつより](人)
藤原敦忠[ふじわらのあつただ](人)
藤原冬嗣[ふじわらのふゆつぐ](人)
藤原藤房[ふじわらのふじふさ](人)

藤原隆家[ふじわらのたかいえ](人)
藤原隆能[ふじわらのたかよし](人)
藤原隆信[ふじわらのたかのぶ](人)
藤原良経[ふじわらのよしつね](人)
藤原頼業[ふじわらのよりなり](人)
藤原頼長[ふじわらのよりなが](人)
藤原頼通[ふじわらのよりみち](人)
藤原麻呂[ふじわらのまろ](人)
藤原明子[ふじわらのあきらけいこ](人)
藤原明衡[ふじわらのあきひら](人)
藤原武智麻呂[ふじわらのむちまろ](人)
藤原敏行[ふじわらのとしゆき](人)
藤原房前[ふじわらのふささき](人)
藤原百川[ふじわらのももかわ](人)
藤原範ери[ふじわらののりかね](人)
藤原保昌[ふじわらのやすまさ](人)
藤原不比等[ふじわらのふひと](人)
藤原浜成[ふじわらのはまなり](人)
藤原師輔[ふじわらのもろすけ](人)
藤原師実[ふじわらのもろざね](人)
藤原師通[ふじわらのもろみち](人)
藤原師賢[ふじわらのもろかた](人)
藤原宣房[ふじわらののぶふさ](人)
藤原成親[ふじわらのなりちか](人)
藤原惺窩[ふじわらせいか](人)
藤原咲平[ふじわらさくへい](人)
藤原秀郷[ふじわらのひでさと](人)
藤原秀衡[ふじわらのひでひら](人)
藤原純友[ふじわらのすみとも](人)
藤原信頼[ふじわらののぶより](人)
藤原信実[ふじわらののぶざね](人)
藤原実頼[ふじわらのさねより](人)
藤原実方[ふじわらのさねかた](人)
藤原実資[ふじわらのさねすけ](人)
藤原雅経[ふじわらのまさつね](人)
藤原安子[ふじわらのあんし](人)
藤原薬子[ふじわらのくすこ](人)
藤原宇合[ふじわらのうまかい](人)
藤原為家[ふじわらのためいえ](人)
藤原為兼[ふじわらのためかね](人)
藤原為教[ふじわらのためのり](人)
藤原為相[ふじわらのためすけ](人)
藤原為世[ふじわらのためよ](人)
藤原為氏[ふじわらのためうじ](人)
藤原為定[ふじわらのためさだ](人)
藤原銀次郎[ふじわらぎんじろう](人)
藤原乙牟漏[ふじわらのおとむろ](人)
藤原義江[ふじわらよしえ](人)
藤原義孝[ふじわらのよしたか](人)
藤原伊房[ふじわらのこれふさ](人)
藤原伊尹[ふじわらのこれただ](人)

藤原伊周[ふじわらのこれちか](人)
藤原定家①[ふじわらのさだいえ](人)
藤原定家②[ふじわらのていか](人)
藤原定頼[ふじわらのさだより](人)
藤原定方[ふじわらのさだかた](人)
藤原定子[ふじわらのていし](人)
藤原朝忠[ふじわらのあさただ](人)
藤原種継[ふじわらのたねつぐ](人)
藤原佐理[ふじわらのすけまさ](人)
藤原俊成①[ふじわらのしゅんぜい](人)
藤原俊成②[ふじわらのとしなり](人)
藤原仲麻呂[ふじわらのなかまろ](人)
藤原彰子[ふじわらのしょうし](人)
藤原清輔[ふじわらのきよすけ](人)
藤原清河[ふじわらのきよかわ](人)
藤原清衡[ふじわらのきよひら](人)
藤原忠文[ふじわらのただぶみ](人)
藤原忠実[ふじわらのただざね](人)
藤原忠通[ふじわらのただみち](人)
藤原忠平[ふじわらのただひら](人)
藤原泰衡[ふじわらのやすひら](人)
藤原通俊[ふじわらのみちとし](人)
藤原通憲[ふじわらのみちのり](人)
藤原行成[ふじわらのゆきなり](人)
藤原顕輔[ふじわらのあきすけ](人)
藤原興風[ふじわらのおきかぜ](人)
藤田[ふじた](姓)
藤田東湖[ふじたとうこ](人)
藤田嗣治[ふじたつぐはる](人)
藤田小四郎[ふじたこしろう](人)
藤田幽谷[ふじたゆうこく](人)
藤田伝三郎[ふじたでんざぶろう]
　(人)
藤田豊八[ふじたとよはち](人)
藤井[ふじい](姓)
藤井健次郎[ふじいけんじろう](人)
藤井高尚[ふじいたかなお](人)
藤井寺[ふじいでら](地)
藤井右門[ふじいうもん](人)
藤井乙男[ふじいおとお](人)
藤井日達[ふじいにったつ](人)
藤井竹外[ふじいちくがい](人)
藤貞幹[とうていかん](人)
藤枝[ふじえだ](地/姓)
藤枝静男[ふじえだしずお](人)
藤津[ふじつ](地)
藤川[ふじかわ](姓)
藤川勇造[ふじかわゆうぞう](人)
藤村①[とうそん](人)
藤村②[ふじむら](姓)
藤村富美男[ふじむらふみお](人)

藤村作[ふじむらつくる](人)
藤沢[ふじさわ](地/姓)
藤沢利喜太郎[ふじさわりきたろう]
　(人)
藤壺[ふじつぼ](人)

ラ

羅
羅臼[らうす](地)
羅臼岳[らうすだけ](地)
羅臼湖[らうすこ](地)

락

落
落合[おちあい](地/姓)
落合直文[おちあいなおぶみ](人)

란

乱
乱歩[らんぽ](人)

蘭
蘭渓道隆[らんけいどうりゅう](人)
蘭越[らんこし](地)

람

嵐
嵐[あらし](姓)
嵐寛十郎[あらしかんじゅうろう](人)
嵐山①[あらしやま](地)
嵐山②[らんざん](地)
嵐三右衛門[あらしさんえもん](人)
嵐雪[らんせつ](人)

藍
藍住[あいずみ](地)

랍

蠟
蠟山[ろうやま](姓)
蠟山政道[ろうやままさみち](人)

랑

浪
浪江[なみえ](地)
浪岡[なみおか](地)
浪速[なにわ](地)
浪花[なにわ](地)
浪華[なにわ](地)

래

来
来島[きじま](地)
来島又兵衛[きじままたべえ](人)
来島海峡[きじまかいきょう](地)
来山[らいざん](人)

랭

冷
冷泉[れいぜい](地)
冷泉為相[れいぜいためすけ](人)
冷泉為村[れいぜいためむら](人)
冷泉天皇[れいぜいてんのう](人)

량

両
両国[りょうごく](地)

良
良経[りょうけい](人)
良寛[りょうかん](人)
良観[りょうかん](人)
良基[よしもと](人)
良弁[りょうべん](人)
良源[りょうげん](人)
良忍[りょうにん](人)
良岑[よしみね](姓)
良岑宗貞[よしみねのむねさだ](人)
良岑安世[よしみねのやすよ](人)
良忠[りょうちゅう](人)

涼
涼袋[りょうたい](人)
涼莬[りょうと](人)

梁
梁川[やながわ](地/姓)
梁川江蘭[やながつこうらん](人)
梁川星厳[やながわせいがん](人)
梁田[やなだ](姓)
梁田蜕厳[やなだぜいがん](人)

椋
椋[むく](地)
椋鳩十[むくはとじゅう](人)

려

呂
呂宋助左衛門[るそんすけざえもん]
　(人)

藤
羅
落
乱
蘭
嵐
藍
蠟
浪
来
冷
両
良
涼
梁
椋
呂

砥

砥波[となみ](地)
砥波山[となみやま](地)
砥波平野[となみへいや](地)

蠣

蠣殻町[かきがらちょう](地)
蠣崎[かきざき](姓)
蠣崎波響[かきざきはきょう](人)

련

恋

恋川春町[こいかわはるまち](人)

練

練馬[ねりま](地)

蓮

蓮生[れんしょう](人)
蓮如[れんにょ](人)
蓮月尼[れんげつに](人)
蓮田[はすだ](地)

漣

漣[さざなみ](地)

렬

烈

烈公[れっこう](人)

령

苓

苓北[れいほく](地)

鈴

鈴鹿[すずか](地)
鈴鹿山[すずかやま](地)
鈴鹿山脈[すずかさんみゃく](地)
鈴鹿峠[すずかとうげ](地)
鈴鹿川[すずかがわ](地)
鈴木[すずき](姓)
鈴木貫太郎[すずきかんたろう](人)
鈴木大拙[すずきだいせつ](人)
鈴木道彦[すずきみちひこ](人)
鈴木梅太郎[すずきうめたろう](人)
鈴木牧之[すずきぼくし](人)
鈴木茂三郎[すずきもさぶろう](人)
鈴木文治[すずきぶんじ](人)
鈴木三重吉[すずきみえきち](人)
鈴木雅之[すずきまさゆき](人)
鈴木栄太郎[すずきえいたろう](人)

鈴木長吉[すずきちょうきち](人)
鈴木正三[すずきしょうさん](人)
鈴木貞一[すずきていいち](人)
鈴木重胤[すずきしげたね](人)
鈴木泉三郎[すずきせんざぶろう](人)
鈴木春山[すずきしゅんざん](人)
鈴木春信[すずきはるのぶ](人)
鈴木虎雄[すずきとらお](人)
鈴木喜三郎[すずききさぶろう](人)
鈴ヶ森[すずがもり](地)

領

領巾振山[ひれふるやま](地)

霊

霊岸島[れいがんじま](地)
霊元天皇[れいげんてんのう](人)

嶺

嶺雲[れいうん](人)

레

礼

礼文[れぶん](地)

로

老

老蘇森[おいそのもり](地)
老曾森[おいそのもり](地)
老ノ坂[おいのさか](地)

路

路通[ろつう](人)

露

露の五郎兵衛[つゆのごろべえ](人)
露月[ろげつ](人)
露沾[ろせん](人)
露風[ろふう](人)

蘆

蘆名[あしな](姓)
蘆名盛氏[あしなもりうじ](人)
蘆雪[ろせつ](人)
蘆庵[ろあん](人)
蘆野[あしの](姓)
蘆野東山[あしのとうざん](人)
蘆屋道満[あしやどうまん](人)
蘆花[ろか](一)

鷺

鷺水[ろすい](人)

鷺坂山[さぎさかやま](地)

록

鹿

鹿角[かづの](地)
鹿ヶ谷[しかがたに](地)
鹿島[かしま](地)
鹿島灘[かしまなだ](地)
鹿嶋[かしま](地)
鹿都部真顔[しかつべまがお](人)
鹿背山[かせやま](地)
鹿部[しかべ](地)
鹿沼[かぬま](地)
鹿児島[かごしま](地/姓)
鹿児島湾[かごしまわん](地)
鹿児島寿蔵[かごしまじゅぞう](人)
鹿野[しかの](姓)
鹿野武左衛門[しかのぶざえもん](人)
鹿野山[かのうざん](地)
鹿野苑[ろくやおん](地)
鹿屋[かのや](地)
鹿苑[ろくおん](地)
鹿苑院[ろくおんいん](人)
鹿足[かのあし](地)
鹿地[かじ](姓)
鹿地亘[かじわたる](人)
鹿持[かもち](姓)
鹿持雅澄[かもちまさずみ](人)
鹿追[しかおい](地)
鹿沢温泉[かざわおんせん](地)

緑

緑[みどり](地)
緑雨[りょくう](人)

룡

滝

滝[たき](姓)
滝口[たきぐち](姓)
滝口修造[たきぐちしゅうぞう](人)
滝口入道[たきぐちにゅうどう](人)
滝廉太郎[たきれんたろう](人)
滝上[たきのうえ](地)
滝ノ上温泉[たきのうえおんせん](地)
滝夜叉姫[たきやしゃひめ](人)
滝田[たきた](姓)
滝田樗陰[たきたちょいん](人)
滝井[たきい](地)
滝井孝作[たきいこうさく](人)
滝亭鯉丈[りゅうていりじょう](人)
滝精一[たきせいいち](人)

山
珊
産
散
蒜
殺
薩
三

山本[やまもと](地/姓)
山本勘助[やまもとかんすけ](人)
山本健吉[やまもとけんきち](人)
山本久人[やまもとひさうじん](人)
山本権兵衛[やまもとごんべえ](人)
山本芳翠[やまもとほうすい](人)
山本北山[やまもとほくざん](人)
山本薩夫[やまもとさつお](人)
山本宣治[やまもとせんじ](人)
山本実彦[やまもとさねひこ](人)
山本安英[やまもとやすえ](人)
山本五十六[やまもといそろく](人)
山本有三[やまもとゆうぞう](人)
山本長五郎[やまもとちょうごろう](人)
山本鼎[やまもとかなえ](人)
山本周五郎[やまもとしゅうごろう](人)
山本荷兮[やまもとかけい](人)
山部[やまべ](姓)
山部赤人[やまべのあかひと](人)
山北[やまきた](地)
山上①[やまのうえ](姓)
山上②[やまじょう](地)
山上ヶ岳[さんじょうがたけ](地)
山上様[さんじょうさま](人)
山上憶良[やまのうえのおくら](人)
山上宗二[やまのうえのそうじ](人)
山西[さんせい](地)
山城[やましろ](地)
山手[やまて](地)
山室[やまむろ](姓)
山室軍平[やまむろぐんぺい](人)
山室機恵子[やまむろきえこ](人)
山岸[やまぎし](姓)
山岸徳平[やまぎしとくへい](人)
山野[やまの](姓)
山野愛子[やまのあいこ](人)
山陽[さんよう](地)
山陽道[さんようどう](地)
山陽小野田[さんようおのだ](地)
山陽地方[さんようちほう](地)
山葉[やまは](姓)
山葉寅楠[やまはとらくす](人)
山元[やまもと](地)
山原[やまばる](地)
山越[やまこし](地)
山陰[さんいん](地)
山陰道[さんいんどう](地)
山陰地方[さんいんちほう](地)
山陰海岸[さんいんかいがん](地)
山田[やまだ](地/姓)
山田耕筰[やまだこうさく](人)

山田美妙[やまだびみょう](人)
山田盛太郎[やまだもりたろう](人)
山田守[やまだまもる](人)
山田温泉[やまだおんせん](地)
山田長政[やまだながまさ](人)
山田宗徧[やまだそうへん](人)
山田顕義[やまだあきよし](人)
山田孝雄[やまだよしお](人)
山州[さんしゅう](地)
山中[やまなか](地/姓)
山中鹿之介[やまなかしかのすけ](人)
山中峯太郎[やまなかみねたろう](人)
山中貞雄[やまなかさだお](人)
山中湖[やまなかこ](地)
山之口[やまのぐち](姓)
山之口貘[やまのぐちばく](人)
山川①[やまがわ](地)
山川②[やまかわ](地)
山川健次郎[やまかわけんじろう](人)
山川菊栄[やまかわきくえ](人)
山川均[やまかわひとし](人)
山添[やまぞえ](地)
山椒大夫[さんしょうだゆう](人)
山椒太夫[さんしょうだゆう](人)
山村[やまむら](姓)
山村暮鳥[やまむらぼちょう](人)
山村才助[やまむらさいすけ](人)
山片[やまがた](姓)
山片蟠桃[やまがたばんとう](人)
山下[やました](姓)
山下奉文[やましたともゆき](人)
山下新太郎[やましたしんたろう](人)
山海関[さんかいかん](地)
山幸彦[やまさちびこ](人)
山県[やまがた](地/姓)
山県大弐[やまがただいに](人)
山県有朋[やまがたありとも](人)
山形[やまがた](地)
山形盆地[やまがたぼんち](地)
山形県[やまがたけん](地)
山脇[やまわき](姓)
山脇東洋[やまわきとうよう](人)

珊
珊瑚海[さんごかい](地)

産
産山[うぶやま](地)

散
散士[さんし](人)
散史[さんし](人)

蒜
蒜山[ひるぜん](地)

살

殺
殺生関白[せっしょうかんぱく](人)

薩
薩南[さつなん](地)
薩南諸島[さつなんしょとう](地)
薩摩[さつま](地)
薩摩半島[さつまはんとう](地)
薩摩富士[さつまふじ](地)
薩摩外記[さつまげき](人)
薩摩浄雲[さつまじょううん](人)
薩摩川内[さつませんだい](地)
薩州[さっしゅう](地)
薩埵峠[さったとうげ](地)

삼

三
三角[みすみ](姓)
三角[みすみかん](人)
三股[みまた](地)
三谷[さんや](地)
三谷温泉[みやおんせん](地)
三光坊[さんこうぼう](人)
三橋[みつはし](地)
三国[みくに](地)
三国街道[みくにかいどう](地)
三国山脈[みくにさんみゃく](地)
三国峠[みくにとうげ](地)
三宮[さんのみや](地)
三筋町[みすじまち](地)
三岐[さんぎ](地)
三崎[みさき](地)
三吉[さんきち](人)
三丹[さんたん](地)
三島①[さんとう](地)
三島②[みしま](地/姓)
三島由起夫[みしまゆきお](人)
三島中洲[みしまちゅうしゅう](人)
三島通庸[みしまみちつね](人)
三陸[さんりく](地)
三陸海岸[さんりくかいがん](地)
三輪[みわ](地)
三輪山[みわやま](地)
三輪田[みわた](姓)
三輪田真佐子[みわたまさこ](人)
三輪執斎[みわしっさい](人)
三里塚[さんりづか](地)

滝川①[たきかわ] (地)
滝川②[たきかわ] (地)
滝川一益[たきがわかずます] (人)
滝川幸辰[たきがわゆきとき] (人)
滝沢[たきざわ] (地/姓)
滝沢馬琴[たきざわばきん] (人)
滝鶴台[たきかくだい] (人)

朧
朧月夜[おぼろづくよ] (人)

리

雷
雷丘[いかずちのおか] (地)
雷門[かみなりもん] (地)
雷電為右衛門[らいでんためえもん] (人)
雷鳥[らいちょう] (人)
雷州半島[らいしゅうはんとう] (地)

頼
頼[らい] (姓)
頼光[よりみつ] (人)
頼山陽[らいさんよう] (人)
頼三樹三郎[らいみきさぶろう] (人)
頼瑜[らいゆ] (人)
頼朝[よりとも] (人)
頼春水[らいしゅんすい] (人)
頼豪[らいごう] (人)

瀬
瀬高[せたか] (地)
瀬谷[せや] (地)
瀬棚[せたな] (地)
瀬田[せた] (地)
瀬川[せがわ] (地)
瀬川菊之丞[せがわきくのじょう] (人)
瀬川如皐[せがわじょこう] (人)
瀬川清子[せがわきよこ] (人)
瀬戸[せと] (地)
瀬戸口[せとぐち] (姓)
瀬戸口藤吉[せとぐちとうきち] (人)
瀬戸内[せとうち] (地)
瀬戸内海[せとないかい] (地)
瀬戸内海国立公園[せとないかいこ
　くりつこうえん] (地)

료

了
了意[りょうい] (人)
了俊[りょうしゅん] (人)

蓼
蓼科高原[たてしなこうげん] (地)
蓼科山[たてしなやま] (地)
蓼太[りょうた] (人)

룡

竜
竜渓[りゅうけい] (人)
竜ノ口[たつのくち] (地)
竜の宮姫[たつのみやひめ] (人)
竜ヶ崎[りゅうがさき] (地)
竜胆寺[りゅうたんじ] (姓)
竜胆寺雄[りゅうたんじゆう] (人)
竜馬[りょうま] (人)
竜猛[りゅうみょう] (人)
竜門[りゅうもん] (人)
竜飛崎[たっぴざき] (地)
竜樹[りゅうじゅ] (人)
竜神温泉[りゅうじんおんせん] (地)
竜洋[りゅうよう] (地)
竜王[りゅうおう] (地)
竜右衛門[たつえもん] (人)
竜田[たつた] (地)
竜田山[たつたやま] (地)
竜田彦[たつたひこ] (人)
竜田川[たつたがわ] (地)
竜田姫[たつたひめ] (人)
竜造寺[りゅうぞうじ] (姓)
竜造寺隆信[りゅうぞうじたかのぶ]
　(人)
竜智[りゅうち] (人)
竜泉洞[りゅうせんどう] (地)
竜草廬[りゅうそうろろ] (人)
竜村[たつむら] (姓)
竜村平蔵[たつむらへいぞう] (人)
竜湫周沢[りゅうしゅうしゅうたく] (人)
竜河洞[りゅうがどう] (地)
竜花越[りゅうげごえ] (地)
竜華越[りゅうげごえ] (地)

龍
龍ヶ崎[りゅうがさき] (地)
龍野[たつの] (地)
龍郷[たつごう] (地)

루

涙
涙香[るいこう] (人)

累
累[かさね] (人)

류

柳
柳[やなぎ] (姓)
柳家金語楼[やなぎやきんごろう]
　(人)
柳家三亀松[やなぎやみきまつ] (人)
柳家小さん[やなぎやこさん] (人)
柳橋[やなぎばし] (地)
柳浪[りゅうろう] (人)
柳瀬[やなぎせ] (地)
柳瀬正夢[やなせまさむ] (人)
柳ヶ瀬[やながせ] (地)
柳北[りゅうほく] (人)
柳生[やぎう] (人)
柳生街道[やぎうかいどう] (地/姓)
柳生十兵衛[やぎうじゅうべえ] (人)
柳生宗矩[やぎうじむねのり] (人)
柳亜子[りゅうあし] (人)
柳原[やなぎはら] (姓)
柳原白蓮[やなぎはらびゃくれん] (人)
柳田[やなぎた] (姓)
柳田国男[やなぎたくにお] (人)
柳井[やない] (地)
柳亭種彦[りゅうていたねひこ] (人)
柳宗悦[やなぎむねよし] (人)
柳宗元[りゅうそうげん] (人)
柳津[やないづ] (地)
柳川[やながわ] (地/姓)
柳川検校[やながわけんぎょう] (人)
柳川春葉[やながわしゅんよう] (人)
柳沢[やなぎさわ] (地)
柳沢淇園[やなぎさわきえん] (人)
柳沢吉保[やなぎさわよしやす] (人)
柳河[やながわ] (姓)
柳河春三[やながわしゅんさん] (人)
柳虹[りゅうこう] (人)

流
流山[ながれやま] (地)

留
留岡[とめおか] (姓)
留岡幸助[とめおかこうすけ] (人)
留萌[るもい] (地)
留別[るべつ] (地)
留寿都[るすつ] (地)
留夜別[るやべつ] (地)

琉
琉球[りゅうきゅう] (地)
琉球諸島[りゅうきゅうしょとう] (地)
琉球海溝[りゅうきゅうかいこう] (地)

硫

硫黄島[いおうじま　いおうとう](地)
硫黄列島[いおうれっとう](地)

六

六

六角[ろっかく](姓)
六角義賢[ろっかくよしかた](人)
六角紫水[ろっかくしすい](人)
六甲山地[ろっこうさんち](地)
六区[ろっく](地)
六代[ろくだい](人)
六連島[むつれじま](地)
六無斎[ろくむさい](人)
六本木[ろっぽんぎ](地)
六ヶ所[ろっかしょ](地)
六孫王[ろくそんのう](人)
六如[りくにょ](人)
六人部[むとべ](姓)
六人部是香[むとべよしか](人)
六日町[むいかまち](地)
六条[ろくじょう](地)
六条御息所[ろくじょうのみやすどころ](人)
六条天皇[ろくじょうてんのう](人)
六条河原[ろくじょうがわら](地)
六郷[ろくごう](地)
六郷川[ろくごうがわ](地)
六戸[ろくのへ](地)

陸

陸[くが](姓)
陸羯南[くがかつなん](人)
陸賈[りくか](人)
陸九淵[りくきゅうえん](人)
陸機[りくき](人)
陸放翁[りくほうおう](人)
陸別[りくべつ](地)
陸象山[りくしょうざん](人)
陸秀夫[りくしゅうふ](人)
陸奥①[みちのく　みちのくに](地)
陸奥②[むつ](地/姓)
陸奥湾[むつわん](地)
陸奥宗光[むつむねみつ](人)
陸羽[りくう](人)
陸游[りくゆう](人)
陸前[りくぜん](地)
陸前高田[りくぜんたかた](地)
陸前浜街道[りくぜんはまかいどう](地)
陸中[りくちゅう](地)
陸探微[りくたんび](人)

輪

輪

輪島[わじま](地)
輪之内[わのうち](地)

栗

栗

栗橋[くりはし](地)
栗駒[くりこま](地)
栗駒山[くりこまやま](地)
栗島[くりしま](地)
栗島すみ子[くりしますみこ](人)
栗東[りっとう](地)
栗本[くりもと](地)
栗本鋤雲[くりもとじょうん](人)
栗山[くりやま](地/姓)
栗山大膳[くりやまだいぜん](人)
栗山潜鋒[くりやませんぽう](人)
栗山孝庵[くりやまこうあん](人)
栗栖野[くるすの](地)
栗原[くりはら](地)
栗原イネ[くりはらいね](人)
栗田[くりた](地)
栗田寛[くりたひろし](人)

隆

隆

隆光[りゅうこう](人)

菱

菱

菱刈[ひしかり](地)
菱田[ひしだ](姓)
菱田春草[ひしだしゅんそう](人)
菱川[ひしかわ](地)
菱川師宣[ひしかわもろのぶ](人)

綾

綾[あや](地)
綾歌[あやうた](地)
綾南[りょうなん](地)
綾瀬[あやせ](地)
綾部[あやべ](地)
綾足[あやたり](人)
綾川[あやがわ](地)

리

利

利尻[りしり](地)
利尻島[りしりとう](地)

利尻富士[りしりふじ](地)
利根[とね](地)
利島[としま](地)
利府[りふ](地)
利休[りきゅう](人)

里

里見[さとみ](姓)
里見弴[さとみとん](人)
里庄[さとしょう](地)
里村[さとむら](姓)
里村紹巴[さとむらじょうは](人)
里村昌琢[さとむらしょうたく](人)

理

理源大師[りげんだいし](人)

裏

裏松光世[うらまつみつよ](人)

履

履中天皇[りちゅうてんのう](人)

鯉

鯉丈[りじょう](人)

籬

籬の島[まがきのしま](地)

림

林

林[はやし](姓)
林家トミ[はやしやトミ](人)
林家正楽[はやしやしょうらく](人)
林歌子[はやしうたこ](人)
林広守[はやしひろもり](人)
林達夫[はやしたつお](人)
林道春[はやしどうしゅん](人)
林薫[はやしただす](人)
林羅山[はやしらざん](人)
林武[はやしたけし](人)
林房雄[はやしふさお](人)
林奉行[はやしぶぎょう](人)
林鳳岡[はやしほうこう](人)
林不忘[はやしふぼう](人)
林芙美子[はやしふみこ](人)
林銑十郎[はやしせんじゅうろう](人)
林述斎[はやしじゅっさい](人)
林信篤[はやしのぶあつ](人)
林鵞峰[はやしがほう](人)
林屋正蔵[はやしょうぞう](人)
林又七[はやしまたしち](人)

林有造[はやしゆうぞう](人)
林子平[はやししへい](人)
林春斎[はやししゅんさい](人)
林忠彦[はやしただひこ](人)
林鶴一[はやしつるいち](人)

립

立
立科[たてしな](地)
立山[たてやま](地)
立松[たてまつ](地)
立松東蒙[たてまつとうもう](人)
立羽[たちば](姓)
立原[たちはら](姓)
立原道造[たちはらみちぞう](人)
立原正秋[たちはらまさあき](人)
立原翠軒[たちはらすいけん](人)
立原杏所[たちはらきょうしょ](人)
立入宗継①[たていりむねつぐ](人)
立入宗継②[たていりそうけい](人)
立場不角[たつばふかく](人)
立田姫[たつたひめ](人)
立正大師[りっしょうだいし](人)
立川[たてかわ](姓)
立川談馬[たてかわえんば](人)
立花[たちばな](姓)
立花家橘之助[たちばなやきつのすけ](人)
立花北枝[たちばなほくし](人)
立花宗茂[たちばなむねしげ](人)

笠
笠[かさ](姓)
笠間[かさま](地)
笠岡[かさおか](地)
笠金村[かさのかなむら](人)
笠女郎[かさのいらつめ](人)
笠寺[かさでら](地)
笠森お仙[かさもりおせん](人)
笠松[かさまつ](地)
笠ヶ岳[かさがたけ](地)
笠取山[かさとりやま](地)
笠置[かさぎ](地)
笠置山[かさぎやま](地)

마

馬
馬建忠[ばけんちゅう](人)
馬琴[ばきん](人)
馬内侍[うまのないし](人)
馬島[まじま](姓)

馬島晴眼[まじませいがん](人)
馬路[うまじ](地)
馬喰町[ばくろちょう](地)
馬淵川[まべちがわ](地)
馬入川[ばにゅうがわ](地)
馬場[ばば](姓)
馬場金埒[ばばきんらち](人)
馬場文耕[ばばぶんこう](人)
馬場鎮一[ばばえいいち](人)
馬場佐十郎[ばばさじゅうろう](人)
馬場辰猪[ばばたつい](人)
馬場恒吾[ばばつねご](人)
馬場弧蝶[ばばこちょう](人)
馬祖道一[ばそどういつ](人)

麻
麻生①[あさお](地)
麻生②[あそう](地/姓)
麻生慶次郎[あそうけいじろう](人)
麻生久[あそうひさし](人)
麻生磯次[あそういそじ](人)
麻田[あさだ](地)
麻田剛立[あさだごうりゅう](人)
麻績[おみ](地)
麻布[あざぶ](地)

摩
摩文仁[まぶに](地)
摩耶[まや](人)
摩耶夫人[まやふじん](人)
摩耶山[まやさん](地)

磨
磨針峠[すりはりとうげ](地)

막

幕
幕別[まくべつ](地)
幕張[まくはり](地)

만

万
万[よろず](姓)
万里小路①[まりこじ](地)
万里小路②[までのこうじ](地)
万里小路藤房[までのこうじふじふさ](人)
万里小路宣房[までのこうじのぶふさ](人)
万木の森[ゆるぎのもり](地)
万庵[ばんあん](人)
万亭応賀[まんていおうが](人)

万座温泉[まんざおんせん](地)
万鉄五郎[よろずてつごろう](人)
万太郎[まんたろう](人)

満
満濃池[まんのういけ](地)

말

末
末広[すえひろ](姓)
末広恭altro[すえひろやすぅ](人)
末広鉄腸[すえひろてっちょう](人)
末吉[すえよし](地/姓)
末吉孫左衛門[すえよしまござえもん](人)
末松[すえまつ](姓)
末松謙澄[すえまつけんちょう](人)
末の松山[すえのやま](地)
末永[すえなが](姓)
末永雅雄[すえながまさお](人)
末摘花[すえつむはな](人)
末次[すえつぐ](姓)
末次平蔵[すえつぐへいぞう](人)
末川[すえかわ](姓)
末川博[すえかわひろし](人)
末弘[すえひろ](姓)
末弘厳太郎[すえひろいずたろう](人)

망

望
望東尼[もとに](人)
望月[もちづき](地/姓)
望月三英[もちづきさんえい](人)
望月玉蟾[もちづきぎょくせん](人)
望一[もいち](人)

網
網島[あみじま](地)
網野[あみの](地/姓)
網野菊[あみのきく](人)
網走[あばしり](地)

매

売
売木[うるぎ](地)

妹
妹尾[せのお](姓)
妹尾妓楼[せのおぎろう](人)
妹背牛[もせうし](地)

枚
枚岡[ひらおか] (地)
枚方[ひらかた] (地)

埋
埋忠明寿[うめただみょうじゅ] (人)

梅
梅[うめ] (姓)
梅謙次郎[うめけんじろう] (人)
梅ヶ谷[うめがたに] (人)
梅根[うめね] (姓)
梅根悟[うめねさとる] (人)
梅崎[うめざき] (姓)
梅崎春生[うめざきはるお] (人)
梅ヶ島温泉[うめがしまおんせん] (人)
梅暮里谷峨[うめぼりこくが] (人)
梅辻[うめつじ] (姓)
梅辻春樵[うめつじしゅんしょう] (人)
梅若六郎[うめわかろくろう] (人)
梅若万三郎[うめわかまんざぶろう]
　　(人)
梅若実[うめわかみのる] (人)
梅若丸[うめわかまる] (人)
梅王丸[うめおうまる] (人)
梅原[うめはら] (姓)
梅原末治[うめはらすえじ] (人)
梅原北明[うめはらほくめい] (人)
梅原竜三郎[うめはらりゅうざぶろう]
　　(人)
梅田[うめだ] (地/人)
梅田雲浜[うめだうんぴん] (人)
梅亭金鵞[ばいていきんが] (人)
梅津[うめづ] (姓)
梅津美次郎[うめづよしじろう] (人)
梅津川[うめづがわ] (人)
梅沢[うめざわ] (姓)
梅沢浜夫[うめざわはまお] (人)

虻
虻田[あぶた] (地)

面
面山瑞芳[めんざんずいほう] (人)
面河渓[おもごけい] (地)

皿
皿山[さらやま] (地)

名
名古屋[なごや] (地/姓)
名古屋山三[なごやさんざ] (人)
名古屋玄医[なごやげんい] (人)
名寄[なより] (地)
名東①[めいとう] (地)
名東②[みょうどう] (地)
名瀬[なぜ] (地)
名栗[なぐり] (地)
名栗川[なぐりがわ] (地)
名西[みょうざい] (地)
名神[めいしん] (地)
名張[なばり] (地)
名草[なぐさ] (地)
名草の浜[なぐさのはま] (地)
名取[なとり] (地/姓)
名取洋之助[なとりようのすけ] (人)
名取川[なとりがわ] (地)
名護[なご] (地)
名和[なわ] (姓)
名和長年[なわながとし] (人)
名和靖[なわやすし] (人)

明
明覚[みょうかく] (地/人)
明空[みょうくう] (人)
明石[あかし] (地/姓)
明石覚一[あかしかくいち] (人)
明石の瀬戸[あかしのせと] (地)
明石の上[あかしのうえ] (地)
明石順三[あかしじゅんぞう] (人)
明石元二郎[あかしもとじろう] (人)
明石入道[あかしのにゅうどう] (人)
明石中宮[あかしのちゅうぐう] (人)
明石志賀之助[あかししがのすけ] (人)
明石海峡[あかしかいきょう] (地)
明神礁[みょうじんしょう] (地)
明野[あけの] (地)
明円[みょうえん] (人)
明日香[あすか] (地)
明正天皇[めいしょうてんのう] (人)
明智[あけち] (姓)
明智光秀[あけちみつひで] (人)
明智秀満[あけちひでみつ] (人)
明治天皇[めいじてんのう] (人)
明恵[みょうえ] (人)
明和[めいわ] (地)

茗
茗渓[めいけい] (地)

鳴
鳴門[なると] (地)
鳴門海峡[なるとかいきょう] (地)
鳴子[なるこ] (地)
鳴沢[なるさわ] (地)
鳴海[なるみ] (地)
鳴海潟[なるみがた] (地)

毛
毛谷村六助[けやむらろくすけ] (人)
毛呂山[もろやま] (地)
毛利[もうり] (姓)
毛利敬親[もうりたかちか] (人)
毛利元就[もうりもとなり] (人)
毛利輝元[もうりてるもと] (人)
毛野①[けぬ] (地)
毛野②[けの] (地)
毛剃九右衛門[けぞりくえもん] (人)

牟
牟岐[むぎ] (地)
牟礼[むれ] (地)

牡
牡鹿[おしか] (地)
牡鹿半島[おしかはんとう] (地)
牡丹花肖柏[ぼたんかしょうはく] (人)

茅
茅ヶ崎[ちがさき] (地)
茅部[かやべ] (地)
茅淳[ちね] (地)
茅淳の海[ちねのうみ] (地)
茅淳の県[ちねのあがた] (地)
茅野[ちの] (地)
茅場町[かやばちょう] (地)

冒
冒頓単于[ぼくとつぜんう] (人)

栂
栂尾[とがのお] (地)

鉾
鉾田[ほこた] (地)

鮭
鮭ヶ崎[とどがさき] (地)

暮
暮鳥[ぼちょう] (人)

木

木更津[きさらづ](地)
木古内[きこない](地)
木内[きうち](姓)
木内石亭[きうちせきてい](人)
木内惣五郎[きうちそうごろう](人)
木島平[きじまだいら](地)
木瀬川[きせがわ](地)
木挽町[こびきちょう](地)
木暮[こぐれ](姓)
木暮理太郎[こぐれりたろう](人)
木米[もくべい](人)
木幡[こはた](地)
木山[きやま](姓)
木山捷平[きやましょうへい](人)
木城[きじょう](地)
木喰[もくじき](人)
木の芽峠[きのめとうげ](地)
木俣[きまた](姓)
木俣修[きまたおさむ](人)
木曜島[もくようとう](地)
木原[きはら](姓)
木原均[きはらひとし](人)
木場[きば](地)
木田[きた](地)
木祖[きそ](地)
木造[きづくり](地)
木曾[きそ](地/人)
木曾街道[きそかいどう](地)
木曾谷[きそだに](地)
木曾崎[きそさき](地)
木曾路[きそじ](地)
木曾福島[きそふくしま](地)
木曾山脈[きそさんみゃく](地)
木曾御岳[きそおんたけ](地)
木曾義仲[きそよしなか](人)
木曾川[きそがわ](地)
木津[きづ](地)
木津川[きづがわ](地)
木村[きむら](姓)
木村芥舟[きむらかいしゅう](人)
木村謹治[きむらきんじ](人)
木村栄[きむらひさし](人)
木村義雄[きむらよしお](人)
木村毅[きむらき](人)
木村伊兵衛[きむらいへえ](人)
木村資生[きむらもとお](人)
木村庄之助[きむらしょうのすけ](人)
木村荘八[きむらしょうはち](人)
木村正辞[きむらまさこと](人)
木村重成[きむらしげなり](人)

木村太賢[きむらたいけん](人)
木下[きのした](姓)
木下藤吉郎[きのしたとうきちろう]
　(人)
木下利玄[きのしたりげん](人)
木下杢太郎[きのしたもくたろう](人)
木下尚江[きのしたなおえ](人)
木下順庵[きのしたじゅんあん](人)
木下長嘯子[きのしたちょうしょうし]
　(人)
木下竹次[きのしたたけじ](人)
木下幸文[きのしたたかふみ](人)
木戸[きど](姓)
木戸幸一[きどこういち](人)
木戸孝允[きどたかよし](人)
木花開耶姫[このはなのさくやびめ]
　(人)

目

目梨[めなし](地)
目黒[めぐろ](地)

杢

杢太郎[もくたろう](人)

牧

牧[まき](姓)
牧口[まきぐち](姓)
牧口常三郎[まきぐちつねさぶろう]
　(人)
牧水[ぼくすい](人)
牧野[まきの](姓)
牧野富太郎[まきのとみたろう](人)
牧野省三[まきのしょうぞう](人)
牧野信一[まきのしんいち](人)
牧野信顕[まきのしんけん](人)
牧野栄一[まきのえいいち](人)
牧ノ原[まきのはら](地)
牧逸馬[まきいつま](人)
牧之原[まきのはら](地)

睦

睦沢[むつざわ](地)

夢

夢の島[ゆめのしま](地)
夢の市郎兵衛[ゆめのいちろべ](人)
夢野久作[ゆめのきゅうさく](人)
夢二[ゆめじ](人)
夢前[ゆめさき](地)
夢窓国師[むそうこくし](人)
夢窓疎石[むそうそせき](人)

妙

妙見山[みょうけんさん](地)
妙高[みょうこう](地)
妙高山①[みょうこうさん](地)
妙高山②[みょうこうぜん](地)
妙音天[みょうおんてん](人)
妙義山[みょうぎさん](地)
妙荘厳[みょうしょうごん](人)
妙ノ浦[たえのうら](地)

苗

苗場山[なえばさん](地)

畝

畝傍[うねび](地)
畝傍山[うねびやま](地)

武

武甲山[ぶこうざん](地)
武庫泊[むこのとまり](地)
武庫川[むこがわ](地)
武内宿禰[たけうちのすくね　たけ
　のうちのすくね](人)
武島[たけしま](姓)
武島羽衣[たけしまはごろも](人)
武藤[むとう](姓)
武藤三治[むとうさんじ](人)
武藤章[むとうあきら](人)
武藤清[むとうきよし](人)
武烈天皇[ぶれつてんのう](人)
武府[ぶふ](地)
武生[たけふ](地)
武市[たけち](姓)
武市瑞山[たけちずいざん](人)
武信[たけのぶ](地)
武信由太郎[たけのぶよしたろう](人)
武野[たけの](姓)
武雄[たけお](地)
武元[たけもと](姓)
武元登等庵[たけもととうとうあん]
　(人)
武者小路[むしゃのこうじ](姓)
武者小路実篤[むしゃのこうじさねあ
　つ](人)
武蔵[むさし](地)
武蔵丘陵[むさしきゅうりょう](地)
武蔵坊弁慶[むさしぼうべんけい](人)
武蔵野[むさしの](地)
武蔵村山[むさしむらやま](地)
武田[たけだ](姓)

武
茂
無
舞
蕪
撫
霧
墨
黙
文
門
紋
物
未
米
尾
弥
美

武

武田耕雲斎[たけだこううんさい](人)
武田久吉[たけだひさよし](人)
武田麟太郎[たけだりんたろう](人)
武田勝頼[たけだかつより](人)
武田信玄[たけだしんげん](人)
武田五一[たけだごいち](人)
武田泰淳[たけだたいじゅん](人)
武井[たけい](姓)
武井武雄[たけいたけお](人)
武豊[たけとよ](地)

茂

茂吉[もきち](人)
茂木[もてぎ](地)
茂山[しげやま](姓)
茂山弥五郎[しげやまやごろう](人)
茂原[もばら](地)

無

無関普門[むかんふもん](人)
無対光仏[むたいこうぶつ](人)
無辺光仏[むへんこうぶつ](人)
無碍光仏[むげこうぶつ](人)
無腸[むちょう](人)
無著道忠[むじゃくどうちゅう](人)
無住[むじゅう](人)
無着成恭[むちゃくせいきょう](人)
無称光仏[むしょうこうぶつ](人)
無学祖元[むがくそげん](人)

舞

舞子ノ浜[まいこのはま](地)
舞阪[まいさか](地)
舞鶴[まいづる](地)

蕪

蕪村[ぶそん](人)

撫

撫養[むや](地)

霧

霧降高原[きりふりこうげん](地)
霧島[きりしま](地)
霧島山[きりしまやま](地)
霧島屋久[きりしまやく](地)
霧島温泉[きりしまおんせん](地)
霧ヶ峰[きりがみね](地)
霧隠才蔵[きりがくれさいぞう](人)
霧積温泉[きりづみおんせん](地)

墨

墨江[すみのえ](地)
墨浜[ぼくひん](地)
墨田[すみだ](地)

黙

黙阿弥[もくあみ](人)
黙庵[もくあん](人)

文

文家[ぶんや](姓)
文家綿麻呂[ぶんやのわたまろ](人)
文京[ぶんきょう](地)
文耕堂[ぶんこうどう](人)
文徳天皇[もんとくてんのう](人)
文武天皇[もんむてんのう](人)
文弥[ぶんや](人)
文屋[ぶんや](姓)
文屋康秀[ぶんやのやすひで](人)
文屋朝康[ぶんやのあさやす](人)
文之玄昌[ぶんしげんしょう](人)

門

門司[もじ](地)
門司の関[もじのせき](地)
門真[かども](地)
門川[かどがわ](地)
門脇宰相[かどわきさいしょう](人)

紋

紋別[もんべつ](地)

物

物部[もののべ](姓)
物部守屋[もののべのもりや](人)
物部麁鹿火[もののべのあらかび](人)
物集[もずめ](人)
物集高見[もずめたかみ](人)

未

未得[みとく](人)

米

米原[まいばら](地)
米子[よなご](地)
米沢[よねざわ](地)

尾

尾高[おだか](姓)
尾高邦雄[おだかくにお](人)
尾高尚忠[おだかひさただ](人)
尾高朝雄[おだかともお](人)
尾崎[おざき](姓)
尾崎放哉[おざきほうさい](人)
尾崎士郎[おざきしろう](人)
尾崎秀実[おざきほつみ](人)
尾崎雅嘉[おざきまさよし](人)
尾崎一雄[おざきかずお](人)
尾崎行雄[おざきゆきお](人)
尾崎紅葉[おざきこうよう](人)
尾崎喜八[おざききはち](人)
尾道[おのみち](地)
尾藤[びとう](姓)
尾藤二洲[びとうじしゅう](人)
尾瀬[おぜ](地)
尾瀬沼[おぜぬま](地)
尾駮[おぶち](地)
尾上[おのえ](地/姓)
尾上菊五郎[おのえきくごろう](人)
尾上梅幸[おのえばいこう](人)
尾上松緑[おのえしょうろく](人)
尾上松助[おのえまつすけ](人)
尾上松之助[おのえまつのすけ](人)
尾上柴舟[おのえさいしゅう](人)
尾西[びさい](地)
尾張[おわり](地)
尾張浜主[おわりのはまぬし](人)
尾張旭[おわりあさひ](地)
尾佐竹[おさたけ](姓)
尾佐竹猛[おさたけたけき](人)
尾州[びしゅう](地)
尾鷲[おわせ](地)
尾形[おがた](姓)
尾形乾山[おがたけんざん](人)
尾形光琳[おがたこうりん](人)
尾花沢[おばなざわ](地)

弥

弥冨[やとみ](地)
弥山[みせん](地)
弥生[やよい](地)
弥彦[やひこ](地)
弥彦山[やひこやま](地)
弥次郎兵衛[やじろべえ](人)

美

美空[みそらひばり](人)
美祢[みね](地)
美濃[みの](地)

美濃加茂[みのかも](地)
美濃部[みのべ](姓)
美濃部達吉[みのべたつきち](人)
美濃部亮吉[みのべりょうきち](人)
美豆[みず](地)
美里[みさと](地)
美馬[みま](地)
美妙[びみょう](人)
美方[みかた](地)
美保関[みほのせき](地)
美保の関[みおのせき](地)
美福門院[びふくもんいん](人)
美浜[みはま](地)
美山[みやま](地)
美咲[みさき](地)
美深[びふか](地)
美野里[みのり](地)
美瑛[びえい](地)
美原[みはら](地)
美ヶ原[うつくしがはら](地)
美作[みまさか](地)
美波[みなみ](地)
美唄[びばい](地)
美浦[みほ](地)
美郷[みさと](地)
美和[みわ](地)
美幌[びほろ](地)

迷

迷盧[めいろ](地)

眉

眉山[びざん](地)

梶

梶[かじ](姓)
梶常吉[かじつねきち](人)
梶原[かじわら](姓)
梶原景季[かじわらかげすえ](人)
梶原景時[かじわらかげとき](人)
梶原直景[かじわらなおかげ](人)
梶田[かじた](姓)
梶田半古[かじたはんこ](人)
梶井[かじい](地)
梶井基次郎[かじいもとじろう](人)
梶川[かじかわ](姓)
梶川久次郎[かじかわきゅうじろう]
　(人)

敏

敏達天皇[びだつてんのう](人)

泊

泊[とまり](地)

迫

迫[はさま](地)

狛

狛[こま](姓)
狛江[こまえ](地)
狛近真[こまちかざね](人)

粕

粕屋[かすや](地)

博

博多[はかた](地)
博多湾[はかたわん](地)
博多津[はかたのつ](地)
博雅三位[はくがのさんみ](人)

薄

薄野[すすきの](地)
薄雲の女院[うすぐものにょういん]
　(人)
薄田[すすきだ](姓)
薄田研二[すすきだけんじ](人)
薄田泣菫[すすきだきゅうきん](人)
薄田隼人[すすきだはやと](人)

反

反正天皇[はんぜいてんのう](人)

半

半田[はんだ](地)
半井[なからい](姓)
半井桃水[なからいとうすい](人)
半井卜養[なからいぼくよう](人)

伴

伴①[とも](姓)
伴②[ばん](姓)
伴林[ともばやし](姓)
伴林光平[ともばやしみつひら](人)
伴善男[とものよしお](人)
伴信友[ばんのぶとも](人)
伴蒿蹊[ばんこうけい](人)

班

班女[はんじょ](人)

畔

畔田[くろだ](姓)
畔田翠山[くろだすいざん](人)

飯

飯岡[いいおか](地/姓)
飯岡助五郎[いいおかすけごろう](人)
飯綱[いいづな](地)
飯綱山[いいづなやま](地)
飯舘[いいたて](地)
飯南[いいなん](地)
飯能[はんのう](地)
飯島[いいじま](地/姓)
飯島魁[いいじまいさお](人)
飯尾[いいお](姓)
飯尾宗祇[いいおそうぎ](人)
飯山①[いいやま](地)
飯山②[はんざん](地)
飯石[いいし](地)
飯沼[いいぬま](地)
飯沼慾斎[いいぬまよくさい](人)
飯盛山[いいもりやま](地)
飯豊山[いいのやま](地)
飯田[いいだ](地/姓)
飯田武郷[いいだたけさと](人)
飯田蛇笏[いいだだこつ](人)
飯田忠彦[いいだただひこ](人)
飯塚[いいづか](地/姓)
飯塚浩二[いいづかこうじ](人)
飯坂温泉[いいざかおんせん](地)
飯豊[いいで](地)
飯豊山[いいでさん](地)
飯豊青皇女[いいとよあおのひめみこ]
　(人)

斑

斑鳩[いかるが](地)

磐

磐代[いわしろ](地)
磐司磐三郎[ばんじばんざぶろう](人)
磐城[いわき](地)
磐手の森[いわでのもり](地)
磐余[いわれ](地)
磐余の池[いわれのいけ](地)
磐田[いわた](地)
磐梯[ばんだい](地)
磐梯山[ばんだいさん](地)
磐梯熱海温泉[ばんだいあたみおんせん](地)
磐梯朝日[ばんだいあさひ](地)

磐姫皇后[いわのひめのおおきさき] (人)

磐州[ばんしゅう] (地)

磐
髪
坊
芳
防
房
放
白
百
伯
柏
番
幡
繁
凡
帆
梵
法
碧
躄

髪

髪結新三[かみゆいしんざ] (人)

坊

坊ガツル[ぼうがつる] (地)
坊津[ぼうのつ] (地)

芳

芳村[よしむら] (姓)
芳村伊十郎[よしむらいじゅうろう] (人)
芳沢[よしざわ] (姓)
芳賀[はが] (地/姓)
芳賀矢一[はがやいち] (人)

防

防府[ほうふ] (地)
防長[ぼうちょう] (地)
防州[ぼうしゅう] (地)

房

房州[ぼうしゅう] (地)
房総[ぼうそう] (地)
房総半島[ぼうそうはんとう] (地)

放

放生津[ほうじょうづ] (地)
放庵[ほうあん] (人)
放哉[ほうさい] (人)

白

白岡[しらおか] (地)
白糠[しらぬか] (地)
白骨温泉[しらほねおんせん] (地)
白根①[しらね] (地)
白根②[しらね] (地)
白根山[しらねさん] (地)
白老[しらおい] (地)
白瀬[しらせ] (姓)
白瀬矗[しらせのぶ] (人)
白柳[しらやなぎ] (姓)
白柳秀湖[しらやなぎしゅうこ] (人)
白馬[はくば] (地)
白馬岳[しろうまだけ] (地)

白保珊瑚礁[しらほさんごしょう] (地)
白峰如来[しらみねさん] (地)
白浜[しらはま] (地)
白糸の滝[しらいとのたき] (地)
白山①[しらやま] (地/姓)
白山②[はくさん] (地)
白山松哉[しらやましょうさい] (人)
白石①[しろいし] (地)
白石②[しらいし] (姓)
白石正一郎[しらいししょういちろう] (人)
白神山地[しらかみさんち] (地)
白雄[しらお] (人)
白鷹[しらたか] (地)
白子[しらこ] (地)
白井①[しらい] (地)
白井②[しろい] (地)
白井光太郎[しらいみつたろう] (人)
白井喬二[しらいきょうじ] (人)
白井権八[しらいごんぱち] (人)
白井松次郎[しらいまつじろう] (人)
白井晟一[しらいせいいち] (人)
白鳥①[しらとり] (姓)
白鳥②[しろとり] (地)
白鳥庫吉[しらとりくらきち] (人)
白鳥省吾[しろとりせいご] (人)
白川[しらかわ] (地)
白川郷[しらかわごう] (地)
白秋[はくしゅう] (地)
白布温泉[しらぶおんせん] (地)
白河[しらかわ] (地)
白河楽翁[しらかわらくおう] (人)
白河義則[しらかわよしのり] (人)
白河天皇[しらかわてんのう] (人)

百

百閒[ひゃっけん] (人)
百丈懐海[ひゃくじょうえかい] (人)
百田[ももた] (姓)
百田宗治[ももたそうじ] (人)
百済川[くだらがわ] (地)
百済河成[くだらのかわなり] (人)

伯

伯耆[ほうき] (地)
伯耆富士[ほうきふじ] (地)
伯備[はくび] (地)
伯州[はくしゅう] (地)

柏

柏[かしわ] (地)
柏崎[かしわざき] (地)

柏木[かしわぎ] (姓/人)
柏木如亭[かしわぎじょてい] (人)
柏木義円[かしわぎぎえん] (人)
柏原①[かしわら] (地)
柏原②[かしわばら] (地)

번

番

番場[ばんば] (地)

幡

幡多[はた] (地)
幡豆[はず] (地)
幡随意[ばんずいい] (人)
幡随院長兵衛[ばんずいいんちょうべえ] (人)

繁

繁慶[しげよし・はんけい] (人)

범

凡

凡兆[ぼんちょう] (人)
凡河内[おおしこうち] (姓)
凡河内躬恒[おおしこうちのみつね] (人)

帆

帆足[ほあし] (姓)
帆足万里[ほあしばんり] (人)

梵

梵灯庵[ぼんとうあん] (人)
梵舜[ぼんしゅん] (人)
梵天[ぼんてん] (人)

법

法

法螺男爵[ほらだんしゃく] (人)
法然[ほうねん] (人)
法蔵[ほうぞう] (人)
法蔵比丘[ほうぞうびく] (人)

벽

碧

碧南[へきなん] (地)
碧梧桐[へきごとう] (人)

躄

躄勝五郎[いざりかつごろう] (人)

弁

弁慶[べんけい](人)
弁内侍[べんのないし](人)
弁阿[べんあ](人)
弁円[べんえん](人)
弁長[べんちょう](人)
弁天島[べんてんじま](地)
弁天小僧[べんてんこぞう](人)

別

別木庄左衛門[べつきしょうざえもん](人)
別府[べっぷ](地·姓)
別府湾[べっぷわん](地)
別府晋介[べっぷしんすけ](人)
別所[べっしょ](地·姓)
別所温泉[べっしょおんせん](地)
別所長治[べっしょながはる](人)
別海[べっかい](地)

兵

兵庫[ひょうご](地)

並

並木[なみき](姓)
並木五瓶[なみきごへい](人)
並木正三[なみきしょうぞう](人)
並木宗輔[なみきそうすけ](人)
並河[なみかわ](姓)
並河靖之[なみかわやすゆき](人)
並河天民[なみかわてんみん](人)

柄

柄井[からい](姓)
柄井川柳[からいせんりゅう](人)

瓶

瓶原[みかのはら](地)

甫

甫庵[ほあん](人)

宝

宝達志水[ほうだつしみず](地)
宝島[たからじま](地)
宝生九郎[ほうしょうくろう](人)
宝生新[ほうしょうあらた](人)

宝永山[ほうえいざん](地)
宝井[たからい](姓)
宝井其角[たからいきかく](人)
宝井馬琴[たからいばきん](人)
宝ヶ池[たからがいけ](地)
宝塚[たからづか](地)

保

保谷[ほうや](地)
保科[ほしな](姓)
保科正之[ほしなまさゆき](人)
保科孝一[ほしなこういち](人)
保原[ほばら](地)
保田[やすだ](姓)
保田与重郎[やすだじゅうろう](人)
保井[やすい](姓)
保定[ほてい](地)
保津川[ほづがわ](地)
保土ヶ谷[ほどがや](地)

普

普代[ふだい](地)
普済国師[ふさいこくし](人)
普陀山[ふださん](地)
普陀落[ふだらく](地)
普賢[ふげん](人)
普賢大士[ふげんだいし](人)

補

補陀大士[ふだだいし](人)
補陀落[ふだらく](地)

卜

卜部[うらべ](姓)
卜部兼倶[うらべかねとも](人)
卜部兼好[うらべかねよし](人)
卜部季武[うらべすえたけ](人)
卜部神道[うらべしんとう](人)
卜部懐賢[うらべかねかた](人)

伏

伏見[ふしみ](地)
伏見街道[ふしみかいどう](地)
伏見天皇[ふしみてんのう](人)
伏木[ふしき](地)
伏屋[ふせや](姓)
伏屋素狄[ふせやそてき](人)

服

服部[はっとり](姓)
服部南郭[はっとりなんかく](人)

服部嵐雪[はっとりらんせつ](人)
服部良一[はっとりりょういち](人)
服部白賁[はっとりはくなど](人)
服部四郎[はっとりしろう](人)
服部宇之吉[はっとりうのきち](人)
服部之総[はっとりしそう](人)
服部土芳[はっとりとほう](人)

福

福間[ふくま](地)
福江[ふくえ](地)
福岡[ふくおか](地·姓)
福岡孝弟[ふくおかたかちか](人)
福光[ふくみつ](地)
福崎[ふくさき](地)
福内鬼外[ふくうちきがい](人)
福島[ふくしま](地·姓)
福島安正[ふくしまやすまさ](人)
福島正則[ふくしままさのり](人)
福禄[ふくろく](人)
福禄寿[ふくろくじゅ](人)
福禄人[ふくろくじん](人)
福武[ふくたけ](姓)
福武赳夫[ふくたけたけお](人)
福武直[ふくたけただし](人)
福本[ふくもと](姓)
福本日南[ふくもとにちなん](人)
福本和夫[ふくもとかずお](人)
福士幸次郎[ふくしこうじろう](人)
福山[ふくやま](地)
福生[ふっさ](地)
福野[ふくの](地)
福永[ふくなが](姓)
福永武彦[ふくながたけひこ](人)
福羽[ふくば](姓)
福羽美静[ふくばよし ‐ず](人)
福原[ふくはら](地·姓)
福原麟太郎[ふくはらりんたろう](人)
福原信三[ふくはらしんぞう](人)
福原越後[ふくはらえちご](人)
福田①[ふくだ](姓)
福田②[ふくで](地)
福田徳三[ふくだとくぞう](人)
福田英子[ふくだひでこ](人)
福田平八郎[ふくだへいはちろう](人)
福田恒存[ふくだつねあり](人)
福田行誡[ふくだぎょうかい](人)
福井[ふくい](地·姓)
福井久蔵[ふくいきゅうぞう](人)
福地[ふくち](姓)
福地桜痴[ふくちおうち](人)
福知山[ふくちやま](地)

福智[ふくち](地)
福津[ふくつ](地)
福沢[ふくざわ](地)
福沢桃介[ふくざわももすけ](人)
福沢諭吉[ふくざわゆきち](人)

福本峰逢蜂蓬鳳不父扶府浮釜副富

본

本
本間[ほんま](姓)
本間四郎三郎[ほんましろうさぶろう](人)
本間尚生[ほんまひさお](人)
本居[もとおり](姓)
本居内遠[もとおりうちとお](人)
本居大平[もとおりおおひら](人)
本居宣長[もとおりのりなが](人)
本居長世[もとおりながよ](人)
本居春庭[もとおりはるにわ](人)
本居豊穎[もとおりとよかい](人)
本宮[もとみや](地)
本吉[もとよし](地)
本多光太郎[ほんだこうたろう](人)
本多利明[ほんだとしあき](人)
本多正純[ほんだまさずみ](人)
本多正信[ほんだまさのぶ](人)
本多静六[ほんだせいろく](人)
本多宗一郎[ほんだそういちろう](人)
本多重次[ほんだしげつぐ](人)
本多忠勝[ほんだただかつ](人)
本多弘吉[ほんだひろきち](人)
本渡[ほんど](地)
本命[ほんめい](人)
本木[もとき](姓)
本木良永[もときよしなが](人)
本木庄左衛門[もときしょうざえもん](人)
本木昌造[もときしょうぞう](人)
本別[ほんべつ](地)
本部[もとぶ](地)
本山[もとやま](姓)
本山彦一[もとやまひこいち](人)
本栖湖[もとすこ](地)
本所[ほんじょ](地)
本巣[もとす](地)
本阿弥光悦[ほんあみこうえつ](人)
本庄[ほんじょう](地/姓)
本庄繁[ほんじょうしげる](人)
本荘[ほんじょう](地)
本州[ほんしゅう](地)
本郷[ほんごう](地/姓)
本郷新[ほんごうしん](人)

봉

峰
峰崎[みねざき](姓)
峰崎勾当[みねざきこうとう](人)

逢
逢坂[おうさか](地)
逢坂山[おうさかやま](地)
逢坂越[おうさかごえ](地)

蜂
蜂谷[はちや](姓)
蜂谷宗先[はちやそうせん](人)
蜂須賀[はちすか](姓)
蜂須賀家政[はちすかいえまさ](人)
蜂須賀小六[はちすかころく](人)
蜂須賀正勝[はちすかまさかつ](人)

蓬
蓬が島[よもぎがしま](地)
蓬莱山[ほうらいさん](地)
蓬田[よもぎた](地)
蓬壺[ほうこ](地)

鳳
鳳[ほう](姓)
鳳来[ほうらい](地)
鳳秀太郎[ほうひでたろう](人)
鳳珠[ほうす](地)
鳳凰三山[ほうおうさんざん](人)

부

不
不角[ふかく](人)
不昧[ふまい](人)
不死男[ふじお](人)
不識庵[ふしきあん](人)
不二[ふじ](地)
不忍池[しのばずのいけ](地)
不知哉川[いさやがわ](地)
不知火海[しらぬいかい](地)
不破[ふわ](地)

父
父島[ちちじま](地)

扶
扶桑[ふそう](地)

府
府内[ふない](地)

府中[ふちゅう](地)

浮
浮図[ふと](人)
浮島[うきしま](地)
浮島ヶ原[うきしまがはら](地)
浮屠[ふと](人)
浮羽[うきは](地)
浮田[うきた](姓)
浮田の森[うきたのもり](地)
浮田一蕙[うきたいっけい](人)
浮田和民[うきたかずみ](人)
浮舟[うきふね](人)

釜
釜ヶ崎[かまがさき](地)
釜無川[かまなしがわ](地)
釜石[かまいし](地)

副
副島[そえじま](姓)
副島種臣[そえじまたねおみ](人)

富
富加[とみか](地)
富岡[とみおか](地/姓)
富岡鉄斎[とみおかてっさい](人)
富樫[とがし](姓)
富樫広蔭[とがしひろかげ](人)
富樫政親[とがしまさちか](人)
富谷[とみや](地)
富崎[とみざき](姓)
富崎春昇[とみざきしゅんしょう](人)
富良野[ふらの](地)
富楼那[ふるな](人)
富里[とみさと](地)
富本[とみもと](姓)
富本豊前掾[とみもとぶぜんのじょう](人)
富本憲吉[とみもとけんきち](人)
富士[ふじ](地/地)
富士見[ふじみ](地)
富士谷[ふじたに](地)
富士谷成章[ふじたになりあきら](人)
富士谷御杖[ふじたにみつえ](人)
富士宮[ふじのみや](地)
富士吉田[ふじよしだ](地)
富士山[ふじさん](地)
富士箱根伊豆[ふじはこねいず](地)
富士五湖[ふじごこ](地)
富士正晴[ふじまさはる](人)
富士川[ふじかわ](地/姓)

富士川游[ふじかわゆう](人)
富士河口湖[ふじかわぐちこ](地)
富山[とやま](地)
富山湾[とやまわん](地)
富岳[ふがく](地)
富嶽[ふがく](地)
富安[とみやす](姓)
富安風生[とみやすふうせい](人)
富永[とみなが](姓)
富永仲基[とみながなかもと](人)
富雄川[とみおがわ](地)
富田[とみた](姓)
富田渓仙[とみたけいせん](人)
富田林[とんだばやし](地)
富井[とみい](姓)
富井政章[とみいまさあき](人)
富津[ふっつ](地)
富浦[とみうら](地)

敷

敷島[しきしま](地)
敷田[しきだ](姓)
敷田年治[しきだとしはる](人)
敷津の浦[しきつのうら](地)

북

北

北[きた](地/姓)
北葛城[きたかつらぎ](地)
北葛飾[きたかつしか](地)
北見[きたみ](地)
北谷[ちゃたん](地)
北広島[きたひろしま](地)
北九州[きたきゅうしゅう](地)
北群馬[きたぐんま](地)
北大東[きただいとう](地)
北大路[きたおおじ](地)
北大路魯山人[きたおおじろさんじん](人)
北島[きたじま](地/姓)
北島見信[きたじまけんしん](人)
北島雪山[きたじませつざん](人)
北都[ほくと](地)
北都留[きたつる](地)
北斗真君[ほくとしんくん](人)
北斗[ほくと](地)
北杜[ほくと](地)
北嶺[きれい](地)
北竜[ほくりゅう](地)
北陸[ほくりく](地)
北陸街道[ほくりくかいどう](地)
北陸道[ほくりくどう·ほくろくどう](地)

北陸の道[くぬがのみち](人)
北陸地方[ほくりくちほう](地)
北里[きたさと](姓)
北里柴三郎[きたさとしばさぶろう](人)
北林禅尼[ほくりんぜんに](人)
北名古屋[きたなごや](地)
北牟婁[きたむろ](地)
北尾[きたお](姓)
北尾政演[きたおまさのぶ](人)
北尾重政[きたおしげまさ](人)
北方[きたがた](地)
北本[きたもと](地)
北浜[きたはま](地)
北山[きたやま](地)
北山殿[きたやまどの](人)
北上[きたかみ](地)
北上高地[きたかみこうち](地)
北上盆地[きたかみぼんち](地)
北上山地[きたかみさんち](地)
北上川[きたかみがわ](地)
北相馬[きたそうま](地)
北相木[きたあいき](地)
北設楽[きたしたら](地)
北松浦[きたまつうら](地)
北岳[きただけ](地)
北野[きたの](地)
北塩原[きたしおばら](地)
北栄[きたえい](地)
北宇和[きたうわ](地)
北原[きたはら](地)
北原怜子[きたはらさとこ](人)
北原白秋[きたはらはくしゅう](人)
北園[きたぞの](地)
北園克衛[きたぞのかつえ](人)
北越[ほくえつ](地)
北一輝[きたいっき](人)
北茨城[きたいばらき](地)
北庄/北の庄[きたのしょう](地)
北畠[きたばたけ](地)
北畠具教[きたばたけとものり](人)
北畠満雅[きたばたけみつまさ](人)
北畠准后[きたばたけじゅごう](人)
北畠親房[きたばたけちかふさ](人)
北畠顕家[きたばたけあきいえ](人)
北畠顕能[きたばたけあきよし](人)
北畠顕信[きたばたけあきのぶ](人)
北の政所[きたのまんどころ](人)
北諸県[きたもろかた](地)
北条[ほうじょう](地/姓)
北条高時[ほうじょうたかとき](人)
北条民雄[ほうじょうたみお](人)

北条団水[ほうじょうだんすい](人)
北条時頼[ほうじょうときより](人)
北条時房[ほうじょうときふさ](人)
北条時政[ほうじょうときまさ](人)
北条時宗[ほうじょうときむね](人)
北条時行[ほうじょうときゆき](人)
北条実時[ほうじょうさねとき](人)
北条氏康[ほうじょううじやす](人)
北条氏綱[ほうじょううじつな](人)
北条氏長[ほうじょううじなが](人)
北条氏政[ほうじょううじまさ](人)
北条氏直[ほうじょううじなお](人)
北条義時[ほうじょうよしとき](人)
北条政子[ほうじょうまさこ](人)
北条政村[ほうじょうまさむら](人)
北条早雲[ほうじょうそううん](人)
北条重時[ほうじょうしげとき](人)
北条泰時[ほうじょうやすとき](人)
北条霞亭[ほうじょうかてい](人)
北足立[きたあだち](地)
北佐久[きたさく](地)
北中城[きたなかぐすく](地)
北枝[ほくし](人)
北津軽[きたつがる](地)
北川[きたがわ](地)
北川冬彦[きたがわふゆひこ](人)
北村[きたむら](地)
北村木吟[きたむらきぎん](人)
北村山[きたむらやま](地)
北村透谷[きたむらとうこく](人)
北総[ほくそう](地)
北秋田[きたあきた](地)
北八[きたはち](人)
北浦[きたうら](地)
北蒲原[きたかんばら](地)
北蝦夷[きたえぞ](地)
北海[ほっかい](地)
北海道[ほっかいどう](地)
北向道陳[きたむきどうちん](人)
北脇[きたわき](地)
北脇登[きたわきのぼる](人)

분

分

分倍河原[ぶばいがわら](地)
分水[ぶんすい](地)

粉

粉河[こかわ](地)

噴

噴火湾[ふんかわん](地)

富
敷
北
分
粉
噴

左側縦列: 仏 朋 棚 比 肥 卑 飛 斐 備 琵 鵯 浜 氷 士 四

불

仏
仏図[ふと](人)
仏御前[ほとけごぜん](人)
仏印[ふついん](地)
仏陀[ぶつだ](人)
仏ヶ浦[ほとけがうら](地)

붕

朋
朋誠堂喜三二[ほうせいどうきさんじ](人)

棚
棚倉[たなぐら](地)

비

比
比企[ひき](地/姓)
比企能員[ひきよしかず](人)
比内[ひない](地)
比島[ひとう](地)
比羅夫温泉[ひらふおんせん](地)
比良山[ひらさん](地)
比叡山[ひえいざん](地)
比田井[ひだい](姓)
比田井天来[ひだいてんらい](人)
比婆後帝釈国定公園[ひばごていしゃくこくていこうえん](地)
比布[ぴっぷ](地)

肥
肥国[ひのくに](地)
肥前[ひぜん](地)
肥筑[ひちく](地)
肥後[ひご](地/人)

卑
卑弥呼[ひみこ](人)

飛
飛島[とびしま](地)
飛来[ひらい](姓)
飛来一閑[ひらいいっかん](人)
飛田[とびた](姓)
飛田穂洲[とびたすいしゅう](人)
飛鳥[あすか](地)
飛鳥部[あすかべ](姓)
飛鳥部常則[あすかべつねのり](人)
飛鳥山[あすかやま](地)
飛鳥井[あすかい](姓)

飛鳥井雅康[あすかいまさやす](人)
飛鳥井雅経[あすかいまさつね](人)
飛鳥井雅世[あすかいまさよ](人)
飛鳥井雅有[あすかいまさあり](人)
飛鳥井雅親[あすかいまさちか](人)
飛鳥川[あすかがわ](地)
飛州[ひしゅう](地)
飛騨[ひだ](地)
飛騨高地[ひだこうち](地)
飛騨工[ひだのたくみ](人)
飛騨巧[ひだのたくみ](人)
飛騨木曾川[ひだきそがわ](地)
飛騨山脈[ひださんみゃく](地)
飛騨川[ひだがわ](地)
飛火野[とぶひの](地)

斐
斐伊川[ひいかわ](地)
斐川[ひかわ](地)

備
備前[びぜん](地)
備州[びしゅう](地)
備中[びっちゅう](地)
備後[びんご](地)

琵
琵琶湖[びわこ](地)
琵琶湖国定公園[びわここくていこうえん](地)

鵯
鵯越[ひよどりごえ](地)

빈

浜
浜街道[はまかいどう](地)
浜岡[はまおか](地)
浜口[はまぐち](姓)
浜口御陵[はまぐちごりょう](地)
浜口雄幸[はまぐちおさち](人)
浜頓別[はまどんべつ](地)
浜名の橋[はまなのはし](地)
浜名湖[はまなこ](地)
浜尾[はまお](姓)
浜尾新[はまおあらた](人)
浜辺黒人[はまべのくろひと](人)
浜北[はまきた](地)
浜寺[はまでら](地)
浜松[はままつ](地)
浜田[はまだ](地/姓)
浜田耕作[はまだこうさく](人)

浜田広介[はまだひろすけ](人)
浜田国松[はまだくにまつ](人)
浜田弥兵衛[はまだやひょうえ](人)
浜田彦蔵[はまだひこぞう](人)
浜田庄司[はまだしょうじ](人)
浜中[はまなか](地)
浜通り[はまどおり](地)

빙

氷
氷見[ひみ](地/人)
氷島[ひょうとう](地)
氷ノ山[ひょうのせん](地)
氷ノ山後山那岐山[ひょうのせんうしろやまなぎさん](地)
氷上[ひかみ](地)
氷川[ひかわ](地)

사

士
士朗[しろう](人)
士別[しべつ](地)
士幌[しほろ](地)

四
四街道[よっかいどう](地)
四谷[よつや](地)
四国[しこく](地)
四国山地[しこくさんち](地)
四国三郎[しこくさぶろう](地)
四国中央[しこくちゅうおう](地)
四国地方[しこくちほう](地)
四万十[しまんと](地)
四万十川[しまんとがわ](地)
四万温泉[しまおんせん](地)
四明[しめい](地)
四明山[しめいざん](地)
四明ヶ岳[しめいがだけ](地)
四迷[しめい](人)
四方赤良[よものあから](人)
四位少将[しいのしょうしょう](人)
四日市[よっかいち](地)
四条[しじょう](地/姓)
四条大納言[しじょうだいなごん](人)
四条隆資[しじょうたかすけ](人)
四条天皇[しじょうてんのう](人)
四条畷[しじょうなわて](地)
四条通[しじょうどおり](地)
四条河原[しじょうがわら](地)
四川[しせん](地)

司

司馬江漢[しばこうかん](人)
司馬達等[しばたつと](人)
司馬遼太郎[しばりょうたろう](人)
司馬相如[しばしょうじょ](人)
司馬仲達[しばちゅうたつ](人)

写

写楽[しゃらく](人)

寺

寺崎[てらさき](姓)
寺崎広業[てらさきこうぎょう](人)
寺内[てらうち](姓)
寺内寿一[てらうちひさいち](人)
寺内正毅[てらうちまさたけ](人)
寺島[てらしま](姓)
寺島良安[てらしまりょうあん](人)
寺島宗則[てらしまむねのり](人)
寺門[てらかど](姓)
寺門静軒[てらかどせいけん](人)
寺尾[てらお](姓)
寺尾寿[てらおひさし](人)
寺泊[てらとまり](地)
寺山[てらやま](姓)
寺山修司[てらやましゅうじ](人)
寺西[てらにし](姓)
寺西閑心[てらにしかんしん](人)
寺田[てらだ](姓)
寺田寅彦[てらだとらひこ](人)
寺坂[てらさか](姓)
寺坂吉右衛門[てらさかきちえもん](人)

糸

糸島[いとしま](地)
糸鹿山[いとかやま](地)
糸満[いとまん](地)
糸魚川[いといがわ](地)
糸田[いとだ](地)
糸賀[いとが](姓)
糸賀一雄[いとがかずお](人)

似

似雲[じうん](人)

社

社[やしろ](地/姓)

沙

沙流[さる](地)
沙弥満誓・しゃみまんせい](人)

舎

舎那[しゃな](人)
舎人親王[とねりしんのう](人)

思

思ひ川[おもいがわ](地)

砂

砂利場[じゃりば](地)
砂川[すながわ](地)

師

師練[しれん](人)
師勝[しかつ](人)

紗

紗那[しゃな](地)

斜

斜里[しゃり](地)

捨

捨女[すてじょ](人)

射

射水[いみず](地)

蛇

蛇足[じゃそく](人)
蛇笏[だこう](人)

獅

獅子国[ししこく](地)
獅子文六[ししぶんろく](人)

謝

謝花昇[しゃはなのぼる](人)

산

山

山江[やまえ](地)
山岡[やまおか](姓)
山岡元隣[やまおかげんりん](人)
山岡荘八[やまおかそうはち](人)
山岡鉄舟[やまおかてっしゅう](人)
山階[やましな](地)
山高[やまたか](姓)
山高しげり[やまたかしげり](人)
山高検校[やまたかけんぎょう](人)
山谷[さんや](地)
山谷堀[さんやぼり](地)
山科[やましな](地/姓)

山科言継[やましなときつぐ](人)
山口[やまぐち](地/姓)
山口蓬春[やまぐちほうしゅん](人)
山口誓子[やまぐちせいし](人)
山口素堂[やまぐちそどう](人)
山口青邨[やまぐちせいそん](人)
山口華楊[やまぐちかよう](人)
山口薫[やまぐちかおる](人)
山ノ国川[やまのくにがわ](地)
山極[やまぎわ](姓)
山極勝三郎[やまぎわかつさぶろう](人)
山崎①[やまさき](地)
山崎②[やまざき](地)
山崎神道[やまざきしんとう](人)
山崎闇斎[やまざきあんさい](人)
山崎朝雲[やまざきちょううん](人)
山崎宗鑑[やまざきそうかん](人)
山崎直方[やまざきなおまさ](人)
山内[やまのうち](姓)
山内なな[やまのうちなな](人)
山ノ内[やまのうち](地)
山ノ内温泉郷[やまのうちおんせんきょう](地)
山内容堂[やまのうちようどう](人)
山内一豊[やまのうちかずとよ](人)
山内清男[やまのうちすがお](人)
山内豊信[やまのうちとよしげ](人)
山代温泉[やましろおんせん](地)
山都[やまと](地)
山道[せんどう](地)
山東[さんとう](地)
山東京山[さんとうきょうざん](人)
山東京伝[さんとうきょうでん](人)
山路[やまじ](地)
山路愛山[やまじあいざん](人)
山路主住[やまじぬしずみ](人)
山鹿[やまが](地/姓)
山鹿素行[やまがそこう](人)
山鹿温泉[やまがおんせん](地)
山梨[やまなし](地/姓)
山梨稲川[やまなしとうせん](人)
山名[やまな](姓)
山名氏清[やまなうじきよ](人)
山名宗全[やまなそうぜん](人)
山名持豊[やまなもちとよ](人)
山武①[さんぶ](地)
山武②[さんむ](地)
山背大兄王[やましろのおおえのおう](人)
山辺①[やまのべ](地)
山辺②[やべ](地)
山辺の道[やまのべのみち](地)

司
写
寺
糸
似
社
沙
舎
思
砂
師
紗
斜
捨
射
蛇
獅
謝
山

三笠[みかさ](地)
三笠山[みかさやま](地)
三木[みき](地)
三木露風[みきろふう](人)
三木武吉[みきぶきち](人)
三木武夫[みきたけお](人)
三木竹二[みきたけじ](人)
三尾の松原[みおのまつばら](地)
三方[みかた](地)
三方上中[みかたかみなか](地)
三方五湖[みかたごこ](地)
三方ヶ原[みかたがはら](地)
三芳[みよし](地)
三瓶[さんぺい](姓)
三瓶考子[さんぺいこうこ](人)
三瓶山[さんべさん](地)
三保ノ松原[みほのまつばら](地)
三保の浦[みほのうら](地)
三本木原[さんぼんぎはら](地)
三峰三[みつみねさん](地)
三冨[みとみ](地)
三冨朽葉[みとみくちは](人)
三上[みかみ](地)
三上山[みかみやま](地)
三上義夫[みかみよしお](人)
三上参次[みかみさんじ](人)
三上苑吉[みかみおときち](人)
三船山[みふねやま](地)
三善[みよし](地)
三善康信[みよしやすのぶ](人)
三善清行[みよしきよゆき](人)
三世覚母[さんぜかくも](人)
三神山[さんしんざん](地)
三室山[みむろやま](地)
三十六峰[さんじゅうろっぽう](地)
三岸[みぎし](地)
三岸好太郎[みぎしこうたろう](人)
三野[さんや](地)
三養基[みやき](地)
三原[みはら](地)
三原山[みはらやま](地)
三越[さんえつ](地)
三遊亭[さんゆうてい](姓)
三遊亭円生[さんゆうていえんしょう]
　(人)
三遊亭円朝[さんゆうていえんちょう]
　(人)
三鷹[みたか](地)
三ヶ日[みっかび](地)
三藏法師[さんぞうほうし](人)
三斎[さんさい](人)
三潴[みずま](地)

三田①[さんだ](地)
三田②[みた](地)
三田村[みたむら](地)
三田村鳶魚[みたむらえんぎょ](人)
三井①[みい](地)
三井②[みつい](姓)
三井高利[みついたかとし](人)
三井高平[みついたかひら](人)
三井親和[みついしんな](人)
三条[さんじょう](地/姓)
三条西[さんじょうにし](姓)
三条西公条[さんじょうにしきんえだ]
　(人)
三条西実隆[さんじょうにしさねたか]
　(人)
三条小鍛冶[さんじょうこかじ](人)
三条実万[さんじょうさねつむ](人)
三条実美[さんじょうさねとみ](人)
三条亭可楽[さんじょうていからく](人)
三条天皇[さんじょうてんのう](人)
三条通り[さんじょうどおり](地)
三条河原[さんじょうがわら](地)
三朝[みささ](地)
三朝温泉[みささおんせん](地)
三種子[みたね](地)
三州[さんしゅう](地)
三重[みえ](地)
三池[みいけ](地)
三枝[さいぐさ](姓)
三枝博音[さいぐさひろと](人)
三趾啄木鳥[みゆびげら](人)
三津五郎[みつごろう](人)
三次[みよし](地)
三千風[みちかぜ](人)
三川[さんかわ](地)
三清[みきよし](人)
三春[みはる](地)
三宅[みやけ](地/姓)
三宅観瀾[みやけかんらん](人)
三宅島[みやけじま](地)
三宅藤九郎[みやけとうくろう](人)
三宅米吉[みやけよねきち](人)
三宅尚斎[みやけしょうさい](人)
三宅雪嶺[みやけせつれい](人)
三宅嘯山[みやけしょうざん](人)
三宅周太郎[みやけしゅうたろう](人)
三宅泰雄[みやけやすお](人)
三宅花圃[みやけかほ](人)
三沢[みさわ](地/姓)
三沢勝衛[みさわかつえ](人)
三波川[さんばがわ](地)
三浦[みうら](地/姓)

三浦乾也[みうらけんや](人)
三浦謹之助[みうらきんのすけ](人)
三浦梅園[みうらばいえん](人)
三浦半島[みうらはんとう](地)
三浦按針[みうらあんじん](人)
三浦梧楼[みうらごろう](人)
三浦義明[みうらよしあき](人)
三浦義澄[みうらよしずみ](人)
三浦義村[みうらよしむら](人)
三浦樗良[みうらちょら](人)
三浦周行[みうらひろゆき](人)
三浦泰村[みうらやすむら](人)
三浦環[みうらたまき](人)
三豊[みとよ](地)
三河[みかわ](地)
三河湾[みかわわん](地)
三郷①[みさと](地)
三郷②[さんごう](地)
三峡[さんきょう](地)
三戸[さんのへ](地)
三戸町[さんのへまち](地)
三好[みよし](地/姓)
三好達治[みよしたつじ](人)
三好三人衆[みよしさんにんしゅう](人)
三好十郎[みよしじゅうろう](人)
三好長慶[みよしながよし](人)
三好政清海入道[みよしせいかい
　にゅうどう](人)
三好学[みよしまなぶ](人)
三和[さんわ](地)

杉

杉木[すぎき](姓)
杉木望一[すぎきもいち](人)
杉並[すぎなみ](地)
杉本[すぎもと](姓)
杉本良吉[すぎもとりょうきち](人)
杉本栄一[すぎもとえいいち](人)
杉山[すぎやま](姓)
杉山寧[すぎやまやすし](人)
杉山丹後掾[すぎやまたんごのじょう]
　(人)
杉山杉風[すぎやまさんぷう](人)
杉山元次郎[すぎやまもとじろう](人)
杉山和一[すぎやまわいち](人)
杉野[すぎの](地)
杉野芳子[すぎのよしこ](人)
杉田[すぎた](地)
杉田成卿[すぎたせいけい](人)
杉田玄白[すぎたげんぱく](人)
杉村[すぎむら](地)
杉村楚人冠[すぎむらそじんかん](人)

杉浦[すぎうら](姓)
杉浦非水[すぎうらひすい](人)
杉浦昇意[すぎうらじょうい](人)
杉浦重剛[すぎうらしげたけ](人)
杉風[さんぷう](人)
杉戸[すぎと](地)

森

森[もり](地/姓)
森恪[もりかく](人)
森槐南[もりかいなん](人)
森鷗外[もりおうがい](人)
森島[もりしま](姓)
森島中良[もりしまちゅうりょう](人)
森敦[もりあつし](人)
森茉莉[もりまり](人)
森蘭丸[もりらんまる](人)
森本[もりもと](姓)
森本六爾[もりもとろくじ](人)
森本薫[もりもとかおる](人)
森有礼[もりありのり](人)
森有節[もりゆうせつ](人)
森有正[もりありまさ](人)
森狙仙[もりそせん](人)
森田[もりた](姓)
森田思軒[もりたしけん](人)
森田正馬[もりたまさたけ](人)
森田草平[もりたそうへい](人)
森町[もりまち](地)
森槇園[もりきえん](人)
森川[もりかわ](姓)
森川杜園[もりかわとえん](人)
森川許六[もりかわきょりく](人)
森蟲昶[もりのぶてる](人)
森村[もりむら](姓)
森村市左衛門[もりむらいちざえもん](人)
森春濤[もりしゅんとう](人)
森戸[もりと](姓)
森戸辰男[もりとたつお](人)

鯵

鯵ヶ沢[あじがさわ](地)

삽

渋

渋江[しぶえ](姓)
渋江抽斎[しぶえちゅうさい](人)
渋谷[しぶや](地/姓)
渋谷天外[しぶやてんがい](人)
渋民[しぶたみ](地)
渋温泉[しぶおんせん](地)

渋川[しぶかわ](地/姓)
渋川景佐[しぶかわかげすけ](人)
渋川伴五郎[しぶかわばんごろう](人)
渋川春海[しぶかわはるみ](人)
渋川玄耳[しぶかわげんじ](人)
渋沢[しぶさわ](姓)
渋沢敬三[しぶさわけいぞう](人)
渋沢竜彦[しぶさわたつひこ](人)
渋沢栄一[しぶさわえいいち](人)

상

上

上京[かみぎょう](地)
上高井[かみたかい](地)
上高地[かみこうち](地)
上関[かみのせき](地)
上郡[かみごおり](地)
上宮太子[じょうぐうたいし](人)
上磯[かみいそ](地)
上代タノ[じょうだいたの](人)
上島①[うえじま](地)
上島②[かみじま](地/姓)
上島鬼貫[うえじまおにつら·かみじまにつら](人)
上東門院[じょうとうもんいん](人)
上路の山[あげろのやま](地)
上六[うえろく](地)
上里[かみさと](地)
上林[かみばやし](地)
上林暁[かみばやしあかつき](人)
上毛[こうげ](地)
上毛②[じょうもう](地)
上毛三山[じょうもうさんざん](地)
上毛野[かみつけの](地)
上毛野形名[かみつけののかたな](人)
上牧①[かんまき](地)
上牧②[かんまき](地)
上尾[あげお](地)
上福岡[かみふくおか](地)
上峰[かみみね](地)
上浮穴[かみうけな](地)
上富良野[かみふらの](地)
上富田[かみとんだ](地)
上北[かみきた](地)
上北山[かみきたやま](地)
上士幌[かみしほろ](地)
上司[かみつかさ](姓)
上司小剣[かみつかさしょうけん](人)
上砂川[かみすながわ](地)
上山[かみのやま](地)
上山温泉[かみのやまおんせん](地)

上山田[かみやまだ](地)
上三川[かみのかわ](地)
上杉[うえすぎ](姓)
上杉謙信[うえすぎけんしん](人)
上杉景勝[うえすぎかげかつ](人)
上杉景虎[うえすぎかげとら](人)
上杉禅秀[うえすぎぜんしゅう](人)
上杉慎吉[うえすぎしんきち](人)
上杉氏憲[うえすぎうじのり](人)
上杉鷹山[うえすぎようざん](人)
上杉定正[うえすぎさだまさ](人)
上杉重房[うえすぎしげふさ](人)
上杉治憲[うえすぎはるのり](人)
上杉憲実[うえすぎのりざね](人)
上杉憲政[うえすぎのりまさ](人)
上杉憲顕[うえすぎのりあき](人)
上小阿仁[かみこあに](地)
上松[あげまつ](地)
上水内[かみみのち](地)
上勝[かみかつ](地)
上市[かみいち](地)
上信越[じょうしんえつ](地)
上信越高原[じょうしんえつこうげん](地)
上野①[うえの](地/姓)
上野②[こうずけ](地)
上野広小路[うえのひろこうじ](地)
上野彦馬[うえのひこま](人)
上野原[うえのはら](地)
上野益三[うえのますぞう](人)
上原[うえはら](姓)
上原六四郎[うえはらろくしろう](人)
上原勇作[うえはらゆうさく](人)
上原専禄[うえはらせんろく](人)
上越[じょうえつ](地)
上伊那[かみいな](地)
上益城[かみましき](地)
上田[うえだ](地/姓)
上田万年[うえだかずとし](人)
上田敏[うえだびん](人)
上田貞次郎[うえだていじろう](人)
上田宗箇[うえだそうこ](人)
上田秋成[うえだあきなり](人)
上の町[かみのちょう](地)
上条[かみじょう](姓)
上条嘉門次[かみじょうかもんじ](人)
上州[じょうしゅう](地)
上川[かみかわ](地)
上川盆地[かみかわぼんち](地)
上天草[かみあまくさ](地)
上泉[かみいずみ](地)
上泉秀綱[かみいずみひでつな](人)

上村①[かみむら](姓)
上村②[うえむら](姓)
上村松園[うえむらしょうえん](人)
上村彦之丞[かみむらひこのじょう](人)
上総[かずさ](地)
上総介広常[かずさのすけひろつね](人)
上板[かみいた](地)
上閉伊[かみへい](地)

尚
尚寧[しょうねい](人)

峠
峠[とうげ](姓)
峠三吉[とうげさんきち](人)

相
相楽①[さがら](姓)
相楽②[そうらく](地)
相楽総三[さがらそうぞう](人)
相良[さがら](地/姓)
相馬[そうま](姓)
相馬大作[そうまだいさく](人)
相馬御風[そうまぎょふう](人)
相馬黒光[そうまこっこう](人)
相模[さがみ](地)
相模トラフ[さがみとらふ](地)
相模湾[さがみわん](地)
相模原[さがみはら](地)
相模入道[さがみにゅうどう](人)
相模川[さがみがわ](地)
相模灘[さがみなだ](地)
相模太郎[さがみたろう](人)
相模湖[さがみこ](地)
相の山[あいのやま](地)
相生[あいおい](地)
相阿弥[そうあみ](人)
相川[あいかわ](地)
相沢[あいざわ](姓)
相沢忠洋[あいざわただひろ](人)

祥
祥啓[しょうけい](人)

桑
桑名[くわな](地)
桑木[くわき](姓)
桑木厳翼[くわきげんよく](人)
桑山[くわやま](姓)
桑山玉州[くわやまぎょくしゅう](人)

桑原[くわばら](姓)
桑原武夫[くわばらたけお](人)
桑原仙渓[くわばらせんけい](人)
桑田[くわた](地)
桑田義備[くわたよしなり](人)
桑折[こおり](地)
桑沢[くわさわ](姓)
桑沢洋子[くわさわようこ](人)

常
常念岳[じょうねんだけ](地)
常徳[じょうとく](地)
常呂[ところ](地)
常陸[ひたち](地)
常陸大宮[ひたちおおみや](地)
常陸坊海尊[ひたちぼうかいそん](人)
常陸山[ひたちやま](人)
常陸太田[ひたちおおた](地)
常盤①[ときわ](地/姓)
常盤②[ときわ](地)
常盤光長[ときわみつなが](人)
常磐[じょうばん](地)
常磐津林中[ときわずりんちゅう](人)
常磐津文字太夫[ときわずもじたゆう](人)
常不軽[じょうふきょう](人)
常願寺川[じょうがんじがわ](地)
常総[じょうそう](地)
常滑[とこなめ](地)

象
象頭山[ぞうずさん](地)
象山[きさやま](地)
象潟[きさかた](地)
象の小川[きさのおがわ](地)
象牙海岸[ぞうげかいがん](地)

湘
湘南[しょうなん](地)

箱
箱根[はこね](地)
箱根路[はこねじ](地)
箱根山[はこねやま](地)
箱根峠[はこねとうげ](地)
箱根温泉[はこねおんせん](地)
箱根湯本[はこねゆもと](地)
箱崎[はこざき](地)
箱王丸[はこおうまる](人)
箱田[はこだ](地)
箱田六輔[はこだろくすけ](人)

색
色
色丹[しこたん](地)
色丹島[しこたんとう](地)
色麻[しかま](地)
色川[いろかわ](姓)
色川三中[いろかわみなか](人)

생
生
生口島[いくちしま](地)
生駒[いこま](地)
生駒山[いこまやま](地)
生島[いくしま](姓)
生島新五郎[いくしましんごろう](人)
生麦[なまむぎ](地)
生ノ松原[いきのまつばら](地)
生野[いくの](地)
生月島[いきつきしま](地)
生田[いくた](地)
生田検校[いくたけんぎょう](人)
生田万[いくたよろず](人)
生田ノ森[いくたのもり](地)
生田長江[いくたちょうこう](人)
生田川[いくたがわ](地)
生田春月[いくたしゅんげつ](人)
生坂[いくさか](地)

서
西
西[にし](地/姓)
西京[にしきょう](地)
西桂[にしかつら](地)
西光[さいこう](人)
西臼杵[にしうすき](地)
西国路[さいごくじ](地)
西宮[にしのみや](地)
西根[にしね](地)
西那須野[にしなすの](地)
西多摩[にしたま](地)
西徳二郎[にしとくじろう](人)
西島①[さいとう](地)
西島②[にしじま](地)
西ノ島[にしのしま](地)
西島蘭渓[にじまらんけい](人)
西都[さいと](地)
西都原[さいとばる](地)
西の道[にしのみち](地)
西東京[にしとうきょう](地)
西東三鬼[さいとうさんき](人)
西牟婁[にしむろ](地)

上 尚 峠 相 祥 桑 常 象 湘 箱 色 生 西

西
書
舒
犀
瑞
鼠
緒
曙
夕
石

西目屋[にしめや] (地)
西米良[にしめら] (地)
西尾[にしお] (地)
西尾末広[にしおすえひろ] (人)
西尾実[にしおみのる] (人)
西磐井[にしいわい] (地)
西方[にしかた] (地)
西白河[にししらかわ] (地)
西伯[さいはく] (地)
西枇杷島[にしびわじま] (地)
西山[にしやま] (地/姓)
西山卯三[にしやまうぞう] (人)
西山拙斎[にしやませっさい] (人)
西山宗因[にしやまそういん] (人)
西成[にしなり] (地)
西成甫[にしせいほ] (人)
西所川原[さいしょがわら] (地)
西粟倉[にしあわくら] (地)
西松浦[にしまつうら] (地)
西予[せいよ] (地)
西宇和[にしうわ] (地)
西原[にしはら] (地)
西院の帝[さいいんのみかど] (人)
西園寺公経[さいおんじきんつね] (人)
西園寺公望[さいおんじきんもち] (人)
西伊豆[にしいず] (地)
西田[にしだ] (姓)
西田幾多郎[にしだきたろう] (人)
西田天香[にしだてんこう] (人)
西淀川[にしよどがわ] (地)
西諸県[にしもろかた] (地)
西条[さいじょう] (地/姓)
西条八十[さいじょうやそ] (人)
西周[にしあまね] (人)
西中国山地国定公園[にしちゅうごくさんちくていこうえん] (地)
西之表[にしのおもて] (地)
西津軽[にしつがる] (地)
西陣[にしじん] (地)
西川[にしかわ] (地/姓)
西川光二郎[にしかわこうじろう] (人)
西川鯉三郎[にしかわこいさぶろう] (人)
西川扇蔵[にしかわせんぞう] (人)
西川如見[にしかわじょけん] (人)
西川祐信[にしかわすけのぶ] (人)
西川一草亭[にしかわいっそうてい] (人)
西川正治[にしかわしょうじ] (人)
西村[にしむら] (姓)
西村道人[にしむらどうにん] (人)
西村茂樹[にしむらしげき] (人)
西村山[にしむらやま] (地)
西村遠里[にしむらとおさと] (人)

西村伊作[にしむらいさく] (人)
西村天囚[にしむらてんしゅう] (人)
西春[にしはる] (地)
西春日井[にしかすがい] (地)
西置賜[にしおきたま] (地)
西沢[にしざわ] (姓)
西沢一鳳[にしざわいっぽう] (人)
西沢一鳳[にしざわいっぷう] (人)
西八代[にしやつしろ] (地)
西表[いりおもて] (地)
西表国立公園[いりおもてこくりつこうえん] (地)
西蒲[にしかん] (地)
西蒲原[にしかんばら] (地)
西彼杵[にしそのぎ] (地)
西彼杵半島[にしそのぎはんとう] (地)
西合志[にしごうし] (地)
西海[さいかい] (地)
西の海[にしのうみ] (地)
西海国立公園[さいかいこくりつこうえん] (地)
西行[さいぎょう] (人)
西郷①[しごう] (地)
西郷②[さいごう] (地/姓)
西郷隆盛[さいごうたかもり] (人)
西郷従道[さいごうつぐみち] (人)
西脇[にしわき] (地/姓)
西脇順三郎[にしわきじゅんざぶろう] (人)
西湖[さいこ] (地)
西和賀[にしわが] (地)
西会津[にしあいづ] (地)
西興部[にしおこっぺ] (地)

書
書写山[しょしゃざん] (地)

舒
舒明天皇[じょめいてんのう] (人)

犀
犀星[さいせい] (人)
犀川[さいがわ] (地)

瑞
瑞渓周鳳[ずいけいしゅうほう] (人)
瑞金[ずいきん] (地)
瑞浪[みずなみ] (地)
瑞竜山[ずいりゅうざん] (地)
瑞穂[みずほ] (地)

鼠
鼠小僧[ねずみこぞう] (人)

緒
緒方[おがた] (姓)
緒方正規[おがたまさのり] (人)
緒方竹虎[おがたたけとら] (人)
緒方知三郎[おがたともさぶろう] (人)
緒方洪庵[おがたこうあん] (人)

曙
曙覧[あけみ] (人)

夕
夕暮[ゆうぐれ] (人)
夕霧[ゆうぎり] (人)
夕顔[ゆうがお] (人)
夕張[ゆうばり] (地)
夕張山地[ゆうばりさんち] (地)
夕張岳[ゆうばりだけ] (地)
夕張川[ゆうばりがわ] (地)

石
石岡[いしおか] (地)
石見[いわみ] (地)
石見潟[いわみがた] (地)
石光[いしみつ] (姓)
石光真清[いしみつまきよ] (人)
石橋[いしばし] (地/姓)
石橋湛山[いしばしたんざん] (人)
石橋思案[いしばししあん] (人)
石橋忍月[いしばしにんげつ] (人)
石橋正二郎[いしばししょうじろう] (人)
石巻[いしのまき] (地)
石童丸[いしどうまる] (人)
石廊崎[いろうざき] (地)
石母田[いしもた] (姓)
石母田正[いしもたしょう] (人)
石部[いしべ] (地)
石山[いしやま] (地)
石上[いそのかみ] (地/姓)
石上麻呂[いそのかみのまろ] (人)
石上宅嗣[いそのかみのやかつぐ] (人)
石狩[いしかり] (地)
石狩湾[いしかりわん] (地)
石狩山地[いしかりさんち] (地)
石狩岳[いしかりだけ] (地)
石狩川[いしかりがわ] (地)
石狩平野[いしかりへいや] (地)
石垣[いしがき] (地)
石垣島[いしがきじま] (地)
石垣山[いしがきやま] (地)
石垣町[いしがきまち] (地)

石原[いしはら](姓)
石原謙[いしはらけん](人)
石原純[いしはらじゅん](人)
石原慎太郎[いしはらしんたろう](人)
石原莞爾[いしはらかんじ](人)
石原祐次郎[いしはらゆうじろう](人)
石原幽汀[いしはらゆうてい](人)
石原忍[いしはらしのぶ](人)
石原正明[いしはらまさあきら](人)
石凝姥命[いしこりどめのみこと](人)
石田[いしだ](姓)
石田光成[いしだみつなり](人)
石田梅巖[いしだばいがん](人)
石田未得[いしだみとく](人)
石田小野[いしたのおの](地)
石田英一郎[いしだえいいちろう](人)
石田波郷[いしだはきょう](人)
石井[いしい](地/姓)
石井菊次郎[いしいきくじろう](人)
石井都留三[いしいつるぞう](人)
石井亮一[いしいりょういち](人)
石井露月[いしいろげつ](人)
石井漠[いしいばく](人)
石井柏亭[いしいはくてい](人)
石井十次[いしいじゅうじ](人)
石鳥谷[いしどりや](地)
石津[いしづ](地)
石川[いしかわ](地/姓)
石川公明[いしかわこうめい](人)
石川達三[いしかわたつぞう](人)
石川島[いしかわじま](地)
石川郎女[いしかわのいらつめ](人)
石川武美[いしかわたけよし](人)
石川三四郎[いしかわさんしろう](人)
石川淳[いしかわじゅん](人)
石川雅望[まさもち・いしかわまさもち](人)
石川五右衛門[いしかわごえもん](人)
石川丈山[いしかわじょうざん](人)
石川精舎[いしかわのしょうじゃ](人)
石川千代松[いしかわちよまつ](人)
石川啄木[いしかわたくぼく](人)
石川豊信[いしかわとよのぶ](人)
石村[いしむら](地)
石村検校[いしむらけんぎょう](人)
石塚[いしづか](姓)
石塚竜麿[いしづかたつまろ](人)
石鎚[いしづち](地)
石鎚国定公園[いしづちこくていこうえん](地)
石鎚山[いしづちさん](地)
石坂[いしざか](姓)

石坂洋次郎[いしざかようじろう](人)
石下[いしげ](地)
石黒[いしぐろ](姓)
石黒宗麿[いしぐろむねまろ](人)
石黒直悳[いしぐろただのり](人)
石黒忠篤[いしぐろただあつ](人)
石和[いさわ](地)

潟

潟上[かたがみ](地)

仙

仙覚[せんがく](人)
仙台[せんだい](地)
仙台堀川[せんだいぼりがわ](地)
仙台湾[せんだいわん](地)
仙台平野[せんだいへいや](地)
仙北[せんぼく](地)
仙石[せんごく](姓)
仙石秀久[せんごくひでひさ](人)
仙石原[せんごくはら](地)
仙娥[せんが](人)
仙娥滝[せんがたき](地)
仙厓[せんがい](人)
仙丈ヶ岳[せんじょうがたけ](地)

先

先島諸島[さきしましょとう](地)
先斗町[ぽんとちょう](地)
先山[せんざん](地)

宣

宣和天皇[せんかてんのう](人)

船

船岡山[ふなおかやま](地)
船橋[ふなばし](地)
船上山[せんじょうさん](地)
船引[ふねひき](地)
船場[せんば](地)
船井[ふない](地)
船坂峠[ふなさかとうげ](地)

善

善光寺平[ぜんこうじだいら](地)
善信[ぜんしん](人)
善信尼[ぜんしんに](人)
善阿[ぜんな](人)
善阿弥[ぜんなみ](人)
善財童子[ぜんざいどうじ](人)
善竹[ぜんちく](人)

善竹弥五郎[ぜんちくやごろう](人)
善通寺[ぜんつうじ](地)

選

選子内親王[せんしないしんのう](人)

膳

膳所[ぜぜ](地)

蟬

蟬丸[せみまる](人)

雪

雪嶺[せつれい](人)
雪山①[せっさん](姓)
雪山②[せつざん](地/人)
雪山鶴曇[せっさんかくどん](人)
雪州[せっしゅう](人)
雪中庵[せっちゅうあん](人)
雪村[せっそん](姓/人)
雪村友梅[せっそんゆうばい](人)
雪平[ゆきひら](人)

設

設楽[したら](地)

摂

摂州[せっしゅう](地)
摂津[せっつ](地)
摂河泉[せっかせん](地)

成

成島[なるしま](姓)
成島柳北[なるしまりゅうほく](人)
成島司直[なるしまもとなお](人)
成東[なるとう](地)
成良親王[なりながしんのう](人)
成瀬[なるせ](姓)
成瀬巳喜男[なるせみきお](人)
成瀬仁蔵[なるせじんぞう](人)
成務天皇[せいむてんのう](人)
成相山[なりあいさん](地)
成田[なりた](地)
成田蒼虬[なりたそうきゅう](人)

性

性空[しょうくう](人)

石潟仙先宣船善選膳蟬雪設摂成性

城

城崎温泉[きのさきおんせん](地)
城南[じょうなん](地)
城端[じょうはな](地)
城ケ島[じょうがしま](地)
城東[じょうとう](地)
城里[しろさと](地)
城山[しろやま](地)
城陽[じょうよう](地)
城州[じょうしゅう](地)
城戸[きど](姓)
城戸四郎[きどしろう](人)

星

星野[ほしの](姓)
星野直樹[ほしのなおき](人)
星一[ほしはじめ](人)
星亨[ほしとおる](人)

盛

盛岡[もりおか](地)
盛光[もりみつ](人)

聖

聖徳太子[しょうとくたいし](人)
聖籠[せいろう](地)
聖務天皇[しょうむてんのう](人)
聖応大師[しょうおうだいし](人)
聖護院[しょうごいん](地)

세

世

世羅[せら](地)
世田谷[せたがや](地)
世之介[よのすけ](人)

細

細江[ほそえ](地)
細木①[ほそき](姓)
細木②[ほそぎ](姓)
細木藤次郎[さいきとうじろう](人)
細木香以[ほそきこうい](人)
細田[ほそだ](姓)
細田栄之[ほそだえいし](人)
細井[ほそい](地)
細井広沢[ほそいこうたく](人)
細井平洲[ほそいへいしゅう](人)
細井和喜蔵[ほそいわきぞう](人)
細川[ほそかわ](地)
細川高国[ほそかわたかくに](人)
細川頼之[ほそかわよりゆき](人)
細川勝元[ほそかわかつもと](人)

細川幽斎[ほそかわゆうさい](人)
細川政元[ほそかわまさもと](人)
細川重賢[ほそかわしげかた](人)
細川澄元[ほそかわすみもと](人)
細川晴元[ほそかわはるもと](人)
細波[さざなみ](地)

笹

笹森[ささもり](姓)
笹森義助[ささもりぎすけ](人)
笹野権三[ささのごんざ](人)
笹子峠[ささごとうげ](地)
笹川[ささかわ](地)
笹川臨風[ささかわりんぷう](人)
笹川繁蔵[ささかわのしげぞう](人)

勢

勢多迦童子[せいたかどうじ](人)
勢力富五郎[せいりきとみごろう](人)
勢州[せいしゅう](地)

소

小

小さん[こさん](人)
小墾田[おはりだ](地)
小見川[おみがわ](地)
小谷[おたり](地)
小谷②[おたに·おだに](姓)
小谷の方[おだにのかた](人)
小谷喜美[おたにきみ](人)
小菅[こすげ](地)
小関①[おぜき](姓)
小関②[こせき](姓)
小関三英[こせきさんえい](人)
小関三英[おぜきさんえい](人)
小国[おぐに](地)
小郡[こおおり](地)
小堀[こぼり](地)
小堀鞆音[こぼりともと](人)
小堀遠州[こぼりえんしゅう](人)
小宮[こみや](地)
小宮山[こみやま](地)
小宮山楓軒[こみやまふうけん](人)
小宮豊隆[こみやとよたか](人)
小槻[おづき](姓)
小金井[こがねい](地/姓)
小金井良精[こがねいよしきよ](人)
小金井蘆洲[こがねいろしゅう](人)
小金井小次郎[こがねいこじろう](人)
小崎[こざき](姓)
小崎弘道[こざきひろみち](人)
小磯[こいそ](姓)

小磯国昭[こいそくにあき](人)
小磯良平[こいそりょうへい](人)
小楠公[しょうなんこう](人)
小女郎[こじょろう](人)
小大君①[こおおぎみ](人)
小大君②[こだいのきみ](人)
小碓尊[おうすのみこと](人)
小島①[おじま](姓)
小島②[こじま](姓)
小島法師[こじまほうし](人)
小島烏水[こじまうすい](人)
小島祐馬[おじますけま](人)
小島政二郎[こじままさじろう](人)
小督[こごう](地)
小豆[しょうず](地)
小豆島[しょうどしま](地)
小藤[ことう](地)
小藤文次郎[ことうぶんじろう](人)
小鹿野[おがの](地)
小瀬[おぜ](姓)
小瀬甫庵[おぜほあん](人)
小柳[おやなぎ](姓)
小柳司気太[おやなぎしげた](人)
小栗[おぐり](地)
小栗上野介[おぐりこうずけのすけ]
　(人)
小栗栖[おぐるす](地)
小栗栖の長兵衛[おぐるすのちょう
　べえ](人)
小栗宗湛[おぐりそうたん](人)
小栗忠順[おぐりただまさ](人)
小栗判官[おぐりはんがん](人)
小栗風葉[おぐりふうよう](人)
小林[こばやし](地/姓)
小林古径[こばやしこけい](人)
小林多喜二[こばやしたきじ](人)
小林秀雄[こばやしひでお](人)
小林一三[こばやしいちぞう](人)
小林一茶[こばやしいっさ](人)
小林清親[こばやしきよちか](人)
小林好日[こばやしよしはる](人)
小笠原[おがさわら](地)
小笠原国立公園[おがさわらこくり
　つこうえん](地)
小笠原長秀[おがさわらながひで](人)
小笠原長清[おがさわらながきよ](人)
小笠原長行[おがさわらながみち](人)
小笠原貞宗[おがさわらさだむね](人)
小笠原諸島[おがさわらしょとう](地)
小名木川[おなぎがわ](地)
小名浜[おなはま](地)
小牧[こまき](地)
小美玉[おみたま](地)

小幡①[おばた](姓)
小幡②[こばた](姓)
小幡景憲[おばたかげのり](人)
小幡小平次[こばたこへいじ](人)
小幡英之助[おばたえいのすけ](人)
小仏峠[こぼとけとうげ](地)
小浜[おばま](地)
小糸[こいと](姓)
小糸源太郎[こいとげんたろう](人)
小山①[おやま](地)
小山②[こやま](地)
小山内[おさない](姓)
小山内薫[おさないかおる](人)
小山作之助[こやまさくのすけ](人)
小山田[おやまだ](姓)
小山田与清[おやまだともきよ](人)
小山正太郎[こやましょうたろう](人)
小杉[こすぎ](姓)
小杉放庵[こすぎほうあん](人)
小杉天外[こすぎてんがい](人)
小森[こもり](姓)
小森桃塢[こもりとうう](人)
小西[こにし](姓)
小西来山[こにしらいざん](人)
小西来直[こにししげなお](人)
小西幸長[こにしゆきなが](人)
小石[こいし](姓)
小石元俊[こいしげんしゅん](人)
小石川[こいしかわ](地)
小城[おぎ](地)
小松[こまつ](地/姓)
小松耕甫[こまつこうすけ](人)
小松の内府[こまつのないふ](人)
小松帯刀[こまつたてわき](人)
小松島[こまつしま](地)
小松の帝[こまつのみかど](人)
小手指原[こてさしがはら](地)
小矢部[おやべ](地)
小矢部川[おやべがわ](地)
小侍従[こじじゅう](人)
小式部内侍[こしきぶのないし](人)
小夜の中山[さやのなかやま・さよの
　　なかやま](人)
小野[おの](地/姓)
小野宮[おののみや](人)
小野宮流[おののみやりゅう](人)
小野宮実頼[おののみやさねより](人)
小野道風[おののみちかぜ](人)
小野蘭山[おのらんざん](人)
小野老[おののおゆ](人)
小野妹子[おののいもこ](姓)
小野寺[おのでら](姓)

小野寺十内[おのでらじゅうない](人)
小野小町[おののこまち](人)
小野鵞堂[おのがどう](人)
小野梓[おのあずさ](人)
小野田[おのだ](地/姓)
小野竹喬[おのちくきょう](人)
小野川喜三郎[おのがわきさぶろう]
　　(人)
小野泉蔵[おのせんぞう](人)
小野塚[おのづか](姓)
小野塚喜平次[おのづかきへいじ](人)
小野忠明[おのただあき](人)
小野お通[おのおつう](人)
小野派一刀流[おののはいっとうりゅ
　　う](人)
小野好古[おのよしふる](人)
小野皇太后[おののこうたいこ](人)
小野篁[おのたかむら](人)
小余綾の磯[こゆるぎのいそ](地)
小塩山[おしおやま](地)
小俣[おばた](地)
小諸谷[こわくだに](地)
小牛田[こごた](地)
小熊[おぐま](姓)
小熊秀雄[おぐまひでお](人)
小原①[おはら](地)
小原②[おばら](地)
小原国芳[おばらくによし](人)
小原雲心[おはらうんしん](人)
小原豊雲[おはらほううん](人)
小子部栖軽[ちいさこべのすがる](人)
小紫[こむらさき](人)
小田[おだ](地)
小田野[おだの](姓)
小田野直武[おだのなおたけ](人)
小田原[おだわら](地)
小町[こまち](地)
小町屋惣七[こまちやそうしち](人)
小諸[こもろ](地)
小早川[こばやかわ](姓)
小早川隆景[こばやかわたかかげ](人)
小早川秀秋[こばやかわひであき](人)
小樽[おたる](地)
小湊[こみなと](地)
小竹[たけだ](地/姓)
小竹無二雄[こたけむにお](人)
小中村[こなかむら](姓)
小中村清矩[こなかむらきよのり](人)
小津[おづ](地)
小津安二郎[おづやすじろう](人)
小倉①[おぐら](地/姓)
小倉②[こくら](地)

小倉金之助[おぐらきんのすけ](人)
小倉南[こくらみなみ](地)
小倉北[こくらきた](地)
小倉山[おぐらやま](地)
小倉正恒[おぐらまさつね](人)
小倉進平[おぐらしんぺい](人)
小千谷[おぢや](地)
小川[おがわ](地/姓)
小川未明[おがわみめい](人)
小川松民[おがわしょうみん](人)
小川芋銭[おがわうせん](人)
小川湖[おがわらこ](人)
小川殿[おがわどの](人)
小川正孝[おがわまさたか](人)
小川治兵衛[おがわじへえ](人)
小川琢治[おがわたくじ](人)
小川平吉[おがわへいきち](人)
小泉[こいずみ](姓)
小泉丹[こいずみまこと](人)
小泉信三[こいずみしんぞう](人)
小泉八雲[こいずみやくも](人)
小清水[こしみず](地)
小村[こむら](姓)
小村寿太郎[こむらじゅたろう](人)
小塚原[こづかっぱら](地)
小出[こいで](地/姓)
小出楢重[こいでならしげ](人)
小治田[おはりだ](地)
小値賀[こぢか](地)
小沢[おざわ](姓)
小沢蘆庵[おざわろあん](人)
小沢栄太郎[おざわえいたろう](人)
小波[さざなみ](人)
小坂[こさか](地)
小坂井[こざかい](地)
小貝川[こかいがわ](地)
小平①[おだいら](地)
小平②[おびら](地)
小平③[こだいら](地)
小平波平[おだいらなみへい](人)
小布施[おぶせ](地)
小海[こうみ](地)

少

少彦名神[すくなびこなのかみ](人)
少弐[しょうに](人)
少弐頼常[しょうによりひさ](人)
少子部蜾蠃[ちいさこべのすがる](人)

召

召波[しょうは](人)

沼
所
昭
素
笑
巣
紹
逍
疎
焼
篠
蘇
速
粟
損
率
松

沼

沼間[ぬま](姓)
沼間守一[ぬままもりかず](人)
沼南[しょうなん](地)
沼田[ぬまた](地)
沼津[ぬまづ](地)
沼和田[ぬまわだ](地)

所

所沢[ところざわ](地)

昭

昭南[しょうなん](地)
昭島[あきしま](地)
昭明太子[しょうめいたいし](人)
昭憲皇太后[しょうけんこうたいごう]
　(人)
昭和[しょうわ](地)
昭和記念公園[しょうわきねんこうえ
　ん](地)
昭和新山[しょうわしんざん](地)
昭和天皇[しょうわてんのう](人)

素

素堂[そどう](人)
素性[そせい](人)

笑

笑福亭松鶴[しょうふくていしょかく]
　(人)

巣

巣林子[そうりんし](人)
巣鴨[すがも](地)

紹

紹鷗[じょうおう](人)
紹瑾[じょうきん](人)
紹明[しょうみょう](人)
紹益[しょうえき](人)
紹巴[じょうは](人)
紹喜[しょうき・じょうき](人)

逍

逍遥[しょうよう](人)

疎

疎石[そせき](人)

焼

焼尻島[やぎしりとう](地)
焼山[やけやま](地)

焼岳[やけだけ](地)
焼津[やいづ](地)

篠

篠崎[しのざき](姓)
篠崎小竹[しのざきしょうちく](人)
篠栗[ささぐり](地)
篠山[ささやま](地)
篠原[しのはら](地)
篠原国幹[しのはらくにもと](人)
篠原助市[しのはらすけいち](人)

蘇

蘇民将来[そみんしょうらい](人)
蘇我稲目[そがのいなめ](人)
蘇我馬子[そがのうまこ](人)
蘇我石川麻呂[そがのいしかわのま
　ろ](人)
蘇我蝦夷[そがのえみし](人)

━━━ 솎 ━━━

速

速見[はやみ](地)
速水[はやみ](姓)
速水御舟[はやみぎょしゅう](人)

粟

粟国[あぐに](地)
粟島[あわしま](地)
粟島浦[あわしまうら](地)
粟田[あわた](地)
粟田口[あわたぐち](地/姓)
粟田口国綱[あわたぐちくにつな](人)
粟田口吉光[あわたぐちよしみつ](人)
粟田口隆光[あわたぐちたかみつ](人)
粟田真人[あわたのまひと](人)
粟津[あわづ](地)
粟津温泉[あわづおんせん](地)
粟津原[あわづがはら](地)
粟特[ぞくとく](地)

━━━ 손 ━━━

損

損軒[そんけん](人)

━━━ 솔 ━━━

率

率川[いざがわ](地)

━━━ 송 ━━━

松

松江[まつえ](地/姓)

松江重頼[まつええしげより](人)
松岡[まつおか](地)
松岡駒吉[まつおかこまきち](人)
松岡恕庵[まつおかじょあん](人)
松岡洋右[まつおかようすけ](人)
松岡映丘[まつおかえいきゅう](人)
松居[まつい](姓)
松居松翁[まついしょうおう](人)
松橋[まつばせ](地)
松根[まつね](姓)
松根東洋城[まつねとうようじょう]
　(人)
松崎[まつざき](地/姓)
松ヶ崎[まつがさき](地)
松崎観海[まつざきかんかい](人)
松崎慊堂[まつざきこうどう](人)
松廼屋露八[まつのやろはち](人)
松代[まつしろ](地)
松島[まつしま](地)
松瀬[まつせ](姓)
松瀬青青[まつせせいせい](人)
松林[まつばやし](姓)
松林桂月[まつばやしけいげつ](人)
松林伯円[しょうりんはくえん](人)
松茂[まつしげ](地)
松尾[まつお](姓)
松尾山[まつのおやま](地)
松尾芭蕉[まつおばしょう](人)
松方[まつかた](姓)
松方三郎[まつかたさぶろう](人)
松方正義[まつかたまさよし](人)
松方幸次郎[まつかたこうじろう](人)
松帆の浦[まつほのうら](地)
松伏[まつぶし](地)
松本[まつもと](地/姓)
松本奎堂[まつもとけいどう](人)
松本良順[まつもとりょうじゅん](人)
松本盆地[まつもとぼんち](地)
松本亦太郎[まつもとまたたろう](人)
松本長[まつもとながし](人)
松本竣介[まつもとしゅんすけ](人)
松本烝治[まつもとじょうじ](人)
松本清張[まつもとせいちょう](人)
松本治一郎[まつもとじいちろう](人)
松本幸四郎[まつもとこうしろう](人)
松山[まつやま](地)
松野[まつの](地)
松永[まつなが](地/姓)
松永久秀[まつながひさひで](人)
松永良弼[まつながよしすけ](人)
松永安左衛門[まつながやすざえも
　ん](人)

松永貞徳[まつながていとく](人)
松永尺五[まつながせきご](人)
松永和楓[まつながわふう](人)
松王丸[まつおうまる](人)
松旭斎天一[しょうきょくさいてん](人)
松旭斎天勝[しょうきょくさいてんかつ](人)
松原[まつばら](地)
松園[しょうえん](人)
松陰[しょういん](人)
松任[まっとう](地)
松田[まつだ](地/姓)
松田権六[まつだごんろく](人)
松田浮舟[まつだうきふね](人)
松前①[まさき](地)
松前②[まつまえ](地)
松前半島[まつまえはんとう](地)
松井[まつい](姓)
松井簡治[まついかんじ](人)
松井石根[まついいわね](人)
松井須磨子[まついすまこ](人)
松源水[まついげんすい](人)
松井田[まついだ](地)
松井直吉[まついなおきち](人)
松亭金水[しょうていきんすい](人)
松之山[まつのやま](地)
松倉[まつくら](姓)
松倉重政[まつくらしげまさ](人)
松川[まつかわ](地)
松村[まつむら](姓)
松村謙三[まつむらけんぞう](人)
松村景文[まつむらけいぶん](人)
松村松年[まつむらしょうねん](人)
松村呉春[まつむらごしゅん](人)
松村月渓[まつむらげっけい](人)
松村任三[まつむらとんぞう](人)
松阪[まつさか](地)
松平[まつだいら](姓)
松平慶永[まつだいらよしなが](人)
松平信綱[まつだいらのぶつな](人)
松平信明[まつだいらのぶあきら](人)
松平乗邑[まつだいらのりさと](人)
松平容保[まつだいらかたもり](人)
松平定信[まつだいらさだのぶ](人)
松平春嶽[まつだいらしゅんがく](人)
松平忠直[まつだいらただなお](人)
松平治郷[まつだいらはるさと](人)
松浦①[まつら](地/姓)
松浦②[まつうら](地/姓)
松が浦島[まつがうらしま](地)
松浦武四郎[まつうらたけしろう](人)
松浦潟[まつらがた](地)

松浦静山[まつらせいざん·まつうらせいざん](人)
松浦佐用姫[まつらさよひめ](人)
松浦鎮信[まつらしげのぶ·まつうらしげのぶ](人)
松下[まつした](地)
松下見林[まつしたけんりん](人)
松下大三郎[まつしただいさぶろう](人)
松下禅尼[まつしたぜんに](人)
松下幸之助[まつしたこうのすけ](人)
松戸[まつど](地)
松花堂[しょうかどう](人)
松花堂昭乗[しょうかどうしょうじょう](人)

쇄

洒
洒竹[しゃちく](人)

수

手
手島①[てしま](姓)
手島②[てじま](姓)
手島堵庵[てしまとあん](人)
手島精一[てじませいいち](人)
手稲[ていね](地)
手稲山[ていねやま](地)
手力男命[ちぢからおのみこと](人)
手摩乳[てなずち](人)
手名椎[てなずち](人)
手柄岡持[てがらのおかもち](人)
手節崎[たふしのさき](地)
手塚[てづか](姓)
手塚治虫[てづかおさむ](人)
手取川[てどりがわ](人)
手賀沼[てがぬま](地)

水
水谷[みずたに](姓)
水谷不倒[みずたにふとう](人)
水谷八重子[みずたにやえこ](人)
水口[みなくち](地)
水巻[みずまき](地)
水島[みずしま](姓)
水島三一郎[みずしまさんいちろう](人)
水無瀬川[みなせがわ](地)
水無川[みなのがわ](地)
水尾帝[みずのおてい](人)
水府[すいふ](地)
水師営[すいしえい](地)

水上①[みずかみ](地)
水上②[みなかみ](地/姓)
水上滝太郎[みなかみたきたろう](人)
水野[みずの](地)
水野広徳[みずのひろのり](人)
水野錬太郎[みずのれんたろう](人)
水野十郎左衛門[みずのじゅうろうざえもん](人)
水野忠邦[みずのただくに](人)
水野忠成[みずのただあきら](人)
水俣[みなまた](地)
水原①[すいばら](地)
水原②[みずはら](姓)
水原秋桜子[みずはらしゅうおうし](人)
水前寺[すいぜんじ](地)
水沢[みずさわ](地)
水海道[みつかいどう](地)
水郷[すいごう](地)
水郷筑波国定公園[すいごうちくばこくていこうえん](地)
水戸[みと](地/姓)
水戸街道[みとかいどう](地)
水戸烈公[みとれっこう](人)
水戸義公[みとぎこう](人)
水戸黄門[みとこうもん](人)

守
守家[もりいえ](人)
守覚法親王[しゅかくほうしんのう](人)
守谷[もりや](地)
守口[もりぐち](地)
守武[もりたけ](人)
守山[もりやま](地)
守田[もりた](地)
守田勘弥[もりたかんや](人)
守貞親王[もりさだしんのう](人)
守次[もりつぐ](人)

寿
寿都[すっつ](地)
寿々木米若[すずきよねわか](人)

秀
秀吉[ひでよし](人)
秀真[ほずま](人)
秀湖[しゅうこ](人)

垂
垂加[すいか](人)
垂見[たるみ](姓)
垂見健吾[けんご](人)

垂
首
狩
修
袖
須
綏
穂
燧
宿
肅
淳
順
崇
習
襲
升
昇
乗
勝
僧
市

垂水①[たるみ] (地)
垂水②[たるみず] (地)
垂仁天皇[すいにんてんのう] (人)
垂井[たるい] (地)

首
首里[しゅり] (地)
首里城公園[しゅりじょうこうえん] (地)

狩
狩谷[かりや] (姓)
狩谷棭齋[かりやえきさい] (人)
狩勝峠[かりかちとうげ] (地)
狩野①[かの] (地)
狩野②[かのう] (姓)
狩野光信[かのうみつのぶ] (人)
狩野芳崖[かのうほうがい] (人)
狩野山楽[かのうさんらく] (人)
狩野山雪[かのうさんせつ] (人)
狩野尚信[かのうなおのぶ] (人)
狩野常信[かのうつねのぶ] (人)
狩野永徳[かのうえいとく] (人)
狩野元信[かのうもとのぶ] (人)
狩野正信[かのうまさのぶ] (人)
狩野直喜[かのうなおき] (人)
狩野川[かのがわ] (地)
狩野探幽[かのうたんゆう] (人)
狩野亨吉[かのうこうきち] (人)

修
修羅[しゅら] (人)
修明門院[しゅめいもんいん] (人)
修善寺[しゅぜんじ] (地)

袖
袖師浦[そでしのうら] (地)
袖湊[そでのみなと] (地)
袖振山[そでふるやま] (地)
袖ヶ浦[そでがうら] (地)
袖の浦[そでのうら] (地)

須
須崎[すさき] (地)
須達[すだつ] (人)
須藤[すどう] (姓)
須藤南翠[すどうなんすい] (人)
須磨[すま] (地)
須磨子[すまこ] (人)
須勢理毘売[すせりびめ] (人)
須田[すだ] (姓)
須田国太郎[すだくにたろう] (人)

須佐之男命[すさのおのみこと] (人)
須走[すばしり] (地)
須坂[すざか] (地)
須賀川[すかがわ] (地)
須賀の荒野[すかのあらの] (地)
須恵[すえ] (地)

綏
綏靖天皇[すいぜいてんのう] (人)

穂
穂高[ほたか] (地)
穂高岳[ほたかだけ] (地)
穂積[ほづみ] (地/姓)
穂積重遠[ほづみしげとお] (人)
穂積陳重[ほづみのぶしげ] (人)
穂積八束[ほづみやつか] (人)
穂波[ほなみ] (地)

燧
燧ヶ岳[ひうちがたけ] (地)
燧灘[ひうちなだ] (地)

宿
宿毛[すくも] (地)
宿毛湾[すくもわん] (地)
宿屋飯盛[やどやのめしもり] (人)

肅
肅親王善耆[しゅくしんのうぜんき] (人)

淳
淳仁天皇[じゅんにんてんのう] (人)
淳和天皇[じゅんなてんのう] (人)

順
順徳天皇[じゅんとくてんのう] (人)

崇
崇光天皇[すこうてんのう] (人)
崇徳天皇[すとくてんのう] (人)
崇道天皇[すどうてんのう] (人)
崇神天皇[すじんてんのう] (人)
崇峻天皇[すしゅんてんのう] (人)

習
習志野[ならしの] (地)

襲
襲の国[そのくに] (地)

升
升田[ますだ] (姓)
升田幸三[ますだこうぞう] (人)

昇
昇仙峡[しょうせんきょう] (地)

乗
乗鞍[のりくら] (地)
乗鞍岳[のりくらだけ] (地)

勝
勝[かつ] (姓)
勝間田の池[かつまたのいけ] (地)
勝光[かつみつ] (人)
勝山[かつやま] (地)
勝沼[かつぬま] (地)
勝安芳[かつやすよし] (人)
勝央[しょうおう] (地)
勝田[かつた] (地)
勝川[かつかわ] (姓)
勝川春章[かつかわしゅんしょう] (人)
勝浦[かつうら] (地)
勝海舟[かつかいしゅう] (人)

僧
僧正谷[そうじょうがたに] (地)

시
市谷[いちがや] (地)
市の上人[いちのしょうにん] (人)
市の聖[いちのひじり] (人)
市原[いちはら] (地)
市原王[いちはらのおおきみ] (人)
市川[いちかわ] (地/姓)
市川団十郎[いちかわだんじゅうろう] (人)
市川団蔵[いちかわだんぞう] (人)
市川大門[いちかわだいもん] (地)
市川房枝[いちかわふさえ] (人)
市川三郷[いちかわみさと] (地)
市川小団次[いちかわこだんじ] (人)
市川寿海[いちかわじゅかい] (人)
市川猿之助[いちかわえんのすけ] (人)
市川正一[いちかわしょういち] (人)
市川左団次[いちかわさだんじ] (人)

市川中車[いちかわちゅうしゃ](人)
市川貝塚[いちかわかいづか](人)
市村[いちむら](人)
市村羽左衛門[いちむらうざえもん](人)
市村瓚次郎[いちむらさんじろう](人)
市貝[いちかい](地)
市河[いちかわ](姓)
市河寛斎[いちかわかんさい](人)
市河米庵[いちかわべいあん](人)
市河三喜[いちかわさんき](人)

矢

矢巾[やはば](地)
矢掛[やかけ](地)
矢橋[やばせ](地)
矢内原[やないはら](姓)
矢内原忠雄[やないはらただお](人)
矢代[やしろ](姓)
矢代幸雄[やしろゆきお](人)
矢島[やじま](姓)
矢島せい子[やじませいこ](人)
矢島楫子[やじまかじこ](人)
矢本[やもと](地)
矢部[やべ](姓)
矢部長克[やべひさかつ](人)
矢部川[やべがわ](地)
矢野[やの](姓)
矢野竜渓[やのりゅうけい](人)
矢野玄道[やのはるみち](人)
矢作川[やはぎがわ](地)
矢田部[やたべ](姓)
矢田部良吉[やたべりょうきち](人)
矢切[やぎり](地)
矢祭[やまつり](地)
矢板[やいた](地)
矢吹[やぶき](地)

施

施基皇子[しきのみこ](人)

柿

柿本[かきのもと](姓)
柿木金助[かきのききんすけ](人)
柿本人麻呂[かきのもとのひとまろ]
　(人)
柿右衛門[かきえもん](人)
柿田川[かきだがわ](地)

時

時枝[ときえだ](姓)
時枝誠記[ときえだもとき](人)
時津[とぎつ](地)

柴

柴[しば](姓)
柴四朗[しばしろう](人)
柴野[しばの](姓)
柴野栗山[しばのりつざん](人)
柴田[しばた](地/姓)
柴田敬[しばたけい](人)
柴田桂太[しばたけいた](人)
柴田鳩翁[しばたきゅうおう](人)
柴田錬三郎[しばたれんざぶろう](人)
柴田勝家[しばたかついえ](人)
柴田是真[しばたぜしん](人)
柴田雄次[しばたゆうじ](人)

식

式根島[しきねじま](地)
式子内親王①[しきしないしんのう]
式子内親王②[しょくしないしんの
　う](人)
式亭三馬[しきていさんば](人)

息

息軒[そっけん](人)

埴

埴科[はにしな](地)
埴安[はにやす](地)
埴安の池[はにやすのいけ](地)

植

植木[うえき](地/姓)
植木枝盛[うえきえもり](人)
植村[うえむら](姓)
植村文楽軒[うえむらぶんらくけん]
　(人)
植村正久[うえむらまさひさ](人)
植村直己[うえむらなおみ](人)
植村環[うえむらたまき](人)

飾

飾磨[しかま](地)

신

辛崎[からさき](地)

身

身延[みのぶ](地)
身延山[みのぶさん](地)

信

信家[のぶいえ](人)
信国[のぶくに](人)
信貴山[しぎさん](地)
信濃[しなの](地)
信濃路[しなのじ](地)
信濃前司行長[しなののぜんじゆきな
　が](人)
信濃川[しなのがわ](地)
信濃追分[しなのおいわけ](地)
信徳[しんとく](人)
信楽[しがらき](地)
信夫[しのぶ](地)
信夫淳平[しのぶじゅんぺい](人)
信時[のぶとき](姓)
信時潔[のぶときよし](人)
信越[しんえつ](地)
信長[のぶなが](人)
信州[しんしゅう](地)
信田[しのだ](地)
信太[しのだ](地)
信玄[しんげん](人)

神

神居古潭[かむいこたん](地)
神谷[かみや](地)
神谷宗湛[かみやそうたん](人)
神宮皇后[じんぐうこうごう](人)
神近[かみちか](人)
神市市子[かみちかいちこ](人)
神埼[かんざき](地)
神崎①[かみざき](地/姓)
神崎②[かんざき](地)
神崎③[こうざき](地)
神崎与五郎[かみざきよごろう](人)
神崎川[かみざきがわ](地)
神奈備山[かんなびやま](地)
神奈川[かながわ](地)
神島[かみじま](地)
神楽岡[かぐらおか](地)
神楽坂[かぐらざか](地)
神路山[かみじやま](地)
神流[かんな](地)
神流川[かんながわ](地)
神武天皇[じんむてんのう](人)
神辺[かんなべ](地)
神保[じんぼう](姓)
神保格[じんぼうかく](人)
神山[かみやま](地)
神石[じんせき](地)
神石高原[じんせきこうげん](地)
神栖[かみす](地)

神日本磐余彦天皇[かんやまといわれひこのすめらみこと](人)
神田[かんだ](地/姓)
神田乃武[かんだないぶ](人)
神田伯楽[かんだはくりゅう](人)
神田伯山[かんだはくざん](人)
神田川[かんだがわ](地)
神田孝平[かんだたかひら](人)
神津[こうづ](地)
神津島[こうづしま](地)
神津俶祐[こうづしゅくすけ](人)
神川[かみかわ](地/姓)
神津能松[かみかわひこまつ](人)
神通川[じんずうがわ　じんづうがわ](地)
神河[かみかわ](地)
神恵内[かもえない](地)
神戸①[ごうど](地)
神戸②[こうべ](地)

新

新居[あらい](地)
新居浜[にいはま](地)
新見①[にいみ](地)
新見②[しんみ](地)
新見正興[しんみまさおき](人)
新高山[にいたかやま](地)
新冠[にいかっぷ](地)
新橋[しんばし](地)
新宮[しんぐう](地/姓)
新宮涼庭[しんぐうりょうてい](人)
新宮川[しんぐうがわ](地)
新吉原[しんよしわら](地)
新南陽[しんなんよう](地)
新島[にいじま](地)
新島襄[にいじまじょう](人)
新渡戸[にとべ](姓)
新渡戸稲造[にとべいなぞう](人)
新得[しんとく](地)
新羅三郎[しんらさぶろう](人)
新明[しんめい](姓)
新明正道[しんめいまさみち](人)
新門辰五郎[しんもんたつごろう](人)
新美[にいみ](姓)
新美南吉[にいみなんきち](人)
新発田[しばた](地)
新富[しんとみ](地)
新上五島[しんかみごとう](地)
新潟[にいがた](地)
新潟平野[にいがたへいや](地)
新城[しんしろ](地)
新世界[しんせかい](地)
新篠津[しんしのつ](地)

新宿①[しんじゅく](地)
新宿②[にいじゅく](地)
新市[しんいち](地)
新十津川[しんとつかわ](地)
新温泉[しんおんせん](地)
新庄[しんじょう](地)
新田[にった](地/姓)
新田義貞[にったよしさだ](人)
新田義顕[にったよしあき](人)
新田義興[にったよしおき](人)
新田次郎[にったじろう](人)
新井[あらい](地/姓)
新井白石[あらいはくせき](人)
新町[しんまち](地)
新座[にいざ](地)
新湊[しんみなと](地)
新地[しんち](地)
新津[にいつ](地)
新川[しんかわ](地)
新村[しんむら](地)
新村出[しんむらいずる](人)
新海[しんかい](地)
新海竹太郎[しんかいたけたろう](人)
新郷[しんごう](地)

榊

榊原[さかきばら](姓)
榊原康政[さかきばらやすまさ](人)
榊原紫峰[さかきばらしほう](人)
榊原仟[さかきばらしげる](人)
榊原篁洲[さかきばらこうしゅう](人)

실

実

実川[じつかわ](姓)
実川延若[じつかわえんじゃく](人)

室

室[むろ]
室鳩巣[むろきゅうそう](人)
室堂[むろどう](地)
室蘭[むろらん](地)
室生[むろう](地)
室生犀星[むろうさいせい](人)
室生赤目青山国定公園[むろうあかめあおやまこくていこうえん](地)
室町[むろまち](地)
室津[むろつ　むろのつ](地)
室戸[むろと](地)
室戸崎[むろとざき](地)
室戸阿南海岸国定公園[むろとあなんかいがんこくていこうえん](地)

室の八島[むろのやしま](地)

심

心

心斎橋筋[しんさいばしすじ](地)

甚

甚目寺[じもくじ](地)

深

深見[ふかみ](姓)
深見玄岱[ふかみげんたい](人)
深谷[ふかや](地)
深尾[ふかお](姓)
深尾須磨子[ふかおすまこ](人)
深沙大将[じんじゃだいしょう](人)
深田[ふかだ](姓)
深田久弥[ふかだきゅうや](人)
深川[ふかがわ](地)
深草[ふくさ](地/姓)
深草少将[ふかくさのしょうしょう](人)
深草帝[ふかくさのみかど](人)
深沢[ふかざわ](姓)
深沢七郎[ふかざわしちろう](人)
深浦[ふかうら](地)

십

十

十国峠[じっこくとうげ](地)
十島[としま](地)
十文字[じゅうもんじ](地)
十返舎一九[じっぺんしゃいっく](人)
十石峠[じっこくとうげ](地)
十勝[とかち](地)
十勝岳[とかちだけ](地)
十勝川[とかちがわ](地)
十勝平野[とかちへいや](地)
十市の里[とおちのさと](地)
十一谷[じゅういちや](姓)
十一谷義三郎[じゅういちやぎさぶろう](人)
十日町[とおかまち](地)
十津川①[とつかわ](地)
十津川②[とつがわ](地)
十津川郷[とつがわごう](地)
十寸見[ますみ](姓)
十寸見河東[ますみかとう](人)
十和田[とわだ](地)
十和田湖[とわだこ](地)
十和田八幡国立公園[とわだはちまんこくりつこうえん](地)

辻

辻[つじ] (姓)
辻本[つじもと] (姓)
辻本満丸[つじもとみつまる] (人)
辻善之助[つじぜんのすけ] (人)
辻与次郎[つじよじろう] (人)
辻潤[つじじゅん] (人)
辻直四郎[つじなおしろう] (人)
辻村[つじむら] (姓)
辻村伊助[つじむらいすけ] (人)
辻村太郎[つじむらたろう] (人)

쌍

双

双ヶ岡[ならびがおか] (地)
双葉[ふたば] (地)
双葉山[ふたばやま] (姓)
双葉山定次[ふたばやまさだじ] (人)

씨

氏

氏家[うじいえ] (地)

아

亜

亜欧堂田善[あおうどうでんぜん] (人)

児

児島[こじま] (地/姓)
児島高徳[こじまたかのり] (人)
児島湾[こじまわん] (地)
児島善三郎[こじまぜんざぶろう] (人)
児島惟謙[こじまいけん] (人)
児島虎次郎[こじまとらじろう] (人)
児島喜久雄[こじまきくお] (人)
児雷也[じらいや] (人)
児玉[こだま] (地/姓)
児玉源太郎[こだまげんたろう] (人)
児玉花外[こだまかがい] (人)
児湯[こゆ] (地)

阿

阿加流比売神[あかるひめのかみ] (人)
阿見[あみ] (地)
阿古屋[あこや] (地/人)
阿久根[あくね] (地)
阿久比[あぐい] (地)
阿国[おくに] (人)
阿南①[あなん] (地)
阿南②[あなみ] (地)
阿南惟幾[あなみこれちか] (人)

我

阿曇[あずみ] (姓)
阿曇比邏夫[あずみのひらふ] (人)
阿里山[ありさん] (地)
阿武[あぶ] (地)
阿武山古墳[あぶやまこふん] (地)
阿武隈川[あぶくまがわ] (地)
阿武隈山地[あぶくまさんち] (地)
阿弥陀ヶ峰[あみだがみね] (地)
阿弥陀の聖[あみだのひじり] (人)
阿倍[あべ] (姓)
阿倍内麻呂[あべのうちのまろ] (人)
阿倍比邏夫[あべのひらぶ] (人)
阿倍野[あべの] (地)
阿保親王[あぼしんのう] (人)
阿部[あべ] (姓)
阿部信行[あべのぶゆき] (人)
阿部将翁[あべしょうおう] (人)
阿部正弘[あべまさひろ] (人)
阿部知二[あべともじ] (人)
阿部次郎[あべじろう] (人)
阿部忠秋[あべただあき] (人)
阿仏尼[あぶつに] (人)
阿寺の七滝[あてらのななたき] (地)
阿蘇[あそ] (地)
阿蘇山[あそさん] (地)
阿新丸[くまわかまる] (人)
阿児[あこ] (地)
阿若丸[くまわかまる] (人)
阿漕[あこぎ] (地)
阿漕の平次[あこぎのへいじ] (人)
阿漕ヶ浦[あこぎがうら] (地)
阿佐太子[あさたいし] (人)
阿州鹿央[あしゅかおう] (人)
阿知使主[あちのおみ] (人)
阿智[あち] (地)
阿直岐[あちき] (人)
阿茶の局[あちゃのつぼね] (人)
阿太の大野[あだのおおの] (地)
阿波[あわ] (地)
阿波座[あわざ] (地)
阿賀[あが] (地)
阿賀野[あがの] (地)
阿賀野川[あがのがわ] (地)
阿寒[あかん] (地)
阿寒国立公園[あかんこくりつこうえん] (地)
阿寒湖[あかんこ] (地)
阿豆流為[あてるい] (人)

我

我が立つ杣[わがたつそま] (地)
我孫子[あびこ] (地)

我妻[わがつま] (姓)
我妻栄[わがつまさかえ] (人)

芽

芽室[めむろ] (地)

峨

峨山[がさん] (人)

雅

雅子[まさこ] (人)

악

岳

岳翁蔵久[がくおうぞうきゅう] (人)

悪

悪源太[あくげんた] (人)
悪左府[あくさふ] (人)
悪七兵衛[あくしちびょうえ] (人)

渥

渥美[あつみ] (地)
渥美半島[あつみはんとう] (地)

안

安

安家洞[あっかどう] (地)
安嘉門院[あんかもんいん] (人)
安嘉門院四條[あんかもんいんのしじょう] (人)
安岡[やすおか] (姓)
安岡正篤[やすおかまさひろ] (人)
安康天皇[あんこうてんのう] (人)
安綱[やすつな] (人)
安国寺恵瓊[あんこくじえけい] (人)
安国院[あんこくいん] (人)
安寧天皇[あんねいてんのう] (人)
安濃津[あのつ] (地)
安達[あだち] (地/姓)
安達謙蔵[あだちけんぞう] (人)
安達景盛[あだちかげもり] (人)
安達ヶ原[あだちがはら] (地)
安達潮花[あだちちょうか] (人)
安達太良山[あだたらやま] (地)
安達泰盛[あだちやすもり] (人)
安曇[あづみ] (人)
安曇野[あずみの] (地)
安曇川[あづみがわ] (地)
安徳天皇[あんとくてんのう] (人)
安島[あじま] (姓)
安島帯刀[あじままたてわき] (人)

安岸雁鞍顔岩暗

安島直円[あじまなおのぶ](人)
安堵[あんど](地)
安東[あんどう](姓)
安東省庵[あんどうせいあん](人)
安藤[あんどう](姓)
安藤広重[あんどうひろしげ](人)
安藤東野[あんどうとうや](人)
安藤信正[あんどうのぶまさ](人)
安藤正次[あんどうまさつぐ](人)
安藤昌益[あんどうしょうえき](人)
安楽庵策伝[あんらくあんさくでん]
　(人)
安来[やすぎ](地)
安良礼松原[あられまつばら](人)
安房[あわ](地)
安房峠[あぼうとうげ](地)
安倍[あべ](姓)
安倍能成[あべのよししげ](人)
安倍頼時[あべのよりとき](人)
安倍保名[あべのやすな](人)
安倍貞任[あべのさだとう](人)
安倍宗任[あべのむねとう](人)
安倍川[あべがわ](地)
安倍晴明[あべのせいめい](人)
安部[あべ](姓)
安部公房[あべこうぼう](人)
安部磯雄[あべいそお](人)
安比温泉[あっぴおんせん](地)
安西[あんざい](地)
安西冬衛[あんざいふゆえ](人)
安城[あんじょう](地)
安乗崎[あのりざき](地)
安阿弥[あんあみ](人)
安芸[あき](地)
安芸高田[あきたかた](地)
安芸太田[あきおおた](地)
安原[やすはら](姓)
安原貞室[やすはらていしつ](人)
安積[あさか](地)
安積艮斎[あさかごんさい](人)
安積澹泊[あさかたんぱく](人)
安積山[あさかやま](地)
安積の沼[あさかのぬま](地)
安積疏水[あさかそすい](地)
安田[やすだ](地/姓)
安田善次郎[やすだぜんじろう](人)
安田靫彦[やすだゆきひこ](人)
安井[やすい](姓)
安井てつ[やすいてつ](人)
安井道頓[やすいどうとん](人)
安井算哲[やすいさんてつ](人)
安井息軒[やすいそっけん](人)

安井仲治[やすいなかじ](人)
安井曾太郎[やすいそうたろう](人)
安佐南[あさみなみ](地)
安佐北[あさきた](地)
安治川[あじかわ](地)
安宅[あたか](地)
安土[あづち](地)
安八[あんぱち](地)
安平[あびら](地)
安閑天皇[あんかんてんのう](人)
安喜門院[あんきもんいん](人)

岸

岸[きし](姓)
岸本[きしもと](地)
岸本英太[きしもとひでお](人)
岸本由豆流[きしもとゆずる](人)
岸本調和[きしもとちょうわ](人)
岸信介[きしのぶすけ](人)
岸田[きしだ](姓)
岸田国士[きしだくにお](人)
岸田劉生[きしだりゅうせい](人)
岸田吟香[きしだぎんこう](人)
岸田日出刀[きしだひでと](人)
岸田俊子[きしだとしこ](人)
岸清一[きしせいいち](人)
岸和田[きしわだ](地)

雁

雁坂峠[かりさかとうげ](地)

鞍

鞍馬[くらま](地)
鞍馬山[くらまやま](地)
鞍手[くらて](地)
鞍作鳥[くらつくりのとり](人)
鞍作止利[くらつくりのとり](人)

顔

顔世御前[かおよごぜん](人)

岩

岩間[いわま](地/姓)
岩間乙二[いわまおつに](人)
岩見[いわみ](地)
岩見重太郎[いわみじゅうたろう](人)
岩見沢[いわみざわ](地)
岩谷[いわや](地)
岩谷松平[いわやまつへい](人)
岩橋[いわはし](姓)

岩橋武夫[いわはしたけお](人)
岩橋善兵衛[いわはしぜんべえ](人)
岩国[いわくに](地)
岩槻[いわつき](地)
岩崎[いわさき](地)
岩崎灌園[いわさきかんえん](人)
岩崎弥之助[いわさきやのすけ](人)
岩崎弥太郎[いわさきやたろう](人)
岩崎小弥太[いわさきこやた](人)
岩内[いわない](地)
岩代[いわしろ](地)
岩藤[いわふじ](人)
岩瀬[いわせ](地/姓)
岩瀬京伝[いわせきょうでん](人)
岩瀬の森[いわせのもり](地)
岩瀬忠震[いわせただなり](人)
岩木山[いわきさん](地)
岩美[いわみ](地)
岩船[いわふね](地)
岩沼[いわぬま](地)
岩手[いわて](地)
岩手山[いわてさん](地)
岩室[いわむろ](地)
岩野[いわの](姓)
岩野泡鳴[いわのほうめい](人)
岩淵[いわぶち](地)
岩淵悦太郎[いわぶちえつたろう](人)
岩永[いわなが](姓)
岩永マキ[いわながまき](人)
岩田[いわた](姓)
岩田藤七[いわたとうしち](人)
岩田涼菟[いわたりょうと](人)
岩田豊雄[いわたとよお](人)
岩井[いわい](地/姓)
岩井半四郎[いわいはんしろう](人)
岩佐[いわさ](姓)
岩佐又兵衛[いわさまたべえ](人)
岩舟[いわふね](地)
岩倉[いわくら](地/姓)
岩倉具視[いわくらともみ](人)
岩泉[いわいずみ](地)
岩出[いわで](地)
岩出山[いわでやま](地)
岩波[いわなみ](姓)
岩波茂雄[いわなみしげお](人)
岩下[いわした](姓)
岩下壮一[いわしたそういち](人)

暗

暗部山[くらぶやま](地)
暗峠[くらがりとうげ](地)

闇

闇部山[くらぶやま](地)
闇斎[あんさい](人)

巌

巌谷[いわや](姓)
巌谷小波[いわやさざなみ](人)
巌谷一六[いわやいちろく](人)
巌流島[がんりゅうじま](地)
巌本[いわもと](人)
巌本善治[いわもとよしはる](人)

압

押

押川[おしかわ](姓)
押川春浪[おしかわしゅんろう](人)

姶

姶良[あいら](地)

鴨

鴨[かも](地/姓)
鴨居[かもい](姓)
鴨居羊子[かもいようこ](人)
鴨島[かもじま](地)
鴨方[かもがた](地)
鴨長明[かものちょうめい](人)
鴨川[かもがわ](地)

애

愛

愛甲[あいこう](地)
愛南[あいなん](地)
愛発山[あらちやま](地)
愛別[あいべつ](地)
愛本[あいもと](地)
愛山[あいざん](地)
愛西[あいさい](地)
愛媛[えひめ](地)
愛鷹山[あしたかやま](地)
愛荘[あいしょう](地)
愛知①[あいち](地)
愛知②[えち](地)
愛知高原国定公園[あいちこうげんこくていこうえん](地)
愛知用水[あいちようすい](地)
愛知川[えちがわ](地)
愛川[あいかわ](地)
愛宕[あたご](地)
愛宕山[あたごやま](地)

액

額

額田[ぬかた](地)
額田王[ぬかたのおおきみ](人)

앵

桜

桜[さくら](地)
桜間[さくらま](姓)
桜間弓川[さくらまきゅうせん](人)
桜間道雄[さくらまみちお](人)
桜間左陣[さくらまさじん](人)
桜島[さくらじま](地)
桜梅少将[おうばいしょうしょう](人)
桜木町[さくらぎちょう](地)
桜田[さくらだ](地)
桜田一郎[さくらだいちろう](人)
桜田治助[さくらだじすけ](人)
桜井[さくらい](地/姓)
桜井丹波少掾[さくらいたんばのしょうじょう](人)
桜井梅室[さくらいばいしつ](人)
桜井錠二[さくらいじょうじ](人)
桜井忠温[さくらいただよし](人)
桜井欽一[さくらいきんいち](人)
桜町中納言[さくらまちのちゅうなごん](人)
桜町天皇[さくらまちてんのう](人)
桜川[さくらがわ](地)
桜川慈悲成[さくらがわじひなり](人)
桜丸[さくらまる](人)

鴬

鴬谷[うぐいすだに](地)

야

也

也有[やゆう](人)

夜

夜見ヶ浜[よみがはま](地)
夜半亭[やはんてい](人)

耶

耶麻[やま](地)
耶馬渓[やばけい](地)
耶馬日田英彦山国定公園[やばひたひこさんこくていこうえん](地)

野

野間[のま](姓)

野間宏[のまひろし](人)
野間清治[のませいじ]く(人)
野見宿禰[のみのすくね](人)
野尻[のじり](地/姓)
野尻抱影[のじりほうえい](人)
野尻湖[のじりこ](地)
野口[のぐち](姓)
野口兼資[のぐちかねすけ](人)
野口米次郎[のぐちよねじろう](人)
野口弥太郎[のぐちやたろう](人)
野口英世[のぐちひでよ](人)
野口雨情[のぐちうじょう](人)
野口遵[のぐちしたが](人)
野崎[のざき](地)
野島[のじま](地)
野島康三[のじまやすぞう](人)
野島崎[のじまざき](地)
野島が崎[のじまがさき](地)
野呂[のろ](地)
野呂介石[のろかいせき](人)
野呂栄太郎[のろえいたろう](人)
野呂元丈[のろげんじょう](人)
野路の玉川[のじのたまがわ](地)
野雷[のづち](人)
野麦峠[のむぎとうげ](地)
野木[のぎ](地)
野迫川[のせがわ](地)
野辺地[のへじ](地)
野辺山原[のべやまにら](地)
野付[のつけ](地)
野上[のがみ](姓)
野上弥生子[のがみやえこ](人)
野上豊一郎[のがみとよいちろう](人)
野々口[ののぐち](姓)
野々市[ののいち](地)
野々村[ののむら](姓)
野々村仁清[ののむらにんせい](人)
野田[のだ](地)
野田の玉川[のだのたまがわ](地)
野州①[やしゅう](地)
野州②[やす](地)
野洲川[やしゅうがわ](地)
野中[のなか](地)
野中兼山[のなかけんざん](人)
野之口[ののぐち](姓)
野之口隆正[ののぐちたかまさ](人)
野之口立圃[ののぐちりゅうほ](人)
野津[のづ](姓)
野津道貫[のづみちつら](人)
野川[のがわ](地)
野村[のむら](姓)
野村吉三郎[のむらきちさぶろう](人)

闇
巌
押
姶
鴨
愛
額
桜
鴬
也
夜
耶
野

野

野村東皐[のむらとうこう](人)
野村万蔵[のむらまんぞう](人)
野村望東尼[のむらともに](人)
野村胡堂[のむらこどう](人)
野村篁園[のむらこうえん](人)
野槌[のづち](人)
野沢[のざわ](姓)
野沢凡兆[のざわぼんちょう](人)
野沢温泉[のざわおんせん](地)
野坂[のさか](地)
野坂参三[のさかさんぞう](人)

若

若槻[わかつき](姓)
若槻礼次郎[わかつきれいじろう]
　(人)
若柳[わかやなぎ](地)
若林[わかばやし](地)
若山[わかやま](地)
若山牧水[わかやまぼくすい](人)
若松[わかまつ](地/姓)
若松賤子[わかまつしずこ](人)
若桜[わかさ](地)
若葉[わかば](地)
若州[じゃくしゅう](人)
若草山[わかくさやま](地)
若冲[じゃくちゅう](人)
若狭[わかさ](地)
若狭街道[わかさかいどう](地)
若狭湾[わかさわん](地)
若狭湾国定公園[わかさわんこくて
　いこうえん](地)

薬

薬師岳[やくしだけ](地)
薬研堀[やげんぼり](地)

양

羊

羊蹄山[ようていざん](地)

洋

洋野[ひろの](地)

揚

揚巻[あげまき](地)
揚屋町[あげやまち](地)

陽

陽成天皇[ようぜいてんのう](人)

様

様似[さまに](地)

養

養老[ようろう](地)
養老の滝[ようろうのたき](地)
養老川[ようろうがわ](地)
養父[やぶ](地)

어

魚

魚島[うおしま](地)
魚山[ぎょさん](地)
魚沼[うおぬま](地)
魚野川[うおのがわ](地)
魚津[うおづ](地)

御

御蓋山[みかさやま](地)
御堂関白[みどうかんぱく](人)
御堂筋[みどうすじ](地)
御代田[みよた](地)
御木[みき](姓)
御木徳近[みきとくちか](人)
御木徳一[みきとくかず](人)
御木本[みきもと](地)
御木本幸吉[みきもとこうきち](人)
御坊[ごぼう](地)
御浜[みはま](地)
御山[おやま](地)
御裳濯川[みもすそがわ](地)
御船[みふね](地)
御所[ごせ](地)
御巣鷹[おすたか](地)
御宿[おんじゅく](地)
御嵩[みたけ](地)
御食津神[みけつかみ](人)
御室[おむろ](地)
御岳[みたけ](地)
御岳山[おんたけさん](地)
御嶽[みたけ](地)
御嶽山[おんたけさん](地)
御影[みかげ](地)
御垣の原[みかきのはら](地)
御杖[みつえ](地)
御蔵島[みくらじま](地)
御前崎[おまえざき](地)
御殿場[ごてんば](地)
御肇国天皇[はつくにしらすすめらめ
　みこと](人)
御津[みつ](地)
御茶の水[おちゃのみず](地)

御茶ノ水[おちゃのみず](地)
御幸厳天皇[ごこうごんてんのう](人)

억

憶

憶良[おくら](人)

언

言

言問[こととい](地)
言水[ごんすい](人)

彦

彦根[ひこね](地)
彦山[ひこさん](地)

엄

奄

奄美[あまみ](地)
奄美群島[あまみぐんとう](地)
奄美大島[あまみおおしま](地)
奄美諸島[あまみしょとう](地)

厳

厳島[いつくしま](地)
厳原[いずはら・いづはら](地)

업

業

業平[なりひら](地)

여

与

与那国[よなぐに](地)
与那国島[よなぐにじま](地)
与那原[よなばる](地)
与論[よろん](地)
与論島[よろんとう](地)
与謝[よさ](地/姓)
与謝蕪村[よさぶそん](人)
与謝野[よさの](地/姓)
与謝野晶子[よさのあきこ](人)
与謝野鉄幹[よさのてっかん](人)
与謝の海[よさのうみ](地)
与野[よの](地)

如

如是閑[にょぜかん](人)
如意ヶ岳[にょいがだけ](地)
如一[にょいち](人)

野
若
薬
羊
洋
揚
陽
様
養
魚
御
憶
言
彦
奄
厳
業
与
如

余

余目[あまるめ](地)
余部[あまるべ](地)
余市[よいち](地)
余呉湖[よごこ　よごのうみ](地)

役

役小角[えんのおづの・えんのしょうかく](人)
役優婆塞[えんのうばそく](人)
役行者[えんのぎょうじゃ](人)

逆

逆髪[さかがみ](人)

延

延岡[のべおか](地)
延命冠者[えんめいかじゃ](人)

淵

淵[ふち](姓)
淵岡山[ふちこうざん](人)

煙

煙山[けむやま](姓)
煙山専太郎[けむやませんたろう](人)

燕

燕[つばめ](地)
燕岳[つばくろだけ](地)
燕雲十六州[えんうんじゅうろくしゅう](地)

熱

熱田[あつた](地)
熱川温泉[あたがわおんせん](地)
熱海[あたみ](地)

染

染殿の大臣[そめどののおとど](人)
染殿の后[そめどののきさき](人)
染井[そめい](地)
染川[そめかわ](地)

塩

塩見[しおみ](姓)
塩見岳[しおみだけ](地)

塩見政盛[しおみまさなり](人)
塩尻[しおじり](地)
塩見峠[しおじりとうげ](地)
塩谷①[しおや](地)
塩谷②[しおのや](姓)
塩彦温[しおのやおん](山)
塩谷温[しおのやおん](人)
塩谷判官[えんやはんがん](人)
塩谷宕陰[しおのやとういん](人)
塩釜[しおがま](地)
塩山[えんざん](地)
塩の山[しおのやま](地)
塩原[しおばら](地/姓)
塩原多助[しおばらたすけ](人)
塩原温泉郷[しおばらおんせんきょう](地)
塩田温泉[しおだおんせん](地)
塩井[しおい](地)
塩井雨江[しおいうこう](人)
塩竃[しおがま](地)
塩津山[しおつやま](地)
塩沢[しおざわ](地)
塩土老翁[しおつちのおじ](人)
塩飽諸島[しわくしょとう](地)

艶

艶二郎[えんじろう](人)

葉

葉山[はやま](地/姓)
葉山嘉樹[はやまよしき](人)
葉室[はむろ](姓)
葉室時長[はむろときなが](人)

永

永観[ようかん](人)
永徳[えいとく](人)
永福門院[えいふくもんいん](人)
永野[ながの](姓)
永野修身[ながのおさみ](人)
永田[ながた](姓)
永田徳本[ながたとくほん](人)
永田武[ながたたけし](人)
永田善吉[ながたぜんきち](人)
永田雅一[ながたまさいち](人)
永田町[ながたちょう](地)
永田鉄山[ながたてつざん](人)
永井[ながい](姓)
永井竜男[ながいたつお](人)
永井柳太郎[ながいりゅうたろう](人)
永井尚志[ながいなおむね](人)

永井荷風[ながいかふう](人)
永平寺[えいへいじ](地)

英

英[はなぶさ](姓)
英彦山[ひこさん　えひこさん](地)
英虞湾[あごわん](地)
英一蝶[はなぶさいっちょう](人)
英田[あいだ](地)
英照皇太后[えいしょうこうたいこう](人)

栄

栄[さかえ](地)

穎

穎原[えばら](姓)
穎原退蔵[えばらたいぞう](人)

刈

刈谷[かりや](地)
刈羽[かりわ](地)
刈田[かった](地)

苅

苅田[かんだ](地)
苅萱[かるかや](人)

芸

芸西[げいせい](地)
芸阿弥[げいあみ](人)
芸予諸島[げいよしょとう](地)
芸州[げいしゅう](地)

叡

叡山[えいざん](地)
叡尊[えいぞん](人)

蘗

蘗取[しべとろ](地)

五

五家荘[ごかのしょう](地)
五個荘[ごかしょう](地)
五箇荘[ごかしょう](地)
五剣山[ごけんざん](地)
五大湖[ごだいこ](地)
五代[ごだい](姓)
五代友厚[ごだいともあつ](人)
五台山[ごだいさん](地)

역
연
열
염
엽
영
예
도

五
呉
吾
烏
奥
塢
玉
屋
温
臥
窪
椀
王

五島[ごとう] (地/姓)
五島慶太[ごとうけいた] (人)
五島列島[ごとうれっとう] (地)
五ヶ瀬[ごかせ] (地)
五ヶ瀬川[ごかせがわ] (地)
五木[いつき] (地)
五色沼[ごしきぬま] (地)
五姓田[ごせだ] (姓)
五姓田芳柳[ごせだほうりゅう] (人)
五姓田義松[ごせだよしまつ] (人)
五城目[ごじょうめ] (地)
五所[ごしょ] (地)
五ヶ所湾[ごかしょわん] (地)
五所川原[ごしょがわら] (地)
五所平之助[ごしょへいのすけ] (人)
五十嵐[いがらし] (姓)
五十嵐道甫[いがらしどうほ] (人)
五十嵐力[いがらしちから] (人)
五十嵐信斎[いがらししんさい] (人)
五十鈴川[いすずがわ] (地)
五十里ダム[いかりダム] (地)
五十猛命[いたけるのみこと] (人)
五日市[いつかいち] (地)
五丈原[ごじょうげん] (地)
五丁町[ごちょうまち] (地)
五井[ごい] (姓)
五井蘭洲[ごいらんしゅう] (人)
五条[ごじょう] (地)
五条の袈裟[ごじょうのけさ] (人)
五条三位[ごじょうのさんみ] (人)
五条通り[ごじょうどおり] (地)
五条坂[ごじょうざか] (地)
五条の后[ごじょうのきさき] (人)
五条[ごじょう] (地)
五泉[ごせん] (地)
五浦[いづら ~ いずら] (地)
五霞[ごかま] (地)
五戸[ごのへ] (地)

呉
呉[くれ] (地/姓)
呉茂一[くれしげいち] (人)
呉秀三[くれしゅうぞう] (人)

吾
吾妻[あがつま] (地)
吾妻山[あずまやま] (地)
吾妻川[あがつまがわ] (地)
吾川[あがわ] (地)
吾湯市[あゆち] (地)

烏
烏山[からすやま] (地)
烏丸①[からすま] (地)
烏丸②[からすまる] (地/姓)
烏丸光広[からすまるみつひろ] (人)
烏丸殿[からすまるどの] (人)

奥
奥[おく] (姓)
奥尻[おくしり] (地)
奥尻島[おくしりとう] (地)
奥宮[おくのみや] (姓)
奥宮健之[おくのみやけんし] (人)
奥鬼怒[おくきぬ] (地)
奥多摩[おくたま] (地)
奥多摩湖[おくたまこ] (地)
奥丹後半島[おくたんごはんとう] (地)
奥保鞏[おくやすかた] (人)
奥羽[おうう] (地)
奥羽山脈[おううさんみゃく] (地)
奥羽地方[おううちほう] (地)
奥入瀬川[おいらせがわ] (地)
奥日光[おくにっこう] (地)
奥田[おくだ] (姓)
奥田頴川[おくだえいせん] (人)
奥州[おうしゅう] (地)
奥州街道[おうしゅうかいどう] (地)
奥只見ダム[おくただみダム] (地)
奥秩父[おくちちぶ] (地)
奥村[おくむら] (姓)
奥村五百子[おくむらいおこ] (人)
奥村政信[おくむらまさのぶ] (人)
奥村土牛[おくむらとぎゅう] (人)
奥出雲[おくいずも] (地)

塢
塢舸の水門[おかのみなと] (地)

玉
玉菊[たまぎく] (人)
玉島[たましま] (地)
玉島川[たましまがわ] (地)
玉東[ぎょくとう] (地)
玉名[たまな] (地)
玉木[たまき] (姓)
玉木文之進[たまきぶんのしん] (人)
玉木正英[たまきせいえい] (人)
玉城①[たまき] (地)
玉城②[たまぐすく] (姓)
玉城朝薫[たまぐすくちょうくん] (人)
玉松[たままつ] (姓)

玉松操[たままつみさお] (人)
玉水[たみみず] (地)
玉野[たまの] (地)
玉依姫[たまよりびめ] (人)
玉楮[たまかじ] (姓)
玉楮象谷[たまかじぞうこく] (人)
玉の井[たまのい] (地)
玉造[たまつくり] (地)
玉藻前[たまものまえ] (人)
玉之浦[たまのうら] (地)
玉津島[たまつしま] (地)
玉川①[たまかわ] (地)
玉川②[たまがわ] (地)
玉川勝太郎[たまがわかつたろう] (人)
玉村[たまむら] (地)
玉の浦[たまのうら] (地)

屋
屋久島[やくしま] (地)
屋代[やしろ] (姓)
屋代弘賢[やしろひろかた] (人)
屋島[やしま] (地)

温
温泉津[ゆのつ] (地)
温海温泉[あつみおんせん] (地)

臥
臥雲辰致[がうんたっち] (人)

窪
窪田[くぼた] (姓)
窪田空穂[くぼたうつぼ] (人)
窪川[くぼかわ] (地/姓)
窪川鶴次郎[くぼかわつるじろう] (人)

椀
椀久[わんきゅう] (人)
椀屋久右衛門[わんやきゅうえもん] (人)

王
王家の谷[おうけのたに] (地)
王滝[おうたき] (地)
王寺[おうじ] (地)
王子[おうじ] (地)

倭

倭[やまと](地)
倭建命[やまとたけるのみこと](人)
倭姫命[やまとひめのみこと](人)

外

外房[そとぼう](地)
外ヶ浜[そとがはま](地)
外山[とやま](姓)
外山亀太郎[とやまかめたろう](人)
外山正一[とやままさかず](人)
外村[とのむら](姓)
外村繁[とのむらしげる](人)

腰

腰越[こしごえ](地)

瑤

瑤甫惠瓊[ようほえけい](人)

用

用命天皇[ようめいてんのう](人)

勇

勇払[ゆうふつ](地)
勇払平野[ゆうふつへいや](地)

涌

涌谷[わくや](地)

湧

湧別[ゆうべつ](地)

又

又平[またへい](人)

友

友ヶ島水道[ともがしますいどう](地)
友梅[ゆうばい](人)
友部[ともべ](地)
友禅[ゆうぜん](人)
友成[ともなり](姓/人)
友野[ともの](姓)
友野霞舟[とものかしゅう](人)
友田[ともだ](姓)

友田恭助[ともだきょうすけ](人)

牛

牛久[うしく](地)
牛島[うしじま](姓)
牛島謹爾[うしじまきんじ](人)
牛深[うしぶか](地)
牛若丸[うしわかまる](人)
牛原[うしはら](姓)
牛原虚彦[うしはらきよひこ](人)
牛込[うしごめ](地)

右

右京[うきょう](地)
右近[うこん](人)
右近源左衛門[うこんげんざえもん]
　(人)

宇

宇検[うけん](地)
宇奈月[うなづき](地)
宇多[うだ](地)
宇多津[うたづ](地)
宇多天皇[うだてんのう]
宇都宮[うつのみや](地/姓)
宇都宮遯庵[うつのみやとんあん](人)
宇都宮綱網[うつのみやよりつな](人)
宇都宮三郎[うつのみやさぶろう](人)
宇留間[うるま](地)
宇留馬[うるま](地)
宇流麻の島[うるまのしま](地)
宇美[うみ](地)
宇部[うべ](地)
宇城[うき](地)
宇野[うの](地/姓)
宇野明霞[うのめいか](人)
宇野円空[うのえんくう](人)
宇野重吉[うのじゅうきち](人)
宇野哲人[うのてつと](人)
宇野浩二[うのこうじ](人)
宇野弘蔵[うのこうぞう](人)
宇垣[うがき](姓)
宇垣一成[うがきかずしげ](人)
宇田川[うだがわ](姓)
宇田川榛斎[うだがわしんさい](人)
宇田川玄随[うだがわげんずい](人)
宇田川玄真[うだがわげんしん](人)
宇井[うい](姓)
宇井伯寿[ういはくじゅ](人)
宇佐[うさ](地)
宇智の大野[うちのおおの](地)
宇津ノ谷峠[うつのやとうげ](地)

宇津の山[うつのやま](地)
宇治[うじ](地/姓)
宇治加賀掾[うじかがのじょう](人)
宇治の関白[うじのかんぱく](人)
宇治の橋姫[うじのはしひめ](人)
宇治の大君[うじのおおいぎみ](人)
宇治山[うじやま](地)
宇治山田[うじやまだ](地)
宇治田原[うじたわら](地)
宇治川[うじがわ](地)
宇陀[うだ](地)
宇土[うと](地)
宇品[うじな](地)
宇和[うわ](地)
宇和島[うわじま](地)
宇和海[うわかい](地)
宇喜田[うきた](地)
宇喜田秀家[うきたひでいえ](人)
宇喜田直家[うきたなおいえ](人)

羽

羽島[はしま](地)
羽咋[はくい](地)
羽生[はにゅう](地)
羽束師の森[はつかしのもり](地)
羽柴[はしば](姓)
羽柴秀長[はしばひでなが](人)
羽曳野[はびきの](地)
羽越[うえつ](地)
羽仁[はに](姓)
羽仁五郎[はにごろう](人)
羽仁もと子[はにもとこ](人)
羽田[はねだ](地/姓)
羽田亨[はねだとおる](人)
羽前[うぜん](地)
羽州[うしゅう](地)
羽州街道[うしゅうかいどう](地)
羽村[はむら](地)
羽合温泉[はわいおんせん](地)
羽幌[はぼろ](地)
羽後[うご](地)
羽黒街道[はぐろかいどう](地)
羽黒山[はぐろさん](地)

雨

雨宮[あめみや](姓)
雨宮敬次郎[あめみやけいじろう](人)
雨竜[うりゅう](地)
雨森[あめのもり](姓)
雨森芳洲[あめのもりほうしゅう](人)
雨情[うじょう](人)

零
零石[しずくいし](地)

零
旭
郁
運
雲
雄
熊
元
円
垣
原
院
員
園
源

옥

旭
旭[あさひ](地)
旭堂南陵[きょくどうなんりょう](人)
旭岳[あさひだけ](地)
旭川[あさひかわ](地)

郁
郁芳門院[いくほうもんいん](人)

운

運
運慶[うんけい](人)

雲
雲谷等顔[うんこくとうがん](人)
雲南[うんなん](地)
雲霧仁左衛門[くもきりにざえもん]
　(人)
雲浜[うんびん](人)
雲仙[うんぜん](地)
雲仙岳[うんぜんだけ](地)
雲仙天草国立公園[うんぜんあまく
　さこくりつこうえん](地)
雲雀山[ひばりやま](地)
雲井[くもい](地)
雲井竜雄[くもいたつお](人)
雲井の雁[くもいのかり](人)
雲照[うんしょう](人)
雲州[うんしゅう](地)
雲取山[くもとりやま](地)

웅

雄
雄琴[おごと](地)
雄琴温泉[おごとおんせん](地)
雄踏[ゆうとう](地)
雄島[おしま](地)
雄略天皇[ゆうりゃくてんのう](人)
雄武[おうむ](地)
雄物川[おものがわ](地)
雄勝[おがち](地)
雄阿寒岳[おあかんだけ](地)
雄長老[ゆうちょうろう](人)

熊
熊谷①[くまがい](姓)
熊谷②[くまがや](地)

熊谷岱蔵[くまがいたいぞう](人)
熊谷守一[くまがいもりかず](人)
熊谷直実[くまがいなおざね](人)
熊谷直好[くまがいなおよし](人)
熊毛[くまげ](地)
熊本[くまもと](地)
熊本平野[くまもとへいや](地)
熊斐[ゆうひ](人)
熊襲[くまそ](地)
熊野[くまの](地)
熊野街道[くまのかいどう](地)
熊野川[くまのがわ](地)
熊野灘[くまのなだ](地)
熊王丸[くまおうまる](人)
熊取[くまとり](地)
熊沢[くまざわ](姓)
熊沢蕃山[くまざわばんざん](人)
熊坂[くまさか](姓)
熊坂台州[くまさかたいしゅう](人)
熊坂長範[くまさかちょうはん](人)

원

元
元吉親王[もとよししんのう](人)
元隣[げんりん](人)
元明天皇[げんめいてんのう](人)
元の木網[もとのもくあみ](人)
元輔[もとすけ](人)
元三大師[がんざんだいし](人)
元箱根[もとはこね](地)
元信[もとのぶ](人)
元田[もとだ](姓)
元田永孚[もとだながざね](人)
元正天皇[げんしょうてんのう](人)
元町[もとまち](地)
元重[もとしげ](人)

円
円谷[つぶらや](姓)
円谷英二[つぶらやえいじ](人)
円空[えんくう](人)
円山[まるやま](姓)
円山応挙[まるやまおうきょ](人)
円月[えんげつ](人)
円位[えんい](人)
円融天皇[えんゆうてんのう](人)
円仁[えんにん](人)
円地[えんち](姓)
円地文子[えんちふみこ](人)
円通[えんつう](人)

垣
垣内[かいとう](姓)
垣内松三[かいとうまつぞう](人)

原
原[はら](地/姓)
原敬①[はらけい](人)
原敬②[はらたかし](人)
原民喜[はらたみき](人)
原富太郎[はらとみたろう](人)
原宿[はらじゅく](地)
原勝郎[はらかつろう](人)
原田[はらだ](姓)
原田甲斐[はらだかい](人)
原田慶吉[はらだけいきち](人)
原田孫七郎[はらだまごしちろう](人)
原田淑人[はらだよしと](人)
原田直次郎[はらだなおじろう](人)
原田豊吉[はらだとよきち](人)
原町[はらまち](地)
原采蘋[はらさいひん](人)
原坦山[はらたんざん](人)

院
院庄[いんのしょう](地)
院尊[いんそん](人)

員
員弁[いなべ](地)

園
園[その](姓)
園女[そのじょ](人)
園原[そのはら](地)
園正造[そのまさぞう](人)

源
源[みなもと](姓)
源家長[みなもとのいえなが](人)
源兼昌[みなもとのかねまさ](人)
源経基[みなもとのつねもと](人)
源経信[みなもとのつねのぶ](人)
源高明[みなもとのたかあきら](人)
源空[げんくう](人)
源光行[みなもとのみつゆき](人)
源琦[げんき](人)
源等[みなもとのひとし](人)
源頼家[みなもとのよりいえ](人)
源頼光[みなもとのよりみつ](人)
源頼信[みなもとのよりのぶ](人)
源頼義[みなもとのよりよし](人)
源頼政[みなもとのよりまさ](人)

源頼朝[みなもとのよりとも](人)
源隆国[みなもとのたかくに](人)
源湾仲[みなもとのみつなか](人)
源博雅[みなもとのひろまさ](人)
源範頼[みなもとののりより](人)
源師房[みなもとのもろふさ](人)
源三位頼政[げんざんみよりまさ](人)
源順[みなもとのしたごう](人)
源信[みなもとのまこと](人)
源実朝[みなもとのさねとも](人)
源氏[げんじ](姓)
源氏鶏太[げんじけいた](人)
源氏の君[げんじのきみ](人)
源氏の大将[げんじのだいしょう](人)
源為義[みなもとのためよし](人)
源為朝[みなもとのためとも](人)
源為憲[みなもとのためのり](人)
源有仁[みなもとのありひと](人)
源融[みなもとのとおる](人)
源義家[みなもとのよしいえ](人)
源義経[みなもとのよしつね](人)
源義光[みなもとのよしみつ](人)
源義朝[みなもとのよしとも](人)
源義仲[みなもとのよしなか](人)
源義平[みなもとのよしひら](人)
源宗于[みなもとのむねゆき](人)
源俊頼[みなもとのとしより](人)
源重之[みなもとのしげゆき](人)
源知行[みなもとのともゆき](人)
源親行[みなもとのちかゆき](人)
源通具[みなもとのみちとも](人)
源通親[みなもとのみちかね](人)
源行家[みなもとのゆきいえ](人)

猿

猿島[さしま](地)
猿面冠者[さるめんかんじゃ](人)
猿払[さるふつ](地)
猿飛佐助[さるとびさすけ](人)
猿若町[さるわかちょう](地)
猿田彦[さるたびこ](人)
猿沢の池[さるさわのいけ](地)
猿投山[さなげやま](地)
猿丸大夫[さるまるだゆう](人)

遠

遠江[とおとうみ](地)
　　　[えんがる](地)
　　　[おうみ](地)
　　　１(姓)
　　　どうよしもと](人)
　　　んどうりゅうきち](人)

遠藤盛遠[えんどうもりとお](人)
遠藤於菟[えんどうおと](人)
遠藤元閑[えんどうげんかん](人)
遠里小野[とおさとおの](地)
遠別[えんべつ](地)
遠山[とおやま](姓)
遠山金四郎[とおやまきんしろう](人)
遠山雪如[とおやまうんじょ](人)
遠野[とおの](地)
遠刈田温泉[とおがったおんせん](地)
遠田[とおだ](地)
遠州[えんしゅう](地)
遠州灘[えんしゅうなだ](地)
遠賀[おんが](地)
遠賀川[おんががわ](地)

薗

薗八[そのはち](人)

월

月江[げっこう](人)
月岡[つきおか](地/姓)
月岡芳年[つきおかよしとし](人)
月岡温泉[つきおかおんせん](地)
月ヶ瀬[つきがせ](地)
月ヶ瀬温泉[つきがせおんせん](地)
月山[がっさん](地)
月性[げっしょう](人)
月照[げっしょう](人)
月形[つきがた](地)

越

越[こし](地)
越谷[こしがや](地/姓)
越谷吾山[こしがやござん](人)
越の国[こしのくに](地)
越南[えつなん](地)
越渡島[こしのわたりしま](地)
越の道[こしのみち](地)
越路[こしじ](地)
越の白嶺[こしのしらね](地)
越生[おごせ](地)
越人[えつじん](人)
越前[えちぜん](地)
越前岬[えちぜんみさき](地)
越州[えっしゅう](地)
越中[えっちゅう](地)
越知[おち](地)
越智[おち](地/姓)
越智越人[おちえつじん](人)
越の海[こしのうみ](地)

越後[えちご](地)
越後山脈[えちごさんみゃく](地)
越後三山[えちごさんざん](地)
越後三山只見国定公園[えちごさんざんただみこくていこうえん](地)
越後湯沢[えちごゆざわ](地)
越後平野[えちごへいや](地)

위

位

位山[くらいやま](地)
位の山[くらいのやま](地)

為

為兼[ためかね](人)
為永[ためなが](姓)
為永春水[ためながしゅんすい](人)

葦

葦北[あしきた](地)
葦原の国[あしはらのくに](地)
葦原色許男[あしはらのしこお](人)
葦原の瑞穂の国[あしはらのみずほのくに](地)
葦原の中つ国[あしはらのなかつくに](地)
葦原の千五百秋の瑞穂の国[あしはらのちいおあきのみずほのくに](地)
葦原醜男[あしはらのしこお](人)

衛

衛満[えいまん](人)

유

由

由良[ゆら](地)
由良の門[ゆらのと](地)
由良の湊[ゆらのみなと](地)
由良川[ゆらがわ](地)
由利[ゆり](姓)
由利公正[ゆりきみまさ](人)
由利本荘[ゆりほんじょう](地)
由比[ゆい](地)
由比ヶ浜[ゆいがはま](地)
由仁[ゆに](地)
由井[ゆい](地)
由井正雪[ゆいしょうゝつ](人)
由布[ゆふ](地)
由布岳[ゆふだけ](地)

有
油
幽
惟
遊
楢
維
濡
嬬
宍
允
融
恩
殷
銀
隱
乙
音
飲
邑
泣
揖

有

有間山[ありまやま](地)
有間晴信[ありまはるのぶ](人)
有間皇子[ありまのみこ](人)
有吉[ありよし](姓)
有吉佐和子[ありよしさわこ](人)
有度浜[うどはま](地)
有島[ありしま](姓)
有島武郎[ありしまたけお](人)
有島生馬[ありしまいくま](人)
有楽町[ゆうらくちょう](地)
有明[ありあけ](地/姓)
有明湾[ありあけわん](地)
有明海[ありあけかい](地)
有馬[ありま](地)
有馬頼寧[ありまよりやす](人)
有馬山[ありまやま](地)
有馬新七[ありましんしち](人)
有馬温泉[ありまおんせん](地)
有峰ダム[ありみねだむ](地)
有栖川[ありすがわ](地)
有栖川宮熾仁親王[ありすがわのみ
　やたるひとしんのう](人)
有松[ありまつ](地)
有王[ありおう](姓)
有王山[ありおうざん](地)
有乳山[あらちやま](地)
有田①[ありた](地)
有田②[ありだ](地)
有田川[ありだがわ](地)
有珠[うす](地)
有珠山[うすざん](地)
有智子内親王[うちこないしんのう]
　(人)
有沢[ありさわ](姓)
有沢広巳[ありさわひろみ](人)
有坂[ありさか](姓)
有坂成章[ありさかなりあきら](人)
有坂秀世[ありさかひでよ](人)
有賀①[ありが](姓)
有賀②[あるが](姓)
有賀長伯[あるがちょうはく](人)
有賀長雄[ありがながお](人)
有賀喜左衛門[あるがきざえもん](人)

油

油煙斎貞柳[ゆえんさいていりゅう]
　(人)
油屋お紺[あぶらやおこん](人)
油壺[あぶらつぼ](地)

幽

幽斎[ゆうさい](人)

惟

惟康親王[これやすしんのう](人)
惟光[これみつ](人)
惟喬親王[これたかしんのう](人)
惟然[いぜん](人)
惟中[いちゅう](人)

遊

遊佐[ゆざ](地)

楢

楢の小川[ならのおがわ](地)
楢葉[ならは](地)

維

維摩[ゆいま](人)
維摩吉[ゆいまきつ](人)

濡

濡髪長五郎[ぬれがみちょうごろう](人)

嬬

嬬恋[つまごい](地)

宍

宍道湖[しんじこ](地)
宍粟[しそう](地)
宍喰[ししくい](地)

允

允恭天皇[いんぎょうてんのう](人)

融

融[とおる](人)
融通王[ゆうずうおう](人)

恩

恩納[おんな](地)
恩田[おんだ](姓)
恩田杢[おんだもく](人)
恩地[おんち](姓)
恩地孝四郎[おんちこうしろう](人)

殷

殷富門院[いんぷもんいん](人)
殷富門院大輔[いんぷもんいんのたい
　ふ](人)

銀

銀座[ぎんざ](地)

隱

隠岐[おき](地)
隠岐の島[おきのしま](地)
隠岐院[おきのいん](人)
隠岐諸島[おきしょとう](地)
隠元[いんげん](人)
隠州[いんしゅう](地)

乙

乙部[おとべ](地)
乙由[おつゆう](人)
乙字[おつじ](人)
乙州[おとくに](人)
乙訓[おとくに](地)

音

音更[おとふけ](地)
音無の滝[おとなしのたき](地)
音無川[おとなしがわ](地)
音阿弥[おんあみ・おんなみ](人)
音羽[おとわ](地)
音羽山[おとわやま](地)
音威子府[おといねっぷ](地)
音戸[おんど](地)
音戸の瀬戸[おんどのせと](地)

飲

飲光[おんこう](人)

邑

邑久[おく](地)
邑南[おおなん](地)
邑楽[おうら](地)
邑知潟[おうちがた](地)
邑智[おおち](地)

泣

泣童[きゅうきん](人)

揖

揖保[いぼ](地)
揖斐[いび](地)
揖斐関ヶ原養老国定公園[いびせき
　がはらようろうこくていこうえん](地)
揖斐川[いびがわ](地)

응

応挙[おうきょ](人)
応其[おうご](人)
応神天皇[おうじんてんのう](人)

凝然[ぎょうねん](人)

鷹

鷹見[たかみ](姓)
鷹見泉石[たかみせんせき](人)
鷹島[たかしま](地)
鷹栖[たかす](地)
鷹巣[たかのす](地)
鷹ノ巣[たかのす](地)

의

衣

衣掛山[きぬかけやま](地)
衣笠山[きぬがさやま](地)
衣笠貞之助[きぬがさていのすけ](人)
衣紋坂[えもんざか](地)
衣川[ころもがわ](地)
衣通姫[そとおりひめ](人)

医

医王[いおう](人)

依

依田[よだ](姓)
依田学海[よだがっかい](人)

宜

宜野湾[ぎのわん](地)
宜野座[ぎのざ](地)
宜寸川[よしきがわ](地)
宜秋門院[ぎしゅうもんいん](人)
宜秋門院丹後[ぎしゅうもんいんのたんご](人)

義

義経[よしつね](人)
義公[ぎこう](人)
義堂周信[ぎどうしゅうしん](人)
義満[よしみつ](人)
義山[ぎえん](人)
□□□[ぎえん](人)
□□□う](人)
□□□](人)
□□□](人)

義太夫[ぎだゆう](人)
義弘[よしひろ](人)

儀

儀同三司[ぎどうさんし](人)
儀同三司母[ぎどうさんしのはは](人)
儀狄[ぎてき](人)

懿

懿徳天皇[いとくてんのう](地)

이

二

二見[ふたみ](地)
二見浦[ふたみがうら](地)
二見の浦[ふたみのうら](地)
二階堂トクヨ[にかいどうとくよ](人)
二宮[にのみや](地)
二宮敬作[にのみやけいさく](人)
二宮尊徳[にのみやそんとく](人)
二宮忠八[にのみやちゅうはち](人)
二百三高地[にひゃくさんこうち](地)
二本松[にほんまつ](地)
二上山[にじょうさん](地)
二十五日様[にじゅうごにちさま](人)
二葉亭四迷[ふたばていしめい](人)
二位の尼[にいのあま](人)
二酉[にゆう](地)
二条[にじょう](地/姓)
二条良基[にじょうよしもと](人)
二条院讃岐[にじょういんのさぬき](人)
二条為世[にじょうためよ](人)
二条通り[にじょうどおり](地)
二条天皇[にじょうてんのう](人)
二重丸[にじゅうまる](人)
二天[にてん](人)
二村山[ふたむらやま](地)
二海[ふたみ](地)
二戸[にのへ](地)
二ノ戸[にのへ](地)
二荒三[ふたらさん](地)

以

以心崇伝[いしんすうでん](人)
以仁王[もちひとおう](人)

耳

耳成山[みみなしやま](地)

伊

伊江[いえ](地)

伊江島[いえじま](地)
伊具[いぐ](地)
伊根[いね](地)
伊吉博徳[いきのはかとこ](人)
伊奈[いな](地/姓)
伊奈忠次[いなただつぐ](人)
伊那[いな](地)
伊那街道[いなかいどう](地)
伊那盆地[いなぼんち](地)
伊那佐の山[いなさのやま](地)
伊能[いのう](姓)
伊能忠敬[いのうただたか](人)
伊丹[いたみ](地/姓)
伊丹万作[いたみまんさく](人)
伊達[だて](地/姓)
伊達政宗[だてまさむね](人)
伊達宗城[だてむねなり](人)
伊達千広[だてちひろ](人)
伊都[いと](地)
伊都国[いとのくに](地)
伊東[いとう](地/姓)
伊東甲子太郎[いとうきねたろう](人)
伊東藍田[いとうらんでん](人)
伊東満所[いとうマンショ](人)
伊東巳代治[いとうみよじ](人)
伊東深水[いとうしんすい](人)
伊東祐親[いとうすけちか](人)
伊東祐亨[いとうすけゆき](人)
伊東静雄[いとうしずお](人)
伊東忠太[いとうちゅうた](人)
伊東玄朴[いとうげんぼく](人)
伊豆[いず](地)
伊豆の国[いずのくに](地)
伊豆半島[いずはんとう](地)
伊豆長岡[いずながおか](地)
伊豆長岡温泉[いずながおかおんせん](地)
伊豆諸島[いずしょとう](地)
伊豆七島[いずしちとう](地)
伊豆の海[いずのうみ](地)
伊藤[いとう](姓)
伊藤圭介[いとうけいすけ](人)
伊藤大輔[いとうだいすけ](人)
伊藤東涯[いとうとうがい](人)
伊藤蘭嵎[いとうらんぐう](人)
伊藤六郎兵衛[いとうろくろべえ](人)
伊藤博文[いとうひろぶみ](人)
伊藤松宇[いとうしょうう](人)
伊藤信徳[いとうしんとく](人)
伊藤慎蔵[いとうしんぞう](人)
伊藤野枝[いとうのえ](人)

伊藤若冲[いとうじゃくちゅう] (人)
伊藤永之介[いとうえいのすけ] (人)
伊藤為吉[いとうためきち] (人)
伊藤仁斎[いとうじんさい] (人)
伊藤一刀斎[いとういっとうさい] (人)
伊沢蘭軒[いとうせい] (人)
伊藤宗看[いとうそうかん] (人)
伊藤左千夫[いとうさちお] (人)
伊藤痴遊[いとうちゆう] (人)
伊藤平左衛門[いとうへいざえもん] (人)
伊藤喜朔[いとうきさく] (人)
伊良島部[いらぶじま] (地)
伊良子[いらこ] (姓)
伊良子清白[いらこせいはく] (人)
伊良湖岬[いらごみさき] (地)
伊良湖水道[いらごすいどう] (地)
伊万里[いまり] (地)
伊木[いき] (姓)
伊木三猿斎[いきさんえんさい] (人)
伊方[いかた] (地)
伊舎那天[いしゃなてん] (人)
伊邪那岐命[いざなきのみこと] (人)
伊邪那美命[いざなみのみこと] (人)
伊邪河[いざかわ] (地)
伊仙[いせん] (地)
伊勢[いせ] (地/姓/人)
伊勢崎[いせさき] (地)
伊勢大輔[いせのおおすけ・いせのたゆう] (人)
伊勢湾[いせわん] (地)
伊勢三郎[いせさぶろう] (人)
伊勢原[いせはら] (地)
伊勢長氏[いせながうじ] (人)
伊勢貞丈[いせさだたけ] (人)
伊勢貞親[いせさだちか] (人)
伊勢佐木[いせざき] (地)
伊勢志摩国立公園[いせしまこくりつこうえん] (地)
伊勢平野[いせへいや] (地)
伊勢の海[いせのうみ] (地)
伊是名[いぜな] (地)
伊野[いの] (地)
伊予[いよ] (地)
伊予三島[いよみしま] (地)
伊予灘[いよなだ] (地)
伊原[いはら] (姓)
伊井[いい] (姓)
伊井蓉峰[いいようほう]
伊庭[いば] (姓)
伊庭孝[いばたかし] (人)
伊佐[いさ] (地)

伊吹[いぶき] (地)
伊吹山[いぶきやま] (地)
伊治呰麻[いじのあざまろ] (人)
伊治呰麻呂[これはるのあざまろ] (人)
伊沢[いざわ] (姓)
伊沢蘭軒[いざわらんけん] (人)
伊沢修二[いざわしゅうじ] (人)
伊波①[いは] (姓)
伊波②[いば] (姓)
伊波普猷[いはふゆう] (人)
伊平屋[いへや] (地)
伊賀[いが] (地)
伊賀上野[いがうえの] (地)
伊賀越[いがごえ] (地)
伊香保[いかお・いかほ] (地)
伊香保の沼[いかほのぬま] (地)

夷
夷[えびす] (人)
夷三郎[えびすさぶろう] (人)
夷隅[いすみ] (地)

姨
姨捨山[おばすてやま] (地)

━━ 익 ━━
益
益満[ますみつ] (姓)
益満休之助[ますみつきゅうのすけ] (人)
益城[ましき] (地)
益信[やくしん] (人)
益子[ましこ] (地)
益田[ますだ] (地/姓)
益田時貞[ますだときさだ] (人)
益田の池[ますだのいけ] (地)
益田孝[ますだたかし] (人)
益軒[えきけん] (人)

━━ 인 ━━
人
人見[ひとみ] (姓)
人見絹枝[ひとみきぬえ] (人)
人吉[ひとよし] (地)
人麻呂[ひとまろ] (人)
人形峠[にんぎょうとうげ] (地)
人丸[ひとまる] (人)

仁
仁科[にしな] (姓)
仁科芳雄[にしなよしお] (人)
仁科盛遠[にしなもりとお] (人)

仁多[にた] (地)
仁徳天皇[にんとくてんのう] (人)
仁明天皇[にんみょうてんのう] (人)
仁木①[にき] (地/地名)
仁木②[にっき] (姓)
仁木弾正[にっきだんじょう] (人)
仁阿弥道八[にんあみどうはち] (人)
仁田[にった] (地/姓)
仁田四郎[にたんのしろう] (人)
仁田勇[にったいさむ] (人)
仁田忠常[にったただつね] (人)
仁淀川[によどがわ] (地)
仁清[にんせい] (人)
仁海[にんがい] (人)
仁賢天皇[にんけんてんのう] (人)
仁孝天皇[にんこうてんのう] (人)

印
印南[いなみ] (地)
印南野[いなみの] (地)
印旛[いんば] (地)
印旛沼[いんばぬま] (地)
印西[いんざい] (地)

因
因島[いんのしま] (地)
因伯[いんはく] (地)
因幡[いなば] (地)
因幡山[いなばやま] (地)
因州[いんしゅう] (地/姓)
因州山稔[いんしゅうざんみのる] (人)

忍
忍岡[しのぶがおか] (地)
忍壁親王[おさかべしんのう] (人)
忍性[にんしょう] (人)
忍野[おしの] (地)
忍野八海[おしのはっかい] (地)
忍月[にんげつ] (人)
忍坂[おさか] (地)

━━ 일 ━━
一
一角仙人[いっかくせんにん] (人)
一ノ谷[いちのたに] (地)
一関[いちのせき] (地)
一橋慶喜[ひとつばしよしのぶ] (人)
一九[いっく] (人)
一宮[いちのみや] (地/姓)
一宮長常[いちのみやながつね] (人)
一寧[いちねい] (人)
一茶[いっさ] (人)

日

日間賀島[ひまかじま] (地)
日ノ岬[ひのみさき] (地)
日見[ひみ] (地)
日高[ひだか] (地)
日高見国[ひたかみのくに] (地)
日高川[ひだかがわ] (地)
日高山脈[ひだかさんみゃく] (地)
日高山脈襟裳国定公園[ひだかさんみゃくえりもこくていこうえん] (地)
日光[にっこう] (地/姓)
日光街道[にっこうかいどう] (地)
日光国立公園[にっこうこくりつこうえん] (地)
日光例幣使街道[にっこうれいへいしかいどう] (地)
日光湯元温泉[にっこうゆもとおんせん] (地)
日吉津[ひえづ] (地)
日吉丸[ひよしまる] (人)
日南[にちなん] (地)
日女[ひるめ] (人)
日郎[にちろう] (人)
日蓮[にちれん] (人)
日霊[ひるめ] (人)
日孁[ひるめ] (人)
日柳[くさなぎ] (姓)
日柳燕石[くさなぎえんせき] (人)
日隆[にちりゅう] (人)
日立[ひたち] (地)
日本アルプス[にほんアルプス] (地)
日の本[ひのもと] (地)
日の本の国[ひのもとのくに] (地)
日本橋①[にほんばし] (地)

日本橋②[にっぽんばし] (地)
日本列島[にほんれっとう] (地)
日本武尊[やまとたけるのみこと] (人)
日本原[にほんばら] (地)
日本堤[にほんづつみ] (地)
日本平[にほんだいら] (地)
日本海[にほんかい] (地)
日本海溝[にほんかいこう] (地)
日比谷[ひびや] (地)
日氷[ひみ] (人)
日像[にちぞう] (人)
日乗嶽山[にちじょうちょうざん] (地)
日什[にちじゅう] (人)
日野[ひの] (地/姓)
日野富子[ひのとみこ] (人)
日野資朝[ひのすけとも] (人)
日野俊基[ひのとしもと] (人)
日野草城[ひのそうじょう] (人)
日ノ御埼[ひのみさき] (地)
日御碕[ひのみさき] (地)
日奥[にちおう] (人)
日原[にっぱら] (地)
日田[ひた] (地)
日田盆地[ひたぼんち] (地)
日朝[にっちょう] (人)
日州[にっしゅう] (地)
日之影[ひのかげ] (地)
日進[にっしん] (地)
日出[ひじ] (地)
日の出[ひので] (地)
日置[ひおき] (地)
日親[にっしん] (人)
日豊[にっぽう] (地)
日豊海岸国定公園[にっぽうかいがんこくていこうえん] (地)
日下[くさか] (姓)
日下部[くさかべ] (姓)
日下部鳴鶴[くさかべめいかく] (人)
日下部伊三次[くさかべいそうじ] (人)
日下世傑[くさかせいけつ] (人)
夏[なつ] (地)
夏耿之介[なつこうのすけ] (人)
日向[ひゅうが] (地)
日向灘[ひゅうがなだ] (地)
日和佐[ひわさ] (地)
日興①[にちこう] (人)
日興②[にっこう] (人)

壱

壱岐[いき] (地)
壱岐対馬国定公園[いきつしまこくていこうえん] (地)

壱岐水道[いきすいどう] (地)
壱与[いよ] (人)
壱州[いっしゅう] (地)

逸

逸然[いつねん] (人)

壬

壬生[みぶ] (地/姓)
壬生忠見[みぶのただみ] (人)
壬生忠岑[みぶのただみね] (人)

任

任那[みまな] (地)

入

入間[いるま] (地)
入間川[いるまがわ] (地)
入江[いりえ] (姓)
入江波光[いりえはこう] (人)
入谷[いりや] (地)
入善[にゅうぜん] (地)
入水鍾乳洞[にりみずしょうにゅうどう] (地)
入野[いりの] (地/姓)
入佐山[いるさのやま] (地)
入沢[いりさわ] (姓)
入沢達吉[いりさわたつきち] (人)

廿

廿日市[はつかいち] (地)

鳰

鳰の海[におのうみ] (地)

子

子規[しき] (人)
子母沢[しもざわ] (姓)
子母沢寛[しもざわかん] (人)

自

自来也[じらいや] (人)
自在天[じざいてん] (人)

姉

姉崎[あねさき] (姓)
姉崎正治[あねさきまさはる] (人)
姉小路[あねがこうじ] (姓)
姉小路公知[あねがこうじきんとも] (人)

姉川[あねがわ] (地)

姿

姿の池[すがたのいけ] (地)

茨

茨木[いばらき] (地)
茨木童子[いばらきどうじ] (人)
茨城[いばらき] (地)
茨田[まんだ] (地)

紫

紫女[しじょ] (人)
紫の上[むらさきのうえ] (人)
紫式部[むらさきしきぶ] (人)
紫野[むらさきの] (地)
紫波[しわ] (地)

滋

滋野[しげの] (姓)
滋野井[しげのい] (人)
滋野貞主[しげののさだぬし] (人)
滋賀[しが] (地)
滋賀山[しがやま] (地)
滋賀浦[しがのうら] (地)

慈

慈覚大師[じかくだいし] (人)
慈氏[じし] (人)
慈眼大師[じげんだいし] (人)
慈雲[じうん] (人)
慈円[じえん] (人)
慈鎮[じちん] (人)
慈昌[じしょう] (人)
慈遍[じへん] (人)
慈慧大師[じえだいし] (人)

雌

雌阿寒岳[めあかんだけ] (地)

작

作

作並温泉[さくなみおんせん] (地)
作州[さくしゅう] (地)

柞

柞の森[ははそのもり] (地)

잡

匝

匝瑳[そうさ] (地)

雑

雑司ヶ谷[ぞうしがや] (地)
雑賀[さいか] (地)

장

丈

丈山[じょうざん] (人)
丈草[じょうそう] (人)

壮

壮瞥[そうべつ] (地)

庄

庄内[しょうない] (地)
庄内川[しょうないがわ] (地)
庄内平野[しょうないへいや] (地)
庄原[しょうばら] (地)
庄川[しょうがわ] (地)
庄和[しょうわ] (地)

杖

杖突峠[つえつきとうげ] (地)
杖突坂[つえつきざか] (地)

長

長岡[ながおか] (地)
長岡京[ながおかきょう] (地)
長岡半太郎[ながおかはんたろう] (人)
長居の浦[ながいのうら] (地)
長慶天皇[ちょうけいてんのう] (人)
長谷部[はせべ] (姓)
長谷部言人[はせべことんど] (人)
長谷川[はせがわ] (姓)
長谷川テル[はせがわてる] (人)
長谷川勘兵衛[はせがわかんべえ] (人)
長谷川潔[はせがわきよし] (人)
長谷川等伯[はせがわとうはく] (人)
長谷川利行[はせがわとしゆき] (人)
長谷川保[はせがわたもつ] (人)
長谷川四郎[はせがわしろう] (人)
長谷川三郎[はせがわさぶろう] (人)
長谷川時雨[はせがわしぐれ] (人)
長谷川伸[はせがわしん] (人)
長谷川如是閑[はせがわにょぜかん] (人)
長谷川町子[はせがわまちこ] (人)
長谷川千四[はせがわせんし] (人)
長谷川天渓[はせがわてんけい] (人)
長谷川平蔵[はせがわへいぞう] (人)
長光[ながみつ] (人)
長久保[ながくぼ] (姓)
長久保赤水[ながくぼせきすい] (人)
長久手[ながくて] (地)
長崎[ながさき] (地/姓)
長崎高資[ながさきたかすけ] (人)
長吉[ながよし] (人)
長南[ちょうなん] (地)
長島[ながしま] (地)
長道[ながみち] (人)
長等山[ながらやま] (地)
長良川[ながらがわ] (地)
長万部[おしゃまんべ] (地)
長明[ちょうめい] (人)
長門[ながと] (地)
長門狭[ちょうもんきょう] (地)
長尾[ながお] (姓)
長尾景虎[ながおかげとら] (人)
長柄[ながら] (地)
長府[ちょうふ] (地)
長浜[ながはま] (地)
長生[ちょうせい] (地)
長船長満[おさふねながみつ] (人)
長勢[ちょうせい] (人)
長沼[ながぬま] (地/姓)
長沼妙佼[ながぬまみょうこう] (人)
長嘯子[ちょうしょうし] (人)
長束[なつか] (姓)
長束正家[なつかまさいえ] (人)
長篠[ながしの] (地)
長髄彦[ながすねひこ] (人)
長野[ながの] (地/姓)
長野盆地[ながのぼんち] (地)
長野宇平治[ながのうへいじ] (人)
長野原[ながのはら] (地)
長野義言[ながのよしこと] (人)
長与[ながよ] (地/姓)
長与善郎[ながよよしろう] (人)
長与又郎[ながよまたろう] (人)
長与専斎[ながよせんさい] (人)
長屋王[ながやおう] (人)
長義[ながよし] (人)
長田①[おさだ] (姓)
長田②[ながた] (地/姓)
長田幹彦[ながたみきひこ] (人)
長田秀雄[ながたひでお] (人)
長田新[おさだあらた] (人)
長井[ながい] (地/姓)
長井兵助[ながいひょうすけ] (人)
長井雅楽[ながいうた] (人)
長井雲坪[ながいうんぺい] (人)
長井長義[ながいながよし] (人)
長瀞[ながとろ] (地)
長宗我部[ちょうそかべ] (姓)

長宗我部盛親[ちょうそかべもりちか](人)
長宗我部元親[ちょうそかべもとちか](人)
長州[ちょうしゅう](地)
長洲[ながす](地)
長洲の浜[ながすのはま](地)
長曽禰虎徹[ながそねこてつ](人)
長次郎[ちょうじろう](人)
長泉[ながいずみ](地)
長塚[ながつか](姓)
長塚節[ながつかたかし](人)
長沢[ながさわ](地)
長沢蘆雪[ながさわろせつ](人)
長和[ながわ](地)

蔵
蔵内[くらうち](姓)
蔵内数太[くらうちかずた](人)
蔵六[ぞうろく](人)
蔵王[ざおう](地)
蔵王国定公園[ざおうこくていこうえん](地)
蔵王権現[ざおうごんげん](地)
蔵王山[ざおうざん](地)
蔵原[くらはら](姓)
蔵原惟人[くらはらこれひと](人)
蔵前[くらまえ](地)

재

才
才麿[さいまろ](人)

在
在五[ざいご](人)
在五中将[ざいごちゅうじょう](人)
在原[ありわら](姓)
在原業平[ありわらのなりひら](人)
在原滋春[ありわらのしげはる](人)
在原行平[ありわらのゆきひら](人)

財
財部彪[たからべたけし](人)

梓
梓川[あずさがわ](地)

斎
斎宮女御[さいぐうのにょうご](人)
斎藤[さいとう](姓)
斎藤徳元[さいとうとくげん](人)
斎藤道三[さいとうどうさん](人)

斎藤緑雨[さいとうりょくう](人)
斎藤竜興[さいとうたつおき](人)
斎藤竜夫[さいとうたつお](人)
斎藤利三[さいとうとしみつ](人)
斎藤茂吉[さいとうもきち](人)
斎藤弥九郎[さいとうやくろう](人)
斎藤秀三郎[さいとうひでさぶろう](人)
斎藤秀雄[さいとうひでお](人)
斎藤実[さいとうまこと](人)
斎藤実盛[さいとうさねもり](人)
斎藤彦麿[さいとうひこまろ](人)
斎藤雄[さいとうたけし](人)
斎藤月岑[さいとうげっしん](人)
斎藤義竜[さいとうよしたつ](人)
斎藤拙堂[さいとうせつどう](人)
斎藤喜博[さいとうきはく](人)
斎部[いんべ](姓)
斎部広成[いんべのひろなり](人)

저

杵
杵島[きしま](地)
杵屋[きねや](姓)
杵屋勘五郎[きねやかんごろう](人)
杵屋六三郎[きねやろくさぶろう](人)
杵屋六左衛門[きねやろくざえもん](人)
杵屋栄蔵[きねやえいぞう](人)
杵屋佐吉[きねやさきち](人)
杵築[きつき](地)

猪
猪名野[いなの](地)
猪名川[いながわ](地)
猪苗代[いなわしろ](地/姓)
猪苗代兼載[いなわしろけんさい](人)
猪苗代湖[いなわしろこ](地)
猪俣[いのまた](姓)
猪俣津南雄[いのまたつなお](人)

적

赤
赤[あか](地)
赤間関[あかませき](地)
赤の広場[あかのひろば](地)
赤橋守時[あかはしもりとき](人)
赤堀[あかぼり](姓)
赤堀四郎[あかぼりしろう](人)
赤根[あかね](姓)
赤根武人[あかねたけと](人)
赤目四十八滝[あかめしじゅうはちたき](人)

赤磐[あかいわ](地)
赤石山脈[あかいしさんみゃく](地)
赤石岳[あかいしだけ](地)
赤城[あかぎ](地)
赤城山[あかぎやま](地)
赤城湖[あかぎこ](地)
赤松[あかまつ](姓)
赤松克麿[あかまつかつまろ](人)
赤松満祐[あかまつみつすけ](人)
赤松常子[あかまつつねこ](人)
赤松義則[あかまつのりのり](人)
赤松則祐[あかまつのりすけ](人)
赤松則村[あかまつのりむら](人)
赤穂[あこう](地)
赤彦[あかひこ](人)
赤染[あかぞめ](地)
赤染衛門[あかぞめえもん](人)
赤羽[あかばね](地)
赤垣[あかがき](姓)
赤垣源蔵[あかがきげんぞう](人)
赤人[あかひと](人)
赤井川[あかいがわ](地)
赤池[あかいけ](地)
赤倉温泉[あかくらおんせん](地)
赤湯温泉[あかゆおんせん](地)
赤沢山[あかざわやま](地)
赤坂[あかさか](地/姓)
赤坂忠正[あかさかただまさ](人)
赤平[あかびら](地)
赤鶴吉成[しゃくづるよしなり](人)

的
的矢湾[まとやわん](地)

荻
荻生[おぎゅう](姓)
荻生徂徠[おぎゅうそらい](人)
荻須[おぎす](姓)
荻須高徳[おぎすたかのり](人)
荻野[おぎの](地)
荻野吟子[おぎのぎんこ](人)
荻原[おぎわら](姓)
荻原重秀[おぎわらしげひで](人)
荻村[おぎむら](姓)
荻村一智朗[おぎむらいちろう](人)

寂
寂蓮[じゃくれん](人)
寂然[じゃくぜん](人)

笛
笛吹川[ふえふきがわ](地)

跡積鏑田伝佃典前専

跡

跡見[あとみ] (姓)
跡見花蹊[あとみかけい] (人)
跡部[あとべ] (姓)
跡部良顕[あとべよしあきら] (人)

積

積丹[しゃこたん] (地)
積丹半島[しゃこたんはんとう] (地)

鏑

鏑木[かぶらぎ] (姓)
鏑木清方[かぶらぎきよかた] (人)

田

田んぼ[たんぼ] (地)
田岡[たおか] (姓)
田岡良一[たおかりょういち] (人)
田岡嶺雲[たおかれいうん] (人)
田尻[たじり] (地)
田谷[たや] (姓)
田谷力三[たやりきぞう] (人)
田口[たぐち] (姓)
田口卯吉[たぐちうきち] (人)
田口中美[たぐちなずよし] (人)
田宮[たみや] (姓)
田宮虎彦[たみやとらひこ] (人)
田崎[たざき] (姓)
田崎草雲[たざきそううん] (人)
田能村[たのむら] (姓)
田能村竹田[たのむらちくでん] (人)
田代[たしろ] (姓)
田代三喜[たしろさんき] (人)
田代松意[たしろしょうい] (人)
田代栄助[たしろえいすけ] (人)
道間守[たじまもり] (人)
田螺金魚[たにしきんぎょ] (人)
田老[たろう] (地)
田麦俣[たむぎまた] (地)
田無[たなし] (地)
田霧姫命[たきりびめのみこと] (人)
田方[たがた] (地)
田辺[たなべ] (地/姓)
田辺朔郎[たなべさくお] (人)
田辺尚雄[たなべひさお] (人)
田辺元[たなべはじめ] (人)
田部[たなべ] (姓)
田部重治[たなべじゅうじ] (人)
田舎館[いなかだて] (地)
田山[たやま] (姓)
田山花袋[たやまかたい] (人)

田上[たがみ] (地)
田上山[たなかみやま] (地)
田沼[たぬま] (地/姓)
田沼意知[たぬまおきとも] (人)
田沼意次[たぬまおきつぐ] (人)
田鎖[たくさり] (姓)
田鎖綱紀[たくさりこうき] (人)
田心姫命[たごりひめのみこと] (人)
田安宗武[たやすむねたけ] (人)
田野[たの] (地)
田野畑[たのはた] (地)
田熊[たくま] (地)
田熊常吉[たくまつねきち] (人)
田原[たはら] (地)
田原本[たわらもと] (地)
田原淳[たわらすなお] (人)
田原坂[たばらざか] (地)
田園調布[でんえんちょうふ] (地)
田子[たっこ] (地)
田子の浦[たごのうら] (地)
田中[たなか] (姓)
田中角栄[たなかかくえい] (人)
田中絹代[たなかきぬよ] (人)
田中耕太郎[たなかこうたろう] (人)
田中寛一[たなかかんいち] (人)
田中館[たなかだて] (人)
田中館愛橘[たなかだてあいきち] (人)
田中光顕[たなかみつあき] (人)
田中久重[たなかひさしげ] (人)
田中吉政[たなかよしまさ] (人)
田中訥言[たなかとつげん] (人)
田中大秀[たなかおおひで] (人)
田中桐江[たなかとうこう] (人)
田中美知太郎[たなかみちたろう] (人)
田中芳男[たなかよしお] (人)
田中不二麿呂[たなかふじまろ] (人)
田中勝助[たなかしょうすけ] (人)
田中新兵衛[たなかしんべえ] (人)
田中阿歌麿[たなかあかまろ] (人)
田中英光[たなかひでみつ] (人)
田中王堂[たなかおうどう] (人)
田中義一[たなかぎいち] (人)
田中正造[たなかしょうぞう] (人)
田中正平[たなかしょうへい] (人)
田中親美[たなかしんび] (人)
田主丸[たぬしまる] (地)
田川[たがわ] (地)
田添[たぞえ] (地)
田添哲二[たぞえてつじ] (人)
田村[たむら] (地/姓)
田村藍水[たむららんすい] (人)
田村俊子[たむらとしこ] (人)

田村秋子[たむらあきこ] (人)
田村泰次郎[たむらたいじろう] (人)
田沢湖[たざわこ] (地)
田坂[たさか] (姓)
田坂具隆[たさかともたか] (人)
田布施[たぶせ] (地)
田圃[たんぼ] (地)
田河[たがわ] (姓)
田河水泡[たがわすいほう] (人)
田丸[たまる] (地)
田丸稲之衛門[たまるいなのえもん] (人)
田丸卓郎[たまるたくろう] (人)

伝

伝馬町[てんまちょう] (地)

佃

佃[つくだ] (地/姓)
佃島[つくだじま] (地)

典

典仁親王[すけひとしんのう] (人)

前

前橋[まえばし] (地)
前島[まえじま] (姓)
前島密[まえじまひそか] (人)
前野[まえの] (姓)
前野良沢[まえのりょうたく] (人)
前原①[まえばる] (地)
前原②[まえばら] (姓)
前原一誠[まえばらいっせい] (人)
前田[まえだ] (姓)
前田綱紀[まえだつなのり] (人)
前田寛治[まえだかんじ] (人)
前田利家[まえだとしいえ] (人)
前田夕暮[まえだゆうぐれ] (人)
前田正名[まえだまさな] (人)
前田青邨[まえだせいそん] (人)
前田河[まえだこう] (姓)
前田河広一郎[まえだこうひろいちろう] (人)
前田夏蔭[まえだなつかげ] (人)
前田玄以[まえだげんい] (人)
前中書王[さきのちゅうしょおう] (人)
前川[まえかわ] (姓)
前川国男[まえかわくにお] (人)
前沢[まえさわ] (地)

専

専順[せんじゅん] (人)

畠

畠山[はたけやま] (姓)
畠山義就[はたけやまよしなり] (人)
畠山政長[はたけやままさなが] (人)
畠山重忠[はたけやましげただ] (人)
畠中[はたけなか] (姓)
畠中観斎[はたけなかかんさい] (人)

戦

戦場ヶ原[せんじょうがはら] (地)

銭

銭屋五兵衛[ぜにやごへえ] (人)
銭形平次[ぜにがたへいじ] (人)

槙

槙[まき] (姓)
槙尾[まきのお] (地)
槙有恒[まきありつね] (人)

鴫

鴫立沢[しぎたつさわ] (地)

纏

纏向山[まきむくやま] (地)

折

折口[おりくち] (姓)
折口信夫[おりくちしのぶ] (人)

絶

絶海中津[せっかいちゅうしん] (人)

占

占冠[しむかっぷ] (地)
占城[せんじょう] (地)
占守島[しむしゅとう] (地)
占守海峡[しむしゅかいきょう] (地)

苫

苫小牧[とまこまい] (地)
苫田[とまた] (地)
苫前[とままえ] (地)

鮎

鮎川[あゆかわ] (姓)
鮎川信夫[あゆかわのぶお] (人)
鮎川義介[あゆかわよしすけ・あいかわよしすけ] (人)

摺

摺針峠[すりはりとうげ] (地)

井

井口[いのくち] (姓)
井口阿くり[いのくちあくり] (人)
井口在屋[いのくちありや] (人)
井伏[いぶせ] (姓)
井伏鱒二[いぶせますじ] (人)
井上[いのうえ] (姓)
井上でん[いのうえでん] (人)
井上剣花坊[いのうえけんかぼう] (人)
井上光晴[いのうえみつはる] (人)
井上勤[いのうえつとむ] (人)
井上金峨[いのうえきんが] (人)
井上蘭台[いのうえらんだい] (人)
井上頼囶[いのうえよりくに] (人)
井上文雄[いのうえふみお] (人)
井上士郎[いのうえしろう] (人)
井上成美①[いのうえしげよし] (人)
井上成美②[いのうえせいび] (人)
井上勝[いのうえまさる] (人)
井上円了[いのうええんりょう] (人)
井上毅[いのうえこわし] (人)
井上因碩[いのうえいんせき] (人)
井上日召[いのうえにっしょう] (人)
井上正夫[いのうえまさお] (人)
井上正鉄[いのうえまさかね] (人)
井上靖[いのうえやすし] (人)
井上準之助[いのうえじゅんのすけ] (人)
井上真改[いのうえしんかい] (人)
井上哲次郎[いのうえてつじろう] (人)
井上通女[いのうえつうじょ] (人)
井上通泰[いのうえみちやす] (人)
井上播磨掾[いのうえはりまのじょう] (人)
井上馨[いのうえかおる] (人)
井手[いで] (地/姓)
井手曙覧[いであけみ] (地)
井手の玉川[いでのたまがわ] (地)
井深[いぶか] (姓)
井深梶之助[いぶかかじのすけ] (人)
井原①[いはら] (姓)
井原②[いばら] (地)
井原西鶴[いはらさいかく] (人)
井伊[いい] (姓)
井伊直政[いいなおまさ] (人)
井伊直弼[いいなおすけ] (人)
井伊直孝[いいなおたか] (人)

井

井之頭公園[いのかしらこうえん] (地)
井川[いかわ] (地)
井泉水[せいせんすい] (人)
井沢[いざわ] (地)
井沢弥惣兵衛[いざわやそべえ] (人)
井波[いなみ] (地)
井戸[いど] (姓)
井戸平左衛門[いどへいざえもん] (人)

井

井池[どぶいけ] (地)

正

正岡[まさおか] (姓)
正岡子規[まさおかしき] (人)
正力[しょうりき] (姓)
正力松太郎[しょうりきまつたろう] (人)
正木[まさき] (姓)
正木ひろし[まさきひろし] (人)
正秀[まさひで] (人)
正宗[まさむね] (姓/人)
正宗白鳥[まさむねはくちょう] (人)
正俊[まさとし] (人)
正清[まさきよ] (人)
正親町天皇[おおぎまちてんのう] (人)
正八幡[しょうはちまん] (人)
正八幡宮[しょうはちまんぐう] (人)
正恒[まさつね] (人)

町

町田[まちだ] (姓)
町田佳声[まちだかしょう] (人)
町田忠治[まちだちゅうじ] (人)

定

定家[ていか] (人)
定慶[じょうけい] (人)
定利[さだとし] (人)
定山渓[じょうざんけい] (地)
定朝[じょうちょう] (人)

征

征西将軍宮[せいせいしょうぐんのみや] (人)

亭

亭子院[ていじいん] (人)

貞

貞慶[じょうけい] (人)

貞奴[さだやっこ](人)
貞徳[ていとく](人)
貞明皇后[ていめいこうごう](人)
貞成親王[さだふさしんのう](人)
貞信公[ていしんこう](人)
貞信尼[ていしんに](人)
貞室[ていしつ](人)
貞宗[さだむね](人)
貞次[さだつぐ](人)

浄
浄瑠璃姫[じょうるりひめ](人)
浄弁[じょうべん](人)
浄厳[じょうごん](人)
浄土ヶ浜[じょうどがはま](地)

淀
淀[よど](地)
淀橋[よどばし](地)
淀君[よどぎみ](人)
淀屋辰五郎[よどやたつごろう](人)
淀川[よどがわ](地)

程
程伊川[ていせん](人)
程頤[ていい](人)
程顥[ていこう](人)

碇
碇ヶ関[いかりがせき](地)

精
精進湖[しょうじこ](地)
精華[せいか](地)

静
静[しずか](人)
静岡[しずおか](地)
静寛院宮[せいかんいんのみや](人)
静内[しずない](地)
静軒[せいけん](人)

瀞
瀞八丁[どろはっちょう](地)
瀞峡[どろきょう](地)

제

弟
弟橘姫[おとたちばなひめ](人)
弟磯城[おとしき](人)
弟師木[おとしき](人)
弟子屈[てしかが](地)

斉
斉明天皇[さいめいてんのう](人)

帝
帝釈狭[たいしゃくきょう](地)

堤
堤[つつみ](姓)
堤康次郎[つつみやすじろう](人)
堤中納言[つつみちゅうなごん](人)

諸
諸橋[もろはし](姓)
諸橋轍次[もろはしてつじ](人)
諸塚[もろつか](地)

醍
醍醐[だいご](地)
醍醐山[だいござん](地)
醍醐天皇[だいごてんのう](人)

조

兆
兆殿司[ちょうでんす](人)

早
早島[はやしま](地)
早良[さわら](地)
早良親王[さわらしんのう](人)
早明浦ダム[さめうらだむ](地)
早鞆瀬戸[はやとものせと](地)
早矢仕[はやし](姓)
早矢仕有的[はやしゆうてき](人)
早野[はやの](姓)
早野勘兵[はやのかんべい](人)
早野巴人[はやのはじん](人)
早田[はやた](姓)
早田文蔵[はやたぶんぞう](人)
早池峰[はやちね](地)
早池峰国定公園[はやちねこくていこうえん](地)
早池峰山[はやちねさん](地)
早川[はやかわ](地/姓)
早川孝太郎[はやかわこうたろう](人)
早坂[はやさか](姓)
早坂文雄[はやさかふみお](人)

助
助広[すけひろ](人)
助光[すけみつ](人)
助真[すけざね](人)
助平[すけひら](人)

祖
祖谷[いや](地)
祖母傾国定公園[そぼかたむきこくていこうえん](地)
祖母山[そぼさん](地)
祖父江[そぶえ](地)
祖元[そげん](人)

鳥
鳥居[とりい](姓)
鳥居強右衛門[とりいすねえもん](人)
鳥居竜蔵[とりいりゅうぞう](人)
鳥居峠[とりいとうげ](地)
鳥居素川[とりいそせん](人)
鳥居耀蔵[とりいようぞう](人)
鳥居元忠[とりいもとただ](人)
鳥居清満[とりいきよみつ](人)
鳥居清倍[とりいきよます](人)
鳥居清信[とりいきよのぶ](人)
鳥居清長[とりいきよなが](人)
鳥見山[とみやま](地)
鳥島[とりしま](地)
鳥籠の山[とこのやま](地)
鳥尾[とりお](姓)
鳥尾小弥太[とりおおこやた](人)
鳥辺山[とりべやま](地)
鳥辺野[とりべの](地)
鳥部山[とりべやま](地)
鳥部野[とりべの](地)
鳥山[とりやま](地)
鳥山芝軒[とりやましけん](人)
鳥栖[とす](地)
鳥潟[とりがた](姓)
鳥潟右一[とりがたういち](人)
鳥羽[とば](地)
鳥羽僧正[とばそうじょう](人)
鳥羽天皇[とばてんのう](人)
鳥取[とっとり](地)
鳥海[ちょうかい](姓)
鳥海国定公園[ちょうかいこくていうえん](地)
鳥海山[ちょうかいさん](地)
鳥海青児[ちょうかいせいじ](人)

朝
朝来[あさご](地)
朝霧高原[あさぎりこうげん](地)
朝比奈[あさひな](姓)
朝比奈義秀[あさひなよしひで](人)
朝比奈知泉[あさひなちせん](人)
朝比奈泰彦[あさひなやすひこ](人)
朝山日乗[あさやまにちじょう](人)

貞
浄
淀
程
碇
精
静
瀞
弟
斉
帝
堤
諸
醍
兆
早
助
祖
鳥
朝

朝彦親王[あさひこしんのう](人)
朝永[ともなが](姓)
朝永三十郎[ともながさんじゅうろう](人)
朝永振一郎[ともながしんいちろう](人)
朝熊[あさま](地)
朝熊山[あさまやま](地)
朝原[あしたのはら](地)
朝夷[あさひな](姓)
朝日[あさひ](地)
朝日山[あさひやま](地)
朝日山地[あさひさんち](地)
朝日将軍[あさひしょうぐん](人)
朝倉[あさくら](地/姓)
朝倉文夫[あさくらふみお](人)
朝倉敏景[あさくらとしかげ](人)
朝倉山[あさくらやま](地)
朝倉義景[あさくらよしかげ](人)
朝倉孝景[あさくらたかかげ](人)
朝妻[あさづま](地)
朝河[あさかわ](姓)
朝河貫一[あさかわかんいち](人)
朝霞[あさか](地)

照

照手姫[てるてひめ](人)

銚

銚子[ちょうし](地)

潮

潮岬[しおのみさき](地)
潮来[いたこ](地)

調

調所[ずしょ](姓)
調所広郷[ずしょひろさと](人)
調伊企儺[つきのいきな](人)
調布[ちょうふ](地)
調和[ちょうわ](人)

糟

糟谷[かすや](地)
糟屋[かすや](地)

鯛

鯛屋貞柳[たいやていりゅう](人)
鯛ノ浦[たいのうら](地)

竈

竈山[かまやま·かまどやま](地)

족

足

足寄[あしょろ](地)
足代[あじろ](姓)
足代弘訓[あじろひろのり](人)
足利[あしかが](地/姓)
足利基氏[あしかがもとうじ](人)
足利茶々丸[あしかがちゃちゃまる](人)
足利成氏[あしかがしげうじ](人)
足利氏満[あしかがうじみつ](人)
足利義教[あしかがよしのり](人)
足利義量[あしかがよしかず](人)
足利義満[あしかがよしみつ](人)
足利義尚[あしかがよしひさ](人)
足利義昭[あしかがよしあき](人)
足利義勝[あしかがよしかつ](人)
足利義視[あしかがよしみ](人)
足利義栄[あしかがよしひで](人)
足利義詮[あしかがよしあきら](人)
足利義政[あしかがよしまさ](人)
足利義持[あしかがよしもち](人)
足利義稙[あしかがよしたね](人)
足利義澄[あしかがよしずみ](人)
足利義晴[あしかがよしはる](人)
足利義輝[あしかがよしてる](人)
足利政知[あしかがまさとも](人)
足利尊氏[あしかがたかうじ](人)
足利持氏[あしかがもちうじ](人)
足利直冬[あしかがただふゆ](人)
足利直義[あしかがただよし](人)
足立[あだち](地/姓)
足立文太郎[あだちぶんたろう](人)
足立源一郎[あだちげんいちろう](人)
足名椎[あしなずち](人)
足尾[あしお](地)
足柄[あしがら](地)
足柄関[あしがらのせき](地)
足柄山[あしがらやま](地)
足柄上[あしがらかみ](地)
足柄峠[あしがらとうげ](地)
足柄下[あしがらしも](地)
足摺岬[あしずりみさき](地)
足摺宇和改国立公園[あしずりうわかいこくりつこうえん](地)
足助[あすけ](地)

존

存

存応[ぞんのう](人)

尊

尊良親王[たかながしんのう](人)
尊氏[たかうじ](人)
尊円法親王[そんえんほうしんのう](人)
尊融法親王[そんゆうほうしんのう](人)
尊澄法親王[そんちょうほうしんのう](人)

종

宗

宗[そう](姓)
宗略巴[そうかくは](人)
宗鑑[そうかん](人)
宗谷[そうや](地)
宗谷岬[そうやみさき]に(地)
宗谷海峡[そうやかいきょう](地)
宗近[むねちか](人)
宗祇[そうぎ](人)
宗達[そうたつ](人)
宗良親王[むねながしんのう](人)
宗密[しゅうみつ](人)
宗峰妙超[しゅうほうみょうちょう](人)
宗像[むなかた](地)
宗碩[そうせき](人)
宗純[そうじゅん](人)
宗義[そうよし](人)
宗義智[そうよしとし](人)
宗因[そういん](人)
宗長[そうちょう](人)
宗助国[そうすけくに](人)
宗尊親王[むねたかしんのう](人)

終

終南山[しゅうなんざん](地)

種

種市[たねいち](地)
種彦[たねひこ](人)
種子島[たねがしま](地/姓)
種子島時尭[たねがしまときたか](人)
種田[たねだ](地)
種田山頭火[たねださんとうか](人)

鐘

鐘の岬[かねのみさき](地)
鐘巻[かねまき](姓)
鐘巻自斎[かねまきじさい](人)
鐘ヶ淵[かねがふち]·(地)

좌

左

左京[さきょう] (地)
左文字[さもんじ] (人)
左甚五郎[ひだりじんごろう] (人)
左右田[そうだ] (姓)
左右田喜一郎[そうだきいちろう] (人)

佐

佐久[さく] (地)
佐久間[さくま] (姓)
佐久間勉[さくまつとむ] (人)
佐久間盛政[さくまもりまさ] (人)
佐久間信盛[さくまのぶもり] (人)
佐久間貞一[さくまていいち] (人)
佐久間惣五郎[さくまそうごろう] (人)
佐久間玄蕃[さくまげんば] (人)
佐久良[さくら] (地)
佐久良東雄[さくらあずまお] (人)
佐久盆地[さくぼんち] (地)
佐久象山[さくしょうざん] (人)
佐久穂[さくほ] (地)
佐久鼎[さくまかなえ] (人)
佐那河内[さなごうち] (地)
佐多岬[さたみさき] (地)
佐渡[さど] (地)
佐渡島[さどがしま] (地)
佐渡弥彦米山国定公園[さどやひこよねやまこくていこうえん] (地)
佐渡院[さどのいん] (人)
佐藤[さとう] (姓)
佐藤継信[さとうつぐのぶ] (人)
佐藤尚中[さとうしょうちゅう] (人)
佐藤誠実[さとうのぶざね] (人)
佐藤信淵[さとうのぶひろ] (人)
佐藤栄作[さとうえいさく] (人)
佐藤義亮[さとうぎりょう] (人)
佐藤一斎[さとういっさい] (人)
佐藤佐太郎[さとうさたろう] (人)
佐藤直方[さとうなおかた] (人)
佐藤惣之助[さとうそうのすけ] (人)
佐藤春夫[さとうはるお] (人)
佐藤忠信[さとうただのぶ] (人)
佐藤泰然[さとうたいぜん] (人)
佐藤玄々[さとうげんげん] (人)
佐藤紅緑[さとうこうろく] (人)
佐呂間[さろま] (地)
佐瀬[させ] (姓)
佐瀬与次右衛門[させよじえもん] (人)
佐伯①[さいき] (地)

佐伯②[さえき] (地/姓)
佐伯梅友[さえきうめとも] (人)
佐伯裕三[さえきゆうぞう] (人)
佐伯定胤[さえきじょういん] (人)
佐保[さほ さお] (地)
佐保山[さほやま] (地)
佐保神[さほがみ] (人)
佐保川[さほがわ さおがわ] (地)
佐保姫[さほひめ さおひめ] (人)
佐世保[させぼ] (地)
佐夜の中山[さやのなかやま] (地)
佐野[さの] (地/姓)
佐野紹益[さのしょうえき] (人)
佐野源左衛門尉常世[さののげんざえもんのじょうつねよ] (人)
佐野学[さのまなぶ] (人)
佐屋[さや] (地)
佐用[さよう] (地)
佐原[さわら] (地)
佐田岬[さだみさき] (地)
佐田岬半島[さだみさきはんとう] (地)
佐井[さい] (地)
佐々①[さぎ] (地)
佐々②[さっさ] (姓)
佐々木①[ささき] (姓)
佐佐木②[ささき] (姓)
佐々木高綱[ささきたかつな] (人)
佐々木高氏[ささきたかうじ] (人)
佐々木高行[ささきたかゆき] (人)
佐々木導誉[ささきどうよ] (人)
佐々木隆興[ささきたかおき] (人)
佐佐木茂索[ささきもさく] (人)
佐々木味津三[ささきみつぞう] (人)
佐々木小次郎[ささきこじろう] (人)
佐々木信綱[ささきのぶつな] (人)
佐々木定綱[ささきさだつな] (人)
佐々木惣一[ささきそういち] (人)
佐佐木弘綱[ささきひろつな] (人)
佐々木喜善[ささききぜん] (人)
佐々成政[さっなりまさ] (人)
佐々醍雪[さっさせいせつ] (人)
佐々十竹[さっさじっちく] (人)
佐州[さしゅう] (地)
佐竹[さたけ] (姓)
佐竹曙山[さたけしょざん] (人)
佐竹義躬[さたけよしみ] (人)
佐竹義宣[さたけよしのぶ] (人)
佐竹義重[さたけよししげ] (人)
佐竹義和[さたけよしまさ] (人)
佐織[さおり] (地)
佐倉[さくら] (地)
佐川[さかわ] (地)

佐土原[さどわら] (地)
佐波[さわ] (地)
佐賀[さが] (地)
佐賀関[さがのせき] (地)
佐賀関半島[さがのせきはんとう] (地)
佐賀平野[さがへいや] (地)
佐和[さわ] (地)
佐和山[さわやま] (地)

座

座間[ざま] (地)
座間味[ざまみ] (地)

주

朱

朱掏内湖[しゅまりないこ] (地)
朱楽菅江[あけらかんこう] (人)
朱雀大路[すざくおおじ] (地)
朱雀野[しゅじゃかの] (地)
朱雀天皇[すざくてんのう] (人)

舟

舟橋[ふなはし] (姓)
舟橋聖一[ふなはしせいいち] (人)
舟形[ふながた] (地)

住

住吉[すみよし] (地/姓)
住吉具慶[すみよしぐけい] (人)
住吉如慶[すみよしじょけい] (人)
住友[すみとも] (姓)
住友吉左衛門[すみともきちざえもん] (人)
住田[すみた] (地)
住之江[すみのえ] (地)

周

周南[しゅうなん] (地)
周防[すおう] (地)
周防内侍[すおうのないし] (人)
周防大島[すおうおおしま] (地)
周防灘[すおうなだ] (地)
周知[しゅうち] (地)
周布[すふ] (姓)
周布政之助[すふまさのすけ] (人)

洲

洲崎①[すさき] (地)
洲崎②[すのさき] (地)
洲本[すもと] (地)

左
佐
座
朱
舟
住
周
洲

酒

酒匂川[さかわがわ](地)
酒田[さかた](地)
酒顛童子[しゅてんどうじ](人)
酒井[さかい](姓)
酒井田[さかいだ](人)
酒井田柿右衛門[さかいだかきえもん](人)
酒井忠世[さかいただよ](人)
酒井忠勝[さかいただかつ](人)
酒井忠次[さかいただつぐ](人)
酒井忠清[さかいただきよ](人)
酒井抱一[さかいほういつ](人)
酒々井[しすい](地)
酒呑童子[しゅてんどうじ](人)

珠

珠光[しゅこう](人)
珠洲[すず](地)

厨

厨子王[ずしおう](人)
厨川[くりやがわ](姓)
厨川白村[くりやがわはくそん](人)

湊

湊川[みなとがわ](地)

 竹

竹

竹渓[ちくけい](地)
竹橋[たけばし](地)
竹久[たけひさ](姓)
竹久夢二[たけひさゆめじ](人)
竹崎[たけざき](姓)
竹崎季長[たけざきすえなが](人)
竹内①[たけうち](姓)
竹内②[たけのうち](姓)
竹内栖鳳[たけうちせいほう](人)
竹内式部[たけのうちしきぶ](人)
竹内好[たけうちよしみ](人)
竹島[たけしま](地)
竹尾[たけお](姓)
竹尾正胤[たけおまさたね](人)
竹本[たけもと](姓)
竹本摂津大掾[たけもとせっつだいじょう](人)
竹本越路太夫[たけもとこしじだゆう](人)
竹本義太夫[たけもとぎだゆう](人)
竹本政太夫[たけもとまさたゆう](人)
竹本筑後掾[たけもとちくごのじょう](人)

竹富[たけとみ](地)
竹富島[たけとみじま](地)
竹山[たけやま](地)
竹山道雄[たけやまみちお](人)
竹生島[ちくぶしま](地)
竹原[たけはら](地)
竹越[たけこし](姓)
竹越与三郎[たけこしよさぶろう](人)
竹杖外道[ちくじょうげどう](人)
竹田①[たけた](地·地))
竹田②[ちくでん](人)
竹田出雲[たけたいずも](人)
竹中[たけなか](姓)
竹中半兵衛[たけなかはんべえ](人)
竹添[たけぞえ](姓)
竹添進一郎[たけぞえしんいちろう](人)
竹取翁[たけとりのおきな](人)

 俊

俊

俊寛[しゅんかん](人)
俊徳丸[しゅんとくまる](人)
俊頼[としより](人)
俊成[しゅんぜい](人)
俊乗房[しゅんじょうぼう](人)
俊恵[しゅんえ](人)

准

准如[じゅんにょ](人)

隼

隼人[はやと](地)

樽

樽屋[たるやおせん](人)
樽前山[たるまえさん](地)
樽井[たるい](姓)
樽井藤吉[たるいとうきち](人)

駿

駿台[すんだい](地)
駿台先生[すんだいせんせい](人)
駿東[すんとう](地)
駿豆[すんず](地)
駿府[すんぷ](地)
駿州[すんしゅう](地)
駿河[するが](地)
駿河トラフ[するがとらふ](地)
駿河大納言[するがだいなごん](人)
駿河台[するがだい](地)
駿河湾[するがわん](地)

 中

中

中[なか](地/姓)
中間[なかま](地)
中勘助[なかかんすけ](人)
中江[なかえ](姓)
中江藤樹[なかえとうじゅ](人)
中江兆民[なかえちょうみん](人)
中江丑吉[なかえうしきち](人)
中岡[なかおか](姓)
中岡慎太郎[なかおかしんたろう](人)
中巨摩[なかこま](地)
中京①[ちゅうきょう](地)
中京②[なかぎょう](地)
中谷[なかや](姓)
中谷宇吉郎[なかやうきちろう](人)
中橋[なかはし](姓)
中橋徳五郎[なかはしとくごろう](人)
中国[ちゅうごく](地)
中国街道[ちゅうごくかいどう](地)
中国路[ちゅうごくじ](地)
中国山地[ちゅうごくさんち](地)
中国地方[ちゅうごくちほう](地)
中根[なかね](姓)
中根雪江[なかねゆきえ](人)
中根淑[なかねきよし](人)
中根元圭[なかねげん れい](人)
中能島[なかのしま](姓)
中能島欣一[なかのしまきんいち](人)
中能登[なかのと](地)
中大兄皇子[なかのおおえのおうじ](人)
中島[なかじま](地/姓)
中島健蔵[なかじまけんぞう](人)
中島広足[なかじまひろたり](人)
中島敦[なかじまあつ□](人)
中島信行[なかじまのぶゆき](人)
中島棕隠[なかじまそういん](人)
中島俊子[なかじまとしこ](人)
中島知久平[なかじまちくへい](人)
中頭別[なかかんべつ](地)
中頭[なかがみ](地)
中里[なかざと](姓)
中里介山[なかざとかいざん](人)
中里恒子[なかざとつねこ](人)
中林[なかばやし](姓)
中林梧竹[なかばやしごちく](人)
中林竹洞[なかばやしちくどう](人)
中務[なかつかさ](人)
中尾[なかお](姓)

中

仲

重

·即

櫛

中尾都山[なかおとざん](人)
中泊[なかどまり](地)
中部[ちゅうぶ](地)
中部山岳国立公園[ちゅうぶさんがくこくりつこうえん](地)
中部日本[ちゅうぶにほん](地)
中部地方[ちゅうぶちほう](地)
中富良野[なかふらの](地)
中浜[なかはま](姓)
中浜万次郎[なかはままんじろう](人)
中山[なかやま](地/姓)
中山マサ[なかやままさ](人)
中山ミキ[なかやまみき](人)
中山道[なかせんどう](地)
中山文甫[なかやまぶんぽ](人)
中山峠[なかやまとうげ](地)
中山義秀[なかやまぎしゅう](人)
中山伊知郎[なかやまいちろう](人)
中山晋平[なかやましんぺい](人)
中山忠光[なかやまただみつ](人)
中山忠能[なかやまただやす](人)
中山忠親[なかやまただちか](人)
中山太郎[なかやまたろう](人)
中上[なかがみ](地)
中上健次[なかがみけんじ](人)
中上川[なかみがわ](姓)
中上川彦次郎[なかみがわひこじろう](人)
中西[なかにし](姓)
中西悟堂[なかにしごどう](人)
仙道[なかせんどう](地)
中禅寺湖[ちゅうぜんじこ](地)
中城[なかぐすく](地)
中臣[なかとみ](姓)
中臣鎌子[なかとみかまこ](人)
中臣鎌足[なかとみかまたり](人)
中新川[なかにいかわ](地)
中岳[ちゅうがく](地)
中ノ岳[なかのたけ](地)
中巌円月[ちゅうがんえんげつ](人)
中央[ちゅうおう](地)
中野[なかの](地/姓)
中野柳圃[なかのりゅうほ](人)
中野逍遥[なかのしょうよう](人)
中野友礼[なかのとものり](人)
中野正剛[なかのせいごう](人)
中野重治[なかのしげはる](人)
中野好夫[なかのよしお](人)
中魚沼[なかうおぬま](地)
中御門天皇[なかみかどてんのう](人)
中院[なかのいん](地)
中院通勝[なかのいんみちかつ](人)

中院通村[なかのいんみちむら](人)
中原[なかはら](姓)
中原悌二郎[なかはらていじろう](人)
中原中也[なかはらちゅうや](人)
中原親能[なかはらちかよし](人)
中将姫[ちゅうじょうひめ](人)
中田[なかだ](姓)
中井[なかい](地/姓)
中井履軒[なかいりけん](人)
中井正一[なかいまさかず](人)
中井竹山[なかいちくざん](人)
中井甃庵[なかいしゅうあん](人)
中ノ町[なかのまち](地)
中条[なかじょう](地)
中種子[なかたね](地)
中洲①[なかす](地)
中洲②[なかず](地)
中之島[なかのしま](地)
中之条[なかのじょう](地)
中支[ちゅうし](地)
中津[なかつ](地)
中津軽[なかつがる](地)
中津一碧楼[なかついっぺきろう](人)
中津川[なかつがわ](地)
中札内[なかさつない](地)
中川[なかがわ](地/姓)
中川淳庵[なかがわじゅんあん](人)
中川乙由[なかがわおつゆう](人)
中川一政[なかがわかずまさ](人)
中村[なかむら](地/姓)
中村歌右衛門[なかむらうたえもん](人)
中村勘三郎[なかむらかんざぶろう](人)
中村光夫[なかむらみつお](人)
中村吉右衛門[なかむらきちえもん](人)
中村吉蔵[なかむらきちぞう](人)
中村武羅夫[なかむらむらお](人)
中村半次郎[なかむらはんじろう](人)
中村白葉[なかむらはくよう](人)
中村不折[なかむらふせつ](人)
中村富十郎[なかむらとみじゅうろう](人)
中村星湖[なかむらせいこ](人)
中村岳陵[なかむらがくりょう](人)
中村鴈次郎[なかむらがんじろう](人)
中村翫右衛門[なかむらかんえもん](人)
中村彝[なかむらつね](人)
中村正直[なかむらまさなお](人)
中村汀女[なかむらていじょ](人)

中村精男[なかむらきよお](人)
中村座[なかむらざ](人)
中村仲蔵[なかむらなかぞう](人)
中村惕斎[なかむらてきさい](人)
中村草田男[なかむらくさたお](人)
中村憲吉[なかむらけんきち](人)
中塚[なかつか](姓)
中塚一碧楼[なかつかいっぺきろう](人)
中沢[なかざわ](姓)
中沢道二[なかざわどうに](人)
中沢臨川[なかざわりんせん](人)
中土佐[なかとさ](地)
中通り[なかどおり](地)
中筒男命[なかつつのおのみこと](人)
中標津[なかしべつ](地)
中河[なかがわ](姓)
中河与一[なかがわよいち](人)
中海①[なかうみ](地)
中海②[なかのうみ](地)

仲

仲恭天皇[ちゅうきょうてんのう](人)
仲多度[なかたど](地)
仲町[なかまち](地)
仲の町[なかのまち](地)

重

重光[しげみつ](姓)
重光葵[しげみつまもる](人)
重頼[しげより](人)
重森[しげもり](姓)
重森三玲[しげもりみれい](人)
重信[しげのぶ](地)
重野[しげの](姓)
重野安繹[しげのやすつぐ](人)
重源[ちょうげん](人)
重の井[しげのい](人)
重政[しげまさ](人)

即

即非如一[そくひにょいち](人)

櫛

櫛引[くしびき](地)
櫛田[くしだ](地)
櫛田民蔵[くしだたみぞう](人)
櫛形[くしがた](地)

楫

楫取[かとり](姓)
楫取素彦[かとりもとひこ](人)
楫取魚彦[かとりなひこ](人)

証

証空[しょうくう](人)
証賢[しょうけん](人)

増

増基[ぞうき](人)
増毛[ましけ](地)
増本[ますもと](姓)
増本量[ますもとはかる](人)
増富温泉[ますとみおんせん](地)
増穂[ますほ](地)
増穂残口[ますほざんこう](人)
増阿弥[ぞうあみ](人)
増誉[ぞうよ](人)
増田①[ました](姓)
増田②[ますだ](姓)
増田長盛[ましたながもり](人)
増井[ますい](姓)
増井清[ますいきよし](人)
増賀[ぞうが](人)

曾

曾根崎[そねざき](地)
曾禰[そね](姓)
曾禰好忠[そねよしただ](人)
曾良[そら](人)
曾呂利新左衛門[そろりしんざえもん](人)
曾我[そが](姓)
曾我蛇足[そがじゃそく](人)
曾我蕭白[そがしょうはく](人)
曾我時致[そがときむね](人)
曾我祐成[そがすけなり](人)
曾我直庵[そがちょくあん](人)
曾於[そお](地)
曾爾[そに](地)

甑

甑島列島[こしきじまれっとう](地)

支

支考[しこう](人)
支倉[はせくら](姓)

支倉常長[はせくらつねなが](人)
支笏湖[しこつこ](地)
支笏洞爺国立公園[しこつとうやこくりつこうえん](地)

止

止利仏師[とりぶっし](人)

只

只見[ただみ](地)
只見川[ただみがわ](地)
只洲[ただす](地)

至

至道無難[しどうぶなん](人)

地

地蔵[じぞう](人)
地蔵尊[じぞうそん](人)

芝

芝[しば](地/姓)
芝木[しばき](姓)
芝木好子[しばきよしこ](人)
芝山[しばやま](地)
芝全交[しばぜんこう](人)
芝浦[しばうら](地)

池

池谷[いけたに](姓)
池谷信三郎[いけたにしんざぶろう](人)
池内[いけうち](姓)
池内宏[いけうちひろし](人)
池大納言[いけのだいなごん](人)
池大雅[いけたいが·いけのたいが](人)
池袋[いけぶくろ](地)
池坊[いけのぼう](姓)
池坊専慶[いけのぼうせんけい](人)
池坊専応[いけのぼうせんのう](人)
池坊専好[いけのぼうせんこう](人)
池辺[いけべ](姓)
池辺三山[いけべさんざん](人)
池辺義象[いけべよしかた](人)
池西[いけにし](姓)
池西言水[いけにしごんすい](人)
池禅尼[いけのぜんに](人)
池野[いけの](姓)
池野成一郎[いけのせいいちろう](人)
池田[いけだ](地/姓)
池田光政[いけだみつまさ](人)

池田菊苗[いけだきくなえ](人)
池田亀鑑[いけだきかん](人)
池田大伍[いけだだいご](人)
池田瑞仙[いけだずいせん](人)
池田成彬[いけだしげあき](人)
池田英泉[いけだえいせん](人)
池田勇人[いけだはやと](人)
池田宗旦[いけだそうたん](人)
池田草庵[いけだそうあん](人)
池田態真[いけだたいしん](人)
池田恒興[いけだつねおき](人)
池田好運[いけだこううん](人)
池田湖[いけだこ](地)
池田輝政[いけだてるまさ](人)
池波[いけなみ](姓)
池波正太郎[いけなみしょうたろう](人)

志

志貴皇子[しきのみこ](人)
志度[しど](地)
志道軒[しどうけん](人)
志摩[しま](地)
志摩半島[しまはんとう](地)
志免[しめ](地)
志木[しき](地)
志方[しかた](姓)
志方益三[しかたますぞう](人)
志ん生[しんしょう](人)
志野[しの](姓)
志野宗信[しのそうしん](人)
志田[しだ](姓)
志田順[しだとし](人)
志州[ししゅう](地)
志津川[しづがわ](地)
志筑[しづき](姓)
志筑忠雄[しづきただお](人)
志太[しだ](姓)
志太林三郎[しだりんざぶろう](人)
志太野坡[しだやば](人)
志布志[しぶし](地)
志布志湾[しぶしわん](地)
志賀①[しが](地/姓)
志賀②[しが](地/姓)
志賀潔[しがきよし](人)
志賀高原[しがこうげん](地)
志賀の大輪田[しがのおおわだ](地)
志賀島[しかのしま](地)
志賀山[しがやま](地)
志賀の山越[しがのやまごえ](地)
志賀重昂[しがしげたか](人)
志賀直哉[しがなおや](人)

志賀浦①[しかうら](地)
志賀浦②[しかのうら](地)
志賀浦③[しがのうら](地)

知

知内[しりうち](地)
知多[ちた](地)
知多半島[ちたはんとう](地)
知里[ちり](姓)
知里真志保[ちりましほ](人)
知里幸恵[ちりゆきえ](人)
知立[ちりゅう](地)
知名[ちな](地)
知夫[ちぶ](地)
知床国立公園[しれとここくりつこうえん](地)
知床半島[しれとこはんとう](地)
知恵伊豆[ちえいず](人)

枝

枝幸[えさし](地)

持

持国天[じこくてん](人)
持統天皇[じとうてんのう](人)

指

指宿[いぶすき](地)

紙

紙屋宗旦[かみやそうたん](人)
紙屋川[かみやがわ](地)
紙屋治兵衛[かみやじべえ](人)
紙治[かみじ](人)

砥

砥部[とべ](地)

遅

遅塚[ちづか](姓)
遅塚麗水[ちづかれいすい](人)

智

智頭[ちづ](地)
智蘊[ちうん](人)
智月尼[ちげつに](人)
智顗[ちぎ](人)
智仁親王[としひとしんのう](人)
智者大師[ちしゃだいし](人)
智証大師[ちしょうだいし](人)
智慧文殊[ちえもんじゅ](人)

直

直江[なおえ](姓)
直江兼続[なおえかねつぐ](人)
直江津[なおえつ](地)
直島[なおしま](地)
直木[なおき](姓)
直木三十五[なおきさんじゅうご](人)
直方[のおがた](地)

織

織部[おりべ](人)
織田[おだ](姓)
織田秀信[おだひでのぶ](人)
織田純一郎[おだじゅんいちろう](人)
織田信秀[おだのぶひで](人)
織田信雄[おだのぶかつ](人)
織田信長[おだのぶなが](人)
織田信忠[おだのぶただ](人)
織田信孝[おだのぶたか](人)
織田有楽斎[おだうらくさい](人)
織田作之助[おださくのすけ](人)

辰

辰松[たつまつ](地)
辰松八郎兵衛[たつまつはちろうべえ](人)
辰野[たつの](地/姓)
辰野金吾[たつのきんご](人)
辰野隆[たつのゆたか](人)

津

津[つ](地)
津軽[つがる](地)
津軽国定公園[つがるこくていこうえん](地)
津軽半島[つがるはんとう](地)
津軽富士[つがるふじ](地)
津軽平野[つがるへいや](地)
津軽海峡[つがるかいきょう](地)
津久見[つくみ](地)
津久井[つくい](地)
津の国[つのくに](地)
津奈木[つなぎ](地)
津南[つなん](地)
津島[つしま](地)
津名[つな](地)
津幡[つばた](地)
津別[つべつ](地)

津山[つやま](地)
津守[つもり](地)
津野[つの](地)
津田[つだ](姓)
津田監物[つだけんもつ](人)
津田梅子[つだうめこ](人)
津田三蔵[つださんぞう](人)
津田仙[つだせん](人)
津田助広[つだすけひろ](人)
津田宗及[つだそうきゅう](人)
津田宗達[つだそうたつ](人)
津田左右吉[つだそうきち](人)
津田真道[つだまみち](人)
津田青楓[つだせいふう](人)
津坂[つさか](姓)
津坂東陽[つさかとうよう](人)
津和野[つわの](地)

珍

珍宝島[ちんぽうとう](地)

真

真間の継橋[ままのつぎはし](地)
真間手児奈[ままのてごな](人)
真葛原[まくずがはら](地)
真岡[もおか](地)
真改[しんかい](人)
真鍋[まなべ](姓)
真鍋嘉一郎[まなべかいちろう](人)
真教[しんきょう](人)
真崎[まさき](姓)
真崎甚三郎[まさきじんざぶろう](人)
真能[しのう](人)
真達羅[しんだら](人)
真島[まじま](姓)
真島利行[まじまりこう](人)
真木[まき](姓)
真木和泉[まきいずみ](人)
真壁[まかべ](地)
真備[まび](地)
真山[まやま](姓)
真山青果[まやませいか](人)
真船[まふね](姓)
真船豊[まふねゆたか]
真盛[しんせい](人)
真神の原[まがみのはら](地)
真室川[まむろがわ](地)
真野の入江[まののいりえ](地)
真野の萱原[まののかやはら](地)
真如親王[しんにょしんのう](人)
真淵[まぶち](人)

志
知
枝
持
指
紙
砥
遅
智
直
織
辰
津
珍
真

真芸[しんげい](人)
真田[さなだ](地/姓)
真田山[さなだやま](地)
真田信之[さなだのぶゆき](人)
真田昌幸[さなだまさゆき](人)
真田幸村[さなだゆきむら](人)
真庭[まにわ](地)
真諦[しんだい](人)
真土山[まつちやま](地)
真鶴[まなつる](地)
真鶴半島[まなつるはんとう](地)
真興王[しんこうおう](人)

陣
陣那[じんな](人)

秦
秦[はた](姓)
秦野[はだの](地)
秦八郎[はたはちろう](人)
秦河勝[はたのかわかつ](人)

榛
榛東[しんとう](地)
榛名[はるな](地)
榛名山[はるなさん](地)
榛名湖[はるなこ](地)
榛原[はいばら](地)

震
震生湖[しんせいこ](地)

鎮
鎮西[ちんぜい](地/姓)
鎮西八郎[ちんぜいはちろう](人)

질

秩
秩父[ちちぶ](地)
秩父多摩国立公園[ちちぶたまこくりつこうえん](地)
秩父盆地[ちちぶぼんち](地)
秩父山地[ちちぶさんち](地)

蛭
蛭ヶ小島[ひるがこじま](地)

집

執
執金剛[しっこんごう](人)

징

澄
澄憲[ちょうけん](人)

차

此
此花[このはな](地)

車
車大路[くるまおおじ](地)

遮
遮那仏[しゃなぶつ](人)
遮那王[しゃなおう](人)

蹉
蹉跎岬[さだみさき](地)

찬

讃
讃岐[さぬき](地)
讃岐国[さぬきのくに](地)
讃岐山脈[さぬきさんみゃく](地)
讃岐平野[さぬきへいや](地)
讃州[さんしゅう](地)

찰

札
札幌[さっぽろ](地)
札幌大通公園[さっぽろおおどおりこうえん](地)

참

参
参州[さんしゅう](地)

창

倉
倉橋[くらはし](姓)
倉橋島[くらはしじま](地)
倉橋山[くらはしやま](地)
倉橋惣三[くらはしそうぞう](人)
倉吉[くらよし](地/人)
倉敷[くらしき](地)
倉石[くらいし](地)
倉石武四郎[くらいしたけしろう](人)
倉椅山[くらはしやま](地)
倉田[くらた](姓)
倉田百三[くらたひゃくぞう](人)

昌
昌益[しょうえき](人)
昌琢[しょうたく](人)

菖
菖蒲[しょうぶ](地)

槍
槍ヶ岳[やりがたけ](地)

彰
彰仁親王[あきひとしんのう](人)

채

菜
菜草[なぐさ](地)

책

策
策彦周良[さくげんしゅうりょう](人)

처

妻
妻籠[つまご](地)
妻木[つまき](姓)
妻木頼黄[つまきよりなが](人)
妻沼[めぬま](地)

천

千
千[せん](姓)
千家[せんけ](地)
千家元麿[せんけもとまろ](人)
千家尊福[せんけたかとみ](人)
千樫[ちかし](人)
千曲[ちくま](地)
千曲川[ちくまがわ](地)
千国街道[ちくにかいどう](地)
千代[ちよ](人)
千代女[ちよじょ](人)
千代尼[ちよに](人)
千代田[ちよだ](地)
千道安[せんどうあん](人)
千島[ちしま](地)
千島列島[ちしまれっとう](地)
千島海峡[ちしまかいきょう](地)
千里丘陵[せんりきゅうりょう](地)
千利久[せんのりきゅう](人)
千歳[ちとせ](地)
千少庵[せんしょうあん](地)
千松[せんまつ](人)

千
川
天

千手[せんじゅ](人)
千葉[ちば](地/姓)
千葉広常[ちばひろつね](人)
千葉亀雄[ちばかめお](人)
千葉常胤[ちばつねたね](人)
千葉周作[ちばしゅうさく](人)
千日前[せんにちまえ](地)
千田[せんだ](姓)
千田是也[せんだこれや](人)
千早赤阪[ちはやあかさか](地)
千鳥ヶ淵[ちどりがふち](地)
千宗旦[せんそうたん](人)
千宗室[せんそうしつ](人)
千宗易[せんそうえき](人)
千宗左[せんそうさ](人)
千種①[ちくさ](地)
千種②[ちぐさ](人/姓)
千種有功[ちぐさありこと](人)
千種忠顕[ちぐさただあき](人)
千住[せんじゅ](地)
千倉[ちくら](地)
千々石[ちぢわ](姓)
千々石ミゲル[ちぢわみげる](人)
千賀浦[ちがのうら](地)
千姫[せんひめ](人)

川

川口[かわぐち](地/姓)
川口松太郎[かわぐちまつたろう]
　(人)
川根[かわね](地)
川根本[かわねほん](地)
川崎[かわさき](地/姓)
川崎九淵[かわさききゅうえん](人)
川崎正蔵[かわさきしょうぞう](人)
川南[かわみなみ](地)
川内①[かわうち](地)
川内②[せんだい](地)
川内川[せんだいがわ](地)
川端[かばた](姓)
川端康成[かばたやすなり](人)
川端道喜[かばたどうき](人)
川端龍子[かばたりゅうし](人)
川端茅舎[かばたぼうしゃ](人)
川端玉章[かばたぎょくしょう](人)
川島①[かわしま](姓)
川島②[かわじま](地)
川島芳子[かわしまよしこ](人)
川島甚兵衛[かわしまじんべえ](人)
川島正次郎[かわしましょうじろう]
　(人)
川島皇子[かわしまのおうじ](人)
川東[かわひがし](地)

川路[かわじ](地/姓)
川路ダム[かわじだむ](地)
川路柳虹[かわじりゅうこう](人)
川路利良[かわじとしよし](人)
川路聖謨[かわじとしあきら](人)
川路温泉[かわじおんせん](地)
川辺①[かわなべ](地)
川辺②[かわべ](地)
川本[かわもと](地/姓)
川本幸民[かわもとこうみん](人)
川副[かわそえ](地)
川北[かわきた](地)
川棚[かわたな](地)
川上[かわかみ](地/姓)
川上冬崖[かわかみとうがい](人)
川上眉山[かわかみびざん](人)
川上不白[かわかみふはく](人)
川上産業[かわかみさんぎょう](人)
川上音二郎[かわかみおとじろう](人)
川上貞奴[かわかみさだやっこ](人)
川上操六[かわかみそうろく](人)
川上座頭[かわかみざとう](人)
川上澄生[かわかみすみお](人)
川上梟帥[かわかみのたける](人)
川西[かわにし](地)
川手[かわて](姓)
川手文治郎[かわてぶんじろう](人)
川俣[かまた](地)
川俣ダム[かわまただむ](地)
川原①[かわら](地)
川原②[かわはら](姓)
川原慶賀[かわはらけいが](人)
川原湯温泉[かわらゆおんせん](地)
川越[かわごえ](地)
川越街頭[かわごえかいどう](地)
川場[かわば](地)
川田[かわだ](姓)
川田順[かわだじゅん](人)
川田甕江[かわだおうこう](人)
川中島[かわなかじま](地)
川之江①[かわのえ](地)
川之辺②[かわのべ](姓)
川之辺一朝[かわのべいっちょう](人)
川村[かわむら](姓)
川村景明[かわむらかげあき](人)
川村驥山[かわむらきざん](人)
川村多実二[かわむらたみじ](人)
川村純義[かわむらすみよし](人)
川湯温泉[かわゆおんせん](地)
川合[かわい](姓)
川合小梅[かわいこうめ](人)
川合玉堂[かわいぎょくどう](人)

天

天渓[てんけい](人)
天橋立[あまのはしだて](地)
天国[あまくに](人)
天台[てんだい](地)
天台大師[てんだいだいし](人)
天童[てんどう](地)
天竜[てんりゅう](地)
天竜奥三河国定公園[てんりゅうお
　くみかわこくていこうえん](地)
天竜川[てんりゅうがわ](地)
天竜狭[てんりゅうきょう](地)
天竜[てんりゅう](地)
天六[てんろく](地)
天理[てんり](地)
天満[てんま](地)
天売島[てうりとう](地)
天目山[てんもくざん](地)
天武天王[てんむてんのう](人)
天文館通り[てんもんかんどおり](地)
天白[てんぱく](地)
天保山[てんぽうざん](地)
天北原野[てんぽくげんや](地)
天山[てんざん](地)
天山南路[てんざんなんろ](地)
天山北路[てんざんほくろ](地)
天城[あまぎ](地)
天城山[あまぎさん](地)
天城峠[あまぎとうげ](地)
天沼[あまぬま](姓)
天沼俊一[あまぬましゅんいち](人)
天孫[てんそん](人)
天神[てんじん](地)
天神崎[てんじんざき](地)
天心[てんしん](人)
天野[あまの](地/姓)
天野信景[あまのさだかげ](人)
天野屋利兵衛[あまのやりへえ](人)
天野遠景[あまのとおかげ](人)
天野為之[あまのためゆき](人)
天野貞祐[あまのていゆう](人)
天野宗歩[あまのそうほ](人)
天野探女[あまのさぐめ](人)
天若日子[あめわかひこ](人)
天塩[てしお](地)
天塩山地[てしおさんち](地)
天塩川[てしおがわ](地)
天栄[てんえい](地)
天王[てんのう](地)
天王寺[てんのうじ](地)
天王寺屋長左衛門[てんのうじや
　ちょうざえもん](人)

天王山[てんのうざん](地)
天外[てんがい](人)
天一坊[てんいちぼう](人)
天日矛[あまのひぼこ](人)
天日槍[あまのひぼこ](人)
天田[あまだ](姓)
天田愚庵[あまだぐあん](人)
天鈿女命[あまのうずめのみこと](人)
天之川[あまのがわ](地)
天智天皇[てんちてんのう　てんじてんのう](人)
天津久米命[あまつくめのみこと](人)
天津麻羅[あまつまら](人)
天津小湊[あまつこまなと](地)
天川①[あまがわ](地)
天川②[てんかわ](地)
天ノ川[てんのがわ](地)
天草[あまくさ](地/姓)
天草四郎[あまくさしろう](人)
天草諸島[あまくさしょとう](地)
天竺徳兵衛[てんじくとくべえ](人)
天稚彦[あまわかひこ](人)
天親[てんじん](人)
天下茶屋[てんがぢゃや](地)
天海[てんかい](人)
天香久山[あまのかぐやま](地)

泉

泉[いずみ](姓)
泉鏡花[いずみきょうか](人)
泉崎[いずみざき](地)
泉南[せんなん](地)
泉大津[いずみおおつ](地)
泉北[せんぼく](地)
泉井[いずい](姓)
泉井久之助[いずいひさのすけ](人)
泉佐野[いずみさの](地)
泉州[せんしゅう](地)
泉川[いずみがわ](地)

浅

浅間高原[あさまこうげん](地)
浅間山[あさまやま](地)
浅間温泉[あさまおんせん](地)
浅見[あさみ](姓)
浅見絅斎[あさみけいさい](人)
浅口[あさくち](地)
浅利[あさり](姓)
浅利又七郎[あさりまたしちろう](人)
浅茅ヶ原[あさじがはら](地)
浅沼[あさぬま](姓)
浅沼稲次郎[あさぬまいねじろう](人)

浅野[あさの](姓)
浅野内匠頭[あさのたくみのかみ](人)
浅野長矩[あさのながのり](人)
浅野長政[あさのながまさ](人)
浅野長勲[あさのながこと](人)
浅野川[あさのがわ](地)
浅野総一郎[あさのそういちろう](人)
浅野幸長[あさのよしなが](人)
浅羽[あさば](地)
浅田[あさだ](姓)
浅田宗伯[あさだそうはく](人)
浅井[あさい](地)
浅井了意[あさいりょうい](人)
浅井長政[あさいながまさ](人)
浅井忠[あさいちゅう](人)
浅川[あさかわ](地/姓)
浅川範彦[あさかわのりひこ](人)
浅茅[あさじ](地)
浅草田圃[あさくさたんぼ](地)
浅虫温泉[あさむしおんせん](地)
浅沢小野[あさざわおの](地)
浅賀[あさか](地)
浅賀ふさ[あさがふさ](人)
浅香[あさか](地)
浅香山[あさかやま](地)
浅香の沼[あさかのぬま](地)
浅香の浦[あさかのうら](地)

釧

釧路[くしろ](地)
釧路湿原国立公園[くしろしつげんこくりつこうえん](地)
釧路平野[くしろへいや](地)

賤

賤機山[しずはたやま](地)
賤ヶ岳[しずがたけ](地)

鉄

鉄幹[てっかん](人)
鉄拐[てっかい](人)
鉄拐山[てっかいさん](地)
鉄眼[てつげん](人)
鉄牛[てつぎゅう](人)
鉄腸[てっちょう](人)
鉄斎[てっさい](人)
鉄砲洲[てっぽうず](地)
鉄血宰相[てっけつさいしょう](人)

徹

徹書記[てっしょき](人)

尖

尖閣諸島[せんかくしょとう](地)

添

添田[そえだ](姓)
添田唖蟬坊[そえだあぜんんぼう](人)

青

青根ヶ峰[あおねがみね](地)
青根温泉[あおねおんせん](地)
青島[あおしま](地)
青ヶ島[あおがしま](地)
青ノ洞門[あおのどうもん](地)
青梅[おうめ](地)
青梅街道[おうめかいどう](地)
青面金剛[しょうめんこんごう](人)
青木[あおき](姓)
青木昆陽[あおきこんよう](人)
青木鷺水[あおきろすい](人)
青木米[あおきもくべい](人)
青木繁[あおきしげる](人)
青木ヶ原[あおきがはら](地)
青木正児[あおきまさる](人)
青木周蔵[あおきしゅうぞう](人)
青木周弼[あおきしゅうすけ](人)
青木湖[あおきこ](地)
青墓[あおはか](地)
青山[あおやま](地)
青山[あおやま](地/姓)
青山杉作[あおやますぎさく](人)
青山延于[あおやまのぶゆき](人)
青山道[あおやまただみち](人)
青山忠俊[あおやまただとし](人)
青森[あおもり](地)
青森平野[あおもりへいや](地)
青野[あおの](姓)
青野季吉[あおのすえきち](人)
青葉[あおば](地)
青葉山[あおばやま](地)
青垣[あおがき](地)
青地[あおち](姓)
青地林宗[あおちりんそう](人)
青砥[あおと](地)
青砥藤綱[あおとふじつな](人)
青青園[せいせいえん](地)
青楓[せいふう](人)
青海[せいかい](人)
青海島[おうみしま](地)

清

晴

蜻

鯖

肖

初

草

蕉

寸

村

清

清見潟[きよみがた](地)
清女[せいじょ](人)
清寧天皇[せいねいてんのう](人)
清涼山[せいりょうざん](地)
清滝[きよたき](地)
清瀬[きよせ](地)
清里[きよさと](地)
清里高原[きよさとこうげん](地)
清鷹[きよまろ](人)
清武[きよたけ](地)
清方[きよかた](人)
清白[せいはく](人)
清盛[きよもり](人)
清少納言[せいしょうなごん](人)
清水①[きよみず](地/姓)
清水②[しみず](地)
清水幾太郎[しみずいくたろう](人)
清水多嘉示[しみずたかし](人)
清水六兵衛[きよみずろくべえ](人)
清水浜臣[しみずはまおみ](人)
清水紫琴[しみずしきん](人)
清水宗治[しみずむねはる](人)
清水次郎長[しみずのじろうちょう]
(人)
清水清玄[きよみずせいげん](人)
清水喜助[しみずきすけ](人)
清須[きよす](地)
清十郎[せいじゅうろう](人)
清野[きよの](姓)
清野謙次[きよのけんじ](人)
清元梅吉[きよもとうめきち](人)
清元延寿太夫[きよもとえんじゅだゆ
う](人)
清原[きよはら](人)
清原家衡[きよはらのいえひら](人)
清原武則[きよはらのたけのり](人)
清原武衡[きよはらのたけひら](人)
清原宣賢[きよはらののぶかた](人)
清原深養父[きよはらのふかやぶ](人)
清原元輔[きよはらのもとすけ](人)
清原俊蔭[きよはらのとしかげ](人)
清原青衡[きよはらのきよひら](人)
清原夏野[きよはらのなつの](人)
清田①[きよた](地)
清田②[せいた](地)
清田儋叟[せいたたんそう](人)
清拙正澄[せいせつしょうちょう](人)
清洲[きよす](地)
清澄山[きよすみやま](地)
清川[きよかわ](地/姓)
清川八郎[きよかわはちろう](人)

清沢①[きよさわ](地)
清沢②[きよざわ](姓)
清沢洌[きよさわきよし](人)
清沢満之[きよざわまんし](人)
清浦[きようら](姓)
清浦圭吾[きようらけいご](人)
清韓[せいかん](人)
清和天王[せいわてんのう](人)
清姫[きよひめ](人)

晴

晴海[はるみ](地)

蜻

蜻蛉洲[あきつしま](地)

鯖

鯖江[さばえ](地)

초

肖

肖柏[しょうはく](人)

初

初島[はつしま](地)
初瀬[はせ はつせ](地)
初瀬山[はつせやま](地)
初瀬川[はせがわ はつせがわ](地)
初山[はつやま](地)
初山別[しょさんべつ](地)
初山滋[はつやましげる](人)

草

草加[そうか](地)
草間[くさま](姓)
草間直方[くさまなおかた](人)
草壁皇子[くさかべのおうじ](人)
草城[そうじょう](人)
草野[くその](姓)
草野心平[くさのしんぺい](人)
草場[くさば](姓)
草場佩川[くさばはいせん](人)
草男[くさたお](人)
草津[くさつ](地)
草千里[くさせんり](地)
草薙[くさなぎ](地)
草香山[くさかやま](地)

蕉

蕉翁[しょうおう](地)

촌

寸

寸又狭[すまたきょう](地)
寸又狭温泉[すまたきょうおんせん]
(地)

村

村岡[むらおか](姓)
村岡局[むらおかのつぼね](人)
村岡典嗣[むらおかつねつぐ](人)
村岡花子[むらおかはなこ](人)
村瀬[むらせ](姓)
村瀬栲亭[むらせこうてい](人)
村山[むらやま](地/姓)
村山槐多[むらやまかいた](人)
村山竜平[むらやまりゅうへい](人)
村山左近[むらやまさこん](人)
村山知義[むらやまともよし](人)
村上[むらかみ](地/姓)
村上鬼城[むらかみきじょう](人)
村上冬嶺[むらかみとうれい](人)
村上浪六[むらかみなみろく](人)
村上英俊[むらかみひでとし](人)
村上義光[むらかみよしてる](人)
村上義清[むらかみよしきよ](人)
村上専精[むらかみせんじょう](人)
村上天皇[むらかみてんのう](人)
村上華岳[むらかみかがく](人)
村松[むらまつ](地/姓)
村松梢風[むらまつしょうふう](人)
村野[むらの](姓)
村野藤吾[むらのとうご](人)
村野四郎[むらのしろう](人)
村垣[むらがき](姓)
村垣範正[むらがきのりまさ](人)
村田[むらた](地/姓)
村田経芳[むらたつねよし](人)
村田了阿[むらたりょうあ](人)
村田新八[むらたしんぱち](人)
村田整珉[むらたせいみん](人)
村田珠光[むらたじゅこう](人)
村田清風[むらたせいふう](人)
村田春海[むらたはるみ](人)
村井[むらい](姓)
村井吉兵衛[むらいきちべえ](人)
村井弦斎[むらいげんさい](人)
村正[むらまさ](人)
村川[むらかわ](姓)
村川堅固[むらかわけんご](人)

冢

冢田[つかだ] (姓)
冢田大峯[つかだたいほう] (人)

塚

塚原[つかはら] (姓)
塚原卜伝[つかはらぼくでん] (人)
塚原渋柿園[つかはらじゅうしえん]
　(人)

総

総国[ふさのくに] (地)
総社[そうじゃ] (地)
総州[そうしゅう] (地)
総和[そうわ] (地)

最

最上[もがみ] (地/姓)
最上徳内[もがみとくない] (人)
最上義光[もがみよしあき] (人)
最上川[もがみがわ] (地)
最勝河原[さいしょうがわら] (地)
最澄[さいちょう] (人)

追

追分[おいわけ] (地)

秋

秋江[しゅうこう] (人)
秋瑾[しゅうきん] (人)
秋吉台[あきよしだい] (地)
秋吉台国定公園[あきよしだいこく
　ていこうえん] (地)
秋芳洞[あきよしどう・しゅうほうど
　う] (地)
秋保温泉[あきうおんせん] (地)
秋山[あきやま] (姓)
秋山玉山[あきやまぎょくざん] (人)
秋山定輔[あきやまていすけ] (人)
秋山真之[あきやまさねゆき] (人)
秋山郷[あきやまごう] (地)
秋山好古[あきやまよしふる] (人)
秋色女[しゅうしきじょ] (人)
秋声[しゅうせい] (人)
秋成[あきなり] (人)
秋桜子[しゅうおうし] (人)
秋葉[あきは] (地)
秋葉山[あきはさん] (地)

秋葉原[あきはばら] (地)
秋元[あきもと] (姓)
秋元不死男[あきもとふじお] (人)
秋月[あきづき] (地)
秋田[あきた] (地/姓)
秋田実[あきたみのる] (人)
秋田雨雀[あきたうじゃく] (人)
秋田平野[あきたへいや] (人)
秋津[あきづ] (地)
秋津国[あきつくに] (地)
秋津島[あきつしま] (地)
秋津洲[あきつしま] (地)
秋川[あきがわ] (地)
秋川渓谷[あきがわけいこく] (地)

推

推古天皇[すいこてんのう] (人)

萩

萩[はぎ] (地)
萩野[はぎの] (地)
萩原由之[はぎのよしゆき] (人)
萩原[はぎわら] (姓)
萩原タケ[はぎわらたけ] (人)
萩原広道[はぎわらひろみち] (人)
萩原朔太郎[はぎわらさくたろう] (人)
萩原雄祐[はぎわらゆうすけ] (人)

椎

椎名[しいな] (姓)
椎名麟三[しいなりんぞう] (人)
椎本[しいもと] (姓)
椎本斎鷹[しいがもとさいまろ] (人)
椎葉[しいば] (地/姓)

諏

諏訪[すわ] (地/姓)
諏訪頼重[すわよりしげ] (人)
諏訪の海[すわのうみ] (地)
諏訪湖[すわこ] (地)
諏訪湖盆地[すわこぼんち] (地)

鰍

鰍沢[かじかさわ] (地)

舳

舳倉島[へぐらじま] (地)

筑

筑摩[ちくま・つくま] (地)
筑肥山地[ちくひさんち] (地)

筑北[ちくほく] (地)
筑上[ちくじょう] (地)
筑西[ちくせい] (地)
筑紫[ちくし・つくし] (地)
筑紫の島[つくしのしま] (地)
筑紫山地[つくしさんち] (地)
筑紫潟[つくしがた] (地)
筑紫野[ちくしの] (地)
筑紫次郎[ちくしじろう] (地)
筑紫平野[つくしへいや] (地)
筑紫の海[つくしのうみ] (地)
筑前[ちくぜん] (地)
筑州[ちくしゅう] (地)
筑波[つくば] (地)
筑波根[つくばね] (地)
筑波山[つくばさん] (地)
筑豊[ちくほう] (地)
筑後[ちくご] (地)
筑後川[ちくごがわ] (地)

築

築館[つきだて] (地)
築山殿[つきやまどの] (人)
築地[つきじ] (地)

蹴

蹴上[けあげ] (地)

春

春江[はるえ] (地)
春慶[しゅんけい] (人)
春栖舍朧[はるのやまぼろ]
春団治[はるだんじ] (人)
春道[はるみち] (姓)
春道列樹[はるみちのつらき] (人)
春登[しゅんとう] (人)
春浪[しゅんろう] (人)
春山之霞壮夫[はるやまのかすみおと
　こ] (人)
春信[はるのぶ] (人)
春野[はるの] (地)
春屋妙葩[しゅんおくみょうは] (人)
春月[しゅんげつ] (人)
春日[かすが] (地/姓)
春日局[かすがのつぼね] (人)
春日部[かすかべ] (地)
春日山[かすがやま] (地)
春日野[かすがの] (地)
春日老[かすがのおゆ] (人)
春日潜庵[かすがせんあん] (人)
春日井[かすがい] (地)

冢
塚
総
最
追
秋
推
萩
椎
諏
鰍
舳
筑
築
蹴
春

春日政治[かすがまきじ](人)
春草[しゅんそう](人)
春華門院[しゅんかもんいん](人)

春
椿
出
虫
沖
忠
吹
取
酔
鷲
層
値
歯
置
稚
幟
勅
親
七
枕
針
寝
称
快

椿
椿[つばき](姓)
椿嶺[ちんれい](地)
椿市[つばいち](地)
椿椿山[つばきちんざん](人)

出
出口[でぐち](姓)
出口ナオ[でぐちなお](人)
出口延佳[でぐちのぶよし](人)
出口王仁三郎[でぐちおにさぶろう](人)
出口の茶屋[でぐちのちゃや](人)
出島[でじま](地)
出目[でめ](姓)
出目是閑[でめぜかん](人)
出石[いずし](地)
出水[いずみ](地)
出羽[いでわ　でわ](地)
出羽弁[いでわのべん](人)
出羽富士[でわふじ](地)
出羽三山[でわさんざん](地)
出雲[いずも](地)
出雲崎[いずもざき](地)
出雲阿国[いずものおくに](人)
出雲平野[いずもへいや](地)

虫
虫明の瀬戸[むしあけのせと](地)

沖
沖ノ島[おきのしま](地)
沖縄[おきなわ](地)
沖縄島[おきなわじま](地)
沖縄本島[おきなわほんとう](地)
沖縄戦跡国定公園[おきなわせんせきこくていこうえん](地)
沖縄諸島[おきなわしょとう](地)
沖縄海岸国定公園[おきなわかいがんこくていこうえん](地)
沖永良部島[おきのえらぶじま](地)
沖田[おきた](地)
沖田総司[おきたそうじ](人)
沖ノ鳥島[おきのとりしま](地)
沖中[おきなか](姓)
沖中重雄[おきなかしげお](人)

忠
忠岡[ただおか](地)
忠綱[ただつな](人)
忠吉[ただよし](人)

吹
吹飯の浦[ういちのうら](地)
吹上[ふきあげ](地)
吹上浜[ふきあげはま](地)
吹上の浜[ふきあげのはま](地)
吹田[すいた](地)
吹割の滝[ふきわりのたき](地)

取
取手[とりで](地)

酔
酔茗[すいめい](人)

鷲
鷲宮[わしみや](地)
鷲の峰[わしのみね](地)
鷲山[じゅせん](地)
鷲の山[わしのやま](地)
鷲羽山[わしゅうざん](地)
鷲津[わしづ](姓)
鷲津毅堂[わしづきどう](人)

層
層雲峡[そううんきょう](地)

値
値嘉島[ちかのしま](地)

歯
歯舞諸島[はぼまいしょとう](地)

置
置戸[おけと](地)

稚
稚内[わっかない](地)
稚児滝[ちごがたき](地)
稚児ヶ淵[ちごがふち](地)

幟
幟仁親王[たかひとしんのう](人)

勅
勅使河原[てしがわら](姓)
勅使河原蒼風[てしがわらそうふう](人)

親
親鸞[しんらん](人)
親不知[おやしらず](地)

七
七里の渡し[しちりのわたし](地)
七里ヶ浜[しちりがはま](地)
七面山[しちめんざん](地)
七尾[ななお](地)
七味温泉[しちみおんせん](地)
七飯[ななえ](地)
七宝[しっぽう](地)
七ヶ浜[しちがはま](地)
七ヶ宿[しちかしゅく](地)
七条院[しちじょういん](人)
七宗[しちそう](地)
七戸[しちのへ](地)

枕
枕崎[まくらざき](地)
枕山[ちんざん](人)

針
針ノ木峠[はりのきとうげ](地)

寝
寝覚の床[ねざめのとこ](地)
寝屋川[ねやがわ](地)
寝惚先生[ねぼけせんせい](人)

称
称光天皇[しょうこうてんのう](人)
称徳天皇[しょうとくてんのう](人)

快
快能[かいのう](姓)
快能通孝[かいのうみちたか](人)
快賢[かいげん](人)

타

打
打出浜[うちでのはま](地)

詫
詫間[たくま](地)

탁

濁
濁河温泉[にごりごおんせん](地)

啄
啄木[たくぼく](人)

탄

炭
炭[たん](姓)
炭大祇[たんたいぎ](人)

弾
弾崎[はじきざき](地)

灘

灘
灘[なだ](地)
灘崎[なださき](地)
灘目[なだめ](地)
灘五郷[なだごきょう](地)

탐

探
探幽[たんゆう](人)

탕

湯
湯島[ゆしま](地)
湯ヶ島温泉[ゆがしまおんせん](地)
湯瀬温泉[ゆぜおんせん](地)
湯梨浜[ゆりはま](地)
湯ノ峰温泉[ゆのみねおんせん](地)
湯ノ山温泉[ゆのやまおんせん](地)
湯西川温泉[ゆにしがわおんせん](地)
湯野浜温泉[ゆのはまおんせん](地)
湯ヶ野温泉[ゆがのおんせん](地)
湯原王[ゆはらのおおきみ](人)
湯田温泉[ゆだおんせん](地)
湯田中温泉[ゆだなかおんせん](地)
湯前[ゆのまえ](地)
湯殿山[ゆどのさん](地)
湯川①[ゆかわ](姓)
湯川②[ゆがわ](姓)

湯川秀樹[ゆかわひでき](人)
湯川温泉[ゆのかわおんせん](地)
湯浅[ゆあさ](地)
湯浅年子[ゆあさとしこ](人)
湯浅常山[ゆあさじょうざん](人)
湯村温泉[ゆむらおんせん](地)
湯沢[ゆざわ](地/姓)
湯沢幸吉郎[ゆざわこうきちろう](人)
湯布院[ゆふいん](地)
湯河原[ゆがわら](地)
湯郷温泉[ゆのごうおんせん](地)
湯檜曾温泉[ゆびそおんせん](地)

태

太
太[おお](姓)
太祇[たいぎ](人)
太東崎[たいとうざき](地)
太良[たら](地)
太白[たいはく](地)
太神山[たなかみやま](地)
太安萬侶[おおのやすまろ](人)
太原[たいげん](地)
太原崇孚[たいげんすうふ](人)
太子[たいし](地/人)
太宰[だざい](地)
大宰府[だざいふ](地)
太宰春台[だざいしゅんだい](人)
太宰治[だざいおさむ](人)
太田[おおた](地/姓)
太田錦城[おおたきんじょう](人)
太田道灌[おおたどうかん](人)
太田白雪[おおたはくせつ](人)
太田水穂[おおたみずほ](人)
太田玉茗[おおたぎょくめい](人)
太田牛一[おおたぎゅういち](人)
太田全斎[おおたぜんさい](人)
太田川[おおたがわ](地)
太地[たいじ](地)
太秦[うずまさ](地)
太平海[たいへいかい](地)

胎
胎内[たいない](地)
胎中天皇[たいちゅうてんのう](人)

泰
泰阜[やすおか](地)
泰澄[たいちょう](人)

택

択
択捉[えとろふ](地)
択捉島[えとろふとう](地)

沢
沢[さわ](姓)
沢角[さわずみ](姓)
沢角検校[さわずみけんぎょう](人)
沢柳[さわやなぎ](姓)
沢柳政太郎[さわやなぎまさたろう](人)
沢名垂[さわだなたり](人)
沢潟[おもだか](姓)
沢潟久孝[おもだかひさたか](人)
沢宣嘉[さわのよしよし](人)
沢庵[たくあん](人)
沢野[さわの](姓)
沢野忠庵[さわのちゅうあん](人)
沢田[さわだ](姓)
沢田美喜[さわだみき](人)
沢田正次郎[さわだしょうじろう](人)
沢田川[さわだがわ](地)
沢住[さわずみ](姓)
沢住検校[さわずみけんぎょう](人)
沢村[さわむら](姓)
沢村琴所[さわむらきんしょ](人)
沢村栄治[さわむらえいじ](人)
沢村田之助[さわむらたのすけ](人)
沢村宗十郎[さわむらそうじゅうろう](人)

토

土
土居[どい](地/姓)
土居光知[どいこうち](人)
土光[どこう](姓)
土光敏夫[どこうとしお](人)
土岐[とき](地/姓)
土岐頼康[ときよりやす](人)
土岐頼遠[ときよりとお](人)
土岐善麿[ときぜんまろ](人)
土崎[つちざき](地)
土門[どもん](姓)
土門拳[どもんけん](人)
土方[ひじかた](姓)
土方久元[ひじかたひさもと](人)
土方歳三[ひじかたとしぞう](人)
土方与志[ひじかたよし](人)
土方定一[ひじかたていいち](人)
土芳[とほう](人)

土
吐
通
桶
筒
樋
透
巴
芭
波
破
婆
播
簸
判
坂
阪
板

土肥①[とい](地)
土肥②[どひ](姓)
土肥慶蔵[どひけいぞう](人)
土肥実平[どひさねひら](人)
土肥原①[どいはら](人)
土肥原②[どひはら](姓)
土肥原賢二[どひはらけんじ](人)
土山[つちやま](地)
土生[はぶ](姓)
土生玄碩[はぶげんせき]
土御門[つちみかど](地/姓)
土御門道親[つちみかどみちか](人)
土御門天皇[つちみかどてんのう](人)
土屋[つちや](姓)
土屋文明[つちやぶんめい](人)
土屋安親[つちややすちか](人)
土庄[とのしょう](地)
土田[つちだ](姓)
土田麦僊[つちだばくせん](人)
土田杏村[つちだきょうそん](人)
土田献[つちだけん](人)
土井①[どい](姓)
土井②[つちい](姓)
土井勝[どいとしかつ](人)
土井晩翠[つちいばんすい　どいばんすい](人)
土井鶯村[どいこうがり](人)
土井辰雄[どいたつお](人)
土井忠生[どいただお](人)
土佐[とさ](地/姓)
土佐光起[とさみつおき](人)
土佐光信[とさみつのぶ](人)
土佐光長[とさみつなが](人)
土佐湾[とさわん](地)
土佐山田[とさやまだ](人)
土佐の院[とさのいん](人)
土佐清水[とさしみず](地)
土州[どしゅう](地)
土湯温泉[つちゆおんせん](地)
土浦[つちうら](地)

吐
吐喝喇列島[とかられっとう](地)

通
通園[つうえん](人)
通町[とおりちょう](地)
通済渠[つうさいきょ](地)

桶
桶川[おけがわ](地)

筒
筒井[つつい](姓)
筒井順慶[つついじゅんけい](人)

樋
樋口[ひぐち](姓)
樋口一葉[ひぐちいちよう](人)

透
透谷[とうこく](人)

巴
巴[ともえ](人)
巴御前[ともえごぜん](人)
巴人[はじん](人)

芭
芭蕉[ばしょう](人)

波
波崎[はさき](地)
波多野[はたの](姓)
波多野精一[はたのせいいち](人)
波勝崎[はがちざき](地)
波照間島[はてるまじま](地)
波止見[はさみ](地)
波郷[はきょう](人)

破
破笠[はりつ](人)

婆
婆羅門僧正[ばらもんそうじょう](人)

播
播磨[はりま](地)
播磨潟[はりまがた](地)
播磨灘[はりまなだ](地)
播磨平野[はりまへいや](地)
播州[ばんしゅう](地)

簸
簸川[ひかわ](地)

判
判官[ほうがん](人)

坂
坂口[さかぐち](姓)

坂口謹一郎[さかぐちきんいちろう](人)
坂口安吾[さかぐちあんご](人)
坂口昂[さかぐちたかし](人)
坂崎[さかざき](姓)
坂崎出守守[さかざきでわのかみ](人)
坂東[ばんどう](地/姓)
坂東三津五郎[ばんどうみつごろう](人)
坂東彦三郎[ばんどうひこさぶろう](人)
坂東太郎[ばんどうたろう](人)
坂東八箇国[ばんどうはっかこく](地)
坂本[さかもと](地/姓)
坂本嘉治馬[さかもとかじま](人)
坂本竜馬[さかもとりょうま](人)
坂本繁次郎[さかもとはんじろう](人)
坂本四方太[さかもとしほうだ](人)
坂本天山[さかもとてんざん](人)
坂上[さかのうえ](人)
坂上郎女[さかのうえのいらつめ](人)
坂上望城[さかのうえのもちき](人)
坂上是則[さかのうえのこれのり](人)
坂上田村麻呂[さかのうえのたむらまろ](人)
坂城[さかき](地)
坂西[ばんざい](姓)
坂西利八郎[ばんざいりはちろう](人)
坂田[さかた](地)
坂田金時[さかたのきんとき](人)
坂田藤十郎[さかたとうじゅうろう](人)
坂田三吉[さかたさんきち](人)
坂田昌一[さかたしょういち](人)
坂井[さかい](地)
坂祝[さかほぎ](地)
坂出[さかいで](地)
坂戸[さかど](地)

阪
阪南[はんなん](地)
阪東[ばんどう](姓)
阪東妻三郎[ばんどうつまさぶろう](人)
阪神[はんしん](地)

板
板谷[いたや](姓)
板谷峠[いたやとうげ](地)
板谷波山[いたやはざん](人)
板橋[いたばし](地)
板柳[いたやなぎ](地)

板付[いたづけ] (地)
板額[はんがく] (姓)
板額御前[はんがくごぜん] (人)
板野[いたの] (地)
板垣[いたがき] (姓)
板垣征四郎[いたがきせいしろう] (人)
板垣退助[いたがきたいすけ] (人)
板倉[いたくら] (地/姓)
板倉勝重[いたくらかつしげ] (人)
板倉重宗[いたくらしげむね] (人)
板倉重昌[いたくらしげまさ] (人)

팔

八
八街[やちまた] (地)
八甲田山[はっこうださん] (地)
八橋[やつはし] (地/姓)
八橋検校[やつはしけんぎょう] (人)
八溝山地[やみぞさんち] (地)
八女[やめ] (地)
八大山人[はちだいさんじん] (人)
八代[やつしろ] (地)
八代海[やつしろかい] (地)
八島[やしま] (地)
八頭[やず] (地)
八郎潟[はちろうがた] (地)
八瀬[やせ] (地)
八木[やぎ] (姓)
八木秀次[やぎひでつぐ] (人)
八木重吉[やぎじゅうきち] (人)
八木秋子[やぎあきこ] (人)
八文字屋自笑[はちもんじやじしょう] (人)
八尾①[やお] (地)
八尾②[やつお] (地)
八百屋お七[やおやおしち] (人)
八百津[やおつ] (地)
八幡①[はちまん] (地)
八幡②[やはた] (地)
八幡③[やわた] (地)
八幡東[やはたひがし] (地)
八幡浜[やわたはま] (地)
八幡山[やわたやま] (地)
八幡西[やはたにし] (地)
八幡太郎[はちまんたろう] (人)
八幡平[はちまんたい] (地)
八峰[はっぽう] (地)
八杉[やすぎ] (地)
八杉貞利[やすぎさだとし] (人)
八森[はちもり] (地)
八十村[やそむら] (地)
八十村路通[やそむらろつう] (人)

八ヶ岳[やつがたけ] (地)
八ヶ岳中信高原国定公園[やつがたけちゅうしんこうげんこくていこうえん] (地)
八王子[はちおうじ] (地)
八雲[やくも] (地/人)
八日市[ようかいち] (地)
八日市場[ようかいちば] (地)
八丈[はちじょう] (地)
八丈島[はちじょうじま] (地)
八田[はった] (姓)
八田知紀[はったとものり] (人)
八丁堀[はっちょうぼり] (地)
八潮[やしお] (地)
八洲[やしま] (地)
八洲国[やしまくに] (地)
八重崎[やえざき] (姓)
八重崎検校[やえざきけんぎょう] (人)
八重瀬[やえせ] (地)
八重山[やえやま] (地)
八重山諸島[やえやましょとう] (地)
八重洲[やえす] (地)
八千代[やちよ] (地)
八坂[やさか] (地)
八海山[はっかいさん] (地)
八郷[やさと] (地)
八軒屋[はちけんや] (地)
八戸[はちのへ] (地)

패

貝
貝殻島[かいがらじま] (地)
貝谷[かいたに] (姓)
貝谷八百子[かいたにやおこ] (人)
貝掛温泉[かいかけおんせん] (地)
貝原[かいばら] (姓)
貝原益軒[かいばらえきけん] (人)
貝塚[かいづか] (姓)
貝塚茂樹[かいづかしげき] (人)

稗
稗田[ひえだ] (姓)
稗田阿礼[ひえだのあれ] (人)

팽

澎
澎湖諸島[ほうこしょとう] (地)

편

片
片岡[かたおか] (地/姓)

片岡健吉[かたおかけんきち] (人)
片岡安[かたおかやすし] (人)
片岡仁左衛門[かたおかにざえもん] (人)
片岡千恵蔵[かたおかちえぞう] (人)
片岡鉄兵[かたおかてっぺい] (人)
片桐[かたぎり] (姓)
片桐石州[かたぎりせきしゅう] (人)
片桐且元[かたぎりかつもと] (人)
片瀬[かたせ] (地)
片山[かたやま] (姓)
片山兼山[かたやまけんざん] (人)
片山久安[かたやまひさやす] (人)
片山国嘉[かたやまくにか] (人)
片山東熊[かたやまとうくま] (人)
片山北海[かたやまほっかい] (人)
片山潜[かたやません] (人)
片山正夫[かたやままさお] (人)
片山津温泉[かたやまづおんせん] (地)
片上[かたかみ] (地)
片上伸[かたかみのぶる] (人)
片倉[かたくら] (姓)
片倉兼太郎[かたくらかねたろう] (人)
片品[かたしな] (地)

遍
遍昭[へんじょう] (人)
遍照[へんじょう] (人)

평

平
平[たいら] (地/姓)
平康頼[たいらのやすより] (人)
平兼盛[たいらのかねもり] (人)
平景清[たいらのかげきよ] (人)
平高望[たいらのたかもち] (人)
平谷[ひらや] (地)
平教経[たいらののりつね] (人)
平教盛[たいらののりもり] (人)
平国香[たいらのくにか] (人)
平群[へぐり] (地)
平内[ひらない] (地)
平徳子[たいらのとくこ] (人)
平敦盛[たいらのあつもり] (人)
平良[ひらら] (地)
平良門[たいらのよしかど] (人)
平鹿[ひらか] (地)
平頼盛[たいらのよりもり] (人)
平瀬[ひらせ] (地/姓)
平瀬作五郎[ひらせさくごろう] (人)
平六代[たいらのろくだい] (人)
平林[ひらばやし] (姓)

평
坪
幣
包
布
抱
泡
浦
飽
蒲
俵
標
瓢
品

平林たい子[ひらばやしたいこ] (人)
平林初之輔[ひらばやしはつのすけ]
　(人)
平尾台[ひらおだい] (地)
平福[ひらふく] (姓)
平福百穂[ひらふくひゃくすい] (人)
平山[ひらやま] (地)
平山信[ひらやましん] (人)
平生[ひらお] (地)
平城天皇[へいぜいてんのう] (人)
平沼[ひらぬま] (姓)
平沼麒一郎[ひらぬまきいちろう]
　(人)
平沼亮三[ひらぬまりょうぞう] (人)
平手[ひらて] (姓)
平手政秀[ひらてまさひで] (人)
平手造酒[ひらてみき] (人)
平時子[たいらのときこ] (人)
平時忠[たいらのときただ] (人)
平野[ひらの] (地)
平野謙[ひらのけん] (人)
平野国臣[ひらのくにおみ] (人)
平維茂[たいらのこれもち] (人)
平維盛[たいらのこれもり] (人)
平維衡[たいらのこれひら] (人)
平慈子[たいらのしげこ] (人)
平将門[たいらのまさかど] (人)
平田[ひらた] (地)
平田道仁[ひらたどうじん] (人)
平田禿木[ひらたとくぼく] (人)
平田篤胤[ひらたあつたね] (人)
平田東助[ひらたとうすけ] (人)
平田彦三[ひらたひこぞう] (人)
平田靭負[ひらたゆきえ] (人)
平田銕胤[ひらたかねたね] (人)
平田清明[ひらたきよあき] (人)
平井[ひらい] (姓)
平井権八[ひらいごんぱち] (人)
平正盛[たいらのまさもり] (人)
平貞文[たいらのさだふみ] (人)
平貞盛[たいらのさだもり] (人)
平宗盛[たいらのむねもり] (人)
平重盛[たいらのしげもり] (人)
平重衡[たいらのしげひら] (人)
平櫛[ひらくし] (姓)
平櫛田中[ひらくしでんちゅう] (人)
平知盛[たいらのとももり] (人)
平泉[ひらいずみ] (地/姓)
平泉澄[ひらいずみきよし] (人)
平清盛[たいらのきよもり] (人)
平塚[ひらつか] (地/姓)
平塚らいてう[ひらつからいてう] (人)

平忠度[たいらのただのり] (人)
平忠常[たいらのただつね] (人)
平忠盛[たいらのただもり] (人)
平取[ひらとり] (地)
平湯温泉[ひらゆおんせん] (地)
平賀[ひらが] (地/姓)
平賀譲[ひらがゆずる] (人)
平賀元義[ひらがもとよし] (人)
平賀源内[ひらがげんない] (人)
平戸[ひらど] (地)
平戸島[ひらどじま] (地)

坪
坪内[つぼうち] (姓)
坪内逍遥[つぼうちしょうよう] (人)
坪田[つぼた] (姓)
坪田譲治[つぼたじょうじ] (人)
坪井[つぼい] (姓)
坪井九馬三[つぼいくめぞう] (人)
坪井杜国[つぼいとこく] (人)
坪井誠太郎[つぼいせいたろう] (人)
坪井信道[つぼいしんどう] (人)
坪井正五郎[つぼいしょうごろう]
　(人)
坪井忠二[つぼいちゅうじ] (人)
坪井玄道[つぼいげんどう] (人)

〔 페 〕

幣
幣原[しではら] (姓)
幣原喜重郎[しではらきじゅうろう]
　(人)

〔 포 〕

包
包永[かねなが] (人)
包平[かねひら] (人)

布
布留[ふる] (地)
布施[ふせ] (地/姓)
布施辰治[ふせたつじ] (人)
布引の滝[ぬのびきのたき] (地)
布引山地[ぬのびきさんち] (地)

抱
抱月[ほうげつ] (人)
抱一[ほういつ] (人)

泡
泡鳴[ほうめい] (人)

浦
浦臼[うらうす] (地)
浦島[うらしま] (地/人)
浦島の子[うらしまのこ] (人)
浦島太郎[うらしまたろう] (人)
浦富海岸[うらどめかいがん] (地)
浦上[うらかみ] (地)
浦上玉堂[うらかみぎょくどう] (人)
浦上春琴[うらかみしゅんきん] (人)
浦安[うらやす] (地)
浦添[うらそえ] (地)
浦河[うらかわ] (地)
浦賀[うらが] (地)
浦賀水道[うらがすいどう] (地)
浦和[うらわ] (地)
浦幌[うらほろ] (地)

飽
飽海[あくみ] (地)

蒲
蒲の冠者[がまのかんじゃ] (人)
蒲郡[がまごおり] (地)
蒲生[がもう] (地/姓)
蒲生君平[がもうくんぺい] (人)
蒲生氏郷[がもううじさと] (人)
蒲生賢秀[がもうかたひで] (人)
蒲原[かんばら] (地/姓)
蒲原有明[かんばらありあけ] (人)
蒲田[かまた] (地)

〔 丑 〕

俵
俵[たわら] (姓)
俵国一[たわらくにいち] (人)
俵藤太[たわらとうた] (人)
俵山温泉[たわらやまおんせん] (地)
俵屋宗達[たわらやそうたつ] (人)

標
標茅原[しめじがはら] (地)
標津[しべつ] (地)
標茶[しべちゃ] (地)

瓢
瓢湖[ひょうこ] (地)

〔 품 〕

品
品川[しながわ] (地/姓)
品川弥二郎[しながわやじろう] (人)

풍

風

風間浦[かざまうら](地)
風来山人[ふうらいさんじん](人)
風連[ふうれん](地)
風連鍾乳洞[ふうれんしょうにゅうどう](地)
風連湖[ふうれんこ](地)
風葉[ふうよう](人)
風越[かざごし](地)
風越山[かざごしやま](地)
風越の峠[かざごしのとうげ](地)
風早[かざはや](地)

豊

豊岡[とよおか](地)
豊見城[とみぐすく](地)
豊頃[とよころ](地)
豊科[とよしな](地)
豊橋[とよはし](地)
豊丘[とよおか](地)
豊国[ぶよくに](地)
豊根[とよね](地)
豊能[とよの](地)
豊島①[としま](地)
豊島②[とよしま](姓)
豊島与志雄[とよしまよしお](人)
豊道春海[ぶんどうしゅんかい](人)
豊明[とよあけ](地)
豊富[とよとみ](地)
豊北[ほうほく](地)
豊浜[とよはま](地)
豊山[とよやま](地)
豊臣[とよとみ](姓)
豊臣秀吉[とよとみひでよし](人)
豊臣秀頼[とよとみひでより](人)
豊臣秀次[とよとみひでつぐ](人)
豊栄[とよさか](地)
豊予[ほうよ](地)
豊予海峡[ほうよかいきょう](地)
豊原[とよはら](地)
豊葦原[とよあしはら](地)
豊葦原瑞穂国[とよあしはらのみずほのくに](地)
豊葦原中国[とよあしはらのなかつくに](地)
豊葦原千五百秋瑞穂国[とよあしはらのちいおあきのみずほのくに](地)
豊田①[とよた](地/姓)
豊田②[とよだ](地)
豊田四郎[とよだしろう](人)
豊田佐吉[とよださきち](人)

豊田天工[とよだてんこう](人)
豊前[ぶぜん](地)
豊竹呂昇[とよたけろしょう](人)
豊竹山城少掾[とよたけやましろしょうじょう](人)
豊竹若太夫[とよたけわかたゆう](人)
豊州[ほうしゅう](地)
豊中[とよなか](地)
豊川[とよかわ](地/姓)
豊川良平[とよかわりょうへい](人)
豊聡耳命[とよとみみのみこと](人)
豊秋津島[とよあきつしま](地)
豊鍬入姫命[とよすきいりひめのみこと](人)
豊太閤[ほうたいこう](人)
豊沢[とよざわ](姓)
豊沢団平[とよざわだんぺい](人)
豊平[とよひら](地)
豊浦[とようら](地)
豊郷[とよさと](地)
豊後[ぶんご](地)
豊後高田[ぶんごたかだ](地)
豊後大野[ぶんごおおの](地)
豊後水道[ぶんごすいどう](地)

하

下

下岡[しもおか](姓)
下岡蓮杖[しもおかれんじょう](人)
下京[しもぎょう](地)
下高井[しもたかい](地)
下谷[したや](地)
下関[しものせき](地)
下館[しもだて](地)
下都賀[しもつが](地)
下呂[げろ](地)
下呂温泉[げろおんせん](地)
下馬将軍[げばしょうぐん](人)
下毛野[しもつけの](地)
下部温泉[しもべおんせん](地)
下北[しもきた](地)
下北半島[しもきたはんとう](地)
下北半島国定公園[しもきたはんとうこくていこうえん](地)
下北山[しもきたやま](地)
下松[くだまつ](地)
下水内[しもみのち](地)
下市[しもいち](地)
下新川[しもにいかわ](地)
下野[しもつけ](地)
下伊那[しもいな](地)
下益城[しもましき](地)

下仁田[しもにた](地)
下田[しもだ](地)
下田歌子[しもだうたこ](人)
下田温泉[しもだおんせん](地)
下の町[しものちょう](地)
下条[しもじょう](地)
下照姫[したてるひめ](人)
下中[しもなか](姓)
下中弥三郎[しもなかやさぶろう](人)
下津[しもつ](地)
下妻[しもつま](地)
下川[しもかわ](地)
下村[しもむら](姓)
下村観山[しもむらかんざん](人)
下村海南[しもむらかいなん](人)
下村湖人[しもむらこじん](人)
下総[しもうさ・しもふさ・しもつふさ](地)
下総台地[しもうさだいち](地)
下諏訪[しもすわ](地)
下閉伊[しもへい](地)
下河辺[しもこうべ](姓)
下河部長流[しもこうべちょうりゅう](人)
下賀茂温泉[しもがもおんせん](地)
下郷[しもごう](地)

河

河鍋[かわなべ](姓)
河鍋暁斎[かわなべぎょうさい](人)
河口[かわぐち](地)
河口慧海[かわぐちえかい](人)
河口湖[かわぐちこ](地)
河崎[かわさき](姓)
河崎なつ[かわさきなつ](人)
河南[かなん](地)
河内[かわち](地)
河内長野[かわちながの](地)
河東①[かとう](地/姓)
河東②[かわひがし](地/姓)
河東碧梧桐[かわひがしへきごとう](人)
河本[こうもと](姓)
河本大作[こうもとだいさく](人)
河北[かほく](地)
河上[かわかみ](姓)
河上丈太郎[かわかみじょうたろう](人)
河上肇[かわかみはじめ](人)
河上徹太郎[かわかみてつたろう](人)
河西①[かさい](地)
河西②[かわにし](地)
河沼[かわぬま](地)

河野[こうの](人)
河野広中[こうのひろなか](人)
河野道有[こうのみちあり](人)
河野敏鎌[こうのとがま](人)
河野一郎[こうのいちろう](人)
河芸[かわげ](地)
河原[かわら](地)
河原崎[かわらざき](姓)
河原崎長十郎[かわらざきちょうじゅうろう](人)
河原町[かわらまち](地)
河原の左大臣[かわらのさだいじん](人)
河井[かわい](姓)
河井継之助[かわいつぐのすけ](人)
河井寛次郎[かわいかんじろう](人)
河井道[かわいみち](人)
河井荃廬[かわいせんろ](人)
河井酔茗[かわいすいめい](人)
河竹[かわたけ](姓)
河竹黙阿弥[かわたけもくあみ](人)
河竹繁俊[かわたけしげとし](人)
河竹新七[かわたけしんしち](人)
河津[かわづ](地/姓)
河津祐泰[かわづのすけやす](人)
河村[かわむら](姓)
河村瑞軒[かわむらずいけん](人)
河村秀根[かわむらひでね](人)
河合[かわい](地/姓)
河合武雄[かわいたけお](人)
河合小市[かわいこいち](人)
河合栄治郎[かわいえいじろう](人)
河合乙州[かわいおとくに](人)
河合曾良[かわいそら](人)

夏

夏目[なつめ](姓)
夏目成美[なつめせいび](人)
夏目漱石[なつめそうせき](人)
夏目甕麿[なつめみかまろ](人)
夏油温泉[げとうおんせん](地)

荷

荷田[かだ](姓)
荷田在満[かだのありまろ](人)
荷田春満[かだのあずままろ](人)
荷風[かふう](人)
荷兮[かけい](人)

賀

賀名生[あのう](地)
賀茂[かも](地/姓)

賀茂真淵[かものまぶち](人)
賀茂川[かもがわ](地)
賀陽[かや](姓)
賀陽院[かやのいん](人)
賀陽豊年[かやのとよとし](人)
賀州[がしゅう](地)
賀川[かがわ](姓)
賀川豊彦[かがわとよひこ](人)
賀川玄悦[かがわげんえつ](人)

蝦

蝦夷[えぞ](地)
蝦夷富士[えぞふじ](地)
蝦夷地[えぞち](地)

霞

霞が関[かすみがせき](地)
霞ヶ浦[かすみがうら](地)

学

学海[がっかい](人)

涸

涸沼[ひぬま](地)

鶴

鶴岡[つるおか](地)
鶴居[つるい](地)
鶴見[つるみ](地)
鶴見岳[つるみだけ](地)
鶴崎[つるさき](地)
鶴ヶ島[つるがしま](地)
鶴来[つるぎ](地)
鶴峰[つるみね](地)
鶴峰茂伸[つるみねしげのぶ](人)
鶴屋南北[つるやなんぼく](人)
鶴田[つるた](地)
鶴賀若狭掾[つるがわかさのじょう](人)

寒

寒川[さむかわ](地)
寒河江[さがえ](地)

韓

韓国岳[からくにだけ](地)
韓崎[からさき](地)

函

函館[はこだて](地)
函館山[はこだてやま](地)
函南[かんなみ](地)
函嶺[かんれい](地)

合

合志[こうし](地)

恒

恒藤[つねとう](姓)
恒藤恭[つねとうきょう](人)
恒良親王[つねながしんのう](人)

港

港[みなと](地)
港南[こうなん](地)
港北[こうほく](地)

海

海江田[かいえだ](姓)
海江田信義[かいえだのぶよし](人)
海南[かいなん](地)
海道[かいどう](地)
海老名[えびな](地/姓)
海老名弾正[えびなだんじょう](人)
海老原[えびはら](姓)
海老原喜之助[えびはらきのすけ](人)
海保[かいほ](姓)
海保漁村[かいほぎょそん](人)
海保青陵[かいほせいりょう](人)
海部①[あま](地)
海部②[かいふ](地)
海北[かいほう](地)
海北若沖[かいほうじゃくちゅう](人)
海北友松[かいほうゆうしょう](人)
海士[あま](地)
海柘榴市[つばきいち　つばいち](地)
海野[うんの](地/姓)
海野勝珉[うんのしょうみん](人)
海野十三[うんのじゅうざ](人)
海野清[うんのきよし](人)
海陽[かいよう](地)
海音寺潮五郎[かいおんじちょうごろう](人)
海田[かいた](地)
海ノ中道[うみのなかみち](地)

海津[かいづ](地)
海草[かいそう](地)
海幸彦[うみさちひこ](人)
海後[かいご](姓)
海後宗臣[かいごときおみ](人)

解

解脱上人[げだつしょうにん](人)

蟹

蟹江[かにえ](地)

行

行橋[ゆくはし](地)
行基[ぎょうき](人)
行徳[ぎょうとく](地)
行成[こうぜい](人)
行阿[ぎょうあ](人)
行人坂[ぎょうにんざか](地)
行田[ぎょうだ](地)
行尊[ぎょうそん](人)
行平[ゆきひら](人)

幸

幸[さいわい](地)
幸堂[こうどう](姓)
幸堂得知[こうどうとくち](人)
幸徳[こうとく](姓)
幸徳秋水[こうとくしゅうすい](人)
幸島[こうじま](地)
幸祥光[こうよしみつ](人)
幸手[さって](地)
幸阿弥[こうあみ](人)
幸野[こうの](姓)
幸野楳嶺[こうのばいれい](人)
幸田①[こうた](地)
幸田②[こうだ](地)
幸田露伴[こうだろはん](人)
幸田文[こうだあや](人)
幸田延[こうだのぶ](人)

向

向島①[むかいしま](地)
向島②[むこうじま](地)
向象賢[しょうしょうけん](人)
向阿[こうあ](人)
向日[むこう](地)
向田[むこう](姓)
向田邦子[むこうだくにこ](人)

向井[むかい](姓)
向井去来[むかいきょらい](人)
向井元升[むかいげんしょう](人)
向坂[さきさか](姓)
向坂逸郎[さきさかいつろう](人)

香

香久山[かぐやま](地)
香具山[かぐやま](地)
香南[こうなん](地)
香林坊[こうりんぼう](地)
香美[かみ](地)
香寺[こうでら](地)
香山居士[こうざんこじ](人)
香月[かづき](姓)
香月泰男[かづきやすお](人)
香芝[かしば](地)
香川[かがわ](地/姓)
香川景樹[かがわかげき](人)
香椎[かしい](地)
香春[かわら](地)
香取[かとり](地/姓)
香取秀真[かとりほずま](人)

郷

郷[ごう](姓)
郷誠之助[ごうせいのすけ](人)
郷義弘[ごうよしひろ](人)
郷ノ浦[ごうのうら](地)

響

響灘[ひびきなだ](地)

饗

饗庭[あえば](姓)
饗庭篁村[あえばこうそん](人)

虚

虚子[きょし](人)

玄

玄武洞[げんぶどう](地)
玄樹[げんじゅ](人)
玄海[げんかい](地)
玄海国定公園[げんかいこくていこうえん](地)
玄海灘[げんかいなだ](地)
玄恵[げんえ](人)
玄慧[げんえ](人)

県

県犬養三千代[あがた﹅いぬかいのみちよ](人)
県の井戸[あがたのいど](地)

蜆

蜆川[しじまがわ](地)

賢

賢島[かしこじま](地)

顕

顕昭[けんしょう](人)
顕如[けんにょ](人)
顕宗天皇[けんぞうてんのう](人)

穴

穴門[あなと](地)
穴山[あなやま](姓)
穴山梅雪[あなやまばいせつ](人)
穴水[あなみず](地)
穴戸[あなと](地)

協

協和[きょうわ](地)

狭

狭山[さやま](地)
狭山池[さやまいけ](地)
狭山湖[さやまこ](地)
狭野茅上娘子[さののちがみのおとめ](人)
狭野弟上娘子[さののおとがみのおとめ](人)
狭衣大将[さごろも﹅たいしょう](人)

脇

脇[わき](地)
脇屋[わきや](姓)
脇屋蘭室[わきやらんしつ](人)
脇屋義助[わきやよしすけ](人)
脇坂[わきさか](姓)
脇坂安治[わきさかやすはる](人)
脇坂義堂[わきさかぎどう](人)

兄

兄猾[えうかし](人)

海
解
蟹
行
幸
向
香
郷
響
饗
虚
玄
県
蜆
賢
顕
穴
協
狭
脇
兄

刑
刑部親王[おさかべしんのう](人)

刑
恵
慧
戸
芦
虎
湖
壺
護
潤
忽
弘
鴻
化
火
花

에

恵
恵慶[えぎょう](人)
恵瓊[えけい](人)
恵那[えな](人)
恵那山[えなさん](地)
恵那狭[えなきょう](地)
恵美[えみ](姓)
恵美押勝[えみのおしつか](人)
恵比寿[えびす](人)
恵比須[えびす](人)
恵比須三郎[えびすさぶろう](人)
恵山[えさん](地)
恵信尼[えしんに](人)
恵心[えしん](人)
恵雲[えうん](人)
恵庭[えにわ](地)
恵庭岳[えにわだけ](地)

慧
慧慈[えじ](人)
慧鶴[えかく](人)
慧玄[えげん](人)

호

戸
戸無瀬[となせ](地)
戸山ヶ原[とやまがはら](地)
戸隠[とがくし](地)
戸隠山[とがくしやま](地)
戸張[とばり](地)
戸張孤雁[とばりこがん](人)
戸田[とだ](地/姓)
戸田茂睡[とだもすい](人)
戸田城聖[とだじょうせい](人)
戸田旭山[とだきょくざん](人)
戸田貞三[とだていぞう](人)
戸畑[とばた](地)
戸倉[とぐち](地)
戸倉上山温泉[とぐちかみやまおんせん](地)
戸川[とがわ](地)
戸川秋骨[とがわしゅうこつ](人)
戸塚[とつか](地/姓)
戸塚静海[とつかせいかい](人)
戸沢[とざわ](地)
戸坂[とさか](姓)
戸坂淳[とさかじゅん](人)

芦
芦ノ牧温泉[あしのまきおんせん](地)
芦別[あしべつ](地)
芦北[あしきた](地)
芦屋[あしや](地)
芦原温泉[あわらおんせん](地)
芦田[あしだ](姓)
芦田均[あしだひとし](人)
芦田恵之助[あしだえのすけ](人)
芦ノ湯[あしのゆ](地)
芦ノ湖[あしのこ](地)

虎
虎渓[こけい](地)
虎関師錬[こかんしれん](人)
虎ノ門[とらのもん](地)
虎御前[とらごぜん](人)
虎屋源太夫[とらやげんだゆう](人)
虎徹[てつ](人)
虎沢[とらざわ](地)
虎沢検校[とらざわけんぎょう](人)

湖
湖南[こなん](地)
湖西[こさい](地)
湖処子[こしょし](人)

壺
壺井[つぼい](姓)
壺井繁治[つぼいしげじ](人)
壺井栄[つぼいさかえ](人)
壺井義知[つぼいよしとも](人)

護
護良親王①[もりながしんのう](人)
護良親王②[もりよししんのう](人)
護持院ヶ原[ごじいんがはら](地)

토

潤
潤店[どぶだな](地)

홀

忽
忽那諸島[くつなしょとう](地)

홍

弘
弘文天皇[こうぶんてんのう](人)
弘法大師[こうぼうだいし](人)

弘田[ひろた](姓)
弘田竜太郎[ひろたりゅうたろう](人)
弘前[ひろさき](地)
弘徽殿女御[こきでんのにょうご](人)

鴻
鴻巣[こうのす](地)
鴻池善右衛門[こうのいけぜんえもん](人)

화

化
化野[あだしの](地)

火
火山列島[かざんれっとう](地)
火野[ひの](姓)
火野葦平[ひのあしへい](人)

花
花見川[はなみがわ](地)
花巻[はなまき](地)
花袋[かたい](人)
花登[はなと](姓)
花登筐[はなとこばこ](人)
花柳[はなやぎ](姓)
花柳寿輔[はなやぎじゅすけ](人)
花柳章太郎[はなやぎしょうたろう](人)
花輪[はなわ](地)
花菱アチャコ[はなひしあちゃこ](人)
花山院[かざんいん](人)
花山院師賢[かざんいんもろかた](人)
花山院長親[かざんいんながちか](人)
花山天皇[かざんてんのう](人)
花森[はなもり](姓)
花森安治[はなもりやすじ](人)
花外[かがい](人)
花園[はなぞの](地)
花園天皇[はなぞのてんのう](人)
花田[はなだ](姓)
花田清輝[はなだきよてる](人)
花井[はない](姓)
花井卓蔵[はないたくぞう](人)
花川戸[はなかわど](地)
花泉[はないずみ](地)

和

和歌山[わかやま] (地)
和歌浦[わかのうら] (地)
和光[わこう] (地)
和宮[かずのみや] (人)
和気[わけ] (地)
和気広虫[わけのひろむし] (人)
和気清麻呂[わけのきよまろ] (人)
和達清夫[わだちきよお] (人)
和達[わだち] (姓)
和藤内[わとうない] (人)
和木[わき] (地)
和泊[わどまり] (地)
和尚亮三[おしょうきちさ] (人)
和束[わづか] (地)
和水[なごみ] (地)
和辻[わつじ] (姓)
和辻哲郎[わつじてつろう] (人)
和田[わだ] (姓)
和田岬[わだみさき] (地)
和田万吉[わだまんきち] (人)
和田山[わだやま] (地)
和田三造[わださんぞう] (人)
和田峠[わだとうげ] (地)
和田英[わだえい] (人)
和田英松[わだひでまつ] (人)
和田英作[わだえいさく] (人)
和田雄治[わだつなじ] (人)
和田維四郎[わだつなしろう] (人)
和田義盛[わだよしもり] (人)
和田伝[わだでん] (人)
和井内[わいない] (姓)
和井内貞行[わいないさだゆき] (人)
和州[わしゅう] (地)
和倉温泉[わくらおんせん] (地)
和泉[いずみ] (地)
和泉山脈[いずみさんみゃく] (地)
和泉式部[いずみしきぶ] (人)
和賀[わが] (地)
和寒[わっさむ] (地)

華

華岡[はなおか] (姓)
華岡青州[はなおかせいしゅう] (人)
華厳滝[けごんのたき] (地)

樺

樺山[かばやま] (姓)
樺山資紀[かばやますけのり] (人)
樺太[からふと] (地)
樺戸[かばと] (地)

◖ 환 ◗

丸

丸岡[まるおか] (地·姓)
丸岡秀子[まるおかひでこ] (人)
丸橋[まるばし] (姓)
丸橋忠弥[まるばしちゅうや] (人)
丸駒温泉[まるこまおんせん] (地)
丸亀[まるがめ] (地)
丸の内[まるのうち] (地)
丸山[まるやま] (地·姓)
丸山定夫[まるやまさだお] (人)
丸山薫[まるやまかおる] (人)
丸森[まるもり] (地)
丸子①[まりこ] (地)
丸子②[まるこ] (地)

◖ 활 ◗

滑

滑川①[なめがわ] (地)
滑川②[なめりかわ] (地)

◖ 황 ◗

荒

荒[あら] (姓)
荒木[あらき] (姓)
荒木古童[あらきこどう] (人)
荒木寛畝[あらきかんぽ] (人)
荒木十畝[あらきじっぽ] (人)
荒木又右衛門[あらきまたえもん] (人)
荒木田[あらきだ] (姓)
荒木田久老[あらきだひさおゆ] (人)
荒木田麗女[あらきだれいじょ] (人)
荒木田守竹[あらきだもりたけ] (人)
荒木田寅三郎[あらきだとらさぶろう] (人)
荒木田俊馬[あらきだとしま] (人)
荒木貞夫[あらきさだお] (人)
荒木宗太郎[あらきそうたろう] (人)
荒木村英[あらきむらひで] (人)
荒木村重[あらきむらしげ] (人)
荒尾[あらお] (地)
荒船山[あらふねやま] (地)
荒畑[あらはた] (姓)
荒畑寒村[あらはたかんそん] (人)
荒井[あらい] (姓)
荒井寛方[あらいかんぽう] (人)
荒井郁之助[あらいいくのすけ] (人)
荒正人[あらまさひと] (人)
荒川[あらかわ] (地·姓)
荒川豊蔵[あらかわとよぞう] (人)
荒血山[あらちやま] (地)

◖ 황 ◗

皇

皇嘉門院[こうかもんいん] (人)
皇嘉門院別当[こうかもんいんべっとう] (人)
皇極天皇[こうぎょくてんのう] (人)
皇孫[すめみま] (人)
皇御孫[すめみま] (人)

黄

黄瀬川[きせがわ] (地)
黄檗山[おうばくさん] (地)

幌

幌加内[ほろかない] (地)
幌延[ほろのべ] (地)
幌泉[ほろいずみ] (地)

篁

篁[たかむら] (人)

◖ 회 ◗

会

会田[あいだ] (姓)
会田安明[あいだやすあき] (人)
会津[あいづ] (地·姓)
会津高田[あいづたかだ] (地)
会津嶺[あいづね] (地)
会津美里[あいづみさと] (地)
会津磐梯山[あいづばんだいさん] (地)
会津富士[あいづふじ] (地)
会津盆地[あいづぼんち] (地)
会津小鉄[あいづのこてつ] (人)
会津若松[あいづわかまつ] (地)
会津坂下[あいづばんげ] (地)
会津八一[あいづやいち] (人)
会沢[あいざわ] (姓)
会沢正志斎[あいざわせいしさい] (人)

灰

灰屋紹益[はいやしょうえき] (人)

栃

栃錦[とちにしき] (人)
栃木[とちぎ] (地)
栃尾[とちお] (地)

絵

絵金[えきん] (人)
絵島[えじま] (人)

懷

懷良親王[かねながしんのう・かねよ ししんのう](人)
懷月堂安堵[かいげつどうあんど](人)
懷奘[えじょう](人)

檜

檜山[ひやま](地)
檜隈川[ひのくまがわ](地)
檜原[ひのはら](地)
檜原湖[ひばらこ](地)
檜枝岐[ひのえまた](地)

よこ

横

横谷[よこや](姓)
横谷宗珉[よこやそうみん](人)
横光[よこみつ](姓)
横光利一[よこみつりいち](人)
横溝[よこみぞ](姓)
横溝正史[よこみぞせいし](人)
横堀川[よこぼりがわ](地)
横瀬[よこせ](地/姓)
横瀬夜雨[よこせやう](人)
横浜[よこはま](地)
横山[よこやま](姓)
横山大観[よこやまたいかん](人)
横山又次郎[よこやままたじろう](人)
横山源之助[よこやまげんのすけ](人)
横手[よこて](地)
横手盆地[よこてぼんち](地)
横須賀[よこすか](地)
横笛[よこぶえ](人)
横田[よこた](地)
横田喜三郎[よこたきさぶろう](人)
横井[よこい](姓)
横井小楠[よこいしょうなん](人)
横井時敬[よこいときよし](人)
横井也有[よこいやゆう](人)
横芝[よこしば](地)
横芝光[よこしばひかり](地)
横川①[よかわ](地)
横川②[よこかわ](姓)
横川景三[おうせんけいさん](人)
横川省三[よこかわしょうぞう](人)

こう

孝

孝謙天皇[こうけんてんのう](人)
孝徳天皇[こうとくてんのう](人)
孝霊天皇[こうれいてんのう](人)
孝明天皇[こうめいてんのう](人)
孝昭天皇[こうしょうてんのう](人)
孝安天皇[こうあんてんのう](人)
孝元天皇[こうげんてんのう](人)
孝標女[たかすえのむすめ](人)

暁

暁月[ぎょうげつ](人)

あき

朽

朽木[くつき](地/姓)
朽木元綱[くつきもとつな](人)
朽木昌綱[くつきまさつな](人)

厚

厚木[あつぎ](地)
厚別[あつべつ](地)
厚岸[あっけし](地)
厚真[あつま](地)
厚沢部[あっさぶ](地)

後

後光明天皇[ごこうみょうてんのう](人)
後堀河天皇[ごほりかわてんのう](人)
後亀山天皇[ごかめやまてんのう](人)
後奈良天皇[ごならてんのう](人)
後徳大寺[ごとくだいじ](姓)
後徳大寺実定[ごとくだいじさねさだ](人)
後桃園天皇[ごももぞのてんのう](人)
後藤[ごとう](姓)
後藤艮山[ごとうこんざん](人)
後藤光次[ごとうみつつぐ](人)
後藤徳乗[ごとうとくじょう](人)
後藤牧太[ごとうまきた](人)
後藤象二郎[ごとうしょうじろう](人)
後藤新平[ごとうしんぺい](人)
後藤又兵衛[ごとうまたべえ](人)
後藤宙外[ごとうちゅうがい](人)
後藤祐乗[ごとうゆうじょう](人)
後藤一乗[ごとういちじょう](人)
後藤才次郎[ごとうさいじろう](人)
後藤芝山[ごとうしざん](人)
後冷泉天皇[ごれいぜいてんのう](人)

後瀬山[のちせやま](地)
後白河天皇[ごしらかわてんのう](人)
後柏原天皇[ごかしわばらてんのう](人)
後伏見天皇[ごふしみてんのう](人)
後三条天皇[ごさんじょうてんのう](人)
後西天皇[ごさいてんのう](人)
後小松天皇[ごこまつてんのう](人)
後水尾天皇[ごみずのおてんのう](人)
後崇光院[ごすこういん](人)
後深草天皇[ごふかくさてんのう](人)
後桜町天皇[ごさくらまちてんのう](人)
後陽成天皇[ごようぜいてんのう](人)
後宇多天皇[ごうだてんのう](人)
後円融天皇[ごえんゆうてんのう](人)
後二条天皇[ごにじょうてんのう](人)
後一条天皇[ごいちじょうてんのう](人)
後醍醐天皇[ごだいごてんのう](人)
後鳥羽天皇[ごとばてんのう](人)
後朱雀天皇[ごすざくてんのう](人)
後中書王[のちのちゅうしょおう](人)
後志[しりべし](地)
後嵯峨天皇[ごさがてんのう](人)
後村上天皇[ごむらかみてんのう](人)
後土御門天皇[ごつちみかどてんのう](人)
後花園天皇[ごはなぞのてんのう](人)

くん

訓

訓子府[くんねっぷ](地)

薫

薫大将[かおるだいしょう](人)
薫園[くんえん](人)

かや

萱

萱野[かやの](姓)
萱野三平[かやのさんぺい](人)

かがや

輝

輝く日の宮[かがやくひのみや](人)

흑

黒

黒江[くろえ](地)
黒谷[くろだに](地)
黒谷上人[くろだにしょうにん](人)
黒駒[くろこま](地)
黒駒勝蔵[くろこまのかつぞう](人)
黒崎[くろさき](地)
黒埼[くろさき](地)
黒磯[くろいそ](地)
黒島[くろしま](姓)
黒島伝治[くろしまでんじ](人)
黒滝[くろたき](地)
黒瀬[くろせ](地)
黒柳[くろやなぎ](姓)
黒柳召波[くろやなぎしょうは](人)
黒木①[くろき](姓)
黒木②[くろぎ](地)
黒木勘蔵[くろきかんぞう](人)
黒木為楨[くろきためもと](人)
黒門市場[くろもんいちば](地)
黒髪山[くろかみやま](地)
黒部[くろべ](地)
黒部ダム[くろべだむ](地)
黒部川[くろべがわ](地)
黒部峡谷[くろべきょうこく](地)
黒石[くろいし](地)
黒松内[くろまつない](地)
黒岩[くろいわ](姓)
黒岩涙香[くろいわるいこう](人)
黒闇女[くろあんにょ](人)
黒闇天[くろあんてん](人)
黒羽[くろばね](地)

黒田[くろだ](姓)
黒田如水[くろだじょすい](人)
黒田長政[くろだながまさ](人)
黒田清隆[くろだきよたか](人)
黒田清輝[くろだせいき](人)
黒田孝高[くろだよしたか](人)
黒潮[くろしお](地)
黒住[くろずみ](姓)
黒住宗忠[くろずみむねただ](人)
黒川[くろかわ](地/姓)
黒川利雄[くろかわとしお](人)
黒川温泉[くろかわおんせん](地)
黒川真頼[くろかわまより](人)
黒川春村[くろかわはるむら](人)
黒沢[くろさわ](姓)
黒沢尻[くろさわじり](地)
黒沢琴古[くろさわきんこ](人)
黒沢翁満[くろさわおきなまろ](人)
黒板[くろいた](姓)
黒板勝美[くろいたかつみ](人)
黒姫山[くろひめやま](地)

흠

欽

欽明天皇[きんめいてんのう](人)

흥

興

興部[おこっぺ](地)
興世王[おきよおう](人)
興安嶺[こうあんれい](地)
興津[おきつ](地)

희

姫

姫街道[ひめかいどう](地)
姫島[ひめしま](地)
姫路[ひめじ](地)
姫川[ひめかわ](地)

喜

喜界[きかい](地)
喜多[きた](地/姓)
喜多六平太[きたろっぺいた](人)
喜多方[きたかた](地)
喜多源逸[きたげんいつ](人)
喜多川[きたがわ](地)
喜多川歌麿[きたがわうたまろ](人)
喜多村[きたむら](姓)
喜多村緑郎[きたむらろくろう](人)
喜多村信節[きたむらのぶよ](人)
喜多七太夫[きたしちだゆう](人)
喜多八[きたはち](人)
喜茂別[きもべつ](地)
喜入[きいれ](地)
喜田[きた](地)
喜田貞吉[きたさだきち](人)
喜撰[きせん](人)
喜撰岳[きせんだけ](地)

稀

稀音家浄観[きねやじょうかん](人)

嬉

嬉野[うれしの](地)

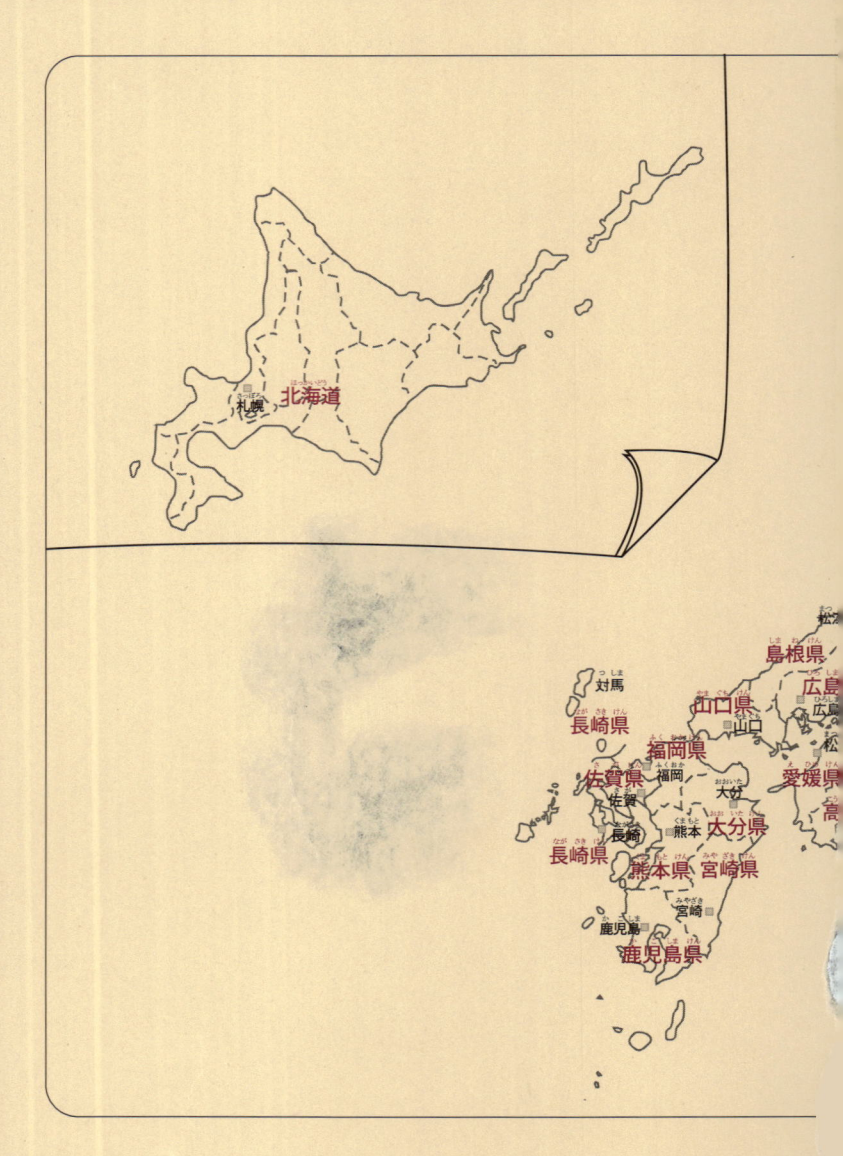

北海道

札幌

対馬

長崎県

島根県

広島

山口県
広島
山口
松

福岡県

愛媛県
高

佐賀県
佐賀
福岡

大分
大分県

長崎
熊本

長崎県

熊本県
宮崎県

鹿児島
宮崎

鹿児島県